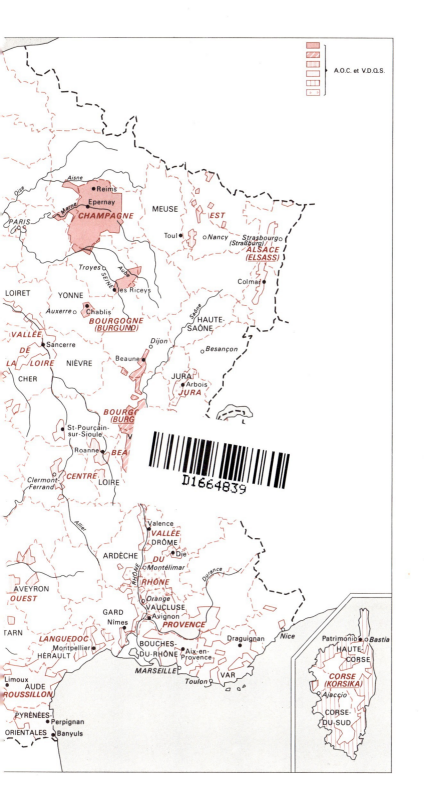

A.O.C. et V.D.Q.S.

Aisne
Oise
Marne
PARIS
● Reims
Epernay
CHAMPAGNE
MEUSE
EST
Toul ● ○ Nancy
Strasbourg ○
(Straßburg)
**ALSACE
(ELSASS)**
Troyes ○
SEINE
Aube
les Riceys
Colmar ●
LOIRET
YONNE
Auxerre ○ ● Chablis
**BOURGOGNE
(BURGUND)**
HAUTE-
SAÔNE
Saône
VALLÉE
Sancerre ●
DE
LA *LOIRE*
NIÈVRE
Dijon ○
Beaune ●
○ Besançon
CHER
JURA
● Arbois
JURA
**BOURGO
(BURG**
● St-Pourçain-
sur-Sioule
Roanne ● *BEA*
Clermont-
Ferrand
CENTRE
LOIRE
Allier
Valence ●
VALLÉE
DRÔME
ARDÈCHE
DU
● Dje
○ Montélimar
RHÔNE
RHÔNE
Durance
AVEYRON
OUEST
● Orange
VAUCLUSE
● Avignon
PROVENCE
GARD
Nîmes ●
Draguignan ●
Nice
Patrimonio ● ○ Bastia
TARN
LANGUEDOC
Montpellier ●
HÉRAULT
BOUCHES-
DU-RHÔNE
Aix-en-
Provence
**HAUTE-
CORSE**
MARSEILLE
VAR
**CORSE
(KORSIKA)**
Toulon ●
Limoux ●
AUDE
ROUSSILLON
○ Ajaccio
PYRÉNÉES-
● Perpignan
ORIENTALES ● Banyuls
CORSE-
DU-SUD

D1664839

Andreas März

HACHETTE

WEIN FÜHRER

FRANKREICH

DROEMER KNAUR

Titel der Originalausgabe
Le Guide Hachette des Vins
Originalverlag
Hachette, Paris

Übersetzung aus dem
Französischen
von
Dr. Günther Kirchberger
Maria Paukert

Umschlaggestaltung: Agentur Zero, München
Umschlagfoto: Bildagentur Mauritius, Mittenwald
Satzarbeiten: Appl, Wemding
Druck: Maulde et Renou
Bindung: A.G.M
Printed in France
3-426-26641-5

2 4 5 3 1

VERZEICHNIS DER SYMBOLE

SYMBOLE

Bei Weinen, deren Etikett abgebildet ist, handelt es sich um besondere Empfehlungen der Redaktion

***   außergewöhnlicher Wein

**   bemerkenswerter Wein

*   sehr gelungener Wein

1986 verkosteter Jahrgang

□	»stiller« Weißwein	○	weißer Schaumwein
◪	»stiller« Roséwein	◑	Rosé-Schaumwein
■	»stiller« Rotwein	●	roter Schaumwein

50 000, 12 500 . . . durchschnittliche Anzahl Flaschen des angebotenen Weines

4 ha   Anbaufläche des vorgestellten Weines

▤   Ausbau im Gärbehälter

▥   Ausbau im Holzfaß

↓   Wärmeregulierung

Ⅴ   Verkauf beim Erzeuger

↳   Adresse

♀   Besuchs- und Probiermöglichkeit (n. V. = nach Vereinbarung)

↳   Name des Gutsbesitzers, wenn nicht identisch mit dem in der Adresse genannten

k. A.   keine Angaben möglich

PREISE (Durchschnittspreis pro Flasche, portofrei innerhalb von Frankreich im Zwölfer-karton)

1	unter 30 F	**4**	70–100 F	**6**	150–200 F
2	30–50 F	**5**	100–150 F	**7**	über 200 F
3	50–70 F				

Zugrunde gelegter Wechselkurs: 100 F = ca. 30 DM

Das rote Symbol zeigt ein gutes Preis-Leistungs-Verhältnis an.

JAHRGÄNGE   71 **73** 74 75 ⑦⑥ **77** 78 **79** 80 |**81**| 82 83

71 **73**	zum Trinken (rot)
79 80	zum Lagern (schwarz)
|**81**|	zum Trinken oder Lagern (schwarz mit senkrechten Strichen)
73 79	die besten Jahrgänge (fett)
⑦⑥	Spitzenjahrgang (mit Kreis)

Die angegebenen Jahrgänge bedeuten nicht, daß diese Weine beim Erzeuger verfügbar sind, sondern nur, daß man sie in Geschäften oder in Restaurants kaufen kann.

INHALT

Die besten Weine Frankreichs:
16 000 verkostete Weine, 6570 ausgewählte,
bewertete und kommentierte Weine

VORBEMERKUNG

Eine völlig neue Auswahl von Weinen

Die dritte deutsche Ausgabe des **Hachette-Weinführers.** Sie finden darin die 6570 besten französischen Weine beschrieben, die **alle 1992 verkostet** worden sind. 450 Experten haben sie in Blindproben, die vom **Hachette-Weinführer Frankreich** veranstaltet worden sind, unter mehr als 16 000 Weinen aller Appellationen für Sie ausgewählt.

Ein objektiver Führer

Das Fehlen jeglicher werbemäßigen Beteiligung der aufgeführten Erzeuger, Händler und Genossenschaften garantiert die Objektivität des Werks, dessen einziges Bestreben es ist, ein Leitfaden im Dienste der Käufer und Verbraucher zu sein. Die Degustationsnoten, die jedem der aufgenommenen Weine null bis drei Sterne zuordnen, müssen innerhalb der jeweiligen Appellation gesehen werden; es ist nämlich unmöglich, verschiedene Appellationen mit einer einzigen Wertungsskala zu beurteilen.

Die Sterne

In einer Verpackung präsentiert, um die Anonymität zu gewährleisten, wird jeder Wein von einer Jury geprüft, die seine Farbe und seine Geruchs- und Geschmackseigenschaften beschreibt und ihm eine Note von 0–5 zuweist.

0: fehlerhafter Wein, wird ausgeschieden;

1: »kleiner« Wein, wird ausgeschieden;

2: gelungener, sorten- oder anbaugebietstypischer Wein, wird ohne Stern kommentiert;

3: sehr gelungener Wein, **ein Stern**;

4: bemerkenswerter Wein hinsichtlich seiner Struktur, **zwei Sterne**;

5: außergewöhnlicher Wein, vorbildhaft für die Appellation, **drei Sterne**.

Die besonderen Empfehlungen

Bei den Weinen, deren Etikett abgebildet ist, handelt es sich um besondere Empfehlungen, die von den Autoren des Führers nach ihrem ganz persönlichen Geschmack ausgewählt worden sind. Diese Weine, die vom einfachen Landwein bis zum Spitzenwein reichen, werden dem Leser besonders ans Herz gelegt.

Eine einfache Einteilung

Der erste Teil dieses Führers faßt alle Informationen zusammen, die zu einer richtigen Einschätzung und Wertung der französischen Weine notwendig sind: Vinifizierungsmethoden, Gastronomie, nützliche Adressen etc.

Die Weine sind folgendermaßen aufgeführt:

– nach der Region, alphabetisch angeordnet;

– nach Appellationen, innerhalb jeder Region geographisch geordnet;

– in alphabetischer Reihenfolge innerhalb jeder Appellation.

Vier Register am Ende des Buches ermöglichen das rasche Auffinden von Appellationen, Weinen, Erzeugern und Gemeinden.

Die 48 Originalkarten machen die geographische Verteilung der gesamten französischen Weinbaugebiete deutlich.

Warum bestimmte Weine fehlen

In dieser Ausgabe können einige bekannte, ja sogar berühmte Weine fehlen. Ihre Erzeuger haben sie entweder nicht vorgestellt oder einer Veröffentlichung nicht zugestimmt; sie wurden entweder von den Weinproben ausgeschlossen, oder es war nicht möglich, die nötigen Informationen zu erhalten. Bei bestimmten Weinen, die getestet wurden und aufgeführt sind, bedeutet die Angabe »k. A.«, daß bestimmte Informationen nicht verfügbar sind.

Nicht erstaunt sein wird man auch über das Fehlen des Jahrgangs bei Verschnittweinen (z. B. Nichtjahrgangs-Champagner) oder bei Weinen, die jung bzw. im ersten Jahr nach der Lese getrunken werden (Beaujolais). Bei einigen der verkosteten Weine ersetzt »k. A.« (keine Angaben möglich) die Hinweise auf die Anbaufläche und/oder die Anzahl der produzierten Flaschen, wenn keine Informationen veröffentlicht sind.

Ein Führer für den Käufer

Das Ziel des Führers ist es, dem Verbraucher dabei zu helfen, die seinem Geschmack entsprechenden Weine zu finden, und sicherzustellen, daß auch das Verhältnis zwischen Preis und Qualität stimmt (angegeben durch ein Preissymbol in Rot). Es wurde daher alles getan, um das Buch gut lesbar und leicht verständlich zu machen.

– Eine aufmerksame Lektüre der allgemeinen Einleitung und der Einführungstexte zu den jeweiligen Regionen und zu jedem Appellationsgebiet ist dabei unerläßlich. Bestimmte Informationen, die für sämtliche Weine Gültigkeit haben, werden nicht für jeden einzelnen Wein wiederholt. Die Ausgabe 1993 hat diese Texte für jede Region durch die Abschnitte »Was gibt es Neues?« aktualisiert.

– Das Lesezeichen gibt, gleich neben welche Seite gelegt, unmittelbar den Schlüssel zu den Symbolen und erinnert – auf der Rückseite – an den Aufbau des gesamten Buches.

– Einige der Weine, die wir aufgrund ihrer Qualität ausgewählt haben, sind bisweilen nur schwer erhältlich. Der Herausgeber kann nicht dafür verantwortlich gemacht werden, daß sie beim Erzeuger selbst nicht mehr verfügbar sind. Aber der Weinliebhaber ist eingeladen, sie in guten Fachgeschäften, bei Weinhändlern oder auf den Weinkarten der Restaurants zu suchen.

– Die für eine qualifizierte Beschreibung der Weine unerläßlichen Fachausdrücke werden im Glossar erläutert.

– Ein Rat noch zum Schluß: Die Weinprobe beim Erzeuger ist häufig kostenlos. Mißbrauchen Sie dieses Entgegenkommen nicht: Die Verkostung ist für den Erzeuger mit nicht unerheblichen Kosten verbunden; seine alten Weine kann er für Sie deshalb nicht aufmachen.

Wichtig: der Preis der Weine

– Die Preise (Durchschnittspreis pro Flasche, portofrei im Zwölferkarton), die in Form von Preiskategorien angegeben werden, sind natürlich der Kursentwicklung unterworfen und werden deshalb nur unter Vorbehalt genannt.

Angemerkt sei hier noch, daß die angegebenen Preise für die inländischen Käufer gelten; für Käufer aus dem Ausland (insbesondere bei Bestellungen auf dem Postweg) sind die gleichen Weine in der Regel teurer.

VORWORT

Die Ausbreitung und die Blütezeit des Weins prägen auch die geschichtliche Entwicklung Frankreichs, die insgesamt die Geschichte eines immer stärkeren Aufschwungs war. Vor nicht so langer Zeit, in der Epoche, als die homerischen Heldendichtungen entstanden, braute und trank man noch an der heutigen Côte d'Azur Bier. Dann kamen die Hellenen. Auf diese Weise konnte sich die einheimische Bevölkerung der Provence und des Languedoc mit dem neuen Getränk, nämlich dem Wein, vertraut machen, das man später, in schweren Amphoren lagernd, an der Stelle von Ensérune, unweit von Béziers, entdeckte. Nach der Pax Romana wurde das Weinbaugebiet, das jetzt den Galliern gehörte, nur noch größer und schöner, zumal die nördlichen Käufer der hier vor 1800 Jahren im heutigen Südfrankreich erzeugten Weine nicht die alten Tugenden der Mäßigung und der Zurückhaltung beim Trinken besaßen, wie sie die alten Kulturen des Mittelraums pflegten, die seit Jahrtausenden an den Wein gewöhnt waren. Der Weinbau nahm einen Aufschwung, den auch die germanische Invasion nicht stoppen konnte. Die Bischöfe, Mönche und Fürsten, die Straßen und Flüsse, die alten Metropolen und bisweilen auch die im Mittelalter aus dem Boden schießenden Städte sollten die geographische Ausdehnung des Weinbaugebiets festlegen, das sich ab dem frühen Mittelalter langsam von Toul und Rouen bis Narbonne und Béziers ausbreitete. Die politische Einigung des Königreichs sollte in der umgekehrten Richtung erfolgen: Die Kapetinger dehnten ihr Einflußgebiet, indem sie ihre Besitzungen abrundeten, vom »geringsten« Anbaugebiet (in der Normandie) zu den »besseren« Anbaugebieten (Franche-Comté, Roussillon etc.) hin aus. Der Historiker muß somit nur noch ein paar Blicke auf das Gesamtmosaik des königlichen Territoriums werfen, aus dem später eine Republik werden sollte.

Beginnen wir also mit den alten Kerngebieten des königlichen Herrschaftsbereichs. Zunächst das *Loiretal:* Bereits gegen Ende des 11. Jahrhunderts baute man in Sancerre sehr viel Wein an. *»Prae ceteris vino abundat«,* schrieb in diesem Sinne damals der Mönch Raoul Tortaire vom Kloster Saint-Benoît-sur-Loire. In Saint-Pourçain, an den Ufern der weit entfernten Nebenflüsse des großen Stroms, besaß Herzog Jean de Berry, der das reich illuminierte Stundenbuch *Très Riches Heures du Duc de Berry* in Auftrag gab, einen Teil der berühmten Weinberge dieses Anbaugebiets. Er hatte sie 1360 durch königliche Gnade als Apanage empfangen. In der *Champagne* sprach man – lange vor Dom Pérignon – einfach von den »französischen« Weinen: Schon 1275 kaufte der englische König in diesem Anbaugebiet zwei Fässer mit Wein aus Reims, *vini de Remes.* Der offene Brief, den Karl VI. 1412 schrieb, bestätigt ebenfalls, daß »der Handel von Reims zum großen Teil auf die Weine gegründet war, die um die Stadt herum wuchsen«. Die an den Marnehängen erzeugten Weine wurden bereits 1328 den Höflingen serviert und ausgeschenkt, die bei der Krönung von Philipp VI. die wichtigsten Ehrengäste waren. Viel weiter südlich liegt eine der Provinzen, die am frühesten dem französischen Königreich angegliedert wurden, das allzu oft übersehene *Languedoc.* Trotz oder gerade wegen der gewaltsamen Art der Annektierung, die bekanntlich mit den Kriegen gegen die Albigenser im 13. Jahrhundert verknüpft ist, stellt diese frühzeitige »Französierung« auch auf dem Gebiet der Weinproduktion unbestreitbar ein Geschenk dar. Der Weinbau im Languedoc bietet den Weinfreunden auch heute noch hervorragende Erzeugnisse, die es mit den Weinen nördlicherer Anbaubebiete aufnehmen können (denken wir nur an den Saint-Saturnin, den Saint-Georges d'Orques etc.). Allzu oft haben sie unter den Vorurteilen der Pariser gelitten, wenn diese mit dem sogenannten »Wein« aus den okzitanischen Anbaugebieten konfrontiert wurden. Das ist für mich nur noch mehr Grund, einige Fakten anzuführen, die die alte Weinbautradition im Languedoc beweisen: Philipp der Schöne kaufte um 1300 »zwei große Fässer und ein kleines Faß« von dem Wein aus Montpellier, die er sofort in den Kellern seines Schlosses lagern ließ. Im *Bordelais,* das im Jahre 1453 mit dem Herrschaftsgebiet des Hauses Valois verbunden wurde, verdienen die Weinverzeichnisse, deren Zahlen die hohe Qualität des von der Gironde exportierten Rebensafts belegen, die Aufmerksamkeit des Chronisten: Schon vor dem Hundertjährigen Krieg lieferte der »Hafen« der Basse-Garonne fast eine Million Hektoliter – eine gewaltige Menge – für die durstigen Kehlen in Nordeuropa, vor allem in England, wo man noch immer begierig nach dem *Claret* ist.

Unter Ludwig XI., der 1461–83 regierte, wurde *Burgund* – übrigens unter traurigen Umständen – mit dem späteren Frankreich vereinigt. Die dortigen Winzer hatten allerdings nicht diesen schicksalhaften Zeitpunkt abgewartet, um mit ihren Erzeugnissen die Herrscher, Päpste und Bischöfe zu beglücken, die sehr gern die Weine aus Beaune tranken. Als die Päpste im 14. Jahrhundert in Avignon residierten, förderte dies den Weinbau weiter im Norden noch mehr, denn die Anbaugebiete an den burgundischen Ufern der Saône waren mit dem damals päpstlichen Vaucluse über die Achse Seine-Rhône verbunden. Im 14. Jahrhundert schrieb der Verfasser einer *Disputation über den Wein und das Wasser,* der Papst liebe den Wein aus Beaune so sehr, »daß er ihm den Segen erteilte«. Gegen Ende des Mittelalters versicherte ein gut unterrichteter Weinfachmann ohne Zögern, der Beaunewein mache – in Flaschen oder in Fässern – vor allem durch seine hervorragende Qualität von sich reden. Tatsächlich erregte er sogar ganz außerordentliches Aufsehen.

Die Daten der weiteren Annektierungen folgen dicht aufeinander und haben nichts miteinander gemein. 1481, einige Jahre nach Burgund, fiel die *Provence* »in den Schoß« Frankreichs. Ein gewisses gegen den Süden gerichtetes Vorurteil, auf das wir schon beim Languedoc hingewiesen haben, veranlaßt die Weinhistoriker, sogar die besten unter ihnen, bei ihren gelehrten Untersuchungen den provenzalischen Wein zu vernachlässigen. Bestenfalls erwähnen sie Anbaugebiete von Bandol in einer Nebenbemerkung. Muß man deshalb erst die ältesten Wörter unseres provenzalischen Weinfachvokabulars anführen, z. B. *enter, ugna* und *poumestre* (wobei die beiden zuletzt genannten bestimmte »südliche Rebsorten« bezeichnen)? Diese Wortrelikte leiten sich von Winzern griechischer Herkunft her, die im 6. Jahrhundert v. Chr. in der Gegend von Marseille an Land gingen, auf Betreiben von phokäischen Siedlern, die direkt aus dem östlichen Mittelmeerraum kamen.

Heben wir uns für den Schluß drei Anbaubereiche bzw. Provinzen auf, die erst in jüngerer Zeit zu Frankreich hinzugekommen sind: *Elsaß,* das unter Ludwig XIV. französisch wurde, *Korsika,* das in der Zeit von Ludwig XV. an Frankreich fiel, und *Savoyen,* das Napoleon III. hinzugewann. Dr. Hertzog stellte in einer wissenschaftlichen Untersuchung mit dem Titel *Die Entwicklung des Elsässischen Weinbaues* (Colmar 1900) fest, daß im Elsaß bereits in der Zeit zwischen 650 und 900 in 119 Dörfern jenseits der Vogesen Wein angebaut worden war. Sicherlich hatten die Transportmöglichkeiten, die der Rhein bot, die Sache erleichtert. Auf Korsika bildeten die Anbaugebiete des Cap Corse, die vom nahen Ligurien aus quasi mit Küstenschiffen erreicht werden konnten, alle eine Art Traubengarten, der für die Herstellung von Rebensaft für die Genueser bestimmt war, denen die Insel vor der Ankunft der Franzosen gehörte. In Savoyen schließlich waren die Allobroger (die das Faß erfanden, das im Laufe der römischen Kaiserzeit die Amphoren ablöste) keineswegs die letzten, die die im Arvetal und in den Schluchten von Annecy und Chambéry wachsenden Reben entdeckten. Die Herzöge von Savoyen und ihre Untertanen mußten nur noch in ihrer Richtung fortfahren, die schon ganz früh vom Stamm der Allobroger vorgezeichnet worden war.

Man darf also mit Fug und Recht behaupten, daß die Anpflanzung (oder Ansiedlung) des Weins, die Roger Dion mit bewundernswerter Gründlichkeit untersucht hat und die auch im vorliegenden Buch durchscheint, nicht bloß die Gelegenheit für ein kurzlebiges Gastspiel auf einem steinigen Hügel in Burgund oder im Languedoc bietet. Was uns im vorliegenden Fall geboten wird, ist ein geschichtliches Festbankett, zumindest aber eine chronologische Verkostung.

Emmanuel Le Roy Ladurie
Professor am Collège de France
Intendant der Nationalbibliothek

DER WEIN

Definitionsgemäß ist Wein »das ausschließlich durch – vollständige oder teilweise – Gärung aus frischen Trauben, eingemaischt oder nicht, oder Traubensaft gewonnene Produkt«.

DIE VERSCHIEDENEN WEINTYPEN

Im Gegensatz zu den *Tafelweinen* (Vins de Table) und den *Landweinen* (Vins de Pays) unterliegen die *Qualitätsweine bestimmten Anbaugebiets* (Vins de Qualité Produits dans une Région Déterminée, abgekürzt VQPRD) gesetzlichen Kontrollvorschriften. In Frankreich entsprechen sie den *Herkunftsbezeichnungen bestimmter Weine gehobener Qualität* (Appellations d'Origine Vins Délimités de Qualité Supérieure, abgekürzt AOVDQS) und den *Weinen kontrollierter Herkunftsbezeichnung* (Vins d'Appellation d'Origine Contrôlée, abgekürzt AOC). Man muß dazu noch anmerken, daß junge Reben bis zu einem Alter von vier Jahren von der Appellation ausgeschlossen sind, weil sie zu leichte Weine liefern.

Die *trockenen Weine* (Vins secs) und die *süßen Weine* (Vins sucrés) – halbtrocken (demi-sec), lieblich (moelleux) und süß (doux) – sind durch den unterschiedlichen Zuckergehalt bestimmt. Die Erzeugung süßer Weine setzt sehr reife Trauben voraus, die einen hohen Zuckergehalt besitzen, von dem nur ein Teil durch Gärung in Alkohol umgewandelt wird. Die Sauternes-Weine beispielsweise sind besonders zuckerreiche Weine; sie werden aus Trauben gewonnen, die durch die Edelfäule sehr konzentriert sind. Sie werden als »Große Süßweine« (Grands Vins liquoreux) bezeichnet, eine Bezeichnung, die von der EG-Gesetzgebung nicht berücksichtigt worden ist, um eine Verwechslung mit den Likörweinen (Vins de Liqueur) auszuschließen.

Die *Schaumweine* (Vins mousseux) unterscheiden sich von den *Stillweinen* (Vins tranquilles) beim Entkorken der Flasche durch das Vorhandensein von freier Kohlensäure, die von einer zweiten Gärung (Prise de Mousse = Schaumentwicklung) herrührt. Beim »Champagner-Verfahren« (Méthode champenoise) findet diese zweite Gärung in der Flasche statt. Wenn sie im Gärtank erfolgt, spricht man von der »Méthode en Cuve close«. *Crémants* sind Schaumweine, die weniger Kohlensäure enthalten.

Bei den »imprägnierten« *Schaumweinen* (Vins mousseux gázéifiés) wird ebenfalls Kohlensäure frei, aber diese stammt – ganz oder teilweise – von zugesetztem Kohlendioxid. Die *Perlweine* (Vins pétillants) weisen ebenfalls einen Kohlensäuredruck zwischen 1 und 2,5 Bar auf; ihr Alkoholgehalt braucht aber nur über 7° zu liegen. Den *Pétillant de Raisin* erhält man durch teilweise Vergärung des Traubenmostes. Der Alkoholgehalt ist niedrig; er kann unter 7° liegen, muß aber höher als 1° sein.

Die *Likörweine* (Vins de Liqueur) werden durch Zusatz von reinem Alkohol, Branntwein, konzentriertem Traubenmost oder einer Mischung dieser Produkte vor, während oder nach der Gärung hergestellt. Die Bezeichnung »Mistelle« ist nicht Bestandteil der europäischen Regelung, die von »frischem, mit Alkohol in seiner Gärung unterbrochenem Traubenmost« spricht; der Mistella ist also das Ergebnis des Zusatzes von Alkohol oder Branntwein zum Traubenmost (wodurch der Gärprozeß unterbrochen wird). Der Pineau des Charentes gehört in diese Kategorie.

DER WEIN UND SEIN ANBAU

Der Wein gehört zur Gattung *vitis*, von der es zahlreiche Spezies gibt. Traditionell wird der Wein aus verschiedenen Varietäten der *vitis vinifera* erzeugt, die in Europa heimisch ist. Es existieren aber auch noch andere Spezies, die vom amerikanischen Kontinent stammen. Einige sind unfruchtbar, andere bringen Trauben hervor, die eine eigentümliche organoleptische Eigenschaft besitzen, die als »Foxgeruch« bezeichnet wird und wenig geschätzt ist. Aber diese als amerikanisch bezeichneten Spielarten verfügen über Resistenzeigenschaften gegenüber Krankheiten, die denen der *vitis vinifera* überlegen sind. In den 30er Jahren unseres Jahrhunderts versuchte man deshalb, durch Kreuzung neue Rebsorten zu schaffen, die widerstandsfähig gegenüber Krankheiten wie die amerikanischen Varietäten sind, aber gleichzeitig Weine von der gleichen Qualität wie die Varietäten der *vitis vinifera* erzeugen. Von der Qualität her waren diese Versuche ein Mißerfolg.

Die *Vinifera*-Reben sind anfällig gegenüber einem Insekt, der Reblaus, das die Wurzeln befällt und zu Ende des 19. Jahrhunderts große Verwüstungen anrichtete. Die Entwicklung einer Pfropfrebe der *vitis vinifera* führte damals zu einem Rebstock, der die Eigenschaften dieser Spezies besaß, dessen Wurzeln aber von einer Unterlage amerikanischer Sorten stammten und daher gegenüber der Reblaus resistent waren.

Die Spezies *vitis vinifera* umfaßt zahlreiche Varietäten, die als *Rebsorten* bezeichnet werden. Jedes Anbaugebiet wählt die für die Gegend am besten geeigneten Rebsorten, aber auch wirtschaftliche Faktoren und die Veränderung des Verbrauchergeschmacks können diese Wahl beeinflussen. Einige Weinbaugebiete erzeugen Weine, die von einer einzigen Rebsorte hergestellt werden (Burgunder Pinot, Elsässer Riesling). In anderen Gegenden (Champagne, Bordelais) resultieren die Spitzenweine gerade aus der Verbindung mehrerer Rebsorten, die einander ergän-

ANBAUREGION	REBSORTE	CHARAKTERISIERUNG
Burgund (rot)	Pinot	lagerfähige Spitzenweine
Burgund (weiß)	Chardonnay	lagerfähige Spitzenweine
Beaujolais	Gamay	Primeurweine, rasch trinkfertig
Rhône-Nord (rot)	Syrah	große lagerfähige Weine
Rhône-Nord (weiß)	Marsanne, Roussanne	große lagerfähige oder nicht lagerfähige Weine
Rhône-Nord (weiß)	Viognier	große lagerfähige Weine
Rhône-Süd, Languedoc, Côtes de Provence	Grenache, Cinsaut etc.	Weine von mittlerer oder geringer Lagerfähigkeit
Elsaß (jede Rebsorte wird reinsortig vinifiziert und gibt dem Wein ihren Namen)	Riesling, Tokay-Pinot Gris, Gewürztraminer, Sylvaner etc.	bukettreiche Weine, bis auf die Spitzenweine rasch trinkfertig
Champagne	Pinot, Chardonnay	trinkfertig vom Zeitpunkt des Verkaufes an
Loire (weiß)	Sauvignon	bukettreich, rasch trinkfertig
Loire (weiß)	Chenin	verbessert sich über einen langen Zeitraum
Loire (weiß)	Melon (Muscadet)	rasch trinkfertig
Loire (rot)	Cabernet-Franc (Breton)	lange und geringe Lagerfähigkeit
Bordeaux (rot)	Cabernet-Sauvignon,	lange
Bergerac und Südwesten	Cabernet-Franc und Merlot	Lagerfähigkeit
Bordeaux (weiß), Bergerac	Sémillon, Sauvignon	trockene Weine von geringer und langer Lagerfähigkeit
Montravel, Montbazillac, Duras etc.	Muscadelle	Süßweine von langer Lagerfähigkeit

zende Eigenschaften besitzen. Die Rebsorten selbst bestehen aus einer Vielzahl von »Individuen« (Klonen, d. h. vegetativen Nachkommen von Rebstöcken), die in ihren Eigenschaften (Produktivität, Reife, Befall durch Viruskrankheiten) nicht identisch sind. Man hat deshalb immer versucht, die besten Mutterstöcke zu wählen.

Die Voraussetzungen für den Weinanbau sind entscheidend für die Qualität des Weins. Man kann den Ertrag erheblich beeinflussen, indem man auf die Fruchtbarkeit, die Dichte der Pflanzen, die Wahl der Unterlage oder den Rebschnitt einwirkt. Aber man weiß auch, daß man die Erträge nicht übermäßig erhöhen kann, ohne die Qualität zu beeinträchtigen. Diese ist nicht gefährdet, solange die mengenmäßige Steigerung durch die Kombination günstiger, von Natur aus vorhandener Faktoren erreicht wird; einige große Jahrgänge sind auch von der Menge her gute Jahrgänge. Die Steigerung der Erträge in den letzten Jahren ist nämlich mit der Verbesserung der Anbaubedingungen verknüpft. Die Grenze, die dabei nicht überschritten werden darf, hängt von der Qualität des Produkts ab: Der Höchstertrag liegt bei etwa 60 hl pro Hektar bei den großen Rotweinen; bei den trockenen Weißweinen ist er etwas höher. Um gute Weine zu erzeugen, braucht man außerdem ausreichend alte Rebstöcke (dreißig Jahre und älter), die ihr Wurzelwerk perfekt ausgebildet haben.

Der Wein ist eine für viele Krankheiten anfällige Pflanze: echter und falscher Mehltau, Schwarzfäule, Fäulnis und andere mehr. Diese Krankheiten beeinträchtigen die Ernte und übertragen auf die Trauben die schlechten Geschmackseigenschaften, die man dann im Wein wiederfindet. Die Weinbauern verfügen aber über wirksame Behandlungsmittel, die ebenfalls zur generellen Verbesserung der Qualität beitragen.

ANBAUGEBIET: ANPASSUNG DER REBSORTEN
AN DEN BODEN UND DAS KLIMA

Wein wird auf der nördlichen Erdhalbkugel zwischen dem 35. und 50. Breitengrad angebaut; er ist also sehr unterschiedlichen klimatischen Bedingungen angepaßt. Dennoch erlauben die nördlichen Anbaugebiete, die ja auch die kältesten sind, lediglich den Anbau von weißen Rebsorten, wobei man frühreifende wählt, die vor den Herbstfrösten zur Reife gelangen können. In warmen Klimazonen werden spätreifende Rebsorten angebaut, die ertragreich sind. Um guten Wein herzustellen, benötigt man reife Trauben, aber man braucht keine zu rasche und zu vollständige Reifung, die einen Verlust an Aromastoffen mit sich bringen würde. Man wählt deshalb Rebsorten, die die Reife gerade noch erreichen. In den großen Anbaugebieten der klimatischen Randzonen kommt die Unregelmäßigkeit des Wetters während der Reifeperiode von Jahr zu Jahr als Problem hinzu.

Übermäßige Trockenheit oder Feuchtigkeit können gleichfalls negative Auswirkungen haben. Eine wesentliche Rolle spielt dann die Bodenbeschaffenheit des Weinbergs, um die Versorgung der Pflanze mit Wasser zu regulieren: Der Boden führt im Frühling – zur Zeit des Wachstums – Wasser zu und leitet es während der Reifung ab, wenn es zu stark regnen sollte. Kies- und kalkhaltige Böden garantieren eine besonders gute Wasserregulierung. Man kennt aber auch berühmte Weinlagen mit Sand- und sogar Lehmböden. Unter Umständen ergänzt ein künstliches Dränagesystem diese natürliche Regulation. Das erklärt auch, daß Weinlagen von hohem Ansehen auf äußerlich unterschiedlichen Böden existieren und andererseits dicht beieinanderliegende Anbaugebiete mit scheinbar ähnlichen Böden unterschiedliche Qualität besitzen.

Bekannt ist auch, daß die Farbe und die aromatischen und geschmacklichen Eigenschaften von Weinen, die von ein und derselben Rebsorte stammen, trotz gleicher klimatischer Bedingungen Unterschiede aufweisen können, die von der Natur des Bodens und des Untergrunds herrühren. So spielt es beispielsweise eine Rolle, ob sie von Böden stammen, die sich auf Kalkstein, lehm- und kalkhaltigen Molassen oder Ton-, Sand- oder Kiessandablagerungen gebildet haben. Ein hoher Lehmanteil im Kiessand gibt kräftige Weine, die säure- und tanninreich sind, was aber auf Kosten der Feinheit geht. Der Sauvignon Blanc nimmt auf Kalkstein, Kiessand oder Mergel mehr oder weniger starke Duftnoten an. Jedenfalls ist der Wein eine besonders anspruchslose Pflanze, die auch auf armen Böden gedeiht. Diese Armut des Bodens ist überdies ein Qualitätskriterium beim Wein, denn sie begünstigt begrenzte Erträge, die wiederum verhindern, daß die Farb-, Aroma- und Geschmacksstoffe in zu geringer Konzentration auftreten.

DIE ARBEITEN IM WEINBERG

Der alljährliche Rebschnitt dient dazu, die Produktivität des Rebstocks zu regulieren, indem so eine übermäßige Entwicklung neuer Triebe unterbunden wird; er wird zwischen Dezember und März vorgenommen. Die Länge der Ranken, die sich nach der Stärke der jeweiligen Pflanze richtet, bestimmt unmittelbar die Menge des Ernteertrags. Durch die Bodenarbeiten im Frühjahr wird die Pflanze »freigelegt«, indem das angehäufelte Erdreich zur Mitte der Rebstockreihen hin zurückgeschoben wird und eine lockere Schicht bildet, die möglichst trocken bleiben soll. Das restliche Erdreich zwischen den einzelnen Rebstöcken wird dann abgetragen.

Während der gesamten Dauer des Wachstumszyklus werden die notwendigen Bodenarbeiten fortgeführt. Sie unterdrücken unerwünschtes Wachstum, halten den Boden locker und verhindern Wasserverlust infolge von Verdunstung. Die Unkrautvernichtung wird immer stärker mit Hilfe von chemischen Mitteln durchgeführt. Wenn nur künstliche Unkrautvernichtungsmittel eingesetzt werden, wird sie zu Ende des Winters vorgenommen.

Während der gesamten Wachstumsperiode schränkt der Winzer mit verschiedenen Maßnahmen die pflanzliche Versprossung ein: durch das Ausgeizen, die Entfernung unfruchtbarer Triebe, das Ausputzen, wodurch die Trauben später mehr Sonne erhalten, das Aufbinden, um die langen Triebe an den spalierten Rebstöcken festzumachen, und das Gipfeln, das Abschneiden der Enden der Triebe. Außerdem muß er die Rebe vor Krankheiten schützen. Der Pflanzenschutzdienst verbreitet Informationen, die es ermöglichen, die notwendigen Maßnahmen zur Besprühung der Rebstöcke mit wirksamen Mitteln zu planen.

Im Herbst schließlich, nach der Weinlese, dienen letzte Bodenarbeiten dazu, das Erdreich zu den Rebstöcken zurückzuschaffen und sie auf diese Weise vor den Winterfrösten zu schützen.

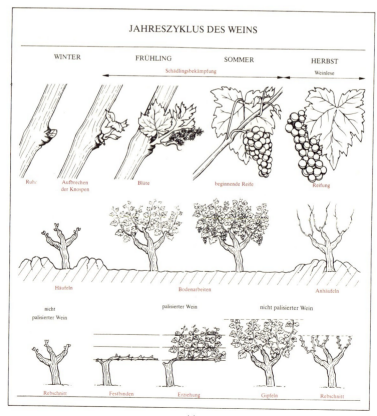

JAHRESZYKLUS DES WEINS

WINTER   FRÜHLING   SOMMER   HERBST

Schädlingsbekämpfung   Weinlese

Ruhe   Aufbrechen der Knospen   Blüte   beginnende Reife   Reifung

Häufeln   Bodenarbeiten   Anhäufeln

nicht palisierter Wein   palisierter Wein   nicht palisierter Wein

Rebschnitt   Festbinden   Erziehung   Gipfeln   Rebschnitt

KALENDER DES WINZERS

JANUAR

Der Rebschnitt wird in der Zeit von Dezember bis März durchgeführt, am besten aber um Sankt-Vinzenz herum, wenn es sich entscheidet, ob der Winter zu Ende ist oder wiederkehrt.

JULI

Die Schädlingsbekämpfung wird fortgesetzt, ebenso die Überwachung des Weins bei den starken Temperaturschwankungen.

FEBRUAR

Die Fässer werden für die Auffüllprozedur überwacht, die jedes Jahr regelmäßig vorgenommen wird. Die malolaktische Gärung muß abgeschlossen sein.

AUGUST

Bodenarbeiten wären schädlich für die Rebstöcke, aber man muß wachsam gegenüber bestimmten Schädlingen sein. In Gegenden mit frühreifenden Rebsorten wird der Gärkeller vorbereitet.

MÄRZ

Die Arbeiten im Weinberg beginnen. Man schließt den Rebschnitt ab (da der Rebschnitt im März nicht mehr viel wert ist). Weine, die früh getrunken werden, füllt man in Flaschen ab.

SEPTEMBER

Kontrolle der Reifung, indem man regelmäßig Trauben abnimmt, um den Zeitpunkt der Lese festzusetzen. Im mediterranen Anbaugebiet beginnt die Weinlese.

APRIL

Vor der Reblausinvasion pflanzte man Bäumchen. Heute erzieht man den Wein am Spalier mit Draht, außer in der Hermitage, der Côte Rôtie und Condrieu.

OKTOBER

In den meisten Anbaugebieten findet die Lese statt; außerdem beginnt man mit der Weinbereitung. Die lagerfähigen Weine werden in Fässer gefüllt, um dort ausgebaut zu werden.

MAI

Überwachung und Schutz gegen die Frühjahrsfröste. Hackarbeiten.

NOVEMBER

Die Primeurweine werden auf Flaschen abgezogen. Man kontrolliert die Entwicklung des neuen Weins. Der Rebschnitt beginnt.

JUNI

Man bindet die palisierten Rebstöcke fest und beginnt damit, die Triebe zu beschneiden. Das »Ansetzen« der Früchte oder das »Durchrieseln« der Blüten bestimmt über den Umfang der Ernte.

DEZEMBER

Die Temperatur der Keller muß konstant gehalten werden, damit die alkoholische und die malolaktische Gärung ablaufen können.

Durch die Anlage einer Abflußrinne für jede Reihe wird das abfließende Regen- und Schmelzwasser abgeleitet. Diese Arbeiten werden auch zum Untergraben von Dünger unter das Erdreich genutzt.

DIE TRAUBEN UND DIE WEINLESE

Die Weinlese wird immer stärker mechanisiert. Mit Rüttelvorrichtungen ausgestattete Maschinen lassen die Trauben auf ein Förderband fallen; ein Gebläse befreit sie dabei vom größten Teil der Blätter. Diese ziemlich grobe Behandlung der Trauben wirkt sich nicht unbedingt günstig auf die Qualität der späteren Weine aus, vor allem bei Weißweinen. Die Weinlagen, die ein besonderes Ansehen genießen, werden deshalb die letzten sein, die auf solche Erntemethoden zurückgreifen, wenn auch bereits beachtliche Erfolge in der Konzeption und Funktionsweise dieser Maschinen erzielt worden sind. Falls die Trauben zum Zeitpunkt der Lese zu reif sind, kann der zu geringe Säuregehalt durch Zusetzen von Weinsäure ausgeglichen werden. Sollte die Reife nicht ausreichend sein, so läßt sich der Säuregehalt durch Calciumcarbonat herabsetzen – zumal in diesem Fall die Trauben, die nicht genügend Zucker enthalten, einen Wein mit geringem Alkoholgehalt geben. Die Konzentration des Mostes spielt hierbei ebenfalls noch eine Rolle. Außerdem gestattet die Gesetzgebung, den Zuckergehalt des Mostes durch Zusatz von Zucker zu erhöhen; das nennt man Chaptalisierung (Trockenzuckerung).

MIKROBIOLOGIE DES WEINS

Das wesentliche mikrobiologische Phänomen, das der Entstehung von Wein zugrunde liegt, ist die alkoholische Gärung. Die Entwicklung einer besonderen Hefeart *(Saccharomyces cerevisae)* spaltet unter Luftabschluß den Zucker im Wein in Alkohol und Kohlensäure auf; dabei treten auch zahlreiche Nebenprodukte auf, die zum Aroma und zum Geschmack des Weins beitragen (Glyzerin, Bernsteinsäure, Ester etc.). Die Gärung entwickelt Energie, die eine Erwärmung des Gärtanks hervorruft, so daß unter Umständen eine Abkühlung notwendig werden kann.

Nach der alkoholischen Gärung kann es in bestimmten Fällen zur malolaktischen Gärung kommen; dabei wird die Apfelsäure unter dem Einfluß von Bakterien in Milchsäure und Kohlensäure aufgespalten. Die Folge ist ein niedriger Säuregehalt, wobei der Wein milder wird und seinen Charakter verfeinert; gleichzeitig gewinnt der Wein eine bessere Stabilität für seine Lagerung. Rotwein wird durch die Nachgärung immer verbessert; beim Weißwein wirkt sich der biologische Säureabbau nicht so einheitlich aus. Aber diese Hefepilze und Milchsäurebakterien sind stets auf den Trauben vorhanden; sie entwickeln sich im Weinkeller durch die Verwendung des Traubenguts. Beim Auffüllen des Gärbehälters reicht die Impfung mit Hefekulturen in der Regel aus; man kann aber auch unter Umständen Trockenhefen zusetzen, wie sie vom Handel angeboten werden. Die Möglichkeit, den typischen Charakter von Weinen durch die Verwendung von Reinzuchthefe zu verändern, ist niemals ganz klar bewiesen worden; die Qualität des Weins beruht immer auf der Qualität der Trauben, also auf natürlichen Faktoren (Weinlage und Boden).

Die Hefepilze entwickeln sich immer vor den Bakterien, deren Wachstum erst einsetzt, wenn die Hefen den Gärprozeß beendet haben. Falls die Gärung zum Stillstand kommt, bevor der gesamte Zucker in Alkohol umgewandelt worden ist, kann der Restzucker von Bakterien unter Erzeugung von Essigsäure, einer flüchtigen Säure, weiter aufgespalten werden. Es handelt sich dabei um eine schwere Störung, die unter dem Namen »Essigstich« bekannt ist. Ein erst in jüngster Zeit entdecktes Verfahren macht es möglich, die toxischen Stoffe zu eliminieren, die von den Hefepilzen selbst gebildet werden. Im Laufe der Lagerung bleiben immer Bakterienstämme im Wein zurück, die schwerwiegende Erkrankungen des Weins hervorrufen können: Aufspaltung bestimmter Bestandteile des Weins, Oxidation und Bildung von Essigsäure (Verfahren zur Herstellung von Essig). Die Sorgfalt, die heute bei der Weinbereitung aufgewendet wird, hilft, diese Risiken zu vermeiden.

Herstellung von Rotwein

In den meisten Fällen werden die Trauben zunächst entrappt. Die Traubenbeeren werden dann gekeltert; die Mischung aus Fruchtfleisch, Kernen und Schalen kommt in den Gärbehälter, nachdem man etwas schwefelige Säure zugesetzt hat, um den Schutz vor Oxidationsprozessen und bakteriellen Verunreinigungen sicherzustellen. Schon zu Beginn der Gärung wirbelt die Kohlensäure alle festen Teilchen nach oben, die an der Oberfläche des Gärguts eine »Tresterhut« genannte feste Masse bilden.

Im Gärbehälter findet gleichzeitig mit der Maischung der Beerenhülsen und der Kerne im Traubensaft die alkoholische Gärung statt. Die vollständige Vergärung des Zuckers dauert im allgemeinen fünf bis acht Tage; begünstigt wird sie durch die Zufuhr von Luft, die das Wachstum der Hefekulturen erhöht, und durch die Kontrolle der Temperatur (etwa 30°C), die das Absterben dieser Hefen verhindert. In erster Linie verleiht die Maischung dem Rotwein seine Farbe und seine Gerbstoffe. Die Weine, die zu langem Altern bestimmt sind, müssen reich an Tanninen sein und daher eine lange Maischegärung (zwei bis drei Wochen) bei 25 bis 30°C durchlaufen. Dagegen müssen die Rotweine, die jung getrunken werden sollen (Primeurtyp), fruchtig und gerbsäurearm sein; ihre Maischegärung wird auf ein paar Tage beschränkt.

Der Abstich des Gärbehälters ist die Trennung des »Vorlauf-« oder »Wirzwein« genannten Jungweins vom Trester. Durch Keltern erhält man den »Preßwein«. Ob man ihn unter Umständen mit dem Vorlauf vermischt, hängt von Geschmacks- und Analysekriterien ab. Vorlauf- und Preßwein werden getrennt in Gärtanks gehalten, wo sie die Schlußgärung durchlaufen: Dabei löst sich der Restzucker auf; außerdem setzt die malolaktische Gärung ein.

Diese Technik ist die Grundmethode, aber es existieren noch weitere Vinifizierungsarten, die in bestimmten Fällen von besonderem Vorteil sind (Weinbereitung mittels Kurzhocherhitzung, Kohlensäuremaischung).

Herstellung von Roséwein

Clairets sind mehr oder weniger rötlich gefärbte Zwischenstufen zwischen Weiß- und Rotweinen. Man erzeugt sie durch verschieden kräftige Maischung der Trauben, also kaum rosafarben oder stark rötlich. Zumeist werden sie durch direktes Keltern von dunklen Trauben oder durch Abstechen des Mosts nach kurzer Maischegärung hergestellt. In diesem letzten Fall wird der Gärbehälter wie bei der klassischen Rotweinherstellung aufgefüllt; nach ein paar Stunden zieht man eine bestimmte Menge des Mostes ab, der dann getrennt gärt. Der Gärtank wird wieder aufgefüllt, um Rotwein herzustellen.

Herstellung von Weißwein

Beim Weißwein gibt es eine große Vielfalt an Typen; jedem Typ entspricht die passende Vinifizierungstechnik und die geeignete Qualität des Traubenguts. Zumeist entsteht Weißwein aus der Vergärung von reinem Traubensaft; das Keltern geht also der Gärung voraus. In bestimmten Fällen jedoch führt man eine kurze Maischung der Beerenhülsen vor der Vergärung durch, um die Aromastoffe herauszuziehen. Man benötigt dazu Trauben, die gesund und reif sind, um geschmackliche (Bitterkeit) und olfaktorische Fehler (schlechter Geruch) zu vermeiden. Den Saft gewinnt man, indem man die Trauben keltert, sie zerquetscht und in einen Behälter gibt, wo der Saft von selbst ausläuft, oder sie auspreßt. Der Preßmost wird getrennt vergoren, weil er von geringerer Qualität ist. Der sehr empfindliche weiße Saft wird sofort danach durch Zusatz von schwefeliger Säure gegen Oxidation geschützt. Schon bei der Saftgewinnung nimmt man seine Vorklärung vor. Außerdem wird der Gärbehälter ständig auf einer Temperatur unter 20°C gehalten, was die Aromastoffe vor Fermentierung schützt.

In vielen Fällen ist die malolaktische Gärung unerwünscht, weil Weißweine eine säuerliche Frische gut vertragen und diese Nachgärung das typische Aroma der Rebsorten verringert. Weißweine, die trotzdem die sekundäre Gärung durchlaufen, erhalten Fett und Fülle, wenn sie im Faß ausgebaut werden und zu langem Altern bestimmt sind (Burgund). Überdies garantiert sie die biologische Stabilisierung der Flaschenweine.

DER WEIN

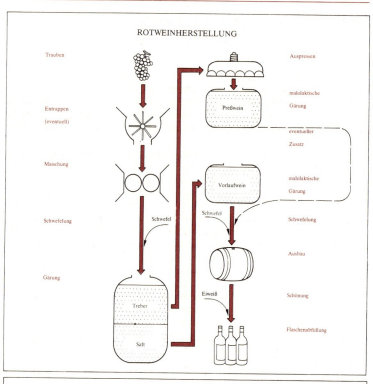

ROTWEINHERSTELLUNG

Trauben	Auspressen
Entrappen (eventuell)	malolaktische Gärung
Maischung	eventueller Zusatz
	malolaktische Gärung
Schwefelung	Schwefelung
Gärung	Ausbau
	Schönung
	Flaschenabfüllung

Preßwein

Vorlaufwein

Schwefel

Schwefel

Treber

Saft

Eiweiß

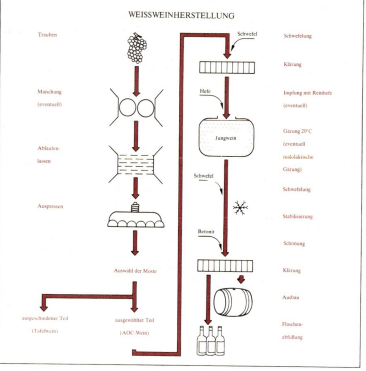

WEISSWEINHERSTELLUNG

Trauben	Schwefelung
	Klärung
Maischung (eventuell)	Impfung mit Reinhefe (eventuell)
	Gärung 20°C (eventuell malolaktische Gärung)
Ablaufenlassen	Schwefelung
	Stabilisierung
Auspressen	Schönung
	Klärung
	Ausbau
	Flaschenabfüllung

Schwefel

Hefe

Jungwein

Schwefel

Betonit

Auswahl der Moste

ausgeschiedener Teil (Tafelwein)

ausgewählter Teil (AOC-Wein)

Die Herstellung von süßen Weinen setzt zuckerreiche Trauben voraus. Ein Teil des Zuckers wird in Alkohol umgewandelt, aber die Gärung wird gestoppt, bevor sie zu ihrem Abschluß kommt; durch schwefelige Säure und Abtrennung der Hefe durch Ablassen vom Trub oder Zentrifugieren oder durch Pasteurisierung. Die Sauternes- und Barsac-Weine, die einen besonders hohen Alkoholgehalt (13 bis 16°) haben und besonders zuckerreich (50 bis 100 g/l) sind, verlangen somit sehr reife Trauben. Diese Konzentrierung wird durch die »Edelfäule« erreicht, die mit der besonderen Entwicklung eines Pilzes, *botrytis cinerea*, und dem Pflücken durch wiederholtes Aussortieren zusammenhängt.

DER AUSBAU DER WEINE – STABILISIERUNG – SCHÖNUNG

Der junge Wein ist herb, trüb und kohlensäurereich; die Phase des Ausbaus (Klärung, Stabilisierung, Verfeinerung der Qualität) begleitet ihn bis zur Abfüllung in Flaschen. Sie dauert je nach Weintyp mehr oder weniger lang: Die »Primeur«-Weine werden ein paar Wochen, manchmal sogar einige Tage nach dem Ende der Vinifizierung auf Flaschen abgezogen; die lagerfähigen Spitzenweine werden dagegen zwei Jahre und länger ausgebaut.

Das Klären kann durch einfache Ablagerung oder durch Absetzenlassen (Abstich) geschehen, wenn der Wein in Behältern mit kleinem Fassungsvermögen (Holzfaß) aufbewahrt wird. Die Zentrifugierung oder die Filtrierung wird angewendet, wenn der Wein in einem großen Gärtank lagert (die Verarbeitung vom flüssigem Trub fällt dann fort).

Aufgrund seiner Komplexität kann der Wein Trübungen und Ablagerungen verursachen; es handelt sich dabei um ganz natürliche Erscheinungen, die auf Mikroben zurückgehen oder chemisch bedingt sind. Treten sie in der Flasche auf, sind das äußerst schwerwiegende Störungen; deshalb muß die Stabilisierung vor der Abfüllung stattfinden.

Die durch Mikroorganismen verursachten Störungen (bakterieller Stich oder Nachgärung) kann man vermeiden, indem man den Wein unter Luftabschluß in einem vollen Behälter aufbewahrt. Das Auffüllen besteht darin, die Behälter regelmäßig gerade so voll zu machen, daß der Kontakt mit der Luft vermieden wird. Außerdem ist die schwefelige Säure ein gebräuchliches Antiseptikum und Antioxidans. Ihre Wirkung kann durch (antiseptische) Sorbinsäure oder (oxidationshemmende) Ascorbinsäure ergänzt werden.

Die Behandlung der Weine ist eine Notwendigkeit; es gibt relativ wenige Mittel, die dabei eingesetzt werden. Man kennt ihre jeweilige Wirkungsweise sehr gut, die die Qualität nicht beeinträchtigt; auch ihre Unschädlichkeit ist wohl bewiesen. Dennoch tendiert man heute dazu, bereits bei der Weinbereitung einzugreifen, um so die Nachbehandlung der Weine möglichst einzuschränken.

Die Ablagerung von Weinstein kann durch Kältebehandlung vor der Flaschenabfüllung verhindert werden. Metaweinsäure wirkt zwar unmittelbar als Verhütungsmittel gegen die Kristallbildung, aber ihr Schutz ist nur begrenzt. Die Schönung besteht darin, dem Wein Eiweiß (Hühnereiweiß, Gelatine) zuzusetzen; dieses flockt im Wein aus und beseitigt dabei die in Suspension befindlichen Teilchen ebenso wie Bestandteile, die den Wein auf Dauer trüben können. Die Schönung der Rotweine (mit Eiweiß) ist eine alte Praxis, die unverzichtbar ist, um ein Übermaß an Farbstoffen zu beseitigen, die ausflocken und dann die Innenwandung der Flasche überziehen würden. Gummiarabikum besitzt eine ähnliche Wirkung; es wird bei Tafelweinen verwendet, die bald nach der Flaschenabfüllung getrunken werden sollen. Die Koagulation der natürlichen Eiweißstoffe in Weißweinen (Eiweißausfällung) wird dadurch vermieden, daß sie durch die Bindung an kolloiden Ton, das Bentonit, entfernt werden. Ein zu hoher Metallgehalt (Eisen und Kupfer) führt ebenso zu Trübungen; diese Metallspuren können mit Blutlaugensalz ausgefällt werden (Blauschönung).

Der Ausbau umfaßt auch eine Phase der Verfeinerung. Dabei wird das im Übermaß vorhandene Kohlendioxid, das von der Gärung herrührt, entfernt. Die Regulierung des Kohlendioxidgehalts hängt vom Stil ab: Die Kohlensäure gibt den trockenen Weißweinen und den jungen Weinen Frische; hingegen macht sie die lagerfähigen Weine, insbesondere die großen Rotweine, hart. Die behutsame Zufuhr von Sauerstoff garantiert ebenfalls eine Umwandlung der Tannine bei den jungen Rotweinen; sie ist unverzichtbar für ihre spätere Flaschenalterung.

Das Eichenholzfaß verleiht den Weinen ein Vanillearoma, das perfekt mit dem Aroma der Frucht harmoniert, vor allem wenn das Holz neu ist. Eichenholz aus dem Departement Allier (Wald von Tronais) eignet sich besser als Eichenholz aus dem Limousin. Bevor das Holz verwendet werden kann, muß es drei Jahre lang aufgespalten an der Luft getrocknet worden sein. Dieser Ausbautyp ist Teil der Tradition der großen Weine, aber er ist sehr aufwendig (Kaufpreis der Fässer, manuelle Arbeit, Schwund durch Verdunstung). Außerdem können die etwas älteren Fässer eine Quelle bakterieller Verunreinigungen sein und so dem Wein mehr Fehler als Qualitäten einbringen.

ABFÜLLUNG – ALTERUNG IN FLASCHEN

Der Ausdruck »Alterung« ist eigens der langsamen Reifung des Weins vorbehalten, der in der Flasche unter vollständigem Ausschluß des Luftsauerstoffs aufbewahrt wird. Die Flaschenabfüllung verlangt viel Sorgfalt und Sauberkeit; man muß verhindern, daß der Wein, nachdem er völlig geklärt worden ist, durch diesen Vorgang wieder verunreinigt wird. Außerdem müssen Vorsorgemaßnahmen getroffen werden, damit das angegebene Volumen (75 cl bei 20°C) eingehalten wird. Kork bleibt das bevorzugte Material zum Verschließen der Flaschen; dank seiner Elastizität garantiert er eine gute luftdichte Abgeschlossenheit. Dieses Material unterliegt jedoch dem Verfall; man sollte deshalb die Korken alle 25 Jahre auswechseln. Darüber hinaus beinhaltet die Verkorkung noch zwei weitere Risiken: leckende Flaschen und »Korkgeschmack«.

Die Veränderungsprozesse des Weins in der Flasche sind überaus komplex. Zunächst tritt eine Veränderung in der Farbe auf, die besonders augenfällig bei den Rotweinen ist. Die Farbe, die bei den jungen Weinen lebhaft rot ist, entwickelt sich in Richtung auf mehr gelbe Farbabstufungen hin; die Färbung erinnert dann an Ziegel oder Backsteine. Bei den ganz alten Weinen ist die rote Farbnuance vollständig verschwunden; Gelb und Kastanienbraun dominieren hier. Diese Veränderungen sind auch verantwortlich für die Ablagerung von Farbstoffen, wenn die Weine sehr alt sind. Den Geschmack der Tannine beeinflussen sie, indem sie eine Milderung des Weins in seinem Gesamtcharakter bewirken.

Im Laufe der Flaschenalterung kommt es auch zu einer Entfaltung des Aromas; dabei tritt das »Bukett« zutage, das eigentümlich für den alten Wein ist. Es handelt sich dabei um vielschichtige Veränderungen, deren chemische Grundlagen unklar bleiben (Veresterungsphänomene treten nicht auf).

QUALITÄTSKONTROLLE

Wenn es auch die chemische Analyse möglich macht, Anomalien festzustellen und bestimmte Fehler des Weins aufzuzeigen, so sind ihre Grenzen bei der Festlegung der Qualität doch nur zu bekannt. In letzter Instanz ist die Weinprobe das entscheidende Kriterium bei der Beurteilung der Qualität. Seit etwa zwanzig Jahren sind in den Techniken der Sinnenprüfung beträchtliche Erfolge erzielt worden, die es erlauben, die subjektiven Aspekte besser zu meistern. Sie berücksichtigen die Erkenntnisse auf dem Gebiete der Geruchs- und Geschmacksphysiologie und die praktischen Bedingungen der Degustation. Das Geschmacksgutachten kommt immer stärker in der Qualitätskontrolle zum Tragen, nämlich bei der Zulassung der Weine mit kontrollierter Herkunftsbezeichnung.

Die gesetzlich vorgeschriebene Qualitätskontrolle des Weins ist nämlich seit langer Zeit Pflicht. Das Gesetz vom 1. August 1905 über die Rechtschaffenheit von Handelsgeschäften bildet die erste offizielle Verlautbarung. Aber die gesetzliche Reglementierung ist ständig verbessert worden in dem Maße, wie die Kenntnisse über die Beschaffenheit des Weins und über seine Veränderungsprozesse Fortschritte gemacht haben. Die Regelung durch Vorschriften legt eine Art von Mindestqualität fest und verhindert damit die Hauptmängel; dabei stützt sie sich auf die chemische Untersuchung. Außerdem regt sie zu technischen Fortschritten bei der Verbesserung dieses Mindestniveaus an. Die Abteilung für Verbraucherschutz und Ahndung von Betrug ist verantwortlich für die Überprüfung der Untersuchungsnormen, die auf diese Weise aufgestellt worden sind. Ergänzt wird dieses Vorgehen durch das Nationale Institut der Herkunftsbezeichnungen, das die Aufgabe hat, nach Rücksprache mit den beteiligten Verbänden die Produktionsbedingungen festzusetzen und ihre Kontrolle zu garantieren: Anbaufläche, Art der Rebsorten, Art der Bepflanzung und des Rebschnitts, Anbaumethoden, Kellertechniken, Beschaffenheit des Mostes und des Weins, Ertrag.

Pascal Ribéreau-Gayon

LEITFADEN FÜR DEN VERBRAUCHER

Einen Wein zu kaufen ist die leichteste Sache von der Welt, ihn ganz bewußt auszuwählen, die schwierigste. Wenn man die gesamte Produktion an Erzeugnissen des Weinbaus betrachtet, so sieht sich der Liebhaber mit einigen hunderttausend verschiedenen Weinen konfrontiert.

Frankreich allein produziert mehrere zehntausend Weine, die alle einen spezifischen Charakter und besondere Eigenheiten besitzen. Was sie ganz offensichtlich – außer ihrer Farbe – unterscheidet, ist das Etikett. Daher auch seine Bedeutung und die Sorge der Behörden und der zuständigen beruflichen Stellen für die gesetzliche Regelung seines Gebrauchs und seines Erscheinungsbildes. Daher auch für den Käufer die Notwendigkeit, hinter seine Geheimnisse zu kommen.

DAS ETIKETT

Das Etikett erfüllt mehrere Funktionen. Die erste Aufgabe hat gesetzlichen Charakter: anzuzeigen, wer im Falle eines Rechtsstreits für den Wein verantwortlich ist. Das kann ein Händler sein oder ein Weingutbesitzer, der gleichzeitig Erzeuger ist. In gewissen Fällen werden diese Angaben noch durch Hinweise bestätigt, die oben auf der Kapsel über dem Korken zu finden sind.

Die zweite Funktion des Etiketts ist von ganz besonderer Wichtigkeit; sie schreibt die Kategorie fest, zu der der Wein gehört: Tafelwein, Landwein, Herkunftsbezeichnung bestimmten Weins gehobener Qualität oder Wein mit kontrollierter Herkunftsbezeichnung oder für die beiden letzten auf französisch abgekürzt AOVDQS und AOC, wobei diese gemäß dem europäischen Sprachgebrauch den Qualitätsweinen bestimmter Anbaugebiete, französisch VQPRD abgekürzt, gleichgestellt sind.

Appellation d'Origine Contrôlée (Kontrollierte Herkunftsbezeichnung)

Das ist die Spitzenklasse, die aller großen Weine. Das Etikett trägt verbindlich die Angaben

XXX

APPELLATION CONTRÔLÉE

oder APPELLATION XXXX CONTRÔLÉE.

Diese Angabe bezeichnet ausdrücklich eine Region, eine Gruppe von Gemarkungen, eine Gemeinde oder manchmal sogar eine Weinlage (oder eine Einzellage), in der sich der Weinberg befindet. Stillschweigend eingeschlossen ist darin, daß ein Wein gemäß den »örtlichen, gesetzlichen und feststehenden Gebräuchen« hergestellt sein muß, d. h. aus edlen Rebsorten, die amtlich anerkannt sind und in ausgesuchten Anbaugebieten angepflanzt und nach den regional gültigen Traditionen vinifiziert sind; nur dann hat er das Recht auf die kontrollierte Herkunftsbezeichnung. Ertrag pro Hektar und Alkoholgehalt sind gesetzlich festgelegt. Jedes Jahr werden die Weine von einer Degustationskommission genehmigt.

Diese nationalen Vorschriften werden durch die institutionalisierte Anwendung örtlicher Gewohnheiten ergänzt. So wird im Elsaß die regionale Appellation praktisch immer durch die Angabe der Rebsorte ergänzt. In Burgund dürfen nur die Premiers Crus mit Buchstaben angegeben werden, die ebenso groß wie die für die Bezeichnung der Gemarkung verwendeten sind; die Einzellagen, die nicht in der ersten Kategorie eingestuft sind, dürfen hingegen nur in kleineren Buchstaben erscheinen, die nur halb so groß wie die für die Appellation sind. Auf dem Etikett der Grands Crus erscheint übrigens keine Herkunftsgemeinde, weil die Grands Crus eine eigene Appellation besitzen.

Appellation d'Origine Vin Délimité de Qualité Supérieure (Herkunftsbezeichnung bestimmten Weins gehobener Qualität)

Als Vorstufe der obigen Klasse ist diese Kategorie deutlich den gleichen gesetzlichen Vorschriften unterworfen. Die AOVDQS-Weine werden gemäß Weinprobe gekennzeichnet. Das Etikett trägt verbindlich die Angabe APPELLATION D'ORIGINE VIN DÉLIMITÉ DE QUALITÉ SUPÉRIEURE und eine AOVDQS-Banderole. Sie sind keine Weine, die durch die Lagerung besser werden, aber einige davon verdienen es, eingekellert zu werden.

WIE MAN EIN ETIKETT LIEST

Anhand des Etiketts muß man den Wein und den gesetzlich dafür verantwortlichen Hersteller identifizieren können. Auf dem Etikett muß der Name des Abfüllers erscheinen, der als letzter an der Erzeugung des Weins beteiligt war. Jede Bezeichnung der Kategorie ist an spezielle Vorschriften der Etikettgestaltung gebunden. Die vorrangige Aufgabe des Etiketts besteht darin, die Zugehörigkeit des Weins zu einer der vier folgenden Kategorien anzuzeigen: Tafelwein (obligatorische Erwähnung der Herkunft, des Alkoholgehalts, der Füllmenge sowie des Namens und der Adresse des Abfüllers; die Angabe des Jahrgangs ist untersagt), Landwein, Wein von gehobener Qualität aus einem bestimmten Anbaugebiet (AOVDQS), Qualitätswein kontrollierter Herkunft (AOC).

AOC Alsace
grüne Steuermarke (Kapsel)

Bezeichnung der Kategorie (obligatorisch)

Angabe der Rebsorte (nur bei reinsortigen Weinen erlaubt)

Füllmenge (obligatorisch)

alle Angaben obligatorisch

für die Ausfuhr in bestimmte Länder erforderlich

Alkoholgehalt (obligatorisch)

AOC Bordeaux
grüne Steuermarke

einer Marke gleichgestellt (fakultativ)

Jahrgang (fakultativ)

Klassifizierung (fakultativ)

Bezeichnung der Kategorie (obligatorisch)

Name und Adresse des Abfüllers (obligatorisch)

der Begriff »Propriétaire« (= Weingutbesitzer) legt den Status des Erzeugers fest

fakultativ

Füllmenge (obligatorisch)

für die Ausfuhr in bestimmte Länder erforderlich

Alkoholgehalt (obligatorisch)

AOC Bourgogne
grüne Steuermarke

die Angabe des Jahrgangs, oft auf einer Banderole, ist freigestellt

Name der Reblage (fakultativ); wenn die Buchstaben die gleiche Größe wie bei der Appellation haben, handelt es sich um einen Premier Cru

Bezeichnung der Kategorie (obligatorisch)

Alkoholgehalt (obligatorisch)

Name und Adresse des Abfüllers (obligatorisch); zeigt außerdem, ob es sich um eine Erzeugerabfüllung oder um den Wein eines Händlers handelt

für die Ausfuhr in bestimmte Länder erforderlich

Füllmenge (obligatorisch)

AOC Champagne
grüne Steuermarke

ohne große Bedeutung (fakultativ)

obligatorisch

jeder Champagner ist ein AOC-Wein, diese Angabe erscheint nicht eigens; dies ist die einzige Ausnahme von der Vorschrift, die eine Erwähnung der kategoriellen Bezeichnung fordert

Marke und Adresse (obligatorisch; zu ergänzen wäre eigentlich »abgefüllt von . . .«

Füllmenge (obligatorisch)

Status des Erzeugers und Nummer im Berufsregister (fakultativ)

Weintyp, Dosage (obligatorisch)

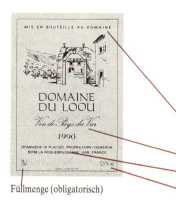

AOVDQS
grüne Steuermarke

Jahrgang (fakultativ)

Rebsorte (fakultativ, nur bei reinsortigen Weinen erlaubt)

Name der Appellation (obligatorisch)

Bezeichnung der Kategorie (obligatorisch)

Alkoholgehalt (obligatorisch)

Name und Adresse des Abfüllers (obligatorisch)

Angabe »à la propriété« (= auf dem Weingut) (fakultativ)

obligatorische Vignette

Füllmenge (obligatorisch)

Kontrollnummer (in Frankreich obligatorisch)

Vins de Pays
blaue Steuermarke

als Tafelweine sind sie an die gleichen Bestimmungen bei den Angaben gebunden; den Worten »Vin de pays« (= Landwein) muß die Angabe des Anbaubereichs folgen

»au domaine« (= auf dem Weingut) (fakultative Angabe für die Abfüllung)

geographischer Anbaubereich (obligatorisch)

Name und Adresse des Abfüllers (obligatorisch)

Füllmenge (obligatorisch)

Alkoholgehalt (obligatorisch)

Vin de Pays (Landwein)

Das Etikett der Landweine gibt genau die geographische Herkunft des Weins an. Man liest VIN DE PAYS DE . . ., gefolgt von einer regionalen Angabe.

Diese Weine stammen von mehr oder weniger edlen Rebsorten, die gesetzlich verzeichnet sind und in einem ziemlich großen, aber gleichwohl begrenzten Anbaugebiet angepflanzt werden. Überdies werden ihr Alkoholgehalt, ihr Säuregehalt und ihr Anteil an flüchtiger Säure kontrolliert. Diese Weine, die frisch, fruchtig und vollmundig sind, werden jung getrunken; sie einzukellern ist nutzlos, wenn nicht sogar schädlich.

Weitere Angaben und Hinweise können das Etikett ergänzen. Sie erscheinen zwar nicht obligatorisch wie die voranstehenden, unterliegen aber gleichwohl der amtlichen Regelung. Die Begriffe »Clos« (umfriedeter Weinberg), »Château« (Weingut) und »Cru Classé« (klassifizierte Weinlage) dürfen nur verwendet werden, wenn sie einem alten Brauch, einer Tatsache entsprechen. Was die Etiketten dadurch an Einfallsreichtum verlieren, gewinnen sie an Wahrheitsgehalt. Der Käufer wird sich bestimmt nicht beklagen, wenn sie immer glaubwürdiger werden.

Jahrgang und Flaschenabfüllung

Zwei Angaben, die nicht obligatorisch erscheinen, aber sehr wichtig sind, ziehen die Aufmerksamkeit des Weinliebhabers auf sich: der Jahrgang, entweder auf dem Etikett – das ist am besten – oder an einem aufgeklebten Band am Flaschenhals, und die genaue Angabe des Orts der Flaschenabfüllung.

Der anspruchsvolle Weinliebhaber wird nur eine Erzeugerabfüllung dulden: MIS(E) EN BOUTEILLE(S) AU (oder DU) DOMAINE, A (oder DE) LA PROPRIÉTÉ oder AU (oder DU) CHÂTEAU.

Jede andere Angabe, d. h. jeder Hinweis, der nicht einen ausschließlichen und engen Zusammenhang zwischen dem Ort, wo der Wein bereitet worden ist, und dem, wo er auf Flaschen abgezogen worden ist, herstellt, ist ohne Interesse.

Die Sorge der Behörden und der mehrere Berufsgruppen umfassenden Komitees ist immer eine zweifache gewesen. Zunächst sollen die Erzeuger dazu bewogen werden, die Qualität zu verbessern; und diese Qualität wird durch die Kennzeichnung gemäß Weinprobe kontrolliert. Dann veranlassen sie auch alles Nötige, damit der gekennzeichnete Wein tatsächlich der ist, der in der Flasche mit dem Warenkennzeichen verkauft wird, unvermischt, unverschnitten und ohne die Möglichkeit des Ersatzes. Trotz aller Arten von Vorsichtsmaßnahmen einschließlich der Kontrolle des Transportweges der Weine bleibt aber nach wie vor die beste Echtheitsgarantie die der Erzeugerabfüllung. Denn ein Weingutbesitzer, der zugleich Erzeuger ist, hat nicht das Recht, Wein anzukaufen, um ihn in seinem Weinkeller einzulagern; dieser darf nämlich nur den Wein enthalten, den er selbst erzeugt hat.

Anzumerken ist noch, daß die Flaschenabfüllungen, die in einer Genossenschaft oder durch diese für ein Genossenschaftsmitglied vorgenommen werden, ebenfalls als »Erzeugerabfüllung« bezeichnet werden können.

Die Kapseln

Die meisten Flaschen tragen eine Kapsel über dem Korkverschluß. Diese Kapsel besitzt manchmal eine Steuerbanderole als Nachweis, daß die sie betreffenden Transportgebühren, umgangssprachlich als »Congé« (Bescheinigung über beim Abtransport entrichtete Abgaben für Getränke) bezeichnet, bezahlt worden sind. Wenn die Flaschen nicht auf diese Weise »versteuert« sind, müssen sie von einer Quittung (oder Transportbescheinigung) begleitet sein, die vom nächsten Finanzamt ausgestellt wird (siehe dazu »Der Weintransport« weiter unten).

Diese Banderole erlaubt es auch, den Erzeugerstatus (Weingutbesitzer oder Weinhändler) und den Anbaubereich zu bestimmen. Die Kapseln über dem Korken können eine Steuermarke tragen oder nicht, sie können auch den Erzeuger nennen oder nicht; im allgemeinen besitzen sie beide Angaben. Bei Schaumweinen mit Herkunftsbezeichnung ist die Angabe der Appellation auf dem Korken obligatorisch.

Die Korkenprägung

Die Erzeuger von Qualitätsweinen verspürten das Bedürfnis, ihre Etiketten dadurch zu bestätigen, daß sie die Korken kennzeichneten. Ein Etikett kann sich ablösen, während der Korken erhalten bleibt. Deshalb sind dort die Herkunft des Weins und der Jahrgang aufgeprägt. Das geschieht auch, um eventuelle Betrüger zu entmutigen, die sich nicht mehr damit zufriedengeben können, einfach Etiketten auszutauschen.

WIE UND WO MAN WEIN KAUFEN SOLL

Die Vertriebswege des Weinhandels sind komplex und vielfältig; sie reichen vom kürzesten bis zum verschlungensten, wobei jeder seine Vor- und Nachteile besitzt.

Auf der anderen Seite nimmt die Verkaufsweise des Weins unterschiedliche Formen an, je nach der Präsentation (offen oder in Flaschen) und seiner Verkaufsperiode (Primeur-Kauf).

Weine zum Trinken, Weine zum Einkellern

Der Kauf von Weinen zum Trinken oder von Weinen zum Einkellern geht nicht auf dieselbe Weise vor sich. Wenn die Ziele entgegengesetzt sind, muß auch die Auswahl gegensätzlich sein. Die Weine, die zum alsbaldigen Verbrauch bestimmt sind, sollen trinkfertig sein, d. h. Primeurweine, Landweine, Weine von kleiner oder mittlerer Herkunft oder Weine aus einem Jahrgang, der sich rasch entwickelt; oder es handelt sich um große Weine auf ihrem Höhepunkt, die auf dem Markt fast oder überhaupt nicht aufzufinden sind.

In allen Fällen, noch offensichtlicher bei den Spitzenweinen, ist eine Ruhezeit von zwei Tagen bis zwei Wochen nach dem Einkauf, also dem Transport, notwendig, bevor man den Wein trinkt. Alte Flaschen werden mit unendlicher Vorsicht umgestellt, senkrecht und ohne anzustoßen, um ein Aufwirbeln des Depots zu vermeiden.

Die Weine, die man einkellern will, sollten jung gekauft werden, in der Absicht, sie altern zu lassen. Kaufen sollte man immer die bestmöglichen Weine bei großen Jahrgängen, stets auch solche Weine, die nicht nur dem Verschleiß durch die Zeit widerstehen, sondern mit den Jahren besser werden.

Der Kauf von offenem Wein

Kauf von »offenem Wein« (»en vrac«) wird der Einkauf von Wein genannt, der nicht in Flaschen abgefüllt ist. Die Bezeichnung »Kauf von Wein im Faß« (»en cercle«) ist dem Einkauf von 900-Liter-Fässern vorbehalten, während der »offene« Wein in Behältern jeglicher Beschaffenheit transportiert werden kann, vom 220 hl fassenden Kesselwagen aus Stahl bis zum Plastikbehälter mit einem Fassungsvermögen von 5 Litern, nicht zu vergessen den Glasballon.

Der Verkauf von offenem Wein wird von den Genossenschaften, manchen Weingutbesitzern, einigen Weinhändlern und sogar von Einzelhändlern praktiziert. Das ist die Form, die man auch »Wein, verkauft bei Abfüllung« nennt. Dieser Verkauf betrifft nur einfache Tischweine und die Weine von mittlerer Qualität. Selten wird es vorkommen, daß man einen Wein von hoher Qualität offen erwerben kann. In einigen Gegenden ist dieser Verkaufstyp untersagt; das ist so der Fall bei den Crus Classés des Bordelais.

Man muß den Weinliebhaber davor warnen zu glauben, daß – selbst wenn es ein Winzer behauptet – der offene Wein identisch ist mit dem Wein, den er in Flaschen verkauft. Das ist nicht ganz richtig, denn er wählt immer die besten Fässer für den Wein aus, den er selbst auf Flaschen abzieht.

Der Einkauf von offenem Wein ermöglicht jedoch eine Ersparnis in der Größenordnung von 25%, da es üblich ist, für einen Liter maximal den Preis zu zahlen, der für eine Flasche (von 0,75 l) berechnet wird.

Der Käufer spart auch bei den Transportkosten, aber er muß Korken und Flaschen kaufen, wenn er keine besitzt. Außerdem muß man die (nicht sehr hohen) Kosten für den Rücktransport des Fasses einberechnen, wenn das Geschäft als Kauf im Faß abgeschlossen wird.

Hier die gebräuchlichsten Fassungsvermögen von Fässern:

Barrique bordelaise (Bordeaux)	225 Liter
Pièce bourguignonne (Bourgogne)	228 Liter
Pièce mâconnaise (Mâconnais)	216 Liter
Pièce de Chablis (Chablisien)	132 Liter
Pièce champenoise (Champagne)	205 Liter

Die Flaschenabfüllung ist eine einfache Prozedur, wenn man sie öfter durchführt; sie wirft keine großen Probleme auf, obwohl dies manchmal behauptet wird – sofern man sich an einige elementare Regeln hält, die weiter unten beschrieben sind.

Der Kauf in Flaschen

Der Kauf von Wein in Flaschen kann beim Winzer, in der Genossenschaft, beim Weinhändler oder an irgendeinem Punkt des üblichen Vertriebsnetzes geschehen.

Wo soll der Weinliebhaber kaufen, um am besten dabei wegzukommen? Beim Weingutbesitzer, wenn es sich um Weine handelt, die wenig oder überhaupt nicht verbreitet sind; und davon gibt es eine Unzahl. Direkt in den Genossenschaften, um bei kleinen Mengen die immer höheren Frachtkosten zu vermeiden. In allen anderen Fällen ist es weniger einfach, als es vielleicht erscheinen mag. Man muß daran denken, daß die Erzeuger und die Weinhändler verpflichtet sind, ihren Verteilern keine unlautere Konkurrenz zu machen; oder mit anderen Worten: sie dürfen die Flaschen auch nicht billiger als diese auf den Markt bringen. So bieten viele Châteaus des Bordelais, die sich nur wenig auf Einzelhandel stützen, ihre Flaschen sogar zu Preisen an, die über denen liegen, wie sie die Einzelhändler verlangen. Das tun sie, um die Kunden abzuhalten, die trotz allem aus Unkenntnis oder unerklärlichen Gründen darauf beharren . . . Zumal da die Zwischenhändler aufgrund der massenhaften Bestellungen weit reizvollere Preise zugestanden bekommen als der Privatmann, der nur eine Kiste kauft.

Unter diesen Voraussetzungen kann man einen allgemeinen Grundsatz aufstellen: Die Weine von Weingütern (Domaine oder Château), die offenkundig weit verbreitet sind, kauft man nicht an Ort und Stelle, außer es handelt sich um seltene Jahrgänge oder besondere Cuvées.

Der Kauf »en primeur«

Diese Formel des Weinverkaufs, die seit einigen Jahren aufgekommen ist, erfreut sich mit vollem Recht wachsender Beliebtheit. Es wäre übrigens besser, wenn man von Subskriptionsverkäufen oder -einkäufen spräche. Das Prinzip ist einfach: einen Wein erwerben, bevor er ausgebaut und auf Flaschen abgezogen ist, zu einem Preis, der sehr viel niedriger ist als der, den er erreicht, wenn er lieferbar ist.

Die Subskriptionsmöglichkeit besteht für eine begrenzte Zeit und für eine kontingentierte Menge, im allgemeinen im Frühjahr und zu Beginn des Sommers, die auf die Weinlese folgen. Der Käufer zahlt die Hälfte des bei der Bestellung vereinbarten Preises an und verpflichtet sich, die Schuld bei Lieferung der Flaschen, d. h. zwölf bis fünfzehn Monate später, zu begleichen. Auf diese Weise kommt der Produzent schnell an neues Kapital, und der Käufer kann ein gutes Geschäft machen, um so mehr, als seit 1974/75 die Weinpreise unaufhörlich steigen. Dieser Geschäftstyp ist dem ähnlich, was man an der Börse Termingeschäft nennt.

Was geschieht, wenn die Kurse zwischen dem Zeitpunkt der Subskription und dem der Lieferung fallen (Überproduktion, Krise etc.)? Die Subskribenten bezahlen ihre Flaschen dann teurer als die Kunden, die nicht subskribiert haben. Das ist schon passiert, und das kann sicherlich wieder geschehen. Bei diesem spekulativen Spiel haben sich große Händler, die ihre Versorgung mit Wein sicherstellen wollten, zugrunde gerichtet. Es stimmt auch, daß ihr Vertrag um so riskanter war, über je mehr Jahre er lief.

Aber wenn alles gutgeht, wie seit etwa zehn Jahren, ist der Verkauf »en primeur« ganz bestimmt die einzige Möglichkeit, um einen Wein unter seinem Kurswert zu erwerben (rund 20 bis 40 %). Diese Subskriptionsverkäufe werden auch von Handelsfirmen und Weinverkaufsclubs durchgeführt.

Kauf beim Erzeuger

Außer der Einsicht in fast kellertechnische Methoden, die weiter oben beschrieben sind, vermittelt der Besuch beim Erzeuger – unerläßlich, wenn sein Wein nicht (oder kaum) verbreitet ist – dem Weinliebhaber Befriedigungen ganz anderer Art als nur der bloße Abschluß eines guten Kaufs. Durch den regelmäßigen Besuch bei den Erzeugern, die sich wie echte »Väter« um ihre Weine kümmern, können die Freunde eines guten Tropfens verstehen lernen, was ein Anbaugebiet ist und was seinen spezifischen Charakter ausmacht. Sie können begreifen, worin die Kunst der Weinbereitung besteht, und erfahren, wie man das Beste aus den Trauben herausholt. Und sie können zu guter Letzt enge Beziehungen aufbauen, wie sie zwischen einem Winzer und seinem Wein bestehen, d. h. zwischen einem Schöpfer und seiner Schöpfung. »Gut trinken« und »besser trinken«, das lernt man auf diesem Wege. Der regelmäßige Besuch beim Winzer ist durch nichts zu ersetzen.

Kauf bei einer Genossenschaftskellerei

Seit etwa zwanzig Jahren steigt die Qualität der von den Genossenschaften gelieferten Weine beständig. Diese Organisationen sind für eine unkomplizierte Vermarktung von offenen und Flaschenweinen eingerichtet, zu Preisen, die unter denen liegen, die bei anderen Verkaufsformen bei gleicher Qualität anfallen.

Das Prinzip der Weinbaugenossenschaften ist allseits bekannt: Die Mitglieder bringen ihre Trauben, und die für die Kellertechnik Verantwortlichen – darunter in der Regel ein Önologe – kümmern sich um die Kelterung und Weinbereitung, in einigen Appellationsgebieten auch um den Ausbau und die Vermarktung.

Die Erzeugung von mehreren Weintypen gibt den Genossenschaften die Möglichkeit, entweder nur die besten Trauben zu verwenden (indem man diese aussondert) oder jedem Anbaugebiet seine eigene Chance durch getrennte Weinbereitung einzuräumen. Prämiensysteme für besonders gute Traubenqualitäten und für besonders reife Trauben und die Möglichkeit, Weine nach der jeweiligen Qualität jeder Traubenlieferung zu verarbeiten und zu verkaufen, eröffnen den besten Genossenschaften den Zugang zum Bereich der Qualitätsweine, sogar der lagerfähigen. Die anderen liefern weiter Tafel- und Landweine, die nicht besser werden, wenn man sie länger im Keller lagert.

Kauf beim Großhändler

Der Händler kauft definitionsgemäß Weine auf, um sie wieder zu verkaufen. Außerdem ist er häufig selbst Besitzer von Rebflächen. Er kann dann als Erzeuger auftreten und seine Produktion verkaufen; er kann aber auch den Wein von unabhängigen Erzeugern verkaufen, ohne mehr zu tun, als den Wein vom Erzeuger zum Kunden zu schaffen – so die Händler im Bordelais, die in ihrem Katalog Erzeugerabfüllungen führen. Er kann sogar einen Vertrag über das Alleinvertretungsrecht zum Verkauf mit einem Erzeugerverband abschließen. Schließlich kann er auch »Négociant-Eleveur« sein, d. h. Weine in seinen eigenen Weinkellern ausbauen, indem er Weine derselben Appellation, aber von verschiedenen Erzeugern geliefert, verschneidet. Er wird dann zum Schöpfer des Produkts in zweifachem Sinne: durch die Wahl seiner Einkäufe und durch die Zusammenstellung, die er vornimmt. Die Weinhändler haben sich in den großen Weinbauzonen niedergelassen, aber wohlverstanden: nichts hindert einen Händler aus der Bourgogne daran, Wein aus Bordeaux zu vertreiben – oder umgekehrt. Das Besondere an einem Händler ist der Vertrieb, d. h. er versorgt die Verkaufsnetze des Einzelhandels, mit dem er nicht dadurch konkurrieren darf, daß er seine Weine selbst zu sehr viel niedrigeren Preisen verkaufen würde.

Kauf beim Kellermeister und beim Einzelhändler

Das ist die einfachste und schnellste Form des Kaufs, auch die sicherste, wenn der Kellermeister qualifiziert ist. Seit einigen Jahren sind viele Geschäfte entstanden, die sich auf den Verkauf von erstklassigen Weinen spezialisiert haben (siehe dazu das Kapitel »Die ersten Adressen des Führers«). Was macht einen guten Kellermeister aus? Ein guter Kellermeister ist derjenige, der so eingerichtet ist, daß seine Weine unter guten Bedingungen lagern können. Aber er muß es auch verstehen, Weine auszuwählen, die von Erzeugern stammen, die ihren Beruf lieben. Darüber hinaus kann der gute Einzelhändler oder Kellermeister den Kunden beraten, ihm Weine verraten, die dieser noch nicht kennt, und ihn dazu anregen, Speisen und Weine aufeinander abzustimmen, damit beide besonders gut zur Geltung kommen.

Die Verbrauchermärkte

Man muß dabei zwei Typen von Verbrauchermärkten unterscheiden: die Großmärkte, die Wein ebenso verkaufen, wie sie Konservendosen, Mineralwasser und Bastelzubehör anbieten, und diejenigen, die – ziemlich selten – ihre Abteilungen von einem Fachmann verwalten lassen, der – soweit es sich machen läßt – Lieferung, Lagerung und Präsentation der Flaschen überwacht. Man muß daran denken, daß der Wein weder Hitze noch Licht oder Lärm verträgt. Nun, in den Verbrauchermärkten ist er diesem dreifachen Unheil ausgeliefert. Ein rascher Warenumschlag verringert die negativen Auswirkungen, aber wenn man weiß, daß sich ein Champagner nur in ein paar Stunden einen »Lichtgeschmack« einfangen kann, wird man vorsichtig . . . Es ist anzuraten, die Situation in jedem Einzelfall einzuschätzen, insbesondere wenn sich der Kunde Flaschen zum Einkellern kaufen will.

Bordeaux Champagne Burgund Elsaß

Côtes du Rhône »Clavelin« (Jura) Provence

Burgund Bordeaux Champagner Elsaß »INAO«

Serie der »Impitoyables«

Rotwein Schaumwein Weißwein junger Rot- und Roséwein alter Rotwein

Die Clubs

Unmengen von Flaschen, in Kartons oder in Kisten geliefert, kommen direkt beim Weinliebhaber an dank der Betriebsamkeit von Clubs, die ihren Mitgliedern verschiedene Vorteile bieten, angefangen bei einem Informationsdienst mit seriösen Übersichten (siehe dazu das Kapitel »Die ersten Adressen des Führers«). Die vorgeschlagenen Weine werden von Weinfachleuten und bekannten und kompetenten Persönlichkeiten ausgewählt. Diese Wahl ist ziemlich weit und umfaßt manchmal wenig geläufige Weine. Man muß jedoch anmerken, daß es sich bei vielen »Clubs« um Handelsfirmen handelt.

Die Versteigerungen

Diese Verkäufe, die immer beliebter werden und immer häufiger anzutreffen sind, werden von Auktionatoren organisiert, die von einem Sachverständigen unterstützt werden. Von vorrangiger Bedeutung ist es dabei, die Herkunft der Flaschen zu kennen. Wenn sie von einem großen Restaurant oder aus dem reich bestückten Keller eines Weinliebhabers stammen, der ihn aufgibt (Erneuerung eines Weinkellers, Erbschaft etc.), ist es wahrscheinlich, daß sie perfekt gelagert worden sind. Wenn sie aus verschiedenen kleinen Posten zusammengestellt sind, beweist nichts, daß ihre Lagerung zufriedenstellend war.

Nur die Farbe kann dem Käufer Auskunft geben. Der versierte Weinliebhaber wird niemals ein höheres Gebot abgeben, wenn Flaschen angeboten werden, deren Flüssigkeitsstand nicht stimmt oder wenn die Farbe von Weißweinen in einen mehr oder weniger dunklen Bronzeton umschlägt oder die Farbe bei Rotweinen sichtbar »abgenutzt« ist.

Selten kann man gute Geschäfte bei den großen Appellationen machen, die auch die Restaurantbesitzer interessieren, um ihre Weinkarte aufzustocken. Dagegen sind die unbekannteren Appellationen, die bei den professionellen Weinkennern weniger gefragt sind, manchmal überaus erschwinglich.

Der Verkauf der Hospices de Beaune und vergleichbare Einrichtungen

Die Weine, die bei diesen Veranstaltungen zu einem wohltätigen Zweck versteigert werden, befinden sich in Fässern und müssen zwölf bis fünfzehn Monate ausgebaut werden. Aus diesem Grund sind sie nur den berufsmäßigen Weinkäufern vorbehalten.

Der Weintransport

Ist einmal das Problem der Auswahl der Weine gelöst, und wenn man weiß, daß man sie erwerben und unter guten Bedingungen aufbewahren kann (siehe dazu weiter unten), so muß man sie noch transportieren. Der Transport von erstklassigen Weinen zwingt zu einigen Vorsichtsmaßnahmen und unterliegt einer strengen gesetzlichen Regelung.

Gleich, ob man nun den Wein selbst im Wagen transportiert oder dazu die Dienste eines Spediteurs in Anspruch nimmt – der größte Teil des Sommers und der tiefe Winter sind nicht sehr günstig für die Beförderung.

Man muß den Wein vor extremen Temperaturen, vor allem vor Hitze schützen, die ihn nicht nur vorübergehend, sondern endgültig beeinträchtigen, wie groß auch die Ruheperiode (sogar Jahre) sein mag, die man ihm später zugesteht, was auch immer seine Farbe, sein Typ und seine Herkunft sein mögen.

Zu Hause angekommen, wird man die Flaschen sofort im Keller unterbringen. Wenn man offenen Wein gekauft hat, lagert man die Behälter unmittelbar dort, wo sie in Flaschen abgefüllt werden, am besten im Keller, falls es der Platz erlaubt, damit man die Flaschen nicht mehr umstellen muß. Die Plastikbehälter werden 80 cm über dem Boden (in Tischhöhe), die Fässer in 30 cm Höhe gelagert, so daß man den Wein bis zum letzten Tropfen abziehen kann, ohne seine Position zu verändern, was sehr wichtig ist.

Gesetzliche Regelung des Weintransports in Frankreich

Der Transport von alkoholischen Getränken durch französisches Gebiet unterliegt besonderen Rechtsvorschriften sowie Steuern, deren Entrichtung ein Begleitdokument anzeigt; dieses kann zwei Formen annehmen: entweder die *Steuerkapsel* oder *Congé-Kapsel*, die oben auf der Flasche angebracht ist, oder eine Bescheinigung über die beim Transport entrichteten Abgaben für Getränke *(Congé)*, die von der Finanzbehörde in der Nähe des Verkaufsorts oder vom Winzer ausgestellt wird, wenn er über einen Quittungsblock verfügt. Der offene Wein muß immer von einem solchen Congé begleitet sein.

Auf diesem Dokument erscheinen der Name des Verkäufers und der Weinlage, die Menge und die Anzahl der Behälter, der Empfänger, die Art des Transportes und seine Dauer. Verlängert sich die Beförderung über die vorgesehene Zeit hinaus, so muß man die Gültigkeitsdauer des Begleitscheins beim nächstmöglichen Finanzamt ändern lassen.

Wein ohne Congé zu transportieren ist einer Steuerhinterziehung vergleichbar und wird dementsprechend bestraft. Es empfiehlt sich auch, diese Steuerdokumente aufzuheben, denn im Falle eines Umzugs, also eines neuerlichen Transports des Weins, dienen sie zur Ausstellung eines neuen Begleitscheins.

Die Besteuerung richtet sich nach der Menge des Weins und nach seiner behördlichen Einstufung, die auf zwei Kategorien beschränkt ist: Tafelwein und Appellationswein.

Der Weinexport

Wein unterliegt wie alles, was in Frankreich erzeugt oder gewerblich hergestellt wird, einer gewissen Anzahl von Steuern. Wenn diese Stoffe oder Gegenstände ausgeführt werden, ist es möglich, von der Steuer befreit zu werden oder die bezahlte Steuer rückerstattet zu bekommen. Im Falle des Weins betrifft diese Steuerbefreiung die Mehrwertsteuer und die Transportsteuer (nicht aber die steuerähnliche Abgabe, die für den nationalen Fonds zur Entwicklung der Landwirtschaft bestimmt ist). Will ein Reisender in den Genuß dieser Steuerbefreiung für den Export kommen, so muß er für den gekauften Wein einen Transportschein (Nr. 8102 grün für Appellationsweine, Nr. 8101 blau für Tafelweine) besitzen; gegen diese Bescheinigung erhält er vom Zollbüro, das die Warenausfuhr bestätigt, die gezahlte Steuer zurück. Tragen die Flaschen Congé-Kapseln (Steuerbanderole), ist es nicht mehr möglich, die Steuer zurückzuerhalten. Es empfiehlt sich somit, beim Einkauf dem Verkäufer genau zu erklären, daß man seinen Wein ausführen und von der Steuerbefreiung profitieren möchte. Außerdem ist es ratsam, sich über die Einfuhrbedingungen von Wein und anderen alkoholischen Getränken in das Bestimmungsland zu erkundigen, weil jedes Land eine eigene gesetzliche Regelung hat, die von der Zollgebühr bis zur mengenmäßigen Begrenzung, ja sogar bis zum absoluten Verbot hin geht.

WIE MAN SEINEN WEIN AUFBEWAHRT

Einen guten Weinkeller anzulegen, das hat etwas von einem Puzzle an sich. Zu den bis jetzt dargelegten Prinzipien kommen nämlich noch subtile Forderungen hinzu. Man sollte so versuchen, Weine gleichen Verwendungszwecks und gleichen Stils zu kaufen, deren Entwicklung aber nicht ähnlich sein soll, damit sie nicht alle zur selben Zeit ihren Höhepunkt erreichen. Man wird also versuchen, Weine zu finden, die möglichst lange auf ihrem Höhepunkt bleiben, damit man nicht alle in einem kurzen Zeitraum trinken muß. Man wird auch möglichst verschiedene Weine wählen, um nicht immer dieselben Weine trinken zu müssen – wären es auch die besten! – und für jede Lebenslage und für jedes Gericht den richtigen Wein zu haben. Zwei Parameter schließlich, die die Anwendung all dieser Prinzipien einschränken, kann man nicht umgehen: das Budget, über das man verfügt, und das Fassungsvermögen seines Kellers.

Ein guter Weinkeller ist ein geschlossener, dunkler Ort, geschützt gegen Erschütterungen und Lärm, frei von allen Gerüchen, abgeschirmt gegen Zugluft, aber gleichwohl belüftet, weder zu trocken noch zu feucht, mit einem Luftfeuchtigkeitsgehalt von 75% und vor allem mit einer konstanten Temperatur, die möglichst nahe bei 11°C liegt. Die Keller in der Stadt vereinigen selten solche Eigenschaften. Man muß deshalb versuchen, den Keller zu verbessern, bevor man den Wein einkellert. Man kann eine leichte Entlüftung schaffen oder im Gegenteil ein undichtes Kellerfenster verstopfen. Man kann die Luftfeuchtigkeit erhöhen, indem man ein Wasserbecken aufstellt, das etwas Holzkohle enthält, oder sie herabsetzen, indem man Kies aufschüttet und die Entlüftung verstärkt. Außerdem kann man versuchen, die Temperatur durch Isolierplatten konstant zu halten. Unter Umständen wird man die Regale auf Gummiblöcke stellen, um Vibrationen auszugleichen. Wenn sich eine Heizung in der Nähe befindet, wenn sich Heizölgerüche verbreiten, gibt es allerdings nicht viel zu erhoffen.

Es ist auch möglich, daß man keinen Keller besitzt oder daß er unbrauchbar ist. Zwei Lösungen sind dann denkbar: Man kann einen »Wohnungskeller« kaufen, d. h. eine Vorrichtung zum Lagern von Wein mit einem Fassungsvermögen von 50 bis 500 Flaschen, deren Temperatur und Luftfeuchtigkeit automatisch konstant gehalten wird, oder auch in einem abgeschiedenen Winkel seiner Wohnung einen solchen anlegen, einen Ort zum Lagern, dessen Temperatur sich nicht sprunghaft verändert und nach Möglichkeit nicht über 16°C steigt. Dabei muß man aber bedenken, daß sich der Wein um so schneller entwickelt, je höher die Temperatur ist. Man muß sich vor einem weitverbreiteten Irrtum hüten: Da der Wein seinen Höhepunkt schnell und unter schlechten Lagerungsbedingungen erreicht, kann er qualitativ nicht mit dem Niveau aufnehmen, das er langsam in einem guten, kühlen Keller erreicht hätte. Man wird deshalb darauf verzichten, ausgesprochene Spitzenweine, die langsam reifen sollen, in einem zu warmen Kellerraum altern zu lassen. Weinliebhaber müssen deshalb ihre Einkäufe und den Plan für die Einkellerung den besonderen Bedingungen anpassen, die durch die Räumlichkeiten bestimmt sind, über die sie verfügen.

Ein guter Weinkeller: seine Ausstattung

Die Erfahrung beweist, daß ein Weinkeller immer zu klein ist. Die Anordnung der Flaschen muß rationell organisiert sein. Das Flaschenregal mit ein oder zwei Reihen bietet viele Vorteile: Es kostet nicht viel, kann sofort aufgestellt werden und ermöglicht den leichten Zugang zu sämtlichen eingekellerten Flaschen. Leider nimmt es im Vergleich zur Anzahl der gelagerten Flaschen recht viel Platz ein. Um Platz zu gewinnen, gibt es nur eine einzige Methode: die Stapelung der Flaschen. Um die Stapel zu trennen, damit man Zugang zu den verschiedenen Flaschen hat, muß man Fächer aus Mauersteinen bauen oder bauen lassen – obwohl es nicht kompliziert ist –, die 24, 36 oder 48 Flaschen im Stapel auf zwei Lagen enthalten können.

Wenn es der Keller erlaubt und das Holz nicht verfault, kann man auch Regale aus Brettern errichten. Man muß sie dann überwachen, weil sie Insekten Zuflucht geben können, die die Korken befallen.

Zwei Geräte vervollständigen die Einrichtung des Weinkellers: ein Maximum-Minimum-Thermometer und ein Hygrometer (Luftfeuchtigkeitsmesser). Regelmäßiges Ablesen ermöglicht es, Fehler, die man feststellt, zu korrigieren und die Möglichkeiten zur Verbesserung abzuschätzen, die durch die Alterung im Keller erreichbar sind.

Die Flaschenabfüllung

Wenn der Wein, der auf Flaschen abgezogen werden soll, im Plastikbehälter transportiert worden ist, muß er sehr schnell abgefüllt werden. Ist er im Faß befördert worden, so muß man ihn unbedingt etwa zwei Wochen ruhen lassen, bevor man ihn in die Flaschen umfüllt. Diese theoretische Angabe muß im Hinblick auf zwei meteorologische Voraussetzungen relativiert werden, die an dem für die Abfüllung gewählten Tag herrschen. Es ist zweckmäßig, mildes Wetter zu wählen, einen Tag mit Hochdruck ohne Regen oder Gewitter. In der Praxis wird der Weinliebhaber einen Kompromiß zwischen diesem Grundsatz und seinen persönlichen Verpflichtungen schließen. Beim notwendigen Material hingegen kann er keinen Kompromiß eingehen. Zunächst braucht er Flaschen, die auf den Weintyp abgestimmt sind. Ohne in einen Purismus zu verfallen, wird er Bordeaux-Flaschen für alle Weine aus dem Südwesten und vielleicht aus Südfrankreich bereithalten und die Flaschen vom burgundischen Typ für Weine aus dem Südosten, dem Beaujolais und der Bourgogne reservieren. Er weiß jedoch, daß es noch andere Flaschen gibt, die bestimmten Appellationen vorbehalten sind.

Wenn man die Flaschen stapelt, muß man aufpassen, daß ebenso viele Bordeaux- wie Burgunder-Flaschen in mehr oder weniger leichter Ausführung (am Boden fast oder ganz flach) und in schwerer Ausführung vorhanden sind. Diese beiden Flaschenkategorien unterscheiden sich außer im Gewicht auch in der Höhe und im Durchmesser.

Sie sind alle gleichermaßen geeignet, Wein aufzubewahren, aber die leichteren eignen sich weniger für die Lagerung im Stapel bei langzeitiger Einkellerung. Außerdem können diese letzteren platzen, wenn sie zu voll sind und man den Korken zu kräftig hineindrückt.

Im allgemeinen ist es besser, schwere Flaschen zu verwenden. Es ist fast ungebührlich, einen großen Wein in eine Flasche mit dünnem Glas abzufüllen, ebenso wie man es unterläßt, Rotweine in weißen, d. h. farblosen Flaschen zu lagern. Es ist üblich, daß diese letzteren bestimmten Weißweinen vorbehalten bleiben. Da Weißweine besonders lichtempfindlich sind, sollte man aber diese Gewohnheit verbieten. Diese Empfindlichkeit gegenüber Licht ist so groß, daß die Champagnerfirmen, die Weine in weißen (farblosen) Flaschen anbieten, sie immer durch lichtundurchlässiges Papier oder einen Karton schützen.

Welchen Flaschentyp man auch immer wählt, man wird sich vor der Abfüllung davon überzeugen, daß man über genügend Flaschen und Korken verfügt; wenn der Vorgang nämlich einmal eingeleitet ist, muß er rasch zu Ende gebracht werden. Man kann das Faß oder den Plastikbehälter nicht halbleer stehenlassen; das hätte eine Oxidierung des restlichen Weins zur Folge und könnte ihm sogar einen Essigstich einbringen, so daß er sich nicht mehr zum Trinken eignet. Man wird auch auf strengste Sauberkeit bei den Flaschen achten, die perfekt ausgespült und getrocknet sein müssen.

Die Korken

Trotz zahlreicher Forschungsanstrengungen bleibt Korkholz das einzige Material, das zum Verschließen der Flaschen geeignet ist. Die Stöpsel aus Kork sind nicht alle gleich; sie unterscheiden sich im Durchmesser, in der Länge und in der Qualität.

In jedem Fall sollte der Durchmesser etwa 6 mm größer als der des Flaschenhalses sein.

Je besser der Wein ist, desto länger muß der Korken sein; das ist notwendig für eine lange Lagerung und stellt gleichzeitig eine Huldigung gegenüber dem Wein und denen, die ihn trinken, dar.

Die Qualität des Korkholzes ist schwieriger zu bestimmen. Es muß etwa zehn Jahre alt sein, um die ganze erwünschte Geschmeidigkeit zu besitzen. Gute Korken weisen keine oder nur wenige von den kleinen Rissen auf, die manchmal mit Korkholzpulver verstopft sind; in diesem Fall sind die Korken »gebessert«. Man kann auch Korken mit Prägestempel kaufen (oder sie prägen lassen), die den Jahrgang des abzufüllenden Weins tragen.

Die Korken werden vor ihrer Verwendung vorbereitet. Man kann sie mehrere Stunden vor dem Gebrauch in kaltes Wasser legen, zehn Minuten lang in sehr heißes (nicht siedendes) Wasser tauchen oder sie – noch besser – mit Dampf erhitzen, beispielsweise in einem Dampfkochtopf.

Der Wein in der Flasche

Die Flaschenfüllmaschine ist das ideale Gerät zum Abziehen des Weins auf Flaschen. Flaschenfüllmaschinen mit Ansaugprinzip und mit einem Schieber, der durch den Kontakt mit der Flasche betätigt wird, werden in den Verbrauchermärkten zu überaus mäßigen Preisen verkauft. Man sollte darauf achten, den Wein an der Innenwandung der leicht schief gehaltenen Flasche hinunterlaufen zu lassen, um das Durcheinanderwirbeln und die Oxidation zu begrenzen. Diese Vorsichtsmaßnahme ist bei Weißweinen noch mehr notwendig. Keinesfalls darf sich Schaum an der Oberfläche bilden. Die Flaschen werden so voll wie möglich gefüllt, damit der Korken in Kontakt mit dem Wein ist (wenn die Flasche aufrecht steht). Der vorbereitete Korken (siehe dazu weiter oben) wird in die Flasche mit Hilfe einer Handkorkmaschine hineingetrieben, die ihn seitlich zusammenpreßt, bevor er hineingedrückt wird. Es gibt eine breite Palette von Geräten zu diesem Zweck in allen Preislagen.

Hinweisen muß man noch darauf, daß es sinnvoll ist, den Korken in kaltes, klares Wasser zu tauchen, um ihn zu reinigen und abzukühlen, bevor man ihn in den Flaschenhals hineindrückt. Die vollen, verkorkten Flaschen werden horizontal niedergelegt, damit sie ebenso wie die Korken trocknen.

Das Etikett

Man bereitet Tapetenkleister oder eine Mischung aus Wasser und Mehl vor oder feuchtet – was noch einfacher ist – die Etiketten mit Milch an, um sie auf den unteren Teil der Flasche zu kleben, 3 cm über dem Flaschenfuß.

Perfektionisten umhüllen den Flaschenhals mit einer vorgeformten Kapsel, die mit einer Handvorrichtung aufgesetzt wird, oder verkleben den Flaschenhals mit Wachs, indem sie die Flasche in flüssiges, farbiges Wachs tauchen, das man beim Korkenhändler kaufen kann.

Der Wein im Keller

Die Anordnung der Flaschen im Keller ist ein Geduldsspiel, denn der Weinfreund verfügt nie über den gesamten Platz, den er sich wünscht. Im Rahmen des Möglichen wird man die folgenden Grundsätze beachten: Die Weißweine nahe am Boden, die Rotweine darüber, die lagerfähigen Weine in den hinteren Reihen (oder Fächern), zu denen man am schwersten Zugang hat, die Flaschen zum Trinken ganz vorn.

Die in Kartons gekauften oder gelieferten Flaschen dürfen nicht verpackt bleiben, im Gegensatz zu den in Holzkisten gelieferten. Wer beabsichtigt, seinen Wein weiterzuverkaufen, läßt ihn verpackt; die anderen werden aus zwei Gründen darauf verzichten: Die Kisten nehmen viel Platz weg und sind die bevorzugte Beute von Kellerdiebstählen. In allen Fällen kann man die Kisten und Flaschen mit Hilfe eines Kennzeichnungssystems (mit Buchstaben und Ziffern) markieren. Diese Kennzeichnung wird im nützlichsten Hilfsmittel des Weinkellers verwertet: im Kellerbuch.

WEINKELLER MIT 55 FLASCHEN (2500 bis 3000 FRANCS)

25 Flaschen Bordeaux	17 Rotweine (Graves, Saint-Émilion, Médoc, Pomerol, Fronsac)
	8 Weißweine: 5 trockene (Graves)
	3 Süßweine (Sauternes-Barsac)
20 Flaschen Burgunder	12 Rotweine (Crus der Côte de Nuits, Crus der Côte de Beaune)
	8 Weißweine (Chablis, Meursault, Puligny)
10 Flaschen	7 Rotweine (Côte-Rôtie, Hermitage, Châteauneuf-du-Pape)
Tal der Rhône	3 Weißweine (Hermitage, Condrieu)

WEINKELLER MIT 150 FLASCHEN (ETWA 10 000 FRANCS)

Anbaugebiet		Rotweine	Weißweine
40 Bordeaux	30 Rotweine	Fronsac	5 große trockene Weine
	10 Weißweine	Pomerol	
		Saint-Émilion	
		Graves	$5 \begin{cases} \text{Sainte-Croix-du-Mont} \\ \text{Sauternes-Barsac} \end{cases}$
		Médoc	
		(Crus Classés	
		Crus Bourgeois)	
30 Burgund	15 Rotweine	Côte de Nuits	Chablis
	15 Weißweine	Côte de Beaune	Meursault
		Côte Chalonnaise	Puligny-Montrachet
25 Tal der	19 Rotweine	Côte-Rôtie	
Rhône	6 Weißweine	Hermitage rot	
		Cornas	Condrieu
		Saint-Joseph	Hermitage weiß
		Châteauneuf-du-Pape	Châteauneuf-du-Pape weiß
		Gigondas	
		Côtes-du-Rhône Villages	
15 Tal der	8 Rotweine	Bourgueil	Pouilly Fumé
Loire	7 Weißweine	Chinon	Vouvray
		Saumur-Champigny	Coteaux du Layon
10 Südwesten	7 Rotweine	Madiran	Jurançon
	3 Weißweine	Cahors	(trocken und süß)
8 Südosten	6 Rotweine	Bandol	Cassis
	2 Weißweine	Palette rot	Palette weiß
7 Elsaß	(Weißweine)		Gewürztraminer
			Riesling
			Tokay
5 Jura	(Weißweine)		»gelbe« Weine
			Côtes du Jura-Arbois
10 Champagner und Schaumweine			$\text{Cremant de} \begin{cases} \text{Loire} \\ \text{Bourgogne} \\ \text{Alsace} \end{cases}$
(um einige davon zur Verfügung zu			
haben; diese Weine werden nämlich			
nicht besser, wenn sie altern)			verschiedene Champagnerarten

WEINKELLER MIT 300 FLASCHEN

Wenn man einen solchen Weinkeller anlegen will, muß man rund 20 000 Francs investieren. Man nimmt dann einfach die doppelte Anzahl der Flaschen wie beim obigen Vorschlag; dabei muß man aber bedenken, daß die Lebensdauer der Weine um so länger sein muß, je mehr Flaschen man einkellert. Das zwingt dann (in der Regel) dazu, Weine gehobener Preisklasse zu kaufen.

Das Kellerbuch

Das ist das Gedächtnis, der Führer und der »Schiedsrichter« des Weinfreundes. Man sollte darin die folgenden Informationen finden: Eingangsdatum, Anzahl der Flaschen von jeder Sorte, genaue Identifizierung, Preis, voraussichtlicher Höhepunkt, Standort im Keller und unter Umständen das dazu passende ideale Gericht und einen Degustationskommentar.

Die Buchhandlungen bieten teure Kellerbücher an; an ihrer Stelle erfüllt aber ein Schnellhefter die gleichen Dienste.

Drei Vorschläge für den Weinkeller

Jeder stattet seinen Weinkeller nach seinem Geschmack aus. Die gegenüber beschriebenen Zusammenstellungen sind nur als Vorschläge aufzufassen. Der Leitfaden ist dabei die Suche nach Vielfalt. In diesen Anregungen tauchen keine Primeurweine, Weine, die nicht besser werden, wenn sie eingekellert werden, auf. Je beschränkter die Anzahl der Flaschen ist, desto mehr muß man die Erneuerung des Weinkellers überwachen. Die in Klammern angegebenen Werte sind natürlich nur Größenordnungen.

DIE KUNST DES TRINKENS

Wenn Trinken eine physiologische Notwendigkeit ist, so ist Weintrinken ein Vergnügen ... Dieses Vergnügen kann je nach dem Wein, den Bedingungen der Weinprobe und dem Empfindungsvermögen dessen, der probiert, mehr oder weniger intensiv sein.

Die Weinprobe

Es gibt mehrere Typen von Weinproben, die dem jeweiligen besonderen Zweck angepaßt sind: technische, analytische, vergleichende, dreifache Degustation und andere mehr, die bei den professionellen Kostern gebräuchlich sind. Der Freund eines guten Tropfens praktiziert die hedonistische Weinprobe, die es ihm erlaubt, das Wesentliche aus einem Wein herauszuziehen, aber auch darüber reden zu können; das trägt alles dazu bei, die Schärfe seines Geruchssinns und seines Gaumens zu entwickeln.

Die Weinprobe und allgemeiner das Trinken eines Weins kann nicht an einem beliebigen Ort und unter beliebigen Umständen stattfinden. Die Räumlichkeiten müssen angenehm, gut erhellt (natürliches Licht oder eine Beleuchtung, die nicht die Farben verfälscht, »Tageslicht« genannt), vorzugsweise von heller Farbe, frei von allen störenden Gerüchen wie Parfüm, Rauch (Tabak oder Kamin), Küchengerüchen oder Blumenduft etc. sein. Die Temperatur sollte mäßig warm sein (18 bis 20 °C).

Die Wahl eines passenden Glases ist äußerst wichtig. Es muß farblos sein, damit die Farbe des Weins gut sichtbar ist, nach Möglichkeit auch dünnwandig. Seine Form sollte die einer Tulpenblüte sein, d. h., sie sollte sich nach oben nicht weiten, wie das oft der Fall ist, sondern im Gegenteil leicht verjüngen. Der Körper des Glases muß vom Fuß durch einen Stiel getrennt sein. Diese Anordnung vermeidet eine Erwärmung des Weins, wenn man das Glas (an seinem Fuß) in der Hand hält, und erleichtert seine Drehbewegung; durch das Schwenken soll seine Anreicherung mit Sauerstoff (und sogar seine Oxidation) aktiviert werden, so daß er sein Bukett verströmt.

Die Form ist so wichtig und hat einen so großen Einfluß auf die olfaktorische und geschmackliche Beurteilung des Weins, daß die AFNOR, die französische Normungsvereinigung, und die internationalen Normenstellen ISO nach Studien ein Glas gewählt haben, das dem Tester und dem Trinker die größtmögliche Effizienz garantiert. Dieser Glastyp, der gewöhnlich »INAO-Glas« genannt wird, ist nicht den beruflichen Weintrinkern vorbehalten. Es wird in einigen spezialisierten Geschäften verkauft. Hinweisen muß man außerdem auf die Serie der »Impitoyables«, eine Schutzmarke für Gläser mit Originalformen, die von einigen Kostern geschätzt werden.

Technik der Weinprobe

Die Weinprobe wendet sich an den Gesichts-, den Geruchs-, den Geschmacks- und den Tastsinn, natürlich nicht über die Vermittlung der Finger, sondern des Mundes, der auch für »mechanische« Effekte des Weins – Temperatur, Festigkeit, gelöste Kohlensäure etc. – empfänglich ist.

Wein	Farbton	Schlußfolgerung
Weißwein	fast farblos	sehr jung, gut geschützt vor Oxidation; moderne Vinifizierung im Gärtank
	sehr helles Gelb mit grünlichem Schimmer	jung bis sehr jung; im Gärtank vinifiziert und ausgebaut
	strohgelb, goldgelb	reif; möglicherweise im Holzfaß ausgebaut
	gold-kupferfarben, gold-bronzefarben,	schon alt
	bernsteinfarben bis schwarz	oxidiert, zu alt
Roséwein	fleckiges Weiß, blaßrosa mit rosarotem Schimmer	gekelterter Roséwein und junger »grauer Wein«
	lachsrosa bis sehr hellrot (klar)	junger, fruchtiger Rosé, trinkfertig
	rosarot mit gelbem Farbton bis rötlich-braun	erste Alterungszeichen für diesen Weintyp
Rotwein	bläulichrot	sehr jung, gute Farbe für Primeurweine von der Gamaytraube und für neue Beaujolais-Weine (6 bis 18 Monate)
	klares Rot (kirschrot)	nicht mehr jung, aber auch noch nicht entwickelt; Höhepunkt für Weine, die weder Primeurweine noch lagerfähige Weine sind (2 bis 3 Jahre)
	rot mit gelbroter Schattierung	Reifezustand für Weine von geringer Lagerfähigkeit; Beginn der Alterung (3 bis 7 Jahre)
	rotbraun bis braun	nur große Weine erreichen ihren Höhepunkt mit einer solchen Farbe; bei anderen Weinen ein Zeichen für zu hohes Alter

Wein	Ursachen	Schlußfolgerungen
zu helle Farbe	mangelhafte Extraktion regenreicher Jahrgang übermäßiger Ertrag junge Rebstöcke ungenügende Traubenreife von Fäulnis befallene Trauben zu kurze Gärdauer Gärung bei niedriger Temperatur	leichte Weine von geringer Lagerfähigkeit, Weine aus einem kleinen Jahrgang
dunkle Farbe	gute Extraktion geringer Ertrag alte Rebstöcke gelungene Vinifizierung	gute oder Spitzenweine, schöne Zukunftsaussichten

DAS AUGE

Mit dem Auge nimmt der Trinkende den ersten Kontakt mit dem Wein auf. Die Prüfung des Aussehens oder Kleides (Gesamtheit der visuellen Merkmale), das übrigens durch die zugrunde-liegende Rebsorte geprägt wird, ist sehr aufschlußreich. Das ist ein erster Test. Welche Farbe oder Schattierung der Wein auch immer haben mag, er muß klar, ohne Trübung sein. Schlieren oder Nebel sind Zeichen von Erkrankungen; der Wein muß dann zurückgewiesen werden. Zulässig sind allein kleine (unlösliche) Kristalle von Weinsäure: die Weinsteintrübung, eine Ausfällung, von der Weine betroffen sind, die Opfer eines Kälteschocks geworden sind. Die Qualität des Weines wird davon nicht beeinträchtigt. Die Klarheit des Weines prüft man, indem man das Glas zwischen das Auge und eine Lichtquelle hält, die nach Möglichkeit in gleicher Höhe angebracht ist. Die Lichtdurchlässigkeit (beim Rotwein) wird dadurch bestimmt, daß man den Wein vor einem weißen Hintergrund, Tischtuch oder Blatt Papier, betrachtet. Die Prüfung schließt mit ein, daß man sein Glas etwas neigt. Die Oberfläche des Weines nimmt dabei eine elliptische Form an; ihre Beobachtung informiert über das Alter des Weines und seinen Lagerungszustand. Danach prüft man die Farbabstufung des Kleides. Alle jungen Weine müssen lichtdurchlässig sein, was bei alten erstklassigen Weinen nicht immer gut ist.

Beispiele für das Vokabular, das sich auf die Prüfung des Aussehens bezieht:

Farbabstufungen: purpur, granat, rubin, violett, kirschrot, hochrot
Intensität: leicht, kräftig, dunkel, tief, intensiv
Glanz: stumpf, glanzlos, strahlend, glänzend
Klarheit:
Transparenz: } lichtundurchlässig, trüb, verschleiert, kristallklar, glanzhell

Die visuelle Prüfung interessiert sich noch für den Glanz oder das Strahlen des Weines. Ein Wein, der Glanz hat, ist munter, lebendig; ein matter Wein ist wahrscheinlich traurig . . .

Ihren Abschluß findet die Überprüfung des Aussehens in der Intensität der Farbe, die man nicht mit der Schattierung (Farbton) verwechseln darf. Die Intensität der Farbe von Rotweinen ist am leichtesten zu erkennen und sagt am meisten aus. Das Auge entdeckt auch noch die »Tränen« (auch Kirchenfenster genannt), Spuren, die der Wein auf der Innenwandung des Glases hinterläßt, wenn man ihn schwenkt, um das Bukett des Weines (siehe dazu weiter unten) einzuatmen. Sie geben auch Rechenschaft über den Alkoholgehalt; Cognac erzeugt immer solche Tränen, Landwein selten.

DIE NASE

Die Geruchsprüfung ist die zweite Probe, die der Wein durchlaufen muß. Bestimmte schlechte Gerüche nötigen zu einem Ausschluß des Weins, so die flüchtige Säure (Essigstich, Essig) und der Korkgeruch. Aber in den meisten Fällen verschafft das Bukett des Weins – die Gesamtheit der aus dem Glas ausströmenden Geruchseindrücke – immer neue Entdeckungen.

Die aromatischen Bestandteile des Buketts kommen je nach ihrer Flüchtigkeit zum Ausdruck. Dabei handelt es sich gewissermaßen um eine Verdunstung des Weins; aus diesem Grund ist auch die Serviertemperatur so wichtig. Zu kalt, kein Bukett; zu warm, zu schnelle Verdunstung, chemische Verbindung, Oxidation, Zerstörung der sehr flüchtigen Düfte und Extraktion von anormalen, schweren Aromastoffen.

Das Bukett des Weins vereinigt also ein Bündel von Düften, die sich ständig verändern; sie treten nacheinander auf, je nach Temperatur und Oxidation. Deshalb ist die Handhabung des Glases wichtig. Man beginnt damit, den Geruch einzuatmen, der aus dem nicht bewegten Glas aufsteigt. Danach versetzt man den Wein in eine leichte Drehbewegung. Die Luft tut dann ihrerseits ihre Wirkung, so daß andere Düfte zum Vorschein kommen.

Die Qualität eines Weines ist abhängig von der Intensität und der Vielschichtigkeit des Buketts. Weine von minderer Qualität bieten nur wenig – oder überhaupt kein – Bukett, das dann einseitig, eintönig ist und sich mit einem Wort beschreiben läßt. Dagegen sind die großen Weine durch ein stattliches, tiefes Bukett gekennzeichnet, dessen Komplexität sich ständig erneuert.

Das Vokabular, das sich auf das Bukett bezieht, ist unbegrenzt, denn es beruht auf Analogien. Für die Düfte sind verschiedene Klassifikationssysteme vorgeschlagen worden; einfachheitshalber bleiben wir bei den Düften, die einen an Blüten, Früchte, Pflanzen (oder Kräuter), Gewürze, Balsamisches, Tierisches, Holz, Rauch (mit Bezug auf das Feuer) oder an chemische Substanzen erinnernden Charakter besitzen.

Beispiel für das Vokabular, das sich auf die olfaktorische Prüfung bezieht:

Blüten: Veilchen, Lindenblüte, Jasmin, Holunder, Akazie, Iris, Pfingstrose
Früchte: Himbeere, schwarze und rote Johannisbeere, Kirsche, Sauerkirsche, Aprikose, Apfel, Banane, Pflaume.
Pflanzen: Kräuter, Farnkraut, Moos, Unterholz, feuchte Erde, Kreide, verschiedene Pilze
Gewürze: sämtliche Gewürze vom Pfeffer bis zum Ingwer, nicht zu vergessen Gewürznelke und Muskat
Balsamische Gerüche: Harz, Kiefer, Terpentin
Tierische Gerüche: Fleisch, abgehangenes Fleisch, Wild, Raubtiergeruch, Moschus, Fell

Empyreumatische Gerüche: Verbranntes, Gebratenes, geröstetes Brot, Tabak, Heu, alle Formen von Röstaroma (Kaffee etc.).

DER MUND

Nachdem der Wein siegreich die zwei Prüfungen des Auges und der Nase bestanden hat, wird er einem letzten Examen »im Mund« unterworfen.

Eine kleine Menge Wein wird in den Mund genommen, wo man ihn behält. Dann atmet man etwas Luft ein, damit sie sich überall in der gesamten Mundhöhle verteilen kann. Notfalls wird der Wein einfach »gekaut«. Im Mund erwärmt sich der Wein; er verbreitet neue Aromastoffe, die er auf retronasalem Wege erhält. Die Zungenpapillen selbst sind nur für vier elementare Geschmacksempfindungen empfänglich: bitter, sauer, süß und salzig. Das erklärt auch, warum eine erkältete Person keinen Wein (oder ein anderes Lebensmittel) schmecken kann, denn der retronasale Trakt ist dann wirkungslos.

Außer den vier obengenannten Geschmacksempfindungen ist der Mund empfänglich für die Temperatur des Weins, seine Viskosität, das Vorhandensein – oder das Fehlen – von Kohlensäure und die Adstringenz (eine taktile Wirkung, wenn die Schmierung durch den Speichel fehlt und sich die Schleimhäute unter dem Einfluß der Tannine zusammenziehen).

Im Mund offenbaren sich die Ausgewogenheit, die Harmonie oder – im Gegenteil – der Charakter von schlechtgebauten Weinen, die man nicht kaufen darf.

Weiß- und Roséweine sind durch ein gutes Gleichgewicht zwischen Säure und Milde gekennzeichnet.

Bei zuviel Säure ist der Wein aggressiv; wenn er nicht genug Säure besitzt, ist er flach.

Zeigt der Wein zuviel Weichheit, so ist er schwer und dick; ist er nicht weich genug, wirkt er dünn und matt.

Bei den Rotweinen bezieht sich die Ausgewogenheit auf den Säuregehalt, die Lieblichkeit und die Tannine.

Übermäßige Säure: zu nerviger, oft magerer Wein

Übermäßige Gerbsäure: harter, adstringierender Wein

Übermäßige Lieblichkeit (selten): schwerer Wein

Mangel an Säure: fader Wein

Mangel an Gerbsäure: Wein ohne Rückgrat, unförmig

Mangel an Lieblichkeit: Wein, der trocken macht

Ein guter Wein befindet sich gerade im Zustand des Gleichgewichts zwischen den drei obigen Komponenten. Diese Elemente unterstützen seinen aromatischen Reichtum; ein großer Wein unterscheidet sich von einem guten Wein durch seinen strengen und mächtigen, wenn auch harmonischen Aufbau und durch seine Fülle in der aromatischen Komplexität.

Beispielvokabular, das sich auf den Geschmack des Weins bezieht:

Kritisch: unförmig, fad, platt, dünn, wässerig, begrenzt, durchsichtig, arm, schwer, massig, grob, dick, unausgewogen

Lobend: strukturiert, gutgebaut, kräftig, ausgewogen, mollig, vollständig, elegant, fein, körperreich, traubig, reich

Nach dieser Analyse im Mund wird der Wein hinuntergeschluckt. Der Weinfreund konzentriert sich dann darauf, seine aromatische Nachhaltigkeit zu messen, die üblicherweise »Länge im Mund« heißt. Diese Beurteilung wird in Caudalie-Einheiten ausgedrückt, der wissenschaftlichen Einheit, die ganz einfach eine Sekunde ist. Je länger ein Wein ist, desto höher ist er einzuschätzen. Diese Länge im Mund erlaubt es allein schon, die Weine in eine hierarchische Reihenfolge einzustufen, vom kleinsten bis zum größten.

Diese Messung in Sekunden ist gleichzeitig sehr einfach und sehr kompliziert; sie beruht nur auf der aromatischen Länge und schließt die anderen strukturierenden Elemente (Säure, Bitterkeit, Zucker- und Alkoholgehalt) aus, die nicht ebenso wahrgenommen werden dürfen.

Die Identifizierung eines Weins

Die Weinprobe ist – wie der Trinkgenuß überhaupt – wertend. Es handelt sich darum, einen Wein ganz zu schmecken und zu bestimmen, ob er groß, durchschnittlich oder klein ist. Sehr häufig geht es dabei darum zu wissen, ob er seinem Typ entspricht. Aber auch seine Herkunft muß genau bestimmt werden.

Die identifizierende Weinprobe, d. h. die Degustation des (Wieder-)Erkennens, ist ein Sport, ein Gesellschaftsspiel; aber sie ist ein Spiel, das man nicht spielen kann, wenn man nicht ein Minimum an Informationen hat. Man kann eine Rebsorte erkennen, beispielsweise einen Cabernet-Sauvignon. Aber ist es ein Cabernet-Sauvignon aus Italien, dem Languedoc, Kalifornien, Chile, Argentinien, Australien oder Südafrika? Wenn man sich auf Frankreich beschränkt, ist die Identifikation der Großregionen möglich; doch wenn man genauer sein will, tauchen verzwickte Probleme auf. Falls man sechs Gläser mit Wein hinstellt und präzisiert, daß sie die sechs Appellationen des Médoc (Listrac, Moulis, Margaux, Saint-Julien, Pauillac und Saint-Estèphe) repräsentieren: wie viele wird es dann geben, die keinen Fehler machen?

Ein klassisches Experiment, das jeder selbst wiederholen kann, beweist die Schwierigkeit der Weinprobe: Der Koster probiert mit verbundenen Augen in zufälliger Reihenfolge Rotweine, die gerbstoffarm sind, und nicht aromatische Weißweine, die vorzugsweise im Holzfaß ausgebaut worden sind. Er muß einfach den Weißwein vom Rotwein (und umgekehrt) unterscheiden; aber es ist sehr selten, daß er sich dabei nicht irrt. Paradoxerweise ist es leichter, einen sehr typischen Wein wiederzuerkennen, dessen Erinnerung man noch im Kopf und im Gaumen hat. Aber wie hoch ist schon die Chance, daß der angebotene Wein genau jener ist.

Weinprobe für den Einkauf

Wenn man in ein Anbaugebiet fährt und die Absicht hat, Wein zu kaufen, muß man auswählen, also probieren. Es handelt sich dann um eine wertende und vergleichende Degustation. Die Weinprobe, die zwei oder drei Weine vergleicht, ist leicht; sie gestaltet sich aber schon komplizierter, wenn der Preis der Weine mitspielt. Bei einem festen Budget – und das ist leider bei jedem der Fall – kann man einige Weine leicht von vornherein vom Einkauf ausschließen. Die Weinprobe wird noch komplizierter, wenn man die Verwendung der Weine berücksichtigt, ihre Verbindung mit Speisen. Es hat etwas von Zauberei an sich, wenn man erahnen soll, was man in zehn Jahren essen wird, und dementsprechend schon heute zu dieser Gelegenheit einkauft. Die vergleichende Weinprobe, die ihrem Prinzip nach einfach und leicht durchzuführen ist, wird dann äußerst delikat, da ja der Käufer Mutmaßungen über die Entwicklung verschiedener Weine anstellen und die Periode ihres Höhepunkts abschätzen muß. Sogar die Winzer selbst täuschen sich manchmal, wenn sie versuchen, sich die Zukunft ihres Weins vorzustellen. Manche von ihnen haben sogar ihren eigenen Wein wieder zurückgekauft, den sie vorher zu Schleuderpreisen abgegeben hatten, weil sie irrtümlich angenommen hatten, daß sich der Wein nicht verbessern würde.

Einige Grundsätze können jedoch Anhaltspunkte für die richtige Einschätzung liefern. Damit sich Weine verbessern, müssen sie robust gebaut sein. Sie müssen einen ausreichenden Alkoholgehalt besitzen – und haben ihn wirklich auch immer; die Chaptalisierung (der gesetzlich geregelte Zusatz von Zucker) trägt dazu bei, wenn es erforderlich ist. Deshalb muß man seine Aufmerksamkeit auf etwas anderes lenken: auf die Säure und die Tannine. Ein zu weicher Wein, der dennoch sehr angenehm sein kann und dessen Säuregehalt gering, teilweise sogar zu gering ist, wird zerbrechlich sein; seine Langlebigkeit ist nicht garantiert. Ein tanninarmer Wein hat wahrscheinlich kaum mehr Zukunftsaussichten. Im ersten Fall haben die Trauben übermäßig viel Sonne und Wärme abbekommen; im zweiten Fall mußten sie unter mangelnder Sonne und Wärme oder Fäulnisbefall leiden oder sind mit ungeeigneten Kellertechniken verarbeitet worden.

Diese beiden Bestandteile des Weins, Säure und Gerbstoffe, lassen sich messen: Die Säure wird in Frankreich nach dem Gegenwert von Schwefelsäure (in Deutschland als Weinsäure) – in Gramm pro Liter, außer man bevorzugt den pH-Wert – berechnet, die Tannine nach dem Folain-Index; aber dabei handelt es sich um Laborarbeit.

Die Zukunft eines Weins, der mindestens drei Gramm Säure aufweist, ist nicht gesichert; bei der Tanningrenze, unterhalb derer die Fähigkeit zu langer Lagerung problematisch wird, sind die Verhältnisse nicht ganz so unerbittlich streng. Dennoch ist die Kenntnis dieser Indexzahl von Nutzen, denn sehr reife, süße und umhüllte Tannine werden manchmal bei der Weinprobe unterschätzt, wo sie sich nicht immer offenbaren.

In jedem Fall sollte man den Wein unter guten Voraussetzungen kosten, ohne sich von der Atmosphäre der Winzerkellerei beeinflussen zu lassen. Man wird es dabei vermeiden, einen Wein zum Ende einer Mahlzeit hin zu probieren, nachdem man Schnaps, Kaffee, Schokolade oder Pfefferminzbonbons zu sich genommen oder gar geraucht hat. Sollte der Winzer Nüsse vorsetzen – Vorsicht! Denn Nüsse machen alle Weine besser. Mißtrauisch sollte man auch gegenüber Käse sein, der die Empfindlichkeit des Gaumens verändert. Man kann höchstens, falls man unbedingt darauf besteht, ein Stück trockenes Brot essen.

Wie übt man sich in der Weinprobe?

Ebenso wie jede andere Technik kann man die Weinprobe erlernen. Man kann sie nach den obigen Angaben bei sich zu Hause durchführen. Wenn man begeisterter Weinliebhaber ist, kann man ein Praktikum oder mehrere ablegen. Man kann auch Einführungskurse belegen, die von verschiedenen privaten Organisationen mit sehr vielfältigen Aktivitäten angeboten werden: Studium der Degustation, Studium der Übereinstimmung von Speisen und Weinen, Untersuchung der großen französischen und ausländischen Anbaugebiete anhand von Weinproben, Untersuchung des Einflusses der Rebsorten, der Jahrgänge und der Böden, Auswirkung der Weinbereitungstechniken, kommentierte Weinproben in Anwesenheit von Erzeugern etc. (siehe dazu auch den Abschnitt »Die Degustationskurse«).

Das Servieren der Weine

Im Restaurant ist das Servieren die Aufgabe des Weinkellners. Zu Hause wird der Hausherr zum Weinkellner und muß über dessen Fähigkeiten verfügen. Diese sind zahlreich; sie beginnen mit der Wahl der Flaschen, die am besten für das jeweilige Gericht geeignet sind und ihren Höhepunkt erreicht haben.

Bei der Abstimmung zwischen Gerichten und Weinen spielt natürlich auch der individuelle Geschmack eines jeden eine Rolle; dennoch erlaubt es die jahrhundertealte Erfahrung, allgemeine Grundsätze aufzustellen und zu sagen, welche Weine und Gerichte eine ideale Verbindung darstellen und welche absolut unvereinbar sind.

Appellation oder Region	Höhepunkt (in Jahren)	
	Weißwein	Rotwein
	im Jahr nach der Lese	
Alsace		
Alsace Grand Cru	1–4	
Alsace Vendanges Tardives-Liquoreux	8–12	
Jura	4	8
Jura-Rosé	6	
Vin Jaune	20	
Savoie	1–2	2–4
Bourgogne	5	7
Grand Bourgogne		
Mâcon	8–10	10–15
	2–3	1–2
Beaujolais		im Jahr nach der Lese
Cru du Beaujolais		1–4
Vallée du Rhône Nord	2–3	4–5
(Côte-Rôtie, Hermitage etc.)	(8)	(8–15)
Vallée du Rhône Sud	2	4–8
Loire	5–10	5–12
Loire Moelleux, Liquoreux	10–15	
Vins du Périgord	2–3	3–4
Vins du Périgord, Liquoreux	6–8	
Bordeaux	2–3	6–8
Grands Bordeaux	8–10	10–15
Bordeaux Liquoreux	10–15	
Jurançon Sec	2–4	
Jurançon Moelleux, Liquoreux	6–10	
Madiran		8–12
Cahors		5–10
Gaillac	3	5
Languedoc	1–2	2–4
Côtes de Provence	1–2	2–4
Corse	1–2	2–4

Anmerkung:
– *Den Höhepunkt nicht mit der maximalen Lebensdauer verwechseln.*
– *Ein warmer Keller oder eine wechselnde Temperatur beschleunigen die Entwicklung des Weins.*

Die Entwicklung der Weine verläuft sehr ungleich. Den Weinfreund, der den besten will, interessiert allein ihr Höhepunkt. Je nach Appellation und somit nach Rebsorte, Boden und Weinbereitung kann der Höhepunkt in einem Zeitraum eintreten, der sich von einem bis zu zwanzig Jahren erstreckt. Je nach dem Jahrgang, den die Flasche trägt, kann sich der Wein zwei- oder dreimal schneller entwickeln. Es ist jedoch möglich, Durchschnittswerte aufzustellen, die als Grundlage dienen können und die man in Abhängigkeit von seinem Keller und den Informationen, die in den Jahrgangskarten erscheinen, relativieren muß.

Modalitäten des Servierens

Nichts darf bei der Behandlung der Flasche vergessen werden, angefangen bei der Entnahme aus dem Keller bis zu dem Augenblick, wo der Wein ins Glas gelangt. Je älter ein Wein ist, desto mehr Sorgfalt verlangt er. Die Flasche wird aus dem Stapel gezogen und langsam aufgerichtet, bevor man sie in den Raum bringt, wo der Wein getrunken wird; oder man legt sie direkt in einen Dekantierkorb.

Die anspruchslosen Weine werden auf sehr einfache Art serviert. Bei den sehr empfindlichen Weinen, den sehr alten also, läßt man den Wein liebevoll aus der Flasche, die man in der gleichen Lage wie vorher im Weinregal in das Körbchen gestellt hat, in das Glas gleiten. Die etwas jüngeren und jungen Weine, die robusten Weine, werden dekantiert, damit sie entweder ihre Kohlensäure, Andenken an ihre Gärung, abgeben oder Luft ziehen können, weil die Oxidation für den Trinkgenuß günstig ist. Oder man will damit den klaren Wein von den Ablagerungen auf dem Flaschenboden trennen. In diesem Fall wird der Wein vorsichtig umgefüllt. Man gießt ihn dazu vor einer Lichtquelle, üblicherweise einer Kerze – eine Gewohnheit, die noch aus der Zeit vor der Erfindung des elektrischen Lichts stammt und keinen weiteren Vorteil besitzt –, in eine Karaffe ein, damit der trübe Wein und die festen Bestandteile in der Flasche bleiben.

Wann soll man entkorken, wann servieren?

Professor Peynaud behauptet, daß es nutzlos ist, den Korken lange Zeit vorher zu entfernen, bevor man den Wein trinkt, weil die Oberfläche, die in Kontakt mit der Luft ist (Flaschenhals und Flasche), zu klein ist. Dennoch faßt die nachfolgende Tabelle Gewohnheiten zusammen, die den Wein – wenn sie ihn auch nicht immer besser machen – doch in keinem Fall schädigen.

Bukettreiche Weißweine Primeurweine rot und weiß Anspruchslose Weine Roséweine	Entkorken, sofort trinken Flasche senkrecht
Weiße Loire-Weine Weiße Süßweine	Nach dem Entkorken eine Stunde warten Flasche senkrecht
Junge Rotweine Rotweine auf ihrem Höhepunkt	Eine halbe bis zwei Stunden vor dem Servieren dekantieren
Alte, empfindliche Rotweine	Im Dekantierkörbchen entkorken und sofort servieren, unter Umständen dekantieren und sofort trinken

Entkorken

Die Kapsel über dem Korken muß unter dem Flaschenring oder in der Mitte davon aufgeschnitten werden. Der Wein darf nicht in Kontakt mit dem Metall der Kapsel kommen. Sollte der Flaschenhals mit Wachs verklebt sein, so versetzt man der Flasche kleine Stöße, damit das Wachs abbröckelt. Oder besser noch: man versucht, das Wachs mit einem Messer am oberen Teil des Flaschenhalses zu entfernen, weil diese Methode den Vorteil hat, daß man Flasche und Wein nicht heftigen Erschütterungen aussetzen muß.

Das einzige Gerät, mit dem man zufriedenstellend den Korken herausziehen kann, ist der Korkenzieher, der der Form einer spiraligen Schraube hat (andere Korkenzieher sind schwerer zu handhaben). Theoretisch darf der Korken nicht durchstoßen werden. Hat man den Korken herausgezogen, so riecht man daran. Er darf keine störenden Gerüche aufweisen und auch nicht nach Korkeiche riechen (Korkgeschmack). Dann wird der Wein, um ganz sicherzugehen, probiert, bevor man den Gästen einschenkt.

Bei welcher Temperatur serviert man?

Man kann einen Wein töten, wenn man ihn mit einer ungeeigneten Temperatur serviert, oder im Gegenteil noch seinen Genuß steigern, wenn man ihn mit der

Große rote Bordeauxweine	16–17 °C
Große rote Burgunder	15–16 °C
Gute Rotweine, große Rotweine vor ihrem Höhepunkt	14–16 °C
Große trockene Weißweine	14–16 °C
Leichte, fruchtige, junge Rotweine	11–12 °C
Roséweine, Primeurweine	10–12 °C
Trockene Weißweine, rote Landweine	10–12 °C
Kleine Weißweine, weiße Landweine	8–10 °C
Champagner, Schaumweine	7–8 °C
Süßweine	6 °C

richtigen Temperatur auf den Tisch bringt. Es ist aber sehr selten, daß diese erreicht wird; daher auch die Nützlichkeit des Weinthermometers, das man in der Tasche mit sich trägt, wenn man in ein Restaurant geht, oder um es in die Flasche zu tauchen, wenn man zu Hause Wein trinkt. Die Serviertemperatur eines Weins hängt von seiner Appellation (d. h. von seinem Typ), seinem Alter und – in geringem Maße – von der Temperatur der Umgebung ab. Außerdem sollte man nicht vergessen, daß sich der Wein im Glas erwärmt. Die obigen Temperaturen müssen um 1 oder 2 °C erhöht werden, wenn der Wein alt ist.

Man neigt dazu, Weine, die die Rolle des Aperitifs spielen, etwas kühler zu servieren, und Weine, die eine Mahlzeit begleiten, leicht temperiert zu trinken. Ebenso berechnet man die Temperatur der Umgebung mit ein: In einem heißen Klima wird ein mit 11 °C getrunkener Wein eiskalt erscheinen; man sollte ihn deshalb mit 13 oder sogar 14 °C servieren.

Gleichwohl sollte man sich hüten, eine Temperatur von 20 °C zu überschreiten, denn jenseits dieser Temperatur beeinträchtigen physiko-chemische Erscheinungen, die unabhängig von der Umgebung sind, die Qualitäten des Weins und das Vergnügen, das man sich davon erwarten kann.

Die Gläser

Jede Gegend besitzt ihr eigenes Glas. In der Praxis wird man sich – außer man ist einem übermäßigen Purismus verfallen – entweder mit einem Universalglas (im Stil des Degustationsglases) oder mit den zwei am häufigsten verwendeten Typen, dem Bordeaux- und dem Burgunderglas, zufriedengeben.

Welches Glas man auch immer wählt, es wird maßvoll vollgeschenkt, zwischen einem Drittel und der Hälfte.

Im Restaurant

Im Restaurant kümmert sich der Weinkellner um die Flasche, riecht am Korken und läßt den Wein denjenigen probieren, der ihn bestellt hat. Vorher hat er Weine empfohlen, die zu den bestellten Gerichten passen.

Das Studium der Weinkarte ist aufschlußreich, nicht etwa weil sie die Geheimnisse des Weinkellers enthüllt, was ohnehin ihre Aufgabe ist, sondern weil sie erlaubt, das Niveau der Sachkundigkeit zu bestimmen, das der Weinkellner, der Kellermeister oder der Besitzer aufweisen. Eine korrekte Karte muß zwingend für jeden Wein die folgenden Angaben enthalten: Appellation, Jahrgang, Ort der Flaschenabfüllung, Name des Weinhändlers oder des Weingutbesitzers, der den Wein hergestellt hat und für ihn verantwortlich ist. Dieser letzte Punkt wird sehr häufig weggelassen, ohne daß es einen Grund dafür gäbe.

Eine gute Karte muß eine breite Auswahl präsentieren, sowohl hinsichtlich der Zahl der vorgeschlagenen Appellationen als auch bei der Vielfalt und Qualität der Jahrgänge (viele Restaurantbesitzer haben die ärgerliche Angewohnheit, immer nur die schlechteren Jahrgänge anzubieten). Eine intelligente Karte wird vor allem dem Stil und den Spezialitäten der Küche angepaßt sein oder auch den einheimischen Weinen breiten Raum einräumen. Eine Auswahl von Restaurants, die berühmt für die Qualität ihres Weinkellers sind, wird im Kapitel »Die ersten Adressen des Führers« gegeben.

Manchmal wird die »Cuvée du Patron«, die Cuvée des Besitzers, angeboten; es ist wirklich möglich, einen angenehmen Wein zu kaufen, der keine Herkunftsbezeichnung besitzt, aber es wird nie ein großer Wein sein.

Weinlokale

Zu jeder Zeit hat es »Weinbistros« oder »Weinbars« gegeben, die erstklassige Weine im Glas ausgeschenkt haben, sehr oft Weine von Erzeugern, die der Wirt selbst bei seinen Reisen in die Anbaugebiete ausgewählt hatte. Teller mit Wurst und Käse wurden den Kunden ebenfalls angeboten.

In den 70er Jahren ist ein neuer Typ von Weinlokalen entstanden, die zumeist »Wine Bars« genannt werden. Die Entwicklung eines Apparats, der den Wein durch eine Stickstoffschicht schützt, des *Cruover*, hat es diesen Lokalen ermöglicht, den Kunden Spitzenweine aus hervorragenden Jahrgängen anzubieten. Parallel dazu hat eine Restauration, die sich nicht auf ein kleines Angebot an behelfsmäßigen Gerichten beschränkt, auch ihre Speisekarte ergänzt. Eine Auswahl von Weinbistros wird im Kapitel »Die ersten Adressen des Führers« vorgestellt.

DIE JAHRGÄNGE

Alle Qualitätsweine sind Jahrgangsweine. Lediglich ein paar Weine und bestimmte Champagner, bei denen dies die besondere Herstellung aus mehreren Jahrgängen rechtfertigt, machen eine Ausnahme von dieser Regel.

Wenn man das anerkennt, was soll man dann von einer Flasche ohne Jahrgangsangabe halten? Zwei Möglichkeiten sind denkbar: Entweder kann man sich nicht zu dem Jahrgang bekennen, weil er innerhalb der Appellation einen abscheulichen Ruf hat, oder der Wein kann nicht mit einer Jahrgangsangabe versehen werden, weil er das Ergebnis der Zusammenstellung von »Weinen mehrerer Jahrgänge« ist, wie die professionell übliche Formel lautet. Die Qualität des Produkts hängt vom Talent desjenigen ab, der den Wein zusammenstellt; in der Regel ist der verschnittene Wein sogar jedem der Grundweine überlegen, aber es ist nicht zu empfehlen, diesen Flaschentyp altern zu lassen.

Der Wein, der auf dem Etikett einen großen Jahrgang trägt, ist konzentriert und ausgewogen. Er stammt im allgemeinen, aber nicht zwangsläufig aus einer mengenmäßig kleinen Ernte und ist früh gelesen worden.

In allen Fällen entstehen die großen Jahrgänge nur aus vollkommen gesunden Trauben, die ganz von Fäulnis frei sind. Für einen großen Jahrgang spielt das Wetter, das zu Beginn des vegetativen Zyklus herrscht, keine große Rolle; man kann sogar behaupten, daß etwas Mißgeschick wie Frost oder Verrieseln (Abfall der Beeren vor der Reife) günstig ist. Dadurch wird nämlich die Zahl der Beeren pro Stock vermindert, was wiederum die Menge des Ertrags herabsetzt. Entscheidend dagegen ist die Periode, die vom 15. August bis zur Lese (Ende September) reicht: Ein Höchstmaß an Wärme und Sonnenschein ist dann notwendig. 1961, das bis auf weiteres der »Jahrhundertjahrgang« bleibt, ist beispielhaft: Alles ist so geschehen, wie es sollte. Dagegen waren die Jahre 1963, 1965 und 1968 katastrophal, weil sich Kälte und Regen häuften; daher auch die fehlende Reife und der hohe Ertrag, wobei sich die Trauben mit Wasser vollsaugten. Regen und Wärme sind kaum besser, denn das lauwarme Wasser begünstigt die Fäulnis. Das ist das Hindernis, an das ein potentiell großer Jahrgang im Jahre 1976 im Südwesten gestoßen ist. Die Fortschritte bei der Behandlung zum Schutz der Trauben, die besonders den Sauerwurm und die Entwicklung der Fäulnis abwehren sollen, ermöglichen erstklassige Ernten, die früher gefährdet gewesen wären. Diese Behandlungsmethoden erlauben es auch, relativ jung gelassen – selbst wenn die momentanen meteorologischen Voraussetzungen nicht ermutigend sind – das völlige Reifen der Trauben abzuwarten. Ein bedeutsamer Gewinn an Qualität. Bereits 1978 waren exzellente Jahrgänge zu verzeichnen, die spät gelesen worden sind.

Üblicherweise wird die Qualität der Jahrgänge in Bewertungstafeln zusammengefaßt. Diese Noten repräsentieren nur Durchschnittswerte; sie berücksichtigen nicht die mikroklimatischen Verhältnisse und auch nicht die heroischen Anstrengungen beim Aussortieren von Trauben bei der Lese oder die fast mit Besessenheit betriebene Auswahl der Weine aus den verschiedenen Gärtanks. So z. B. beweist der Graves-Wein »Domaine de Chevalier 1965« – ein übrigens fürchterlicher Jahrgang –, daß man auch in einem mit Null bewerteten Jahr einen großen Wein herstellen kann!

Bewertungstafel (von 0 bis 20)

	Bordeaux rot	Bordeaux weiß, Süßweine	Bordeaux weiß, trocken	Burgund rot	Burgund weiß	Champagne	Loire	Rhône	Elsaß
1900	19	19	17	13		17			
1901	11	14							
1902									
1903	14	7	11						
1904	15	17		16		19		18	
1905	14	12							
1906	16	16		19	18				
1907	12	10		15					
1908	13	16							
1909	10	7							
1910									
1911	14	14		19	19	20	19	19	
1912	10	11							
1913	7	7							
1914	13	15				18			
1915		16		16	15	15	12	15	
1916	15	15		13	11	12	11	10	
1917	14	16		11	11	13	12	9	
1918	16	12		13	12	12	11	14	
1919	15	10		18	18	15	18	15	15
1920	17	16		13	14	14	11	13	10
1921	16	20		16	20	20	20	13	20
1922	9	11		9	16	4	7	6	4
1923	12	13		16	18	17	18	18	14
1924	15	16		13	14	11	14	17	11
1925	6	11		6	5	3	4	8	6
1926	16	17		16	16	15	13	13	14
1927	7	14		7	5	5	3	4	
1928	19	17		18	20	20	17	17	17
1929	20	20		20	19	19	18	19	18
1930							3	4	3
1931	2	2		2	3		3	5	3
1932				2	3	3	3	3	7
1933	11	9		16	18	16	17	17	15
1934	17	17		17	18	17	16	17	16
1935	7	12		13	16	10	15	5	14
1936	7	11		9	10	9	12	13	9
1937	16	20		18	18	18	16	17	17
1938	8	12		14	10	10	12	8	9
1939	11	16		9	9	9	10	8	3
1940	13	12		12	8	8	11	5	10
1941	12	10		9	12	10	7	5	5
1942	12	16		14	12	16	11	14	14
1943	15	17		17	16	17	13	17	16
1944	13	11	12	10	10		6	8	4
1945	20	20	18	20	18	20	19	18	20

(In the Elsaß column, spanning the years 1900–1918: *Elsaß, zu Deutschland gehörig*)

	Bordeaux rot	Bordeaux weiß, Süßweine	Bordeaux weiß, trocken	Burgund rot	Burgund weiß	Champagne	Loire	Rhône	Elsaß
1946	14	9	10	10	13	10	12	17	9
1947	18	20	18	18	18	18	20	18	17
1948	16	16	16	10	14	11	12		15
1949	19	20	18	20	18	17	16	17	19
1950	13	18	16	11	19	16	14	15	14
1951	8	6	6	7	6	7	7	8	8
1952	16	16	16	16	18	16	15	16	14
1953	19	17	16	18	17	17	18	14	18
1954	10			14	11	15	9	13	9
1955	16	19	18	15	18	19	16	15	17
1956	5						9	12	9
1957	10	15		14	15		13	16	13
1958	11	14		10	9		12	14	12
1959	19	20	18	19	17	17	19	15	20
1960	11	10	10	10	7	14	9	12	12
1961	20	15	16	18	17	16	16	18	19
1962	16	16	16	17	19	17	15	16	14
1963					10				
1964	16	9	13	16	17	18	16	14	18
1965			12				8		
1966	17	15	16	18	18	17	15	16	12
1967	14	18	16	15	16		13	15	14
1968									
1969	10	13	12	19	18	16	15	16	16
1970	17	17	18	15	15	17	15	15	14
1971	16	17	19	18	20	16	17	15	18
1972	10		9	11	13		9	14	9
1973	13	12		12	16	16	16	13	16
1974	11	14		12	13	8	11	12	13
1975	18	17	18		11	18	15	10	15
1976	15	19	16	18	15	15	18	16	19
1977	12	7	14	11	12	9	11	11	12
1978	17	14	17	19	17	16	17	19	15
1979	16	18	18	15	16	15	14	16	16
1980	13	17	18	12	12	14	13	15	10
1981	16	16	17	14	15	15	15	14	17
1982	18	14	16	14	16	16	14	13	15
1983	17	15	16	15	16	13	12	16	20
1984	14	13	12	13	14	5	10	11	15
1985	18	15	14	17	17	17	16	16	19
1986	17	17	12	12	15	9	13	10	10
1987	13	11	16	12	11	10	13	8	13
1988	16	19	18	16	14	15	16	18	17
1989	18	19	18	16	18	16	20	16	16
1990	18	20	17	18	16	19	17	17	18
1991	13	14	14	14	15	11	12	13	13

Dick umrandete Felder zeigen Weine zum Einkellern an.

Welche Jahrgänge soll man jetzt trinken?

Die Weine entwickeln sich unterschiedlich, je nachdem, ob sie in einem Jahr mit schlechtem Wetter oder mit viel Sonnenschein entstanden sind, auch entsprechend ihrer Appellation, ihrer hierarchischen Stellung innerhalb dieser Appellation, ihrer Weinbereitung und ihres Ausbaus; ihre Reifung hängt auch vom Keller ab, wo sie gelagert werden.

DER WEIN IN DER KÜCHE

Das Kochen mit Wein ist keine Erfindung von heute. Schon Apicius beschrieb ein Rezept für Ferkel mit Weinsauce (es handelte sich dabei um Strohwein). Warum verwendet man Wein in der Küche? Wegen des Geschmacks, den er verleiht, und aufgrund der guten Verdauungseigenschaften, die er den Gerichten dank seines Glyzerin- und Tanningehalts gibt. Der Alkohol, der von manchen als Unheil betrachtet wird, verdunstet beim Kochen oder Braten fast völlig.

Man könnte eine Geschichte des Kochens anhand des Weins erzählen. Marinaden sind ursprünglich erfunden worden, um Fleischstücke zu konservieren; heute verwendet man sie weiter, um den Geschmack von Gerichten zu verstärken. Das Garkochen, also das Einkochen der Marinade, liegt den Saucen als Prinzip zugrunde. Manchmal wurde das Fleisch mit der Marinade zusammen gekocht. Auch Ragouts, Schmorbraten und Sud für Fisch- und Krebsgerichte einschließlich der Œufs en meurette sind so erfunden worden.

Einige Ratschläge

– Niemals alte Jahrgangsweine zum Kochen verwenden. Das ist teuer, nutzlos und teilweise sogar den Gerichten abträglich.
– Nie einfache Tischweine oder zu leichte Weine in der Küche verwenden; durch das Einkochen kommt ihr Mangel an aromatischer und geschmacklicher Präsenz nur noch stärker zum Vorschein.
– Zu dem Gericht den Wein trinken, der zum Kochen verwendet worden ist, oder einen Wein gleicher Herkunft.

RUND UM DEN WEIN:
DIE ERSTEN ADRESSEN DES FÜHRERS

Wein zu kennen, das bedeutet, ihn auswählen, ihn trinken und über ihn reden zu können. Der Wein schafft eine Lebenskunst, die sich aus Traditionen, Geschmack für Qualität, Sinn für das Maß und Gastlichkeit zusammensetzt. Mit allem, was sich um ihn dreht, bildet er ein riesiges, vielschichtiges Universum, in das Sie der Hachette-Weinführer Frankreich durch zahlreiche Pforten und mit vielen Schlüsseln eindringen lassen will. »Rund um den Wein«, das sind Hinweise und Adressen, eine Auswahl, die natürlich für persönliche Entdeckungen offensteht.

Die Welt des Weins entdecken

Die Geschichte, die Soziologie und die Ethnologie besitzen ihre eigene Sprache, um über ihren Gegenstand zu sprechen. Nichts hält die Erinnerung an die Arbeit der Winzer und die gesellschaftliche Rolle des Weins mehr wach als die Museen, die ihm gewidmet sind. Die Geographie ist ebenfalls sehr wichtig: In ihrer verführerischsten Form, als Tourismus, entdeckt man sie entlang der »Weinstraßen«, die zumeist von den Unions oder Comités Interprofessionnels, den mehrere Berufsgruppen umfassenden Vereinigungen (siehe die Liste weiter unten) oder den Fremdenverkehrsausschüssen der Departements perfekt markiert sind. Die wichtigsten erscheinen auf den Karten zu den Weinbauregionen in diesem Führer; sie werden in der jährlichen Ausgabe des Hachette-Frankreichführers beschrieben.

Seit einigen Jahren gewinnen Reisen, die unter dem Thema Weinbau oder Weinkunde organisiert werden, an Beliebtheit in den verschiedenen Gegenden Frankreichs; man sollte sich dazu bei den Reiseagenturen und bei den Fremdenverkehrsstellen der Regionen und der Departements erkundigen. Schließlich muß man noch auf eine junge Hotelkette hinweisen, die 37 erstklassige Häuser in den französischen Weinbaugebieten umfaßt: *Hôtelleries du Vignoble Français* (Auberge de Tavel, 30126 Tavel, Tel. 66.50.03.41). Die Ausstellungen, Feste und Märkte, wo Wirtschaft und Folklore aufeinandertreffen, sind ebenso wie die »Kapitel« oder Versammlungen der Weinbruderschaften besonders günstige Gelegenheiten, um sich mit der Welt des Weins vertraut zu machen.

Mit dem Wein umgehen lernen

Die Degustation ist keine angeborene Wissenschaft; deshalb ist es notwendig, seine Sinne zu erziehen, damit man Geruchs- und Geschmacksempfindungen analysieren kann. Man lernt trinken, wie man lesen lernt; die Praxis ist dabei unersetzlich. Fast überall erleben die Einführungskurse zu den Weinen und in die Weinprobe heute eine Blüte, aber die erste Stufe des Lernens besteht zweifellos darin, die Empfehlungen von Kellermeistern, Einkaufsclubs oder sachkundigen Weinkellnern zu befolgen.

Schließlich sind noch die Weinlokale und die erstklassigen Restaurants, die gute Weinkeller besitzen – jedes mit eigenem Stellenwert –, bevorzugte Orte von Entdeckungen, die die Begegnung mit den Winzern selbst, der Besuch von Degustationslokalen oder Weingütern in den Anbaugebieten, vervollständigt.

DIE COMITÉS INTERPROFESSIONNELS

Die mehrere Berufsgruppen umfassenden Wirtschaftsverbände sichern die Qualität und die Absatzförderung der Weine ihrer jeweiligen Region und sind auch hervorragende Informationsquellen für die Öffentlichkeit (vor allem auf schriftlichem Wege).

Alsace

Comité interprofessionnel des vins d'Alsace, 12, av. de la Foire-aux-Vins, 68003 Colmar Cedex, Tel. 89.41.06.21.

Beaujolais

Union interprofessionnelle des vins du Beaujolais, 210, bd Vermorel, 69400 Villefranche-sur-Saône, Tel. 74.65.45.55.

Bordelais

Conseil interprofessionnel du vin de Bordeaux, 1, cours du XXX Juillet, 33000 Bordeaux, Tel. 56.00.22.66.

Bourgogne

Bureau interprofessionnel des vins de Bourgogne, 12, bd Bretonniere, B.P. 150, 21204 Beaune Cedex, Tel. 80.24.70.20.

Comité interprofessionnel des vins de Bourgogne, 389, av. de-Lattre-de-Tassigny, 71000 Mâcon, Tel. 85.38.20.15.

Bureau interprofessionnel des vins de Bourgogne, Le Petit Pontivy, 89800 Chablis, Tel. 86.42.42.22.

Champagne

Comité interprofessionnel du vin de Champagne, 5, rue Henri-Martin, B.P. 135, 51204 Epernay Cedex, Tel. 26.54.47.20.

Languedoc und Roussillon

Comité interprofessionnel des vins de Fitou, Corbières et Minervois, RN 113, 11200 Lezignan-Corbières, Tel. 68.27.03.64.

Provence und Korsika

Comité interprofessionnel des vins des Côtes de Provence, Maison des Vins, RN 7, 83460 Les Arcs-sur-Argens, Tel. 94.73.33.38.

Groupement interprofessionnel des vins de l'île de Corse, 15, bd du Fango, Maison verte, 20000 Bastia, Tel. 95.31.37.36.

Jura

Commission interprofessionnelle des vins et spiritueux du Jura, av du 44e-R1, B.P. 396, 39016, Lons-le-Saunier, Tel. 84.24.21.07.

Savoie

Comité interprofessionnel des vins de Savoie, 3, rue du Château, 73000 Chambéry, Tel. 79.33.44.16.

Südwestfrankreich

Union interprofessionnelle des vins de Cahors, 28 bd Gambetta, 46002 Cahors, Tel. 65.35.44.10.

Comité interprofessionnel des vins de Gaillac, Abbaye Saint-Michel, 81600 Gaillac, Tel. 63.57.15.40.

Comité interprofessionnel des vins de la région de Bergerac, 2, pl. du Docteur-Cayla, 24100 Bergerac, Tel. 53.57.12.57.

Comité interprofessionnel du Floc de Gascogne, rue des Vignerons, B.P. 49, 32800 Eanza, Tel. 62.09.85.41.

Tal der Loire und Mittelfrankreich

Comité interprofessionnel des vins d'origine de Nantes, Bellevue, 44690 La Haie-Fouassière, Tel. 40.36.90.10.

Comité interprofessionnel des vins de Touraine, 19, square Prosper-Mérimée, 37000 Tours, Tel. 47.05.40.01.

Conseil interprofessionnel des vins d'Anjou et de Saumur, 73, rue Plantagenêt, B.P. 2287, 49022 Angers Cedex, Tel. 41.87.62.57.

Tal der Rhône

Comité interprofessionnel des vins des Côtes du Rhône, 6 rue de Frois-Faucons, 84000 Avignon, Tel. 90.27.24.00.

Roussillon und Dessertweine

Fédération des interprofessions du Roussillon und *Comité interprofessionnel des Vins doux naturels,* 19, av. Grande-Bretagne, 66000 Perpignan, Tel. 68.34.42.32.

Likörweine
Fédération des interprofessions du Roussillon und *Comité national du pineau des Charentes*, 112, av. Victor-Hugo, 16100 Cognac, Tel. 45.32.09.27.

DIE WEINMUSEEN

In alten Winzerhäusern oder in Abteien, in gotischen Kellern wie in Tours oder in prächtigen Hotels wie in Beaune untergebracht, stellen die Weinmuseen die ganze Palette traditioneller Geräte und Kunstwerke aus: von gallorömischen Amphoren bis zu den Wandteppichen von Jean Lurat, von Keltern aus dem Mittelalter bis zu Flaschen- und Glassammlungen. Manchmal sind es nur ein paar Werkzeuge, die ein begeisterter Winzer gesammelt hat; anderswo zwei Säle in einem Heimatmuseum mit eklektizistischem Reiz. Hier die wichtigsten:

Alsace und Ostfrankreich
Museum von Kientzheim: im Schloß, dem Sitz der Confrérie Saint-Étienne (Kientzheim, 68240 Kaysersberg, Tel. 89.78.21.36).
Museum Unterlinden: bedeutende Abteilung, die dem Wein gewidmet ist, in diesem außergewöhnlichen Museum (das meistbesuchte Provinzmuseum in Frankreich), das übrigens auch den berühmten Isenheimer Altar beherbergt (1, rue Unterlinden, 68000 Colmar, Tel. 89.41.89.23).
Departementmuseum für volkstümliche Kunst und Tradition Albert-Demard: im Schloß von Champlitte, ein außergewöhnliches Museum (70600 Champlitte, Tel. 84.67.64.94).

Bordelais
Museum von Aquitanien, Geschichte des Weinbaus 1750–1950. Große Presse vom Anfang des 19. Jh. aus Graves, herrliches allegorisches Triptychon über die Bordeaux-Werke (Cours Pasteur, 33000 Bordeaux, Tel. 56.10.17.11).
Museum des Weins und des Weinbaus, Château Maucaillon, im Herzen des Médoc (33480 Castelnau-de-Médoc, Moulis-en-Médoc, Tel. 56.58.01.23).
Museum der Winzergeräte, Château Loudenne (Saint-Yzans-de-Médoc, 33340 Lesparre-Médoc, Tel. 56.09.05.03).
Museum des Weins in der Kunst, Château Mouton-Rothschild: herrliche Sammlungen seit dem 13. Jh. vor unserer Zeitrechnung (33250 Pauillac, Tel. 56.59.20.20).

Bourgogne
Museum des Burgunderweins: im Hôtel des Ducs, einer sehr reizvollen Gebäudegruppe aus dem 14. bis 16. Jh.; ein vollständiges Panorama der burgundischen Welt des Weins (rue d'Enfer, 21200 Beaune, Tel. 80.22.08.19).

Champagne
Gemeindemuseum von Épernay: Geschichte und Herstellung des Champagners (13, av. de Champagne, 51200 Épernay, Tel. 26.51.90.31).
Museum von Hautvillers: in der Abtei, wo Dom Pérignon lebte (51160 Ay, Tel. 26.59.40.01).
Erwähnen muß man noch, daß die meisten großen Champagnerfirmen, die Besucher empfangen, oft einige Sammlungen zeigen.

Savoie und Jura
Museum des Weins: im Rathaus von Arbois, wo man auch das Haus von Pasteur besichtigen kann (hôtel de ville, 39600 Arbois, Tel. 84.66.07.45).
Museum des Weins: am Rande des Loue, unweit seiner Schlucht (route d'Athose, 23930 Lods, Tel. 81.60.93.82).

Languedoc und Roussillon
Museum des Weins: reiche Sammlungen mit Kunst und Volksbräuchen (1, rue Necker, und *Caves Saury-Serres,* 3, rue Turgot, 11200 Lézignan-Corbières, Tel. 68.27.37.02).
Corbières-Museum: in der Bürgermeisterei von Sigean (11130 Sigean, Tel. 68.48.20.04).
Winzerhaus, in Narbonne (rue de l'Ancienne-Porte-Neuve, 11100 Narbonne, Tel. 68.32.64.82).
Museum des Weins und der Winzergeräte, auf dem Gut Teissier (Gallician, 30600 Vauvert, Tel. 66.73.30.85).

Provence und Korsika
Internationales Museum der Weine, auf dem Gut von Paul Ricard, mit einer eindrucksvollen Flaschensammlung (île de Bendor, 83150 Bandol, Tel. 94.29.44.34).

Südwestfrankreich
Weinmuseum: insbesondere den Winzergeräten gewidmet (5, rue de Conférences, 24100 Bergerac, Tel. 53.57.80.92).

Tal der Loire und Mittelfrankreich
Museum der Touraine-Weine: bemerkenswert schön in Kellern aus dem 13. Jh. untergebracht (Celliers Saint-Julien, 16, rue Nationale, 37000 Tours, Tel. 47.61.07.93).
Wein- und Böttchermuseum (12, rue Voltaire, 37500 Chinon, Tel. 47.93.25.63).
Museum des Weins, in den Kellern der Coudraye (pl. des Vignerons, 49190 Saint-Lambert-du-Lattay, Tel. 41.78.30.69).
Museum Pierre-Abélard: dem Weinbaugebiet von Nantes gewidmet (Chapelle Saint-Michel, le Pallet, 44330 Vallet, Tel. 40.80.40.24).
Museum des Weins (cours des Bénédictines, 03500 Saint-Pourçain-sur-Sioule, Tel. 70.45.32.73).
Gemeindemuseum zur örtlichen Geschichte und zum örtlichen Brauchtum, im Kloster der alten Abtei von Selles (pl. Charles-de-Gaulle, 41130 Selles-sur-Cher, Tel. 54.97.40.19).

Tal der Rhône
Winzermuseum: auf dem Gut Beauregard, kürzlich von einem Weinbauern aus Châteauneuf-du-Pape eröffnet (rte de Vaison, Rasteau, 84110 Vaison-la-Romaine, Tel. 90.46.11.75).
Museum der Winzergeräte (8, av. d'Avignon, 84230 Châteauneuf-du-Pape, Tel. 90.63.70.07).

Außerdem noch
mehrere Weinmuseen in der Gegend von Cognac, wo man natürlich auch die Erinnerung an den Pineau des Charentes wachhält, in Cognac selbst (bd Denfert-Rochereau, 16000 Cognac, Tel. 45.32.07.25) und in Salles-d'Angles (le Bourg, Salles-d'Angles, 16130 Segonzac, Tel. 45.83.71.13). L'Ecomusee du Cognac (Logis des Bessons 17770 Migr on, Tel. 46.94.91.16).

In der Pariser Region
Weinmuseum, Caveau des Echansons (5, sq. Charles-Dickens, 75016 Paris, Tel. (1) 45.25.63.26), in den Kellern eines alten Klosters.
Gemeindemuseum René-Sordes (av. du Gén.-Charles-de-Gaulle, 92150 Suresnes, Tel. (1) 47.72.38.04) mit bedeutenden Sammlungen zum früheren örtlichen Weinanbau.

DIE MESSEN UND MÄRKTE

Die erste Weinmesse wurde 1214 abgehalten; der Vorsitzende ihres Degustationskomitees hieß Philippe Auguste. Seitdem finden internationale, nationale, regionale und lokale Ausstellungen im gesamten Land zu regelmäßigen Zeiten statt. Diese Messen sind echte Schaufenster des französischen Weins und Orte zum Einkauf und für Begegnungen mit Weinliebhabern; sie sind auch ideale Gelegenheiten, um seine Meinung mit Winzern und Weinhändlern auszutauschen. Außerdem kann man hier ausgezeichnete, manchmal sogar außergewöhnliche Produkte finden. Viele dieser Veranstaltungen sind mit Wettbewerben verbunden; die angesehensten sind die auf der Messe von Mâcon und der Landwirtschaftsausstellung von Paris.

Die großen Weinausstellungen
Nationale Ausstellung der französischen Weine von Mâcon (Parc des Expositions, zweite Maihälfte, jedes Jahr). Beim allgemeinen Weinwettbewerb, der sehr angesehen ist, sind 1985 7200 Proben verkostet worden.
Internationale Landwirtschaftsausstellung von Paris (Parc des Expositions de la Porte-de-Versailles, jedes Jahr im März). Der Wettbewerb umfaßt nur Weine, die auf Departementsebene vorausgewählt worden sind, und präsentiert zwangsläufig ein recht gutes Niveau.
Pariser Messe. Zahlreiche Winzer, Weinhändler und Genossenschaftskellereien sind auf der *Weinausstellung* dieser großen Veranstaltung vertreten, die jedes Jahr Ende April/Anfang Mai in der Hauptstadt stattfindet.

DIE ERSTEN ADRESSEN

Nationale Ausstellung der Privatkellereien (Paris, Anfang Dezember). Diese originelle, auch qualitativ sehr gute Ausstellung umfaßt jedes Jahr mehrere hundert unabhängige Weinbauern, die aus allen Gegenden Frankreichs kommen. Man macht dabei manchmal bemerkenswerte Entdeckungen (Confédération Nationale des Caves Particulières, 111, av. de l'Arc, B.P. 227, 84108 Orange Cedex, Tel. 90.34.36.04).

Ausstellung der landwirtschaftsgenossenschaftlichen Weine und Erzeugnisse (Paris, im Oktober).

Einige große regionale Ausstellungen

Alsace: *Weinausstellung von Colmar* (erste Augusthälfte).

Beaujolais und Lyonnais: *Wettbewerbsausstellung von Villefranche-sur-Saône* (erster Sonntag im Dezember).

Bordelais: Die *Messe von Bordeaux besitzt einige Stände von Winzern, aber die internationale Ausstellung Vinexpo-Vinotech*, die alle zwei Jahre stattfindet, steht nicht für die Allgemeinheit offen.

Bourgogne: *Messe der Gastronomie und der Weine von Dijon* (Ende Oktober/Anfang November); *Internationale Weinfeste* (Dijon, September); *Versteigerung des Hospizes von Beaune* (siehe dazu »Die Feste«).

Champagne: *Messeausstellungen* von Reims und Troyes (Juni).

Provence: *Messe von Brignoles*, mit dem Wettbewerb der südfranzösischen Weine.

Tal der Rhône: *Weinausstellung von Orange* (Ende Januar).

Tal der Loire: *Weinausstellung von Tours* (Mitte Februar); *Weinausstellung von Le Mans (Januar/Februar), Weinfest von Nantes* (März in Vallet).

DIE FESTE

Die bäuerliche Welt hat schon immer Feste gekannt, bei denen die christliche Tradition häufig einen heidnischen Brauch überdeckte. Ihre Aufgabe war es, die Ernten zu schützen oder zu begünstigen. Sie haben so den Lebensrhythmus auf dem Lande jahrhundertelang bestimmt und bleiben in der Welt des Weins noch lebendig. Außerdem sind sie ein Ausdruck der Freude und der Gastlichkeit, ohne die der Wein nicht seine große Rolle spielen würde. So feiern am 22. Januar viele Weinbaudörfer den heiligen Vinzenz, den Schutzpatron der Winzer, mit einer Prozession und einem Festessen. Die amtliche Eröffnung der Weinlese, die offiziell den Beginn der Ernte festsetzt, ist ebenfalls eine Zeit der Feste. Seit dem Mittelalter werden diese Feste von Verkaufsveranstaltungen begleitet, von denen die berühmteste die Auktion des Hospizes von Beaune ist.

Alsace

Zahlreiche Feste in den Dörfern im Juli und August sowie im Oktober, zum Zeitpunkt der Weinlese: *Tage der Grands Crus* Mitte Mai.

Beaujolais und Lyonnais

Raclet-Fest in Romanèche-Thorins, im November; das ist die wichtigste Degustationsausstellung für die neuen Weine im Beaujolais und im Mâconnais.

Versteigerung des Hospizes von Beaujeu, am zweiten Sonntag im Dezember. An allen Sonntagen im November finden außerdem Ausstellungen der Beaujolais-Weine in den überaus zahlreichen Gemeinden statt.

Bordelais

Die meisten Weinbruderschaften feiern die Weinlese; in fast allen Dörfern feiert man außerdem Saint-Vincent (um den 22. Januar herum).

Bourgogne

Die *Trois Glorieuses*, die *Drei glorreichen Tage:* Der erste, Mitte November, ist das *Kapitel der Confrérie des Chevaliers du Tastevin* im Schloß des Clos de Vougeot, eine große Versammlung, bei der zusammen mit vielen Wettbewerben und Zechgelagen die Inthronisierungen stattfinden. Der zweite, einen Tag später, ist die berühmte *Auktion des Hospizes von Beaune:* Die Hospizverwaltung der Stadt versteigert gemäß einer sehr alten Tradition die Produktion ihrer Weingüter; die Käufer kommen aus der ganzen Welt. Die hier erzielten Preise dienen als Anhaltspunkte für die Preise der besten Weinlagen. Die *Paulée*, ein Festessen, wohin jeder mit seinem Wein kommt, findet am dritten Tag in Meursault statt; hier wird auch ein Literaturpreis verliehen.

Das »umlaufende« Sankt-Vinzenz-Fest wird – wie es sein Name andeutet – jedes Jahr in einer anderen Ortschaft gefeiert. Volnay ist für 1986 ausgewählt worden, Nuits-Saint-Georges für 1987, Aloxe-Corton und Pernaud-Vergelesses für 1988, Santenay für 1989, Saint-Bris-le-Vineux und mehrere Dörfer der Hautes-Côtes für 1990, Vosne Romanée für 1992.

Weisen wir außerdem noch hin auf: das Fest der Weine von Chablis, eine Woche nach den Drei glorreichen Tagen, und die Ausstellung der Weine von Chablis, Ende Dezember, das Fest des Königs Chambertin in Gevrey-Chambertin, den Dionysos-Markt in Morey-Saint-Denis und die Versteigerung des Hospizes von Nuits im Frühjahr.

Champagne

Man feiert wie überall den heiligen Vinzenz, aber ebenso Sankt-Paul, am 25. Januar im Departement Aube, Tage des Sauerkrauts in Brienne-le-Château (Aube), am dritten Samstag und Sonntag im September.

Festival des Champagners (Konzerte, Lieder, Weinprobe), unregelmäßig.

Jura und Savoie

Das Fest des Biou d'Arbois hat einen sehr alten Ursprung: es bezieht sich auf eine biblische Episode. Noch heute bewahrt es seinen religiösen Charakter. Die schönsten Trauben werden an einem hölzernen Modell befestigt, das mit Stroh gefüllt und mit Draht umspannt ist. Die so geformte riesige Traube wird in einer Prozession vom Pasteurhaus zur Kirche getragen.

Fest der Weine von Arbois in der zweiten Julihälfte; zahlreiche lokale Feste im Departement Savoie.

Languedoc und Roussillon

Fest des neuen Weins in Perpignan, mit heiliger Messe und Segen in der Kathedrale sowie Prozession durch die Stadt, im Oktober; Jacquetout-Fest in Carcassonne, im Herbst; Weinausstellung von Rivesaltes im Juli; Weinfeste in Nîmes, im November; Fest des Weins von Uzès, am ersten Wochenende im August.

Les Paillasses von Cournontéral (Hérault): Am Karnevalstag finden die Kämpfe der Hanswurste in einem Meer von Weinhefe statt; Körper, Gesicht und Kleidung werden dabei zur großen Freude aller besudelt.

Provence und Korsika

Fest der Weine von Bandol, am ersten oder zweiten Sonntag im Dezember; Fest des Weins in Cassis, am ersten Sonntag im September; Weinfest von Nizza, Anfang September, Prozession, Weinproben; Fest der Winzer von Antibes, am 19. Mai. Die Prozession der Flaschen in Boulbon (Bouches-du-Rhône), zu Ehren des heiligen Marzellinus, am 1. Juni: Die Prozession unter Absingen von provenzalischen Kirchenliedern zu einer romanischen Kapelle, wo man nach einer Predigt in Provenzalisch den Segen erhält. Jeder hebt dazu eine Flasche hoch, aus der er einen Schluck nimmt. Der Rest wird sorgfältig aufgehoben: das ist der Wein für die Kranken.

Südwestfrankreich

Die Cocagne der Weine von Gaillac wird am ersten Augustwochenende gefeiert, das Fest der Weine von Lisle-sur-Tarn Mitte Juli. Im Departement Tarn feiert man auch noch das Fest des Cayla im August und das Fest des Großen Falkners Mitte Juli.

Tal der Rhône

Sehr viele Feste auf den Dörfern; dazu noch Fest der Côtes-du-Rhône-Villages in Vacqueyras, am 14. Juli und »umlaufend« im August Tauffest der Côtes du Rhône in Avignon, am Abend des 14. November, und Ausstellung der Primeurweine in Vaison-la-Romaine, Ende des Jahres.

DIE WEINBRUDERSCHAFTEN

Obwohl diese Tradition bis in das Mittelalter und sogar noch weiter zurückreicht, sind alle heutigen Weinbruderschaften neueren Ursprungs. Die berühmteste, die der Chevaliers du Tastevin, der Ritter des Probierbechers, hat so große Erfolge bei der Absatzförderung des burgundischen Weinbaugebiets erzielt, daß ihr Beispiel auf breiter Ebene Schule gemacht hat. In einigen Gegenden wie im Bordelais, im Anjou oder in der Touraine schießen die Bruderschaften wie Pilze aus dem Boden. Das Prunkgewand, die Insignien, das feierliche Ritual, das die Zeremonie der Inthronisation bestimmt, und die fröhlichen, hochroten Gesichter sind aber nicht bloß ein folkloristisches Schauspiel; die Mitglieder der Weinbruderschaften, die zumeist durch Zuwahl aufgenommen werden, Winzer oder Weinliebhaber, haben oft ihre Sachkundigkeit auf dem Gebiet der Weinkunde unter Beweis stellen müssen. Diese Confréries Vineuses haben auch einen festen Platz bei der Verteidigung der Qualität des Weins; in diesem Sinne zeichnen viele von ihnen die besten, in vergleichenden Weinproben ausgewählten Weine mit einem besonderen Etikett aus (Chevaliers du Tastevin, Compagnons de Saint-Vincent et Disciples de la Chanteflûte, Confrérie Alsacienne Saint-Étienne, Jurade de Saint-Émilion etc.).

Alsace
Hospitaliers d'Andlau; Confrérie Saint-Étienne im Schloß von Kientzheim.

Beaujolais
Compagnons du Beaujolais (Villefranche-sur-Saône); *Confrérie du Gosiersec* von Clochemerle, in Wirklichkeit aber von Vaux-en-Beaujolais; *Grapilleurs des Pierres Dorées.*

Bordelais
Commanderie du Bontemps du Médoc et des Graves in Pauillac; *Commanderie de Sauternes-Barsac* in Langon; *Commanderie de Sainte-Croix-du-Mont; Jurade de Saint-Émilion; Compagnons de Bordeaux* (Génissac); *Connétablie de Guyenne; Hospitaliers de Pomerol; Gentilshommes du Duché de Fronsac; Compagnons de Loupiac; Vignerons de Montagne Saint-Émilion.*

Bourgogne
Chevaliers du Tastevin (Nuits-Saint-Georges und Château du Clos de Vougeot); *Cousinerie de Bourgogne; Confrérie Saint-Vincent et Disciples de la Chanteflûte* von Mercurey; *Confrérie des Vignerons de Saint-Vincent* (Mâconnais); *Piliers Chablisiens; Trois Ceps de Saint-Bris* (Yonne); *Confrérie du Souverain Bailliage de Pommard; Ordre Ducal de la Croix de Bourgogne; Collège des Ambassadeurs du Roi Chambertin..*

Champagne
Ordre des Coteaux de Champagne; Commanderie du Saute-Bouchon de Champagne; Échevinage de Bouzy.

Languedoc und Roussillon
Confrérie des Coteaux du Languedoc; Maîtres Tasteurs du Roussillon und *Commande Majeure du Roussillon* in Perpignan; *Confrérie de la Mesnie du Fitou; Illustre Cour des Seigneurs de Corbières* (Lézignan); *»Capitol dals Tastevins e gargamelos de limos«* (Limoux); *Compagnons du Minervois.*

Provence
Confrérie de l'Ordre Illustre des Chevaliers de la Méduse (les Arcs-sur-Argens); *Confrérie des Comités de Nice et de Provence; Les Chevaliers de Sully.*

Savoyen
Confrérie du Sarto.

Südwestfrankreich
Commanderie des Chevaliers de Tursan; Consulat de la Vinée de Bergerac.

Tal der Loire und Mittelfrankreich
Confrérie de l'Ordre des Chevaliers Bretons (Muscadet); *Commanderie des Grands Vins d'Amboise; Confrérie des Compagnons de Grandgousier; Confréries des Maîtres de Chais; Confrérie des Tire-Douzils de la Grand-Brosse; Confrérie des Chavaliers de la Chantepleure* (Vouvray); *Confrérie de la Dive Bouteille des Vins de Bourgueil et de Saint-Nicolas-de-Bourgueil; Entonneurs Rabelaisiens* (Chinon); *Commanderie du Taste-Saumur; Chevaliers du Sacavin* (Angers); *Confrérie des Fins Gouziers d'Anjou; Chevaliers de la Canette; Confrérie des Hume-Pinot du Loudunais; Chevaliers de Sancerre; Confrérie Bretvins* (Nantes).

Tal der Rhône
Confrérie de Syrah-Roussette (Valence); *Échansonnerie des Papes* in Châteauneuf; *Commanderie des Côtes du Rhône* (Sainte-Cécile-les-Vignes); *Compagnons de la Côte du Rhône-Gardoise*

(Bagnols-sur-Cèze); *Commanderie de Tavel; Confrérie Saint-Vincent de Visan; Confrérie des Vignerons* der Kellerei von Beaumes-de-Venise; *Grand Ordre de Saint-Romain; Confrérie de Chevaliers de Gouste-Seguret; Confrérie des Maîtres Vignerons de Vacqueyras; Confrérie de Crozes-Hermitage.*

Dessertweine (Vins Doux Naturels)
As Templers de la Serra in Banyuls.

Erwähnen wir noch die *Compagnons de la Capucine* in Toul sowie drei Pariser Vereinigungen: *Commanderie des Vins de France, Conseil des échansons de France* (mit Weinmuseum) und *Compagnie des Courtiers-Jurés-Piqueurs de Vins.*

DIE KELLERMEISTER

Natürlich wiegt nichts den direkten Einkauf beim Weingutbesitzer, beim Weinhändler oder bei der Genossenschaft auf. Auch die Weinprobe in den Probierkellern, die von einem Winzer, einem Weinbauverband oder einer regionalen Vereinigung unterhalten werden, ist die beste Art, um sich eine eigene Meinung über die Weine des Landes zu bilden. Deshalb sind die Kellermeister auf dem Land sicherlich weniger zahlreich. Aber in der Stadt – vor allem dann, wenn man nicht über die notwendige Zeit verfügt, seinen Wein beim Erzeuger einzukaufen – ist es ratsamer, sich an einen echten Kellermeister zu wenden. Dieser legt jedes Jahr bei der Suche nach erstklassigen Weinen Tausende von Kilometern zurück, weil er den Wein liebt. Ihn um Rat zu fragen ist nichts Unehrenhaftes, im Gegenteil: Es bedeutet, seine Kenntnisse über den Gegenstand zu vermehren, selbst zu lernen und häufig sicherzustellen, daß eine Mahlzeit gelingt. Bestimmte Weinlokale (siehe dazu weiter unten) erfüllen übrigens die Funktion von Kellermeistern und verkaufen Flaschen zum Mitnehmen.

Einige der ersten Adressen
Nicolas . . . natürlich. Neben den geläufigen Weinen, die den Erfolg des Hauses ausgemacht haben, besitzt Nicolas ein außergewöhnliches Lager von Grands Crus und alten Jahrgängen. Man kann es entdecken, wenn man nach dem Katalog verlangt, in einer der etwa 300 Filialen in Paris und im restlichen Frankreich, bei den Auslieferern, oder wenn man an den Stammsitz schreibt (253, av du Général-Leclerc, 94700 Maisons-Alfort, Tel. (1) 43.96.81.81). Boutique Nicolas, 31, pl. de la Madeleine, 75008 Paris, Tel. (1) 42.68.00.16.

Hédiard: Erwähnenswert nicht nur wegen seiner Pariser Geschäfte (darunter 2 bis, passage de la Madeleine, 75008 Paris, Tel. (1) 42.66.44.38), sondern auch wegen seiner Geschäfte und Auslieferer in der Provinz.

Paris (nach Arrondissements)
Legrand (1, rue de la Banque, 75002 Paris, Tel. (1) 42.60.07.12). Eine der besten Weinkeller von Paris. Alles, aber auch wirklich alles ist hier bemerkenswert, die Weine ebenso wie die Schnäpse und Liköre, aber auch der Empfang, der sehr warmherzig ist, und die liebenswürdigen Ratschläge, mit denen man hier nicht geizt.

Club Amical du Vin (10, rue La Cerisaie, 75004 Paris, Tel. (1) 42.72.33.05, und 292, rue Saint-Jacques, 75005 Paris, Tel. (1) 46.34.69.78).

Jean-Baptiste Besse (48, rue de la Montagne-Sainte-Geneviève, 75005 Paris, Tel. (1) 43.25.35.80). In einem unglaublichen Trödelladen einige der schönsten Flaschen, die man in dieser Gegend finden kann. Und wenn Jean-Baptiste in den Keller hinabsteigt, um seine verborgenen Schätze herauszuholen . . .

Les Caves Georges Dubœuf (9, rue Marbœuf, 75008 Paris, Tel. (1) 47.20.71.32). Wer Dubœuf sagt, denkt an Beaujolais, an gute Beaujolaisweine. Trotzdem findet man hier auch hervorragende Weine, die aus anderen französischen Gegenden stammen, vor allem aus dem Elsaß, der Bourgogne und Bordeaux, ebenso wie gute Erzeugnisse aus dem Loire-Gebiet.

Fauchon (26, pl. de la Madeleine, 75008 Paris, Tel. (1) 47.42.60.11): Das Feinkostgeschäft präsentiert eine weite Auswahl auf hohem Niveau bei allen Appellationen.

Vin Rares – Peter Thustrup (25, rue Royale, cité Berryer, 75008 Paris, Tel. (1) 47.42.64.90). Ein weiterer von den Ausländern, die sich in der Hauptstadt durchgesetzt haben. Peter, ein Schwede, ist erst 1979 nach Frankreich gekommen, so daß man sich fragt, wie er in so kurzer Zeit eine derartige Sammlung zusammentragen konnte. Außergewöhnlich!

Außerdem noch
Balthazar (16, rue Jules Guesde, 75014 Paris, Tel. (1) 43.22.24.45). Hervorragende Weine, ausgewählt von Daniel Hallée, einem ausgezeichneten Weinkenner.
Gambrinus (13, rue des Blancs-Manteaux, 75004 Paris, Tel. (1) 42.76.03.52). *Melvieux* (69, rue du Rocher, 75008 Paris, Tel. (1) 42.93.07.68). *La Carte de Vins* (8 bis, bd Richard-Lenoir, 75011 Paris, Tel. (1) 43.38.74.99). *La Cave des Gobelins* (56, av. des Gobelins, 75013 Paris, Tel. (1) 43.31.66.79). *La Cave des Grands Vins* (144, bd Montparnasse, 75014 Paris, Tel. (1) 43.20.89.31). *Pétrissans* (30 bis, av. Niel, 75017 Paris, Tel. (1) 42.27.83.84). *La Vieille Cave* (131, rue Lamarck, 75018 Paris, Tel. (1) 46.27.52.39). *Ma Cave* (105, rue de Belleville, 75019 Paris, Tel. (1) 42.08.62.95).

Im Pariser Einzugsgebiet
Les Toques Gourmandes (29 bis, route de Versailles, 78560 **Port-Marly,** Tel. (1) 39.16.11.73). Vier Pariser Gastronomen, Alain Dutournier *(Le Trou Gascon),* Bernard Fournier *(Le Petit Colobier),* Jean-Pierre Morot-Gaudry und Henri Faugeron, wählen hervorragende Weine aus, die sie auf schriftliche Anfrage hin verkaufen. Man kann hier seine eigenen Weine gegen eine annehmbare Gebühr lagern.

Mannevy (50, bd Richard Wallace, 92800 **Puteaux,** Tel. (1) 45.06.07.75). Eine sehr gute Auswahl an Weinen mit besonderem Augenmerk auf die Bordeaux- und Bourgogneweine.

Aux Caves Royales (6, rue Royale, 78000 **Versailles,** Tel. (1) 49.50.14.10).

Im übrigen Frankreich
Hôtel Montpelliérain des Vins (7, rue Jacques Cœur, 34000 **Montpellier,** Tel. 67.60.42.41);
Millésime (28, av. de la Marseillaise, 67000 **Strasbourg,** Tel. 88.36.59.65);
Les Caves du Roy (8, rue Montault, 49000 **Angers,** Tel. 41.88.25.23);
Vinothèque Charles-VII (40, quai Charles-VII, 37500 **Chinon,** Tel. 47.93.23.64);
La Vinothèque (16, rue Michelet, 3700 **Tours,** Tel. 47.64.75.27);
Caves du Serpent Volant (44, rue du Grand-Marché, 37000 **Tours,** Tel. 47.64.30.01);
Cellier du Vigneron (96, route de Rennes, 44000 **Nantes,** Tel. 40.40.01.04);
Le Fief de Vigne (13, rue Marceau, 44000 **Nantes,** Tel. 40.47.58.75);
Dewyspelaere (34, rue Royale, 59800 **Lille,** Tel. 20.74.54.37);
Le Cavon de Lyon (6, rue de la Charité, 69002 **Lyon,** Tel. 78.42.86.87);
Maître Jacques (32, av. de Saxe, 69006 **Lyon,** Tel. 78.52.04.38);
La Cour aux Vins (3, rue Jeannin, 21000 **Dijon,** Tel. 80.67.85.14);
Denis Perret (40, rue Carnot, 21200 **Beaune,** Tel. 80.22.35.47);
Caves Jeanne-d'Arc (31, rue Jeanne-d'Arc, 76000 **Rouen,** Tel. 35.71.28.92);
La Vinithèque (1, rue de la Main-qui-File, 45000 **Orléans,** Tel. 38.54.13.51);
La Vinothèque (4, rue Pasumot, 21200 **Beaune,** Tel. 80.22.86.35);
Bordeaux-Magnum (3, rue Gobineau, 33000 **Bordeaux,** Tel. 56.48.00.06);
Badie (62, allées de Tourny, 33000 **Bordeaux,** Tel. 56.52.23.72);
La Vinothèque (8, cours du 30-Juillet, 33000 **Bordeaux,** Tel. 56.52.32.05);
La Boutique des Vins (9, pl. Saint-Julien, 81000 **Albi,** Tel. 63.54.55.84);
Gérard Caniot (64, rue de la Colombette, 31000 **Toulouse,** Tel. 61.80.42.97);

Einkauf in Weinlagern
Réserve et Sélection (119, rue du Dessous-des-Berges, 75013 Paris, Tel. (1) 45.83.65.19); *Arnaud Dewavrin-Divinord* (10, rue Morice, 92110 Clichy, Tel. (1) 47.30.30.56); *Centre de Distribution des Vins de Propriété* (13, bd Ney, 75018 Paris, Tel. (1) 40.37.61.50).

Elsaß

Der größte Teil des elsässischen Weinbaugebiets nimmt die Hügel am Rande der Vorvogesen ein, die bis in die Rheinebene hineinreichen. Die Vogesen, die eine Bergwand zwischen dem Elsaß und dem übrigen Frankreich errichten, sind für das besondere Klima dieses Gebiets verantwortlich, weil sie die meisten der vom Meer kommenden Niederschläge abfangen. Deshalb ist die durchschnittliche jährliche Niederschlagsmenge in der Gegend von Colmar mit weniger als 500 mm die niedrigste in ganz Frankreich ! Im Sommer hält diese Bergkette die kühlen Winde vom Atlantik ab. Die entscheidende Rolle bei der geographischen Verteilung und der Qualität der Anbaugebiete spielen jedoch – bedingt durch die Vielfalt der landschaftlichen Ausprägungen – die verschiedenen mikroklimatischen Zonen.

Ein weiteres charakteristisches Merkmal dieses Anbaugebiets ist die große Vielfalt der Böden. Was ist der Grund dafür ? Vor etwa 50 Millionen Jahren, also in einer – erdgeschichtlich gesehen – jungen Vergangenheit, bildeten die Vogesen und der Schwarzwald eine Einheit, deren Entstehung auf eine Reihe von tektonischen Ereignissen (Überflutungen, Erosionen, Faltungen etc.) zurückgeht. Vom Tertiär an sank der mittlere Teil allmählich ab, so daß – viel später – eine Tiefebene entstand. Deshalb treten fast alle Erdschichten, die sich im Laufe der verschiedenen geologischen Perioden gebildet haben, im Gebiet dieser Bruchzone zutage. Da sich dort auch die Anbaugebiete befinden, besitzen die meisten Weinbauorte mindestens vier bis fünf verschiedene Bodenformationen.

Der Ursprung des elsässischen Weinbaus verliert sich in grauer Vorzeit. Sicherlich haben bereits die vorgeschichtlichen Bewohner dieses Gebiets die Früchte der Rebstöcke genossen, auch wenn der Anbau des Weins im eigentlichen Sinne wahrscheinlich erst in der Zeit der römischen Eroberer begann. Im 5. Jahrhundert führte die Invasion der Germanen vorübergehend zu einem Niedergang des Weinbaus, doch schriftliche Zeugnisse beweisen, daß die Weinberge rasch wieder an Bedeutung gewannen. Eine wesentliche Rolle spielten dabei die Bistümer, Abteien und Klöster. Dokumente aus der Zeit vor 900 erwähnen schon mehr als 160 Orte, an denen Wein angebaut wurde.

Diese Ausbreitung des Weinbaus setzte sich ohne Unterbrechungen bis zum 16. Jahrhundert fort, als das Anbaugebiet seine größte Ausdehnung erreichte. Vom Wohlstand dieser Zeit, als elsässische Weine bereits in großen Mengen in alle europäischen Länder exportiert wurden, zeugen die prächtigen Renaissancehäuser, die man noch in manchen Weinbauorten antrifft. Aber der Dreißigjährige Krieg, eine Zeit der Verwüstung und der Plünderung, des Hungers und der Pest, hatte katastrophale

Auswirkungen auf den Weinbau und die anderen wirtschaftlichen Aktivitäten dieser Region.

Nachdem wieder Frieden eingekehrt war, erlebte der Weinbau allmählich einen erneuten Aufschwung, jedoch wurde die Vergrößerung des Anbaugebiets hauptsächlich mit anspruchslosen Rebsorten erreicht. Ein königlicher Erlaß im Jahre 1731 versuchte dieser Situation, allerdings ohne großen Erfolg, ein Ende zu setzen. Diese Tendenz verstärkte sich nach der Französischen Revolution sogar noch, so daß die 1808 mit 23 000 ha registrierte Anbaufläche bis 1928 auf 30 000 ha anwuchs. So kam es zu einer Überproduktion, deren Auswirkungen durch den fast völligen Fortfall des Exports und durch einen Rückgang des Weinkonsums zugunsten des Biers zusätzlich verschärft wurden. In der Folgezeit vermehrten die Konkurrenz der südfranzösischen Weine, deren Transport durch den Bau der Eisenbahn erleichtert wurde, sowie das Auftreten und die Ausbreitung von Pilzkrankheiten, der »Sauerwürmer« und der Reblaus diese Schwierigkeiten nur noch. Ab 1902 setzte eine Verringerung der Anbaufläche ein, die bis 1948 anhielt; damals waren nur noch 9 500 ha bestockt, davon 7 500 ha als Appellation Alsace.

Der wirtschaftliche Aufschwung der Nachkriegszeit und die Anstrengungen der Weinbranche hatten einen günstigen Einfluß auf die Entwicklung des elsässischen Weinbaugebiets, das heute auf einer Anbaufläche von etwa 13 000 ha durchschnittlich 900 000 hl pro Jahr erzeugen kann. Dieser Wein wird in Frankreich und im Ausland verkauft; die Exporte machen gegenwärtig mehr als ein Viertel des Gesamtumsatzes aus. Diese Entwicklung ist die gemeinsame Leistung der verschiedenen Sparten der Weinbranche, die mengenmäßig nahezu den gleichen Marktanteil haben. Es handelt sich dabei um die selbständigen Erzeuger, die Genossenschaften und die Händler (die oft selbst Erzeuger sind); sie kaufen große Mengen bei Winzern auf, die ihre Trauben nicht selbst vinifizieren.

Das ganze Jahr über finden in den verschiedenen Orten entlang der elsässischen »Weinstraße« zahlreiche Veranstaltungen statt, die mit dem Wein zu tun haben. Diese Weinstraße ist eine der größten touristischen und kulturellen Attraktionen des Elsaß. Höhepunkt der Weinfeste ist zweifellos die alljährliche Messe des elsässischen Weins, die im August in Colmar veranstaltet wird; vorher gibt es noch Weinfeste in Guebwiller, Ammerschwihr, Ribeauvillé, Barr und Molsheim. Erwähnen muß man aber auch die besonders angesehene Veranstaltung der Weinbruderschaft Saint-Etienne, die im 14. Jahrhundert entstand und 1947 wieder ins Leben gerufen wurde.

Der besondere Vorzug der elsässischen Weine liegt in der optimalen Entwicklung der aromatischen Bestandteile der Trauben begründet, die in Regionen mit gemäßigt kühlem Klima oft besser verläuft, weil die Reifung dort langsam vor sich geht und sich lang hinzieht. Ihr spezieller Charakter hängt natürlich von der Rebsorte ab. Zu den Besonderheiten dieser Region gehört es, daß die Weine nach der Rebsorte bezeichnet werden, aus der sie hergestellt worden sind, während die übrigen französischen AOC-Weine in der Regel den Namen der Region oder eines stärker eingegrenzten geographischen Gebiets tragen, wo sie erzeugt worden sind.

Die Trauben, die im Laufe des Oktober gelesen werden, transportiert man möglichst schnell zur Kellerei, wo sie gekeltert, teilweise auch entrappt und ausgepreßt werden. Der Most, der aus der Kelter läuft, enthält den »Trub«, den man so rasch wie möglich durch Absitzenlassen oder Zentrifugieren ausscheiden muß. Der geklärte Most geht dann in Gärung über – die Phase, in der man ganz besonders darauf achten muß, daß die Temperatur nicht zu stark ansteigt. In der Folgezeit verlangt der junge, trübe Wein vom Winzer eine ganze Reihe von Behandlungsmaßnahmen: Abstich, Umfüllen, maßvolle Schwefelung und Schönung. Der Ausbau im Gärbehälter oder im Faß geht dann bis zum Mai weiter, wenn der Wein schließlich auf Flaschen abgezogen wird. Diese Vorgehensweise betrifft die Herstellung von trockenen Weißweinen, d. h. mehr als 90% der elsässischen Weinproduktion.

Die elsässischen »Vendanges Tardives« (Spätlesen) und »Sélections Grains Nobles« (Beerenauslesen) sind Weine, die von überreifen Trauben stammen ; erst seit 1984 bilden sie offizielle Appellationen. Sie unterliegen äußerst strengen Produktionsbedingungen, insbesondere hinsichtlich des Zuckergehalts der Trauben. Es handelt sich dabei offensichtlich um außergewöhnliche Weine, die man nicht in jedem Jahr erzeugen kann ; dementsprechend hoch sind auch die Gestehungskosten. Lediglich die Rebsorten Gewürztraminer, Pinot Gris, Riesling und – seltener – Muscat können in den Genuß dieser speziellen Appellationen kommen.

Es ist im Sinne des Verbrauchers, daß der elsässische Wein jung getrunken werden sollte, was zum größten Teil für den Sylvaner, den Chasselas, den Pinot Blanc und den Edelzwicker richtig ist. Aber oft erfreuen sich diese Weine einer langen Jugend ; Riesling, Gewürztraminer und Pinot Gris sollte man erst trinken, wenn sie zwei Jahre alt sind, weil sie dann besonders reizvoll sind. Tatsächlich gibt es aber in dieser Hinsicht keine feste Regel. Einige große Weine, Jahrgänge mit sehr reifen Trauben, halten sich noch viel länger, manchmal sogar zehn Jahre.

Die Appellation Alsace wird für insgesamt 110 kommunale Anbaugebiete verwendet ; als übergeordnete Bezeichnung wird dabei eine der folgenden elf Rebsorten benutzt : Gewürztraminer, Klevener (Traminer), (Rhein-)Riesling, Pinot Gris, Muscat (weiß und rosa mit kleinen Beeren), Muscat-Ottonel, echter Pinot Blanc, Auxerrois, Pinot Noir, Sylvaner und Chasselas (weiß und rosa).

In der Praxis wird die Bezeichnung »Alsace« nur sehr selten allein verwendet ; zumeist folgt ihr der Name einer Rebsorte oder die Bezeichnung »Edelzwicker« . Daraus resultieren acht verschiedene Appellationen, deren charakteristische Eigenschaften eigens beschrieben werden, die aber Gemeinsamkeiten besitzen. Es ist sinnvoll, diese genauer anzugeben. Damit ein Wein im Elsaß Anrecht auf die AOC »Vin d'Alsace« hat, müssen die Trauben oder Weine von Rebstöcken stammen, bei denen höchstens zwölf Augen pro Quadratmeter angeschnitten sein dürfen. Der Höchstertrag ist in der Regel auf 100 hl pro Hektar begrenzt. Die Lese darf erst ab einem bestimmten Zeitpunkt erfolgen, der von einem Expertenkomitee festgelegt wird. Die Moste, aus denen die Weine hergestellt werden, müssen vor einer eventuellen Anreicherung einen natürlichen Mindestalkoholgehalt von 8,5 ° aufweisen. Darüber hinaus müssen die Weine eine chemische Analyse und eine offizielle Sinnenprüfung durchlaufen haben und im Elsaß selbst abgefüllt worden sein.

Was gibt es Neues aus dem Elsaß ?

Der Jahrgang 1991 fällt nach den außergewöhnlichen Jahrgängen 1988, 1989 und 1990 etwas ab. Er stellt die Rückkehr des Elsaß zu leichten, fruchtigen, trockenen, vollmundigen Weinen dar, die man ziemlich jung trinken muß, während die vorhergehenden Jahrgänge reich und für die Lagerung bestimmt waren.
Alles begann gut : Das Anbaugebiet entging den in Frankreich diesmal so verheerenden Frühjahrsfrösten. Die leicht verspätete Blüte wurde durch den sehr schönen Sommer ausgeglichen. Zufriedenstellende Reifung. Lese ab 25. September bei den Trauben für die Crémants und ab 9. Oktober bei den Grand-Cru-Weinen. Die Regenfälle und die Kälte zum Zeitpunkt der Lese, die Notwendigkeit eines drakonischen Aussortierens und die Graufäule haben manchmal die Qualität und häufig die Erntemenge beeinträchtigt. Der Gesamtertrag macht 1 100 000 hl aus ; besonders niedrig ist er bei den Riesling- und Pinot-Blanc-Trauben. Die Menge liegt im Durchschnitt der letzten Jahrgänge, aber es gibt wenig Spät- und Beerenauslesen.
Nach einer kräftigen Entwicklung in den letzten Jahren sind die Verkäufe 1991 zurückgegangen (– 3,1% dem Volumen nach, d. h. 145 Millionen Flaschen, aber + 5% wertmäßig gegenüber dem Rekordumsatz von 2,4 Milliarden Franc). Stabil erwies sich der französische Absatzmarkt, der vor 25 Jahren mehr als 90% der Produktion aufnahm und heute 70% der elsässischen Wein kauft. Die Exporte nach Deutschland, Großbri-

tannien, Kanada, in die Vereinigten Staaten, in die Schweiz und nach Schweden sind gesunken, während sie nach Dänemark, in die Benelux-Staaten und nach Italien steigen. Aber noch immer kaufen die Deutschen 40 bis 50% der exportierten elsässischen Weine. Die Gruppe Eguisheim-Wolfberger baut ihre Position bei den Branntweinen aus, indem sie die Kontrolle über die Brennerei Betrand in Uberach übernimmt. Diese elsässische Genossenschaft verfolgt Projekte in Ungarn. Die Gruppe Rémy-Pannier (Vins de Loire) übernimmt die Mehrheitsbeteiligung am Haus Laugel, einer auf elsässische Weine spezialisierte Handelsfirma. Dopff & Irion traf ein Übereinkommen mit der Kellerei von Westhalten. Die Idee einer neuen Appellation, die zwischen Alsace und Alsace Grand Cru angesiedelt wäre (Alsace-Villages oder Côtes d'Alsace), verliert ein wenig an Boden. Man geht eher dazu über, der Appellation Alsace den Namen der Reblage hinzuzufügen. Noch eine polemische Schlußbemerkung : Soll man auf den Etiketten der Grand-Cru-Weine auf die Bezeichnung »Vendanges Tardives« und »Sélections de Grains Nobles« verzichten ? Manche sind nämlich der Ansicht, daß der elsässische Wein zuallererst ein trockener Wein ist ...

Alsace Klevener de Heiligenstein

Der Klevener von Heiligenstein ist nichts anderes als der alte Traminer (oder Savagnin Rose), der im Elsaß schon seit Jahrhunderten bekannt ist.

Diese Rebsorte ist in der gesamten Region nach und nach von ihrer würzigen Spielart, dem Gewürztraminer, abgelöst worden, aber in Heiligenstein und in den fünf Nachbargemeinden ist sie erhalten geblieben. Ihr Anbaugebiet wird gegenwärtig genau abgegrenzt.

Aufgrund ihrer Seltenheit und Eleganz stellt sie eine Besonderheit dar. Ihre Weine sind nämlich gleichzeitig sehr kräftig gebaut und in aromatischer Hinsicht zurückhaltend.

CAVE VINICOLE D' ANDLAU 1990*

☐	k.A.	10 000	🔹↓Ⓜ️🔢

Diese Genossenschaftskellerei gehört zur Union Divinal, die der zweitgrößte Erzeuger im Elsaß ist. Ihr Wein wird durch ein Aroma von Rosen, Pfeffer und Zitrusfrüchten beherrscht. Die Reife betont den Klevenertyp, der sich durch Eleganz im Duft und Leichtigkeit im Geschmack auszeichnet.

🔹 Coop. Vinicole d' Andlau et ses environs, 15, av. des Vosges, 67140 Barr, Tel. 88.08.90.53
🍷 n. V.

A. HEYWANG
Cuvée exceptionnelle 1990**

☐	0,5 ha	2 000	🔹🔢

Die Heywangs, die sehr eng mit den lokalen Traditionen verbunden sind, rechnen es sich als Ehre an, einen Klevener de Heiligenstein zu erzeugen. Diese ganz spezielle Rebsorte trifft man nur hier an. Der Wein besitzt einen sehr intensiven Duft : Pfeffer, Kümmel und Mandarinen. Er ist recht ausgewogen und besitzt einen schönen, komplexen Geschmack, der im Abgang mit einem Rosenaroma endet. Sehr schöne Harmonie.

🔹 Albert Heywang et successeurs, 16, rue Ehret Wantz, 67140 Heiligenstein, Tel. 88.08.95.53
🍷 n. V.

Alsace Sylvaner

Die Ursprünge des Sylvaners sind sehr unbestimmt, aber diese Rebsorte wurde schon immer bevorzugt in Deutschland und im Departement Bas-Rhin (Unterelsaß) angebaut. Im Elsaß ist der Sylvaner dank seines Ertrags und der Regelmäßigkeit der Qualität eine sehr interessante Rebsorte

Der Wein aus der Sylvanertraube ist von bemerkenswerter Frische, ziemlich säuerlich und zurückhaltender Fruchtigkeit. Eigentlich werden zwei Typen von Sylvanern angeboten : Der erste und bei weitem bessere stammt aus guten Lagen, die kaum zur Überproduktion neigen. Der zweite ist bei denjenigen beliebt, die einen anspruchslosen Weintyp mögen, der gefällig und durstlöschend ist. Der Sylvaner paßt gut zu Sauerkraut, kalten und warmen Vorspeisen sowie zu Meeresfrüchten, insbesondere Austern.

G. DOLDER 1990★★

	0,79 ha	6 000		

Mittelbergheim, das zu den schönsten Dörfern von Frankreich gehört, ist ein architektonisches Juwel, dessen Weinbaugebiet das dazu gehörende Schmuckkästchen bildet. Das Anbaugebiet eignet sich wunderbar für den Sylvaner. Der Duft ist elegant und intensiv zugleich. Dieser kräftige, ausgewogene und äußerst nachhaltige Wein wird den Freunden von Meeresfrüchten munden.
↝ Gérard Dolder, 29, rue de la Montagne, 67140 Mittelbergheim, Tel. 88.08.02.94 ⏳ n. V.

KLUR-STOECKLE 1990★

	1,5 ha	12 000		

Diese beiden Cousins, die einem alten Winzergeschlecht entstammen, haben sich 1979 zusammengeschlossen, um ihre Anstrengungen zu vereinen. Das Ergebnis ist ein trockener, fruchtiger Sylvaner, der sehr ausgewogen, rassig und im Geschmack kräftig ist. Paßt zu einer Vorspeise oder zu Krebstieren.
↝ Klur-Stoecklé, 9, Grand-Rue, 68230 Katzenthal, Tel. 89.27.24.61 ⏳ tägl. 8h-12h 14h-19h

LANDMANN 1990

	1 ha	5 000		

Gérard Landmann, der seit 1960 seinen Betrieb leitet, beweist eine sichere Hand : Man findet ihn jedes Jahr in diesem Weinführer. Da dieser Sylvaner von einem Sandboden stammt, ist der Duft etwas entwickelt – auch wenn er sich noch in einem jugendlichen Kleid präsentiert. Ein kräftiger, im Geschmack sehr langer Wein.
↝ Gérard Landmann, 124, rte du Vin, 67680 Nothalten, Tel. 88.92.43.96 ⏳ n. V.

ROLLY GASSMANN Réserve 1990★★

	1,3 ha	8 000		

Ein großer Name im elsässischen Weinbaugebiet, den man auf allen berühmten Tafeln in Europa und auch in allen Ausgaben dieses Weinführers antrifft. Dieser bemerkenswerte Sylvaner stammt von einem kalkigen Boden. Er entfaltet

einen feinen, zarten Duft und enthüllt im Geschmack eine schöne Frische, die durch die vorhandene Kohlensäure betont wird. Ein gleichzeitig harmonischer und rassiger Wein.
↝ Rolly Gassmann, 2, rue de l'Eglise, 68590 Rorschwihr, Tel. 89.73.63.28 ⏳ n. V.

SPITZ ET FILS
Sylvaner de Blienschwiller 1990

	0,5 ha	4 500		

Dieses Ende des 19. Jh. entstandene Gut umfaßt beinahe 10 ha Rebflächen. Es ist gerade bei der ersten nationalen Etikettausstellung ausgezeichnet worden. Dieser Sylvaner kommt von einem aus mehreren Gesteinen zusammengesetzten Boden, bei denen Granit überwiegt. Er zeigt bereits eine schöne Entwicklung. Relativ rund im Geschmack. Das Ergebnis von guten Trauben.
↝ E. Spitz et Fils, 2, rte du Vin, 67650 Blienschwiller, Tel. 88.92.61.20 ⏳ n. V.
↝ Dominique Spitz

GERARD WAGNER 1990★★

	0,4 ha	3 000		

Andlau, das unterhalb seiner berühmten Grands Crus liegt, ist einen Umweg wert. Sie werden hier leidenschaftlichen Winzern wie Gérard Wagner begegnen. Dieser im Aussehen jugendliche Wein entfaltet im Duft ein elegantes Aroma. Im Geschmack besitzt er eine ausgezeichnete Ausgewogenheit. Ein Sylvaner, der perfekt zu Meeresfrüchten paßt.
↝ Gérard Wagner, 6, rue de la Chaîne, 67140 Andlau, Tel. 88.08.02.89 ⏳ n. V.

J.M. WANTZ Zotzenberg 1990

	1,3 ha	10 000		

Die Familie Wantz, die seit 1550 Wein anbaut, verkauft ihren Wein seit 40 Jahren in Flaschen. Sehr eleganter Duft. Das Produkt von hervorragenden Trauben, durch einen Hauch von Restzucker geprägt.
↝ Jean-Marc et Liliane Wantz, 3, rue des Vosges, 67140 Mittelbergheim, Tel. 88.08.91.43 ⏳ n. V.

BERNARD WEBER Vieilles vignes 1990★

	1 ha	6 500		

Wenn man in einer Kellerei arbeitet, die nacheinander den Zisterziensern, Chartreux und den Jesuiten gehörte, berührt die Welt des Weins die himmlische Welt. Dieser Sylvaner entfaltet ein bemerkenswert blumiges Aroma. Zweifellos ist er die Frucht von großartigen Trauben. Ein ausgewogener Wein, der durch seine große Nachhaltigkeit überrascht.
↝ Bernard Weber, 49, rue de Saverne, 67120 Molsheim, Tel. 88.38.52.67 ⏳ n. V.

Alsace Pinot oder Klevner

Der Wein dieser Appellation, der unter den beiden obigen Bezeichnungen auf den Markt kommt (wobei die zweite ein alter elsässischer Name ist), kann von mehreren Rebsorten stammen : dem echten Pinot Blanc und der weißen Auxerroisrebe. Es handelt sich dabei um zwei ziemlich anspruchslose Sorten, die in mittleren Lagen bemerkenswerte Ergebnisse erzielen können, denn ihre Weine verbinden auf angenehme Weise Frische, Körper und Geschmeidigkeit. Innerhalb von zehn Jahren hat sich die Anbaufläche fast verdoppelt und ist von 10 auf 18% der Gesamtfläche angestiegen.

In der Rangordnung der elsässischen Weine repräsentiert der Pinot Blanc die gute Mitte ; oft fällt er sogar besser aus als die kleinen Rieslingweine. Unter gastronomischen Gesichtspunkten paßt er zu fast allen Gerichten – außer zu Käse und Desserts.

PIERRE ARNOLD 1990*

| □ | | 0,3 ha | 2 000 | ❚❙ ☑ ❶ |

Die Arnolds, die seit 1711 Wein anbauen, bewirtschaften heute mehr als 6 ha Rebflächen, die sich auf die sonnenreichen Hänge über dem mittelalterlichen Ort Dambach-la-Ville verteilen. Dieser Pinot wird durch seinen Granitboden geprägt. Er ist elegant im Bukett elegant, und lebhaft im Geschmack. Seine Harmonie dürfte sich noch verstärken, wenn er altert.
☛ Pierre Arnold, 16, rue de la Paix, 67650 Dambach-la-Ville, Tel. 88.92.41.70 ☎ n. V.

CHARLES FREY ET FILS 1990*

| □ | | 1,3 ha | 7 000 | ❚❙ ☑ ❶ |

Die aus der Schweiz stammende Familie Frey hat sich seit Anfang der 50er Jahre auf den Weinbau verlegt. Obwohl dieser Pinot von einem Granitboden stammt, muß er sich im Duft noch entfalten. Man wird von seiner geschmacklichen Frische verführt, die gut zu Meeresfrüchten paßt.
☛ Charles Frey et Fils, 4, rue des Ours, 67650 Dambach-la-Ville, Tel. 88.92.41.04 ☎ Mo-Sa 8h-12h 13h30-18h

HUGEL 1989**

| □ | | k.A. | k.A. | ❚❙ ☑ ❷ |

Eine der berühmtesten Firmen des Elsaß, die schon sehr lange in Riquewihr besteht. Der Wein präsentiert sich großartig. Der sehr frische Duft erinnert an Feuerstein. Der kräftige Geschmack enthüllt seine hervorragende Reife. Sehr gute Zukunftsaussichten.
☛ Hugel et Fils, 3, rue de la 1ère-Armée, 68340 Riquewihr, Tel. 89.47.92.15 ☎ n. V.

HUNOLD 1990*

| □ | | 1,5 ha | 15 000 | ❚↓☑❶ |

Rouffach ist zu Recht berühmt. Dafür sorgen Winzer wie Bruno Hunold, der sich voller Hingabe um seine 10 ha Rebflächen kümmert. Dieser sehr harmonische, blumige Pinot ist noch etwas

verschlossen, weil er von einem Kalkboden kommt. Sein kräftiger Geschmack deutet auf eine hervorragende Alterungsfähigkeit hin. Man sollte ihn in ein paar Jahren zu hellem Fleisch trinken.
☛ Bruno Hunold, 29, rue aux Quatre-Vents, 68250 Rouffach, Tel. 89.49.60.57 ☎ tägl. 8h-12h 14h-18h ; dim. 8h-12h

JACQUES ILTIS 1990*

| □ | | 0,4 ha | 3 000 | ❚❙ ☑ ❶ |

Saint-Hippolyte wurde 760 von Abbé Fulrade als Kloster gegründet. Danach gehörte es 600 Jahre lang den Herzögen von Lothringen. Heute ist es ein angesehener Weinbauort. Obwohl dieser Pinot von einem Granitboden stammt, ist er im Duft noch verschlossen. Im Geschmack ist er ziemlich lebhaft und zeigt eine hervorragende Ausgewogenheit und eine gute Nachhaltigkeit.
☛ Jacques Iltis, 1, rue Schlossreben, 68590 Saint-Hippolyte, Tel. 89.73.00.67 ☎ n. V.

JOSMEYER « H » Vieilles vignes 1990**

| □ | | 1 ha | 7 000 | ❚❙ ☑ ❹ |

Die Firma Josmeyer, die mit Wein handelt und gleichzeitig Wein erzeugt, besitzt 16 ha Rebflächen, die sich auf die besten Lagen dieses Gebiets verteilen. Dieser Pinot stammt aus einem alten Anbaugebiet mit wunderbarer Lage. Er ist ganz und gar bemerkenswert : im Duft elegant und sehr intensiv. Sein komplexer Geschmack kann nur von überreifen Trauben herrühren.
☛ Jos Meyer, 76, rue Clemenceau, 68920 Wintzenheim, Tel. 89.27.01.57 ☎ n. V.
☛ Jean Meyer

ALBERT MANN 1990*

| □ | | 0,75 ha | 4 000 | ❚ ☑ ❶ |

Die Familie Barthelmé, die seit 1654 Wein anbaut, hat sich daran gemacht, die von der Familie Mann 1984 bewirtschafteten Weinberge noch zu erweitern. Dieser ausschließlich aus Auxerroistrauben hergestellte Pinot entfaltet im Geruchseindruck ein sehr intensives, blumiges Aroma. Im Geschmack enthüllt er großartigen Stoff. Ein Wein mit Zukunft !
☛ Albert Mann, 13, rue du Château, 68920 Wettolsheim, Tel. 89.80.62.00 ☎ Mo-Sa 8h-12h 13h30-19h

DOM. DU REMPART
Auxerrois du Galgenrain 1990**

| □ | | 0,5 ha | 4 000 | ❚❙ ☑ |

Die Domaine du Rempart hat ihren Sitz in der alten Stadtmauer, die aus dem Jahre 1333 stammt und die Altstadt begrenzt. Dieser reinsortige Auxerrois stammt von ausgezeichneten Trauben, die auf lehmig-kalkigem Boden gewachsen sind. Er entfaltet ein sehr konzentriertes Aroma. Die Überreife findet sich auch im Geschmack wieder, der kräftig, weich und sehr nachhaltig ist.
☛ Dom. du Rempart, 5, rue des Remparts, 67650 Dambach-la-Ville, Tel. 88.92.42.43 ☎ n. V.
☛ Gilbert Beck

ANDRE RIEFFEL Vieilles vignes 1990**

| □ | | 0,5 ha | 4 000 | ❚❙ ↓☑❶ |

Mittelbergheim ist ein wunderschönes Dorf. Die Häuser sind in einheitlichem Stil erbaut, aber dahinter verbirgt sich eine große

Vielfalt, denn jedes von ihnen hat seine eigene Geschichte. Dieser sehr elegante Pinot entfaltet den für die Rebsorte typischen »rauchigen« Duft. Im Geschmack ist er ausgewogen und sehr gut gebaut. Ein vielversprechender lagerfähiger Wein.

⌐ André Rieffel, 11, rue Principale, 67140 Mittelbergheim, Tel. 88.08.95.48 �

n. V.

DOM. RUNNER 1990*

☐ 1,2 ha 13 000 ▮↓�>▮

Dieses ganz nahe bei Colmar gelegene Dorf ist wegen der Wallfahrt zum Schauenberg bekannt. 1990 gründete die dritte Generation Runner zusammen mit der vorangehenden eine GAEC, in der sich die Erfahrung der Alten mit den modernen Methoden der Jungen vereint. Ein Pinot, der durch sein sehr fruchtiges, fast muskatartiges Aroma überrascht. Der Geschmack wird von der Überreife geprägt, die ihm eine Wucht verleiht, die durch eine leichte Kohlensäure ausgeglichen wird.

⌐ GAEC François Runner et Fils, 1, rue de la Liberté, 68250 Pfaffenheim, Tel. 89.49.62.89 �

n. V.

SCHAEFLE 1990

☐ 0,55 ha 4 000 ▮▮ ↓ �>▮

Die Schaeflés sind seit 200 Jahren Winzer. Heute besitzen sie ein 4,5 ha großes Gut. Dieser Pinot ist von seinem lehmig-kalkigen Boden geprägt : im Duft noch verschlossen, im Geschmack lebhaft. Ein frischer, leichter Wein.

⌐ Vins Schaeflé, 1, rue de la Tuilerie et 4, rue de la Lauch, 68250 Pfaffenheim, Tel. 89.49.51.43

J. SIEGLER PERE ET FILS 1990*

☐ 0,5 ha 4 000 ▮▮ �>▮

Die Sieglers, die seit 1794 Wein anbauen, haben sich in diesem zauberhaften Dorf niedergelassen, das vom Himmel gesegnet ist und sich ausschließlich dem Weinbau verschrieben hat. Ihr von einem lehmig-kalkigen Boden stammende Pinot hat im Duft bereits eine gute Ausdruckskraft erreicht. Er besitzt einen blumigen Charakter, der mit dem lebhaften Geschmack harmoniert. Ein vielversprechender lagerfähiger Wein.

⌐ EARL J. Siegler Père et Fils, 26-28, rue des Merles, 68630 Mittelwihr, Tel. 89.47.90.70 ⍠ tägl. 8h-12h 13h30-19h

ANDRE THOMAS ET FILS 1990*

☐ 1 ha k.A. ▮▮ ↓ �>

André Thomas, der vor ein paar Jahren mit seinem Sohn eine GAEC gründete, hat den Beruf des Winzers schon immer ernst genommen. Nichts bleibt bei ihm dem Zufall überlassen. Davon zeugt auch dieser Pinot Blanc, der von einem sandigen Boden stammt. Er ist im Duft sehr ausdrucksvoll und zeigt eine für die Auxerroisrebe charakteristische Fülle. Im Geschmack ist er wohlausgewogen und enthüllt die ganze Geschmeidigkeit des Jahrgangs.

⌐ André Thomas et Fils, 3, rue des Seigneurs, 68770 Ammerschwihr, Tel. 89.47.16.60 ⍠ n. V.

LAURENT VOGT Klevner du Horn 1990

☐ 0,7 ha 5 000 ▮▮ ▼▮

Laurent Vogt hat sich in Wolxheim, einem malerischen Ort in der Gegend von Molsheim, niedergelassen. Sein Pinot stammt von einem Mergelboden und ist deshalb im Duft noch zurückhaltend. Im Geschmack zeigt er eine schöne Frische. Für die Alterung gerüstet.

⌐ Laurent Vogt, 4, rue des Vignerons, 67120 Wolxheim, Tel. 88.38.50.41 ⍠ n. V.

JEAN-MICHEL WELTY 1990**

☐ 0,35 ha 3 000 ▮↓▼▮

Orschwihr besitzt sehr alte Winzerhäuser, wie die Kellerei der Weltys bezeugt, die 1576 entstand. Ein vom Himmel gesegnetes Anbaugebiet ? Auf jeden Fall : Das an Blumen und getrocknete Früchte erinnernde Aroma belegt die große Reife dieses Weins. Ein 90er von seltener Nachhaltigkeit, der im Geschmack voll, fleischig und alkoholreich ist.

⌐ Maison Jean-Michel Welty, 22-24, Grand-Rue, 68500 Orschwihr, Tel. 89.76.09.03 ⍠ tägl. 8h-12h 14h-19h

CAVE DE WESTHALTEN
Strangenberg 1990

☐ 3 ha 13 000 ▮↓▼▮

Die Genossenschaftskellerei von Westhalten vinifiziert die Trauben von 240 ha Rebflächen. Die Trauben für diesen Pinot wachsen in einem 3 ha großen Weinberg. Da er von einem Kalkboden stammt, ist er im Duft noch verschlossen, aber elegant. Ein eher vollmundiger Wein, den ein Hauch von Restzucker prägt.

⌐ Cave de Westhalten, 68250 Westhalten, Tel. 89.47.01.27 ⍠ n. V.

A. WITTMANN FILS 1990*

☐ 0,93 ha 4 500 ▮▼▮

Das schöne Renaissancehaus, in dem die Familie Wittmann seit 1817 wohnt, steht in einem Dorf, das zu den schönsten Dörfern von Frankreich zählt. Dieser Pinot zeigt sich im Geruchseindruck noch etwas verschlossen, weil er von einem Kalkboden stammt. Im Geschmack ist er elegant und wohlausgewogen. Er wird sich mit der Zeit noch bestätigen.

⌐ André Wittmann et Fils, 7-9, rue Principale, 67140 Mittelbergheim, Tel. 88.08.95.79 ⍠ n. V.

Alsace Riesling

Der Riesling gilt als die rheinische Rebsorte schlechthin ; das Rheintal ist auch seine Wiege. Er stellt eine für diese Region spätreifende Sorte dar, die eine regelmäßige, gute Qualität liefert. Er nimmt fast 20% die Anbaufläche ein.

Im Unterschied zu seiner deutschen Entsprechung ist der Riesling ein trockener Wein. Seine Vorzüge liegen in dem harmonischen Verhältnis zwischen seinem feinen Bukett und seiner zarten Fruchtigkeit, seinem Körper und seiner recht ausgeprägten, aber äußerst feinen Säure. Er muß aber aus einer guten Lage stammen, damit er diese hervorragende Qualität erreicht.

Der Riesling hat Ableger in vielen anderen Weinbauländern, wo die Bezeichnung »Riesling« – außer man spricht ausdrücklich vom »Rheinriesling« – oft ziemlich irreführend ist : Etwa zehn andere Rebsorten in der ganzen Welt tragen diesen Namen ! Aus gastronomischer Sicht paßt der Riesling vor allem zu Fischgerichten, Meeresfrüchten und selbstverständlich zu Sauerkraut auf elsässische Art und zu Hähnchen in Rieslingsauce.

DOM. PIERRE ADAM Kaefferkopf 1990

□	0,3 ha	2 000	◫ ☑ 2

Die Domaine Pierre Adam gehört zu den großen Weingütern von Ammerschwihr. Dieser im Duft noch ziemlich verschlossene Riesling stammt von einem lehmig-kalkigen Boden. Er ist fruchtig und ausgewogen und dürfte sich bei der Alterung entfalten.
↝ Dom. Pierre Adam, 8, rue du Lt-Louis-Mourier, 68770 Ammerschwihr, Tel. 89.78.23.07 ⟓ n. V.

A L'ANCIENNE FORGE 1990

□	0,15 ha	1 400	◫ ☑ 2

Die Brandners, die seit 1887 Winzer sind, wohnen in dem zauberhaften Dorf Mittelbergheim. Dieser Riesling ist von seinem Kalkboden geprägt. Der zurückhaltende Duft läßt eine blumige Note erkennen. Er paßt zu Meeresfrüchten.
↝ Denise et Jérôme Brandner, 51, rue Principale, 67140 Mittelbergheim, Tel. 88.08.01.89 ⟓ tägl. 9h-20h ; (Gruppen n. V.)

ALLIMANT-LAUGNER 1990**

□	2,5 ha	20 000	◫ ↓ ☑ 1

Hauptmann Antoine Allimant gründete dieses Gut nach dem Ende der Napoleonischen Kriege. Diese lange Tradition spürt man hier deutlich. Trotz seiner Jugend entfaltet dieser Riesling bereits ein Aroma von großer Finesse, das durch die Überreife geprägt ist. Seine Säure, seine Weichheit und seine Fülle harmonieren sehr gut im Geschmack. Ein vielversprechender Wein.
↝ Allimant-Laugner, 10, Grand-Rue, 67600 Orschwiller, Tel. 88.92.06.52 ⟓ t.l.j. 9h-19h

COMTE D' ANDLAU-HOMBOURG 1990**

□	0,95 ha	6 000	◫ 2

Seit 1798 gehört dieses Gut der Familie d'Andlau. Nachdem Erzherzog Leopold es 1661 geschaffen hatte, war es vor der Französischen Revolution in bischöflichem Besitz gewesen. Man sieht daraus, daß die Geschichte des Weins auch für die allgemeine Historie von Bedeutung ist. Obwohl dieser Riesling von einem Mergelboden stammt, entfaltet er ein sehr schönes, schon entwickeltes Aroma, das von den überreifen Trauben geprägt ist. Im Geschmack zeigt er sich voll und stattlich. Schöne Harmonie.
↝ Comte d' Andlau-Hombourg, SCI Dom. d'Ittenwiller, 67140 Saint-Pierre, Tel. 88.08.92.63 ⟓ n. V.

ANSTOTZ ET FILS Westernweingarten 1990

□	0,55 ha	4 000	◫ ☑ 2

Die Familie Anstotz, die seit Generationen in dem berühmten befestigten Dorf Balbronn lebt, besitzt heute 10 ha Rebflächen. Da dieser Riesling von einem lehmig-kalkigen Boden stammt, muß er sich noch öffnen. Er ist im Geschmack ziemlich trocken, erscheint aber gegen Ende hin eher rund.
↝ GAEC Anstotz et Fils, 51, rue Balbach, 67310 Balbronn, Tel. 88.50.30.55 ⟓ n. V.

PIERRE ARNOLD 1990**

□	0,9 ha	6 000	◫ ☑ 1

Pierre Arnold, der eine lange und hervorragende Tradition wahrt, bewirtschaftet heute mehr als 6 ha Rebflächen. Dieser Riesling entfaltet einen eleganten Duft, der an Mandeln und Zitronenkraut erinnert. Im Geschmack ist er ausgewogen, kräftig gebaut und nachhaltig. Sehr schöne Zukunftsaussichten.
↝ Pierre Arnold, 16, rue de la Paix, 67650 Dambach-la-Ville, Tel. 88.92.41.70 ⟓ n. V.

DOM. BARMES BUECHER Leimenthal, Vendanges tardives 1989***

□	0,3 ha	k.A.	▮ ↓ ☑ 2

Zwei alte Winzerfamilien sich zusammengeschlossen und diesen tatkräftigen Betrieb gegründet. Dieser Wein besitzt eine goldgelbe Farbe und einen komplexen Duft. Im Geschmack ist er am Anfang frisch und entfaltet ein volles, sehr nachhaltiges Aroma, das an eingemachte Früchte erinnert. Ein sehr großer Wein.
↝ Dom. Barmès-Buecher, 30, rue Sainte-Gertrude, 68920 Wettolsheim, Tel. 89.80.62.92 ⟓ n. V.

BAUMANN Sélection de grains nobles 1989

| | 0,5 ha | 3 600 | 🕮 ☑ 7 |

Riquewihr ist eine der Hochburgen des elsässischen Weinbaus. Blaßgoldene Farbe, zurückhaltender Duft, schöne Frische. Dieser sehr reichhaltige und volle Wein muß sich noch bestätigen.
🠮 EARL Jean-Jacques Baumann, 43, rue du Gal-de-Gaulle, 68340 Riquewihr, Tel. 89.47.92.47 ⚔ n. V.

HUBERT BECK 1990

| | 0,9 ha | 7 600 | 🗑 ☑ 1 |

Das Haus Hubert Beck ist bei den Kellermeistern mit spezialisiertem Angebot stark vertreten. Ein feiner, fruchtiger Riesling, der eher rund und einschmeichelnd ist und ganz auf der Linie des Jahrgangs 1990 liegt.
🠮 Hubert Beck, 25, rue du Gal-de-Gaulle, 67650 Dambach-la-Ville, Tel. 88.92.45.90 ⚔ Mo-Sa 8h-18h

DOM. PAUL ET DIDIER BECK
Rittersberg, Réserve 1990★

| | 0,85 ha | 3 500 | 🕮 ↓☑ 3 |

Paul Beck, dessen Weinberge auf den Granithängen dieses Anbaugebiets liegen, wird seit 1990 von seinem Sohn unterstützt. Dieser sehr elegante Riesling wird von einem an Blumen und geröstetes Brot erinnernden Aroma geprägt. Im Geschmack zeigt er sich recht ausgewogen und eher füllig. Er ist aus ausgezeichneten Trauben hergestellt worden.
🠮 Paul et Didier Beck, 10, rte du Vin, 67650 Dambach-la-Ville, Tel. 88.92.40.17 ⚔ n. V.

J.-PH. ET M. BECKER Réserve 1990★★

| | 1 ha | k.A. | 🕮 ↓☑ 2 |

Die Beckers, die seit 1610 Wein anbauen, besitzen eine bemerkenswerte Sammlung von Weinpumpen. Dieser fein und blumig duftende Riesling stammt von einem Mergelboden. Im Geschmack ist er ausgewogen und bemerkenswert nachhaltig. Das Ergebnis von großartigen Trauben, das man zu Fischgerichten mit Sauce trinken sollte.
🠮 GAEC J.-PH. et F. Becker, 2, rte d'Ostheim, 68340 Zellenberg, Tel. 89.47.87.56 ⚔ n. V.

CLAUDE BLEGER
Coteau du Haut Kœnigsbourg 1990

| | 0,6 ha | 4 500 | 🕮 ↓☑ 2 |

Claude Bléger entstammt einer alten Winzerfamilie, die seit dem Dreißigjährigen Krieg in Orschwiller lebt. Er versteht es, moderne Methoden mit dieser langen Erfahrung zu verbinden. Ein noch jugendlicher Riesling von einem Schieferboden. Im Duft zurückhaltend, im Geschmack ziemlich ausgewogen. Er dürfte sich bei der Alterung entfalten.
🠮 Claude Bléger, 23, Grand-Rue, 67600 Orschwiller, Tel. 88.92.32.56 ⚔ tägl. 8h-20h

LEON BOESCH ET FILS
Vallée noble, Vendanges tardives 1989★

| | 0,6 ha | 3 500 | 🕮 ↓☑ 5 |

Die Familie Boesch, die seit 1832 dieses ehemalige Zehenthaus bewohnt, hat ihre aus geflochtenem Stroh gefertigte Kellertür bewahrt. Dieser hellgelbe Wein entfaltet einen sehr eleganten Duft mit feinem Muskataroma. Der Geschmackseindruck ist fein, frisch und tief. »Eine gewisse Vornehmheit und eine Vielzahl von Facetten«, hat ein Prüfer notiert.
🠮 Léon Boesch et Fils, 4, rue du Bois, 68570 Soultzmatt, Tel. 89.47.01.83 ⚔ n. V.

PAUL BUECHER ET FILS
Réserve personnelle 1990★

| | 2 ha | 15 000 | 🕮 ↓☑ 2 |

Ein im 17. Jh. angelegtes Anbaugebiet, das sich heute auf acht Gemarkungen verteilt. Sein Motto »Qualität ist kein Zufall« bestätigt sich durch die regelmäßige Berücksichtigung in diesem Weinführer. Dieser Riesling stammt von einem Kiesboden und zeigt bereits eine schöne Entwicklung im Duft, wie sein blumig-mineralisches Aroma beweist. Ein wohlausgewogener, nachhaltiger und sehr rassiger Wein, der mit Eleganz altern kann.
🠮 Paul Buecher et Fils, 15, rue Sainte-Gertrude, 68920 Wettolsheim, Tel. 89.80.64.73 ⚔ tägl. 8h-12h 14h-18h

DOM. MARCEL DEISS
Bergheim Engelgarten, Vieilles vignes 1990★

| | 2 ha | 7 000 | 🕮 ↓☑ 4 |

Jean-Baptiste Deiss hat sich 1744 in Bergheim angesiedelt. Seit dieser Zeit baut seine Familie Wein an (heute auf 20 ha Rebflächen). Ein Wein mit einer wunderschönen goldenen Farbe, der von einem Kiesboden stammt. Das intensive, komplexe Bukett, in dem fruchtige Düfte dominieren, verrät seinen Jahrgang. Der angenehm lange, warme Geschmack ist einschmeichelnd.
🠮 Dom. Marcel Deiss, 15, rte du Vin, 68750 Bergheim, Tel. 89.73.63.37 ⚔ Mo-Sa 9h-12h 14h-18h
🠮 Jean-Michel Deiss

LAURENT ET MICHEL DIETRICH 1990

| | 3,5 ha | k.A. | 🕮 ☑ 1 |

Die Dietrichs, die seit drei Generationen Winzer sind, empfangen Sie gern in ihrer Kellerei, insbesondere während des Weinfestes, das am 15. August stattfindet. Ein Riesling von einem Granitboden, der einen intensiven, entwickelten Duft entfaltet. Auf eine vielversprechende Ansprache folgt im Geschmack eine milde Note. Aus guten Trauben hergestellt.
🠮 Laurent et Michel Dietrich, 1, rue de l'Ours, 67650 Dambach-la-Ville, Tel. 88.92.41.31 ⚔ n. V.

CHRISTIAN DOLDER Brandluft 1990

| | 0,5 ha | 4 000 | 🕮 ☑ 2 |

Die Dolders bauen seit über 200 Jahren Wein an. Christian hat den Familienbetrieb 1988 übernommen. Dieser Riesling entspricht seiner Herkunft von einem Kalkboden. Er ist im Duft noch verschlossen und im Geschmack lebhaft und wohlausgewogen. Schöne Nachhaltigkeit.
🠮 Christian Dolder, 4, rue Neuve, 67140 Mittelbergheim, Tel. 88.08.96.08 ⚔ n. V.

DOM. EBLIN-FUCHS Lerchenberg 1990

| | 0,5 ha | 3 000 | 🕮 ↓☑ 2 |

Die Familien Eblin und Fuchs, die seit Menschengedenken in Zellenberg leben, haben sich 1956 zusammengeschlossen. Ein Riesling von einem lehmig-kalkigen Boden, der im Duft noch verschlossen ist. Im Geschmack überrascht er durch eine Rundheit, die auf den Jahrgang zurückzuführen ist.

☛ Christian et Joseph Eblin, 75, rte du Vin, 68340 Zellenberg, Tel. 89.47.91.14 ☎ n. V.

DOM. PIERRE FRICK
Vendanges tardives 1989

| ☐ | 0,8 ha | 3 000 | ❶ ↓ Ⅴ 5 |

Dieses Gut verwendet seit 1981 biologische Anbaumethoden. Dieser Wein besitzt eine gute Fruchtigkeit. Im Geschmack ist er ziemlich leicht, aber recht ausgewogen.

☛ Pierre Frick, 5, rue de Baer, 68250 Pfaffenheim, Tel. 89.49.62.99 ☎ n. V.

ROLLY GASSMANN Kappelweg 1990

| ☐ | 0,26 ha | 1 300 | ❶ ↓ Ⅴ 3 |

Ein berühmter Name im elsässischen Weinbau, den man an allen großen Tafeln in Europa findet. Ein gut gebauter Wein mit den typischen Merkmalen eines Rieslings : sehr reichhaltiger Duft, der von einem Muskataroma und zugleich von überreifen Trauben geprägt ist. Er zeichnet sich durch eine große Rundheit im Geschmack aus.

☛ Rolly Gassmann, 2, rue de l'Eglise, 68590 Rorschwihr, Tel. 89.73.63.28 ☎ n. V.

ARMAND GILG
Riesling de Mittelbergheim 1990*

| ☐ | 1,3 ha | 13 500 | ⬛ ↓ Ⅴ 2 |

Der berühmte Vorfahr, der aus ¨Osterreich stammte, ließ sich vor mehr als 400 Jahren in diesem Anbaugebiet nieder. Das Gut ist inzwischen auf 21 ha Rebflächen angewachsen. Ein intensiv und elegant duftender Riesling, der einen für Kalkböden typischen Geschmack entfaltet. Er dürfte die Liebhaber von lagerfähigen Weinen nicht enttäuschen.

☛ GAEC Armand Gilg et Fils, 2-4, rue Rotland, 67140 Mittelbergheim, Tel. 88.08.92.76 ☎ n. V.

PAUL GINGLINGER
Cuvée Drei Exa 1990*

| ☐ | 1,2 ha | 6 000 | ⬛ ↓ Ⅴ 2 |

Paul Ginglinger ist ein Riese mit einem großen Herzen, der sehr darauf bedacht ist, daß seine Weine eine mustergültige Qualität besitzen. Dieser Riesling, der von einem lehmig-kalkigen Boden stammt, beweist mit seinem leichten Muskataroma im Bukett eine schöne Rassigkeit. Sehr gut strukturiert. Zweifellos die Frucht eines ausgezeichneten Anbaugebiets.

☛ Paul Ginglinger, 8, pl. Charles-de-Gaulle, 68420 Eguisheim, Tel. 89.41.44.25 ☎ Mo-Sa 8h-12h 14h-19h

WILLY GISSELBRECHT ET FILS
1990*

| ☐ | 4 ha | 30 000 | ⬛ Ⅴ 2 |

Die Gisselbrechts, die seit etlichen Generationen Wein anbauen, betätigen sich seit 1936 auch als Weinhändler. Sie besitzen heute 15 ha Rebflächen und verkaufen überdies die Produktion von rund hundert Winzern. Obwohl dieser typische

Riesling von einem Granitboden stammt, ist er noch sehr jugendlich. Elegant im Duft und nervig im Geschmack. Er kann lange altern.

☛ Willy Gisselbrecht et Fils, 3A, rte du Vin, 67650 Dambach-la-Ville, Tel. 88.92.41.02 ☎ n. V.

JEAN GREINER
Côte des Amandiers 1990*

| ☐ | 0,7 ha | 6 000 | ❶ Ⅴ 2 |

Jean Greiner mußte sein 1636 entstandenes Gut wieder aufbauen, nachdem es 1945 bei der Schlacht um Colmar völlig zerstört worden war. Ein Riesling, der sicherlich durch die Überreife der Trauben geprägt ist : an eingemachte Früchte erinnernder Duft und eine große Fülle im Geschmack, die von einer leichten Säure kompensiert wird. In diesem 90er sind alle Voraussetzungen für einen lagerfähigen Wein vereint.

☛ Jean Greiner, 1, rue du Vignoble, 68630 Mittelwihr, Tel. 89.47.90.41

☛ Nicolas Dirand

JOSEPH GSELL 1990

| ☐ | 1 ha | 7 000 | ⬛ Ⅴ 2 |

Joseph Gsell leitet dieses seit Urzeiten bestehende Gut seit 1978. Dieser fein und blumig duftende Riesling zeigt im Geschmack eine schöne Ausgewogenheit und sogar eine gewisse Weichheit, die auf den Jahrgang zurückzuführen ist.

☛ Joseph Gsell, 26, Grand-Rue, 68500 Orschwihr, Tel. 89.76.95.11 ☎ tägl. 9h-12h 14h-18h

BRUNO HERTZ 1990*

| ☐ | 1 ha | 7 000 | ❶ Ⅴ 2 |

Bruno Hertz wohnt mitten in Eguisheim, das für seine schönen Häuser ebenso berühmt ist wie für die Qualität seiner Weine. Bei ihm kommt zu den Fähigkeiten eines Winzers noch das Fachwissen eines Önologen hinzu. Sein Wein bietet die ganze Rassigkeit der Rieslingrebe. Lebhaft und harmonisch. Die schönsten Zukunftsaussichten.

☛ Bruno Hertz, 9, pl. de l'Eglise, 68420 Eguisheim, Tel. 89.41.81.61 ☎ n. V.

CAVE VINICOLE DE HUNAWIHR
Sélection de grains nobles 1989

| ☐ | 1 ha | 2 500 | ⬛ ↓ Ⅴ 6 |

Die Wehrkirche von Hunawihr muß man wegen ihrer architektonischen Schönheit und wegen ihrer historischen Kunstschätze erwähnen. Ein blaßgoldener 89er mit einem kräftigen, typischen Duft, dessen Geschmack noch harmonischer werden muß.

☛ Cave Vinicole de Hunawihr, 48, rte de Ribeauvillé, B.P. 51, 68150 Hunawihr, Tel. 89.73.61.67 ☎ n. V.

JEAN HUTTARD Lerchenberg 1990*

| ☐ | 1 ha | 4 000 | ⬛ ↓ Ⅴ 2 |

Zellenberg, das auf einem Felsvorsprung liegt, ähnelt einem vorgeschobenen Posten, der eifersüchtig über das Anbaugebiet wacht. Die Huttards, die seit drei Generationen Wein anbauen, bewirtschaften hier 8 ha Rebflächen. Da dieser Riesling von einem Mergelboden stammt, befindet er sich noch in seiner jugendlichen Phase, aber sein blumiges Aroma wirkt schon sehr elegant. Ein gut gebauter Wein, der alle typischen Merkmale seiner Rebsorte besitzt.

↬ Jean Huttard, 10, rte du Vin, 68340 Zellenberg, Tel. 89.47.90.49 ⌾ Di-So 8h-12h 14h-18h

JOSMEYER Les Pierrets 1990

☐	3 ha	14 000	❶❶ ☑ 4

Die Firma Josmeyer, die gleichzeitig Weinhandel betreibt und Weine erzeugt, besitzt mehrere Hektar in den besten Lagen dieser Gemarkung. Dieser sehr ausdrucksstarke Riesling stammt von einem kiesigen Boden. Er wird durch das Aroma von exotischen Früchten geprägt. Ein wohlausgewogener Wein, der sich sehr harmonisch zeigt.

↬ Jos Meyer et Fils, 76, rue Clemenceau, 68920 Wintzenheim, Tel. 89.27.01.57 ⌾ n. V.
↬ Jean Meyer

DOM. KEHREN
Cuvée réservée Ulrich Meyer 1990

☐	0,35 ha	k.A.	❶❶ ↓ ☑ 2

Die Familie Meyer baut seit 1761 Wein an. Sie lebt in diesem malerischen Dorf, von dem man einen wunderbaren Blick auf die elsässische Tiefebene hat. Ein noch jugendlicher Riesling von einem Muschelkalkboden. Er ist durch ein elegantes Aroma von exotischen Früchten bestimmt. Seine Lebhaftigkeit wird noch von einem Hauch von Restzucker überdeckt. Muß noch altern.

↬ Denis Meyer, Dom. Kehren, 2, rte du Vin , 68420 Vœgtlinshoffen, Tel. 89.49.38.00 ⌾ n. V.

VICTOR KLEE ET FILS
Cuvée réserve 1990 ★★

☐	0,5 ha	3 000	❶❶ ☑ 2

Die drei Brüder haben ihre Kräfte vereint, als sie diesen kleinen Betrieb 1991 übernahmen. Sie haben sich richtig entschieden : Dieser Riesling ist bemerkenswert ! Ein Wein voller Finesse, der einen sehr intensiven Duft entfaltet. Gute geschmackliche Ansprache, Ausgewogenheit und Nachhaltigkeit. Ein erstklassiger 90er, den man zu den anspruchsvollsten Gerichten trinken sollte.

↬ Klée Frères, 18, Grand-Rue, 68230 Katzenthal, Tel. 89.47.17.90 ⌾ n. V.

KLEIN AUX VIEUX REMPARTS
Schlossreben 1990

☐	0,5 ha	5 100	❶❶ ☑ 1

Françoise et Jean-Marie Klein sind beide ¨Onologen. Sie führen einen Betrieb, der auf den sonnenreichen Hängen von Haut-Kœnigsbourg liegt. Ein ausdrucksvoller, rassiger Riesling von einem Granitboden. Im Geschmack zeigt er sich lebhaft und leicht.

↬ René Klein et Fils, Vieux Remparts, rte du Haut-Kœnigsbourg, 68590 Saint-Hippolyte, Tel. 89.73.00.41 ⌾ n. V.
↬ Jean-Marie Klein

KLEIN-BRAND 1990 ★★

☐	k.A.	k.A.	❶❶ ☑ 1

Soultzmatt gehört zu den malerischen Dörfern, die beweisen, daß der Weinbau die Kultur der Region geprägt hat. Hier ein Riesling von großer Herkunft. Im Aussehen sehr verführerisch. Er überrascht durch sein blumiges Aroma, das

intensiv und sehr elegant ist. Aufgrund seiner großen geschmacklichen Präsenz und Nachhaltigkeit paßt er zu den anspruchsvollsten Fischgerichten.

↬ Klein-Brand, 96, rue de la Vallée, 68570 Soultzmatt, Tel. 89.47.00.08 ⌾ Mo-Sa 8h-12h 13h-18h

KUEHN Kaefferkopf 1990

☐	1,2 ha	8 000	▮↓ ☑ 3

Mit dem Kaefferkopf gehört das Haus Kuehn zu den ältesten Pfeilern von Ammerschwihr, einem Ort mit einer glorreichen Vergangenheit, der bei den Gefechten um Colmar teilweise zerstört wurde. Der ziemlich intensive Duft dieses Rieslings ist durch das Aroma von Blumen und Honig geprägt. In der Ansprache ist er eher weich, im Geschmack rund und angenehm.

↬ Kuehn SA, 3, Grand-Rue, 68770 Ammerschwihr, Tel. 89.78.23.16 ⌾ n. V.

GERARD LANDMANN 1990 ★

☐	0,5 ha	3 000	❶❶ ☑ 1

Gérard Landmann ist der Typ des »Selfmademans« schlechthin. Als begabter Techniker verwendet er seine ganze Energie bei der Herstellung von ausgezeichneten Weinen. Der vom Aroma der Überreife geprägte Riesling zeigt eine gewisse Entwicklung, wie sein mineralischer Charakter belegt. Nach einer schönen Ansprache im Geschmack gibt er sich warm und nachhaltig.

↬ Gérard Landmann, 124, rte du Vin, 67680 Nothalten, Tel. 88.92.43.96 ⌾ n. V.

DOM. DE LA SINNE
Kaefferkopf réserve 1990 ★★

☐	0,5 ha	4 000	❶❶ ↓ ☑ 2

Das Haus Geschickt hat seinen Sitz an diesem zauberhaften Platz in Ammerschwihr, dessen Springbrunnen von einem Bergbach gespeist wird. Ein Riesling, der dem hohen Ansehen dieser Firma entspricht : ganz einfach prachtvoll. Angenehm intensiver Duft mit dem Aroma von Vanille und reifen Früchten. Er verdient, daß er noch altern darf, aber er zeigt sich im Geschmack bereits harmonisch, ausgewogen und sehr nachhaltig.

↬ Jérôme Geschickt et Fils, 1, pl. de la Sinne, 68770 Ammerschwihr, Tel. 89.47.12.54 ⌾ tägl. 8h-12h 14h-18h

GUSTAVE LORENTZ
Cuvée particulière 1990

☐	3,7 ha	26 000	▮↓ ☑ 2

Das Haus Lorentz, das seit 1836 im Besitz der Familie ist, erzeugt nicht nur Weine, sondern hat daneben noch einen bedeutenden Weinhandel aufgebaut. Dieser von einem lehmig-kalkigen Boden stammende Riesling wurde zum Zeitpunkt der Verkostung noch von einem Gärungsaroma beherrscht. Er ist im Geschmack wohlausgewogen und dürfte sich bei der Alterung entfalten.

↬ Gustave Lorentz, 35, Grand-Rue, 68750 Bergheim, Tel. 89.73.63.08 ⌾ n. V.

GERARD METZ Cuvée tradition 1990 ★★

☐	1,28 ha	4 700	❶❶ ☑ 1

Marcellin Metz entstammte einer Familie in Epfig, die das größte Gut des Dorfs besaß, ehe er

zu Beginn dieses Jahrhunderts beschloß, sich in Itterswiller niederzulassen. Trotz seiner Herkunft von einem Schlickboden zeigt dieser Riesling im Duft eine schöne Ausdruckskraft mit einem blumig-mineralischen Aroma von großer Komplexität. Wohlausgewogen, kräftig und nachhaltig. Er wird den Liebhabern von lagerfähigen Weinen gefallen.
🐦 Gérard Metz, 23, rte du Vin, 67140 Itterswiller, Tel. 88.57.80.25 ⌛ n. V.

RENE MEYER
Vendanges tardives 1989 ***

☐	0,2 ha	3 320	〚〛↓✓4

Ein Winzer, dessen Weine man in seinem Hotelrestaurant probieren kann. Vorsicht, es handelt sich um 3 320 Flaschen mit 50 cl Inhalt. Aber was für Flaschen ! Sehr kräftige, goldene Farbe, komplexes, fruchtig-blumiges Bukett. Im Geschmack entfaltet der Wein eine große Frische. Schöne Ausdruckskraft, fein, aromatisch und nachhaltig. Ein Vorbild an Harmonie.
🐦 René Meyer, 14, Grand-Rue, 68230 Katzenthal, Tel. 89.27.04.67 ⌛ n. V.

MICHEL NARTZ 1990 **

☐	2 ha	10 000	〚〛↓✓2

Die Familie Nartz, die seit vielen Generationen Wein anbaut, lebt in der bezaubernden Ortschaft Dambach-la-Ville, die für ihre malerischen Häuser und ihre Sebastianskapelle bekannt ist. Entsprechend seiner Herkunft aus einem Granitboden ist dieser Riesling ausdrucksvoll und elegant zugleich. Das gesamte Bukett findet man im Geschmack wieder, der ausgewogen und nachhaltig erscheint. Ein erstklassiger Wein.
🐦 Michel Nartz, 12, pl. du marché, 67650 Dambach-la-Ville, Tel. 88.92.41.11 ⌛ n. V.

CH. D' ORSCHWIHR
Vendanges tardives 1989 *

☐	1 ha	4 000	⬤↓✓5

Ein Gut, das von Hubert Hartmann mit meisterlicher Hand und großem technischen Geschick geführt wird. Hellgelbe Farbe, im Duft schon recht entwickelt. Im Geschmack kommt zu dem komplexen, leicht mineralischen Aroma eine gute Nachhaltigkeit hinzu. Schon heute ein schöner Wein.
🐦 Ch. d' Orschwihr, 68500 Orschwihr, Tel. 89.74.25.00 ⌛ n. V.
🐦 Hubert Hartmann

ERNEST PREISS Cuvée particulière 1990 *

☐	k.A.	k.A.	⬤↓3

Die Familie Preiss ist eine alteingesessene Familie in Riquewihr, deren Haus in einer Straße

mit ihrem Namen steht. Dieser Riesling entfaltet einen ziemlich intensiven, durch eine Anisnote geprägten Duft. Ein ausgewogener und harmonischer Wein, der ein gutes Alterungspotential besitzt.
🐦 Ernest Preiss, rue Jacques Preiss, 68340 Riquewihr, Tel. 89.47.91.21

PREISS-ZIMMER
Réserve Comte Jean de Beaumont 1990 *

☐	4 ha	35 000	⬤↓✓3

Diese Firma, die auf eine überaus glorreiche Vergangenheit zurückblicken kann, befindet sich in dem allseits berühmten Marktflecken Riquewihr. Ein Riesling von einem Kiesboden, der einen intensiven und zugleich eleganten Duft entfaltet. Was er damit verspricht, hält er auch im Geschmack, der ausgewogen und nachhaltig erscheint.
🐦 Preiss-Zimmer, 40, rue du Gal-de-Gaulle, 68340 Riquewihr, Tel. 89.47.86.91 ⌛ tägl. 10h–12h 14h–18h ; 1. Nov.–31. März geschlossen

VIGNOBLES REINHART
Bollenberg 1990

☐	0,8 ha	8 000	⬤✓2

Paul Reinhart hat dieses Gut in den 60er Jahren gegründet. Er ist eine starke Persönlichkeit und wurde dreimal zum Vorsitzenden des Berufsverbands gewählt. Obwohl dieser Riesling von einem lehmig-kalkigen Boden stammt, beweist er bereits eine schöne Entwicklung. Er besitzt einen feinen, fruchtigen Duft und zeigt im Geschmack eine schöne Ansprache.
🐦 Pierre Reinhart, 7, rue du Printemps, 68500 Orschwihr, Tel. 89.76.95.12 ⌛ Mo-Sa 8h30-12h 13h30-18h30

DOM. DU REMPART
Prestige de Dambach-la-ville 1990 *

☐	1,5 ha	10 000	⬤✓2

Die Domaine du Rempart ist tatsächlich ein Teil der 1333 errichteten Stadtmauer, die die Altstadt begrenzt. Dieser Riesling präsentiert die ganze Pracht des Granitbodens. Der sehr intensive, elegante Duft entfaltet ein Aroma von Muskatnuß und Mandeln. Im Geschmack ist er eher rund. Ein sehr gefälliger Wein.
🐦 Dom. du Rempart, 5, rue des Remparts, 67650 Dambach-la-Ville, Tel. 88.92.42.43 ⌛ n. V.
🐦 Gilbert Beck

WILLY ROLLI-EDEL 1990 ***

☐	0,81 ha	2 900	⬤✓2

Die Familie Rolli-Edel besitzt eine alte Weinbautradition. Sie hat heute ein 10 ha großes Gut, das meisterlich geführt wird, wie dieser Riesling beweist. Ein sehr elegantes Bukett mit dem Duft von Akazien- und Lindenblüten. Im Geschmack von seltener Harmonie. Ein Wein voller Nuancen, der gleichzeitig perfekt für die Alterung gerüstet ist.
🐦 Willy Rolli-Edel, 5, rue de l'Eglise, 68590 Rorschwihr, Tel. 89.73.63.26 ⌛ n. V.

RUHLMANN-DIRRINGER
Prestige 1990

☐	1,9 ha	20 000	⬤↓✓

Der mittelalterliche Ort Dambach konnte sein

gant. Ein gut gebauter Wein, der alle typischen Merkmale seiner Rebsorte besitzt.

↦ Jean Huttard, 10, rte du Vin, 68340 Zellenberg, Tel. 89.47.90.49 ⌶ Di-So 8h-12h 14h-18h

JOSMEYER Les Pierrets 1990

☐	3 ha	14 000	◫	▽	4	

Die Firma Josmeyer, die gleichzeitig Weinhandel betreibt und Weine erzeugt, besitzt mehrere Hektar in den besten Lagen dieser Gemarkung. Dieser sehr ausdrucksstarke Riesling stammt von einem kiesigen Boden. Er wird durch das Aroma von exotischen Früchten geprägt. Ein wohlausgewogener Wein, der sich sehr harmonisch zeigt.

↦ Jos Meyer et Fils, 76, rue Clemenceau, 68920 Wintzenheim, Tel. 89.27.01.57 ⌶ n. V.
↦ Jean Meyer

DOM. KEHREN
Cuvée réservée Ulrich Meyer 1990

☐	0,35 ha	k.A.	◫	↓	▽	2

Die Familie Meyer baut seit 1761 Wein an. Sie lebt in diesem malerischen Dorf, von dem man einen wunderbaren Blick auf die elsässische Tiefebene hat. Ein noch jugendlicher Riesling von einem Muschelkalkboden. Er ist durch ein elegantes Aroma von exotischen Früchten bestimmt. Seine Lebhaftigkeit wird noch von einem Hauch von Restzucker überdeckt. Muß noch altern.

↦ Denis Meyer, Dom. Kehren, 2, rte du Vin , 68420 Vœgtlinshoffen, Tel. 89.49.38.00 ⌶ n. V.

VICTOR KLEE ET FILS
Cuvée réserve 1990 ★★

☐	0,5 ha	3 000	◫	▽	2	

Die drei Brüder haben ihre Kräfte vereint, als sie diesen kleinen Betrieb 1991 übernahmen. Sie haben sich richtig entschieden : Dieser Riesling ist bemerkenswert ! Ein Wein voller Finesse, der einen sehr intensiven Duft entfaltet. Gute geschmackliche Ansprache, Ausgewogenheit und Nachhaltigkeit. Ein erstklassiger 90er, den man zu den anspruchsvollsten Gerichten trinken sollte.

↦ Klée Frères, 18, Grand-Rue, 68230 Katzenthal, Tel. 89.47.17.90 ⌶ n. V.

KLEIN AUX VIEUX REMPARTS
Schlossreben 1990

☐	0,5 ha	5 100	◫	▽	1	

Françoise et Jean-Marie Klein sind beide ¨Onologen. Sie führen einen Betrieb, der auf den sonnenreichen Hängen von Haut-Kœnigsbourg liegt. Ein ausdrucksvoller, rassiger Riesling von einem Granitboden. Im Geschmack zeigt er sich lebhaft und leicht.

↦ René Klein et Fils, Vieux Remparts, rte du Haut-Kœnigsbourg, 68590 Saint-Hippolyte, Tel. 89.73.00.41 ⌶ n. V.
↦ Jean-Marie Klein

KLEIN-BRAND 1990 ★★

☐	k.A.	k.A.	◫	▽	1	

Soultzmatt gehört zu den malerischen Dörfern, die beweisen, daß der Weinbau die Kultur der Region geprägt hat. Hier ein Riesling von großer Herkunft. Im Aussehen sehr verführerisch. Er überrascht durch sein blumiges Aroma, das

intensiv und sehr elegant ist. Aufgrund seiner großen geschmacklichen Präsenz und Nachhaltigkeit paßt er zu den anspruchsvollsten Fischgerichten.

↦ Klein-Brand, 96, rue de la Vallée, 68570 Soultzmatt, Tel. 89.47.00.08 ⌶ Mo-Sa 8h-12h 13h-18h

KUEHN Kaefferkopf 1990

☐	1,2 ha	8 000	▮↓	▽	3	

Mit dem Kaefferkopf gehört das Haus Kuehn zu den ältesten Pfeilern von Ammerschwihr, einem Ort mit einer glorreichen Vergangenheit, der bei den Gefechten um Colmar teilweise zerstört wurde. Der ziemlich intensive Duft dieses Rieslings ist durch das Aroma von Blumen und Honig geprägt. In der Ansprache ist er eher weich, im Geschmack rund und angenehm.

↦ Kuehn SA, 3, Grand-Rue, 68770 Ammerschwihr, Tel. 89.78.23.16 ⌶ n. V.

GERARD LANDMANN 1990 ★

☐	0,5 ha	3 000	◫	▽	1	

Gérard Landmann ist der Typ des »Selfmademans« schlechthin. Als begabter Techniker verwendet er seine ganze Energie auf die Herstellung von ausgezeichneten Weinen. Der vom Aroma der Überreife geprägte Riesling zeigt eine gewisse Entwicklung, wie sein mineralischer Charakter belegt. Nach einer schönen Ansprache im Geschmack gibt er sich warm und nachhaltig.

↦ Gérard Landmann, 124, rte du Vin, 67680 Nothalten, Tel. 88.92.43.96 ⌶ n. V.

DOM. DE LA SINNE
Kaefferkopf réserve 1990 ★★

☐	0,5 ha	4 000	◫	↓	▽	2

Das Haus Geschickt hat seinen Sitz an diesem zauberhaften Platz in Ammerschwihr, dessen Springbrunnen von einem Bergbach gespeist wird. Ein Riesling, der den hohen Ansehen dieser Firma entspricht : ganz einfach prachtvoll. Angenehm intensiver Duft mit dem Aroma von Vanille und reifen Früchten. Er verdient, daß er noch altern darf, aber er zeigt sich im Geschmack bereits harmonisch, ausgewogen und sehr nachhaltig.

↦ Jérôme Geschickt et Fils, 1, pl. de la Sinne, 68770 Ammerschwihr, Tel. 89.47.12.54 ⌶ tägl. 8h-12h 14h-18h

GUSTAVE LORENTZ
Cuvée particulière 1990

☐	3,7 ha	26 000	▮↓	▽	2	

Das Haus Lorentz, das seit 1836 im Besitz der Familie ist, erzeugt nicht nur Weine, sondern hat daneben noch einen bedeutenden Weinhandel aufgebaut. Dieser von einem lehmig-kalkigen Boden stammende Riesling wurde zum Zeitpunkt der Verkostung noch von einem Gärungsaroma beherrscht. Er ist im Geschmack wohlausgewogen und dürfte sich bei der Alterung entfalten.

↦ Gustave Lorentz, 35, Grand-Rue, 68750 Bergheim, Tel. 89.73.63.08 ⌶ n. V.

GERARD METZ Cuvée tradition 1990 ★★

☐	1,28 ha	4 700	◫	▽	1	

Marcellin Metz entstammte einer Familie in Epfig, die das größte Gut des Dorfs besaß, ehe er zu Beginn dieses Jahrhunderts beschloß, sich in Itterswiller niederzulassen. Trotz seiner Herkunft von einem Schlickboden zeigt dieser Riesling im Duft eine schöne Ausdruckskraft mit einem blumig-mineralischen Aroma von großer Komplexität. Wohlausgewogen, kräftig und nachhaltig. Er wird den Liebhabern von lagerfähigen Weinen gefallen.

🔑 Gérard Metz, 23, rte du Vin, 67140 Itterswiller, Tel. 88.57.80.25 ☎ n. V.

RENE MEYER
Vendanges tardives 1989 ★★★

□	0,2 ha	3 320	◫ ↓ ☑ 4

Ein Winzer, dessen Weine man in seinem Hotelrestaurant probieren kann. Vorsicht, es handelt sich um 3 320 Flaschen mit 50 cl Inhalt. Aber was für Flaschen ! Sehr kräftige, goldene Farbe, komplexes, fruchtig-blumiges Bukett. Im Geschmack entfaltet der Wein eine große Frische. Schöne Ausdruckskraft, fein, aromatisch und nachhaltig. Ein Vorbild an Harmonie.

🔑 René Meyer, 14, Grand-Rue, 68230 Katzenthal, Tel. 89.27.04.67 ☎ n. V.

MICHEL NARTZ 1990 ★★

□	2 ha	10 000	◫ ↓ ☑ 2

Die Familie Nartz, die seit vielen Generationen Wein anbaut, lebt in der bezaubernden Ortschaft Dambach-la-Ville, die für ihre malerischen Häuser und ihre Sebastianskapelle bekannt ist. Entsprechend seiner Herkunft aus einem Granitboden ist dieser Riesling ausdrucksvoll und elegant zugleich. Das gesamte Bukett findet man im Geschmack wieder, der ausgewogen und nachhaltig erscheint. Ein erstklassiger Wein.

🔑 Michel Nartz, 12, pl. du marché, 67650 Dambach-la-Ville, Tel. 88.92.41.11 ☎ n. V.

CH. D'ORSCHWIHR
Vendanges tardives 1989 ★

□	1 ha	4 000	▮↓☑ 5

Ein Gut, das von Hubert Hartmann mit meisterlicher Hand und großem technischem Geschick geführt wird. Hellgelbe Farbe, im Duft schon recht entwickelt. Im Geschmack kommt zu dem komplexen, leicht mineralischen Aroma eine gute Nachhaltigkeit hinzu. Schon heute ein schöner Wein.

🔑 Ch. d' Orschwihr, 68500 Orschwihr, Tel. 89.74.25.00 ☎ n. V.
🔑 Hubert Hartmann

ERNEST PREISS Cuvée particulière 1990 ★

□	k.A.	k.A.	▮↓❸

Die Familie Preiss ist eine alteingesessene Familie in Riquewihr, deren Haus in einer Straße

mit ihrem Namen steht. Dieser Riesling entfaltet einen ziemlich intensiven, durch eine Anisnote geprägten Duft. Ein ausgewogener und harmonischer Wein, der ein gutes Alterungspotential besitzt.

🔑 Ernest Preiss, rue Jacques Preiss, 68340 Riquewihr, Tel. 89.47.91.21

PREISS-ZIMMER
Réserve Comte Jean de Beaumont 1990 ★

□	4 ha	35 000	▮↓☑❸

Diese Firma, die auf eine überaus glorreiche Vergangenheit zurückblicken kann, befindet sich in dem allseits berühmten Marktflecken Riquewihr. Ein Riesling von einem Kiesboden, der einen intensiven und zugleich eleganten Duft entfaltet. Was er damit verspricht, hält er auch im Geschmack, der ausgewogen und nachhaltig erscheint.

🔑 Preiss-Zimmer, 40, rue du Gal-de-Gaulle, 68340 Riquewihr, Tel. 89.47.86.91 ☎ tägl. 10h-12h 14h-18h ; 1. Nov.-31. März geschlossen

VIGNOBLES REINHART
Bollenberg 1990

□	0,8 ha	8 000	▮☑❷

Paul Reinhart hat dieses Gut in den 60er Jahren gegründet. Er ist eine starke Persönlichkeit und wurde dreimal zum Vorsitzenden des Berufsverbands gewählt. Obwohl dieser Riesling von einem lehmig-kalkigen Boden stammt, beweist er bereits eine schöne Entwicklung. Er besitzt einen feinen, fruchtigen Duft und zeigt im Geschmack eine schöne Ansprache.

🔑 Pierre Reinhart, 7, rue du Printemps, 68500 Orschwihr, Tel. 89.76.95.12 ☎ Mo-Sa 8h30-12h 13h30-18h30

DOM. DU REMPART
Prestige de Dambach-la-Ville 1990 ★

□	1,5 ha	10 000	▮☑❷

Die Domaine du Rempart ist tatsächlich ein Teil der 1333 errichteten Stadtmauer, die die Altstadt begrenzt. Dieser Riesling präsentiert die ganze Pracht des Granitbodens. Der sehr intensive, elegante Duft entfaltet ein Aroma von Muskatnuß und Mandeln. Im Geschmack ist er eher rund. Ein sehr gefälliger Wein.

🔑 Dom. du Rempart, 5, rue des Remparts, 67650 Dambach-la-Ville, Tel. 88.92.42.43 ☎ n. V.
🔑 Gilbert Beck

WILLY ROLLI-EDEL 1990 ★★★

□	0,81 ha	2 900	◫ ☑❷

Die Familie Rolli-Edel besitzt eine alte Weinbautradition. Sie hat heute ein 10 ha großes Gut, das meisterlich geführt wird, wie dieser Riesling beweist. Ein sehr elegantes Bukett mit dem Duft von Akazien- und Lindenblüten. Im Geschmack von seltener Harmonie. Ein Wein voller Nuancen, der gleichzeitig perfekt für die Alterung gerüstet ist.

🔑 Willy Rolli-Edel, 5, rue de l'Eglise, 68590 Rorschwihr, Tel. 89.73.63.26 ☎ n. V.

RUHLMANN-DIRRINGER
Prestige 1990

□	1,9 ha	20 000	▮↓☑❶

Der mittelalterliche Ort Dambach konnte sein

großartiges Erbe bewahren. Dazu gehört auch dieses Gebäude von 1578, in dem die GAEC Ruhlmann-Dirringer ihren Sitz hat. Ein wohlausgewogener Riesling, der ziemlich verhalten duftet und im Geschmack bereits eine gewisse Entwicklung zeigt.

↬ GAEC Ruhlmann-Dirringer, 3, imp. Mullenheim, 67650 Dambach-la-Ville, Tel. 88.92.40.28 ☧ Mo-Sa 8h-12h 13h-19h

DOM. MARTIN SCHAETZEL
Kaefferkopf, Cuvée Nicolas 1990★★

☐	0,4 ha	2 500	▮↓☑④

Ist es überhaupt noch notwendig, das Gut Martin Schaetzel vorzustellen ? Man findet es alle Jahre wieder in unserem Weinführer. Wie steht es mit diesem 90er ? Was für ein guter Stoff ! Ein konzentriertes Aroma, das gleichzeitig an Honig und Gewürze erinnert. Die lebhafte Ansprache kompensiert die Kraft und die leichte Rundheit. Alles an diesem Riesling duftet und schmeckt nach Überreife. Man sollte ihn in seinem Keller verstecken und nur zu großen Anlässen hervorholen.

↬ Jean Schaetzel, 3, rue de la 5e Division Blindée, 68770 Ammerschwihr, Tel. 89.47.11.39 ☧ n. V.

DOM. PIERRE SCHILLÉ 1990

☐	0,65 ha	5 400	▮↓☑②

Pierre Schillé verfügt über eine reiche Palette von Böden, weil sich sein Anbaugebiet auf fünf Gemarkungen verteilt. Er hat hier einen Riesling ausgewählt, der von einem Granitboden stammt und trotzdem im Duft noch verschlossen erscheint. Er besitzt die für die Rebsorte typische Ausgewogenheit.

↬ GAEC Pierre Schillé et Fils, 14, rue du Stade, 68240 Sigolsheim, Tel. 89.47.10.67 ☧ n. V.

CHARLES SCHLERET 1990

☐	0,95 ha	8 000	▮↓☑②

Der gute Ruf des Gutes Schleret ist über die Grenzen von Frankreich hinaus vorgedrungen, denn es ist 1989 bei einem Wettbewerb in Preßburg ausgezeichnet worden. Ein noch zurückhaltender, aber sehr feiner Riesling. Gute geschmackliche Ansprache. Er dürfte sich bei der Alterung entfalten.

↬ Charles Schleret, 1-3, rte d'Ingersheim, 68230 Turckheim, Tel. 89.27.06.09 ☧ n. V.

DOM. MAURICE SCHOECH
Kaefferkopf 1990★

☐	0,6 ha	5 000	▮↓☑②

Maurice Schoech entstammt einer alten Winzerfamilie, deren Mitglieder man in allen Weinbranchen findet. Léon Schoech, der Großvater, war einer der Gründer der berühmten Weinbruderschaft Saint-Etienne. Im sehr intensiven Duft dieses Rieslings entfaltet sich ein an eingemachte Früchte und Vanille erinnerndes Aroma. Nach einer schönen Ansprache im Geschmack gibt er sich leicht und wohlausgewogen.

↬ Maurice Schoech et Fils, 4, rte de Kientzheim, 68770 Ammerschwihr, Tel. 89.78.25.78 ☧ tägl. 9h-19h

PAUL SCHWACH Réserve 1990★★

☐	0,8 ha	7 500	▮☑②

Vier Generationen von Winzern. Paul Schwach bewirtschaftet heute fast 10 ha Rebflächen in der berühmten Stadt der Spielleute. Trotz seiner Herkunft von einem lehmig-kalkigen Boden ist dieser Riesling schon entwickelt. Mineralischer Duft. Im Geschmack zeigt sich ein Hauch von Restzucker, der aber durch eine gute Säure kompensiert wird. Ein großer, lagerfähiger Wein !

↬ EARL Paul Schwach, 30-32, rte de Bergheim, 68150 Ribeauvillé, Tel. 89.73.62.73 ☧ n. V.

JEAN-PAUL SIMONIS 1990★

☐	0,66 ha	5 000	⬗☑①

Jean-Paul Simonis, der mitten in dem berühmten Weinbauort Ammerschwihr wohnt, besitzt heute 3,5 ha Rebflächen. Dieser elegante, noch diskret duftende Wein ist ausgewogen und nachhaltig. Dank seiner Struktur darf man eine hervorragende Entwicklung bei der Alterung erwarten.

↬ Jean-Paul Simonis, 1, rue du Chasseur, 68770 Ammerschwihr, Tel. 89.47.13.51 ☧ n. V.

LOUIS SIPP Réserve personnelle 1990

☐	2 ha	12 000	⬗↓☑④

Die Firma Louis Sipp, die ihren Sitz in einem geschichtsträchtigen Gebäude hat, besitzt neben ihrem Weinhandel 31 ha Rebflächen. Im letzten Jahren haben wir ihren 89er Riesling Grand Cru Kirchberg de Ribauvillé empfohlen. Dieser äußerst ausdrucksvoll duftende Riesling stammt von einem tiefen Kiesboden. Da er im Geschmack nervig ist, sollte man ihn zu Meeresfrüchten trinken.

↬ Louis Sipp Grands Vins d'Alsace, 5, Grand-Rue, 68150 Ribeauvillé, Tel. 89.73.60.01 ☧ Mo-Sa 8h-12h 14h-18h ; Nov.-April geschlossen

J.M. SOHLER Paradies 1990

☐	0,52 ha	3 300	⬗☑②

Jean-Marie Sohler, der in einem Haus aus dem Jahre 1563 wohnt, leitet dieses Gut seit 1964. Sein Riesling stammt von einem Granitboden und zeigt bereits eine gewisse Entwicklung im Duft. Gute Ansprache im Geschmack. Ein eher leichter Wein.

↬ Jean-Marie Sohler, 66, rte de Hohwarth, 67650 Blienschwiller, Tel. 88.92.42.93 ☧ n. V.

PIERRE SPARR
Altenbourg, Cuvée Centenaire 1990★

☐	1,07 ha	11 415	▮↓☑④

Die 1680 gegründete Firma Sparr ist heute eine der größten dieser Region : 30 ha eigene Rebflächen und Traubenkäufe von weiteren 120 ha. Entsprechend seiner Herkunft von einem Granitboden zeigt dieser elegante, ausgewogene und kräftige Riesling mit dem sehr intensiven, blumigen Aroma eine hervorragende Nachhaltigkeit.

↬ Pierre Sparr et ses Fils SA, 2, rue de la 1ère-Armée, 68240 Sigolsheim, Tel. 89.78.24.22 ☧ n. V.

PIERRE SPERRY ET FILS
Pflintz 1990★★

| | 0,6 ha | 4 000 | ❚❚ ☑ 3 |

Die Sperrys sind seit Generationen Winzer. Sie haben es verstanden, höchstes Ansehen zu erwerben. Sie führen ein über 8 ha großes Gut. Obwohl dieser Riesling von einem lehmig-kalkigen Boden stammt, hat er sich schon stark entfaltet. Intensiver, eleganter Duft. Schöne Ausgewogenheit und seltene Nachhaltigkeit im Geschmack. Paßt zu Fischgerichten mit Sauce.
☛ Pierre Sperry et Fils, 3A, rte du Vin, 67650 Blienschwiller, Tel. 88.92.41.29 ☎ tägl. 8h-12h 14h-18h

SPITZ ET FILS Cuvée réservée 1990★

| | 0,8 ha | 5 000 | ❚❚ ☑ 2 |

Die Reben und der Wein gehören seit langer Zeit zum Alltag dieser Familie, auch wenn der Vater Schuldirektor war. Ein sehr komplexer Riesling, der nach Quitten und Honig duftet. Schöne Fülle im Geschmack. Ein eher runder, aber sehr nachhaltiger Wein.
☛ E. Spitz et Fils, 2, rte du Vin, 67650 Blienschwiller, Tel. 88.92.61.20 ☎ n. V.
☛ Dominique Spitz

BERNARD STAEHLE
Cuvée Jean Bernard 1990

| | 0,4 ha | 3 000 | ❚❚ ☑ 2 |

Bernard Staehlé ist jovial, aber auch sehr gewissenhaft. Sie können ihn ganz leicht finden, wenn Sie die Hauptstraße von Wintzenheim nehmen. Dieser Riesling stammt zwar aus einem Mergelboden, aber er ist schon sehr offen. Im Geschmack ist er weich und sogar füllig.
☛ Bernard Staehlé, 15, rue Clemenceau, 68920 Wintzenheim, Tel. 89.27.39.02 ☎ Mo-Sa 8h-12h 14h-18h

DOM. AIME STENTZ
Vendange tardive 1989★★

| | 0,22 ha | 1000 | ❚❚ ↓☑ 5 |

Eine große Winzerfamilie aus der Gegend von Colmar. Unter einem perfekten Kleid entfaltet sich ein sehr komplexer Duft von reifen Früchten. Der Geschmack ist kräftig, angenehm und sehr lang. Ein bemerkenswerter Wein.
☛ Dom. Aimé Stentz et Fils, 37, rue Herzog, 68920 Wettolsheim, Tel. 89.80.63.77 ☎ n. V.

CHARLES STŒFFLER
Vendanges tardives 1989

| | 0,35 ha | 2 000 | ❚ ☑ 2 |

Dieser Winzer hat sein Gut in Barr, einem kleinen Weinbauort südlich von Straßburg. Goldene Farbe, recht fruchtiger Duft. Es mangelt diesem Wein zwar ein wenig an Finesse, aber dennoch zeigt er sich recht rassig.
☛ Charles Stœffler, 4, rue des Jardins et 1, rue des Lièvres, 67140 Barr, Tel. 88.08.02.64 ☎ n. V.
☛ Vincent Stœffler

ANDRE THOMAS ET FILS
Kaefferkopf, Vendanges tardives 1989

| | k.A. | k.A. | ❚❚ ↓☑ 4 |

Guter Stoff, aber ein Hauch von Restzucker, so daß man diesen Wein noch altern lassen sollte.

Verführerisches Aussehen und ein vielversprechendes Bukett, das fruchtig und noch zurückhaltend ist.
☛ André Thomas et Fils, 3, rue des Seigneurs, 68770 Ammerschwihr, Tel. 89.47.16.60 ☎ n. V.

DOM. DU TONNELIER
Prestige de Dambach-la-Ville 1990

| | 2,5 ha | 11 000 | ❚❚ ☑ 2 |

Die Haullers, die früher Küfermeister waren, leben seit 1786 in Dambach. Nach und nach haben sie sich auf den Weinbau verlegt. Ziemlich intensiver Duft, der deutlich an Pilze erinnert. Ein schon entwickelter Riesling, der recht nachhaltig ist.
☛ Dom. du Tonnelier, 92, rue Foch, 67650 Dambach-la-Ville, Tel. 88.92.41.19 ☎ Di-So 9h-11h45 13h30-18h
☛ Louis Hauller

LAURENT VOGT
Riesling de Wolxheim Rothstein 1990★★

| | 1,3 ha | 9 500 | ❚❚ ☑ 1 |

Laurent Vogt wohnt in Wolxheim, einem malerischen Marktflecken in der Gegend von Molsheim. Er läßt Sie gern die ganze Palette seiner Weine probieren. Was für ein kräftiger, herrlicher Duft, der an exotische Früchte erinnert! Im Geschmack eine exzellente Ausgewogenheit und eine Struktur, die auf eine große Alterungsfähigkeit hindeutet.
☛ Laurent Vogt, 4, rue des Vignerons, 67120 Wolxheim, Tel. 88.38.50.41 ☎ n. V.

GERARD WAGNER
Réserve particulière 1990★

| | 0,25 ha | 2 500 | ❚ ☑ 2 |

Andlau, das zu Füßen seiner berühmten Reblagen liegt, verdient sein hohes Ansehen. Dieser Riesling mit dem feinen, blumigen Duft wird durch eine leichte Überreife geprägt, die im Geschmack für eine schöne Fülle und eine gewisse Rundheit sorgt.
☛ Gérard Wagner, 6, rue de la Chaîne, 67140 Andlau, Tel. 88.08.02.89 ☎ n. V.

GERARD WAGNER 1990★★

| | 0,5 ha | 6 000 | ❚ ☑ 2 |

Gérard Wagner ist ein guter Erzeuger, der mehrere Eisen im Feuer hat. Er beweist es uns mit diesem zweiten, überaus prächtigen Riesling. Der Duft ist intensiv und gleichzeitig komplex und besitzt die ganze Rassigkeit der Rebsorte. Im Geschmack ist er lebhaft, ausgewogen und nach-

haltig. Er kann den Liebhabern von anspruchs-
vollen Fischgerichten schmecken.
🕭 Gérard Wagner, 6, rue de la Chaîne, 67140
Andlau, Tel. 88.08.02.89 ☎ n. V.

DOM. ANDRE WANTZ
Cuvée sélectionnée, Riesling Brandluft 1990

| ☐ | 1,27 ha | 5 000 | 🍶 ☑ 🔢 |

Es heißt, daß ein Vorfahr, Ehret Wantz, 1747
den Klevener in Heiligstein eingeführt haben soll.
Dieser Riesling stammt von einem lehmig-kalkigen Boden. Im Duft ist er noch verschlossen, im
Geschmack nervig und wohlausgewogen. Ein aus
hervorragenden Trauben hergestellter Wein, der
sich bei der Alterung günstig entwickeln dürfte.
🕭 André Wantz, 1, rue Neuve, 67140
Mittelbergheim, Tel. 88.08.00.41 ☎ n. V.

DOM. WEINGARTEN 1990

| ☐ | 0,95 ha | 3 000 | 🔢↓☑🔢 |

Cécile Bernhard-Reibel bewirtschaftet mehr als
9 ha Rebflächen, die auf die Gemarkungen Châtenois und Scherwiller verteilt sind und auf dem
Zusammenschluß von zwei Winzerfamilien
zurückgehen. Ein von einem Granitboden stammender Riesling, der im Duft relativ stark entwickelt ist. Er ist etwas eckig, aber geschmacklich
wohlausgewogen.
🕭 Cécile Bernhard-Reibel, 20, rue de Lorraine,
67730 Châtenois, Tel. 88.82.04.21 ☎ n. V.

WUNSCH ET MANN
Cuvée du roi Clovis 1990*

| ☐ | 2,5 ha | 21 000 | 🔢☑🔢 |

Die Familien Wunsch und Mann haben sich
1948 zusammengeschlossen und besitzen heute
15 ha Rebflächen und einen Weinhandel. Dieser
vollkommen ausgewogene und strukturierte Riesling entfaltet ein Aroma von Birnen und reifen
Früchten. Sehr schöne Zukunftsaussichten !
🕭 Wunsch et Mann, 2, rue des Clefs, 68920
Wettolsheim, Tel. 89.80.79.63 ☎ Mo-Sa 8h-12h
13h30-18h30

Alsace Muscat

Dieser trockene, aro-
matische Wein, bei dem man das Gefühl
hat, in frische Trauben zu beißen, wird
aus zwei Sorten der Muscatrebe hergestellt. Die erste, die seit jeher »Muscat
d'Alsace« genannt wird, ist besser unter
dem Namen »Muscat de Frontignan«
bekannt. Da sie spät reift, wird sie in den
besten Lagen angebaut. Die andere, früher
reifend und daher weiter verbreitet, ist der
Muscat-Ottonel. Die beiden Rebsorten
nehmen weniger als 3% der Anbaufläche
ein. Der Muscat d'Alsace ist eine erstaun-

liche, liebliche Spezialität, die man als
Aperitif oder bei Empfängen, z. B. zu
Gugelhupf oder elsässischen Brezeln,
trinkt.

BOTT FRERES 1990

| ☐ | 0,7 ha | 5 000 | ☑🔢 |

Die Botts, die seit 1835 Winzer sind, haben
noch zusätzlich einen Weinhandel. Dieser noch
ziemlich verschlossene Muscat ist durch eine
schöne Eleganz und eine gewisse Rundheit im
Geschmack gekennzeichnet. Ein Aperitifwein.
🕭 Bott Frères, 13, av. Gal-de-Gaulle, 68150
Ribeauvillé, Tel. 89.73.60.48 ☎ n. V.

CAMILLE BRAUN Bollenberg 1990*

| ☐ | 0,53 ha | 2 500 | 🔢↓☑🔢 |

Camille Braun, Erbe einer alten Winzerfamilie,
leitet ein fast 8 ha großes Weingut. Obwohl dieser Muscat von einem Kalkboden stammt, ist er
schon sehr offenherzig. Feiner, intensiver Duft.
Ein wohlausgewogener Wein, der eine lange
Nachhaltigkeit zeigt. Sehr typisch für die Rebsorte Muscat d'Alsace.
🕭 GAEC Camille Braun et Fils, 16, Grand-Rue,
68500 Orschwihr, Tel. 89.76.95.20 ☎ Mo-Sa
8h-12h 13h30-18h30

KLEIN AUX VIEUX REMPARTS 1990

| ☐ | 0,42 ha | 1 900 | 🍶 ☑🔢 |

Françoise und Jean-Marie Klein, die beide
Önologen sind, führen einen fast 8 ha großen
Betrieb unterhalb der Burg Haut-Kœnigsbourg.
Entsprechend seiner Herkunft von einem Granit-
boden ist dies ein Wein mit sehr intensivem Duft.
Dieser typische Muscat d'Alsace besitzt eine
Rundheit, die durch einen Hauch von Kohlensäure
ausgeglichen wird.
🕭 Klein aux Vieux Remparts, rte du Haut-
Kœnigsbourg, 68590 Saint-Hippolyte,
Tel. 89.73.00.41 ☎ n. V.

CAVE D' OBERNAI 1990

| ☐ | k.A. | 10 000 | 🔢↓☑🔢 |

Das 1000 Jahre alte Obernai am Fuße des
Mont Sainte-Odile ist ein gesegneter Ort, über
den die Schutzherrin des Elsaß wacht. Die
Genossenschaftskellerei von Obernai gehört zu
den größten der Region. Ein im Duft noch sehr
verschlossener Muscat, der zurückhaltend, aber
elegant und im Geschmack relativ frisch ist.
🕭 Cave Vinicole d' Obernai, 30, rue du Gal-
Leclerc, 67210 Obernai, Tel. 88.95.61.18 ☎ n. V.

Alsace Gewürztraminer

Die Rebsorte für die-
sen Wein ist eine besonders aromatische
Spielart der Traminerrebe. Eine 1551 ver-
öffentlichte Abhandlung bezeichnet sie

71

bereits als typisch elsässische Sorte. Diese enge Bindung, die sich im Laufe der Jahrhunderte immer stärker bestätigt hat, ist zweifellos darauf zurückzuführen, daß der Gewürztraminer in diesem Anbaugebiet eine optimale Qualität erreicht. Dies verschafft ihm in der Welt des Weinbaus ein einzigartiges Ansehen.

D er Wein ist körperreich, gut gebaut, im allgemeinen trocken, aber manchmal mild und durch ein wunderbares Bukett gekennzeichnet, das je nach Lage und Jahrgang mehr oder weniger kräftig ist. Der Gewürztraminer ist eine frühreifende Rebsorte, deren Trauben einen sehr hohen Zuckergehalt haben. Die Produktion ist relativ gering und unregelmäßig. Er nimmt etwa 2 500 ha, d. h. fast 20% der elsässischen Anbaufläche ein. Häufig wird er als Aperitif serviert, bei Empfängen oder zu Nachspeisen. Außerdem paßt er – besonders wenn er kräftig ausfällt – zu Käsesorten mit pikantem Geschmack, wie etwa Roquefort oder Munster.

ADAM Kaefferkopf Cuvée Jean-Baptiste 1990★★

| | 1,8 ha | 12 000 | V 3 |

Die Familie Adam besitzt eine sehr alte Tradition, denn heute haben wir schon die 14. Generation. Sie nennt ein ganz seltenes Stück ihr eigen : ein Etikett aus dem Jahre 1834. Das eines Kaefferkopf, Adel verpflichtet ! Dieser von der Überreife der Trauben geprägte Gewürztraminer entfaltet einen sehr intensiven Duft, der an Honig und Dörrobst erinnert. Im Geschmack ist er komplex und kräftig. Gute Alterungsfähigkeit.
⌐ Jean-Baptiste Adam, 5, rue de l'Aigle, 68770 Ammerschwihr, Tel. 89.78.23.21 ☎ Mo-Sa 8h-12h 14h-18h

ALLIMANT-LAUGNER 1990★

| | 1 ha | 10 000 | ⦀ ↓ V 2 |

Eine alteingesessene Winzerfamilie, denn der Gründer des Gutes war Hauptmann in der napoleonischen Armee. Ein sehr typischer Gewürztraminer : sehr intensiver Duft von exotischen Früchten. Der Geschmack entspricht dem Bukett : fein, kräftig, mit einer Weichheit, die das kräftige Gerüst kompensiert, und einer großen Nachhaltigkeit.
⌐ Allimant-Laugner, 10, Grand-Rue, 67600 Orschwiller, Tel. 88.92.06.52 ☎ tägl. 9h-19h

ALSACE WILLM 1989★★

| | k.A. | k.A. | ⦀ ↓ V 7 |

Ein weiterer berühmter Name im elsässischen Weinbau, mit den besten Lagen des Anbaugebiets von Barr. Goldene Farbe, im Duft noch verschlossen, aber sehr elegant. Dieser Wein ver-

eint in sich Cremigkeit, Nachhaltigkeit, Körper und geschmackliche Fülle.
⌐ Alsace Willm SA, 32, rue du Dr Sultzer, 67140 Barr, Tel. 88.08.19.11 ☎ n. V.

VICTOR ANCEL Vendanges tardives 1989★

| | 0,45 ha | 1 500 | ⦀ V 5 |

Ein Gut mit reicher Geschichte und zahlreichen schönen Gebäuden. Dieser sehr blumige Wein besitzt ein komplexes Aroma und entfaltet im Geschmack Kraft, Ausgewogenheit und Nachhaltigkeit. Ein schöner 89er.
⌐ GAEC V. Ancel, 3, rue du Collège, 68240 Kaysersberg, Tel. 89.47.10.76 ☎ n. V.
⌐ André Ancel

ANSTOTZ ET FILS
Cuvée Camille Hinterkirch 1990★

| | 0,4 ha | 2 500 | ⦀ V 3 |

Die Familie Anstotz bewohnt in Balbronn einen alten Hof, der im Kern aus dem Jahre 1580 stammt. Sie haben einen sehr schönen Keller mit Eichenholzfässern (mit Schnitzereien) bewahrt, den sie auch nutzen. Dieser Gewürztraminer kommt von einem lehmig-kalkigen Boden und entfaltet bereits einen sehr ausdrucksvollen Duft, der an Blumen und Honig erinnert. Schöne Präsenz im Geschmack : ausgewogen und ziemlich nachhaltig.
⌐ GAEC Anstotz et Fils, 51, rue Balbach, 67310 Balbronn, Tel. 88.50.30.55 ☎ n. V.

PIERRE ARNOLD
Vendanges tardives 1989★

| | 0,5 ha | 3 000 | ⦀ V 5 |

Ein seit 1711 bestehendes Familiengut. Drei Weizenähren, das Wappen der Familie, schmükken das Etikett dieses Weins, der gut strukturiert und sehr würzig ist und eine gute Rundheit besitzt. Bei der Alterung wird er noch harmonischer werden.
⌐ Pierre Arnold, 16, rue de la Paix, 67650 Dambach-la-Ville, Tel. 88.92.41.70 ☎ n. V.

LAURENT BANNWARTH ET FILS
Bildstoeckle Vendanges tardives 1989

| | 1 ha | 2 000 | ⦀ V 5 |

Ein südlich von Colmar gelegener Familienbetrieb. Kräftige, goldgelbe Farbe und ein recht entwickeltes Aroma. Dieser Wein muß noch seine Harmonie vervollkommnen.
⌐ Laurent Bannwarth et Fils, 9, rte du Vin, 68420 Obermorschwihr, Tel. 89.49.30.87 ☎ n. V.

BAUMANN
Sélection de grains nobles 1989★

| | 2 ha | 4 800 | ⦀ V 6 |

Die Baumanns bewirtschaften 9 ha Rebflächen. Dieser Gewürztraminer stammt von einem lehmig-kalkigen Boden. Er besitzt eine strohgelbe Farbe und entfaltet einen sehr feinen Duft. Im Geschmack bietet er eine sehr schöne Struktur, die vor allem durch Kraft und Harmonie geprägt wird. Ein schöner Wein.

🍷 EARL Jean-Jacques Baumann, 43, rue du
Gal-de-Gaulle, 68340 Riquewihr,
Tel. 89.47.92.47 ♈ n. V.

DOM. JEAN-PIERRE BECHTOLD
Sélection de grains nobles 1989*

| | 0,45 ha | 1 700 | 🍶↓☑7 |

Einer der berühmten Namen des Weinbaugebiets von Molsheim, mit einem über 17 ha
großen Gut. Goldene Farbe, kräftiger, feiner,
etwas an Zitronen erinnernder Duft. Dieser
runde, volle Wein besitzt die gute Ausgewogenheit, die man von den schönen Trauben, aus
denen er hergestellt worden ist, erwarten durfte.
🍷 Dom. J.-P. Bechtold, 49, rue Principale, 67310
Dahlenheim, Tel. 88.50.66.57 ♈ n. V.

LES VITICULTEURS DE BENNWIHR
Vendanges tardives 1989*

| | 30 ha | 22 000 | ⬛↓☑5 |

Eine 1946 entstandene Genossenschaftskellerei
im Dorf Bennwihr, das im Krieg völlig zerstört
wurde. Ihr sehr aromatischer 89er besitzt eine
sehr schöne Erscheinung. Im Geschmack zeigt er
die Struktur einer überaus gelungenen Spätlese.
🍷 Les Viticulteurs Réunis de Bennwihr, 3, rue du
Gal-de-Gaulle, 68630 Bennwihr, Tel. 89.47.90.27
♈ n. V.

CLAUDE BLEGER
Sélection de grains nobles 1989**

| | 0,3 ha | k.A. | 🍶↓☑6 |

Die Blégers bauen schon seit dem Dreißigjährigen Krieg Wein an. Sie bearbeiten den Boden
im Weinberg, ohne Pflanzenschutzmittel einzusetzen. Der würzige Duft dieses 89ers enthält
schwerere Noten, die an eingemachte Früchte
erinnern. Alkoholreicher, sehr langer Geschmack
von großer Finesse. Ein großer Wein.
🍷 Claude Bléger, 23, Grand-Rue, 67600
Orschwiller, Tel. 88.92.32.56 ♈ tägl. 8h-20h

BOTT FRERES Gewurztraminer 1990*

| | 3 ha | 15 000 | ☑3 |

Die Firma Bott Frères, die es sehr gut versteht,
ihren Weinhandel mit der Erzeugung von Weinen zu verbinden, hat ihr eigenes Haus in Ribeauvillé. Dieser Wein ist im Duft sehr typisch :
blumig und intensiv zugleich. Im Geschmack
enthüllt er eine ausgezeichnete Ausgewogenheit,
die für eine sehr gute Alterungsfähigkeit spricht.
Man sollte ihn zu Käse oder zu einer Nachspeise
trinken.
🍷 Bott Frères, 13, av. Gal-de-Gaulle, 68150
Ribeauvillé, Tel. 89.73.60.48 ♈ n. V.

DOM. BOTT-GEYL
Vendanges tardives 1989

| | 0,6 ha | 3 000 | ⬛☑5 |

Seit 150 Jahren bauen diese beiden Familien
Wein an. Ein Wein von sehr schönem Aussehen,
der im Duft überrascht. Im Geschmack ist er
recht mild und sehr ausgewogen.
🍷 Bott-Geyl, 1, rue du Petit-Château, 68980
Beblenheim, Tel. 89.47.90.04 ♈ n. V.

JEAN DIETRICH
Vendanges tardives 1989***

| | 0,5 ha | 3 000 | ⬛↓☑5 |

Ein Betrieb in einem der malerischsten Orte
des Elsaß. Man sollte ihn unbedingt besuchen,
damit man nicht diesen außergewöhnlichen
Wein versäumt. In Gold eingehüllt, mit dem
intensiven Duft von getrockneten Früchten und
Rosen. Der cremige Geschmack bietet ein
großartiges Gerüst. Perfekte Harmonie. Er endet
erst nach einem lang anhaltenden Nachgeschmack.
🍷 Jean Dietrich, 4, rue de l'Oberhof, 68240
Kaysersberg, Tel. 89.78.25.24 ♈ n. V.

CLAUDE DIETRICH
Vendanges tardives 1989**

| | 0,3 ha | 2 500 | ⬛↓☑6 |

Ein junger Winzer, dessen Weinberge sich in
den besten Anbaugebieten von Kaysersberg und
der näheren Umgebung befinden. Mit seiner
leicht bernsteingelben Farbe und seinem echten,
feinen Duft ist dieser Wein der Inbegriff dessen,
was man aus spät gelesenen Trauben herstellen
kann. Seine sehr klare Harmonie und seine
Nachhaltigkeit haben unsere Jury verführt.
🍷 Claude Dietrich, 3, rue du Chasseur
M. Besombes, 68770 Ammerschwihr,
Tel. 89.47.19.42 ♈ n. V.

CLAUDE DIETRICH
Sélection de grains nobles 1989*

| | 0,2 ha | 500 | ⬛↓☑7 |

Seine Farbe ist strohgelb, sein Duft kräftig
(eingemachte Früchte, Quitten, Mirabellen), sein
frischer Geschmack alkoholreich, ausgewogen
und sehr lang. Ein schöner Wein.
🍷 Claude Dietrich, 3, rue du Chasseur
M. Besombes, 68770 Ammerschwihr,
Tel. 89.47.19.42 ♈ n. V.

G. DOLDER 1990*

| | 0,29 ha | 1 400 | 🍶☑3 |

Gérard Dolder wohnt in Mittelbergheim,
einem bezaubernden, mittelalterlichen Weinbauort, und bewirtschaftet 9 ha Rebflächen. Der sehr
typische Duft erinnert an Lebkuchen und Honig.
Gute Ausgewogenheit und lange Nachhaltigkeit
im Geschmack. Ein sehr harmonischer Gewürztraminer.
🍷 Gérard Dolder, 29, rue de la Montagne,
67140 Mittelbergheim, Tel. 88.08.02.94 ♈ n. V.

FRANCOIS EHRHART ET FILS 1990

| ☐ | 1,2 ha | k.A. | ❚❚ ✓ 2 |

François Ehrhart entstammt einem alten Winzergeschlecht, das bis 1725 zurückreicht. Er lebt in Wettolsheim, einem zauberhaften Weinbauort ganz in der Nähe von Colmar. Ein Gewürztraminer mit einem schon entfalteten Duft, wie die kleine mineralische Note bezeugt. Im Geschmack eher rund und von guter Nachhaltigkeit.

☞ GAEC François Ehrhart et Fils, 6, rue Saint-Rémy, 68920 Wettolsheim, Tel. 89.80.60.57 ⓧ Mo-Sa 8h-12h 13h-19h ; So n. V.

ANDRE EHRHART ET FILS
Vendanges tardives 1989*

| ☐ | k.A. | k.A. | ❚↓❚❚ ✓ |

Dieser Wein stammt aus einem mergelig-kalkigen Anbaugebiet, dem Hengst, der am südlichen Eingang des Munstertals liegt. Er besitzt eine sehr intensive, goldgelbe Farbe und ein feines Bukett und entfaltet im Geschmack ein komplexes Aroma, in dem einige Noten an sehr überreife Trauben erinnern. Schöne Ausgewogenheit.

☞ André Ehrhart et Fils, 68, rue Herzog, 68920 Wettolsheim, Tel. 89.80.66.16 ⓧ Mo-Sa 8h-12h 14h-19h

EINHART Westerberg 1990*

| ☐ | 0,6 ha | 2 000 | ❚ ❚❚ ✓ 2 |

Die Familie Einhart, die auf eine lange Winzertradition zurückschauen kann, wohnt seit Anfang des Jahrhunderts in Rosenwiller, wo sie mehr als 8 ha bewirtschaftet. Dieser im Duft intensive, recht typische 90er wird im Geschmack durch einen Hauch von Restzucker geprägt. Sein kräftiges Gerüst läßt dennoch einen bemerkenswerten lagerfähigen Wein erwarten.

☞ Einhart, 15, rue Principale, 67560 Rosenwiller, Tel. 88.50.41.90 ⓧ tägl. 8h-20h

DOM. RAYMOND ENGEL
Vendanges tardives 1989

| ☐ | 0,53 ha | 6 000 | ❚❚↓❚ ✓ 5 |

Ziemlich intensive, goldgelbe Farbe und ein schweres Aroma, das an Unterholz erinnert. Dieser körperreiche, recht runde Wein muß seine Harmonie noch vervollkommnen.

☞ Raymond Engel, 1, rte du Vin, 67600 Orschwiller, Tel. 88.92.01.83 ⓧ tägl. 8h-11h30 14h-18h

DAVID ERMEL Vendanges tardives 1989*

| ☐ | 0,4 ha | 3 000 | ❚↓❚❚ ✓ 4 |

Die Wehrkirche ist eines der bedeutendsten Baudenkmäler von Hunawihr. Der Duft ist ziemlich diskret, aber vielversprechend. Ein sehr runder Wein, der im Geschmack eine sehr große Harmonie bietet. Sehr jugendlich, aber mit schönen Zukunftsaussichten.

☞ David Ermel, 30, rte de Ribeauvillé, 68150 Hunawihr, Tel. 89.73.61.71 ⓧ tägl. 8h-12h 13h30-19h

JEAN FREYBURGER
Cuvée impériale 1990

| ☐ | 0,7 ha | 4 000 | ❚❚ ✓ 2 |

Die Freyburgers, die seit 1653 in Wettolsheim Wein anbauen, haben ihren Sitz in einem Gebäude aus dem 17. Jh. Dieser Gewürztraminer stammt von einem lehmig-kalkigen Boden. Der Duft ist noch ziemlich verschlossen. Gute Ausgewogenheit im Geschmack. Er dürfte sich im Verlauf der Alterung entfalten.

☞ Jean Freyburger, 7, pl. de Gaulle, 68920 Wettolsheim, Tel. 89.80.69.15 ⓧ Mo-Sa 8h-12h 14h-18h

MARCEL FREYBURGER
Vendanges tardives 1989*

| ☐ | 0,3 ha | 1 200 | ❚❚↓❚ ✓ 4 |

Eine alte Winzerfamilie, deren Gut unter Denkmalschutz steht. Kristallklare Farbe, sehr angenehmer Duft. Dieser 89er zeigt eine große Harmonie und Nachhaltigkeit im Geschmack.

☞ Marcel Freyburger, 13, Grand-Rue, 68770 Ammerschwihr, Tel. 89.78.25.72 ⓧ n. V.

CLOS GAENSBRŒNNEL WILLM 1990**

| ☐ | k.A. | k.A. | ❚❚↓❚ ✓ 6 |

Barr, ein zauberhafter Ort, der sich in dem von seinen berühmten Hügeln gebildeten Tal ausdehnt, entfaltet im Schatten seiner beiden Kirchtürme ein geschäftiges Treiben. Die Firma Willm hat hier seit Generationen ihren Sitz. Ein wunderschönes Bukett mit dem Duft von Zitrusfrüchten und eingemachtem Obst. Dieser Gewürztraminer ist die lebendige Verlängerung großartiger Trauben. Der Geschmack besitzt trotz seiner Rundheit eine bemerkenswerte Kraft und Ausgewogenheit.

☞ Alsace Willm SA, 32, rue du Dr Sultzer, 67140 Barr, Tel. 88.08.19.11 ⓧ n. V.

PAUL GINGLINGER
Vendanges tardives 1989

| ☐ | 0,7 ha | 3 000 | ❚❚↓❚ ✓ |

Eine sehr alte Winzerfamilie. Schönes Aussehen. Dieser Wein mit dem intensiven Aroma muß im Geschmack noch zu seiner völligen Ausgewogenheit finden.

☞ Paul Ginglinger, 8, pl. Charles-de-Gaulle, 68420 Eguisheim, Tel. 89.41.44.25 ⓧ Mo-Sa 8h-12h 14h-19h

PHILIPPE GOCKER
Vendanges tardives 1989***

| ☐ | 0,6 ha | 3 000 | ❚↓❚❚ ✓ 4 |

Das Gut dieser alten Winzerfamilie wird seit 1978 von Philippe Gocker geführt. Er hat mit diesem 89er einen prächtigen Wein hergestellt, was sowohl seine goldene Farbe wie auch sein reiches, sehr komplexes blumig-fruchtiges Bukett beweisen. Der außergewöhnliche Geschmack bietet eine lange Nachhaltigkeit.

☞ Philippe Gocker, 24, rue de Riquewihr, 68630 Mittelwihr, Tel. 89.49.01.23 ⓧ Mo-Sa 8h-12h 14h-19h ; 1.-15. Sept. geschlossen

GRUSS Sélection de grains nobles 1989

| ☐ | 0,96 ha | 2 400 | ❚↓❚❚ ✓ 7 |

Eguisheim ist eines der Schmuckstücke des elsässischen Weinbaugebiets. Intensive, goldene Farbe, im Duft verschlossen. Dieser 89er muß noch seine endgültige Harmonie erwerben. »Man sollte mit Zurückhaltung die ersten Jahre

verfolgen, um ihn auf seinem Höhepunkt zu trinken«, schreibt ein Prüfer.
☛ Joseph Gruss et Fils, 25, Grand-Rue, 68420 Eguisheim, Tel. 89.41.28.78 ☖ n. V.
☛ Bernard Gruss

JOSEPH GSELL 1990*

| □ | 1,5 ha | 10 000 | ▮▼2 |

Joseph Gsell leitet seit 1978 dieses uralte Gut. Ein Gewürztraminer, der schon auf den ersten Blick durch seine goldene Farbe verführt und einen eleganten Duft besitzt. Im Geschmack ist er relativ rund, was aber durch ein gutes Gerüst ausgeglichen wird.
☛ Joseph Gsell, 26, Grand-Rue, 68500 Orschwihr, Tel. 89.76.95.11 ☖ tägl. 9h-12h 14h-18h

M. HAEGELIN
Sélection de grains nobles 1989

| □ | 1,2 ha | 6 400 | ▥ ↓▼7 |

Ein großes Gut, das mit diesem 89er seine erste Beerenauslese vorstellt. Goldene Farbe, intensiver Duft. Dieser Wein muß noch seine Ausgewogenheit bestätigen, aber der Stoff dazu ist vorhanden. Altern lassen.
☛ Materne Haegelin et ses Filles, 45-47 Grand-Rue, 68500 Orschwihr, Tel. 89.76.95.17 ☖ n. V.

H. ET J. HEITZMANN ET FILS
Kaefferkopf Vendanges tardives 1989

| □ | 0,3 ha | 2 170 | ▥ ↓▼5 |

Die Farbe ist perfekt, das Aroma sehr reichhaltig. Diesem 89er fehlt es jedoch noch an der für Spätlesen sehr typischen Komplexität. Man muß ihn altern lassen.
☛ Henri et Joseph Heitzmann et Fils, 2, Grand-Rue, 68770 Ammerschwihr, Tel. 89.47.10.64 ☖ Mo-Sa 8h-12h 13h-18h

BRUNO HERTZ Vendanges tardives 1989

| □ | 0,18 ha | 650 | ▥ ▼5 |

Eguisheim gehört sicherlich zu den Orten, die man unbedingt gesehen haben muß. Dieser Wein besitzt eine gefällige Erscheinung und entfaltet ein recht intensives Aroma, aber er muß noch völlig harmonisch werden.
☛ Bruno Hertz, 9, pl. de l'Eglise, 68420 Eguisheim, Tel. 89.41.81.61 ☖ n. V.

HUGEL Jubilé 1988**

| □ | k.A. | k.A. | ▥ ▼4 |

Das Haus Hugel ist weltbekannt. Man findet seine Weine, die zu allen außerordentlichen Anlässen ausgewählt werden, an den besten Tafeln. Perfektes Aussehen, reicher Duft. Der Wein läßt eine großartige Ausgewogenheit zwischen Säure und Frucht erkennen. Trotz seiner Kraft ist er von sehr großer Leichtigkeit. Ein sehr großer Wein.
☛ Hugel et Fils, 3, rue de la 1ère-Armée, 68340 Riquewihr, Tel. 89.47.92.15 ☖ n. V.

INRA Vendanges tardives 1989*

| □ | k.A. | k.A. | ↓4 |

Dieses Anbaugebiet, im Besitz des französischen Instituts für landwirtschaftliche Forschung, liefert einen Gewürztraminer von guter Struktur und Erscheinung. Würziger Duft und sehr cremiger Geschmack mit gutem Körper.
☛ Service d'Expérim. INRA, 28, rue de Herrlisheim, 68000 Colmar, Tel. 89.72.49.49

JEAN GEILER Letzenberg 1990**

| □ | 6 ha | 53 000 | ▮▼2 |

Unter der Marke Jean Geiler faßt die 1925 gegründete Genossenschaftskellerei die Produktion von 270 ha Rebflächen zusammen. Sie besitzt das größte Holzfaß der Region, das 350 hl aufnehmen kann. Dieser Wein von einem kalkigen Boden entfaltet im Duft ein würziges Aroma, das elegant und zugleich intensiv ist. Im Geschmack ist er hervorragend gebaut und sehr harmonisch. Sehr schöne Zukunftsaussichten.
☛ Cave vinicole Ingersheim, 45, rue de la République, 68040 Ingersheim, Tel. 89.27.05.96 ☖ n. V.

JOSMEYER Les Archenets 1990**

| □ | 2 ha | 7 000 | ▥ ▼4 |

Das Haus Josmeyer, eine Firma mit großer Tradition, verbindet zwei Weinbranchen : die Weinerzeugung und den Weinhandel. Dieser von einem kiesigen Boden stammende Gewürztraminer ist bemerkenswert ! Durch sein blumiges Aroma wirkt er elegant. Im Geschmack ist er gleichzeitig ausgewogen, rassig und sehr typisch. Vielleicht sollte man ihn zu exotischen Gerichten probieren !
☛ Jos Meyer et Fils, 76, rue Clemenceau, 68920 Wintzenheim, Tel. 89.27.01.57 ☖ n. V.
☛ Jean Meyer

ROGER JUNG ET FILS
Vendanges tardives 1989**

| □ | 0,6 ha | 2 800 | ▮↓▼4 |

Die Keller befinden sich ganz in der Nähe der mittelalterlichen Befestigungen von Riquewihr. Dort lagert dieser großartig gebaute Wein, der reich, komplex, cremig, kraftvoll und nachhaltig ist. Man sollte ihn nicht versäumen.
☛ GAEC Roger Jung et Fils, 23, rue de la 1ère-Armée, 68340 Riquewihr, Tel. 89.47.92.17 ☖ n. V.

HENRI KLEE Cuvée Saint-Urbain 1990**

| □ | 0,6 ha | k.A. | ▥ ↓▼3 |

In Katzenthal, einem im Zweiten Weltkrieg zu 90% zerstörten Dorf, hat man nie an der Zukunft verzweifelt. Man baute den Ort wieder auf und legte die Weinberge neu an. Das verschafft uns das Vergnügen, diesen großartig gebauten Gewürztraminer zu probieren ! Ein sehr komplexer Duft, der gleichzeitig intensiv und elegant ist.

Er enthüllt einen sehr stattlichen Geschmack und eine exzellente Struktur. Eine schöne Zukunft ist ihm sicher.
🍷 SCEA Henri Klée, 11, Grand-Rue, 68230 Katzenthal, Tel. 89.27.03.81 ☖ n. V.

VICTOR KLEE ET FILS
Cuvée réserve 1990

☐	0,4 ha	2 500	ⅱ ☑ ②

François Klée, der in einem einheimischen Betrieb als ¨Onologe arbeitete, hat sich mit seinen beiden Brüdern zusammengeschlossen, um das Gut ihres Vaters zu übernehmen. Ein Gewürztraminer von einem Kalkböden, der im Duft sehr fein, aber noch zurückhaltend ist. Im Geschmack ist er eher rund und ziemlich leicht. Als Aperitif zu empfehlen.
🍷 Klée Frères, 18, Grand-Rue, 68230 Katzenthal, Tel. 89.47.17.90 ☖ n. V.

RAYMOND ET MARTIN KLEIN
Vendanges tardives 1989★

☐	0,8 ha	3 000	ⅱ ↓ ☑ ④

Dieser Wein stammt in erster Linie von Anbaugebieten mit Kalkböden, die im Vallée Noble liegen und sehr günstige klimatische Bedingungen haben. Intensiv goldgelbe Farbe. Im Duft spürt man einen durch überreife Trauben bedingten Charakter. Dieser Wein besitzt viel Stoff, eine gute aromatische Ausgewogenheit (Honig und Blumen) und eine gute Nachhaltigkeit.
🍷 GAEC Raymond et Martin Klein, 61, rue de la Vallée, 68570 Soultzmatt, Tel. 89.47.01.76 ☖ Mo-Sa 9h-12h 13h-18h

FRANCOIS LICHTLE
Sélection de grains nobles 1989★

☐	0,7 ha	2 500	ⅱ ☑ ⑥

Goldene Farbe, recht intensiver Duft. Ein Wein mit einem harmonischen Geschmack und einem blumig-mineralischen Aroma. Recht gute Nachhaltigkeit. Mit dem Alter dürfte er mehr Komplexität gewinnen.
🍷 François Lichtlé, 17, rue des Vignerons, 68420 Husseren-les-Châteaux, Tel. 89.49.31.34 ☖ n. V.

DOM. LOBERGER
Vendanges tardives 1989★

☐	k.A.	k.A.	ⅱ ⅱ ↓ ☑ ⑤

Dieses lehmig-sandige Anbaugebiet ermöglicht eine sehr gute Entfaltung der aromatischen Eigenschaften. Kräftige, goldene Farbe. Der Duft ist noch zurückhaltend, läßt aber das Aroma überreifer Trauben erkennen. Der Körper und die Ausdruckskraft besitzen noch keine große Fülle, aber der deutlich würzige Abgang ist recht nachhaltig.
🍷 Dom. Joseph Loberger, 10, rue de Bergholtz-Zell, 68500 Bergholtz, Tel. 89.76.88.03 ☖ n. V.

LES VIGNERONS DE PFAFFENHEIM ET GUEBERSCHWIHR
Vendanges tardives Cuvée Ste Catherine 1989★★

☐	4 ha	16 000	ⅱ ☑ ⑤

Eine 1957 gegründete Genossenschaftskellerei, die sich 1968 mit der des Nachbardorfs vereinigt hat. Strohgelbe Farbe. Intensives Aroma mit komplexen Nuancen von exotischen Früchten im Duft. Dieser Wein zeigt eine sehr schöne Ausgewogenheit. Im Geschmack ist er reichhaltig, cremig und sehr elegant, mit großem Körper.
🍷 Cave Vinicole de Pfaffenheim et Gueberschwihr, 5, rue du Chai, B.P. 33, 68250 Pfaffenheim, Tel. 89.49.61.08 ☖ tägl. 8h-12h 13h30-18h

PREISS-ZIMMER
Réserve Comte Jean de Beaumont 1990

☐	3 ha	20 000	ⅱ ↓ ☑ ③

Diese Firma, die ihren Sitz im mittelalterlichen Kleinod Riquewihr hat, befindet eine glorreiche Vergangenheit. Entsprechend seiner Herkunft von einem Kiesboden zeigt dieser Gewürztraminer im Duft eine gewisse Entwicklung. Im Geschmack ist er ziemlich leicht, ausgewogen und recht typisch.
🍷 Preiss-Zimmer, 40, rue du Gal-de-Gaulle, 68340 Riquewihr, Tel. 89.47.86.91 ☖ tägl. 10h-12h 14h-18h ; 1. Nov.-31. März geschlossen

DOM. RUNNER
Sélection de grains nobles 1989★

☐	0,6 ha	3 300	ⅱ ☑ ⑤

Ein Familienbetrieb, der sich als GAEC neu organisiert hat. Gelbe Farbe und ein Duft, der intensiv und gleichzeitig ein wenig ätherisch ist. Dieser Wein besitzt einen blumigen Geschmack von guter Ausgewogenheit und Komplexität. (Vorsicht : Der angegebene Preis gilt für eine Flasche mit 0,5 l Inhalt !)
🍷 GAEC François Runner et Fils, 1, rue de la Liberté, 68250 Pfaffenheim, Tel. 89.49.62.89 ☖ n. V.

CLOS SAINTE ODILE 1990

☐	k.A.	10 000	ⅱ ↓ ☑ ⑥

Die heilige Ottilie, die Schutzpatronin des Elsaß, ist den Einwohnern von Obernai teuer. Sie haben den schönsten Hügel der Gemeinde gewählt, um dort einen ihr geweihten Weinberg zu bepflanzen. Ein Gewürztraminer, dessen Duft von einem Honigaroma und von der Überreife geprägt wird. Im Geschmack wirkt er sehr trocken. Ein ziemlich typischer Wein von durchschnittlicher Nachhaltigkeit.
🍷 SV de Sainte-Odile, 3, rue de la Gare, 67210 Obernai, Tel. 88.95.50.23 ☖ n. V.

SALZMANN Cuvée « S. T. » 1990

☐	0,82 ha	3 500	ⅱ ↓ ☑

Die Salzmanns bauen seit 1526 Wein an. Die 1391 errichtete Kapelle, die zum Gut gehört, soll daran erinnern, daß die Familie seit Jahrhunderten mit dem Weinbau verbunden ist. Ein Gewürztraminer von einem Granitboden, der schon sehr entwickelt ist. Im Geschmack ist er eher rund. Das Ergebnis von ausgezeichneten Trauben.
🍷 Salzmann-Thomann, Dom. de l'Oberhof, 3, rue de l'Oberhof, 68240 Kaysersberg, Tel. 89.47.10.26 ☖ Mo-Sa 8h-12h 14h-18h

SCHAEFFER-WOERLY
Cuvée prestige 1990

☐	1,1 ha	4 000	ⅱ ☑ ③

Die Schaeffers sind die Nachkommen einer alten Winzerfamilie. Sie wohnen in einem typisch

elsässischen Haus aus dem 16. Jh. Dieser von einem Granitboden stammende 90er ist aus großartigen Trauben hergestellt worden, wie der gleichzeitig jugendliche und noch verschlossene Charakter beweist. Der volle Geschmack kompensiert wunderbar den Restzucker.
↬ Schaeffer-Woerly, 3, pl. du Marché, 67650 Dambach-la-Ville, Tel. 88.92.40.81 ⏳ Mo-Sa 9h-12h 14h-18h, So und an Feiertagen n. V.

SCHAEFFER-WOERLY
Vendanges tardives 1989

☐	0,22 ha	2 000	❙❙ 🅥 4

Hübsche Farbe und würziger Duft. Die gute Ansprache danach kündigt einen Wein an, der noch reifen muß.
↬ Schaeffer-Woerly, 3, pl. du Marché, 67650 Dambach-la-Ville, Tel. 88.92.40.81 ⏳ Mo-Sa 9h-12h 14h-18h, So und an Feiertagen n. V.

DOM. MARTIN SCHAETZEL
Kaefferkopf, Cuvée Catherine 1990*

☐	0,5 ha	2 600	❙↓🅥4

Jean Schaetzel, Winzer und Önologe, weiß, daß die Qualität des Weins zuallererst von der Traubenqualität abhängt. Deshalb mißt er der getrennten Vinifizierung eine so große Bedeutung zu. Ein überraschender Gewürztraminer. Obwohl er von einem Granitboden stammt, bleibt er in seiner jugendlichen Phase : sehr zurückhaltender Duft und eine im Augenblick dominierende Weichheit, die von seiner Reife und seinem Alterungspotential zeugt.
↬ Jean Schaetzel, 3, rue de la 5e Division Blindée, 68770 Ammerschwihr, Tel. 89.47.11.39 ⏳ n. V.

DOM. PIERRE SCHILLE 1990**

☐	0,55 ha	4 000	❙↓🅥2

Die GAEC Schillé bewirtschaftet ein Gut, das sich auf fünf berühmte Gemarkungen in der Umgebung verteilt. Die Weinberge besitzen zum großen Teil alte Rebstöcke. Dieser Gewürztraminer stammt von einem lehmig-kalkigen Boden. Im Duft zeigt er eine schöne Finesse. Seine Ausgewogenheit, seine Nachhaltigkeit und seine exzellente Struktur lassen eine gute Alterungsfähigkeit voraussagen.
↬ GAEC Pierre Schillé et Fils, 14, rue du Stade, 68240 Sigolsheim, Tel. 89.47.10.67 ⏳ n. V.

EMILE SCHILLINGER
Sélection de grains nobles 1989*

☐	0,8 ha	1 600	🅥7

Ein sehr typischer Weinbauort, der wegen seines »Festes der Freundschaft« und seiner offenen Keller berühmt ist. Goldgelbe Farbe, noch zurückhaltender Duft und recht intensiver Geschmack. Er hat seine Ausgewogenheit erreicht : Man kann diesen Wein bereits jetzt trinken.
↬ EARL Emile Schillinger, rue des Forgerons, 68420 Gueberschwihr, Tel. 89.49.33.18 ⏳ n. V.

DOM. SCHLUMBERGER
Cuvée Anne, Sélection de grains nobles 1989***

☐	6,16 ha	10 000	❙❙ 🅥 7

Ein weltberühmter Name, der hier in Guebwiller seine Wurzeln hat. Die Domaine Schlumberger, mit 145 ha Rebflächen das größte Weingut des Elsaß, erfüllt mit diesem Gewürztraminer die Erwartungen des Namens. Der sehr intensive Duft entfaltet ein blumiges Aroma von seltener Eleganz. Im Geschmack ist er sehr kräftig. Er wird durch die überreifen Trauben geprägt, die ihm eine lange Nachhaltigkeit und eine gute Alterungsfähigkeit verleihen.
↬ Dom. Schlumberger, 100, rue Théodore-Deck, 68500 Guebwiller, Tel. 89.74.27.00 ⏳ n. V.

DOM. SCHLUMBERGER
Cuvée Christine, Vendanges tardives 1989**

☐	2,28 ha	10 000	❙❙ 🅥 6

Ein weiteres Beispiel, wenn noch eines notwendig gewesen wäre. Ein sehr origineller Duft von Zimt und exotischen Früchten – Ausdruck eines großartigen Anbaugebiets und gleichzeitig das Ergebnis von hervorragenden, überreifen Trauben. Ein sehr schöner Wein, der für eine lange Lagerung gerüstet ist.
↬ Dom. Schlumberger, 100, rue Théodore-Deck, 68500 Guebwiller, Tel. 89.74.27.00 ⏳ n. V.

ROLAND SCHMITT Cuvée Lucile 1990*

☐	0,45 ha		❙↓🅥3

Roland Schmitt, der das Gut seit 1982 leitet, wohnt in einem Haus aus dem letzten Jahrhundert. In diesen zehn Jahren hat er sich einen Rang erobert, um den ihn viele beneiden. Ein Gewürztraminer mit einem recht eigentümlichen Duft, der ein Aroma von Rosen und weißen Blüten entfaltet. Großartig gebauter Geschmack. Ein guter lagerfähiger Wein.
↬ Roland Schmitt, 35, rue des Vosges, 67310 Bergbieten, Tel. 88.38.20.72 ⏳ n. V.

PAUL SCHNEIDER
Sélection de grains nobles 1989**

☐	0,43 ha	1 500	❙❙ ↓🅥6

Paul Schneider besitzt in Eguisheim den Zehenthof des Dompropsts der Kathedrale von Straßburg. Goldgelbe Farbe, diskrete Fruchtigkeit im Duft und hervorragende Ausgewogenheit im Geschmack. Dieser gut gebaute Wein bietet eine große Nachhaltigkeit. Bemerkenswert : Man sollte ihn in fünf Jahren probieren.

🍷 GAEC Paul Schneider et Fils, 1, rue de l'Hôpital, 68420 Eguisheim, Tel. 89.41.50.07 ⏲ tägl. 8h-12h 14h-19h ; So n. V.

DOM. MAURICE SCHOECH
Kaefferkopf Vendanges tardives 1989

□	0,4 ha	800	ⅠⅠ ↓ 6

Ein schöner Wein mit einem noch verschlossenen Duft, der aber eine gute Zukunft im Geschmack verspricht.
🍷 Maurice Schoech et Fils, 4, rte de Kientzheim, 68770 Ammerschwihr, Tel. 89.78.25.78 ⏲ tägl. 9h-19h

BERNARD SCHWACH
Kaefferkopf 1990*

□	0,75 ha	8 000	ⅠⅠ ↓ ☑ 3

Bernard Schwach bewohnt seit 1974 einen sehr großen Gebäudekomplex, der früher die Mühle von Dusenbach war. Er bewirtschaftet 16 ha Rebflächen in den besten Lagen von zehn Gemarkungen. Das sehr entwickelte Buket wird durch blumige und würzige Düfte geprägt. Im Geschmack ist er voll, fast weich. Das Produkt von großartigen Trauben. Paßt zu Nachspeisen.
🍷 Bernard Schwach, 25, rte de Sainte-Marieaux-Mines, 68150 Ribeauvillé, Tel. 89.73.72.18 ⏲ n. V.

PAUL SCHWACH
Cuvée exceptionnelle 1990

□	1,5 ha	8 000	Ⅰ ☑ 3

Paul Schwach entstammt einer Familie, die seit vier Generationen Wein anbaut. Er bewirtschaftet fast 10 ha in der berühmten Stadt der Spielleute. Im Buket dieses Gewürztraminers vermischen sich blumige und pflanzliche Düfte. Der würzige Charakter kommt vor allem im Geschmack zum Vorschein, der gleichzeitig kräftig und weich ist.
🍷 EARL Paul Schwach, 30-32, rte de Bergheim, 68150 Ribeauvillé, Tel. 89.73.62.73 ⏲ n. V.

FRANCOIS SCHWACH ET FILS
Kaefferkopf 1990*

□	0,5 ha	6 000	ⅠⅠ ↓ ☑ 3

Das Gut von François Schwach, das sich seit drei Generationen in Hunawihr befindet, gehört zu dem begrenzten Kreis von Betrieben, die von den großen Genossenschaften der Region beneidet werden. Dieser von einem lehmig-kalkigen Boden stammende Wein wirkt im Duft noch sehr jugendlich. Er stammt von sehr guten Trauben. Im Geschmack ist er weich und wird durch einen Hauch von Restzucker geprägt. Er dürfte sich im Verlauf der Alterung bestätigen.
🍷 SCEA François Schwach et Fils, 28, rte de Ribeauvillé, 68150 Hunawihr, Tel. 89.73.62.15 ⏲ 9h-12h 14h-18h

SEILLY
Sélection de grains nobles Schenkenberg 1989

□	k.A.	k.A.	ⅠⅠ ↓ ☑ 7

Winzern mit alten Wurzeln, die an der Tradition ihrer Vorfahren festhalten. Ein 89er mit einer intensiv goldenen Farbe. Der gut entfaltete Duft kündigt einen kräftigen Geschmack an, der sich noch voll entwickeln muß.

🍷 Seilly, 18, rue Gal-Gouraud, 67210 Obernai, Tel. 88.95.55.80 ⏲ n. V.

J. SIEGLER PERE ET FILS
Vieilles vignes 1990**

□	0,6 ha	3 300	ⅠⅠ ☑ 3

Die Sieglers, die seit 1794 Wein anbauen, wohnen in Mittelwihr, einem zauberhaften Dorf mit einem vom Himmel verwöhnten Klima, wie die berühmte »Côte des Amandiers« (Mandelbäume) beweist. Ein ziemlich origineller Gewürztraminer. Im Duft wird er durch ein Aroma geprägt, das rauchig und würzig zugleich ist. Voll, ausgewogen und nachhaltig im Geschmack. Ein echter harmonischer Wein.
🍷 EARL J. Siegler Père et Fils, 26-28, rue des Merles, 68630 Mittelwihr, Tel. 89.47.90.70 ⏲ tägl. 8h-12h 13h30-19h

SIPP MACK Réserve 1990

□	1,2 ha	6 000	Ⅰ ↓ ☑ 2

Das wunderschöne Dorf Hunawihr ist berühmt wegen seiner Wehrkirche aus dem 15. Jh., seines Storchenparks und seiner Winzer. Ein Gewürztraminer von einem Schlickboden, der einen sehr intensiven Blumenduft verströmt. Die leichte Kohlensäure verleiht ihm einen relativ lebhaften Geschmack und eine gute Alterungsfähigkeit.
🍷 Dom. Sipp-Mack, 1, rue des Vosges, 68150 Hunawihr, Tel. 89.73.61.88 ⏲ n. V.

PAUL SPANNAGEL
Sélect. de grains nobles Gewurztraminer 1989

□	k.A.	k.A.	Ⅰ ↓ ☑ 6

Eine Familie, deren Anfänge im 12. Jh. liegen. »Einige wenige Flaschen« , erklärt der Erzeuger schamhaft, der uns die genaue Anzahl nicht mitteilt. Die goldene Farbe ist intensiv. Der Duft enthüllt das Aroma von spät gelesenen Trauben. Auch wenn es diesem ausgewogenen Wein noch an Größe fehlt, dürfte er sich mit der Zeit entfalten.
🍷 GAEC Paul Spannagel et Fils, 1, Grand-Rue, 68230 Katzenthal, Tel. 89.27.01.70 ⏲ tägl. 8h-12h 13h-19h

SPARR PRESTIGE 1990*

□	k.A.	23 460	Ⅰ ↓ ☑ 3

Diese 1680 gegründete Firma hat sich zu einer der größten im Elsaß entwickelt : 30 ha eigene Rebflächen und angekaufte Trauben von 120 ha. Ein aus hervorragenden Trauben hergestellter Gewürztraminer, der ein zugleich komplexes und intensives Buket entwickelt. Er ist gut strukturiert, kräftig, nachhaltig und bereits entfaltet, aber er kann sich bei der Alterung noch bestätigen.
🍷 Pierre Sparr et ses Fils SA, 2, rue de la 1ère-Armée, 68240 Sigolsheim, Tel. 89.78.24.22 ⏲ n. V.

DOM. AIME STENTZ
Sélection de grains nobles 1989*

□	k.A.	1 300	ⅠⅠ ↓ 6

Das Gut Aimé Stentz stellt schon seit vielen Jahren Beerenauslesen her. Hier der Erfolg : sehr intensive, strohgelbe Farbe, sehr reifer Duft. Im Abgang mangelt es diesem Wein noch an Fein-

heit, aber seine Ausgewogenheit und seine aromatische Intensität sind sichere Trümpfe.
☛ Dom. Aimé Stentz et Fils, 37, rue Herzog, 68920 Wettolsheim, Tel. 89.80.63.77 ☒ n. V.
☛ Etienne et Louis Stentz

RESERVE DU BARON DE TURCKHEIM 1990

| ☐ | 15 ha | 100 000 | ▮↓☑2 |

Die Genossenschaftskellerei von Turckheim bildet eines der schönsten Schmuckstücke des elsässischen Weinbaugebiets. Ihre Größe hat sie nie daran gehindert, die Originalität ihrer verschiedenen Anbaugebiete zu betonen. Dieser Gewürztraminer, der von einem Kiesboden stammt, besitzt einen schon sehr entfalteten, von einem würzigen Aroma geprägten Duft. Ein wohlausgewogener Wein, der leicht und angenehm schmeckt.
☛ Cave Vinicole de Turckheim, 68230 Turckheim, Tel. 89.27.06.25 ☒ n. V.

CAVE DU VIEIL-ARMAND
Vendanges tardives 1989

| ☐ | k.A. | k.A. | ◫↓☑7 |

Die südlichste Genossenschaftskellerei des elsässischen Weinbaugebiets. Zum Zeitpunkt der Verkostung war die Harmonie noch nicht vorhanden, aber die goldene Farbe, das von guter Reife zeugende Bukett und die sehr geschmeidige Ansprache sind vielversprechend.
☛ Cave Vinicole du Vieil-Armand, 1, rte de Cernay, 68360 Soultz-Wuenheim, Tel. 89.76.73.75 ☒ n. V.

FRANCOIS WACKENTHALER
Kaefferkopf 1990 ★★★

| ☐ | 0,5 ha | 2 000 | ◫☑3 |

Ammerschwihr, das bei den Gefechten um Colmar schwer beschädigt wurde, konnte sein fröhliches Gesicht von eins wiederfinden und auch seinen Rang als eine der beneideten Hochburgen des elsässischen Weinbaus bewahren. Man kann sich, diesen Gewürztraminer zu loben ! Sein Duft ist intensiv und gleichzeitig elegant. Im Geschmack enthüllt er seinen ganzen Reichtum : Fülle, Ausgewogenheit, Komplexität und sehr große Nachhaltigkeit. Ein bemerkenswerter lagerfähiger Wein.
☛ EARL François Wackenthaler, 8, rue de Kaefferkopf, 68770 Ammerschwihr, Tel. 89.78.23.76 ☒ n. V.

CH. WAGENBOURG
Cuvée Weingarten 1990 ★★★

| ☐ | 0,6 ha | 4 000 | ▮☑2 |

1605 wurden die Kleins Winzer in Soultzmatt. Aber erst seit 1905 sind sie die Besitzer dieses seltenen, echten Schlosses. Ein Wein, von dem man nur in Superlativen sprechen kann ! Er stammt von einem großartigen Anbaugebiet mit lehmig-kalkigem Boden. Ein würziger, von der Überreife geprägter Duft. Im Geschmack erscheint er sehr konzentriert, gleichzeitig stattlich, voll und samtweich. Große Nachhaltigkeit.
☛ GAEC Joseph Klein et Fils, Ch. Wagenbourg, 68570 Soultzmatt, Tel. 89.47.01.41 ☒ n. V.

MAISON JEAN-MICHEL WELTY
Vendanges tardives 1989 ★★

| ☐ | 0,25 ha | 1 100 | ▮↓☑4 |

Der lehmig-kalkige Boden ist besonders gut geeignet, um große Spätlesen zu erhalten. Strohgelbe Farbe, feiner, ausdrucksvoller Duft mit sehr blumigen Noten. Dieser Wein bietet eine sehr schöne Ausgewogenheit. Er füllt perfekt den Mund aus, wobei der vorherrschende würzige Charakter anhält.
☛ Maison Jean-Michel Welty, 22-24, Grand-Rue, 68500 Orschwihr, Tel. 89.76.09.03 ☒ tägl. 8h-12h 14h-19h

MAISON JEAN-MICHEL WELTY
Cuvée Aurélie 1990 ★★

| ☐ | 0,37 ha | 3 000 | ▮↓☑2 |

Orschwihr besitzt viele sehr alte Winzergebäude, wie die Kellerei der Weltys beweist. Ein Gewürztraminer, der sich auf dem Kalkboden prächtig entfaltet hat. Im Duft zeigt er sich intensiv und sehr blumig, im Geschmack kraftvoll und alkoholreich. Er ist das Produkt von ganz hervorragenden Trauben.
☛ Maison Jean-Michel Welty, 22-24, Grand-Rue, 68500 Orschwihr, Tel. 89.76.09.03 ☒ tägl. 8h-12h 14h-19h

WOLFBERGER Cuvée Saint Léon 1990 ★

| ☐ | 10 ha | k.A. | ◫☑2 |

Die sehr gut ausgerüstete Genossenschaftskellerei von Eguisheim hat sich zusammen mit der Gruppe Wolfberger den ersten Rang im elsässischen Weinbau erobert. Man findet hier eine der breitesten Paletten der Region. Dieser sehr elegant duftende Gewürztraminer stammt von einem lehmig-kalkigen Boden. Er ist wohlausgewogen und harmonisch – das Ergebnis von sehr guten Trauben.
☛ Wolfberger - Cave vinicole d' Eguisheim, 6, Grand-Rue, 68420 Eguisheim, Tel. 89.22.20.20 ☒ n. V.

ZEYSSOLFF 1990 ★

| ☐ | 1,2 ha | 8 000 | ◫☑3 |

Die Zeyssolffs, die seit 1778 Wein anbauen, leben in Gertwiller, einem überaus malerischen Dorf in der Nähe von Barr. Ein Gewürztraminer von einem lehmig-kalkigen Boden. Sein bereits sehr entfalteter Duft wird durch ein Aroma von Hefegebäck und Rosen geprägt. Im Geschmack ist er eher rund, aber ansonsten sehr kräftig gebaut. Er ist aus großartigen Trauben hergestellt worden.
☛ SARL Zeyssolff, 156, rte de Strasbourg, 67140 Gertwiller, Tel. 88.08.90.08 ☒ n. V.

ZIEGLER-MAULER
Vendanges tardives 1989*

| | 0,35 ha | 1 200 | ▮ Ⓥ 5 |

Die Rebflächen dieses Betriebs sind auf die Gemarkungen Mittelwihr, Riquewihr und Kaysersberg verteilt. Die Farbe und das Bukett sind kräftig. Sie entsprechen dem guten Ausgangsmaterial dieses cremigen, lange nachhaltigen 89ers.
🍷 Jean-Jacques Ziegler-Mauler, 2, rue des Merles, 68630 Mittelwihr, Tel. 89.47.90.37 ☎ tägl. 8h-19h30

Alsace Tokay-Pinot Gris

Die Bezeichnung »Elsässer Tokajer« , wie man im Elsaß die Rebsorte Pinot Gris seit 400 Jahren nennt, ist verwunderlich, weil diese Rebsorte nie in Ungarn angebaut wurde. Aber der Legende nach soll General von Schwendi, der im Elsaß Weinberge besaß, die Rebsorte Tokay d'Alsace aus Ungarn mitgebracht haben. Wahrscheinlich stammt sie jedoch – wie alle Pinotreben – aus dem alten Herzogtum Burgund.

Der Pinot Gris nimmt zwar nur 5% der elsässischen Anbaufläche ein, kann aber einen alkoholreichen, sehr körperreichen und vornehmen Wein erzeugen, der bei Fleischgerichten einen Rotwein zu ersetzen vermag. Wenn er so prächtig wie 1983, ein außergewöhnlicher Jahrgang, ausfällt, paßt er hervorragend zu Leberpastete.

ADAM Sélection de grains nobles 1989***

| | 1 ha | 1 300 | ▮ Ⓥ 6 |

Ein weiterer großer Name des elsässischen Weinbaus, den man seit 1614 in Ammerschwihr findet. Es gibt nur 1 300 Flaschen mit 50 cl Inhalt von diesem ganz und gar außergewöhnlichen Wein. Die goldgelbe Farbe ist bemerkenswert. Der erregende Duft ist durch eine deutlich fruchtige Note geprägt. Der sehr weiche, besonders

frische und sehr volle Geschmack bietet eine lange Nachhaltigkeit. Herrlich ! Man muß ihn sehr sorgfältig lagern.
🍷 Jean-Baptiste Adam, 5, rue de l'Aigle, 68770 Ammerschwihr, Tel. 89.78.23.21 ☎ Mo-Sa 8h-12h 14h-18h

RENE BARTH Roemerberg 1990

| | k.A. | 1 600 | ⓵ Ⓥ 2 |

Ein neues Dorf, denn es mußte nach den Gefechten um Colmar völlig neu aufgebaut werden, und dennoch ein uralter Weinbauort, der von den Römern »Bebonvillare« genannt wurde. Ein Tokay, der von einem Mergelboden stammt und jugendlich geblieben ist. Im Geschmack wohlausgewogen, rassig und harmonisch. Ein vielversprechender Wein.
🍷 Dom. René Barth, 24, rue du Gal-de-Gaulle, 68630 Bennwihr, Tel. 89.47.92.69 ☎ n. V.
🍷 Michel Fonné

BAUMANN
Kobelsberg, Sélection de grains nobles 1989*

| | 2 ha | 2 600 | ⓵ Ⓥ 7 |

Dieser Winzer wohnt in einem der malerischsten Orte des Elsaß. Sein Wein mit der dunklen Farbe (die erstaunlicherweise an Laub erinnert) und dem intensiven Duft ist im Geschmack voll und recht harmonisch.
🍷 EARL Jean-Jacques Baumann, 43, rue du Gal-de-Gaulle, 68340 Riquewihr, Tel. 89.47.92.47 ☎ n. V.

ANDRE BLANCK
Clos Schwendi, Vendanges tardives 1989**

| | 0,3 ha | 2 500 | ⓵ ↓ Ⓥ 5 |

Das Gut der Familie André Blanck befindet sich neben dem Schloß der Confrérie Saint-Etienne und dem Weinmuseum. Ein voller, kräftig gebauter 89er mit einer goldgelben Farbe und einem Aroma von großer Reife. In seinem bemerkenswert komplexen Geschmack entfaltet er ein Aroma von Honig, getrockneten Blumen und eingemachten Früchten. Ein großer Wein.
🍷 André Blanck et Fils, Ancienne cour des Chevaliers de Malte, 68240 Kientzheim, Tel. 89.78.24.72 ☎ Mo-Sa 8h-20h

ANDRE BLANCK ET FILS
Clos Schwendi 1990

| | 1 ha | 6 000 | ⓵ ↓ Ⓥ 2 |

André Blanck wohnt an einem besonders günstigen Ort in der berühmten Stadt von Schwendi : im ehemaligen Hof der Malteserritter. Obwohl dieser Tokay von einem Kiesboden stammt, ist er im Duft noch ziemlich verschlossen. Seine Struktur kompensiert im Geschmack die Weichheit.
🍷 André Blanck et Fils, Ancienne cour des Chevaliers de Malte, 68240 Kientzheim, Tel. 89.78.24.72 ☎ Mo-Sa 8h-20h

ALBERT BOXLER ET FILS
Sélection de grains nobles 1989**

| | 0,22 ha | 1000 | ▮ Ⓥ 6 |

Niedermorschwihr verdient einen Halt : Die Bauwerke und die Geschichte sprechen für sich. Strohgoldene Farbe. Auf einen sehr typischen, kräftigen Duft mit einer Vanillenote folgt ein sehr voller, intensiver Geschmack. Eine sehr harmonische, sehr typische Tokay-Beerenauslese, die nach der Meinung eines Prüfers noch altern muß.

☛ Albert Boxler et Fils, 78, rue des Trois-Epis, 68230 Niedermorschwihr, Tel. 89.27.11.32 ⏳ n. V.

CAMILLE BRAUN
Sélection de grains nobles 1989★

□	0,32 ha	k.A.	⬛↓Ⓜ7

Dieser Winzer hat sich mit seinen Spezialitäten einen Namen gemacht. Goldene Farbe, komplexer, eleganter Duft. Sein 89er bietet im Geschmack Fülle, Geschmeidigkeit und gute Harmonie. Ein schöner Wein.

☛ GAEC Camille Braun et Fils, 16, Grand-Rue, 68500 Orschwihr, Tel. 89.76.95.20 ⏳ Mo-Sa 8h-12h 13h30-18h30

JOSEPH CATTIN ET SES FILS 1990★

□	1,2 ha	7 000	Ⓜ2

Wer kennt nicht Jacky Cattin ? Vor einigen Jahren hat er den Betrieb seiner Vorfahren übernommen und sehr schnell eine Spitzenposition erobern können. Dieser Tokay, der von einem lehmig-kalkigen Boden stammt, entfaltet ein gleichzeitig honigartiges und rauchiges Aroma. Im Geschmack ist er gut strukturiert. Ein ausgewogener, nachhaltiger Wein, der kraftvoll und zart zugleich ist.

☛ Joseph Cattin et ses Fils, 18, rue Roger-Frémeaux, 68420 Vœgtlinshoffen, Tel. 89.49.30.21 ⏳ n. V.

CLOS DES CHARTREUX 1990★★

□	0,6 ha	4 200	ⓘⓅ↓Ⓜ2

Molsheim war früher durch die hier gegründete Automobilfirma Bugatti bekannt. Heute haben sich die Winzer dieses Anbaugebiets entschlossen, wieder an diesen Ruhm anzuknüpfen. Und es ist ihnen gelungen ! Ein überaus eloquenter Tokay ! Der Duft ist stark entfaltet, dominiert von einem Honig- und Akazienaroma. Er ist wohlausgewogen, harmonisch und nachhaltig – die Frucht von exzellenten Trauben. Nach einigen Jahren Alterung dürfte er sich voll entwickeln.

☛ Robert Klingenfus, 60, rue de Saverme, 67120 Molsheim, Tel. 88.38.07.06 ⏳ n. V.

ROMAIN FRITSCH
Vendanges tardives 1989

□	0,5 ha	k.A.	⬛4

Marlenheim markiert das Ende der Weinstraße. Eine vielversprechende goldene Farbe, während das Aroma noch zurückhaltend ist. Großer Reichtum im Geschmack, wobei der Zucker noch zu spürbar ist. Dieser 89er muß noch altern.

☛ Romain Fritsch, 49, rue du Gal-de-Gaulle, 67520 Marlenheim, Tel. 88.87.51.23 ⏳ n. V.

GEYER Vendanges tardives 1989★

□	0,36 ha	2 600	ⓘⓅⓂ4

Die Anbaugebiete mit Sandstein und Sandboden begünstigen eine frühzeitige Entfaltung des Aromas. Goldgelbe Farbe, sehr typischer Duft mit Noten von exotischen Früchten, sehr reicher Geschmack. Ein gut gebauter 89er.

☛ EARL Roland Geyer, 146, rte du Vin, 67680 Nothalten, Tel. 88.92.46.82 ⏳ n. V.

PHILIPPE GOCKER
Sélection de grains nobles 1989★★★

□	0,4 ha	2 200	⬛↓Ⓜ5

Philippe Gocker führt seinen Betrieb mit viel technischem Geschick und stellt seine Weine mit großer Kunstfertigkeit her, wie dieser Tokay ein weiteres Mal beweist : bemerkenswerte, goldgelbe Farbe, intensiver, komplexer Duft mit Noten von eingemachten Früchten, völlig runder Geschmack ganz ohne Kanten. Außergewöhnliche Harmonie und Nachhaltigkeit.

☛ Philippe Gocker, 24, rue de Riquewihr, 68630 Mittelwihr, Tel. 89.49.01.23 ⏳ Mo-Sa 8h-12h 14h-19h ; 1.-15. Sept. geschlossen

ANDRE GUETH ET FILS
Sélection de grains nobles 1989

□	0,5 ha	k.A.	⬛Ⓜ5

Ein Anbaugebiet auf den äußerst sonnenreichen Hügeln am Eingang des Munstertals. Goldgelbe Farbe und recht fruchtiger Duft. Dieser Wein entfaltet einen recht vollen Geschmack, dessen Harmonie sich aber noch vervollkommnen muß.

☛ André Gueth et Fils, 5, rue Saint-Sébastien, 68230 Walbach, Tel. 89.71.11.20 ⏳ n. V.

MATERNE HAEGELIN
Sélection de grains nobles 1989★

□	0,77 ha	4 000	ⓘⓅ↓Ⓜ7

Ein großes Gut, das die berühmten Spezialitäten des elsässischen Weinbaugebiets herstellt. Schöne, goldene Farbe. Noch verschlossener Duft. Im Geschmack zeigt sich dieser Wein reif, cremig und füllig. Gute Ausgewogenheit. Ein recht typischer Tokay – bestimmt ein schöner Wein.

☛ Materne Haegelin et ses Filles, 6-8, pl. Saint-Nicolas, 68500 Orschwihr, Tel. 89.76.95.17 ⏳ n. V.

ANDRE HARTMANN
Armoirie Hartmann 1990★

□	0,32 ha	2 600	ⓘⓅ↓Ⓜ2

Die Familie Hartmann ist eng mit der Tradition verknüpft, denn schon seit Generationen erzeugt sie elsässische Weine. Dieser von einem lehmig-kalkigen Boden stammende Tokay zeigt bereits eine schöne Entwicklung, wie der rauchige Charakter zeigt, der sich hinter dem Aroma von exotischen Früchten bemerkbar macht. Im Geschmack nervig und kräftig. Ein nachhaltiger Wein, der sich mit der Zeit noch bestätigen wird.

☛ André Hartmann et Fils, 11, rue Roger Fremeaux, 68420 Vœgtlinshoffen, Tel. 89.49.38.34 ⏳ Mo-Sa 9h-12h 14h-18h

J.-V. HEBINGER
Vendanges tardives 1989★★

□	0,3 ha	1 500	ⓘⓅⓂ5

Eguisheim ist ein Ort mit alter Geschichte und wunderschönen Häusern. Dieser Wein wird in einem Gebäude aus dem 16. Jh. hergestellt. Er zeigt alle Merkmale von Überreife : Unter seinem goldenen Kleid verströmt der Vanilleduft ein

reifes Aroma. Gute, säuerliche Ansprache. Dieser feurige Wein ist wunderbar harmonisch.
🕊 GAEC Jean-Victor Hebinger et Fils, 14, Grand-Rue, 68420 Eguisheim, Tel. 89.41.19.90 ⚊ n. V.

HEIM Vendanges tardives 1989★★

☐	1 ha	1000	⬛⬇✔6

Eine der ältesten Weinfirmen des Elsaß. Was für ein herrlicher Wein, der für die Spitzenrestaurants reserviert sein dürfte ! Die goldene Farbe ist kräftig. Das feine, elegante Bukett verspricht höchsten Genuß. Der Geschmack zeigt eine schöne Ausgewogenheit. Dieser 89er hat sehr schöne Jahre vor sich.
🕊 SA Heim, 68250 Westhalten, Tel. 89.47.00.45 ⚊ n. V.

A. HEYWANG
Sélection de grains nobles Cuvée Morgane 1989★★★

☐	0,3 ha	600	⬛✔7

Diese Cuvée trägt den Namen der Fee, die in der bretonischen Sage die Seeleute beschützt. Man kann den Männern des Meeres auch wirklich keinen besseren Ratschlag geben, als sich auf diesen Wein zu stürzen, der alle Geheimnisse des Elsaß zum Ausdruck bringt. Strahlend goldene Farbe. Das Bukett verströmt Düfte von Feigen und getrockneten Aprikosen. Im vollen Geschmack dominieren eingemachte Früchte. Sehr kräftig, voll, alkoholreich und sehr nachhaltig – ein sehr großer Wein !
🕊 Albert Heywang et successeurs, 16, rue Ehret Wantz, 67140 Heiligenstein, Tel. 88.08.95.53 ⚊ n. V.

DOM. ARMAND HURST
Réserve 1990★★

☐	0,58 ha	2 200	⬛⬛✔3

Armand Hurst, Abkömmling einer alten Winzerfamilie, hat sein Gut in den berühmtesten Anbaugebieten der Region angelegt. Dieser Wein ist das Ergebnis von außergewöhnlichen Trauben : Wahrscheinlich hat man überreife Trauben ausgelesen. Im Duft ist er sehr voll und komplex. Im Geschmack zeigt er eine große Harmonie zwischen Körper und weichem Charakter. Besonders zu Leberpastete empfohlen.
🕊 Dom. Armand Hurst, 8, rue de La Chapelle, 68230 Turckheim, Tel. 89.27.40.22 ⚊ n. V.

ROBERT KARCHER
Cuvée exceptionnelle 1990★★★

☐	0,22 ha	1 600	⬛⬇✔2

Robert Karcher entstammt mütterlicherseits einer Winzerfamilie, die seit 1510 in Colmar lebt. Er wohnt in einem alten Hof aus dem Jahre 1602, der 200 m von der Kathedrale entfernt ist. Ein vorbildlicher Tokay, der von einem Kiesboden stammt : sehr eleganter Duft mit einem Aroma von getrockneten Früchten, das sich mit dem typischen rauchigen Aroma vermischt. Im Geschmack enthüllt sich eine herrliche Komplexität. Kräftig und sehr nachhaltig. Ein überaus verfeinerter Wein.
🕊 GAEC Robert Karcher et Fils, 11, rue de l'Ours, 68000 Colmar, Tel. 89.41.14.42 ⚊ t.l.j. 8h-12h 14h-18h

CAVE VINICOLE KIENTZHEIM-KAYSERSBERG 1990★

☐	4 ha	20 000	⬛⬇✔2

Diese 1955 gegründete Genossenschaftskellerei hat heute 150 Mitglieder und vinifiziert die Produktion von 170 ha Rebflächen. Sie ist in den besten Anbaugebieten der Region vertreten und bietet eine bemerkenswerte Palette von Weinen. Der intensive Duft entfaltet eine Aroma von geröstetem Brot, das sich mit dem traditionellen, rauchigen Charakter der Rebsorte verbindet. Im Geschmack ist er kräftig, weich und gut gebaut. Ein sehr rassiger Wein, der lange lagerfähig ist.
🕊 Cave vinicole de Kientzheim-Kaysersberg, 10, rue des Vieux-Moulins, 68240 Kientzheim, Tel. 89.47.13.19 ⚊ n. V.

DOM. DE LA TOUR Cuvée Marjorie 1990

☐	0,6 ha	2 000	⬛⬛✔

Die Kellerei der Familie Straub, die heute ein 8 ha großes Gut besitzt, stammt aus dem 16. Jh. Dieser im Duft elegante, mäßig intensive Tokay stammt von einem Granitboden. Gut gebauter Geschmack. Ein vollständiger, harmonischer Wein.
🕊 Joseph Straub Fils, 21, rte du Vin, 67650 Blienschwiller, Tel. 88.92.48.72 ⚊ n. V.
🕊 Jean-Francçois Straub

DOM. EDOUARD LEIBER
Vendanges tardives 1989★★★

☐	k.A.	k.A.	⬛⬛✔4

Die ganze Kunstfertigkeit und das ganze Können von Edouard Leiber kommen in seinen Weinen zum Ausdruck, die so außergewöhnlich sind wie dieser 89er. Er entfaltet ein komplexes Aroma, in dem sich Blumen und eingemachte Früchte vermischen, und einen sehr bemerkenswerten Geschmack. Eleganz, Kraft, Vornehmheit und Länge, aber man muß die Geduld haben, ihn altern zu lassen.
🕊 Edouard Leiber, 5, rue Principale, 68420 Husseren-les-Châteaux, Tel. 89.49.30.40 ⚊ n. V.

FRANCOIS LICHTLE
Vendanges tardives 1989★★★

☐	0,35 ha	1 600	⬛⬛✔5

Husseren-les-Châteaux kann auf seine großen Weine stolz sein. Goldgelbe Farbe, sehr feiner, an Blumen und eingemachte Früchte erinnernder Duft. Dieser 89er bestätigt sich auf außergewöhnliche Weise im Geschmack. Kräftig, cremig, alkoholreich, von großer Länge. Ein Wein von sehr großer Herkunft.

🍷 François Lichtlé, 17, rue des Vignerons, 68420 Husseren-les-Châteaux, Tel. 89.49.31.34 ☸ n. V.

LORENTZ Sélection de grains nobles 1989 ★

☐	2,5 ha	3 700	◖◗ 🆚 7

Ein weiterer großer Name des elsässischen Weinbaugebiets. Ein strohgelber Wein mit sehr typischem Duft. Geschmacklich muß er noch seine vollkommene Harmonie erreichen, aber es kündigt sich bereits eine schöne Ausgewogenheit an.
🍷 Gustave Lorentz, 35, Grand-Rue, 68750 Bergheim, Tel. 89.73.63.08 ☸ n. V.

COLLECTION JOSEPH MANN Vendanges tardives 1989

☐	0,5 ha	2 000	🇮 🆚 6

Ein Wein von sehr schönem Aussehen, mit noch verschlossenem Bukett. Er zeigt im Geschmack viel Kraft. Muß noch altern.
🍷 Wunsch et Mann, 2, rue des Clefs, 68920 Wettolsheim, Tel. 89.80.79.63 ☸ Mo-Sa 8h-12h 13h30-18h30

DOM. DENIS MEYER Sélection de grains nobles 1989 ★★

☐	0,2 ha	k.A.	◖◗ ↓ 🆚 6

Das alte Gut Kehren wird von Denis Meyer mit großem Fachwissen und Können geführt. Ein vielleicht noch verschlossener, aber sehr eleganter Duft. Dieser 89er bietet einen großartig strukturierten Geschmack, Kraft und Fülle. Hervorragende aromatische Nachhaltigkeit. Ein großer Wein für das Jahr 1995.
🍷 Denis Meyer, Dom. Kehren, 2, rte du Vin , 68420 Vœgtlinshoffen, Tel. 89.49.38.00 ☸ n. V.

CH. D' ORSCHWIHR Cuvée Maximilien 1990 ★★

☐	0,55 ha	k.A.	◖◗ ↓ 🆚 3

Schloß Orschwihr, das einst Maximilian von Habsburg gehörte, ist vor kurzem von einem sehr tüchtigen Fachmann übernommen worden. Er macht unaufhörlich von sich reden. Ein Wein, dessen sehr intensiver, an Unterholz und Honig erinnernder Duft sich schon entfaltet hat. Er ist aus großartigen Trauben hergestellt worden. Im Geschmack, in dem man einen Hauch von Restzucker entdeckt, erscheint er komplex, nachhaltig und harmonisch.
🍷 Ch. d' Orschwihr, 68500 Orschwihr, Tel. 89.74.25.00 ☸ n. V.
🍷 Hubert Hartmann

COOP. D' ORSCHWILLER Les Faîtières 1990 ★★★

☐	10 ha	18 000	🇮 🆚 3

Nicht weit von der Burg Haut-Kœnigsbourg entfernt vinifiziert die 1958 gegründete Genossenschaftskellerei von Orschwiller die Produktion von 124 ha Rebflächen. Sie präsentiert uns hier einen überaus verführerischen Tokay, der einen sehr rassigen Duft mit dem Aroma von Blumen und Honig entfaltet. Im Geschmack ist er sehr kräftig und gleichzeitig vollkommen ausgewogen. Das Ergebnis von außergewöhnlichen Trauben.
🍷 Coop. vinicole d' Orschwiller, 67600 Orschwiller, Tel. 88.92.09.87 ☸ n. V.

LES VIGNOBLES DE PFAFFENHEIM Cuvée Rabelais 1990 ★★

☐	k.A.	9 000	🇮 🆚 2

Die 1957 gegründete Genossenschaftskellerei von Pfaffenheim hat sich 1968 mit der von Gueberschwihr vereinigt. Sie verarbeitet heute die Produktion von 200 ha Rebflächen. Besonders bekannt ist sie für ihre Tokayweine. Ihr 90er macht darin keine Ausnahme. In seinem intensiven Duft vermischt sich das Aroma von Honig und Blumen, das auf großartige Trauben schließen läßt. Dieser Eindruck bestätigt sich im Geschmack : kräftig, sogar alkoholreich und lange nachhaltig. Man kann ihn zu Fischgerichten mit Sauce empfehlen.
🍷 Cave Vinicole de Pfaffenheim et Gueberschwihr, 5, rue du Chai, B.P. 33, 68250 Pfaffenheim, Tel. 89.49.61.08 ☸ tägl. 8h-12h 13h30-18h

VIGNOBLES REINHART Cuvée Charlotte 1990 ★

☐	0,6 ha	4 500	🇮 🆚 2

Orschwihr besitzt eine lange Weinbautradition, wie die hohe Zahl der Erzeuger beweist, die hier ihren Sitz haben. Auch Pierre Reinhart gehört zu ihnen. Sein Tokay-Pinot Gris stammt von einem lehmig-kalkigen Boden und hat sich im Duft schon recht entfaltet : Blumige Noten vermischen sich darin mit mineralischen Düften. Im Geschmack ist er trocken, ausgewogen, nachhaltig und vielversprechend. Man sollte ihn zu einem geräucherten Fisch probieren.
🍷 Pierre Reinhart, 7, rue du Printemps, 68500 Orschwihr, Tel. 89.76.95.12 ☸ Mo-Sa 8h30-12h 13h30-18h30

SALZMANN Côtes de Kayersberg 1990

☐	0,3 ha	k.A.	🇮 ↓ 🆚 2

Eine alte Winzerfamilie, die bis 1526 zurückreicht. Alexis Lichine, der mit Jean-Joseph Salzmann, dem Großvater des heutigen Besitzers, befreundet war, führte die elsässischen Weine an den vornehmen Tafeln von Amerika ein. Dieser im Duft sehr blumige Wein wird durch ein Aroma von Unterholz geprägt. Gute geschmackliche Ansprache. Das Ergebnis von reifen Trauben.
🍷 Salzmann-Thomann, Dom. de l'Oberhof, 3, rue de l'Oberhof, 68240 Kaysersberg, Tel. 89.47.10.26 ☸ Mo-Sa 8h-12h 14h-18h

DOM. SCHALLER 1990

☐	0,6 ha	6 000	◖◗ ↓ 🆚 3

Die Schallers wohnen in dem zauberhaften Dorf Mittelwihr, das durch seine »Côte der Mandelbäume« bekannt ist. Sie bieten eine sehr vollständige Palette der elsässischen Weine. Ihr Tokay stammt von einem lehmigen Boden. Er ist noch jugendlich, enthüllt aber bereits einen hübschen Duft. Im Geschmack ist er wohlausgewogen. Ein vielversprechender Wein.
🍷 Edgard Schaller et Fils, 1, rue du Château, 68630 Mittelwihr, Tel. 89.47.90.28

VIGNOBLE A. SCHERER Vendanges tardives 1989 ★★

☐	0,5 ha	3 500	◖◗ ↓ 🆚 6

Husseren-les-Châteaux ist eine Hochburg

großer Weine aus der Rebsorte Tokay-Pinot Gris. Dieser 89er hält alles, was sein Anbaugebiet verspricht, und besitzt eine große Alterungsfähigkeit. Die deutlich spürbaren, aber sehr feinen Züge von Überreife enthüllen seinen schönen Stoff.

🍇 Vignoble A. Scherer, 12, rte du Vin, B.P. 4, 68420 Husseren-les-Châteaux, Tel. 89.49.30.33 ⛓ n. V.

PIERRE SCHILLE
Sélection de grains nobles 1989

☐	0,22 ha	1000	🍶⬇✅7

Sigolsheim ist eines der Dörfer, die nach 1945 völlig wiederaufgebaut werden mußten. Der Geschmack muß noch vollkommen harmonisch werden, aber dieser Wein zeigt schon seine Finesse.

🍇 GAEC Pierre Schillé et Fils, 14, rue du Stade, 68240 Sigolsheim, Tel. 89.47.10.67 ⛓ n. V.

SCHIRMER
Vendanges tardives, Vallée Noble 1989*

☐	0,32 ha	2 500	🍶🍶⬇✅4

Dieses »edle Tal« verdient seinen Namen. Goldene Farbe. Aroma von Honig und Haselnüssen. Dieser klare Wein versteckt nicht seine Trümpfe. Er zeigt sich harmonisch und angenehm lang.

🍇 GAEC Lucien Schirmer et Fils, 22, rue de la Vallée, 68570 Soultzmatt, Tel. 89.47.03.82 ⛓ n. V.

DOM. SCHLUMBERGER
Cuvée Clarisse, Sélection grains nobles 1989***

☐	7,4 ha	7 000	🍶🍶✅7

Die von der Firma Schlumberger vorgestellten Weine sind dem Ansehen des berühmten Hauses sicherlich nicht abträglich. Bei allen Rebsorten wird der Parcours fehlerlos bewältigt ! Dieser Tokay stammt von einem sandigen Boden. Er entfaltet ein Aroma, das sehr komplex und gleichzeitig erstaunlich frisch ist. Der Geschmack bestätigt diese Komplexität, die ihren Ursprung im Anbaugebiet und in einem stark begrenzten Ertrag hat. Ein außergewöhnlicher Wein, der sehr harmonisch und auch lange lagerfähig ist. Paßt ideal zu den anspruchsvollsten Gerichten.

🍇 Dom. Schlumberger, 100, rue Théodore-Deck, 68500 Guebwiller, Tel. 89.74.27.00 ⛓ n. V.

DOM. MAURICE SCHOECH 1990*

☐	0,8 ha	6 000	🍶🍶⬇✅2

Maurice Schoech gehört zu einer alten Winzerfamilie, deren Mitglieder sich in den verschiedenen Weinbranchen betätigt haben. Léon Schoech, sein Großvater, war einer der Gründer der berühmten Weinbruderschaft Saint-Etienne. Entsprechend seiner Herkunft von einem Granitboden ein im Duft sehr typischer Tokay, dessen Aroma an geröstetes Brot und rauchige Noten erinnert. Im Geschmack wohlausgewogen. Seine Struktur hängt mit der Überreife der Trauben zusammen. Rund und nachhaltig zugleich.

🍇 Maurice Schoech et Fils, 4, rte de Kientzheim, 68770 Ammerschwihr, Tel. 89.78.25.78 ⛓ tägl. 9h-19h

MICHEL SCHOEPFER
Sélections de grains nobles 1989**

☐	0,2 ha	850	🍶✅7

Diese sehr alte Winzerfamilie lebt in einem der malerischsten Weinbauorte, der auch der Geburtsort von Papst Leo IX. ist. Intensiv goldene Farbe und ein feiner, kräftiger Duft. Der Geschmack besitzt eine großartige Struktur. Kraft, Fülle und sehr große Nachhaltigkeit sind die Hauptmerkmale.

🍇 Michel Schoepfer, 43, Grand-Rue , 68420 Eguisheim, Tel. 89.41.09.06 ⛓ n. V.

PAUL SCHWACH Vendanges tardives 1989

☐	0,11 ha	1 050	🍶✅7

Die Anbaugebiete mit Ton- und Kieselböden eignen sich gut dafür, daß sich die Weine aus der Rebsorte Tokay-Pinot Gris großartig entfalten. Goldgelbe Farbe, Duft von getrockneten Früchten, schöne Stärke im Geschmack, wo die Honignoten lange anhalten. Schon jetzt gefällig.

🍇 EARL Paul Schwach, 30-32, rte de Bergheim, 68150 Ribeauvillé, Tel. 89.73.62.73 ⛓ n. V.

EMILE SCHWARTZ
Vendanges tardives 1989*

☐	0,38 ha	1 500	🍶🍶⬇✅4

Die Rebsorte Tokay-Pinot Gris kann auf Kalkböden ganz besonders gut zur Entfaltung gelangen. Dieser goldgelbe Wein ist schon sehr offenherzig : Im Duft zeigt er sich fruchtig und elegant, während der Geschmack warm und ausgewogen ist. Ein schöner 89er.

🍇 Emile Schwartz et Fils, 3, rue Principale, 68420 Husseren-les-Châteaux, Tel. 89.49.30.61 ⛓ Mo-Sa 8h-12h 14h-20h

EMILE SCHWARTZ
Sélection de grains nobles 1989*

☐	0,3 ha	600	🍶🍶⬇✅7

Husseren-les-Châteaux ist das höchstgelegene Dorf des elsässischen Weinbaugebiets. Es befindet sich oberhalb der sehr angesehenen Lagen der Rebsorte Tokay-Pinot Gris. Ein Wein mit goldener Farbe und komplexem, noch verschlossenem Bukett. Der Geschmack, in dem man einen Hauch von Lindenblüten entdeckt, ist voll, alkoholreich und recht harmonisch.

🍇 Emile Schwartz et Fils, 3, rue Principale, 68420 Husseren-les-Châteaux, Tel. 89.49.30.61 ⛓ Mo-Sa 8h-12h 14h-20h

JUSTIN SCHWARTZ 1990

☐	k.A.	5 000	🍶✅2

Itterswiller ist ein wunderschönes und sehr gastfreundliches Dorf, das sich – ganz nach Süden hin liegend – am Fuße des Hügels befindet und von Rebflächen umrahmt wird. Ein Tokay mit einem sehr blumigen Duft, der im Geschmack relativ nervig ist. Er dürfte sich im Laufe der Alterung entfalten.

🍇 Justin Schwartz, rte Romaine , 67140 Itterswiller, Tel. 88.85.51.59 ⛓ n. V.

SEILLY
Sélection de grains nobles, Schenkenberg 1989*

☐	k.A.	k.A.	🍶🍶⬇✅7

Der Betrieb wird von Vater Seilly und seinem

Sohn Marc, einem jungen Önologen, geführt. Goldgelbe Farbe, sehr intensiver Duft, voller Geschmack von großer Frisch, großartiger Struktur und guter Nachhaltigkeit. Ein schöner Wein, der sich seiner Herkunft würdig erweist.
🕊 Seilly, 18, rue Gal-Gouraud, 67210 Obernai, Tel. 88.95.55.80 ☎ n. V.

ALBERT SELTZ Réserve particulière 1990 ⋆

□	k.A.	k.A.	**1**

Die Firma Seltz, die ihren Sitz in einem wunderschönen Gebäude in Mittelbergheim hat, ist tief in der Geschichte des Elsaß verwurzelt. Das hindert sie aber nicht daran, auf allen Kontinenten vertreten zu sein. Ein schon sehr entfalteter und sehr typischer Tokay, dessen Aroma an Honig und Geräuchertes erinnert. Im Geschmack ist er voll und gut strukturiert. Er dürfte sich mit dem Alter noch verbessern.
🕊 Albert Seltz, 21, rue Principale, 67140 Mittelbergheim, Tel. 88.08.91.77

JEAN-PAUL SIMONIS 1990 ⋆

□	0,3 ha	2 800	▯▮ ☑ **2**

Jean-Paul Simonis, der im Herzen des berühmten Weinbauorts wohnt, bewirtschaftet heute 3, 5 ha Rebflächen. Ein noch sehr jugendlicher Tokay. Der Duft beginnt sich erst zu entfalten, aber er zeigt bereits viel Eleganz. Im Geschmack erweist er sich als gut strukturiert, rund, nachhaltig und sehr vielversprechend.
🕊 Jean-Paul Simonis, 1, rue du Chasseur, 68770 Ammerschwihr, Tel. 89.47.13.51 ☎ n. V.

DOM. JEAN SIPP
Réserve personnelle 1990 ⋆ ⋆

□	1 ha	5 000	▯▮ ↓ ☑ **4**

Jean Sipp entstammt einer alten Winzerfamilie, deren Tradition bis 1654 zurückreicht. Er hat sich in der alten Hauptstadt der Ribeaupierres niedergelassen. Die ganze Vornehmheit des Anbaugebiets findet sich in diesem Tokay wieder. Elegant und intensiv im Duft, sehr kräftig geballter Geschmack. Ein fülliger, ausgewogener Wein, dessen Harmonie die Freunde von Leberpastete und Fischgerichten mit Sauce verführen kann.
🕊 Dom. Jean Sipp, 60, rue de la Fraternité, 68150 Ribeauvillé, Tel. 89.73.60.02 ☎ n. V.
🕊 Jean-Jacques Sipp

DOM. JEAN SIPP Vendange tardive 1989

□	1 ha	3 000	▯▮ ↓ ☑ **6**

Diese Spätlese bestätigt während der ganzen Verkostung ihre Jugendlichkeit. Jeder Prüfer versichert, daß sie sich bei der Alterung gut entwickeln wird, wenn sich die noch zurückhaltenden Blüten- und Honignoten entfalten werden. Ansprechende Stärke.
🕊 Dom. Jean Sipp, 60, rue de la Fraternité, 68150 Ribeauvillé, Tel. 89.73.60.02 ☎ n. V.
🕊 Jean-Jacques Sipp

SIPP-MACK Cuvée exceptionnelle 1990 ⋆

□	1,3 ha	5 000	▮▯▮ ↓ ☑ **3**

Die Domaine Sipp-Mack, die zu den großen Betrieben dieser Region gehört, dehnt ihren Einfluß auf mehrere Gemeinden in der Umgebung aus. Dieser Wein ist das Ergebnis von sehr guten

Trauben ! Er ist durch die Überreife geprägt und verströmt einen intensiven, blumigen Duft. Sehr voll im Geschmack. Ein weicher, gut gebauter Tokay von schöner Nachhaltigkeit.
🕊 Dom. Sipp-Mack, 1, rue des Vosges, 68150 Hunawihr, Tel. 89.73.61.88 ☎ n. V.

ANTOINE STOFFEL 1990 ⋆ ⋆

□	0,3 ha	3 700	▯▮ ↓ ☑ **2**

Das 7 ha große Gut befindet sich mitten im Anbaugebiet von Eguisheim, einem überaus malerischen Ort mit mittelalterlicher Befestigung, wo auch der spätere Papst Leo IX. geboren wurde. Es liegt auf lehmig-kalkigen Böden, die für diese Gegend typisch sind. Der Duft enthüllt die großartige Qualität der Trauben. Darin vermischen sich nämlich das Aroma von Honig und getrockneten Früchten mit dem rauchigen Aroma der Rebsorte. Im Geschmack ist dieser Tokay sehr komplex : Er erscheint füllig und strukturiert zugleich. Bemerkenswerte Nachhaltigkeit. Ein Wein, der zu Niederwild und Leberpastete paßt.
🕊 Antoine Stoffel, 21, rue de Colmar, 68420 Eguisheim, Tel. 89.41.32.03 ☎ Mo-Sa 8h-12h 14h-18h

DOM. WEINGARTEN
Sélection de grains nobles 1989

□	k.A.	k.A.	☑ **6**

Madame Cécile Bernhard-Reibel leitet dieses Gut mit meisterlicher Hand. Ein strohgelber Wein mit recht typischem Duft. Im Geschmack entdeckt man das Aroma von Eingemachtem. Er muß sich noch vervollkommnen, verspricht aber eine schöne Zukunft.
🕊 Cécile Bernhard-Reibel, 20, rue de Lorraine, 67730 Châtenois, Tel. 88.82.04.21 ☎ n. V.

FRANCOIS WISCHLEN
Vendanges tardives 1989 ⋆ ⋆

□	0,3 ha	2 500	☑ **7**

Einer der großen Namen des elsässischen Weinbaus. Ein goldgelber Wein mit noch verschlossenem Duft, in dem man dennoch bereits ein an geschnittene Kräuter erinnerndes Aroma erkennt. Der sehr weiche Geschmack entfaltet ein Aroma von Trockenblumen. Sehr große Harmonie.
🕊 François Wischlen, 4, rue de Soultzmatt, 68250 Westhalten, Tel. 89.47.01.24 ☎ n. V.

WOLFBERGER
Sélection de grains nobles 1989 ⋆ ⋆

□	k.A.	k.A.	▮▯▮ ↓ ☑ **7**

Die Weine werden hier mit großer Meisterschaft von Roland Guth hergestellt. Diese Beerenauslese entfaltet im Duft feine Noten von exotischen Früchten. Frisch und zart, aber mit großer Fülle und Nachhaltigkeit. Ein ganz und gar bemerkenswerter Wein.
🕊 Wolfberger - Cave vinicole d' Eguisheim, 6, Grand-Rue, 68420 Eguisheim, Tel. 89.22.20.20 ☎ n. V.

ZIMMERMANN
Cuvée du tricentenaire 1990 ⋆ ⋆ ⋆

□	1,5 ha	6 000	▯▮ ☑ **5**

Dieser Betrieb ist ein schönes Beispiel für

kontinuierliche Familientradition. Seit mehreren Jahrhunderten befindet er sich an diesem Ort und hat dabei nie aufgehört, immer weiter nach Qualität zu streben. Ein schlicht unvergeßlicher Tokay ! Der Duft wird von einem würzig-honigartigen Aroma beherrscht, was sicherlich auf die ausgezeichneten Trauben zurückzuführen ist. Der reiche, konzentrierte, volle und cremige Geschmack bestätigt diesen ersten Eindruck. Man sollte ihn zu Leberpastete aus dem Elsaß probieren.

🗝 GAEC A. Zimmermann Fils, 3, Grand-Rue, 67600 Orschwiller, Tel. 88.92.08.49 🍷 n. V.

DOM. ZIND-HUMBRECHT
Clos Windsbuhl, Vendanges tardives 1989★★

☐ k.A. k.A. 🛢 🆅 7

Dieses Gut sucht nach den spezifischen, typischen und originellen Produkten der unterschiedlichen Anbaugebiete. Léonard Humbrecht ist Vorsitzender der Association des Grands Crus d'Alsace. Goldene Farbe mit grünen Reflexen mit schönem Glanz. Im Duft bietet er eine frische Ansprache, danach ein Aroma von Mangos und Rosinen, zuletzt wieder frische Noten von Holunderblüten. Der stattliche, kräftige Geschmack entfaltet Noten von Kiwis und eingemachten Früchten mit einer gewissen Lebhaftigkeit. Ein schönes, für die Rebsorte typisches Aroma beendet das Ganze. Er hat eine ganz große Zukunft vor sich.

🗝 Dom. Zind-Humbrecht, rte de Colmar, 68230 Turckheim, Tel. 89.27.02.05 🍷 n. V.
🗝 Léonard et Olivier Humbrecht

ZINK Sélection de grains nobles 1989★

☐ 0,43 ha 1000 🛢 🌡 🆅 6

Pfaffenheim besitzt sehr gute Lagen. Das Können der Winzer sorgt für den Rest. Hier ein Beispiel dafür : Goldgelbe Farbe und ein eleganter, aber noch verschlossener Duft. Sehr reicher Geschmack. Körper, große Fülle, lange Nachhaltigkeit und gute Harmonie sind seine Hauptmerkmale.

🗝 Pierre-Paul Zink, 27, rue de la Lauch, 68250 Pfaffenheim, Tel. 89.49.60.87 🍷 n. V.

Alsace Pinot Noir

Das Elsaß ist vor allem für seine Weißweine berühmt, aber noch im Mittelalter spielten hier die Rotweine eine beachtliche Rolle. Nachdem die Pinot-Noir-Rebe (die beste rote Rebsorte in den nördlichen Regionen) fast verschwunden war, nimmt sie heute 7,5% der Anbaufläche ein.

Zur Zeit kennt man vor allem den Rosétyp, einen gefälligen Wein, der trocken und fruchtig ist und wie andere Roséweine zu vielen Gerichten paßt. Es läßt sich jedoch eine Tendenz zur Herstellung eines echten Rotweins aus der Pinot-Noir-Traube beobachten : eine sehr vielversprechende Entwicklung.

A L'ANCIENNE FORGE 1990★

◪ 0,15 ha 1 200 🛢 🆅 2

Die Brandners, die seit 1887 Wein anbauen, besitzen ein 3 ha großes Gut in dem zauberhaften Ort Mittelbergheim, der sich rühmen darf, zum exklusiven Club der schönsten Dörfer von Frankreich zu gehören. Ein ziemlich heller Pinot Noir mit einem feinen, fruchtigen Duft und einem relativ weichen Geschmack. Ein durstlöschender Wein, der sich wie ein Rosé trinkt.

🗝 Denise et Jérôme Brandner, 51, rue Principale, 67140 Mittelbergheim, Tel. 88.08.01.89 🍷 tägl. 9h-20h ; (Gruppen n. V.)

FRANCOIS BAUR ET FILS
Domaine Langehald 1990★★

■ 1 ha 7 200 🛢 🆅 3

Auf diesem Gut bleibt nichts dem Zufall überlassen : Man bestellt sorgfältig die Weinberge, kümmert sich liebevoll um die Kellerei und empfängt die Besucher immer herzlich. Ein Pinot Noir mit einem sehr intensiven Duft, in dem man das feine, fruchtige Aroma von Weichseln und schwarzen Johannisbeeren entdeckt. Im Geschmack ist er kräftig, tanninbetont und körperreich. Wenn er noch einige Jahre altert, wird er wunderbar sein.

🗝 SA François Baur et Fils, 3, rue du Florimont, 68230 Turckheim, Tel. 89.27.06.62 🍷 n. V.

HUBERT BECK 1990★

■ 1,4 ha 9 200 🛢 🌡 🆅 1

Ein noch sehr jugendlich aussehender Pinot Noir, der durch ein Aroma von roten Früchten (schwarze und rote Johannisbeeren) geprägt wird. Im Geschmack zeigt er eine schöne, tanninbetonte Ansprache, während er im Abgang ziemlich weich und vollmundig ist.

🗝 Hubert Beck, 25, rue du Gal-de-Gaulle, 67650 Dambach-la-Ville, Tel. 88.92.45.90 🍷 Mo-Sa 8h-18h

THEO CATTIN ET FILS 1990★

■ 1,4 ha 1 400 🛢 🆅 3

Théo Cattin war Direktor des Instituts Oberlin, wo er für die Wiederherstellung des elsässischen Weinbaugebiets nach der Reblauskrise arbeitete. 1947 gründete er sein eigenes Gut, das seit 1985 von seinem Enkel Jean-Bernard geleitet wird. Unter einem Kleid von tiefroter Farbe verführt dieser Pinot Noir durch ein Aroma von roten Früchten und Kirschen. Alkoholreich und kräftig gebaut. Ein vielversprechender Wein.

🗝 Théo Cattin et Fils, 35, rue Roger-Frémeaux, 68420 Vœgtlinshoffen, Tel. 89.49.30.43 🍷 n. V.

LAURENT ET MICHEL DIETRICH
1990 ★★

| ■ | 1,5 ha | k.A. | ⅏ ☑1 |

Dambach-la-Ville ist eine der malerischsten Ortschaften der Region. Es wirkt mittelalterlich, weil seine Altstadt ganz von einer Mauer umgeben ist, und ist heute immer noch der größte Weinbauort des Elsaß. Mit seinen rubinroten Reflexen sieht dieser Pinot Noir sehr verführerisch aus. Er entfaltet ein Aroma von roten Früchten und geröstetem Brot und ist im Geschmack sehr ausgewogen. Ein harmonischer Wein, der perfekt gerüstet ist, um der Zeit zu trotzen.
🍇 Laurent et Michel Dietrich, 1, rue des Ours, 67650 Dambach-la-Ville, Tel. 88.92.41.31 ☎ n. V.

JEAN DIETRICH 1990 ★

| ■ | 1,5 ha | 10 000 | ▮↓☑2 |

Kaysersberg, der Geburtsort von Albert Schweitzer, ist wegen seines Anbaugebiets berühmt. Jean Dietrich wohnt in einem wunderschönen Fachwerkhaus. Sehr elegante, rubinrote Farbe und ein intensiver Duft, der an Kirschen und Vanille erinnert. Trotz seiner leichten Holznote im Geschmack erscheint er geschmeidig und mild.
🍇 Jean Dietrich, 4, rue de l'Oberhof, 68240 Kaysersberg, Tel. 89.78.25.24 ☎ n. V.

DIRLER 1990 ★

| ■ | 0,4 ha | 3 600 | ⅏ ☑3 |

Jean-Pierre Dirler, der ein 1871 gegründetes Gut leitet, ist im tiefsten Inneren ein Perfektionist, der heute Rebflächen auf den berühmtesten Hängen der Gegend bewirtschaftet. Die granatrote Farbe läßt auf großartiges Traubenmaterial schließen. Der Duft ist fein. Dieser erste Eindruck bestätigt sich im Geschmack, der kräftig gebaut und tanninreich wirkt. Ein großer lagerfähiger Wein, der bei der Alterung seinen holzigen Charakter gut verarbeiten dürfte.
🍇 Jean-Pierre Dirler, 13, rue d'Issenheim, 68500 Bergholtz, Tel. 89.76.91.00 ☎ n. V.

CHRISTIAN DOLDER
Rouge de Mittelbergheim 1990

| ■ | k.A. | 1 800 | ▮☑2 |

Ein Wein von einem lehmig-kalkigen Boden, der im Duft noch ein wenig verschlossen ist, aber das für einen Pinot Noir typische Aroma entwickelt. Im Geschmack ist er ziemlich leicht, eher nervig und wohlausgewogen.

🍇 Christian Dolder, 4, rue Neuve, 67140 Mittelbergheim, Tel. 88.08.96.08 ☎ n. V.

DONTENVILLE Hahnenberg 1990 ★

| ■ | 1,4 ha | 10 000 | ▮☑2 |

Fünf Generationen von Winzern haben geduldig einen Betrieb aufgebaut, der heute fast 10 ha umfaßt und von Gilbert Dontenville glänzend geführt wird. Dieser Pinot Noir besitzt eine sehr kräftige Farbe, ein intensives Aroma, das an Zitrusfrüchte und Gewürze (Zimt, Nelken) erinnert, und einen tanninreichen Geschmack. Ein sehr kräftig gebauter, lagerfähiger Wein.
🍇 Gilbert Dontenville, 2, rte de Kintzheim, 67730 Chatenois, Tel. 88.82.03.48 ☎ n. V.

ROLLY GASSMANN Réserve 1990 ★

| ■ | 0,7 ha | 3 000 | ⅏↓☑4 |

Ein großer Name des elsässischen Weinbaugebiets, den man an allen berühmten Tafeln in Europa und natürlich auch in den verschiedenen Ausgaben unseres Weinführers wiederfindet. Adel verpflichtet ! Sehr intensive Farbe, Aroma von gekochten Früchten und Geröstetem. Tanninreiche Ansprache. Körperreicher, nachhaltiger Geschmack. Bestimmt ein großer Wein, der altern kann.
🍇 Rolly Gassmann, 2, rue de l'Eglise, 68590 Rorschwihr, Tel. 89.73.63.28 ☎ n. V.

ROGER ET ROLAND GEYER
1990 ★★★

| ■ | 0,5 ha | 4 000 | ⅏ ☑1 |

Nothalten ist ein typischer Weinbauort, dessen Wirtschaft seit Generationen fast vollständig vom Wein abhängt. Die Geyers leben hier seit 1955. Sie liefern uns hiermit ein vollendetes Beispiel ihrer Fähigkeiten. Die jugendliche, kräftige Farbe ist sehr vielversprechend. Dies bestätigt sich im Duft, der kräftig und sortentypisch zugleich ist. Aber seine Offenbarung liegt im Geschmack : voll, strukturiert und sehr harmonisch.
🍇 EARL Roland Geyer, 146, rte du Vin, 67680 Nothalten, Tel. 88.92.46.82 ☎ n. V.

ANDRE ET REMY GRESSER 1990 ★★★

| ■ | 0,8 ha | 4 000 | ⅏↓☑2 |

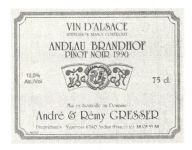

Andlau, ein wunderschöner, mittelalterlicher Ort, der über 1000 Jahre alt ist, beherbergt sehr alte Winzerfamilien, wie die Familie Gresser, die ihre Wurzeln bis ins 12. Jh. zurückverfolgen kann und deren Gut 1667 erworben hat. Ein Pinot Noir, der durch sein rotes Samtkleid verführt und einen frischen, intensiven Duft von roten Früchten entfaltet. Ausgewogen, perfekt strukturiert und harmonisch. Ein sehr großer Wein.

➛ Dom. André et Rémy Gresser, 2, rue de l' Ecole, 67140 Andlau, Tel. 88.08.95.88 � tägl. 10h-12h 14h-19h

MATERNE HAEGELIN
Vieilli en fût de chêne 1990★★

■	1,2 ha	11 000	◫ ↓ ☑ 2

Die drei Töchter von Materne Haegelin haben sich mit ihren Eltern zusammengeschlossen und gemeinsam eine GAEC gegründet, die 14 ha Rebflächen umfaßt. Wie man bereits an der sehr kräftigen Farbe erkennen kann, handelt es sich hier um exzellentes Traubenmaterial. Dieser Pinot Noir hat den Ausbau im Eichenholzfaß gut überstanden. Leichtes Vanillearoma im Duft, sehr gut strukturierter, ausgewogener Geschmack. Ein sehr vielversprechender, lagerfähiger Wein.

➛ Materne Haegelin et ses Filles, 6-8, pl. Saint-Nicolas, 68500 Orschwihr, Tel. 89.76.95.17 � n. V.

JACQUES ILTIS Rouge de Saint-Hippolyte 1990★

■	0,88 ha	6 000	◫ ☑ 1

Als Abbé Fulrade im Jahre 769 Saint-Hippolyte gründete, war es ein Kloster. 600 Jahre lang war es im Besitz der Herzöge von Lothringen. Heute ist es ein angesehener Weinbauort. Ein sehr konzentrierter Pinot Noir mit einer sehr kräftigen Farbe. In seinem Bukett vermischen sich fruchtige Düfte (schwarze Johannisbeeren) und Tiergeruch (Leder). Im Augenblick dominiert im Geschmack die Gerbsäure, aber in ein paar Jahren dürfte er sich zu einem wunderbaren Wein entwickeln.

➛ Jacques Iltis, 1, rue Schlossreben, 68590 Saint-Hippolyte, Tel. 89.73.00.67 � n. V.

GEORGES KLEIN
Rouge de Saint Hippolyte 1990

■	0,88 ha	7 000	■ ↓ ☑ 1

Unweit von der Burg Haut-Kœnigsbourg führt Georges Klein ein Gut, das zu Saint-Hippolyte gehört. Dieser vom einem Granitboden stammende Pinot Noir bietet eine schöne, leicht ziegelrote Farbe. Im Duft ist er relativ zurückhaltend, im Geschmack harmonisch und ziemlich nachhaltig.

➛ GAEC Georges Klein et Fils, 10, rte du Vin, 68590 Saint-Hippolyte, Tel. 89.73.00.28 � tägl. 8h-19h ; 15. Nov.-15. März geschlossen

DOM. DE LA TOUR
Rouge d'Alsace 1990★

■	0,6 ha	4 000	◫ ☑ 2

Jean-François Straub entstammt einer alten Winzerfamilie, deren Geschichte bis ins 16. Jh. zurückreicht. Er nutzt weiterhin den Keller seiner Vorfahren, der ebenfalls aus dem 16. Jh. stammt und noch seine ursprüngliche Decke aus Strohlehm besitzt. Obwohl dieser Pinot Noir von einem Granitboden kommt, ist er für einen elsässischen Rotwein sehr strukturiert. Unter einer recht kräftigen, granatroten Farbe entfaltet sich ein Aroma von roten Früchten. Im Geschmack sind die Tannine noch deutlich spürbar. Ein Wein, der noch altern sollte.

➛ Joseph Straub Fils, 21, rte du Vin, 67650 Blienschwiller, Tel. 88.92.48.72 � n. V.
➛ Jean-François Straub

LES FAITIERES 1990★

■	6 ha	24 000	■ ☑ 3

Die Genossenschaftskellerei von Orschwiller vinifiziert einen Großteil der Produktion dieses reizvollen Dorfes, das am Fuße der Burg Haut-Kœnigsbourg liegt. Dieser orangerot schimmernde Pinot Noir wird durch ein Aroma von roten Früchten und reifen Früchten geprägt, das sich mit einer Holznote vermischt. Im Geschmack ist er rund und zugleich körperreich.

➛ Coop. vinicole d' Orschwiller, 67600 Orschwiller, Tel. 88.92.09.87 � n. V.

FRANCOIS LICHTLE 1990★

■	0,45 ha	4 000	◫ ☑ 2

Husseren, das unweit von Colmar liegt, scheint über die elsässische Tiefebene zu wachen. Die Lichtlés sind seit 1820 Winzer. Ein im Aussehen verführerischer Pinot Noir, der nach Blumen duftet und eine leichte Holznote entfaltet. Ziemlich weich im Geschmack. Ein typischer, sehr eleganter Wein.

➛ François Lichtlé, 17, rues des Vignerons, 68420 Husseren-les-Châteaux, Tel. 89.49.31.34 � n. V.

GERARD METZ Cuvée prestige 1990★★

■	0,85 ha	4 000	◫ ☑ 2

Der Großvater stammt aus einer Familie, die zu Beginn des Jahrhunderts das größte Gut in Epfig besaß. In den 30er Jahren beschloß er, sich in dem kleinen Dorf Itterswiller niederzulassen. Die Trauben für diesen Pinot Noir wachsen auf einem Schlickboden. Er zeigt eine sehr tiefe Farbe. Während sein Duft von roten Früchten sehr elegant ist, enthüllt er im Geschmack eine außerordentliche Fülle. Die deutlich spürbaren, aber sehr feinen Tannine verleihen ihm alle Vorzüge eines großen, lagerfähigen Weins.

➛ Gérard Metz, 23, rte du Vin, 67140 Itterswiller, Tel. 88.57.80.25 � n. V.

HUBERT METZ Vieilles vignes 1990★★★

■	0,45 ha	3 000	◫ ↓ ☑ 2

Hubert Metz ist der Besitzer der alten Cave de la Dîme, eines der in dieser Gegend seltenen, wunderschönen Kellergewölbe, das 1728 entstand. Er hat sich einen sehr guten Ruf erworben, den auch dieser Pinot Noir bestätigt. Sehr kräf-

tige Farbe und ein kräftiger Duft von überreifen Früchten. Im Geschmack enthüllt er seine ganze Pracht : eine wunderbare Struktur und eine eindrucksvolle Länge. Ein vorbildlicher Lagerwein.
🖢 Hubert Metz, 57, rte du Vin, 67650 Blienschwiller, Tel. 88.92.43.06 ⏰ n. V.

DOM. MULLER-KOEBERLE
Rouge de Saint Hippolyte Geissberg 1990*

■	3 ha	10 000	🍴🍶⬇🗹2

Saint-Hippolyte ist ein befestigtes Dorf, über das die majestätische Silhouette der Burg Haut-Kœnigsbourg zu wachen scheint. Das 22 ha große Gut Muller-Kœberlé hat hier seinen Sitz. Ein Pinot Noir mit sehr kräftiger Farbe und recht typischem Duft. Im ausgewogenen Geschmack kompensiert ein sehr fleischiger Charakter die kräftige Gerbsäure aus.
🖢 Dom. Muller-Kœberlé, 22, rte du Vin, 68590 Saint-Hippolyte, Tel. 89.73.00.37 ⏰ Mo-Sa 8h-12h 13h-18h30

NEUMEYER 1990*

■	0,79 ha	3 000	🍶⬇🗹2

Gérard Neumeyer ist ein tatkräftiger Mann, der ein 14 ha großes Weingut aufgebaut hat. Sein Pinot Noir besitzt eine sehr kräftige Farbe. Der feine, fruchtige Duft ist durch das Aroma von roten Früchten gekennzeichnet. Ein wohlausgewogener, harmonischer und nachhaltiger Wein.
🖢 Gérard Neumeyer, 29, rue Ettore-Bugatti, 67120 Molsheim, Tel. 88.38.12.45 ⏰ Mo-Sa 8h-18h

RABOLD 1990**

■	1,3 ha	16 000	🍴⬇🗹1

Die Familie Rabold, die seit 1724 Wein anbaut, bewirtschaftet heute 10 ha Rebflächen, von denen ein Teil auf Terrassen liegt. Dieser Pinot Noir mit der sehr kräftigen, granatroten Farbe hat sich im Bukett schon stark entfaltet. Er entwickelt ein komplexes, recht typisches Aroma. Im Geschmack, der eine ausgezeichnete Struktur besitzt, zeigt er sich kräftig gebaut und gleichzeitig ausgewogen. Ein sehr großer, lagerfähiger Wein.
🖢 Raymond Rabold et Fils, 6-8, rue du Val-du-Pâtre, 68500 Orschwihr, Tel. 89.74.10.18 ⏰ n. V.

ANDRE RIEFFEL 1990*

■	0,7 ha	5 000	🍶⬇🗹2

Mittelbergheim ist ein wunderschönes Dorf. Der einheitliche Baustil darf nicht darüber hinwegtäuschen, daß jedes dieser Häuser eine ganz eigene Geschichte hat. Eine eher dunkle Farbe. Das Bukett hat sich schon entfaltet und verströmt ein Aroma von roten Früchten. Ein gut gebauter, harmonischer und ziemlich fülliger Wein.
🖢 André Rieffel, 11, rue Principale, 67140 Mittelbergheim, Tel. 88.08.95.48 ⏰ n. V.

RUHLMANN-DIRRINGER 1990

■	1,4 ha	13 500	🍶⬇🗹

Das Haus stammt aus dem 16. Jh. Es steht mitten auf dem Gut, das – bevor es angelegt wurde – Schauplatz eines denkwürdigen Ereignisses war : dort wurde nämlich während der

Belagerung der Armagnacs der spätere König Ludwig XI. am Knie verletzt. Dieser Wein stammt von einem Granitboden. Er ist im Duft schon recht entwickelt und im Geschmack ziemlich leicht, wobei ein Aroma von roten Früchten dominiert.
🖢 GAEC Ruhlmann-Dirringer, 3, imp. Mullenheim, 67650 Dambach-la-Ville, Tel. 88.92.40.28 ⏰ Mo-Sa 8h-12h 13h-19h

DOM. MARTIN SCHAETZEL
Cuvée Mathieu élevée en barrique 1990

■	0,37 ha	k.A.	🍶⬇🗹3

Als Winzer und Önologe weiß Jean Schaetzel, daß die Qualität des Weins zunächst einmal von der Qualität der Trauben abhängt. Deshalb mißt er auch der Pflege der Weinberge so große Bedeutung zu. Ein Wein von einem Kiesboden, der eine lebhaft rote Farbe mit orangeroten Reflexen bietet. In seinem ziemlich intensiven Bukett verbindet sich das Aroma von roten Früchten mit einem holzigen Charakter. Er ist sehr tanninreich, weil er durch das neue Holzfaß geprägt ist, aber bei der Alterung dürfte er milder werden.
🖢 Jean Schaetzel, 3, rue de la 5e Division Blindée, 68770 Ammerschwihr, Tel. 89.47.11.39 ⏰ n. V.

VIGNOBLE A. SCHERER
Rouge d'Alsace 1990***

■	0,6 ha	4 000	🍶⬇🗹3

Husseren-les-Châteaux, das am Fuße der Ruinen der Trois-Châteaux liegt, bildet den höchsten Punkt der elsässischen Weinstraße. Die Scherers bauen hier seit zehn Generationen Wein an. Mit seiner strahlenden Farbe ist dieser Pinot Noir ein kleines Juwel ! Im Duft ist er feurig und intensiv, während er sich im Geschmack sehr fleischig zeigt. Er paßt wunderbar zu rotem Fleisch nach Försterart.
🖢 Vignoble A. Scherer, 12, rte du Vin, B.P. 4, 68420 Husseren-les-Châteaux, Tel. 89.49.30.33 ⏰ n. V.

CHARLES SCHLERET 1990*

■	0,44 ha	4 000	🍴⬇🗹2

Charles Schleret hat ein internationales Ansehen erworben, das auch dieser Pinot Noir nicht Lügen straft. Ein Wein von einem Kiesboden, der durch seine rubinroten Reflexe und seinen sehr intensiven Duft von roten und schwarzen Johannisbeeren verführt. Im Geschmack ist er wohlausgewogen und zeigt bereits eine gewisse Weichheit. Ein harmonischer Wein, den man schon jetzt trinken kann.
🖢 Charles Schleret, 1-3, rte d'Ingersheim, 68230 Turckheim, Tel. 89.27.06.09 ⏰ n. V.

DOM. SCHOFFIT 1990**

■	0,9 ha	3 600	🍴⬇2

Die Domaine Schoffit, ein traditionsreiches Colmarer Weingut, besitzt heute ein 13 ha großes Anbaugebiet, dessen Rebflächen sich über eine Entfernung von 40 km verteilen. Dieser Pinot Noir stammt vom Schwemmkegel der Fecht. Seine intensive, granatrot schimmernde Farbe läßt ihn sehr verführerisch erscheinen. Die Verführung setzt sich fort im Duft, der vom Aroma roter Früchten geprägt wird, und im Geschmack, der kräftig, körperreich und elegant wirkt. Bemerkenswertes Traubenmaterial.

🍷 Dom. Schoffit, 27, rue des Aubépines, 68000 Colmar, Tel. 89.24.41.14 ⟁ n. V.

FRANCOIS SCHWACH ET FILS
1990*

■	2,3 ha	22 000	🍷 ↓ ☑ 2

Um sein seit drei Generationen in Hunawihr bestehendes Gut wird François Schwach von den großen Genossenschaften des elsässischen Weinbaugebiets beneidet. Im sehr intensiven Duft dieses Pinot Noir dominieren exotische Früchte und Backpflaumen. Der Geschmack ist sehr voll, körperreich und kräftig gebaut. Ein vielversprechender Wein.

🍷 François Schwach et Fils, 28, rte de Ribeauvillé, 68150 Hunawihr, Tel. 89.73.62.15 ⟁ n. V.

J. SIEGLER 1990

■	0,47 ha	3 600	🍷 ☑ 2

Die Sieglers, die seit 1794 Winzer sind, leben in diesem wunderschönen Dorf mit dem vom Himmel verwöhnten Klima. Der Duft wird durch das Aroma von roten Früchten geprägt. Dieser recht typische Pinot Noir ist im Geschmack noch relativ adstringierend, was ein Beweis seiner Jugendlichkeit und ein Zeichen für seine Alterungsfähigkeit ist.

🍷 EARL J. Siegler Père et Fils, 26-28, rue des Merles, 68630 Mittelwihr, Tel. 89.47.90.70 ⟁ tägl. 8h-12h 13h30-19h

PIERRE SPERRY ET FILS 1990*

■	1 ha	8 000	🍷 ☑ 3

Ein Pinot Noir von einem Granitboden, der im Duft schon entwickelt, aber recht typisch ist. Er zeigt sich ausgewogen, weich und harmonisch.

🍷 Pierre Sperry et Fils, 3A, rte du Vin, 67650 Blienschwiller, Tel. 88.92.41.29 ⟁ tägl. 8h-12h 14h-18h

CHARLES STŒFFLER
Rouge de Barr élevé en fûts de chêne 1990**

■	0,4 ha	3 000	🍷 ☑ 2

Vincent Stœffler, Winzer und ¨Onologe, leitet das Gut seit 1986. Bemerkenswert ist der Keller aus dem 17. Jh., wo 700 hl Wein lagern können. Dieser Pinot Noir stammt von einem lehmigkalkigen Boden und besitzt eine recht kräftige Farbe. In seinem sehr komplexen Bukett mischen sich fruchtige Düfte mit Vanillenoten, die auf den Ausbau im Holzfaß hindeuten. Im Geschmack ist er sehr kräftig, strukturiert und sehr nachhaltig. Er hat noch die ganze Zukunft vor sich.

🍷 Charles Stœffler, 4, rue des Jardins et 1, rue des Lièvres, 67140 Barr, Tel. 88.08.02.64 ⟁ n. V.
🍷 Vincent Stœffler

ANTOINE STOFFEL 1990*

■	0,72 ha	6 000	🍷 ↓ ☑ 2

Antoine Stoffel ist Winzer in Eguisheim, dem mittelalterlichen Ort, wo Papst Leo IX. geboren wurde. Er ist mehrmals in diesem Weinführer vertreten. Hier mit einem Pinot Noir, der sich bereits gut entfaltet hat, obwohl er von einem lehmig-kalkigen Boden stammt. Im Duft dominiert das Aroma von roten Johannisbeeren und

Himbeeren. Gute Ausgewogenheit im Geschmack. Ein kräftiger, gut gebauter Wein.

🍷 Antoine Stoffel, 21, rue de Colmar, 68420 Eguisheim, Tel. 89.41.32.03 ⟁ Mo-Sa 8h-12h 14h-18h

JEAN-CHARLES VONVILLE
Rouge d'Ottrott 1990

■	4 ha	25 000	🍷 ☑ 2

Die Vonvilles, die in einem für seine Rotweine berühmten Dorf ansässig sind, bauen seit 1830 Wein an. Dieser Pinot Noir hüllt sich in ein recht kräftiges, rotes Kleid. Sein Duft ist fruchtig und recht typisch. Im Geschmack zeigt er sich kräftig und feurig. Sollte noch altern.

🍷 Jean-Charles Vonville, 4, pl. des Tilleuls, 67530 Ottrott, Tel. 88.95.80.25 ⟁ n. V.

CHARLES WANTZ Rouge d'Ottrott 1990

■	k.A.	18 000	🍷 ↓ ☑ 2

Der »Rote von Ottrott« , der im Elsässischen *Ottroter Rotter* heißt, ist eine alte Tradition dieses Anbaugebiets. Dieser dunkelrote Wein entfaltet einen Duft von schöner Intensität. Er besitzt eine gute Gerbsäure, ist füllig und kräftig und dürfte sich im Laufe der Alterung entwickeln.

🍷 Charles Wantz, 36, rue Saint-Marc, 67140 Barr, Tel. 88.08.90.44 ⟁ Mo-Sa 8h-12h 13h30-18h

WOLFBERGER Rouge d'Alsace 1990**

■	1,8 ha	k.A.	🍷 ☑ 3

Die Union Wolfberger, die erste Genossenschaft des elsässischen Weinbaugebiets, legt eine überschäumende Tatkraft an den Tag, die aber keineswegs die Qualität ihrer Produkte beeinträchtigt. Dieser »elsässische Rote« ist nach allen Regeln der Kunst ausgebaut worden. Sehr verführerisches Aussehen, sehr typischer Duft und ein gut strukturierter Geschmack, der ausgewogen und harmonisch ist. Er hat noch die ganze Zukunft vor sich.

🍷 Wolfberger - Cave vinicole d' Eguisheim, 6, Grand-Rue, 68420 Eguisheim, Tel. 89.22.20.20 ⟁ n. V.

ZIEGLER-MAULER 1990**

■	0,24 ha	2 000	🍷 ☑ 2

Obwohl das Haus Ziegler-Mauler ein Betrieb von mittlerer Größe ist, hat es seine Rebflächen auf die berühmten Gemeinden der Umgebung ausgedehnt. Dieser Pinot Noir stammt von einem lehmig-kalkigen Boden. Er ist ein noch sehr jugendlicher Wein, der sich in einem rubinroten Kleid mit violetten Reflexen präsentiert. Der Duft ist sehr warm, würzig und fruchtig. Der ganze Stoff enthüllt sich im Geschmack, der gleichzeitig weich, ausgewogen und von seltener Nachhaltigkeit ist.

🍷 Jean-Jacques Ziegler-Mauler, 2, rue des Merles, 68630 Mittelwihr, Tel. 89.47.90.37 ⟁ tägl. 8h-19h30

Alsace Grand Cru

Die Differenzierung der elsässischen Weine nach Rebsorten und die Suche nach besonders sortentypischen Weinen haben den Begriff des Cru, der mit einem bestimmten Anbaugebiet verbunden ist (wie er für die meisten AOC-Gebiete gilt), auf den zweiten Platz verwiesen. Es gibt jedoch seit sehr langer Zeit Ausnahmen von dieser Regel, wie etwa den Rangen von Thann, den Brand von Turckheim, den Sporen von Riquewihr, den Kirchberg von Barr und viele andere Anbaugebiete.

Um die besten Lagen des Weinbaugebiets zu fördern, führte ein Erlaß von 1975 die Appellation »Appellation Grand Cru« ein, die mit einigen strengeren Bestimmungen hinsichtlich des Ertrags und des Zuckergehalts verknüpft und auf die Rebsorten Gewürztraminer, Pinot Gris, Riesling und Muscat beschränkt ist. Die Phase der Festlegung der Anbaugebiete ist gegenwärtig noch nicht abgeschlossen. Diese Reblagen bringen – neben den versiegelten Weinen der Confrérie Saint-Etienne und bestimmten berühmten Cuvées – zunehmend die mit Abstand besten elsässischen Weine hervor.

Alsace Grand Cru
Altenberg de Bergbieten

FREDERIC MOCHEL
Gewurztraminer 1990

	1,6 ha	8 000	

Eine alte Winzerfamilie. Ein Wein mit interessanten aromatischen Merkmalen. Im Geschmack muß er noch seine Harmonie vervollkommnen, die sich durch seine gute Struktur ankündigt.
☛ Frédéric Mochel, 56, rue Principale, 67310 Traenheim, Tel. 88.50.38.67 ☎ n. V.

FREDERIC MOCHEL
Riesling, Cuvée Henriette 1990 ★★

	1 ha	6 000	

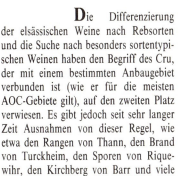

Der lehmig-kalkige Boden des Anbaugebiets scheint sich ganz besonders gut für die Erzeugung von großen Rieslingweinen zu eignen. Offenkundig hat Frédéric Mochel hier seine ganze Kunstfertigkeit aufgewendet. Sehr schönes Aussehen von strahlender, hellgelber Farbe. Dieser 90er entwickelt bereits eine angenehme, wenn auch noch zurückhaltende Fruchtigkeit. Schöne Fülle und Harmonie im Geschmack. Ein Wein von großer Klasse.
☛ Frédéric Mochel, 56, rue Principale, 67310 Traenheim, Tel. 88.50.38.67 ☎ n. V.

LA CAVE DU ROI DAGOBERT
Riesling 1990 ★★

	k.A.	25 000	

Die Kellerei von Traenheim hat mit den Weinen aus dem Grand Cru Altenberg großes Ansehen erworben. Strahlend hellgelbe Farbe, aber das Bukett ist noch zurückhaltend. Im Geschmack ist er wohlausgewogen und harmonisch. Ein sehr vielversprechender Wein.
☛ La Cave du Roi Dagobert, 1, rte de Scharrachbergheim, 67310 Traenheim, Tel. 88.50.66.21 ☎ n. V.

ROLAND SCHMITT
Riesling Sélection Vieilles vignes 1990

	0,5 ha	3 000	

Ein Weingut, das man besichtigen sollte. Schönes Aussehen und bereits angenehme Fruchtigkeit. Im Geschmack muß sich dieser Wein noch vollkommen entfalten.
☛ Roland Schmitt, 35, rue des Vosges, 67310 Bergbieten, Tel. 88.38.20.72 ☎ n. V.

Alsace Grand Cru
Altenberg de Bergheim

LOUIS FREYBURGER ET FILS
Riesling 1990

	0,3 ha	k.A.	

Altenberg : einer der berühmten Grand Crus von Bergheim. Ein noch jugendlicher Wein, dessen frischer Duft ein typisches, an Feuerstein erinnerndes Aroma entfaltet.

🐦 Louis Freyburger et Fils, 1, rue du Maire-Witzig, 68750 Bergheim, Tel. 89.73.63.82 ⅄ n. V.

LOUIS FREYBURGER ET FILS
Gewurztraminer 1990

☐	0,5 ha	k.A.	☑	3

Ein großartiges Anbaugebiet mit Südlage und lehmig-kalkigem Boden. Dieser Wein ist im Aussehen wenig entwickelt und entfaltet einen feinen, würzigen Duft. Guter Stoff, aber der Zucker dominiert. Man muß ihn noch altern lassen.

🐦 Louis Freyburger et Fils, 1, rue du Maire-Witzig, 68750 Bergheim, Tel. 89.73.63.82 ⅄ n. V.

DOM. LORENTZ Gewurztraminer 1990

☐	6 ha	20 400	▮	↓	☑	4

Das Gut Lorentz hat schon immer auf die Reblagen von Altenberg gesetzt, die den Weinen Eleganz und aromatischen Reichtum verleihen. Feines Aroma, gute Geschmeidigkeit und schöne Harmonie. Dieser 90er muß sich noch im Keller entwickeln.

🐦 Gustave Lorentz, 35, Grand-Rue, 68750 Bergheim, Tel. 89.73.63.08 ⅄ n. V.

Alsace Grand Cru Altenberg de Wolxheim

CHARLES ET ANDRE DISCHLER
Riesling 1990

☐	0,23 ha	2 500	◫	↓	☑	2

Ein Winzer von alter Tradition. Schöne Farbe und gute Ausgewogenheit. Die vielversprechenden Eigenschaften dieses Weins müssen noch harmonischer werden.

🐦 GAEC Charles et André Dischler, 23, le Canal, 67120 Wolxheim, Tel. 88.38.22.55 ⅄ n. V.

FRANCOIS MUHLBERGER
Gewurztraminer 1990*

☐	1,3 ha	4 000	◫	☑	2

Der sympathische Robert Muhlberger, der Sohn von François, ist gegenwärtig der Vorsitzende des elsässischen Winzerverbands. Goldgelbe Farbe und ein Aroma von großer Reife und Komplexität. Im Geschmack verbindet dieser Wein Kraft und Nachhaltigkeit.

🐦 François Muhlberger, 1, rue de Strasbourg, 67120 Wolxheim, Tel. 88.38.10.33 ⅄ n. V.

Alsace Grand Cru Brand

DOM. LANGEHALD Riesling 1990

☐	2,94 ha	27 000	◫	☑	3

Der Keller dieses Guts stammt aus dem 16. Jh.

Ein gut gebauter Wein, dessen Eigenschaften sich aber noch verfeinern müssen.

🐦 François Baur Petit-Fils, 3, Grand-Rue, 68230 Turckheim, Tel. 89.27.06.62 ⅄ n. V.

🐦 Pierre Baur

DOM. LANGEHALD
Cuvée prestige, Gewurztraminer 1990*

☐	1,09 ha	9 000	◫	☑	4

Turckheim ist einer der bekanntesten Weinbauorte des Elsaß. Dieses Gut stellt seine Weine in einem Keller aus dem 16. Jh. her. Den 89er haben wir besonders empfohlen. Wie steht es mit dem 90er? Seine blasse Farbe, sein noch verschlossenes Bukett und sein feiner, an eingemachte Früchte erinnernder Geschmack ergeben einen jugendlichen Wein, der schöne Zukunftsaussichten besitzt.

🐦 François Baur Petit-Fils, 3, Grand-Rue, 68230 Turckheim, Tel. 89.27.06.62 ⅄ n. V.

🐦 Pierre Baur

LES PROPRIETAIRES RECOLTANTS
A TURCKHEIM Riesling 1990

☐	5 ha	35 000	▮ ↓	☑	4

Eine sehr angesehene Kellerei am Fuße des Grand Brand. Dieser gut gebaute Wein muß noch seine Ausgewogenheit erwerben.

🐦 Cave Vinicole de Turckheim, 68230 Turckheim, Tel. 89.27.06.25 ⅄ n. V.

DOM. ZIND-HUMBRECHT
Riesling, Vendanges tardives 1989**

☐	k.A.	k.A.	◫	☑	6

Ein vorbildliches Weingut: Seine Weine sind hervorragend gebaut und genießen großes Ansehen. Ziemlich kräftige, gelbe Farbe. Dieser 89er entfaltet einen Duft von Akazienblüten, wobei sich eine einschmeichelnde Note in Richtung unreife Zitronen und danach Minze entwickelt. Der sehr stattliche Geschmack zeigt viel Rundheit, die durch eine gute Säure ausgeglichen wird. Er besitzt ein Aroma von Zitrusfrüchten, das durch eine pfeffrige Note und einen honigartigen Abgang ergänzt wird. Ein sehr großer Wein mit großartiger Zukunft.

🐦 Dom. Zind-Humbrecht, rte de Colmar, 68230 Turckheim, Tel. 89.27.02.05 ⅄ n. V.

🐦 Léonard et Olivier Humbrecht

Alsace Grand Cru Bruderthal

DOM. NEUMEYER
Tokay pinot gris 1990*

☐	0,44 ha	1 500	◫	↓	2

Der Muschelkalkboden dieses Anbaugebiets ist besonders günstig für eine gute Entfaltung der Rebsorte Tokay-Pinot Gris. Ein goldgelber, leicht bernsteinfarbener Wein mit einem diskret rauchigen Duft. Er besitzt eine perfekte Ausgewogenheit und eine gute Nachhaltigkeit. »Man kann gar nicht genug von ihm bekommen«, schrieb ein Prüfer.

🐦 Gérard Neumeyer, 29, rue Ettore-Bugatti, 67120 Molsheim, Tel. 88.38.12.45 ☎ Mo-Sa 8h-18h

BERNARD WEBER
Muscat, Vendanges tardives 1989*

☐	0,2 ha	1000	⬛↓✓🄖

Bernard Weber wohnt auf einem Gut, das den Kartäusern und danach dem Jesuitenorden gehörte. Blaßgelbe Farbe, feiner, gut entfalteter Duft. Sein 89er bietet im Geschmack ein deutlich spürbares fruchtiges Aroma. Viel Finesse und Nachhaltigkeit.
🐦 Bernard Weber, 49, rue de Saverne, 67120 Molsheim, Tel. 88.38.52.67 ☎ n. V.

BERNARD WEBER Riesling 1990*

☐	1,5 ha	6 000	⬛↓✓🄉

Ein Winzer, der in der Ausgabe 1992 mit der »Goldenen Weintraube« des Hachette-Weinführers ausgezeichnet wurde. Dieser noch sehr jugendliche 90er muß sich entwickeln. Klar, fein, ausgewogen und lang : Er wird einmal sehr angenehm schmecken.
🐦 Bernard Weber, 49, rue de Saverne, 67120 Molsheim, Tel. 88.38.52.67 ☎ n. V.

Alsace Grand Cru Eichberg

CHARLES BAUR Gewürztraminer 1990*

☐	0,4 ha	1 300	⬛⬛✓🄓

Eines der angesehenen Anbaugebiete des wunderschönen Weinbauorts Eguisheim. Goldgelbe Farbe, intensiver Duft mit blumigem Aroma, recht nachhaltiger Geschmack von eingemachten Früchten – das sind die Hauptmerkmale dieses 90ers.
🐦 Armand Baur Succ., 29, Grand-Rue, 68420 Eguisheim, Tel. 89.41.32.49 ☎ Mo-Sa 9h-12h 14h-18h

ALBERT HERTZ Gewürztraminer 1990

☐	0,25 ha	2 400	⬛⬛✓🄓

Dieser Grand Cru mit dem lehmig-kalkigen Boden liefert gut gebaute, sehr aromatische Weine. Der 90er besitzt eine schöne, strohgelbe Farbe und entfaltet einen recht typischen Duft und einen etwas trockenen, aber angenehm nachhaltigen Geschmack.
🐦 Albert Hertz, 3, rue du Riesling, 68420 Eguisheim, Tel. 89.41.30.32 ☎ n. V.

KUENTZ-BAS
Gewürztraminer, VT, Cuvée Caroline 1989**

☐	0,4 ha	3 000	⬛⬛↓✓🄕

Die Rebflächen von Kuentz-Bas befinden sich an den Hängen mit Südsüdostlage dieses reizvollen Weinbauorts, der der höchstgelegene im elsässischen Weinbaugebiet ist. Mit seiner goldgelben Farbe, seinem reichen Aroma (Rosen und Honig) und seinem cremigen, äußerst harmonischen Geschmack hat dieser Wein seinen Höhe-

punkt erreicht. Seine überaus große geschmackliche Nachhaltigkeit hat unsere Jury entzückt.
🐦 Kuentz-Bas, 14, rte du Vin, 68420 Husseren-les-Châteaux, Tel. 89.49.30.24 ☎ Mo-Fr 8h-12h 14h-18h, Sa 8h-12h

DOM. EDOUARD LEIBER
Tokay pinot gris 1990**

☐	k.A.	k.A.	⬛⬛✓🄛

Ein Winzer, der seine Weine mit großer Kunstfertigkeit und viel Fachwissen herstellt. Goldgelbe Farbe, feiner, eleganter, stark entfalteter Duft, kräftiger, voller, körperreicher und alkoholreicher Geschmack. Er vereint alle wichtigen Eigenschaften eines sehr großen Tokay-Pinot Gris.
🐦 Edouard Leiber, 5, rue Principale, 68420 Husseren-les-Châteaux, Tel. 89.49.30.40 ☎ n. V.

PAUL SCHNEIDER Riesling 1990

☐	0,2 ha	2 000	⬛⬛↓✓🄛

Dieser elegant und fein duftende Wein mit der schönen Ausgewogenheit muß nur noch etwas altern.
🐦 GAEC Paul Schneider et Fils, 1, rue de l'Hôpital, 68420 Eguisheim, Tel. 89.41.50.07 ☎ Mo-Sa 8h-12h 14h-19h ; So n. V.

Alsace Grand Cru Florimont

JUSTIN BOXLER
Riesling, Vendanges tardives 1989**

☐	0,16 ha	1 400	⬛⬛✓🄕

Ein architektonisch sehr interessanter Weinbauort : schöne Häuser mit Erkern und Wendeltreppen, Kirchturm aus dem 13. Jh., dem einzigen gedrehten im Elsaß, und einer Silbermann-Orgel in der Kirche (1726). Der Wein ist ebenso reizvoll. Ein golden schimmernder 89er mit fruchtig-mineralischem Duft und einer schönen Länge voller Kraft. Ein großer, sehr harmonischer Wein.
🐦 GAEC Justin Boxler, 15, rue des Trois-Epis, 68230 Niedermorschwihr, Tel. 89.27.11.07 ☎ n. V.

JUSTIN BOXLER Riesling 1990*

☐	0,55 ha	4 000	◫	☑	2

Der Florimont ist mit seinem Kalkuntergrund ein besonders günstiges Anbaugebiet für eine starke Entfaltung der Weine. Dieser 80er Riesling besitzt eine große Finesse und läßt eine sehr vielversprechende Reichhaltigkeit erkennen. Ein großer Wein.

🍷 GAEC Justin Boxler, 15, rue des Trois-Epis, 68230 Niedermorschwihr, Tel. 89.27.11.07 ⟰ n. V.

RENE MEYER

Gewurztraminer, Sélection grains nobles 1989*

☐	0,35 ha	4 800	◫	↓☑	6

Katzenthal ist wunderschön am Grunde eines Tals gelegen, das von Weinbergen überragt wird. 8 ha Rebflächen in guter Lager bilden das Gut von René Meyer. Goldgelbe Farbe, sehr intensiver, reicher und komplexer Duft. Dieser elegante Eindruck von eingemachten Früchten setzt sich im Geschmack fort. Ein gut strukturierter Wein. »Gut vinifiziert« , bemerkte unsere Jury.

🍷 René Meyer, 14, Grand-Rue, 68230 Katzenthal, Tel. 89.27.04.67 ⟰ n. V.

Alsace Grand Cru Frankstein

YVETTE ET MICHEL BECK-HARTWEG Riesling 1990*

☐	0,36 ha	3 000	◫	☑	2

Eine sehr alte Winzerfamilie, deren Stammbaum bis 1596 zurückreicht. Ein strohgelber Wein mit zurückhaltender, sehr feiner Fruchtigkeit, der im Geschmack schon eine sehr charakteristische Komplexität, Fülle und Länge entwickelt.

🍷 Yvette et Michel Beck-Hartweg, 5, rue Clemenceau, 67650 Dambach-la-Ville, Tel. 88.92.40.20 ⟰ tägl. 9h-19h

YVETTE ET MICHEL BECK-HARTWEG Gewurztraminer 1990*

☐	0,8 ha	2 500	◫	☑	3

Dambach-la-Ville verdient, daß man seine historischen Sehenswürdigkeiten besichtigt. Außerdem besitzt es das größte Anbaugebiet im Elsaß. Goldgelbe Farbe und ein reiches, elegantes Aroma. Der Geschmack ist bereits sehr ausdrucksstark. Ein sehr schöner Wein.

🍷 Yvette et Michel Beck-Hartweg, 5, rue Clemenceau, 67650 Dambach-la-Ville, Tel. 88.92.40.20 ⟰ tägl. 9h-19h

YVETTE ET MICHEL BECK-HARTWEG Tokay pinot gris 1990

☐	0,2 ha	1 500	◫	☑	2

Ein strohgelb schimmernder Wein mit elegantem Duft und komplexem Aroma, der im Geschmack nur noch seine Reife entfalten muß.

🍷 Yvette et Michel Beck-Hartweg, 5, rue Clemenceau, 67650 Dambach-la-Ville, Tel. 88.92.40.20 ⟰ tägl. 9h-19h

LOUIS GISSELBRECHT Riesling 1990**

☐	0,7 ha	4 500	▮↓	☑	3

Diese Firma hat seit langem ihren Sitz in Dambach-la-Ville, wo Weinbau und Weinhandel harmonisch neben den alten Gebäuden existieren. Der Frankstein ist ein Anbaugebiet mit einem leichten Boden, der es diesem strohgelben Riesling ermöglicht hat, sich voll zu entfalten. Sein intensiver Duft harmoniert schon perfekt mit der Länge und Intensität des Geschmacks. Ein bemerkenswerter Wein.

🍷 Louis Gisselbrecht, 5, rue du Sapin, 67650 Dambach-la-Ville, Tel. 88.92.41.24 ⟰ n. V.

Alsace Grand Cru Froehn

JEAN BECKER Muscat 1990*

☐	0,4 ha	3 000	▮↓	☑	4

Zellenberg besitzt eine bemerkenswerte Lage : Es befindet sich nämlich oberhalb seines Anbaugebiets. Der Grand Cru Froehn liegt nach Süden hin zu seinen Füßen. Das sehr feine Muskataroma spiegelt sich im Geschmack in einer sehr angenehmen, aromatischen Nachhaltigkeit wider. Dieser wohlausgewogene 90er wird lange Zeit verführen.

🍷 Jean Becker, 4, rte d'Ostheim, 68340 Zellenberg, Tel. 89.47.90.16 ⟰ n. V.

Alsace Grand Cru Furstentum

LES VITICULTEURS REUNIS A SIGOLSHEIM Riesling 1990***

☐	0,55 ha	3 850	◫	↓☑	3

Sigolsheim gehört zu den elsässischen Dörfern, die unter dem Zweiten Weltkrieg schwer zu leiden hatten. Erste Sorge der Winzer hier war es, eine Genossenschaftskellerei zu gründen, um 1945 ihre Trauben lagern zu können. Diese wurde so hervorragend geführt, daß sie heute

großes Ansehen besitzt. Ein Wein von großer Klasse, der im Duft eine sehr angenehme Fruchtigkeit entfaltet. Der rassige, recht frische Geschmack ist von bemerkenswerter Fülle und Nachhaltigkeit.

☎ SCV de Sigolsheim, 12, rue Saint-Jacques, 68240 Sigolsheim, Tel. 89.47.12.55 ☥ tägl. 9h-11h 14h-17h (Ostern bis zur Lese)

Alsace Grand Cru Geisberg

FALLER Riesling 1990

| ☐ | | 1,5 ha | 5 000 | ❶❶ ☑ ❺ |

Ein seit dem 18. Jh. bestehendes Familiengut. 1990 hat dieser sehr gut gelegene, lehmig-kalkige Hang einen noch verschlossenen Wein geliefert, dessen gute Ausgewogenheit bereits seine sehr guten Entwicklungsmöglichkeiten andeutet.

☎ Robert Faller et Fils, 36, Grand-Rue, 68150 Ribeauvillé, Tel. 89.73.60.47 ☥ n. V.

DOM. KIENTZLER
Riesling Sélection de grains nobles 1989 ★★★

| ☐ | | 1,5 ha | 1 500 | ↓ ☑ ❼ |

Kientzler ist einer der großen Namen des elsässischen Weinbaus. Das Gut bewirtschaftet die berühmten Anbaugebiete von Ribeauvillé. Die Farbe ist goldgelb. Das Bukett enthält Minzedüfte, die für die Rieslingrebe sehr typisch sind. Im Geschmack entfaltet sich ein vielfältiges Aroma, das vornehm, warm und üppig ist. Ein außergewöhnlicher Wein.

☎ André Kientzler, 50, rte de Bergheim, 68150 Ribeauvillé, Tel. 89.73.67.10 ☥ n. V.

DOM. KIENTZLER Riesling 1990 ★★

| ☐ | | 1,5 ha | 7 000 | ❶❶ ↓ ☑ ❹ |

Das Anbaugebiet hat diesem Wein alle Ausdrucksmöglichkeiten mitgegeben. Das Können des Winzers hat ihm seine Harmonie geschenkt. Das perfekte Beispiel für die Verbindung zwischen einem hervorragenden Anbaugebiet und einem kunstfertigen Erzeuger : ein echter Grand Cru. Strahlend strohgelbe Farbe, frischer, fruchtiger Duft, rassiger, recht kräftiger Geschmack – ein Wein von großer Reife.

☎ André Kientzler, 50, rte de Bergheim, 68150 Ribeauvillé, Tel. 89.73.67.10 ☥ n. V.

Alsace Grand Cru Gloeckelberg

KOEBERLE-KREYER
Tokay pinot gris 1990 ★★

| ☐ | | 0,26 ha | 2 600 | ▤ ↓ ☑ ❸ |

Eine sehr alte Winzerfamilie, die ihren Wein auf diesem Granitboden anbaut, der eine frühe Entfaltung des Aromas besonders begünstigt. Schöne, goldgelbe Farbe. Das Bukett entwickelt ein durch überreife Früchte geprägtes Aroma. Der Geschmack ist sehr harmonisch und sehr nachhaltig. Ein großer Wein, der ein langes Leben vor sich hat.

☎ GAEC Koeberlé-Kreyer, 28, rue du Pinotnoir, 68590 Rodern, Tel. 89.73.00.55 ☥ tägl. 9h-12h 13h-19h

DOM. KOEHLY Riesling 1990 ★

| ☐ | | 0,28 ha | 1 500 | ▤ ↓ ☑ ❷ |

Ein sehr schönes elsässisches Dorf, das zu Füßen der Burg Haut-Kœnigsbourg liegt. Der Wein besitzt eine sehr schöne Ausdruckskraft : blumiges Aroma im Duft, gute Ansprache, voller, stattlicher Geschmack. Ein sehr schöner Riesling.

☎ Jean-Marie Koehly, 64, rue du Gal-de-Gaulle, 67600 Kintzheim, Tel. 88.82.09.77 ☥ tägl. 8h-12h 13h-19h ; 20. Dez.-15. Jan. geschlossen

CAVE COOP. DE RIBEAUVILLE
Gewurztraminer 1990 ★★

| ☐ | | 0,52 ha | k.A. | ▤ ↓ ☑ ❸ |

Ribeauvillé ist ein bedeutender Weinbauort, der inmitten angesehener Anbaugebiete liegt. Dieser goldgelbe Wein entfaltet ein sehr feines Aroma. Er ist recht würzig und besitzt viel Frische, Weichheit, Harmonie und Nachhaltigkeit. Er stammt von überreifen Trauben.

☎ Cave Coop. de Ribeauvillé, 2, rte de Colmar, 68150 Ribeauvillé, Tel. 89.73.61.80 ☥ n. V.

CAVE COOP. DE RIBEAUVILLE
Tokay pinot gris 1990 ★

| ☐ | | 0,84 ha | k.A. | ▤ ↓ ☑ ❹ |

Ein Wein von strohgelber Farbe. Er besitzt einen recht reifen, eleganten Duft und einen vollen, üppigen Geschmack ohne Schwere. Schöne Ausgewogenheit.

☎ Cave Coop. de Ribeauvillé, 2, rte de Colmar, 68150 Ribeauvillé, Tel. 89.73.61.80 ☥ n. V.

Alsace Grand Cru Goldert

BERNARD HUMBRECHT Riesling 1990

☐	0,25 ha	2 500	◗ Ⓥ ③

Die Winzertradition dieser Familie reicht bis ins 17. Jh. zurück. Dieser gut strukturierte, klare und geradlinige 90er kann sich noch entwickeln. ☛ Bernard Humbrecht et Fils, 9, pl. de la Mairie, 68420 Gueberschwihr, Tel. 89.49.31.42 ☧ Mo-Sa 8h-19h, So 14h-19h

Alsace Grand Cru Hatschbourg

DOM. JOSEPH CATTIN ET FILS
Tokay pinot gris 1990★★

☐	1,5 ha	9 000	↓ Ⓥ ②

Eine sehr alte Winzerfamilie, die dem elsässischen Weinbau viel Ansehen eingebracht hat. Goldgelbe Farbe und ein komplexes, feines Aroma, das im Duft durch Überreife gekennzeichnet ist und im Geschmack harmonisch, kräftig, alkoholreich und sehr geschmeidig ist. Dieser perfekt vinifizierte Wein mit dem ausgezeichneten Preis-Leistungs-Verhältnis hat unsere Jury verführt. ☛ Joseph Cattin et ses Fils, 18, rue Roger-Frémeaux, 68420 Vœgtlinshoffen, Tel. 89.49.30.21 ☧ n. V.

DOM. JOSEPH CATTIN ET FILS
Tokay pinot gris, Vendanges tardives 1989★★★

☐	k.A.	k.A.	↓ Ⓥ ④

Die Familie Cattin hat immer auf die Qualität ihrer Weine gesetzt und enttäuscht nie. Ein ganz und gar außergewöhnlicher Wein : goldgelbe Farbe, an Honig, Vanille und eingemachte Früchte erinnerndes Aroma, kräftiger, blumigfruchtiger Geschmack von sehr langer Nachhaltigkeit. ☛ Joseph Cattin et ses Fils, 18, rue Roger-Frémeaux, 68420 Vœgtlinshoffen, Tel. 89.49.30.21 ☧ n. V.

THEO CATTIN ET FILS
Gewurztraminer 1990★

☐	1,2 ha	9 000	ⓘ Ⓥ ③

Théo Cattin leitete das Institut Oberlin, das eine wichtige Rolle bei der Wiederherstellung des elsässischen Weinbaugebiets nach der Reblauskrise spielte. Das heute von seinem Enkel geleitete Gut ist immer noch ein bedeutender Betrieb. Eine kräftige gelbe Farbe, ein sehr komplexer Duft und eine gute geschmackliche Länge. Dieser Wein muß noch vollkommen harmonisch werden. Lassen Sie ihn altern. ☛ Théo Cattin et Fils, 35, rue Roger-Frémeaux, 68420 Vœgtlinshoffen, Tel. 89.49.30.43 ☧ n. V.

THEO CATTIN ET FILS
Tokay pinot gris 1990★

☐	0,62 ha	5 600	ⓘ Ⓥ ③

Das Anbaugebiet Hatschbourg eignet sich mit seinem Muschelkalkboden sehr gut für die Erzeugung großer Weine aus der Rebsorte Tokay-Pinot Gris. Dieser bernsteingelbe Wein entfaltet im Bukett ein intensives, komplexes Aroma. Im Geschmack muß seine große Stärke noch harmonischer werden. ☛ Théo Cattin et Fils, 35, rue Roger-Frémeaux, 68420 Vœgtlinshoffen, Tel. 89.49.30.43 ☧ n. V.

Alsace Grand Cru Hengst

EHRHART Riesling 1990★★

☐	0,12 ha	1000	◗ Ⓥ ②

Ein sehr gut gelegenes Anbaugebiet, das günstig für die Herstellung von lagerfähigen Weinen ist. Schöne aromatische Stärke. Im Geschmack sehr ausgewogen und feurig. Ein großer Wein. ☛ GAEC François Ehrhart et Fils, 6, rue Saint-Rémy, 68920 Wettolsheim, Tel. 89.80.60.57 ☧ Mo-Sa 8h-12h 13h-19h ; So n. V.

ANDRE EHRHART ET FILS
Gewurztraminer 1990

☐	0,55 ha	2 000	ⓘ↓ Ⓥ ②

Ein mergelig-kalkiges Anbaugebiet über dem Ausgang des Munstertals, westlich von Colmar. Im Duft findet man das Aroma von überreifen Früchten. Der Geschmack ist pfeffrig. Die schöne, strahlende Farbe fordert zum Trinken auf. ☛ André Ehrhart et Fils, 68, rue Herzog, 68920 Wettolsheim, Tel. 89.80.66.16 ☧ Mo-Sa 8h-12h 14h-19h

ALBERT MANN
Sélection grains nobles, Gewurztraminer 1989★

☐	0,25 ha	1000	ⓘ Ⓥ ⑦

Das sehr alte Gut Albert Mann (1654) hat 1984 eine frische Bluttransfusion mit Jacky und Maurice Barthelmé erhalten, die ihr Fachwissen und ihr praktisches Können mit eingebracht haben. Gelbe Farbe, kräftiger Duft von eingemachten Früchten. Dieser 89er bietet einen feinen, komplexen, gut strukturierten Geschmack, dem es nur etwas an Länge fehlt. Ein schöner Wein.

🐛 Albert Mann, 13, rue du Château, 68920 Wettolsheim, Tel. 89.80.62.00 ⏳ Mo-Sa 8h-12h 13h30-19h

CLOS DU VICUS ROMAIN
Muscat, Vendanges tardives 1989

	0,19 ha	550	◫ ↓ ☑ 5

Eine alte Winzerfamilie. Es ist sehr schwierig, Weine aus spätgelesenen Muscattrauben herzustellen. Dieser Winzer hat einen Wein mit einer schönen, goldgelben Farbe erzeugt, der einen klaren, intensiven Duft entfaltet. Der volle, weiche Geschmack läßt sein Aroma erst im Abgang zum Vorschein kommen.
🐛 Dom. Aimé Stentz et Fils, 37, rue Herzog, 68920 Wettolsheim, Tel. 89.80.63.77 ⏳ n. V.

DOM. ZIND-HUMBRECHT
Gewurztraminer, Vendanges tardives 1989 ★★★

	k.A.	k.A.	◫ ☑ 7

Léonard Humbrecht ist ein begeisterter Winzer, der das Ansehen der Grand Crus auf allen Kontinenten verbreitet. Intensive, goldgelbe Farbe. Der Duft erinnert zuerst an Rosen, dann an Jasmin, gefolgt von einem leicht würzigen Hauch. Im Geschmack entfaltet er ein intensives Aroma von exotischen Früchten. Litchis verleihen ihm Frische. Eine nachhaltige Honignote verbindet sich mit einer angenehmen Rundheit zu einer großartigen Ausgewogenheit. Dieser Wein hat eine sehr große Zukunft vor sich.
🐛 Dom. Zind-Humbrecht, rte de Colmar, 68230 Turckheim, Tel. 89.27.02.05 ⏳ n. V.
🐛 Léonard et Olivier Humbrecht

Alsace Grand Cru Kanzlerberg

DOM. JEAN-MARTIN SPIELMANN
Riesling Vendanges tardives 1989 ★

	0,28 ha	1000	▮ ☑ 5

Der Kanzlerberg ist der kleinste elsässische Grand Cru. Schönes Aussehen und ein noch zurückhaltender Duft, aber eine gute geschmackliche Länge. Er entfaltet ein schweres Aroma von eingemachten Früchten. Guter Stoff.
🐛 EARL Jean-Martin Spielmann, 2, rte de Thannenkirch, 68750 Bergheim, Tel. 89.73.35.95 ⏳ n. V.

DOM. JEAN-MARTIN SPIELMANN
Gewurztraminer 1990 ★

	k.A.	2 000	▮ ☑ 2

Ein mergelig-kalkiges Anbaugebiet mit sehr charakteristischem Gipsboden. Die Weine von hier besitzen eine besonders reizvolle würzige Note. Goldgelbe Farbe, pfeffriger Duft mit viel Finesse. Im Geschmack zeigt er eine große Nachhaltigkeit und eine gute Ausgewogenheit. Man sollte ihn noch altern lassen.
🐛 EARL Jean-Martin Spielmann, 2, rte de Thannenkirch, 68750 Bergheim, Tel. 89.73.35.95 ⏳ n. V.

Alsace Grand Cru Kastelberg

CAVE D' ANDLAU Riesling 1990 ★

	k.A.	2 000	▮ ↓ ☑ 2

Der Kastelberg, ein Anbaugebiet mit Schieferboden, eignet sich ganz besonders für die Rieslingrebe. Blaßgelbe Farbe, im Duft bereits recht typisch. Im Geschmack entfaltet er eine schöne Harmonie.
🐛 Coop. Vinicole d' Andlau et ses environs, 15, av. des Vosges, 67140 Barr, Tel. 88.08.90.53 ⏳ n. V.

Alsace Grand Cru Kirchberg de Barr

DOM. KLIPFEL
Gewurztraminer, Vendanges tardives 1989 ★★

	5 ha	3 000	◫ ↓ ☑ 5

Ein im elsässischen Weinbaugebiet berühmtes Gut präsentiert hier einen extrem typischen Wein. Sehr schöne, goldene Farbe. Intensiver, reichhaltiger Duft mit einem Aroma von außergewöhnlicher Komplexität. Dieser sehr große Wein aus spätgelesenen Trauben bietet im Geschmack eine großartige Harmonie.
🐛 Dom. Klipfel, 6, av. de la Gare, 67140 Barr, Tel. 88.08.94.85 ⏳ n. V.
🐛 A. Lorentz

DOM. KLIPFEL - CLOS ZISSER
Gewurztraminer, Sélection grains nobles 1989

	3,5 ha	6 000	◫ ↓ ☑ 6

Ein sehr angesehenes Weingut. Louis Klipfel bestimmte jahrelang als Vorsitzender die Geschicke des elsässischen Weinbaus. Jean-Louis und Guy Lorentz führen heute ein 35 ha großes Gut. Dieser goldene, fruchtig duftende Wein besitzt einen eleganten, langen Geschmack, aber er muß noch harmonischer werden.
🐛 Dom. Klipfel, 6, av. de la Gare, 67140 Barr, Tel. 88.08.94.85 ⏳ n. V.
🐛 A. Lorentz

Alsace Grand Cru Kirchberg de Ribeauvillé

FALLER
Gewurztraminer, Sélection grains nobles 1989 ★

	0,35 ha	800	◫ ☑ 7

Einer der großen Betriebe von Ribeauvillé. Goldene Farbe. Kräftiger, eleganter Duft. Sehr ausgewogener, lange anhaltender Geschmack. Dieser Wein verbirgt nicht, daß er von ausge-

97

zeichneten, vollreifen Trauben stammt. Natürlich lagerfähig.

🖛 Robert Faller et Fils, 36, Grand-Rue, 68150 Ribeauvillé, Tel. 89.73.60.47 ☎ n. V.

Alsace Grand Cru Mambourg

LES VITICULTEURS DE SIGOLSHEIM Gewurztraminer 1990

| ☐ | 9,2 ha | 69 000 | 🖪↓🔽4 |

Ein hervorragend gelegenes Anbaugebiet mit lehmig-kalkigem Boden. Schöne Farbe. Der Duft ist im Augenblick nicht sehr ausdrucksstark. Sein Geschmack muß noch vollkommen harmonisch werden. Ein sehr junger Wein. Muß noch altern.

🖛 SCV de Sigolsheim, 12, rue Saint-Jacques, 68240 Sigolsheim, Tel. 89.47.12.55 ☎ tägl. 9h-11h 14h-17h (Ostern bis zur Lese)

PIERRE SPARR
Gewurztraminer, Vendanges tardives 1989★★

| ☐ | 2,36 ha | 25 175 | 🖪↓🔽5 |

Ein berühmtes Haus, das 1680 in Sigolsheim gegründet wurde. Ein 89er mit einer sehr schönen Farbe und einem angenehm fruchtig-blumigen Duft. Er entfaltet die Struktur eines sehr großen Weines aus spätgelesenen Trauben.

🖛 Pierre Sparr et ses Fils SA, 2, rue de la 1ère-Armée, 68240 Sigolsheim, Tel. 89.78.24.22 ☎ n. V.

Alsace Grand Cru Mandelberg

JEAN-PAUL MAULER
Gewurztraminer 1990

| ☐ | 0,25 ha | 2 000 | ⬗🔽2 |

Der Mandelberg ist eine hervorragende Reblage, die eine frühe Entwicklung des Aromas begünstigt. Schöne Farbe. Dieser Wein muß zwar noch altern, aber sein Bukett, das typisch für vollreife Gewürztraminertrauben ist, hat sich schon entfaltet.

🖛 Jean-Paul Mauler, 3, pl. des Cigognes, 68630 Mittelwihr, Tel. 89.47.93.23 ☎ n. V.

WILLY WURTZ ET FILS Riesling 1990★

| ☐ | 0,22 ha | 2 200 | ⬗🔽2 |

Der Mandelberg ist eine besonders günstige Reblage. Dank der Temperaturen, die am Winterende recht mild sind, können hier die Mandelbäume sehr früh blühen. Lebhafte, gelbe Farbe. Der frische, feine Duft ist leicht mineralisch. Im Geschmack entfaltet er bereits sehr ausgeprägte Aromen. Kann schon jetzt getrunken werden.

🖛 GAEC Willy Wurtz et Fils, 6, rue du Bouxhof, 68630 Mittelwihr, Tel. 89.47.93.16 ☎ n. V.

Alsace Grand Cru Moenchberg

ARMAND GILG Riesling 1990★

| ☐ | 1 ha | 8 250 | 🖪↓🔽2 |

Diese Familie lebt schon seit dem 16. Jh. in Mittelbergheim. Im blumigen Duft entdeckt man Noten von grünen Zitronen. Typischer, sehr harmonischer Geschmack. Er wird sehr gut altern.

🖛 GAEC Armand Gilg et Fils, 2-4, rue Rotland, 67140 Mittelbergheim, Tel. 88.08.92.76 ☎ n. V.

Alsace Grand Cru Muenchberg

LANDMANN Riesling 1990★

| ☐ | 1 ha | 3 000 | ⬗🔽2 |

Das Anbaugebiet Muenchberg wurde von den Mönchen des gleichnamigen Zisterzienserklosters angelegt. Der leichte Boden dieses Grand Cru hat diesem 90er eine schon bemerkenswerte Ausdruckskraft verliehen. Strohgelbe Farbe, kräftiger Duft mit Zitronennoten, stattlicher, lange anhaltender Geschmack. Ein sehr schöner Wein.

🖛 Gérard Landmann, 124, rte du Vin, 67680 Nothalten, Tel. 88.92.43.96 ☎ n. V.

Alsace Grand Cru Ollwiller

CH. OLLWILLER Riesling 1990

| ☐ | k.A. | k.A. | ⬗↓🔽3 |

Das Château Ollwiller erzeugt Weine von sehr großer Persönlichkeit. Dieser 90er, der sich gut entwickelt hat, muß in seiner Struktur noch harmonischer werden.

🖛 Cave Vinicole du Vieil-Armand, 1, rte de Cernay, 68360 Soultz-Wuenheim, Tel. 89.76.73.75 ☎ n. V.

🖛 J.H. Gros et ses fils

RAYMOND SCHMITT Riesling 1990

| ☐ | 0,22 ha | 2 200 | 🖪🔽2 |

Dieses sandig-lehmige Anbaugebiet eignet sich besonders gut für die Rieslingrebe. Ein interessanter 90er, der einen guten Gesamteindruck hinterläßt. Dennoch muß er noch seinen individuellen Charakter bestätigen.

🖛 Raymond Schmitt, 92, rue du Mal-de-Lattre-de-Tassigny, 68360 Soultz, Tel. 89.76.43.44 ☎ n. V.

Alsace Grand Cru Osterberg

ANDRE OSTERMANN
Gewurztraminer 1990

☐	0,4 ha	k.A.	⏸ ☑ 2

Eine alte Winzerfamilie, die seit 1846 in Ribeauvillé lebt. Blaßgoldene Farbe, würziger Duft. Der Geschmack muß noch vollkommen harmonisch werden.
☛ André Ostermann et Fils, 5, rue du Cimetière, 68150 Ribeauvillé, Tel. 89.73.60.81

LOUIS SIPP Gewurztraminer 1990*

☐	2,2 ha	20 000	⏸ ☑ 4

Ein lehmig-kalkiges Anbaugebiet mit einer starken Geröllschicht an der Oberfläche, die eine perfekte Reifung der Trauben begünstigt. Bei diesem würzigen Wein dominiert das Aroma von überreifen Trauben. Der Geschmack ist recht würzig, aber er braucht noch ein paar Monate Alterung, damit er vollkommen harmonisch wird.
☛ Louis Sipp Grands Vins d'Alsace, 5, Grand-Rue, 68150 Ribeauvillé, Tel. 89.73.60.01 ⏳ Mo-Sa 8h-12h 14h-18h ; Nov.-April geschlossen

Alsace Grand Cru Pfersigberg

LEON BAUR ET FILS
Gewurztraminer 1990

☐	0,5 ha	3 500	⏸ ☑

Ein lehmig-kalkiges Anbaugebiet mit Südsüdostlage. Schönes Aussehen, frischer, noch zurückhaltender Duft und eleganter, recht langer Geschmack. Dieser ausgewogene 90er sollte noch altern.
☛ Jean-Louis Baur, 22, Rempart Nord, 68420 Eguisheim, Tel. 89.41.79.13 ⏳ n. V.

PAUL GINGLINGER Riesling 1990

☐	0,5 ha	3 500	⏸ ☑ 3

Paul Ginglinger stellt Weine her, die eine große Persönlichkeit besitzen. Er entwickelt den fruchtigen, reichen Duft von überreifen Trauben. Der Geschmack zeigt eine vielversprechende Ausgewogenheit, muß aber trotzdem noch harmonischer werden. Altern lassen.
☛ Paul Ginglinger, 8, pl. Charles-de-Gaulle, 68420 Eguisheim, Tel. 89.41.44.25 ⏳ Mo-Sa 8h-12h 14h-19h

PIERRE-HENRI GINGLINGER
Tokay pinot gris 1990

☐	0,18 ha	1 500	⏸ ☑ 2

Die Ginglingers sind seit Ende des 17. Jh. Winzer. Die blaßgelbe Farbe dieses 90ers zeigt seine Jugendlichkeit an. Im Duft das Aroma zurückhaltend. Der fruchtige Geschmack ist leicht, aber angenehm. Muß noch altern.
☛ Pierre-Henri Ginglinger, 4 et 33, Grand-Rue, 68420 Eguisheim, Tel. 89.41.32.55 ⏳ n. V.

KUENTZ-BAS-CUVEE JEREMY
Gewurztraminer, Sélection grains nobles 1989***

☐	1 ha	4 000	⏸ ↓ ☑ 7

Jacques Weber ist ¨Onologe und einer der Leiter dieses Betriebs. Er hat diesen Wein mit meisterlicher Hand hergestellt. Goldene Farbe, Duft von eingemachten Früchten und geröstetem Brot. Im Geschmack entfaltet er ein aromatisches Feuerwerk. Kräftig, reich, komplex, vollkommen harmonisch. Sehr große Nachhaltigkeit. Ein außergewöhnlicher, lagerfähiger Wein.
☛ Kuentz-Bas, 14, rte du Vin, 68420 Husseren-les-Châteaux, Tel. 89.49.30.24 ⏳ Mo-Fr 8h-12h 14h-18h, Sa 8h-12h

DOM. EDOUARD LEIBER
Gewurztraminer 1990**

☐	k.A.	k.A.	⏸ ☑ 2

Ein Gut, das von der meisterlichen Hand eines ¨Onologen geführt wird. Sein Können spiegelt sich in seinen Weinen wider. Recht kräftige, goldgelbe Farbe. Sehr intensives, blumig-würziges Aroma. Dieser 90er entfaltet einen reichen, vollen, sehr alkoholischen Geschmack. Ein sehr großer Wein.
☛ Edouard Leiber, 5, rue Principale, 68420 Husseren-les-Châteaux, Tel. 89.49.30.40 ⏳ n. V.

MICHEL SCHOEPFER
Gewurztraminer, Sélection grains nobles 1989*

☐	k.A.	k.A.	⏸ ☑ 7

Dieses Gut hat seinen Sitz im ehemaligen Zehnthof des Klosters Marbach. Goldene Farbe, zurückhaltender Duft mit dem Aroma von getrockneten Früchten. Im Geschmack zeigt er sich voll, cremig und sehr ausgewogen. Lassen Sie ihn noch ein wenig altern.
☛ Michel Schoepfer, 43, Grand-Rue , 68420 Eguisheim, Tel. 89.41.09.06 ⏳ n. V.

EMILE SCHWARTZ
Gewurztraminer 1990**

☐	0,35 ha	3 000	⏸ ☑ 2

Husseren-les-Châteaux liegt über dem Weinbaugebiet, das sich westlich von Colmar erstreckt. Ein Weinbauort par excellence ! Nicht sehr intensive, gelbe Farbe. Der sehr elegante, blumige Duft erinnert an wilde Rosen. Reichhal-

tiger Geschmack mit vielfältigen Eindrücken : sehr reife, leicht gekochte Früchte mit Quittennoten. Ein sehr schöner Wein.
🍷 Emile Schwartz et Fils, 3, rue Principale, 68420 Husseren-les-Châteaux, Tel. 89.49.30.61 Ⓨ Mo-Sa 8h-12h 14h-20h

DOM. BRUNO SORG Riesling 1990*

☐	k.A.	k.A.	⦿ ☑ 🄳

Eguisheim ist auch bekannt, weil hier der spätere Papst Leo IX. geboren wurde. Schöne Farbe, zurückhaltender, sehr feiner Duft. Ein 90er, der im Geschmack eine hübsche Fülle und gute Frische zeigt. Ein recht typischer, sehr gelungener Riesling.
🍷 Bruno Sorg, 8, rue Mgr Stumpf, 68420 Eguisheim, Tel. 89.41.80.85 Ⓨ n. V.

FERNAND STENTZ Riesling 1990*

☐	0,22 ha	1 500	⦿ ☑ 🄳

In Husseren-les-Châteaux sollten Sie nicht versäumen, die Weine von Fernand Stentz zu probieren, die viel Persönlichkeit besitzen. Dieser 90er, der durch das Aroma überreifer Trauben geprägt ist, entfaltet im Geschmack seine großen Qualitäten, insbesondere Kraft und Reichtum.
🍷 Fernand Stentz, 40, rte du Vin, 68420 Husseren-les-Châteaux, Tel. 89.49.30.04

Alsace Grand Cru Pfingstberg

DOM. LUCIEN ALBRECHT
Gewurztraminer, Vendanges tardives 1989*

☐	k.A.	k.A.	⦿ ↓☑🄶

Ein Keller aus dem 18. Jh., ein kleines Weinbaumuseum und eine Familie, die wahrscheinlich schon seit 1772 Wein anbaut. Goldgelbe Farbe, klarer, sehr intensiver Duft. Der Geschmack erinnert an getrocknete Früchte und einen Hauch von Rosen.
🍷 Dom. Lucien Albrecht, 9, Grand-Rue, 68500 Orschwihr, Tel. 89.76.95.18 Ⓨ Mo-Sa 10h-12h30 14h-19h

CAMILLE BRAUN
Riesling Vendanges tardives 1989

☐	0,53 ha	k.A.	▮↓☑🄴

Eine sehr alte Winzerfamilie. Der Wein muß noch vollkommen harmonisch werden, aber sein komplexes, fruchtiges Aroma deutet auf eine gute Zukunft hin.
🍷 GAEC Camille Braun et Fils, 16, Grand-Rue, 68500 Orschwihr, Tel. 89.76.95.20 Ⓨ Mo-Sa 8h-12h 13h30-18h30

CH. D' ORSCHWIHR Riesling 1990

☐	0,65 ha	k.A.	▮↓☑🄳

Elegant, gut gebaut, ausgewogen. Ein Wein, der schon jetzt angenehm schmeckt.
🍷 Ch. d' Orschwihr, 68500 Orschwihr, Tel. 89.74.25.00 Ⓨ n. V.
🍷 Hubert Hartmann

Alsace Grand Cru Praelatenberg

DOM. SIFFERT Riesling 1990

☐	0,9 ha	k.A.	⦿ ↓☑🄳

Orschwiller liegt wunderschön zu Füßen der Burg Haut-Kœnigsbourg. Ein gut strukturierter Wein, der sich aber noch stärker entfalten muß.
🍷 Dom. Siffert, 16, rte du Vin, 67600 Orschwiller, Tel. 88.92.02.77 Ⓨ n. V.
🍷 Maurice Siffert

DOM. SIFFERT
Gewurztraminer, Vendanges tardives 1989**

☐	0,54 ha	k.A.	⦿ ↓☑🄵

Ein sehr angesehenes Anbaugebiet mit einem Lehm-Kiesel-Boden, der eine bemerkenswerte Ausdruckskraft seiner Weine begünstigt. Dieser 89er ist sehr gut vinifiziert. Das Aroma erinnert an Rosen. Der Geschmack ist voll, mild und nachhaltig. Ein Prüfer schrieb : »Ein für das Geschmackserlebnis geschaffener Wein, der Lust macht, seinen schönen Stoff kennenzulernen.«
🍷 Dom. Siffert, 16, rte du Vin, 67600 Orschwiller, Tel. 88.92.02.77 Ⓨ n. V.
🍷 Maurice Siffert

Alsace Grand Cru Rangen de Thann

CLOS SAINT-THEOBALD
Riesling 1990**

☐	0,5 ha	2 000	▮↓☑🄴

Ein bemerkenswertes Anbaugebiet oberhalb von Thann, einem Städtchen mit vielen historischen Sehenswürdigkeiten. Auch dieser 90er besitzt einen großen Reichtum, nämlich ein stark entfaltetes Bukett mit mineralischen Düften. Der sehr volle Geschmack hat alles, um zu gefallen.
🍷 Dom. Schoffit, 27, rue des Aubépines, 68000 Colmar, Tel. 89.24.41.14 Ⓨ n. V.
🍷 Robert et Bernard Schoffit

Alsace Grand Cru Rosacker

DAVID ERMEL Riesling 1990★★

| ☐ | 0,4 ha | 3 000 | 🔲↓🔲2 |

Dieser Grand Cru erstreckt sich auf die Hänge mit Südsüdostlage oberhalb des Dorfes Hunawihr, das wegen seiner Wehrkirche berühmt ist. Herrliche Ausdruckskraft im Duft. Danach entwickelt sich im Geschmack ein fruchtiges Aroma, das mit einer schönen Frische verbunden ist. Ein großer Wein zu einem günstigen Preis.
🍷 David Ermel, 30, rte de Ribeauvillé, 68150 Hunawihr, Tel. 89.73.61.71 🍷 tägl. 8h-12h 13h30-19h

MADER Riesling 1990

| ☐ | 0,5 ha | 3 000 | 🔲🔲2 |

Ein lehmig-kalkiger Hügel, der sich besonders gut für die Erzeugung von lagerfähigen Weinen eignet. Auch dieser fein und elegant duftende 90er muß noch ausgewogener werden.
🍷 Jean-Luc Mader, 13, Grand-Rue, 68150 Hunawihr, Tel. 89.73.80.32 🍷 tägl. 9h-12h 14h-18h

SIPP MACK Riesling 1990★★★

| ☐ | 0,6 ha | 4 000 | 🔲🔲↓🔲2 |

Eine Winzerfamilie, die Tradition mit modernen Methoden verbinden kann, um auf diese Weise einen Spitzenwein zu erzeugen. Feine, schon intensive Fruchtigkeit. Im Geschmack entfaltet sich ein Aroma, dessen Fülle und Nachhaltigkeit überaus bemerkenswert sind. Sehr gutes Preis-Leistungs-Verhältnis.
🍷 Dom. Sipp-Mack, 1, rue des Vosges, 68150 Hunawihr, Tel. 89.73.61.88 🍷 n. V.

Alsace Grand Cru Saering

DIRLER Riesling 1990★

| ☐ | 0,34 ha | 3 000 | 🔲🔲↓🔲3 |

Die Weine dieses Betriebs zeichneten sich schon immer durch ihre Qualität und ihre große Persönlichkeit aus. Ein recht ausgewogener 90er

mit hübscher Struktur und feinem Aroma. Das gute Ausgangsmaterial läßt sich nicht verleugnen.
🍷 Jean-Pierre Dirler, 13, rue d'Issenheim, 68500 Bergholtz, Tel. 89.76.91.00 🍷 n. V.

ERIC ROMINGER
Riesling, Vendanges tardives 1989★★

| ☐ | k.A. | 650 | 🔲🔲↓🔲5 |

Der lehmig-sandige Kalkboden dieses Anbaugebiets eignet sich ganz besonders für die Erzeugung großer Rieslingweine. Ein goldfarbener 90er mit einem reichen, komplexen Aroma im Geschmack. Harmonisch und sehr nachhaltig. Ein sehr großer Wein.
🍷 Eric Rominger, 6, rue de l'Eglise, 68500 Bergholtz, Tel. 89.76.14.71 🍷 n. V.

Alsace Grand Cru Schlossberg

DOM. PIERRE ADAM
Gewurztraminer, Sélection grains nobles 1989★★

| ☐ | k.A. | k.A. | 🔲🔲🔲6 |

In Ammerschwihr wurde 1946 die Confrérie Saint-Etienne neu ins Leben gerufen, die hier vor 200 Jahren gegründet worden war. Intensive, goldgelbe Farbe, feines, komplexes Aroma von sehr reifen Früchten im Duft. Im Geschmack zeigt dieser kräftige Wein eine schöne Frische, einen stark entfalteten aromatischen Reichtum und eine sehr große Nachhaltigkeit. Ein bemerkenswert komplexer Wein.
🍷 Dom. Pierre Adam, 8, rue du Lt-Louis-Mourier, 68770 Ammerschwihr, Tel. 89.78.23.07 🍷 n. V.

ANDRE BLANCK ET FILS
Riesling Cour des chevaliers de Malte 1990★

| ☐ | 1,5 ha | 8 000 | 🔲🔲↓🔲2 |

Diese sehr alte Winzerfamilie wohnt in der Stadt von Baron von Schwendi, der im Elsaß die Rebsorte Tokay-Pinot Gris eingeführt haben soll. Sehr blumiger Duft. Ein schöner Wein, der sich durch Ausgewogenheit und schöne Frische auszeichnet.
🍷 André Blanck et Fils, Ancienne cour des Chevaliers de Malte, 68240 Kientzheim, Tel. 89.78.24.72 🍷 Mo-Sa 8h-20h

JEAN DIETRICH Riesling 1990★

| ☐ | 1 ha | 6 000 | 🔲↓🔲3 |

Dieses Gut befindet sich in Kaysersberg, einem Ort mit vielen kulturellen und historischen Sehenswürdigkeiten. Ein gut entwickelter Wein mit mineralischem Duft und recht ausgewogenem Geschmack.
🍷 Jean Dietrich, 4, rue de l'Oberhof, 68240 Kaysersberg, Tel. 89.78.25.24 🍷 n. V.

LES VIGNERONS DE KIENTZHEIM-KAYSERSBERG Riesling 1990*

☐ | 6 ha | 32 000 | ▮↓❚Ⅳ▮3

Eine Genossenschaftskellerei, die wunderschön am Fuße eines der berühmtesten Hügel des Elsaß liegt : dem Schlossberg. Gute Entwicklung, blumiger Duft, intensiver Geschmack. Verspricht eine gute Zukunft.

🡒 Cave vinicole de Kientzheim-Kaysersberg, 10, rue des Vieux-Moulins, 68240 Kientzheim, Tel. 89.47.13.19 ☎ n. V.

ALBERT MANN Riesling 1990

☐ | 1 ha | 5 000 | ▮❚Ⅳ▮2

Der Schlossberg war der erste Grand Cru im Elsaß. Dieser Wein hat sich zwar gut entwickelt, muß sich aber dennoch in seiner Ausdruckskraft noch verfeinern.

🡒 Albert Mann, 13, rue du Château, 68920 Wettolsheim, Tel. 89.80.62.00 ☎ Mo-Sa 8h-12h 13h30-19h

Alsace Grand Cru Schoenenbourg

DOPFF Riesling 1990★★★

☐ | 6 ha | 22 000 | ❚❚↓❚Ⅳ▮3

Die Firma Dopff »Au moulin« hat viel für das Ansehen des elsässischen Weines getan ; sie ist heute eine der größten des Weinbaugebiets. Ihre Ursprünge reichen bis ins 17. Jh. zurück. Strahlende, strohgelbe Farbe, intensiv blumiger Duft mit einem Hauch von Gärungsaroma. Dieser 90er ist im Geschmack intensiv, elegant, stark und sehr harmonisch. Ein sehr großer Wein.

🡒 SA Dopff « Au moulin », 2, av. J.-Preiss, 68340 Riquewihr, Tel. 89.47.92.23 ☎ tägl. 9h-12h 14h-18h

ROGER JUNG ET FILS
Sélection de grains nobles 1989

☐ | 0,16 ha | 1000 | ▮↓❚Ⅳ▮7

Ein Wein aus einem sehr angesehenen Anbaugebiet : goldene Farbe, noch zurückhaltend im Duft, aber schöne Ausgewogenheit im Geschmack.

🡒 GAEC Roger Jung et Fils, 23, rue de la 1ère-Armée, 68340 Riquewihr, Tel. 89.47.92.17 ☎ n. V.

Alsace Grand Cru Spiegel

DOM. LOBERGER Gewurztraminer 1990

☐ | 0,2 ha | k.A. | ▮❚❚↓❚Ⅳ▮3

Eine sehr alte Winzerfamilie. Dieser Wein mit dem eigentümlich rauchigen Duft muß im Geschmack noch vollkommen ausgewogen werden.

🡒 Dom. Joseph Loberger, 10, rue de Bergholtz-Zell, 68500 Bergholtz, Tel. 89.76.88.03 ☎ n. V.

Alsace Grand Cru Sporen

DOM. DOPFF Gewurztraminer 1990

☐ | 3 ha | 6 000 | ❚❚↓❚Ⅳ▮2

Die Firma Dopff »Au moulin« ist eines der Prunkstücke des elsässischen Weinbaugebiets. Dieser Wein stammt von Rebstöcken, die in einer Südostlage wachsen. Unter einem sehr schönen Kleid entfaltet er einen angenehm kräftigen Duft. Im Geschmack muß er noch harmonischer werden, weil im Augenblick der körperreiche Eindruck überwiegt. Zum Einlagern.

🡒 SA Dopff « Au moulin », 2, av. J.-Preiss, 68340 Riquewihr, Tel. 89.47.92.23 ☎ tägl. 9h-12h 14h-18h

DOM. DU MOULIN DE DUSENBACH Riesling 1990*

☐ | 0,8 ha | k.A. | ❚❚↓❚Ⅳ▮2

Der Sporen ist einer der berühmtesten Grands Crus von Riquewihr, einem Dorf, das heute weltweit bekannt ist. Ein recht stattlicher Wein, der seine Eigenschaften noch bestätigen muß, aber bereits seine Finesse und Fruchtigkeit enthüllt.

🡒 Bernard Schwach, 25, rte de Sainte-Marie-aux-Mines, 68150 Ribeauvillé, Tel. 89.73.72.18 ☎ n. V.

Alsace Grand Cru Vorbourg

HUNOLD
Gewurztraminer, Sélection grains nobles 1989*

☐ | 0,3 ha | 2 000 | ▮↓❚Ⅳ▮6

Die Anbaugebiete von Rouffach sind aufgrund ihrer Lage und ihrer Bodenbeschaffenheit besonders gut für die Erzeugung von großen Weinen geeignet. Dieser Wein mit den goldenen Reflexen und dem Aroma von eingemachten Früchten enthält reichen, harmonischen Stoff. Gute Entwicklung.

☛ Bruno Hunold, 29, rue aux Quatre-Vents, 68250 Rouffach, Tel. 89.49.60.57 ⧖ Mo-Sa 8h-12h 14h-18h, So 8h-12h

DOM. DE L'ECOLE DE ROUFFACH
Tokay pinot gris, Sélect. grains nobles 1989

☐	0,8 ha	704	▮ V 7	

Die Fachoberschule für Landwirtschaft in Rouffach genießt große Anerkennung bei allen Winzergenerationen im Elsaß. Der Duft dieses Weins ist bereits ziemlich entwickelt und entfaltet einen Hauch von Lindenblüten. Der Geschmack jedoch muß noch harmonischer werden.

☛ Lycée agr. et vit. de Rouffach, 8, Aux Remparts, 68250 Rouffach, Tel. 89.49.60.17 ⧖ Mo-Fr 8h15-12h 13h15-17h

CLOS SAINT-LANDELIN
Riesling, Vendanges tardives 1989★★★

☐	k.A.	16 000	▮ ↓ V 6	

Muré gehört zu den großen Namen im elsässischen Weinbau. Diese Berühmtheit ist auch verdient, wenn man nach diesem Wein urteilt. Prächtige, goldgelbe Farbe, reiches, komplexes Aroma mit exotischen Noten und getrockneten Früchten. Sein kräftiger Geschmack, seine Ausgewogenheit und seine außergewöhnliche Nachhaltigkeit machen ihn zu einem perfekten Wein. Grandios !

☛ Dom. Muré, Clos Saint-Landelin, R.N. 83, 68250 Rouffach, Tel. 89.49.62.19 ⧖ Mo-Sa 8h-12h 14h-18h

CLOS SAINT-LANDELIN
Gewurztraminer, Vendanges tardives 1989★★

☐	k.A.	25 000	▮ V 5	

Das Anbaugebiet der Domaine Muré, das die Familie im Laufe der Jahrhunderte angelegt hat, umfaßt heute 21 ha Rebflächen. Goldgelbe Farbe, sehr ausdrucksstarker Duft mit Rosen- und Quittennoten. Dieser 89er bietet eine geschmeidige, sehr würzige Ansprache und eine harmonische Struktur. Große Nachhaltigkeit im Geschmack. Ein sehr großer Wein.

☛ Dom. Muré, Clos Saint-Landelin, R.N. 83, 68250 Rouffach, Tel. 89.49.62.19 ⧖ Mo-Sa 8h-12h 14h-18h

CLOS SAINT-LANDELIN
Gewurztraminer, Sélection grains nobles 1989

☐	k.A.	1 500	▮ ↓ V 7	

Bernsteingelbe Farbe, blumiger Duft und ein reicher Geschmack, der noch harmonischer wer-

den muß. Dieser ausgewogene 89er stammt von sehr guten Trauben. Er dürfte sich gut entwickeln.

☛ Dom. Muré, Clos Saint-Landelin, R.N. 83, 68250 Rouffach, Tel. 89.49.62.19 ⧖ Mo-Sa 8h-12h 14h-18h

Alsace Grand Cru Wiebelsberg

E. BOECKEL Riesling 1990★★

☐	3 ha	10 000	▮ V 2	

Ein sehr altes Haus und eines der Schmuckstücke des elsässischen Weinbaugebiets. Dieser Riesling spiegelt den leichten Boden seines Anbaugebiets wider : Strohgelbe Farbe, intensiver Duft von sehr reifen Früchten, typischer, langer, sehr komplexer Geschmack. Ein großer Wein. »Sehr schöne Vinifizierung« , notierte ein Prüfer.

☛ Emile Boeckel, 2, rue de la Montagne, 67140 Mittelbergheim, Tel. 88.08.91.02 ⧖ Mo-Sa 8h-12h 14h-17h

DOM. ANDRE ET REMY GRESSER
Riesling, VT, Sélection vieilles vignes 1989

☐	0,5 ha	1 200	▮ ↓ V 6	

Eine sehr alte Winzerfamilie. Schönes Aussehen, ziemlich kräftiges, fruchtiges Aroma mit exotischen Noten, aber im Geschmack fehlt es noch an Harmonie. Die Jury hat diesen Wein als interessant und durch sein Anbaugebiet geprägt beurteilt.

☛ Dom. André et Rémy Gresser, 2, rue de l' Ecole, 67140 Andlau, Tel. 88.08.95.88 ⧖ tägl. 10h-12h 14h-19h

Alsace Grand Cru Wineck-Schlossberg

JEAN-PAUL ECKLE Riesling 1990★

☐	0,13 ha	1 200	▮ V 2	

J.-P. Ecklé, der einen sehr schönen Betrieb führt, hat immer in Fachverbänden mitgearbeitet. Dieser Wein hinterläßt einen sehr schönen Gesamteindruck. Sein Aroma und seine Nachhaltigkeit müssen sich noch ganz entfalten.

☛ GAEC Jean-Paul Ecklé et Fils, 29, Grand-Rue, 68230 Katzenthal, Tel. 89.27.09.41 ⧖ n. V.

JEAN-PAUL ECKLE ET FILS
Gewurztraminer 1990★

☐	0,34 ha	1 600	▮ V 3	

Ein sehr schönes Weingut mit einem Winzer an der Spitze, der schon immer viel für den elsässischen Weinbau geleistet hat. Schönes Aussehen, noch verschlossener Duft von eingemachten Früchten, recht ausgewogener, angenehm würziger und nachhaltiger Geschmack. Ein sehr gut vinifizierter 90er.

🕏 GAEC Jean-Paul Ecklé et Fils, 29, Grand-Rue, 68230 Katzenthal, Tel. 89.27.09.41 ☒ n. V.

KLUR-STOECKLE
Gewurztraminer 1990★★

| □ | 0,6 ha | 5 000 | 🅸↓Ⓥ2 |

Zwei Cousins haben sich zusammengeschlossen, um diesem alten Betrieb zu neuem Aufschwung zu verhelfen. Die Wurzeln dieser alten Winzerfamilie reichen bis 1600 zurück. Die goldgelbe Farbe, der intensive Duft mit sehr blumigen Noten (Rosen und Veilchen) und der sehr körperreiche, kräftige Geschmack von sehr reifen Früchten sind die Merkmale eines sehr großen Weins. Man sollte sich diesen 90er besonders merken.

🕏 Klur-Stoecklé, 9, Grand-Rue, 68230 Katzenthal, Tel. 89.27.24.61 ☒ tägl. 8h-12h 14h-19h

DOM. DE LA SINNE Riesling 1990★

| □ | 0,5 ha | 3 000 | 🅸Ⓥ2 |

Ammerschwihr, eine der Wiegen des elsässischen Weinbaus, veranstaltet die erste Messe elsässischer Weine. Dieser gut gebaute Riesling hat eine sehr vielversprechende Zukunft vor sich.

🕏 Jérôme Geschickt et Fils, 1, pl. de la Sinne, 68770 Ammerschwihr, Tel. 89.47.12.54 ☒ tägl. 8h-12h 14h-18h

MEYER-FONNE
Gewurztraminer, Vendanges tardives 1989

| □ | 0,25 ha | 1 500 | 🅸Ⓥ4 |

Ein Familienbetrieb, der Rebflächen in sehr unterschiedlichen Anbaugebieten besitzt. Ein gefälliger Wein mit guter Ansprache, der aber im Geschmack noch harmonischer werden muß.

🕏 François Meyer, 24, Grand-Rue, 68230 Katzenthal, Tel. 89.27.16.50 ☒ Mo-Fr 8h-12h 14h-18h

MEYER-FONNE Gewurztraminer 1990★★

| □ | 0,25 ha | 1000 | 🅸↓Ⓥ3 |

Über diesem Anbaugebiet ragt das Château de la Wineck auf. Der Granitboden mit lehmigem Untergrund begünstigt die perfekte Reifung der Trauben. Schöne Farbe, sehr typisches, wenn auch noch diskretes Bukett, frischer, fruchtiger Geschmack. Auf diesen 90er wartet eine sehr schöne Zukunft.

🕏 François Meyer, 24, Grand-Rue, 68230 Katzenthal, Tel. 89.27.16.50 ☒ Mo-Fr 8h-12h 14h-18h

Alsace Grand Cru Winzenberg

FRANCOIS MEYER
Gewurztraminer, Sélection grains nobles 1989

| □ | 0,2 ha | 800 | 🅸Ⓥ7 |

Ein typischer Weinbauort, der von berühmten Anbaugebieten umgeben ist. Strohgoldene Farbe, Duft von exotischen Früchten (Maracuja). Dieser Wein mit dem würzigen Geschmack ist trinkreif.

🕏 François Meyer, 55, rte du Vin, 67650 Blienschwiller, Tel. 88.92.45.67 ☒ n. V.

J. SPERRY-KOBLOTH Riesling 1990

| □ | 0,12 ha | 960 | 🅸Ⓥ2 |

Ein typischer kleiner Weinbauort am Fuße der Hügel des Grand Cru Winzenberg. Ein gut gebauter, jugendlicher Wein, der noch seine Eigenschaften entfalten muß.

🕏 Sperry-Kobloth, 100, rue Principale, 67650 Blienschwiller, Tel. 88.92.40.66 ☒ n. V.

Alsace Grand Cru Zinnkoepfle

DIRINGER
Gewurztraminer, Vendanges tardives 1989★★

| □ | 0,8 ha | 4 000 | 🅸Ⓥ5 |

Sébastien Diringer sorgt heute als Önologe für die Herstellung der Weine. Blaßgelbe Farbe, sehr komplexer, an Honig, Blumen und Früchte erinnernder Duft. Große aromatische Ausdruckskraft, großartige Harmonie und perfekte Länge im Geschmack. Ein sehr großer Wein.

🕏 GAEC Diringer, 18, rue de Rouffach, 68250 Westhalten, Tel. 89.47.01.06 ☒ Mo-Sa 8h-12h 13h-18h30

HAAG
Gewurztraminer, Sélection grains nobles 1989

| □ | 0,36 ha | 1 300 | 🅸↓Ⓥ... |

Jean-Marie Haag hat 1988 diesen 5,5 ha großen Familienbetrieb übernommen, der im Vallée Noble liegt. Dieser Wein stammt von einem Muschelkalkboden, der eine gute Lagerfähigkeit garantiert. Goldene Farbe, noch zurückhaltender Duft, nachhaltiges Aroma im Geschmack. Ein jugendlicher Wein, der sich noch entwickelt.

🕏 Jean-Marie Haag, 17, rue des Chèvres, 68570 Soultzmatt, Tel. 89.47.02.38 ☒ n. V.

KLEIN-BRAND Gewurztraminer 1990

| □ | 0,45 ha | k.A. | 🅸Ⓥ2 |

Ein Anbaugebiet mit vorwiegend kalkigem Boden, der seinen Weinen eine lange Lagerfähigkeit verleiht. Im Duft ist er noch etwas zurückhaltend, aber im Geschmack kommt ein angenehm reiches Aroma zum Vorschein.

☛ Klein-Brand, 96, rue de la Vallée, 68570 Soultzmatt, Tel. 89.47.00.08 ☎ Mo-Sa 8h-12h 13h-18h

SEPPI LANDMANN
Gewurztraminer, Vendanges tardives 1989*

| ☐ | 0,68 ha | 1 500 | 🍶↓☑7 |

Einer der großen Spezialisten für Spätlesen. Goldene Farbe. Das würzige Bukett entfaltet alle Merkmale überreifer Trauben. Kräftig gebaut, ausgewogen und cremig. Dieser Wein muß sich noch abrunden.
☛ Seppi Landmann, 20, rue de la Vallée, 68570 Soultzmatt, Tel. 89.47.09.33 ☎ n. V.

SEPPI LANDMANN
Riesling, Vendanges tardives 1989

| ☐ | 0,65 ha | 1000 | 🍶↓☑7 |

Ein im Vallée Noble besonders bekannter Name. Dieser im Aussehen wenig entwickelte Wein zeigt im Geschmack einen Anflug von Leichtigkeit. Man darf von ihm eine gute Entwicklung erwarten.
☛ Seppi Landmann, 20, rue de la Vallée, 68570 Soultzmatt, Tel. 89.47.09.33 ☎ n. V.

SCHIRMER Gewurztraminer 1990*

| ☐ | 0,25 ha | 1 500 | 🍶↓☑7 |

Dieses Anbaugebiet verleiht den Weinen originelle, besonders blumige Eigenschaften. Strohgelbe Farbe, sehr feines Aroma. Dieser recht typische Wein entfaltet einen harmonischen Geschmack, in dem Blumen und ganz besonders eine Veilchennote dominieren. Sehr reizvoll.
☛ GAEC Lucien Schirmer et Fils, 22, rue de la Vallée, 68570 Soultzmatt, Tel. 89.47.03.82 ☎ n. V.

Alsace Grand Cru Zotzenberg

CAVE ALFRED WANTZ
Gewurztraminer 1990*

| ☐ | 0,45 ha | 1000 | 🍷☑3 |

Der Zotzenberg eignet sich mit seinem lehmigkalkigen Boden perfekt für die Erzeugung von großen Weinen aus Gewürztraminertrauben. Feines, recht intensives Aroma. Ein wohlausgewogener Geschmack, der sich trotzdem noch bestätigen muß. Dieser Wein stammt von sehr guten Trauben.
☛ Jean-Marc et Liliane Wantz, 3, rue des Vosges, 67140 Mittelbergheim, Tel. 88.08.91.43 ☎ n. V.

A. WITTMANN FILS Riesling 1990*

| ☐ | 0,28 ha | 2 600 | 🍷☑2 |

Der Zotzenberg ist eines der Anbaugebiete, die seit langem den guten Ruf des elsässischen Weines sichern. Dieser stattliche Wein muß sich noch verfeinern, ist aber bereits sehr vielversprechend.
☛ André Wittmann, 7-9 rue Principale, 67140 Mittelbergheim, Tel. 88.08.95.79 ☎ n. V.

Die Einführung dieser Appellation im Jahre 1976 hat der Produktion von Schaumweinen nach der traditionellen Methode der Flaschengärung zu neuem Aufschwung verholfen, nachdem sie lange Zeit nur in begrenztem Maße zur Anwendung kam. Die Rebsorten, die für diesen immer beliebter werdenden Weintyp verwendet werden können, sind Pinot Blanc, Auxerrois, Pinot Gris, Pinot Noir und Chardonnay.

VICTOR ANCEL 1989**

| ○ | 0,31 ha | k.A. | 🍶☑2 |

André Ancel, der diesen Betrieb seit 1983 leitet, besitzt heute fast 8 ha Rebflächen in dem berühmten Geburtsort von Albert Schweitzer. Dieser intensiv duftende Crémant ist recht typisch für Pinottrauben. Im Geschmack ist er wohlausgewogen und frisch. Ein reicher, nachhaltiger Schaumwein, der einen sehr rassigen Aperitif abgibt.
☛ GAEC V. Ancel, 3, rue du Collège, 68240 Kaysersberg, Tel. 89.47.10.76 ☎ n. V.

PIERRE BECHT 1990*

| ○ | 1,5 ha | 15 000 | 🍶☑ |

Dieses Anbaugebiet, das am Eingang des Tals der Bruche liegt, ermöglicht die Herstellung von schönen elsässischen Crémants. Schöner Schaum und ein eleganter, diskreter Duft mit einer leichten Mandelnote. Die Struktur gleicht im Geschmack die Rundheit aus. Ein rassiger, sehr ansprechender Wein.
☛ Pierre Becht, 26, fg des Vosges, 67120 Dorlisheim, Tel. 88.38.18.22 ☎ n. V.

BUECHER Cuvée prestige 1989

| ○ | 4 ha | 40 000 | 🍶↓☑2 |

Ein im 17. Jh. entstandenes Weingut, das sich auf acht Gemarkungen verteilt. Das Motto der Buechers, »Qualität ist kein Zufall«, bestätigte sich mit unserer besonderen Empfehlung ihres 88er Gewürztraminers. Dieser Crémant ist zu 80% aus Pinot und zu 20% aus Riesling hergestellt worden. Er ist im Aussehen verführerisch, im Duft leicht entwickelt und im Geschmack eher rund.
☛ Paul Buecher et Fils, 15, rue Sainte-Gertrude, 68920 Wettolsheim, Tel. 89.80.64.73 ☎ tägl. 8h-12h 14h-18h

ANDRE DOCK ET FILS 1990**

| ○ | 0,3 ha | 3 000 | 🍷☑3 |

Dieses Gut gehörte früher Ehrhet Wantz, der die Rebsorte Klevener de Heiligenstein einführte; heute wird es von der Familie Dock-Heywang geführt, die in beiden Linien eine lange und berühmte Winzertradition besitzt. Hervorragender Schaum, sehr fruchtiger Duft. Im Geschmack ist dieser Crémant sehr vollständig, harmonisch und rassig. Ein Beispiel von seltener Nachhaltigkeit.

☛ André Dock et Fils, 20, rue Principale, 67140 Heiligenstein, Tel. 88.08.02.69 ☎ n. V.

CHRISTIAN DOLDER 1990**

| ○ | 0,5 ha | 6 400 | ▮☑2 |

Die Dolders bauen seit zwei Jahrhunderten Wein an. Christian hat den Familienbetrieb 1989 übernommen. Feiner, nachhaltiger Schaum. Dieser Crémant ist sehr gelungen : überaus verführerisches Aussehen, sehr eleganter Duft und wohlausgewogener, langer und harmonischer Geschmack.

☛ Christian Dolder, 4, rue Neuve, 67140 Mittelbergheim, Tel. 88.08.96.08 ☎ n. V.

G. DOLDER 1990*

| ○ | 0,8 ha | 9 000 | ▮☑2 |

Mit seinem 6 ha großen Weingut trägt Gérard Dolder zum guten Ruf des reizvollen Ortes Mittelbergheim bei. Ein sehr eleganter Crémant, dessen Aroma von Pfirsichen geprägt wird. Im Geschmack ist er fein, gut gebaut und wohlausgewogen. Ein Schaumwein von guter Provenienz.

☛ Gérard Dolder, 29, rue de la Montagne, 67140 Mittelbergheim, Tel. 88.08.02.94 ☎ n. V.

GRUSS 1990

| ○ | 1,44 ha | 15 000 | ▮↓☑2 |

Die Familie Gruss baut seit Generationen Wein an und genießt hohes Ansehen in Eguisheim. Ziemlich lang anhaltender Schaum. Dieser recht intensiv duftende Crémant ist aus einem besonders reichhaltigen Grundwein hergestellt worden. Im Geschmack zeigt er sich komplex und sehr lang.

☛ Joseph Gruss et Fils, 25, Grand-Rue, 68420 Eguisheim, Tel. 89.41.28.78 ☎ n. V.
☛ Bernard Gruss

GUETH 1989*

| ○ | 1 ha | k.A. | ▮☑2 |

Die Gueths, die seit 1661 Winzer sind, haben in verschiedenen elsässischen Orten gelebt, bevor sie sich in diesem Dorf im Munstertal niederließen. Bei diesem Crémant handelt es sich um eine Zusammenstellung aus Auxerrois- und Pinot-Gris-Trauben, die von einem Granitboden stammen. Der Duft ist sehr fein, der Geschmack kräftig und vollkommen ausgewogen, obwohl im Abgang eine leichte Rundheit zum Vorschein kommt.

☛ André Gueth et Fils, 5, rue Saint-Sébastien, 68230 Walbach, Tel. 89.71.11.20 ☎ n. V.
☛ Edgard Gueth

HUNOLD 1990*

| ○ | 1 ha | 10 000 | ▮↓☑2 |

Rouffach ist zu Recht berühmt. Das ist vor allem auf den guten Ruf seiner Winzer zurückzuführen. Beispielsweise auf Bruno Hunold, der eine sehr umfangreiche Palette von Weinen bietet. Dieser Crémant entwickelt einen recht lang anhaltenden Schaum und einen eleganten, intensiven Duft, der für die Auxerroisrebe typisch ist. Im Geschmack zeigt er sich ausgewogen, lang und harmonisch.

☛ Bruno Hunold, 29, rue aux Quatre-Vents, 68250 Rouffach, Tel. 89.49.60.57 ☎ tägl. 8h-12h 14h-18h ; dim. 8h-12h

LE BURGRAVE 1989

| ○ | 0,52 ha | 5 000 | ▯☑2 |

Jean Sperry entstammt einer alten Winzerfamilie ; heute bewirtschaftet er fast 6 ha in Blienschwiller. Guter Schaum, klarer, ansprechender Duft, ziemlich leichter Geschmack – ein frischer, vollmundiger Crémant.

☛ Sperry-Kobloth, 100, rue Principale, 67650 Blienschwiller, Tel. 88.92.40.66 ☎ n. V.

MEISTERMANN 1989

| ○ | 0,3 ha | 4 000 | ▯☑2 |

Die Meistermanns, die seit Generationen Winzer sind, wohnen in dem bezaubernden Dorf Pfaffenheim. Sehr verführerische, goldene Farbe. Dieser Crémant zeigt eine deutliche Entwicklung, die durch die Reife und Fülle der Auxerroistrauben geprägt zu sein scheint.

☛ Michel Meistermann, 37, rue de l'Eglise, 68250 Pfaffenheim, Tel. 89.49.60.61 ☎ n. V.

ERIC ROMINGER 1989**

| ○ | 0,6 ha | 6 000 | ▮↓☑2 |

Der Sohn hat das 1970 entstandene Weingut 1986 übernommen und seine Fläche in diesen wenigen Jahren verdoppelt. Lang anhaltender Schaum. Ein intensiv duftender Crémant, dessen Aroma an exotische Früchte erinnert. Im Geschmack ist er wohlausgewogen, reich und nachhaltig. Gute Entwicklung.

☛ Eric Rominger, 6, rue de l'Eglise, 68500 Bergholtz, Tel. 89.76.14.71 ☎ n. V.

JEAN-MARIE SOHLER 1987**

| ○ | 0,6 ha | 4 000 | ▯☑2 |

Jean-Marie Sohler, der einer alten Winzerfamilie entstammt, beweist großes Können bei der Herstellung seiner sehr eleganten Weine. Das leichte, anhaltende Perlen, der sehr frische Duft und der ausgewogene, recht volle Geschmack sind die großen Vorzüge dieses Crémants.

☛ Jean-Marie Sohler, 66, rte de Hohwarth, 67650 Blienschwiller, Tel. 88.92.42.93 ☎ n. V.

BERNARD STAEHLE 1990**

| ○ | 0,5 ha | 5 000 | ☑2 |

Bernard Staehle beeindruckt durch seine Freundlichkeit, sein fachliches Können und durch die Sorgfalt, mit der er sich um seine Weinberge kümmert. Das Ergebnis ist hier zu sehen : sehr nachhaltiger Schaum, feiner, intensiver Duft, der durch ein Pfirsicharoma geprägt wird, und ein spritziger, voller Geschmack. Kurz gesagt : große Harmonie.

☛ Bernard Staehlé, 15, rue Clemenceau, 68920 Wintzenheim, Tel. 89.27.39.02 ☎ Mo-Sa 8h-12h 14h-18h

A. WITTMANN FILS 1989★★★

○   0,97 ha   8 000   🍾 ☑ 2

Mittelbergheim ist eines der Schmuckstücke des elsässischen Weinbaugebiets. Das hervorra-gend gelegene Weingut der Familie Wittmann hat ein sehr hohes Ansehen erworben. Der Schaum dieses strahlend goldgelben Crémants ist gleichzeitig leicht und fein. Im Geschmack ist er sehr harmonisch. Großartig gebaut.

↩ André Wittmann Fils, 7-9, rue Principale, 67140 Mittelbergheim, Tel. 88.08.95.79 ☎ n. V.

ZINK 1989★

○   0,8 ha   6 000   🍾 ↓ ☑ 2

Diese Cuvée aus Pinot-Blanc- und Auxerroistrauben enthüllt eine sehr schöne Harmonie. Das an Pfirsiche und Obstkerne erinnernde Aroma wirkt sehr elegant. Im Geschmack trocken und rassig.

↩ Pierre-Paul Zink, 27, rue de la Lauch, 68250 Pfaffenheim, Tel. 89.49.60.87 ☎ n. V.

Die ostfranzösischen Weine

Die Weinberge der Côtes de Toul und des Moseltals sind die letzten Überreste eines einst blühenden lothringischen Weinbaugebiets. Das Anbaugebiet von Lothringen, das 1890 eine Ausdehnung von mehr als 30 000 ha besaß, war früher für seine Weine berühmt. In manchen Jahren wurden sogar Rotweine aus der Gegend von Metz auf der Mosel ins Ausland verschifft; ein Teil der Produktion des Anbaugebiets Toul wurde außerhalb des Gebiets zu Schaumwein verarbeitet.

Die beiden Anbaugebiete erlebten ihren Höhepunkt Ende des 19. Jahrhunderts. Danach führten leider mehrere Faktoren zu ihrem Niedergang : die Invasion der Reblaus, die die Verwendung von geringwertigeren Hybriden nach sich zog, die Wirtschaftskrise im Weinbau 1907, die Nähe der Schlachtfelder im Ersten Weltkrieg und die Industrialisierung der Region, die eine starke Landflucht zur Folge hatte. Erst 1951 erkannten die Behörden die Originalität dieser Anbaugebiete offiziell an und legten die AOVDQS Côtes de Toul und Vins de Moselle fest, wodurch diese Weine endgültig unter die großen französischen Weine eingereiht wurden.

Côtes de Toul AOVDQS

Dieses westlich von Toul gelegene Anbaugebiet umfaßt acht Gemarkungen auf einem Hang, der aus erodierten Sedimentgesteinen des Pariser Beckens besteht. Man findet hier lehmig-kalkige Böden aus dem Jura, die sehr gut entwässert sind und wunderbare Lage bieten. Die klimatischen Voraussetzungen sind günstig, weil das semikontinentale

Klima im Sommer zu höheren Temperaturen führt. Jedoch droht natürlich oft die Gefahr von Frühjahrsfrösten. Das erklärt auch, warum hier die Gamayrebe dominiert : eine sehr rustikale und widerstandsfähige Rebsorte, die typische »graue Weine« , d. h. sehr helle Roséweine, hervorbringt, die im Geschmack recht lebhaft und sehr fruchtig sind. Angebaut werden hier auch die Pinot-Noir-Rebe, die sehr körperreiche Weine liefert, und die Auxerroisrebe, aus der fruchtige, zarte Weißweine hergestellt werden.

Die Anbaufläche umfaßt gegenwärtig 65 ha, die durchschnittlich 3 000 hl Weine von gehobener Qualität erzeugen. Die Möglichkeiten zur Vergrößerung des Anbaugebiets sind immens ; man kann sich davon überzeugen, wenn man die Wein- und Mirabellenstraße am westlichen Ausgang von Toul entlangfährt.

MICHEL ET MARCEL LAROPPE
Pinot noir 1990 ★★★

■		3 ha	15 000	◫ ↓ Ⓥ ②

Der Betrieb ist 1735 entstanden. Heute bietet Michel Laroppe, ein glühender Verfechter dieser Appellation, neben dem traditionellen »grauen Wein« eine Palette anderer Produkte, darunter diesen außergewöhnlich eleganten Pinot Noir. Er ist im Eichenholzfaß ausgebaut worden und zeigt eine strahlend rubinrote Farbe. In seinem Duft findet man die ganze Palette von roten Früchten, die sich mit dem Aroma von Veilchen und Vanille vermischen. Die Entfaltung im Geschmack ist aufregend : kräftig gebaut, mit milden, harmonischen Tanninen. Ein herrlicher, lagerfähiger Wein.
🍷 SCV Laroppe, 21, rue de la République, 54200 Bruley, Tel. 83.43.11.04 ☎ Mo-Sa 8h-12h 14h-18h30

MICHEL ET MARCEL LAROPPE
Vin gris, Gamay 1991 ★

◪		15 ha	30 000	⚐ ↓ Ⓥ ②

Dieser Wein ist ausschließlich aus Gamaytrauben hergestellt worden. Er verkörpert genau den Typ des »grauen Weins« von Toul : schöne, blaßrosa Farbe, intensiver, fruchtiger Duft. Im Geschmack ist er spritzig und vollmundig und entspannt die Geschmacksknospen. Das Aroma erinnert an Pfirsiche und exotische Früchte.
🍷 SCV Laroppe, 21, rue de la République, 54200 Bruley, Tel. 83.43.11.04 ☎ Mo-Sa 8h-12h 14h-18h30

MICHEL ET MARCEL LAROPPE
Gris 1991 ★

◪		2 ha	7 000	⚐ Ⓥ ②

Dieser zweite Rosé ist aus einer harmonischen Kombination von Gamay- und Pinot-Noir-Trauben hergestellt worden. Er ist nervig und wohlausgewogen und entfaltet ein fruchtiges Aroma mit Röstnoten. Lang im Geschmack. Ein erfrischender, harmonischer Wein.
🍷 SCV Laroppe, 21, rue de la République, 54200 Bruley, Tel. 83.43.11.04 ☎ Mo-Sa 8h-12h 14h-18h30

LELIEVRE FRERES Auxerrois 1991 ★★

☐		0,66 ha	3 000	⚐ Ⓥ ①

Dieser Betrieb in Lucey, der früher den Bischöfen von Toul gehörte, produziert eine breite Palette von Weinen. Die Brüder Lelièvre stellen hier einen Auxerrois vor. Diese Rebsorte eignet sich besonders gut für das Klima dieser Region. Schöne, hellgelbe Farbe mit goldenen Reflexen. Er entfaltet einen komplexen Duft, dessen fruchtiges Aroma an Renetten erinnert. Der Geschmack ist lebhaft, ausgewogen und cremig. Ein ausdrucksvoller, körperreicher Wein.
🍷 GAEC des Coteaux Toulois, 46, Grand-Rue, 54200 Lucey, Tel. 83.63.81.36 ☎ n. V.
🍷 Lelièvre Frères

LELIEVRE FRERES Gris, Gamay 1990 ★★

◪		9 ha	25 000	⚐ Ⓥ ①

Ein weiteres bemerkenswertes Produkt. Dieser »graue Wein« mit der lachsrosa Farbe entfaltet einen Duft, der an Zitronen und Gewürze erinnert. Im Geschmack wird er durch ein Aroma von gekochten Früchten und im Abgang durch Haselnüsse geprägt. Er ist typisch für die Appellation und den Jahrgang.
🍷 GAEC des Coteaux Toulois, 46, Grand-Rue, 54200 Lucey, Tel. 83.63.81.36 ☎ n. V.
🍷 Lelièvre Frères

FERNAND POIRSON Gris, Gamay 1990 ★

◪		0,4 ha	3 000	◫ Ⓥ ①

In dem malerischen Dorf Bruley präsentiert Fernand Poirson, der sympathische Vorsitzende des Winzerverbands des Toulois, einen originellen Rosé, der durch eine herrliche Entwicklung gekennzeichnet ist. Schöne, orangerote Farbe, intensives Bukett, in dem man ein Aroma von getrockneten Früchten, Mandeln und Geröstetem entdeckt. Die Ausgewogenheit und die geschmackliche Struktur sind ein Beweis für die hervorragenden Trauben. Ein Wein, den man unbedingt probieren sollte : elegant und überraschend zugleich.
🍷 Fernand Poirson, 396, rue de la République, 54200 Bruley, Tel. 83.43.11.17 ☎ n. V.

LES VIGNERONS DU TOULOIS
Auxerrois 1991

	25 ha	2 000	

Eine ganz junge, erst 1990 gegründete Genossenschaft, die vor allem auf Qualität setzt und einige verlockende Weine vorstellt, wie dieser sehr aromatische Wein beweist, der recht typisch für die Rebsorte ist. Der lebhafte Geschmack entfaltet ein Aroma von unreifen Äpfeln. Ein schon komplexer 91er, der eine ausgezeichnete Ausgewogenheit und eine schöne Nachhaltigkeit zeigt.
↪ Les Vignerons du Toulois, pl. de la Mairie, 54113 Mont le Vignoble, Tel. 83.62.59.93 ☎ n. V.

CLAUDE VOSGIEN Vin gris, Gamay 1990

	2,72 ha	24 000	

Claude Vosgien wohnt in Bulligny, einem typisch lothringischen Dorf. Er beteiligt sich aktiv an der Entwicklung des Weinbaus von Toul. Schöne Farbe mit orangeroten Reflexen. Dieser »graue Wein« bietet eine schöne Frische und entfaltet im Duft und im Geschmack ein Aroma von reifen Äpfeln und gerösteten Mandeln.
↪ Claude Vosgien, 29, rue Saint-Vincent, 54113 Bulligny, Tel. 83.62.50.66 ☎ n. V.

Vins de Moselle AOVDQS

Dieses Weinbaugebiet befindet sich auf den Hügeln, die das Tal der Mosel säumen; sie bestehen aus den Sedimentgesteinen, die den Ostrand des Pariser Beckens bilden. Die Anbaufläche für diesen Wein von gehobener Qualität konzentriert sich auf zwei Gebiete: das erste südlich und westlich von Metz, das zweite in der Gegend von Sierck-les-Bains. Beeinflußt wird der Weinbau durch die Nähe zu Luxemburg, wo die Rebstöcke hoch und breit wachsen und trockene, fruchtige Weine dominieren. Mengenmäßig bleibt die Produktion sehr bescheiden. Die weitere Ausdehnung der Anbaufläche wird durch die extreme Zersiedelung der Region behindert. Dennoch hat diese AOVDQS gute Zukunftsperspektiven.

Eine Verordnung vom Juni 1986 legt die gesetzlichen Vorschriften für die »Moselweine« fest. Für 19 Gemarkungen der Appellation sind bereits die Parzellen abgegrenzt worden. Außerdem hat man offiziell eine neue Rebsorte eingeführt, die Müller-Thurgau-Rebe, die in den Dörfern nahe der luxemburgischen Grenze eine wichtige Rolle spielt. Der Höchstertrag liegt künftig bei 60 hl/ha.

CENTRE DE LAQUENEXY
Müller Thurgau 1991 **

	0,16 ha	2 500	

Das Institut von Laquenexy, das bekannter für seine Versuche mit Obstkulturen ist, wendet sich nach und nach auch dem Weinbau zu. Monsieur Boulanger, der Leiter des Instituts, der alle in der Appellation zugelassenen Rebsorten vinifiziert, stellt hier einen Müller-Thurgau vor. Ein schöner Erfolg! Der Duft ist intensiv und fein. Das schon komplexe, leicht muskatartige Aroma entfaltet blumige Noten und einen Hauch von Zitronenkraut. Im Geschmack ist er elegant und ausgewogen und bietet ein Aroma von frischen Früchten. Trinkreif.
↪ CDEF de Laquenexy, 57530 Laquenexy, Tel. 87.64.40.13 ☎ n. V.

JOSEPH MANSION Pinot blanc 1990 **

	0,4 ha	4 000	

Wenn man durch Lothringen fährt, sollte man unbedingt Station in Contz-les-Bains, nahe der luxemburgischen Grenze, machen und das dortige Weinbaumuseum besuchen. Joseph Mansion gehört zu den Menschen, die dort die Winzertradition am Leben erhalten. Dieser Pinot Blanc mit dem blumigen Duft überrascht angenehm durch seine Frische und seine Finesse. Der Geschmack ist recht lang. Im Abgang entfaltet er ein fruchtiges, elegantes Aroma.
↪ Joseph Mansion, 1, rue du Pressoir, 57480 Contz-les-Bains, Tel. 82.83.84.91 ☎ n. V.

JOSEPH MANSION Pinot gris 1990 *

	0,22 ha	1 300	

Ein Winzer an der Mosel beweist hier, daß die Rebsorte Pinot Gris nicht dem Elsaß vorbehalten ist. Dieser noch jugendliche, aber kräftige, körperreiche und aromatische Wein entfaltet eine schöne Frische und eine große Finesse.
↪ Joseph Mansion, 1, rue du Pressoir, 57480 Contz-les-Bains, Tel. 82.83.84.91 ☎ n. V.

MICHEL MAURICE Auxerrois 1991 *

	0,46 ha	2 500	

Michel Maurice, ein leidenschaftlicher und gewissenhafter Winzer, führt diesen Betrieb, der seiner Fläche nach klein, aber – gemessen an der Qualität seiner Produkte – groß ist. Er hat den Weinbau im Gebiet rund um Ancy-sur-Moselle wieder eingeführt. Dieser erste Wein stammt von

Ancy-sur-Moselle.

der Rebsorte Auxerrois. Er verströmt einen intensiven Duft, dessen Aroma an Zitrusfrüchte und Aprikosen erinnert. Langer Geschmack, in dem sich Ausgewogenheit und Frische begegnen.

🍾 Michel Maurice, 1-3, pl. Foch, 57130 Ancy-sur-Moselle, Tel. 87.30.90.07 ⟨ n. V.

MICHEL MAURICE 1991**

| | 0,45 ha | 4 300 | ∎↓✓∎ |

Ein »grauer Wein« mit einer schönen, hellen lachsrosa Farbe, der ein fruchtiges Aroma entwickelt. Die harmonische Kombination von Gamay- und Pinot-Noir-Trauben bietet eine bemerkenswerte Struktur und Ausgewogenheit. Er zeigt einen angenehm lebhaften und nachhaltigen Geschmack, der durch eine leicht pflanzliche Note verstärkt wird.

🍾 Michel Maurice, 1-3, pl. Foch, 57130 Ancy-sur-Moselle, Tel. 87.30.90.07 ⟨ n. V.

JOSEPH SIMON-HOLLERICH
Auxerrois 1991

| | 0,2 ha | 1 500 | ∎✓∎ |

Joseph Simon wohnt in Contz-les-Bain, einem malerischen Dorf, das sich an den Südhang des Moseltals schmiegt. Er ist das lebende Beispiel für einen Winzer, der seinen Beruf liebt. Dieser Auxerrois entfaltet einen feinen, fruchtigen Duft. Im Geschmack enthüllt er eine schöne Frische. Ein noch junger Wein, der vollmundig und typisch für seine Appellation ist.

🍾 Joseph Simon-Hollerich, 16, rue du Pressoir, 57480 Contz-les-Bains, Tel. 82.83.74.81 ⟨ n. V.

Beaujolais

Offiziell – und auch dem Gesetz nach – gehört das Gebiet des Beaujolais zum burgundischen Weinbaugebiet, aber es besitzt eine vorwiegend durch die Tradition festgeschriebene Eigenständigkeit. Diese wird übrigens durch die tatkräftige Werbung für ihre Weine verstärkt, die voller Eifer von allen betrieben wird, die den Beaujolais in der ganzen Welt berühmt gemacht haben. Wer könnte somit den dritten Donnerstag im November ignorieren, den Tag, an dem alljährlich der »Beaujolais nouveau«, der neue Beaujolais eintrifft? Diese Region unterscheidet sich schon landschaftlich vom Anbaugebiet seines berühmten Nachbarn: Hier gibt es überhaupt keine gerade und fast regelmäßige Hügelkette, sondern ein reizvolles Wechselspiel von Hügeln und Tälern, die zahlreiche sonnenbeschienene Hänge bilden. Auch die Häuser selbst, bei denen Hohlziegel an die Stelle von Flachziegeln treten, vermitteln bereits eine südfranzösische Atmosphäre.

Als südlichster Teil Burgunds und fast schon als Tor zum Süden von Frankreich umfaßt das Beaujolais 22 000 ha und 96 Gemarkungen in den Departements Saône-et-Loire und Rhône. Es bildet ein Gebiet, das in Nord-Süd-Richtung 50 km mißt und durchschnittlich rund 15 km breit ist; in seinem nördlichen Teil ist es schmäler, in seinem südlichen Teil breiter. Im Norden gibt es keine deutliche Grenze zum Mâconnais. Dagegen stellt die Tiefebene der Saône, wo die Windungen des majestätischen Flusses in der Sonne glitzern, eine klar erkennbare Grenze dar. Von der Saône sagte Julius Cäsar, sie fließe so langsam, »daß das Auge kaum feststellen kann, in welche Richtung sie eigentlich fließt«. Im Westen sind die Berge des Beaujolais die ersten Ausläufer des Zentralmassivs, deren höchster Punkt, der Mont Saint-Rigaux (1012 m), sich wie ein Grenzgebiet zwischen dem Land der Saône und dem Land der Loire ausnimmt. Im Süden schließlich tritt das Anbaugebiet des Lyonnais an seine Stelle und reicht bis zur Großstadt Lyon, die – wie jeder weiß – von drei »Strömen« bewässert wird: der Rhône, der Saône und dem – Beaujolais!

Sicherlich verdanken die Beaujolaisweine Lyon viel, dessen berühmte Weinlokale sie noch immer versorgen. Dort fanden sie offensichtlich einen günstigen Absatzmarkt, nachdem der Weinbau im 18. Jahrhundert einen erheblichen Aufschwung genommen hatte. Zwei Jahrhunderte vorher hatte Villefranche-sur-Saône als neue Landeshauptstadt Beaujeu abgelöst, dem das Gebiet auch seinen Namen verdankt. Geschickt und klug hatten die Herren von Beaujeu die Ausdehnung und den Wohlstand ihrer Besitztümer gesichert, wozu sie durch die Macht ihrer berühmten Nachbarn, der Grafen von Mâcon und Forez, der Äbte von Cluny und der Erzbischöfe von Lyon, angeregt worden waren. Die Aufnahme des Beaujolais in den Bereich der fünf großen königlichen Pachtbezirke, die von bestimmten Abgaben für den Transport

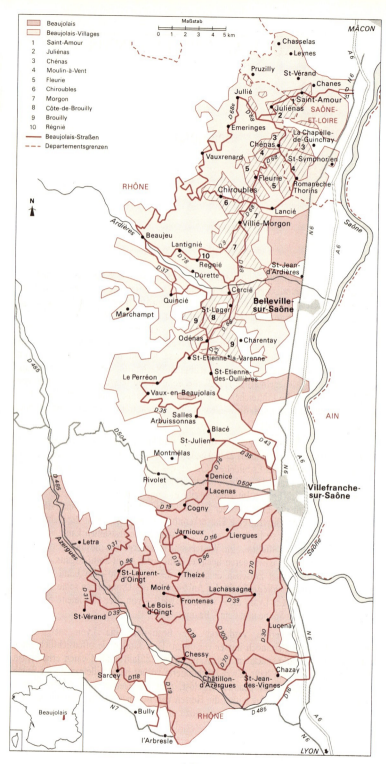

	Beaujolais
	Beaujolais-Villages
1	Saint-Amour
2	Juliénas
3	Chénas
4	Moulin-à-Vent
5	Fleurie
6	Chiroubles
7	Morgon
8	Côte-de-Brouilly
9	Brouilly
10	Régnié
	Beaujolais-Straßen
	Departementsgrenzen

Maßstab
0 1 2 3 4 5 km

MÂCON

Chasselas
Leynes
Pruzilly   St-Vérand
Chanes
Saint-Amour
Jullié
Juliénas   SAÔNE-
2   ET-LOIRE
Emeringes   La Chapelle-
de-Guinchay
3
Chénas   3
Vauxrenard   St-Symphorien
5   4
Fleurie
5   Romanèche-
Chiroubles   Thorins
6
Lancié
RHÔNE   Villié-Morgon
Saône
Ardières   Beaujeu
Lantignié
10   7
Régnié
Durette   St-Jean-
d'Ardières
Quincié   Cercié
Marchampt   St-Lager   BELLEVILLE-
9   8   sur-Saône
Odénas   Charentay
9
St-Etienne-la-Varenne
Le Perréon   St-Etienne-
des-Oullières
Vaux-en-Beaujolais
Salles   AIN
Arbuissonnas
Blacé
St-Julien
Montmélas
Rivolet   Denicé
Lacenas   Villefranche-
Cogny   sur-Saône
Jarnioux   Liergues
Letra   St-Laurent-
d'Oingt   Theizé
Moiré   Lachassagne
Le Bois-   Frontenas
d'Oingt
St-Vérand   Lucenay
Chessy
Chazay
Sarcey   Châtillon-
d'Azergues   St-Jean-
des-Vignes
Bully   RHÔNE

N

Beaujolais

l'Arbresle   LYON

112

nach Paris (der lange Zeit auf dem Kanal von Briare erfolgte) befreit waren, trieb die Entwicklung des Weinbaugebiets deshalb rasch voran.

Heute erzeugt das Beaujolais durchschnittlich 1 300 000 hl Rotweine (die Produktion von Weißweinen ist äußerst begrenzt), aber – und das ist ein wesentlicher Unterschied zum Burgund – fast ausschließlich von einer einzigen Rebsorte, der Gamayrebe. Diese Produktion verteilt sich auf die drei Appellationen Beaujolais, Beaujolais Supérieur und Beaujolais-Villages sowie die zehn »Crus« : Brouilly, Côte de Brouilly, Chénas, Chiroubles, Fleurie, Morgon, Juliénas, Moulin à Vent, Saint-Amour und Régnié. Die drei ersten Appellationen können für Rot-, Rosé- und Weißweine in Anspruch genommen werden, während die zehn anderen lediglich für Rotweine gelten, die laut Gesetz mit Ausnahme von Régnié auch als AOC Bourgogne ausgewiesen werden können. Geologisch gesehen, hat das Beaujolais nacheinander die Auswirkungen der hercynischen Faltung im Paläozoikum und der alpinen Faltung im Tertiär durchgemacht. Diese letzte Gebirgsbildung hat die jetzige Oberflächengestalt geprägt, indem sie die Sedimentschichten des Mesozoikums auseinanderriß und das Urgestein nach oben schob. In jüngerer Zeit, im Quartär, höhlten die Gletscher und die Flüsse, die sich von Ost nach West bewegten, zahlreiche Täler aus und formten die Landschaft durch die Bildung von kleinen Inseln aus hartem Felsgestein, das der Erosion widerstand. So entstand auch das Weinbaugebiet, das wie eine gigantische Treppe nach Osten hin abfällt und auf den Terrassen der Saône sanft ausläuft.

Traditionell unterscheidet man zwischen Nord- und Südbeaujolais, wobei die gedachte Linie durch Villefranche-sur-Saône verläuft. Nordbeaujolais bietet ein eher sanftes Relief mit abgerundeten Formen am Grund von Tälern, die teilweise mit Sand aufgefüllt sind. Das ist das Gebiet der alten Graphit-, Porphyr-, Schiefer- und Dioritfelsen. Der langsame Zerfall des Granits führt zu kieselhaltigem Sand, dessen Schichtdicke in Form von Quarzsand an manchen Stellen von einigen Dezimetern bis zu mehreren Metern reichen kann. Die Böden sind sauer, durchlässig und arm. Da organische Stoffe fehlen, halten sie Nährstoffe schlecht zurück und sind anfällig gegenüber Trockenheit, aber dafür leicht zu bearbeiten. Zusammen mit den Schieferböden sind dies die bevorzugten Böden der lokalen Appellationen und der Beaujolais-Villages. Das zweite Gebiet ist durch einen größeren Anteil von Sedimentgestein und lehmig-kalkigem Untergrund bestimmt und durch ein etwas ausgeprägteres Relief gekennzeichnet. Die Böden sind reicher an Kalk und Sandstein. Dies ist die Zone der »goldenen Steine« , deren von Eisenoxiden herrührende Farbe die Gebäude »wärmer« erscheinen läßt. Die Böden sind reicher und bewahren die Feuchtigkeit besser. Das ist die Anbauzone der AOC Beaujolais. Neben diesen beiden Gebieten, wo die Reben in einer Höhe zwischen 190 und 550 m wachsen, gibt es das »obere Beaujolais« . Es besteht aus härterem Metamorphosegestein, das bis zu einer Höhe von mehr als 600 m mit Nadelgehölzen bedeckt ist, die sich mit Kastanienbäumen und Farnkraut abwechseln. Die besten Anbaugebiete befinden sich in 150 bis 350 m Höhe in Südsüdostlage.

Das Beaujolais besitzt ein gemäßigtes Klima, das von drei verschiedenen klimatischen Einflüssen bestimmt wird : einer kontinentalen, einer ozeanischen und einer mediterranen Strömung. Jede davon kann jahreszeitlich das Wetter beherrschen, mit brutalen Wetterumschlägen, die das Barometer und das Thermometer durcheinanderbringen. Der Winter kann kalt oder feucht sein, der Frühling feucht oder trocken. Die Monate Juli und August können glühend heiß werden, wenn der ausdörrende Wind aus südlicher Richtung weht, oder aber feucht, mit Gewitterregen, die häufig von Hagelschlag begleitet werden. Der Herbst fällt feucht oder warm aus. Die mittlere Niederschlagsmenge liegt bei 750 mm ; die Temperatur kann zwischen -20 °C und +38 °C schwanken. Aber mikroklimatische Besonderheiten verändern diese Gegebenheiten spürbar und fördern so die Ausweitung der Rebflächen auch in an sich weniger günstigen Lagen. Insgesamt besitzt das Anbaugebiet eine gute Sonneneinstrahlung und günstige Voraussetzungen für die Reifung der Trauben.

Die Bestockung im Beaujolais ist recht einförmig, denn 99% der Anbauflächen sind mit der Rebsorte Gamay Noir (mit hellem Saft) bepflanzt. Umgangssprachlich wird diese gelegentlich auch als »Gamay Beaujolais« bezeichnet. Von der Côte-d'Or wurde die Rebe durch einen Erlaß Philipps des Kühnen verbannt, der sie im Jahre 1395 ein »sehr unredliches Gewächs« (ganz bestimmt im Vergleich zur Pinotrebe) nannte. Trotzdem hat sie sich an viele Böden angepaßt und gedeiht unter sehr unterschiedlichen klimatischen Bedingungen. In Frankreich nimmt die Gamayrebe fast 33 000 ha ein. Diese Rebsorte, die sich bemerkenswert gut für die Böden des Beaujolais eignet, muß wegen ihres herabhängenden Wuchses in den ersten Jahren gestützt werden, damit sie sich ausbilden kann; deshalb kann man im Norden der Region Parzellen mit Rebpfählen sehen. Sie ist ziemlich empfindlich gegenüber Frühjahrsfrösten und sehr anfällig für die hauptsächlichen Weinkrankheiten und -schädlinge. Der Knospenaustrieb kann früh (Ende März) eintreten, läßt sich aber am häufigsten im Laufe der zweiten Aprilwoche beobachten. Es gibt hier die Redensart : »Wenn der Weinstock zu St. Georg strahlt, ist er nicht zu spät daran.« Die Blüte findet in den ersten beiden Juniwochen statt ; die Lese beginnt Mitte September.

Die anderen Rebsorten, die zur Bezeichnung Beaujolais berechtigen, sind Pinot Noir und Pinot Gris bei den Rot- und Roséweinen und Chardonnay und Aligoté bei den Weißweinen. Die Möglichkeit, den Trauben bei der Rotweinherstellung Chardonnay-, Aligoté- oder Gamay-Blanc-Trauben in einer Höchstmenge von 15% beizumischen, besteht zwar dem Gesetz nach, wird aber in der Praxis nicht mehr genutzt. Zwei Arten des Rebschnitts werden praktiziert : ein kurzer Gobeletschnitt für alle Appellationen und eine Pfahlerziehung (einfacher Guyotschnitt) für die Appellation Beaujolais. Die Grunderträge liegen bei 55 hl/ha für die AOC Beaujolais, 50 hl/ha für die Beaujolais-Villages und 48 hl/ha für die sogenannten Crus. Diese Zahlen können jedes Jahr von der INAO nach einer Überprüfung der Produktionsbedingungen neu festgesetzt werden.

Im Beaujolais werden alle Rotweine nach dem gleichen Prinzip hergestellt : Wahrung der Unversehrtheit der Trauben, verbunden mit einer kurzen Maischegärung (von drei bis sieben Tagen je nach Weintyp). Diese Kellertechnik kombiniert die klassische alkoholische Gärung bei 10 bis 20% der Mostmenge, die bei der Einmaischung freigesetzt wird, mit der interzellularen Vergärung, die einen nicht unwesentlichen Abbau der in der Traube vorhandenen Apfelsäure und das Auftreten spezieller Aromastoffe garantiert. Sie verleiht den Beaujolaisweinen einen besonderen Charakter und einen eigentümlichen aromatischen Einschlag, so daß sie je nach Herkunft übersteigert oder vollständig wirken. Dies erklärt auch die Schwierigkeiten der Winzer, bei ihren önologischen Eingriffen genau richtig vorzugehen, denn die Entwicklung des verwendeten Mosts läßt sich nicht voraussagen. Vereinfacht ausgedrückt, sind die Weine des Beaujolais trocken, tanninarm, geschmeidig, frisch und sehr aromatisch ; sie besitzen einen Alkoholgehalt von 12 bis 13,5 ° und eine Gesamtsäure von 3,5 g/l (angegeben im Gegenwert zu Schwefelsäure).

Eine aus der Vergangenheit übernommene, aber immer noch lebendige Eigenheit des Beaujolais ist die Halbpacht : Die Ernte und bestimmte Unkosten werden je zur Hälfte zwischen dem Pächter und dem Besitzer aufgeteilt, wobei letzterer die Anbauflächen, die Unterkunft und den Gärkeller sowie die Apparaturen für die Vinifizierung, die Materialien für die zusätzliche Behandlung und die Rebstöcke stellt. Der Winzer bzw. Halbpächter, der das Werkzeug für den Anbau besitzt, garantiert die Arbeitskräfte, die für die Lese notwendigen Aufwendungen und den tadellosen Zustand der Rebstöcke. Die Halbpachtverträge, die an Martini in Kraft treten, sind für viele Weinbauern von Interesse : 46% der Rebflächen werden in dieser Form bestellt und konkurrieren mit der direkten Nutzung (45%), während 9% vollständig verpachtet werden. Nicht selten findet man Winzer, die Besitzer von einigen Parzellen und gleichzeitig Halbpächter sind. Die für das Beaujolais typischen landwirtschaftlichen Betriebe sind 5 bis 8 ha groß, wobei 5 bis 6 ha mit Reben bepflanzt sind. Sie sind kleiner in der Zone der Crus, wo die Halbpacht dominiert, und größer im Süden, wo man überall auf Mischkultur trifft. 18 Genossenschaftskellereien vinifizieren 30% der Produktion. Einheimische Erzeuger und Weinhändler bestreiten 85% der Verkäufe, die das ganze Jahr über abgewickelt werden ; der Wein wird »stückweise« verkauft, wobei die Fässer 216 l Fassungsvermögen haben. Entscheidend für die Wirtschaft der Region sind jedoch die ersten Monate des Geschäftsjahres, wenn die Primeurweine freigegeben werden. Fast 50% der Produktion werden exportiert, in erster Linie in die Schweiz, nach Deutschland, Belgien, Luxemburg, Großbritannien, in die USA, in die Niederlande, nach Dänemark und Kanada.

Lediglich die Appellationen Beaujolais, Beaujolais Supérieur und Beaujolais-Villages ermöglichen bei den Rotweinen die Bezeichnung »Vin de Primeur« . Diese Primeurweine, deren Trauben von den Granitsandböden einiger Zonen der Beaujolais-Villages stammen, werden mittels einer kurzen Maischegärung von etwa vier Tagen hergestellt, die den zarten, vollmundigen Charakter des Weins, eine nicht allzu intensive Farbe und ein an reife Bananen erinnerndes fruchtiges Aroma begünstigt. Vorschriften legen die Normen für die chemische Analyse und den Zeitpunkt, wann der Wein auf den Markt gelangen darf, genau fest. Bereits Mitte November stehen diese Primeurweine bereit, um in der ganzen Welt verkostet zu werden. Die Produktion erhöhte sich bei diesem Weintyp von 13 000 hl im Jahre 1956 auf 100 000 hl im Jahre 1970, 200 000 hl 1976, 400 000 hl 1982 und 500 000 hl 1985. Ab 15. Dezember gelangen die »Crus« in den Handel, nachdem sie analysiert und verkostet worden sind. Die Beaujolaisweine sind für keine lange Lagerung geschaffen ; aber auch wenn sie zumeist in den ersten beiden Jahren nach der Lese getrunken werden, so gibt es doch sehr schöne Weine, die man zehn Jahre lang aufheben kann. Der Reiz dieser Weine liegt in der Frische und der Finesse des Dufts, der an bestimmte Blumen (wie etwa Pfingstrosen, Rosen, Veilchen und Iris) und Früchte (Aprikosen, Kirschen, Pfirsiche und rote Beeren) erinnert.

Was gibt es Neues aus dem Beaujolais ?

Nach mehreren Jahren der Euphorie erlebt das Weinbaugebiet des Beaujolais wieder eine schwierigere Zeit. Die Exporte sind 1991 mengenmäßig um 8% zurückgegangen. 1988 hatte das Beaujolais bei den exportierten französischen AOC-Weinen einen Anteil von 10% ; zwei Jahre später sank dieser Anteil auf 8,4%. Der deutlichste Rückgang ist bei Japan zu verzeichnen. Merkliche Einbußen gibt es auch beim Export in die Schweiz und nach Großbritannien. Lediglich der deutsche Markt hält sich recht gut.

Die Mode der Primeurweine nutzt sich etwas ab. Den Crus gelingt es nicht immer, sich davon abzuheben. Daher diese Probleme auf einem lustlosen Markt. Das Weinbaugebiet ist dabei, den regionalen Fremdenverkehrsverband des Beaujolais wieder aufleben zu lassen, wobei man auf 100 000 Besucher im Jahr hofft.

Der Jahrgang 1991 bietet eine hervorragende allgemeine Qualität, die mit einer mengenmäßig relativ niedrigen Ernte zusammenhängt. Bei den Trauben von Granitböden sind die Tannine kräftig. Sie werden ausgewogene, lagerfähige Weine liefern. Auf den lehmig-kalkigen Böden erhält man mehr Fleisch. Nach dem Abstich war der fruchtige Geschmack zögerlich. Er kommt etwas später zum Vorschein und entfaltet ein Aroma von frischen Trauben und roten Früchten.

Zusammenschluß der Häuser David und Foillard in Saint-Georges-de-Reneins und Jacquemont Père et Fils in Romanèche-Thorins (David-Foillard und Jacquemont) mit einer Neugliederung des Gesamtbetriebes.

Beaujolais und Beaujolais Supérieur

Die Appellation Beaujolais macht fast die Hälfte der Gesamtproduktion aus. 9 650 ha, die zumeist südlich von Villefranche liegen, liefern durchschnittlich 550 000 hl Wein. Davon sind 7 000 hl Weißweine, die aus Chardonnaytrauben hergestellt und zu zwei Dritteln im Kanton La Chapelle-de-Guinchay, einer Übergangszone zwischen den Silikatböden der Crus und den Kalkböden des Mâconnais, erzeugt werden. Im Gebiet der »goldenen Steine« , östlich von Le Bois-d'Oingt und südlich von Villefranche, findet man Rotweine, deren Aroma eher fruchtig als blumig ist und die im Duft manchmal pflanzliche Noten entfalten. Diese farbintensiven, kräftig gebauten und ein wenig rustikalen Weine lassen sich recht gut lagern. Im oberen Teil des Azerguestals, im Westen des Gebiets, stößt man auf kristallines Gestein, das den Weinen eine mineralischere Note verleiht, so daß man sie etwas später probieren sollte. Die noch höher liegenden Anbauzonen schließlich bringen lebhafte Weine von leichterer Farbe hervor, in warmen Jahren auch frischere Weine. Die neuen Genossenschaftskellereien, die in diesem Gebiet entstanden sind, haben wesentlich zur Weiterentwicklung der Kellertechnik und zum wirtschaftlichen Wohlstand dieser Region beigetragen, aus der fast 75% der Primeurweine stammen.

Die Appellation Beaujolais Supérieur ist eine Appellation ohne speziell abgegrenztes Anbaugebiet. Sie kann für Weine in Anspruch genommen werden, deren Traubenmost bei der Lese einen Alkoholgehalt aufweist, der 0,5° über dem der Appellation Beaujolais liegt. Jedes Jahr werden 10 000 hl so eingestuft, hauptsächlich Weine aus dem Gebiet der AOC Beaujolais.

Bei den verstreut liegenden Weingütern kann man die traditionelle Bauweise der Winzerhäuser bewundern : Die Außentreppe bildet den Zugang zu einem Balkon mit Vordach und zur Wohnung über dem ebenerdigen Keller. Gegen Ende des 18. Jahrhunderts baute man große Gärkeller außerhalb des Hauptgebäudes. Der Keller von Lacenas, 6 km von Villefranche entfernt, ein Nebengebäude des Château de Montauzan, beherbergt die Bruderschaft der Compagnons du Beaujolais, die 1947 gegründet wurde und heute internationale Gäste bewirtet. Eine weitere Confrérie, die Grapilleurs des Pierres Dorées, bereichert seit 1968 die zahlreichen Veranstaltungen im Beaujolais. Und nun zum Verkosten eines »pot« Beaujolais, jenes bauchigen Fläschchens mit 46 cl Inhalt, das auf den Tischen der Bistros steht : Am besten passen dazu Kutteln, Blutwurst, Fleisch- oder Bockwurst, Schweinefleisch und überbackene Lyoner Klößchen. Die Primeurweine munden besonders zu Artischocken à la Moelle oder zu einem Kartoffelgratin mit Zwiebeln.

Beaujolais

JEAN-CLAUDE ET MARYSE ARNAUD 1991

| ■ | 1,2 ha | 5 000 | ▮↓Ⅴ❶ |

Dieser dunkelrote, fast schon violette Wein stammt von einem Gut mit weitem Rundblick. Der intensive Duft erinnert an rote Früchte und Bananen. Der lebhafte, leichte Geschmack beeinträchtigt nicht den eher einschmeichelnden Gesamteindruck, der sich durch einen runden Abgang auszeichnet. Schade, daß er nicht sehr nachhaltig ist.
↜ Jean-Claude et Maryse Arnaud, chem. des Oncins, 69210 Saint-Germain-sur-Arbresle, Tel. 78.47.91.28 ☎ n. V.

GÉRARD ET NICOLE BARITEL 1991

| ☐ | 0,9 ha | 4 000 | ▮↓Ⅴ❷ |

Eine gastfreundliche Familie, die anläßlich der letzten Traubenkelterung ein »Paradiesfest« veranstaltet hat. Dieses Getränk, halb Traubensaft, halb Wein, besitzt eine klare, strahlende strohgelbe Farbe. Der lebendige, nicht sehr kräftige Duft erinnert an exotische Früchte, deren Aroma sich in dem warmen Geschmack wiederfindet.
↜ Gérard et Nicole Baritel, rte de Chiroubles, 69220 Lancié, Tel. 74.69.83.82 ☎ tägl. 8h-20h

CAVE BEAUJOLAISE DU BEAU VALLON Les Pierres Dorées 1991*

| ■ | 400 ha | 200 000 | ▮↓Ⅴ❶ |

Von der Terrasse der Kellerei hat man einen schönen Ausblick auf die Pierres Dorées. Dieser typische 91er entfaltet einen ziemlich feinen Lilien- und Veilchenduft. Fleischiger, recht lebhafter und gut strukturierter Geschmack von mittlerer Nachhaltigkeit. Ein reicher, frischer Wein, den man in den kommenden 18 Monaten probieren kann, ohne daß er große Überraschungen bereithält.

☛ Cave Beaujolaise du Beau Vallon, 69620 Theizé, Tel. 74.71.75.97 ⚅ n. V.

DOM. DE BLACERET-ROY 1991★★

| □ | | 1,2 ha | 6 000 | ⬛⬇🅥1 |

Dieses Gut, dessen Weine in unserem Führer häufig Erwähnung finden, präsentiert eine sehr helle Cuvée, die am Glas schöne »Tränen« hinterläßt. Der blumige Duft ist fein und frisch. Nach einer guten Ansprache zeigt dieser fleischige Wein seine Rundheit. Ein ausgewogener, harmonischer 91er, der nur langsam verblaßt.

☛ Thierry Canard, Les Granges, 69460 Saint-Etienne-des-Oullières, Tel. 74.03.45.42 ⚅ n. V.

DOM. DU BOIS DE LA GORGE
Cuvée n°1 1991★★

| ⬛ | | 1 ha | 8 000 | ⬇🅥1 |

In diesem malerischen Dorf der Pierres Dorées, in dem ein schönes Schloß mit sechs Türmen steht, hat das Gut eine hervorragende Cuvée von kräftiger, rubinroter Farbe hergestellt. Originelles blumig-fruchtiges Bukett. Man findet darin die für die Appellation typischen Beeren sowie einen Duft, der an Nelken erinnert. Saubere Ansprache zwischen Geruchs- und Geschmackseindruck. Dieser Wein ist vollständig, reich, fleischig und ausgewogen und bildet im Glas schöne »Kirchenfenster« . Er trinkt sich leicht, kann aber noch altern.

☛ Maurice Montessuy, La Chanal, 69640 Jarnioux, Tel. 74.03.82.89 ⚅ n. V.

PATRICK BRONDEL 1991★

| ⬛ | | 8,8 ha | 6 000 | ⬛⬤🅥1 |

Ein kräftiges, tiefes Rubinrot mit violetten Reflexes umhüllt diese Cuvée. Der lebhafte, blumig-fruchtige Duft erinnert an Pfingstrosen mit einer leicht holzigen Note. Dieser vollständige, solide Wein ist alkoholreich und robust und besitzt Frucht. Ein sehr guter, lagerfähiger Beaujolais mit vielversprechenden Zukunftsaussichten.

☛ Patrick Brondel, Le Signerin, 69640 Denicé, Tel. 74.67.57.35 ⚅ n. V.

LIONEL J. BRUCK 1991★

| ⬛ | | n.c. | n.c. | ⬛2 |

Eine Firma in Nuits-Saint-Georges, die zur Gruppe Jean-Claude Boisset gehört. Klare, strahlend rubinrote Farbe mit hübschen Reflexen. Der leichte Duft wird durch rote Früchte geprägt. Im reichen Geschmack spürt man ziemlich feine Tannine. Ein guter Wein von mittlerer Länge, der in den kommenden eineinhalb Jahren getrunken werden sollte.

☛ Lionel J. Bruck, rue du Moulin, 21700 Nuits-Saint-Georges, Tel. 80.61.07.24 ⚅ Mo-Fr 8h-12h 14h-18h (Fr bis 17h)

CAVE DE BULLY 1991★★

| ⬛ | | n.c. | n.c. | ⬛⬇🅥1 |

Bei ihrer Gründung im Jahre 1959 zählte die Genossenschaftskellerei 172 Mitglieder. Heute sind es 285. Sie vinifiziert und vermarktet die Produktion von 520 ha Rebflächen. Diese tiefrote Cuvée mit den violetten Reflexen verströmt einen reichhaltigen, feinen Duft von roten Früchten. Im langen Geschmack entfaltet sich ein vielfältiges Fruchtaroma. Ein angenehm fleischiger Wein, der weich, aber nicht schlaff ist und eine gute Struktur besitzt. Ein harmonischer Vertreter der Appellation, der für die kommenden drei Jahre viel verspricht.

☛ Cave Coop. de Bully, 69210 Bully, Tel. 74.01.27.77 ⚅ tägl. 8h-12h 14h-18h

DENIS CARRON
Vignoble des Coteaux de Saint Abram 1991

| ⬛ | | 2 ha | 10 000 | ⬤⬇🅥1 |

Ein sehr altes und überaus schönes Familiengut, das erfolgreich Tradition und modernen Fortschritt verbindet. Bei der Verkostung zeigte der noch jugendliche Wein eine tannige Seite, die ihn etwas hart erscheinen ließ. Sein kräftiger, an saure Drops erinnernder Duft ist keineswegs unangenehm. Guter Geschmack für eine harmonische Alterung. Ein weiterer Vorzug ist seine schöne, sehr intensive rubinrote Farbe.

☛ Denis Carron, chem. de Saint-Abram, 69620 Frontenas, Tel. 74.71.70.31 ⚅ n. V.

MICHEL CARRON 1991★

| ⬛ | | 1 ha | 7 000 | ⬛⬇🅥1 |

Dieses Weingut erhält häufig Auszeichnungen. Es hat eine überaus strahlende, rubinrote Cuvée hergestellt, die intensiv nach sauren Drops und Himbeeren duftet. Auf eine lebendige Ansprache folgt ein frischer, fruchtiger Eindruck. Ein wohlausgewogener Wein, der sich gut trinkt.

☛ Michel Carron, Terre Noire, 69620 Moiré, Tel. 74.71.62.02 ⚅ n. V.

JEAN-MARC CHARMET
Cuvée La Ronze 1991

| ⬛ | | 2 ha | 10 000 | ⬛⬇🅥2 |

Um die Mitte des 17. Jh. wurde wahrscheinlich der erste Winzer aus dieser Familie geboren, die seitdem den Weinberg von Le Breuil bearbeitet. Die vorgestellte Cuvée besitzt ein schönes Kleid von leichter, äußerst strahlender rubinroter Farbe. Das intensive, angenehm fruchtige Bukett bereitet auf einen ausgewogenen, für einen Beaujolais typischen Geschmack vor. Frisch, fruchtig und vollmundig. Ein ansprechender Wein, der einen Eindruck von Schlichtheit erweckt.

☛ Vignoble Charmet, La Ronze, 69620 Le Breuil, Tel. 74.71.64.83 ⚅ n. V.

PASCAL DESGRANGES 1991

| ⬛ | | 1,15 ha | 2 500 | ⬛🅥1 |

Dieser Winzer, der sich erst vor kurzem hier niedergelassen hat, stellt einen 91er von intensiver, granatroter Farbe vor. Das komplexe Bukett ist durch fruchtige Noten geprägt. Klare Ansprache. Gut strukturierter Geschmack, in dem man die Fruchtigkeit wiederfindet. Ein ansprechender, gut gemachter Wein, dem man im Jahr nach der Lese trinken sollte.

☛ Pascal Desgranges, Les Pothières, 69420 Pommiers, Tel. 74.68.61.17 ⚅ Fr-So 8h 12h

LA CAVE DES VIGNERONS DU DOURY 1991

| | 439 ha | 80 000 | ∎↓🅥🄸🄲 |

Zwei berühmte Winzer sind Mitglieder der Kellerei der Vignerons du Doury : Papa Bréchard und Paul Bocuse. Diese Cuvée mit der klaren, hellen rubinroten Farbe entfaltet an der Luft einen intensiven Duft nach schwarzen Johannisbeeren. Nach einer runden, weichen Ansprache dominiert das ausgeprägte Johannisbeeraroma. Dieser wohlausgewogene, recht nachhaltige Wein besitzt einen lebhaften Abgang. Duftigkeit und Lebendigkeit charakterisieren diesen 91er.
🍷 Cave des Vignerons du Doury, Le Doury, 69620 Letra, Tel. 74.71.30.52 ☎ Mo-Fr 8h-12h 14h-18h, Sa 8h-12h 14h17h, So 10h-12 15h-19h

SELECTION PIERRE FERRAUD 1991

| ∎ | k.A. | k.A. | ∎🄸🄲 |

Ein sehr rühriger Weinhändler, der 40% seiner Verkäufe mit dem Ausland abwickelt. Diese rubinrote Cuvée hat ein sehr ansprechendes Bukett. Zu dem Duft von roten Früchten gesellt sich eine gut dosierte fruchtig-alkoholische Note. Gute Ansprache. Die Lebhaftigkeit überlagert jedoch die Rundheit.
🍷 SA Ferraud Père et Fils, 31, rue du Mal-Foch, 69220 Belleville, Tel. 74.66.08.05 ☎ n. V.

HENRY FESSY 1991*

| ∎ | k.A. | k.A. | 🄸🅥🄲 |

Ein typischer Wein mit einer kräftigen, warm dunkelroten Farbe. Der männlich wirkende Duft besitzt Finesse : Man entdeckt darin Pfingstrosen, Rosen und Pfeffer. Der volle, reiche und sehr feine Geschmack ist harmonisch und lang. Heute schon sehr ansprechend, aber er kann noch zwei Jahre altern.
🍷 Les Vins Henry Fessy, Bel-Air, 69220 Saint-Jean-d'Ardières, Tel. 74.66.00.16 ☎ n. V.

DOM. DES FORTIERES 1991**

| ∎ | 7 ha | 4 000 | ∎↓🅥🄸 |

Dieses Gut beehrt uns mit einem 91er von leichter, klarer und strahlender rubinroter Farbe. Der noch zurückhaltende Duft erinnert an Kirschwasser. Auch der weitere Eindruck ist fehlerlos. Dieser fleischige, runde Wein mit den feinen Tanninen, die ihm eine gute Ausgewogenheit verleihen, ist jetzt trinkreif.
🍷 GAEC des Fortières, 69460 Blacé, Tel. 74.67.58.57 ☎ n. V.

DOM. DU FOURCON 1991

| ∎ | 3,28 ha | 22 000 | ◫↓🅥🄸 |

Das Gut liegt in der Nähe des malerischen Dorfs Oingt, wo jedes Jahr das Orgelfestival von Barberie stattfindet. Von hier stammt eine Cuvée von ziemlich heller rubinroter Farbe. Der überaus einschmeichelnde Duft erinnert an rote Beeren. Dieser feine, ausgewogene Wein mit dem etwas flüchtigen Geschmack ist ein guter Durstlöscher, aber er endet ein wenig schnell. Die Jury empfiehlt ihn zu einer Brotzeit. Bereits trinkreif.
🍷 Christian Cloutrier, Dom. du Fourcon, Le Namier, 69620 Saint-Laurent-d'Oingt, Tel. 74.71.66.08 ☎ n. V.

DOM. DE LA FEUILLATA 1991

| ◪ | k.A. | 1000 | ↓🅥🄸 |

Das Gut wurde 1630 von den Vorfahren der Familie Rollet gegründet. Ein frischer, leichter, fruchtiger Rosé mit genau der richtigen Säure.
🍷 GAEC de La Feuillata, 69620 Saint-Vérand, Tel. 74.71.74.53 ☎ n. V.
🍷 Pierre Rollet

LES PETITS FILS DE BENOIT LAFONT 1991**

| ∎ | k.A. | 30 000 | ∎↓🄲 |

Eine sehr schöne Cuvée, die langsam einen recht intensiven Duft von roten Früchten entfaltet. Dieser perfekt vinifizierte Wein ist ausgewogen, aromatisch, vollständig und fleischig – ein bemerkenswerter Ausdruck des Jahrgangs 1991. Sollte im ersten Jahr nach der Lese getrunken werden.
🍷 Les Petits Fils de Benoît Lafont, Le Trève, 69460 Le Perréon, Tel. 74.03.22.03 ☎ n. V.

DOM. DE LA GRAND FOND 1991

| ∎ | 1,4 ha | 12 500 | 🄲 |

Ein fast 8 ha großes Gut, das für seine ausgezeichneten Cuvées bekannt ist. Sein 89er erhielt drei Sterne. Dieser 91er scheint als lagerfähiger Wein vinifiziert zu sein. Sehr intensive, fast violette Farbe. Zurückhaltender Duft. Der reiche, stattliche Geschmack besitzt eine wunderbare Intensität. Nicht übermäßig strukturiert, Große Nachhaltigkeit. Muß noch altern.
🍷 Jean-Luc Marchand, La Grand Fond, 69640 Cogny, Tel. 74.67.32.23 ☎ n. V.

DOM. DE LA GRENOUILLERE 1991

| ∎ | 0,8 ha | 5 000 | ◫↓🅥🄸 |

Charles Bréchard, der eine über 200 Jahre alte Weinbautradition fortführt, hat mit seinen Jahrgängen regelmäßig Erfolg. Die vorgestellte Cuvée besitzt eine strahlende Farbe. Der gut entwickelte Duft erinnert an Amylalkohol. Der weiche, ausgewogene Geschmack würde mehr Körper und Komplexität verdienen. Ein gefälliger, schlichter Wein, der schon trinkreif ist.
🍷 Charles Bréchard, La Grenouillère, 69620 Chamelet, Tel. 74.71.34.13 ☎ n. V.

LES VIGNERONS DE LIERGUES
Cuvée Jean Claude Fargeat 1991

| ∎ | k.A. | 9 500 | ∎↓🅥🄲 |

Diese für Innovationen bekannte Genossenschaftskellerei umfaßt 500 ha Rebflächen und hat bereits François Mitterrand und Raymond Barre als Besucher empfangen. Sie stellt eine Cuvée vor, deren rubinrote Farbe kräftig und strahlend ist. Dem blumigen Duft fehlt es etwas an Nachhaltigkeit. Man spürt in diesem reichen Wein feine Tannine, die eine schöne Zukunft garantieren. Er endet mit einer aromatischen Note, die an Leder erinnert.
🍷 Cave des Vignerons de Liergues, 69400 Villefranche-en-Beaujolais, Tel. 74.68.07.94 ☎ n. V.

DOM. DU MOULIN BLANC 1991

| ∎ | 1 ha | 7 000 | ∎↓🅥🄸 |

In diesem malerischen Dorf der Pierres Dorées

haben Alain und Danielle einen kirschroten, diskret duftenden Wein erzeugt. Lebhaft, mit einer leichten Tanninnote, aber es fehlt ihm etwas an Fleisch und Aroma. Dennoch alterungsfähig.
🍷 Alain Germain, Dom. du Moulin blanc, Crière, 69380 Charnay, Tel. 78.43.98.60 🍷 n. V.

DOMINIQUE PIRON 1991*

■	3 ha	25 000	■ ☑ 2

Ein hellrubinroter Wein, der sehr klar und strahlend ist und einen kräftigen Duft von roten Früchten entfaltet. Der Geschmack ist am Anfang etwas zögerlich, aber danach zeigt er sich reich und aromatisch. Ein frischer, durstlöschender Wein von großer Nachhaltigkeit. Sehr gut hergestellt – ein Wein, der Freude bereitet.
🍷 Dominique Piron, Morgon, 69910 Villié-Morgon, Tel. 74.69.10.20 🍷 n. V.

DOM. DE ROCHEBONNE 1991*

■	10 ha	10 000	■ ☑ 1

Dieses 20 ha große Gut, das von einer Frau geführt wird, zeichnet sich durch seine vielen Auszeichnungen. Die kräftige rubinrote Farbe ist ebenso ansprechend wie der intensive Duft von frischen Trauben. Nach einer guten Ansprache entfaltet sich der Wein im Geschmack. Sein Reichtum, seine gute Struktur und seine Ausgewogenheit verleihen ihm einen harmonischen Charakter. Er würde zwei Sterne verdienen, wenn er länger wäre.
🍷 Marcelle Pein, Le Bourg, 69620 Theizé, Tel. 74.71.23.52 🍷 n. V.

JEAN-MICHEL ROMANY 1991*

■	2 ha	5 000	◫ ↓ ☑ 1

Dieser 1920 angelegte Weinberg hat eine 91er Cuvée hervorgebracht. Die eine ins Violette spielende Farbe besitzt und einen angenehm intensiven, an rote Früchte und saure Drops erinnernden Duft entfaltet. Auf eine runde Ansprache folgen harmonische Eindrücke. Dieser fleischige, ausgewogene und elegante Wein ist charakteristisch für seinen Typ. Bei etwas mehr Länge hätte er zwei Sterne erhalten.
🍷 Jean-Michel Romany, Lérieux, 69620 Saint-Vérand, Tel. 74.71.67.46 🍷 n. V.
🍷 Guerpillon

DOM. DE ROTISSON 1991*

□	1,3 ha	6 000	■ ↓ ☑ 2

Dieses Gut kann sich rühmen, die größte Sammlung von Burgunderflaschen mit den Namen der berühmten Weinberge des Beaujolais und Burgunds zu besitzen. Schöne blaßgelbe Farbe mit grünen Reflexen. Gut entwickelter, feiner Duft. Der ausgewogene, aromatische und sehr angenehme Geschmack macht diese Cuvée zu einem Wein, den man schon jetzt trinken kann.
🍷 Jean-Paul Peillou, rte de Conzy, 69210 Saint-Germain-sur-l'Arbresle, Tel. 74.01.23.08 🍷 n. V.

CELLIER DES SAINT-ETIENNE 1991**

◪	k.A.	k.A.	■ ↓ ☑ 2

Ein bemerkenswerter Rosé aus dem Cellier des Saint-Etienne. Sein gut entwickelter, an Amylalkohol und rote Früchte erinnernder Duft ist sehr ansprechend. Hervorragende Ansprache. Wohlausgewogen, kräftig, aber nicht schwer. Man sollte ihn gekühlt trinken.
🍷 Cellier des Saint-Etienne, Le Bourg, 69460 Saint-Etienne-des-Oullières, Tel. 74.03.43.69 🍷 n. V.

DOM. DE SANDAR 1991

■	2 ha	k.A.	■ ↓ ☑ 1

Der Betrieb befindet sich in Gebäuden, die teilweise aus dem 13. Jh. stammen. Dieser 91er ist nicht sehr nachhaltig, besitzt aber einen angenehmen Geschmack und eine intensive Farbe. Sein ansprechendes Bukett erinnert an rote Früchte, Gewürze und einen Hauch von Amylalkohol.
🍷 Raymond Mathelin et Fils, Dom. de Sandar, 69380 Châtillon-d'Azergues, Tel. 78.43.92.41 🍷 Mo-Sa 8h30-12h 14h-19h

DOM. DES VARENNES 1991*

■	10 ha	65 000	■ ↓ 3

Der berühmte Weinhändler aus Aloxe-Corton übernimmt die Flaschenabfüllung für die Produktion dieses Guts. Ein Wein mit einer ansprechenden Farbe. Der noch verschlossene Duft entfaltet sich nach und nach und enthüllt angenehme, komplexe Fruchtnoten. Nach einer weichen Ansprache zeigt sich der Wein zart bis zu einer gewissen Härte im Abgang. Diese verdankt er seiner guten Beschaffenheit und seiner soliden, stoffreichen Struktur. Gute Länge. Ein seriöser, lagerfähiger Wein.
🍷 Pierre André, Ch. de Corton André, 21420 Aloxe-Corton, Tel. 80.26.44.25 🍷 tägl. 10h-18h

CH. DE VAURENARD 1991

■	18 ha	15 000	◫ ↓ ☑ 1

Auf diesem 500 Jahre alten Gut starb der Baron de Richemont, der sich als Sohn Ludwigs XVI. ausgab. Ein kirschroter 91er mit einem feinen, nachhaltigen Duft von roten Früchten. Zunächst dominieren die Tannine, bevor sich ein warmer Geschmack entfaltet. Für einen Beaujolais mangelt es ihm ein wenig an Fröhlichkeit, aber er kann einen guten lagerfähigen Wein abgeben.
🍷 SCI du Dom. de Vaurenard, 69400 Gleizé, Tel. 74.68.21.65
🍷 de Longevialle

Beaujolais-Villages

Die Bezeichnung »Villages« (Dörfer) wurde gewählt, um die Namen der zahlreichen Gemeinden zu ersetzen, die der Appellation Beaujolais zur Unterscheidung besserer Weine hinzugefügt werden konnten. Nahezu alle Erzeuger haben sich für die Kennzeichnung »Beaujolais-Villages« entschieden.

Anrecht auf die Appellation Beaujolais, gefolgt vom Namen der Gemeinde, oder einfach Beaujolais-Villages haben 37 Gemeinden, von denen acht im Kanton La Chapelle-de-Guinchay liegen. Letztere Bezeichnung ist seit 1950 die gebräuchlichste, weil sie die Vermarktung erleichtert. Die 5 600 ha, von denen sich 90% zwischen der Anbauzone der Beaujolaisweine und der Anbauzone der Crus befinden, liefern durchschnittlich 320 000 hl Wein.

Die Weine dieser Appellation haben Ähnlichkeit mit den Crus und unterliegen auch den gleichen gesetzlichen Bestimmungen für den Anbau (Gobeletschnitt, um 0,5 ° höherer Alkoholgehalt des Mostes als bei den Beaujolaisweinen). Sie stammen von Böden mit Granitgrus, sind fruchtig und vollmundig und besitzen eine schöne, lebhaft rote Farbe – die Spitzencuvées unter den Primeurweinen. In den höher gelegenen Anbaugebieten mit Granitböden gewinnen sie die Lebhaftigkeit, die zur Herstellung von Weinen notwendig ist, die man das ganze Jahr über trinken kann. Zwischen diesen beiden Extremen sind alle Nuancen vertreten, die Finesse, Aroma und Körper verbinden und – zur Freude der Genießer – zu den unterschiedlichsten Gerichten passen : Hecht in Sahnesauce, Pasteten oder Charolaisrind vertragen sich alle gut mit einem eleganten Beaujolais-Villages.

CAVE DES VIGNERONS DE BEL-AIR
1991★★

| ■ | 20 ha | 10 000 | 🍷↓✓🏆1 |

Die Genossenschaftskellerei gibt sich dieses Jahr die Ehre, diese stets frische Cuvée mit der sehr schönen dunkelroten, fast violetten Farbe vorzustellen. Das Bukett besitzt eine bemerkenswerte Komplexität und Finesse. Der Duft erinnert an frische Früchte und Unterholz im Frühling. Der ausgewogene, sehr lange Geschmack ist ebenfalls fruchtig. Die schönen Tannine lassen auf eine gute Lagerfähigkeit hoffen. Sehr harmonisch. Ein sehr schöner Beaujolais-Villages.
☎ Cave des Vignerons de Bel-Air, rte de Beaujeu, 69220 Saint-Jean-d'Ardières, Tel. 74.66.35.91 ⏱ n. V.

DOM. DE BEL AIR 1991★

| ■ | 5,5 ha | 18 000 | 🍷↓✓🏆2 |

Der 91er von diesem Gut ist dunkelrot und schimmert violett. Der intensive Duft erinnert an schwarze Johannisbeeren, die sich mit wilden, pflanzlichen Noten vermischen. Der Geschmack ist – nicht überraschend – kräftig : ein elegantes

Aroma von schwarzen und roten Johannisbeeren und Brombeeren. Dieser solide, reiche und harmonische Wein mit der schönen Länge besitzt noch Reserven.
☎ Jean-Marc Lafont, Dom. de Bel Air, 69430 Lantignié, Tel. 74.04.82.08 ⏱ tägl.. 8h-19h

DOM. BERTRAND 1991

| ■ | 2,5 ha | 8 000 | 🍷↓✓🏆1 |

Ein 91er mit einem jugendlichen Kleid, der aber einen entwickelten Duft von vollreifen Früchten verströmt. Nach der sauberen Ansprache entfalten sich das Aroma und der Körper dieses schlank gebliebenen Weins. Sollte jetzt getrunken werden.
☎ Jean-Pierre et Maryse Bertand, Bonnèze, 69220 Charentay, Tel. 74.66.85.96 ⏱ tägl. 8h-20h, So n. V.

BOUCHARD AINE ET FILS
La Vigneronne 1991★

| ■ | k.A. | 30 000 | 🍷✓🏆1 |

Ein Wein mit einer strahlend granatroten Farbe und einem feinen, zarten Bukett, in dem man säuerliche Früchte und eine Himbeernote entdeckt. Diese zarte, entfaltete Cuvée ist besonders vollmundig, munter und harmonisch im Stil. Ein schlichter, leichter Durstlöscher.
☎ Bouchard Aîné et Fils, 36, rue Sainte-Marguerite, 21203 Beaune, Tel. 80.22.07.67 ⏱ n. V.

JEAN-LOUIS CHANAY 1991

| ■ | 4,4 ha | 10 000 | 🍷↓✓🏆1 |

Ziemlich kräftige rote Farbe. Duft von feinen roten Früchten. Vollständig und rund trotz der spürbaren Tannine und des fruchtigen Aromas, das sich nur schwer entfalten kann. Man sollte diesen Wein nach einiger Zeit nochmals verkosten.
☎ Jean-Louis Chanay, Le Trêve, 69460 Saint-Etienne-des-Oullières, Tel. 74.03.43.65 ⏱ n. V.

CH. DU CHATELARD 1991★

| ■ | 5 ha | k.A. | 🍷✓🏆2 |

Das Gut präsentiert einen Beaujolais-Villages, dessen dunkle, kirschrote Farbe die für die Appellation typischen violetten Nuancen zeigt. Im Bukett entdeckt man komplexe, verführerische Düfte von Veilchen, Brombeeren und Weichseln mit einem Hauch von Kaffee. Der stattliche, runde Geschmack ist durch eine leicht krautige Note geprägt. Dennoch ein vielversprechender Wein.
☎ Robert Grossot, Ch. du Chatelard, 69220 Lancié, Tel. 74.04.12.99 ⏱ n. V.

DOM. CHOPIN MOULON 1991★

| ■ | 6,5 ha | 26 000 | 🍷↓✓🏆1 |

Ziemlich kräftige kirschrote Farbe, verstärkt durch violette Reflexe. Der sehr ansprechende Duft erinnert an frische Früchte und Blumen sowie frische Butter. Im Geschmack verbindet sich das Aroma von frischen Trauben mit einem Hauch von Kaffee. Ein fleischiger, leicht adstringierender Wein, der sich aufgrund seiner Struktur noch einige Zeit lagern läßt.
☎ Bernard et Pascale Chopin, Le Perrin, 69460 Le Perréon, Tel. 74.03.25.09 ⏱ n. V.

COLLIN ET BOURISSET 1991★★

■　　　k.A.　80 000　　■ 1

Die Firma wurde 1821 gegründet. Diese schöne Cuvée mit der intensiven, rubinroten Farbe zeichnet sich durch einen sehr ausgeprägten Duft von roten Früchten aus, unter den sich Lakritze- und Vanillenoten mischen. Ein ziemlich leichter, aber entsprechend strukturierter Wein, der durch seinen harmonischen Geschmack beeindruckt. Ansprechend und fein. Er kann sich noch entfalten.

🍷 Vins fins Collin et Bourisset, av. de la Gare, 71680 Crèches-sur-Saône, Tel. 85.37.11.15 ☎ n. V.

DOM. DU COLOMBIER 1991★★

■　　　6 ha　30 000　　■↓✓ 1

Eine gelungene Rückkehr zur Erde, wenn man nach diesem Wein mit der kräftigen, klaren Farbe urteilt. Das feine, reiche Bukett erinnert an Pfingstrosen und rote Früchte (z. B. vollreife Kirschen). Der aromatische, frische Wein beeindruckt durch seine schöne Struktur und verführt durch seinen reichen, weichen und langen Geschmack. Ein für die Appellation repräsentativer Wein, der schon trinkreif ist, aber noch das ganze Jahr mundet.

🍷 Jean-Charles Pivot, Montmay, 69430 Quincié-en-Beaujolais, Tel. 74.04.30.32 ☎ n. V.

CH. DES CORREAUX 1991★

■　　　k.A.　k.A.　　■↓ 2

Dunkelrote, fast violette Farbe. Der Duft erinnert an vollreife Früchte und den recht angenehmen Geruch von eingemachtem Obst. Der weiche, runde Geschmack ist gut strukturiert. Gute Länge mit überraschendem Karamelaroma im Abgang. Ein schöner, schon trinkfertiger Wein.

🍷 Reine Pédauque, B.P. 10, 21420 Aloxe-Corton, Tel. 80.26.40.00 ☎ n. V.

MARYSE ET FERNAND CORSIN
1991

■　　　3,5 ha　5 500　　■↓✓

Ein Wein mit einer schönen roten Farbe, die intensiv und strahlend ist. Der kräftige Duft erinnert an Kirschen. Körperreich, aber es fehlt ihm etwas an frischem Aroma. Er endet ein wenig kurz, aber er muß sich noch verfeinern.

🍷 Maryse et Fernand Corsin, Le Bourg, 69840 Jullié, Tel. 74.04.40.64 ☎ n. V.

CLOS CREUSE NOIRE 1991★

■　　　2 ha　14 000　　■✓ 2

Eine für ihre lagerfähigen Weine berühmte Reblage. Diese kirschrote, violett schimmernde Cuvée duftet nach vollreifen Früchten. Im Geschmack findet man das angenehme, lang anhaltende und intensive Aroma von roten Früchten wieder. Dennoch kann man die Tannine noch sehr deutlich spüren. Dieser aromatische, für die Lagerung bestimmte Wein enttäuscht nicht.

🍷 Edmond Giloux, Creuse Noire, 71570 Leynes, Tel. 85.37.10.82 ☎ n. V.

DOM DALICIEUX 1991

■　　　2,5 ha　12 000　　■↓✓

Dieses junge Wissenschaftlerpaar, das sich seit 1976 auf den Weinbau verlegt hat, vergrößert und modernisiert seinen Betrieb ständig. Der 91er ist im Geruchseindruck noch verschlossen, enthüllt aber einen leichten Himbeer- und Johannisbeerduft. Die lebhafte Ansprache überdeckt die übrigen Geschmackseindrücke dieses Weins, dem es nicht an Fleisch fehlt.

🍷 Bernard Dalicieux, Lavernette, 71570 Leynes, Tel. 85.35.60.79 ☎ n. V.

THIERRY DESCOMBES 1991★

■　　　2 ha　2 000　　■↓✓ 1

Dieses Gut wird seit vier Generationen von ein und derselben Familie bewirtschaftet. Der tiefrote 91er mit den violetten Reflexen entfaltet einen intensiven, komplexen Duft, der an eingemachtes Obst, Pflaumen, schwarze Johannisbeeren und Lakritze erinnert. Seine gute Struktur überdeckt das leicht animalische Aroma. Ein ausgewogener Wein von guter Länge, der für die Lagerung vinifiziert worden ist.

🍷 Thierry Descombes, Aux Vignes, 69840 Jullié, Tel. 74.04.42.03 ☎ n. V.

GERARD DUCROUX 1991

■　　　k.A.　5 000　　■✓ 1

Ein fast 7 ha großes Gut. Und ein 91er mit einem recht intensiven, komplexen Duft von Obstkernen. Man findet darin einen Hauch von Röstaroma. Nach einer schönen Ansprache enthüllt der Geschmackseindruck den Reichtum und die allgemeine Ausgewogenheit dieses Weins. Schade, daß er ein wenig trostlos endet, weil es ihm an Fruchtigkeit mangelt.

🍷 Gérard Ducroux, Saint-Joseph-en-Beaujolais, 69910 Villié-Morgon, Tel. 74.69.12.51 ☎ n. V.

GILLES ET NEL DUCROUX
Lantignié 1991★

■　　　5,5 ha　9 000　　■✓ 1

Eine Cuvée von heller Farbe. In dem ansprechenden Duft von roten Früchten entdeckt man eine deutliche Himbeernote. Nach einer nervigen Ansprache machen sich die Tannine ohne Aggressivität bemerkbar. Das nachhaltige Aroma erinnert an die Knospen von schwarzen Johannisbeeren. Ziemlich lang im Geschmack. Ein rustikaler Wein, der sich noch verfeinern muß.

🍷 Gilles et Nel Ducroux, Fontalognier, 69430 Lantignié, Tel. 74.69.21.62 ☎ n. V.

AGNES ET MARCEL DURAND 1991 *

■   2,5 ha   20 000   ▮↓☑❶

Der vor zehn Jahren entstandene Betrieb hat sich bei vielen Wettbewerben ausgezeichnet. Dieser 91er besitzt eine lebhafte rote Farbe und verströmt einen kräftigen, angenehm fruchtigen Duft. Die Lebhaftigkeit im Geschmack stört nicht die gute Ausgewogenheit. Ein gut strukturierter, buketteicher und nachhaltiger Wein, der typisch für die Appellation ist.

🍷 Marcel Durand, Les Trions, 69220 Lancié, Tel. 74.69.81.32 ⅄ n. V.

CH. D' EMERINGES 1991

☐   0,36 ha   3 400   ▮↓☑❷

Dieses im 19. Jh. errichtete Château, das durch seine asymmetrischen Türme auffällt, baut in seinen Kellern einen klaren, goldgelben Wein aus, dessen von einer Karamelnote begleiteter Blütenduft frisch bleibt. Der eher lebhafte Geschmack endet ein wenig schnell.

🍷 Pierre David, Ch. d'Emeringes, 69840 Emeringes, Tel. 74.04.44.52 ⅄ n. V.

SYLVAIN FESSY Cuvée Pierre Soitel 1991 *

■   10 ha   70 000   ▮↓☑❶

Ein kirschroter Wein ohne Fehler. Er entfaltet einen intensiven Duft von roten Früchten, den ein typischer Hauch von Amylalkohol begleitet. Der erste Geschmackseindruck ist fruchtig. Danach schmeckt er voll und fleischig und füllt den Mund lange aus. Ausgewogen, aromatisch und vollmundig – ein gut vinifizierter Wein.

🍷 Sylvain Fessy, Les Villards, 69823 Belleville Cedex, Tel. 74.69.69.21 ⅄ n. V.

DOM. DES FORTIERES 1991 *

■   4 ha   6 000   ▮↓☑❶

Dieser 1990 modernisierte Betrieb macht mit einem 91er von kräftiger, rubinroter Farbe auf sich aufmerksam. Ansprechender, ziemlich intensiver Duft von roten Früchten. Im Geschmack findet man sie wieder, verbunden mit noch spürbaren Tanninen. Gutes Gerüst und vorübergehende Lebhaftigkeit. Dieser im Geschmack reiche und lange Wein bleibt harmonisch. Ein typischer Beaujolais-Villages, den man ein bis drei Jahre lagern kann.

🍷 GAEC des Fortières, 69460 Blacé, Tel. 74.67.58.57 ⅄ n. V.

FRANC CHEVALIER 1991 *

■   k.A.   k.A.   ❶

Eine Cuvée mit einer reintönigen Farbe und einem ziemlich kräftigen Duft, der an rote Früchte erinnert. Dieser »fröhliche« Wein ist fleischig, frisch und vollmundig. Gut strukturiert, aber von mittlerer Stärke. Sollte im Jahr nach der Lese getrunken werden.

🍷 Louis Chedeville, Le Moulin, 435, rte du Beaujolais, 69830 Saint-Georges-de-Reneins, Tel. 74.67.61.36

ALBERT FRANCHINO 1991

■   k.A.   2 000   ▮☑❷

Eine Cuvée mit dem zurückhaltenden und ansprechenden Duft von Veilchen. Dieser aromatische, kräftige 91er mit den deutlich spürbaren Tanninen ist als lagerfähiger Wein vinifiziert worden.

🍷 Albert Franchino, Espagne, 69640 Saint-Julien, Tel. 74.67.51.85 ⅄ n. V.

DOM. DOMINIQUE GOUILLON 1991

■   k.A.   k.A.   ▮☑❷

Eine Cuvée von einer intensiven Farbe. Der noch verschlossene Geruchseindruck läßt einen Brombeerduft erahnen. Der runde, weiche und samtige Geschmack entschädigt durch seine Cremigkeit für das fehlende Bukett. Ein hübscher Wein, der eher für den Tastsinn als für den Geruchssinn gemacht ist.

🍷 Dom. Dominique Gouillon, Les Grandes Granges, 69430 Quincié en Beaujolais, Tel. 74.04.38.50 ⅄ n. V.

DOM. DU GRANIT BLEU
Le Perréon 1991 * * *

■   3,19 ha   10 000   ▮↓☑❶

Dieses Gut verdankt seinen Namen den Porphyr- und blauen Granitadern, auf denen die Rebstöcke wachsen. Eine besonders gelungene Cuvée mit einem sehr schönen Kleid, dessen tiefe, kirschrote Farbe fast so dunkel wie Brombeeren ist. Der komplexe, recht ausgeprägte Duft erinnert an rote Früchte und Kirschwasser. Die Ansprache ist schön, das Gerüst solide und ohne Aggressivität. Ein aromatischer, nachhaltiger Wein, der sich elegant gibt und einen Eindruck von Geschmeidigkeit und Finesse hinterläßt. Ein sehr schöner 91er, der zwei bis drei Jahre lagern kann.

🍷 Dom. du Granit Bleu, Brouilly-Le Perrin, 69460 Le Perréon, Tel. 74.03.20.90 ⅄ n. V.
🍷 Jean Favre

DOM. DE GRY-SABLON 1991 *

■   2,5 ha   7 000   ▮↓☑❶

Der Betrieb wurde vom Großvater gegründet, der 1910 beim Concours Lépine einen Preis für seine Entwicklung der Filterpresse erhielt. Eine hellrote Cuvée, die zart nach Blumen und roten Früchten duftet. Der fleischige, sehr aromatische Wein ist sehr geschmeidig und wirkt eher wie ein Primeur. Harmonisch und frisch. Zum sofortigen Genuß empfohlen.

🍷 Albert et Dominique Morel, Les Chavannes, 69840 Emeringes, Tel. 74.04.42.52 ⅄ n. V.

DOM. DE LA BEAUCARNE 1991 *

■   3 ha   15 000   ☑❶

Die Familie lebt seit sieben Generationen in diesem Anbaugebiet. Sie versteht etwas vom Wein, weil zu ihren Mitgliedern auch ein Küfer zählte. Der 91er besitzt eine dunkle rote Farbe mit zarten violetten Reflexen und entwickelt einen verhaltenen Duft, der an Pfingstrosen und Gewürze erinnert. Nervige Ansprache, danach ein feuriger Geschmackseindruck von vollreifen Früchten und exotischen Hölzern. Etwas ausgeprägte Adstringens. Dieser Wein bewahrt ein gutes Alterungspotential.

🍷 Michel Nesme, La Combe de Chavanne, 69430 Beaujeu, Tel. 74.04.86.23 ⅄ n. V.

DOM. DE LA COMBE 1991

■   17 ha   30 000   ▮↓**2**

Dieses Handelshaus im Herzen der Villages-Zone präsentiert einen Wein, der für seinen sehr zurückhaltenden Duft durch ein feines, verführerisches Aroma von roten Früchten im Geschmack entschädigt. Er ist gut strukturiert, kann sich aber jetzt noch nicht voll ausdrücken – vielleicht, weil er vor zu kurzer Zeit auf Flaschen abgezogen worden ist. Ansprechend und leicht. Man sollte ihn später noch einmal verkosten.
☛ François Paquet, Le Duchamp et Le Trève, 69460 Le Perréon, Tel. 74.65.31.99 ☖ n. V.
☛ Gaby Paquet

DOM. DE LA MADONE 1991*

■   7 ha   40 000   ▮🆅**1**

Wann entstand dieses Gut ? Das soll 1580 gewesen sein. Seit 1964 wird es von Jean Bérerd geführt. Der 91er besitzt eine intensive kirschrote Farbe mit einigen violetten Reflexen. Der fruchtige Duft enthält eine Pfirsichnote. Frisch und rund im Geschmack, mit gezügelter Kraft. Dieser Wein voller Finesse und guter Länge ist schon trinkreif.
☛ Jean Bérerd et Fils, 69460 Le Perréon, Tel. 74.03.21.85 ☖ n. V.

LYDIE ET JEAN-JACQUES LARDET
Les Malatrays 1991

■   1,5 ha   4 000   ◐🆅**1**

»Honni soit qui mal y boit« (Ein Schelm, wer hier Schlechtes trinkt) lautet das Motto dieses Gutes, das in der Nähe des Felsens Solutré liegt. Dem weinigen Duft mangelt es zwar an Finesse, aber der reichhaltige Geschmack bietet einige recht spürbare Tannine. Gute Länge. Dieser Wein verabschiedet sich mit einem angenehm intensiven, aromatischen Abgang.
☛ Lydie et Jean-Jacques Lardet, La Belouze, 71960 Davayé, Tel. 85.35.80.75 ☖ n. V.

DOM. DE LA SAIGNE
Quincié, Tradition Georges Lenoir 1991

■   10 ha   k.A.   ▮◐↓🆅**2**

Der Weinbau birgt hier keine Geheimnisse mehr, denn das Gut ist bereits 1780 entstanden. Der 91er besitzt eine intensive rote Farbe mit violetten Reflexen. Der nicht sehr intensive Duft erinnert an Gewürze und Pfingstrosen. Gut strukturiert, reich, konzentriert, mit einem komplexen Aroma von roten Früchten. Nachhaltiger Geschmack. Dieser recht typische Wein ist alterungsfähig.
☛ GAEC Dom. de La Saigne, Cherves, 69430 Quincié-en-Beaujolais, Tel. 74.04.30.01 ☖ n. V.
☛ Georges Lenoir

CH. DE LAVERNETTE 1991**

■   7 ha   15 000   ▮↓🆅**1**

Dieses in der ersten Hälfte des 17. Jh. gegründete Gut gehörte den Mönchen von Tournus, bevor es in den Besitz der Familie Lavernette kam. Ihre Nachkommen, die de Boissieus, stellen hier eine Cuvée vor, deren strahlend rote Farbe an Pfingstrosen erinnert. Stark entwickelter Duft von roten Früchten. Auf die exzellente, saubere Ansprache folgen fruchtig-frische Eindrücke.

Vollständig, gut strukturiert und harmonisch. Ein edler Repräsentant der Appellation.
☛ Bertrand et Hubert de Boissieu, Ch. de Lavernette, 71570 Leynes, Tel. 85.35.63.21 ☖ n. V.

LA VOISINEE 1991*

■   k.A.   k.A.   **2**

Das 1860 gegründete Handelshaus im Familienbesitz hat einen granatroten Wein ausgewählt, der mit seinen violetten Reflexen jugendlich wirkt. Der noch verschlossene Duft läßt einige fruchtige Nuancen und Röstnoten erkennen. Ein fleischiger Wein, dessen Wärme an vollreife Früchte erinnert. Er besitzt ein gutes Potential, das sich später einmal voll entfalten wird.
☛ Pierre Dupont, 339, rue de Thizy, B.P. 79, 69653 Villefranche-sur-Saône, Tel. 74.65.24.32 ☖ n. V.

LORON Cuvée du Fondateur 1991

■   k.A.   100 000   **1**

Eine Cuvée mit einer leichten, roten Farbe und einem einschmeichelnden, komplexen Blütenduft. Die Ansprache ist sehr angenehm. Das Aroma erinnert an rote Früchte. Dieser gut strukturierte, noch etwas tanninreiche Wein ist ziemlich kräftig, besitzt aber nur eine mittlere Länge. Er ist trinkreif, kann aber auch noch lagern.
☛ E. Loron et Fils, 71570 Pontanevaux, Tel. 85.36.70.52

CH. DES MALADRETS 1991

■   4 ha   24 000   ▮↓🆅**2**

Das Gut liegt in Saint-Julien, der Heimat des Gelehrten Claude Bernard. Von dort stammt eine Cuvée mit einer intensiven, roten Farbe. Geprägt wird sie durch einen kräftigen, ansprechenden Duft von frischen Zitrusfrüchten. Ein frischer, fruchtiger Wein, den man im ersten Jahr nach der Lese trinken sollte.
☛ Paul Beaudet, 71570 Pontanevaux, Tel. 85.36.72.76 ☖ Mo-Fr 8h-12h 14h-17h ; im Aug. geschlossen

CH. DE MONTMELAS 1991

■   k.A.   k.A.   ▮↓**1**

Auf dem Etikett ist ein Märchenschloß zu sehen. Diese Cuvée besitzt eine sehr schöne, intensiv rubinrote Farbe und entfaltet einen angenehm fruchtigen Duft, bei dem man am Ende einen Hauch von Tiergeruch entdeckt. Der Geschmack ist eher frisch, reicht jedoch nicht an die Qualitäten des Geruchseindrucks heran.
☛ Mommessin, La Grange Saint-Pierre , 71850 Charnay-lès-Mâcon, Tel. 85.34.47.74 ☖ n. V.

NOELLE MORIN 1991

■   0,5 ha   1 200   ▮↓🆅**1**

Dieser Betrieb wird von einer Frau geführt. Sie hat diesen 91er mit dem feinen, fruchtigen Duft hergestellt. Man hätte sich etwas mehr Struktur und Körper für die runde, sehr aromatische und vollmundige Cuvée gewünscht. Aber dafür ist sie besonders fruchtig und gefällig.
☛ Noëlle Morin, Vaux, 69840 Juliénas, Tel. 74.04.40.92 ☖ n. V.

DOM. DES NUGUES 1991**

■   13 ha   50 000   🗦↓✓❶

Von diesem sympathischen Winzer sind wir reizvolle, erstklassige Cuvées gewöhnt. Der 91er enttäuscht diese Erwartungen nicht. Er besitzt eine kräftige Farbe mit lebhaften Reflexen und verführt bereits durch einen intensiven Brombeerduft. Reich, mit einer sehr feinen Struktur. Ein harmonischer, nachhaltiger Wein von großer Eleganz. Ein typischer Beaujolais-Villages, den man noch lange genießen kann.
🖝 Gérard Gelin, Les Pasquiers, 69220 Lancié, Tel. 74.04.14.00 🍴 n. V.

MANOIR DU PAVE 1991**

■   4,5 ha   20 000   🗦↓✓❶

Das 6,5 ha große Gut wird seit Anfang des Jahrhunderts in der weiblichen Linie vererbt. Dieser 91er mit der tiefen, rubinroten Farbe entwickelt einen eleganten, recht kräftigen, fruchtigen Duft. Im Geschmack ist er sehr aromatisch und zeigt sich gut strukturiert und ausgewogen. Er bietet den Genuß eines ungekünstelten Gamayweins.
🖝 Evelyne et Claude Geoffray, Le Pavé, 69220 Saint Lager, Tel. 74.03.47.53 🍴 n. V.

DOM. PERRIER 1991

■   6,5 ha   15 000   🗦✓❷

Dank der Südlage seines Weinbergs konnte dieses Gut eine Cuvée mit einem kräftigen, etwas warmen Duft erzeugen, der an Gewürznelken und andere Gewürze erinnert. Der eher kräftig gebaute Geschmack besitzt eine mittlere Länge, aber es fehlt ihm vielleicht etwas an Fleisch. Dieser Wein kann jedoch noch lagern.
🖝 Gérard Perrier, Le Saule, 69430 Lantignié, Tel. 74.04.88.93 🍴 n. V.

DOM. DES QUARANTE ECUS 1991*

■   2 ha   15 000   🗦🍶✓❷

Vier Gästezimmer erwarten Sie auf dem Gut Les Quarante Ecus. In seinen Kellern findet man diesen lebhaft roten 91er, dessen alkoholischer, an rote Früchte erinnernder Duft typisch für den Jahrgang ist. Er entfaltet sich im Geschmack angenehm, weil die harmonischen Tannine das Aroma verlängern. Er verabschiedet sich mit einem Abgang voller Finesse.
🖝 Bernard Nesme, Les Vergers, 69430 Lantignié, Tel. 74.04.85.80 🍴 n. V.

JEAN-LOUIS REVILLON
Les Bessets 1991*

■   1,05 ha   4 000   🗦↓✓❶

Jean-Louis Révillon, der Enkel des Begründers der AOC Saint-Amour, präsentiert hier eine Cuvée, die in eine prächtige Kardinalsrobe eingehüllt ist. Der dichte, zarte Duft erinnert an Himbeerlikör. Im Geschmack entfaltet sich eine gewisse Üppigkeit, die auf den Stoffreichtum, das kräftige Gerüst und einen sanften Abgang zurückgeht. Ein im Stil massiver Wein voller Stärke, der jedoch ausgewogen und ohne Aggressivität bleibt.
🖝 Jean-Louis Révillon, Les Dargnents, 71570 Saint-Amour-Bellevue, Tel. 85.36.54.50 🍴 Mo-Sa 9h-12h 14h-19h

DOM. DE ROCHEMURE 1991**

■   2,5 ha   16 000   🗦✓❶

Dieses Gut tut sich mit einem sehr hübschen Wein von rubinroter Farbe hervor, der einen vollen, weinigen Duft verströmt. Auf die weiche, angenehme Ansprache folgt ein Eindruck von Rundheit und Fleisch. Wohlausgewogen, harmonisch und voller Finesse – ein perfekter Vertreter der Appellation.
🖝 GAEC Claude et Philippe Vermorel, La Creuse, 69460 Le Perréon, Tel. 74.03.22.48 🍴 n. V.

DOM. DE SAINT-ENNEMOND 1991

■   5 ha   30 000   🗦↓✓❷

Saint Ennemond, der um 900 Bischof von Lyon war, hat seinen Namen dieser Reblage und einer kleinen Kapelle hinterlassen, die zu seinem Gedächtnis in Cercié errichtet wurde. Das Gut hat eine Cuvée mit einem sehr schönen Johannisbeerduft erzeugt. Ein fruchtiger, zarter und geschmeidiger Wein, der an einen Primeur erinnert.
🖝 Christian et Marie Béréziat, EARL de Saint-Ennemond, 69220 Cercié en Beaujolais, Tel. 74.69.67.17 🍴 n. V.

CELLIER DES SAINT-ETIENNE 1991

■   k.A.   k.A.   🗦↓✓❷

Diese Genossenschaftskellerei besitzt 250 ha Rebflächen. Im Augenblick dominiert im frischen, nicht sehr fruchtigen Geschmackseindruck die Gerbsäure, während ein kräftiger, alkoholischer Duft das Bukett prägt. Eine für die Lagerung vinifizierte Cuvée, die noch altern muß, damit sie sich verfeinert.
🖝 Cellier des Saint-Etienne, Le bourg, 69460 Saint-Etienne-des-Oullières, Tel. 74.03.43.69 🍴 n. V.

DOM. SAINT SORLIN 1991**

■   4 ha   k.A.   🍶✓❶

Das Gut ist nach der kleinen Kapelle benannt, die über dem Dorf aufragt. Diese Cuvée mit der intensiven, tiefroten, fast schon violetten Farbe wirkt sehr frisch. Das besonders frische, komplexe Bukett ist durch fruchtige Noten bestimmt. Das Aroma entfaltet sich lang im Geschmack, der zwar körperreich, aber nicht aggressiv ist. Gut im Fleisch, reich, kräftig gebaut und aromatisch. Ein großer Beaujolais-Villages, der altern kann.

🐦 Bernard et Michelle Jacquet, Le Bourg, 69640 Montmelas, Tel. 74.67.37.60 ⵙ n. V.

DOM. DE SERMEZY 1991*

■ 　　　 6 ha　　 15 000　 ▮❶▯↓Ⓜ❶

Patrice Chevrier hat 1984 die Leitung des Guts übernommen. Er hat eine Cuvée hergestellt, deren sehr dunkle, strahlende, fast violette Farbe an Tinte erinnert. Das komplexe Bukett wirkt exotisch. Man erkennt darin Gewürze und Pfingstrosen. Er ist noch auf angenehme Weise mit Kohlensäure gesättigt und entfaltet ein ausgeprägtes, fruchtiges Aroma. Ein ausgewogener, im Stil etwas rustikaler Wein, den man nach einer gewissen Lagerzeit zusammen mit Freunden genießen sollte.
🐦 Patrice Chevrier, Sermezy, 69220 Charentay, Tel. 74.66.81.77 ⵙ n. V.

DOM. DE TERRES MUNIERS
Cuvée Prestige, Vieilles vignes 1991*

■ 　　 1,5 ha　　 5 000　 ▮↓Ⓜ❷

Der weinige Duft besitzt eine gute Intensität. Die schöne Ansprache bereitet auf einen ausgewogenen, gut strukturierten und langen Geschmack vor. Dieser sehr schöne Wein scheint dafür geschaffen, daß man ihn in den kommenden zwei Jahren mit Genuß trinken kann.
🐦 Gérard et Jacqueline Trichard, Bel Avenir, 71570 La Chapelle-de-Guinchay, Tel. 85.36.77.54 ⵙ n. V.

DOM. DU TRACOT
Coteaux d'Appagnié et des Pins 1991*

■ 　　 10 ha　　 51 000　 ▮↓Ⓜ❶

Henri und Jean-Paul Dubost verbinden Gastfreundschaft und Können. Sie haben eine Cuvée von leichter, granatroter Farbe hergestellt. Im Bukett entdeckt man eine Duftpalette, in der sich Pfingstrosen, Flieder und einige alkoholische Noten von schöner Finesse vermischen. Frische, weinige Ansprache. Der dazu passende Geschmack entfaltet ein elegantes, nachhaltiges Blütenaroma. Dieser reiche, aromatische, feine und harmonische Wein ist ein sehr schöner Vertreter der Appellation.
🐦 Henri et Jean-Paul Dubost, Dom. du Tracot, 69430 Lantignié, Tel. 74.04.87.51 ⵙ tägl. 8h-20h

DOM. DES TROIS COTEAUX 1991**

■ 　　 1,7 ha　　 k.A.　 ▮Ⓜ❶

Ein Wein mit einer tiefen, rubinroten Farbe und einem intensiven Duft von roten Johannisbeeren und einem Hauch von Pfingstrosen. Im Geschmack ist er aromatisch, frisch, weich und lang. Man spürt darin auch die noch nicht aufgelösten Tannine. Ein schöner Wein, der gut strukturiert und nachhaltig ist und für die Lagerung geschaffen zu sein scheint.
🐦 Hubert Perraud, Les Labourons, 69820 Fleurie, Tel. 74.04.14.82 ⵙ n. V.

CH. VARENNES 1991*

■ 　　 k.A.　　 134 000　 ▮↓❶

Das Gebäude wurde im 11. Jh. errichtet. In seinen Kellern ist ein Wein mit einer strahlend rubinroten Farbe entstanden, dessen nicht sehr intensiver, aber feiner Duft an Blumen und Steinobst (z. B. Pfirsiche) erinnert. Der runde, ausgewogene Geschmack ist kräftiger als das Bukett und entfaltet ein elegantes Blütenaroma. Ein gefälliger 91er.
🐦 IDV France, B.P. 10, La Batie, 71570 La Chapelle-de-Guinchay, Tel. 85.36.77.77 ⵙ n. V.
🐦 Piat Père et Fils

Brouilly und Côte de Brouilly

Am 8. September hört man überall im Anbaugebiet Lieder und Musik. Obwohl die Lese noch nicht begonnen hat, steigen zahlreiche Bewohner den 484 m hohen Brouilly-Hügel zur Kapelle hinauf; in Körben nehmen sie etwas zum Essen mit. Von der Anhöhe blicken die Pilger auf das Beaujolais, das Mâconnais, die Dombes und den Mont-d'Or. Zwei Schwesterappellationen haben sich um die Festlegung der umliegenden Anbaugebiete gestritten: Brouilly und Côte de Brouilly.

Das Anbaugebiet der AOC Côte de Brouilly liegt auf den Hängen des Hügels; seine Böden bestehen aus Granit und sehr hartem, blaugrünem Schiefer, der als »Grünhornstein« oder Diorit bezeichnet wird. Der Berg soll ein Relikt der vulkanischen Tätigkeit im Erdaltertum sein, aber der Sage nach hat hier ein Riese seine Kiepe ausgeleert, als er das Bett der Saône aushob... Die Produktion (16 000 hl bei 300 ha) verteilt sich auf vier Gemarkungen: Odenas, Saint-Lager, Cercié und Quincie. Das Anbaugebiet der Appellation Brouilly umfaßt 200 ha am Fuße des Berges, die jährlich 65 000 hl liefern. Neben den bereits erwähnten Gemarkungen erstreckt sich auch auf das Gebiet von Saint-Etienne-la-Varenne und Charentay. In der Gemarkung Cercié befindet sich die bekannte Reblage »Pisse Vieille« (Alte Pisse).

Brouilly

GEORGES BARJOT 1991★★

■　　　　1,25 ha　　3 500　　📖🍷↓☑2

ALC. 13 % VOL. · PRODUCE OF FRANCE · 75 cl
Brouilly
APPELLATION BROUILLY CONTRÔLÉE
Mise en bouteille à la Propriété
Georges BARJOT, Viticulteur
"Grille-Midi" 69220 SAINT-JEAN-D'ARDIÈRES - France - Tél. 74 66 47 34

Der 1900 angelegte Weinberg wird seit 1973 von Georges Barjot bestellt. Dieser 91er mit der dunklen granatroten Farbe und den sehr jugendlichen purpurvioletten Reflexen entfaltet ein feines, komplexes Bukett, in dem man Himbeeren, schwarze Johannisbeeren und exotische Früchte entdeckt. Ein einschmeichelnder Wein, der im Geschmack rund, fleischig und lang ist. Er ist gut strukturiert und besitzt noch etwas junge, aber harmonische Tannine. Man könnte ihn zu Geflügel trinken – am besten zu zweit.
🍷 Georges Barjot, Grille-Midi, 69220 Saint-Jean-d'Ardières, Tel. 74.66.47.34 ⚑ n. V.

LOUIS BASSY 1990

■　　　　4 ha　　25 000　　🍷↓☑1

Ein dunkelroter, klarer Wein mit einem angenehmen Duft von schwarzen Johannisbeeren und Bananen und einem leichten Röstaroma. Er besitzt eine gute Konsistenz und entwickelt im Geschmack ein Bonbonaroma. Im Abgang zeigt er eine gewisse Lebhaftigkeit.
🍷 Louis Bassy, 69460 Odenas, Tel. 74.03.44.46 ⚑ Mo-Sa 8h-19h

PAUL BEAUDET 1991★

■　　　　15 ha　　26 000　　📖↓☑2

Ein sympathisches Haus, das seine Region gut vertritt. Der vorgestellte Wein ist harmonisch und entfaltet einen fruchtigen Duft. Nach einer weichen Ansprache spürt man die Gerbsäure. Ein für die Lagerung vinifizierter 91er, den man in ein paar Monaten probieren sollte.
🍷 Paul Beaudet, 71570 Pontanevaux, Tel. 85.36.72.76 ⚑ Mo-Fr 8h-12h 14h-17h ; im Aug. geschlossen

JEAN BEDIN Pisse Vieille 1991

■　　　　k.A.　　10 000　　2

Diese Cuvée stammt von einer berühmten Reblage. Strahlende rubinrote Farbe, aber noch verschlossener Duft. Der ziemlich lange Geschmack wird von der Gerbsäure beherrscht, die alle anderen Eindrücke überlagert. Dieser solide Wein erscheint jetzt noch zu jung. Er muß noch altern, damit man ihn genießen kann.
🍷 Jean Bedin, 69460 Blaceret, Tel. 74.67.54.57 ⚑ Mo-Fr 8h-12h 14h-17h

CH. DU BLUIZARD 1990

■　　　　k.A.　　64 000　　📖↓☑2

Zu den berühmten Gästen dieses Château, dessen Ursprünge bis 1260 zurückreichen, gehörten Colette und Graham Greene. In seinen Kellern ist eine Cuvée von tiefer, rubinroter Farbe entstanden, die am Glas lange »Kirchenfenster« bildet. Der sehr kräftige Duft erinnert an vollreife rote Früchte. Der Geschmack besitzt eine saubere Ansprache, ist aber nicht sehr nachhaltig. Man kann diesen Wein jedoch aufgrund seines sehr schönen Geruchseindrucks empfehlen.
🍷 SCE des Dom. Saint-Charles, Ch. du Bluizard, 69460 Saint-Etienne-la-Varenne, Tel. 74.03.40.99 ⚑ n. V.
🍷 Jean de Saint-Charles

DOM. FRANCOIS CHEVALIER 1991★★★

■　　　　k.A.　　25 000　　📖↓2

Ein reicher Wein mit einer sehr schönen, dunklen Farbe. Im Duft ist er noch nicht sehr ausdrucksstark, aber er besitzt einen vollmundigen Geschmack und entfaltet eine große strukturelle Kraft. Harmonisch, lang anhaltend, ohne Schwäche oder Aggressivität. In ein paar Monaten sicherlich ein hervorragender Tropfen.
🍷 Jean-Marc Aujoux, 20, bd Emile-Guyot, 69830 Saint-Georges-de-Reneins, Tel. 74.67.68.67

CONDEMINE Pisse Vieille 1991

■　　　　4,5 ha　　15 000　　📖↓☑2

Ein granatroter, fast schon violetter Wein mit einem etwas verschlossenen Duft, der leicht an Kirschwasser erinnert. Bei diesem kräftigen 91er dominieren die Tannine und die alkoholische Stärke über die Rundheit. Ein solider, noch sehr jugendlicher Vertreter der Appellation, der sich noch verfeinern muß.
🍷 GAEC Condemine, Les Bruyères, 69220 Cercié, Tel. 74.66.82.84 ⚑ n. V.

DOM. DES COTEAUX DE VURIL 1991

■　　　　1,3 ha　　10 000　　☑2

Diese Cuvée mit der dunklen, granatroten Farbe duftet nach Heidelbeeren, grünen Äpfeln und leicht nach Holz. Der komplexe Geschmack wird von der Gerbsäure dominiert. Ein vielversprechender Wein, der noch weicher werden muß, damit er trinkreif ist.
🍷 SCEA J.-G. - J. L. Dutraive, Dom. de la Grand'Cour, 69820 Fleurie. Tel. 74.69.81.16 ⚑ n. V.

DOM. CRET DES GARANCHES 1991★

■　　　　9 ha　　60 000　　📖📖↓☑2
88　89　|90|　|91|

Die Weine dieses Guts sind regelmäßig bei den Weinproben von Hachette vertreten. Diesmal ist es ein 91er mit einer tiefen, rubinroten Farbe, der einen sehr feinen Duft entfaltet. Im Geschmack ist er jugendlich und frisch. Seine Nachhaltigkeit weist auf eine gute, ausgewogenen Struktur hin. Ein typischer Wein, der sich noch entfalten wird.
🍷 Bernard et Yvonne Dufaitre, Garanches, 69460 Odenas, Tel. 74.03.41.46 ⚑ n. V.

CUVAGE DES BROUILLY 1991**

■   k.A.   4 000   🍷↧Ⅴ❷

Dieser von Winzern geführte Betrieb hat sich auf Weinproben und den Verkauf von Brouilly-weinen an Privatkunden spezialisiert. Die vorgestellte Cuvée besitzt eine sehr saubere, rubinrote Farbe. Der feine Duft erinnert an Blumen und Früchte (Kirschen, schwarze Johannisbeeren). Nach einer guten Ansprache entfaltet sich das kräftige, aber nicht aufdringliche Aroma. Ausgewogen, frisch und von guter Länge. Ein typischer Brouilly, der einen guten geschmacklichen Eindruck hinterläßt.
🍷 Cuvage des Brouilly, Le Bourg, 69220 Saint-Lager, Tel. 74.66.82.65 ☎ tägl. 10h-19h ; Jan. und Febr. geschlossen

REMY DARGAUD 1991*

■   6 ha   k.A.   🍷Ⅴ❶

Dieser 91er besitzt ein sehr einschmeichelndes Kleid von strahlend rubinroter Farbe und einen angenehm fruchtigen Duft. Gute Ansprache trotz der spürbaren Tannine, die seine Ausgewogenheit nicht beeinträchtigen. Fruchtig und von guter Länge – ein typischer Brouilly, den man in ein paar Monaten probieren sollte.
🍷 Rémy Dargaud, rte de Villié-Morgon, Cidex 1109 bis, 69220 Cercié-en-Beaujolais, Tel. 74.66.81.65 ☎ n. V.

PIERRE DUPOND 1991**

■   k.A.   k.A.   ❸

Eine tiefrote Cuvée mit dem zurückhaltenden, typischen Duft von roten Früchten. Im Geschmack zeigt sich dieser sehr ausgewogene, gut strukturierte Wein aromatisch und lang. Ein schöner Vertreter seiner Appellation.
🍷 Pierre Dupond, 339, rue de Thizy, B.P. 79, 69653 Villefranche-sur-Saône, Tel. 74.65.24.32 ☎ n. V.

CUVEE GEORGES FESSY 1991**

■   k.A.   k.A.   🍷↧Ⅴ❷

Ein bemerkenswerter 91er mit johannisbeerroter Farbe und einem sehr ausdrucksvollen, fruchtigen Duft. Auf eine gute Ansprache folgt ein fleischiger Geschmack. Ein gut strukturierter, ausgewogener Wein ohne Herbheit. Lang und harmonisch – ein angenehmer »Trinkgenosse« , der altern kann.
🍷 Georges Fessy et Fils, Bel-Air, 69220 Saint-Jean-d'Ardières, Tel. 74.66.00.16 ☎ n. V.

DOM. DE FORT MICHON 1991

■   k.A.   25 000   🍷↧Ⅴ❷

Eine klare, rubinrote Cuvée mit violetten Reflexen, die schöne »Tränen« am Glas hinterläßt. Recht feines, aromareiches Bukett. Der etwas leichte Geschmack ist ebenfalls fein ; er entfaltet ein gutes Aroma von roten Früchten. Gute Länge. Ein eher zarter als kräftiger 91er, der sich angenehm trinkt.
🍷 Cellier des Samsons, Le Pont des Samsons, 69430 Quincié-en-Beaujolais, Tel. 74.04.39.39

DOM. DES FOURNELLES 1991

■   k.A.   k.A.   🍷⑪Ⅴ❷

Klare, dunkelrote Farbe und zurückhaltender Duft von vollreifen Kirschen. Nach einer schönen Ansprache kommt ein rustikalerer Geschmack zum Vorschein. Ein kräftiger Wein, der sich noch verfeinern muß, um seine anderen Qualitäten zu entfalten.
🍷 Alain Bernillon, Godefroy, 69220 Saint-Lager, Tel. 74.66.81.68 ☎ n. V.

JEAN-FRANCOIS GAGET 1991

■   5,8 ha   k.A.   🍷Ⅴ❷

Ein fast 6 ha großes Gut. Angenehmer, aber noch wenig entwickelter Duft. Auf die fruchtige Ansprache folgt ein weicher Geschmack. Dieser aromatische, stattliche Wein ist für die Lagerung gemacht, aber es fehlt ihm auch noch an Eleganz.
🍷 Jean-François Gaget, La Roche, 69460 Odenas, Tel. 74.03.46.23

DOM. GOUILLON 1991*

■   k.A.   k.A.   🍷Ⅴ❸

Ein Gut mit 8 ha Rebflächen. Dieser Wein ist im Geschmack ausdrucksstärker als im Duft. Er ist fruchtig, strukturiert und recht nachhaltig. Die Lebhaftigkeit seines Abgangs beeinträchtigt nicht seine Ausgewogenheit.
🍷 Danielle et André Gouillon, Les Grands-Granges, 69430 Quincié-en-Beaujolais, Tel. 74.04.30.41 ☎ n. V.

DANIEL GUILLET 1991*

■   3,5 ha   11 000   ⑪Ⅴ❷

Eine klare, purpurrote Cuvée mit einem etwas verschlossenen Bukett, in dem man fruchtig-blumige Düfte entdeckt. Saubere Ansprache. Diesem reichen, fruchtigen Wein fehlt es nicht an Lebhaftigkeit. Er ist harmonisch gebaut und bezaubert durch seine Persönlichkeit und seine Länge. Ein sehr schöner Brouilly.
🍷 Daniel Guillet, Les Lions, 69460 Odenas, Tel. 74.03.48.06 ☎ n. V.

ANDRE JAFFRE 1991*

■   3 ha   3 500   🍷Ⅴ❶

Intensive rote Farbe mit granatroten Nuancen. Der zurückhaltende Duft ist weinig und würzig. Die Fruchtigkeit kommt rasch zum Vorschein. Gut im Fleisch, mit angenehm entwickelter Gerbsäure. Ausgewogener, sehr nachhaltiger Geschmack. Er trinkt sich schon jetzt sehr angenehm, kann aber auch noch ein bis zwei Jahre altern.
🍷 André Jaffre, Chêne, 69220 Charentay, Tel. 74.03.48.31 ☎ n. V.
🍷 GFA Tatoux

DOM. DE LA FONT CURE 1991*

■   2 ha   k.A.   🍷Ⅴ❷

Das Familiengut liegt inmitten der Rebflächen gegenüber dem Brouilly-Hügel. Es hat einen Wein mit einer kräftigen, rubinroten Farbe und einem zurückhaltenden Duft erzeugt. Im Geschmack ist er rund, ausgewogen und lang. Er endet etwas trocken, was seine Qualitäten aber nicht beeinträchtigt. Dürfte in ein paar Wochen trinkreif sein.
🍷 Françoise Gouillon-Claitte, Saburin, 69430 Quincié-en-Beaujolais, Tel. 74.04.36.33 ☎ n. V.

JEAN-MARC LAFOREST 1991 ***

| ■ | 4,5 ha | 22 000 | ⬛↓☑2 |

Eine herrliche Cuvée : intensive rote Farbe, eleganter fruchtiger Duft. Nach der sehr schönen Ansprache entdeckt man im Geschmack Rundheit und ein kräftiges Aroma. Große Harmonie und schöne Länge. Man kann ihn vorbehaltlos genießen. Ein typischer Brouilly, der angenehm schmeckt.

🍷 Jean-Marc Laforest, Les Nivaudières, 69430 Quincié-en Beaujolais, Tel. 74.04.35.03 ☎ n. V.

DOM. LILOU 1990 *

| ■ | k.A. | 8 000 | ⬛2 |

Diese schöne Cuvée besitzt eine leichte, klare, strahlend rubinrote Farbe mit bernsteinfarbenen Reflexen. Der zurückhaltende, ansprechende Duft erinnert an Himbeeren und Heidelbeeren. Gute Rundheit. Ausgewogen, aromatisch und ziemlich lang. Dieser elegante 90er kann noch altern.

🍷 Gabriel Aligne, rte de Belleville, 69430 Beaujeu, Tel. 74.04.84.36 ☎ Mo-Fr 8h-12h 14h-18h

ALAIN MICHAUD 1991 **

| ■ | 7 ha | 20 000 | ⬛⬛↓☑2 |

Der Großvater von Alain Michaud legte diesen Weinberg in der Reblage Beauvoir an. Die intensive Farbe paßt perfekt zu dem gut entwickelten Duft, der an sehr reife rote Beeren erinnert. Er verführt durch seinen sauberen, reichen, kräftigen und langen Geschmack. Das solide Gerüst beeinträchtigt nicht die Ausgewogenheit und verleiht ihm Lagerfähigkeit. Ein typischer Beaujolais-Cru mit schönen Zukunftsaussichten.

🍷 Alain Michaud, Beauvoir, Cidex 1145, 69220 Saint-Lager, Tel. 74.66.84.29 ☎ n. V.

DOM. DE MONTBRIAND 1990 *

| ■ | 3 ha | 18 000 | ⬛↓4 |

Klare, mittelrote Farbe mit rötlich-braunen Reflexen. Der entwickelte Lakritzeduft ist recht ausgeprägt, aber fein und angenehm. Ausdrucksvoll, ausgewogen, harmonisch und lang. Ein jetzt trinkreifer Wein. Sein Preis ist erstaunlich hoch.

🍷 Pierre André, Ch. de Corton André, 21420 Aloxe-Corton, Tel. 80.26.44.25 ☎ tägl. 10h-18h

RENE MORIN Cuvée Tradition 1991

| ■ | k.A. | 9 000 | ⬛⬛☑2 |

Dieser im Duft zurückhaltende 91er besitzt einen erstaunlich weinigen, fleischigen Geschmack. Er ist gut strukturiert und lebhaft im Geschmack, aber es mangelt ihm nicht an Kraft.

🍷 René Morin, Les Nazins, 69220 Saint-Lager, Tel. 74.66.80.07 ☎ tägl. 9h-12h 14h-18h

DOM. DES SAMSONS 1991

| ■ | 5,45 ha | 40 000 | ⬛↓☑2 |

Nicht sehr intensiver Duft von roten Früchten mit einer leicht entwickelten Note. Die Ansprache ist ebenso gut wie die Struktur. Ein Wein, der im Geschmackseindruck etwas mehr Aroma vertragen würde.

🍷 Sylvain Fessy, Les Villards, 69823 Belleville Cedex, Tel. 74.69.69.21 ☎ n. V.

CH. DES TOURS 1991 **

| ■ | 48 ha | 300 000 | ⬛↓☑2 |

Diese alte im 10. und 12. Jh. errichtete Festung besitzt zwei Türme, von denen der eine aus merowingischer und der andere aus sarazenischer Zeit stammt. In ihren Kellern ist eine Cuvée mit einer herrlichen, intensiv granatroten Farbe erzeugt worden, die einen kräftigen, ausdrucksvollen Duft von roten Früchten entfaltet. Ein stattlicher, samtig weicher und sehr runder Wein mit einem an rote Früchte und Geröstetes erinnernden Aroma, der angenehm schmeckt. Man wird sich bestimmt davon nachschenken lassen.

🍷 SCI Dom. des Tours, 69460 Saint-Etienne-la-Varenne, Tel. 74.03.40.83 ☎ n. V.

CHARLES VIENOT 1990

| ■ | k.A. | k.A. | ⬛2 |

Kräftige, rubinrote Farbe mit leicht violetten Nuancen. Sehr sauberer Geruchseindruck mit dem feinen Duft von roten Früchten. Der elegante, sehr feine Geschmack besitzt die richtige Ausgewogenheit und eine gute Länge, aber es mangelt ihm etwas an Struktur.

🍷 Charles Viénot, 5, quai Dumorey, 21700 Nuits-Saint-Georges, Tel. 80.62.31.05 ☎ Mo-Fr 8h-12h 14h-21h

GEORGES VIORNERY 1991 *

| ■ | 1,6 ha | 6 000 | ⬛☑2 |

Georges Viornery ist als Winzer in die Fußstapfen seiner Vorfahren getreten. Er besitzt ein fast 7 ha großes Gut. Das noch verschlossene Bukett dieses 91ers ist fein und zart. Der volle, runde, weinige Geschmack bleibt mit seinen harmonischen Tanninen ausgewogen. Dieser ziemlich lange, gut strukturierte Lagerwein muß sich noch entfalten, um alle seine Qualitäten zum Ausdruck zu bringen.

🍷 Georges Viornery, 69460 Odenas, Tel. 74.03.41.44 ☎ tägl. 8h-20h

Côte de Brouilly

DOM. DU BARON DE L'ECLUSE 1990

| ■ | k.A. | 10 000 | ⬛↓☑2 |

Das nach einem Kriminalroman benannte Gut präsentiert eine Cuvée, die – ohne Spannungssteigerung – durch ihre ziegelrote Farbe auf ihr Alter hinweist. Der Geruchseindruck ist von mittlerer Intensität : ein rauchiges Aroma mit einer Zimtnote. Der recht ansprechende Duft entschädigt allerdings nicht für den Mangel an Fülle. Dennoch ein recht ausgewogener Wein.

🍷 Duvergey-Taboureau, 6, rue des Santenots, 21190 Meursault, Tel. 80.21.63.00 ☎ n. V.

CAVE DES VIGNERONS DE BEL-AIR 1991 *

| ■ | 28 ha | 25 000 | ⬛↓☑2 |

Diese Kellerei zeichnet sich durch einen 91er mit einer lebhaften, intensiven roten Farbe mit violetten Reflexen aus. Der sehr entwickelte Duft von roten Früchten ist elegant und frisch. Saubere Ansprache mit einer lebhaften Note. Imposante Struktur, korrekte Rundheit und eine recht ordentliche Länge. An diesem Wein schätzt man vor allem die Eleganz.

🍷 Cave des Vignerons de Bel-Air, rte de Beaujeu, 69220 Saint-Jean-d'Ardières, Tel. 74.66.35.91 ⌛ n. V.

CUVAGE DES BROUILLY 1991

■	k.A.	4 000	🍷 M 2

Diese von Winzern geführte Kellerei präsentiert die Produktion des Anbaugebiets. Der 91er besitzt eine sehr schöne, fast violette Farbe und entfaltet einen nicht sehr intensiven, aber klaren Duft von vollreifen Früchten. Der körperreiche, ziemlich runde, ausgewogene Geschmack ist ansprechend. Der zu diskrete Duft wirkt sich jetzt noch negativ aus.

🍷 Cuvage des Brouilly, Le Bourg, 69220 Saint-Lager, Tel. 74.66.82.65 ⌛ tägl. 10h-19h

DOM. DU GRIFFON 1991

■	2 ha	10 000	🍷↓M 2

Eine granatrote Cuvée mit einem intensiven Duft von frischen Trauben. Die gute aromatische Ansprache (frische Trauben und rote Früchte) wird rasch vom Alkohol und von den Tanninen beherrscht. Ein sehr starker Wein, der altern soll und sich noch verfeinern muß, um Eleganz zu erwerben.

🍷 Guillemette et Jean-Paul Vincent, pl. de La Poste, 69220 Saint-Lager, Tel. 74.66.85.06 ⌛ n. V.

DOM. DE LA MADONE 1991**

■	7 ha	10 000	🍷⦙▯M 2

Ein herrlicher, dunkelroter Wein mit einem zarten Duft von frischen Früchten, der elegant, aber nicht sehr stark entwickelt ist. Der prächtige Geschmack ist fleischig, rund und aromatisch und erinnert an Himbeeren und schwarze Johannisbeeren. Ein überaus harmonischer Wein. Man hat das Gefühl, als würde man in eine vollreife Frucht beißen.

🍷 Daniel Trichard, EARL Dom. de la Madone, Les Maisons Neuves, 69220 Saint-Lager, Tel. 74.66.84.37 ⌛ n. V.

DOM. DE LA PIERRE BLEUE 1991*

■	3 ha	22 000	▯↓M 3

Dieses Gut besitzt einen Probierraum. Die vorgestellte Cuvée bietet eine sehr schöne dunkelrote Farbe. Der intensive, exzellente Duft erinnert an schwarze Johannisbeeren und Blüten. Der runde, kräftige Geschmack ist von perfekter Ausgewogenheit. Nicht sehr nachhaltiges Aroma, aber ein hervorragender Wein, der noch zwei Jahre altern kann.

🍷 Olivier Ravier, Dom. des Sables d'Or, 69220 Belleville, Tel. 76.66.12.66 ⌛ tägl. 8h-12h 14h-19h

ANDRE LARGE 1991

■	3,2 ha	26 500	▯↓M 2

Dieser vom Eventail des Vignerons Producteurs in Corcelles abgefüllte Wein besitzt eine kirschrote Farbe. Der gut entwickelte Duft erinnert an Amylalkohol und rote Früchte. Gute Ansprache. Im Geschmack hinterläßt der runde, aromatische und lange 91er einen angenehmen

Eindruck. Dennoch mangelt es dieser bezaubernden Cuvée ein wenig an Struktur und Persönlichkeit. Sollte gekühlt und jung getrunken werden.

🍷 André Large, 69460 Odenas, Tel. 74.66.03.89 ⌛ n. V.

DOM. DE LA VOUTE DES CROZES 1991

■	3,5 ha	20 000	🍷↓M 3

Diese reichhaltige Cuvée mit der hübschen purpurroten, leicht violett schimmernden Farbe hinterläßt am Glas »Tränen«. Der kräftige Duft erinnert an Himbeeren und schwarze Johannisbeeren. Lebhafte Ansprache, noch aggressive Tannine. Ein solider Wein mit einem guten Aroma, den man probieren sollte, wenn er weicher geworden ist.

🍷 Nicole Chanrion, Les Crozes, 69220 Cercié, Tel. 74.66.80.37 ⌛ n. V.

DOM. DU PETIT PRESSOIR 1991

■	3 ha	7 000	🍷↓M 2

Eine weitere vom Eventail des Vignerons Producteurs abgefüllte Cuvée. Kräftige, kirschrote Farbe. Reichhaltiger, frischer Blütenduft. Nach einer guten Ansprache entfaltet sich im Gaumen ein Aroma von Pfingstrosen. Dem langen Geschmack fehlt es etwas an Frische. Dieser »feminine« Wein könnte etwas mehr Stärke vertragen. Trinkreif.

🍷 Daniel Mathon, 69220 Saint-Lager, Tel. 74.66.03.89 ⌛ n. V.

CH. DES RAVATYS
Cuvée Mathilde Courbe 1991

■	23 ha	40 000	▯↓M 2

Das Gut wurde 1937 dem Institut Pasteur vermacht. Sehr klare, granatrote Farbe. Dieser Wein besitzt einen Bonbonduft von mittlerer Intensität. Dem runden, ausgewogenen und recht harmonischen Geschmack fehlt es für einen lagerfähigen Wein an Komplexität. Sollte jetzt getrunken werden.

🍷 Dom. de l' Institut Pasteur, 69220 Saint-Lager, Tel. 74.66.47.81 ⌛ n. V.

CH. THIVIN 1991

■	6,5 ha	k.A.	▯↓M 2

Die Familie Geoffray, die den Besuchern des Beaujolais wohlbekannt ist, ist für den Erfolg der Weine aus dieser Region mitverantwortlich. Diese Cuvée entfaltet einen kräftigen, leisen Kernobstduft. Die schöne Finesse der Ansprache und das Aroma von Kirschen und Pfeffer im Abgang können allerdings nicht die Rauheit der nicht völlig aufgelösten Tannine vergessen machen. Darunter leidet im Augenblick die Harmonie.

🍷 Claude et Evelyne Geoffray, Ch. Thivin, 69460 Odenas, Tel. 74.03.47.53 ⌛ n. V.

BENOIT TRICHARD 1991**

■	1 ha	7 500	🍷▯↓M 2

Eine jugendliche Cuvée mit violetten Reflexen und einem intensiven, komplexen Duft, der an Alkohol und schwarze Johannisbeeren erinnert. Dieser wohlausgewogene Wein mit den eleganten Tanninen und dem gut entwickelten Aroma ist vollständig und harmonisch. Lange Nachhaltigkeit. Ein eleganter, gefälliger Vertreter der Appellation, der nicht enttäuscht.

🍷 Benoît Trichard, Le Vieux Bourg, 69460 Odenas, Tel. 74.03.40.87 ☎ n. V.

L. ET R. VERGER L'Ecluse 1991*

■	7,2 ha	12 000	🍾↓	V	2	

Das Kleid dieser granatroten Cuvée scheint aus Samt zu bestehen. Der verschlossene Duft überrascht. Ausgewogener, runder und cremiger Geschmack mit einem guten Aroma von Kernobst. Gute Nachhaltigkeit. Ein molliger, aromatischer Wein.

🍷 Lucien et Robert Verger, L'Ecluse, 69220 Saint-Lager, Tel. 74.66.82.09 ☎ n. V.

GEORGES VIORNERY 1991*

■	5,4 ha	8 000	🍾	V	2

Ein junger Wein mit einer leicht ins Violette spielenden Farbe und einem ziemlich starken Duft, der an rote Johannisbeeren, Erdbeeren und etwas an Pfingstrosen erinnert. Intensive Fruchtigkeit im Geschmack. Trotz der noch etwas harten Tannine ist dieser 91er recht ausgewogen und vielversprechend. Eine harmonische, gut strukturierte Cuvée mit erstklassigem Bukett, die in ein paar Monaten trinkreif ist.

🍷 Georges Viornery, 69460 Odenas, Tel. 74.03.41.44 ☎ tägl. 8h-20h

Chénas

Der Sage nach war dieser Ort einst von einem riesigen Eichenwald bedeckt. Als ein Holzfäller bemerkte, daß hier Weinreben wuchsen, die von einem Vogel – sicherlich im göttlichen Auftrag – »angepflanzt« worden waren, machte er sich daran, das Land zu roden, um das edle Gewächs anzubauen. Diese Rebe war die wohlbekannte Rebsorte Gamay Noir mit hellem Saft...

Die AOC Chénas, die zu den kleinsten Appellationen des Beaujolais (250 ha) gehört, liegt an den Grenzen der Departements Rhône und Saône-et-Loire und erzeugt 13 000 hl in den Gemarkungen Chénas und La Chapelle-de-Guinchay. Die Chénasweine, die im Westen auf steilen Granithängen erzeugt werden, sind farbintensiv und kräftig, aber nicht aggressiv und entfalten ein blumiges Aroma, das an Rosen und Veilchen erinnert. Sie ähneln den Weinen der AOC Moulin à Vent, die den größten Teil des Anbaugebiets dieser Gemarkung einnimmt. Die Chénasweine, die aus dem

flacheren und eher schlickigen Ostteil kommen, sind zarter gebaut. Zu Unrecht spielt diese Appellation im Vergleich zu den anderen Crus des Beaujolais die Rolle der »armen Verwandten« , weil sie nur eine geringe Menge produziert. Die Genossenschaftskellerei des Château de Belleverne vinifiziert 45% der Trauben ; sie besitzt in ihren Kellergewölben aus dem 17. Jahrhundert wunderschöne Eichenfässer.

DOM. CHATEAU DES BOCCARDS 1990***

■	3,18 ha	20 000	🍾	V	1

Das 1800 errichtete Château hat seinen Namen von dem kleinen Weiler, der sich über dem Saônetal erhebt. Diese schöne, dunkelrote Cuvée entfaltet einen kräftigen, gut entwickelten Duft von reifen Früchten. Die sehr schöne Ansprache spiegelt den Stoffreichtum wider, den dieser vollmundige, fruchtige und nachhaltige Wein besitzt. Ein sehr harmonischer, typischer Chénas, der schon heute hervorragend schmeckt, aber noch eine vielversprechende Zukunft vor sich hat.

🍷 Les Caves du Château des Boccards, 71570 La Chapelle-de-Guinchay, Tel. 85.33.85.20 ☎ n. V.

🍷 James Pelloux

CH. BONNET 1991**

■	9,7 ha	45 000	🍾▥	↓	V	2	

Dieses schöne Schloß im Herzen eines 13 ha großen Anbaugebiets war im Besitz von Oberst Duluat de Saint-Léon, der in der napoleonischen Armee diente. Lamartine hatte ein Zimmer auf Château Bonnet. Seit 1982 baut Pierre-Yves Perrachon in seinen Kellern einen Wein von blutroter Farbe aus. Das Bukett öffnet sich nach und nach und entfaltet einen Duft von roten Früchten. Der solide gebaute, volle 91er repräsentiert diese Appellation als »Stärkungsmittel« , das nach ein paar Monaten Reifung trinkfertig ist.

🍷 Pierre Perrachon - Les Paquelets, Ch. Bonnet, 71570 La Chapelle-de-Guinchay, Tel. 85.36.70.41 ☎ n. V.

GUY BRAILLON 1991**

■	0,62 ha	4 000	🍾	V	2

Sehr schöne, purpurviolette Farbe. Guter, feiner Duft von schwarzen Johannisbeeren. Die samtige Ansprache enthüllt seine Feinheit und Konsistenz. Ein sehr ausgewogener, fleischiger Wein.

🍇 Guy Braillon, Le Bourg, 69840 Chénas, Tel. 74.04.48.31

CAVE DU CHATEAU DE CHENAS
1991

■	75 ha	50 000	▮ ❙❙ ↓ ☑ ②

Eine dunkelrote, fast schwarze Cuvée, die am Glas zahlreiche »Tränen« hinterläßt. Der Duft ist sehr kräftig, aber wenig ausdrucksstark. Dem gut gebauten Geschmack fehlt es für einen Chénas an Stoff, aber er bleibt harmonisch.

🍇 Cave du Château de Chénas, 69840 Chénas, Tel. 74.04.48.19 ⚥ tägl. 8h-12h 14h-18h30

DOM. DE CHENEPIERRE 1990

■	2 ha	11 000	☑ ②

Mittelrote Farbe und ein zarter Duft von roten Früchten. Der fruchtige, runde Geschmack erweist sich als ausgewogen und ausgewogen. Obwohl man diesem 90er mehr Persönlichkeit gönnen würde, ist er ansprechend und sogar »erholsam«.

🍇 Gérard Lapierre, Les Deschamps, 69840 Chénas, Tel. 85.36.70.74 ⚥ n. V.

DOM. DE COTES REMONT 1991

■	9 ha	20 000	☑ ②

Dieses Gut liegt auf einem der berühmten Hügel der Appellation. Es hat einen lebhaft roten Wein erzeugt, der nicht sehr intensiv nach roten Früchten duftet. Der feine, ausgewogene Geschmack ist angenehm, auch wenn es ihm etwas an Charakter mangelt. Ein ansprechender 91er, den man jetzt trinken sollte.

🍇 SCI Dom. de Côtes Remont, Remont, 69840 Chénas, Tel. 74.04.44.33 ⚥ n. V.

🍇 Noël Perrot

DOM. DESIR DE FORTUNET 1990

■	8,09 ha	5 000	❙❙ ☑ ②

Dieser Winzer hat das Gut 1988 übernommen und stellt hier eine Cuvée von ziemlich dunkler, rubinroter Farbe vor. Kräftiger, fruchtiger Duft. Die Ansprache enthüllt noch nicht aufgelöste Tannine. Ein lagerfähiger Wein, der sich mit dem Alter noch verfeinern muß. Zu beachten ist die klassische Eleganz des Etiketts.

🍇 Alain Desvignes-Lathoud, Les-Jean-Loron, 71570 La Chapelle-de-Guinchay, Tel. 85.36.73.70 ⚥ tägl. 8h-20h

DOM. DESVIGNES 1991*

■	k.A.	k.A.	▮ ②

Ein 91er von schöner Eleganz ! Klare, intensiv rote Farbe. Ein guter, recht entwickelter Duft von roten Früchten. Auf die saubere Ansprache folgen harmonische Eindrücke. Gut umhülltes Gerüst, aromatischer, langer Geschmack. Ein vollständiger, wohlausgewogener Wein.

🍇 Desvignes Aîné et Fils, 71570 Pontanevaux, Tel. 85.36.72.32 ⚥ Mo-Fr 8h-12h 13h30-17h30

CH. DESVIGNES 1990**

■	8 ha	40 000	▮ ↓ ☑ ②

Jean Beaudet erzählt gern die Geschichte sei-

nes Betriebs : Seine Familie verlegte sich auf den Weinhandel, weil niemand allergisch gegen Wein war. Sein Großvater Alphonse Beaudet war nämlich als Sohn eines Mühlenbesitzers allergisch gegen Mehl ! Dunkle, rubinrote Farbe mit strahlenden Reflexen. Nicht sehr intensiver Duft, aber angenehme Ansprache. Der reiche Stoff deutet auf eine tanninreiche Struktur hin, die sich noch entwickeln kann. Ein nachhaltiger, vielversprechender Wein.

🍇 Paul Beaudet, 71570 Pontanevaux, Tel. 85.36.72.76 ⚥ Mo-Fr 8h-12h 14h-17h ; im Aug. geschlossen

JEAN GEORGES 1990

■	2,4 ha	3 000	▮ ❙❙ ↓ ☑ ②

In unserem Weinführer 1992 haben wir einen Moulin à Vent von Jean Georges besonders empfohlen. Er stellt hier einen 90er Chénas vor, der einen angenehmen, aber zurückhaltenden Duft besitzt. Der lange, kräftige, wenn auch runde Geschmack läßt eine schöne Gerbsäure spüren. Dieser Wein könnte etwas mehr Fleisch vertragen.

🍇 Jean Georges, Le Bourg, 69840 Chénas, Tel. 74.04.48.21 ⚥ n. V.

DOM. DES PIERRES 1991*

■	2,78 ha	20 000	▮ ↓ ③

Die hübsche rote Farbe mit den violetten Reflexen erinnert an das Gewand eines Kardinals. Nicht sehr intensiver, fruchtiger Duft. Der fruchtige Geschmack überdeckt teilweise die Adstringens der spürbaren Tannine. Schöne Struktur, aber jetzt noch etwas streng. Ein lagerfähiger Wein.

🍇 Georges Trichard, rte de Juliénas, 71570 La Chapelle-de-Guinchay, Tel. 85.36.70.70 ⚥ n. V.

BERNARD SANTE 1991*

■	1 ha	5 500	❙❙ ↓ ☑ ②

Der Vater von Bernard hat die Weinstöcke dieses Guts gepflanzt. Ihre Trauben liefern eine Cuvée von kräftiger, roter Farbe. Der intensive Duft erinnert an Pinot-Noir-Trauben (ja, das kommt vor !) und Vanille. Der Geschmack wird von sehr schönen, frischen Tanninen bestimmt. Dieser harmonische, angenehm lange, stark vom Eichenholz des Fasses geprägte Wein hat vom Typ her nichts von einem Beaujolais.

🍇 Bernard Santé, rte de Juliénas, 71570 La Chapelle-de-Guinchay, Tel. 85.33.82.81 ⚥ n. V.

DOM. DE TREMONT 1991***

■	k.A.	12 000	▮ ↓ ☑ ②

Diese Familie ist seit Generationen auf dem 8 ha großen Gut ansässig. Eine bemerkenswerte, granatrote Cuvée, deren zarter Duft an rote Früchte und blühenden Wein erinnert. Im Geschmack ist dieser sehr harmonische Wein kräftig und fein zugleich. Man wird durch sein Fleisch und sein fruchtiges Aroma verführt. Ein typischer Chénas von großer Klasse.

● Daniel et Françoise Bouchacourt, Les Jean-Loron, 71570 La Chapelle-de-Guinchay, Tel. 85.36.77.49 ☎ n. V.

Chiroubles

Der höchstgelegene Cru des Beaujolais : 350 ha Rebflächen in einer einzigen Gemarkung, deren Dorf sich in fast 400 m Höhe an einen kreisförmigen, aus magerem, leichtem Granitgrus bestehenden Bergvorsprung schmiegt, liefern 18 000 hl Wein aus der Gamay-Noir-Traube mit hellem Saft. Der Chiroubles ist elegant, fein, tanninarm, vollmundig und einschmeichelnd und duftet nach Veilchen. Er ist schnell trinkreif und erinnert manchmal an die Weine aus Fleurie und Morgon, den benachbarten Crus. Er paßt zu jeder Tageszeit zu Fleisch und Wurst. Wer sich davon überzeugen möchte, sollte die Straße über das Dorf hinaus in Richtung Fût d'Avenas nehmen, dessen 700 m hohe Erhebung den Ort überragt ; dort erwartet den Besucher ein »Probierstübchen« .

Chiroubles feiert jedes Jahr im April einen seiner Söhne, den berühmten Rebenkundler Victor Pulliat (geb. 1827), dessen Arbeiten über den Reifegrad und das Veredeln von Rebstöcken wegweisend waren. Zur Komplettierung seiner Studien sammelte er auf seinem Gut Tempéré mehr als 2 000 Varietäten ! Chiroubles besitzt eine Genossenschaftskellerei, die 3 000 hl Wein von diesem Cru vinifiziert.

ARMAND CHARVET 1991*

■	6 ha	18 000	☑ 3

Eine sehr klare, kräftige rote Farbe mit violetten Nuancen. Das Bukett enthüllt einen weinigen Duft. Das aromatische, tanninreiche Wein besitzt einen nachhaltigen Geschmack. Er ist reich und stattlich und dürfte nach einiger Zeit all seine Qualitäten entfalten.

● Armand Charvet, Bel Air, 69115 Chiroubles, Tel. 74.69.13.08 ☎ tägl. 8h-20h

DOM. DU CLOS VERDY 1991**

■	7 ha	25 000	🍷 ⬥ ↓ ☑ 2

Der mitten im Dorf gelegene Betrieb hat eine rubinrote Cuvée mit violetten Reflexen erzeugt. Das sehr jugendlich wirkende Bukett entwickelt einen intensiven fruchtigen Duft (schwarze Johannisbeeren). Die einfach gebaute, sehr har-

monische Geschmack ist besonders aromatisch und fruchtig. Dieser vollmundige, angenehm lange Wein scheint für jeden Gaumen geschaffen zu sein.

● Georges Boulon, Le Bourg, pl. Victor-Pulliat, 69115 Chiroubles, Tel. 74.04.27.27 ☎ n. V.

CUVIER DES AMIS 1991*

■	k.A.	30 000	🍷 ☑ 2

Eine Szene von der Weinlese schmückt das Etikett dieser für Freunde bestimmten Cuvées. Die strahlende Farbe mit den sehr kräftigen violetten Reflexen weist auf die Fülle dieses Weins hin, der einen eleganten, feinen Veilchenduft verströmt. Diese Homogenität setzt sich im Geschmack fort : fruchtig, rund, geschmeidig und bemerkenswert fein. Man könnte fast sagen : zart.

● Cuvier des Amis, B.P. 3, 69430 Beaujeu, Tel. 74.04.39.39

ANDRE DEPRE 1990*

■	7 ha	15 000	🍷 ↓ ☑ 2

Die Familie baut seit 1931 Wein an. André, der den Betrieb seit 1931 leitet, stellt eine schöne Cuvée von lebhaft roter Farbe vor. Feiner, eleganter Veilchenduft. Der bemerkenswert fruchtige und nachhaltige Geschmack ist nicht weniger ansprechend. Gut eingefügte Tannine und schöne Ausgewogenheit.

● André Depré, Le Moulin, 69115 Chiroubles, Tel. 74.69.11.18 ☎ n. V.

ANDRE DESMURES 1990*

■	6 ha	20 000	🍷 ☑ 2

Der an der Grenze der Crus Chiroubles und Fleurie gelegene Weinberg liefert eine Cuvée mit einer ziemlich strahlenden, rubinroten Farbe und einem reifen Duft, der an Veilchen und Pfingstrosen erinnert. Auf eine direkte Ansprache folgt ein sehr nachhaltiger, fruchtiger Geschmack, in dem sich Himbeeren und Walderdbeeren entfalten. Harmonisch strukturiert und ausgewogen. Dieser elegante, feine Wein hat seinen Höhepunkt erreicht.

● André Desmures, Chatenay, 69115 Chiroubles, Tel. 74.04.23.42 ☎ tägl. 14h-19h ; von Weihnachten bis Ostern geschlossen

ANNE-MARIE ET ARMAND DESMURES 1991*

■	6 ha	8 000	🍷 ☑ 2

Dieser Winzer ist in Chiroubles für seine professionelle Einstellung bekannt. Der Wein besitzt eine kristallklare Farbe : ein sehr schönes Rubinrot mit tiefvioletten Reflexen. Er wirkt frisch und klar und entfaltet ein intensives Bukett, dessen reiner, eleganter Duft an Veilchen, Pfingstrosen und Ginster erinnert. Im Geschmack ist er vollmundig und fruchtig, mit Lakritznoten, aber es mangelt ihm auch nicht an Kraft. Eine sehr ausgewogene Cuvée für den sofortigen Genuß und zum Einlagern.

● Anne-Marie et Armand Desmures, Le Bourg, 69115 Chiroubles, Tel. 74.69.10.61 ☎ n. V.

GEORGES DUBOEUF 1991***

■   k.A.   k.A.   ▮↓☑2

Dieses Handelshaus ist für seine typischen Weine bekannt. Der herrliche 91er bildet keine Ausnahme. Sehr vornehme, granatrote Farbe mit purpurvioletten Nuancen. Das ebenso intensive wie verführerische Bukett wird durch den Duft von vollreifen Früchten, Kirschen und roten Johannisbeeren, geprägt. Der komplexe, strukturierte Geschmack besitzt Fleisch und Fruchtigkeit und ist sehr nachhaltig. Dieser harmonische, volle und reiche Wein ist ein vorbildlicher Chiroubles, dessen Zauber man sich nicht entziehen kann.
🍷 Les Vins Georges Dubœuf, La Gare, B.P.12, 71570 Romanèche-Thorins, Tel. 85.35.51.13 ❦ n. V.

ANNIE ET RENE JAMBON 1991*

■   0,5 ha   3 500   ▮↓☑2

Annie Jambon ist in Chiroubles geboren. Ihr Gut befindet sich innerhalb der Mauern eines ehemaligen Pachthofes von Schloß Thulon. Die lebhafte rote Farbe erinnert an Kirschen und schimmert violett. Am Glas bleiben lange »Kirchenfenster« zurück. Das zurückhaltende Bukett enthüllt einen Blumenduft, in dem man Veilchen entdeckt. Die Lebhaftigkeit und eine leichte Adstringens lassen den recht langen Geschmack etwas rauh erscheinen. Ein Wein, den man in ein paar Monaten verkosten sollte.
🍷 Annie et René Jambon, Thulon, 69430 Lantignié, Tel. 74.04.80.29 ❦ n. V.

DOM. DE LA GROSSE PIERRE 1991*

■   2,41 ha   18 000   ▮↓☑2

La Grosse Pierre ist eine bekannte Reblage unterhalb des Dorfes. Georges Passort hat sich hier 1953 niedergelassen. Diese saubere, klare Cuvée besitzt eine rubinrote Farbe und entfaltet einen feinen Himbeerduft. Dem kräftigen Gerüst fehlt es noch an Rundheit. Dieser ziemlich lange, gut strukturierte Wein, der sich heute noch »schüchtern« gibt, sollte Ende 1992 verkostet werden.
🍷 Georges Passot, Le Vieux Bourg, 69910 Villié-Morgon, Tel. 74.04.23.10 ❦ tägl. 8h-18h

DOM. DE LA GROSSE PIERRE 1991

■   7 ha   35 000   ▮◫↓☑2

Ein weiteres Gut in der Reblage La Grosse Pierre, das Alain Passot seit 1982 leitet. Ein zusammenhängendes, 7 ha großes Anbaugebiet liefert diese strahlende, dunkelrote Cuvée mit dem kräftigen Duft nach Heidelbeeren und Brombeeren. Nach einer sauberen, klaren Ansprache spürt man die Tannine. Die lange Gärdauer der Trauben beeinträchtigt diesen ansonsten recht feinen Wein. Er kann altern, ohne seine Qualitäten einzubüßen.
🍷 Alain Passot, Dom. de la Grosse Pierre, 69115 Chiroubles, Tel. 74.69.12.17 ❦ n. V.

LA MAISON DES VIGNERONS
Cuvée Vidame de Rocsain 1991

■   2,6 ha   20 000   ▮☑1

Diese Cuvée stammt von der kleinsten und hübschesten Genossenschaftskellerei des Beaujolais. Eine elegante Erscheinung : kirschrote Farbe und ein feiner, fruchtiger Duft. Diese allgemeine Ausgewogenheit findet sich auch im Geschmack wieder. Aromatisch, vollmundig, fast zu leicht zu trinken. Diesem Wein mangelt es weder an Struktur noch an Fülle. Harmonisch, aber maßvoll in seiner Ausdruckskraft. Zum sofortigen Genuß bestimmt.
🍷 La Maison des Vignerons, Le Bourg, 69115 Chiroubles, Tel. 74.69.14.94 ❦ n. V.

MOMMESSIN 1990*

■   k.A.   k.A.   ▮↓2

Didier Mommessin leitet die Geschicke des burgundischen Weinbaugebiets. Sein Chiroubles hat unsere Jury durch seine intensive, rubinrote Farbe und seinen zurückhaltend-eleganten, fruchtigen Duft verführt. Die originale Ansprache erinnert an Haselnüsse. Der Geschmack ist kräftig, gut strukturiert und rund, aber es mangelt ihm etwas an Fruchtigkeit. Er scheint für die Lagerung bestimmt zu sein. Dieser harmonische, elegante 90er bewahrt eine schöne Jugendlichkeit.
🍷 Mommessin, La Grange Saint-Pierre , 71850 Charnay-lès-Mâcon, Tel. 85.34.47.74 ❦ n. V.

J. PELLERIN 1991*

■   4 ha   32 000   ◫↓2

J. Pellerin, ein Weinhändler, hat eine dunkelrote Cuvée ausgewählt, deren angenehm intensiver Duft an rote Früchte erinnert. Der frischen Ansprache mangelt es etwas an Fleisch, was aber dem Geschmack nicht schadet. Dieser ausgewogene, nicht übertrieben aromatische Wein ist ein gefälliger Vertreter der Appellation, der einen guten Geschmackseindruck hinterläßt. Und das ist doch das Wichtigste, oder ?
🍷 J. Pellerin, Le Moulin, 435 rte du Beaujolais, 69830 Saint-Georges-de-Reneins, Tel. 74.67.61.36

RENE SAVOYE 1991

■   7,2 ha   22 000   ▮↓☑2

Von diesem Gut hat man einen herrlichen Blick bis zu den Alpen. Eine fehlerlose Cuvée : zurückhaltender, fruchtiger Duft, rund, ausgewogen, ohne Rauheit. Bereits trinkfertig.
🍷 René Savoye, Le Bourg, 69115 Chiroubles, Tel. 74.04.23.47 ❦ n. V.

Fleurie

Eine Kapelle auf einem Hügel, der ganz mit Gamayreben bestockt ist, scheint über das Anbaugebiet zu wachen : Die Madonna von Fleurie markiert die Lage dieses Cru, der hinsichtlich seiner Größe hinter Brouilly und Morgon an dritter Stelle rangiert. Die 800 ha Rebflächen gehen nicht über die Grenzen der Gemarkung hinaus. Die Reben wachsen dort auf ziemlich einheitlichen Böden, die aus grobkörnigem Granit bestehen ; dieser verleiht dem Wein einen feinen, bezaubernden Charakter. Die Produktionsmenge liegt bei 34 000 hl. Manche mögen ihn kühl, andere eher temperiert, aber alle schätzen – der Familie Chabert zufolge, die dieses berühmte Gericht erfunden hat – »Andouillette Beaujolaise« , eine Art Bratwurst, die mit Fleurie zubereitet wird. Dieser Wein erinnert an eine Frühlingslandschaft : voller Versprechungen, Licht und Iris- und Veilchenduft.

Im Dorf bieten zwei Probierkeller (der eine beim Rathaus, der andere in der Genossenschaftskellerei, die zu den größten gehört und 30% der Trauben dieses Anbaugebiets vinifiziert) die ganze Palette an Weinen, die aus Reblagen mit bedeutungsvollen Namen stammen : La Rochette, La Chapelle-des-Bois, Les Roches, Grille-Midi, La Joie-du-Palais...

BOUCHARD PERE ET FILS
Dom. Estienne de Lagrange 1990 **

■					
	k.A.	k.A.			3

Das 1731 gegründete Handelshaus hat seinen Sitz in Beaune. Dieser immer noch jugendliche 90er mit dem sehr ansprechenden Aussehen entwickelt ein komplexes Bukett mit animalischen Noten. Der reiche, fleischige und lange Geschmack ist sehr gut strukturiert. Er muß sich noch entfalten, damit er den Liebhabern von Fleurieweinen vollständig gefallen kann.
☛ Bouchard Père et Fils, Au Château, B.P. 70, 21202 Beaune Cedex, Tel. 80.22.14.41 ☈ n. V.

JEAN CHAINTREUIL La Madone 1991

■					
	2 ha	12 000			2

Eine purpurrote Cuvée mit violetten Reflexen und einem Duft von mittlerer Intensität, der an rote Früchte und Blumen erinnert. Nervige Ansprache. Die Tannine müssen noch milder werden. Ein guter, vollständiger, aber noch junger Wein. Muß noch altern.

☛ SCEA Dom. Chaintreuil, La Chapelle des Bois, 69820 Fleurie, Tel. 74.04.11.35 ☈ n. V.

JEAN-PAUL CHAMPAGNON
La Roilette, Cuvée spéciale 1991 **

■					
	0,5 ha	4 000			2
87	89	90				

1952 ließ sich der Vater von Jean-Paul hier als Teilpächter nieder. Er erwarb nach und nach Rebflächen und wurde Winzer. Sein bemerkenswerter 91er besitzt eine sehr kräftige, rubinrote Farbe und entfaltet einen besonders intensiven Duft von reifen Früchten mit einer ausgeprägten Holznote. Seine große geschmackliche Präsenz, seine Komplexität und seine gute Gerbsäure sichern diesem herrlichen Wein zum größten Vergnügen der Kenner eine schöne Zukunft.
☛ Jean-Paul Champagnon, La Treille, 69820 Fleurie, Tel. 74.04.15.62 ☈ n. V.

COLLIN ET BOURISSET
Dom. H. Vial 1991 *

■					
	k.A.	30 000			2
|(89)| |90| 91				

Ein 1821 entstandener Betrieb. Seinem 89er Fleurie haben wir drei Sterne zuerkannt. Der 91er trägt ein sehr schönes, leicht ins Violette spielendes Kleid. Sein Bukett explodiert förmlich : Blumige und fruchtige Düfte verschmelzen darin miteinander. Der reiche, strukturierte und harmonische Geschmack hat noch nicht seinen Höhepunkt erreicht. Dieser lagerfähige Wein dürfte sich im kommenden Monat voll entfalten und paßt dann hervorragend zu rotem Fleisch.
☛ Vins fins Collin et Bourisset, av. de la Gare, 71680 Crèches-sur-Saône, Tel. 85.37.11.15 ☈ n. V.

BRUNO COPERET 1991

■					
	2,5 ha	6 000			2
	89		90	91				

500 m von der Madonna von Fleurie entfernt, hatte dieser junge Winzer mit dem 89er (zwei Sterne) zum ersten Mal seine Produktion selbst auf Flaschen abgezogen. Der lebhaft rote 91er entfaltet einen angenehmen blumigen Duft. Der stattliche, vollmundige, lange Geschmack zeigt sich recht ausgewogen und einschmeichelnd, aber es fehlt ihm an Kraft. Dieser Wein sollte in den beiden kommenden Jahren getrunken werden.
☛ Bruno Coperet, 69820 Roche-Guillon, Tel. 74.69.85.34 ☈ n. V.

GEORGES DUBŒUF 1991★

■　　　　k.A.　　　k.A.　　■↓☑2

89 |91|

Dieses auf Fleurieweine spezialisierte Handelshaus stellt eine Cuvée von intensiv roter, samtiger Farbe vor. Das Bukett öffnet sich nach und nach und entfaltet einen blumigen Duft von guter Intensität. Im Geschmack bietet dieser 91er eine angenehme Rundheit und Reichhaltigkeit. Das fruchtige Aroma, der Charme seiner Ausgewogenheit, seine Nachhaltigkeit und sein eleganter Abgang machen ihn zu einem reizvollen Wein.
☛ Les Vins Georges Dubœuf, La Gare, B.P.12, 71570 Romanèche-Thorins, Tel. 85.35.51.13 ♈ n. V.

HENRY FESSY La Roilette 1991★★

■　　　　k.A.　　　k.A.　　　☑2

Die rubinrote Farbe mit den violetten Reflexen wirkt elegant. Der sehr feine und intensive Duft von roten Früchten geht einem besonders fleischigen und harmonischen Geschmack voraus, der lange anhält. Seine maßvolle Stärke und seine Jugendlichkeit machen diesen 91er zu einem vielversprechenden Wein.
☛ Les Vins Henry Fessy, Bel-Air, 69220 Saint-Jean-d'Ardières, Tel. 74.66.00.16 ♈ n. V.

MICHEL GUIGNIER 1990

■　　　1,6 ha　　10 000　　■☑2

Dieser Winzer leitet seit 1988 den Betrieb. Sein Fleurie besitzt eine leichte Farbe, die ins Ziegelrote spielt. Der recht intensive Duft erinnert an Blumen. Der geschmeidige, ausgewogene Wein besitzt zwar nicht den Körper eines Athleten, schmeckt aber jetzt schon angenehm.
☛ Michel Guignier, Faudon, 69820 Vauxrenard, Tel. 74.69.14.52 ♈ n. V.

DOM. DE HOSPICES DE BELLEVILLE 1991

■　　　　k.A.　　15 000　　■↓☑3

Eine klare, lebhaft rote Farbe und ein nicht sehr intensiver Blütenduft mit einer rauchigen Note. Dieser ausgewogene Wein entfaltet einen etwas schwachen Geruchseindruck, aber im Geschmack, in dem man einen Hauch von Lakritze entdeckt, ist er direkt, rund und ziemlich vollständig.
☛ Cellier des Samsons, Le Pont des Samsons, 69430 Quincié-en-Beaujolais, Tel. 74.04.39.39

DOM. DE LA GRAND'COUR 1991★

■　　　　k.A.　　8 000　　　☑3

85 89 |90| |91|

Das Gut gehört dem Vorsitzenden des Winzerverbands des Beaujolais und wird von seinem Sohn Jean-Louis bewirtschaftet. Die granatrote, von zahlreichen violetten Reflexen durchzogene Cuvée entfaltet sich langsam und enthüllt einen feinen, nachhaltigen fruchtigen Duft. Der gut strukturierte, volle Geschmack besitzt Stoff. Ein komplexes Aroma hüllt diesen fleischigen, harmonischen Wein ein. Ähnlich wie ein verpupter Schmetterling hat er noch nicht seinen ganzen Reichtum enthüllt. Dank seines guten Baus paßt er zu Wild und rotem Fleisch.

☛ SCEA J.-G. - J. L. Dutraive, Dom. de la Grand'Cour, 69820 Fleurie, Tel. 74.69.81.16 ♈ n. V.

CLOS DE LA ROILETTE 1990

■　　　　6 ha　　25 000　　■⑪↓☑2

Das Etikett erinnert daran, daß die alten Besitzer ihr Gut 1920 nach diesem Pferd benannten. Der klare, intensiv rubinrote 90er ist sehr jugendlich geblieben. Der zurückhaltende Duft wirkt elegant. Das Aroma ist angenehm, verflüchtigt sich aber rasch am Ende des Geschmackseindrucks. Dieser typische Fleurie ist kraftvoll und harmonisch. Ein sehr vielversprechender Wein, der noch lagern muß, damit er sich vollständig entfalten kann.
☛ SCEA Coudert Père et Fils, La Roilette, 69820 Fleurie, Tel. 74.69.84.37 ♈ n. V.

BERNARD LAVIS Les Moriers 1991★★

■　　　　k.A.　　14 000　　■⑪☑2

Eine zauberhafte Cuvée : sehr schöne, klare, rubinrote Farbe und ein intensiver, komplexer Duft von Früchten, der sich mit einer zarten Holznote verbindet. Der Geschmack, in dem das feine Aroma seines Buketts dominiert, beeindruckt auf angenehme Weise durch seine Tannine, seine ausgewogene Struktur und eine gute Länge. Ein sehr schöner, lagerfähiger Vertreter der Appellation.
☛ Bernard Lavis, Les Moriers, 69820 Fleurie, Tel. 74.69.85.72 ♈ n. V.

DOM. LES ROCHES DU VIVIER 1991★

■　　　　8,35 ha　　30 000　　　■☑2

Ein schönes Gut mit 21 ha Rebflächen, das von unserer Jury regelmäßig berücksichtigt wird. Der 91er besitzt eine schöne, intensive purpurrote Farbe und entfaltet einen feinen, blumigen Duft. Im Geschmack entwickelte dieser tanninreiche Wein ein angenehm fruchtig-blumiges Aroma. Für einen zweiten Stern mangelt es ihm nur an wenig an Länge.
☛ Dom. Berrod, Les Roches du Vivier, 69820 Fleurie, Tel. 74.04.13.63 ♈ n. V.

DOM. MEHU 1990★

■　　　　k.A.　　15 000　　■⑪↓2

|90| |91|

Das Gut ist nach einem recht bekannten Paar benannt, das sich in zahlreichen Verbänden engagiert. Die kirschrote Cuvée bewahrt die ganze Pracht seiner Jugend. Der feine, an Blüten und rote Früchte erinnernde Duft ist sehr intensiv. Der Geschmack entfaltet ein blumiges Aroma und eine schöne Frische. Mittlere Stärke, Nachhaltigkeit und gute Ausgewogenheit. Dieser schöne Wein kann in den kommenden drei Jahren getrunken werden.
☛ Jean-Marc Aujoux, 20, bd Emile-Guyot, 69830 Saint-Georges-de-Reneins, Tel. 74.67.68.67

DOM. MONROZIER 1991★

■　　　　2,15 ha　　8 000　　⑪↓☑2

83 85 86 |89||91|

Das vor zwei Jahrzehnten entstandene Gut liegt in der Nähe des berühmten Anbaugebiets

von Moulin à Vent. Den 89er haben wir besonders empfohlen. Die 91er Cuvée besitzt eine klare, purpurrote Farbe mit violetten Reflexen. Der frische, blumige Duft ist von mittlerer Intensität. Dieser sehr fleischige, vollmundige und gut strukturierte Wein bewahrt eine schöne Ausgewogenheit. Er muß sich noch entfalten, um seine ganze Reichhaltigkeit auszudrücken.
🍷 SCEA du Dom. Monrozier, Les Moriers, 69820 Fleurie, Tel. 74.04.10.17 ☎ tägl. 10h-12h 14h-19h

DOM. DU POINT DU JOUR 1991 **

■		1 ha	6 000		🍷 Ⅴ 2

81 82 83 85 |86| 87 |90| 91

Die Kellerei dieses Gutes wird regelmäßig von berühmten Künstlern und Sportlern besucht. Der 87er hat eine besondere Empfehlung von uns erhalten. Hier nun ein besonders gut gelungener 91er mit einem Samtkleid von kräftiger roter Farbe, geschmückt von violetten Reflexen. Der überaus einschmeichelnde Duft ist blumig und rauchig. Ein kräftiger, tanninreicher, aber rassiger Wein, der viel Persönlichkeit besitzt. Reichhaltigkeit, Fleischigkeit und Ausgewogenheit deuten auf eine vielversprechende Zukunft hin. Wird einmal gut zu Wild und Coq au Vin passen.
🍷 Guy Depardon, Dom. du Point du Jour, 69820 Fleurie, Tel. 74.04.10.52 ☎ n. V.

CH. PORTIER 1990 *

■		1,17 ha	6 000		🍷🍷 Ⅴ 3

Dieses nahe bei Fleurie gelegene Gut ist 1850 von der Familie Portier geschaffen worden. Eine purpurrote Cuvée mit einer leicht entwickelten ziegelroten Färbung. Der gut entwickelte, fruchtige Duft enthält eine blumige Note. Die nervige Ansprache macht einem frischen, runden Geschmack Platz. Ein gelungener Wein, der vollmundig, nachhaltig und gut gebaut ist und ein einfaches, angenehmes Aroma entfaltet.
🍷 Héritiers Michel Gaidon, Ch. Portier, Moulin-à-vent, 71570 Romanèche-Thorins, Tel. 80.22.22.60 ☎ n. V.

ANDRE VAISSE Grille Midi 1991

■		k.A.	6 500		🍷↓ Ⅴ 2

Ein vom Eventail de Vignerons in Corcelles abgefüllter Wein mit einer schönen, intensiv roten Farbe. Der ziemlich entwickelte Duft erinnert an Brombeeren. Im Geschmack ist er vollmundig, endet aber rasch. Vom Typ her eher ein Primeur als ein Cru.
🍷 André Vaisse, 69820 Fleurie, Tel. 74.66.03.89 ☎ n. V.

CH. DU VIVIER 1990 *

■		k.A.	45 000		🍷↓ 3

Symphorien Moillard und Marguerite Grivot begannen 1850 mit dem Weinhandel. Ihre Nachkommen sind viele – Appellationen. Die Farbe dieser von violetten Reflexen durchzogenen Cuvée ist jugendlich geblieben. Der feine, angenehme, leicht alkoholische Duft ist für einen 90er klar. Der reiche, ausgewogene Geschmack ist recht harmonisch, endet aber etwas kurz. Ein Wein, der sich gut entwickelt und noch zwei bis drei Jahre lagern kann.

🍷 Moillard-Grivot, R.N. 74, 21700 Nuits-Saint-Georges, Tel. 80.62.42.00 ☎ tägl. 10h-18h ; Jan. und Febr. geschlossen

Juliénas

Der Etymologie nach ein »kaiserliches« Anbaugebiet, denn Juliénas leitet seinen Namen von Julius Cäsar ab, ebenso wie Jullié, eine der vier Gemeinden, die (zusammen mit Emeringes und Pruzilly, letztere im Departement Saône-et-Loire) diese Appellation bilden. 580 ha sind mit Gamay Noir (mit hellem Saft) bestockt ; bei den Böden handelt es sich um Granitgestein im Westen und um Sedimentgestein mit alten Anschwemmungen im Osten. Jährlich werden 32 000 hl erzeugt : kräftig gebaute Weine mit intensiver Farbe, die nach ein paar Monaten Lagerung im Frühjahr trinkreif sind. Sie sind so munter und schelmisch wie die Fresken, die den Probierkeller, in einer alten Kirche im Zentrum des Dorfs, schmücken. In dieser profanierten Kapelle wird alljährlich Mitte November der Prix Victor Peyret an denjenigen Künstler, Maler, Schriftsteller oder Journalisten verliehen, der die Weine dieses Cru am besten »verkostet« hat ; er erhält 104 Flaschen – zwei für jedes Wochenende... Die Genossenschaftskellerei, die sich in der ehemaligen Prioratskirche des Château du Bois de la Salle befindet, vinifiziert 30% der Appellation.

DOM. DE BOISCHAMPT 1991 *

■		k.A.	k.A.		3

|89| 90 91

Pierre Dupond, ein traditionsreicher, 1860 gegründeter Weinhandel, der die ganze Palette der Beaujolais-Crus anbietet. Dieser 91er öffnet sich nach und nach und entfaltet einen ziemlich komplexen Kirschduft. Er ist voll, rund und recht ausgewogen, auch wenn er etwas lebhaft endet. Ein fruchtiger, im Geschmack recht ausgeprägter Juliénas, der noch ein paar Monate braucht, um sich zu verfeinern.
🍷 Pierre Dupond, 339, rue de Thizy, B.P. 79, 69653 Villefranche-sur-Saône, Tel. 74.65.24.32 ☎ n. V.

JEAN-CLAUDE BOISSET
La Bernardelle 1990 *

■		k.A.	k.A.		🍷↓ Ⅴ 2

Die burgundischen Weinhändler bieten alle AOC-Weine von »Großburgund« an. Jean-

Claude Boisset, der über ein wahres Imperium herrscht, besitzt mehrere Marken und vertreibt über zahlreiche Netze für jede Appellation mehrere Sorten. Diese Cuvée La Bernadelle ist immer noch jugendlich. Sie besitzt eine sehr kräftige Farbe und entfaltet einen vollen, noch frischen, fruchtigen Duft. Ein gut gelungener, runder Wein mit einem angenehm würzigen Aroma, der eine kräftigere Gerbsäure vertragen würde.
↝ Jean-Claude Boisset, rue des Frères-Montgolfier, 21702 Nuits-Saint-Georges, Tel. 80.61.00.06

BERNARD BROYER 1991*

| ■ | 3,5 ha | 4 500 | ◨ ☑ 🄲 |

Bernard Broyer, der seit 1978 Wein anbaut, hat eine Cuvée mit einer kräftigen, rubinroten Farbe und einem leicht verschlossenen Bukett hergestellt, das einen an rote Früchte erinnernden Duft enthüllt. Ein kräftiger, fleischiger, körperreicher 91er mit einem zurückhaltenden Aroma. Er ist sehr vollmundig und bleibt dennoch ausgewogen. Der gut gebaute, für einen Juliénas sehr typische Wein braucht noch ein paar Monate, damit er sein aromatisches Potential voll entfalten kann.
↝ Bernard Broyer, Les Bucherats, 69840 Juliénas, Tel. 74.04.46.75 ⏱ tägl. 9h30-19h

JEAN BUIRON 1991*

| ■ | 2,5 ha | 10 000 | ☑ 🄲 |

35 Jahre alte Rebstöcke haben hier eine Cuvée von sauberer, roter Farbe erzeugt, die deutlich, aber nicht sehr intensiv nach Erdbeeren und Feigen duftet. Ziemlich fleischig und rund, mit milden Tanninen. Dieser lange, elegante, im Geschmack maßvolle Wein hat seine Entwicklung noch nicht abgeschlossen.
↝ Jean Buiron, Le Chapon, 69840 Juliénas, Tel. 74.04.40.39 ⏱ n. V.

DOM. DES CHERS 1990

| ■ | 3,5 ha | 20 000 | ⅰ ☑ 🄲 |
| 89 90 | | | |

Les Chers, eine ganz nach Süden hin ausgerichtete Reblage, liefert dieses Jahr einen Wein, dessen guter, warmer Duft an Gewürze und leicht gekochte rote Früchte erinnert. Nach einer klaren Ansprache verrät der Geschmack von reifen Früchten sein Alter : Dieser 90er hat seinen Höhepunkt erreicht.
↝ Jacques Briday, Dom. des Chers, 69840 Juliénas, Tel. 74.04.42.00 ⏱ tägl. 9h-12h 14h-19h

GEORGES DUBŒUF 1990**

| ■ | k.A. | k.A. | ⅰ ↓ ☑ 🄲 |

Eine Cuvée von intensiver, dunkelroter Farbe mit violetten Reflexen. Der kräftige Duft erinnert an Beeren. Man spürt bereits im Geruchseindruck die alkoholische Stärke. Kräftige, fleischige Ansprache. Im gut strukturierten Geschmack entfaltet sich das Aroma von reifen Früchten und gegen Ende hin von Gewürzen. Ein noch jung gebliebener, bemerkenswerter 90er, der kraftvoll und nachhaltig ist und ein wunderbar harmonisches Aroma besitzt. Verführerisch !
↝ Les Vins Georges Dubœuf, La Gare, B.P.12, 71570 Romanèche-Thorins, Tel. 85.35.51.13 ⏱ n. V.

DOM. RENE GONON 1991***

| ■ | 1,5 ha | 10 000 | ⅰ ☑ 🄲 |
| 89 90 (91) | | | |

Dieses Gut wird häufig von Sängern, Journalisten und Künstlern besucht. Eine tiefrote Cuvée, deren Bukett sich nach und nach öffnet und einen zarten, sehr eleganten Duft von reifen roten Früchten und Gewürzen enthüllt. Die direkte Ansprache bereitet auf einen runden, weichen Geschmack mit einem Veilchenaroma vor. Gut strukturiert und nachhaltig. Ein wunderbarer, lagerfähiger Wein, der harmonisch und sehr fleischig ist.
↝ René Gonon, 69840 Juliénas, Tel. 74.04.41.00 ⏱ n. V.

MICHEL JUILLARD 1990*

| ■ | 5 ha | 8 000 | ◨ ☑ 🄵 |
| 89 90 | | | |

Eine sehr schöne, intensiv tiefrote Farbe und ein hübscher, noch frischer Duft, der an schwarze Johannisbeeren und leicht an Vanille erinnert. Dieser geschmeidige, aber von eleganten Tanninen gut unterstützte und geschmacklich lange Wein mit dem Röstaroma hinterläßt im Gaumen einen Eindruck von Rundheit. Ein für die Appellation typischer Vertreter. Trinkreif.
↝ Michel Juillard, Les Bruyères, 71570 Chânes, Tel. 85.36.53.29 ⏱ Mo-Sa 9h-20h, So 12h-20h

CH. DE JULIENAS 1991*

| ■ | 20 ha | 18 000 | ↓ ☑ 🄲 |
| 85 86 87 89 90 91 | | | |

Ein Teil der Keller dieses Châteaus stammt von 1595, aber die Familie Condemine hat sie erst 1907 erworben. Hier entsteht eine dunkelrote Cuvée, die dem Auge schmeichelt. Den feinen Duft von geröstetem Kaffee findet man im Geschmack wieder, begleitet von einer leichten Vanillenote. Dieser gleichzeitig runde, fleischige und frische Wein ist gut strukturiert und nachhaltig. Im Abgang zeigt er sich leicht krautig. Ein 91er mit einem originellen Aroma für neugierige Weinliebhaber.
↝ François Condemine, Ch. de Juliénas, 69840 Juliénas, Tel. 74.04.41.43

LA BOTTIERE 1990*

| ■ | k.A. | 5 000 | ⅰ 🄲 |

Eine intensiv rubinrote Cuvée mit einem leichten, sehr angenehmen Duft, der an Früchte, geröstetes Brot und etwas an Tabak erinnert. Die weiche, fruchtige Ansprache entwickelt sich

gegen Ende hin in Richtung Gewürze und Leder. Fleischig, nachhaltig und harmonisch. Ein aromatischer, für einen Juliénas ziemlich feiner Wein, der einen Eindruck von Fülle hinterläßt.
🕭 Thomas La Chevalière, 69430 Beaujeu, Tel. 74.04.84.97 ⛾ Mo-Fr 8h-12h 14h-18h

DOM. DE LA COTE DE CHEVENAL
1991

| ■ | 0,37 ha | 2 000 | ▪↓▼2 |
| 88 **89** 90 91 |

Diese Rebflächen befinden sich auf den Anhöhen von Juliénas. Seit 1981 vinifiziert Jean-François Bergeron die von dort stammenden Trauben. Sie liefern eine Cuvée von leichter, roter Farbe. Der angenehme Duft erinnert an Beeren. Ein aromatischer Wein mit einer guten Gerbsäure, der ausgewogen, einfach und typisch ist. Sollte im Jahr nach der Lese getrunken werden.
🕭 Jean-François Bergeron, Les Rougelons, 69840 Emeringes, Tel. 74.04.41.19 ⛾ n. V.

CH. DE LA PRAT   1990

| ■ | k.A. | 20 000 | ▪◫↓2 |

Dieses Weingut ist im 17. Jh. entstanden. Der komplexe, recht kräftige Duft erinnert an reife rote Früchte und Veilchen und enthält eine leichte Vanillenote. Die lebhafte, klare Ansprache wird von deutlich spürbaren Tanninen abgelöst. Wenn sich dieser Wein verfeinert hat, könnte er zu Saucengerichten passen.
🕭 Jean-Marc Aujoux, 20, bd Emile-Guyot, 69830 Saint-Georges-de-Reneins, Tel. 74.67.68.67
🕭 Jean Dalbanne

CELLIER DE LA VIEILLE EGLISE
1991*

| ■ | k.A. | 30 000 | ▼2 |

Eine profanierte Kirche, die in einen »Bacchustempel« umgewandelt worden ist. Diese Cuvée mit der schönen rubinroten Farbe entwickelt einen nicht sehr intensiven, aber komplexen und harmonischen Duft von frischen Früchten. Nach einer guten Ansprache spürt man die kräftigen Tannine. Man muß diesen sehr alkoholischen 91er noch ein wenig lagern, damit man ihn voll genießen kann.
🕭 Cellier de La Vieille Eglise, Le Bourg, 69840 Juliénas, Tel. 74.04.42.98

DOM. JEAN-PIERRE MARGERAND
1991***

| ■ | 4,9 ha | 6 000 | ▪◫2 |

Ein typisches kleines Weingut, das eine außergewöhnliche Cuvée präsentiert. Sehr klare und reiche, fast violette Farbe. Der für den Jahrgang typische Duft erinnert an reife Früchte, wie z. B. Feigen. Dieser nachhaltige Wein ist sehr harmonisch : voll, edel, rund und kräftig, mit einer schönen Struktur. Die im Geschmack noch gesteigerte Kraft und die Fülle bestätigen die schöne Erscheinung, den Reichtum und die Homogenität dieses bewundernswerten 91ers.
🕭 Jean-Pierre Margerand, Les Crots, 69840 Juliénas, Tel. 74.04.40.86

L. METAIRIE   1991

| ■ | k.A. | 6 600 | ▪▼2 |

Eine schöne, klare Farbe und ein frisches Bukett mit zartem Duft, in dem man Veilchen und alkoholische Noten entdeckt. Auf die weiche, vollmundige Ansprache folgen noch nicht aufgelöste Tannine. Ein aromatischer Wein, der mehr an einen Primeur als an einen Cru erinnert. Sollte im Jahr nach der Lese getrunken werden.
🕭 L. Métairie SA, Le Marché de Pizay, 69220 Saint-Jean-d'Ardières, Tel. 74.66.31.31 ⛾ n. V.

MOILLARD-GRIVOT   1991*

| ■ | k.A. | 60 000 | ◫↓2 |

Die 1850 gegründete Firma verdankt ihren Aufschwung dem Bau der Eisenbahn. Dunkelrote, fast violette Farbe. Ein kräftiger, einfacher Duft von den reifen Früchten. Dieser wohlausgewogene, runde, fleischige und vollmundige Wein ist im Geschmack lang. Ein solider Vertreter seiner Appellation, dem es jedoch im Abgang an Originalität fehlt.
🕭 Moillard-Grivot, R.N. 74, 21700 Nuits-Saint-Georges, Tel. 80.62.42.00 ⛾ tägl. 10h-18h ; Jan. und Febr. geschlossen

MOMMESSIN   1990

| ■ | k.A. | k.A. | ▪↓2 |

Diese Cuvée hat noch keine »Falten« . Der kräftige, fruchtige Duft wird durch eine leichte Vanillenote betont. Ein runder, jugendlicher Wein, dem es ein wenig an Struktur mangelt, der aber gefällig ist.
🕭 Mommessin, La Grange Saint-Pierre , 71850 Charnay-lès-Mâcon, Tel. 85.34.47.74 ⛾ n. V.

JEAN-FRANCOIS PERRAUD   1991*

| ■ | 5,5 ha | 6 000 | ▼2 |

Ein 91er mit einer leichten, roten Farbe und einem intensiven Duft, der an kleines Kernobst erinnert. Sauber, fleischig, ausgewogen und aromatisch. Dieser typische Juliénas mit der guten Länge ist schon trinkreif.
🕭 Jean-François Perraud, Les Chanoriers, 69840 Jullié, Tel. 74.04.49.09 ⛾ n. V.
🕭 SCI Beauvernay

DOM. DES RIZIERES   1991

| ■ | 2,82 ha | 8 000 | ◫▼2 |

Madame Thorin-Peyret ist die Schwester von Victor Peyret, dem »Wohltäter« von Juliénas. Von ihrem Gut stammt ein Wein mit einem intensiven, angenehmen Duft von roten Früchten. Nach einer schönen Ansprache machen sich die Tannine bemerkbar, die noch den Geschmack

beherrschen. Eine als lagerfähiger Wein vinifizierte Cuvée.
🕭 Denise Thorin-Peyret, Les Capitans, 69840 Juliénas, Tel. 74.04.41.30 🍷 n. V.

GEORGES ROLLET 1991

■　　　　3,5 ha　　10 000　　🍶 Ⅵ 🍷 ❶

Georges Rollet, der diesen Betrieb seit 1967 leitet, hat eine Cuvée mit einer tiefen, kirschroten Farbe erzeugt. Die Nase nimmt einen intensiven, fast explodierenden alkoholisch-fruchtigen Duft wahr. Die sehr kräftige, sehr fruchtige Ansprache ist klar und ausgewogen. Man spürt die Tannine nicht. Dieser gut bereitete, einschmeichelnde Wein ist wenig typisch, besitzt aber ein reizvolles Aroma. Sollte jetzt getrunken werden.
🕭 Georges Rollet, La Pouge, 69840 Jullié, Tel. 74.04.44.81 🍷 n. V.

CELLIER DE SAINT-JEAN 1991

■　　　　k.A.　　20 000　　🍶 ↓ Ⅵ ❷

Dieser Cellier de Saint-Jean 1991, eine andere Marke des Cellier des Samsons, ist eine ziemlich intensive, purpurrote Cuvée mit einem angenehmen Duft von Waldfrüchten und Veilchen. Die Ansprache ist fein. Ein wohlausgewogener Wein mit jugendlichen Tanninen und einem guten fruchtig-würzigen Aroma. Er ist ziemlich leicht und entfaltet sich langsam. In ein paar Monaten dürfte er reizvoller sein.
🕭 Cellier de Saint-Jean, Le Pont des Samsons, 69430 Quincié-en-Beaujolais, Tel. 74.04.39.39

HENRI DE VILLAMONT Le Layot 1990

■　　　　k.A.　　30 000　　🍶 🍶 ↓ Ⅵ ❷

Eine sehr kräftige purpurrote Farbe, die klar und strahlend ist. Sehr angenehmer Duft, der an reife Früchte und den Geruch von Leder und Feuerstein erinnert. Der erste, etwas harte Eindruck geht auf die Tannine zurück. Das Aroma des Buketts findet man recht lang im Geschmack wieder. Ein ausgewogener Wein, dem es ein wenig an Fleisch mangelt. Man muß sich noch gedulden, bevor man ihn verkosten kann.
🕭 Henri de Villamont SA, rue du Dr Guyot, 21420 Savigny-lès-Beaune, Tel. 80.24.70.07 🍷 tägl. 9h30-12h 14h30-18h ; 15. Okt.-15. Mai geschlossen

Morgon

Der nach Brouilly größte Cru des Beaujolais liegt auf dem Gebiet einer einzigen Gemarkung. Sein 1 030 ha großes, als AOC eingestuftes Anbaugebiet liefert durchschnittlich 55 000 hl von einem robusten, vollmundigen und fruchtigen Wein, dessen Aroma an Kirschen, Kirschwasser und Aprikosen erinnert. Diese Eigenschaften gehen auf die Böden zurück, die durch die Verwitterung vorwiegend basischer Schiefer entstanden sind und Eisen- und Manganoxide enthalten. Die Winzer bezeichnen diese Böden als »modrige Erde« ; sie verleihen den Weinen ganz besondere Qualitäten. Man spricht auch davon, daß die Weine aus Morgon »morgonnieren« . Dies erweist sich günstig für die Herstellung eines lagerfähigen Weins aus Gamay-Noir-Trauben (mit hellem Saft), der im Stil an burgundische Weine erinnern kann und vorzüglich zu Coq au Vin paßt. Ein Paradebeispiel dafür ist das Anbaugebiet des Hügels Py, das unweit der alten Römerstraße, die Lyon mit Autun verband, 300 m hoch auf dieser ideal geformten Kuppe liegt.

Die Gemeinde Villié-Morgon ist zu Recht stolz darauf, daß sie sich als erster Ort um die Liebhaber des Beaujolais kümmerte : Ihr Probierkeller, der sich in den Kellern des Château de Fontcrenne befindet, kann mehrere hundert Personen aufnehmen. Diese schönen, modern eingerichteten Räume erfreuen alle Besucher und Vereine, die nach echter »Winzeratmosphäre« suchen.

DOM. DES ARCADES 1991

■　　　　7 ha　　46 000　　🍶 ↓ Ⅵ ❷

Dieses im Familienbesitz befindliche Gut verdankt seinen Namen einer Arkadenreihe im Haupthof des großen, aus dem 18. Jh. stammenden Anwesens. Dunkle, rubinrote Farbe und sehr schöner Johannisbeerduft. Die verführerische Ansprache findet keine Fortsetzung. Dieser herbe Wein muß noch altern und sich verfeinern, um seine Qualitäten zu entfalten.
🕭 SA Thorin, 71570 Pontanevaux, Tel. 85.36.70.43 🍷 n. V.

VIGNERONS DE BEL-AIR 1991

■　　　　k.A.　　25 000　　🍶 ↓ Ⅵ ❷

Ein Teil der Trauben wird als Morgon vinifiziert. Die intensive, purpurrote Farbe und der Duft von roten Früchten sind einschmeichelnd. Der sehr runde Geschmack, dessen Aroma an saure Drops und Brombeeren erinnert, ist angenehm, aber es fehlt ihm an Charakter. Dieser gefällige, sich rasch entwickelnde 91er muß jetzt getrunken werden.
🕭 Cave des Vignerons de Bel-Air, rte de Beaujeu, 69220 Saint-Jean-d'Ardières, Tel. 74.66.35.91 🍷 n. V.

DOM. DES BOIS 1991*

■　　　　1,3 ha　　7 000　　🍶 ↓ Ⅵ ❷

Dieses Gut, das auch Ferienwohnungen besitzt, hat seine Keller 1989 modernisiert. Es erzeugt eine Cuvée, deren kräftige, rote Farbe violett schimmert. Eine Zimtnote begleitet den gut entwickelten Duft von roten Früchten. Vollständig und gut strukturiert, mit einem Aroma, das an die Gärung erinnert. Ein ausdrucksstarker Wein mit schöner Länge.

⌖ Roger et Marie-Hélène Labruyère, Les Bois, 69430 Régnié-Durette, Tel. 74.04.24.09 ⌕ n. V.

JEAN-PAUL BOULAND 1991*

■				
	1,5 ha	10 000	▮↓Ⓥ②	

Leichte Farbe. Der angenehm intensive Duft erinnert an rote Früchte und Gewürze. Stattlich, fruchtig, harmonisch, aber für einen Morgon leicht. Dieser Wein ist zum sofortigen Genuß bestimmt.

⌖ Jean-Paul Bouland, Fond-Long, 69910 Villié-Morgon, Tel. 74.04.25.23 ⌕ n. V.

RAYMOND BOULAND 1990

■				
	5 ha	k.A.	▮Ⓥ②	

Die granatrote Farbe ist jugendlich geblieben. Das ziemlich komplexe Bukett erinnert an Unterholz und Gewürze. Ein wohlausgewogener Geschmack mit Fleisch und einem Aroma von geröstetem Brot und Karamel. Gute Länge mit einem für einen 90er frischen Abgang. Ein Wein, der sich gut entwickelt und seine Reife erreicht hat.

⌖ Raymond Bouland, Corcelette, 69910 Villié-Morgon, Tel. 74.04.22.25 ⌕ tägl. 8h-12h 13h-19h

CALOT 1991

■				
	k.A.	k.A.	▮Ⓥ②	

Ein Wein mit einer schönen, kräftigen Farbe und einem weinigen Duft von mittlerer Intensität. Diese noch verschlossene Cuvée besitzt vielversprechende Tannine, entfaltet sich aber noch nicht. Gönnen wir ihr ein paar Monate Verfeinerung, damit sie all ihre Reize enthüllen kann.

⌖ Les Vins Henry Fessy, Bel-Air, 69220 Saint-Jean-d'Ardières, Tel. 74.66.00.16 ⌕ n. V.

DOM. DU CALVAIRE DE ROCHE-GRES 1991

■				
	2 ha	k.A.	▮↓Ⓥ①	

Helle, kirschrote Farbe und ein zurückhaltender, pfeffriger Duft. Im Geschmack ist er vollmundig, ausgewogen und fruchtig, aber für einen Morgon leicht. Ein gut vinifizierter Wein, der zum sofortigen Genuß bestimmt ist.

⌖ Didier Desvignes, Saint-Joseph, 69910 Villié-Morgon, Tel. 74.69.16.29 ⌕ tägl. 9h-12h 14h-18h

JEAN-PAUL CHARVET 1991*

■				
	3,5 ha	26 000	▮Ⓥ③	

Eine dunkelrubinrote Cuvée mit einem ziemlich kräftigen Johannisbeerduft, der fast schon an pflanzliche Noten erinnert. Die Ansprache verführt durch Rundheit, Geschmeidigkeit und Fleisch: Man fühlt sich dabei an Samt und Moiré erinnert. Die mit einer guten Länge verbundene schöne Ausgewogenheit und ein klarer Abgang machen diesen 91er zu einem harmonischen Wein, der Klasse besitzt.

⌖ Jean-Paul Charvet, Bel Air, 69115 Chiroubles, Tel. 74.04.22.78 ⌕ n. V.

LOUIS CHEDEVILLE Chanvasseau 1990

■				
	k.A.	k.A.	▮◑Ⓥ①	

Ziemlich kräftige, lebhaft rote Farbe. Entwickelter, angenehmer Duft von getrockneten Früch-

ten. Der runde, fleischige Geschmack besitzt eine gute Struktur. Korrekte Ausgewogenheit. Er kann sich noch entwickeln und für Überraschungen sorgen.

⌖ Louis Chedeville, Le Moulin, 435, rte du Beaujolais, 69830 Saint-Georges-de-Reneins, Tel. 74.67.61.36

DOM. DU CLOS ST-PAUL 1991

■				
	2 ha	15 000	↓Ⓥ②	

Eine Cuvée mit einer nicht sehr intensiven Farbe und warmen, fast samtigen Tönen. Der fruchtige Duft ist kräftig, die Ansprache gut. Der runde Geschmack mit dem fruchtigen Aroma ist ziemlich lang. Trinkfertig.

⌖ EARL Janine Chaffanjon, Les Rochons, 69220 Saint-Jean-d'Ardières, Tel. 74.66.12.18 ⌕ n. V.

LOUIS CL. DESVIGNES
Javernières 1990*

■				
	2,08 ha	12 000	▮Ⓥ②	

Seit sieben Generationen wird dieser Familienbetrieb von einem Louis geleitet. Die 90er Cuvée besitzt eine kräftige, tiefrote Farbe mit schönen violetten Reflexen. Im intensiven Bukett vermischen sich Düfte von roten Früchten mit einem Hauch von Tiergeruch. Dieser gut gelungene Wein ist voll, fleischig, strukturiert und aromatisch und enthält im Geschmack eine leicht würzige Note. Er hat noch nicht seinen Höhepunkt erreicht.

⌖ Louis-Claude Desvignes, La Voûte, Le Bourg, 69910 Villié-Morgon, Tel. 74.04.23.35 ⌕ n. V.

GEORGES DUBŒUF 1991**

■				
	k.A.	k.A.	▮↓Ⓥ①	

Eine sehr schöne dunkelgranatrote, fast blaue Farbe und ein reicher Duft, der an Pfingstrosen, Lakritze und feine Gewürze erinnert. Im Geschmack ist dieser stattliche Wein, der Fleisch und Frucht besitzt, vollmundig und lang. Ein eleganter, vollständiger 91er, der durch seine Samtigkeit bezaubert und verführt.

⌖ Les Vins Georges Dubœuf, La Gare, B.P.12, 71570 Romanèche-Thorins, Tel. 85.35.51.13 ⌕ n. V.

SYLVAIN FESSY
Le Py, Cuvée Gauthier 1991

■				
	7 ha	45 000	▮↓Ⓥ	

Die dunkelrote Farbe ist jugendlich und strahlend. Der Duft entwickelt sich an der Luft zu animalischen Noten hin. Der recht fleischige, angenehme Geschmack wirkt etwas schlaff, weil es ihm an Lebhaftigkeit fehlt. Ein einschmeichelnder Wein, den man jetzt trinken sollte.

⌖ Sylvain Fessy, Les Villards, 69823 Belleville Cedex, Tel. 74.69.69.21 ⌕ n. V.

DOM. GOUILLON 1991

■				
	k.A.	k.A.	▮Ⓥ③	

Eine tief granatrote Cuvée mit einem komplexen Bukett, in dem man Kirschen, Aprikosen und Bananen entdeckt. Nach einer samtweichen Ansprache wirkt er für einen Morgon schmächtig. Sein an saure Drops erinnerndes Aroma ist typisch für einen jungen Wein. Trinkreif.

❧ Danielle et André Gouillon, Les Grands-Granges, 69430 Quincié-en-Beaujolais, Tel. 74.04.30.41 ⏳ n. V.

CHARLES GRUBER 1990

■	k.A.	k.A.	ⅰ**2**

Charles Gruber, das bedeutet die Gruppe Jean-Claude Boisset. Diese Cuvée von leichter, purpurroter Farbe entfaltet einen ziemlich entwickelten Duft von roten Früchten. Die leichte Struktur und das feine, fruchtige Aroma machen diesen 90er zu einem heute trinkfertigen Wein. Schade, daß der Geschmack nicht hält, was das Bukett verspricht.
❧ Charles Gruber, rue du Moulin, 21700 Nuits-Saint-Georges, Tel. 80.61.07.24 ⏳ Mo-Do 8h-12h 14h-18h, Fr bis 17h

HOSPICES DE BEAUJEU Le Py 1991

■	3,15 ha	k.A.	ⅰ↓Ⅴ**2**

Diese Cuvée ist nach dem großzügigen Spender benannt, der seine Weinberge in Py dem Hospiz vermachte. Sie besitzt eine sehr dunkelrote Farbe. Das schöne Bukett entfaltet einen kräftigen Duft von roten Früchten. Der Geschmack ist voll und aromatisch, endet aber mit einem noch strengen Abgang. Die Tannine müssen sich noch verfeinern, damit man diesen Wein voll genießen kann.
❧ Dom. Hospices de Beaujeu, Dom. de La Grange-Charton, 69430 Régnié-Durette, Tel. 74.04.31.05 ⏳ n. V.

DOM. DE JAVERNIERE 1990*

■	k.A.	25 000	ⅰ**2**

Für die Cuvée der Guilde des Œnologues zeichnet ein Önologe und Weinhersteller verantwortlich. Dieser dunkelrubinrote 90er hat dunkle Reflexe. Der Duft ist typisch für die Reblage : feuchtes Gestein, Lehm, fast mineralisch. Die Ansprache ist gut und stattlich. Dieser gut strukturierte, ausgewogene Wein verrät deutlich seine Provenienz, aber vielleicht fehlt es ihm etwas an Verführungskraft, um Neulinge zu reizen. Für die Weinliebhaber ist er ein ausgezeichneter Wein, der noch altern kann.
❧ La Guilde des Œnologues, rte du Moulin à Vent, 71570 Romanèche-Thorin, Tel. 85.35.59.89

DOM. DE LA FOUDRIERE 1990

■	7 ha	7 000	Ⅴ**2**

Entwickelte rubinrote Farbe und der charakteristische Duft von zerfallenem Gestein. Die erste, ziemlich fleischige Ansprache macht einem rauhen Eindruck Platz. Im Abgang entfaltet sich ein ziemlich langes Aroma von Kirschwasser. Dieser recht typische Wein muß noch altern.
❧ Etienne Jambon, Morgon, 69910 Villié-Morgon, Tel. 74.69.11.52 ⏳ n. V.

DOM. PRINCESSE LIEVEN
Réserve 1990*

■	1,5 ha	7 700	ⅰ↓Ⅴ**2**

Eines der schönsten Weingüter von Morgon hat diese Cuvée mit der klaren, strahlenden, intensiv purpurroten Farbe erzeugt. Angenehmes, an reife Früchte und Gewürze erinnerndes Aroma. Die Tannine sind noch spürbar. Mittlere Länge. Dieser 90er gibt sich noch etwas reser-

viert, ist aber dennoch ein hervorragender, alterungsfähiger Wein.
❧ GFA Dom. Princesse Lieven, Ch. de Bellevue, 69910 Villié-Morgon, Tel. 74.04.24.95 ⏳ n. V.

ANDRE ET MONIQUE MEZIAT
1991***

■	2 ha	10 000	ⅰⅤ**2**

Ein Weinberg, dessen Ursprünge in die Französische Revolution zurückreichen. Von hier stammt dieser bemerkenswerte 91er, dessen sehr kräftige, strahlend rote Farbe violett schimmert. Die Nase scheint in einen Korb voller Früchte und Gewürze einzutauchen. Dank seiner Kohlensäure entfaltet er ein verführerisches Aroma. Ein stattlicher, fleischiger und gut strukturierter Wein von schöner Ausgewogenheit. Dieser einschmeichelnde Geschmackseindruck und die schöne Länge machen seine bezaubernde Wirkung aus.
❧ André Méziat, Le Bourg, 69115 Chiroubles, Tel. 74.04.23.12 ⏳ Mo-Sa 8h-19h, So n. V. ; 15.-30. Aug. geschlossen

DOM. PASSOT COLLONGE
Les Charmes 1990

■	1,83 ha	3 000	ⅰ↓Ⅴ**3**

Das Gut ist vor drei Jahren entstanden. Die Farbe dieses 90ers erinnert an Himbeeren, fast schon Brombeeren. Der zurückhaltende, fruchtige Duft ist sehr fein. Dem angenehmen, aromatischen Geschmack mangelt es etwas an Kraft, aber er ist recht ausgewogen. Ein Wein voller Finesse, der noch jung, aber bereits trinkfertig ist.
❧ Bernard Passot, Le Colombier, 69910 Villié-Morgon, Tel. 74.69.10.77 ⏳ n. V.

BERNARD PICHET 1990

■	2 ha	10 000	ⅰ⑪Ⅴ**2**

Eine purpurrote Cuvée mit dem angenehmen Duft von gekochten Früchten und einer leichten Holznote. Sie besitzt eine gute Struktur mit noch spürbaren Tanninen. Dieser fruchtige Wein von mittlerer Länge ist wegen seines Aromas reizvoll. Er kann noch altern.
❧ Bernard Pichet, Le Pont, 69115 Chiroubles, Tel. 74.69.11.27 ⏳ n. V.

DOMINIQUE PIRON
Cuvée Corcelette 1991

■	1 ha	7 000	ⅰⅤ**2**

Eine sehr schöne granatrote Farbe und ein recht intensiver, fruchtiger Duft. Die gute Ansprache bestätigt sich nicht. Der Geschmack endet unvollständig, was auf die vor kurzem erfolgte Flaschenabfüllung zurückzuführen ist. Das ist kein Vergehen. Ein Wein, den man in ein paar Monaten erneut verkosten sollte, wenn er sein Gleichgewicht gefunden hat.

🍷 Dominique Piron, Morgon, 69910 Villié-Morgon, Tel. 74.69.10.20 ⚏ n. V.

DANIELLE POULARD 1991*

■	k.A.	10 000	⬤⬇️☑️2️⃣

Eine lebhaft rote Cuvée mit einem ziemlich intensiven Duft, der an rote Früchte und Pfirsiche erinnert. Seine ausgewogene Struktur könnte ausgeprägter sein. Ein fruchtiger, ziemlich langer Morgon mit einem würzigen Aroma, der gefällig ist und sich gut trinkt.

🍷 Danielle et Jean-Noël Poulard, Les Mulins, 69910 Villié-Morgon, Tel. 74.69.10.32 ⚏ n. V.

MONIQUE ET MAURICE SORNAY
1990**

■	7 ha	10 000	⬤▥⬇️☑️3️⃣

Dieser 90er besitzt ein sehr schönes Kleid von klarer, strahlender, dunkelrubinroter Farbe und ein hervorragendes Bukett, in dem man Backpflaumen, eingemachte Früchte und eine leichte Holznote entdeckt. Ein geschmeidiger, runder, recht fleischiger Wein mit einem guten, ausgewogenen Gerüst, der zu rotem Fleisch und Wild passen dürfte. Er besitzt Körper, aber auch Verführungskraft.

🍷 Maurice Sornay, Fondlong, 69910 Villié-Morgon, Tel. 74.04.22.97 ⚏ n. V.

JACQUES TRICHARD
Les Charmes 1991**

■	6,3 ha	30 000	⬤▥2️⃣
88	89 |90| 91		

Jacques Trichard, das bedeutet Tradition und gleichzeitig hohes Ansehen. Er stellt hier einen sehr schönen 91er mit einer strahlenden, dunkelroten Farbe und einem intensiven, komplexen Bukett vor, das an rote Früchte und leicht an Vanille erinnert. Im vollen, gut strukturierten Geschmack findet man die Komplexität des Duftes wieder. Ein Wein, der ausgewogen und gleichzeitig tonisch ist. Er muß sich noch verfeinern.

🍷 Jacques Trichard, Les Charmes, 69910 Villié-Morgon, Tel. 74.04.20.35 ⚏ tägl. 9h-12h 14h-18h

Moulin à Vent

Der »Edle« unter den Crus des Beaujolais umfaßt 650 ha Rebflächen in den Gemarkungen Chénas (Departement Rhône) und Romanèche-Thorins (Saône-et-Loire). Das Wahrzeichen der Appellation ist die ehrwürdige Windmühle, die sich in der Reblage Les Thorins stumm auf einem 240 m hohen Hügel erhebt. Diese sanft geformte Kuppe besteht ganz aus Granitgrus. Die Produktion beläuft sich auf 35 000 hl Wein aus der Gamay-Noir-Traube mit hellem Saft.

Die flachgründigen Böden, die reich an Mineralien wie etwa Mangan sind, verleihen den Weinen eine tiefrote Farbe, ein Iris erinnerndes Aroma, Bukett und Körper. Manchmal vergleicht man den Moulin à Vent deshalb mit seinen burgundischen Vettern von der Côte-d'Or. Einem alten Brauch folgend, wird jeder neue Jahrgang zu den Taufsteinen gebracht, zuerst nach Romanèche-Thorins (Ende Oktober), dann in alle Dörfer und Anfang Dezember in die »Hauptstadt«.

Man kann den Moulin à Vent zwar schon in den ersten Monaten nach seiner Vinifizierung probieren, aber er verträgt auch problemlos eine mehrjährige Lagerung. Dieser »Fürst« wurde 1936 als einer der ersten Crus als AOC eingestuft. Zwei Probierkeller bieten sich zum Verkosten an, die eine zu Füßen der Mühle, die andere an der Route National. Hier oder anderswo schmeckt der Moulin à Vent zu allen Gerichten, zu denen man Rotwein zu trinken pflegt.

JEAN BEDIN 1990

■	k.A.	2 000	⬤⬇️2️⃣

Ein Wein mit einer strahlenden, für seinen Typ gerade richtigen Farbe. Der fruchtige Duft ist jugendlich geblieben. Ausgewogen, ohne Schwächen oder dominierende Eigenschaften. Trinkreif.

🍷 Jean Bedin, 69460 Blaceret, Tel. 74.67.54.57 ⚏ Mo-Fr 8h-12h 14h-17h

FRANCOIS BERGERON 1990

■	0,7 ha	3 400	⬤▥2️⃣

Der gut entwickelte, angenehme Duft erinnert an sehr reife Früchte. Ein aromatischer, sauberer, gut strukturierter Wein, dem es noch an Weichheit und Rundheit fehlt. Leichter Abgang.

🍷 François Bergeron, Les Bruyères, 71570 Romanèche-Thorins, Tel. 85.35.50.57

DOM. DE CHAMP DE COUR 1990

■	7 ha	40 000	▥⬇️3️⃣

Dieses Gut, das der Familie Mommessin gehört, hat einen dunkelroten Wein mit violetten Reflexen erzeugt. Das intensive Vanillearoma des Holzfasses, das man im Duft wahrnimmt, beherrscht auch den Geschmack, dem es an Fleisch fehlt. Der solide gebaute, vom Eichenholz geprägte Wein muß sich noch verfeinern.

🍷 Mommessin, La Grange Saint-Pierre, 71850 Charnay-lès-Mâcon, Tel. 85.34.47.74 ⚏ n. V.

EDOUARD DELAUNAY ET SES FILS
1990

■	k.A.	k.A.	⬇️▥☑️3️⃣

Der 1893 gegründete Betrieb hat sich auf den Export spezialisiert. Die vorgestellte Cuvée besitzt eine sehr klare, rubinrote Farbe, der es an

Tiefe fehlt. Der weinige Duft ist fein und klar, aber nicht sehr entwickelt. Ihre gute Struktur entschädigt nicht für den Mangel an Aroma und Charme.

🐦 Edouard Delaunay et ses Fils, Ch. de Charmont, 21220 L'Etang-Vergy, Tel. 80.61.40.15 ☎ n. V.

JOSEPH DROUHIN 1990

| ■ | k.A. | k.A. | **3** |

Dieser 1880 gegründete Familienbetrieb handelt mit Wein und besitzt eigene Rebflächen an der Côte d'Or und in Chablis. Eine Cuvée von rubinroter Farbe, deren violette Reflexe ihre Jugendlichkeit anzeigen. Das intensive, komplexe Bukett entfaltet einen einschmeichelnden Duft von Pflaumen und Kernobst. Der Geschmack ist tanninreich und warm. Ein alterungsfähiger Wein, der sich noch verfeinern muß.

🐦 Joseph Drouhin, 7, rue d'Enfer, 21200 Beaune, Tel. 80.24.68.88 ☎ n. V.

DOM. DES FONTAGNEUX 1991

| ■ | 3,2 ha | k.A. | 🍷 ☑ 2 |

Der erste Besitzer dieses Guts handelte bereits 1840 in Bercy mit Wein. Diese strahlende, dunkelrote Cuvée entwickelt noch wenig Duft. Im Geschmack zeigt sie sich lebhaft, mit leichter Vanillenote. Die feinen Tannine sind recht spürbar. Um diesen Wein voll genießen zu können, muß man ihn noch altern lassen.

🐦 Indivision Collet, Les Deschamps, 69840 Chénas, Tel. 85.36.72.87 ☎ n. V.

JACKY JANODET 1990*

| ■ | 1,5 ha | 9 000 | 🍷 ☑ 2 |

Eine dunkelrote Cuvée mit einem noch zurückhaltenden Duft, in dem das Eichenholz dominiert. Auf die klare Ansprache folgen angenehme Eindrücke. Sein holziger Charakter verbindet sich harmonisch mit fruchtigen Aromen. Daraus entsteht eine schöne Ausgewogenheit.

🐦 Jacky Janodet, Les Garniers, 71570 Romanèche-Thorins, Tel. 85.35.57.17 ☎ n. V.

HUBERT LAPIERRE 1991*

| ■ | 3,2 ha | 15 000 | 🍾 ↓ ☑ 2 |

|89| **90** |91|

Die Lapierres haben ihr Gut 1970 gegründet. Dieser intensiv rote Wein besitzt hübsche violette Reflexe. Der kräftige, komplexe Duft erinnert an Kirschwasser und Rosen. Der gut strukturierte, ausgewogene Geschmack entfaltet ein blumiges Aroma. Gutes Alterungspotential.

🐦 Hubert Lapierre, Les Gandelins, 71570 La Chapelle-de-Guinchay, Tel. 85.36.74.89 ☎ n. V.

DOM. DE LA ROCHELLE 1990*

| ■ | 23 ha | 80 000 | 🍷 ↓ |

Die adlige Familie de Sparre, die dieses Gut leitet, stammt aus Schweden, stand aber schon im 17. Jh. in französischen Diensten. Ihre Cuvée besitzt eine schöne, dunkelrote Farbe, entfaltet aber wenig Duft. Die scheinbar unerschöpflichen Tannine sind nicht aggressiv. Man hätte diesen Wein lieber mit mehr Fleisch und Rundheit, aber er bewahrt eine gute Ausgewogenheit. Ein lagerfähiger 90er Moulin à Vent.

🐦 SCI Dom. de La Rochelle, 69840 Chénas, Tel. 74.66.47.81 ☎ n. V.
🐦 E. de Sparre

LE PETIT BOUCHON 1990**

| ■ | k.A. | 2 500 | 🍷 ↓ ☑ 2 |

Dieses erst vor kurzem von Erzeugern gegründete Handelshaus stellt eine dunkelrote Cuvée von vollkommener Klarheit vor. Beim ersten Riechen nimmt man eine deutliche Holznote wahr. Ein weicher, ausgewogener Wein, der einen ausgeprägten Geschmack mit viel Finesse und einem köstlichen Vanillearoma im Abgang besitzt. Er bietet eine harmonische Vereinigung von Alkoholreichtum und den auf das Eichenholzfaß zurückgehenden Eigenschaften.

🐦 Cave Le Petit Bouchon, La Gare, 69220 Cercié, Tel. 74.66.88.27 ☎ tägl. 9h-12h 14h-19h, Mo vorm. geschlossen

JEAN MORTET 1990**

| ■ | k.A. | 20 000 | 🍾 🍷 ↓ ☑ 2 |

Eine herrliche Cuvée von dunkelroter Farbe, deren zurückhaltender Duft an Blumen und Vanille erinnert. Kräftiger, ansprechender Geschmack. Das von fruchtigen Aromen umhüllte Tanningerüst macht diesen Wein harmonisch und lagerfähig. Dieser ziemlich lange 90er hat seine Möglichkeiten noch nicht voll ausgeschöpft.

🐦 Jean Mortet, Le Bourg, 71570 Romanèche-Thorins, Tel. 85.35.55.51 ☎ n. V.

CH. DU MOULIN A VENT
Cuvée exceptionnelle 1990***

| ■ | 30 ha | k.A. | 🍷 ↓ ☑ 2 |

|88| |89| (**90**)

Dieses Gut entstand im 18. Jh. Was für ein herrliches Bukett! Die exotischen Düfte (z. B. Kakao), die sich mit Holznoten vermischen, sind intensiv und kräftig. Der volle, runde Geschmack, der an rote Früchte und Vanille erinnert, zeigt sich von der Ansprache bis zum Abgang kraftvoll und ohne Schwächen. Dieser sehr harmonische 90er gehört zu den bemerkenswerten Vertretern der AOC.

🐦 Ch. du Moulin à Vent, 71570 Romanèche-Thorins, Tel. 85.35.50.68 ☎ n. V.
🐦 Bloud et Flornoy

PHILIPPE NOBLET
Clos des Maréchaux 1990

| ■ | 3,26 ha | 5 000 | 🍷 ↓ ☑ 2 |

Philippe Noblet ist seit 1990 Winzer. Der wenig entwickelte Duft dieses 90ers erinnert an geröstetes Brot. Der gut strukturierte Geschmack bleibt angenehm und entfaltet ein feines Aroma von Backpflaumen mit einer Vanillenote. Der Holzton beeinträchtigt dennoch die Entfaltung dieses guten Weins.

🐦 Philippe Noblet, Le Vivier, 69820 Fleurie, Tel. 74.69.84.48 ☎ n. V.
🐦 GFA du Beaujolais

THORIN 1990*

| ■ | 40 ha | 120 000 | 🍷 ↓ ☑ 2 |

Eine offensichtlich gut gebaute Cuvée mit einer sehr dunklen Farbe und einem Duft, der nach und nach holzige Noten annimmt. Der

Geschmack enttäuscht nicht. Solides Gerüst und Körper. Man spürt das Eichenholz. Dieser kräftig gebaute, noch jugendliche 90er hat noch nicht all seine Qualitäten enthüllt.

☎ SA Thorin, 71570 Pontanevaux, Tel. 85.36.70.43 ⚥ n. V.

Régnié

Dieser jüngste Cru des Beaujolais, der offiziell 1988 als AOC eingestuft wurde, erstreckt sich zwischen dem Cru Morgon im Norden und dem Cru Brouilly im Süden und wahrt auf diese Weise die Kontinuität der Grenzen zwischen den zehn lokalen Beaujolais-Appellationen.

Die 746 ha Rebflächen dieser Appellation sind mit Ausnahme von 5,93 ha, die auf die Gemarkung Lantigné entfallen, auf die Gemarkung Régnié-Durette beschränkt. Ähnlich wie bei der AOC Morgon bezeichnet auch hier nur der eine Name der beiden zusammengehörenden Gemeinden die gesamte Appellation.

Das Anbaugebiet, das sich in Nordwest-Südost-Richtung erstreckt, ist der Morgen- bzw. der Mittagssonne ausgesetzt, so daß die Rebflächen zwischen 300 und 500 m hoch liegen können.

Die einzige hier angebaute Rebsorte, Gamay Noir mit hellem Saft, wächst vorwiegend auf einem sandig-steinigen Untergrund; die Böden gehören nämlich zum Granitmassiv von Fleurie. Aber es gibt auch einige Parzellen mit leicht lehmigem Boden.

Die Erziehungsart der Reben und die Vinifizierungsmethode entsprechen denen in den anderen lokalen Appellationen des Beaujolais. Eine Ausnahme in den Vorschriften ist jedoch, daß die Régniéweine nicht als AOC Bourgogne ausgewiesen werden dürfen.

Der »Caveau des Deux Clochers«, der Probierkeller der beiden Kirchtürme, befindet sich in der Nähe der Kirche, deren originale Bauweise den Wein symbolisiert. Dort können die Weinliebhaber einige Proben von den 36 000 hl der Appellation verkosten. Von manchen werden diese fleischigen, geschmeidigen, ausgewogenen und eleganten Weine, deren Aroma an rote Johannisbeeren, Himbeeren und Blumen erinnert, als fröhlich und weiblich bezeichnet.

DOM. DES BRAVES 1991**

■		
	k.A.	3 000

Die Cinquins sind seit 1903 Winzer in Régnié. Ihr »Gut der Tapferen« ist – mit dem für das Beaujolais typischen Humor – völlig treffend benannt. In diesem Jahr tut sich der Sohn mit einer ausgezeichneten Cuvée hervor, die eine kräftige, strahlend rubinrote Farbe und einen intensiven, an Kirschwasser und geröstetes Brot erinnernden Duft besitzt. Dieser vollständige, nachhaltige Wein mit einem recht ausgeprägten Aroma ist ausgewogen und bemerkenswert gut strukturiert. All dies garantiert sehr schöne Zukunftsaussichten.

☎ Franck Cinquin, Les Braves, 69430 Régnié-Durette, Tel. 74.04.35.27 ⚥ n. V.

CLAUDINE ET CLAUDE CINQUIN 1990*

■		
	2 ha	5 000

Die Lese 1990 ist der erste Jahrgang, den dieser Winzer direkt verkauft. Der Wein ist eine sehr schöne, lebhafte Farbe bewahrt. Der sehr feine, äußerst blumige Duft erinnert an Akazien, Rosen und Weißdorn. Auf eine klare Ansprache folgen viel Rundheit und Weichheit. Ein langer, eleganter und ausgewogener Wein, der im Geschmack sehr nachhaltig ist und sehr gut altern wird.

☎ Claudine et Claude Cinquin, Les Forchets, 69430 Régnié-Durette, Tel. 74.69.01.28 ⚥ n. V.

DOM. DE COLETTE

■		
	4 ha	25 000

Eine sehr hellrubinrote Cuvée mit einem äußerst fruchtigen und frischen Duft. Diesem leicht gebauten Wein mangelt es nicht an Eleganz, aber bei einem Cru hätte man gern mehr Körper und einen reicheren Abgang gehabt.

☎ Jacky Gauthier, Dom. de Colette, 69430 Lantignié, Tel. 74.69.25.73 ⚥ n. V.

DOM. DE CROIX DE CHEVRE 1991

■		
	2 ha	2 600

Das Gut gehört den Nachkommen der Familie Marmonier, die die erste mechanische Traubenpresse erfand. Strahlende, tiefrote Farbe und ein zurückhaltender, komplexer Duft von Kernobst. Dieser Wein ist im Charakter etwas warm und noch adstringierend. Er muß noch altern, damit er sich verfeinert.

🍷 Bernard Striffling, La Ronze, 69430 Régnié-Durette, Tel. 74.69.20.16 ☂ n. V.

🍷 GFA des Verseaux

PIERRE DESMULES 1991

| ■ | k.A. | 3 000 | ■ 🍾 1 |

Die Tannine bleiben streng, weil sie noch nicht eingebunden sind. Aber der intensive, an rote Früchte und Bananen erinnernde Duft und die schöne, fast violette Farbe hinterlassen einen guten Eindruck.

🍷 Pierre Desmules, Lot. La Plasse, 69430 Régnié-Durette, Tel. 74.04.34.87 ☂ n. V.

DOM. DES FORCHETS 1990

| ■ | 4,8 ha | 10 000 | ■ 🍾 ↓ 2 |

Tiefe, rubinrote Farbe. Fruchtiger Duft von mittlerer Intensität. Die Ansprache ist gut. Der Geschmack bestätigt die korrekte Entwicklung dieses leichten, aromatischen Weins. Ein Régnié, den man jetzt trinken sollte.

🍷 Jean-Charles Braillon, Les Forchets, 69430 Régnié-Durette, Tel. 74.04.30.48 ☂ n. V.

HOSPICES DE BEAUJEU
Grange Charton 1991

| ■ | 35 ha | k.A. | ■ ↓ 🍾 2 |

Die erste Stiftung, die für das berühmte Gut der Hospices de Beaujeu belegt ist, erfolgte im Jahre 1240. Diese ziemlich kräftige, rubinrote Cuvée entfaltet nach und nach einen Duft von roten Früchten. Der fruchtige, ansprechende Wein ist eher leicht gebaut. Sollte im Jahr nach der Lese getrunken werden.

🍷 Dom. Hospices de Beaujeu, Dom. de La Grange-Charton, 69430 Régnié-Durette, Tel. 74.04.31.05 ☂ n. V.

JEAN-MARC LAFOREST 1991★★★

| ■ | k.A. | 20 000 | 🍾 1 |

Eine großartige Cuvée mit einer kräftigen roten Farbe, die violett schimmert. Der zurückhaltende Duft entfaltet allmählich ein Weichselaroma. Gute Ansprache. Die harmonischen Tannine werden von einem komplexen Aroma begleitet, das an rote Früchte und Lakritze erinnert und sich mit zarten, lange anhaltenden Holznoten vermischt. Der bemerkenswert harmonische Geschmack läßt die diesen erstklassigen Wein eine sehr schöne Zukunft voraussehen.

🍷 Jean-Marc Laforest, Les Nivaudières, 69430 Quincié-en Beaujolais, Tel. 74.04.35.03 ☂ n. V.

ANDRE LAISSUS 1991

| ■ | 2 ha | 15 000 | 🍶 ↓ 🍾 1 |

André Laissus, Winzer auf dem Gut der Hospices de Beaujeu, stellt diesen hellrubinroten Wein mit dem frischen Himbeerduft vor. Ein leichter, fruchtiger und recht harmonischer 91er, dem es aber für einen Cru an Körper mangelt.

🍷 André Laissus, La Grange Charton, 69430 Régnié-Durette, Tel. 74.04.38.06 ☂ n. V.

DOM. DE LA LEVRATIERE 1990★

| ■ | 1,68 ha | 3 000 | ■ 🍾 1 |

Dieser 90er besitzt eine schöne, purpurrote Farbe und einen ziemlich kräftigen Himbeerduft. Das Himbeeraroma findet man im Geschmack wieder. Ein vollständiger, ausgewogener, runder Wein, der zu jeder Zeit ansprechend ist.

🍷 André Meyran, Les Chaffengeons, 69220 Fleurie, Tel. 74.04.14.37 ☂ n. V.

LA PLAIGNE 1991

| ■ | 1,6 ha | 12 000 | ■ 🍶 🍾 2 |

Das schöne Kleid dieses 91er besitzt eine kräftige, rote Farbe mit violetten Reflexen. Der Duft ist zurückhaltend und fruchtig. Im gut strukturierten Geschmack man das Aroma von Erdbeeren. Er endet etwas abrupt mit einem warmen Abgang. Kann sich noch verfeinern.

🍷 Jacky Piret, Jasseron, 69220 Saint-Jean-d'Ardières, Tel. 74.66.30.13 ☂ n. V.

DOM. DE LA PLAIGNE 1990

| ■ | 8 ha | 30 000 | ■ ↓ 🍾 2 |

Ein tiefroter Wein mit einem ziemlich intensiven, komplexen Duft, der eher blumig ist. Das recht ausgeprägte blumige Aroma zeigt sich auch im Geschmack. Gute allgemeine Harmonie, ziemlich lange Nachhaltigkeit. Dieser 90er ist vor allem wegen seines Geruchseindrucks reizvoll.

🍷 Gilles et Cécile Roux, La Plaigne, 69430 Régnié-Durette, Tel. 74.04.80.86 ☂ n. V.

DOM. DE LA ROCHE THULON 1991★

| ■ | 6,5 ha | k.A. | ■ ↓ 🍾 1 |

Nach zehn Jahren önologischer Forschung an der Sicarex-Beaujolais übernahm Pascal Nigay 1990 den Familienbetrieb. Er präsentiert uns hier eine Cuvée, deren intensives Bukett ganz allmählich einen Duft von Geröstetem und Kirschkernen entfaltet. Der weiche, strukturierte Geschmack besitzt eine gute Nachhaltigkeit. Ein wohlausgewogener, gefälliger Wein, der stattlich wirkt.

🍷 Chantal et Pascal Nigay, Dom. de La Roche Thulon, 69430 Lantignié, Tel. 74.69.23.14 ☂ n. V.

DOM. DE LA RONZE 1991★

| ■ | 8 ha | 55 000 | ■ ↓ 🍾 1 |
| 90❘ 91❘ |

Ein Familienbetrieb. Der 91er bietet eine intensive, rubinrote Farbe und einen zurückhaltenden, komplexen Duft, der an rote Früchte erinnert. Nach einer sehr guten Ansprache entfaltet er seine ganze Stärke. Er ist alkoholreich und besitzt noch spürbare Tannine und ein fruchtiges Aroma. Bewahrt eine gute allgemeine Harmonie. Ein Wein für die Zukunft : Es lohnt sich, wenn man ihn altern läßt.

🍷 Bernardo Séraphin, Dom. de La Ronze, La Haute Ronze, 69430 Régnié-Durette, Tel. 74.69.20.06 ☂ n. V.

FRANCOIS PAQUET Gastronomie 1991★

| ■ | k.A. | 20 000 | ■ 🍾 2 |

Diese Cuvée »Gastronomie« verführt durch ihre lebhafte, hellrubinrote Farbe und ihr kräftiges, komplexes Bukett, in dem man den Duft von schwarzen Johannisbeeren und Gewürzen findet.

Die ersten Eindrücke täuschen nicht : Nach einer klaren Ansprache erweist sich der Wein als recht vollmundig. Seine solide Struktur und sein ausgeprägtes Aroma machen ihn zu einem typischen Régnié, der Charakter besitzt. Er wird noch einschmeichelnder, wenn er sich abgerundet hat.
⚲ François Paquet, Le Duchamp et Le Trève, 69460 Le Perréon, Tel. 74.65.31.99 ⚒ n. V.

DOM. PASSOT LES RAMPAUX 1990*

◼ 1,8 ha 10 000 ⚒⚒

Eine tiefrote Cuvée ohne »Falten« . Der an rote Früchte erinnernde Duft ist fein und angenehm. Nach einer schönen Ansprache entfaltet dieser gut erhaltene Wein seinen Reichtum und sein Aroma. Ein voller, ausgewogener 90er, der frisch geblieben ist. Er ist trinkreif, kann aber auch noch lagern.
⚲ Rémy Passot, 69115 Chiroubles, Tel. 74.69.16.19 ⚒ n. V.
⚲ René Passot

DOM. TANO PECHARD 1990**

◼ 4 ha 15 000 ⚒⚒

Ein 90er mit einer herrlichen rubinroten Farbe, die tief und strahlend ist und mit ihren violetten Reflexen noch jugendlich wirkt. Der intensive Duft erinnert an rote Früchte (Weichseln). Nach einer klaren Ansprache umschmeichelt er zart den Gaumen. Schöne Ausgewogenheit, mit einem Erdbeeraroma und einer Lakritznote. Dieser runde, fruchtige und recht nachhaltige Wein kann noch gelagert werden.
⚲ Patrick Péchard, Aux Bruyères, 69430 Régnié-Durette, Tel. 74.04.38.89 ⚒ n. V.

DOM. DE PONCHON 1991

◼ 10 ha k.A. ⚒⚒
|90| 91

Eine Cuvée mit einer kräftigen roten, fast schon violetten Farbe. Noch verschlossener Duft. Auch wenn sein Geschmack von der Lebhaftigkeit und den noch etwas rauhen Tanninen beherrscht wird, ist er ein interessanter Wein. Man sollte ihn altern lassen und in einem Jahr nochmals verkosten.
⚲ Jean et Yves Durand, Dom. de Ponchon, 69430 Régnié-Durette, Tel. 74.04.30.97 ⚒ n. V.

CAVE BEAUJOLAISE DE QUINCIE 1991*

◼ k.A. 4 000 ⚒⚒

Diese Genossenschaftskellerei ist seit ihrer Gründung im Jahre 1928 ständig modernisiert worden. Der Duft erinnert an Blumen und rote Beeren. Seine mittlere Intensität paßt gut zu der klaren, frischen und feinen Ansprache. Lange Nachhaltigkeit. Er endet mit einer leicht bitteren Note. In ein paar Monaten ist er trinkreif.
⚲ Cave coopérative de Quincié-en-Beaujolais, 69430 Quincié-en Beaujolais, Tel. 74.04.32.54 ⚒ n. V.

JEAN-PAUL RAMPON 1991***

◼ 6 ha 8 000 ⚒⚒

Ein Winzer, der über die Geschicke der Appellation entscheidet. Er präsentiert uns diesen bemerkenswerten Wein mit der lebhaften, tiefroten Farbe. Der intensive, komplexe Duft ist blumig, fruchtig und würzig und erfüllt das ganze Glas. Auf eine herrliche Ansprache folgt ein reichhaltiges Aroma von großer Klasse. Man entdeckt darin Pfingstrosen, Veilchen, Himbeeren und Brombeeren. Ein ausgewogener, vollständiger Wein, der duftig und lebhaft ist und Körper hat.
⚲ Jean-Paul Rampon, Les Rampeaux, 69430 Régnié-Durette, Tel. 74.04.36.32 ⚒ n. V.

MICHEL RAMPON ET FILS 1990*

◼ 6,7 ha 15 000 ⚒⚒

Ein Wein mit einer strahlenden, leicht ziegelroten Farbe, die für sein Alter normal ist. Das verschlossene Bukett öffnet sich ganz allmählich und entfaltet einen fruchtigen Duft. Dieser ausgewogene, harmonische und recht vollmundige 90er steht mitten in seiner Entwicklung. Er gewinnt noch, wenn man ihn vor dem Verkosten umfüllt.
⚲ GAEC Michel Rampon et Fils, La Tour Bourdon, 69430 Régnié-Durette, Tel. 74.04.32.15 ⚒ n. V.

JOEL ROCHETTE 1991*

◼ 2,2 ha 14 000 ⚒⚒
|90| |91|

Um 1880 wählte die Familie diesen Weinberg, um ihre Talente unter Beweis zu stellen. Der 91er besitzt eine strahlend purpurrote Farbe und einen sehr angenehmen, feinen Blütenduft. Die klare, volle Ansprache bereitet den Gaumen auf fleischige Eindrücke vor. Ausgewogen und von großer Nachhaltigkeit. Dieser vollständige, lagerfähige Wein zeigt sich jedoch noch etwas feurig.
⚲ Joël Rochette, Le Chalet, 69430 Régnié-Durette, Tel. 74.04.35.78 ⚒ n. V.

JACQUES TRICHARD 1991

◼ 3 ha k.A. ⚒⚒
|90| 91

Jacques Trichard ist seit 1969 der Chef dieses Familienbetriebs. Sein Können, das wir hier regelmäßig bezeugen, garantiert das Ansehen dieses Gutes. Die Cuvée besitzt eine ziemlich helle, rubinrote Farbe und entfaltet einen zarten, fruchtigen Duft. Die lebhafte Ansprache, bei der man die Gerbsäure spürt, verleiht diesem leichten

Wein eine gewisse Rauheit. Aber er dürfte sich noch verfeinern, so daß man ihn im kommenden Jahr trinken kann.
🔑 Jacques Trichard, Les Charmes, 69910 Villié-Morgon, Tel. 74.04.20.35 Ɪ tägl. 9h-12h 14h-18h

Saint-Amour

Die 275 ha der Appellation, die ganz im Departement Saône-et-Loire liegen, erzeugen 15 000 hl Rotwein. Die kalkarmen Lehm-, Sandstein- und Granitgeröllböden, auf denen die Reben wachsen, bilden den Übergang zwischen den Anbaugebieten mit Urgestein im Süden und den benachbarten Anbauzonen mit Kalkböden im Norden, wo sich die Appellationen Saint-Véran und Mâcon befinden. Es gibt zwei »önologische Tendenzen« , um die Qualitäten der Gamay-Noir-Traube mit hellem Saft besonders zur Geltung zu bringen : Die eine bevorzugt eine im Hinblick auf die ansonsten im Beaujolais üblichen Traditionen lange Gärdauer ; sie verleiht den von Granitböden stammenden Weinen die Farbe und den Körper, die lagerfähige Weine brauchen. Die andere Methode befürwortet eine Vinifizierung wie bei den Primeurweinen, so daß Weine entstehen, die früher trinkreif sind, um die Neugier der Weinliebhaber schneller zu befriedigen. Man sollte den Saint-Amour zu Schnecken, gebackenem Fisch, Froschschenkeln, Pilzen und Poularde in Sahnesauce trinken.

Diese Appellation hat zahlreiche Freunde im Ausland gefunden ; ein sehr großer Teil der Produktion wird deshalb exportiert. Der Besucher kann den Saint-Amour in dem 1965 geschaffenen Probierkeller kennenlernen ; man findet ihn in der Reblage Plâtre-Durand, bevor man seinen Weg zur Kirche und zum Rathaus fortsetzt, die von einer 309 m hohen Kuppe aus die Gegend überblicken. In einem Winkel der Kirche erinnert eine kleine Statue an die Bekehrung des römischen Soldaten, von dem das Dorf und die Appellation ihren Namen haben. Sie läßt die heute leider nicht mehr vorhandenen Fresken vergessen, die an einem Haus im Weiler Les Thévenins vom fröhlichen Treiben während der Französischen Revolution in diesem »Hôtel des Vierges« (Haus der Jungfrauen) berichteten und ebenfalls eine Erklärung für den Namen dieses Dorfs lieferten.

DENIS ET HELENE BARBELET 1991

■ 5,8 ha 22 000 ▮ ⫰ ☑ 2

Ein Wein mit einer intensiven, rubinroten, violett schimmernden Farbe und einem leicht fruchtigen Duft. Das fruchtige Aroma kennzeichnet auch den Geschmack, der trotz eines feurigen Abgangs recht ausgewogen ist. Von mittlerer Länge. Ein ordentlicher Vertreter der Appellation.
🔑 Denis et Hélène Barbelet, Les Billards, 71570 Saint-Amour-Bellevue, Tel. 85.36.51.36 Ɪ n. V.

VICTOR BERARD 1990

■ k.A. k.A. 2

Eine Cuvée, deren intensiver, komplexer Duft in erster Linie an rotes Kernobst erinnert. Solide Struktur. Die noch recht deutlich spürbaren Tannine sorgen für einen Abgang, dem es an Rundheit mangelt. Der kräftige, warme Geschmack steht im Gegensatz zu den Anfangseindrücken.
🔑 Victor Bérard, rte de Lyon, B.P. 4033, 71040 Varennes-lès-Mâcon, Tel. 85.34.70.50

CHANTAL ET PASCAL BERTHIER 1991*

■ 5 ha 6 000 ▮ ⫰ ☑ 2

Dieser Saint-Amour trägt ein schönes Samtkleid und enthüllt einen sehr feinen, überhaupt nicht aufdringlichen Duft von roten Früchten. Ein gut strukturierter, ausgewogener, vollständiger Wein, der lagerfähig ist und sich noch verfeinern muß.
🔑 Chantal et Pascal Berthier, Les Billards, 71570 Saint-Amour-Bellevue, Tel. 85.37.41.64
Ɪ n. V.
🔑 Teissier

DOM. DES BILLARDS 1991**

■ k.A. k.A. ▮ 2

88 (89) 90 **91**

Das Gut befindet sich seit zwei Jahrhunderten im Besitz der Familie Loron, die mit Wein handelt. Dieser 91er besitzt eine großartige, strahlend purpurrote Farbe und entfaltet ein schönes Bukett, dessen komplexer, von schwarzen Johannisbeeren geprägter Duft intensiv und fein ist. Der volle, angenehm runde Geschmack entwikkelt behutsam sein Aroma. Es bereitet großes Vergnügen, diesen gut strukturierten, harmonischen Wein zu verkosten, der kraftvoll und vornehm zugleich ist.
🔑 E. Loron et Fils, 71570 Pontanevaux, Tel. 85.36.70.52

CH. DU CHAPITRE 1991

■ 5 ha 6 200 ⦀ 2

Eine hellrote Cuvée mit einem zurückhaltenden Duft. Dem sehr milden Geschmack fehlt es an Fleisch und Rundheit. Ein leichter, süffiger Vertreter der Appellation.
🔑 SA Ferraud Père et Fils, 31, rue du Mal-Foch, 69220 Belleville, Tel. 74.66.08.05 Ɪ n. V.

COLLIN ET BOURISSET 1991*

■   k.A.   30 000   🍴 2

Dunkelrote, fast violette Farbe. Ziemlich entwickelter Duft von roten Früchten. Im runden Geschmack findet man das sehr ausgeprägte Aroma roter Früchte wieder. Gute Länge und Ausgewogenheit, aber er endet mit einer feurigen Note und muß sich noch verfeinern, um seine Qualitäten voll zu entfalten.
🍷 Vins fins Collin et Bourisset, av. de la Gare, 71680 Crèches-sur-Saône, Tel. 85.37.11.15 🍸 n. V.

DOM. DES DUC 1991*

■   9,5 ha   45 000   🍴↓✓2
90 91

Auf diesem Gut wird man von lauter Weinliebhabern empfangen. Jacques und Laurent Duc haben eine Cuvée hergestellt, deren dunkelrubinrote Farbe mit den violetten Reflexen auf ihre Kraft hinweist. Der intensive Duft erinnert an Erdbeeren und Himbeeren. Dieses fruchtige Aroma findet man auch im Geschmack wieder. Die noch nicht aufgelösten Tannine verleihen dem Wein Alterungsfähigkeit. Ein solider, aber angenehm bleibender und ziemlich langer Saint-Amour, der sich zum Einkellern eignet.
🍷 GAEC des Duc, 71570 Saint-Amour-Bellevue, Tel. 85.37.10.08 🍸 n. V.

DOM. DES FOUILLOUSES 1991

■   1 ha   5 000   🍴✓2

Ein Saint-Amour voller Finesse. Die kräftige, rubinrote Farbe ist verführerisch. Der komplexe, recht intensive Duft ist nicht aufdringlich. Ebenso der gut strukturierte Geschmack, dem es an Rundheit fehlt. Soll man ihn noch altern lassen ?
🍷 Alain et Guy Bodillard, Dom. des Fouillouses, 69840 Juliénas, Tel. 74.04.40.59 🍸 n. V.

GOBET 1990

■   k.A.   5 000   🍴 2

Die leicht ziegelrote Farbe verrät sein Alter. Der fruchtige Duft enthüllt eine angenehm würzige Note. Weich, aromatisch und recht ausgewogen trotz einer leichten Wärme. Ziemlich lange Nachhaltigkeit. Die Jury empfiehlt ihn zu Wild.
🍷 Gobet, Cuvier Beaujolais, 69460 Blaceret, Tel. 74.67.54.57 🍸 Mo-Fr 8h-12h 14h-17h

DOM. DE LA CERISAIE 1991*

■   1 ha   4 000   🍴✓2

Es fehlt diesem Wein an Reinheit, aber er macht durch seinen feurigen, fast betäubenden Duft auf sich aufmerksam, der an schwarze Johannisbeeren und Pfeffer erinnert. Der ziemlich kräftige Geschmack entfaltet sich lang und voller Rundheit. Die schöne Struktur, die mit einem komplexen Aroma verbunden ist, läßt für diesen 91er eine schöne Zukunft voraussagen. Mehr von ihm in der nächsten Ausgabe.
🍷 Robert Besson, En Bossu, 71570 Chanes, Tel. 85.33.83.27 🍸 n. V.

GERARD ET NATHALIE MARGERAND 1991

■   k.A.   k.A.   🍴🕯✓2

Das Anbaugebiet liegt an der Grenze zwischen den Appellationen Juliénas und Saint-Amour. Ein angenehmer Duft, der von roten Beeren geprägt wird. Die vorhandene Kohlensäure verleiht diesem ansonsten feurigen und starken Wein Lebhaftigkeit. Für die Lagerung bestimmt.
🍷 Gérard et Nathalie Margerand, Les Capitans, 69840 Juliénas, Tel. 74.04.46.53 🍸 n. V.

JEAN-MICHEL PATISSIER
Vigne de la Côte de Besset 1991*

■   2,5 ha   13 000   🍴↓

Die Côte de Besset befindet sich in der Nähe des Juliénas-Weinbaugebiets. Von dort kommt dieser 91er mit der schönen, rubinroten Farbe. Der sehr stark entwickelte Erdbeer- und Himbeerduft bleibt angenehm. Gut strukturiert, ausgewogen, ziemlich rund, mit dem Aroma von roten Früchten. Ein einschmeichelnder, recht typischer Wein, der alterungsfähig ist.
🍷 Jean-Michel Patissier, 71570 Saint-Amour, Tel. 74.66.03.89 🍸 n. V.

Das Lyonnais

Das Anbaugebiet der Appellation Coteaux du Lyonnais liegt am östlichen Rand des Zentralmassivs und wird im Osten durch die Rhône und die Saône, im Westen durch die Berge des Lyonnais, im Norden durch das Beaujolais und im Süden durch die Weinberge der Côtes-du-Rhône begrenzt. Das seit der Römerzeit bekannte Weinbaugebiet von Lyon erlebte Ende des 17. Jahrhunderts eine Blüte, als Geistliche und reiche Bürger den Anbau von Wein förderten und protegierten. 1836 verzeichnete das Grundbuch 13 500 ha. Die Reblauskrise und die Ausdehnung von Lyon haben dieses Anbaugebiet auf 350 ha schrumpfen lassen ; diese verteilen sich auf 49 Gemarkungen, die westlich der Großstadt liegen, vom Mont-d'Or im Norden bis zum Tal des Gier im Süden.

Diese 40 km lange und 30 km breite Zone ist in südwestlich-nordöstlicher Richtung gegliedert und durch eine Folge von 250 m hoch gelegenen Tälern und bis zu 500 m aufragenden Hügeln bestimmt. Die Bodenbeschaffenheit ist vielfältig ; man findet hier Granit, metamorphoses Gestein, Sedimentgestein, Schlick, Anschwemmungen und Löß. Die durchlässige, leichte Struktur und die geringe Schichtdicke sind das gemeinsame Merkmal dieses Anbaubereichs, in dem altes Festgestein überwiegt.

Coteaux du Lyonnais

Die drei klimatischen Hauptströmungen des Beaujolais sind auch hier vertreten, wobei sich jedoch der mediterrane Einfluß am stärksten auswirkt. Dennoch begrenzt das Relief, das gegenüber den Einflüssen des ozeanischen und des kontinentalen Klimas offener ist, den Anbau von Wein auf eine Höhe von weniger als 500 m und schließt Nordhänge aus. Die besten Lagen befinden sich auf der Höhe der Hochebene. In erster Linie baut man hier Gamay Noir (mit hellem Saft) an ; die Trauben werden nach der im Beaujolais üblichen Methode vinifiziert und liefern sehr reizvolle, besonders in Lyon begehrte Weine. Die anderen in dieser Appellation zugelassenen Rebsorten sind Chardonnay und Aligoté. Die Mindestdichte der Bestockung beträgt 6000 Rebstöcke pro Hektar ; die vorgeschriebenen Rebschnittformen sind Gobelet- bzw. Cordon- und Guyotschnitt. Der GrunderTrag liegt bei 60 hl/ha, wobei der Mindest- und der Höchstalkoholgehalt 10 ° bzw. 13 ° beim Rotwein und 9,5 ° bzw. 12,5 ° bei den Weißweinen betragen. Durchschnittlich werden 12 000 hl Rotwein und 400 hl Weißwein erzeugt. Die Genossenschaftskellerei von Saint Bel, die drei Viertel der Produktion vinifiziert, ist die treibende Kraft in diesem Gebiet mit Mischkultur, in dem viel Obst angebaut wird.

Die 1984 als AOC eingestuften Weine der Coteaux du Lyonnais sind fruchtig und vollmundig und entfalten einen reichen Duft. Sie passen hervorragend zu allen Schweinefleischgerichten aus Lyon (Wurstwaren, Bock- und

Fleischwurst, Schwanzstück, Schweinsfüße, Schweinshachse) sowie zu Ziegenkäse.

DOM. DU CLOS SAINT-MARC 1991*

■   13 ha   50 000   ⓘ Ⓜ 🏐

Marc Verpilleux und Hervé Malassagne haben dieses Weingut 1983 gegründet und beliefern einige gute Weinlokale in Lyon. Sie präsentieren hier eine Cuvée mit einer sehr kräftigen, purpurroten Farbe. Das Aroma von reifen Früchten entfaltet sich langsam und bleibt lange erhalten. Wohlausgewogen, rund und geschmeidig. Dieser im Geschmack aromatische, vollständige und frische Wein dürfte sich gut entwickeln.
🍷 GAEC du Clos Saint-Marc, Cidex A 20 bis, 69440 Taluyers, Tel. 78.48.26.78 ☎ n. V.

MICHEL DESCOTES 1991

☐   0,4 ha   3 000   ⓘ Ⓜ 🏐

Der klare, strahlend blaßgelbe Wein entfaltet einen leichten, für die Chardonnaytraube typischen Duft. Die ersten Eindrücke sind klar und angenehm. Eine recht ausgewogene, bereits trinkreife Cuvée.
🍷 Michel Descotes, 12, rue de la Tourtière, 69390 Millery, Tel. 78.46.31.03 ☎ n. V.

REGIS DESCOTES 1991

■   3,5 ha   28 000   ⓘ ↓ Ⓜ 🏐

Régis Descotes hat dieses Gut übernommen, dessen Weine wir regelmäßig seit unserer ersten Ausgabe erwähnen. Er hat einen 91er mit einer leichten, roten Farbe hergestellt. In seinem Himbeerduft entdeckt man Nuancen von Pfingstrosen und Lilien. Der einfache, fruchtige Geschmack bleibt recht ausgewogen. Ein angenehmer Wein, der sich noch bestätigen kann.
🍷 Régis Descotes, 16, av. du Sentier, 69390 Millery, Tel. 78.46.18.77 ☎ n. V.

ETIENNE DESCOTES ET FILS 1991*

■   6,5 ha   30 000   ⓘ ◖◗ ↓ 🏐

Seit 1880 baut die Familie Descotes in Millery Wein an. Etienne hat 1974 die Leitung des Betriebs übernommen. Dieses Jahr ist das Gut mit einem Wein vertreten, dessen lebhaft rote Farbe violett schimmert. In seinem dominierenden fruchtigen Duft entdeckt man einen frischen Hauch von Rosen. Der runde, ausgewogene Geschmack, der an rote Früchte erinnert, besitzt Charme. Dieser gefällige, elegante Vertreter der Appellation ist trinkfertig.
🍷 GAEC Etienne Descotes et Fils, 12, rue des Grès, 69390 Millery, Tel. 78.46.18.38 ☎ n. V.

DOM. DU MORILLON 1991

■   9 ha   20 000   ⓘ Ⓜ 🏐

Die Familie Jomard bewirtschaftet dieses Gut seit seiner Gründung im Jahre 1620. Zwei Sterne für einen roten 89er und zwei Sterne für einen weißen 90er bezeugen die Regelmäßigkeit in der Qualität der hier erzeugten Weine. Der 91er besitzt eine strahlende, lebhafte rote Farbe und einen recht ausgeprägten alkoholischen Duft mit einer Veilchennote. Der frische, lebhafte Geschmack hinterläßt einen sehr starken aromatischen Eindruck.
🍷 Pierre Jomard, Le Morillon, 69210 Fleurieux, Tel. 74.01.02.27 ☎ tägl. nach 18h, Sa ganztägig

CAVE DES VIGNERONS REUNIS A SAIN BEL Cuvée Benoît Maillard 1991

■   20 ha   k.A.   ⓘ ↓ Ⓜ 🏐

Die Kellerei von Saint Bel ist perfekt ausgerüstet. Diese Cuvée mit der ziemlich lebhaften purpurroten, von violetten Reflexen durchzogenen Farbe entfaltet einen leichten Blütenduft. Von mäßiger Fülle, mit deutlich spürbaren Tanninen. Ein solider Vertreter der Appellation, der sich noch verfeinern muß.
🍷 Cave des Vignerons de Sain Bel, 69210 Sain-Bel, Tel. 74.01.11.33 ☎ n. V.

CAVE DE SAIN BEL
Cuvée Benoît Maillard 1991*

☐   k.A.   8 000   ⓘ ↓ Ⓜ 🏐

Diese Cuvée trägt den Namen des Priors der Abtei Savigny, die vor 500 Jahren die Weine im Lyonnais erzeugte. Sie erscheint in einem schönen, grün schimmernden Kleid. Das exotische Aroma ist entwickelt und fein. Nach einer guten Ansprache zeigt der stattliche, recht ausgewogene Wein eine schöne Länge. Trinkreif.
🍷 Cave des Vignerons de Sain Bel, 69210 Sain-Bel, Tel. 74.01.11.33 ☎ n. V.

ROBERT ET PATRICE THOLLET 1991*

☐   1,2 ha   10 000   ⓘ ↓ Ⓜ 🏐

Diese immer wieder in unserem Weinführer vertretenen Winzer präsentieren eine Cuvée, deren blaßgelbe Farbe strahlend und klar ist und einen grünen Schimmer besitzt. Der fruchtige, recht intensive Duft ist angenehm. Nach einer guten Ansprache verführt dieser ausgewogene Wein durch seine schöne Länge. Ein frischer 91er, der gut gelungen und nicht schwer ist. Er ist trinkfertig, kann aber auch noch altern.
🍷 Robert et Patrice Thollet, La Petite Gallée, 69390 Millery, Tel. 78.46.24.30 ☎ n. V.

BORDELAIS

Auf der ganzen Welt ist Bordeaux ein Synonym für Wein. Der Besucher hat jedoch heute einige Schwierigkeiten, die Spuren des Weinbaus in einer Stadt zu entdecken, aus der die schönen Reihen der am Hafen lagernden Weinfässer verschwunden und in der die großen Lagerkeller des Weinhandels in die Industriegebiete am Stadtrand verlegt worden sind. Auch die kleinen Kellerkneipen, in die man früher am Vormittag ging, um ein Glas Likörwein zu trinken, gibt es kaum noch. Andere Zeiten, andere Sitten.

Allerdings ist dies in der langen Geschichte des Weinbaus von Bordeaux nicht die erste Widersprüchlichkeit. Denken wir nur daran, daß hier der Wein schon vor der Rebe bekannt war. Denn bereits in der ersten Hälfte des 1. Jahrhunderts v. Chr. (also sogar noch vor der Ankunft der römischen Legionen in Aquitanien) begannen Händler aus Kampanien, den Bewohnern des Bordelais Wein zu verkaufen. In gewisser Weise sind also die Aquitanier durch den Wein bei den Römern in die Schule gegangen. Im ersten Jahrhundert unserer Zeitrechnung tauchte dann die Rebe selbst auf. Sie scheint sich jedoch erst ab dem 12. Jahrhundert ausgebreitet zu haben : Die Hochzeit von Eleonore von Aquitanien mit Heinrich Plantagenet, dem späteren englischen König Heinrich II., begünstigte den Export der »Clarets« nach England. Der neue Wein wurde damals vor Weihnachten verschifft, weil man es noch nicht verstand, Weine zu lagern ; bereits nach einem Jahr waren sie schon teilweise verdorben und dementsprechend weniger wert.

Ende des 17. Jahrhunderts erhielten die »Clarets« Konkurrenz durch die Einführung neuer Getränke (Tee, Kaffee, Schokolade) und durch die kräftigeren Weine von der Iberischen Halbinsel. Außerdem zogen die Kriege, die Ludwig XIV. führte, wirtschaftliche Boykottmaßnahmen gegen die französischen Weine nach sich. Die feine englische Gesellschaft blieb jedoch weiterhin dem Geschmack der »Clarets« zugetan. Deshalb versuchten einige Londoner Weinhändler zu Beginn des 18. Jahrhunderts, einen neuen Stil von stärker verfeinerten Weinen zu erfinden, die »New French Clarets« , die sie jung aufkauften und ausbauten. Um ihre Verdienstspanne zu steigern, kamen sie auf die Idee, sie in Flaschen zu verkaufen. Da diese verkorkt und versiegelt wurden, waren sie eine Garantie für den Ursprung des Weins. Unmerklich entwickelte sich so die Beziehung zwischen Anbaugebiet, Château und großem Wein, die den Anfang des Qualitätsbegriffs markierte. Von diesem Augenblick an begann man, die Weine entsprechend ihrer Qualität zu beurteilen, einzuschätzen und zu bezahlen. Diese Situation ermutigte die Erzeuger, besonderen Wert auf die Auswahl der Böden, die Beschränkung der Erträge und den Ausbau in Holzfässern zu legen ; gleichzeitig gingen sie dazu über, den Wein durch Zusatz von Schwefeldioxid zu schützen, so daß er lagern konnte, und durch Schönung und Abstich zu klären. Am Ende des 18. Jahrhunderts hatte sich die Hierarchie der Anbaugebiete des Bordelais herausgebildet. Trotz der Französischen Revolution und der Kriege des Kaiserreichs, die vorübergehend den Zugang zu den englischen Märkten versperrten, wuchs das Ansehen der großen Bordeauxweine im 19. Jahrhundert unaufhörlich weiter und führte 1855 zu der berühmten Einstufung der Crus des Médoc, die – trotz aller Kritik, die man in dieser Hinsicht anbringen kann – immer noch in Kraft ist.

Nach dieser Blütezeit wurde das Anbaugebiet von den Weinkrank-

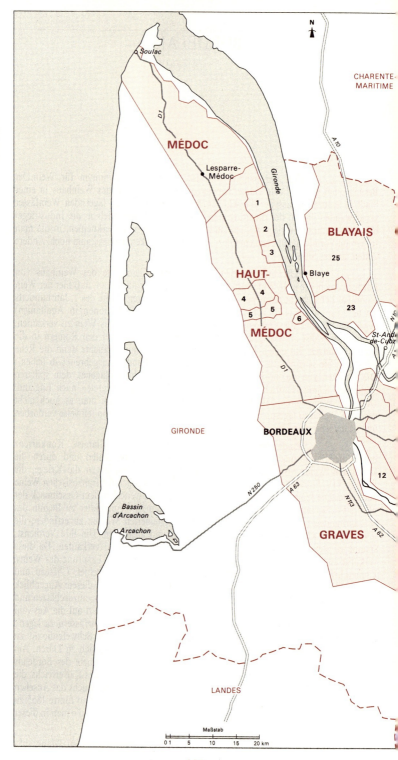

N

Soulac

MÉDOC

Lesparre-
Médoc

Gironde

CHARENTE-
MARITIME

A 10

BLAYAIS

1

2

3

25

HAUT-

4

4

4

5

5

6

MÉDOC

Blaye

23

St-And
de-Cubz

D 1

GIRONDE

BORDEAUX

12

N 250

A 63

N 113

Bassin
d'Arcachon

Arcachon

GRAVES

A 62

LANDES

Maßstab

0 1   5   10   15   20 km

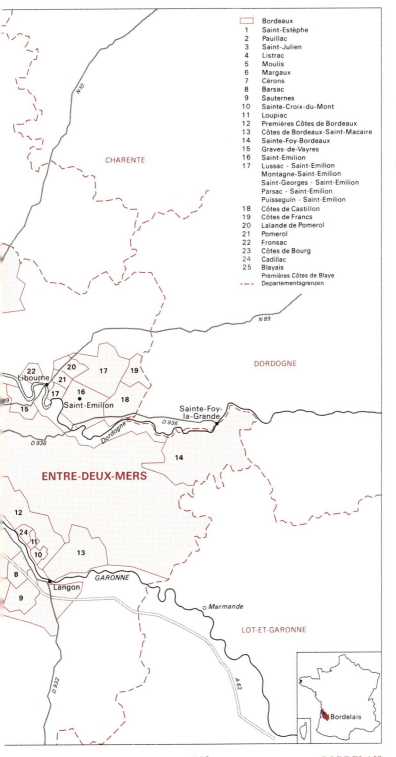

	Bordeaux
1	Saint-Estèphe
2	Pauillac
3	Saint-Julien
4	Listrac
5	Moulis
6	Margaux
7	Cérons
8	Barsac
9	Sauternes
10	Sainte-Croix-du-Mont
11	Loupiac
12	Premières Côtes de Bordeaux
13	Côtes de Bordeaux-Saint-Macaire
14	Sainte-Foy-Bordeaux
15	Graves-de-Vayres
16	Saint-Emilion
17	Lussac - Saint-Emilion
	Montagne-Saint-Emilion
	Saint-Georges - Saint-Emilion
	Parsac - Saint-Emilion
	Puisseguin - Saint-Emilion
18	Côtes de Castillon
19	Côtes de Francs
20	Lalande de Pomerol
21	Pomerol
22	Fronsac
23	Côtes de Bourg
24	Cadillac
25	Blayais
	Premières Côtes de Blaye
---	Departementsgrenzen

CHARENTE

DORDOGNE

22 Libourne
20
21
17
19
17
16 Saint-Emilion
15
18
Sainte-Foy-la-Grande
N 89
D 936
Dordogne
D 936
14

ENTRE-DEUX-MERS

12
24
11
10
13
8
9 Langon
GARONNE
o Marmande

LOT-ET-GARONNE

D 932
A 62

Bordelais

heiten, Reblaus und Falschem Mehltau, heimgesucht ; schwerwiegende Auswirkungen hatten auch die Wirtschaftskrisen und die beiden Weltkriege. Aber seit 1960 erlebt der Bordeauxwein einen neuen Aufschwung, der mit einer bemerkenswerten Verbesserung der Qualität und einem weltweiten Interesse an Spitzenweinen einhergeht. Der Hierarchiebegriff der Anbaugebiete und der Reblagen erlangt wieder seinen ursprünglichen Wert ; doch die Rotweine haben von dieser Entwicklung stärker profitiert als die Weißweine.

Das Weinbaugebiet von Bordeaux liegt im Einzugsgebiet von drei Flüssen, die als Verkehrsachsen fungieren : Garonne, Dordogne und ihrer gemeinsamen Trichtermündung, der Gironde. Sie schaffen günstige Voraussetzungen für den Weinbau : gut gelegene Hänge und Regulierung der Temperatur. Außerdem haben sie eine wichtige wirtschaftliche Rolle gespielt, indem sie den Transport des Weins zu den Orten ermöglichten, wo er konsumiert wurde. Das Klima der Gegend von Bordeaux ist relativ gemäßigt (im Jahresdurchschnitt 7,5 °C Tiefsttemperatur und 17 °C Höchsttemperatur) ; zudem wird das Anbaugebiet durch Kiefernwälder vor dem Einfluß des Atlantiks geschützt. Es gibt im Winter nur selten Fröste (1956, 1958, 1985), aber eine Temperatur unter − 2 ° C kann im April oder Mai die jungen Knospen zerstören. Kaltes und feuchtes Wetter während der Blütezeit im Juni kann dazu führen, daß die Blüten verrrieseln und die Beeren später verkümmern. Das hat Verluste bei der Weinlese zur Folge, was auch die Schwankungen bei den Erträgen erklärt. Die Qualität des Traubengutes setzt ein warmes und trockenes Wetter in der Zeit von Juli bis Oktober, ganz besonders aber während der letzten vier Wochen vor der Lese voraus (insgesamt 2 008 Sonnenstunden pro Jahr). Das Klima im Bordelais ist ziemlich feucht (900 mm jährliche Niederschläge), vor allem im Frühjahr, wenn sich das Wetter nicht immer von der besten Seite zeigt. Aber die Herbste sind berühmt ; zahlreiche Jahrgänge, die man schon fast als hoffnungslos abgeschrieben hatte, wurden noch durch einen großartigen Spätherbst gerettet. Ohne diese glückliche Laune der Natur gäbe es wohl kaum große Bordeauxweine.

Im Departement Gironde wird der Wein auf Böden von sehr unterschiedlicher Beschaffenheit angebaut, so daß das Qualitätsniveau hier nicht mit einem bestimmten Bodentyp verbunden ist. Der größte Teil der Grands Crus bei den Rotweinen befindet sich auf feuersteinhaltigen Kiessandanschwemmungen ; doch man findet auch berühmte Anbaugebiete mit Muschelkalk, Molassen und sogar lehmigen Ablagerungen. Die trockenen Weißweine stammen ausnahmslos von angeschwemmten Kiesandschichten, deren Untergrund aus Muschelkalk und Schlick oder Molassen besteht. Die beiden ersten Bodentypen findet man auch zusammen mit Lehm in den Anbaugebieten, wo die Süßweine erzeugt werden. In allen Fällen spielen die natürlichen oder künstlichen Mechanismen (Dränierung) der Regulierung der Wasserversorgung eine wesentliche Rolle für die Erzeugung von erstklassigen Weinen. Deshalb kann es vorkommen, daß Reblagen, die den gleichen hervorragenden Ruf besitzen, Böden mit unterschiedlichem Muttergestein aufweisen. Dennoch werden die aromatischen und geschmacklichen Merkmale der Weine durch die Natur der Böden beeinflußt ; die Anbaugebiete des Médoc und von Saint-Emilion liefern gute Beispiele dafür. Andererseits werden auf ein und demselben Bodentyp unterschiedslos Rotweine, trockene Weißweine und weiße Süßweine erzeugt.

Das Weinbaugebiet des Bordelais umfaßt heute mehr als 100 000 ha ; am Ende des 19. Jahrhunderts waren es über 150 000 ha, aber der Weinbau auf den am wenigsten günstigen Böden wurde eingestellt. Während die Anbaubedingungen verbessert wurden, ist die Gesamtproduktion ziemlich konstant geblieben : gegenwärtig zwischen 4 und 6 Mio. hl ; dabei erhöhte sich im Laufe der letzten Jahre der Anteil der AOC-Weine (die Tafelweine, die 1961 noch 34% des Anbaugebiets in der Gironde ausmachten, sind auf weniger als 3% im Jahre 1991 zurückgegangen). Gleichzeitig kann man eine Konzentrierung der Weingüter feststellen, obwohl die durchschnittliche Anbaufläche eines Betriebs bei 6 ha geblieben ist ; dies hat auch eine Verringerung bei der Zahl der Erzeuger zur Folge (von 22 200 im Jahre 1983 auf weniger als 18 000 zehn Jahre später). 1990 betrug die Produktion bei den AOC-Weinen 6 Mio. hl (davon 4,9 Mio. hl Rotweine).

Die Bordeauxweine sind schon immer aus mehreren Rebsorten hergestellt worden, die sich in ihren Eigenschaften ergänzen. Beim Rotwein sind Cabernet-Sauvignon, Cabernet-Franc und Merlot die Hauptrebsorten (90% der Anbaufläche). Erstere verleihen den Weinen ihre Struktur ; sie brauchen jedoch mehrere Jahre, bis sie ihre beste Qualität erreichen. Außerdem ist Cabernet-Sauvignon eine spätreifende Rebsorte, die eine gute Widerstandsfähigkeit gegenüber Fäulnis beweist, aber manchmal Schwierigkeiten bei der Reifung zeigt. Die Merlotrebe liefert einen geschmeidigeren Wein, der sich schneller entwickelt ; sie reift früher und besser, ist aber anfällig gegenüber Verrieseln, Frost und Fäulnis. Langfristig führt die Kombination der beiden Rebsorten, deren jeweiliger Anteil je nach Boden und Weintyp variiert, zu den besten Resultaten. Bei den Weißweinen ist die wichtigste Rebsorte die Sémillonrebe (52%), die in einigen Anbauzonen durch Colombard (11%) und vor allem durch die Sauvignonrebe (die gegenwärtig verstärkt angebaut wird) und Muscadelle (15%) ergänzt wird, die ein eigentümliches, sehr feines Aroma besitzen. Die Rebsorte Ugni Blanc (19,8%) hat sich in jüngster Zeit stark ausgebreitet, weil sie eine gute Produktivität garantiert, aber sie liefert keine Weine von großer Finesse.

Die Reben werden in spalierten Reihen erzogen, wobei die Pflanzdichte der Rebstöcke pro Hektar sehr unterschiedlich ist. Die Pflanzdichte erreicht 10 000 Rebstöcke pro Hektar in den Grands Crus des Médoc und der Graves ; in den klassischen Anbaugebieten von Entre-Deux-Mers liegt sie bei 4 000 und sinkt in den Anbaugebieten mit Hoch- und Weitraumerziehung auf weniger als 2 500. Die hohe Dichte erlaubt eine Verringerung des Ertrages pro Stock, was günstig für die Reife ist. Dagegen ist sie mit höheren Kosten für die Anpflanzung und die Pflege der Reben verbunden und erschwert den Kampf gegen die Fäulnis. Die Rebe verlangt das ganze Jahr über eine sorgfältige Pflege. 1855 wurde an der naturwissenschaftlichen Fakultät

Médoc – Graves – Saint-Émilion – Pomerol – Fronsac

Jahrgänge	Trinken	Lagern	Trinken oder Lagern
außergewöhnlich	45 47 61 70		75 82 85
sehr gut	49 52 53 55 59 62 64 66 67 71* 76	86 88 89 90	78 79 81 83
gut	50 73 74 77 80 84		87

* Beim Pomerol ist dieser Jahrgang außergewöhnlich.

– Die Weine der Bordeaux-Appellationen und die Côtes-de-Bordeaux-Weine (Rotweine) müssen in den kommenden 5 bis 6 Jahren getrunken werden. Einige von ihnen können sogar 10 Jahre altern.

Trockene Graves-Weißweine

Jahrgänge	Trinken	Lagern	Trinken oder Lagern
außergewöhnlich	78 81 82 83		
sehr gut	76		85 87 88
gut	79 80 84	89	86 90

– Die anderen trockenen Bordeaux-Weine sollte man vorzugsweise in den nächsten zwei Jahren trinken.

Weiße Süßweine

Jahrgänge	Trinken	Lagern	Trinken oder Lagern
außergewöhnlich	47 70 71	83 88 89 90	67 75 76
sehr gut	49 59 62	86	81 82
gut	50 55 77 80	85	78 79 84 87

– Obwohl man die Süßweine auch jung trinken kann (als Aperitif, um ihre Fruchtigkeit zu genießen), erreichen sie ihre besonderen Qualitäten erst nach einer langen Alterung.

von Bordeaux die sogenannte »Bordelaiser Brühe« (Kupferkalksulfat) als Mittel im Kampf gegen den Falschen Mehltau erfunden. Sie ist seitdem in der ganzen Welt bekannt geworden und wird noch immer verwendet, obwohl den Winzern heute eine große Zahl anderer Chemikalien zur Verfügung steht, die sie im Dienst der Natur und niemals gegen sie einsetzen.

Es fehlt in Bordeaux auch nicht an Spitzenjahrgängen. Nennen wir bei den Rotweinen 1982, 1975, 1961 oder 1959, aber auch 1989, 1988, 1985, 1983, 1981, 1979, 1978, 1976, 1970 und 1966, ohne die berühmten Jahrgänge zu vergessen, die ihnen vorangingen, nämlich 1955, 1949, 1947, 1945, 1929 und 1928. Man kann dabei erkennen, daß sich in jüngerer Zeit die erstklassigen Jahrgänge häufen, während gleichzeitg die mittelmäßigen Jahrgänge zurückgegangen sind. Vielleicht hat das Anbaugebiet von günstigen klimatischen Bedingungen profitiert, aber man muß darin wohl in erster Linie das Ergebnis der Anstrengungen der Erzeuger sehen, die sich auf Errungenschaften der Forschung auf dem Gebiet der Verbesserung der Anbaumethoden und der Vinifizierung stützen. Der Weinbau im Bordelais besitzt außergewöhnliche Anbaugebiete, aber er kann sie auch durch ungeheuer verfeinerte Methoden nutzen. Deshalb kann man auch versichern, daß es im Departement Gironde keine schlechten Jahrgänge mehr geben wird.

Während der Qualitätsbegriff für die trockenen Weißweine eine geringere Rolle spielt, gewinnt er bei den Süßweinen wieder seine ganze Bedeutung; eine wesentliche Voraussetzung für ihre Herstellung ist nämlich die Entwicklung der Edelfäule (siehe dazu die allgemeine Einführung »Der Wein« sowie die verschiedenen Beschreibungen der entsprechenden Weine).

Bei den Grands Crus wird der Wein schon seit langer Zeit vom Erzeuger selbst auf Flaschen abgezogen; dennoch praktizieren viele Weingüter erst seit zehn bis fünfzehn Jahren die Flaschenabfüllung. Bei den anderen Weinen (»Typenweine« oder genauer regionale Appellationen) sorgte der Erzeuger traditionell für den Anbau der Reben und die Verarbeitung der Trauben zu Wein, während der Weinhandel danach nicht nur den Vertrieb der Weine, sondern auch ihren Ausbau übernahm, d. h. die Zusammenstellung der Cuvées besorgte, um ihre Qualität bis zur Flaschenabfüllung zu kontrollieren. Seit 25 Jahren ändert sich die Situation allmählich; man kann sogar behaupten, daß die überwiegende Zahl der AOC-Weine von den Erzeugern ausgebaut wird und bei ihnen auch altert und lagert. Die Fortschritte der Önologie machen es heute möglich, regelmäßig Weine herzustellen, die ohne weitere Behandlung getrunken werden können. Natürlich versuchen die Winzer, ihre Weine noch zusätzlich dadurch aufzuwerten, daß sie sie selbst auf Flaschen abziehen. Die Genossenschaftskellereien haben bei dieser Entwicklung eine wichtige Rolle gespielt, indem sie Vereinigungen gründeten, die die Verpackung und den Verkauf der Weine übernahmen. Der Weinhandel hat immer noch eine wichtige Funktion auf der Ebene des Vertriebs, insbesondere beim Export, weil er seit langer Zeit über gut ausgebaute Vertriebsnetze verfügt. Dennoch ist es nicht unmöglich, daß in Zukunft auch die Markenweine der Weinhändler beim Einzelhandel auf erneutes Interesse stoßen.

Die Vermarktung der riesigen Weinproduktion von Bordeaux unterliegt natürlich den Schwankungen der wirtschaftlichen Konjunktur sowie der Menge und der Qualität der jeweiligen Lese. In jüngster Zeit konnte der Fachverband der Bordeauxweine dabei eine wichtige Rolle spielen, indem er für regelmäßige Lagerbestände und Qualitätsreserven sorgte und mit finanziellen Maßnahmen neue Märkte erschloß. Vor kurzem ließ er das Modell einer Flasche mit Eingravierung schützen, die dem Mißbrauch der berühmten Bordeauxflasche entgegenwirken soll und ausschließlich den AOC-Weinen aus dem Bordelais vorbehalten ist.

Die Weinbauverbände garantieren ebenfalls den Schutz der verschiedenen kontrollierten Herkunftsbezeichnungen, indem sie die Qualitätskriterien festlegen. Unter der Kontrolle der INAO führen sie als Voraussetzung für die Zulassung jedes Jahr für alle erzeugten Weine Sinnenprüfungen durch, die zum Verlust des Anrechts auf die Appellation führen können, wenn die Qualität für unzureichend befunden wird.

$\mathbf{D}$ie elf Weinbruderschaften (Jurade de Saint-Emilion, Commanderie du Bontemps du Médoc et des Graves, Connétablie de Guyenne etc.) organisieren regelmäßig folkloristische Veranstaltungen, die über die Bordeauxweine informieren sollen. Ihre Aktivitäten werden vom Grand Conseil du Vin de Bordeaux koordiniert.

$\mathbf{A}$ll diese Werbe-, Verkaufs- und Produktionsmaßnahmen zeigen, daß der Bordeauxwein heute ein Wirtschaftsgut ist, das mit peinlicher Genauigkeit verwaltet wird. Der Wert der Produktion beläuft sich auf etliche Milliarden Franc, davon allein drei, die aus dem Export erzielt werden. Auch für das Arbeitsleben in der Region hat der Wein eine sehr große Bedeutung : Man schätzt, daß einer von sechs Einwohnern der Gironde direkt oder indirekt vom Weinbau und den damit zusammenhängenden Branchen abhängig ist. Ob es sich nun um einen Rotwein, einen trockenen Weißwein oder einen Süßwein handelt, in diesem Landstrich der Gaskogne, zu der das Bordelais gehört, ist der Wein nicht nur ein Wirtschaftsfaktor oder Produkt. Er ist auch und vor allem ein Kulturgut. Denn hinter jedem Etikett verbergen sich entweder wunderschöne Châteaus oder schlichte Bauernhäuser, stets aber Rebflächen und Weinkeller, wo Menschen arbeiten, die ihr Können, ihre Traditionen und ihre Erinnerungen einbringen.

Was gibt es Neues im Bordelais ?

Man war im Departement Gironde nicht sehr überrascht, als die Ergebnisse der Lese 1991 bekannt wurden. Der Nachtfrost, der das Weinbaugebiet in der Nacht vom 20. auf den 21. April 1991 heimsuchte, hatte die verheerenden Folgen, die man befürchtet hatte. Auch wenn die üppige Vegetation im Juli und August falsche Hoffnungen wecken konnte, wußten die Winzer und alle anderen in der Weinbranche, daß die Schäden, die die Trauben vor der Blüte erlitten hatten, nicht wiedergutzumachen waren.
So verzeichnete Bordeaux bei der AOC-Produktion mit 2 584 770 hl, alle Appellationen zusammengenommen, einen Rückgang von 60% gegenüber dem Vorjahr. Im Libournais (– 71% bei der Appellation Saint-Emilion, – 78% bei der Appellation Pomerol) waren die Frostschäden am schwerwiegendsten, aber kein Anbaugebiet blieb verschont.
Zusätzlich kompliziert wurde die Arbeit der Winzer durch die Kälte und den Regen während der Blütezeit ; diese führten in den vom Frost nur wenig betroffenen Weingärten zu Verrieseln und Samenbruch, während die Blüte in den frostgeschädigten Anbaugebieten äußerst uneinheitlich verlief. Glücklicherweise waren die Monate Juli und August schön und warm ! Die von Pascal Ribéreau-Gayon und Guy Guimberteau veröffentlichten Messungen des önologischen Instituts zeigen, daß der Juli überdurchschnittlich warm war und durchschnittlich viele Niederschläge verzeichnete, während der August im Vergleich zum Vorjahr deutlich wärmer und trockener ausfiel.
Abgerundet wird dieses aus dem Rahmen fallende Bild durch einen September, der außergewöhnlich warm und feucht war, was eine Beschleunigung der Reife und gleichzeitig eine Fäulnisentwicklung ermöglichte. Die große Zeitspanne, die zwischen der Reifung in den einzelnen Gebieten lag, und der Wechsel von feuchten und trockenen Perioden hatten eine äußerst uneinheitliche Ernte zur Folge.
Deshalb ist es auch unmöglich, allgemeine Schlußfolgerungen hinsichtlich des 91er Jahrgangs zu ziehen, obwohl sich die Erzeuger alle nur erdenkliche Mühe gaben (vor allem Rückgriff auf die manuelle Lese), um aus dieser überaus heiklen Situation noch das Beste zu machen. Der 91er scheint daher im besonderen Maße ein Jahrgang zu sein, den man vor dem Kauf probieren sollte. Er hält hervorragende Überraschungen bereit, auch wenn einige Winzer nicht der Versuchung widerstehen konnten, auch noch die minderwertigsten Moste zu verwenden. Die großen Süßweine, deren Trauben vor den Regenfällen im Oktober gelesen worden sind, besitzen eine erstaunliche Qualität ; einige Sauternes- und Barsacweine halten ihren Rang.
Dagegen scheint die Preiserhöhung, die eintrat, sobald man die Auswirkungen des Frostes auf das potentielle Angebot berechnet hat, gescheitert zu sein. Eine Krise, die sich im Frühjahr 1991 ankündigte, scheint aufgehalten worden zu sein. Die regionalen

Appellationen, wie etwa Bordeaux und Bordeaux Supérieur, sind auf das Preisniveau von vor zwei Jahren zurückgegangen, weil die Nachfrage sehr gering ist.

Die erwartete Krise ist jedoch sehr wohl für die Grands Crus da, deren Subskriptionsverkäufe (»en primeur«), die zaghaft ausfielen und selten waren (ungefähr 20), nicht gerade mit übermäßiger Begeisterung aufgenommen wurden. Die amerikanischen und japanischen Weinhändler, die Grands Crus kaufen, lassen sich nämlich lange bitten, Weine zu kaufen, bei denen sie keine Hoffnung auf eine große Gewinnspanne haben, während ihre Lagerbestände noch im Überfluß alte Jahrgänge aufweisen, die sie zu hohen Preisen eingekauft haben. Es scheint durchaus möglich, daß das 91er Ergebnis bei den Exporten 1991, die noch bemerkenswert hoch waren, aber sich auf die Jahrgänge 1988 und 1989 stützten, in diesem Jahr kaum wiederholt werden kann. Bordeaux hatte mit Exporten von 1 824 514 hl (+ 1,3%) im Wert von 4,7 Milliarden Franc (+ 15,1%) eine Art Rekord erreicht, während die Gesamtexporte zurückgingen.

Der Rückgang beim Weinkonsum und der Preisverfall in den konkurrierenden Anbaugebieten (Tal der Rhône, Burgund) trugen zu einem Klima der Kaufmüdigkeit bei, von dem der erfahrene Konsument profitieren dürfte, wenn die 92er Ernte sehr hoch ausfällt. Diese hat das Kap der Frühjahrsfröste gut umschifft, so daß sich Trauben im Überfluß entwickelten, als wollten die Reben den Verlust von 1991 wiedergutmachen. Ende Juni kamen jedoch neue Sorgen auf. Ein verregneter Sommeranfang führte erneut zu Verrieseln und Samenbruch ; gleichzeitig gaben sich alle Rebenschädlinge ein fröhliches Stelldichein.

Man kann wetten, daß sich gute Jahrgänge wie 1989 und 1990 zu interessanten Preisen hervorragend verkaufen, während die Erzeuger zweifellos versuchen werden, die Konsumenten für die insgesamt zufriedenstellenden 91er zu interessieren. Die INAO, die für drei Jahre die Neuanpflanzungen und Veränderungen in den Anbaugebieten eingefroren hat, dürfte sich zweifellos bald mit einer Beschränkung der Erträge beschäftigen.

Die Verdrossenheit findet man auch bei den Investoren wieder. Die Weingutbesitzer mußten erkennen, daß man heute die Preise drastisch senken muß, um einen Käufer zu finden, während man vor zwei Jahren mühelos 5 bis 10 Millionen Hektar verkaufen konnte. Lediglich Château Margaux, das immer noch eine besondere Stellung unter den Premiers Grands Crus Classés genießt, konnte sich auf seinem Höchstwert behaupten ; es fiel in einer Schlacht an der Börse, die zwischen der Familie Agnelli und Nestlé um die Kontrolle der Anteilsmehrheit an Perrier und der Roquefort Société ausgetragen wurde, für mehr als 2 Milliarden Franc an Agnelli zurück.

Dagegen erfolgte der Verkauf von 51% der Anteile an Château Suduiraut, einem Premier Grand Cru Classé de Sauternes, auf der Grundlage von 2 Millionen Hektar plus Lagerbestände und Château. Axa Millésimes, das auf dieses Geschäfte zwei oder drei Jahre wartete, hat zweifellos mit seiner Geduld gewonnen. Der Verkauf von Château Malescasse, eine Cru Bourgeois im Haut-Médoc, kann überraschend erscheinen. Erworben wurde es nämlich von Alcatel-Alsthom ; die Verbindungen von Telefonen und Bordeauxwein bricht mit der Tradition der letzten Jahre, daß vor allem Versicherungen und Banken als Käufer auftraten.

Man kann diesen Überblick nicht beschließen, ohne die Entstehung einer neuen Appellation zu begrüßen, die durch einen Erlaß im April 1990 geschaffen worden ist. Die ersten Flaschen dieser neuen Appellation, des Crémant de Bordeaux, sind im Herbst 1991 ausgeliefert worden. Sie soll den Bordeaux »Méthode champenoise« (diese Bezeichnung wird ab 1995 untersagt sein) ersetzen und schreibt strengere Produktionsbedingungen (manuelle Lese, Transport der Trauben in kleinen Körben, weniger grobes Keltern etc.) vor. Die AOC möchte gern von der allgemeinen Begeisterung für Crémants profitieren, die man im Elsaß und in Burgund feststellen kann. Die 91er Ernte, die den eigentlichen Beginn markierte, hatte den Nachteil, daß die Produktion aufgrund des Frostes um 50% gegenüber dem Vorjahr zurückging. Dieser neuen Appellation ist auch ein Abschnitt in unserem Weinführer gewidmet.

Die regionalen Appellationen Bordeaux

Während man die kommunalen Appellationen ziemlich leicht einordnen kann, fällt es oft schwerer, sich eine genaue Vorstellung davon zu machen, was die Appellation Bordeaux darstellt. Dennoch kann man sie offensichtlich ganz einfach definieren : Anrecht auf diese Appellation haben alle Qualitätsweine, die im festgelegten Anbaubereich des Departements Gironde erzeugt werden, mit Ausnahme der Weine, die aus der im Westen und Süden gelegenen Zone mit sandigen Böden (der Heidelandschaft, die seit dem 19. Jahrhundert den Kiefernwäldern vorbehalten ist). Oder mit anderen Worten : Alle Weinbaugebiete der Gironde haben Anspruch auf diese Appellation. Und alle Weine, die hier erzeugt werden, können sie verwenden, vorausgesetzt, sie entsprechen den recht strengen Vorschriften, die für diese Appellation festgelegt sind (Wahl der Rebsorten, Höchsterträge etc.). Aber hinter dieser Einfachheit verbirgt sich eine große Vielfalt. Zunächst einmal eine Vielfalt der Weintypen. Es empfiehlt sich nämlich, nicht von einer einzigen Appellation Bordeaux, sondern von mehreren Appellationen Bordeaux zu sprechen ; sie umfaßt nicht nur Rotweine, sondern auch Roséweine und Clairetweine, Weißweine (trockene und Süßweine) und Schaumweine (weiß oder rosé). Die Vielfalt bezieht sich des weiteren auf die Herkunft. Zum einen handelt es sich um Weine, die in Gebieten der Gironde erzeugt werden, die nur auf die Appellation Bordeaux Anspruch haben, wie etwa die sogenannten Palusgebiete (bestimmte Schwemmlandböden) in der Nähe von Flüssen oder einige Anbauzonen des Libournais (die Gemarkungen Saint-André-de-Cubzac, Guîtres, Coutras etc.). Zum anderen sind es Weine aus Regionen, die Anspruch auf eine spezielle Appellation haben (Médoc, Saint-Emilion, Pomerol etc.). In bestimmten Fällen erklärt sich die Verwendung der regionalen Appellation dann aus der Tatsache, daß die lokale Appellation im Handel weniger bekannt ist (z. B. Bordeaux Côtes-de-Francs, Bordeaux Haut-Benauge, Bordeaux Sainte-Foy oder Bordeaux Saint-Macaire) ; die spezielle Appellation ist schließlich nur eine Ergänzung der regionalen Appellation und trägt darüber hinaus nichts zur Bewertung des Produkts bei. Deshalb ziehen es die Erzeuger vor, sich mit dem Image der Marke Bordeaux zu begnügen. Aber es kommt auch vor, daß man Weine der Appellation Bordaux findet, die von einem Gut stammen, das sich im Anbaugebiet einer angesehenen speziellen Appellation befindet – was durchaus die Neugier einiger Weinliebhaber weckt. Aber auch dafür ist die Erklärung leicht zu finden : Traditionell erzeugen viele Weingüter in der Gironde mehrere Weintypen (vor allem Rot- und Weißweine ; nun gilt aber in vielen Fällen (Médoc, Saint-Emilion, Entre-Deux-Mers oder Sauternes) die Appellation nur für einen einzigen Weintyp, so daß die anderen Weine als Bordeaux oder Bordeaux Supérieur verkauft werden.

Auch wenn sie nicht so berühmt sind wie die Grands Crus, bilden all diese Weine der AOC Bordeaux doch die mengenmäßig größte Appellation des Departements Grionde : 330 Mio. Flaschen Rotweine und 90 Mio. Flaschen Weißweine, zu denen noch 9 Mio. Flaschen Schaum-, Rosé- und Clairetweine hinzukommen (1990).

Der Umfang dieser Produktion und eindrucksvolle Größe der Anbaufläche (56 596 ha) könnten die Vermutung aufkommen lassen, daß es zwischen zwei Bordeauxweinen kaum Ähnlichkeiten gibt. Dennoch gibt es trotz einer gewissen Vielfalt der Merkmale auch Gemeinsamkeiten, die den verschiedenen regionalen Appellationen ihren einheitlichen Charakter verleihen. So sind die roten Bordeaux ausgewogene, harmonische und zarte Weine ; sie müssen fruchtig sein, dürfen aber nicht zu körperreich sein, damit man sie jung trinken kann. Die roten Bordeaux Supérieurs fallen vollständiger aus ; sie stammen von besseren Trauben und werden so vinifiziert, daß sie auch altern können. Im ganzen gesehen sind sie ausgewählte Bordeaux.

Die Clairet- und Rosé-weine der Appellation Bordeaux werden mittels kurzer Maischegärung von roten Trauben hergestellt ; die Clairets haben dabei eine etwas kräftigere Farbe. Sie sind frisch und fruchtig, werden aber nur in beschränktem Umfang erzeugt.

Die weißen Bordeaux sind trockene, nervige und fruchtige Weine. Ihre Qualität ist in jüngster Zeit dank der Fortschritte bei den Vinifizierungmethoden verbessert worden ; dennoch genießt diese Appellation noch nicht den guten Ruf, den sie eigentlich in Anspruch nehmen können sollte. Das erklärt auch, warum bestimmte Weine zu Tafelweinen zurückgestuft werden ; obwohl der Preisunterschied manchmal recht gering ist, kann es nämlich in kommerzieller Hinsicht vorteilhafter sein, einen Wein als Tafelwein und nicht als Bordeaux Blanc zu verkaufen. Die weißen Bordeaux Supérieurs, deren Produktionsmenge begrenzt ist, sind lieblich und geschmeidig.

Schließlich gibt es noch die Appellationen Bordeaux Mousseux Blanc, Bordeaux Mousseux Rosé und seit kurzem Crémant de Bordeaux. Die Grundweine müssen aus dem Anbaugebiet der Appellation Bordeaux stammen. Die zweite Gärung (Kohlensäureentwicklung) muß in der Flasche stattfinden und innerhalb der Region Bordeaux erfolgen.

Bordeaux

CH. DU BARRAIL 1990

■ 25 ha 100 000 🍷↓☑1

Die Brüder Yung, die bekannter für ihre Premières Côtes sind, präsentieren auch Weine der Appellation Bordeaux, wie beispielsweise diesen einfachen, geschmeidigen Wein, der aber durch sein Aroma von reifen, leicht eingekochten Früchten gefällt.
↜ SCEA Charles et Jean-Paul Yung, 17-19, chem. des Tanneries, 33410 Beguey, Tel. 56.62.95.25 ⌾ n. V.

CH. BEAULIEU-BERGEY 1989★

■ 25 ha 180 000 🍷☑2

Von diesem hübschen Wein gibt es eine beachtliche Zahl von Flaschen. Sein Bukett ist noch etwas zurückhaltend, aber er hat dank seiner Rundheit und der Entwicklung seiner Tannine einen gefälligen Charakter.
↜ GAEC Vignobles Michel Bergey, Ch. Damis, 33490 Sainte-Foy-la-Longue, Tel. 56.63.71.42 ⌾ n. V.

BEAU VILLAGE
Château Grand Village 1990

■ 5 ha 30 000 🍷↓☑1

Dieser Wein stammt aus einem ausschließlich mit Merlot bepflanzten Anbaugebiet. Er ist noch nicht voll entfaltet, kündigt aber bereits sein gutes Potential an : viel Stoff, Noten von reifen roten Früchten und Röstaroma.
↜ Sylvie et Jacques Guinaudeau, Ch. Grand Village, 33240 Mouillac, Tel. 57.84.44.03 ⌾ n. V.

CH. BEL AIR MOULARD 1990★

■ 3 ha 15 000 🍷↓☑1

Garzaro erzeugt auch Weine der Appellation Entre-Deux-Mers. Dieser Bordeaux ist ein gut gebauter, recht stattlicher Wein, der sich noch entwickeln muß, um geschmackliche Länge zu erwerben.
↜ Elisabeth Garzaro, Ch. Le Prieur, 33750 Baron, Tel. 56.30.16.16 ⌾ n. V.

CH. BELLE-GARDE 1990★★

■ 2 ha 15 000 🍷↓☑1

Dieses Gut, das bis 1960 einer belgischen adligen Familie gehörte, ist wieder fest in Bordeleser Hand. Die sehr gut gelungene Cuvée, die in Eichenholzfässern ausgebaut worden ist, zeichnet sich durch ihre Kraft aus, im Bukett (Vanille und Lakritze) ebenso wie im Geschmack, der sehr schönen Stoff mit reichem Potential besitzt.
↜ Eric Duffau, Ch. Belle-Garde, 33420 Génissac, Tel. 57.24.49.12 ⌾ Mo-Sa 8h-12h 14h-19h ; 1. Sept.woche geschlossen

CH. BELLEVUE LA MONGIE 1989★

■ 10 ha 60 000 🍷↓☑1

Dieser im Entre-Deux-Mers erzeugte 89er mit der leichten, aber strahlenden Farbe zeigt sich dank seiner Rundheit und seiner aromatischen Finesse (Vanillenote) sehr harmonisch.
↜ Michel Boyer, Ch. Bellevue La Mongie, 33420 Génissac, Tel. 57.24.48.43 ⌾ Mo-Fr 8h-12h 13h30-19h ; Sa, So n. V.

CH. BELLEVUE PEYCHARNEAU 1990★

■ 7,15 ha 60 000 🍷↓☑1

Dieses Anbaugebiet, das auch weiße Bordeaux erzeugt, beweist mit diesem Wein, daß es seine ganze Ausdruckskraft bei den Rotweinen findet. Ein geschmeidiger, langer und wohlausgewogener 90er, in dem man solide Tannine spürt.
↜ Gérard Ferté, Bellevue Peycharneau, 33220 Pineuilh, Tel. 57.46.57.77 ⌾ n. V.

CH. BERJUQUEY 1990

■   5,42 ha   40 000   ▮❶

Dieser von der Genossenschaftskellerei in Rauzan erzeugte Wein ist einfach und geschmeidig. Man muß ihn jung trinken, um in den Genuß seiner Vollmundigkeit und seiner guten Länge zu kommen.

☛ Union de Producteurs de Rauzan, 33420 Rauzan, Tel. 57.84.13.22 ⌛ n. V.

CH. BERNOT 1989*

■   30 ha   k.A.   ▮↓Ⅶ❶

Vertrieben wird dieser Wein von La Guyennoise, einer Handelsfirma in Sauveterre. Ein recht gelungener 89er, dessen überreife Tannine sehr typisch für den Jahrgang sind. Ansprechende dunkle Farbe und angenehmer Geschmack mit einem komplexen Aroma (Noten von Unterholz).

☛ La Guyennoise, B.P. 17, 33540 Sauveterre-de-Guyenne, Tel. 56.71.50.76

☛ Bruno Bernard

CH. BONNET
Réserve vieillie en fûts de chêne 1990**

■   k.A.   k.A.   Ⅲ↓Ⅶ❶

Bonnet ist in erster Linie für seinen Entre-Deux-Mers bekannt, aber auch ein wichtiger Erzeuger der AOC Bordeaux. Diese in Eichenholzfässern gereifte »Réserve« zeigt sich sehr vielversprechend : das Aroma (rote Früchte und Vanille) ist zwar noch etwas verschlossen, aber der kräftige Stoff mit den schönen Tanninen und der lange Geschmack deuten auf einen gut vinifizierten, konzentrierten Wein hin. Muß noch lagern.

☛ SCEA Vignobles André Lurton, Ch. Bonnet, 33420 Grézillac, Tel. 57.84.52.07 ⌛ n. V.

CH. BRIOT 1990*

■   k.A.   180 000   ▮↓❷

Eine alles andere als kleine Produktion, wobei aber die Qualität nicht der Quantität geopfert wird.Kräftige rubinrote Farbe mit lebhaften Reflexen, ausdrucksvolles Bukett (rote Früchte) und solide Entwicklung der Tannine. Der 90er Château des Combes vom gleichen Erzeuger hätte hier ebenfalls aufgeführt werden können (ohne Stern).

☛ Vignobles Ducourt, Ladaux, 33760 Targon, Tel. 56.20.54.61

DOM. DES CAILLOUX 1990*

■   k.A.   40 000   ▮↓Ⅶ❶

Dieser hübsche Wein mit dem Stoff, der ehr fein als kräftig ist, und mit dem zarten Bukett (Noten von Eingemachtem) ist sehr feminin.

☛ Nicole Legrand-Dupuy et Benoît Maulun, Dom. des Cailloux, 33760 Romagne, Tel. 56.23.09.47 ⌛ n. V.

CALVET RESERVE 1989

■   k.A.   k.A.   Ⅲ↓❷

Dieser von der berühmten Handelsfirma präsentierte Wein ist nicht für die Lagerung bestimmt. Aber wenn man ihn jung trinkt, ist er angenehm, wegen seiner Geschmeidigkeit und Ausgewogenheit ebenso wie aufgrund seines Buketts mit den hübschen Noten von roten Früchten und Leder.

☛ Calvet SA, 75, cours du Médoc, B.P. 11, 33028 Bordeaux Cedex, Tel. 56.43.59.00

CH. DE CAMARSAC 1989**

■   51,11 ha   60 000   ▮Ⅲ↓❶

Eine richtige Burg, wie sie die Kinder lieben. Und ein echter Bordeaux. Schöne granatrote Farbe. Kräftig und komplex im Bukett (hübsche Noten von Röstgeruch) ebenso wie im Geschmack, dessen Stoff sich perfekt mit der Holznote und den Tanninen verträgt. Ein sehr schöner Wein zum Lagern.

☛ SCEA du Ch. de Camarsac, Le Château, 33750 Camarsac, Tel. 56.30.11.02

☛ Lucien Lurton

CH. CANTELOUP 1990***

■   10 ha   30 000   ▮❶

Ein extrem zurückhaltendes Gut, aber ein Wein, der nicht diese Zurückhaltung an den Tag legt. Intensiv durch seine fast aufdringliche granatrote Farbe und sein Bukett, das von seltener Komplexität ist (in Alkohol eingelegte Backpflaumen, Blumen, überreife und eingemachte Früchte etc.). Der Geschmack ist voll und feurig. Ein hervorragend gelungener 90er, der den geduldigen Weinfreund belohnen wird.

☛ GAEC Landreau et Fils, Lieu-dit L'Hermette, 33750 Beychac-et-Caillau, Tel. 56.72.97.72

CH. DE CAPPES 1989**

■   k.A.   4 000   ⅢⅦ❶

Der 85er und der 88er wurden von uns besonders empfohlen. In diesem Jahr haben unsere Prüfer die im Holzfaß ausgebaute Sondercuvée verkostet. Dieser Wein entfaltet ein sehr verführerisches Bukett mit Noten von roten Früchten und Backpflaumen. Ein gut gebauter 89er mit geschmeidigen Tanninen und einem sehr guten Potential. Die 30 000 Flaschen, die nicht im Holzfaß gereift sind, haben ebenfalls zwei Sterne erhalten.

☛ GAEC Boulin et Fils, Ch. de Cappes, 33490 Saint-André-du-Bois, Tel. 56.63.70.88 ⌛ n. V.

CH. CAZALIS Cuvée CL 1989**

■   6 ha   15 000   ▮Ⅶ❷

Der weinbegeisterte Claude Billot hat sich vor den Toren des Entre-Deux-Mers niedergelassen. Dort hat er diesen hübschen 89er erzeugt : reich, vollständig und elegant, mit einem sympathischen Aroma von vollreifen Früchten (schwarze Johannisbeeren). Er verdient, daß man ihn noch lagert, bis sich die Tannine aufgelöst haben.

☛ SCEA Dom. de Cazalis, 33350 Pujols-sur-Dordogne, Tel. 57.40.72.72 ⌛ n. V.

☛ Claude Billot

CH. CAZEAU 1990

■   60 ha   400 000   ▮↓Ⅶ❶

Dieser Wein stammt von einem Gut mit einer schönen Kartause. Er ist sehr ansprechend dank seiner Ausgewogenheit und seines Buketts von vollreifen Früchten. Mit ein wenig mehr Stoff würde er einen Supérieur abgeben.

🍷 Anne-Marie et Michel Martin, Dom. de Cazeau, 33540 Gornac, Tel. 56.71.50.76

CH. CHANSONNET 1990

◼ 4,83 ha 15 000 ▮▮ ☑ 1

Ein hübscher Name für einen Wein, der ebenfalls gefällig ist. Recht einschmeichelnder Geschmack mit blumigem Aroma. Süffig, solange er jung ist.

🍷 SCV La Girondaise, 33190 Gironde-sur-Dropt, Tel. 56.71.10.15 ⵟ n. V.

CH. DEGAS 1989*

◼ 7 ha 45 000 ▮▮ ▮▮ ↓ ☑ 1

Marie-José Degas kennt sich sehr gut mit dem Wein aus, zumal sie die Tochter eines Winzers ist und einen Winzer zum Mann hat. Das spürt man an diesem hübschen 89er, dessen Qualitäten man schon jetzt genießen kann : aromatische Finesse, Ausgewogenheit und Länge.

🍷 Marie-José Degas, La Souloire, 33750 Saint-Germain-du-Puch, Tel. 57.24.52.32 ⵟ n. V.

DESIGN LA MOTHE DU BARRY 1989***

◼ 2 ha 5 000 ▮▮ ☑ 1

Eine Sondercuvée des Château La Mothe du Barry. Dieser 89er hat von seinem Ausbau in neuen Holzfässern hervorragend profitiert : Die deutlich spürbare, aber nicht dominierende Holznote verbindet sich mit der Fruchtigkeit zu einem Wein, dessen Potential seiner Eleganz in nichts nachsteht.

🍷 Joël Duffau, Ch. La Mothe du Barry, 33420 Moulon, Tel. 57.74.93.98 ⵟ tägl. 8h-12h 14h-19h30

DUC D'AUGAN 1989**

◼ k.A. 25 000 ▮▮ ▮ ↓ 1

Verantwortlich für diesen 89er ist die berühmte Genossenschaftskellerei in Blasimon. Ein sehr vielversprechender Wein mit konzentriertem Bukett (überreife rote Früchte und geröstetes Brot) und noch etwas harte Tannine, die aber für einen lagerfähigen Wein typisch sind.

🍷 Vignerons de Guyenne, 33540 Blasimon, Tel. 56.71.55.28 ⵟ n. V.

CH. DUCLA
Vieilli en fûts de chêne 1990***

◼ 3,16 ha 30 000 ▮▮ ↓ 1

Dieses Anbaugebiet, das auch Weine der AOC Entre-Deux-Mers erzeugt, zeichnet sich durch die große Qualität seiner im Holzfaß ausgebauten Cuvée aus. Die Intensität der Farbe (zwischen Violett und Purpurrot) findet auch im Bukett (sehr komplex mit Noten von roten Früchten, Vanille und Gewürzen) und im reichen Stoff, der einen sehr großen Wein verspricht, wenn sich die Tannine abgerundet haben. Ebenfalls sehr gelungen und lange lagerfähig ist die »gewöhnliche« Cuvée, die zwei Sterne erhalten hat.

🍷 GFA des Dom. Mau, Dom. La Forêt, 33190 La Forêt-Saint-Hilaire, Tel. 56.71.02.27 ⵟ n. V.

ETALON 1990

◼ k.A. 50 000 ▮▮ ☑ 1

Dieser 90er, der zum breiten Angebot der Union Saint Vincent gehört, hat nicht die Persönlichkeit der anderen Weine dieser Genossenschaftskellerei, weil der Holzton noch zu deutlich ausgeprägt ist. Aber sein Potential erlaubt eine harmonische Entwicklung.

🍷 Union Saint-Vincent, 33420 Saint-Vincent-de-Pertignas, Tel. 57.84.13.66 ⵟ n. V.

CH. DE FONTENILLE 1990*

◼ 15 ha 100 000 ▮▮ ↓ ☑ 1

Dieser sehr konzentrierte und gut gebaute Wein, der aus dem Entre-Deux-Mers stammt, besitzt ein komplexes Bukett (Röstnoten, Leder und Walderdbeeren). Er kann noch gelagert werden, damit sein Abgang runder wird. Oder man serviert ihn jung zu kräftigen Gerichten.

🍷 SC du Ch. de Fontenille, 33670 La Sauve, Tel. 56.23.03.26 ⵟ n. V.

CH. FRAPPE-PEYROT 1990**

◼ 5 ha 10 000 ▮▮ ☑ 1

Dieser 90er kommt von einem kleinen Gut, das mit viel Geduld aufgebaut worden ist, und trägt ebenfalls den Stempel einer geduldigen, fleißigen Arbeit. Er ist sehr gut gebaut und zeigt sich im Geschmack fein und komplex. Sein Bukett vereint erfolgreich rote Früchte und Gewürzen.

🍷 Jean-Yves Arnaud, Dom. de La Croix, 33410 Gabarnac, Tel. 56.20.23.52 ⵟ n. V.

CH. FRONTENAC 1990*

■   18 ha   50 000   ▮↓☑1

Dieser 90er entfaltet sich im Verlauf der Verkostung auf angenehme Weise : granatrote Farbe mit bläulichroten Reflexen, frisches, fruchtiges Bukett und klare Ansprache. Ein geschmeidiger, tanninreicher und gut gebauter Wein mit gutem Gesamteindruck.
🛏 Norbert et Roger Mesange, 1, rue Michelet, 33220 Pineuilh, Tel. 57.46.09.82 ☎ n. V.

CH. GRAND CLAUSET 1990*

■   8 ha   40 000   ▮↓☑1

Dieser Wein ist nicht so bekannt wie Château Penin, der vom gleichen Erzeuger stammt, besitzt aber etwas, um sich noch einen Namen zu machen. Er verführt durch seine granatrote Farbe und sein elegantes Aroma von vollreifen Früchten und hat ein vielversprechendes Tanningerüst.
🛏 SCEA Patrick Carteyron, Ch. Penin, 33420 Génissac, Tel. 57.24.46.98 ☎ n. V.

CH. DU GRAND MAINE 1990*

■   k.A.   25 000   ▮☑1

Dieser von Château La Mongie erzeugte Wein ist noch ein wenig rauh. Aber er beweist, daß er genug Potential besitzt, um sich sehr gut zu entwickeln – durch sein intensives Bukett mit den hübschen Noten von frischen, vollreifen Früchten ebenso wie durch seinen soliden, tannininhaltigen Stoff.
🛏 GFA de La Mongie, 33240 Vérac, Tel. 57.84.37.08 ☎ n. V.

CH. GROSSOMBRE 1990*

■   6,3 ha   k.A.   ◫↓☑2

Verantwortlich für diesen Wein ist Béatrice Lurton, die begonnen hat, sich einen (Vor-)Namen zu machen. Dieser Wein zeigt durch seinen Stoff (mit gut aufgelösten, aber spürbaren Tanninen) wie auch durch sein Bukett (mit Noten von Unterholz), daß er eine Struktur besitzt, die es ihm ermöglicht, vom Ausbau in Barriquefässern wirklich zu profitieren.
🛏 Béatrice Lurton, B.P. 10, 33420 Branne, Tel. 57.84.52.07 ☎ n. V.

CH. DE GUERIN 1990*

■   5 ha   40 000   ▮↓☑1

Kanonenkugeln aus dem 15. Jh. bezeugen, daß hier oft Schlachten stattfanden. Dieser tanninreiche Wein mit dem soliden Stoff besitzt keinerlei Aggressivität. Sein Bukett ist sehr angenehm : vollreife rote Früchte.
🛏 Ch. de Guérin, 33540 Castelvieil, Tel. 56.61.97.58 ☎ n. V.

CH. HAUT BERNIN 1990*

■   6,82 ha   60 000   ▮☑1

Dieser 90er stammt von noch jungen Rebstöcken. Er begnügt sich nicht mit einem angenehmen Charakter (Duft von roten Früchten mit einer Tabaknote und gute Ausgewogenheit), sondern enthüllt einen soliden Stoff, der ihm die notwendige Alterung erlaubt, damit er seinen Abgang mildert.
🛏 Pierre Sirac, Sallebertrand, 33420 Moulon, Tel. 57.84.63.04 ☎ n. V.

CH. HAUT GARRIGA 1990*

■   25 ha   120 000   ▮↓☑1

Dieses vor allem für seine Weißweine bekannte Anbaugebiet erzeugt auch einen Rotwein, der als 90er durch Rundheit und Finesse gefällt. Eleganz findet man nicht nur beim Bukett (fruchtige Noten und Wildgeruch), sondern auch bei den vollreifen Tanninen. Die schlichtere, aber ebenfalls ansprechende Cuvée Château Coutreau vom gleichen Erzeuger soll hier ebenfalls erwähnt werden (kein Stern).
🛏 Claude Barreau, Ch. Haut Garriga, 33420 Grézillac, Tel. 57.74.90.06 ☎ n. V.

CH. HAUT-MONTET
Elevé en fûts de chêne 1989

■   4,5 ha   3 000   ◫☑2

Diese in Holzfässern ausgebaute Sondercuvée ist harmonisch, obwohl sie vom Holzton geprägt wird. Die gewöhnliche 89er Cuvée ist von unserer Jury ebenfalls ausgewählt worden.
🛏 Philippe Magnan, Ch. Haut-Montet, 33220 Saint-André-et-Appelles, Tel. 57.46.57.20 ☎ n. V.

CH. HAUT-SAINTE-MARIE 1990**

■   3 ha   k.A.   ☑1

Ein sehr hübscher 90er, den alles dazu bestimmt, in ein paar Jahren einen großen Wein abzugeben : seine tiefgranatrote Farbe, sein komplexes, entfaltetes Bukett (schwarze Johannisbeeren, reife Kirschen, Vanille und Gewürze) und sein ausgeprägter, klarer und voller Geschmack. Der ebenso elegante und vielversprechende Bordeaux Supérieur hat ebenfalls zwei Sterne erhalten.
🛏 Gilles Dupuch, SCE Les Hauts Ste-Marie, 4 bis Charles Dopter, 33670 Créon, Tel. 56.23.00.71 ☎ tägl. 9h-12h 14h-18h

CH. DE JABASTAS 1990*

■   k.A.   8 000   ▮◫1

Mengenmäßig beschränkt, aber nicht uninteressant. Dieser geschmeidige, runde und ausgewogene Wein ist gefällig und »aufrichtig« (um einen Ausdruck eines unserer Juroren aufzugreifen). Er liegt auf der Linie dieses schönen Jahrgangs.
🛏 Jean-Marie Nadau, 35, av. des Prades, 33450 Izon, Tel. 57.51.61.85

CH. JULIEN 1990*

■   5,3 ha   20 000   ▮↓☑1

Dieser kleine Bordeaux-Bruder von Château Mayne-Blanc (Lussac) ist recht typisch : durch seine Farbe (kräftiges Rubinrot), sein Aroma (rote Früchte) und seine gute Gesamtstruktur (gleichzeitig elegant und tanninreich).
🛏 Jean Boncheau, Ch. Mayne-Blanc, 33570 Lussac, Tel. 57.74.60.56 ☎ tägl. 8h-12h-14h-20h

CH. LA BOTTE 1989**

■   9 ha   30 000   ◫↓☑2

Eine aus dem Blayais stammende Cuvée, die im Holzfaß ausgebaut worden ist. Dieser 89er zeigt mit seiner tiefgranatroten Farbe und seinem sich entwickelnden Bukett von roten Früchten die Merkmale der Jugend. Rund, stattlich und elegant. Gut gebaut.

❧ René Blanchard, B.P. 3, 33920 Saint-Savin, Tel. 57.58.90.03 ☍ n. V.

CH. DE LA COUR D'ARGENT 1990★★

■ 12 ha 96 000 ▮ ⑪ ↓ ☑ ②

Die Rebstöcke haben ein bereits beachtliches Alter (35 Jahre), was ein gutes Vorzeichen ist. Und dieser 90er hat nicht vor, diese Prophezeiung Lügen zu strafen. Sein komplexes Bukett (Vanille, Kruste von geröstetem Brot etc.) und sein reicher Stoff, dessen Konzentration von reifem Traubengut zeugt, versprechen einen sehr schönen Wein.
❧ Denis Barraud, Ch. Haut-Renaissance, 33330 Saint-Sulpice-de-Faleyrens, Tel. 57.84.54.73 ☍ tägl. 8h-12h 14h30-18h

DOM. DE LA FONTANILLE 1990

■ 30 ha 35 000 ▮ ⑪ ☑ ▮

Dieser Wein macht einen Großteil der Produktion von Vignobles Arnaud et Marcuzzi aus. Er ist leicht gebaut und besitzt ein elegantes, fruchtig-würziges Aroma.
❧ Vignobles Arnaud et Marcuzzi, 33410 Cardan, Tel. 56.62.60.91 ☍ n. V.

CH. LA JANETIERE 1989★★

■ k.A. k.A. ▮ ↓ ☑ ▮

Dieser von La Guyennoise vorgestellte 89er ist das Musterbeispiel eines lagerfähigen Weins : lang, stattlich und gut gebaut. Die Konzentration und Intensität seines Buketts ist ebenfalls sehr vielversprechend.
❧ La Guyennoise, B.P. 17, 33540 Sauveterre-de-Guyenne, Tel. 56.71.50.76
❧ Michel Falgueyret

CH. LA LANDE SAINT-JEAN 1989★

■ 18 ha k.A. ▮ ☑ ②

Dieser fruchtige, lange und volle Wein stammt von einem unauffälligen Gut im Entre-Deux-Mers. Er dürfte sich gut entwickeln und dabei sein interessantes Bukett (Mokka, Schokolade und Gewürze) entfalten.
❧ Michel Manaud, Le Bayle, 33450 Saint-Loubès, Tel. 56.31.51.20 ☍ Mo-Sa 8h-12h 14h-18h

CH. LA PERRIERE 1990★

■ 14,36 ha 123 800 ▮ ▮

Ein von der Genossenschaftskellerei in Rauzan erzeugter Wein, der sehr typisch ist und ein gutes Alterungspotential besitzt. Von Originalität zeugt sein sehr ausdrucksvolles Bukett (Schokoladenoten vermischt mit Kirschen und Himbeeren). Château La Villotte vom gleichen Erzeuger hat keinen Stern erhalten.
❧ Union de Producteurs de Rauzan, 33420 Rauzan, Tel. 57.84.13.22 ☍ n. V.

CH. LA PRIOULETTE 1989★

■ 9,7 ha 50 000 ▮ ↓ ☑ ②

Dieses Anbaugebiet präsentiert einen hübschen Bordeaux, der gleichzeitig vollmundig und reich ist und ein sympathisch fruchtiges Bukett besitzt.
❧ SC du Ch. La Prioulette, 33490 Saint-Maixant, Tel. 56.62.01.97 ☍ n. V.

CH. LE BREUIL 1989★★

■ 10 ha k.A. ▮ ↓ ☑ ▮

Dieser Wein stammt aus einem Anbaugebiet mit Südwestlage, dessen Böden aus Lehm und Boulbènes (Sand, lehmhaltiger Schlamm und Kies) bestehen. Er ist rund, geschmeidig und lang und bezaubert durch sein Aroma von überreifen Früchten mit Noten von Wildgeruch.
❧ La Guyennoise, B.P. 17, 33540 Sauveterre-de-Guyenne, Tel. 56.71.50.76
❧ Jean Deana

CH. LE GRAND CHEMIN 1990

■ 10 ha 16 000 ▮ ↓ ☑ ②

Ein Cru, das 1987 durch Erwerb mehrerer Parzellen entstanden ist. Dieser einfache, geschmeidige und vollmundige Wein mit dem blumigen Bukett drückt sich eher mit Finesse als mit Kraft aus. Aber er besitzt trotzdem guten Stoff und ist wohlausgewogen.
❧ Christiane Bourseau, Pradelle, 33240 Virsac, Tel. 57.43.29.32 ☍ n. V.

CH. LES ARROMANS
Cuvée prestige 1990★★

■ 5 ha 43 000 ⑪ ↓ ☑ ②

Diese in Eichenholzfässern gereifte Cuvée stammt vom gleichen Erzeuger wie Château La Mothe du Barry. Sie ist so, wie bereits ihre Farbe ankündigt : reich und kräftig. Im Bukett (Röst- und Bratengeruch) ebenso wie im Geschmack. Da sie noch durch die Holznote geprägt ist, muß sie noch harmonisch werden, aber besitzt das dazu notwendige Potential. Die gewöhnliche Cuvée, die etwas weniger komplex ist, aber ebenso reichen Stoff hat, ist mit einem Stern bewertet worden.
❧ Jean Duffau, Les Arromans, 33420 Moulon, Tel. 57.84.50.87 ☍ n. V.

CH. LES VIEILLES TUILERIES 1990

■ 10 ha 15 000 ▮ ↓ ☑ ▮

Ein noch rustikaler Wein, der von einem lehmig-kalkigen Boden im Herzen des Haut-Benauge stammt. Aber sein Stoff dürfte es ihm erlauben, sich zu verfeinern.
❧ Jean-Michel Menguin, Landier, 33760 Escoussans, Tel. 56.23.61.70 ☍ n. V.

CH. LE TREBUCHET 1990★★

■ 25 ha 160 000 ▮ ↓ ☑ ▮

Dieser Cru, der auch weiße Bordeauxweine erzeugt, bringt seine Möglichkeiten mit einem sehr schönen 90er voll zur Entfaltung. Sehr ansprechende Farbe und frisches, frühlingshaftes Bukett. Der Geschmack ist geschmeidig und elegant und besitzt bereits vollreifen Stoff.
❧ Bernard Berger, Ch. Le Trébuchet, 33190 Les Esseintes, Tel. 56.71.42.28 ☍ n. V.

LE VOYAGEUR 1989★

■ k.A. 50 000 ⑪ ↓ ②

Dank der Sammlung des Musée des Chartrons präsentiert sich dieser Wein mit einem außergewöhnlichen Etikett, das ein originales Aquarell aus dem 19. Jh. zeigt. Ein feiner, langer und voller 89er, der ausgewogen und bukettreich ist.

🕯 Benoît Calvet, 41, rue Borie, 33300 Bordeaux, Tel. 56.81.12.77 ⅄ n. V.

CH. DE LUCQUES 1990

■ 　　7 ha 　36 000 　ⅰ 🗹 2

Vom gleichen Erzeuger wie Château du Cros (Loupiac). Dieser Wein ist zwar etwas nervig und rustikal, aber er zeigt sich ausgewogen und gefällt durch seine Rundheit und sein fruchtiges Aroma.
🕯 Michel Boyer, Le Cros, 33410 Loupiac, Tel. 56.62.99.31 ⅄ n. V.

CH. DE LYNE 1990★★★

■ 　　7 ha 　56 000 　ⅰ ⅊ ↓ 🗹 1

Die Bordeauxweine von Barraud zeichnen sich durch ihr hohes Niveau aus. Dieser hier präsentiert sich mit einer sehr schönen Farbe (kräftiges Rubinrot) und einem originellen Bukett mit komplexen Noten von Kiefernharz. Der reiche, sehr nachhaltige Geschmack beweist eine gelungene Verbindung von Holzton und Stoff.
🕯 Denis Barraud, Ch. Haut-Renaissance, 33330 Saint-Sulpice-de-Faleyrens, Tel. 57.84.54.73 ⅄ tägl. 8h-12h 14h30-18h

MAITRE D'ESTOURNEL 1990★

■ 　　k.A. 　k.A. 　⅊ 2

Dieser Wein ist noch sehr verschlossen, dürfte sich aber angenehm entfalten, wenn man seiner beginnenden aromatischen Komplexität und seiner guten Konstitution glauben will.
🕯 Dom. Prats SA, 33180 Saint-Estèphe, Tel. 56.73.15.50

MOULIN DE LA JAUGUE 1990★

■ 　　15 ha 　30 000 　ⅰ ↓ 🗹 1

Dieser von den Chais de Vaure (Genossenschaftskellerei von Ruch) erzeugte Wein ist typisch für die guten Bordeaux. Ein runder, farbintensiver Wein, der solide gebaut ist und ein harmonisches fruchtiges Aroma (Heidelbeeren, Weichseln) entfaltet. Er wird ohne Schwierigkeit Freunde finden. Weniger ausdrucksstark, aber mit einem guten Potential versehen ist Château de Vaure, ein vom selben Erzeuger hergestellter Wein, der hier ohne Stern erwähnt wird.
🕯 Chais de Vaure, 33350 Ruch, Tel. 57.40.54.09 ⅄ Di-Sa 8h30-12h30 14h-18h

MOUTON-CADET 1989★★

■ 　　k.A. 　k.A. 　ⅰ ↓ 2

Die populäre Marke der Handelsfirma Baron Philippe de Rothschild. Dieser Wein mit der schönen rubinroten Farbe hat einen klassischen Stil gewählt : angenehm fruchtiges Bukett mit schönen Noten von reifen Früchten, runder, warmer und voller Geschmack mit interessanter Entwicklung der Tannine.
🕯 Baron Philippe de Rothschild SA, 33250 Pauillac, Tel. 56.59.20.20

CH. MYLORD 1990★★

■ 　　23 ha 　110 000 　ⅰ ⅊ 🗹 1

Der auch in der Appellation Entre-Deux-Mers vertretene Cru stellt seine Fähigkeiten mit diesem 90er unter Beweis : kräftige Farbe mit purpurroten Reflexen, intensives Bukett von reifen Früchten und reicher Stoff, der auf eine gute Alterungsfähigkeit hinweist.

🕯 SCEA Ch. Mylord, 33420 Grézillac, Tel. 57.84.52.19 ⅄ n. V.

DOM. DE PAREYNEAU 1990

■ 　　6 ha 　6 000 　ⅰ 🗹 1

Ein in nur kleiner Menge erzeugter Wein, der leicht gebaut ist, aber durch seine Geschmeidigkeit und seine Finesse gefällt.
🕯 Philippe Lesnier, 33440 Saint-Vincent-de-Paul, Tel. 56.77.54.12 ⅄ n. V.

CH. DE PERRE 1989★

■ 　　15 ha 　20 000 　ⅰ ↓ 🗹 1

Mit seinem an Unterholz und Pilze erinnernden Duft lädt dieser 89er zu einem Spaziergang ein. Ein runder, langer Wein mit harmonisch aufgelösten Tanninen und gutem Gesamteindruck.
🕯 Claude Mayle, Ch. Perre, 33490 Saint-Martin-de-Sescas, Tel. 56.62.83.31 ⅄ n. V.

CH. PEYREBON 1990★

■ 　　5 ha 　40 000 　ⅰ ↓ 🗹 1

Ein Wein aus dem Entre-Deux-Mers, der geschmeidig, stattlich, konzentriert und tanninreich ist. Er braucht noch etwa vier Jahre, um völlig harmonisch zu werden.
🕯 SCEA des Ch. Peyrebon et Roquemont, 33420 Grézillac, Tel. 57.84.52.26 ⅄ Mo-Sa 8h-12h 14h-19h

CH. PHILIPPON 1990

■ 　　12 ha 　40 000 　ⅰ 🗹 1

Dieser runde, geschmeidige Wein kommt aus einer Gemeinde, die wegen ihrer befestigten Mühle berühmt ist. Man sollte ihn jung trinken, damit man in den vollen Genuß seines Buketts (reife Früchte) kommt, auch wenn die Tannine recht deutlich spürbar sind.
🕯 Florian Mariotto, Ch. Philippon, 33540 Cleyrac, Tel. 56.71.84.29 ⅄ tägl. 8h-20h

CH. PIERROUSSELLE 1990★

■ 　　7 ha 　30 000 　ⅰ ⅊ ↓ 🗹 2

Ein wenig bekannter, aber nicht uninteressanter Cru, wenn man nach diesem hübschen 90er urteilt. Er ist rund und wohlausgewogen und enthüllt im Abgang solide Tannine.
🕯 Michel Lafont, 33890 Coubeyrac, Tel. 56.20.54.61

CH. PILET 1989★★★

■ 　　27 ha 　k.A. 　⅊ ↓ 🗹 1

Dieser Wein mit der starken Persönlichkeit besteht je zur Hälfte aus Merlot und Cabernet-Sauvignon. Perfekte Erscheinung. Er entfaltet ein Bukett mit überraschenden Kaffee- und Schokoladendüften, bevor er im Geschmack förmlich explodiert : voll, fein, lang, füllig und geschmeidig.

SCV Jean Queyrens et Fils, Au Grand Village, 33410 Donzac, Tel. 56.62.97.42 n. V.

CH. PREVOST 1990**

| ■ | 12,5 ha | 100 000 | ▮↓☑1 |

Dieser überaus bezaubernde Wein stammt von dem Weingütern Garzaro. Auch wenn bereits das Aussehen und das Bukett den Appetit anregen, enthüllt er seine ganzen Facetten erst im vollen, eleganten und langen Geschmack, der einen angenehmen Eindruck hinterläßt.

Elisabeth Garzaro, Ch. Le Prieur, 33750 Baron, Tel. 56.30.16.16 n. V.

CH. ROC DE LEVRAUT 1990*

| ■ | 18 ha | 15 000 | ▮☑1 |

Der Name leitet sich von den großen Felsen her, unter denen sich die jungen Hasen verbergen. Dieser Wein kündigt sich durch eine schöne granatrote Farbe und ein intensives Bukett von sehr reifen roten Früchten an. Er beweist auch eine gute Präsenz im Geschmack mit solidem Stoff.

Roger Ballarin, 33540 Sauveterre-de-Guyenne, Tel. 56.71.53.65

CH. ROQUEFORT 1990**

| ■ | 20 ha | 160 000 | ▮◐☑1 |

Dieses Anbaugebiet, das vor allem für seine Zeugnisse aus der Jungsteinzeit und seine Weißweine bekannt ist, beweist mit diesem 90er unwiderlegbar seine Fähigkeiten, auch gute Rotweine hervorzubringen. Noch etwas streng, aber sehr ausgewogen. Er besitzt das gesamte Potential und den aromatischen Reichtum, die für eine lange Lagerfähigkeit notwendig sind.

SCE du Ch. Roquefort, 33760 Lugasson, Tel. 56.23.97.48 n. V.

CH. SAINT-FLORIN 1990

| ■ | 34 ha | 250 000 | ▮↓☑1 |

Die zu 70% aus Merlot bestehende Bestockung ist dem lehmig-kalkigen Boden angepaßt. Trotz einer alkoholischen Note ist dieser 90er reizvoll : entfaltetes Bukett und vollreife Tannine.

Jean-Marc Jolivet, Ch. Saint-Florin, 33790 Soussac, Tel. 56.61.31.61 n. V.

CH. SAINT-PIERRE 1990**

| ■ | 5,28 ha | 30 000 | ▮◐↓☑1 |

Der kleine Bruder von Château de Haux (Premières Côtes) in der Appellation Bordeaux. Aber keineswegs ein billiger Abklatsch davon. Seine dunkelgranatrote Farbe, sein Bukett (rote Früchte und Holz), sein reicher Stoff und seine Ausgewogenheit verleihen ihm eine solide Persönlichkeit und garantieren ihm gleichzeitig eine gute Zukunft.

SCA Ch. de Haux, 103, Frère, 33550 Haux, Tel. 56.23.35.07 n. V.

CH. THIEULEY 1990*

| ■ | 20 ha | 70 000 | ◐↓2 |

Der gute Ruf dieses Cru beruht auf Weißweinen, was ihn aber nicht daran hindert, auch gelungene Rotweine zu erzeugen. Den Beweis dafür liefert dieser 90er mit dem noch verschlossenen, aber vielversprechenden Bukett (rote Früchte in Alkohol) und den reifen, deutlich spürbaren Tanninen. Kann altern.

Courselle, Le Thieuley, 33670 La Sauve, Tel. 56.23.00.01

CH. TOUR DE MIRAMBEAU
Cuvée passion 1989*

| ■ | 30 ha | 30 000 | ◐↓3 |

Der rote Bordeaux dieses Anbaugebiets ist weniger berühmt als der Weißwein. Das Bukett (reife Früchte und Vanille) ist noch ein wenig zurückhaltend, aber sein reicher Stoff und seine gut dosierte Holznote weisen darauf hin, daß dieser 90er über ein sehr gutes Potential verfügt.

SCEA Vignobles Despagne, Ch. Tour de Mirambeau, 33420 Naujan-et-Postiac, Tel. 57.84.55.08 n. V.

CH. TURCAUD 1989**

| ■ | 17 ha | 100 000 | ▮↓☑1 |

Ein auch in der Appellation Entre-Deux-Mers vertretener Cru, der sich mit seinem roten Bordeaux einen soliden Ruf erworben hat. Das kann dieser besonders bezaubernde 89er nur bestätigen. Schöne rubinrote Farbe, kräftiges, fruchtiges Bukett. Der sehr gut gebaute Geschmack ist nicht nur reich, wohlausgewogen und lang, sondern auch sehr harmonisch.

Maurice Robert, Ch. Turcaud, 33670 La Sauve, Tel. 56.23.04.41 Mo-Sa 9h-12h 14h-19h

CH. VILLOTTE 1990

| ■ | 10 ha | 40 000 | ▮◐↓☑1 |

Dieser solide, kräftige und wohlausgewogene Wein kommt aus einem Anbaugebiet mit traditioneller Bestockung. Er besitzt einen angenehmen Bodengeruch mit einer guten rustikalen Note.

Yannick Stéphane Mariotto, Ch. Villotte, 33540 Cleyrac, Tel. 56.71.83.43 tägl. 8h-22h

Bordeaux Clairet

CH. BERGER 1991*

| ◪ | 0,15 ha | 1 200 | ◐☑2 |

Dieser Wein stammt aus einem kleinen, mit Merlot bestockten Weingarten. Schöne hellrote Farbe. Frischer, runder Geschmack. Das fruchtig-blumige Aroma besitzt Finesse.

SCA Ch. Berger, Gueydon, 33640 Portets, Tel. 56.67.31.76 n. V.

CLAIRET DU CH. BOIS NOIR 1991*

| ◪ | k.A. | 20 000 | ▮↓☑1 |

Ein gut gebauter, frischer Wein aus einem mit Merlot und Cabernet-Sauvignon bestockten Weinberg. Er verführt nicht nur durch seine gute

Ausgewogenheit, sondern auch durch sein kräftiges Bukett, in dem sich Blüten und Früchte verbinden.

🍷 SA Front, Ch. Bois Noir, 33230 Maransin, Tel. 57.49.41.09 ☎ n. V.

CH. BONNET 1991*

| ◪ | 10 ha | 40 000 | �e↓2 |

Dieser hübsche Wein ergänzt das breite Angebot von André Lurton. Ein frischer, eleganter 91er, der mit seinem Aroma von schwarzen Johannisbeeren recht typisch für die Cabernetrebe ist und perfekt zu einem sommerlichen Abendessen paßt, wie es sich für einen guten Clairet gehört.

🍷 SCEA Vignobles André Lurton, Ch. Bonnet, 33420 Grézillac, Tel. 57.84.52.07 ☎ n. V.

CH. DU BRU 1991**

| ◪ | 2,73 ha | 5 800 | 🔒V1 |

Josette, die Frau von Guy Duchant, stellt in den Kellern des Gutes ihre Bilder aus. Kunst und Wein vertragen sich hier gut. Dieser Clairet ist ein wahres Meisterwerk : hellgranatrote Farbe mit lebhaften purpurroten Reflexen. Er entfaltet eine schöne aromatische Palette mit fruchtigen Noten und einen geschmeidigen, langen und nachhaltigen Geschmack. Ein Wein, der seiner Appellation Ehre macht.

🍷 SCEA du Bru, Ch. du Bru, 33220 Saint-Avit-Saint-Nazaire, Tel. 57.46.12.71 ☎ n. V.

🍷 Guy Duchant

CH. DE FONTENILLE 1991*

| ◪ | 20 ha | 60 000 | 🔒↓V1 |

Dieser hübsche Wein stammt von Cabernet-Franc-Trauben. Frischer, geschmeidiger und runder Geschmack und gefälliges, angenehm fruchtiges Aroma.

🍷 SC du Ch. de Fontenille, 33670 La Sauve, Tel. 56.23.03.26 ☎ n. V.

CH. HAUT BERTINERIE 1991*

| ◪ | 0,92 ha | 8 000 | ❚❚↓V2 |

Dieser körperreiche, kräftig gebaute Clairet ist zwar weniger bekannt als die Côte de Blaye, aber dennoch sehr interessant, insbesondere wegen der perfekten Dosierung der Holznote, die auf eine sehr gute Vinifizierung hinweist.

🍷 Daniel Bantegnies, Ch. Bertinerie, 33620 Cubnezais, Tel. 57.68.70.74 ☎ n. V.

CH. PENIN 1991**

| ◪ | 3 ha | 20 000 | 🔒↓V2 |

Ein besonders gelungener Clairet aus einem schwierigen Jahrgang. Er ist fein, rund, elegant, kräftig und ausgewogen und entfaltet ein schönes blumig-fruchtiges Bukett (Weißdorn, Blätter von schwarzen Johannisbeeren und Paprikaschoten), bevor er eine angenehm säuerliche Note enthüllt.

🍷 SCEA Patrick Carteyron, Ch. Penin, 33420 Génissac, Tel. 57.24.46.98 ☎ n. V.

CH. THIBAUT DUCASSE 1991*

| ◪ | 4 ha | 11 000 | 🔒↓V2 |

Wie viele Clairets präsentiert sich dieser 91er mit einem frischen, hübschen Etikett, das gut zu ihm paßt. Lebhafte Farbe, großzügiges Bukett (Zitrusfrüchte und andere Früchte) und sehr sym-

pathischer Geschmack mit Frische und Nervigkeit.

🍷 SCEA du Ch. de L'Hospital, Darrouban, 33640 Portets, Tel. 56.72.54.73 ☎ n. V.

🍷 Marcel F. Disch

CH. THIEULEY 1991*

| ◪ | 10 ha | 40 000 | 🔒↓V1 |

Château Thieuley, das der Familie Courselle gehört, umfaßt 35 ha in der Appellation Entre-Deux-Mers. Es ist bekannter für seine Weißweine, produziert aber auch Clairets. Trotz der johannisbeerroten Farbe mit den ziegelroten Reflexen bleibt dieser Wein mit dem Duft von roten Beerenfrüchten und sauren Drops frisch, geschmeidig und verführerisch.

🍷 Courselle, Le Thieuley, 33670 La Sauve, Tel. 56.23.00.01

Bordeaux Sec

ALPHA 1991*

| ☐ | k.A. | 12 000 | ❚❚↓4 |

Dieser von Jean-Paul Kauffman erfundene Name ist eine gemeinsame Marke mehrerer Erzeuger aus dem Libournais. Das noch ein wenig verschlossene Aroma besitzt eine vielversprechende Eleganz. Die gut gebaute Struktur verträgt mühelos die sehr feine Holznote. Insgesamt ein entwicklungsfähiger Wein, der noch harmonisch werden muß.

🍷 SARL Alpha Bordeaux, 15, Cours des Girondins, 33500 Libourne, Tel. 57.51.10.94

BARON D'ESTIAC 1991*

| ☐ | k.A. | 20 000 | V1 |

Dieser von Univitis, der genossenschaftlichen Vereinigung von Sainte-Foy-la-Grande, erzeugte 91er verführt durch seine hübsche, grün schimmernde Farbe, sein zurückhaltendes Blütenbukett und seinen eleganten Geschmack.

🍷 Univitis, Les Lèves, 33220 Sainte-Foy-la-Grande, Tel. 57.41.22.08 ☎ Di-Sa 8h30-12h30 14h-18h

CH. BAUDUC 1991**

| ☐ | k.A. | k.A. | 1 |

Dieser trockene Bordeaux aus dem Entre-Deux-Mers profitiert nicht nur von seinem guten Anbaugebiet. Die hervorragende Vinifizierung liefert einen sehr eleganten, vollständigen Wein : blaßgoldene Farbe und ausgeprägtes, nachhaltiges Aroma (Buchsbaum, Unterholz).

🍷 David Thomas, Ch. Bauduc, 33670 Créon, Tel. 56.23.23.58 ☎ n. V.

CH. BELLE-GARDE 1991**

| ☐ | 1,07 ha | 5 000 | 🔒↓V1 |

Ein kleiner Weinberg mit Weißweintrauben, der das »rote« Anbaugebiet ergänzt. Er liefert einen hübschen Wein, dessen Frische und Geschmeidigkeit die schöne aromatische Ausdruckskraft (blumig mit Zitrusnoten) zur Geltung bringt.

🐦 Eric Duffau, Ch. Belle-Garde, 33420 Génissac, Tel. 57.24.49.12 ☎ Mo-Sa 8h-12h 14h-19h ; 1. Sept.woche geschlossen

CH. BELLEVUE PEYCHARNEAU
1991

| ☐ | 5,2 ha | 50 000 | 🍷↓✓❶ |

Gérard Ferté stammt aus dem Armagnac. Er präsentiert hier einen einfachen, aber angenehmen Wein, in dessen Duft sich Blüten und Zitrusfrüchte vermischen.
🐦 Gérard Ferté, Bellevue Peycharneau, 33220 Pineuilh, Tel. 57.46.57.77 ☎ n. V.

CH. DE BONHOSTE 1991*

| ☐ | 3,3 ha | 12 000 | 🍷↓✓❷ |

Bonhoste, früher eine einfache Reblage, wurde dadurch berühmt, daß es diesem Gut den Namen gab. Sein 91er besitzt nicht den entfalteten Charakter des 90ers, aber sein Aroma (Blüten und Zitronen), seine Ausgewogenheit und seine Frische sind sehr reizvoll.
🐦 Bernard Fournier, Bonhoste, 33420 Saint-Jean-de-Blaignac, Tel. 57.84.12.18 ☎ tägl. sf dim. 8h-21h

CH. BON JOUAN 1991*

| ☐ | 2,33 ha | 4 000 | 🍷↓✓❶ |

Bon Jouan befindet sich auf einem Hügel, auf dem auch noch eine alte Windmühle steht. Régis Saint-Jean hat dieses kleine Weingut zu einem hohen Qualitätsniveau geführt, weil er sich gewissenhaft um seine Weinberge kümmert. Dies beweist auch sein gefälliger 91er : frisch, wohlausgewogen und lang mit blumigem Duft.
🐦 Nadine Saint-Jean, Ch. Bon Jouan, 33790 Pellegrue, Tel. 56.61.34.73 ☎ n. V.

CHAI DE BORDES-QUANCARD
1991*

| ☐ | k.A. | k.A. | ❶ |

Eine in begrenzter Menge von dem Weinhändler Cheval-Quancard erzeugte Cuvée. Dieser frische, lebhafte Wein paßt sehr gut zu Meeresfrüchten, aber sein elegantes Aroma von exotischen Früchten eröffnet auch noch andere kulinarische Möglichkeiten.
🐦 Cheval Quancard, rue Barbère, 33440 La Grave-d'Ambarès, Tel. 56.33.80.60 ☎ n. V.

CH. DU BRU 1991

| ☐ | 3,6 ha | 8 500 | 🍷↓✓❷ |

Ein reinsortiger Sauvignon, der nicht so ausdrucksvoll wie andere Weine dieses Erzeugers ist, aber ein gefälliges Aroma mit blumigen und fruchtigen Noten besitzt.
🐦 SCEA du Bru, Ch. du Bru, 33220 Saint-Avit-Saint-Nazaire, Tel. 57.46.12.71 ☎ n. V.
🐦 Guy Duchant

CLOS DES CAPUCINS 1991*

| ☐ | 6 ha | 26 000 | 🍷↓✓❶ |

Das unweit von Cadillac gelegene Château Fayau ist 1826 von den Vorfahren der heutigen Besitzer, einheimischen Küfern, erworben worden. Seitdem sind hier sieben Generationen Médeville aufeinander gefolgt. Dieser runde Wein besitzt guten Stoff und ein feines, nachhal-

tiges Aroma (Blüten und saure Drops). Angenehm und gut gemacht.
🐦 GAEC Jean Médeville et Fils, Ch. Fayau, 33410 Cadillac, Tel. 56.62.65.80 ☎ Mo-Fr 8h30-12h30 14h-18h

CHEVALIER SAINT VINCENT 1991*

| ☐ | k.A. | 25 000 | 🍷◗✓❸ |

Dieser von der Union Saint Vincent erzeugte Bordeaux vervollständigt die hübsche Weißweinproduktion : sehr originelles Bukett mit Noten von roten und schwarzen Johannisbeeren und sehr feiner Geschmack. Dürfte einmal einen hervorragenden Wein abgeben.
🐦 Union Saint-Vincent, 33420 Saint-Vincent-de-Pertignas, Tel. 57.84.13.66 ☎ n. V.

DOM. DE COURTEILLAC
Cuvée Antholien 1991*

| ☐ | 2 ha | 6 000 | 🍷◗✓❸ |

Dieser im Holzfaß ausgebaute Wein bietet ein schönes Aroma, das intensiv und komplex ist, und eine gute Ausgewogenheit, die sich noch verstärken wird, wenn die Holznote vollständig eingebunden ist.
🐦 Stéphane Asséo, Dom. de Courteillac, 33350 Ruch, Tel. 57.40.55.65 ☎ n. V.

CH. DU CROS 1991*

| ☐ | 25 ha | 110 000 | 🍷↓✓❷ |

Ein über 90 ha großes Weingut in Loupiac, das auch diesen trockenen Bordeaux erzeugt. Der 91er besitzt ein feines, wenn auch nicht sehr intensives Bukett, entfaltet sich aber sehr gut im Geschmack.
🐦 Michel Boyer, Le Cros, 33410 Loupiac, Tel. 56.62.99.31 ☎ n. V.

CH. DOISY-DAENE 1991**

| ☐ | k.A. | k.A. | 🍷◗✓❷ |

Die Natur hat dieses Weingut zu einem Schmuckstücke von Barsac gemacht, das Können des Erzeugers diesen Wein zu einem vorbildlichen trockenen Bordeaux. Blaßgelbe Farbe mit goldenen Reflexen, Duft von exotischen Früchten und Zitrusfrüchten, sehr komplexer Geschmack mit einer kräftigen Struktur, die perfekt von einer klug dosierten Holznote unterstützt wird.
🐦 Pierre Dubourdieu, Ch. Doisy-Daëne, 33720 Barsac, Tel. 56.27.15.84 ☎ n. V.

ETALON 1991***

| ☐ | k.A. | 30 000 | 🍷↓✓❷ |

Erzeugt worden ist dieser 89er von der Union Saint Vincent, einer großen Winzergenossenschaft am Entre-Deux-Mers. Er rechtfertigt seinen Namen durch perfekte Ausgewogenheit und Eleganz. Diese findet man auch in der blaßgelben Farbe und im feinen, intensiven Bukett (sehr typisch für die Sauvignonrebe mit Noten von Buchsbaum und schwarzen Johannisbeeren). Ein hervorragend gelungener Wein, der einen nachhaltigen Eindruck hinterläßt.

🍇 Union Saint-Vincent, 33420 Saint-Vincent-de-Pertignas, Tel. 57.84.13.66 ⌶ n. V.

FRAGRANCE Sauvignon 1991 **

| □ | 10 ha | 30 000 | 🍷 ✓ 2 |

Fragrance ist ein reinsortiger Sauvignon aus dem für seine dynamischen Winzer bekannten Gebiet von Sainte-Foy. Dieser hübsche Wein paßt zu sehr unterschiedlichen Gerichten. Sein reicher Stoff, sein blumiges Bukett und seine Frische ergeben einen vollständigen, ausgewogenen Gesamteindruck.

🍇 Univitis, Les Lèves, 33220 Sainte-Foy-la-Grande, Tel. 57.41.22.08 ⌶ Di-Sa 8h30-12h30 14h-18h

CH. GABACHOT 1991

| □ | 18 ha | 30 000 | 🍷 ↓ ✓ 1 |

Durch seinen Namen, der »kleiner Gavache« (ein Mensch, der die alte nordfranzösische Sprache spricht) bedeutet, erinnert er an die Wiederbesiedlung des Dropttals im 15. Jh. Ein dezent duftender 91er, der einfach und frisch ist.

🍇 SCE Roger Fernandez Père et Fils, Ch. Gabachot, 33540 Sauveterre-de-Guyenne, Tel. 56.71.51.24 ⌶ n. V.

CH. GOURSIN 1991 *

| □ | 5 ha | 6 000 | 🍷 ↓ ✓ 1 |

Seine gute, von einer hervorragenden säuerlichen Note unterstützte Struktur und sein elegantes Blütenaroma ermöglichen es diesem 91er, sich sehr angenehm zu entwickeln.

🍇 Pierre Bernateau, 33490 Saint-Germain-de-Grave, Tel. 56.63.73.80 ⌶ n. V.

CH. GRAND VILLAGE 1991 *

| □ | k.A. | k.A. | 🍷 ↓ ✓ 1 |

Ein in Barriquefässern unter Zerstoßen der Hefe vinifizierter Wein. Unterstützt von einer gut dosierten Holznote, enthüllt er ein solides Potential und entfaltet ein aufgrund seiner Finesse und Eleganz interessantes Bukett.

🍇 Sylvie et Jacques Guinaudeau, Ch. Grand Village, 33240 Mouillac, Tel. 57.84.44.03 ⌶ n. V.

CH. HAUT-DU-PEYRAT 1991 *

| □ | 1,2 ha | 10 000 | 🍷 ↓ ✓ 1 |

Ein erstklassiger Wein aus dem Blayais. Frisches Bukett (Wiesenblumen und Weißdorn mit einer zarten Zitronennote) und wohlausgewogene Struktur.

🍇 Vignobles Patrick Revaire, Gardut, 33390 Cars, Tel. 57.42.20.35 ⌶ n. V.

CH. HAUT GUILLEBOT 1991

| □ | 22 ha | 20 000 | 🍷 🍷 ↓ ✓ 2 |

Dieser Wein wirkt ein wenig »technisch« , ist aber gut gemacht und besitzt ein Bukett, das auf

angenehme Weise Blüten und Gewürze verbindet.

🍇 E. Rénier, 33420 Lugaignac, Tel. 57.84.51.71 ⌶ tägl. 9h-18h30

CLOS JEAN 1991 **

| □ | 5 ha | 14 000 | 🍷 ↓ ✓ 1 |

Dieser trockene Bordeaux ist zwar nicht so berühmt wie der vom gleichen Gut stammende Loupiac, würde aber eine größere Bekanntheit verdienen. Die Jury hat an ihm besonders sein Bukett (Knospen von schwarzen Johannisbeeren), seine Länge und seine Harmonie geschätzt.

🍇 Vignobles Bord, Clos Jean, 33410 Haut-Loupiac, Tel. 56.62.99.83 ⌶ tägl. 8h-20h, So nachm. geschlossen
🍇 Lionel Bord

CH. DU JUGE 1991 **

| □ | 15 ha | 40 000 | 🍷 ↓ ✓ 3 |

Dieses Gut auf den ersten Hängen des linken Garonneufers zeichnet sich ganz besonders durch diesen sehr hübschen 91er aus, dessen Bukett mit den schönen frühlingshaften Noten seinem soliden, vollen, stattlichen und vollkommen ausgewogenen Geschmack entspricht.

🍇 Pierre Dupleich, Ch. du Juge, 33410 Cadillac, Tel. 56.62.17.77 ⌶ n. V.

CELLIER DE LA BASTIDE 1991 **

| □ | k.A. | 6 500 | 🍷 ✓ 1 |

Dieser reinsortige Sauvignon ist ein Markenwein der Genossenschaftskellerei von Sauveterre. Er wirkt modern durch sein reiches Aroma (Kaffee, Pfirsiche, Aprikosen, Ananas etc.). Seine schöne blaßgoldene Farbe und seine gute Ausgewogenheit verleihen ihm einen sehr guten Gesamteindruck.

🍇 Cave Coop. de Sauveterre-de-Guyenne, Cellier de La Bastide, 33540 Sauveterre-de-Guyenne, Tel. 56.71.50.67

CH. LABATUT-BOUCHARD 1991

| □ | 7 ha | 18 000 | ✓ 1 |

Dieses an der berühmten »Straße der Klöster« gelegene Weingut präsentiert einen 91er, der durch seine Ausgewogenheit und Finesse gefällt.

🍇 Michel Bouchard, Ch. Labatut-Bouchard, 33490 Saint-Maixant, Tel. 56.62.02.44 ⌶ n. V.

DOM. DE LA CROIX 1991 **

| □ | 3 ha | k.A. | 🍷 ↓ ✓ 1 |

Ein kleines Gut (insgesamt 7 ha en tout) mit 30 Jahre alten Rebstöcken. Das erlaubt eine erstklassige Arbeit und hervorragende Ergebnisse, wie dieser sehr hübsche 91er beweist. Schöne gelbe Farbe mit grünen Reflexen, zurückhaltendes, aber sympathisches, frühlingshaftes Bukett, gute Struktur und Ausgewogenheit.

🍇 Jean-Yves Arnaud, Dom. de La Croix, 33410 Gabarnac, Tel. 56.20.23.52 ⌶ n. V.

CH. LA FREYNELLE 1991

| □ | 15 ha | 65 000 | 🍷 ↓ 1 |

Dieser 91er stammt aus dem Entre-Deux-Mers, wo die Familie Barthe seit zwei Jahrhunderten Wein anbaut. Seine aromatische Zurückhaltung gleicht er durch seine Eleganz und seine gute Struktur aus.

SCEA Vignobles Philippe Barthe, Montarouch, 33760 Targon, Tel. 56.23.90.83 n. V.

DOM. DE LAUBERTRIE 1991*

□	5 ha	5 000	⑪ ↓ ☑ ❶

Ein Weingut, das seit 1930 seine Weine in Flaschen direkt verkauft. Hauptrebsorte ist hier ungewöhnlicherweise die Muscadellerebe (50%). Goldene Farbe mit grünen Reflexen und intensives Blütenbukett mit einigen würzigen Noten. Dieser edle, gefällige Wein mit eine gute Ausgewogenheit, die mit der spürbaren Holznote fertig wird.

Bernard Pontallier, Dom. de Laubertrie, 33240 Salignac, Tel. 57.43.24.73 n. V.

CH. LE TREBUCHET 1991

□	5 ha	13 000	◼ ↓ ☑ ❶

Dieses Gut liegt in der Nachbarschaft von La Réole. Einst befanden sich hier Katapulte für die Belagerung von Städten, worauf noch immer der Name hindeutet. Ein einfacher, unkomplizierter 91er, der dennoch durch seine Rundheit und Frische gefällt.

Bernard Berger, Ch. Le Trébuchet, 33190 Les Esseintes, Tel. 56.71.42.28 n. V.

CH. DE MARSAN 1991

□	14 ha	50 000	◼ ⑪ ↓ ☑ ❶

Dieser Wein stammt von den Hügeln der Garonne. Er wird zwar noch ein wenig von der Kohlensäure überlagert, zeigt sich aber dank seiner aromatischen Noten (Blüten, Zitrusfrüchte und Gewürze) recht gefällig.

Paul Gonfrier, Ch. de Marsan, 33550 Lestiac, Tel. 56.72.32.56 n. V.

CH. MOTTE MAUCOURT
Sauvignon 1991

□	6 ha	6 000	◼ ↓ ☑ ❶

Ein Wein von einem Boden, wo sich Boulbènes mit Lehm vermischen. Seine aromatische Ausdruckskraft ist ein wenig zurückhaltend, aber dank seiner Ausgewogenheit kann er sich im Geschmack gut entfalten.

GAEC Ch. Motte Maucourt, 33760 Saint-Génis-du-Bois, Tel. 56.71.54.77 n. V.

Villeneuve

MOUTON CADET 1990*

□	k.A.	k.A.	◼ ↓ ❷

Dieser blaßgoldene 90er mit den zitronengelben Reflexen gefällt nicht nur durch sein Aussehen, sondern auch durch sein frisches Aroma und seinen zarten, vollen und runden Geschmack.

Baron Philippe de Rothschild SA, 33250 Pauillac, Tel. 56.59.20.20

CH. PASQUET Sauvignon 1991

□	1,7 ha	k.A.	◼ ↓ ☑ ❶

Das winzige Weingut erzeugt einen 91er, der im Abgang etwas schwer wirkt, aber gut gebaut ist und ein hübsches, durch die Sauvignontraube geprägtes Aroma entfaltet. Paßt zum Dessert.

Vignobles Pernette, 33760 Escoussans, Tel. 56.23.45.27 n. V.

PAVILLON BLANC 1990***

□	k.A.	k.A.	⑪ ❺

Die Weißweinproduktion hat eine lange Geschichte auf Château Margaux. Sie ist auch eine Sache des Könnens. Dieser prächtige 90er hätte eine besondere Empfehlung verdient, wenn Margaux nicht bereits eine hätte! Der stattliche, volle, milde und knusprige Geschmack besitzt die Dichte, die schon die gelbe, grün schimmernde Farbe ankündigt. Im angenehm komplexen Bukett vermischt sich der Duft von Mandarinen und Passionsfrüchten mit einer perfekt dosierten Holznote.

SCA du Ch. Margaux, 33460 Margaux, Tel. 56.88.70.28

CH. DU PAYRE 1991

□	4 ha	20 000	◼ ☑ ❶

Der trockene Weißwein der Vignobles Arnaud et Marcuzzi. Dieser 91er hat ein etwas schweres Bukett (Honig und Geißblatt), aber das ist eben der Preis für seinen soliden, reichen und vollen Geschmack.

Vignobles Arnaud et Marcuzzi, 33410 Cardan, Tel. 56.62.60.91 n. V.

CH. PENIN 1991**

□	2,2 ha	13 000	☑ ❶

Ein sehr gut vinifizierter Wein von Sauvignontrauben aus dem Entre-Deux-Mers. Er besitzt reichen Stoff, zeichnet sich aber vor allem durch sein Aroma mit einem intensiven Blütenduft (Ginster und Buchsbaum) aus.

SCEA Patrick Carteyron, Ch. Penin, 33420 Génissac, Tel. 57.24.46.98 n. V.

CH. PETIT MOULIN 1991

□	25 ha	40 000	◼ ↓ ☑ ❶

Benauge ist nicht nur ein alter, geschichtsträchtiger Landstrich, sondern auch ein gutes Anbaugebiet. Das zeigt auch dieser in Arbis erzeugte Wein. Sein harmonischer, sehr kräftiger Geschmack entspricht seiner schönen Farbe.

SDF Signé, Le Petit Moulin, 33760 Arbis, Tel. 56.23.93.22 n. V.

CH. PIERRANGE 1991*

□	2 ha	k.A.	◼ ↓ ☑ ❷

Das Erzeugnis einer frischgebackenen Winzerin (seit 1989), das sich unter den Schutz eines von Botticelli gemalten Engels stellt. Dieser hübsche, frische und wohlausgewogene Wein mit dem feinen Duft ist eine Ermunterung für das Gut.

Peyretou-Pierrange, 19, av. René Cassagne, 33750 Saint-Quentin-de-Baron, Tel. 56.32.34.00

CH. QUEYRET-POUILLAC 1991*

□	17 ha	10 000	◼ ↓ ❷

Die Chalands, ehemalige Werbefachleute aus Paris, haben es sich zur Aufgabe gemacht, dieses alte Gut zu renovieren. Mit diesem 91er haben sie einen gefälligen Wein erzeugt, der mit seiner goldenen, grünlich schimmernden Farbe das Auge verzaubert und mit seinem frischen, aromatischen und wohlausgewogenen Geschmack auch den Gaumen umschmeichelt. Der 91er Entre-Deux-Mers hat ebenfalls einen Stern erhalten.

❧ Isabelle et Patrice Chaland, Ch. Queyret-Pouillac, 33790 Saint-Antoine-du-Queyret, Tel. 57.40.50.36 ☎ n. V.

« R » RAUZAN RESERVE 1991*

| | 11 ha | 27 300 | 〗 2 |

Die Genossenschaftskellerei von Rauzan, die in der AOC Entre-Deux-Mers stark vertreten ist, erzeugt mit dieser »Réserve« auch einen guten Bordeaux. Er besitzt zwar schon eine sehr angenehme Ausgewogenheit und ein ansprechendes Aroma (mit blumigen Noten und Röstgeruch), hat aber noch nicht alle seine Entfaltungsmöglichkeiten ausgeschöpft.
❧ Union de Producteurs de Rauzan, 33420 Rauzan, Tel. 57.84.13.22 ☎ n. V.

CH. RELEOU 1991

| | 9 ha | 20 000 | 〗↓ ✓ 2 |

Dieses Gut erhält die Tradition der Rebsortenvielfalt (10% Colombard, 20% Muscadelle und zu gleichen Teilen Sauvignon und Sévignon) aufrecht. Es präsentiert hier einen Wein, der die Kraft betont, aber sehr angenehm bleibt.
❧ Michel Barthe, 18, Girolatte, 33420 Naujan et Postiac, Tel. 57.84.55.23 ☎ n. V.

CH. REYNON Vieilles vignes 1991**

| | 18 ha | 30 000 | ↓ 2 |

Denis Dubourdieu, Diplomlandwirt und Önologe, hat sich mit seinen Weißweinen einen soliden Ruf erworben. Dies bestätigt auch – falls es noch notwendig wäre ! – dieser bemerkenswerte Wein. Er ist komplex, reich und sehr ausgewogen und besitzt alle Chancen, sich zum dritten Stern hin zu entwickeln, wenn er seinen Ausbau abgeschlossen hat.
❧ Denis et Florence Dubourdieu, Ch. Reynon, 33410 Beguey, Tel. 56.62.96.51 ☎ n. V.

CH. DE RIONS
Spécial réserve Vieilles vignes 1991*

| | 1 ha | 5 000 | 〗↓ ✓ 2 |

Seit 1989 gehört Château de Rions einem Irländer, der sich mit einem Engländer zusammengetan hat. Ihr 91er bietet ein sehr hübsches Aroma (Lindenblüten, Honig, Gewürze, Zimt etc.) und guten Stoff mit einer sehr schönen Holznote, die präsent, aber wirkungsvoll ist. Die gewöhnliche Cuvée ist auch ausgewählt worden (ohne Stern).
❧ SARL Clos Jourdique, 33550 Villenave-de-Rions, Tel. 56.72.10.40 ☎ n. V.

CH. DES ROCS 1991

| | 8,5 ha | 42 000 | 〗✓ 2 |

Ein hübsches Gut auf den Garonnehügeln. Und ein Wein, der im Geschmack etwas schwer ist, aber eine gute Struktur besitzt.
❧ GAEC Vignobles Michel Bergey, Ch. Damis, 33490 Sainte-Foy-la-Longue, Tel. 56.63.71.42 ☎ n. V.

CH. ROQUEFORT 1991**

| | 40 ha | 40 000 | 〗✓ 1 |

Château Roquefort ist mit seiner herrlichen Alleee nicht nur eine der Sehenswürdigkeiten der Gironde, sondern auch ein berühmtes Weingut. Dieser 91er mit der schönen strohgelben Farbe ist

typisch für das Gut : modernes Aroma (exotische Früchte, Zitrusfrüchte, Muskatellertrauben) und harmonischer Gesamteindruck. Die im Barriquefaß ausgebaute Cuvée ist ebenfalls mit zwei Sternen bewertet worden.
❧ SCE du Ch. Roquefort, 33760 Lugasson, Tel. 56.23.97.48 ☎ n. V.
❧ Jean Bellanger

CH. THIEULEY 1991*

| | 20 ha | k.A. | 〗↓ ✓ 2 |

Über 70% des Anbaugebiets sind – ungewöhnlich für das Bordelais – mit Weißweinreben bestockt. Der 91er rechtfertigt diese Wahl : intensives Aroma (frisches Brot, Akazienblüten und Geißblatt), perfekte Ausgewogenheit und vielversprechende Alterungsfähigkeit.
❧ Courselle, Le Thieuley, 33670 La Sauve, Tel. 56.23.00.01

CH. TOUR DE MIRAMBEAU 1991***

| | 40 ha | 200 000 | 〗↓ 2 |

Dieser 91er, der aus einem renommierten Anbaugebiet im Entre-Deux-Mers stammt, ist der Inbegriff eines gelungenen Weins. Aufgrund seiner sehr hübschen blaßzitronengelben Farbe, seines feinen, intensiven Buketts mit Blütennoten (Ginster), Buchsbaumduft und Vanillearoma und seines prächtigen Geschmacks, der sich ausgewogen und harmonisch zeigt.
❧ SCEA Vignobles Despagne, Ch. Tour de Mirambeau, 33420 Naujan-et-Postiac, Tel. 57.84.55.08 ☎ n. V.

CH. TURCAUD 1991*

| | 2 ha | 8 000 | 〗 ✓ 2 |

Ähnlich wie die Entre-Deux-Mers-Weine entfaltet sich dieser – in Eichenholzfässern ausgebaute – Wein mit Eleganz und Finesse, besitzt aber gleichzeitig ein gutes Potential.
❧ Maurice Robert et Fils, Ch. Turcaud, 33670 La Sauve, Tel. 56.23.04.41 ☎ Mo-Sa 9h-12h 14h-19h

CH. DE VAURE 1991

| | 6 ha | 13 000 | 〗↓ ✓ 1 |

Dieser von der Genossenschaftskellerei in Ruch erzeugte Wein mag durch seinen Biß überraschen, ist aber ansonsten dank seiner Frische und seiner aromatischen Ausdruckskraft gefällig.
❧ Chais de Vaure, 33350 Ruch, Tel. 57.40.54.09 ☎ Di-Sa 8h30-12h30 14h-18h

CH. VIEILLE TOUR 1991*

☐ k.A. k.A. ↓ ☑ 1

Dieser unweit von Cadillac erzeugte Wein entwickelt sich im Duft ebenso angenehm wie im Geschmack und entfaltet ein schönes Aroma (exotische Früchte, Buchsbaum und Weißdorn).
➥ Arlette Gouin, Lapradiasse, 33410 Cadillac, Tel. 56.62.61.21 ☎ n. V.

Bordeaux Rosé

CHAMP DE LA ROSE 1991*

◩ 6,6 ha 25 000 ▮↓☑2

Dieser hübsche Wein aus dem Entre-Deux-Mers trägt den Namen eines mittelalterlichen britischen Parfüms. In seinem bezaubernden Duft vermischen sich Blüten mit sauren Drops.
➥ Rémy Greffier, Ch. Launay, 33790 Soussac, Tel. 56.61.31.44 ☎ n. V.

ROSE DE CUGAT 1991

◩ 16 ha 22 000 ▮↓☑1

Dieser aus Cabernet-Sauvignon und Cabernet-Franc hergestellte Wein hinterläßt einen angenehmen Eindruck von Frische und Lebhaftigkeit.
➥ Benoît Meyer, Ch. de Cugat, 33540 Blasimon, Tel. 56.71.52.08 ☎ n. V.

EMILY 1991*

◩ 10 ha 20 000 ▮☑2

Der Frische des Namens und des Etiketts entspricht der frische Eindruck der Ansprache und des Abgangs mit einem hübschen Aroma von Erdbeeren und roten Johannisbeeren.
➥ Les Producteurs Réunis de Puisseguin-Lussac, Durand, 33570 Puisseguin, Tel. 57.74.63.12 ☎ n. V.

CH. GARDUT 1991*

◩ 0,83 ha 6 500 ▮❖↓☑1

Ein 91er aus einem kleinen Weinberg, der einen hübschen, ausgewogenen Geschmack entfaltet und ein elegantes, blumig-fruchtiges Aroma verströmt.
➥ Vignobles Patrick Revaire, Gardut, 33390 Cars, Tel. 57.42.20.35 ☎ n. V.

CH. GRAND MONTEIL 1991*

◩ 12 ha 80 000 ▮↓☑1

Der Rosé, der das breite Angebot dieses Weinguts ergänzt, begnügt sich nicht mit einer hübschen Farbe, die hell, klar und intensiv ist. Er duftet sehr angenehm nach roten Früchten und besitzt eine gute Ausgewogenheit.
➥ SCV du Ch. Grand Monteil, Le Monteil, 33370 Sallebœuf, Tel. 56.21.29.70 ☎ n. V.
➥ Téchenet

ROSE DE GUIET 1991

◩ 20 ha 40 000 ▮☑1

Ein von der Genossenschaftskellerei in Pugnac hergestellter Wein. Sein Bukett ist etwas dezent,

aber der frische, lebhafte Geschmack macht ihn sehr sympathisch.
➥ Union de Prod. de Pugnac, Lieu-dit Bellevue, 33710 Pugnac, Tel. 57.68.81.01 ☎ n. V.

ROSE DE GUILLEBOT 1991

◩ 23 ha k.A. ↓☑1

Dieser in Lugaignac im Entre-Deux-Mers erzeugte Wein besitzt eine leichte Struktur und ein ansprechendes Aroma.
➥ E. Rénier, 33420 Lugaignac, Tel. 57.84.51.71 ☎ tägl. 9h-18h30

CELLIERS DES GUINOTS 1991

◩ 10 ha 20 000 ▮☑1

Dieser von der Genossenschaftskellerei in Flaujagues produzierte Rosé gleicht seine im Abgang etwas übermäßige Säure durch seine Frische, seine Geschmeidigkeit und seine Ausgewogenheit aus.
➥ Union de Producteurs de Juillac et Flaujagues, Celliers des Guinots, 33350 Flaujagues, Tel. 57.40.08.06 ☎ Di-Fr 8h30-12h30 14h-18h

CH. HAUT-D'ARZAC 1991

◩ 1 ha 4 000 ▮↓☑1

Der Rosé ergänzt die anderen Weine des Guts. Er kompensiert seine Nervigkeit durch seine Rundheit und sein gutes Aroma (schwarze Johannisbeeren und Himbeeren).
➥ Gérard Boissonneau, 33420 Naujan-et-Postiac, Tel. 57.74.91.12 ☎ Mo-Sa 8h-12h 14h-18h ; Aug. geschlossen

CH. HAUT-SORILLON 1991*

◩ 1 ha 3 000 ▮↓☑1

Ein ausschließlich aus Cabernet-Sauvignon hergestellter Rosé, der rund, geschmeidig, frisch und fruchtig ist. Er entwickelt sich im Verlauf der Verkostung auf gefällige Weise und enthüllt im Abgang eine angenehme säuerliche Note.
➥ Jean-Marie Rousseau, Petit Sorillon, 33230 Abzac, Tel. 57.49.06.10 ☎ n. V.

CH. DE LADENAC 1991

◩ 3 ha 3 000 ▮↓☑1

Dieser Wein stammt aus einer Gemeinde, die in der Nähe von Bordeaux liegt. Sein etwas schweres Aroma (Bananen) gleicht er durch seinen klaren, bezaubernden Charakter aus.
➥ Francis Boulière, Ch. Le Bergey, 33450 Saint-Loubès, Tel. 56.20.42.00 ☎ n. V.

CH. LA FREYNELLE 1991

◩ 1,33 ha 8 000 ▮↓2

Für diesen schlichten, unkomplizierten Rosé zeichnet eine Frau verantwortlich. Er verführt durch seine leichte Farbe und seinen frischen, blumigen Duft.
➥ SCEA Vignobles Philippe Barthe, Montarouch, 33760 Targon, Tel. 56.23.90.83 ☎ n. V.
➥ Véronique Barthe

DOM. DE LA NOUZILLETTE 1991

◩ 0,5 ha 3 000 ▮↓☑1

Dieser je zur Hälfte aus Merlot und Cabernet-Sauvignon erzeugte Rosé wird in seinem sehr ausdrucksstarken Bukett durch die Cabernetrebe geprägt. Der Geschmack ist zwar zurückhaltender und etwas kurz, aber dennoch sehr sympathisch.

🖙 GAEC du Moulin Borgne, 33620 Marcenais, Tel. 57.68.70.25 ℡ tägl. 8h-20h

🖙 Catherinaud

LA ROSE CASTENET 1991

◪	6,5 ha	23 000	▮↓▣②

Der Rosé des Château Haut-Castenet. Für den nicht sehr langen Abgang entschädigen die hübsche kirschrote Farbe mit den lebhaften Reflexen und die Finesse und Frische des Aromas.

🖙 François Greffier, Castenet, 33790 Auriolles, Tel. 56.61.40.67 ℡ n. V.

CH. LE CONSEILLER 1991

◪	2,62 ha	8 000	▮↓▣③

Dieser Wein mit der blassen, lachsrosa schimmernden Farbe stammt aus einem Anbaugebiet, das je zur Hälfte mit Merlot- und Cabernetreben bepflanzt ist. Er bezieht seinen Reiz aus seiner etwas säuerlichen Frische und seinem fruchtigen Aroma.

🖙 Erick Liotard, Le Conseiller, 33240 Lugon, Tel. 57.84.44.56 ℡ n. V.

CH. LESPARRE 1991

◪	2 ha	13 000	▮⒨↓▣①

Der Rosé macht nur einen kleinen Teil der Produktion dieses großen Weinguts aus. Trotz seines etwas harten Abgangs entfaltet er sich im Geschmack angenehm und enthüllt eine gute Struktur.

🖙 Frédéric Gonet, Ch. Lesparre, 33750 Beychac-et-Caillau, Tel. 57.24.51.23 ℡ n. V.

🖙 Michel Gonet

MOUTON-CADET *

◪	k.A.	k.A.	▮↓②

Roséweine sind in der Gironde nicht ganz einfach zu erzeugen, aber sie können gute Resultate liefern. Wie etwa diesen Wein mit der schönen lachsrosa Farbe und dem Bukett, das sich zwischen Blumen und Früchten bewegt. Originell ist die vom Hersteller bewußt angestrebte Fülle.

🖙 Baron Philippe de Rothschild SA, 33250 Pauillac, Tel. 56.59.20.20

CH. PASQUET 1991

◪	0,7 ha	2 500	▮↓▣①

Ein nur in geringer Menge hergestellter Wein. Der lachsrosa Schimmer deutet auf den Beginn der Entwicklung hin. Ansonsten zeigt er sich aber wohlausgewogen, mit recht gut umhülltem Stoff.

🖙 Vignobles Pernette, 33760 Escoussans, Tel. 56.23.45.27 ℡ n. V.

CH. DU PAYRE 1991

◪	k.A.	20 000	▮⒨▣①

Ein aus den Premières Côtes stammender Rosé, der die Zurückhaltung seines Buketts durch die schöne Dichte seines Stoffs ausgleicht.

🖙 Vignobles Arnaud et Marcuzzi, 33410 Cardan, Tel. 56.62.60.91 ℡ n. V.

CH. TOUR CAILLET 1991 *

◪	2 ha	14 000	▮↓▣①

Ein Etikett, das modernen und klassischen Geschmack verbindet. Für einen Wein, der sich in einer schönen rosa Pastellfarbe präsentiert und erfolgreich Geschmeidigkeit und Kraft vereint.

🖙 Denis Lecourt, Caillet, 33420 Génissac, Tel. 57.24.46.04 ℡ n. V.

CH. TURCAUD 1991 **

◪	3 ha	12 000	▮↓▣①

Dieser Rosé ist weniger bekannt als die trockenen Weißweine des gleichen Guts. Er wird auf angenehme Weise durch die Cabernetrebe geprägt, die ihm eine leichte Paprikanote und einen sehr markanten Geschmack verleiht. Ein frischer, direkter, voller und sehr ausgewogener Wein – ideal für den Sommer.

🖙 Maurice Robert et Fils, Ch. Turcaud, 33670 La Sauve, Tel. 56.23.04.41 ℡ Mo-Sa 9h-12h 14h-19h

CHAIS DE VAURE 1991

◪	29 ha	30 000	▮↓▣①

Dieser von der Genossenschaftskellerei in Ruch hergestellte Wein ist einfach, aber gut gemacht und bietet einen frischen Blütenduft und guten Stoff.

🖙 Chais de Vaure, 33350 Ruch, Tel. 57.40.54.09 ℡ Di-Sa 8h30-12h30 14h-18h

CH. VILLOTTE 1991

◪	1 ha	k.A.	▮↓▣①

Ein frischer, fruchtiger Rosé aus einem ausschließlich mit Cabernetreben bestockten Weinberg. Schlicht, aber gefällig, was zu seiner hübschen Farbe paßt : lebhaftes, klares Kirschrosa.

🖙 Yannick Stéphane Mariotto, Ch. Villotte, 33540 Cleyrac, Tel. 56.71.83.43 ℡ tägl. 8h-22h

Bordeaux Supérieur

CH. ALEXANDRE 1989 **

■	5 ha	k.A.	▮⒨↓▣②

Dieser geschmeidige, glatte Wein stammt aus einem kleinen Weinberg, der zu 80% mit Cabernet-Sauvignon bestockt ist. Er besitzt eine gute Struktur, die seine aromatische Ausdruckskraft mit einer sehr einschmeichelnden Fruchtigkeit zur Geltung bringt. Im Augenblick ist er sehr reizvoll, kann aber auch noch lagern.

🖙 Vignobles Pernette, 33760 Escoussans, Tel. 56.23.45.27 ℡ n. V.

CH. ANDRIET
Vieilli en fûts de chêne 1990 *

■	3,74 ha	1 200	⒨▣②

Dieser in Eichenholzfässern ausgebaute 90er ist noch ein wenig verschlossen. Aber der Reichtum seines Stoffs und die Komplexität seines Buketts (Vanille und Gewürze) zeigen ein gutes Potential, das es ihm erlaubt, sich in ein paar

Jahren zu entfalten. Die etwas rustikalere Haupt-
cuvée wird ohne Stern ausgewählt.
🠦 Thierry Brothier, Ch. Andriet, 33240 Périssac,
Tel. 57.25.24.77 ☎ n. V.

CH. ANGELIQUE 1990

◼ 11,51 ha 80 000 ▮◫↓✔▮

Dieser nach roten Früchten duftende Wein
wird vom Gut Plain-Pont erzeugt, das im Herzen
des Weinbaugebiets von Fronsac liegt. Er wirkt
noch etwas streng, besitzt aber ein gutes Tanningerüst, das eine günstige Entwicklung ermöglichen dürfte.
🠦 SA Ch. Plain-Point, 33126 Saint-Aignan,
Tel. 57.24.96.55 ☎ Mo-Fr 8h-12h 14h30-18h, Sa,
So n. V. ; Aug. geschlossen
🠦 Ardon

CH. DES ANTONINS 1990*

◼ 11 ha 6 000 ◫↓✔▮

Der Name des Château ist weder eine Hom-
mage an Trajan noch an Marc Aurel, sondern an
die Antoniter. Der Wein besitzt eine schöne
rubinrote Farbe und ein angenehm komplexes
Bukett mit gutem soliden Stoff, der eine harmonische
Entwicklung erlauben sollte.
🠦 Geoffroy de Roquefeuil, Le Couvent, 33190
Pondaurat, Tel. 56.61.00.08 ☎ n. V.

CH. ARNAUD PETIT 1990

◼ 10 ha 20 000 ▮

Dieses von den Mönchen des Klosters von La
Sauve urbar gemachte Gebiet wurden schon vor
1900 in den Annales Féret als wertvoller Cru
erwähnt. Der 90er ist noch etwas rustikal und
muß reifen, damit er sich verfeinert, wobei sein
Stoff normalerweise für eine günstige Entwicklung garantieren müßte.
🠦 Hélène Garzaro, Ch. Arnaud Petit, Gautié,
33750 Baron, Tel. 56.30.13.13 ☎ n. V.

CH. BARREYRE 1990**

◼ 9 ha 45 000 ◫↓✔▮

Dieser 90er aus den Palusgebieten des Médoc
ist ein sehr gelungener Wein. Sein Bukett ist
ebenso elegant wie sein Geschmack. Er verbindet
dabei rote Früchte (fast gekocht) mit vollreifen
Tanninen und eine rsehr gut dosierten Holznote.
🠦 SCF du Ch. Barreyre, 33460 Macau,
Tel. 56.30.07.64 ☎ n. V.

CH. BAUDUC 1990*

◼ 12 ha k.A. ▮▮↓✔▮

Erzeugt wird dieser Wein auf etwa 12 ha von
insgesamt 80 ha, die das Gut umfaßt. Das Verhältnis von Merlot zu Cabernet-Sauvignon
beträgt dabei 60 :40. Ein geschmeidiger, runder
und gut gebauter 90er, der eine gute Ausgewogenheit besitzt und ein sehr komplexes Aroma
mit würzigen und animalischen Noten entfaltet.
🠦 David Thomas, Ch. Bauduc, 33670 Créon,
Tel. 56.23.23.58 ☎ n. V.

CH. BLANCHET 1989**

◼ 2,3 ha 12 500 ◫↓✔▮

Yves Broquin, Lehrer in Bordeaux I, hat 1987
dieses damals heruntergekommene Gut übernommen und stellt hier eine in Holzfässern gereifte
Cuvée vor. Ein hübscher lagerfähiger Wein, des-

sen kräftige Gerbsäure zu seinem angenehm
komplexen Aroma paßt : Früchte, Gewürze und
Röstgeruch mit einer Schokoladenote.
🠦 Yves Broquin, Ch. Blanchet, 33790 Massugas,
Tel. 56.61.40.19 ☎ Mo-Mi 8h-20h

CH. BOIS-MALOT 1989**

◼ 2 ha 13 000 ◫↓✔▮

Diese schöne, im Holzfaß ausgeprägte 89er
Sondercuvée ist noch vom Eichenholz geprägt.
Aber ihr Stoff und ihr Aroma sind reich und
komplex, damit sie sich harmonisch entwickelt.
Die gewöhnliche 90er Cuvée ist ebenfalls berücksichtigt worden (ein Stern).
🠦 Fernand Meynard et Fils, Les Valentons,
33450 Saint-Loubès, Tel. 56.38.94.18 ☎ Mo-Fr
8h-12h 14h-19h, Sa nachm. geschlossen

CH. BOIS NOIR Barrique 1990*

◼ 5,83 ha 45 000 ◫↓✔▮

Eine im Barriquefaß ausgebaute Sondercuvée,
bei der der Wein noch vom Holz überlagert wird.
Aber die aromatische Ausdruckskraft (mit Noten
von Geröstetem und Verbranntem) und der
solide Bau sprechen für ein gutes Entwicklungspotential.
🠦 SA Front, Ch. Bois Noir, 33230 Maransin,
Tel. 57.49.41.09 ☎ n. V.

DOM. DES BONNETS 1989***

◼ 1 ha 8 500 ◫✔▮

Dieses Gut ist noch fast unbekannt, aber das
dürfte nicht mehr lange so bleiben, wenn man
nach diesem sehr hübschen 89er urteilt. Er besitzt
eine sehr elegante rubinrote Farbe mit violetten
Reflexen und zeigt sich mit seinem komplexen
Bukett (Lakritzenoten) und seinem runden, stattlichen und tanninreichen Geschmack vollkommen typisch. Ein sehr schöner lagerfähiger Wein.
🠦 J.-C. Phénix, 1, le Mas, 33240 Lugon,
Tel. 57.84.81.85 ☎ n. V.

DOM. DE BOUILLEROT 1990**

◼ 6,2 ha 2 500 ◫✔▮

Dieser Wein gehört zu einer kleinen in Eichenholzfässern ausgebauten Cuvée. Er hält, was
seine schöne dunkle, fast schwarze Farbe verspricht. Durch sein feines, elegantes Bukett mit
den hübschen fruchtigen und holzigen Noten
ebenso wie durch seinen reichen Stoff, der sich
noch harmonisch auflösen muß, aber aufgrund
seines Potentials eine gute Zukunft verspricht.
🠦 Thierry Bos, Lieu-dit Lacombe, 33190
Gironde sur Dropt, Tel. 56.71.46.04 ☎ n. V.

CH. BOUTILLON 1989*

◼ 15 ha 12 000 ▮✔▮

Ein Wein, der von ziemlich jungen Rebstöcken
stammt. Er entfaltet einen angenehmen Duft von
vollreifen roten Früchten und besitzt einen soliden Charakter, so daß er zu kräftigen Gerichten
wie etwa Wild, Fleischgerichten mit Sauce und
Käsesorten mit ausgeprägtem Geschmack paßt.
🠦 Louis Filippi, Ch. Boutillon, 33540
Mesterrieux, Tel. 56.71.41.47 ☎ n. V.

CH. BRANDE-BERGERE 1990*

◼ 2,75 ha 18 000 ▮✔▮

Trotz der schamhaften Umwandlung des »I«

in ein »d« auf der Generalstabskarte zeugt der Name dieser Kartause aus dem 18. Jh. noch von den ausschweifenden Ursprüngen. Der 90er ist noch ein wenig rustikal, beweist aber mit seiner granatroten Farbe, seinem fruchtig-blumigen Bukett und seiner guten Struktur, daß er alterungsfähig ist.

🍇 J. Doussoux, Brande-Bergère, 33230 Les Eglisottes, Tel. 57.69.50.55 ⍟ n. V.

CH. DU BRU Cuvée réservée 1990★★

■　　　2,12 ha　15 000　🍷🛡️2

Eine sehr gut in Eichenholzfässern gereifte Cuvée, mit genau der richtigen Ausbaudauer. Dieser sehr reiche, tanninreiche und gut gebaute Wein besitzt eine solide Struktur. Sein reicher Stoff scheint auf eine günstige Entwicklung hinzudeuten. Im letzten Jahr haben wir die 89er Cuvée besonders empfohlen. Der rote 90er ist stärker vom Holz geprägt, könnte aber ebenfalls aufgeführt werden.

🍇 SCEA du Bru, Ch. du Bru, 33220 Saint-Avit-Saint-Nazaire, Tel. 57.46.12.71 ⍟ n. V.
🍇 Guy Duchant

CH. BRUN DESPAGNE HERITAGE 1989★

■　　　16,34 ha　50 000　🍷🛡️2

Dieser von der Firma Querre erzeugte Wein hat von seinem Ausbau in Barriquefässern profitiert. Dies zeigt die Vanillenote, die sich mit dem fruchtigen Aroma vereint. Die gewöhnliche 90er Cuvée, die nicht so kräftig gebaut ist, hat keinen Stern erhalten.

🍇 GFA Ch. Brun Despagne, Hospices de la Madeleine, 33330 Saint-Emilion, Tel. 57.24.65.15 ⍟ n. V.
🍇 Querre

CH. CANEVAULT 1990★

■　　　6 ha　30 000　🍷⬇️🛡️2

Ein von einem kleinen Gut erzeugter Wein, der wohlausgewogen an Eleganz und guten Stoff zu verbinden weiß. Seine Fülle, seine Rundheit und seine Fruchtigkeit verleihen ihm einen sehr gefälligen Eindruck.

🍇 Jean-Pierre Chaudet, Bernon, 33141 Villegouge, Tel. 57.74.35.97 ⍟ n. V.

CH. CASTAGNAC 1990★

■　　　32 ha　200 000　🍾🍷🛡️1

Intensive purpurrote Farbe und entfaltetes Bukett mit Braten- und Röstgeruch : dieser Wein versteht sich zu präsentieren. Ein runder, wohlausgewogener 90er, den man noch lagern sollte, damit er sich verfeinern kann.

🍇 Bernard Coudert, Ch. Castagnac, 33141 Villegouge, Tel. 57.84.44.07 ⍟ n. V.

CH. CASTENET-GREFFIER 1990★★

■　　　2 ha　16 000　🍷⬇️🛡️2

Dieser sehr hübsche 90er aus dem Entre-Deux-Mers entspricht seinem Jahrgang : geschmeidig und kräftig, sehr ausdrucksstarkes Bukett (Vanille und sehr reife rote Früchte). Da er noch durch die Tannine geprägt ist, braucht er einige Zeit, bis er sich harmonisch entwickelt. Dürfte einmal einen wirklich eleganten Wein abgeben.

🍇 François Greffier, Castenet, 33790 Auriolles, Tel. 56.61.40.67 ⍟ n. V.

CHEVALIER SAINT-VINCENT 1990★

■　　　k.A.　24 000　🍷⬇️🛡️2

Dieser 90er gehört zum umfangreichen Angebot der Union Saint Vincent. Er besitzt einen hübschen Duft von roten Früchten und wird noch sehr stark durch den Holzton geprägt. Aber dank seines Potentials dürfte er sich günstig entwickeln. Ebenfalls noch lagern muß der rote 90er »Etalon« (ohne Stern).

🍇 Union Saint-Vincent, 33420 Saint-Vincent-de-Pertignas, Tel. 57.84.13.66 ⍟ n. V.

CH. COMPASSANT 1990

■　　　6 ha　25 000　🍾🍷🛡️1

Michel Decazes entstammt einer Familie, die bereits seit dem 16. Jh. im Libournais ansässig ist. Er präsentiert uns hier einen einfachen, aber gut gemachten 90er.

🍇 SCEA Vignobles Michel Decazes, Ch. Compassant, 33420 Genissac, Tel. 57.24.47.60 ⍟ n. V.

COMTE DE RUDEL 1990

■　　　17 ha　98 000　🍷🛡️1

Ein von der Union des Producteurs de Rauzan hergestellter Wein, der noch leicht von etwas lebhaften Tanninen geprägt wird, aber eine gute Konstitution besitzt.

🍇 Union de Producteurs de Rauzan, 33420 Rauzan, Tel. 57.84.13.22 ⍟ n. V.

CH. CORNEMPS Cuvée prestige 1990★

■　　　23 ha　120 000　🍾🍷🛡️1

Bei der Rückkehr aus Nordafrika vor fast 30 Jahren entdeckte diese Familie in Cornemps, in der Nähe von Lussac-Saint-Emilion, ein Anbaugebiet, das ihr Mut zu einem Neubeginn machte. Schöne purpurrote Farbe, feines, komplexes Bukett und solide Tanninstruktur – dieser Wein besitzt alles, um sich gut zu entwickeln.

🍇 Henri-Louis Fagard, Ch. de Cornemps, 33570 Petit-Palais, Tel. 57.69.73.19 ⍟ Mo-Sa 8h-12h 14h-19h

CH. COUDREAU 1990

■　　　10 ha　20 000　🍾🍷🛡️1

Das Gut besitzt 11 ha Rebflächen im Clos Les Fougerailles in der AOC Lalande de Pomerol und in zwei Nachbargemarkungen, die diesen Bordeaux Supérieur erzeugen. Dieser 90er ist noch etwas verschlossen und wirkt aufgrund seiner Tannine rustikal, aber er gefällt trotzdem durch sein Aroma von roten Früchten und seine Rundheit.

🍇 SCEA du Ch. Coudreau, 1, rte de Robin, 33910 Saint-Denis-de-Pile, Tel. 57.74.29.52 ⍟ n. V.
🍇 Henri Vacher

DOM. DE COURTEILLAC 1989

■　　　14 ha　60 000　🍷⬇️🛡️3

Von der Fischerei im Pazifik zum Weinbau in der Gironde – der Lebensweg von Stéphane Asséo ist nicht gerade unoriginell. Obwohl dieser Wein mit dem Zitrusaroma im Geschmack nicht

ganz so angenehm wie im Duft ist, hinterläßt er einen recht harmonischen Gesamteindruck.
🕭 Stéphane Asséo, Dom. de Courteillac, 33350 Ruch, Tel. 57.40.55.65 ☎ n. V.

CH. DE COURVIELLE 1990*

■	8 ha	50 000	▮ ◗ ☑ ②

Dieser Wein stammt aus einem der südlichsten Anbaugebiete des Bordelais. Er muß sich noch abrunden, aber er besitzt ein solides Tanningerüst, das eine gute Lagerfähigkeit garantiert.
🕭 GAEC Delpeuch et Fils, Courvielle, 33210 Castets-en-Dorthe, Tel. 56.62.86.81 ☎ n. V.

CH. CROIX DE BARILLE 1990**

■	14 ha	80 000	▮ ↓ ☑ ②

Ein sehr gut gelungener 90er Winzerwein. Verführerische purpurrote Farbe, entfaltetes Bukett von roten Früchten und wohlausgewogener, angenehm geschmeidiger Geschmack.
🕭 Vignobles Daniel Mouty, Ch. Croix de Barille, 33350 Sainte-Terre, Tel. 57.84.55.88 ☎ Mo-Sa 8h-12h 14h-18h

CH. DE CUGAT 1989**

■	20 ha	92 000	▮ ↓ ☑ ②

Dieses im Fremdenverkehrsort Blasimon gelegene Gut zeichnet sich vor allem durch die Qualität seines 89er aus. Ein runder, voller, stattlicher und tanninreicher Wein, der ein sehr ausdrucksstarkes Aroma von roten Früchten und eine würzige Note entfaltet. Sehr harmonisch und wahrscheinlich lange lagerfähig.
🕭 Benoît Meyer, Ch. de Cugat, 33540 Blasimon, Tel. 56.71.52.08 ☎ n. V.

CH. FAYAU 1990

■	15 ha	90 000	▮ ↓ ☑ ①

Ein einfacher und leichter, aber gut gemachter Wein, der zum großen Angebot der GAEC Jean Médeville gehört. Er besitzt viel Finesse und Eleganz.
🕭 GAEC Jean Médeville et Fils, Ch. Fayau, 33410 Cadillac, Tel. 56.62.65.80 ☎ Mo-Fr 8h30-12h30 14h-18h

CH. FLORIMOND 1990*

■	11 ha	65 000	▮ ☑ ②

Das Gut wird von den Kindern von Louis Marinier bewirtschaftet, der eine wichtige Persönlichkeit im Weinbau des Bordelais war. Es produziert zahlreiche Weine, darunter auch diesen 90er, der noch harmonisch werden muß, aber

ein gutes Potential und ein vielversprechendes Bukett von roten und schwarzen Früchten besitzt.
🕭 Vignobles Louis Marinier, Dom. Florimond-la-Brède, 33390 Berson, Tel. 57.64.39.07 ☎ Mo-Fr 8h-12h 14h-16h ; Sa, So n. V.

CH. FOUCHE 1990

■	9 ha	60 000	▮ ↓ ☑ ②

Ein sehr altes Gut in Familienbesitz und ein Wein, der etwas kommerziell geraten ist, aber durch seine Rundheit mit schon reifen Tanninen gefällt.
🕭 Jean Bonnet, Ch. Fouché, 33620 Cubnezais, Tel. 57.68.07.71 ☎ n. V.

CH. FREYNEAU
Cuvée traditionnelle 1990**

■	8 ha	53 000	◗ ↓ ☑ ①

Dieses Gut ist vor 20 Jahren durch die Vereinigung mehrerer kleiner Betriebe in Montussan entstanden. Sein Wein wird noch etwas vom Holzton geprägt, besitzt aber große Kraft, Rundheit und Fülle. Er sollte noch etwas reifen, damit sich sein Bukett, das sich bereits als sehr komplex ankündigt, voll entfalten kann. Die gewöhnliche (nicht im Holzfaß ausgebaute) Cuvée, die etwas rustikaler ist, hat einen Stern erhalten.
🕭 Jean-Pierre Maulin, Ch. Freyneau, 33450 Montussan, Tel. 56.72.95.46 ☎ Mo-Sa 8h-12h 17h-20h

CH. DE FRIMONT
Elevé en fûts de chêne 1989*

■	8,2 ha	12 000	◗ ☑ ②

Die Gemeinde Gironde-sur-Dropt, die vor allem für ihre Ziegel und ihre Fliesen bekannt ist, besitzt auch interessante Weingüter. Darunter dieses, das uns eine im Holzfaß ausgebaute 89er Cuvée vorstellt. Schöne rubinrote Farbe, diskret fruchtiger Duft und runder, wohlausgewogener Geschmack.
🕭 Jean-François Degrégorio, Frimont n° 3, 33190 Gironde-sur-Dropt, Tel. 56.61.23.89 ☎ n. V.

CH. GAURY BALETTE 1990**

■	24 ha	70 000	▮ ↓ ☑ ②

Obwohl sich dieses Weingut im Entre-Deux-Mers befindet, widmet es sich vor allem dem Anbau von roten Rebsorten. Was ihm auch gut gelingt, wenn man nach diesem sehr hübschen 90er geht : rund, feurig und jung. Vielversprechend sind seine Struktur und die Komplexität seines Buketts (reife rote Früchte und Gewürze). Die im Holzfaß ausgebaute 89er Cuvée »Comte Auguste« ist mit einem Stern bewertet worden.
🕭 Bernard Yon, Ch. Gaury-Balette, 33540 Mauriac, Tel. 57.40.52.82 ☎ n. V.

CH. GAYON 1990**

■	17 ha	120 000	◗ ↓ ☑ ②

Der erste Kopf, der in Bordeaux unter der Guillotine fiel, war der von Monsieur de Laveau Gayon, dem Besitzer dieses Château. Dieser schöne 90er, der rund, fleischig und sehr ausgewogen ist, entfaltet ein sehr ausdrucksvolles Bukett und zeigt durch sein Potential, daß er altern und sich harmonisch entwickeln kann.

⌐ Jean Crampes, Ch. Gayon, 33490 Caudrot, Tel. 56.62.81.19 ⍾ n. V.

CH. GOSSIN 1990

| ■ | 6,6 ha | 52 600 | ▯◗▯ ❶ |

Ein von der Genossenschaftskellerei von Rauzan erzeugter Wein. Er wird noch ein wenig von den Tanninen des Holzfasses geprägt, aber sein Körper ist kräftig genug gebaut, um milder zu werden.
⌐ Union de Producteurs de Rauzan, 33420 Rauzan, Tel. 57.84.13.22 ⍾ n. V.
⌐ G. Ladouche

CH. DU GRAND BERN 1990★

| ■ | 30 ha | 200 000 | ▮↓☑❶ |

Die Brüder Gonfrier haben gemeinsam diesen Familienbetrieb aufgebaut. Das Aroma von gekochten roten Früchten mit Vanille- und Karamelnoten ist bereits ansprechend. Der Wein besitzt guten Stoff, aber er muß noch harmonisch werden.
⌐ GAEC Gonfrier Frères, 33550 Lestiac, Tel. 56.72.14.38 ⍾ n. V.

CH. GRAND MONTEIL 1990★

| ■ | 43,59 ha | 350 000 | ▯◗▯↓☑❷ |

Ein altes Gut der Familie von Gustave Eiffel (Château Vacquey). Dieser Wein ist zwar reich, aber er wird sich zweifellos ziemlich rasch entwickeln. Wenn man ihn jedoch jung trinkt, bereiten seine Ausgewogenheit und sein Duft (rote Früchte und Vanille) viel Vergnügen.
⌐ SCV du Ch. Grand Monteil, Le Monteil, 33370 Sallebœuf, Tel. 56.21.29.70 ⍾ n. V.
⌐ Jean Techenet

CH. GRAND VILLAGE 1990★★

| ■ | 7 ha | 48 000 | ▯◗▯↓☑❷ |

Ein Gut zwischen den Côtes de Fronsac und den Côtes de Bourg. Ein im Duft noch zurückhaltender, aber sehr jugendlich wirkender 90er (dunkle Farbe mit bläulichroten Reflexen), der sehr vielversprechend ist. Sein intensives, komplexes Bukett (fruchtige, holzige und Mentholnoten) und sein fülliges, tanninreiches Gerüst sprechen für eine lange Zukunft.
⌐ Sylvie et Jacques Guinaudeau, Ch. Grand Village, 33240 Mouillac, Tel. 57.84.44.03 ⍾ n. V.

CH. GRAVETTES 1990

| ■ | 20 ha | 120 000 | ▮↓❷ |

Trotz seines Namens stammt dieser Wein von einem lehmig-kalkigen Boden. Er ist noch rustikal. Seine kräftige Gerbsäure muß sich noch auflösen.
⌐ Sté des Vins de France, 33550 Haux, Tel. 56.20.54.61
⌐ Dumalet

CELLIERS DES GUINOTS 1990★

| ■ | 60 ha | 100 000 | ▮↓☑❶ |

Die auch in der AOC Entre-Deux-Mers vertretene Genossenschaftskellerei stellt mit diesem Bordeaux Supérieur einen gut gebauten Wein mit einem komplexen Aroma und konzentrierten Tanninen vor. Da er im Abgang noch etwas hart, sollte er lagern.

⌐ Celliers des Guinots, 33350 Flaujagues, Tel. 57.40.08.06 ⍾ Di-Fr 8h30-12h30 14h-18h

CH. HAUT D'ARZAC 1990★

| ■ | 1,55 ha | 12 000 | ▯◗▯↓☑❷ |

Ein zu gleichen Teilen aus Merlot und Cabernet-Sauvignon hergestellter Wein. Dieser runde 90er mit dem angenehm komplexen Aroma (Holz, Geröstetes, Leder) entfaltet sich gut im Geschmack und besitzt das Potential, im Abgang feiner zu werden.
⌐ Gérard Boissonneau, 33420 Naujanet-Postiac, Tel. 57.74.91.12 ⍾ Mo-Sa 8h-12h 14h-18h ; Aug. geschlossen

CH. HAUT DU GRAVA 1990

| ■ | 25 ha | 150 000 | ▮↓❷ |

Dieser von der SVF erzeugte Wein wird sich schnell entwickeln, aber das nimmt ihm nichts von seinem bezaubernden Charakter, den er in seiner Jugend zeigt.
⌐ Sté des Vins de France, 33550 Haux, Tel. 56.20.54.61

CH. HAUTE BRANDE 1990★★

| ■ | 22 ha | 80 000 | ▮↓☑❶ |

Ein Wein aus dem östlichen Teil des Entre-Deux-Mers. Er zeigt seine Jugendlichkeit durch die ungestüme aromatische Ausdruckskraft. Gleichzeitig rund und kräftig, blumig und fruchtig. Ein solider Bursche mit gesicherten Zukunftsaussichten.
⌐ R. Boudigue et Fils, Haute Brande, 33580 Rimons, Tel. 56.61.60.55 ⍾ tägl. 8h-20h

CH. HAUT-MEILLAC 1990

| ■ | 5 ha | 25 000 | ▮↓☑❶ |

Dieser 90er gehört zu einer großen Familie von Weinen. Er muß noch milder werden, aber dank seines guten Baus kann man ihn lagern, bis er das geschafft hat.
⌐ Jean-Paul Grelaud, Meillac, 33660 Gours, Tel. 57.49.75.08 ⍾ Do-Di 10h-12h30 14h-20h30 ; 24.-31. Aug. geschlossen

CH. HAUT-MONGEAT 1990

| ■ | 14 ha | 70 000 | ▮↓☑❶ |

Bernard Bouchon hat erfolgreich in dieses Weingut investiert und sich auch selbst engagiert. Der 90er ist zwar noch ein wenig rustikal, aber dank seines sehr ausgewogenen Gesamteindrucks dürfte er ihn dazu ermutigen, mit dem Weinbau fortzufahren.
⌐ Bernard Bouchon, Le Mongeat, 33420 Génissac, Tel. 57.24.47.55 ⍾ n. V.

CH. HAUT NIVELLE
Cuvée prestige 1989★

| ■ | 6,5 ha | 30 000 | ▮↓☑❷ |

Eine Sondercuvée, die noch sehr jugendlich wirkt, aber bereits ein sehr interessantes Aroma entfaltet : vollreife rechte Früchte, Gewürze, Minze, Zimt.
⌐ SCE Le Pottier, Favereau, 33660 Saint-Seurin-sur-Isle, Tel. 57.69.72.83 ⍾ n. V.

CH. HAUT-SORILLON 1990*

■   21 ha   120 000   ▮↓🍷❷

Abzac, das Tal der Isle, Coutras - ein sehr hübsche Landschaft. Dieser Wein ist noch ein wenig streng, aber reich und komplex, insbesondere in seiner aromatischen Ausdruckskraft (rote Früchte, Geräuchertes und Röstgeruch). Er besitzt ein gutes Potential, muß aber noch harmonisch werden.

☛ Jean-Marie Rousseau, Petit Sorillon, 33230 Abzac, Tel. 57.49.06.10 ☏ n. V.

CH. DES HUGUETS 1990

■   5 ha   25 000   ▮↓🍷❶

Diese Winzer sind Nachbarn von Maurice Druon, dem glücklichen Besitzer der aus dem 12. Jh. stammenden Abtei Faise. Sein etwas trockener Abgang läßt ihn rustikal erscheinen, aber er verfügt über guten Stoff. Dieser 90er muß sich noch abrunden.

☛ EARL Vignobles Paul Bordes, Faize, 33570 Les Artigues-de-Lussac, Tel. 57.24.33.66 ☏ n. V.

CH. JALOUSIE BEAULIEU 1990

■   82 ha   500 000   ▮↓🍷❶

Eine der größten Produktionen, aber von guter Qualität. Auch wenn dieser gut gebaute Wein im Abgang etwas kurz ist und rustikale Tannine besitzt, bleibt der Gesamteindruck gefällig.

☛ GAF Jalousie Beaulieu, La Jalousie, 33133 Galgon, Tel. 57.74.30.13 ☏ n. V.

CH. JEAN MATHIEU 1989**

■   3 ha   12 000   ▯↓🍷❶

Entsprechend dem Boden wird hier bevorzugt die Merlotrebe angebaut. Dieser 90er besitzt eine gute Holznote und ein feines Aroma (Gekochtes und würzige Noten) und zeigt durch seine Länge und sein Gerüst, daß er ein schöner lagerfähiger Wein ist.

☛ Christian Brasseur, La Paillette, 33500 Condat, Tel. 57.51.17.31 ☏ Mo-Sa 10h-12h 14h-18h

CH. DES JOUALLES 1990*

■   28 ha   160 000   ▮🍷❶

Freylon, der auch in Saint-Emilion Wein anbaut, präsentiert mit diesem 90er einen Wein, der dank seines Aromas von gekochten Früchten für seinen Jahrgang recht typisch ist. Kräftig und tanninreich – ein echter traditioneller Bordeaux.

☛ SC Freylon et Fils, Ch. Lassegue, 33330 Saint-Hippolyte, Tel. 57.24.72.83 ☏ n. V.

DOM. DES JUSTICES 1990*

■   6 ha   30 000   ▯🍷❷

Das im 18. Jh. erworbene Gut gehörte vorher den Herren de La Motte, die im Parlament von Bordeaux vertreten waren. Dieser rote Bordeaux ist zwar nicht so bekannt wie der Sauternes, aber dennoch handelt es sich um einen sehr hübschen Wein mit einem fruchtigen Bukett und einem markanten, von vollreifen Tanninen geprägten Geschmack.

☛ Christian Médeville, Ch. Gilette, 33210 Preignac, Tel. 56.63.27.59 ☏ n. V.

DOM. DE LA CAPELLE 1989*

■   2,04 ha   12 000   ▮▯🍷❶

Der Architekt Jean-Jacques Labau wurde vor 20 Jahren Winzer aus Leidenschaft. Ein erstklassiger Wein, der rund ist und angenehm nach gebrannten Mandeln duftet.

☛ Jean-Jacques Labau, Lieu Lapouyade, 33750 Baron, Tel. 57.24.32.43 ☏ n. V.

CH. LACOMBE CADIOT 1990

■   4,5 ha   6 000   ▯↓🍷

Dieser Wein stammt aus den Palusgebieten der Gironde. Angenehme Geschmeidigkeit und Finesse.

☛ Marie-José Guillaume, 11, rte Port de la Bastide, 33460 Labarde, Tel. 56.88.92.01 ☏ n. V.

CH. LA COMMANDERIE DE QUEYRET 1990*

■   6 ha   30 000   ▯↓🍷❷

Eine schöne, für das Bordelais typische Kartause mit Teich und Park. Die Familie Jeantis-Comin besitzt dieses große Gut (75 ha Rebflächen) seit 1884. Die Cuvée hat den Ausbau in Barriquefässern gut überstanden und beweist seine schöne Persönlichkeit durch sein Bukett (Wildgeruch) und seine solide Tanninstruktur, die sich noch abrunden muß.

☛ Claude Comin, Ch. La Commanderie, 33790 Saint-Antoine-du-Queyret, Tel. 56.61.31.98 ☏ n. V.

CH. LA CROIX DE ROCHE 1990

■   12,5 ha   80 000   ▮↓🍷❷

Dieser aus dem Departement Corrèze stammende Erzeuger hat sich nach seinem Önologiestudium in Bordeaux niedergelassen. Ein noch etwas rustikaler Wein, der aber kräftigen Stoff besitzt und sich günstig entwickeln dürfte.

☛ François Maurin, GFA La Croix de Roche, 33133 Galgon, Tel. 57.84.38.52 ☏ n. V.

CH. LA FRANCE Cuvée barriques 1990**

■   61,87 ha   60 000   ▮▯🍷❷

Das Gut erzeugt auch Weine der Appellation Entre-Deux-Mers. Diese in Barriquefässern ausgebaute Cuvée besitzt eine intensive Farbe, ein entfaltetes, komplexes Bukett, einen reichen, runden und wohlausgewogenen Geschmack und eine sehr gut dosierte Holznote. Ein Wein mit guten Zukunftsaussichten.

☛ SCEA de Foncaude, Ch. La France, 33750 Beychac-et-Caillau, Tel. 57.24.51.10 ☏ n. V.

CH. DE LAGARDE 1989*

■   25 ha   200 000   🍷❷

Ein 89er aus dem Gebiet von Saint-Macaire, der gleichzeitig geschmeidig und gut gebaut ist. Sein besonderer Reiz liegt in der Komplexität seiner aromatischen Ausdruckskraft, in der Mischung von kräftigen (Tiergeruch, Moschus) und milden (rote Früchte, Vanille) Noten.

☛ SCEA Raymond, Ch. de Lagarde, 33540 Saint-Laurent-du-Bois, Tel. 56.63.73.63 ☏ n. V.

CH. LAGARDE 1990*

■   7,3 ha   50 000   ▮🍷❷

Ein hübsches Herrenhaus mit kegelförmigen

Dächern, das sich über dem Tal der Dordogne erhebt. Aroma von vollreifen Früchten, klare Ansprache und kräftiges Gerüst. Dieser stolz wirkende Wein muß sich noch entwickeln.
⌐ Pierre-Yves et Anne Royer, Ch. Lagarde, 33240 Saint-Romain-la-Virvée, Tel. 57.58.21.05 ⍊ n. V.

CH. LAGNET 1990

■　　　　　k.A.　210 000　　⚏↓Ⓜ❶

Château Lagnet, ein reizvolles, von zwei Türmen flankiertes Gebäude aus dem 19. Jh., ist 1972 von Edouard Leclerc gekauft worden. Die vorhandenen Rebsorten sind auf den 27 ha durch gute Merlot- und Cabernetreben ersetzt worden. Dieser typische, sympathische 90er ist ein »Wein gegen den Durst« : geschmeidig und leicht, aber sehr gefällig aufgrund seines frischen Aromas.
⌐ GFA Leclerc, Ch. Lagnet, 33350 Doulezon, Tel. 57.40.51.84 ⍊ tägl. sf sam. dim. 9h-12h 14h-17h
⌐ Hélène Levieux

CH. DE LA GRANDE CHAPELLE 1990*

■　　　9,3 ha　74 000　　❰❙❱↓Ⓜ❷

Das Weingut umgibt eine Kapelle aus dem 13. Jh., die früher zum Kloster Guîtres gehörte und heute leer steht. Das kräftige, feine Bukett (getrocknete und gekochte Früchte) und der reiche, fleischige Geschmack halten, was die hübsche granatrote Farbe mit den lebhaften Reflexen verspricht.
⌐ Gérald Liotard, La Grande Chapelle, 33240 Lugon, Tel. 57.84.41.52 ⍊ n. V.

CH. LAGRANGE LES TOURS 1990

■　　　8,3 ha　25 000　　⚏Ⓜ❶

Dieses einst große Gut im Familienbesitz, das in Cubzac-les-Ponts liegt, ist vor 15 Jahren mutig vor dem Verfall gerettet und neu bepflanzt worden. Der nicht sehr kräftige, aber ausgewogene 90er hinterläßt einen gefälligen Eindruck, insbesondere im Geschmack. Ist das nicht gerade das, was man von einem Wein erwartet ?
⌐ Mariel Laval, Le Moulin, 17210 Chevanceaux, Tel. 46.04.64.15 ⍊ n. V.
⌐ Paulette Laval

CH. LAGRAVE-PARAN 1990

■　　　3 ha　16 000　　❰❙❱↓Ⓜ❷

Dieser im Holzfaß ausgebaute Wein besitzt eine leichte, aber feine Struktur, die die Eleganz und die Komplexität des Aromas betont.
⌐ GAEC Lafon Père et Fils, Ch. Lagrave-Paran, 33490 Saint-André-du-Bois, Tel. 56.63.70.45 ⍊ tägl. 8h-19h

CH. LA JOYE 1990*

■　　　15,5 ha　110 000　　⚏Ⓜ❶

Dieser Wein stammt aus einem zusammenhängenden Anbaugebiet. Er besitzt ein noch zurückhaltendes Bukett, aber hinter seiner Geschmeidigkeit und Rundheit spürt man ein Gerüst, dessen Kraft eine gute Alterung garantiert.
⌐ SCEA M.S.P. Froger, Ch. La Joye, 33240 Saint-André-de-Cubzac, Tel. 57.43.18.93 ⍊ Mo-Sa 8h-12h 14h-18h

CH. LA LANDE DE TALEYRAN 1990*

■　　　k.A.　700 000　　⚏Ⓜ❶

1984 vereinigten Jacques Burliga und Philippe Archambaud ihre finanziellen Mittel und ihre Liebe zum Wein und erwarben dieses Gut, das sich in der Nähe der Maison de la Qualité befindet. Ihr dunkelroter 90er beginnt zu seiner aromatischen Ausdruckskraft (reife Früchte und Konfitüre) zu finden. Ein voller und wohlausgewogener 90er mit geschmeidigen, aber spürbaren Tanninen, der einen guten Gesamteindruck hinterläßt und altern kann.
⌐ GAEC La Lande de Taleyran, 33750 Beychac-et-Caillau, Tel. 56.72.98.93 ⍊ n. V.

CH. LAMARCHE 1990*

■　　　21 ha　150 000　　❰❙❱↓Ⓜ❷

Neben seinen speziellen Appellationen umfaßt das Anbaugebiet von Fronsac auch zahlreiche Güter, die Bordeaux oder Bordeaux Supérieurs erzeugen. Dieser geschmeidige und leichte, aber trotzdem tanninreiche Wein gewinnt seine Persönlichkeit durch eine aromatische Finesse, die durch eine angenehme Röstnote betont wird.
⌐ Vignobles Germain, Ch. Lamarche, 33126 Fronsac, Tel. 57.64.39.63 ⍊ Mo-Fr 8h-12h 14h-18h

CH. LA MARONNE
Cuvée du pigeonnier 1989**

■　　　2,5 ha　10 000　　❰❙❱Ⓜ❷

Diese im Holzfaß ausgebaute Sondercuvée verdankt ihren Namen einem im zweiten Kaiserreich errichteten Taubenhaus. Sie entspricht im Geschmack der tiefrubinroten Farbe : frisch, geschmeidig, rund, kräftig gebaut und sehr ausgewogen.
⌐ SCEAV Establet, Ch. La Maronne, 33540 Mauriac, Tel. 56.71.82.48 ⍊ n. V.

CH. LANDEREAU 1990

■　　　35 ha　200 000　　❰❙❱↓Ⓜ❷

Henri und Michel Baylet haben dieses Gut 1959 erworben. Heute kümmert sich Bruno darum. Dieser noch vom Holzton beherrschte Wein hat seinen endgültigen Ausdruck noch nicht gefunden. Aber sein stattlicher, körperreicher und tanninhaltiger Geschmack spricht dafür, daß er sich sehr günstig entwickeln dürfte.
⌐ SCV Baylet, Ch. Landereau, 33670 Sadirac, Tel. 56.30.64.28 ⍊ Mo-Sa 9h-12h 14h-17h

CH. LARTIGUE LES CEDRES 1990*

■　　　k.A.　k.A.　　⚏↓Ⓜ❶

Dieses Gut befindet sich in einem im Mittelalter gerodeten Gebiet. Ein Wein mit guter Präsentation : hübsche granatrote Farbe und intensives, fruchtiges Bukett. Im Geschmack ist er noch rauh, aber gut gebaut. Sollte noch altern.
⌐ Jacquin, Ch. Lartigue Les Cèdres, 33750 Croignon, Tel. 56.30.10.28 ⍊ n. V.

CH. LA SALARGUE 1990

■　　　10 ha　60 000　　❰❙❱↓Ⓜ❶

La Salargue umfaßte im letzten Jahrhundert 60 ha. Nach einem Niedergang besteht seit 20 Jahren wieder neue Hoffnung. Rund 20 ha Rebflächen sind neu bestockt worden. Ein geschmeidiger, vollmundiger Wein, der zusätzlich noch ein angenehmes Aroma von gekochten Früchten entfaltet, wird diejenigen belohnen, die so klug sind, ihn jung zu trinken.

🍷 Bruno Le Roy, GAEC La Salargue, 33420 Moulon, Tel. 57.24.48.44 ⅋ n. V.

CH. LASSIME Cuvée Olivia 1990★★

◼ | 1,66 ha | 13 333 | ◗ ↓ ☑ 2

Guy Claisse ist Winzer im Bordelais geworden, an der Seite von Elisabeth, die an der Universität Biologie lehrte. Dieser 90er zeigt sich zunächst schüchtern : kirschrote Farbe. Danach wird er kräftiger und entfaltet ein komplexes Bukett (reife rote Früchte und Vanille) und einen sehr harmonischen Geschmack, der das Aroma des Weins mit dem des Holzfasses verbindet. Tanninreich, voll und lang – die Verführungskunst dieser kleinen Olivia hat kein Ende gefunden.

🍷 SCV Elisabeth et Guy Claisse, Lassime 1, 33540 Landerrouet-sur-Ségur, Tel. 56.71.49.43 ⅋ n. V.

CH. LATOUR LAGUENS 1990

◼ | 20,32 ha | 114 000 | ◼◗ ↓ ☑ 2

Raymond Laguens, der Sohn eines Weingutbesitzers im Médoc, hat dieses Château 1955 erworben. Er bewahrt hier den guten Ruf, den dieser Wein hat, seitdem sich Heinrich IV. zum Essen eingeladen und ausgerufen hatte : »Das ist ein Wein, der geeignet ist, einer Schäferin den Hof zu machen !« Der tanninreiche Wein zeigt von Anfang an seine Kraft. Der Duft entfaltet fruchtige Noten von Eingemachtem. Muß noch lagern, damit er sich abrundet.

🍷 EARL Latour Laguens, 33540 Saint-Martin-du-Puy, Tel. 56.71.53.15 ⅋ n. V.

CH. LA TUILERIE DU PUY 1989★

◼ | 33 ha | 140 000 | ◗ ↓ ☑ 1

Dieser im Holzfaß ausgebaute Wein kommt aus dem in der Gironde für seine Ziegel und Fliesen berühmten Gebiet. Er kündigt sich sehr vielversprechend durch seine granatrote Farbe, sein Bukett und seinen ausgewogenen, tanninreichen Geschmack an. Man muß ihn unbedingt noch drei bis vier Jahre lagern, damit er sich voll entfalten kann.

🍷 Monika et Jean-Pierre Regaud, Ch. La Tuilerie du Puy, 33580 Le Puy, Tel. 56.61.61.92 ⅋ Mo-Sa 9h-19h ; So n. V.

CH. DE LA VIEILLE TOUR
Réserve tradition 1990★

◼ | 3 ha | 20 000 | ◗ ↓ ☑ 2

Eine in Eichenholzfässern ausgebaute Sondercuvée. Dieser 90er muß sich noch abrunden, aber sein recht reifer Stoff und sein feines, elegantes und komplexes Bukett erscheinen äußerst vielversprechend. Die gewöhnliche Cuvée ist ebenfalls berücksichtigt worden, hat aber keinen Stern erhalten.

🍷 GAEC Vignobles Boissonneau, 33190 Saint-Michel-de-Lapujade, Tel. 56.61.72.14 ⅋ n. V.

CH. LE GRAND VERDUS
Cuvée réservée 1990★★

◼ | 2 ha | 10 000 | ◗ ↓ ☑ 2

Le Grand Verdus, das 20 km östlich von Bordeaux liegt, ist ein echtes und dazu sehr schönes Schloß. Ein feudales, befestigtes Landhaus aus dem 16. Jh. Der Keller ist supermodern eingerichtet, aber in 400 Jahre alten Räumen untergebracht. Die »Cuvée réservée« zeichnet sich erneut aus. Noch zurückhaltende, aber sehr feines Bukett, wunderschöne purpurviolette Farbe, reifer, vom Holz gut unterstützter Stoff und bemerkenswerte Ausgewogenheit. Die ebenfalls sehr gelungene »traditionelle« Cuvée ist mit einem Stern bewertet worden.

🍷 Ph. et A. Le Grix de La Salle, Ch. Le Grand Verdus, 33670 Sadirac, Tel. 56.30.64.22 ⅋ n. V.

CH. LE MAYNE 1990

◼ | 61,87 ha | 200 000 | ◼◗ ↓ 2

Zu den drei üblichen Rebsorten kommt hier noch ein geringer Anteil Malbec hinzu. Dieser leicht gebaute Wein ist dank seiner Rundheit und seines Aromas von vollreifen Früchten angenehm und vollmundig.

🍷 SCEA Ch. Le Mayne, 33220 Saint-Quentin-de-Caplong, Tel. 57.41.00.05 ⅋ n. V.
🍷 Amar

CH. LE PRIEUR 1990★

◼ | 3,5 ha | 25 000 | ◼◗ ↓ ☑ 1

Ein im Entre-Deux-Mers erzeugter Wein, der sich mit einer schönen Erscheinung (granatrote Farbe und frisches, fruchtiges Bukett) begnügt. Er ist rund und tanninreich und besitzt gute Entwicklungsmöglichkeiten.

🍷 Elisabeth Garzaro, Ch. Le Prieur, 33750 Baron, Tel. 56.30.16.16 ⅋ n. V.

CH. LE RAIT 1989★

◼ | 3,5 ha | 26 000 | ◗ ↓ ☑ 1

Dieser Wein stammt aus dem für seine tatkräf-

180

tigen Winzer bekannten Gebiet von Sainte-Foy. Seine Tannine machen ihn noch etwas rauh, aber seine Ausgewogenheit, sein runder, körperreicher Geschmack und sein entstehendes Bukett garantieren eine gute Entwicklungsfähigkeit.
🍷 Claude Capoul, Raït, 33226 Les Lèves, Tel. 57.41.22.29

CH. LESCALLE 1990*

■　　　　k.A.　120 000　　Ⅲ ↓ ☑ ①

Das Anbaugebiet wurde 1984 völlig neu bestockt. Ein recht typischer »Bordeaux« : schöne Farbe und Lakritzeduft mit Holznoten und Nuancen von reifen Früchten. Dieser Wein dürfte sich in den nächsten drei bis fünf Jahren gut entwickeln.
🍷 EURL Lescalle, 33460 Margaux, Tel. 56.30.07.64 ⵑ n. V.

CH. LES JESUITES 1989**

■　　　　k.A.　　　k.A.　　　　　②

Die Jesuiten, die »guten Väter«, die seit 1572 in Bordeaux wirkten, betätigten sich hier als Lehrer, Prediger und sogar als Winzer. Die dunkle Farbe kündigt einen kräftigen Wein an, dessen Duft von Früchten bis zu Blumen reicht. Der Geschmack zeigt sich reich, tanninhaltig und lang. Das ist ein 89er, der die Zeit nicht fürchten muß !
🍷 G. Lucmaret, Ch. Les Jésuites, 33490 Saint-Maixant, Tel. 56.63.17.97

DOM. DE L'ILE MARGAUX 1990**

■　　　13 ha　20 000　　Ⅲ ↓ ☑ ②

Die Ile Margaux wirkt wie ein breites Komma am Rand der Halbinsel des Médoc, von der sie durch eine schmale Fahrrinne getrennt ist. Auch wenn sich dieser Wein noch abrunden muß, besitzt er bereits ein ausdrucksvolles Bukett und einen harmonischen, geschmeidigen und vielversprechenden Geschmack.
🍷 SCEA du Dom. de L'île Margaux, 33460 Margaux, Tel. 56.88.30.46 ⵑ n. V.
🍷 Nègre et Peugeot

CH. LOISEAU 1990

■　　　28 ha　100 000　　 ↓ ☑ ①

Dieser Wein stammt von einem Gut, das einer mächtigen Parlamentarierdynastie des 18. Jh. gehörte. Er ist im Abgang etwas kurz, hinterläßt aber dank seines reifen Stoffs und seines komplexen Buketts (Blumen und geröstetes Brot) einen günstigen Eindruck.
🍷 GFA Pierre Goujon, Ch. Loiseau, 33240 Lalande-de-Fronsac, Tel. 57.58.14.02 ⵑ n. V.

CH. DE LUGAGNAC 1990*

■　　　44 ha　200 000　　 ↓ ☑ ①

Château de Lugagnac gehörte 500 Jahre lang den Grafen von Puch und wäre wegen fehlender Erben fast an den Staat gefallen. 1969 wurde es von Mylène und Maurice Bon erworben, die das Gut mit erstklassigen Rebsorten neu bepflanzten. Dieser 90er ist noch ein wenig verschlossen, besitzt aber vielversprechende Tannine. Die deutlich spürbare Gerbsäure hindert den Wein aber nicht daran, daß er ansonsten rund, geschmeidig und ausgewogen ist.

🍷 Mylène et Maurice Bon, Ch. de Lugagnac, 33790 Pellegrue, Tel. 56.61.30.60 ⵑ n. V.

CH. MAJUREAU-SERCILLAN 1990*

■　　　10 ha　50 000　　Ⅲ ↓ ☑ ②

Die 10 ha Rebflächen sind zu 50% mit Merlot und zu je 25% mit Cabernet-Franc und Cabernet-Sauvignon bepflanzt. Gut dosierte Holznote und vollreifer Stoff. Dieser Wein mit dem entfalteten Bukett (getrocknete Früchte und Lakritze) besitzt gute Tannine.
🍷 Alain Vironneau, Le Majureau, 33240 Salignac, Tel. 57.43.00.25 ⵑ n. V.

CH. MARTOURET 1990*

■　　　30 ha　100 000　　Ⅲ ↓ ☑ ①

Der Wein stammt vom selben Erzeuger wie Château Reynier, verfügt aber nicht über ebensoviel Kraft. Dafür besitzt er eine gute Struktur und ist außerdem sehr ausgewogen, was ihm eine harmonische Entwicklung erlaubt.
🍷 Dominique Lurton, Martouret, 33750 Nérigean, Tel. 57.24.50.02

CH. DU MERLE 1990*

■　　　10 ha　30 000　　 Ⅲ ↓ ☑ ①

10 ha mit 60% Merlot sowie Cabernet-Sauvignon und Cabernet-Franc. Dieser 90er ist noch etwas verschlossen, aber er ist gut gebaut und geschmeidig und verfügt über gute, vollreife Tannine. Gute Länge im Abgang trotz einer alkoholischen Note.
🍷 Francis Merlet, 46, rte de l'Europe, Goizet, 33910 Saint-Denis-de-Pile, Tel. 57.84.25.19 ⵑ n. V.

CH. MILARY 1989**

■　　　3,49 ha　23 000　　 Ⅲ ↓ ①

Auf dem sehr modernen Etikett findet man eine Unterschrift, die eine Empfehlung ist : Dieser Visitenkarte entspricht auch der elegante Wein : feiner Duft von gekochten und eingemachten Trauben und vollreife Tannine im Geschmack.
🍷 Ets Jean-Pierre Moueix, 54, quai du Priourat, B.P. 129, 33502 Libourne Cedex, Tel. 00.00.00.00

CH. MONTLAU 1990

■　　　15 ha　50 000　　 Ⅲ ☑ ②

Ein schönes Herrenhaus aus dem 16. Jh. in einer an befestigten Gebäuden reichen Gemeinde. Trotz seiner pflanzlichen Noten im Bukett ist dieser 90er gefällig und besitzt einen reizvollen Geschmack, der voll und geschmeidig ist und deutlich spürbare Tannine enthält. Die gut dosierte Holznote nimmt Rücksicht auf den Wein.
🍷 Armand Schuster de Ballwil, Ch. Montlau, 33420 Moulon, Tel. 57.84.50.71

CH. MORILLON 1989**

■　　　18 ha　25 000　　 ↓ ☑ ②

Dieser Wein stammt von schönen Hügelkuppen mit Südost- und Südwestlage. Das Bukett ist noch dezent, aber der reiche, stattliche, tanninhaltige, lange und harmonische Geschmack zeigt, daß er nur noch altern muß, um sein Aroma mit den Röst- und Gewürznoten zu entfalten.

🍷 Olga Bagot, Dom. Morillon, 33580 Neuffons, Tel. 56.71.42.26 ☎ tägl. 9h-12h 14h-18h

MOULIN D'ISSAN 1990*

| ■ | 12 ha | 76 000 | ⓘⓘ ② |

Ein Wein aus einem Anbaugebiet, das zu Château d'Issan (AOC Margaux) gehört. Die rubinrote Farbe dieses 90ers ist sehr ansprechend. Das Bukett hat sich zwar noch nicht völlig entfaltet, besitzt aber einen angenehm fruchtigen Charakter mit einer würzigen Note. Reizvoller Geschmackseindruck mit deutlich spürbaren Tanninen.

🍷 Société Fermière Viticole de Cantenac, 33460 Cantenac, Tel. 56.44.94.45 ☎ n. V.

CH. MOUTTE BLANC 1990**

| ■ | k.A. | 7 500 | ⓘⓘ Ⅴ ② |

Ein Wein vom »Labardeweg« , der in den Palusgebieten des Médoc am Flußufer verläuft. Dieser 90er verführt durch seine kirschrote Farbe mit den purpurvioletten Reflexen und bewahrt seinen Zauber auch in den übrigen Eindrücken : sehr komplexes Bukett (rauchige Noten und Vanille), klarer, ausgewogener, kräftiger und harmonischer Geschmack. Verspricht eine hervorragende Entwicklung.

🍷 Josette Déjean und Guy de Bortoli, 33, av. de la Coste, 33460 Macau, Tel. 56.30.42.36 ☎ n. V.

CH. NARDIQUE LA GRAVIERE 1990*

| ■ | 5 ha | 30 000 | ⓘⓘ ↓ Ⅴ ② |

Dieses Château und seine »Satelliten« (La Gravière und Dulas La Gravière) befinden sich im äußersten Westen des Entre-Deux-Mers. Sein tanninreicher Wein muß zwar noch abrunden, bestätigt sich aber durch die große Eleganz seines Aromas (Früchte, Holz und Gewürze).

🍷 EARL Vignobles Thérèse, Nardique la Gravière, 33670 Saint-Genès-de-Lombaud, Tel. 56.23.01.37 ☎ n. V.

CH. NOUVEL DE PEYROU 1989**

| ■ | 2 ha | 12 000 | ⓘ↓ Ⅴ ① |

Der erste Jahrgang dieses Château, aber 20 Jahre alte Rebstöcke, die auf Kiessandböden wachsen. Ein 89er mit einem reichen Bukett, das an eingemachte rote Früchte und Gewürze erinnert. Der tanninreiche, geschmeidige Geschmack spricht für eine gute Lagerung.

🍷 Catherine Papon-Nouvel, Peyrou, 33350 Saint-Magne-de-Castillon, Tel. 57.24.72.05 ☎ n. V.

CH. DE PARENCHERE 1989**

| ■ | 57 ha | 300 000 | ⓘ↓ Ⅴ ② |

Ein riesiges Schloß, das teilweise aus dem 17. Jh. stammt, und ein großes Anbaugebiet auf gut gelegenen Hügeln – dieses Weingut wird von der Geschichte und der Natur begünstigt. Man kann gar nicht umhin, dieses 89er sympathisch zu finden : stattlich, komplex und wohlausgewogen. Seine geschmackliche Entwicklung zeugt von einer sorgfältigen Vinifizierung und verspricht eine gute Lagerfähigkeit. Die im Holzfaß ausgebaute Cuvée Raphaël, die noch vom Holzton geprägt wird, ist mit einem Stern bewertet worden.

🍷 Jean Gazaniol, Ch. de Parenchère, 33220 Ligueux, Tel. 57.46.04.17 ☎ n. V.

CH. PASCAUD 1990***

| ■ | 15 ha | 90 000 | ⓘ↓ Ⅴ ② |

Das 1875 erworbene Gut wurde zunächst mit Weißweinreben bestockt, bevor man nach den Frösten von 1956 rote Rebsorten anpflanzte. Dieser 90er ist sehr gelungen ! Schöne dunkelpurpurrote Farbe, reiches, konzentriertes und angenehmes Bukett (reife rote Früchte, Heidelbeerkonfitüre). Der kräftvolle Bau und das Volumen des Geschmacks versprechen einen sehr großen Wein, wenn sich die noch jungen Tannine harmonisch eingefügt haben.

🍷 SCEA Vignobles Avril, B.P. 12, 33133 Galgon, Tel. 57.84.32.11 ☎ n. V.

CH. PENIN 1990**

| ■ | 8 ha | 30 000 | ⓘⓘ ↓ Ⅴ ② |

Ein 1854 entstandenes Familiengut, das seit 1982 von Patrick Carteyron geführt wird. Es erzeugt regelmäßig gute Weine, wie auch dieser 90er bestätigt. Die kraftvolle Präsentation (granatrote Farbe und komplexes Bukett mit Noten von Holz, Backpflaumen, Brombeeren und Gewürzen) findet ihre Entsprechung im stoffreichen Geschmack, der dazu anregt, ihn noch altern zu lassen.

🍷 SCEA Patrick Carteyron, Ch. Penin, 33420 Génissac, Tel. 57.24.46.98 ☎ n. V.
🍷 Lucette Carteyron

CUVEE PERICLES 1990*

| ■ | 9,7 ha | k.A. | ⓘ↓ Ⅴ ① |

Als Hommage an den Begründer der Demokratie im antiken Athen ist es sich dieser Wein selbst schuldig, eine gute Figur zu machen, was ihm auch mühelos gelingt. Er ist noch rauh, aber vielversprechend : reicher Stoff und entfaltetes Bukett (vollreifes Kernobst).

🍷 SCA Cellier des Côtes de Francs, 33570 Francs, Tel. 57.40.63.01 ☎ Di-Fr 8h-12h 14h-18h, Sa nachm., Mo vorm. geschlossen

CH. PIERRANGE 1990**

	10 ha	k.A.	🏰 ↓ ☑ 2

Ein sehr hübsches Wein mit einem angenehmen Duft, der an rote Früchte und Lakritze erinnert, und einem sympathischen Geschmack, der reich, fleischig, kräftig gebaut und wohlausgewogen ist.

🍷 Peyretou, 19, av. René Cassagne, 33150 Cénon, Tel. 56.32.34.00 ☎ n. V.

CH. PUYFROMAGE 1990*

	40 ha	k.A.	🏰 ↓ ☑ 2

Der Ursprung des Namens »Puyfromage« ist britisch ! Während des Hundertjährigen Krieges gaben die Engländer Rauchzeichen »from edge« , d. h. vom Rand der Hochebene. Die im 16. und 18. Jh. errichteten Gebäude haben ihren Reiz. Dieser Wein hat zwar noch nicht seinen endgültigen aromatischen Ausdruck gefunden, aber er erweckt bereits das Interesse mit seinem Duft von roten Früchten und seinen deutlich spürbaren Tanninen, die es ihm erlauben, gelassen in die Zukunft zu blicken.

🍷 SCE Ch. Puyfromage, 33570 Saint-Cibard, Tel. 57.40.61.08 ☎ Mo-Fr 9h-12h 14h-17h

CH. PUYMONTANT 1989*

	28,36 ha	120 000	🏰 ↓ ☑ 2

Ein farbenfrohes Etikett schmückt diese im Eichenholzfaß ausgebaute Cuvée. Dem 89er mit der feinen Holznote gelingt es auf angenehme Weise, Geschmeidigkeit und kräftigen Bau zu verbinden. Die Cabernet-Sauvignon-Traube (25%) beherrscht noch das Bukett, während die Merlottraube (50%) für einen geschmeidigen Geschmack sorgt. Schmeckt bereits angenehm.

🍷 Marc Herault, 12, La Poste, 33570 Petit Palais, Tel. 57.69.62.07 ☎ n. V.

CH. QUEYRET POUILLAC 1990

	45 ha	300 000	↓ ☑ 2

Nachdem Isabelle und Patrice Chaland 15 Jahre lang in Paris in der Werbung gearbeitet hatten, änderten sie 1982 ihre Pläne. Obwohl sich ihr 90er in der aromatischen Ausdruckskraft ein wenig zurückhält, ist er dank seiner Rundheit, seiner Geschmeidigkeit und seiner Ausgewogenheit sehr gefällig.

🍷 Isabelle et Patrice Chaland, Ch. Queyret-Pouillac, 33790 Saint-Antoine-du-Queyret, Tel. 57.40.50.36 ☎ n. V.

CH. RAMBAUD 1990*

	8 ha	50 000	↓ ☑ 2

Der Féret 1929 stellt bereits dieses Gut wegen der Qualität seiner Lage und seiner Weine heraus. Es befindet sich im Besitz einer Familie, die seit mehreren Generationen Wein anbaut. Das Gebäude stammt von 1851. Dieser geschmeidige, ausgewogene Wein bezieht seinen Reiz aus der

Eleganz seines Aromas, das auf sehr angenehme Weise eingemachte rote Früchte mit geröstetem Brot verbindet.

🍷 Vignobles Daniel Mouty, Ch. Croix de Barille, 33350 Sainte-Terre, Tel. 57.84.55.88 ☎ Mo-Sa 8h-12h 14h-18h

CH. REYNIER 1990**

	30 ha	100 000	🏰 ☑ 1

Ein befestigtes Landhaus aus dem 15. Jh. und Hügelkuppen mit Kiesböden. Das Bukett dieses schönen 90ers wirkt noch jugendlich : sehr reife rote Früchte und Vanille- und Gewürznoten. Was die dunkelgranatrote Farbe verspricht, hält er auch im Geschmack : klar, voll, tanninreich und kräftig. Sein reicher Stoff garantiert ihm eine ausgezeichnete Alterungsfähigkeit.

🍷 Dominique Lurton, Reynier, 33420 Grézillac, Tel. 57.84.52.02

CH. ROQUEFORT 1990***

	1 ha	k.A.	🏰 ☑ 3

Dieses vor allem für seine trockenen Weißweine bekannte Gut hat sich auf das Abenteuer eingelassen, liebliche Bordeaux zu erzeugen. Strohgelbe Farbe mit goldenen Reflexen, an Geröstetes und Eingemachtes erinnernder Duft, dezenter Holzton und ein Geschmack, der gleichzeitig voll, lebhaft und wohlausgewogen ist – ein lieblicher 90er, der es mit einigen Süßweinen aufnehmen könnte.

🍷 SCE Ch. de Roquefort, 33760 Lugasson, Tel. 56.23.97.48 ☎ n. V.

🍷 Jean Bellanger

CH. ROQUES MAURIAC

Cuvée Hélène 1990**

	10 ha	80 000	🏰 ↓ ☑ 2

Dieses Château wurde 1906 von einem Einheimischen errichtet, der in Belgien ein Vermögen gemacht hatte, und mit einem großen, nicht sehr republikanischen Festbankett eingeweiht. Das Gut bietet bei dieser Sondercuvée einen sehr schönen 90er. Sein Bukett ist noch zurückhaltend, aber bereits vielversprechend. Sein Reichtum entfaltet sich im Geschmack, in dem man kräftigen, eleganten Stoff entdeckt. Ein großer Wein.

🍷 GFA Leclerc, Ch. Lagnet, 33350 Doulezon, Tel. 57.40.51.84 ☎ Mo-Fr 9h-12h 14h-17h

CH. SAINT-GENES 1990*

	15 ha	100 000	🏰 ↓ ☑ 2

Das 25 ha große, zusammenhängende Anbaugebiet erstreckt sich auf ein langes Band mit sehr steinigen Kiessandböden. Der Gutsbesitzer züchtet seine Reben in den Rebschulen des Château. Dieser noch junge Wein muß sich abrunden und sein Aroma voll entfalten. Aber in der Finesse seines Buketts und in der Ausgewogenheit und Harmonie seiner Struktur erkennt man, daß er ein gutes Potential besitzt. Erinnern wir uns, daß der 89er in der Ausgabe 1992 besonders empfohlen wurde.

🍷 SCV Jacques Fourès, Ch. Saint-Genès, 33360 Saint-Genès-de-Lombaud, Tel. 56.20.64.38 ☎ n. V.

CH. DE SEGUIN 1990*

■   52,67 ha   420 000   ◖ ↓ ☑ 2

Diese in Holzfässern ausgebaute Cuvée wird in numerierten Flaschen verkauft. Der 90er wird noch vom Holz beherrscht. Aber man spürt, daß er solide gebaut ist. Er sollte noch gelagert werden, damit er einen harmonischen Gesamteindruck erwerben kann. Der 89er besitzt ebenfalls vielversprechende, geschmeidige Tannine, die ihn zu einem hervorragenden lagerfähigen Wein machen.

🡒 SC du Ch.de Seguin, 33360 Lignan-de-Bordeaux, Tel. 56.21.97.84 ☎ n. V.

CH. TENEIN 1990

■   5 ha   35 000   ⬛ ◖ ☑ 1

Ein 7 ha großes Gut erzeugt diesen runden, gut gebauten Wein mit dem angenehm fruchtigen Aroma.

🡒 SCEA Grelaud, Ch. Tenein, 33660 Gours, Tel. 57.49.75.08 ☎ Mo-Sa 9h-12h 14h-18h

CH. DE TERREFORT-QUANCARD 1990★★

■   63,95 ha   400 000   ◖ ↓ ☑ 1

Ein interessantes Weingut in der AOC Bordeaux Supérieur : Die Quancards gehörten zu den Pionieren der Appellationen ; ihr etwa 70 ha großes, zusammenhängendes Gut nimmt die höchste Lage von Cubzac-les-Ponts ein. Dieser 90er präsentiert sich in einem sehr jugendlichen Kleid und besitzt ein noch zurückhaltendes, aber vielversprechendes Bukett mit schönen, fruchtigen Noten. Sehr ausgeprägter Geschmackseindruck mit Tanninen und einer ausgezeichneten Holznote. Er dürfte einmal einen sehr schönen Wein abgeben, so daß man ihn noch altern lassen sollte.

🡒 SCA du Ch. de Terrefort-Quancard, 33240 Cubzac-les-Ponts, Tel. 57.43.00.53 ☎ n. V.

CH. THIBAUT DUCASSE 1990★★★

■   10 ha   56 000   ◖ ↓ ☑ 2

Das Gut wurde vor kurzem von Monsieur Disch erworben, der bereits das Château de L'Hospital in Portets besitzt. Nachdem der 89er eine besondere Empfehlung erhalten hat, schlägt er diesmal einen hervorragend gelungenen 90er vor. Angenehm komplexes Bukett (schwarze Johannisbeeren, Himbeeren, Gewürze und Vanille). Der Geschmack kommt dank seiner reifen Tannine und der gut dosierten Holznote gut zur Geltung. Schöner Gesamteindruck, muß aber noch altern.

🡒 SCEA du Ch. de L'Hospital, Darrouban, 33640 Portets, Tel. 56.72.54.73 ☎ n. V.
🡒 Marcel F. Disch

CH. TOUR CAILLET 1990

■   39 ha   150 000   ⬛ ↓ ☑ 1

Tour Caillet befindet sich unweit des alten, wunderschönen Château de Génissac. Der 90er ist etwas geradlinig, aber gut gemacht. Sein fruchtiges Aroma entfaltet sich recht angenehm.

🡒 Denis Lecourt, Caillet, 33420 Génissac, Tel. 57.24.46.04 ☎ n. V.

CH. TOUR DE L'ESPERANCE 1990

■   40 ha   300 000   ⬛ ↓ ☑ 1

Ein 100 ha großes Gut. Einfache Struktur und feines Bukett (leicht gekochte rote Früchte mit einer würzigen Note). Ein gefälliger Wein, den man jung trinken sollte.

🡒 SCEA Tour de l'Espérance, 3, Champ d'Auron, 33133 Galgon, Tel. 57.74.30.02 ☎ n. V.

CH. TRINCAUD 1990*

■   13,45 ha   50 000   ⬛ ☑ 1

Dieser Wein stammt aus dem Norden des Libournais. Strahlend rubinrote Farbe und frisches, fruchtiges Bukett. Passend zu diesem ersten Eindruck, enthüllt der Geschmack eine gute Tanninstruktur, die sich gut entwickeln dürfte.

🡒 SCEA Ch. Trincaud, 33910 Bonzac, Tel. 57.74.25.71
🡒 Lacaze

CH. TROCARD 1990★★

■   35 ha   200 000   ⬛ ↓ ☑ 1

Die Weine von einigen Parzellen dieses Guts verschönten bereits im 14. Jh. die Tafel des englischen Königs und im 18. Jh. den Tisch des galanten Herzogs von Richelieu. Zweifellos hätten sie auch diesen schönen 90er geschätzt. Ein sehr frischer (Aroma von schwarzen Johannisbeeren) und vollkommen ausgewogener Wein, der durch seine Tannine eine lange zeigt, daß er noch die ganze Zukunft vor sich hat. Die im Holzfaß ausgebaute Cuvée Montrepos, die noch vom Holz beherrscht wird, hat einen Stern erhalten.

🡒 Jean-Louis Trocard, Les Jays, 33570 Les Artigues-de-Lussac, Tel. 57.24.31.16 ☎ tägl. sf sam. dim. 8h-12h 14h-18h

TROIS MOTTES 1990

■   25 ha   50 000   ⬛ ☑ 1

Dieser von der Genossenschaftskellerei von Pugnac vorgestellte Wein hätte einen ausgeprägteren Geschmack verdient, denn sein Aroma (Gewürze und Eingemachtes mit animalischen Noten) ist recht interessant.

🡒 Union de Prod. de Pugnac, Lieu-dit Bellevue, 33710 Pugnac, Tel. 57.68.81.01 ☎ n. V.

CH. VIEIL ORME Cuvée spéciale 1990

■   4 ha   26 000   ◖ ↓ ☑ 2

Ein 1966 erworbener Betrieb, der geduldig wiederaufgebaut wurde. Seit 1987 eine GAEC zusammen mit der ältesten Tochter Véronique, der sich 1989 ihre Schwester Nathalie anschloß. Diese im Eichenholzfaß ausgebaute Sondercuvée wird noch vom Holzton beherrscht, aber sie besitzt guten Stoff, der eine günstige Entwicklung ermöglichen dürfte.

🡒 GAEC Gardera, Lieu-dit Malineau, 33490 Saint-Martial, Tel. 56.63.70.58 ☎ n. V.

CH. VIEUX BOMALE 1990

■   22 ha   175 000   ⬛ ↓ ☑ 1

Dieser 90er kompensiert die Leichtigkeit seiner Struktur durch die Geschmeidigkeit und die Finesse seines Aromas.

🡒 Jean-Pierre Chaudet, Bernon, 33141 Villegouge, Tel. 57.74.35.97 ☎ n. V.

CH. VIEUX CARREFOUR 1990

■　　　　17 ha　　30 000　　■ ❶❷ ☑ **1**

Das Gut befindet sich seit mehr als zwei Jahrhunderten im Familienbesitz. Dieser angenehm rustikale Wein besitzt eine angenehme Rundheit und entfaltet ein Aroma von schwarzen Johannisbeeren und Menthol.
↝ François Gabard, Le Carrefour, 33133 Galgon, Tel. 57.74.30.77 ⚭ n. V.

CH. VIEUX L'ESTAGE 1990

■　　　　13 ha　　40 000　　■ ↓ ☑ **1**

Dieser ausgewogene, fruchtige Wein ist geschmeidig und rund. Er erscheint bereits etwas entwickelt, wie die orangeroten Schimmer seiner Farbe zeigen. Sollte jung getrunken werden.
↝ Nicole Legrand-Dupuy et Benoît Maulun, Dom. des Cailloux, 33760 Romagne, Tel. 56.23.09.47 ⚭ n. V.

VIEUX VAURE 1990*

■　　　　64 ha　　100 000　　■ ↓ ☑ **1**

Ein von der Genossenschaftskellerei in Ruch erzeugter Wein, der durch seine Farbe und sein Blütenaroma frühlingshaft wirkt. Der sehr elegante Geschmack enthüllt schöne Tannine, die reif und mild sind.
↝ Chais de Vaure, 33350 Ruch, Tel. 57.40.54.09 ⚭ Di-Sa 8h30-12h30 14h-18h

CH. VIGNOL 1989**

■　　　1,5 ha　　8 000　　❶❷ ↓ ☑ **3**

Ein von der Familie Péreire errichtetes Gebäude, das im Kolonialstil von Louisiana gehalten ist. Kaffee, Röstaroma, Gebratenes, Karamel – das Bukett dieses 89ers enthüllt einen exotischen Duft, den man in der Sinnlichkeit des runden, fleischigen und körperreichen Geschmacks wiederfindet. Ein voller, vollständiger und komplexer Wein, der ebenso vielversprechend wie lagerfähig ist. Lagerfähig.
↝ Bernard Doublet, Ch. Vignol, 33750 Saint-Quentin-de-Baron, Tel. 57.24.12.93 ⚭ n. V.

CH. VILLEPREUX 1990*

■　　　28 ha　　120 000　　■ ❶❷ ↓ **2**

Dieser hübsche Wein stammt aus einem Anbaugebiet, das zu gleichen Teilen mit Merlot- und Cabernetreben bestockt ist. Er ist zugleich geschmeidig und kräftig gebaut und besitzt ein angenehmes Aroma : vollreife rote Früchte, Pilze und Unterholz mit einer angenehmen, zarten Holznote.
↝ SCEA Ch. Villepreux, Beychac et Caillau, 33750 Saint-Germain-du-Puch, Tel. 56.20.54.61

CH. VINCY 1990

■　　　7,16 ha　　57 300　　■ **1**

Trotz seiner leichten Struktur ist dieser Wein gut gebaut und ansprechend. Sein klarer, direkter Charakter betont sein dezentes fruchtiges Aroma.
↝ Union de Producteurs de Rauzan, 33420 Rauzan, Tel. 57.84.13.22 ⚭ n. V.

CH. VIRAC 1989**

■　　　15 ha　　30 000　　■ ↓ ☑ **3**

Dieses im Dropttal gelegene Gut hat mit seinem 89er einen guten Einstand in unserem Weinführer. Ein ausgewogener Wein, der nach schwarzen Johannisbeeren duftet und ein solides Gerüst besitzt, das eine gute Alterung ermöglicht.
↝ Jean-Claude Trabut-Cussac, Ch. Virac, 33580 Taillecavat, Tel. 56.61.62.66 ⚭ n. V.

Crémant de Bordeaux

Der Crémant de Bordeaux, eine neue Appellation, die 1990 geschaffen wurde, wird nach den strengen Vorschriften hergestellt, die für alle Crémant-Appellationen gelten ; verwendet werden dabei die traditionellen Rebsorten des Bordelais. Es handelt sich dabei in der Regel um weiße Schaumweine, aber man darf auch Rosé-Crémants erzeugen.

BELLEGARDE

○　　　　6 ha　　10 000　　↓ ☑ **3**

Philippe Janaud, der erst seit kurzer Zeit Crémants herstellt, hat ein gutes Debüt mit diesem etwas schweren Wein, der aber wegen seines blumigen Aromas gefällig ist.
↝ Philippe Janaud, Lacassotte, 33141 Villegouge, Tel. 57.84.42.04 ⚭ n. V.

BLANC DE BELAIR

○　　　　k.A.　　k.A.　　**3**

Dieser von der SBVM präsentierte Crémant gleicht seinen Mangel an Fülle durch ein sehr hübsches Aroma mit feinen Ananas- und Zitronennoten aus.
↝ S.B.V.M., 10, rue Galilée, 33200 Bordeaux, Tel. 56.47.05.20

R. BLANCHARD 1989

○　　　　5 ha　　4 000　　■ ↓ ☑ **2**

Eine mengenmäßig begrenzte Produktion. Dieser Schaumwein ist einfach, aber ehrlich und besitzt eine angenehme Frische und Fülle.
↝ René Blanchard, B.P. 3, 33920 Saint-Savin, Tel. 57.58.90.03 ⚭ n. V.

LES CORDELIERS *

○　　　　k.A.　　k.A.　　**3**

Ein Steinbruch unter einem dantisch wirkenden Kreuzgang bildet die eher tragisch anmutende Umgebung, in der dieser Crémant hergestellt wird. Dennoch handelt es sich um einen fröhlichen Wein, der mit seinen grünen Reflexen, seinem Blütenduft und seinen feinen Bläschen einen frühlingshaften Eindruck erweckt.

BORDELAIS

🐦 Les Cordeliers, 33330 Saint-Emilion, Tel. 56.39.24.05 ☓ n. V.

LES PEYRIERES 1989

○	4 ha	5 000	🍾 ☑ **2**

Dieser Crémant ergänzt das breite Angebot der Genossenschaftskellerei von Landerrouat. Er könnte noch etwas mehr Frische haben, aber er besitzt eine angenehme Spritzigkeit, Rundheit und Fülle.
🐦 Cave de Landerrouat, Les Peyrières, rte des Vignerons, 33790 Landerrouat, Tel. 56.61.31.21 ☓ n. V.

LUCCIOS 1990*

○	k.A.	15 000	🍾↓☑ **2**

Benannt ist dieser Crémant nach einer römischen Münze, die man auf dem Gut gefunden hat. Er zeigt sich dank seines stattlichen Baus ausgewogen und entfaltet ein feines Aroma von Akazienblüten und Ginster.
🐦 Union de Producteurs de Saint-Pey de Castets, 33350 Saint-Pey-de-Castets, Tel. 57.40.52.07 ☓ n. V.

MARECHAL 1990

○	k.A.	30 000	☑ **2**

Dieser Schaumwein wird unter der Marke eines Weinhändlers aus dem Loiretal vertrieben. Er besitzt eine hübsche strohgelbe Farbe und bestätigt seinen Charakter durch ein Bukett, in dem die Düfte von weißen Früchten dominieren.
🐦 Maréchal, 36, vallée Coquette, 37210 Vouvray, Tel. 47.52.71.21 ☓ n. V.

TOUR DU ROY 1990**

○	k.A.	k.A.	🍾↓☑ **3**

Dieser Crémant, der in den Kellern unter dem berühmten befestigten Turm von Saint-Emilion hergestellt wird, erweist sich dieses Rahmens würdig. Schöne Farbe mit anhaltenden feinen Bläschen, komplexes Aroma, das die Düfte von Früchten und Blüten verbindet. Ein geschmeidiger, eleganter und wohlausgewogener Wein, der einen angenehmen, harmonischen Eindruck hinterläßt. Ein schöner Erfolg.
🐦 Mons Maleret, Caves de La Tour du Roy, 33330 Saint-Emilion, Tel. 57.24.72.38 ☓ n. V.

Bordeaux Côtes de Francs

Das 388 ha umfassende Anbaugebiet der Appellation Bordeaux Côtes der Francs liegt 12 km östlich von Saint-Emilion, in den Gemarkungen Saint-Cibard und Tayac. Es besitzt eine günstige Lage auf lehmig-kalkigen und mergeligen Böden ; die Hügel dort gehören zu den höchsten im Departement Gironde. Bis auf etwa 20 ha ist es ausschließlich dem Weinbau vorbehalten. Einige tatkräftige Winzer und eine Genossenschaftskellerei erzeugen sehr hübsche Weine, die reichhaltig und bukettreich sind.

LE CELLIER DES COTES DE FRANCS Cuvée prestige 1990

■	130 ha	120 000	🍾↓☑ **1**

Die Genossenschaft umfaßt 250 ha Rebflächen. Der 90er besitzt ein Aroma von getrockneten Früchten und Knospen von schwarzen Johannisbeeren. Die Tannine sind kräftig, aber etwas pflanzlich. Der einfache, kurze Abgang zeigt, daß er keine lange Lagerung erlaubt.
🐦 SCA Cellier des Côtes de Francs, 33570 Francs, Tel. 57.40.63.01 ☓ Di-Fr 8h-12h 14h-18h ; Sa nachm., Mo vorm. geschlossen

DUC DE SEIGNADE 1989***

■	130 ha	12 000	🍶↓☑ **2**

Die Genossenschaftskellerei der Côtes de Francs erzeugt von dieser Sondercuvée 12 000 Flaschen, die beim 89er hervorragend ausgefallen ist. Strahlend karminrote Farbe. Das komplexe, kräftige Aroma (Backpflaumen, Trüffeln und Gewürze) vermischt sich mit einer geschmeidigen Holz- und Vanillenote. Der fleischige Geschmack ist rassig, temperamentvoll und elegant. Der lange, aromatische Abgang weist auf eine lange Lagerfähigkeit hin. Ein Wein für das Jahr 2000.
🐦 SCA Cellier des Côtes de Francs, 33570 Francs, Tel. 57.40.63.01 ☓ Di-Fr 8h-12h 14h-18h ; Sa nachm., Mo vorm. geschlossen

CH. GUILLON-NARDOU 1989

■	7,9 ha	60 000	🍾↓☑ **1**

Dieses Gut wird seit drei Generationen von der aus dem Poitou stammenden Familie Guillon geführt. Es liefert hier einen angenehmen Wein mit einem noch zurückhaltenden Aroma von getrockneten Früchten und geschmeidigen, vollmundigen Tanninen. Muß jedoch recht bald getrunken werden.
🐦 SDF Michel et Rina Guillon, Berlière, 33570 Montagne, Tel. 57.74.46.24 ☓ n. V.

CH. LACLAVERIE 1989***

■   10 ha   k.A.   ❶ ☑ 3

CHATEAU LACLAVERIE

BORDEAUX COTES DE FRANCS
APPELLATION BORDEAUX COTES DE FRANCS CONTROLÉE

MIS EN BOUTEILLE AU CHATEAU
NICOLAS THIENPONT, VITICULTEUR à St-CIBARD - FRANCE

PRODUCE OF FRANCE

Die Familie Thienpont ist in dieser Appellation fest etabliert. Unsere besondere Empfehlung belohnt einen Wein mit einer strahlenden tiefrubinroten Farbe, der ein intensives, komplexes Aroma von sehr reifen Früchten (schwarze Johannisbeeren, Backpflaumen) und eine feine, harmonisch eingefügte Holznote enthüllt. Die Struktur ist kräftig, elegant und ausgewogen. Auch im Geschmack dominiert die Fruchtigkeit, die mit dem Holzton des Eichenholzfasses gut harmoniert. Ein hervorragender Wein mit sehr vielversprechender Zukunft.
🍷 Nicolas Thienpont, Lauriol, 33570 Saint-Cibard, Tel. 57.40.61.04 ☎ n. V.

CH. DE LES DOUVES DE FRANCS 1990

■   12 ha   80 000   ▮❶↓▮

Die dunkelrubinrote Farbe mit den karminroten Reflexen, der zurückhaltende Duft von Paprika und Lebkuchen und die geschmeidigen, vollmundigen Tannine machen diesen Wein zu einem 90er, den man sofort trinken kann.
🍷 SCEA Ch. de Francs, 33570 Lussac, Tel. 57.40.65.91 ☎ n. V.
🍷 Hebrard et de Bouard

CH. MOULIN LA PITIE 1990**

■   11,5 ha   35 000   ▮☑ 2

Der Besitzer des Guts, der aus der Vendée stammt, ließ sich hier in den 50er Jahren nieder. Das Anbaugebiet mit lehmig-kalkigen Böden, das zu 60% mit Merlotreben bepflanzt ist, liefert einen stattlichen, feurigen Wein, dessen Aroma an Brombeeren und Walderdbeeren erinnert. Der vollkommen ausgewogene, tanninreiche Geschmack wird von würzigen Noten unterstützt. Dieser alterungsfähige 90er besitzt Klasse.
🍷 Dominique Clerjaud, Négrie, 33570 Saint-Cibard, Tel. 57.40.62.38 ☎ n. V.

CH. PUYGUERAUD 1989**

■   k.A.   k.A.   ❶ ☑ 3

Ein architektonisch interessantes Château und eine ausgewogene Bestockung (50% Merlot, 50% Cabernetreben). Eine gute Provenienz für diesen granatroten Wein, dessen sich entwickelndes Bukett (Backpflaumen und Eichenholz) man im noch nervigen, festen Geschmack wiederfindet. Die Tannine sind geschmeidig und kräftig. Da

der Abgang noch nicht abgerundet ist, muß dieser 89er mindestens fünf Jahre altern. Ein vielversprechender Wein.
🍷 Georges Thienpont, Lauriol, 33570 Saint-Cibard, Tel. 57.40.61.04 ☎ n. V.

CH. ROZIER 1990

■   10 ha   60 000   ▮❶↓☑ 1

Dieser 90er entfaltet ein dezentes, aber frisches Aroma von Unterholz und Kirschkernen. Geschmeidige Ansprache, tanninreicher, etwas pflanzlicher Geschmack, kurzer Abgang. Muß bald getrunken werden.
🍷 SCEA Ch. de Francs, 33570 Lussac, Tel. 57.40.65.91 ☎ n. V.
🍷 Hebrard et de Bouard

CH. DU VIEUX CHENE 1990*

■   3,86 ha   25 000   ❶ ☑ 2

Die knapp 4 ha Rebflächen, die ausschließlich mit Merlot bestockt sind, wurden von dem heutigen Besitzer 1990 erworben. Der noch jugendliche Duft dieses 90ers erinnert an rote und schwarze Johannisbeeren. Geschmeidiger, eleganter Geschmack von guter Länge. Ein sehr gefälliger Wein, den man drei bis fünf Jahre lagern kann.
🍷 GFA L. Vincent-Dalloz, Granges, 33350 Les Salles-de-Castillon, Tel. 57.40.62.20 ☎ n. V.

Blayais und Bourgeais

Blayais und Bourgeais sind zwei kleine Gebiete an der Grenze zwischen Gironde und Charente-Maritime bzw. Charente, die man immer wieder gern besucht. Das liegt vielleicht an den historischen Stätten, der Höhle Pair-Non-Pair (mit seinen prähistorischen Wandmalereien, die fast so eindrucksvoll wie die von Lascaux sind), den Zitadellen von Blaye und von Bourg, den kleinen Schlössern und den anderen alten Jagdschlößchen. Aber noch mehr an der Tatsache, daß von dieser sehr hügeligen Region eine malerische Atmosphäre ausgeht; diese hängt mit den zahlreichen Tälern zusammen, die einen reizvollen Kontrast zu dem fast maritimen Horizont an den Ufer des Ästuars der Gironde bildet. Es ist das Land des Störs und des Kaviars, aber auch ein Weinbaugebiet, das schon seit gallo-romanischer Zeit seinen eigentümlichen Zauber besitzt. Lange Zeit wurden hier große Mengen von Weißwein erzeugt, der bis zum Beginn des 20. Jahrhunderts zum Brennen von

Cognac verwendet wurde. Dieser alte Brauch wurde vor kurzem durch die Einführung des Weinbrands von Bordeaux wiederbelebt, der im Charenter Brennkolben destilliert wird. Aber heute ist die Weißweinproduktion sehr stark rückläufig, weil die Rotweine eine wirtschaftlich größere Rolle spielen.

Blaye, Premières Côtes de Blaye, Côtes de Blaye, Bourg, Bourgeais, Côtes de Bourg, rot und weiß : Es ist bisweilen in wenig schwierig, sich in den Appellationen dieser Region zurechtzufinden. Man kann jedoch zwei große Gruppen unterscheiden : die von Blaye mit ziemlich unterschiedlichen Böden und die von Bourg, wo die Böden einheitlicher sind.

Côtes de Blaye und Premières Côtes de Blaye

Im – heute nur mehr moralischen – Schutz der von Vauban erbauten Zitadelle von Blaye erstreckt sich das Anbaugebiet von Blaye auf rund 3 900 ha, die mit roten und weißen Rebsorten bestockt sind. Die Appellationen Blaye und Blayais werden immer seltener benutzt, weil es die Winzer vorziehen, Weine aus edleren Rebsorten zu erzeugen, die Anrecht auf die Appellationen Côtes de Blaye und Premières Côtes de Blaye haben. Die roten Premières Côtes de Blaye (27,4 Mio. Flaschen 1990) sind ziemlich farbintensive Weine, die eine gute Rustikalität besitzen und kräftig und fruchtig ausfallen. Die weißen Côtes de Blaye und Premières Côtes (2,7 Mio. Flaschen 1990) sind im allgemeinen trockene Weine von leichter Farbe, die man zu Beginn einer Mahlzeit serviert, während die Rotweine eher zu Fleisch oder Käse passen.

Côtes de Blaye

CH. CHARRON 1991★

☐   4 ha   18 000   ◫ ↓ ☑ ②

Ein recht kleiner Weinberg, der aber zu einem sehr großen Gut gehört. Dieser gelbe, grün schimmernde 91er präsentiert sich gut und bestätigt seine Qualitäten durch sein elegantes, blumiges Aroma, das Geißblattnoten enthüllt, und seine Ausgewogenheit.

↻ Vignobles Germain, 33390 Berson, Tel. 57.64.39.63 ☰ Mo-Fr 8h-12h 14h-18h
↻ GFA Ch. Charron

CH. HAUT-GRELOT 1991

☐   5,06 ha   45 000   ▮ ↓ ②

Dieses Gut liegt auf Hängen an der Gironde, die eine gute Sonneneinstrahlung besitzen. Sein Wein ist etwas kurz im Abgang. Seine Zurückhaltung gleicht er durch die Frische und Finesse seines Buketts aus.

↻ Joël Bonneau, Au Grelot, 33820 Saint-Cierssur-Gironde, Tel. 57.32.65.98 ☰ tägl. 8h-19h

LES PRODUCTEURS DES HAUTS DE GIRONDE 1991★

☐   100 ha   100 000   ▮ ↓ ☑ ①

Dieser von der Genossenschaftskellerei in Civrac hergestellte Wein ist geschmeidig, klar, blumig und sehr typisch. Er zeigt, daß die Größe einer Produktion nicht auf Kosten ihrer Qualität gehen muß.

↻ Cave des Hauts de Gironde, Les Berlands, 33920 Civrac-de-Blaye, Tel. 57.58.04.75 ☰ Mo-Sa 8h30-12h 14h-18h30

CH. DES MATARDS 1991

☐   8 ha   6 000   ▮ ↓ ☑ ①

Obwohl dieser einfache, aber gut gemachte Wein aus den sogenannten »marches gavaches« an der Grenze zu den Charante-Departements kommt, wirkt er paradoxerweise sehr »okzitanisch« . Sein Bukett enthüllt Anis- und Farnkrautnoten.

↻ GAEC Terrigeol et Fils, Le Pas d'Ozelle, 33820 Saint-Ciers-sur-Gironde, Tel. 57.32.61.96 ☰ n. V.

PHILIPPE RAGUENOT 1990★

☐   2 ha   10 000   ◫ ↓ ☑ ②

Philippe Raguenot präsentiert mit diesem 90er ein Wein, in dem die Holznote stark ausgeprägt, aber gut eingebunden ist. Der volle, kräftige und alkoholreiche Geschmack kann sie absorbieren.

↻ Philippe Raguenot, n° 30 Le Bourg, 33820 Saint-Caprais-de-Blaye, Tel. 57.32.65.15

Premières Côtes de Blaye

CH. BERTHENON 1989

■ 22 ha 70 000 ⭤↧Ｍ②

Das Gut ist typisch für die Architektur in der Gironde. Das gilt jedoch weniger für diesen Wein, der leicht gebaut ist, aber dank seines Aromas recht gefällig ist.
⭢ Henri Ponz, Ch. Berthenon, 33390 Saint-Paul, Tel. 57.42.52.24 ⏳ n. V.

CH. CAILLETEAU BERGERON 1989*

■ 20 ha 20 000 ⑪↧Ｍ①

Das Gut liegt 5 km entfernt von der Zitadelle von Vauban auf Sandböden. Es erzeugt einen 89er mit einem intensiven Duft von sehr reifen Früchten, der etwas an Tiergeruch erinnert, und einem ausgewogenen Geschmack. Feine Holznote. Sehr gefällig.
⭢ Dartier, 33390 Mazion, Tel. 57.42.11.10 ⏳ n. V.

CH. CAMAN 1990*

■ 15 ha 30 000 ⭤↧Ｍ①

Das 1972 entstandene Gut kann sein zwanzigjähriges Bestehen fröhlich feiern, wenn man nach diesem Wein urteilt. Seiner aromatischen Ausdruckskraft mangelt es nicht an Stil : Weichseln, Backpflaumen, Pfirsiche etc. Im Geschmack harmoniert sein Aroma angenehm mit den Harmonien und enthüllt im vielversprechenden Abgang reife Früchte. Die 89er Cuvée La Raz Caman vom gleichen Erzeuger ist ebenfalls ausgewählt worden.
⭢ Jean-François Pommeraud, Ch. Caman, 33390 Anglade, Tel. 57.64.41.82 ⏳ n. V.

CH. CAP SAINT-MARTIN 1990*

■ 15 ha 20 000 ⑪↧Ｍ②

Der Name dieses Weins klingt wie eine Einladung zu einer Kreuzfahrt, während sein Bukett (reife Früchte und Gewürze) eine Aufforderung zum Schlemmen ist. Seine konzentrierten, feinen Tannine verleihen ihm einen ausgeprägten Geschmack.
⭢ Laurent Ardoin, Mazerolles, 33390 Saint-Martin-Lacaussade, Tel. 57.42.13.29 ⏳ Mo-Sa 9h-12h 14h-19h ; 1.–15. Okt. geschlossen

CH. CAZAUX-NORMAND 1990

■ 9 ha 30 000 ⭤Ｍ①

Dieses für das Blayais typische Gut bietet mit dem 90er einen Wein, der zwar im Abgang etwas fruchtiger sein könnte, aber dank der Finesse seines Buketts und dank seiner Rundheit recht ansprechend ist.
⭢ GAEC Egretier Père et Fils, Palard, 33390 Anglade, Tel. 57.64.73.81 ⏳ Di-So 9h30-18h

CH. CHANTE ALOUETTE 1990*

■ 24 ha 90 000 ⑪↧Ｍ②

Plassac war bis zum 19. Jh. fest in der Hand von Schiffskapitänen und Reedern, ist aber auch ein altes Weinbaugebiet. Dieser Wein bleibt mit seiner Ausgewogenheit zwischen Tanninen und Holznote dem angenehmen Eindruck treu, den seine strahlend rubinrote Farbe erweckt.

⭢ SCEA Lorteaud et Filles, Ch. Chante Alouette, 33390 Plassac, Tel. 57.42.16.38 ⏳ n. V.
⭢ Georges Lorteaud

CHANTEMERLE 1989

■ 24,85 ha 86 600 ⭤Ｍ①

Ein von der Genossenschaftskellerei in Pugnac erzeugter Wein, der aufgrund seiner Tannine noch etwas streng wirkt. Das hindert ihn aber nicht daran, eine gute Ausgewogenheit und ein angenehmes Aroma von roten Früchten zu entfalten.
⭢ Union de Prod. de Pugnac, Lieu-dit Bellevue, 33710 Pugnac, Tel. 57.68.81.01 ⏳ n. V.
⭢ Joël Trias

DOM. DE COURGEAU 1990

■ 2,6 ha 20 000 ⭤Ｍ②

Dieser einfache, aber gut gebaute Wein stammt aus einem kleinen Weinberg. Dank seines Stoffs dürfte er sich gut entwickeln.
⭢ Isabelle et Pascal Montaut, Courgeau n° 7, 33390 Saint-Paul-de-Blaye, Tel. 57.42.34.88 ⏳ n. V.

CH. CRUSQUET-DE-LAGARCIE 1990

■ 20 ha 120 000 ⑪↧Ｍ②

Für die architektonisch interessierten Leser : Der sehr schöne Keller stammt aus dem frühen 19. Jh. Der 90er ist nicht so fruchtig wie der 89er, hat aber einen soliden Geschmack mit einer spürbaren Holznote, die rassiger hätte ausfallen können.
⭢ GFA de Lagarcie, Le Crusquet, 33390 Cars, Tel. 57.42.15.21 ⏳ n. V.

CH. GARDUT 1989

■ k.A. 40 000 ⭤⑪↧Ｍ①

Ein 1900 auf lehmig-kalkigen Böden angelegter Cru, der mit den klassischen Rebsorten bestockt ist. Der leicht gebaute, aber sehr ausgewogene 89er entfaltet ein zartes Bukett und schmeckt schon jetzt recht angenehm.
⭢ Vignobles Patrick Revaire, Gardut, 33390 Cars, Tel. 57.42.20.35 ⏳ n. V.

CH. GARDUT HAUT-CLUZEAU 1990

■ 6 ha 30 000 ⑪↧Ｍ②

83 86 88 |89| 90

Die geringe Größe hindert dieses Gut nicht daran, regelmäßig gute Weine zu erzeugen. Auch wenn der 90er ein wenig hinter einigen seiner Vorgänger zurückbleibt, ist er trotzdem gut gebau tund besitzt ein angenehmes Aroma, das zurückhaltend, aber elegant ist.
⭢ Vignobles Denis Lafon, Ch. du Cavalier, 33390 Cars, Tel. 57.42.33.04 ⏳ n. V.

CH. DU GRAND BARRAIL 1990*

■ 10 ha 50 000 ⑪↧Ｍ③

82 83 85 86 88 |89| 90

Der Wein stammt aus einem Weinberg in Plassac, der über dem Ästuar liegt. Er wird noch vom Holz beherrscht, aber dank seiner interessanten Struktur dürfte er sich sehr günstig entwickeln, auch wenn er nicht sehr viel Volumen besitzt.
⭢ Vignobles Denis Lafon, Ch. du Cavalier, 33390 Cars, Tel. 57.42.33.04 ⏳ n. V.

CH. HAUT BERTINERIE 1990**

■ 14 ha 120 000 ⬗ ↓ ☑ 2

Dieses Gut besitzt ein schönes Anbaugebiet und fällt dadurch auf, daß zwei Drittel seiner Reben leierförmig erzogen werden. Dieser 90er mit dem schönen Aussehen zeigt, daß hier auch die Vinifizierung sorgfältig durchgeführt wird. Reiches Aroma (Mokka, Vanille, Zimt, Lakritze) und solides Gerüst mit Fülle und Länge. Der Abgang ist sehr geschmeidig. Die Jury erkannte ihm ein weiteres Mal einstimmig eine besondere Empfehlung zu.
🍷 Daniel Bantegnies, Ch. Bertinerie, 33620 Cubnezais, Tel. 57.68.70.74 ☎ n. V.

CH. HAUT BERTINERIE 1991

☐ 3 ha 17 000 ⬗ ↓ ☑ 3

Dieser 91er ist im Geruchseindruck etwas verschlossen, aber im Geschmack zeigt er sich viel ausdrucksstärker. Ein einfacher, aber wohlausgewogener Wein, der eine angenehme Fruchtigkeit besitzt.
🍷 Daniel Bantegnies, Ch. Bertinerie, 33620 Cubnezais, Tel. 57.68.70.74 ☎ n. V.

CH. HAUT-PERDILLOT 1990*

■ 9,35 ha 70 000 ☑ 1

Das Etikett erinnert stark an den Stil der französisch-belgischen Comics. Der Wein selbst zeigt sich ebenfalls stilvoll: ein bernsteinfarben schimmerndes Rubinrot und ein komplexes Bukett. Der runde, geschmeidige, feine und tanninreiche Geschmack bestätigt den jugendlichen, vielversprechenden Charakter.
🍷 Laurent Bonnard, Perdillot, 33390 Anglade, Tel. 57.64.47.22 ☎ n. V.

HAUT-PEYREFAURE 1990*

■ 25 ha 42 000 ▮ ☑ 1
88 89 |90|

Die Genossenschaftskellerei von Pugnac hat mit hohen Investitionen ihre Einrichtungen modernisiert. Daß sich das nun bezahlt macht, beweist auch dieser 90er mit der schönen Farbe und der großen aromatischen Finesse. Ein geschmeidiger, reicher und langer Wein, der vielversprechend ist.
🍷 Union de Prod. de Pugnac, Lieu-dit Bellevue, 33710 Pugnac, Tel. 57.68.81.01 ☎ n. V.

CH. HAUT-TERRIER 1990

■ 10 ha 50 000 ▮ ☑ 2

Dieser Wein wird von einer Familie mit einer alten Weinbautradition erzeugt. Er ist noch ziemlich verschlossen, aber seine Struktur dürfte es ihm erlauben, die notwendige Lagerung zu vertragen, damit er sich entfalten kann.
🍷 Bernard Denéchaud, Au Bourg, 33620 Saint-Mariens, Tel. 57.68.53.54 ☎ n. V.

CH. LA BRAULTERIE DE PEYRAUD
Cuvée prestige 1990*

■ 1,5 ha 10 000 ⬗ ↓ ☑ 2

Dieses auf der Hochebene von Cars gelegene Gut besitzt ein schönes Anbaugebiet. Ihre Sondercuvée beweist auch echtes Können. Die Merkmale des Buketts, Vanillearoma über Noten von Röstgeruch, findet man auch im Geschmack wieder, der sich ausgewogen und harmonisch entfaltet.
🍷 SCA La Braulterie-Morisset, Les Graves, 33390 Berson, Tel. 57.64.39.51 ☎ n. V.

CH. LA CASSAGNE-BOUTET 1989

■ 10 ha 50 000 ⬗ ↓ ☑ 2

Madame Mirieu de Labarre begeistert sich für Wandteppiche und für Wein. Das schöne Haus ist aus Bruchsteinen erbaut worden. Dieser 89er mit der schönen purpurroten Farbe ist einfach, aber dank seines Aromas mit der feinen Holznote, dem Röstgeruch und dem Kakaoduft recht gefällig.
🍷 Mirieu de Labarre, Ch. La Cassagne-Boutet, 33390 Cars, Tel. 57.42.80.84 ☎ n. V.

CH. LA CROIX-SAINT-JACQUES 1990

■ k.A. 5 000 ⬗ ☑ 2

Ein erstklassiges Anbaugebiet an einem lehmig-kalkigen Hang. Dieser Wein wird noch sehr stark vom Holzton geprägt, aber seine schöne dunkle Farbe und seine solide Struktur verleihen ihm einen reizvollen Charakter.
🍷 Jacques Collard, Segonzac, 33390 Saint-Genès-de-Blaye, Tel. 57.42.16.83 ☎ tägl. 8h-13h 14h-21h

CH. DE LA GRANGE 1989

■ 2 ha 8 000 ⬗ 1

Ein 89er aus einem nur 2 ha großen Weinberg, der noch nicht seine endgültige Ausdruckskraft gefunden hat. Er dürfte aber einen interesanten Wein abgeben, wenn sich die Tannine aufgelöst haben.
🍷 Alain Carreau, Les Moines, 33390 Blaye, Tel. 57.42.12.91 ☎ n. V.

CH. LAMARTINE 1990

■ 4,92 ha 24 000 ▮ ☑ 2

Hier dominiert die Merlotrebe. Dieser schlichte, aber angenehm fruchtige 90er paßt jung zu hellem Fleisch.
🍷 Bruno Lafon, pl. de La Libération, 33710 Bourg-sur-Gironde, Tel. 57.68.36.84 ☎ Mo-Sa 8h-19h

CH. LE CONE TAILLASSON DE LAGARCIE 1990*

■ 10 ha 60 000 ⬗ ↓ ☑ 2
|85| 86 |88| 89 90

Das Château, in dem früher der Bordeleser

190

Maler Taillasson wohnte, gehört dem gleichen Besitzer wie Château Crusquet de Lagarcie. Zu der rubin- bis granatroten Farbe und dem komplexen Bukett (Unterholz, Wildgeruch und verblühte Rosen) kommt bei diesem Wein noch eine volle, milde Ansprache hinzu. Der tanninreiche Geschmack ist ein gutes Vorzeichen für seine Alterung.

🐦 GFA de Lagarcie, Le Crusquet, 33390 Cars, Tel. 57.42.15.21 ☍ n. V.

CH. LE GRAND TRIE 1989**

| ■ | k.A. | 30 000 | 🍷↓☑1 |

Die Rebstöcke, vorwiegend Merlotreben, haben ein beachtliches Alter. Ein runder, fruchtiger und eleganter Wein, den sein Abgang sehr typisch macht. Der Gesamteindruck ist zwar stilvoll, aber das Etikett kommt uns etwas veraltet vor. Doch es mag Weinfreunde geben, die solche Etikette in einem »pergamentähnlichen« Stil mögen! Der Wein selbst ist überaus bemerkenswert.

🐦 Jany Haure, Les Augirons, 33820 Saint-Ciers-Sur-Gironde, Tel. 57.32.63.10 ☍ n. V.

CH. LES BILLAUDS 1991*

| □ | 3,1 ha | 10 000 | 🍷↓☑1 |

Das Anbaugebiet für diesen Weißwein liegt nur ein paar Kilometer von der »Grenze« zum Charentais entfernt. Ein hübscher 91er, der frisch und blumig ist und leicht nach Geißblatt duftet. Er paßt sehr gut zu Marennes-Austern.

🐦 Jean-Claude Plisson, Les Billauds, 33860 Marcillac, Tel. 57.32.77.57 ☍ n. V.

CH. L'ESCADRE 1990**

| ■ | 32 ha | k.A. | ◑↓☑2 |

83 |85| |86| **87** |88| 89 **90**

Das Flaggschiff des »Geschwaders« Carreau. Dieser Wein hißt seine grant- bis rubinrote, violett schimmernde Flagge. Sein Duft von Wildgeruch und Trüffeln macht ihn zu einem Freibeuter, bevor er sich in einen Piraten verwandelt und den Gaumen mit einem tanninreichen Geschmack entert. Dank seines reichen Stoffs kann er noch lange segeln.

🐦 Georges et Jean-Marie Carreau, Ch. L'Escadre, 33390 Cars, Tel. 57.42.10.14 ☍ n. V.

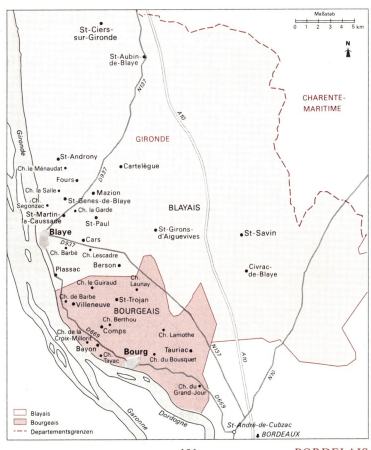

CH. LES CHAUMES 1989★

■   22 ha   130 000   ⑪ ↓ ☑ ②

Eine Kartause aus dem 18. Jh., wie man sie liebt. Und ein 89er, der sich zu präsentieren versteht, bevor er eine solide, gut gebaute Struktur enthüllt. Die noch deutlich spürbare Holznote überdeckt nicht den guten Stoff, der für eine hervorragende zukünftige Entwicklung spricht.
�§➤ Pierre Parmentier, Ch. Les Chaumes, 33390 Fours, Tel. 57.42.18.44 ⵔ n. V.

CH. LES JONQUEYRES 1990

■   3,5 ha   13 500   ⑪ ☑ ②
|85| |86| **87** 88 89 90

Der Boden dieses Guts ist nicht nur für Geologen interessant (mit fossilen Austern vermischter Lehm), erweckt aber auch die Aufmerksamkeit der Weinfreunde. Dieser sehr verschlossene und adstringierende 90er schmeckt schlecht. Aber hinter dem Holzton spürt man reichen Stoff, der einen interessanten Wein liefern dürfte, wenn seine Bestandteile miteinander harmonieren. Aber das braucht noch Zeit.
➤ Isabelle et Pascal Montaut, Courgeau n° 7, 33390 Saint-Paul-de-Blaye, Tel. 57.42.34.88 ⵔ n. V.

CH. LES PETITS ARNAUDS 1990★

■   28 ha   200 000   ⑪ ↓ ☑ ②
|85| **87** |88| 89 90

Der gleiche Besitzer wie L'Escadre und ein ebenso schöner Wein. Ein geschmeidiger, wohlausgewogener 90er, der ein einschmeichelndes Bukett mit reichen, vielfältigen Düften entfaltet, aber auch seine Ernsthaftigkeit durch seinen klassischen Charakter und seine Alterungsfähigkeit unter Beweis stellt. Der 89er Château Clairac vom selben Erzeuger ist ebenfalls berücksichtigt worden, hat aber keinen Stern erhalten.
➤ Georges et Jean-Marie Carreau, Ch. Les Petits Arnauds, 33390 Cars, Tel. 57.42.36.57 ⵔ n. V.

CH. LOUMEDE
Elevé en fûts de chêne 1990★★

■   4 ha   32 000   ⑪ ↓ ☑ ②
|85| 86 **87** 88 89 ⑨⓪

Das Gut entstand ebenso wie das zugehörige Herrenhaus um 1830. Nachdem sein Wein schon mehrmals mit Sternen bewertet worden ist, findet er mit dem 90er seine Krönung : eine besondere Empfehlung von uns. Die rubinrote Farbe mit den violetten Reflexen ist eher subtil, während das Bukett erstaunlich komplex ist : jede de-

beteiligten Rebsorten scheint Wert darauf gelegt zu haben, ihren Charakter mit einzubringen. Sehr ausgewogen, mit feiner Holznote, reich und angenehm lang. Er wird einmal ein großer Wein.
➤ SCE Loumède, 33390 Blaye, Tel. 57.42.16.39 ⵔ tägl. 9h-20h
➤ Raynaud

CH. MAINE TIGREAU 1990★

■   15 ha   50 000   ▮ ☑ ③

Die Bestockung ist ebenso traditionell wie die Anbaumethoden. Dieser 90er ist gleichzeitig einschmeichelnd und alkoholreich und enthüllt ein elegantes Aroma von Gewürzen, reifen Trauben und eingemachten Früchten.
➤ D. et J.-P. Auduberteau, Le Sablon, 33390 Blaye, Tel. 57.42.04.28 ⵔ tägl. 9h-19h

CH. MONCONSEIL GAZIN 1990★

■   15 ha   80 000   ⑪ ↓ ☑ ②

Dieses Château, das wie die Theaterkulisse für ein mittelalterliches Stück wirkt, spricht die Phantasie an. Sein 90er schmeckt zwar im Augenblick ziemlich schlecht, besitzt aber eine interessante Struktur, die etwas kurz, aber recht harmonisch ist und angenehme Tannine sowie eine leichte Holznote aufweist.
➤ Vignobles Michel Baudet, Ch. Monconseil Gazin, 33390 Plassac, Tel. 57.42.16.63 ⵔ Mo-Sa 8h-12h 14h-19h

CH. MONTFOLLET 1990★

■   10 ha   40 000   ⑪ ☑ ②

Dieser frische, geschmeidige und glatte Wein ist liebenswürdig, beweist aber gleichzeitig eine solide Persönlichkeit. Muß innerhalb der nächsten fünf Jahre getrunken werden.
➤ Cave Coop. du Blayais, Le Piquet, 33390 Cars, Tel. 57.42.13.15 ⵔ Mo-Sa 8h-12h 14h-18h
➤ Guy Raimond

CH. MORANGE 1990

■   4,8 ha   20 000   ▮ ⑪ ↓ ☑ ①

Dieser 90er stammt aus einem alten Weinbauort. Er besitzt ein hübsches Bukett von reifen Früchten und enthüllt im Geschmack Geschmeidigkeit und angenehm körnige Tannine, die sich rasch, aber gut entwickeln werden.
➤ Alain Routurier, 13, chem. des Nauves, 33620 Marsas, Tel. 57.68.71.35 ⵔ tägl. 9h-12h 14h-18h

CH. MORNON 1989

■   10 ha   k.A.   ⑪ ↓ ☑ ②

Der größte Teil des Guts liegt auf dem Hügel von Eyrans. Mit diesem Jahrgang präsentiert es zwar einen etwas untypischen, aber sehr verführerischen Wein, der in seinem Aroma einen wahren Früchtekorb entfaltet.
➤ Birot, Ch. Mornon, 33390 Eyrans, Tel. 57.64.71.62 ⵔ n. V.

CH. PEYBONHOMME LES TOURS 1990

■   50 ha   300 000   ▮ ⑪ ☑ ②

Das riesige Gut liegt auf lehmig-kalkigen Böden, die typisch für das rechte Ufer des Ästuars sind. Sein Wein besitzt eine einfache, aber wohlausgewogene Struktur. Zurückhaltende Tannine, aromatische Finesse und hübscher, flei-

schiger Ausklang. Château du Thil vom gleichen Erzeuger ist ebenfalls ausgewählt worden.
➡ Vignobles Bossuet-Hubert, Ch. Peybonhomme, 33390 Cars, Tel. 57.42.11.95
⏰ Mo-Fr 9h-12h 14h-17h ; Sa, So n. V.

CH. PEYREDOULLE 1990★★

■	19 ha	130 000	Ⅲ↓▽❷

Dieses sehr alte Gut gehörte der Familie de Pic de la Mirandole. Auf seine Weise ehrt der schöne 90er das Andenken : elegante Erscheinung (dunkle Farbe und Bukett mit Noten von reifen Früchten) und harmonischer, nachhaltiger Geschmack. Ein charaktervoller Wein.
➡ Vignobles Germain, 33390 Berson, Tel. 57.64.39.63 ⏰ Mo-Fr 8h-12h 14h-18h

CH. PINET LA ROQUETTE 1990★

■	5 ha	30 000	Ⅲ ▽❶

Das Gut wurde 1987 erworben. Hübsche, lebhaft rote Farbe, konzentrierter Duft von Früchten und stattlicher Geschmack mit aromatischer Nachhaltigkeit. Ein Wein, den man schon trinken, aber auch noch aufheben kann.
➡ Monique Orlianges, Ch. Pinet La Roquette, 33390 Berson, Tel. 57.64.37.80 ⏰ n. V.

PHILIPPE RAGUENOT 1990

■	5 ha	13 000	Ⅲ ▽❷

Originell für das Bordelais : dieser Winzer gibt seiner Cuvée seinen eigenen Namen ! Dieser erste Jahrgang wird noch vom Holzton überlagert, so daß man Geduld haben muß, bis er seinen vollen Geschmack entfaltet.
➡ Philippe Raguenot, n° 30 Le Bourg, 33820 Saint-Caprais-de-Blaye, Tel. 57.32.65.15

DOM. DES ROSIERS 1990

■	5,3 ha	40 000	🍷▽❶

Der Boden und die Bestockung dieses Weinbergs sind klassisch. Ein einfacher, unkomplizierter Wein, der mit seinem Aroma von eingemachtem Obst einen guten Begleiter für eine sonntägliche Mahlzeit abgibt.
➡ Christian Blanchet, Dom. des Rosiers, 33820 Saint-Ciers-sur-Gironde, Tel. 57.32.75.97 ⏰ n. V.

DOM. DES ROSIERS 1991★

▢	2,1 ha	16 000	🍷↓▽❶

Dieser hübsche 91er ist reich und alkoholisch und entfaltet ein kräftiges Aroma.
➡ Christian Blanchet, Dom. des Rosiers, 33820 Saint-Ciers-sur-Gironde, Tel. 57.32.75.97 ⏰ n. V.

SAINT URBAIN 1990★

■	21 ha	74 000	🍷Ⅲ▽❶

Ein von der Genossenschaftskellerei in Pugnac erzeugter Wein, der ein angenehm komplexes Aroma (rote Früchte und Wildgeruch) mit einem stoffreichen, stattlichen und eleganten Geschmack vereint. Leichter, aber wohlausgewogen ist der Pourcaud vom gleichen Erzeuger, der hier ohne Stern genannt wird.
➡ Union de Prod. de Pugnac, Lieu-dit Bellevue, 33710 Pugnac, Tel. 57.68.81.01 ⏰ n. V.

CH. SIFFLE MERLE 1990

■	9 ha	60 000	🍷▽❶

Dieser Wein stammt aus der Reblage Merle in der Nähe von Marcillac. Nach einer etwas zurückhaltenden Ansprache entfaltet er einen eher rustikalen Geschmack mit soliden Tanninen.
➡ GAEC James Cot et Fils, Le Merle, 33860 Marcillac, Tel. 57.32.41.34

CH. SOCIONDO 1990★

■	9,77 ha	50 000	🍷Ⅲ▽❷
86	88	89 90		

Man betritt das Herrenhaus durch einen sehr schönen Vorbau aus dem 17. Jh., aber das Gut selbst stammt bereits aus dem Mittelalter. Dieser 90er entspricht eher der gewohnten Qualität des Anbaugebiets als der 89er. Er verbindet eine schöne dunkelrubinrote Farbe mit einem sehr feinen Aroma (Trüffeln und Unterholz) und einem sehr schönen, reichen, konzentrierten und kräftigen Geschmack.
➡ Michel Elie, 14, rue du Marché, 33390 Blaye, Tel. 57.42.12.49 ⏰ n. V.

CH. TAYAT 1990★

■	11 ha	50 000	🍷↓▽❶

Wenn man an der schönen Erscheinung dieses Weins (purpurrote Farbe und hübscher Duft von reifen Früchten) Spaß hat, wird man auch durch den nachfolgenden Geschmackseindruck nicht enttäuscht : reicher Stoff mit fülligen, ausgewogenen Tanninen und schönem, cremigem Abgang.
➡ GAEC Favereaud Père et Fils, Ch. Tayat, 33620 Cézac, Tel. 57.68.62.10 ⏰ n. V.

Côtes de Bourg

Da hier die Merlotrebe dominiert, zeichnen sich die Rotweine (28 Mio. Flaschen 1990) oft durch eine schöne Farbe und ein recht typisches Aroma von roten Früchten aus. Sie sind tanninreich und können in vielen Fällen einige Zeit altern. Die in geringerer Menge erzeugten Weißweine (81 000 Flaschen) sind in der Regel trocken und besitzen ein recht typisches Bukett.

CH. DE BARBE 1990

■	36,09 ha	k.A.	🍷▽❶

Ein mächtiges, 1790 errichtetes Gebäude beherrscht dieses Gut, das sich seit 1774 im Besitz der gleichen Familie befindet. Ein geschmeidiger, leichter 90er, dessen Reiz in seinem Bukett, einer gelungenen Verbindung von Fruchtkonfitüre und Kakao, liegt.
➡ Société Viticole Villeneuvoise, Ch. de Barbe, 33710 Villeneuve-de-Blaye, Tel. 57.64.80.51 ⏰ n. V.
➡ Richard

CH. BRULESECAILLE 1989*

■ 16 ha 80 000 ⑪ ↓ ☑ ②

Der Name erinnert an die Arbeit des Winzers. Eine gut dosierte Holznote, ein feines Bukett und elegante Tannine prägen den ausgewogenen, guten Eindruck dieses 89ers.
🍷 Jacques Rodet, Brûlesécaille, 33710 Tauriac, Tel. 57.68.40.31 ☎ n. V.

CH. BUJAN 1990*

■ 7,5 ha 55 000 ▮ ⑪ ↓ ☑ ②

Wenn man seit 15 Jahren von einem Weingut im Bordelais träumt und dieser Traum 1987 endlich Wirklichkeit wird, so kann man von einer echten Passion sprechen. Selbst wenn dieser Wein nicht an den prächtigen 89er heranreicht, ist er dank seiner Ausgewogenheit und seiner Harmonie sehr gefällig.
🍷 Pascal Méli, Ch. Bujan, 33710 Gauriac, Tel. 57.64.86.56 ☎ Mo-Sa 9h-12h 14h-19h

CH. CAMPONAC 1990*

■ 7 ha 50 000 ▮ ⑪ ↓ ☑ ①
88 89 |90|

Ein ehemaliger Besitzer dieses Châteaus, ein passionierter Archäologe, entdeckte die Höhlen von Pair-non-Pair. Dieser geschmeidige, feine und wohlausgewogene Wein hat die Holznote harmonisch eingebunden.
🍷 J. Rios, 1, Camponac, 33710 Bourg-sur-Gironde, Tel. 57.68.40.26 ☎ n. V.

CH. CARUEL 1990*

■ 21 ha 140 000 ↓ ☑ ②
86 |88| |89| 90

Ein solides, komfortables Bürgerhaus beherrscht dieses Weingut, das einen weiten Rundblick über die Garonne und die Dordogne bietet. Hübsche dunkle Farbe, noch zurückhaltendes, aber feines Bukett. Der Geschmack besitzt einen vielversprechenden Reichtum, wobei es ihm gelingt, nie aggressiv zu wirken.
🍷 SDF Auduteau, Ch. Caruel, 33710 Bourg-sur-Gironde, Tel. 57.68.43.07 ☎ n. V.

CH. CASTEL LA ROSE 1990**

■ 4,5 ha 21 000 ⑪ ↓ ☑ ②

Dieser Wein stammt aus einem schönen Anbaugebiet, das für die Côtes de Bourg typisch ist, und macht seiner Appellation alle Ehre : elegantes Aroma (Röstgeruch mit einer Vanillenote), Ausgewogenheit und Geschmeidigkeit.
🍷 GAEC Rémy Castel et Fils, Villeneuve, 33710 Bourg-sur-Gironde, Tel. 57.64.86.61 ☎ tägl. 9h-12h 14h-20h

CH. DU CASTENET 1989

■ 10 ha 20 000 ▮ ↓ ☑ ①

Dieses geduldig seit Beginn des 18. Jh. aufgebaute Gut präsentiert hier einen 89er, der im Abgang etwas kurz ist, aber durch seine Geschmeidigkeit und Fülle und durch sein Bukett (Noten von gekochten Erdbeeren) verführt.
🍷 Jacques Marcon, Ch. de Castenet, 33710 Samonac, Tel. 57.64.36.50 ☎ n. V.

CH. COLBERT Cuvée prestige 1990**

■ 19 ha 8 000 ⑪ ↓ ☑ ②

Ein Château aus dem 19. Jh., das mit dem Bergungsgeld für ein Schiff, das in der Gironde auf einer Sandbank aufgelaufen war, errichtet wurde und etwas an Hollywoodfilme erinnert. Dieser prächtige 90er ist gut gebaut und hat ohne Probleme den Ausbau im Eichenholzfaß verarbeitet. Er entwickelt sich im Verlauf der Verkostung sehr angenehm. Ebenfalls gut gelungen ist die Hauptcuvée, die einen Stern erhalten hat.
🍷 Bernard Duwer, Ch. Colbert, 1, rue La Bertine, 33710 Comps, Tel. 57.64.95.04 ☎ tägl. 8h-20h

CH. CROUTE-CHARLUS 1990

■ 4,51 ha 30 000 ▮ ⑪ ☑ ②

Dieses alte Gut gehörte früher Michel Duplessy, dem Architekten der Kirche Notre-Dame in Bordeaux. Der Wein ist in seinem Duft noch sehr verschlossen, aber seine Kraft ist recht typisch für die Appellation. Sollte deshalb noch altern.
🍷 Guy Sicard, 8, av. Charles-de-Gaulle, 33710 Bourg-sur-Gironde, Tel. 57.68.42.87 ☎ n. V.

CH. DUPEYRAT PLOUGET 1989*

■ 12 ha 70 000 ▮ ☑ ②

Das Gut befindet sich auf einem der höchsten Punkte der Appellation. Mit diesem Wein bringt es eine originale Note in den Jahrgang 1989 ein : rund, geschmeidig, fruchtig, elegant und wohlausgewogen. Er schmeckt jung sehr angenehm.
🍷 Jean-Marie Tourissaud, 2, Plouget, 33710 Saint-Seurin-de-Bourg, Tel. 57.68.33.55 ☎ n. V.

CH. EYQUEM 1989**

■ 25 ha 100 000 ⑪ ↓ ☑ ②

Das Gut gehörte Mitgliedern der Familie von Michel Montaigne. Ein zarter, tanninreicher 89er mit einer sehr schönen Farbe, der sich harmonisch entwickelt. Er verbindet in seinem Bukett ein Vanillearoma mit Noten von Unterholz, während er im Geschmack seine Harmonie, sein Temperament, seine Rassigkeit und seine Länge entfaltet.
🍷 SA des Vignobles Bayle-Carreau, Ch. Barbé, 33390 Cars, Tel. 57.64.32.43 ☎ n. V.

CH. GALAU 1990*

■ 11 ha k.A. ⑪ ↓ ☑
86 |88| 89 90

Der Bruder von Château Nodoz, aber ein anderer Jahrgang. Deshalb auch sein komplexerer und tanninreicherer Geschmack, der eine recht gute Alterungsfähigkeit vorsagen läßt.
🍷 GAEC Ch. Nodoz, 33710 Tauriac, Tel. 57.68.41.03 ☎ n. V.
🍷 Magdeleine

CH. GRAND JOUR 1989***

■ 25 ha 150 000 ▮ ⑪ ↓ ☑ ②

Eines der größten Güter des Bourgeais und ein schönes Gebäude aus dem 18. Jh. Seine Vornehmheit findet sich auch in diesem sehr schönen 89er. Die Eleganz der dunkelrubinroten Farbe und des komplexen Buketts (Blüten, Holz,

Gewürze, reife Früchte) spiegelt sich in dem kräftigen, geschmeidigen Geschmack mit sehr gut umhüllten Tanninen wider. Ein Wein von großer Klasse.
- SC du Ch. Grand Jour, 33710 Prignac et Marcamps, Tel. 57.68.44.06

CH. GRAND LAUNAY 1989

	15 ha	20 000	

Hohe Lindenbäume verleihen diesem Gut eine sympathische Erscheinung. Sein robuster, verschlossener Wein hat sich noch immer nicht voll entfaltet, aber er scheint ein sehr gutes Potential zu besitzen.
- Michel Cosyns, Ch. Grand Launay, 33710 Teuillac, Tel. 57.64.39.03 ☎ n. V.

CH. GRAVETTES-SAMONAC 1989★★★

	25 ha	25 000	

GRAND VIN DE BORDEAUX

1989 — 1989

Château
Gravettes-Samonac

CÔTES DE BOURG

APPELLATION CÔTES DE BOURG CONTRÔLÉE

G. GIRESSE, Viticulteur à 33710 SAMONAC

PRODUCT OF FRANCE

12 % Vol. — MIS EN BOUTEILLE AU CHÂTEAU — 750 ml

Sélection de nos meilleures cuvées élevées et vieillies en fûts de chêne N° 13348

Dieser Wein entstammt einer ausgewählten Cuvée, die in neuen Eichenholzfässern ausgebaut worden ist, und macht seinem Cru und seiner Appellation unbestreitbar große Ehre. Durch seine dunkelrubinrote Farbe mit granatroten Reflexen ebenso wie durch seinen Geschmack, der in seinem Aroma die Holznote mit roten Früchten verbindet und einen vielversprechenden Reichtum und elegante Tannine besitzt.
- Gérard Giresse, Le Bourg, 33710 Samonac, Tel. 57.68.21.16 ☎ Mo-Sa 9h-19h

CH. GUERRY 1989★

	21,7 ha	130 000	
(82) 85 87 |88| 89		

Das Gut wurde 1972 von Bertrand de Rivoyre gekauft und 1988 renoviert. Dieser 89er mit dem fruchtigen Aroma, dem Röstgeruch und den erstklassigen Tanninen hinterläßt bei der Verkostung einen angenehmen Eindruck von Volumen und Eleganz. »Gut gemacht« , schrieb ein Prüfer. Kann es ein schöneres Kompliment geben ?
- SC du Ch. Guerry, 33710 Tauriac, Tel. 57.68.20.78 ☎ n. V.
- Bertrand de Rivoyre

CH. HAUT CANTERANE 1989

	7 ha	7 000	
86 87 88 89			

Ein günstig gelegenes Dorf am Fluß. Ruinen und Baudenkmäler zeugen von einer großen Vergangenheit. Dieser einfache, aber geschmei-

dige und wohlausgewogene Wein schmeckt jung recht angenehm.
- Franck Dufour, Canterane, 33710 Lansac, Tel. 57.68.32.17 ☎ n. V.

CH. HAUT CASTENET 1990

	10 ha	60 000	
86 88	89	90			

Ein Gut auf den Hügeln von Samonac, wo man einen weiten Rundblick über das Bourgeais und das Médoc hat. Sein 90er ist leicht, aber gut gemacht. Dank seiner dezenten, aber sehr harmonischen Fruchtigkeit ist er gefällig.
- Michel Audouin, Le Castenet, 33710 Samonac, Tel. 57.64.35.97 ☎ n. V.

CH. HAUT-GUIRAUD 1990★★

	30 ha	150 000	
85 86 88	89		90			

Diese Weinberge werden seit 300 Jahren von ein und derselben Familie bewirtschaftet, die ein zusammenhängendes Weingut aufbauen möchte. Der sehr gelungene 90er bleibt seiner recht kräftigen Farbe treu : geschmeidig, mit gutem Stoff. Obwohl er noch immer von einer Holznote geprägt wird, läßt er sich schon sehr gut trinken.
- GAEC Bonnet et Fils, Ch. Haut-Guiraud, 33710 Saint-Ciers-de-Canesse, Tel. 57.64.91.39 ☎ Mo-Fr 9h-11h 14h-18h

CH. HAUT-LANSAC 1990

	140 ha	50 000	

Ein von der Genossenschaftskellerei in Lansac hergestellter 90er, der leicht gebaut ist, aber dank seiner Geschmeidigkeit und Ausgewogenheit einen in seiner Jugend gefälligen Wein abgibt.
- Cave Coop. de Lansac, La Croix, 33710 Lansac, Tel. 57.68.41.01 ☎ Di-Fr, So 8h-12h 14h-18h

CH. HAUT-MACO 1990

	29 ha	200 000	
85 86 87 88	89	90			

Haut-Macô, das, für den früheren Handelsverkehr etwas seltsam gelegen ist, befindet sich gegenüber seinem Namensvetter Macau im Médoc. Niemand weiß, welche von beiden die ältere Schreibweise ist. Dieser Wein besitzt ein zurückhaltendes Bukett, aber einen soliden, tanninreichen Geschmack, der ebenso interessant wie sein klassischer Charakter ist.
- GAEC Mallet Frères, Ch. Haut-Macô, 33710 Tauriac, Tel. 57.68.81.26 ☎ Mo-Sa 8h-12h 14h-18h

HAUT-MEVRET 1990

	100 ha	200 000	

Dieser von der Genossenschaftskellerei in Pugnac hergestellte Wein ist zwar im Abgang etwas kurz, verführt aber durch sein schönes Aroma und seinen klassischen, alkoholreichen Charakter.
- Union de Prod. de Pugnac, Lieu-dit Bellevue, 33710 Pugnac, Tel. 57.68.81.01 ☎ n. V.

CH. DE LA GRAVE 1990★

	40 ha	220 000	

Durch seine Architektur erinnert dieses Gut an

seine mittelalterlichen Ursprünge. Sein 90er präsentiert sich sehr frühlingshaft. Ein geschmeidiger, feuriger und gut gebauter Wein, der einen gefälligen, harmonischen Gesamteindruck erweckt.

🍷 Bassereau, Ch. de La Grave, 33710 Bourg-sur-Gironde, Tel. 57.68.41.49 ⚥ n. V.

CH. LA GRAVIERE 1990*

| ■ | 10 ha | 50 000 | 🍾◑↓✓❶ |

Die Zeiten, wo man hier Kies holte, sind glücklicherweise vorüber. Dadurch kann hier ein Wein entstehen, der in jeder Hinsicht sympathisch ist : geschmeidig, ausgewogen und hübsches Aroma von frischen Früchten.

🍷 Jacques Rodet Recapet, La Gravière, 33710 Tauriac, Tel. 57.68.40.31 ⚥ n. V.

CH. LALIVEAU 1989

| ■ | 5,8 ha | 29 000 | ◑✓❶ |

Château Laliveau befindet sich im gleichnamigen Ortsteil. Das Gut wird von einer Winzerin geführt. Ihr geschmeidiger, leicht gebauter 89er entfaltet ein sehr zartes Aroma, das an Gewürze und Vanille erinnert.

🍷 Geneviève Durand, Laliveau Est 8, 33710 Mombrier, Tel. 57.64.33.00 ⚥ n. V.

CH. LA TENOTTE 1990*

| ■ | 5,17 ha | 55 000 | 🍾◑✓❷ |

Michel Elie, der bereits Château Sociondo im Blayais besitzt, hat diesen Cru 1990 erworben. Sein erster Wein verspricht eine gute Zukunft. Er ist geschmeidig und gut gebaut und bestätigt mit seinem Bukett, das hübsche Lakritzenoten enthüllt, seinen Charakter als typischer Bordeaux.

🍷 Michel Elie, 14, rue du Marché, 33390 Blaye, Tel. 57.42.12.49 ⚥ n. V.

CH. LE CLOS DU NOTAIRE 1990

| ■ | 15 ha | 75 000 | 🍾◑↓✓❷ |
| |86| 87| 88 |90| | | |

Dieses Gut wurde von Henri Caubin angelegt und von der Familie Charbonnier, die es heute besitzt, weitergeführt. Es ist seitdem immer wieder umstrukturiert, vergrößert und modernisiert worden. Der 90er gefällt durch seine Geschmeidigkeit, sein fruchtiges Aroma (reife Erdbeeren) und seine Länge.

🍷 Roland Charbonnier, Ch. Clos du Notaire, 33710 Bourg-sur-Gironde, Tel. 57.68.44.36 ⚥ n. V.

LE NOBLET 1990*

| ■ | 22 ha | 153 000 | 🍾✓❶ |

Dieser Wein wirft ein weiteres Mal ein günstiges Licht auf die Genossenschaftskellerei von Pugnac, die ihn erzeugt hat. Seine Länge, seine Ausgewogenheit und seine Geschmeidigkeit bringen sein Bukett (Minze, Cachou und reife Früchte) besonders zur Geltung.

🍷 Union de Prod. de Pugnac, Lieu-dit Bellevue, 33710 Pugnac, Tel. 57.68.81.01 ⚥ n. V.

CH. LE PIAT 1990***

| ■ | 8,5 ha | 64 000 | ◑↓✓❷ |
| 86| 88 |89| 90| | | |

Zu der eleganten Kartause (1781) kommt bei diesem Gut noch ein reizvoller Garten hinzu, der

sich am Fuße des Hügels erstreckt. Dieser herrliche 90er ist ein außergewöhnlicher Wein. Er beeindruckt durch seine dunkle Farbe und kündigt sich sehr vielversprechend durch sein Bukett an, das noch nicht voll entfaltet, aber dennoch schon sehr intensiv ist. Im Geschmack deutet alles, von der Eleganz bis zur Nachhaltigkeit, auf einen hervorragenden Wein hin.

🍷 Cave Vinicole de Tauriac, Pont du Moron, 33710 Tauriac, Tel. 57.68.41.12 ⚥ Mo-Sa 8h-12h 14h-18h

🍷 Françoise Lisse

LES MOTTES PRADIER 1990**

| ■ | 12 ha | 84 000 | 🍾✓❶ |

Dieser schöne 90er besitzt die ganze Wärme der Côtes de Bourg. In seinem an reife Früchte und Kaffee erinnernden Bukett ebenso wie in der Ausdrucksstärke seiner dichten, vollen Tannine.

🍷 Union de Prod. de Pugnac, Lieu-dit Bellevue, 33710 Pugnac, Tel. 57.68.81.01 ⚥ n. V.

CH. LES ROCQUES 1990

| ■ | 11 ha | 90 000 | 🍾◑↓✓❷ |
| |86| 88 |89| |90| | | |

Dieser Wein stammt aus einem Weinkeller, der seit 1984 schrittweise modernisiert worden ist. Zweifellos ist er nicht für die Lagerung bestimmt : aufgrund seiner Struktur und seines zwar dezenten, aber gefälligen Aromas ist er schon jetzt angenehm.

🍷 Feillon Frères, Ch. Les Rocques, 33710 Saint-Seurin-de-Bourg, Tel. 57.68.42.82 ⚥ Mo-Sa 9h-12h 14h-18h ; So n. V.

CH. DE LIDONNE 1990*

| ■ | k.A. | k.A. | 🍾↓✓❶ |
| |85| |86| 88 | 89 | 90 | | |

Dieser Wein besitzt eine königliche Wiege : in einem einmaligen Keller, der von 400 Jahre alten Zedern umgeben ist. Sein dezentes, aber angenehmes Bukett und seine Gesamterscheinung, klassisch, lang und harmonisch, geben ihm auch wirklich etwas Aristokratisches.

🍷 Pierre-Roger Audoire, Ch. de Lidonne, 33710 Bourg-sur-Gironde, Tel. 57.68.47.52 ⚥ n. V.

CH. MACAY 1990***

| ■ | k.A. | 54 000 | ◑↓✓❷ |
| |88| 89 | (90) | | |

In der Zeit des Angevinischen Reichs kamen einige »Briten« nach Aquitanien, um hier Trauben zu lesen, darunter ein Schotte, der anscheinend diesem Gut seinen Namen gab. Die Brüder

Latouche haben sich mit diesem großartigen 90er selbst übertroffen. Die Eleganz und der Glanz der Farben spiegeln sich im Bukett wider : schwarze Johannisbeeren und reife Früchte. Die kräftigen, rassigen und sehr ausgewogenen Tannine überlagern nicht die Fruchtigkeit und ergeben einen dichten, überaus reizvollen Geschmack.

🍷 Eric et Bernard Latouche, Ch. Macay, 33710 Samonac, Tel. 57.68.41.50 ⋎ n. V.

CH. MARQUIS DE SAINT-ANDRE
1990

| ■ | 10 ha | 55 000 | ⅰ↓☑2 |

Dieses Gut mit günstiger Südlage präsentiert mit dem 90er einen noch ziemlich adstringierenden Wein. Sein Stoff und sein komplexes Aroma dürften aber ausreichen, daß er sich bei der Alterung harmonisch entwickelt.

🍷 Ch. Marquis de Saint-André, La Plantonne, 33710 Bourg-sur-Gironde, Tel. 57.68.27.98 ⋎ Mo-Sa 9h30-12h 14h-18h

🍷 André Colin

CH. MARTINAT   1989

| ■ | 7,6 ha | 50 000 | ⅰ☑2 |

Das Gut wird von einer Kartause aus dem 19. Jh. beherrscht. Sein Wein ist noch jung und wirkt aufgrund seines Dufts mit den pflanzlichen Noten etwas rustikal. Aber sein Geschmack und sein tanninbetonter Abgang enthüllen solide Entwicklungsmöglichkeiten.

🍷 Jérôme Lot, Ch. Martinat, 33710 Lansac, Tel. 56.02.70.90 ⋎ n. V.

CH. MERCIER   1990

| ■ | 10 ha | 60 000 | ⅰ↓☑1 |

86 l88l 89 90

Die Familie Chéty, die 1975 dieses 1698 entstandene Gut übernahm, führt seine lange Weinbautradition fort. Der 90er ist ausgewogen, aber noch etwas streng. Sein Volumen und sein deutlich spürbares Aroma (Gewürze, Backpflaumen und Feigen) dürften es ihm aber erlaubten, sich abzurunden.

🍷 Philippe Chéty, Ch. Mercier, 33710 Saint-Trojan, Tel. 57.64.92.34 ⋎ n. V.

CH. MONTAIGUT   1991*

| □ | 1 ha | 5 000 | ⅰ↓☑1 |

Dieses Château ist nach der Familie Montaigut benannt. Das Gut gehört zu den wenigen der AOC Côtes de Bourg, die noch mit Weißweinreben bestockte Weinberge haben. Trotz der Schwierigkeiten des Jahrgangs, die der Frost vom 25. April verursachte, ist der 91er sehr gut ausgefallen : großzügiges Blütenbukett, Rundheit, Ausgewogenheit und schöner Nachgeschmack.

🍷 François de Pardieu, 2, Nodeau, 33710 Saint-Ciers-de-Canesse, Tel. 57.64.92.49 ⋎ tägl. 8h-19h

CH. MOULIN DES GRAVES   1991*

| □ | k.A. | k.A. | ⅰⅰ↓☑2 |

Dieses Gut, das Jean Bost seit 1985 leitet, befindet sich auf dem Gipfel einer Hügelkette. Der 91er hat vom Ausbau in den Barriquefässern profitiert. Er duftet nach Veilchen und zeigt sich

sehr direkt in der Ansprache und voll im Geschmack, bevor sich im Abgang das Aroma der Sauvignontraube entfaltet.

🍷 Jean Bost, Le Poteau, 33710 Teuillac, Tel. 57.64.30.58 ⋎ n. V.

CH. NODOZ   1989*

| ■ | 22 ha | 38 000 | ⅰⅰ↓☑3 |

86 l88l 89

Prähistorische Fundstätten, vornehme Häuser, eine romanische Kirche – Tauriac besitzt ein reiches historisches Erbe. Und auch eine alte Weinbautradition, wie dieser Wein bezeugt. Seine Tannine, die harmonische Verbindungen von fruchtigem Aroma und Holznote sowie der sehr angenehme Röstgeruch verleihen ihm einen vollen, köstlichen Charakter. Kann noch lagern.

🍷 GAEC Ch. Nodoz, 33710 Tauriac, Tel. 57.68.41.03 ⋎ n. V.

🍷 Magdeleine

CH. PERTHUS   1990**

| ■ | 4,5 ha | 28 000 | ⅰⅰ↓☑2 |

Dieser schöne 90er macht seinem Erzeuger, der Genossenschaftskellerei von Tauriac, alle Ehre. Zu seiner verführerischen Farbe, einem klaren, strahlenden Granatrot, gesellt sich ein sehr hübsches würzig-fruchtiges Bukett. Die geschmeidige, frische Ansprache kündigt einen stattlichen, vollen Geschmack an, der ebenso wie der lange Abgang auf das Potential dieses vollkommen ausgewogenen Weins hinweist.

🍷 Cave Vinicole de Tauriac, Pont du Moron, 33710 Tauriac, Tel. 57.68.41.12 ⋎ Mo-Sa 8h-12h 14h-18h

🍷 André Deffarge

CH. ROUSSET   1990

| ■ | 20 ha | 100 000 | ⅰ↓☑2 |

85 87 88 89 90

Das alte Adelshaus, das alle Stilrichtungen vom 16. bis zum 19. Jh. vereint, thront über Samonac. Ein schlichter, ländlicher 90er, der eine elegante dunkelgranatrote Farbe und einen gleichzeitig geschmeidigen und tanninreichen Geschmack besitzt.

🍷 Jean Teisseire, Ch. Rousset, 33710 Samonac, Tel. 57.68.46.34 ⋎ n. V.

CH. SAUMAN   1990*

| ■ | 23 ha | 60 000 | ⅰ↓☑1 |

Dieser gelungene 90er verbindet Geschmeidigkeit mit gutem Bau, so daß man den runden, wohlausgewogenen Wein schon ziemlich jung trinken kann. Die im Holzfaß ausgebaute Cuvée sollte im nächsten Jahr erneut verkostet werden, wenn sie den Wein zu Wort kommen läßt.

🍷 Dominique Braud, Lieu-dit Le Sauman, 33710 Villeneuve, Tel. 57.42.16.64 ⋎ Mo-Fr 9h-12h 14h-18h ; Sa, So n. V.

CH. DE TASTE   1990*

| ■ | 14 ha | 80 000 | ⅰⅰⅰ↓☑2 |

Jean-Paul Martin ist nicht nur dafür bekannt, daß er seine Besucher in einem hübsch eingerichteten Probierraum freundlich empfängt, sondern zeigt sein Können auch mit diesem 90er : strah-

lende, klare Farbe, hübsches Bukett mit würzigen Noten, solider Geschmack mit noch rauhem, aber vielversprechenden Tanninen.
☙ Jean-Paul Martin, Ch. de Taste, 33710 Lansac, Tel. 57.68.40.34 ☏ n. V.

Libournais

Selbst wenn keine Appellation »Libourne« existiert, ist das Libournais sehr wohl eine Realität. Mit Libourne als Zentrum und der Dordogne als Achse hat es im Verhältnis zur restlichen Gironde einen sehr eigenständigen Charakter, weil es weniger unmittelbar von der Metropole der Region abhängt. Es kommt übrigens nicht selten vor, daß man das Libournais dem Bordelais im eigentlichen Sinne gegenüberstellt, wozu die bescheidenere Architektur der »Weinschlösser« oder die Stellung der aus dem Departement Corrèze stammenden Weinhändler in Libourne Anlaß bietet. Am stärksten unterscheidet das Libournais aber zweifellos durch die Konzentrierung des Weinbaugebiets, das am Stadtrand beginnt und nahezu vollständig mehrere Gemarkungen mit so berühmten Appellationen wie Fronsac, Pomerol oder Saint-Emilion bedeckt. Es besteht aus einer Vielzahl von kleineren und mittleren Gütern ; die großen Güter wie im Médoc oder die großen, für die Aquitaine typischen Rebflächen muten hier ganz fremd an.

Das Anbaugebiet hat auch eine eigene Bestockung. Hier dominiert die Merlotrebe, die den Weinen Finesse und Fruchtigkeit verleiht und ihnen eine gute Alterungsfähigkeit schenkt, auch wenn ihre Weine nicht so lange lagerfähig sind wie die Weine aus Appellationen, in denen vor allem Cabernet-Sauvignon angebaut wird. Dafür können sie etwas früher getrunken werden und passen zu zahlreichen Gerichten (rotes und weißes Fleisch, Käse, aber auch bestimmte Fische, wie z. B. Neunauge).

Canon-Fronsac und Fronsac

Das von der Dordogne und der Isle begrenzte Gebiet von Fronsac besitzt eine schöne, sehr zerklüftete Landschaft mit zwei Anhöhen, die 60 bzw. 75 m hoch sind und eine wunderschöne Aussicht bieten. Die Region war strategisch von großer Bedeutung, insbesondere im Mittelalter und während der Zeit der Fronde von Bordeaux ; bereits in der Zeit von Karl dem Großen wurde hier eine mächtige Festung errichtet. Diese besteht heute zwar nicht mehr, aber dafür gibt es schöne Kirchen und viele Schlösser. Das sehr alte Anbaugebiet (1 065 ha) bringt in sechs Gemarkungen sehr individuelle Weine hervor, die vollständig und körperreich und zur gleichen Zeit fein und vornehm sind. Alle Gemeinden können die Appellation Fronsac (6 Mio. Flaschen) in Anspruch nehmen, aber nur Fronsac und Saint-Michel-de-Fronsac haben für die Weine, die sie auf ihren Hängen (lehmigkalkige Böden auf einer Muschelkalkschicht) erzeugen, ein Anrecht auf die Appellation Canon-Fronsac (2,2 Mio. Flaschen).

Canon-Fronsac

CH. BARRABAQUE Cuvée prestige 1989

| ■ | k.A. | 13 000 | ❶❶ ↓ ☑ ◪ |

|85| 86 87 88 89

Ein in geringer Menge produzierter Wein. Dezenter Duft mit Noten von roten Früchten. Geschmeidige, vollmundige Tannine. Trinkreif.
☙ SCEA Noël Père et Fils, Ch. Barrabaque, 33126 Fronsac, Tel. 57.51.31.79 ☏ n. V.

CH. CANON 1989★★

■　　　　1,36 ha　　7 300　　📖📕↓4

75 76 78 79 |81| |82| |83| 86 |87| 88 89

Ein kleiner Weinberg, aber ein großer Besitzer (Moueix). Und ein vornehmer Wein. Dieser 89er besitzt eine schöne dunkelrote Farbe und eine kraftvolle Ansprache und enthüllt eine solide Struktur mit Charakter und Rückgrat.

⟿ Ets Jean-Pierre Moueix, 54, quai du Priourat, B.P. 129, 33502 Libourne Cedex
⟿ Christian Moueix

CH. CANON DE BREM 1989★

■　　　　4 ha　　20 000　　📖📕↓4

Boden und Bestockung sind typisch für die Appellation. Dieser 89er ist im Duft etwas zurückhaltend. Aber der konzentrierte, elegante Geschmack besitzt die notwendige Kraft und Gerbsäure, damit er sich entfalten kann.

⟿ Ets Jean-Pierre Moueix, 54, quai du Priourat, B.P. 129, 33502 Libourne Cedex

CH. CANON-MOUEIX 1989

■　　　　4,29 ha　　24 300　　📖📕↓4

|82| |86| |87| 88

Der Name weist auf die Appellation und den Erzeuger hin. Dieser 89er besitzt nicht die gleiche Persönlichkeit wie die früheren Jahrgänge. Aber seine zwar noch etwas strengen Tannine und sein feines Aroma verleihen ihm einen recht angenehmen Charakter.

⟿ Ets Jean-Pierre Moueix, 54, quai du Priourat, B.P. 129, 33502 Libourne Cedex

CH. CASSAGNE HAUT-CANON 1989★

■　　　　k.A.　　35 000　　📕↓☑3

»Cassagnus« war die gallische Bezeichnung für Eiche. Das erklärt auch den Namen des Guts, denn in dem Wäldchen, das das Herrenhaus und die Keller umgibt, wachsen vor allem Eichen. Ein Wein voller Finesse, dessen Aroma (Trüffeln und Unterholz) man in den kräftigen, ausgewogenen Tanninen wiederfindet. Der Abgang ist noch etwas trocken. Zum Lagern.

⟿ Jean-Jacques Dubois, Ch. Cassagne Haut-Canon, 33126 Saint-Michel-de-Fronsac, Tel. 57.51.63.98 ☎ n. V.

CH. CASSAGNE HAUT-CANON
La Truffière 1989★★★

■　　　　k.A.　　25 000　　📕↓☑4

86 87 |88| 89

CH. DU GABY 1989★★

■　　　　8,8 ha　　50 000　　📕☑2

Die Rebflächen sind zu 80% mit Merlot bestockt. Die Rebstöcke sind im Durchschnitt 30 Jahre alt. Ein sehr schöner 89er. Hübsche Erscheinung. Das komplexe Aroma erinnert an Vanille, Menthol und eingemachte Früchte. Seine kräftige Gerbsäure und seine vollkommene Ausgewogenheit lassen einen ausgezeichneten Alterungsprozeß voraussagen, der mindestens zehn Jahre dauert.

⟿ Marcel Petit, Ch. du Gaby, 33126 Fronsac, Tel. 57.51.96.82 ☎ tägl. 8h-12h 14h-18h

CH. GRAND-RENOUIL 1989★

■　　　　4,9 ha　　20 000　　📕↓☑3

85 |86| 87 88 89

Der aus dem Departement Corrèze stammende Großvater kam zu Beginn des Jahrhunderts in die Gironde und faßte nach und nach in seiner neuen Wahlheimat Fuß. Dieses alte Gut (Larrivau) eines Weinhändlers, der im 19. Jh. die Revolution zur Steigerung der Weinqualität im Libournais in Gang brachte, liefert uns hier einen 89er, der allgemeinen Beifall findet. Das Aroma erinnert an Eingemachtes und findet sich zusammen mit der Holznote im Geschmack wieder. Feurige, lange Tannine. Ein lagerfähiger Wein.

⟿ Michel Ponty, Grand-Renouil, 33126 Saint-Michel-de-Fronsac, Tel. 57.51.29.57 ☎ n. V.

CH. HAUT-FRANCARNEY 1989

■　　　　1,51 ha　　3 500　　📖☑2

Dieser Wein stammt aus einem kleinen Familienbetrieb, der nur 1,5 ha umfaßt. Er verführt durch seine Finesse und seine gute Ausgewogenheit und entfaltet ein würziges Moschusaroma. Sollte innerhalb der nächsten drei bis vier Jahre getrunken werden.

⟿ Micheline Alla, Ch. Haut-Francarney, 33126 Saint-Michel-de-Fronsac, Tel. 57.24.94.84 ☎ n. V.

CH. JUNAYME 1989★

■　　　　16 ha　　120 000　　📖📕☑2

Der Name erinnert an eine hübsche Legende von einem Ritter, der zu einem Kreuzzug aufbrach und nie mehr zu seiner jungen Geliebten (»jeune aimée«) zurückkehrte. Der 89er ist zart und fein : bernsteinfarbenes Kleid und sehr fruchtiges, würziges Aroma. Körperreichtum und Cremigkeit verleihen ihm einen sehr angenehmen Geschmack mit einem aromatischen Abgang. Lagerfähig.

⟿ René de Coninck, Ch. Junayme, 33126 Fronsac, Tel. 57.51.06.07 ☎ n. V.

CH. LA FLEUR CAILLEAU 1989★★

■ 3,6 ha 15 000 ⬗ ↓ ☑ 3

81 |82| 84 85 |86| |87| 88 **89**

CHÂTEAU
La Fleur Cailleau
CANON FRONSAC
APPELLATION CANON FRONSAC CONTROLÉE
1989
MIS EN BOUTEILLES AU CHÂTEAU
PAUL BARRE, PROPRIÉTAIRE À FRONSAC (GIRONDE)
12,5 % Vol.   75 cl
PRODUCE OF FRANCE

Dieses Gut ist zwar erst vor kurzem entstanden und umfaßt nur 4,4 ha, aber es hat sich trotzdem einen soliden Ruf erworben. Sein 89er erhält nach dem 87er erneut eine besondere Empfehlung. Vanille, Kirschen und Zimt bilden ein vollkommen ausgewogenes, komplexes Aroma, dessen Harmonie sich im Geschmack mit Fülle und schöner Länge fortsetzt. Ein lange lagerfähiger Wein.
🍷 Paul Barre, La Grave, 33126 Fronsac, Tel. 57.51.31.11 ⵏ n. V.

CH. LA FLEUR CANON 1989★

■ 6,82 ha 55 000 ⬘↓ 2

Das Gut liegt auf den Hügeln der Gemeinde Saint-Michel-de-Fronsac. Ein sehr würziger 89er mit runden, kräftigen Tanninen und einem sehr angenehmen Aroma von exotischen Früchten.
🍷 Alain de Coninck, au Bourg, 33141 Villegouge, Tel. 57.51.31.05

CH. LAMARCHE CANON 1989★

■ 4,87 ha 30 000 ⬗ ↓ ☑ 2

Die Familie Germain betreibt schon seit Urzeiten Weinbau. Dieser 89er ist gut gelungen : komplexer Duft von geröstetem Brot und eingemachtem Obst. Der tanninreiche Geschmack wird durch eine gut eingebundene Holznote ausgeglichen, so daß man ihn ziemlich jung trinken sollte.
🍷 Vignobles Germain, Ch. Lamarche, 33126 Fronsac, Tel. 57.64.39.63 ⵏ Mo-Fr 8h-12h 14h-18h

CH. MAUSSE 1989

■ 10 ha 54 000 ⬗ ↓ ☑ 2

Die Bestockung des Guts ist untypisch : je zur Hälfte Merlot- und Cabernetsorten. Der Wein besitzt eine gute Struktur und einen stattlichen, feurigen Geschmack, aber er endet etwas schnell. Muß innerhalb der kommenden fünf Jahre getrunken werden.
🍷 Guy Janoueix, Ch. Mausse, 33126 Saint-Michel-de-Fronsac, Tel. 57.51.27.97 ⵏ n. V.

CH. MOULIN PEY-LABRIE 1989★★

■ 6,66 ha 35 000 ⬗ ↓ ☑ 3

»Pey« bezeichnet die Spitze eines Hügels.

Was die Mühle angeht, so steht sie im Herzen der Appellation und des Guts. Nachdem wir im letzten Jahr den 88er besonders empfohlen haben, zeichnet sich dieser 89er durch die Qualität seines Aromas (Vanille, Pflaumen und Kirschen) aus. Die Holznote ist zwar noch sehr ausgeprägt, aber die Geschmeidigkeit der Tannine und ihre Kraft und Ausgewogenheit lassen eine Alterungsfähigkeit von 10 bis 15 Jahren voraussagen. Ein Hochgenuß.
🍷 Bénédicte et Grégoire Hubau, Ch. Moulin Pey-Labrie, 33126 Fronsac, Tel. 57.51.14.37 ⵏ n. V.

CH. DU PAVILLON 1989★★

■ 4,1 ha 15 000 ⬗ ↓ ☑ 3

Dieser sehr hübsche Wein stammt aus einem etwa 4 ha großen Weinberg, der ausschließlich mit Merlotreben bepflanzt ist. Das Bukett ist noch zart und zurückhaltend (Gewürze, getrocknete Früchte), während der Geschmack eindrucksvoll und würzig ist. Er kann sich in fünf bis sechs Jahren voll entfalten, wenn sich die Holznote etwas harmonischer eingebunden hat.
🍷 Michel Ponty, Grand-Renouil, 33126 Saint-Michel-de-Fronsac, Tel. 57.51.29.57 ⵏ n. V.

CH. ROULLET 1989

■ 2,61 ha 15 000 ⬗ ↓ ☑ 3

Pontus, La Croix, Le Vigneau und Haut Gros Bonnet bilden zusammen mit Roullet die Güter von Dorneau et Fils. Dieser 89er besitzt eine strahlende Farbe mit orangeroten Reflexen und ein hübsches Aroma, das an Kokosnüsse und Unterholz erinnert. Schade, daß die Tannine im Abgang etwas rustikal sind, aber das kann sich legen, wenn er noch drei bis vier Jahre altert.
🍷 Michel Dorneau, Ch. La Croix, 33126 Fronsac, Tel. 57.51.31.28 ⵏ n. V.

CH. VINCENT 1989★

■ 9,52 ha k.A. ⬘ ☑ 2

Françoise Roux hat die Güter 1979 übernommen. Dieses Château in Saint-Aignan umfaßt etwas mehr als 10 ha. Der 89er zeichnet sich durch seinen Lakritze- und Vanilleduft und seine kräftigen, ausgewogenen Tannine aus. Aromatischer, an Himbeeren und rote Johannisbeeren erinnernder Abgang. Muß noch mindestens fünf Jahre lagern.
🍷 Françoise Roux, Ch. Vincent, 33126 Fronsac, Tel. 57.51.24.68 ⵏ n. V.

CH. VRAI CANON BOUCHE 1989

■ 12,4 ha 70 000 ⬘ ☑ 2

Ein Anbaugebiet mit feuerstein- und kalkhaltigem Boden ist zu 90% mit Merlot bepflanzt. Es liefert hier einen Wein, der ein komplexes Bukett (Gewürze, Röstgeruch) entfaltet und einen stattlichen, langen Geschmack besitzt. Der Abgang ist etwas alkoholisch. Muß noch drei Jahre lagern, bevor man ihn trinken sollte.
🍷 Françoise et Simone Roux, Ch. Lagüe, 33126 Fronsac, Tel. 57.51.24.68 ⵏ n. V.

CH. VRAY CANON BOYER 1989

■   8,5 ha   48 000   ▯▮ Ⅶ ☑ **2**

Das Aroma erinnert an Geröstetes, Gewürze und Vanille. Seine Rundheit und seine dezente Holznote machen ihn zu einem gefälligen Wein, der schon jetzt trinkfertig ist, aber auch noch mindestens fünf Jahre lang gelagert werden kann.
☙ SC Ch. Vray Canon Boyer, 33145 Saint-Michel-de-Fronsac, Tel. 57.51.06.07 ⚕ n. V.
☙ de Coninck

☙ Jacques de Coninck, Ch. Canon, 33145 Saint-Michel-de-Fronsac, Tel. 57.51.31.05

CH. DE CARLES 1989★★

■   17 ha   100 000   ▮▮ Ⅶ ↓ ☑ **2**
│811│821 83 84 ⑧5 │861│871 **88 89**

GRAND VIN DE BORDEAUX

CHATEAU DE CARLES
F R O N S A C
APPELLATION FRONSAC CONTROLEE
S.C.E.V. DU CHATEAU DE CARLES, PROPRIÉTAIRE A SAILLANS (GIRONDE)
A. CHATENET, GÉRANT
MIS EN BOUTEILLE AU CHATEAU   75cl

Karl der Große schlug hier sein Lager auf. Montaigne und La Boétie begegneten hier einander. Dieser Hügel, auf dem sich ein Château aus dem 15./16. Jh. erhebt, kann auf eine große Vergangenheit zurückblicken. Der 89er erhält eine besondere Empfehlung aufgrund der Komplexität seines Aromas (rote Früchte, Vanille, Kokosmilch, Pfirsiche etc.) und der Kraft seines sehr vollen, langen, aromatischen und tanninreichen Geschmacks. Muß noch mindestens sieben bis acht Jahre im Keller ruhen.
☙ SCEV Ch. de Carles, 33141 Saillans, Tel. 57.84.32.03 ⚕ n. V.

Fronsac

CH. BELUGE 1989

■   7 ha   3 000   ▮▮ Ⅶ ☑ **2**

Traditionelle Bestockung und 40 Jahre alte Rebstöcke. Der Wein besitzt ein würziges, wildes Aroma und Tannine, die im Abgang etwas rauh sind. Kann etwa fünf Jahre altern.
☙ Gérard Pelletier, Les Struliez, 33141 Saillans, Tel. 57.74.32.18 ⚕ n. V.

CH. BOURDIEU LA VALADE 1989

■   12 ha   60 000   ▮▮ ↓ ☑ **2**

Auch hier lebt noch die Erinnerung an Richelieu. Die Familie du Plessis war Besitzerin des Anwesens. Der Wein präsentiert sich mit einem zurückhaltenden Aroma von Unterholz und Leder und mit milden, nachhaltigen Tanninen. Muß bald getrunken werden.
☙ Alain Roux, Ch. Coustolle, 33126 Fronsac, Tel. 57.51.31.25 ⚕ n. V.

CH. CAPET 1989

■   4,09 ha   20 000   ▮ Ⅶ ☑ **3**

Die 4 ha Rebflächen gehen auf kleine Parzellen zurück, die von ehemaligen Landarbeiter nnach und nach geduldig erworben wurden. Sie liefern einen schlichten Wein, der aber ein feines Lakritzearoma und einen harmonischen, ausgewogenen Geschmack besitzt. Sollte innerhalb der nächsten drei bis vier Jahre getrunken werden.
☙ SDF Michel et Francine Soulas, Ch. Capet, 33126 Fronsac, Tel. 57.51.77.09 ⚕ n. V.

CH. CARILLON 1989★

■   k.A.   100 000   ▮ ↓ ☑ **2**

Dieses Gut befindet sich in einer Flur mit dem Namen »Pille-Bourse« , die im Mittelalter ein Zufluchtsort für Räuber war. Sein 89er besitzt eine echte Qualität. Der Duft erinnert an Himbeeren und Kirschen. Die kräftigen Tannine sind mild. Der etwas harte Abgang wird sich bei einer vier- bis fünfjährigen Lagerung abrunden.

CH. DALEM 1989★★★

■   10 ha   60 000   ▮▮ ☑ **3**
│811│821│831│⑧5│861│871 **88 89**

GRAND VIN DE BORDEAUX

Château Dalem

FRONSAC
1989

APPELLATION FRONSAC CONTRÔLEE
M. RULLIER, PROPRIÉTAIRE A SAILLANS - GIRONDE - FRANCE
12%vol. MIS EN BOUTEILLE AU CHATEAU 75₵

Das Château wurde Ende des 19. Jh. errichtet, aber auf dem Gut befindet sich noch ein kleines Haus, wo (bis 1610) Pierre Crabit, einer der ersten Besitzer, wohnte. Der Wein ist dieser Umgebung würdig und erhält hier die höchstmögliche Note für seine außergewöhnliches Aroma (Kaffee, Kirschen, Gewürze, Brombeeren etc.). Diese Komplexität findet man in seinem kräftigen, fleischigen und aromatischen Geschmack wieder. Der Abgang scheint kein Ende zu nehmen. Er muß unbedingt noch im Keller altern : mindestens zehn Jahre !
☙ Michel Rullier, Ch. Dalem, 33141 Saillans, Tel. 57.84.34.18 ⚕ n. V.

CH. FONTENIL 1989**

■   7 ha   45 000   ⬛⬛⬛ **3**
⑧⑥|⑧⑦| **88 89**

Dieses 1986 entstandene Gut ist zu den Weinbergen hinzugekommen, die die Rollands im Libournais bereits besaßen. Schon sein erster Jahrgang erhielt eine besondere Empfehlung (in der Ausgabe 1990). Der 89er ist wiederum hervorragend gelungen. Das Aroma (Brombeeren und Vanille) kommt voll in einem harmonischen, ausgewogenen Geschmack zum Ausdruck, der in fünf bis sechs Jahren sein ganzes Potential entfalten wird. Ein rassiger Fronsac.
🍷 Michel et Dany Rolland, 15, cours des Girondins, 33500 Libourne, Tel. 57.51.10.94

CH. GAGNARD 1989

■   11 ha   25 000   ⬛⬛ **2**

11 ha Rebflächen, die zu 70% mit Merlot und zu 30% mit Cabernetreben bestockt sind, liefern diesen Wein, der durch eine feine Holznote und kräftige, fruchtige Tannine geprägt wird. Verführerischer Abgang. Ein 89er, der schon trinkreif ist, aber auch noch lagern kann.
🍷 Bouyge-Barthe, Ch. Gagnard, 33126 Fronsac, Tel. 57.51.42.99 ☎ n. V.

CH. HAUT LARIVEAU 1989*

■   4,55 ha   25 000   ⬛⬛⬛ **2**

Die Gebäude dieses Guts sollen den Malteserrittern als Getreidespeicher gedient haben. Der Wein ist ein reinsortiger Merlot, wie man an dem Aroma von schwarzen Johannisbeeren und Backpflaumen erkennen kann. Die Tannine sind sehr deutlich spürbar, sogar etwas aggressiv, aber eine fünfjährige Lagerung dürfte sie mildern.
🍷 B. et G. Hubau, Ch. Haut-Lariveau, 33126 Saint-Michel-de-Fronsac, Tel. 57.51.14.37 ☎ n. V.

CH. JEANDEMAN 1989

■   25 ha   150 000   ⬛⬛ **2**

Das Gut von Roy-Trocard besteht aus Croix de Laborde in der Appellation Lalande de Pomerol und diesem Château, das zu 85% mit Merlotreben bepflanzt ist. Dieser 89er besitzt eine kräftige rubinrote Farbe und duftet intensiv nach Himbeerkonfitüre. Nach einer sehr geschmeidigen Ansprache kommen milde, runde Tannine zum Vorschein. Muß recht bald getrunken werden.
🍷 M. Roy-Trocard, Jeandeman, 33126 Fronsac, Tel. 57.74.30.52 ☎ n. V.

CH. JEANROUSSE 1989

■   k.A.   16 000   ⬛⬛ **2**

Château Jeanrousse ist eine im Eichenholzfaß ausgebaute Sondercuvée dieser Genossenschaftskellerei. Der Duft ist intensiv und elegant. Die Tannine sind mild, aber ein wenig mager und kurz. Sollte innerhalb der kommenden drei Jahre getrunken werden.
🍷 Union de Prod. de Lugon, 6, rue Louis-Pasteur, 33240 Lugon, Tel. 57.84.40.19 ☎ n. V.

CH. LA BRANDE 1989

■   4,12 ha   33 000   ⬛⬛ **2**

Dieses Gut, das sich seit 250 Jahren im Besitz der gleichen Familie befindet, ist ein schönes Beispiel für Bodenständigkeit. Der 89er besitzt ein noch zurückhaltendes Bukett, das an Röstgeruch und Konfitüre erinnert, aber eine verführerische, ausgewogene Gerbsäure, die eine drei- bis vierjährige Alterung zuläßt. Erwähnen sollte man auch Château Moulin de Reynaud, für den die Reben auf 50 Ar angebaut werden.
🍷 Jean-Charles et Jean-Jacques Béraud, La Brande, 33141 Saillans, Tel. 57.84.32.88 ☎ Mo-Sa 8h-12h 14h-18h ; So n. V.
🍷 Pierre Béraud

CH. LA CROIX-LAROQUE 1989

■   12 ha   60 000   ⬛⬛ **2**

Dieses 1900 entstandene und im Laufe von mehreren Generationen vergrößerte Gut wird seit zehn Jahren von Guy Morin geführt, der mit vielen Sportlern befreundet ist. Der Duft seines 89ers ist zurückhaltend, aber würzig und holzig. Der Geschmack, der ziemlich stark von der Merlottraube geprägt wird, enthält ein Lakritzearoma. Sollte vier bis fünf Jahre lagern.
🍷 Guy Morin, Ch. La Croix-Laroque, 33126 Fronsac, Tel. 57.51.24.33 ☎ tägl. 8h-20h

CH. DE LA DAUPHINE 1989**

■   9,94 ha   56 200   ⬛⬛⬛ **3**
79 81 82 |83| **85** 86 |87| 88 **89**

Dieses von einem schönen Gebäude aus dem 18. Jh. beherrschte Gut liegt auf einem Boden, wo lehmig-kalkige Molasse mit lehmigem Schlick vermischt ist. Ähnlich wie das Château ist das Bukett dieses 90ers aufgrund seiner Komplexität sehr typisch für einen Bordeaux : Trüffeln und Pilz, dann zerdrückte rote Früchte. Der Geschmack steht ihm in nichts nach : geschmeidig und fleischig, was aber keineswegs eine gewisse Zartheit ausschließt.
🍷 Ets Jean-Pierre Moueix, 54, quai du Priourat, B.P. 129, 33502 Libourne Cedex

CH. LA GRAVE 1989*

■   4,21 ha   20 000   ⬛⬛⬛ **2**
75 76 77 79 80 **81** |82| |83| 84 |85| |86| |87| **88** 89

Nach einer recht wechselvollen Geschichte wird das Gut seit 1974 von Paul Barre geführt. Der 89er besitzt ein an rote Früchte und Kakao erinnerndes Aroma, das nach dem Schwenken des Glases einen Wildgeruch enthüllt. Die Tannine sind rund, dicht und aromatisch (harmonische Vanillenote). Ein schöner Wein, der ausdrucksstark und typisch für den Jahrgang ist.
🍷 Paul Barre, La Grave, 33126 Fronsac, Tel. 57.51.31.11 ☎ n. V.

CH. LAGUE 1989

■   7,6 ha   45 000   ⬛⬛ **2**

Wie viele andere Güter in Fronsac gehörte dieser Cru früher zu den Besitzungen des Herzogs von Richelieu. Es wurde zusammen mit Château Vrai Canon Bouche und Château Vincent 1979 von Françoise Roux erworben. Der Duft dieses 89ers ist komplex (Jod, reife Früchte), aber seine Tannine sind noch hart und trocken. Man muß ihn noch unbedingt drei bis vier Jahre lagern, bevor man ihn trinkt.
🍷 Françoise et Simone Roux, Ch. Lagüe, 33126 Fronsac, Tel. 57.51.24.68 ☎ n. V.

CH. DE LA HUSTE 1989**

■		5 ha	30 000	🖼 V 2

75 76 |78| 79 |81| 82 |83| |85| 86 |87| 88 89

Wie so viele Familienbetriebe profitiert auch dieses Gut von der langen Erfahrung der früheren Generationen, die seine Früchte in dem gelungenen 89er trägt. Komplexes, harmonisches Aroma von Himbeeren und Weichseln. Feste Ansprache im Geschmack, noch ein wenig harte Tannine, aber ein langer, fruchtiger Abgang, der auf einen großen Wein hindeutet.

🐦 Michel Rullier, Ch. de la Huste, 33141 Saillans, Tel. 57.84.34.18 ⟁ n. V.

CH. LAMBERT 1989

■		16 ha	30 000	🖼 V 2

Der Geruchseindruck ist zart und diskret (rote Johannisbeeren, Paprika). Die geschmeidigen, schon entwickelten Tannine sprechen dafür, diesen Wein ziemlich bald zu trinken.

🐦 SCE Maurice Bordeille et Fils, 33126 Saint-Aignan, Tel. 57.24.98.51 ⟁ n. V.

CH. LA ROUSSELLE 1989*

■		k.A.	24 000	◖ ↓ V 3

Das Gut stammt aus dem späten 18. Jh., aber der erste Jahrgang wurde hier erst 1986 erzeugt. Dieser 89er entfaltet einen an Leder, Kaffee und geröstetes Brot erinnernden Duft. Diese Komplexität findet man auch im Geschmack : kräftige, aber ausgewogene Tannine und eine elegante, harmonische Holznote. Lagerfähig.

🐦 Jacques et Viviane Davau, Ch. La Rousselle, 33126 La Rivière, Tel. 57.24.96.73 ⟁ n. V.

CH. LA VALADE 1989

■		15 ha	40 000	🖼 ◖ V 2

|82| |83| |85| 86 87 88 |89|

Es ist fast unmöglich, in Fronsac drei Schritte zu tun, ohne auf den allgegenwärtigen Herzog von Richelieu zu stoßen. Er besaß auf diesen Terrassen sein Jagdschlößchen. Die rubinrote Farbe dieses 89ers zeigt zinnoberrote Reflexe. Die Finesse des Buketts (eingemachtes Obst) spiegelt sich in geschmeidigen, dichten Tanninen wider. Paßt zu einem Perlhuhn.

🐦 Bernard Roux, Ch. La Valade, 33126 Fronsac, Tel. 57.24.96.71 ⟁ tägl. 9h-19h

CH. LA VIEILLE CURE 1989**

■		20 ha	90 000	◖ ↓ V 3

79 80 81 |82| |83| 85 86 87 88 89

Das Gut, das zwei weinbegeisterten Amerikanern aus New York und Bernard Soulan gehört, beginnt mit einem bemerkenswerten Durchbruch. Der 89er ist noch prachtvoll : Röstaroma und Duft von roten Beerenfrüchten (Johannisbeeren). Der Reichtum der geschmeidigen Tannine und ihr Vanillearoma verleihen diesem Wein ein fabelhaftes Potential. Ein würdiger Vertreter der Appellation.

🐦 SNC Ch. La Vieille Cure, 33141 Saillans, Tel. 57.84.32.05 ⟁ n. V.

CH. LES ROCHES DE FERRAND 1989

■		5 ha	30 000	🖼 ◖ ↓ V 2

78 81 |82| |83| 84 85 86 87 88 |89|

Ein schönes Beispiel für ein Weingut von mittlerer Größe (11 ha) und mit klassischer Bestockung. Dieser nach Wild und Früchten riechende, runde und ausgewogene 89er kann nicht mehr sehr lange gelagert werden.

🐦 Rémy Rousselot, 33126 Saint-Aignan, Tel. 57.24.95.16 ⟁ n. V.

CH. MAGONDEAU BEAU-SITE 1989**

■		k.A.	k.A.	◖ ↓ V 3

81 83 |85| 87 |88| 89

Dieses Gut, das auf schönen Hängen mit lehmig-kalkigem Boden liegt, trägt seinen Namen zu Recht. Ein purpurroter 89er, dessen intensiver Duft an Kakao, Vanille und sehr reife Früchte erinnert. Der Geschmack ist stattlich, alkoholisch und wohlausgewogen, mit aromatischem

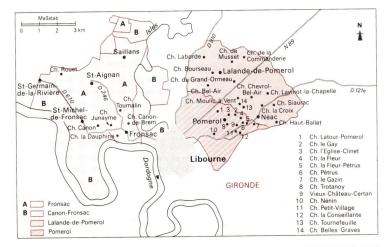

1 Ch. Latour-Pomerol
2 Ch. le Gay
3 Ch. l'Église-Clinet
4 Ch. la Fleur
5 Ch. la Fleur-Pétrus
6 Ch. Pétrus
7 Ch. le Gazin
8 Ch. Trotanoy
9 Vieux-Château-Certan
10 Ch. Nénin
11 Ch. Petit-Village
12 Ch. la Conseillante
13 Ch. Tournefeuille
14 Ch. Belles-Graves

Abgang. Ein großer Wein, den man mindestens fünf Jahre aufheben kann.

🍷 André-Jean Goujon, Le Port, 33141 Saillans, Tel. 57.84.32.02 ☎ n. V.

CH. MAYNE-VIEIL 1989

■		26 ha	140 000	🍷⬇🅥2

75 79 81 82 |83| |85| |88| 89

Dieses Gut bewahrt von seiner reichen Vergangenheit noch eine sehr schöne Kartause und einen Keller aus dem 18. Jh. Der 89er besitzt eine schöne, strahlend purpurrote Farbe und einen blumigen, leicht an Kräuter erinnernden Duft. Die Ansprache ist rund, der Geschmack ziemlich kräftig. Sollte noch ein wenig altern.

🍷 SCEA Ch. Mayne-Vieil, 33133 Galgon, Tel. 57.74.30.06 ☎ n. V.

🍷 Famille Sèze

CH. MOULIN HAUT-LAROQUE
1989★★★

■		13 ha	60 000	🍷🍷⬇3

Die treuen Leser unseres Weinführers erinnern sich vielleicht daran, daß dieser Winzer 1986 eine besondere Empfehlung für seinen 81er erhalten hat. Der 89er ist seiner Vorgänger würdig. Intensive, tiefrote Farbe, komplexer, bezaubernder Duft (Kirschen, Brombeeren, Gewürze, Kakao). Die Kraft der Tannine, ihre Fülle und ihre Nachhaltigkeit machen ihn zu einem typischen Wein, der lange lagerfähig ist.

🍷 Jean-Noël Hervé, Ch. Moulin Haut-Laroque, 33141 Saillans, Tel. 57.84.32.07 ☎ n. V.

CH. PLAIN-POINT 1989

■		14,23 ha	100 000	🍷🍷⬇🅥2

Plain-Point, eine alte Burg, hat sich seit dem 16. Jh. ganz dem Weinbau und der Weinherstellung verschrieben. Zusammen mit Château Angélique, einem Bordeaux Supérieur, bildet es ein gemeinsames Weingut. Das Aroma von eingemachten roten Früchten und Wildgeruch harmoniert mit dem wilden, rauchigen Geschmack der Tannine. Der Abgang ist ein wenig aggressiv, aber eine drei- bis vierjährige Lagerung wird ihn milder machen.

🍷 SA Ch. Plain-Point, 33126 Saint-Aignan, Tel. 57.24.96.55 ☎ Mo-Fr 8h-12h 14h30-18h ; Sa, So n. V. ; Aug. geschlossen

🍷 Denis Ardon

CH. RENARD MONDESIR 1989

■		6,73 ha	25 000	🍷⬇🅥3

79 82 |(83)| 85 87 |88| |89|

Dieses Gut mit einem schönen Gebäude aus dem 18. Jh. wird heute von den Chassagnoux, einer alten Weinhändlerfamilie aus Libourne, bewirtschaftet. Der 89er besitzt ein an Vanille und Harz erinnerndes Aroma und milde, harmonische Tannine. Trinkreif.

🍷 Chassagnoux, Ch. Renard, 33126 La Rivière, Tel. 57.24.96.37 ☎ n. V.

CH. RICHOTEY 1989★

■		6 ha	15 000	🍷🅥2

Château Richotey ist seit seiner Entstehung im Jahre 1829 ein Familiengut. Der Wein besitzt eine schöne strahlende Farbe, ein frisches, blumiges Aroma, das noch ein wenig zurückhaltend ist,

und einen kräftigen Lakritzegeschmack. Kann ein paar Jahre lagern.

🍷 Yves Pontalier, Ch. Richotey, 33126 Saint-Michel-de-Fronsac, Tel. 57.24.96.57 ☎ n. V.

CH. ROUET 1989★★

■		8,5 ha	36 000	🍷🅥4

78 79 81 82 83 85 |86| 87 88 89

Dieses Gut ist nicht nur für archäologisch interessierte Besucher reizvoll (wegen seiner Höhlen und der Spuren aus gallo-romanischer Zeit), sondern besitzt auch schöne französische Gärten. Sein Wein ist ebenfalls verführerisch : schöne granatrote Farbe mit rubinroten Reflexen, Duft von Leder, Kirschen und Vanille. Deutlich spürbares Gerüst. Für Freunde von lagerfähigen Weinen von Interesse.

🍷 Patrick Danglade, Ch. Rouet, 33240 Saint-Germain-la-Rivière, Tel. 57.84.40.24 ☎ n. V.

CH. ROUMAGNAC LA MARECHALE 1989

■		4,92 ha	30 000	🍷⬇🅥2

Dieser Wein besitzt den für die Rebsorte Cabernet-Sauvignon typischen Duft von grünen Paprikaschoten. Solides Gerüst, feste Tannine und aromatischer Abgang (Vanille und rote Johannisbeeren). Sollte noch einige Zeit im Keller lagern.

🍷 Pierre Dumeynieu, Roumagnac, 33126 La Rivière, Tel. 57.24.98.48 ☎ n. V.

CLOS DU ROY 1989★

■		4,5 ha	35 000	🍷⬇🅥3

Der lehmig-kalkige Boden und die Bestockung (90% Merlot) ergeben einen sehr klassischen Wein mit einer dunkelgranatroten Farbe und einem animalisch-würzigen Geruchseindruck. Runde, reife Tannine sorgen schon jetzt für einen angenehmen Geschmack, aber drei bis vier Jahre Lagerung dürften trotzdem notwendig sein.

🍷 SCEA Clos du Roy, 33141 Saillans, Tel. 57.74.38.88 ☎ n. V.

CUVEE DE SAINT-CRIC 1989★

■		12 ha	65 000	🍷🅥2

Die Cuvée de Saint-Cric wird von der Genossenschaftskellerei von Lugon zu 90% aus Merlottrauben hergestellt. Das intensive Aroma erinnert an schwarze Johannisbeeren und geröstetes Brot. Die Tannine sind in der Ansprache mild. Der Abgang ist lang und aromatisch. Lagerfähig.

🍷 Union de Prod. de Lugon, 6, rue Louis-Pasteur, 33240 Lugon, Tel. 57.84.40.19 ☎ n. V.

CH. TOUR DU MOULIN 1989

■		2,5 ha	10 000	🍷🍷⬇🅥2

Josette und ihr Sohn Vincent Dupuch haben diesen Familienbetrieb vollkommen neu strukturiert. Das auf einer Hochebene über dem Isletal liegende Gut verdankt seinen Namen einer heute nicht mehr existierenden Mühle. Schöner Himbeer- und Johannisbeerduft, Vanillearoma im Geschmack zusammen mit feurigen, festen Tanninen, etwas rustikaler Abgang. Muß noch ein paar Jahre lagern.

🍷 Josette Dupuch, 22, av. de l'Europe, 33290 Blanquefort, Tel. 56.35.10.23 ☎ n. V.

CH. VILLARS 1989*

■   20 ha   100 000   ❚❙❘ ↓ ☑ **3**

|78| 79 80 |81| 82 83 85 |86| 87 88 89

Dieses Gut, zu dem kleine Teiche und ein hübsches aquitanisches Taubenhaus gehören, bietet einen weiten Rundblick. Der 89er besitzt eine intensive rubinrote Farbe und ein kräftiges Aroma, das an Gewürze (Nelken) und Eichenholz erinnert. Konzentrierter Geschmack mit viel Volumen und Ausgewogenheit. Ein Wein, der noch ein paar Jahre altern muß. Erwähnen sollte man noch den Wein von Bernadette Gaudrie, Château Moulin Haut-Villars, der innerhalb der kommenden drei Jahre getrunken werden muß.
🛬 Jean-Claude Gaudrie, Ch. Villars, 33141 Saillans, Tel. 57.84.32.17 ☎ n. V.

Pomerol

Das sehr alte Weinbaugebiet von Pomerol liegt auf Terrassen über der Isle, einem Nebenfluß der Dordogne, neben dem Anbaugebiet von Saint-Emilion. Aber lange Zeit war es ziemlich unbekannt. Nachdem es im 12. Jahrhundert dank des Johanniterordens, der hier eine bedeutende Komturei besaß, eine Blütezeit erlebt hatte, wurde es im Hundertjährigen Krieg fast völlig zerstört; im 15. und 16. Jahrhundert wurde es wiederhergestellt. Vor allem im goldenen Zeitalter des Weinbaus in der Gironde, im dritten Viertel des letzten Jahrhunderts, nahm es einen wirklichen Aufschwung. Es umfaßt 734 ha, die mehr als 4 Mio. Flaschen liefern. Während die Bestockung ziemlich einheitlich ist (wobei die Merlotrebe mit 80% dominiert, ergänzt durch die Rebsorte Bouschet), gibt es bei den Böden eine gewisse Vielfalt : eine lehmige Hochebene (deren Böden teilweise auch mit Kiessand bedeckt sind) und nach Westen hin Sandböden. Dennoch weisen die Weine eine ähnliche Struktur auf. Sie besitzen ein kräftiges, feuriges Bukett und sind rund und geschmeidig, aber gleichzeitig körperreich ; in der Regel sind sie lange lagerfähig. Hinweisen muß man noch darauf, daß Pomerol eine der wenigen großen Appellationen ist, wo man nicht das Bedürfnis hatte, die Hierarchie der Crus durch eine Klassifizierung amtlich bestätigen zu lassen.

CH. BEAUREGARD 1989*

■   11,5 ha   70 000   ❚❙❘ ↓ ☑ **6**

75 77 78 80 81 (82) 83 84 85 86 87 |88| 89

Die elegante Kartause aus dem 18. Jh. lieferte die Anregung für das Haus der Familie Guggenheim auf Long Island. Beauregard wurde 1991 von der französischen Bodenkreditanstalt aufgekauft. Der 89er ist sehr gut gelungen. Die dunkelkirschrote Farbe zeigt zinnoberrote Reflexe. Das feine, zarte, noch etwas verschlossene Bukett entfaltet fruchtige Nuancen und feine Holznoten. Der Geschmack ist rund, geschmeidig und feurig und enthält gute Tannine vom Holzfaß, die vom Fleisch der sehr reifen Trauben gut umhüllt sind. Ein echter Pomerol.
🛬 SC Ch. Beauregard, 33500 Pomerol, Tel. 57.51.13.36 ☎ n. V.

CH. BELLEGRAVE 1989*

■   6,23 ha   35 000   ❚❙❘ ↓ ☑ **4**

Der Boden besteht aus feinem Kiessand (daher auch der Name des Gutes), während der Untergrund – wie in einem Großteil des Weinbaugebiets von Pomerol – Eisengekrätz enthält. Der feine Blütenduft (mit Noten von Lindenblüten) kündigt die ganze Eleganz und den Zauber dieses Weins mit der schönen Farbe an. Der geschmeidige Geschmack enthüllt ein Backpflaumenaroma, das von guten Tanninen (vom Holzfaß) herrührend) begleitet wird. Ein sehr harmonischer Pomerol.
🛬 Jean-Marie Bouldy, Lieu-dit René, 33500 Pomerol, Tel. 57.51.20.47 ☎ n. V.

CH. BONALGUE 1989*

■   6,15 ha   30 000   ❚❙❘ ↓ ☑ **6**

78 79 80 81 |82| |83| |84| 85 (86) |87| |88| 89

Im Jahre VI des Revolutionskalenders (1798) erbte Antoine Rabion dieses Gut. Nachdem er seinen Abschied von der Armee genommen hatte, ließ er um 1815 das Haus erbauen, das vom Wappen und von der Fahne des Regiments seines damaligen Besitzers geschmückt wird. Der 89er ist ein sehr gelungener lagerfähiger Wein. Das noch frische Bukett enthüllt fruchtige, würzige und pfeffrige Noten und vor allem den Geruch von verbranntem Holz. Der kräftige Geschmack enthält viele Tannine vom Holzfaß, die noch etwas rauh sind, aber eine lange Alterungsfähigkeit garantieren.
🛬 Pierre Bourotte, 28, rue Trocard, 33500 Libourne, Tel. 57.51.62.17 ☎ n. V.

CH. DES BORDES 1989*

■   1,5 ha   7 200   ❚ ❚❙❘ ☑ **2**

88 |89|

Ein kleiner Weinberg (1,5 ha) am Westrand der Hochebene von Saint-Emilion. Das Bukett dieses Weins, das sich aus eingemachten roten Früchten, gerösteten Haselnüssen und Vanille zusammensetzt, zeugt zweifellos von der guten Reife des Traubengutes und einem erstklassigen Ausbau. Die Bestätigung dafür findet man auch in den fleischigen, reifen und runden Tanninen sowie in der harmonisch eingebundenen Holznote. Finesse, Harmonie und Eleganz gleichen den leichten Mangel an Kraft aus. Ein angenehmer, einladender Wein.

🍷 François de Lavaux, Ch. Martinet, 64, av. du Gal-de-Gaulle, 33500 Libourne, Tel. 57.51.06.07 ⌷ n. V.

CH. BOURGNEUF-VAYRON 1989

■ 8,85 ha 55 000 ▮ ◫ ↓ ▼ **4**

Ein schönes Gut, das seit 1821 im Besitz der Familie Vayron ist. Dieser feine, würzige 89er mit den Noten von Tiergeruch und getrockneten Früchten ist trotz der noch strengen Tannine recht elegant.

🍷 Charles et Xavier Vayron, Ch. Bourgneuf-Vayron, 33500 Pomerol, Tel. 57.51.42.03 ⌷ n. V.

CH. DE BOURGUENEUF 1989

■ 5 ha 25 000 ▮ ◫ ↓ ▼ **3**

78 79 |83| 84 85 86 87 88 |89|

Château de Bourgueneuf trägt den Namen des alten Besitzes, auf dem es liegt. Ein recht gefälliger 89er, dessen Farbe dunkle, an Bigarreaukirschen erinnernde Reflexe zeigt. Das konzentrierte Bukett von sehr reifen Früchten enthüllt eine fesselnde Note von Leder, Tabak und Unterholz. Runder, feuriger Geschmack mit bereits gezähmten Tanninen.

🍷 SCEA Ch. de Bourgueneuf, Bourgneuf, 33500 Pomerol, Tel. 57.51.16.73 ⌷ n. V.
🍷 Meyer

CH. CERTAN DE MAY DE CERTAN
1989

■ 5 ha 24 000 ◫ ↓ ▼ **7**

|75| 76 77 80 |81| 82 83 84 85 86 87 88 |89|

Das Gut, das vor vier Jahrhunderten von Schotten gegründet wurde, wird regelmäßig von unseren Prüfern ausgezeichnet, die in diesem Wein die ganze Eleganz des Pomerol wiederfinden. Der 89er ist ein guter, schon entwickelter Wein, wie ihn die rubinrote Farbe mit den gelbroten Reflexen zeigt. Das Bukett entfaltet zunächst den Duft von sehr reifen Merlottrauben, auf den Noten von Röstgeruch (Kaffee, warme Brotkruste) und Tabak folgen. Der Geschmack ist einschmeichelnd, zart und schon sehr angenehm. Paßt zu delikaten Gerichten.

🍷 Mme Barreau-Badar, Ch. Certan de May de Certan, 33500 Pomerol, Tel. 57.51.41.53 ⌷ n. V.

CH. CERTAN-GIRAUD 1989*

■ 6,84 ha 50 000 ◫ ↓ **5**

Dieser Pomerol, der vom Weinhandel in der Gironde vertrieben wird, ist ein klassischer Merlot von einem Lehmboden. Schöne, strahlend rubinrote Farbe mit purpurroten Reflexen. Schon ausdrucksstarkes Bukett von Früchten, angesengtem Holz und Vanille. Nach einem milden Geschmack mit Vanillearoma machen sich die Tannine des Eichenholzes deutlich bemerkbar, die eine gute Alterung garantieren.

🍷 SC des Dom. Giraud, Ch. Corbin, 33330 Saint-Emilion, Tel. 57.74.48.94

CLOS DU CLOCHER 1989**

■ 6 ha 30 000 ◫ ↓ ▼ **5**

77 **79** 80 **81 82** 83 85 (86) 87 **88 89**

Dieser Clos, der im Schatten des Kirchturms im Herzen der berühmtesten Crus der Appellation liegt, gehört seit 1924 der Familie Audy. Er bringt regelmäßig hervorragende Weine hervor. Das noch etwas verschlossene Bukett dieses 89ers ist eine komplexe Mischung aus Tiergeruch, würzigen Noten und Eingemachtem, die mit einer dezenten, feinen Holznote verbunden sind. Der milde, geschmeidige Geschmack mit den fülligen, lang nachwirkenden Tanninen verspricht einen eleganten, wohlausgewogenen Wein, der noch etwas lagern muß.

🍷 GFA du Clos du Clocher, 35, quai du Priorat, B.P. 79, 33500 Libourne, Tel. 57.51.62.17 ⌷ n. V.

CH. FEYTIT-CLINET 1989

■ 5,45 ha 17 700 ▮ ◫ ↓ **5**

76 |81| (82) |83| 84 85 86 87 88 89

Das Château ist bescheiden, aber reizvoll. Sein Anbaugebiet liegt auf lehmigen Schlickböden. Dieser für den Cru recht untypische 89er ist zwar konzentriert, besitzt aber nicht die Kraft anderer Jahrgänge. Vielmehr ist er sehr zart und entfaltet ein hübsches Aroma von reifen Früchten, Mandeln und Wiener Mandeln.

🍷 Ets Jean-Pierre Moueix, 54, quai du Priourat, B.P. 129, 33502 Libourne Cedex
🍷 Héritiers Domergue-Chasseuil

CH. GAZIN 1989

■ 23 ha 90 000 ◫ ↓ ▼ **5**

70 (75) 76 77 78 79 80 |81| |82| |83| 84 85 86 |87| 88 89

Gazin, das zuerst den Tempelrittern und danach den Johannitern gehörte, war wahrscheinlich ein Hospital oder eine Station der Pilger auf dem Jakobsweg. Der 89er ist noch ein wenig verschlossen. Er besitzt eine dunkle Farbe und entfaltet ein intensives Bukett, in dem die fruchtigen Noten, das Vanillearoma und der Röstgeruch dominieren. Ein zarter, runder Wein mit guten Tanninen, die von den Trauben und vom Eichenholzfaß herrühren.

🍷 GFA Ch. Gazin, 33500 Pomerol, Tel. 57.51.07.05 ⌷ n. V.

CH. GOMBAUDE-GUILLOT 1989**

■ 6 ha 25 000 ▮ ↓ ▼ **5**

Dieses Gut, das sich seit drei Generationen im Besitz der Familie befindet, liegt auf lehmigkiesigen Böden mit Eisengehalt. Der noch jugendliche, verschlossene Wein duftet nach reifen Trauben, gekochten Backpflaumen und Karamel. Er ist gut strukturiert, enthält dichte und zugleich zarte Tannine und entfaltet viel Finesse und Eleganz. Dieser 89er dürfte sich rasch entwickeln.

🍷 GFA Ch. Gombaude-Guillot, 3, rue Les Grandes Vignes, 33500 Pomerol, Tel. 57.51.17.40 ⌷ n. V.

CH. GOMBAUDE-GUILLOT

Cuvée spéciale bois neuf 1989★★

| ■ | 6 ha | 15 000 | ❚❙ ↓ ✓ 5 |

Diese Sondercuvée, die vollständig in neuen Eichenholzfässern ausgebaut worden ist, entfaltet ein bezauberndes Bukett mit dem Duft von eingemachten Früchten, Vanille und geröstetem Kaffee. Im harmonischen Geschmack garantieren die noch festen, dichten und konzentrierten Tannine eine hervorragende Struktur, die sich für eine lange Alterung eignet.

⚶ GFA Ch. Gombaude-Guillot, 3, rue Les Grandes Vignes, 33500 Pomerol, Tel. 57.51.17.40 ⵘ n. V.

CH. GRAND MOULINET 1989★★

| ■ | 1 ha | 5 400 | ❚❙ 4 |

Der zu 90% aus Merlottrauben hergestellte Wein wird in einer begrenzten Menge von diesem Familienbetrieb produziert, der auch Château Haut-Surget in der Appellation Lalande de Pomerol und Vieux Château Boeno in der AOC Pomerol umfaßt. Eine sehr dichte purpurrote Farbe kündigt seinen Reichtum an. Der Duft von reifen Früchten enthält eine zarte Holznote. Im Geschmack entdeckt man zwischen den Tanninen der Trauben und des Eichenholzes eine große Harmonie, viel Volumen und einen feurigen Abgang mit einem würzigen Aroma. Sehr lange Lagerfähigkeit.

⚶ Ollet-Fourreau, 33500 Néac, Tel. 57.51.28.68 ⵘ n. V.

CH. GRANDS SILLONS GABACHOT
1989★

| ■ | 4 ha | k.A. | ❚❙❙ ❚❙ ↓ ✓ 4 |

72 75 |79| |82| |83| |85| |86| |87| |88| 89

1660 heiratete ein Landmann namens Januex ein Fräulein Bordas in Soudeilles im Departement Corrèze. Gegen Ende des 19. Jh. ließ sich diese Familie in der Gironde nieder. Sie hat hier einen rubinroten 89er erzeugt, dessen leichte Verfärbung auf den Beginn der Entwicklung hindeutet. Das intensive Bukett entfaltet den Geruch von Leder, halbreifen Nußkernen und Pilzen. Der Geschmack ist stattlich, geschmeidig und harmonisch. Ein sehr typischer Pomerol.

⚶ François Janoueix, 20, quai du Priourat, B.P. 135, 33502 Libourne Cedex, Tel. 57.51.55.44 ⵘ n. V.

CH. GRATE-CAP 1989

| ■ | 9,5 ha | 60 000 | ❚❙ ↓ ✓ 4 |

⑦⑤ |81| |82| |83| 85 |86| |87| 88 89

Wir wissen nichts über den Ursprung des Namens dieses Cru, der zu den Gütern von Janoueix gehört, aber er klingt recht reizvoll. Dieser Wein entfaltet ein feuriges Bukett, das an Tiergeruch und geteertes Holz erinnert. Im Geschmack ist er sehr kräftig gebaut und noch streng, so daß man ihn noch etwas lagern muß.

⚶ SCE Vignobles Albert Janoueix, 43, av. Foch, 33500 Libourne, Tel. 57.51.27.97 ⵘ n. V.

CH. GUILLOT 1989★★

| ■ | 4,7 ha | 30 000 | ❚❙ ↓ ✓ 5 |

|81| |82| |83| |85| 86 88 89

Château Guillot

POMEROL
APPELLATION POMEROL CONTRÔLÉE
1989
LUQUOT
PROPRIÉTAIRE A POMEROL (GIRONDE)

MIS EN BOUTEILLE AU CHÂTEAU

Diesem Wein ist die besondere Empfehlung einmütig zuerkannt worden, weil er den Charakter der Appellation und des Jahrgangs perfekt zum Ausdruck bringt. Seine dunkle und zugleich strahlende Farbe zeigt rubin- und granatrote Reflexe. Das Bukett ist konzentriert und sehr komplex : Noten von Veilchen, sehr reifen Merlottrauben, warmem Eichenholz und Vanille. Der Geschmack, der mit dem Duft harmoniert, enthüllt den Einklang von guter Fruchtigkeit und guter Holznote. Er ist fleischig, dicht, kräftig, gut gebaut und lang. Ein großer Wein.

⚶ SDF Jean Luquot, Ch. Cruzeau, 152, av. de l'Epinette, 33500 Libourne, Tel. 57.51.18.95 ⵘ n. V.

CH. HAUT CLOQUET 1989

| ■ | 3 ha | 18 000 | ❚ ❚❙ ✓ 3 |

86 88 |89|

Dieser zu gleichen Teilen mit Merlot- und Cabernetreben bepflanzte Weinberg enthält in seinem Untergrund Eisengekrätz. Er bringt einen einfachen Wein hervor, der eine schöne rubinrote Farbe besitzt und nach Früchten und Gewürzen duftet. Dieser geschmeidige, runde 89er dürfte sich rasch entwickeln.

⚶ François de Lavaux, Ch. Martinet, 64, av. du Gal-de-Gaulle, 33500 Libourne, Tel. 57.51.06.07 ⵘ n. V.

CH. LA CABANNE 1989★

| ■ | 10 ha | 60 000 | ❚❙ ↓ ✓ 5 |

Dieses Gut, wo seit gallo-romanischer Zeit Wein angebaut wird, verdankt seinen Namen vermutlich den abgelegenen Hütten, in denen im 14. Jh. die Leibeigenen lebten. Dieser 89er besitzt eine hübsche, intensive rubinrote Farbe und ein kräftiges Bukett, das noch ein wenig vom neuen Holz beherrscht wird. Der Geschmack ist stattlich und kräftig, wobei die Wärme und das Feuer des Alkohols von den noch etwas harten, aber guten Tanninen kompensiert werden. Muß noch ein wenig lagern.

⚶ Jean-Pierre Estager, 33 à 41, rue de Montaudon, 33500 Libourne, Tel. 57.51.04.09 ⵘ Mo-Fr 9h-11h 14h30-17h

CH. LA CROIX 1989★★

| ■ | 10 ha | 50 000 | ❚❙ ↓ ✓ 5 |

Dieser Weinberg gehörte einst den Johannitern. Wie sein Name andeutet, befand sich hier ein Kreuz, das die Pilger auf ihrer Wallfahrt nach Santiago de Compostela verehrten. Hinter einer dunkelgranatroten Farbe und einem intensiven Duft mit Tiergeruch und Vanillenoten entdeckt man einen bezaubernden, rassigen Wein. Die Tannine von reifen Trauben und guter Fässern verbinden sich harmonisch mit dem vollen, gut verschmolzenen und sehr langen Geschmack.

🍷 SC Joseph Janoueix, 119, av. Gallieni, 33500 Libourne, Tel. 57.51.41.86 ☎ n. V.

CH. LA CROIX DE GAY 1989

		k.A.	70 000	🍷 ↓ 🅥 🄢
78	|79| 81	**82**	|83| 85	86 |87| 88 |89|			

Seit mehr als fünf Generationen befindet sich dieser Weinberg im Besitz der Familie Ardurat-Raynaud, die eng mit Pomerol verbunden ist. Wie der Name andeutet, verdankt dieser Cru seine schöne dunkelbinrote Farbe und sein Aroma von sehr reifen Merlottrauben. Der weiche, köstliche Geschmack enthält geschmeidige Tannine. Ein schon sehr interessanter Wein.

🍷 Ch. GFA La Croix de Gay, 33500 Pomerol, Tel. 57.51.19.05 ☎ n. V.

CH. LA CROIX SAINT-GEORGES 1989★★

		3,5 ha	22 000	🍷 ↓ 🅥 🄢
75	78	79	|81| |**82**||83| 85	86	87	**88**	**89**

Das wunderschön restaurierte Château gehörte einst den Johannitern. Die 40 Jahre alten Rebstöcke dieses Cru, der regelmäßig gute Weine erzeugt, bringen ihre Qualitäten in diesem 89er voll zur Entfaltung, zumal die stoffreichen Trauben hervorragend verarbeitet und der Wein gut ausgebaut worden sind. Das intensive, feine Bukett mit Noten von Tiergeruch wird vom Eichenholz geprägt und harmoniert perfekt mit den geschmeidigen Tanninen und dem fleischigen Geschmack. Ein solider Wein, der gut altern kann.

🍷 SC Joseph Janoueix, 119, av. Gallieni, 33500 Libourne, Tel. 57.51.41.86 ☎ n. V.

CH. LA CROIX-TOULIFAUT 1989★

		1,77 ha	11 000	🍷 ↓ 🅥 🄖
74	**75**	**76**	|78| **79**	81	|82| 83	**85**	|86| 87	88	89

Dieser Cru besitzt eine bemerkenswerte Lage auf dem Südhang der Hochebene von Pomerol und befindet sich auf Sandböden, die im Untergrund einen hohen Anteil von Ortstein und Schlacke enthalten. Er ist ausschließlich mit Merlotreben bestockt. Bei der intensiven roten Farbe deuten die Reflexe auf eine beginnende Entwicklung hin. Das Bukett enthüllt balsamische Düfte mit dem Geruch von stark angebranntem Holz. Geschmeidige, glatte Tannine bestimmen den fleischigen, runden Geschmack dieses schönen Weins, der noch ein wenig vom Ausbau geprägt ist.

🍷 Jean-François Janoueix, 37, rue Pline Parmentier, 33500 Libourne, Tel. 57.51.41.86 ☎ n. V.

CH. LAFLEUR 1989★★

		3,5 ha	12 000	🍷 ↓ 🄶
85	86	88	89	

Dieser Weinberg, der auf der Hochebene von Pomerol liegt und zu gleichen Teilen mit Merlot-

und Cabernet- und Bouchetreben bestockt ist, bringt regelmäßig gute Weine hervor. Der 89er wirkt aufgrund seiner bläulichroten Reflexe noch sehr jugendlich, entfaltet aber ein bereits intensives und komplexes Bukett, das auf harmonische Weise den Duft von reifen Trauben mit den Vanille- und Röstnoten des Holzfasses verbindet. Seine wunderbare Struktur und seine beeindruckende Gerbsäure erfordern eine lange Lagerung, damit er seinen Höhepunkt erreichen kann.

🍷 Sylvie et Jacques Guinaudeau, Ch. Grand Village, 33240 Mouillac, Tel. 57.84.44.03 ☎ n. V.
🍷 Marie Robin

CH. LAFLEUR GAZIN 1989★

		7,37 ha	34 000	🍴 🍷 ↓ 🄢
|80| |81| **82**	|83| 86	**87**	88	89	

Wie der Name andeutet, befindet sich der Cru zwischen Lafleur und Gazin, in der Nachbarschaft der vornehmsten Anbaugebiete. Dieser reiche, feurige und für den Jahrgang recht typische 89er entfaltet ein originelles Bukett mit Noten von stark gekochten Backpflaumen. Die noch festen Tannine sprechen dafür, ihn noch altern zu lassen.

🍷 Ets Jean-Pierre Moueix, 54, quai du Priourat, B.P. 129, 33502 Libourne Cedex
🍷 Jean-Jacques Borderie

CH. LA FLEUR PETRUS 1989★★★

		9,09 ha	37 500	🍴 🍷 ↓
72	73	74	**75**	76	77		78		79		80		81	82		83	84	85
86		87	88	89												

Dieser in der Nachbarschaft von Château Pétrus liegende Cru wird von der gleichen Riege bewirtschaftet, unterscheidet sich aber durch seinen kieshaltigen Boden. Der hervorragend gelungene 89er besitzt ein Bukett, das eines Spitzenweins würdig ist: Zimt, Schokolade, in Alkohol eingelegte Kirschen etc. Seine Komplexität läßt sich nur noch mit einer eleganz vergleichen. Der erstaunlich voluminöse und fleischige Geschmack ist der eines Weins von sehr großer Klasse. Ein echter Hochgenuß.

🍷 SC du Ch. La Fleur Pétrus, 33500 Pomerol

CH. LAGRANGE 1989★

		6,24 ha	37 000	🍴 🍷 ↓ 🄢
80		81		82		83	85	86		87	88	89	

Dieser Cru ist wegen des Vorhandenseins von Eisengekrätz im Untergrund typisch für Pomerol, aber dank seiner vielen Parzellen ermöglicht er es, die unterschiedlichen Nuancen des Bodens zum Ausdruck zu bringen. Dieser 89er mit der schönen blutroten Farbe ist aufgrund seines sehr reifen Aromas, das fast an Gebratenes erinnert, typisch für den Jahrgang. Der gute, recht füllige Geschmack zeichnet sich durch seinen schönen, langen Abgang mit würzigem Aroma aus.

🍷 Ets Jean-Pierre Moueix, 54, quai du Priourat, B.P. 129, 33502 Libourne Cedex

CH. LA GRAVE A POMEROL
Trigant de Boisset 1989★★

		8,49 ha	31 200	🍴 🍷 ↓ 🄢

Dieser Cru, der früher La Grave Trigant de Boisset hieß, liegt auf der kieshaltigen Hochebene von Pomerol. Der 89er bezaubert durch sein frisches, komplexes Bukett (Menthol, Konfitüre aus sehr reifen Früchten und würzige Vanille- und Gewürznoten) und entfaltet einen schönen Geschmack, der voll, voluminös und elegant ist.

🍷 Christian Moueix, Ch. La Grave-Trigant-de-Boisset, 33500 Pomerol

CH. LA POINTE 1989

■   21,5 ha   110 000   ⏸ ↓ ☑ 5
|88| 89

Dank seines im Directoirestil errichteten Gebäudes war La Pointe 1868 eines der ersten Güter in Pomerol, das Anrecht auf die Bezeichnung »Château« hatte. Dieser feine, elegante Wein wird sehr stark von einer kräftigen Holznote geprägt und kann sich im Augenblick nur unzureichend entfalten, dürfte sich aber günstig entwickeln.

🍷 d'Arfeuille, 33500 Pomerol, Tel. 57.51.02.11 ☎ n. V.

CH. LA RENAISSANCE 1989*

■   3 ha   30 000   🍾 ⏸ ↓ ☑ 3

Ein schöner 89er mit einer strahlenden Farbe und einem Duft von Menthol, schwarzen Johannisbeeren und Trüffeln. Der dichte, runde und nachhaltige Geschmack enthält feine Tannine. Ein sehr harmonischer 89er.

🍷 François de Lavaux, Ch. Martinet, 64, av. du Gal-de-Gaulle, 33500 Libourne, Tel. 57.51.06.07 ☎ n. V.

CH. LA ROSE FIGEAC 1989**

■   5 ha   25 000   ⏸ ↓ ☑ 5
|82| (85)| |86| 88 89

Ein großer Klassiker der Appellation Pomerol. Der Wein stammt von 60 Jahre alten Rebstöcken und besitzt eine tiefe Farbe. Der intensive Duft, der noch etwas von einer guten Holznote geprägt wird, bringt das reife Traubengut zum Ausdruck. Der volle, reife Geschmack, der auf der gleichen Linie liegt, enthüllt fleischige, kräftige Tannine von hervorragender Qualität. Schönes Potential. Dieser 89er dürfte mit der Zeit an Finesse gewinnen.

🍷 Gérard Despagne, Ch. Maison Blanche, 33570 Montagne, Tel. 57.74.62.18 ☎ n. V.

CH. LATOUR A POMEROL 1989**

■   7,36 ha   32 500   🍾 ⏸ ↓ 6
61 64 66 67 70 71 75 (76) 80 81 |82| |83| 85 86 87 88 89

Ein kleiner Turm rechtfertigt den Namen dieses Cru, der auf Kies- und Lehmböden liegt. Die dunkle Farbe mit den bordeauxroten Reflexen ist ebenso anregend wie das Bukett (Leder, Pelz und gerösteter Kaffee). Der Geschmack paßt sehr gut dazu : feurig und kräftig, mit geschmeidigen, fast cremigen Tanninen und einem hübschen, würzigen Abgang.

🍷 Ets Jean-Pierre Moueix, 54, quai du Priourat, B.P. 129, 33502 Libourne Cedex
🍷 Mme Lacoste-Loubat

CH. LE BON PASTEUR 1989

■   7 ha   30 000   ⏸ ↓ ☑ 6

Dieses Gut liegt an der Grenze zwischen Pomerol und Saint-Emilion auf Böden, die Lehm, Kies und Sand enthalten. Seine Weine werden von dem Önologen Michel Rolland aus Libourne vinifiziert. Der 89er besitzt eine schöne, tiefe Farbe, die sich zu entwickeln beginnt. Er ist noch etwas verschlossen, entfaltet sich aber an der Luft : rote Früchte, getrocknete Früchte, Gewürze und Vanille. Dichter, voller, kräftig gebauter Geschmack mit vielen, noch festen Tanninen.

🍷 Héritiers Rolland, Ch. Le Bon Pasteur, Maillet, 33500 Pomerol, Tel. 57.51.10.94 ☎ n. V.

CLOS L'EGLISE 1989*

■   6 ha   32 000   ⏸ ↓ ☑ 5
79 80 |81| (82)| |83| 84 |85| 86 |88| 89

Der Name »Clos l'Eglise« hängt damit zusammen, daß sich in der Nähe eine heute nicht mehr existierende Kirche der Templer befand. Die Hälfte der Bestockung besteht hier aus Cabernetreben, was in Pomerol überraschen mag und zu dem eigentümlichen Charakter dieses 89ers beiträgt. Er besitzt ein ausdrucksvolles, komplexes Bukett mit blumigen (Veilchen) und fruchtigen (Backpflaumen, rote Früchte) Nuancen und einer dezenten Holznote. Die Tannine des guten Holzfasses sorgen für das kräftige Gerüst, während die vollreifen Trauben das Fleisch liefern. Ein kräftiger, sehr vielversprechender Wein.

🍷 Michel et Francis Moreau, Ch. Plince, 33500 Libourne, Tel. 57.51.20.24 ☎ n. V.

CH. L'EGLISE-CLINET 1989

■   4,5 ha   20 000   ⏸ ↓ ☑ 6

Dieses zu Beginn des 19. Jh. entstandene Gut ist zu 90% mit Merlotreben bestockt, die auf lehmig-kiesigen Böden wachsen. Die ziegelroten Reflexe der purpurroten Farbe deuten auf den Beginn einer Entwicklung hin, die sich auch in konzentrierten, von reifen Trauben geprägten Bukett mit den Noten von Gekochtem und Gebratenem andeutet. Doch die etwas harte Tanninstruktur dieses weinigen, würzigen 89ers braucht noch einige Zeit, um milder zu werden.

🍷 Denis Durantou, Ch. L'Eglise-Clinet, 33500 Pomerol, Tel. 57.51.79.83 ☎ n. V.

CH. L'ENCLOS 1989**

■   9,45 ha   48 000   ⏸ ↓ ☑ 5
|75| 76 |79| 80 |81| |82| |83| |84| |85| 86 87 88 89

Dieses Gut gehört einer der ältesten Familien in Pomerol. Das Aroma von eingemachten Früchten und schwarzen Beeren, das von einer angenehmen Holznote begleitet wird, und die purpurrote Farbe mit den fast schwarzen Reflexen bringt die Konzentration dieses Weins, der von sehr reifen Merlottrauben und einem guten Ausbau in Holzfässern geprägt wird, perfekt zum Ausdruck. Weiniger, gut strukturierter Geschmack mit jungen, aber reichen und kräftigen Tanninen. Ein sehr angenehmer Wein mit großartigen Zukunftsaussichten.

🍷 SC du Ch. L'Enclos, 1, L'Enclos, 33500 Pomerol, Tel. 57.51.04.62 ☎ n. V.

CH. MONTVIEL 1989*

■   5 ha   25 000   ⏸ ↓ ☑ 5

Die bläulichen Reflexe deuten auf die Jugendlichkeit dieses angenehm holzigen Weins hin, der von reifen Merlottrauben geprägt wird. Ein weiniger, ausgewogener 89er mit kräftigen Tanninen, der gut gerüstet ist, um ehrenvoll zu altern.

⌐ SCA du Ch. Montviel, Grand Moulinet,
33500 Pomerol, Tel. 57.51.87.92

CH. MOULINET 1989**

■	18 ha	90 000	◆◆ ☑ 5

73 75 76 78 |79| 80 81 |82| 83 **85** 86 |87| 88 **89**

Ein Grenzstein der Johanniter am Eingang des
Gutes zeugt von dem Alter des Cru, der zu
Château Taillefer von Armand Moueix gehört.
Der 89er ist ein bemerkenswerter Pomerol mit
einem sehr eleganten, konzentrierten und kom-
plexen Bukett, das zuerst Blütenduft und Nuan-
cen von sehr reifen Früchten und danach Vanille-
Röst- und Holznoten enthüllt. Der stattliche,
kräftige und sehr harmonische Geschmack zeigt
die gelungene Verbindung von gutem Traubengut
und gutem Holzfaß. Sehr vielversprechend.
⌐ SCV Moueix Père et Fils, Ch. Taillefer,
B.P. 137, 33503 Libourne Cedex, Tel. 57.51.50.63
Υ n. V.
⌐ Armand Moueix

CH. MOULINET-LASSERRE 1989**

■	5 ha	25 000	◆◆ ↓ ☑ 4

Ein sehr altes Gut, das sich neben dem Clos
René befindet und dessen Trauben ebenfalls von
Jean-Marie Garde vinifiziert werden. Sein 89er
ist bemerkenswert. Schöne rubinrote Farbe mit
karminrotem Schimmer. Der feine, noch fruchtige Duft entwickelt sich in Richtung von Unter-
holz- und Wildgeruch. Schöner, runder und feuriger Geschmack mit Vanillearoma und guten
Tanninen, die bereits geschmeidig werden.
⌐ Jean-Marie Garde, Ch. Moulinet-Lasserre,
33500 Pomerol, Tel. 57.51.10.41 Υ n. V.

CLOS DU PELERIN 1989

■	3 ha	15 000	▮◆◆ ☑ 3

Ein kleines Gut, das überwiegend mit Merlotreben bepflanzt ist. Dieser Wein besitzt eine
hübsche kirschrote Farbe mit orangeroten Reflexen. Das lebhafte, einschmeichelnde Bukett wird
von sehr reifen Früchten geprägt. Noch etwas
fester Geschmack.
⌐ J. Egreteau, Clos du Pèlerin, 1 Grand
Garouilh, 33500 Pomerol, Tel. 57.74.03.66

PENSEES DE LAFLEUR 1989*

■	1 ha	3 000	◆◆ ↓ 6

Bis 1987 hatte Lafleur keinen Zweitwein. Dieser schwierige Jahrgang liefert den Anlaß dafür,
»Pensées de Lafleur« einzuführen. Unsere Juroren waren von diesem 89er Zweitwein sehr angetan. Schöne, strahlende dunkelpurpurrote Farbe.
Sein feines Bukett enthüllt eine gute Ausgewogenheit zwischen dem Duft von sehr reifen Trauben und dem der leicht an Toastbrot erinnernden
Holznote. Der sehr schwere, feurige und volle
Geschmack läßt im Abgang gute Tannine erkennen. Ein Wein, der es auch mit kräftigen Gerichten aufnehmen kann.
⌐ Sylvie et Jacques Guinaudeau, Ch. Grand
Village, 33240 Mouillac, Tel. 57.84.44.03 Υ n. V.
⌐ Marie Robin

PETRUS 1989***

■	10,44 ha	45 000	▮◆◆ ↓ 7

61 64 66 **67 69 71** 72 73 74 |76| |77| |78| |79| ⑧⓪
|81| **82 83** 85 86 87 88 89

Über Pétrus mit seinem einmaligen Anbaugebiet und sein »Puppenhaus« -Château ist viel
geschrieben worden. Die außergewöhnliche
Farbe dieses 89ers und sein verführerisches
Bukett (Vanille und Lakritze mit einem zarten
Geruch von Verbranntem) bieten unerschöpflichen Gesprächsstoff. Schwerlich wird man einen
schöneren Geschmack oder Abgang finden : Der
erste verführt durch seine Geschmeidigkeit, seine
Rundheit und seine bemerkenswerte Tanninstruktur, der andere durch seinen glatten, cremigen Charakter trotz der Konzentration. »Phänomenale Fülle« , schrieb ein Prüfer.
⌐ SC du Ch. Pétrus, 54, quai du Priourat, 33502
Libourne Cedex
⌐ Mme Lacoste-Loubat

CH. PLINCE 1989*

■	8,34 ha	55 000	◆◆ ↓ ☑ 4

Ein sehr schönes Familiengut mit Gebäuden
aus dem 19. Jh., einer Platanenallee und einem
hübschen, schattigen Park. Die intensive rote
Farbe und die bläulichroten Reflexe zeigen den
jugendlichen Charakter dieses Weins, dessen
Aroma an gekochte Backpflaumen und Titerge-
ruch erinnert und eine zarte Holznote enthält.
Der Geschmackseindruck ist zunächst fleischig
und weinig und wird dann von kraftvollen, ungestümen Tanninen beherrscht, die noch nicht
gezähmt sind. Ein interessanter Wein, den man
noch einige Jahre im Keller ruhen lassen sollte.
⌐ Michel et Francis Moreau, Ch. Plince, 33500
Libourne, Tel. 57.51.20.24 Υ n. V.

CH. PLINCETTE 1989

■	2 ha	12 000	◆◆ ↓ 5

Plincette wird zu 70% Merlot- und 30% Caber-
net-Franc-Trauben hergestellt, die von sandig-
kiesigen Böden kommen. Ein schlichter Wein,
der von reifen Trauben geprägt wird. Man sollte
ihn jetzt trinken, um seine ganze jugendliche
Kraft zu genießen.
⌐ Jean-Pierre Estager, 33 à 41, rue de
Montaudon, 33500 Libourne, Tel. 57.51.04.09
Υ Mo-Fr 9h-11h 14h30-17h
⌐ Héritiers Coudreau

PRIEURS DE LA COMMANDERIE
1989**

| ■ | | 3,05 ha | 20 000 | ◫ ☑ 4 |

Dieser Cru hieß Château Saint-André, bevor ihn 1984 Clément Fayat kaufte und ihm den mit dem Anbaugebiet verbundenen Zweitnamen gab. Er erzeugt einen eleganten 89er mit einem feinen, komplexen Bukett, das an gebratene Früchte und geröstetes Brot erinnert. Der fleischige, harmonische Geschmack enthüllt reife Tannine und einen Abgang mit einer zarten Holznote.
↝ Clément Fayat, Ch. Clément-Pichon, 33290 Parempuyre, Tel. 57.51.44.60 ☍ n. V.

CLOS RENE 1989*

| ■ | | 12 ha | k.A. | ◫ ↓ ☑ 4 |

70 71 73 ⑦⑤ 76 78 79 80 81 |82| |83| 84 85 86 87 |88| 89

Dieses Château, ein für die Gironde typisches Haus, besteht seit 1850 und gehört seit mehreren Generationen der gleichen Familie. Schöne rubinrote Farbe mit karminroten und topasrosa Reflexen. Der 89er entfaltet ein elegantes Bukett mit Noten von in Alkohol eingelegten Früchten und Röstgeruch (Kaffee, Kakao). Der fleischige Geschmack enthüllt ein Vanille- und Lakritzearoma und im Abgang zart holzige Tannine, die eine gute Alterungsfähigkeit garantieren.
↝ Lasserre et Garde, Clos René, 33500 Pomerol, Tel. 57.51.10.41 ☍ n. V.

CH. REVE D'OR 1989

| ■ | | 7 ha | 35 000 | ◫ ☑ 4 |

88 89

Das Gut befindet sich seiner Entstehung im Jahre 1886 im Besitz dieser Familie. Sein Anbaugebiet ist zu drei Vierteln mit Merlot- und zu einem Viertel mit Cabernet-Sauvigon-Reben bestockt, die auf sandig-kiesigen Böden wachsen. Ein einfacher, gefälliger 89er mit strahlend rubinroter Farbe, guter Finesse und weinigem Geschmack. Schmeckt angenehm.
↝ Maurice Vigier, Ch. Rêve d'or, 33500 Pomerol, Tel. 57.51.11.92 ☍ n. V.

CH. ROBERT 1989

| ■ | | 4,64 ha | 24 000 | ■ ☑ 4 |

Dieses Gut, das einer alten Weinhändlerfamilie aus Libourne gehört, ist vorwiegend mit Cabernets-Franc bestockt. Ein noch verschlossener Wein, der im Bukett Noten von Wildbret und Leder enthüllt und sich noch entwickeln muß, damit sich seine Tannine abrunden.
↝ Dominique Leymarie, Ch. Robert, 11, chem. de Grangeneuve, 33500 Libourne, Tel. 56.68.25.42 ☍ n. V.
↝ Francès

CLOS SAINT-JACQUES 1989*

| ■ | | 0,54 ha | 3 500 | ◫ ↓ 5 |

Dieser vorwiegend aus Merlottrauben von Lehmböden hergestellte Pomerol ist sehr feminin. Das feine, zarte Bukett enthüllt Mentholnoten, einen Duft von überreifen Merlottrauben und einen leichten Holzton. Voller, milder, berauschender Geschmack mit schon geschmeidigen Tanninen. Ein subtiler Wein.
↝ Sté Familiale Alain Giraud, Ch. Grand-Corbin, 33330 Saint-Emilion, Tel. 57.24.70.62

CH. DE SALES 1989*

| ■ | | 47,5 ha | 180 000 | ■ ◫ ↓ ☑ 5 |

⑦⑤ 76 78 79 80 81 |82| |83| 84 |85| |86| 88 89

Das herrliche Château de Sales, das größte Weingut von Pomerol, befindet sich seit fast 500 Jahren im Besitz der gleichen Familie. Bläulichrote Reflexe in der lebhaft roten Farbe und ein Aroma von roten Früchten mit Holznoten weisen auf den jugendlichen Charakter dieses 89ers hin. Die noch festen Tannine des soliden, ausgewogenen Geschmacks bestätigen die Notwendigkeit, daß man diesen Wein noch einige Jahre lagert.
↝ Bruno de Lambert, Ch. de Sales, 33500 Pomerol, Tel. 57.51.04.92 ☍ n. V.

CH. DU TAILHAS 1989*

| ■ | | 10,5 ha | 50 000 | ■ ◫ ↓ ☑ 4 |

70 75 82 83 |85| 86 |88| |89|

Ein offener Brief vom 7. Juni 1289, verfaßt von Eduard I., König von England und Aquitanien, legte die Grenze zwischen Pomerol und Saint-Emilion an dem Bach Tailhayat fest, dem dieses Gut seinen Namen verdankt. Sieben Jahrhunderte später stellte hier Daniel Nebout einen sehr gelungenen Pomerol her : rubinrote Farbe, intensiver, feiner Duft mit fruchtigen Nuancen und Röstnoten, geschmeidiger, feuriger, wohlausgewogener Geschmack mit bereits entwickelten Tanninen.
↝ SC Ch. du Tailhas, 33500 Pomerol, Tel. 57.51.26.02 ☍ n. V.
↝ Nebout et Fils

CH. TAILLEFER 1989

| ■ | | 18 ha | 90 000 | ◫ ☑ 5 |

71 73 75 76 78 79 81 |82| |83| 85 86 87 88 |89|

Das großartige Château aus dem 19. Jh. ist heute der Sitz der Weinhandelsfirma A. Moueix. Hübsche, klare rubinrote Farbe. Der Tiergeruch vermischt sich mit dem Aroma von gekochten Früchten und Röst- und Räuchernoten. Der noch etwas verschlossene, aber geschmeidige Geschmack bringt das vollreife Traubengut gut zum Ausdruck, unterstützt von einer angenehmen Holznote. Ein ausgewogener, einfacher Wein, den man einige Zeit vor dem Servieren entkorken sollte.
↝ SCV Moueix Père et Fils, Ch. Taillefer, B.P. 137, 33503 Libourne Cedex, Tel. 57.51.50.63 ☍ n. V.

CH. THIBEAUD-MAILLET 1989

| ■ | | k.A. | 5 500 | ◫ ☑ 4 |

88 89

Der im letzten Jahrhundert angelegte Weinberg genießt einen guten Ruf. Bereits 1910 wurde er auf der Weltausstellung in Brüssel mit einer Silbermedaille ausgezeichnet. Die kräftige purpurrote Farbe und das Aroma von roten Früchten, das noch vom Holz geprägt wird, weisen auf den jugendlichen Charakter dieses wohlausgewogenen 89ers hin, der reife, angenehme Tannine enthält. Schöner Gesamteindruck, aber er braucht noch etwas Zeit, um harmonisch zu werden und sich zu entfalten.
↝ Roger et Andrée Duroux, Ch. Thibeaud-Maillet, 33500 Pomerol, Tel. 57.51.82.68 ☍ n. V.

CH. TRISTAN 1989*

■		3 ha	13 000	🍷▯↓▽④

64 67 71 ⑦⑤ 76 **78** 79 ׀81׀ 83 85 86 87 ׀88׀ 89

Ein klassisches Weingut auf Kies-, Lehm- und Sandböden mit Eisengekrätz als Untergrund, das seit 1921 im Besitz dieser Familie ist. Dieser 89er ist ein sehr guter Pomerol : komplexes Aroma (feiner, zarter Röstgeruch, Vanillenote von guten Holzfässern), runder, kräftig gebauter, tanninreicher Geschmack. Sehr vielversprechend.

☛ SCE Cascarret, La Patache Pomerol, 98, cours Tourny, 33500 Libourne, Tel. 57.51.04.54 ☏ n. V.

CH. TROTANOY 1989**

■		7,17 ha	39 500	🍷▯↓⑦

69 72 73 74 76 **79 80** ׀81׀ ⑧② 83 ׀84׀ **85 86 87 88 89**

Hart bei Trockenheit, glitschig, wenn es regnet – der Boden von Trotanoy ist dafür bekannt, daß er dem Winzer viele Mühen bereitet. Aber diese Mühsal lohnt sich ! Von der dunkelkirschroten Farbe bis zum feurigen Abgang ein völlig harmonischer Wein. Das Bukett ist konzentriert und komplex (Leder und eingemachte Trauben), während der Geschmack ein schönes Aroma von Lakritze und Trüffeln und Tannine mit einer Kakaonote entfaltet.

☛ SC du Ch. Trotanoy, 33500 Pomerol

VIEUX CHATEAU CERTAN 1989***

■		13,5 ha	60 000	▯↓▽⑦

67 69 73 74 ׀75׀ **76 77** ׀78׀ **79** 80 ׀81׀ ׀82׀ ׀83׀ 84 **85** ⑧⑥ ׀87׀ **88 89**

Ein sehr hübsches Château. Das Weingut war früher ein Pachtgut, auf dem Getreide angebaut wurde, bevor es sich im 18. Jh. auf den Weinbau umstellte. Unsere Juroren waren bereits von den früheren Jahrgängen sehr angetan. Ein weiteres Mal findet der ganze Zauber der Pomerolweine in diesem 89er seinen Ausdruck. Tiefe Farbe, feines, intensives Bukett mit blumigen Noten, eingemachten Früchten, Vanille und leicht angesengtem Holz. Der runde, konzentrierte, körperreiche Geschmack enthüllt feine Tannine, die einen langen Abgang unterstützen. Ein prächtiger Wein.

☛ SC Vieux Château Certan, 33500 Pomerol, Tel. 57.51.17.33 ☏ n. V.
☛ Thienpont

VIEUX CHATEAU FERRON 1989**

■		2 ha	10 000	▯↓▽⑤

P.E. Garzaro entstammt einer Winzerfamilie,

die in der Appellation Entre-Deux-Mers Wein anbaut und ist seit der Lese 1988 auf diesem Gut. Die purpurrote Farbe mit den violetten Reflexen deutet auf die starke Konzentration dieses eleganten Weins hin, der den Duft von sehr reifen Früchten mit einer milden, fleischigen Holznote verbindet. Er besitzt reiche, feste Tannine, die eine gute Lagerfähigkeit garantieren.

☛ Pierre Etienne Garzaro, Ch. Le Prieur, 33750 Baron, Tel. 56.30.16.16 ☏ n. V.

CH. VRAY CROIX DE GAY 1989**

■		3,66 ha	15 000	↓▽④

׀⑦⑤׀ **76** 79 80 81 ׀83׀ 84 ׀85׀ ׀86׀ ׀87׀ 88 **89**

Dieser Vetter von Château Siaurac besitzt 30 Jahre alte Rebstöcke (80% Merlot). Der 89er ist ein großer Pomerol. Hinter einer sehr dunklen Farbe entfaltet sich ein sehr konzentriertes, sehr komplexes Bukett (Eingemachtes mit nachhaltigen Noten von Leder, Unterholz und Trüffeln). Der reiche, stattliche, fleischige und feurige Geschmack wird von einer guten Fruchtigkeit und einer guten Holznote unterstützt. Er ist bereits harmonisch, kann aber noch lange lagern, bevor man ihn zu Gerichten mit starkem Eigengeschmack trinken sollte. Fünf hervorragende Verkoster haben ihm eine besondere Empfehlung zuerkannt.

☛ SCE Baronne Guichard, Ch. Siaurac, 33500 Néac, Tel. 57.51.64.58 ☏ n. V.

Lalande de Pomerol

Wie das benachbarte Pomerol geht dieses Anbaugebiet auf die Johanniter zurück, denen wir auch die schöne Kirche von Lalande (12. Jahrhundert) verdanken. Es erzeugt aus den klassischen Rebsorten des Bordelais farbintensive Rotweine, die kräftig und bukettreich sind und einen guten Ruf genießen. Die besten von ihnen können es mit den Weinen der Appellationen Pomerol und Saint-Emilion aufnehmen (990 ha mit mehr als 6 Mio. Flaschen).

CH. DE BEL-AIR 1989

	15 ha	83 000	❚❶ ↓ ☑ ④

Die Familie Musset befindet sich seit acht Generationen auf diesem Gut und kann damit auf eine lange Winzergeneration zurückschauen. Ihr 89er ist ein gut vinifizierter Wein. Das elegante Bukett (Wildgeruch) findet man im Geschmack wieder, aber die Tannine müssen sich noch harmonisch einfügen.

↜ SA Les Vignobles Jean-Pierre Musset, Ch. de Bel-Air, 33500 Lalande-de-Pomerol, Tel. 57.51.40.07 ⏳ n. V.

CH. BELLES-GRAVES 1989*

	14,1 ha	60 000	❶ ↓ ☑ ③

80 82 |86| 87 |88| 89

Ein Mitglied dieser Familie zählt zweifellos zu den meistbewunderten Männern der Welt. Es handelt sich um Jacques Yves Cousteau, der von diesem hübschen 89er bestimmt nicht enttäuscht wäre. Das sich entwickelnde Bukett erinnert an Kirschen und Vanille. Die harmonische Ausgewogenheit der Tannine und die gute Länge des Aromas machen es möglich, den Wein noch fünf Jahre zu lagern.

↜ SC du Ch. Belles-Graves, 33500 Néac, Tel. 57.51.09.61 ⏳ n. V.
↜ Mme Theallet

CH. BERTINEAU SAINT-VINCENT 1989

	4,2 ha	20 000	❚❶ ↓ ☑ ③

Die Trauben dieses Cru werden von dem ¨Onologen Michel Rolland in Château Le Bon Pasteur in Pomerol vinifiziert. Dieses Jahr zeichnet sich der Wein durch ein Aroma von Brombeeren, schwarzen Johannisbeeren und Gewürzen aus. Stattlicher, ausgewogener und tanninreicher Geschmack von mittlerer Länge.

↜ Héritiers Rolland, Ch. Le Bon Pasteur, Maillet, 33500 Pomerol, Tel. 57.51.10.94 ⏳ n. V.

CH. DU CASTEL 1989

	k.A.	k.A.	❚❶ ↓ ②

Im Augenblick entfaltet dieser Wein ein kräftiges Aroma von eingemachten Früchten und Gewürzen. Die kräftigen, festen Tannine sind noch streng. Man muß ihnen Zeit lassen, sich zu entwickeln.

↜ Robert Cazemajou, Ch. Castel, 33250 Pomerol, Tel. 56.63.50.62 ⏳ n. V.

CH. CHATAIN 1989

	5,5 ha	30 000	❶ ↓ ☑ ③

Château Chatain erzeugte schon um 1750 Weine. Diese lange Erfahrung spürt man auch in dem klassischen 89er, der nach Veilchen und Gewürzen duftet. Aufgrund seines runden Geschmacks kann man ihn schon trinken, aber auch noch drei bis fünf Jahre aufbewahren.

↜ Ch. Chatain, 33500 Néac, Tel. 57.51.01.93 ⏳ n. V.
↜ La Guéronnière

CH. CHEVROL BEL AIR 1989*

	15 ha	80 000	❚ ☑ ③

75 76 78 79 80 |82| |83| 84 |85| |86| 87 88 |89|

Ein für die Gironde typisches Haus und Keller, die direkt daran anstoßen, 30 Jahre alte Rebstöcke und ein guter Ruf. Eine sehr interessante Mischung für die Herstellung eines subtilen, wohlausgewogenen Weins, dessen zurückhaltender Duft an Leder und eingemachtes Obst erinnert. Ein schon trinkreifer 89er, der aber noch drei bis fünf Jahre gelagert werden kann.

↜ Pradier, Chevrol, 33500 Néac, Tel. 57.51.10.23 ⏳ n. V.

DOM. DE GACHET 1989

	1 ha	6 000	❶ ↓ ③

Eine kleine Produktion (nur 1 ha), aber ein interessanter Wein. Das dominierende Aroma (Vanille, geröstetes Brot) überlagert ein wenig den Geschmack (tanninreich, mittlere Länge). Muß noch lagern.

↜ Jean-Pierre Estager, 33 à 41, rue de Montaudon, 33500 Libourne, Tel. 57.51.04.09 ⏳ Mo-Fr 9h-11h 14h30-17h

CH. GARRAUD 1989

	29,6 ha	180 000	❚❶ ☑ ④

Château Garraud ist mit seinen fast 30 ha zusammenhängenden Rebflächen eines der größten Güter der Appellation. Dieser 89er besitzt eine schöne Farbe mit granatroten Reflexen, ein an Leder und Moschus erinnerndes Aroma und einen harmonischen Geschmack. In zwei bis drei Jahren trinkreif.

↜ SA Léon Nony, Ch. Garraud, 33500 Néac, Tel. 57.51.66.98 ⏳ n. V.

CH. DU GRAND MOINE 1989*

	6 ha	25 000	❚❶ ↓ ☑ ③

An der Spitze dieses Gutes stehen seit vier Generationen Frauen. Der Wein ist sehr elegant. Seine Fruchtigkeit harmoniert gut mit dem Röstgeruch der Holznote. Die runden, aber kräftigen Tannine machen ihn lagerfähig.

↜ Marie-Charlotte Pommier, Brouard, 33500 Lalande-de-Pomerol, Tel. 57.51.51.66 ⏳ Mo-Fr 10h-12h 14h-20h ; Sa, So n. V.

CH. GRAND ORMEAU 1989*

	10 ha	50 000	❶ ↓ ☑ ③

Das Gut wird seit drei Jahren von Jean-Claude Béton, dem Gründer der Orangina-Gruppe, geleitet. Dieser 89er entfaltet ein harmonisches Bukett mit animalischen und holzigen Noten. Die Konzentration des tanninreichen Geschmacks verleiht ihm eine gute Alterungsfähigkeit.

↜ Ch. Grand Ormeau, 33500 Lalande-de-Pomerol, Tel. 57.25.30.20 ⏳ n. V.
↜ Jean-Claude Béton

CH. HAUT-CHAIGNEAU 1989

	k.A.	k.A.	❚❶ ☑ ③

75 76 79 82 83 84 |85| |86| 87 |88| |89|

André Chatonnet investierte zwanzig Jahre Zeit in die Erneuerung seines Weinbergs. Der Duft erinnert an Moschus und Gewürze. Harmonische Tannine. Der Abgang ist zwar etwas simpel, aber der Wein ist trotzdem gefällig.

↜ André Chatonnet, Chaigneau, 33500 Néac, Tel. 57.51.31.31 ⏳ n. V.

CH. HAUT-CHATAIN
Cuvée prestige 1989*

■ 15,4 ha 5 000 ▮▯▯ ↓ ☑ 4

<u>74 75 76 78 79</u> 80 81 |82| |83| 84 |(85)| 86 |87| 88 89

Dieses Gut wird seit 1912 in der weiblichen Linie vererbt. Die neue Generation, die aus der Önologin Martine und ihrem Mann, dem Agronom Philippe, besteht, bemüht sich vor allem um die Qualität. In diesem Jahr ist die Neuerung aus der Spitzencuvée, die in Holzfässern ausgebaut worden ist. Das Aroma von schwarzen Johannisbeeren und Leder verbindet sich mit einer harmonischen Vanillenote. Die geschmeidige, harmonische Struktur erlaubt eine Lagerung von mittlerer Länge.
🍇 Martine et Philippe Junquas, Ch. Haut-Châtain, 33500 Néac, Tel. 57.74.02.79 ☎ n. V.

CH. HAUT-GOUJON 1989*

■ 6 ha 36 000 ▮▮▯ ↓ ☑ 3

86 |87| |(88)| 89

Nachdem wir im letzten Jahr den 88er besonders empfohlen haben, präsentiert Haut-Goujon diesmal einen 89er mit einem Bukett, das sehr stark von Tiergeruch und rauchigen Noten geprägt wird. Die kräftigen Tannine tragen zur Ausgewogenheit dieses aromatischen Weins mit der gut eingefügten Holznote bei. Ein vielversprechender Wein, der noch lagern kann.
🍇 Henri Garde, Goujon, 33570 Montagne, Tel. 57.51.50.05 ☎ n. V.

CH. HAUT-SURGET 1989*

■ 18 ha 90 000 ▮▯ 3

<u>79 81 82</u> |83| 86 87 88 89

Mit seinen 20 ha ist dieser Familienbetrieb für die Appellation ein recht großes Gut. Der 89er besitzt eine schöne, strahlend purpurrote Farbe, ein Aroma von getrockneten Früchten und Vanille, konzentrierte Tannine und einen sehr langen Geschmack. Ein gelungener Wein, den man mindestens noch fünf Jahre altern lassen muß.
🍇 Ollet-Fourreau, 33500 Néac, Tel. 57.51.28.68 ☎ n. V.

CH. LABORDERIE MONDESIR 1989*

■ 2,09 ha 15 000 ▮▯ ↓ ☑ 3

88 89

Dieses 1950 entstandene Gut ist zu 50% mit Cabernet-Sauvignon bestockt, was für die Appellation ungewöhnlich ist. Bei seinem 89er wird das Aroma sehr stark von der Cabernettraube geprägt: Tiergeruch und Kirschkerne. Die Tannine sind dank eines guten Ausbaus in neuen Barriquefässern kräftig und wohlausgewogen. Muß noch altern.
🍇 Jean-Marie Rousseau, Petit Sorillon, 33230 Abzac, Tel. 57.49.06.10 ☎ n. V.

CH. LA CROIX BELLEVUE 1989

■ 8 ha 48 000 ▮▯ ☑ 4

Der Cru gehört der Familie Moueix, die in dieser Weinbauregion berühmt ist. Der 89er zeichnet sich durch Kraft aus. Das Aroma ist noch etwas unreif und rustikal, aber es kann sich mit der Zeit verfeinern.

🍇 SCV Moueix Père et Fils, Ch. Taillefer, B.P. 137, 33503 Libourne Cedex, Tel. 57.51.50.63 ☎ n. V.
🍇 Armand Moueix

CH. LA CROIX DES MOINES 1989*

■ 8 ha 40 000 ▮▯ ↓ ☑ 3

<u>76 77 78</u> |79| 80 81 82 |83| |84| |85| 86 |87| 88 89

Die Passion von Jean-Louis Trocard für den Weinbau hat eine lange Geschichte. Schließlich lebt seine Familie hier schon seit 1680! Bei seinem 89er verbindet sich das komplexe Aroma von Blüten und sehr reifen Früchten mit einer feinen Holznote. Mindestens fünf Jahre Lagerung sind notwendig, damit sich die Tannine harmonisch einfügen können.
🍇 Jean-Louis Trocard, Les Jays, 33570 Les Artigues-de-Lussac, Tel. 57.24.31.16 ☎ Mo-Fr 8h-12h 14h-18h

CH. LA CROIX SAINT ANDRE
1989**

■ 16,25 ha 85 000 ▮▯ ↓ ☑ 4

88 89

Der Gotha der Künste und Wissenschaften kann sich dieses Jahr freuen: Einer ihrer bevorzugten Beiträger empfängt unsere höchste Auszeichnung – eine besondere Empfehlung für den 89er. Sehr intensive purpurrote Farbe und kräftiges, komplexes Aroma (geröstetes Brot, Brombeeren, Vanille). Milde Tannine in der Ansprache, danach ein kräftiger, aromatischer Geschmack. Ein sehr eleganter Wein, den man noch lagern muß.
🍇 Ch. La Croix Saint André, 33500 Néac, Tel. 57.51.08.36 ☎ Mo-Sa 8h30-12h30 14h30-18h
🍇 Carayon

CH. LA FLEUR SAINT GEORGES
1989*

■ 10,77 ha 60 000 ▮▯ ↓ ☑

Dieser Wein besitzt eine schöne rubinrote Farbe mit granatroten Reflexen und ein intensives Aroma, das an Gewürze, Minze und reife Früchte erinnert. Diese Komplexität findet man im Geschmack mit den festen, kräftigen Tanninen und der zarten Holznote wieder. Ein Wein, der unbedingt noch altern muß.
🍇 SC Ch. La Fleur Saint Georges, Bertineau, 33500 Néac, Tel. 56.59.41.72 ☎ n. V.

CH. LES CHAUMES 1989

	3,5 ha	k.A.	▪ ⓘ ↓ Ⓥ 2

|88| |89|

Rubinrote Farbe mit gelbroten Reflexen. Dieser 89er entfaltet ein dezentes Aroma von Zimt und roten Beerenfrüchten. Im Abgang ist er zwar ein wenig alkoholisch, aber er kann durch seine geschmeidigen, glatten Tannine gefallen.
➻ Alain Vigier, La Fleur des Prés, 33500 Pomerol, Tel. 57.74.00.16 ☎ n. V.

CLOS LES FOUGERAILLES 1989★★

	2 ha	13 000	▪ ↓ Ⓥ 3

Ein reinsortiger Merlot von einem sandigen Boden. Die Verkoster haben diesem bemerkenswerten 89er einmütig eine besondere Empfehlung zuerkannt. Sehr dunkle, strahlende Farbe. Das komplexe Aroma erinnert an Lakritze, Heidelbeeren und Pfeffer. Die sehr reifen, eleganten Tannine sind lange spürbar. Man muß ihn sorgsam in seinem Keller aufbewahren und ihm die Zeit lassen, die er braucht, um seinen vollen Charakter zu entfalten.
➻ SCEA du Ch. Coudreau, 1, rte de Robin, 33910 Saint-Denis-de-Pile, Tel. 57.74.29.52 ☎ n. V.
➻ Henri Vacher

CH. LES HAUTS-CONSEILLANTS 1988★

	10 ha	54 000	ⓘ ↓ Ⓥ 4

Die Tradition steht auf diesem Gut hoch in Kurs. Deshalb wird der Ausbau auch in Eichenholzfässern vorgenommen. Das Ergebnis ist interessant. Zartes Honig- und Vanillearoma, tanninreicher Geschmack, verstärkt durch eine gute Fruchtigkeit. Ein lagerfähiger Wein.
➻ Pierre Bourotte, 28, rue Trocard, 33500 Libourne, Tel. 57.51.62.17 ☎ n. V.

CH. L'ETOILE DE SALLES 1989★

	k.A.	k.A.	▪ ↓ 3

Charakteristisch für das Anbaugebiet dieses Gutes ist ein aus Ortstein bestehender Untergrund. Er liefert einen dunkelgranatroten 89er mit einem intensiven Bukett, das an Backpflaumen, Mandeln und eingemachte Früchte erinnert. Erstklassiger Geschmack mit milden, aromatischen Tanninen. Sollte noch einige Jahre altern.
➻ Dubois, Ch. L'Etoile de Salles, 33250 Lalande-de-Pomerol, Tel. 56.63.50.52 ☎ n. V.

CH. MARCHESSEAU 1989

	9,06 ha	40 000	▪ ⓘ Ⓥ 3

79 80 **81** 82 83 |**86**| 87 88 89

Dieses 1882 im einheimischen Baustil errichtete Landgut liegt auf kieshaltigen Böden. Sein 89er ist leicht gebaut, gefällt aber durch die Finesse seines Aromas (Gewürze, rote Früchte).
➻ Christian Rénie, Marchesseau, 33500 Néac, Tel. 57.51.40.32 ☎ Mo-Sa 9h-19h

CH. PERRON 1989

	15 ha	80 000	ⓘ Ⓥ 3

88 |89|

Ein hübsches Gebäude und ein freundlicher Empfang. Dieser 89er besitzt ein schönes Aussehen, ein an Blüten, reife Trauben und Trüffeln erinnerndes Aroma und einen Geschmack, der in der Ansprache geschmeidig und rund ist und danach gut gebaute Tannine enthüllt.
➻ Michel-Pierre Massonie, Ch. Perron, B.P. 88, 33503 Libourne Cedex, Tel. 57.51.35.97 ☎ n. V.

DOM. PONT DE GUESTRES 1989★

	2 ha	12 000	▪ ⓘ ↓ Ⓥ 3

78 79 |**81**| |**82**| |**83**| 84 |**86**| |87| 88 89

Die Familie Rousselot, die auch ein Weingut in Fronsac (Les Roches de Ferrand) besitzt, stellt ihren Lalande de Pomerol ausschließlich aus Merlottrauben her. Man spürt das im Bukett (Himbeeren und Heidelbeeren). Die konzentrierte Gerbsäure wird sich in ein paar Jahren besser entfalten.
➻ Rémy Rousselot, 33126 Saint-Aignan, Tel. 57.24.95.16 ☎ n. V.

CH. REAL-CAILLOU 1989★★

	4,3 ha	20 000	▪ ⓘ Ⓥ 3

88 **89**

Dieses Gut gehört der landwirtschaftlichen Fachoberschule von Montagne, wo auch Weinbau und Önologie unterrichtet werden. Dieser 89er zeichnet durch die große Komplexität seines Aromas (Kirschen, Zitronenkraut, Lakritze) und die Kraft seiner dennoch eleganten Tannine aus. Wird einmal ein großer Wein.
➻ Lycée agricole de Montagne, Goujon, 33570 Montagne, Tel. 57.51.01.75 ☎ n. V.

CH. SAMION 1989

	0,3 ha	1 800	▪ ⓘ ↓ 3

30 Ar. Kleiner geht es kaum mehr. Eine Kuriosität ist dieser solide, kräftige Wein nicht nur aufgrund der geringen Menge, sondern auch wegen seines Aromas, in dem Tiergeruch dominiert.
➻ Jean-Claude Berrouet, 68, rue des Quatre-Frères-Robert, 33500 Libourne, Tel. 56.39.79.80

CH. SERGANT 1989

	18,29 ha	90 000	▪ ↓ Ⓥ 3

Die Familie Milhade besitzt mehrere Anbaugebiete im Libournais, darunter das 1959 angelegte Château Sergant. Dieser wohlausgewogene 89er besitzt einen gefälligen Charakter : Aroma von Backpflaumen und Leder. Aufgrund seines etwas aggressiven Abgangs sollte man ihn noch lagern.
➻ Les Vignobles Jean Milhade, Ch. Recougne, 33133 Galgon, Tel. 57.74.30.04 ☎ n. V.

CLOS DES TEMPLIERS 1989

■   8 ha   60 000   ▮ ◖▮ ↓ Ⓜ 🆚

Dieser Wein stammt von einem für die Region typischen kiesig-sandigen Boden. Tiefe, strahlende Farbe, dezentes Gewürzaroma. Die gut umhüllten Tannine erlauben eine mehrjährige Lagerung.

🍇 SCEA Ch. de Bourgueneuf, Bourgneuf, 33500 Pomerol, Tel. 57.51.16.73 ⵏ n. V.

CH. DES TOURELLES 1989*

■   k.A.   k.A.   ▮ ◖▮ ↓ Ⓜ 🆚

79 |81| ⑧② |83| |85| **86** |87| 88 89

Dieses Gut ist seit 20 Jahren mit großer Beharrlichkeit aufgebaut worden, indem bereits bestehende Parzellen zusammengefaßt und vergrößert wurden. Der 89er besitzt eine schöne Farbe und ein intensives, an eingemachtes Obst und Feigen erinnerndes Aroma. Dank seiner geschmeidigen und kräftigen Tannine hat er noch schöne Jahre vor sich.

🍇 François Janoueix, 20, quai du Priourat, B.P. 135, 33502 Libourne Cedex, Tel. 57.51.55.44 ⵏ n. V.

CLOS DES TUILERIES 1989

■   2 ha   10 000   ▮ ◖▮ ↓ Ⓜ 🆚

⑦⓪ **75** 76 78 **79** |82| |83| 86 87 88 89

Der Clos des Tuileries, der zu 80% mit Merlot bestockt ist, besitzt einen Kiessandboden. Dieser 89er bietet einen guten, fleischigen Geschmack mit einem Lakritzearoma, aber das Bukett ist noch sehr zurückhaltend. Muß drei bis vier Jahre altern.

🍇 Francis Merlet, 46, rte de l'Europe, Goizet, 33910 Saint-Denis-de-Pile, Tel. 57.84.25.19 ⵏ n. V.

CH. DE VIAUD 1989*

■   14 ha   70 000   ◖▮ ↓ Ⓜ 🆚

86 |87| **88** |89|

Ein sehr altes Gut, dessen Existenz im Jahre 1784 durch die Karte von Belleyme belegt wird. Seit 1986 ist das Château de Viaud vollständig renoviert worden. Dieser 89er verdient eine Erwähnung wegen seines sehr reifen Aromas und seines ausgewogenen Geschmacks.

🍇 SCEA Ch. de Viaud, 7, rue des Faures, 33000 Bordeaux, Tel. 56.91.80.80 ⵏ n. V.

DOM. DE VIAUD Cuvée spéciale 1989*

■   k.A.   6 000   ◖▮ Ⓜ 🆚

|88| 89

Dieses Gut, das man nicht mit Château de Viaud verwechseln darf, hat in diesem Jahr eine Sondercuvée erzeugt, die 6 000 Flaschen ausmacht. Das Etikett dafür stammt von einem zeitgenössischen Maler, der seine Werke in den Kellern ausstellt. Dieser Wein ist kräftig und elegant. Der tanninreiche Geschmack erinnert an Brombeeren und geröstetes Brot. Ein rassiger Wein.

🍇 Lucette Bielle, 33500 Lalande-de-Pomerol, Tel. 57.51.06.12 ⵏ n. V.

Saint-Emilion und Saint-Emilion Grand Cru

Saint-Emilion ist ein reizvoller, friedlicher Weinbauort (3 300 Einwohner), der auf den Hängen eines Hügels über dem Dordognetal liegt. Es ist aber auch ein geschichtsträchtiger Ort : Station auf dem Jakobsweg, befestigte Stadt im Hundertjährigen Krieg und Zufluchtsort für die Girondisten, als sie aus dem Konvent verbannt wurden ; zahlreiche Zeugnisse erzählen von dieser Vergangenheit. Der Weinbau soll hier auf die Römerzeit zurückgehen, als Legionäre die ersten Reben anpflanzten. Aber seinen eigentlichen Anfang nahm er – zumindest in einem bestimmten Gebiet – erst im 13. Jahrhundert. In jedem Fall ist Saint-Emilion heute das Zentrum eines der berühmtesten Weinbaugebiete der Welt. Dieses verteilt sich auf neun Gemarkungen und besitzt vielfältige Bodentypen. Rund um die Stadt liegen ein Kalksteinplateau und ein lehmig-kalkiger Hang (von wo die berühmten Crus Classés stammen). Die schöne Farbe kündigt körperreiche, kräftig gebaute Weine an. An den Grenzen zu Pomerol liefert der Kiessandboden Weine, die sich durch große Finesse auszeichnen (diese Region verfügt ebenfalls über viele Grands Crus). Aber den Großteil der Appellation Saint-Emilion machen Böden mit sandigen Anschwemmungen aus, die zur Dordogne hin abfallen und gute Weine hervorbringen. Bei den Rebsorten dominiert deutlich die Merlotrebe, ergänzt durch die Rebsorte Cabernet-Franc, die in dieser Gegend Bouchet genannt wird, und in geringerem Maße durch Cabernet-Sauvignon.

Eine der Besonderheiten der Region Saint-Emilion ist ihre Klassifizierung. Sie stammt erst von 1955 und wird regelmäßig revidiert (die erste Überprüfung wurde 1958 durchgeführt, die bislang letzte 1986). Die Appellation Saint-Emilion kann von allen Weinen in Anspruch genommen werden, die in der Gemarkung Saint-Emilion und in acht anderen Gemeinden in der Umgebung erzeugt werden. Die zweite Appellation,

Saint-Emilion Grand Cru, ist also nicht mit einem bestimmten Anbaugebiet, sondern mit einer besonderen Auswahl verbunden ; die Weine müssen dabei anspruchsvolleren Qualitätskriterien genügen, die durch eine Sinnenprüfung bestätigt werden. Vor der Abfüllung in Flaschen müssen sie eine zweite Weinprobe durchlaufen. Unter den Saint-Emilion Grands Crus werden auch die Châteaus ausgewählt, die klassifiziert werden. 1986 wurden 74 von ihnen klassifiziert, davon elf als Premiers Grands Crus. Diese wiederum teilen sich in zwei Gruppen auf : Zwei von ihnen sind als »A« eingestuft, nämlich Château Ausone und Château Cheval Blanc, und die neun anderen als »B« . 1990 lag die Produktion bei 38 Mio. Flaschen. Hinweisen sollte man noch darauf, daß die Union des Producteurs de Saint-Emilion zweifellos die größte französische Genossenschaftskellerei in einer berühmten Appellation ist.

Erwähnt sei hier noch, daß unsere Weinprobe bei der Appellation Saint-Emilion Grand Cru zweigeteilt durchgeführt wurde. Eine Kommission hat die als *Saint-Emilion Grand Cru Classé* eingestuften Weine (ohne Unterscheidung der Premiers Crus Classés) geprüft ; eine andere Kommission hat die übrigen Weine der Appellation *Saint-Emilion Grand Cru* verkostet. Die vergebenen Sterne entsprechen also diesen beiden Kriterien.

Saint-Emilion

CH. BARAIL DU BLANC 1989★

■   5,84 ha   29 733   ▮▮↓▊3

Dieser Cru liefert seit mehreren Jahren regelmäßig gute Weine, die von der Merlotrebe geprägt sind. Der noch sehr jugendliche 89er zeigt sich sehr vielversprechend : intensive rubinrote Farbe, reiche, geschmeidige Ansprache, kräftiger, konzentrierter Geschmack mit festen Tanninen.
↪ U. de P. de Saint-Emilion, B.P. 27, Haut-Gravet, 33330 Saint-Emilion, Tel. 57.24.70.71
⌚ Mo-Sa 8h-12h 14h-18h
↪ Jean-Jacques Elliès

CH. BARBEROUSSE 1989★★

■   7,05 ha   55 000   ▮▯↓▊2

Die dunkle, intensive Farbe weist auf die Konzentration dieses Weins hin, in dem die Merlottraube voll zur Entfaltung kommt und perfekt mit dem Holzfaß harmoniert. Duft von reifen Früchten mit leichter Vanillenote, kräftiger, weiniger, würziger Geschmack. Ein großer lagerfähiger Wein, der bestätigt, was bereits die vorangehenden Jahrgänge versprochen haben.
↪ GAEC Jean Puyol et Fils, Ch. Barberousse, 33330 Saint-Emilion, Tel. 57.24.74.24 ⌚ n. V.

CH. BELLECOMBE 1989★★

■   0,8 ha   7 500   ▮▯↓▊2

Für das Bordelais eine mengenmäßig kleine Produktion, aber von sehr hohem Niveau. Dieser vorwiegend aus Merlottrauben hergestellte 89er ist bemerkenswert aufgrund seines komplexen Buketts, in dem sich sehr reife Früchte, Feigen, Holznoten und der Geruch von warmer Brotrinde vermischen. Die guten Tannine der Trauben und des Holzfasses sorgen für eine schöne Ausgewogenheit. Ein harmonischer Wein, der eine große Zukunft vor sich hat.
↪ Jean-Marc Carteyron, 22, allée de la Palombière, 33610 Cestas, Tel. 56.78.10.26
⌚ n. V.

CH. BELLEGRAVE 1989

■   9 ha   20 000   ▮↓▊2

Xavier Dangin verwaltet das Erbe von fünf Winzergenerationen. Dieser Wein stammt aus einem Weinberg mit sandigen und kiesigen Böden. Der 89er entfaltet fruchtige Noten, die von einem Hauch Unterholz abgelöst werden. Ein sehr klassischer Saint-Emilion, der geschmeidig, feurig und weich ist. Schon trinkreif.

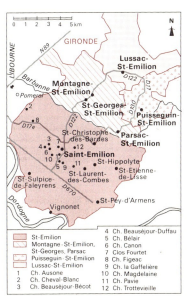

▨	St-Emilion
▨	Montagne-St-Emilion, St-Georges. Parsac
▨	Puisseguin-St-Emilion
▨	Lussac-St-Emilion
1	Ch. Ausone
2	Ch. Cheval-Blanc
3	Ch. Beauséjour-Bécot
4	Ch. Beauséjour-Duffau
5	Ch. Bélair
6	Ch. Canon
7	Ch. Clos Fourtet
8	Ch. Figeac
9	Ch. la Gaffelière
10	Ch. Magdelaine
11	Ch. Pavie
12	Ch. Trottevieille

🍴 Xavier Dangin, Ch. Bellegrave, 33330 Vignonet, Tel. 57.84.53.01 🍷 n. V.

CH. BERTINAT LARTIGUE 1989*

◼   3,41 ha   24 000   ▤ ⑪ ↓ Ⓥ ②

Die gegenwärtigen Besitzer sind beide Önologen, die ihr Fachwissen in den Dienst der Familientradition stellen. Ihr Wein besitzt eine intensive granatrote Farbe und entfaltet ein Aroma von gekochten Früchten und sehr reifen Merlottrauben. Ein feuriger, weiniger 89er, dessen Tannine noch sehr deutlich spürbar sind.

🍴 Danielle et Richard Dubois, Ch. Bertinat Lartigue, 33330 Saint-Sulpice-de-Faleyrens, Tel. 57.24.72.75 🍷 Mo-Sa 9h-12h 14h30-19h

CH. BILLEROND 1989*

◼   10,04 ha   79 200   ▤ ↓ ③

Schöne kirsch- bis purpurrote Farbe. Das sich entwickelnde, intensive Bukett entfaltet ein komplexes Aroma von fruchtigen und würzigen Noten sowie Wildgeruch. Rund, körperreich und wohlschmeckend, mit feinen, samtigen Tanninen, die deutlich spürbar sind. Ein zukunftsreicher Wein.

🍴 U. de P. de Saint-Emilion, B.P. 27, Haut-Gravet, 33330 Saint-Emilion, Tel. 57.24.70.71 🍷 Mo-Sa 8h-12h 14h-18h

🍴 GFA Ch. Billerond

CH. BOIS GROULEY 1989

◼   5,74 ha   15 000   ▤ Ⓥ ②

Dieses 1900 entstandene Familiengut erzeugt einen klassischen Wein, der einfach und harmonisch ist. Er ist typisch für eine Bestockung, bei der die Merlotrebe dominiert, und für Sand- und Kiesböden. Frische, lebhafte, strahlende Farbe. Feines, fruchtiges Aroma mit blumigen Noten. Gute Ausgewogenheit im Geschmack mit geschmeidigen, weichen Tanninen. Trinkreif.

🍴 Louis Lusseau, Ch. Bois Grouley, 33330 Saint-Sulpice-de-Faleyrens, Tel. 57.24.74.03 🍷 n. V.

CH. FLEUR DE LISSE 1989*

◼   7,45 ha   13 000   ▤ ⑪ ↓ ②

Die Familie Minvielle stammt aus dem Béarn und bewirtschaftet diesen Cru seit vier bis fünf Generationen. Ein hoher Anteil von Cabernet-Franc-Trauben, die von lehmig-kalkigen Böden stammen, verleiht diesem 89er ein animalisches Bukett mit etwas wilden Noten und Ledergeruch. Aufgrund seiner Tanninkonzentration, seiner Kraft und seines Alkoholreichtums sollte man ihn ein paar Jahre im Keller lagern, damit er sich verfeinern kann.

🍴 Xavier Minvielle, 33330 Saint-Etienne-de-Lisse, Tel. 57.40.18.46 🍷 n. V.

CH. FRANC JAUGUE BLANC 1989*

◼   10,18 ha   74 666   ▤ ↓ ③

Intensiver, komplexer Duft (sehr reife Früchte). Dieser geschmeidige, voluminöse und kräftig gebaute Wein ist typisch für die Saint-Emilion-Weine des Jahrgangs 1989.

🍴 U. de P. de Saint-Emilion, B.P. 27, Haut-Gravet, 33330 Saint-Emilion, Tel. 57.24.70.71 🍷 Mo-Sa 8h-12h 14h-18h

🍴 Michel Borde

CH. FRANC LE MAINE 1989

◼   11,94 ha   94 133   ▤ ↓ ③

Die leichte, strahlend karminrote Farbe zeigt die Entwicklung dieses Weins an, der typisch für die feuersteinhaltigen Böden der Appellation ist und von überreifen Trauben stammt. Sehr geschmeidig und fein. Noten von Kaffee und Aroma. Bereits trinkreif.

🍴 U. de P. de Saint-Emilion, B.P. 27, Haut-Gravet, 33330 Saint-Emilion, Tel. 57.24.70.71 🍷 Mo-Sa 8h-12h 14h-18h

🍴 SCEA Ch. Franc Le Maine

CH. FRANCS BORIES 1989**

◼   8,47 ha   68 666   ▤ ↓ ③

Sehr schöne Farbe. Das intensive Bukett wird gleichzeitig von der Merlot- und der Bouchettraube geprägt : gekochte Früchte, Lakritze, Wildgeruch. Ein gut gebauter Wein mit spürbaren, aber gezähmten Tanninen, der sehr repräsentativ für den Jahrgang ist.

🍴 U. de P. de Saint-Emilion, B.P. 27, Haut-Gravet, 33330 Saint-Emilion, Tel. 57.24.70.71 🍷 Mo-Sa 8h-12h 14h-18h

🍴 G. Roux et J.-C. Arnaud

CH. DE GUILHEMANSON 1989*

◼   8,45 ha   65 733   ▤ ↓ ③

Im Duft und im Geschmack dominiert das Aroma von sehr reifen Trauben. Dieser noch ein wenig junge Wein dürfte sich bei der Alterung noch verfeinern.

🍴 U. de P. de Saint-Emilion, B.P. 27, Haut-Gravet, 33330 Saint-Emilion, Tel. 57.24.70.71 🍷 Mo-Sa 8h-12h 14h-18h

🍴 A. d'Anthouard

CH. HAUT-BRULY 1989**

◼   4,3 ha   35 333   ▤ ↓ ③

Hübsche, sehr dunkle und tiefe rubinrote Farbe. Ein kräftiger, konzentrierter Wein, der in seinem intensiven Bukett (rote Früchte und eingemachtes Obst) stark von der Merlot-Noir-Rebe geprägt wird. Die Ansprache ist körperreich und rund. Feste, aber gute Tannine. Lange Lagerfähigkeit ist garantiert.

🍴 U. de P. de Saint-Emilion, B.P. 27, Haut-Gravet, 33330 Saint-Emilion, Tel. 57.24.70.71 🍷 Mo-Sa 8h-12h 14h-18h

🍴 C. Cante et D. Minard

CH. HAUTES VERSANNES 1989

◼   9,95 ha   72 000   ▤ ↓ ③

Dieser Cru, der je zur Hälfte mit Merlot- und Cabernetreben bestockt ist und sich auf sandig-kiesigen Böden befindet, liefert einen klassischen, gut gemachten Wein, der im Duft ein Aroma von roten Beerenfrüchten und Lakritze entfaltet und im Geschmack eine gute Ausgewogenheit, Finesse und Geschmeidigkeit bietet. Trinkreif.

🍴 U. de P. de Saint-Emilion, B.P. 27, Haut-Gravet, 33330 Saint-Emilion, Tel. 57.24.70.71 🍷 Mo-Sa 8h-12h 14h-18h

🍴 Lacoste Père et Fils

KLASSIFIZIERUNG DER GRANDS CRUS VON SAINT-EMILION

(Erlaß vom 11. Januar 1984, Verordnung vom 23. Mai 1986)

SAINT-EMILION, PREMIERS GRANDS CRUS CLASSES

A Château Ausone
  Château Cheval-Blanc

B Château Beauséjour
      (Duffau-Lagarosse)
  Château Belair

Château Canon
Château Clos Fourtet
Château Figeac
Château La Gaffelière
Château Magdelaine
Château Pavie
Château Trottevieille

SAINT-EMILION, GRANDS CRUS CLASSES

Château Angelus
Château Balestard La Tonnelle
Château Beauséjour (Bécot)
Château Bellevue
Château Bergat
Château Berliquet
Château Cadet-Piola
Château Canon-La Gaffelière
Château Cap de Mourlin
Château Chauvin
      Clos des Jacobins
      Clos La Madeleine
      Clos de L'Oratoire
      Clos Saint-Martin
Château Corbin
Château Corbin-Michotte
Château Couvent des Jacobins
Château Croque-Michotte
Château Curé Bon La Madeleine
Château Dassault
Château Faurie de Souchard
Château Fonplégade
Château Fonroque
Château Franc-Mayne
Château Grand-Barrail-
   Lamarzelle-Figeac
Château Grand Corbin
Château Grand Corbin-Despagne
Château Grand Mayne
Château Grand Pontet
Château Guadet Saint-Julien
Château Haut Corbin
Château Haut Sarpe

Château La Clotte
Château La Clusière
Château La Dominique
Château La Marzelle
Château Laniote
Château Larcis-Ducasse
Château Larmande
Château Laroze
Château L'Arrosée
Château La Serre
Château La Tour du Pin-Figeac
   (Giraud Belivier)
Château La Tour du Pin-Figeac
   (Moueix)
Château La Tour-Figeac
Château Le Châtelet
Château Le Prieuré
Château Matras
Château Mauvezin
Château Moulin du Cadet
Château Pavie-Decesse
Château Pavie-Macquin
Château Pavillon-Cadet
Château Petit-Faurie-de-Soutard
Château Ripeau
Château Sansonnet
Château Saint-Georges Côte Pavie
Château Soutard
Château Tertre Daugay
Château Trimoulet
Château Troplong-Mondot
Château Villemaurine
Château Yon-Figeac

CH. HAUT-MOUREAUX 1989★★★

■　　　9,45 ha　　63 066　　　▮↓🄷

Die Familie Courrèche vertraut die Herstellung der Weine ihres Gutes der Winzergenossenschaft von Saint-Emilion an. Der 89er ist bemerkenswert gut gelungen : schöne dunkle, intensive Farbe, kräftiger, konzentrierter Duft mit Gewürz- und Lakritzenoten, im Geschmack rund und voll, mit sehr guten Tanninen im Abgang. Ein schon angenehmer Wein, der noch lagern kann.
🗝 U. de P. de Saint-Emilion, B.P. 27, Haut-Gravet, 33330 Saint-Emilion, Tel. 57.24.70.71
🍷 tägl. sf dim. 8h-12h 14h-18h
🍷 GAEC Courrèche Père et Fils

CH. HAUT-RENAISSANCE 1989★

■　　　3 ha　　21 000　　▮🏠↓🅅🄸

Haut-Renaissance, ein Familiengut, erzeugt einen 89er von bemerkenswerter Frische und Jugendlichkeit, wie seine purpurrote Farbe mit den bläulichroten Reflexen und sein intensives Aroma von vollreifen roten Früchten belegen. Dieser moderne Wein, der von der Merlot-Noir-Rebe geprägt wird, besitzt im Geschmack viel Volumen, Fülle und Rundheit. Er ist schon sehr gefällig und dürfte sich aber in den kommenden Jahren günstig entwickeln.
🗝 Denis Barraud, Ch. Haut-Renaissance, 33330 Saint-Sulpice-de-Faleyrens, Tel. 57.84.54.73
🍷 tägl. 8h-12h 14h30-18h

CLOS J. KANON 1989★

■　　　k.A.　　k.A.　　🏠↓🄷

Der Zweitwein von Château Canon. Dieser 89er hat unsere Jury für die AOC Saint-Emilion ebenso sehr durch seine sehr intensive Farbe wie durch sein sich entwickelndes Bukett (reife Früchte mit Kaffee- und Kakaonoten) verführt. Seine runden, kräftigen Tannine, seine Komplexität, seine Finesse und sein langer, harmonischer Abgang machen ihn zu einem reizvollen, lange lagerfähigen Wein.
🗝 SEV Fournier, Ch. Canon, 33330 Saint-Emilion, Tel. 57.24.70.79

CH. LA CAZE BELLEVUE 1989★★

■　　　6,24 ha　　15 000　　▮🅅🄸

Das kräftige, feine Bukett mit den würzigen Noten wird von reifen Früchten geprägt. Der Geschmack ist gut gebaut und bietet eine geschmeidige, runde Ansprache, eine gute Ausgewogenheit und im Abgang ein Kakao- und Kaffearoma. Ein gut vinifizierter 89er, der schon

angenehm zu trinken ist, aber auch eine gute Alterungsfähigkeit besitzt.
🗝 Philippe Faure, 7, rue de la Cité, 33330 Saint-Sulpice-de-Faleyrens, Tel. 57.74.41.85 🍷 n. V.

CH. LA FLEUR GARDEROSE 1989★

■　　　2,3 ha　　13 000　　▮🏠↓🅅🄸

Das Gut befindet sich seit vier Generationen im Besitz der gleichen Familie. Ein feiner und zugleich typischer Wein : der fruchtig-würzige Duft wird sehr stark von der Merlotrebe geprägt. Er besitzt Charakter und enthüllt nach einer etwas abrupten Ansprache eine fleischige Struktur. Die Tannine gewinnen rasch die Oberhand und sorgen für einen etwas harten Abgang. Muß noch lagern.
🗝 GAEC Pueyo Frères, 15, av. de Gourinat, 33500 Libourne, Tel. 57.51.71.12 🍷 n. V.

CH. LA FLEUR GUEYROSSE 1989

■　　　3 ha　　15 000　　▮↓🄸

Dieser von Simon Robert Henri in Libourne erzeugte Wein wird von Edmond Coste et Fils in Langon vertrieben. Er entfaltet einen ausdrucksvollen Duft mit fruchtigen und würzigen Noten. Im Geschmack zeigt er sich geschmeidig mit milden, bereits gezähmten Tanninen. Trinkreif.
🗝 Edmond Coste et Fils, 8, rue de la Poste, B.P. 112, 33212 Langon Cedex, Tel. 56.63.50.52 🍷 n. V.

CH. LA ROSE BLANCHE
Cuvée spéciale du Puits Fleuri 1989★

■　　　k.A.　　12 000　　🏠🅅🄸

Diese von reifen Merlottrauben geprägte Cuvée enthüllt im Duft Nuancen von Tiergeruch und eine feine Holznote. Ein Klassiker der Appellation, der auf traditionelle Weise in Barriquefässern ausgebaut worden ist. Er trinkt sich schon heute angenehm, aber die gute Konstitution seiner Tannine erlaubt es, daß man ihn auch noch einige Zeit lagert.
🗝 Alain Fritégotto, Ch. La Rose Blanche, 33330 Saint-Christophe-des-Bardes, Tel. 57.24.62.26 🍷 n. V.

CH. LA ROUCHONNE 1989

■　　　9,11 ha　　54 666　　▮↓🄷

Ein sehr farbintensiver Wein mit einem bezaubernden Duft : eingemachte Früchte, sehr reife Trauben. Aufgrund seiner milden, entwickelten Tannine ist er schon trinkreif und wird rasch altern.
🗝 U. de P. de Saint-Emilion, B.P. 27, Haut-Gravet, 33330 Saint-Emilion, Tel. 57.24.70.71
🍷 Mo-Sa 8h-12h 14h-18h
🍷 Claude Lapelletrie

CLOS DE LA TONNELLE 1989★

■　　　3,7 ha　　20 000　　🏠🅅🄸

Der Zweitwein von Château Soutard, das seit zwei Jahrhunderten im Besitz der Familie des Ligneris ist. Er wird ausschließlich in Barriquefässern ausgebaut und bietet eine intensive rubinrote Farbe. Der Geruchs- und der Geschmackseindruck werden noch vom Holz dominiert. Daneben entdeckt man einige Noten von Gewürzen und roten Beerenfrüchten.

🍇 des Ligneris, Ch. Soutard, 33330 Saint-Emilion, Tel. 57.24.72.23 ⚑ n. V.

CH. LAVIGNERE 1989*

■   11,07 ha   90 000   ▮↓❸

Dieser Cru erzeugt regelmäßig gute Weine, wobei stets vollreife Trauben verwendet werden. Das fruchtige Aroma enthält rauchige Noten. Der Geschmack entfaltet viel Reichtum mit üppigen, würzigen Tanninen. Da der Abgang noch etwas fest ist, sollte man diesen 89er einige Zeit lagern.

🍇 U. de P. de Saint-Emilion, B.P. 27, Haut-Gravet, 33330 Saint-Emilion, Tel. 57.24.70.71 ⚑ Mo-Sa 8h-12h 14h-18h
🍷 Dominique Vallier

CH. LE MAINE 1989

■   4 ha   26 000   ▮↓☑❷

Seit 1986 erzeugt François Veyry einen Saint-Emilion Grand Cru und diesen Saint-Emilion hier. Er besitzt eine helle Farbe und ein zurückhaltendes Bukett, in dem rote Beerenfrüchte dominieren. Ein feuriger, etwas rustikaler 89er.
🍷 Francis Veyry, Reynaud, 33330 Saint-Pey-d'Armens, Tel. 57.24.74.09 ⚑ n. V.

CH. LE ROC 1989

■   k.A.   20 000   ▮↓❷

Eine Marke im Alleinbesitz der Firma Calvet. Dieser einfache, halb aus Merlot und halb aus Cabernet-Franc hergestellte Wein ist bereits gefällig. Seine Rundheit und seine Geschmeidigkeit können schon heute verführen, ebenso die Finesse eines Buketts.
🍷 Calvet SA, 75, cours du Médoc, B.P. 11, 33028 Bordeaux Cedex, Tel. 56.43.59.00

CH. LES GRAVES D'ARMENS 1989*

■   3,98 ha   30 666   ▮↓❸

Schöne, intensive tiefrubinrote Farbe. Dieser 89er ist überwiegend aus Merlottrauben hergestellt worden, die von sandig-kiesigen Böden stammen. Im Duft ist er noch nicht sehr entwickelt und entfaltet in erster Linie ein Aroma von roten Früchten. Im Geschmack kommen runde, feurige und geschmeidige Tannine zum Vorschein. Der Gesamteindruck ist noch roh, aber von guter Qualität. Er dürfte sich gut entwickeln.
🍇 U. de P. de Saint-Emilion, B.P. 27, Haut-Gravet, 33330 Saint-Emilion, Tel. 57.24.70.71 ⚑ Mo-Sa 8h-12h 14h-18h
🍷 GAEC Dubuc

CH. MAZOUET 1989*

■   6,59 ha   50 000   ▮↓❸

Jean-Claude Pouillet, Winzer in Saint-Pey-d'Armens, überläßt die Vinifizierung seines Weins der Union des Producteurs de Saint-Emilion. Dieser Wein beginnt Noten von reifen Früchten zu entfalten. Seine noch sehr robusten Tannine dürften eine gute Alterung garantieren.
🍇 U. de P. de Saint-Emilion, B.P. 27, Haut-Gravet, 33330 Saint-Emilion, Tel. 57.24.70.71 ⚑ Mo-Sa 8h-12h 14h-18h
🍷 J.C. Pouillet

CLOS DES MOINES 1989

■   9,49 ha   15 000   ▮☑❷

Der Clos des Moines gehörte einst den Tempelrittern. Klare Farbe, Aroma von sehr reifen Merlottrauben mit einer rauchigen Note im Duft. Aufgrund seiner festen Tannine ist dieser 89er ein Wein zum Lagern.
🍇 Ménager, Clos des Moines, 33330 Saint-Christophe-des-Bardes, Tel. 57.24.77.02 ⚑ tägl. 9h-12h 14h-18h ; 1.–15. Aug. geschlossen

CH. MONDOU MERIGNEAN 1989**

■   6,44 ha   53 333   ▮↓❸

Der Reichtum der Merlotrebe und die Finesse der Cabernet-Franc-Rebe gehen in diesem eleganten, ausgewogenen Wein eine wunderbare Verbindung ein. Das sich entfaltende Bukett (Noten von reifen roten Früchten) und die runden, kräftigen und feurigen Tannine deuten auf eine lange Lagerfähigkeit hin.
🍇 U. de P. de Saint-Emilion, B.P. 27, Haut-Gravet, 33330 Saint-Emilion, Tel. 57.24.70.71 ⚑ Mo-Sa 8h-12h 14h-18h
🍷 Danglade Père et Fils

CH. DU MOULIN DE LA CHAPELLE 1989**

■   4,86 ha   38 666   ▮↓❸

Dieser 89er stammt von lehmig-feuersteinhaltigen Böden. Die Bestockung ist typisch für die Appellation. Er zeichnet sich durch eine lebhafte, intensive, strahlend rubinrote Farbe, ein noch etwas schüchternes Aroma von sehr reifen roten Früchten und hervorragenden Stoff mit viel Eleganz und Finesse aus. Ein harmonischer, sorgfältig ausgebauter Wein, der einige Jahre Geduld verdient.
🍇 U. de P. de Saint-Emilion, B.P. 27, Haut-Gravet, 33330 Saint-Emilion, Tel. 57.24.70.71 ⚑ Mo-Sa 8h-12h 14h-18h
🍷 Indivision Magontier

CH. PAGNAC 1989

■   11,74 ha   90 400   ▮↓❸

Der Blütenduft wirkt ein wenig exotisch. Dieser geschmeidige, runde und feurige Wein mit den schon entwickelten Tanninen ist trinkreif.
🍇 U. de P. de Saint-Emilion, B.P. 27, Haut-Gravet, 33330 Saint-Emilion, Tel. 57.24.70.71 ⚑ Mo-Sa 8h-12h 14h-18h
🍷 J. Pagnac

CH. PATARABET 1989**

■   7,32 ha   39 600   ▮◫☑❸

Dieser 1912 angelegte Cru, dessen Boden aus Sand, Kiessand und Eisengekrätz besteht, vereint in sich häufig die Qualitäten seiner Appellation und bringt mit bemerkenswerter Regelmäßigkeit hervorragende Weine hervor, die auch die Frucht einer sorgfältigen Vinifizierung und eines gewissenhaften Ausbaus sind. Der 89er erinnert im Bukett leicht an Tiergeruch und wird noch stark vom Holz beherrscht. Sein Tanninreichtum und seine Kraft, die von einer – bei diesem Jahrgang nicht überraschenden – alkoholischen Note verstärkt wird, sind vielversprechend.

⌂ SCE du Ch. Patarabet, 33330 Saint-Emilion, Tel. 57.24.74.73 ☎ Mo-Sa 8h-12h 14h-19h ; So n. V. (Okt.–März geschlossen)
☛ Eric Bordas

CLOS PETIT MAUVINON 1989*

■ 2,6 ha 20 000 ▮Ⅴ🄳

Das Gut wurde 1925 von der Großmutter von Bernadette Castells gegründet. Die Tannine sind zwar noch ein wenig rauh, aber der Geschmack zeigt eine schöne Ausgewogenheit. Das tiefe, recht intensive Bukett und die strahlende Farbe sind ebenfalls vielversprechend.
☛ Bernadette Castells, Clos Petit Mauvinon, 33330 Saint-Sulpice-de-Faleyrens, Tel. 57.24.75.89 ☎ n. V.

CH. QUEYRON PATARABET 1989**

■ 9,35 ha 56 000 ▮↓🄳

Die bezaubernde dunkle Farbe erinnert an Bigarreaukirschen. Das sich entwickelnde Bukett ist sehr ausdrucksvoll : reife Merlottrauben, Gewürze, Vanille und Röstgeruch. Der reiche, runde, stattliche und strukturierte Geschmack enthält gute, schon samtige Tannine. Der Inbegriff eines 89er Saint-Emilion.
☛ U. de P. de Saint-Emilion, B.P. 27, Haut-Gravet, 33330 Saint-Emilion, Tel. 57.24.70.71 ☎ Mo-Sa 8h-12h 14h-18h
☛ François Itey

CH. ROBIN DES MOINES 1989***

■ 6,5 ha 35 000 ▮Ⅴ🄿

1989

CHATEAU
ROBIN DES MOINES
Saint-Emilion
APPELLATION SAINT-ÉMILION CONTRÔLÉE
12,5% Vol. _J.M. Carrille_ 750 ml
PROPRIÉTAIRE A ST-CHRISTOPHE - 33330 ST-ÉMILION - FRANCE
MIS EN BOUTEILLE AU CHATEAU
produce of france

Die Familie Carrille bewirtschaftet diesen 1910 angelegten Cru. Der jetzige Kellermeister, der junge Philippe Carrille, arbeitet auch in Griechenland und Südafrika. Dieser 89er hat unsere Juroren durch sein intensives Bukett von reifen roten Früchten und eingemachten Kirschen und durch den REichtum seines geschmeidigen, runden und fruchtigen Geschmacks verführt. Die fülligen, üppigen und konzentrierten Tannine runden den harmonischen Gesamteindruck dieses sehr gut vinifizierten Weins ab.
☛ Jean-Marie Carrille, Ch. Haut-Cardinal, 33330 Saint-Emilion, Tel. 57.24.63.01 ☎ n. V.

ROI CHEVALIER 1989*

■ k.A. k.A. ◧🄿

Die Marke der Firma Barton et Guestier, die in die ganze Welt exportiert wird. Im ausdrucksstarken Duft dominieren Beerenfrüchte (schwarze Johannisbeeren, Himbeeren). Dieser harmonische, geschmeidige, feurige und wohlschmeckende 89er ist bereits trinkfertig.

⌂ Barton et Guestier, 53, rue du Dehez, B.P. 30, 33292 Blanquefort Cedex, Tel. 56.35.84.41 ☎ n. V.

DOM. DU SABLE 1989*

■ 1,1 ha 7 000 ▮◧Ⅴ🄻

Wie sein Name bereits andeutet, stammt dieser Wein von einem sandigen Boden. Sein Anbaugebiet ist fast 40 Jahre alt und überwiegend mit Merlotreben bestockt. Ein 89er, der sich wie ein Klassiker dieser Appellation präsentiert : frische, lebhafte Farbe, noch zurückhaltendes Bukett (Tiergeruch und gekochte rote Früchte) und geschmeidige, runde, milde und feine Tannine, die ihn jetzt trinkreif machen.
☛ Tourriol et Appollot, Troquart, 33570 Montagne, Tel. 57.74.61.62 ☎ n. V.

CH. TONNERET 1989**

■ 3,15 ha 9 500 ▮◧Ⅴ🄻

Alles an diesem sehr farbintensiven Wein mit dem kräftigen, tiefen und konzentrierten Bukett weist auf hervorragendes Traubengut hin. Der Geschmack ist ebenfalls kräftig gebaut und enthält eine starke Tanninkonzentration. Ein schönes Beispiel für einen lagerfähigen Wein.
☛ Gresta, Tonneret, 33330 Saint-Christophe-des-Bardes, Tel. 57.24.60.01 ☎ Mo-Sa 9h-19h

VIEUX CHATEAU CARRE 1989**

■ 2,63 ha 18 000 ◧↓Ⅴ🄻

Monsieur Dubost, der Bürgermeister von Pomerol, interessiert sich auch für den Wein von Saint-Emilion. Dieser 89er ist ein echter Lagerwein, der durch seinen Duft von roten Beerenfrüchten und seine schöne Rundheit gefällt, auch wenn die guten Tannine der Merlot- und Cabernettrauben noch ein wenig fest sind.
☛ SARL L. Dubost, Catusseau, 33500 Pomerol, Tel. 57.51.74.57 ☎ n. V.
☛ Yvon Dubost

VIEUX CHATEAU VACHON 1989

■ 5 ha k.A. ▮Ⅴ🄻

Die Lavandiers, die seit vier Generationen Winzer sind, führen den Anbau, die Lese und die Vinifizierung auf traditionelle Weise durch. Ihr Wein besitzt eine schöne, klare rubinrote Farbe. Die dominierende Merlotrebe verleiht ihm einen fruchtig-würzigen Duft mit noch frischen Noten. Angenehmer Charakter mit relativ dezenten Tanninen. Trinkreif.
☛ Thierry Lavandier, Vieux Château Vachon, 33330 Saint-Emilion, Tel. 57.74.46.64 ☎ n. V.

CH. VIEUX-GARROUILH 1989**

■ 6,36 ha 51 200 ▮↓🄳

Ein Familiengut, das die Vinifizierung seiner Produktion der Genossenschaftskellerei von Saint-Emilion anvertraut. Dieser sehr farbintensive Wein mit dem sehr fruchtigen Bukett und dem – dank seiner milden, reifen Tannine – geschmeidigen und runden Geschmack ist bereits sehr gefällig.
☛ U. de P. de Saint-Emilion, B.P. 27, Haut-Gravet, 33330 Saint-Emilion, Tel. 57.24.70.71 ☎ Mo-Sa 8h-12h 14h-18h
☛ Servant Père et Fils

CH. VIEUX LABARTHE 1989

◼	7,03 ha	57 333	▮↓❸

Dieser noch wenig entwickelte Wein besitzt ein sich entfaltendes Bukett, das von sehr reifen Merlottrauben geprägt wird. Diese drücken sich hier überraschenderweise in wilden Noten von Tiergeruch und Leder aus. Die Überreife des Leseguts macht diesen 89er sehr reich und weinig, auch wenn die noch rustikalen Tannine eine Lagerung erfordern, damit er sich voll entfalten kann.

🔑 U. de P. de Saint-Emilion, B.P. 27, Haut-Gravet, 33330 Saint-Emilion, Tel. 57.24.70.71 ⚊ Mo-Sa 8h-12h 14h-18h

🍷 GAEC Ch. Vieux Labarthe

CH. YON 1989*

◼	4,04 ha	33 333	▮↓❸

Dieser 40 Jahre alte Weinberg mit der harmonisch ausgewogenen Bestockung erzeugt einen guten Lagerwein, der angenehm und wohlausgewogen ist. Er besitzt eine hübsche dunkelrote Farbe, ist gegenwärtig im Geruchseindruck noch ein wenig verschlossen und bietet eine geschmeidige, milde Ansprache und einen intensiven, kräftigen Geschmack, dessen reife, harmonisch eingefügte Gerbsäure eine lange Lagerfähigkeit garantieren.

🔑 U. de P. de Saint-Emilion, B.P. 27, Haut-Gravet, 33330 Saint-Emilion, Tel. 57.24.70.71 ⚊ Mo-Sa 8h-12h 14h-18h

🍷 Jean Quenouille

Saint-Emilion Grand Cru

CH. ANGELUS 1989***

◼ Gd cru clas.	25 ha	130 000	▥↓✅❼

71 73 74 **|75|** **76** 77 **78** |79| **80** |81| |82| **83** 84 85 **86** 87 **88 89**

Maurice de Bouard de Laforest ließ sich 1909 auf dem Gut nieder. Heute wird es von der dritten Generation geleitet. Die herrliche dunkle Farbe und das prächtige Bukett von eingemachten reifen Früchten sagen die Trumpffarbe an : Wir haben einen großen Wein vor uns. Ein fülliger, cremiger 89er, der eine sehr breite aromatische Palette (gebrannte Mandeln, schwarze Johannisbeeren) und eine bemerkenswerte Kon-

zentration besitzt. Ein außergewöhnlicher Wein mit einer enormen Alterungsfähigkeit.

🔑 SC du Ch. Angélus, Mazerat, 33330 Saint-Emilion, Tel. 57.24.71.39 ⚊ n. V.

🍷 De Bouard de Laforest et Fils

LE CARILLON DE L'ANGELUS 1989

◼	4 ha	25 000	▥↓❹

Der Zweitwein von Château Angélus. Ein noch zurückhaltendes Aroma von reifen Früchten und Wildbretgeruch kündigt einen Geschmack an, der zunächst fleischig und voll und danach kräftig gebaut ist und gute Tannine enthüllt. Leicht holziger Abgang.

🔑 SC du Ch. Angélus, Mazerat, 33330 Saint-Emilion, Tel. 57.24.71.39 ⚊ n. V.

🍷 de Bouard de La Forest et Fils

CH. D'ARCIE 1989*

◼	6,9 ha	53 066	▮↓❸

Dieser Cru ist zu zwei Dritteln mit Merlot und zu einem Drittel mit Cabernetreben bepflanzt und liegt auf Feuerstein- und lehmig-feuersteinhaltigen Böden. Er liefert einen 89er, der ziemlich typisch für die Appellation ist. Von den spät gelesenen Trauben geprägt, besitzt er eine dunkle Farbe, ein feines Bukett von sehr reifen Früchten und einen sehr weinigen Geschmack, der durch kräftige Tannine ausgeglichen wird.

🔑 U. de P. de Saint-Emilion, B.P. 27, Haut-Gravet, 33330 Saint-Emilion, Tel. 57.24.70.71 ⚊ Mo-Sa 8h-12h 14h-18h

CH. AUSONE 1989***

◼ 1er gd cru A	7 ha	k.A.	▥❼

|59| |61|62 64 **66** |70| |71| |75| 77 **78 79** |80| 81 |(82)| 83 85 86 |87| 88 89

Ausone, das stolz auf dem Gipfel der »Grande Côte« thront, besitzt ein außergewöhnliches Anbaugebiet, das bei diesem 89er sowohl das Bukett wie auch den Geschmack prägt. Der feine, zarte Duft spielt eine sehr komplizierte Partitur mit subtilen Noten : Pilze, feuchtes Holz, Sandelholz, Harz etc. Der Geschmack ist konzentriert, kräftig und imposant und wird nie schwächer. Rund, tanninreich und vom Holz gut unterstützt. Ein charaktervoller Wein mit schönen Noten von Trüffeln und Eingemachtem. Er muß noch lange reifen.

🔑 Indivision Ch. Ausone, 33330 Saint-Emilion, Tel. 57.24.70.26 ⚊ n. V.

CH. BAGNOLS 1989*

8 ha	k.A.	▮ ⑪ 3

Dieser Cru, der sich in Südlage auf lehmig-kalkigen Hängen befindet, gehört dem gleichen Besitzer wie Château Viramon. Der 89er von dort besitzt eine strahlende rubinrote Farbe mit purpurroten Reflexen. Sein Bukett wird noch etwas vom Röst- und Vanillearoma des Holzfasses geprägt. Ein kräftig gebauter Wein, der in der Ansprache geschmeidig und voll ist und sich im Geschmack momentan etwas streng zeigt, aber sehr vielversprechend ist.

Vignobles Lafaye Père et Fils, Ch. Viramon, 33330 Saint-Etienne-de-Lisse, Tel. 57.40.18.28 I n. V.

CH. BALESTARD LA TONNELLE 1989**

Gd cru clas.	10,1 ha	70 000	⑪ ☑ 5

|70| 71 |76| |79| 80 |81| |82| (83) 84 85 86 |87| 88 89

Dieser schon von François Villon gefeierte »göttliche Nektar, der den Namen Balestard« trägt, verdient auch heute noch das Interesse der Prüfer. Die schwarzen Reflexe spiegeln die extreme Konzentration dieses Weins wider, dessen Duft von reifen Merlottrauben geprägt wird. Im Geschmack zeigt er sich zunächst rund und fleischig und danach sehr delikat und feurig. Schöner Abgang mit dem Aroma reifer Früchte.

Jacques Capdemourlin, Ch. Balestard la Tonnelle, 33330 Saint-Emilion, Tel. 57.74.62.06 I n. V.

CH. DU BARRY 1989*

8 ha	40 000	⑪ ☑ 3

Dieses Gut, das auf einer Schicht reinem Kiessand liegt, wurde von dem aus der Auvergne stammenden Großvater Daniel Moutys erworben. Der schöne Wein wird von den reifen Merlottrauben (80% der Bestockung) und vom Ausbau in neuen Eichenholzfässern geprägt. Das führt zu einem noch leicht holzbetonten Bukett mit dem Aroma von Vanille, Geröstetem und Geräuchertem. Der Geschmack ist sehr geschmeidig und harmonisch. Ein gefälliger, eleganter 89er, der schon trinkreif ist.

Daniel Mouty, Ch. du Barry, 33350 Sainte-Terre, Tel. 57.84.55.88 I Mo-Sa 8h-12h 14h-18h

CH. DU BASQUE 1989

11,58 ha	68 000	▮ ↓ 3

Dieser Wein stammt von alten Rebstöcken, die auf Feuerstein- und lehmig-feuersteinhaltigen Böden wachsen. Schöne dunkle, strahlende Farbe. Aroma von sehr reifen Früchten. Ein weiniger, gut gebauter 89er, der im Abgang noch etwas herb und rustikal ist, sich aber günstig entwickeln dürfte.

U. de P. de Saint-Emilion, B.P. 27, Haut-Gravet, 33330 Saint-Emilion, Tel. 57.24.70.71 I Mo-Sa 8h-12h 14h-18h
Elie Lafaye

CH. BEAUSEJOUR 1989*

1er gd cru B	k.A.	40 000	⑪ ↓ 5

|75| 76 |78| |79| |82| 83 85 86 87 (88) |89|

Seit 1847 besitzt ein und dieselbe Familie diesen Premier Cru, dessen Berühmtheit allgemein anerkannt ist. Das kräftige Bukett wird vom Aroma reifer Früchte und sehr konzentrierter Trauben beherrscht. Die Ansprache enthüllte eine leichte Frische, die danach dem Volumen des Weins weicht. Der schöne Abgang ist lang und feurig. Erinnert sei noch daran, daß der 88er im letzten Jahr mit drei Sternen bewertet wurde und eine besondere Empfehlung erhielt.

SC du Ch. Beauséjour, 33330 Saint-Emilion, Tel. 57.24.71.61 I n. V.
Héritiers Duffau-Lagarosse

CH. BEAU-SEJOUR BECOT 1989***

16,52 ha	70 000	⑪ ↓ ☑ 5

70 71 73 75 76 78 80 |81| |82| |83| 85 (86) 87 88 89

Wahrscheinlich verdankt das diskret inmitten seiner Rebflächen versteckte Château seinen Namen der schönen Lage. Reife Früchte, Holz und Lakritze prägen das elegante Bukett. Der Geschmack ist zwar sehr strukturiert, aber dennoch geschmeidig und kräftig : das Aroma von roten Früchten, Blüten und Gewürzen explodiert förmlich. Prächtiger Abgang.

GAEC Beau-Séjour Bécot, 33330 Saint-Emilion, Tel. 57.74.46.87 I n. V.
Bécot

CH. BEL-AIR OUY 1989*

5,5 ha	41 200	▮ ↓ 3

|75| 76 |78| 79 80 82 83 85 |86| 87 |88| 89

Dieser von der Genossenschaftskellerei in Saint-Emilion hergestellte Wein bietet eine schöne Farbe, die gleichzeitig dunkel und lebhaft ist, und einen hübschen Duft, der sehr fruchtig, aber fein ist. Trotz der noch etwas rauhen Tannine bewahrt er im Geschmack eine gute Ausgewogenheit.

U. de P. de Saint-Emilion, B.P. 27, Haut-Gravet, 33330 Saint-Emilion, Tel. 57.24.70.71 I Mo-Sa 8h-12h 14h-18h
GFA Bel-Air Oüy

CH. BELLEFONT-BELCIER 1989**

13 ha	70 000	⑪ ☑ 3

(76) 77 78 79 |81| |82| |83| |84| 85 87 88 89

Das im 19. Jh. errichtete und mit wildem Wein überwucherte Château ist von wunderschönen Platanen umgeben. Es besitzt einen bemerkenswerten runden Gärkeller, der auf zwei Stockwerken angelegt ist. Tiefe, strahlende rubinrote Farbe. Der Wein besitzt entfaltet ein intensives Bukett, in dem man reife Früchte und ein feines Vanillearoma entdeckt. Sehr gut strukturiert, kräftig, mit einer harmonischen Holznote. Ein sehr guter Wein, der eine lange Lagerzeit verdient.

Jean Labusquière, Ch. Bellefont-Belcier, 33330 Saint-Laurent-des-Combes, Tel. 57.24.72.16 I n. V.

CH. BELLEVUE 1989

Gd cru clas.	6 ha	42 000	⑪ ☑ 4

82 |83| |85| 88 89

Château Bellevue, das sich von 1642 bis 1938 im Besitz der Familie Lacaze befand, war 1793 der Zufluchtsort des Girondisten Gaston Lacaze. Ein sehr jugendlicher Wein mit einer lebhaften Farbe und einem dezenten Bukett. Kräftiger Bau und gute Ausgewogenheit. Da er noch nicht ganz harmonisch ist, muß er einige Zeit lagern.

SC Ch. Bellevue, 33330 Saint-Emilion, Tel. 57.51.06.07 ⚤ n. V.

CH. BELREGARD-FIGEAC 1989★★

■	2 ha	12 000	⫟ ↓ ☑ 3

Die Pueyos, die seit vier Generationen Wein anbauen, präsentieren auf diesem kleinen Gut mit dem 89er erstmals einen Grand Cru. Für ein Debüt ein schöner Erfolg, der dem Niveau seiner Klassifizierung entspricht. Schöne Farbe und sehr gefälliges Bukett mit blumigen, fruchtigen und Mentholnoten. Der Geschmack ist jung und voll. Die etwas festen Tannine garantieren eine gute Alterung.

GAEC Pueyo Frères, 15, av. de Gourinat, 33500 Libourne, Tel. 57.51.71.12 ⚤ n. V.

CH. BERLIQUET 1989

■ Gd cru clas.	8,74 ha	65 066	⫟ ↓ ☑ 5

Der einzige Wein, der in der neuen Klassifizierung der Appellation Saint-Emilion befördert worden ist : Früher als Grand Cru eingestuft, ist er heute ein Grand Cru Classé. Schöne, strahlend rubinrote Farbe. Das Aroma von reifen Früchten ist charakteristisch für ein Jahr mit sehr früher Reife. Danach zeigt sich der Wein rund und elegant – trotz einer zu starken Holznote, die angesichts seiner gegenwärtigen Jugend entschuldbar ist.

U. de P. de Saint-Emilion, B.P. 27, Haut-Gravet, 33330 Saint-Emilion, Tel. 57.24.70.71 ⚤ Mo-Sa 8h-12h 14h-18h

P. de Lesquen

CH. BERNATEAU 1989

■	14 ha	k.A.	▮ ⫟ ☑ 3

⑦⑤ **76** |78| **79 80** |81| |82| |83| **84 85 86 88 89**

Die Lavaus, die seit mehr drei Generationen Winzer sind, betreiben voller Hingabe schon seit dem 18. Jh. Weinbau. Der 89er besitzt eine dunkle, granatrot schimmernde Farbe. Das zurückhaltende Bukett enthüllt fruchtige Nuancen, Holznoten und leichten Tiergeruch. Dieser sehr kräftig gebaute Wein ist reich an noch etwas rauhen Tanninen, die sich aber bei der Alterung abrunden dürften.

Lavau, Ch. Bernateau, 33330 Saint-Etienne-de-Lisse, Tel. 57.40.18.19 ⚤ n. V.

CH. BONNET Réserve du Château 1989★

■	5 ha	30 000	⫟ ↓ ☑ 4

75 78 |79| |81| ⑧② |83| **85 86 88 89**

Die »Réserve du Château« wird nach bester Tradition in Eichenholzfässern ausgebaut. Der 89er bietet eine klare rubinrote Farbe und ein ausdrucksvolles Bukett mit blumigen und fruchtigen Nuancen, die von einer Holznote unterstützt werden. Recht elegant, aber deutlich spürbare, wenn auch erstklassige, vielversprechende Tannine.

GAEC du Ch. Bonnet, 33330 Saint-Pey-d'Armens, Tel. 57.47.15.23 ⚤ n. V.

CH. BOUTISSE 1989

■	15 ha	70 000	▮ ⫟ ↓ ☑ 3

Dieser Wein stammt von 25 Jahre alten Rebstöcken, die auf lehmig-kalkigen Böden wachsen. Karminrote Reflexe. Duft von Trauben und gekochten roten Früchten. Im Geschmack zeigt er

sich in der Ansprache geschmeidig. Seine noch festen Tannine sprechen jedoch dafür, daß man den Wein noch einige Zeit altern läßt.

Jean-François Carrille, pl. du Marcadieu, 33330 Saint-Emilion, Tel. 57.24.74.46 ⚤ n. V.

CH. CADET PIOLA 1989★★

■ Gd cru clas.	7 ha	48 000	⫟ ☑ 4

Das Etikett wirkt bukolisch und freizügig, doch der Wein selbst gibt sich seriöser. Bemerkenswert im Geschmack sind der Stoff und die Struktur der sehr reifen Tannine, die aber keineswegs der Finesse und Eleganz des Weins schaden. Sehr gute Zukunftsaussichten.

Alain Jabiol, B.P. 24, 33330 Saint-Emilion, Tel. 57.74.47.69 ⚤ n. V.

CAILLOU D'ARTHUS 1989

■	2,1 ha	13 000	⫟ ☑ 2

Ein kleines, 1860 gegründetes Gut. Der 89er besitzt eine noch sehr jugendliche Farbe, während das Bukett bereits entwickelt ist (Noten von roten Früchten und Butter). Im Geschmack ist er feurig, weil er ein wenig vom Alkohol beherrscht wird. Sehr reife Tannine.

Jean-Denis Salvert, 8, rue des Esprit des Lois, 33000 Bordeaux, Tel. 56.44.36.86 ⚤ n. V.

CH. CANON 1989★

■ 1er gd cru	18 ha	90 000	⫟ ↓ 7

71 |75| **76** |78| |79| |80| |81| ⑧② |83| **85 86** |87| **88 89**

Seine teilweise von Mauern umschlossenen Weinberge und sein Château aus dem 18. Jh. haben viel zum guten Ruf von Canon beigetragen, aber in erster Linie gründet sich sein Ansehen auf den Wein. Man bewundert zuerst die Tiefe der Farbe und die entwickelten Aromas (Wildbretgeruch, Leder). Im Geschmack besitzt dieser 89er viel Persönlichkeit und Kraft sowie solide Tannine. Schöner, weiniger Abgang. Erinnert sei noch daran, daß der mit drei Sternen benotete 88er im letzten Jahr zu unseren besonderen Empfehlungen gehörte.

SEV Fournier, Ch. Canon, 33330 Saint-Emilion, Tel. 57.24.70.79

CH. CANON LA GAFFELIÈRE 1989★

■ Gd cru clas.	20 ha	110 000	⫟ ↓ ☑ 6

55 59 61 **62 64 66 75** |78| **79** |80| |81| |82| ⑧③ |85| **86** |87| **88 89**

Das im 18. Jh. entstandene Château ist seit 1971 Eigentum der Grafen Neipperg, zu denen ein Vorfahre Kaiserin Marie-Louise, die zweite Gemahlin Napoleons, (in morganatischer Ehe) heiratete. Den 88er haben wir im letzten Jahr besonders empfohlen. Schöne dunkle, strahlende Farbe und hübscher Duft von hellem Tabak. Im Geschmack erscheint dieser 89er geschmeidig und glatt. Eleganter Abgang und große Fülle.

SCEV des Comtes de Neipperg, Ch. Canon La Gaffelière, 33330 Saint-Emilion, Tel. 57.24.71.33 ⚤ n. V.

CH. CANSET 1989

■	9 ha	56 000	▮ ⫟ ↓ ☑ 3

Die Arbeiten im Weinberg und die Lese werden hier auf traditionelle Weise durchgeführt. Der Wein besitzt eine intensive, strahlende Farbe.

Eleganter Duft und gute Ausgewogenheit zwischen Fleisch und Tanninen mit Noten von Blüten und Weichseln.

🍷 Jacques de La Tour du Fayet, Ch. Canset, 33330 Saint-Sulpice-de-Faleyrens, Tel. 57.24.72.08 ☎ n. V.

CH. CANTENAC 1989

■		15 ha	80 000	🍷 ⬛ ↓ Ⓥ ❸
|Ⓢ②| |86| 87	88 |89|

Château Cantenac liegt ganz vorne am Hügel von Saint-Emilion auf sandig-kiesigen Böden. Ein ziemlich entwickelter 89er, in der Farbe ebenso wie im Geschmack, der geschmeidig und würzig ist und ein wenig vom Alkohol geprägt wird. Das Bukett entfaltet Noten von eingemachtem Obst, Lakritze und angebranntem Holz.

🍷 SCI des Vignobles Brunot, Ch. Cantenac, 33330 Saint-Emilion, Tel. 57.51.35.22 ☎ n. V.

CH. DE CANTIN 1989*

■	28,2 ha	200 000	⬛ ↓ Ⓥ ❸

Château de Cantin, das aus dem 18. Jh. stammt, war schon 1770 auf der Karte von Belleyme angegeben. Die Intensität der granatroten Farbe und das Aroma von roten Früchten und Leder, das von einer schönen Holznote unterstützt wird, weisen auf die Konzentration dieses kräftigen, reichen 89ers hin, der noch etwas lagern muß.

🍷 SC Ch. de Cantin, 33330 Saint-Christophe-des-Bardes, Tel. 57.24.65.73 ☎ n. V.

CH. CAP DE MOURLIN 1989

■ Gd cru clas.	13,55 ha	90 000	⬛ Ⓥ ❹
|70| |79| 80 |81| |② |83| 84 |85| 86 87 88 89|	

Ein ziemlich außergewöhnlicher Fall : Dieser Cru verdankt seinen Namen der Familie Capdemourlin, die hier bereits seit fast fünf Jahrhunderten ansässig ist. Im Archiv des Gutes findet man Unterlagen über einen Weinverkauf aus dem Jahre 1647 ! Das Aroma von sehr reifen Kirschen beherrscht den Duft mit dem leichten Röstgeruch. Auf eine weiche Ansprache folgt ein angenehmer Geschmackseindruck, der sich auf gut umhüllte Tannine stützt. Da er noch eine gewisse Strenge besitzt, kann man ihn im Augenblick nicht hoch einschätzen. Geduld !

🍷 Jacques Capdemourlin, Ch. Balestard la Tonnelle, 33330 Saint-Emilion, Tel. 57.74.62.06 ☎ n. V.

CH. CARDINAL-VILLEMAURINE 1989*

■	10 ha	50 000	🍷 ⬛ ↓ Ⓥ ❸

Der Name des Châteaus erinnert an Kardinal Gaillard de la Mothe und an ein Feldlager, das hier zur Beobachtung der sarazenischen Invasion im 8. Jh. aufgeschlagen worden war. Ein guter 89er mit einer klaren rubinroten Farbe, einem schon ausdrucksvollen Bukett (fruchtige Noten und Röstgeruch) und einem geschmeidigen, feurigen Geschmack, der vollreife Tannine enthüllt. Klassisch und harmonisch.

🍷 Jean-François Carrille, pl. du Marcadieu, 33330 Saint-Emilion, Tel. 57.24.74.46 ☎ n. V.

CH. CARTEAU COTES DAUGAY 1989**

■		12,8 ha	65 000	🍷 ⬛ ↓ Ⓥ ❸
70 71 74 75 76 77 |78| 79 80 |81| |②	83 85 86 |87| |88| 89		

Carteau ist im klassischen Stil des Bordelais gehalten : ein für die Gironde typisches Haus aus dem 19. Jh. und angrenzende Keller. Auch die traditionellen Anbaumethoden von Saint-Emilion werden hier beibehalten. Der 89er ist ein großartiges Beispiel dafür, was eine perfekt gelungene Vinifizierung und ein ebenso guter Ausbau aus sehr reifem Traubengut machen können. Das Ergebnis sind eine sehr dunkelrote Farbe, ein intensives, komplexes Bukett mit feiner Holznote und eine schöne Konzentration im Geschmack mit stattlichen, runden und reifen Tanninen. Für eine lange Lagerung geeignet.

🍷 Jacques Bertrand, Ch. Carteau-Côtes-Daugay, 33330 Saint-Emilion, Tel. 57.24.73.94 ☎ n. V.

CH. CARTEAU PIN DE FLEURS 1989

■	4,8 ha	22 500	⬛ ↓ Ⓥ ❹

Zinnoberrot schimmernde Farbe. Zurückhaltender Duft von sehr reifen Früchten. Sehr geschmeidiger, harmonischer, warmer Geschmack mit milden Tanninen, die sich ziemlich schnell entwickeln. Angenehm zu trinken.

🍷 SCV Moueix Père et Fils, Ch. Taillefer, B.P. 137, 33503 Libourne Cedex, Tel. 57.51.50.63 ☎ n. V.

🍷 Mme Jean-Michel Moueix

CH. DU CAUZE 1989

■	20 ha	140 000	⬛ ↓ Ⓥ ❸
82 83 85 86	88	89		

Das Gebäude ist auf den Ruinen einer Burg errichtet worden, die im Hundertjährigen Krieg zerstört worden war. Dieser lebhaft rote, noch etwas verschlossene 89er duftet nach roten Früchten und Leder und enthüllt einige pfeffrige und würzige Noten. Im Geschmack ist er zunächst geschmeidig und voll und zeigt sich danach etwas aggressiv, so daß man ihn noch einige Zeit lagern sollte, damit er sich verfeinern kann.

🍷 Ch. du Cauze, 33330 Saint-Christophe-des-Bardes, Tel. 57.74.62.47 ☎ n. V.

🍷 Bayard Laporte

DOM. CHANTE-ALOUETTE-CORMEIL 1989

■		9 ha	35 000	🍷 ⬛ ↓ Ⓥ ❸
75 78 79 80 81 |②| |83| 84 85 86 |88| 89		

Einer der beiden Crus von Yves Delol. Dieser 89er besitzt eine schöne intensive, strahlende Farbe. Der verführerische Duft ist noch etwas verschlossen, aber kräftig und enthüllt Noten von Früchten, Unterholz und Leder. In der Ansprache ist er rund und fleischig, während im Abgang noch etwas feste Tannine zum Vorschein kommen.

🍷 Yves Delol, Ch. Gueyrosse, 33500 Libourne, Tel. 57.51.02.63 ☎ n. V.

CLOS CHANTE L'ALOUETTE 1989

■	3,5 ha	18 000	⬛ ↓ ❸

Der Weinberg wurde in der ersten Hälfte des

19. Jh. auf Sandböden aus dem Quartär angelegt, die auf Windtransport zurückgehen. Die Bestockung besteht zu 75% aus Merlot- sowie Cabernetreben. Heute verwendet man biologische Anbaumethoden. Dieser Wein mit der tiefrubinroten Farbe bringt im Augenblick seine Qualitäten nicht voll zur Entfaltung und benötigt deshalb eine längere Alterungszeit, damit sich seine reiche, kräftige Tanninstruktur verfeinern kann.
🍴 Ouzoulias, 17, rue du Colonel-Picot, B.P. 93, 33500 Libourne, Tel. 57.51.07.55 ⟁ n. V.

CH. CHAUVIN   1989 **

■ Gd cru clas.	10,26 ha	58 000	≣ 📥 ↓ ☑ 4

81 82 83 |85| |86| |87| (88) **89**

Dieser Cru, der auf einem Hang mit sandigen Böden liegt, wurde ab 1891 von der Familie Ondet angelegt. Zwei Schwestern kümmern sich gegenwärtig um den Anbau und die Vinifizierung, bei der sie Michel Rolland berät. Der 1988 gehörte zu unseren besonderen Empfehlungen. Der 80%ige Merlotanteil zeigt sich in der Kraft dieses reichen 89ers. Runder, fleischiger Geschmack mit samtigen, edlen Tanninen, die diesem sein harmonischen Wein eine solide Struktur geben.
🍴 Héritiers Ondet, Ch. Chauvin, 33330 Saint-Emilion, Tel. 57.24.76.25 ⟁ n. V.
🍴 B. Ondet - M.-F. Février

CH. CHEVAL BLANC   1989 ***

■ 1er gd cru A 33,23 ha		k.A.	📥 ↓ 7

|(61)| **64 66** 69 |70| **71** 72 73 74 **75** |76| 77 |78| |79| 80 |81| **82 83** 84 **85 86** |87| **88 89**

Mis en bouteille au Château   13 % BY VOL.
S^{té} CIVILE DU CHEVAL BLANC, H^{ters} FOURCAUD-LAUSSAC
PROPRIÉTAIRES A ST-EMILION (GIRONDE) FRANCE
PRODUCE OF FRANCE   750 ml

Boden und Bestockung – über Cheval Blanc ist bereits unzählige Male alles gesagt worden. Darüber gerät oft der Anteil des Menschen in Vergessenheit, der hier jedoch von wesentlicher Bedeutung ist, um die Qualität von Weinen wie diesem 89er zu erklären. Ein kräftiger, stattlicher und majestätischer Wein, der zur gleichen Zeit erstaunlich geschmeidig, weich und delikat ist. Als hätte sich sein Gerüst abrunden wollen, um mit dem Aroma von Erdbeerkonfitüre, Leder, Backpflaumen und Lakritze zu harmonieren. Eine fast schon sündige Schlemmerei.
🍴 SC du Cheval Blanc, Ch. Cheval Blanc, 33330 Saint-Emilion, Tel. 57.24.70.70 ⟁ n. V.

CH. CLOS DES JACOBINS   1989 *

■ Gd cru clas.	8 ha	50 000	📥 ↓ ☑ 6

75 76 78 79 80 |81| |82| |83| 84 **85** |86| |87| **88** 89

Die Archive verraten nichts über den Ursprung dieses Clos, aber der Überlieferung nach entstand er während der Französischen Revolution. Strahlende kirschrote Farbe, aber noch zurückhaltendes Bukett. Ein gefälliger, lebhafter Wein mit einer geschmeidigen Ansprache und einem fruchtigen Geschmack, der sich gut mit der Holznote verträgt.
🍴 Dom. Cordier, 10, quai de Paludate, 33800 Bordeaux, Tel. 56.31.44.44 ⟁ n. V.

CH. CLOS FOURTET   1989 **

■ 1er gd cru B	17 ha	70 000	📥 ↓ 6

|70| **71** 73 74 |75| **76** |78| |79| 80 |81| **82** |83| 85 86 |87| 88 **89**

Der vor den Toren von Saint-Emilion liegende Clos Fourtet hieß früher »Camp Fourtet« , was auf seine militärische Vergangenheit hinweist. Inzwischen verfolgt Fourtet jedoch friedliche Ziele und ist in einen wunderschönen Weinberg umgewandelt worden. Wenn man diesen herrlichen Wein mit der tiefroten Farbe probiert, kann man über diese Veränderung nur froh sein. Das intensive Aroma von Unterholz und Trüffeln prägt das kräftige Bukett. Die geschmeidigen Tannine tragen zur Eleganz des Geschmacks bei, der mit einem lang anhaltenden Vanillearoma ausklingt.
🍴 SC Ch. Clos Fourtet, 33330 Saint-Emilion, Tel. 57.24.70.90
🍴 Lurton Frères

CH. CLOS SAINT-MARTIN   1989

■ Gd cru clas.	1,4 ha	8 000	📥 ↓ ☑ 4

78 79 81 82 85 86 87 **88** |89|

Dieser 1,4 ha große Clos, der hinter der Kirche Saint-Martin liegt und an zwei Premiers Grands Crus Classés angrenzt, produziert nur eine sehr geringe Menge. Der kräftige Duft von eingemachten Früchten ist reich und weinig. Im Geschmack ist er voll, geschmeidig und sehr angenehm, wobei er von guten Holznoten unterstützt wird. Man kann ihn jung trinken.
🍴 SCI Les Grandes Murailles, 33330 Saint-Emilion, Tel. 57.24.71.09 ⟁ n. V.
🍴 Mme G. Reiffers

CH. CORBIN   1989

■ Gd cru clas.	13,65 ha	80 000	📥 ↓ ☑ 4

(64) **66 70 71 75** 76 |78| 79 80 |81| |82| |83| **85 86** 87 |88| |89|

Ein schönes Landhaus, das gleichzeitig rustikal und elegant wirkt. Dieser Wein mit dem zurückhaltenden, verschlossenen Bukett besitzt eine wohlausgewogene und harmonische, aber nicht sehr kräftige Struktur. Schmeckt bereits angenehm.
🍴 SC des Dom. Giraud, Ch. Corbin, 33330 Saint-Emilion, Tel. 57.74.48.94

CH. CORBIN MICHOTTE   1989 *

■ Gd cru clas.	6,72 ha	k.A.	📥 ↓ 5

71 73 74 77 **78 79** |80| |81| |82| |83| |85| 86 87 **88** 89

Jean-Noël Boidron hat 1980 die Keller dieses im Directoirestil errichteten Anwesens renoviert. Ein Stück davon befindet sich an der Tour Saint-Georges (18. Jh.), Place Mercadière in Saint-Emilion. Dieser 89er ist ein hübscher Wein, den man noch lagern muß. Die strahlende Farbe erinnert an reife Bigarreaukirschen und kündigt das reiche Bukett an : Früchte, Gebratenes und Karamel. Obwohl im Geschmack noch das empyreumatische Aroma dominiert, entdeckt man einen schönen Stoff, der noch harmonisch verschmelzen muß.

🍷 Jean-Noël Boidron, Ch. Corbin Michotte, 33330 Saint-Emilion, Tel. 56.96.28.57 ⟋ n. V.

CH. CORMEIL-FIGEAC 1989★★

■		10 ha	48 000	⬛ Ⓥ 4

61 64 66 ⑦⓪ 71 **75** 76 **78** 79 80 81 |82| |83| 86 87 |88| **89**

Die Karte von Belleyme aus dem Jahre 1762 zeigt einen an dieser Stelle schon seit langem bestehenden Weinberg, der auf einem alten Sandboden liegt. Die intensive, dunkle Farbe weist auf die kräftige und reiche Struktur dieses Weins hin. Das an Tiergeruch erinnernde Bukett enthält feine Holznoten. Der robuste Geschmack enthüllt füllige, stattliche Tannine und klingt in einem langen, nachhaltigen Abgang aus.

🍷 SCEA Cormeil-Figeac-Magnan, 33330 Saint-Emilion, Tel. 57.24.70.53 ⟋ n. V.

COTES ROCHEUSES 1989

■	k.A.	333 000	■↓ Ⓥ 3

Mit mehr als 330 000 Flaschen stellt dieser 89er zweifellos die größte Produktion der Appellation dar. Die orangerote schimmernde Farbe, das feine, angenehme Bukett und der weinige Geschmack machen ihn zu einem etwas rustikalen, aber gefälligen Wein, den man schon trinken, aber auch noch einige Zeit lagern kann.

🍷 U. de P. de Saint-Emilion, B.P. 27, Haut-Gravet, 33330 Saint-Emilion, Tel. 57.24.70.71 ⟋ Mo-Sa 8h-12h 14h-18h

CH. COTES TROIS MOULINS 1989

■	4 ha	24 000	⬛ Ⓥ 4

Der 87er wurde von uns besonders empfohlen. Mit seinem 89er wiederholt das Cru zwar nicht diese Leistung, aber der Wein ist trotzdem interessant. Dunkle Farbe mit granatroten Reflexen, reiche »Tränen« am Glas. Der sehr hübsche Duft (überreife Früchte, feine Holznote) ist kräftig und lang. Der sehr alkoholische, volle Geschmack enthüllt solide Tannine, die sich noch auflösen müssen.

🍷 SCV Moueix Père et Fils, Ch. Taillefer, B.P. 137, 33503 Libourne Cedex, Tel. 57.51.50.63 ⟋ n. V.
🍷 Mme Armand Moueix

COUVENT DES JACOBINS 1989★

■ Gd cru clas.	9,3 ha	40 000	⬛ 4

Dieses Kloster im Herzen von Saint-Emilion wurde im 18. Jh. errichtet, ist aber schon sehr lange profaniert. Das kräftige, weinige Bukett wird von Mentholnoten geprägt. Ein schwerer Wein mit einem fleischigen, runden Geschmack, dem der Stoffreichtum einen geschmeidigen, warmen Charakter verleiht.

🍷 CVBG Dourthe-Kressmann, 35, rte de Bordeaux, 33290 Parempuyre, Tel. 56.35.53.00
🍷 Joinaud-Borde

CH. CROS FIGEAC 1989★★

■	4 ha	25 000	⬛ Ⓥ 3

Seit 1990 gibt es auf dem Gut ein Landgast-

haus. In ein paar Jahren kann man dort einen hervorragenden 89er probieren. Heute besitzt er eine sehr schöne, lebhaft rubinrote Farbe und ein intensives Bukett, das an eingemachte Früchte, Gewürze und Leder erinnert.

🍷 Cassagne, Ch. Cros Figeac, 33330 Saint-Emilion, Tel. 57.24.76.32

CH. DASSAULT 1989★

■ Gd cru clas.	23,84 ha	90 000	⬛↓ Ⓥ 6

75 **76** 78 79 80 **81** |82| |83| 84 **85** |87| **88** 89

Das auf alten Sandböden liegende Gut wurde 1955 von Marcel Dassault erworben, der ihm auch seinen Namen gab. Die strahlende Farbe schimmert granatrot. Im harmonischen, komplexen Bukett dominiert Röstaroma. Der geschmeidige, elegante Geschmack enthüllt einen langen, würzigen Abgang.

🍷 Ch. Dassault, 33330 Saint-Emilion, Tel. 57.24.71.30 ⟋ n. V.

DAUPHIN DE GRAND PONTET 1989

■	k.A.	14 000	▮⬛↓ Ⓥ 3

Dieser Dauphin ist der Zweitwein von Château Grand Pontet. Dunkle Farbe, elegantes Bukett mit fruchtigen Nuancen und Vanillenoten und gute, noch etwas feste Tannine.

🍷 SFC du Ch. Grand Pontet, 33330 Saint-Emilion, Tel. 57.74.46.87 ⟋ n. V.

CH. DESTIEUX 1989★

■	13,5 ha	70 200	⬛↓ Ⓥ 3

75 **76 78** 79 80 **81 82** |83| |85| 86 ⑧⑧| 89

Destieux ? Das bedeutet soviel wie »des yeux« (Augen), schlicht und einfach deshalb, weil man eine herrliche Aussicht hat ! Ein großes, für die Gironde typisches Haus, das zu Beginn des Jahrhunderts erbaut worden ist. Die Rebstöcke sind 45 Jahre alt. Der 88er erhielt eine besondere Empfehlung. Das schon entfaltete Bukett des 89ers prägen schwarze Früchte sowie ein Vanillearoma und Röstgeruch. Der Wein ist kräftig gebaut und besitzt noch etwas rauhe Tannine, die sich bei der Alterung gut entwickeln dürften.

🍷 Dauriac, Ch. Destieux, 33330 Saint-Emilion, Tel. 57.40.25.05 ⟋ n. V.

CH. DESTIEUX-BERGER 1989★

■	8,69 ha	65 333	▮↓ Ⓥ 3

67 70 71 |75| 76 77 **78 79** 80 **81** |82| 83 |85| 86 87 88 |89|

Die Farbe ist entwickelt (orangerote Reflexe), aber der Duft ist ein wenig dezent. Dennoch ist dieser Wein, der von sandigen Böden stammt, kräftig gebaut und rund. Schöne Zukunftsaussichten ? Sicherlich. Seine harmonische Fülle trägt zur Eleganz des Geschmacks bei.

🍷 U. de P. de Saint-Emilion, B.P. 27, Haut-Gravet, 33330 Saint-Emilion, Tel. 57.24.70.71 ⟋ Mo-Sa 8h-12h 14h-18h
🍷 Alain Cazenave

CH. FAURIE DE SOUCHARD 1989★

■ Gd cru clas.	11 ha	70 000	⬛↓ Ⓥ 5

61 62 **64 66 67** 69 |70| **71** 72 73 74 |75| **76** |78| |79| 81 |82| |83| 85 86 87 |88| 89

Ein Haus aus dem 16. Jh. und Keller aus dem 19. Jh. Dieser Wein besitzt eine gewisse Eleganz, die man in der Finesse des Buketts entdeckt. Das

Aroma von reifen Früchten beherrscht den Geschmackseindruck, der ziemlich lang und harmonisch ausklingt.

🍷 Françoise Sciard, Ch. Faurie de Souchard, 33330 Saint-Emilion, Tel. 57.74.43.80

CH. FIGEAC 1989★★

■ 1er gd cru B   37,5 ha   150 000   ❚❚ ↓ **7**
⑥⑴ 62 **64 66** 70 **71** 74 **75 76** 77 **78** 79 80 |81| |82| **83 85** |86| 87 **88 89**

Figeac, ein sehr großes Gut, das im Mittelalter und in der Zeit des Ancien Régime eine Seigneurie war, geht auf eine große gallo-romanische Villa zurück, die den Namen »Figeacus« trug. Eine zarte Holznote prägt das reiche Bukett. Im Geschmack dominieren zunächst reife Früchte. Die guten, harmonisch eingefügten Tannine tragen zur Harmonie dieses Weins bei, der im Augenblick leider noch etwas streng ist. Aber mit großen Weinen muß man Geduld haben !

🍷 Thierry Manoncourt, Ch. Figeac, 33330 Saint-Emilion, Tel. 57.24.72.26 ⚒ n. V.

CH. FLEUR CARDINALE 1989

■   10 ha   55 000   ❚❚ ↓ ▾ **4**
82 83 84 |85| **86** 87 88 |89|

Die Familie Asséo kommt aus der Textilbranche und begeistert sich seit Anfang der 80er Jahre für den Weinbau. Dieser 89er ist ein wenig überraschend. Er besitzt eine angenehm intensive Farbe und wirkt aufgrund seines kräftigen Dufts noch jugendlich. Ein fruchtiger, aber lebhafter Wein, der im Geschmack etwas vom Alkohol beherrscht wird.

🍷 Ch. Fleur Cardinale, 33330 Saint-Etienne-de-Lisse, Tel. 57.40.14.05 ⚒ n. V.

🍷 Mme Claude Asséo

CH. FONPLEGADE 1989

■ Gd cru clas.   18 ha   80 000   ❚❚ ▾ **5**
69 70 71 73 **75** 78 ⑺⑼ |81| |82| 83 |85| **86** |87| **88** 89

Ein Bürgerhaus und ein Springbrunnen inmitten von Reben. Die Aufmachung ist schlicht, woraus man aber keine Rückschlüsse auf den Wein ziehen sollte. Der Geruchseindruck ist noch verschlossen, doch der runde Körper sorgt für einen angenehmen Geschmack. Vermutlich kein sehr lange lagerfähiger Wein, aber ein guter Wein.

🍷 SCV Moueix Père et Fils, Ch. Taillefer, B.P. 137, 33503 Libourne Cedex, Tel. 57.51.50.63 ⚒ n. V.

🍷 Armand Moueix

CH. FONROQUE 1989★

■ Gd cru clas. 16,56 ha   99 000   ❚❚ ↓ ▾ **5**
71 72 74 |75| **76** 77 78 |79| 80 |81| ⑻⑵ **83 85 86** 87 **88** 89

Dieser Wein stammt aus einem Weinberg, der sich sowohl auf dem Kalkplateau wie auch auf dem Hang befindet, und ist in einem Keller aus dem 18. Jh. vinifiziert worden. Er zeigt sich seiner Herkunft würdig. Schönes würziges Bukett mit Zimtnoten. Runder Geschmack mit solider Tanninstruktur und pfeffrigem Aroma.

🍷 Ets Jean-Pierre Moueix, 54, quai du Priourat, B.P. 129, 33502 Libourne Cedex

🍷 GFA Ch. Fonroque

CH. FOUGUEYRAT 1989★★

■   5 ha   30 000   ▾ **2**

Daniel Nicoux, ein Anhänger traditioneller Methoden, leitet auch Château Granchamps in der Appellation Montagne Saint-Emilion und Château La Colonne in der AOC Lalande de Pomerol. Dieser 89er Fougueyrat wirkt jugendlich : intensive, lebhafte Farbe und sich entwickelndes Bukett mit zarten Holznoten. Im Geschmack ist er wenig und voll. Sein kräftiger Bau deutet auf eine schöne Zukunft hin.

🍷 Daniel Nicoux, Ch. Fougueyrat, 33330 Saint-Emilion, Tel. 57.24.70.64 ⚒ n. V.

CH. FRANC BIGAROUX 1989★★

■   9 ha   60 000   ❚❚ ↓ ▾ **3**
67 70 71 75 76 |79| 80 **81** |⑻⑵| 83 |85| **86** 87 88 89

Yves Blanc hat 1978 diesen von Francis Fretier angelegten Weinberg übernommen. Ein 89er mit einem komplexen, sich entwickelnden Bukett, das zunächst tierische Gerüche und danach einen sehr eleganten, nachhaltigen Duft von roten Früchten und Vanille entfaltet. Die harmonische Verbindung zwischen den Tanninen der Trauben und des neuen Faßholzes läßt eine hervorragende Entwicklung voraussehen.

🍷 Yves Blanc, 33, rue Guadet, 33330 Saint-Emilion, Tel. 57.51.54.73 ⚒ n. V.

CH. FRANC GRACE-DIEU 1989★

■   8,27 ha   40 000   ▮❚❚ ↓ **2**
80 |81| |82| |83| |85| |86| |88| 89

Ein von schönen Bäumen umgebenes, im typischen Baustil der Gironde errichtetes Haus, zu dem man über einen von Rosensträuchern und Reben gesäumten Weg gelangt. Der ganze Zauber eines gepflegten Weinbaugebiets im Bordelais. Dieser 89er vereint den Reichtum und die Kraft der Merlotrebe mit der Finesse der Cabernet-Franc-Rebe, wobei noch eine zarte Holznote hinzukommt. Die noch etwas festen Tannine machen eine mehrjährige Lagerung notwendig, damit sie sich harmonisch einfügen können.

🍷 SEV Fournier, 33330 Saint-Emilion, Tel. 57.24.70.79

🍷 Siloret

CH. FRANC-MAYNE 1989★★

■ Gd cru clas. 7,02 ha   35 000   ❚❚ ↓ ▾ **5**
|75| **76** 77 **78** |79| 80 |81| 82 ⑻⑶ 84 |85| |86| 87 **88 89**

Dieses kleine, sehr alte Gut liegt teilweise auf dem Nordhang von Saint-Emilion. Das Aroma von Konfitüre und konzentrierten Früchten prägt das kräftige, ansprechende Bukett. Der Wein, der von vollreifen (aber nicht überreifen) Trauben stammt, besitzt eine eindrucksvolle Dichte und gleichzeitig eine Eleganz, die für große Weine typisch ist. Muß unbedingt noch altern.

🍷 SCA Ch. Franc-Mayne, 33330 Saint-Emilion, Tel. 57.24.62.61 ⚒ n. V.

🍷 AXA Millésimes

CH. FRANC PATARABET 1989*

■	5,5 ha	35 000	◖ ↓ ☑ 3

67 74 80 **81** ⑧ |83| 85 |86| 87 88 89

Dieser sehr schöne Lagerkeller, der im Herzen des Dorfes in den Felsen gegraben wurde, ist einer der letzten Keller, die noch innerhalb von Saint-Emilion genutzt werden. Dieser 89er besitzt eine schöne, strahlend granatrote Farbe und entfaltet ein komplexes, kräftiges Bukett, das von den Cabernettrauben geprägt wird und Noten von Waldfrüchten und Efeu enthält. Ein sehr vornehmer Wein, der geschmeidig und rund ist und eine feine Holznote enthüllt. Lagerfähigkeit von mittlerer Länge.

☛ GFA Faure-Barraud, rue Guadet, B.P. 54, 33330 Saint-Emilion, Tel. 57.24.65.93 ⏳ n. V.

CH. FRANC PIPEAU DESCOMBES 1989*

■	5 ha	25 000	▮ ◖ ↓ ☑ 2

|75| **76** 79 80 |81| |83| 84 85 |86| |87| 88 89

Das Gut besitzt ein schönes, für die Gironde typisches Bürgerhaus mit angebauten Kellern. Die Trauben werden hier mit der Hand gelesen. Auf die Vinifizierung im rostfreien Stahltank folgt ein Ausbau des Weins in Barriquefässern. Lebhafte Farbe und tiefes, fruchtig-würziges Aroma. Dieser 89er hat sich noch nicht ganz entfaltet, aber seine kräftigen Tannine garantieren eine gute Alterung.

☛ Jacqueline Bertrand-Descombes, Ch. Franc-Pipeau, 33330 Saint-Hippolyte, Tel. 57.24.73.94 ⏳ n. V.

CH. GAILLARD 1989

■	14 ha	80 000	◖ ↓ ☑ 4

Ein großes Gut, das je zur Hälfte mit Merlot- und Cabernetreben bestockt ist. Es liefert einen 89er mit einer ansprechenden, orangerot schimmernden Farbe. Im feinen Bukett entdeckt man in Alkohol eingelegte Pflaumen. Zarter Geschmack. Ein schon trinkreifer Wein.

☛ Jean-Jacques Nouvel, Fontfleurie, 33330 Saint-Emilion, Tel. 57.24.72.05 ⏳ n. V.

CH. GAILLARD DE LA GORCE 1989

■	8 ha	42 000	▮ ↓ ☑ 4

Das Gut hat in seiner Bestockung einen (für das Libournais) hohen Anteil an Cabernetreben. Der 89er besitzt eine rubinrote, karminrot schimmernde Farbe. Das intensive Aroma erinnert an rote Früchte, Unterholz und Tiergeruch. Der geschmeidige, delikate Geschmack enthüllt spürbare, aber schon entwickelte Tannine.

☛ Jean-Pierre Rollet, Ch. Gaillard de la Gorce, 33330 Saint-Pey-d'Armens, Tel. 57.47.15.13 ⏳ n. V.

CUVEE GALIUS 1989

■	k.A.	80 000	◖ ↓ ☑ 4

Dieser Wein stammt von 40 Jahre alten Rebstöcken, die auf Mischböden (Sand, Lehm und Kiessand) wachsen. Er wird von überreifen Früchten und vom Holzfaß geprägt und ist noch sehr streng, wobei die Tannine deutlich spürbar

sind. Zweifellos muß er noch mehrere Jahre altern, damit er sich verfeinert und abrundet.

☛ U. de P. de Saint-Emilion, B.P. 27, Haut-Gravet, 33330 Saint-Emilion, Tel. 57.24.70.71 ⏳ Mo-Sa 8h-12h 14h-18h

CH. GAUBERT 1989

■	8 ha	12 000	▮ ↓ ☑ 2

86 88 89

Die Familie der heutigen Besitzer stammt aus der Region des Muscadet und ist seit drei Generationen in Saint-Emilion ansässig. Dieser Wein kommt von einem lehmig-kalkigen Plateau, wo 40 Jahre alte Rebstöcke (überwiegend Merlot) wachsen. Feiner, aber noch verschlossener Duft. Der weinige, recht voluminöse Geschmack zeigt trotz der noch etwas rauhen Tannine ein gutes Entwicklungspotential. Ein einfacher Wein, den man noch etwas lagern sollte.

☛ GAEC Ménager, Ch. Gaubert, 33330 Saint-Christophe-des-Bardes, Tel. 57.24.70.55 ⏳ tägl. 8h-20h

CH. GESSAN 1989

■	11,61 ha	72 000	▮ ◖ ☑ 3

Der Besitzer dieses hübschen Gutes stammt aus der Champagne. Das noch etwas verschlossene Bukett dieses 89ers entfaltet ein Aroma von Backpflaumen mit einer leichten Holznote. Der Geschmack ist weich, reif und einschmeichelnd, aber etwas kurz.

☛ SEV Gonzalès, Canton de Bert, 33330 Saint-Sulpice-de-Faleyrens, Tel. 57.74.44.04 ⏳ n. V.

CH. GRAND BARRAIL LAMARZELLE FIGEAC 1989

■ Gd cru clas.	k.A.	150 000	▮ ◖ ☑

Das Château ist mit der Literatur und dem Theater verbunden, weil sich hier Akademiker treffen, die dabei auch diesen 89er kennenlernen könnten. Strahlende, aber schon entwickelte Farbe. Der Wein besitzt eine gewisse Eleganz und zarte Tannine, die ihn bereits jetzt trinkreif machen.

☛ SCEA Edmond Carrère, Ch. Grand Barrail Lamarzelle Figeac, 33330 Saint-Emilion, Tel. 57.24.71.43 ⏳ Mo-Fr 8h-12h 14h-18h30

CH. GRAND CORBIN 1989

■ Gd cru clas.	12,2 ha	70 000	◖ ↓ ☑ 4

64 66 70 71 |75| |76| |78| |79| 80 **81** ⑧ **83** |85| |86| 87 88 89

Der »Bruder« von Château Corbin. Intensives Bukett mit zartem Vanillearoma, geschmeidige Ansprache. Ein eleganter Wein mit einem soliden Abgang, der ihn alterungsfähig macht.

☛ Sté Familiale Alain Giraud, Ch. Grand-Corbin, 33330 Saint-Emilion, Tel. 57.24.70.62

CH. GRAND CORBIN DESPAGNE 1989*

■ Gd cru clas.	26 ha	150 000	▮ ◖ ↓ ☑ 3

Die schöne dunkelrote Farbe bringt den Reichtum des Jahrgangs zum Ausdruck. Das konzentrierte Bukett wird vom Aroma reifer Trauben beherrscht. Ein kräftig gebauter, kraftvoller Wein mit einem recht harmonischen Gleichgewicht zwischen Holz und Fruchtigkeit. Lange Lagerfähigkeit garantiert.

↝ SCEV Consorts Despagne, Grand Corbin, 33330 Saint-Emilion, Tel. 57.51.74.04 ☙ n. V.

CH. GRAND CORBIN MANUEL
1989*

■		12 ha	50 000	🍷 ▯ Ⓜ 2
(70)	71 73 74 |75| 76 78	79 |80| |81| |82| 83 85 86	
87 88 89				

Pierre Manuel ist in seine Weinberge verliebt, die zu einem großen Teil mit Cabernetreben bepflanzt sind. Beim 89er liefern sie einen charaktervollen Wein von dunkelzinnoberroter Farbe. Das Bukett ist gleichzeitig frisch (Mentholnote) und feurig. Der sehr fruchtige, fleischige Geschmack ist ebenfalls sehr warm.

↝ Pierre Manuel, Ch. Grand-Corbin-Manuel, 33330 Saint-Emilion, Tel. 57.51.12.47

CH. GRAND MAYNE   1989*

■ Gd cru clas.	17 ha	95 000	▯ ↓ Ⓜ 5
62 64 66	67 70 71	75	76 77	78		79	80	81		82			
83 85 86	87	88 89			

Ein sehr hübsches Herrenhaus, das in Teilen aus dem 15. Jh. stammt, während der Hauptbau unter Heinrich IV. errichtet wurde. Die Lagerkeller und der Gärkeller entstanden im 18. Jh. und wurden 1984 renoviert. Der holzbetonte Charakter dieses 89ers kommt im Bukett (Röstgeruch) ebenso wie im Geschmack zum Vorschein. Ein wohlausgewogener, runder und körperreicher Wein. Während man seine Entwicklung abwartet, kann man vielleicht den Zweitwein des Gutes, den 89er Les Plantes du Mayne, wählen, der die Degustationsjury der nicht klassifizierten Weine besonders überzeugt hat.

↝ Jean-Pierre Nony, Ch. Grand Mayne, 33330 Saint-Emilion, Tel. 57.74.42.50 ☙ n. V.

CH. GRAND-PONTET   1989*

■ Gd cru clas.	14 ha	60 000	▯ ↓ Ⓜ 4
81	82	83 84	85		86		88		89			

Bis 1980 gehörte das Gut Barton et Guestier. Dann erwarb eine aus den Familien Pourquet, Bécot und Berjal bestehende Pachtgesellschaft den Weinberg. Dieser 89er entfaltet einen angenehmen Duft mit frischen, ansprechenden Blütennoten. Der Geschmack, den ein Aroma von geröstetem Brot prägt, enthüllt Noten von roten Früchten und Lakritze, wie sie einen guten Merlot charakterisieren. Sehr gefälliger Gesamteindruck. Bereits trinkreif.

↝ SFC du Ch. Grand Pontet, 33330 Saint-Emilion, Tel. 57.74.46.87 ☙ n. V.

CH. GRANGEY   1989*

■	6,2 ha	46 666	🍷 ↓ Ⓜ 3
70 71 75	76 77 78 79 80 81	82		83	85 86 87 88	
89			

Dieser von der Union de Producteurs de Saint-Emilion hergestellte Wein besitzt eine schöne zinnoberrote Farbe, die ein wenig entwickelt ist,

ein noch frisches, fruchtiges Aroma und einen weichen, süffigen Geschmack mit leicht tanninhaltigem Abgang.

↝ U. de P. de Saint-Emilion, B.P. 27, Haut-Gravet, 33330 Saint-Emilion, Tel. 57.24.70.71 ☙ Mo-Sa 8h-12h 14h-18h

↝ SCE Ch. Grangey

CH. GRAVET   1989

■	8,2 ha	60 000	🍷 ↓ Ⓜ 3
79 80 81 82 83	85		86	87 88 89		

Dieser hauptsächlich mit Merlot bestockte Cru verdankt seinen Namen zweifellos dem Kiessandboden. Er hat einen 89er mit einer hübschen Farbe erzeugt, dessen Aroma fein, frisch und fruchtig ist. Der Geschmack ist weich und voll. Ein einfacher, gefälliger Wein, der bereits trinkreif ist.

↝ Jean Faure, 40, av. du Gal-de-Gaulle, 33330 Saint-Sulpice-de-Faleyrens, Tel. 57.24.75.68 ☙ Mo-Fr 8h-18h

CH. GUEYROSSE   1989**

■	4,6 ha	22 000	🍷 ▯ ↓ Ⓜ 3

Das um 1874 entstandene Gut liegt auf Kiessand- und Sandböden. Der 89er ist ein sehr schöner Wein, der sich in einem herrlichen dunklen Kleid präsentiert. Der etwas wilde Duft ist konzentriert und tief, ebenso wie der ein wenig verschlossene, aber sehr kräftige und feurige Geschmack, der viel Extraktstoffe enthüllt. Ein lagerfähiger Wein, den man vor dem Servieren dekantieren sollte.

↝ Yves Delol, Ch. Gueyrosse, 33500 Libourne, Tel. 57.51.02.63 ☙ n. V.

CH. HAUT-BADON   1989

■	4 ha	24 000	▯ ↓ 3

Dieser 89er mit der hübschen strahlenden Farbe ist im Duft etwas verschlossen und muß belüftet werden, damit er tiefe Noten von Wildgeruch und Pilzen entfaltet. Die Ansprache ist geschmeidig, aber die sehr deutlich spürbaren Tannine sind noch etwas rustikal.

↝ Schröder et Schyler et Cie, 97, quai des Chartrons, 33027 Bordeaux Cedex, Tel. 56.81.24.10 ☙ n. V.

↝ Pierre Cassat

CH. HAUT-BRISSON   1989

■	11 ha	72 000	▯ ↓ Ⓜ 3
76 79 80 81	82	83 84 85 86 87	88		89		

Yves Blanc, der einen Großteil seiner Weine ins Ausland verkauft, schätzt auch die einheimische Kundschaft und hat deshalb in der Rue Guadet, im Herzen von Saint-Emilion, einen Probierkeller eröffnet. Dieser lebhaft rote 89er duftet nach Unterholz und Geröstetem. Im Geschmack ist er geschmeidig, rund und wohlausgewogen. Bereits trinkreif.

↝ Yves Blanc, 33, rue Guadet, 33330 Saint-Emilion, Tel. 57.51.54.73 ☙ n. V.

CH. HAUT-CADET 1989★★

■   3,5 ha   15 000   ◫ ↓ [3]

Die Trauben für diesen Wein stammen von lehmig-kalkigen Böden. Das große Potential des Leseguts wurde bei der Vinifizierung hervorragend gezähmt und durch den Ausbau in Eichenholzfässern bemerkenswert verfeinert. Seine strahlend rubinrote Farbe mit den granatroten Reflexen wirkt noch jugendlich. Sein an Leder, Weichseln und Vanille erinnerndes Bukett ist reich, fein und komplex. Die volle, runde Ansprache, die fleischigen, kräftigen Tannine und der harmonische, holzbetonte Abgang haben unsere Juroren verführt.

🖝 SC Ch. Haut-Cadet, 33330 Saint-Emilion, Tel. 57.40.18.28

CH. HAUT-CARDINAL 1989★★

■   1 ha   k.A.   ▮◫ ✓ [4]

Die Familie leitet das Gut seit mehr als sieben Generationen und hat sich dadurch eine Erfahrung und ein Können erworben, von denen der heutige Besitzer profitiert. Diese Marke ist eine Selektion des Weins von Cardinal Villemaurine. Intensive rubinrote Farbe. Das feine, kräftige Bukett wird vom Holz geprägt. Nach einer weichen, runden Ansprache spürt man im Geschmack die noch etwas festen, aber guten Tannine und die schöne Ausgewogenheit dieses lange lagerfähigen Weins.

🖝 Jean-Marie Carrille, Ch. Haut-Cardinal, 33330 Saint-Emilion, Tel. 57.24.63.01 ⌘ n. V.

CH. HAUTE-NAUVE 1989

■   7,42 ha   56 133   ▮↓✓[3]

Die ziegelroten Reflexe der intensiven granatroten Farbe kündigen den Beginn einer Entwicklung bei diesem Wein an. Gutes Gerüst mit noch festen, aber ausgewogenen Tanninen, die dennoch eine gewisse Lagerung erforderlich machen.

🖝 U. de P. de Saint-Emilion, B.P. 27, Haut-Gravet, 33330 Saint-Emilion, Tel. 57.24.70.71 ⌘ Mo-Sa 8h-12h 14h-18h

🖝 SCE Ch. Haute-Nauve

CH. HAUT FAUGERES 1989

■   19 ha   90 000   ◫ ↓✓[4]

Die 1823 angelegten Weinberge von Château Faugères liegen allein vom Tal der Dordogne auf lehmig-kalkigen Böden und besitzen eine sehr günstige Lage mit guter Sonneneinstrahlung. Davon zeugt auch der 89er mit dem hübschen feurigen Duft und den Holznoten. Der weinige,

kräftig gebaute Geschmack spricht für eine gute Alterungsfähigkeit.

🖝 Pierre-Bernard Guisez, Ch. Faugères, 33330 Saint-Etienne-de-Lisse, Tel. 57.40.34.99 ⌘ n. V.

CH. HAUT LAVALLADE 1989★

■   8 ha   40 000   ◫ ↓✓[3]

70 71 72 73 **75 76** |78| 79 80 |81| |⑧2| |83| 85 86 87 88 |89|

Eine Familie mit langer Winzertradition, die seit fünf Generationen auf diesem Gut ansässig ist. Ihr Wein wirkt noch jugendlich : dunkelrubinrote Farbe, sich entwickelndes Bukett mit zarter Holznote. Ein körperreicher, kräftig gebauter 89er, der noch etwas altern muß.

🖝 SCEA Chagneau et Fils, Ch. Haut Lavallade, 33330 Saint-Christophe-des-Bardes, Tel. 57.24.77.47 ⌘ Mo-Sa 8h-12h 14h-19h ; Ende Aug. geschlossen

CH. HAUT-PLANTEY 1989★

■   9,4 ha   60 000   ◫ ✓ [4]

⑦5 78 **79** 80 **81 82** |83| 84 |85| 86 |87| 88 |89|

Das Wappen der alten Besitzer, der Äbte von Marquaux, schmückt noch immer das Etikett dieses Weins, der zu 75% aus Merlottrauben hergestellt und in Eichenholzfässern ausgebaut worden ist. Der dunkelrubinrote 89er vereint Kraft, Finesse und Eleganz und stellt eine gelungene Verbindung von Wein und Holz(faß) dar. Er ist schon sehr gefällig, sollte aber dennoch einige Jahre gelagert werden.

🖝 Michel Boutet, 33330 Saint-Emilion, Tel. 57.24.70.86 ⌘ n. V.

CH. HAUT-POURRET 1989

■   2,63 ha   17 700   ▮◫ ✓[2]

Dieser Weinberg, der im Westen von Saint-Emilion auf lehmig-kalkigen Böden liegt, ist zu 70% mit Merlot und zu 30% mit Cabernet-Sauvignon bestockt. Er bringt hier einen nicht sehr entwickelten 89er hervor, der ein jugendliches Aroma von roten Früchten entfaltet. Dank einer kräftigen Tanninstruktur und einer gut dosierten Holznote ist er robust gebaut und stellt einen etwas rustikalen, aber gut gemachten Wein dar, der noch reifen muß.

🖝 Jeanne Mourgout, Ch. Haut-Pourret, 33330 Saint-Emilion, Tel. 57.24.75.62

HAUT-QUERCUS 1989★

■   5 ha   30 000   ◫ ↓✓[4]

Diese 1978 von der Genossenschaftskellerei von Saint-Emilion geschaffene Marke profitiert von einer langen Weinbautradition. Die intensive rubinrote Farbe und das kräftige Bukett von reifen Früchten und Vanille weisen auf den Reichtum dieses runden, fleischigen Weins hin, der von einer feinen Holznote unterstützt wird. Ein ausgewogener, vornehmer 89er, der altern kann.

🖝 U. de P. de Saint-Emilion, B.P. 27, Haut-Gravet, 33330 Saint-Emilion, Tel. 57.24.70.71 ⌘ Mo-Sa 8h-12h 14h-18h

CH. HAUT-ROCHER 1989★

■   8,06 ha   k.A.   ▮◫ ↓✓[3]

Dieser Cru, der sich in guter Lage auf einem lehmig-kalkigen Hang befindet, gehört der Familie von Jean de Monteil seit Anfang des 17. Jh. Die intensive rubinrote Farbe bringt den jugendlichen Charakter dieses eleganten 89ers mit dem feinen Holzduft zum Ausdruck. Die Ansprache ist weich und harmonisch. Er besitzt eine gute Struktur und genug Volumen, um lange altern zu können.

↜ Jean de Monteil, Ch. Haut-Rocher, 33330 Saint-Etienne-de-Lisse, Tel. 57.40.18.09 ⌕ n. V.

CH. HAUT-SARPE 1989

■ Gd cru clas.	9 ha	68 000	〕〕 ↓ ☑ ⑤

75 76 ⑦⑧ 79 80 81 82 |83| 84 85 86 |87| 88 89

Das Château wurde zu Beginn des Jahrhunderts von dem Architekten Léon Droyn erbaut, der sich dabei vom Trianon in Versailles anregen ließ. Das noch verschlossene Bukett wird vom Duft reifer roter Früchte geprägt. Im Geschmack ist es feurig, aber gleichzeitig geschmeidig und ausgewogen.

↜ Joseph Janoueix, Ch. Haut-Sarpe, 33330 Saint-Christophe-des-Bardes, Tel. 57.51.41.86 ⌕ n. V.

CH. HAUT-SEGOTTES 1989*

■	8,6 ha	40 000	〕〕 ☑ ③

75 76 77 |78| 79 80 |81| |82| 83 84 85 |86| |87| 88 89

Ein großes Haus, das in dem für die Gironde typischen Stil um die Mitte des 19. Jh. errichtet wurde. Es ist von Rebflächen umgeben, die mit Merlot- und Cabernetreben bestockt sind und sich auf lehmig-sandigen Böden mit Eisengekrätz als Untergrund befinden. Dieser 89er besitzt eine kräftige Farbe, ein intensives, an reife rote Früchte erinnerndes Bukett und ein sehr fruchtiges Aroma. Die Tannine sind noch fest und etwas hart, aber insgesamt ist er ein reizvoller Wein, der einige Jahre lagern sollte.

↜ Danielle André, Ch. Haut-Segottes, 33330 Saint-Emilion, Tel. 57.24.60.98 ⌕ tägl. 9h-12h 14h-19h

CH. HAUT-VILLET 1989*

■	7 ha	30 000	〕〕 ↓ ☑ ③

85 86 |87| 88 |89|

Eric Lenormand stammt aus der Normandie. Er ist 1984/85 auf das Gut gekommen und hat sich daran gemacht, es wieder in Schuß zu bringen und – mit Hilfe der für Altertümer zuständigen Stelle in Bordeaux – eine Bestandsaufnahme der hier befindlichen archäologischen Fundstätte durchzuführen. Dieser 89er weist einen schöne dunkelgranatrote Farbe und einen intensiven Duft (Kirschen, Vanille, angebranntes Holz). Ein geschmeidiger, ausgewogener und eleganter Wein, dem Puristen vielleicht eine zu große Präsenz der Tannine vom Holzfaß vorwerfen könnten, aber der Gesamteindruck ist gefällig.

↜ Eric Lenormand, Ch. Haut-Villet, B.P. 17, 33330 Saint-Etienne-de-Lisse, Tel. 57.47.97.60 ⌕ tägl. 10h-12h 14h-20h

CH. JACQUES BLANC
Cuvée du Maître 1989*

■	k.A.	30 000	〕〕 ☑ ④

In diesem Weinberg, der 1342 von Jacques Blanc, einem Mitglied der Jurade (Stadtrat) von

Saint-Emilion, angelegt worden war, kommen seit 1982 biologische Anbaumethoden zur Anwendung. Die rubinrote Farbe dieses balsamisch duftenden 89ers ist sehr lebhaft und jugendlich. Sein schönes, reiches und stattliches Gerüst verleiht ihm eine gute Alterungsfähigkeit.

↜ GFA du Ch. Jacques Blanc, 33330 Saint-Etienne-de-Lisse, Tel. 57.40.18.01 ⌕ n. V.

↜ Pierre Chouet

CH. JEAN FAURE 1989

■	16,83 ha	k.A.	〕〕 ↓ ☑ ④

78 79 80 81 83 85 87 |88| 89

Die Bestockung von Château Jean Faure, die wie bei seinem berühmten Nachbarn Figeac hauptsächlich aus Cabernet-Franc besteht, ist untypisch für Saint-Emilion. Dieser auf einem Kiessandboden gelegene Cru liefert einen vornehmen, zarten Wein, dessen schöner Duft an hellen Tabak erinnert. Der Geschmack ist sehr geschmeidig und fein. Wenn er noch ein paar Jahre altert, wird sich seine Harmonie vervollkommnen.

↜ Michel Amart, Ch. Jean Faure, 33330 Saint-Emilion, Tel. 57.51.49.36 ⌕ Mo-Sa 8h-12h 14h-18h ; 15.–31. Aug. geschlossen

CH. JEAN VOISIN
Cuvée Amédée Chassagnoux 1989

■	4,1 ha	23 000	〕〕 ↓ ☑ ③

Dieser auf der Hochebene von Saint-Emilion gelegene Cru, der früher Monsieur Lataste, einem Abgeordneten der Gironde, gehörte, ist seit 1955 im Besitz der Familie Chassagnoux. Der dunkelrubinrote 89er mit dem runden, geschmeidigen Geschmack von reifen Früchten wird noch ein wenig von seinem Ausbau in Barriquefässern geprägt und fordert dem Weinfreund einige Jahre Geduld ab.

↜ SCEA du Ch. Jean Voisin, 33330 Saint-Emilion, Tel. 57.24.70.40 ⌕ n. V.

↜ GFA Chassagnoux

CLOS LABARDE 1989**

■	4,58 ha	27 000	〕〕 ↓ ☑ ③

79 80 81 ⑧⑫ |83| 84 85 86 |87| 88 89

Dieser sehr alte Weinberg ist einer der seltenen Clos, der noch seine alte, aus Bruchsteinen errichtete Umfriedungsmauer bewahrt hat. Auf einem Türsturz des schönen Bauernhauses kann man die Jahreszahl 1779 erkennen. Die lehmigkalkigen Böden und die Merlottrauben prägen diesen kräftigen, feurigen Wein. Seine Farbe ist intensiv und dunkel. Sein reiches, komplexes Bukett entfaltet einen Duft von reifen roten Früchten und Vanillenoten. Mit seiner schönen Ausgewogenheit zwischen Fruchtigkeit und Holz, seiner Harmonie und seiner Länge ist dieser 89er sicherlich ein großer alterungsfähiger Wein.

↜ Jacques Bailly, 33330 Bergat, Tel. 57.74.43.39 ⌕ tägl. 11h-12h 14h-19h

CH. LA BOISSERIE 1989

■	7,47 ha	56 533	■ ↓ ③

79 80 81 82 83 |85| |86| 87 |88| 89

Dieses Château trägt den Namen seines Besitzers. Sein Wein wird von der Genossenschaftskellerei von Saint-Emilion vinifiziert. Aroma von roten Beerenfrüchten (Brombeeren). Ein wohl-

ausgewogener Wein mit etwas strengen Tanninen, der noch ein wenig lagern muß.
☛ U. de P. de Saint-Emilion, B.P. 27, Haut-Gravet, 33330 Saint-Emilion, Tel. 57.24.70.71
🍷 Mo-Sa 8h-12h 14h-18h
☛ Louis Boisserie

CH. LA CLIDE 1989

| ■ | 4,8 ha | 20 000 | 🍷 ◧ ↓ ☑ 3 |

Der 89er ist der erste Jahrgang, den Guy und Daniel Desplat, die auch Besitzer von Château Puy Rigaud (Montagne) und Château Grand Rigaud (Puisseguin) sind, auf diesem Gut erzeugt haben. Die Lebhaftigkeit der rubinroten Farbe verrät den jugendlichen Charakter dieses Weins, dessen Aroma an rote Früchte und Kirschkerne erinnert und Holznoten enthält. Dank seiner guten, noch festen Tannine dürfte er sich günstig entwickeln.
☛ Guy Desplat, Rigaud, 33570 Puisseguin, Tel. 57.74.61.10 🍷 n. V.

CH. LA CLUSIERE 1989*

| ▪ Gd cru clas. | 3,5 ha | 14 000 | ◧ ↓ 4 |

| 76 | |78| 79 | 80 | 81 | (82) | 83 | |85| 86 | 88 | 89 |

Dieses vom Anbaugebiet des Châteaus Pavie umschlossene Gut wurde 1953 von Consorts Valette gekauft. Die fülligen, reichen Tannine verleihen dem 89er eine schöne Struktur. Da der Abgang etwas rauh ist, sollte man ihn noch lagern.
☛ SCA Consorts Valette, Ch. Pavie, 33330 Saint-Emilion, Tel. 57.24.72.02

CH. LA COMMANDERIE 1989

| ■ | 6 ha | 30 000 | ◧ ↓ ☑ 4 |

| 77 | 78 | 79 | 80 | 81 | (82) | |83| |85| |87| |88| 89 |

Es gibt mehrere Châteaus dieses Namens in der Gironde, denn die Templer haben dem Jakobsweg nach Santiago de Compostela nachhaltig ihren Stempel aufgedrückt. Dieses hier, ein Grand Cru in Saint-Emilion, wurde 1986 von den Domaines Cordier übernommen. Im Duft dominieren Beerenfrüchte, insbesondere schwarze Johannisbeeren, die man im feurigen Geschmack wiederfindet. Die Tannine machen noch eine Alterung notwendig.
☛ Dom. Cordier, 10, quai de Paludate, 33800 Bordeaux, Tel. 56.31.44.44 🍷 n. V.

CH. LA COUSPAUDE 1989**

| ■ | 7,01 ha | 50 000 | ◧ ↓ ☑ 6 |

| 70 | 71 | 73 | 74 | |75| 76 | 78 | (79) | 80 | |81| |82| |83| 85 | 86 | |87| 88 | 89 |

Dieses vollständig von Mauern umschlossene Weingut besitzt einen bemerkenswerten unterirdischen Keller und beteiligt sich jedes Jahr am kulturellen Leben von Saint-Emilion mit einer Ausstellung, die Bilder international bekannter Maler zeigt. Sein 89er hat unsere Prüfer mit einer intensiven, dunklen rubinroten Farbe und einem prächtigen Bukett verführt, in dem man das Aroma von Geröstetem, Kakao und Vanille entdeckt. Seine reiche, dichte und harmonische Struktur verdient eine lange Lagerung.
☛ SCE Vignobles Aubert, Ch. La Couspaude, 33330 Saint-Emilion, Tel. 57.40.15.76 🍷 n. V.

CH. LA CROIX FIGEAC LAMARZELLE 1989

| ■ | 3,5 ha | 20 000 | ◧ ↓ ☑ 4 |

Hoher Merlotanteil bei der Bestockung, alte Sand- und Kiessandböden, Ausbau in Holzfässern – das ergibt einen schon entwickelten 89er mit einer dunklen, leicht ziegelrot schimmernden Farbe und einem sich entwickelnden Bukett, das an rote Früchte und Unterholz erinnert. Der Geschmack zeigt sich in der Ansprache geschmeidig und körperreich und enthüllt im Abgang noch feste Tannine.
☛ SC du Ch. La Croix Figeac, 14, rue d'Aviau, 33000 Bordeaux, Tel. 56.81.19.69 🍷 n. V.
☛ Dutruilh

CLOS DE LA CURE 1989

| ■ | 6,5 ha | 32 500 | 🍷 ◧ ↓ ☑ 2 |

Der alte Weinberg der Pfarrei Saint-Christophe-des-Bardes. Frische Blütennoten und ein Hauch von Unterholz. Der Geschmack ist komplexer : fruchtiges Aroma und Noten von Tiergeruch. Ein noch etwas verschlossener 89er.
☛ Christian Bouyer, Milon, 33330 Saint-Christophe-des-Bardes, Tel. 57.24.77.18 🍷 n. V.

CH. LA DOMINIQUE 1989**

| ▪ Gd cru clas. | 17,77 ha | 100 000 | ◧ ↓ ☑ 5 |

| 70 | 71 | 72 | 73 | 75 | 76 | 78 | |79| 80 | |81| |82| |83| 85 | 86 | 87 | 88 | 89 |

Ein schönes Gebäude aus dem 19. Jh., das seinen Namen der Ile de la Dominique verdankt. Der Ausbau in Barriquefässern prägt diesen 89er noch sehr heftig, im Aroma (Röstgeruch und Vanille) ebenso sehr wie im Geschmack, der einen sehr konzentrierten, in seiner gegenwärtigen Jugend schwer zugänglichen Wein enthüllt. Er muß unbedingt noch lagern.
☛ Clément Fayat, Ch. Clément-Pichon, 33290 Parempuyre, Tel. 57.51.44.60 🍷 n. V.

CH. LA FLEUR 1989*

| ■ | 6,32 ha | 33 500 | 🍷 ◧ ↓ 4 |

| 86 | 88 | |89| |

Dieser 89er gibt sich nicht damit zufrieden, nur das Auge zu erfreuen. Er entfaltet einen zarten Duft mit Gewürz- und Zimtnoten und entwickelt im Geschmack viel Rundheit, bevor er in einem sehr milden Abgang ausklingt.
☛ Ets Jean-Pierre Moueix, 54, quai du Priourat, B.P. 129, 33502 Libourne Cedex
☛ Lily Lacoste

CLOS LA FLEUR FIGEAC 1989*

■   3 ha   19 200   🍷 ☑ 4

Dieser 1949 auf Kiessand- und alten Sandböden angelegte Cru besitzt eine für die Appellation klassische Bestockung (70% Merlot, 30% Bouchet). Sein 89er mit der strahlenden Farbe entfaltet ein fruchtiges Aroma und danach Noten von Tiergeruch. Im Geschmack ist er zunächst weich und rund und wird dann ausgewogen, mit feinen, angenehmen Tanninen. Ein reizvoller Wein, der sich nur noch entwickeln muß.

☛ SCV Moueix Père et Fils, Ch. Taillefer, B.P. 137, 33503 Libourne Cedex, Tel. 57.51.50.63 ⌇ n. V.

☛ Héritiers Marcel Moueix

CH. LA FLEUR PEILHAN 1989*

■   3 ha   12 000   🍷 ☑
|70| |75| 76 |78| 79 80 81 |82| |83| 84 85 86 |87| 88 89

Heute bewirtschaftet bereits die fünfte Generation der Familie Dangin mit Erfolg diesen Cru. Der 89er ist ein lagerfähiger Wein, was bereits die dunkle Farbe und das tiefe, etwas verschlossene Bukett mit den Noten von Tiergeruch und Leder und der Holznote zeigen. Der Geschmack ist körperreich und feurig. Die Tannine der Trauben und des Holzfasses sind noch etwas adstringierende, dürften aber eine gute Alterung garantieren.

☛ Xavier Dangin, Ch. Bellegrave, 33330 Vignonet, Tel. 57.84.53.01 ⌇ n. V.

CH. LA FLEUR PICON 1989*

■   5,6 ha   30 000   ▤ 🍷 ☑ 2
81 83 |85| 86 88 |89|

Ein feiner, zarter 89er. Kupferrote Reflexe. Das feine und zugleich komplexe Bukett setzt sich aus blumigen Noten, getrockneten Früchten und Ledergeruch zusammen. Ein runder, würziger Wein mit geschmeidigen, zarten, bereits lieblichen Tanninen.

☛ Christian Lassègues, La Fleur Picon, 33330 Saint-Emilion, Tel. 57.24.70.60 ⌇ n. V.

CH. LAFLEUR POURRET 1989

■   4,5 ha   30 000   🍷 ☑ 4
81 |(82)| 83 84 86 88 |89|

Dieses Gut gehört der AXA-Gruppe, die im Bordelais mehrere Châteaus besitzt. Dieses ausgewogen bestockte, auf lehmig-sandigen Böden angelegte Cru liefert einen gefälligen, feinen Wein. Die schöne, klare purpurrote Farbe wirkt sehr jugendlich. Er beginnt ein Aroma von roten Früchten mit Holznoten zu entfalten. Der harmonische Geschmack mit den runden, samtigen Tanninen macht ihn zu einem jetzt schon sehr angenehmen 89er.

☛ SC du Ch. Petit-Village, Ch. Fleur Pourret, 33500 Pomerol, Tel. 57.24.62.61

☛ AXA

CH. LA GAFFELIERE 1989**

■ 1er gd cru B 20,05 ha   120 000   🍷 ☑ 6
49 52 64 66 70 |71| |75| |78| 79 80 81 |82| |83| 84 |85| 86 87 88 89

Halb englisches Landhaus, halb Kapelle – dieses Château hat etwas Überraschendes, aber auch Verführerisches an sich. Die Grafen Malet

Roquefort, die seine Besitzer sind, erweisen Saint-Emilion mit diesem schönen Cru einen wunderbaren Dienst. Die granatrote Farbe läßt Anzeichen von Entwicklung erkennen, während das Bukett durch seine weinigen, reichen Charakter von einer schönen Konzentration zeugt. Im Geschmack entfalten sich die reifen Merlottrauben in einem kräftigen Aroma.

☛ Comte Léo de Malet Roquefort, Ch. La Gaffelière, 33330 Saint-Emilion, Tel. 57.24.72.15 ⌇ n. V.

CH. LA GRACE DIEU 1989*

■   13 ha   80 000   🍷 ☑ 3
79 82 |83| |85| 88 89

Ein bereits sehr ansprechender Saint-Emilion mit einer entwickelten Farbe. Ein feiner, fruchtiger, geschmeidiger und eleganter Wein, den man schon jetzt trinken kann. Seine lebhaft rote Farbe, sein feiner, fruchtiger Duft und sein weicher, eleganter Geschmack hinterlassen angenehme Empfindungen.

☛ Pauty, Ch. La Grâce Dieu, 33330 Saint-Emilion, Tel. 57.24.71.10 ⌇ n. V.

CH. LA GRACE DIEU LES MENUTS 1989**

■   13 ha   75 000   🍷 ☑ 3
79 80 81 |82| 83 84 85 86 87 88 89

Diese hier seit 1865 ansässige Winzerfamilie hat im Laufe der Generationen das Gut und das Château vergrößert. Ihr 89er ist besonders gut gelungen. Herrliche Farbe und konzentriertes, komplexes Bukett, in dem die Frucht noch ein wenig vom Holz beherrscht wird. Der Geschmack ist sehr delikat, rund und weinig und enthüllt hervorragende Tannine, die eine gute Alterung garantieren. Ein großer lagerfähiger Wein.

☛ Max Pilotte, La Grâce Dieu les Menuts, 33330 Saint-Emilion, Tel. 57.24.73.10 ⌇ n. V.

CLOS LA MADELEINE 1989*

■ Gd cru clas.   2 ha   10 000   🍷 ☑ 4
|(75)| 81 |82| |83| 85 88 89

Das Gut gehört einer alteingesessenen Familie, die seit dem 16. Jh. in Saint-Emilion lebt. Hinter einer schönen, kräftigen roten Farbe enthüllt sich ein schönes Aroma, das an gekochte reife Früchte, Wildbret und Tabak erinnert. Dieser reiche Wein mit der geschmeidigen, fleischigen Ansprache und den harmonisch eingefügten Tanninen besitzt viel Frische und Intensität.

☛ Hubert Pistouley, La Gaffelière, 33330 Saint-Emilion, Tel. 57.24.71.50

CH. LAMARTRE 1989*

■   10,38 ha   76 666   ▤ ☑ 3
66 67 70 71 74 |75| 77 |78| 79 80 81 82 83 85 86 87 |88| 89

Die fast 50 Jahre alten Rebstöcke dieses Cru wachsen in hervorragender Südlage auf lehmig-feuersteinhaltigen Böden. Ihre Trauben werden von der Genossenschaftskellerei in Saint-Emilion vinifiziert. Der 89er wird von vollreifen Merlottrauben geprägt : tiefrubinrote Farbe, noch entstehendes Bukett mit dem Aroma von reifen Früchten und Gewürzen. Die stattlichen, fleischigen Tannine, die von einer winzigen alkoholischen Note unterstüzt werden, sind die Garantie für eine lange Lebensdauer.

↟ U. de P. de Saint-Emilion, B.P. 27, Haut-Gravet, 33330 Saint-Emilion, Tel. 57.24.70.71
⌚ Mo-Sa 8h-12h 14h-18h
↟ SCE Ch. Lamartre

CH. LANIOTE   1989*

■ Gd cru clas.	5,13 ha	34 000	◧ ↓ ☑ 4

|61| 64 65 **69** |78| |79| **81 83** |85| **86** |87| **88** 89

Das Gut gehört der Erbengemeinschaft Freymond-Rouja, die in Saint-Emilion auch die Chapelle de la Trinité Saint-Emilion (13. Jh.) und die Höhlenkapelle besitzt, wo im 8. Jh. der Mönch Emilion lebte. Der 89er besitzt eine schöne, strahlend kirschrote Farbe. Das Bukett mit der dezenten Mentholnote wird von einem Gewürz- und Zimtaroma geprägt. Im Geschmack verleihen die sehr deutlich spürbaren Tannine dem Wein einen eckigen Charakter, der sich aber mit der Zeit abrunden dürfte. Sehr schöner langer und dichter Abgang.

↟ Arnaud de La Filolie, Ch. Laniote, 33330 Saint-Emilion, Tel. 57.24.70.80 ⌚ n. V.

CH. LAPELLETRIE   1989

■	12 ha	70 000	▮◧ 3

Château Lapelletrie, das seit 1930 der Familie Jean gehört, besitzt eine lange Geschichte, denn sein Name taucht bereits auf den berühmten Karten von Belleyme auf, die um 1780 herauskamen. Der 89er bietet eine schöne Farbe mit schon entwickelten Reflexen. Der Duft ist fein und elegant, aber nicht sehr entfaltet. Der Geschmack ist voluminös und weinig und besitzt einen etwas verschlossenen Abgang.

↟ Pierre Jean, Ch. Lapelletrie, B.P. 31, Saint-Christophe-des-Bardes, Tel. 57.24.77.54 ⌚ n. V.

CLOS LARCIS   1989**

■	k.A.	6 000	◧ ↓ ☑ 5

Ein von Robert Giraud nur in geringer Menge erzeugter Wein, der vollständig in neuen Barriquefässern ausgebaut wird. Was für ein herrlicher 89er! Die Farbe ist gleichzeitig dunkel und strahlend. Das reiche, kräftige und komplexe Bukett entfaltet einen Duft von roten Früchten und Vanillenoten, die auf ein gutes Faßholz hinweisen. Der harmonische, fruchtige und runde Geschmack klingt mit sehr vornehmen Tanninen aus. Ein großer Wein, der lange altern kann.

↟ Robert Giraud, Dom. de Loiseau, B.P. 31, 33240 Saint-André-de-Cubzac, Tel. 57.43.01.44

CH. LARMANDE   1989*

■ Gd cru clas.	20 ha	100 000	◧ ↓ 5

71 75 **76 79** 80 **81** |82| |83| 84 **85** |86| |87| (**88**) 89

Dieser Weinberg wurde der Familie Méneret-Capdemourlin 1990 von La Mondiale abgekauft. Der 89er ist somit noch eine Familienproduktion! Das komplexe Bukett wird durch eine gute Holznote und blumige Nuancen bestimmt. Dieser geschmeidige Wein wird ziemlich stark von der Cabernettraube geprägt: elegant, wohlausgewogen, fleischig, zart und sehr fein. Erinnert sei noch daran, daß der 88er im letzten Jahr drei Sterne und eine besondere Empfehlung erhalten hat.

↟ SCEV Méneret-Capdemourlin, Ch. Larmande, 33330 Saint-Emilion, Tel. 57.24.71.41 ⌚ n. V.

CH. LAROQUE   1989**

■	53 ha	k.A.	◧ ↓ ☑ 3

Ein hübsches, völlig weißes Schloß, da aus dem Mittelalter stammt, aber unter Ludwig XIV. aus einheimischen Steinen neu errichtet wurde, beherrscht die Rebflächen, die 1963 auf lehmigkalkigen Böden angelegt und zu zwei Dritteln mit Merlot- und zu einem Drittel mit Cabernetreben bestockt worden sind. Die dunkle, bläulichrote Farbe kündigt die Intensität und den Reichtum dieses 89ers an, der nach eingemachten roten Früchten und geröstetem Brot duftet. Die Tannine sind fleischig und voll, die Holznote dezent und zart. Konzentrierte, harmonische Struktur und schöne Ausgewogenheit. Ein vielversprechender Wein.

↟ SCA du Ch. Laroque, 33330 Saint-Christophe-des-Bardes, Tel. 57.24.77.28 ⌚ n. V.

CH. LA ROSE COTES ROL   1989

■	8,54 ha	58 000	▮◧ ↓ ☑ 2

Dieses auf einem sandigen Hang angelegte Gut besitzt einen monolithischen Keller für die Lagerung seiner Flaschen. Die schöne rubinrote Farbe läßt mit ihren orangeroten Reflexen Anzeichen einer beginnenden Entwicklung erkennen. Daß dieser Wein im Duft noch etwas verschlossen ist, muß er vor dem Trinken Sauerstoff ziehen.

↟ Yves Mirande, Ch. La Rose Côtes Rol, 33330 Saint-Emilion, Tel. 57.24.71.28 ⌚ tägl. 9h-12h30 14h30-19h30

CH. LA ROSE-POURRET   1989

■	k.A.	45 000	▮◧ ↓ ☑ 3

Château La Rose-Pourret ist seit mehreren Generationen im Besitz der gleichen Familie. Der 89er ist bereits ausdrucksvoll. Die granatrote Farbe erinnert an welkes Herbstlaub. Das Bukett benötigt eine Belüftung, damit es seine Wildgeruch- und Röstnoten entfalten kann. Geschmeidiges Ansprache, voller Geschmack, etwas fester Abgang.

↟ B. et B. Warion, La Rose-Pourret, 33330 Saint-Emilion, Tel. 57.24.71.13 ⌚ Mo-Sa 8h-12h 14h-18h

CH. LA ROSE-TRIMOULET   1989**

■	k.A.	k.A.	◧ ☑ 3

70 75 76 78 **79** 80 81 (**82**) 84 |85| **86** |87| **88** 89

Der Cru ist im Besitz einer Familie, die seit Jahrhunderten Wein anbaut und schon vor dem

16. Jh. in Saint-Emilion ansässig war. Der 89er ist ein gelungener Wein mit großer Zukunft. Schillernde Farbe, konzentrierter, kräftiger Duft mit Backpflaumen-, Vanille-, Holz- und Röstnoten, runder, delikater Geschmack mit gut umhüllten Tanninen von sehr reifen Trauben und feinem Holz. Schon harmonisch und sehr vielversprechend.

🍇 Jean-Claude Brisson, Ch. La Rose Trimoulet, 33330 Saint-Emilion, Tel. 57.24.73.24 🍷 n. V.

CH. DE LA SEIGNEURIE 1989★

■　　　　10 ha　　48 000　　◫ ⬇ Ⅴ ③

Dieses Gut, das seit 1700 der Familie Laporte-Bayard gehört, umfaßt 10 ha zusammenhängende Rebflächen. Die rubinrote Farbe mit den purpurvioletten Nuancen zeigt wenig Anzeichen für eine Entwicklung, aber das Bukett ist bereits komplex und entfaltet einen Duft von eingemachten Früchten sowie eine gut eingefügte Holznote. Der Geschmack mit der geschmeidigen, runden Ansprache ist bereits harmonisch und elegant.

🍇 Ch. de La Seigneurie, 33330 Saint-Etienne-de-Lisse, Tel. 57.74.62.47
🍇 Laporte-Bayard

CH. LA SERRE 1989★

■ Gd cru clas.　7 ha　35 000　◫ ⬇ Ⅴ ④
66 70 71 75 76 |78| |79| |81| |82| |83| 85 87 88 |89|

La Serre liegt mitten in Saint-Emilion. Das Gebäude wurde Ende des 17. Jh. von Romain de Labayme errichtet. Diese sehr alte Familie stellte mehrere Mitglieder der Jurade und Advokaten im Parlament von Bordeaux. Das einschmeichelnde Bukett entfaltet ein fruchtiges Aroma mit zarten Vanillenoten. Ein geschmeidiger, voller und runder Wein, dessen harmonisch eingebundene Tannine fast zart wirken. Ein bemerkenswert harmonischer 89er, der bereits trinkreif ist.

🍇 B. d' Arfeuille, Ch. La Serre, 33330 Saint-Emilion, Tel. 57.24.71.38 🍷 n. V.

CH. LASSEGUE 1989

■　　　　23,2 ha　　k.A. ▤ ◫ ⬇ Ⅴ ④
79 81 (82) |83| 84 85 |86| |88| 89

Ein zauberhaftes, im 18. Jh. errichtetes Haus inmitten von Rebflächen. Dieser je zur Hälfte aus Merlot- und Cabernettrauben hergestellte Wein ist alkoholreich und kräftig. Dunkle Farbe und Aroma von sehr reifen schwarzen Früchten (Johannisbeeren). Im Geschmack kräftig gebaut und rund, mit zart holzigen, aber noch etwas herben Tanninen. Lagern.

🍇 Sté Freylon et Fils, Ch. Lassègue, 33330 Saint-Hippolyte, Tel. 57.24.72.83 🍷 n. V.

CH. LA TOUR DU PIN FIGEAC 1989

■ Gd cru clas.　11 ha　65 000 ▤ ◫ ⬇ Ⅴ ④
79 |81| 82 83 85 86 87 88 |89|

Dieses Château, das auf den großartigen kiesig-sandigen Böden von Saint-Emilion liegt, gehörte früher zum großen Gut Figeac. Ein für sein Anbaugebiet typischer Saint-Emilion, der die Leichtigkeit und Eleganz seines Bodens besitzt. Geschmeidig und gut strukturiert im Geschmack. Schon trinkfertig.

🍇 André Giraud, Ch. La Tour du Pin Figeac, 33330 Saint-Emilion, Tel. 57.51.06.10 🍷 n. V.

CH. LA TOUR FIGEAC 1989★

■ Gd cru clas. 13,65 ha　72 000　◫ Ⅴ ⑤

Ende des 18. Jh. existierte ein Turm, von dem dieses Gut, das 1879 von Figeac abgetrennt wurde, seinen Namen hatte. Er wurde vor kurzem wiederaufgebaut, ebenso wie die elegante Kartause. Die strahlend rote Farbe ist lebhaft und klar. Das Bukett wird von intensiven Holznoten bestimmt. Dieses Aroma findet man im schlanken Geschmack mit den feinen Tanninen wieder. Lagerfähig.

🍇 SC du Ch. La Tour Figeac, 33330 Saint-Emilion, Tel. 57.24.70.86 🍷 n. V.

DOM. DE LA VIEILLE EGLISE 1989

■　　　　13 ha　　75 000　▤ ◫ Ⅴ ③

Dieses 35 Jahre alte Gut, das sich auf lehmigkalkigen Böden befindet, ist zu 70% mit Merlot, zu 15% mit Bouchet und zu 15% mit Cabernet-Sauvignon bestockt. Es erzeugt einen schlichten, aufrichtigen Wein, der eine strahlende, lebhaft rubinrote Farbe und ein Aroma von roten Früchten besitzt. Er ist noch ein wenig rustikal, aber gut gebaut und dürfte sich rasch entfalten.

🍇 Dom. de La Vieille Eglise, 33330 Saint-Hippolyte, Tel. 57.24.77.48 🍷 n. V.

CH. LE CASTELOT 1989★★

■　　　　5,62 ha　　42 000　◫ ⬇ Ⅴ ④
78 79 80 81 82 83 85 |86| 87 88 89

Als Heinrich IV. einmal hier die Nacht verbringen mußte, soll er so freundlich aufgenommen worden sein, daß er seinem Gastgeber erlaubte, anstelle seines Hauses ein Herrenhaus mit einem Spitztürmchen zu errichten : ein Schlößchen (»castelot« in der gaskognischen Umgangssprache). Der 89er gibt sich ebenfalls sehr vornehm in seinem schönen, dunklen Gewand. Das intensive, feine Bukett entfaltet Noten von sehr reifen Merlottrauben, gutem Holz und Gewürzen, die man auch im sehr ausgewogenen Geschmack findet. Ein sehr guter lagerfähiger Wein.

🍇 Jean-François Janoueix, 37, rue Pline Parmentier, 33500 Libourne, Tel. 57.51.41.86 🍷 n. V.

CH. LE CHATELET 1989

■ Gd cru clas.　5,5 ha　30 000　◫ ⬇ Ⅴ ④

Das Anbaugebiet von Château Le Châtelet liegt auf dem Gipfel des berühmten Hochplateaus westlich von Saint-Emilion, 300 m von der Stiftskirche entfernt. Sein weniger 89er besitzt feste, aber harmonische Tannine und einen noch lebhaften Abgang. Er muß noch vollkommen ausgewogen werden. Für einen Grand Cru Classé etwas schlicht, aber gefällig.

🍇 SDF Hélène et Pierre Berjal, Ch. Le Châtelet, 33330 Saint-Emilion, Tel. 57.24.70.97 🍷 tägl. 8h-20h (Mitte Juni–Mitte Sept.)

CH. LE JURAT 1989★★

■　　　　k.A.　　k.A.　◫ ⬇ Ⅴ ④
75 76 80 |82| |83| |84| 85 86 87 88 89

Seit 1986 gehört das Château zur SCA Haut-Corbin, die von der Firma Cordier geleitet und beraten wird. Das Gut wird nur durch einen kleinen Bach von der Appellation Pomerol getrennt und kommt in den Genuß der Qualitäten dieses Anbaugebiets. Ähnlich wie die vorangehenden Jahrgänge wird dieser 89er mit der dichten granatroten Farbe im Geruchseindruck und im Geschmack ebenfalls durch Vanille- und Röstnoten geprägt, die auf den guten Ausbau in Barriquefässern zurückgehen. Ein gleichzeitig runder, kräftig gebauter und mächtiger Wein, der vollständig und vollkommen ausgewogen ist und eine lange Lagerung verdient.

☛ SCA Haut-Corbin, Ch. Haut-Corbin, 33330 Saint-Emilion, Tel. 56.31.44.44 ⏲ n. V.

CH. LE LOUP 1989*

	6,17 ha	46 400	📦 ↓ 3

79 81 |82| |83| |85| 86 87 88 89

Außer dem Tiergeruch und der Robustheit, die seinen Namen rechtfertigen, besitzt dieser 89er »Wolf« einen kräftigen, weinigen und leicht alkoholischen Geschmack, der durch die Überreife seiner Trauben geprägt wird. Er ist gut gebaut und braucht mehrere Jahre, um sich voll zu entfalten.

☛ U. de P. de Saint-Emilion, B.P. 27, Haut-Gravet, 33330 Saint-Emilion, Tel. 57.24.70.71 ⏲ Mo-Sa 8h-12h 14h-18h
☛ Patrick Garrigue

CH. LE PRIEURE 1989*

	Gd cru clas.	5,44 ha	k.A.	📦 🍷 ↓ 🅥 4

75 76 79 80 |81| |82| |83| 84 |85| 86 88 89

Château Le Prieuré geht auf die Aufteilung des berühmten Cru Les Cordeliers zurück. Das Gut wurde um die Mitte des letzten Jahrhunderts von Olivier Guichards Großvater erworben. Das Aroma von reifen Früchten kennzeichnet das gefällige Bukett. Ein gut gebauter, eleganter Wein mit einem klaren, recht frischen Geschmack.

☛ SCE Baronne Guichard, Ch. Siaurac, 33500 Néac, Tel. 57.51.64.58 ⏲ n. V.
☛ Olivier Guichard

CH. LES GRANDES MURAILLES
1989***

	2 ha	12 000	🍷 ↓ 🅥 4

Ein kleines Gut vor den Toren von Saint-Emilion, zu Füßen der großen Mauer, die von einem Dominikanerkloster aus dem 12. Jh. übriggeblieben ist. Auch wenn das Gut nur klein ist, sein Wein ist groß. Das Bukett ist intensiv, konzentriert, komplex und fein : fruchtige Noten, Röstgeruch und ein Hauch von Tee. In seinem sehr harmonischen Geschmack feiern außergewöhnliche Trauben ihre Hochzeit mit dem Holz

von erstklassigen Fässern. Für die Jury ein Hochgenuß. Sehr vielversprechend für die Weinfreunde und einer besonderen Empfehlung würdig.

☛ SCI Les Grandes Murailles, 33330 Saint-Emilion, Tel. 57.24.71.09 ⏲ n. V.
☛ Mme Reiffers

CH. LES GRAVIERES 1989*

	3 ha	18 000	🍷 ↓ 🅥 3

Eine Auswahl von 3 ha aus einem 25 ha großen Gut. In erster Linie Merlottrauben von sandigen Kiessandböden. Der Wein ist sehr repräsentativ für die guten 89er Saint-Emilion-Weine : fein und intensiv im Duft (konzentrierte Früchte), kräftig, aber ausgewogen im Geschmack, in dem feine, geschmeidige Tannine zum Vorschein kommen. Schon trinkreif, aber auch noch lagerfähig.

☛ Denis Barraud, Ch. Haut-Renaissance, 33330 Saint-Sulpice-de-Faleyrens, Tel. 57.84.54.73 ⏲ tägl. 8h-12h 14h30-18h

CLOS DE L'ORATOIRE 1989*

	Gd cru clas.	10,32 ha	60 000	🍷 🅥 5

Dieser gut gelegene Cru Classé grenzt an Château Peyreau an, das dem gleichen Besitzer gehört. Ein sehr eleganter und feiner Wein, in dessen Bukett das Aroma von Holz und geröstetem Kaffee dominiert. Die Tannine haben bereits begonnen, sich zu entwickeln. Da diese Entwicklung zweifellos rasch voranschreiten wird, sollte man den Alterungsprozeß überwachen.

☛ SC Ch. Peyreau, 33330 Saint-Emilion, Tel. 57.24.71.33 ⏲ n. V.

CH. MAGDELAINE 1989***

	1er gd cru 🅒	9,61 ha	41 000	📦 🍷 ↓ 6

|70| 71 73 74 76 77 78 79 80 |82| |83| |85| 86 |87| 88 89

Die Vinifizierung hat hier das gleiche hohe Niveau wie das Anbaugebiet. Die Eleganz des Aussehens findet man im Bukett wieder, das an Röstgeruch, Erdbeerkonfitüre und Feigen erinnert. Dieser 89er mit den geschmeidigen Tanninen ist sehr typisch für die Weine von der Côte, d. h. von den Dordogneabhängen. Insgesamt ein außergewöhnlicher Wein.

☛ Ets Jean-Pierre Moueix, 54, quai du Priourat, B.P. 129, 33502 Libourne Cedex

CH. MAGNAN 1989***

	10 ha	48 000	🍷 🅥 3

79 80 81 |82| 85 86 88 89

1861 führten Cocks und Feret dieses Gut unter den besten Crus von Saint-Emilion an. 1989 ist sein Wein außergewöhnlich. Hinter einer tiefen rubin- und granatroten Farbe findet man sehr konzentrierte, leicht balsamische Düfte von gekochten Früchten, Geröstetem und Butter. Der zugleich kräftige, rassige und elegante Geschmack bestätigt die Lebensweisheit »Gute Früchte, gute Tannine« . Er ist bereits harmonisch, besitzt aber eine hervorragende Alterungsfähigkeit.

☛ SCEA Cormeil-Figeac-Magnan, 33330 Saint-Emilion, Tel. 57.24.70.53 ⏲ n. V.
☛ Moreaud

CH. MAGNAN LA GAFFELIERE
1989★

| | 7,79 ha | 45 000 | ∎ ◧ ↓ ☑ 3 |

71 75 76 ⑱ **79** 80 |81| |82| |83| 85 **88** |89|

Dieser Wein gehört zu einer alten Winzerfamilie, die seit dem 16. Jh. in Saint-Emilion ansässig ist. Halb Merlot, halb Cabernet. Klare, strahlende Farbe. Er entfaltet ein feines, angenehmes Bukett. Im Geschmack geschmeidig, rund und ausgewogen. Ein einfacher, klassischer Wein, den man bereits trinken kann.

🍷 Hubert Pistouley, La Gaffelière, 33330 Saint-Emilion, Tel. 57.24.71.50

CH. MAINE REYNAUD   1989

| | 0,93 ha | 6 660 | ◧ ↓ ☑ 2 |

Dieses Weinchâteau entstand 1986 auf einem Familiengut, dessen Reben durchschnittlich 35 Jahre alt sind. Sein in Barriquefässern ausgebauter Wein wird noch etwas vom Holz beherrscht. Die Farbe ist rubinrot mit karminrotem Schimmer. Das konzentrierte Bukett (Backpflaumen) ist sehr holzbetont, ebenso der fleischige Geschmack, der stark vom Geruch angesengten Holzes geprägt wird. Muß noch lagern.

🍷 Francis Veyry, Reynaud, 33330 Saint-Peyd'Armens, Tel. 57.24.74.09 ☎ n. V.

CH. MARTINET   1989

| | 17 ha | 120 000 | ∎ ◧ ☑ 4 |

25 ha Rebflächen umgeben dieses im 18. Jh. entstandene Weinchâteau, das sich auf sandigkiesigen Böden befindet. Das entstehende Bukett entfaltet das Aroma von gekochten Früchten und sehr reifen Trauben, während der Geschmack den Stempel der Jugend trägt. Nach einer fleischigen, weinigen Ansprache kommen kräftige Tannine zum Vorschein. Zum Zeitpunkt unserer Verkostung hatte der Wein noch nicht die geschmackliche Eleganz gefunden, die ihm die Alterung einbringen dürfte.

🍷 SCEA de Lavaux, Ch. Martinet, 64, av. du Gal-de-Gaulle, 33500 Libourne, Tel. 57.51.06.07 ☎ n. V.

CH. MAUVEZIN   1989★★★

| ∎ Gd cru clas. | 3,5 ha | 15 000 | ◧ ↓ ☑ 5 |

70 71 73 74 **75 76** 77 78 79 80 **81** |82| |83| **85 86** |⑱| **89**

Ein sehr altes Château, das schon 1741 in den Steuerlisten verzeichnet war. Nachdem wir bereits im letzten Jahr den 88er besonders empfohlen haben, hier eine neuerliche Auszeichnung

für diesen Cru, dessen Qualität regelmäßig anerkannt wird. Der Wein zeigt sich zunächst fest und solide, bevor er sich fast explosionsartig eine breite Palette von fruchtigen Aromen mit zarten Röstnoten entfaltet, die leicht an Geröstetes erinnert. Sehr reife Früchte prägen den harmonischen Abgang.

🍷 GFA P. Cassat et Fils, B.P. 44, 33330 Saint-Emilion, Tel. 57.24.72.36 ☎ n. V.

CH. MAYNE-FIGEAC   1989

| ∎ | 1,68 ha | 6 000 | ∎ ◧ ☑ 3 |

Dieser kleine Weinberg, der mit Merlot und Cabernet-Franc bepflanzt ist und auf Sand und Kiessand liegt, wird seit mehr als einem Jahrhundert von den Chambrets bestellt. Der 89er ist ein lagerfähiger Wein. Intensive Farbe. Komplexes Bukett (fruchtig, mineralisch, tierisch). Körperreicher, nerviger Geschmack mit etwas harten Tanninen. Die Entwicklung dürfte gut verlaufen.

🍷 Jean-Jaime Chambret, 30, chem. de la Corbière, 33500 Libourne, Tel. 57.51.06.51

CLOS DES MENUTS   1989

| ∎ | 25,5 ha | 140 000 | ◧ ↓ ☑ 4 |

Die Keller des Clos des Menuts, die zehn Meter tief in den Felsen gehauen sind, befinden sich mitten in der berühmten kleinen Stadt und lohnen für Weinfreunde einen Besuch. Dieser Wein mit der schönen Farbe, der im Bukett an Tiergeruch erinnert, ist noch zurückhaltend und verschlossen, versucht sich aber rasch zu entfalten.

🍷 Pierre Rivière, Clos des Menuts, 33330 Saint-Emilion, Tel. 57.24.73.90 ☎ tägl. 9h30-12h 14h-18h ; Jan. geschlossen

MONDOT   1989★

| ∎ | 29 ha | k.A. | ◧ ↓ ☑ 3 |

Der Zweitwein von Château Troplong Mondot, das der Familie Valette gehört, wird ebenfalls in Barriquefässern ausgebaut. Der 89er besitzt eine schöne, strahlende Farbe. Der feine Duft bewahrt ein gutes Gleichgewicht zwischen reifen Merlottrauben und guter Holznote. Im Geschmack zeigt er sich fest und enthüllt gute Tannine, die sowohl von den Trauben wie auch vom Eichenholz stammen. Elegant und vielversprechend.

🍷 Ch. Troplong-Mondot, 33330 Saint-Emilion, Tel. 57.24.70.72 ☎ n. V.

CH. MONDOU   1989

| ∎ | 4,38 ha | 32 533 | ∎ ↓ 3 |

Bei der Bestockung dominiert die Merlotrebe. Dieser 89er scheint von spät gelesenen Trauben geprägt zu sein : dunkelrubinrote Farbe mit granatroten Reflexen, entstehendes Bukett mit dem Aroma von roten Früchten und sehr weiniger Geschmack, der von einem festen, aber ausgewogenen Gerüst unterstützt wird.

🍷 U. de P. de Saint-Emilion, B.P. 27, HautGravet, 33330 Saint-Emilion, Tel. 57.24.70.71 ☎ Mo-Sa 8h-12h 14h-18h

CH. MONTLABERT   1989

| ∎ | 13,02 ha | 88 000 | ◧ 4 |

|⑮| **79 81 82 83** 84 85 86 **88** |89|

Die Geschichte des Châteaus reicht bis zum

Ende des 18. Jh. zurück. Der Besitzer war damals Jean-Michel Pecazes Monlabert. Die Cabernettrauben sind nicht nur im Weinberg stark vertreten, sondern prägen auch den Wein. Dieser 89er besitzt eine leicht ziegelrote Farbe, ein fruchtig-würziges Bukett mit einem Hauch von Wildgeruch und Leder und einen weichen, feinen und gefälligen Geschmack, der schon entwickelt ist.
🍷 SC Ch. Montlabert, Montlabert 3 , 33330 Saint-Emilion, Tel. 57.24.70.75

CH. MOULIN DU CADET 1989**

■ Gd cru clas.	3,45 ha	21 300	🍷🍶⬇5

76 77 78 **79** 80 **81** |82| 85 86 |87| 88 89

Ein kleines Gut, das zu dem großen von Jean-Pierre Moueix genutzten Anbaugebiet gehört. Dieser Wein wirkt noch sehr jugendlich in seiner Farbe und seinem Bukett (reife Trauben und gerösteter Kaffee). Er schafft es, kräftig, tanninreich und fleischig zu sein, ohne etwas von seiner Harmonie einzubüßen. Der würzige Abgang ist überaus elegant.
🍷 SC du Ch. Moulin du Cadet, 54, quai du Priourat, 33500 Libourne

CH. MOULIN SAINT-GEORGES 1989*

■	7 ha	40 000	🍶⬇☑4

66 67 70 71 75 76 79 81 |82| |83| 85 |86| 88 89

Das Gut wurde 1921 vom Urgroßvater der heutigen Besitzer erworben. Der 86er erhielt von uns eine besondere Empfehlung. Der 89er ist vielversprechend, die Tannine sind noch etwas fest. Die Farbe ist noch sehr jugendlich, während das Bukett ausdrucksstark, kräftig und komplex ist : reife Früchte, holzige Noten und Röstaroma. Der Geschmack ist körperreich, voll und tanninreich.
🍷 SCI Moulin Saint-Georges, 33330 Saint-Emilion, Tel. 57.24.70.26 ⏰ tägl. 8h-19h
🍷 Vauthier

CH. ORISSE DU CASSE 1989***

■	1,78 ha	10 000	🍷🍶⬇☑3

85 86 87 |88| 89

Danielle und Richard Dubois sind beide Önologen. Man kann ihr ganzes Fachwissen in diesem Wein bewundern, der durch seinen hohen Merlotanteil (90%) geprägt wird. Sehr satte dunkelrote Farbe. Das kräftige, komplexe Bukett entfaltet ein Aroma von sehr reifen, leicht gerösteten Früchten mit Noten von schwarzen Johannisbeeren und Veilchen. Der stoffreiche, konzentrierte Geschmack enthüllt gut eingebundene, harmonische Tannine und eine perfekte Ausgewogenheit zwischen Trauben und Holz. Ein bemerkenswerter lagerfähiger Wein.
🍷 Danielle et Richard Dubois, Ch. Bertinat Lartigue, 33330 Saint-Sulpice-de-Faleyrens, Tel. 57.24.72.75 ⏰ Mo-Sa 9h-12h 14h30-19h

CH. PARAN JUSTICE 1989

■	11 ha	63 333	🍷⬇3

80 **81** |82| |83| 85 |86| 87 |88| 89

Dieser Wein stammt von 40 Jahre alten Rebstöcken (65% Merlot und 35% Bouchet), die auf lehmig-sandigen Böden wachsen. Er besitzt eine hübsche rubinrote Farbe und einen fruchtigen Duft mit einer Note von Fleischgeruch. Die

jungen, festen Tannine müssen sich noch entwickeln.
🍷 U. de P. de Saint-Emilion, B.P. 27, Haut-Gravet, 33330 Saint-Emilion, Tel. 57.24.70.71 ⏰ Mo-Sa 8h-12h 14h-18h
🍷 Marie Boutros-Toni

CH. DE PASQUETTE 1989

■	3,05 ha	18 000	🍷🍶☑3

Ein Wein von lehmig-sandigen Böden. Die sehr jugendliche rubinrote Farbe ist klar und strahlend. Im Geruchseindruck ist er noch verschlossen. Körperreicher, weiniger Geschmack mit deutlich spürbaren, noch rauhen und nervigen Tanninen, die sich etwas abrunden müssen.
🍷 Alain Jabiol, B.P. 24, 33330 Saint-Emilion, Tel. 57.74.47.69 ⏰ n. V.

CH. PAVIE 1989***

■ 1er gd cru B	35 ha	187 000	🍶⬇6

62 **64** |70| **71** 73 74 |75| 76 77 |78| 79 |80| 81 (82) 83 |84| **85** 86 87 88 89

Bereits im 4. Jh. baute man auf dem Hügel von Pavie Wein an. Die besten Böden wurden also schon früh gewählt. Das Bukett ist zunächst weinig und wird dann komplexer, wobei sich das Röstaroma und die fruchtigen Noten fast untrennbar miteinander vermischen. Die Rassigkeit und die Eleganz dieses schönen Weins entfalten sich im Geschmack : was für eine Konzentration, was für ein Volumen und was für eine Geschmeidigkeit zur gleichen Zeit ! Der harmonische, volle und feurige Abgang bereitet einen Hochgenuß.
🍷 SCA Consorts Valette, Ch. Pavie, 33330 Saint-Emilion, Tel. 57.24.72.02

CH. PAVIE DECESSE 1989***

■ Gd cru clas.	8,7 ha	60 000	🍶⬇5

72 73 74 **75 76** 77 **78** |79| |80| |81| 82 |83| 84 (85) 86 |87| 88 89

Dieses Anbaugebiet wurde Ende des 19. Jh. während der Reblauskrise von Château Pavie abgetrennt. Der 89er besitzt eine intensive, tiefe Farbe und ein kräftiges Bukett, in dem sich fruchtige Noten mit Röstaromen verbinden. Ein fleischiger, alkoholreicher Wein, dem reife, kräftige Tannine ein harmonisches Rückgrat verschaffen. Sehr schöner, ausdrucksstarker Abgang. Von der Jury ebenso wie Pavie für eine besondere Empfehlung vorgeschlagen.
🍷 SCA Pavie Decesse, 33330 Saint-Emilion, Tel. 57.24.72.02 ⏰ n. V.

CH. PAVIE MACQUIN 1989★

■ Gd cru clas.	14,5 ha	65 000	�III ↓ ☑ 4

83 84 85 87 88 89

Der Cru gehörte früher Albert Macquin, der für die Umstellung des Weinbaus im Libournais verantwortlich war und dem wir die Untersuchung der Rebunterlagen und die Kunst der Veredlung in dieser Region verdanken. Das Aroma erinnert mit seinen Röstnoten an reife rote Früchte und deutet auf einen reichen, dichten Geschmack hin. Guter, aber heute noch etwas strenger Geschmackseindruck. Der Wein wird auch von Dourthe vertrieben.

➥ SCEA Ch. Pavie-Macquin, 33330 Saint-Emilion, Tel. 57.24.74.23 ☎ n. V.

➥ Héritiers Corre

CH. PAVILLON CADET 1989★★

■ Gd cru clas.	2,5 ha	18 000	III ↓ ☑ 4

40 Jahre alte Rebstöcke auf lehmig-kalkigen Böden liefern die Trauben für diesen kräftigen, fleischigen Wein. Er ist stattlich und geschmeidig und besitzt einen fülligen Geschmack, dessen Aroma an sehr reife Früchte erinnert. Sehr schöner, eleganter Abgang.

➥ Anne Llammas, Ch. Rio Tailhas, 33330 Saint-Emilion, Tel. 56.44.75.11 ☎ n. V.

CH. PETIT FAURIE DE SOUTARD 1989★

■ Gd cru clas.	6,78 ha	43 000	▮ III ☑ 3

79 81 |82| |83| |85| |86| 87 88 89

Das Gut wurde 1850 von dem großen Weingut Soutard abgetrennt. Es befindet sich vor den Toren von Saint-Emilion auf den Dordognehängen. Schöne rubinrote Farbe mit dunkelgranatroten Reflexen. Das intensive, komplexe Bukett entfaltet einen Duft von roten Früchten und Unterholz. Die Ansprache ist geschmeidig und konzentriert. Ein eleganter Wein mit festen Tanninen, die sich gut mit der Holznote vertragen.

➥ SCE Vignoble Aberlen, Ch. Petit Faurie de Soutard, 33330 Saint-Emilion, Tel. 57.74.62.06 ☎ n. V.

➥ Françoise Capdemourlin

CH. PETIT-FIGEAC 1989★★

■	1,6 ha	10 000	III ↓ ☑ 3

Der kleine Weinberg gehört zu Château Petit Village in Pomerol und somit AXA. Aber was für ein Wein! Tiefes Bukett : sehr reife Beerenfrüchte, Humus, Unterholz. Harmonischer, weicher und runder Geschmack mit milden Tanninen von den Trauben und vom Holzfaß, bemerkenswert delikater Abgang.

➥ SC du Ch. Petit-Village, Ch. Petit-Figeac, 33500 Pomerol, Tel. 57.24.62.61

➥ Axa

CLOS PETIT MAUVINON 1989★

■	0,32 ha	2 300	III ☑ 3

Dieser winzige Weinberg, der 1925 angelegt wurde und sehr alte Rebstöcke (70 Jahre im Durchschnitt) enthält, hat mit diesem 89er seine erste Cuvée als Grand Cru erzeugt. Intensive rubinrote Farbe. In seinem komplexen Bukett vermischt sich Tiergeruch mit Holznoten. Geschmeidige, fleischige Tannine, die gut in den

angenehmen Geschmack eingefügt sind, verleihen ihm eine gewisse Klasse.

➥ Bernadette Castells, Clos Petit Mauvinon, 33330 Saint-Sulpice-de-Faleyrens, Tel. 57.24.75.89 ☎ n. V.

CH. PETIT VAL 1989★

■	9,25 ha	60 000	III ☑ 3

79 80 |81| |82| |83| 86 87 88 |89|

Dieser Wein stammt von einem sandigen Boden. Er entfaltet ein komplexes Bukett, in dem man Tiergeruch und Aromen von roten Früchten sowie würzige und holzige Noten findet. Der Geschmack ist fein und kräftig. Ein bereits harmonischer und eleganter 89er, der aber noch besser wird, wenn er ein wenig altert.

➥ Michel Boutet, 33330 Saint-Emilion, Tel. 57.24.70.86 ☎ n. V.

CH. PEYREAU 1989★★

■	12,82 ha	80 000	III ☑ 3

76 78 79 80 |81| |82| |83| |85| 86 88 89

Ein ausgedehnter Park mit hundertjährigen Bäumen, umgeben von 12 ha Rebflächen, die mit Merlot- und Cabernetreben bepflanzt sind. Dieser 89er ist sehr repräsentativ für die Grand-Cru-Weine von Saint-Emilion : sehr schöne tiefrubinrote Farbe, kräftiges, komplexes und konzentriertes Bukett mit Vanille-, Gewürz-, Holz- und Röstnoten. Runder, delikater Geschmack mit sehr langem Abgang. Dieser Wein besitzt geschmeidige Tannine von reifen Trauben und festere Tannine vom Eichenholz, die ihm eine schöne Zukunft garantieren.

➥ SC Ch. Peyreau, 33330 Saint-Emilion, Tel. 57.24.71.33 ☎ n. V.

CH. PEYRELONGUE 1989

■	12 ha	70 000	III ↓ ☑ 3

70 72 74 75 |76| 77 |78| |79| 80 |81| |82| |83| 84 85 |86| 87 88 |89|

»Peyrelongue« bedeutet im Dialekt soviel wie »Pierre Longue« , also »langer Stein« . Auf einem solchen soll sich Ämilianus während einer Pilgerfahrt ausgeruht haben. Die orangeroten Reflexe deuten auf eine gewisse Entwicklung hin, die auch vom empyreumatischen Bukett mit dem Duft von Feigen und Gewürzen bestätigt wird. Gute Ausgewogenheit im Geschmack mit dichten, fleischigen Tanninen.

➥ Jean-Jacques Bouquey, Ch. Peyrelongue, 33330 Saint-Emilion, Tel. 57.24.71.17 ☎ n. V.

DOM. DE PEYRELONGUE 1989★★

■	13 ha	80 000	III ↓ ☑ 3

70 74 75 76 78 79 80 81 |82| |83| 85 |86| 88 89

Zuerst Landarbeiter, dann Pächter, schließlich kleine Grundbesitzer – die Cassats haben sich im Laufe von 15 Generationen nach und nach auf diesem Gut eingerichtet, das aus dem 16. Jh. stammt. Dieser Wein ist sehr voll und lang. Intensiver, komplexer Duft mit dem Aroma von reifen Früchten, Wildbretgeruch und Gewürzen. Im Geschmack zeigt er sich zunächst geschmeidig, dann kräftig gebaut, aber ohne Rauheit, was auf eine gute Lagerfähigkeit hindeutet.

➥ GFA P. Cassat et Fils, B.P. 44, 33330 Saint-Emilion, Tel. 57.24.72.36 ☎ n. V.

CH. PEYROUQUET 1989

■   18,29 ha   114 666   ⬛↓3
|87| 88 89

Die intensive rubinrote Farbe und das dezente Aroma von roten Beerenfrüchten, das von Mentholnoten aufgefrischt wird, bringen den jugendlichen Charakter dieses Weins zum Ausdruck, der von feuersteinhaltigen Böden stammt. Seine dichte, kräftige Tanninstruktur verlangt vom Weinfreund noch etwas Geduld.

🔻 U. de P. de Saint-Emilion, B.P. 27, Haut-Gravet, 33330 Saint-Emilion, Tel. 57.24.70.71
🍷 Mo-Sa 8h-12h 14h-18h
🔻 Maurice Cheminade

CH. PINEY 1989

■   8,49 ha   64 933   ⬛↓☑3

Die dunkle Farbe schimmert leicht ziegelrot. Das empyreumatische Bukett enthüllt eine rauchige Noten, Teergeruch, einen Hauch von Obstkernen und ein Vanillearoma. Geschmeidig, rund, schon entwickelt. Ein trinkreifer Wein.

🔻 U. de P. de Saint-Emilion, B.P. 27, Haut-Gravet, 33330 Saint-Emilion, Tel. 57.24.70.71
🍷 Mo-Sa 8h-12h 14h-18h
🔻 SCE Ch. Piney

CH. PIPEAU 1989

■   k.A.   k.A.   ⬛☑3
75 76 78 79 |81| |82| 83| 85 |86| 87 88 |89|

Dieser 1918 entstandene Cru umfaßt sehr unterschiedliche Böden : lehmig-kalkig, lehmig-feuersteinhaltig und kieshaltig. Dieser leicht entwickelte 89er besitzt ein Unterholz sowie Tabak und Wildbret. Er ist weinig, rund und trotz einer alkoholischen Note wohlausgewogen. Ein interessanter Wein.

🔻 GAEC Mestreguilhem, Ch. Pipeau, 33330 Saint-Laurent-des-Combes, Tel. 57.24.72.95
🍷 n. V.

CH. PONTET-FUMET 1989**

■   23 ha   12 500   ⬛↓☑3
70 71 75 76 78 |81| |82| |83| |85| 86 88 |(89)|

Die Vorfahren des heutigen Besitzers besaßen im 19. Jh. kleine Schiffe zum Transport der Fässer, die sie in den Hafen La Lune von Bordeaux lieferten, wo sie auf Hochseeschiffe verladen wurden. Ein sehr dunkler Wein mit einem konzentrierten, komplexen Bukett, in dem sich Blütenduft, Backpflaumen, Gewürze, Röstaroma und Mentholnoten vermischen. Der runde, fleischige Geschmack verführt durch seine geschmei-

digen, samtigen Tannine, die von reifen Früchten stammen. Ein schon harmonischer 89er mit guter Alterungsfähigkeit.

🔻 Anne-Marie Bardet, Ch. Pontet-Fumet, 33330 Vignonet, Tel. 57.84.53.16 🍷 n. V.

CH. DE PRESSAC 1989

■   25 ha   k.A.   ⬛⬙☑4
70 75 76 78 79 81 |82| 83 85 86 88 89

Ein sehr schönes Château aus Rebflächen aus dem 13. Jh. Die Rebsorte Auxerrois, die aus dem Quercy stammt, soll 1747 auf diesem Gut eingeführt worden und danach den Namen »Noir de Pressac« erhalten haben, bevor sie unter dem Namen »Malbec« im Médoc bekannt wurde. Der 89er ist noch etwas verschlossen. Seine Farbe ist lebhaft und enthüllt ein Bukett komplex (fruchtig, würzig, holzig, leichter Tiergeruch, mit Noten von zerquetschten Obstkernen und Wildgeruch). Sein Geschmack ist körperreich und kräftig gebaut und enthüllt noch etwas feste Tannine. Ein lagerfähiger Wein.

🔻 Jacques Pouey, Ch. de Pressac, 33330 Saint-Emilion, Tel. 56.81.45.00 🍷 n. V.

CH. PUYBLANQUET CARRILLE 1989

■   14 ha   80 000   ⬛⬙↓☑2

Schöne, sehr jugendliche granatrote Farbe. Dieser Wein, der vom lehmig-kalkigen Böden stammt, wird vom Aroma eingemachter roter Früchte geprägt, wie es für sehr reife Merlottrauben typisch ist. Im Geschmack ist er geschmeidig, weinig und etwas alkoholisch und entfaltet Tannine, die noch etwas altern müssen.

🔻 Jean-François Carrille, pl. du Marcadieu, 33330 Saint-Emilion, Tel. 57.24.74.46 🍷 n. V.

CH. QUERCY 1989

■   4 ha   15 000   ⬙☑4

Das Gut wurde 1988 von einer Schweizer Familie gekauft. Der Weinberg und der Gärkeller werden seitdem erneuert. Der 89er besitzt eine dunkle Farbe und ein feines, fruchtiges Bukett, das von einer Holznote unterstützt wird. Im Geschmack ist er fleischig. Seine Tannine sind spürbar, aber schon gezähmt und sorgen für eine schöne Länge.

🔻 GFA du Ch. Quercy, 33330 Vignonet, Tel. 57.84.56.07 🍷 n. V.
🔻 Apelbaum-Pidoux

CH. RIPEAU 1989**

■ Gd cru clas.   15,3 ha   80 000   ⬙↓☑4
76 77 |78| 79 80 81 |82| |83| 85 |86| 87 88 89

Das Gut, das sich seit 1917 im Familienbesitz befindet, gehörte früher Monsieur Günsburg, dem ehemaligen Leiter der Oper von Monte Carlo. Das Bukett dieses wohlausgewogenen 89ers, der einen gleichzeitig runden und nervigen Charakter besitzt, ist weinig und kräftig. In dem etwas strengen Abgang dominiert noch das Holz über den Wein. Ein großer lagerfähiger Wein.

🔻 Françoise de Wilde, Ch. Ripeau, 33330 Saint-Emilion, Tel. 57.74.41.41 🍷 n. V.

CH. ROCHEBELLE 1989*

■   2,8 ha   18 000   ⬙☑3

Die Weine lagern hier unter idealen Bedingungen in einem ehemaligen Steinbruch. Der 89er ist ein lagerfähiger Wein mit einer dunklen Farbe und einem konzentrierten, fruchtigen Duft, der ein Lakritzearoma und eine leichte Holznote enthüllt. Im Geschmack zeigt er sich kraftvoll und kräftig gebaut. Die Tannine vom Holzfaß dominieren noch etwas, dürften sich aber bei der Alterung verfeinern.

🍷 SCEA Faniest, 33330 Saint-Laurent-des-Combes, Tel. 57.51.30.71 ☓ n. V.

CH. ROCHER FIGEAC   1989*

■   4 ha   25 000   ▮▯▮ ▼ 2

Ein Familienbetrieb, der um 1880 entstanden ist und mehrere Parzellen südwestlich von Figeac umfaßt. Ein Vorfahr gab seinen Namen Rocher der heute verwendeten Marke. Ein schöner, sehr farbintensiver Wein mit einem fruchtigen, reifen Aroma, das sich mit Tiergeruch vermischt. Im Geschmack ist er sehr schwer, rund und kräftig. Langer Nachgeschmack. Die deutlich spürbaren Tannine dürften eine gute Alterung garantieren.

🍷 Jean-Pierre Tournier, 194, rte de Saint-Emilion, 33500 Tailhas, Tel. 57.51.36.49 ☓ n. V.

CH. ROCHEYRON   1989**

■   k.A.   20 000   ▮▯▮ ↓ ▼ 3

Ein kleines Gut, das auf zwei lehmig-kalkigen Kuppen der höchsten Plateaus von Saint-Emilion liegt. Der 89er ist ein herrlicher lagerfähiger Saint-Emilion. Dunkle Farbe. Der Geruchseindruck ist kräftig, konzentriert, komplex und fein zugleich und entfaltet Noten von sehr reifen roten Beerenfrüchten und einen Hauch von Vanille. Kräftiger, ausgewogener und langer Geschmack mit Tanninen von hervorragender Qualität. Dieser bereits harmonische Wein verdient eine besondere Empfehlung. Der 89er Château Roylland ist ebenfalls ausgewählt und mit zwei Sternen bewertet worden.

🍷 GFA Roylland, Ch. Roylland, 33330 Saint-Emilion, Tel. 57.24.68.27

CH. ROC SAINT-MICHEL   1989*

■   4,5 ha   30 000   ▮ ↓ ▼ 4

Jean-Pierre Rollet bewirtschaftet dieses kleine Gut in Saint-Etienne-de-Lisse. Er baut auf lehmig-kalkigen Böden vor allem Merlot und Cabernet-Franc an. Das Ergebnis ist ein sehr gelungener 89er mit einer schönen dunklen Farbe, deren Schimmer bereits auf eine Entwicklung hinweist. Der feine, würzige Duft enthält eine Note Unterholz. Im eleganten, geschmeidigen Geschmack entdeckt man schon samtige Tannine von Trauben.

🍷 Jean-Pierre Rollet, Ch. Roc-Saint-Michel, 33330 Saint-Etienne-de-Lisse, Tel. 57.47.15.13 ☓ n. V.

CH. ROL DE FOMBRAUGE   1989**

■   5,5 ha   35 000   ▮▯▮ ↓ ▼ 4

86 |87| 88 |89|

Francine Delloye, die ihrem Vater in der Kristallglasfabrik in Arques hilft, interessiert sich seit 1986 auch für den Inhalt der Gläser von Rol de Fombrauge. Dieser 89er besitzt die Farbe von vollreifen Kirschen und das Aroma von schwarzen Johannisbeeren und Waldfrüchten, begleitet von einer zarten Note gerösteten Brotes. Sein weniger Geschmack und seine eleganten Tannine machen ihn bereits angenehm, aber er kann sich dank seiner guten Struktur und einem leicht holzbetonten Abgang auch noch verbessern. Erinnert sei noch daran, daß der 88er zu unseren besonderen Empfehlungen gehörte.

🍷 SCA Ch. Rol de Fombrauge, 10, rue de l'Hospice, 76260 Eu, Tel. 35.86.59.49 ☓ n. V.
🍷 Delloye

CH. ROLLAND-MAILLET   1989**

■   3,35 ha   k.A.   ▮▯▮ ↓ ▼ 3

Dieser Cru, der die gleichen Besitzer wie Château Le Bon Pasteur (Pomerol) und Château Bertineau Saint-Vincent (Lalande de Pomerol) hat, liegt an der geographischen Grenze der Anbaugebiete von Pomerol und Saint-Emilion. Die rubinrote Farbe ist tief und lebhaft. Das komplexe, intensive Bukett, in dem man neben dem Geruch von Backpflaumen und Brotrinde auch würzige Düfte entdeckt, wird noch vom Ausbau im Holzfaß geprägt. Die harmonische Ausgewogenheit zwischen den reifen Trauben und dem guten Holz verspricht eine schöne Zukunft.

🍷 Héritiers Rolland, Ch. Le Bon Pasteur, Maillet, 33500 Pomerol, Tel. 57.51.10.94 ☓ n. V.

CLOS DES ROMAINS   1989*

■   0,8 ha   5 000   ▮▯▮ ↓ ▼ 4

Dieser am Fuße des Südhangs von Saint-Emilion gelegene Cru verdankt seinen Namen einer Parzelle, die auf den Überresten einer gallo-romanischen Villa angelegt worden ist. Intensive rubinrote Farbe und komplexes Bukett mit dem Duft von roten Beeren, dem das Holz ein angenehmes Vanille- und Röstaroma hinzufügt. Ein bezaubernder, eleganter Wein mit runden, fleischigen Tanninen in der Ansprache. Der Abgang ist noch ein wenig hart und braucht etwas Zeit, um sich zu verfeinern.

🍷 Jean-Jacques Bouquey, Ch. Peyrelongue, 33330 Saint-Emilion, Tel. 57.24.71.17 ☓ n. V.

CH. DE ROQUEFORT   1989*

■   1 ha   4 000   ▮▯▮ ↓ ▼ 4

Die Familie Malet Roquefort, die seit 400 Jahren in Saint-Emilion Wein anbaut, stellt diesen Wein aus 60% Merlot und 40% Cabernet-Franc her. Es handelt sich dabei um den Zweitwein von Château Tertre-Daugay. Der 89er besitzt eine sehr dunkelrote Farbe. Das Aroma ist noch fruchtig und konzentriert und enthält einen Hauch von Harz und Röstgeruch. Runde Struktur mit guten Tanninen, die ihn zu einem lagerfähigen Wein machen.

🕊 Comte Léo de Malet Roquefort, Ch. Tertre-Daugay, 33330 Saint-Emilion, Tel. 57.24.72.15 ⌶ n. V.

CH. ROQUEMONT 1989

■		3 ha	20 000	⫼↓▽②

Das Gut, das im kieshaltigen Teil von Saint-Sulpice-de-Faleyrens liegt, wird von dieser Familie seit mehreren Generationen bewirtschaftet. Ein sehr reifer Merlot, der sich in einer sehr intensiven Farbe und einem fleischigen, feurigen Geschmack ausdrückt. Die noch ein wenig festen Tannine dürften eine schöne Zukunft garantieren.

🕊 SCEA Ch. Roquemont, Bouchet, 33420 Grézillac, Tel. 57.84.52.26 ⌶ tägl. sf dim. 9h-18h
🕊 Robineau

ROYAL 1989

■		40 ha	266 666	⫼↓▽③

Eine Marke der Union des Producteurs de Saint-Emilion. Der Wein hat eine rubin- bis kupferrote Farbe. Sein Bukett entfaltet Noten von sehr reifen roten Beerenfrüchten und Zimt. Geschmeidiger, wohlausgewogener, einschmeichelnder Geschmack mit harmonisch aufgelösten Tanninen, die sich ziemlich rasch entwickeln dürften.

🕊 U. de P. de Saint-Emilion, B.P. 27, Haut-Gravet, 33330 Saint-Emilion, Tel. 57.24.70.71 ⌶ Mo-Sa 8h-12h 14h-18h

CH. ROZIER 1989

■		18 ha	k.A.	⌶⫼↓▽⑤
86	87	88	89	

Dieses 1900 entstandene Gut hat sich seitdem einen sehr guten Ruf erworben. Der 89er besitzt eine strahlende, leicht entwickelte Farbe. Ein schlichter, alkoholischer Wein, der schon jetzt durch sein Bukett von mittlerer Komplexität, seinen weinigen Geschmack, seine hübsche Fülle und seine gute Nachhaltigkeit gefällt.

🕊 Jean-Bernard Saby, Ch. Rozier, 33330 Saint-Laurent-des-Combes, Tel. 57.24.73.03 ⌶ n. V.

CH. SAINT GEORGES COTE PAVIE 1989*

■ Gd cru clas.	5,4 ha	25 000	⫼↓▽④
⑦⑤ 76 |78| 79 80 |81| |82| |83| 85 86 |88| |89|

Dieser Cru besitzt eine wunderschöne Lage am Hang von Pavie. Er gehörte Adolphe Charoulet, einem Abgeordneten der Gironde in den 20er Jahren und Weinhändler. Ziemlich volles, warmes Bukett mit dem Aroma von reifen Früchten. Geschmeidiger, eleganter Geschmack mit feinen Tanninen. Dieser wohlausgewogene Wein ist schon jetzt reizvoll, aber er kann noch lange altern.

🕊 Jacques Masson, Ch. Saint-Georges (Côte Pavie), 33330 Saint-Emilion, Tel. 57.74.44.23 ⌶ n. V.

CLOS SAINT JULIEN 1989**

■		2 ha	8 000	⫼↓▽②

Dieser 2 ha große Weinberg ist nur mit 20% Merlot, aber mit je 40% Bouchet und Cabernet-Sauvignon bepflanzt. Ein Lebkuchenaroma, das

die große Reife der Trauben zum Ausdruck bringt, vermischt sich mit den Vanille- und Holznoten des guten Holzes vom Ausbau im Barriquefaß. Die gezügelte Kraft und Stärke verleiht diesem Wein Vornehmheit und eine gute Lagerfähigkeit.

🕊 Jean-Jacques Nouvel, Fontfleurie, 33330 Saint-Emilion, Tel. 57.24.72.05 ⌶ n. V.

SAINT-PAUL DE DOMINIQUE 1989*

■		3,5 ha	k.A.	⫼↓③

Der Zweitwein von Château La Dominique, das einem Tiefbauunternehmer gehört. Bei diesem 89er handelt es sich um einen bereits entwickelten Wein. Die rubinrote Farbe beginnt sich ziegelrot zu verfärben. Der sehr ausdrucksstarke Duft entfaltet gleichzeitig frische und reife Noten : Minze, Himbeeren, Unterholz. Im Geschmack zeigt er sich sehr geschmeidig und enthüllt milde Tannine. Schon trinkreif.

🕊 Clément Fayat, Ch. Clément-Pichon, 33290 Parempuyre, Tel. 57.51.44.60 ⌶ n. V.

CH. DE SAINT PEY Branche aînée 1989

■		17 ha	95 000	⌶⫼↓▽
86	87	88	89	

Dieser Weinberg, der seit mehreren Jahrhunderten im Familienbesitz ist, wird vom Besitzer von Bel-Air in Lalande-de-Pomerol betreut. Intensives Bukett mit Tiergeruch, danach rauchige Noten und Aroma von geröstetem Brot. Im Geschmack sehr einschmeichelnd dank der geschmeidigen, runden Tannine. Dieser 89er besitzt eine kräftig gebaute Struktur, die auf eine gute Alterung hindeutet.

🕊 SA Les Vignobles Jean-Pierre Musset, Ch. de Bel-Air, 33500 Lalande-de-Pomerol, Tel. 57.51.40.07 ⌶ n. V.

CH. SOUTARD 1989*

■ Gd cru clas.	18,7 ha	100 000	⫼▽⑤

Ein mächtiges Schloß aus dem 18. Jh., das seit mehr als zwei Jahrhunderten im Besitz der gleichen Familie ist. Im noch etwas verschlossenen Bukett erkennt man den Geruch von Unterholz. Harmonische Struktur im Geschmack. Danach zeigt sich dieser 89er dank seiner recht reifen Tannine verführerisch. Da er heute noch etwas streng ist, muß er mit dem Alter noch an Komplexität gewinnen !

🕊 des Ligneris, Ch. Soutard, 33330 Saint-Emilion, Tel. 57.24.72.23 ⌶ n. V.

CH. TAUZINAT L'HERMITAGE 1989

■		9 ha	54 000	⫼▽④

Lebhafte rubinrote Farbe. Fruchtiges, leicht holziges Aroma. Dieser noch jugendliche, aber geschmeidige und wohlausgewogene 89er ist ein einfacher, gefälliger Wein.

🕊 SCV Moueix Père et Fils, Ch. Taillefer, B.P. 137, 33503 Libourne Cedex, Tel. 57.51.50.63 ⌶ n. V.
🕊 Héritiers Marcel Moueix

CH. TERTRE DAUGAY 1989*

■ Gd cru clas.	14,4 ha	60 000	⫼↓▽④
	75	76 77 79 80 81	82	83 86 87 88 89		

Ein wunderbar auf einer Anhöhe gelegenes Gut, das 1978 von Graf Malet Roquefort übernommen worden ist. Die sehr tiefe Farbe erinnert an reife Bigarreaukirschen. Das schöne Aroma wird von Tiergeruch geprägt. Im Geschmack entwickelt sich dieser 89er recht intensiv : voluminös und sehr reich mit einem sehr konzentrierten Aroma, das von Röstnoten geprägt wird. Gute Zukunftsaussichten.

🍷 Comte Léo de Malet Roquefort, Ch. Tertre-Daugay, 33330 Saint-Emilion, Tel. 57.24.72.15 ⚲ n. V.

CH. TOURANS 1989*

| ■ | 7,58 ha | 40 000 | 🍶 ⅰⅰ ↓ 🇪 |

Dieser noch etwas verschlossene Wein stammt von 30 Jahre alten Rebstöcken, die auf lehmig-kalkigen Böden wachsen. Er zeigt eine schöne, kräftige granatrote Farbe. Zart holzig, fruchtig und rund, danach kräftig und lang. Er besitzt guten Stoff und eine gute Tanninstruktur, so daß er noch etwas altern kann.

🍷 Vignobles Rocher-Cap-de-Rive, B.P. 89, 33350 Saint-Magne-de-Castillon, Tel. 57.40.18.28

TOURNELLE DES MOINES 1989*

| ■ | k.A. | 30 000 | 🍶 ⅰⅰ ↓ 🇻 4 |

Der Wein Tournelle des Moines ist der Zweitwein von Château Beau-Séjour Bécot. Er ist ebenfalls ein gelungener 89er mit guter Alterungsfähigkeit, auch wenn sich sein Bukett (sehr reife Beerenfrüchte und ein Hauch von Unterholz) zu entwickeln beginnt. Im Geschmack ist er feurig und fleischig. Er klingt noch mit den Tanninen vom Holz aus, die aber seinen guten Stoff nicht vergessen machen.

🍷 GAEC Beau-Séjour Bécot, 33330 Saint-Emilion, Tel. 57.74.46.87 ⚲ n. V.

CH. TOUR SAINT-CHRISTOPHE 1989*

| ■ | 17 ha | 80 000 | ⅰⅰ ↓ 🇻 3 |

30 Jahre alte Rebstöcke, die auf lehmig-kalkigen Terrassen in Südwestlage wachsen, tragen zur Originalität dieses Cru bei. Die Merlottrauben werden bei diesem 89er durch 30% Cabernet-Franc ergänzt. Er ist noch ein wenig verschlossen und entfaltet ein dezentes Aroma von roten Früchten mit pfeffrigen Noten. Nach einer angenehmen, leichten Ansprache wird der Geschmackseindruck etwas fester. Die Tannine brauchen noch einige Zeit, um sich harmonisch einzufügen.

🍷 SARL Ch. Tour Saint-Christophe, B.P. 13, 33330 Saint-Emilion, Tel. 57.24.77.15 ⚲ n. V.
🍷 Johannesson-Larsson-Teickmans

CH. TOUR SAINT-PIERRE 1989

| ■ | 12 ha | 65 000 | 🍶 ⅰⅰ 🇻 3 |

Ein 1928 auf lehmig-feuersteinhaltigen Böden angelegtes Gut. Die leichte Entwicklung, die von den ziegelroten Reflexen angezeigt wird, findet sich auch im Bukett wieder (Noten von Backpflaumen und eingemachten Früchten) und bestätigt sich im Geschmack durch die Weinigkeit und den feurigen Reichtum der Merlottrauben. Schon trinkreif.

🍷 GAEC Goudineau et Fils, Ch. Tour Saint-Pierre, 33330 Saint-Emilion, Tel. 57.24.70.23 ⚲ Mo-Sa 9h-12h 14h-19h
🍷 B. et J. Goudineau

CH. TOUR VACHON 1989*

| ■ | 4,7 ha | 25 000 | ⅰⅰ ↓ 🇻 3 |

Das Gut bestand schon vor der Französischen Revolution. Die reifen Merlottrauben kommen im Duft von roten Früchten zum Ausdruck. Im Geschmack ist dieser 89er ausgewogen und geschmeidig. Tanninreicher, holzbetonter Abgang. Ein klassischer, lagerfähiger Wein.

🍷 Régine Soucaze, Ch. Tour Vachon, 33330 Saint-Emilion, Tel. 57.24.70.27 ⚲ n. V.

CLOS TRIMOULET 1989**

| ■ | 7 ha | 50 000 | 🍶 ⅰⅰ 🇻 3 |

| 76 | 82 | 83 | |85| |86| 88 | 89 |

Das Gut, das seit fünf Generationen im Familienbesitz ist, liegt auf Böden, die aus Lehm und Sand bestehen, die mit Ortstein (Eisengekrätz) vermischt sind. Es präsentiert diesen von überreifen Merlottrauben geprägten 89er. Im feinen Bukett findet man den Duft von roten Früchten und eine zarte Holznote. Weinigkeit, Fülle und Fleischigkeit gleichen im Geschmack die kräftige Tanninstruktur aus. Wunderbare, sehr harmonische Nachhaltigkeit des Aromas. Ein großer lagerfähiger Wein.

🍷 Guy Appollot, Clos Trimoulet, 33330 Saint-Emilion, Tel. 57.24.71.96 ⚲ n. V.

CH. TRIMOULET 1989*

| ■ Gd cru clas. | 20 ha | 100 000 | 🍶 ⅰⅰ 4 |

| 76 | 78 | 79 | 80 | 81 | |82| |83| |85| 87 | 88 | |89| |

Die Familie Jean besitzt dieses Château seit 200 Jahren. Jean Trimoulet, Mitglied der Jurade (Stadtrat) von Saint-Emilion, starb im Jahre 1713 und hinterließ seinen Namen dem Gut. Rote Früchte und das Aroma von Gewürzen prägen das feine, kräftige Bukett. Die Ansprache ist zart, während der Geschmack von jungen, festen Tanninen unterstützt wird. Eleganter, leicht holziger Abgang. Schmeckt bereits angenehm.

🍷 Pierre Jean, Ch. Lapelletrie, 33330 Saint-Christophe-des-Bardes, Tel. 57.24.77.54 ⚲ n. V.

CH. TROPLONG MONDOT 1989**

| ■ Gd cru clas. | 29 ha | k.A. | ⅰⅰ ↓ 🇻 5 |

| 61 | 66 | |70| 71 | 76 | |79| |81| |82| |83| 84 | 85 | 86 | 87 | 88 | 89 |

Edouard Troplong hat im letzten Jahrhundert seinen Namen dem von Mondot, einer berühmten Reblage von Saint-Emilion, hinzugefügt, aber das Château gehörte einst der Familie de Sèze (Verteidiger Ludwigs XVI.). Die purpurrote Farbe dieses 89ers erinnert an vollreife Früchte. Das frische, elegante Bukett enthüllt eine leichte Holznote. Im Geschmack ist er sehr geschmeidig, rund weich, besitzt aber trotzdem einen fleischigen Charakter, der ihn sehr harmonisch macht.

🍷 Ch. Troplong-Mondot, 33330 Saint-Emilion, Tel. 57.24.70.72 ⚲ n. V.
🍷 Valette

CH. TROTTEVIEILLE 1989***

■ 1er gd cru clas 10 ha 42 000 ◖ ↓ ☑ **5**
|75| |76| |78| |82| |85| 86 87 89

CHATEAU
TROTTE VIEILLE
Premier Grand-Cru Classé
Saint-Emilion Grand-Cru

Trottevieille verdankt seinen Namen einer alten Dame, die in der Kartause wohnte und – wenn eine Postkutsche an der Kreuzung hielt – zu dem Gefährt hintrippelte, um sich zu erkundigen, was es Neues gebe. Die extreme Konzentration dieses 89ers zeigt sich in seiner tiefen Farbe mit den schwarzen Reflexen und in seinem kräftigen Aroma mit den Röstnoten. Im Geschmack enthüllt sich ein fülliger, vollständiger Wein von guter Rasse. Der pfeffrige Abgang ist elegant und sehr lang.
🍷 Héritiers Castéja-Borie, Ch. Trottevieille, 33330 Saint-Emilion, Tel. 57.24.71.34 � n. V.

CH. VIEILLE TOUR LA ROSE 1989*

■ 3,05 ha 23 000 ◖ ☑ **2**

Dieser Cru, der sich seit drei Generationen im Familienbesitz befindet, wurde 1987 als Grand Cru eingestuft. Der 89er besitzt eine hübsche, intensive granatrote Farbe und duftet nach überreifen roten Früchten. Im Geschmack ist er rund und geschmeidig. Aufgrund seiner feinen Struktur mit fleischigen Tanninen sollte man ihn schon jetzt trinken.
🍷 Daniel Ybert, La Rose, 33330 Saint-Emilion, Tel. 57.24.73.41 ☿ n. V.

CH. VIEUX CANTENAC 1989

■ 3,5 ha 15 000 ◖ ☑ **2**

Der Weinberg dieses Gutes ist auf sandiglehmigen Böden angelegt und zu zwei Dritteln mit Merlotreben bepflanzt. Das ehrwürdige Alter der Rebstöcke (im Durchschnitt 55 Jahre) rechtfertigt durchaus den Namen. Ziegelrote Reflexe deuten auf eine gewisse Entwicklung hin, die sich im Bukett (gleichzeitig Tiergeruch und Blütenduft) bestätigt. Dieser körperreiche, geschmeidige Wein schmeckt schon jetzt angenehm.
🍷 Rebeyrol, Vieux Cantenac, 33330 Saint-Emilion, Tel. 57.51.35.21

VIEUX CHATEAU L'ABBAYE 1989**

■ 2 ha 13 000 ◖ ☑ **3**

Die Mönche des Klosterkapitels von Saint-Emilion waren die Besitzer des Gutes und hinterließen ihren Namen dem Cru. Dieser 89er besitzt eine strahlende, lebhaft rubinrote Farbe mit violetten Reflexen. Trotz der Finesse seines fruchtigen, dezent holzigen Aromas ist er noch ein wenig verschlossen. Sein körperreicher, kräftiger,

aber dennoch runder und fleischiger Geschmack sichert ihm eine sehr schöne Zukunft.
🍷 Françoise Lladères, 33330 Saint-Christophe-des-Bardes, Tel. 57.47.98.76 ☿ n. V.

VIEUX CHATEAU PELLETAN 1989*

■ 6,9 ha 43 600 ◖ ◖ ☑ **3**

Dieser 1924 entstandene Familienbetrieb besitzt auch Château Vieux Larmande. Der 89er besitzt eine intensive granatrote Farbe und ein warmes, feines Bukett von reifen roten Früchten. Im Geschmack entfaltet er ein gutes Volumen und harmonische Tannine, die aber im Abgang noch etwas streng sind.
🍷 SCEA Vignobles Magnaudeix, Vieux Château Pelletan, 33330 Saint-Christophe-des-Bardés, Tel. 57.24.77.55 ☿ n. V.

CH. VIEUX GRAND FAURIE 1989*

■ 4 ha 20 000 ◖ ◖ ↓ ☑ **3**

Dieser Cru, das denselben Besitzer wie Château Champion hat, liegt auf kieshaltigen alten Sandböden im nördlichen Teil des Plateaus von Saint-Emilion. Dank der ausgewogenen Bestockung und des reifen Traubengutes entfaltet dieser 89er ein komplexes, ziemlich intensives Bukett, das an Tiergeruch und Blüten erinnert. Große Weinigkeit und viel Milde sowie Tanninreichtum mit großer Länge kennzeichnen diesen lagerfähigen Wein, der noch etwas reifen muß.
🍷 Jean Bourrigaud, Ch. Vieux Grand Faurie, 33330 Saint-Emilion, Tel. 57.74.43.98

CH. DU VIEUX-GUINOT 1989*

■ 10 ha 72 000 ◖ ↓ ☑ **4**
61 64 ⑦⑤ 79 **82** 83 85 **86** 88 |89|

Seit mehr als zweieinhalb Jahrhunderten baut die Familie Rollet auf ihrem Gut Château Vieux-Guinot Wein an. Die rubinrote Farbe zeigt mit karminroten Reflexen eine leichte Entwicklung an. Im Bukett findet man den Duft von geröstetem Kaffee. Geschmeidige, auf der Zunge zergehende Tannine begleiten das empyreumatische Aroma dieses angenehmen, harmonischen Weins.
🍷 Jean-Pierre Rollet, Ch. Vieux-Guinot, 33330 Saint-Etienne-de-Lisse, Tel. 57.47.15.13 ☿ n. V.

CH. VIEUX POURRET 1989*

■ 4,24 ha 24 000 ◖ ◖ ☑ **3**
80 |81| |82| |83| 85 |86| |88| 89

Eine gute Vinifizierung führt hier zu einer gelungenen Verbindung zwischen den guten, vollreifen Trauben (80% Merlot) und dem hervorragenden Holz der Barriquefässer. Dieser 89er ist ein intelligenter Wein, dessen Geruchseindruck zwar noch sehr holzbetont ist, aber auch eine deutliche Fruchtigkeit enthüllt. Köstlich und vielversprechend.
🍷 SC Ch. Vieux Pourret, 33330 Saint-Emilion, Tel. 57.24.70.86

CH. VIEUX SARPE 1989**

■ 5 ha 38 000 ◖ ◖ ↓ ☑ **4**
66 67 70 |75| 76 78 79 |80| 81 |82| 83 |85| 86 |87| 88 |89|

Der Weinbau soll hier auf den römischen Kaiser Probus (232–282) und seine Legionäre zurückgehen, die in diesem Weinberg Reben pflanzten, indem sie gerade Furchen zogen und mit Erde auffüllten. Diese Furchen wurden 1964 entdeckt. Der 89er ist ein bemerkenswerter Wein, der eine strahlende purpurrote Farbe besitzt. Im Geruchseindruck ist er noch etwas verschlossen, entfaltet aber an der Luft einen Duft von überreifen Merlottrauben sowie Vanille- und Holznoten. Die Ansprache ist mild und voll, der Geschmack feurig. Feine, vielversprechende Tannine.

☙ Jean-François Janoueix, 37, rue Pline Parmentier, 33500 Libourne, Tel. 57.51.41.86 ⌶ n. V.

CH. VILLEMAURINE 1989**

◼ Gd cru clas.   8 ha   50 000   ◫ ↓ ☑ 🄴
|75| 76 78 79 80 (81)| 82 |83| 84 85 |86| 87 88 89

Château Villemaurine besitzt unter seinem Weinberg unterirdische Keller, die einmalig in Saint-Emilion sind. Das Bukett ist einschmeichelnd und konzentriert (Röstaroma). Reichtum, Eleganz und Konzentration kennzeichnen den Geschmack. Ausgewogener Gesamteindruck mit feinen, harmonisch eingefügten Tanninen.

☙ Robert Giraud SA, Dom. de Loiseau, B.P. 31, 33240 Saint-André-de-Cubzac, Tel. 57.43.01.44 ☙ GFA Villemaurine

CH. VIRAMIERE 1989

◼   11,43 ha   86 400   ◼ ↓ 🄱
78 79 80 81 |82| |83| (85)| 86 87 |88| 89

Die violetten Reflexe der dunkelgranatroten Farbe weisen auf die Jugend dieses schlichten Weins hin, dessen sich entwickelndes Bukett noch sehr zurückhaltend ist. Die dichte und kräftige, aber etwas feste Tanninstruktur bestätigt die Notwendigkeit, daß man diesen 89er noch altern lassen sollte.

☙ U. de P. de Saint-Emilion, B.P. 27, Haut-Gravet, 33330 Saint-Emilion, Tel. 57.24.70.71 ⌶ Mo-Sa 8h-12h 14h-18h
☙ SCE Vignobles Dumon

CH. VIRAMON 1989**

◼   3 ha   12 000   ◫ ☑ 🄳

Das Etikett von Château Viramon ist eine Reproduktion eines Originalwerks von Thiberville. Die lebhafte rubinrote Farbe zeigt leicht entwickelte Reflexe. Das Bukett verbindet harmonisch die Fruchtigkeit der reifen Trauben mit dem Röstaroma des Holzfasses. Trotz der Festigkeit der Tannine verleihen die Wärme und die Rundheit, die auf die Merlottraube zurückgehen, diesem Wein eine große Eleganz. Er verdient noch etwas Geduld.

☙ Vignobles Lafaye Père et Fils, Ch. Viramon, 33330 Saint-Etienne-de-Lisse, Tel. 57.40.18.28 ⌶ n. V.

CH. YON-FIGEAC 1989**

◼ Gd cru clas. 24,5 ha 140 000 ◼ ◫ ↓ ☑ 🄶
80 |81| |82| |83| 84 85 86 87 88 89

Das zu Beginn des Jahrhunderts wiederhergestellte Anbaugebiet umfaßt 24 ha zusammenhängende Rebflächen. Die tiefe Farbe mit den schwarzen Reflexen bringt den Reichtum und die Komplexität dieses Weins mit dem sehr konzentrierten Bukett zum Ausdruck. Die geschmeidigen, weichen Tannine tragen zur Eleganz des Geschmackseindrucks bei.

☙ Vignobles Germain, 33390 Berson, Tel. 57.64.39.63 ⌶ Mo-Fr 8h-12h 14h-18h
☙ GFA Ch. Yon-Figeac

Die anderen Appellationen der Region Saint-Emilion

Mehrere Nachbargemeinden von Saint-Emilion, die früher der Befehlsgewalt seiner Jurade (Stadtrat) unterstanden, dürfen ihrem Namen den der berühmten kleinen Stadt anhängen. Es handelt sich dabei um die Appellationen Montagne Saint-Emilion, Lussac-Saint-Emilion, Puisseguin-Saint-Emilion und Saint-Georges-Saint-Emilion, wobei die beiden letzten mit Orten verbunden sind, die heute mit Montagne zusammengewachsen sind. Alle liegen nordöstlich von Saint-Emilion, in einem Gebiet mit zerklüftetem Gelände, das den besonderen Reiz dieser Gegend ausmacht. Auf den Hügeln erheben sich zahlreiche Bauwerke mit großer Vergangenheit. Die Böden sind sehr unterschiedlich, während die Rebsorten die gleichen wie in Saint-Emilion sind ; auch qualitativ sind die Weine den Saint-Emilion-Weinen sehr ähnlich. Die Produktion lag 1990 bei 27 Mio. Flaschen.

Lussac Saint-Emilion

CH. DE BARBE BLANCHE 1989*

◼   20 ha   k.A.   ◼ ↓ ☑ 🄿

Das Gut, das einst im Besitz der Albrets und Heinrichs IV. war, gehört heute der französischen Bodenkreditanstalt (Crédit Foncier de France). Es besitzt alles, um von sich reden zu machen. Die purpurrote Farbe mit den dunkelrubinroten Reflexen und der noch etwas verschlossene Duft von roten Beerenfrüchten und einem Hauch von Vanille machen diesen 89er zu einem eleganten Wein. Die kräftigen, reifen Tannine entfalten eine große Nachhaltigkeit und erlauben eine lange Lagerung.

☙ SCE Ch. Barbe Blanche, 33570 Lussac, Tel. 57.74.60.54 ⌶ Mo-Fr 8h30-12h 14h-18h ; Sa n.V.

CH. BEL-AIR 1989*

■   18 ha   100 000   ▤ ❶❶ ↓ ☑ **2**

Dieser Cru befindet sich auf einem großen Plateau mit lehmigen Böden, die stellenweise mit feuersteinhaltigem Kiessand und Eisengekrätz als Untergrund vermischt sind, so daß er recht vielfältiges Anbaugebiet besitzt. Sein 89er zeichnet sich durch die Eleganz seines pfeffrigen und fruchtigen (rote Johannisbeeren) Aromas aus. Dank seiner Rundheit und seiner Gesamtharmonie kann man ihn schon jetzt problemlos trinken.
�SDF J.-N. et S. Roi, Ch. Bel-Air, 33570 Lussac, Tel. 57.74.60.40 ☎ Mo-Fr 8h-12h 14h-18h

CH. DE BELLEVUE 1989

■   11,6 ha   70 000   ▤ ❶❶ ↓ ☑ **2**

73 74 **75 76** 78 79 80 |81| (82) |83| |85| **86** 87 88 |89|

Eine hübsche Kartause aus dem 18. Jh., die seit 1972 im Besitz von Charles Chatenoud ist. Der samtweiche Geschmack dieses 89ers wird durch ein zartes Vanille- und Blütenaroma betont. Ein schlichter, aber eleganter Wein.
↝Charles Chatenoud et Fils, Ch. de Bellevue, 33570 Lussac, Tel. 57.74.60.25 ☎ n. V.

CH. DE BORDES 1989**

■   0,25 ha   2 200   ❶❶ ↓ ☑ **3**

Eine vor kurzem gekaufte, 25 Ar große Parzelle liefert diesen Wein, der ausschließlich in neuen Holzfässern ausgebaut wird. Das Ergebnis ist sehr ermutigend. Das Aroma von schwarzen Früchten (Brombeeren) harmoniert gut mit den Röstnoten vom Holz des Barriquefasses. Die runden, fleischigen Tannine sind mit einem Vanillearoma im gesamten Geschmack zu spüren. Ein Wein mit großer Zukunft.
↝EARL Vignobles Paul Bordes, Faize, 33570 Les Artigues-de-Lussac, Tel. 57.24.33.66 ☎ n. V.

CH. CAP DE MERLE 1989

■   11 ha   75 000   ▤ ↓ ☑ **3**

Hübsche Reflexe in der Farbe, ein dezenter Duft von roten Johannisbeeren und geschmeidige, aromatische Tannine verleihen diesem 89er eine schöne Harmonie. Schon trinkreif.
↝EARL Bel, 161, rte de Saint-Emilion, 33500 Libourne, Tel. 57.51.00.88 ☎ n. V.

SELECTION PIERRE COSTE 1989*

■   k.A.   k.A.   ▤ ↓ **2**

Ein rubinroter 89er mit strohfarbenem Schimmer, dessen intensives Aroma an Leder- und Wildbretgeruch erinnert. Seine Fülle und seine Weinigkeit verleihen ihm viel Charme und Rasse. Ein schon trinkreifer Wein, der auch noch lagern kann.
↝Pierre Coste, 33210 Langon, Tel. 56.63.50.52 ☎ n. V.

CH. DU COURLAT
Les raisins de la tradition 1989*

■   3 ha   12 500   ❶❶ ↓ **4**

Bei der Vinifizierung dieser Sondercuvée, die von den ältesten Rebstöcken (100% Merlot) des Gutes stammt, steht Michel Rolland beratend zur Seite. Sie besitzt eine schöne dunkle, schillernde

Farbe. Die Merlottrauben entfalten sich im Duft (Himbeeren, Konfitüre). Die Tannine sind geschmeidig und elegant. Ein schöner Erfolg. Im letzten Jahr ist der 88er mit drei Sternen bewertet worden.
↝Pierre Bourotte, 28, rue Trocard, 33500 Libourne, Tel. 57.51.62.17 ☎ n. V.

CH. CROIX DE RAMBEAU 1989***

■   8 ha   50 000   ❶❶ ↓ ☑ **2**

(75) **78 79 81 82** |83| 84 85 |86| |87| |88| **89**

Dieses Gut wurde zu Beginn des Jahrhunderts von der Familie Trocard teils geerbt, teils käuflich erworben. Der 89er ist herrlich : intensive granatrote Farbe, kräftiges Aroma (Holz und Himbeeren) und sehr stoffreicher, harmonischer Geschmack. Ein lange lagerfähiger Wein.
↝Jean-Louis Trocard, Les Jays, 33570 Les Artigues-de-Lussac, Tel. 57.24.31.16 ☎ Mo-Fr 8h-12h 14h-18h

CH. HAUT-LA GRENIERE 1989**

■   5,1 ha   40 000   ▤ ↓ ☑ **2**

Dieses Gut entstand bei der Aufteilung des Besitzes von Château La Grenière. Es präsentiert einen bemerkenswerten Wein, der nach Gewürzen (Zimt) und eingemachten Früchten duftet. Sein sehr reicher, aromatischer Geschmack (Backpflaumen) hinterläßt einen Eindruck von »samtiger Weichheit« . Ein zukunftsreicher Wein.
↝Jean-Pierre Dubreuil, Ch. Haut-La Grenière, 33570 Lussac, Tel. 57.74.50.74 ☎ n. V.

HAUT MILON 1989*

■   11,2 ha   63 000   ▤ ↓ ☑ **2**

Jean Boireau, der das Gut seit 1964 leitet, führt eine Familientradition fort, die mindestens bis zur Zeit von Ludwig XIV. zurückreicht. Der 89er besitzt eine schöne Farbe und einen komplexen Duft, in dem man Paprika und Früchte erkennt. Seine noch etwas strengen Tannine machen eine vier- bis fünfjährige Lagerung notwendig.
↝Vignobles Jean Boireau, 33570 Artigues-de-Lussac, Tel. 57.24.32.08 ☎ n. V.

CH. JAMARD BELCOUR 1989

■   5 ha   15 000   ▤ ↓ ☑

Das dezente Bukett von Kirschkernen kommt besser im Geschmack zum Ausdruck, dessen Geschmeidigkeit und Rundheit diesem Wein einen eleganten Charakter verleihen. Schon trinkreif.
↝Alain Despagne, Bonneau, 33570 Montagne, Tel. 57.74.60.72 ☎ n. V.

CH. LA FRANCE DE ROQUES 1989

■   5 ha   25 000   ❶❶ ↓ ☑ **2**

Der Vater von Michel Sublett ist der Gründungspräsident der Winzergenossenschaft von Puisseguin. Dieser Wein ist der lussacische Bruder von Château de Roque. Er besitzt ein zurückhaltendes Aroma von reifen Früchten. Da er leicht gebaut, aber ausgewogen ist, kann man ihn schon recht bald trinken.

☛ Michel Sublett, Ch. de Roques, 33570 Puisseguin, Tel. 57.74.69.56 ☎ tägl. 9h-12h 14h-18h

CH. DE LA GRENIERE 1989★★★

| ■ | k.A. | 7 500 | ❙❙❚ ↓ ✓ **3** |

Dieses Sondercuvée stammt aus einem Weinberg unterhalb der Kartause aus dem 18. Jh. Sehr intensive Farbe. Das Aroma erinnert an Mokka, eingemachte Früchte und Vanille. Diese Komplexität findet man auch im Geschmack, dessen milde, lang anhaltende Tannine dem Wein Eleganz verleihen. Lange lagerfähig.
☛ Jean-Paul Dubreuil, Ch. de La Grenière, 33570 Lussac, Tel. 57.74.64.96 ☎ n. V.

CH. LATOUR SEGUR 1989★

| ■ | 6 ha | k.A. | ❙❙ ↓ ✓ **2** |

Château Latour Ségur grenzt an Château Barbe Blanche an und gehört seit 1987 der französischen Bodenkreditanstalt. Sein Wein besitzt eine strahlende purpurrote Farbe und ein dezentes Aroma von roten Beerenfrüchten. Dank seiner Tanninstruktur kann man ihn fünf bis zehn Jahre lang lagern.
☛ SCE Ch. Barbe Blanche, 33570 Lussac, Tel. 57.74.60.54 ☎ Mo-Fr 8h30-12h 14h-18h ; Sa n. V.
☛ C.F.F.

CH. LES COUZINS 1989★

| ■ | 6 ha | 40 000 | ❙❙ ❙❙❚ ↓ ✓ **2** |

Dieser 89er ist durch eine schon entwickelte Farbe und eine schöne Palette von Düften und Aromen (Lakritze, Blüten, Rum) sowie einen rassigen, cremigen Geschmack gekennzeichnet. Man kann ihn bereits trinken oder noch vier bis fünf Jahre lagern.
☛ GFA Seize, Les Couzins, 33570 Lussac, Tel. 57.74.60.67 ☎ tägl. 9h-20h

CH. LION PERRUCHON 1989

| ■ | 7,17 ha | 45 000 | ❙❙❚ ✓ **2** |

Die Familie Thézard ist seit Generationen mit dem Weinbau im Bordelais verbunden. Ihr Weinberg, in dem traditionelle Anbaumethoden (ohne Unkrautvertilgungsmittel) verwendet werden, ist tiefgreifend umstrukturiert worden. Der Wein enthüllt einen zurückhaltenden Duft. Die geschmeidigen Tannine lassen eine pflanzliche Note erkennen, aber dank seiner schönen Ausgewogenheit kann man ihn noch einige Zeit lagern.
☛ Jean-Pierre Thézard, Ch. Lion Perruchon, 33570 Lussac, Tel. 57.74.58.21 ☎ n. V.

CH. LYONNAT 1989

| ■ | 42,76 ha | k.A. | ❙❙❚ ↓ ✓ **2** |

Rubinrote Farbe mit karminroten Reflexen, feiner Duft von Backpflaumen und Vanille, entwickelter Geschmack. Ein trinkreifer Wein.
☛ Les Vignobles Jean Milhade, Ch. Recougne, 33133 Galgon, Tel. 57.74.30.04 ☎ n. V.

CH. MAYNE-BLANC
Cuvée Saint Vincent 1989★★★

| ■ | 5 ha | 25 000 | ❙❙❚ ↓ ✓ **3** |

75 76 78 79 80 81 |82| |83| 84 85 |86| |87| |88| ⟨89⟩

Sie können diese Sondercuvée, die unsere Juroren verführt hat, in einer sehr reizvollen Umgebung mit Park, Teich und zahlreichen Rosensträuchern probieren. Sehr tiefe Farbe, feines, komplexes Bukett mit einer gelungenen Verbindung zwischen dem eleganten Holzton und der intensiven Fruchtigkeit des Weins (schwarze Johannisbeeren). Die perfekte Harmonie der Tannine und das große Volumen dieses 89ers sorgen für einen seltenen Genuß.
☛ Jean Boncheau, Ch. Mayne-Blanc, 33570 Lussac, Tel. 57.74.60.56 ☎ tägl. 8h-12h-14h-20h

CH. DU MOULIN NOIR 1989

| ■ | k.A. | k.A. | **2** |

Die intensiv granatroten Reflexe, der kräftige, an Tiergeruch erinnernde Duft und der körperreiche, feurige Geschmack machen diesen Wein zu einer interessanten Entdeckung.
☛ SC du ch. du Moulin Noir, 33570 Lussac-Saint-Emilion

CH. PONT DE PIERRE 1989★★

| ■ | 8,7 ha | 46 000 | ❙❙ ↓ **2** |

Bei diesem Jahrgang kommt der hohe Merlotanteil (80%) in dem Aroma von Himbeeren, Leder und Pfeffer zum Ausdruck. Die fleischigen, gut eingefügten Tannine verleihen dem Geschmack einen Eindruck von Frische. Ein sehr gelungener Wein, der bei der Alterung noch an Komplexität gewinnen wird.
☛ Yvon Mau SA, B.P. 1, 33190 Gironde-sur-Dropt, Tel. 56.71.11.11 ☎ n. V.

LES PRODUCTEURS REUNIS DE PUISSEGUIN-LUSSAC
Cuvée Renaissance 1989★★

| ■ | k.A. | 10 000 | ❙❙❚ ✓ **4** |

88 89

Diese Sondercuvée, der Spitzenwein der Genossenschaftskellerei, wurde im letzten Jahr mit einer besonderen Empfehlung ausgezeichnet. Der 89er ist wiederum sehr gut gelungen. Das feine, zarte Aroma von überreifen Früchten und Vanille findet man in den runden, delikaten Tanninen wieder. Ein Wein, den man einige Jahre lang im Keller einlagern muß.

Montagne Saint-Emilion

❧ Les Producteurs Réunis de Puisseguin-Lussac, Durand, 33570 Puisseguin, Tel. 57.74.63.12 ⊼ n. V.

ROC DE LUSSAC Cuvée des druides 1989

■					
	400 ha	500 000		Ⓥ	②

88 |89|

Dieser von der Genossenschaftskellerei hergestellte Wein zeichnet sich durch seinen geschmeidigen, weichen Geschmack und sein dezentes Aroma von Überreife aus. Aufgrund seiner passablen Länge kann man ihn noch einige Zeit lagern.

❧ Les Producteurs Réunis de Puisseguin-Lussac, Durand, 33570 Puisseguin, Tel. 57.74.63.12 ⊼ n. V.

CH. DES ROCHERS 1989★★

■						
	2,8 ha	21 000	❙❙	↓	Ⓥ	②

88 |89|

Château des Rochers wurde 1988 von den gegenwärtigen Besitzern gekauft, so daß der 89er ist erster Jahrgang ist. Ein voller Erfolg ! Die Farbe zeigt violette und gelbe Reflexe. Das an Brombeeren und Zimt erinnernde Aroma findet man auch im Geschmack, in dem die samtigen Tannine deutlich spürbar sind. Sehr gefällige Gesamtharmonie.

❧ Jean-Marie Rousseau, Petit Sorillon, 33230 Abzac, Tel. 57.49.06.10 ⊼ n. V.

CH. TIFFRAY 1989★

■					
	10,31 ha	45 000	❙	Ⓥ	②

Dieser 89er mit der strahlenden, lebhaft roten Farbe zeichnet sich durch ein Bukett aus, das den Duft von roten Beerenfrüchten und Konfitüre entfaltet. Seine Kraft und seine Ausgewogenheit machen ihn zu einem charaktervollen Wein, der noch ein paar Jahre reifen muß.

❧ Michel et Catherine Tricot, Ch. Tiffray, 33570 Lussac, Tel. 57.74.54.47 ⊼ n. V.

CH. TOUR DE GRENET 1989★★

■						
	29 ha	175 000	❙❙❙	↓	Ⓥ	②

Der Turm ist zwar nicht gerade schön, aber er überragt die ganze Landschaft und bietet einen wunderbaren Rundblick. Ebenso prächtig ist dieser 89er, dessen üppiger Duft Tier- und Jodgeruch sowie eine zarte Holznote enthüllt. Seine Konzentration und seine Harmonie machen ihn zu einem bezaubernden Wein, der nur noch einige Jahre altern muß.

❧ SCI des Vignobles Brunot, Ch. Cantenac, 33330 Saint-Emilion, Tel. 57.51.35.22 ⊼ n. V.

VIEUX CHATEAU CHAMBEAU 1989★

■						
	15 ha	100 000	❙❙❙	↓	Ⓥ	②

Ein hoher Anteil Cabernet-Sauvignon (30%) verleiht diesem Wein Komplexität. Das Kirschkern- und Lederaroma und die zarten, leicht holzigen Tannine schenken ihm Harmonie und Rasse, wie man sie gern öfter finden möchte.

❧ SC Ch. Branda, Roques, 33570 Puisseguin, Tel. 57.74.62.55 ⊼ Mo-Fr 8h-18h

CH. BAUDRON 1989

■						
	7,86 ha	50 000	❙	↓	Ⓥ	②

Rubinrote Farbe mit purpurroten Reflexen. Das Aroma von Brombeeren und Wildgeruch und die spürbaren, aber geschmeidigen Tannine verleihen diesem Wein einen liebenswerten Charakter.

❧ Groupe de Prod. La Tour Mont d'Or, 33570 Montagne, Tel. 57.74.62.15 ⊼ n. V.

CH. BECHEREAU 1989

■						
	9 ha	50 000	❙	↓	Ⓥ	②

|79| |81| |82| |83| |85| |86| 87 88 |89|

Auf Bécherau ist die Winzertradition schon über 100 Jahre alt. Das Leben der Menschen hier wird ganz vom Rhythmus der Arbeiten im Weinberg und von der Vegetationsperiode der Reben bestimmt. Die Frische dieses 89ers und seine feinen Tannine erlauben es, daß man ihn schon bald trinkt, aber er wird seine Persönlichkeit in vier bis fünf Jahren noch besser entfalten.

❧ Jean-Michel Bertrand, Bécherau, 33570 Les Artigues-de-Lussac, Tel. 57.24.31.22 ⊼ Mo-Sa 8h-12h 14h-19h ; Ende Aug. geschlossen

CH. CALON 1989

■							
	30 ha	150 000	❙	❙❙❙	↓	Ⓥ	②

79 81 |82| 83 |85| |86| 87 88 89

Dieser Wein kommt von einem Gut, das auch einen Saint-Georges erzeugt. Der 89er verführt eher durch die Komplexität seines Aromas (Konfitüre, Gewürze) als durch seine Tannine, die noch etwas hart sind. Man muß ihn noch unbedingt fünf bis acht Jahre altern lassen.

❧ Jean-Noël Boidron, Ch. Calon, 33570 Montagne, Tel. 57.51.64.88 ⊼ n. V.

CH. CAZELON 1989

■					
	4 ha	25 000	❙❙❙	Ⓥ	②

85 **88** |89|

Dieser 89er besitzt ein dezentes Aroma, aber er zeichnet sich durch seine sehr schöne strahlend rubinrote Farbe und durch die Qualität seiner harmonischen, lang anhaltenden Tannine aus.

❧ Jean Fourloubey, Cazelon, 33570 Montagne, Tel. 57.74.62.75

CH. CHEVALIER SAINT-GEORGES 1989★

■					
	3 ha	18 000	❙ ❙❙❙	Ⓥ	②

Ein kleiner Weinberg, der dem Besitzer des Clos Trimoulet in Saint-Emilion gehört. Er liefert hier einen sehr aromatischen 89er, dessen Duft an Lakritze, Himbeeren und an die Rinde des Lorbeerbaums erinnert. Das Vanillearoma spürt man in den feurigen Tanninen, die sich noch abrunden werden. Mindestens fünf Jahre Lagerung sind dazu notwendig.

❧ Guy Appollot, Clos Trimoulet, 33330 Saint-Emilion, Tel. 57.24.71.96 ⊼ n. V.

CH. COUCY 1989★

■ 18,75 ha 100 000 ⏸ ↓ ☑ 2

|851 |(86)| **88** 89

Der Name dieses Cru erinnert an die einflußreiche Familie Coucy, von der ein Mitglied die Schlacht von Castillon beschrieb. In der Ausgabe 1990 haben wir den 86er besonders empfohlen. Nach dem prächtigen 88er ist der 89er ebenfalls recht gut. Das Bukett ist intensiv und komplex (Noten von schwarzen Johannisbeeren und Blüten), aber dieser lagerfähige Wein hätte etwas kräftigere Tannine verdient.
🍷 SCE du Ch. Coucy, 33570 Montagne, Tel. 57.74.62.14 🍷 n. V.
🍷 Hts Maurèze

CH. CROIX BEAUSEJOUR 1989★

■ 7 ha 30 000 ▮ ⏸ ↓ ☑ 2

83 |851 86 87 88 89

Dieser 89er hat das Glück, daß er von Trauben recht alter Rebstöcke stammt und in einer ehemaligen Scheune aus dem 18. Jh. vinifiziert worden ist. Er ist recht typisch für die Appellation : Aroma von reifen Früchten und Wildgeruch, gute, ausgewogene Tanninstruktur mit leichter, eleganter Holznote. Lagerfähig.
🍷 Olivier Laporte, Ch. Croix-Beauséjour, Arriailh, 33570 Montagne, Tel. 57.74.69.62 🍷 tägl. 9h-12h 14h-18h

CLOS CROIX DE MIRANDE 1989

■ 0,6 ha 4 800 ▮ ☑ 2

Michel Bosc hat dieses Gut 1979 selbst aufgebaut. Obwohl die Rebstöcke noch jung sind, ist dieser 89er sehr verführerisch : fruchtig-animalischer Geruchseindruck und geschmeidige, harmonische Tannine. Trinkreif.
🍷 Michel Bosc, Clos Croix de Mirande, 33570 Montagne, Tel. 57.74.68.70 🍷 n. V.

CH. FAIZEAU 1989★★

■ 10 ha 60 000 ▮ ⏸ ↓ ☑ 2

83 |851 |861 |871 **88 89**

Dieser sehr alte Cru besitzt einen guten lehmigkalkigen, mit Sand vermischten Boden auf dem Hang des Hügels von Calon. Der 89er macht den vorangehenden Jahrgängen alle Ehre. Holzig-fruchtiges Aroma. Der sehr kräftige, harmonische Geschmack erlaubt eine lange Lagerung.
🍷 SCE du Ch. Faizeau, 33570 Montagne, Tel. 57.24.68.94 🍷 n. V.

CH. FARGUET 1989

■ 6,3 ha 15 000 ⏸ ↓ ☑ 2

Die Pilger auf dem Weg nach Santiago de Compostela mußten in dieser alten Raststätte aus dem 12. Jh. ihren Durst stillen. Heutzutage ist der Wein hier fruchtig und entfaltet eine Vanillenote. Die milden, feinen Tannine kommen gut zum Ausdruck. Etwas harter Abgang.
🍷 SCEA Ch. Farguet, 33570 Montagne, Tel. 57.24.61.80 🍷 n. V.
🍷 Pobéda Frères

CH. GARDEROSE 1989

■ k.A. 17 000 ▮ ↓ 2

Ein kiesig-sandiger, mit weißem Lehm vermischter Boden bringt diesen gefälligen, recht kräftig gebauten Wein hervor, dessen Aroma an eingemachte Früchte erinnert. Die Jury hat dennoch eine bittere Note im Abgang bemerkt, die aber mit der Zeit verschwinden dürfte.
🍷 Yvon Mau SA, B.P. 1, 33190 Gironde-sur-Dropt, Tel. 56.71.11.11 🍷 n. V.
🍷 Henri Garde

CH. GRAND BARIL 1989★

■ 25 ha 140 000 ▮ ⏸ ☑ 2

(82) **83** 84 |851 **86** 87 88 89

Auch wenn Grand Baril der offizielle Name dieses Cru ist, wird der Wein von der landwirtschaftlichen Fachoberschule in Montagne erzeugt. Der 89er ist ein gelungener Wein mit einem warmen, sehr reifen Duft und einer kräftigen, aber harmonischen Struktur. Ein guter lagerfähiger Wein.
🍷 Lycée agricole de Montagne, Ch. Grand Baril, 33570 Montagne, Tel. 57.51.01.75 🍷 n. V.

CH. GUADET-PLAISANCE 1989

■ 6,8 ha 50 000 ▮ ☑ 2

Der Cru gehörte laut Überlieferung dem berühmten Girondisten Guadet. Mit dem 89er bietet er einen gefälligen Wein, dessen Bukett an Tiergeruch erinnert und dessen Geschmack geschmeidig ist. Sollte bald getrunken werden.
🍷 Jean-Paul Deson, 33330 Saint-Christophe-des-Bardes, Tel. 57.24.77.40 🍷 n. V.

CH. HAUT-BERTIN 1989★

■ 6 ha 40 000 ▮ ↓ ☑ 2

Lehmig-kalkiger Boden und klassische Bestockung ergeben einen Wein mit strahlender Farbe und geschmeidigem, ausgewogenem Geschmack, der eine vier- bis fünfjährige Lagerung zuläßt.
🍷 Fortin et fils, Ch. Haut-Bertin, 33570 Montagne, Tel. 57.74.64.99 🍷 n. V.
🍷 GFA Fortin-Belot

CH. HAUTE FAUCHERIE 1989★★

■ k.A. 42 000 ☑ 3

|861 |871 88 **89**

1989

CHATEAU

HAUTE FAUCHERIE

MONTAGNE-ST EMILION
APPELLATION MONTAGNE-St-EMILION CONTROLEE

PIERRE ET ANDRÉ DURAND, PROPRIÉTAIRES A MONTAGNE (GIRONDE)
FRANCE
MIS EN BOUTEILLES AU CHATEAU
PRODUCE OF FRANCE

Dieser 89er stammt von einem Gut, das unterhalb der Mühlen von Calon liegt. Er bestätigt die gleichbleibend gute Qualität seines Anbaugebiets mit dieser besonderen Empfehlung. Intensives, reifes Aroma mit Noten von Brombeeren, Lakritze und Unterholz. Der kräftige, elegante Geschmack erinnert mit seinen Tanninen an den Geruchseindruck. Der lange Abgang deutet auf einen lange lagerfähigen Wein hin.
🍷 Pierre et André Durand, Arriailh, 33570 Montagne, Tel. 57.74.62.02 🍷 n. V.

CH. HAUT-GOUJON 1989*

■   6,75 ha   20 000   🍷⬇✓2

Dieses Gut liegt im Nordwesten der Appellation, am Rand der Straße nach Périgueux, und ist damit ein Nachbar der Appellation Lalande de Pomerol. Sein 89er entfaltet einen fruchtigen Duft (reife Trauben), den man im Geschmack mit den samtigen, aber etwas kurzen Tanninen findet. Ein gut ausgebauter, eleganter Wein, den man mindestens fünf Jahre lang lagern kann.
🗝 Henri Garde, Goujon, 33570 Montagne, Tel. 57.51.50.05 ☎ n. V.

CH. LA BASTIDETTE 1989*

■   1 ha   5 000   🍷🍶⬇✓3

Ein in kleiner Menge erzeugter Wein, der dennoch gut ausgefallen ist. Das diskrete Aroma erinnert an Rosen. Die von Vanillenoten begleiteten Tannine sind im Abgang sehr harmonisch. Ein eleganter Wein.
🗝 Barons de Jerphanion, Ch. Moncets, 33500 Néac, Tel. 57.51.19.33 ☎ n. V.

CH LACOSTE CHATAIN 1989

■   3,96 ha   13 000   🍷⬇✓2

Dieser Cru, der von einem jungen Önologenpaar genutzt wird, ist fast ein Weingarten. Der 89er zeichnet sich durch die Originalität seines Aromas (Anis, Pfirsiche) und sein kräftiges Gerüst aus, das ihn alterungsfähig macht.
🗝 Martine et Philippe Junquas, Ch. Haut-Châtain, 33500 Néac, Tel. 57.74.02.79 ☎ n. V.

CH. LA CROIX DE MOUCHET 1989

■   12 ha   37 000   🍶✓2
83 |85| |86| 88 89

Monsieur Primo Grando, der dieses Gut seit einem halben Jahrhundert leitet, weiß diese Erfahrung nutzbringend zu verwenden, wie sein 89er zeigt. Intensive granatrote Farbe und großartige Tanninstruktur. Die Jury störte die aufdringliche Holznote, die dafür spricht, daß man den Wein noch mindestens fünf Jahre lang altern lassen sollte.
🗝 Primo Grando, Mouchet, 33570 Montagne, Tel. 57.74.62.83 ☎ n. V.

CH. LA CROIX DE NAULT 1989*

■   5 ha   20 000   🍷🍶⬇✓2

Die Keller werden gerade renoviert, was eine gute Zukunft für diesen Cru voraussagen läßt. Sein 89er ist bereits sehr gefällig : strahlend rubinrote Farbe und Duft von Vanille und schwarzen Johannisbeeren. Die Finesse und die Eleganz seiner Tannine machen es möglich, ihn schon jetzt zu trinken, aber man kann ihn auch noch lagern.
🗝 Daniel Bedrenne, Béchereau, 33570 Les Artigues-de-Lussac, Tel. 57.51.46.75 ☎ n. V.

CH. LA FLEUR ST-YVES 1989

■   2,5 ha   k.A.   🍷✓

Das Château gehört der Familie Landreau seit 1804. Dieser harmonische 89er besitzt ein fruchtiges Aroma und einen geschmeidigen, eleganten Geschmack. Bereits trinkreif.

🗝 Marc et Annie Landreau, La Veille des Landes, 33570 Montagne, Tel. 57.25.06.37 ☎ n. V.

CH. LA ROSE CORBIN DESPAGNE 1989*

■   8 ha   k.A.   🍶⬇1

Dieser 89er zeichnet sich durch ein hervorragendes Preis-Leistungs-Verhältnis aus. Schöne kirschrote Farbe, gutes Aroma und reife, geschmeidige Tannine. Mittlere Lagerfähigkeit.
🗝 Despagne, B.P. 17, 33028 Bordeaux Cedex, Tel. 56.39.45.87

LA TOUR MONT D'OR 1989

■   46 ha   300 000   🍷⬇✓2

Der Tour Mont d'Or ist der Hauptwein dieser Erzeugervereinigung. Der 89er entfaltet ein schönes Aroma, das an Gewürze und Wildgeruch erinnert. Die fruchtigen, fleischigen Tannine geben ihm eine alterungsfähige Struktur.
🗝 Groupe de Prod. La Tour Mont d'Or, 33570 Montagne, Tel. 57.74.62.15 ☎ n. V.

CH. DES LAURETS 1989*

■   k.A.   k.A.   🍷🍶✓2
|85| |86| 88 89

Ein prächtiges Château von 1860, ein Wildkaninchengehege, die Ruinen von Malengin und ein repräsentativer Gärkeller von 1890 – dieses riesige Gut kann von den Touristen gar nicht ignoriert werden, seien sie nun an der Architektur, der Natur, der Geschichte oder am Wein interessiert. Zumal dieser 89er ein komplexes Aroma und verführerische, nachhaltige Tannine bietet. Ein lagerfähiger Wein.
🗝 SCE des Laurets et de Malengin, Ch. des Laurets, 33570 Puisseguin, Tel. 57.74.63.03 ☎ n. V.
🗝 D. Bécheau La Fonta

CLOS LES AMANDIERS 1989*

■   6,33 ha   10 000   🍷🍶⬇✓2

Mit seinen Gebäuden und mit seiner Anbaufläche ist dieser Clos ein schönes Beispiel für einen bäuerlichen Weinberg. Sein 89er besitzt ein zurückhaltendes, aber fruchtiges Aroma, in dem man auch Röstnoten erkennt, und einen milden, aromatischen, vielversprechenden Geschmack.
🗝 Albert Poivert, Musset, 33570 Montagne, Tel. 57.24.74.99 ☎ n. V.

CH. LES TUILERIES DE BAYARD 1989*

■   27 ha   150 000   🍶⬇✓2
85 88 89

Der Legende nach machte Bayard einmal Rast in einem kleinen Weiler, der zu Montagne gehörte. Der Wein erweist sich dieses berühmten Ritters würdig. Sein kräftiges Gerüst und sein geschmeidiger Vanillegeschmack versprechen ihm eine große Zukunft.
🗝 Laporte Père et Fils, Bayard, 33570 Montagne, Tel. 57.74.62.47 ☎ n. V.

CH. MAISON BLANCHE 1989*

■   30 ha   150 000   🍶⬇✓3

Die Familie Despagne besitzt mehrere Güter im Libournais, von denen Château Maison Blanche das größte ist. Der Wein wird sehr stark durch das Eichenholz geprägt, das ein wenig seinen fruchtigen Charakter überdeckt, aber seine komplexe, reiche Struktur spricht für eine gute Alterung.

🍷 Gérard Despagne, Ch. Maison Blanche, 33570 Montagne, Tel. 57.74.62.18 ☎ n. V.

CH. DE MAISON NEUVE   1989

■   38 ha   250 000   🍼 📖 ☑ **2**

|85| |86| 87 **88** |89|

»Neues Haus« – der Name klingt zwar banal, aber er bringt den zweifachen Charakter dieses Gutes zum Ausdruck : »Maison« steht für seine lange Tradition, »Neuve« für seine moderne Ausrüstung. Dieser 89er gefällt bereits durch sein Aroma von reifen Früchten und seinen frischen Geschmack, aber der Abgang ist etwas tanninreich.

🍷 Michel Coudroy, Ch. Maison Neuve, 33570 Montagne, Tel. 57.74.62.23 ☎ Mo-Sa 8h-12h 14h-18h

CH. DE MAISONNEUVE   1989

■   3,5 ha   14 000   🍼 ☑ **2**

Dieser Wein unterscheidet sich vom vorangehenden in der Rechtschreibung. Beim 89er besitzt dieser hier eine geschmeidige, elegante Struktur und ein fruchtiges, zart holziges Aroma. Muß recht bald getrunken werden.

🍷 Alain Rospars, Maisonneuve, 33570 Montagne, Tel. 53.04.03.94 ☎ n. V.

CH. DES MOINES   1989

■   12 ha   80 000   🍼 📖 ☑ **3**

Lilien und Köpfe von Mönchen schmücken die alten Gebäude dieses Gutes. Der 89er ist interessant wegen der Finesse seiner Tannine, die gut mit einer leichten Holznote harmonieren. Der Abgang ist etwas alkoholisch, aber das dürfte sich bei einer drei- bis fünfjährigen Lagerung geben.

🍷 Raymond Tapon, Ch. Lafleur Vachon, 33330 Saint-Emilion, Tel. 57.24.71.20 ☎ tägl. 8h-12h 14h-20h

CH. NOTRE-DAME   1989

■   6 ha   30 000   🍼 ↓ ☑ **2**

Ein recht hübscher Name für ein Weingut, das einen aromatischen, feinen 89er erzeugt. Dank seiner ausgewogenen, sehr jungen Tannine dürfte er recht gut schmecken.

🍷 Jean-Marie Leynier, Clos des Religieuses, 33570 Puisseguin, Tel. 57.74.67.52 ☎ Mo-Fr 9h-12h 14h-18h ; Sa, So n. V.

CH. PETIT CLOS DU ROY   1989*

■   20 ha   85 000   🍼 📖 ↓ ☑ **2**

82 83 85 |86| 87 88 89

Das Gut wird von einem schönen Haus aus dem 18. Jh. beherrscht, das eine gewaltige Außentreppe mit Balustrade besitzt. Es präsentiert einen kirschroten 89er, dessen Aroma an Feigen und Backpflaumen erinnert. Die sehr reifen, harmonisch eingefügten Tannine werden sich in fünf Jahren voll entfalten.

🍷 François Janoueix, 20, quai du Priourat, B.P. 135, 33502 Libourne Cedex, Tel. 57.51.55.44 ☎ n. V.

CH. ROC DE CALON

Cuvée tradition 1989*

■   1,8 ha   9 500   📖 ↓ ☑ **3**

Diese Sondercuvée von Château Roc de Calon (fast 10 000 Flaschen) wird in Barriquefässern ausgebaut. Die Auswahl ist sehr gut getroffen worden, denn das Ergebnis ist hervorragend : Der Beitrag des Holzfasses harmoniert perfekt mit den natürlichen Qualitäten der Trauben, was einen reichen, kräftigen, eleganten und lange lagerfähigen Wein ergibt. Der andere Wein des Cru (120 000 Flaschen), der nicht im Holzfaß ausgebaut worden ist, hätte hier ebenfalls erwähnt werden können. Er besitzt ein an Unterholz und Leder erinnerndes Aroma, ist im Geschmack recht feurig und und läßt sich nur begrenzte Zeit lagern.

🍷 Bernard Laydis, Barreau, 33570 Montagne, Tel. 57.74.63.99 ☎ n. V.

CH. ROUDIER   1989

■   28,15 ha   120 000   🍼 ☑ **2**

|(82)| 83 |85| |86| 87 88 89

Dieser Wein stammt aus einem sehr gut gelegenen Weinberg am Südhang der Hügel von Saint-Georges und Montagne. Der 89er entfaltet einen feinen Duft von welkem Laub und roten Früchten. Seine Struktur muß sich noch entwickeln, aber die Zeit wird ihm seinen Stern einbringen.

🍷 Jacques Capdemourlin, Ch. Balestard la Tonnelle, 33330 Saint-Emilion, Tel. 57.74.62.06 ☎ n. V.

CH. SAINT-JACQUES CALON   1989

■   8,87 ha   50 000   🍼 📖 ↓ ☑ **2**

83 |85| |86| 88 |89|

Es ist nicht schwierig, dieses Gut zu finden, auf dem sich die berühmten Mühlen von Calon befinden. Wenn Sie diese besuchen, können Sie auch diesen einfachen, aber gut vinifizierten 89er probieren. Die Tannine sind aromatisch und ausgewogen und besitzen eine Geschmeidigkeit, die schon jetzt zum Trinken einlädt.

🍷 SCEA Saint-Jacques Calon, La Maçonne, 33570 Montagne, Tel. 57.74.62.43 ☎ n. V.
🍷 Paul Maule

CH. TOUR MUSSET   1989

■   30 ha   150 000   🍼 ↓ ☑ **3**

1990 haben drei tatkräftige Schweden dieses Gut sowie Château Tour Saint-Christophe in Saint-Emilion erworben. Der 89er besitzt eine hübsche kirschrote Farbe und eine harmonische, wohlausgewogene Struktur. Man kann ihn in etwa drei Jahren trinken.

🍷 SARL Ch. Tour Saint-Christophe, B.P. 13, 33330 Saint-Emilion, Tel. 57.24.77.15 ☎ n. V.
🍷 Johannesson-Larsson-Teickmans

CH. VERNAY BONFORT   1989

■   5 ha   12 000   📖 ☑ **2**

Das nüchterne, elegante Etikett paßt gut zu diesem feinen, zarten Wein, der schon entwickelt ist. Frische und Rundheit verleihen ihm eine schöne Harmonie.

🍷 SCE de Bertineau, 193, rue David Johnston, 33000 Bordeaux, Tel. 56.81.76.50 ☎ n. V.
🍷 Marcel Quancard

CH. VIEUX BONNEAU 1989*

■   13 ha   60 000   ▮ ⅲ ↓ ☑ **2**

Die Keller sind 1990 renoviert worden, genau zur rechten Zeit, um diesen 89er mit dem feinen Aroma von schwarzen Johannisbeeren und Vanille und mit den umhüllten, milden Tanninen auszubauen. Ein vielversprechender Wein.
🖙 Alain Despagne, Bonneau, 33570 Montagne, Tel. 57.74.60.72 ⵉ n. V.

VIEUX CHATEAU CALON 1989*

■   6 ha   35 000   ▮ ↓ ☑ **2**

Dieses Cru liegt in der Nähe der Mühlen von Calon. Er bleibt mit dem 89er der Qualität seiner Weine treu. Gute Präsenz mit milder, aromatischer Tanninstruktur (Lakritzearoma) und Finesse. Entwicklungsfähig.
🖙 Yves Gros, Calon, 33570 Montagne, Tel. 57.74.63.87 ⵉ n. V.

VIEUX CHATEAU PUYNORMOND
1989**

■   5,69 ha   23 000   ⅲ ↓ ☑ **2**

Dieser über 5 ha große Weinberg ist seit 1989 verpachtet. Die Anstrengungen des Pächters zahlen sich mit diesem sehr gelungenen 89er aus, den ein komplexes Bukett von eingemachten Früchten, Gewürzen (Kümmel), Himbeeren und Brombeeren prägt. Die Fülle und die Finesse der Tannine, die gut mit dem Eichenholz harmonieren, erlauben eine gute Alterung.
🖙 GAEC du Vieux Château Puynormond, Puynormond, 33570 Parsac, Tel. 57.74.68.74 ⵉ tägl. 8h-20h

VIEUX CHATEAU ROCHER CORBIN
1989**

■   9,5 ha   40 000   ▮ ↓ ☑ **3**

Dieser Weinberg gehörte früher zur Seigneurie de Corbin. Der hier erzeugte Wein ist sehr vielversprechend. Das Bukett (eingemachtes Obst und Gewürze) findet sich auch im Geschmack wieder, in dem sich kräftige, geschmeidige Tannine mit einem Schokolade- und Haselnußaroma entfalten. Ein Wein von sehr guter Qualität, den man noch altern lassen sollte.
🖙 SCEA Ch. Rocher Corbin, Le Roquet, 33570 Montagne, Tel. 57.74.55.92 ⵉ n. V.
🖙 Lucien Durand

VIEUX CHATEAU SAINT ANDRE
1989**

■   6,04 ha   32 000   ▮ ⅲ ↓ **2**

Dieser Wein hält im feinen Bukett (gerösteter Kaffee und reife Trauben), was die schöne dunkelrote Farbe verspricht. Im Geschmack entwickelt er sich nach einer geschmeidigen Ansprache mit viel Charme zu einem harmonischen Abgang mit würzig-fruchtigem Aroma, ohne irgendwann schwächer zu werden.
🖙 Jean-Claude Berrouet, 68, rue des Quatre-Frères-Robert, 33500 Libourne, Tel. 56.39.79.80

Puisseguin Saint-Emilion

CH. BORIE DE L'ANGLAIS 1989**

■   6 ha   9 000   ⅲ ☑ **3**

Die Besitzer dieses bemerkenswerten Cru sind seit dem 16. Jh. im Gebiet von Saint-Emilion ansässig. Intensive Farbe mit hübschen öligen Reflexen. An Blüten, Minze und Vanille erinnerndes Aroma. Kräftige Tannine, die vom Holz unterstützt werden. Dieser 89er ist ein lange lagerfähiger Wein.
🖙 Serge Coudroy, Chouteau, 33570 Lussac, Tel. 57.74.67.73 ⵉ n. V.

CH. BRANDA 1989**

■   5 ha   14 000   ▮ ⅲ ↓ ☑ **3**

78 79 80 81 |82| |83| |85| **86 87** 88 **89**

Dieses Gut hat in den letzten Jahren gute Fortschritte gemacht und bringt jetzt regelmäßig hervorragend gelungene Weine wie diesen hervor. Strahlende tiefrubinrote Farbe. Im Aroma harmonieren die roten und schwarzen Johannisbeeren perfekt mit einer an Vanille und Gewürze erinnernden Holznote. Die kräftigen, wohlausgewogenen Tannine lassen eine gute Alterung erwarten.
🖙 SC Ch. Branda, Roques, 33570 Puisseguin, Tel. 57.74.62.55 ⵉ Mo-Fr 8h-18h

CH. CHENE-VIEUX 1989

■   9,7 ha   39 000   ↓ ☑ **2**

Dieser 89er zeichnet sich durch seinen originellen Duft aus, in dem Honig und eingemachte Früchte dominieren. Seine Struktur ist jedoch sehr einfach.
🖙 SCE Y. Foucard et Fils, Ch. Chêne-Vieux, 33570 Puisseguin, Tel. 57.74.63.15 ⵉ Mo-Sa 8h-12h 14h-18h

CH. COTES DE SAINT CLAIR 1989*

■   7,2 ha   30 000   ▮ ☑ **2**

Die sehr schöne Farbe, das Haselnuß- und Mandelaroma und die delikaten, eleganten Tannine verleihen diesem Weine eine Komplexität, die seine Alterungsfähigkeit hervorhebt.
🖙 Les Producteurs Réunis de Puisseguin-Lussac, Durand, 33570 Puisseguin, Tel. 57.74.63.12 ⵉ n. V.
🖙 Jean-Paul Dupeyrat

CH. DURAND-LAPLAGNE
Cuvée sélection 1989*

■   4 ha   20 000   ⑪ ☑ ②

Diese in Eichenholzbarrique ausgebaute Cuvée stammt von etwa einem Drittel der Rebstöcke dieses Gutes. Das Ergebnis ist vielversprechend : ein Wein, der komplex (reife Früchte, Haselnüsse, geröstetes Brot), wohlausgewogen und lange lagerfähig ist. Ebenfalls angeführt werden soll hier die im Gärbehälter ausgebaute Cuvée Tradition, die einfacher, aber dafür schneller trinkreif ist.

🍷 Vignobles J. Bessou, Ch. Durand-Laplagne, 33570 Puisseguin, Tel. 57.74.63.07 ☏ n. V.

CH. FONGABAN 1989*

■   7 ha   40 000   ⑪ ↓ ☑ ②

Die Keller sind 1990 renoviert worden, was gut vinifizierte Weine erwarten läßt, wenn man von diesem sehr gelungenen 89er ausgeht. Das Aroma von leicht gekochten roten Früchten findet man in den deutlich spürbaren, ausgewogenen Tanninen wieder. Eine alkoholische Note im Abgang dürfte mit der Zeit verfliegen.

🍷 SARL Fongaban, Monbadon, 33570 Puisseguin, Tel. 57.74.54.07 ☏ n. V.

CH. GRAND RIGAUD 1989

■   6,5 ha   35 000   ⑪ ↓ ☑ ②

Dieser Weinberg liegt 103 m hoch. Der 89er ist gut vinifiziert. Sein fruchtiger, leicht holziger Charakter entfaltet sich im Geschmack. Mittlere Lagerfähigkeit.

🍷 Guy et Dany Desplat, B.P. 13, 33570 Puisseguin, Tel. 57.74.61.10 ☏ n. V.

CH. HAUT SAINT CLAIR 1989**

■   4 ha   20 000   🍶 ⑪ ☑ ②

Dieses Gut besteht zwar schon seit dem 17. Jh., aber es ist nicht der Vergangenheit verhaftet, wie seine 1982 durchgeführte Renovierung beweist. Die Krönung seiner Geschichte ist mit diesem 89er erreicht, der unsere besondere Empfehlung verdient. Das Aroma von roten Früchten und der Wildgeruch von Geräuchertem sowie die sehr reifen, aromatischen Tannine verleihen diesem Wein eine perfekte Ausgewogenheit. Auf diejenigen, die noch etwas Geduld haben, wartet ein Hochgenuß.

🍷 SCEA Ch. Haut Saint-Clair, 33570 Puisseguin, Tel. 57.74.66.82 ☏ n. V.
🍷 GFA Pocci Le Menn

CH. LAFAURIE 1989*

■   5 ha   30 000   🍶 ⑪ ↓ ☑ ②

Die Besitzer dieses 1988 erworbenen Châteaus haben viel Geld in die Renovierung des Lagerkellers mit den Barriquefässern gesteckt. Das Ergebnis läßt nicht auf sich warten. Kräftige, strahlende Farbe. Komplexes Bukett mit Noten von roten Früchten und einem Hauch von Menthol. Die direkten, geschmeidigen Tannine und seine große Länge machen ihn zu einem alterungsfähigen Wein.

🍷 EARL Vignobles Paul Bordes, Faize, 33570 Les Artigues-de-Lussac, Tel. 57.24.33.66 ☏ n. V.

CH. DES LAURETS 1989**

■   k.A.   k.A.   🍶 ⑪ ☑ ②
78 79 ⑱ |85| |86| |88| 89

Das Château des Laurets ist ein herrliches Bauwerk aus dem 19. Jh. Der 89er ist dieser Herkunft würdig. Die gelungene Verbindung von Holz und Wein enthüllt sich vor allem im Geschmack, wo man das Aroma von Vanille und Geräuchertem in den geschmeidigen, langen Tanninen wiederfindet. Ein lagerfähiger Wein.

🍷 SCE des Laurets et de Malengin, Ch. des Laurets, 33570 Puisseguin, Tel. 57.74.63.03 ☏ n. V.
🍷 D. Bécheau La Fonta

CH. LE BERNAT 1989

■   6 ha   25 000   🍶 ☑ ②

Die Familie Coudroy lebt seit dem 16. Jh. im Weinbaugebiet des Libournais. Dieser Wein ist sehr aromatisch (Wildgeruch, eingemachte Früchte) und besitzt kräftige, aber noch ein wenig trockene Tannine.

🍷 Serge Coudroy, Chouteau, 33570 Lussac, Tel. 57.74.67.73 ☏ n. V.

CH. MOULINS-LISTRAC 1989*

■   10,32 ha   70 000   🍶 ⑪ ↓ ☑ ②

Trotz seines Namens, der an das Médoc erinnert, ist dieses Château recht typisch für das Libournais : hoher Merlotanteil (70%) in der Bestockung und lehmig-kalkige Böden. Sein 89er besitzt eine hübsche kirschrote Farbe. Die Kirschen findet man zusammen mit Gewürz- und Lakritznoten in seinem Aroma wieder. Seine große Konzentration erlaubt eine ziemlich lange Lagerung.

🍷 GAEC Lalande et Fils, Les Longues Règes, 33570 Puisseguin, Tel. 57.74.61.90 ☏ n. V.

LES PRODUCTEURS REUNIS DE PUISSEGUIN-LUSSAC
Cuvée Renaissance 1989**

■   k.A.   10 000   ⑪ ☑ ②

Diese Cuvée Renaissance ist die Frucht einer strengen Auswahl der Genossenschaftskellerei von Puisseguin. Das Ergebnis ist sehr ermutigend. Der Wein ist komplex und kräftig : Gewürz- und Mentholnoten und ein gut »dosierter« Holzton. Sein Potential kommt auf bemerkenswerte Weise im Geschmack zum Ausdruck, an Geröstetes erinnernden Tanninen zum Ausdruck. Ein 89er, der eine lange Lagerung nicht zu fürchten braucht.

☛ Les Producteurs Réunis de Puisseguin-Lussac, Durand, 33570 Puisseguin, Tel. 57.74.63.12 ⚍ n. V.

CLOS DES RELIGIEUSES 1989

	8 ha	40 000	🍴↓☑②

Die Ursulinerinnen unterrichteten früher auf diesem Gut. Dieser 89er ist im Geruchseindruck noch zurückhaltend, aber seine gute Struktur läßt im Geschmack ein Räucheraroma zum Vorschein kommen. Muß noch altern.

☛ Jean-Marie Leynier, Clos des Religieuses, 33570 Puisseguin, Tel. 57.74.67.52 ⚍ Mo-Fr 9h-12h 14h-18h ; Sa, So n. V.

CH. RIGAUD 1989*

	8 ha	15 000	🍷↓☑②

Château Rigaud, das sich seit 1850 im Familienbesitz befindet, hat mit dem 89er erneut einen gelungenen Wein erzeugt. Das Aroma wird von Röstgerüch, Kakao und Menthol geprägt. Die Struktur ist elegant und kräftig, aber er muß noch ein paar Jahre lagern, damit er eine bessere Ausgewogenheit erreicht.

☛ J. Taïx, Ch. Rigaud, 33570 Puisseguin, Tel. 57.74.63.35 ⚍ n. V.

CH. DU ROC DE BOISSAC 1989

	37 ha	100 000	🍷↓☑②

Um die Lagerkeller dieses Gutes zu sehen, muß man keinen unnötigen Umweg machen : Der Urgroßvater des heutigen Besitzers hat sie direkt darunter als monolithische Keller gegraben. Sie können dort diesen 89er mit dem feinen Aroma von Brombeeren, Unterholz und Paprika probieren. Die Ausgewogenheit ist gefällig, aber der Abgang ist etwas kurz.

☛ Jean-Edouard Sublett, Ch. du Roc de Boissac, 33570 Puisseguin, Tel. 57.74.61.22 ⚍ n. V.

ROC DE PUISSEGUIN
Le vieux pigeonnier 1989

	k.A.	70 000	🍴☑②

Le Vieux Pigeonnier gehört zu den von der Genossenschaftskellerei von Puisseguin produzierten Weinen. Das Aroma ist zwar etwas zurückhaltend, aber komplex : Tiergeruch und pfeffrige Noten. Da die Struktur dieses 89ers ziemlich leicht ist, kann man ihn schon jetzt trinken.

☛ Les Producteurs Réunis de Puisseguin-Lussac, Durand, 33570 Puisseguin, Tel. 57.74.63.12 ⚍ n. V.

CH. SOLEIL 1989

	15 ha	100 000	🍷↓☑②

»Sonne« – ein hübscher Name für einen Wein, aber es ist schlicht der Name der Besitzer, die bereits seit 1799 Wein anbauen. Schöne granatrote Farbe mit leicht ziegelroten Reflexen, dezentes, aber elegantes Aroma. Ein wohlausgewogener, schon angenehm zu trinkender 89er.

☛ Jean Soleil, Le Cros, 33570 Puisseguin, Tel. 57.74.63.46 ⚍ n. V.

Saint-Georges Saint-Emilion

CH. BELAIR SAINT-GEORGES 1989*

	9,76 ha	25 000	🍷☑②

N.-I. Pocci und Y. Le Menn sind Geschwister und bewirtschaften seit 1978 gemeinsam dieses Gut. Der Erfolg ist mit dieser »Réserve du Château« da : Röst- und Räucheraroma, Duft von eingemachten Früchten. Sehr harmonischer Geschmack mit geschmeidigen, weichen Tanninen, die diesem lagerfähigen Wein viel Eleganz verleihen.

☛ GFA Vignobles Pocci et Le Menn, Ch. Belair Saint-Georges, 33570 Montagne, Tel. 57.74.65.40 ⚍ n. V.

CH. BELLONNE SAINT GEORGES 1989*

	5 ha	30 000	🍷↓☑②

Albert Macquin, ein Vorfahr des heutigen Besitzers, gehörte zu den führenden Männern im Kampf gegen die Reblaus, das Ende des 19. Jh. die europäischen Weinbaugebiete heimsuchte. Sein Enkel leitet heute dieses Gut, das einen wohlausgewogenen Wein mit einer schönen, tiefen Farbe erzeugt. Das Aroma ist noch zurückhaltend, aber es wird sich mit der Zeit entfalten.

☛ Denis Corre-Macquin, Saint-Georges, 33570 Montagne, Tel. 57.74.64.66 ⚍ n. V.

CH. CALON 1989*

	6 ha	k.A.	🍴🍷↓☑③

73 74 **75** 79 |80| |81| |⑧2| |83| |85| **87** |88| 89

Die Trauben für diesen Wein stammten aus einem Weinberg, auf dem drei Mühlen stehen. Vinifiziert wird er in einem Keller, der in den Felsen gegraben ist. Dieser 89er wird sehr stark durch sein typisches Vanille- und Kakaoaroma und seine fruchtigen Noten geprägt, die vor allem im Geschmack zum Vorschein kommen. Sicherlich ein großer Wein, der noch mindestens fünf Jahre lagern muß.

☛ Jean-Noël Boidron, Ch. Calon, 33570 Montagne, Tel. 57.51.64.88 ⚍ n. V.

CH. DIVON 1989

	4,66 ha	22 500	🍴🍷↓☑②

Wie so viele kleine Familienbetriebe hat auch dieses Gut seine andere Geschichte als die der täglichen Arbeiten, deren Rhythmus den Kalender des Winzers bestimmt. Der 89er ist im Duft noch zurückhaltend, aber er entfaltet sich schon gut durch seine runden, fruchtigen Tannine. Etwas alkoholischer Abgang.

☛ SCEA Andrieu et Fils, 1, rue de la Forge, Pinaud, 33910 Saint-Denis-de-Pile, Tel. 57.74.20.06 ⚍ n. V.

CH. LA CROIX DE SAINT-GEORGES 1989

	6,5 ha	50 000	🍴↓☑③

Dieses Gut liegt am Rand der Appellation Saint-Emilion auf einem lehmig-kalkigen Boden. Es erzeugt einen zurückhaltenden, aber eleganten Wein, den man in fünf Jahren trinken kann.

■ Jean de Coninck, Ch. du Pintey, 33500 Libourne, Tel. 57.51.06.07

CH. LE ROC DE TROQUARD 1989

■	2,18 ha	8 000	▮ V 2

Dieser ziemlich einfache, geschmeidige und ausgewogene Wein stammt von einem lehmigen Boden. Der leicht rustikale Abgang dürfte sich mit der Alterung legen.
■ Régis Visage, 33330 Saint-Sulpice-de-Faleyrens, Tel. 57.24.62.92 ⊥ n. V.

CH. SAINT ANDRE CORBIN 1989*

■	11,02 ha	61 000	▮ ⑪ ↓ 3

Dieser Cru, der in Pacht von den Vignobles Moueix genutzt wird, liefert einen 89er mit sehr konzentriertem Bukett (Lakritze) und einem hübschen Geschmack, der geschmeidige Tannine enthüllt.
■ SCEA du Priourat, 54, quai du Priourat, 33502 Libourne
■ Robert Carré

CH. SAINT-GEORGES 1989**

■	45 ha	k.A.	⑪ V 4

Die majestätische Kartause wird von vier Ecktürmen flankiert, Erbe einer alten Burg. Das Bauwerk, eines der schönsten seiner Art in der Aquitaine, wurde von Victor Louis entworfen. Es überragt den gesamten Hang von Saint-Georges. Der Wein, der an diesem historischen Ort erzeugt worden ist, verführt durch die Eleganz seines Dufts und seines Geschmacks. Das fruchtige Aroma (eingemachte Früchte und rote Johannisbeeren) harmoniert perfekt mit der Vanillearoma der Holznote. Lange lagerfähig.
■ Petrus Desbois, 33570 Montagne, Tel. 57.74.62.11 ⊥ n. V.

Côtes de Castillon

Seit 1989 gibt es eine neue Appellation : Côtes de Castillon. Sie übernimmt das Anbaugebiet der früheren Appellation Bordeaux Côtes de Castillon, d. h. die neun Gemarkungen Belvès-de-Castillon, Castillon-la-Bataille, Saint-Magne-de-Castillon, Gardegan-et-Tourtirac, Sainte-Colombe, Saint-Genès-de-Castillon, Saint-Philippe-d'Aiguilhe, Les Salles-de-Castillon und Monbadon. Die Erzeuger in der neuen AOC müssen jedoch strengere Produktionsbedingungen beachten, insbesondere hinsichtlich der Pflanzdichte, die auf 5 000 Rebstöcke pro Hektar festgelegt ist. Mit Rücksicht auf die bestehenden Rebflächen gilt eine Frist bis zum Jahr 2010.

CH. D' AIGUILHE 1990***

■	25 ha	170 000	⑪ ↓ V 2

Das Gut, das sich heute in spanischem Besitz befindet, wird von einem jungen Bordeleser Önologen, Jean Patrick Meyrignac, geleitet. Sein 90er ist ein Musterbeispiel für die Appellation. Intensive, tiefe kirschrote Farbe, komplexes Aroma, bei dem das neue Faßholz (Vanille, Lakritze) sehr gut mit der reifen Frucht harmoniert. Im Geschmack kommt dieser Wein voll zur Entfaltung : feine, aromatische, geschmeidige Tannine von seltener Homogenität. Ein sehr großer Wein.
■ SCEA du Ch. d' Aiguilhe, 33350 Saint-Philippe-d'Aiguilhe, Tel. 57.40.60.10 ⊥ n. V.

CH. DE BELCIER 1990

■	20 ha	160 000	⑪ V 2

Das Gut, das früher »Maison Noble de Gensac« hieß, verdankt seinen Namen der Familie Belcier, die (um 1780) das bestehende Château im klassizistischen Stil errichtete. Dieses ist vollständig restauriert worden und hat wie das gesamte Gut sein früheres Ansehen zurückgewonnen, seitdem es 1986 von der MACIF erworben worden ist. Das Vanillearoma des Holztons wird von einer lebhaften, noch jugendlichen Fruchtigkeit ausgeglichen. Die Tannine sind deutlich spürbar und im Abgang noch etwas aggressiv. Muß noch ein wenig altern.
■ SCA Ch. de Belcier, 33350 Les Salles-de-Castillon, Tel. 57.40.62.90 ⊥ n. V.
■ MACIF

CH. BELLEVUE 1990*

■	10,1 ha	65 000	▮ ⑪ ↓ V 1

Dieser 90er präsentiert sich mit einer schönen, violett schimmernden Farbe und entfaltet ein intensives Bukett von Himbeeren, Gewürzen und Kreide. Die Tannine sind fein, elegant und vollmundig, aber nur von mittlerer Länge. Ein angenehmer Wein, den man schon jetzt trinken kann.
■ SCEA Vignobles Marcel Petit, 33350 Saint-Magne-de-Castillon, Tel. 57.51.96.82 ⊥ n. V.

CH. BLANZAC 1990**

■	18 ha	100 000	▮ ⑪ V 2

Dieses Gut, das von einer hübschen Kartause aus dem 18. Jh. beherrscht wird, genießt einen guten Ruf, der durch diesen hervorragenden 90er noch bekräftigt wird. Überreifes, holziges Aroma mit Menthol- und Lakritzenoten. Die kräftige und gleichzeitig geschmeidige Tanninstruktur ist der Appellation würdig. Ein lagerfähiger Wein.

📪 Bernard Depons, Ch. Blanzac, 33350 Saint-Magne-de-Castillon, Tel. 57.40.11.89 ✕ Mo-Sa 9h-19h ; 15.–30. Juli

CH. DU BOIS 1990*

	13 ha	85 000	▮↓Ⅴ②

Dieses Herrenhaus, das Ende des Mittelalters entstand, gehörte nach der Französischen Revolution einem Offizier der leichten Kavallerie des Königs von Neapel, dessen Tochter Ezaïda hier Dichter und Musiker freundlich aufnahm. Der Wein besitzt ein intensives Aroma von Gewürzen und Kaffee. Der Abgang ist zwar ein wenig kurz, aber die fruchtigen Tannine sind stattlich und edel.
📪 SARL Vignobles Lenne Mourgues, Ch. du Bois, 33350 Saint-Magne-de-Castillon, Tel. 57.40.07.87 ✕ n. V.

CH. BRANDEAU 1990

	8,43 ha	k.A.	▮Ⅴ①

Dieses Gut gehört einem anglo-amerikanischen Ehepaar. Der Wein besitzt eine ausgewogene, einfache Struktur, die es möglich macht, ihn schon jetzt zu trinken.
📪 Gray et King, Brandeau, 33350 Les Salles-de-Castillon, Tel. 57.40.65.48 ✕ n. V.

CH. BREHAT 1990**

	5,5 ha	36 000	▮↓Ⅴ②

Wie viele Besitzer im Ostteil des Libournais besitzt Jean de Monteil neben einem Gut in Saint-Emilion dieses 5 ha große Gut. Es liefert hier einen bemerkenswerten 90er mit einem Aroma, das neben Früchten und Vanille eine Mentholnote enthält. Die kräftigen Tannine, die harmonische Ausgewogenheit und der volle, aromatische Abgang werden ihn einmal zu einem hervorragenden Wein machen, wenn man noch warten kann.
📪 Jean de Monteil, Ch. Haut-Rocher, 33330 Saint-Etienne-de-Lisse, Tel. 57.40.18.09 ✕ n. V.

CH. CANTEGRIVE 1990**

	16,74 ha	35 000	◑↓②

Die neuen Besitzer dieses Gutes stammen aus der Champagne. Der 90er ist ihr erster Jahrgang. Es ist ein bemerkenswerter, in Barriquefässern ausgebauter Wein. Das harmonische Aroma (Holz und schwarze Johannisbeeren) findet man in den kräftigen, reifen, sehr nachhaltigen Tanninen wieder.
📪 SC Ch. Cantegrive, Monbadon Terrasson, 33570 Puisseguin, Tel. 26.52.14.74 ✕ n. V.

CH. CAP DE FAUGERES 1990

	26 ha	k.A.	▮↓Ⅴ②

Ein schönes Gut, dessen Keller gerade renoviert werden. Die zur Verbesserung der Qualität unternommenen Anstrengungen dürften in den kommenden Jahren Früchte tragen. Inzwischen bringt dieser 90er mit dem komplexen, aber diskreten Aroma und den geschmeidigen, weichen Tanninen ein rasches Vergnügen.
📪 Pierre-Bernard Guisez, Ch. Faugères, 33330 Saint-Etienne-de-Lisse, Tel. 57.40.34.99 ✕ n. V.

CH. CASTEGENS 1990**

	25 ha	150 000	▮◑↓Ⅴ③

Château Castegens bildet alljährlich die natürliche Kulisse für ein besonderes Schauspiel, bei dem die Schlacht von Castillon (1453), die letzte Schlacht des Hundertjährigen Kriegs, nachgestellt wird. Dieser elegante Wein entfaltet einen Duft von Gewürzen und schwarzen Johannisbeeren. Bemerkenswerte Ausgewogenheit im Geschmack, mit holzigen, fülligen Tanninen, die kräftig und lang sind. Muß noch lagern.
📪 Jean-Louis de Fontenay, Castegens, 33350 Belvès-de-Castillon, Tel. 57.47.96.07 ✕ n. V.

CH. DE CLOTTE 1990

	15 ha	85 000	▮Ⅴ②

Ein schönes Gebäude mit einem einfachen, gefälligen Wein. Das Aroma von roten Beerenfrüchten taucht auch im Geschmack mit den geschmeidigen, ausgewogenen Tanninen wieder auf.
📪 SCE Ch. de Clotte, 33350 Les Salles-de-Castillon, Tel. 57.40.60.15 ✕ n. V.
📪 Mme Guerret-Denies

CH. DE COLOMBE 1990**

	9 ha	60 000	▮↓Ⅴ②

Dieser Cru bietet beim 90er einen gut gebauten Wein, in dessen Duft das Aroma von schwarzen Früchten mit blumigen Noten konkurriert. Die Komplexität der harmonisch eingefügten Tannine und die intensive aromatische Ausdruckskraft und die Länge des Geschmacks machen diesen 90er zu einem gelungenen Wein, den man für einige Zeit im Keller vergessen muß.
📪 SARL Vignobles Lenne Mourgues, Ch. du Bois, 33350 Saint-Magne-de-Castillon, Tel. 57.40.07.87 ✕ n. V.

CH. COTE-MONTPEZAT 1990**

	17 ha	100 000	▮◑↓Ⅴ②

Auf diesem kleinen Gut wurden vor kurzem zahlreiche technische Neuerungen vorgenommen, die sich bereits bei diesem 90er positiv auswirken. Er wird vom Ausbau in neuen Eichenholzfässern geprägt. Die intensiven, ausgewogenen Tannine besitzen ein Vanille- und Röstaroma von guter Länge. Er muß noch mindestens fünf Jahre reifen, bis sich das Holz harmonisch mit dem Wein verbindet.
📪 SA des Vignobles Bessineau, Brousse n° 8, 33350 Bèlves-de-Castillon, Tel. 57.47.96.04 ✕ n. V.

CH. DES FAURES 1990*

	13,52 ha	100 000	▮↓Ⅴ①

Ein typischer Wein, dessen Aroma (Leder und schwarze Johannisbeeren) sein charaktervolles Anbaugebiet perfekt zum Ausdruck bringt. Die feinen, angenehmen, nicht zu kräftigen Tannine werden sich in zwei bis drei Jahren voll entfalten.
📪 Roland Mas, Le Faure, 33570 Puisseguin, Tel. 57.40.61.07 ✕ n. V.

CH. FONGABAN 1990**

	35 ha	30 000	▮◑↓Ⅴ②

Ein schönes Gut mit einer schon großen Produktion. Dieser 90er wird von einem intensiven,

an Geräuchertes und eingemachtes Obst erinnernden Aroma geprägt. Die geschmeidige Ansprache macht geschmeidigen Tanninen Platz, deren Fruchtigkeit eine große Länge besitzt.
🍷 SARL Fongaban, Monbadon, 33570 Puisseguin, Tel. 57.74.54.07 ⟙ n. V.

LES PRODUCTEURS REUNIS A GARDEGAN 1990

■	k.A.	40 000	▮ ◫ ✔ 2

Dieser im Aroma schlichte Wein besitzt eine geschmeidige, ausgewogene Struktur. Bereits trinkreif.
🍷 Les Prod. Réunis des Côtes de Castillon, Millerie, 33350 Gardegan, Tel. 57.40.63.83 ⟙ n. V.

CH. GRAND TUILLAC 1990

■	22 ha	100 000	▮ ✔ 2

Dieser Cru, der in 118 m auf einem der höchsten Hügel der Gironde liegt, liefert hier einen charaktervollen Wein. Die geschmeidigen, harmonischen Tannine deuten etwas kurz, bereiten aber schon einen gewissen Genuß.
🍷 Philippe Lavigne, 33350 Saint-Philippe-d'Aiguilhe, Tel. 57.40.60.09 ⟙ tägl. 9h-18h

CH. GRIMON 1990

■	5,06 ha	35 000	▮ ✔ 1

Dieses von der Größe her bescheidene Gut hat nur die Geschichte, die seine Weine schreiben. Die purpurrote Farbe, das Aroma von Zimt und Weichseln und die gut gebauten Tannine ergeben einen hübschen Wein von mittlerer Lagerfähigkeit.
🍷 Gilbert Dubois, Ch. Grimon, 33350 Saint-Philippe-d'Aiguilhe, Tel. 57.40.65.19

CH. HAUT-ROUCAUD 1990

■	16,75 ha	130 000	▮ ↓ ✔ 2

Dieser karminrote 90er mit dem noch verschlossenen Duft von Leder und Moschus entfaltet seine ganze Kraft in den vollmundigen, feurigen Tanninen. Der Abgang ist lang, aber ein wenig alkoholisch.
🍷 GAEC Jean Lavau et Fils, Ch. Coudert-Pelletan, 33330 Saint-Christophe-des-Bardes, Tel. 57.24.77.30 ⟙ tägl. 8h-12h 14h-18h

CH. LA BRANDE 1990

■	30 ha	130 000	✔ 1

Ein einfacher Wein mit guter Präsentation, dessen Aroma an rote Früchte erinnert. Nach einer geschmeidigen Ansprache kommen harmonisch aufgelöste Tannine zum Vorschein. Im aromatischen Abgang entdeckt man Veilchen.
🍷 Vignobles Jean Petit, 33330 Saint-Etienne-de-Lisse, Tel. 57.40.18.23 ⟙ Mo-Fr 8h-12h 14h-18h ; Sa, So n. V.

CH. LA CROIX BIGORRE 1990

■	8,5 ha	40 000	▮ ◫ ✔ 1

50% Merlot- und 50% Cabernettrauben ergeben diesen einfachen, frischen Wein mit dem Blütenaroma und den geschmeidigen, glatten Tanninen. Recht angenehmer Abgang mit Veilchenaroma.

🍷 Joël Fritegotto, Ch. La Croix Bigorre, 33350 Saint-Genès-de-Castillon, Tel. 57.47.94.08 ⟙ tägl. 8h-20h

CH. LA CROIX LARTIGUE 1990*

■	8 ha	15 000	✔ 2

Dieser 90er hat eine strahlende granatrote Farbe mit purpurroten Reflexen. Das intensive Bukett von roten Früchten und Moschusgeruch setzt sich im Geschmackseindruck fort, in dem die ausgewogenen, kräftigen Tannine eine schöne Zukunft voraussagen lassen.
🍷 Michel Pallaro, Lartigue, 33350 Belves-de-Castillon, Tel. 57.40.00.07 ⟙ n. V.

CH. LAPEYRONIE 1990**

■	k.A.	10 000	◫ ↓ ✔ 3

Dieses Gut, dessen Rebflächen eine klassische Bestockung aufweisen, erzeugt einen Wein aus Trauben, die von alten Rebstöcken stammen und mit der Hand gelesen worden sind. Der 90er duftet intensiv nach eingemachten Früchten und entfaltet eine kräftige Holznote. Die klare Ansprache betont die strukturierten Tannine, die vom Holz geprägt sind. Der Abgang ist lang und ausgewogen. Schöne Zukunftsaussichten.
🍷 Lapeyronie, Castel Merle, 33350 Sainte-Colombe, Tel. 57.40.19.27 ⟙ tägl. 8h-19h

CH. LA TREILLE DES GIRONDINS
Cuvée prestige 1990**

■	1,5 ha	10 000	◫ ✔ 2

Diese 10 000 Flaschen umfassende Spitzencuvée besitzt ein Aroma, das an Weichseln, Gewürze und geröstetes Brot erinnert, reife, deutlich spürbare Tannine und einen hübschen Abgang.
🍷 Alain Goumaud, Mézières, 33350 Saint-Magne-de-Castillon, Tel. 57.40.05.38 ⟙ Mo-Sa 9h-19h ; So n. V.

CH. LES HAUTS-DE-GRANGES 1990*

■	15,45 ha	35 000	◫ ✔ 2

Der Verkauf des Gutes im Jahre 1990 fällt mit dem Aufkommen von Barriquefässern aus Eichenholz im Keller zusammen. Das Ergebnis ist vielversprechend. Der Wein besitzt ein Bukett von vollreifem Traubengut und geschmeidige, geradlinige Tannine, die sich im Nachgeschmack voll entfalten.
🍷 GFA L. Vincent-Dalloz, Granges, 33350 Les Salles-de-Castillon, Tel. 57.40.62.20 ⟙ n. V.

CH. LES PARRE 1990*

■	6 ha	3 000	▮ ✔ 2

Dieses Gut, das der Nachbar von Château de Montaigne ist, erzeugt einen Wein mit einem intensiven, lebhaften, fruchtigen Duft, der viel Vergnügen schenkt. Die Tannine sind kräftig, voll und lang.
🍷 Francis Laurent, Le Giraudon, 24230 Saint-Michel-de-Montaigne, Tel. 53.58.67.21 ⟙ n. V.

CH. DE L'ESTANG 1990**

■	23,82 ha	100 000	◫ ↓ ✔ 2

Dieses schöne, große Gut befindet sich gegenwärtig mitten in einer Phase des Neubeginns. Der 90er ist sehr gut. Intensive purpurrote Farbe. Das

Vanille- und Gewürzaroma wird im Geschmack von den Tanninen ausgeglichen. Harmonie und Ausgewogenheit versprechen eine gute Alterung.
➡ SNC Ch. de L'Estang, 33350 Saint-Genès-de-Castillon, Tel. 57.47.91.81 ⏳ n. V.

CH. LES TUILERIES DE BRANDEY
1990

| ■ | 10 ha | 85 000 | ▮↓💟❸ |

Dieser gefällige Wein mit dem Blüten- und Röstaroma stammt von einem klassischen lehmig-kalkigen Boden. Bereits trinkreif.
➡ GAEC Jean Lavau et Fils, Ch. Coudert-Pelletan, 33330 Saint-Christophe-des-Bardes, Tel. 57.24.77.30 ⏳ tägl. 8h-12h 14h-18h

CH. MOULIN DE CLOTTE 1990*

| ■ | 7,71 ha | 40 000 | ▮💟❶ |

Dieses 1825 entstandene Gut verdankt seinen Namen den zahlreichen unterirdischen Quellen auf seinem Boden. Dies interessiert nicht nur die Gelehrten, denn erfahrene Weinfreunde können hier einen Beweis für eine gute Bewässerung sehen. Dieser gut gebaute 90er ist im Aroma noch zurückhaltend. Die festen, aromatischen Tannine werden sich in zwei bis fünf Jahren entfalten.
➡ Michel André, Ch. Moulin de Clotte, 33350 Les Salles-de-Castillon, Tel. 57.40.60.94 ⏳ n. V.

CH. PEYROU 1990**

| ■ | 4,5 ha | 30 000 | ▮⑪↓💟❷ |

Dieser 4,5 ha große Cru ist 1989 von einer jungen Winzerin und Önologin, Catherine Papon-Nouve, erworben worden. Der 90er ist ebenso gut wie der vorangehende Jahrgang und erhält zusätzlich eine besondere Empfehlung. Die schöne strahlend granatrote Farbe, das Aroma, dessen fruchtige, pfeffrige und Vanillenoten gut miteinander verschmolzen sind, die feurigen, geschmeidigen Tannine und der Geschmack von schwarzen Johannisbeeren im Abgang sind die Garantie für eine gute Zukunft.
➡ Catherine Papon-Nouvel, Peyrou, 33350 Saint-Magne-de-Castillon, Tel. 57.24.72.05 ⏳ n. V.

CH. DE PITRAY 1990*

| ■ | 29 ha | 200 000 | ▮↓💟❷ |

Château de Pitray ist ein altes Herrenhaus, das im zweiten Kaiserreich in einem Neorenaissancestil umgestaltet worden ist. Das gefällige Aroma erinnert an schwarze Johannisbeeren und Himbeeren. Dieser 90er zeichnet sich vor allem durch seine harmonisch eingefügten Tannine und seine große Länge aus.
➡ SC de La Frérie, Ch. de Pitray, 33350 Gardegan-et-Tourtirac, Tel. 57.40.63.38 ⏳ n. V.
➡ Comtesse P. E. de Boigne

CH. DES PLATANES 1990*

| ■ | 8,7 ha | 20 000 | ▮💟❷ |

Dieser Wein stammt von einem kleinen Familiengut, das fest in seiner Region verwurzelt ist. Er zeichnet sich durch eine Finesse seines Aromas an, das an rote Johannisbeeren, Pfeffer und Leder erinnert. Der geschmeidige, runde Geschmack klingt etwas alkoholisch aus, aber das wird sich mit der Zeit mildern.
➡ Jean-Pierre Hibert, 33350 Saint-Magne-de-Castillon, Tel. 57.40.33.13 ⏳ Mo-Sa 8h-20h

CH. POUPILLE 1990*

| ■ | 8 ha | 60 000 | ▮⑪💟❷ |

Philippe Carille, der 24 Jahre alte Kellermeister von Château Poupille, vinifiziert auch in Griechenland und Südafrika. Diese Erfahrung spürt man in diesem sehr von der Vinifizierungstechnik geprägten 90er, der ein feines Aroma von Kakao und geröstetem Brot entfaltet. Die Fruchtigkeit kehrt in den geschmeidigen, ausgewogenen Tanninen zurück. Ein schöner lagerfähiger Wein.
➡ Jean-Marie Carrille, Ch. Haut Cardinal, 33330 Saint-Emilion, Tel. 57.74.45.30 ⏳ n. V.

CH. ROC DE JOANIN 1990*

| ■ | 4,5 ha | 7 000 | ▮⑪💟❷ |

Dieser Cru liegt in Saint-Philippe-d'Aiguilhe. Sein 90er besitzt ein Aroma von sehr reifen Früchten (Kirschen) und Menthol. Die Tannine sind kräftig und von guter Länge. Schade, daß er im Abgang eine leicht bittere Note zeigte, aber drei Jahre Lagerung dürften sie verschwinden lassen !
➡ Yves Mirande, Ch. La Rose Côtes Rol, 33330 Saint-Emilion, Tel. 57.24.71.28 ⏳ tägl. 9h-12h30 14h30-19h30

CH. ROCHER LIDEYRE 1990*

| ■ | 20 ha | 125 000 | ▮↓❶ |

Dieses 20 ha große Gut wurde 1979 in einem sehr alten Weinbaugebiet aus der Zeit des ersten Kaiserreichs neu angelegt. Etwas mehr als zehn Jahre später ist dieser 90er erzeugt, der im Geschmack fruchtig (rote Johannisbeeren) und kräftig ist und runde, harmonische Tannine besitzt. Gute Länge.
➡ Philippe Bardet, 14, La Cale, 33330 Vignonet, Tel. 57.84.53.16 ⏳ n. V.

DOM. DES ROCHERS 1990*

| ■ | 4,5 ha | 28 000 | ▮💟❷ |

Dieser Cru wird seit 1868 von der gleichen Familie genutzt. Der 90er ist bereits im Bukett entwickelt : Leder und Moschus. Die Ansprache ist geschmeidig und harmonisch, die Entwicklung ausgewogen. Sollte innerhalb der kommenden fünf Jahre getrunken werden.
➡ Jean Darribéhaude, Au Sable, 33330 Saint-Laurent-des-Combes, Tel. 57.24.70.04 ⏳ Mo-Fr 8h-12h30 14h-18h ; Sa vorm. geöffnet

CH. SAINT-JEAN-BARON 1990**

■   2,5 ha   20 000   ❙❙ ☑ ②

Ein kleiner Weinberg, aber eine lange
Geschichte, deren Anfänge sich im Dunkel der
Zeiten verlieren. Und ein Wein von großer Qualität beim 90er. Kaffee, Vanille und rote Früchte
verschmelzen in den kräftigen, geschmeidigen
und sehr langen Tanninen. Ein Hochgenuß,
wenn man noch fünf Jahre warten kann.
↬ GAEC Fabaron, 33420 Saint-Jean-
de-Blaignac, Tel. 57.84.50.82 ⴸ tägl. 9h-20h

VIEUX CHATEAU CHAMPS DE MARS 1990**

■   k.A.   15 000   ❙❙ ☑ ③

80% Merlot von einem lehmig-kalkigen Boden
ergeben diesen Wein mit der prächtigen strahlend
purpurroten Farbe und dem komplexen Aroma
von Brombeerkonfitüre, schwarzen Johannisbeeren und Backpflaumen. Die Tannine sind
geschmeidig und füllig, mit einem langen, fruchtigen Abgang. Ein lange lagerfähiger Wein.
↬ Régis Moro, Champs de Mars, 33350 Saint-
Philippe-d'Aiguilhe, Tel. 57.40.63.49 ⴸ n. V.

Zwischen Garonne und Dordogne

Die   geographische
Region Entre-Deux-Mers bildet ein riesiges Dreieck, das von der Garonne, der
Dordogne und der Südostgrenze des
Departements Gironde begrenzt wird.
Sicherlich ist sie eine der anmutigsten und
schönsten Gegenden des Bordelais ; seine
23 000 ha Rebflächen machen ein Viertel
des Weinbaugebiets von Bordeaux aus.
Die Landschaft ist sehr hügelig, so daß
man ebenso weite Horizonte wie auch
kleine, stille Winkel entdecken kann, in
denen wunderschöne, oft sehr typische
Bauwerke stehen : mächtige Häuser,
kleine Schlösser, die sich in das Grün der
Umgebung schmiegen, und vor allem
befestigte Mühlen. Mit ihren Legenden
und Überlieferungen, die aus grauer Vorzeit stammen, ist sie auch eine Hochburg
der Gironde der Sagen.

Bordeaux Haut-Benauge

Die Weine der AOC
Bordeaux Haut-Benauge, die im gleichen
Anbaugebiet wie die Weine der AOC
Entre-Deux-Mers Haut-Benauge erzeugt
werden, sind alles Weißweine. Die Appel-
lation, die sich auf neun Gemarkungen
(Arbis, Cantois, Escoussans, Gornac,
Ladaux, Mourens, Soulignac, Saint-
Pierre-de-Bat und Targon) erstreckt, ver-
dankt ihren Namen dem alten Herr-
schaftsgebiet eines Vicomtes, der auf
Schloß Benauge (in Arbis) residierte,
einer bedeutenden Seigneurie im Mittelal-
ter, deren Zentrum sie einnimmt.

CH. HAUT MALLET 1991*

□   2 ha   3 000   ❙❙ ↓ ☑ ②

Ein Gut, das sich seit 1963 auf Landwirtschaft
umgestellt hat. Es gelingt ihm, seine Qualität
auch in diesem schwierigen Jahrgang beizubehal-
ten. Dieser runde, volle und elegante Wein zeugt
von einer guten Vinifizierung.
↬ SCA Vignoble Boudon, Le Bourdieu, 33760
Soulignac, Tel. 56.23.65.60 ⴸ Mo-Fr 9h-12h 14h-
18h

CH. LACOMBE 1990

□   3 ha   20 000   ❙❙ ↓ ☑ ③

Dieser Cru, ein alter Familienbesitz, besitzt
lehmig-kalkige Böden über einem Untergrund
aus tertiärem Muschelsand. Sein leichtgebauter
Wein bezaubert durch sein feines, zartes Bukett.
↬ Vignobles J.-H. Laville, B.P. 20, 33540 Saint-
Sulpice-de-Pommiers, Tel. 56.71.53.56 ⴸ n. V.

Entre-Deux-Mers

Die Appellation Entre-
Deux-Mers entspricht nicht genau dem
geographischen Gebiet, denn sie umfaßt
zwar die Gemeinden, die zwischen den
beiden Flüssen liegen, spart aber die Orte
aus, die eine spezielle Appellation besitzen. Es handelt sich dabei um eine Appellation für trockene Weißweine, deren
Vorschriften viel strenger als die der
Appellation Bordeaux sind. Aber in der
Praxis versuchen die Winzer, ihre besten
Weißweine für diese Appellation zu reservieren. Deshalb wird die Produktion freiwillig beschränkt (zusammen mit den beiden Appellationen Haut-Benauge 20,

6 Mio. Flaschen 1990). Die wichtigste Rebsorte ist die Sauvignonrebe, die den Entre-Deux-Mers-Weinen ein eigentümliches, besonders bei jungen Weinen sehr geschätztes Aroma verleiht.

CH. AU GRAND PARIS 1991

| | 10 ha | 30 000 | 🍷↓✓1 |

Das Gut erzeugt auch rote Bordeauxweine. Dieser 91er besitzt ein nicht sehr ausdrucksstarkes Bukett, aber einen direkten, wuchtigen Geschmack.

🍷 GAEC des Trois Paris, 33790 Cazaugitat, Tel. 56.71.80.94 ☎ n. V.

CH. BAUDUC 1991*

| | 3 ha | 10 000 | ↓✓1 |

Ein gallischer Besitzer und ein belgischer Verwalter – dieses Château, das stark an die Belle Epoque erinnert, ist »europäisch« . Was diesen feinen, eleganten, leicht perlenden Wein aber nicht daran hindert, sich als recht typischer Entre-Deux-Mers zu zeigen.

🍷 David Thomas, Ch. Bauduc, 33670 Créon, Tel. 56.23.23.58 ☎ n. V.

CH. BONNET Réserve 1991**

| | n.c. | n.c. | 🍷↓✓2 |

Château Bonnet, ein schönes Gebäude aus dem 18. Jh., ist im eleganten Stil der für die Gironde typischen Architektur gehalten. Wie gewohnt bietet seine in Eichenholzfässern gereifte Cuvée ein köstliches Aroma (Zitrusfrüchte, Holz etc.). Sie verführt durch ihre Finesse und ihre Ausgewogenheit. Qualitäten, die man zusammen mit anderen Aromen auch in der gewöhnlichen Cuvée wiederfindet, die ebenfalls zwei Sterne erhalten hat. Château Guibon vom gleichen Erzeuger ist ohne Stern ausgewählt worden.

🍷 SCEA Vignobles André Lurton, Ch. Bonnet, 33420 Grézillac, Tel. 57.84.52.07 ☎ n. V.

CH. CANTELOUDETTE 1991

| | 15,68 ha | 31 860 | 🍷1 |

Dieser von der Genossenschaftskellerei von Rauzan in Flaschen abgefüllte Wein mag in seinem Bukett etwas schwer erscheinen, aber im Geschmack zeigt er sich wohlausgewogen und recht lang.

🍷 Union de Producteurs de Rauzan, 33420 Rauzan, Tel. 57.84.13.22 ☎ n. V.
🍷 Michel Pelotin

CHEVAUX DES GIRONDINS 1991**

| | n.c. | 30 000 | 🍷✓1 |

Der Name dieses Weins ist eine Hommage an die Bronzepferde, die in Bordeaux die Springbrunnen des Denkmals für die Girondisten (die Abgeordneten der Nationalversammlung, die Opfer der Schreckensherrschaft nach der Französischen Revolution wurden) schmücken. Dieser gewohnt kräftige Wein besitzt ein besonders ausdrucksvolles Aroma, in dem exotische Früchte dominieren. Frisch, voll, fruchtig und recht lang. Ein sehr reizvoller Gesamteindruck.

🍷 Union Saint-Vincent, 33420 Saint-Vincent-de-Pertignas, Tel. 57.84.13.66 ☎ n. V.

COMTE DE RUDEL 1991

| | 27,4 ha | 66 970 | 🍷1 |

Rudel war der jüngste Sohn der Familie de Bergerac, die von dem englischen König Heinrich III. Schloß Rauzan erhielt. Dieser Wein erreicht zwar nicht den hervorragend gelungenen 90er, aber er erweist sich als delikat und wohlausgewogen.

🍷 Union de Producteurs de Rauzan, 33420 Rauzan, Tel. 57.84.13.22 ☎ n. V.

CH. DUCLA 1991

| | 26 ha | 80 000 | 🍷↓1 |

Dieser Cur, der als önologisches Versuchslabor in freier Natur dient, bietet mit dem 91er einen einfachen, aber gefälligen Wein. Grün schimmernde Farbe, Duft von Orangenblüten und geschmeidiger Geschmack.

🍷 GFA des Dom. Mau, Dom. La Forêt, 33190 La Forêt-Saint-Hilaire, Tel. 56.71.02.27 ☎ n. V.
🍷 Jean-Pierre Mau

CH. FONDARZAC 1991**

| | 28 ha | 200 000 | 🍷↓1 |

Wenn man zu den ältesten Familien im Kanton Branne gehört, ist das mit hohen Erwartungen verbunden. Die Barthes erfüllt diese Verpflichtung auf sehr ehrenvolle Weise und präsentiert hübsche Weine wie diesen 91er. Elegantes Bukett (Zitrusfrüchte), schöne Struktur mit frischem, wohlausgewogenem Geschmack und besonders verführerischem Perlen.

🍷 SCA Ch. Fondarzac, 33420 Naujan-et-Postiac, Tel. 57.84.55.04

CH. DE FONTENILLE 1991*

| | 3,5 ha | 20 000 | 🍷↓✓1 |

Stéphane Defraine, Verwalter von Château Bauduc, ist zu sehr in die Bordeauxweine verliebt, um nicht auch einen eigenen Weinberg zu besitzen. Ein recht erstaunlicher Wein : er ist im Duft sehr dezent und entfaltet dann im Geschmack eine breite aromatische Palette von frischen, fruchtigen Noten.

🍷 SC du Ch. de Fontenille, 33670 La Sauve, Tel. 56.23.03.26 ☎ n. V.

GAMAGE 1991*

| | k.A. | 300 000 | 🍷✓1 |

Diese Marke, die den Namen eines hübschen Tals des Entre-Deux-Mers trägt, ist eine Auswahl von 15 Genossenschaftskellereien. Beim 91er findet man die für diesen Wein typische Farbe wieder. Aber überraschenderweise scheint sich das Bukett völlig verflüchtigt zu haben. Doch glücklicherweise kehrt das frische, blumig-fruchtige Aroma im Geschmack zurück und hinterläßt beim Verkoster einen angenehmen Eindruck.

🍷 Union Saint-Vincent, 33420 Saint-Vincent-de-Pertignas, Tek 57.84.13.66 ☎ n. V.

GRANGENEUVE 1991*

| | k.A. | 20 000 | 🍷↓✓1 |

Zartheit prägt diesen von der Genossenschaftskellerei von Romagne erzeugten Wein, was ihm einen harmonischen Charakter verleiht, von der gelben Farbe mit den blassen Reflexen bis zum sehr frischen Geschmack (Menthol, Aprikosen, Weißdorn).

🍷 Cave Coop. de Grangeneuve, 33760 Romagne, Tel. 56.23.94.62 ⚜ Di-Sa 8h-12h 14h-18h

CH. GROSSOMBRE 1991

☐	k.A.	k.A.	📗↓☑1

Dieser aufgrund seiner Rundheit und Harmonie recht angenehme 91er sollte sehr jung getrunken werden.

🍷 Béatrice Lurton, B.P. 10, 33420 Branne, Tel. 57.84.52.07 ⚜ n. V.

CELLIER DES GUINOTS 1991*

☐	k.A.	20 000	📗↓☑1

Die Vereinigung der Genossenschaftswinzer von Flaujagues, die mehrere Güter an der Dordogne umfaßt, bietet mit diesem Wein eine frische Frühlingsbrise mit blumig-fruchtigem Aroma. Er besitzt einen geschmeidigen, recht langen Geschmack und hinterläßt einen harmonischen Eindruck.

🍷 Union de Producteurs de Juillac et Flaujagues, Celliers des Guinots, 33350 Flaujagues, Tel. 57.40.08.06 ⚜ Di-Fr 8h30-12h30 14h-18h

CH. HAUT-GARRIGA 1991**

☐	8 ha	15 000	📗↓☑1

Claude Barreau ist mit diesem 91er ein sehr hübscher Wein gelungen. Ein komplexes Bukett (säuerliches Muskateller- und Sauvignonaroma mit Kaffeenoten), eine solide Ausgewogenheit, ein delikater, fast schon köstlicher Geschmack und ein ebenso langer wie zarter Abgang machen ihn sehr verführerisch.

🍷 Claude Barreau, Ch. Haut Garriga, 33420 Grézillac, Tel. 57.74.90.06 ⚜ n. V.

CH. HAUT NADEAU 1991

☐	4 ha	10 000	☑1

Einfach, aber rund und gut strukturiert. Ein wohlausgewogener Wein.

🍷 Mauricette Audouit, 33760 Estèvenadeau, Tel. 56.23.49.15

CH. HAUT-RIAN 1991**

☐	6 ha	30 000	📗↓☑1

Das Gut wird von einem Ehepaar bewirtschaftet, das aus dem Elsaß bzw. der Champagne stammt und – wohl einmalig für das Bordelais – seine Laufbahn in Australien begann. Nach einem 90er, dessen Bukett ein wahres Feuerwerk von exotischen Düften war, kehrt der 91er zu einem klassischeren, aber ebenso sympathischen Aroma zurück. Struktur und Ausgewogenheit haben das gleiche hohe Qualitätsniveau. Sehr interessanter Gesamteindruck.

🍷 Michel Dietrich, Ch. Haut-Rian, La Bastide, 33410 Rions, Tel. 56.76.95.01 ⚜ Mo-Sa 9h-18h

CH. DES HAUTS DE FONTANEAU 1991

☐	5 ha	19 820	📗↓☑1

Dieser von der Genossenschaftskellerei Grangeneuve in Romagne vinifizierte Wein besitzt einen hohen Säuregehalt, ohne jedoch den angenehmen Charakter einzubüßen, den ihm sein blumig-fruchtiges Aroma verleiht.

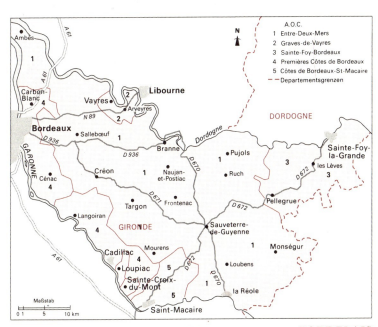

263

🍷 Cave Coop. de Grangeneuve, 33760
Romagne, Tel. 56.23.94.62 ☎ Di-Sa 8h-12h 14h-18h
🍷 Baluteau

CH. HAUTS SAINTE MARIE 1991**

| ☐ | 13 ha | k.A. | ↓ ☑ 1 |

Gilles Dupuch, der bei einer Versicherung beschäftigt ist, entflieht oft seinen Akten und kümmert sich darum um seinen kleinen Weinberg. Seine Belohnung sind Weine wie dieser 91er. Er entfaltet ein sehr frisches frühlingshaftes Bukett und zeigt sich im Geschmack sehr harmonisch : stattliche Struktur, Ausgewogenheit und angenehme Fruchtigkeit.
🍷 Gilles Dupuch, SCE Les Hauts Ste-Marie, 4 bis Charles Dopter, 33670 Créon, Tel. 56.23.00.71 ☎ tägl. 9h-12h 14h-18h

CELLIER DE LA BASTIDE 1991*

| ☐ | 40 ha | 10 000 | 🍷 ↓ ☑ 1 |

Dieser von der Genossenschaftskellerei von Sauveterre hergestellte Wein entfaltet eine breite und intensive aromatische Palette (vor allem Zitrusfrüchte), das mit der Rundheit des Geschmacks harmoniert.
🍷 Cave Coop. de Sauveterre-de-Guyenne, Cellier de La Bastide, 33540 Sauveterre-de-Guyenne, Tel. 56.71.50.67

CH. LA FRANCE 1991*

| ☐ | 5 ha | 13 500 | 🍷 ☑ 1 |

Beychac, das »Hauptquartier« der Bordeauxweine, befindet sich im Entre-Deux-Mers. Das große Gut hat einen kleinen Weinberg in dieser Appellation. Sein geschmeidiger, frischer 91er mit der schönen gelben, grün schimmernden Farbe zeigt einen angenehm typischen Charakter.
🍷 SCEA de Foncaude, Ch. La France, 33750 Beychac-et-Caillau, Tel. 57.24.51.10 ☎ n. V.

CH. LA MIRANDELLE 1991*

| ☐ | 4,3 ha | 10 000 | 🍷 ↓ ☑ 1 |

Dieses Gut, das einen einfachen und unverfälschten Charme besitzt, hat einen recht hübschen Namen. Sein frischer, blumiger Wein ist klassischer als der Cellier de La Bastide und paßt gut zu Austern und anderen Meeresfrüchten.
🍷 Cave Coop. de Sauveterre-de-Guyenne, Cellier de La Bastide, 33540 Sauveterre-de-Guyenne, Tel. 56.71.50.67
🍷 Moncontier

CH. LATOUR-LAGUENS 1991

| ☐ | 3,45 ha | 20 400 | 🍷 ↓ ☑ 1 |

Für die Liebhaber von alten Gebäuden hier eine Mischung aus mittelalterlichem und Renaissance-Baustil mit einem Schuß 19. Jh. Und für alle ein einfacher, gefälliger Wein, dessen dezentes Bonbonaroma sich gut in den ausgewogenen Gesamteindruck einfügt.
🍷 EARL Latour-Laguens, 33540 Saint-Martin-du-Puy, Tel. 56.71.53.15 ☎ n. V.

CH. LAUNAY 1991*

| ☐ | 27 ha | 150 000 | 🍷 ↓ ☑ 1 |

Ein schöner lehmig-kalkiger Boden mit einer guten Lage. Dieser Wein hat die ausgezeichneten natürlichen Bedingungen hervorragend genutzt.

lang, frisch, ausgewogen und recht typisch, mit einem kräftigen Aroma exotischer Früchte. Weisen wir darauf hin, daß der 91er weiße Bordeaux Sec ebenfalls einen Stern erhalten hat.
🍷 Rémy Greffier, Ch. Launay, 33790 Soussac, Tel. 56.61.31.44 ☎ n. V.

CH. LESTRILLE 1991*

| ☐ | 1,6 ha | 10 000 | 🍷 ↓ ☑ 1 |

Dieser kleine Weinberg, der die Rotweinproduktion (AOC Bordeaux) ergänzt, bietet mit dem 91er einen hübschen Wein, den seine Geschmeidigkeit, seine Frische und sein frühlingshaftes Aroma (ein Hauch von sauren Drops) sehr sympathisch machen.
🍷 Roumage, 33750 Saint-Germain-du-Puch, Tel. 57.24.51.02

CH. MAYNE-CABANOT 1991

| ☐ | 10,44 ha | 28 130 | 🍷 1 |

Dieser von der Genossenschaftskellerei von Rauzan hergestellte Wein ist im Abgang etwas schwer, aber insgesamt besitzt er einen delikaten, wohlausgewogenen Charakter.
🍷 Union de Producteurs de Rauzan, 33420 Rauzan, Tel. 57.84.13.22 ☎ n. V.

CH. DU MONT CARLAU 1991

| ☐ | k.A. | 40 000 | 🍷 ↓ ☑ 1 |

Dieser Wein gehört zum umfangreichen Angebot der Produktion von Laville. Er besitzt eine schöne goldgelbe Farbe und entfaltet ein kräftiges Aroma und einen guten Geschmack, der schnell die leicht krautige Note vergessen läßt, die sich störend im Bukett bemerkbar macht.
🍷 Vignobles J.-H. Laville, B.P. 20, 33540 Saint-Sulpice-de-Pommiers, Tel. 56.71.53.56 ☎ n. V.

CH. MOULIN DE LAUNAY 1991*

| ☐ | 70 ha | 150 000 | 🍷 ↓ ☑ 1 |

Ein Hügel, auf dem eine alte Mühle steht, beherrscht dieses Anbaugebiet, das als eines der wenigen im Bordelais – abgesehen von den Anbaugebieten für Süßweine – ausschließlich Weißweine erzeugt. Dieser Wein, der ganz auf der Linie des Cru liegt, rechtfertigt vollauf diese Entscheidung. Er entfaltet einen kräftigen Duft von exotischen Früchten (Bananen und Ananas) und einen intensiven Geschmack.
🍷 SCEA Claude et Bernard Greffier, 33790 Soussac, Tel. 56.61.31.51 ☎ n. V.

CH. MYLORD 1991*

| ☐ | 24 ha | 120 000 | 🍷 ↓ ☑ 1 |

Wie so viele Güter in Grézillac wird Château Mylord von einer eleganten Kartause aus dem 18. Jh. beherrscht. Passend dazu entfaltet sich dieser Wein mit viel Finesse und Zartheit : in seiner Farbe (blaßgelb) ebenso wie in seinem Bukett und seinem Geschmack, die beide von angenehm blumig-fruchtigen Noten geprägt werden. Der Inbegriff eines femininen Weins.
🍷 SCEA Ch. Mylord, 33420 Grézillac, Tel. 57.84.52.19 ☎ n. V.
🍷 Large et Fils

CH. DU PETIT PUCH 1991

| ☐ | 4,05 ha | k.A. | 🍷 ↓ 1 |

Diesem Château, ein befestigtes Haus aus dem

14. Jh., das im 16. Jh. umgestaltet wurde, mangelt es nicht an Persönlichkeit. Sein leicht gebauter, süffiger Wein besitzt ein angenehmes Aroma von harmonischer Einfachheit.

🍷 Christiane Meaudre de Lapouyade, Ch. du Petit Puch, 33750 Saint-Germain-du-Puch, Tel. 57.24.52.36 ☎ n. V.

CH. PEYREBON 1991*

| □ | 6 ha | 25 000 | 🍷↓☑1 |

Dieses klassische, traditionelle Weingut präsentiert einen Wein, dessen blaßgelbe Farbe sehr ansprechend ist. Er ist einfach und rund und hinterläßt einen angenehmen Eindruck von dezentem Ginsteraroma.

🍷 SCEA des Ch. Peyrebon et Roquemont, 33420 Grézillac, Tel. 57.84.52.26 ☎ Mo-Sa 8h-12h 14h-19h

CH. DU PLANTIER 1991*

| □ | 5 ha | 20 000 | 🍷☑1 |

Ein ausgewogener Entre-Deux-Mers : geschmeidig, zart und delikat. Harmonischer Abgang.

🍷 Union Saint-Vincent, 33420 Saint-Vincent-de-Pertignas, Tel. 57.84.13.66 ☎ n. V.
🍷 GFA du Plantier

CH. REYNIER 1991

| □ | 5 ha | 12 000 | 🍷↓1 |

Ein hübsches Herrenhaus aus dem 17./18. Jh. Dazu passend ein Wein mit einem zurückhaltenden, aber angenehmen Bukett, der zunächst durch Schlichtheit gefällt, bevor er sich mit einem wirklich vornehmen Abgang verabschiedet.

🍷 Dominique Lurton, Reynier, 33420 Grézillac, Tel. 57.84.52.02

CH. SAINT-FLORIN 1991*

| □ | 14 ha | 120 000 | 🍷↓☑1 |

Das Gut wird von einem jungen Paar bewirtschaftet, das sich hingebungsvoll dem Weinbau widmet, und zeigt mit diesem sehr gelungenen 89er eine vielversprechende Qualität. Auge und Nase werden durch seine Finesse verzaubert, während sich der Gaumen durch die Eleganz seines harmonisch verschmolzenen Stoffs verführen läßt.

🍷 Jean-Marc Jolivet, Ch. Saint-Florin, 33790 Soussac, Tel. 56.61.31.61 ☎ n. V.

CH. SAINT-GENES 1991*

| □ | 3 ha | 1 500 | 🍷↓☑2 |

Dieser Cru ist zwar vor allem für seine roten Premières Côtes bekannt, macht aber auch mit seinem charaktervollen Entre-Deux-Mers auf sich aufmerksam. Die gelbe Farbe mit den grünen Reflexen kündigt einen guten, konzentrierten Stoff an, den man im Bukett (Vanille, Mandeln, Brotkruste) und im Geschmack zusammen mit einem köstlichen Perlen und einem langen Abgang findet. Sehr deutlich spürbare Holznote.

🍷 SCV Jacques Fourès, Ch. Saint-Genès, 33360 Saint-Genès-de-Lombaud, Tel. 56.20.64.38 ☎ n. V.

CH. TOUR DE MIRAMBEAU 1991**

| □ | 25 ha | 200 000 | 🍷↓1 |

Ein hervorragender Winzer, der seinen Betrieb mit großer Gewissenhaftigkeit führt. Dieser 91er hat alle Chancen, ihn zufriedenzustellen. Er ist recht typisch für die Appellation und zeigt sich komplex : der Sauvignoncharakter kommt im Bukett zum Vorschein, während sich die Sémillontraube im Abgang bemerkbar macht. Dazwischen entfaltet sich im Geschmack das Aroma von Ginster, exotischen Früchten, Efeu und Wachs.

🍷 SCEA Vignobles Despagne, Ch. Tour de Mirambeau, 33420 Naujan-et-Postiac, Tel. 57.84.55.08 ☎ n. V.

CH. TURCAUD 1991*

| □ | 12 ha | 40 000 | 🍷↓☑1 |

Dieses Gut, das früher »Turco« hieß, präsentiert mit diesem 91er einen lebhaften, fruchtigen und wohlausgewogenen Wein, der sich voller Finesse entfaltet.

🍷 Robert Maurice, Ch. Turcaud, 33670 La Sauve, Tel. 56.23.04.41 ☎ n. V.

CH. VRAI CAILLOU 1991*

| □ | 30 ha | 100 000 | 🍷↓☑1 |

Hier wurde 1974 der Prototyp der Erntemaschine von Braud getestet. Ein sehr typischer Entre-Deux-Mers mit einem recht komplexen Bukett, das sich zwischen Früchten und Blüten bewegt. Eine gute Fülle verleiht ihm einen harmonischen Geschmack.

🍷 Michel Pommier, Ch. Vrai Caillou, 33790 Soussac, Tel. 56.61.31.56 ☎ n. V.

Entre-Deux-Mers Haut Benauge

CH. LE BOS 1991*

| □ | 1,2 ha | 6 500 | 🍷↓☑2 |

Dieser 91er besitzt keine so strahlende Farbe wie der 90er, aber er verzaubert mit seinem frischen Aroma, dessen Note von exotischen Früchten man im Duft und im Geschmack findet.

🍷 Michel Fourcassies, 27, Le Bos, 33760 Escoussans, Tel. 56.23.93.77 ☎ Mo-Sa 8h-12h 14h-20h ; 8.–23. Aug. geschlossen

Premières Côtes de Bordeaux

Die Region der Premières Côtes erstreckt sich etwa 60 km entlang dem rechten Ufer der Garonne, vom Stadtrand von Bordeaux bis Cadillac. Die Weinberge liegen auf Hängen, die über dem Fluß aufragen und eine wunderbare Aussicht bieten. Die Böden sind hier sehr vielfältig. Am Garonneufer bestehen sie aus jüngerem Schwemmland; einige bringen hervorragende Rotweine hervor. Auf den Hängen findet man Kies- und Kalkböden; je weiter man sich vom Fluß entfernt, desto lehmreicher wird der Boden. Die Bestockung und die Anbau- und Vinifizierungsmethoden sind die für das Bordelais typischen. Das Anbaugebiet, das diese Appellation in Anspruch nehmen kann, umfaßt 2 314 ha für Rotweine und 905 ha für Weißweine (einschließlich der Appellation Cadillac). Ein Großteil der Weine, vor allem Weißweine, wird unter den regionalen Bordeaux-Appellationen vertrieben. Die Rotweine haben sich schon seit langem einen guten Ruf erworben. Sie sind farbintensiv, körperreich und kräftig; die auf den Hängen erzeugten Weine besitzen außerdem eine gewisse Finesse. Die Weißweine sind liebliche Weine, die sich immer stärker den Süßweinen annähern.

Das Gebiet der Côtes de Bordeaux Saint-Macaire bildet die Verlängerung der Premières Côtes de Bordeaux in südöstlicher Richtung. Es war früher für seine geschmeidigen, natursüßen Weine bekannt. Aber wie überall in der Gironde geht die Weißweinproduktion zugunsten der Rotweine zurück, die unter der Appellation Bordeaux auf den Markt kommen, und macht gegenwärtig mehr knapp 60 ha aus. Die recht kleine Appellation Sainte-Foy Bordeaux (130 ha) verlängert das Entre-Deux-Mers im eigentlichen Sinne entlang dem linken Dordogneufer; sie erzeugt Weiß- und Rotweine, aber in der Praxis werden die Rotweine immer unter der Appellation Bordeaux vertrieben.

CH. BARREYRE 1990

■	10,74 ha	30 000	▮ ◫ ↓ ☑ ②

Ein schönes Gut mit zusammenhängenden Rebflächen über dem Tal der Garonne. Sein noch etwas rustikaler Wein dürfte sich dank seines soliden Stoffs günstig entwickeln.
✆ SCEA Viollet, Ch. Barreyre, 33550 Langoiran, Tel. 56.67.02.03 ⚥ Mo-Sa 8h-19h30

CLOS BELLEVUE 1989

■	11 ha	60 000	▮ ☑ ②

Ein Wein mit ansprechender Geschmeidigkeit und Rundheit.
✆ Robert Gillet, Clos Bellevue, 33410 Loupiac, Tel. 56.62.99.99 ⚥ n. V.

CH. DE BIROT 1990*

■	10 ha	50 000	▮ ◫ ↓ ☑ ②

Ein schönes Landhaus im Louis-seize-Stil, wie es die Parlamentsmitglieder von Bordeaux liebten. Bei diesem 90er spürt man noch die Dominanz des Holzes, aber der schöne Stoff verspricht einen hübschen Wein, wenn sich die Tannine einmal harmonisch aufgelöst haben.
✆ Fournier-Castéja, Ch. de Birot, 33410 Beguey, Tel. 57.24.70.79

CH. CARIGNAN 1989*

■	43 ha	300 000	◫ ↓ ☑ ②

Dieses Gut wird von einem Château beherrscht, dem man seine mittelalterlichen Ursprünge ansieht. Es stellt erneut seinen 89er vor, der sich gut entwickelt hat, wie es seine Struktur erwarten ließ. Ein tanninreicher, runder und wohlausgewogener Wein, der wahrscheinlich noch lagern kann. Aber das ist nicht unbedingt notwendig, weil er bereits jetzt sehr angenehm schmeckt.
✆ GFA Philippe Pieraerts, Ch. Carignan, 33360 Carignan-de-Bordeaux, Tel. 56.21.21.30 ⚥ n. V.

CH. CARSIN 1990**

■	12 ha	k.A.	◫ ☑ ③

Dieser unweit der mittelalterlichen Ortschaft Rions erzeugte Wein ist lange lagerfähig. Sein Bukett (eine harmonische Verbindung von Mandeln und Vanille) und seine reiche Struktur mit den gut eingefügten Tanninen sind sehr vielversprechend.
✆ Juha Berglund, Ch. Carsin, 33410 Rions, Tel. 56.76.93.06 ⚥ n. V.

CH. CHARREAU 1990*

■	5,17 ha	6 000	◫ ↓ ☑ ①

Dieser runde, volle und sehr gefällige Wein stammt aus einem Weinberg mit günstiger Sonneneinstrahlung. Er ist der ideale Wein für eine Sonntagsmahlzeit im Familienkreis. Der 90er Weißwein könnte hier ebenfalls aufgeführt werden. Er ist ausgewogen und vom Preis (weniger als 20 Franc) interessant.
✆ Sicca Girotti, Ch. Charreau, 33490 Verdelais, Tel. 56.62.02.91 ⚥ n. V.

DOM. DE CHASTELET 1990**

■	7,5 ha	k.A.	◫ ☑ ③
85	86	88	89	90			

Trotz des freundlichen Aussehens gehörte diese Kartause früher einem berüchtigten Seeräuber, der hier einen Schatz versteckt haben soll. Der Wein besitzt noch immer eine sehr jugendliche Farbe, bestätigt aber bereits seine starke Persönlichkeit durch die Finesse seines Buketts (Früchte, Vanille). Dennoch lassen sein solides Gerüst und seine eleganten Tannine erahnen, daß in diesem bemerkenswerten Wein wesentlich mehr steckt, als er im Augenblick zeigt. Lagerfähig.
✆ Pierre Estansan, Dom. de Chastelet, 33360 Quinsac, Tel. 56.20.86.02 ⚥ Mo-Sa 9h-12h 14h-17h

CH. DE CHELIVETTE 1989*

■ 2,05 ha 15 000 Ⅲ ↓ ☑ ②

81 82 |85| |86| |88| |89|

Ein Château aus dem 16. Jh., das den Jesuiten gehörte, eine mittelalterliche Waffenkammer, die zu einem unterirdischen Gewölbe führt, und ein Turm der für den optischen Telegraphen von Chappe verwendet wurde. Ein wirklich interessantes Gut ! Dieser schon im letzten Jahr verkostete Wein hat sich sehr günstig entwickelt. Er bestätigt seinen guten Bau und entfaltet ein elegantes Aroma.
↜ Jean-Louis Boulière, Ch. de Chelivette, 33560 Sainte-Eulalie, Tel. 56.06.11.79 ⟵ Mo-Sa 9h30-12h 14h30-17h00

CLOS COLIN DE PEY 1990*

■ 5,59 ha 30 000 Ⅲ ↓ ☑ ②

Dieser noch etwas verschlossene Wein ist gut gebaut, aber nicht aggressiv und macht mit seinem feinen Aroma und seiner Ausgewogenheit auf sich aufmerksam.
↜ Sté Anthocyane, Clos Colin de Pey, 33550 Haux, Tel. 56.23.33.84 ⟵ tägl. 8h-12h 14h-18h

CH. CRABITAN-BELLEVUE 1990**

□ 6 ha 10 000 ▪↓☑②

Dieser nicht sehr große Weinberg ist nur eine Ergänzung zu einem Gut in Sainte-Croix-du-Mont, aber die Qualität seiner Produktion steht den anderen Weinen dieses Besitzers in nichts nach. Von der schönen goldgelben Farbe bis zum langen Abgang weist alles auf einen Wein hin, der ebenso reich wie großzügig ist.
↜ Bernard Solane, Ch. Crabitan-Bellevue, 33410 Sainte-Croix-du-Mont, Tel. 56.62.01.53 ⟵ n. V.

DOM. DESPAGNE 1990

■ 5 ha 30 000 ▪☑②

Aus dem Elsaß nach Algerien und später wieder nach Frankreich zurück – das wechselhafte Schicksal der Familie Rudmann spiegelt die Geschichte Frankreichs nach 1870 wider und bietet zugleich ein schönes Beispiel für die Treue zur französischen Heimat. Obwohl dieser Wein im Abgang etwas kurz ist, gefällt er durch seine angenehme Rundheit und sein Aroma von eingemachten Früchten.
↜ J.-P. Rudmann, Dom. Despagne, 33270 Bouliac, Tel. 56.20.52.46

CH. DUDON
Cuvée Jean Baptiste Dudon 1989**

■ 2 ha 8 000 Ⅲ↓☑②

Der geschichtsbegeisterte Jean Merlaut weiß alles über die Vergangenheit dieser Kartause. Aber sein önologisches Wissen steht dem in nichts nach, wie diese herrliche Sondercuvée zeigt. Was für eine aromatische Komplexität mit Röst-, Vanille- und Gewürznoten ! Ihre Kraft ist bereits beeindruckend, auch wenn der Wein noch nicht sein ganzes Potential entfaltet hat. Ein lagerfähiger Weintyp.
↜ Jean Merlaut, Ch. Dudon, 33880 Baurech, Tel. 56.21.31.51 ⟵ n. V.

CH. EYRAUD DE LA PEYRINE 1990*

■ 2,72 ha 15 000 ▪☑①

Dieses kleine Gut präsentiert einen hübschen 90er, der ebenso wie der 89er sehr angenehm schmecken wird, aber weniger Rundheit und Kraft besitzt.
↜ Eyraud France, La Peyrine, 33360 Carignan-de-Bordeaux, Tel. 56.21.28.14

CH. FAUCHEY 1990*

■ 25 ha 20 000 Ⅲ☑②

Dieses Château ist an der Stelle eines alten protestantischen Herrenhauses errichtet worden, das nach der Rücknahme des Edikts von Nantes zerstört worden war. Es bietet einen sehr gelungenen Wein, der kräftig gebaut ist und eine gute Ausgewogenheit zwischen Frucht und Holz gefunden hat.
↜ SCA Ch. Fauchey, 33550 Villenave-de-Rions, Tel. 56.72.13.08 ⟵ n. V.
↜ H. et C. Pons

CH. GALLAND-DAST 1990**

■ 2,6 ha 20 000 Ⅲ☑②

Eine Villa im Stil der 60er Jahre – das »Château« auf dem Etikett ist nicht gerade klassisch. Dieser sehr ausgewogene Wein verbindet auf harmonische Weise ein sehr feines Aroma (rote Früchte, Gewürze und Lakritze) mit milden Tanninen. Ein schon sehr angenehmer Wein, den man jung trinken oder noch lagern kann. Unsere Große Jury hat ihn auf den dritten Platz gesetzt.
↜ Léon Petit-Galland, Ch. Galland-Dast, 33880 Cambes, Tel. 56.20.87.54 ⟵ n. V.

CH. GASSIES 1989

■ 7,5 ha 60 000 Ⅲ ③

Ein eleganter Sommersitz aus dem 18. Jh. Dieser Wein ist etwas kurz, aber dennoch interessant aufgrund der Finesse seines Buketts und seiner Struktur, die ihm eine gute Alterungsfähigkeit verleiht.
↜ SCA Ch. Gassies, 33360 Latresne, Tel. 56.44.60.10 ⟵ n. V.
↜ Jean Egreteaud

CH. GRIMONT 1990*

■ 10 ha 60 000 Ⅲ↓☑②

Die für ihre Tierbilder bekannte Malerin Rosa Bonheur verbrachte hier lange Aufenthalte. Guter Stoff, feines, komplexes Aroma (rote Früchte, Gewürze) und ein gelungener Ausbau in Barriquefässern – dieser Wein paßt wunderbar zu einem Neunauge. Der klassische, gut gebaute 90er Château Haut-Forcade vom gleichen Erzeuger hat ebenfalls einen Stern erhalten.
↜ SCEA Pierre Yung et Fils, Ch. Grimont, 33360 Quinsac, Tel. 56.20.86.18 ⟵ n. V.

CH. GUILLEMET 1990*

■ 5 ha k.A. ▪↓☑②

Dieser Cru besitzt steil abfallende Hänge und eine gute Sonneneinstrahlung. Sein geschmeidiger, langer Wein bezaubert durch das im Geschmack wiederkehrende Aroma von Geröstetem und Eingemachtem. Vollkommene Ausgewogenheit.

🍷 GAEC des Vignobles Bordeneuve, Ch.
Guillemet, 33490 Saint-Germain-de-Graves,
Tel. 56.76.41.14 ☎ n. V.

CH. HAUT-RIAN 1990*

■ | 20 ha | 100 000 | 🍷🎴⬇✅❷

Michel Dietrich stammt aus dem Elsaß und
war früher in den australischen Weinbergbesit-
zungen von Rémy-Martin als Önologe tätig. Er
hat sich gut an das Bordelais angepaßt, wie die
regelmäßige Qualität seiner Produktion beweist.
Sein kräftig gebauter, wohlausgewogener 90er
mit dem sehr eleganten Aroma von reifen roten
Früchten wird in seiner Sammlung einen ehrenvollen Platz einnehmen.

🍷 Michel Dietrich, Ch. Haut-Rian, La Bastide,
33410 Rions, Tel. 56.76.95.01 ☎ Mo-Sa 9h-18h

CH. DE HAUX 1989*

■ | 27 ha | 180 000 | 🎴⬇✅❷

Der dänische Weinhändler P. Jorgensen hat
sich vor ein paar Jahren dazu durchgerungen,
diesen Cru zu kaufen. Er hat es sich nicht leicht
gemacht, wie dieser Wein zeigt. Ein geschmeidiger, frischer und voller 89er mit einem sehr
angenehmen komplexen Aroma (zunächst Tiergeruch und Leder, danach Blüten und Vanille).
Der 89er Château Frère vom gleichen Erzeuger
ist von der Jury ebenfalls ausgewählt worden, hat
aber keinen Stern erhalten.

🍷 SCA Ch. de Haux, 103, Frère, 33550 Haux,
Tel. 56.23.35.07 ☎ n. V.
🍷 P et F. Jorgensen

DOM. DE JONCHET 1989*

■ | 4,5 ha | 15 000 | 🍷🎴✅❷

Dieser von einem kleinen Gut erzeugte Wein
ist wie seine Farbe : reich und sehr ausdrucksvoll,
mit einem Biß, der seine Tanninstruktur verstärkt. Kann altern.

🍷 Yves Rullaud, Dom. de Jonchet, 33880
Cambes, Tel. 56.21.34.64 ☎ n. V.

CH. DU JUGE 1990

■ | k.A. | k.A. | ✅❷
85 86 |88| |89| 90

Von seiner Architektur (19. Jh.) und von seiner
ganzen Anlage her ist dieses Gut typisch für das
Bordelais. Sein noch etwas verschlossener Wein
besitzt leichte, aber harmonisch eingefügte Tannine und eine angenehme Fruchtigkeit. Er sollte
noch etwas altern.

🍷 Pierre Dupleich, Ch. du Juge, 33410 Cadillac,
Tel. 56.62.17.77 ☎ n. V.

CH. LA CHEZE 1989

■ | 1 ha | 4 000 | 🎴✅❸

Dieses Gut besitzt ein Herrenhaus aus dem
17. Jh. Es bietet mit seinem 89er einen Wein, der
für den Jahrgang etwas zurückhaltend ist, aber
durch die Finesse seines Aromas mit den Lakritzenoten gefällt.

🍷 Jean-Pierre Sancier, Ch. La Chèze, 33550
Capian, Tel. 56.72.30.63 ☎ n. V.

CH. LA CLYDE 1990*

■ | 11 ha | 60 000 | 🍷⬇✅❷
|85| 86 |88| 89 90

Ein Weingut im Herzen der Premières Côtes.
Sein gut gemachter, noch etwas verschlossener
90er zeigt durch seine Tannine wie auch durch
die Vielfalt seines sich entfaltenden Aromas
(Früchte, rauchige Noten und Gewürze), daß er
in zwei bis drei Jahren einen sehr schönen Wein
abgeben dürfte.

🍷 GAEC Cathala, Ch. La Clyde, 33550
Tabanac, Tel. 56.67.16.56 ☎ n. V.

DOM. DE LA CROIX 1990

□ | 2 ha | 10 000 | 🍷⬇✅❷

Dieser Wein, der von einem kleinen Gut in
Gabarnac stammt, ist leider etwas kurz im
Abgang. Aber trotzdem ist er gut gebaut und
besitzt ein angenehmes, sehr einschmeichelndes
Aroma.

🍷 Jean-Yves Arnaud, Dom. de La Croix, 33410
Gabarnac, Tel. 56.20.23.52 ☎ n. V.

CH. LAGAROSSE 1990**

■ | 27 ha | 90 000 | 🎴⬇✅❷

Château Lagarosse, das einen guten Eindruck
vom Baustil in der Zeit Napoleons III. vermittelt,
zeigt seit ein paar Jahren eine interessante Steigerung der Qualität, wie dieser 90er bestätigt.
Schöne dunkelrubinrote Farbe, Tanninreichtum
und kräftiges Aroma mit angenehm fruchtigen
Noten.

🍷 Ch. Lagarosse, B.P. 18, 33550 Tabanac,
Tel. 56.67.13.31 ☎ n. V.
🍷 Laurencin

CH. DE LA MEULIERE 1990**

■ | 23 ha | 100 000 | 🎴⬇✅❷
83 85 |88| 89 **90**

Dieses Gut, das mehrere Rebsorten anpflanzt,
feiert 1992 sein 20jähriges Bestehen auf würdige
Weise, indem es einen 90er vorstellt, für den man
aufgrund seiner kräftigen Tannine eine große
Zukunft erwarten darf. Die Eleganz des sich
entwickelnden Buketts (rote Früchte und Wildgeruch) und das Aromas mit Noten von Überreife
im Geschmack lassen seine Anmut erahnen,
wenn er einmal – vielleicht in zehn Jahren –
seinen Höhepunkt erreicht.

🍷 Vignobles Jacques Fourès, Ch. de La
Meulière, Lieu-dit Chabrot, 33360 Cénac,
Tel. 56.20.64.38 ☎ n. V.

CH. LAMOTHE DE HAUX 1990*

■ | 28 ha | 80 000 | 🎴⬇✅❷

Nach einigen alten Unterlagen soll dieser Cru
eine Höhle besessen haben, in der man Mammut-
knochen entdeckte. Aber diese bleiben unauffind-
bar. Glücklicherweise gilt das nicht auch für
diesen 90er, dessen Bukett (Früchte mit Noten
von Kakao, Verbranntem und Vanille) ebenso
gut wie sein Geschmackseindruck (rund,
geschmeidig, tanninreich und nachhaltig) ist. Der
90er Château Sauvage vom gleichen Erzeuger ist
von der Jury ebenfalls berücksichtigt worden
(ohne Stern).

🐝 Fabrice Néel, Ch. Lamothe, 33550 Haux,
Tel. 56.23.05.07 ⌛ n. V.

CH. LANGOIRAN 1990*

■ 11 ha 60 000 🍷↓☑①

Für geschichtlich interessierte Leser : eine echte
Burg. Und für die önophilen Leser ein hübscher
Wein, dessen Jugendlichkeit man schon an der
violetten Farbe erkennt. Er entfaltet einen feinen
Duft von reifen Früchten und bestätigt den ersten
Eindruck durch die Eleganz seiner Tannine, die
eine gute Zukunft voraussagen lassen.
🐝 SC Philippe et Francis Neeser, Ch. Langoiran,
Le Pied-du-Château, 33550 Langoiran,
Tel. 56.67.08.55 ⌛ n. V.

CH. LA PRIOULETTE 1989**

□ 1,84 ha 10 000 🍷↓☑②

Dieses Gut liegt unweit von Malagar über dem
Garonnetal. Dieser herrliche 89er hat sich sehr
günstig entwickelt und bestätigt die Kraft und die
hervorragende Ausgewogenheit, die wir im letz-
ten Jahr vermerkt haben.
🐝 SC du Ch. La Prioulette, 33490 Saint-
Maixant, Tel. 56.62.01.97 ⌛ n. V.
🐝 François Bord

CH. DE LARDILEY 1990*

■ 6,5 ha k.A. 🍷↓☑③
85 86 87 |88| (89) 90

Dieses Gut erzeugte lange Zeit nur Süßweine
und widmet sich jetzt auch den Rotweinen, die
mittlerweile zwei Drittel seiner Produktion ausmachen. Der 90er mit dem zurückhaltenden, aber
vielversprechenden Bukett besitzt zwar nicht den
kräftigen Bau seines denkwürdigen Vorgängers,
entfaltet sich jedoch im Geschmack sehr angenehm und verbindet dabei Reichtum mit Ausgewogenheit.
🐝 Marthe Lataste, 18, rte de Branne, 33410
Cadillac, Tel. 56.62.66.82 ⌛ n. V.

CH. LAROCHE BEL AIR 1989

■ 25 ha 70 000 🍷↓☑②

Das um einen Turm aus dem 16. Jh. herum
angelegte Gut verbindet Eleganz und ländlichen
Charakter. Dem entspricht auch dieser Wein,
dessen solide Tannine die Schlichtheit des
Buketts ausgleichen.
🐝 SCA Ch. Laroche, 33880 Baurech,
Tel. 56.21.31.03 ⌛ n. V.
🐝 Martine et Julien Palau

CH. DE L'EGLISE 1990*

□ 4,85 ha k.A. 🍷☑①

Dieser Wein stammt von den Anhöhen, die
Langoiran überragen. Er verführt durch die Har-
monie, die zwischen den Tanninen des Eichen-
holzes und dem Bukett mit den komplexen Noten
(Röstgeruch, Honig, Wachs etc.) herrscht. Statt-
lich und voll.
🐝 Indivision Penaud, Beauchamp, 33550 Haut-
Langoiran, Tel. 56.67.14.43 ⌛ n. V.

CH. LES HAUTS DE PALETTE 1989**

■ 3 ha 20 000 🍷↓☑②

Ein 89er aus einem kleinen Weinberg, der das
Anbaugebiet von Château Palette ergänzt. Er
zeigt schon beim ersten Blick durch seine rubinbis purpurrote Farbe an, daß er eine starke
Persönlichkeit besitzt. Das Bukett, das von seltener Komplexität ist, bestätigt diesen ersten Eindruck durch den Duft von Blüten, Vanille und
geröstetem Brot. Diese Noten findet man auch im
Geschmack zusammen mit harmonisch eingefügten Tanninen, die auf eine gute Zukunft dieses
großen Weins hindeuten.
🐝 SCEA Charles et Jean-Paul Yung,
17-19, chem. des Tanneries, 33410 Beguey,
Tel. 56.62.95.25 ⌛ n. V.

CH. DE LESTIAC 1990*

■ 15 ha 20 000 🍷↓☑②

Ein Gut, über das es nichts zu sagen gibt. Und
ein 90er, der für die Alterung geschaffen ist. Sein
noch verschlossenes, aber vielversprechendes
Bukett (reife rote Früchte) und sein voller
Geschmack weisen auf einen Wein von sehr guter
Lagerfähigkeit hin.
🐝 GAEC Gonfrier Frères, 33550 Lestiac,
Tel. 56.72.14.38 ⌛ n. V.

CH. LEZONGARS 1989*

■ 34,72 ha 250 000 🍷↓☑③

Ein vom palladianischen Stil beeinflußtes
Haus. Dieser geschmeidige, gut strukturierte
Wein mit den runden, milden Tanninen, dessen
Bukett (rote Früchte mit einem Hauch von
Lakritze) für die Gironde typisch ist, kann altern.
🐝 SC du Ch. Lezongars, 33550 Villenave de
Rions, Tel. 56.72.18.06 ⌛ n. V.

CH. LIGASSONNE
Vieilli en fûts de chêne 1989

■ 3 ha k.A. 🍷↓☑②

Ein Name, bei dem man an die traditionelle
Arbeit im Weinberg denkt, für einen angenehm
rustikalen Wein, der sich im Laufe der Alterung
entfalten und verfeinern dürfte, um seine noch
verborgenen Reize zu enthüllen.
🐝 Bordenave-Dauriac, Ch. Ligassonne, 33550
Langoiran, Tel. 56.72.54.22 ⌛ n. V.

CH. DE MALHERBES 1990**

■ 12 ha 40 000 🍷↓☑①

Dieser Wein stammt von einem altehrwürdigen

Gut, dessen Parzelleneinteilung seit dem 18. Jh. nahezu unverändert geblieben sein soll. Er besitzt alles, um zu gefallen. Schönes Aussehen und ein ansprechendes Bukett, in dem man den delikaten Duft von geröstetem Brot entdeckt. Ein gut gebauter, vielversprechender 90er mit runden, reifen Tanninen, der sehr typisch für den Jahrgang ist.

🍷 Jacques et Jacqueline Fritz, Ch. de Malherbes, 33360 Latresne, Tel. 56.20.78.36 ⚚ n. V.

🍷 GFA Ch. Malher

DOM. DE MAURIN 1989*

□	2 ha	8 000	🍶🍶☑ 1

Dieses Gut erzeugt bereits seit Anfang des 18. Jh. Wein. Sein Wein verführt durch seine schöne Farbe mit den goldenen Reflexen und sein recht typisches Bukett mit Noten von Überreife und Eingemachtem. Der geschmeidige, frische und einschmeichelnde Geschmack bestätigt den ersten Eindruck.

🍷 GAEC Jean Sanfourche et Fils, Dom. de Maurin, 33410 Donzac, Tel. 56.62.97.43 ⚚ Mo-Sa 8h-12h 14h-18h

CH. MELIN 1989

■	12,5 ha	35 000	🍶🍶☑ 2

Dieser Cru gehört zu Château Constantin und präsentiert mit dem 89er einen Wein, der zwar ein etwas zurückhaltendes Aroma besitzt, sich aber im Geschmack angenehm entwickelt. Muß noch vier bis fünf Jahre lagern.

🍷 Claude Modet, Constantin, 33880 Baurech, Tel. 56.21.34.71 ⚚ n. V.

CH. MESTREPEYROT
Cuvée prestige 1990***

□	5 ha	k.A.	🍶🍶☑ 2
	88	89 90		

Die Chassagnols, eine alte Winzergeneration, geben ihr Wissen immer an die nächste Generation weiter. Der 90er bestätigt und verstärkt noch den hervorragenden Eindruck, den der 89er im letzten Jahr hinterlassen hat. Er häuft die Qualitäten förmlich an : schöne goldgelbe Farbe, blumiger Duft mit Honignoten. Der reiche, angenehm volle Geschmack entfaltet harmonische Schätze, bevor er einem langen, schönen Abgang Platz macht.

🍷 GAEC des Vignobles Chassagnol, 33410 Gabarnac, Tel. 56.62.98.00 ⚚ n. V.

CLOS DU MOINE 1990**

□	3 ha	10 000	🍶☑ 1

Erzeugt worden ist dieser robust gebaute Wein von einem Gut in Sainte-Croix-du-Mont. Er besitzt ein sehr angenehmes Bukett mit kräftigen Noten von Überreife (eingemachte Früchte) und hinterläßt einen bemerkenswerten Eindruck von Reichtum, Fülle und Ausgewogenheit.

🍷 Jean-Michel Barbot, Dom. du Bugat Desclos, rte de Loupiac, 33410 Sainte-Croix-du-Mont, Tel. 56.62.01.63 ⚚ n. V.

CH. MONTJOUAN 1989**

■	4,5 ha	25 000	🍶🍶🍶☑ 2

Dieses Gut wird von einer Frau geführt. Vielleicht präsentiert sich der Wein deshalb so gepflegt : im Aussehen ebenso wie im Bukett (Früchte und Vanille sowie Verbranntes). Aber er entfaltet sich vor allem im Geschmack : große Länge, schöne Struktur und eine leicht pfeffrige Note.

🍷 Anne-Marie Le Barazer, Ch. Montjouan, 33270 Bouliac, Tel. 56.20.52.18 ⚚ n. V.

DOM. DU MOULIN 1989

■	15 ha	30 000	🍶🍶☑ 2

Der Bestockung nach könnte sich dieses Weingut fast im Médoc befinden. Der Wein kompensiert seinen etwas kurzen Abgang durch eine gute, ziemlich körperreiche Struktur und ein elegantes Bukett (kleine rote Früchte).

🍷 Bernard Queyrens, Ch. La Bertrande, 33410 Omet, Tel. 56.76.92.73 ⚚ n. V.

🍷 GFA Ch. La Bertrande

CH. PASCAUD Cuvée réservée 1989**

■	1,2 ha	400	🍶🍶☑ 2

Nur 400 Flaschen, das ist sogar eine Cuvée »très réservée« ! Nur wenige Privilegierte werden also in den Genuß dieses sehr eleganten Weins kommen, der eine sehr gute Struktur mit gut eingebundenen Tanninen und ein Vanillearoma besitzt.

🍷 Pierre Arnaud, Dom. Pascaud, 33410 Rions, Tel. 56.62.60.58 ⚚ n. V.

CH. PECONNET 1990*

■	k.A.	k.A.	🍶☑ 1

Mit seiner Frische paßt das Etikett zu den reizvollen Gebäuden aus dem 17. Jh., die in der Anlage schlicht sind, aber eine kunstvolle Ausgestaltung mit manieristischem Dekor besitzen. Dieser gut gelungene Wein ist reich und rund und bezieht seinen Zauber aus seinem fruchtigen Aroma und seinen angenehm spürbaren Tanninen.

🍷 Ch. Peconnet, 33360 Quinsac, Tel. 56.20.86.20 ⚚ n. V.

🍷 Amiel

CH. DU PEYRAT 1990

■	k.A.	k.A.	🍶🍶☑ 1
86 88 89 90			

Ein 90er von einem großen Gut. Hinsichtlich seines Aromas ist er noch sehr verschlossen, aber sein delikater Geschmack und die Finesse seiner Tannine reizen dazu, ihm die Chance zu geben, daß er sich noch entwickelt.

🍷 SC du Ch. du Peyrat, 33550 Capian, Tel. 56.23.95.03 ⌚ tägl. 8h-19h

🍷 Lambert

CH. DE PIC 1989*

| ■ | | 4 ha | 20 000 | ⅢⅠ | ↓ | ☑ | ② |

Ein Turm aus dem 14. Jh. erinnert daran, daß dieses Gut früher einmal ein großes Lehnsgut war. Diese 89er Spitzencuvée zeigt durch ihre aromatische Komplexität (Lakritze und Karamel mit Noten von Tiergeruch und Röstaroma) und die Entwicklung ihrer Tannine, daß sie noch lagern kann.

🍷 Masson Regnault, Ch. de Pic, 33550 Le Tourne, Tel. 56.67.07.51 ⌚ n. V.

CH. DU PIN-FRANC 1990

| ☐ | | 7 ha | k.A. | ▮ | ↓ | ☑ | ① |

Dieser Cru liegt einige Kilometer von Château de Benauges entfernt. Er stellt mit seinem 90er einen Wein vor, der in der Ansprache etwas lebhaft ist, aber ein feines Bukett entfaltet und eine angenehme Ausgewogenheit und Frische besitzt.

🍷 SCV Jean Queyrens et Fils, Au Grand Village, 33410 Donzac, Tel. 56.62.97.42 ⌚ n. V.

CH. DE PLASSAN 1990*

| ■ | | 16 ha | 80 000 | ⅢⅠ | ↓ | ☑ | ③ |

Eine der schönsten neoklassizistischen Villen im Bordelais. Dieser Wein wird zwar noch stark vom Holz geprägt, aber er scheint dennoch ein ausdrucksvolles (fruchtiges) Aroma und eine Struktur zu besitzen, die ausreicht, daß er sich entwickeln und dabei die Tannine des Fasses absorbieren kann.

🍷 Jean Brianceau, SCEA Ch. de Plassan, 33550 Tabanac, Tel. 56.72.53.16 ⌚ n. V.

CH. PUY BARDENS Cuvée prestige 1990*

| ■ | ▮ | 7 ha | 30 000 | ⅢⅠ | ↓ | ☑ | ② |

Ein fremdartiges kleines Schlößchen nach dem Geschmack des 19. Jh., von dem man einen herrlichen Rundblick über das Tal der Garonne hat. Wie es sich gehört, ist diese Spitzencuvée sehr tanninreich. Ihre Persönlichkeit entfaltet sich zwar noch nicht vollständig, aber man spürt bereits, daß sie sich bei der Alterung zu einem Wein mit reichem, delikatem Geschmack und angenehm komplexem Aroma entwickeln wird.

🍷 GFA Lamiable, Ch. Puy Bardens, 33880 Cambes, Tel. 56.21.31.14 ⌚ n. V.

CH. DE RAMONDON 1990

| ■ | ▮ | 24 ha | 40 000 | ↓ | ☑ | ① |

Dieses um 1850 umgebaute Château bietet ein schönes Beispiel dafür, wie man im 19. Jh. das Mittelalter neu interpretierte. Dieser einfache, geschmeidige 90er gefällt aufgrund seines Dufts von reifen Früchten und seines Abgangs.

🍷 Georges Van Pé, Ch. de Ramondon, 33550 Capian, Tel. 56.72.30.01 ⌚ n. V.

CH. RENON 1989

| ■ | | 6 ha | 15 000 | ⅢⅠ | ↓ | ☑ | ② |

Vinifiziert worden ist dieser Wein in Gebäuden von beachtlichem Alter. Er ist noch sehr verschlossen in seinem Bukett, aber seine Tannine dürften ihm die notwendige Zeit lassen, sich zu entfalten.

🍷 Jacques Boucherie, Ch. Renon, 33550 Tabanac, Tel. 56.67.13.59 ⌚ n. V.

CH. DE RICAUD 1989

| ■ | | 45 ha | 200 000 | ⅢⅠ | ↓ | ☑ | ② |

Dieses Gut ist wegen seines Châteaus bekannt : ein schönes Beispiel für ein mittelalterliches Bauwerk, das im 19. Jh. umgestaltet wurde. Es präsentiert mit diesem 89er einen noch etwas wilden Wein, insbesondere im Hinblick auf sein Bukett (Wildgeruch). Da er aber gut gebaut ist, dürfte sich seine Eleganz im Verlauf einer ein- bis zweijährigen Lagerung entfalten.

🍷 Ch. de Ricaud, 33410 Loupiac, Tel. 56.62.66.16 ⌚ n. V.

🍷 Alain Thiénot

CH. DE RIONS
Spécial réserve Vieilles vignes 1990*

| ■ | | 2 ha | 15 000 | ⅢⅠ | ↓ | ☑ | ② |

Dieser Wein gibt sich noch ziemlich geheimnisvoll. Aber man muß ihm entgegenkommen, denn er besitzt eine gewisse Klasse. Sicherlich ist er auch noch verschlossen, doch sein entstehendes Bukett und sein gutes Potential dürften es ihm erlauben, die vom Ausbau im Holzfaß herrührenden jugendlichen Ecken und Kanten abzuschleifen.

🍷 SARL Clos Jourdique, 33550 Villenave-de-Rions, Tel. 56.72.10.40 ⌚ n. V.

CH. ROQUEBRUNE 1989*

| ■ | ▮ | 20 ha | 32 000 | ⅢⅠ | ↓ | ☑ | ① |

Ein Wein von einem Gut, dessen Weinberge zu gleichen Teilen mit Merlot, Cabernet-Sauvignon und Cabernet-Franc bepflanzt sind. Seine Farbe erweckt einen etwas trügerischen Eindruck, denn die orangeroten Reflexe scheinen eine rasche Entwicklung anzudeuten, während ihm seine Tannine, seine Fülle und sein recht komplexes Aroma erlauben dürften, daß er einige Jahre lang altern kann.

🍷 Vidal, Ch. Roquebrune, 33360 Cénac, Tel. 56.20.70.75 ⌚ tägl. 8h-20h

CH. DE SADRAN QUANCARD 1989*

| ■ | | k.A. | k.A. | ⅢⅠ | ↓ | ② |

Verantwortlich für diesen noch etwas rustikalen Wein ist ein in Bordeaux wohlbekannter Händler. Sein solides Gerüst dürfte ihm eine gute Alterung garantieren, so daß sich sein Bukett (rote Früchte und Gewürze) entfalten und seine Tannine abrunden können. Der Château de Paillet Quancard vom gleichen Erzeuger ist ebenfalls, aber ohne Stern, ausgewählt worden.

🍷 Cheval Quancard, rue Barbère, 33440 La Grave-d'Ambarès, Tel. 56.33.80.60 ⌚ n. V.

Zwischen Garonne und Dordogne

Côtes de Bordeaux Saint-Macaire

CLOS SAINTE-ANNE 1990★★★

■ | 1 ha | 5 000 | ◫ ↓2

Dieses Gut wurde von Mönchen gegründet, die sich von der Steilheit der Hänge nicht abschrecken ließen. Seiner Lage verdankt es auch die Qualitäten seiner Weine. Die Produktion dieses Weinbergs ist zwar gering, aber seine Weine zeichnen sich durch großе Persönlichkeit aus. Hinter dem noch immer spürbaren Holz kommt ein erstaunliches Bukett zum Vorschein, dessen Karamel- und Ledernoten sich mit dem Aroma von sehr reifen Trauben vermischen. Im Geschmack entfalten sich ebenso feine wie kräftige Tannine, die einmal einen sehr großen Wein versprechen.
🍷 Francis Courselle, 33670 La Sauve, Tel. 56.23.00.01
🍷 Paul Chassagne

CH. SAINTE CATHERINE 1990★★

■ | 10 ha | k.A. | ◪◫↓◪2

Dieser 90er hat eine schöne Wirkung. Seine wunderschöne Farbe und sein angenehme komplexes Bukett sind die beste Visitenkarte für ihn. Der Geschmackseindruck ist ebenfalls besonders erfreulich und sehr vielversprechend : voll, geschmeidig, tanninreich und sehr fruchtig.
🍷 Ch. Sainte Catherine, chem. de La Chapelle Sainte Catherine, 33550 Paillet, Tel. 56.72.11.64 ⬥ n. V.

CH. SAINTE CATHERINE 1990★★★

☐ | 2,5 ha | 2 700 | ◫↓3

Obwohl der Weißwein dieses Gutes mengenmäßig nur eine Ergänzung zum Rotwein darstellt, wird er mit ebenso großer Sorgfalt behandelt. Sogar mit noch mehr, wenn man nach diesem herrlichen 90er urteilt. Sicherlich ist er noch recht jung, aber sein aromatischer Reichtum (eingemachte Früchte, geröstetes Brot, Honig etc.), seine Fülle und seine Harmonie machen ihn schon zu einem köstlichen Tropfen und verheißen ihm eine goldene Zukunft.
🍷 Ch. Sainte Catherine, chem. de La Chapelle Sainte Catherine, 33550 Paillet, Tel. 56.72.11.64 ⬥ n. V.

CH. SAINT-OURENS 1990★

■ | 3,3 ha | 22 000 | ◫◪1

Michel Maës ist ein Diplomlandwirt aus dem Flachland der Picardie. Die Umstellung ist ihm sehr gut gelungen. Man spürt aus der schönen Entwicklung der Tannine, daß seine Arbeit von der Liebe zum Wein bestimmt wird. Das Bukett

ist ebenso anregend wie der Geschmack, der durch die edlen Tannine verstärkt wird.
🍷 Michel Maës, Ch. Saint-Ourens, 33550 Langoiran, Tel. 56.67.39.45 ⬥ n. V.

CH. TANESSE 1990★★

■ | 32 ha | 200 000 | ◫↓◪2

Die Produktion ist hier alles andere als gering, was diesen sehr hübschen Wein nur noch interessanter macht. Er besitzt einen hervorragenden typischen Charakter und sehr kräftige, aber in keiner Weise aggressive Tannine. Kraft und Eleganz. Was braucht es mehr zu einem sehr guten Wein ?
🍷 Dom. Cordier, 10, quai de Paludate, 33800 Bordeaux, Tel. 56.31.44.44 ⬥ n. V.

CH. VIEILLE TOUR 1989★★

☐ | 0,5 ha | 1 600 | ◫◪

Ein halber Hektar ! Viel kleiner geht es kaum noch. Das beeinträchtigt aber nicht die Qualität, wie dieser sehr hübsche Wein zeigt. Das intensive, komplexe Bukett verlängert sich im Geschmack und verstärkt sich noch, ehe das Aroma von eingemachtem Obst und Zitrusfrüchten mit einem langen Abgang ausklingt. Dieser kräftige, ausgewogene 89er muß vor der Alterung keine Angst haben.
🍷 Arlette Gouin, Lapradiasse, 33410 Cadillac, Tel. 56.62.61.21 ⬥ n. V.

Côtes de Bordeaux Saint-Macaire

LA GIRONDAISE 1990

☐ | 4,5 ha | 24 000 | ◫↓◪2

Alle Mitglieder dieser Genossenschaftskellerei sind mobilisiert worden, um die Trauben für diesen Wein zu lesen. Das Ergebnis ist recht sympathisch : einfach, geschmeidig und fein.
🍷 SCV La Girondaise, 33190 Gironde-sur-Dropt, Tel. 56.71.10.15 ⬥ n. V.

Graves de Vayres

Trotz der Namensähnlichkeit steht dieses Weinbaugebiet, das sich unweit von Libourne auf dem linken Ufer der Dordogne befindet, in keinem Zusammenhang mit dem Weinbaugebiet Graves. Die Graves-de-Vayres-Weine sind vielmehr mit einer relativ kleinen Enklave verbunden, die sich mit ihren Kiessandböden von den Böden des Entre-Deux-Mers unterscheidet. Diese Appellation wurde seit dem 19. Jahrhundert verwendet, bevor sie 1931 offiziell anerkannt wurde. Anfangs bezog sie sich auf trockene oder liebliche Weißweine ; doch die gegenwärtige Entwicklung geht dahin, die Produktion der Rotweine zu steigern, die dieselbe Appellation beanspruchen dürfen.

Die gesamte Anbaufläche dieses Weinbaugebiets umfaßt rund 290 ha für Rotweine und 202 ha für Weißweine ; ein Großteil der Rotweine kommt unter den regionalen Bordeaux-Appellationen auf den Markt.

CH. CANTELOUP 1991*

☐   2 ha   3 000   ◖ ↓ ☑ **2**

Dieser Cru, der sowohl Weiß- wie auch Rotweine erzeugt, erinnert mit seinem Namen an die Zeit, als es in den Wäldern des Bordelais noch viele Wölfe gab. Vom 91er trockenen Weißwein existieren zwei Cuvées, von denen die eine im Gärbehälter und die andere im Barrique ausgebaut worden ist. Das Aroma ist komplex und exotisch, wobei im Falle des im Holzfaß ausgebauten Weins noch Röst- und Vanillenoten hinzukommen. Der 90er Rotwein ist ebenfalls mit einem Stern bewertet worden. Drei hübsche Weine.

➥ GAEC Landreau et Fils, Lieu-dit L'Hermette, 33750 Beychac-et-Caillau, Tel. 56.72.97.72

CH. GAYAT 1991

☐   7 ha   20 000   ▮ ↓ ☑ **1**

Dieses Gut wird seit acht Generationen von der gleichen Familie bewirtschaftet. Es erzeugt einen traditionellen trockenen Weißwein mit einem dezenten Zitrusaroma und einer kräftigen Säure, die sich noch abrunden muß.

➥ SCEA Ch. Gayat, 33870 Vayres, Tel. 56.44.11.01 ☎ n. V.

➥ Degas

CH. JEAN DUGAY 1990

■   5 ha   22 000   ▮ ↓ ☑ **1**

Dieser Wein kommt aus einem kleinen Weinberg, der nur einen geringen Teil des Gutes ausmacht. Der 90er besitzt eine schöne purpurviolette, leicht entwickelte Farbe, einen zurückhaltenden, aber fruchtigen Duft und fleischige, runde Tannine.

➥ GFA Jean-Claude et Nathalie Ballet, La Caussade, 33870 Vayres, Tel. 56.72.83.81 ☎ n. V.

CH. LA PONTETE 1990*

■   15 ha   45 000   ▮ ☑ **1**

Der Weinberg, aus dem dieser 90er stammt, wurde um die Mitte des 19. Jh. angelegt. Er entfaltet ein komplexes, schon entwickeltes Bukett mit Leder- und Moschusgeruch. Die Tannine sind geschmeidig und ausgewogen. Der recht nervige Abgang erlaubt eine kurze Lagerung.

➥ GAEC Lacombe Père et Fils, Ch. La Pontête, 33870 Vayres, Tel. 57.74.76.99 ☎ tägl. 9h-12h 13h30-20h

CH. DE LATHIBAUDE 1990**

☐   50 ha   20 000   ▮ ◖ ↓ ☑ **1**

Die Familie Gonet, die seit sechs Generationen in der Champagne Wein anbaute, hat sich hier 1986 niedergelassen. Ihr herrlicher trockener Weißwein wurde von unseren Juroren einstimmig für eine besondere Empfehlung vorgeschlagen. Der komplexe Duft erinnert an Akazienblüten, Honig, Vanille und geröstetes Brot. Der Geschmack besitzt viel Volumen und eine große Fülle und entfaltet ein harmonisches, lang anhaltendes Aroma. Man kann ihn schon trinken oder noch ein paar Jahre aufheben.

➥ Ch. Lesparre, 33750 Beychac-et-Caillau, Tel. 57.24.51.23 ☎ n. V.

➥ Michel Gonet

CH. LESPARRE 1991

☐   50 ha   20 000   ▮ ◖ ↓ ☑ **1**

Obwohl dieser Wein von einem Winzer aus der Champagne erzeugt wird und den Namen der Hauptstadt des Médoc trägt, ist er ein echter Graves de Vayres. Der 91er zeichnet sich durch einen sehr feinen Duft aus, der an Gewürze und Orangenblüten erinnert. Ein angenehm runder Wein, den man im kommenden Jahr trinken kann.

➥ Ch. Lesparre, 33750 Beychac-et-Caillau, Tel. 57.24.51.23 ☎ n. V.

➥ Michel Gonet

CH. LES TUILERIES DU DEROC 1991

☐   4,03 ha   7 000   ▮ ◖ ↓ ☑ **1**

Dieser klassische trockene Weißwein stammt aus einem 4 ha großen Weinberg. Das Aroma ist schlicht, aber der Geschmack angenehm und wohlausgewogen. Trinkreif.

➥ SCEA Colombier, Montifau, 33870 Vayres, Tel. 57.74.71.59 ☎ n. V.

CH. LE TERTRE 1990

■   18 ha   100 000   ▮ ☑ **2**

Dank seiner Lage an der RN 89, die von Bordeaux nach Libourne führt, ist dieses Château recht bekannt. Seine Besitzer empfangen ihre Besucher sehr herzlich. Der 89er muß sich noch entfalten, aber er besitzt bereits ein blumig-fruchtiges Aroma und eine zufriedenstellende Ausgewogenheit der Tannine.

🔑 Christian et Pierrette Labeille, Ch. Le Tertre, 33870 Vayres, Tel. 57.74.76.91 Y Mo-Sa 8h-20h ; So n. V.

CH. L'HOSANNE 1989**

■ 4 ha 20 000 ■ ☑ 2

Wie viele Güter in Vayres erzeugt auch dieses hier ebenso Weiß- wie Rotweine. Der 89er besitzt eine klare, strahlend rote Farbe und ein dezentes, aber komplexes Aroma von roten Früchten, Gewürzen und Vanille. Hervorragende Ausgewogenheit im Geschmack, wobei die kräftigen, fülligen Tannine gut mit dem sehr sympathischen Holzton harmonieren. Verspricht eine schöne Zukunft.

🔑 SCEA Chastel-Labat, 124, av. de Libourne, 33870 Vayres, Tel. 57.74.70.55 Y tägl. 9h-12h 14h-19h

CH. DU PETIT PUCH 1991

□ 3,6 ha 10 000 ■ ↓ ☑ 1

Dieser Cru ist vor allem für seine Weine der Appellationen Entre-Deux-Mers und Bordeaux bekannt, aber er erzeugt auch einen Graves de Vayres. Der weiße 91er schmeckt schon angenehm. Das feine, zarte Aroma von Zitrusfrüchten findet sich auch im Geschmack wieder, wo eine etwas kräftige Säure den Abgang beherrscht.

🔑 Christiane Meaudre de Lapouyade, Ch. du Petit Puch, 33750 Saint-Germain-du-Puch, Tel. 57.24.52.36 Y n. V.

CH. PICHON BELLEVUE 1991*

□ 8 ha 30 000 ■ ↓ ☑ 1

Dieses 1880 entstandene Familiengut wurde nach und nach vergrößert und umfaßt heute 32 ha auf einem Plateau mit Kiesböden. Sein blaßgrüner 91er entfaltet ein Aroma von Zitronen und Muskatellertrauben. Angenehm säuerliche Frische im Geschmack und aromatischer Abgang.

🔑 Daniel Reclus, Ch. Pichon Bellevue, 33870 Vayres, Tel. 57.74.84.08 Y Mo-Fr 9h-12h 14h-19h ; Sa n. V.

Sainte-Foy-Bordeaux

CH. LA VERRIERE 1990*

□ 1 ha 6 000 ■ ↓ ☑ 1

Dieser Cru, der seit Beginn des Jahrhunderts liebliche Weine hervorbringt, hat es verstanden, die außergewöhnlichen Bedingungen des Jahrgangs 1990 hervorragend zu nutzen. Die aromatische Komplexität (Pfirsiche, Wachs, Blüten und eingemachte Früchte) und der vielversprechende Charakter dieses Weins sind der beste Beweis dafür.

🔑 André et Jean-Paul Bessette, GAEC de La Verrière, 33790 Landerrouat, Tel. 56.61.33.21 Y n. V.

CH. LE PEYRAIL 1989*

□ 0,35 ha 2 500 ■ ↓ ☑ 3

35 Ar, eher eine Parzelle als ein Weinberg. Aber dieser Wein leidet nicht unter Minderwertigkeitskomplexen. Während der Geruchseindruck noch zurückhaltend ist, entfaltet er danach im Geschmack ein interessantes Aroma (reife Früchte, Aprikosen und – schon fast an das Périgord erinnernd – Nüsse) und eine wohlausgewogene Struktur.

🔑 M.-C. et J.-M. Chort, 33220 Les Lèves, Tel. 57.41.23.09 Y n. V.

UNIVITIS Prestige Moelleux 1990

□ k.A. 37 000 ■ ☑ 2

Dieser von der Genossenschaftskellerei Univitis erzeugte Wein ist einfach, aber aufgrund seiner Fruchtigkeit und seines ausgewogenen Gesamteindrucks gefällig.

🔑 Univitis, Les Lèves, 33220 Sainte-Foy-la-Grande, Tel. 57.41.22.08 Y Di-Sa 8h30-12h30 14h-18h

Die Region Graves

Graves, ein für das Bordelais besonders typisches Weinbaugebiet, hat es nicht nötig, sein Alter zu beweisen : bereits in römischer Zeit umgaben seine Weinberge die Hauptstadt Aquitaniens und lieferten – laut dem Agronomen Columella – »einen Wein, der sich lange hält und nach einigen Jahren besser wird« . Der Name »Graves« tauchte im Mittelalter auf. Er bezeichnete damals alle Gebiete stromaufwärts von Bordeaux, die sich zwischen dem linken Ufer der Garonne und der Landes-Hochebene befanden. Später kristallisierte sich das Gebiet von Sauternes in der Region Graves als eine Enklave heraus, wo nur Süßweine erzeugt werden.

Graves und Graves Supérieures

Das sich über rund 50 km erstreckende Anbaubereich der Graves verdankt seinen Namen der

Beschaffenheit seiner Böden : Diese bestehen hauptsächlich aus Terrassen, die von
der Garonne und ihren Vorläufern aufge-
schüttet worden sind, wobei sehr vielfältiges Geröll (Kieselsteine und Kies aus den
Pyrenäen und dem Zentralmassiv) abgela-
gert wurden.

Seit 1987 werden nicht
mehr alle hier erzeugten Weine als Graves
verkauft. Das Anbaugebiet von Pessac-
Léognan besitzt nämlich eine spezielle
Appellation ; außerdem besteht weiterhin
die Möglichkeit, auf dem Etikett die
Bezeichnungen »Vin de Graves« ,
»Grand Vin de Graves« oder »Cru
Classé de Graves« anzugeben. Genauge-
nommen sind es die Crus im Süden der
Region, die die Appellation Graves in
Anspruch nehmen.

Eine Besonderheit des
Anbaubereichs Graves ist das Gleichgewicht, das sich zwischen den Rebflächen
für Rotweine (fast 1 744 ha ohne AOC
Pessac-Léognan) und denen für trockene
Weißweine (über 950 ha) herausgebildet
hat. Die roten Gravesweine (12,5 Mio.
Flaschen 1990) besitzen eine körperreiche,
elegante Struktur, die eine gute Alterung
erlaubt ; ihr zart rauchiges Bukett ist
besonders typisch. Die trockenen
Weißweine (6,5 Mio. Flaschen) sind elegant und fleischig und zählen zu den
besten in der Gironde. Die größten von
ihnen, die heute oft in Barriquefässern
ausgebaut werden, gewinnen während
einer mehrjährigen Alterung an Reichtum
und Komplexität. Es gibt auch einige liebliche Weine, die teilweise noch gern
getrunken und unter der Appellation Graves Supérieur verkauft werden.

Graves

CH. D' ARCHAMBEAU   1989

| | 10 ha | 80 000 | ❚ 🍷 ↓ ☑ 2 |

75 76 77 **79** 80 81 ⑧⑦ |83| 84 |85| |86| |87| |88| |89|

Dieses Gut, das von den Wäldern der Landes
mit ihrem beruhigenden Duft umgeben ist, besitzt
kein richtiges Château, sondern ein echtes Haus
im Stil der Gironde. Der Geschmack ist weniger
kräftig als das Bukett (zwischen Vanille und
Gewürzen), aber sehr elegant und hinterläßt
einen angenehmen Eindruck.

🔍 Jean-Philippe Dubourdieu, Ch.
d'Archambeau, 33720 Illats, Tel. 56.62.51.46
🍷 n. V.

CH. D' ARCHAMBEAU   1990

| | 15 ha | 80 000 | 🍷 ↓ ☑ 2 |

Einfach, aber gut gebaut, wie bereits die gelbe
Farbe mit den grünen Reflexen andeutet. Der
Charakter dieses Weins zeugt von einem subtilen
und aufgrund seines Aromas angenehmen Klassizismus.

🔍 Jean-Philippe Dubourdieu, Ch.
d'Archambeau, 33720 Illats, Tel. 56.62.51.46
🍷 n. V.

CH. D' ARDENNES   1990***

| | 20 ha | 50 000 | ❚ 🍷 ☑ 3 |

80 **81** |82| **83** 84 **85** **86** |87| 88 ⑧⑨ 90

Der Boden ist hier hervorragend, aber er
würde nichts nutzen ohne die Pflege, die man auf
diesem Gut in reichem Maße den Reben angedei-
hen läßt. Und was für ein Ergebnis ! Intensive
rubin- bis purpurrote Farbe, langer, weicher
Abgang, große Eleganz und Kraft. Das Aroma
ist eine gelungene Verbindung von vollreifen
roten Früchten, Konfitüre und Holz. Ein großer
Wein, der mindestens noch vier bis fünf Jahre
lagern muß.

🔍 SCEA Ch. d' Ardennes, 33720 Illats,
Tel. 56.62.53.80
🔍 François Dubrey

BARON PHILIPPE   1990**

| | k.A. | k.A. | ❚ ↓ 2 |

Diese Marke ist nicht so bekannt wie Mouton
Cadet, wird aber vom gleichen Händler vertrie-
ben. Das Bukett ist sehr typisch für einen Gra-
ves : Lindenblüten, Honig und Akazienblüten.
Ein Wein, der aufgrund seines imposanten Cha-
rakters absolut klassisch – im besten Sinne des
Wortes – ist und gut zu Fischgerichten paßt.
🔍 Baron Philippe de Rothschild SA, 33250
Pauillac, Tel. 56.59.20.20

CH. BEAUREGARD DUCASSE
1990**

| | 8 ha | 3 600 | 🍷 ↓ ☑ 3 |

87 **88** |89| |90|

Dieses 1981 umstrukturierte Familiengut zeigt
einen gewissen Sinn für Ausgewogenheit, denn
sein Anbaugebiet ist je zur Hälfte mit Weißwein-
und Rotweinreben bestockt. Der sehr gelungene
90er Weißwein entwickelt sich mit viel Finesse.
Er entfaltet im Bukett eine sehr angenehme
Fruchtigkeit (Aprikosen und Zitronenkraut) und
verbindet im Geschmack große Fülle mit einer
Zartheit und Geschmeidigkeit, die ihm einen
großen Charme verleihen.
🔍 Jacques Perromat, Ch. Beauregard Ducasse,
33210 Mazères, Tel. 56.63.08.97 🍷 n. V.
🔍 GFA de Gaillote

CH. BEAUREGARD DUCASSE   1989*

| | 18 ha | 85 000 | ❚ 🍷 ↓ ☑ 3 |

Dieser Wein wird von einer Familie erzeugt,
deren guter Ruf unbestritten ist. Er hat noch Biß
und wird auf sehr angenehme Weise von den
dominierenden Rebsorten geprägt. Das Aroma
erinnert an die Cabernet-Sauvignon-Trauben

(55%) und wird von vollreifen Merlottrauben abgerundet.

🍷 Jacques Perromat, Ch. Beauregard Ducasse, 33210 Mazères, Tel. 56.63.08.97 ☎ n. V.

🍷 GFA de Gaillote

CH. DE BEAU-SITE 1989

■	6 ha	30 000	⫼ ↓ ☑ ②

Bodenarbeiten, Zupflügen und Stöckeräumen. Man hält hier an den altbewährten Methoden fest. Dieser im Abgang etwas dünne Wein besitzt ein reizvolles, recht klares Aroma, das an Vanille und Zimt erinnert.

🍷 Jean et Colette Dumergue, Ch. de Beau-Site, 33640 Portets, Tel. 56.67.18.15 ☎ n. V.

CH. BICHON CASSIGNOLS 1989*

■	3 ha	12 500	⫼ ↓ ☑ ②

|81| ⑧② 83 84 |86|87| 88 89

Das kleine im Familienbesitz befindliche Anbaugebiet hat sich in den letzten Jahren beträchtlich vergrößert : von einem auf 2,5 ha. Dieser sehr jugendliche, runde und gut gebaute Wein verbindet die Fruchtigkeit der Merlottraube mit den Noten von Tiergeruch der Cabernettraube. Alterungsfähig.

🍷 Jean-François Lespinasse, av. Edouard Capdeville, 33650 Labrède, Tel. 56.20.28.20 ☎ n. V.

DOM. BOURGELAT 1991*

☐	6,93 ha	5 000	⌷ ↓ ☑ ②

85 87 88 89 90 |91|

Dieses Gut hat sich aufgrund der natürlichen Voraussetzungen des Bodens dafür entschieden, in erster Linie weiße Rebsorten anzubauen. Seine Cuvée besitzt ein sehr komplexes Bukett (sehr reife Orangen und Mandarinen) und ist auch im vollen Geschmack sehr angenehm. Der im Holzfaß ausgebaute Caprice de Bourgelat ist zwar einfacher, ansonsten aber sehr ähnlich. Der einschmeichelnde, stattliche Rotwein kann hier ebenfalls erwähnt werden.

🍷 Dominique Lafosse, Clos Bourgelat, 33720 Cérons, Tel. 56.27.01.73 ☎ tägl. 8h-22h ; Aug. geschlossen

CH. BRONDELLE Cuvée Damien 1990*

■	18 ha	15 000	☑ ②

Kräftige rote Farbe und elegantes Bukett (Backpflaumen mit einer zarten Holznote). Dieser Wein besitzt dank seines schönen Tanningerüsts ein solides Potential. Der 90er Château La Rose Sarron wurde ebenfalls ausgewählt, erhielt aber keinen Stern.

🍷 Ch. Brondelle, 33210 Langon, Tel. 56.62.38.14 ☎ n. V.

CH. BRONDELLE Cuvée Anaïs 1990*

☐	k.A.	12 000	☑ ③

Dieser 90er stammt von einer anderen Cuvée, die schon im letzten Jahr verkostet wurde. Er hat sich voll und mild entwickelt und zeichnet sich durch die vollkommene Harmonie aus, die zwischen dem blumig-fruchtigen Bukett und dem Geschmack (Zitrusaroma) besteht.

🍷 Ch. Brondelle, 33210 Langon, Tel. 56.62.38.14 ☎ n. V.

🍷 R. Belloc

CH. CABANNIEUX 1990

☐	k.A.	30 000	⫼ ↓ ☑ ③

83 85 86 87 |89||90|

Trotz einer leicht bitteren Note zeigt sich dieser Wein dank seines Blütenduftes und seiner geschmeidigen Struktur verführerisch.

🍷 SCE du Ch. Cabannieux, 33640 Portets, Tel. 56.67.22.01 ☎ n. V.

🍷 Dudignac

CH. DE CALLAC 1990*

■	11 ha	70 000	⫼ ↓ ☑ ③

Michel Rivière hat dieses Gut 1988 erworben und dabei nicht nur sein in Saint-Emilion erworbenes Können eingebracht, sondern es auch erfolgreich auf die Appellation übertragen, wie das sehr typische Bukett (schwarze Johannisbeeren) dieses gut strukturierten 90ers zeigt.

🍷 Philippe Rivière, Ch. de Callac, 33720 Illats, Tel. 57.24.73.90 ☎ tägl. 9h-12h 14h-18h

CH. CAMARSET 1990*

■	1,2 ha	2 500	⫼ ☑ ③

Wie viele alte Weingüter wäre auch dieses fast völlig verschwunden und vom Kiefernwald überwuchert worden. Sein hübscher Wein duftet nach Trüffeln und Unterholz und enthüllt eine harmonische Holznote. Ein ausgewogener 90er mit würzigem Abgang.

🍷 SCEA du Ch. Camarset, 33650 Saint-Morillon, Tel. 56.20.31.94 ☎ n. V.

🍷 M. et Mme Lagardere

CH. CAMUS 1991*

☐	k.A.	k.A.	⌷ ↓ ☑ ②

86 87 89 |90| 91

Sehr schöne gelbgrüne Farbe und klassisches Pfirsich- und Aprikosenduft im Bukett. Im Geschmack kommt eine exotische Note hinzu, die dem Wein eine angenehme Konsistenz gibt.

🍷 SICA les Vignobles de Bordeaux, 33210 Saint-Pierre-de-Mons, Tel. 56.63.19.34 ☎ n. V.

🍷 GAEC Larriaut

CH. CANTEGRIL 1990**

■	6 ha	25 000	⫼ ☑ ②

Pierre und Denis Dubourdieu haben hier einen bemerkenswerten Graves mit einer ziemlich intensiven rubinroten Farbe hergestellt. Das Bukett zeigt eine vollkommene Ausgewogenheit zwischen Frucht und Holz. Die Tanninstruktur wird zwar von den Tanninen des Faßholzes geprägt, aber dennoch wird er sich sehr angenehm entwickeln. Ein sehr gut gebauter Wein.

🍷 Pierre Dubourdieu, Ch. Doisy-Daëne, 33720 Barsac, Tel. 56.27.15.84 ☎ n. V.

CH. DE CHANTEGRIVE
Cuvée Edouard 1989**

■	3 ha	15 000	⫼ ↓ ☑ ③

Dieses Gut gehört zu den bekanntesten der Appellation und wurde trotzdem vollständig von seinem heutigen Besitzer aufgebaut. Eine sehr gut ausgebaute Cuvée, die alles hat, was es für eine vollkommene Symbiose zwischen Frucht und Eichenholz braucht : Stoff, erstklassige Tannine und Bukett (Gewürze, Zimt, Gebratenes). Die Hauptcuvée hat ebenfalls einen Stern erhalten.

↜ Henri et Françoise Lévêque, Ch. de Chantegrive, 33720 Podensac, Tel. 56.27.17.38 **Ⴤ** Mo-Fr 8h-12h 14h-18h ; Sa n. V.

CH. DE CHANTEGRIVE 1990*

☐   20 ha   100 000   **▮ ↓ Ⅴ 2**

Eine schöne blaßgelbe Farbe, ein Bukett, das ein kräftiges Bananen- und Zitrusaroma entfaltet, eine klare Ansprache und eine gute Nachhaltigkeit sind die Vorzüge dieses hübschen Weins. Die im Holzfaß ausgebaute Cuvée Caroline, die weniger geschmeidig, aber gut gebaut ist, hätte hier ebenfalls aufgeführt werden können.
↜ Henri et Françoise Lévêque, Ch. de Chantegrive, 33720 Podensac, Tel. 56.27.17.38 **Ⴤ** Mo-Fr 8h-12h 14h-18h ; Sa n. V.

CH. CHANTELOISEAU 1991*

☐   3 ha   10 000   **▮ ↓ Ⅴ 1**

Dieser gut vinifizierte Wein ist zu gleichen Teilen aus Sauvignon- und Sémillontrauben hergestellt worden. Er ist rund, frisch und geschmeidig und besitzt ein feines Aroma von Zitronen, Buchsbaum und Blüten, das mit einer Honignote ausklingt.
↜ SCEA Dom. Latrille-Bonnin, Ch. Petit-Mouta, 33210 Mazères, Tel. 56.63.41.70 **Ⴤ** n. V.
↜ GFA du Brion

CH. DUC D'ARNAUTON 1990*

■   10 ha   10 000   **❙❙❙ Ⅴ 2**

Die Bernard sind nicht nur eine einflußreiche Familie in Barsac, sondern besitzen auch Weinberge in der Region Graves. Dieser Wein besitzt eine sehr elegante Farbe und ein sympathisches Bukett, in dem Paprikanoten mit dem Duft von roten Früchten vermischen. Sein Geschmack ist gut gebaut, wobei es ihm seine stattliche Struktur ermöglichen wird, den Stürmen der Zeit zu trotzen.
↜ Dom. Bernard, Ch. Gravas, 33720 Barsac, Tel. 56.27.15.20 **Ⴤ** n. V.

CH. FERNON 1991*

☐   4,11 ha   14 000   **▮ ↓ Ⅴ 1**

Mit seinem soliden Bürgerhaus, das mitten auf seinem Grund steht, wirkt dieses Gut sehr typisch für das Bordelais. Der Wein besitzt ein zartes Bukett (Lindenblüten und Pampelmusen) und entfaltet sich voll in seinem Geschmack, der durch eine lange Nachhaltigkeit gekennzeichnet ist.
↜ Jacques Girard de Langlade, Ch. Fernon, 33210 Langon, Tel. 56.63.38.93 **Ⴤ** tägl. 8h-12h 14h-18h

CH. FERRANDE 1989

■   31 ha   175 000   **▮ ❙❙❙ ↓ Ⅴ 2**

Das Gut, das von einem für die Gironde typischen Commandé beherrscht wird, besitzt einen guten Kiesboden. Es präsentiert einen weißen 91er, den wir hier ebenfalls erwähnen, und diesen 89er Rotwein. Leicht entwickelte Farbe (orangeroter Schimmer) und angenehmer Gesamteindruck mit Rundheit, Fülle, harmonischen Tanninen und dem Aroma von vollreifen roten Früchten.
↜ SCE du Ch. Ferrande, 33640 Castres, Tel. 56.67.05.86 **Ⴤ** n. V.

DOM. DE GAILLAT 1990

■   5 ha   60 000   **❙❙❙ ↓ 3**

81 82 83 |85| (86) |88|90

Dieses Gut liegt auf dem lehmig-feuersteinhaltigen Plateau über der Stadt Langon. Es erzeugt ausschließlich Rotweine. Ein geschmeidiger Wein mit reichem Bukett (überreife rote Früchte), dessen Farbe aber mit einer leicht gelbroten Nuance bereits eine Entwicklung ankündig. Schon angenehm zu trinken.
↜ Famille Coste, Ch. de Gaillat, 33210 Langon, Tel. 56.63.50.52 **Ⴤ** n. V.

CH. DU GRAND ABORD 1989

■   7 ha   45 000   **▮ Ⅴ 2**

81 82 **83** 85 86 |88| |89|

Dieser Cru ist mit der Geschichte der Flußschiffahrt auf der Garonne verbunden und verdankt seinen Namen der Tatsache, daß die Lastkähne in der Nähe des Gutes anzulegen pflegten. Trotz seiner leichten Struktur ein interessanter Wein, der mild und voll ist und eine aromatische Frische entfaltet.
↜ Colette Dugoua, Ch. du Grand Abord, 33640 Portets, Tel. 56.67.22.79 **Ⴤ** n. V.

CH. GRAVEYRON
Cuvée tradition 1989**

■   5 ha   3 000   **❙❙❙ ↓ Ⅴ 2**

Diese im Barrique ausgebaute Sondercuvée teilt mit der ebenfalls ausgewählten Hauptcuvée (ohne Stern) die harmonisch eingebundenen Tannine und die aromatische Komplexität (schwarze und rote Johannisbeeren und eine Holznote), besitzt aber zusätzlich ein angenehmes Menthol- und Trüffelaroma.
↜ GAEC H. Cante et Fils, Ch. Graveyron, 33640 Portets, Tel. 56.67.23.69 **Ⴤ** n. V.

CH. DES GRAVIERES 1989*

■   15 ha   40 000   **❙❙❙ ↓ Ⅴ 2**

Dieser zu 85% aus Merlot hergestellte Wein stammt von einem Kiesboden. Ein gut gebauter, nachhaltiger 89er, der mit einem zarten, feinen Aroma auf sich aufmerksam macht, insbesondere im Geschmack mit Schokoladenoten.
↜ Bernard Labuzan et Fils, Ch. des Gravières, 33640 Portets, Tel. 56.67.15.70 **Ⴤ** n. V.

CH. GUIRAUTON 1990*

■   3 ha   15 000   **❙❙❙ ↓ Ⅴ 2**

Dieser Wein, der vom gleichen Besitzer wie Château Magneau stammt, entfaltet sich voller Finesse : im fruchtig-würzigen Bukett ebenso wie im geschmeidigen Geschmack, der aber eine gute Tanninhaltigkeit besitzt.
↜ Henri et Jean-Louis Ardurats, Ch. Guirauton, 33650 Labrède, Tel. 56.20.20.57

DOM. DU HAURET LALANDE
1990**

☐   4,5 ha   30 000   **▮ ❙❙❙ ↓ Ⅴ 2**

Dieser Cru wurde 1989 von der Familie Lalande gegründet, die bereits seit 1681 Wein anbaut, und wird sicherlich noch viel von sich reden machen. Sein 90er ist sehr klassisch im Aussehen (blaßgoldene Farbe) und explodiert dann in einem wahren Feuerwerk kräftiger Aromen :

Zitrusfrüchte und anderes Obst, Ginster und Akazienblüten.

🍷 GAEC Lalande et Fils, Ch. Piada, 33720 Barsac, Tel. 56.27.16.13 ☎ n. V.

🍷 Jean Lalande

CH. HAUT-CALENS 1989

■ 8,5 ha 50 000 ▮↓Ⅴ❷

85 86 88 89

Ein noch im Ancien Régime entstandener Cru, der mehreren Händlern aus Chartres gehört. Der 89er ist recht gut gelungen. Er ist zwar noch etwas zurückhaltend im Duft, aber im Geschmack zeigt er sich sehr ausdrucksvoll. Nach einer zarten Ansprache machen sich die Tannine bemerkbar, die für eine Lagerung sprechen.

🍷 Albert Yung, Ch. Haut-Calens, 33640 Beautiran, Tel. 56.67.05.25 ☎ n. V.

CH. HAUT-MAYNE 1989

■ 6,5 ha 44 500 ▯↓Ⅴ❷

Dieser Cru gehört dem gleichen Besitzer wie Château Le Cros in Loupiac. Mit seinem 89er erreicht er nicht das gleiche Niveau wie mit dem 88er, weil die Tannine schlichter sind. Aber er besitzt eine gute Struktur und entfaltet ein angenehmes Aroma mit Röst- und Tiergeruch sowie fruchtigen und rauchigen Noten. Den 90er hätte man hier wegen seines interessanten Aromas und seines erfrischenden Abgangs anführen können.

🍷 Michel Boyer, Le Cros, 33410 Loupiac, Tel. 56.62.99.31 ☎ n. V.

CH. JEAN GERVAIS 1991

□ 13 ha 40 000 ▮↓Ⅴ❷

Der Cru belieferte früher Seine Heiligkeit Papst Pius XII. Heute präsentiert er mit diesem 91er einen geschmeidigen, lebhaften Wein, der mit seinem zarten Zitrusduft einen guten »Meßwein« abgeben und vielen Landpfarrern schmecken würde.

🍷 SCE Counilh et Fils, RN 113, 33640 Portets, Tel. 56.67.18.61 ☎ n. V.

CH. LA BLANCHERIE-PEYRET 1990

■ 9 ha 40 000 ▯↓Ⅴ❷

Das einzige Gut im Bordelais, auf dem die Weine von Gespenstern probiert werden : Die Brüder Labadie, die ehemaligen Besitzer des Anwesens, wurden nämlich während der Französischen Revolution mit der Guillotine hingerichtet ! Dieser unkomplizierte, süffige und vollmundige 90er mit der leicht überreifen Note im Bukett hätte ihnen sicherlich nicht mißfallen. Ebenso wie der Weißwein aus dem gleichen Jahrgang, der aufgrund seiner Geschmeidigkeit und seines Blütendufts ebenfalls ausgewählt worden ist.

🍷 Françoise Braud-Coussié, La Blancherie, 33650 Labrède, Tel. 56.20.20.39 ☎ n. V.

LA CONCERTANTE 1989**

■ k.A. 2 400 ▯Ⅴ❸

Dieser Wein wird von der Mannschaft von Vieux Château Gaubert erzeugt und profitiert von ihrem Können. Seine schöne rubinrote Farbe, seine geschmeidigen Tannine und vor allem sein Bukett, das vielfältige Düfte (reife Früchte und Röstaroma) entfaltet, lassen daran keinen Zweifel.

🍷 Association Haverlan-Kreusch, Ch. Gaubert, 33640 Portets, Tel. 56.67.04.32

LA CONCERTANTE 1990*

□ k.A. 5 000 ▯↓Ⅴ❸

Dunkle Farbe, blumiges Bukett (Noten von wildwachsenden Blumen) und voller, nerviger Geschmack. Dieser hübsche 90er zeigt einen angenehm klassischen Charakter.

🍷 Association Haverlan-Kreusch, Ch. Gaubert, 33640 Portets, Tel. 56.67.04.32

CH. LA FLEUR JONQUET 1989*

■ 2,8 ha 10 000 ▯↓Ⅴ❹

Dieses 1986 von seinem jetzigen Besitzer übernommene Gut erzeugt einen Wein mit einer schönen roten Farbe, die in seinem Bukett Holzton und Fruchtigkeit verbindet und zusätzlich eine leichte Harznote enthüllt. Der Geschmack ist sehr ansprechend : Fülle und harmonisch eingefügte Tannine.

🍷 Laurence Lataste, 5, rue Amélie, 33200 Bordeaux, Tel. 56.17.08.18 ☎ n. V.

CH. LA FLEUR JONQUET 1990**

□ 1,2 ha 7 000 ▯↓Ⅴ❹

Ein sehr gut gelungener 90er mit einem besonders verführerischen Duft, der frisch, elegant und sehr ausdrucksvoll ist und angenehme Röstnoten enthält. Seine füllige, runde Struktur verheißt gute Zukunftsaussichten.

🍷 Laurence Lataste, 5, rue Amélie, 33200 Bordeaux, Tel. 56.17.08.18 ☎ n. V.

CH. LA GARANCE 1990*

□ 6 ha 30 000 ▯↓Ⅴ❷

Dieser geschmeidige, volle Wein, der eine gute Ausgewogenheit zwischen Holz und Struktur gefunden hat, präsentiert sich elegant : blaßgelbe Farbe und frisches, fruchtiges Bukett. Der rote 88er, der ebenfalls ausgewählt worden ist, aber keinen Stern erhalten hat, wirkt grazil und gefällig.

🍷 Ch. La Garance, 33720 Cérons, Tel. 56.67.01.12 ☎ n. V.

DOM. LA GRAVE 1990*

□ 16 ha 90 000 ▯↓

Ein reinsortiger Sémillon mit ansprechender gelber Farbe und guter Ausgewogenheit. Sein besonderer Reiz liegt in seinem verführerischen Lindenblütenaroma. Château Landiras vom gleichen Erzeuger ist etwas schwerer. Unsere Jury hat ihn ebenfalls berücksichtigt (ohne Stern).

🍷 SCA Dom. La Grave, Ch. de Landiras, 33720 Landiras, Tel. 56.62.44.70

CH. LA GRAVE SAINT-ROCH 1991*

□ 3 ha k.A. ▮↓Ⅴ❷

Dieser weiße Graves, der das umfangreiche Angebot von Chassagnol ergänzt, ist wirklich erstaunlich. Auf ein frisches, blumiges Bukett folgt im Geschmack eine verführerisches Aroma von eingemachten Früchten nach.

🍷 GAEC des Vignobles Chassagnol, 33410 Gabarnac, Tel. 56.62.98.00 ☎ n. V.

DOM. DE LAMOIGNON 1989

■   7,67 ha   20 000   ◧ ↓ ☑ **3**

Ein Wein aus einem noch jungen Weinberg. Im Abgang ist er zwar etwas trocken, besitzt aber ein reizvolles Aroma mit zarten Noten von Backpflaumen und roten Früchten.
🍷 Michel Pascaud, Ch. de Carles, 33720 Barsac, Tel. 56.27.07.19 ⚱ n. V.

CH. LAMOUROUX 1991*

□   20 ha   100 000   ▮↓☑ **2**

Dieser Wein stammt vom gleichen Erzeuger wie der Grand Enclos de Cérons. Reiches Aroma (Blumen, Lindenblüten und Wachs) und angenehm ausgewogener, voller und fleischiger Geschmack.
🍷 Olivier Lataste, Grand Enclos du Ch. de Cérons, 33720 Cérons, Tel. 56.27.01.53 ⚱ n. V.

CH. LA ROSE SARRON 1991*

□   8 ha   50 000   ↓☑ **2**

Ein 91er vom selben Erzeuger wie der Château Brondelle. Er besitzt eine kräftige Farbe und ein intensives, sehr komplexes Aroma (Honig, Wachs, sehr reife Früchte etc.).
🍷 Ch. Brondelle, 33210 Langon, Tel. 56.62.38.14 ⚱ n. V.
🍷 R. Belloc

CH. LASSALLE 1989**

■   2,5 ha   15 000   ▮ ☑ **2**
83 86 88 **89**

Ein kleines Gut, das seit sieben Generationen von der gleichen Familie bewirtschaftet wird. Die roten Reben machen etwas mehr als ein Viertel der Bestockung aus. Dieser Wein ist sehr ausdrucksvoll, in der Farbe (ein schönes Rubinrot) ebenso wie im Bukett (wilde Noten von gerösteten Mandeln), und zeigt sich im Geschmack sehr vielversprechend mit reichem Stoff und noch ungestümen Tanninen. Der weiße 91er hat ebenfalls einen Stern erhalten. Er ist bukettreich, stattlich und ausgewogen.
🍷 Louis Michel Labbé, Ch. Lassalle, 33650 Labrède, Tel. 56.20.20.19

CH. LA TUILERIE 1991*

□   15 ha   50 000   ▮↓ **2**
|⟨85⟩| **86 88** |89| |91|

Dieser Cru gehört den Besitzern von Château d'Ardennes, ist aber zweifellos nicht so bekannt. Sein angenehm klassischer Charakter zeigt sich schon in der fast weißen Farbe, die einen spürbaren, Lebhaftigkeit und Rundheit verbindenden Geschmack ankündigt.
🍷 SCEA Ch. d' Ardennes, 33720 Illats, Tel. 56.62.53.80
🍷 F. Dubrey

CH. LA TUILERIE 1990**

■   20 ha   80 000   ▮↓ **2**

Dieser Wein hat die Quintessenz aus seinem Anbaugebiet, einem kiesig-lehmigen Plateau, herausgeholt : Das gilt für seine schöne Struktur ebenso wie für sein noch etwas verschlossenes, aber vielversprechendes und recht typisches Aroma (schwarze Johannisbeeren und Veilchen).

🍷 SCEA Ch. d' Ardennes, 33720 Illats, Tel. 56.62.53.80

CH. LE BONNAT 1990***

■   17 ha   100 000   ◧ ↓ **3**
88 89 ⟨90⟩

Dieser Cru wird von der Mannschaft von Château de Fieuzal genutzt. Die hier erzeugten Weine haben viele Sterne erhalten, aber die Krönung, eine besondere Empfehlung von uns, ist der außergewöhnliche 90er. Von der Farbe bis zum Abgang ist alles gelungen und ausgewogen : das dichte, komplexe Bukett mit den schönen Kakao-, Röst- und Vanillenoten ebenso wie die geschmeidige, stattliche und kräftige Struktur. Ein lange lagerfähiger Wein.
🍷 Ch. Le Bonnat, SA Ch. de Fieuzal, 33850 Léognan, Tel. 56.64.77.86 ⚱ n. V.
🍷 Gribelin

CH. LE BONNAT 1991**

□   12 ha   50 000   ◧ **2**

Die gelbe, leicht grünlich schimmernde Farbe dieses 91er deutet auf seinen guten Bau hin. Aber sein Bukett mit dem fruchtigen Duft (Ananas und Röstaroma) und vor allem seine Struktur sind ziemlich überraschend für den Jahrgang.
🍷 Ch. Le Bonnat, SA Ch. de Fieuzal, 33850 Léognan, Tel. 56.64.77.86 ⚱ n. V.
🍷 Gribelin

CH. LE BOURDILLOT 1990**

■   5 ha   30 000   ◧ ↓☑ **2**
85 **86** 88 |89| 90

Dieser Weinberg liegt auf Terrassen, die von der Garonne geschaffen worden sind, und räumt der Merlotrebe einen wichtigen Platz in seiner Bestockung ein. Das an sehr reife, fast eingemachte Früchte erinnernde Aroma ist typisch für den Jahrgang. Die stark strukturierte Ansprache harmoniert perfekt mit dem übrigen Geschmack, dessen Robustheit, Charme und Eleganz auf eine gute Alterungsfähigkeit hinweisen.
🍷 Patrice Haverlan, Darroubin, 33640 Portets, Tel. 56.67.11.32 ⚱ n. V.

CH. LEHOUL 1990**

■   5 ha   25 000   ◧ ☑ **2**

Dieser hübsche Wein stammt von einem Gut im Süden der Appellation. Ein nuancenreicher 90er mit einem eleganten, stark von der Merlottraube geprägten Bukett. Die Ansprache ist geschmeidig, sehr rund und lieblich, bevor sich im Geschmack seine reichen Tannine und sein solides Alterungspotential enthüllen.

🍷 GAEC Fonta et Fils, rte d'Auros, 33210 Langon, Tel. 56.63.17.74 ⍙ n. V.

CH. LE PAVILLON DE BOYREIN
1990**

■		20 ha	60 000	⏻ ↓ ☑ 🮲

|85| 86 88 89 **90**

Das Gut liegt am Rand des Waldes von Landes über dem Garonnetal und bietet eine schöne Aussicht über die gesamte Appellation. Geschmeidige Ansprache, intensiver, sehr vielversprechender Geschmack. Dieser Wein hat eine schöne Zukunft vor sich.

🍷 SCEAV Pierre Bonnet, Ch. Le Pavillon de Boyrein, 33210 Roaillan, Tel. 56.63.24.24 ⍙ n. V.

CH. LE PAVILLON DE BOYREIN
1991**

☐		5 ha	20 000	🮲 ↓ ☑ 🮲

Die Komplexität des Buketts (Blumen, Zitrusfrüchte, Maracujas und Muskat) ist bei diesem Wein ebenso ansprechend wie sein voller, feuriger Geschmack.

🍷 SCEAV Pierre Bonnet, Ch. Le Pavillon de Boyrein, 33210 Roaillan, Tel. 56.63.24.24 ⍙ n. V.

CH. LES CLAUZOTS   1989

■		8,5 ha	k.A.	🮲 ↓ 🮲

Dieser Wein ist in seinem Aroma etwas zurückhaltend, aber er entwickelt sich angenehm im Geschmack, wo er Rundheit, Fülle und gut umhüllte Tannine enthüllt. Der 91er Weißwein ist einfach, duftet aber angenehm nach weißen Blüten. Er paßt perfekt zu Meeresfrüchten.

🍷 SICA les Vignobles de Bordeaux, 33210 Saint-Pierre-de-Mons, Tel. 56.63.19.34 ⍙ n. V.
🍷 Paul Tach

CLOS LES MAJUREAUX   1989

■		3,5 ha	20 000	🮲 🮲

81 83 86 88 89

Dieser von der SICA des Vignobles de Bordeaux vorgestellte Wein entfaltet einen feinen Duft von Trüffeln und schmeckt aufgrund seines leicht entwickelten Charakters bereits sehr angenehm.

🍷 SICA les Vignobles de Bordeaux, 33210 Saint-Pierre-de-Mons, Tel. 56.63.19.34 ⍙ n. V.
🍷 Pierre Chaloupin

CH. DE L'HOSPITAL   1990*

■		5 ha	k.A.	⏻ ↓ ☑ 🮳

Die wunderschönen Gebäude waren in baufälligem Zustand, als der jetzige Besitzer dieses Gut erwarb, und sind gerade mit großem Aufwand restauriert worden. Dieser Wein wird noch vom Holz überlagert und muß seine Harmonie erst finden. Da seine Struktur und sein Aroma (Lakritze, Sandelholz und Vanille) aber sehr vielversprechend sind, verdient er die Wartezeit.

🍷 SCEA du Ch. de L'Hospital, Darrouban, 33640 Portets, Tel. 56.72.54.73 ⍙ n. V.
🍷 Marcel F. Disch

CH. LUBAT   1989**

■		6,39 ha	16 000	🮲 ☑ 🮲

Ein 89er aus dem südlichen Teil der Appellation. Sein Bukett, in dem sich fruchtige Nuancen

(schwarze Johannisbeeren und Himbeeren) mit rauchigen Noten vermischen, ist angenehm typisch. Der Geschmack ist tanninreich, aber nicht aggressiv und entwickelt sich sehr harmonisch, bevor er mit einem sehr nachhaltigen Abgang ausklingt.

🍷 Bernard Tach, Lubat, 33210 Saint-Pierre-de-Mons, Tel. 56.63.25.07 ⍙ tägl. 8h-18h

DOM. DES LUCQUES   1991

☐		2,5 ha	15 000	🮲 ↓ ☑ 🮲

Dieser Wein hat sich zwar noch nicht völlig entfaltet, aber er bietet ein reizvolles blumigfruchtiges Aroma mit Quitten- und Moschusnoten.

🍷 Patrice Haverlan, Darroubin, 33640 Portets, Tel. 56.67.11.32 ⍙ n. V.

DOM. DES LUCQUES   1990*

■		5 ha	30 000	⏻ ↓ ☑ 🮲

82 83 84 85 86 |88| |89| 90

Dieses Gut gehörte zu den ersten, die ihre Wein direkt auf dem Château abfüllten. Sein Wein ist im Duft weniger typisch als der Château Le Bourdillot vom gleichen Erzeuger, aber er ist dennoch sehr reizvoll aufgrund seines fruchtigen Aromas und seiner geschmeidigen, fülligen Tanninstruktur.

🍷 Patrice Haverlan, Darroubin, 33640 Portets, Tel. 56.67.11.32 ⍙ n. V.

CH. LUDEMAN LES CEDRES   1990

■		8 ha	50 000	🮲 ↓ ☑ 🮳

Seit 1986 hat sich das Gut beträchtlich vergrößert : von 5 auf 20 ha. Diese Wein ist zwar nicht für eine lange Lagerung bestimmt, aber er gefällt durch seine Ausgewogenheit und sein schönes Aroma (reife Früchte, Erdbeeren und Leder). Der 91er Weißwein ist einfach, aber gefällig und verdient eine Erwähnung aufgrund seines kräftigen Aromas, das an Melonen, Muskat und Zitrusfrüchte erinnert.

🍷 GAEC Molinari et Fils, Ludeman, 33210 Langon, Tel. 56.63.09.52 ⍙ tägl. 8h-18h

M. DE MALLE   1990*

☐		k.A.	6 000	⏻ ☑ 🮵

Dieser Wein stammt aus dem Gravesanbaugebiet von Château de Malle. Schöne goldgelbe Farbe, voller, runder Geschmack und sehr eigenwilliges Aroma (exotische Früchte und Feigenkonfitüre). Die spürbare Holznote harmoniert mit dem Wein.

🍷 Comtesse de Bournazel, Ch. de Malle, 33210 Preignac, Tel. 56.63.28.67 ⍙ n. V.

CH. MAGENCE   1989*

■		13,5 ha	80 000	🮲 ↓ ☑ 🮲

(78) |79| 80 81 |82| |83| |85| |86| 88 89

Charles Brannens, ein Vorfahre der jetzigen Besitzers, ging 1810 in die Vereinigten Staaten und verkaufte zwölf Jahre lang an der Ostküste die von seiner Familie erzeugten Weine. Dieser runde, volle und zarte Wein mit den geschmeidigen Tanninen hat sich seit dem letzten Jahr kaum entwickelt.

🍷 SICA les Vignobles de Bordeaux, 33210 Saint-Pierre-de-Mons, Tel. 56.63.19.34 ⍙ n. V.
🍷 Guillot de Suduiraut

CH. MAGNEAU 1990★★

■   10 ha   50 000   ⑪ ↓ ☑ ②
⑧② 83 84 |85| 87 |88| |89| 90

Dieses Gut liegt in Labrède, dem Geburtsort von Montesquieu. Es wird von einer Familie bewirtschaftet, deren Weinbautradition bis zum Anfang des 17. Jh. zurückreicht. Sehr schöne rubinrote Farbe, interessantes, komplexes Bukett und wohlausgewogener Geschmack (rund und tanninreich). Dieser 90er hinterläßt wirklich einen harmonischen Eindruck.
☞ Ch. Magneau, Les Cabanasses, 33650 Labrède, Tel. 56.20.20.57 ☎ n. V.
☞ Henri et Jean-Louis Ardurats

CH. DU MAINE 1989★★

■   11 ha   45 000   ⑪ ☑ ④

Merlot, Cabernet-Franc, Cabernet-Sauvignon, Petit Verdot und Malbec – die Bestockung ist beispielhaft. Dasselbe gilt für den Wein. Seine granatrote Farbe ist ebenso harmonisch wie sein Duft, in dem sich Frucht und Holz vermischen. Der Geschmack ist im Abgang kräftig und sehr elegant und entfaltet ein für den Jahrgang recht typisches Aroma von Backpflaumen und sehr reifen Früchten.
☞ J.-P. Duprat, Ch. du Maine, 33210 Langon, Tel. 56.62.23.40 ☎ n. V.

CH. DU MAYNE 1989

■   9 ha   60 000   ■ ⑪ ↓ ☑ ④
75 76 77 78 79 81 82 |83| 86 88 89

Dieses Château, eigentlich ein großes Bürgerhaus mit Dreiecksgiebel, steht an der Stelle eines im 19. Jh. abgebrochenen Vorgängerbaus. Sein noch jugendlicher, durch die Tannine geprägter 89er muß noch reifen.
☞ Jean-Xavier Perromat, Ch. de Cérons, 33720 Cérons, Tel. 56.27.01.13 ☎ n. V.

CH. DU MAYNE 1991★

□   6 ha   12 000   ■ ⑪ ↓ ☑ ②

Ein schönes Bürgerhaus im Empirestil beherrscht das Gut. Dieser lebhafte, frische Wein entfaltet ein verführerisches Aroma, das an Zitrusfrüchte (Zitronen), Zitronenkraut und Pfeffer erinnert.
☞ Jean-Xavier Perromat, Ch. de Cérons, 33720 Cérons, Tel. 56.27.01.13 ☎ n. V.

CH. MAYNE D'IMBERT 1990

□   5,3 ha   24 000   ■ ↓ ☑ ②

Dieser Wein kommt aus einem modernen Keller, der sowohl oberirdisch wie auch unterirdisch angelegt ist. Er ist einfach, besitzt aber eine angenehme Rundheit und ein zartes Aroma.
☞ GAEC Henri Bouche et Fils, 23, rue François Mauriac, 33720 Podensac, Tel. 56.27.08.80 ☎ n. V.

CH. MILLET 1990

■   40 ha   k.A.   ⑪ ↓ ☑ ③

Dieses 1882 errichtete Château ist sehr typisch für die Architektur des 19. Jh. Sein leicht gebauter Wein, dessen originelles Bukett an Vanille, Holz und geröstetes Brot erinnert, wird von zarten Tanninen unterstützt, die vom Eichenholzfaß herrühren.

☞ Dom. de Millet, 33640 Portets, Tel. 56.67.18.18 ☎ n. V.
☞ de La Mette

CH. DE NAVARRO 1990★

□   14 ha   k.A.   ■ ↓ ☑ ①

Ein 90er, der mit seiner geschmeidigen, fülligen Struktur hält, was die schöne gelbe Farbe mit den grünen Reflexen verspricht. Sehr ausdrucksstarkes blumig-fruchtiges Bukett.
☞ Roger Biarnès, Ch. de Navarro, 33720 Illats, Tel. 56.27.20.27 ☎ Mo-Sa 8h-12h 14h-18h

CH. PESSAN 1990★

■   8 ha   50 000   ■ ↓ ☑ ③
82 83 84 85 86 |88| |89| |90|

Das stolze Gut, dessen schönes Gebäude von einem großen Park umgeben ist, befindet sich gegenüber der Kirche von Portets. Sein Wein steht ihm in nichts nach. Schöne rubinrote Farbe mit violetten Reflexen, angenehm fruchtiges Bukett und geschmeidige, ausgewogene Tanninstruktur.
☞ GAEC Jean Médeville et Fils, Ch. Fayau, 33410 Cadillac, Tel. 56.62.65.80 ☎ Mo-Fr 8h30-12h30 14h-18h
☞ Mme Bitot

CH. PETIT-MOUTA 1990

■   5 ha   20 000   ■ ↓ ☑ ②
83 85 86 |88| 89 90

Das Gut war früher ein Kloster, auf dessen Grundmauern auch die heute bestehenden Gebäude errichtet wurden. Obwohl dieser Wein im Abgang noch von der Strenge seiner Tannine geprägt wird, besitzt er eine gute Ausgewogenheit. Im Bukett enthüllt er eine Lakritzenote.
☞ SCEA Dom. Latrille-Bonnin, Ch. Petit-Mouta, 33210 Mazères, Tel. 56.63.41.70 ☎ n. V.
☞ GFA du Brion

CH. PLANTAT 1990

□   3,5 ha   9 000   ■ ↓ ☑ ②

Mit einer 80 m langen Fassade verbinden die Gebäude dieses Gutes das Haus mit den Kellern, so daß seine Besitzer buchstäblich mit dem Wein unter einem Dach leben. Ein gefälliger, runder, wohlausgewogener Wein mit einer Röstnote, der förmlich danach verlangt, getrunken zu werden. Der in diesem Jahr verkostete 89er Rotwein bestätigt seinen sympathischen Charakter.
☞ Irène et Christian Labarrère, Ch. Plantat, 33650 Saint-Morillon, Tel. 56.78.40.77 ☎ tägl. 8h-20h

CH. PONT DE BRION 1989★

■   2,5 ha   16 000   ⑪ ↓ ☑ ③

Das Gut war lange Zeit auf ein paar Hektar beschränkt, bevor es sich in den letzten Jahren beträchtlich vergrößert hat. Dieser Cru ist für die Qualität seiner Produktion bekannt. Ein Beweis dafür ist auch die sehr breite aromatische Palette (sehr reife schwarze Früchte, Wildbretgeruch, Leder, Paprika) seines 89ers, der ein wenig gedrungen, aber geschmeidig und rassig ist.
☞ GAEC Molinari et Fils, Ludeman, 33210 Langon, Tel. 56.63.09.52 ☎ tägl. 8h-18h

CH. PONT DE BRION 1991*

☐   2 ha   4 000   ◧ ↓ ☑ **3**

Ein noch sehr junger Wein mit einem guten Potential, dem es gelingt, ein sehr vielfältiges Aroma von Blüten (Akazien), Holz (sehr ausgeprägt) und Gewürzen auf äußerst harmonische Weise in einer Röstnote zu verbinden und den Gesamteindruck dadurch zu steigern.
☞ GAEC Molinari et Fils, Ludeman, 33210 Langon, Tel. 56.63.09.52 ☎ tägl. 8h-18h

CH. RAHOUL 1989**

■   15 ha   50 000   ◧ ↓ ☑ **3**
86 87 |88| |89|

Der Cru gehörte früher den Balgueries, einer bedeutenden Familie von Bordeleser Weinexporteuren, während er sich heute im Besitz von Alain Thiénot befindet, der aus der Champagne stammt. Er bietet einen sehr vielversprechenden 89er mit einem kräftigen, komplexen Bukett und einer soliden Tanninstruktur.
☞ SC Ch. Rahoul, 33640 Portets, Tel. 56.67.01.12 ☎ n. V.
☞ Alain Thiénot

CH. RAHOUL 1990*

☐   5 ha   24 000   ◧ ↓ ☑ **4**
86 88 89 90

Der Rotwein ist kräftig, der Weißwein frisch. Jeder von beiden hat seinen eigenen Charakter und entfaltet sich sehr gut, wobei der weiße 90er eine sehr angenehme Fruchtigkeit besitzt.
☞ SC Ch. Rahoul, 33640 Portets, Tel. 56.67.01.12 ☎ n. V.
☞ Alain Thiénot

CH. DE RESPIDE 1989**

■   20 ha   90 000   ▮ ◧ ↓ ☑ **1**

Ein Château im Louis-treize-Stil mit großem Park und Teich – dieses Gut gibt sich nicht mit halben Sachen zufrieden. Der Wein ebenfalls nicht. Die großzügige Eleganz des Buketts (rote Früchte, Pflaumen und Lakritze) leitet über zu einer Ansprache ohne Schwächen und einem wohlausgewogenen Geschmack mit einer angenehm bitteren Note, die ihm die Merlottraube verleiht. Ein guter Wein mit guten Zukunftsaussichten.
☞ SDF Bonnet et Fils, Ch. Le Pavillon de Boyrein, 33210 Roaillan, Tel. 56.63.24.24 ☎ n. V.

CH. DE RESPIDE 1990*

☐   15 ha   48 000   ▮ ↓ ☑ **2**

Sehr blumiges Bukett. Lebhafter, nerviger Geschmack. Ein klassischer weißer Graves.
☞ SCEAV Pierre Bonnet, Ch. Le Pavillon de Boyrein, 33210 Roaillan, Tel. 56.63.24.24 ☎ n. V.

CH. RESPIDE-MEDEVILLE 1989**

■   6,7 ha   12 000   ◧ ↓ ☑ **3**
|81| |82| **83** |85| **86** ⑧⑧ **89**

Dieses Weinchâteau ist auch ein vom Geist inspirierter Ort, den der Schriftsteller François Mauriac unsterblich gemacht hat. Die intensiv rote, sehr dunkle Farbe kündigt einen guten, sehr typischen Wein an, dessen komplexes, weiniges Bukett diesen ersten Eindruck bestätigt. Der Geschmack, eine perfekte Verbindung von fruch-

tigen Aromen und geschmeidigen Tanninen, enttäuscht ebenfalls nicht. Die Alterungsfähigkeit ist garantiert.
☞ Christian Médeville, Ch. Gilette, 33210 Preignac, Tel. 56.63.27.59 ☎ n. V.

CH. RESPIDE-MEDEVILLE 1990

☐   3,5 ha   18 000   ◧ ☑ **3**
82 83 **85 86** 89 |90|

Dieses Gut ist nicht nur literarisch von Interesse, sondern zeichnet sich auch durch die Qualität seines Anbaugebiets (eine gut gelegene Hügelkuppe mit Kiesboden) aus. Der 90er bleibt zwar etwas hinter einigen früheren Jahrgängen zurück, aber er zeigt einen interessanten Charakter, insbesondere aufgrund der Ausgewogenheit, die sich zwischen seiner Rundheit und seiner Nervigkeit herausgebildet hat. Im Augenblick wird er noch stark vom Holz geprägt.
☞ Christian Médeville, Ch. Gilette, 33210 Preignac, Tel. 56.63.27.59 ☎ n. V.

DOM. DU REYS 1989**

■   3,18 ha   24 000   ▮ ☑ **2**

Ein südlich klingender Name und ein Haus zwischen Pinien – wir befinden uns hier unverkennbar in der Gaskogne. Dunkelrote Farbe mit orangeroten Reflexen. Das Bukett mit der breiten Palette betäubender Düfte ist sehr mild : rote Früchte, Zimt und Vanille. Das Ganze wird von einem stattlichen, nachhaltigen und langen Geschmack gekrönt.
☞ Jean Monteil, Dom. du Reys, 33650 Labrède, Tel. 56.20.25.39

CH. DE ROQUETAILLADE LA GRANGE 1989*

■   28,19 ha   k.A.   ◧ ↓ ☑ **3**

Das Gut liegt östlich der berühmten Burg und war früher eine der Ländereien von Roquetaillade. Dieser schon im letzten Jahr verkostete Wein hat sich noch nicht voll entfaltet, aber seine gute Struktur mit den dezenten, wenn auch spürbaren Tanninen bewahrt.
☞ Pierre und Jean Guignard, Ch. de Roquetaillade La Grange, 33210 Mazères, Tel. 56.63.24.23 ☎ n. V.

CH. SAINT-AGRÈVES 1989

■   11 ha   65 000   ◧ ↓ ☑ **2**
80 |81| |83| |85| |86| 87 88 89

Der Name dieses Cru erinnert an die Kirchengeschichte dieser Region, denn der hl. Agrèves war im 17. Jh. Erzbischof von Bordeaux. Sein noch jugendlicher Wein wird sehr stark durch die Tannine geprägt. Er schafft es, mit seinem weichen, fruchtigen Charakter eine etwas wilde Note zu verbinden, die nicht uninteressant ist.
☞ Marie-Christine et Claude Landry, Ch. Saint-Agrèves, rue Joachim de Chalupe, 33720 Landiras, Tel. 56.62.50.85 ☎ n. V.

CH. SAINT-JEAN-DES-GRAVES 1990**

■   10 ha   k.A.   ▮ ◧ ↓ ☑ **2**

Dieser von Château Liot (in Barsac) vorgestellte Wein stammt von Rebflächen, die in Pujols liegen. Er besitzt alle Qualitäten einer ungestümen Jugend, die nur abgeklärter werden muß, damit sich sein sehr schönes aromatisches Potential entfaltet.

↝ David, Ch. Liot, 33720 Barsac, Tel. 56.27.15.31 ☎ n. V.

CH. SAINT-JEROME 1990

□	1,2 ha	1 500	⬛↓☑❶

Dieser saubere, geschmeidige Wein kommt aus einem kleinen Weinberg. Er bietet ein recht originelles Bukett, das mit seinen Harz- und Wachsnoten etwas an den Duft von Süßweinen erinnert. Der Geschmack ist ähnlich geartet. Er hat besonders einem der vier Prüfer gefallen.

↝ Pierre Seiglan, Ch. Saint-Jérôme, 33640 Ayguemorte-les-Graves, Tel. 56.67.03.16 ☎ n. V.

CH. SAINT-ROBERT
Cuvée Poncet Deville 1989★★

⬛	2 ha	15 000	⬛↓☑❸

Der in der Gemarkung Pujols liegende Cru gehört zur gleichen Gruppe wie Château Bastor Lamontagne in Sauternes. Diese Cuvée wurde vor dem Abfüllen in Barriquefässer ausgewählt. Sie hat zahlreiche Vorzüge, um auch die anspruchsvollsten Weinliebhaber zu verführen : die Eleganz eines feinen, komplexen Aromas (Nelken und Vanille), den Charme einer ziegelroten Farbe, die Rundheit des Geschmacks und die perfekte Ausgewogenheit der Tannine und des Gerüsts.

↝ SCEA Dom. Viticoles du Crédit Foncier de France, Ch. de Bastor Lamontagne, 33210 Preignac, Tel. 56.63.27.66 ☎ n. V.

CH. SAINT-ROBERT 1990★★

□	21 ha	130 000	↓❷

Dieser Cru besitzt einen lehmig-sandigen Boden, der sehr günstig für Weißweine ist. Der sehr gut gelungene 90er bezaubert durch sein elegantes Bukett (weiße Pfirsiche) und seinen delikaten Geschmack.

↝ SCEA Dom. Viticoles du Crédit Foncier de France, Ch. de Bastor Lamontagne, 33210 Preignac, Tel. 56.63.27.66 ☎ n. V.

CH. DE SANSARIC 1989

⬛	k.A.	k.A.	⓫ ☑❷
86 88 89			

In diesem kleinen Weinberg, der von einer Mauer umschlossen wird und selbst eine hübsche kleine Kartause umgibt, herrscht eine kluge Ausgewogenheit zwischen Tradition und modernem Fortschritt. Die deutlich spürbaren Tannine bleiben in ihrer Ausdruckskraft ziemlich simpel, aber das reiche Aroma (Tiergeruch, Früchte und Geröstetes) und der milde, volle Geschmack ergeben einen gefälligen Gesamteindruck. Der Holzton

zeigt eine für Liebhaber angenehme Nachhaltigkeit.

↝ Dominique Abadie, Dom. de Sansaric, 33640 Castres, Tel. 56.67.03.17 ☎ n. V.

CH. DU TEIGNEY 1989

⬛	15 ha	65 000	⬛⓫↓☑❷

Auf diesem großen Familiengut in Langon wird nicht nur Wein angebaut. Sein 89er ist einfach, aber ehrlich und besitzt eine gute Struktur und ein angenehmes Aroma von roten Beerenfrüchten.

↝ GAEC Buytet et Fils, Ch. du Teigney, rte d'Auros, 33210 Langon, Tel. 56.63.17.15 ☎ n. V.

CH. TOUR DE CALENS 1990★

⬛	4 ha	20 000	⓫↓☑❸

Dieser noch sehr jugendliche 90er zeigt durch den Reichtum seines fruchtigen, leicht rauchigen Buketts und seiner Struktur, daß er über ein gutes Potential verfügt.

↝ Bernard et Dominique Doublet, Ch. Tour de Calens, 33640 Beautiran, Tel. 57.24.12.93 ☎ n. V.

CLOS TOURMILLOT 1990★★

⬛	3,7 ha	20 000	⬛☑❶

Marc Belis ist in Langon geboren und hat dieses 13 ha große Gut (die Hälfte davon Rebflächen) 1966 erworben. Er verwirklichte damit zusammen mit seiner Frau den Traum aller Bordeleser. Bei seinem sehr hübschen Wein ist das Bukett (Leder und reife Trauben sowie ein Hauch von Erdbeerkonfitüre) ebenso elegant wie sein Aussehen. Im Geschmack entwickelt er sich sehr angenehm und klingt mit einem langen, milden Abgang aus.

↝ Marc Belis, Clos Tourmillot, 33210 Langon, Tel. 56.63.02.52

CH. TOURS DE MALLE 1989★

⬛	k.A.	6 000	⓫ ☑❺

Dieser 89er stammt aus dem Graves-Anbaugebiet von Château de Malle. Sein rauchiges Bukett mit Noten von roten Beerenfrüchten verleiht ihm einen sehr angenehm typischen Charakter. Der geschmeidige, tanninreiche Geschmack ist gut strukturiert. Ein lange lagerfähiger Wein.

↝ Comtesse de Bournazel, Ch. de Malle, 33210 Preignac, Tel. 56.63.28.67 ☎ n. V.

VIEUX CHATEAU GAUBERT 1989★★★

⬛	15 ha	60 000	⓫ ☑❸
83	85		86		87	88 89			

Ein Gut, dem es nicht an Charakter fehlt : eine lange Allee von Lindenbäumen und ein Haus, das Victor Louis im 18. Jh. erweitert und verschönert hat. Sein Wein besitzt ebenfalls Persönlichkeit. Beeindruckend sind die Intensität seiner Farbe und die Komplexität seines Buketts (Holz, Geräuchertes, Wildgeruch, Röstaroma, Moschus, Leder etc.). Der runde, volle und tanninreiche Geschmack ist sehr harmonisch. Sein reicher Stoff sichert ihm eine sehr schöne Zukunft.

↝ Dominique Haverlan, Vieux Château Gaubert, 33640 Portets, Tel. 56.67.04.32 ☎ n. V.

VIEUX CHATEAU GAUBERT 1990*

| ☐ | 3 ha | 20 000 | ▥ ↓ ☑ ᴲ |

Rund, sauber und alkoholreich. Originell an diesem Wein ist zumindest sein Aroma, das an bestimmte Merkmale von Süßweinen erinnert (Orangen und Mandarinenkonfitüre). Nach einer honigartigen Ansprache zeigt er sich im Geschmack voluminös, aber nicht schwer. Schön, aber ein wenig verwirrend für einen Graves. Erinnern wir noch an den sehr schönen 89er Weißwein, den wir im letzten Jahr besonders empfohlen haben.

☛ Dominique Haverlan, Vieux Château Gaubert, 33640 Portets, Tel. 56.67.04.32 ⵣ n. V.

Graves Supérieures

CH. LEHOUL 1990*

| ☐ | 2 ha | k.A. | ▥ ↓ ᴤ |

Ebenso wie der rote Graves ist dieser 90er ein gutes Beispiel für die Qualitäten dieses Jahrgangs. Er präsentiert sich in einer schönen goldenen Livree und erregt die Aufmerksamkeit vor allem durch den Reichtum seines Aromas.

☛ GAEC Fonta et Fils, rte d'Auros, 33210 Langon, Tel. 56.63.17.74 ⵣ n. V.

CH. LUDEMAN LES CEDRES 1990**

| ☐ | 7 ha | 4 000 | ᴣ ↓ ☑ ᴲ |

Die Produktion der Graves Supérieures dieses Cru erreicht mit dem 90er ein sehr gutes Niveau. Er besitzt ein erstaunlich komplexes Bukett, in dem sich Ledergeruch mit sehr frühlingshaften Noten und einem überaus angenehmen Bratenaroma vermischen.

☛ GAEC Molinari et Fils, Ludeman, 33210 Langon, Tel. 56.63.09.52 ⵣ tägl. 8h-18h

Pessac-Léognan

Das Gebiet von Pessac und Léognan entspricht dem Nordteil der Region Graves (der früher Hautes-Graves genannt wurde) und besitzt heute eine kommunale Appellation nach dem Vorbild der Appellationen im Médoc. Sie erklärt sich aus dem besonderen Charakter ihres Bodens, ließe sich aber auch historisch rechtfertigen, denn die Weinberge rund um die Stadt lieferten im Mittelalter die Clarets. Die Terrassen, die man weiter südlich findet, machen hier einer hügeligeren Landschaft Platz. Das Gebiet zwischen Martillac und Mériganc besteht aus einem Archipel von Kuppen

mit Kiesböden, die sich dank ihrer Beschaffenheit (sehr unterschiedliche Kieselsteine) und ihrer steilen Hänge hervorragend für den Weinbau eignen, zumal sie eine sehr gute Entwässerung garantieren. Die Pessac-Léognan-Weine sind sehr originell; das wußten die Fachleute schon seit langer Zeit, bevor es noch eine eigene Appellation gab. Bei der Klassifizierung von 1855 war deshalb Haut-Brion das einzige nicht im Médoc gelegene Château, das als Premier Cru eingestuft wurde. Als 1959 sechzehn Crus im Anbaubereich Graves klassifiziert wurden, befanden sich alle auf dem Gebiet der heutigen kommunalen Appellation.

Die Rotweine (7,5 Mio. Flaschen bei 805 ha) besitzen die typischen Eigenschaften der Gravesweine, zeichnen sich dabei jedoch durch ihr Bukett, ihre Geschmeidigkeit und ihren guten Bau aus. Die trockenen Weißweine (1,5 Mio. Flaschen bei 200 ha) eignen sich besonders gut für den Ausbau in Holzfässern und für die Alterung; dabei erwerben sie einen sehr großen aromatischen Reichtum mit feinen Noten von Ginster und Lindenblüten.

CH. BARET 1989**

| ■ | k.A. | k.A. | ᴤ |

Dieser Cru vor den Toren von Bordeaux widersetzt sich der Urbanisierung. Um so besser, denn das verschafft uns diesen sehr schönen 89er. Ein kräftiger, fülliger und fleischiger Wein mit einem angenehm intensiven Duft (reife Früchte mit einer blumigen Note), der lange altern kann.

☛ SC du Ch. Baret, Héritiers André Ballande, 33140 Villenave-d'Ornon, Tel. 56.00.00.70 ⵣ n. V.

CH. BOUSCAUT 1989**

| ■ Cru clas. | 35 ha | 130 000 | ▥ ☑ ᴣ |
| 76 **79 80** |81| |82| |83| **84 85** |86| 87 88 **89** |

Wenn man voller Bewunderung dieses vornehme Gebäude aus dem Zeitalter der Aufklärung betrachtet, kann man kaum glauben, daß es 1960 von einem Brand verwüstet wurde! Ein sehr gelungener 89er, bei dem man spürt, daß die Trauben vollreif gelesen worden sind. Er kündigt sich sehr vielversprechend durch seinen reichen Stoff und sein komplexes Aroma (Leder- und Pelzgeruch und schwarze Beerenfrüchte) an.

☛ SA du Ch. Bouscaut, RN 113, 33140 Cadaujac, Tel. 56.30.72.40 ⵣ n. V.
☛ Lucien Lurton

CH. BOUSCAUT 1990

| ☐ Cru clas. | 7 ha | 34 000 | ▥ ↓ ☑ ᴤ |
| |79| **80 81 82 83** 84 |85| |86| 87 |88| |89| 90 |

Wie so oft in Pessac und in Léognan ist auch hier das Anbaugebiet für Weißweine viel kleiner als die mit roten Rebsorten bepflanzte Anbaufläche. Dieser relativ einfache und leicht gebaute 90er besitzt dennoch eine hübsche aromatische Ausdruckskraft mit einem dezenten Sauvignonduft und gerade der richtigen Holznote und entwickelt sich dann zu fruchtigen Noten hin, die noch immer ein leichtes Vanillearoma enthüllen.

🍷 SA du Ch. Bouscaut, RN 113, 33140 Cadaujac, Tel. 56.30.72.40 ⚔ n. V.

🍷 Lucien Lurton

CH. BROWN 1989

■	16 ha	100 000	⬛ ↓ 🗹 **3**

78 ⑦⑨ 81 82 83 |85| |86| 87 |88| |89|

Dieses von seinem jetzigen Besitzer völlig erneuerte Gut verdankt seinen Namen einem englischen Weinhändler, der im 18. Jh. lebte. Sein geschmeidiger, einfacher Wein entwickelt sich voller Finesse und enthüllt nach einem angenehmen Blütenduft zurückhaltende, aber sympathische Tannine.

🍷 Jean-Claude Bonnel, Ch. Brown, 33850 Léognan, Tel. 56.87.08.10 ⚔ n. V.

CH. CANTELYS 1990

□	5 ha	13 000	⬛ ↓ 🗹 **2**

Wie in den Pionierzeiten der schwarzen Mönche und der Landhäuser ist dieser Weinberg durch Roden von Wald entstanden. Der sehr blasse 90er besitzt nicht die Eleganz des 89ers, aber er zeigt sich sehr lebendig und dank seines fruchtigen Aromas (Zitronenkraut und Aprikosen) sehr gefällig.

🍷 Dominique Lurton, Ch. Martouret, 33750 Nerigean, Tel. 57.24.50.02

CH. CANTELYS 1989

■	5 ha	13 000	▮↓ 🗹 **2**

Ein Name, der an das alte Frankreich erinnert, für einen Wein, der ein Neuling in der Familie der Pessac-Léognan-Weine ist. Er ist noch etwas streng und einfach, aber gut gebaut und entfaltet ein hübsches Aroma (reife rote Früchte und Tiergeruch). Das verspricht sehr viel für die Zukunft dieses Cru, dessen ältesten Rebstöcke nur vier Jahre alt sind.

🍷 Dominique Lurton, Ch. Martouret, 33750 Nerigean, Tel. 57.24.50.02

CH. CARBONNIEUX 1989★

■ Cru clas.	51,64 ha	330 000	⬛ ↓ 🗹 **4**

72 73 74 **75** **76** 77 **78** **79** 80 **81** **82** |83| 84 **85** ⑧⑥ |87| **88** 89

Dieses alte Herrenhaus wirkt ländlich und elegant und bewahrt mit seinen beiden Türmen einen unbestreitbaren Charme. Man kann es sich gut als Jagdschlößchen vorstellen, das es früher einmal war. Der 89er besitzt ein gleichzeitig

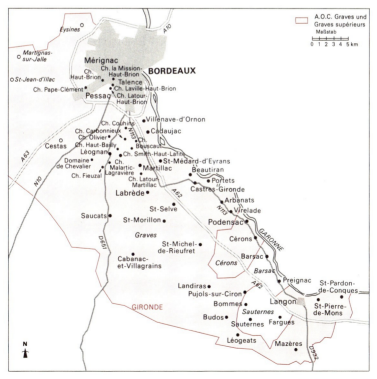

zurückhaltendes und komplexes Bukett (Gewürze, Holz, rote Früchte und Eingemachtes). Im Geschmack zeigt sein Aroma eine sehr gute Nachhaltigkeit. Gutes Tanninfundament.
🡒 SC des Grandes Graves, 33850 Léognan, Tel. 56.87.08.28 ⚥ n. V.
🡒 Perrin

CH. CARBONNIEUX 1990*

□ Cru clas.	40,44 ha	265 000	⑪ ↓ ☑ 4

81 82 84 86 |88| |89| |90|

Obwohl dieser im 12. Jh. angelegte Cru damals zu einem Kloster gehörte, richtete sein Wein so manches Unheil in der Türkei an, denn die Mönche hatten einen raffinierten Einfall, um ihn in den Orient zu verkaufen : Sie boten ihn als Mineralwasser aus Carbonnieux an ! Der 90er ist fein und geschmeidig, aber etwas zurückhaltend im Bukett. Im Geschmack ist er ausdrucksvoller und entfaltet sich harmonisch mit Frische und Rundheit.
🡒 SC des Grandes Graves, 33850 Léognan, Tel. 56.87.08.28 ⚥ n. V.
🡒 Perrin

DOM. DE CHEVALIER 1989***

■ Cru clas.	16 ha	k.A.	⑪ ↓ 7

64 |66| 67 69 |70| 71 73 74 75 76 77 |78| |79| 80 |81| |82| 83 **84** 85 87 88 ⑧⑨

Originelle Lage (am Waldrand), ungewöhnlicher Boden, tadellose Arbeit, gegen Frost schützender Wind und wunderschön restaurierte Gebäude. Hier entspricht alles dem hohen Ansehen des Cru. Einen guten Ruf, den auch dieser 89er nicht Lügen straft. Seine erstaunliche Farbe erinnert an schwarze Kirschen und schimmert violett. Ebenso bewundernswert sind sein Aroma (geröstetes Brot, rote Früchte, Lakritze, Vanille und Veilchen) und seine Tannine (ölig, cremig und delikat). Ein außergewöhnlicher Wein.
🡒 Olivier Bernard, SC Dom. de Chevalier, 33850 Léognan, Tel. 56.64.16.16

CH. COUHINS-LURTON 1990**

□ Cru clas.	5 ha	k.A.	⑪ ↓ ☑ 5

|82| 83 |85| 86 |87| 88 |89| |90|

Die Originalität dieses Gutes, das ausschließlich Weißweine erzeugt, ist seine Bestockung : 100 % Sauvignon. Sein Kalkboden ist sehr günstig für die Produktion von Weißweinen. Wie viele andere Jahrgänge vorher liefert auch dieser 90er den Beweis dafür, insbesondere durch die bemerkenswerte Eleganz seines Aro-

mas, das geröstetes Brot mit Honig und einer gescheiten Holznote verbindet und im Abgang eine zarte Pfeffernote enthüllt.
🡒 SCEA Vignobles André Lurton, Ch. Bonnet, 33420 Grézillac, Tel. 57.84.52.07 ⚥ n. V.

CH. DE CRUZEAU 1989

■	40 ha	k.A.	⑪ ↓ ☑ 2

81 82 83 **84** |85| |86| 87 88 89

Das Château wurde hier erst 1912 errichtet, aber das schöne Herrenhaus aus dem 18. Jh. ist erhalten geblieben. Dieser noch etwas strenge 89er besitzt nicht die gleiche Eleganz wie einige vorangegangene Jahrgänge, aber er ist sehr typisch für seinen Jahrgang (reife Früchte) und sein Anbaugebiet (Veilchenaroma).
🡒 SCEA Vignobles André Lurton, Ch. Bonnet, 33420 Grézillac, Tel. 57.84.52.07 ⚥ n. V.

CH. DE CRUZEAU 1990*

□	12 ha	k.A.	� ↓ ☑ 2

81 82 83 **84** 86 87 |88| |89| |90|

Die bunten Kieselsteine, die die Hügelkuppen dieses Cru bedecken, sind zwar günstig für die Rotweinreben und passen nach farblich gut zu ihnen, aber noch besser vertragen sie sich mit den weißen Reben. Diese können aus solchen Böden eine große Zartheit herausholen, die man im Bukett (weiße Blüten, danach Ananas und Geröstetes) wiederfindet. Im Geschmack verbindet sich das Aroma mit einer schönen Fülle und einer guten Länge.
🡒 SCEA Vignobles André Lurton, Ch. Bonnet, 33420 Grézillac, Tel. 57.84.52.07 ⚥ n. V.

CH. D' EYRAN 1989

■	9 ha	50 000	⑪ ↓ ☑

Dieses Château wurde zunächst auf einem sumpfigen Boden erbaut, der es auch später verschlang. Es wurde dann von Paul de Sèze, dem Bruder des Verteidigers von König Ludwig XVI., wiedererrichtet und von seinem Sohn Aurélien, dem angeblich platonischen Liebhaber von George Sand, verschönert. Das vor kurzem von der Familie de Sèze wiederhergestellte Gut präsentiert einen geschmeidigen Wein, der aufgrund seines angenehm komplexen Aromas in seiner Jugend sehr gefällig ist.
🡒 SCEA Ch. d' Eyran, 33650 Saint-Médard-d'Eyrans, Tel. 56.65.51.59 ⚥ n. V.
🡒 de Sèze

CH FERRAN 1989

■	7 ha	k.A.	⑪ ↓ ☑ 3

83 85 86 87 |88| |89|

Die Baumfreunde kommen beim Besuch dieses Gutes auf ihre Kosten, denn es besitzt ein Wildkaninchengehege mit hundertjährigen Eichen und einige der schönsten Kiefernbäume des Aquitanischen Beckens. Leichte Reflexe, die auf eine Entwicklung hindeuten, und ein noch verschlossenes Bukett – ein Wein, der auf der Suche nach sich ist. Im Geschmack findet er seine Persönlichkeit in einer einfachen Struktur, aber ein gutes Tanninengerüst besitzt.
🡒 Hervé Béraud-Sudreau, Ch. Ferran, 33650 Martillac, Tel. 56.72.78.73 ⚥ n. V.

CH. FERRAN 1990*

☐	5,5 ha	25 000	⬛↓☑2

84 86 87 88 |89| |90|

Der Weinberg gehörte früher zu den Gütern von Montesquieu. Der Sémillonanteil ist mit 75% für die Appellation recht hoch. Dieser gut gelungene 90er hat in seiner Entwicklung ein gutes Stadium der Ausgewogenheit gefunden, denn er ist gleichzeitig einfach und kräftig. Der frische, blumige Gesamteindruck ist sehr gefällig.

🍷 Hervé Béraud-Sudreau, Ch. Ferran, 33650 Martillac, Tel. 56.72.78.73 ⚲ n. V.

CH. DE FIEUZAL 1989***

⬛ Cru clas.	31 ha	200 000	⬛↓5

70 75 76 77 |78| |79| 80 |81| |82| |83| 85 (86) 87 88 89

Dieser Cru, der früher der mächtigen Familie La Rochefoucauld gehörte, besitzt einen schönen Boden mit dem für die Appellation typischen weißen Kiessand. Er bleibt seiner Tradition treu und zeichnet sich ein weiteres Mal durch den erhabenen Charakter seines Weins aus. Er hält alles, was seine dunkle, tiefe Farbe verspricht. Mit der Komplexität seines Buketts (Lebkuchen, Toastbrot, Leder und leicht überreife Merlottrauben) ebenso wie durch die Eleganz der Tannine oder die Milde und Fülle seines Geschmacks.

🍷 Ch. de Fieuzal, 124, av. de Mont-de-marsan, 33850 Léognan, Tel. 56.64.77.86 ⚲ n. V.

🍷 Gribelin

CH. DE FIEUZAL 1990***

☐	8 ha	30 000	6

83 84 (86) |87| |88| 89 90

Dieser Vorreiter der neuen Vinifizierungsmethode für Weißweine, der den wohldosierten Ausbau im Holzfaß wiederentdeckte, besitzt zwar keine Klassifizierung, aber ein wunderbares Anbaugebiet. Wie immer ist sein Wein sehr verführerisch. Das gilt für seine Farbe und sein Bukett ebenso wie für seinen Geschmack, der eine harmonische Verbindung von fruchtigen Noten und kandierten Aromen darstellt. Eine geradezu aufreizende Einladung zum Schlemmen.

🍷 Ch. de Fieuzal, 124, av. de Mont-de-marsan, 33850 Léognan, Tel. 56.64.77.86 ⚲ n. V.

🍷 Gribelin

CH. DE FRANCE 1989

⬛	27 ha	130 000	⬛☑3

81 82 83 85 86 87 88 |89|

Bei der Renovierung im Jahre 1989 hat das Gut einige seiner schönen Bäume eingebüßt, die den Reiz des Parks ausmachten. Aber das Wichtigste hat es behalten, nämlich die außergewöhnliche Sonneneinstrahlung, in deren Genuß seine Weinberge kommen. Dieser Wein hat ein zurückhaltendes Bukett und eine nicht sehr intensive Farbe und kompensiert die Schlichtheit seiner Tanninstruktur durch die angenehme geschmackliche Entwicklung : geschmeidig und voll, mit einer sehr willkommenen Vanillenote.

🍷 Bernard Thomassin, Ch. de France, 33850 Léognan, Tel. 56.64.75.39 ⚲ n. V.

CH. DE FRANCE 1990

☐	3 ha	k.A.	⬛↓☑2

88 89 90

Wie so viele Crus der Appellation Pessac-Léognan verdankt dieses Gut der Komplexität der geologischen Verhältnisse seinen Muschelsand, der günstig für Weißweinreben ist. Der 90er ist ziemlich leicht für seine Appellation und bezieht seine reizvolle Wirkung aus der Finesse des Buketts und dem hübschen Aroma im Geschmack, das an Pfirsiche erinnert.

🍷 Bernard Thomassin, Ch. de France, 33850 Léognan, Tel. 56.64.75.39 ⚲ n. V.

CH. GAZIN Cuvée Vierge Blanche 1989*

⬛	15 ha	80 000	⬛↓☑4

80 84 85 88 89

Dieser Cru ist nicht nur hinsichtlich seines kieshaltigen Bodens und seiner Bestockung (hauptsächlich Cabernet-Sauvignon, ergänzt durch Cabernet-Franc und Merlot) klassisch. Typisch für einen Graves ist auch das Bukett dieses hübschen 89ers mit seinen Noten von Veilchen, roten Früchten, schwarzen Johannisbeeren und Unterholz. Sehr originell an ihm aber ebenso sein Schokoladenaroma im Geschmack.

🍷 Jacques Fourès, Ch. Gazin, 33850 Léognan, Tel. 56.20.64.38 ⚲ n. V.

DOM. DE GRANDMAISON 1989*

⬛	11 ha	80 000	⬛⬛↓☑2

78 79 81 82 |83| 84 |85| |86| 87 88 89

Dieses Gut liegt an den Ufern des Eau-Blanche, des kleinen Flusses, der die Region Pessac-Léognan bewässert, umgeben von mehreren berühmten Crus der Appellation. Sein jetziger Besitzer hat es 1970 wiederhergestellt. Der Wein ist etwas kurz, aber gut strukturiert und gewinnt seine Anziehung aus der Finesse seines Buketts (getrocknete Früchte, Mandeln, Nüsse und Leder) und seines Geschmacks.

🍷 Jean Bouquier, Dom. de Grandmaison, 33850 Léognan, Tel. 56.64.75.37 ⚲ Mo-Sa 9h-12h 14h-19h

DOM. DE GRANDMAISON 1990

☐	3,5 ha	25 000	⬛⬛↓☑2

85 86 87 88 89 90

Der kleine, mit weißen Reben bestockte Weinberg ergänzt die Rebflächen für Rotweine dieses Cru. Hinsichtlich seines Buketts und seines Umfangs ist dieser Wein etwas diskret, aber echten Charakter zeigt er mit seinem fruchtigen Aroma, das exotische Früchte mit einer harmonisch eingebundenen Holznote vermischt.

🍷 Jean Bouquier, Dom. de Grandmaison, 33850 Léognan, Tel. 56.64.75.37 ⚲ Mo-Sa 9h-12h 14h-19h

CLOS GRIVET 1989*

⬛	0,5 ha	2 500	⬛☑2

Ein halber Hektar – viel kleiner geht es kaum noch. Der Weinbau wird hier schon zum Gartenbau, aber er kann dennoch so sympathische Weine wie diesen hervorbringen. Der 89er besitzt ein sehr einschmeichelndes Bukett. Im Geschmack verbindet sein Aroma rote Früchte und geröstetes Brot mit Lakritze.

☛ Christian et Sylvie Auney, Ch. Camarset, 33650 Saint-Morillon, Tel. 56.20.31.94 ☎ n. V.
☛ Mme Benetier

CH. HAUT-BAILLY 1989***

■ Cru clas.　27,5 ha　130 000　　◗◗ ↓ ☑ 5
78 |(79)| 80 |81| |82| |83| 84　85　86　|87| 88　89

GRAND CRU CLASSE DE GRAVES

CHATEAU HAUT-BAILLY
PESSAC-LÉOGNAN
APPELLATION PESSAC-LÉOGNAN CONTROLÉE
1989
G.F.A. SANDERS, PROPRIETAIRE A LEOGNAN, GIRONDE
12,5° vol. MIS EN BOUTEILLE AU CHATEAU　750ml
Produce of France

Alcide Bellot des Minières spielte eine entscheidende Rolle dabei, daß sich dieser Cru im 19. Jh. ein hohes Ansehen erwarb. Das Gut ist seit 1955 im Besitz der Familie Sanders und wurde 1979 von Jean Sanders übernommen. Der 89er ist erneut hervorragend gelungen. Er besitzt eine bezaubernde Farbe von seltener Intensität. Der Reichtum, die Finesse und die Komplexität seines Buketts und seines Geschmacks (Backpflaumen, Gewürze, Vanille etc.) lassen sich kaum mit Worten beschreiben.
☛ SCE Ch. Haut-Bailly-le-Mayne, av. de Cadaujac, 33850 Léognan, Tel. 56.64.75.11 ☎ n. V.
☛ Sanders

CH. HAUT BONNEL 1989*

■　　　4,5 ha　21 000　❚ ◗◗ ↓ ☑ 2

Dieser ganz junge Cru, der fast vor den Toren von Bordeaux liegt, wurde von seinem Besitzer gegründet. Vertrieben wird der Wein von Alexis Lichine. Dieser 89er ist sehr gelungen. Er ist rund, geschmeidig und perfekt gebaut und verführt ganz besonders durch seine samtigen Tannine.
☛ Jean-Claude Bonnel, 5, rue de Lousteau Neuf, 33850 Léognan, Tel. 56.87.08.10 ☎ n. V.

CH. HAUT-BRION 1990***

■ 1er gd cru clas 43 ha　144 000　　◗◗ 7
73 74 |75| 76 77 |78| |79| |81| (82) |83| 84 85 86 |87| 88 89 90

CHATEAU HAUT BRION

13% Vol.　CRU CLASSE DE GRAVES　75 cl
L.HBR890
Appellation Pessac Léognan Controlée
PRODUCE OF FRANCE

Dieses Herrenhaus, das mit den Einkünften aus dem Weinbau errichtet wurde, ist historisch gesehen das erste echte Weinchâteau des Bordelais. Der 90er wirkt seinem Aussehen nach sehr jugendlich. Sein sehr vornehmes Bukett ist einer wahren Blütensymphonie. Im Geschmack entfaltet er harmonisch eine Vielzahl von Aromen und eleganten Tanninen. Die Krönung ist der kräftige Ausklang, der eine angenehm würzige Note enthüllt.
☛ SA Dom. Clarence-Dillon, B.P. 24, 33602 Pessac Cedex, Tel. 56.00.29.30 ☎ n. V.

CH. HAUT-BRION 1990**

☐　　　3 ha　9 600　　◗◗ ↓ 7
79 80 81 (82) 83 84 |85| |87| |88| |89| 90

Die frische, lebhafte blaßgoldene Farbe mit den zitronengelben Reflexen weist auf die Eleganz dieses 90ers hin, der so knusprig wie eine frisch gepflückte Traube ist. Die verfeinerte Struktur harmoniert perfekt mit der Zartheit des Buketts (frische Butter und Vanille).
☛ SA Dom. Clarence-Dillon, B.P. 24, 33602 Pessac Cedex, Tel. 56.00.29.30 ☎ n. V.

CH. HAUT-GARDERE 1989*

■　　　18 ha　80 000　　◗◗ ↓ ☑ 3
|82| |83| 84　|85| |86| 87　88　|89|

Die Anschwemmungen und die Erosionsarbeit der Garonne und ihrer Vorläufer haben zahlreiche kleine Kiesinseln geschaffen, die gute Böden für den Weinbau bilden. Haut-Gardère ist eine davon. Dieser Wein ist nicht so tanninreich wie seine Vorgänger, bezaubert jedoch sehr durch die Finesse seines blumig-würzigen Buketts. Im letzten Jahr haben wir den 88er besonders empfohlen.
☛ Jacques Lesineau, Haut-Gardère, 33850 Léognan, Tel. 56.64.75.33 ☎ n. V.

CH. HAUT-GARDERE 1990**

☐　　　2 ha　18 000　　◗◗ ↓ ☑ 4
|87| |88| 89　90

Dieser mit weißen Reben bepflanzte Weinberg ist flächenmäßig klein, kann aber auf eine große Geschichte zurückschauen. Eine Parzelle davon, La Pièce du Pape, war dazu bestimmt, im letzten Jahrhundert den Vatikan mit Wein zu beliefern. Die tiefe, strahlende Farbe kündigt auf sehr angenehme Weise diesen stattlichen, großzügigen und harmonischen Wein an. Bei seinem originellen Bukett (Butter und geröstetes Brot) muß man unwillkürlich an ein Schlemmerfrühstück denken. Sehr schöne Nachhaltigkeit.
☛ Jacques Lesineau, Haut-Gardère, 33850 Léognan, Tel. 56.64.75.33 ☎ n. V.

CH. HAUT-NOUCHET 1989*

■　　　29 ha　55 000　　◗◗ ☑
|86| 87　88　89

Dieser Cru war im 19. Jh. berühmt und geriet dann völlig in Vergessenheit. Er schaffte es, der Urbanisierung zu entgehen, und erlebte Mitte der 80er Jahre eine Wiedergeburt. Hübsche Farbe, ein Bukett, das sich zwischen fruchtigen und rauchigen Boten bewegt, und ein gut strukturierter Geschmack mit geschmeidigen Tanninen, der als Zugabe einen Hauch von Lakritze enthüllt. Ein sehr sympathischer Wein.

🍇 GFA du Ch. Haut-Nouchet, 33650 Martillac, Tel. 56.30.72.40

CH. HAUT-PLANTADE 1989

| ■ | 3,09 ha | 18 000 | ◫ ↓ ☑ 4 |

Ein kleines Gut, das Mitte der 70er Jahre um eine 100 Jahre alte Schäferei herum angelegt worden ist und über eine beispielhafte Ausrüstung verfügt. Der Duft ist zunächst nicht sehr ausdrucksvoll, entfaltet sich aber viel stärker, wenn man das Glas schwenkt. Der Geschmack ist in der Ansprache geschmeidig und entwickelt sich dann zu einer soliden Struktur hin, die recht deutlich spürbare Tannine enthüllt. Ein Wein, der wunderbar zu den traditionellen Gerichten für Rotwein paßt (Wild oder Saucengerichte).
🍇 Alain et Francine Plantade, Ch. Haut-Plantade, chem. du Bergey, 33850 Léognan, Tel. 56.64.07.09 ⴲ n. V.

CH. LA GARDE Réserve du château 1989

| ■ | k.A. | k.A. | ◫ 3 |

79 81 |82| **83** |85| |86| **87** |88| 89

Dieses Gut, das von einer hübschen Kartause beherrscht wird, ist mit dem Weinhandel verbunden. Es gehört heute Dourthe, nachdem es sich lange Zeit im Besitz von Eschenauer befand. Hinweisen sollte man hier auf die klassische Eleganz des Etiketts. Der Abgang ist zwar etwas alkoholisch, aber er beeinträchtigt nicht den Eindruck von Frische und Rundheit, den dieser Wein hinterläßt. Das angenehm komplexe Bukett erinnert an rote Johannisbeeren, Erdbeeren und Backpflaumen.
🍇 Dourthe Frères, 35, rte de Bordeaux, 33290 Parempuyre, Tel. 56.35.53.00

CH. LA GARDE 1990★★

| □ | 4,22 ha | k.A. | 2 |

Der neue Besitzer, der auf Weißweine spezialisiert ist, stellt hier einen sehr schönen Wein vor. Er besitzt einen sehr ausgeprägten Duft und Geschmack, ohne aggressiv zu wirken. Sein an Menthol, Zitrusfrüchte und Vanille erinnerndes Aroma ist vielmehr sehr einschmeichelnd.
🍇 Dourthe Frères, 35, rte de Bordeaux, 33290 Parempuyre, Tel. 56.35.53.00

CH. LAGRAVE MARTILLAC 1990★

| □ | 8 ha | 10 000 | ◫ ↓ ☑ 4 |

Dieser 90er ist zwar schlichter als der große Wein von Château La Tour Martillac, aber er entfaltet ein sehr elegantes Bukett (Biskuit) und Aroma (exotische Früchte).
🍇 Dom. Kressmann, Ch. La Tour Martillac, 33650 Martillac, Tel. 56.72.71.21 ⴲ n. V.

CH. LA LOUVIERE 1989★

| ■ | 36 ha | k.A. | ◫ ↓ ☑ 4 |

75 |⟨**78**⟩| **80 81** |82| |83| **84** |85| |86| |87| 88 89

Es ist zwar nicht sicher, ob die Pläne für dieses Château von Victor Louis, dem Architekten des Grand-Théâtre von Bordeaux, stammen, aber sie wären von einer durchaus würdig, von so schlichter Eleganz ist das im 18. Jh. errichtete Gebäude. Der 89er ist aufgrund seiner kräftigen Tanninstruktur etwas streng und noch weit davon entfernt, ein ganzes Potential zu enthüllen. Aber er zeigt sich schon vielversprechend mit seiner jugendlichen purpurroten Farbe und mit der Komplexität seines Buketts, das an Menthol, Gewürze und Vanille erinnert.
🍇 SCEA Vignobles André Lurton, Ch. Bonnet, 33420 Grézillac, Tel. 57.84.52.07 ⴲ n. V.

CH. LA LOUVIERE 1990★★

| □ | 12 ha | k.A. | ◫ ↓ ☑ 4 |

82 83 84 |85| |86| |87| **88 89 90**

Der 90er ist ähnlich wie seine Vorgänger sehr gelungen und verführt durch eine schillernde zitronengelbe Farbe. Der gehaltvolle, komplexe Duft wird von einer harmonischen Holznote unterstützt. Der Geschmack ist rund, voluminös, kräftig und von äußerster Finesse (was kein Widerspruch ist).
🍇 SCEA Vignobles André Lurton, Ch. Bonnet, 33420 Grézillac, Tel. 57.84.52.07 ⴲ n. V.

CH. LA MISSION HAUT-BRION 1990★★★

| ■ Cru clas. | 20 ha | 96 000 | 7 |

77 78 80 |81| |82| |83| |84| **85 86** |87| **88 89 90**

Die RN 250, die Haut-Brion von La Mission trennt, war lange Zeit Niemandsland, aber heute sind beide Crus unter dem gleichen Banner der

DIE KLASSIFIZIERTEN GRAVES-CRUS

CRU CLASSE	WEIN	CRU CLASSE	WEIN
Château Bouscaut	Rot- und Weißwein	Château Laville-Haut-Brion	Weißwein
Château Carbonnieux	Rot- und Weißwein	Château Malarctic-Lagravière	Rot- und Weißwein
Domaine de Chevalier	Rot- und Weißwein	Château La Mission-Haut-Brion	Rotwein
		Château Olivier	Rot- und Weißwein
Château Couhins	Weißwein		
Château Couhins-Lurton	Rotwein	Château Pape-Clément	Rotwein
Château Fieuzal	Rotwein	Château Smith-Haut-Lafitte	Rotwein
Château Haut-Bailly	Rotwein	Château La Tour-Haut-Brion	Rot- und Weißwein
Château Haut-Brion		Château La Tour-Martillac	

Domaines Dillon vereint. Die tiefrote Farbe mit den schwarzen Reflexen und das sehr konzentrierte Bukett weisen auf die Kraft dieses Weins hin. Er ist voll und harmonisch und entfaltet sich im Geschmack geradezu majestätisch, bevor er mit einer sehr schönen Mentholnote ausklingt.

🍇 SA Dom. Clarence-Dillon, B.P. 24, 33602 Pessac Cedex, Tel. 56.00.29.30 ☎ n. V.

LA PARDE DE HAUT-BAILLY 1989*

■		27,5 ha	65 000	◫ ↓ Ⅴ 3

Der Zweitwein von Haut-Bailly hat nicht die Absicht, mit dem Hauptwein zu konkurrieren. Aber dank seines guten Baus mit dem geschmeidigen, vollen Geschmack und dem originellen Bukett (rauchige Noten, Vanille und Gewürze) kann man damit auf sehr angenehme Weise die Entwicklung des bemerkenswerten 89er Château Haut-Bailly abwarten.

🍇 SCE Ch. Haut-Bailly-le-Mayne, av. de Cadaujac, 33850 Léognan, Tel. 56.64.75.11 ☎ n. V.

🍇 Sanders

CH. LARRIVET-HAUT-BRION 1989**

■		35 ha	18 000	◫ ↓ Ⅴ 5
81	⑧⑫	|83| |85| |86|	87 88 89	

Die klassische Bestockung und die traditionellen Arbeitsmethoden tragen dem typischen Charakter des Bodens (Hügelkuppen mit Kiesböden und einer Schicht Ortstein als Untergrund) Rechnung. Ein einfaches, aber wirkungsvolles Rezept, um schöne lagerfähige Weine wie diesen hier zu erhalten. Er besitzt eine tiefgranatrote Farbe. Sein sehr elegantes Bukett und sein solides Tanningerüst laden dazu ein, ihn mindestens zehn Jahre einzulagern.

🍇 SNC Ch. Larrivet-Haut-Brion, 33850 Léognan, Tel. 56.64.75.51 ☎ n. V.

🍇 SA Andros

CH. LARRIVET-HAUT-BRION 1990**

□		1 ha	6 000	◫ ↓ Ⅴ 5
83		86		87	88 89 90		

Ein in geringer Menge produzierter Wein aus einem sehr kleinen Weinberg, der aber gerade vergrößert wird. Dieser frische, fruchtige 90er mit dem leichten Mentholduft hält das hohe Niveau seiner Vorgänger. Er besitzt eine wunderschöne goldene Farbe mit grünen Reflexen, ist feurig und sprüht geradezu vor Leben, Eleganz und Charme.

🍇 SNC Ch. Larrivet-Haut-Brion, 33850 Léognan, Tel. 56.64.75.51 ☎ n. V.

🍇 SA Andros

DOM. DE LA SOLITUDE 1989*

■		18 ha	60 000	Ⅴ 3

Dieses Gut, das ehemalige Jagdhaus von Montesquieu, gehört heute der Sainte Famille in Bordeaux, einer 1820 von Pater Noailles gegründeten Kongregation. Der Wein präsentiert sich in einem Kleid, das mit der Würde seines Herkunftsortes harmoniert. Er entfaltet ein feines, für Cabernettrauben typisches Aroma und dürfte dank seiner Struktur mit den sehr ausgewogenen Tanninen – wenn schon nicht die Ewigkeit – so doch eine lange Lagerung verdienen.

🍇 Dom. de La Solitude, 33650 Martillac, Tel. 56.72.74.08 ☎ n. V.

DOM. DE LA SOLITUDE 1990**

□		5 ha	30 000	◫ ↓ Ⅴ 3

Der mit weißen Reben bestockte Weinberg ist zwar kleiner als das Anbaugebiet für den Rotwein, bringt aber dennoch einen sehr schönen Wein hervor. Der 90er ist lang und wohlausgewogen und verführt besonders durch die Eleganz und die Komplexität seines Aromas.

🍇 Dom. de La Solitude, 33650 Martillac, Tel. 56.72.74.08 ☎ n. V.

CH. LATOUR HAUT-BRION 1990**

■ Cru clas.		5 ha	26 400	◫ ↓ 6
77	|78| |79| 80 |81| ⑧⑫	|83| |84| 85 86 |87| 88 89 90	

Der in Talence gelegene Weinberg wird auf drei Seiten von den Gebäuden dieser Vorstadt von Bordeaux umschlossen und öffnet sich nach Süden zum Campus der Universität und dessen Grünflächen. Dem feinen, zarten Bukett des 90ers mit seinen Noten von Röstaroma, Tiergeruch und blühenden Reben mangelt es nicht an Persönlichkeit. Der milde, geschmeidige Geschmack mit dem feurig-pfeffrigen Abgang steht ihm dabei in nichts nach.

🍇 SA Dom. Clarence-Dillon, B.P. 24, 33602 Pessac Cedex, Tel. 56.00.29.30 ☎ n. V.

CH. LA TOUR LEOGNAN 1989

□		7 ha	35 000	◫ ↓ Ⅴ 2

Die Zweitmarke von Château Carbonnieux. Dieser Wein ist zwar in seinem Bukett etwas zurückhaltend, enthüllt aber dennoch eine hübsche Ginsternote. Er ist einfach und zeigt dabei eine ansprechende Geschmeidigkeit und einen angenehm klassischen Charakter.

🍇 SC des Grandes Graves, 33850 Léognan, Tel. 56.87.08.28 ☎ n. V.

🍇 Perrin

CH. LA TOUR LEOGNAN 1989*

■		7 ha	35 000	◫ ↓ Ⅴ 2

Dieser geschmeidige, runde 89er entfaltet ein schönes Aroma, das den Weinfreund von dem Frühlingsgarten des Buketts mit den frischen Mentholnoten zu herbstlichen Noten von Unterholz im Abgang führt.

🍇 SC des Grandes Graves, 33850 Léognan, Tel. 56.87.08.28 ☎ n. V.

🍇 Perrin

CH. LA TOUR MARTILLAC 1989*

■ Cru clas.		24 ha	120 000	◫ Ⅴ 5
71 75 77	|78| 79 80 81	⑧⑫	|83| 84 |85| |86| |87| 88 |89|	

Dieses Gut, das Montesquieu gehörte, kann stolz auf seine Vergangenheit sein. Die intensive Farbe zeigt eine ziegelrote Reflexe. Das Bukett ist von seltenem Reichtum und enthüllt Noten von geröstetem Brot, getrockneten Früchten und Unterholz. Bis dahin war sich die Jury einig. Aber über die Zukunft dieses Weins war man geteilter Meinung. Der Geschmack besitzt eine für den Jahrgang 1989 sehr typische milde und geschmeidige Ansprache und entwickelt sich dann zu einem tanninreichen, holzbetonten Körper hin. Es wird interessant sein, seine weitere Entwicklung zu verfolgen.

🠔 Dom. Kressmann, Ch. La Tour Martillac, 33650 Martillac, Tel. 56.72.71.21 ⏳ n. V.

CH. LA TOUR MARTILLAC   1990★★

☐ Cru clas.	8 ha	40 000	◫ ↓ ☑ **5**

|81| |82| |83| |84| 85 |86| 87 (88) 89 90

Das Etikett von La Tour Martillac ist mit seinen goldenen und sandfarbenen Schrägbalken seit der Krönung des englischen Königs Georg VI. zu einer richtigen Institution geworden. Getreu diesem Etikett und der Tradition hat auch dieser Wein einen Hang zum Majestätischen. Man spürt es in der Komplexität seines Buketts, in seiner cremigen Ansprache und in der pfeffrigen Note seines Abgangs. Schöne Harmonie von Holz und Frucht.

🠔 Dom. Kressmann, Ch. La Tour Martillac, 33650 Martillac, Tel. 56.72.71.21 ⏳ n. V.

CH. LAVILLE HAUT-BRION   1990★★★

☐ Cru clas.	4 ha	12 000	◫ ↓ **7**

80 81 82 83 84 |85| |87| 88 (89) 90

Dieser Cru, der von vielen als der weiße Mission Haut-Brion angesehen wird, erweist sich dieser ehrenvollen Beurteilung durch die regelmäßige Qualität seiner Produktion würdig. Der herrliche 90er präsentiert sich mit einer kristallklaren Farbe. Er beweist große Verführungskraft mit seinem intensiven Bukett (Akazienblüten und Eibisch) und seinem runden, samtweichen Geschmack, in dem sich eine Vielfalt von prächtigen Aromen entfaltet.

🠔 SA Dom. Clarence-Dillon, B.P. 24, 33602 Pessac Cedex, Tel. 56.00.29.30 ⏳ n. V.

CH. LE SARTRE   1989

■	15,63 ha	100 000	◫ ↓ ☑ **2**

Dieser Cru gehört zwar zur gleichen Gruppe wie Carbonnieux, hat aber seine eigene Persönlichkeit bewahrt. Der Wein ist in seinem Bukett (grüner Paprika und Gewürze) zwar etwas zurückhaltend, enthüllt aber danach eine geschmeidige, wohlausgewogene Struktur, bevor er mit einem kurzen, aber sehr harmonischen Abgang endet, in dem man das Aroma von gebrannten Mandeln entdeckt.

🠔 GFA du Ch. Le Sartre, 33850 Léognan, Tel. 56.64.08.78 ⏳ n. V.

🠔 Perrin

CH. LES CARMES HAUT-BRION
1989★

■	4 ha	24 000	◫ ↓ **5**

80 82 |83| |87| 88 89

Der Cru, der dem Karmeliterorden gehörte, ist ein Beispiel für die Weinberge, die früher von den Klöstern in der Umgebung von Bordeaux angelegt worden sind. Dieser 89er kündigt sich fast schüchtern mit einem dezent blumigen Bukett an und entwickelt sich dann im Geschmack zu recht ausgeprägten Tanninnoten hin, wobei er aber seine Geschmeidigkeit bewahrt.

🠔 Ch. Les Carmes Haut-Brion, 197, av. Jean-Cordier, 33600 Pessac, Tel. 56.51.49.43 ⏳ n. V.

CH. MALARTIC-LAGRAVIERE
1989★★

■ Cru clas.	13,49 ha	93 471	◫ ↓ ☑ **6**

64 66 (70) 71 75 76 78 79 81 |82| 83 |85| |86| 87 88 89

Der Cru verdankt seinen Namen der Familie der Grafen Malartic, die ihn 1803 erwarb. Berühmt ist dieser Name durch Hippolyte de Malartic, der in der französischen Provinz Québec die Stadt Malartic gründete und sich 1792 bei der Verteidigung der »Ile de France« (Mauritius) auszeichnete. Heute gehört das Gut der Champagnerfirma Laurent-Perrier. Was für ein hübscher Wein ! Der Duft von Kaffee, Vanille und Gewürzen leitet über zu einem ausgewogenen, sehr eleganten Geschmack, der durch Tannine und Holzton bestimmt ist. Der diskrete Charme der großen Gravesweine.

🠔 SC du Ch. Malartic-Lagravière, 39, av. de Mont-de-Marsan, 33850 Pessac, Tel. 56.64.75.08 ⏳ n. V.

CH. MALARTIC-LAGRAVIERE   1990★

☐ Cru clas.	2,86 ha	14 179	◫ ↓ ☑ **7**

78 |80| 81 82 |83| |85| |86| |87| |89| 90

Traditionell an diesem Cru ist nicht nur seine Herrenhaus, sondern auch die Tatsache, daß es neben dem Weinberg für den Rotwein auch einen »weißen« Weinberg gibt. Das Bukett ist noch nicht sehr ausdrucksvoll, doch man spürt bereits das typische Sauvignonaroma. Viel ausgeprägter zeigt sich dieser 90er im ausgewogenen Geschmack, wo er ein großes Volumen entfaltet.

🠔 SC du Ch. Malartic-Lagravière, 39, av. de Mont-de-Marsan, 33850 Pessac, Tel. 56.64.75.08 ⏳ n. V.

CH. OLIVIER   1989★★

■ Cru clas.	21,56 ha	126 000	◫ ↓ ☑ **4**

78 79 80 |81| |82| |83| |84| |85| |86| |87| |88| 89

Türmchen, Burggraben und Schießscharten – dieses befestigte Herrenhaus, dessen mittelalterliche Strenge durch später hinzugekommene Anbauten gemildert wird, besitzt alles, um den Betrachter zum Träumen anzuregen. Das gilt auch für diesen 89er, dessen prächtige Struktur auf eine lange Alterungsfähigkeit hoffen läßt. Sein Bukett ist ein wahres Feuerwerk von komplexen Düften, die von Wildgeruch bis zu Zimt reichen.

🠔 J.-J. de Bethmann, Ch. Olivier, 33850 Léognan, Tel. 56.64.73.31 ⏳ n. V.

CH. OLIVIER 1990

□ Cru clas.   16,4 ha   96 000   ‖ ↓ ☑ 4

76 78 82 83 86 87 |88| |89| 90

Dieser 90er ist zwar einfacher als sein Vorgänger, aber dennoch wohlausgewogen und dank seines Buketts, das Ginsterduft mit dem Aroma von kandierten Orangen verbindet, sehr angenehm.

↜ J.-J. de Bethmann, Ch. Olivier, 33850 Léognan, Tel. 56.64.73.31 ⌶ n. V.

CH. PAPE CLEMENT 1989★★

■ Cru clas.   30 ha   120 000   ‖ ↓ 6

75 78 79 80 |⑧①| 82 83 |85| |86| |87| 88 89

Dieser Cru, einer der letzten Weinberge des historischen Anbaugebiets von Bordeaux, wird heute von der Stadt umschlossen. Mit Weinen wie diesem mustergültigen 89er führt er die große Tradition der Vergangenheit fort. Der sehr angenehme Geruchseindruck ist eine glückliche Verbindung von roten Früchten und Röstaroma. Im Geschmack enthüllt er reichen Stoff, der es verdient, daß man den Wein lange lagert (zehn Jahre etwa), damit er all seine Versprechen einlösen kann.

↜ Ch. Pape Clément, B.P. 164, 33600 Pessac, Tel. 56.07.04.11 ⌶ n. V.

↜ Sté Montagne

CH. PONTAC MONPLAISIR 1990★★

□   6 ha   k.A.   ‖ ↓ ☑ 2

Ein Wein mit einem eleganten Bukett (eingemachte Früchte, Verbranntes und frische Butter), der im Geschmack sehr rassig ist und eine Vielzahl von milden, gehaltvollen und weichen Empfindungen erweckt.

↜ Jean Maufras, Ch. Pontac Monplaisir, 33140 Villenave-d'Ornon, Tel. 56.87.08.21 ⌶ n. V.

CH. POUMEY 1989★

■   2,1 ha   8 200   ‖ ↓ ☑ 3

Dieser kleine Weinberg, der sich mitten in der Stadt Gradignan befindet, wurde im letzten Augenblick von einigen leidenschaftlichen Weinfreunden, darunter dem Bürgermeister, davor bewahrt, der Urbanisierung zum Opfer zu fallen. Die Qualität seines Weins rechtfertigt vollauf diese Rettungstat. Der geschmeidige, volle und gut strukturierte 89er bietet alles, um gut zu altern.

↜ SEV Ville de Gradignan, 5, rue du Professeur Bernard, 33170 Gradignan, Tel. 56.89.46.40

CH. DE ROCHEMORIN 1989★

■   55 ha   k.A.   ‖ ↓ ☑

|82| |83| 84 |85| |86| 87 **88** |89|

Das Gut, das einst den Montesquieus gehörte, ist durch ein unterirdisches Gewölbe mit Schloß Labrède verbunden. Seit 1974 wird hier Wein angebaut. Obwohl dieser 89er vom gleichen Erzeuger wie der La Louvière stammt und ebenfalls gelungen ist, unterscheidet er sich vom Stil her sehr stark. Er besitzt keinerlei Strenge, sondern eine Struktur und ein Aroma (Vanille, Geröstetes und Lakritze), die bereits sehr gefällig sind und keine allzu lange Lagerung erfordern.

↜ SCEA Vignobles André Lurton, Ch. Bonnet, 33420 Grézillac, Tel. 57.84.52.07 ⌶ n. V.

CH. DE ROCHEMORIN 1990★★

□   15 ha   k.A.   ‖ ↓ ☑ 2

82 83 85 |86| 87 |88| 89 90

Montesquieu, der sich mit Weißweinen hervorragend auskannte, wäre auf diesen hier stolz gewesen. Vom Bukett, einer Mischung von reifen Früchten und gebrannten Mandeln, bis zum Geschmack, der angenehm voll und mild ist, läßt man sich von dieser herrlichen Verbindung von Eleganz und Reichtum verführen.

↜ SCEA Vignobles André Lurton, Ch. Bonnet, 33420 Grézillac, Tel. 57.84.52.07 ⌶ n. V.

CH. DE ROUILLAC 1989

■   8 ha   40 000   ⑇ ‖ ↓ ☑ 4

Dieses Château aus dem 19. Jh., dessen Baustil typisch für die Gironde ist, gehörte Haussmann. Es fällt etwas schwer, diesen Wein zu beurteilen, weil er noch verschlossen ist, aber er besitzt guten Stoff und solide Entwicklungsmöglichkeiten.

↜ Pierre Sarthou, Ch. de Rouillac, 33610 Canejan, Tel. 56.89.09.11 ⌶ n. V.

CH. SMITH HAUT LAFITTE 1989★★

■ Cru clas.   45 ha   300 000   ‖ ↓ ☑ 5

61 62 70 71 72 73 |⑦⑤| 80 82 |83| |85| 86 87 **88 89**

Dieser Cru, der mit seinen grobkörnigen Kieselsein an bestimmte Anbaugebiete im Médoc erinnert, hat im Januar 1991 den Besitzer gewechselt. Auf das elegante Bukett, das harmonisch sehr unterschiedliche Nuancen (reife Früchte, Gewürze, geröstetes Brot etc.) verbindet, folgt ein großzügiger Geschmack mit solider Tanninstruktur. Dieser Wein ist ein Aristrokrat, der auf sich warten läßt, aber sich einmal sehr freigebig zeigen kann.

↜ Daniel Cathiard, Ch. Smith Haut Lafitte, 33650 Martillac, Tel. 56.30.72.30 ⌶ n. V.

CH. SMITH HAUT LAFITTE 1990★

□   10 ha   50 000   ‖ ↓ ☑ 5

84 85 86 |87| 88 89 90

Der »weiße« Weinberg von Smith Haut Lafitte ist zwar kleiner als das Anbaugebiet für den Rotwein und nicht klassifiziert, aber dennoch besitzt er einen guten Boden. Der 90er ist nicht so reichhaltig wie einige frühere Jahrgänge, jedoch sehr gelungen. Sein Volumen, sein Mandarinenduft, der durch eine feine Holznote verstärkt wird, und sein pfeffriger Abgang verleihen ihm einen anziehenden Charakter.

↜ Daniel Cathiard, Ch. Smith Haut Lafitte, 33650 Martillac, Tel. 56.30.72.30 ⌶ n. V.

CH. VALOUX 1989★

■   35 ha   70 000   ‖ ↓ ☑ 2

85 86 87 88 89

Die Zweitmarke von Château Bouscaut. Die rubinrote Farbe mit dem violettroten Schimmer wirkt sehr jugendlich, aber dieser 89er ist nicht so ausdrucksvoll wie sein großer Bruder, aber er besitzt eine sehr angenehme aromatische Komplexität. Die Tannine sind etwas streng, versprechen jedoch, daß sie sich bei der Alterung abrunden.

↜ Lucien Lurton, SA Ch. Bouscaut, RN 113, 33140 Cadaujac, Tel. 56.30.72.40 ⌶ n. V.

Das Médoc

Im Weinbaugebiet der Gironde nimmt das Médoc eine Sonderstellung ein. Das Médoc und seine Bewohner sind einerseits auf ihrer Halbinsel eingeschlossen, aber gleichzeitig durch die weit hineinreichende Trichtermündung offen für die Welt. Auf diese Weise erscheinen sie wie eine perfekte Verkörperung des aquitanischen Temperaments, das zwischen Abkapselung und Mitteilungsdrang schwankt. Es ist deshalb auch nicht erstaunlich, daß man hier ebenso kleine, fast unbekannte Familienbetriebe wie große, berühmte Güter findet, die bedeutenden französischen oder ausländischen Firmen gehören.

Wenn man darüber verwundert wäre, würde man übersehen, daß das Anbaugebiet des Médoc (das nur ein Teil des historischen und geographischen Médoc ist) über 80km lang und 10 km breit ist. Der Besucher kann somit nicht nur die großen Weinchâteaus aus dem letzten Jahrhundert mit ihren prächtigen Kellern bewundern, sondern auch unbekanntere Landstriche kennenlernen. Die Landschaft ist hier sehr vielfältig und bietet sowohl flache, einförmige Ebenen (in der Nähe von Margaux) wie auch reizvolle Hügel (in der Gegend von Pauillac) oder – wie im unteren Médoc (Bas-Médoc) – eine sehr eigentümliche Mischung aus Land und Meer.

Für denjenigen, der die altbekannten Routen verläßt, hält das Médoc in jeder Hinsicht viele angenehme Überraschungen bereit. Sein großer Reichtum sind jedoch seine Kiesböden, die sanft zur Trichtermündung der Gironde hin abfallen. Dieses an Nährstoffen arme Anbaugebiet ist besonders günstig für die Erzeugung von erstklassigen Weinen, weil die Topographie eine perfekte Entwässerung ermöglicht.

Gewöhnlich unterscheidet man zwischen dem oberen Médoc (Haut-Médoc), das von Blanquefort bis Saint-Seurin-de-Cadourne reicht, und dem unteren Médoc, das von Saint-Germain-d'Esteuil bis Saint-Vivien geht.

Innerhalb der erstgenannten Anbauzone erzeugen sechs kommunale Appellationen die berühmtesten Weine ; jedoch tragen fünf davon ausschließlich die Appellation Haut-Médoc. Die Crus Classés machen etwa 25% der gesamten Rebfläche des Médoc aus und liefern 20% der Gesamtproduktion, die 40% des Umsatzes repräsentiert. Neben den Crus Classés besitzt das Médoc zahlreiche Crus Bourgeois, die ihren Wein selbst auf Flaschen abfüllen und einen ausgezeichneten Ruf genießen. Es gibt mehrere Genossenschaftskellereien in den Appellationen Médoc und Haut-Médoc, aber auch in drei Gemeindeappellationen.

Ein Großteil der Weine der Appellationen Médoc und Haut-Médoc wird im Faß an die Händler verkauft, die diese Weine dann unter Markennamen vertreiben.

Die traditionelle Rebsorte im Médoc ist die Cabernet-Sauvignon-Rebe. Heute ist sie zwar nicht mehr von so großer Bedeutung wie früher, aber sie umfaßt noch immer 52% der gesamten Anbaufläche. Mit 34% folgt die Merlotrebe an zweiter Stelle ; ihr sehr geschmeidiger Wein ist ebenfalls von hervorragender Qualität und entwickelt sich rascher, so daß man ihn früher trinken kann. Die Cabernet-Franc-Rebe, die den Weinen Finesse verleiht, macht 10% aus. Die Rebsorten Petit Verdot und Malbec schließlich spielen keine große Rolle.

Die Weine des Médoc genießen insgesamt einen hervorragenden Ruf ; sie zählen zu den angesehensten Weinen Frankreichs und der ganzen Welt. Sie zeichnen sich durch eine schöne rubinrote Farbe aus, die einen Stich ins Ziegelrote zeigt, aber auch durch ihren fruchtigen Duft, in dem sich die würzigen Noten der Cabernettrauben mit dem Vanillearoma des neuen Eichenholzfasses vermischen. Ihre dichte, vollständige Tanninstruktur, die gleichzeitig elegant und mild ist, und ihre vollkommene Ausgewogenheit machen eine exzellente Alterungsfähigkeit möglich ; sie werden dabei weicher, aber nicht magerer und gewinnen im Geruchs- und Geschmackseindruck an Reichtum.

Médoc

Das gesamte Weinbaugebiet des Médoc hat Anrecht auf die Appellation Médoc; in der Praxis wird diese jedoch nur im unteren Médoc (der Nordteil der Halbinsel in der Nähe von Lesparre) verwendet, während die Gemeinden zwischen Blanquefort und Saint-Seurin-de-Cadourne die Appellation Haut-Médoc in Anspruch nehmen dürfen. Trotzdem ist die Produktion sehr groß: 31 Mio. Flaschen 1990 bei einer Anbaufläche von 4 060 ha.

Die Médocweine zeichnen sich durch eine schöne Farbe aus, die in der Regel sehr kräftig ist. Da ihr Merlotanteil höher als bei den Weinen des Haut-Médoc ist, besitzen sie oft ein fruchtiges Bukett und viel Rundheit im Geschmack. Einige Weine, die von isolierten Kuppen mit Kiesböden stammen, zeigen auch eine große Finesse und einen schönen Tanninreichtum.

BARONAT 1988

| ■ | k.A. | k.A. | ⓘ 3 |

Dieser schon im letzten Jahr verkostete Wein, der mit seiner Entwicklung begonnen hat, bestätigt seinen typischen Charakter durch seine lebhafte Farbe und die stark ausgeprägten Cabernetmerkmale in seinem Aroma und seinen Tanninen.

🖙 Baron Philippe de Rothschild SA, 33250 Pauillac, Tel. 56.59.20.20

CH. BELLERIVE 1989★

| ■ | 13 ha | 70 000 | ⓘ ❙❙❙ ☑ 2 |

79 81 (82) |83| 85 |86| 87 89

Ein Gut, das sehr typisch für das Médoc ist: Kiessandböden über dem Ästuar und ein Gärkeller aus dem 19. Jh. Der Wein ist es nicht weniger: purpurrote Farbe und Aroma von roten Beerenfrüchten, vor allem Himbeeren. Er wirkt noch etwas rauig aufgrund seiner Tannine, dürfte sich aber bei der Alterung gut entwickeln.

🖙 Guy Perrin, 33340 Valeyrac, Tel. 56.41.52.13 ☓ Mo-Sa 11h-13h 15h-19h; Dez.–April geschlossen

CH. BLAIGNAN 1989★

| ■ Cru bourg. | 74 ha | 458 000 | ⓘ ↓ 2 |

81 82 83 84 |85| |86| |87| 88 |89|

Dieses 135 ha große Gut hieß früher Taffard-de-Blaignan. Es gehörte einem der unehelichen Söhne von Ludwig XIV., Alexandre de Bourbon. Trotz seiner enormen Abstammung zeigt sich dieser Wein im Aussehen und im Duft zurückhaltend, bevor er sich im Geschmack voll entfaltet: schöne Ansprache (Veilchen und Gewürze) und feine, bereits sehr angenehme Tannine. (Vertrieben wird er von Mestrezat.)

🖙 SC du Ch. Taffard-Blaignan, 17, cours de la Martinique, B.P. 90, 33027 Bordeaux Cedex, Tel. 56.52.11.46 ☓ n. V.

CH. BOIS DE ROC 1989★

| ■ | 14 ha | 50 000 | ❙❙❙ ↓ ☑ 2 |

82 83 85 |86| 89

Philippe Cazenave, der für sich bewußt und mit Nachdruck den vornehmen Titel eines »Winzerhandwerkers« in Anspruch nimmt, präsentiert hier einen recht hübschen Wein. Das Bukett vereint auf delikate Weise Gewürze, Menthol und Kaffee mit roten Beerenfrüchten. Die geschmeidige Struktur ist ausgewogen. Ein 89er, der von einer sorgfältigen Vinifizierung zeugt.

🖙 GAF du Taillanet, Ch. Bois de Roc, 33340 Saint-Yzans-de-Médoc, Tel. 56.09.09.79 ☓ Mo-Sa 9h-12h 13h30-17h30; Febr. geschlossen

CH. BOURNAC 1989

| ■ Cru bourg. | 13,07 ha | 80 000 | ❙❙❙ ↓ ☑ 2 |

81 82 85 |86| 88 89

Der lehmig-kalkige Boden dieses Cru eignet sich gut für den Weinbau, aber bevor das Gebiet mit Reben bepflanzt werden konnte, waren große Anstrengungen notwendig, um die zahlreichen Steine im Boden fortzuschaffen. Trotz seiner etwas leichten Struktur erregt dieser geschmeidige, wohlausgewogene Wein die Aufmerksamkeit durch die Eleganz seines Aromas (hübsche Holznote und reife Früchte).

🖙 Pierre Secret, Ch. Bournac, 33340 Civrac, Tel. 56.41.51.24 ☓ n. V.

CH. CANTEGRIC 1989

| ■ | 5,5 ha | 5 000 | ⓘ ☑ 2 |

Leser, die an Rekorden interessiert sind, werden vielleicht im Gedächtnis behalten, daß dieser Cru eine rund 150 Jahre alte Parzelle besitzt, die vor der Reblausinvasion gepflanzte Merlotreben enthält. Dieser 89er wird zweifellos nicht so alt. Aber wenn man ihn jung trinkt, zeigt er sich gefällig und vollständig.

🖙 GFA du Cantegric, 33340 Saint-Christoly-de-Médoc, Tel. 56.41.57.00 ☓ n. V.
🖙 Feugas-Joany

CH. CARCANIEUX 1989

| ■ Cru bourg. | 26,65 ha | 130 000 | ❙❙❙ ↓ ☑ 2 |

(81) 83 |85| |86| 89

Eines der ältesten Güter des Médoc, aus dem ein Trupp hugenottischer Soldaten einen Ort der Ausschweifung gemacht haben soll. Mit seinen noch eckigen Tanninen und seinem reichen mineralischen Bukett besitzt dieser 89er ebenfalls einen etwas militärischen Charakter, der durch eine bezaubernde Farbe gemildert wird.

🖙 SC du Ch. Carcanieux, Terres-Hautes-de-Carcanieux, 33340 Queyrac, Tel. 56.59.84.23 ☓ n. V.
🖙 Defforey

CH. CASTERA 1989**

■ Cru bourg.	50 ha	220 000	⦅⦆ ↓ ☑ **3**

80 81 **82** 84 87 **88 89**

Dieses schöne Château, ein ehemaliges Feudalgut, das wie ein hübsches Landhaus wirkt, hat den Turm bewahrt, in den sich der Schriftsteller Germignan La Boétie gern zurückzog. Sein großzügiges Bukett (fruchtige Nuancen mit Brombeerkonfitüre und einer feiner Holznote) und sein solider, stattlicher und runder Bau lassen eine sehr schöne Entwicklung voraussagen.

♠☎ SNC Ch. Castéra, 33340 Saint-Germain-d'Esteuil, Tel. 56.09.03.10 ⓧ Mo-Fr 9h-12h 14h-17h

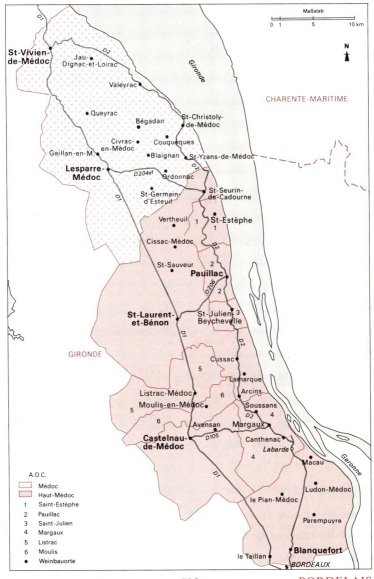

A.O.C.

	Médoc
	Haut-Médoc
1	Saint-Estèphe
2	Pauillac
3	Saint-Julien
4	Margaux
5	Listrac
6	Moulis
●	Weinbauorte

CH. CHANTELYS 1989★★

■　　　　　　8,56 ha　　50 000　　❙❙❘ ↓ ☑ ②
83 **85** |86||88| **89**

Ein hübscher Name für diesen Cru, der an den traditionellen Anbaumethoden festhält und die Weine ausschließlich in Barriquefässern ausbaut. Die sorgfältige Arbeit findet hier ihre gerechte Belohnung. Der 89er weist durch seine sehr schöne, nuancenreiche Farbe auf sein reiches Potential hin. Er verführt auch durch seine fleischige Struktur mit den harmonisch eingefügten Tanninen und durch seinen sehr nachhaltigen Abgang.

☛ Christine Courrian-Braquessac, Lafon, 33340 Prignac-en-Médoc, Tel. 56.58.70.58 ☎ n. V.

CH. DE CONQUES 1989

■ Cru bourg.　　2 ha　　15 000　　❙❙❘ ↓ ②
|86| 87 88 89

Ein nur 2 ha großer Weinberg, dessen Boden ganz aus neutralem Eozänkalk besteht. Beim Anbau profitiert man von den Erfahrungen mit seinem großen Bruder Les Ormes-Sorbeit. Der 89er ist nicht so kräftig gebaut wie der 88er, aber sein recht typisches Bukett (schwarze Johannisbeeren und rote Beerenfrüchte mit einer blumigen Note) macht ihn recht sympathisch.

☛ Jean Boivert, Ch. de Conques, 33340 Couquèques, Tel. 56.41.53.78 ☎ n. V.

CH. DAVID 1989

■ Cru bourg.　　8 ha　　50 000　　❙❙❘ ↓ ☑ ②
|(75)| |78| |79| |81||82||83| 85 89

Dieser Cru befindet sich im nördlichsten Teil der Appellation. Sein Wein ist zwar noch etwas unausgewogen aufgrund der Tannine, die die Kraft des sandig-kieshaltigen Bodens zum Ausdruck bringen, aber stattlich gebaut und ehrlich und entfaltet ein schönes Aroma. Es fehlt ihm auch nicht an Charakter.

☛ Henry Coutreau, Ch. David, 33590 Vensac, Tel. 56.09.44.62 ☎ n. V.

ELITE SAINT ROCH 1989★★

■　　　　　　k.A.　　13 000　　❙❙❘ ☑ ②

Eine von der Genossenschaftskellerei von Queyrac in Eichenholzfässern ausgebaute Cuvée. Diesem zarten, angenehm komplexen Wein gelingt es, nicht vom Holz beherrscht zu werden. Er entfaltet ein kräftiges, originelles Bukett, das sich zwischen rauchigen und fruchtigen Noten bewegt. Der Geschmack ist zwar nicht sehr kräftig gebaut, aber nuancenreich und enttäuscht deshalb nicht.

☛ Cave Coop. Queyrac, Le Sable, 33340 Queyrac, Tel. 56.59.83.36 ☎ Di-Fr 8h30-12h30 14h30-18h30 ; lu. 14h30-18h30 ; Sa 8h30-12h

CH. GADET TERREFORT 1989★

■　　　　　　5,22 ha　　15 000　　❙❙❘ ☑ ②

Nördlich von Lesparre, wo man bereits den Einfluß der Wälder spürt, besitzt dieser Cru ein originelles Anbaugebiet mit Roterde (Sand und Kies). Sein tanninreicher 89er dürfte sich günstig entwickeln. Aber ohne das Alter abzuwarten, zeigt er vor allem durch sein Bukett (reife Früchte

mit Gewürz- und Vanillenoten), daß er bereits über echten Charme verfügt.

☛ Christian Bernard, Coudessan, 33340 Gaillan-en-Médoc, Tel. 56.41.70.88 ☎ Mo-Sa 8h-12h30 14h-19h

CH. GAUTHIER 1989★

■　　　　　　2,56 ha　　12 000　　❙❙❘ ↓ ☑ ②

Dieser Wein trägt ebenso wie Château Chantelys die Handschrift von Christine Courrian, der zweifellos ist im Geschmack nicht so lang wie sein Bruder. Er zeigt sich jedoch besonders einschmeichelnd durch seine Ausgewogenheit und sein charaktervolles Aroma, in dem das Holz nicht die Frucht überdeckt.

☛ Christine Courrian, Lafon, 33340 Prignac, Tel. 56.09.00.16 ☎ n. V.

GRAND SAINT-BRICE 1989

■　　　　　　10 ha　　80 000　　❙❙❘ ☑ ②
81 |85||86| 87 88 89

Dieser Grand Saint-Brice, eine Cuvée der großen Genossenschaftskellerei von Saint-Yzans, profitiert von einer sehr sorgfältigen Vinifizierung und einer Reifung im Barrique. Der Ausbau liefert zwar nicht dieselben Ergebnisse wie beim 88er, weil das Holz ein wenig die Fruchtigkeit überlagert, bringt aber einen gefälligen Wein mit einem ausgeprägten Geschmack und einem angenehmen Aroma (Steinobst) hervor.

☛ SCV de Saint-Brice, 33340 Saint-Yzans-de-Médoc, Tel. 56.09.05.05 ☎ Mo-Sa 8h-18h

CH. GREYSAC 1989★

■ Cru bourg.　70 ha　500 000　　❙❙❘ ↓ ☑ ③
|75| **76** 77 |78||79| 80 **81** |82| **83** |85| 86 |87| **88** |89|

Dieses Anfang der 60er Jahre aus der Zusammenlegung mehrerer kleiner Anwesen entstandene Gut besitzt sehr vielfältige Böden. Sein 89er wird sich zwar bestimmt schneller als der 88er entwickeln, aber er ist dank seines vollen Geschmacks und seines fruchtigen Aromas recht reizvoll.

☛ Dom. Codem SA, 17, rue de Rivière, 33000 Bordeaux, Tel. 56.51.01.60 ☎ n. V.

CH. HAUT BRISEY 1989★

■　　　　　　11 ha　　k.A.　　❙❙❘ ↓ ☑ ②
|(86)| |87| 88 89

Dieses Gut hat nur eine kurze, aber schöne Geschichte. Geschaffen wurde es von einem jungen Paar, das vom Wunsch erfüllt war, einen großen Wein zu erzeugen. Voller Hingabe pflanzten sie in einem hervorragenden Anbaugebiet, das auf die Gironde geht und einen Boden mit großen Kieselsteinen besitzt, Reben an. Für ihren 86er erhielten sie vor drei Jahren eine besondere Empfehlung. Der 89er wiederholt diesen Erfolg nicht. Die Struktur ist schwächer, wenn auch zufriedenstellend. Vielleicht ist es eine Frage des Ertrags ? Das ist um so bedauerlicher, weil ihm sein aromatischer Reichtum erlaubt hätte, ein sehr hohes Niveau zu erreichen.

☛ SCEA Ch. Haut-Brisey, 33590 Jau-Dignac-Loirac, Tel. 56.09.56.77 ☎ n. V.

☛ Christian Denis

HAUTE GRILLE 1989*

■   3 ha   23 000   Ⅲ▮ ☑ ③

Eine Auswahlcuvée mehrerer Genossenschafts-kellereien, die zu Uni Médoc, einer gemeinsamen Vertriebsorganisation, gehören. Der Wein zeigt in seinem Aroma eine sehr typische Röst- und Karamelnote. Er ist fleischig und cremig und dürfte gut altern.

↖ Uni Médoc, 33340 Gaillan-en-Médoc, Tel. 56.41.03.12 ☊ Mo-Sa 8h30-12h30 14h-18h

CH. HAUT-GRAVAT 1989

■   7,4 ha   12 000   ▮Ⅲ▮ ↓☑ ②
⑧②| |83| 84 |85| 86 87 88 89

Ein schönes Anbaugebiet mit Kiesböden und eine erstklassige Bestockung. Sehr schade, daß der Wein im Augenblick mit einem etwas trockenen Abgang endet, denn seine schöne granatrote Farbe, sein angenehm komplexes Bukett und seine sehr reiche Struktur besitzen alles, um zu gefallen.

↖ Sté Alain Lanneau, Ch. Haut-Gravat, 33590 Jau-Dignac-Loirac, Tel. 56.09.41.20 ☊ n. V.

CH. HOURBANON 1989*

■ Cru bourg.   k.A.   90 000   ▮Ⅲ▮ ☑ ①

Das Gut wird von einer Frau geführt, die Charakterstärke beweist. Ihrem Wein fehlt es ebenfalls nicht an Charakter. Er besitzt eine schöne granatrote Farbe und hält alles, was sein Aussehen verspricht : im Bukett (rote Früchte, neues Holz und heller Tabak) ebenso wie im Geschmack (reich, komplex und voll).

↖ SC Delayat-Chemin, Hourbanon, 33340 Prignac-Médoc, Tel. 56.41.02.88 ☊ tägl.10h-12h30 14h-19h

RAOUL JOHNSTON 1989*

■   k.A.   36 000   ▮☑ ①

Wenn man wie dieser Weinhändler seinen Sitz in der Weinhauptstadt des Médoc hat, ist man es sich selbst schuldig, einen Wein in dieser Appellation vorzustellen. Er entledigt sich dieser Verpflichtung auf sehr gefällige Weise. Sein 89er zeigt eine hübsche kirschrote Farbe und enthüllt ein sehr verführerisches Aroma mit würzigen Noten und Wildgeruch.

↖ Ets Raoul Johnston, Ch. Malécot, 33250 Pauillac, Tel. 56.59.01.15 ☊ n. V.

CH. LABADIE 1989*

■ Cru bourg. 30 ha   k.A.   Ⅲ▮ ☑ ②

Dieser Cru im lehmig-kalkigen Teil von Bégadan besitzt viele junge Rebstöcke. Das könnte ein Nachteil sein, aber eine sorgfältige, aufmerksame Arbeit ermöglicht es, das Optimale aus ihnen herauszuholen, wie dieser ausgewogene Wein zeigt. Er verbindet auf angenehme Weise das Aroma von roten Früchten mit Karamel.

↖ Yves Bibey, Ch. Labadie, 33340 Bégadan, Tel. 56.41.55.58 ☊ n. V.

CH. LA CARDONNE 1989*

■   12 ha   k.A.   Ⅲ▮ ②

Der Cru hat 1989 den Besitzer gewechselt, aber sein Wein wird noch immer von den Domaines Barons de Rothschild vertrieben. Dieser 89er ist ein guter Lagerwein, der im Aussehen ebenso

angenehm wie im Geschmack ist, wo er ein lang anhaltendes fruchtig-würziges Aroma entfaltet. Seine Tannine sorgen für eine gute Ausgewogenheit.

↖ SNC Ch. La Cardonne, 33340 Blaignan, Tel. 56.09.09.72

CH. LA CHANDELLIERE 1989**

■ Cru bourg.   k.A.   16 000   ▮Ⅲ▮ ↓☑ ②

Dieser Cru ist von Château Bournac abgetrennt worden, befindet sich aber noch immer im Besitz der Familie Secret. Er bietet einen 89er, der im Aussehen, im Duft und im Geschmack sehr gefällig ist. Seine hübsche purpurrote Farbe, sein an Himbeeren und andere rote Beerenfrüchte erinnerndes Bukett und sein guter Bau (füllig, tanninreich und ausgewogen) bringen unverkennbar ein großes Können zum Ausdruck.

↖ GAEC de Cazaillan, Bournac, 33340 Civrac-en-Médoc, Tel. 56.41.53.51 ☊ n. V.
↖ H. et D. Secret

CH. LACOMBE-NOAILLAC 1989**

■ Cru bourg. 25 ha   180 000 ▮Ⅲ▮ ↓☑ ③
82 84 |85| |86| 87 88

Die Qualität seines Kiesbodens konnte es nicht verhindern, daß das Anbaugebiet von Lacombe-Noaillac nach der Reblauskrise verfiel. Glücklicherweise hat es Jean-Michel Lapalu wiederhergestellt und erzeugt regelmäßig sehr schöne Weine. Der 89er macht darin keine Ausnahme. Er kündigt sich mit einer schönen, dunklen Farbe und einem feinen Bukett an und hinterläßt im Geschmack einen harmonischen, nachhaltigen Eindruck von Ausgewogenheit, Milde und Fruchtigkeit.

↖ Lapalu, Le Broustera, 33590 Jau-Dignac-Loirac, Tel. 56.09.42.55 ☊ n. V.

CUVEE DE LA COMMANDERIE DU BONTEMPS 1989

■   k.A.   252 000 ▮Ⅲ▮ ↓☑ ②

Präsentiert wird dieser Wein von einem Weinhändler aus Pauillac. Die strahlende rote Farbe und das Bukett (Tiergeruch und rauchige Noten) sind recht typisch für einen Médoc. Aber er ist noch beißend, so daß er sich abrunden sollte.

↖ Ulysse Cazabonne, 22, Quai Jean Fleuret, B.P. 85, 33250 Pauillac, Tel. 56.59.60.55 ☊ n. V.

CH. DE LA CROIX 1989*

■   10 ha   60 000   Ⅲ▮ ☑ ②
64 70 |75| 76 |79| |81| |82| 85 86 87 88

Dieses Gut, ein kleiner, handwerklich geprägter Familienbetrieb, liegt 32 m über dem Meeresspiegel, was für das Médoc fast so hoch wie der Annapurna ist. Der gut gelungene 89er beginnt in seinem Bukett mit Wildgeruch und entfaltet dann einen Duft von weißen Blüten. Er verdient es, daß man seine weitere Entwicklung aufmerksam verfolgt, weil er einige schöne Überraschungen bereithalten könnte.

↖ SCF Dom. de La Croix, Plantignan, 33340 Ordonnac, Tel. 56.09.04.14 ☊ n. V.
↖ Francisco

CH. LAFON 1989

■ Cru bourg.　　10 ha　　60 000　　
|85| |86| 88 89

Die Bestockung, die dank des Vorhandenseins von Cabernet-Franc und Petit Verdot recht vollständig ist, harmoniert mit der Lebhaftigkeit des Anbaugebiets (zwei Parzellen, die eine auf einer Kuppe mit Kiesboden, die andere auf einem lehmig-kalkigen Plateau). Aufgrund seiner zu deutlich spürbaren Holznote bleibt dieser 89er zwar etwas hinter seinen früheren Jahrgängen zurück, aber er besitzt dennoch seine Qualitäten : ein sehr komplexes Bukett und eine gute Ausgewogenheit zwischen Kraft und Finesse.
☛ Rémy Fauchey, Lieu-dit Gautheys, 33340 Prignac-en-Médoc, Tel. 56.09.02.17 ⚲ Mo-Sa 9h-19h

CH. LA GORCE 1989*

■ Cru bourg.　　33 ha　　160 000
82 83 84 |85| |86| 88 89

Dieses Bauernhaus, das in einem Meer von Reben gegenüber von einer Biegung des Àstuars liegt, ist 1820 in eine schöne Kartause mit halb unterirdischem Keller umgebaut worden. Der Cru bringt regelmäßig gute Weine hervor. Sein 89er zeigt sich im Aroma noch etwas dezent, aber er muß nur noch altern, wenn es nach seinem soliden Gerüst geht.
☛ Henri Fabre, Ch. La Gorce, 33340 Blaignan, Tel. 56.09.01.22 ⚲ Mo-Fr 9h-12h 14h-17h

CH. LA GORRE 1989***

■ Cru bourg.　　11 ha　　10 000

Im letzten Jahr gab das Gut ein fast schüchternes Debüt, aber diesmal brilliert es mit seinem 89er. Tadellose Erscheinung mit einer sehr tiefen Farbe und anmutige Verbindung von roten Beerenfrüchten und Holz im Bukett. Im Geschmack entwickelt er sich wunderbar und mündet in einen kräftigen Abgang mit Lakritzearoma. Sein etwas alkoholischer Charakter macht ihn vielversprechend für die Zukunft.
☛ Laforgue, Ch. La Gorre, 33340 Bégadan, Tel. 56.41.52.62 ⚲ n. V.

CH. LA HOURCADE 1989

■　　　　9,5 ha　　k.A.

Obwohl Septime Cecchini diesen Ort 1940 in der tragischen Zeit der Flucht vor der deutschen Besatzung entdeckte, verließ er die Gemeinde Jau-Dignac nie mehr und sorgte auch dafür, daß 1968 dieser Weinberg angelegt wurde. Seine Söhne führen seine Arbeit fort und präsentieren hier einen leichten, aber sympathischen Wein mit einem entfalteten Bukett.
☛ SCE Gino et Florent Cecchini, Ch. La Hourcade, 33590 Jau-Dignac-Loirac, Tel. 56.09.53.61 ⚲ tägl. 9h-20h

CH. LALANDE 1989*

■　　　　k.A.　　40 000

Dieser von der Firma Calvet hergestellte Wein verspricht ein langes Leben, das zwar zweifellos nicht das ehrwürdige Alter dieser Firma erreicht, aber sich mehr als interessant entwickeln wird. Alle Ingredienzen eines guten Médoc sind hier nämlich vereint : Farbe, Duft von roten Früchten und kräftige Tannine.
☛ Calvet SA, 75, cours du Médoc, B.P. 11, 33028 Bordeaux Cedex, Tel. 56.43.59.00

CH. LA LANDOTTE 1989**

■　　　　4 ha　　23 000
|87| 88 89

Das von Philippe Courrian gepachtete Gut wird im gleichen Stil wie Tour Haut-Caussan bewirtschaftet. Das ist eine hervorragende Garantie für gute Weine, wie dieser hübsche 89er beweist. In der Farbe (tiefrot) und dem Bukett nach (in dem man noch immer die Fruchtigkeit frisch gelesener Trauben spürt) wirkt er noch sehr jugendlich, während sein Aroma, seine Tanninstruktur und seine Nachhaltigkeit schon kräftig entwickelt sind. Überaus vielversprechend.
☛ Philippe Courrian, 33340 Blaignan, Tel. 56.09.00.77 ⚲ n. V.
☛ Ardiley

CH. LA PIROUETTE 1989

■　　　　17 ha　　20 000
82 84 85 |86| |88| 89

Da das Gut noch nicht lange für den Weinbau dient, besitzt es junge Rebstöcke. Sein 89er würde zwar mehr Konzentration verdienen, aber er ist trotzdem sehr interessant dank seines delikaten Geschmacks und seines hübschen Dufts (Blüten, Holz und Gewürze).
☛ SCEA Roux, 33590 Jau-Dignac-Loirac, Tel. 56.09.42.02 ⚲ n. V.

CH. LA ROSE NOAILLAC 1989*

■　　　　10 ha　　65 000

Der Zweitwein von Château Noaillac, aber das bereitet diesem 89er keine Minderwertigkeitsgefühle. Um sich davon zu überzeugen, muß man nur seine schöne rubinrote Farbe betrachten, seinen Duft mit den kräftigen blumigen Noten einatmen oder den harmonischen, kräftig gebauten und ausgewogenen Geschmack genießen.
☛ Ch. Noaillac, 33590 Jau-Dignac-Loirac, Tel. 56.09.52.20 ⚲ n. V.
☛ Xavier et Marc Pagès

CH. LA TOUR BLANCHE 1989

■ Cru bourg.　　27 ha　　140 000
70 75 76 78 80 81 |83| 84 85 86 87 88 89

Dieses ziemlich große Gut liegt auf günstigen Böden, wobei Kiessand einen wichtigen Platz einnimmt. Der 89er ist der letzte Jahrgang, der unter diesem Namen verkauft wird, denn Châ-

KLASSIFIZIERUNG VON 1855, REVIDIERT 1973

PREMIERS CRUS
Château Lafite-Rothschild (Pauillac)
Château Latour (Pauillac)
Château Margaux (Margaux)
Château Mouton-Rothschild (Pauillac)
Château Haut-Brion (Graves)

SECONDS CRUS
Château Brane-Cantenac (Margaux)
Château Cos-d'Estournel (Saint-Estèphe)
Château Ducru-Beaucaillou (Saint-Julien)
Château Durfort-Vivens (Margaux)
Château Gruaud-Larose (Saint-Julien)
Château Lascombes (Margaux)
Château Léoville-Las-Cases (Saint-Julien)
Château Léoville-Poyferré (Saint-Julien)
Château Léoville-Barton (Saint-Julien)
Château Montrose (Saint-Estèphe)
Château Pichon-Longueville-Baron (Pauillac)
Château Pichon-Longueville-
        Comtesse-de-Lalande (Pauillac)
Château Rausan-Ségla (Margaux)
Château Rauzan-Gassies (Margaux)

TROISIÈMES CRUS
Château Boyd-Cantenac (Margaux)
Château Cantenac-Brown (Margaux)
Château Calon-Ségur (Saint-Estèphe)
Château Desmirail (Margaux)
Château Ferrière (Margaux)
Château Giscours (Margaux)
Château d'Issan (Margaux)
Château Kirwan (Margaux)
Château Lagrange (Saint-Julien)
Château La Lagune (Haut-Médoc)

Château Langoa (Saint-Julien)
Château Malescot-Saint-Exupéry (Margaux)
Château Marquis d'Alesme-Becker (Margaux)
Château Palmer (Margaux)

QUATRIÈMES CRUS
Château Beychevelle (Saint-Julien)
Château Branaire-Ducru (Saint-Julien)
Château Duhart-Milon-Rothschild (Pauillac)
Château Lafon-Rochet (Saint-Estèphe)
Château Marquis-de-Terme (Margaux)
Château Pouget (Margaux)
Château Prieuré-Lichine (Margaux)
Château Saint-Pierre (Saint-Julien)
Château Talbot (Saint-Julien)
Château La Tour-Carnet (Haut-Médoc)

CINQUIÈMES CRUS
Château d'Armailhac (Pauillac)
Château Batailley (Pauillac)
Château Haut-Batailley (Pauillac)
Château Belgrave (Haut-Médoc)
Château Camensac (Haut-Médoc)
Château Cantemerle (Haut-Médoc)
Château Clerc-Milon (Pauillac)
Château Cos-Labory (Saint-Estèphe)
Château Croizet-Bages (Pauillac)
Château Dauzac (Margaux)
Château Grand-Puy-Ducasse (Pauillac)
Château Grand-Puy-Lacoste (Pauillac)
Château Haut-Bages-Libéral (Pauillac)
Château Lynch-Bages (Pauillac)
Château Lynch-Moussas (Pauillac)
Château Pédesclaux (Pauillac)
Château Pontet-Canet (Pauillac)
Château du Tertre (Margaux)

DIE KLASSIFIZIERTEN SAUTERNE-CRUS (1855)

PREMIER CRU SUPÉRIEUR
Château d'Yquem

PREMIERS CRUS
Château Climens
Château Coutet
Château Guiraud
Château Lafaurie-Peyraguey
Clos Haut-Peyraguey
Château Rayne-Vigneau
Château Rabaud-Promis
Château Sigalas-Rabaud
Château Rieussec
Château Suduiraut
Château La Tour-Blanche

SECONDS CRUS
Château d'Arche
Château Broustet
Château Nairac
Château Caillou
Château Doisy-Daëne
Château Doisy-Dubroca
Château Doisy-Védrines
Château Filhot
Château Lamothe (Despujols)
Château Lamothe (Guignard)
Château de Malle
Château Myrat
Château Romer
Château Romer-Du-Hayot
Château Suau

teau Latour (Premier Cru in der AOC Pauillac) hat einen Prozeß zum Schutz seines Namens gewonnen (der 90er wird deshalb Château Tour Blanche heißen). Sein aromatischer Ausdruck (Minze, rote Früchte und Lakritze) verleiht ihm einen originellen Charakter.

⌐ SVA du Ch. Tour Blanche, 33340 Saint-Christoly-de-Médoc, Tel. 56.58.15.79 ☎ n. V.
⌐ D. Hessel

CH. LA TOUR DE BY 1989*

■ Cru bourg.	60 ha	600 000	▮ ◑	❸

70 71 72 73 74 |75| **76** 77 78 |79| 80 81 |82| **83** |84| |85| 86 |87| 88 89

Berühmt ist das Gut wegen seines Turms, eines alten Leuchtturms am Ufer der Gironde, aber es besitzt auch schöne alte Keller. Aber der Kenner wird vor allem auf die Beschaffenheit seines Bodens achten, der zu 90% aus Kiessand besteht. Das trägt zu einer guten Lagerfähigkeit seines Weins bei, der bei diesem Jahrgang gut umhüllte Tannine und ein komplexes Aroma (eingemachte Früchte und Gewürze) bietet.

⌐ Ch. La Tour de By, 33340 Bégadan, Tel. 56.41.50.03 ☎ Mo-Fr 8h-12h 14h-18h

CH. LAULAN DUCOS 1989*

■	20 ha	35 000	▮ ◑ ↓ �	❷

Das Gut wurde 1921 vom Urgroßvater des heutigen Besitzers auf Rentenbasis erworben. Seitdem hat sich das Anbaugebiet immer weiter vergrößert. Wie bei diesem Cru üblich, entfaltet der 89er ein sehr sympathisches Bukett, in dem sich vollreife Beerenfrüchte mit würzigen Noten vermischen. Im Geschmack spürt man einen soliden Bau. Der lange Abgang ist ein gutes Vorzeichen für die Alterung.

⌐ Francis Ducos, 33590 Jau-Dignac-Loirac, Tel. 56.09.42.37 ☎ tägl. 9h-12h 14h-19h

CH. LE BOURDIEU 1989*

■ Cru bourg.	20,38 ha	150 000	▮ ◑ ↓ ▾	❷

Die Fröste von 1956 haben diesen Cru fast völlig zerstört, aber seit 1978 ist er wieder vollständig hergestellt. Der 89er bestätigt seine gute Entwicklung. Er ist noch etwas verschlossen, zeigt sich aber recht vielversprechend durch die Komplexität seines erwachsenen Aromas (Erdbeeren, Kokosnüsse, Menthol, Rosen).

⌐ Guy Bailly, Ch. Le Bourdieu, 33340 Valeyrac, Tel. 56.41.58.52 ☎ n. V.

CH. LE PEY 1989

■	k.A.	k.A.	◑ ▾	❷

Der »Pey« ist ein kleiner Hügel. Der Weinberg, der sich darauf befindet, besitzt deshalb eine gute Entwässerung, die es ihm erlaubt, einen hübschen Wein zu erzeugen. Sympathische kirschrote Farbe und ansprechendes Bukett. Sollte jung getrunken werden.

⌐ SCEA Compagnet, Ch. Le Pey, 33340 Bégadan, Tel. 56.41.57.75 ☎ Mo-Sa 9h-19h

CH. LES GRANDS CHENES 1989**

■ Cru bourg.	7 ha	40 000	◑ ↓ ▾	❸

|86| 88 **89**

Ein eher kleines Gut, das aber eine alte Familientradition und ein schönes Anbaugebiet besitzt. Der 89er macht beiden alle Ehre : durch

sein Bukett, das eine zarte Holznote mit dem Duft von roten Beerenfrüchten verbindet, ebenso wie durch seinen soliden Bau, der zweifellos etwas rustikal, aber vielversprechend ist. Ein lange lagerfähiger Wein.

⌐ Jacqueline Gauzy, Ch. Les Grands Chênes, 33340 Saint-Christoly-de-Médoc, Tel. 56.41.53.12 ☎ n. V.

CH. LES MOINES 1989**

■ Cru bourg.	12,5 ha	100 000	◑ ↓ ▾	❷

76 78 81 (82) |83| 84 |85| |86| **88 89**

Der Wein kommt von einem Gut, über das es ebensowenig zu berichten gibt wie über die Gemeinde, in der es liegt, aber er wird dennoch viel von sich reden machen. Mit seinem kräftigen, komplexen Aroma (geröstete Früchte) und seiner stattlichen Struktur besitzt er das notwendige Potential für ein langes Leben.

⌐ Claude Pourreau, 33340 Couquèques, Tel. 56.41.38.06 ☎ n. V.

CH. LES ORMES-SORBET 1989*

■ Cru bourg.	20 ha	100 000	◑ ↓ ▾	❹

70 71 74 |75| **76 78 79** 80 |81| (82) |83| 84 85 86 |87| 88 89

Auf diesem Familiengut hat man zahlreiche Fossilien und Fundstücke aus prähistorischer Zeit entdeckt, die zeigen, daß diese Gegend schon in frühester Zeit von Menschen besiedelt war. Die Liebe zur Archäologie hat Jean Boivert nicht von seiner Arbeit als Winzer abgehalten. Der 89er steht noch unter dem Einfluß des Holzfasses, das ein wenig seine Komplexität überdeckt, aber er besitzt eine gute Ausgewogenheit und eine angenehme Rundheit.

⌐ Jean Boivert, Les Ormes Sorbet, 33340 Conquèques, Tel. 56.41.53.78 ☎ n. V.

CH. LES TUILERIES 1989

■ Cru bourg.	16 ha	70 000	◑ ↓ ▾	❷

In Erinnerung an ihre Vorfahren, die Küfer waren, hat die Familie Dartiguenave auf ihrem Gut ein kleines Museum über das Handwerk der Faßherstellung angelegt. Dieser Einfall ist so sympathisch wie der Wein, bei dem man feststellt, daß sich die Ausgewogenheit zwischen Merlot- und Cabernettrauben (jeweils 50%) im Aroma (Früchte und grüner Paprika) wiederfindet.

⌐ Jean-Luc Dartiguenave, 33340 Saint-Yzans-de-Médoc, Tel. 56.09.05.31 ☎ tägl. 9h30-12h30 14h30-20h

LES VIEUX COLOMBIERS 1989*

■	25 ha	120 000	◑ ↓ ▾	❶

Dieser von der Genossenschaftskellerei von Prignac erzeugte Wein ist sehr ausgewogen und fein, aber er hat sich noch nicht voll entfaltet. Man spürt jedoch bereits, daß er feurig und recht typisch ist.

⌐ Cave Coop. Les Vieux Colombiers, 33340 Prignac-en-Médoc, Tel. 56.09.01.02 ☎ Mo-Sa 8h30-12h30 14h-18h

CH. LE TEMPLE Cuvée prestige 1989*

■ Cru bourg.	3,5 ha	20 000	◑ ↓ ▾	❸

Denis Bergey hat ein Gut auf einem erstklassigen Boden (lehmiger Kiessand) angelegt. Seine

Kinder bemühen sich, sein Werk zu vollenden, indem sie den Betrieb von Mischkultur ganz auf Weinbau umstellen. Sie müssen dabei Geduld haben, aber diese Spitzencuvée, die aufgrund ihrer Fülle und ihrer vollreifen Tannine sehr gefällig ist, kann sie nur ermutigen.

🍇 Denis Bergey, Ch. Le Temple, 33340 Valeyrac, Tel. 56.41.53.62 ⚒ n. V.

LIGNE N°1 1989 ★★

	k.A.	k.A.	**3**

Dieser Médoc könnte sich rasch zu einem Star der Firma Dourthe entwickeln, wenn man nach dem 89er urteilt. Unsere Juroren mochten sein Aussehen, die Struktur, den Abgang und vor allem das Bukett, das eine imaginäre Reise mitten in das Land der Blumendüfte, der Wildgerüche, des Tabaks und der Gewürze darstellt.

🍇 Dourthe Frères, 35, rte de Bordeaux, 33290 Parempuyre, Tel. 56.35.53.00

CH. LOUDENNE 1989 ★★

■ Cru bourg.	52 ha	250 000	▥↓Ⅴ**3**

75 78 79 80 81 (82) 83 84 85 86 87 88 89

Diese wunderschöne Kartause über der Gironde ist das »britischste« Château des Bordelais, was seinen Wein aber nicht daran hindert, sehr typisch für das Médoc zu sein. Das zeigt auch die Alterungsfähigkeit, die dieser sehr hübsche 89er mit seiner vollen Kraft verspricht. Man muß ihm Zeit lassen, damit er den runden, geschmeidigen und komplexen Geschmack, den seine Verkostung schon erahnen läßt, voll entwickelt.

🍇 Gilbey de Loudenne, Ch. Loudenne, 33340 Saint-Yzans-de-Médoc, Tel. 56.09.05.03 ⚒ Mo-Fr 9h-12h 14h-16h30

MERRAIN ROUGE 1989 ★

	k.A.	133 000	▥**3**

Produziert wird dieser Wein von Uni-Médoc, einer Vertriebsorganisation für Weine, die von Genossenschaftskellereien erzeugt werden. Der 89er ist in erstklassigen Barriquefässern ausgebaut worden und besitzt eine gute Ausgewogenheit zwischen dem Eichenholz und den Tanninen des Weins. Er bietet eine gefällige Farbe und einen sehr ausdrucksvollen Duft, der von Weichseln geprägt wird. Sehr angenehmer Gesamteindruck.

🍇 Uni Médoc, 33340 Gaillan-en-Médoc, Tel. 56.41.03.12 ⚒ Mo-Sa 8h30-12h30 14h-18h

MONSIEUR PHILIPPE 1989 ★

	k.A.	25 000	↓Ⅴ**2**

Ein Markenwein, aber mit sehr individuellem Charakter. Philippe Quien, der dafür verantwortlich zeichnet, muß sich seiner nicht schämen. Sein 89er ist sehr typisch, durch seine schöne Farbe ebenso wie durch seinen robusten, tanninreichen Geschmack.

🍇 Quien et Cie, 4, quai de Bacalan, B.P. 74, 33041 Bordeaux Cedex, Tel. 56.39.19.29 ⚒ Mo-Sa 8h-12h 14h-18h

CH. DU MONTHIL 1989

■ Cru bourg.	20 ha	120 000	▮↓Ⅴ**2**

|85| |86| 87 88 89

Das Château entstand erst 1875, aber das Gebiet, auf dem sich der lehmig-kieshaltige

Hügel seines Weinbergs befindet, war schon in der Urzeit besiedelt, wie zahlreiche prähistorische Funde beweisen (die heute im Museum von Saint-Germain-en-Laye ausgestellt sind). Dieser Wein dürfte ebenfalls langlebig sein, denn seine solide Struktur, die noch etwas streng erscheinen mag, verleiht ihm eine gute Alterungsfähigkeit.

🍇 Dom. Codem SA, 17, rue de Rivière, 33000 Bordeaux, Tel. 56.51.01.60 ⚒ n. V.

CH. MOULIN DE BEL-AIR 1989

■ Cru bourg.	15 ha	k.A.	▥↓**2**

Eine Besonderheit der Firma Robert Giraud : 50% Merlot. Der 89er ist zwar leicht, besitzt aber einen gut ausgeprägten Geschmack.

🍇 Robert Giraud SA, Dom. de Loiseau, B.P. 31, 33240 Saint-André-de-Cubzac, Tel. 57.43.01.44
🍇 Dartiguenave

CH. MOULIN DE BRION 1989

■ Cru bourg.	11 ha	90 000	▥↓Ⅴ**2**

Der Zweitwein von Château Les Moines. Der 89er entspricht seiner Farbe : schlicht, aber mild und ansprechend. Seine Struktur und seine kleinen, harmonisch verschmolzenen Tannine geben ihm einen cremigen Charakter.

🍇 Claude Pourreau, 33340 Couquèques, Tel. 56.41.38.06 ⚒ n. V.

CH. MOULIN DE CASTILLON 1989 ★★

■	13 ha	50 000	▮↓Ⅴ**2**

Dieser sehr hübsche 89er stammt von einer schönen Kuppe mit Kiessand, die sich über die Gironde erhebt. Er erinnert auf wunderbare Weise daran, daß ein großer Wein zunächst einmal der Ausdruck seines Anbaugebiets ist. Schon beim ersten Blick erahnt man hinter dieser schönen dunkelroten Farbe einen kräftigen Stoff. Aber wie bei allen schönen Dingen muß man Geduld zeigen können, damit er sich ganz enthüllt.

🍇 Pierre Moriau, 33340 Saint-Christoly-en-Médoc, Tel. 56.41.53.01 ⚒ n. V.

CH. MOULIN DE LA ROQUE 1989 ★

■ Cru bourg.	11 ha	60 000	▮▥**2**

Der Weinberg liegt auf einem kieshaltigen Hügel und besitzt eine für das Médoc typische Bestockung. Sein 89er bleibt die ganze Verkostung über elegant : granatrote Farbe, fruchtiges Bukett und im Geschmack Ausgewogenheit zwischen Wein und Holz.

🍇 Ch. La Tour de By, 33340 Bégadan, Tel. 56.41.50.03 ⚒ Mo-Fr 8h-12h 14h-18h

CH. DES MOULINS 1989 ★

	k.A.	25 000	▥↓Ⅴ**2**

Dieser Cru befindet sich in einem Gebiet, in dem die Mönche von Vertheuil vermutlich schon recht früh den Weinbau einführten. Sein 89er bietet ein prächtiges Kardinalpurpur. Das Bukett ist schlichter, entwickelt sich aber im Geschmack recht angenehm und hinterläßt einen gefälligen Eindruck mit schönen Tanninen, die aufgrund ihres Reichtums und ihrer Komplexität eine schöne Zukunft zu versprechen scheinen.

🍇 Charles Prévosteau, Le Gouat, 33180 Vertheuil, Tel. 56.41.98.07 ⚒ n. V.

CH. NOAILLAC 1989*

■ Cru bourg. 18 ha 120 000 ❙❙❙ ↓ Ⅴ ②
86 ❙**87**❙ ❙88❙ 89

Im Gegensatz zu den monumentalen Kellern bestimmter Grands Crus besitzt der Weinkeller dieses Gutes mit seinen schönen Holzbalken einen authentischen Charme. Passend dazu gibt sich dieser hübsche 89er unverfälscht, insbesondere durch die Dominanz des Cabernetaromas, das ihm einen interesanten typischen Charakter verleiht.

➥ Ch. Noaillac, 33590 Jau-Dignac-Loirac, Tel. 56.09.52.20 ☎ n. V.

➥ Xavier et Marc Pagès

CH. NOURET 1989*

■ k.A. 35 000 ❙❙❙ Ⅴ ②

Dieser Cru ist sicherlich nicht der bekannteste der Appellation, aber dennoch interessant. Sein bezaubernder, eleganter 89er beweist es mit seinem Biß, seiner Ausgewogenheit und seiner wahrscheinlich guten Alterungsfähigkeit.

➥ André Duhau, Ch. Nouret, 33340 Civrac-en-Médoc, Tel. 56.41.50.40 ☎ n. V.

CH. DE PANIGON 1989

■ Cru bourg. 39 ha 220 000 ❚❙❙❙❙❙ ↓ Ⅴ ②

Das Gut profitierte in jüngster Zeit von beträchtlichen Investitionen. Als dieser 89er hergestellt wurde, waren noch nicht alle geplanten Vorhaben abgeschlossen. Im Abgang ist er zwar etwas rustikal, aber dennoch sehr sympathisch. Die Holznote ist vielversprechend.

➥ Ch. de Panigon, 33340 Civrac-en-Médoc, Tel. 56.41.37.00 ☎ n. V.

➥ DWL France SA

CH. PATACHE D'AUX 1989**

■ Cru bourg. 40 ha 300 000 ❚❙❙❙❙❙ Ⅴ ③
70 75 76 78 79 ❙81❙ ❙**82**❙ ❙83❙ ❙**85**❙ ❙86❙ ❙87❙ 88 **89**

Dieses sehr alte Gut gehörte der Familie d'Aux, Nachkommen der Grafen von Armagnac, bevor es eine Postkutschenstation wurde (die billigen Postkutschen wurden damals »pataches« genannt). Das Bukett und die Struktur dieses 89ers halten, was die schöne, kräftige, strahlend rote Farbe verspricht und weisen auf einen lange lagerfähigen Wein hin, dessen Tannine sich noch harmonisch einfügen müssen.

➥ SC Ch. Patache d'Aux, 33340 Bégadan, Tel. 56.41.50.18 ☎ Mo-Fr 8h-12h 14h-16h30

PAVILLON DE BELLEVUE 1989**

■ k.A. 60 000 Ⅴ ③

Dieser Wein wird von der schon seit 50 Jahren bestehenden Genossenschaftskellerei von Ordonnac erzeugt. Er zeigt sich sehr einschmeichelnd und harmonisch. Von der Farbe mit den schönen tiefen Reflexen über das Bukett (gerösteter Kaffee und Pelzgeruch) bis hin zum Geschmack mit den geschmeidigen, eleganten Tanninen ist alles sehr gut ausgefallen.

➥ Pavillon de Bellevue, 33340 Ordonnac, Tel. 56.09.04.13 ☎ Mo-Sa 8h-12h 14h-18h

CH. DU PERIER 1989**

■ Cru bourg. 6 ha 30 000 ❙❙❙ ↓ ②

Ein erstklassiger Boden (Kiessand), eine dazu passende Bestockung (60% Cabernet-Sauvignon) ein neuer, gut konzipierter Keller. Fügen Sie dem noch gepflegte Rebstöcke und eine sorgfältige Vinifizierung hinzu, und Sie erhalten diesen sehr hübschen Wein. Farbe und Bukett sind sehr elegant. In seinem sehr angenehmen Geschmack entfalten sich schöne, milde und harmonisch eingefügte Tannine.

➥ Bruno Saintout, Ch. du Perier, 33340 Saint-Christoly-en-Médoc, Tel. 56.59.91.70

CH. PLAGNAC 1989*

■ Cru bourg. 30 ha 150 000 ❙❙❙ ↓ Ⅴ ②
81 ❙**82**❙ **83 84** ❙85❙ ❙**86**❙ ❙87❙ ❙88❙ 89

Ein komplexes Anbaugebiet am Rand von Bégadan, in dessen Boden Sand und Kiessand auf den Kalkstein von Saint-Estèphe treffen, und eine gute Mischung von alten und jungen Rebstöcken verleihen diesem schönen Gut seine Persönlichkeit. Sein 89er wirkt im Aussehen und im Bukett sehr jugendlich. Es ist ein konzentrierter Wein, der aber angenehm geschmeidige und weiche Noten enthüllt und gleichzeitig feurig und vielversprechend ist.

➥ Dom. Cordier, 10, quai de Paludate, 33800 Bordeaux, Tel. 56.31.44.44 ☎ n. V.

CH. PONTET 1989*

■ Cru bourg. 11,2 ha 50 000 ❙❙❙ ↓ ③

Die Quancards, die seit langer Zeit nicht nur Weinhändler, sondern auch Winzer sind, nutzen diesen Cru in Blaignan. Leichte Farbe, aber ausgewogene Struktur und rassiges, einschmeichelndes Aroma.

➥ Christian Quancard, Dom. d'Auberive, 33360 Latresne, Tel. 56.20.71.03

➥ GFA Pontet

CH. PREUILLAC 1989*

■ Cru bourg. 29,4 ha k.A. ❙❙❙ ↓ Ⅴ ②
79 80 81 ⟨**82**⟩❙ 84 85 ❙**86**❙ 87 88 89

Die wunderschöne Restaurierung hat dieses Gut zu einem wahren Schmuckstück gemacht. Es besitzt noch hölzerne Gärbehälter, einen unterirdisch angelegten Keller und einen Park mit Wasserspielen. Sein 89er gibt sich sehr großzügig. Schöne strahlende Farbe, Vanilleduft und harmonischer Geschmack mit soliden, aber nicht harten Tanninen.

➥ SCF Ch. Preuillac, 33340 Lesparre-Médoc, Tel. 56.09.00.29 ☎ Mo-Fr 8h-12h 14h-17h, Sa, So n. V.

➥ Bouet et Demars

CH. ROLLAN DE BY 1989

■ 2 ha 18 000 ❙❙❙ Ⅴ ③

Ein Wein aus einem sehr kleinen Weinberg mit Kiesboden. Er besitzt eine immer noch jugendlich wirkende Farbe und ist zufriedenstellend gebaut. Im Geschmack spürt man solide, bisweilen strenge Tannine.

➥ Jean Guyon, 60 bis, rue Charles-Laffitte, 92200 Neuilly-sur-Seine, Tel. 56.41.58.59 ☎ n. V.

CH. ROQUEGRAVE 1989

■ Cru bourg. 28,3 ha 236 000 ❚❙❙❙❙❙ Ⅴ ②
79 80 81 82 84 ❙85❙ ❙**86**❙ 87 88 ❙89❙

»Roque« (auf gaskognisch »Stein«) und »grave« – der Name dieses Cru sagt genug aus über die Beschaffenheit seines Bodens. Dieser Wein beginnt seine Entwicklung, was dazu reizt, ihn jung zu trinken, damit man in den ganzen Genuß seiner Finesse und Geschmeidigkeit kommt.

🡒 Joannon et Lleu, Ch. Roquegrave, 33340 Valeyrac, Tel. 56.41.52.02 ⲧ Mo-Fr 8h30-12h 14h-17h

CH. SAINT-BENOIT 1989

■   6 ha   40 000   ▮↓❷

Dieser von der Genossenschaftskellerei von Saint-Yzans vinifizierte 89er ist noch etwas aggressiv, aber gut gebaut und lässt ein recht typisches Aroma. Seine soliden Tannine dürften noch milder werden.

🡒 SCV de Saint-Brice, 33340 Saint-Yzans-de-Médoc, Tel. 56.09.05.05 ⲧ Mo-Sa 8h-18h
🡒 Robert Monfoulet

CH. SAINT-CHRISTOPHE 1989

■ Cru bourg.   12 ha   80 000   ▯▮↓❷

Diese Marke ist erst vor kurzem auf den Markt gekommen. Dahinter steckt ein einfacher Wein, der aber durch seine Geschmeidigkeit und sein fruchtiges Bukett gefällt.

🡒 Yvon Mau SA, B.P. 1, 33190 Gironde-sur-Dropt, Tel. 56.71.11.11 ⲧ n. V.
🡒 Patrick Gillet

SAINT-ROCH 1989

■   k.A.   10 000   ▮✔❷

Ein von der Tradition inspirierter Name und ein absolut modernes Etikett für einen Wein aus der Genossenschaftskellerei von Queyrac. Das Aroma sehr reifer Früchte ist sicherlich etwas ungewöhnlich für diese Appellation, aber nicht unangenehm.

🡒 Cave Coop. Queyrac, Le Sable, 33340 Queyrac, Tel. 56.59.83.36 ⲧ Di-Fr 8h30-12h30 14h30-18h30 ; Mo 14h30-18h30 ; Sa 8h30-12h

CH. SAINT-SATURNIN 1989

■   k.A.   145 000   ▮✔❷

Dieser Cru, der einen lehmig-kalkigen Hügel am Ortsausgang von Bégadan einnimmt, ist auf Spätlesen spezialisiert. Das Resultat ist keineswegs uninteressant, wie dieser Wein beweist, der mit seinem Aroma (Eingemachtes und Leder) zeigt, daß er Charakter besitzt.

🡒 Adrien Tramier, Ch. Saint-Saturnin, 33340 Bégadan, Tel. 56.41.50.82 ⲧ n. V.

CH. SEGUELONGUE 1989★★

■   14 ha   k.A.   ▮▯▮↓✔❷
83 |84| |85| |86| |88| 89

Dieses 1983 wiederhergestellte Gut präsentiert erneut einen sehr hübschen Wein. Sein 89er besitzt eine bezaubernde Farbe und verführt durch seinen fruchtigen Duft ebenso wie durch seinen kräftig gebauten, ausgewogenen Geschmack.

🡒 Monnier et Péduzzi, 33590 Jau-Dignac-Loirac, Tel. 56.09.57.28 ⲧ n. V.

CH. SESTIGNAN 1989★

■ Cru bourg.   18,2 ha   120 000   ▮▯▮↓✔❷

Eines der wenigen Güter in Jau-Dignac, auf dem immer noch Wein angebaut wird, sogar während der Zeit, als viele das Dorf verließen. Obwohl dieser 89er noch immer unverschämt jugendlich wirkt, dürfte er sich sehr gut entwickeln. Die Garantie dafür sind sein Bukett, in dem sich der Duft von roten Früchten mit frischem Trestergeruch vermischt, und seine kräftigen Tannine.

🡒 Bertrand de Rozières, Sestignan, 33590 Jau-Dignac-Loirac, Tel. 56.09.43.06 ⲧ n. V.

CH. TAFFARD 1989

■   18,03 ha   k.A.   ▮↓✔❷

Klassisch hinsichtlich seiner Bestockung und seiner Größe. Dieser Cru hat gerade den Besitzer gewechselt und stellt mit dem 89er einen Wein vor, der in ein bis zwei Jahren sehr angenehm schmecken dürfte. Sein Aroma (Blüten und rote Beerenfrüchte) verbindet Subtilität und Finesse.

🡒 SARL G.L.I.H. Ch. Taffard, 33340 Ordonnac, Tel. 56.09.00.00 ⲧ n. V.

CH. DE TASTE 1989

■ Cru bourg.   13,45 ha   60 000   ▯▮✔❷
82 83 84 |85| |86| 87 |88| 89

Dieses Gut hat eine lange Geschichte. Früher wurde es von einem mittelalterlichen Herrenhaus beherrscht. Sein einfacher, geschmeidiger 89er wird noch von etwas rohen Tanninen geprägt, besitzt aber ein vielversprechendes Bukett mit fruchtigen und Lakritznoten.

🡒 Jean-François Blanc, Ch. de Taste, 3, pl. de l'Eglise, 33590 Vensac, Tel. 56.09.44.45 ⲧ n. V.

CH. TERRE ROUGE 1989★

■ Cru bourg.   20 ha   48 000   ▮▯▮↓❷

Dieser Wein wird exklusiv von der Firma Sichel vertrieben. Der 89er rechtfertigt diese Wahl durch die Komplexität seines Aromas (Blüten, Quitten, danach Wildgeruch und Unterholz) und die Entwicklung seiner Tannine.

🡒 SCF Dom. de La Croix, Plantignan, 33340 Ordonnac, Tel. 56.09.04.14 ⲧ n. V.
🡒 Francisco

CH. TOUR HAUT-CAUSSAN 1989★★★

■ Cru bourg.   17,2 ha   100 000   ▯▮↓✔❸
62 64 75 76 |79| 80 81 |⟨82⟩| |83| 84 |85| 86 |87| 88 89

Hier steht keine Nachahmung aus dem letzten Jahrhundert, sondern eine schöne Mühle aus dem 18. Jh., die noch funktioniert. Keine Verwendung von chemischen Pflanzenschutzmitteln, Lese mit der Hand, Merlot und Cabernet-Sauvignon zu gleichen Teilen. Und ein Wein, der sich immer selbst treu bleibt. Jugendliches Aussehen. Das Holz ist noch sehr stark spürbar, aber das Gerüst und die aromatische Kraft sind vorhanden, um die Holznote zu verarbeiten. Das verspricht einen großen Wein.

🡒 Philippe Courrian, 33340 Blaignan, Tel. 56.09.00.77 ⲧ n. V.

TRADITION DES COLOMBIERS
Le Grand Art 1989 ∗ ∗ ∗

| | k.A. | 30 000 | ⬛ ↓ ☑ 2 |

|85||86| 87 88 ⑧⑨

Die Taubenhäuser spielten immer eine große Rolle im Leben von Prignac, das noch eines davon besitzt, übrigens von recht beachtlicher Größe. Die Genossenschaftskellerei von Prignac hat sich mit diesem 89er selbst übertroffen. Herrliches Bukett mit dem Duft von eingemachten Früchten und Vanille. Im Geschmack entfaltet sich eine Tanninstruktur, die ebenso kräftig wie ausgewogen ist. Bravo, das ist wirklich »Große Kunst«. .

🍇 Cave Coop. Les Vieux Colombiers, 33340 Prignac-en-Médoc, Tel. 56.09.01.02 ☎ Mo-Sa 8h30-12h30 14h-18h

CH. VERNOUS 1989 ∗ ∗

| ⬛ Cru bourg. | 22,04 ha | 160 000 | ⬛ ↓ ☑ 2 |

Die Champagnerfirma Deutz, die seit April 1990 Besitzerin dieses Cru ist, hat den Wein mit einem neuen Etikett versehen, das modern und elegant ist. Der reiche, großzügige 89er besitzt ein angenehmes Röstaroma und eine schöne Tanninstruktur.

🍇 SCA du Ch. Vernous, 33340 Saint-Trélody, Tel. 56.41.13.57 ☎ n. V.
🍷 Champagne Deutz

CH. VIEUX CASSAN 1989

| ⬛ | 8,8 ha | 27 000 | ⬛ ↓ ☑ 2 |

|85| 86 87 88 |89|

Ein vor kurzem wiederhergestelltes Gut. Sein schlichter, geschmeidiger und wohlausgewogener 89er ist sicherlich nicht für eine lange Lagerung bestimmt, aber er gibt in den kommenden beiden Jahren einen hübschen Wein gegen den »kleinen« Durst ab.

🍇 Antoine de Fournas, Ch. Vieux Cassan, 33340 Saint-Germain-d'Esteuil, Tel. 56.09.01.36 ☎ n. V.

CH. VIEUX PREZAT 1989 ∗

| ⬛ | 3 ha | 12 000 | ⬛ ↓ 3 |

Die Quancards handeln seit 1844 mit Wein und betreiben seit 1890 Weinbau, so daß sie sich mit dem typischen Charakter des Bordelais und des Médoc gut auskennen. Das beweisen sie uns mit diesem hübschen Wein, der stattlich und rund ist und einen angenehmen Duft von schwarzen Johannisbeeren, Rosen und Gewürzen entfaltet.

🍇 Christian Quancard, Dom. d'Auberive, 33360 Latresne, Tel. 56.20.71.03

CH. VIEUX ROBIN
Bois de Lunier 1989 ∗ ∗ ∗

| ⬛ Cru bourg. | 14,25 ha | 80 000 | ⬛ ↓ ☑ 3 |

80 81 |82| 83 84 85 86 |87| 88 89

Die Familientradition dieses Gutes reicht bis zur Mitte des 19. Jh. zurück. Es erzeugt regelmäßig gute Weine, wie auch dieser 89er beweist. Bemerkenswerte Farbe zwischen Granatrot und Violett. Komplexes und gleichzeitig entfaltetes Aroma (Himbeeren, Leder, Wildgeruch). Reicher Stoff mit sehr guter Holznote. Muß noch reifen.

🍇 SCE Ch. Vieux Robin, 33340 Bégadan, Tel. 56.41.50.64 ☎ Mo-Fr 9h-12h 15h-18h
🍷 Maryse et Didier Roba

Haut-Médoc

Mengenmäßig ist die Appellation Haut-Médoc mit der AOC Médoc vergleichbar (29 Mio. Flaschen bei 3 801 ha im Jahre 1990), aber ihre Weine genießen einen noch besseren Ruf, was teilweise darauf zurückzuführen ist, daß in ihrem Bereich fünf Crus Classés liegen. Die anderen befinden sich in den sechs kommunalen Appellationen innerhalb des Anbaugebiets des Haut-Médoc.

Im Médoc wurde die Klassifizierung der Weine 1855 durchgeführt, also fast ein Jahrhundert vor den anderen Regionen. Das erklärt sich aus dem Vorsprung, den der Weinbau im Médoc ab dem 18. Jh. hatte; denn von dort begann der »Vormarsch der Qualität« mit der Entdeckung der Begriffe »Boden« und »Cru«, d. h. der Erkenntnis, daß es einen Zusammenhang zwischen den natürlichen Voraussetzungen des Anbaugebiets und der Qualität des Weins gibt. Die Haut-Médoc-Weine sind edel, aber nicht nicht zu kraftvoll; sie besitzen im Aroma echte Finesse und zeichnen sich im allgemeinen durch eine gute Alterungsfähigkeit aus. Sie sollten dann bei Zimmertemperatur getrunken werden und passen sehr gut zu weißem Fleisch und Geflügel oder Wild mit hellem Fleisch. Aber wenn man sie jünger trinkt und gekühlt serviert, können sie auch andere Gerichte begleiten, beispielsweise bestimmte Fische.

CH. DE L'ABBAYE 1989

■ Cru bourg. 66 ha 156 000

Dieser Wein kommt vom gleichen Gut wie der Château Reysson. Er ist ist geschmeidig und gefällig, so daß man eher an eine grazile Pagode als an eine wuchtige romanische Abtei denken muß. Von letzterer besitzt er jedoch die Ausgewogenheit.

↦ SARL du Ch. Reysson, 17, cours de la Martinique, B.P. 90, 33027 Bordeaux Cedex, Tel. 56.52.11.46 ☎ n. V.

CH. ARNAULD 1989

■ Cru bourg. 20 ha 120 000 ▯ ↓ ☑ 3
80 |81| **82 83** 84 |85| ⑧⑥ |87| **88** 89

Dieses Gut, das ehemalige Priorat von Arcins, das seinen Keller gut zu nutzen versteht, hat schon eine alte Weinbautradition. Sein 89er besitzt nicht die Klasse der Weine, die das Gut sonst erzeugt, sondern ist rustikaler und weniger kräftig. Dennoch gefällt er durch sein komplexes Aroma, das den Duft von weißen Blüten mit dem Geruch von Vanille und Wild verbindet.

↦ SCEA Theil-Roggy, Ch. Arnauld, 33460 Arcins, Tel. 56.58.02.96 ☎ Mo-Sa 9h-12h 14h-18h

CH. D'ARSAC 1989

■ Cru bourg. 80 ha 200 000 ▯ ↓ ☑ 3

Dieser Cru, der gerade umstrukturiert wird, besitzt ein Château und Keller, die sehr typisch für den Eklektizismus des letzten Jahrhunderts sind. Sein 89er ist ein angenehmer Wein für gesellige Runden, den man aufgrund seiner Geschmeidigkeit und Rundheit schon jung trinken kann.

↦ Philippe Raoux, Ch. d'Arsac, 33460 Arsac, Tel. 56.83.88.90

CH. D'AURILHAC 1989*

■ 3,5 ha 20 000 ▯ ↓ ☑ 1

Dieser Wein ist erst seit kurzem auf dem Markt. Er besitzt eine violett schimmernde rote Farbe, der es nicht an Vornehmheit fehlt. Das feine, rassige Bukett mit Noten von reifen Früchten und Lebkuchen leitet zu einem runden, stattlichen Geschmack über, der eine gute Entwicklung verspricht.

↦ Erik Nieuwaal, Dom. de Sénilhac, 33180 Saint-Seurin-de-Cadourne, Tel. 56.59.35.32 ☎ n. V.

CH. BALAC Sélection 1989*

■ Cru bourg. 13,14 ha 90 000 ▯ ↓ ☑ 3
75 76 ⑦⑧ 79 81 |83| |85| 86 87 88 89

Das Gut wird von einer echten Kartause beherrscht. Es besitzt einen nicht sehr tiefen Kiesboden über einem lehmig-kalkigen Untergrund. Bei der Bestockung hat Cabernet-Franc mit 30% einen relativ hohen Anteil. Diese sehr gelungene »Sélection« zeichnet sich durch sein komplexes Aroma (Früchte, Vanille, Leder, Wild und Gekochtes sowie ein Hauch von Blüten und Honig) und sein solides Tanningerüst aus, das eine gute Entwicklung voraussagen läßt.

↦ Luc Touchais, Ch. Balac, 33112 Saint-Laurent-du-Médoc, Tel. 56.59.41.76 ☎ n. V.

CH. BARATEAU 1989*

■ k.A. 100 000 ▯ ☑ 2
82 84 |85| |86| 87 88 89

Die Gründer dieses Gutes (Anfang des 19. Jh.) wußten nicht, wie sie es nennen sollten, als Abbé Barateau kam, um es zu segnen. Und damit war auch gleich ein Name gefunden! Die Farbe dieses Weins verführt durch ihre violetten Reflexe ebenso rasch wie sein Duft, der mit seinen Muskat- und Pfeffernoten ein wenig erregend ist, oder sein Körper, der gleichzeitig rund, fleischig und zart ist.

↦ Sté Fermière Ch. Barateau, 33112 Saint-Laurent-du-Médoc, Tel. 56.59.42.07 ☎ Mo-Fr 9h-12h 14h-18h

↦ Famille Leroy

CH. BEAUMONT 1989*

■ Cru bourg. 107 ha 450 000 ▯ ↓ ☑ 4
|82| 83 84 **85** 86 87 |88| 89

Beaumont ist ein schönes Beispiel für Eklektizismus, eine harmonische Mischung aus Renaissance und Klassizismus mit einem Schuß Gotik bzw. englischer Spätgotik. Das Aussehen dieses 89ers ist sicherlich klassizistisch. Aber welch ein Stil! Und was folgt, ist ebenfalls stilvoll: Ein tiefes Bukett mit hübschen Röst- und Kaffeenoten, eine schöne Ansprache mit vollreifen Tanninen, die sanft über die Zunge gleiten, und ein solides Gerüst ergeben einen harmonischen Gesamteindruck.

↦ SCE Ch. Beaumont, 33460 Cussac-Fort-Médoc, Tel. 56.58.92.29 ☎ n. V.

CH. BEL AIR 1989*

■ 35 ha 180 000 ▯ ↓ ☑ 2
|82| 83 |85| 86 |87| |88| 89

Dieser recht große Cru, der seit 1989 einer Tochter von Henri Martin gehört, besteht aus mehreren Parzellen, die auf Kieskuppen liegen, deren Untergrund im Gebiet von Cussac teilweise lehmig ist. Die Frische der Farbe und des Bukett findet sich im Geschmack wieder, in dem der geschmeidige, edle Wein ein interessantes Entwicklungspotential enthüllt.

↦ Dom. Henri Martin, Ch. Gloria, 33250 Saint-Julien-Beychevelle, Tel. 56.59.08.18 ☎ n. V.

↦ Françoise Triaud

CH. BELGRAVE 1989***

■ 5ème cru clas. 53 ha k.A. ▯ ☑ 5
77 79 80 |81| |82| |83| 84 ⑧⑤ |86| 87 88 **89**

GRAND CRU CLASSÉ

Château Belgrave

HAUT-MÉDOC
APPELLATION HAUT-MÉDOC CONTRÔLÉE
1989
SOCIÉTÉ D'EXPLOITATION DU CHÂTEAU BELGRAVE
à SAINT-LAURENT-DU-MÉDOC (GIRONDE) FRANCE
PRODUCE OF FRANCE
MIS EN BOUTEILLE AU CHÂTEAU

Der etwas altmodische Stil des Etiketts gibt nicht den liebenswerten Charakter des ehemaligen Jagdschlößchens (18. Jh.) wieder, das dieses Gut mit dem guten Anbaugebiet beherrscht. Die prächtige Farbe dieses 89ers kündigt einen Wein an, der ein kräftiges, sehr ausdrucksvolles Aroma (von schwarzen Johannisbeeren bis Sandelholz) entfaltet und seine Harmonie und Klasse bis zum bemerkenswert nachhaltigen Abgang aufrechterhält. Dieser überaus gelungene Wein zeugt von einer strengen Auswahl.

🐓 CVBG Dourthe-Kressmann, 35, rte de Bordeaux, 33290 Parempuyre, Tel. 56.35.53.00

CH. BOIS DU MONTEIL 1989*

■　　　　5 ha　　24 000　　🏛 2

Dieser Wein stammt vom gleichen Erzeuger wie der Château Martinens (AOC Margaux). Er ist noch etwas streng, kündigt sich aber vielversprechend durch sein komplexes Aroma (Früchte und Vanille) an, einen Stoff an, der erfolgreich Kraft mit Vornehmheit verbindet.

🐓 Sté Fermière de Ch. Martinens, 33460 Cantenac, Tel. 56.88.71.37 ☎ n. V.

CH. DE BRAUDE 1989

■　　　1,7 ha　　10 000　　🍷🏛 ⬇🗹 2

Dieser Cru, der dem gleichen Besitzer wie Château Mongravey (AOC Margaux) gehört, bietet ein einen – insbesondere im Abgang – schlichten, aber ja vinifizierten Wein, der ein vielfältiges Aroma (Pflaumen, Menthol, Anis, Pfeffer, Gewürznelken) und erstklassige Tannine entfaltet.

🐓 Régis Bernaleau, Ch. Mongravey, 33460 Arsac, Tel. 56.58.84.51 ☎ n. V.

CH. DE CANDALE 1989*

■　　　11,52 ha　　60 000　　　 2

Viel hätte nicht gefehlt, und das Anbaugebiet dieses Cru wäre einer Kiesgrube zum Opfer gefallen. Das wäre schade gewesen, denn es eignet sich hervorragend für den Weinbau, wie dieser 89er beweist. Die Farbe ist etwas leicht, weil die Rebstöcke noch jung sind. Das originelle Bukett enthüllt Feuersteinnoten. Der Wein hinterläßt einen harmonischen Gesamteindruck.

🐓 Sté Fermière du Ch. d' Issan, 33460 Cantenac, Tel. 56.44.94.45 ☎ n. V.

CH. CANTEMERLE 1989**

■ 5e cru clas.　　61 ha　　350 000　　🏛 ⬇🗹 5
70 71 77 78 |79| 80 |81||82||83||84| 85 86 |87| 88 89

Ein charaktervolles Château. Dieses schöne Herrenhaus aus dem 16. Jh. ist von einem Park und einem Gut umgeben, auf dem seit dem 14. Jh. Wein angebaut wird. Die hier erzeugten Weine besitzen regelmäßig eine gute Qualität. Der 89er ist ein Wein, den man mit Vergnügen trinkt. Er präsentiert sich sehr elegant, in der Farbe ebenso wie im Duft, und fügt seinem komplexen Aroma (von Früchten bis zu Gewürzen) einen alkoholischen, stattlichen, körperreichen und ausgewogenen Geschmack hinzu.

🐓 Ets Cordier, 10, quai de Paludate, 33800 Bordeaux, Tel. 56.31.44.44 ☎ n. V.

🐓 SC Ch. Cantemerle

CANTERAYNE 1989

■　　　59,85 ha　　100 000　　🍷🗹 2

Ein von der Genossenschaftskellerei von Saint-Sauveur erzeugter Wein, der bestimmt nicht versucht, sehr originell zu sein, aber zeigt, daß er gut gemacht ist, insbesondere durch seine Ansprache, die Biß und Volumen zeigt.

🐓 SCV de Saint-Sauveur, 33250 Saint-Sauveur, Tel. 56.59.57.11 ☎ MoSa 8h-12h 14h-18h

CH. DU CARTILLON 1989**

■ Cru bourg.　　41 ha　　250 000　　🏛 ⬇🗹 3
|87||88| 89

Dieses Gut ist spät zum Weinbau gekommen, aber seine Umstellung war erfolgreich. Sein sehr hübscher und sehr gut gebauter 89er betätigt den 88er und verbindet auf elegante Weise die Holznote und erstklassige Tannine mit einem runden, geschmeidigen und wohlausgewogenen Geschmack, bevor er mit einem sehr einschmeichelnden Abgang ausklingt.

🐓 Gérard Maltete, Ch. du Cartillon, 33460 Lamarque, Tel. 56.58.90.08 ☎ n. V.

DOM. DE CARTUJAC 1989

■　　　7 ha　　30 000　　🏛 ⬇🗹 2

Dieses Gut gehört dem gleichen Besitzer wie Château La Bridane in Saint-Julien. Es präsentiert hier einen Wein, der nicht so ausgewogen wie der 88er ist, weil die Tannine im Abgang etwas zu deutlich spürbar sind. Aber er macht das durch sein interessantes Aroma (rote Früchte und Schalen von Zitrusfrüchten) wieder gut.

🐓 Bruno Saintout, Cartujac, 33112 Saint-Laurent-du-Médoc, Tel. 56.59.91.70 ☎ Mo-Fr 15h-19h

CH. CHARMAIL 1989*

■ Cru bourg.　　22 ha　　60 000　　🏛 ⬇🗹 2

Ein schönes, mächtiges Bürgerhaus aus dem späten 19. Jh., dem zwei Ecktürme ein châteauähnliches Aussehen verleihen. Dieser Wein zögert nicht zwischen beiden Stilen : Seine Farbe und seine Struktur, die ihm eine gute Alterungsfähigkeit gibt, sind typisch Médoc.

🐓 SCA Ch. Charmail, 33180 Saint-Seurin-de-Cadourne, Tel. 56.59.70.63 ☎ MoFr 8h30-12h 13h30-19h ; 2. Aug.hälfte geschlossen

🐓 Seze

CHATELLENIE Chesnée des Moines 1989

■　　　k.A.　　20 000　　🏛 ⬇🗹 2

Verteuil, eine ehemalige Seigneurie, war auch eine bedeutende Abtei, woran der Name dieser Auswahlcuvée der Genossenschaftskellerei erinnert. Ansprechende rubinrote Farbe mit jugendlichen Reflexen und fruchtiger Duft mit feiner Holznote. Ein zarter, leicht zugänglicher 89er.

🐓 SCV Châtellenie Haut-Médoc, 33250 Verteuil, Tel. 56.41.98.16 ☎ Di-Sa 8h30-12h30 14h-18h

CHEVALIERS DU ROI SOLEIL 1989*

■　　　k.A.　　50 000　　🍷⬇🗹 2

Durch seinen Namen erinnert dieser Wein an die Existenz des 1689-1731 errichteten Fort-Médoc in Cussac. Mit seiner sehr kräftigen Farbe und seinen noch rauhen Tanninen gibt sich der

kräftige 89er recht kriegerisch, aber sein hübscher fruchtiger Duft zeigt, daß er auch zart sein kann.
🍷 SCA les Viticulteurs du Fort-Médoc, Les Caperans, 33460 Cussac-Fort-Médoc, Tel. 56.58.92.85 🍸 Mo-Sa 9h-12h 14h-18h

CH. CITRAN 1989***

■ Cru bourg.   90 ha   223 000   ❙❙❙ ↓ ☑ 4
|87| 88 89

Dieses 1861 neu errichtete Château, ursprünglich ein befestigtes Landhaus, wird gerade vollständig renoviert. Die bemerkenswerte Farbe seines 89ers besitzt eine außergewöhnliche Intensität, Tiefe und Eleganz. Diese Qualitäten findet man auch im Bukett (Früchte und geröstetes Brot) und im Geschmack, der sich stoffreich, rund, fleischig, tanninreich, fein und komplex zeigt. Ein gut temperierter, attraktiver Wein.
🍷 Sté Ch. Citran-Médoc, 33480 Avensan, Tel. 56.58.21.01 🍸 n. V.

CH. CLEMENT-PICHON 1989**

■ Cru bourg.   24,68 ha   140 000   ❙❙❙ ↓ ☑ 3
82 83 |85| |86| 87 88 89

Ähnlichkeit mit einem Loireschloß – eine überraschende Realisierung der für die Gironde typischen Eklektizismus des 19. Jh. Die Zahl der Fenster (etwa 100) gibt eine Vorstellung von seiner Größe. Dieser Wein besitzt eine sehr ansprechende Farbe und ein kräftiges Bukett mit vielfältigen Nuancen (Kirschen, Backpflaumen und Leder). Im Geschmack enthüllt er einen guten Bau. Ein stattlicher, feuriger und ausgewogener 89er, der eine sehr gute Entwicklung verspricht.
🍷 Clément Fayat, Ch. Clément-Pichon, 33290 Parempuyre, Tel. 56.35.23.79 🍸 n. V.

CH. CORCONNAC 1989

■   k.A.   k.A.   2

Dieses Gut befindet sich in der Gemeinde Saint-Laurent. Es präsentiert sich mit diesem 89er einen Wein, der lange lagerfähig zu sein scheint. In seinem Bukett vermischen sich reife Früchte und Gewürze.
🍷 Parrault, EARL T.C. Ch. Corconnac, 33112 Saint-Laurent-du-Médoc, Tel. 56.59.93.04

CH. COUFRAN 1989*

■ Cru bourg.   65 ha   500 000   ❙❙❙ ☑ 3
70 76 78 79 80 81 82 |83| 84 |85| 86 |87| 88 89

Coufran, eine hübsche Kartause mit einem Zentralpavillon, ist typisch für die Gironde. Das gilt auch für seinen Wein, vor allem wegen seiner aromatischen Ausdruckskraft und seiner tanninreichen Ansprache. Da er noch etwas kantig ist, sollte man ihn atmen lassen.
🍷 SCA Ch. Coufran, 33180 Saint-Seurin-de-Cadourne, Tel. 56.59.31.02 🍸 n. V.

CH. DASVIN-BEL-AIR 1989*

■ Cru bourg.   17 ha   55 000   ❙❙❙ ↓ ☑ 2
|(86)| 87 88 89

Ein noch nicht lange bestehendes Gut, das mit dem 86er seinen ersten Jahrgang erzeugte – einen großartigen Wein, den wir mit einer besonderen Empfehlung begrüßt haben. Der 89er reicht weder an den 86er noch an den 88er heran, aber er zeigt sich sehr gefällig, in seinem, feinen, zarten

Aroma ebenso wie in seinem hübschen Abgang mit den gut verarbeiteten Tanninen.
🍷 Indivision Tessandier, Ch. Maucamps, 33460 Macau, Tel. 56.30.07.64 🍸 n. V.

CH. DECORDE 1989

■ Cru bourg.   15 ha   k.A.   ❙❙❙ ↓ 3

Eine für das Médoc nicht sehr typische Bestockung (60% Merlot). Dieser geschmeidige Wein besitzt Tannine, die im Abgang noch etwas trocken sind, und entfaltet ein frisches Aroma, das von Mentholnoten geprägt wird.
🍷 Robert Giraud SA, Dom. de Loiseau, B.P. 31, 33240 Saint-André-de-Cubzac, Tel. 57.43.01.44
🍷 Mazeau

CH. DILLON 1989*

■ Cru bourg.   32 ha   240 000   ❚❙❙ ↓ ☑ 2
76 78 79 81 82 83 84 |85| (86) 87 |88| 89

Das Château ist heute eine landwirtschaftliche Fachoberschule. Es trägt den Namen eines seiner ersten Besitzer, der angeblich ein Nachkomme von Lochar Delion, einem Helden der irländischen Sagen, war. Dieser hübsche 89er, der gleichzeitig geschmeidig und kräftig gebaut ist, zeigt durch sein Aroma, das stark von den Cabernet-Sauvignon-Trauben geprägt wird (rote Früchte), und durch seine Alterungsfähigkeit einen recht typischen Charkter.
🍷 Lycée agricole de Bordeaux-Blanquefort, B.P. 113, 33294 Blanquefort Cedex, Tel. 56.35.56.35 🍸 Mo-Fr 8h-12h 14h-17h45 ; Sa 9h-12h

CH. D' ESTEAU 1989*

■   3,55 ha   20 000   ❙❙❙ ↓ ☑ 2
83 84 |85| 86 87 |88| 89

Ein kleines Gut, das lange Zeit zu einem größeren Besitz gehörte, bevor es selbständig wurde. Sehr gefällige dunkle Farbe und sehr angenehmes Aroma, das von roten Früchten geprägt und durch eine originelle Note, einen Schuß »Portwein« , verstärkt wird. Im Geschmack enthüllt der Wein eine wohlausgewogene Struktur.
🍷 Serge Playa, Ch. d'Esteau, 33250 Saint-Sauveur, Tel. 56.59.57.02 🍸 n. V.

CH. FONTESTEAU 1989

■ Cru bourg.   16,33 ha   50 000   ❙❙❙ ↓ ☑ 2
76 77 79 |81| |82| |83| 84 |85| 86 87 88 |89|

Das Château, ein ehemaliges Jagdhaus, das wie eine Seigneurie wirkt, ist von einem schönen Gut umgeben, auf dem sieben Quellen fließen, die auch für seinen Namen verantwortlich sind. Ein einfacher, aber ausgewogener und klarer 89er, der recht harmonisch ist.
🍷 GAEC du Ch. Fontesteau, 33250 Saint-Sauveur, Tel. 56.59.52.76 🍸 n. V.
🍷 D. Fouin et J. Renaud

FORT DU ROY Le Grand Art 1989*

■   4 ha   40 000   ❙❙❙ ↓ ☑ 2

Die Genossenschaftskellerei von Cussac fällt den Touristen durch ihre kühne Architektur auf, aber sie zeichnet sich auch durch ihre Weine aus, wie dieser 89er beweist. Er ist gut gebaut und besitzt reichen Stoff und gut umhüllte Tannine. Außerdem entfaltet er ein schönes, noch etwas wildes Aroma, das an Wildbret erinnert.

SCA les Viticulteurs du Fort-Médoc, Les Caperans, 33460 Cussac-Fort-Médoc, Tel. 56.58.92.85 ☎ Mo-Sa 9h-12h 14h-18h

CH. FORT-LIGNAC 1989*

◼ 4,4 ha 30 000 ⬗ ↓ 3

Dieser Wein stammt von alten Rebstöcken und läßt soliden Stoff erkennen, was dafür spricht, daß man ihn altern lassen sollte. Dabei kann er auch sein noch etwas verschlossenes Bukett entfalten.

Yvon Mau SA, B.P. 1, 33190 Gironde-sur-Dropt, Tel. 56.71.11.11 ☎ n. V.

Fort-Pradère

CH. GRANDIS 1989*

◼ Cru bourg. 8,03 ha 36 000 ⬗ ✔ 3
86 88 89

Nüchternheit und Eleganz : Grandis besitzt den typischen Charakter einer Bordeleser Kartause. Der 89er ist rund und delikat und bietet einen hübschen Duft gekochter Früchte und die notwendigen Tannine. Er sollte noch drei bis fünf Jahre reifen, damit seine Holznote mit dem Wein verschmelzen kann.

GFA du Ch. Grandis, 33180 Saint-Seurin-de-Cadourne, Tel. 56.59.31.16 ☎ n. V.

F.-J. Vergez

DOM. GRAND LAFONT 1989*

◼ 4 ha 15 000 ⬗ ✔ 2

Der Cru, der früher »Petit La Lagune« hieß, hat vornehme Nachbarn. So erstaunt es auch nicht, daß man hier hübsche Weine wie diesen 89er findet. Er besitzt ein solides Gerüst und ein komplexes Bukett, in dem man neben Vanille, Eingemachtem und Wildgeruch auch eine Mentholnote findet.

Lavanceau, Dom. Grand Lafont, 33290 Ludon-Médoc, Tel. 56.30.44.31 ☎ n. V.

CH. GRAND MERRAIN 1989

◼ 3 ha 30 000 ▮ ⬗ 2

Fort-Médoc wurde 1680 von Vauban erbaut. Ein recht gefälliger, unkomplizierter Wein, der sich gut trinkt. Er wird von der gleichen Genossenschaft wie der »Chevaliers du Roi Soleil« erzeugt.

SCA les Viticulteurs du Fort-Médoc, Les Caperans, 33460 Cussac-Fort-Médoc, Tel. 56.58.92.85 ☎ Mo-Sa 9h-12h 14h-18h

Christian Brun

CH. GRAND MOULIN 1989

◼ Cru bourg. 22 ha 186 600 ▮ ⬗ ✔ 2

Der Cru gehört dem gleichen Besitzer wie Château La Mothe, liegt aber nicht am Hang, sondern auf dem Plateau. Obwohl beide Böden lehmig-kalkig sind, reicht das aus, daß die Weine unterschiedlich ausfallen. Das Bukett dieses 89ers wird nicht so stark von den Cabernettrauben geprägt. Der Geschmack muß bei der Alterung harmonisch werden.

SC des Ch. La Mothe et Grand Moulin, 33180 Saint-Seurin-de-Cadourne, Tel. 56.59.35.95 ☎ n. V.

Gonzalvez

GRAND RENOM 1989

◼ k.A. 12 000 ⬗ ↓ ✔ 3

Ein ehrgeiziger Name für diesen Wein, dessen Farbe sehr jugendlich ist. Seine etwas lebhaften Tannine dürften sich mit der Zeit harmonisch einbinden. Ein gut strukturierter, ausgewogener 89er.

P. Ouzoulias et Fils, 17, rue du Colonel-Picot, 33500 Libourne, Tel. 56.51.07.55 ☎ n. V.

CH. GUITTOT FELLONNEAU 1989*

◼ 3,8 ha 20 000 ⬗ ✔ 2

Ein freundlicher Empfang ein Wein, der nicht weniger einladend ist. Seine noch etwas rustikalen Tannine versprechen ebenso wie sein Bukett und sein Volumen eine schöne Zukunft.

Guy Constantin, Ch. Guittot-Fellonneau, 33460 Macau, Tel. 56.30.47.81 ☎ n. V.

CH. HANTEILLAN 1989

◼ Cru bourg. 82 ha 450 000 ▮ ⬗ ↓ ✔ 4
75 76 |78| 79 80 |81| |82| |83| 84 |85| 86 87 88 89

Die Ursprünge dieses Gutes reichen bis ins 12. Jh. zurück. Aber Catherine Blasco bewirtschaftet dieses Gut erst seit 1984. Der 89er schmeckt zwar im Augenblick nicht schlecht, aber sicherlich wird er einmal nicht zu den großen Jahrgängen gehören, denen der Cru sein Ansehen verdankt. Er besitzt jedoch noch kräftige Tannine und ein interessantes Aroma, insbesondere durch seine Röstnote und seinen Briocheduft.

Ch. Hanteillan, 33250 Cissac, Tel. 56.59.35.31 ☎ tägl. 9h-12h 14h-18h

Catherine Blasco

CH. HAUT-BELLEVUE 1989*

◼ 7 ha 35 000 ⬗ ✔ 2

Dieser Wein stammt aus einem richtigen »Winzerweinberg« . Sein Besitzer verwendet weder Pflanzenschutz- noch Schädlingsbekämpfungsmittel. Diese biologischen Anbaumethoden merkt man dem Wein auch an. Sein zarter Vanilleduft und sein würziger Geschmack machen ihn sehr angenehm, wenn man ihn bald trinkt.

Alain Roses, 10, chem. des Calénottes, 33460 Lamarque, Tel. 56.58.91.64 ☎ tägl. 9h-12h 14h30-18h

CH. HAUT LOGAT 1989

◼ Cru bourg. 20 ha k.A. ⬗ ↓ 3

Der Cru liegt neben Château Tour Saint-Joseph und gehört ebenfalls den Quancards. Der 89er ist dünner als der 88er, besitzt aber eine gute Ausgewogenheit und eine Frische, die seine Farbe und sein Bukett sehr gefällig erscheinen lassen.

Marcel et Christian Quancard, 33250 Cissac, Tel. 56.33.80.60 ☎ n. V.

CH. LACHESNAYE 1989**

◼ Cru bourg. 15 ha ⬗ ↓ ✔ 3
79 80 81 |82| 83 84 |85| 86 87 |88| 89

Der Neotudorstil des Châteaus hat das Gut berühmt gemacht, aber es zeichnet sich auch durch die Qualität seines Bodens aus, die an einige der besten Grands Crus Classés heranreicht. Beweis dafür ist dieser 89er mit der dunkelroten Tunika, der ein angenehmes Bukett von roten Früchten und ein solides Tanngerüst besitzt und in seinem sehr hübschen Abgang ein Aroma von geröstetem Kaffee entfaltet.

🐦 GFA des Dom. Bouteiller, 33460 Cussac-Fort-Médoc, Tel. 56.58.94.80 ☎ tägl. 9h-11h30 14h-17h30 ; 13. Nov.–20. März geschlossen

CH. LACOUR JACQUET 1989★★

■ 2 ha 4 400 ❚❙❘ ☑ 2

Ein traditionelles Gut, dessen Weine einen klar erkennbaren Charakter haben. Der volle, kräftig gebaute Körper und die schöne rubinrote Farbe sind sehr typisch. Das Bukett hingegen ist individueller (Blütenduft mit Vanille- und Harzaroma) und trägt ebenfalls zum sehr gelungenen Gesamteindruck bei.

🐦 GAEC Lartigue, 33460 Cussac-Fort-Médoc, Tel. 56.58.91.55 ☎ n. V.

LA DEMOISELLE DE SOCIANDO-MALLET 1989★

■ 10 ha 60 000 ❚❙❘ ☑ 3

Das Etikett erinnert daran, daß es früher in den Weinbergen viele Libellen gab. Heute sind sie leider hier wie überall selten geworden. Auch wenn man das bedauert, hindert das nicht daran, diesen hübschen Wein zu würdigen, der mit einem Lakritzearoma in der Ansprache und im Geschmack überrascht. Muß nur noch altern.

🐦 Jean Gautreau, Ch. Sociando-Mallet, 33180 Saint-Seurin-de-Cadourne, Tel. 56.59.36.57 ☎ Mo-Sa9h-12h 14h-17h

CH. LA FAGOTTE 1989

■ 3,5 ha 20 000 ❚❙❘ ↓ ☑ 1

Dieser Cru gehört dem gleichen Besitzer wie Château Sénilhac. Sein 89er ist ein Wein, den man unbedingt jung trinken muß, wenn man seinen sympathischen, feurigen Charakter genießen will.

🐦 Erik Nieuwaal, Dom. de Sénilhac, 33180 Saint-Seurin-de-Cadourne, Tel. 56.59.35.32 ☎ n. V.

CH. LA FON DU BERGER 1989

■ 10 ha 68 000 ❚❙❘ ☑ 2

»Der Brunnen des Schäfers« – ein recht bukolischer Name, der zu diesem Wein paßt. Er ist etwas leicht, aber geschmeidig, süffig und rund und entfalten einen sympathischen Gewürz- und Trüffelduft.

🐦 Gérard Bougès, Le Fournas, 33250 Saint-Sauveur, Tel. 56.59.51.43 ☎ tägl. 9h-19h

CH. LA HOURINGUE 1989

■ 28 ha 150 000 ❚❙❘ 3

Dieser liebenswerte, runde Wein stammt von einem Gut, das mit den Weingütern von Giscours (AOC Margaux) verbunden ist, von denen es auch nicht sehr weit entfernt ist. Er kann zwar nicht mit einem Cru Classé, erst recht nicht mit einem der Appellation Margaux konkurrieren, aber dank seines hübschen Buketts (eingemachte Früchte und Gewürze) fehlt es ihm nicht an Charme.

🐦 SAE Ch. Giscours, 33460 Labarde, Tel. 56.30.06.66

CH. LA LAGUNE 1989★★★

■ 3ème cru clas. k.A. k.A. ❚❙❘ ↓ 4

70 71 74 75 (78) 79 80 ‖81‖ ‖82‖ ‖83‖ 85 86 ‖87‖ 88 89

La Lagune ist nicht nur der erste Cru Classé, auf den man stößt, wenn man von Bordeaux her kommt, sondern besitzt auch eine der beispielhaftesten Kartausen, d. h. ein kleine abgeschiedenes Landhaus. Der 89er ist ein weiterer sehr schöner Wein. Er überrascht durch sein Aroma, das an Röstgeruch, warme Steine und rote Früchte erinnert, ist aber auch sehr elegant (insbesondere in seinem Aussehen) und bemerkenswert kräftig (reicher Geschmack). Ein herrlicher 89er, der noch lagern sollte.

🐦 SCA du Ch. La Lagune, 53, av. de l'Europe, 33290 Ludon-Médoc, Tel. 56.30.44.07 ☎ n. V.

🐦 Ducellier

CH. DE LAMARQUE 1989

■ Cru bourg. 48 ha k.A. ❚❙❘ ↓ ☑ 5

Eine der wenigen noch erhaltenen Burgen im Médoc. Einfach und leicht, aber gefällig und wohlausgewogen. Dieser 89er wird den Freunden von modernen Weinen gefallen.

🐦 SC Gromand d'Evry, Ch. de Lamarque, 33460 Lamarque, Tel. 56.58.90.03 ☎ n. V.

CH. LA MOTHE 1989

■ 17 ha 153 000 ▮ ❚❙❘ ☑ 2

Als Robert Gonzalvez Ende der 50er Jahre aus Algerien nach Frankreich kam, mußte er sehr hart arbeiten, um dieses Gut wiederherzustellen. Sein 89er besitzt zwar nicht die Finesse des 88er La Fleur Chardonnat, den er im letzten Jahr vorstellte, aber er zeigt einen typischen Charakter durch sein Bukett (von den Cabernet-Sauvignon-Trauben geprägt) und seinen Tanninreichtum.

🐦 SC des Ch. La Mothe et Grand Moulin, 33180 Saint-Seurin-de-Cadourne, Tel. 56.59.35.95 ☎ n. V.

🐦 Gonzalvez

CH. LAMOTHE BERGERON 1989★★

■ Cru bourg. 64 ha 232 000 ❚❙❘ ↓ 3

78 79 80 81 82 ‖83‖ 84 ‖85‖ ‖86‖ 87 88 89

Ein recht typisches Château aus dem 19. Jh., aber ein Gut mit großer Vergangenheit. Es gehörte dem Herzog von Gloucester und Jean de Foix-Candale. Entsprechend seinem Anbaugebiet, einer Kiesekuppe, ist dieser hübsche Wein sehr typisch für einen Médoc : tiefe Farbe, sehr harmonischer Geschmack und kräftige Tannine, die ihm eine gute Alterungsfähigkeit verleihen.

🗪 SC de Grand-Puy Ducasse, 17, cours de la Martinique, B.P. 90, 33027 Bordeaux Cedex, Tel. 56.52.11.46

CH. LAMOTHE-CISSAC 1989*

■ Cru bourg.	33 ha	200 000	◫ ↓ ☑ 2

Ein Ende des 19. Jh. entstandenes Château, das sich aber auf einem schon lange besiedelten Boden befindet, wie die Überreste einer römischen Villa bezeugen. Sein 89er ist geschmeidig und leicht gebaut, aber trotzdem sehr einschmeichelnd und entfaltet ein erstaunlich reiches Aroma mit wilden Noten. Wenn man ihn jung trinkt, ist er ein sehr hübscher Wein.

🗪 SC du Ch. Lamothe, 33250 Cissac, Tel. 56.59.58.16 ☎ Mo-Fr 9h-11h 14h30-17h

CH. LANESSAN 1989**

■ Cru bourg.	45 ha	280 000	◫ ↓ ☑ 4

64 **66** 67 |70| **71** 73 74 |75| **78** |79| **80** |81| |82| 83 84 **85** (86) |87| 88 89

Sein Pferdemuseum und seine Keller machen dieses 264 ha große Gut zu einer touristischen Atraktion. Vor allem aber besitzt es ein sehr schönes Anbaugebiet mit Kiessandböden, dessen Qualität auch die Qualität seiner Weine erklärt. Der 89er besitzt eine sehr vielversprechende dunkle Frabe. Auch wenn sein Bukett erst zu erwachen beginnt, spürt man in seinem Volumen die Persönlichkeit und die Komplexität dieses Weins. Er besitzt Charakter und Klasse.

🗪 GFA des Dom. Bouteiller, 33460 Cussac-Fort-Médoc, Tel. 56.58.94.80 ☎ tägl. 9h-11h30 14h-17h30 ; 13.-20.-März So geschlossen

CH. LA PEYRE 1989*

■	1,2 ha	10 000	◫ ☑ 2

Dieser Weinberg wurde erst vor kurzer Zeit angelegt, wobei der Besitzer angekaufte Reben verwendete, die etwas zwanzig Jahre alt sind. Der Cru hat einen interessanten Start mit diesem 89er, der noch vom Holz geprägt wird, sich aber bei der Alterung günstig entwickeln dürfte, weil er kräftig gebaut, tanninreich und fleischig ist.

🗪 René Rabiller, Le Cendrayre, 33180 Saint-Estèphe, Tel. 56.59.32.51 ☎ n. V.

CH. LAROSE-TRINTAUDON 1989*

■ Cru bourg.	172 ha	1000 000	◫ ↓ ☑ 3

78 79 |81| 82 |83| |85| |86| 87 **88** 89

Dieses Gut, das eines der größten im Médoc ist, hat eine bewegte Geschichte. Es gehörte einem im Exil lebenden Weißrussen, der sich bei der Modernisierung finanziell übernahm, danach einem spanischen Grande. Sein noch etwas strenger 89er entfaltet ein angenehmes Bukett mit Vanille- und Gewürznoten. Sein stattlicher, kräftig gebauter Körper verspricht eine gute Lagerfähigkeit.

🗪 SA Ch. Larose Trintaudon, 33112 Saint-Laurent-du-Médoc, Tel. 56.59.41.72 ☎ n. V.

CH. LA TONNELLE 1989

■ Cru bourg.	25 ha	170 000	◫ ↓ ☑ 2

Château Picourneau befindet sich an der Stelle eines alten Cru, der im letzten Jahrhundert entstanden war. Es verwendet die im Médoc tradi-

tionellen Rebsorten und ergänzt dabei die beiden Cabernetreben und Merlot durch Petit Verdot. Typisch fällt auch dieser sehr sympathische Wein aus, der neben seinem Duft von roten Früchten eine sehr dezente Holznote enthüllt und einen sehr guten Geschmack besitzt.

🗪 GAEC La Tonnelle, Fonsèche, 33250 Cissac, Tel. 56.59.58.16 ☎ tägl. 9h-11h 14h30-17h

🗪 Luc et Vincent Fabre

CH. LA TOUR CARNET 1989**

■ 4ème cru clas.	40 ha	180 000	◫ ↓ ☑ 4

79 80 |81| |82| |83| **84** |85| **86** |87| (88) **89**

Ein Turm aus dem 13. Jh., ein Haus aus dem 17./18. Jh. und Gitter aus dem 18. Jh. machen dieses Gut zu einem der ältesten und am stärksten durch eine weibliche Handschrift geprägten Güter, denn Besitzer und Kellermeister sind Frauen ! Vielleicht erklärt das auch das gepflegte Aussehen dieses Weins und die zarte Komplexität seines Buketts. Ansonsten wirkt er sehr männlich. Eine solides Gerüst ist die Garantie für eine sehr gute Lagerfähigkeit. Der 88er wurde von uns besonders empfohlen.

🗪 Marie-Claire Pelegrin, Ch. La Tour Carnet, 33111 Saint-Laurent-du-Médoc, Tel. 56.59.40.13 ☎ n. V.

CH. LE BOURDIEU-VERTHEUIL 1989

■ Cru bourg.	35 ha	65 000	▮◫ ↓ ☑ 2

Der Name erinnert an die Rodungsarbeiten der Benediktiner, die zur Entstehung von Vertheuil führten. Die schöne Farbe ist recht typisch für einen Médoc, den Aroma von fast eingemachten roten Früchten für den Jahrgang 1989.

🗪 SC Ch. Le Bourdieu, 33180 Vertheuil, Tel. 56.41.98.01 ☎ n. V.

CH. LE FOURNAS BERNADOTTE 1989**

■ Cru bourg.	18,8 ha	140 000	◫ ↓ ☑ 3

80 |81| |82| |83| **84** 85 **86** 87 **88** 89

Der Familie Bernadotte entstammen nicht nur schwedische Könige, sondern auch Médoc-Winzer, woran der Name dieses Weins erinnert. Er wird noch vom Holz geprägt, was auf eine gute Entwicklung hindeutet. Es fehlt ihm auch nicht an majestätischem Charakter.

🗪 SC du Ch. Le Fournas, Le Fournas Nord, 33250 Saint-Sauveur, Tel. 56.59.57.04 ☎ n. V.

🗪 Curt Eklund

CH. LEMOINE-LAFON-ROCHET 1989

■ Cru bourg.	9 ha	45 000	◫ ↓ ☑ 3

Die Sabourins, die vor allem für ihren Weinberge im Blayais bekannt sind, besitzen auch diesen Cru im Médoc. Der etwas rauhe Abgang ist der Preis dafür, wenn ein relativ leicht gebauter Wein im Holzfaß ausgebaut wird. Der Gesamteindruck bleibt aber ausgewogen. Das komplexe Aroma erinnert an Blüten, Vanille, Brotrinde und Tiergeruch.

🗪 SA Sabourin Frères, Le Bourg, 33390 Cars, Tel. 57.42.15.27 ☎ Mo-Fr 9h-12h 14h-18h

LES BRULIERES 1989**

■ 25 ha 40 000 ◫ ↓ ☑ **3**

Dieser Cru gehört zu Château de Beychevelle (AOC Saint-Julien), befindet sich aber in Cussac, am Rande des Waldgebiets. Er besitzt gute Böden und kann sie auch nutzen, wie sein sehr hübscher 89er mit dem angenehmen Duft von Blüten und Früchten zeigt. Ein runder, einschmeichelnder, fleischiger und vornehmer Wein, dessen Zauber mit den Jahren noch zunehmen wird.
↪ SC Ch. Beychevelle, 33250 Saint-Julien-Beychevelle, Tel. 56.59.23.00 ☎ n. V.

CH. LES GRAVILLES 1989*

■ 5,8 ha 25 000 ▮ ◫ ☑ **2**
|82| |83| 84 |85| **86** |87| |88| 89

Das kleine Gut, das 1981 von der Genossenschaftskellerei von Saint-Sauveur gekauft wurde, besitzt ein solides Potential. Das beweist auch dieser 89er mit der strahlend rubinroten Farbe. Das komplexe Aroma reicht von Vanille bis zu Veilchenduft. Recht runder Geschmack mit spürbaren, aber nicht aufdringlichen Tanninen. Sehr schöne Ausgewogenheit.
↪ SCV de Saint-Sauveur, 33250 Saint-Sauveur, Tel. 56.59.57.11 ☎ Mo-Sa 8h-12h 14h-18h

CH. LESTAGE SIMON 1989

■ Cru bourg. 30 ha 150 000 ◫ ↓ ☑ **3**
78 79 |81| |82| 83 84 |85| 86 88 89

Der Größe seiner Produktion nach ist dieser Wein der »große Bruder« von Château Troupian, aber er besitzt nicht dessen kräftige Struktur. Wenn man ihn jung trinkt, paßt er sehr gut zu einer zwanglosen Mahlzeit.
↪ SCE Charles Simon, Ch. Lestage Simon, 33180 Saint-Seurin-de-Cadourne, Tel. 56.59.31.83 ☎ tägl. sf dim. 9h-19h

CH. LES VIMIERES 1989

■ k.A. 5 000 ◫ ☑ **2**

Der kleine, sympathische Weinberg eines berühmten Önologen, der Winzer geworden ist. Und ein Wein, der zweifellos noch ziemlich strengt, aber aufgrund seiner soliden Tannine und seines recht typischen Aromas vielversprechend ist.
↪ Jacques Boissenot, 47, rue Principale, 33460 Lamarque, Tel. 56.58.91.74 ☎ n. V.

CH. LIEUJEAN 1989**

■ Cru bourg. 32 ha 240 000 ▮ ◫ ↓ ☑ **3**
83 84 |85| |**86**| 87 88 **89**

Dieser Cru gehört zu den Weinbergen, die in den letzten Jahren am stärksten erweitert worden sind. Aber man hat dabei die Qualität nicht der Quantität geopfert. Das läßt sich nicht bezweifeln angesichts seines 89ers nicht bezweifeln : kräftiges Bukett und solides Gerüst mit geschmeidigen Tanninen.
↪ SCEV du Ch. Lieujean, Le Fournas, 33250 Saint-Sauveur, Tel. 56.59.57.23 ☎ n. V.
↪ Fournier-Karsenty

CH. LIVERSAN 1989*

■ 33 ha 154 000 ◫ ↓ ☑ **4**
|82| |83| |85| 86 |87| 88 89

Der 88er, dem wir im letzten Jahr eine besondere Empfehlung zuerkannt haben, zeigte die Qualität dieses Cru. Der 89er war zum Zeitpunkt unserer Verkostung noch von sehr vielversprechenden Tanninen geprägt. Sein kräftige Struktur muß sich nur noch abrunden, während sein Bukett (Mandeln, Tabak, Eukalyptus und rote Früchte) bereits durch Finesse verführt.
↪ SC La Vellave, Ch. Liversan, 33250 Saint-Sauveur, Tel. 56.59.57.07 ☎ n. V.
↪ Prince Guy de Polignac

CH. MAGNOL 1989

■ Cru bourg. 17 ha 80 000 ◫ **3**
81 |82| **83** |86| 87 88 |89|

Dieser fast vor den Toren der Fordwerke liegende Cru gehört Blanquefortaise, der Firma Barton et Guestier. Sein 89er entfaltet einen für seinen Jahrgang typischen Rosinenduft. Er ist leicht gebaut, aber harmonisch, so daß man ihn ziemlich trinken sollte.
↪ Barton et Guestier, 53, rue du Dehez, B.P. 30, 33292 Blanquefort Cedex, Tel. 56.35.84.41 ☎ n. V.

CH. MALESCASSE 1989*

■ Cru bourg. 32 ha 240 000 ▮ ◫ ↓ ☑ **3**
75 76 77 78 |79| 80 81 |83| 84 85 **86** 88 89

Ein aus dem Bordelais typisches Gut : Gebäude von 1824 und traditionelle Rebsorten. Dazu paßt auch dieser 89er mit der schönen rubinroten Farbe und Tanninen, die sanft den Gaumen belegen. Im Duft ist er noch zurückhaltend, aber seine Struktur und seine angenehme Länge sprechen für eine sehr günstige Alterung.
↪ GFA Ch. Malescasse, 33460 Lamarque, Tel. 56.58.90.09 ☎ n. V.
↪ Guy Tesseron

CH. DE MALLERET 1989**

■ Cru bourg. 28 ha 80 000 ◫ ↓ ☑ **3**

Ein wunderschönes Château vor den Toren von Bordeaux, bei dem die klassizistische Strenge durch die Vorsprünge der Fassaden und der Dächer aufgelockert wird. Eine königliche Umgebung im englischen Stil, wo die Vollblüter ungeduldig mit den Hufen scharren. Der schöne 89er tritt sehr kräftig auf, in der Erscheinung ebenso wie im Geschmack, der in einem bemerkenswerten, langen und nachhaltigen Abgang ausklingt. Er paßt perfekt in diesen Rahmen.
↪ SCEA de Malleret, 90, quai des Chartrons, 33000 Bordeaux, Tel. 56.35.05.30 ☎ n. V.
↪ B. du Vivier

CH. MAUCAMPS 1989***

■ Cru bourg. 15 ha 90 000 ◫ ↓ ☑ **3**
78 **79 80** |81| |82| |83| 84 85 ⑧⑥ |87| 88 **89**

Château Maucamps, das in der Nähe der Appellation Margaux liegt und Nachbar von Cantemerle ist, besitzt ein schönes Anbaugebiet mit hervorragendem Garonnekies. Wie immer ist der Wein ein Genuß. Für das Auge, das sich in seinen purpurvioletten Reflexen fast verliert, aber auch für die Nase, die einen süßen Duft von Blüten, Vanille und Gewürzen einatmet, und für den Gaumen, der sich voller Sinnlichkeit von diesem gleichzeitig kräftigen und runden 89er erobern läßt.

🔖 Indivision Tessandier, Ch. Maucamps, 33460 Macau, Tel. 56.30.07.64 ⏱ n. V.

CH. METRIA 1989

| ■ | 4 ha | 20 000 | Ⅲ Ⅴ 2 |

Dieser in den 80er Jahren zu neuem Leben erweckte Cru bringt mit seinem Wein eine originelle Note in unsere Verkostung. Mit seiner sehr intensiven Farbe und seinen kräftigen, aber stürmischen Tanninen erinnert er an die Médocweine von früher. Er paßt zu einem Saucengericht oder zu einem fetten Essen.

🔖 Christian Braquessac, Le Bourg, 33480 Avensan, Tel. 56.58.71.39 ⏱ n. V.

CH. MEYRE 1989

| ■ Cru bourg. | 10,5 ha | 75 000 | ⅢⅣⅤ 3 |
| |851|86||87| 88 89 |

Bei den Frösten von 1956 wurde dieser früher berühmte Cru völlig zerstört. Ab 1980 wurde er wiederhergestellt. Das Château ist Erbe eines alten Gutes, wie die Überreste der auf dem Anwesen entdeckten Befestigungsanlagen beweisen. Dieser geschmeidige, leicht gebaute Wein ist in seinem Bukett und seiner Persönlichkeit sehr zurückhaltend. Er muß sich noch entfalten.

🔖 SARL Vignobles Colette Lenôtre, Ch. Meyre, 33480 Avensan, Tel. 56.88.80.77 ⏱ Mo-Sa 9h-13h 15h-20h

CH. MICALET 1989*

| ■ | 3 ha | 20 000 | Ⅲ Ⅴ 3 |
| |82||83| 84 |85| 86 87 88 89 |

Ein echter »handwerklicher« Cru, der von einem richtigen Winzer bestellt wird. Seit seinem fünfzehnten Lebensjahr arbeitet er im Weinberg und hat 1990 seine 30. Lese eingefahren. Er kann stolz auf seinen 29. Jahrgang sein, der einen gut gebauten 89er mit warmen, schönen Tanninen und einem kräftigen Bukett (Unterholz, Harzduft und Gewürze) geliefert hat.

🔖 Denis et Anne-Marie Fédieu, Ch. Micalet, 33460 Cussac-Fort-Médoc, Tel. 56.58.95.48 ⏱ Mo-Sa 9h-13h 15h-20h

CH. DU MOULIN ROUGE 1989**

| ■ Cru bourg. | 16 ha | 100 000 | Ⅲ ↓Ⅴ 3 |
| 75 76 78 80 |81||82| 83 84 |85| 86 |87| 88 **89** |

Diese Mühle, deren 1739 errichteter Turm noch immer besteht, ist seit ihrem Bau im Besitz der gleichen Familie geblieben, auch wenn die Namen der Besitzer oft gewechselt haben. Der 89er ist einer der schönsten Jahrgänge des Gutes. Er ist geschmeidig und körperreich und entfaltet ein schönes Aroma von Backpflaumen und roten Beerenfrüchten. Ein lange lagerfähiger Wein.

🔖 SCDF Veyries-Pelon-Ribeiro, Ch. du Moulin Rouge, 33460 Cussac-Fort-Médoc, Tel. 56.58.91.13 ⏱ tägl. 9h-12h 14h-19h

MOULINS DE CITRAN 1989*

| ■ | 90 ha | 144 000 | Ⅲ ↓Ⅴ 2 |

Der kleine Bruder von Château Citran besitzt eine schöne Persönlichkeit, die sich in seiner schönen Farbe, einem sich entfaltenden Bukett (Kirschen und geröstetes Brot) und seinem reichen, ausgewogenen Geschmack. Muß noch lagern.

🔖 Sté Ch. Citran-Médoc, 33480 Avensan, Tel. 56.58.21.01 ⏱ n. V.

CH. D' OSMOND 1989

| ■ | 5,75 ha | 15 000 | Ⅲ ↓Ⅴ 2 |
| |87||88| 89 |

Dieser kleine Cru, der vor wenigen Jahren durch die Zusammenfassung von Parzellen mehrerer Weingüter entstanden ist, stellte 1987 seinen ersten Jahrgang vor. Der 89er ist noch sehr, vielleicht sogar zu stark vom Holz geprägt. Dennoch bietet er eine gute Ausgewogenheit und und eine solide Struktur, die es ihm ermöglicht, sich günstig zu entwickeln.

🔖 Philippe Tressol, Les Gunes, 33250 Cissac, Tel. 56.59.59.17 ⏱ n. V.

CH. PEYRABON 1989*

| ■ Cru bourg. | 48 ha | 220 000 | Ⅲ ↓Ⅴ |

Der Weine dieses 18. Jh. entstandenen Cru gelangte mehrere Jahrzehnte lang nicht in den Handel, weil ihn die Marquis de Courcelles für ihre Freunde reservierten. Glücklicherweise ist dies heute nicht mehr der Fall, so daß sich jeder diesen hübschen Wein gönnen kann. Dezenter, aber ansprechender Duft und sehr angenehme Entwicklung im Geschmack.

🔖 Babeau, 33250 Saint-Sauveur, Tel. 56.59.57.10 ⏱ n. V.

CH. PONTOISE CABARRUS 1989**

| ■ Cru bourg. | 27 ha | 220 000 | ▮Ⅲ ↓Ⅴ 4 |
| 75 76 78 |79| 80 81 |82||83| 84 |85| (86) 87 88 89 |

Die Aufmerksamkeit, mit der man im Keller den für das Médoc typischen Charakter bewahrt, zeigt deutlich, daß man hier traditionsverbunden ist. Aber dieses Gut versteht es auch, Tradition mit modernem Fortschritt zu verbinden. Sein noch etwas strenger 89er besitzt schon ein sehr verführerisches Aroma, das an Leder, reife Früchte und Röstgeruch erinnert. Er kann sich sehr gut entwickeln und hat noch längst nicht seinen Höhepunkt erreicht.

🔖 SCIA du Haut-médoc, rue Georges Mandel, 33180 Saint-Seurin-de-Cadourne, Tel. 56.59.34.92 ⏱ n. V.
🔖 François Tereygeol

CH. PORTAL 1989*

| ■ | 10 ha | 10 000 | Ⅲ ↓Ⅴ 2 |

Dieser Wein wird von der Châtellenie, einer Genossenschaftskellerei in Vertheuil, erzeugt. Er beherrscht die Kunst der Präsentation : ein sehr schönes Kleid mit rubinroten Falten, die von goldenen Reflexen umgeben sind. Aber das ist nicht sein einziger Reiz. Sein kräftiges Gerüst und sein zartes Bukett (Vanille mit einer Kakaonote) verleihen ihm eine sehr gefällige Persönlichkeit.

🔖 SCV Châtellenie Haut-médoc, 33250 Vertheuil, Tel. 56.41.98.16 ⏱ Di-Sa 8h30-12h30 14h-18h

CH. RAMAGE LA BATISSE 1989*

| ■ Cru bourg. | 35 ha | k.A. | Ⅲ ↓Ⅴ 3 |
| 75 80 |81| 82 83 84 |85| 86 |87| 88 89 |

Ein Cru, der sehr regelmäßig in seiner Qualiät ist und in seiner Bestockung die Traditionen des Médoc (Einbeziehung der Rebsorte Petit Verdot)

wahrt. Viele wären stolz auf die Ausgewogenheit, die sich in diesem Wein entfaltet. Das Holz dämpft hier nicht den Wein, sondern dient ihm, wobei der erstklassige Stoff und das sehr klare Bukett das Eichenholz perfekt vertragen.

🕊 SCI Ramage la Batisse, 33250 Saint-Sauveur, Tel. 56.59.57.24 ⚔ n. V.

CH. REYSSON 1989

■ Cru bourg.	66 ha	365 000	⑪ ↓ **3**

Der in Vertheuil gelegene Cru gehört einer Tochterfirma der japanischen Mercier-Gruppe. Sein Wein versteht es, sich zu präsentieren, und besitzt Eleganz, Feinheit und Leichtigkeit. Die Zeit wird ihm diesen runden und fruchtigen Charakter rauben, der den Reiz seiner Jugend ausmacht..

🕊 SARL du Ch. Reysson, 17, cours de la Martinique, B.P. 90, 33027 Bordeaux Cedex, Tel. 56.52.11.46 ⚔ n. V.

CH. ROMEFORT 1989*

■ Cru bourg.	64 ha	111 000	▮⑪↓**2**

Der Wein wird auf dem gleichen Gut wie der Lamothe-Bergeron erzeugt und ist ebenfalls vielversprechend und recht typisch. Er ähnelt ihm somit, unterstreicht jedoch seine eigene Persönlichkeit in einer originellen Nuance in den Tanninen und seinen fruchtigen Noten : Aprikosen und Mandeln.

🕊 SC de Grand-Puy Ducasse, 17, cours de la Martinique, B.P. 90, 33027 Bordeaux Cedex, Tel. 56.52.11.46

CH. SAINT AHON 1989

■ Cru bourg.	29,28 ha	k.A.	⑪ ☑ **2**

Trotz seines leicht an die Renaissance erinnernden Stils wurde das Château erst im Zweiten Kaiserreich errichtet. Sein jetziges Anbaugebiet ist sogar nur fünfzehn Jahre alt. Aber das Alter des Gutes, das Montesquieu gehörte, läßt sich nur noch mit dem Alter der Familie des Besitzers vergleichen, der ein Nachfahre von Colbert war. Der geschmeidige, leichte Wein ist nicht sehr lange lagerfähig, aber sein Bukett mit dem dezenten Gewürznelkenaroma und seine milde Ansprache machen ihn in seiner Jugend sehr einschmeichelnd.

🕊 Comte Bernard de Colbert, Ch. Saint Ahon, 33290 Caychac, Tel. 56.35.06.45 ⚔ n. V.

CH. DE SAINTE-GEMME 1989

■ Cru bourg.	5 ha	50 000	⑪ ↓ ☑ **3**
82 |83| 84	85 |86||87| 88 89	

Das Gut, das den Namen einer nicht mehr bestehenden Pfarrei trägt, besitzt eine Geschichte, die häufig mit der seines Nachbarn, Château Lachesnaye, verwechselt wird, das auch zu den Domaines Bouteiller gehört. Sein Wein zart gebauter erreicht zwar nicht das Niveau seiner älteren Brüder, beweist aber mit seinem feinen Geschmack ebenfalls Eleganz.

🕊 GFA des Dom. Bouteiller, 33460 Cussac-Fort-Médoc, Tel. 56.58.94.80 ⚔ tägl. 9h-11h30 14h-17h30 ; 13. Nov.–20. März So geschlossen

CH. SAINT-PAUL 1989

■ Cru bourg.	20 ha	130 000	▮⑪ ☑ **3**

Dieser Wein stammt von einem Cru, dessen Rebflächen zusammenhängen. Er wird noch von kräftigen, aber nicht zu aggressiven Tanninen beherrscht, die ein wenig sein hübsches Aroma (Grill- und Röstgeruch und Rosinen) überdecken.

🕊 SC du Ch. Saint-Paul, 33180 Saint-Seurin-de-Cadourne, Tel. 56.59.34.72 ⚔ n. V.

CH. SEGUR 1989

■ Cru bourg.	35 ha	k.A.	⑪ ↓ ☑ **4**
75 80 **82** |83| 84	㊄	**86 88** 89	

Dieses Gut, das früher Ile d'Arès hieß, trägt einen berühmten Namen in der Geschichte des Weinbaus und besitzt ein sehr schönes Anbaugebiet. Der 89er ist viel leichter als der sehr hübsche 88er. Er ist rund und feurig, entfaltet aber dennoch ein feines Bukett (Röstgeruch und Gewürze mit einer Wachsnote, die an alte Möbel erinnert).

🕊 SCA Ch. Ségur, 33290 Parempuyre, Tel. 56.35.34.72 ⚔ n. V.

🕊 Grazioli

CH. SENEJAC 1989**

■ Cru bourg.	k.A.	120 000	⑪ ↓ ☑ **4**

Ein Château aus dem 17. Jh., Quellen, ein ungewöhnlicher Turm in einem Weinbaugebiet und ein richtiges Gespenst – diesem Cru mangelt es bestimmt nicht an Originalität. Der Wein, den die neuseeländische Kellermeisterin Jennifer Dobson hier herstellt, ist ein echter Haut-Médoc und dazu noch ein sehr guter. Die schöne granatrote Farbe dieses 89ers, seine erstklassigen Tannine, seine kräftige Struktur und seine große Nachhaltigkeit beweisen es zur Genüge.

🕊 Charles de Guigné, Ch. Sénéjac, 33290 Le Pian-Médoc, Tel. 56.72.00.11 ⚔ n. V.

CH. SOCIANDO-MALLET 1989***

■ Cru bourg.	51 ha	250 000	⑪ ☑ **5**
70 71 73 |75| **76 78** |79| **80** |81| ㊂ |83| 84|
|85| 86 |87| **88 89**		

Château Sociando-Mallet
HAUT - MEDOC
APPELLATION HAUT-MEDOC CONTRÔLÉE
1989
JEAN GAUTREAU · PROPRIÉTAIRE À St SEURIN DE CADOURNE · GIRONDE
12,5 % vol.   MIS EN BOUTEILLE AU CHATEAU   750 ml
PRODUCE OF FRANCE

Dieses verehrungswürdige, stolze Gut, das bereits Anfang des 17. Jh. erwähnt wird und zu dessen Füßen die Gironde träge dahinfließt, ist wunderschön renoviert worden. Muß man eigentlich noch ein Wort über die Alterungsfähigkeit dieses Weins verlieren ? Die Jahre vergehen, und Sociando hält sein Spitzenniveau. Jeder Jahrgang bestätigt seine Persönlichkeit mit einer ganz speziellen aromatischen Note. Bei diesem sehr großen 89er mit dem großartigen Körper ist es ein Vanille-, Kaffee- und Sandelholzaroma.

🕯 Jean Gautreau, Ch. Sociando-Mallet, 33180 Saint-Seurin-de-Cadourne, Tel. 56.59.36.57
⏱ Mo-Sa 9h-12h 14h-17h

CH. SOUDARS 1989*

■ Cru bourg.	21 ha	150 000	⬛ **3**

|⑧②| **84** |85| |86| **87** 89

Eric Miailhe, ein sympathischer Vertreter des Bordeleser Weinbaus, hat es ohne Zögern mit dem steinigen Boden von Soudars aufgenommen, um diesen hübschen Weinberg anzulegen. Sein solider, vielversprechender Wein, dessen fleischiger Körper sein gut Tanningerüst umhüllt, bietet auch ein heiteres Gesicht, insbesondere durch seine schöne granatrote Farbe und sein an Wildgeruch erinnerndes Bukett.
🕯 Eric Miailhe, 33180 Saint-Seurin-de-Cadourne, Tel. 56.59.36.09 ⏱ n. V.

CH. TOUR BELLEGRAVE 1989*

■	4,5 ha	31 000	▤ ⬛ ↓ ✅ **2**

Ein Wein aus einem kleinen Weinberg in Arcins, dem es gelingt, gleichzeitig süffig und kräftig gebaut zu sein. Er wirkt sehr verführerisch durch sein Bukett mit den dezenten Noten von hellem Tabak und zeichnet sich ganz besonders durch seinen sehr harmonischen Nachgeschmack aus.
🕯 Guy Pinet, 33460 Arcins, Tel. 56.58.90.45
⏱ Mo-Sa 8h-12h 14h-20h

CH. TOUR DU HAUT-MOULIN 1989**

■ Cru bourg.	33 ha	200 000	⬛ ↓ ✅ **3**

|75| **76** 77 |78| |79| 80 |81| 82 ⑧③ **84** 85 86 **87** 88 89

Hier gibt es kein Château im Sinne eines Bauwerks, sondern ein vornehmes Anbaugebiet über der Garonne und einen Besitzer, der ein echter Médoc-Winzer ist. Sein sehr klassischer 89er besitzt die Kraft und die wahren klassischen Médochweine. Auch wenn sein Aroma aufgrund seiner Komplexität (eingemachte Walnüssen, Holz und Gewürze) schon sehr verführerisch ist, muß er noch altern und wird die Geduld reich belohnen.
🕯 SCEA Ch. Tour du Haut-Moulin, Vieux Cussac, 33460 Cussac-Fort-Médoc, Tel. 56.58.91.10 ⏱ n. V.
🕯 Lionel Poitou

CH. TOUR SAINT-JOSEPH 1989

■ Cru bourg.	10 ha	k.A.	⬛ **3**

Der Cru befindet sich auf dem höchsten Punkt der Gemeinde Cissac. Sein Wein entspricht seiner Farbe : geschmeidig und leicht und gleichzeitig klar, feurig und recht typisch durch sein von der Cabernet-Sauvignon-Traube geprägtes Aroma.
🕯 Marcel et Christian Quancard, 33250 Cissac, Tel. 56.33.80.60 ⏱ n. V.

CH. TROUPIAN 1989*

■ Cru bourg.	12 ha	72 000	⬛ ↓ ✅ **2**

|⑧②| **83** |84| |85| |86| 88 89

Ein Taubenhaus und ein solides Bürgerhaus, das ländlich wirkt. Und ein Wein, dessen schöne Struktur dazu auffordert, ihn noch altern zu lassen. Sein sehr urbaner Charakter entfaltet sich

in einer jugendlichen Farbe und einem fruchtigen Bukett.
🕯 SCE Charles Simon, Ch. Troupian, 33180 Saint-Seurin-de-Cadourne, Tel. 56.59.31.83
⏱ Mo-Sa 9h-19h ; 24. Dez.–8. Jan. u. 13. Aug.–8. Sept. geschlossen

DOM. DU VATICAN 1989*

■	1,5 ha	7 000	⬛ ✅ **3**

75 **79 81** |82| |83| **84** |85| |86| |87| |88| 89

Die Zufälle bei der Eintragung ins Flurbuch und bei der Toponymik (Ortsnamenkunde) haben ihre Sache gut gemacht, als sie dem knapp 1,5 ha großen Weinberg den Namen des kleinsten Staates der Erde bescherten. Sein Wein besitzt ein purpurrotes Kardinalsgewand und einen soliden, korpulenten Körper. Das wird ihm zwar sicherlich nicht die Ewigkeit, aber bestimmt eine sehr lange Lagerfähigkeit einbringen.
🕯 Guy Verdier, Le Bourg, 33180 Saint-Estèphe, Tel. 56.59.30.61 ⏱ n. V.

CH. VERDIGNAN 1989*

■ Cru bourg.	50 ha	300 000	⬛ ✅ **3**

|78| **80 81 82** |83| **84** |85| ⑧⑥| |87| 88 89

Dieser gut gelegene Cru, der sich auf Hängen über dem Ästuar befindet, gehört sicherlich zu den ältesten in der Gemarkung Saint-Seurin-de-Cadourne. Sein 89er gibt sich etwas verschmitzt in der Erscheinung und entfaltet ein fruchtiges Aroma. Im Geschmack ist er rund ausgewogen und hinterläßt einen harmonischen Eindruck.
🕯 SC Ch. Verdignan, 33180 Saint-Seurin-de-Cadourne, Tel. 56.59.31.02 ⏱ n. V.

CH. VERDUS 1989

■ Cru bourg.	8,02 ha	55 000	⬛ ✅ **3**

82 83 85 88 |89|

Ein wegen seines Taubenhauses berühmter Cru, der mit dem 89er einen Wein erzeugt, dessen Farbe blut- bis ziegelrot ist. Er ist einfach und süffig und entfaltet im Abgang eine originelle Note : das Aroma von Brotrinde.
🕯 EARL Dailledouze Père und Fils, Ch. Verdus, 33180 Saint-Seurin-de-Cadourne, Tel. 56.59.31.59 ⏱ Mo-Sa 8h-20h ; So 14h-20h

CH. VIEUX GABAREY 1989

■	3,77 ha	k.A.	⬛ ✅ **2**

Der Name des Cru erinnert an die Zeit, als Flotten von kleinen Schiffen die Weinfässer, die sie in den kleinen Hafen des Médoc an Bord genommen hatten, zum Hafen La Lune fuhren. Der 89er ist noch ein wenig rauh, aber solide und gut gemacht. Er besitzt eine kräftige Farbe und dichten Stoff und entfaltet einen feinen, würzigen Duft.
🕯 Serge Saint-Martin, 13, pl. de l'Eglise, 33460 Lamarque, Tel. 56.58.97.72 ⏱ tägl. 9h-12h 14h-18h

CH. DE VILLAMBIS 1989

■ Cru bourg.	12 ha	34 000	⬛ ↓ ✅ **2**

Wie Château L'Aost ist der Cru Teil des Arbeitsbeschaffungsprogramms der CAT, was seinen Wein allein schon sympathisch macht. Er wird zwar noch immer vom Holz beherrscht, weiß sich aber zu wehren, nämlich durch sein

sehr gefälliges Bukett mit Noten von Brotrinde, Zimt, Karamel, Röstaroma und Gewürzen.
☛ ADAPEI de la Gironde, 24, rue Vital Carles, 33000 Bordeaux, Tel. 56.44.97.34 ⌶ Mo–Fr 14h–17h

CH. DE VILLEGEORGE 1989***

■ Cru bourg.	20 ha	k.A.	⫼ ↓ ☑ 4

80 81 ⑧② 83 84 |85| 86 |87| 89

Eines der sechs Güter, die 1932 die Bezeichnung »Cru Exceptionnel« erhielten. Sein Wein rechtfertigt diesen Ehrentitel vollauf. Er wirkt sehr elegant mit seiner tiefroten Farbe und seinem Bukett, das eine subtile Mischung aus fruchtigen und blumigen Noten ist. Im Geschmack wird er kräftiger und enthüllt einen reichen, tanninreichen Stoff, bewahrt aber gleichzeitig einen geschmeidigen, alkoholreichen Chrakter, was ihn sehr gefällig macht.
☛ Lucien Lurton, 33480 Avensan, Tel. 56.88.70.20 ⌶ n. V.

Listrac-Médoc

Diese Appellation bezieht sich ausschließlich auf die gleichnamige Gemeinde; ihr Anbaugebiet (771 ha) besteht aus drei Hügeln mit Kiesböden. Ihre Weine besitzen eine schöne rubinrote Farbe und sind kräftig gebaut, gleichzeitig aber fruchtig und fleischig (5,2 Mio.Flaschen 1990). Ihr Reiz liegt in ihrer Robustheit, so man sie besonders bei Jahrgängen schätzt, die in den anderen Appellationen durch eine gewisse Leichtigkeit gekennzeichnet sind.

CH. BELLEGRAVE 1989**

■ Cru bourg.	15 ha	90 000	⫼ ↓ ☑ 3

|81| 82 |⑧③| |84| |85| 86 |87| 88 89

Der Cru besitzt seit 1989 renoviert Keller. Mit diesem 89er präsentiert er uns einen Wein, der ebenso gut die vorangegangenen Jahrgänge ist. Er st gleichzeitig elegant und kräftig gebaut und dank seines langen Abgangs, seiner Tannine von reifen Früchten und seines Buketts mit den Röstnoten sehr angenehme Eindrücke.
☛ SC Vignobles du Ch. Bellegrave, B.P. 4, 33480 Listrac-Médoc, Tel. 51.30.59.88 ⌶ Juli–Aug. Weinlese
☛ Declerc-Petre

CH. CLARKE 1989*

■ Cru bourg.	53 ha	150 000	⫼ ↓ ☑ 5

78 79 80 81 82 83 84 85 ⑧⑥ 88 89

Ein großes Gut mit zusammenhängenden Rebflächen. Dieser Cru hat sich zu einem der Aushängeschilder der Appellation entwickelt, seitdem ihn Edmond de Rothschild erworben hat. Die noch sehr deutlich spürbare Holznote überdeckt das Bukett, aber man erahnt schon seinen

Charakter (Leder und Pelz). Der volle, nachhaltige Geschmack ist gut umhüllt und wird von den Tanninen strukturiert.
☛ CV des Barons E. et B. de Rothschild, 33480 Listrac-Médoc, Tel. 56.88.88.00

CH. DUCLUZEAU 1989*

■ Cru bourg.	4 ha	20 000	⫼ ↓ 3

77 78 79 80 81 ⑧② |83| 84 |85| 86 87 88 89

Dieser von der Firma Coste in Longon vertriebene Cru beweist seine Originalität durch einen sehr hohen Merlotanteil (90%). Der 89er ist noch etwas verschlossen und streng, aber er verdient, daß man ihn reifen läßt, weil sich seine Struktur, seine geschmackliche Ausgewogenheit und sein erwachendes Aroma vielversprechend ankündigen.
☛ Mme Jean-Eugène Borie, Ch. Ducluzeau, 33480 Listrac-Médoc, Tel. 56.59.05.20

CH. FONREAUD 1989*

■ Cru bourg.	30 ha	120 000	⫼ ↓ ☑ 3

75 77 |78| 79 80 |81| |82| |83| 84 |85| 86 87 |88| 89

Der Legende nach machte hier ein englischer König Rast, um sich zu erfrischen. Der Name bedeutet nämlich im Gaskognischen »königlicher Brunnen« . Dieser Wein beginnt gerade erst, sein Bukett mit Noten von Wildgeruch zu entfalten. Er ist ein klassischer Listrac mit Volumen und vielversprechenden Tanninen.
☛ Ch. Fonréaud, 33480 Listrac-Médoc, Tel. 56.58.02.43 ⌶ Mo–Fr 9h–12h 14h–18h
☛ Héritiers Chanfreau

CH. FOURCAS DUPRE 1989**

■ Cru bourg.	40 ha	240 000	⫼ ↓ ☑ 3

70 71 72 73 74 |75| 76 77 |⑦⑧| 79 80 |81| 82 83 |84| 85 86 |87| 88 89

Der Besucher kann hier etwas von etwas von der Atmosphäre des letzten Jahrhunderts wiederfinden. Seit 1990 gibt es auch einen hübschen Keller. Dieser besonders gelungene 89er gibt sich sehr harmonisch. Er ist rund und ausgewogen, zeigt eine elegante Farbel und entfaltet ein hervorragendes, komplexes Aroma (Röst- und Pelzgeruch) – er besitzt alles, um zu gefallen.

SC du Ch. Fourcas Dupré, Le Fourcas, 33480 Listrac-Médoc, Tel. 56.58.01.07 Mo-Fr8h-12h 14h-18h

CH. FOURCAS HOSTEN 1989

■ Cru bourg.	43 ha	250 000			3

71 73 |75| 76 77 |78| 79 80 |81| 82 84 85 86 87 88 89

Das schlichte, freundliche Haus, das typisch für das Médoc ist, umgibt ein schöner, 3 ha großer Park, der im letzten Jahrhunder von einem britischen Landschaftsgärtner angelegt worden ist. Dieser 89er wird noch immer vom Holz und von den Tanninen beherrscht und hat deshalb im Aroma und im Geschmack noch nicht zu seinem wahren Ausdruck gefunden, aber er besitzt ein nicht zu unterschätzendes Entwicklungspotential.

SC du Ch. Fourcas Hosten, 33480 Listrac-Médoc, Tel. 56.58.01.15 n. V.

B. de Rivoyre

CH. FOURCAS-LOUBANEY 1989★★★

■ Cru bourg.	5 ha	35 000			3

78 79 81 82 |83| 84 85 86 87 88 89

Bei dem Namen dieses Cru denkt man sofort an die Gaskogne und möchte am liebsten eine Entdeckungsreise mach en. Dabei kann man mit diesem sehr schönen 89er beginnen. Die Eleganz seiner dunkelrubinrote Farbe läßt sich nur noch mit seinem edlen Bukett (mit warmen Ledernoten) und mit dem Volumen seiner fülligen, tanninreichs Struktur vergleichen. Ein Wein mit Zukunft.

SEA du Ch. Listrac, Moulin de Laborde, 33480 Listrac-Médoc, Tel. 56.58.03.83 n. V.

GRAND LISTRAC 1989

■	120 ha	500 000			4

78 79 81 82 83 85 86 87 |88| 89

Eine Marke mit nostalgischem Flair, denn diesen Wein bot die Schlafwagengesellschaft in ihren blauen Waggons an. In der Entwicklung seiner Tannine wirkt der 89er etwas rustikal, aber seine schöne dunkelgranatrote Farbe und sein zartes Aroma verleihen ihm ein eleganteres, modernes Gesicht.i

CV des grands vins de Listrac-Médoc, 33480 Listrac-Médoc, Tel. 56.58.03.19 n. V.

CH. LA BECADE 1989

■ Cru bourg.	25 ha	180 000			2

Der Name des Cru, der auch der Name der

Wälder von Listrac ist, leitet sich von »La Bécasse« (Die Waldschnepfe) her. Die Tannine dieses Weins hätten reicheren Stoff verdient, damit sie besser umhüllt wären und halten könnten, was die sehr typische Farbe verspricht.

SEA du Ch. Listrac, Moulin de Laborde, 33480 Listrac-Médoc, Tel. 56.58.03.83 n. V.

CH. LESTAGE 1989★★

■ Cru bourg.	50 ha	140 000			3

79 80 |81| 82 83 84 85 |86| 87 |88| 89

Alle Kunsthistoriker sind sich mit den guten Reiseführern darin einig, einen Umweg zu diesem imposanten Gebäude aus der Zeit Napoleons III. zu empfehlen. Sein sehr hübscher Wein, der im Aussehen ebenso angenehm ist wie im Geschmack, findet ebenfalls einmütige Zustimmung für die Eleganz seines erwachenden Buketts (Leder, Gekochtes und rote Beerenfrüchte) und seinen Abgang mit den Tanninen von reifen Trauben.

Ch. Lestage, 33480 Listrac-Médoc, Tel. 56.58.02.43 Mo-Fr 9h-12h 14h-18h

Héritiers Chanfreau

CH. MALBEC LARTIGUE 1989

■	k.A.	23 000			3

82 85 |86| 87 |88| 89

Der Zweitwein von Mayne Lalande. Man findet darin zwar nicht die ganze Finesse des Hauptweins, aber er hat mit ihm die Kraft gemeinsam.

Bernard et Dominique Lartigue, Le Mayne de Lalande, 33480 Listrac-Médoc, Tel. 56.58.27.63 tägl. 9h-12h 14h-19h

DOM. DE MAUCAILLOU 1989★

■	4 ha	30 000			3

Dieses Gut ist der in Listrac liegende Ableger des berühmten Châteaus Maucaillou in Moulis. Es präsentiert hier einen 89er, den sein Bukett (rote Früchte, Vanille und Röstgeruch) seine Struktur und vor allem seine Geschmeidigkeit gefällig machen.

SCA des Dom. du Ch. Maucaillou, 33480 Moulis-en-Médoc, Tel. 56.58.01.23 tägl. 10h-12h 14h-18h

CH. MAYNE LALANDE 1989★★

■ Cru bourg.	k.A.	60 000			4

80 82 83 84 |85| 86 |87| 88 89

Dieses Gut, dessen Name sehr gaskognisch klingt (»der Weiler der Heide«). In den letzten Jahren hat man hier große Anstrengungen unternommen, um Besucher gut empfangen zu können, was auch der 89er beweist. Zu einer sehr schönen dunkelroten Farbe und einem Bukett von großer Finesse kommt hier eine kräftige, sehr ausgewogene Struktur hinzu, die einen bemerkenswerten Wein verspricht.

Bernard et Dominique Lartigue, Le Mayne de Lalande, 33480 Listrac-Médoc, Tel. 56.58.27.63 tägl. 9h-12h 14h-19h

CH. MOULIN DE LABORDE 1989★

■ Cru bourg.	21 ha	150 000			3

75 76 77 78 79 81 |82| 83 |85| 86 88 89

Der Cru wird von einer Mühle beherrscht, die gerade restauriert wird. Er ist der Bruder von Château Fourcas Loubaney. Er erreicht zwar nicht dessen Qualität, stellt aber einen gut gelungenen Wein vor. Seine tanninreiche, ausgewogene Struktur und sein zart holziges Bukett machen ihn zu einem sehr ansprechenden 89er.

➥ SEA du Ch. de Listrac, Moulin de Laborde, 33480 Listrac-Médoc, Tel. 56.58.03.83 ⵂ n. V.

CH. PEYREDON LAGRAVETTE
1989 ✱ ✱

| ■ Cru bourg. | 7 ha | k.A. | ❚❙ ↓ ☑ 2 |

80 **81** ⑧2 |83| |84| **85** |86| 87 88 **89**

Die bis ins 16. Jh. zurückreichende Familientradition wird hier nicht auf die leichte Schulter genommen. Im Gegensatz zu dem 88er, der sehr kräftig war, zeigt sich der 89er elegant und fein. Ein fleischiger, ausgewogener Wein, der seine Klasse durch eine erstaunliche aromatische Komplexität (Gewürze, Karamel und Vanille).

➥ Paul Hostein, Médrac, 33480 Listrac-Médoc, Tel. 56.58.05.55 ⵂ Mo-Sa 9h-12h 14h-18h ; 15. Sept.–15. Okt. geschlossen

CH. PEYRE-LEBADE 1989 ✱ ✱

| ■ Cru bourg. | 46 ha | 250 000 | ❚❙ ↓ 2 |

Odilon Redon lebte auf diesem Gut, das sein Vater 1835 erwarb. Sein Werk spiegelt den Zauber des Ortes wider. Die recht außergewöhnliche Ausgewogenheit zwischen den verschiedenen Konstituenten weist bei diesem 89er auf eine perfekte Beherrschung der Vinifizierungsmethoden hin, was auch das feine, elegante Bukett mit lieblichen Himbeer- und Johannisbeernoten bestätigt.

➥ CV des Barons E. et B. de Rothschild, 33480 Listrac-Médoc, Tel. 56.88.88.00

CH. REVERDI 1989 ✱ ✱

| ■ Cru bourg. | 15 ha | 90 000 | ❚❙ ☑ 2 |

81 |⑧2| |83| 84 |85| |86| 87 88 **89**

So einfach die Bestockung dieses Cru ist (je zur Hälfte Merlot und Cabernet-Sauvignon), so komplex ist seine Bodenbeschaffenheit, denn er verfügt über eine breite Palette an Böden. Seine schöne dunkelrote Farbe täuscht nicht. Das konzentrierte, elegante Bukett und die runde, wohlausgewogene Struktur halten diese Versprechen und kündigen einen Wein an, der es verdient, daß man ihn noch altern läßt.

➥ Christian Thomas, Donissan, 33480 Listrac-Médoc, Tel. 56.58.02.25 ⵂ n. V.

CH. ROSE-SAINTE-CROIX 1989 ✱ ✱

| ■ | 8 ha | 40 000 | ❚❙ ↓ ☑ 3 |

Angeblich erhielt ein alter Haudegen der Napoleonischen Garde nach der Schlacht von Austerlitz dieses Stück Land für seine guten und treuen Dienste. Der Wein wird noch durch das Holz geprägt und kann sich nicht vollständig entfalten. Dennoch spürt man bereits, daß ihm eine schöne Zukunft bevorsteht. Seine schöne dunkelgranatrote Farbe und sein kräftiger Geschmack garantieren eine günstige Entwicklung.

➥ Porcheron, 33460 Listrac-Médoc, Tel. 56.58.02.06 ⵂ tägl. 8h-20h ; Jan.–Febr. geschlossen

CH. SARANSOT-DUPRE 1989 ✱ ✱ ✱

| ■ Cru bourg. | 10 ha | 60 000 | ❚❙ ↓ ☑ 3 |

|70| **71** 73 |75| 76 |78| 79 |81| |82| |83| 85 **86** |87| **88** **89**

Das 45 ha große Gut wird von einem Herrenhaus beherrscht, dessen Fassade im Directoirestil 1868 einem älteren Bau hinzugefügt wurde. Das Bukett ist zwar noch etwas verschlossen, bestätigt aber durch die Vielfalt der aromatischen Noten seine Klasse und Finesse. Im Geschmack enthüllen sich ein Volumen und ein Stoff, dessen Reichtum und Freigebigkeit diesen Wein seriös und vielversprechend machen, ohne daß er dadurch streng würd. »Gute Arbeit« , notierte ein Juror.

➥ Yves Raymond, Ch. Saransot-Dupré, 33480 Listrac-Médoc, Tel. 56.58.03.02 ⵂ n. V.

CH. SEMEILLAN MAZEAU 1989

| ■ | 14,53 ha | k.A. | 3 |

Der Wein stammt von Plateaus, deren Namen ländlich klingen : »Champ de la grêle« (Feld des Hagels) und »Puy de Mingeon« . Er ist einfach, gefällt aber durch seine Rundheit und die Frische seines jugendlichen Aromas.

➥ SCE Ch. Sémeillan-Mazeau, 33480 Listrac-Médoc, Tel. 56.58.01.12

Margaux

Der Name Margaux steht gleichzeitig für ein Dorf, eine Appellation, ein wunderschönes Schloß und einen Premier Grand Cru und ist sicherlich in der ganzen Welt berühmt. Allzuoft vergißt man, daß die Appellation fünf Gemarkungen umfaßt (Margaux, Cantenac, Soussans, Labarde und Arsac), von denen sie die besten Böden einnimmt (1 280 ha). Das erklärt auch, warum sie einige der schönsten Kiessandböden des gesamten Bordelais besitzt und nicht weniger als ein Drittel der 1855 klassifizierten Crus enthält. Die Bedeutung der Appellation spiegelt sich auch in ihrer

Produktion wider, die 1990 bei 9,3 Mio. Flaschen lag. Das hauptsächlich steinig-kieshaltige Anbaugebiet, dessen Böden vereinzelt Kalk-, Mergel- und Sandschichten enthalten, und die Bestockung, bei der Cabernet-Sauvignon dominiert, verleihen den Margauxweinen Vornehmheit, Finesse, Geschmeidigkeit und eine bemerkenswerte Alterungsfähigkeit. Obwohl alle Margauxweine diese Qualitäten gemeinsam haben, zeigen sie auch eine große Vielfalt, die es so reizvoll macht, sie kennenzulernen. Diese Vielfalt erklärt sich daraus, daß es im Gebiet dieser Appellation eine Reihe von kieshaltigen Hügeln gibt, die von kleinen Tälern mit Bächen getrennt werden. Die Margauxweine passen deshalb sehr gut zu allen Gerichten mit weißem Fleisch, aber jeder hat seine ganz spezielle Note ; man kann den einen gut zu einem Entrecôte und den andren zu Pilzen oder Hammelkeule servieren. Vermeiden sollte man dabei lediglich zu süße oder zu pikante Gerichte.

CH. D'ANGLUDET 1989*

■ Cru bourg.   32 ha   150 000   ❙❙❙ ↓ ☑ 4
66 70 71 73 74 |75| 76 |78||79| 80 81 |82| |83| |84| 85 ⑧⑥ 87 88 89

Soll man von einer Kartause oder einem für das Médoc typischen Haus sprechen ? Dieses im letzten Jahrhundert von dem berühmten Winzer Jules Jadouin wiederhergestellte Gut gehört zu den bezauberndsten, die man im Médoc finden kann. Sein 89er präsentiert sich in einem eindrucksvollen zinnoberroten Kleid. Er hat noch nicht seine endgültige Ausdruckskraft gefunden, kündigt sich aber mit seinem harmonischen, gerade sich entwickelnden Bukett und seiner soliden Konstitution sehr vielversprechend an.
🍷 Peter Sichel, Ch. d'Angludet, 33460 Cantenac, Tel. 56.88.71.41 ⌶ n. V.

BARTON ET GUESTIER 1989

■   k.A.   k.A.   ❙❙❙ 4

Dieser 89er gehört zu den Weinen der berühmten Weinhandelsfirma Barton et Guestier. Er könnte noch etwas mehr Kraft haben, besitzt aber eine zufriedenstellende Struktur, die sein angenehmes Aroma (Vanille und Früchte, danach eine Mentholnote) hervorhebt.
🍷 Barton et Guestier, 53, rue du Dehez, B.P. 30, 33292 Blanquefort Cedex, Tel. 56.35.84.41 ⌶ n. V.

CH. BOYD-CANTENAC 1989*

■ 3ème cru clas.   18 ha   95 000   ❙❙❙ ↓ ☑ 5
70 71 74 75 76 77 78 79 |80| |81| ⑧② |83| 85 86 |87| 88 89

Dieser Cru, dessen Ursprünge auf das 18. Jh. zurückgehen, liegt am nördlichen Rand des berühmten Plateaus von Cantenac und besitzt dank seiner ausgezeichneten Entwässerung ein

hervorragendes Anbaugebiet. Zweifellos erreicht die aromatische Ausdruckskraft seines 89ers nicht die gleiche Klasse wie der Château Pouget, aber trotzdem ist dieser recht sinnliche Wein sehr hübsch und aufgrund seines Buketts (reife Früchte) aus seinen soliden Baus recht typisch.
🍷 SCEA des Ch. Boyd-Cantenac et Pouget, 33460 Cantenac, Tel. 56.88.30.58 ⌶ n. V.

CH. BRANE-CANTENAC 1989***

■ 2ème cru clas.   85 ha   k.A.   ❙❙❙ ↓ ☑ 6
|70| 71 74 |75| 76 78 |79| 80 |81| |82| |83| 84 85 ⑧⑥ 87 88 89

Der Name des Cru erinnert an Baron Brane, eine berühmte Persönlichkeit des Weinbaus in der Gironde, so wie der Wilde Wein, der die Mauern des Châteaus zu überwuchern beginnt, dem Besucher zeigt, daß sich hier alles um den Wein dreht. Ein perfekt gelungener 89er mit einem überraschenden Gleichgewicht zwischen der Kraft des stattlichen Tanningerüsts und der Finesse des aromatischen Ausdrucks, von seltener Eleganz ist und komplexe Noten von reifen Früchten und gerösteter Brotkruste entfaltet. Ein sehr großer Margaux.
🍷 Lucien Lurton, 33460 Cantenac, Tel. 56.88.70.20 ⌶ n. V.

CH. CANTENAC-BROWN 1989***

■ 3ème cru clas.   32 ha   144 000   ❙❙❙ ↓ ☑ 5
|75| 76 79 80 |81| |82| |83| 85 |86| 87 88 89

Dieses große Château, das der Sohn eines britischen Weinhändlers im 19. Jh. im Neotudorstil errichten ließ, ging 1989 in den Besitz der Axa-Millésimes über. Sein sehr schöner 89er besitzt eine sehr reizvolle granatrote Farbe mit zinnoberroten Reflexen und trinkt sich sehr angenehm. Geschmeidig in der Ansprache, kraftvoll und fein im Bukett (hervorragende Fruchtigkeit mit Röstaroma), korpulent, sogar üppig im Geschmack und von guter Tannindichte. Sollte noch lagern.
🍷 SC du Ch. Cantenac-Brown, 33460 Cantenac, Tel. 56.88.30.07 ⌶ n. V.
🍷 Axa-Millésimes

CH. CANUET 1989*

■ Cru bourg.   k.A.   48 000   5
|87| 88 89

Der Cru, der von einer Kartause mit in Margaux beherrscht wird, gehört heute zu Cantenac-Brown und ist damit im Besitz der Axa-Gruppe. Als Zweitwein von Cantenac-Brown besitzt dieser 89er zwar nicht die Finesse eines großen Weins, aber seine schöne Entwicklung im geschmeidigen, tanninreichen Geschmack, der mit einem delikaten Ausgang ausklingt, macht ihn recht reizvoll.
🍷 SC du Ch. Cantenac-Brown, 33460 Cantenac, Tel. 56.88.30.07 ⌶ n. V.
🍷 Axa-Millésimes

CH. CARREYRE 1989*

■   k.A.   12 000   ❙❙❙ ↓

Dieser Wein ruft seit angenehme Empfindungen hervor, durch sein Bukett (rote Früchte mit einem Hauch von Menthol) ebenso wie durch seine geschmeidige, lange Ansprache und seine harmonischen Tannine mit dem Lakritzaroma.

🍷 Calvet SA, 75, cours du Médoc, B.P. 11, 33028 Bordeaux Cedex, Tel. 56.43.59.00

🍷 Lucien Lurton, 33460 Cantenac, Tel. 56.88.70.20 ⚉ n. V.

CH. CHARMANT 1989**

■ 4,7 ha 25 000 | ⬛ ⬇ ☑

Ein sehr hübscher Wein, der sich mit seiner guten Struktur zufriedengibt. Er zeichnet sich durch seinen bemerkenswert langen Abgang und die Zartheit seines Buketts aus, das eine harmonische Mischung aus Kirschen, Minze und Unterholzgeruch ist.

🍷 SCEA René Renon, Ch. La Galiane et Ch. Charmant, 33460 Soussans, Tel. 56.88.35.27 ⚉ n. V.

CH. CORDET 1989*

■ 6 ha 25 000 | ⬛ 3

Dieser von Château Monbrison erzeugte Wein ist für den Handel bestimmt. Er ist noch etwas streng, erregt aber durch sein etwas animalisches Bukett und entfaltet einen Biß und einen Stoff, der ihm ein gutes Entwicklungspotential verleiht.

🍷 E.-M. Davis et Fils, Ch. Monbrison, 33460 Arsac, Tel. 56.58.80.04 ⚉ n. V.

DOM. DE CURE-BOURSE 1989*

■ k.A. k.A. 3

Ein 89er, der sich vor der Zukunft nicht zu fürchten braucht : schöne Erscheinung, guter Bau, harmonisch eingefügte Tannine und, reiches Aroma, das sich großzügig entfaltet, und schöner Abgang mit Eukalyptusduft.

CH. DAUZAC 1989***

■ 5ème cru clas. 40 ha 210 000 | ⬛ ⬇ ☑ 6
73 74 75 76 77 **78 79** |80| |81| |82| |83| 84 **85 86** |87| **88 89**

Unbedingt erwähnen muß man den Keller, der vollkommen neoklassizistisch, aber erst ein paar Jahre alt ist, und die Restaurierung des Châteaus im Jahre 1991. Die tiefe, strahlend rote Farbe ist fast unverschämt schön. Das Bukett ist noch schüchtern, aber schon einprägsam (rote Früchte, Unterholz, Gekochtes und Leder). Nach einer unglaublich frischen Ansprache entfaltet sich ein kräftig gebauter Körper, der seine Krönung im Abgang findet.

🍷 Ch. Dauzac SA, 33460 Labarde, Tel. 56.88.32.10 ⚉ tägl. 10h-14h 15h-18h ; Okt.–April Sa u. So geschlossen

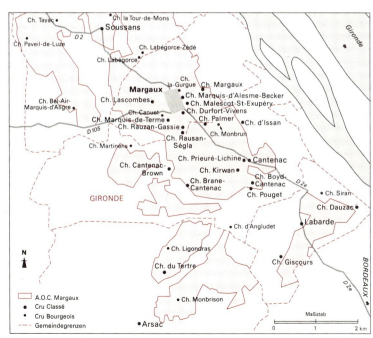

CH. DESMIRAIL 1989★★

■ 3ème cru clas.   19 ha   k.A.   ◫ ↓4
80 |81| |82| |(83)| 85 86 |87| 88 89

Der Cru, der zwischen den beiden Weltkriegen Stück für Stück verkauft wurde, wäre fast von der Bildfläche verschwunden, wenn ihn nicht Lucien Lurton wiederhergestellt hätte, der mit einer rigorosen Auswahl die Qualität der Produktion sichert. Die Intensität der Farbe findet sich im aromatischen Ausdruck, der blumige mit fruchtigen Noten verbindet, ebenso wieder wie im soliden Tanningerüst. Sollte mindestens noch fünf Jahre lagern.

↣ Lucien Lurton, 33460 Cantenac, Tel. 56.88.70.20 ☎ n. V.

CH. DEYREM VALENTIN 1989

■ Cru bourg.   11,5 ha   50 000   ◫ ↓ Ⓥ 4
73 |75| 76 |78| |79| 80 |81| |82| 83 85 |86| |88| 89

Der Wein stammt aus einem Cru in der Marsac-Lage in Soussans. Es fehlt ihm zwar noch an Finesse, vor allem im Abgang, aber er besitzt eine solide Struktur, so daß er sich günstig entwickeln kann.

↣ Jean Sorge, Ch. Deyrem Valentin, 33460 Soussans, Tel. 56.88.35.70 ☎ Mo-Fr 9h-12h 14h-18h

CH. DURFORT-VIVENS 1989★

■ 2ème cru clas.   20 ha   k.A.   ◫ ↓ Ⓥ 5
71 73 74 75 76 78 |79| 80 |81| 82 |83| |84| 85 (86) |87| 88 89

Von jeher hat das Médoc die großen Namen angezogen. Die mächtige Familie Durfort de Duras, die die Geschichte Aquitaniens und Frankreichs mitbestimmte, konnte da nicht fehlen. Von ihr hat dieser Cru seinen Namen. Der voluminöse, angenehm runde 89er entfaltet ein Aroma von großer Finesse (Lebkuchen, Gewürze, geröstetes Brot) und einen delikaten, an Alkohol eingelegte Pflaumen erinnernden Geschmack.

↣ Lucien Lurton, 33460 Cantenac, Tel. 56.88.70.20 ☎ n. V.

CH. FERRIERE 1989★

■ 3ème cru clas.4,12 ha   k.A.   ◫ ↓ 5
70 75 76 77 |78| 80 |81| 82 83 |84| (85) 86 87 88 89

Bis Anfang des 20. Jh. blieb das Gut im Besitz der Familie Ferrière. Diese wurde durch ein Mitglied berühmt, die während der Französischen Revolution Bürgermeister von Bordeaux war. Der Wein ist sehr harmonisch im Aussehen und im Duft und besitzt eine cremige Ansprache und eine kräftige Struktur, die auf eine günstige Alterung hindeutet.

↣ Ch. Ferrière, 33460 Margaux, Tel. 56.88.70.66

CH. GISCOURS 1989★★

■ 3ème cru clas.   80 ha   300 000   ◫ ↓ Ⓥ 6
66 69 71 72 73 74 |75| 76 77 |78| |79| 80 |81| |82| |83| |84| 85 (86) 88 89

Hinsichtlich der Größe seines Anbaugebiets und der Bedeutung seines – nach dem Geschmack von 1847 – in einem Neorenaissancestil erbauten Châteaus zählt dieses Gut zu den eindrucksvollsten des Médoc. Sein 89er ist direkt

und kräftig und besitzt einen sehr markanten Geschmack, dessen Bukett (Gewürznelken, Schokolade, Kirschkonfitüre und sehr reife Trauben) macht ihn auch sehr originell. Bemerkenswert lebhafter und köstlicher Gesamteindruck.

↣ SAE Ch. Giscours, 33460 Labarde, Tel. 56.30.06.66

CH. D' ISSAN 1989★

■ 3ème cru clas.   28 ha   180 000   ◫ 5
70 71 73 |75| |76| 77 |78| |79| |82| (83) |84| 85 86 |87| 88 89

Ein vornehm wirkendes, ganz von Mauern umschlossenes Gut. Architektonisch ebenso interessant wie das Château aus dem 17. Jh. mit dem Schloßgraben sind die Keller. Die aus Dänemark stammende Familie Cruse ist seit sieben Generationen eng mit der Geschichte der Bordeauxweine verbunden. Dieser 89er ist leichter als die anderen Jahrgänge des Cru und stellt seine Persönlichkeit durch eine gute Ausgewogenheit des Gesamteindrucks und vor allem durch die Finesse seines aromatischen Ausdrucks unter Beweis.

↣ Sté Fermière du Ch. d' Issan, 33460 Cantenac, Tel. 56.44.94.45 ☎ n. V.

CH. KIRWAN 1989★★★

■ 3ème cru clas.   35 ha   170 000   ◫ ↓ 5
62 64 66 |70| |75| 78 79 80 81 |82| 83 84 85 (86) |87| 88 89

Jefferson schätzte diesen Cru, den er »Quiroven« schrieb. Das Gut liegt auf dem hervorragenden Plateau von Cantenac und wird heute von Jean-Henri Schyler geleitet, dessen Familie seit 1739 in Bordeaux mit Wein handelt. Dieser Wein erstaunt durch seinen Abgang, der von seltener Frische ist. Es gelingt ihm eine bemerkenswerte Fülle und Kraft zu entfalten und gleichzeitig eine vollkommene Ausgewogenheit zu bewahren. Das Bukett enthüllt fruchtige Düfte und Röstnoten, während man im Abgang Vanille und Tiergeruch entdeckt.

↣ Schröder et Schyler et Cie, 97, quai des Chartrons, 33027 Bordeaux Cedex, Tel. 56.81.24.10 ☎ n. V.

CH. LABEGORCE ZEDE 1989★

■ Cru bourg.   27 ha   120 000   ◫ Ⓥ 4
70 75 |78| |79| 80 |81| |82| (83) 84 85 86 87 88 89

Die Gebäude dieses Gutes sind zweifellos nicht besonders beeindruckend, aber ein Mitglied der Familie Zédé war der Vater des »Gymnote«, des Vorläufers der französischen U-Boote. Dieser Wein ist aufgrund seiner schönen, immer noch sehr jugendlich wirkenden Farbe ein recht typischer 89er. Er besitzt ein komplexes Bukett (Geräuchertes, Leder etc.) und bestätigt durch seine cremige, konzentrierte Ansprache eine starke Persönlichkeit. Der schöne, angenehm markante Geschmack ist typisch für den Jahrgang.

↣ GFA Labégorce Zédé, 33460 Soussans, Tel. 56.88.71.31 ☎ tägl. 8h-12h 14h-19h

CH. LA GALIANE 1989★

■   4,5 ha   30 000   ◫ ↓ Ⓥ
80 |81| |82| |83| 85 86 87 89

Das Gut soll von einem englischen Feldherrn

des Hundertjährigen Kriegs gegründet worden sein. Ein Wein, bei dem alles für eine recht gute Lagerfähigkeit spricht : seine schöne, lebhaft rote Farbe, sein sein Bukett mit den komplexen Düften von eingemachten roten Früchten, Vanille und Lakritze und seine solide Struktur.

☞ SCEA René Renon, Ch. La Galiane et Ch. Charmant, 33460 Soussans, Tel. 56.88.35.27 ☎ n. V.

CH. LA GURGUE 1989*

■	11,8 ha	k.A.	◫ **4**

77 **78 79** 80 81 |82| |83| 84 |85| **86** |87| 88 89

Trotz seines Turms wirkt das solide Gebäude bürgerlich. Sein kleiner Weinberg liegt in der Nachbarschaft des berühmten Châteaus Margaux und hat enge Verbindungen zu Château Chasse-Spleen. Dieser Wein bezaubert durch seine Eleganz, ist aber gleichzeitig robuster Bursche, der ein solides Tanningerüst und ein ziemlich komplexes Bukett (Braten- und Röstaroma, eingemachte Früchte und eine empyreumatische Note) besitzt, so daß er unbesorgt in die Zukunft schauen kann.

☞ SA Ch. La Gurgue, 33460 Margaux, Tel. 56.58.02.37 ☎ n. V.
☞ Mme Villars

CH. LARRUAU 1989*

■ Cru bourg.	4,5 ha	28 000	◫ ↓ ☑ **3**

|75| |76| |78| |79| 80 |81| |82| 83 84 85 |86| 87 88 89

Das Gut besitzt ein recht gutes Anbaugebiet und eines der hübschesten Gebäude von Margaux. Blutrote Farbe mit braunen Reflexen, schöne Ansprache, wohlausgewogene Struktur mit harmonisch eingefügten Tanninen und originelles Bukett (Kakao, Schokolade mit einer Note von Geröstetem) – was braucht es mehr für einen angenehmen Wein !

☞ Bernard Château, 4, rue de la Trémoïlle, 33460 Margaux, Tel. 56.88.35.50 ☎ tägl. 9h-12h 14h-19h

CH. LASCOMBES 1989**

■ 2ème cru clas.	50 ha	300 000	◫ ↓ ☑ **5**

70 76 77 |78| **79** 80 81 **82 83** 84 85 ⑧⑥ |87| **88 89**

Auf der Gartenseite wirkt dieses Château neogotisch, während es auf der Hofseite etwas von einer *winery* an sich hat. Aber die modernen Einrichtungen und die Spitzentechnologie sind hier in den Dienst traditioneller Methoden und eines großartigen Anbaugebiets gestellt. Ein schnörkelloser Wein ohne Raffinessen, der von seiner schönen rubinroten Farbe mit dem karminroten Schimmer bis zum Abgang bemerkenswert ist. Sehr komplex in seinem aromatischen Ausdruck (mit Lorbeer- und Pfeffernoten) und hervorragend gebaut mit gut eingefügten Tanninen. Sollte noch unbedingt gelagert werden.

☞ Ch. Lascombes, B.P. 4, 33460 Margaux, Tel. 56.88.70.66 ☎ n. V.
☞ Bass

CH. LE COTEAU 1989

■ Cru bourg.	7 ha	40 000	◧ ☑ **3**

Ein geschmeidiger, wohlausgewogener Wein, der ein recht ansprechendes Aroma von vollreifen Früchten und geschmeidige Tannine besitzt.

☞ Claude Léglise, rte de Macau, 33460 Arsac, Tel. 56.58.82.30 ☎ Mo-Sa 8h-12h 14h-18h

CH. LES VIMIERES Le Tronquera 1989**

■	0,5 ha	k.A.	◫ **3**

Ein kleiner Weinberg, aber sicherlich kein kleiner Wein. Er ist fein und wirkt sehr jugendlich. Sein Vanille- und Röstduft verbindet sich mit einem runden, vollen und soliden Körper und einem Geschmack von großer Frische. Man sollte ihn noch lagern, damit man ihn voll genießen kann.

☞ Jacques Boissenot, 47, rue Principale, 33460 Lamarque, Tel. 56.58.91.74 ☎ n. V.

CH. LOYAC 1989

■	2,1 ha	15 000	◫ ↓ ☑ **3**

Ein kleiner Weinberg, der seit langem mit Château Malescot verbunden ist. Er liefert mit dem 89er einen Wein, der leicht erscheinen könnte. Die Finesse der Tannine harmoniert mit der Feinheit des Buketts (Früchte und Vanille).

☞ Roger Zuger, Ch. Malescot Saint-Exupéry, 33460 Margaux, Tel. 56.88.70.68 ☎ n. V.

CH. MALESCOT SAINT-EXUPERY 1989*

■ 3ème cru clas.	29,1 ha	141 000	◫ ↓ ☑ **5**

49 55 62 64 69 |70| 71 72 74 |75| |76| **78** |79| 80 |81| |82| 83 |85| |86| |87| 88 89

1955 kauften Paul und Roger Zuger dieses Château, dessen Weinberg bereits im 16. Jh. angelegt wurde. Sein schöner Abgang macht den 89er zu einem typischen Margaux. Während sein Bukett mit den Tiergerüchen und dem Moschusduft eher originell wirkt, zeigt er sich mit seinem soliden Bau angenehm klassisch.

☞ Roger Zuger, Ch. Malescot Saint-Exupéry, 33460 Margaux, Tel. 56.88.70.68 ☎ n. V.

CH. MARGAUX 1989***

■ 1er cru clas.	75 ha	k.A.	◫ **7**

59 |61| 66 **70 71** |75| 77 78 |79| 80 81 ⑧② 83 |84| 85 86 |87| 88 89

Margaux, der Inbegriff des »Weinchâteaus« , ist mit seiner Architektur, seinem Anbaugebiet und seinem Wein ein fester Bestandteil des französischen Kulturerbes. Sein 89er ist ein glänzender Repräsentant dieses großen Jahrgangs : von der tiefen, fast schwarzen Farbe über das Bukett, das an Mokka, geröstetes Brot und Zimt erinnert, bis zum Abgang spürt man eine große Stärke um die geschmeidigen Tannine herum. Vielleicht noch erstaunlicher ist die vollkommene Ausgewogenheit zwischen Kraft und Eleganz.

⌖ SCA du Ch. Margaux, 33460 Margaux, Tel. 56.88.70.28

CH. MARQUIS D'ALESME BECKER
1989*

■ 3ème cru clas.	10 ha	60 000	⑪ ↓ Ⓥ Ⓢ

62 70 75 |78| 79 80 |81| 82 |83| |85| |87| 88 89

Dieses mitten in Margaux liegende große Château, das im Louis-treize-Stil aus Ziegelsteinen errichtet worden ist, fällt sofort auf. Obwohl sich das Bukett erst zu entfalten beginnt, läßt es schon einige sympathische Duftnuancen (insbesondere Haselnüsse) erkennen. In seinem ziemlich reichen ausgewogenen und eleganten Geschmack findet man die Vornehmheit des Holzfasses und des Bodens wieder.

⌖ Jean-Claude Zuger, Ch. Marquis d'Alesme Becker, 33460 Margaux, Tel. 56.88.70.27 ⟟ n. V.

CH. MARQUIS DE TERME 1989***

■ 4ème cru clas.	35 ha	170 000	⑪ Ⓥ Ⓢ

66 70 71 |75| 76 |78| 79 80 81 82 ⑧③ 84 85 86 87 89

Der gute Ruf dieses Ende des 17. Jh. entstandene Gutes gründet sich nicht nur auf sein Alter, sondern noch mehr auf die Qualität seiner Weine wie dieses 89ers. Er präsentiert sich sehr verfeinert mit einer schönen dunkelroten Farbe und einem an Röstgeruch und Vanille erinnernden Bukett. Im Geschmack entwickelt er sich majestätisch über edlen Tanninen und endet mit einem langen Abgang. Der Inbegriff eines großen Weins.

⌖ SCA Marquis de Terme, 33460 Margaux, Tel. 56.88.30.01 ⟟ n. V.
⌖ Ph. Séneclauze

CH. MARSAC SEGUINEAU 1989

■ Cru bourg.	10 ha	35 500	⑪ ↓ ④

82 83 |85| |86| |88| |89|

Dieser Wein, der ausschließlich von der Firma Mestrezat vertrieben wird, ist sicherlich einfach, aber zu seiner Geschmeidigkeit und seinem Diskretion im aromatischen Ausdruck kommen noch Finesse und wirkliche Eleganz mit Noten von reifen Früchten und Röstgeruch hinzu, die ihn gefällig erscheinen lassen.

⌖ SC du Ch. Marsac Séguineau, 17, cours de la Martinique, B.P. 90, 33027 Bordeaux Cedex, Tel. 56.52.11.46

CH. MARTINENS 1989*

■	21 ha	100 000	⬤ ⑪ ↓ Ⓥ ④

73 75 76 |78| 79 80 81 82 |83| 84 |85| 86 87 88 89

Ein schönes Haus, das im 18. Jh. von einer britischen Familie namens White erbaut wurde. Der 89er hüllt sich in eine für einen Margaux provizierende Farbe, bei der man an die Robe eines Mitglieds der Jurade von Saint-Emilion denken muß ! Er ist noch etwas streng, erweist sich aber als gut gebaut und dank seines eleganten Buketts als recht ausdrucksvoll.

⌖ Sté Fermière de Ch. Martinens, 33460 Cantenac, Tel. 56.88.71.37 ⟟ n. V.
⌖ Jean-Pierre Seynat Dulos

CH. MONBRISON 1989**

■ Cru bourg.	15 ha	55 000	⑪ Ⓥ Ⓢ

|82| |83| 85 ⑧⑥ 87 88 89

Ein reizvolles Château, das Robert Davis, ein Journalist des Herald Tribune, 1921 erwarb. Nachdem der Cru 1962 wiederhergestellt wurde, hat er unter dem Einfluß von Jean-Luc Vonderheyden, einer starken Persönlichkeit, die hohe Ansprüche stellte und in diesem Jahr allzu früh von uns ging, zu einer außergewöhnlichen Qualität zurückgefunden. Der 89er ist aufgrund seines Buketts sehr typisch für den Jahrgang. Er besitzt eine vollkommene Ausgewogenheit mit gerade der richtigen Rundheit und Kraft und eine große Eleganz, die sich vor allem in seiner sehr frischen Erscheinung zeigt. Dieser Wein wird nicht enttäuschen.

⌖ E.-M. Davis et Fils, Ch. Monbrison, 33460 Arsac, Tel. 56.58.80.04 ⟟ n. V.

CH. MONGRAVEY 1989

■	8,4 ha	50 000	⑪ ↓ Ⓥ ③

80 |81| ⑧② 83 84 |85| |86| 87 88 89

Das vor kurzem entstandene Gut umfaßt mehrere Parzellen, die über die Gemeinde Arsac verstreut liegen. Sein Kleid erinnert an Seide und Moiré, während das Bukett eine dezente Holznote enthält. Dieser noch sehr jugendliche 89er erscheint ausgewogen.

⌖ Régis Bernaleau, Ch. Mongravey, 33460 Arsac, Tel. 56.58.84.51 ⟟ n. V.

CH. MONTBRUN 1989

■	k.A.	k.A.	⑪ ↓ ③

Der aufgrund seiner Bestockung (75% Merlot) ziemlich untypische Cru präsentiert mit dem 89er einen Wein, dessen kräftiges Bukett ein Vanillearoma mit fruchtigen Noten vereint. Sein runder, geschmeidiger Geschmack spricht dafür, daß man ihn allzulang lagern sollte.

⌖ J. Lebègue et Cie, Mede n° 8, 33330 Saint-Emilion, Tel. 57.51.31.05

CH. PALMER 1989***

■ 3ème cru clas.	45 ha	200 000	⬤ ⑪ ⑦

73 74 |75| |78| |79| 80 |81| |82| |83| 84 85 |86| |87| 88 89

Dieses für die Architektur des 19. Jh. sehr typische Château verdankt seinen Namen einem britischen General, der das Gut während der Zeit der Restauration gründete und sich dabei finanziell zugrunde richtete. Sein Wein besitzt eine elegante dunkelrote Farbe und hinterläßt am

Glas zahlreiche »Tränen« . Ebenso vielversprechend ist das Bukett, dessen spätere Komplexität sich gerade entwickelt (Röstgeruch, Kerne, Menthol mit einem fruchtigen Grundaroma). Bestätigt wird dieser Eindruck von einem harmonischen, langen Geschmack, dessen Tannine typisch für einen Margaux sind. Ein sehr rassiger Wein.

🍷 Ch. Palmer, 33460 Cantenac, Tel. 56.88.72.72 ⚜ n. V.

PAVILLON ROUGE   1989★★

■		k.A.	k.A.	〽	**5**

77 |78| |79| |81| |82| |83| |84| 85 86 |87| 88 89

Pavillon Rouge, der Zweitwein von Château Margaux, hat eine besonders schöne rote Farbe mit schwarzen Reflexen. Das Bukett erinnert zunächst an zerdrückte sehr reife Erdbeeren, ehe es zarte Vanillenoten entfaltet. Dieser 89er beweist mit einem Volumen, seinem Feuer und der Fülle seiner Tannine große Vornehmheit.

🍷 SCA du Ch. Margaux, 33460 Margaux, Tel. 56.88.70.28

CH. POUGET   1989★★★

■ 4ème cru clas.	11 ha	55 000	〽 ↓ ✓	**5**

|70| **71** |75| 77 |78| 79 80 |81| (82) |83| **84** 85 86 |87| 88 89

Der bereits im 17. Jh. erwähnte Cru wurde am 9. April 1748 Eigentum von François-Antoine Pouget, einem Bürger aus Bordeaux, dem er seinen Namen verdankt. Der 89er hat eine sehr schöne Erscheinung. Das kräftige, harmonische Gerüst läßt eine gute Lagerfähigkeit vorassagen, die seinem Primär- und Sekundäraroma die notwendige Zeit geben wird, seinen endgültigen Ausdruck zu finden. Er verspricht eine gelungene Verbindung von Eleganz und Komplexität.

🍷 SCEA des Ch. Boyd-Cantenac et Pouget, 33460 Cantenac, Tel. 56.88.30.58 ⚜ n. V.

CH. SIRAN   1989★★

■ Cru bourg.	17 ha	k.A.	〽 ↓ ✓	**6**

|64| |66| **70** |75| 76 77 **78 79** 80 81 |82| 83 84 85 86 |87| 88 **89**

Ein atombombensicherer Schutzkeller für die alten Jahrgänge und ein Helikopterlandeplatz – Siran hat große Pläne. Die schöne Erscheinung mit der granatroten Farbe liegt ganz auf der Linie des Cru, während das hübsche Bukett typisch für den Jahrgang ist. Feurige Ansprache, etwas strenge, aber sehr gute Tannine und Fülle. Ein Wein, der in zehn bis zehn Jahren eine Reihe schöner Überraschungen bereithalten dürfte.

🍷 SC Ch. Siran, 33460 Labarde, Tel. 56.88.34.04 ⚜ tägl. 10h-12h30 13h30-18h

CH. TAYAC   1989★

■ Cru bourg.	35 ha	200 000	〽 ↓ ✓	**4**

75 76 78 **79** 80 **81** |82| |83| 84 85 86 **87** |88| 89

Ein gutes Beispiel für die Crus, denen das Unglück widerfuhr, daß sie Ende des letzten Jahrhunderts geteilt wurden, und die das Glück hatten, wiederhergestellt zu werden. Dieser gut gebaute Wein besitzt ein fleischiges und tanninreiches Gerüst. Recht originell für seinen Jahrgang ist der lebhafte, frische Charakter.

🍷 GFA du Ch. Tayac, 33460 Soussans, Tel. 56.88.33.06 ⚜ Mo-Fr 10h-12h 14h-18h

CH. TOUR DE BESSAN   1989★

■		k.A.	k.A.		**3**

Ein rechteckiger Turm am Rand einer kleinen Bucht, die als Minihafen diente. Der Ort wird von einem Hauch von Romantik und Abenteuer umweht, den man seltsamerweise auch in diesem Wein wiederfindet. Sein Aroma erinnert an Wildgeruch und Eukalyptus und bringt die guten Tannine zur Geltung.

🍷 Lucien Lurton, 33460 Cantenac, Tel. 56.88.70.20 ⚜ n. V.

CH. DES TROIS CHARDONS   1989★

■	2,7 ha	12 000	〽 ✓	**3**

|75| |76| 78 |79| 80 |81| **82 83** |84| 85 86 |87| 88 89

Viele kleine Weinberge, die vom Grands Crus umschlossen waren, sind heute verschwunden. Château Les Trois Chardons gehört zu den letzten noch verbliebenen. Hoffen wir, daß es noch lange die Tradition aufrechterhält ! Nach einem feinen und gleichzeitig langen Bukett, in dem sich animalische Noten entfalten, bietet dieser gut gebaute 89er einen langen Abgang.

🍷 Sté Claude, Yves et Pierre Chardon, 33460 Cantenac, Tel. 56.88.33.94 ⚜ n. V.

Moulis-en-Médoc

Moulin, ein schmaler Streifen von 12 km Länge und 300 bis 400 m Breite, ist die flächenmäßig kleinste Gemeindeappellation des ganzen Médoc. Dennoch besitzt sie eine gewisse Vielfalt in ihren Kiessand- und lehmig-kalkigen Böden. Die Weine (3,9 Mio. Flaschen 1990) zeichnen sich durch Milde sowie eine sehr typische Fruchtigkeit und Finesse des Buketts aus.

CH. ANTHONIC   1989★★★

■ Cru bourg.	18 ha	120 000	〽 ↓	**3**

75 76 78 79 80 81 |82| |83| 84 |85| (86) 87 88 **89**

Das liegt in einer schönen Umgebung in der Nähe der Kirche von Moulis (14. Jh.). Sein 89er paßt in diesen Rahmen. Er besitzt ein sehr elegantes Aroma, das eine feine, samtige Holznote mit einer Vielzahl von fruchtigen Noten verbindet. Er schafft es, Geschmeidigkeit und Reichtum, Volumen und Klasse zu vereinen, und hinterläßt einen sehr harmonischen Eindruck mit einem Lakritzearoma im Nachgeschmack.

➽ Pierre Cordonnier, Ch. Anthonic, 33480 Moulis-en-Médoc, Tel. 56.88.84.60 ☎ n. V.

CH. BEL-AIR LAGRAVE 1989*

| ■ Cru bourg. | 9 ha | 50 000 | ▯▮ ↓ ✓ 3 |

81 |82||83| 85 86 87 88 89

Dieser Wein stammt von einem Gut, das ganz am Rand des Dorfes liegt. Er besitzt eine schöne granatrote Farbe und entfaltet einen für den Jahrgang sehr eigentümlichen Duft (sehr reife Früchte) und ein gutes Gerüst, das noch zu stark unter dem Einfluß des Holzes steht, aber eine gute Entwicklung erlauben dürfte.

➽ GFA Le Grand-Poujeaux, Grand-Poujeaux, 33480 Moulis-en-Médoc, Tel. 56.58.01.89 ☎ n. V.
➽ J. Bacquey

CH. BISTON-BRILLETTE 1989

| ■ Cru bourg. | 20 ha | 120 000 | ▯▮ ↓ ✓ 3 |

Ein Beispiel für ein Gut von mittlerer Größe im Médoc. Und ein einfacher, geschmeidiger, aber feiner Wein, der aufgrund seines Buketts (vollreife, fast an Eingemachtes erinnernde rote Früchte) typisch für die Médocweine und den Jahrgang 1989 ist.

➽ Michel Barbarin, Ch. Biston-Brillette, Cidex 07-09, 33480 Moulis-en-Médoc, Tel. 56.58.22.86 ☎ Mo-Sa 9h-12h 14h-18h

CH. CAP-DE-HAUT MAUCAILLOU 1989*

| ■ Cru bourg. | 4 ha | 30 000 | ▯▮ ↓ ✓ 3 |

Der kleine Bruder von Maucaillou, der aus hervorragenden Trauben hergestellt worden ist, hat mit diesem etliche Gemeinsamkeiten, auch wenn sein Bukett etwas schwerer ist. Seine schöne Farbe, sein sehr komplexes Aroma mit würzigen und fruchtigen Noten und sein vollschlanker, runder und geschmeidiger Körper mit erstklassigen Tanninen zeigen die Familienähnlichkeit.

➽ SCA des Dom. du Ch. Maucaillou, 33480 Moulis-en-Médoc, Tel. 56.58.01.23 ☎ tägl. 10h-12h 14h-18h
➽ Philippe Dourthe

CH. CHASSE-SPLEEN 1989*

| ■ Cru bourg. | 70 ha | 300 000 | ▯▮ ↓ |

|75| 76 77 78 79 80 81 82 (83) 84 |85| 86 87 88 89

Der literarischste Name eines Cru im Médoc, zwischen Lord Byron und Baudelaire liegend. Dieser Wein ist noch etwas rustikal, aber von einer angenehmen Rustikalität. Seine Tannine müssen sich noch harmonisch auflösen. Er besitzt ein Potential, das ihm eine günstige Entwicklung bei der Alterung garantieren dürfte.

➽ SA Ch. Chasse-Spleen, Grand-Poujeaux, 33480 Moulis-en-Médoc, Tel. 56.58.02.37 ☎ n. V.
➽ Mme Villars

CH. CHEMIN ROYAL 1989

| ■ Cru bourg. | 10 ha | 35 000 | ▯▮ ↓ ✓ 2 |

Der Weinberg gehört zu einem Anbaugebiet, das sich um das Château Fonréaud in Listrac

herum gruppiert. Das Bukett ist zwar von diskreter Eleganz, aber der Geschmack enthält deutlich spürbare Tannine, die geschmeidig und lang sind und diesem Wein eine gute Struktur verleihen.

➽ Ch. Chemin Royal, 33480 Listrac-Médoc, Tel. 56.58.02.43 ☎ Mo-Sa 9h-12h 14h-18h
➽ Héritiers Chanfreau

CH. DUTRUCH GRAND POUJEAUX 1989

| ■ Cru bourg. | 23 ha | 140 000 | ▯▮ ✓ 3 |

81 82 (83) 85 86 88 89

Dieser Wein stammt von guten Trauben, die auf einem schönen Kiessandboden gewachsen sind. Er ist noch sehr streng, aber er verdient es, daß man ihn lange ganz hinten in seinem Keller lagert, denn seine Tannine versprechen eine gute Alterungsfähigkeit.

➽ François Cordonnier, Ch. Dutruch Grand Poujeaux, 33480 Moulis-en-Médoc, Tel. 56.58.02.55 ☎ n. V.

CH. GRANINS GRAND POUJEAUX 1989

| ■ Cru bourg. | 6 ha | 30 000 | ▯▮ ✓ 3 |

Die bescheidenen Gebäude und die geringe Größe dieses Cru erinnern uns daran, daß das Médoch nicht allein das Anbaugebiet der großen Weingüter ist. Sein Wein wirkt zwar mit seinem Aroma etwas zurückhaltend und mit seinen Tanninen rustikal, aber er besitzt eine gute, wohlausgewogene Struktur.

➽ André Batailley, Grand-Poujeaux, 33480 Moulis-en-Médoc, Tel. 56.58.02.99 ☎ n. V.

CH. LA CLOSERIE DU GRAND-POUJEAUX 1989*

| ■ Cru bourg. | 5 ha | 25 000 | ▯▮ ↓ ✓ 3 |

|85| 86 |87| 88 89

Wie sein Name bereits andeutet, liegt dieser Cru auf dem hervorragenen Plateau von Grand-Poujeaux. Das fruchtige Bukett und die kräftige Tanninstruktur kündigen den Wein sehr vielversprechend an. Aber die noch sehr deutlich spürbare Holznote scheint es ihm nicht zu erlauben, sich im Augenblick voll zu entfalten.

➽ GFA Le Grand-Poujeaux, Grand-Poujeaux, 33480 Moulis-en-Médoc, Tel. 56.58.01.89 ☎ n. V.
➽ J. Bacquey

CH. LESTAGE DARQUIER 1989

| ■ Cru bourg. | 7 ha | 38 000 | ▮ ▯▮ ↓ ✓ 2 |

Ein Cru im Familienbesitz, der mit diesem 89er einen geschmeidigen und runden, aber trotzdem strukturierten Wein vorstellt. Sein hübsches Aroma im Geschmack (schwarze Johannisbeeren und Himbeeren) und seine Tannine sprechen für eine sorgenfreie Zukunft.

➽ François Bernard, Le Bois de Seguet, Grand-Poujeaux, 33480 Moulis-en-Médoc, Tel. 56.88.88.42 ☎ n. V.

CH. MALMAISON

Baronne Nadine de Rothschild 1989

| ■ Cru bourg. | 24,13 ha | 120 000 | ▯▮ ↓ ✓ 3 |

88 |89|

Das Château liegt unmittelbar neben Château Clarke, aber in Moulis. Da es mit Schloß Mal-

maison einen berühmten Namensvetter hat, konnte es gar nicht umhin, ihm nachzueifern. Sein relativ schlichter, geschmeidiger Wein ist zweifellos nicht für eine lange Lagerung bestimmt, aber er zeigt sich durch seine Rundheit und die Komplexität seines Buketts sehr gefällig.
🍷 CV des Barons E. et B. de Rothschild, 33480 Listrac-Médoc, Tel. 56.88.88.00

CH. MAUCAILLOU 1989**

■ Cru bourg.   60 ha   360 000   ⦀ ↓ ☑ ◪
|81| |82| |83| 85 86 |87| 88 89

Philippe Dourthe, einer wichtigen Persönlichkeit des Weinbaus im Médoc, ist es gelungen, Maucaillou zu einer bedeutenden Station der Weinstraße zu machen, indem er ein wunderschönes Weinmuseum eingerichtet hat. Er ist auch ein begabter Önologe und präsentiert hier einen sehr gelungenen 89er, der eine intensive Farbe besitzt und durch sein köstliches Bukett von reifen Früchten und geröstetem Brot bezaubert. Ein solide gebauter Wein, der Fleisch und erstklassige Tannine bietet und lange lagerfähig ist.
🍷 SCA des Dom. du Ch. Maucaillou, 33480 Moulis-en-Médoc, Tel. 56.58.01.23 ☎ tägl. 10h-12h 14h-18h
🍷 Philippe Dourthe

CH. MOULIN A VENT 1989

■ Cru bourg.   25 ha   120 000   ⦀ ↓ ☑ ◪
⑦⓪ 75 76 |78| 79 80 81 |82| |83| 84 |85| 86 |87| |88| 89

Moulin à Vent, das auf seinem Hügel 30 bis 35 m hoch liegt, ist typisch für den Westhang der Appellationen Moulis und Listrac. Sein noch sehr verschlossener Wein bietet in seinem Bukett und seinen Tanninen das für den Jahrgang 1989 charakteristische Aroma von gekochten, fast überreifen Früchten.
🍷 Dominique Hessel, Ch. Moulin à Vent, 33480 Moulis-en-Médoc, Tel. 56.58.15.79 ☎ Mo-Fr 8h30-12h 13h30-17h30

CH. MOULIS 1989*

■ Cru bourg.   12 ha   75 000   ⦀ ↓ ◪

Dieser am Rand des gleichnamigen Dorfs gelegene Cru besitzt ein schönes Bürgerhaus aus dem 19. Jh. Sein Wein verbindet auf angenehme Weise Geschmeidigkeit und Tanninreichtum. Das Bukett mit Noten von Geröstetem und Tiergeruch und die schöne Erscheinung machen ihn sehr gefällig.
🍷 Yvon Mau SA, B.P. 1, 33190 Gironde-sur-Dropt, Tel. 56.71.11.11 ☎ n. V.
🍷 J. Darricarrère

CH. MYON DE L'ENCLOS 1989*

■   3 ha   14 000   ⦀ ↓ ☑ ◪

Der Wein stammt aus einem kleinen, zu Beginn der 80er Jahre angepflanzten Weinberg. Er gleicht die Schwäche eines Buketts durch die Ausgewogenheit seiner geschmacklichen Entwicklung aus, die ein stärkeres Aroma und einen recht großzügigen Stoff spüren läßt. Guter Gesamteindruck.
🍷 Bernard et Dominique Lartigue, Le Mayne de Lalande, 33480 Listrac-Médoc, Tel. 56.58.27.63 ☎ tägl. 9h-12h 14h-19h

CH. POUJEAUX 1989***

■ Cru bourg.   50 ha   300 000   ⦀ ↓ ☑ ◪
|75| |76| |77| |79| 80 |81| 82 |83| |84| 85 ⑧⑥ 87 88 89

Das Gebäude ist schlicht, das Etikett dezent. Aber das Gut, im 16. Jh. zu Schloß Latour gehörte, ist alt. Es zählt hinsichtlich der Qualität der Weine zu den zuverlässigsten Châteaus dieser Appellation, wie auch dieser besonders gelungene 89er zeigt. Im Duft ist er noch ein wenig verschossen, aber er besitzt eine bemerkenswerte tiefrubinrote Farbe und vor allem einen sehr reichen Stoff, dessen delikate, gut umhüllte Tannine dazu auffordern, ihn noch gut zehn Jahre zu lagern.
🍷 Theil, Ch. Poujeaux, Grand-Poujeaux, 33480 Moulis-en-Médoc, Tel. 56.58.02.96 ☎ Mo-Sa 9h-12h 14h-18h

CH. RUAT PETIT POUJEAUX 1989

■   13 ha   k.A.   ▮ ⦀ ↓ ◪

Pierre Goffre-Viaud, der aus dem Médoc stammt und im Libournais im »Exil« lebt, erhält mit diesem Cru seine alten Bindungen zur Heimat aufrecht Ein geschmeidiger, leicht gebauter Wein, der sich dank seines Buketts mit den Noten von roten reifen Früchten und Leder sympathisch und herzlich zeigt.
🍷 Pierre Goffre-Viaud, Ch. Ruat Petit Poujeaux, 33480 Moulis-en-Médoc, Tel. 56.63.50.52 ☎ n. V.

Pauillac

Pauillac hat zwar kaum mehr Einwohner als ein großer ländlicher Marktflecken, aber es ist eine echte Kleinstadt, die sogar noch einen Jachthafen am Canal du Midi besitzt. Hier kann man auf den Terrassen der Cafés am Quai Garnelen essen, die frisch im Ästuar gefangen worden sind. Pauillac ist aber auch und vor allem die Weinhauptstadt des Médoc, seiner geographischen Lage nach (im Zentrum des Anbaugebiets) ebenso wie aufgrund der Tatsache, daß es hier drei Premiers Grands Crus gibt

(Lafite, Latour et Mouton), zu denen noch eine recht beeindruckende Liste von 18 Crus Classés hinzukommt. Eine Genossenschaftskellerei produziert rund 5 000 hl, während die Gesamtproduktion 8,4 Mio. Flaschen bei 1 087 ha (1990) ausmacht.

Die Appellation wird in seiner Mitte durch den Chenal du Gahet – einen kleinen Wasserlauf, der die beiden Plateaus trennt, auf denen sich die Weinberge befinden – in zwei Hälften geteilt. Der nördliche Teil, der seinen Namen dem Weiler Pouyalet verdankt, liegt etwas höher (etwa 30 m über dem Meeresspiegel) und besitzt ausgeprägtere Hänge. Er hat das Privileg, zwei Premiers Crus Classés (Lafite et Mouton) sein eigen zu nennen, und ist dadurch gekennzeichnet, daß Boden und Untergrund perfekt zueinander passen. Letzteres gilt auch für das Plateau von Saint-Lambert, das sich südlich des Gahet erstreckt und durch die Nähe zum Tal des Juillac geprägt wird. Dieser kleine Bach markiert die südliche Grenze der Gemeinde und sorgt mit seinen großen Kieselsteinen für eine sehr gute Entwässerung. Diesen Kies findet man vor allem auf dem Anbaugebiet des Premier Cru dieses Teils, Château Latour.

Die Pauillacweine kommen von Kuppen mit reinen Kiesböden und sind sehr körperreich, kraftvoll und kräftig gebaut, aber auch fein und elegant, mit einem zarten Bukett. Da sie sich bei der Alterung sehr günstig entwickeln, empfiehlt es sich, sie zu lagern. Aber dann kann man sie getrost zu ziemlich pikanten Gerichten servieren, wie etwa zu Pilzgerichten, rotem Fleisch, Wild mit rotem Fleisch oder Leberpastete.

CH. D' ARMAILHAC 1989★★

■ 5ème cru clas. 50 ha k.A. ❙❙❙ ↓ **5**
72 73 74 75 76 77 |78| 79 80 81 82 83 84 85 ⑧⑥ |87| 88 89

Zuerst d'Armailhacq, dann Baron Philippe, schließlich bis zu diesem Jahrgang Baronne Philippe. Für den 89er hat sich Philippine de Rothschild entschieden, diesem Cru seine ursprüngliche Identität zurückzugeben und die Schreibung zu vereinfachen. Der Wein feiert eine Taufe sehr fröhlich : schöne Farbe, kräftiges, komplexes Bukett (eingemachte Früchte, Maiglöckchen und Nelken), Tanninreichtum und langer Abgang.
🍷 Baron Philippe de Rothschild SA, 33250 Pauillac, Tel. 56.59.20.20

CH. BATAILLEY 1989★

■ 5ème cru clas. 55 ha 270 000 ❙❙❙ ↓ **V** **4**
|70| |75| 76 78 79 80 81 |82| |83| 84 85 86 |87| 88 89

Trotz seines Namens wirkt Batailley dank seines großen Parks friedlich. Dieser wurde von Barillet-Deschamps, dem Landschaftsgärtner Napoleons III., der selbst hier herkam, entworfen. Der 89er ist geschmeidiger als einige der früheren Jahrgänge, aber er besitzt trotzdem eine hübsche Struktur, bei der man ganz besonders die Dynamik und die Ausgewogenheit der Ansprache spürt. Die schöne rote Farbe und das Bukett mit zarten, feinen Duft von Blüten, Honig, Kampfer und Gewürzen stehen dem in nichts nach.
🍷 Héritiers Castéja, 33250 Pauillac, Tel. 56.59.01.13 ☎ n. V.

CH. BERNADOTTE 1989★

■ Cru bourg. 7,57 ha 45 000 ❙❙❙ ↓ **V** **4**
|83| |84| |85| 86 88 89

Dieser kleine Weinberg in der Appellation Pauillac gehört dem gleichen Besitzer wie Château Fournas Bernadotte (Haut-Médoc). Das Bukett des 89ers wird noch von einer originellen Terpennote geprägt. Das Aroma von Geröstetem, Gegrilltem und Gebratenem regt den Appetit an. Obwohl das Holz noch immer deutlich spürbar ist, enttäuscht der Geschmack nicht, weil man in diesem 89er das Alterungspotential des 88ers wiederfindet.
🍷 SC du Ch. Le Fournas, Le Fournas Nord, 33250 Saint-Sauveur, Tel. 56.59.57.04 ☎ n. V.
🍷 Curt Eklund

CARRUADES 1989★★

■ 85 ha k.A. ❙❙❙ ↓ **5**
87 88 89

Dieser Cru, der früher »Les Moulins de Carruades« hieß, ist die Zweitmarke von Lafite. Mit seiner granatrot schimmernden Farbe, seinem intensiven, vielfältigen Bukett (reife Früchte und geröstetes Brot) und seiner sehr ausgewogenen Struktur zeigt der 89er, daß sich der Premier Cru Classé seines Bruders nicht schämen muß.
🍷 SC du Ch. Lafite-Rothschild, 33250 Pauillac, Tel. (1) 42.56.33.50 ☎ n. V.

CH. CLERC-MILON 1989★★

■ 5ème cru clas. 30 ha k.A. ❙❙❙ **5**
72 73 74 75 76 77 |78| 79 80 |81| 82 |83| 85 86 |87| 88 89

Clerc-Milon, Nachbar von Mouton und ebenfalls zu den Gütern von Philippe de Rothschild gehörend, ist ebenfalls ein bescheidenes Gebäude. Sein 89er besitzt eine an Bigarreaukirschen erinnernde Farbe. Das Bukett kann gar nicht typischer für einen echten Pauillac ausfallen : schwarze Johannisbeeren und reife Früchte (Heidelbeeren). Die festen, geschmeidigen Tannine sind ebenfalls recht typisch, ebenso das Aroma (Leder, Gewürze und Gewürznelken). Ein großer, sehr gelungener Klassiker
🍷 Baron Philippe de Rothschild SA, 33250 Pauillac, Tel. 56.59.20.20

CH. CORDEILHAN BAGES 1989*

■   2 ha   12 000   ◫ 5

Hervorragendes Essen und eine Degustationsschule – Cordeilhan ist eine unverzichtbare Station auf jeder Weinreise. Außerdem ist es ein Cru, dessen Wein die Aufmerksamkeit erreicht : mit seinem Bukett, in dem sich das Vanillearoma des Holzfasses mit Wildbretgeruch vermischt, und mit seinem stattlichen, feurigen Geschmack, der auf harmonische Weise die Tannine unterschiedlichen Ursprungs vereinigt.

↬ Lynch-Bages SA, 33250 Pauillac,
Tel. 56.73.24.00

CH. DUHART-MILON 1989***

■ 4ème cru clas. 66 ha   k.A.   ◫ ↓ 6
61 70 75 76 79 80 |81| **82 83 85 86** |87| 88 **89**

Seit 1962 wird Duhart-Milon von der Mannschaft von Château Lafite geführt. So ist es auch nicht erstaunlich, daß man hier auf Weine wie diesen 89er trifft. Man spürt seine Klasse während der gesamten Verkostung. Die Eleganz der blutroten Farbe findet sich in den Tanninen wieder, deren Intensität und Reichtum eine Antwort auf das kräftige und reichhaltige Aroma (schwarze Johannisbeeren und rote Früchte) ist.

↬ SC Duhart-Milon-Rothschild, 33250 Pauillac,
Tel. (1) 42.56.33.50 ☎ n. V.

CH FONBADET 1989*

■ Cru bourg.   16 ha   60 000   ▮ ◫ ☑ 3
62 70 71 74 75 |76| |78| |79| 80 |81| **82** |83| 84 85 **86** 87 88 89

Dieses Gut gehörte früher zur Seigneurie Latour. Es besteht aus mehreren Parzellen, die im Herzen der Appellation liegen. Wie üblich präsentiert es auch mit dem 89er einen geschmeidigen, wohlausgewogenen und harmonischen Wein, der dank seines komplexen Aromas, das an Unterholz und Zigarrenkisten erinnert, und seiner kräftigen, dunklen Farbe sehr einschmeichelnd wirkt.

↬ Ch. Fonbadet, 33250 Pauillac, Tel. 56.59.02.11 ☎ n. V.

↬ Pierre Peyronie

CH. GRAND-PUY DUCASSE 1989*

■ 5ème cru clas. 37 ha   229 600   ◫ ↓ 4
|82| |83| 84 **85 86** 87 |88| 89

Dieses Château aus dem 18. Jh. liegt mitten in der Stadt, an den Quais von Pauillac. Sein Anbaugebiet besteht aus drei Teilen, die sich in den besten Anbauzonen der Appellation befinden. Sein Wein zeichnet sich gewohntermaßen durch Harmonie aus, die man in seinem Bukett mit den zarten Noten von roten Früchten und neuem Holz und in senen Tanninen wiederfindet. Diese sind deutlich spürbar, aber nicht hart und versprechen eine blendende Zukunft.

↬ SC de Grand-Puy Ducasse, 17, cours de la Martinique, B.P. 90, 33027 Bordeaux Cedex, Tel. 56.52.11.46

CH. GRAND-PUY-LACOSTE 1989**

■ 5ème cru clas. 50 ha   160 000   ◫ ↓ 5
61 62 64 **66** |70| 71 |75| 76 77 |78| |79| 80 |81| |82| |83| |84| **85** ⑧⑥ 87 **88 89**

Grand-Puy-Lacoste ist ein wunderschönes Haus, das von den Nebengebäuden des Gutes

umgeben ist. Es ist das perfekte Beispiel für die soliden Weingüter, die dem Médoc seinen besonderen Charakter verleihen. Mit großer Regelmäßigkeit erzeugt es gute Weine, die selbst ein schönes Spiegelbild der Halbinsel sind. Rubinrote Farbe, feines Bukett (Vanille, Holz, Gewürze, Brotkruste und Lakritze), reiche Struktur und ein hübscher Abgang.

↬ SC Ch. Grand-Puy-Lacoste, 33250 Pauillac, Tel. 56.59.06.66 ☎ n. V.

CH. HAUT-BAGES AVEROUS 1989**

■   k.A.   k.A.   ◫ ↓ 5
76 78 79 80 |81| **82** |83| **84** 85 **86** |87| 88 **89**

Der Besitzer ist wie bei Lynch-Bages ebenfalls Michel Cazes. Sein 89er ist unbestreitbar sehr gut gelungen. Während die Ansprache mild und das Bukett (Eingemachtes) zart ist, demonstriert er seine Kraft mit seinem reichen Stoff, seiner intensiven Farbe und seiner bemerkenswerten Nachhaltigkeit.

↬ SA Ch. Lynch-Bages, 33250 Pauillac, Tel. 56.59.25.59 ☎ n. V.

CH. HAUT-BAGES LIBERAL 1989*

■ 5ème cru clas. 25 ha   k.A.   ◫ ↓ 4
75 76 78 79 80 81 ⑧② |83| 84 |85| **86** 87 88 89

Der Cru gehörte früher eine Maklerfamilie. Nebensache, werden Sie vielleicht sagen. Nein, denn während sie das gesamte Weinbaugebiet abfuhren, konnten sie Parzellen mit reichem Potential erwerben. Wie der 88er ist auch der 89er ein typischer lagerfähiger Wein. Sein komplexes Aroma (Gebratenes, reife Früchte und Back-

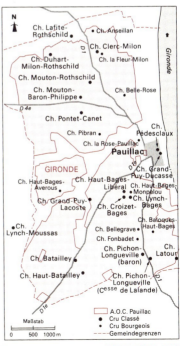

pflaumen) und sein sehr nachhaltiger Abgang sprechen dafür, daß man ihn ein paar Jahre altern läßt.
⊶ SA Haut-Bages Libéral, Saint-Lambert, 33250 Pauillac, Tel. 56.59.11.88 🍷 n. V.

CH. HAUT-BATAILLEY 1989*

■ 5ème cru clas. 22 ha 115 000 🛢 ⬇ 4

66 71 75 |76| 77 |78| |79| 80 |81| (82) |83| 84 |85| 86 |87| 88 89

Die Familie Borie baut seit 1880 im Médoc Wein an. Dieser solide Betrieb besitzt ein gutes Anbaugebiet und eine für das Médoc typische Bestockung. Der 89er ist aufgrund seiner Alterungsfähigkeit recht typisch für sein Herkunftsgebiet. Er besitzt recht konzentrierte Tannine und entspricht auch seinem Jahrgang, insbesondere durch das Aroma, das neben dem Duft von kostbaren Hölzern, Tabk und Gewürzen auch eine den Geruch von Zigarrenkisten enthüllt.
⊶ Mme des Brest-Borie, Ch. Haut-Batailley, 33250 Pauillac, Tel. 56.59.05.20 🍷 n. V.

RAOUL JOHNSTON 1989*

■ k.A. 18 000 ▮ 🛢 V 2

Raoul Johnston, Weinhändler in Pauillac, zeigt mit diesem Wein seine Verbundenheit mit dem Städtchen. Zurückhaltendes, aber zart holziges Bukett und eleganter, wohlausgewogener Geschmack.
⊶ Ets Raoul Johnston, Ch. Malécot, 33250 Pauillac, Tel. 56.59.01.15 🍷 n. V.

CH. LAFITE-ROTHSCHILD 1989***

■ 1er cru clas. 85 ha k.A. 🛢 7

59 |(61)| 62 64 |66| 69 |70| |73| 74 |75| 77 |78| 79 80 81 |82| 83 84 85 86 |87| 88 89

Mit seinem neuen, von Boffil entworfenen Keller besitzt Lafite eine wahre »Weinkathedrale« . Der 89er verdient diese außergewöhnliche Umgebung. Er ist das Musterspiel eines klassischen Weins : strahlend rote Farbe mit dunklen Reflexen. Seine geschmeidigen Tannine und seine reiche aromatische Palette sind ungeheuer vielversprechend. Dieser Wein erreicht mit seiner Eleganz ganz ungwöhnliches Höhen.
⊶ SC du Ch. Lafite-Rothschild, 33250 Pauillac, Tel. (1) 42.56.33.50 🍷 n. V.

CH. LATOUR 1989***

■ 1er cru clas. 47 ha k.A. 🛢 ⬇ 7

|(61)| 67 71 73 74 75 |76| 77 |78| 79 |80| 81 82 83 |84| 85 86 |87| 88 89

Auch wenn die mittelalterliche Festung verschwunden ist, ist das hohe Ansehen von Latour nie geleugnet worden. Denn hier ist der Wein das wahre Monument. Vor allem bei einem Wein wie diesem 89er, der durch seine Farbe und die Jugendlichkeit seines knusprigen, feurigen Abgangs ebenso anziehend wirkt wie durch das Röstaroma seiner Tannine. Sein kräftiges Gerüst und sein komplexes Bukett (schwarze Johannisbeeren und Vanille, danach Leder) halten noch prächtige Überraschungen bereit.
⊶ SCV de Ch. Latour, Saint-Lambert, 33250 Pauillac, Tel. 56.59.00.51 🍷 n. V.

CH. LA TOURETTE 1989*

■ 3 ha 20 000 🛢 ⬇ 3

Das Gut Larose Trintaudon liegt in Saint-Laurent, an der Grenze zwischen den Gemeinden Saint-Julien und Pauillac, und besitzt auch einen Weinberg in Pauillac. Die schöne, kräftige rote Farbe, das intensive Aroma (rote Früchte, Menthol und Geröstetes) und die soliden Tannine verleihen dem 89er gute Entwicklungsmöglichkeiten.
⊶ SA Ch. Larose Trintaudon, 33112 Saint-Laurent-du-Médoc, Tel. 56.59.41.72 🍷 n. V.

LES FORTS DE LATOUR 1989***

■ 13 ha k.A. 🛢 ⬇ 6

66 |(70)| |71| 73 74 |75| 76 77 |78| 79 80 |81| |82| 83 84 85 86 87 88 89

Auf Château Latour (60 ha) hat man schon seit langer Zeit die jungen Rebstöcke von den alten getrennt, um aus den Trauben der ersteren den Zweitwein herzustellen. Aber dieser ist kein zweitrangiger Wein. Insbesondere nicht dieser 89er. Sein liebenswerter Duft erinnert noch stark an frisches Traubengut. Im Geschmack entfaltet er einen sehr schönen, konzentrierten Stoff, der von einer sehr klug dosierten Holznote unterstützt wird. Er gelangt 1993 in den Handel.
⊶ SCV de Ch. Latour, Saint-Lambert, 33250 Pauillac, Tel. 56.59.00.51 🍷 n. V.

LES TOURELLES DE LONGUEVILLE 1989*

■ k.A. 54 000 ▮ 🛢 ⬇ V 5

Der Zweitwein von Pichon-Longueville. Dieser

89er ist einfacher und geschmeidiger und beweist mit seiner lebhaften Farbe und seinen hübschen, runden Tanninen eine gewisse Koketterie.

🍷 SC Ch. Pichon-Longueville, 33250 Pauillac, Tel. 56.73.24.00 ⚑ n. V.

🍇 AXA-Millésimes

L'ORATOIRE 1989

| ■ | k.A. | 6 000 | ⬛ ↓ ☑ 4 |

Der Wein bietet eine einfache, aber angenehme Struktur, die von zart aromatischen Holznoten aufgelockert wird.

🍷 P. Ouzoulias et Fils, 17, rue du Colonel-Picot, 33500 Libourne, Tel. 56.51.07.55 ⚑ n. V.

CH. LYNCH-BAGES 1989**

| ■ 5ème cru clas. | 85 ha | 420 000 | ⬛ ↓ ☑ 7 |

70 71 |75| 76 |78| |79| 80 |81| |82| |83| |84| 85
⑧⑥ |87| 88 89

Mit seinem hohen Cabernet-Sauvignon-Anteil bei der Bestockung ist Lynch-Bages ein klassisches Weingut des Médoc. Dieser klassische Charakter findet sich auch in der Farbe dieses 89ers wieder. Das Bukett ist origineller : sehr animalisch, mit Noten von Unterholz, und auch sehr holzbetont. Der Geschmack verbirgt nicht die großartige Konzentration des Weins. Ein großer, sehr homogener Wein, aber auch ein 89er, denn man nicht allzu lange altern lassen sollte.

🍷 SA Ch. Lynch-Bages, 33250 Pauillac, Tel. 56.59.25.59 ⚑ n. V.

🍇 Jean-Michel Cazes

CH. LYNCH-MOUSSAS 1989*

| ■ 5ème cru clas. | 40 ha | 200 000 | ⬛ ↓ 4 |

|⑦⑤| 76 77 78 |79| 80 |81| 82 |83| 84 |85| 86 87 88 89

Zu der Zeit, als im Südatlantik Passagierschiffe verkehrten, war Lynch-Moussas, wo der spanische König Alfons XIII. zu jagen pflegte, ein Treffpunkt der großen Welt im Médoc. Dieser 89er überrascht ein wenig durch seine leicht ziegelrote Farbe, aber er muß dennoch gelagert werden. Während sich im Duft würzige Noten von angenehmer Offenherzigkeit ankündigen, rauben die sehr deutlich spürbaren Tannine dem Wein gegenwärtig etwas von seiner Verführungskraft, obwohl sie ihm gleichzeitig Körper und Struktur verleihen. Die Zeit dürfte ihn verfeinern.

🍷 Castéja, Ch. Lynch-Moussas, 33250 Pauillac, Tel. 56.59.01.13 ⚑ n. V.

MOULIN DE DUHART 1989**

| ■ | k.A. | k.A. | ⬛ ↓ 4 |

Dieser Wein wird von der Mannschaft von Duhart-Milon hergestellt. Er besitzt zwar nicht dessen Kraft, aber er hat mit ihm die Eleganz gemeinsam, die ihm viel Charme verleiht. Sein überaus komplexes Bukett hat unsere Juroren verführt.

🍷 SC Duhart-Milon-Rothschild, 33250 Pauillac, Tel. (1) 42.56.33.50 ⚑ n. V.

CH. MOUTON-ROTHSCHILD
1989***

| ■ 1er cru clas. | 80 ha | k.A. | ⬛ 7 |

71 72 73 74 |75| 76 77 |78| 79 80 81 82 83 |84|
85 ⑧⑥ |87| 88 89

Viele Faktoren haben Mouton zu einem der sagenumwobenen Orte des Weinbaugebiets in der Gironde gemacht : die Kunst, das Theater, die Persönlichkeit von Philippe de Rothschild und jetzt die seiner Tochter und natürlich die Qualität seiner Weinwie von diesem 89er. Er ist in einer dunkelroten Farbe, in der sich ein Hauch von Entwicklung andeutet, ebenso prächtig wie in seinem Bukett und entfaltet sich geradezu majestätisch im Geschmack, wo er einen herrlichen Stoff enthüllt : reich, geschmeidig, tanninbetont, lang und großzügig.

🍷 Baron Philippe de Rothschild SA, 33250 Pauillac, Tel. 56.59.20.20

CH. PEDESCLAUX 1989**

| ■ 5ème cru clas. | 18 ha | k.A. | 5 |

⑦⓪ 75 78 79 80 |82| |83| 84 |85| 86 87 |88| 89

Dieser mit den traditionellen Rebsorten des Médoc bepflanzte Cru liegt auf dem Kiesplateau über dem Städtchen Pauillac und besitzt einen günstigen Boden. Den Beweis dafür liefert sein sehr schöner 89er durch seinen soliden Tanninreichtum im Geschmack, seinen Abgang, der von einem Honigaroma betont wird, und sein großartiges Bukett, dessen Eleganz nur noch mit seiner Komplexität zu vergleichen ist.

🍷 CVBG Dourthe-Kressmann, 35, rte de Bordeaux, 33290 Parempuyre, Tel. 56.35.53.00

CH. PIBRAN 1989*

| ■ Cru bourg. | 9,5 ha | 48 000 | ⬛ ↓ 6 |

Pibran, früher ein unabhängiger Cru Bourgeois, liegt in der Nähe von Mouton, Grand-Puy Ducasse und Pontet-Canet. Mit Pichon-Baron, dessen Schicksal er in Zukunft teilt, hat es dieser begehrten Nachbarschaft ein weiteres erstklassiges Mitglied hinzugefügt. Der Cru präsentiert einen Wein, der sicherlich leichter, aber sehr angenehm ist. Hübsche violette Farbe, intensiver Duft von roten Früchten und ein Tanningerüst, das noch vom Holz geprägt wird, aber vielversprechend ist.

🍷 SC Ch. Pichon-Longueville, 33250 Pauillac, Tel. 56.73.24.00 ⚑ n. V.

🍇 Axa-Millésimes

CH. PICHON-LONGUEVILLE
1989 ***

■ 2ème cru clas.   k.A.   240 000   ⑪ ↓ ☑ 7

77 |78| 79 80 81 |82| |83| 84 |85| 86 87 88 89

Pichon-Longueville oder Pichon-Baron, ein großer Name im Médoc. Der 89er wird dem hervorragenden Ruf dieses Cru vollauf gerecht, zumal er sich nicht mit Halbheiten zufriedengibt : reiches, harmonisches Bukett (Tabak, Johannisbeerknospen, Sandelholz, Lorbeer), stattliche Ansprache und geschmeidige Ansprache. Alles deutet auf einen Wein großer Klasse und sehr langer Lagerzeit hin.
↪ SC Ch. Pichon-Longueville, 33250 Pauillac, Tel. 56.73.24.00 ☎ n. V.
↪ Axa-Millésimes

CH PICHON LONGUEVILLE
COMTESSE DE LALANDE   1989 ***

■ 2ème cru clas.   75 ha   k.A.   ⑪ ☑ 7

66 70 71 73 74 |75| |76| 77 |78| 79 80 |81| |82| 83 84 85 ⑧⑥ 87 88 89

Ein Château, das vom Hôtel de Lalande in Bordeaux inspiriert ist, und Weinberge, die von einer weiblichen Handschrift geprägt sind, weil es auf dem Gut eine lange Reihe von großen Winzerinnen gab, machen Pichon-Lalande zu einem Gut mit einer starken Persönlichkeit. Natürlich ist die schillernde, strahlende Farbe dieses 89ers von sehr großer Eleganz. Ebenso das Bukett mit den komplexen Noten von sehr reifen roten Beerenfrüchten. Seine gegenwärtige Strenge und seine Kraft enthüllen eine gute Alterungsfähigkeit.
↪ SCI Ch. Pichon Longueville Comtesse de Lalande, 33250 Pauillac, Tel. 56.59.19.40 ☎ n. V.

CH. PONTET-CANET   1989 **

■ 5ème cru clas.   67 ha   240 000   ⑪ ↓ ☑ 5

⑥① 70 71 73 74 75 76 77 |78| |79| 80 |81| 82 |83| 84 |85| 86 |87| 88 89

Das schöne Ensemble, das Ende des 18. Jh. errichtet wurde, trägt den Namen des Privatsekretärs von Ludwig XVIII., der 1725 der Besitzer war. Es verdient unbedingt, daß man hier auf der Weinstraße durch das Médoc einen Halt einlegt. Dabei kann man auch diesen sehr hübschen 89er als »schlafende Schönheit« im Holzfaß erleben. Ein Wein, der geradewegs der Tradition des Médoc erwachsen zu sein scheint : in seiner kräftigen roten Farbe ebenso wie in seinem eleganten Bukett oder seinem schönen Potential, das darauf wartet, daß es sich einmal enthüllen kann, um einen hervorragenden Wein abzugeben.

↪ SCIA Ch. Pontet-Canet, 33250 Pauillac, Tel. 56.59.04.04 ☎ Mo-Fr 9h-12h 14h-17h
↪ Guy Tesseron

CH. TOUR DU ROC MILON   1989 *

■   7 ha   24 000   ⑪ ↓ 4

Dieser Wein wird von Calvet, dem berühmtesten Handelshaus im Médoc, vertrieben. Er ist schwer und delikat und zeugt von einer angenehmen Rustikalität. Seine Tannine dürften es ihm ermöglichen, sich günstig zu entwickeln, indem sie dem noch verschlossenen Bukett die Zeit lassen, sich zu entfalten.
↪ Calvet SA, 75, cours du Médoc, B.P. 11, 33028 Bordeaux Cedex, Tel. 56.43.59.00

Saint-Estèphe

Unweit von Pauillac und seinem Hafen zeigt Saint-Estèphe mit seinen reizvollen ländlichen Weilern einen rustikalen Charakter. Die Appellation, die bis auf einige Hektar in der AOC Pauillac auf das Gebiet dieser Gemeinde beschränkt ist (1 221 ha), stellt die nördlichste der sechs kommunalen Appellationen des Médoc dar. Das verleiht ihr einen recht stark ausgeprägten typischen Charakter mit einer mittleren Höhe von etwa 40 m ; die Kiesböden sind hier etwas lehmhaltiger als in den südlichen Appellationen. Sie besitzt fünf Crus Classés. Die hier erzeugten Weine (8,6 Mio. Flaschen 1990) sind deutlich vom Anbaugebiet geprägt. Dieses verstärkt deutlich ihren Charakter ; im allgemeinen haben sie eine höhere Säure der Trauben, eine intensivere Farbe und einen höheren Tanningehalt als die anderen Médocweine. Sie sind sehr kräftig und lange lagerfähig.

CH. ANDRON BLANQUET   1989 *

■ Cru bourg.   16 ha   100 000   ⑪ ↓ ☑ 3

|75| 76 78 79 80 |81| |82| |83| 84 85 86 |87| 88

Ein sehr altes Gut, das von Grands Crus Classés umgeben ist und seit 1971 dem gleichen Besitzer wie Cos Labory gehört. Dieser Wein ist rustikaler, aber trotzdem ebenfalls sehr angenehm, insbesondere wegen seines Buketts, das den Duft von schwarzen Johannisbeeren mit dem Geruch von geröstetem Brot verbindet.
↪ SCE Dom. Audoy, Ch. Cos Labory, 33180 Saint-Estèphe, Tel. 56.59.30.22 ☎ n. V.

CH. BEAU-SITE   1989 **

■ Cru bourg.   35 ha   210 000   ⑪ ↓ ☑ 3

84 |85| 86 |87| 88 89

Die Castéjas, die unter dem Anicen Régime

Makler waren, kennen die Weinberge von Pauillac und Saint-Estèphe seit Jahrhunderten. Dieser im besten Sinne des Wortes klassische, perfekt gelungene Wein zeigt durch seinen reichen Stoff, daß er eine schöne Zukunft vor sich hat. Der Geschmack enttäuscht auch nach der strahlenden Farbe und dem großzügigen Bukett (mit Noten von Edelhölzern) nicht.

🕿 Héritiers Castéja, 33180 Saint-Estèphe, Tel. 56.00.00.70 ⚥ n. V.

CH. BEAU-SITE HAUT-VIGNOBLE
1989*

■ Cru bourg.	15 ha	90 000	⏸ ↓ **4**

Der Cru war im 19. Jh. unter dem Namen »Latour du Haut-Vignoble« bekannt. Mit diesem 89er präsentiert er einen angenehmen Wein vor, der sich vor allem in seinem nachhaltigen Abgang mit Pfeffer- und Gewürznelkengeschmack entfaltet.

🕿 Braquessac, B.P. 17, 33028 Bordeaux Cedex, Tel. 56.39.45.87 ⚥ n. V.

CH. BEL-AIR ORTET 1989*

■	k.A.	k.A.	⏸ ↓ **3**

Das Etikett vereint modernen und klassischen Geschmack. Der Wein zeigt seine Eleganz durch seine rubinrote Farbe und sein sich entfaltendes Bukett, das winzige Noten von Weichseln und Cachou enthüllt. Ein gut gebauter, im Abgang sehr tanninreicher 89er, der noch harmonisch werden muß.

🕿 Marcel et Christian Quancard, rue Barbère, 33440 La Grave d'Ambarès, Tel. 56.33.80.60 ⚥ n. V.

CH. CHAMBERT-MARBUZET 1989*

■ Cru bourg.	9 ha	60 000	⏸ ↓ Ⓜ **4**

|76| |79| |81| **82** 84 **85** 86 87 |88| 89

Die Chamberts wohnen seit Mitte des 19. Jh. im Weiler Marbuzet. Gewohntermaßen macht der Wein durch die Originalität seines Buketts auf sich aufmerksam : Man entdeckt darin Harzgeruch, Geräuchertes und Teer. Obwohl er noch etwas vom Holz geprägt wird, zeigt er sich im Geschmack mit seinem Aroma von eingemachten Früchten und Lakritze einschmeichelnd und elegant.

🕿 Henri Duboscq, Ch. Chambert-Marbuzet, 33180 Saint-Estèphe, Tel. 56.59.30.54 ⚥ n. V.

CH. COS D'ESTOURNEL 1989***

■ 2ème cru clas.	55 ha	370 000	⏸ ↓ **7**

|70| 73 74 |75| 76 |78| |79| 80 |81| ⑧② |83| |84| 85 86 |87| 88 89

Nachdem die Schieferplatten der Dächer seiner Pagoden durch Kupferplatten ersetzt worden sind, hat dieses märchenhafte Château zu seinem orientalischen Charakter zurückgefunden. Ein Tip unter Freunden : Vergessen Sie diesen 89er in Ihrem Keller und holen Sie ihn erst in zehn Jahren wieder hervor ! Seine Kraft verspricht einen außergewöhnlichen Wein, dessen außerordentliche aromatische Komplexität sein gerade entstehendes Bukett (feurig, rauchig, mit Vanillearoma) schon erahnen läßt.

🕿 Dom. Prats SA, Cos d'Estournel, 33180 Saint-Estèphe, Tel. 56.73.15.50 ⚥ n. V.

CH. COS LABORY 1989*

■ 5ème cru clas.	17 ha	120 000	⏸ ↓ Ⓜ **5**

64 **70** |75| **76** |78| **79** 80 |81| 82 |83| 84 **85** 86 |87| 88 89

Dieser hübsche Cru, der früher mit dem Cos d'Estournel vereint war, bevor er während der Französischen Revolution abgetrennt wurde, liegt auf einer Kuppe mit Kreideboden, auf den wahrscheinlich auch seinen Name (»caux«) zurückgeht. Obwohl sich der 89er noch nicht voll entfaltet hat, zeigt er sehr vielversprechend mit einem komplexen Aroma (Leder, Tiergeruch und eingemachte Früchte) und mit einem Stoff, der ihn zum Musterbeispiel eines lagerfähigen Weins macht.

🕿 SCE Dom. Audoy, Ch. Cos Labory, 33180 Saint-Estèphe, Tel. 56.59.30.22 ⚥ n. V.

CH. COSSIEU-COUTELIN 1989*

■	1,5 ha	7 200	⏸ ↓ **4**

Wie die Ozeane letztlich aus winzigen Wassertropfen bestehen, so ist dieser kleine Weinberg Teil der riesigen Weingüter der Familie Quancard. Von der kräftigen rubinroten, granatrot schimmernden Farbe bis zum nachhaltigen Abgang entwickelt sich sein 89er sehr angenehm und enthüllt dabei einen soliden, wohlausgewogenen Bau, zu dem noch als hübscher Nachgeschmack das Aroma von Gewürznelken hinzukommt.

🕿 Marcel et Christian Quancard, rue Barbère, 33440 La Grave d'Ambarès, Tel. 56.33.80.60 ⚥ n. V.

CH. DOMEYNE 1989*

■ Cru bourg.	5,38 ha	45 000	⏸ ↓ Ⓜ **3**

|82| |83| 84 **85** |86| 87 88 89

Dieser Anfang der 80er Jahre entstandene Cru besitzt ganz moderne Lager- und Gärkeller. Das

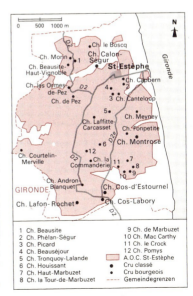

1 Ch. Beausite	9 Ch. de Marbuzet
2 Ch. Phélan-Ségur	10 Ch. Mac Carthy
3 Ch. Picard	11 Ch. le Crock
4 Ch. Beauséjour	12 Ch. Pomys
5 Ch. Tronquoy-Lalande	▨ A.O.C. St-Estèphe
6 Ch. Houissant	● Cru classé
7 Ch. Haut-Marbuzet	● Cru bourgeois
8 Ch. la Tour-de-Marbuzet	--- Gemeindegrenzen

recht erstaunliche Bukett seines 89ers enthüllt einen Duft von Fruchtbonbons. Das hübsche Gerüst wirkt gegenwärtig noch etwas aufdringlich, dürfte es ihm aber ermöglichen, gut zu altern.

☛ GFA du Ch. Domeyne, 33180 Saint-Estèphe, Tel. 56.59.30.21 ☓ Mo-Fr 8h-12h 14h-17h30

CH. HAUT-MARBUZET 1989 ★ ★

| ■ Cru bourg. | 45 ha | 240 000 | ◫ ↓ Ⅴ 5 |

| I62I | I64I | I66I | I70I | 71 | 73 | I75I | I78I | 79 | 80 | 81 | (82) |
| I83I | I84I | 85 | 88 | 89 |

Dieses Château ist nur ein einfaches Bürgerhaus, aber es herrscht über ein riesiges Gut, das einen Großteil des Ortsteils Marbuzet einnimmt. Das komplexe Bukett, eine gelungene Verbindung von roten Früchten und geröstetem Brot, findet einmütige Zustimmung. Dagegen sind manche der Meinung, daß der Geschmack zu stark vom Holz geprägt wird. Aber dieses Holz sei von sehr guter Qualität, werden andere einwenden, überwiegend diejenigen, die ihn bewundern. Jedenfalls läßt er niemanden kalt.

☛ Henri Duboscq, Ch. Haut-Marbuzet, 33180 Saint-Estèphe, Tel. 56.59.30.54 ☓ Mo-Sa 9h-12h 14h-17h

CH. LA COMMANDERIE 1989

| ■ Cru bourg. | 18 ha | k.A. | ◫ 4 |

| I(82)I | 83 | 84 | I85I | 86 | 87 | 88 | 89 |

Das Gut wird seit 1957 von einem ehemaligen Händler für Edelreiser geführt, der sich eines Tages zu dem Entschluß durchrang, selbst Winzer zu werden. Dieser Wein wirkt aufgrund seiner Tannine noch etwas streng, die Finesse seines zurückhaltenden Dufts macht ihn gefällig.

☛ Kressmann et Cie, 35, rte de Bordeaux, 33290 Parempuyre, Tel. 56.35.53.00 ☓ n. V.

LA DAME DE MONTROSE 1989 ★

| ■ | 68 ha | 110 000 | ◫ Ⅴ 3 |

| I87I | 88 | 89 |

Diese Auswahlcuvée von Château Montrose besitzt nicht dessen erstaunlichen Charakter, hinterläßt aber einen hervorragenden Eindruck. Der Reichtum ihrer purpurroten Farbe spiegelt sich im Bukett (Tiergeruch) und im Geschmack wieder, dessen Stoff einen lange lagerfähigen Wein ankündigt.

☛ Jean-Louis Charmolüe, Ch. Montrose, 33180 Saint-Estèphe, Tel. 56.59.30.12 ☓ n. V.

CH. LAFON-ROCHET 1989 ★

| ■ 4ème cru cla | 40 ha | 200 000 | ◫ ↓ Ⅴ 5 |

| I(64)I | 70 | 74 | 75 | 76 | 77 | I78I | I79I | 80 | I81I | I82I | I83I |
| I84I | I85I | I86I | I87I | 88 | 89 |

Eine wundervolle neoklassizistische Kartause, wie sie in der Zeit der Aufklärung nicht schöner hätte erbaut werden können, aber sie stammt von 1964. Dieser noch etwas verschlossene Wein ist angenehm klassisch. Sein Tanninreichtum dürfte eine günstige Entwicklung bei der Alterung ermöglichen.

☛ GFA du Ch. Lafon-Rochet, 33180 Saint-Estèphe, Tel. 56.59.32.06 ☓ Mo-Fr 9h-12h 14h-17h ; Aug. geschlossen

☛ Guy Tesseron

CH. LARTIGUE 1989

| ■ | 8 ha | 67 300 | ◫ ↓ 3 |

Ein von der Handelsfirma Mestrezat vertriebener Wein, der in seinem aromatischen Ausdruck noch diskret ist, aber eine angenehme Fruchtigkeit besitzt. Seine Tannine müssen sich entwickeln.

☛ SC du Ch. Lartigue, 17, Cours de la Martinique, B.P. 90, 33027 Bordeaux Cedex, Tel. 56.52.11.46

CH. LE BOSCQ 1989 ★

| ■ Cru bourg. | 15,3 ha | 100 000 | ◫ ↓ Ⅴ 5 |

| 76 | 77 | I78I | 79 | 80 | I81I | I82I | I83I | 84 | 85 | (86) | I87I | 88 | 89 |

Dieses Gut, das über ein sehr einheitliches Anbaugebiet verfügt, war das erste Bordeleser Gut der Familie Barton und hat sich seit sehr langer Zeit einen soliden Gut erworben. Der 89er besitzt zwar nicht das Potential einiger früherer Jahrgänge, die wunderbare Erinnerungen hinterlassen haben, beweist aber mit seinem Pfeffer- und Vanillearoma Eleganz.

☛ Philippe Durand, Ch. Le Bosq, 33180 Saint-Estèphe, Tel. 57.74.55.92 ☓ n. V.

CH. LE CROCK 1989 ★

| ■ Cru bourg. | 33 ha | k.A. | ◫ Ⅴ 3 |

Das Château liegt nach Süden inmitten einer reizvollen Landschaft. Sein geschmeidiger, aber konzentrierter Wein, der noch unter dem Einfluß des neuen Holzfasses steht, läßt mit seinen Noten von Früchten, Gewürzen und Backpflaumen die Komplexität die zukünftige Komplexität seines Aromas erahnen.

☛ H. Cuvelier et Fils, Ch. Le Crock, 33180 Saint-Estèphe, Tel. 56.59.30.33 ☓ n. V.

CH. LES ORMES DE PEZ 1989 ★ ★ ★

| ■ Cru bourg. | 32 ha | 180 000 | ◫ ↓ Ⅴ 5 |

Die Keller sind nach einem Brand völlig renoviert werden. Das Gut stellt einen Wein vor, der die hohen Investitionen vollauf rechtfertig. Dieser 89er zählt zu den großen Klassikern der Médocweine. Eine prächtige Erscheinung (kräftige Farbe und intensives Bukett) und ein reicher, cremiger Stoff ermöglichen es ihm, das Holznote und die Tannine zu (er)tragen, die sich auf bemerkenswertewerte Weise in den Gesamteindruck einfügen.

☛ Jean-Michel Cazes, Ch. Les Ormes de Pez, 33180 Saint-Estèphe

CH. LILIAN LADOUYS 1989 ★ ★

| ■ Cru bourg. | 45,75 ha | 210 000 | ◫ ↓ Ⅴ 5 |

Christian Thiéblot, ein ehemaliger Informatiker, der Winzer geworden ist, hat diesen alten Cru Bourgeois zu neuem Leben erweckt, indem er einen neuen Weinberg anlegte. Der 89er, sein erster Jahrgang ist gleich ein Meisterstück. Er hält alles, was die intensive, tiefe Farbe verspricht. Durch die Komplexität des Buketts (schwarze Früchte und dunkler Tabak) und durch den Charakter des Geschmacks. Sein Fleisch, seine Holznote und seine harmonisch eingefügten Tannine machen ihn zu einem großen Wein.

☛ Ch. Lilian Ladouys, Blanquet, 33180 Saint-Estèphe, Tel. 56.59.71.96 ☓ n. V.

☛ Thiéblot

CH. DE MARBUZET 1989★★★

■ Cru bourg.	k.A.	100 000	

75 |78| 79 80 |81| **82** |83| 84 |85| **86** 87 88 **89**

Wenn Sie nach Saint-Estèphe kommen, sollten Sie nicht den Schlaumeiern glauben, die dort behaupten, Marbuzet habe den Architekten des Weißen Hauses inspiriert – es stammt nämlich erst aus dem späten 19. Jh. Dieser große Wein, der auf sehr glückliche Weise die Tannine unterschiedlicher Herkunft verbindet, enthüllt voll im Geschmack, so sich seine Konzentration entlädt. Die schöne granatrote Farbe und das nuancenreiche Bukett mit den animalischen und balsamischen Gerüchen sind bereits sehr günstige Vorzeichen.
� Dom. Prats SA, Ch. de Marbuzet, 33180 Saint-Estèphe, Tel. 56.73.15.50

MARQUISAT Le Grand Art 1989

| ■ | k.A. | 120 000 | |

Die Zweitmarke der Genossenschaftskellerei. Dieser Wein mit den kräftigen, aber etwas rohen Tanninen erinnert etwas an seinen großen Bruder.
� SV de Saint-Estèphe, 33180 Saint-Estèphe, Tel. 56.59.32.05 ⵣ Mo-Sa 8h-12h 14h-18h

MARQUIS DE SAINT-ESTEPHE 1989

| ■ | k.A. | 120 000 | |

Ein Marquis, wie er nicht demokratischer sein könnte, denn es handelt sich dabei um die Spitzenmarke der Genossenschaftskellerei von Saint-Estèphe. Das leichte Kleid, das zweifellos von einer etwas freizügigen Marquise stammt, bildet einen Kontrast zu der Strenge der Tannine, die einen etwas volleren Geschmack verdient hätten, auch wenn dieser ziemlich ausgewogen ist.
� SV de Saint-Estèphe, 33180 Saint-Estèphe, Tel. 56.59.32.05 ⵣ Mo-Sa 8h-12h 14h-18h

CH. MEYNEY 1989★★★

| ■ Cru bourg. | 50 ha | 300 000 | |

70 **71** 77 **78 79** 80 **81** |82| |83| |84| 85 (86) |87| 88 89

Ein schönes, großes Gut, das über der Gironde liegt, so daß die Reben »den Fluß sehen« , wie man im Médoc sagt. Früher war es Kloster der Feuillanten. Sein Wein entpuppt sich wieder als großer Klassiker der Appellation. Seine Farbe ist ebenso reich wie sein Bukett, das köstliche Eindrücke von Mandeln und Kirschkonfitüre sowie eine Ledernote enthüllt. Er entwickelt sich wundervoll im Geschmack, wo sich die Finesse und die Fülle inmitten von harmonisch eingefügten Tanninen die Waage halten.
� Dom. Cordier, 10, quai de Paludate, 33800 Bordeaux, Tel. 56.31.44.44 ⵣ n. V.

CH. MONTROSE 1989★★★

| ■ 2ème cru clas. | 68 ha | 255 000 | |

64 66 67 |70| **75 76** 78 |79| |80| |81| (82) |83| 84 **85 86** |87| **88 89**

Ein großes Bürgerhaus, aber ein altes Gut, dessen Weinbautradition auf die Ségurs zu Ende des 18. Jh. zurückgeht und oft erstaunliche Weine erzeugt. Darunter auch diesen hier. Er überrascht durch die Tiefe seiner Farbe und die Intensität seines Buketts, das an Sandelholz, Zedern und Kaffee erinnert, und entlädt sich im Gaumen, den er mit milden Aromen überzieht. Vollkommene Ausgewogenheit zwischen Kraft und Rundheit. Ein Eindruck von seltener Finesse.
� Jean-Louis Charmolüe, Ch. Montrose, 33180 Saint-Estèphe, Tel. 56.59.30.12 ⵣ n. V.

CH. NAUDET 1989

| ■ | 11,5 ha | 100 000 | ⬛ ↓ ☑ 3 |

Das Gut wird von der Mannschaft von Château Lilian Ladouys bewirtschaftet. Es erzeugt einen ganz anderen Wein, der durch die Verbindung einer leichten Struktur mit Tanninen, die in ihrer Jugend etwas streng wirken, ziemlich überrascht.

🍷 Ch. Naudet, Lilian Ladouys, Blanquet, 33180 Saint-Estèphe, Tel. 56.59.71.96 ☎ n. V.
🍷 Thiéblot

CH. PHELAN SEGUR 1989*

| ■ Cru bourg. | 12 ha | k.A. | ⬛ ↓ ☑ 4 |

86 |87| 88 89

Dieses Anfang des 20. Jh. entstandene Gut, das mit 66 ha eines der größten im Médoc ist, wurde von seinem gegenwärtigen Besitzer vollständig renoviert. Sein 89er ist ein sehr typischer Médoc : schöne Farbe und Bukett mit Leder- und Tiergeruch. Ein reicher, kräftiger und delikater Wein, der alles besitzt, um sich sehr günstig zu entwickeln.

🍷 Ch. Phélan Ségur SA, 33180 Saint-Estèphe, Tel. 56.59.30.09 ☎ n. V.
🍷 Xavier Gardinier

CH. POMYS 1989**

| ■ Cru bourg. | 10 ha | 80 000 | ⬛ ↓ ☑ 4 |

75 76 |78| 79 80 |81| |82| |83| 84 |85| 87 88 |89|

Dieser im 19. Jh. entstandene Cru, der den gleichen Besitzern wie Château Saint-Estèphe gehört, ist ebenfalls mit großer Geduld wiederhergestellt worden. Sein lebhafter, runder 89er schafft das Kunststück, dank seiner harmonisch eingefügten Tannine sehr angenehm zu sein. Aber dieser »Wein zum Beißen« beweist durch den Reichtum und die Komplexität seines Stoffs, daß er auch alles besitzt, um vier bis fünf Jahre zu lagern.

🍷 SARL Arnaud, Leyssac, 33180 Saint-Estèphe, Tel. 56.59.32.26 ☎ n. V.

PRIEUR DU CHATEAU MEYNEY 1989***

| ■ | k.A. | k.A. | ⬛ ↓ ☑ 3 |

Dieser erstmals 1979 erzeugte Wein ist der Bruder von Château Meyney. Auch wenn er nicht dessen außerordentliche Verführungskraft besitzt, macht er der Appellation und dem Jahrgang alles Ehre. Durch sein prächtiges Bukett (schwarze Johannisbeeren und Unterholz) ebenso wie durch seinen stattlichen, ausgewogenen Geschmack, der viel Biß hat.

🍷 Dom. Cordier, 10, quai de Paludate, 33800 Bordeaux, Tel. 56.31.44.44 ☎ n. V.

CH. SAINT-ESTEPHE 1989*

| ■ Cru bourg. | 10 ha | 80 000 | ⬛ ☑ 3 |

75 76 |78| 79 80 |81| |82| |83| 84 85 87 88 89

Das 1870 geschaffene Château Saint-Estèphe ist nicht der Namensgeber der Appellation. Es ist durch die Zusammenfassung verschiedener Parzellen entstanden, aber es kann aufgrund seines typischen Anbaugebiets und der Qualität seines Weins eine gewisse Berechtigung dafür in Anspruch nehmen Dieser im Geruchseindruck noch diskrete 89er stellt ein gutes Beispiel für

einen ausgewogenen Bau dar : Er ist gleichzeitig geschmeidig, fleischig und lang und entfaltet sich harmonisch im Geschmack.

🍷 SARL Arnaud, Leyssac, 33180 Saint-Estèphe, Tel. 56.59.32.26 ☎ n. V.

CH. SEGUR DE CABANAC 1989**

| ■ Cru bourg. | 6,25 ha | 25 500 | ⬛ ☑ |

|86| 87 |88| 89

Ein kleines Gut, dessen Wein lange Zeit von der Genossenschaftskellerei vinifiziert worden ist, ehe es sich selbständig machte. Dem Bukett dieses 89ers mangelt es nicht an Originalität : Es verbindet für reife Cabernettrauben sehr typische Noten, wie etwa eingemachte Früchte, mit dem Geruch von getrockneten Feigen und Zigarrenkisten. Daran schließen sich ein gut gebauter Geschmack und ein langer, würziger Abgang an, die einen sehr harmonischen Gesamteindruck hinterlassen.

🍷 Guy Delon, Ch. Ségur de Cabanac, 33180 Saint-Estèphe, Tel. 56.59.70.10 ☎ n. V.

CH. TOUR DES TERMES 1989*

| ■ Cru bourg. | 30 ha | 100 000 | ⬛ ↓ ☑ 4 |

78 79 80 81 ⑧② |83| 84 85 86 87 88 89

Ein Turm aus der Feudalzeit, der auf einer Parzelle mit dem Namen »Les Termes« steht – mehr ist nicht notwendig, um einen Namen für ein Weinchâteau zu finden. Sein Wein entfaltet einen sehr angenehmen Duft, der an reife Früchten und Korinthen erinnert. Im Geschmack ist er ausgewogen und gefällig und enthüllt geschmeidige Tannine.

🍷 Jean Anney, Ch. Tour des Termes, Saint-Corbian, 33180 Saint-Estèphe, Tel. 56.59.32.89 ☎ Mo-Fr 8h-12h 14h-17h

CH. TRONQUOY-LALANDE 1989

| ■ Cru bourg. | 14 ha | k.A. | ⬛ 4 |

77 80 |81| ⑧② |83| |85| 86 |87| 88 |89|

Dieses ebenso heitere wie klassische Château aus dem 18. Jh. wirkt elegant und besitzt einen reizvollen schattigen Park. Hinter einem hübschen, dunklen Kleid enthüllt sein 89er ein sehr eigentümliches Bukett, das an Kantalupenkonfitüre und eingemachte Früchte erinnert. Im Geschmack ist er geschmeidig und entfaltet ein Aroma von Brombeeren und überreifen Früchten. Ein wirklich origineller Wein.

🍷 Dourthe Frères, 35, rte de Bordeaux, 33290 Parempuyre, Tel. 56.35.53.00
🍷 Mme Castéja

CH. VALROSE 1989*

| ■ | 5 ha | 30 000 | ⬛ ↓ ☑ 3 |

84 85 |86| |87| 88 89

Das Gut, das von seinen neuen Besitzern seit 1986 renoviert wird, trägt einen sehr poetischen Namen. Sein 89er ist wirkt noch jugendlich mit seiner dunklen Farbe und seinem leicht würzigen Bukett, aber er hat bereits eine gute Ausgewogenheit zwischen der Rundheit seiner Struktur und seinen sehr harmonisch eingebundenen Tanninen gefunden.

🛒 SCE du Ch. Valrose, 5, rue Michel Audoy, 33180 Saint-Estèphe, Tel. 56.59.72.02 ⏰ tägl. 9h-12h 14h-18h
🛒 Jean-Louis Audoin

VIEUX CAILLOUX 1989

| ■ | k.A. | 6 000 | 🍷 ↓ ✓ 4 |

Dieser von einem Händler aus Libourne vorgestellte 89er ist einfach, geschmeidig und mild. Einer jener Wein, die man jung trinken muß.
🛒 P. Ouzoulias et Fils, 17, rue du Colonel-Picot, 33500 Libourne, Tel. 56.51.07.55 ⏰ n. V.

BARTON ET GUESTIER 1989★

| ■ | k.A. | k.A. | 🍷 4 |

Der Wein erscheint unter dem Namen einer großen Firma aus Blanquefort, die zur kanadischen Seagram-Gruppe gehört. Er besitzt eine kräftige Farbe, ein intensives Bukett (Johannisbeerkonfitüre und Holz) und einen reichen Geschmack. Dieser 89er ist gut für die Alterung gerüstet, die ihm mehr Finesse verleihen wird.
🛒 Barton et Guestier, 53, rue du Dehez, B.P. 30, 33292 Blanquefort Cedex, Tel. 56.35.84.41 ⏰ n. V.

CH. BEYCHEVELLE 1989★★★

| ■ | 4ème cru clas. | 60 ha | 350 000 | 🍷 ↓ ✓ 7 |

67 |70| 71 73 75 76 77 78 79 |81| |82| |83| 84 85 86 87 88 89

Saint-Julien

Zum einen »Saint-Julien«, zum anderen »Saint-Julien-Beychevelles« – Saint-Julien ist die einzige kommunale Appellation des Haut-Médoc, bei der die Bezeichnung des Anbaugebiets nicht genau mit dem Namen der Gemeinde übereinstimmt. Die zweite Bezeichnung hat sicherlich den Fehler, daß sie etwas lang ist, aber sie entspricht perfekt dem Charakter der Menschen und dem Anbaugebiet der Gemeinde und der Appellation, das sich auf zwei Plateaus mit steinigen Kiesböden befindet.

Das Anbaugebiet von Saint-Julien liegt genau im Zentrum des Haut-Médoc und stellt auf einer ziemlich kleinen Fläche (880 ha) eine harmonische Synthese zwischen den Appellationen Margaux und Pauillac dar. Es ist deshalb auch nicht erstaunlich, daß man hier elf Crus Classés findet (davon fünf als Seconds Crus eingestuft). Entsprechend ihrem Anbaugebiet bieten die Weine ein gutes Gleichgewicht zwischen den Qualitäten der Margauxweine (vor allem Finesse) und denen der Pauillacweine (Körper). Allgemein besitzen sie eine schöne Farbe, ein feines, typisches Bukett, Körper, großen Reichtum und ein sehr schönes Temperament. Doch wohlgemerkt : die etwa 6,6 Mio. Flaschen, die jedes Jahr in Saint-Julien produziert werden, sind weit davon entfernt, einander ähnlich zu sein. Besonders erfahrene Prüfer können die Unterschiede feststellen, die zwischen den Crus im Süden (näher bei den Margauxweinen) und den Crus im Norden (näher bei Pauillac) sowie zwischen den in der Nähe des Ästuars gelege-

Beycheville (1750 errichtet) ist die berühmteste Kartause des Bordelais. Einst befand sich hier eine Burg, in der im 17. Jh. der Herzog von Epernon, Admiral von Frankreich, wohnte. Sein Wein besitzt eine außergewöhnliche Klasse, insbesondere dieser 89er mit der granatroten Farbe. Seine Eleganz zeigt er durch sein Röstaroma, das an Kaffee erinnert, während er im Gaumen buchstäblich explodiert und eine Vielzahl von Geschmacksnuancen entfaltet.

nen Crus und den Crus weiter landeinwärts (in Richtung Saint-Laurent) existieren.

↜ SC Ch. Beychevelle, 33250 Saint-Julien-Beychevelle, Tel. 56.59.23.00 ☎ n. V.

CH. BRANAIRE Duluc Ducru 1989★★

■ 4ème cru clas.   45 ha   200 000   ◫ ↓ ☑ 5
|87| 88 89

Beherrscht wird dieser Cru von einem schönen Haus im Directoirestil. Er stammt aus dem Verkauf einer Parzelle der Seigneurie von Beychevelle im 17. Jh. Das Bukett dieses 89ers ist eine gelungene Verbindung von kräftigen Düften (Backpflaumen, Kirschkerne, Zimt etc.) und einem zarten Holzgeruch (Kampfer). Dank seines soliden Tanningerüsts kann er noch lange altern.
↜ SAE du Ch. Branaire, 33250 Saint-Julien-Beychevelle, Tel. 56.59.25.86 ☎ n. V.

CH. DUCRU-BEAUCAILLOU 1989★★

■ 2ème cru clas.   50 ha   220 000   ◫ ↓ 7
|61| **62 64** |66| **67** |70| **71** |75| **76** 77 |78| |79| 80
|81| ⑧² 83 |84| **85 86 87** 88 89

Die Qualität des Kiessands macht sofort begreiflich, warum dieser Cru Beaucaillou heißt. Sein hübscher 89er besitzt eine schöne, kräftige rubinrote Farbe mit strahlenden Reflexen und ein Bukett von großer Finesse, das sich gerade entwickelt. Seine kräftige Struktur und sein Abgang mit den vielfältigen Eindrücken erlauben es, gefahrlos auf seine Zukunftschancen zu wetten.
↜ Jean-Eugène Borie, 33250 Saint-Julien-Beychevelle, Tel. 56.59.05.20 ☎ n. V.

CH. DULUC 1989

■   k.A.   100 000   ◫ ↓ ☑ 3

Der Zweitwein von Château Branaire. Der geschmeidige und einfache, aber gut gebaute 89er entfaltet ein zartes Blütenbukett. In fünf bis sechs Jahren wird er ein Wein für Genießer sein, der sich leicht trinkt.
↜ SAE du Ch. Branaire, 33250 Saint-Julien-Beychevelle, Tel. 56.59.25.86 ☎ n. V.

CH. GLORIA 1989★★

■   48 ha   240 000   ◫ ↓ ☑ 5
64 66 70 71 **75** |76| |78| |79| |81| 82 |83| |84| 85 86
|87| 88 89

Um diesen Cru anzulegen, machte sich Henri Martin, eine berühmte Persönlichkeit des Médoc, auf eine geduldige und fruchtbare Suche nach gut gelegenen Parzellen. Wenn er sehen könnte, wie sich dieser 89er entfaltet, hätte ihn das mit einer tiefen Befriedigung erfüllt. Er besitzt eine sehr jugendliche Farbe und und ein noch etwas verschlossenes, aber bereits elegantes Bukett. Seine kräftige und vollkommen ausgewogene Struktur und Tanninstruktur ist sehr vielversprechend. Er hat große Rasse.
↜ Dom. Henri Martin, Ch. Gloria, 33250 Saint-Julien-Beychevelle, Tel. 56.59.08.18 ☎ n. V.
↜ Françoise Triaud

CH. GRUAUD-LAROSE 1989★

■ 2ème cru clas.   83 ha   400 000   ◫ ↓ ☑ 7
70 71 |76| **77 78** |79| 80 |81| |82| |83| |84| 85 ⑧⑥
|87| 88 89

Der 1757 angelegte Weinberg trug zuerst den Namen seines Besitzers und dann den des Erben, Leutnant de Guyenne. Das Château wurde im 19 Jh. im Stil des 18. Jh. errichtet. Obwohl dieser im Aussehen sehr gepflegte Wein noch nicht seinen aromatischen Ausdruck gefunden hat, verspricht er sich, sich dank seines reifen, eleganten Stoffs gut zu entwickeln.
↜ Dom. Cordier, 10, quai de Paludate, 33800 Bordeaux, Tel. 56.31.44.44 ☎ n. V.

CH. LA BRIDANE 1989

■ Cru bourg.   k.A.   40 000   ◫ ↓ ☑ 3
75 78 79 80 81 82 83 84 |85| |86| |87| 88 89

Dieses sympathisches Gut, das seit drei Jahrhunderten im Familienbesitz ist, liegt auf einem der höchsten Punkte von Saint-Julien. Wie seine Farbe bereits andeutet, besitzt der 89er einen guten Stoff, der noch besonders gut schmeckt, aber über ein gutes Tanninpotential verfügt. Das Bukett enthüllt eine gute Ausgewogenheit zwischen Frucht und Holz.
↜ Bruno Saintout, Cartujac, 33112 Saint-Laurent-du-Médoc, Tel. 56.59.91.70 ☎ Mo-Fr 15h-19h

CH. LAGRANGE 1989★★★

■ 3ème cru clas. 113 ha   k.A.   ◫ ↓ ☑ 5
78 79 |81| |82| |83| ⑧⑤ **86** |87| 88 89

GRAND CRU CLASSE EN 1855
1989
CHATEAU LAGRANGE
SAINT-JULIEN
APPELLATION SAINT-JULIEN CONTROLEE
ENTRAUD LAGRANGE SARL
PROPRIETAIRE A SAINT-JULIEN BEYCHEVELLE (GIRONDE) FRANCE
MIS EN BOUTEILLE AU CHATEAU
Alc. 12% vol.   75cl
PRODUCE OF FRANCE

Ein schönes Anbaugebiet, gefällige Gebäude, moderne Keller und eine Bestockung mit den einheimischen Rebsorten sind die touristischen Reize dieses Châteaus. Sein Wein erstaunt ein weiteres Mal. Durch seine aromatische Komplexität (mit Tiergeruch, Blüten, roten Früchten und Röstaroma) ebenso wie durch sein Volumen und seine Kraft, die sich zu einem köstlichen, cremigen Geschmack vereinen. Sein Entwicklungspotential und sein Charme sind außergewöhnlich.
↜ SARL Ch. Lagrange, 33250 Saint-Julien-Beychevelle, Tel. 56.59.23.63 ☎ n. V.
↜ Suntory Ltd

CH. LALANDE-BORIE 1989

■ Cru bourg.   18 ha   90 000   ◫ ↓ 4
75 76 77 78 79 80 81 ⑧² |83| |84| |85| **86** 87 |88|
|89|

Dieser Cru, der dem gleichen Besitzer wie Ducru-Beaucaillou gehört, ist seit 1970 vollständig neu angelegt worden. Sein 89er ist aufgrund seiner Tannine und seines Buketts mit den animalischen Noten noch etwas rustikal, aber er dürfte sich zu einem Wein von angenehmer Rundheit entwickeln.
↜ Jean-Eugène Borie, Ch. Lalande-Borie, 33250 Saint-Julien-Beychevelle, Tel. 56.59.05.20 ☎ n. V.

CH. LANGOA-BARTON 1989★★

■ 3ème cru clas.	15 ha	85 000	🍷 ↓ **5**

64 |66| 67 **70 71** 73 74 **75** 76 77 |78| |79| 80 |81|
82 |83| ⑧⑤ **86** |87| 88 **89**

Dieser im 19. Jh. entstandene Cru besitzt eine elegante Kartause aus dem 18. Jh. Sein Wein ist recht typisch für seine Appellation und seinen Jahrgang, aber er muß noch lagern. Seine schöne Farbe, sein feines Bukett (Vanille und Gewürze sowie ein Hauch von Geröstetem) und köstliche Tannine, die auf angenehme Weise das Faßholz und den Wein verbinden, sind gute Vorboten für eine schöne Zukunft.

🍾 Anthony Barton, Ch. Langoa-Barton, 33250 Saint-Julien-Beychevelle, Tel. 56.59.06.05 🍷 n. V.

CH. LEOVILLE-BARTON 1989★★

■ 2ème cru clas.	45 ha	250 000	🍷 ↓ **5**

64 67 **70 71** 73 74 **75** 76 77 |78| |79| 80 |81| **82**
83 85 ⑧⑥ **87 88 89**

1722 verließ Thomas Barton Irland und gründete in Bordeaux eine Handelsfirma. Sein Enkel kaufte 1826 Léoville-Barton. 1826 übernahm Anthony Barton die Leitung. Die Versprechen, die dieser 89er mit seinem sehr jugendlichen Aussehen gibt, werden vom Bukett mit den intensiven Noten von Gegrilltem, Geröstetem, fast Gebratenem eingelöst und noch verstärkt. Das runde, füllige und stattliche Gerüst wird von einer Kohorte harmonisch eingebundener Tannine begleitet.

🍾 Anthony Barton, Ch. Léoville-Barton, 33250 Saint-Julien-Beychevelle, Tel. 56.59.06.05 🍷 n. V.

CH. LEOVILLE LAS-CASES 1989★★★

■ 2ème cru clas.	95 ha	k.A.	🍷 ↓ ☑ **7**

61 62 64 67 **69 70 71** 72 73 |75| |76| 77 |78| |79|
|80| **81** |82| **83** |84| **85** ⑧⑥ |87| 88 **89**

Ein richtiger Clos, ein herrlicher Boden und ein außergewöhnlicher Weinberg. Die tiefe, saubere und schillernde Farbe enthüllt die Eleganz dieses 89ers, der ebenso harmonisch wie kräftig ist. Die Holznote ist immer noch spürbar, überdeckt aber nicht das feine, dichte und komplexe Aroma mit Noten von fast gekochten Früchten. Dieselbe Vornehmheit findet man auch im Geschmack, dessen kräftige, geschmeidige Tannine und Länge auf die herrliche Zukunfts dieses Weins hinweisen.

🍾 SC. du Ch. Léoville-Las-Cases, 33250 Saint-Julien-Beychevelle, Tel. 56.59.25.26 🍷 n. V.

CH. LEOVILLE-POYFERRE 1989★★

■ 2ème cru clas.	58 ha	k.A.	🍷 ☑ **5**

76 78 79 80 |81| |82| |83| |84| |85| |87| **88 89**

Dieser Cru, der den mittleren Teil des berühmten Plateaus von Léoville einnimmt, ist das Herzstück des alten Gutes. Mit seinem 89er präsentiert er einen sehr einschmeichelnden, kraftvollen und weinigen Wein. Er ist rund, elegant und bukettreich und hinterläßt einen harmonischen Gesamteindruck.

🍾 Sté Fermière Ch. Léoville-Poyferré, 33250 Saint-Julien-Beychevelle, Tel. 56.59.08.30 🍷 n. V.

LES FIEFS DE LAGRANGE 1989★★

■	k.A.	k.A.	🍷 ↓ **4**

83 85 ⑧⑥ **87 88 89**

Dieser Wein stammt von den jungen Rebstöcken von Château Lagrange. er ist ebenfalls sehr gut gelungen, aber in einem anderen Stil gehalten. Die Struktur ist zwar recht ordentlich, aber die Vinifizierung zielt hier nicht auf kräftige Tannine, sondern auf Charme und Finesse ab. Dieses Ziel hat er auf bemerkenswerte Weise erreicht, im Bukett (Steinobst, Zimt und Lakritze) ebenso wie im harmonischen Gesamteindruck, den dieser 89er hinterläßt.

🍾 SARL Ch. Lagrange, 33250 Saint-Julien-Beychevelle, Tel. 56.59.23.63 🍷 n. V.
🍾 Suntory Ltd.

CH. MOULIN DE LA ROSE 1989★★★

■ Cru bourg.	4,65 ha	25 000	🍷 ☑ **4**

75 |76| **78** |81| **82** ⑧⑥ **87 88 89**

Dieses Gut ist zwar für das Médoc recht klein, aber es besteht aus sehr vielen Parzellen, die als Enklaven in den besten Anbaugebieten der Appellation liegen. Ein kräftiges Bukett mit dem Duft von sehr reifen Früchten, die fast an eingemachtes Obst erinnert, und solide Tannine, die von der Struktur getragen werden : dieser herrliche Wein ist der Archetypus des 89ers. Hinzu kommen eine außergewöhnliche Farbe und ein hübsches Aroma, in dem man Röstgeruch, Kaffee, Gewürze und Vanille entdeckt.

🍾 Guy Delon, Ch. Moulin de la Rose, 33250 Saint-Julien-Beychevelle, Tel. 56.59.08.45 🍷 n. V.

CH. MOULIN RICHE 1989★

■ Cru bourg.	20 ha	k.A.	🍷 ☑ **3**

Der kleine Bruder von Léoville-Poyferré muß keine Minderwertigkeitsgefühle haben. Dieser 89er beweist es. Sein feines, elegantes Bukett, sein Tanninreichtum und sein angenehmer Geschmack mit dem Aroma von roten Früchten haben ihn gut ausgerüstet, um der Zeit zu trotzen.

🍾 Sté Fermière Ch. Léoville-Poyferré, 33250 Saint-Julien-Beychevelle, Tel. 56.59.08.30 🍷 n. V.

CH. SAINT-PIERRE 1989★★★

■ 4ème cru clas.	17 ha	60 000	🍷 ↓ ☑ **5**

|82| |83| |84| **85** ⑧⑥ **87 88 89**

Dieser bereits im 17. Jh. bestehende Cru wurde im von Henri Marin im Laufe der 80er Jahre wiederhergestellt, nachdem er im 19. Jh. für lange in Vergessenheit geraden war. Die Farbe ist vielversprechend : ein intensives, fast dunkles Rot.

Das kräftige Bukett erinnert an Vanille, Verbranntes und zerdrückte Erdbeeren. Im Geschmack entfaltet sich dieser 89er reichhaltig und kraftvoll, bewahrt aber gleichzeitig seine Eleganz.

↬ Dom. Henri Martin, Ch. Saint-Pierre, 33250 Saint-Julien-Beychevelle, Tel. 56.59.08.18 ☎ n. V.
↬ Françoise Triaud

CH. TALBOT 1989*

■ 4ème cru clas.   98 ha   450 000   ◫ ↓ ☑ 5

62 70 71 77 **78** |79| 80 |81| 82 83 |84| ⑧⑤ 86 87 **88** 89

Gehörte das Gut einst wirklich dem englischen Konnetabel im Hundertjährigen Krieg ? Wie dem auch sei – dieses große Gut ist einer der wenigen Crus im Médoc, die nie verfielen. Sein sehr reicher, konzentrierter 89er erfordert große Geduld (rund 20 Jahre), bevor man all seine Qualitäten genießen kann.

↬ Jean Cordier, Ch. Talbot, 33250 Saint-Julien-Beychevelle, Tel. 56.31.44.44 ☎ n. V.

CH. TERREY-GROS-CAILLOUX 1989*

■ Cru bourg.   17 ha   100 000   ◫ ↓ ☑ 4

Einfach, klar und fein. Dieser Wein will nicht hoch hinaus, sondern zeigt eine liebenswerte Persönlichkeit, die sein zartes Bukett (in dem sich Erdbeerkonfitüre mit einem Hauch von Geräuchertem verbindet) enthüllt.

↬ Fort et Pradère, Ch. Terrey-Gros-Cailloux, 33250 Saint-Julien-Beychevelle, Tel. 56.59.06.27 ☎ Mo-Sa9h-12h 14h-17h ; Aug. geschlossen

Die weißen Süßweine

Wenn man die Karte mit den Weinbaugebieten der Gironde betrachtet, fällt einem sofort auf, daß sich alle Appellationen der Süßweine in einem kleinen Gebiet beiderseits der Garonne, um den Zusammenfluß mit dem Ciron herum, befinden. Ein bloßer Zufall ? Bestimmt nicht, denn das kalte Wasser des kleinen Flusses, der auf seinem ganzen Lauf von Laubwald überschattet wird, sorgt für ein ganz besonderes Mikroklima. Dieses begünstigt das Wachstum von *Botrytis cinerea*, dem Verursacher der Edelfäule. Das typische Herbstwetter dieser Region (Feuchtigkeit am Morgen, Wärme und Sonnenschein am Nachmittag) erlaubt es diesem Schimmelpilz, sich auf einer vollkommen reifen Traube zu entwickeln, ohne daß die Schale aufplatzt. Die Beere verhält sich wie ein Schwamm, so daß sich der Saft infolge der Verdun-

stung des Wasseranteils konzentriert. Man erhält auf diese Weise sehr zuckerreife Moste.

Um dieses Ergebnis zu erzielen, muß man zahlreiche Beschränkungen akzeptieren. Die Entwicklung der Edelfäule verläuft nämlich nicht bei jeder Beere gleich ; man muß deshalb mehrere Auslesen vornehmen, wobei man jedes Mal nur die Trauben nimmt, die sich in einem optimalen Zustand befinden. Außerdem sind die Erträge pro Hektar sehr gering (in Sauternes und Barsac 25 hl als gesetzlich erlaubte Höchstmenge). Schließlich ist die Entwicklung der Überreife noch dem Zufall unterworfen, weil sie von bestimmten klimatischen Bedingungen abhängt, und verlangt von den Winzern Risikobereitschaft.

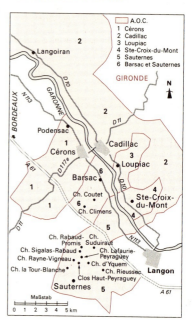

Cadillac

Diesen ländliche Ort, dessen prächtiges Schloß aus dem 17. Jh. als »Fontainebleau der Gironde« bezeichnet wird, nennt man oft die Hauptstadt der Premières Côtes. Aber seit 1980 ist Cadillac auch eine Appellation für Süßweine. Da das Anbaugebiet noch auf etwa 80 ha beschränkt ist, fällt es heute schwer, die typischen Merkmale genau anzugeben.

CH. FAYAU 1990*

□	10 ha	30 000	🍷↓Ⓥ2

|86| 87 |88||89||90|

Es muß 1711 gewesen sein, als das Gut entstanden ist. Aber erst 1826 erwarb die Familie Médeville diese schöne Kartause und den dazu gehörenden Weinberg, in dem die Sémillonrebe dominiert. Der recht typische 90er entwickelt sich bei der Weinprobe angenehm und enthüllt ein Bratenaroma, das ihm eine gute Lagerfähigkeit verleihen dürfte.
🍾 GAEC Jean Médeville et Fils, Ch. Fayau, 33410 Cadillac, Tel. 56.62.65.80 ☎ Mo-Fr 8h30-12h30 14h-18h

CH. LA BERTRANDE 1990

□	12 ha	20 000	🍷Ⓥ2

Wie Château Grand Peyruchet in Loupiac gehört dieser Cru zu den Weingütern Gillet. Er präsentiert mit diesem 90er einen Wein, der zwar nicht an die Eleganz des im letzten Jahr vorgestellten sehr schönen 88ers heranreicht, aber mit seiner goldenen Farbe, seinem kräftigen Bukett und seiner reichen Struktur sehr ausdrucksvoll ist. Ein klassischer Süßwein.
🍾 Bernard Queyrens, Ch. La Bertrande, 33410 Omet, Tel. 56.76.92.73 ☎ n. V.

CH. LARDILEY 1990**

□	k.A.	k.A.	🍶↓Ⓥ3

Hinsichtlich der Bekanntgabe seiner Produktionsmenge bewahrt dieser Cru äußerste Diskretion, was ihn aber nicht daran hindert, regelmäßig sehr gute Weine zu liefern. Wer würde daran zweifeln, wenn er diesen Wein probiert, dem der Ausbau im Barriquefaß sehr gut bekommen ist ? Er ist lang, ausgewogen und reich und begeistert durch sein Bukett mit dem feinen Aroma von Vanille, kandierten Orangen und gebrannten Mandeln.
🍾 Marthe Lataste, 18, rte de Branne, 33410 Cadillac, Tel. 56.62.66.82 ☎ n. V.

CH. LES BEGONNES 1989*

□	4 ha	k.A.	🍷Ⓥ2

Pierrette Marche, die auch einen Bordeauxwein (Garras) erzeugt, bestätigt mit diesem 89er, daß sie etwas von Süßweinen versteht. Er verführt durch sein sehr reifes Bukett und löst seine Versprechen mit seinem vollen, geschmeidigen und feurigen Geschmack ein.

🍾 Pierrette Marche, 22, rue de la Libération, 33410 Béguey, Tel. 56.62.95.17

CH. MANOS Réserve du château 1989***

□	5 ha	2 700	🍶Ⓥ4

Pierre Niotout ist zwar eher für seinen Premières Côtes bekannt, aber er zeigt mit diesem wunderschönen Wein, daß er sich auch mit Süßweinen sehr gut auskennt. Das Kleid scheint mit goldenen Pailletten besetzt zu sein. Das Bukett ist durch seine Noten von Bratengeruch und Überreife mit Sonne angefüllt. Der Geschmack ist harmonisch und vollkommen ausgewogen und hat vom Ausbau im Barriquefaß sehr profitiert. Alles trägt den Stempel einer hervorragenden Arbeit und garantiert eine Zukunft ohne Sorgen.
🍾 Pierre Niotout, Ch. Manos, 33550 Haux, Tel. 56.23.05.18 ☎ tägl. 9h-12h 14h-18h

CH. MARTINDOIT 1990*

□	2 ha	k.A.	🍶↓Ⓥ1

Dieser Wein wird von der Mannschaft von Château Bauduc (Entre-Deux-Mers) hergestellt. Er besitzt eine goldgelbe Farbe und ein feines, komplexes Bukett, das an Muskat, Pfirsiche, Aprikosen und Akazienblüten erinnert. Diese Finesse findet man auch in seinem angenehm öligen Geschmack wieder.
🍾 David Thomas, Ch. Bauduc, 33670 Créon, Tel. 56.23.23.58 ☎ n. V.

CH. MELIN Cuvée Osmose 1990**

□	5 ha	3 000	🍶↓Ⓥ2

Dieser Cru erzeugt in erster Linie Premières-Côtes-Weine, hat aber auch einen festen Platz unter den Süßweinen, wie dieser 90er beweist. Der Duft (Vanille, gebrannte mandeln, eingemachte Früchte) ist ebenso kräftig wie der Geschmack, dessen großer Reichtum nicht von der noch immer deutlich spürbaren Holznote überdeckt wird. Die Hauptcuvée ist ebenfalls berücksichtigt worden, hat aber keinen Stern erhalten.
🍾 Claude Modet, Constantin, 33880 Baurech, Tel. 56.21.34.71 ☎ n. V.

CH. MÉMOIRES 1990*

□	2,5 ha	6 000	🍷🍶↓Ⓥ2

Château Mémoires ist auch in der Appellation Loupiac vertreten. Dieser Cadillac hat mit seinem Bruder das Bienenwachs- und Honigaroma des Buketts und die Finesse des Geschmacks gemeinsam. Der Duft von Eingemachtem und Gebratenem rundet zusammen mit einer schönen Cremigkeit und einer Vanillenote den recht gefälligen Eindruck ab.

☛ J.-F. et D. Menard, Ch. Mémoires, 33490 Saint-Maixant, Tel. 56.62.06.43 ⌇ n. V.

CH. MOULIN DE BONNEAU 1990

□	2,62 ha	12 000	**3**

Dieser Weinberg erzeugt ausschließlich Süßweine und präsentiert uns hier einen 90er, der nicht den Reichtum des 89ers besitzt, aber dafür einen schwungvollen Charakter beweist. Dank seiner Ausgewogenheit kann er noch lagern.

☛ Vincent Labouille, Crabitan, 33410 Sainte-Croix-du-Mont, Tel. 56.62.01.78 ⌇ n. V.

CH. PEYBRUN 1989

□	10 ha	6 000	🍷 Ⓥ **2**

Diese Familie ist hier seit vier Jahrhunderten ansässig. Der 89er ist hinsichtlich seiner Farbe und seines Bukett etwas zurückhaltend, aber er entfaltet sich im Geschmack auf angenehme Weise und klingt mit einem milden, öligen Abgang aus.

☛ Marie-Rose Dutreil, Ch. Peybrun, 33410 Gabarnac, Tel. 56.62.14.83 ⌇ n. V.

CH. PONCET 1990

□	2 ha	10 000	🍷↓Ⓥ **2**

Man gibt sich hier nicht mit halben Sachen zufrieden, wie die ausschließliche Verwendung der Rebsorte Sémillon zeigt. Der 90er ist einfach, aber gut strukturiert und ausgewogen und entfaltet ein recht ansprechendes elegantes Aroma (exotische Früchte).

☛ Jean-Luc David, Ch. Poncet, 33410 Omet, Tel. 56.62.97.30 ⌇ n. V.

CH. RENON 1990*

□	1,5 ha	7 500	🍷↓Ⓥ **2**

Dieser Weinberg ist recht klein und stellt nur eine Ergänzung zu den Rebflächen für die roten Premières Côtes dar. Aber er wird trotzdem nicht vernachlässigt, wie dieser 90er beweist. Er ist noch recht süß, aber vielversprechend : gute, geschmeidige und ausgewogene Struktur und elegantes Aroma (exotische Früchte und eingemachtes Obst).

☛ Jacques Boucherie, Ch. Renon, 33550 Tabanac, Tel. 56.67.13.59 ⌇ n. V.

Loupiac

Das Anbaugebiet von Loupiac ist alt ; seine Existenz ist schon für das 13. Jahrhundert belegt. Hinsichtlich der Lage, der Böden und der Bestokkung hat die Appellation viel Ähnlichkeit mit der von Saint-Croix du Mont. Aber wie am linken Ufer spürt man, wenn man weiter nach Norden geht, eine fast

unmerkliche Entwicklung weg von den Süßweinen im eigentlichen Sinn hin zu eher lieblichen Weinen.

DOM. DU CHAY 1989**

□	10 ha	k.A.	🍷Ⓥ**3**

Jean Tourré, der dieses Gut seit 1941 führt, stellt mit dem 89er einen schönen Klassiker dieses Weintyps vor. Die bernsteingelbe Farbe und der Geschmack sind sehr harmonisch, während das Bukett (reife Früchte, Rosinen, Honig etc.) überaus einschmeichelnd ist.

☛ Jean Tourré, Le Chay, 33410 Loupiac, Tel. 56.62.99.45

CH. DU CROS 1990***

□	34 ha	65 000	🍶Ⓥ**3**

Manche Schlösser bewahren sogar noch als Ruinen ihre Würde. Das ist der Fall bei Château du Cros, das erneut einen hervorragenden Wein präsentiert. Das Aussehen läßt sich in einem Wort beschreiben : perfekt. Daselbe gilt für das Bukett (reife und getrocknete Früchte, Ginster, Dörrpflaumen, Holz), das ebenso elegant wie komplex ist, und für den Geschmack, der ein Musterbeispiel an Ausgewogenheit und Finesse ist.

☛ Michel Boyer, Le Cros, 33410 Loupiac, Tel. 56.62.99.31 ⌇ n. V.

CH. GRAND PEYRUCHET 1990**

□	8 ha	30 000	🍷🍶Ⓥ**2**

Dieser zu Beginn des Jahrhunderts angelegte Weinberg ist vor kurzem erneuert worden. Der 90er ist ein gelungener Nachfolger des 89ers und bestätigt, daß die durchgeführten Arbeiten eine gute Entscheidung waren. Er besitzt ein sehr gefälliges Aroma (eingemachte Früchte, getrocknete Feigen und Geröstetes) und entfaltet sich auf sehr angenehme Weise im Geschmack, wobei er viel Ausgewogenheit und Eleganz enthüllt.

☛ Bernard Queyrens, Ch. Peyruchet, 33410 Loupiac, Tel. 56.76.92.73 ⌇ n. V.

CH. LES ARROQUES 1990*

□	1 ha	5 000	🍷↓Ⓥ**2**

Dieser Wein stammt aus einem kleinen Weinberg. Er noch etwas verschlossen und stereotyp, aber gut strukturiert und dürfte sich bei der Alterung als elegant und rassig erweisen.

☛ Jean-Marie Roumégous, Ch. Bouchoc, 59, rue de Lyon, 33000 Bordeaux, Tel. 56.90.42.68 ⌇ n. V.

CH. LE TAREY   1989

☐   7,5 ha   38 800   ▮ ✓ 2

|86| |88| |89|

Ein hübsches Gebäue aus dem 18. Jh. beherrscht das Gut. Sein 89er ist im Augenblick etwas süß, besitzt aber ein angenehm vielfältiges Aroma.

🐦 Robert Gillet, Ch. Le Tarey, 33410 Loupiac, Tel. 56.62.99.99 ⚱ n. V.

CH. LOUPIAC-GAUDIET   1990*

☐   24 ha   80 000   ▮▮ ↓ ✓ 2

Gehörte dieser Weinberg Montaigne? Einige behaupten es. Dieser Wein stammt von sehr reifem Traubengut. Er ist in seinem aromatischen Ausdruck ziemlich traditionell und etwas schwer, entfaltet aber einen angenehmen Bratenduft.

🐦 Marc Ducau, Ch. Loupiac-Gaudiet, 33410 Loupiac, Tel. 56.62.99.88 ⚱ n. V.

CH. MAZARIN   1990**

☐   5 ha   15 000   ▮▮ ↓ ✓

Das Gut dürfte seinen Namen einem Aufenthalt von Kardinal Mazarin verdanken. Sein sehr schöner 90er macht der Appellation alle Ehre. Sein goldgelbe Farbe ist sehr verführerisch, während der komplexe Duft (getrocknete Aprikosen, eingemachte Früchte, Holz) bereits angenehm ist. Der kräftige, aber weder schwer noch aggressive Geschmackseindruck hält, was die Erscheinung dieses Weins verspricht.

🐦 Jean-Yves Arnaud, Dom. de La Croix, 33410 Gabarnac, Tel. 56.20.23.52 ⚱ n. V.

🐦 Louis Courbin

CH. MÉMOIRES   1990*

☐   8,2 ha   40 000   ▮▮▮ ↓ ✓ 2

Dieser 90er erinnert mit seinem Namen daran, daß der Wein eine »Pflanze mit Gedächtnis« ist. Er ist stattlich und großzügig und gleichzeitig kraftvoll und zart und zeichnet sich durch eine sehr gute Ausgewogenheit aus. Der Château Lebret Rondillon vom gleichen Erzeuger hat ebenfalls einen Stern erhalten.

🐦 J.-F. et D. Menard, Ch. Mémoires, 33490 Saint-Maixant, Tel. 56.62.06.43 ⚱ n. V.

DOM. DU NOBLE   1990**

☐   10 ha   30 000   ▮▮ ↓ ✓ 3

Wie die drei Musketiere sind auch die Déjeans eigentlich vier, weil ihr Vater die auf alle gut verteilte Arbeit überwacht. Die Holznote ist zwar noch immer deutlich spürbar, überdeckt aber nicht die herrliche Eleganz des angenehm komplexen Aromas, das sehr schöne Noten von geröstetem Brot und reifen Früchten enthält. Dieser 90er ist von mittlerer Lagerfähigkeit und wird einen sehr schönen Wein abgeben, sobald sich die Holznote harmonisch eingefügt hat.

🐦 Déjean Père et Fils, Dom. du Noble, 33410 Loupiac, Tel. 56.62.14.78 ⚱ n. V.

CH. PEYROT-MARGES   1990**

☐   2 ha   k.A.   ▮▮▮ ↓ ✓ 2

Der Cru gehört ebenso wie Château de Bern in der Appellation Sainte-Croix du Mont zu den Vignobles Chassagno. Mit diesem 90er ist ihm ein

Musterbeispiel an Harmonie gelungen, denn die Kraft der Struktur wird durch die Finesse und die Komplexität des Buketts (sehr reife Früchte, Honig, Wachs sowie Röst- und Bratenaroma) ausgeglichen. Ein Wein, der sich bei der Alterung voll entfalten wird.

🐦 GAEC des Vignobles Chassagnol, 33410 Gabarnac, Tel. 56.62.98.00 ⚱ n. V.

CH. DE RICAUD   1990

☐   20 ha   48 000   ▮▮▮ ↓ ✓ 3

86 |87| |89| 90

Eines der außergewöhnlichsten mittelalterlichen Gebäude in dieser Gegend, umgeben von einem wunderschönen, 120 ha großen Gut. Der Wein ist einfach, aber elegant dank seiner Gesamtstruktur und seiner aromatischen Ausdruckskraft. Dennoch scheint er ein gewisses Potential zu besitzen, auch wenn er sich bis auf seinen hübschen Abgang noch nicht entfaltet hat.

🐦 Ch. de Ricaud, 33410 Loupiac, Tel. 56.62.66.16 ⚱ n. V.

🐦 Alain Thiénot

CH. RONDILLON   1990

☐   7 ha   20 000   ▮ ▮▮▮ ↓ ✓ 2

|88| |89| |90|

Auf diesem Gut wurde schon im 17. Jh. Wein angebaut. Das Haus ist ein klassisches Beispiel für den Bordeleser Baustil. Sein Wein ist einfach und geschmeidig, aber für den Jahrgang sehr stattlich. Sein besonderer Reiz liegt jedoch in seinem lieblichen Charakter. Der 90er Clos Jean vom gleichen Erzeuger hat dieselbe Bewertung erhalten.

🐦 SCEA Vignobles Bord, Clos Jean, 33410 Loupiac, Tel. 56.62.99.83 ⚱ Mo-Sa 8h-20h

CH. TERREFORT   1989*

☐   8,6 ha   10 000   ↓ ✓ 3

Eine interessante Produktion, wie der reiche, wohlausgewogene 89er beweist. Besonders gefällt an ihm das sehr konzentrierte Bukett mit einem sehr schönen Bratenduft. Verführerischer Abgang.

🐦 François Peyrondet, 33410 Loupiac, Tel. 56.62.61.28 ⚱ n. V.

Sainte-Croix-du-Mont

Ein Gebiet mit steilen Hängen über der Garonne, das trotz seiner reizvollen Landschaft zu wenig bekannt ist. Der Wein hatte (ähnlich wie die anderen Appellationen der Süßweine auf dem rechten Ufer) lange Zeit den Ruf eines »Hochzeits-« oder »Bankettweins«.

Diese gegenüber von Sauternes gelegene Appellation verdient jedoch ein besseres Schicksal. Zu den guten Böden, im allgemeinen Kalkstein mit Kieszonen, kommt bei ihr ein für die Entwicklung der Edelfäule günstiges Mikroklima hinzu. Die verwendeten Rebsorten und die Vinifizierungsmethoden sind denen im Gebiet von Sauternes sehr ähnlich. Die Weine sind eher lieblich als wirklich likörig süß und hinterlassen einen angenehm fruchtigen Eindruck. Man kann sie zu den gleichen Speisen wie ihre Vettern vom linken Ufer servieren ; da sie aber vom Preis her erschwinglicher sind, kann man sich auch etwas ausgefallenere Verwendungszwecke überlegen und sie beispielsweise zum Mixen von üppigen Cocktails hernehmen.

CH. DES ARROUCATS 1989

☐   10 ha   10 000   ▮◗ ☑ 2

Christian Labat ist seit 1930 Winzer und verfügt damit über ein reiche Erfahrung. Diese macht es ihm auch möglich, uns einen 89er zu präsentieren, der einfach, aber dank seines Buketts recht typisch ist und einen angenehmen Geschmack entfaltet.

↳ Christian Labat, Dom. des Arroucats, 33410 Sainte-Croix-du-Mont, Tel. 56.62.07.37 ☾ tägl.

CH. BEL AIR 1989*

☐   k.A.   k.A.   ▮ ☑ 2

Wie viele Familien in dieser Gegend sind die Mérics schon seit Generationen Winzer. Ihr 89er besitzt einen angenehmen klassischen Charakter : frisch, fruchtig, ölig, füllig und wohlausgewogen.

↳ Michel Méric, Ch. Bel-Air, 33410 Sainte-Croix-du-Mont, Tel. 56.62.01.19 ☾ tägl. 8h-20h

CH. BOUCHOC 1990

☐   3,5 ha   18 000   ▮◗ ☑ 2

Ein Cru, der gerade erneuert wird. Man sollte seine weitere Entwicklung aufmerksam verfolgen. Dafür spricht auch sein etwas diskreter, aber wohlausgewogener 90er.

↳ Jean-Marie Roumégous, Ch. Bouchoc, 59, rue de Lyon, 33000 Bordeaux, Tel. 56.90.42.68 ☾ n. V.

CH. BOUGAN 1989

☐   3 ha   1 200   ▮◗ ☑ 2

Dieser in ziemlich geringer Menge erzeugte 89er ist etwas untypisch im Verhältnis zu den heute in der Appellation produzierten Weinen, aber er besitzt eine sympathische Rundheit. Ein Süßwein, wie er früher üblich war.

↳ Annie Lapouge, Ch. Bougan, 33410 Sainte-Croix-du-Mont, Tel. 56.62.07.37 ☾ tägl. 8h-12h 14h-18h

CH. BUGAT 1990**

☐   5,5 ha   20 000   ▮ ☑ 2

Das Gut entstand Mitte des 19. Jh. um ein Müllerhaus herum. Es hat einen erstklassigen 90er erzeugt, dessen Bukett (mit eleganten Noten von eingemachten Früchten) und Geschmack (rund, geschmeidig und sehr aromatisch) alle Erwartungen einlösen, die die goldgelbe Farbe erweckt.

↳ Jean-Michel Barbot, Dom. du Bugat Desclos, rte de Loupiac, 33410 Sainte-Croix-du-Mont, Tel. 56.62.01.63 ☾ n. V.

CH. CRABITAN-BELLEVUE
Cuvée spéciale 1990***

☐   17 ha   40 000   ◗◖ ↓ ☑ 3

Die Solanes, die früher einmal Küfer waren, zeigen mit diesem Wein, daß einem inneren Drang folgte. Das noch von den reifen Trauben beherrschte Bukett belegt mit seiner erwachenden Eleganz ebenso wie der harmonische, lange Geschmack, daß der 90er ein außergewöhnlicher Jahrgang ist.

↳ Bernard Solane, Ch. Crabitan-Bellevue, 33410 Sainte-Croix-du-Mont, Tel. 56.62.01.53 ☾ n. V.

CH. DES GRAVES DU TICH 1990

☐   2,25 ha   8 800   ▮ ↓ ☑

Dieser Cru ist bekannter für seinen Bordeaux, erzeugt aber auch diesen geschmeidigen, runden und wohlausgewogenen Süßwein.

↳ SCV Jean Queyrens et Fils, Au Grand Village, 33410 Donzac, Tel. 56.62.97.42 ☾ n. V.

CH. LA PEYRERE 1989**

☐   11,5 ha   60 000   ◗◖ ☑ 2

Wie viele Güter in dieser Gegend hat Château La Peyrère eine schöne Aussicht. Und außerdem eine gute Lage, wenn man nach diesem 89er urteilt. Das volle, reiche, konzentrierte und feine Bukett bereitet auf angenehme Weise auf die weiteren Eindrücke vor. Der ölige, füllige, geschmeidige und milde Geschmack enthüllt einen klassischen Süßwein in der besten Tradition der Appellation.

↳ Jean-Pierre Dupuy, Ch. La Peyrère, 33410 Sainte-Croix-du-Mont, Tel. 56.62.01.82 ☾ n. V.

CH. LA RAME
Réserve du Château 1990***

☐   20 ha   45 000   ◗◖ ↓ ☑ 3

80 82 83 |85| |86| |88| 89 (90)

Cérons

Der Weinberg von Château La Rame, der steil zur Garonne hin abfällt, bietet einen schönen Rundblick. Das Gut hat bereits zahlreiche Sterne erhalten und konnte sich natürlich auch nicht diesen Superjahrgang entgehen lassen. Von der wunderbar goldenen Farbe bis zum langen Abgang ist alles an dem 90er elegant: das kräftige, komplexe Bukett (Vanille, Bratenduft, reife Früchte) ebenso wie der stattliche, üppige Geschmack. Ein sehr lange lagerfähiger Wein.

🖙 Yves Armand, La Rame, 33410 Sainte-Croix-du-Mont, Tel. 56.62.01.50 ⏰ Mo-Sa 9h-12h 14h-19h

🖙 GFA Ch. La Rame

CH. DE L'IF 1990

| ☐ | | 14 ha | 60 000 | 🛒↓✅2 |

Der Cru wird gerade erneuert. Dieser angenehm runde und aromatische Wein sollte jung getrunken werden.

🖙 GAEC Ch. du Mont, 33410 Sainte-Croix-du-Mont, Tel. 56.62.01.72 ⏰ n. V.

🖙 Chouvac et Fils

CH. DES MAILLES 1990*

| ☐ | | 12 ha | 50 000 | 🛒🍷 ✅2 |

Mit 12 ha ist dieser (zu 90% mit Sémillon bepflanzte) Weinberg für die Appellation schon groß. Die schöne Farbe und die runde, reiche, wohlausgewogene Struktur bringen das komplexe Aroma dieses 90ers (reife Früchte, Gewürze) gut zur Geltung.

🖙 Daniel Larrieu, Les Mailles, 33410 Sainte-Croix-du-Mont, Tel. 56.62.01.20 ⏰ tägl. 8h-20h

CH. DU MONT Cuvée prestige 1990**

| ☐ | | 14 ha | 8 000 | 🍷 ↓✅3 |

82 83 87 |88| |89| |90|

Die Vinifizierung wird hier sehr sorgfältig durchgeführt. Das beweist auch dieser Wein. Durch seine schöne Erscheinung mit der ansprechenden goldgelben Farbe und dem eleganten, komplexen Bukett ebenso wie durch seinen stattlichen, vollen und feinen Geschmack. Der lange Abgang krönt auf harmonische Weise den Gesamteindruck.

🖙 GAEC Ch. du Mont, 33410 Sainte-Croix-du-Mont, Tel. 56.62.01.72 ⏰ n. V.

🖙 Chouvac et Fils

CH. PEYROT-MARGES 1990

| ☐ | | 5 ha | k.A. | 🛒🍷↓✅2 |

81 82 |85| 86 88 89 |90|

Dieser im Château de Bern hergestellte Wein ist ein wenig untypisch, aber angenehm und besitzt interessanten Stoff.

🖙 GAEC des Vignobles Chassagnol, 33410 Gabarnac, Tel. 56.62.98.00 ⏰ n. V.

Cérons ist eine Enklave in der Appellation Graves (die sie im Unterschied zu den Sauternes- und Barsacweinen ebenfalls in Anspruch nehmen kann). Ihre Weine bilden ein Bindeglied zwischen den Barsacweinen und den lieblichen Graves Supérieurs. Aber darin erschöpft sich ihre Originalität nicht, denn sie zeichnen sich auch durch ein besonderes Temperament und eine große Finesse aus.

CLOS BOURGELAT 1990*

| ☐ | | 3,38 ha | 8 000 | 🛒↓✅3 |

|88| 89 90

Ein kleiner Weinberg, der sich rühmen darf, daß er von einem ehemaligen Jagdhaus des Herzogs von Epernon beherrscht wird. Ausnahmsweise bleibt hier der 90er etwas hinter dem 89er zurück. Zumindest im Augenblick, denn er hat sich noch nicht voll entfaltet und zeigt doch seine Großzügigkeit, daß er über ein reiches Potential verfügt, das es seinem aromatischen Ausdruck erlaubt, sich zu entwickeln.

🖙 Dominique Lafosse, Clos Bourgelat, 33720 Cérons, Tel. 56.27.01.73 ⏰ tägl. 8h-22h ; Aug. geschlossen

CH. DE CÉRONS 1989**

| ☐ | | 8,86 ha | 30 000 | 🛒🍷↓✅4 |

Mittelpunkt des Cru ist ein sehr schönes Gebäude, das um die Mitte des 18. Jh. errichtet wurde. Das Bukett (reife Früchte, Aprikosen, Honig und Holz) ist ebenso intensiv und fein wie der Geschmack. Aufgrund seines harmonischen Charakters, der ihm im Augenblick seine Ausgewogenheit und Geschmeidigkeit verleiht, kann man ihn schon jetzt trinken, aber er verspricht auch eine lange Lagerfähigkeit.

🖙 Jean-Xavier Perromat, Ch. de Cérons, 33720 Cérons, Tel. 56.27.01.13 ⏰ n. V.

CH. DE CHANTEGRIVE
Sélection Françoise 1990**

| ☐ | | 5 ha | 10 000 | 🍷 ✅4 |

Henri Lévêque ist in erster Linie für seine Gravesweine bekannt, aber er erzeugt auch einen sehr hübschen Cérons. Diese goldfarbene Cuvée besitzt ein sehr einschmeichelndes Bukett, das kräftig und komplex ist, und entfaltet einen reichen Geschmack. Ein sehr ausgewogener Wein, der es verdient, daß man ihn noch lagert.

🖙 Henri et Françoise Lévêque, Ch. de Chantegrive, 33720 Podensac, Tel. 56.27.17.38 ⏰ Mo-Fr 8h-12h 14h-18h ; Sa n. V.

DOM. DES DEUX MOULINS
Cuvée Julia 1990*

| ☐ | | 4 ha | 6 000 | 🛒↓✅3 |

Diese 90er Cuvée hat zwar noch ihren endgültigen Ausdruck gefunden, aber sie zeigt sich mit

ihrem frischen Aroma, das blumige Noten mit fruchtigen Nuancen vermischt, ausgewogen.
☛ Bernard Pastol, Condrine, 33720 Illats, Tel. 56.27.02.43 ☏ n. V.

GRAND ENCLOS DU CHATEAU DE CERONS 1990 ***

□		2,5 ha	10 000	🍷 ⬇ 🅥	3

67 70 |72| 75 |76| |81| |82| |83| 85 |86| 87 88 89 90

CÉRONS

GRAND ENCLOS

DU

Château de Cérons

APPELLATION CERONS CONTROLÉE

1990

LASTATE PROPRIETAIRE A CERONS (GIRONDE) - FRANCE

14,5% vol.   MIS EN BOUTEILLE AU CHATEAU   750 ml

Das ganz von Mauern umschlossene Gut befindet sich mitten im Dorf. Dieser große Jahrgang mußte einfach ein Erfolg werden. Elegante Farbe, intensives, zartes Bukett mit einer harmonischen Vereinigung von fruchtigen Noten und Botrytiston, kräftiger Geschmack, langer Abgang – alles ist vorhanden, um in ein paar Jahren einen großen Wein abzugeben.
☛ Olivier Lataste, Grand Enclos du Ch. de Cérons, 33720 Cérons, Tel. 56.27.01.53 ☏ n. V.

CH. HURADIN 1990 **

□		1,5 ha	k.A.	🍷 ⬇ 🅥	2

88 |89| 90

Yves Ricaud und sein Schwiegersohn haben sich dafür entschieden, das Werk der Eltern und Großeltern fortzuführen, und erzeugen Graves- und Céronsweine. Mit diesem 90er zeigen sie ihr gesamtes Können. Dieser volle, kräftige und komplexe Wein erweckt die Aufmerksamkeit vor allem durch den Reichtum und die hervorragende Reife seines Aromas (eingemachte Früchte, Botrytiston, Honig und Akazienblüten).
☛ SCV Y. Ricaud Lafosse, Ch. Huradin, 33720 Cérons, Tel. 56.27.00.87 ☏ n. V.
☛ Catherine Lafosse

Barsac

Alle Weine der Appellation Barsac können auch die Appellation Sauternes in Anspruch nehmen. Barsac hebt sich jedoch von den Gemeinden des eigentlichen Gebiets von Sauernes durch ein weniger hügeliges Gelände und durch die Steinmauern ab, die hier oft die Weingüter umgeben. Seine Weine unterscheiden sich von den Sauternesweinen durch einen weniger süßen Charakter. Wie diese kann man sie in klassischer Weise zu einem Dessert oder – wie es immer häufiger geschieht – bei Vorspeisen zu Leberpastete oder einem kräftigen Käse vom Roqueforttyp servieren.

CH. BROUSTET 1989 **

□ 2ème cru clas.	k.A.	k.A.	🍷 ⬇	5

|78| |79| 80 81 |82| |83| |85| |86| 88 89

Früher befand sich hier ein großer Küferbetrieb, der auf die Herstellung der Bordeleser Barriquefässer spezialisiert war. Obwohl sich dieser 89er verschlossen gibt, läßt er Noten von Karamel, Vanille, eingemachten Früchten und Harz erkennen. Im Geschmack ist er reich, aber nicht schwer und enthüllt sein gutes Potential. Legen Sie ihn ganz weit hinter in Ihren Keller, bis er bereit ist, aufgeweckt zu werden.
☛ SEV Fournier, Ch. Broustet, 33720 Barsac, Tel. 57.24.70.79 ☏ n. V.

CH. CLIMENS 1990 ***

□ 1er cru clas.	29 ha	50 000	🍷 🅥	7

71 72 73 74 |75| |76| |79| |80| |81| |82| |83| 85 86 88 89 (90)

1990

Château Climens

1ᵉʳ CRU

Sauternes - Barsac

APPELLATION BARSAC CONTRÔLÉE

SCEA DU CHATEAU CLIMENS A BARSAC (GIRONDE)

14 % vol.   75 cl

MIS EN BOUTEILLE AU CHATEAU

PRODUCE OF FRANCE

Ein großartiges Kartause und vor allem ein außergewöhnliches Anbaugebiet, sowohl hinsichtlich seiner Bodenbeschaffenheit wie auch seiner Lage, geben diesem berühmten Cru seine Persönlichkeit. Die altgoldene Farbe ist vielversprechend. Aber es sind keine leeren Versprechungen. Das komplexe Bukett (Honig, gebrannte Mandeln, Bratenduft, kandierte Trauben) ist ebenso kräftig wie der Geschmack, der durch seine Fülle, Ausgewogenheit und Läng beeindruckt. Der sehr gefällige Zweitwein des Gutes, »Les Cyprès de Climens«, ist ebenfalls ausgewählt worden, hat aber keinen Stern erhalten.
☛ Lucien Lurton, Ch. Climens, 33720 Barsac, Tel. 56.27.15.33 ☏ n. V.

CH. COUTET 1990 **

□ 1er cru clas.	38,5 ha	80 000	🍷 🅥	6

(71) 75 76 78 |81| |86| 89 90

Der schöne, zinnenbekrönte Turm erinnert an den mittelalterlichen Ursprung dieses Gutes, das Gebäude unterschiedlichen Alters besitzt, die alle unverändert erhalten geblieben sind. Dieser gut gebaute, aber nicht übermäßig kräftige Wein zeigt eine bemerkenswerte Eleganz. Die goldene Farbe mit den grünen Reflexen und das Blütenaroma mit Akaziennoten und Bratenduft bringen eine frühlingshafte Finesse zum Ausdruck.

➥ SC Ch. Coutet, 33720 Barsac, Tel. 56.27.15.46
➥ Marcel Baly

CH. DOISY DUBROCA   1990*

□ 2ème cru clas.	4 ha	8 000	�1	☑	6

|75|78 79 80 |81|82 83 84 |86| 88 89 90

Der 4 ha große Cru, der sich in Barsac auf einem roten Sand- und Kiesboden über einem von Rissen durchzogenen Sockel befindet, ist seit langer Zeit mit Climens verbunden. Der Hauptreiz dieses runden, gut gebauten Weins liegt in der Intensität und Komplexität seines fruchtigen Aromas (Aprikosen, Mangos und Birnen), in dem man auch einen Hauch von geröstetem Kaffee entdeckt.

➥ Lucien Lurton, Ch. Doisy Dubroca, 33720 Barsac, Tel. 56.27.15.33 ☎ n. V.

CH. FARLURET   1990**

□	8,6 ha	20 000		↓	☑	5

75 76 78 |80|81|82| 83 85 86 |87| 88 89 90

Dieses in die Zeit des Ancien Régime zurückreichende Gut hat seinen Namen von einem seiner früheren Besitzer, dem »Farluret« , einem schmächtigen, fröhlichen Mann. Der herrliche 90er ist reich und elegant und kündigt sich mit einer Farbe von seltener Intensität und einem kräftigen Bukett an, das Akazienblüten mit Zitrusfrüchten verbindet, bevor es zu Aprikosennoten übergeht, die man auch im Geschmack wiederfindet. Ein voller, stattlicher Wein, der nur Komplimente erntet.

➥ Robert Lamothe et Fils, Haut-Bergeron, 33210 Preignac, Tel. 56.63.24.76 ☎ Mo-Sa 9h-12h 14h-19h

CH. GRAVAS   1990**

□	9 ha	25 000		☑	4

67 69 |70|75|76| 78 81 82 |83|85|86|88| 89 90

Dieser 1765 entstandene Cru hieß früher »Doisy-Gravas« , was darauf hinweist, daß es einen guten Boden besitzt. Die butterblumengelbe Farbe kündigt einen sehr gelungenen Wein an. Das Bukett bestätigt diesen ersten Eindruck und zeigt mit seinem ausgeprägten Bratenduft und seinem etwas schweren Aroma den typischen Barsac-Charakter. Der stattliche, reiche und konzentrierte Wein, in dem man schöne Honig- und Haselnußnoten erkennt, entfaltet eine angenehme Struktur.

➥ Dom. Bernard, Ch. Gravas, 33720 Barsac, Tel. 56.27.15.20 ☎ n. V.

CH. DU MAYNE   1990*

□	7 ha	18 000		↓	☑	4

Der Cru gehört dem gleichen Besitzer wie Château Haut-Bailly (Appellation Pessac-Léognan). Mit diesem hübschen 90er bleibt er in der guten Tradition der Appellation. Schöne goldgelbe Farbe, wohlausgewogene Struktur und angenehm fruchtiges Aroma (Litschis, Aprikosen, Zitronen).

➥ SCE Ch. Haut-Bailly-le-Mayne, Ch. du Mayne, 33720 Barsac, Tel. 56.27.16.07 ☎ n. V.
➥ Sanders

CH. NAIRAC   1989**

□ 2ème cru clas.	15 ha	25 000		☑	5

73 74 75 |76|79 80 |81|82| 83 |85|86| 88 89

Dieses schöne Gut mit dem herrlichen neoklassizistischen Château trägt den Namen einer einflußreichen Bordeleser Weinhändlerfamilie aus der Zeit des Ancien Régime. Die schöne kupfergelbe Farbe deutet auf die Jugendlichkeit dieses 89ers hin. Er besitzt ein zartes Bukett mit dem Duft von gekochten und eingemachten Aprikosen und entfaltet eine harmonische, komplexe Struktur.

➥ Nicole Tari, Ch. Nairac, 33720 Barsac, Tel. 56.27.16.16 ☎ n. V.

CH. PIADA   1990**

□	8,5 ha	k.A.		☑	5

67 70 71 73 |75|76| |79|80 |81|82| |83| 85 86 |87| |88| 89 90

Das bereits 1274 schriftlich erwähnte Gut gehört zweifellos zu den ältesten von Barsac. Es erzeugt regelmäßig sehr gute Weine, was auch für diesen 90er gilt. Er besitzt ein kräftiges, elegantes Bukett (weiße Blüten und eingemachte Früchte) und entfaltet sich im Geschmack sehr harmonisch, wobei er sich ausgewogen und geschmeidig zeigt und eine Honignote sowie eine sehr schöne Nachhaltigkeit enthüllt.

➥ GAEC Lalande et Fils, Ch. Piada, 33720 Barsac, Tel. 56.27.16.13 ☎ n. V.

CH. PROST   1990**

□	9,14 ha	30 000		5

Der Kunstfreund wird sich das Château merken : ein bezauberndes Schößchen aus dem 16. Jh. Der Weinfreund diesen sehr hübschen 90er. Er ist gleichzeitig leicht und nachhaltig und gewinnt durch seine Fülle und seinen recht likörig süßen Geschmack einen lieblichen Charakter. Das Aroma ist von seltener Komplexität : Gewürze, Blüten, Holunder, Mirabellengeist und altes Wachs. Sehr angenehmer Gesamteindruck.

➥ Jean Perromat, Ch. Prost, 33720 Cérons, Tel. 56.27.01.13

CH. DE ROLLAND   1990***

□	15 ha	40 000	▮		↓	☑	4

78 79 80 |81|82| 83 |85|86| 88 89 90

Ein Turm aus dem 16. Jh. erinnert daran, daß das Gut, ein ehemaliges Kartäuserkloster, auf eine lange Geschichte zurückschauen kann. Sein 90er ist ein würdiger Vertreter seines großen Jahrgangs. Er besitzt einen deutlichen Botrytiston und eine vollkommene Ausgewogenheit. Das kräftige, komplexe Bukett enthält eine winzige Muskatellernote. Der Geschmack ist voll, ausgewogen und vollständig und wird stark von der Edelfäule geprägt. Ein Wein von großer Klasse.

➥ SCA Jean et Pierre Guignard, Ch. de Rolland, 33720 Barsac, Tel. 56.27.15.02 ☎ n. V.

CH. SIMON   1989**

□	15 ha	k.A.		☑	5

67 70 71 76 78 |79|81|82|83| 86 88 89

Dieser 89er stammt, wie schon sein Name andeutet, aus dem Weiler Simon. Er bestätigt den schönen Eindruck, den er bereits im letzten Jahr hinterlassen hat, durch seinen Reichtum, seine

Konzentration und seine aromatische Komplexität.

☛ GAEC Dufour, Ch. Simon, 33720 Barsac, Tel. 56.27.15.35 ☎ n. V.

CH. SUAU　1990

□ 2ème cru clas.	8 ha	19 000	▮ ⬤ ↓ ✓ 4

79 81 **82** |85| 86 88 89 90

Der Weinberg gehört dem gleichen Besitzer wie Château de Navarro in der Appellation Graves. Ein runder, ausgewogener Wein, der im Gesamteindruck nicht sehr kräftig wirkt, aber durch seine Frische und sein gutes Aroma gefällt.

☛ Roger Biarnès, Ch. de Navarro, 33720 Illats, Tel. 56.27.20.27 ☎ Mo-Sa 8h-12h 14h-18h

Sauternes

Wenn Sie ein Gut in Sauternes besuchen, werden Sie alles über jenen Besitzer erfahren, der eines Tages auf die geniale Idee verfiel, zu spät mit der Lese zu beginnen und – zweifellos aus Starrköpfigkeit – beschloß, die Trauben trotz ihrer Überreife abzunehmen. Aber wenn Sie fünf Châteaus besuchen, erzählt Ihnen jeder Besitzer seine eigene Version, die sich selbstverständlich in seinem Weinberg zugetragen hat. Tatsächlich weiß niemand, wer den Sauternes »erfunden« hat oder wann oder wo das geschehen ist.

Die Geschichte mag sich Gebiet von Sauternes immer noch hinter Legenden verbergen, aber in geographischer Hinsicht gibt es keine Geheimnisse. Jeder Stein in den fünf Gemarkungen, die die Appellation bilden (darunter auch Barsac, das eine eigene Appellation besitzt), ist untersucht worden und in all seinen Bestandteilen bekannt. Sicherlich verleiht die Vielfalt der Böden (kieshaltig, lehmig-kalkig oder kalkig) und des Untergrunds jedem Cru seinen eigenen Charakter, wobei die berühmtesten Anbaugebiete auf Kieskuppen liegen. Verwendet werden drei Rebsorten : Sémillion (70–80%), Sauvignon (20–30%) und Muscadelle. Die Sauternesweine sind goldfarben und ölig, aber auch fein und zart. Ihr Bukett, das an »Bratenduft« erinnert, entfaltet sich sehr gut bei der Alterung und wird reich und komplex, mit Honig- und Haselnußnoten sowie dem Aroma

von kandierten Orangen. Erwähnen muß man noch, daß die Sauterneseweine die einzigen Weißweine sind, die 1855 klassifiziert wurden.

CH. ANDOYSE du Hayot　1990*

□	12 ha	40 000	▮ ⬤ ↓ ✓ 4

Dieser erst seit kurzem bestehende Cru gehört dem gleichen Besitzer wie die Châteaus Romer du Hayot und Guiteronde du Hayot. Der letztere Wein hätte hier aufgrund seiner guten Ausgewogenheit ebenfalls aufgeführt werden können. Der Andoyse verdient seinen Stern durch sein intensives Bukett (winzige Jodnote, Eingemachtes, reife weiße Pfirsiche).

☛ SCE Vignobles du Hayot, Ch. Andoyse, 33720 Barsac, Tel. 56.27.15.37 ☎ n. V.

CH. D' ARCHE　1990***

□ 2ème cru clas.	29 ha	35 000	⬤ ↓ ✓ 5

70 71 75 76 |81| |83| **84** |86| |87| **88 89 90**

Dieses Château über dem Ciron erinnert mit seinem zinnenbewehrten Turm an seinen Ursprung im 16. Jh. Sein perfekt gelungener 90er hält alle Versprechen, die seine klare, strahlend goldgelbe Farbe erweckt. Eine sehr angenehme Note von kandierten Zitronen durchzieht die Verkostung, die von einem komplexen Bukett (Gewürze, Vanille, Botrytiston und Röstgeruch) zu einem geschmeidigen, kräftigen und sehr ausgewogenen Geschmack führt. Der lange, weiche Abgang ist die Krönung des hervorragenden Gesamteindrucks.

☛ Pierre Perromat, Ch. d'Arche, 33210 Sauternes, Tel. 56.76.66.55 ☎ Mo-Fr 9h-12h 14h-16h

☛ Bastit Saint-Martin

CRU D' ARCHE-PUGNEAU　1990*

□	11 ha	15 000	⬤ ✓ 4

|86| **88** |89| **90**

Ein Wein von einem kiesig-sandigen Boden. Er erregt die Aufmerksamkeit durch sein recht konzentriertes Bukett (Honig und Lindenblüten mit Noten von Eingemachtem). Im Geschmack ist er reich und vollmundig.

☛ Jean-Francis Daney, Boutoc, 33210 Preignac, Tel. 56.63.50.55 ☎ n. V.

CH. D' ARMAJAN DES ORMES　1989

□	k.A.	20 000	▮ ✓ 4

Dieser 89er kommt von einem alten Gut, das früher im Besitz von Mitgliedern des Parlaments von Bordeaux war. Er ist intensiv und geschmeidig und und entfaltet einen dezenten Honig- und Akazienblütenduft, der gut zur blaßgoldenen Farbe paßt.

☛ Perromat, Ch. d'Armajan des Ormes, 33210 Preignac, Tel. 56.63.22.17 ☎ n. V.

BARON PHILIPPE　1990*

□	k.A.	k.A.	▮ ↓ 4

Der Sauternes der berühmten Handelsfirma in Pauillac. Dieser 90er ist sehr typisch durch sein Aroma (Blüten, Honig, danach Quittenbrot) und bezaubert noch mehr durch seine Rundheit, seinen öligen Geschmack, seine likörige Süße und

seinen hübschen Abgang, in dem sich das Aroma von Eingemachtem entfaltet.

⌐ Baron Philippe de Rothschild SA, 33250 Pauillac, Tel. 56.59.20.20

CRU BARREJATS 1990*

| □ | 0,8 ha | k.A. | ◫ ☑ Ⓖ |

Mireille Daret, eine Ärztin, hat dieses Gut 1990 übernommen. Sie feiert ihren Einstand im Weinbau unter sehr günstigen Vorzeichen mit diesem festlichen Wein, der noch etwas verschlossen, aber angenehm reich ist. Seine füllige, runde Struktur wird vom Botrytiston sowie einer gut dosierten Holznote geprägt.

⌐ SCEA Barrejats, Clos de Gensac, Mareuil, 33210 Pujols-sur-Ciron, Tel. 56.76.69.06 � n. V.

CH. BASTOR LAMONTAGNE 1990**

| □ | 40 ha | 100 000 | ◫ ⌄ ☑ Ⓔ |
| 71 75 76 79 80 81 82 83 84 |85| |86| 87 88 89 90 |

Dieses 42 ha große Gut, das sich ausschließlich dem Weinbau widmet, gehört sicherlich zu den größten nicht klassifizierten Weingütern im Gebiet von Sauternes. Der 90er entfaltet ein fruchtiges Bukett (Pfirsiche) und einen angenehmen Geschmack, der vielversprechend mit einem langen, von Bratenduft geprägten Abgang ausklingt. Sollte sehr lange lagern. Die Wartezeit kann man vielleicht mit Hilfe des Zweitweins, »Les Remparts de Bastor«, überbrücken, der einen Stern erhalten hat.

⌐ SCEA Dom. Viticoles du Crédit Foncier de France, Ch. de Bastor Lamontagne, 33210 Preignac, Tel. 56.63.27.66 ⏳ n. V.

CH. BOUYOT 1990

| □ | 13,5 ha | 35 000 | ◫ ◫ ☑ Ⓔ |
| 61 75 79 81 82 |83| |85| |86| |87| 88 89 90 |

Dieses in Barsac gelegene Gut besitzt eine große Vielfalt an Böden. Sein Wein ist einfach, enthüllt aber ein recht originelles Bukett mit dezenten Noten von Akazien, weißen Blüten und Ginster. Schmeckt in seiner Jugend sehr angenehm.

⌐ EARL des vignobles Barraud, Le Bouyot, 33720 Barsac, Tel. 56.27.19.46 ⏳ tägl. 9h-20h

CH. CAPLANE 1989*

| □ | 2,6 ha | 8 000 | ◫ ☑ Ⓔ |

Nicht nur der Boden und die Bestockung des Gutes sind klassisch, sondern auch die schöne strahlend goldene Farbe dieses Weins mit dem kräftigen, eleganten Bukett (getrocknete und eingemachte Früchte) und die gute Entwicklung im Geschmack.

⌐ Guy David, Moulin de Laubes, 33410 Laroque, Tel. 56.62.93.76 ⏳ n. V.

CRU CLAVERIE 1989**

| □ | 16 ha | 20 000 | ◫ ⌄ ☑ Ⓔ |

Dieser sehr schöne Wein ist im Holzfaß ausgebaut worden und erweist sich dieses Aufwands auch als würdig. Sein kräftiges Bukett verbindet eingemachte und exotische Früchte mit Vanille und geröstetem Brot. Der Geschmack ist mild und harmonisch.

⌐ Claude Saint-Marc, Dom. du Petit de l'Eglise, 33210 Langon, Tel. 56.62.24.78 ⏳ n. V.

CH. CLOS HAUT-PEYRAGUEY 1989*

| □ 1er cru clas. | 15 ha | 36 000 | ◫ ⌄ ☑ Ⓖ |

Die Gebäude sind typisch für die Gironde. Dieser 90er mit der hübschen blaßgoldenen Farbe besitzt ein originelles Bukett mit einem leicht ranzigen Firngeruch. Er ist sehr likörig süß und wohlausgewogen.

⌐ J. et J. Pauly, Ch. Haut-Bommes, 33210 Bommes, Tel. 56.63.61.53 ⏳ tägl. 8h-18h

CH. DU COY 1990*

| □ | k.A. | 20 000 | ◫ ◫ ⌄ ☑ Ⓒ |
| 80 81 |82| 83 85 86 |88| 89 90 |

Der Weinberg gehört dem gleichen Besitzer wie Château Suau in Barsac und Château Navarro in der Region Graves. Dieser Sauternes ist kräftiger als sein Bruder aus Barsac. Er besitzt eine altgoldene Farbe, ist im Geschmack rund und voll und entfaltet ein sehr angenehmes Aroma, das an Quitten, Pampelmusen, Vanille und Bratenduft erinnert. Schöne Ausgewogenheit.

⌐ Roger Biarnès, Ch. de Navarro, 33720 Illats, Tel. 56.27.20.27 ⏳ Mo-Sa 8h-12h 14h-18h

CH. CRU PEYRAGUEY 1989*

| □ | 6 ha | 10 000 | ◫ ☑ Ⓔ |
| 75 76 79 |82| |83| |85| |86| |88| |89| |

Das Gut ist seit seiner Entstehung vor der Französischen Revolution im Besitz der gleichen Familie geblieben und verfügt noch immer über einen der ältesten traditionellen Gärkeller mit einer automatisierten Traubenpresse von 1927, die Sperrklinken aufweist. Eine Rarität. Der schon im letzten Jahr verkostete 89er entwickelt sich gut und bestätigt die Erwartungen. Das Aroma von Honig, Blüten, eingemachten Früchten und Bratenduft trägt zu seinem Charme bei.

⌐ Hubert Mussotte, Miselle, 33210 Preignac, Tel. 56.44.43.48 ⏳ n. V.

CH. DOISY-DAENE 1990***

| □ 2ème cru clas. | 15 ha | 50 000 | ◫ ☑ Ⓔ |
| 50 51 57 58 60 66 67 |71| |72| |73| |75| |76| |78| |79| |80| |81| |82| ⑧③ 84 85 |86| 88 89 90 |

Château Doisy Daëne

SAUTERNES
APPELLATION SAUTERNES CONTROLÉE

P. Dubourdieu Propriétaire à Barsac (Gironde)
FRANCE
PRODUCE OF FRANCE

Tradition und modernen Fortschritt – um nicht sogar Experimentierfreudigkeit zu sagen – zu verbinden ist eine Kunst, die Pierre Dubourdieu perfekt beherrscht. Die kräftige goldene Farbe kündigt einen hübschen Wein an, der ein komplexes Bukett mit zarten Noten von Überreife entfaltet und dieses Aroma auch im Geschmack fortsetzt. Als krönenden Abschluß dieses Festes bietet der 90er einen Abgang, der ebenso harmonisch wie zart ist.

🍷 Pierre Dubourdieu, Ch. Doisy-Daëne, 33720 Barsac, Tel. 56.27.15.84 ☎ n. V.

CH. DOISY-VEDRINES 1990

| □ 2ème cru clas. | 25 ha | 45 000 | ◨ ↓ 5 |

62 |66| 67 69 |70| 71 75 76 78 80 81 |82| |83| |85| |86| 88 89 90

Château Doisy-Védrines, ein hübsches, etwas rustikales vornehmes Landhaus, beherrscht einen schönen Weinberg, der sich in einem der besten Anbaugebiet von Barsac befindet. Sein Wein war zum Zeitpunkt unserer Verkostung nicht in Hochform. Seine Struktur scheint nicht so dicht zu sein wie bei den früheren Jahrgängen, aber er besitzt ein elegantes Aroma. Man muß noch abwarten, bis der Ausbau abgeschlossen ist.

🍷 Pierre Castéja, Ch. Doisy-Védrines, 33720 Barsac, Tel. 56.27.15.13 ☎ n. V.

CH. DE FARGUES 1988**

| □ | 12 ha | k.A. | ◨ 7 |

|47| |49| |53| |61| |62| |71| |75| |76| |82| |82| 83 84 85 86 87 88

Château Fargues, ein im Flachland gelegener Feudalsitz, war eine nicht sehr starke Festung, aber es wurde dennoch nicht durch kriegerische Gewalt, sondern bei einem Brand zerstört, der 1687 nur noch Ruinen zurückließ. Dieser Wein besitzt ein besonders ausdrucksvolles Aroma, das von Blüten bis zum Früchten reicht und Noten von Mandeln, gerösteten Haselnüssen, Honig und verbranntem Holz enthüllt. Er ist feurig und elegant und hinterläßt aufgrund seiner großen Ausgewogenheit einen sehr angenehmen Gesamteindruck.

🍷 Comte de Lur-Saluces, Ch. d'Yquem, 33210 Sauternes, Tel. 56.63.21.05

CH. FILHOT 1990*

| □ 2ème cru clas. | 8 ha | 18 000 | ▮ ↓ 6 |

70 |71| |74| 75 76 78 79 |80| 81 |82| 83 |85| |86| 88 89 90

Ein majestätisch wirkendes Gebäude mit neoklassizistischen Fassaden, die zweifellos auf älteren Bauten aufgesetzt worden sind. Das Château und sein Park waren im 19. Jh. ein bevorzugter Treffpunkt der vornehmen royalistischen Gesellschaft. Der strahlend goldene 90er verströmt zunächst einen Duft von sehr reifen Früchten (getrocknete Aprikosen) und danach leicht blumige Düfte. Im Geschmack ist er geschmeidig, dann stattlich, voll und ziemlich alkoholisch. Er klingt mit einer sehr gelungenen würzigen Note aus.

🍷 Ch. Filhot, 33210 Sauternes, Tel. 56.76.61.09 ☎ n. V.

CH. GRILLON 1990

| □ | 11,25 ha | k.A. | ◨ ☑ 4 |

Dieser etwas likörartige Wein kommt von den Ufern des Ciron im oberen Teil von Barsac. Aber der Reichtum seines Buketts (gekochte Früchte und Bienenwachs mit Röstaroma), seine Ausgewogenheit und seine Länge zeigen, daß er gut vinifiziert und von sehr reifen Trauben erzeugt worden ist.

🍷 Odile Roumazeilles-Cameleyre, 33720 Barsac, Tel. 56.27.16.45 ☎ tägl. 9h-13h 14h-18h30

CH. GUIRAUD 1989***

| □ 1er cru clas. | 85 ha | 96 000 | ◨ ↓ ☑ 7 |

81 82 |83| 84 |85| |(86)| 88 89

CHÂTEAU GUIRAUD
1er CRU
SAUTERNES
Appellation Sauternes Contrôlée 750 ml
MIS EN BOUTEILLE AU CHÂTEAU

Dieser Cru liegt ganz auf dem Boden der Gemarkung Sauternes. Sein sehr hübscher 89er entspricht ganz dem Anbaugebiet. Die goldene Farbe mit bernsteingelben Reflexen ist nur der Anfang. Das angenehm komplexe Bukett (eingemachte Früchte, danach Vanille, Kokosnüsse und Aprikosen), die stattliche, kräftige Ansprache und der lange, fleischige Geschmack hinterlassen einen wunderbaren Eindruck von »Öligkeit«.

🍷 SCA Ch. Guiraud, 33210 Sauternes, Tel. 56.76.61.01 ☎ tägl. 9h-12h 14h-17h

CH. HAUT-BERGERON 1990*

| □ | 14,2 ha | 35 000 | ◨ ↓ ☑ 5 |

70 73 |(75)| 76 78 |81| |82| |83| |85| |86| |87| 88 89 90

Ein Teil dieses sehr alten Cru grenzt an Yquem an. Er wird von der Familie Lamothe bewirtschaftet, deren Weinbautradition mindestens bis ins 18. Jh. zurückreicht. Die dunkle Farbe und das Bukett mit den ausgeprägten Noten von Eingemachtem weisen auf einen Wein hin, der durch seine likörige Süße den Charakter eines gelungenen traditionellen Sauternes aus einem großen Jahrgang entspricht.

🍷 Robert Lamothe et Fils, Haut-Bergeron, 33210 Preignac, Tel. 56.63.24.76 ☎ tMo-Sa 9h-12h 14h-19h

CH. HAUT CAPLANE 1990**

| □ | 13 ha | 30 000 | ◨ ↓ ☑ 5 |

Dieser Cru liegt in der Nachbarschaft einer der berühmtesten Anbaugebiete der Appellation und besitzt auch selbst einen guten Boden. Er kann dies auch vorteilhaft ausnutzen, wie sein 90er zeigt. Es handelt sich um einen gelungenen Wein, der durch die Eleganz seines Aromas bezaubert und verführt, im Bukett (Akazienblüten und geröstetes Brot) ebenso wie im Geschmack, der von großer Zartheit ist.

🍷 SEV Jean Milhade, Daupin, 33133 Galgon, Tel. 57.74.30.04 ☎ n. V.

CH. HAUT-CLAVERIE 1990

| □ | 11,5 ha | 20 000 | ▮ ◨ ↓ ☑ 4 |

82 |83| |85| |86| 88 89 90

Dieses zu Beginn des 19. Jh. entstandene Gut ist im Besitz der Nachkommen der Claveries geblieben, denen es seinen Namen verdankt. Der

klare, gut gebaute 90er scheint noch nicht seine endgültige Ausdruckskraft gefunden zu haben.
🠖 GAEC Sendrey Frères et Fils, Aux Claveries, 33210 Fargues-de-Langon, Tel. 56.63.12.65 ⌇ n. V.

CH. DE LA CHARTREUSE 1990★★

☐　　　　5 ha　　12 000　　📖 🍶 🠖 Ⓢ
|88| |89| **90**

Louis Ricard erinnert gern daran, daß sein Château eine hübsche Kartause ist. Das geschieht bereits durch den Namen dieses Cru, dessen Wein von der Firma Sichel vertrieben wird. Goldene bis bronzene Farbe, intensives Bukett mit dem Duft von Brotkruste und eingemachten Früchten, danach von Akazienblüten und Seringa – dieser Wein scheint ausdem Atelier eines berühmten Modeschöpfers zu kommen ! Kräftig, schwer, vollkommen ausgewogen und von einem bemerkenswerten aromatischen Reichum – der Geschmackseindruck ist ebenfalls ein Kunstwerk.
🠖 Louis Ricard, Ch. de la Chartreuse, 33210 Preignac, Tel. 56.63.27.28

CH. LAFAURIE-PEYRAGUEY 1990★★

☐ 1er cru clas.　38,5 ha　112 000　📖 ✔ Ⓖ
75 |76| 77　78　79　**80** |81| **82** |83| |84| |85| 86 |87| (88) **89　90**

Die erstaunliche maurische Silhouette dieses Châteaus läßt an einen Palast aus *Tausendundeine Nacht* denken. Ein angenehm »knuspriger« Wein, der lang, stattlich und füllig ist. Sein intensives Aroma unterstützt den guten Stoff. Die goldene, leicht bernsteingelbe Farbe, das Bukett mit den kräftigen Vanille- und Zitronennoten und der würzige Abgang tragen zur Eleganz dieses vielversprechenden 90ers bei.
🠖 Dom. Cordier, 10, quai de Paludate, 33800 Bordeaux, Tel. 56.31.44.44 ⌇ n. V.

DOM. DE LA FORET 1990★

☐　　　　5 ha　　12 000　　📖 ✔ Ⓢ

Dieser lange Zeit berühmte Cru geriet im 60er Jahren in Vergessenheit, ehe er 1988 zu neuem Leben erweckt wurde. Obwohl der 90er in aromatischer Hinsicht einfacher als der herrliche 89er ist, macht ihn die Großzügigkeit und Ausgewogenheit des Geschmacks sehr verführerisch.
🠖 Pierre et Véronique Vaurabourg, Dom. de La Forêt, 33210 Preignac, Tel. 56.76.88.46 ⌇ n. V.

CH. LAMOTHE 1990

☐ 2ème cru clas.　7,5 ha　20 000　📖 📖 ✔ Ⓢ

Angeblich ist dieses Château der Nachfolger einer alten Festung die den Sarazenen und Normannen widerstand. Dieser Weina entfaltet einen zarten Blütenduft, während der Geschmack sehr voluminös ist. Man spürt einen soliden Bau, der eine günstige Entwicklung ermöglichen dürfte.
🠖 Guy Despujols, Ch. Lamothe, 19, rue Principale, 33210 Sauternes, Tel. 56.76.67.89 ⌇ tägl. 10h-13h 14h-20h

CH. LAMOTHE-GUIGNARD 1990★★★

☐ 2ème cru clas.　16 ha　41 000　📖 🠖 ✔ Ⓢ
|81| |82| |83| |84| **85**　86 |87| **88**　89　**90**

Dieses Gut liegt auf einem Felsvorsprung über dem Ciron. Die altgoldene Farbe weist bereits auf die Schätze des Weins hin. Diese enthüllen sich wie bei einer Abenteuergeschichte in »Handlungsknoten« , die den Rhythmus der Verkostung bestimmen. Dabei handelt es sich um die an eingemachte Früchte erinnernde Note des Buketts (Aprikosen, Orangenschale), das komplex und konzentriert, aber nicht schwer ist, oder den fast cremigen Reichtum und die Eleganz des Geschmacks. Ein kostbarer Wein für ganz besondere Anlässe.
🠖 Philippe und Jacques Guignard, Ch. Lamothe-Guignard, 33210 Sauternes, Tel. 56.76.60.28 ⌇ Mo-Sa 8h-12h 14h-18h

CH. LA RIVIERE 1990

☐　　　　3,8 ha　　9 000　　📖 🠖 ✔ Ⓐ

G. Réglat, der auch Weine anderer Appellationen erzeugt, präsentiert hier einen zurückhaltenden Sauternes, dessen Schamhaftigkeit durch Eleganz (kandierte Orangenschale) ausgeglichen wird.
🠖 Guillaume Réglat, Ch. Cousteau, 33410 Monprimblanc, Tel. 56.62.98.63 ⌇ n. V.

CH. LA TOUR BLANCHE 1989★

☐ 1er cru clas.　30 ha　57 000　📖 ✔ Ⓖ
(61) **62**　75 |79| **80** |81| |82| |83| **84** |85| **86　88**　89

Dieser Cru wurde 1909 von Daniel Osiris der Stadt vermacht und dient heute als Versuchsbetrieb und gleichzeitig als Ausbildungszentrum. Sein geschmeidiger, ausgewogener 89er entfaltet ein sehr schönes Aroma (exotische Früchte, reife Bananen, Obstkerne und Bratenduft).
🠖 Ch. La Tour Blanche, 33210 Bommes, Tel. 56.76.61.55 ⌇ n. V.

CH. LES JUSTICES 1990★★

☐　　　　8 ha　　20 000　　📖 🠖 ✔ Ⓢ
|61| |62| |67| |70| |71| **73**　**75** |76| |78| **79** |80| 81　82
(83)　**85　86　88** |89| **90**

Dieser 90er wird sehr gut altern. Er ist noch jung, zeigt aber durch sein Bukett (Aprikosen, Pfirsiche und Trüffelnote) und seine Struktur, daß er die Kraft, die Konzentration und die Ausgewogenheit besitzt, die notwendig sind, um einen sehr hübschen Wein abzugeben.

🍷 Christian Médeville, Ch. Gilette, 33210 Preignac, Tel. 56.63.27.59 ⚍ n. V.

CH. LIOT　1990*

| □ | | 20 ha | 60 000 | 🍷⬇✓4 |

Das Gut liegt auf einem lehmig-kalkigen Plateau im oberen Teil von Barsac. Die goldgelbe Farbe mit den kupferfarbenen Reflexen und das feine, blumige Bukett (Veilchen) bilden einen angenehmen Auftakt für diesen Wein, der sich im Geschmack durch seine Ausgewogenheit, seinen recht ausgeprägten Botrytiston und seinen langen Abgang auszeichnet.

🍷 David, Ch. Liot, 33720 Barsac, Tel. 56.27.15.31 ⚍ n. V.

CH. DE MALLE　1990**

| □ 2ème cru clas. | 25 ha | 50 000 | 🍷⬇✓5 |

71 (75) 76 81 83 |85| |86| 87 88 89 90

Château de Malle, ein wunderschönes Gebäude aus dem 17. Jh., das unter Denkmalschutz steht, ist eines der schönsten Weinschâteaus der Gironde. Sein geschmeidigern, voller und kräftiger 90er ist von vollkommenere Ausgewogenheit und gefällt besonders durch seinen samtweichen Charakter und seine aromatische Ausdruckskraft. Im Duft ist er ein wenig wild (mit Noten von Honig und Obstkernen), während er im Geschmack ein mildes, blumiges Aroma entfaltet. Ein lagerfähiger Wein.

🍷 Comtesse de Bournazel, Ch. de Malle, 33210 Preignac, Tel. 56.63.28.67 ⚍ n. V.

CH. MONT-JOYE　1990

| □ | | 11 ha | 16 000 | 🍷⬇✓4 |

Der Name erinnert an das alte Frankreich. Der Wein selbst ist nicht voluminös, aber dank seiner Ausgewogenheit und seines Aromas (Akazien, überreife Trauben und Zitronen mit einer leicht würzigen Note) sehr gefällig.

🍷 Franck et Marguerite Glaunès, Dom. du Pas Saint-Georges, 33190 Casseuil, Tel. 56.71.12.73 ⚍ n. V.

CH. PEY-ARNAUD　1989

| □ | | 15 ha | 30 000 | 🍷⬇4 |

Der Cru wird von einer hübschen Kartause beherrscht. Er bietet mit dem 90er einen einfachen, aber gut gemachten Wein, an dem besonders das Bukett gefällt : Noten von Eingemachtem, gefolgt vom Duft getrockneter Früchte (Mandeln, Haselnüsse, Feigen).

🍷 SCEA du Ch. Pernaud, 33720 Barsac, Tel. 56.27.26.52

🍷 Regelsperger

CH. PIOT-DAVID　1990***

| □ | | 7 ha | 20 000 | 🍷⬇✓4 |

75 81 |82| |83| |84| 85 |86| |88| 89 **90**

Wie es in Barsac recht häufig der Fall ist, besteht dieses Gut aus zusammenhängenden Rebflächen und wird von Mauern umschlossen. Dieser besonders gelungene 90er führt uns in die Welt köstlicher Geschmäcke und Düfte. Der milde, ölige und nachhaltige Geschmackseindruck harmoniert perfekt mit der Komplexität und der Konzentration des Buketts. Ein Hochgenuß.

🍷 Jean-Luc David, Ch. Piot-David, 33720 Barsac, Tel. 56.62.97.30 ⚍ n. V.

CH. RIEUSSEC　1989***

| □ 1er cru clas. | 72 ha | k.A. | 🍷⬇7 |

|62| 67 |70| |71| |75| |76| 79 80 81 82 **83** |84| 85 (86) 87 89

Die leicht an seinem eckigen Turm zu erkennende Silhouette von Château Rieussec überragt die Landschaft des Sauternais, in der sich Rebflächen harmonisch neben Pinienwäldchen ausbreiten. Dieser 89er beeindruckt durch seine tiefe goldgelbe Farbe. Der Rest enttäuscht aber ebenfalls nicht. Das angenehm komplexe Bukett (von eingemachten Aprikosen bis zu Feuerstein) und der kräftige, fleischige Geschmack versprechen einen großen Wein.

🍷 SA du Ch. Rieussec, 33210 Fargues, Tel. (1) 42.56.33.50 ⚍ n. V.

CH. ROMER DU HAYOT　1990*

| □ 2ème cru clas. | 16 ha | k.A. | 🍷⬇✓5 |

75 76 79 |81| |82| |83| |85| |86| **88** 89 90

Der vom Schicksal hart getroffene Cru war lange Zeit auseinandergerissen und büßte schon früh seine Gebäude ein, die der Deux-Mers-Autobahn zum Opfer fielen. Glücklicherweise achten auch seine neuen Keller die Tradition. Dieser 90er ist in seinem Bukett noch etwas zurückhaltend, aber dennoch verführt er durch die Finesse seiner Noten von weißen Blüten (Geißblatt), frischen Früchten (Orangen und Passionsfrüchte) und Honig.

🍷 SCE Vignobles du Hayot, Ch. Andoyse, 33720 Barsac, Tel. 56.27.15.37 ⚍ n. V.

CH. ROUMIEU　1990*

| □ | | 14 ha | 35 000 | 🍷✓4 |

64 67 (70) |71| 73 |75| |76| 77 **78** |79| |82| 83 |86| |88| 89 90

Ohne jeden Zweifel ist dieses Gut mittelalterlichen Ursprungs. Sein Name (im Gaskognischen »Roumin«) deutet auf einen Zusammenhang mit dem Jakobsweg hin. Der geschmeidige, frische und stattliche 90er besitzt eine gute Fülle. Seine Struktur betont den Reichtum seines aromatischen Ausdrucks : weiße Blüten, Lebkuchen, eingemachte Früchte und geröstete Haselnüsse.

🍷 Catherine Craveia-Goyaud, Ch. Roumieu, 33720 Barsac, Tel. 56.27.21.01 ⚍ n. V.

CLOS ROY　1990**

| □ | | 1,5 ha | 3 600 | 🍷⬇✓4 |

Dieser von der Mannschaft von Château Piada (Barsac) erzeugte Wein ist leichter als sein Bruder aus Barsach, aber ebenfalls sehr gelungen. Er zeigt seine große Eleganz durch feine Noten von Muskat und Akazienblüten im Bukett an.

🍷 GAEC Lalande et Fils, Ch. Piada, 33720 Barsac, Tel. 56.27.16.13 ⚍ n. V.

CH. SAINT-AMAND 1990*

☐   15 ha   k.A.   🔲 🎏 ☑ 5

67 70 71 |75| **76** 79 |80| |81| |82| |84| |85| |86| |87| 88 89 90

Ein Drama in Sauternes : Die Trockenheit ließ die wundertätige Quelle dieses Gutes versiegen. Aber glücklicherweise nahm die Qualität seines Weins keinen Schaden. Der im Bukett noch etwas verschlossene 90er weicht mit seinem Geschmack etwas vom Gewohnten ab : sehr schöne Noten von Orangenschalen, Pampelmussen und exotischen Früchten. Er ist ausgewogen und gut gebaut und braucht sich vor der Zukunft nicht zu fürchten.
🍷 Louis Ricard, Ch. Saint-Amand, 33210 Preignac, Tel. 56.63.27.28 ☎ n. V.

CH. SAINT-MICHEL 1990

☐   1,6 ha   4 000   🎏 ☑ ☑

Der kleine Weinberg wurde 1988 vom Besitzer des Clos des Menuts in Saint-Emilion erworben. Der »Bratenduft« ist ein wenig dezent, aber trotzdem gefällt der Wein durch seine allgemeine Ausgewogenheit und sein blumig-fruchtiges Aroma.
🍷 Philippe Rivière, Ch. de Callac, 33720 Illats, Tel. 57.24.73.90 ☎ tägl. 9h-12h 14h-18h

CH. SIGALAS-RABAUD 1990*

☐ 1er cru clas.   13 ha   38 000   🎏 ☑ 6

66 69 (76) 78 79 80 |81| |82| |83| |85| |86| 88 89 90

Der Cru, ein großes Gut am Hang, das eine schöne Kartause umgibt, besitzt eine gute Lage und eine hervorragende Entwässerung. Dieser sehr jugendliche 90er hat noch nicht seine volle Ausdruckskraft gefunden. Aber man erahnt einen reichen, vollen und stattlichen Stoff, der es ihm erlauben wird, sich zu entfalten.
🍷 Ch. Sigalas-Rabaud, 33210 Bommes, Tel. 56.76.60.62 ☎ tägl. 8h-20h

CH. SUDUIRAUT 1990*

☐ 1er cru clas.   85 ha   180 000   🎏 ☑ 7

|(67)| |70| |71| |75| 76 78 |79| 81 |82| |83| 84 |85| |86| 90

Das Gut wurde in diesem Jahr von der Axa-Gruppe übernommen. Das Château (17./18. Jh.) und die Gärten von Le Nôtre sind eine besondere Sehenswürdigkeit des Sauternais. Dieser noch etwas schwere Wein besitzt eine große Komplexität. Das gilt vor allem für das Aroma (Honig, Wachs und Aprikosenkonfitüre), das dafür spricht, daß man ihn noch lagern sollte.
🍷 Ch. Suduiraut, 33210 Preignac, Tel. 56.63.27.29 ☎ n. V.

CH. VILLEFRANCHE 1990

☐   14 ha   40 000   🔲 🎏 ☑ 3

Von diesem Cru gibt es Unterlagen seit der Zeit Ludwigs XV. Die Struktur ist einfach, aber klar. Dieser Wein wirkt durch seine Ausgewogenheit ernst und durch sein Aroma (kandierte Trauben, Vanille und Botrytiston) heiter.
🍷 Henri Guinabert et Fils, Ch. Villefranche, 33720 Barsac, Tel. 56.27.16.39 ☎ n. V.

CH. D' YQUEM 1988***

☐ 1er cru sup   103 ha   k.A.   🎏 7

21 |29| |37| |42| |45| 53 55 59 (67) 70 |75| |76| |78| |79| |80| |81| |82| 83 84 **85** **86** **87** 88

Château Yquem, ein Herrenhaus, das wie eine Festung aussieht, hat schon immer eine bedeutende Rolle im Leben der Bordeleser Gesellschaft gespielt, denn sein Wein ist ein Musterbeispiel an Finesse und Eleganz. Das Bukett dieses 88ers hat etwas Geniales an sich : Es ist ziemlich originell durch seine Birnennote und wechselt ständig, wobei seine Nuancen vom Duft kandierter Zitrusfrüchte über Feigen und Quitten bis zu Gewürzen reichen. Der reiche, dichte Geschmack zeichnet sich durch eine vollkommene Ausgewogenheit zwischen Alkohol und natürlicher Traubensüße aus.
🍷 Comte de Lur-Saluces, Ch. d'Yquem, 33210 Sauternes, Tel. 56.63.21.05

BOURGOGNE (BURGUND)

»Liebliches und weinreiches Burgund« , schrieb Michelet. Welcher Weinfreund würde nicht einer solchen Aussage zustimmen ? Zusammen mit dem Bordelais und der Champagne verbreitet nämlich Burgund das hohe Ansehen der berühmtesten Weine von Frankreich in der ganzen Welt. Mit seinen Anbaugebieten ist eine der mannigfaltigsten Eßkulturen verbunden, deren Vielfalt jeden Geschmack befriedigen kann und für jedes Gericht den passenden Wein findet.

Mehr als in jeder anderen Weinbauregion kann man in Burgund Wein und Alltagsleben nicht voneinander trennen, denn die Kultur ist hier ganz vom Rhythmus der Winzerarbeiten geprägt. Von den Grenzen Auxerres bis zu den Bergen des Beaujolais quer durch die ganze Provinz, die die beiden Metropolen Paris und Lyon verbindet, hat der Wein seit uralten Zeiten das Leben der Menschen bestimmt – und die Menschen haben dabei nicht schlecht gelebt. Wenn man Gaston Roupnel, einem burgundischen Schriftsteller und Winzer in Gevrey-Chambertin, der die *Histoire de la campagne française* verfaßt hat, glauben darf, so ist der Wein im 6. Jahrhundert v. Chr. »durch die Schweiz und die Täler des Jura« nach Gallien gebracht und danach bald auf den Hängen des Saône- und des Rhônetals angebaut worden. Für andere geht der Weinbau auf die Griechen zurück und kam aus Südfrankreich hierher. Unbestritten ist jedoch, daß er in Burgund schon sehr bald große Bedeutung erlangte. Davon zeugen auch mehrere Reliefs im Archäologischen Museum von Dijon. Und als sich der Rhetor Eumenes an Kaiser Konstantin in Autun wandte, so geschah dies, um an den Wein zu erinnern, der in der Gegend von Beaune angebaut wurde und bereits damals als »wunderbar und alt« bezeichnet wurde.

Burgund ist durch den wechselvollen Verlauf seiner manchmal ruhmreichen, bisweilen auch tragischen Geschichte geprägt worden und den Schwankungen der klimatischen Bedingungen ebenso wie den Veränderungen in der Landwirtschaft unterworfen gewesen ; dabei spielten die Mönche im Einflußbereich von Cluny und Cîteaux eine wichtige Rolle. So entstand nach und nach die Palette der burgundischen »Climats« (Einzellagen) und Crus, die dazu beitrugen, daß sich das gesamte Anbaugebiet beständig zur Qualität und zum typischen Charakter unvergleichlicher Weine hin entwickelte.

Man muß jedoch darauf hinweisen, daß das Weinbaugebiet Burgund nicht mit dem Verwaltungsgebiet Burgund identisch ist : Das Departement Nièvre (das zusammen mit den Departements Côte-d'Or, Yonne und Saône-et-Loire administrativ zur Region Burgund gehört) ist Teil des Weinbaubereichs Mittelfrankreich und Tal der Loire (Anbaugebiet von Pouilly-sur-Loire). Das Departement Rhône dagegen (das für die Judikative und die Administrative ebenfalls zu Burgund gehört) hat als Land des Beaujolais eine Eigenstellung erworben, die – außer durch die kommerzielle Praxis – auch durch die Verwendung einer speziellen Rebsorte gerechtfertigt wird. An dieser Einteilung orientiert sich auch unser Weinführer (vgl. dazu das Kapitel »Beaujolais«), in dem unter Burgund die Anbaugebiete der Departements Yonne (Niederburgund), Côte-d'Or und Saône-et-Loire verstanden werden, obwohl bestimmte im Beaujolais erzeugte Weine auch als regionale Appellation Bourgogne verkauft werden dürfen.

Die Einheitlichkeit der in Burgund verwendeten Rebsorten – mit Ausnahme des Beaujolais, wo die Rebsorte Gamay Noir mit hellem Saft angepflanzt

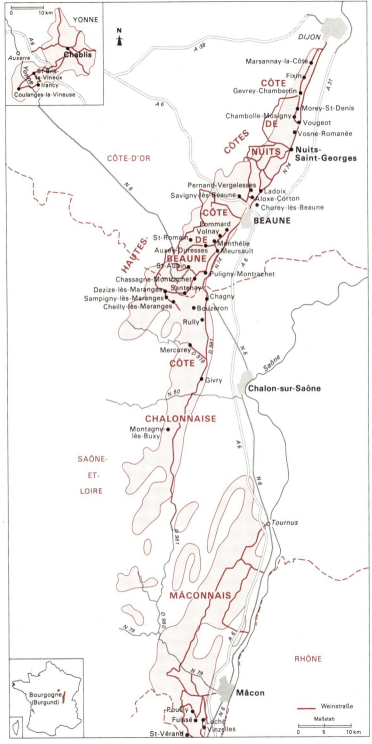

YONNE

0 ⎯ 10 km

Auxerre

Chablis

St-Bris-
la-Vineux

Irancy

Coulanges-la-Vineuse

N

DIJON

Marsannay-la-Côte

Fixin

CÔTE

Gevrey-Chambertin

Morey-St-Denis

Chambolle-Musigny

Vougeot

DE

Vosne-Romanée

CÔTES

**Nuits-
Saint-Georges**

NUITS

CÔTE-D'OR

Pernand-Vergelesses

Ladoix

Savigny-lès-Beaune

Aloxe-Corton

Chorey-lès-Beaune

CÔTE

BEAUNE

Pommard

Volnay

DE

St-Romain

Monthélie

HAUTES-

Auxey-Duresses

Meursault

BEAUNE

St-Aubin

Chassagne-Montrachet

Puligny-Montrachet

Dezize-lès-Maranges

Santenay

Sampigny-lès-Maranges

Chagny

Cheilly-lès-Maranges

Bouzeron

Rully

CÔTE

Mercurey

Givry

Chalon-sur-Saône

CHALONNAISE

Montagny-
lès-Buxy

SAÔNE-

ET-

LOIRE

Tournus

MÂCONNAIS

RHÔNE

Bourgogne
(Burgund)

Mâcon

Pouilly

Fuissé

Loché

St-Vérand

Vinzelles

⎯⎯ Weinstraße

Maßstab

0 ⎯ 5 ⎯ 10 km

353   BOURGOGNE

wird – läßt keinen Zweifel daran : Bei den Weißweinen dominiert die Chardonnayrebe und bei den Rotweinen die Rebsorte Pinot Noir. Als Relikte alter Anbautraditionen oder einer spezifischen Anpassung an besondere Böden findet man jedoch auch noch einige zusätzliche Rebsorten : Aligoté, eine Weißweinrebe, die den berühmten Bourgogne Aligoté liefert, der sehr häufig zur Herstellung des »Kir« (Weißwein und Johannisbeerlikör) verwendet wird ; ihre beste Qualität erreicht sie im Gebiet von Bouzeron, unweit von Chagny (Saône-et-Loire). Die Rebsorte César, eine Rotweinrebe, wurde vor allem in der Gegend von Auxerre angebaut, aber sie verschwindet allmählich. Die Sacyrebe liefert im Departement Yonne den Bourgogne Grand Ordinaire, wird jedoch zunehmend durch die Chardonnayrebe ersetzt. Die Gamayrebe bringt ebenfalls Bourgogne Grand Ordinaire hervor und – kombiniert mit Pinot Noir – Bourgogne Passetoutgrain. Die Sauvignonrebe schließlich, die berühmte aromareiche Rebsorte der Anbaugebiete von Sancerre und Pouilly-sur-Loire, wird in der Gegend von Saint-Bris-le-Vineux, im Departement Yonne, angebaut, wo sie die Weine der AOVDQS Sauvignon de Saint-Bris erzeugt.

           Da das Klima relativ einheitlich ist, insgesamt gesehen semikontinental mit ozeanischem Einfluß, der hier die Grenzen des Pariser Beckens erreicht, sind es somit die Böden, die die besonderen Eigenheiten der zahlreichen in Burgund erzeugten Weine bedingen. Die extreme Zersplitterung der Parzellen ist hier zwar überall die Regel, aber sie stützt sich auf die Aneinanderreihung von vielfältigen geologischen Schichten, die nahe an der Oberfläche liegen bzw. zutage treten und die Ursache für die reiche Palette von Düften und Geschmackseindrücken in den burgundischen Reblagen sind. Mehr noch als die meteorologischen Bedingungen sind es die Unterschiede in der Bodenbeschaffenheit, die hier der burgundische Begriff für Einzellage, »*climat*« , bezeichnet ; das Anbaugebiet, das die typischen Eigenschaften von Weinen innerhalb ein und derselben Appellation genauer bestimmt, kompliziert auch die Einstufung und die Präsentation der großen Burgunderweine. Diese Reblagen, die sehr vielsagende Namen haben, wie etwa La Renarde (= die Füchsin), Les Cailles (= die Wachteln), Genevrières (= Wacholdersträucher), Côte-Rôtie (= sonnenverbrannter Hang), Clos de la Maréchale (= Weinberg der Marschallin), Clos des Ormes (= Weinberg der Ulmen) etc., sind seit mindestens dem 18. Jahrhundert fest verankerte Begriffe, die Anbauflächen von einigen Hektar Größe, manchmal sogar ein paar »Ouvrées« (eine Ouvrée entspricht 4,28 Ar) bezeichnen und einer »natürlichen Einheit« entsprechen, »die sich in der Einheitlichkeit des Weins äußert, den sie hervorbringt...« (A. Vedel). Man kann nämlich feststellen, daß es manchmal geringere Unterschiede zwischen zwei mehrere hundert Meter auseinanderliegenden Rebflächen innerhalb der gleichen Reblage gibt als zwischen zwei anderen, die sich zwar nebeneinander, aber in verschiedenen Einzellagen befinden.

           Außerdem gibt es vier Stufen von Appellationen in der Hierarchie der Weine : regionale Appellation, »Village« (oder kommunale) Appellation, Premier Cru und Grand Cru. Auch die Zahl der gesetzlich abgegrenzten Anbaugebiete oder Reblagen ist sehr groß ; beispielsweise gibt es bei den Premiers Crus, die auf dem Gebiet der Gemarkung Nuits-Saint-Georges liegen, 27 verschiedene Namen, und das bei nur rund 100 ha !

           Untersuchungen aus neuerer Zeit haben die (oft empirisch festgestellten) Beziehungen zwischen den Böden und den Reblagen bestätigt, die zur Entstehung der Appellationen, der Crus oder Climats führten. So konnte man z. B. im Gebiet der Côte de Nuits 59 Bodentypen nachweisen, die sich hinsichtlich ihrer morphologischen oder physikalisch-chemischen Eigenschaften (Hanglage, Gesteinsart, Tonhaltigkeit etc.) unterscheiden und tatsächlich mit der Differenzierung der Appellationen Grand Cru, Premier Cru, Villages und regionale AOC übereinstimmen.

           Einfacher ist eine viel allgemeinere geographische Betrachtungsweise, nach der man üblicherweise – von Norden nach Süden – innerhalb des burgundischen Weinbaugebiets vier große Anbauzonen : die Anbaugebiete des Departements Yonne (Niederburgund), die des Departements Côte-d'Or (Côte de Nuits und Côte de Beaune), die Côte Chalonnaise und das Mâconnais unterscheidet.

_____ **D**as Gebiet von Chablis ist das bekannteste Anbaugebiet des Departements Yonne. Es genoß das ganze Mittelalter hindurch sehr großes Ansehen am Hof von Paris, zumal der Transport auf der Seine den Weinhandel mit der Hauptstadt erleichterte. Lange Zeit wurden die Weine aus dem Yonnegebiet sogar ganz einfach mit den Burgunderweinen gleichgesetzt. Das Anbaugebiet von Chablis schmiegt sich in das reizvolle Tal des Serein, in dem das kleine mittelalterliche Juwel Noyers liegt, und erscheint wie ein isolierter Ausläufer, der sich mehr als hundert Kilometer nordwestlich vom Zentrum des burgundischen Weinbaugebiets befindet. Seine verstreut liegenden Weinberge umfassen rund 3 500 ha auf Hügeln mit unterschiedlichen Hanglagen, »auf denen sich eine Reihe von Weilern und etliche Winzer die Trauben teilen, aus denen dieser trockene, fein duftige, leichte und lebhafte Wein entsteht, der das Auge durch seine erstaunliche Klarheit, nur leicht goldgrün gefärbt, überrascht« (P. Poupon). Südlich von Auxerre liegt mit Saint-Bris-le-Vineux das Anbaugebiet der Sauvignonrebe ; es erzeugt gemeinsam mit Chitry Weißweine, während die Anbaugebiete für Rotweine von Irancy und Coulanges-la-Vineuse gerade dabei sind, sich weiter auszudehnen. Der Clos de la Chaînette schließlich ist der einzige Überrest des eigentlichen Anbaugebiets von Auxerre.

_____ **I**m Departement Yonne muß man noch drei weitere Weinbaugebiete erwähnen, die von der Reblaus fast ganz zerstört worden sind, die man aber heute zu neuem Leben zu erwecken versucht. Das Anbaugebiet von Joigny, im äußersten Nordwesten Burgunds, besitzt eine Fläche von kaum zehn Hektar in guter Lage auf den Hängen, die oberhalb der Yonne die Stadt umgeben. Erzeugt wird hier vor allem ein »grauer« Wein, d. h. ein sehr heller Roséwein, der die Appellation Bourgogne hat und vor Ort getrunken wird. Das Anbaugebiet von Tonnerre, das früher ebenso berühmt wie das von Auxerre war, ersteht heute wieder in der Umgebung von Epineuil, wo etwa fünfzig Hektar neu bepflanzt worden sind ; die Tradition erlaubt hier eine Appellation Bourgogne-Epineuil. Schließlich erleben die Hänge des berühmten Hügels von Vézelay, unweit des Morvanmassivs, wo die großen Herzöge von Burgund selbst einen Weinberg besaßen, wie ein kleines Anbaugebiet wieder auflebte, das seit 1979 Weine erzeugt. Die Weine, die ebenfalls die Appellation Bourgogne tragen, dürften vom guten Ruf des Orts profitieren. In dieser Hochburg des Fremdenverkehrs sind schon lange die Touristen an die Stelle der Wallfahrer getreten, die früher zu der romanischen Basilika pilgerten.

_____ **D**ie verkarstete, ausgedörrte Hochebene von Langres ist der traditionelle Weg aller Eindringlinge aus dem Norden, die in früheren Zeiten als Eroberer kamen und heute als Touristen hereinströmen. Sie trennt das Gebiet von Chablis, Auxerre und Tonnerre von der Côte d'Or, die »Purpur- und Goldküste« oder einfach »Côte« genannt wird. Im Laufe des Tertiärs und während der Entstehung der Alpen senkte sich der Spiegel des Meeres von Bresse, das diese Region bedeckte und bis zu den Küsten des alten hercynischen Massivs reichte, und lagerte über Jahrtausende hinweg Kalksedimente unterschiedlicher Zusammensetzung ab. Bei der Bildung der Alpen kam es zu zahlreichen parallelen Verwerfungen in Nord-Süd-Richtung. Die Böden sanken während der großen tertiären Vergletscherungen von oben nach unten ab ; mächtige Wasserläufe höhlten damals Erosionstäler aus. Daraus resultiert eine außergewöhnliche Vielfalt von Böden, die nebeneinander liegen, ohne identisch zu sein, obwohl sie – oberflächlich gesehen – ähnlich zu sein scheinen, weil sie von einer dünnen, fruchtbaren Schicht bedeckt sind. Auf diese Weise erklärt sich auch die Fülle der Herkunftsbezeichnungen, die mit der Vielfalt der Böden verknüpft ist, und die Bedeutung der Einzellagen, die dieses Mosaik noch zusätzlich komplizieren.

_____ **V**om geographischen Standpunkt aus gesehen, erstreckt sich die Côte etwa fünfzig Kilometer lang, von Dijon bis Dezize-lès-Maranges, im Norden des Departements Saône-et-Loire. Der Hang, der meist nach Osten hin liegt, wie es sich für Grands Crus in semikontinentalem Klima gehört, fällt von der oberen Hochebene, wo die Weinberge der Hautes Côtes liegen, zur Ebene der Saône hin ab, wo sich das bevorzugte Anbaugebiet befindet.

Die Côte, deren lineare Anordnung eine hervorragende Ost-Südost-Lage begünstigt, wird traditionell in mehrere Abschnitte eingeteilt, von denen der erste im Norden zum großen Teil durch die wachsende Verstädterung im Ballungsraum Dijon (Gemarkung Chenôve) geprägt wird. Die Stadtverwaltung von Dijon versucht dennoch, die alten Traditionen zu bewahren und hat deshalb eine Parzelle innerhalb der Stadt wiederbepflanzt. In Marsannay beginnt die Côte de Nuits, die sich bis zum Clos des Langres auf dem Gebiet der Gemarkung Corgoloin erstreckt. Es handelt sich dabei um einen schmalen Hang (nur einige hundert Meter breit), der ähnlich wie in den Alpen von bewaldeten, felsigen Erosionstälern zerschnitten wird und den kalten, trockenen Winden ausgesetzt ist. Dieser Teil der Côte zählt 29 Appellationen, die entsprechend der Cru-Skala verteilt sind, zusammmen mit Dörfern, die sehr angesehene Namen tragen : Gevrey-Chambertin, Chambolle-Musigny, Vosne-Romanée, Nuits-Saint-Georges etc. Die Premiers Crus und die Grands Crus (Chambertin, Clos de la Roche, Musigny, Clos de Vougeot) liegen in einer Höhe zwischen 240 und 320 m. In diesem Gebiet findet man inmitten vielfältiger Geröllablagerungen die meisten Kalkmergelausstriche. Von hier stammen die am besten strukturierten Rotweine von ganz Burgund, die sich durch eine besonders lange Lagerfähigkeit auszeichnen.

Danach folgt die Côte de Beaune : Sie ist breiter (ein bis zwei Kilometer), besitzt ein gemäßigteres Klima und ist feuchteren Winden ausgesetzt, was auch eine frühere Reifung der Trauben zur Folge hat. Geologisch gesehen ist die Côte de Beaune einheitlicher aufgebaut als die Côte de Nuits, mit einer fast horizontal verlaufenden Hochebene am Fuß des Hangs, die aus Schichten des oberen Bathonien besteht und mit roter Erde bedeckt ist. Auf diesen ziemlich tiefen Böden werden die großen Rotweine erzeugt (Beaune Grèves, Pommard Epenots etc.). Im Süden der Côte de Beaune bilden die Kalkoolithschichten mit darüberliegendem Kalkstein unter dem von Geröll bedeckten Mergel aus dem mittleren Bathonien steinige, kieshaltige Böden, auf denen die angesehensten Weißweine entstehen : Premiers Crus und Grands Crus der Gemarkungen Meursault, Puligny-Montrachet und Chassagne-Montrachet. Wenn man von einer »Côte der Rotweine« und einer »Côte der Weißweine« spricht, muß man noch dazwischen das Anbaugebiet von Volnay erwähnen, das auf steinigen Lehm- und Kalkböden liegt und Rotweine von großer Finesse hervorbringt.

Der Wein wird an der Côte de Beaune in höheren Lagen als an der Côte de Nuits angebaut : bis zu 400 m und manchmal noch höher. Der Hang wird von breiten Erosionstälern zerschnitten, von denen das Tal von Pernand-Vergelesses den berühmten Cortonhügel von der übrigen Côte abzutrennen scheint.

Seit etwa zwanzig Jahren bepflanzt man auch nach und nach wieder die Zone der Hautes-Côtes, wo die regionalen Appellationen Bourgogne Hautes-Côte de Nuits und Bourgogne Hautes-Côtes de Beaune erzeugt werden. Die Aligotérebe findet hier günstige Bedingungen vor, die besonders ihre Frische zur Geltung bringen. Einige Anbaugebiete liefern auch hervorragende Rotweine aus Pinot-Noir-Trauben, die oft nach roten Beerenfrüchten (Himbeeren und schwarze Johannisbeeren) duften ; diese Beeren sind burgundische Spezialitäten, die dort ebenfalls gezüchtet werden.

Etwas stärker entfaltet sich die Landschaft an der Côte Chalonnaise ; die geradlinige Gliederung des Reliefs verbreitert sich hier zu niedrigen Hügeln, die sich hauptsächlich westlich des Saônetals erstrecken. Der geologische Aufbau ist viel weniger einheitlich als im Weinbaugebiet der Côte d'Or. Die Böden haben als Untergrund jurassischen Kalkstein, aber auch Mergel, der aus der gleichen erdgeschichtlichen Formation stammt oder noch älter ist (Lias oder Trias). In Mercurey, Givry und Rully werden Rotweine aus der Pinot-Noir-Rebe erzeugt, aber diese Gemarkungen produzie-ren auch Weißweine von der Chardonnayrebe. Ausschließlich Weißweine werden auch in Montagny hergestellt, wo sich auch Bouzeron mit dem berühmten Aligotéwein befindet. Erwähnen muß man außerdem ein gutes Anbaugebiet in der Umgebung von

Couches, das von einem mittelalterlichen Schloß überragt wird. Es gibt dort romanische Kirchen und alte Gebäude, denn jede touristische Reiseroute durch die reizvolle Landschaft kann hier als »Weinstraße« angesehen werden.

Sanfte Hügel, weite Horizonte und grüne Weiden, auf denen weiße Charolais-Rinder grasen. Das Mâconnais, das Lamartine so teuer war (Milly, das Dorf, in dem er aufwuchs, ist ein Weinbauort, und er selbst besaß ebenfalls Rebflächen), ist geologisch einfacher aufgebaut als das Chalonnais. Die sedimentären Formationen von der Trias bis zum Jura sind hier in West-Ost-Richtung von Verwerfungsspalten zerschnitten. Auf braunen, kalkhaltigen Böden werden die berühmtesten Weißweine, die von der Chardonnayrebe stammen, an den besonders gut gelegenen Hängen von Pouilly, Solutré und Vergisson erzeugt ; sie besitzen eine schöne Farbe und sind lange lagerfähig. Die Rot- und Roséweine stammen bei den Weinen der Appellation Bourgogne von der Pinot-Noir-Rebe und bei den Mâconweinen von der Rebsorte Gamay Noir mit hellem Saft ; produziert werden sie in tieferen, weniger guten Lagen, auf oft schlickigen Böden, in denen Feuersteinknollen die Entwässerung erleichtern.

So wichtig die Bodenbeschaffenheit und die klimatischen Bedingungen auch sein mögen, man kann das burgundische Weinbaugebiet nicht vorstellen, ohne auf die Menschen einzugehen, die im Weinberg arbeiten und mit der Weinbereitung beschäftigt sind. Die Menschen sind eng mit ihrem Anbaugebiet verbunden und leben hier oft schon seit Jahrhunderten. Deshalb findet man in den Dörfern häufig die gleichen Familiennamen wie vor 500 Jahren. Einige der Handelshäuser wurden bereits im 18. Jahrhundert gegründet.

Das zerstückelte Anbaugebiet besteht aus Familienbetrieben von geringer Größe. So reicht ein vier bis fünf Hektar großes Gut in einer kommunalen Appellation (z. B. Nuits-Saint-Georges) schon aus, um eine Familie zu ernähren, die einen Arbeiter beschäftigt. Erzeuger, die mehr als zehn Hektar besitzen oder bewirtschaften, sind selten. Der berühmte Clos-Vougeot beispielsweise, der 50 Hektar umfaßt, ist unter mehr als 70 Besitzern aufgeteilt ! Die Zerstückelung der Einzellagen steigert sogar noch die Vielfalt der erzeugten Weine und sorgt für einen gesunden Wettbewerb unter den Winzern. Eine Weinprobe in Burgund besteht oft darin, daß man zwei Weine der gleichen Rebsorte und der gleichen Appellation vergleicht, die aber aus unterschiedlichen Einzellagen stammen, oder daß man zwei Weine derselben Rebsorte und Reblage beurteilt, die sich jedoch im Jahrgang unterscheiden. Deshalb stößt man bei der Degustation immer wieder auf zwei Begriffe : den »Cru« oder »Climat« und den Jahrgang, zu denen natürlich die besondere »Handschrift« des jeweiligen burgundischen Winzers hinzukommt. Hinsichtlich der Methoden ist der Winzer in Burgund in hohem Maße darauf bedacht, die alten Bräuche und Traditionen zu bewahren ; das bedeutet aber nicht, daß er Modernisierungen grundsätzlich ablehnen würde. So nimmt etwa die Mechanisierung im Weinbau immer stärker zu ; zahlreiche Erzeuger verwenden bei der Vinifizierung erfolgreich neue Materialien und Techniken. Es gibt jedoch Traditionen, die von den Winzern ebensowenig wie von den Weinhändlern in Frage gestellt werden dürfen : Eines der besten Beispiele dafür ist der Ausbau in Eichenholzfässern.

Die Bedeuung des Ausbaus (Behandlung eines Weins von seiner frühesten Jugend bis zu seiner optimalen Qualität vor der Abfüllung in Flaschen) unterstreicht auch die Rolle des Weinhändlers, der junge Weine aufkauft und selbst ausbaut : Neben seiner Verkaufsfunktion übernimmt er auch die Verantwortung für die Methoden der Weinbehandlung. Das erklärt das harmonische Verhältnis, das sich zwischen dem Weinbau und dem Weinhandel entwickelt hat.

Deshalb gibt es seit 1989 zwei Comités Interprofessionnels (mehrere Berufsgruppen umfassende Weinwirtschaftsverbände), die ihren Sitz in Beaune bzw. in Mâcon haben ; sie haben sich zum Bureau Interprofessionnel des Vins de Bourgogne (BIVB) zusammengeschlossen. Das BIVB besitzt drei Außenstellen : Mâcon, Beaune und Chablis. Neben seiner Funktion bei der Werbung für die burgundischen Weine hilft das BIVB bei der Entwicklung regionaler Forschungsprojekte, die vor allem in Zusammenarbeit mit der Universität in Dijon (Université de Bourgogne) durchgeführt werden. 1992 ist das Institut für Weinbau und Wein gegründet worden. Die Universität von Burgund war die erste Einrichtung in Frankreich, zumindest auf Universitätsebene, die 1934 ein önologisches Studium mit Diplomabschluß anbot. Im gleichen Jahr wurde die berühmte Weinbruderschaft der Chevaliers du Tastevin gegründet, die sehr viel für die Verbreitung und das weltweite Ansehen der burgundischen Weine leistet. Sie hat ihren Sitz im Château du Clos-Vougeot und trägt mit anderen Weinbruderschaften dazu bei, die Traditionen am Leben zu erhalten. Eine der großartigsten Traditionen ist die Versteigerung der Hospices de Beaune, ein Treffpunkt für die internationale Weinelite und eine »Börse« , an deren Kursen sich die Preise der Grands Crus orientieren. Zusammen mit der Veranstaltung der Confrérie und der »Paulée« bildet sie einen der »Trois Glorieuses« , d. h. der »Drei glorreichen Tage« . Aber man versteht es in ganz Burgund, fröhliche Weinfeste zu feiern, vor einer »Pièce« , einem Faß mit 228 Litern, oder einer Flasche. Man muß Burgund und seine Weine einfach lieben : Es ist »ein Land, das man in seinem Glas mitnehmen kann« .

Was gibt es Neues in Burgund ?

Mit einer Ernte von 1 076 340 hl im Jahre 1991, die um 11,8% niedriger als im Jahr zuvor ausfiel, beruhigt sich in Burgund ein wenig die Situation in einer Periode der wirtschaftlichen Stagnation. Was von den Erzeugern direkt verkauft wird, findet in der Regel Abnehmer, aber der Export (der 1991 mengenmäßig um 10% zurückgegangen ist) zeigt sich nicht sehr stark. Der Handel kauft ebenfalls wenig, weil sich die Absatzchancen verringert haben. Der Jahrgang ist sehr unterschiedlich ausgefallen, hat aber bisweilen bemerkenswerte Weine hervorgebracht.

Das Jahr 1991 hatte sehr gut begonnen mit einem raschen Voranschreiten der Vegetationsperiode. Aber Ende April traf der Frost vor allem das Departement Yonne, und hier insbesondere das wiedererstehende Anbaugebiet von Vézelay. Dann gingen am 22. Juni über Morey-Saint-Denis und Gevrey-Chambertin, die Hautes-Côtes sowie Lugny und Fuissé-Solutré Hagel und Wolkenbrüche nieder. Gluthitze im Juli. Erneuter Hagel am 22. August in Ladoix und Buisson, einem Teil des Corton sowie wieder in den Hautes-Côtes de Nuits. Die Lese begann am 20. September im Süden Burgunds und endete Mitte Oktober im Chablisgebiet. Sintflutartige Regenfälle am 29. September. Aber wird man jemals den Zeitpunkt der Lese auf dem Etikett vermerken ? »Eine von drei Flaschen wird enttäuschend ausfallen« , erklärte Robert J.-Drouhin während der Versteigerung der Weine der Hospices de Beaune. Die zwei anderen dagegen sind fein und bukettreich bei den Weißweinen und farbintensiv und tanninreich bei den Rotweinen.

La Romanée-Conti befindet sich im Umbruch. Lalou Bize-Leroy gab die gemeinsame Führung des berühmten Guts auf ; den Anteil übernahm Charles Roch, ein Neffe von Lalou und Sohn ihrer Schwester Pauline. Durch ein tragisches Schicksal fand dieser einige Wochen später bei einem Verkehrsunfall den Tod. Die Firma Leroy vertreibt nicht mehr exklusiv die Weine dieses Gutes, was sie bisher außer in den Vereinigten Staaten und in Großbritannien tat, um Marktüberschneidungen zu vermeiden. Das Gut wird in Zukunft den Vertrieb seiner gesamten Weine kontrollieren. Die Firma Naigeon-Chauveau in Gevrey-Chambertin ist von ihrem Schweizer Importeur Gilbert Hammel in Bursins erworben worden. Fusion der Firmen David et Foillard in Saint-Georges-de-Reneins und Jacquemont Père et Fils in Romanèche-Thorins unter dem Namen David-Foillard et Jacquemont. Crédit Agricole übernimmt eine Kapitalbeteiligung von 7,7% bei L'Héritier-Guyot, das neben seiner Tätigkeit als Spirituosenhersteller ein Weingut in Vougeot besitzt. An Todesfällen sind zu beklagen der Kanonikus Just Liger-Belair, der Leib und Seele ein halbes Jahrhundert lang seinem geliebten Romanéewein weihte, der Weinmakler Jean Prince und die Weinhändler André Bouchard (Bouchard Père et Fils), Georges Bouchard (Bouchard Aîné et Fils) und Jean Ropiteau in Meursault.

Jean-Claude Boisset hat im Alexander Valley das Gut Lyeth erworben und ergänzt damit seine schon bestehende Niederlassung in Kalifornien (Christophe Vineyards). Die erstmals im März 1992 veranstalteten »Grands Jours de Bourgogne« haben gezeigt, daß sich der Weinbau und die Weine hier gut zu präsentieren verstehen. Weisen wir noch auf das nächste Saint-Vincent-Fest hin, das turnusmäßig am 30. und 31. Januar 1993 in Marsannay-la-Côte stattfinden wird.

Eine Meldung in letzter Minute : La Grande Rue, ein Grand Cru der Appellation Vosne-Romanée, ist als selbständige Appellation anerkannt worden. Den ersten Jahrgang dieser im Alleinbesitz befindlichen Reblage unter eigener AOC finden Sie in diesem Kapitel.

Die regionalen Appellationen Bourgogne

Die regionalen Appellationen Bourgogne, Bourgogne Grand Ordinaire und ihre Ableger oder Entsprechungen nehmen die größte Anbaufläche des burgundischen Weinbaugebiets ein. Ihre Weine dürfen in den traditionellen Weinbauorten der Departements Yonne, Côte-d'Or und Saône-et-Loire sowie im Kanton Villefranche-sur-Saône im Departement Rhône erzeugt werden.

Die Kodifizierung der traditionellen Praktiken, insbesondere die Festlegung der Anbaugebiete durch die Abgrenzung der Parzellen, hat zu einer Hierarchie innerhalb der regionalen Appellationen geführt. Die Appellation Bourgogne Grand Ordinaire ist die allgemeinste und die weitreichendste hinsichtlich der Anbaufläche. In den gleichen Reblagen werden mit stärkeren Beschränkungen bei den Rebsorten auch Bourgogne Aligoté, Bourgogne Passetoutgrain und Crémant de Bourgogne erzeugt.

Bourgogne

Die Anbaufläche dieser Appellation ist ziemlich groß, wenn man die möglichen Namenszusätze von Untergebieten (Hautes Côtes, Côte Cha-lonnaise) oder Gemarkungen (Irancy, Chitry, Epineuil) berücksichtigt, denn jeder solche Fall bildet eine selbständige Einheit und wird hier als solche aufgeführt. Angesichts der Ausdehnung dieser Appellation ist es nicht erstaunlich, daß die Erzeuger versucht haben, ihre Weine besonders herauszustellen und den Gesetzgeber davon zu überzeugen, die Herkunft genauer zu bestimmen. Nicht alle Kleinregionen haben bisher die Möglichkeit erhalten, ihren Namen hinzuzufügen, während einige schon früher regelmäßig ihren Namen verwendet haben. Im Châtillon (Côte-d'Or) ist auch der Name Massingy benutzt worden, aber dieses Anbaugebiet ist nahezu verschwunden. In jüngerer Zeit haben die Winzer auf den Hängen der Yonne den Dorfnamen an die Appellation Bourgogne gehängt. Das ist der Fall bei Saint-Bris, auf dem rechten Ufer (wo es bald die Bezeichnung Côtes d'Auxerre geben wird), und bei Coulanges-la-Vineuse, auf dem linken Ufer.

Die Produktion der Appellation Bourgogne liegt durchschnittlich bei rund 155 000 hl pro Jahr. Beim Weißwein werden etwa 30 000 hl von der Rebsorte Chardonnay erzeugt, die im Departement Yonne auch als Beaunois bezeichnet wird. Die Pinot-Blanc-Rebe ist praktisch verschwunden, obwohl sie bei der Festlegung der Rebsorten eigens aufgeführt wird und früher in den Hautes Côtes von Burgund etwas häufiger angebaut wurde. Übrigens wird sie sehr häufig – zumindest dem Namen nach – mit der Chardonnayrebe verwechselt.

BURGUND

Beim Rot- und Rosé-wein beträgt die Produktion (aus Pinot-Noir-Trauben) durchschnittlich 120 000 bis 125 000 hl pro Jahr. Die Rebsorte Pinot Beurot ist aufgrund ihres Farbstoffmangels leider verschwunden ; sie verlieh den Rotweinen eine bemerkenswerte Finesse. In bestimmten Jahren darf die angemeldete Menge um den Wein erhöht werden, der von der »Zurücknahme« der kommunalen Beaujolais-Appellationen Brouilly, Côte-de-Brouilly, Chénas, Chiroubles, Fleurie, Juliénas, Morgon, Moulin à Vent und Saint-Amour stammt. Diese Weine sind dann reinsortig aus Gamay Noir hergestellt und besitzen einen deutlich anderen Charakter. Die Roséweine, bei denen sich die Menge in Jahren mit schwieriger Reife oder starkem Auftreten der Graufäule etwas erhöhen kann, dürfen unter der Appellation Bourgogne Rosé oder Bourgogne Clairet verkauft werden.

Um das Ganze noch komplizierter zu machen, findet man Etikette, die zusätzlich zur Appellation Bourgogne noch den Namen der Reblage tragen, wo der Wein erzeugt worden ist. Einige alte, berühmte Weinberge rechtfertigen diese Praxis ; das gilt für Le Chapître in Chenôve, Les Montreculs, Überreste des Anbaugebiets von Dijon, das bei der Urbanisierung verdrängt wurde, und La Chapelle-Notre-Dame in Serrigny. Bei den anderen führen sie nur häufig zu einer Verwechslung mit den Premiers Crus, so daß sie nicht immer begründet erscheinen.

FRANCOIS D' ALLAINES
Les Bourgeots 1989*

■	n.c.	k.A.	❙❶❙ ❸

Eine gute Vinifizierung läßt sich nicht verleugnen. Wir haben hier einen gut gemachten Pinot vor uns, der Vertrauen und Sympathie erweckt. Der ebenfalls verkostete 90er ist sehr aromatisch, fein und harmonisch. Trinkreif.

➥ François d' Allaines, 81, rue Carnot, 71000 Mâcon, Tel. 85.39.02.09

MICHEL ARCELAIN 1990**

■	0,98 ha	3 000	❙❶❙ ❙❶❙ ☑ ❷

Eine alte Winzerfamilie, die hier seit langem ansässig ist. Ihr Burgunder besitzt alle guten Anlagen, aber man tut gut daran, ihn noch zu lagern. Wenn man ihn eingehender prüft, ist er geschmeidig, frisch, lebendig, intensiv, aber noch verschlossen.

➥ Michel Arcelain, rue Mareau, 21630 Pommard, Tel. 80.22.13.50 ☎ n. V.

DOM. ARLAUD PERE ET FILS
Roncevie 1990**

	4,88 ha	9 000	❙❶❙ ❙❶❙ ☑ ❷

Der Krieg führte Joseph Arlaud, der aus dem Departement Ardèche stammt, 1940 nach Morey-Saint-Denis. Es gibt schlechtere Garnisonsorte ! Er heiratete hier. Und sie hatten viele – gute Flaschen... Diese hier enthält einen kirschroten, fast schwarzen Wein, der gut gebaut, alkoholreich, voll und sehr kräftig ist und noch altern kann.

➥ Hervé Arlaud, 43, rte des Grands Crus, 21220 Morey-saint-Denis, Tel. 80.34.32.65 ☎ n. V.

CHRISTOPHE AUGUSTE 1990**

□	0,5 ha	2 500	❙❶❙ ☑ ❶

Unsere Juroren waren sich einig über die Eleganz des mineralischen Dufts und den harmonischen Gesamteindruck dieses alterungsfähigen Weins.

➥ Dom. Christophe Auguste, 55, rue André Vildieu, 89580 Coulanges-la-Vineuse. Tel. 86.42.35.04 ☎ tägl. 10h-12h30 15h-19h30

BICHOT 1990**

■	k.A.	k.A.	❙↓❶

Dieser Wein dringt in die Tiefe des Gaumens vor. Ein perfektes Beispiel für einen »Händlerburgunder« , der sorgfältig ausgesucht worden ist und eine gute Provenienz hat. Das ist ein schönes Kompliment.

➥ Maison Albert Bichot, 6 bis, bd Jacques Copeau, 21200 Beaune, Tel. 80.22.17.99

DOM. GABRIEL BILLARD 1990*

■	1,5 ha	6 000	❙❶❙ ↓ ☑ ❷

Einer der beiden Besitzer des Familienguts ist der Önologe der Firma J. Drouhin. Laurence Jobard zeichnet hier für einen komplexen Burgunder verantwortlich, der sauber und ausgewogen ist. Dieser Wein kann zwar keine Berge versetzen, enttäuscht aber auch nicht.

➥ SCEA Gabriel Billard, imp. de la Commaraine, 21630 Pommard, Tel. 80.22.27.82 ☎ n. V.

JEAN-MARC BOILLOT 1990*

■	0,45 ha	3 300	❙❶❙ ❷

Unter einem sittsamen Kleid enthüllt sich ein wilder Duft. Kräftig gebaut, mit deutlicher Holznote. Die Tannine sind recht harmonisch. Kurz gesagt : verteufelt temperamentvoll ! Man kann ihn schon jetzt trinken oder den Spinnen im Keller anvertrauen.

➥ Jean-Marc Boillot, La Pommardière, 21630 Pommard, Tel. 80.22.71.29

DOM. DU BOIS GUILLAUME 1990

■	1,2 ha	3 000	❙❶❙ ↓ ☑ ❷

Das Gut ist 1991 von Jean-Yves Devevey, dem ehemaligen Exportchef der Compagnie des Vins d'Autrefois, übernommen worden. Es hat einen Ableger in den Hautes-Côtes de Nuits. Ein femininer, nicht sehr strukturierter, aber angenehmer Wein, der nach Himbeeren duftet und trinkreif ist. Paßt zu einem Filet Mignon.

➥ Dom. du Bois Guillaume, rue de Breuil, 71150 Demigny, Tel. 80.24.18.28 ☎ n. V.

JEAN-CLAUDE BOISSET
Prince Philippe 1989★★

■   k.A.   k.A.   Ⅲↆ☑②

Dieser »Prinz Philipp« ist kein Prinzgemahl. Er ist nämlich nicht für den Palast, sondern für den Gaumen bestimmt. Sehr angenehme fruchtige Note und ein Hauch von Faßholz. Hervorragend.
⌁ Jean-Claude Boisset, rue des Frères-Montgolfier, 21702 Nuits-Saint-Georges, Tel. 80.61.00.06

BON PERE ET FILS Pinot noir 1990★★

■   3,5 ha   10 000   ▮ↆ☑ ❶

Ein riesiges Faß steht vor der Eingangstür, so daß Sie sich nicht im Haus irren können. Wenn man Sie diesen 90er probieren läßt, werden Sie einen gut gebauten, aromatischen, etwas dunklen Rotwein entdecken. Im Geschmack ist er zunächst frisch und fruchtig, bevor sich die Tannine bemerkbar machen. Und das ist erst der Anfang der Symphonie. Warten wir, wie er sich entwickelt !
⌁ SCEA René Bon, Grand-Rue, 89580 Migé, Tel. 86.41.61.61 ⏲ n. V.

GERARD ET REGINE BORGNAT
Coulanges la Vineuse Tête de cuvée 1990★

■   2 ha   10 000   Ⅲↆ☑②

Wie man uns versichert hat, enthält diese Cuvée einen Anteil von 5% César. Ist er für diesen schönen Erfolg verantwortlich ? Ein Rotwein, der Ähnlichkeit mit einem Bordeauxwein hat. Das kommt selbst in den besten burgundischen Familien vor. Etwas herbes (krautartiges) Aroma mit Vanillenoten. Der gute Holzton muß sich unbedingt noch einfügen, denn bei unserer Verkostung war er noch zu kräftig.
⌁ Gérard et Régine Borgnat, 1, rue de l'Eglise, 89290 Escolives-Sainte-Camille, Tel. 86.53.35.28 ⏲ Mo-Sa 9h-20h, So nachm. geschlossen

ERIC BOUSSEY 1990★

□   0,34 ha   k.A.   ▮ↆ☑②

Ein blaßgelber, noch sehr jugendlicher Wein mit leicht blumiger Note und angenehmer Frische.
⌁ Eric Boussey, 21190 Monthélie, Tel. 80.21.60.70 ⏲ n. V.

YVES BOYER-MARTENOT 1989

■   0,3 ha   2 700   Ⅲↆ☑②

Leichte, aber fehlerlose Farbe, aromatisch und belebend. Ein 89er, der seinen Höhepunkt erreicht. In einem recht runden Stil.
⌁ Yves Boyer-Martenot, 17, pl. de l'Europe, 21190 Meursault, Tel. 80.21.26.25 ⏲ n. V.

JEAN BROCARD 1990★★

□   0,36 ha   2 600   ▮☑②

Im Herzen des Gebiets von Vergy. Wie ein mittelalterliches Gedicht erzählt, starb hier eine schöne Schloßherrin nach dem Verrat ihres Geheimnisses. Blumiger Duft mit leichter Moschusnote. Der Geschmack ist alkoholisch und nervig. Ein hervorragender Chardonnay, der sich bei der Lagerung noch bestätigen muß.

⌁ Jean Brocard, 21220 Reulle-Vergy, Tel. 80.61.42.14

DOM. F. BUFFET 1990

■   1,45 ha   11 000   ▮ↆ☑❶

Diese Familie baut seit 1692 in Volnay Wein an. François (1911-1965) war der Vater des heutigen Besitzers. Ein ordentlicher Burgunder : gut gemacht, aber einfach.
⌁ Dom. François Buffet, rue de Mont, 21190 Volnay, Tel. 80.21.62.74 ⏲ n. V.

GILLES BURGUET 1990★

■   0,36 ha   3 000   Ⅲↆ②

Gilles Burguet tat recht daran, seinen Beruf als Lastwagenfahrer aufzugeben und die elterlichen Weinberge zu übernehmen. Sein roter Burgunder hat nämlich eine »gute Straßenlage« . Granatrote Farbe mit bläulichroten Reflexen. Er ist zwar hart, aber diese Härte rührt vom Stoff her. Ein wunderbarer Pinot, der den Jahren trotzen kann.
⌁ Gilles Burguet, rue de la Croix des Champs, 21220 Gevrey-Chambertin, Tel. 80.51.89.49 ⏲ n. V.

CAVE DES VIGNERONS DE BUXY 1990★

■   110 ha   600 000   Ⅲↆ☑②

Ein 90er, der noch beruhigt schlafen kann. Man sollte ihn erst in drei bis vier Jahren aufwecken. Im Augenblick erinnert sein Geschmack an in Alkohol eingelegte Kirschen, während seine Farbe feurig ist.
⌁ Cave des Vignerons de Buxy, Les Vignes de La Croix, 71390 Buxy, Tel. 85.92.03.03 ⏲ n. V.

MARIE-CLAUDE CABOT
Epineuil 1990★★

▨   3,5 ha   2 000   Ⅲ☑②

Epineuil ist der Geburtsort von Alfred Grévin, dem Begründer des berühmten gleichnamigen Wachsfigurenmuseums in Paris, das einen Ableger in Burgund hat (Espace Grévin in Dijon). Dieser gut vinifizierte Rosé besteht nicht aus Wachs. Er ist vielmehr sehr lebendig und entfaltet einen Duft, der an Kirschen und weiße Pfirsiche erinnert, und einen angenehmen Kirschgeschmack.
⌁ Marie-Claude Cabot, Dom. de La Bellevue, rte de Troyes, 89700 Epineuil, Tel. 86.55.20.74 ⏲ n. V.

DOM. CACHAT-OCQUIDANT ET FILS Chapelle Notre Dame 1990★

■   48,75 ha   k.A.   Ⅲↆ☑②

Dieser Wein ist der Kapelle Notre-Dame du Chemin gewidmet, zu der früher die Autofahrer kamen, um ihren Wagen segnen zu lassen, damit er gegen Verkehrsunfälle geschützt sei. Er ist eher maßvoll am Steuer und beginnt die Fahrt voller Schönheit und Eleganz. Im Nachgeschmack ist er ein wenig trocken, entfaltet aber einen fast verführerischen, einschmeichelnden Duft, der an Kirschen und Butter erinnert und eine harmonische Holznote enthüllt. Altern lassen.
⌁ Dom. Cachat-Ocquidant et Fils, 21550 Ladoix-Serrigny, Tel. 80.26.45.30 ⏲ Mo-Sa 9h-11h30 14h-19h

CAPITAIN-GAGNEROT 1989

■　　　2,8 ha　　10 000　　◫ ↓ ☑ 3

Patrice Capitain bewahrt die Ehre der Familie mit seinem Wahlspruch »Ehrlichkeit ist meine Stärke« . Schöne Farbe. Kräftig, sehr forsch auftretend und noch unruhig. Man hätte ihn gern einige Jahre älter.

☛ Capitain-Gagnerot, rte de Dijon, 21550 Ladoix-Serrigny, Tel. 80.26.41.36 ☎ n. V.

CHAMPY PERE ET FILS 1990

■　　　k.A.　　　k.A.　　◫ 3

Perfektes Aussehen. Interessanter, an frische Feigen erinnernder Duft. Das ist nichts Exotisches : Feigenbäume sind an der Côte recht häufig, wenn sie nicht erfrieren. Guter Stoff, aber er hat sich noch nicht entfaltet.

☛ Maison Champy Père et Cie, 5, rue du Grenier-à-Sel, 21200 Beaune, Tel. 80.22.09.98 ☎ n. V.

CHANSON PERE ET FILS 1990★★

☐　　　k.A.　　30 000　　∎ ↓ ☑ 2

Der bezauberndste von allen ? Wir sind nicht gleich Feuer und Flamme. Die Farbe ist blaß, aber hübsch und strahlend. Guter, blumig-fruchtiger Duft. Stoff, Fülle, Sinnlichkeit. Ein sehr rassiger Chardonnay.

☛ Chanson Père et Fils, 10, rue Paul Chanson, 21200 Beaune Tel. 80.22.33.00 ☎ n. V.

CAVE DE CHARDONNAY 1990★

■　　　20 ha　　30 000　　↓ ☑ 1

Er bemüht sich sehr, zu gefallen (klare Farbe, intensive Fruchtigkeit, ausgeprägter Geschmack), aber er besitzt dennoch solide Reserven. Ein lagerfähiger Wein.

☛ Cave de Chardonnay, 71700 Chardonnay, Tel. 85.40.50.49 ☎ Di-So 8h-12h 14h-18h

PHILIPPE CHARLOPIN

Tête de cuvée 1990★

■　　　1 ha　　　k.A.　　∎ ☑ 2

Laut Philippe seine Spitzencuvée. Wir glauben ihm aufs Wort. Denn – unter uns – hier ist ein schöner Wein, der fast ohne Kommentare auskommt. Granatrot, würzig, Aroma zwischen Backpflaumen und Mokka, leichte Vanillenote. Geschmeidiger Geschmackseindruck.

☛ Philippe Charlopin, 21220 Gevrey-Chambertin, Tel. 80.52.85.65 ☎ n. V.

CLOS DU CHATEAU 1990★

☐　　　8 ha　　40 000　　∎ ↓ ☑ 4

Dieses Anbaugebiet mußte aufgeteilt werden. André Boisseaux kaufte es 1975 und baute hier wieder Wein an. Das Bukett dieses Chardonnay besitzt alle Nuancen, die man sich wünscht : weiße Blüten und Mandeln. Nervige Ansprache (ein junger Wein !), aber voller Geschmackseindruck. Hält noch manche angenehme Überraschung für die Zukunft bereit.

☛ Ch. de Meursault, 21190 Meursault, Tel. 80.21.22.98 ☎ tägl. 9h30-12h 14h30-18h ; Dez. und Jan. geschlossen

GERARD CHAVY ET FILS 1989★

☐　　　0,8 ha　　6 000　　∎ ☑ 2

Mandeln und Akazienblüten. Das ganze Aroma eines jungen Chardonnay ist hier vereint. Der Geschmack erinnert an unreife Früchte. Etwas feurig, aber das gehört dazu. Sehr ordentlich.

☛ GAEC Gérard Chavy et Fils, 12, rue du Château, 21190 Puligny-Montrachet, Tel. 80.21.31.47 ☎ n. V.

DOM. CHEVROT 1989★

■　　　k.A.　　6 000　　∎ ↓ ☑ 2

Der Duft ist etwas warm : Der Alkohol bringt sich hier in Erinnerung. Dennoch überdeckt er nicht das bezaubernde Aroma roter Beerenfrüchte. Ausgeprägter Kirschgeschmack. Mehr Gouachemalerei als Aquarell.

☛ Dom. Fernand et Catherine Chevrot, 71150 Cheilly-lès-Maranges, Tel. 85.91.10.55 ☎ Mo-Sa 9h-11h30 14h-18h ; So n. V.

MICHEL CLUNY ET FILS 1990★

■　　　k.A.　　　k.A.　　◫ ☑ 2

Ein Tusch für diesen tanninreichen, adstringierenden Wein : stämmig gebaut, alkoholisch, hochrot. Ein echter Familienburgunder, der gut vinifiziert ist und mit der Zeit noch milder wird.

☛ GAEC Michel Cluny et Fils, 5, rue du Tilleul, 21220 Brochon, Tel. 80.52.45.07 ☎ tägl. 9h-19h30

FRANCOIS COLLIN Epineuil 1990★

◧　　　0,5 ha　　3 000　　∎ ↓ ☑ 2

Zwei Keller, einer in Epineuil für die Rotweine, der andere in Les Mulots, an der Straße nach Avallon, für die Weiß- und Roséweine. Zum Probieren muß man nach Les Mulots fahren. Dieser lohfarbene Rosé mit dem leichten Muskataroma ist sehr lebhaft. Aber dieser impulsive Charakter hindert ihn nicht daran, einen recht angenehmen Lakritze- und Veilchenduft zu entfalten.

☛ François Collin, Les Mulots, 89700 Tonnerre, Tel. 86.75.93.84 ☎ n. V.

COLLOTTE PERE ET FILS 1990★

■　　　1 ha　　3 000　　∎ ↓ ☑ 2

»Dem letzten Genuß sollte man sich schrittweise nähern«, empfiehlt Helvétius, der Philosoph war. Harmonisch, aber feurig. Ein Wein, der noch ein bis zwei Jahre altern muß.

☛ Collotte Père et Fils, 44, rue de Mazy, 21160 Marsannay-la-Côte, Tel. 80.52.24.34 ☎ n. V.

EMMANUEL DAMPT 1990

☐　　　7 ha　　　k.A.　　∎ ☑ 2

Bernard Dampt war einer der Pioniere bei der Wiederherstellung des Weinbaugebiets von Tonnerre. Sein Sohn setzt sein Werk fort und präsentiert hier einen Chardonnay mit einer recht kräftigen Farbe, der ziemlich aromatisch und ausgewogen ist.

☛ Emmanuel Dampt, rte du Château, 89700 Collan, Tel. 86.55.17.61 ☎ n. V.

DOM. DARNAT 1990★★

☐　　　0,9 ha　　7 500　　◫ ↓ ☑ 3

Ein Huhn, Topinamburs (aber ja doch, das

schmeckt köstlich, wenn man ihn mit Käse überbackt) und dieser 90er werden ein hervorragendes Mittagessen abgeben. Glauben Sie uns ! Attraktive Farbe. Das Bukett ist sehr typisch für die Chardonnayrebe. Unaufdringliche Holznote. Und die nötige Säure. Sie sollten ihn noch ein paar Jahre lagern, wenn Sie auf dem Markt nicht genügend Topinamburs finden.
🍷 Dom. Darnat, 20, rue des Forges, 21190 Meursault, Tel. 80.21.23.30 ♈ n. V.

DANIEL DAVANTURE 1990★★

	0,7 ha	1 300	🍾 🎐 ☑ 2

Ein Burgunder, der von den Hängen von Saint-Désert an der Côte Chalonnaise stammt und noch zwei bis drei Jahre altern kann. Im Aroma vermischen sich mineralische Noten (Feuerstein) mit Bodengeruch. Außerdem findet man noch Fruchtigkeit. Hervorragende Qualität.
🍷 Daniel Davanture, rue de la Montée, 71390 Saint-Désert, Tel. 85.47.90.42 ♈ n. V.

CH. DE DAVENAY 1989★

	3,5 ha	30 000	☑ 3

Ein klarer, strahlender 89er mit sehr entfaltetem Aroma, das stark an Pflanzen erinnert. Der reiche, intensive Geschmack wird noch von den Tanninen geprägt, so daß man ihn problemlos lagern kann.
🍷 SCEA Dom. du Ch. de Davenay, 71150 Chagny, Tel. 85.92.04.14 ♈ n. V.
🍷 Michel Picard

HENRI DELAGRANGE 1989★

	k.A.	k.A.	🎐 ↓ ☑ 2

Der Geruchseindruck zeigt sich zunächst recht krautig, bevor er einen reichen Duft von roten Früchten entfaltet. Säuerliches, leicht pfeffriges Sekundäraroma. Gut entwickeltes Bukett. Die Tannine sind schon geschmeidig und lammfromm.
🍷 Dom. Henri Delagrange et Fils, rue de la Cure, 21190 Volnay, Tel. 80.21.61.88 ♈ n. V.

R. DENIS PERE ET FILS 1989★

	1,5 ha	10 000	🍾 ↓ ☑ 2

Ein Pernand läßt niemanden kalt. Dieser 89er beweist es. Hervorragend in jeder Beziehung, gut umhüllt und ein bis zwei Jahre lagerfähig.
🍷 R. Denis Père et Fils, Chem. des Vignes blanches, 21420 Pernand-Vergelesses, Tel. 80.21.50.91 ♈ n. V.

MICHEL DERAIN Clos Saint Pierre 1990★

	4 ha	8 000	🍾 ☑ 2

Dieser Wein hat zweimal unsere besondere Empfehlung erhalten, 1991 für einen 87er und im letzten Jahr für einen 88er. Und was ist mit diesem 90er ? Ein vielversprechender Wein, dessen Duft nicht sehr ausdrucksvoll ist, der aber im Geschmack taufrisch, lang und reich ist. Bläulichrote Farbe, ausgewogen, problemlos. Hinweisen sollte man auch noch auf den gefälligen roten 89er Biévaux.
🍷 Michel Derain, La Montée, 71390 Saint-Désert, Tel. 85.47.91.44 ♈ n. V.

BERNARD DESERTAUX-FERRAND 1990

	2,5 ha	6 000	🍾 🎐 ↓ ☑ 2

Ein intensiver Rotwein, dessen recht zurückhaltender Duft pflanzliche Noten enthüllt, der sich aber im Geschmack gut entfaltet.
🍷 EARL Dom. Désertaux-Ferrand, Grand-Rue, 21700 Corgoloin, Tel. 80.62.98.40 ♈ tägl. 9h-12h 14h-20h

DORNEAU-BORGNAT 1990★

	k.A.	k.A.	🍾 ↓ ☑ 1

Diese Handelsfirma wird von Régine Borgnat geführt, die übrigens zusammen mit Gérard Wein anbaut. Diesen Wein könnte man in der Apotheke gegen Husten empfehlen. Sein Bukett erinnert nämlich intensiv an einen Extrakt aus Nadelgewächsen. Mandelaroma im Geschmack. Klar, alkoholreich, aber von mittlerer Nachhaltigkeit.
🍷 EURL Dorneau-Borgnat, 1, rue de l'Eglise, 89290 Escolives, Tel. 86.53.35.28 ♈ Mo-Sa 8h-12h 14h-18h, So nachm. geschlossen

REGIS DUBOIS La bouteille du grand-père 1989

	4,52 ha	15 000	🍾 🎐 ↓ ☑ 2

Der Großvater ist ein echter Winzer, wie man weiß. Ganz offensichtlich alte Rebstöcke : Robert Dubois feiert seinen 83. Geburtstag. Der Enkelsohn hat ein gutes Herz und präsentiert einen schönen 89er. Zweifellos entwickelt, aber auch wenn die Farbe gelbrote Nuancen hat, ist der Geruchseindruck intensiv : Kräuter und Gewürze. Ein tanninreicher Wein, den man jedoch im kommenden Jahr trinken muß.
🍷 Régis Dubois et Fils, 21700 Prémeaux-Prissey, Tel. 80.62.30.61 ♈ Mo-Sa 8h-11h30 14h-18h

SYLVAIN DUSSORT 1990★★★

	2 ha	10 000	🎐 ☑ 2

Dieser Familienbetrieb wurde vor zwei Jahren vollständig übernommen. Ein für eine regionale Appellation außergewöhnlicher Wein ! Strahlend blaßgoldene Farbe. Dieser Wein muß noch reifen. Ein köstliches Bukett aus Lakritze und Honig, das sich in Richtung geröstetes Brot entwickelt. Sehr schöner, runder, geschmeidiger Geschmack. Perfekt verarbeitete, zarte Holznote. Er hat die Länge eines Villages.
🍷 Sylvain Dussort, 2, rue de la Gare, 21190 Meursault, Tel. 80.21.27.50 ♈ n. V.

DOM. FELIX 1990**

| ◨ | 0,74 ha | 6 000 | ▮↓V2 |

Dieser Rosé kann wie Victor Hugo von sich sagen : »Ich wäre Soldat gewesen, wenn ich nicht Dichter wäre.« Der erste Eindruck enthüllt eine leicht bittere Note, aber sein Temperament zeigt sich nach und nach : feurig und rund, intensiv und fruchtig. Sein Aroma enthüllt seine wahre Natur : sensibel und zartbesaitet. Weisen wir auch noch auf den weißen 90er aus Saint-Bris hin : ein Stern.
🍷 Dom. Félix, 17, rue de Paris, 89530 Saint-Bris-le-Vineux, Tel. 86.53.33.87 ☎ n. V.

FRANCIS FICHET ET FILS 1989*

| ■ | 4,5 ha | 15 000 | ▮▯↓V2 |

Leicht ziegelrote Farbe, verschlossener, aber guter Duft, kräftig gebaut. Ein Wein, der Biß hat. Dennoch zurückhaltend. Hat noch längst nicht seinen Höhepunkt erreicht.
🍷 GAEC Francis Fichet et Fils, Le Martoret, 71960 Igé, Tel. 85.33.30.46 ☎ n. V.

DOM. PATRICE FORT Saint Bris 1990**

| ◨ | 1 ha | 6 000 | ▮↓V1 |

Dieser leicht gelbrot gefärbte Rosé hält sich recht gut auf den Beinen. Ein einschmeichelnder, sehr gefälliger Wein, der von einer sorgfältigen Vinifizierung zeugt. Schon entwickelte Fruchtigkeit.
🍷 Dom. Patrice Fort, 13, rte de Champs, 89530 Saint-Bris-le-Vineux, Tel. 86.53.86.33 ☎ n. V.

DOM. FUMET DUTREVE 1990

| ☐ | 0,65 ha | k.A. | ↓V2 |

Sogar mit geschlossenen Augen (aber weit geöffneter Nase !) erkennt man die überaus einschmeichelnden Chardonnayweine. Der Geschmack ist etwas krautartig und bitter, als würde man einen Kräuterstengel kauen.
🍷 GFA Dom. Fumet Dutrève, Les Fargets, 71570 Romanèche-Thorins, Tel. 85.35.51.48 ☎ n. V.

DOM. HUBERT GARREY ET FILS
Les Clos Moreaux 1988*

| ■ | 6 ha | k.A. | ▯↓V2 |

Dieser 88er ist in Hochform geblieben. Seine Farbe bewahrt die strahlende Klarheit seiner Jugend. Harmonischer Gesamteindruck. Dennoch sollte man ihn bald zu einem Braten trinken.
🍷 Dom. Hubert Garrey et Fils, Au Bourg, 71640 Saint-Martin-sous-Montaigu, Tel. 85.45.12.33 ☎ n. V.

SERGE GASNE 1990*

| ☐ | 0,5 ha | 3 000 | ▯V2 |

Das Etikett erinnert an ein Pergament, wie es in Burgund lange Tradition war. Dahinter verbirgt sich ein kristallklarer 90er, der nach Akazienblüten duftet und bald seinen Höhepunkt erreicht. Gutes Potential.
🍷 Serge Gasne, 71150 Cheilly-lès-Maranges, Tel. 85.91.17.01 ☎ tägl. 8h-20h

PHILIPPE GAVIGNET 1990

| ☐ | 1,27 ha | 9 000 | ▮▯↓V2 |

Eine strohgelbe Cuvée, die sehr aromatisch (Honig, Lebkuchen) und im Geschmack angenehm lang ist. Schon in der Entwicklungsphase, so daß man ihn nicht mehr zu lang lagern sollte. Paßt zu gebratenem Fisch.
🍷 Philippe Gavignet, 36, rue du Dr Louis Legrand, 21700 Nuits-Saint-Georges, Tel. 80.61.09.41 ☎ n. V.

GHISLAINE ET JEAN-HUGUES GOISOT
Saint Bris Cuvée du Corps de Garde 1990***

| ☐ | 1 ha | 5 000 | ▯↓V2 |

Dieser Keller befindet sich in einem alten Wachlokal aus dem 11. Jh., dem auch die besten Cuvées gewidmet sind. Die Erzeuger dieses 90ers dürfen ein frohes Lied anstimmen, denn die Jury beglückwünscht sie zu ihrem Chardonnay, der großen Eindruck hinterlassen hat. Verteufelt aromatisch (vor allem Honig), aber er entspricht auch der Definition Gottes beim hl. Bernhard : »Er ist die Höhe, die Breite, die Länge und die Tiefe.« Man kann nur noch niederknien. Anmerkung : Die Cuvée aus Pinottrauben ist ebenfalls reizvoll, obwohl sie vom Faß geprägt ist.
🍷 Ghislaine et Jean-Hugues Goisot, 30, rue Bienvenu-Martin, 89530 Saint-Bris-le-Vineux, Tel. 86.53.35.15 ☎ n. V.

MARIE-CLAUDE ET HUGUES GOISOT Saint Bris 1990*

| ☐ | 1,3 ha | 5 000 | V2 |

Unsere Prüfer waren an diesem Tag in Form. Einer von ihnen schrieb beim Aroma auf seinen Zettel : »Ein intensiver Wahnsinn.« Reich, voll, vielleicht etwas zu kräftig. Die Ansprache ist wunderbar, der Geschmack überaus befriedigend. Ein Wein, der überrascht, aber Interesse erweckt. Der rote 90er Saint-Bris hat ebenfalls einen Stern erhalten.
🍷 Marie-Claude et Hugues Goisot, 27, rue de Paris, 89530 Saint-Bris-le-Vineux, Tel. 86.53.32.72 ☎ n. V.

SERGE ET ARNAUD GOISOT
Coteaux de Saint Bris 1990**

| ☐ | 1 ha | 6 000 | ▮↓V2 |

Veilchenduft ist sehr hübsch, wenn er bei einem Wein zu finden ist. Wenn Sie ein Beispiel dafür haben wollen, so nehmen Sie diese sehr

schön gestaltete Flasche. Finesse und Ausgewogenheit sind hier vereint. Der 90er Rotwein ist ebenfalls mit einem Stern bewertet worden.
🖙 EARL Anne et Arnaud Goisot, 4 bis, rte des Champs, 89530 Saint-Bris-le-Vineux, Tel. 86.53.32.15 ⏲ tägl. 8h-12h 13h30-19h30

DOM. GROS-FAIVELEY 1990★★

| ■ | k.A. | k.A. | ▮🖩2 |

Hier der Fürst unter den Genießern : ein feuriger Burgunder, der sich ganz auf seine Tannine stützt. Typisch für einen 90er, ein wenig herrisch, klare Farbe, Weichselaroma. Er sieht die Zukunft mit den Augen eines romantischen Helden.
🖙 Cie des Vins d'Autrefois, 9, rue Celer, 21200 Beaune, Tel. 80.22.21.31 ⏲ n. V.

JEAN GUITON 1990★

| ■ | 0,8 ha | 4 500 | ▮▯↓🖩2 |

Ein 1975 entstandener Betrieb, der seinen Stil gefunden hat. Sein Burgunder enthüllt über einer Holznote ein etwas wildes Temperament (Tiergeruch). Lakritzearoma. Zufriedenstellende Ausgewogenheit.
🖙 Jean Guiton, rte de Pommard, 21200 Blignylès-Beaune, Tel. 80.26.82.88 ⏲ n. V.

HEIMBOURGER PERE ET FILS
1990★★

| □ | 4 ha | k.A. | ▮🖩3 |

»Fast zu gut« , schrieb einer der Prüfer auf seinen Zettel. Was soll man mehr sagen ? Recht mineralisches Aroma. Sein beachtliches Potential ist höher, als man es normalerweise bei einem einfachen Burgunder findet. Der Nektar perfekt geerntelter und wunderbar vinifizierter Trauben.
🖙 GAEC Heimbourger Père et Fils, 89800 SaintCyr-Les-Colons, Tel. 86.41.40.88 ⏲ n. V.

JEAN-LUC HOUBLIN 1990★★

| □ | 1,85 ha | 2 000 | ▮🖩1 |

Mige besitzt eine der seltenen burgundischen Windmühlen. Aber hier ersetzen die Traubenpressen die Mühlenräder und erzeugen diesen goldgrünen Chardonnay, der einen feinen, tiefen Feuersteinduft enthüllt. Sehr angenehmer Geschmack.
🖙 Jean-Luc Houblin, Passage des Vignes, 89580 Mige, Tel. 86.41.62.81 ⏲ n. V.

LES VIGNERONS D' IGE 1990★★

| ■ | k.A. | 30 000 | ▮↓🖩1 |

Granatrote Farbe, sehr frisch und fruchtig, geschmeidig und vollmundig. Ein Pinot, der sich nicht lang bitten läßt. Natürlich schon trinkreif.
🖙 Cave Coop. d' Igé, 71960 Igé, Tel. 85.33.33.56 ⏲ Mo-Fr 7h30-12h 13h30-18h, Sa nachm. geschlossen

PATRICK JAVILLIER
Cuvée des Forgets 1990★

| □ | 2 ha | 17 000 | ▮▯↓🖩2 |

Keine Filtrierung, aber trotzdem eine gute Farbe. Ein Hauch von Geröstetem, gute Säure, angenehmer Geschmack von frischen Früchten. Ein Wein, der die Lebensfreude anregt.
🖙 Patrick Javillier, 7, imp. des Acacias, 21190 Meursault, Tel. 80.21.27.87 ⏲ n. V.

DOM. CHARLES JOBARD 1990★★★

| □ | 0,56 ha | 5 000 | ▮▯🖩2 |

Gérard Depardieu, der diesen Keller besucht hat, fand bei diesem Wein zwar nicht die Nase von Cyrano, aber er beurteilte ihn als würdige Geliebte. Fein, rassig, mit einer angenehmen Holznote, blumig und würzig. Eindrucksvolle Ansprache. Ansonsten ist der Geschmackseindruck voll, komplex, imposant und wirklich reizvoll. Ein für die Appellation und den Jahrgang überaus gelungener Wein.
🖙 Charles Jobard, 12, rue Sudot, 21190 Meursault, Tel. 80.21.20.23 ⏲ n. V.

JOUVET PREMIERE 1989★★

| □ | k.A. | 60 000 | ▮▯🖩3 |

Eine alte Marke, die von Calvet neu belebt worden ist. Die gleiche Qualität. Schwerlich kann man sich eine Farbe vorstellen, die ausdrucksvoller wäre, ein Bukett, das so originell wäre (Haselnüsse und Vanille inmitten eines blumigen Duftes), und einen Körper, der besser gebaut sein könnte ! Fülle, Rückgrat, Finesse, Kraft und Charakter. Es fehlt ihm an nichts.
🖙 Jouvet, 6, bd Perpreuil, 21200 Beaune, Tel. 80.22.06.32 ⏲ Di-So 9h-11h30 14h-17h

ANCIEN CLOS DE L'ABBAYE DE SAINT GERMAIN
Clos de La Chaînette 1990★

| □ | 2,95 ha | 17 000 | ▮↓🖩2 |

Auch wenn der Clos de Migraine in Auxerre verschwunden ist, bewahrt dieser Clos de La Chaînette die Tradition. Dieser Weinberg der Abtei Saint-Germain in Auxerre ist einer der ältesten in Frankreich (das 6. Jh. ist verbürgt). Er liefert einen sehr gelben Chardonnay, der im Bukett ein ausdrucksvolles Sekundäraroma entfaltet und im Geschmack durch das Anbaugebiet geprägt ist (voll, klar und rustikal). Aufgepaßt : Wenn man diesen geschichtsträchtigen Wein haben will, muß man ihn vor Ort kaufen.
🖙 Centre Hospitalier Spécialisé, 4, av. des Clairions, 89011 Auxerre Cedex, Tel. 86.46.81.62 ⏲ n. V.

DOM. DE L'ABBAYE DU PETIT QUINCY Epineuil 1990★

| ■ | 4,26 ha | 30 000 | ▮▯🖩2 |

Dominique ist vom Maschinenbau auf den Weinbau umgestiegen und hat wieder mit dem Studium begonnen. Dieses Petit Quincy ist die ehemalige Sommerresidenz der Mönche dieses Klosters. Der Wein hat ganz offensichtlich etwas von den Zisterziensern : ein wenig hart und streng, verschlossen. Aber er besitzt einen aufrichtigen und ehrlichen Glauben. Soll man ihn noch lagern oder bereits trinken ? Wenn man alles überdenkt, sollte man die Gelegenheit beim Schopf packen und ihn schon jetzt genießen.
🖙 Dominique Gruhier, Dom. de l'Abbaye du Petit Quincy, 89700 Epineuil, Tel. 86.55.32.51 ⏲ n. V.

LA CAVE DU MAITRE DE POSTE
1989★

| □ | k.A. | k.A. | ▮↓🖩2 |

Goldgelbe Farbe, mit schönen, recht kräftigen »Tränen« am Glas. Das ist sein Aussehen. Und der Geruchseindruck ? Dieser Chardonnay duftet etwas nach Sauvignon, aber das ist nicht erstaunlich. Ein schöner Wein : ausgewogen und lang.

☞ Philippe Sorin, 12, rue de Paris, 89530 Saint-Bris-Le-Vineux, Tel. 86.53.60.76 ☎ n. V.

LA CHABLISIENNE 1990*

| □ | | 2 ha | 12 500 | ▮↓☑3 |

Ein süffiger Wein, der sich leicht trinken läßt. Etwas blaß, aber bukettreich. Vollmundig. Ein angenehmer Tropfen, der alle Sorgen vertreibt. Schnell, ein Dutzend Weinbergschnecken !

☞ La Chablisienne, 8, bd Pasteur, B.P. 14, 89800 Chablis, Tel. 86.42.11.24 ☎ Mo-Sa 8h-12h 14h-18h

DOM. DE LA CRAS 1990**

| ■ | | 4 ha | 12 000 | ▯☑2 |

Jean Dubois hat seine Reben in einem Weinberg angepflanzt, der früher mit Gamay bestockt war : auf der Hochebene, die über den Lac Kir von Dijon aufragt. Dieser Rotwein bietet einen harmonischen Gesamteindruck, der ebenso typisch wie an der Côte ist. Strahlende Farbe. Der zurückhaltende Duft reicht von Früchten bis zu Tiergeruch. Zweifellos alkoholreich, aber gut gebaut. Der 90er Weißwein besitzt den Charme der Chardonnayrebe und hat ebenfalls zwei Sterne erhalten.

☞ Jean Dubois, Dom. de La Cras, 21370 Plombières-lès-Dijon, Tel. 80.41.70.95 ☎ n. V.

LES PETITS FILS DE BENOIT LAFONT 1990

| □ | | k.A. | 15 000 | ▮↓☑2 |

Angenehm, leicht, unkompliziert. Ein Burgunder, der keine Wunder verspricht, aber recht gefällig ist. Sehr sauber im Geruchseindruck.

☞ Les Petits Fils de Benoit Lafont, Le Trève, 69460 Le Perréon, Tel. 74.03.22.03 ☎ n. V.

CLOS DE LA FORTUNE 1990**

| □ | | 1,95 ha | | ▮↓☑ |

Stroh und Balken. Strohgelb ist seine Farbe. Sein kräftiger Bau dagegen erinnert an dicke Balken. Dazwischen entfaltet sich ein mitreißendes Aroma : Mandeln und Haselnüsse, Steinobst sowie eine Muskatnote. Frische und Ausgewogenheit. Außerdem eine wunderbare Tiefe.

☞ Daniel Chanzy, Dom. de l'Hermitage, 71150 Bouzeron, Tel. 85.87.23.69 ☎ n. V.

DOM. LAHAYE PERE ET FILS 1989

| □ | | 2 ha | 3 600 | ▯↓☑2 |

Ein seit 120 Jahren bestehender Familienbetrieb. Dieser Chardonnay bleibt nicht unbeachtet : recht offener, klarer Duft und gute Ausgewogenheit. Sollte im kommenden Jahr getrunken werden.

☞ Lahaye Père et Fils, pl. de l'Eglise, 21630 Pommard, Tel. 80.24.10.47 ☎ n. V.

DOM. DE LA PERRIERE 1990

| □ | | k.A. | k.A. | ▯↓☑2 |

Sehr, vielleicht sogar zu jung. Dennoch strahlende Farbe und typischer Chardonnayduft mit einem Hauch von Bittermandeln. Klarer, fruchti-

ger Geschmack mit einer säuerlichen Note im Abgang.

☞ Maurice Chenu, 28, rue Sylvestre-Chauvelot, 21200 Beaune, Tel. 80.22.73.13 ☎ tägl. 10h-12h 14h-18h

DOM. LAURENT Cuvée n°1 1989**

| ■ | | 1 ha | 1 200 | ▯☑3 |

Durchschnittliche Farbe : kräftig, aber ziemlich glanzlos. Dagegen verbindet sich sein Lakritzearoma mit einer sehr deutlich spürbaren Holznote. Dennoch bleibt der geschmeidige Eindruck bis zum letzten Tropfen gewahrt. Muß sich noch entfalten.

☞ Dom. Laurent, 2, rue J. Duret, 21700 Nuits-Saint-Georges, Tel. 80.61.31.62 ☎ n. V.

LA VIGNEE 1989*

| □ | | k.A. | k.A. | ▮▯2 |

Die »vignée« bezeichnete früher die Fläche, die ein Mann an einem Tag bearbeiten konnte. Bouchard Père et Fils hat daraus sein Paradepferd gemacht. Ein guter, ziemlich komplexer Wein, der sorgfältig vinifiziert worden ist und einen warmen, fleischigen, aber dennoch lebhaften und vollkommen »weinigen« Genuß bietet.

☞ Bouchard Père et Fils, Au Château, B.P. 70, 21202 Beaune Cedex, Tel. 80.22.14.41 ☎ n. V.

LE BOURGOGNE DU PRIEUR 1990**

| □ | | 0,5 ha | 4 200 | ▯↓☑3 |

Ein guter Meßwein, der sich kräftig, voll und körperreich zeigt. Das alles ist in Ordnung, wenn man die Zeit hat, seinen recht frischen und sehr klaren Duft einzuatmen. Der liebe Gott wird Ihnen vergeben, wenn Sie diese zukunftsreichen Wein mögen. Ebenfalls zwei Sterne hat der 90er Rotwein erhalten, der eine gute Lagerfähigkeit besitzt.

☞ Dom. Jacques Prieur, 2, rue des Santenots, 21190 Meursault, Tel. 80.21.23.85 ☎ n. V.

LE CLOS DU ROI
Coulanges la Vineuse 1990*

| ■ | | 8,5 ha | 40 000 | ▮▯↓☑2 |

Innerhalb von zwei Generationen hat man hier den Sprung vom Tafelwein zur AOC geschafft. Erstklassige Reben und sorgfältige Vinifizierung. Das alles trägt seine Früchte. Dieser 90er ist duftig und noch adstringierend. Wenn seine Tannine milder geworden sind, paßt er zu rotem Fleisch.

☞ SCEA du Clos du Roi, 17, rue André Vildieu, 89580 Coulanges-la-Vineuse, Tel. 86.42.25.72 ☎ n. V.

☞ Michel Bernard

OLIVIER LEFLAIVE Les Sétilles 1990**

| □ | | 1 ha | 70 000 | ▮▯↓☑2 |

Wenn man Mitbesitzer des berühmten Gutes Leflaive ist, muß der Burgunder der eigenen Handelsfirma gut ausfallen. Olivier hat eine sichere Hand bei der Auswahl seiner Weine. Völlig entfalteter Duft von weißen Blüten. Klare Ansprache, Struktur, ein Hauch von Nervigkeit, gutes Alterungspotential. Diese Frische wird einige Jahre anhalten.

🍷 Olivier Leflaive Frères, pl. du Monument, 21190 Puligny-Montrachet, Tel. 80.21.37.65
🍽 n. V.

LES VENDANGEURS 1990*

☐		k.A.	32 000	🍶 ✓ 2

Ein gelbweißer, grünlich schimmernder Wein mit einem leichten Muskataroma, der voller Nachhaltigkeit einen ausgeprägt weinigen Duft entfaltet. Aufgrund des Jahrgangs sollte man ihn noch lagern und darauf hoffen, daß er sich ganz entfaltet.

🍷 Bouchard Aîné et Fils, 36, rue Sainte-Marguerite, 21203 Beaune, Tel. 80.22.07.67
🍽 Mo-Fr 9h30-11h 14h30-16h30 ; f. août

JACQUES DE LUCENAY 1990*

☐		1,2 ha	2 600	🍶 ✓ 2

Dieser Händler hat seinen Wahlspruch von Kaiser Konstantin übernommen : »In hoc signo vinces.« In diesem Zeichen oder besser unter diesem Etikett wird es ihm auf jeden Fall gelingen, unseren Durst zu besiegen. Viel Jugend, viel Frische und viel Leichtigkeit. Vielleicht mangelt es ihm an Fülle, aber es geht hier um eine Schlacht und nicht um eine Belagerung.

🍷 Jacques de Lucenay, 4, av. du Huit Septembre, 21200 Beaune, Tel. 80.22.02.52 🍽 tägl. 9h-12h 14h-18h ; im Aug. Sa u. So nachm. geschlossen

CLOS DE LUPE 1990**

■		k.A.	k.A.	🍶 2

Lupé und Cholet : Vicomte und Comte. Dazu Bichot, der dieses Gut in Nuits-Saint-Georges erworben hat. Bürgertum oder Adel, aber was zählt, ist das großartige Ergebnis : intensiv rubinrote Farbe, würziger Duft, klare Ansprache, fruchtiger Geschmack, gute Länge mit Tanninen, die noch nicht abgeschliffen sind, aber noch glatter werden. Zwei bis drei Jahre Geduld, und der Genuß wird vollständig sein.

🍷 Lupé-Cholet, 17, av. du Gal-de-Gaulle, 21700 Nuits-Saint-Georges, Tel. 80.61.25.02

CAVE DES VIGNERONS DE MANCEY Diane de Dulphey 1989*

■		k.A.	100 000	🍶 ↓ ✓ 3

Ein Wein von mittlerer Intensität, mit pflanzlichen Noten, was jedoch die Finesse eines Burgunders in seiner besten Form charakterisiert. Diane de Dulphey ist nicht Diane de Poitiers, aber sie besitzt schöne Reize.

🍷 Cave des Vignerons de Mancey, B.P. 55, 71700 Tournus, Tel. 85.51.00.83 🍽 n. V.

CLAUDE MARECHAL-JACQUET
Cuvée Claumarie 1990*

■		1,24 ha	5 000	🍶 ↓ ✓ 2

Johannisbeerrote Farbe, Duft von frischer Konfitüre. Ein schon trinkreifer Burgunder, der angenehm und fein ist. Vor zwei Jahren haben wir den 88er schon empfohlen.

🍷 Claude Maréchal, rte de Chalon-sur-Saône, 21200 Bligny-lès-Beaune, Tel. 80.21.44.37 🍽 tägl. 9h-12h 14h-18h

ROLAND MAROSLAVAC-LEGER
1990*

☐		1,5 ha	11 000	🍶 🍷 ✓ 2

Weg mit den Körben, die Lese ist vollbracht ! Aber angesichts dieses hübschen Chardonnay muß man das nicht bedauern : gut vinifiziert, viel Zurückhaltung, sehr glatt. Im Nachgeschmack ein Hauch von Säure, als wolle sie sich unbedingt einprägen.

🍷 Roland Maroslavac-Léger, 43, Grand-Rue, 21190 Puligny-Montrachet, Tel. 80.21.31.23
🍽 n. V.

RENE MARTIN 1989*

■		1,8 ha	7 500	🍶 ↓ ✓ 1

Wählen Sie keinen zu kräftigen Käse zu diesem roten 89er »Revoluzzer« , der jedoch einen frischen Kirsch- und Himbeerduft entfaltet. Eher ätherisch und monarchistisch. Ziemlich deutlich spürbare Tannine, kraftvolles Temperament. Ein guter Wein, der solide und angenehm bis zum hintersten Winkel des Gaumens ist.

🍷 René Martin, 71150 Sampigny-lès-Maranges, Tel. 85.91.15.48 🍽 n. V.

ALAIN ET PATRICIA MATHIAS
Epineuil 1990

■		7 ha	25 000	🍶 ↓ ✓ 2

Ein 1979 aus einer Liebesheirat entstandener Gut. Das ist sympathisch, zumal im Gebiet von Tonnerre. Dieser Pinot besitzt vielleicht nicht athletische Kraft eines Olympiasiegers, aber seine kirschrote, fast schwarze Farbe, sein rauchiger Duft und sein gefälliger Stil zeugen von einem liebenswert schlichten Charakter.

🍷 Alain et Patricia Mathias, Les grandes Bridennes, rte de Troyes, 89700 Epineuil, Tel. 86.54.43.90 🍽 n. V.

DOM. DU MERLE 1990*

☐		1,15 ha	3 500	🍶 ✓ 2

Helles Fleisch mit Sahnesauce paßt zu diesem recht intensiven Chardonnay, dessen Aroma leicht an Lakritze erinnert. Säure und natürliche Süße harmonieren. Deutlich spürbarer Stoff und angenehme Länge. Ziemlich typisch im Charakter.

🍷 Michel Morin, Sens, 71240 Sennecey-le-Grand, Tel. 85.44.75.38 🍽 n. V.

DOM. DU CLOS MOREAU 1990**

■		4 ha	20 000	🍶 ↓ ✓ 2

Eine lange Winzertradition in Mercurey führte um 1900 zu diesem Gut. Dieser 90er macht Appetit : tiefe, strahlende Farbe, Aroma von schwarzen Johannisbeeren und Lakritze, geschmeidige Tannine, Fülle und Finesse. Ein Wein, der geduldig auf ein Stück Rindfleisch wartet.

🍷 SCE Paul et Pascal Massenot, Dom. du Clos Moreau, 71640 Saint-Martin-sous-Montaigu, Tel. 85.45.12.75 🍽 n. V.

CHRISTIAN MORIN Chitry 1990*

☐		3 ha	15 000	🍶 ✓ 2

Deutliche, klare hellgelbe Farbe. Ein noch junger Wein, der sich noch nicht von seiner leichten Herbheit befreit hat. Das Alter wird seine

Qualität steigern, denn er ist strukturiert und besitzt einen Reichtum.

🍷 Christian Morin, 17, rue du Ruisseau, 89530 Chitry-le-Fort, Tel. 86.41.44.10 ☎ n. V.

CHARLES MORTET ET FILS 1990✷✷

| ■ | 1,35 ha | 10 000 | ◫ ☑ 2 |

Dieses Gut in Gevrey-Chambertin bewirtschaftet eine Parzelle im Clos de Vougeot und besitzt Rebflächen bis Daix, westlich von Dijon, die einen hervorragenden Burgunder liefern. Ein dunkelgranatroter 90er, der nach Brombeeren und Heidelbeeren duftet. Das ist so, als würde man in Gevrey an dem Betrieb vorübergehen, der Konfitüre herstellt. ! Große Konzentration, Finesse, Stoff – ein wirklich vollständiger Wein.
🍷 Dom. Mortet et Fils, 22, rue de l'Eglise, 21220 Gevrey-Chambertin, Tel. 80.34.10.05 ☎ n. V.

CHARLES ET MICHELLE MULLER 1990

| ■ | 69 ha | 4 500 | ▮ ◫ ↓ ☑ 1 |

Das Auge erfreut sich an der dunklen, jugendlich frischen Farbe. Der Duft wird etwas vom Alkohol abgestumpft, obwohl darin das charakteristische Aroma von Kirschkernen vorhanden ist. Recht hübsches Gerüst und leicht bitterer Abgang.
🍷 Charles et Michelle Muller, Buisson Cidex 20, chem. de la Corvée, 21550 Ladoix-Serrigny, Tel. 80.26.42.55 ☎ n. V.

NAIGEON-CHAUVEAU 1989

| ■ | k.A. | k.A. | ◫ ☑ 2 |

In unserer Ausgabe 1990 haben wir den 86er besonders empfohlen. Und was ist mit diesem Wein hier ? Das Kleid verbirgt nichts. Der Duft ist betäubend, der Geschmack zart und ausgeprägt. Aber Vorsicht, so etwas kann man nicht allzu lang aufheben !
🍷 Naigeon-Chauveau, B.P. 7, 21220 Gevrey-Chambertin, Tel. 80.34.30.30 ☎ n. V.

GUY NARJOUX 1989

| ■ | 3 ha | 10 000 | ◫ 3 |

Narjoux ist ein typisch burgundischer Name, den man an der Côte de Beaune und an der Côte Chalonnaise häufig findet. Ein kirschroter 89er mit angenehmem Geschmack. Nicht sehr körperreich, aber recht aromatisch (Blätter von schwarzen Johannisbeeren). Ziemlich trockene Tannine.
🍷 Guy Narjoux, 71640 Saint-Martin-sous-Montaigu, Tel. 85.45.14.28 ☎ n. V.

DOM. ANDRE ET JEAN-RENE NUDANT La Chapelle Notre Dame 1989

| ■ | 0,3 ha | 2 000 | ▮ ◫ ↓ ☑ 2 |

Diese Chapelle Notre-Dame du Chemin befindet sich am Rand der Nationalstraße, oberhalb des Hangs von Ladoix. Sehr rote Farbe, Vanilleduft, eine leicht trockene Note im Abgang. Beten und warten wir !
🍷 Dom. André Nudant et Fils, B.P. 15, 21550 Ladoix-Serrigny, Tel. 80.26.40.48 ☎ n. V.

DANIEL PICHARD 1990✷

| ■ | 2 ha | 7 000 | ▮ ◫ ☑ 2 |

Ein 90er mit einer strahlend granatroten Farbe, der einen bezaubernden Duft (Brombeeren) entfaltet und eine feine, vornehme Ansprache besitzt. Ein lagerfähiger Wein, der für den Jahrgang typisch ist und dessen man nicht überdrüssig wird.
🍷 Daniel Pichard, 71510 Saint-Sernin-du-Plain, Tel. 85.49.68.86 ☎ n. V.

PLANT DORE 1990✷

| □ | k.A. | k.A. | ▮ ↓ 2 |

»Wenn man die äußere Erscheinung eines Arbeiters hat« , versicherte Maupassant, »hat man auch seine Seele.« Das bestätigt sich hier. Die wunderbare Farbe kündigt einen begeisternden Duft und eine harmonische Perspektive an. Ziemlich lebhafte Farbe, wie sie es so oft in Burgund der Fall ist, die Burgunder zeigt sich anziehender, angenehmer und ruhiger Eindruck. Entwickelt sich noch.
🍷 Charles Viénot, 5, quai Dumorey, 21700 Nuits-Saint-Georges, Tel. 80.62.31.05 ☎ tägl. sf sam. dim. 8h-12h 14h-18h ven. 17h ; f. août et dernière sem. de déc.

DOM. DES POURRIERES 1990✷

| ■ | k.A. | k.A. | ◫ 2 |

Fast zu finster, die Zähne zusammenbeißend, hart und kraftvoll, aber trotzdem kein übler Bursche. Er besitzt Tiefe und Stoff, so daß er zu Perlhuhnsalmi paßt, wenn der Ausbau abgeschlossen ist.
🍷 René Bourgeon, 71640 Jambles, Tel. 85.44.35.85 ☎ n. V.

DOM. JACQUES PRIEUR 1990✷

| ◪ | k.A. | 2 000 | ▮ ↓ ☑ 2 |

Es ist nicht ganz einfach, einen guten burgundischen Rosé zu erzeugen. Unsere Verkostung war streng. Dieser hier ist aus der Weinprobe als Sieger hervorgegangen. Sehr deutliche Farbe, blumiger Duft, lebhaft und nachhaltig im Geschmack. Kräftig gebaut.
🍷 Dom. Jacques Prieur, 2, rue des Santenots, 21190 Meursault, Tel. 80.21.23.85 ☎ n. V.

DOM. DU PRIEURE 1988✷

| ■ | 5,5 ha | 40 000 | ▮ ↓ ☑ 2 |

Ein 88er, der noch Kraft besitzt und beeindruckt. Seine Farbe verblaßt ein wenig, aber das Bukett ist fruchtig geblieben. Ein schöner Wein, der zu einem Hähnchen paßt. Es gibt nicht nur Chambertins auf der Welt ! Domaine de La Condemine 1990 vom gleichen Erzeuger erhält ebenso wie der 89er Weißwein ebenfalls einen Stern.
🍷 SCEA du Prieuré, La Condemine, 71260 Péronne, Tel. 85.36.97.03 ☎ n. V.
🍷 Véronique et Pierre Janny

DOM. DU PUITS FLEURI 1990✷✷

| ■ | 3,5 ha | 4 000 | ◫ ☑ 2 |

Dieser aus Couches stammende Burgunder beweist, daß das etwas abgelegene Weinbaugebiet bisweilen hervorragende Weine erzeugt, die es mit denen der Côte aufnehmen können. Überfluß an Tugenden schadet nicht. Er besitzt Farbe, Bukett und Frische. Warum sollte man sich nicht in ihn verlieben ? Ein lagerfähiger Wein, der typisch für gut vinifizierte 90er ist.

⌐ GAEC du Puits Fleuri, Picard Père et Fils, 71490 Saint-Maurice-les-Couches, Tel. 85.49.68.44 ⟂ n. V.

DOM. DU CH. DE PULIGNY
Les longs Bois 1990★

■	2,8 ha	20 000	⑪ ☑ 2

Wenn Sie eines Tages beim Gouverneur der Französischen Bodenkreditanstalt speisen, wird er Ihnen vielleicht diesen Burgunder servieren, der aus seinem privaten Keller stammt. Diese mächtige Institution ist nämlich Besitzerin des Guts in Puligny. Leichte, ein wenig gelbrote Farbe und angenehmer Duft. Fein, harmonisch, aber etwas frivol. Dieser 90er erinnert daran, daß das Gut einmal dem Dichter und Winzer Roland Thévenin gehörte, und scheint noch seine Verse zu rezitieren.
⌐ SCEA du Dom. du Château de Puligny, 21190 Puligny-Montrachet, Tel. 80.21.39.14 ⟂ n. V.

REBOURGEON-MURE 1990★★

■	1,2 ha	9 000	⑪ ↓ ☑ 2

Dieser Winzer wird von unserem Weinführer häufig ausgezeichnet. Nicht zu Unrecht. Nehmen Sie beispielsweise diesen bläulichroten Wein mit dem pflanzlich-blumigen Bukett (ein Hauch von Faß) und dem frischen, fröhlichen Geschmack. Ein schönes Beispiel für die Appellation und den Jahrgang. Trinkreif.
⌐ Daniel Rebourgeon-Mure, Grand-Rue, 21630 Pommard, Tel. 80.22.75.39 ⟂ Mo-Sa 8h-11h30 13h30-19h

ROGER ET JOEL REMY 1990★

■	4,3 ha	k.A.	⑪ ▪ ☑ 1

Ein Wein zu Geflügel : intensive, rubinrote Farbe, würziges Aroma, danach Brombeeren und vor allem schwarze Johannisbeeren. Anregende Rundheit und gute Ausgewogenheit.
⌐ GAEC Roger et Joël Rémy, Sainte-Marie la-Blanche, 21200 Beaune, Tel. 80.26.60.80 ⟂ n. V.

ALAIN RIGOUTAT
Coulanges la Vineuse 1990★★★

■	1,4 ha	7 000	⑪ ☑ 1

Ein vollkommen klassisches Bukett. Der Geschmack ist verblüffend. Tannine von wunderbarer Finesse : Man könnte sie in einer Vitrine im Louvre ausstellen. Der ideale Wein zu Rindfleisch.
⌐ Dom. Alain Rigoutat, 2, rue du Midi, 89290 Jussy, Tel. 86.53.33.79 ⟂ n. V.

DOM. MICHELE ET PATRICE RION
Les bons Bâtons 1990

■	0,62 ha	4 500	⑪ ↓ ☑ 2

Patrice leitet das Gut Daniel Rion et Fils, auch im Namen seiner beiden Brüder, und steckt nach und nach sein eigenes Terrain ab : Er hat mehrere Rebflächen von Joseph Bilik in Chambolle-Musigny gekauft, darunter auch diese hier. Bläulichrote Farbe, Traubenaroma (Primeurstil) und eine gewisse Adstringenz. Ein breitschultriger 90er, der sich noch abrunden muß.

⌐ Dom. Michèle et Patrice Rion, 8, rue de l'Eglise, 21700 Premeaux, Tel. 80.62.32.63 ⟂ n. V.

DOM. DE ROCHEBIN 1990★

■	5,73 ha	40 000	▪ ↓ ☑ 2

Dieser Pinot zieht sich sehr gut aus der Affäre : dank seiner lebhaften Farbe und seines sehr intensiven, tiefen und überzeugenden Aromas, das sich in Richtung Leder entwickelt. Der Geschmack ist nicht sehr ausdrucksstark.
⌐ Dom. de Rochebin, 71260 Azé, Tel. 85.33.33.37 ⟂ n. V.

ANTONIN RODET
Chardonnay de vieilles vignes 1990★★

□	k.A.	100 000	▪ ⑪ ↓ ☑ 3

Bertrand Devillard, Generaldirektor von Antonin Rodet, ist der Vorsitzende des burgundischen Weinhändlerverbands. Er macht sich gern zum Apostel für eine Rehabilitierung der »einfachen Burgunder« . Die Säure dieses 90ers ist nicht seine Stärke, aber er gleicht diesen leichten Fehler durch Fleisch und Milde aus. Blumiges Aroma. Sehr schöne Harmonie.
⌐ Antonin Rodet, 71640 Mercurey, Tel. 85.45.22.22 ⟂ Mo-Fr 9h-12h30 13h30-18h

DOM. ROSSIGNOL-TRAPET 1990★

■	0,51 ha	3 000	⑪ ↓ ☑ 2

Das Gut ist bei der kürzlich durchgeführten Aufteilung des alten Weingutes von Louis Trapet in Gevrey entstanden. Jacques Rossignol, der Ehemann von Mado (Schwester von Jean Trapet) leitet es zusammen mit seinen Söhnen. Dieser Burgunder mit der ziemlich glanzlosen, aber kräftigen Farbe erinnert an gekochte Früchte. Gute Länge, ein Hauch von Trockenheit und ein komplexer Charakter, wie man die Weine hier liebt.
⌐ Dom. Rossignol-Trapet, rue de la Petite-Issue, 21220 Gevrey-Chambertin, Tel. 80.51.87.26 ⟂ n. V.

DOM. GUY ROULOT 1990★★★

■	1,8 ha	6 000	⑪ ↓ ☑ 3

Die Roulots stellen seit langem hervorragende Schnäpse her. Aber sie verstehen sich auch auf die Vinifizierung ! Unsere besondere Empfehlung für diesen intensiven, purpurroten Burgunder, der es verdient hätte, zu den Todsünden gerechnet zu werden, nämlich im Kapitel Wollust. Duft von frischen Früchten, kräftige, körperreiche

Struktur. Wird in vier bis fünf Jahren einen prächtigen Tropfen abgeben.

☛ Dom. Guy Roulot, 1, rue Charles Giraud, 21190 Meursault, Tel. 80.21.21.65 ☎ n. V.

DOM. SAINTE-CLAIRE
Chardonnay 1990 **

| ☐ | 10 ha | 10 000 | ▮↓Ⓥ❶ |

Er ist vielleicht nicht sehr lang, aber gut, frisch und fruchtig und hinterläßt einen Eindruck von vollreifen Trauben. Man spürt die geschickte Vinifizierung, das Anbaugebiet kommt hier sehr deutlich zum Ausdruck. Ein Wein, den man seinen Freunden gern anbietet.

☛ Jean-Marc Brocard, 89800 Préhy, Tel. 86.41.42.11 ☎ Mo-Sa 8h-18h

BARON SAINT-HUBERT 1990*

| ▮ | k.A. | 15 000 | ▯↓Ⓥ❷ |

Ein Burgunder, der noch einige Jahre altern kann. Er besitzt gleichzeitig die Eleganz der Rebsorte und das Fleisch des Anbaugebietes. Da der Schutzheilige der Jäger sein Namenspatron ist, wird er Wild nicht verschmähen. Aber er kann sich auch mit einfacheren Gerichten abfinden.

☛ Jean-Luc Aegerter, 49, rue Henri-Challand, 21703 Nuits-Saint-Georges, Tel. 80.61.02.88 ☎ n. V.

DOM. SAINT-PRIX Saint Bris 1990*

| ☐ | 4,26 ha | 25 000 | ▮↓Ⓥ❷ |

Alle Fußballer des A.J. Auxerre haben hier ein Glas probiert, allen voran Guy Roux. Hummerterrine mit diesem butterblumengelben Chardonnay mit dem rassigen Duft. Ein wenig mehr Fülle und etwas mehr Länge, und er hätte drei Sterne erhalten.

☛ GAEC Bersan et Fils, 20, rue de l'Eglise, 89530 Saint-Bris-le-Vineux, Tel. 86.53.33.73 ☎ n. V.

SAINT-ROMANS FRERES 1990*

| ☐ | k.A. | k.A. | ▮❷ |

Vielleicht erinnern Sie sich an den Fernsehfilm, wo im burgundischen Weinbaugebiet die schlimmsten Schändlichkeiten zum Leben erweckt wurden. Das Haus Jaboulet-Vercherre hatte damals die Idee, eine Marke »Saint-Romans Frères« zu schaffen. Hier ein Beispiel dafür : recht blumiger Duft, robuster Geschmack und eine bittere Note im Abgang.

☛ Saint-Romans Frères, 5, rue Colbert, 21200 Beaune, Tel. 80.22.25.22 ☎ n. V.

GUY SIMON ET FILS
Les Dames Huguette 1989

| ▮ | 1 ha | 5 500 | ▯↓Ⓥ❷ |

Ein dynamischer Winzer der Hautes-Côtes, herzlich und begeisterungsfähig. Seine »Dames Huguette« besitzen ein leichtes Kleid, das sich lüftet und ihre hübschen Beine zeigt. Ihre Tugend wird Ihren Annäherungsversuchen nicht widerstehen können.

☛ Guy Simon, 21700 Marey-lès-Fussey, Tel. 80.62.91.85 ☎ n. V.

SIMONNET-FEBVRE Epineuil 1990**

| ▮ | k.A. | 10 000 | ▮Ⓥ❷ |

»Pluribus unum« ist der Wahlspruch des Hauses. Dieser Epineuil ist tanninhaltig, aber nicht im Übermaß. Dunkelrote Farbe, ein wenig verschlossen und recht harmonisch im Geschmack.

☛ Simonnet-Febvre, 9, av. d'Oberwesel, 89800 Chablis, Tel. 86.42.11.73 ☎ Mo-Sa 8h-12h 14h-17h

HUBERT ET JEAN-PAUL TABIT
Saint Bris 1990***

| ☐ | 3,5 ha | 10 000 | ▮Ⓥ❷ |

»Schönheit« , sagte Somerset Maugham, »ist etwas Seltenes, Wunderbares, das der Künstler unter Seelenqualen aus dem allgemeinen Chaos herauszieht.« Unser Weinführer nennt es das »Außergewöhnliche« . Um ihre ganze Bedeutung rational und gefühlsmäßig zu erfassen, sollten Sie diesen weißen Burgunder probieren, der aus dem Departement Yonne zu uns kommt. Nuancenreich, komplex, reich, strukturiert – das Nonplusultra.

☛ GAEC Hubert et Jean-Paul Tabit, 2, rue Dorée, 89530 Saint-Bris-le-Vineux, Tel. 86.53.33.83 ☎ n. V.

JEAN ET PIERRE TARTOIS 1990

| ▮ | 1,85 ha | 5 000 | ▯↓Ⓥ❷ |

Ein kräftiger Rotwein, den man schon in diesem Jahr servieren kann : malvenfarben, leicht würziges Aroma von roten Früchten, fleischig und überzeugend, sehr ausgeprägt im Geschmack. Angenehme Harmonie zwischen Rebsorte (Pinot Noir) und Anbaugebiet.

☛ SCE Jean et Pierre Tartois, rte de Beaune, 21630 Pommard, Tel. 80.22.11.70 ☎ n. V.

JEAN-CLAUDE THEVENET 1989*

| ▮ | 3,5 ha | 20 000 | ▮↓❶ |

Das Gut liegt im Schatten des Château de Pierreclos, mitten im Land von Lamartine. Dieser Burgunder leidet etwas unter einer blassen Farbe. Aber schließlich ist man hier sehr romantisch ! Dennoch verfügt er über eine ausgeprägte Feinheit, unleugbare Herzensgüte und eine feurige Leidenschaft.

☛ Jean-Claude Thévenet, Au Bourg, 71960 Pierreclos, Tel. 85.35.72.21 ☎ Mo-Sa 7h30-12h 13h30-18h

PIERRE THIBAUT Chitry 1990**

| ☐ | 3,15 ha | 12 000 | ▮↓Ⓥ❶ |

Dieser Enkel eines Winzers hat sein Gut auf brachliegendem Land neu angelegt. Sein Großvater war im Zweiten Weltkrieg umgekommen. Sein Mut wird heute durch ein über 90er belohnt, der einen sehr blumigen Duft entfaltet, zwar keine riesigen Schwingen besitzt, aber eine zarte, harmonische Frische bietet, die an den Gesang von Engeln erinnert.

☛ Pierre Thibaut, 3, rue du Château, 89290 Quenne, Tel. 86.40.35.76 ☎ tägl. 9h-12h 14h-18h

THOMAS-BASSOT 1989*

| ▮ | k.A. | k.A. | ▮↓❷ |

Nicht sonderlich strahlende rote Farbe. Guter Duft und die notwendige Gerbsäure. Ein klassi-

scher, unkomplizierter Burgunder, der zu rotem Fleisch paßt.
☎ Thomas-Bassot, 5, quai Dumorey, 21700 Nuits-Saint-Georges, Tel. 80.62.31.21 ⏳ Mo-Fr 8h-12h 14h-18h (Fr bis 17h) ; Aug. geschlossen

DOM. VALETTE 1990

□		1 ha	5 500	▮ ❙❙ ↓ ☑ 2

Bernsteingelbe Farbe. Ein noch zurückhaltender Chardonnay, dessen Duft an Geröstetes und Mandeln erinnert. Die Säure kommt erst nach einem fruchtigen Aroma im Abgang zum Vorschein. Zu Wurstgerichten zu empfehlen.
☎ Gérard Valette, Le Clos Reissier, 71570 Chaintré, Tel. 85.35.62.97 ⏳ n. V.

DOM. CHARLES VIENOT
Plant Noble 1989★★

■	k.A.	k.A.	❙❙ ↓ 2

Charles Viénot, eine schillernde Persönlichkeit in der burgundischen Chronik zwischen den beiden Weltkriegen, hat seinen Namen einer Firma hinterlassen, die heute zur Gruppe Jean-Claude Boisset gehört. Ein Wein, wie er ihn geliebt hätte : lebhaft rote Farbe, rauchiges Aroma, wenig Säure, aber gute Fülle.
☎ Charles Viénot, 5, quai Dumorey, 21700 Nuits-Saint-Georges, Tel. 80.62.31.05 ⏳ Mo-Fr 8h-12h 14h-18h (Fr bis 17h) ; Aug. und letzte Dez.woche geschlossen

DOM. DU VIEUX SAINT-SORLIN
1990★★

■	1 ha	5 000	❙❙ ☑ 2

Ein liebenswert poetisches Etikett, das einen schneebedeckten Weinberg im Winter zeigt. Man erkennt sofort, daß dieser Erzeuger Temperament und Geschmack besitzt. Dennoch ist er erst seit relativ kurzer Zeit Winzer, kann sich aber auf eine Tradition von einem Dutzend Generationen stützen. Sein dunkelgranatroter Pinot hat Kraft : gut gebaut, tanninreich, mit Reserven. Lassen Sie ihn altern !
☎ Olivier Merlin, Dom. du Vieux Saint-Sorlin, 71960 La Roche-Vineuse, Tel. 85.36.62.09 ⏳ n. V.

FABRICE VIGOT 1990★

■	k.A.	3 000	❙❙ ☑ 2

Ein echter Burgunder, wie er leibt und lebt : intensiv, konzentriert, die Fruchtigkeit von roten Früchten, eine leichte Holznote, noch etwas hart, ein wenig feurig auch zweifellos, aber günstige Entwicklung. Er erwartet Sie voller Ungeduld.
☎ Fabrice Vigot, 16, rue de La Fontaine, 21700 Vosne-Romanée, Tel. 80.61.13.01 ⏳ n. V.

HENRI DE VILLAMONT 1989★

■	0,5 ha	3 000	❙❙ ☑ 2

Eine Handelsfirma in Savigny, das von der Schweizer Gruppe Schenk übernommen wurde, als sie vor 30 Jahren ihr in Algerien investiertes Kapital (650 ha Rebflächen) nach Frankreich zurückführte. Ein Malteserritter trug einst den Namen Henri de Villamont ... Intensives, rauchiges Bukett, schöne Ausgewogenheit im leichten, holzbetonten Geschmack. Deutlich spürbare, aber zu trockene Tannine von großer Milde. Ein guter Wein.

☎ Henri de Villamont SA, rue du Dr Guyot, 21420 Savigny-lès-Beaune, Tel. 80.24.70.07 ⏳ n. V.

DOM. LOUIS VIOLLAND 1990★★

■	3 ha	13 000	▮ ❙❙ ↓ ☑ 3

Die Hinterlegungs- und Konsignationskasse, die dieses Gut besitzt, wird zweifellos den Wirtschafts- und den Finanzminister von unserer besonderen Empfehlung informieren. Wozu die Börse beunruhigen ? Dieser Pinot Noir ist wirklich auf die einmütige Zustimmung der Jury gestoßen. Herrliche Farbe, sehr konzentrierter Duft, Aroma von roten Früchten und Gewürzen. Schöne Ansprache, Fülle, Nachhaltigkeit usw. Dem 90er nach zu urteilen, behält der Staat seinen Kredit.
☎ SCE Dom. Louis Violland, 13, rue de la Poste, 21200 Beaune, Tel. 80.22.24.86 ⏳ n. V.

DOM. VIRELY-ROUGEOT 1990★★

■	1,65 ha	6 000	▮ ❙❙ ☑ 2

Ehemalige Müller, die sich auf den Weinbau umgestellt haben. Sie präsentieren uns hier einen recht hübschen »Brief aus meiner Kelter« . Rotviolette Farbe, leichtes Vanillearoma. Ein lebhafter, ausgewogener 90er, der unter einem soliden Körper eine bezaubernde Frische bewahrt hat.
☎ Dom. Virely-Rougeot, rue Notre-Dame, 21630 Pommard, Tel. 80.22.34.34 ⏳ n. V.

DOM. EMILE VOARICK 1989

■	17,3 ha	140 000	❙❙ ☑ 2

Dieser holzbetonte Wein mit dem Röstaroma besitzt ein anmutiges Etikett. Leichte Säure im Abgang. Recht gefällig.
☎ SCV Dom. Emile Voarick, 71640 Saint-Martin-sous-Montaigu, Tel. 85.45.23.23 ⏳ Mo-Sa 9h-12h 14h-18h

Bourgogne Grand Ordinaire

In der Praxis werden die Appellationen »Bourgogne Ordinaire« und »Bourgogne Grand Ordinaire« nur selten benutzt ; am häufigsten wird die zweite Bezeichnung übergangen, weil sie etwas banal klingt. Einige Anbaugebiete, die ein wenig am Rande des berühmten Weinbaugebietes liegen, bringen dennoch exzellente Weine zu sehr reizvollen Preisen hervor. Praktisch können alle in Burgund gebräuchlichen Rebsorten für diesen Wein verwendet werden, der als Weiß-, Rot- und Roséwein oder Clairet, ein etwas farbintensiverer Rosé, auftreten kann.

Bei den Weißweinen findet man neben Chardonnay die Melonrebe, die aber nur mehr in wenigen Weinbergen angebaut wird; diese Rebsorte hat sich viel weiter westlich eingebürgert, wo sie in der Region Nantes den berühmten Muscadet hervorbringt. Der Wein von der Aligotérebe wird fast immer unter der Bezeichnung Bourgogne Aligoté angeboten. Die Sacyrebe, die nur im Departement Yonne wächst, wurde in erster Linie im Gebiet von Chablis und im Yonnetal angebaut, um Schaumweine für den Export zu produzieren; seit dem Aufkommen des Crémant de Bourgogne wird sie für diese Appellation genutzt. Ihr Anbau wird zugunsten der Chardonnayrebe eingeschränkt.

Beim Rot- und Rosé-wein sind die traditionellen burgundischen Rebsorten Gamay Noir und Pinot Noir die Hauptsorten. Im Departement Yonne darf man zusätzlich die Rebsorte César verwenden, die vor allem für den Bourgogne Irancy reserviert ist, sowie die Tressotrebe, die nur noch in den Vorschriften auftaucht, aber nicht mehr angebaut wird. Die besten Weine aus Gamaytrauben findet man im Departement Yonne, und hier besonders in Coulanges-la-Vineuse. Die Produktion dieser im Rückgang befindlichen Appellation liegt je nach Jahrgang bei 15 000 bis 20 000 hl.

THIERRY BERNARD-BRUSSIER
Pinot noir 1990

■	0,54 ha	3 000	🍷🍷

Ein 1983 übernommenes Gut. Der Aufschwung kam drei Jahre später mit dem Kauf eines Weinbergs in Meursault. Heute umfaßt es 5 ha. Schöne, klare, intensiv granatrote Farbe. Ein sehr ehrlicher Pinot Noir mit einem fruchtigen Duft und einem etwas adstringierenden Nachgeschmack. Dennoch erscheint der Gesamteindruck zufriedenstellend.
↬ Thierry Bernard-Brussier, 1, rue Moulin-Judas, 21190 Meursault, Tel. 80.21.60.34 ☎ n. V.

CAVES DES HAUTES-COTES 1990

■	k.A.	20 000	🍷↓🗹▮1

Helle, aber intensive Farbe mit einer ganz leichten Trübung. Ein Bourgogne Grand Ordinaire mit kräftigem Duft. Er wiegt sich verführerisch in den Hüften, ohne sich ganz hinzugeben. Sehr robust, fast schroff, kantig im Charakter.
↬ Gpt de Prod. Les Caves des Hautes-Côtes et de la Côte, rte de Pommard, 21200 Beaune, Tel. 80.24.63.12 ☎ n. V.

DOM. PRIEURE ROCH 1990★★

▢	0,44 ha	2 500	◫ 🗹▮2

Ein Grand Ordinaire mit einem Adelsprädikat: Dieser junge Erzeuger, der Neffe von Lalou Bize-Leroy, hat vom Gut La Romanée-Conti den berühmten Clos Goillotte erworben, der einst im Besitz des Fürsten Conti in Vosne war. Kein dominierendes Aroma, höchstens eine blumige Note, aber die Fruchtigkeit ist angenehm und ausgeprägt. Recht fest und rund gebaut. Für diese Appellation ein sehr hübscher Wein.
↬ Dom. Prieuré Roch, 22, rue du Gal-de-Gaulle, 21700 Nuits-Saint-Georges, Tel. 80.62.38.79 ☎ n. V.
↬ SC Chanperdrix

ROGER RAVEAU Pinot noir 1990★

■	k.A.	k.A.	🍷▮1

Der Wein einer Handelsfirma. Ein recht typischer Bourgogne Grand Ordinaire mit einer bläulichroten Farbe und einem vollen, sehr ausgeprägten und tanninreichen Geschmack. Keine übermäßige Finesse, aber in dieser Kategorie deutlich über dem Durchschnitt.
↬ Roger Raveau, 20, rue Jacques-Germain, 21200 Beaune, Tel. 80.22.68.00 ☎ n. V.

Bourgogne Aligoté

Man sagt auch, dies sei der »Muscadet von Burgund«. Als ausgezeichneter offener Karaffenwein, den man jung trinkt, bringt er das Aroma der Rebsorte gut zum Ausdruck. Er ist etwas lebhaft und macht es in verschiedenen Regionen möglich, daß man die Chardonnayweine länger aufhebt. Da die Aligotérebe an der Côte durch die Chardonnayrebe ersetzt wurde, hat sich ihr Anbaugebiet von den Hanglagen weiter nach unten verlagert. Aber das Anbaugebiet beeinflußt sie ebenso wie die anderen Rebsorten; es gibt deshalb ebenso viele Aligotétypen wie Gebiete, wo sie angebaut wird. So waren die Aligotéweine von Pernand für ihre Geschmeidigkeit und ihre Fruchtigkeit bekannt (bevor sie dem Chardonnay Platz machen mußten). Die Aligotéweine der Hautes-Côtes werden wegen ihrer Frische und Lebhaftigkeit gerühmt. Die aus Saint-Bris im Departement Yonne scheinten von der Sauvignonrebe ihren Holunderduft über einem leichten, süffigen Geschmack übernommen zu haben. Und die aus Bouzeron schließlich, die seit kurzem als eigene Appellation eine gewisse Bekanntheit erworben haben, »chardonnieren« leicht und zeigen so ihre Zugehörigkeit zur Côte Chalonnaise an.

FRANCOIS D' ALLAINES 1989

□	k.A.	k.A.	◫ 2

Klare, strahlend blaßgelbe Farbe. Dieser Aligoté nimmt Sie bei der Nase und entführt Sie ins Unterholz. Während des Marsches riechen Sie Kräuter. Nicht mehr lagern, sondern trinken !
☛ François d' Allaines, 81, rue Carnot, 71000 Mâcon, Tel. 85.39.02.09

DOM. AMIOT-BONFILS 1990

□	1,02 ha	10 000	▮◫ ☑ 2

Dieser Aligoté wird unweit des erhabenen Montrachet erzeugt, vinifiziert und ausgebaut, bei einem Erzeuger, der davon die Praxis besitzt. Dennoch bewahrt er eine liebenswerte Schlichtheit, die ihn sympathisch macht. Er spielt nicht etwas vor, was er ist. Trinkreif.
☛ SCE Guy Amiot-Bonfils, 21190 Chassagne-Montrachet, Tel. 80.21.38.62 ☎ n. V.

DOM. BADER-MIMEUR 1990

□	0,63 ha	k.A.	◫ ☑ 2

Das Aroma geht in Richtung pflanzliche Note. Ausgeprägte Frische. Lediglich der Holzton, der diskret, aber im Abgang deutlich spürbar ist, hat bei unserer Jury geteilte Meinungen hervorgerufen und diesen Wein um einen Stern gebracht.
☛ Ch. Bader-Mimeur, Ch. de Chassagne-Montrachet, 21190 Chassagne-Montrachet, Tel. 80.21.30.22 ☎ tägl. 8h-12h 13h30-18h ; Aug. geschlossen

THIERRY BERNARD-BRUSSIER 1990

□	0,7 ha	1 800	▮☑ 1

Der Betrieb wurde vor zehn Jahren übernommen. Dieser Aligoté besitzt keine strahlende Farbe, aber er entfaltet einen einschmeichelnden Lindenblütenduft. Im Geschmack ist er eckig, doch ein nerviger Aligoté ist mehr wert als ein fader, lieblicher Aligoté, wie er bisweilen in Mode kommt.
☛ Thierry Bernard-Brussier, 1, rue Moulin-Judas, 21190 Meursault, Tel. 80.21.60.34 ☎ n. V.

DANIEL BILLARD 1990 ★ ★

□	0,86 ha	k.A.	◫ ☑ 1

Der erste Eindruck ist fruchtig. Der zweite blumig. Der dritte erinnert an Zitrusfrüchte. Insgesamt ein Aligoté mit einem vollen, sehr typischen Charakter, den man noch lagern oder auch sofort trinken kann.

☛ Daniel Billard, 71150 Dézize-lès-Maranges, Tel. 85.91.15.60 ☎ n. V.

MICHEL BILLARD 1990

□	0,7 ha	4 000	▮◫ 1

Strahlende, von Gelb nach Gold spielende Farbe. Sehr direkt im Geruchseindruck. Lebhafte Ansprache, danach geschmackliche Ausgewogenheit und eine schwerere Note im Abgang.
☛ Michel Billard, rte de Beaune, 21340 La Rochepot, Tel. 80.21.71.84 ☎ n. V.

CAVE DES VIGNERONS DE BISSEY 1990 ★

□	k.A.	20 000	▮☑ 1

Sicherlich erinnern Sie sich noch an unsere besondere Empfehlung in der Ausgabe 1991 (für den 88er). Die Genossenschaftswinzer von Bissey wiederholen zwar diesmal ihre Leistung nicht, aber sie präsentieren einen Wein mit einer starken Persönlichkeit. Die Fülle kompensiert wunderbar die Säure. Paßt zu einer Platte mit feinen Wurstwaren.
☛ Cave des Vignerons de Bissey-sous-Cruchaud, 71390 Bissey-sous-Cruchaud, Tel. 85.92.12.16 ☎ n. V.

GUY BOCARD 1990

□	0,67 ha	4 300	▮↓☑ 1

»Je mehr man urteilt, desto weniger liebt man« , stellte Balzac zu Recht fest. Blasse Farbe, ziemlich intensiver, robuster Duft, lebhafte, durchdringende Ansprache. Muß man einen Wein um jeden Preis in die Enge treiben oder ihn einfach seine Wahrheit verkünden lassen ? Es ist ein Aligoté.
☛ Guy Bocard, 4, rue de Mazeray, 21190 Meursault, Tel. 80.21.26.06 ☎ n. V.

JEAN-CLAUDE BOISSET 1990 ★

□	k.A.	k.A.	▮↓☑ 2

Ziemlich offenherziges Aroma mit blumigen Noten. Eher zarte Ansprache. Er macht uns schöne Augen. Der Geschmack ist rund und feurig, etwas schwer, aber man kann es nicht allen Geschmäckern recht machen.
☛ Jean-Claude Boisset, rue des Frères-Montgolfier, 21702 Nuits-Saint-Georges, Tel. 80.61.00.06

DOM. JEAN ET ROGER BONNARDOT 1990 ★

□	4,5 ha	8 000	◫ ☑ 1

Wenn man vom Kanonikus Kir in seinem Keller besucht wurde, wie dies hier der Fall war, so widmet man sich gläubig der einzigen Rebsorte, deren Wein Eingang finden darf in einen Kir, der diesen Namen verdient. Die Familie Bonnardot bleibt also dem rechten Glauben treu. Ihr Aligoté hat einen kräftigen, komplexen Duft, was aber nicht die Frische ausschließt. Fülle, Säure und Nachhaltigkeit. Der alte Abgeordnete und Bürgermeister von Dijon hätte ihm seinen Segen nicht versagt.
☛ EARL Dom. Jean et Roger Bonnardot, rue la Cure, 21700 Villers-La-Faye, Tel. 80.62.91.27 ☎ tägl. 9h-12h 14h-18h

REGINE ET GERARD BORGNAT
1990*

| □ | 0,5 ha | 3 000 | ▮↓Ⓜ① |

Jules Roy, der in Vézelay lebt, ist in diesen Keller hinuntergestiegen. Unter einem blaßgoldenen Einband ein zusammenhängendes Werk. Dieser Aligoté duftet nach reifen Früchten. Wenig Frische folglich, aber ein günstiger Eindruck. Zweifellos stammt er von sehr reifen Früchten.

☎ Gérard et Régine Borgnat, 1, rue de l'Eglise, 89290 Escolives-Sainte-Camille, Tel. 86.53.35.28 ⏰ Mo-Sa 9h-20h, So nachm. geschlossen

YVES BOYER-MARTENOT 1990*

| □ | 0,8 ha | 3 000 | ▮Ⓜ① |

Goldene Farbe mit einem winzigen grünen Schimmer. Im recht klaren Duft entfaltet ein leicht honigartiges Aroma. Frische Ansprache, in der man noch immer Zucker und Honig spürt. Ein sehr einmütig beurteilter Aligoté. Im letzten Jahr hat er eine besondere Empfehlung (für den Jahrgang 1989) erhalten.

☎ Yves Boyer-Martenot, 17, pl. de l'Europe, 21190 Meursault, Tel. 80.21.26.25 ⏰ n. V.

DOM. HENRI ET GILLES BUISSON
1990

| □ | 0,78 ha | 7 000 | ▮Ⓜ① |

Ein passabler, schon trinkfertiger Wein. Großartige Farbe, klarer, fruchtiger Duft, zufriedenstellender Geschmack.

☎ Dom. Henri et Gilles Buisson, 21190 Saint-Romain, Tel. 80.21.27.91 ⏰ n. V.

EDMOND CHALMEAU 1990

| □ | 3,5 ha | 25 000 | ▮↓Ⓜ① |

Der Name Chalmeau erscheint seit dem 16. Jh. in den Kirchenbüchern des Dorfes. Blaß- bis strohgelbe Farbe. Ein angenehmer Aligoté mit einem ausdrucksvollen Duft und einem säuerlichen Geschmack. Durchschnitt.

☎ Edmond Chalmeau, 20, rue du Ruisseau, 89530 Chitry, Tel. 86.41.42.09 ⏰ n. V.

CHANSON PERE ET FILS 1990*

| □ | k.A. | k.A. | ▮↓Ⓜ② |

Eine Farbe wie diese wünscht sich jeder Maler. Schlichtes, dezentes Bukett, aber harmonischer Geschmack. Leicht? Zweifellos. Der Aligoté ist kein Chardonnay, doch jeder hat seine Vorzüge.

☎ Chanson Père et Fils, 10, rue Paul Chanson, 21200 Beaune, Tel. 80.22.33.00 ⏰ n. V.

DOM. FRANCOIS CHARLES ET FILS
1990

| □ | 2 ha | 15 000 | ▮↓Ⓜ① |

Sehr reicher, an Biskuits erinnernder Duft. Voller, runder, ein wenig warmer Geschmack.
☎ Dom. François Charles et Fils, 21190 Nantoux, Tel. 80.26.01.20 ⏰ n. V.

DOM. CHEVROT 1990*

| □ | 1,04 ha | 6 000 | ↓Ⓜ③ |

Blasse Farbe. Ein Wein, der seinen Charakter schon beim ersten Riechen zeigt: komplex und fruchtig. Der Duft entfaltet sich gut. Seine angenehme Fruchtigkeit kommt wieder im Abgang zum Vorschein. Gute Fülle.

☎ Dom. Fernand et Catherine Chevrot, 71150 Cheilly-lès-Maranges, Tel. 85.91.10.55 ⏰ Mo-Sa 9h-11h30 14h-18h; So n. V.

DOM. PATRICK CHOLET-MASSON
1990

| □ | 0,34 ha | 3 000 | ▮↓Ⓜ③ |

Blumig und fein, an Eisenkraut erinnernd, aber dennoch hat er nichts mit einem Kräutertee zu tun. Ein lebhafter, frischer Wein, dessen Entwicklung für einen 90er normal ist.

☎ Patrick Cholet-Masson, rte d'Autun, 21630 Pommard, Tel. 80.21.48.15 ⏰ tägl. 10h-12h30 14h-19h

EDOUARD DELAUNAY ET FILS
1990

| □ | k.A. | k.A. | ▮↓② |

Der Geruchseindruck überrascht zunächst ein wenig. Die Belüftung tut ihm gut. Das Alter wird dafür sorgen, daß er wieder in den Hintergrund tritt. Mit dem Rest gibt es keine Probleme: Ausgewogenheit und Länge sind vorhanden.

☎ Edouard Delaunay et ses Fils, Ch. de Charmont, 21220 L'Etang-Vergy, Tel. 80.61.40.15 ⏰ n. V.

ANTOINE DEPAGNEUX 1991*

| □ | k.A. | 30 000 | ▮↓Ⓜ② |

»Der Thema, was es auch sei, muß immer einfach sein«, erklärte der alte Horaz. Deshalb duftet dieser Aligoté nach Weißdorn, besitzt eine ausreichende Säure und läßt sich ohne Gewissensbisse trinken.

☎ Antoine Depagneux, Les Nivaudières, 69430 Quincié-en-Beaujolais, Tel. 74.04.37.38

JEAN-FRANCOIS DICONNE 1990**

| □ | 2,3 ha | 6 000 | ▮↓Ⓜ② |

Räucherlachs würde gut zu diesem bukettreichen 90er mit den blumigen Noten im komplexen, fesselnden Duft passen. Der Wein scheint wie Quellwasser zu fließen – wie ein Bach auf dem Land an den ersten Tagen im Frühling.

☎ Jean-François Diconne, rue du Bourg, 71150 Rémigny, Tel. 85.87.20.01 ⏰ Mo-Sa 9h-12h 16h-19h; 10. Aug.–10. Sept. geschlossen

SYLVAIN DUSSORT 1990

| □ | 1 ha | 3 000 | ▮Ⓜ② |

Klar und sauber. Ein angenehm zu trinkender Wein, aber der typische Charakter der Rebsorte wird nicht deutlich.

☎ Sylvain Dussort, 2, rue de la Gare, 21190 Meursault, Tel. 80.21.27.50 ⏰ n. V.

DOM. FELIX ET FILS
Coteaux de Saint Bris 1990

| □ | 4,13 ha | 28 000 | ▮↓Ⓜ② |

Hervé Félix (40 Jahre) hat 1987 die Nachfolge seines Vaters angetreten. Zu gekochtem Schinken mit Sauce ein guter kleiner Aligoté, der nicht sehr farbintensiv, aber fein und fruchtig ist. Durchschnittliche Lebhaftigkeit, an Orangenschalen erinnernder Geschmack, ziemlich kurzer Abgang.

☎ Dom. Félix, 17, rue de Paris, 89530 Saint-Bris-le-Vineux, Tel. 86.53.33.87 ⏰ n. V.

DOM. FONTAINE DE LA VIERGE
1990*

	4,17 ha	30 000	🍴↓☑1

Klare, gelbgrüne Farbe. Er hat die aromatische Frische der Rebsorte und einen Hauch von Muskat, als würde er Colette, einem Kind des Departements Yonne und Verfasserin der berühmten *Treille muscate*, eine Hommage erweisen. Ziemlich typisch, unreif und frisch, eher vollständig. Er enthüllt eine mineralische Note, die sinnigerweise an Feuerstein erinnert.
🍇 Jean-Claude Biot, 5, chem. des Fossés, 89530 Chitry-le-Fort, Tel. 86.41.42.79 ⌛ Mo-Sa 8h-12h 14h-18h

DOM. PATRICE FORT 1990*

	2,3 ha	15 000	🍴↓☑1

Patrice hat sein Handwerk im Château de Puligny-Montrachet und in Angers gelernt, bevor er das Gut seiner Großeltern übernahm und seine Rebflächen vor kurzem auf Irancy ausdehnte. Klare, helle Farbe. Ein fruchtig-blumiger Wein mit einer kräftigen, mineralischen Ansprache. Ausdrucksvoller, angenehmer Geschmack.
🍇 Dom. Patrice Fort, 13, rte de Champs, 89530 Saint-Bris-le-Vineux, Tel. 86.53.86.33 ⌛ n. V.

DOM. FRIBOURG 1990

	2,23 ha	10 000	🍴↓☑1

Marcel Fribourg ist der ehemalige Leiter des Fremdenverkehrsamts des Kantons Nuits-Saint-Georges. Er stellt einen Aligoté in der guten Tradition der Hautes-Côtes vor, der kräftig und reizvoll ist.
🍇 Dom. Marcel et Bernard Fribourg, 21700 Villers-la-Faye, Tel. 80.62.91.74 ⌛ n. V.

GHISLAINE ET JEAN-HUGUES GOISOT Coteaux de Saint Bris 1990**

	6,1 ha	32 000	🍴↓☑1

Der Keller, einer der ältesten in der Region, enthält ein Wachlokal aus dem 11. Jh. Man trinkt hier also einen Wein, der in einer historischen Umgebung entstanden ist. Ein eleganter, einschmeichelnder Aligoté, der erfolgreich alle Etappen der Verkostung besteht. Ein wenig zu geschmeidig vielleicht für diese Rebsorte, die Lebhaftigkeit verlangt, aber wunderbar rund. Er paßt zu einer Brotzeit. Warum die Dinge unnötig komplizieren ?
🍇 Ghislaine et Jean-Hugues Goisot, 30, rue Bienvenu-Martin, 89530 Saint-Bris-le-Vineux, Tel. 86.53.35.15 ⌛ n. V.

SERGE ET ARNAUD GOISOT
Coteaux de Saint Bris 1990

	8 ha	30 000	↓☑2

Angenehmer, recht fruchtiger, leicht rauchiger Geruchseindruck. Fehlerlose Farbe. Nicht sehr kräftig gebaut, durchschnittliche Säure, aber ein fröhlicher Geschmack mit Tiefe. Paßt zu einer kalten Vorspeise oder zu weißem Fleisch.
🍇 EARL Anne et Arnaud Goisot, Caves 4 bis, rte des Champs, 89530 Saint-Bris-le-Vineux, Tel. 86.53.32.15 ⌛ tägl. 8h-12h 13h30-19h30

DOM. JACOB 1990**

	0,8 ha	6 000	🍴🏠↓☑1

Man erkennt ihn schon von weitem, so typisch ist er für einen Aligoté. Dezentes Vanillearoma und sorgfältige Vinifizierung. Eine Scheibe Schinkensülze wird für ihn wie der siebte Himmel sein.
🍇 Dom. Robert et Raymond Jacob, Buisson, 21550 Ladoix-Serrigny, Tel. 80.26.40.42 ⌛ n. V.

DOM. DE LA TOUR BAJOLE
Les Lyres 1990*

	1,3 ha	4 000	🍴↓☑2

Eine Kombination aus Trauben, die von alten, im Gobeletschnitt erzogenen Rebstöcken stammen, und aus Trauben junger, im Lyraschnitt erzogener Reben. Gut gebaut, aber nicht sehr intensive gelbe Farbe. Zunächst blumig, dann voll und pikant und schließlich holzbetont im Abgang. Ein Aligoté, der zu einem Omelett paßt.
🍇 Marie-Anne et Jean-Claude Dessendre, Dom. de la Tour Bajole, 71490 Saint-Maurice-lès-Couches, Tel. 85.45.52.90 ⌛ n. V.

DOM. LE MEIX DE LA CROIX
1990**

	0,75 ha	3 000	🍴☑1

Ein Aligoté, wie man ihn mag : ein fruchtiger Wein, der sofort anspringt. Zitronenaroma in der Ansprache, gefühlvoll im Abgang. Ein Aperitifwein, der auch einem Dutzend Weinbergschnecken standhalten kann.
🍇 Fabienne et Pierre Saint-Arroman, 71640 Saint-Denis-de-Vaux, Tel. 85.44.34.33 ⌛ tägl. 9h-12h 14h-18h

BERNARD MARECHAL-CAILLOT
1990

	0,62 ha	2 000	🍴↓☑1

Er erinnert etwas an einen Chardonnay und hat auch nicht die Ausdauer eines 10 000-Meter-Läufers. Aber dieser farbintensive Aligoté verdient es dennoch, hier aufgeführt zu werden, und wäre es auch nur wegen der besonderen Empfehlungen, die dieser Erzeuger 1989 und 1991 (für seinen 86er bzw. seinen 88er) erhalten hat.
🍇 Bernard Maréchal, rte de Châlon, 21200 Bligny-lès-Beaune, Tel. 80.21.44.55 ⌛ tägl. 9h-12h 14h-18h

MARINOT-VERDUN 1990**

	k.A.	k.A.	🍴↓☑1

Ein sehr subtiler 90er, der in einem Jesuitenkolleg erzogen worden zu sein scheint. Seine Fruchtigkeit erinnert an Äpfel und Trauben. Viel Charakter und ein Anflug von Erhabenheit.
🍇 Marinot-Verdun, Caves de Mazenay, 71510 Saint-Sernin-du-Plain, Tel. 85.49.67.19 ⌛ Mo-Sa 8h-12h 13h30-18h

CH. DE MERCEY 1990*

	3 ha	24 000	🍴↓☑3

Zweifellos ist das nicht der typische Charakter, den man sich von der Rebsorte erwartet, aber seine Ausgewogenheit, seine Länge und seine Fruchtigkeit haben etwas, das auch die strengste Jury beeindruckt.

🍷 Ch. de Mercey, 71150 Cheilly-lès-Maranges,
Tel. 85.91.11.96 ☎ n. V.

DOM. DES MOIROTS 1989*

	0,5 ha	3 600	🍷 ☑ 2

Das Zitronenaroma entwickelt sich im
Geschmack in Richtung Grapefruits. Ein durch
Lebhaftigkeit und exotische Noten geprägter
Wein, der fast seine volle Reife erreicht hat.
🍷 Lucien Denizot, Les Moirots, 71390 Bissey-
sous-Cruchaud, Tel. 85.92.16.93 ☎ n. V.

HENRI NAUDIN-FERRAND 1990*

	4,57 ha	41 000	🍷⬇☑ 1

Ein typischer Aligoté vom Scheitel bis zur
Sohle. Dieser 90er verdient die Silbermedaille bei
den Olympischen Winterspielen, Disziplin Käse-
fondue. Machen Sie den Versuch. Die Gleitfähig-
keit ist gut in den Hautes-Côtes.
🍷 Henri Naudin-Ferrand, 21700 Magny-lès-
Villers, Tel. 80.62.91.50 ☎ n. V.

JOCELYN PINOTEAU DE RENDINGER 1990*

	0,2 ha	1000	🍷⬇☑ 1

Der Bildhauer François Rude, Schöpfer des
Sockelreliefs *La Marseillaise* am Arc de Triom-
phe de l'Etoile in Paris, soll einst diesen Keller
mit seinem Besuch beehrt haben. Das ist denkbar : Er stammt aus Dijon und hatte zahlreiche
Freunde in Burgund. Ein perfekter Wein für den
»Auszug der Freiwilligen« , der sie erwärmen
und ihren Mut stärken würde. Der Geruchseindruck ist martialisch, die Attacke militärisch, die
Fülle siegreich, der Stil geschmeidiger.
🍷 Pinoteau de Rendinger, Ch. des Guettes,
21420 Savigny-lès-Beaune, Tel. 45.00.16.30
☎ n. V.

DOM. DU PRIEURE 1990**

	0,3 ha	2 000	🍷⬇☑ 2

Der angenehme, vornehme Duft erinnert an
Bratäpfel. Kräftiger, nachhaltiger Körper, dem es
nicht an Nerv fehlt. Ein hervorragender Wein,
der noch jung und sehr sympathisch ist.
🍷 SCEA du Prieuré, La Condemine, 71260
Péronne, Tel. 85.36.97.03 ☎ n. V.

DOM. VINCENT PRUNIER 1990

	0,34 ha	3 200	🍷☑ 1

Golden schimmernde Farbe, ein Hauch von
SO_2, danach eine schöne Geschichte, die ihr
Publikum lange in Atem hält.
🍷 Vincent Prunier, rte d'Autun, 21190 Auxey-
Duresses, Tel. 80.21.21.90 ☎ n. V.

DOM. DE ROCHEBIN 1990*

	4,26 ha	20 000	🍷⬇☑ 2

Warum trägt das Wappen des Gutes, das auf
dem Etikett erscheint, einen prähistorischen
Bärenschädel ? Wir befinden uns hier im Gebiet
der Grotten von Azé, die zahlreiche, aufsehener-
regende Knochenfunde von Bären enthalten.
Dieser weißgoldene 90er, dessen Aroma an Blüten und geröstetes Brot und im Abgang an Haselnüsse erinnert, ist viel liebenswerter. Ganz einfach ein guter Wein.
🍷 Dom. de Rochebin, 71260 Azé,
Tel. 85.33.33.37 ☎ n. V.

ROPITEAU 1990*

	k.A.	k.A.	🍷☑ 2

Man kehrt immer zu seiner ersten Liebe
zurück ! Hier ein echter Aligoté : strukturiert und
sauber, kraftvoll, fleischig und fruchtig. Er verbindet einen Hauch von Gefühl mit dem Vergnügen der Degustation.
🍷 Ropiteau Frères, Les Chanterelles, B.P. 25,
21190 Meursault, Tel. 80.24.33.00 ☎ tägl. 8h-20h ;
20. Nov.–15. Febr. geschlossen

DOM. SAINTE CLAIRE 1990*

	5 ha	4 000	🍷⬇☑ 1

Der Aligoté von Saint-Bris »chardonniert«
ein wenig. Das ist in seiner Natur begründet –
und in seiner Vinifizierung. Dieser hier hat einen
ausdrucksvollen, kräftigen Duft und eine ausgewogene Ansprache, die sich in einem Minzearoma verlängert. Sehr gelungen, wenn man die
übertriebene Kraft des ersten Geruchseindrucks
vergißt. Aber damit schneidet man Fragen an,
die Grundsatzdiskussionen eröffnen !
🍷 Jean-Marc Brocard, 89800 Préhy,
Tel. 86.41.42.11 ☎ Mo-Sa 8h-18h

DOM. SAINT PRIX 1990*

	8,22 ha	45 000	🍷⬇☑ 2

Wer *Fisch oder Fleisch* gesehen hat, einen
schon alten Film, in dem Louis de Funès zum
ersten Mal die Hauptrolle spielte, erinnert sich
vielleicht an diesen Keller, der für eine Szene als
Hintergrund diente. Wer bei Marc Meneau
Austern in Gelee gegessen hat, wird an diesen
Aligoté denken, um dieses Erlebnis zu wiederholen. Zweifellos ein wenig verschlossen, aber auch
wenn der Geruchseindruck nicht sehr einfalls-
reich ist, so entfaltet sich der klare, heitere
Geschmack harmonisch.
🍷 GAEC Bersan et Fils, 20, rue de l'Eglise,
89530 Saint-Bris-le-Vineux, Tel. 86.53.33.73
☎ n. V.

MICHEL SARRAZIN ET FILS 1990**

	1,5 ha	10 000	🍷☑ 2

Man könnte diesen 90er für etwas geizig halten, so sehr verbirgt er seinen goldenen Ton vor
den Blicken. Aber ansonsten ist er freizügig :
hübscher, komplexer Duft, in dem man am Baum
hängende unreife Zitronen entdeckt, danach eine
klare, konzentrierte Ansprache. Spitzenklasse.
🍷 Michel Sarrazin et Fils, Charnailles, 71640
Jambles, Tel. 85.44.30.57

DOM. ROBERT SIZE ET FILS 1990***

	k.A.	2 500	🍷🍶☑ 2

»Mach's dir bequem, mein Kleiner, jetzt geht
die Prozession erst los !« sagte einst ein Pfarrer
an der Côte beim Aufstehen, nachdem er ein
Glas Aligoté getrunken hatte. Der Wein dieser
Geschichte belebt Sie beim Erwachen. Das
Aroma erinnert stark an reife Früchte. Ausge-
zeichnete Ausgewogenheit zwischen Säure und
Alkohol, Geschmeidigkeit und Harmonie. Paßt
zu kaltem Fisch.
🍷 Dom. Robert Size et Fils, Au bourg,
Cidex 716, 71640 Saint-Martin-sous-Montaigu,
Tel. 85.45.11.72

DOM. LUC SORIN 1990

☐   8,49 ha   61 000   ▮↓☑🟦

Das Gut wurde vor einigen Jahren von Monsieur Bourson, einer sehr schillernden Persönlichkeit, gekauft. Sein Aligoté wird von einer Harznote geprägt. Ein angenehmer, lebhafter Wein, der aber weniger Persönlichkeit als sein Erzeuger besitzt.

🔖 Dom. Luc Sorin, 13 bis, rue de Paris, 89530 Saint-Bris-le-Vineux, Tel. 86.53.36.87 ☎ Mo-Sa 9h-18h

🔖 Bourson

HUBERT ET JEAN-PAUL TABIT
Coteaux de Saint Bris 1990

☐   5 ha   25 000   ▮☑🟥

1991 wurde ein Vinifizierungskeller errichtet. Wenn Sie nicht schon seit langem hierher kommen würden, wäre dies eine Neuigkeit für Sie. Leichte Farbe, intensiver, fruchtiger Duft. Ein ziemlich feuriger Wein, der ein wenig ein Gefangener seines Alkohols ist.

🔖 GAEC Hubert et Jean-Paul Tabit, 2, rue Dorée, 89530 Saint-Bris-le-Vineux, Tel. 86.53.33.83 ☎ n. V.

JEAN ET PIERRE TARTOIS 1990*

☐   1 ha   3 300   ▮↓☑🟦

Nicht alles, was glänzt, ist auch Gold. Ganz bestimmt, hier ist es ein Aligoté. Und ein gelungener dazu. Stattlich, geschmeidig und voll : er gewinnt die Dreierwette in dieser Reihenfolge. Sein reifes, kräftiges Zitrusaroma ist ebenfalls ausdrucksstark.

🔖 SCE Jean et Pierre Tartois, rte de Beaune, 21630 Pommard, Tel. 80.22.11.70 ☎ n. V.

GAEC DES VIGNERONS 1990**

☐   2,5 ha   k.A.   ▮↓☑🟥

Sein Kleid ist von der Stange, aber das Bukett ist Haute Couture. Die Fruchtigkeit explodiert förmlich. Ein echter Aligoté : lebhaft und leicht, springlebendig. Er paßt zu Krustentieren und Muscheln. 1989 haben wir den 86er besonders empfohlen.

🔖 GAEC des Vignerons, 71150 Rémigny, Tel. 85.91.21.72 ☎ n. V.

🔖 Guy Fontaine et Jacky Vion

DOM. DES VIGNES DES DEMOISELLES 1990*

☐   0,5 ha   3 600   ▮↓☑🟦

Gefällige, strohgelbe Farbe. Intensive Fruchtigkeit. Lebhaft, harmonisch, nachhaltig, ausgewogen. Ein schöner, guter Wein, erzeugt und hergestellt auf dem Gebiet von Les Maranges, wo Henri Vincenot, der eine feine Nase hatte, seine spätere Frau fand.

🔖 Gabriel Demangeot et ses Fils, Le Bourg, 21340 Change, Tel. 85.91.11.10 ☎ n. V.

DOM. EMILE VOARICK 1989**

☐   2,8 ha   18 000   ▮☑🟦

Ein vertikales Etikett, das ist selten in Burgund. Sorgfältige graphische Gestaltung, das ist ebenfalls selten. Und sehen Sie : Kleider machen Leute ! Dieser Aligoté hat alle Trümpfe im Ärmel : intensive, strahlend goldgrüne Farbe, sehr reife Zitrusfrüchte. Er ist die Verkörperung von Reichtum und Jugend, was nicht so häufig vorkommt.

🔖 SCV Dom. Emile Voarick, 71640 Saint-Martin-sous-Montaigu, Tel. 85.45.23.23 ☎ Mo-Sa 9h-12h 14h-18h

Bourgogne
Aligoté bouzeron

JACQUES BONNET Sous le bois 1990**

☐   2 ha   3 000   ▮🟦

Ein Aligoté, der Zugang zu den vornehmen Tafeln hat, so perfekt verkörpert er sein Anbaugebiet. Er besitzt alle Trümpfe : blumig in der Ansprache, fruchtig im Abgang. Gewiß, er erinnert etwas an einen Chardonnay, und seine Geschmeidigkeit bringt auch nicht ganz den Charakter seiner Rebsorte zum Ausdruck. Aber er ist so gut, daß man ihm alles verzeiht.

🔖 Jacques Bonnet, rue de l'Eglise, 71150 Bouzeron, Tel. 85.87.17.72 ☎ tägl. 9h-12h 14h-18h

CLOS DE LA FORTUNE 1990

☐   10,18 ha   50 000   ▮↓☑🟦

Dieser Wein wurde 1989 einer besonderen Empfehlung für würdig befunden. Es handelte sich damals um einen 86er. Der 90er hat eine ziemlich durchsichtige Farbe, entfaltet ein leicht pflanzliches Aroma und bietet einen ausgewogenen Gesamteindruck.

🔖 Daniel Chanzy, Dom. de l'Hermitage, 71150 Bouzeron, Tel. 85.87.23.69 ☎ n. V.

DOM. LHERITIER 1989*

☐   0,5 ha   2 700   ▮☑🟦

Perfekte Gleichung : goldgrün und klar. Ein zarter Wein, der nach Blüten duftet, die sich fast noch nicht geöffnet haben. Im Geschmack ist er fest und füllig.

🔖 André Lhéritier, 4, bd de la Liberté, 71150 Chagny, Tel. 85.87.00.09 ☎ n. V.

A. ET P. DE VILLAINE 1990**

☐   9,5 ha   50 000   ▮↓☑🟦

Aristokraten als Erzeuger : ein blaublütiger Aligoté. Eine intensive Fruchtigkeit bildet den gelungenen Auftakt. Voll, lang, leicht säuerlich, ziemlich typisch. Kurz gesagt : aus gutem Stall. In unserer Ausgabe 1989 haben wir den 86er besonders empfohlen.

🔖 A. et P. de Villaine, Au Bourg, 71150 Bouzeron, Tel. 85.91.20.50 ☎ n. V.

Bourgogne Passetoutgrain

Eine für Rot- und Roséweine innerhalb der Appellation Bourgogne Grand Ordinaire reservierte Bezeichnung. Es handelt sich also um eine Appellation mit stärkeren Beschränkungen, weil die Weine aus einer Kombination von Pinot-Noir- und Gamay-Noir-Trauben hergestellt sein müssen; der Pinot-Noir-Anteil muß dabei mindestens ein Drittel betragen. Angeblich sind bei den besten Weinen die beiden Rebsorten zu gleichen Teilen oder Pinot Noir sogar stärker vertreten.

Die Roséweine werden obligatorisch durch Maischegärung erzeugt, wobei man sie nach kurzer Gärdauer absticht; es sind somit echte Roséweine, im Gegensatz zu den »grauen« Weinen, sehr hellen Roséweinen, die unmittelbar durch Keltern von dunklen Trauben gewonnen und wie Weißweine vinifiziert werden. Bei ersteren wird der Abstich des Mostes vorgenommen, wenn der Winzer durch die Maischegärung die gewünschte Farbe erreicht hat. Dies kann auch mitten in der Nacht der Fall sein! Roséweine der AOC Bourgogne Passetoutgrain werden nur in sehr geringer Menge produziert; hauptsächlich handelt es sich um Rotweine. Die Weine werden in erster Linie im Departement Saône-et-Loire (rund zwei Drittel) erzeugt, der Rest im Departement Côte-d'Or und im Tal der Yonne. Die Produktionsmenge liegt zwischen 65 000 und 75 000 hl. Die Weine sind leicht und frisch und müssen jung getrunken werden.

DOM. ARNOUX PERE ET FILS 1990

■	0,98 ha	9 000

Potaufeu paßt gut zu diesem Wein, der sich erster Linie auf die Pinotrebe stützt und leichten Biß besitzt. Mittlere Länge, aber genug Charakter, um Aufmerksamkeit zu erregen. Nicht mehr allzu lange lagern.
↝ Dom. Arnoux Père et Fils, rue des Brenots, 21200 Chorey-lès-Beaune, Tel. 80.22.57.98 ☎ n. V.

ALAIN BERTHAULT 1990*

■	2 ha	2 000

Ein Erzeuger, der einer Familie von Winzern und natürlich von Küfern entstammt. Im Probierkeller sind übrigens alle Geräte der beiden Handwerke ausgestellt. Besondere Empfehlung

1990 (für den 87er). Kräftige Farbe mit jugendlichen Reflexen. Ein recht typischer, voller und kräftiger Wein. Seine Aggressivität verdankt er den jungen Tanninen, aber sie wird sich mit dem Alter mildern.
↝ Alain Berthault, 71390 Moroges, Tel. 85.47.91.03 ☎ n. V.

BOUHEY-ALLEX 1990

■	0,89 ha	2 000

Ein Gut, das mit der politischen Geschichte Burgunds verbunden ist: Jean Bouhey, der Vater der heutigen Besitzer, war lange Zeit Abgeordneter und Regionalkommissar der Republik während der Befreiung Frankreichs von der deutschen Besatzung im Zweiten Weltkrieg. Ein Passetoutgrain von guter Provenienz, der einen jugendlichen Charakter präsentiert und nach einer Potée (Eintopf aus gepökeltem oder geräuchertem Schweinefleisch, Gemüsen und Kartoffeln) verlangt. Im Abgang leicht tanninbetont.
↝ Maison Bouhey-Allex, 21700 Villers-la-Faye, Tel. 80.62.91.35 ☎ Di-Sa 8h-18h

CAVE DES VIGNERONS DE BUXY 1990★★

■	k.A.	k.A.

Eine angenehme Kombination der beiden Rebsorten: runder, leichter Körper, schöne Finesse und kräftiges Aroma mit einer pflanzlichen Note. Ziemlich helle, klare Farbe. Ein schöner Wein.
↝ Cave des Vignerons de Buxy, Les Vignes de La Croix, 71390 Buxy, Tel. 85.92.03.03 ☎ n. V.

DOM. FRANCOIS CHARLES ET FILS 1990★★★

■	2 ha	15 000

François und Pascal Charles zählen nicht mehr ihre Vorfahren, die Winzer waren. Aber für sie ist jetzt der Tag des eigenen Ruhms gekommen, denn ihr 90er Passetoutgrain ist anbetungswürdig. Prächtige Farbe, feiner, zarter Duft, erstaunliche Länge im Geschmack und fruchtiges, nachhaltiges Aroma. Ein Bravo für diese bemerkenswerte Vinifizierung, die wir hier besonders empfehlen. Und sehen Sie sich den Preis an!
↝ Dom. François Charles et Fils, 21190 Nantoux, Tel. 80.26.01.20 ☎ n. V.

DOM. CORNU 1989

■	2,73 ha	k.A.

Magny-lès-Villers markiert die Grenze zwischen den Hautes-Côtes de Nuits und den Hautes-Côtes de Beaune : Es liegt auf dem Gebiet von beiden. Seine Farbe, die an rote Lippen erinnert, erregt die Aufmerksamkeit. Nicht sehr intensiver Duft und ein noch verschlossener Geschmackseindruck, der von der Gamayrebe geprägt wird. 1989 hat dieser Wein (als 86er) eine besondere Empfehlung erhalten.

☞ Dom. Cornu, 21700 Magny-lès-Villers, Tel. 80.62.92.05 ☂ n. V.

BERNARD ET ODILE CROS 1987

	k.A.	10 000	🍷 ⅲ 🔳

Diese Erzeuger sind im Departement Saône-et-Loire (Côte Chalonnaise) ansässig. Für einen Passetoutgrain ein schon verehrungswürdiges Alter. Trinkreif. Gefälliger Geschmack. Sein Duft von eingemachten Früchten hinterläßt einen angenehmen Eindruck. Die Farbe ist hübsch geblieben. Ein für den Jahrgang 1987 typischer Wein (leichte Trockenheit).

☞ Bernard et Odile Cros, Cercot, 71390 Moroges, Tel. 85.47.92.52 ☂ Mo-Sa 9h-18h

ANTOINE DEPAGNEUX 1990**

	k.A.	20 000	🍷↓🔳

Was soll man in dieser Appellation besser machen ? Rundheit, Frische, klarer Geschmack – das ist fast ein Wein für alle Tage, wenn man Kombinationen aus Pinot-Noir- und Gamaytrauben mag.

☞ Antoine Depagneux, Les Nivaudières, 69430 Quincié-en-Beaujolais, Tel. 74.04.37.38

BERNARD DESERTAUX-FERRAND 1990**

1,2 ha	4 000	🍷🔲🔳

Pierre Poupon spricht wegen der Nachbarschaft zu den Steinbrüchen von Comblanchien von der »Côte der Steine« . Bei diesem Wein möchte man mit Lamartine sagen : »Laßt mich von diesen leuchtendroten Lippen diesen duftigen Atem einsaugen...« Klar, geschmeidig und angenehm mundig.

☞ EARL Dom. Désertaux-Ferrand, Grand-Rue, 21700 Corgoloin, Tel. 80.62.98.40 ☂ tägl. 9h-12h 14h-20h

REGIS DUBOIS ET FILS 1990**

1,05 ha	9 250	🍷🔲🔳

Régis Dubois widmet einen Großteil seiner Zeit der Fachoberschule für Weinbau in Beaune. Man könnte ihm durchaus den Lehrstuhl für Passetoutgrain anbieten. Sein 90er besitzt eine intensive Farbe und entfaltet einen sehr fruchtigen Duft, in dem sich auch die Gamayrebe bemerkbar macht. Ein kräftiger, robuster Wein, der sich im Geschmack entfaltet. Aufgrund seiner Lebhaftigkeit sollte man ihn noch etwas lagern. Ein Merkmal dieses Jahrgangs.

☞ Régis Dubois et Fils, 21700 Prémeaux-Prissey, Tel. 80.62.30.61 ☂ Mo-Sa 8h-11h30 14h-18h

PHILIPPE GAVIGNET 1990

0,61 ha	5 000	🍷↓🔲🔳

Der Wein eines Winzers aus Nuits-Saint-Georges, der 10 ha bewirtschaftet. Sein stark durch die Gamayrebe geprägter Passetoutgrain ist von biblischer Einfachheit. Strahlende Farbe und sehr lebhafter Geschmack. Sein ebenfalls vorgestellter 89er ist im selben Stil gehalten, nur rauher und kräftiger.

☞ Philippe Gavignet, 36, rue du Dr Louis Legrand, 21700 Nuits-Saint-Georges, Tel. 80.61.09.41 ☂ n. V.

LES CAVES DES HAUTES-COTES 1990*

	k.A.	80 000	🍷↓🔲🔳

Die Genossenschaftswinzer der Hautes-Côtes verwenden etwa 40 ha Rebflächen für ihren Passetoutgrain, der 1987 von uns besonders empfohlen worden ist (Jahrgang 1985). Jugendliche, strahlende Farbe, verführerischer Duft und ein Geschmack von sehr angenehmer Nachhaltigkeit.

☞ Gpt de Prod. Les Caves des Hautes-Côtes et de la Côte, rte de Pommard, 21200 Beaune, Tel. 80.24.63.12 ☂ n. V.

HONORE LAVIGNE Cuvée spéciale*

	k.A.	k.A.	🍷↓🔳

Eine Cuvée ohne Jahrgang. Das ist selten in Burgund. Aber verständlich bei einem Passetoutgrain. Rund und kräftig, ins Violette spielende rote Farbe. Dieser Wein besitzt Feuer, vielleicht sogar zuviel. Ein Temperament wie ein Keiler. Gut gemacht, aber nicht sehr typisch.

☞ Honoré Lavigne, B.P. 102, 21702 Nuits-Saint-Georges Cedex, Tel. 80.61.00.06
☞ J.-C. Boisset SA

DOM. DE LA CHAPELLE 1990**

6 ha	18 000	🍷🔲🔳

Ein Gut im Gebiet von Couches : 18 ha Rebflächen, davon ein Drittel in dieser Appellation. 1991 haben wir den 88er besonders empfohlen. Probieren Sie diesen Wein zu Œufs meurettes (poschierte Eier in Rotweinsauce) ! Sie passen hervorragend zu ihm und werden sein typisches, sehr feines Bukett und seinen gleichzeitig runden und festen Körper besonders zur Geltung bringen. Kurz gesagt : Er ist vollständig.

☞ SCEA Dom. de La Chapelle, Eguilly, 71490 Couches, Tel. 85.49.66.65 ☂ Mo-Fr 14h-20h ; Sa, So 8h-12h 14h-20h
☞ Bouthenet Père et Fils

MARINOT-VERDUN 1990

	k.A.	k.A.	🍷↓🔲🔳

Im Weiler Mazenay, zwischen Les Maranges und dem Gebiet von Couches, fanden die Schneiders um 1850 das Eisenerz, das ihnen in Le Creusot fehlte. Das Bergwerk ruht heute still. Dieser Passetoutgrain tröstet darüber hinweg. Er bringt die Finesse der Pinotrebe gut zum Ausdruck. Ein Wein von ziemlich blasser Farbe, der gut zu einem Teller mit Wurst paßt, aber nicht sehr nachhaltig ist.

☞ Marinot-Verdun, Caves de Mazenay, 71510 Saint-Sernin-du-Plain, Tel. 85.49.67.19 ☂ tägl. sf dim. 8h-12h 13h30-18h

PASQUIER-DESVIGNES 1990

10 ha	53 000	🍷↓🔳

Bis auf die Farbe ist er nicht sehr intensiv. Das Aroma erinnert an rote Früchte. Ein ziemlich typischer Passetoutgrain, der nicht hoch hinaus will.

☙ Pasquier-Desvignes, rte de Lyon, B.P. 4033,
71040 Varennes-lès-Mâcon, Tel. 85.34.70.50

DOM. RENE PODECHARD 1990*

■   1,6 ha   4 000

40% Gamay und 60% Pinot, eine nahezu perfekte Zusammenstellung. Dieser 90er hat eine jugendliche Farbe bewahrt und entfaltet unter dem Holzton eine deutlich spürbare Finesse von fast rührender Aufrichtigkeit. Ein frischer Wein, den man in den nächsten beiden Jahren trinken kann.
☙ SCE du Dom. René Podechard, 2, rue Gauffré, 21200 Chorey-lès-Beaune, Tel. 80.22.21.76 ☏ n. V.

PIERRE TAUPENOT 1990**

■   1,36 ha   6 400

Saint-Romain blickt auf die Côte hinab. Nicht nur wegen der steilen Felsklippe, auf der es sich befindet, sondern auch weil es Weine wie diesen hier produziert. Sehr leichte Farbe, aber sein Aroma stammt aus dem Garten der irdischen Genüsse. Viel Fruchtigkeit und eine exzellente Konzentration. Der Pinotcharakter dominiert.
☙ Pierre Taupenot, 21190 Saint-Romain, Tel. 80.21.24.37 ☏ n. V.

Bourgogne Irancy

Das kleine Anbaugebiet, etwa 15 km südlich von Auxerre, durfte erleben, wie sein guter Ruf 1977 durch den offiziellen Zusatz des Namens Irancy zur Appellation Bourgogne bestätigt wurde. Dieser Brauch ist schon alt, denn eine richterliche Entscheidung in den 30er Jahren legte fest, daß der Name der Gemeinde der Bezeichnung Bourgogne obligatorisch hinzugefügt werden müsse.

Die Roweine aus Irancy sind dank der César- oder Romain-rebe, einer einheimischen Rebsorte vermutlich gallischen Ursprungs, recht angesehen. Diese ziemlich launische Rebsorte ist zu allem fähig, zum Schlechtesten ebenso wie zum Besten. Bei geringen bis normalen Erträgen verleiht sie den Weinen einen eigentümlichen Charakter und vor allem einen hohen Tanningehalt, der eine sehr lange Lagerung ermöglicht. Wenn der Rebstock dagegen zu viele Trauben trägt, sinkt die Qualität. Deshalb ist ihre Verwendung in den Cuvées auch nicht vorgeschrieben.

Pinot Noir, die Hauptrebsorte der Appellation, liefert auf den Hügeln von Irancy einen erstklassigen Wein, der sehr fruchtig und farbintensiv ist. Die Eigenschaften des Anbaugebiets hängen vor allem mit der Lage zusammen. Die Reben wachsen zumeist an steilen Hängen; diese bilden einen Kessel, in dem das Dorf liegt. Das Anbaugebiet greift auf die beiden Nachbargemarkungen Vincelotte und Cravant über, wo die Weine von der Côte de Palotte besonders berühmt waren. Die Produktion schwankt je nach Jahrgang zwischen 2 500 und 6 000 hl.

LEON BIENVENU ET FILS 1990**

■   9 ha   50 000

Die rote Farbe erinnert an Kardinalspurpur. Ein Irancy mit einem altertümlichen Duft: Bienenwachs. Der Sockel ist nicht besonders bemerkenswert, aber die Statue darauf ist sehr hübsch.
☙ GAEC Léon Bienvenu et Fils, rue Soufflot, 89290 Irancy, Tel. 86.42.22.51 ☏ n. V.

ANITA ET JEAN-PIERRE COLINOT 1990***

■   k.A.   5 000

Colinot, das bedeutet Irancy. Die Familie baut auch noch die Césarrebe an. Man muß einfach feststellen, daß ihr 90er mit der Farbe von reifen Kirschen und dem pfeffrig-würzigen Duft ein hervorragender Wein ist. Er wird 1993 wunderbar schmecken.
☙ Anita et Jean-Pierre Colinot, rue Soufflot, 89290 Irancy, Tel. 86.42.33.25 ☏ n. V.

ROGER DELALOGE 1990**

■   5 ha   10 000

Dieser Erzeuger wurde 1988 mit einer besonderen Empfehlung für seinen 85er ausgezeichnet. Der Jahrgang 1990 besitzt in Irancy mehr Form als Tiefe. Der Stoff ist etwas flüchtig, schmeckt aber sehr angenehm. Die rote Farbe ist fast braun. Der balsamische Duft erinnert an Wacholder. Im Abgang spürt man eine bittere Note.
☙ Roger Delaloge, 1, ruelle du Milieu, 89290 Irancy, Tel. 86.42.20.94 ☏ n. V.

DOM. PATRICE FORT
Les Mazelots 1989★★★

■	1,2 ha	7 000	■↓Ⓥ2

Es handelt sich hierbei um einen Teil des Gutes von Gabriel Delaloge, das dieser Erzeuger 1991 übernahm. Ziegelrote oder rubinrote Farbe ? Die Ansichten darüber sind geteilt. Auf jeden Fall ein verführerisches Aussehen. Das Aroma konzentriert sich auf vollreife Früchte sowie Blätter von schwarzen Johannisbeersträuchern und sogar Pflaumen. Stoffreich, cremig, harmonisch, typisch für den Jahrgang. Ein 89er der Spitzenklasse, den man aber im kommenden Jahr trinken muß.
🍷 Dom. Patrice Fort, 13, rte de Champs, 89530 Saint-Bris-le-Vineux, Tel. 86.53.86.33 ☿ n. V.

DOM. JACKY RENARD 1990

■	1,05 ha	6 500	■▥ Ⓥ2

Die feine, zarte Version des Irancy. Wenig Fülle und beschränkte Mittel, aber eine leichte, sehr angenehme Struktur für die Weinfreunde, die gern eine Flasche trinken, ohne sich in psychoanalytischen Erörterungen ergehen zu wollen. Paßt ideal zu einem Picknick.
🍷 Jacky Renard, La Côte de Chaussan, 89530 Saint-Bris-le-Vineux, Tel. 86.53.38.58 ☿ n. V.

DOM. SAINT-PRIX 1990★★

■	0,67 ha	4 000	■↓Ⓥ2

Der Eindruck verbessert sich im Laufe der Verkostung. Ansprechende Farbe. Nicht sehr ausdrucksvoller Geruchseindruck. Sehr milde Ansprache. Trinkreif. 1990 haben wir den 87er besonders empfohlen.
🍷 GAEC Bersan et Fils, 20, rue de l'Eglise, 89530 Saint-Bris-le-Vineux, Tel. 86.53.33.73 ☿ n. V.

Bourgogne
Hautes-Côtes de Nuits

In der Umgangssprache und auf den Etiketten verwendet man am häufigsten die Bezeichnung »Bourgogne Hautes-Côtes de Nuits« für die Rot-, Rosé- und Weißweine, die auf dem Gebiet von 16 Gemarkungen des Hinterlandes sowie in den Weinbergen erzeugt werden, die oberhalb der kommunalen Appellationen und der Crus der Côte de Nuits liegen. Diese Anbaugebiete erzeugen je nach Jahrgang 15 000 bis 20 000 hl, davon 90% Rotwein. Seit 1970 ist die Produktion stark angestiegen, während man sich vorher auf die Erzeugung der regionalen Appellation, in erster Linie des Bourgogne Aligoté, beschränkte. Damals erfolgte die Umstellung, wobei auch Weinberge, die vor der Reblausinvasion bestockt gewesen waren, wieder bepflanzt wurden.

Die besten Lagen liefern in manchen Jahren Weine, die es mit denen der Côte aufnehmen können. Die Ergebnisse sind übrigens oft beim Weißwein besser ; leider wird die Chardonnayrebe, die bestimmt noch häufiger bessere Weine hervorbringen würde, nicht in stärkerem Umfang angebaut. Mit der Wiederherstellung des Weinbaugebietes haben sich auch die Bemühungen um eine Ankurbelung des Fremdenverkehrs erhöht. Zu diesem Zweck wurde ein »Haus der Hautes-Côtes« geschaffen, wo die Erzeugnisse der Region ausgestellt werden, die man hier zusammen mit der einheimischen Küche probieren kann.

BOUCHARD PERE ET FILS 1990★★

■	k.A.	k.A.	▥↓2

Die Schloßherrin von Vergy hätte bei diesem Wein gern den Kopf verloren : intensive Farbe, reizvolles Aroma und der Körper eines Ritters, der zum Kreuzzug aufbricht. Zweifellos wird er eines Tages zurückkehren. Er hält dann für seine Schöne die süßesten Wonnen bereit.
🍷 Bouchard Père et Fils, Au Château, B.P. 70, 21202 Beaune Cedex, Tel. 80.22.14.41 ☿ n. V.

DOM. BROCARD 1990★

■	k.A.	k.A.	▥ 2

Lang, ausgewogen, mit sehr vielversprechenden Tanninen. Ein fruchtiger 90er, der eine schöne Zukunft vor sich hat.
🍷 Cie des Vins d'Autrefois, 9, rue Celer, 21200 Beaune, Tel. 80.22.21.31 ☿ n. V.

DOM. CACHAT-OCQUIDANT ET FILS 1990★

■	61,91 ha	k.A.	▥↓Ⓥ2

Eine leichte Holznote verbindet sich mit dem Aroma von roten Früchten. Geschmackliche Ausgewogenheit. Guter Bau, große Eleganz und hervorragende Zukunftsaussichten.
🍷 Dom. Cachat-Ocquidant et Fils, 21550 Ladoix-Serrigny, Tel. 80.26.45.30 ☿ Mo-Sa 9h-11h30 14h-19h

DOM. CORNU 1989★

■	3,23 ha	k.A.	▥Ⓥ2

Kräftige granatrote Farbe. Dieser Wein entfaltet ein recht überschwengliches Bukett. Zweifellos frisch, aber das Aroma erinnert vor allem an gekochte Früchte. Harmonischer Geschmack mit leicht pflanzlichen Noten und erstklassigen Tanninen. Wird sich bestimmt günstig entwickeln.
🍷 Dom. Cornu, 21700 Magny-lès-Villers, Tel. 80.62.92.05 ☿ n. V.

BURGUND

DOM. GUY DUFOULEUR 1990**

■   3,5 ha   21 000   ◫ ↓ Ⅴ 2

Die schwarzen Johannisbeeren sind eine Spezialität der Hautes-Côtes. Es ist deshalb auch nicht verwunderlich, daß man ihr Aroma in diesem kräftig gebauten, stoffreichen und noch jugendlichen Wein findet. Hat eine strahlende Zukunft vor sich.

☛ SCI Dom. Guy Dufouleur, 19, pl. Monge, 21700 Nuits-Saint-Georges, Tel. 80.61.21.21
Ⅹ n. V.

DOM. FRANCOIS GERBET 1990*

■   10,5 ha   30 000   ▤ ◫ ↓ Ⅴ 2

Marie-Andrée und Chantal haben eine Vorliebe für große Höhen : die eine ist Fliegerin, die andere Bergsteigerin. Ihr Wein ist ausgewogen, vielleicht durch eine gewisse Entwicklung geprägt. Sehr hübscher Duft.

☛ Dom. François Gerbet, 21700 Vosne-Romanée, Tel. 80.61.07.85 Ⅹ n. V.
☛ Marie-Andrée et Chantal Gerbet

DOM. A.-F. GROS 1988*

■   2 ha   k.A.   Ⅴ 3

Übernahme eines Teils des Gutes von Jean Gros in Vosne-Romanée. Dieser war früher einer der erster Winzer an der Côte, die in den Hautes-Côtes wieder Wein anbauten, insbesondere im Weiler Chevrey in der Nähe Arcenant. Die Farbe beginnt sich zu entwickeln (es handelt sich um einen 88er). Das Bukett ist schon reif : gekochte Backpflaumen, sehr angenehmer Geruch von Gebratenem. Säure und natürliche Süße ergänzen sich gut. Dürfte noch einige Jahre lagern können.

☛ Dom. A.-F. Gros, La Garelle, 21630 Pommard, Tel. 80.22.61.85 Ⅹ n. V.
☛ Anne François Parent

MICHEL GROS 1990***

■   7 ha   30 000   ◫ Ⅴ 3

Es gibt fünf Betriebe mit dem Namen Gros in Vosne : François und seine Tochter Anne, Bruder und Schwester Gros, Jean, Anne-Françoise und schließlich Michel. Sein Hautes-Côtes ist violett, feurig und weinig. Ein wenig monolithisch, aber er besitzt eine Struktur, daß man daraus eine Nike von Samothrake meißeln könnte.

☛ Michel Gros, 3, rue de La Tâche, 21700 Vosne-Romanée, Tel. 80.61.12.77 Ⅹ n. V.

LES CAVES DES HAUTES-COTES
Tête de cuvée 1990*

■   k.A.   90 000   ◫ ↓ Ⅴ 2

Wenn man diesen Wein trinkt, denkt man an Maxime Fagothey, einen alten Winzer in Villers-la-Faye, der ein rühriges Mitglied der Genossenschaft ist. Eine der Hauptstützen des Caves des Hautes-Côtes in Nuits. Denn dieser Wein ist ganz wie er selbst : gerade, temperamentvoll, leidenschaftlich. Schauen Sie sich nur seine kräftige, stolze Farbe an. Nehmen Sie seinen guten Duft. Dazu seinen soliden, ausgewogenen Bau, seinen reichen Charakter und seinen mitteilsamen Geschmack. Man könnte diese Spitzencuvée genausogut »Maxime Fagothey« nennen !

☛ Gpt de Prod. Les Caves des Hautes-Côtes et de la Côte, rte de Pommard, 21200 Beaune, Tel. 80.24.63.12 Ⅹ n. V.

LES CAVES DES HAUTES-COTES
Le Prieuré 1990**

■   k.A.   23 000   ◫ ↓ Ⅴ 3

Le Prieuré in Arcenant ist eine echte Hochburg des Weinbaus in den Hautes-Côtes. Man feierte hier früher den berühmten Gamay von Arcenant und den alten Vater Renevey. Heute widmet man sich hier dem Pinot Noir, und mit guten Erfolgen. Ein sehr hübscher 90er, der ziemlich lebhaft und überzeugend ist. Er stützt sich auf ein kräftiges Fundament, besitzt eine angenehme Holznote und hinterläßt im Geschmack einen sehr gefälligen Eindruck.

☛ Gpt de Prod. Les Caves des Hautes-Côtes et de la Côte, rte de Pommard, 21200 Beaune, Tel. 80.24.63.12 Ⅹ n. V.

HONORE LAVIGNE 1989*

■   k.A.   k.A.   ◫ ↓ 2

Ein typischer Hautes-Côtes, der sich von seiner angenehmsten Seite zeigt : dunkle, intensive Farbe, feines, blumiges Aroma und fruchtiger Geschmack. Ein guter Pinot Noir, der vollkommen repräsentativ für diese Appellation ist.

☛ Honoré Lavigne, B.P. 102, 21702 Nuits-Saint-Georges Cedex, Tel. 80.61.00.06
☛ J.-C. Boisset SA

MOILLARD Les vignes hautes 1990**

□   k.A.   20 000   ◫ ↓ 2

Rebstöcke in Hochkultur- und Weitraumerziehung tauchten in den Hautes-Côtes zum ersten Mal 1962 auf, nachdem Winzer von hier eine Studienreise ins Bordelais unternommen hatten. Diese Erziehungsform erzielt gute Resultate. Wie etwa diesen hübschen Wein, dessen Duft an Kirschen und Backpflaumen erinnert. Weißgoldene Farbe ? Aber ja doch, es ist ein Chardonnay ! Gute Zukunftsaussichten.

☛ Moillard, 2, rue François Mignotte, 21700 Nuits-Saint-Georges, Tel. 80.62.42.22 Ⅹ n. V.

MORIN PERE ET FILS 1990*

□   k.A.   k.A.   ◫ ↓ Ⅴ 2

Wenn es im Meuzin noch Krebse gäbe, würden sie hervorragend zu diesem exzellenten Chardonnay von »dort oben« passen. Er besitzt Kraft und Stärke und sogar ein wenig natürliche Süße.

☛ Morin Père et Fils, 9, quai Fleury, 21700 Nuits-Saint-Georges, Tel. 80.61.05.11 Ⅹ n. V.

DOM. PATRICE FORT
Les Mazelots 1989***

| ■ | 1,2 ha | 7 000 | ▣↓Ⅴ▣ |

Es handelt sich hierbei um einen Teil des Gutes von Gabriel Delaloge, das dieser Erzeuger 1991 übernahm. Ziegelrote oder rubinrote Farbe? Die Ansichten darüber sind geteilt. Auf jeden Fall ein verführerisches Aussehen. Das Aroma konzentriert sich auf vollreife Früchte sowie Blätter von schwarzen Johannisbeersträuchern und sogar Pflaumen. Stoffreich, cremig, harmonisch, typisch für den Jahrgang. Ein 89er der Spitzenklasse, den man aber im kommenden Jahr trinken muß.
🖙 Dom. Patrice Fort, 13, rte de Champs, 89530 Saint-Bris-le-Vineux, Tel. 86.53.86.33 ⵛ n. V.

DOM. JACKY RENARD 1990

| ■ | 1,05 ha | 6 500 | ▣◫Ⅴ▣ |

Die feine, zarte Version des Irancy. Wenig Fülle und beschränkte Mittel, aber eine leichte, sehr angenehme Struktur für die Weinfreunde, die gern eine Flasche trinken, ohne sich in psychoanalytischen Erörterungen ergehen zu wollen. Paßt ideal zu einem Picknick.
🖙 Jacky Renard, La Côte de Chaussan, 89530 Saint-Bris-le-Vineux, Tel. 86.53.38.58 ⵛ n. V.

DOM. SAINT-PRIX 1990**

| ■ | 0,67 ha | 4 000 | ▣↓Ⅴ▣ |

Der Eindruck verbessert sich im Laufe der Verkostung. Ansprechende Farbe. Nicht sehr ausdrucksvoller Geruchseindruck. Sehr milde Ansprache. Trinkreif. 1990 haben wir den 87er besonders empfohlen.
🖙 GAEC Bersan et Fils, 20, rue de l'Eglise, 89530 Saint-Bris-le-Vineux, Tel. 86.53.33.73 ⵛ n. V.

Bourgogne Hautes-Côtes de Nuits

In der Umgangssprache und auf den Etiketten verwendet man am häufigsten die Bezeichnung »Bourgogne Hautes-Côtes de Nuits« für die Rot-, Rosé- und Weißweine, die auf dem Gebiet von 16 Gemarkungen des Hinterlandes sowie in den Weinbergen erzeugt werden, die oberhalb der kommunalen Appellationen und der Crus der Côte de Nuits liegen. Diese Anbaugebiete erzeugen je nach Jahrgang 15 000 bis 20 000 hl, davon 90% Rotwein. Seit 1970 ist die Produktion stark angestiegen, während man sich vorher auf die Erzeugung der regionalen Appellation, in erster Linie des Bourgogne Aligoté, beschränkte. Damals erfolgte die

Umstellung, wobei auch Weinberge, die vor der Reblausinvasion bestockt gewesen waren, wieder bepflanzt wurden.

Die besten Lagen liefern in manchen Jahren Weine, die es mit denen der Côte aufnehmen können. Die Ergebnisse sind übrigens oft beim Weißwein besser; leider wird die Chardonnayrebe, die bestimmt noch häufiger bessere Weine hervorbringen würde, nicht in stärkerem Umfang angebaut. Mit der Wiederherstellung des Weinbaugebietes haben sich auch die Bemühungen um eine Ankurbelung des Fremdenverkehrs erhöht. Zu diesem Zweck wurde ein »Haus der Hautes-Côtes« geschaffen, wo die Erzeugnisse der Region ausgestellt werden, die man hier zusammen mit der einheimischen Küche probieren kann.

BOUCHARD PERE ET FILS 1990**

| ■ | k.A. | k.A. | ◫↓▣ |

Die Schloßherrin von Vergy hätte bei diesem Wein gern den Kopf verloren: intensive Farbe, reizvolles Aroma und der Körper eines Ritters, der zum Kreuzzug aufbricht. Zweifellos wird er eines Tages zurückkehren. Er hält dann für seine Schöne die süßesten Wonnen bereit.
🖙 Bouchard Père et Fils, Au Château, B.P. 70, 21202 Beaune Cedex, Tel. 80.22.14.41 ⵛ n. V.

DOM. BROCARD 1990*

| ■ | k.A. | k.A. | ◫▣ |

Lang, ausgewogen, mit sehr vielversprechenden Tanninen. Ein fruchtiger 90er, der eine schöne Zukunft vor sich hat.
🖙 Cie des Vins d'Autrefois, 9, rue Celer, 21200 Beaune, Tel. 80.22.21.31 ⵛ n. V.

DOM. CACHAT-OCQUIDANT ET FILS 1990*

| ■ | 61,91 ha | k.A. | ◫↓Ⅴ▣ |

Eine leichte Holznote verbindet sich mit dem Aroma von roten Früchten. Geschmackliche Ausgewogenheit. Guter Bau, große Eleganz und hervorragende Zukunftsaussichten.
🖙 Dom. Cachat-Ocquidant et Fils, 21550 Ladoix-Serrigny, Tel. 80.26.45.30 ⵛ Mo-Sa 9h-11h30 14h-19h

DOM. CORNU 1989*

| ■ | 3,23 ha | k.A. | ◫Ⅴ▣ |

Kräftige granatrote Farbe. Dieser Wein entfaltet ein recht überschwengliches Bukett. Zweifellos frisch, aber das Aroma erinnert vor allem an gekochte Früchte. Harmonischer Geschmack mit leicht pflanzlichen Noten und erstklassigen Tanninen. Wird sich bestimmt günstig entwickeln.
🖙 Dom. Cornu, 21700 Magny-lès-Villers, Tel. 80.62.92.05 ⵛ n. V.

DOM. GUY DUFOULEUR 1990**

■   3,5 ha   21 000

Die schwarzen Johannisbeeren sind eine Spezialität der Hautes-Côtes. Es ist deshalb auch nicht verwunderlich, daß man ihr Aroma in diesem kräftig gebauten, stoffreichen und noch jugendlichen Wein findet. Hat eine strahlende Zukunft vor sich.
↘ SCI Dom. Guy Dufouleur, 19, pl. Monge, 21700 Nuits-Saint-Georges, Tel. 80.61.21.21 ⊻ n. V.

DOM. FRANCOIS GERBET 1990*

■   10,5 ha   30 000

Marie-Andrée und Chantal haben eine Vorliebe für große Höhen : die eine ist Fliegerin, die andere Bergsteigerin. Ihr Wein ist ausgewogen, vielleicht durch eine gewisse Entwicklung geprägt. Sehr hübscher Duft.
↘ Dom. François Gerbet, 21700 Vosne-Romanée, Tel. 80.61.07.85 ⊻ n. V.
↘ Marie-Andrée et Chantal Gerbet

DOM. A.-F. GROS 1988*

■   2 ha   k.A.

Übernahme eines Teils des Gutes von Jean Gros in Vosne-Romanée. Dieser war früher einer der ersten Winzer an der Côte, die in den Hautes-Côtes wieder Wein anbauten, insbesondere im Weiler Chevrey in der Nähe Arcenant. Die Farbe beginnt sich zu entwickeln (es handelt sich um einen 88er). Das Bukett ist schon reif : gekochte Backpflaumen, sehr angenehmer Geruch von Gebratenem. Säure und natürliche Süße ergänzen sich gut. Dürfte noch einige Jahre lagern können.
↘ Dom. A.-F. Gros, La Garelle, 21630 Pommard, Tel. 80.22.61.85 ⊻ n. V.
↘ Anne François Parent

MICHEL GROS 1990***

■   7 ha   30 000

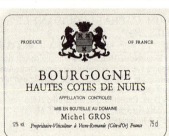

PRODUCE   OF FRANCE

BOURGOGNE
HAUTES COTES DE NUITS
APPELLATION CONTROLÉE
MIS EN BOUTEILLE AU DOMAINE
Michel GROS
12% vol.   Propriétaire-Viticulteur à Vosne-Romanée (Côte-d'Or) France   75 cl

Es gibt fünf Betriebe mit dem Namen Gros in Vosne : François und seine Tochter Anne, Bruder und Schwester Gros, Jean, Anne-Françoise und schließlich Michel. Sein Hautes-Côtes ist violett, feurig und weinig. Ein wenig monolithisch, aber er besitzt eine Struktur, daß man daraus eine Nike von Samothrake meißeln könnte.
↘ Michel Gros, 3, rue de La Tâche, 21700 Vosne-Romanée, Tel. 80.61.12.77 ⊻ n. V.

LES CAVES DES HAUTES-COTES
Tête de cuvée 1990*

■   k.A.   90 000

Wenn man diesen Wein trinkt, denkt man an Maxime Fagothey, einen alten Winzer in Villers-la-Faye, der ein rühriges Mitglied der Genossenschaft ist. Eine der Hauptstützen des Caves des Hautes-Côtes in Nuits. Denn dieser Wein ist ganz wie er selbst : gerade, temperamentvoll, leidenschaftlich. Schauen Sie sich nur seine kräftige, stolze Farbe an. Nehmen Sie seinen guten Duft. Dazu seinen soliden, ausgewogenen Bau, seinen reichen Charakter und seinen mitteilsamen Geschmack. Man könnte diese Spitzencuvée genausogut »Maxime Fagothey« nennen !
↘ Gpt de Prod. Les Caves des Hautes-Côtes et de la Côte, rte de Pommard, 21200 Beaune, Tel. 80.24.63.12 ⊻ n. V.

LES CAVES DES HAUTES-COTES
Le Prieuré 1990**

■   k.A.   23 000

Le Prieuré in Arcenant ist eine echte Hochburg des Weinbaus in den Hautes-Côtes. Man feierte hier früher den berühmten Gamay von Arcenant und den alten Vater Renevey. Heute widmet man sich hier dem Pinot Noir, und mit guten Erfolgen. Ein sehr hübscher 90er, der ziemlich lebhaft und überzeugend ist. Er stützt sich auf ein kräftiges Fundament, eine angenehme Holznote und hinterläßt im Geschmack einen sehr gefälligen Eindruck.
↘ Gpt de Prod. Les Caves des Hautes-Côtes et de la Côte, rte de Pommard, 21200 Beaune, Tel. 80.24.63.12 ⊻ n. V.

HONORE LAVIGNE 1989*

■   k.A.   k.A.

Ein typischer Hautes-Côtes, der sich von seiner angenehmsten Seite zeigt : dunkle, intensive Farbe, feines, blumiges Aroma und fruchtiger Geschmack. Ein guter Pinot Noir, der vollkommen repräsentativ für diese Appellation ist.
↘ Honoré Lavigne, B.P. 102, 21702 Nuits-Saint-Georges Cedex, Tel. 80.61.00.06
↘ J.-C. Boisset SA

MOILLARD Les vignes hautes 1990**

□   k.A.   20 000

Rebstöcke in Hochkultur- und Weitraumerziehung tauchten in den Hautes-Côtes zum ersten Mal 1962 auf, nachdem Winzer von hier eine Studienreise in Bordelais unternommen hatten. Diese Erziehungsform erzielt gute Resultate. Wie etwa diesen hübschen Wein, dessen Duft an Kirschen und Backpflaumen erinnert. Weißgoldene Farbe ? Aber ja doch, es ist ein Chardonnay ! Gute Zukunftsaussichten.
↘ Moillard, 2, rue François Mignotte, 21700 Nuits-Saint-Georges, Tel. 80.62.42.22 ⊻ n. V.

MORIN PERE ET FILS 1990*

□   k.A.   k.A.

Wenn es im Meuzin noch Krebse gäbe, würden sie hervorragend zu diesem exzellenten Chardonnay von »dort oben« passen. Er besitzt Kraft und Stärke und sogar ein wenig natürliche Süße.
↘ Morin Père et Fils, 9, quai Fleury, 21700 Nuits-Saint-Georges, Tel. 80.61.05.11 ⊻ n. V.

JEAN-PIERRE MUGNERET 1989*

☐ 0,54 ha k.A. ▮Ⓥ2

Concœur (wie »Conqueux« ausgesprochen) ist ein Weiler von Nuits-Saint-Georges, der auf der Hochebene liegt. Von dort kommt ein sehr angenehmer Weißwein. Das Anbaugebiet eignet sich gut für die Aligotérebe, aber die Chardonnayrebe entwickelt sich dort ebenfalls gut.
↴ Jean-Pierre Mugneret, 21700 Concœur, Tel. 80.61.00.20 ☎ n. V.

HENRI NAUDIN-FERRAND 1989*

▮ 1,23 ha 11 000 ▮ⅠⅡ↓Ⓥ2

Strahlend rubinrote Farbe, die Finesse eines gut verarbeiteten Holztons, und die ganze Frische eines absolut ehrlichen Burgunders. Er paßt gut zu Schinken in Weinhefe.
↴ Henri Naudin-Ferrand, 21700 Magny-lès-Villers, Tel. 80.62.91.50 ☎ n. V.

NONCENY 1989*

▮ k.A. k.A. ▮2

Der Geruchseindruck erinnert an eine Wildschweinjagd. Wild wie ein Roman von Vincenot ! Geschmeidig und dennoch tanninreich. Ein lagerfähiger Wein, der noch lange im Keller schlummern kann.
↴ Cie des Vins d'Autrefois, 9, rue Celer, 21200 Beaune, Tel. 80.22.21.31 ☎ n. V.

HENRI ET GILLES REMORIQUET 1990*

▮ 1,6 ha 10 000 ⅠⅡ↓Ⓥ2

Ein guter Hautes-Côtes : dunkelgranatrot, aromatisch (pflanzliche Noten und Unterholz) und kräftige Tannine. Normale Entwicklung für einen 90er. Seine gute Grundlage garantiert Lagerfähigkeit.
↴ Henri et Gilles Remoriquet, 25, rue de Charmois, 21700 Nuits-Saint-Georges, Tel. 80.61.08.17 ☎ n. V.

ROUX PERE ET FILS 1990**

▮ k.A. 10 000 ⅠⅡⓋ2

Duftig (rote Früchte, Feigen) und recht rund, kräftig gebaut und nachhaltig. Ein Burgunder, der die Seele der Hautes-Côtes, das Gebiet von Vergy, zum Ausdruck bringt.
↴ Roux Père et Fils, 21190 Saint-Aubin, Tel. 80.21.32.92 ☎ n. V.

DOM. SAINT SATURNIN DE VERGY 1990**

☐ 9 ha 12 000 ▮ⅠⅡⓋ2

Saint-Saturnin, das ist die alte Kirche von Vergy, die man schon von weitem sieht : die Seele des Gebietes. Dieser Winzer hat einen Teil des Gutes Gesweiler erworben und seinen Wein unter den Schutz dieses alten Kirchenvaters gestellt. Vom Himmel aus segnet der Heilige diesen Wein : ziemlich blasse, gelbe Farbe, Duft von Farnkraut und zauberhafte Nachhaltigkeit im Geschmack. Paßt in ein bis zwei Jahren zu Schinkensülze.
↴ Dom. Saint Saturnin de Vergy, Bévy, 21220 Gevrey-Chambertin, Tel. 80.29.81.19 ☎ n. V.

ALBERT SCHIAVETTO 1990*

▮ 1,62 ha 4 000 ▮ⅠⅡⓋ2

Ziemlich dunkle, aber schöne, vornehme Farbe. Nicht sehr intensiver Duft. Er hat noch nicht seine Ausgewogenheit erreicht. Dennoch scheint er eine schöne Zukunft vor sich zu haben. Ein Pinot, den Sie in zwei bis drei Jahren trinken können.
↴ Albert Schiavetto, 21700 Villers-La-Faye, Tel. 80.62.91.66 ☎ n. V.

DOM. THEVENOT-LE BRUN ET FILS
Clos du Vignon 1990

☐ 1,15 ha 8 000 ▮ⅠⅡⓋ2

Maurice Thévenot ist der Bürgermeister von Marey-lès-Fussey. Eine Familie, die viel für die Rückeroberung der Hautes-Côtes getan hat. Helle, strahlende Farbe, leichte Holznote. Ein hübsches junges Mädchen, das genau die richtige Fülle besitzt, um bei Ihnen Lust zu erwecken. Keine Schwächen : ein tugendhafter Wein, der gut altern kann.
↴ Dom. Thévenot-Le Brun et Fils, 21700 Marey-lès-Fussey, Tel. 80.62.91.64 ☎ n. V.

DOM. THOMAS-MOILLARD 1990*

☐ 2,5 ha 15 000 ⅠⅡ↓Ⓥ3

Der alte Garain, der von Gaston Roupnel erfundene Briefträger, der in die Hautes-Côtes strafversetzt worden war, hätte für eine Flasche von diesem frischen, angenehmen Wein bestimmt gern seine Posttasche im Stich gelassen. Ein recht typischer Chardonnay, der etwas altern kann.
↴ Dom. Thomas-Moillard, chem. rural 29, 21700 Nuits-Saint-Georges, Tel. 80.62.42.12 ☎ tägl. 10h-18h ; Jan. u. Febr. geschlossen

THOMAS-MOILLARD 1990

▮ 3,5 ha 20 000 ⅠⅡ↓Ⓥ3

Die Familie Thomas hat ein etwa 16 ha großes Gut in Concœur (einem Weiler von Nuits) und in Villars-Fontaine aufgebaut. Um diesen Wein zu erzeugen, der wunderbar die Tugenden des Jahrgangs illustriert. Feines Bukett, in dem sich Röstgeruch, Fruchtigkeit und Pflaumen verbinden. Etwas verdünnter Geschmack mit einer eindrucksvollen Ansprache, aber es mangelt an Kraft und Stoff. Das zarte Aroma entschädigt dafür.
↴ Dom. Thomas-Moillard, chem. rural 29, 21700 Nuits-Saint-Georges, Tel. 80.62.42.12 ☎ tägl. 10h-18h ; Jan. u. Febr. geschlossen

ALAIN VERDET 1989**

▮ 6 ha 6 000 ⅠⅡⓋ3

Auf diesem Gut baut man Beerenfrüchte und Wein an. Für letzteren verwendet man biologische Anbaumethoden. Spürt man das auch im Geruch ? Eher im Geschmack. Ein großartiger Rotwein, dessen dichter, kräftiger Duft stark an Himbeeren erinnert und Röstnoten enthält. Ausgewogenheit und Länge ergeben einen angenehmen Geschmack.
↴ Alain Verdet, 21700 Arcenant, Tel. 80.61.08.10 ☎ n. V.

HENRI DE VILLAMONT
Aux dames Huguette 1989

■ k.A. 8 000 ◫ ▾ ☑

Diese Reblage befindet sich auf den Anhöhen von Nuits und besitzt trotz des leicht frivolen Namens einen guten Ruf. Mittelrote Farbe, feiner, aber nicht sehr markanter Duft. Im Geschmack zeigt dieser 89er eine hübsche Ansprache und gibt sich danach recht lebhaft. Sorgfältige Vinifizierung.
↝ Henri de Villamont SA, rue du Dr Guyot, 21420 Savigny-lès-Beaune, Tel. 80.24.70.07
♈ n. V.

CH. DE VILLARS-FONTAINE
Les Cabottes Clos du château 1989

☐ 1 ha k.A. ◫ ▾ ☑

Die Ruinen des Klosters Saint-Vivant gehören zum Schloß aus dem 13. Jh. Dieser Wein kann nicht verheimlichen, daß er in Holzfässern ausgebaut worden ist. Die Jury hat den Wein nicht wiedergefunden, glaubt aber, daß er sich in zwei bis drei Jahren elegant entfalten wird. Geben Sie ihm eine Chance.
↝ SCEA Ch. de Villars-Fontaine, 21700 Villars-Fontaine, Tel. 80.46.11.18 ♈ n. V.
↝ D. Bergdoll

Bourgogne Hautes-Côtes de Beaune

Die Produktion von Weinen der Appellation Bourgogne Hautes-Côtes de Beaune, die auf einer größeren Anbaufläche (rund 20 Gemarkungen, die in den Norden des Departements Saône-et-Loire hineinreichen) erzeugt werden, liegt mengenmäßig über den Hautes-Côtes de Nuits. Die Reblagen sind uneinheitlicher ; außerdem sind noch große Anbauflächen mit den Rebsorten Aligoté und Gamay bepflanzt.

Die Genossenschaft der Hautes-Côtes, die in Orches, Weiler Baubigny, entstand, befindet sich heute im »Guidon« von Pommard, an der Kreuzung der D 973 und der RN 74, südlich von Beaune. Sie vinifiziert einen Großteil der AOC Bourgogne Hautes-Côtes de Beaune. Ebenso wie weiter nördlich hat sich das Anbaugebiet vorwiegend seit den Jahren 1970–75 entwickelt.

Die Landschaft ist reizvoller als in den Hautes-Côtes de Nuits. Viele Orte bieten sich hier für einen Besuch, beispielsweise Orches, La Roche-

pot und sein Schloß, und Nolay, ein kleines burgundisches Dorf. Noch hinzufügen muß man, daß die Hautes-Côtes, die früher landwirtschaftliche Mischkulturen besaßen, eine Anbauzone für Beerenfrüchte geblieben sind, die die Likör- und Schnapshersteller in Nuits-Saint-Georges und Dijon versorgen. Hier findet man immer noch schwarze Johannisbeeren und Himbeeren bzw. aus diesen Früchten hergestellte Liköre und Schnäpse von ausgezeichneter Qualität. Der Birnenschnaps der Monts-de-Côte-d'Or (eigene Appellation) hat hier ebenfalls seinen Ursprung.

JEAN-NOEL BAZIN 1990

■ 2 ha 12 000 ▮◫ ▾ ☑

Die Entwicklung prägt ihn, im Aussehen wie im Geschmack. Aber er ist harmonisch, schon rund und recht lang. Er sieht nicht so alt aus, wie er ist, verdient aber keine grundsätzliche Kritik.
↝ Jean-Noël Bazin, 21340 La Rochepot, Tel. 80.21.75.49 ♈ n. V.

DOM. BELLEVILLE 1989

■ 1,2 ha 7 000 ◫ ↓ ▾ ☑

Dieses lange Zeit auf die Produktion von Schaumweinen spezialisierte Gut erzeugt heute Stillweine. Dieser 89er mit der intensiv roten Farbe erinnert im Bukett an Lakritze und Tiergeruch, bevor auf einer zarten, milden Unterlage das Aroma von gekochten Früchten zum Vorschein kommt. Gute Konzentration.
↝ Dom. Belleville, rue de la Loppe, 71150 Rully, Tel. 85.91.22.19 ♈ n. V.

BOUHEY-ALLEX 1989

■ 2,4 ha 8 000 ◫ ↓ ▾ ☑

Der ganze Genuß gehört der Nase : Himbeeren, verblühte Rosen, ein luxuriöser, delikater Duft. Im Geschmack ist er etwas mager geraten. Aber sein Körper bestätigt sich nach und nach bis hin zu einer schönen Entfaltung. Ziemlich entwickeltes Aroma im Nachgeschmack. Kein Stoff für einen ganzen Roman, aber immerhin für eine interessante Novelle.
↝ Maison Bouhey-Allex, 21700 Villers-la-Faye, Tel. 80.62.91.35 ♈ Di-Sa 8h-18h

JEAN-MARC BOULEY 1990★

■ 1,18 ha 7 500 ◫ ↓ ☑

Die granatrote Farbe spielt ins Violette. Ein 90er, der im Duft hübsche Geschichten aus dem Wald erzählt und sich zu roten Früchten hin entwickelt. Hervorragend, aber er muß noch seine Harmonie erreichen.
↝ Jean-Marc Bouley, chem. de la Cave, 21190 Volnay, Tel. 80.21.62.33

LIONEL BRUCK 1989★★

■ k.A. k.A. ◫ ↓

Horaz forderte die Griechen zu einer harmonischen Sprache auf. Dieser 89er stammt nicht aus Delphi, aber er beherzigt diesen Rat. Mit seiner kirschroten, fast schwarzen Farbe zieht er die

Blicke auf sich. Sein Traubenduft ist wunderschön. Schwarze Johannisbeeren, Lakritze, Fülle und sehr feine Tannine. Wer seinen »Kuß« auf den Lippen spürt, verliebt sich sofort in ihn.

🍷 Lionel J. Bruck, rue du Moulin, 21700 Nuits-Saint-Georges, Tel. 80.61.07.24 ⌛ Mo-Do 8h-12h 14h-18h (Fr bis 17h) ; Aug. geschlossen

DOM. DE BUSSIERE 1986

■	2,73 ha	k.A.	🍷 ✅ 2

Die aus Tunesien stammende Familie Muddu bewirtschaftet das ehemalige Gut von F.-B. Hubert, der zu Beginn des 19. Jh. das Champagnerverfahren in Rully einführte. Neben dem Weingut befindet sich hier noch ein Tiefbauunternehmen. Dieser Wein ist schon trinkreif : ein wenig entwickelt, rotbraune Farbe, sehr animalisch im Geruchseindruck mit einem an Wild erinnernden Aroma. Ausgewogener Gesamteindruck in einem etwas wilden Stil.

🍷 Dom. de Bussière, La Gare, 71150 Rully, Tel. 85.87.15.18 ⌛ n. V.

DENIS CARRE 1990*

■	k.A.	k.A.	▥ ✅ 2

Dieser Winzer, der sein Gut seit 15 Jahren leitet, hat 1989 einen neuen Gärkeller gebaut. Ein granatroter, etwas kandierter 90er, der sich gut hält. Die Ansprache überrascht, aber die Harmonie stellt sich ein. Die ebenfalls verkostete 90er »Tête de cuvée« ist noch nachhaltiger und bietet ähnliche Qualitäten.

🍷 Denis Carré, rue du Puits Bouret, 21190 Meloisey, Tel. 80.26.02.21 ⌛ n. V.

CHANSON PERE ET FILS 1990*

■	k.A.	5 200	▥ ↓ ✅ 2

Ein 45 ha großes Gut, das einige sehr schöne Weine erzeugt, und die solide Tradition von Beaune. Dieser Betrieb ist hier fest verankert. Die leicht ziegelrote Farbe verblaßt ein wenig. Der Duft überrascht : Honig und Karamel. Lebhafter, tanninreicher Geschmack mit sehr angenehmem Abgang.

🍷 Chanson Père et Fils, 10, rue Paul Chanson, 21200 Beaune, Tel. 80.22.33.00 ⌛ n. V.

DOM. FRANCOIS CHARLES ET FILS 1990

■	4 ha	30 000	▥ ↓ ✅ 2

64 66 71 74 |76| |78| |79| |82| 85 88 |89|

Ronsard erklärt uns, daß »Liebe und Blumen nur einen Frühling dauern« . Aber warum sollte man sich nicht genießen, ohne auf die Auferstehung der Toten zu warten ? Hier ein perfekter Wein, um dieses Erlebnis zu wagen : Kirschduft, geschmeidiger, bezaubernder Geschmack – zum Verlieben.

🍷 Dom. François Charles et Fils, 21190 Nantoux, Tel. 80.26.01.20 ⌛ n. V.

MAURICE CHENU 1990

■	k.A.	k.A.	✅ 2

Strahlend granatrote Farbe. Ein Duft, der gerade in die Akademie von Dijon gewählt worden ist : vornehm und fein, Kirschwasser und Kirschkerne. Die Tannine verändern die Stimmung auf einen Schlag : rauh und aggressiv. Muß noch altern.

🍷 Maurice Chenu, 28, rue Sylvestre-Chauvelot, 21200 Beaune, Tel. 80.22.73.13 ⌛ tägl. 10h-12h 14h-18h

DOM. CHEVROT 1989*

■	3 ha	10 000	🍷 ▥ ↓ ✅ 3

⑧⑤ |86| |87| 88 89

Ein sympathisches Paar. Catherine und Fernand sind die Erben einer alten Winzerfamilie, die 1947 das Glück hatte, das Gut Lavirotte in Cheilly-lès-Maranges zu erwerben. Die Keller wurden 1798 gegraben ! Himbeeren ? Walderdbeeren ? Das alles findet sich unter einem strahlenden, purpurroten Gewand. Ein Hauch von Kirsche. Während der Abgang etwas rauh ist, läßt die Ansprache das Signalhorn erschallen. Eine Flasche, die man auf die Seite legt, um zu sehen, was daraus wird.

🍷 Dom. Fernand et Catherine Chevrot, 71150 Cheilly-lès-Maranges, Tel. 85.91.10.55 ⌛ Mo-Sa 9h-11h30 14h-18h ; So n. V.

DOM. DES VIGNES DES DEMOISELLES 1989*

■	1,8 ha	12 000	🍷 ▥ ↓ ✅ 2

»Unsere Familie bewegt sich nur einen Kilometer pro Jahrhundert« , schrieb dieser Winzer. Der gleiche Geschwindigkeitsunterschied zwischen dem Menschen und der Weinbergsschnecke wie zwischen ihm und der Concorde ! Schöne, klare rubinrote Farbe. Ein angenehmer zarten, fruchtigen Duft, der etwas an die Knospen von schwarzen Johannisbeerblüten und einen Hauch von Himbeeren erinnert. Ziemlich schroffe Tannine, aber eine Rundheit, die sich nur noch entfalten muß. Heilsame und wünschenswerte Alterung. 1987 haben wir den 85er besonders empfohlen.

🍷 Gabriel Demangeot et ses Fils, Le Bourg, 21340 Change, Tel. 85.91.11.10 ⌛ n. V.

REGIS DUBOIS ET FILS
Les Monts Battois 1990

□	0,5 ha	4 250	🍷 ▥ ✅ 2

Dieser wissenschaftliche Versuchsweinberg der Côte d'Or befindet sich bei Reblage Les Monts Battois, die den Rebsorten dieser Region gut bekommt. Zunächst ein Hauch von Kräutern, dann mineralisch.

🍷 Régis Dubois et Fils, 21700 Prémeaux-Prissey, Tel. 80.62.30.61 ⌛ Mo-Sa 8h-11h30 14h-18h

ERIC DUCHEMIN 1989

■	1,2 ha	3 000	🍷 ✅ 2

Ausbildung auf der Fachoberschule für Weinbau in Beaune, danach vor zehn Jahren Übernahme dieses Familiengutes. Ein Rinderschmorbraten dürfte gut zu diesem Wein mit der kräftigen kirschroten, fast schwarzen Farbe passen. Der intensive Geruchseindruck ist würzig und konzentriert. Das Verhältnis zwischen Säure und Tanninen ist etwas schroff, aber er besitzt Körper und Feuer.

🍷 Eric Duchemin, 71150 Sampigny-lès-Maranges, Tel. 85.87.32.02 ⌛ n. V.

DOM. DUMONT 1990**

■	3,17 ha	20 000	🍷 ▥ ↓ ✅ 2

Das kleine Gut wurde früher von einem Winzer bewirtschaftet, der in den Ruhestand getreten ist, und ist vom Sohn des Besitzers übernommen worden. Er hat es auf die Appellationen Santenay, Puligny und Pommard ausgedehnt. Ein hübscher Wein, der auf der ganzen Linie an Kirschen erinnert. Gut vinifiziert, gut gebaut, mit Stoff und einem guten Tanningerüst. Seine Säure garantiert eine gute Alterungsfähigkeit. Für einen 90er, der seinem Jahrgang vollkommen treu ist, schon einschmeichelnd. Muß noch lagern.

☛ Yves Dumont, 3, rue de la Mairie, 21190 Puligny-Montrachet, Tel. 80.21.34.56 ☎ n. V.

CHRISTINE ET JEAN-MARC DURAND 1990

| ■ | 1,2 ha | 5 000 | ◫ ② |

Das Gut hat Erbaufteilungen durchgemacht, aber es bläit sich gut. Hübsche, lebhafte Farbe. Etwas warmer, aber fruchtiger Duft. Rund, im Abgang ziemlich streng. Ein Wein, der sich rasch entwickelt und den man so nehmen muß, wie er ist.

☛ Christine et Jean-Marc Durand, 1, rue des Vignes, 21200 Beaune, Tel. 80.22.75.31

LES CAVES DES HAUTES-COTES 1990★★

| ■ | 60 ha | 300 000 | ▮↓Ⓥ② |

In der letzten Ausgabe haben wir den 88er besonders empfohlen. Ein Wein von guter Lagerfähigkeit, der noch ein paar Jahre altern kann. Purpurrot, elegant. Er ist nicht besonders vollmundig, aber im Geschmack lebhaft, kräftig gebaut und säuerlich. Recht typisch für einen 90er.

☛ Gpt de Prod. Les Caves des Hautes-Côtes et de la Côte, rte de Pommard, 21200 Beaune, Tel. 80.24.63.12 ☎ n. V.

DOM. LUCIEN JACOB 1990★★

| ■ | 6,41 ha | 30 000 | ◫Ⓥ② |

Lucien Jacob, ein ehemaliger Abgeordneter und glühender Verteidiger der Hautes-Côtes, der maßgeblich an der Schaffung dieser Appellation beteiligt war, hat das Gutes 1989 an seine Kinder Chantal und Jean-Michel übergeben. Die Jungen sind würdige Nachfolger ihres Vaters, wenn man nach diesem bezaubernden, ziemlich entfalteten und wohlausgewogenen Wein urteilt. Die Tannine sind Zisterzienser, während die Säure burgundisch ist.

☛ SCE Dom. Lucien Jacob, 21420 Echevronne, Tel. 80.21.52.15 ☎ n. V.

HUBERT JACOB MAUCLAIR 1990

| □ | 0,95 ha | 2 400 | ▮◫↓Ⓥ② |

Der berühmte Marguery stammte aus Burgund. Lassen wir uns von seinem Seezungenfilet dazu anregen, diesen sehr hellen Chardonnay zu probieren, der etwas an einen Pinot Blanc erinnert. Ätherischer Duft mit leichtem Bratengeruch. Er ist im Angriff besser als in der Verteidigung.

☛ Hubert Jacob Mauclair, Changey, 21420 Echevronne, Tel. 80.21.57.07 ☎ n. V.

HUBERT JACOB MAUCLAIR 1989★★

| ■ | 5,2 ha | 10 000 | ▮◫Ⓥ② |

Beerenfrüchte neben den Rebflächen. Viele Güter in den Hautes-Côtes züchten auch Beerenf-

rüchte. Man findet die Beeren in diesem Pinot Noir wieder : eher Himbeeren als schwarze Johannisbeeren. Mittelrote Farbe. Ein 89er mit einer gemäßigten Holznote, der noch altern muß, aber bereits Geschmeidigkeit und Schwung besitzt. Wenn die Tannine milder geworden sind, paßt er zu einer Kaninchenterrine.

☛ Hubert Jacob Mauclair, Changey, 21420 Echevronne, Tel. 80.21.57.07 ☎ n. V.

JEAN-LUC JOILLOT 1990★

| ■ | 1,5 ha | 5 000 | ◫Ⓥ③ |

Man findet diesen Wein im Laden »Les Domaines de Pommard«, den 15 Winzer in diesem Dorf an der Place de l'Europe eröffnet haben. Und natürlich bei Jean-Luc Joillot selbst ! Mit diesem 90er können Sie sich in zwei bis drei Jahren verabreden. Er wird Ihnen bis dahin treu sein ! Purpurrote Farbe, rote Früchte, ein wenig adstringierend und solide gebaut. Er ist beherzt und hält, was er verspricht.

☛ Jean-Luc Joillot, rue de la Métairie, 21630 Pommard, Tel. 80.22.10.82 ☎ tägl. 8h-19h

DIANE ET GILLES LABRY 1990

| □ | 1 ha | 5 000 | ▮Ⓥ② |

Diese Familie kommt aus Baubigny, einem Nachbardorf in den Hautes-Côtes. La Rochepot ist eines der schönsten Schlösser in dieser Region. Schöne Farbe, fruchtiges Aroma, klare Struktur, Frische, jedoch aufgrund des Mangels an Säure etwas kurz.

☛ Diane et Gilles Labry, Sous L'Orme, 21340 La Rochepot, Tel. 80.21.76.38 ☎ tägl. 8h-12h 14h-18h

DOM. DE LA CONFRERIE 1990

| □ | 0,55 ha | 4 000 | ▮↓Ⓥ② |

Eine 1991 gegründete GAEC, in der sich der Vater und der Sohn zusammenschlossen haben. Eine der Parzellen des Guts heißt »La Confrérie«. Sie verleiht einen bezaubernden, blumigen Duft, der sich bei Ihnen festhängt und Sie entführt. Korrekte Vinifizierung, aber etwas herber Geschmack.

☛ Jean Pauchard et Fils, Dom. de La Confrérie, 21340 Cirey-lès-Nolay, Tel. 80.21.73.48 ☎ n. V.

JOSEPH LAFOUGE 1990★★

| □ | 0,5 ha | 2 500 | ◫Ⓥ② |

Strahlend goldene Farbe. Fruchtiger, recht frischer Duft. Der gleiche Eindruck im Geschmack. Bemerkenswert sind die für diese Appellation ziemlich außergewöhnliche Fülle und der klare Nachgeschmack.

☛ Joseph Lafouge, 21340 Marchezeuil-Change, Tel. 85.91.12.16 ☎ n. V.

DOM. DE LA MENOIZE 1990★★

| □ | 1 ha | 6 000 | ◫Ⓥ② |

Meloisey ist eines der bezauberndsten Dörfer der Hautes-Côtes. Ein 90er mit der Farbe eines Chardonnay von hervorragender Provenienz. Während das Bukett verschwiegen bleibt, ist der Körper ausgewogen und ungeheuer elegant. Wirklich sehr vollständig.

☛ Dom. de La Menoize, 21190 Meloisey, Tel. 80.26.02.00 ☎ n. V.

JEAN-PAUL LAVIROTTE 1990

■ 2,35 ha 4 000 ▮🅥②

Wie nennt man die Einwohner von Paris l'Hôpital ? Pariser ? Nein, Sie kommen nicht darauf. Sie heißen »Hospitäler« (Hôpitaux). Das Bukett entfaltet pflanzliche Noten und Holunderduft, was hier keine extreme Verfeinerung ist, sondern für einen robusten Wein spricht. Wie sagt man : »Weder Fehler noch besondere Vorzüge.« Aber die Burgunder haben eine Vorliebe für die Litotes, eine Redefigur, bei der die Verneinung des Gegenteils eine vorsichtige Behauptung ausdrückt und ein ehrliches Kompliment steigert.
🖢 Jean-Paul Lavirotte, 71150 Paris-l'Hôpital, Tel. 85.91.12.15 ☎ n. V.

VITO MAGLIONE 1990*

■ 3 ha 3 000 ▮🅥②

Vito, Sohn eines italienischen Einwanderers, der Akkordarbeiter war, ist ein mutiger Mann. Und Mut braucht es für den Weinbau ! Um so glücklicher schätzen wir uns, feststellen zu dürfen, daß sein 90er ein exaktes Ebenbild dieses Jahrgangs ist. Bläulichrote Farbe, nach Kernen und roten Früchten duftend, fleischig, voll und korpulent. Ein gelungener, vielversprechender Wein, der noch im Keller lagern muß.
🖢 Vito Maglione, Le Bourg, 71150 Cheilly-lès-Maranges, Tel. 85.91.14.31 ☎ n. V.
🖢 Charollois

CHRISTIAN MENAUT 1989*

■ 4,8 ha 9 000 ▮🕪↓🅥②

1989 erhielt dieser Winzer eine besondere Empfehlung für seinen 86er. Der 89er wird durch Finesse geprägt : strahlend rubinrote Farbe, Duft von roten Früchten und Lakritze, frischer Geschmack. Er schlägt alle Register an, ohne das Maß zu überziehen.
🖢 Christian Menaut, rue Chaude, 21190 Nantoux, Tel. 80.26.01.53 ☎ n. V.

CH. DE MERCEY 1989*

■ 24 ha 80 000 ▮🕪↓🅥③

Unter einer dunkelroten, fast schwarzen Schale enthüllt sich ein fruchtiges, sehr reifes Aroma. Während der Geschmack ziemlich entwickelt erscheint, hat seine Rundheit den Reiz der Festigkeit.
🖢 Ch. de Mercey, 71150 Cheilly-lès-Maranges, Tel. 85.91.11.96 ☎ n. V.

CH. DE MERCEY 1990*

□ 1,7 ha 9 000 ▮🕪↓🅥③

Exquisit von Anfang bis Ende : sehr frisch, sehr rund und von einer Nachhaltigkeit, die ein Gefühl von Harmonie erweckt. Gerade die richtige Säure, um den Gaumen zu reizen, so daß ihn seine Fülle nicht erschlaffen läßt.
🖢 Ch. de Mercey, 71150 Cheilly-lès-Maranges, Tel. 85.91.11.96 ☎ n. V.

MOILLARD Les Alouettes 1990*

■ k.A. 40 000 🕪↓②

Die Farbe ist für die Jahrgang leicht entwickelt, aber die aromatische Intensität hat ihren Höhepunkt erreicht. Die Ansprache ist besser als der Abgang. Aroma von eingemachten Früchten.

Die Zukunft ist nicht ewig, aber es ist nicht unangenehm, die Zeit zu kosten, die vergeht.
🖢 Moillard, 2, rue François Mignotte, 21700 Nuits-Saint-Georges, Tel. 80.62.42.22 ☎ n. V.

B. MOROT-GAUDRY 1990**

■ 2 ha 15 000 ▮🕪③

Von der Mühle zur Kelter : der Wein hat hier 1960 das Mehl abgelöst. Schwerter auf dem Etikett. Das heißt, die Florettspitze, mit der er seine Attacke führt, ist mit keinem Lederknopf geschützt. Kirschrote, fast schwarze Farbe, komplexer Duft von reifen Früchten, kräftig gebaut. Er kann die für Rotweine üblichen Gerichte begleiten. Ein Musterbeispiel für einen guten lagerfähigen Wein.
🖢 Bernard Morot-Gaudry, Moulin Pignot, 71150 Paris-l'Hôpital, Tel. 85.91.11.09 ☎ n. V.

JEAN MUSSO 1990

■ 1 ha 6 000 🕪↓🅥②

Ein Bergwerksingenieur, der sich für den Wein begeistert. Silberne Weintraube in der Ausgabe 1991 unseres Weinführers. Biologische Anbaumethoden : »Natur und Fortschritt« . Gute Farbe, angenehm intensiver Duft. Zufriedenstellende Länge, leichte Adstringenz. Eine günstige Gelegenheit, um die Weine des Gebietes von Couches kennenzulernen, das sich bemüht, einen Platz an der Tafel der Großen zu finden.
🖢 Jean Musso, 71490 Dracy-lès-Couches, Tel. 85.49.66.72 ☎ n. V.

HENRI NAUDIN-FERRAND 1990*

□ 0,85 ha 7 200 🕪↓🅥②

Magny-lès-Villers ist das einzige Dorf der Hautes-Côtes, das sowohl Hautes-Côtes de Beaune wie auch Hautes-Côtes de Nuits erzeugt. Es ist der Grenzposten zwischen den beiden Anbaubereichen. Ein sehr sauberer Wein : dezent und fein, trocken und klar. Guter Geschmack, ein typischer Hautes-Côtes. Im letzten Jahr haben wir den 89er besonders empfohlen.
🖢 Henri Naudin-Ferrand, 21700 Magny-lès-Villers, Tel. 80.62.91.50 ☎ n. V.

CLAUDE NOUVEAU 1990*

■ 4,5 ha 15 000 ▮🕪↓🅥②

78 79 |81|1⃝🅘83)| 85 |86| 87 88 89 90

Claude Nouveau hat von uns 1987 eine besondere Empfehlung für seinen 83er erhalten. Sein 90er ist noch sehr jung und betont sein Gerüst stärker als sein Fleisch. Aber er bestätigt sich mit wachsendem Alter (Aroma von roten Früchten).
🖢 Claude Nouveau, Marchezeuil, 21340 Change, Tel. 85.91.13.34 ☎ n. V.

DOM. DU PRIEURE 1990*

■ 3 ha k.A. 🕪↓🅥②

Nicht zu verwechseln mit der Domaine du Prieuré in Péronne, in der Nähe von Lugny im Departement Saône-et-Loire. Dieses Gut hier befindet sich in Savigny-lès-Beaune und umfaßt 11 ha. Eine schöne Symphonie mit fruchtigen Noten, die vom Ensemble der Tannine gut unterstützt werden. Sehr feine, musikalische Melodie vor einem rubinroten Hintergrund.

Jean-Michel Maurice, Dom. du Prieuré, 21420 Savigny-lès-Beaune, Tel. 80.21.54.27 Mo-Sa 9h-12h 14h-18h

DOM. MICHEL PRUNIER 1989

| ■ | 1 ha | k.A. | ❿ ↓ ☑ ❷ |

Mehr strahlend als wirklich rot. Ungeheuer frischer Duft von Kaffee, Erdbeeren und Lakritze. Paßt zu einem Fondue, aber es muß ein Fleischfondue sein.
Michel Prunier, RD 973, 21190 Auxey-Duresses, Tel. 80.21.21.05 n. V.

MICHEL SERVEAU 1990*

| ■ | 2,5 ha | 13 000 | ❙ ☑ ❷ |

Rubinrote Farbe. Zimtduft. Tanninreich und kräftig gebaut. Er wird sich günstig in Ihrem Keller entwickeln, damit Sie ihn einmal zu einem Fleischgericht mit Sauce trinken können.
Michel Serveau, 21340 La Rochepot, Tel. 80.21.70.24 tägl. 8h-20h

Crémant de Bourgogne

Wie fast alle französischen Anbauregionen besaß Burgund seine Appellation für Schaumweine, die im gesamten Anbaugebiet erzeugt wurden. Ohne diese Produktion kritisieren zu wollen, muß man zugeben, daß die Qualität nicht sehr einheitlich war und meistens auch nicht dem Ansehen der Region entsprach – vielleicht auch deshalb, weil die Schaumweine aus zu schweren Weinen hergestellt wurden. Eine 1974 gebildete Arbeitsgruppe schuf die Grundlagen für den Crémant, wobei für ihn ebenso strenge Bedingungen wie in der Champagne (der Champagner diente als Vorbild) festgelegt wurden. Ein Erlaß bestätigte 1975 offiziell dieses Vorhaben, dem sich schließlich alle Hersteller – mehr oder weniger freiwillig – angeschlossen haben, weil die Appellation Bourgogne Mousseux 1984 abgeschafft wurde. Nach einem schwierigen Start entwickelt sich die AOC recht gut.

MICHEL BILLARD ET FILS 1990*

| ○ | 0,2 ha | 2 000 | ❙ ☑ ❷ |

Tadellose Farbe, blumiger Duft, leichte Säure, zufriedenstellende Ausgewogenheit. Was soll man mehr sagen ?
Michel Billard et Fils, rte de Beaune, 21340 La Rochepot, Tel. 80.21.71.84 n. V.

CAVE DE BISSEY 1990**

| ○ | 3,5 ha | 30 000 | ❙ ☑ ❷ |

Das elegante, blumige Aroma wird durch einen Hauch von Honig betont. Ein sehr hübscher Crémant, der Sie glücklich machen wird. Sehr gelungen und rassig.
Cave des Vignerons de Bissey-sous-Cruchaud, 71390 Bissey-sous-Cruchaud, Tel. 85.92.12.16 n. V.

CAVE DE CHARNAY-LES-MACON 1990

| ○ | 4,06 ha | k.A. | ❙ ↓ ☑ ❷ |

Grün von Anfang bis Ende. Das ergibt trotzdem einen guten Crémant, weil er ausgewogen ist. Falls man eine gewisse, charaktervolle Lebhaftigkeit mag...
Cave Coop. de Charnay-lès-Mâcon, 54, chem. de la Cave, 71850 Charnay-lès-Mâcon, Tel. 85.34.54.24 n. V.

BERNARD ET ODILE CROS

| ○ | k.A. | 20 000 | ❙ ☑ ❷ |

Odile und Bernard haben sich hier erst 1979 niedergelassen. Die Farbe und der Duft sind etwas entwickelt. Sicherlich ausgewogen, aber schon trinkreif.
Bernard et Odile Cros, Cercot, 71390 Moroges, Tel. 85.47.92.52 Mo-Sa 9h-18h

DELIANCE PERE ET FILS Ruban or 1989**

| ○ | k.A. | k.A. | ❙ ❿ ☑ ❷ |

Vom gleichen Erzeuger haben wir auch den »Ruban vert« probiert. Sehr angenehm (ein Stern), ein guter Schaumwein für festliche Anlässe. Der »Ruban rose« ist ein wenig aggressiv. Außerdem der »Ruban or« , ein kräftig gebauter Wein, der sehr typisch ist und nachhaltige Bläschen entwickelt. Das ist der von der Jury bevorzugte Crémant.
Deliance Père et Fils, Le Buet, 71640 Dracyle-Fort, Tel. 85.44.40.59 Mo-Sa 8h-12h 14h-19h

ANDRE DELORME Blanc de blancs*

| ○ | k.A. | 25 000 | ❙ ☑ ❷ |

Jean-François Delorme hat dreimal eine besondere Empfehlung für seine Crémants erhalten. Er ist der Vater. Grünlich schimmernde, goldene Farbe. Ziemlich verschlossener Duft. Honigartiger Geschmack, recht frisch, gelungen. Zweifellos mangelt es ihm an Originalität, aber sein typischer Charakter ist sehr ausgeprägt.
SA André Delorme, rue de la République, 71150 Rully, Tel. 85.87.10.12 n. V.

BERNARD DURY Blanc de blancs 1989*

| ○ | 0,5 ha | 4 000 | ❙ ↓ ☑ ❷ |

Blaßgelbgrüne Farbe. Ein Wein, der einen guten Charakter besitzt. Rund, frisch, elegant, perfekt als Aperitif, so sehr harmoniert der Körper mit dem Bukett. Die Weinliebhaber erinnern sich vielleicht daran, daß Bernard Dury 1990 eine besondere Empfehlung für einen 87er Crémant erhielt.
Bernard Dury, 21190 Merceuil, Tel. 80.21.48.44 n. V.

FRANCIS FICHET ET FILS 1989*

○   1,8 ha   8 000   ▮↓▨🄰

Dieser 89er bewahrt die Adstringenz seiner Jugend und spielt seine Klarheit und Direktheit aus. Er erzählt keine Geschichten.
➥ GAEC Francis Fichet et Fils, Le Martoret, 71960 Igé, Tel. 85.33.30.46 ⌛ n. V.

DENIS FOUQUERAND 1989

○   7 ha   15 000   ▨🄰

Den Bläschen mangelt es ein wenig an Leichtigkeit. Ansprechender Duft, Muskatgeschmack. Ein ziemlich eigentümlicher Stil, der durch eine außergewöhnliche Länge zur Geltung kommt.
➥ Denis Fouquerand, 21340 La Rochepot, Tel. 80.21.71.59 ⌛ n. V.

LES CAVES DES HAUTES-COTES
Blanc de blancs 1989

○   10 ha   48 000   ▮↓▨🄰

Ein durchdringender Duft, der von Früchten bis zu Honig reicht. Das ist recht reizvoll. Im Geschmack zeigt er sich nicht sehr lebhaft. Interessant wegen seines originellen Aromas, das Freunde finden könnte. 1988 haben wir ihn besonders empfohlen.
➥ Gpt de Prod. Les Caves des Hautes-Côtes et de la Côte, rte de Pommard, 21200 Beaune, Tel. 80.24.63.12 ⌛ n. V.

LES VIGNERONS D' IGE

○   10 ha   100 000   ▮↓▨🄰

Man sucht hier ein wenig nach den Bläschen. Aber es ist ein ehrlicher Wein mit einem klaren Geschmack und einem nicht uninteressanten Bukett.
➥ Cave Coop. d' Igé, 71960 Igé, Tel. 85.33.33.56 ⌛ Mo-Fr 7h30-12h 13h30-18h, Sa nachm. geschlossen

MICHEL ISAIE Brut de brut 1989**

○   1,5 ha   14 500   ▮↓▨🄰

Im letzten Jahr haben wir einen 88er Crémant besonders empfohlen. Ein erstklassiger Wein : blaßgelbgrüne Farbe und hübscher Schaum, sehr feiner Duft, gute Nachhaltigkeit. Außerdem der unerklärliche Zauber der Komplexität. Bravo !
➥ Michel Isaïe, chem. de l'Ouche, 71640 Saint-Jean-de-Vaux, Tel. 85.45.23.32 ⌛ n. V.

LABRY *

○   k.A.   10 000   ▮▨🄰

Das Gut besitzt zwei Ferienwohnungen : für eine Burgunderkur im Herzen von Burgund. Unsere Jury hat bei diesem Crémant ein Meeresaroma gefunden. Leinen los ! Und für Meeresfrüchte reservieren !
➥ Dom. André et Bernard Labry, Melin, 21190 Auxey-Duresses, Tel. 80.21.21.60 ⌛ n. V.

DOM. DE LA CHAPELLE **

○   2 ha   10 000   ▨🄱

Gut dosiert und alkoholreich. Ein schöner, sehr ausdrucksstarker Wein. Goldgelbe Farbe und hübscher, fröhlicher Schaum.
➥ Bouthenet Père et Fils, SCEA Dom. de La Chapelle, 71490 Couches, Tel. 85.49.66.65 ⌛ Mo-Fr 14h- 20h, Sa, So 8h-12h 14h-20h

LA P'TIOTE CAVE
La Giclée du Vieux Blanc de noir**

○   1,72 ha   17 000   ▨🄰

Das Etikett zeugt nicht von bestem Geschmack. Der Wein dagegen ist berühmt : nachhaltiger Schaum, klarer Duft, cremiger, ausgewogener Geschmack. Allererste Sahne ! Und sehr typisch ist dieser burgundische Crémant auch ...
➥ EARL La P'tiote Cave, 71150 Chassey-le-Camp, Tel. 85.87.15.21 ⌛ Mo-Sa 8h-12h 14h-19h ; So n. V.

LEFEVRE REMONDET 1990**

◑   k.A.   8 000   ▮↓▨🄰

Ein aufsehenerregender Keller auf drei Ebenen. Sein Crémant entfaltet einen Duft von schwarzen Johannisbeeren und Himbeeren. Beerenfrüchte zeigen sich auch im Geschmack. Sehr feine Bläschen.
➥ Lefèvre Rémondet, 4, rue Jacques Vincent, 21200 Beaune, Tel. 80.24.78.92 ⌛ Mo-Sa 8h-12h 14h-19h

LEFEVRE REMONDET 1990*

○   k.A.   50 000   ▮↓▨🄰

Nervig, lebhaft, aber durch die Chardonnayrebe geprägt. Ein blumiger Crémant mit einem Zimtaroma im Abgang.
➥ Lefèvre Rémondet, 4, rue Jacques Vincent, 21200 Beaune, Tel. 80.24.78.92 ⌛ Mo-Sa 8h-12h 14h-19h

MADAME MASSON
Blanc de blancs 1990**

○   0,4 ha   k.A.   ▮▨🄰

Das Gut wurde 1975 von Maurice Masson, dem Diplomlandwirt, geschaffen. Seine Witwe setzt sein Werk fort. Sie tut es mit viel Lust und Liebe, was man hier spürt. Der Duft erinnert an Blumen und geröstetes Brot. Dieses Aroma findet man auch im angenehm runden Geschmack wieder. Gute Säure und zufriedenstellende Nachhaltigkeit. Ein gelungener Schaumwein, um es kurz auszudrücken. 1989 haben wir ihn besonders empfohlen.
➥ Nadine Masson, rue Haute, 21340 La Rochepot, Tel. 80.21.72.42 ⌛ n. V.

MEURGIS Blanc de noirs 1988

○   280 ha   1 200 000   ↓▨🄰

Diese Genossenschaft befindet sich in einem berühmten, alten Steinbruch, der einen Umweg verdient. Sie vinifiziert die Trauben von etwa 280 ha und hat sich auf Schaumweine spezialisiert. Feine, sehr kurzlebige Bläschen und ein mineralischer Geruch, der über einem Honigaroma an Kreide erinnert. Ein Blanc de Noirs, dem es ein wenig an Reife mangelt. Nicht genügend Finesse und Fülle, kurz gesagt noch zu herb.
➥ Caves de Bailly, B.P. 3, 89530 Bailly, Tel. 86.53.34.00 ⌛ n. V.

MEURGIS 1988*

◑   280 ha   1 200 000   ↓▨🄰

Rosarote Farbe. Ein Wein, den man zum Vergnügen trinkt. Rote Beerenfrüchte, aber auch Haselnüsse und Bodengeruch. Klarer

Geschmackseindruck. Gute Qualität, was für ein Massenprodukt (1 200 000 Flaschen !) nicht ganz einfach ist.

⚓ Caves de Bailly, B.P. 3, 89530 Bailly, Tel. 86.53.34.00 ⏲ n. V.

CH. PHILIPPE-LE-HARDI 1990**

| ◐ | k.A. | 5 860 | Ⓥ Ⓓ |

Ein sehr blasser Rosé mit einer schillernd rosaroten Farbe. Sehr fruchtiger Geruch. Sehr runder Geschmack mit einem Aroma von Rosenblättern. In Flaschen abgefüllte Vornehmheit.

⚓ Ch. Philippe-Le-Hardi, 21590 Santenay, Tel. 80.20.61.87 ⏲ Mo-Fr 8h-12h 13h30-17h
⚓ Paul Pidault

DOM. MAURICE PROTHEAU ET FILS *

| ○ | k.A. | 3 000 | ▮ ↓ Ⓥ Ⓑ |

Ein echter Crémant, mit Körper und feinem Schaum. Recht gut gemacht.

⚓ SC du Dom. Maurice Protheau et Fils, Le Clos L'Evêque, 71640 Mercurey, Tel. 85.45.25.00 ⏲ tägl. sf dim. 9h-12h 14h-19h

DOM. DE ROCHEBIN 1989*

| ○ | k.A. | 9 330 | ↓ Ⓥ Ⓑ |

Feine, regelmäßige Bläschen. Ziemlich kräftige Farbe. Im Geschmack hält sich dieser Crémant gut. Angenehmer Gesamteindruck.

⚓ Dom. de Rochebin, 71260 Azé, Tel. 85.33.33.37 ⏲ n. V.

MICHEL SARRAZIN ET FILS

| ○ | k.A. | 5 000 | ▮ Ⓥ Ⓑ |

Man muß ihn bald trinken. Ein Crémant, der sich in seiner Entwicklungsphase befindet. Ein wenig kräftig gebaut und ehrlich.

⚓ Michel Sarrazin et Fils, Charnailles, 71640 Jambles, Tel. 85.44.30.57

SIMONNET-FEBVRE 1989**

| ○ | k.A. | 35 000 | ▮ Ⓥ Ⓑ |

Man stellt sich dazu ein Sorbet mit Marc de Bourgogne vor. So gelungen ist dieser Crémant. Ausgeprägter, fruchtiger Duft. Hervorragende Struktur. Sollte man in seinem Notizbuch vermerken.

⚓ Simonnet-Febvre, 9, av. d'Oberwesel, 89800 Chablis, Tel. 86.42.11.73 ⏲ Mo-Sa 8h-12h 14h-17h

L. VITTEAUT-ALBERTI 1990*

| ○ | 14 ha | 110 000 | ▮ Ⓥ Ⓑ |

Ein von Lucien Vitteaut gegründete Firma für Schaumweine. Sein Sohn Gérard hat das Weingut aufgebaut. Schöner Konditoreiduft, der sich in Richtung Nougat entwickelt. Nicht übel ! Der Geschmack ist sehr angenehm. Gute Länge.

⚓ Vitteaut-Alberti, rue du Pont-d'Arrot, B.P. 8, 71150 Rully, Tel. 85.87.23.97 ⏲ Mo-Sa8h-12h 13h30-19h ; 1.–21. Aug. geschlossen
⚓ G. Vitteaut

VITTEAUT-ALBERTI 1990

| ◓ | 1 ha | 8 000 | ▮ Ⓥ Ⓑ |

Dieser Rosé bietet einen sehr fruchtigen Duft,

eine ansprechende, ziemlich kräftige Farbe und einen guten Geschmack.

⚓ Vitteaut-Alberti, rue du Pont-d'Arrot, B.P. 8, 71150 Rully, Tel. 85.87.23.97 ⏲ Mo-Sa 8h-12h 13h30-19h ; 1.–21. Aug.
⚓ G. Vitteaut

Chablis

Trotz jahrhundertelanger Berühmtheit, die dazu führte, daß der Chablis in der ganzen Welt mit den ausgefallensten Methoden kopiert wird, wäre sein Anbaugebiet beinahe verschwunden : Zwei verheerende Spätfröste, 1957 und 1961, die der schwierigen Winzerarbeit an den steinigen Steilhängen zusätzliche Probleme bescherten, hatten den Weinbau fast zum Erliegen gebracht. Die Preise für die Grand-Cru-Lagen erreichten ein lächerlich niedriges Niveau, so daß die damaligen Käufer ein gutes Geschäft machten. Die Entwicklung neuer Schutzmaßnahmen gegen den Frost und die technischen Fortschritte bei der Mechanisierung verhalfen diesem Anbaugebiet zu einer neuen Blüte.

Die Anbaufläche der Appellation umfaßt 6 834 ha auf dem Gebiet von Chablis und 19 Nachbargemarkungen ; davon sind gegenwärtig 3 500 ha bepflanzt. Die Rebstöcke wachsen an den Steilhängen der Hügel, die sich auf beiden Ufern des Serein, eines kleinen Nebenflusses der Yonne, erstrecken. Die süd-südöstliche Lage begünstigt auf diesem Breitengrad eine gute Reifung der Trauben, aber in besonders günstig gelegenen Weinbergen kann man auch Rebflächen in anderen Lagen finden. Der Boden besteht aus Juramergeln (Kimmeridge- und Portlandstufe). Er ist wunderbar geeignet für den Anbau von Weißweinreben, wie bereits die Zisterziensermönche der unweit von Pontigny gelegenen Abtei wußten, die hier im 12. Jahrhundert Chardonnayreben, auch Beaunois genannt, anpflanzten. Diese Rebsorte entfaltet hier stärker als in anderen Gebieten ihre Finesse und ihre Eleganz, die hervorragend zu Meeresfrüchten, Schnecken und Wurstgerichten passen. Die Premiers Crus und Grands Crus verdienen es, daß man sie zu besonderen Gerichten trinkt : Fisch, erlesene Wurstwaren, Geflügel und weißes Fleisch, die übrigens auch mit dem Wein selbst zubereitet werden können.

Petit Chablis

Der Petit Chablis wird auf 300 ha erzeugt, deren Lage in der Regel weniger günstig ist, und bildet die unterste Stufe der burgundischen Hierarchie im Gebiet von Chablis. Er besitzt ein weniger komplexes Aroma und eine etwas höhere Säure, die ihm eine gewisse Herbheit verleiht. Früher wurde er als offener Karaffenwein im ersten Jahr nach der Lese getrunken, während er heute auf Flaschen abgefüllt wird. Als Opfer seines Namens ließ man ihm kaum Gelegenheit, sich zu entwickeln, aber heute scheint ihm der Konsument seine abwertende Bezeichnung nicht mehr übelzunehmen.

DOM. PASCAL BOUCHARD 1990★★

	k.A.	k.A.	

Der »kleine Chablis« wird groß ! Dieser hier besitzt eine strahlende goldene Farbe und entfaltet ein deutlich spürbares Aroma (Akazienblüten, weiße Blüten). Frische, Ausgewogenheit und Länge bestimmen den milden Geschmack. Ausgezeichneter typischer Charakter.
🍷 Dom. Pascal Bouchard, 17, bd Lamarque, 89800 Chablis, Tel. 86.42.18.64 ⚑ n. V.

DOM. DANIEL DEFAIX 1990★

	0,36 ha	2 000	

Dieses Gut hat einen Probierkeller in Vézelay, Place Saint-Pierre, eröffnet, zwischen der Basilika und Marc Meneau. Kräftig, blumig, mit einer leichten Holznote. Dieser Wein ist für die Appellation repräsentativ. Zweifellos sollte man ihn noch ein bis zwei Jahre altern lassen, bevor man ihn als Aperitif oder zu einem Teller mit Wurstwaren trinkt.
🍷 Dom. Etienne et Daniel Defaix, 14, rue Auxerroise, B.P. 50, 89800 Chablis, Tel. 86.42.14.44 ⚑ tägl. 9h-12h 14h-18h

DOM. D' ELISE 1990★★

	6,85 ha	12 000	

Frédéric entstammt einer Familie, die überhaupt nichts mit dem Weinbau zu tun hat. Als Tiefbauingenieur, der in Algerien Vorlesungen hielt, wurde er durch Zufall Winzer. Der Zufall macht seine Sache gut, haben wir schon im letzten Jahr geschrieben. Dieser Weg eines vom Glück verwöhnten (und mutigen) Kindes führt zu einem Petit Chablis mit angenehmem Duft und sinnlichem, sehr vollem Geschmack. Mentholnote im Abgang. Sollte noch altern. Man kann ihn zu Fisch oder zu Schnecken trinken.
🍷 Frédéric Prain, Côte de Léchet, 89800 Milly, Tel. 86.42.40.82 ⚑ n. V.

DOM. JEAN GOULLEY ET FILS 1990★

	4,5 ha	10 000	

Ein Gut, das zuerst in der Reblage Fourchaume Wein anbaute. Danach in den Lagen Mont de Milieu und Montmains sowie in der Appellation Chablis und schließlich in der Appellation Petit Chablis. Einer unserer Juroren hielt diesen 90er für den verführerischsten der Weinprobe. Seine lebhafte Ansprache überdeckt nämlich nicht sein Aroma. Voller, fülliger Geschmack, der nach einer Andouillette verlangt.
🍷 Dom. Jean Goulley et Fils, 22, vallée des Rosiers, 89800 La Chapelle-Vaupelteigne, Tel. 86.42.40.85 ⚑ n. V.
🍷 Philippe Goulley

DANIEL GOUNOT 1990★★

	6,5 ha	15 000	

Großzügig ? Sagen wir lieber verschwenderisch. Ist der hl. Martin nicht berühmt in Chablis ? Dieser 90er bietet Ihnen seinen ganzen goldgrünen Mantel an, und nicht bloß die Hälfte, dazu sein eindringliches Aroma und seinen Alkoholreichtum. An diesem Wein ist nichts klein.
🍷 Daniel Gounot, 89800 Saint-Cyr-les-Colons, Tel. 86.41.41.67 ⚑ n. V.

DOM. LA BRETAUCHE 1990★★

	2,8 ha	15 000	

Genau der Typ von Wein, von dem man – wie vom Kardinal Retz – sagen kann, daß er nur französisch sein kann. Die Finesse und die Zartheit der Chardonnaytraube. Ein leichtes Zitronenaroma, das im Nachgeschmack an Butter erinnert und edler und ausdrucksvoller als der Duft ist. Herrliche Harmonie. Rasch, ein paar Muscheln dazu !
🍷 Louis Bellot, rue de Bretauche, 89800 Chablis, Tel. 86.42.40.90 ⚑ n. V.

LA CHABLISIENNE 1990★★★

☐ 15 ha 100 000

Wenn dieser Wein (wie es wahrscheinlich ist) in den Himmel kommt, wird Abbé Balitran, der diese Genossenschaft in den 20er Jahren gründete, ein schönes Tedeum singen. Eine besondere Empfehlung von uns, die erste in dieser Appellation seit der Geburt des Hachette Weinführers. Dieser 90er findet wirklich einmütige Zustimmung. Er besitzt alles, um zu gefallen, so daß ein Dutzend Weinbergschnecken ganz von selbst aus ihren Schneckenhäusern kriechen werden. Perfekte Harmonie mit genau der richtigen Herbheit und ein blumiges Aroma, das an Akazienblüten erinnert.
🕿 La Chablisienne, 8, bd Pasteur, B.P. 14, 89800 Chablis, Tel. 86.42.11.24 ☎ tägl. sf dim. 8h-12h 14h-18h

ROLAND LAVANTUREUX 1990★★

☐ 4 ha 20 000

Blasse, aber strahlende Farbe. Großzügiger, komplexer Duft mit kräftiger Fruchtigkeit. Das beginnt sehr gut. Danach zeigt er sich angenehm reich, voll und bemerkenswert. Ein echter Chablis sozusagen, aber zum Preis eines »kleinen« Chablis. Bei dieser Qualität sollten Sie nicht zögern !
🕿 Roland Lavantureux, 4, rue Saint-Martin, 89800 Lignorelles, Tel. 86.47.53.75 ☎ n. V.

DOM. DE L'EGLANTIERE 1989★

☐ 4 ha k.A.

Es fehlt ihm etwas an Spannweite, aber er besitzt seine Qualitäten. Klare, goldene Farbe, lebhafte Ansprache und guter Abgang.
🕿 SC Jean Durup, Dom. de l'Eglantière, 4, Grand-Rue, 89800 Maligny, Tel. 86.47.44.49 ☎ n. V.

DOM. DES MALANDES 1990★

☐ 0,6 ha 4 000

André Tremblay, der Vater von Madame Marchive, kehrte in den 50er Jahren der Mischkultur den Rücken und widmete sich ganz dem Weinbau. Er hat gut daran getan. Sein Petit Chablis besitzt einen köstlichen Primeurstil : sehr frisch und erregend (Akazienblüten und fruchtige Noten). Leicht bitterer Nachgeschmack, aber reizvoller Gesamteindruck. Vielleicht sollte dieser nicht ganz reife 90er noch etwas lagern.
🕿 Dom. des Malandes, 63, rue Auxerroise, 89800 Chablis, Tel. 86.42.41.37 ☎ n. V.

ALAIN ET PATRICIA MATHIAS 1990★

☐ 1,3 ha 8 000

Das Gut ging aus einer Liebesheirat hervor. Sie wissen schon, man bringt die Lese ein und träumt davon, hierzubleiben. Nun gut, der Traum ist Realität geworden : vor rund zehn Jahren. Praktikum bei einem Winzer, Studium in Beaune. Und heute dieser 90er Petit Chablis, der eine sehr feminine Anmut besitzt. Sehr mild, leicht, schlicht. Ein zarter Stil.
🕿 Alain et Patricia Mathias, Les grandes Bridennes, rte de Troyes, 89700 Epineuil, Tel. 86.54.43.90 ☎ n. V.

PHILIPPE MILLET 1990★★

☐ 9 ha 12 000

Das Gut entstand 1981, so daß es noch nicht viel zu erzählen hat. Dieser Petit Chablis schmeckt gut, und das ist das Wichtigste. Die Säure vorhanden (ein Hauch von Zitronenaroma) und verleiht diesem 90er Schwung und Kraft. Genauso wie ein echter Petit Chablis sein soll.
🕿 Philippe Millet, Dom. de Marcault, rte de Viviers, 89700 Tonnerre, Tel. 86.75.92.56 ☎ n. V.

SIMONNET-FEBVRE 1990★

☐ k.A. 10 000

Richard Nixon hat in diesem Keller das Glas geleert. Die kalifornischen Winzer würden es ihm verzeihen, wenn sie wie wir diesen 90er probieren würden. Seine Farbe erinnert an Butterblumen. Der Duft von getrockneten Früchten entfaltet sich an der Luft. Mentholnote im Geschmack. Leicht, aber fein und eindringlich.
🕿 Simonnet-Febvre, 9, av. d'Oberwesel, 89800 Chablis, Tel. 86.42.11.73 ☎ Mo-Sa 8h-12h 14h-17h

OLIVIER TRICON 1990

☐ k.A. k.A.

Er hat bei unserer Jury etwas geteilte Meinungen hervorgerufen. Ist er entwickelt ? Ein wenig feurig ? Oder insgesamt ziemlich aromatisch, goldgelb und von sympathischer Rundheit ? Unserer Ansicht nach ist er recht ordentlich.
🕿 Olivier Tricon, rte d'Avallon, B.P. 56, 89800 Chablis, Tel. 86.42.10.37 ☎ n. V.

Chablis

Der auf rund 2 500 ha erzeugte Chablis verdankt seine unnachahmlichen Qualitäten von Frische und Leichtigkeit seinem Boden. Kalte oder regenreiche Jahre bekommen ihm schlecht, weil er dann zuviel Säure hat. Dagegen bewahrt er in warmen Jahren einen durstlöschenden Charakter, den die ebenfalls aus Chardonnaytrauben erzeugten Weine im Departement Côte-d'Or nicht besitzen. Man trinkt ihn jung (mit einem bis drei Jahren), aber er kann bis zu zehn Jahren altern und gewinnt dann in seinem Bukett an Komplexität und Reichtum.

DOM. HERVE AZO 1990★★

□	0,5 ha	4 000	▮ ✓ **2**

Hier ist der Chablis, von dem Kanonikus Gaudin im 18. Jh. sagte, sein Wein dufte, entzücke den Gaumen und hinterlasse einen milden Geruch von Musseronpilzen. Sehr rein, ziemlich mineralisch, fein und komplex. Dieser 90er ist nämlich der Prototyp eines großartigen Chablis, der so lang ist, daß er tief wird ! Gute Zukunftsaussichten.

🕭 Hervé Azo, 2, rue de Champlain, 89800 Milly, Tel. 86.42.43.56 🍴 n. V.

MICHEL BARAT 1990★

□	6 ha	15 000	▮↓✓ **2**

Jean-François Kahn und Alexandre Lagoya haben hier denkwürdige Weinproben erlebt. Ein schöner Wein, den man sich unbedingt für seinen Keller vormerken sollte. Sehr lebhaftes Bukett, duftig, zufriedenstellende Länge.

🕭 Michel Barat, 6, rue de Léchet, 89800 Milly, Tel. 86.42.40.07 🍴 n. V.

JOEL BEGUE 1990

□	4 ha	1 500	▮↓✓ **2**

Joël und Maryse haben diesen Betrieb in der Appellation Chablis gegründet, während ihre Premiers Crus seit 1990 von ihren Eltern kommen. Strohgelbe Farbe. Ein Chablis, der noch vollkommen reif ist. Sein Duft könnte uns wahrscheinlich noch mehr erzählen. Gutes Verhältnis zwischen Säure und Alkohol, Rundheit und Fülle. Die Krustentiere, zu denen man ihn trinkt, werden sich nicht über ihn beklagen.

🕭 Joël Bègue, Les Epinottes, 89800 Chablis, Tel. 86.42.16.65 🍴 n. V.

JEAN-CLAUDE BOISSET 1990★

□	k.A.	k.A.	◑↓✓ **3**

Füllig, fleischig : ein echter Rubens. Mit sehr leichtem Pinselstrich von einem Maler geschaffen, an Akazienblüten erinnernd. Ein sinnlicher Hochgenuß. Wenn man seiner Sinnenlust nachgibt, kann man – einen Ausspruch von Gaston Bachelard paraphrasierend – sagen, daß der Wein eine Schöpfung der Begierde ist. Dennoch müssen Sie ihn noch lagern.

🕭 Jean-Claude Boisset, rue des Frères-Montgolfier, 21702 Nuits-Saint-Georges, Tel. 80.61.00.06

DOM. PASCAL BOUCHARD 1990★

□	k.A.	120 000	▮✓ **2**

Diesem 90er mangelt es zwar ein wenig an Farbe, aber das Aussehen ist klar und deutlich. Sein Aroma besitzt Kraft (Kräuternoten). Im Geschmack ist er geschmeidig.

🕭 Dom. Pascal Bouchard, 17, bd Lamarque, 89800 Chablis, Tel. 86.42.18.64 🍴 n. V.

CHANSON PERE ET FILS 1990★★

□	k.A.	40 000	▮↓✓ **3**

Von einem sehr guten Chablis schreibt Raymond Dumay, er habe »Liebe« . Wollen Sie ein Beispiel dafür haben ? Entkorken Sie die Flasche mit diesem Wein, der so frisch, so rund und so verführerisch ist, daß Sie sich in ihn verlieben werden. Der Duft entfaltet sich nicht sofort, aber was für eine Finesse und Eleganz im Geschmack ! Bemerkenswerte Nachhaltigkeit. In jeder Hinsicht bewundernswert. Man kann ihn schon jetzt zu Jakobsmuscheln trinken.

🕭 Chanson Père et Fils, 10, rue Paul Chanson, 21200 Beaune, Tel. 80.22.33.00 🍴 n. V.

DOM. DE CHANTEMERLE 1990★★

□	5 ha	25 000	▮✓ **2**

Man konnte hier früher die Amseln singen hören. Daher auch der Name des Gutes, das der Familie Boudin gehört. Man hat uns etwas von einer »Spätlese« erzählt. Im Stil der elsässischen Weine ? Nun, der Begriff hat eine weite Bedeutung. Sprechen wir lieber von vollreifen Trauben. Sie ergeben einen recht typischen Wein, der sehr vollständig ist und Frische, Fruchtigkeit und Rundheit besitzt. Eine mineralische Note und ein Hauch von weißen Blüten.

🕭 Dom. de Chantemerle, 27, rue du Serein, 89800 La Chapelle-Vaupelteigne, Tel. 86.42.18.95 🍴 n. V.

🕭 Francis Boudin

MICHEL COLBOIS 1990★★

□	4 ha	20 000	▮↓✓ **2**

Ein sehr harmonischer 90er, der nicht übermäßig kräftig ist. Frische, klare Fruchtigkeit, Leichtigkeit, sogar Reinheit. Ein erstklassiger Chablis.

🕭 Michel Colbois, 69, Grand-Rue, 89530 Chitry-le-Fort, Tel. 86.41.43.48 🍴 Mo-Sa 8h-12h 14h-19h

JEAN-CLAUDE COURTAULT 1990★

□	8 ha	6 000	▮↓✓ **2**

»Alles läßt sich zärtlich sagen« , meinte ein Dichter. Die Farbe war zum Zeitpunkt der Verkostung zwar leicht getrübt, aber der restliche Eindruck ist durch Zartheit geprägt. Frische, Jugendlichkeit, Milde. Zufriedenstellende Länge. Ein Wein, den man im kommenden Jahr trinken sollte.

🕭 Jean-Claude Courtault, 4, rue du Moulin, 89800 Maligny, Tel. 86.47.44.76 🍴 n. V.

EMMANUEL DAMPT 1990★★

☐	0,74 ha	5 500	▮Ⓥ②

Der hl. Robert (de Molesmes) machte sich aus diesem Dorf Ende des 11. Jh. auf, um das Reformkloster Cîteaux zu gründen. Muß man sich dann noch wundern, daß dieser Wein solide Tugenden besitzt ? Sicherlich nicht die der Bescheidenheit, wenn man nach seiner strahlenden Farbe urteilt. Aber er hat Tiefe und ein mineralisches Aroma, das bis zum letzten Gebet zu spüren ist. Dennoch rund und füllig wie ein legendärer Mönch.
🕭 Emmanuel Dampt, rte du Château, 89700 Collan, Tel. 86.55.17.61 ⏳ n. V.

DANIEL DAMPT 1990

☐	7 ha	20 000	▮↓Ⓥ②

Das Gut entstand neben dem von Jean Defaix, dem Schwiegervater dieses Winzers, der nach und nach die Verantwortung dafür übernahm. Zart, frisch, geschmeidig – diese Bezeichnungen kehren auf den Degustationszetteln unserer Juroren oft wieder. Langer, blumiger Geschmack. Man muß ihn noch etwas lagern, damit er sich voll entfalten kann.
🕭 Daniel Dampt, rue des Violettes, 89800 Milly, Tel. 86.42.47.23 ⏳ n. V.

DOM. ETIENNE DEFAIX 1989★

☐	5 ha	25 000	▮↓Ⓥ②

Starke Röstnoten : man riecht den Duft von gebrannten Mandeln ! Er ist unverkennbar ein 89er. Es mangelt ihm jedoch an Lebhaftigkeit, so daß er etwas schlaff wirkt. Aber es stimmt auch, daß er für unsere Jury nach einer Serie von 90er schwer zu beurteilen war.
🕭 Dom. Etienne und Daniel Defaix, 14, rue Auxerroise, B.P. 50, 89800 Chablis, Tel. 86.42.14.44 ⏳ tägl. 9h-12h 14h-18h

DOM. D' ELISE 1990★

☐	6,15 ha	30 000	▮↓Ⓥ②

Das Haus und die Keller befinden sich wie im Bordelais inmitten der Rebflächen. Es handelt sich also fast um ein »Château« . Dieser blaßgoldene Wein besitzt einen sehr ausgeprägten Bodengeruch, der seine Intentionen enthüllt : er bestätigt sich lange und intensiv über einem mineralischen Aroma, das typisch für die Appellation ist. Gut gelungen und lagerfähig.
🕭 Frédéric Prain, Côte de Léchet, 89800 Milly, Tel. 86.42.40.82 ⏳ n. V.

DOM. JEAN GOULLEY ET FILS 1990★

☐	7 ha	15 000	▮↓Ⓥ②

Mit der Unterstützung von Fachleuten der Landwirtschaftskammer unternimmt dieser Winzer seit dem letzten Jahr einen Versuch mit biologischen Anbaumethoden. Sein auf klassischere Art und Weise hergestellter 90er ist keineswegs unangenehm. Er zeugt auf ehrliche Art von den Qualitäten seines Jahrgangs und besitzt eine schöne Farbe.
🕭 Dom. Jean Goulley et Fils, 22, vallée des Rosiers, 89800 La Chapelle-Vaupelteigne, Tel. 86.42.40.85 ⏳ n. V.

CORINNE ET JEAN-PIERRE GROSSOT Cuvée fût de chêne 1990★

☐	2 ha	10 000	◫Ⓥ③

Corinne und Jean-Pierre, die ein 13 ha großes Gut besitzen, erzeugen seit 1980 Wein. Im 90er besitzt ein (nicht zu aufdringliches) Vanillearoma, das vom Holzfaß herrührt. Diese Holznote ist fein und dezent und überdeckt nicht den Geschmack des Weins. Intensive, klare Farbe und fruchtig-alkoholischer Geruchseindruck. Recht einschmeichelnder Gesamteindruck.
🕭 Corinne et Jean-Pierre Grossot, 89800 Fleys, Tel. 86.42.44.64 ⏳ n. V.

THIERRY HAMELIN 1990

☐	8 ha	32 000	▮Ⓥ②

Diese Familie hat vor fast einem Jahrhundert Beines verlassen und sich hier in Lignorelles niedergelassen. Damals waren es 4 ha Rebflächen, heute sind es 35 ha. Die vollständige Palette vom Petit Chablis bis zu den Premiers Crus Beauroy und Vauligneau. Wer träumt nicht davon, in der »Traubengasse« zu wohnen ? Strohgelbe Farbe. Netter Duft : Pfirsiche, Pampelmusen, Veilchen. Nicht sehr typisch für einen Chablis, aber er wird seine Liebhaber finden.
🕭 Thierry Hamelin, 1, imp. de la Grappe, 89800 Lignorelles, Tel. 86.47.52.79 ⏳ n. V.

HEIMBOURGER PERE ET FILS 1990

☐	3 ha	12 000	▮Ⓥ③

Mit den Flaschen ist es wie mit den Frauen. Manchmal verweigern sie sich. So wie diese hier : tugendhaft und zurückhaltend. Die Farbe ist nicht zu strahlend, der Duft sehr diskret. Aber der Geschmack läßt den Garten der Lüste erahnen. Für später !
🕭 GAEC Heimbourger Père et Fils, 89800 Saint-Cyr-Les-Colons, Tel. 86.41.40.88 ⏳ n. V.

DOM. LA BRETAUCHE 1990★

☐	6 ha	30 000	▮↓Ⓥ③

Helle Farbe mit grünlichen Reflexen. Ein Chablis, der schamvoll die Augen senkt : zurückhaltend, schüchtern zunächst. Dennoch bietet er echte Qualitäten, die sich noch nicht ganz entfaltet haben, und erscheint vielversprechend. Man darf seine weitere Entwicklung mit Interesse verfolgen.
🕭 Louis Bellot, rue de Bretauche, 89800 Chablis, Tel. 86.42.40.90 ⏳ n. V.

LA CHABLISIENNE 1990

☐	15 ha	100 000	▮↓Ⓥ③

Ziemlich glanzlose Farbe. Der fruchtige Duft entwickelt sich nach und nach in Richtung gekochtes Obst. Kurz und angenehm : guter Durchschnitt. Es handelt sich dabei nicht um einen dicken Wälzer, sondern um eine Novelle, aber jedes Genre hat seine Vorzüge und seine Liebhaber.
🕭 La Chablisienne, 8, bd Pasteur, B.P. 14, 89800 Chablis, Tel. 86.42.11.24 ⏳ Mo-Sa 8h-12h 14h-18h

DOM. DE LA CONCIERGERIE 1990

☐	9 ha	35 000	▮↓Ⓥ②

Der 87er hat in unserer Ausgabe 1990 eine

besondere Empfehlung erhalten. Dieser hier ist in keiner Weise schlecht, aber etwas bescheidener ausgefallen. Geschmeidigkeit, Fruchtigkeit, Klarheit. Ein guter trockener Chablis, dessen Entwicklung reizvoll sein könnte.

🐦 Christian Adine, Dom. de la Conciergerie, allée du Château, 89800 Courgis, Tel. 86.41.40.28 ⏳ n. V.

DOM. DE LA MALADIERE
Champs royaux 1990

	14,48 ha	100 000	🍶 ☑ 2

Ziemlich kräftige, klare gelbe Farbe. Er hält sich gut auf den Beinen. Seine Vanillenote zeugt vom Ausbau im Holzfaß. William Fèvre, ein erklärter Gegner der falschen kalifornischen Chablisweine, läßt es nicht zu, daß der Holzton den Wein überdeckt, der sich wohlausgewogen zeigt. Schlußfolgerung unserer Juroren : für die Liebhaber von holzbetonten Weinen.

🐦 William Fèvre, 14, rue Jules-Rathier, 89800 Chablis, Tel. 86.42.12.51 ⏳ n. V.

DOM. DE L'EGLANTIERE 1989*

	70 ha	k.A.	🍶↓☑2

Die diskrete Farbe zeigt einen Anflug von Entwicklung. Das nicht sehr intensive Aroma erinnert an Blumen und Früchte. Der Geschmackseindruck dagegen ist sehr angenehm : hervorragende Ausgewogenheit zwischen der Säure und dem Aroma der Rebsorte in einem reichen, vielversprechenden Jahrgang. Die Vinifizierung nimmt auch auf das Anbaugebiet Rücksicht.

🐦 SC Jean Durup, Dom. de l'Eglantière, 4, Grand-Rue, 89800 Maligny, Tel. 86.47.44.49 ⏳ n. V.

DOM. LE VERGER 1990

	24 ha	190 000	🍶↓☑3

Blasse Farbe und zurückhaltender Duft. Ziemlich mineralische Note, wie man sie hier oft findet. Ausreichende Säure und ein Hauch von Adstringenz. Ein recht vollständiger Wein, der ein Dutzend Weinbergschnecken aufwecken kann.

🐦 Dom. Alain Geoffroy, 4, rue de l'Equerre, 89800 Beines, Tel. 86.42.43.76 ⏳ tägl. 9h-12h 14h-18h

DOM. LONG-DEPAQUIT 1990*

	k.A.	k.A.	🍶↓3

Die Erben von Dr. Long-Depaquit haben sich mit der Familie Bichot zusammengetan, um dieses berühmte Gut weiterzuführen. Wenn sich Beaune und Chablis die Hand reichen ... Goldene

Le Chablisien

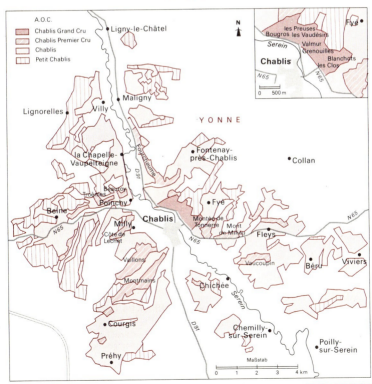

Farbe. Ausdrucksvoller Duft schon beim ersten Riechen. Aromatischer Geschmack. Ein sehr typischer, relativ lebhafter Wein, der seine Wirkung nicht verfehlt.

☛ Maison Albert Bichot, 6 bis, bd Jacques Copeau, 21200 Beaune, Tel. 80.22.17.99

DOM. DE L'ORME 1990*

| ☐ | 23 ha | 25 000 | ▮↓☑2 |

Dieses Gut befindet sich seit drei Generationen in Familienbesitz. Es präsentiert einen 90er mit einem Duft von Lakritze (ein Aroma, das man eher bei Rotweinen findet) und getrockneten Früchten. Ein wohlausgewogener Wein, der sich in zwei bis drei Jahren ganz entfalten wird.
☛ SCEA du Dom. de L'Orme, 16, rue de Chablis, 89800 Lignorelles, Tel. 86.47.41.60 ϒ n. V.

DOM. DES MALANDES 1990**

| ☐ | 13 ha | 100 000 | ▮↓☑4 |

Im letzten Jahr haben wir den 89er besonders empfohlen. Mit dem 90er wiederholt dieses Gut seine Leistung zwar nicht ganz, erreicht aber erneut ein sehr hohes Niveau. Wunderbare Farbe. Der sehr blumige, angenehm komplexe Duft erinnert an Akazien- und Lindenblüten und enthüllt eine Mentholnote. Aufgrund des Alters noch ein wenig Säure. Seine Konstitution und sein Reichtum garantieren eine gute Alterungsfähigkeit.
☛ Dom. des Malandes, 63, rue Auxerroise, 89800 Chablis, Tel. 86.42.41.37 ϒ n. V.

CH. DE MALIGNY 1990***

| ☐ | k.A. | k.A. | ▮↓☑2 |

Hat die besondere Empfehlung nur ganz knapp verfehlt. Dieser Wein ist Aurora mit den Rosenfingern. Zitrusfrüchte, Clementinen und blumige Düfte unter einem rapsgelben Kleid. Kraft und Frische harmonieren wunderbar und ergeben einen exzellenten Wein. Schinken in Chablissauce paßt wunderbar zu diesem feinen Wein, der eine erstaunliche Komplexität besitzt.
☛ SC Jean Durup, Ch. de Maligny, 4, Grand-Rue, 89800 Maligny, Tel. 86.47.44.49 ϒ n. V.

DOM. DES MARRONNIERS 1990*

| ☐ | 2 ha | 15 000 | ◧☑2 |

In Préhy heilte man früher die Menschen vom Fieber. Heute sorgt man dafür, daß hier niemand vor Durst sterben muß. Dieser blaßgelbe Chardonnay mit dem sehr offenherzigen, leicht an Moschus erinnernden Duft bietet einen langen Geschmack. Ein langer, durchdringender rauchiger Eindruck. Gute Vinifizierung, aber etwas mehr Fülle würde ihm nicht besser stehen.
☛ Bernard Légland, 89800 Préhy, Tel. 86.41.42.70 ϒ tägl. 8h-20h

ALAIN ET PATRICIA MATHIAS 1990

| ☐ | 4 ha | 10 000 | ▮↓☑2 |

Epineuil ist der Geburtsort von Alfred Grévin, nach dem das berühmte Museum in Paris benannt ist. Dennoch präsentiert hier dieses Winzerpaar einen Chablis, der in keiner Weise aus Wachs erzeugt worden ist. Guter Duft. Eher frisch als kräftig, nicht sehr voll, aber noch

verschlossen. An der Struktur gibt es nichts auszusetzen.
☛ Alain et Patricia Mathias, Les grandes Bridennes, rte de Troyes, 89700 Epineuil, Tel. 86.54.43.90 ϒ n. V.

J. MOREAU ET FILS 1990

| ☐ | k.A. | 850 000 | ▮☑2 |

Eine der am meisten verbreiteten Cuvées von ganz Burgund : 850 000 Flaschen ! Ziemlich helle Farbe, Duft von wilden Rosen, eher schelmisch im Charakter. Wenig Nachhaltigkeit, aber schwungvolle Ansprache.
☛ Dom. J. Moreau et Fils, rte d'Auxerre, 89800 Chablis, Tel. 86.42.40.70 ϒ tägl. 10h30-18h (April–Nov.)

CHRISTIAN MORIN 1990*

| ☐ | 1,1 ha | 6 000 | ▮☑2 |

Hübsche Farbe. Duft von Früchten und Moschus. Sehr aromatisch im Geschmack (Muskat), voll, intensiv und lang. Ein 90er, den man schon jetzt trinken sollte, um ihn auf dem Höhepunkt seiner schönen Jugendlichkeit zu genießen.
☛ Christian Morin, 17, rue du Ruisseau, 89530 Chitry-le-Fort, Tel. 86.41.44.10 ϒ n. V.

SYLVAIN MOSNIER 1990

| ☐ | 8 ha | 50 000 | ▮☑2 |

Er ist dem Ratschlag von Ronsard gefolgt, daß man seine Jugend auskosten soll, denn er besitzt eine frühlingshafte Frische und ist voller Schwung und Kraft. Im Geschmack nervig : das hängt mit der Pubertät zusammen. Aber das wird sich legen.
☛ Sylvain Mosnier, 4, rue Derrière-les-Murs, 89800 Beines, Tel. 86.42.43.96 ϒ n. V.

JEAN-MARIE NAULIN 1990*

| ☐ | 8 ha | 4 000 | ▮☑2 |

Das Etikett ist wie ein Pergament mit aufgerollten Rändern gestaltet : Wir befinden uns in Burgund. Gute Lebhaftigkeit, nachhaltige Fruchtigkeit, blaßgoldene Farbe : ein Wein, der geradeheraus ist. Der Duft ist noch etwas ungezähmt, wird sich aber verbessern. Ansonsten keine Probleme.
☛ Jean-Marie Naulin, 6, rue du Carouge, 89800 Beines, Tel. 86.42.46.71 ϒ n. V.

DOM. ALAIN PAUTRE 1990

| ☐ | 11,5 ha | 70 000 | ▮☑3 |

Diesen Wein kann man denjenigen empfehlen, die eine Schwäche für unreife Äpfel haben, so strahlend ist hier das Aroma. Der gleiche Stil im Geschmack : lebhaft, trocken, nervig. Angenehm, aber noch vom jugendlichen Charakter geprägt.
☛ Alain Pautré, 23, rue de Chablis, 89800 Lignorelles, Tel. 86.47.43.04 ϒ tägl. 9h-12h 14h-18h ; Mai–Sept. So geschlossen

GILBERT PICQ ET SES FILS 1990

| ☐ | 9 ha | 35 000 | ▮☑2 |

Didier und Pascal haben sich 1976 zu einer GAEC zusammengeschlossen. Seit zehn Jahren füllen sie ihren Wein selbst ab. Recht klares Aroma mit mineralischen Noten. Lebhafte Ansprache, etwas spitz und aggressiv, zitrusartig.

Muß noch reifen. Wenig Stoff, aber der ehrliche Charakter gleicht hier die Leichtigkeit aus. Ein Aperitifwein, der zu Käsegebäck (aus Brandteig) paßt.

🍷 Gilbert Picq et ses Fils, 3, rte de Chablis, 89800 Chichée, Tel. 86.42.18.30 ⲧ n. V.

DENIS RACE 1990

☐	3,56 ha	9 300	▮▾ ☑ ❷

Als Stellvertretung für den französischen Staatspräsidenten empfing dieser Winzer am 29. Mai 1990 seine Leibwächter als Besucher. Kräftige gelbe Farbe. Ein 90er, der im Duft schon pflanzliche Noten enthüllt und einen reifen Geschmack entfaltet. Muß schon jetzt getrunken werden.

🍷 Denis Race, 5 A, rue de Chichée, 89800 Chablis, Tel. 86.42.45.87 ⲧ n. V.

DOM. DES RONCIERES 1990

☐	5 ha	7 000	▮▾ ☑ ❷

Marie-Casimir d'Arquian, die Königin von Polen war, lebte einige Zeit im Schloß dieses Dorfes. Dieser Chablis hätte sie an ihre goldene Krone erinnert. Blumiger Duft mit Karamelnoten. Origineller, aber nicht wirklich typischer Charakter. Trinkreif.

🍷 Régis et Yves Ségault, Les Roncières, 89800 Maligny, Tel. 86.47.55.69 ⲧ n. V.

DOM. SAINTE CLAIRE 1990★★

☐	43 ha	200 000	▮▾ ☑ ❷

Jean-Marc Brocard, der 1987 eine besondere Empfehlung für seinen 85er erhalten hat, ist ein 90er gelungen, der höchstes Lob verdient. Er strahlt wie ein Louisdor und entfaltet einen herrlich intensiven, komplexen Duft. Pracht, Reichtum und Fülle. Ein sehr schöner Chablis.

🍷 Jean-Marc Brocard, 89800 Préhy, Tel. 86.41.42.11 ⲧ Mo-Sa 8h-18h

FRANCINE ET OLIVIER SAVARY 1990★★

☐	7,25 ha	40 000	▮▾ ☑ ❷

Francine und Olivier erzeugen diesen Wein auf rund 7 ha. Ihr 90er entfaltet unter einem goldgelben Kleid ein komplexes Bukett, in dem die blumigen Noten dominieren. Recht charakteristisch für den verfeinerten Chablisstil : elegant und zart, kräftig, ohne zu explodieren. Hat noch die ganze Zukunft vor sich.

🍷 Olivier Savary, 4, chem. des Hates, B.P. 7, 89800 Maligny, Tel. 86.47.42.09 ⲧ n. V.

SIMONNET-FEBVRE 1990★

☐	k.A.	200 000	▮▾ ❸

Ein sorgfältig vinifizierter Chablis, der reizvoll und fein ist. Sein Aroma stürzt sich förmlich auf Sie : lebhaft, säuerlich und frisch, an Früchte, Honig und Akazienblüten erinnernd, wie es hier gute Tradition ist. Ein Hauch von Wärme, aber eine klare, angenehme Ansprache, die kunstvoll umhüllt ist.

🍷 Simonnet-Febvre, 9, av. d'Oberwesel, 89800 Chablis, Tel. 86.42.11.73 ⲧ Mo-Sa 8h-12h 14h-17h

DOM. DE VAUROUX 1990

☐	25 ha	k.A.	▮▾ ☑ ❷

Dieses 30 ha große Gut liefert hier einen leichtfüßigen, zarten und fruchtigen 90er. Er besitzt keine volltönende Stimme, sondern ist von exquisiter Anmut. Man sollte seine lebhafte, spontane Jugendlichkeit genießen und braucht ihn nicht erst im Keller zu lagern.

🍷 Dom. de Vauroux, rte d'Avallon, ferme de Vauroux, 89800 Chablis, Tel. 86.42.10.37 ⲧ n. V.

GABRIEL VILAIN 1989★

☐	8 ha	6 000	▮▾ ☑ ❷

Die Nase von Kleopatra. Perfekt für einen 89er. Intensiv goldene Farbe. Der deutlich spürbare Geschmack kommt durch die Fülle und das Sekundäraroma zur Geltung. Verführerischer Gesamteindruck, nicht sehr typisch für einen Chablis, aber für den Jahrgang. »Im öden Orient kam mein Verdruß« , heißt es in *Bérénice*. Dieser Wein hätte ausgereicht, um alles zu verändern.

🍷 Gabriel Vilain, 89800 Chemilly-sur-Serein, Tel. 86.42.44.21 ⲧ n. V.

CH. DE VIVIERS 1990★

☐	k.A.	k.A.	▮▾ ❸

Château de Viviers ist ein schönes Haus aus dem 17. Jh., das einst dem Marquis de Traynel gehörte. Das Weingut wurde von Lupé-Cholet übernommen und gehört heute der Firma Albert Bichot. Auch wenn die Ansprache hier ein wenig nervig erscheint, macht dieser Eindruck rasch einem Gefühl von angenehmer Fülle Platz. Ein sehr schöner Kompromiß zwischen den manchmal widersprüchlichen Intentionen eines komplexen Weins.

🍷 Lupé-Cholet, 17, av. du Gal-de-Gaulle, 21700 Nuits-Saint-Georges, Tel. 80.61.25.02

Chablis Premier Cru

Er stammt aus etwa 30 Reblagen, die nach ihrer Lage und der Qualität ihrer Trauben ausgewählt worden sind (rund 700 ha). Vom einfachen Chablis unterscheidet er sich weniger durch einen höheren Reifegrad als durch ein komplexeres, nachhaltigeres Bukett, in dem sich das Aroma von Akazienhonig mit einem Hauch von Jod und pflanzlichen Noten vermischt. Der Ertrag ist auf 50 hl pro Hektar begrenzt. Die Winzer hier sind sich alle darin einig, daß er seinen Höhepunkt im fünften Jahr erreicht, wenn er ein Haselnußaroma annimmt. Die besten Einzellagen sind La Montée de Tonnerre, Fourchaume, Mont de Milieu, Forêt bzw. Butteaux und Léchet.

MICHEL BARAT Les Fourneaux 1990

| | 2 ha | 10 000 | ⬛⬇️🅥🅱️ |

Einer der drei Premiers Crus in Fleys. Eine kleine Reblage, die unter diesem recht reizvollen Namen wenig genutzt wird. Feine, strahlend blaßgelbe Farbe. Ein angenehm intensiver Wein mit einer frischen, milden Ansprache. Kräftiger, langer Geschmack. Leicht bittere Note. Man muß ihn mögen, aber probieren Sie ihn einmal zu Lachs.

☛ Michel Barat, 6, rue de Léchet, 89800 Milly, Tel. 86.42.40.07 ☏ n. V.

MICHEL BARAT Côte de Léchet 1990*

| | 3 ha | 10 000 | ⬛⬇️🅥🅱️ |

Dieser Wein hat (als 85er) in der Ausgabe 1988 eine besondere Empfehlung erhalten. Der blaßgoldene 90er preßt noch die Knie zusammen, aber er wird seinen Weg machen. Gutes Feuersteinaroma. Stammte der Erfinder des berühmten Gras-Gewehrs nicht aus Chablis ? Der 90er Vaillons ist ebenfalls mit einem Stern bewertet worden : aufsehenerregender Duft, feuriger Geschmack.

☛ Michel Barat, 6, rue de Léchet, 89800 Milly, Tel. 86.42.40.07 ☏ n. V.

DOM. PASCAL BOUCHARD Montmains 1990***

| | k.A. | k.A. | ⬛⬇️🅥🅱️ |

Joëlle und Pascal haben ihre Jugend diesem Gut gewidmet, das sich teilweise in Familienbesitz (Tremblay) befindet, und es seit 1979 nach und nach erweitert. Ihr Montmains entspricht genau dem, was man von einem Premier Cru erwartet : im Aussehen, im Duft (Musseronpilze, Unterholz, typisch für einen Chablis) und im Geschmack (eleganter Körper und Säure). Voll und lang – ein schönes Objekt der Begierde ...

☛ Dom. Pascal Bouchard, 17, bd Lamarque, 89800 Chablis, Tel. 86.42.18.64 ☏ n. V.

DOM. PASCAL BOUCHARD Beauroy 1990***

| | k.A. | 20 000 | ⬛🅥🅱️ |

Kerne, Mandeln, geröstetes Brot, getrocknete Früchte. Schon beim Riechen erkennt man sofort, woran man ist. Sehr volle Ansprache. Ein Genuß. Der Alkoholreichtum ist perfekt gemeistert. Ein 90er, der das 21. Jh. erleben wird. Gehen Sie vorsichtig mit ihm um und bringen Sie ihn auf die Sparkasse. Der 90er Mont de Milieu dagegen ist trinkreif (ein Stern).

☛ Dom. Pascal Bouchard, 17, bd Lamarque, 89800 Chablis, Tel. 86.42.18.64 ☏ n. V.

LIONEL J. BRUCK 1990**

| | k.A. | k.A. | ⬛🅱️ |

Eine von Jean-François Curie geführte Firma. Er gehört zur jungen Generation der Organisatoren der Confrérie des Chevaliers du Tastevin. Ein hübscher Wein : »goldene Pforte zum Burgund« . Das leicht an Butter erinnernde Aroma bewahrt die ganze Frische der Jugend. Dieser

90er besitzt viel Klasse, so daß wir es gern gesehen hätten, wenn der Weinhändler auf dem Etikett seine Reblage angegeben hätte.

☛ Lionel J. Bruck, rue du Moulin, 21700 Nuits-Saint-Georges, Tel. 80.61.07.24 ☏ Mo-Do 8h-12h 14h-18h (Fr bis 17h) ; Aug. geschlossen

DOM. DU CHARDONNAY Montée de Tonnerre 1990*

| | 2,12 ha | k.A. | ⬛🅥🅱️ |

Eine 1987 von Etienne Boileau, William Naman und Christian Simon gegründete GAEC. Dieser Wein ist ziemlich rustikal : würzig (Muskat), leichtes Zitronenaroma. Dagegen bringt er perfekt einen einfachen Stil und – unter uns – eine schöne Offenherzigkeit zum Ausdruck.

☛ Dom. du Chardonnay, Moulin du Patis, 89800 Chablis, Tel. 86.42.48.03 ☏ Mo-Sa 8h-12h30 13h30-19h ; Sa, So n. V.

DOM. DU CHARDONNAY Vaugiraut 1989*

| | 0,68 ha | k.A. | ⬛🅥🅱️ |

Erzeugt auf dem Boden von Chichée, am linken Ufer, und immer selten, denn die Gesamtfläche dieser Reblage ist nicht viel größer als 3 ha. Ziemlich jugendliche Ansprache für einen 89er, der über einem würzig-pfeffrigen Aroma seinen Reichtum entfaltet.

☛ Dom. du Chardonnay, Moulin du Patis, 89800 Chablis, Tel. 86.42.48.03 ☏ Mo-Fr 8h-12h30 13h30-19h ; Sa, So n. V.

DOM. JEAN COLLET ET FILS Montmains 1990**

| | 4,88 ha | 30 000 | ⬛⬇️🅥🅴 |

Der Prospekt des Gutes betont die äußerste Sauberkeit und Reinlichkeit der gesamten Einrichtungen. Zweifellos profitiert der Wein von dieser Liebe zu tadelloser Arbeit. Der Geruchseindruck ist zwar noch zurückhaltend, läßt aber erkennen, daß er einmal viel zu sagen haben wird (Früchte und Lakritze). »Trocken, klar, duftig, lebhaft und leicht« – gemäß der Definition von Raymond Dumay von perfektem Klassizismus.

☛ Dom. Jean Collet et fils, 15, av. de la Liberté, 89800 Chablis, Tel. 86.42.11.93 ☏ n. V.

DOM. JEAN COLLET ET FILS Vaillons 1990

| | 7,13 ha | 48 000 | ⬛⬇️🅥🅴 |

Sage mir, wie dein Name ist ! Er muß selten einmal auf diese Frage antworten. Nicht sehr intensive Farbe, aber guter Geruchseindruck : rauchig, holzig, Haselnüsse. Mit einem Wort : ein Chablis. Die leichte Faßnote ist von einem vollen, milden Geschmack umhüllt. Der typische Charakter ist zufriedenstellend. Interessanter Geschmackseindruck.

☛ Dom. Jean Collet et fils, 15, av. de la Liberté, 89800 Chablis, Tel. 86.42.11.93 ☏ n. V.

DANIEL DAMPT Fourchaume 1990

| | 0,5 ha | 4 000 | ⬛⬇️🅥🅱️ |

Intensive gelbe Farbe. Ein Wein, der im Duft keine übermäßigen Geständnisse macht. Etwas warm, aber trotzdem ausgewogen, außerdem voll und recht nachhaltig. Die Reife muß sich noch bestätigen, insbesondere hinsichtlich der aromatischen Ausdruckskraft. Dann lacht ihm eine schöne Zukunft.

🍷 Daniel Dampt, rue des Violettes, 89800 Milly, Tel. 86.42.47.23 ☎ n. V.

JEAN DAUVISSAT Montmains 1989 ***

☐	0,9 ha	3 000	▮↓Ⅴ❸

Man spricht nicht nur in Paris vom linken und vom rechten Ufer. Auch im Gebiet von Chablis. Der Fluß, auf den sich das bezieht, ist hier der Serein. Ein sehr schöner Premier Cru vom linken Ufer, der über einem mineralischen Grundaroma an Unterholz und geröstetes Brot erinnert. Seine Intensität und sein Charakter öffnen ihm alle Pforten zur Zukunft. Großartig und edel, wie der Löwe von *Hernani* : Der Mund möchte ihn für immer umschließen.

🍷 Jean Dauvissat, 3, rue de Chichée, 89800 Chablis, Tel. 86.42.14.62 ☎ n. V.

JEAN DAUVISSAT
Vaillons Vieilles vignes 1989

☐	0,65 ha	3 000	▮⑪↓Ⅴ❹

76 |77| **78** |79| |80| **81 82 83** |84| |⑧⑤| **86** 87 **88** 89

Es soll sich hier um Trauben von alten Rebstöcken handeln. Helle Farbe und sehr entfalteter, typischer Chablisduft. Etwas leicht, aber fein und sympathisch.

🍷 Jean Dauvissat, 3, rue de Chichée, 89800 Chablis, Tel. 86.42.14.62 ☎ n. V.

JEAN DAUVISSAT
Cuvée Saint Pierre 1990 *

☐	0,4 ha	3 000	⑪↓❹

Zweifellos würde Petrus, dem diese Cuvée gewidmet ist, die Schlüssel zum Himmelreich gerne gegen die des himmlischen Weinkellers eintauschen. Denn dieser Wein mit dem rauchigen Vanillearoma besitzt die meisten Attribute von Heiligkeit. Um ihn ganz genießen zu können, muß man jedoch holzbetonte Weine mögen.

🍷 Jean Dauvissat, 3, rue de Chichée, 89800 Chablis, Tel. 86.42.14.62 ☎ n. V.

RENE ET VINCENT DAUVISSAT
Vaillons 1990 *

☐	1,3 ha	10 000	⑪↓❸

Diese Reblage mitten am großen Hang, südwestlich von Chablis. Sie ist zu Recht berühmt. Woran erkennt man einen guten Vaillons ? Er füllt den Mund gut aus ! Fleischig und rund, das ist der Fall bei diesem kräftig gebauten, holzbetonten Wein. Im Augenblick ist der Faßgeschmack recht ausgeprägt. Lassen Sie ihn noch altern, damit er harmonisch wird.

🍷 GAEC René et Vincent Dauvissat, 8, rue Emile Zola, 89800 Chablis, Tel. 86.42.11.58

BERNARD DEFAIX Les Lys 1990

☐	1 ha	7 000	▮Ⅴ❸

Die Reblage Les Lys gehörte einst der französischen Krone. Und selbst wenn die Bewohner von Chablis Anhänger der Republik sind, bleiben sie gern Monarchisten bei diesem Wein. Das leichte

Perlen im Gaumen weist auf seine königliche Jugendlichkeit hin. Der Alkohol dominiert nicht. Prächtige Länge. 1989 haben wir den 85er besonders empfohlen.

🍷 Bernard Defaix, 17, rue du Château, 89800 Milly, Tel. 86.42.40.75 ☎ n. V.

JEAN-PAUL DROIN Fourchaume 1990 *

☐	0,38 ha	k.A.	⑪Ⅴ❹

Dieser Erzeuger hat bereits ein halbes Dutzend besondere Empfehlungen für seine Chablisweine erhalten. »Der Honig ist der Lobgesang der Liebe« , schrieb Federico Garcia Lorca. Dieser Fourchaume bestätigt das Gedicht bis hin zum Bienenwachs, das schon ganz zu Anfang auftaucht. Sehr lebhaft, noch jugendlich unter einer diskreten Holznote, was man ihm gern verzeihen wird.

🍷 Jean-Paul Droin, 8, bd de Ferrières et 14 bis, rue Jean-Jaurès, 89800 Chablis, Tel. 86.42.16.78 ☎ n. V.

JEAN-PAUL DROIN
Côte de Léchet 1990 **

☐	0,1 ha	k.A.	⑪Ⅴ❹

Leichte Holznote. Ein in jeder Beziehung guter Wein. Er ist schon angenehm, hält sich aber dennoch sehr gut. Ein wenig warm sicherlich, aber sehr einschmeichelnd. Ein Seebarsch mit Fenchel würde gut dazu passen.

🍷 Jean-Paul Droin, 8, bd de Ferrières et 14 bis, rue Jean-Jaurès, 89800 Chablis, Tel. 86.42.16.78 ☎ n. V.

DUVERGEY-TABOUREAU
Montmains 1990 **

☐	k.A.	k.A.	❹

Ein ausgezeichneter Premier Cru vom linken Ufer : ziemlich helle Farbe, feiner, eindringlicher Duft (exotische Früchte). Ein Hauch von roten Früchten im Abgang. Viel Fülle im Geschmack. Es mangelt ein wenig an Säure, aber das enttäuscht nicht. Trinkreif.

🍷 Duvergey-Taboureau, 6, rue des Santenots, 21190 Meursault, Tel. 80.21.63.00 ☎ n. V.

DOM. DES GENEVES
Mont de Milieu 1990

☐	1,5 ha	12 000	▮Ⅴ❸

Dominique Aufrère hat diesen Familienbetrieb vor rund 15 Jahren übernommen. 1988 wurde er modernisiert. Schöne Farbe. Klarer, noch zurückhaltender Duft. Am Geschmack scheiden sich die Geister. Für einen Prüfer erinnert sein Stil an Rambo, während sich ein anderer an die Kurven von Gina Lollobrigida erinnert fühlte. So ist es im Leben und bei den Mysterien des Weins. Dennoch haben ihm alle Juroren die gleiche Note gegeben.

🍷 Dom. des Genèves, rte de Collan, 89800 Fleys, Tel. 86.42.10.15 ☎ n. V.

🍷 Aufrère

DOM. ALAIN GEOFFROY
Beauroy 1990***

| ☐ | 8,5 ha | 68 000 | 🔳↓✓ 3 |

Dieser anmutige König verdient seinen Namen zu Recht. Man kann ihn sich in den Sälen von Versailles vorstellen, wie er von schönen Kurtisanen umworben wird. Bourbonische Nase : blumig mit einem Hauch von Johannisbeerblättern. Wunderbarer Körper, sehr füllig. Verführerischer Geschmack, den ein Hauch von Dill verfeinert. Man darf ihm eine lange Regierungszeit voraussagen. Seine Untertanen werden sich glücklich schätzen, wenn sie sich ihm schließlich nähern.
🍷 Dom. Alain Geoffroy, 4, rue de l'Equerre, 89800 Beines, Tel. 86.42.43.76 ☎ tägl. 9h-12h 14h-18h

DOM. ALAIN GEOFFROY
Fourchaume 1990*

| ☐ | 1,5 ha | 12 000 | 🔳↓✓ 4 |

Jugend, Finesse, Zartheit. Dieser Wein, perfekt gelungen in einem leichten, fruchtigen Stil, ist kokett und bezaubernd.
🍷 Dom. Alain Geoffroy, 4, rue de l'Equerre, 89800 Beines, Tel. 86.42.43.76 ☎ tägl. 9h-12h 14h-18h

DOM. JEAN GOULLEY ET FILS
Fourchaume 1990***

| ☐ | 1,5 ha | 12 000 | 🔳↓✓ 3 |

Fourchaume ist die Wiege dieses Gutes, das sich danach auf andere Premiers Crus wie Montmains und Mont de Milieu ausdehnte. Die Feen haben dieses Kind mit guten Wünschen überhäuft : unsere besondere Empfehlung anläßlich seiner Taufe. Man glaubt fast, daß man in eine Weintraube beißt, so getreu gibt der Geschmack das Anbaugebiet, die Rebsorte und den Jahrgang wieder. Ein Wein, der sich langsam öffnet, aber

dann unerschöpflich wird. Ein sagenhafter Chablis, dessen Glanz lange erstrahlen wird.
🍷 Dom. Jean Goulley et Fils, 22, vallée des Rosiers, 89800 La Chapelle-Vaupelteigne, Tel. 86.42.40.85 ☎ n. V.
🍷 Philippe Goulley

JEAN-PIERRE GROSSOT
Vaucoupin 1990**

| ☐ | 1,4 ha | 10 000 | 🔳↓✓ 3 |

Der Duft von frischer Butter entwickelt sich in Richtung Feuersteingeruch. Schon der erste Eindruck ist günstig. Sehr schöne geschmackliche Ansprache. Der restliche Eindruck ist nachhaltig. Immer noch mineralische Noten und Honigaroma. Der Alkohol ist zu deutlich spürbar, aber das Alter wird ihm seinen gebührenden Platz zuweisen.
🍷 Corinne et Jean-Pierre Grossot, 89800 Fleys, Tel. 86.42.44.64 ☎ n. V.

JEAN-PIERRE GROSSOT
Mont de Milieu 1990**

| ☐ | 0,65 ha | 4 500 | ↓✓ 3 |

»Der Kreis der Familie applaudierte laut.« Hier eine Perle unter den Premiers Crus, die man auch an den besten Tafeln servieren könnte. Sein Duft hat etwas Erregendes an sich : den Charakter von Wahrhaftigkeit. Rund und kräftig, sehr entfaltet im Geschmack. Er bringt Kraft, aber auch Schönheit zum Ausdruck. Wie eine Skulptur von Phidias.
🍷 Corinne et Jean-Pierre Grossot, 89800 Fleys, Tel. 86.42.44.64 ☎ n. V.

DOM. DES ILES Fourchaume 1990

| ☐ | 6 ha | 45 000 | 🔳⏸↓✓ 3 |

Sicherlich blaß und leichte Fruchtigkeit. Aber der Geschmack ist ausgewogen und erinnert an Bienenwachs.
🍷 Gérard Tremblay, 12, rue de Poinchy, 89800 Chablis, Tel. 86.42.40.98

LA CHABLISIENNE Fourchaume 1990*

| ☐ | 12 ha | 75 000 | 🔳↓✓ 4 |

Im letzten Jahr haben wir von diesem Wein den 89er empfohlen. Die Genossenschaft vinifiziert ein Drittel dieses Premier Cru. Er enthüllt sich schon beim ersten Riechen : lebhaft, direkt. Danach entwickelt er sich in Richtung reife Früchte. Passable Struktur. Entspricht dem Jahrgang.
🍷 La Chablisienne, 8, bd Pasteur, B.P. 14, 89800 Chablis, Tel. 86.42.11.24 ☎ Mo-Sa 8h-12h 14h-18h

LA CHABLISIENNE
Montée de Tonnerre 1990**

| ☐ | 4,9 ha | 30 000 | 🔳↓✓ 4 |

Ein Premier Cru auf dem Boden von Fyé, aus mehreren Reblagen entstanden, die sich nicht so gut verkauften, wie etwa Chapelot und Pied d'Aloue, und unter diesem schönen Namen vereinigt. Genießt einen guten Ruf. Die aromatische, begeisternde Duft erinnert an Orangen und Honig. Ein vollständiger, ausgewogener 90er, der gut altern kann. Die Fülle ist zwar nicht seine Stärke, aber das Alter wird ihn noch abrunden.

☙ La Chablisienne, 8, bd Pasteur, B.P. 14, 89800 Chablis, Tel. 86.42.11.24 ⵜ Mo-Sa 8h-12h 14h-18h

LA CHABLISIENNE
Côte de Léchet 1990*

| ☐ | 9 ha | 50 000 | ▮↓ ☑ 4 |

Einer der besten Premiers Crus auf dem linken Ufer, auf dem Gebiet von Illy. Die Genossenschaft besitzt hier 9 ha. Ziemlich lebhaft, recht fein. Er vereinigt auf ehrliche Weise die Qualitäten des Anbaugebietes und der Rebsorte. Noten von Unterholz. Nicht die geringste Magerkeit. Gewissenhafte Vinifizierung.
☙ La Chablisienne, 8, bd Pasteur, B.P. 14, 89800 Chablis, Tel. 86.42.11.24 ⵜ Mo-Sa 8h-12h 14h-18h

LA CHABLISIENNE Beauroy 1990*

| ☐ | 13 ha | 75 000 | ▮↓ ☑ 4 |

Auf dem Gebiet von Poinchy, einer Gemeinde, die heute zu Chablis gehört. Diese Reblage war früher sehr geschätzt. Man begreift hier den Grund dafür. Ausdrucksvoller Duft (getrocknete Früchte über einer mineralischen Note). Der Geschmack ist rund und voll, aromatisch und alkoholisch. Der 90er Mont de Milieu, der einen Stern hat und sehr typisch für einen Chablis ist, nähert sich seiner Reife.
☙ La Chablisienne, 8, bd Pasteur, B.P. 14, 89800 Chablis, Tel. 86.42.11.24 ⵜ Mo-Sa 8h-12h 14h-18h

DOM. DE LA CONCIERGERIE
Montmains 1990*

| ☐ | 4,2 ha | 18 000 | ▮↓ ☑ 3 |

Dieser 90er verspricht viel. Fein und blumig. Er entfaltet einen sehr fruchtigen, exotischen Geschmack, der eine Urlaubsreise auf die Antillen ersetzt. In einigen Jahren erreicht er das qualitative Niveau eines Premier Cru und wird noch angenehme Überraschungen enthüllen.
☙ Christian Adine, Dom. de La Conciergerie, 89800 allée du Château, Tel. 86.41.40.28 ⵜ n. V.

DOM. DE LA CONCIERGERIE
Côte de Cuissy 1990

| ☐ | 0,75 ha | 5 000 | ▮↓ ☑ 3 |

Ein Premier Cru auf dem Boden von Courgis, der insgesamt etwa 10 ha umfaßt. Der Duft von Butter entwickelt sich in Richtung grüne Äpfel und frische Früchte. Sehr geschmeidiger Körper, angenehme Entfaltung. Aller Wahrscheinlichkeit nach eine zufriedenstellende Entwicklung.
☙ Christian Adine, Dom. de La Conciergerie, 89800 allée du Château, Tel. 86.41.40.28 ⵜ n. V.

LAMBLIN ET FILS Fourchaume 1990*

| ☐ | k.A. | 20 000 | ▮↓ ☑ 3 |

76 78 79 81 ⑧② |83| |85| |87| |88| 89 |90|

Henri Lamblin, der Großvater der heutigen Besitzer, war einer der Pioniere im Kampf zum Schutz und für die Anerkennung der Chablisweine. Dieser 90er ist sehr konsequent. Sein Duft (weiße Blüten) ist schwach, aber hartnäckig und setzt sich im Gaumen fort. Ein ähnlicher Geschmack : vielleicht Akazienblüten. Geschmeidigkeit und Leichtigkeit. Ein leicht zu trinkender

Wein, der gut zu Fischgerichten mit Sauce paßt. 1988 haben wir den 85er besonders empfohlen.
☙ Lamblin et Fils, 89800 Maligny, Tel. 86.47.40.85 ⵜ Mo-Fr 8h-12h 30 14h-17h, Sa nachm. geschlossen

LAMBLIN ET FILS
Montée de Tonnerre 1990*

| ☐ | k.A. | 12 000 | ▮↓ ☑ 3 |

Er duftet nach Blumen. Der Frühling, die Rose und die Liebe. Oder auch der zweite Frühling. Im Geschmack ist er etwas verhalten, aber er enthüllt ein bezauberndes Aroma, das geschmeidig und frisch ist. Mit einem Wort : ehrlich. Ein Wein, der nicht vom Holz beherrscht wird. Echte Natur. Bravo !
☙ Lamblin et Fils, 89800 Maligny, Tel. 86.47.40.85 ⵜ Mo-Fr 8h-12h 30 14h-17h, Sa nachm. geschlossen

LAMBLIN ET FILS Mont de Milieu 1990*

| ☐ | k.A. | 15 000 | ▮↓ ☑ 3 |

In unserer Ausgabe 1987 haben wir den 83er besonders empfohlen. Und diesmal ? Unter seinem strahlenden Kleid enthüllt sich ein schönes Labyrinth von kräftigen Röstaromen. Frontalangriff im Geschmack. Ziemlich geschmeidig für einen 90er. Ein einschmeichelnder, schon runder Wein, der sicherlich befördert wird, wenn er älter ist.
☙ Lamblin et Fils, 89800 Maligny, Tel. 86.47.40.85 ⵜ Mo-Fr 8h-12h 30 14h-17h, Sa nachm. geschlossen

DOM. DE LA MEULIERE
Monts de Milieu 1990***

| ☐ | 3 ha | 15 000 | ▮↓ ☑ 4 |

Dieses Winzerpaar besitzt auch Parzellen in Vaucoupin und Les Fourneaux. Sein Monts de Milieu hält das Gleichgewicht zwischen Blumigkeit und Fruchtigkeit, Rundheit und Säure. Eine solche Harmonie verdient eine besondere Empfehlung von uns. Anbaugebiet und Charakter kommen hier voller Vornehmheit zur Geltung. Eine leichte Härte im Geschmack, aber das wird sich im Keller legen. Man sollte ihn andächtig trinken, wie es die Mönche von Pontigny früher taten.
☙ Chantal et Claude Laroche, Dom. de La Meulière, 89800 Fleys, Tel. 86.42.13.56 ⵜ n. V.

DOM. DE L'EGLANTIERE
Montmains 1990***

| | 0,5 ha | k.A. | ⬛↕☑3 |

Jean Durup, ein Pariser Wirtschaftsprüfer, der aus Chablis stammt, ist zu einer der großen Persönlichkeiten dieses Weinbaugebiets geworden. Ein außergewöhnlicher Charakter. Dieser Wein ist von unserer Großen Jury als bester Premier Cru eingestuft worden. Das ganze Gold der Welt könnte nicht dieses Kleid aufwiegen. Der Duft ist so zart und komplex, daß er Erstaunen hervorruft : Blumen, Früchte, Zitrusfrüchte, Gewürze, ein wahrer Brautstrauß. Lebhaftigkeit, Rundheit, Frische, gesteigerte Kraft. Dieser 90er befindet sich im siebten Himmel.
☛ SC Jean Durup, Dom. de l'Eglantière, 4, Grand-Rue, 89800 Maligny, Tel. 86.47.44.49 ☎ n. V.

DOM. DE L'EGLANTIERE
Fourchaume 1990**

| | 17 ha | k.A. | ⬛↕☑3 |

Der sehr reiche, intensive und stattliche Duft verspricht eine sehr schöne Zukunft. Die reinste Verführung ! Dieser Wein füllt den Mund und dehnt ihn aus. Bemerkenswerte Fülle. Zweifellos warm, aber nicht zu hitzig.
☛ SC Jean Durup, Dom. de l'Eglantière, 4, Grand-Rue, 89800 Maligny, Tel. 86.47.44.49 ☎ n. V.

DOM. DES MALANDES
Fourchaume 1990*

| | 1,25 ha | 8 000 | ⬛↕☑5 |

Dieses Gut bewirtschaftet 1,4 ha in Grand-Cru-Lagen, 7,7 ha Premiers Crus und 12 ha in der Appellation Chablis. Wenn der Geschmack hält, was der Duft verspricht, ist er nicht weit von einem tadellosen Wein entfernt. Recht intensiv und fein. Dieser 90er öffnet sich sanft und entfaltet ein Veilchenaroma. Die Fülle dominiert über die Struktur, aber man gibt sich gern einem solchen Vergnügen hin.
☛ Dom. des Malandes, 63, rue Auxerroise, 89800 Chablis, Tel. 86.42.41.37 ☎ n. V.

DOM. DES MALANDES
Montmains 1990*

| | 1,18 ha | 8 000 | ⬛↕☑4 |

Montmains bietet oft in jungen Jahren eine gewisse Strenge, die sich aber mit der Zeit mildert. Das ist auch hier der Fall. Noch verschlossen, ein wenig hart, aber er dürfte sich positiv entwickeln.
☛ Dom. des Malandes, 63, rue Auxerroise, 89800 Chablis, Tel. 86.42.41.37 ☎ n. V.

CH. DE MALIGNY Vau de Vey 1990*

| | 14 ha | k.A. | ⬛↕☑3 |

Der jüngste in der Familie der Premiers Crus zusammen mit Vau Ligneau. Er befindet sich auf dem Boden von Beines und verstand es, die INAO zu rühren. Nicht ohne Grund, wie man es hier sieht. Hervorragende Entfaltung des Aromas und guter, ausgewogener Geschmack (mineralische Noten und leichtes Zitrusaroma). Ein angenehmer Wein, den man in ein bis zwei Jahren trinken kann.
☛ SC Jean Durup, Ch. de Maligny, 4, Grand-Rue, 89800 Maligny, Tel. 86.47.44.49 ☎ n. V.

CH. DE MALIGNY
Montée de Tonnerre 1990*

| | 1,5 ha | k.A. | ⬛↕☑3 |

Blaßgoldene Farbe, Duft von sehr reifem Traubengut, leichtes Reduktionsaroma, Noten von Honig und Akazienblüten. Der Geschmackseindruck bestätigt die Überreife : ein ziemlich voller, nicht sehr langer, aber vielsagender Wein mit geringer Säure.
☛ SC Jean Durup, Ch. de Maligny, 4, Grand-Rue, 89800 Maligny, Tel. 86.47.44.49 ☎ n. V.

DOM. DES MARRONNIERS
Montmains 1990

| | 3 ha | 20 000 | ⬛↕☑3 |

Konzentriert, stoffreich, durch eine alkoholische Note geprägt. Ein Wein mit einem frischen, nachhaltigen Duft und einem ziemlich eckigen Geschmack. Gute Vinifizierung.
☛ Bernard Légland, 89800 Préhy, Tel. 86.41.42.70 ☎ tägl. 8h-20h

LOUIS MICHEL Les Forêts 1990**

| | 0,8 ha | 6 000 | ⬛↕☑3 |

Fünf Generationen von Winzern und etwa 20 ha. Ein für das linke Ufer sehr typischer Premier Cru mit einem Zitrusaroma, der auf Frische und Spontaneität setzt. Angenehme Holznote, Finesse im Geschmack. Bleibt seiner Linie treu und dürfte seinen Höhepunkt in zwei bis drei Jahren erreichen.
☛ Louis Michel et Fils, 9, bd de Ferrières, 89800 Chablis, Tel. 86.42.10.24 ☎ n. V.

J. MOREAU ET FILS Vaillons 1990

| | 7,72 ha | 60 000 | ⬛☑3 |

»Ein gutes Produkt, unverkennbar aus unserer Gegend« , hat einer der Prüfer auf seinem Zettel notiert. Lebhafter, blumiger Duft. Im Geschmack eher pflanzliche Noten. Gute Ausgewogenheit zwischen Reichtum und Charakter. Interessant, aber man sollte ihn nicht sofort aufmachen.
☛ Dom. J. Moreau et Fils, rte d'Auxerre, 89800 Chablis, Tel. 86.42.40.70 ☎ tägl. 10h30-18h (April–Nov.)

J. MOREAU ET FILS Montmains 1990**

| | k.A. | 20 000 | ⬛3 |

Auch wenn dieser 90er nicht die ganze erwünschte Klarheit besitzt, so zeigt doch sein sehr feines Aroma etwas, das auch den anspruchsvollsten Weinfreund befriedigen kann. Sein Charme verlängert sich im Geschmack.

Diese Reblage ist für ihre gute Alterungsfähigkeit berühmt. Dieser 90er ist ein gutes Beispiel dafür.
☛ Dom. J. Moreau et Fils, rte d'Auxerre, 89800 Chablis, Tel. 86.42.40.70 ☒ tägl. 10h30-18h (April–Nov.)

JEAN-MARIE NAULIN
Côte de Beauroy 1990

□	3 ha	2 500	🍷 V 3

Côte de Beauroy erscheint nicht auf der Liste der Reblagen von Chablis. Dennoch trägt das Etikett diesen Namen. Da diese Geheimnisse über unsere Erklärungskraft hinausgehen, versuchen wir auch gar nicht, sie zu verstehen ! Um so klarer ist dieser Wein. Warmes Hefegebäck und Haselnüsse. Sein Duft ist charakteristisch für die 90er. Ein leichter Einbruch in der Mitte des Geschmacks, aber er erholt sich gut im Abgang.
☛ Jean-Marie Naulin, 6, rue du Carouge, 89800 Beines, Tel. 86.42.46.71 ☒ n. V.

DOM. PINSON Montmains 1990★

□	1,05 ha	7 000	🍾 V 3

Christophe und Laurent haben 1983 die Nachfolge ihres Großvaters Louis Pinson, einem sympathischen Vertreter dieses Anbaugebiets, angetreten. Eine alteingesessene Familie. Angenehm und leicht, eher direkt als wirklich intensiv, wenig Säure. Ein gut strukturierter Wein.
☛ Dom. Pinson, 5, quai Voltaire, 89800 Chablis, Tel. 86.42.10.26 ☒ n. V.

PIERRE PONNELLE
Montée de Tonnerre 1989★★★

□	k.A.	k.A.	🍷 5

Ach, diese Händlerweine ! So hört man die Leute oft reden. Aber manchmal verstehen es die Händler, gut auszuwählen. Dieser hier besitzt einen köstlichen Duft von Bratäpfeln, wenn Sie verstehen, was das bedeutet. In diesem Einband versteckt sich eine Anthologie : wunderbare Harmonie in einer Komplexität, die an die schönsten Gedichte von Marie Noël erinnert. In Flaschen abgefüllte Vornehmheit ! Sehr gut auf der ganzen Linie. Weisen wir noch darauf hin, daß der 90er Vaulignot einen Stern für seinen perfekten typischen Charakter erhalten hat. Aber man sollte besser »Vau Ligneau« schreiben !
☛ Pierre Ponnelle, 5, rue du Moulin, 21700 Nuits-Saint-Georges, Tel. 80.61.22.41 ☒ Mo-Do 8h-12h 14h-18h (Fr bis 17h) ; Aug. u. Ende Dez. geschlossen

DANIEL ROBLOT Beauroy 1990★★

□	0,7 ha	k.A.	🍷 V 3

Hunger ist ein schlechter Ratgeber, heißt es. Aber was ist mit dem Durst ? Wenn ihn ein solcher Wein lindert, kann man sich sicher sein, daß man seinem Rat beruhigt folgen darf. Das feine, zarte Aroma braucht ein wenig Belüftung, um sich wirklich zu entfalten. Wunderbarer Geschmack : exotische Früchte und Chardonnaytrauben. Guter Biß ! Kann gut altern.
☛ Daniel Roblot, 29, rue de la Porte d'Auxerre, 89800 Beines, Tel. 86.42.43.00 ☒ n. V.

SIMONNET-FEBVRE
Mont de Milieu 1990

□	1,33 ha	9 000	🍷 V 4

Eine Sonne zwischen vielen Sternen ist das Wappen dieser Firma. Ihr Wahlspruch lautet : *Pluribus unum*. Dieser Wein entspricht ihm. Goldene Farbe, stolzer Duft. Leichte Säure im Abgang. Recht ausgeprägter Körper.
☛ Simonnet-Febvre, 9, av. d'Oberwesel, 89800 Chablis, Tel. 86.42.11.73 ☒ tägl. sf dim. 8h-12h 14h-17h

SIMONNET-FEBVRE Fourchaume 1990★

□	k.A.	8 000	🍷 V 4

Stellen Sie sich einen Veilchenstrauß vor. Wenn Sie diese Flasche entkorken, überrascht Sie *Violettes impériales*. Wärme, Fülle, Länge. Vielleicht ist er nicht sehr geschmeidig, aber er besitzt Kraft.
☛ Simonnet-Febvre, 9, av. d'Oberwesel, 89800 Chablis, Tel. 86.42.11.73 ☒ Mo-Sa 8h-12h 14h-17h

GERARD TREMBLAY Beauroy 1990★★

□	0,5 ha	k.A.	🍷 🍾 ↓ V 3

Auch wenn es der Farbe ein wenig an Glanz fehlt, ist dieser 90er ein würdiger Vertreter seines Jahrgangs. Vollreife Früchte, Haselnüsse, Honig, Musseronpilze – was für ein Bukett, meine Freunde ! Voll, frisch, typisch, klassisch.
☛ Gérard Tremblay, 12, rue de Poinchy, 89800 Chablis, Tel. 86.42.40.98

GERARD TREMBLAY
Côte de Léchet 1990★

□	3 ha	20 000	🍷 🍾 ↓ V 3

Strahlend und duftig. Zunächst einmal ist er elegant. So wie es sich ganz offensichtlich für einen Premier Cru geziemt ! Seine Entwicklung ist schon vorangeschritten, deshalb auch seine kräftige Struktur, die Harmonie zwischen Körper und Bukett und die guten Chancen für eine dauerhafte Entfaltung. Jakobsmuscheln vielleicht ?
☛ Gérard Tremblay, 12, rue de Poinchy, 89800 Chablis, Tel. 86.42.40.98

CH. DE VIVIERS Vaucopins 1989★★

□	k.A.	k.A.	🍷 ↓ 3

Am rechten Ufer des Serein, auf dem Boden von Chichée, das auch das linke Ufer berührt. Ehemals im Besitz des Marquis de Traynel. Wenn dieser 89er wählen würde, gäbe er seine Stimme wahrscheinlich für das Zentrum ab. Goldgelbe Farbe, Duft von Johannisbeerblättern und Stachelbeeren. Geringe Säure, aber runde, geschmeidige, gut umhüllte Ansprache.
☛ Lupé-Cholet, 17, av. du Gal-de-Gaulle, 21700 Nuits-Saint-Georges, Tel. 80.61.25.02

DOM. VOCORET ET FILS Vaillons 1990

□	4,5 ha	30 000	🍷 🍾 ↓ V 3
⑦⑧	|86| 87 **89** 90		

Etwa 40 ha Rebflächen. Schon ein recht großes Gut. Der Alkohol dominiert über das Aroma. Sehr durchscheinendes, ziemlich frivoles Kleid von weißgelber Farbe. Korrekt gebaut, von einer leichten Säure geprägt. Ein Wein, den man offensichtlich noch altern lassen muß.

☛ Dom. Vocoret et Fils, 40, rte d'Auxerre, 89800 Chablis, Tel. 86.42.12.53 ☎ n. V.

DOM. VOCORET ET FILS
Montée de Tonnerre 1990 * * *

☐	1 ha	8 000	🏛 ◑ ↓ ☑ **3**

Ein Montée de Tonnerre von strahlender Farbe. Symphonische Ouvertüre mit einer Feigennote, die von den Oboen gespielt wird. Eine würzige Note, das sind die Blechbläser. Und die Melodielinie (Zitronenaroma) findet man in allen drei Sätzen bis zum schwungvollen Finale, das aus Pfeffer und Zimt besteht. Schier endloser Applaus. Das Publikum erhebt sich von seinen Sitzen und bereitet dem Dirigenten und seinem Orchester stehend Ovationen.

☛ Dom. Vocoret et Fils, 40, rte d'Auxerre, 89800 Chablis, Tel. 86.42.12.53 ☎ n. V.

Chablis Grand Cru

Der Chablis Grand Cru stammt von den besten Hanglagen am rechten Ufer, deren 90 ha in sieben Einzellagen eingeteilt sind : Blanchot, Bougros, Les Clos, Grenouille, Preuses, Valmur und Vaudésir. Da die Reben auf lehmig-steinigen Böden mit feinen Ablagerungen wachsen, besitzt er alle Qualitäten der anderen Chablisweine in erhöhtem Maße. Der Ertrag ist auf 45 hl pro Hektar begrenzt. Bei gelungener Vinifizierung ist er ein vollständiger Wein mit großer aromatischer Nachhaltigkeit, dem der Boden eine Schärfe verleiht, die ihn von seinen Rivalen im Süden unterscheidet. Seine Alterungsfähigkeit ist verblüffend, denn er braucht acht bis zehn Jahre, um Milde, Harmonie und ein unvergeßliches Bukett zu erwerben, das an Feuerstein und bei den Clos sogar an Schießpulver erinnert. Mehr als alles andere schadet ihm die Standardisierung der Arbeitsmethoden bei manchen Erzeugern.

DOM. BILLAUD-SIMON Vaudésir 1990 *

☐	0,7 ha	4 900	🏛 ↓ ☑ **5**

Die Familie baut seit 1815 Wein an. Ein Wein, der an die Zeit der Restauration erinnert : mit einer lebhaften, etwas säuerlichen Ansprache, die aber eine lange Herrschaft erlaubt. Die Farbe wirkt antiquiert, das Bukett aristokratisch, offenherzig und glücklich, seine Privilegien wiederzufinden. Man muß abwarten, wie er sich weiterentwickelt.

☛ Dom. Billaud-Simon, 1, quai de Reugny, 89800 Chablis, Tel. 86.42.10.33 ☎ Mo-Sa 9h-16h

DOM. PASCAL BOUCHARD
Blanchot 1990 *

☐	k.A.	1 500	◑ ↓ ☑ **5**

Prosaische Kraft und dezente Fruchtigkeit, das ist oft die Harmonie eines echten Chablis. Sein Innenleben muß intensiv sein. Es kostet einige Mühe, um dorthin vorzudringen. Dieser Blanchot gibt eine Vorstellung von der Suche nach Perfektion.

☛ Dom. Pascal Bouchard, 17, bd Lamarque, 89800 Chablis, Tel. 86.42.18.64 ☎ n. V.

JEAN-MARC BROCARD Valmur 1990 *

☐	k.A.	k.A.	◑ ↓ ☑

Der diskrete Charme der Bourgeoisie : Frische, Harmonie, Robustheit und Charakter. Angenehme Nachhaltigkeit und solides Potential.

☛ Jean-Marc Brocard, 89800 Préhy, Tel. 86.41.42.11 ☎ Mo-Sa 8h-18h

JEAN DAUVISSAT Les Preuses 1990 * *

☐	0,7 ha	k.A.	🏛 ◑ ↓ ☑ **5**

Die Reblage Les Preuses ist die Verlängerung von Bougros nach oben. Auch wenn es ihm etwas an Duft fehlt, so erhält er eine besondere Empfehlung aus einem sehr einfachen Grund : er ist nicht kalifornisch und gibt nicht der Mode des Holztons nach. Vielmehr ist er durch und durch ein typischer Chablis und besitzt eine authentische Persönlichkeit. Bravo ! Ein Wein, der nicht vom Eichenholz überdeckt wird.

☛ Jean Dauvissat, 3, rue de Chichée, 89800 Chablis, Tel. 86.42.14.62 ☎ n. V.

RENE ET VINCENT DAUVISSAT
Les Clos 1990

☐	1,7 ha	12 000	◑ ↓ **5**

Die Restaurants in Paris schätzten die Weine dieses Gutes bereits im Jahre 1931. Der 89er wurde im letzten Jahr mit drei Sternen bewertet. Dieser 90er befindet sich noch in den Windeln. Man glaubt, Holz zu trinken, aber das sind oft Jugendsünden, an denen man nicht stirbt. Wenn sich diese Übermäßigkeit gelegt hat, findet man oft – am Ende der Ausbauphase – schöne und große Weine, die ihre Persönlichkeit bestätigen.

☛ GAEC René et Vincent Dauvissat, 8, rue Emile-Zola, 89800 Chablis, Tel. 86.42.11.58 ☎ n. V.

DOM. DANIEL DEFAIX
Blanchot 1990 ★★

| ☐ | 0,15 ha | 1000 | ⬛↓Ⓥ⑤ |

Ein sehr schöner Wein, der den typischen Charakter des Chablis voll zum Ausdruck bringt. Man findet hier den zarten Duft von Musseronpilzen, die zur Tradition dieser Region gehören. Dieser gelungene 90er paßt einmal hervorragend zu einem Steinbutt mit weißer Butter. Wunderschöne Perspektiven.

☛ Dom. Etienne und Daniel Defaix, 14, rue Auxerroise, B.P. 50, 89800 Chablis, Tel. 86.42.14.44 ⓧ tägl. 9h-12h 14h-18h

JEAN-PAUL DROIN Grenouille 1990 ★★

| ☐ | 0,45 ha | k.A. | ⬛Ⓥ⑤ |

78 79 80 **82 83** 84 |**85**| 86 |⑧⑦|| 88 89 **90**

Dieser Grenouille hat noch nicht das Ende der Himmelsleiter erreicht : man wird noch im 21. Jh. von ihm reden. Klassische, feste Farbe, sehr kräftiger Duft mit ausgeprägter Holznote, die aber gerade dabei ist, sich abzuschwächen. Reiche Rundheit über einem Zimt- und Karamelaroma und eine wirklich verblüffende Nachhaltigkeit. Die Zukunft gehört ihm : Legen Sie ihn für Ihre goldene Hochzeit zurück und trinken Sie ihn dann zu Seeteufel oder Steinbutt. Vielleicht erinnern sich unsere Leser daran, daß wir in der Ausgabe 1990 den 87er besonders empfohlen haben.

☛ Jean-Paul Droin, 8, bd de Ferrières et 14 bis, rue Jean-Jaurès, 89800 Chablis, Tel. 86.42.16.78 ⓧ n. V.

LA CHABLISIENNE Les Clos 1990 ★★

| ☐ | 0,25 ha | 1 500 | ⬛Ⓥ⑤ |

Wenn man diesem Wein auf der Straße begegnen würde, dann würde man sich nach ihm umdrehen. Und nicht nur wegen seines sehr hübschen Kleids ! Oder wegen seines frischen, blumigen Zitrusdufts, der einem sofort in die Nase dringt ! Nein ! Vor allem wegen seiner Schönheit, seines unwiderstehlichen Zaubers, seines milden Unterholzaromas und seiner lebhaften Feuersteinnote ... Stecken Sie ihm den Verlobungsring an den Finger, aber übereilen Sie die Vermählung nicht zu sehr !

☛ La Chablisienne, 8, bd Pasteur, B.P. 14, 89800 Chablis, Tel. 86.42.11.24 ⓧ Mo-Sa 8h-12h 14h-18h

LA CHABLISIENNE Vaudésir 1990 ★★

| ☐ | 0,2 ha | 1 500 | ⬛Ⓥ⑤ |

Vaudésir trägt seinen Namen zu Recht. Die Reblage hat dieser Genossenschaft Glück gebracht : besondere Empfehlung 1987 für ihren 83er. Strahlende, hellgelbe Farbe, sehr feiner, vornehmer Vanilleduft. Der Holzton ist gut verarbeitet und angenehm eingebunden. Man spürt die Hand des Kunsttischlers. Das Aroma verlängert den Genuß. Kurz gesagt : man trinkt ihn voller Verehrung wie einen großen Montrachet.

☛ La Chablisienne, 8, bd Pasteur, B.P. 14, 89800 Chablis, Tel. 86.42.11.24 ⓧ Mo-Sa 8h-12h 14h-18h

LA CHABLISIENNE Bougros 1990 ★

| ☐ | 0,6 ha | 4 000 | ⬛Ⓥ⑤ |

La Chablisienne stellt in diesem Jahr viele Grands Crus vor. Les Preuses ist zu leicht erschienen, Grenouille ein wenig blaß, Vaulmur etwas kurz, aber diese Weine hätten hier alle ohne Stern aufgeführt werden können. Strahlend gelbe Farbe, blumiger Duft mit Vanillenoten. Ein Bougros, dessen Finesse seinen zukünftigen Glanz ankündigt. Ein sehr klassisches mineralisches Grundaroma scheint sich mit einer gut dosierten Holznote zu vereinen. Das Musterbeispiel einer gewissenhaften, für einen Grand Cru angemessenen Vinifizierung.

☛ La Chablisienne, 8, bd Pasteur, B.P. 14, 89800 Chablis, Tel. 86.42.11.24 ⓧ Mo-Sa 8h-12h 14h-18h

LA CHABLISIENNE Blanchot 1990 ★★

| ☐ | 1,5 ha | 9 000 | ⬛Ⓥ⑤ |

Die südöstliche Bastion des Hanges der Grands Crus. Berühmt für ihre Zartheit. Das bestätigt sich hier, denn dieser 90er ist recht typisch für die Chardonnayrebe. Strahlende Farbe, Finesse, typischer Charakter. Man liebt seine Klarheit, seine Struktur, seine Lebensfreude. Ein Huhn mit Sahnesauce wird seinen Avancen erliegen.

☛ La Chablisienne, 8, bd Pasteur, B.P. 14, 89800 Chablis, Tel. 86.42.11.24 ⓧ Mo-Sa 8h-12h 14h-18h

DOM. DE LA MALADIERE
Bougros 1990 ★★

| ☐ | 6 ha | 27 000 | ⬛Ⓥ⑥ |

Die wichtigsten Parzellen von William Fèvre befinden sich in der Reblage Bougros : er bewirtschaftet dort 6 ha. In unserer Ausgabe 1989 haben wir diesen Wein besonders empfohlen. Auch diesmal ist das Resultat großartig. Die Farbe dieses 90ers könnte einen Maler inspirieren. Der nachhaltige würzige Duft vermischt sich mit einer blumigen Note. Etwas tanninhaltig, ziemlich hart, aber der Bougros ist immer so in seiner Jugend. Viel Tiefe. Ein lagerfähiger Wein, der zu einer Käseplatte (mit Roquefort) paßt.

☛ William Fèvre, 14, rue Jules-Rathier, 89800 Chablis, Tel. 86.42.12.51 ⓧ n. V.

DOM. LONG-DEPAQUIT
Vaudésir 1990 ★

| ☐ | k.A. | k.A. | ⬛↓⑤ |

Ein Gut der Firma Bichot in Beaune. Man muß lange an die Tür klopfen, bis man eine leichte Vorstellung von seinem Duft hat. Aber was für ein Geschmack, meine Freunde ! Voll, reich und lang, ein wahrer Genuß. Auch wenn er zurückhaltend ist, erweckt er einen ausgezeichneten Eindruck und hinterläßt angenehme Erinnerungen.

☛ Maison Albert Bichot, 6 bis, bd Jacques Copeau, 21200 Beaune, Tel. 80.22.17.99

DOM. DES MALANDES Vaudésir 1990

| ☐ | 0,9 ha | 5 400 | ⬛↓Ⓥ⑥ |

Eine säuerliche Note im Abgang trübt den guten Gesamteindruck, aber er besitzt eine schöne, zarte gelbgrüne Farbe und ein herrliches Aroma.

☛ Dom. des Malandes, 63, rue Auxerroise, 89800 Chablis, Tel. 86.42.41.37 ⓧ n. V.

LOUIS MICHEL ET FILS
Les Clos 1990 ★ ★ ★

| □ | 0,5 ha | 3 000 | ▮↓▨⑤ |

Jean Cocteau schrieb *La Voix Humaine* in einer Nacht im Hotel L'Etoile, mitten in der Altstadt von Chablis. Er muß einen Wein wie diesen hier gehabt haben, als Muse des Dichters ... Die Jury setzte ihn auf den zweiten Platz. Überaus strahlende Farbe und ein sehr eigentümliches Aroma, das Hugh Johnson hier manchmal findet : gekochte Bonbons. Sprechen lieber von gezuckerter Pampelmuse : Sehr fein und verführerisch. Im Geschmack explodiert das Aroma förmlich : Honig, Akazienblüten, Zitronennoten. Außergewöhnlich. Sorgsam aufheben.
🕭 Louis Michel et Fils, 9, bd de Ferrières, 89800 Chablis, Tel. 86.42.10.24 ☎ n. V.

DOM. MOREAU ET FILS Vaudésir 1990

| □ | 1 ha | 5 500 | ▮⑤ |

Dürfte nicht enttäuschen und besser werden. Er ist ein 90er ! Gegenwärtig ist er lammfromm, zurückhaltend und schüchtern, aber das Alter wird ihn stolz und superb machen. Zweifeln Sie nicht daran, denn er besitzt alle Qualitäten eines großen, zukunftsreichen Weins.
🕭 Dom. J. Moreau et Fils, rte d'Auxerre, 89800 Chablis, Tel. 86.42.40.70 ☎ tägl. 10h30-18h (April–Nov.)

J. MOREAU ET FILS CLOS DES HOSPICES Les Clos 1990 ★

| □ | 2,14 ha | 11 000 | ▮▨⑥ |

Jean Moreau, der Großvater von Christian Moreau, kaufte diesen Weinberg 1904 dem Hospiz von Chablis ab. Er ist ein Teil der Reblage Les Clos. Man sollte ihn ziemlich jung probieren. Ein blaßgelber Grand Cru, dessen Frische auf seine Jugendlichkeit hinweist. Haselnußaroma im Nachgeschmack und ein gewisses Verblassen.
🕭 Dom. J. Moreau et Fils, rte d'Auxerre, 89800 Chablis, Tel. 86.42.40.70 ☎ tägl. 10h30-18h (April–Nov.)

SIMONNET-FEBVRE Valmur 1990

| □ | k.A. | 4 000 | ▮▨⑤ |

Er ist nicht gebaut wie der Koloß von Rhodos, aber es reicht ihm nicht an Qualitäten. Ziemlich zurückhaltend, aber das ist teilweise auf das Alter zurückzuführen.
🕭 Simonnet-Febvre, 9, av. d'Oberwesel, 89800 Chablis, Tel. 86.42.11.73 ☎ Mo-Sa 8h-12h 14h-17h

SIMONNET-FEBVRE Blanchots 1990 ★ ★

| □ | k.A. | 2 000 | ▮▨⑤ |

Eher eine Miniatur als ein Fresko : ganz zart, dezent und zurückhaltend. Beispielhafte Aufrichtigkeit. Der Ausbau wird ihn zweifellos auf das Niveau der ganz großen Weine heben.
🕭 Simonnet-Febvre, 9, av. d'Oberwesel, 89800 Chablis, Tel. 86.42.11.73 ☎ Mo-Sa 8h-12h 14h-17h

GERARD TREMBLAY Valmur 1990 ★

| □ | 2 ha | 6 000 | ▮⑪↓▨⑤ |

Diese Reblage, die von den Angelsachsen sehr geschätzt wird, umfaßt beinahe 12 ha. Gérard Tremblay bewirtschaftet zwei davon. Sein 90er ist offensichtlich noch sehr jung. Er muß noch etwas altern, bevor man ihn überhaupt probieren kann. Im Augenblick bewundern wir seine kräftige strohgelbe Farbe und seinen leicht holzbetonten Duft, der zu Haselnüssen tendiert. Voll, aber noch zurückhaltend. Die Fülle und die Rundheit dominieren über die Länge.
🕭 Gérard Tremblay, 12, rue de Poinchy, 89800 Chablis, Tel. 86.42.40.98

DOM. VOCORET ET FILS
Les Clos 1990 ★

| □ | 1,6 ha | 10 000 | ▮⑪↓▨④ |

Keine Überraschung : goldgrün. Der Duft dagegen ist begeisternd : einige blumige Noten in einem Früchtekorb. Große Kunst ! Ziemlich lebhaft, sehr mineralisch. Er scheint für Austern bestimmt zu sein, aber man muß ihn noch mindestens zwei bis drei Jahre lagern.
🕭 Dom. Vocoret et Fils, 40, rte d'Auxerre, 89800 Chablis, Tel. 86.42.12.53 ☎ n. V.

Sauvignon de Saint-Bris AOVDQS

Dieser Wein gehobener Qualität, der früher als einfache Appellation eingestuft war, stammt – wie seine Appellation bereits andeutet – von der Rebsorte Sauvignon. Er wird in den Gemarkungen Saint-Bris-le-Vineux, Chitry und Irancy sowie einem Teil der Gemeinden Quenne, Saint-Cyr-les-Colons und Cravant erzeugt. Die Anbauzone ist zumeist auf die Kalkhochflächen beschränkt, wo er seine ganze aromatische Stärke erreicht. Im Gegensatz zu den Weinen der gleichen Rebsorte im Loiretal oder im Gebiet von Sancerre macht der Sauvignon de Saint-Bris in der Regel die malolaktische Gärung durch ; dennoch ist er sehr duftig und zeigt eine gewisse Geschmeidigkeit, die sich am stärksten entfaltet, wenn der Alkoholgehalt bei etwa 12 ° liegt.

DOM. PATRICE FORT 1990 ★

| □ | 1,4 ha | 9 000 | ▮↓▨② |

Dieses Gut hat vor kurzem sein Anbaugebiet auf Irancy ausgedehnt. Aber sehen wir uns lieber seinen Sauvignon an ! Er besitzt einen klaren, frischen Duft, wie es sein soll. Rundheit und Finesse sind Merkmale der Appellation. Ein guter Wein.
🕭 Dom. Patrice Fort, 13, rte de Champs, 89530 Saint-Bris-le-Vineux, Tel. 86.53.86.33 ☎ n. V.

GHISLAINE ET JEAN-HUGUES GOISOT 1990★★

☐   2,8 ha   9 000   ▮↓☑1

Ein sehr schöner Keller. Übrigens könnte man in Saint-Bris sein ganzes Leben unter der Erde verbringen, so sehr ist das Dorf unterkellert. Ein etwas rauchiger Sauvignon, der nicht unbemerkt bleibt. Sein Duft enthüllt einige Muskatnoten. Länge und Fülle, Finesse und Nachhaltigkeit. Was wollen Sie mehr ? Natürlich eine Platte mit Meeresfrüchten !
☛ Ghislaine und Jean Hugues Goisot, 30, rue Bienvenu-Martin, 89530 Saint-Bris-le-Vineux, Tel. 86.53.35.15 ☎ n. V.

MARIE-CLAUDE ET HUGUES GOISOT 1990★

☐   1,5 ha   8 000   ▮↓☑1

Ein echter Sauvignon, zu dem sich noch eine schöne geschmackliche Länge gesellt. Das ergibt einen harmonischen Wein.
☛ Marie-Claude und Hugues Goisot, 27, rue de Paris, 89530 Saint-Bris-le-Vineux, Tel. 86.53.32.72 ☎ n. V.

DOM. SERGE ET ARNAUD GOISOT 1990★

☐   4 ha   20 000   ▮↓☑1

Leichter Kräutergeruch, danach eine mineralische Note, recht typisch. Er besticht durch seine Frische und seine Klarheit. Im Geschmack hat er einiges zu erzählen. Er hat einen achtbaren Platz in dieser Weinprobe errungen.
☛ EARL Anne et Arnaud Goisot, 4 bis, rte des Champs, 89530 Saint-Bris-le-Vineux, Tel. 86.53.32.15 ☎ tägl. 8h-12h 13h30-19h30

DOM. SAINTE CLAIRE 1990

☐   3 ha   2 000   ▮↓☑1

Blasse Farbe, zurückhaltender, ziemlich leichter Duft. Ein 90er, der sich erst im Geschmack entfaltet. Ein Hauch von Aggressivität. Oder sagen wir lieber von Emotionalität. Danach zeigt er sich gefällig. Jugendlicher Gesamteindruck.
☛ Jean-Marc Brocard, 89800 Préhy, Tel. 86.41.42.11 ☎ Mo-Sa 8h-18h

DOM. SAINT-PRIX 1990★★★

☐   4,29 ha   25 000   ▮↓☑2

Erinnern Sie sich an den alten Film *Fisch oder Fleisch* von Yves Robert, mit Louis de Funès in der Hauptrolle ? Nun, die Szene im Keller spielte hier. Dieser 90er ist wunderbar typisch für die Sauvignontraube. Er erringt – wenn nicht schon den Oscar – so doch unsere besondere Empfehlung. Ein Paradewein dieser Appellation : Mentholduft, lebhafter, trockener Geschmack mit Feuersteinaroma. Ein jugendlicher, enthusiastischer Wein, der Freude bereitet und gut zu einem geschmorten Lachs paßt. 1988 haben wir bereits den 85er besonders empfohlen. Bravo !
☛ GAEC Bersan et Fils, 20, rue de l'Eglise, 89530 Saint-Bris-le-Vineux, Tel. 86.53.33.73 ☎ n. V.

DOM. SORIN DEFRANCE 1990

☐   7,58 ha   45 000   ▮↓☑1

Henri wurde der Chef des Gutes Sorin Defrance, als er Madeleine heiratete. Ihre beiden Söhne haben sich ihnen angeschlossen, um gemeinsam 25 ha Rebflächen zu bewirtschaften. Das Schmuckstück des Anbaugebiets ist eine Premier-Cru-Parzelle in Chablis : Montmains. Dieser klare, helle Wein hat das Temperament des berühmtesten Sohns von Saint-Bris, des Komödikers Jean-Marc Thibault : rund, herzlich und ein angenehmer Gesellschafter. Sehr typisches Buket. Leicht metallisch im Abgang. Oder bitter ? Darüber kann man sich streiten.
☛ Dom. Sorin Defrance, 11, bis rue de Paris, 89530 Saint-Bris-le-Vineux, Tel. 86.53.32.99 ☎ n. V.

Côte de Nuits

Marsannay

Als letzte Bastion der »Côte Dijonnaise« hat es Marsannay-la-Côte verstanden, sein Weinbaugebiet gegen die Verstädterung durch die Vororte von Dijon zu verteidigen.

Nach 25 Jahren »Fegefeuer« als Appellation Bourgogne Marsannay ist für die Weine, die in dieser Gemarkung sowie auf dem Gebiet der Gemeinden Couchey und Chenôve erzeugt werden, eine kommunale Appellation bewilligt worden.

Diese Anerkennung krönt die qualitativen Anstrengungen und die Umstellungsbemühungen, die von den Winzern in den Vororten von Dijon unaufhörlich unternommen worden sind. Sie produzieren noch immer erstklassige Roséweine unter der Bezeichnung Marsannay Rosé in einem weiterreichenden Anbaugebiet, aber den größten Teil der Produktion bildet der Rotwein. Daneben entwickelt sich die Erzeugung von Weißweinen, von denen man noch hören wird.

FRANCOIS D' ALLAINES
Clos du Roy 1988*

■	k.A.	k.A.	◫ ▥ **4**

Die AOC Marsannay umfaßt auch Chenôve (darunter die berühmte Lage Clos du Roy) und Couchey. Ein dunkelrubinroter 88er, der nach roten Früchten duftet und fein und zart ist. Er muß noch etwas warten, bis er bei Hof vorgelassen wird. Dank seiner Tannine und Säure kann er unbekümmert altern.
🖙 François d' Allaines, 81, rue Carnot, 71000 Mâcon, Tel. 85.39.02.09

DOM. CHARLES AUDOIN 1990*

◩	1,5 ha	k.A.	▮↓▥**3**

Charles profitiert vom aktiven Wettbewerb mit seiner Frau, einer Önologin, die ihr Diplom an der Université de Bourgogne gemacht hat. Aus dieser Liebe geht der reizendste Rosé der Welt hervor. Die rosige Farbe und der Duft erinnern an Pfirsiche. Er hat wirklich etwas von einem Pfirsich an sich. Fülle und Harmonie. Das ist genau das, was zu einer burgundischen Blätterteigpastete paßt.
🖙 Dom. Charles Audoin, 7, rue de La Boulotte, 21160 Marsannay-la-Côte, Tel. 80.52.34.24 ♈ n. V.

DOM. CHARLES AUDOIN
Les Favières 1990*

■	0,6 ha	3 400	◫ ↓▥**3**

Strahlende, tiefe Farbe mit malvenfarbenen Tönen. Jugendlicher, vielversprechender Duft mit einer leichten Holznote, von Wärme geprägt. Es handelt sich um einen 90er. Gute Ausgewogenheit zwischen Fülle und Struktur. Dezente Gerbsäure. Zu knusprig gebratenem Geflügel.
🖙 Dom. Charles Audoin, 7, rue de La Boulotte, 21160 Marsannay-la-Côte, Tel. 80.52.34.24 ♈ n. V.

REGIS BOUVIER 1990**

■	2,2 ha	10 000	◫↓▥**2**

Herzlich wie Vater Quillardet, wenn man so sagen darf ! Granatrote Farbe, Himbeer- und Vanillearoma. Das ist der Typ von Wein, der einen in eine Unterhaltung verwickelt, wenn man ihm über den Weg läuft. Liebenswert und ehrlich.
🖙 Régis Bouvier, 52, rue de Mazy, 21160 Marsannay-la-Côte, Tel. 80.51.33.93 ♈ Mo-Sa 8h-12h 14h-20h ; f. 1er au 15/08

MARC BROCOT 1989*

■	1 ha	4 500	◫ ▥ **2**

Nach seinem Studium an der Fachoberschule für Weinbau in Beaune übernahm Marc 1985 das Gut seines Vaters (5 ha). Sein Marsannay ist lagerfähig. Recht intensive bläulichrote Farbe. Der Geruchseindruck ist noch verschlossen, aber man erahnt ein interessantes Potential. Ein kräftig gebauter, korpulenter Wein, der noch altern muß und es auch kann.
🖙 Marc Brocot, 10, rue de l'Argilière, 21160 Marsannay-la-Côte, Tel. 80.52.19.99 ♈ tägl. 8h-20h

PHILIPPE CHARLOPIN 1990*

□	k.A.	k.A.	◫ ▥ **3**

Philippe erzeugt sowohl Gevrey- wie auch Marsannayweine. Sein weißer 90er Marsannay besitzt eine altmodische goldene Farbe – entwickelt, wenn man so will, aber typisch für den Jahrgang. Röstnoten. Herrlicher Geschmackseindruck. Ein sehr schöner Wein, der harmonisch werden wird und den man vorteilhaft lagern kann.
🖙 Philippe Charlopin, 21220 Gevrey-Chambertin, Tel. 80.52.85.65 ♈ n. V.

DOM. BRUNO CLAIR
Les Vaudenelles 1989

■	2 ha	10 000	◫↓▥**3**

Gutes Gerüst, eine alkoholische Note, mittlere Intensität. Ein Wein, den man noch lagern muß, denn er ist noch nicht erwacht.
🖙 SCEA Bruno Clair, 5, rue du Vieux Collège, 21160 Marsannay-la-Côte, Tel. 80.52.28.95 ♈ n. V.

COLLOTTE PERE ET FILS
Cuvée prestige 1990*

■	k.A.	6 000	◫↓▥**2**

Eine Familie, die seit dem Beginn des Jahrhunderts mit der Geschichte der Weine von Marsannay verbunden ist. 1991 hat sie eine besondere Empfehlung für ihren 88er erhalten. Intensive Farbe und leichte Holznote. Ein schöner Wein, der der Pinot-Noir-Rebe und diesem Anbaugebiet Ehre macht. Der weiße 90er, klassisch im Charakter, hätte hier ebenfalls aufgeführt werden können.
🖙 Collotte Père et Fils, 44, rue de Mazy, 21160 Marsannay-la-Côte, Tel. 80.52.24.34 ♈ n. V.

DOM. FOUGERAY DE BEAUCLAIR
Les Favières 1990

■	k.A.	k.A.	▮**2**

1991 haben wir den 88er besonders empfohlen. Sehen wir uns nun den 90er an ! Kirschrote, fast schwarze Farbe mit purpurroten Reflexen. Ein heißblütiger 90er, der sich aber damit begnügt, einen Hauch von vollreifen roten Früchten zu entfalten. Der weitere Eindruck ist ähnlich, jedoch etwas turbulent. Man kann ihn erst richtig beurteilen, wenn er älter geworden ist.
🖙 Dom. Jean-Louis Fougeray, 44, rue de Mazy, 21160 Marsannay-la-Côte, Tel. 80.52.21.12 ♈ n. V.

DOM. FOUGERAY DE BEAUCLAIR
Grasses Têtes 1990*

■　　　　k.A.　　　k.A.　　❙❙❙ ↓ ☑ **3**

»Fette Köpfe« . Diese Reblage besitzt einen hübschen Namen, aber das ist der Charme von Burgund ... Purpurrote Farbe, leichter Holzton, aber auch frische Früchte. Ein eleganter Marsannay, der das Turnier von 1443 von der Ehrentribüne aus beobachtet, zwischen den hübschen Damen, die gekommen sind, um die Ritter anzufeuern. Geschmeidigkeit und Rundheit.
🍷 Dom. Fougeray de Beauclair, 44 et 89, rue de Mazy, 21160 Marsannay-la-Côte, Tel. 80.51.25.75 ⚑ n. V.

DOM. FOUGERAY DE BEAUCLAIR
Les Saint Jacques 1989*

■　　　　k.A.　　　k.A.　　❙❙❙ ↓ **3**

Nicht zu verwechseln mit der Reblage Les Saint-Jacques in Gevrey. Ein günstig gelegener *climat*, der von seinem Balkonplatz aus hinabschaut. Im letzten Jahr haben wir den 88er besonders empfohlen. Ein vielversprechender 89er mit einer herrlich schimmernden Farbe, geschmeidig, weich, ausgewogen. Man trinkt ihn mit Genuß.
🍷 Dom. Fougeray de Beauclair, 44 et 89, rue de Mazy, 21160 Marsannay-la-Côte, Tel. 80.51.25.75 ⚑ n. V.

DOM. JEAN FOURNIER 1990

☐　　　　0,34 ha　　2 000　　❙❙❙ ↓ ☑ **4**

Das Etikett zeigt das Taubenhaus aus dem 13. Jh., das der ganze Stolz des Gutes ist. Zitronengelbe Farbe, holzbetont. Ein 90er, der wie ein Ritterturnieren in der Epoche der großen Herzöge angreift. Eine bittere Note, eine leichte Schwäche, aber Mut und Beherztheit.
🍷 Jean Fournier, 29-34, rue du Château, 21160 Marsannay-la-Côte, Tel. 80.52.24.38 ⚑ n. V.

GEANTET-PANSIOT
Champs Perdrix 1989

■　　　　0,5 ha　　2 400　　❙❙❙ ↓ ☑ **2**

Ein Erzeuger, der seit langem das Evin-Gesetz beherzigt und auf seinem Etikett empfiehlt : »Nüchtern bleiben heißt gut trinken.« Ziemlich glanzlose granatrote Farbe. Ein Marsannay, der sich weich und einfach ausdrückt. Noch etwas trockener Abgang.
🍷 Geantet-Pansiot, 3, rte de Beaune, 21220 Gevrey-Chambertin, Tel. 80.34.32.37 ⚑ n. V.

ALAIN GUYARD Les Genelières 1990*

■　　　　1 ha　　k.A.　　❙❙❙ ☑ **2**

Als junge Appellation muß Marsannay erst seine Reblagen bekannt machen. Diese hier befindet sich ziemlich nahe beim Dorf, auf dem Hügel. Sie liefert einen sehr dunkelroten Wein, dessen Aroma an verbranntes Brot erinnert. Angenehm und sympathisch.
🍷 Alain Guyard, 10, rue du Puits-de-Têt, 21160 Marsannay-la-Côte, Tel. 80.52.14.46 ⚑ n. V.

HONORE LAVIGNE 1989**

■　　　　k.A.　　　k.A.　　❙❙❙ ↓ **2**

Honoré Lavigne ist die kommerzielle Marke der Gruppe Boisset für den großen Vertrieb. Ein sehr guter 89er, der recht lebhaft ist und einen

köstlichen Duft von roten Früchten entfaltet. Stoff und ein hervorragender fruchtiger Nachgeschmack. Geschmeidiger, milder Abgang. Er hat fast seinen Höhepunkt erreicht, so daß man ihn noch in diesem Winter zu einem Truthahn mit Maronen trinken kann.
🍷 Honoré Lavigne, B.P. 102, 21702 Nuits-Saint-Georges Cedex, Tel. 80.61.00.06
🍷 J.C. Boisset

DOM. HUGUENOT PERE ET FILS
1990

☐　　　　1,5 ha　　5 000　　❙❙❙ ↓ ☑ **4**

Strahlende, intensiv goldene Farbe : ein echter Goldklumpen. Der Geruchseindruck war noch herb, der Körper ohne große Fülle. Unsere Weinprobe war streng und rigoros. Dennoch verdient es dieser 90er, dem Fallbeil zu entgehen und in unserer Auswahl berücksichtigt zu werden.
🍷 Dom. Huguenot Père et Fils, 7, ruelle du Carron, 21160 Marsannay-la-Côte, Tel. 80.52.11.56 ⚑ n. V.

DOM. HUGUENOT PERE ET FILS
Clos du Roy 1989

■　　　　8 ha　　20 000　　❙❙❙ ↓ ☑ **3**

Der Clos du Roy befindet sich auf dem Boden von Chenôve und ist eine geschichtsträchtige Reblage. Die rubinrote Farbe erinnert an die Edelsteine in der Krone. Offensichtlich mit drei Umdrehungen des Schlüssels verschlossen. Man muß die Schätze gut verwahren ! Gute Struktur, aber ziemlich unreife und deutlich spürbare Tannine. Sie sollten ihn in einen entlegenen Winkel Ihres Kellers legen.
🍷 Dom. Huguenot Père et Fils, 7, ruelle du Carron, 21160 Marsannay-la-Côte, Tel. 80.52.11.56 ⚑ n. V.

Fixin

Nachdem man die Traubenpressen der Herzöge von Burgund in Chenôve besichtigt und den Wein von Marsannay probiert hat, ist Fixin (150 ha) der erste Ort in einer Reihe von Gemeinden, die ihren Namen einer AOC geben, in der nur Rotweine erzeugt werden. Sie sind robust, kräftig gebaut, oft tanninreich und von guter Lagerfähigkeit. Wahlweise können sie auch die Appellation Côte-de-Nuits-Villages für sich in Anspruch nehmen.

Hervelets, Arvelets, Clos du Chapitre und Clos Napoléon, die alle als Premiers Crus eingestuft sind, gehören zu den berühmtesten Einzellagen von Fixin. Die bedeutendste ist jedoch der

Clos de la Perrière, dessen Wein prominente burgundische Schriftsteller als Ausnahmecuvée bezeichnet und mit dem Chambertin verglichen haben. Diese Reblage reicht ein Stück in die Gemarkung Brochon hinüber. Eine andere bekannte Reblage ist Le Meix-Bas.

VINCENT ET DENIS BERTHAUT
Les Arvelets 1989 **

■ 1er cru	1 ha	4 500	❶❶ ⬇ ☑ 5

Die Brüder Berthaud haben mehrfach besondere Empfehlungen erhalten (in unseren Ausgaben 1987, 1988 und 1991). Nicht schlecht ! Sie präsentieren erneut ihren 89er Arvelets, der eine rubinrote Farbe an der Grenze zur Entwicklung besitzt. In seinem angenehm komplexen Duft findet man Pfingstrosen, Himbeeren und Gewürze. Die blumigen und würzigen Noten kehren im Abgang zurück. Gutes Traubengut. Fülle und bereits Geschmeidigkeit. Schon angenehm und noch vielversprechend.

❧ Vincent et Denis Berthaut, 9, rue Noisot, 21220 Fixin, Tel. 80.52.45.48 ☎ n. V.

DOM. REGIS BOUVIER 1990 **

■	0,3 ha	2 000	❶❶ ⬇ ☑ 3

Régis, der Sohn von René Bouvier, hat hier 1981 mit einem etwas über 7 ha großen Gut begonnen. Er liebt seine Arbeit, was man auch sieht. Ein kräftiges, an schwarze Johannisbeeren und Holz erinnerndes Aroma, das sogar Napoleon auf den Hügeln von Fixin wecken würde, wenn dieser Duft in seine Nase stiege. Länge und Ausgewogenheit. Muß noch lagern.

❧ Régis Bouvier, 52, rue de Mazy, 21160 Marsannay-la-Côte, Tel. 80.51.33.93 ☎ Mo-Sa 8h-12h 14h-20h ; f. 1er au 15/08

DOM. CROIX SAINT-GERMAIN
Les Hervelets 1989

■ 1er cru	0,8 ha	k.A.	❶❶ ⬇ ☑ 5

Albert Derey darf sich rühmen, daß er der Halbpächter der Stadt Dijon in der Reblage Les Marcs d'Or und fast der Winzer der großen Herzöge ist. Sein Fixin ist für ein Saucengericht bestimmt. Perfekte Farbe. Über einem Grundaroma von gekochten und reifen Früchten entfaltet sich eine Aromapalette, die etwas vom Holzfaß geprägt ist. Man sollte diese Flasche noch ein Jahr im Keller ruhen lassen.

❧ Derey Frères, 1, rue Jules-Ferry, 21160 Couchey, Tel. 80.52.15.04 ☎ tägl. 10h-18h

DOM. FOUGERAY DE BEAUCLAIR
1989 *

■	k.A.	k.A.	❶❶ ⬇ 3

Das Gut wurde 1986 von Jean-Louis und Evelyne Fougeray sowie Bernard Clair gegründet. Daher auch der Name »Fougeray de Beauclair« . Dieser 89er riecht noch nach der Französischen Revolution. Rote Farbe mit violetten Reflexen. Er bereitet sich mit einem Duft von roten Früchten zum Sturm auf die Bastille vor. Oh, das wird ein langer, aber erfolgreicher Marsch ! Mindestens fünf bis zehn Jahre dank einer sehr sorgfältigen Vinifizierung.

❧ Dom. Fougeray de Beauclair, 44 et 89, rue de Mazy, 21160 Marsannay-la-Côte, Tel. 80.51.25.75 ☎ n. V.

DOM. PIERRE GELIN
Clos Napoléon 1989

■ 1er cru	1,8 ha	9 000	❶❶ ☑ 4

Dieser Clos Napoléon ist eines der unzähligen Beispiele für Claude Noisots Verehrung für den Kaiser. Er trägt den Krönungsmantel, gemalt von Jacques Louis David. Das Aroma ist demokratischer und bewegt sich zwischen Karamel und gekochten Früchten. Ein relativ kräftiger, von seinen Tanninen geprägter Wein, der auch einem Coq au Vin trotzen kann.

❧ Dom. Gelin, 2, rue du Chapitre, 21220 Fixin, Tel. 80.52.45.24 ☎ n. V.

ALAIN GUYARD Les Chenevières 1989

■	2 ha	k.A.	❶❶ ☑ 2

Der Sohn von Lucien Guyard, dem ehemaligen Vorsitzenden des Weinbauverbands von Marsannay. Im Gedächtnis bleiben von diesem Wein seine aromatische Finesse sowie seine schöne Struktur, die nicht sehr komplex, aber wirkungsvoll im Geschmack ist. Robust gebaut und interessant.

❧ Alain Guyard, 10, rue du Puits-de-Têt, 21160 Marsannay-la-Côte, Tel. 80.52.14.46 ☎ n. V.

DOM. JEAN-PIERRE GUYARD 1989

■	2,5 ha	5 000	❶❶ ☑ 3

Jean-Pierre Guyard bewirtschaftet ein 14 ha großes Gut und präsentiert uns hier einen Fixin, den man im kommenden Jahr trinken sollte. Die Farbe und das Bukett beginnen sich zu entwickeln : erstere in Richtung Gelbrot, letzteres nach zu getrockneten Kräutern, hellem Tabak und Kirschkernen. All das ist keineswegs unangenehm. Dazu eine recht geschmeidige Ansprache über einem Fundament aus ausdrucksvollen Tanninen.

❧ Jean-Pierre Guyard, 4, rue du Vieux-Collège, 21160 Marsannay-la-Côte, Tel. 80.52.12.43 ☎ n. V.

DOM. HUGUENOT PERE ET FILS
1989

■	5 ha	150 000	❶❶ ⬇ ☑ 4

78 79 |80| **81** |82| |83| |85| 86 87 |88| 89

Ein echter Burgunder : Jean-Louis Huguenot ist wie all seine Vorfahren Quillardet zwischen Weinfässern groß geworden. Sein Wein präsentiert sich in einer strahlenden, klaren purpurvioletten Farbe. Kirschkerne und Mandeln sowie offensichtlich reife Früchte. Die Tannine entwickeln im Geschmack einen wilden Eifer. Auch wenn sie ein wenig aufdringlich sind, überdecken sie nicht den wahren Charakter dieses 89ers. Wie man sich erinnern, haben wir im letzten Jahr den 88er besonders empfohlen.

❧ Dom. Huguenot Père et Fils, 7, ruelle du Carron, 21160 Marsannay-la-Côte, Tel. 80.52.11.56 ☎ n. V.

PHILIPPE JOLIET
Clos de la Perrière 1989*

■ 1er cru	4,64 ha	13 000	⑪ ☑ ④

81 84 **85** |86| 87 **88** 89

La Perrière in Fixin könnte ein Grand Cru sein. Die Reblage befand sich im 19. Jh. auf dem Niveau der angesehensten Lagen. Ihre Besitzer haben in den 30er Jahren keinen Anspruch auf diese Einstufung erhoben. Philippe Joliet (für enge Freunde »Blé«) ist ihr Nachkomme und steigt den Hang wieder hinauf. 1987 besondere Empfehlung für den 83er. Bekanntlich kamen die Mönche aus Cîteaux hierher, um sich zu erholen. Dieser 89er ist vielleicht nicht sehr konzentriert, aber der Geruchseindruck ist dicht, pfeffrig und großzügig. Trinkreif.
↳ Philippe Joliet, Manoir de la Perrière, 21220 Fixin, Tel. 80.52.47.85 ⵜ n. V.

DOM. DE LA CROIX DE BOIS 1990

■	2,3 ha	5 000	▮⑪ ☑ ②

Kirschrote Farbe, intensives Aroma von schwarzen Johannisbeeren. Ein guter Fixin. Das ist alles. Ein guter Braten bringt ihn richtig zur Geltung. Angemessener Preis.
↳ Roger Fournier, 31 bis, rue Pasteur, 21160 Couchey, Tel. 80.52.24.75 ⵜ n. V.

P. DE MARCILLY 1989**

■	k.A.	k.A.	⑪ ↓ ③

Claude Noisot, der Held von Fixin, der dieses Dorf dem Napoleonkult weihte, hätte vor diesem purpurroten Wein salutiert. Er strahlt wie die Sonne von Austerlitz. Sein Aroma findet eine delikate Harmonie zwischen getrockneten Früchten (Mandeln, Kerne) und roten Früchten. Die Kerne kommen auch im Geschmack zum Vorschein, zusammen mit einer Honignote. Die Säure ist nicht seine Stärke, so daß man diesen herrlichen 89er, der genau dem Stil des Jahrgangs entspricht, bald trinken muß.
↳ P. de Marcilly, B.P. 102, 21702 Nuits-Saint-Georges, Tel. 80.61.14.26

JEAN-MICHEL MOLIN 1990*

■	1,11 ha	1 500	⑪ ☑ ②

Jean-Michel Molin ist nicht aus der Art geschlagen. Er gibt ein sehr beachtliches Debüt. Sein Fixin ist breitschultrig und korpulent. In das fruchtige Bukett mischt sich eine Holznote. Violette Farbe, wie von der Hand eines Malers.
↳ Jean-Michel Molin, 54, rte des Grands Crus, 21220 Fixin, Tel. 80.52.21.28 ⵜ n. V.

Gevrey-Chambertin

Nördlich von Gevrey werden drei kommunale Appellationen auf dem Gebiet der Gemarkung Brochon erzeugt : Fixin in einem kleinen Teil des Clos de la Perrière, Côtes-de-Nuits-Villages im Nordteil (Reblagen Préau und Queue-de-Hareng) und Gevrey-Chambertin im Südteil.

Die Gemarkung Gevrey-Chambertin bildet nicht nur mengenmäßig die größte kommunale Appellation (über 10 000 hl), sondern besitzt auch die berühmtesten Lagen. Das Tal von Lavaux teilt sie in zwei Hälften. Im Norden findet man neben weiteren Reblagen Les Evocelles (auf dem Gebiet von Brochon), Les Champeaux, La Combe aux Moines (wo die Mönche des Klosters Cluny spazierengingen, die im 13. Jahrhundert die größten Weinberge in Gevrey besaßen), Les Cazetiers, Clos Saint-Jacques und Les Varoilles. Im Süden gibt es weniger Einzellagen ; fast der gesamte Hang ist als Grand Cru eingestuft. Hier befinden sich u. a. die Reblagen Fonteny, Petite-Chapelle und Clos-Prieur.

Die Weine dieser Appellation sind solide und kräftig, wenn sie vom Hang kommen, und elegant und fein am Fuße des Hanges. Dabei muß man auch dem falschen Gerücht entgegentreten, das besagt, die Appellation Gevrey-Chambertin erstrecke sich bis zur Bahnlinie Dijon–Beaune, auf Anbauflächen, die es nicht verdienen würden. Damit würde man die Klugheit der Winzer von Gevrey beleidigen. Bei dieser Gelegenheit noch eine kurze Erklärung : An der Côte lassen sich heute zahlreiche geologische Phänomene beobachten ; einige der Böden haben sich auf Ablagerungen gebildet, von denen ein Teil auf die Gletscher der Eiszeit zurückgeht. Das Erosionstal von Lavaux diente als »Kanal« ; dort entstand ein riesiger Schwemmkegel, dessen Material mit dem der Hänge identisch oder ähnlich ist. In bestimmten Lagen sind die Böden einfach mächtiger ; das Ausgangsgestein liegt dann tief unter ihnen. Sie bestehen meist aus Kalk- und Kiesschichten (die ziemlich kohlensäurearm sind) und liefern die eleganten, feinen Weine, von denen weiter oben die Rede war.

CHANSON PERE ET FILS 1989*

■	k.A.	12 000	⑪ ↓ ☑ ⑤

Ein Gevrey mit einer strahlenden Farbe, dessen Aroma direkt aus dem Tal von Lavaux stammt : Unterholz und Gerüche, wie man sie auf

einem Jagdausflug erlebt. Passable Länge und
fehlerlose Harmonie.

🍇 Chanson Père et Fils, 10, rue Paul Chanson,
21200 Beaune, Tel. 80.22.33.00 ☎ n. V.

DOM. CHARLES ALLEXANT ET FILS
1989**

| ■ | 0,48 ha | 2 600 | 🍷 ↓ ☑ **4** |

Evelyn Waugh sprach angesichts dieses
Anbaugebiets von einem »friedlichen und trium-
phierenden Wein« . Diese Kraft voller Zurückhaltung und Ausgewogenheit findet man hier
wieder. Robuste, aber anschmiegsame Tannine.
Und ein Bukett, das an Weißdorn und Veilchen
erinnert.

🍇 Dom. Charles Allexant et Fils, Cissey, 21190
Merceuil, Tel. 80.21.46.86 ☎ n. V.

PIERRE ANDRE
Les Vignes d'Isabelle 1990*

| ■ | 0,8 ha | 3 500 | 🍷 ↓ **7** |

Isabelle ist eine der sieben Töchter von Gabriel
Liogier d'Ardhuy (Pierre André und Reine
Pédauque). Ein geschmeidiger und angenehmer,
aber schon etwas entwickelter 90er, der nach
geröstetem Brot duftet. Man sollte ihn schon in
diesem Jahr zu Tournedos auf Jägerart trinken.

🍇 Pierre André, Ch. de Corton André, 21420
Aloxe-Corton, Tel. 80.26.44.25 ☎ tägl. 10h-18h

DOM. CHARLES AUDOIN
Les Crais 1990

| ■ | 0,25 ha | 1 100 | 🍷 ↓ ☑ **5** |

Recht klare kirschrote, fast schwarze Farbe
und angenehmer Unterholzduft mit Noten von
Wildgeruch. Man spürt, daß hier der Hase in der
Nähe war. Der Geschmack ist nicht sehr ausdrucksvoll : ein wenig pfeffrig, auf den Heiligen
Geist wartend, der ihm die Gabe der Sprache
verleihen wird. Nicht sehr typisch für einen Gevrey, aber gelungen. Muß noch altern.

🍇 Dom. Charles Audoin, 7, rue de La Boulotte,
21160 Marsannay-la-Côte, Tel. 80.52.34.24
☎ n. V.

VINCENT ET DENIS BERTHAUT
Clos des Chezeaux 1989*

| ■ | 0,4 ha | 1 800 | 🍷 ↓ ☑ **5** |

Dunkle rotbraune Farbe. Ein Oratorium, in
dem sich das Aroma von Kirschwasser voll entfaltet. Offenkundig Sakralmusik. Paßt sogar zum
einfachsten Rindsgulasch, damit man sagen
kann, daß der Tag nicht verloren war.

🍇 Vincent et Denis Berthaut, 9, rue Noisot,
21220 Fixin, Tel. 80.52.45.48 ☎ n. V.

BOUCHARD AINE ET FILS 1989*

| ■ | k.A. | 14 000 | 🍷 ☑ **5** |

Leicht würzig und holzig. Dieser ziemlich
gehaltvolle und schon recht harmonische 89er
hält sich gut auf den Beinen. Hammelkeule ist
das richtige Essen dazu.

🍇 Bouchard Aîné et Fils, 36, rue Sainte-
Marguerite, 21203 Beaune, Tel. 80.22.07.67
☎ Mo-Fr 9h30-11h 14h30-16h30 ; f. août

BOUCHARD PERE ET FILS 1988*

| ■ | 4 ha | 24 000 | 🍷 ↓ **5** |

Die rote Farbe ist intensiv und dicht. Dieser
88er entfaltet einen Geruch, der an Geröstetes
und Verbranntes erinnert. Eher lang als kräftig
und sehr interessant aufgrund seiner Persönlichkeit. Und ein Bau, wie man ihn am Schloß des
Clos de Vougeot bewundert !

🍇 Bouchard Père et Fils, Au Château, B.P. 70,
21202 Beaune Cedex, Tel. 80.22.14.41 ☎ n. V.

RENE BOUVIER 1989*

| ■ | 1,25 ha | k.A. | 🍷 ↓ ☑ **4** |

Seine Struktur und seine Konzentration erwek-
ken Vertrauen. Kirschrote, fast schwarze Farbe.
Lakritzearoma. Dieser 89er muß sich noch entfalten, dürfte sich aber günstig entwickeln.

🍇 René Bouvier, 2, rue Neuve, 21160
Marsannay-la-Côte, Tel. 80.52.21.37 ☎ n. V.

ALAIN BURGUET Vieilles vignes 1990*

| ■ | 2,5 ha | 14 500 | 🍷 ↓ |

Alain Burguet besitzt weder Grands Crus noch
Premiers Crus, aber der gute Ruf seines »einfachen« Gevrey hat sich auf allen fünf Erdteilen
herumgesprochen. Seine alten Rebstöcke liefern
Weine, die einige Jahre brauchen, um sich von
ihrer ersten Härte zu befreien. Der 89er bietet ein
wahres aromatisches Festival (Weichseln), aber
der fleischige, gut gebaute 90er erscheint frührei-
fer. Gleiche Qualität, aber deutliche Unterschiede
im Charakter. Ein Stern für jeden.

🍇 Alain Burguet, 18, rue de l'Eglise, 21220
Gevrey-Chambertin, Tel. 80.34.36.35 ☎ n. V.

GILLES BURGUET Les Corvées 1990*

| ■ | 0,5 ha | 3 000 | 🍷 ↓ ☑ **4** |

Der Bruder von Alain, der jetzt im Hauptberuf
Winzer ist. Diesem 90er nach zu urteilen, hatte er
recht, zu seiner Jugendliebe zurückzukehren. Das
Aussehen ist von vollkommener Schönheit. Das
Bukett (reife und eingemachte Früchte) ist frisch
und klar. Tanninreicher, ausgewogener
Geschmack. Schöne Zukunftsaussichten.

🍇 Gilles Burguet, rue de la Croix des Champs,
21220 Gevrey-Chambertin, Tel. 80.51.89.49
☎ n. V.

CAVEAU DU CHAPITRE 1990

| ■ | 1,08 ha | 5 000 | 🍷 ↓ ☑ |

Die Genossenschaft vinifizierte früher bis zu
4 000 Fässern von den 7 000, die in Gevrey
erzeugt wurden. Sie ist von den Caves des Hautes-Côtes übernommen worden und hat hier nur
sieben Mitglieder. Ihr Gevrey-Villages duftet
nach Weichseln. Intensiv und klar. Der übrige
Eindruck ist zart, ein wenig flüchtig, aber sehr
ehrlich. Er kannt mindestens vier bis fünf Jahre
altern.

🍇 Caveau du Chapitre, 1-3, rue de Paris, 21220
Gevrey-Chambertin, Tel. 80.51.82.82 ☎ n. V.

PHILIPPE CHARLOPIN 1990**

| ■ | 1 ha | k.A. | 🍷 ☑ **5** |

Man findet diesen Erzeuger auch in den
Appellationen Charmes-Chambertin und Clos
Saint-Denis. Etwa 10 ha von Vosne bis Marsan-
nay. Ein junger, aufstrebender Winzer in Gevrey-

Chambertin. Philippe hat viel Ähnlichkeit mit seinem Wein : einschmeichelnd, herzlich, zu sanfter Rundheit neigend und eine dauerhafte Erinnerung hinterlassend. Ein zarter Wein. Man kann schon jetzt die rassige Fruchtigkeit seiner Trauben spüren, die von alten Rebstöcken stammen. Im letzten Jahr haben wir den 89er besonders empfohlen.

↪ Philippe Charlopin, 21220 Gevrey-Chambertin, Tel. 80.52.85.65 ☉ n. V.

LOUIS CHAVY 1989★

■	k.A.	k.A.	◑ 🖪

Ein Hauch von Lakritze und Tiergeruch. Strukturiert, solide und liebenswürdig aufgrund seiner milden Tannine.

↪ Louis Chavy, pl. des Marronniers, 21190 Puligny-Montrachet, Tel. 80.21.31.39 ☉ tägl. 9h-12h 14h-18h ; 30. Sept.–Mai geschlossen

DOM. BRUNO CLAIR Les Cazetiers 1989

■ 1er cru	0,87 ha	3 000	↓ ☑ 🖪
87 |88| 89			

Bruno Clair hatte kurze Zeit daran gedacht, Schafe zu züchten, nachdem er das Abitur mit »gut« gemacht hatte. Klugerweise folgte er der Familientradition. Sein Cazetiers besitzt eine dunkle Note. Ein Hauch von Reduktionsaroma und Tiergeruch. Das paßt zu Wild. Gelungen, aber nicht übermäßig lang.

↪ SCEA Bruno Clair, 5, rue du Vieux Collège, 21160 Marsannay-la-Côte, Tel. 80.52.28.95 ☉ n. V.

413   BURGUND

EDOUARD DELAUNAY ET SES FILS
1987

■   k.A.   k.A.   ❚❙ ↓ ☑ **4**

Dieser 1893 gegründete Betrieb, der im Familienbesitz geblieben ist, feiert seinen 100. Geburtstag. Er stellt hier einen 87er vor, der seinen Höhepunkt erreicht hat. Fortgeschrittene Entwicklung, nicht erstaunlich angesichts des Jahrgangs. Seine Farbe ist jedoch lebendig geblieben. Der Geruchseindruck erinnert an Holz und Leder. Noch kräftiger Geschmack.
✦ Edouard Delaunay et ses Fils, Ch. de Charmont, 21220 L'Etang-Vergy, Tel. 80.61.40.15 ☎ n. V.

M. DOUDET-NAUDIN 1990

■   k.A.   3 600   ❚❙ ↓ ☑ **5**

Rot, natürlich. Aber klar und strahlend ! Dezentes Aroma. Sehr angenehm im Geschmack, ohne große Nervigkeit.
✦ Maison Doudet-Naudin, 3, rue Henri Cyrot, 21420 Savigny-lès-Beaune, Tel. 80.21.51.74 ☎ n. V.

DUFOULEUR PERE ET FILS
Les Cazetiers 1989*

■ 1er cru   k.A.   1 800   ❚❙ ↓ ☑ **6**
|86| |87| (88) 89

Les Cazetiers besitzen fast immer Rasse. Dieser 89er besitzt eine recht klare Farbe und einen hübschen Duft. Seine Struktur wird allen Stürmen trotzen. Ein schönes Beispiel für diese Reblage. Braucht ein Fleischgericht mit viel Petersilie. Der vorangegangene Jahrgang ist von uns im letzten Jahr besonders empfohlen worden.
✦ Dufouleur Père et Fils, 15, rue Thurot, 21700 Nuits-Saint-Georges, Tel. 80.61.21.21 ☎ n. V.

BERNARD DUGAT
Vieilles vignes 1989**

■   k.A.   k.A.   ❚❙ ☑ **4**

Die Keller von L'Aumônerie empfangen diesen Wein auf seinem Weg zur Ewigkeit. Es ist deshalb nicht verwunderlich, daß er so ausgewogen ist. Wunderbare Farbe, Holznote und fruchtiges Aroma, spürbare, aber milde Tannine. Bitte zu Coq au vin.
✦ Bernard Dugat, Cour de l'Aumônerie, 21220 Gevrey-Chambertin, Tel. 80.51.82.46 ☎ n. V.

DUVERGEY TABOUREAU
Les Perrières 1988*

■ 1er cru   k.A.   k.A.   ❚❙ ↓ ☑ **6**

Ein 88er, dessen Farbe trotz einiger ziegelroter Reflexe noch jugendlich wirkt. Klar, ausgewogen, sehr rund. Man kann ihn schon jetzt trinken, weil er nicht sehr kräftig gebaut ist.
✦ Duvergey-Taboureau, 6, rue des Santenots, 21190 Meursault, Tel. 80.21.63.00 ☎ n. V.

DOM. ESMONIN PERE ET FILLE
Clos Saint Jacques 1989**

■ 1er cru   1,6 ha   6 000   ❚❙ ↓ ☑ **6**

Das erste Auftreten der Reblaus in Gevrey wurde vor etwas mehr als 100 Jahren im Clos Saint-Jacques beobachtet. Glücklicherweise konnte dieser Weinberg gerettet werden. Er beschert uns heute diesen runden, geschmeidigen,

mit einem Wort einladenden Wein mit dem großzügigen Aroma. Das Gut gehörte früher Graf Moucheron in Meursault.
✦ Dom. Esmonin Père et Fille, 1, rue Neuve, Clos Saint-Jacques, 21220 Gevrey-Chambertin, Tel. 80.34.36.44 ☎ n. V.

DOM. GALLOIS
Combe aux Moines 1989**

■ 1er cru   0,43 ha   2 100   ❚❙ ☑ **5**

Die Familie Gallois, die mit Gaston Roupnel, dem zu Beginn des Jahrhunderts lebenden burgundischen Schriftsteller Gaston Roupnel, verwandt ist, hat hier einen sehr hübschen Combe aux Moines erzeugt. Dunkelrubinrote Farbe, noch zurückhaltender Duft von reifen Früchten. Aber was für ein dichter Geschmack ! Kräftiges Gerüst und pfeffrige Note im Abgang. Seine alkoholische Note verhindert, daß er die höchste Stufe des Siegerpodests erklimmt.
✦ Dominique Gallois, 9, rue Mal de Lattre-de-Tassigny, 21220 Gevrey-Chambertin, Tel. 80.34.11.99 ☎ tägl. sf dim. 8h-12h 14h-18h

GEANTET-PANSIOT
Vieilles vignes 1989*

■   3,4 ha   7 600   ❚❙ ↓ ☑ **3**

35 bis 75 Jahre alte Rebstöcke auf dem Gebiet von Brochon, das Anrecht auf die Appellation Gevrey-Chambertin hat. Strahlend granatrote Farbe. Ein geschmeidiger, frischer Wein, der nach Kernen und roten Früchten duftet. Paßt zu einem guten Braten.
✦ Geantet-Pansiot, 3, rte de Beaune, 21220 Gevrey-Chambertin, Tel. 80.34.32.37 ☎ n. V.

DOM. PIERRE GELIN 1989

■   1,8 ha   10 000   ❚❙ ☑ **4**

Ein Wein aus der Reblage Meixvelle, wenn Sie sich mit dem Gevrey auskennen. Der Weinberg gehörte Professor Georges Marion, der erklärte, daß dieser Wein ein »mächtiger Feind der Kolibakterien« sei. Einige ziegelrote Nuancen, aber die Farbe besitzt Feuer. Zurückhaltender, leicht an Weichseln erinnernder Duft. Gute Struktur, aber keine große Nachhaltigkeit im Geschmack.
✦ Dom. Gelin, 2, rue du Chapitre, 21220 Fixin, Tel. 80.52.45.24 ☎ n. V.

GOILLOT-BERNOLLIN 1990*

■   3 ha   10 000   ❚❙ ↓ ☑ **4**

Laurent Goillot hat 1985 die Verantwortung für dieses Gut übernommen. Ein Haus aus dem 17. Jh., das an der Nationalstraße steht, und 6 ha Rebflächen. Altertümlich wirkende, intensiv rote Farbe und etwas wilder Ledergeruch. So sind die Gevreyweine, wenn sie der Tradition treu bleiben. Ein solider, reicher Wein, der sich noch entfalten muß, mit gut umhüllten Tanninen.
✦ SCE Goillot-Bernollin, 29, rte de Dijon, 21220 Gevrey-Chambertin, Tel. 80.34.36.12 ☎ tägl. 8h-20h

GOILLOT-BERNOLLIN
Vieilles vignes 1990**

■   0,6 ha   2 500   ❚❙ ↓ ☑ **4**

»Nur das Schweigen ist groß...« , schrieb Vigny. Diese alten Rebstöcke sinnen über den Vers nach. Ein Wein, der seine ganze Kraft

darauf konzentriert, um sie zu Ihrem zukünftigen Vergnügen zu entfalten. Man darf deshalb nicht seine Jugend mißbrauchen. Lassen Sie ihn bis zum Ende des Jahrhunderts in Frieden, und Sie werden sehen, daß der Rest keine Schwäche ist.
☞ SCE Goillot-Bernollin, 29, rte de Dijon, 21220 Gevrey-Chambertin, Tel. 80.34.36.12
Y tägl. 8h-20h

DOM. JEAN-MICHEL GUILLON
1990 ★ ★

■	3,8 ha	24 000	❶❶ ☑ **3**

Jean-Michel, der in Paris geboren wurde und sich 1979 in Gevrey niedergelassen hat, ist ein einfallsreicher und gewissenhafter Winzer. Er wendet das »Rezept von Vater Lesprit« an. Dieser alte burgundische Winzer hatte ganz eigene Vorstellungen von der Vinifizierung. Öffnen Sie diese Flasche erst in ein paar Jahren ! Das klare, zarte Aroma ist noch sehr dezent. Der Geschmack dagegen ist sehr präsent : reich, pfeff-

rig, intensiv. Ein gutes Beispiel für einen vollständigen Wein, der alterungsfähig ist.
☞ Jean-Michel Guillon, 33, rte de Beaune, 21220 Gevrey-Chambertin, Tel. 80.51.83.98
Y n. V.

DOM. JEAN-MICHEL GUILLON
Clos Prieur 1990 ★ ★

■ 1er cru	0,16 ha	1 200	❶❶ ☑ **4**

Man muß nicht lange herumreden : Das ist ein sehr schöner Clos Prieur. Diese Reblage wird von Les Mazis durch die »Straße der Grands Crus« getrennt. Perfekte Unterscheidbarkeit der Aromen, die von guten Eltern stammen. Feine Holznote, Fruchtigkeit, Konzentration, bemerkenswerte Länge. Er wird den Weinfreunden in den nächsten 15 Jahren einen Hochgenuß bereiten.
☞ Jean-Michel Guillon, 33, rte de Beaune, 21220 Gevrey-Chambertin, Tel. 80.51.83.98
Y n. V.

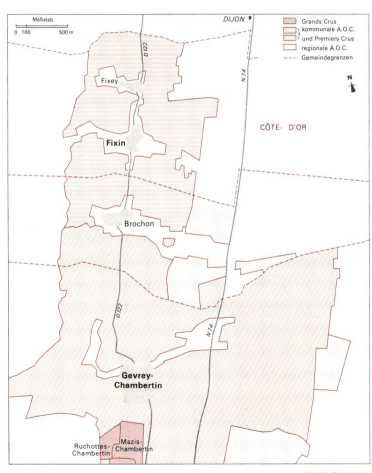

ALAIN GUYARD 1989*

■ | 1 ha | 4 000 | ◗ ☑ 4
84 |85| |86| 87 **88** |89|

Alain, der Sohn von Lucien Guyard, der Vorsitzender des Weinbauverbands von Marsannay war, besitzt heute ein 8 ha großes Gut. Ein außergewöhnlicher Erfolg in der Appellation Gevrey-Chambertin, denn die Jahrgänge 1984, 1985 und 1986 haben alle eine besondere Empfehlung erhalten, was im Hachette Weinführer nicht sehr häufig vorkommt. Dieser schon trinkfertige 89er besitzt Frische, natürliche Fröhlichkeit und Ausgewogenheit. Kirschrote Farbe, feines, fruchtiges Bukett und ein leichter Moschusduft.

☛ Alain Guyard, 10, rue du Puits-de-Têt, 21160 Marsannay-la-Côte, Tel. 80.52.14.46 � n. V.

DOM. HARMAND-GEOFFROY 1990

■ 1er cru | 0,41 ha | k.A. | ◗ ☑ 5

Gérard Harmand ist der Schwiegersohn von Lucien Geoffroy. Place des Lois, in Gevrey atmet ein republikanischer Geist ! 1991 haben wir den 88er besonders empfohlen. Purpurrot bis bläulichrot. Der Duft erinnert zuerst an Tiergeruch und entfaltet dann fruchtige Noten. Leichtes Reduktionsaroma. Der Geschmack bestätigt den Geruchseindruck. Recht typisch. Paßt zu einem Wildschwein, das aus dem Wald von Mantuan stammt.

☛ Dom. Harmand-Geoffroy, 1, pl. des Lois, 21220 Gevrey-Chambertin, Tel. 80.34.10.65 � n. V.

JACQUES LANET 1990

■ | 104,63 ha | 1 500 | ◗ 4

Schon von jeher Winzer in Brochon. Dieser nicht sehr tanninreiche 90er ist geschmeidig, voll und angenehm. Absolut trinkreif. Paßt zu einem Cîteauxkäse.

☛ Jacques Lanet, 26, rue du 8 mai, 21220 Brochon, Tel. 80.52.06.40 � n. V.

DOM. LAURENT
Clos Saint Jacques 1989**

■ | k.A. | 300 | ◗ ☑ 6

Ein Neuankömmling an der Côte, der vergangene Traditionen verficht : Zerstampfen der Trauben mit den Füßen (sagt er), Abziehen mit dem Blasebalg, Schwefeln, manuelle Flaschenabfüllung, Kerzenlicht. Hm ... Sehen wir uns in jedem Fall das Resultat an ! Es ist hervorragend, das ist wahr. Dunkelrubinrote, bläulichrot schimmernde Farbe, sehr offen. Ein voller, runder, kräftig gebauter Wein mit viel Stoff. Ein Clos Saint-Jacques, der als Grand Cru rangieren könnte.

☛ Dom. Laurent, 2, rue J. Duret, 21700 Nuits-Saint-Georges, Tel. 80.61.31.62 � n. V.

CLAUDE MARCHAND 1989

■ | 1,4 ha | 8 400 | ▮↓☑ 4

Stark entwickeltes, ziegelrot verfärbtes Kleid. Liebenswürdiger, zurückhaltender Duft. Ehrlich, aber er hat nicht genug Puste für einen 10 000-m-Lauf. Paßt zu einem Fleischgericht, dessen Sauce mit Wein zubereitet worden ist.

☛ Claude Marchand, 47, Grand-Rue, 21220 Morey-Saint-Denis, Tel. 80.34.33.15 � tägl. 8h-19h

DOM. MARCHAND-GRILLOT
Petite Chapelle 1990*

■ 1er cru | 1 ha | 4 000 | ◗ ☑ 5
|78| **79 81** 85 86 |87| **88 89** 90

»Wenn man die ganze nackte Wahrheit erfahren könnte !« Dieser 90er beantwortet die Frage von Fénelon, zumindest was diesen Premier Cru angeht. Klare rubinrote Farbe, Duft von Pilzen und Kirschen. Das ist wirklich eine »kleine Kapelle« , die Lust macht, in ihr zu kommunizieren. Klarheit und Fruchtigkeit, fehlerlose Struktur und Alterungsfähigkeit.

☛ Dom. Marchand-Grillot, 13, rue du Gaizot, 21220 Gevrey-Chambertin, Tel. 80.34.10.18 � n. V.

FRANÇOIS MARTENOT 1989**

■ | k.A. | 5 000 | ◗↓☑ 5

Tadellose Farbe. Im Aroma mischen sich Kirschen und Kerne. Recht typisch, sehr duftig. Ein stabiler, langer Gevrey, der schon jetzt angenehm schmeckt und zu einer Lammkeule paßt.

☛ François Martenot, rue du Dr Barolet, ZI de Beaune-Vignolles, 21209 Beaune Cedex 09, Tel. 80.24.70.07 � n. V.

MOMMESSIN
Estournelles Saint Jacques 1989

■ 1er cru | k.A. | k.A. | ◗↓7

Alle Fenster sind geöffnet und lassen ein Vanillebukett mit Noten von roten Früchten herausdringen. Die erstaunliche Konzentration dieses 89ers vereint die Tugenden des Jahrgangs und das Potential des Anbaugebiets, die sich mit wachsendem Alter entfalten werden.

☛ Mommessin, La Grange Saint-Pierre, 71850 Charnay-lès-Mâcon, Tel. 85.34.47.74 � n. V.

CHARLES MORTET ET FILS
Clos Prieur 1990***

■ | 0,33 ha | k.A. | ◗ ☑ 4

Wir hätten auch den 90er Villages anführen können : wenig und holzbetont. Aber er kann diesem Clos Prieur nicht das Wasser reichen. Ein wirklich außergewöhnlicher Wein. Ein 90er, von dem man noch lange reden wird. Die Farbe, der Duft und der Geschmack erinnern an schwarze Kirsche. Perfekter Gesamteindruck. Das Aroma ist auf das Wesentliche konzentriert. Geschmeidig, voll und mild, ohne jegliche Aggressivität. Er verkörpert die Güte an sich.

☛ Dom. Mortet et Fils, 22, rue de l'Eglise, 21220 Gevrey-Chambertin, Tel. 80.34.10.05 � n. V.

CHARLES MORTET ET FILS

Les Champeaux 1990★★★

| ■ 1er cru | 0,36 ha | 1 300 | ◗ ☑ 5 |

Wenn man diesen Champeaux trinkt, glaubt man fast, eine Seite von Roupnel zu lesen. Er besitzt nämlich eine lyrische Intensität, die das Aussehen und den Duft erfüllt. Samtweicher Geschmack. Was für eine Größe und Kraft ! Das Holzfaß ist zwar noch zu spüren, aber wenn der Holzton einmal verschwunden ist, wird er ein denkwürdiger Wein sein.

🡒 Dom. Mortet et Fils, 22, rue de l'Eglise, 21220 Gevrey-Chambertin, Tel. 80.34.10.05 ☎ n. V.

ALBERT PONNELLE 1988★

| ■ | k.A. | k.A. | ◗ ☑ 7 |

Ein großer Jahrgang, der Geduld und Zeit erfordert. Strahlend rubinrote Farbe. Der Duft ist noch verschlossen, aber im Geschmack entfalten sich delikate Empfindungen. Mit Sorgfalt vinifiziert und von perfekter Ausgewogenheit.

🡒 Albert Ponnelle, 38, fg Saint-Nicolas, 21200 Beaune, Tel. 80.22.00.05 ☎ n. V.

CHRISTINE PONSOT 1989★

| ■ | k.A. | 6 000 | ◗ ↓ ☑ 5 |

Reizvoll aufgrund seines rauchigen Zimtduftes und seines schlanken Stils. Gute Zukunftsaussichten sind sehr wahrscheinlich. Paßt zu einem ländlichen Epoisseskäse.

🡒 Christine Ponsot, Manoir Blu, 71150 Fontaines, Tel. 85.91.41.77 ☎ Di-Sa 8h-12h 14h-18h ; 15. Juli–15. Aug. geschlossen

JEAN RAPHET 1989★★

| ■ | 3,66 ha | k.A. | ◗ ☑ 5 |

71 |72| 73 74 |76||78| **79** 80 **81 82** |83||84| ⑧⑤ |86| **87 88 89** 90

Jean Raphet und sein Sohn Gérard bewirtschaften 10 ha, die es handelt sich um getrennte Güter. Tiefe, dunkelkirschrote Farbe. »Ich bin der Schöne, der Finstere...« Nun, das ist eben der Stil dieses sehr strukturierten, lagerfähigen Weins, der in seinen Jugendjahren schwer zugänglich ist. Reich und fruchtig, mit Lakritznoten im Duft und einem Holzton im Geschmack.

🡒 Jean Raphet, 45, rte des Grands Crus, 21220 Morey-Saint-Denis, Tel. 80.34.31.67 ☎ n. V.

DOM. HENRI REBOURSEAU 1990★★

| ■ | 7,13 ha | 15 000 | ◗ ↓ ☑ 4 |

Eines der angesehensten Güter des Dorfs, geprägt von der Persönlichkeit »General« Rebourseaus, der einst die Schlacht um die Appellationen in Gevrey und im Chambertin befehligte. Adel verpflichtet : ein wunderbarer 90er, der alle Prüfungen erfolgreich besteht. Hübsche Holznote, schöner Stoff, Ausgewogenheit und Nachhaltigkeit. Verspricht eine große Zukunft.

🡒 NSE Dom. Henri Rebourseau, 10, pl du Monument, 21220 Gevrey-Chambertin, Tel. 80.51.88.94 ☎ n. V.

ANTONIN RODET 1989

| ■ | k.A. | 36 500 | ◗ ☑ 4 |

Mit der Übernahme von 50% des Gutes J. Prieur in Meursault faßte Antonin Rodet Fuß in dem Gut in Gevrey. Ein roter, ins Violett spielender Marmorblock, wie die Farbe des Steins von Brochon ist. Er wartet auf den Bildhauer, der ihm Schönheit und Schwung verleihen wird. Diese Arbeit muß die Zeit leisten. Sie haben es bestimmt richtig verstanden : Die Tannine sind hier noch zu unreif und werden erst in ein paar Jahren geschmeidig.

🡒 Antonin Rodet, 71640 Mercurey, Tel. 85.45.22.22 ☎ Mo-Fr 9h-12h30 13h30-18h

ROPITEAU 1988★★

| ■ | k.A. | k.A. | ◗ ☑ 5 |

Kräftige rote Farbe. Geruch von Gebratenem. Ein 88er, der sich so präsentiert, wie man es bei diesem Anbaugebiet erwartet. Streng verschlossen, aber das ist im Augenblick normal. Ein breitschultriger Wein, der sicherlich viel Herz besitzt.

🡒 Ropiteau Frères, 21190 Meursault, Tel. 80.24.33.00 ☎ tägl. 8h-20h ; 20. Nov.–15. Febr. geschlossen

ROUX PERE ET FILS 1990★★

| ■ 1er cru | k.A. | 1 800 | ◗ ↓ ☑ 6 |

Während die Gevrey-Villages des Gutes Roux nicht sehr überzeugend ist, verdient dieser Premier Cru den Umweg. In der Ausgabe 1992 haben wir den 89er besonders empfohlen. Im schwarzen, intensiven und tiefen Himmel dieses Weins taucht plötzlich ein Aroma von Kirschkernen auf, das recht sinnlich ist. Konstant und harmonisch, nachhaltig und fruchtig. Ein wirklich großer Wein.

🡒 Roux Père et Fils, 21190 Saint-Aubin, Tel. 80.21.32.92 ☎.n. V.

CH. DE SANTENAY

Les Estournelles 1990★

| ■ | k.A. | 912 | ◗ ☑ 6 |

Eine Reblage, die sich neben dem Clos Saint-Jacques befindet. Ein purpurroter, violett schimmernder 90er, dessen Duft nicht sehr redselig ist, der aber im Geschmack ein gutes Grundaroma besitzt. Dank seiner Muskeln kann er problemlos der Zukunft trotzen.

🡒 Paul Pidault, 21590 Santenay, Tel. 80.20.61.87 ☎ Mo-Fr 8h-12h 13h30-17h

SERAFIN PERE ET FILS

Le Fonteny 1989★

| ■ 1er cru | 0,33 ha | 2 000 | ◗ ☑ 5 |

Stanislas Sérafin, der in der Nähe von Krakau geboren worden ist, kam in den 30er Jahren nach

Burgund. Bergwerk oder Landwirtschaft ? Er entschied sich fürs letztere und baute mit harter Arbeit ein schönes, kleines Gut in Gevrey auf. Sein Sohn hilft ihm heute. Sein Fonteny muß dekantiert werden. Ansonsten ist er bezaubernd, rund, elegant, schon sehr offen und fein. Finden Sie für ihn ein Hähnchen in der Art von Nuits zubereitet, und er wird Ihnen ein Vergnügen wie im Paradies bereiten.

🍇 Sérafin Père et Fils, 7, pl. du Château, 21220 Gevrey-Chambertin, Tel. 80.34.35.40 ☂ n. V.

DOM. TAUPENOT-MERME 1989*

■	2 ha	10 000	Ⅲ Ⅴ ❹

Die Eleganz einer Fuge von Bach. Das Gefühl hält nicht sehr lang an, aber es prägt sich sofort tief ein. Erinnert sie noch daran, daß der 88er im letzten Jahr eine besondere Empfehlung erhalten hat.

🍇 Jean Taupenot, 33, rte des Grands-Crus, 21220 Morey-Saint-Denis, Tel. 80.34.35.24 ☂ Mo-Sa 8h-12h 14h-18h

DOM. THIBAUT 1990*

■	k.A.	k.A.	Ⅲ ❺

Robust, fast aggressiv. Er beruhigt sich im Abgang und zeigt sich dann gut erzogen und umgänglich. Außerdem stellt man unter dem wunderschönen Kleid die Entwicklung einer Kirschnote fest. Zukunftsreich.

🍇 Cie des Vins d'Autrefois, 9, rue Celer, 21200 Beaune, Tel. 80.22.21.31 ☂ n. V.

DOM. TORTOCHOT Champeaux 1990*

■ 1er cru	0,82 ha	k.A.	Ⅲ Ⅴ ❺

Gaby Tortochot ist in Gevrey ein Original. Er kennt sich und redet gern. Sein Champeaux hat ebenfalls ein recht flinkes Mundwerk. Einige malvenfarbene Reflexe beleben das purpurrote Kleid. Aroma von roten Früchten und im Geschmack bereits eine runde Geschmeidigkeit, die den umgänglichsten Charakter der Welt ankündigt.

🍇 SCEA Dom. Tortochot, 12, rue de l'Eglise, 21220 Gevrey-Chambertin, Tel. 80.34.30.68 ☂ n. V.

DOM. FRANCOIS TRAPET 1990**

■	k.A.	k.A.	Ⅲ ❺

Es gibt mehrere Familien Trapet in Gevrey. Hier handelt es sich um François Trapet, der in der Rue du Chambertin wohnt. Sein 90er Gevrey-Villages entfaltet bereits eine schöne Serenade von klaren, eleganten Aromen. Viel Konzentration und Nachhaltigkeit. Ein einschmeichelnder Wein, den man nicht 107 Jahre lang aufheben muß.

🍇 Cie des Vins d'Autrefois, 9, rue Celer, 21200 Beaune, Tel. 80.22.21.31 ☂ n. V.

G. VACHET-ROUSSEAU 1990*

■	5,5 ha	26 000	Ⅲ ↓ Ⅴ ❹

|69| 73 74 |76| 77 |78| |79| 80 |81| 82 83 ⑧⑤ 86 87 |88| 89 90

Gérard Vachet spielt jeden Sommer überzeugend die Rolle des Königs Chambertin. Sie paßt hervorragend zu ihm. Sein 90er Gevrey ist heißblütig, besitzt aber einen geschmeidigen, fülligen Geschmack, der klar und fruchtig ist.

Schöne granatrote Farbe. Dieser Wein gibt einen angenehmen Gesellschafter ab.

🍇 Vachet-Rousseau Père et Fils, 15, rue de Paris, 21220 Gevrey-Chambertin, Tel. 80.34.32.03 ☂ n. V.

DOM. DES VAROILLES

La Romanée 1989*

■ 1er cru	1,07 ha	5 000	Ⅲ ↓ Ⅴ ❻

Das Gut gehört künftig Denis Chéron und den Herren Hammel und Rolaz, Schweizer Weinhändlern, die den Anteil von Jean-Pierre Naigeon erworben haben. La Romanée de Gevrey-Chambertin befindet sich am Rand des Tals von Lavaux. Rubinrote Farbe. Schon etwas entwickelter, würziger Duft. Es fehlt ihm vielleicht ein wenig an Stoff, aber er besitzt Rundheit und Eleganz.

🍇 SC du Dom. des Varoilles, 21220 Gevrey-Chambertin, Tel. 80.34.30.30 ☂ n. V.

CHARLES VIENOT Bel Air 1989**

■ 1er cru	k.A.	k.A.	Ⅲ ↓ ❻

Die Reblage mit dem hübschen Namen Bel Air befindet sich auf dem Hügel oberhalb des Clos de Bèze. Um es mit Stendhal zu sagen : einer der »so süßen Augenblicke« dieser Weinprobe. Kirschrote, fast schwarze Farbe. Dieser 89er entfaltet ein hinreißendes Aroma, das an in Alkohol eingelegte Kirschen erinnert. Reich und kräftig gebaut, dank seiner Milde harmonisch. Er wird in ein paar Jahren wunderbar sein und paßt dann hervorragend zu nicht durchgebratenem rotem Fleisch.

🍇 Charles Viénot, 5, quai Dumorey, 21700 Nuits-Saint-Georges, Tel. 80.62.31.05 ☂ Mo-Fr 8h-12h 14h-18h ven. 17h ; Aug. und letzte Dez.woche geschlossen

HENRI DE VILLAMONT

Lavaux Saint Jacques 1989**

■ 1er cru	k.A.	900	Ⅲ ↓ Ⅴ ❻

Nach einem 89er Villages, der einen Stern erhielt, haben wir diesen Premier Cru verkostet. Sehr offenes, großzügiges Bukett mit feiner Holznote. Im Geschmack findet man die gleiche Eleganz, die sich auf solide Qualitäten gründet. Ein echter »französischer Garten« , der uns lange Zeit beglücken wird.

🍇 Henri de Villamont SA, rue du Dr Guyot, 21420 Savigny-lès-Beaune, Tel. 80.24.70.07 ☂ n. V.

Chambertin

ADRIEN BELLAND 1989*

■ Gd cru	0,41 ha	2 200	Ⅲ Ⅴ ❼

Ein 1939 und 1975 zur Hälfte neu bestockter Weinberg. Dieser 89er hat den Frost vom 27. April und den Hagel vom 30. Mai vergessen. Schöne, strahlende Farbe, aber ein wenig blaß im Geruchseindruck. Seine Grundlage ist sehr reicher Stoff. Die Vinifizierung dieses Jahrgangs war weiß Gott nicht einfach ! Beeindruckende geschmackliche Intensität, aber der typische Charakter muß sich noch entwickeln. Im Augenblick noch etwas gezwungen.

🞂 Adrien Belland, pl. du Jet d'Eau, 21590 Santenay, Tel. 80.20.61.90 ⚲ Mo-Sa 8h-12h 14h-18h ; 15.–18. Aug. geschlossen

JEAN-CLAUDE BOISSET   1989*

■ Gd cru   k.A.   k.A.   🍶 ↓ ☑ 7

Die Farbe ist zwar schön, erregt aber nicht die Aufmerksamkeit. Angenehm komplexes Bukett, in dem rote Johannisbeeren dominieren. Solides natürliches Gerüst ohne übermäßigen Holzton. Reizvolle fruchtige Konzentration. Robust gebaut und noch verschlossen. Muß noch reifen.

🞂 Jean-Claude Boisset, rue des Frères-Montgolfier, 21702 Nuits-Saint-Georges, Tel. 80.61.00.06

DOM. CAMUS PERE ET FILS   1989*

■ Gd cru   k.A.   k.A.   🍶 ↓ ☑ 7

Ein 18 ha großes Gut, davon 1,69 ha in der Appellation Chambertin. Die Farbe bewegt sich zwischen Granat- und Rubinrot. Dieser noch zurückhaltende 89er ist ein Dauphin, der sich noch von seiner kürzlich erfolgten Flaschenabfüllung erholen muß, damit er später einmal ein König von Chambertin wird ! An der Luft entfaltet sich ein Duft von Kirschwasser und Himbeeren, der sich dann in Richtung Unterholz entwickelt. Eine zarte Vanillenote weist auf das Holzfaß hin. Fester Geschmack, aber ziemlich geschmeidige Tannine. Das Aroma erinnert an Lakritze und Kaffee. Schöne Länge.

🞂 Dom. Camus Père et Fils, 21, rue Maréchal-de-Lattre-de-Tassigny, 21220 Gevrey-Chambertin, Tel. 80.34.30.64 ⚲ n. V.

CHANSON PERE ET FILS   1989*

■ Gd cru   k.A.   k.A.   🍶 ↓ ☑ 7

Unsere Jury hat bei ihm ein tiefes, komplexes Aroma gefunden, das ein wenig an Geräuchertes erinnert : Speck. Zweifellos das erste Mal, daß ein Chambertin in dieser Hinsicht den angelsächsischen Stil übernimmt. Ausgezeichnete Struktur. Man sollte ihn in einigen Jahren erneut probieren.

🞂 Chanson Père et Fils, 10, rue Paul Chanson, 21200 Beaune, Tel. 80.22.33.00 ⚲ n. V.

CHARLOPIN ET BARRON   1990**

■ Gd cru   21 ha   k.A.   6

Wirklich ein sehr großer Wein. Ehrlich vom Aussehen her. Das blaue Blut der Pinot-Noir-Rebe : Körper, Bukett, Geist, Erhabenheit, Kraft – es fehlt ihm an nichts. Das Aroma ist von mittlerer Intensität (Kaffee, schwarze Johannisbeeren) aber der Geschmack ist reich und edel. Seiner Appellation würdig. Gute Lagerfähigkeit.

🞂 Charlopin et Barron, 31, rue des Barraques, 21220 Gevrey-Chambertin, Tel. 80.52.85.65

CHARLES MORTET ET FILS   1990***

■ Gd cru   0,16 ha   750   🍶 ☑ 7

Vier Ouvrées, die früher der Frau von Charles Quillardet gehörten. Der 89er hat im letzten Jahr eine besondere Empfehlung erhalten. Dieser 90er ist wunderbar vinifiziert. Er wäre würdig, daß ihn Napoleon am Morgen der Schlacht bei Austerlitz trinkt. Intensive, tiefe granatrote

Farbe. Eindringliches Bukett mit blumigen Noten und einem Vanillearoma, das von einem sehr guten, neuen Holzfaß stammt. Die Tannine sind gewissenhaft : »alte Garde« . Er besitzt genug Ausdauer, um drei Durchbrüche von Kutusow zurückzuwerfen. Nichts ist schöner !

🞂 Dom. Mortet et Fils, 22, rue de l'Eglise, 21220 Gevrey-Chambertin, Tel. 80.34.10.05 ⚲ n. V.

DOM. JACQUES PRIEUR   1989*

■ Gd cru   15 ha   2 700   🍶 ↓ ☑ 7

Das Gut Jacques Prieur (das zur Hälfte Antonin Rodet gehört) besitzt mehrere nebeneinanderliegende Parzellen in der Reblage Chambertin. 1988 besondere Empfehlung für den 85er. Dieser 89er besitzt eine herrliche, strahlende Farbe, wie man sie in den Museen findet. Ein Aroma von schwarzen Kirschen in einem ziemlich flachen Bukett, das im Augenblick zu keinen Geständnissen bereit ist. Säure, aber vor allem kolossale Tannine, die mit den Muskeln spielen. Ein schöner Wein für übermorgen.

🞂 Dom. Jacques Prieur, 2, rue des Santenots, 21190 Meursault, Tel. 80.21.23.85 ⚲ n. V.

CHARLES VIENOT   1989*

■ Gd cru   k.A.   k.A.   🍶 ↓ 7

»Wenn der Mund ja sagt, meint der Blick vielleicht« – falls man Victor Hugo glauben darf. Dieser 89er bestätigt die Auffassung des Dichters. Eine kräftige rote Farbe, die sich zu entwickeln beginnt. Wilder Duft von Unterholz. Wohlausgewogen, durch eine gute Säure unterstützt. Er stammt von guten, sorgfältig ausgelesenen Trauben (was bei der damaligen Lese notwendig war). Ein schöner Chambertin.

🞂 Charles Viénot, 5, quai Dumorey, 21700 Nuits-Saint-Georges, Tel. 80.62.31.05 ⚲ Mo-Fr 8h-12h 14h-18h ven. 17h ; Aug. u. letzte Dez.woche geschlossen

Chambertin-Clos de Bèze

Die Mönche des Klosters Bèze pflanzten im Jahre 630 Rebstöcke in einer Parzelle an, die einen besonders berühmten Wein lieferte. Das war der Anfang der Appellation, die etwa 15 ha umfaßt. Die Weine dürfen sich auch »Chambertin« nennen.

Bertin, ein Winzer in Gevrey, der eine Parzelle neben dem Clos de Bèze besaß und der guten Erfahrung der Mönche vertraute, pflanzte die gleichen Reben an und erhielt einen ähnlich guten Wein. Das war das »Champ de Bertin« , das Feld von Bertin ; daher rührt auch der Name »Chambertin« . Auf einer Fläche von 12 ha dürfen die Weine dieses

Weinbergs nur den Namen »Chambertin-Clos de Bèze« tragen.

BOUCHARD PERE ET FILS 1989★★

■ Gd cru	k.A.	k.A.	◫ ↓ 7

Der Clos de Bèze reicht nachweislich bis zum Anfang des 7. Jh. zurück. Ein Geschichtsdenkmal. Was kann mehr aussagen ? Der 89er ist erhaben, vollständig, reich, konzentriert. Der Inbegriff der Appellation, das Beweisstück dafür. Aber man muß ihn offenkundig sehr lange lagern. Seinen Höhepunkt erreicht er wahrscheinlich um das Jahr 2000.

↬ Bouchard Père et Fils, Au Château, B.P. 70, 21202 Beaune Cedex, Tel. 80.22.14.41 ☎ n. V.

THOMAS-BASSOT 1989★

■	k.A.	k.A.	◫ ↓ 7

Thomas-Bassot war früher ein berühmter Name in Gevrey. Die Firma ist von der Gruppe J.-C. Boisset übernommen worden. Ein Clos de Bèze mit samtiger Farbe. Das Aroma besitzt Frische (pflanzliche Noten). Viel Kraft. Offensichtlich ein guter lagerfähiger Wein, der die Prüfungen der Zeit bestehen kann.

↬ Thomas-Bassot, 5, quai Dumorey, 21700 Nuits-Saint-Georges, Tel. 80.62.31.21 ☎ Mo-Do 8h-12h 14h-18h (Fr bis 17h) ; Aug. geschlossen

Andere Grands Crus von Gevrey-Chambertin

Um die beiden vorgenannten Spitzenlagen herum gibt es eine große Zahl von Crus, die zur selben »Familie« gehören, ohne aber ihre Qualität zu erreichen. Die Produktionsbedingungen sind nicht so streng, aber die Weine von hier besitzen die gleichen Merkmale : Festigkeit, Kraft und Fülle. Aufgrund ihres Aromas, in dem die Lakritze dominiert, kann man die Weine aus Gevrey normalerweise von denen der Nachbarappellationen unterscheiden. Im einzelnen handelt es sich um : Les Latricières (ca. 7 ha), Les Charmes (3,1613 ha), Les Mazoyères, die sich auch Charmes nennen dürfen (im umgekehrten Fall ist das nicht möglich), Les Mazis, das aus Les Mazis-Haut (ca. 8 ha) und Les Mazis-Bas (4,5925 ha) besteht, Les Ruchottes (von »roichot« , einem Ort, wo es Felsen gab), ein sehr kleiner Grand Cru, der aus den Ruchottes-du-Dessus (1,9195 ha) und den Ruchottes-du-Bas (1,2715 ha) besteht, Les Griottes, wo wilde Kirschbäume gewach-

sen haben sollen (5,4805 ha), und schließlich Les Chapelles (5,387 ha), deren Name auf eine Kapelle zurückgeht, die 1155 von den Mönchen des Klosters Bèze errichtet und während der Französischen Revolution abgebrochen wurde.

Latricières-Chambertin

DOM. CAMUS PERE ET FILS 1989

■ Gd cru	k.A.	k.A.	◫ ↓ Ⅴ 5

»La Tricière« (vor der Verschmelzung des Artikels) kommt von *tricae* (= unfruchtbarer Boden). Der Boden ist hier nämlich nicht sehr tief und besitzt einen harten Untergrund aus jurassischem Kalkstein. Die Reben leiden darunter – und das genau ist es, was große Weine ergibt. Die Farbe erinnert an Weichseln. Dieser 89er entfaltet einen Duft von Unterholz und Humus, der sich in dezenteren Noten von roten Früchten und Konfitüre fortsetzt. Im Abgang eine leichte Holznote. Dieser elegante, feine Wein wird in zwei bis fünf Jahren seine Ausgewogenheit finden.

↬ Dom. Camus Père et Fils, 21, rue Maréchal-de-Lattre-de-Tassigny, 21220 Gevrey-Chambertin, Tel. 80.34.30.64 ☎ n. V.

Chapelle-Chambertin

CHARLES VIENOT 1989★★

■	k.A.	k.A.	◫ ↓ 7

Der im ganzen Dorf beliebte »dicke Charles« , wie man ihn in Prémeaux nannte, hätte diesen schönen 89er gemocht. Ein ausgezeichneter lagerfähiger Wein, den man für die Vermählung seiner Tochter kauft, wenn diese noch im Kindergarten ist. Tiefe rubinrote Farbe, große Frische und komplexes Aroma (Tiergeruch, Holz- und Röstnoten, aber auch Fruchtigkeit).

↬ Charles Viénot, 5, quai Dumorey, 21700 Nuits-Saint-Georges, Tel. 80.62.31.05 ☎ Mo-Do 8h-12h 14h-18h (Fr bis 17h) ; Aug. u. letzte Dez.woche geschlossen

Charmes-Chambertin

RAOUL CLERGET 1987★

■ Gd cru	k.A.	k.A.	◫ 6

Ein etwas schwieriger Jahrgang, der Ähnlichkeit mit dem 86er besitzt, aber geringere Erträge erbracht hat, mit Weinen, die in der Regel ein wenig körperreicher ausgefallen sind. Aber man kann nie wissen ! Dieser hier zeigt eine zauberhafte Entwicklung und bewahrt seinen frischen Geschmack. Sehr jugendliche Farbe, tief und fröhlich. Der Duft erinnert an Tiergeruch und Eingemachtes und besitzt eine erstaunliche Reichhaltigkeit. Dezente Tannine bereichern den Abgang und verlängern ihn. Besonders voller Gesamteindruck.

➤ Raoul Clerget, 21190 Saint-Aubin, Tel. 80.21.31.73 ⏻ n. V.

BERNARD DUGAT 1989★★

| ■ Gd cru | k.A. | k.A. | ⏻ Ⓜ 6 |

Die Keller von L'Aumônerie gehören zu den ältesten von Gevrey. Ihre Steine könnten etwas erzählen ! Als Voltaire das Werk von Racine zu kommentieren versuchte, sagte er bei jedem Vers : »Wunderbar !« Das ist es auch, was unsere Prüfer hier gesagt haben : vom ersten Blick bis zum letzten Nachgeschmack. Was für eine süße Verlängerung des Genusses ! Wenn man seine Qualitäten klassifizieren müßte, so hätte sein Duft die Siegespalme errungen.

➤ Bernard Dugat, Cour de l'Aumônerie, 21220 Gevrey-Chambertin, Tel. 80.51.82.46 ⏻ n. V.

DOM. HONORE LAVIGNE 1989

| ■ Gd cru | k.A. | k.A. | ⏻ ↓ 7 |

Himbeerrot schimmernde Farbe. Im Bukett findet man Wildgeruch. Das Aroma im Geschmack erinnert an Jagdpartien. Tanninbetonter Abgang. Ein schon angenehmer Wein mit passabler Struktur. Wenn Sie Lust darauf haben, servieren Sie ihn jung zu einem Roquefort und erzählen Sie uns später, wie es Ihnen geschmeckt hat.

➤ Honoré Lavigne, B.P. 102, 21702 Nuits-Saint-Georges Cedex, Tel. 80.61.00.06
➤ J.-C. Boisset

LE CAVEAU DU CHAPITRE 1990★★

| ■ Gd cru | 0,23 ha | k.A. | ⏻ ↓ Ⓜ 7 |

Die Genossenschaft von Gevrey ist von der Genossenschaft der Caves des Hautes-Côtes et de la Côte übernommen worden. Aber sie profitiert noch immer von der hingebungsvollen Arbeit eines Winzers in diesem Anbaugebiet, nämlich von Robert Bolnot, der 16,88 a in der Reblage Mazoyères (Charmes) besitzt. Unsere Jury war von dieser Vinifizierung sehr angetan : an Weichseln erinnernde Farbe, noch vom Holzfaß geprägtes Bukett (normal bei diesem Alter), fruchtig-würziger Geschmack. Harmonie, Fülle,

Klarheit. Nach dem Ende seines Ausbaus wird dies ein großer Wein sein.

➤ Caveau du Chapitre, 1-3, rue de Paris, 21220 Gevrey-Chambertin, Tel. 80.51.82.82 ⏻ n. V.

JEAN-PAUL MAGNIEN 1990★★

| ■ Gd cru | 0,2 ha | 1000 | ⏻ ↓ Ⓥ 5 |

Etwas weniger als 20 Jahre erzeugt dieser Winzer Mazoyèresweine. Und dieser 90er ist wirklich schön ! Entfaltet, kräftig, Kirschen, voll, zart, wuchtig, ausgewogen. Er erinnert an die Heiligenlitanei. Und sehen Sie sich seinen Preis an : sehr angemessen. Aber beeilen Sie sich, denn es gibt nur tausend Flaschen davon.

➤ Jean-Paul Magnien, 5, ruelle de l'Eglise, 21220 Morey-Saint-Denis, Tel. 80.51.83.10 ⏻ n. V.

JEAN RAPHET 1989★★

| ■ Gd cru | 1,13 ha | 5 000 | ⏻ Ⓥ 7 |

|76| **84** 87 **89** 90

Ein vor allem in den 30er Jahren und noch ein wenig im Jahre 1988 bepflanzter Weinberg. Dieser Charmeswein besitzt viel – Charme. Wie soll man es sonst ausdrücken ? Das jugendliche, frische und lebhafte Kleid ist hochgerutscht. Es enthüllt eine zarte Holznote und danach ein reiches, elegantes Bukett. Runde Ansprache. Die Tannine sind wie Grouchy in Waterloo : Sie kommen spät (im Abgang). Aber sie ermöglichen es, den Sieg davonzutragen, denn ihre Feinkörnigkeit ist entscheidend ! Gute Rasse.

➤ Jean Raphet, 45, rte des Grands Crus, 21220 Morey-Saint-Denis, Tel. 80.34.31.67 ⏻ n. V.

DOM. HENRI REBOURSEAU 1990★

| ■ Gd cru | 1,31 ha | 6 000 | ⏻ ↓ Ⓥ 5 |

Dieses fast 14 ha große Gut besitzt 1,31 ha in der Reblage Les Charmes. Sein 90er sollte in einiger Zeit mit etwas Abstand nochmals verkostet werden. Großartige Farbe (an Weichseln erinnernd). Das Aroma vom neuen Holzfaß überlagert etwas den blumig-fruchtigen Untergrund. Die sehr robusten Tannine werden noch milder werden. Traubenkämme ? Jean de Surrel entrappt seine Trauben dennoch stärker als sein Großvater, dessen Nachfolge er angetreten hat.

➤ NSE Dom. Henri Rebourseau, 10, pl du Monument, 21220 Gevrey-Chambertin, Tel. 80.51.88.94 ⏻ n. V.

ROPITEAU 1987

| ■ Gd cru | k.A. | k.A. | ⏻ Ⓥ 7 |

1987 : nicht sehr günstige Sonnenbestrahlung, Verrieseln. Fürchterliche Gewitterregen mit Hagel am 6. Juli. Offensichtlich hat dieser Charmes nicht darunter gelitten. Für den Jahrgang ein beachtliches Ergebnis. Braune Reflexe, nicht erstaunlich. Die Tannine sind kontaktfreudig, ein wenig zu sehr vielleicht. Das alles muß noch harmonisch verschmelzen, aber dieser Wein ist in jeder Hinsicht dazu fähig.

➤ Ropiteau Frères, 21190 Meursault, Tel. 80.24.33.00 ⏻ tägl. 8h-20h ; 20. Nov.–15. Febr. geschlossen

DOM. TAUPENOT-MERME 1989★

| ■ Gd cru | 1,42 ha | 7 000 | ⏻ Ⓥ 6 |

Eine Teil der Steine für den neuen Keller des

Gutes stammt vom Karmeliterkloster in Dijon, als es abgebrochen wurde. Der Geist der seligen Elisabeth de la Trinité wacht somit über diesem Wein. Lebhaft rote Farbe mit etwas dunkleren Nuancen. In seinem ziemlich rustikalen Duft verbinden sich pflanzliche Noten mit Ledergeruch. Dieses ziemlich eigentümliche Aroma setzt sich im sehr schönen, stattlichen und kräftigen Geschmack fort.
🗝 Jean Taupenot, 33, rte des Grands-Crus, 21220 Morey-Saint-Denis, Tel. 80.34.35.24
Y Mo-Sa 8h-12h 14h-18h

Mazis-Chambertin

DOM. CAMUS PERE ET FILS 1989*

■ Gd cru k.A. k.A. ⓘ V 5

Der Duft (in Alkohol eingelegte Kirschen) ist ansprechend, wenn auch noch ein wenig verschlossen. Die Grands Crus sind so nach ihrer Flaschenabfüllung. Angenehmer Geschmack mit dem Aroma von vergorenen Früchten. Darunter entdeckt man Lakritze- und Röstnoten. Ein feuriger Wein, der noch zwei bis drei Jahre lagern muß.
🗝 Dom. Camus Père et Fils, 21, rue Maréchal-de-Lattre-de-Tassigny, 21220 Gevrey-Chambertin, Tel. 80.34.30.64 Y n. V.

JOSEPH FAIVELEY 1989*

■ Gd cru 1,2 ha 4 700 ⓘ ↓ V 7

Ein Fall für ein Rechtschreibdiktat : Man schreibt »Mazy« , »Mazis« , »Mazys« und »Mazi« (manchmal auch mit »s«). Hübsche Farbe, Blumenduft, gute Holznote, solider Bau und angenehmer Geschmack. Ein impulsiver Wein, der in drei bis vier Jahren seinen Höhepunkt erreicht.
🗝 Maison Jh. Faiveley, B.P. 9, 21702 Nuits-Saint-Georges Cedex, Tel. 80.61.04.55 Y n. V.

LE CAVEAU DU CHAPITRE 1990*

■ Gd cru 0,05 ha k.A. ⓘ ↓ V 7

Diese Parzelle in der Reblage Mazis gehört Georges Libanet in Dijon. Gerade eine Ouvrée groß. Eines der Schmuckstücke der Genossenschaft Caves des Hautes-Côtes et de la Côte. Bläulichrote Farbe, vornehmer, eher blumiger Duft, feste, fruchtige Ansprache. Die Tannine kratzen ein wenig, aber die Zeit wird sie abschleifen.
🗝 Caveau du Chapitre, 1-3, rue de Paris, 21220 Gevrey-Chambertin, Tel. 80.51.82.82 Y n. V.

FRANCOIS MARTENOT 1989**

■ Gd cru k.A. 900 ⓘ ↓ V 6

Eine Schwesterfirma von Henri de Villamont, einer Filiale der Schweizer Gruppe Schenk. Dieser Wein enthüllt sich unter einem überaus strahlenden Kleid mit Kraft und Glorie. Er hat den Glanz seiner Jugend bewahrt und besitzt einen leichten Milchgeschmack und einen runden Charakter. Rasse und Lagerfähigkeit. Er wird lange in Ihrem Keller ruhen, bevor er Sie im Jahre 2000 entzückt.
🗝 François Martenot, rue du Dr Barolet, ZI de Beaune-Vignolles, 21209 Beaune Cedex 09, Tel. 80.24.70.07 Y n. V.

Ruchottes-Chambertin

DOM. ARMAND ROUSSEAU PERE ET FILS Clos des Ruchottes 1989

■ Gd cru 1,06 ha 4 500 ⓘ 6

Dieser Weinberg hat seine Mauern entlang dem Weg nach Curley bewahrt. Er macht etwa ein Drittel dieses Grand Cru aus und wurde um 1855 vom Haus Thomas-Bassot angelegt. Heute befindet er sich im Alleinbesitz der Domaine Armand Rousseau Père et Fils und gehört Eric. Das Aroma enthält Noten von Lakritze und roten Früchten. Ein sehr runder, vollmundiger und recht feiner Wein, der unmittelbaren Genuß bereitet. Mehr Körper und eine bessere Struktur würden ihm den Himmel zu den Sternen eröffnen.
🗝 SA Dom. Armand Rousseau, 21220 Gevrey-Chambertin, Tel. 80.34.30.55

Morey-Saint-Denis

Morey-Saint-Denis bildet mit etwas mehr als 100 ha eine der kleinsten kommunalen Appellationen der Côte de Nuits. Man findet hier hervorragende Premiers Crus und fünf Grands Crus, die eine eigene AOC haben : Clos de Tart, Clos Saint-Denis, Bonnes-Mares (ein Teil davon), Clos de la Roche und Clos des Lambrays.

Ihre Weine (3 000 bis 4 000 hl) liegen nicht nur geographisch, sondern auch hinsichtlich ihrer Eigenschaften zwischen der Kraft der Gevreyweine und der Finesse der Chambolleweine. Die Winzer präsentieren am Freitag vor der Versteigerung der Hospices de Nuits (3. Märzwoche) an einem »Dionysos« -Stand im Festsaal der Gemeinde ihre Morey-Saint-Denis-Weine – und keine anderen ! – der Öffentlichkeit.

DOM. PIERRE AMIOT ET FILS Les Millandes 1989**

■ 1er cru 0,8 ha 3 000 ⓘ V 4

»Der beste Empfang von einem Winzer in der Region« , schrieb Robert Parker über diese Familie. Intensive purpurrote Farbe, Kirschduft, kräftig und wohlausgewogen. Ein Wein, den man

lagern sollte. Er ist nämlich zu Wundern fähig, aber nicht sofort.
➱ Dom. Pierre Amiot et Fils, 27, Grand-Rue, 21220 Morey-Saint-Denis, Tel. 80.34.34.28
🍷 n. V.

DOM. ARLAUD PERE ET FILS
Les Millandes 1989

■ 1er cru	0,65 ha	3 800	📖 4

Der aus dem Departement Ardèche stammende Joseph Arlaud kam als Soldat nach Morey-Saint-Denis und heiratete hier 1942 Renée Amiot. Und das Ergebnis ist ein Gut mit Kellern aus dem 14. Jh. Mittelrubinrote Farbe, aromatisch und elegant. Ein trinkreifer 89er, der ehrlich und sympathisch ist.
➱ Hervé Arlaud, 43, rte des Grands Crus, 21220 Morey-saint-Denis, Tel. 80.34.32.65 🍷 n. V.

REGIS BOUVIER
En la rue de Vergy 1990★★

■	0,53 ha	3 000	📖 ↓ 🔲 4
㉟ 86 88 |89| 90			

Dieser Rue de Vergy erinnert an Kirschen. Ein wohlausgewogener, ziemlich nachhaltiger Wein, dem es nicht an Überzeugungskraft fehlt.
➱ Régis Bouvier, 52, rue de Mazy, 21160 Marsannay-la-Côte, Tel. 80.51.33.93 🍷 Mo-Sa 8h-12h 14h-20h ; 1.–15. Aug. geschlossen

DOM. BRUNO CLAIR
En la rue de Vergy 1989★

■	0,65 ha	4 000	📖 ↓ 🔲 4

Eine Reblage, die an den Clos de Tart angrenzt, wenn man den Hang weiter hinaufsteigt. Dieser Wein ist ein guter Morey, der die Jury noch mehr verführt hätte, wenn er weniger Alkohol besäße, denn der Stoff ist vorhanden.
➱ SCEA Bruno Clair, 5, rue du Vieux Collège, 21160 Marsannay-la-Côte, Tel. 80.52.28.95 🍷 n. V.

DOM. DUJAC 1989★★

■	2,55 ha	15 000	📖 ↓ 🔲 5

Zweifellos teuer für einen Villages, aber der Name des Erzeugers ist berühmt und vertrauenerweckend. Eher kräftige als strahlende Farbe, entfalteter Duft, eingemachte Früchte, leichter Holzton. Stattlicher, fülliger Geschmack mit sehr angenehmen, fein aufgelösten Tanninen. Der ebenfalls verkostete 88er befindet sich auf dem gleichen Qualitätsniveau.
➱ Dom. Dujac, 21220 Morey-Saint-Denis, Tel. 80.34.32.58 🍷 n. V.
➱ Jacques Seysses

JOSEPH FAIVELEY Clos des Ormes 1989★

■	k.A.	k.A.	📖 ↓ 🔲 7

Purpurrote Farbe und Kirschenduft, auf beachtliche Tannine gegründet. Ein Clos des Ormes, den man für eine besondere Gelegenheit beiseite legen sollte.
➱ Maison Jh. Faiveley, B.P. 9, 21702 Nuits-Saint-Georges Cedex, Tel. 80.61.04.55 🍷 n. V.

ROBERT GIBOURG 1989★★

■	k.A.	k.A.	📖 🔲 5

Ein Weinhändler, der seine eigenen Weine (vor allem Clos de la Roche) sowie gut ausgewählte

Crus vertreibt. Schöne Farbe, klar, kräftig und strahlend, mit gelben Nuancen. Feiner, zarter Duft, fruchtig über einem tierischen Geruch. Schließlich sind wir hier in Morey ! Sehr stattlicher, kräftiger Geschmack. Wunderbare Korpulenz und herrliche Alterungsfähigkeit.
➱ Robert Gibourg, rue de Ribordot, 21220 Morey-Saint-Denis, Tel. 80.34.36.51 🍷 Mo-Fr 9h-12h 14h-18h

ULYSSE JABOULET 1989★

■	k.A.	k.A.	📖 4

Die Farbe ist nicht mehr die der allerfrischesten. Auch der feine, kräftige Duft zeigt einige Spuren von Entwicklung. Gekochte Früchte im Geschmack, dazu eine hübsche aromatische Nachhaltigkeit. Man sollte ihn ziemlich bald zu Geflügel oder zu rotem Fleisch trinken.
➱ Ulysse Jaboulet, 5, rue Colbert, 21200 Beaune, Tel. 80.22.25.22 🍷 n. V.

DOM. DES LAMBRAYS 1989

■ 1er cru	k.A.	10 000	📖 ↓ 🔲 5

Ein 89er, der nicht an den Augen friert, denn der Alkohol steigt ihm in den Kopf ! Rubinrote Farbe, würziger Duft. Ein Wein, den man trinken sollte, wenn man nicht selbst mit dem Auto fährt.
➱ Dom. des Lambrays, 31, rue Basse, 21220 Morey-Saint-Denis, Tel. 80.51.84.33 🍷 tägl. 9h-12h 14h-18h
➱ F. et L. Saier

DOM. LEYMARIE C.E.C.I. 1989★★★

■	0,4 ha	2 100	📖 ↓ 🔲 4
82 |83| 84 85 |86| |87| 88 �89			

René Leymarie und sein Sohn Jean-Charles kümmern sich um eine Weinhandlung in Eghezée (Belgien) sowie um dieses Gut. Dieser Villages, der um eine Haaresbreite unsere besondere Empfehlung versäumt hat, erinnert an den Ausspruch von Dr. Lavalle zu den Weinen von Morey : »Es fehlt ihnen an nichts.« Farbe, Bukett, Körper, viel Fruchtigkeit und Harmonie der Tannine. Mit diesem bißchen mehr, das die Feinheit verleiht.
➱ Dom. Leymarie-C.E.C.I, Clos du village, 24, rue du Vieux Château, 21640 Vougeot, Tel. 80.62.86.06 🍷 n. V.

A. LIGERET 1989

■	k.A.	10 000	📖 ↓ 5

Schade, daß er etwas brennt und trocken schmeckt. Das ist der einzige Fehler dieses Weins mit der hübschen Farbe und dem bezaubernden Aroma. Aber es stimmt, daß die Einwohner von Morey »Wölfe« genannt werden und daß sie angeblich nie genug bekommen ...
➱ A. Ligeret, 10, pl. du Cratère, 21700 Nuits-Saint-Georges, Tel. 80.61.08.92 🍷 n. V.

DOM. JEAN-PHILIPPE MARCHAND
Clos des Ormes 1989★

■ 1er cru	k.A.	1 200	📖 ↓ 🔲 4

Sieben Winzergenerationen, deren Vorfahren einmal aus Reulle-Vergy in den Hautes-Côtes herabgestiegen sind. Das Ergebnis ist dieser gelbrot schimmernde 89er, der nach Kirschen und Gewürzen duftet. Ein bezaubernder, schon trinkreifer Wein, der zu Coq au vin paßt. Es gibt nicht bloß den Chambertin !

➥ Dom. Jean-Philippe Marchand, rue Souvert, 21220 Gevrey-Chambertin, Tel. 80.34.33.60 ✶ n. V.

MOILLARD-GRIVOT
Monts Luisants 1989✶✶✶

■ 1er cru	k.A.	2 800	◫	↓	☑	🄵

Die sehr gelben Blätter in diesem Weinberg färben sich im Herbst nicht rot. Daher der Name »Gleißende Berge«. Man kann hier sogar in der Nacht sehen ! Was für eine Präsenz dieser Premier Cru besitzt ! Und was er verspricht : gute geschmackliche Länge und schöne Ausgewogenheit. Ein intensiv rubinroter Wein, dessen Duft nicht sehr entfaltet ist. Er muß noch in Ruhe reifen.
➥ Moillard-Grivot, RN 74, 21700 Nuits-Saint-Georges, Tel. 80.62.42.00 ✶ tägl. 10h-18h ; Jan. u. Febr. geschlossen

MOMMESSIN 1989✶

■	k.A.	k.A.	◫	↓🄵

Intensive, strahlende, klare Farbe. Der Duft wird vielleicht einmal einschmeichelnd sein, aber im Augenblick ist er nicht sehr gesprächig. Fruchtiger, stattlicher, runder Geschmack. Die Tannine sind vorhanden. Finale mit Chor und Orchester.
➥ Mommessin, La Grange Saint-Pierre, 71850 Charnay-lès-Mâcon, Tel. 85.34.47.74 ✶ n. V.

MORIN PERE ET FILS
Clos Sorbes 1989✶

■ 1er cru	k.A.	k.A.	◫	↓☑	🄵

Gehaltvoll, aber von geringer Länge. Ein purpurroter Wein, der im Bukett an Wild, Gewürze und Geröstetes erinnert. Man sollte ihn im Keller für einen Hasenpfeffer aufheben.
➥ Morin Père et Fils, 9, quai Fleury, 21700 Nuits-Saint-Georges, Tel. 80.61.05.11 ✶ n. V.

DOM. HENRI PERROT-MINOT
En la rue de Vergy 1989✶✶

■	1,37 ha	7 000	▤◫	↓	☑	🄴

Eine direkt über dem Clos de Tart gelegene Reblage. Das bedeutet, daß sie auch an seinen Qualitäten und Tugenden teilhat ! Eine wirklich hübsche Farbe und ein sehr angenehmes Aroma (fruchtige und Vanillenoten). Fülle, eine lang anhaltende säuerliche Note und beachtliche Harmonie. Paßt zu rotem Fleisch oder zu einer Käseplatte.
➥ Henri Perrot-Minot, 54, rte des Grands-Crus, 21220 Morey-Saint-Denis, Tel. 80.34.32.51 ✶ tägl. 8h-19h

ROGER RAVEAU 1988✶

■	k.A.	k.A.	◫ 🄵

Die braunen Reflexe sind bei einem 88er nicht erstaunlich. Vornehmer Duft. Passable Fülle. Ein sehr guter Vertreter der kommunalen Appellation.
➥ Roger Raveau, 20, rue Jacques-Germain, 21200 Beaune, Tel. 80.22.68.00 ✶ n. V.

ANTONIN RODET
Clos des Ormes 1989✶✶

■ 1er cru	k.A.	4 600	◫	☑	🄵

Ein sehr schöner Premier Cru : die Kenner täuschen sich nicht darin. Dunkelrubinrot, noch verschlossen. Ein solider, ausgewogener Wein. Kurz gesagt : seriös, vollendet. Man sollte ihn sorgfältig in einem versteckten Winkel seines Kellers aufbewahren.
➥ Antonin Rodet, 71640 Mercurey, Tel. 85.45.22.22 ✶ Mo-Fr 9h-12h30 13h30-18h

DOM. NICOLAS ROSSIGNOL-TRAPET La rue de Vergy 1989✶

■	0,35 ha	2 000	◫	↓☑	🄴

Nicolas ist der Enkelsohn von Louis Trapet, einem in Gevrey-Chambertin legendären Winzer. Er hat hier einen Morey erzeugt, dessen Farbe für den Jahrgang ziemlich konzentriert ist. Kräftiger Duft von sehr reifen Trauben. Der Geschmack wird von eingemachten roten Früchten geprägt und enthält harmonische Tannine. Angenehme Korpulenz. Aber er besitzt Alkohol ...
➥ Dom. Rossignol-Trapet, rue de la Petite-Issue, 21220 Gevrey-Chambertin, Tel. 80.51.87.26 ✶ n. V.

DOM. B. SERVEAU ET FILS
Les Sorbets 1989✶

■ 1er cru	1,63 ha	5 400	◫	☑	🄵

Ein Wein von mittlerer Intensität, die einen vornehmen, würzigen Duft entfaltet. Normale Entwicklung für einen 89er. Diese alte Familie von Küfern und Kellermeistern, die hier seit 1740 ansässig ist, hat einen hervorragenden Premier Cru erzeugt.
➥ Dom. B. Serveau et Fils, 37, Grand-Rue, 21220 Morey-Saint-Denis, Tel. 80.34.33.07 ✶ n. V.

DOM. TAUPENOT-MERME 1989

■	1 ha	4 000	◫	☑	🄴

Der Tiergeruch und die Holznote bereiten auf einen stattlichen, kräftigen Körper vor, der ein Aroma von roten Früchten und harmonisch eingebundene Tannine enthüllt.
➥ Jean Taupenot, 33, rte des Grands-Crus, 21220 Morey-Saint-Denis, Tel. 80.34.35.24 ✶ Mo-Sa 8h-12h 14h-18h

Clos de la Roche, de Tart, de Saint-Denis, des Lambrays

Der Clos de la Roche – trotz des Namens kein von Steinmauern umgebener Weinberg – ist flächenmäßig das größte Anbaugebiet davon und umfaßt mehrere Reblagen (insgesamt ca. 16 ha). Der etwa 6,5 ha große Clos Saint-Denis ist ebenfalls ein umfriedeter Weinberg und besitzt auch mehrere Lagen. Diese beiden zerstückelten Anbaugebiete werden von mehreren Besitzern bewirtschaftet. Der Clos de Tart (7 ha) hingegen ist ganz von Mauern umgeben und befindet sich im Alleinbesitz. Die Weine dort werden an Ort und Stelle vinifiziert und ausgebaut; der auf zwei Stockwerken angelegte Keller verdient einen Besuch. Der Clos des Lambrays ist ebenfalls ein zusammenhängendes Anbaugebiet, umfaßt aber mehrere Parzellen und Reblagen : Les Bouchots, Les Larrêts oder Clos des Lambrays und Le Meix-Rentier. Er ist knapp 9 ha groß, von denen 8,5 ha von ein und demselben Besitzer bewirtschaftet werden. Er ist der jüngste der Grands Crus.

Clos de la Roche

DOM. DUJAC   1989*

■ Gd cru	1,95 ha	9 000	❚❙ ↓ ☑ 7

Jacques Seysses, der Sohn von Louis Seysses (Biscuits Belin, Präsident des Club des Cent), verliebte sich zweimal : in Rosalind, seine amerikanische Frau, die zur Lese nach Morey kam und hier blieb, und in den burgundischen Wein. Fast 2 ha im Clos de la Roche, die von den Gütern und Bertagna und Jacquot stammen. Dieser 89er ist angenehm aufreizend und anschmiegsam : klare, granatrote Farbe (Jacques filtriert seinen Wein nicht), fast unverschämt aromatisch (reife Früchte und eine Holznote). Reizvolle Säure.
🍷 Dom. Dujac, 21220 Morey-Saint-Denis, Tel. 80.34.32.58 ⊻ n. V.
🍷 Seysses

JEAN RAPHET ET FILS   1989*

■	k.A.	2 000	❚❙ ☑ 7

Schöne Beine und ein prächtiges Kleid. Tiefes, komplexes Bukett. Die Struktur wird von einer ausreichenden Säure unterstützt. Fülle, Rundheit. Gut, recht gut.
🍷 EARL Jean Raphet et Fils, 45, rte des Grands-Crus, 21220 Morey-Saint-Denis, Tel. 80.34.31.67 ⊻ n. V.

HENRI DE VILLAMONT   1989**

■ Gd cru	k.A.	1 200	❚❙ ↓ ☑ 7

Der Clos de la Roche ist nach der Meinung von Jean-Marie Ponsot in Morey die Reblage, die hier die am besten gebauten Weine hervorbringt. Dieser 89er entspricht dieser Aussage. Kräftige rubinrote Farbe. Er erinnert an Himbeeren, bei denen man mit dem Pflücken wartet, bis sie überreif sind. Dazu Lakritzenoten. Ein sinnlicher Wein, der sich auf ein intensives Innenleben stützt. Solide wie ein Steinblock aus Comblanchien und noch verschlossen. Man kann beruhigt abwarten, bis er aufwacht.

🍷 Henri de Villamont SA, rue du Dr Guyot, 21420 Savigny-lès-Beaune, Tel. 80.24.70.07 ⊻ n. V.

Clos Saint-Denis

DOM. BERTAGNA   1989*

■ Gd cru	0,51 ha	2 400	❚❙ ☑ 6

Claude Bertagna besaß riesige Güter in Algerien, in der Nähe von Bône, als er zu Beginn der 60er Jahre die Firma Berthon in Vougeot erwarb. Die Handelsfirma wurde später an Chauvenet in Nuits verkauft, das Gut an Günther Reh (Faber und Kesselstatt in Trier). Abendkleid und das entsprechende Parfum für die Filmfestspiele in Cannes : Vanille und geröstetes Brot. Die Gerbsäure ist ziemlich lebhaft, aber sie entfaltet sich auf elegante Weise. Voller Finesse, aber ein wenig verblassend. Stil und Charme.
🍷 Dom. Bertagna, rue du Vieux Château, 21640 Vougeot, Tel. 80.62.86.04 ⊻ n. V.
🍷 Eva Siddle

PHILIPPE CHARLOPIN   1990**

■ Gd cru	0,2 ha	k.A.	❚❙ ☑ 6
86 87	88 89	90	

Eine 1983 erworbene, 20 Ar große Rebfläche. Sie liefert einen klaren, intensiv granatroten 90er, der ausdrucksvoll und ein wenig verbrannt (50% neue Holzfässer) riecht. Das fruchtige Aroma erinnert an schwarze Kirschen. Sehr lang im Geschmack und sehr fleischig. Haben wir etwas vergessen ? Ja, das Wesentliche : Dieser Wein hat seinen Flug noch nicht begonnen, und seine Flügel werden ihn weit tragen – in der Zeit.
🍷 Philippe Charlopin, 21220 Gevrey-Chambertin, Tel. 80.52.85.65 ⊻ n. V.

JOSEPH DROUHIN   1989

■ Gd cru	k.A.	k.A.	❚❙ 7

Die ziemlich helle, recht klare Farbe erinnert an Weichseln, der Geschmack an rote Früchte. Ziemlich kurz zwar, aber angenehm harmonisch. Wie schrieb Jean-François Bazin in seinem jüngsten Buch : »Dieser Wein überrascht weniger durch seine Fülle als durch seine Nuancen.«
🍷 Joseph Drouhin, 7, rue d'Enfer, 21200 Beaune, Tel. 80.24.68.88 ⊻ n. V.

GEORGES LIGNIER ET FILS   1986

■ Gd cru	1,6 ha	6 000	❚❙ ☑ 6

Das Gut Lignier besitzt fast ein Viertel des Clos. Der Mozart der Côte de Nuits ? Heißt es ... Sein Aroma ist hier eher wagnerisch, sehr emphatisch, animalisch und wild. Die Tannine dagegen sind fein. Elegant gebaut für den Jahrgang. Er nähert sich stärker Salzburg. Die Ambrafarbe spielt ins Gelbrote. Ein 86er, dessen Entwicklung rasch verlaufen ist. Trinkreif.
🍷 Georges Lignier et Fils, 41, Grand-Rue, 21220 Morey-Saint-Denis, Tel. 80.34.32.55 ⊻ n. V.

JEAN-PAUL MAGNIEN 1990*

■ Gd cru	0,31 ha	1 500	◫ ↓ ☑ 5

|84| 85 86 |87| 88 89 90

Eine alte Rebfläche des Gutes Blic (Marey-Monge), das zwischen den beiden Weltkriegen zerstückelt wurde. Ein knapper drittel Hektar. Hinter einer violetten Farbe verbirgt sich eine echte Festung, wie sie Vauban nicht stabiler hätte erbauen können. Sie ist fest verschlossen, aber man hat das leidenschaftliche Verlangen, in sie einzudringen. In fünf bis zehn Jahren kann man diesen Wein zu einem Wildragout oder einem kräftigen Käse trinken.

🍷 Jean-Paul Magnien, 5, ruelle de l'Eglise, 21220 Morey-Saint-Denis, Tel. 80.51.83.10
🍾 n. V.

Clos de Tart

MOMMESSIN 1989*

■ Gd cru	7,5 ha	25 000	◫ ↓ 7

64 69 76 78 80 |81| 82 |83| |84| |85| 86 88 89

Ein 1932 von der Familie Mommessin erworbener Super-Grand-Cru, der 7,5 ha umfaßt und im Alleinbesitz geblieben ist. Die dunkle Farbe ist der Würde des Anbaugebiets angemessen. Der intensive Duft ist offenherzig und vergißt die Komplexität seiner Botschaft. Der Geschmack beginnt mit den Tanninen und wird dann von einem angenehmen Aroma geprägt, das von einer guten Struktur begleitet wird. Der Wein ist da und führt ein Zwiegespräch mit dem Holzton. Man sollte ihn noch altern lassen, bevor man einen Vertrag mit dem zugehörigen Reh unterzeichnet.

🍷 Mommessin, La Grange Saint-Pierre, 71850 Charnay-lès-Mâcon, Tel. 85.34.47.74 🍾 n. V.

Chambolle-Musigny

Der Name Musigny allein zählt schon soviel wie der Dirigent im Orchester. Die kleine Gemeinde mit dem großen Ruf verdankt ihre Berühmtheit der Qualität ihrer Weine und dem Ansehen ihrer Premiers Crus, von denen der bekannteste die Reblage Les Amoureuses ist. Was für ein vielversprechender Name ! Aber Chambolle hat ebenfalls hervorragende Lagen : Les Charmes, Les Chabiots, Les Cras, Les Fousselottes, Les Groseilles und Les Lavrottes. Das kleine Dorf mit den engen Gassen und den uralten Bäumen besitzt herrliche Keller (Domaine des Musigny).

Die Weine von Chambolle sind elegant, zart und feminin ; sie verbinden die Kraft der Bonnes-Mares-Weine mit der Finesse der Musignyweine. Dieser Teil der Côte de Nuits ist ein Übergangsgebiet.

GHISLAINE BARTHOD
Les Beaux Bruns 1989**

■ 1er cru	0,39 ha	2 100	◫ ☑ 4

Ghislaine hat das Gut 1986 von ihrem Vater übernommen. »A rare woman in a man's world.« (The Wine Spectator, 31. August 1990.) Sie präsentiert einen Wein mit einem leichten, gut strukturierten Geschmack, dessen Aroma zuerst an Tiergeruch und dann – entwickelter – an Eingemachtes erinnert. Diskrete Holznote. Die Anmut des Jahrgangs und der Charme des Anbaugebiets aus der Hand einer Frau, die von den Musen geführt worden ist.

🍷 Dom. Ghislaine Barthod, rue du Lavoir, 21220 Chambolle-Musigny, Tel. 80.62.80.16
🍾 n. V.

BOUCHARD AINE ET FILS 1989*

■	k.A.	700	◫ ☑ 5

Die Farbe der 89er. Das Bukett vereint Vanille und Pflaumen. Der ehrliche Geschmack bestätigt den Geruchseindruck. Schöne Ausgewogenheit und wenig Kraft. Zufriedenstellende Entwicklungsaussichten für die nächsten fünf Jahre.

🍷 Bouchard Aîné et Fils, 36, rue Sainte-Marguerite, 21203 Beaune, Tel. 80.22.07.67
🍾 Mo-Fr 9h30-11h 14h30-16h30 ; Aug. geschlossen

MAURICE CHENU 1989**

■	k.A.	k.A.	◫ 4

Zart und gehaltvoll, frisch und harmonisch : ein jugendlicher Held der klassischen Komödie. Erster Preis am Konservatorium. Blumiger Duft mit Noten von Kernen. Sehr bemerkenswerte aromatische Nachhaltigkeit.

🍷 Maurice Chenu, 28, rue Sylvestre-Chauvelot, 21200 Beaune, Tel. 80.22.73.13 🍾 tägl. 10h-12h 14h-18h

DOM. CLAVELIER BROSSON
La Combe d'Orveaux 1990

■ 1er cru	0,82 ha	2 000	◫ ↓ ☑ 5

Es fehlt noch der Abstand, um diesen Wein mit der intensiv kirschroten Farbe, dem Holzton, der klaren Ansprache und den recht feinen Tanninen richtig zu beurteilen. Der 88er hat 1991 eine besondere Empfehlung erhalten, der 89er drei Sterne. Aber heute, bei diesem 90er, erlaubt es der Holzton dem Wein noch nicht, sich zu enthüllen.

🍷 Bruno Clavelier, rte Nationale, 21700 Vosne-Romanée, Tel. 80.61.10.81 🍾 n. V.

DOM. JEAN-JACQUES CONFURON
1989

■	1,15 ha	4 000	◫ ↓ ☑ 4

Georges Blanc und die Auberge de l'Ill versorgen sich hier mit Wein. Die Farbe erinnert an

schwarze Kirschen, unter die sich ein gelbroter Schimmer mischt. Ein 89er, der im Geruchseindruck aufs Ganze geht : Tiergeruch, Wild, Leder. Das überrascht ein wenig bei einem Chambolle, der gewöhnlich ruhiger ist. Der Körper ist geschmeidig, ziemlich geschmeidig, harmonisch und stellt die Ausgewogenheit wieder her.
↜ Dom. Jean-Jacques Confuron, 21700 Prémeaux-Prissey, Tel. 80.62.31.08 � n. V.

JOSEPH DROUHIN Les Baudes 1989*

■	k.A.	k.A.	ⅢⅠ 🖩7

Die Reblage Les Baudes ist von Bonnes-Mares nur durch die Straße der Grands Crus getrennt. Das bedeutet, wenn sie auch nicht der König ist, so doch sein Vetter ! Wunderbare Farbe, Geruch von versengtem Holz, ein wenig alkoholisch. Ein 89er, der wartet, bis seine Zeit kommt, und sich harmonisch entwickeln dürfte.
↜ Joseph Drouhin, 7, rue d'Enfer, 21200 Beaune, Tel. 80.24.68.88 � n. V.
↜ Robert Drouhin

R. DUBOIS ET FILS
Aux Combottes 1989*

■	0,25 ha	1 600	🍶ⅢⅠ↓Ⅴ🖩

Rote Farbe mit gelben Nuancen, hübsches Bukett und noch dezenter Geschmack, aber ziemlich robust gebaut. Wird sich gut entwickeln.
↜ Régis Dubois et Fils, 21700 Prémeaux-Prissey, Tel. 80.62.30.61 � Mo-Sa 8h-11h30 14h-18h

HENRI FELETTIG 1989

■	2,59 ha	6 000	ⅢⅠ Ⅴ🖩4

Blütenduft unter einem purpurroten Kleid. Frische, Fleisch, Rückgrat, Persönlichkeit, aber ein Abgang, den wir gern länger gehabt hätten.
↜ Henri Felettig, rue du Tilleul, 21220 Chambolle-Musigny, Tel. 80.62.85.09 � n. V.

ANTONIN GUYON 1989*

■	3,32 ha	18 000	ⅢⅠ↓Ⅴ🖩5

Die Familie Guyon besaß lange Zeit eines der schönsten Gebäude von Chambolle. Dieser 89er Villages ist vor allem bemerkenswert wegen seines aromatischen Dufts, der kraftvoll und intensiv ist. Sauber und gut gemacht.
↜ Antonin Guyon, 21420 Savigny-lès-Beaune, Tel. 80.67.13.24 � n. V.

LABOURE-ROI 1990**

■	k.A.	k.A.	ⅢⅠ↓🖩5

Dunkelgelbrote Farbe, kräftiger Duft (Kirschkerne und eine leichte Harznote). Ein korpulenter, fleischiger Wein mit einem Weichselaroma, der sich unter einem wunderschönen Gerüst verbirgt. Der Enthusiasmus eines entwickelten, harmonischen Chambolle, der darauf brennt, Ihnen zu gefallen.
↜ Labouré-Roi, rue Lavoisier, 21700 Nuits-Saint-Georges, Tel. 80.61.12.86

DOM. LEYMARIE C.E.C.I.
Aux Echanges 1989***

■ 1er cru	0,93 ha	4 900	ⅢⅠ↓Ⅴ🖩5

Diese Familie hat einen Fuß im Bordelais (Pomerol und Canon-Fronsac) und den anderen in Burgund, nämlich hier. Außerdem ist sie in Belgien und dort in der Provinz Namur vertreten. Ein 89er, der sich hervorragend präsentiert : ausdrucksvolles, intensives und komplexes Bukett. Gut verarbeiteter Holzton. Klare Fruchtigkeit, tadellose Struktur, disziplinierte Tannine. Ein fast perfekter Wein, der den Jahren standhalten kann.
↜ Dom. Leymarie-C.E.C.I, Clos du village, 24, rue du Vieux Château, 21640 Vougeot, Tel. 80.62.86.06 � n. V.

L'HERITIER-GUYOT 1990*

■	k.A.	k.A.	ⅢⅠ↓4

Alfred Hitchcock liebte die Weine aus Chambolle leidenschaftlich und besaß einen großen Vorrat davon in seinem Weinkeller in Bel Air (Kalifornien). Deshalb gehen vielleicht von diesem 90er dramatische Empfindungen aus. Aber er ist so klar und wunderbar wie die blonden Stars, die der berühmte Regisseur bevorzugte, aromatisch und fruchtig wie seine Nebendarsteller und holzbetont und mysteriös hinsichtlich der weiteren Entwicklung wie seine komplizierten Intrigenspiele. Frische und Festigkeit, aber wir sind noch nicht am Ende des Films angelangt.
↜ L'Héritier-Guyot, rue du Champ-aux-Prêtres, 21100 Dijon, Tel. 80.72.16.14

LUPE-CHOLET 1989*

■	k.A.	k.A.	↓4

Hellziegelrote Farbe. Kräftiger Duft von reifen Früchten. Charakter. Normale Entwicklung. Muß noch lagern. Das ist im Telegrammstil das, was es über diesen Wein zu sagen gäbe.
↜ Lupé-Cholet, 17, av. du Gal-de-Gaulle, 21700 Nuits-Saint-Georges, Tel. 80.61.25.02

JEAN-PAUL MAGNIEN 1990

■	0,67 ha	2 500	ⅢⅠ↓Ⅴ4

Ein bläulichroter Wein, der ganz vom neuen Holzfaß geprägt ist. Wie soll man ihn dann objektiv beurteilen ? Man wird sehen, wie er sich mit der Zeit entwickelt. Fähig ist er dazu.
↜ Jean-Paul Magnien, 5, ruelle de l'Eglise, 21220 Morey-Saint-Denis, Tel. 80.51.83.10 � n. V.

FRANCOIS MARTENOT 1989*

| ■ | k.A. | 2 000 | ⏸ ↓ 5 |

Interessante strahlende Farbe. Ein lebhafter Wein ! Rote Früchte. Ein Pinot ! Fleisch, Fülle und Länge. Ein 89er ! Angenehm und zukunftsreich.

☞ François Martenot, rue du Dr Barolet, ZI de Beaune-Vignolles, 21209 Beaune Cedex 09, Tel. 80.24.70.07 ⏲ n. V.

CHARLES MORTET ET FILS
Les Beaux Bruns 1990★★

| ■ 1er cru | 0,44 ha | 2 700 | ⏸ ☑ 5 |

| 64 | 69 | 71 | 72 | 74 | 76 | 78 | 79 | 80 | 81 | 82 | 83 | 84 | 85 |
| 86 | 87 | 88 | 89 | 90 |

Sehr intensive purpurrote Farbe. Ein 90er, der sich nicht mit einzelnen Worten aufhält, sondern bereits alles gesteht. Er besitzt alle Qualitäten eines Weins, der dazu bestimmt ist, lange auf der Erde zu bleiben und zu glänzen. Darauf dürfen Sie vertrauen.

☞ Dom. Mortet et Fils, 22, rue de l'Eglise, 21220 Gevrey-Chambertin, Tel. 80.34.10.05 ⏲ n. V.

JACQUES-FREDERIC MUGNIER 1989*

| ■ 1er cru | 1,3 ha | 5 000 | ⏸ ☑ 6 |

Jacques-Frédéric Mugnier ist ein Absolvent der Technischen Hochschule in Paris, der sich auf Erdöl spezialisierte. Er hat das Familiengut übernommen und sein Leben geändert. Schade für das Erdöl, um so besser für den Wein ! Dieser hier, ein mittelrubinroter Wein, dessen Aroma leicht an eingemachtes Obst erinnert, ist ehrgeizig : lebhaft, aggressiv, säuerlich. Er geht gern in die Verlängerung und gewinnt dann am Ende. Denn er besitzt ein hervorragendes Potential.

☞ Jacques-Frédéric Mugnier, Ch. de Chambolle-Musigny, 21220 Chambolle-Musigny, Tel. 80.62.85.39 ⏲ n. V.

JACQUES-FREDERIC MUGNIER
Les Fuées 1989*

| ■ 1er cru | 0,7 ha | 3 500 | ⏸ ↓ ☑ 6 |

Ein sehr originelles Bukett, blumig und pflanzlich zugleich. Im ziemlich runden Geschmack vermischen sich das Vanillearoma und die Holznote mit den Tanninen. Robuste Struktur. Offensichtlich lagerfähig.

☞ Jacques-Frédéric Mugnier, Ch. de Chambolle-Musigny, 21220 Chambolle-Musigny, Tel. 80.62.85.39 ⏲ n. V.

DOM. HENRI PERROT-MINOT
La Combe d'Orveau 1989*

| ■ 1er cru | 0,48 ha | 2 500 | ⏸ ↓ ☑ 4 |

Eine wunderschöne Lage : Dieser *climat* befindet sich neben dem Musigny auf dem Hang oberhalb des Clos de Vougeot. Deshalb ist man auch nicht erstaunt, hier eine zauberhafte, an Weichseln erinnernde Farbe, ein fast animalisches und schon komplexes Bukett, eine direkte Ansprache und eine leichte Säure im Abgang, günstig für die Alterung, zu finden. Paßt zu einem Cîteauxkäse.

☞ Henri Perrot-Minot, 54, rte des Grands-Crus, 21220 Morey-Saint-Denis, Tel. 80.34.32.51 ⏲ tägl. 8h-19h

DOM. HENRI PERROT-MINOT 1989★★

| ■ | 0,85 ha | 4 000 | ⏸ ⏸ ↓ ☑ 4 |

Der Schwiegersohn von Armand Merme, der zu den großen Persönlichkeiten von Morey gehörte. Er präsentiert einen strahlend rubinroten Chambolle, dessen Aroma an Renekloden erinnert und dessen Geschmeidigkeit eine Goldmedaille für Gymnastik bei den Olympischen Spielen verdienen würde. Man sollte ihn in frühestens fünf Jahren aufmachen.

☞ Henri Perrot-Minot, 54, rte des Grands-Crus, 21220 Morey-Saint-Denis, Tel. 80.34.32.51 ⏲ tägl. 8h-19h

DOM. ARMELLE ET BERNARD RION Les Gruenchers 1989

| ■ 1er cru | 0,4 ha | 1 800 | ⏸ ☑ 5 |

Zu diesem gefälligen, trinkreifen 89er paßt eine Lammkeule. Seine Farbe ist klar, sein Bukett direkt (Tiergeruch und Früchte). Der Geschmack spiegelt den Geruchseindruck wider. Von mittlerer Länge.

☞ Dom. Armelle et Bernard Rion, 8, rte Nationale, 21700 Vosne-Romanée, Tel. 80.61.05.31 ⏲ tägl. 8h-19h

DOM. B. SERVEAU ET FILS 1989

| ■ | 0,65 ha | 1 200 | ⏸ ↓ ☑ 4 |

Eine Küferfamilie in Morey (Jouan), die sich in Zukunft dem Weinbau widmet. Granatrote Farbe, zurückhaltender Duft. Ein lebhafter, fester 89er an der Grenze zur Korpulenz. Von mittlerer Intensität.

☞ Dom. B. Serveau et Fils, 37, Grand-Rue, 21220 Morey-Saint-Denis, Tel. 80.34.33.07 ⏲ n. V.

DOM. JEAN TAUPENOT-MERME 1989*

| ■ | 1,3 ha | 5 400 | ⏸ ☑ 4 |

Dieser Chambolle präsentiert sich prächtig. Im Duft findet man Geißblatt. Der Geschmack ist fleischig und vollständig. Gute Aussichten für die Alterung. Zu einem Fasan ? Wenn sich die Gelegenheit bietet ... 1990 haben wir den 86er besonders empfohlen.

☞ Jean Taupenot, 33, rte des Grands-Crus, 21220 Morey-Saint-Denis, Tel. 80.34.35.24 ⏲ Mo-Sa 8h-12h 14h-18h

DOM. HENRI DE VILLAMONT 1989*

| ■ 1er cru | k.A. | 7 000 | ⏸ ↓ 5 |

Vielleicht erinnern sich unserer Leser noch daran, daß dieser Wein 1989 eine besondere Empfehlung (für den 85er) erhalten hat. Die Fruchtigkeit wirkt hier spontan und natürlich : sehr angenehm ! Zauberhafte, weinige Harmonie. Beachtliche Nachhaltigkeit. Dürfte bei der Alterung nicht enttäuschen.

☞ Henri de Villamont SA, rue du Dr Guyot, 21420 Savigny-lès-Beaune, Tel. 80.24.70.07 ⏲ n. V.

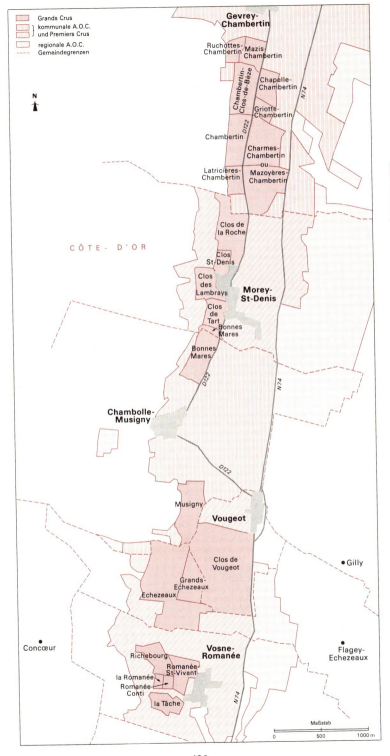

Grands Crus

**kommunale A.O.C.
und Premiers Crus**

regionale A.O.C.

Gemeindegrenzen

N

**Gevrey-
Chambertin**

Ruchottes-
Chambertin

Mazis-
Chambertin

Chambertin-
Clos-de-Bèze

Chapelle-
Chambertin

D122

Griotte-
Chambertin

Chambertin

Charmes-
Chambertin
ou
Mazoyères-
Chambertin

Latricières-
Chambertin

CÔTE- D'OR

Clos de
la Roche

Clos
St-Denis

Clos
des
Lambrays

**Morey-
St-Denis**

Clos
de
Tart

Bonnes
Mares

Bonnes
Mares

D122

**Chambolle-
Musigny**

D122

Musigny

Vougeot

● Gilly

Clos de
Vougeot

Grands-
Echezeaux

Echezeaux

Concœur ●

**Vosne-
Romanée**

● Flagey-
Echezeaux

Richebourg

Romanée-
St-Vivant

la Romanée

Romanée-
Conti

la Tâche

N74

Maßstab

0   500   1000 m

Bonnes-Mares

Diese Appellation (15, 55 ha) reicht in die Gemarkung Morey hinein, entlang der Mauer des Clos de Tart, aber der größte Teil liegt auf dem Gebiet von Chambolle. Dies ist der Grand Cru schlechthin. Seine Weine sind voll, alkoholisch und reich und besitzen eine gute Lagerfähigkeit; nach einigen Jahren Alterung passen sie gut zu Wildragout oder Waldschnepfe.

DOM. BART 1989

■ Gd cru	1,1 ha	2 000	⑪ ↓ ☑ ⑥

Zwei verschiedene Parzellen, die zusammen etwas mehr als 1 ha groß sind. Sie liefern hier einen Wein mit einer ziemlich glanzhellen Farbe, einem zurückhaltenden, wahrscheinlich verschlossenen Duft und noch harten Tanninen. Man muß für ihn Geduld aufbringen und ihm viel Zeit lassen.
🕭 Dom. Bart, 24, rue de Mazy, 21160 Marsannay-la-Côte, Tel. 80.52.12.09 ☎ n. V.

JOSEPH DROUHIN 1989★★

■ Gd cru	k.A.	k.A.	⑪ ⑦

Will man Hubert Duyker glauben, so wäre der Musigny Grace Kelly, während Bonnes-Mares Elizabeth Taylor entspricht. Angesichts dieses Weins ist etwas daran. Der aufreizende rote Kußmund, eine rauchige Röstnote (Kaffee) in einem sich entwickelnden Bukett und über allem der äußerst ansprechende, edle Körper. Viel Charakter und viel Handwerk.
🕭 Joseph Drouhin, 7, rue d'Enfer, 21200 Beaune, Tel. 80.24.68.88 ☎ n. V.

DOM. FOUGERAY DE BEAUCLAIR 1989★★

■ Gd cru	k.A.	k.A.	⑪ ↓ ⑦

Für die Fachleute: Es handelt sich hierbei um die Bonnes Mares auf dem Boden von Morey, die sich im Alleinbesitz des Guts Clair befinden. Denn häufig wird über die jeweiligen Vorzüge des Teils dieser Reblage in der Gemarkung Morey und des Teils auf dem Boden von Chambolle diskutiert. Intensive granatrote Farbe, was die allgemeine Auffassung bestätigt. Ein tiefer blumiger Duft, Kakao und rote Früchte, feuriger, fast aufdringlicher Wein. Ein kräftig gebauter, tanninreicher Wein, der mit einem Kettenhemd bekleidet ist. Damit er viel länger als zehn Jahre bestehen kann.
🕭 Dom. Fougeray de Beauclair, 44 et 89, rue de Mazy, 21160 Marsannay-la-Côte, Tel. 80.51.25.75 ☎ n. V.

JACQUES-FREDERIC MUGNIER 1989

■ Gd cru	0,21 ha	750	⑪ ↓ ☑ ⑥

Das Schloß von Chambolle wurde 1832 errichtet. Es gehörte mehreren Familien, vor allem der Familie Marey-Monge, bevor es 1889 von den Mugniers erworben wurde. Die Farbe ist typisch für den Jahrgang. Leichte, klare Fruchtigkeit. Gute Säure. Korrekte Länge. Erwähnen muß man nur noch, daß er so fest wie ein Murmeltier schläft und sicherlich recht schöne Träume hat. Für später.
🕭 Jacques-Frédéric Mugnier, Ch. de Chambolle-Musigny, 21220 Chambolle-Musigny, Tel. 80.62.85.39 ☎ n. V.

PIERRE PONNELLE 1989

■ Gd cru	k.A.	k.A.	⑪ ↓ ⑦

Etwas mehr als 63 Ar mitten in der Reblage Bonnes Mares, auf zwei Parzellen verteilt. Das Ergebnis ist ein dunkelgranatroter Wein, dessen Duft sich nach kurzem Zögern in Richtung eingemachtes Obst entwickelt. Durchschnittliche Struktur, aber ausreichend im Geschmack.
🕭 Pierre Ponnelle, 5, rue du Moulin, 21700 Nuits-Saint-Georges, Tel. 80.61.22.41 ☎ Mo-Do 8h-12h 14h-18h (Fr bis 17h); Aug. u. Ende Dez. geschlossen

Musigny

JACQUES-FREDERIC MUGNIER 1989★★

■ Gd cru	1,13 ha	4 500	⑪ ↓ ☑

80 81 84 |⑧⑤| **86 87** 88 **89**

Jacques-Frédéric II., ein Absolvent der Technischen Hochschule in Paris, hat das Familiengut übernommen. Etwas mehr als ein Hektar in der Appellation Musigny. Er erzeugte daraus einen verführerischen, stolzen 89er, der eine wunderbare Farbe besitzt und ein prächtiges Bukett im Geschmack entfaltet. Ein Oboensolo in der Sechsten von Beethoven. Das Werk eines Goldschmieds, bei dem man warten muß, bis es sich mit einer Patina überzieht.
🕭 Jacques-Frédéric Mugnier, Ch. de Chambolle-Musigny, 21220 Chambolle-Musigny, Tel. 80.62.85.39 ☎ n. V.

DOM. JACQUES PRIEUR 1989★★★

■ Gd cru	k.A.	3 400	⑪ ↓ ☑ ⑦

|78| |79| |80| **82** |83| |⑧⑤| 87 88 **89**

Die Musigny-Reblage des Gutes Jacques Prieur hat sich 1989 um einige Are vergrößert. Dieser 89er entrollt sich wie ein glänzender Seidenteppich. Was ist mit seinem Duft ? Er ruht am Grund des Glases und rührt sich nicht, ein Noten von Gewürzen, Trüffeln und Unterholz steigen herauf. Großartiger Geschmack. Authentisch. Rasse und Originalität. Kann garantiert noch mindetens zehn Jahre altern. Kapaun ? Was für eine Frage !

🔚 Dom. Jacques Prieur, 2, rue des Santenots, 21190 Meursault, Tel. 80.21.23.85 ⚑ n. V.

DOM. COMTE GEORGES DE VOGUE
1989★★

■ Gd cru	7,14 ha	k.A.	📶 ↓ ☑ 7

Die Domaine Comte Georges de Vogüé besitzt fast 66% der Anbaufläche dieses Grand Cru. Ein Wein, der – in Anwesenheit der kaiserlichen Pfauen – beim berühmten Bankett in Persepolis serviert wurde, während der letzten glücklichen Stunden des Schahs von Persien. Die Pfauen waren in Wirklichkeit Pfauen aus der Bresse, die Paul Bocuse ausgewählt hatte. Man sollte diesem Beispiel für die Begleitung dieses überaus rassigen Musigny folgen. Harmonisch eingefügte Tannine, aristokratisches Bukett, mit allen Tugenden versehen, auch der der Lagerfähigkeit.

🔚 Dom. Comte Georges de Vogüé, rue Sainte-Barbe, 21220 Chambolle-Musigny, Tel. 80.62.86.25 ⚑ n. V.

🔚 Baronne de Ladoucette

Vougeot

Der kleinste Weinbauort an der Côte. Wenn man von ihren 80 ha die 50 ha des Clos de Vougeot, die Häuser und die Straßen abzieht, bleiben nur mehr ein paar Hektar Rebflächen für die Appellation übrig. Darunter befinden sich mehrere Premiers Crus, von denen die bekanntesten der Clos Blanc (Weißweine) und der Clos de la Perrière sind.

DOM. BERTAGNA
Clos de la Perrière 1989★★

■ 1er cru	2,26 ha	10 000	📶 ↓ ☑ 5

Claude Bertagna, der 200 ha Rebflächen in Algerien (Bône) besaß, ließ sich in den 60er Jahren in Vougeot nieder. Später verkaufte er seinen Weinhandel an F. Chauvenet und sein Weingut an ein deutsches, von Günther Reh geleitetes Unternehmen. La Perrière, das ist der ehemalige Steinbruch der Mönche von Citeaux, die berühmt für ihre Bauwerke waren. Dunkelrote Farbe. Ein schon etwas bernsteinfarbener 89er, der ein Vanille- und Gewürzaroma entfaltet. Im Charakter sehr jugendlich, aber harmonisch und präsent. 1991 haben wir den weißen 88er besonders empfohlen.

🔚 Dom. Bertagna, rue du Vieux Château, 21640 Vougeot, Tel. 80.62.86.04 ⚑ n. V.

🔚 Eva Siddle

LA GOUZOTTE D'OR 1990

■ 1er cru	k.A.	k.A.	6

Die Premiers Crus von Vougeot sind nicht viel größer als ein Taschentuch. Nicht viel mehr als 10 ha. Aber sie bringen gute Weine hervor. Diesen 90er beispielsweise : stoffreich, konzentriert, noch unausgewogen aufgrund seiner Kraft, im Geschmack aggressiv. Aber er wird seinen Höhepunkt bestimmt in fünf bis zehn Jahren erreichen. Denken Sie dann an unseren Rat : Trinken Sie ihn zu Kaninchenragout !

🔚 La Gouzotte d'Or, rue de Cave, 21190 Volnay, Tel. 74.90.32.16 ⚑ n. V.

DOM. LEYMARIE C.E.C.I.
Clos du village 1989★★

■		0,4 ha	2 100	📶 ↓ ☑ 4

Charles Leymarie, der aus Corrèze stammt, gründete 1920 eine Weinhandlung in Eghezée (Belgien). 1933 erwarb er einen halben Hektar im Clos de Vougeot. Die Familie besitzt auch Weinberge im Bordelais (Pomerol, Canon-Fronsac). Schöne, dunkelrote Farbe, sehr vollständiger Duft mit intensivem Aroma. Strukturiert und kräftig, kraftvoller Körper.

🔚 Dom. Leymarie-C.E.C.I, Clos du village, 24, rue du Vieux Château, 21640 Vougeot, Tel. 80.62.86.06 ⚑ n. V.

L'HERITIER-GUYOT
Clos blanc de Vougeot 1990★★

□ 1er cru	1,6 ha	8 700	📶 ↓ 5

Zur Zeit der Mönche von Citeaux sprach man vom »Petit-Clos blanc«. Diese Reblage, die sich zwischen Les Amoureuses und dem Musigny befindet, ist historisch ein Anbaugebiet für Weißweintrauben, aber sie gehört nicht zum Clos de Vougeot. Reiches, komplexes Bukett bis zu einer erstklassigen Holznote. Sehr lang und feurig im Abgang, wunderbar umhüllt. Paßt hervorragend zu Schinken in Sahnesauce.

🔚 L'Héritier-Guyot, rue du Champ-aux-Prêtres, 21100 Dijon, Tel. 80.72.16.14

PIERRE PONNELLE 1990

□		k.A.	k.A.	📶 ↓ 6

Eine ziemlich seltene Appellation, denn es wird wenig davon erzeugt. Ein hellgelber, blumiger Wein, der im Abgang einen Hauch von SO_2 enthüllt, aber von einer Vornehmheit ist, die Respekt abnötigt. Geschmeidig.

🔚 Pierre Ponnelle, 5, rue du Moulin, 21700 Nuits-Saint-Georges, Tel. 80.61.22.41 ⚑ Mo-Do 8h-12h 14h-18h (Fr bis 17h) ; Aug. u. Ende Dez. geschlossen

Clos de Vougeot

Über diesen Clos ist eigentlich schon alles gesagt worden ! Es ist allgemein bekannt, daß sich mehr als 70 Besitzer seine 50 ha teilen. Eine solche

Anziehungskraft ist kein Zufall : Jeder will ein Stück davon ! Natürlich muß man zwischen den Weinen von »oben«, der »Mitte« und »unten« unterscheiden, aber die Mönche des Klosters Cîteaux hatten ihren Platz wirklich gut gewählt, als sie ihre Umfriedungsmauer errichteten.

Der Anfang des 12. Jahrhunderts angelegte Weinberg erreichte schnell seine heutigen Ausmaße ; die jetzige Umfassungsmauer entstand vor dem 15. Jahrhundert. Mehr noch als der Weinberg selbst, dessen Attraktivität sich in erster Linie nach der Zahl ihrer Flaschen bemißt, die einige Jahre nach ihrer Erzeugung abgefüllt werden, verdient es das Schloß, daß man hier ein wenig verweilt. Es wurde im 12. und 16. Jahrhundert erbaut. Der älteste Teil sind die Lagerkeller, die heute für die Veranstaltungen der Confrérie des Chevaliers du Tastevin, der jetzigen Eigentümer des Gebäudes, benutzt wird, und der Gärkeller, wo in jeder Ecke eine herrliche alte Kelter steht.

PIERRE ANDRÉ 1989*

■ Gd cru	1,09 ha	3 000	◖ ↓ 7

Eine 1,09 ha große Parzelle, die 1889 von Graf Liger-Belair beim Verkauf von Rochechouart (die Erben Ouvrard) gekauft und dann 1933 von Pierre André, dem Gründer von Reine Pédauque, erworben wurde. Ein oberer Teil des Clos. Samtrotes Kleid mit einem Duft, der an Unterholz und Wildgeruch erinnert. Aroma von Faßholz und geröstetem Brot und ein Hauch von Entwicklung. Ein guter, trinkreifer Wein.

↰ Pierre André, Ch. de Corton André, 21420 Aloxe-Corton, Tel. 80.26.44.25 ☎ tägl. 10h-18h

ROBERT ARNOUX 1989

■ Gd cru	k.A.	2 000	◖ ▯ 6

Der Stammbaum dieser fast einen halben Hektar großen Parzelle, die ganz oben im Clos de Vougeot liegt : Léonce Bocquet, Eugène Salbreux, Großvater von Robert Arnoux, dem es um 1978 gelang, nach einer Aufteilung das Gut seines Großvaters wieder zu vereinigen. Wir befinden uns hier im Anbaugebiet des »Weins der Päpste« oder der »hochgestellten Persönlichkeiten«. Das Beste. Es liefert einen 89er mit einer kräftigen Farbe, einem Duft, der an balsamische Gerüche, Feuerstein und Wildgeruch erinnert, und einem umhüllten, fleischigen Geschmack. Ein schönes Beispiel für den Jahrgang.

↰ Dom. Robert Arnoux, rte Nationale, 21700 Vosne-Romanée, Tel. 80.61.09.85 ☎ n. V.

CHAMPY PERE ET FILS 1989

■	k.A.	k.A.	☎ ▯ 7

Die älteste aller burgundischen Firmen, die noch immer im Weingeschäft tätig ist. Sie ist von der in Beaune wohlbekannten Familie Meurgey übernommen worden. Wenn er im Augenblick nicht sehr einladend ist, so muß man sein Alter bedenken. Hübsche Farbe, zurückhaltendes Bukett mit einem Duft von Kernen, recht kräftige Gerbsäure, aber Finesse. Dürfte sich gut entwickeln.

↰ Maison Champy Père et Cie, 5, rue du Grenier-à-Sel, 21200 Beaune, Tel. 80.22.09.98 ☎ n. V.

DOM. JEAN-JACQUES CONFURON 1989*

■ Gd cru	0,52 ha	2 000	◖ ↓ ▯ 7

Zwei nahe beieinanderliegende Parzellen, die zusammen 52 Ar groß sind und am Hang oben, in der Nähe des Musigny, liegen. Dunkelgranatrote Farbe, vornehmer Duft von Vanille und eingemachten Kirschen. Das ist ein Clos de Vougeot, der wie ein Koloß gebaut ist : voll, korpulent, fest, fleischig. Das ist kein normales Faß, sondern ein Stückfaß ! Noch ein wenig verschlossen, schlaff, aber fähig, sich sehr gut zu entwickeln.

↰ Dom. Jean-Jacques Confuron, 21700 Prémeaux-Prissey, Tel. 80.62.31.08 ☎ n. V.

DOM. RENE ENGEL 1990

■ Gd cru	1,5 ha	k.A.	◖ ↓ ▯ 5

Eine in der Nähe des Châteaus gelegene Parzelle, die 1920 von René Engel beim Verkauf von Bocquet erworben wurde. Weit mehr als ein Hektar. Sein Enkel Philippe erzählt die Geschichte des Clos bei den Veranstaltungen der Confrérie des Chevaliers du Tastevin. Dieser strahlend purpurrote 90er entfaltet Noten von schwarzen Johannisbeeren und ist sehr rüstig. Ein dickes, rundliches Jesuskind, wie es die Maler früher darstellten. Eines Tages wird er die Alten bei seiner Darstellung im Tempel in Erstaunen versetzen.

↰ GAEC Dom. René Engel, 3, pl. de la Mairie, 21700 Vosne-Romanée, Tel. 80.61.10.54 ☎ n. V.

JOSEPH FAIVELEY 1989*

■	0,83 ha	4 800	◖ ↓ ▯ 7

Die Familie Faiveley hat der Confrérie des Chevaliers du Tastevin zwei ihrer Großmeister geschenkt. Sie fühlt sich deshalb im Clos de Vougeot wie zu Hause. Zweifellos erreicht dieser Wein nicht die Größe des 78ers, aber mit seinen Noten von Tiergeruch, Gewürzen und reifen Himbeeren wird er gut zu einem Hasenrücken oder einer warmen Pastete passen. Die Tradition bleibt gewahrt. Man sollte ihn eher jung trinken, weil er schon harmonisch ist.

↰ Maison Jh. Faiveley, B.P. 9, 21702 Nuits-Saint-Georges Cedex, Tel. 80.61.04.55 ☎ n. V.

DOM. ANNE ET FRANCOIS GROS
Le grand Maupertuis 1989*

■ Gd cru	0,93 ha	4 500	◖ ↓ ▯ 6

Dieses Gut ist das einzige, das auf seinem Etikett den Namen der Reblage innerhalb des Clos angibt. Diese Lage befindet sich im oberen Teil des Clos de Vougeot, und seine historische Existenz ist unbestritten. Aber muß man, darf man hier den Namen der Einzellage hinzufügen ? Man diskutiert seit langem darüber ... Der Wein erscheint bereits sehr einschmeichelnd, so sehr

verführt sein Aussehen das Auge, so zahlreich sind seine (pfeffrigen) Düfte, so gut und harmonisch ist sein Bau.
⊶ Dom. Anne et François Gros, 11, rue des Communes, 21700 Vosne-Romanée, Tel. 80.61.07.95 Y n. V.

DOM. LAMARCHE 1989*

■ Gd cru 1,35 ha 4 700 ⊕ V 6

Mehrere Parzellen, die über den gesamten Clos verteilt sind und insgesamt fast 2 ha ausmachen. Diese Cuvée ist eine harmonische Zusammenstellung von Trauben, die aus verschiedenen Einzellagen stammen. Das Ergebnis entspricht dem Maß unserer Neugier. Die Farbe ist zwar durchschnittlich, aber das sehr wilde Bukett und der tanninreiche Geschmack fordern dazu auf, sie noch altern zu lassen.
⊶ François Lamarche, 9, rue des Communes, 21700 Vosne-Romanée, Tel. 80.61.07.94 Y n. V.

CH. DE LA TOUR 1989**

■ Gd cru 5,4 ha 20 000 ⊕ ↓ V 7

Die Töchter von Jean Morin haben 1975 diese 5,40 ha erhalten, die hier den größten Besitz (10,75% des Clos) darstellen. Vinifizierung durch Guy Accad. Ein schönes Resultat : ein Clos de Vougeot, wie man ihn immer trinken möchte. Dunkle Farbe, blumiges (Rosen) und komplexeres (Zimt) Aroma, große Versprechungen. Rassig, tanninreich, perfekt gebaut. Paßt zu Rehbraten.
⊶ Ch. de La Tour, Clos de Vougeot, 21640 Vougeot, Tel. 80.62.86.13 Y tägl. 10h-19h
⊶ J. Labet et N. Dechelette

L'HERITIER-GUYOT 1990

■ Gd cru 0,85 ha 4 400 ⊕ ↓ 5

Eine 0,85 ha große Rebfläche, die aus dem berühmten Verkauf von Bocquet stammt. Sie liegt entlang dem Weg zum Schloß im oberen Teil des Clos. Feuer, voller und milder Charakter und Finesse, alles im klassischen Stil des Cru. Kirschen von der dunkelroten Farbe bis zum Bukett (Kirschwasser und Kirschkerne). Ein geschmeidiger Wein.
⊶ L'Héritier-Guyot, rue du Champ-aux-Prêtres, 21100 Dijon, Tel. 80.72.16.14

FRANCOIS MARTENOT 1989**

■ Gd cru k.A. 900 ⊕ ↓ 7

»Das ist Präsenz« , rief Hugh Johnson einmal angesichts eines großen Clos de Vougeot. Dieser 89er könnte ihn ebenfalls zu diesem bewundernswerten Ausruf veranlassen. Sein Aroma bildet ein erstaunliches Labyrinth. Sein Körper ist wunderbar : was man früher als Feuer bezeichnete, als vollen und milden Charakter, d. h. als Fülle, gut gezähmte Kraft der Tannine und Ausgewogenheit. Er kann altern.
⊶ François Martenot, rue du Dr Barolet, ZI de Beaune-Vignolles, 21209 Beaune Cedex 09, Tel. 80.24.70.07 Y n. V.

DOM. MEO-CAMUZET 1989*

■ Gd cru 3 ha 7 500 ⊕ ↓ 7

Jean-Nicolas, der Sohn von Jean Méo, dem ehemaligen Direktor von Elf und früheren Leiter der Nachrichtenagentur Havas, Mitarbeiter von General de Gaulle, hat einen Teil des Familiengutes übernommen. Dieser 89er ist sein erster Jahrgang. Wir haben ihn mit Neugier und Sympathie geprüft. Sein Clos de Vougeot besitzt Farbe, einen Vanilleduft und eine angenehme Kraft bleibt auf halbem Wege stehen. Zweifellos elegant, aber Vorsicht vor der Zukunft : Ein Grand Cru muß explodieren !
⊶ Dom. Méo-Camuzet, 21700 Vosne-Romanée, Tel. 80.61.06.76 Y n. V.

DOM. PAUL MISSET Vieilles vignes 1989

■ Gd cru 2,06 ha 5 000 ⊕ V 7

Etwas mehr als 2 ha im mittleren Teil des Clos, nach Vosne zu. Ein strahlend rubinroter 89er, der nach Veilchen duftet. Etwas wenig Körper. Kann man vielleicht noch ein wenig lagern ?
⊶ Dom. Paul Misset, 21220 Gevrey-Chambertin, Tel. 80.34.30.30 Y n. V.

CHARLES MORTET ET FILS 1990**

■ Gd cru 0,32 ha 1 500 ⊕ V 6

Nicht ganz ein Drittel Hektar aus dem Verkauf des Gutes J. Prieur 1977/78. Die Rebfläche befindet sich ganz unten im Clos, neben Vougeot. Er widerlegt die Regel von den »drei Cuvées« , denn er ist besser als die gewöhnliche Cuvée der Mönche und könnte auch am Tisch des Abts serviert werden. Die Farbe zögert zwischen Purpurrot und fast schwarzem Kirschrot. Der Duft beginnt sich zu entwickeln (Kirschwasser, Quitten). Perfekte Struktur. Ein 90er, der sich großartig ankündigt.
⊶ Dom. Mortet et Fils, 22, rue de l'Eglise, 21220 Gevrey-Chambertin, Tel. 80.34.10.05 Y n. V.

PIERRE PONNELLE 1989*

■ 34,28 ha k.A. ⊕ ↓ 7

Eine 34,28 ha große Parzelle, die Léonce Bocquet gehörte und im unteren Teil des Clos liegt. Sie errötet über ihre Ursprünge : klare, recht saubere rubinrote Farbe. Das Johannisbeer- und Himbeeraroma entwickelt sich in Richtung Mandeln (was origineller ist). Der Geschmack ist voll und mild, angenehm, mit einem Moschusaroma. Zu einer warmen Pastete.
⊶ Pierre Ponnelle, 5, rue du Moulin, 21700 Nuits-Saint-Georges, Tel. 80.61.22.41 Y Mo-Do 8h-12h 14h-18h (Fr bis 17h) ; Aug. u. Ende Dez. geschlossen

DOM. JACQUES PRIEUR 1989*

■ Gd cru 1,25 ha 4 000 ⊕ ↓ V 7

Eine Rebfläche, die von der Familie Duvergey 1889 Jules Millon abgekauft wurde. Eine der seltenen Parzellen des Clos, die seit einem guten Jahrhundert nicht den Besitzer gewechselt hat. Ein Wein, den man sorgfältig aufhebt : voll, holzbetont, tanninreich, etwas rauh im Abgang, aber gegenwärtig noch in einer jugendlichen Phase. Noten von Unterholz und herbstlichem Laub. Fleisch. Ohne Schwachstelle.
⊶ Dom. Jacques Prieur, 2, rue des Santenots, 21190 Meursault, Tel. 80.21.23.85 Y n. V.

DOM. THOMAS-MOILLARD 1989

■ Gd cru 0,6 ha 2 400 ⊕ ↓ V 7

76 80 81 82 83 85 86 87 88 89

Eine im mittleren Teil des Clos, unterhalb des

Schlosses gelegene Parzelle, die ihren Besitzern schon lange gehört. Vier Händler verständigten sich untereinander, um bei der Versteigerung nicht den Preis in die Höhe zu treiben. Einer von ihnen machte das Geschäft und teilte die Rebfläche dann in vier Parzellen auf. Ein 89er mit einer perfekten Farbe. Das Aroma ist nicht sehr typisch (Kirschkerne), aber von eleganter Finesse. Die Tannine besitzen eine gewisse Bitterkeit und teilen damit sicherlich die Gefühle der Mönche von Cîteaux, als sie zwei Jahrhunderte vor diesem Jahrgang ihr Gut verloren.

↷ Dom. Thomas-Moillard, chemin rural 29, 21700 Nuits-Saint-Georges, Tel. 80.62.42.12 ⌶ tägl. 10h-18h ; Jan. u. Febr. geschlossen

Echezeaux und Grands-Echezeaux

Im Süden grenzt die Gemarkung Flagey-Echezeaux an die Mauern des Clos de Vougeot ; ihr Weinbaugebiet reicht bis zu den Bergen. Der gleichnamige Marktflecken liegt ebenso wie Gilly (Reblage Les Cîteaux), gegenüber dem Clos de Vougeot, im Flachland. Das Anbaugebiet am Fuße des Hügels gehört zur Appellation Vosne-Romanée. Am Hang folgen zwei Grands Crus aufeinander : Grands-Echezeaux und Echezeaux. Ersterer ist rund 9 ha groß, während letzterer mehr als 30 ha mit mehreren Reblagen umfaßt.

Die Weine dieser beiden Anbaugebiete, von denen Grands-Echezeaux das angesehenere ist, sind in ihrem Charakter sehr »burgundisch« : robust, solide gebaut und kraftvoll. Sie werden vorwiegend von den Winzern in Vosne und Flagey hergestellt.

Echezeaux

JEAN BIZOT 1990*

■ Gd cru	k.A.	k.A.	◧ **5**

Ein strahlender Echezeaux, der an Weichseln erinnert. Lebhaft und nervig, eher impulsiv als

bequem. Muß noch lagern, bis er gereift ist. In ein paar Jahren wird er gut sein.

↷ Jean Bizot, 9, rue de la Grand' Velle, 21700 Vosne-Romanée, Tel. 80.61.24.66 ⌶ n. V.

BOUCHARD PERE ET FILS 1989*

■ Gd cru	k.A.	4 400	◧ ↓ **7**

Die Farbe erinnert an schwarze Kirschen. Hübscher, ziemlich flüchtiger Duft mit einer leichten Faßnote. Geschmeidig und rund, fleischig und samtig. Wachteln oder Rebhühner ? Nun, das ist eine Frage, über die man sich in Burgund eine ganze Mahlzeit lang entzweien kann. Lagern Sie ihn nicht zu lang : er drängt zu Tisch.

↷ Bouchard Père et Fils, Au Château, B.P. 70, 21202 Beaune Cedex, Tel. 80.22.14.41 ⌶ n. V.

JACQUES ET PATRICE CACHEUX 1990

■ Gd cru	0,65 ha	2 400	◧ ↓ ✓ **6**

Jacques, der aus Combrai stammt, leistete seinen Wehrdienst in der B.A. 102 von Longvic ab und verliebte sich in eine junge Burgunderin. So wurde er Winzer in Vosne. Sein Sohn Patrice hat den Betrieb übernommen : 16 Ouvrées vor allem in der Appellation Echezeaux. Schon eine leichte Entwicklung (Bernsteinfarbe, Sekundäraroma). Man denkt eher an einen 89er, so elegant und fein ist er. Man sollte diesen Wein schon jetzt zu einem Hähnchen in Rotweinsauce trinken.

↷ Jacques et Patrice Cacheux, 58, rte Nationale, 21700 Vosne-Romanée, Tel. 80.61.24.79 ⌶ n. V.

MOILLARD 1989**

■ Gd cru	k.A.	3 600	◧ ↓

Wenn Sie gern Werte bewahren, ist dies der richtige Wein für Sie. Ihn vor fünf Jahren zu entkorken wäre kein Irrtum, sondern ein Fehler. Intensive kirschrote Farbe. Sehr zurückhaltender Duft. Erste Anzeichen von Bodengeruch, wenn man so sagen will. Der Körper ist hart, fleischig, nachhaltig, tanninreich und noch jung.

↷ Moillard, 2, rue François Mignotte, 21700 Nuits-Saint-Georges, Tel. 80.62.42.22 ⌶ n. V.

JEAN-PIERRE MUGNERET 1989

■ Gd cru	0,78 ha	k.A.	◧ ✓ **5**

Ein 89er, dessen Duft revolutionär ist : Wildgeruch mit Noten von Feigen und Honig. Geschmeidig und cremig. Er fühlt sich wohl auf den blankgebohnerten Parkettböden von Versailles und wird alle Regime überstehen.

↷ Jean-Pierre Mugneret, 21700 Concœur, Tel. 80.61.00.20 ⌶ n. V.

PAUL PIDAULT

↷ Paul Pidault, 21590 Santenay, Tel. 80.20.61.87 ⌶ Mo-Fr 8h-12h 13h30-17h

THOMAS-BASSOT 1989

■ Gd cru	k.A.	k.A.	◧ ↓

Die Echezeauxweine bieten etwas für die leiblichen Genüsse. Dieser hier entfaltet einen ziemlich tiefen und reifen Duft, der an Gebratenes erinnert. Über die Farbe gibt es nichts Besonderes zu sagen. Rundheit und Fülle sind schon vorhanden. Ein Wein, der noch lagern muß.

🍇 Thomas-Bassot, 5, quai Dumorey, 21700 Nuits-Saint-Georges, Tel. 80.62.31.21 ⏰ Mo-Do 8h-12h 14h-18h (Fr bis 17h) ; Aug. geschlossen

FABRICE VIGOT   1990 *

■ Gd cru	0,3 ha	1 500	⊞ ☑ 5

Man muß beim sehr angemessenen Preis anfangen. Ein sehr junger Wein, den man unbesorgt lagern kann. Herrliche Farbe, zurückhaltender Duft, Geschmack von Backpflaumen und korpulenter Körper. Man spürt die kommende Harmonie. Paßt einmal gut zu einer Lammkeule.

🍇 Fabrice Vigot, 16, rue de La Fontaine, 21700 Vosne-Romanée, Tel. 80.61.13.01 ⏰ n. V.

Grands-Echezeaux

JOSEPH DROUHIN   1989

■	k.A.	k.A.	⊞ 7

Dieser 89er hat eine Bourbonennase : entfaltet und reich. Ein winziges Anzeichen von Entwicklung in der Farbe, aber das ist keine Revolution. Angenehmer, gefälliger und fruchtiger Geschmack.

🍇 Joseph Drouhin, 7, rue d'Enfer, 21200 Beaune, Tel. 80.24.68.88 ⏰ n. V.

🍇 Robert Drouhin

DOM. DE LA ROMANEE-CONTI   1991 * *

■ Gd cru	k.A.	k.A.	⊞ ☑ 7

Die Weine dieser Reblage sind zuerst einmal »groß« , bevor sie Echezeaux sind. Vornehmer, robuster. Dieser hier wurde verkostet, als er sich noch im Faß befand (Mitte 1992). 1993 wird er in Flaschen abgefüllt und im Jahr darauf verkauft. Sein Ausbau erlaubt es bereits, einen sehr konzentrierten Charakter und ein hübsches Aroma zu spüren.

🍇 SC du Dom. de La Romanée-Conti, 21700 Vosne-Romanée, Tel. 80.61.04.57

DOM. HENRI DE VILLAMONT   1989 *

■ Gd cru	k.A.	1 050	⊞ ↓ ☑

Sein Gewand ermöglicht ihm den Zutritt zum Konklave. Es ist aus dem schönsten Stoff im Vatikan selbst geschneidert worden und besitzt die schönste rote Farbe. Sein überaus subtiler Duft wird ihm dort Einfluß verleihen. Seine Gewandtheit und seine zahlreichen Qualitäten werden ihn jedoch diesmal nicht auf den Stuhl des Heiligen Vaters bringen. Es fehlt ihm noch ein Hauch von Reife. Das wird vielleicht beim nächsten Mal der Fall sein, denn er besitzt alles, um eines Tages Papst zu sein.

🍇 Henri de Villamont SA, rue du Dr Guyot, 21420 Savigny-lès-Beaune, Tel. 80.24.70.07 ⏰ n. V.

Vosne-Romanée

Auch hier bleibt der burgundische Brauch gewahrt : der Name »Romanée« ist bekannter als der von Vosne. Was für ein Gespann ! Ähnlich wie Gevrey-Chambertin besitzt diese Gemarkung eine Vielzahl von Grands Crus ; daneben gibt es noch berühmte Einzellagen wie Les Suchots, Les Beaux-Monts, Les Malconsorts und viele andere. Die Appellation Vosne-Romanée (ca. 250 ha) erzeugt durchschnittlich mehr als 5 000 hl, ausschließlich Rotweine.

DOM. CHARLES ALLEXANT ET FILS   1989 *

■	0,24 ha	1 100	⊞ ↓ ☑ 4

»Vater Charles« , ein Schnapsbrenner, aus dem im Winzer geworden ist, machte sich vor 35 Jahren daran, die Côte zu erobern. Er besitzt heute eine Vielzahl von Appellationen, von Gevrey bis Santenay. Klare Farbe, klares Aroma. Ein 89er im Rohzustand : verschlossen, robust, alterungsfähig. Zu seinem Charakter passen Wild und Trüffeln, aber erst in ein paar Jahren.

🍇 Dom. Charles Allexant et Fils, Cissey, 21190 Merceuil, Tel. 80.21.46.86 ⏰ n. V.

PIERRE ANDRE   1989 *

■	0,5 ha	2 000	⊞ ↓ 6

Kraft und Finesse gehen hier eine gute Verbindung ein. Man fühlt sich dabei an einen Ausspruch von Abbé Courtépée erinnert : »In Vosne gibt es keinen gewöhnlichen Wein.« Das Kleid stammt von einem berühmten Modeschöpfer. Prächtiger Duft und nachhaltiges Aroma. Auch wenn Sie keine Drosseln finden, trinken Sie diesen Wein ! Aber mit Drosseln wird er noch besser schmecken.

🍇 Pierre André, Ch. de Corton André, 21420 Aloxe-Corton, Tel. 80.26.44.25 ⏰ tägl. 10h-18h

DOM. ROBERT ARNOUX
Les Chaumes   1989 * *

■ 1er cru	0,8 ha	3 000	⊞ ☑ 5

»Vosne, die Perle der Côte !« sagte Gaston Roupnel. In der Tat : kirschrote, leicht ziegelrot schimmernde Farbe und ein fast verbotener Duft von schwarzen Johannisbeeren. Auch im übrigen Eindruck bleibt er sich treu : rund und fruchtig. Er kann sich nur gut entwickeln.

🕯 Dom. Robert Arnoux, rte Nationale, 21700 Vosne-Romanée, Tel. 80.61.09.85 ☎ n. V.

DOM. BERTAGNA Les Beaux Monts 1989

■	1er cru	0,9 ha	4 500	🍷 ↓ ✓ 5

Die Reblage Les Beaux Monts befindet sich sowohl auf dem Boden von Vosne wie auch im Gebiet von Flagey. Im letzten Jahr hat dieses Gut eine besondere Empfehlung für seinen 88er erhalten. Der erste Geruchseindruck ist fein und fruchtig : Kirschen, eine Eichenholznote, die sich in Richtung Tiergeruch entwickelt. Das nachfolgende Aroma hält nicht die anfänglichen Versprechungen. Lebhaft und kräftig gebaut. Man findet im Geschmack den Holzton wieder und eine Wärme, die auf den Alkohol zurückzuführen ist. Die Entwicklung dürfte positiv verlaufen.
🕯 Dom. Bertagna, rue du Vieux Château, 21640 Vougeot, Tel. 80.62.86.04 ☎ n. V.

BOUCHARD PERE ET FILS 1985★★

■	k.A.	k.A.	🍷 🍴 ↓ 6

Ziegelrote Farbe. Ein schöner Wein, der sich wunderbar entwickelt hat. Komplexer, entwickelter Duft. Geschmeidiger Geschmack mit einer Empfindung von Reife. Man kann ihn schon heute trinken, aber auch noch ein wenig aufheben, wenn sich die Waldschnepfe oder das Rebhuhn noch nicht in der Jagdtasche befindet.
🕯 Bouchard Père et Fils, Au Château, B.P. 70, 21202 Beaune Cedex, Tel. 80.22.14.41 ☎ n. V.

JACQUES ET PATRICE CACHEUX
Les Suchots 1990★★

■	1er cru	0,45 ha	2 000	🍷 ↓ ✓ 5

73 74 |76| 77 **78** 79 80 81 **82** (85)| |86| |87| **88 89 90**

Fast ein halber Hektar in diesem Premier Cru, der hier zu den besten Reblagen gehört. Diese sympathische 90er Cuvée ist sehr repräsentativ für das Dorf. Strahlend purpurrote Farbe, intensives Aroma von schwarzen und roten Johannisbeeren. Im Geschmack bietet sie eine bezaubernde fleischige Frische. Da sie ziemlich tanninreich ist, muß sie sich noch im Keller entfalten. Entkorken Sie diese Flasche nicht vor fünf Jahren ! Versprochen ?
🕯 Jacques et Patrice Cacheux, 58, rte Nationale, 21700 Vosne-Romanée, Tel. 80.61.24.79 ☎ n. V.

JACQUES ET PATRICE CACHEUX
1990★

■	1,6 ha	7 000	🍷 ↓ ✓ 4

Patrice übernimmt nach und nach die Weinberge der Familie. Sein Vater kam 1954 aus Cambrai, um in der B.A. 102 von Dijon-Longvic seinen Militärdienst abzuleisten. Er heiratete eine der Töchter von Vosne und wurde Winzer. Dieser granatrote Vosne erinnert an Unterholz und getrocknetes Laub. Eine zarte und dennoch körperreiche Mischung, die sich mit dem Alter entwickeln wird und einmal einen sehr schönen Wein abgibt.
🕯 Jacques et Patrice Cacheux, 58, rte Nationale, 21700 Vosne-Romanée, Tel. 80.61.24.79 ☎ n. V.

PASCAL CHEVIGNY
Aux Champs de Perdrix 1990★★★

■	0,6 ha	5 000	🍷 ↓ ✓ 4

86 |87| **88** (89) **90**

VOSNE-ROMANÉE
AUX CHAMPS DE PERDRIX
APPELLATION VOSNE-ROMANÉE CONTROLÉE
Mis en bouteille par
13% vol.   CHEVIGNY Pascal   750 ml
VITICULTEUR A VOSNE-ROMANÉE (COTE-D'OR) FRANCE

Diese Reblage ist von La Tâche nur durch einen schmalen Weg getrennt. Die Weinliebhaber vergessen es nicht ! Was ist das schönste Kompliment, das ein Prüfer des Hachette Weinführers machen kann ? »Ein großer Wein, den ich kaufe.« Nun, dies war der Fall bei diesem 90er, der wirklich außergewöhnlich ist : rotviolette Farbe, duftig, rund, voll und cremig und typisch für den Jahrgang ebenso wie für den Charakter der Vosneweine. Im vergangenen Jahr haben wir schon den 89er besonders empfohlen.
🕯 Pascal Chevigny, rte de Boncourt, 21700 Vosne-Romanée, Tel. 80.61.17.42 ☎ n. V.

BRUNO CLAVELIER 1990

■	1,1 ha	3 000	🍷 ↓ ✓ 4

Strahlende Farbe und bescheidener Duft. Ein angenehmer Wein, der nicht unbegrenzt altern kann.
🕯 Bruno Clavelier, rte Nationale, 21700 Vosne-Romanée, Tel. 80.61.10.81 ☎ n. V.

CLAVELIER ET FILS Les Brûlées 1990★

■	1er cru	0,35 ha	1 800	🍷 ↓ ✓ 5

Sehen Sie den Richebourg ? Nun ja, diese Reblage befindet sich direkt daneben. Das ergibt eine tadellose Farbe und einen Duft von in Alkohol eingelegten Kirschen, mit dem Sie einen Toten aufwecken könnten. Sehr tanninreich, adstringierend, aber es ist ein 90er, der jung verkostet worden ist und ihren Keller unter keinem Vorwand vor 1995 verlassen darf. Der 90er Les Beaumonts vom gleichen Erzeuger hat aufgrund seines reichen Stoffes und seiner Klasse ebenfalls einen Stern erhalten. Auch lagerfähig.
🕯 SA Maison Clavelier et Fils, rte de Beaune, 21700 Comblanchien, Tel. 80.62.94.11 ☎ n. V.

DOM. RENE ENGEL 1990★★

■	3 ha	k.A.	🍷 ↓ ✓ 4

Philippe, der Enkel von René Engel, hat eine gute Schule gehabt. Er gehört zu den Organisatoren der Confrérie des Chevaliers du Tastevin. Sein 90er Vosne spiegelt wunderbar die Qualitäten der Appellation und des Jahrgangs wider. Das ist genau der Wein, den man gern seinen Freunden anbietet. Gute Lagerfähigkeit und große Qualität.
🕯 GAEC Dom. René Engel, 3, pl. de la Mairie, 21700 Vosne-Romanée, Tel. 80.61.10.54 ☎ n. V.

DOM. FOREY PERE ET FILS 1988*

■ 1,5 ha k.A.

Ein Gut, das sich seit 1870 im Besitz der Familie befindet. Guter Stoff und gewissenhafte Vinifizierung. Dieser Vosne ist kein Rubens, sondern eher ein Fragonard. Zauberhaft, unbeschwert. Dieser 88er denkt nicht an 1989. Aber wie Sie sehen, findet man ihn bezaubernd.
🍷 Dom. Forey Père et Fils, 2, rue Derrière-le-Four, 21700 Vosne-Romanée, Tel. 80.61.09.68 ⚲ n. V.

DOM. FOUGERAY DE BEAUCLAIR
Les Damodes 1989*

■ k.A. k.A.

Eine Reblage oben auf dem Hang, oberhalb von Les Gaudichots. Dennoch handelt es sich um einen Villages : fest, solide, zwischen Holzton und Himbeeraroma balancierend. Beurteilen wir ihn wie einen Grand Cru, auch wenn er nicht viel mehr als 100 m von einem solchen entfernt seinen Ursprung hat.
🍷 Dom. Fougeray de Beauclair, 44 et 89, rue de Mazy, 21160 Marsannay-la-Côte, Tel. 80.51.25.75 ⚲ n. V.

DOM. DU CLOS FRANTIN 1989**

■ 1,3 ha k.A.

Ein ehemaliges Gut des Feldmarschalls von Napoleon, General Legrand. Der Clos Frantin erinnert an eine berühmte Familie, die unter dem Ancien Régime eine Buchdruckerei in Dijon besaß. Kirschen, Kirschen und immer wieder Kirschen ! Ein gefälliger, eleganter Wein, der Sensibilität und Herz besitzt. Er geht eher in die Richtung von Chambolle als von Nuits.
🍷 Maison Albert Bichot, 6 bis, bd Jacques Copeau, 21200 Beaune, Tel. 80.22.17.99

DOM. FRANCOIS GERBET
Aux Réas 1989**

■ 2 ha 10 000

| 74 | 76 | 78 | 79 | 80 | 81 | 82 | 83 | 84 | 85 | 86 | 87 | 88 | 89 |

Die Schwestern Gerbet machen auf ihrem Gut alles : vom Weinbau bis zur Vinifizierung. Außer auf den Traktor mit den Stelzfüßen zu steigen, obwohl die eine in der Freizeit fliegt und die andere Berge erklimmt. Sie stellen hervorragende Weine her. Im letzten Jahr haben wir von diesem Wein den 88er empfohlen. Überzeugen Sie sich davon, indem Sie diesen bläulichroten Réas mit dem pfeffrigen Duft und der feinen Holznote probieren, dessen Aroma an rote Früchte erinnert. Viel Stoff, Harmonie und Potential.
🍷 Marie-Andrée et Chantal Gerbet, 21700 Vosne-Romanée, Tel. 80.61.07.85 ⚲ n. V.

CAMILLE GIROUD Les Suchots 1988*

■ 1er cru k.A. k.A.

Der Preis überrascht ein wenig, aber es handelt sich um einen 88er. Schon entwickelt (im Duft). Im Geschmack wechselt er das Register und zeigt sich jugendlich. Ein guter Wein, den man schon jetzt trinken kann.
🍷 Maison Camille Giroud, 3, rue Pierre Joigneaux, 21200 Beaune, Tel. 80.22.12.65 ⚲ n. V.

DOM. A.-F. GROS Aux Réas 1988*

■ k.A. k.A.

Ein 1988 angelegtes Gut, das teilweise von der Domaine Jean Gros in Vosne-Romanée übernommen worden ist. Es handelt sich hier um Anne-Françoise Parent. Manchmal gibt es Heiraten zwischen der Côte de Beaune und der Côte de Nuits, aber das kommt nicht allzu häufig vor. Gute Nachhaltigkeit und zufriedenstellender Bau. Ein recht typischer 88er Vosne.
🍷 Dom. A.-F. Gros, La Garelle, 21630 Pommard, Tel. 80.22.61.85 ⚲ n. V.
🍷 Anne-Françoise Parent

DOM. LAURENT Vieilles Vignes 1990***

■ k.A. 900

Ein Wein, der sich aufdrängt. Wie sagte schon Alexis Lichine : »Eine Flasche Vosnewein zu probieren ist ein denkwürdiges Ereignis.« Perfekte, fast schwarze Farbe, vielversprechendes Aroma, Fruchtigkeit, Eleganz und jener Hauch von Vornehmheit, der den besonderen Schick der Côte de Nuits ausmacht. Man muß ihn noch bis zum Jahr 2000 aufheben.
🍷 Dom. Laurent, 2, rue J. Duret, 21700 Nuits-Saint-Georges, Tel. 80.61.31.62 ⚲ n. V.

P. DE MARCILLY 1989*

■ k.A. k.A.

Schöne Farbe : kräftig und tief. Gute Entfaltung der fruchtigen Nuancen. Bezaubernde Ansprache : ein richtiger Liebeshof, in dem zarte Aromen auf liebenswürdige Tannine reagieren. In zwei bis drei Jahren erreicht er seinen vollen Charakter.
🍷 Maison P. de Marcilly Frères, rue des Frères-Montgolfier, B.P. 102, 21702 Nuits-Saint-Georges Cedex, Tel. 80.61.14.26

DOM. MONGEARD-MUGNERET
1989*

■ 1,8 ha 8 000

Jean Mongeard ist eine Persönlichkeit in Vosne und in Burgund. Er übt tausend Funktionen im burgundischen Weinbaugebiet aus. Und dieser Unermüdliche hat zusammen mit seinen Kindern ein neues Anbaugebiet in Südfrankreich geschaffen. Sein 89er Vosne erinnert gleichzeitig an Lakritze und Himbeeren. Frischer, harmonischer Geschmack, vom Alkohol geprägt. Bereits trinkreif.
🍷 SARL Mongeard-Mugneret, rue de la Fontaine, 21700 Vosne-Romanée, Tel. 80.61.11.95 ⚲ n. V.

JEAN-PIERRE MUGNERET 1989

■　　　　0,95 ha　　k.A.　　❶❷▨❹

Ziegelrot schimmernde Farbe. Ein würziger 90er, dessen Aroma Eichenholz und schwarze Johannisbeeren verbindet. Harmonische Tannine. Ein liebenswerter, angenehmer Wein, den man problemlos trinken kann.
🍷 Jean-Pierre Mugneret, 21700 Concœur, Tel. 80.61.00.20 ▼ n. V.

MARIE LOUISE PARISOT
Les Suchots 1989**

■ 1er cru　　　k.A.　　1 196　　❶❼

Ziemlich lebhafte Farbe mit gelbroten Reflexen. Dieser 89er besticht durch seine Präsenz. Der erste Geruchseindruck ist fruchtig. Der Duft entwickelt sich dann in Richtung Tiergeruch mit einem Hauch von Veilchen. Der Geschmackseindruck bestätigt diese anziehende, komplexe Persönlichkeit. Ein ferner Höhepunkt ist nicht auszuschließen.
🍷 Marie-Louise Parisot, 1, pl. Saint-Jacques, 21200 Beaune, Tel. 80.22.25.31 ▼ n. V.

DOM. PRIEURE ROCH
Les Hautes Maizières 1989

■　　　　0,62 ha　　2 300　　❶↓▨❼

Henry-Frédéric Roch, Enkel von Henri Leroy und Neffe von Lalou Bize-Leroy, hat 1988 sein Gut in Vosne und Nuits geschaffen, mit Rebflächen, die zur Domaine de la Romanée-Conti gehörten. Klare granatrote Farbe, die leicht verblaßt. Duft von Weichseln mit einer zarten Holznote. Gute Ausgewogenheit, mittlere Nachhaltigkeit. Wird 1995 trinkreif. Der Preis erstaunt.
🍷 Dom. Prieuré Roch, 22, rue du Gal-de-Gaulle, 21700 Nuits-Saint-Georges, Tel. 80.62.38.79 ▼ n. V.

DOM. BERNARD RION
Les Chaumes 1989*

■ 1er cru　　0,45 ha　　2 500　　❶▨❺

Ein 8 ha großes Familiengut. Dieser Chaumes paßt eher zu mariniertem Wild. Klare, ganz leicht entwickelte Farbe. Angenehmer, recht offener Duft. Geschmeidiger Geschmack mit Tanninen, die an Kiesel im Fluß erinnern, die im Laufe der Jahrhunderte glattgeschliffen worden sind. Ein gut gemachter Wein, der lagern kann.
🍷 Dom. Armelle et Bernard Rion, 8, rte Nationale, 21700 Vosne-Romanée, Tel. 80.61.05.31 ▼ tägl. 8h-19h

DOM. THOMAS-MOILLARD
Malconsorts 1989

■ 1er cru　　3 ha　　15 000　　❶↓▨❻

Ein Premier Cru, der an La Tâche angrenzt, auf der Seite nach Nuits zu. Davon rührt zweifellos auch der Tiergeruch her, der diesen Wein vom Duft bis zum Nachgeschmack erfüllt. Daneben findet man ein Aroma von schwarzen Johannisbeeren und eine tanninreiche Struktur, die sich bei der Alterung vervollkommnen wird.
🍷 Dom. Thomas-Moillard, chem. rural 29, 21700 Nuits-Saint-Georges, Tel. 80.62.42.12 ▼ tägl. 10h-18h ; Jan. u. Febr. geschlossen

VAUCHER PERE ET FILS 1990*

■　　　　k.A.　　k.A.　　❶↓❺

Rubinrote Farbe, kräftiges Bukett mit Holznote, das sich im Geschmack verlängert. Ein wenig vorangeschritten vielleicht, aber ein sehr schöner Wein, der wahrscheinlich gute Zukunftsaussichten besitzt.
🍷 Vaucher Père et Fils, B.P. 14, 21700 Nuits-Saint-Georges, Tel. 80.61.12.86

FABRICE VIGOT 1990**

■　　　　k.A.　　7 000　　❶▨❹

Ein dunkelgranatroter 90er mit klarem Duft und verschlossenem Geschmack. Aber er entfaltet sich ein wenig später und enthüllt sein Fleisch und sein Gerüst. Dann erscheint er wie ein langer, ruhiger Strom, der sich genußvoll ausbreitet. Herrliche Zukunftsaussichten. Kann mindestens noch fünf Jahre lagern.
🍷 Fabrice Vigot, 16, rue de La Fontaine, 21700 Vosne-Romanée, Tel. 80.61.13.01 ▼ n. V.

MADAME ROLAND VIGOT
Les Petits Monts 1990**

■ 1er cru　　0,18 ha　　1000　　❶▨❺

⑥⑨ 73 |74| |75| |76| |77| |82| **83** 84 **85 89 90**

Die Vinifizierung besorgt Fabrice, der Sohn von Roland Vigot. Vier Hektar in Halbpacht und sorgfältige Arbeit, denn dieser Petits Monts ist hervorragend gelungen. Schöne purpurrote Farbe, die schöne Tränen am Glas. Der feine, zarte Duft erinnert an Kirschen. Gute Holznote, robuster Bau, Kraft. Ein strahlender Vosne, der mit dem Alter neue Gipfel erklimmen dürfte. Im letzten Jahr haben wir den 89er besonders empfohlen.
🍷 Madame Roland Vigot, RN 74, n° 60, 21700 Vosne-Romanée, Tel. 80.61.17.70 ▼ n. V.

DOM. DU CHATEAU DE VOSNE-ROMANEE Aux Reignots 1990***

■ 1er cru　　k.A.　　k.A.　　❼

Die Reblage Les Reignots, die sich oberhalb von La Romanée befindet, gehört noch zur Domaine Liger-Belair in Vosne. Kanonikus Just nahm einst das Wagnis auf sich, die Kalksteinplatte, die unter der 40 cm tiefen Humusschicht liegt, mit 1 400 »Knallkörpern« zu sprengen. Eine in Burgund noch nie dagewesene Methode, die offensichtlich zu guten Ergebnissen führt. Ein solider, kraftvoller Wein, der vor allem durch seine zärtliche Präsenz bezaubert.
🍷 Bouchard Père et Fils, Au Château, B.P. 70, 21202 Beaune Cedex, Tel. 80.22.14.41 ▼ n. V.

Richebourg, Romanée, Romanée-Conti, Romanée-Saint-Vivant, Grande Rue, Tâche

Es handelt sich hierbei ausschließlich um Spitzenlagen, so daß man kaum sagen kann, welche die beste ist. Sicherlich genießt Romanée-Conti das größte Ansehen; man findet zahlreiche geschichtliche Zeugnisse für die »erlesene Qualität« ihres Weins. Diese berühmte Rebfläche war bei den Großen des Ancien Régime heiß begehrt: So etwa gelang es Madame Pompadour nicht, sich gegen den Fürsten Conti durchzusetzen, der den Weinberg 1760 erworben hatte. Bis zum letzten Weltkrieg wurden die Reben in Romanée-Conti und La Tâche nicht auf reblausresistente Unterlagen aufgepfropft, sondern mit Schwefelkohlenstoff gegen Rebläuse behandelt. Aber dann mußte man die Rebstöcke ausreißen; die erste Lese von den neuen Rebstöcken fand 1952 statt. Der Romanée-Conti (erzeugt auf 1,80 ha im Alleinbesitz) bleibt einer der berühmtesten und teuersten Weine der Welt.

La Romanée umfaßt 0,83 ha, Richebourg 8 ha, Romanée-Saint-Vivant 9,5 ha und La Tâche etwas mehr als 6 ha. Wie bei allen Grands Crus liegt die Produktionsmenge je nach Jahrgang bei 20 bis 30 hl pro Hektar. Als weitere Perle ist La Grande Rue hinzugekommen, das gerade als Grand Cru anerkannt worden ist.

Richebourg

DOM. ANNE ET FRANCOIS GROS
1989

■ Gd cru	0,6 ha	2 700	❚❚ ↓ ☑ 7

Ein guter typischer Charakter im Geruchseindruck: einschmeichelnd, überzeugend und klar, mit Röstnoten. Im Geschmack ist der Alkohol sehr deutlich zu spüren.

⌐ Dom. Anne et François Gros, 11, rue des Communes, 21700 Vosne-Romanée, Tel. 80.61.07.95 ⚥ n. V.

DOM. DE LA ROMANEE-CONTI
1989 ★★★

■ Gd cru	k.A.	13 477	❚❚ ☑ 7

Intensiver, klarer und sehr entfalteter Duft, der eine massive Fruchtigkeit zum Ausdruck bringt. Ein herrlicher Charakter: breitschultrig und mit ungeheurem Mut. Sie haben ihn bereits erkannt: Er ist unverkennbar Cyrano. Nervig! Das ist nicht das richtige Wort. Aber er ist bereit, den Degen zu ziehen, und er erinnert an Fleisch und Wildbret. Sein Geschmack muß sich noch vervollkommnen. Diese 13 477 Flaschen werden in ein paar Jahren ein wunderbarer, lyrischer Wein sein, der es bemerkenswert gut verstanden hat, die Fehler warmer, üppiger Jahrgänge zu vermeiden.

⌐ SC du Dom. de La Romanée-Conti, 21700 Vosne-Romanée, Tel. 80.61.04.57

La Romanée

DOM. DU CHATEAU DE VOSNE-ROMANEE 1990 ★★★

■	k.A.	k.A.	7

Der bewegendste Wein der Welt. Die letzte Lese von Kanonikus Just Liger-Belair, der ein halbes Jahrhundert lang La Romanée besaß und am 27. August 1991 starb. Ist dieser 90er Romanée schön? Viel mehr als das! Strahlend im Aussehen. Der Geruchseindruck hat fast etwas Religiöses an sich und ähnelt – über einem Aroma von eingemachtem Obst – an den Duft der Ewigkeit. Großartig und selten. Ein Wein, den man wie einen kostbaren Schatz aufheben sollte.

🍷 Bouchard Père et Fils, Au Château, B.P. 70, 21202 Beaune Cedex, Tel. 80.22.14.41 ☎ n. V.

🍷 Famille Liger-Belair

La Romanée-Conti

DOM. DE LA ROMANEE-CONTI
1991 ★★★

■ Gd cru	1,8 ha	k.A.	🍶 ☑ 7

Dieser 91er wurde Mitte 1992 verkostet, als er sich noch im Faß befand. 1993 wird er in Flaschen abgefüllt werden und im Jahr darauf auf den Markt kommen. Die Erträge liegen hier bei 25 hl pro Hektar. Die Lese wird mit großer Sorgfalt durchgeführt. Der Wein scheint bereits sehr harmonisch. Er setzt eher auf den Reiz der Verführung als auf die Kraft der Überzeugung. Man erahnt einen nuancenreichen Wein von seltener Zartheit.

🍷 SC du Dom. de La Romanée-Conti, 21700 Vosne-Romanée, Tel. 80.61.04.57

Romanée-Saint-Vivant

DOM. JEAN-JACQUES CONFURON
1989 ★★★

■ Gd cru	0,5 ha	1 500	🍶 ↓ ☑ 7

Ein halber Hektar der ältesten aller Romanée-Lagen, die früher den Mönchen von Saint-Vivant de Vergy gehörte. Dieser Wein ist eine Schönheit. Purpurrote Samtfarbe. Intensiver Duft von reifen Früchten, schwarzen Johannisbeeren und Trauben. Herrliche Struktur und Nachhaltigkeit mit vollkommener Ausgewogenheit. »Ich kaufe und lagere ihn ein« , notierte einer der Prüfer.

🍷 Dom. Jean-Jacques Confuron, 21700 Prémeaux-Prissey, Tel. 80.62.31.08 ☎ n. V.

DOM. DE LA ROMANEE-CONTI
Marey Monge 1982 ★★★

■ Gd cru	5,25 ha	25 840	🍶 7
|76| |78| |79| **80** 81 |82| |84| 90			

Es gibt noch ein wenig davon. Ein üppiger Jahrgang von exzellenter Qualität. Das Aroma, in dem pflanzliche Noten dominieren, läßt sich von sehr feinen Pilzen inspirieren und entwickelt sich dann in Richtung Muskat und fast schon Honig. Am Kleid sind Nuancen von Altersverfärbung zu erkennen. Ein sehr hübscher Romanée-Saint-Vivant, der für ein Lammkarree, einen Cîteaux oder einen Brillat-Savarin bestimmt ist. Der Geschmack besitzt keine extreme Länge, aber er ist sehr lebhaft und jugendlich geblieben.

🍷 SC du Dom. de La Romanée-Conti, 21700 Vosne-Romanée, Tel. 80.61.04.57

La Grande Rue

DOM. FRANCOIS LAMARCHE
1991 ★★★

■	1,65 ha	6 500	🍶 ↓ ☑ 7

Die jüngste der französischen Appellationen. Der Grand Cru La Grande Rue gehört einem der berühmtesten burgundischen Weingüter, der Domaine Lamarche. Dieser Wein zeigt sich seiner hohen Geburt würdig. Er wurde für diese Ausgabe verkostet, als er sich noch im Faß befand, denn er wird erst im März 1993 in Flaschen abgefüllt. Das Bukett ist bereits komplex : Weichseln und Holzton gehen eine harmonische Verbindung ein. Seine wunderbare Tanninstruktur, seine Fülle und seine Nachhaltigkeit ermöglichen ihm eine lange Lagerfähigkeit.

🍷 François Lamarche, 9, rue des Communes, 21700 Vosne-Romanée, Tel. 80.61.07.94 ☎ n. V.

La Tâche

DOM. DE LA ROMANEE-CONTI
1991 ★★★

■ Gd cru	6,06 ha	k.A.	🍶 7
67 72 **73** **75** |78| (79) **80** 81 82 |87| 89 |91|			

La Tâche bringt seit einigen Jahren sehr farbintensive Weine hervor. Es handelt sich um wirklich alte Rebstöcke (durchschnittlich 45 Jahre alt), die Weine von besonders ausgeprägter Dichte liefern. Dieser 91er wurde Mitte 1992 im Faß verkostet. Obwohl dieser Jahrgang wegen der Regenfälle gern als »verwässert« kritisiert wird, ist er hier sehr konzentriert, weil die Trauben – wie im vorliegenden Falle – sehr gut verarbeitet worden sind. 1993 wird er in Flaschen abgefüllt, im Jahr darauf verkauft.

🍷 SC du Dom. de La Romanée-Conti, 21700 Vosne-Romanée, Tel. 80.61.04.57

Nuits-Saint-Georges

Nuits-Saint-Georges, ein kleiner, 5 000 Einwohner zählender Marktflecken, hat im Gegensatz zu seinen Nachbarn im Norden keine Grands Crus. Die Appellation reicht in die Gemarkung Prémeaux hinein, die südlich davon liegt. Die zahlreichen Premiers Crus sind zu Recht berühmt. Hier in der südlichsten kommunalen Appellation der Côte de Nuits findet man einen anderen Weintyp mit sehr ausgeprägten Lagenmerkmalen, wobei sich in der Regel ein höherer Tanningehalt zeigt, der eine lange Lagerfähigkeit garantiert.

Die Reblagen Les Saint-Georges, wo angeblich schon im Jahre 1000 Rebstöcke wuchsen, Les Vaucrains mit robusten Weinen, Les Cailles, wo die gleichnamigen Wachteln gerne nisteten, Les Champs-Perdrix und Les Porets (nach den wilden Birnen benannt, die auch deutlich im Aroma zum Vorschein kommen), auf dem Gebiet von Nuits, und Clos de la Maréchale, Clos des Argillières, Clos des Porets, Clos des Forêts-Saint-Georges, Clos des Corvées und Clos de l'Arlot, auf dem Gebiet von Prémeaux, sind die bekanntesten Premiers Crus. Fast 400 ha sind bestockt und erzeugen rund 10 000 hl pro Jahr.

Nuits-Saint-Georges, die kleine Weinhauptstadt Burgunds, besitzt auch sein eigenes Hospiz-Anbaugebiet mit jährlicher Versteigerung der Produktion am Sonntag vor Palmsonntag. Es ist Sitz von zahlreichen Weinhandelsfirmen und Likörfabrikanten, die den Cassis de Bourgogne produzieren, sowie von Herstellern von Schaumweinen, die den Crémant de Bourgogne erfanden. Schließlich befindet sich hier noch der Verwaltungssitz der Confrérie des Chevaliers du Tastevin.

DANIEL BOCQUENET 1987*

■	3,2 ha	1 600	ⅠⅠⅠ ↓ Ⅴ 🔳3

Hellrubinrote Farbe. Ein Wein, der etwas alkoholisch riecht, aber eine gute Nachhaltigkeit im Geschmack besitzt. Für ein Fleischgericht mit Sauce aufheben.
➤ Daniel Bocquenet, rue de Charmois, 21700 Nuits-Saint-Georges, Tel. 80.61.24.48 ⅠⅠ n. V.

EMILE CHANDESAIS 1989

■	k.A.	4 500	ⅠⅠⅠ ↓ Ⅴ 🔳5

Manche wissen vielleicht, daß Lacordaine hier seine tägliche Messe las, wenn er sich in Fontaines aufhielt. Dieser 89er Nuits besitzt die Finesse einer theologischen Analyse und die Eleganz eines Vaterunsers.
➤ Emile Chandesais, Ch. Saint-Nicolas, B.P. 1, 71150 Fontaines, Tel. 85.91.41.77 ⅠⅠ Di-Sa8h-12h 14h-18h ; 15. Juli–15. Aug. geschlossen

CHANSON PERE ET FILS
Les Boudots 1988*

■ 1er cru	k.A.	2 400	ⅠⅠⅠ ↓ Ⅴ 🔳6

Eine Reblage in der Nähe von Vosne-Romanée. Das bedeutet, daß dieser Wein auch den einschmeichelnden, blumigen und perfekt strukturierten Charakter der Nuitsweine teilt. Sehr zufriedenstellende Nachhaltigkeit. Ein echter

88er. Man begreift, daß Ludwig XIV. Stärkung im Nuits fand, den ihm Fagon verschrieb. Man kann auch den 89er Villages wählen, der aufgrund seiner aromatischen Finesse einen Stern erhalten hat.
➤ Chanson Père et Fils, 10, rue Paul Chanson, 21200 Beaune, Tel. 80.22.33.00 ⅠⅠ n. V.

CHATEAU GRIS 1989*

■ 1er cru	2,81 ha	k.A.	ⅠⅠⅠ ↓ 🔳6
	85		86	87	88		89				

Wer würde nicht davon träumen, das Ende seiner Tage in Château Gris, diesem wundervollen Haus auf den Anhöhen von Nuits, zu verbringen ? Wenn Sie die Familie Bichot kennen, die Lupé-Cholet übernommen hat, können Sie ja Bernard einmal fragen. Und während Sie auf seine Antwort warten, probieren wir mit Vergnügen diesen sehr schönen 89er, der sich zu entfalten beginnt und eine intensive Ansprache hat : Erdbeeren und Himbeeren. Hervorragende Harmonie, jugendlicher Esprit und dauerhafte Qualität.
➤ Lupé-Cholet, 17, av. du Gal-de-Gaulle, 21700 Nuits-Saint-Georges, Tel. 80.61.25.02

HUBERT CHAUVENET-CHOPIN
Aux Argillats 1989

■ 1er cru	0,3 ha	1 500	ⅠⅠⅠ ↓ Ⅴ 🔳4

Argillats ? Ein ziemlich lehmhaltiger Boden. In Wirklichkeit handelt es sich – trotz der Etymologie – in erster Linie um braune Kalkböden. Das Aroma erinnert ziemlich stark an Geröstetes. Der Geschmack ist leicht süß, angenehm, aber nicht sehr nachhaltig. Sehr kommerziell. Süffig.
➤ Hubert Chauvenet-Chopin, 97, rue Félix Tisserand, 21700 Nuits-Saint-Georges, Tel. 80.61.28.11 ⅠⅠ n. V.

MICHEL CHEVILLON 1989

■	2 ha	4 000	ⅠⅠⅠ Ⅴ 🔳3

Ziegelrot schimmernde Farbe, fruchtig und weinig. Ein 89er, der sich aufgrund seines sorgfältigen Ausbaus und seiner Ausgewogenheit günstig entwickeln dürfte. Vielleicht erwirbt er so die Länge, die ihm gegenwärtig fehlt.
➤ Michel Chevillon, 41, rue Henri-de-Bahèzre, 21700 Nuits-Saint-Georges, Tel. 80.61.23.95 ⅠⅠ n. V.

BERNARD CHEZEAUX 1989*

■ 1er cru	0,54 ha	2 200	ⅠⅠⅠ Ⅴ 🔳4

Von diesem Erzeuger haben wir einen sehr gelungenen 89er Nuits-Villages und diesen Premier Cru verkostet. Sehr farbintensiv, fruchtig und tanninreich. Er entwickelt sich wunderbar von frischen zu reifen Früchten hin. Aufgrund seiner noch lebhaften Gerbsäure muß er lange lagern.
➤ Bernard Chezeaux, rue de l'Eglise, 21700 Prémeaux-Prissey, Tel. 80.62.30.63 ⅠⅠ n. V.

A. CHOPIN ET FILS 1990

■	2 ha	6 000	ⅠⅠⅠ ↓ 🔳4

Ein 90er Villages mit einer lebhaften, klaren Farbe und einem angenehmen Duft. Die Säure ist noch nicht perfekt. Muß noch ein wenig lagern.

1991 haben wir den 88er mit einer besonderen Empfehlung geehrt.

🍷 Dom. Chopin et Fils, RN 74, 21700 Comblanchien, Tel. 80.62.92.60 ☎ n. V.

DOM. JEAN-JACQUES CONFURON
Les Fleurières 1989★

■		1,25 ha	4 000	◫ ↓ ☑ 4

Les Fleurières, die sich direkt unterhalb von Les Pruliers befinden, können manchmal an einen Premier Cru erinnern. Das ist auch hier der Fall : aufregendes Bukett, prächtiger Körper und unglaubliche Nachhaltigkeit. Große Kunst, aber es stimmt, daß dieses renommierte Gut Georges Blanc und die Auberge de l'Ill beliefert.

🍷 Dom. Jean-Jacques Confuron, 21700 Prémeaux-Prissey, Tel. 80.62.31.08 ☎ n. V.

JOSEPH DROUHIN Les Boudots 1989★

■		k.A.	k.A.	◫ 7

Intensive purpurrote Farbe. Pflanzliche Note. Recht konzentriert. Ein harmonischer, sehr ausgewogener Wein, dem das Alter zwei Sterne verleihen dürfte.

🍷 Joseph Drouhin, 7, rue d'Enfer, 21200 Beaune, Tel. 80.24.68.88 ☎ n. V.
🍷 Robert Drouhin

ROBERT DUBOIS ET FILS
Clos des Argillières 1989★

■ 1er cru	0,43 ha	2 700	▮ ◫ ↓ ☑ 5

In der Ausgabe 1987 haben wir seinen 80er Nuits besonders empfohlen. Die Weine der Reblage Argillières fallen immer prächtig aus. Hier ist die Farbe wunderschön. Der Duft erinnert an Erdbeeren und Vanille. Feine Gerbsäure. Im Abgang taucht eine harmonische Holznote auf. Dieser Wein dürfte sich perfekt entwickeln, so daß man beruhigt auf ihn setzen kann.

🍷 Régis Dubois et Fils, 21700 Prémeaux-Prissey, Tel. 80.62.30.61 ☎ Mo-Sa 8h-11h30 14h-18h

ROGER DUPASQUIER ET FILS
Les Vaucrains 1989

■ 1er cru	k.A.	7 000	◫ ↓ ☑ 4

Der Name bezeichnet einen nicht sehr fruchtbaren Ort. Und dennoch gedeiht hier der Wein. Über die Konstitution dieses 89ers gibt es nichts zu sagen. Lebhafte Farbe, ansprechender Duft. Sollte bald getrunken werden.

🍷 SCEA Roger Dupasquier et Fils, 47 B, rue Henri Challand, 21700 Prémeaux-Prissey, Tel. 80.61.13.78 ☎ n. V.

DUVERGEY-TABOUREAU 1989

■		k.A.	k.A.	◫ ↓ ☑ 5

Im Geschmack enthüllt er sich am besten : voll, vollmundig. Er möchte Sie gern am Arm nehmen. Aber er drückt sich etwas rustikal aus. Außerdem ist seine Konversation recht beschränkt. Zweifellos wird er sich mit der Zeit verfeinern.

🍷 Duvergey-Taboureau, 6, rue des Santenots, 21190 Meursault, Tel. 80.21.63.00 ☎ n. V.

JOSEPH FAIVELEY Les Porêts 1989★

■ 1er cru	1,7 ha	10 000	◫ ↓ ☑ 6

Eine Firma, die mit den Andenken an den ersten Großmeister der Confrérie des Chevalier du Tastevin, Georges Faiveley, verbunden ist.

Dunkle Farbe. Ein 89er, der zwar nicht die Bastille erstürmen könnte, dem es aber weder an Körper noch an Finesse mangelt.

🍷 Maison Jh. Faiveley, B.P. 9, 21702 Nuits-Saint-Georges Cedex, Tel. 80.61.04.55 ☎ n. V.

JOSEPH FAIVELEY
Clos de La Maréchale 1989★★

■ 1er cru	9,55 ha	23 000	◫ ↓ ☑ 6
⑦⑧	82 83 |85| 86 |87| 88 89		

Ein Weinberg, den die Familie Mugnier in Chambolle der Firma Faiveley anvertraut hat. Diese »Marschallin« , deren rote Farbe ins Schwarze spielt, zieht die Biwaks dem Kanonendonner vor. Sie zeigt sich lebenswürdig und fruchtig, mineralisch und ihres Ruhms würdig.

🍷 Maison Jh. Faiveley, B.P. 9, 21702 Nuits-Saint-Georges Cedex, Tel. 80.61.04.55 ☎ n. V.

DOM. FOREY PERE ET FILS
Les Perrières 1989

■ 1er cru	0,44 ha	k.A.	◫ ☑ 4

Auf den ersten Blick ist er der gleichgültige Schöne. Farbintensiv zwar, aber ohne Seele und ohne die geringste Leidenschaft, der keines seiner Geheimnisse gesteht. Ausscheiden ? Keineswegs. Sehr lange lagerfähig und hoffnungsvoll, aber erst in vielen Jahren.

🍷 Dom. Forey Père et Fils, 2, rue Derrière-le-Four, 21700 Vosne-Romanée, Tel. 80.61.09.68 ☎ n. V.

MICHEL GAVIGNET Les Chabœufs 1989

■ 1er cru	1 ha	4 000	◫ ↓ ☑ 4

Im mittleren Teil des Talwegs, der zu der Reblage Les Vallerots führt, mitten im Anbaugebiet von Nuits. Rubinrote Farbe. Recht stattlicher, ausdrucksvoller Duft von geröstetem Brot. Ziemlich tanninreich und leicht bittere Note im Nachgeschmack. Ein reizvoller Wein.

🍷 Michel Gavignet, 22, rue Thurot, 21700 Nuits-Saint-Georges, Tel. 80.61.12.78 ☎ n. V.

CHRISTIAN GAVIGNET-BETHANIE
Aux Damodes 1989

■ 1er cru	0,5 ha	3 000	◫ ☑ 4

Bis 1983 Arbeit im elterlichen Betrieb, dann Übernahme des Gutes der Schwiegereltern (1989). Die Töchter helfen im Weinberg und bei der Vinifizierung. Ein farbintensiver 89er, dessen würziges Aroma bis zu Pfeffer reicht. Etwas langgliedrig, aber sehr ehrlich.

🍷 EARL Ch. Gavignet-Bethanie, 18, rue Félix Tisserand, 21700 Nuits-Saint-Georges, Tel. 80.61.16.04 ☎ tägl. 9h-12h 14h-18h

DOM. HENRI GOUGES
Clos des Porrets Saint Georges 1989★★

■ 1er cru	2 ha	k.A.	◫ ☑ 5

Henri Gouges spielte eine sehr aktive Rolle bei der Entstehung der Appellationen und hatte einen großen Einfluß auf nationaler Ebene. Nach seinen Söhnen Marcel und Michel befinden wir uns mit Pierre und Christian bereits in der dritten Generation. Gouges, d. h. Nuits. Henri, der nie gelächelt haben soll, hätte bei diesem Wein vielleicht trotzdem seine Prinzipien mißachtet. Intensive, strahlende Farbe. Kräftig, männlich, dennoch fein. Und er hätte dazu Wild bestellt.

🕭 Dom. Henri Gouges, 7, rue du Moulin, 21700 Nuits-Saint-Georges, Tel. 80.61.04.40 ⚊ n. V.

LES CAVES DES HAUTES-COTES
Les Pruliers 1989

■ 1er cru	1 ha	4 000	⬗ ↓ ☑ 5

Der Wein ist hier zweifellos an die Stelle der wilden Pflaumenbäume getreten, was den Namen der Reblage erklärt. Ausgewogen, aber tanninreich. Ein 89er, der den starken Mann spielt, um zu beeindrucken. An seiner Nase erkennt man den Charakter : weinig, kräftig, rote Früchte.

🕭 Gpt de Prod. Les Caves des Hautes-Côtes et de la Côte, rte de Pommard, 21200 Beaune, Tel. 80.24.63.12 ⚊ n. V.

HOSPICES DE NUITS
Les Saint Georges 1987 ★★

■ 1er cru	k.A.	k.A.	⬗ ↓ ☑ 6

Eine Cuvée, die bei der Versteigerung der Hospices de Nuits immer Wertschätzung genießt. Ein 87er mit strahlender Farbe, noch holzigem Geruchseindruck und cremigem, ausgewogenem und kräftigem Geschmack. Die Herren von Vergy haben ein dauerhaftes Andenken in der Erinnerung der Burgunder hinterlassen. Dieser

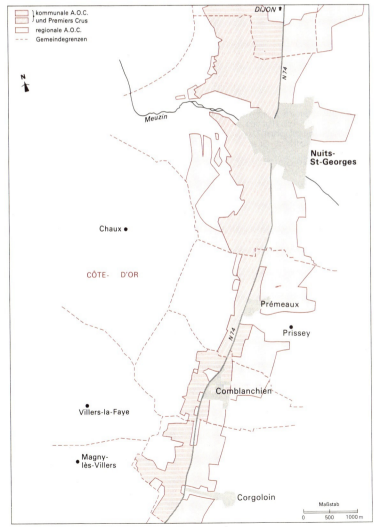

kommunale A.O.C. und Premiers Crus
regionale A.O.C.
- - - Gemeindegrenzen

DIJON

Meuzin

Nuits-St-Georges

Chaux ●

CÔTE-   D'OR

Prémeaux

Prissey ●

Villers-la-Faye ●

Comblanchien

Magny-lès-Villers ●

Corgoloin

Maßstab
0   500   1000 m

Wein entspricht dem guten Ruf. Sollte besser noch etwas altern.

☛ Edouard Delaunay et ses Fils, Ch. de Charmont, 21220 L'Etang-Vergy, Tel. 80.61.40.15 ☎ n. V.

HOSPICES DE NUITS
Les Lavières Les Bas de Combe 1990*

| ■ | | k.A. | 1 500 | ◫ ↓ ⊻ 7 |

Intensive purpurrote Farbe. Ein Wein, der das Sprichwort rechtfertigt : »Ein Glas Nuitswein bekommt jedem.« Er bewahrt ein jugendliches Aroma : rote Früchte. Ein harmonischer, zarter Wein, der Ihnen auf dem Kopfkissen seine Geheimnisse anvertrauen wird.

☛ Jean-Luc Aegerter, 49, rue Henri-Challand, 21703 Nuits-Saint-Georges, Tel. 80.61.02.88 ☎ n. V.

DOM. DE LA POULETTE
Les Brûlées 1989*

| ■ | 1,21 ha | 3 200 | ◫ ↓ ⊻ 5 |

Die Reblage Les Brûlées befindet sich mitten auf dem Hang, der in Richtung Prémeaux liegt. Das Gut ist stolz auf einen hier entwickelten »Pinot Renevey« . Ein Pionier beim Verkauf der Burgunderweine »en primeur« , d. h. in einer Art Subskriptionsverfahren, bevor der Wein noch ausgebaut ist. Kräftige, leicht strahlende Farbe. Zurückhaltendes Aroma, aber man findet darin eine gewisse Fruchtigkeit. Hart und trocken, aber auch vollendet und gut gebaut. Das Gut hat 1987 eine besondere Empfehlung für seinen 79er Chabœufs erhalten.

☛ Dom. de La Poulette, 21700 Corgoloin, Tel. 42.88.53.21 ☎ n. V.

DOM. FERNAND LECHENEAUT ET FILS Les Damodes 1989*

| ■ | 1 ha | 4 000 | ◫ ↓ ⊻ 4 |

Der Name »Damodes« soll von Druidinnen stammen. Aber dieser 89er erinnert, wie Sie sich vergewissern können, nicht an Mistelzweige. Sehr kräftige Farbe, Noten von Weichseln und schwarzen Johannisbeeren, gefällig und anziehend. Er könnte Sie zu einer verbotenen Frucht verführen.

☛ Dom. Lecheneaut Père et Fils, 14, rue des Seuillets, 21700 Nuits-Saint-Georges, Tel. 80.61.05.96 ☎ n. V.

A. LIGERET Clos des Grandes Vignes 1989

| ■ 1er cru | k.A. | 10 000 | ◫ ↓ 5 |

Auf dem Gebiet von Prémeaux-Prissey. Die Farbe wirkt zwar heiter, aber der Duft erscheint nicht gerade offenherzig. Ein wenig verschlossen, alkoholisch. Frisch abgefüllt. Er muß noch die Eleganz und die Finesse eines großen 89er Nuits erwerben.

☛ A. Ligeret, 10, pl. du Cratère, 21700 Nuits-Saint-Georges, Tel. 80.61.08.92 ☎ n. V.

DOM. MACHARD DE GRAMONT
Les Damodes 1989*

| ■ 1er cru | 1,3 ha | 6 000 | ◫ ⊻ 4 |

Eine Reblage oben auf dem Hang, auf der Seite von Vosne. Schöne, dunkle Farbe, reicher, vielversprechender Duft. Die Ansprache, die Kraft und die Länge verleihen ihm einen jugend-

lichen Eindruck. Ein lagerfähiger Wein, der noch Reserven besitzt.

☛ SCE Dom. Machard de Gramont, B.P. 105, Le Clos, 21702 Nuits-Saint-Georges Cedex 1, Tel. 80.61.15.25 ☎ n. V.

JEAN-PHILIPPE MARCHAND
1989**

| ■ | | k.A. | 2 400 | ◫ ↓ ⊻ 4 |

Marcel Proust, der Rindfleisch in Aspik liebte, hätte diesen Nuits gewählt, um seine Suche nach der auf himmlische Weise verlorenen Zeit zu begleiten. Er hätte die ziegelroten Reflexe der Farbe, sehr »Fin de siècle« , die sehr reifen roten Früchte, die Nachhaltigkeit des Aromas und den runden, vollen Geschmack bemerkt.

☛ Dom. Jean-Philippe Marchand, rue Souvert, 21220 Gevrey-Chambertin, Tel. 80.34.33.60 ☎ n. V.

P. DE MARCILLY Les Boudots 1989*

| ■ 1er cru | k.A. | k.A. | ◫ ↓ 6 |

Ein Hang mit 18% Steigung. Der Winzer muß sich hier wie ein Bergbauer bewegen. Tiefrubinrote Farbe, aromatisch (Früchte und Vanille). Dieser 89er ist strukturiert, aber es fehlt ihm an Säure. Ein guter Wein, der sich noch entwickeln muß.

☛ P. de Marcilly, B.P. 102, 21702 Nuits-Saint-Georges, Tel. 80.61.14.26

DOM. MEO-CAMUZET 1989*

| ■ | | 0,56 ha | 3 000 | ◫ ↓ 5 |

Ein von einer der großen Persönlichkeiten des burgundischen Weinbaus geschaffenes Gut : dem Abgeordneten Etienne Camuzet (»le Tiène«), der 30 Jahre lang einen Sitz in der Nationalversammlung hatte und das Château du Clos de Vougeot der Confrérie des Chevaliers du Tastevin abtrat. Dieser Nuits zeigt sich letztlich ziemlich geschmeidig. Ein Perlhuhn dürfte nichts gegen eine Koalition mit ihm haben.

☛ Dom. Méo-Camuzet, 21700 Vosne-Romanée, Tel. 80.61.06.76 ☎ n. V.

P. MISSEREY Les Saint Georges 1989

| ■ | | 0,62 ha | 1 200 | ◫ ↓ ⊻ 7 |

Genau der Stil von Les Saint-Georges : klare Fruchtigkeit, die sich in Richtung Gewürze und Röstnoten bis hin zu Moschus und Pelzgeruch entwickelt. Pfeffrig. Man würde diesen Wein auch mit geschlossenen Augen wiedererkennen. Seine Finesse weist auf seinen jugendlichen Charakter hin.

☛ Maison P. Misserey, 3, rue des Seuillets, B.P. 10, 21702 Nuits-Saint-Georges Cedex, Tel. 80.61.07.74 ☎ n. V.

MOILLARD Rente Guillaume 1988*

| ■ | | k.A. | 12 000 | ◫ ↓ 5 |

Um welche Rente Guillaume handelt es sich ? Dunkelgranatrote Farbe. Er bietet alle Qualitäten des Jahrgangs in einer konsistenten, kräftigen Struktur. Ein vielversprechender Wein, dessen Aroma schon vor Vergnügen erbebt.

☛ Moillard, 2, rue François Mignotte, 21700 Nuits-Saint-Georges, Tel. 80.62.42.22 ☎ n. V.

MORIN PERE ET FILS
Les Saint Georges 1989

■ 1er cru	k.A.	k.A.	⫴ ↓ ☑ 🄶

Die Reblage Les Saint-Georges hat den Drachen des Durstes schon immer besiegt. Seit dem Jahr 1 000 ! Am Ende des letzten Jahrhunderts hat sie Nuits ihren Namen geschenkt. Sie hätte auch sehr wohl ein Grand Cru werden können. Dieser Wein ist typisch für den Jahrgang. Die winzige Holznote schadet nicht seinem ausgewogenen, konsistenten Gesamteindruck.
☛ Morin Père et Fils, 9, quai Fleury, 21700 Nuits-Saint-Georges, Tel. 80.61.05.11 ⵣ n. V.

REINE PEDAUQUE 1990*

■	k.A.	k.A.	⫴ 🄵

Angenehm. Ein 90er, der auf den ersten Blick gefällt. Man kann ihn sich zu Schinken in der Art von Nuits vorstellen : lebhaft, fesselnd, überzeugend.
☛ Reine Pédauque, Le Village, 21420 Aloxe-Corton, Tel. 80.26.40.00 ⵣ n. V.

HENRI ET GILLES REMORIQUET
Les Damodes 1990**

■ 1er cru	0,4 ha	k.A.	⫴ ↓ ☑ 🄵

Die Verkörperung der Vornehmheit. Wunderbare Harmonie von roten Früchten. Ein sehr lange lagerfähiger Wein, der beweist, daß bestimmte Premiers Crus von Nuits-Saint-Georges auf dem Niveau von Grands Crus sind.
☛ Henri et Gilles Remoriquet, 25, rue de Charmois, 21700 Nuits-Saint-Georges, Tel. 80.61.08.11 ⵣ n. V.

HENRI ET GILLES REMORIQUET
1990*

■ 1er cru	0,2 ha	1 200	⫴ ↓ ☑ 🄵

Dieser Saint-Georges besitzt die Qualität, die Reichhaltigkeit und die subtile Ausgewogenheit eines Aufnahmegesprächs in die Académie Française. Sein Stil ist fruchtig, die Konzentration bemerkenswert. Dieser Reichtum muß bewahrt werden. Ein Wein, der seinen Höhepunkt in ein paar Jahren erreicht und dann auch kein Wild fürchtet. Vom gleichen Erzeuger haben wir auch einen schönen 90er Rue de Chaux verkostet.
☛ Henri et Gilles Remoriquet, 25, rue de Charmois, 21700 Nuits-Saint-Georges, Tel. 80.61.08.17 ⵣ n. V.

DOM. THOMAS-MOILLARD
Les Richemones 1987*

■ 1er cru	0,6 ha	1 500	⫴ ↓ ☑ 🄵

Die Reblage befindet sich neben Nuits auf der Seite nach Vosne, an einem ziemlich steilen Hang in 275 m Höhe. Wenn Sie wissen wollen, was echter Wildgeruch ist, so wie man ihn bei der Rückkehr von der Jagd erlebt, und ein Geschmackseindruck, der an Unterholz erinnert, als wäre man selbst hindurchgekrochen, dann probieren sie diesen 87er. Normale, positive Entwicklung.
☛ Dom. Thomas-Moillard, chem. rural 29, 21700 Nuits-Saint-Georges, Tel. 80.62.42.12 ⵣ tägl. 10h-18h ; f. jan.-fév.

DOM. THOMAS-MOILLARD
Clos de Thorey 1989***

■ 1er cru	4 ha	20 000	⫴ ↓ ☑ 🄵

»Torus« , »Torey« , »Thorey« , der Name scheint gallo-romanischen Ursprungs zu sein. Gute Alterungsfähigkeit, was ganz dem Charakter dieser Reblage entspricht. Sehr dunkle, strahlende Farbe. Zurückhaltender Duft mit einer alkoholischen Note. Mineralischer Geschmack. Ein recht runder Wein ohne jegliche Rauheit, der bereits für den 86er eine besondere Empfehlung erhalten hat. Er wiederholt diese Leistung. Fabelhaft !
☛ Dom. Thomas-Moillard, chemin rural 29, 21700 Nuits-Saint-Georges, Tel. 80.62.42.12 ⵣ tägl. 10h-18h ; Jan. u. Febr geschlossen

DOM. CHARLES VIENOT
Les Damodes 1989*

■ 1er cru	k.A.	k.A.	⫴ ↓ 🄷

Allein sein Preis ruft eine gewisse Reserviertheit hervor, denn der Wein ist elegant, strahlend und voller Persönlichkeit. Femininer Schick und gute Lagerfähigkeit.
☛ Charles Viénot, 5, quai Dumorey, 21700 Nuits-Saint-Georges, Tel. 80.62.31.05 ⵣ Mo-Do 8h-12h 14h-18h (Fr bis 17h) ; Aug. u. letzte Dez.woche geschlossen

Côte de Nuits-Villages

Hinter Prémeaux wird das Anbaugebiet schmäler, bis es in Corgoloin nur noch etwa 200 m breit ist ; hier ist die Côte am schmälsten. Der »Berg«

wird niedriger; die Grenze der Appellation Côte de Nuits-Villages, die früher »Vins Fins de la Côte de Nuits« hieß, verläuft in der Höhe des Clos des Langres auf dem Gebiet von Corgoloin. Zwischen den beiden befinden sich zwei Gemeinden: Prissey, das mit Prémeaux verbunden ist, und Comblanchien, das für seinen (vom Handel fälschlicherweise als Marmor bezeichneten) Kalkstein berühmt ist, der in den Steinbrüchen gewonnen wird. Beide besitzen einige Anbaugebiete, die für eine kommunale Appellation geeignet wären. Aber da die Rebflächen der drei Gemarkungen für eine eigene Appellation zu klein sind, wurden Brochon und Fixin einbezogen, um die Appellation Côte de Nuits-Villages zu bilden, die pro Jahr etwa 5 000 hl erzeugt. Es gibt hier ausgezeichnete Weine zu erschwinglichen Preisen.

DOM. CHARLES ALLEXANT ET FILS
1989*

■		2 ha	8 000	❙❙❘ ↓ ☑ 2

Wenn man ihn sieht, denkt man an Kirschen am Baum. Das kräftige Bukett erinnert an Unterholz. Der Körper versteckt sich ein wenig, aber die Gesamtharmonie ist fehlerlos. Fruchtiges Aroma mit Feigennoten.
↳ Dom. Charles Allexant et Fils, Cissey, 21190 Merceuil, Tel. 80.21.46.86 ☎ n. V.

BOUCHARD AINE ET FILS
Les Chapelains 1989*

■		k.A.	16 000	❙❙❘ ☑ 3

Ein Duft wie ein wohltemperiertes Cembalo mit einer tiefen Farbe. Reife Früchte, Geschmeidigkeit, gute Nachhaltigkeit. *Nihil obstat!*
↳ Bouchard Aîné et Fils, 36, rue Sainte-Marguerite, 21203 Beaune, Tel. 80.22.07.67 ☎ tägl. sf sam. dim. 9h30-11h 14h30-16h30; f. août

BOUCHARD PERE ET FILS 1989

■		k.A.	k.A.	▮ ❙❙❘ ↓ 4

Dunkle, intensive Farbe, vollreife Früchte, gute Rundheit. Er wird zweifellos unter hervorragenden Voraussetzungen altern.
↳ Bouchard Père et Fils, Au Château, B.P. 70, 21202 Beaune Cedex, Tel. 80.22.14.41 ☎ n. V.

CHAMPY PERE ET FILS 1990**

■		k.A.	k.A.	❙❙❘ ☑ 4

Tadellose, strahlend granatrote Farbe. Ausgeprägter Geruchseindruck: vornehm, aus guter Familie, süße rote Früchte. Fülle und Tannine harmonieren perfekt miteinander. Kaum entwickelt. Man kann ihn unbesorgt lagern.
↳ Maison Champy Père et Cie, 5, rue du Grenier-à-Sel, 21200 Beaune, Tel. 80.22.09.98 ☎ n. V.

DOM. DU CHATEAU DE PULIGNY
1990

■		3,5 ha	16 000	❙❙❘ ☑ 4

Château de Puligny, das von Crédit Foncier de France übernommen worden ist, präsentiert einen 90er mit einer leichten Farbe, aber einem Duft, der von einer Holznote und roten Früchten geprägt ist. Geschmeidiger Geschmack. Ein zarter Wein, den man schon jetzt trinken kann.
↳ SCEA du Dom. du Château de Puligny, 21190 Puligny-Montrachet, Tel. 80.21.39.14 ☎ n. V.
↳ Crédit Foncier de France

DOM. BERNARD CHEVILLON ET FILS 1990*

■		4,36 ha	k.A.	❙❙❘ ☑ 3

Didier hat sich 1990 der Familie auf dem Gut angeschlossen. Dieser purpurrote 90er mit der Holznote erscheint unseren Juroren reich, gut im Fleisch und noch ziemlich jugendlich. Im letzten Jahr haben wir den 89er des Gutes besonders empfohlen.
↳ Dom. Bernard Chevillon et Fils, 21700 Corgoloin, Tel. 80.62.98.79 ☎ tägl.

CLAVELIER ET FILS 1990*

■		1,5 ha	4 000	❙❙❘ ☑ 3

Der 85er hat 1989 eine besondere Empfehlung erhalten. Schwarze Kirschen. Ein Wein, dessen Bukett die burgundische Subtilität in Erinnerung ruft. »Kräftig und dennoch verschlossen«, schrieb unsere Jury. Das soll vorkommen! Tanninreich, fleischig, feurig im Geschmack – was man eben als temperamentvoll bezeichnet.
↳ SA Maison Clavelier et Fils, rte de Beaune, 21700 Comblanchien, Tel. 80.62.94.11 ☎ n. V.

DOM. JEAN-JACQUES CONFURON
1989*

■		1,3 ha	6 000	❙❙❘ ↓ ☑ 3

Dieser 89er gibt ein gutes Bild von der Appellation: intensive Farbe, einnehmendes Aroma (rote Früchte), Tannine, die in rundes, geschmeidiges Fleisch eingelagert sind.
↳ Dom. Jean-Jacques Confuron, 21700 Prémeaux-Prissey, Tel. 80.62.31.08 ☎ n. V.

DOM. DESERTAUX-FERRAND
Les Perrières 1990*

□		0,47 ha	1 200	❙❙❘ ↓ ☑ 4

Der 90er und der 89er sind gleich gut, der erste ein Weißwein, der zweite ein Rotwein. Der 90er ist ein strahlend blaßgelber Wein mit einem sehr frischen Bukett, der eher angenehm als dauerhaft ist und seinen Höhepunkt fast erreicht hat.
↳ EARL Dom. Désertaux-Ferrand, Grand-Rue, 21700 Corgoloin, Tel. 80.62.98.40 ☎ tägl. 9h-12h 14h-20h

R. DUBOIS ET FILS 1989

■		3,35 ha	20 000	▮ ❙❙❘ ↓ ☑ 2

Einige gelbe Reflexe nisten sich in die Falten des purpurroten Rocks ein. Kräftiges Aroma: Alkohol und reife Früchte. Einschmeichelnd im Geschmack.
↳ Régis Dubois et Fils, 21700 Prémeaux-Prissey, Tel. 80.62.30.61 ☎ Mo-Sa 8h-11h30 14h-18h

FAIVELEY 1989★★

■ k.A. 5 000

Der Duft erinnert an einen Morgen im Wald, die Farbe an einen kostbaren Rubin. Schwungvolle Ansprache. Ein vollständiger Wein.
☞ Maison Jh. Faiveley, B.P. 9, 21702 Nuits-Saint-Georges Cedex, Tel. 80.61.04.55 ☏ n. V.

DOM. JEAN FERY ET FILS 1989★

■ 0,5 ha 2 400

Angenehmer, feiner Duft mit einer leichten Holznote über einem Aroma von eingemachten Früchten. Tanninreich, ein wenig trocknend, aber gut strukturiert und recht kräftig. Noch rauh, aber zu einer sehr guten Entwicklung fähig.
☞ Dom. Jean Féry et Fils, 21420 Savigny-lès-Beaune, Tel. 80.21.52.51 ☏ n. V.

DOM. FOUGERAY DE BEAUCLAIR 1989★★

■ k.A. k.A.

Bernard Clair ist einer der Teilhaber dieses Gutes, das auch Rebflächen in Bonnes-Mares besitzt. Ein Hauch von bemerkenswerter Vornehmheit : elegant und einschmeichelnd (reife Früchte). Dieser 89er erstaunt durch seine Länge und die Qualität seiner Tannine. Gute Vinifizierung.
☞ Dom. Fougeray de Beauclair, 44 et 89, rue de Mazy, 21160 Marsannay-la-Côte, Tel. 80.51.25.75 ☏ n. V.

DOM. GACHOT-MONOT 1989★

■ 2,96 ha 15 000

Ein 5,3 ha großes Familiengut. Vor zwei Jahren haben wir den 87er besonders empfohlen. Schöne, dunkelkirschrote Farbe. Klares und angenehmes, nicht sehr freigebiges Aroma. Solide Konstitution. Kurz gesagt : Muß noch lagern.
☞ Gachot-Monot, Gerland, 21700 Corgoloin, Tel. 80.62.50.95 ☏ n. V.

ALAIN GUYARD 1989★★

■ 1 ha 4 000

Die dunkelrubinrote Farbe besitzt erste Anzeichen von Entwicklung. Ein schöner Wein, der noch reifen muß. Fruchtiger, ziemlich reifer, ausgewogener und komplexer Duft. Im Geschmack schöner Stoff mit einer winzigen Holznote. Das alles stammt von Meisterhand.
☞ Alain Guyard, 10, rue du Puits-de-Têt, 21160 Marsannay-la-Côte, Tel. 80.52.14.46 ☏ n. V.

JOURDAN-GUILLEMIER 1989★

■ 2,8 ha 6 000

Dieser hübsche, ein wenig blumige Wein ist recht typisch für einen Pinot. Er besitzt im Geschmack Fruchtigkeit sowie Kraft und Geist, sprich Alkohol.
☞ Jean Jourdan-Guillemier, Grand-Rue, 21700 Corgoloin, Tel. 80.62.98.55 ☏ n. V.

ANDRE MILLOT 1988

■ k.A. k.A.

Wir haben einen 87er mit einem mineralischen Duft (in Comblanchien, dem französischen Carrara, nicht erstaunlich !) verkostet, der für den Jahrgang gelungen, aber trotzdem noch ver-

schlossen war. Dieser Wein besitzt eine für einen 88er leichte Farbe und ein schon etwas entwickeltes Bukett, das an Humus erinnert. Er ist angenehm zu trinken, was schließlich das wichtigste ist.
☞ André Millot, Grand-Rue, 21700 Comblanchien ☏ n. V.

JEAN-MARC MILLOT 1989

■ k.A. k.A.

Dieser hier seit 1981 ansässige Winzer besitzt auch Rebflächen im Gebiet von Savigny. Eher blasse rubinrote Farbe, während der Duft kräftig und klar ist. Wenig Fülle, aber Rundheit. Die Tannine sind am richtigen Platz.
☞ Jean-Marc Millot, Grand-Rue, 21700 Comblanchien, Tel. 80.62.92.43 ☏ n. V.

HENRI NAUDIN-FERRAND 1989★★

■ 1,46 ha 9 000

|86| 87 |88| |89|

In der Stunde des Käses, zu einem Epoisses oder einem Munster, werden Sie sicherlich diesen 89er schätzen. Klare Farbe, diskretes, aber ehrliches Bukett. Er hält im Geschmack alles, was er verspricht : Ausgewogenheit und Länge.
☞ Henri Naudin-Ferrand, 21700 Magny-lès-Villers, Tel. 80.62.91.50 ☏ n. V.

CHRISTINE PONSOT 1990★★

■ k.A. 12 000

PRODUIT DE FRANCE

Côte de Nuits Villages

APPELLATION CONTROLÉE

Elevé et mis en bouteille par
Christine Ponsot
à Fontaines (Saône & Loire) France

13% vol. 75 cl

Strahlende Farbe : ein herrlicher Wein. Im Duft entdeckt man Kirschen und schwarze Johannisbeeren und das neue Holzfaß. Zauberhafter Geschmack : fleischig, lebhaft und kräftig gebaut. Perfektion der Sekundäraromen. Muß noch im Keller lagern.
☞ Christine Ponsot, Manoir Blu, 71150 Fontaines, Tel. 85.91.41.77 ☏ Di-Sa 8h-12h 14h-18h ; 15. Juli-15. Aug. geschlossen

BERNARD PROTOT 1989★

■ 2,29 ha 5 400

Die Gesamtharmonie bleibt zwar beeinträchtigt, aber es handelt sich dabei ganz einfach um jugendliche Fehler, die mit der Zeit verschwinden werden. Voll, fruchtig, komplex. Ein 89er, der noch harmonisch werden muß.
☞ Bernard Protot, 21700 Prémeaux-Prissey, Tel. 80.62.35.13

REINE PEDAUQUE
Clos des Langres 1990★

| ■ | 3,14 ha | 16 000 | ◫ 4 |

Mit seinem sehr hübschen Winzerhaus markiert der Clos des Langres die Grenze zwischen der Côte de Nuits und der Côte de Beaune. Und dennoch neigen die Weine hier völlig zur Seite von Nuits, zumindest was den Duft (rote Früchte) betrifft. Angenehmer, runder und tanninreicher Geschmack. Ein 90er, den man noch für einige Zeit vergessen muß.

☛ Reine Pédauque, Le Village, 21420 Aloxe-Corton, Tel. 80.26.40.00 ☎ n. V.

ANTONIN RODET 1989★

| ■ | k.A. | 17 900 | ⅰ ☑ 3 |

Klarer Geruchseindruck : wenig, aber nicht sehr ausdrucksstark. Die Ansprache ist ein wenig abrupt, aber der Geschmack bewahrt seine Ausgewogenheit, so daß man eine günstige Entwicklung voraussehen kann.

☛ Antonin Rodet, 71640 Mercurey, Tel. 85.45.22.22 ☎ Mo-Fr 9h-12h30 13h30-18h

ROUX PERE ET FILS 1990

| ■ | k.A. | 2 900 | ◫ ☑ 3 |

Mittelrubinrote Farbe. Ein 90er, dessen Aroma sich zu entwickeln beginnt : in Richtung Tiergeruch und gekochte Früchte. Wenig Fülle, aber solide und ehrlich.

☛ Roux Père et Fils, 21190 Saint-Aubin, Tel. 80.21.32.92 ☎ n. V.

Côte de Beaune

Ladoix

Drei Weiler – Serrigny, nahe der Eisenbahnlinie, Ladoix, an der RN 74, und Buisson, am Ende der Côte de Nuits – bilden die Gemeinde Ladoix-Serrigny. Die kommunale Appellation heißt Ladoix. Der Weiler Buisson befindet sich genau am Schnittpunkt der Côte de Nuits und der Côte de Beaune. Die Verwaltungsgrenze reicht bis Corgoloin, aber der Hügel und die Rebflächen gehen etwas weiter. Jenseits des Tals von Magny, das diese Trennung markiert, beginnt der Corton-Berg, der weite Hänge mit Mergeleinschüssen besitzt und mit seinen Ost-, Süd- und Westlagen eines der schönsten zusammenhängenden Anbaugebiete der Côte darstellt.

Diese unterschiedlichen Lagen sind dafür verantwortlich, daß die Appellation Ladoix eine Vielzahl von Weintypen hervorbringt. Außerdem erzeugt sie Weißweine, die besser zu den Mergelböden aus dem Argovien passen ; das gilt beispielsweise für Les Gréchons, die geologisch ähnlich wie Corton-Charlemagne aufgebaut sind, aber weiter südlich liegen und eine weniger günstige Lage besitzen. Die Weine dieser Reblage sind sehr typisch. Mit selten mehr als 3 000 hl Rotweinen und 500 hl Weißweinen ist die Appellation Ladoix leider nicht sehr bekannt.

Eine weitere Besonderheit : Trotz einer günstigen Einstufung, die die Weinbaukommission von Beaune im Jahre 1860 vornahm, besaß Ladoix keine Premiers Crus. Dieses Versäumnis wurde vor kurzem von der INAO bereinigt : La Corvée und Le Clou d'Orge, deren Weine die Merkmale der Weine von der Côte de Nuits tragen, Les Mourottes (Basses und Hautes), deren Weine etwas wild im Stil sind, und Le Bois-Roussot, dessen Boden sich auf »Lavagestein« befindet, sind die wichtigsten dieser Premiers Crus.

DOM. CACHAT-OCQUIDANT ET FILS 1990★

| ■ | 3 ha | k.A. | ◫ ↓☑ 3 |

Lammfromme Tannine, die noch zusätzlich durch eine Karamelnote gemildert werden. Kirschrote Farbe. Erdbeerduft. Ein sehr angenehmer Wein.

☛ Dom. Cachat-Ocquidant et Fils, 21550 Ladoix-Serrigny, Tel. 80.26.45.30 ☎ Mo-Sa 9h-11h30 14h-19h

CAPITAIN-GAGNEROT
Les Gréchons 1990★

| □ | 0,65 ha | 4 200 | ◫ ↓☑ 5 |

»Ehrlichkeit ist meine Stärke« , lautet der Wahlspruch des Hauses. Dieser Wein gelobt Treue. Prächtige Farbe. Vanilleduft. Der Geschmack besitzt genau die richtige Rundheit und Säure. Man sollte ihn in drei bis vier Jahren gut gekühlt zu Muscheln oder Austern trinken.

☛ Capitain-Gagnerot, rte de Dijon, 21550 Ladoix-Serrigny, Tel. 80.26.41.36 ☎ n. V.

CHEVALIER PERE ET FILS
Les Gréchons 1990

| ☐ | 0,47 ha | 3 600 | ❙❙ ↓ ☑ 4 |

Georges und sein Sohn Claude bewahren die Tradition im Weiler Buisson, der die Grenze zwischen der Côte de Beaune und der Côte de Nuits markiert. Ein 90er, den eine leichte Säure unterstützt. Man sollte ihn gekühlt und ohne viele Umstände trinken.
➥ SCE Chevalier Père et Fils, Buisson, Cidex 18, 21550 Ladoix-Serrigny, Tel. 80.26.46.30 ☎ n. V.

DOM. CORNU 1989*

| ■ | 0,96 ha | k.A. | ❙❙ ☑ 3 |

Hübscher, aromatischer Duft mit einer zarten Holznote. Fülle und Rundheit und noch immer der recht harmonische Holzton. Dieser Ladoix schmeckt schon heute angenehm, aber er kann problemlos noch ein bis zwei Jahre lagern.
➥ Dom. Cornu, 21700 Magny-lès-Villers, Tel. 80.62.92.05 ☎ n. V.

DOM. EDMOND CORNU ET FILS
1989**

| ■ | | 3 ha | 6 000 | ❙❙ ↓ ☑ 3 |

Natürlich ist dieser Wein mit dem leicht pflanzlichen, sehr feinen Aroma lagerfähig. Ausgewogenheit, Konstitution, Länge : in jeder Hinsicht gut. Man sollte ihn vielleicht für ein Hähnchen in Ladoixwein aufheben.
➥ Edmond Cornu et Fils, 21550 Le Meix Gobillon, Tel. 80.26.40.79 ☎ n. V.

DOM. RAYMOND LAUNAY
Clou d'orge 1990*

| ☐ | 1,9 ha | 12 000 | ❙❙ ↓ ☑ 3 |

Man hatte recht, hier anstelle von Gerste Wein anzubauen. Schöne, strahlende Farbe. Der Duft beginnt mit geröstetem Brot und endet mit blumigen Noten. Etwas warme Ansprache aufgrund des Alkohols. Aber es sind alle Bestandteile eines lagerfähigen Weins vorhanden.
➥ Dom. Raymond Launay, rue des Charmots, 21630 Pommard, Tel. 80.24.08.03 ☎ n. V.

DOM. MAILLARD PERE ET FILS
Les Chaillots 1989

| ■ | 0,5 ha | 3 000 | ❙❙ ☑ 3 |

Die Farbe ist von mittlerer Intensität, aber das fruchtige Aroma ist heftig und leidenschaftlich. Die Tannine sind umgänglich. Schon gute Harmonie. Ein entwickelter 89er, den man jetzt trinken kann.
➥ Dom. Maillard Père et Fils, rue Joseph Bard, 21200 Chorey-lès-Beaune, Tel. 80.22.10.67 ☎ n. V.

DOM. MICHEL MALLARD ET FILS
Les Gréchons 1990***

| ☐ | 0,7 ha | 5 000 | ❙❙ ↓ ☑ 4 |

Ein Etikett, wie man es kaum mehr sieht. Es zeigt die geographische Karte des burgundischen Weinbaugebiets. Zu Beginn des Jahrhunderts gab es ziemlich häufig solche Etikette. Ein köstlicher, goldfarbener Gréchons mit einem prächtigen Bodengeschmack (Steine, danach Geräuchertes). Er ist noch jung, der Kleine, aber er wird seinen Weg machen. Perfekte Säure. Über die jetzigen

Befriedigungen hinaus verspricht er gute Zukunftsaussichten. Besondere Empfehlung im letzten Jahr für den 89er.
➥ GAEC du Dom. Michel Mallard et Fils, RN 74, 21550 Ladoix-Serrigny, Tel. 80.26.40.64 ☎ n. V.

DOM. MICHEL MALLARD ET FILS
Les Joyeuses 1989*

| ■ 1er cru | 0,4 ha | 2 400 | ❙❙ ↓ ☑ 3 |

Die Reblage Les Joyeuses ist die Verlängerung von Les Vergennes und Le Rognet in Richtung Magny-lès-Villers. Sie hat deshalb Ähnlichkeit mit ihnen. Rubinrote Farbe, fruchtiges Bukett. Das Tanninfundament ist so solide wie der Steinsockel von Ladoix. Ein jugendlicher Wein, der Eroberungen machen wird.
➥ GAEC du Dom. Michel Mallard et Fils, RN 74, 21550 Ladoix-Serrigny, Tel. 80.26.40.64 ☎ n. V.

BERNARD MARECHAL-CAILLOT
1990*

| ■ | 1,61 ha | 4 000 | ❙❙ ↓ ☑ 2 |

Das Wort »Ladoix« kommt von »dona« oder »douix« und meint eine Karstquelle, die wieder zutage tritt. Die Farbe erinnert an schwarze Kirschen. Ein Ladoix, dessen Aroma förmlich explodiert : schwarze Johannisbeeren und Himbeeren. Deutlich spürbare Tannine in einem monolithischen Körper, der sich in einigen Jahren entfalten wird.
➥ Bernard Maréchal-Caillot, rte de Chalon, 21200 Bligny-lès-Beaune, Tel. 80.21.44.55 ☎ tägl. 9h-12h 14h-18h

MOILLARD-GRIVOT 1990*

| ■ | k.A. | 12 000 | ❙❙ ↓ ☑ |

Der erste Kunde der Firma Moillard-Grivot stieg aus dem ersten Zug des PLM. Das war um die Mitte des 19. Jh. am Bahnhof von Nuits, aber solche Erinnerungen bleiben bestehen. Kräftige rote Farbe. Ein ehrlicher Wein, der gut anfährt, aber etwas außer Atem kommt. Aber Sie können ja von den Liebhabern der Dampfeisenbahn schlecht einen TGV verlangen !
➥ Moillard-Grivot, 2, rue François Mignotte, B.P. 6, 21701 Nuits-Saint-Georges Cedex, Tel. 80.62.42.00 ☎ tägl. 10h-18h ; Jan. u. Febr. geschlossen

HENRI NAUDIN-FERRAND
La Corvée 1989*

| ■ 1er cru | 0,56 ha | 3 500 | ❙❙ ☑ 3 |

Der Stil, das ist der Mensch – und manchmal ist es der Wein. Hier ein 89er, der den 200. Geburtstag der Revolution feiert : rot wie eine Jakobinermütze, ungeheuer konzentrierte rote Früchte, tanninreich im Stil eines Sansculotte. Wildschwein ? Käse aus Langres ? Das ist Ihr Problem, aber erst in zwei Jahren.
➥ Henri Naudin-Ferrand, 21700 Magny-lès-Villers, Tel. 80.62.91.50 ☎ n. V.

DOM. ANDRE ET JEAN-RENE
NUDANT Les Buis 1989**

| ■ | 0,98 ha | 5 000 | ❙❙ ↓ ☑ 3 |

Wir haben von diesem Gut einen schönen 89er

Corvée verkostet : stoffreich und seriös. Dieser Buis hier besitzt eine intensive rubinrote Farbe und ein konzentriertes Aroma zwischen Brombeeren und Himbeeren, das sich auf gute Tannine stützt. Einschmeichelnd. Trinken oder noch lagern.

🍷 Dom. André Nudant et Fils, B.P. 15, 21550 Ladoix-Serrigny, Tel. 80.26.40.48 ☎ n. V.

DOM. ANDRE ET JEAN-RENE NUDANT Les Gréchons 1990 * *

☐	0,6 ha	4 000	⑪ ↓ ☑ **3**

Die Reblage Les Gréchons schaut die ganze Welt von oben her an, aber man begreift auch leicht den Grund dafür : sie befindet sich ganz oben auf dem Hügel. Und sie haben gute Gründe dafür, sich etwas einzubilden. Dieser Wein ist angenehm und fein, harmonisch und fast trinkreif. Zu Jakobsmuscheln mit weißer Butter.

🍷 Dom. André Nudant et Fils, B.P. 15, 21550 Ladoix-Serrigny, Tel. 80.26.40.48 ☎ n. V.

Aloxe-Corton

Wenn man das als Corton und Corton-Charlemagne eingestufte Anbaugebiet abrechnet, nimmt die Appellation Aloxe-Corton einen geringen Teil in der kleinsten Gemarkung der Côte de Beaune ein. Sie erzeugt rund 4 000 hl und reicht etwas in die Gemarkungen Ladoix und Pernand hinein. Die Premiers Crus hier sind berühmt : Les Maréchaudes, Les Valozières und Les Lolières (Grandes und Petites) sind die bekanntesten.

In der Gemeinde gibt es einen lebhaften Weinhandel ; mehrere Châteaus mit wunderschönen glasierten Ziegeldächern ziehen die Blicke auf sich. Die Familie Latour besitzt hier ein prächtiges Gut, auf dem man unbedingt den Gärkeller aus dem letzten Jahrhundert besichtigen muß ; dieser bleibt weiterhin ein Musterbeispiel für die Vinifizierung in Burgund.

PIERRE ANDRE Les Chaillots 1990 *

■ 1er cru	1,2 ha	k.A.	⑪ ↓ **6**

Besondere Empfehlung 1987 für den 83er. Ein ziemlich heller Wein, der von einer sehr intensiven Fruchtigkeit geprägt ist. In der geschmacklichen Ansprache mangelt es ihm an Fülle, aber danach fängt er sich.

🍷 Pierre André, Ch. de Corton André, 21420 Aloxe-Corton, Tel. 80.26.44.25 ☎ tägl. 10h-18h

ARNOUX PERE ET FILS 1990 *

■	1 ha	5 500	⑪ ↓ ☑ **4**
78 79 82 |83| 84 **85** |87| 89 90			

Nachhaltige, intensive purpurrote Farbe. Der Zauber eines Duftes von vollreifen Früchten, die von würzigen Noten unterstützt werden. Pflanzliches Aroma im Geschmack. Seine Tannine müssen sich noch harmonisch einfügen, damit man diesen 90er in ein paar Jahren zu einem Braten trinken kann.

🍷 Dom. Arnoux Père et Fils, rue des Brenots, 21200 Chorey-lès-Beaune, Tel. 80.22.57.98 ☎ n. V.

JEAN-CLAUDE BOISSET 1989 *

■	k.A.	k.A.	⑪ ↓ ☑ **5**

Einer feurigen Farbe steht ein zurückhaltender Duft gegenüber. Dieser volle, geschmeidige 89er besitzt einen gut gebauten Zisterzienserkörper.

🍷 Jean-Claude Boisset, rue des Frères-Montgolfier, 21702 Nuits-Saint-Georges, Tel. 80.61.00.06

BOUCHARD PERE ET FILS 1989 *

■	k.A.	k.A.	🍶 ⑪ ↓ **5**

Rote Früchte auf der ganzen Linie, vom ersten Blick bis zum dritten Riecheindruck. Ausgewogen und angenehm. Exzellente Harmonie, auch wenn es ihm ein wenig an Struktur und geschmacklicher Länge fehlt.

🍷 Bouchard Père et Fils, Au Château, B.P. 70, 21202 Beaune Cedex, Tel. 80.22.14.41 ☎ n. V.

DOM. BOUDIER PERE ET FILS 1990 * * *

■	1,96 ha	5 000	⑪ **3**

»Ein Aloxe, der besser als ein Corton ist.« Man kann sich schwerlich ein schöneres Kompliment für diesen Erzeuger vorstellen, der auch weiße Aloxeweine produziert (es gibt ein paar davon !). Der Holzgeruch dringt sofort in die Nase, zusammen mit einem eleganten Aroma, das von Kaffee bis zu Vanille geht. Vollkommen ausgewogen. Dieser sehr schöne Wein ist der liebenswerteste Begleiter eines Coq au vin.

🍷 Pascal Boudier, 21420 Pernand-Vergelesses, Tel. 80.21.56.43 ☎ n. V.

DOM. CACHAT-OCQUIDANT ET FILS La Maréchaude 1990 *

■ 1er cru	16 ha	k.A.	⑪ ↓ ☑ **4**

Die Reblage La Maréchaude befindet sich am Anfang des Hangs, direkt vor Les Bressandes. Dieser Name stammt von keinem alten Marschall, sondern von einem sumpfigen Gelände (»marécageux«). Dunkelrote, spanisch getönte Farbe. Etwas entwickelter Duft. Ein sehr schöner Wein, der strukturiert und seriös ist. Man spürt die Trauben und den Alkohol.

🕭 Dom. Cachat-Ocquidant et Fils, 21550 Ladoix-Serrigny, Tel. 80.26.45.30 ☓ Mo-Sa 9h-11h30 14h-19h

CAPITAIN-GAGNEROT
Les Moutottes 1989

■ 1er cru	0,67 ha	3 500	◫ ↓ ☑ **6**

71 **72** 74 **76** |78||79| 80 |81||**82**||**83**||**85**| 86 |**87**| 88 |89|

Roger Capitain hat einen großen Keller bauen lassen. Die Steine für das Gewölbe stammen aus dem alten Gefängnis von Beaune. Hübsche rubinrote Farbe, Finesse und Eleganz. Leicht würziges Aroma mit einem Hauch von Unterholz. Aber er endet nach einem ziemlich ausgewogenen Geschmackseindruck etwas kurz.

🕭 Capitain-Gagnerot, rte de Dijon, 21550 Ladoix-Serrigny, Tel. 80.26.41.36 ☓ n. V.

MAURICE CHENU 1989

■	k.A.	k.A.	◫ ☑ **4**

Aroma von wilden Beeren und Waldfrüchten im Geschmack. Passabel.

🕭 Maurice Chenu, 28, rue Sylvestre-Chauvelot, 21200 Beaune, Tel. 80.22.73.13 ☓ tägl. 10h-12h 14h-18h

CHEVALIER PERE ET FILS 1989

■	1,42 ha	8 000	◫ ☑ **4**

Ein um 1885 von Emile Dubois geschaffenes Gut, das später von seinem Schwiegersohn Emile Chevalier vergrößert wurde. Ein 89er in seiner Entwicklungsphase, der eine leicht ziegelrote Farbe besitzt. Man muß seine Fruchtigkeit und seine Tanninhaltigkeit ohne weitere Lagerung genießen.

🕭 SCE Chevalier Père et Fils, Buisson, Cidex 18, 21550 Ladoix-Serrigny, Tel. 80.26.46.30 ☓ n. V.

RAOUL CLERGET 1987*

■	k.A.	k.A.	◫ ☑ **4**

Geschmeidigkeit und Eleganz charakterisieren diesen blaßroten 87er mit dem hübschen, feinen Duft, der sehr gefällig ist.

🕭 Raoul Clerget, 21190 Saint-Aubin, Tel. 80.21.31.73 ☓ n. V.

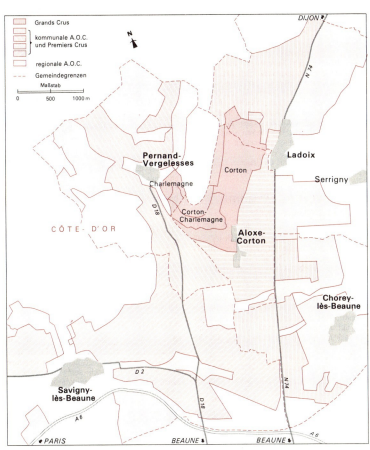

DOM. GOUD DE BEAUPUIS
Les Valozières 1988★★

■ 1er cru   k.A.   k.A.   🍶 ↓ ☑ 4

Eine Reblage, die sich neben Les Bressandes befindet. Ihr Wein entfaltet unter einer schönen, dunklen Farbe einen herrschaftlichen Duft. Er besitzt alle Vorzüge einer guten Alterung : Geschmeidigkeit, Fülle und Rückgrat. Aber die Holznote ist zu stark ausgeprägt und überdeckt die versprochene Komplexität.
☛ Dom. Goud de Beaupuis, Ch. des Moutots, 21200 Chorey-lès-Beaune, Tel. 80.22.20.63 🍷 tägl. 8h-19h ; f. jan.

CHRISTIAN GROS Les Lolières 1990★★★

■   0,16 ha   k.A.   🍶 ↓ ☑ 4

Ein 10 ha großes Familiengut, das sich im Laufe der Generationen vergrößert hat. In diesem Wein, der uns eine besondere Empfehlung wert ist, vereinen sich außergewöhnliche Qualitäten. Man weiß gar nicht, welcher man den Vorzug geben soll : der Farbe seines Kleids oder seinem strahlenden Aussehen, seinem Ledergeruch oder seinem fruchtigen Bukett, seiner kräftigen Struktur oder seiner ungeheuren Komplexität ! Natürlich alterungsfähig.
☛ Christian Gros, rue de La Chaume, 21700 Prémeaux-Prissey, Tel. 80.61.29.74 🍷 tägl. 9h-12h 14h-18h

DOM. ROBERT ET RAYMOND JACOB Les Valozières 1990★

■ 1er cru   0,35 ha   2 000   🍶 ↓ ☑ 4

Ein nach der Reblauskrise entstandenes Gut. Im letzten Jahr haben wir einen 88er Villages besonders empfohlen. Der 90er besitzt Rundheit und könnte hier ebenfalls aufgeführt werden (ein Stern), aber wir stellen lieber einen 90er Cru vor. Sehr hübsche Farbe, die man einfach bewundern muß. Etwas verschlossener Duft, der sich noch entfalten muß. Zwar fehlt ihm ein Hauch von Eleganz, aber er ist ein sehr füiliger Wein, der fest auf beiden Beinen steht und sich nichts vormachen läßt. Reizvolle Entwicklung, die man weiterverfolgen sollte.
☛ Dom. Robert et Raymond Jacob, Buisson, 21550 Ladoix-Serrigny, Tel. 80.26.40.42 🍷 n. V.

L'HERITIER-GUYOT 1990★★

■   k.A.   k.A.   🍶 ↓ 4

Intensive rubinrote Farbe. Der vollkommen typische Duft erinnert an Brombeeren, schwarze Johannisbeeren und Himbeeren. Der runde, kräftige Geschmack besitzt einen konsistenten, zarten Körper. Er könnte etwas mehr Säure vertragen, aber dennoch ist er ein Wein, der Struktur besitzt und sehr dem Modegeschmack entspricht.
☛ L'Héritier-Guyot, rue du Champ-aux-Prêtres, 21100 Dijon, Tel. 80.72.16.14

DOM. MAILLARD PERE ET FILS
1989

■   1 ha   6 000   🍶 ☑ 4

Auf dem Etikett sind zwei Engel zu sehen. Soll dies das Paradies sein ? Eingemachte Backpflaumen, leicht ziegelroter Schimmer. Ein Wein mit noch spürbaren Tanninen über einer ziemlich entwickelten Fruchtigkeit. Wird sich wahrscheinlich günstig entwickeln.
☛ Dom. Maillard Père et Fils, rue Joseph Bard, 21200 Chorey-lès-Beaune, Tel. 80.22.10.67 🍷 n. V.

DOM. J. E. MALDANT
Les Valozières 1989★★

■ 1er cru   1,2 ha   5 000   🍶 ↓ ☑ 4

Die Maldants bauen schon seit sehr langer Zeit Wein an. Als Jean-Ernest 1984 starb, sicherte seine Frau Françoise den Fortbestand des Gutes. Seit 1988 wird es von Sylvain Pitiot (Verfasser des *Atlas des grands vignobles de Bourgogne*) verwaltet. Dieser Wein besitzt eine intensive Farbe, der es aber an Glanzhelligkeit fehlt. Guter Stoff, ein Holzton, der nicht den Wein überdeckt, und schöne Aussichten für die kommenden fünf Jahre.
☛ Françoise Maldant, 27, Grand-Rue, 21200 Chorey-lès-Beaune, Tel. 80.22.11.94 🍷 n. V.

FRANCOIS MARTENOT 1988★

■   k.A.   3 000   🍶 ↓

Man hat Lust, ihm einen Kuß auf beide Wangen zu geben, so niedlich ist er ! Klare Farbe, hübscher Duft. Die Ansprache fällt zwar ein wenig ab, doch der Rest ist recht schwungvoll. Ein 88er, der sich in erstaunlicher Form befindet und ein gutes Alterungspotential besitzt.
☛ François Martenot, rue du Dr Barolet, ZI de Beaune-Vignolles, 21209 Beaune Cedex 09, Tel. 80.24.70.07 🍷 n. V.

DIDIER MEUNEVEAUX 1990

■   2,81 ha   10 000   🍶 ☑ 5

Rubinrote Farbe, Duft von schwarzen Johannisbeeren. Ein feiner, langer 90er, dem es ein wenig an Substanz fehlt, um das Gelbe Trikot anzustreben.
☛ Didier Meuneveaux, 21420 Aloxe-Corton, Tel. 80.26.42.33 🍷 n. V.

MOMMESSIN 1989★★

■   k.A.   k.A.   🍶 ↓

Hätte sich Voltaire abfällig über diesen Wein geäußert, so hätte er über diesen 89er schreiben können : »Er hat nicht wenig Überzeugungskraft, man muß verführen können.« Denn er verführt in einem eroberungslustigen Stil, indem er seine Muskeln spielen läßt. Intensive granatrote Farbe, fruchtiger Duft (Kirschen und Pflaumen) und sinnlicher Geschmack. Struktur und Reichtum des Mostes. Ein 89er, der sich sehr gut verkauft.

🗝 Mommessin, La Grange Saint-Pierre, 71850 Charnay-lès-Mâcon, Tel. 85.34.47.74 Ῑ n. V.

PAULANDS 1989

■ k.A. 3 000 ⓘ Ⅴ 5

Leicht, aber fehlerlos. Im Geschmack hinterläßt er einen leicht bitteren Eindruck. Dennoch ist das kein Grund, ihn nicht aufzuführen.
🗝 Paulands, RN 74, 21420 Aloxe-Corton, Tel. 80.26.41.05 Ῑ tägl. 8h-12h 14h-18h

PICARD PERE ET FILS 1989

■ k.A. k.A. ⓘ 5

Er sammelt zwar keine Reichtümer, aber man findet in diesem Wein viele gute Eigenschaften : ziemlich intensive Farbe, aromatischer Duft (eingemachte rote Früchte), deutlich spürbare Tannine.
🗝 Picard Père et Fils, rte de Saint-Loup-de-la-Salle, B.P. 51, 71150 Chagny, Tel. 85.87.07.45

RAPET PERE ET FILS 1989**

■ 2,5 ha 5 000 ⓘ ↓ Ⅴ 4

Diese Familie bewahrt ein von 1792 stammendes Tastevin, in das ihr Name eingraviert ist. Hier nun der Wein zum 200. Geburtstag der Französischen Revolution. Granatrote Farbe. *Allons enfants !* Die Tannine beginnen sich über einem gut strukturierten Aroma von roten Früchten zu differenzieren. Ein sehr guter 89er.
🗝 Rapet Père et Fils, 21420 Pernand-Vergelesses, Tel. 80.21.50.05 Ῑ n. V.

REINE PEDAUQUE 1990

■ 1er cru 1,02 ha 5 300 ⓘ 5

Hinter einem nicht sehr mitteilsamen Duft entdeckt man ein gutes Tanningerüst. Struktur und Enthusiasmus, aber in einem kraftvollen Stil, der sich mit dem Alter mildern sollte.
🗝 Reine Pédauque, Le Village, 21420 Aloxe-Corton, Tel. 80.26.40.00 Ῑ n. V.

Pernand-Vergelesses

Das Dorf Pernand liegt an der Vereinigung von zwei Tälern ganz nach Süden. Es ist vermutlich der am stärksten vom Weinbau geprägte Ort der Côte. Schmale Gassen, tiefe Keller, Hänge mit Reben, großherzige Menschen und Weine voller Feinheit haben ihm einen guten Ruf eingebracht, zu dem einige alte burgundische Familien viel beigetragen haben. Rund 3 000 hl Rotweine werden hier erzeugt ; der berühmteste Premier Cru ist dabei zu Recht der Ile des Vergelesses, ein Wein voller Feinheit. Außerdem stellt man hier ausgezeichnete Weißweine her (ca. 1 500 hl).

DOM. CACHAT-OCQUIDANT 1990*

■ 30,42 ha k.A. ⓘ ↓ Ⅴ 3

Pernand bewahrt das Andenken an Jacques Copeau, den Erneuerer des französischen Theaters und Gründers der NRF (Nouvelle Revue française). Dieser Wein hat den ganzen Charme und die ganze Frische der jüngen Komödianten, die Copeau hier vor mehr als einem halben Jahrhundert um sich sammelte. Dunkelrubinrote Farbe, noch fester Duft von Beeren und feinem Holz und guter Biß. Sein typischer Charakter ist hervorragend. Eher überschwenglich als tief.
🗝 Dom. Cachat-Ocquidant et Fils, 21550 Ladoix-Serrigny, Tel. 80.26.45.30 Ῑ Mo-Sa 9h-11h30 14h-19h

CHAMPY PERE ET FILS
Les Fichots 1990

■ 1er cru k.A. k.A. ⓘ Ⅴ 4

Dunkelrote Farbe mit bläulichrotem Schimmer : der Morgenmantel eines Malers. Ziemlich entwickelter Duft von gekochten Früchten. Die Tannine sind spürbar, aber sie stören nicht. Im Geschmack findet man das Aroma von gekochtem Obst wieder.
🗝 Maison Champy Père et Cie, 5, rue du Grenier-à-Sel, 21200 Beaune, Tel. 80.22.09.98 Ῑ n. V.

DOM. CHANDON DE BRIAILLES
Ile des Vergelesses 1989*

■ 1er cru 3,27 ha 15 000 ⓘ ↓ Ⅴ 5

Wollen Sie einen der schönsten Gärten Burgunds kennenlernen, der im französischen Stil des 18. Jh. gehalten ist und sich neben einem wunderschönen Gebäude befindet ? Dann besuchen Sie dieses Gut. Eine Lammkeule wird sich in diesen hellrubinroten Wein mit dem sehr frischen, vornehmen Aroma und den einschmeichelnden Tanninen verlieben. Die englische Königinmutter war hier 1976 zu Besuch.
🗝 Dom. Chandon de Briailles, rue Sœur-Goby, 21420 Savigny-lès-Beaune, Tel. 80.21.52.31 Ῑ n. V.
🗝 de Nicolay

CHANSON PERE ET FILS
Les Vergelesses 1989*

■ 1er cru 5,31 ha 13 000 ⓘ ↓ Ⅴ 4

Von diesem Weinhändler haben wir einen weißen 90er Caradeux probiert, der nach Zitronen duftet und dem es aufgrund seiner Jugend noch an Ausdruckskraft mangelt, der aber dennoch einen Stern verdient. Die gleiche Note erhält auch dieser vielversprechende Vergelesses, der ein Abgesandter des Jahrgangs 1989 ist. Schon harmonische Tannine. Hervorragende Zukunftsaussichten.
🗝 Chanson Père et Fils, 10, rue Paul Chanson, 21200 Beaune, Tel. 80.22.33.00 Ῑ n. V.

CHARTRON ET TREBUCHET 1990*

□ k.A. 4 000 ⓘ Ⅴ 4

Louis Trébuchet ist ein Absolvent des Polytechnikums, der in der Stadtverwaltung von Beaune mit der wirtschaftlichen Entwicklung betraut ist. Zusammen mit Jean Chartron präsentiert er hier einen zarten, delikaten und kostbaren 90er. Blaßgoldene Farbe. Er spielt eher Mozart als Wagner. Im nachhaltigen Abgang findet man den notwendigen Hauch von Säure. Recht repräsentativ.

☛ Chartron et Trébuchet, 13, Grand-Rue, 21190 Puligny-Montrachet, Tel. 80.21.32.85 ⛤ n. V.

DOM. CORNU   1989**

| ■ | k.A. | k.A. | ⬤ ☑ 2 |

Zart und komplex, fruchtig und jugendlich für einen 89er (rauchige Note). Ein Wein, der seinen Höhepunkt in zwei bis drei Jahren erreichen dürfte.

☛ Dom. Cornu, 21700 Magny-lès-Villers, Tel. 80.62.92.05 ⛤ n. V.

R. DENIS PERE ET FILS   1990

| □ | 0,5 ha | 3 000 | ⬤ ↓ ☑ 3 |

Holz und Blumen, Fülle und Lebhaftigkeit, gelbe Farbe und Glanzhelligkeit – alles ist hier ausgewogen. Der Geschmackseindruck endet jedoch mit einem Ausrufezeichen, während wir lieber Auslassungspunkte gesehen hätten ...

☛ R. Denis Père et Fils, Chem. des Vignes blanches, 21420 Pernand-Vergelesses, Tel. 80.21.50.91 ⛤ n. V.

DOM. DOUDET-NAUDIN
Les Fichots 1990**

| ■ 1er cru | 0,6 ha | 2 800 | ⬤ ↓ ☑ 3 |

Dunkelgranatrote Farbe. Ein für den Jahrgang klassischer und für die Pinotrebe einschmeichelnder Pernand, bei dem Fruchtigkeit und Holzton harmonieren. Im Geschmack erinnert das Aroma an Kirschen, die am Baum hängen. Dezente, aber wirkungsvolle Tannine. Sehr vernünftiger Preis.

☛ Dom. Doudet, 1, rue Henri Cyrot, 21420 Savigny-lès-Beaune, Tel. 80.21.51.74 ⛤ n. V.

DOM. ANTONIN GUYON   1990*

| □ | 1,13 ha | 7 000 | ⬤ ↓ ☑ 4 |

Dieser 90er verfolgt geradlinig seinen Vorsatz. Wenn Sie nicht wissen, was empyreumatisch bedeutet, sehen Sie im Glossar am Ende unseres Weinführers nach oder stecken Sie Ihre Nase in ein Glas mit diesem Wein ! Sie entdecken darin Noten von Leder und Geräuchertem. Harmonie und Nachhaltigkeit. Es gibt nichts daran zu kritisieren.

☛ Antonin Guyon, 21420 Savigny-lès-Beaune, Tel. 80.67.13.24 ⛤ n. V.

DOM. DOMINIQUE GUYON
Les Vergelesses 1988**

| ■ 1er cru | 0,58 ha | 3 500 | ⬤ ↓ ☑ 4 |

Die Weine der Reblage Les Vergelesses besitzen oft diese Frische, die bis zur Heirat vorhält : rubinrote Farbe und Kirschduft. Sehr schwungvoller und recht voller Geschmack, der unmittelbaren Genuß bereitet. Goldene Hochzeit ? Das wäre etwas viel verlangt, aber vier bis fünf Jahre lang wird er Ihnen ein wundervoller Ehepartner sein. Beachten sollte man noch, daß es sich um einen 88er handelt, der zu einem maßvollen Preis verkauft wird.

☛ Dom. Dominique Guyon, 21420 Savigny-lès-Beaune, Tel. 80.67.13.24 ⛤ n. V.

LOUIS JADOT   1989

| □ | k.A. | 15 000 | ⬤ ☑ 4 |

Recht klare, kräftige goldene Farbe. Ein sehr verschlossener Pernand, der sich jedoch im Geschmack als ziemlich voll, ausgewogen und nachhaltig enthüllt.

☛ Maison Louis Jadot, 5, rue Samuel Legay, B.P. 117, 21203 Beaune Cedex 3, Tel. 80.22.10.57 ⛤ n. V.

ROGER JAFFELIN ET FILS   1990**

| ■ | 0,8 ha | 2 000 | ⬤ ☑ 3 |

Monique und Roger Jaffelin haben sich hier 1950 niedergelassen und ihr Gut nach und nach vergrößert. Abendkleid für ein zärtliches Tête-à-tête : sehr intensive purpurrote Farbe. Ein Pernand mit einem für das Anbaugebiet recht typischen Duft : rote Früchte. Dieser wohlausgewogene Wein steht mit den Beinen fest auf der Erde und hat eine schöne Zukunft vor sich.

☛ SCE Roger Jaffelin et Fils, 21420 Pernand-Vergelesses, Tel. 80.21.52.43 ⛤ tägl. 8h-19h

PIERRE MAREY ET FILS   1990**

| □ | 1,76 ha | 6 000 | ⬤ ↓ ☑ 3 |

Ein echter Familienchardonnay, der vom neuen Holzfaß geprägt wird. Er entfaltet eher Finesse als Kraft, bewahrt dabei jedoch in jeder Hinsicht vollkommene Ausgewogenheit.

☛ Pierre Marey et Fils, 21420 Pernand-Vergelesses, Tel. 80.21.51.71 ⛤ n. V.

ALBERT PONNELLE
Les Vergelesses 1988*

| ■ 1er cru | k.A. | k.A. | ⬤ ☑ 7 |

Dieser 88er Vergelesses mit der strahlend purpurroten Farbe versteht es wunderbar, das Vergnügen des Wartens zu verlängern. Der Duft hat über seinen würzigen Noten nichts von seiner Fruchtigkeit verloren. Der Geschmack bewahrt eine hübsche Frische. Die Qualität der Tannine garantiert eine zufriedenstellende Entwicklung.

☛ Albert Ponnelle, 38, fg Saint-Nicolas, 21200 Beaune, Tel. 80.22.00.05 ⛤ n. V.

DOM. RAPET PERE ET FILS   1990**

| □ | 1,5 ha | 4 000 | ⬤ ☑ 3 |

»Wer Pernand sieht, ist noch lange nicht dort« , hieß es früher. Denn man muß noch eine ordentliche Wegstrecke zurücklegen, bevor man das Dorf erreicht. Dieser Wein ist dennoch sehr zugänglich. Blaßgoldene Farbe, frischer, fesselnder Duft und schöne Holznote. Lebhafte Ansprache, schöne Länge. In ein paar Jahren wird alles perfekt sein.

☛ Rapet Père et Fils, 21420 Pernand-Vergelesses, Tel. 80.21.50.05 ⛤ n. V.

CH. DE SANTENAY   Les Fichots 1990*

| ■ 1er cru | k.A. | k.A. | ⬤ 5 |

Vielfarbige Dächer mit zahllosen burgundischen Ziegeln – das ist das Schloß von Philipp dem Kühnen in Santenay. Schauen wir, was uns das Château de Santenay diesmal bietet ! Kirschrote Farbe. Ein ziemlich kräftig gebauter Wein mit solidem Körper. Alterungsfähigkeit garantiert. Das Aroma ist von äußerster Zurückhaltung.

🔑 Paul Pidault, 21590 Santenay, Tel. 80.20.61.87
Ỵ Mo-Fr 8h-12h 13h30-17h

Corton

Der »Corton-Berg« besteht vom geologischen Standpunkt und damit unter dem Aspekt der Böden sowie der Weintypen aus verschiedenen Stufen. Er ist mit Wald bedeckt, der auf hartem Kalkstein aus dem Rauracien (oberes Oxford) wächst. Der Arvogienmergel läßt auf mehreren zehn Metern helle Lehmböden zutage treten, die günstig für die Erzeugung von Weißweinen sind. Darunter liegt die »Perlmuttplatte« , fossiler Muschelschill mit großen Muschelschalen, auf der sich Braunerdeböden entwikkelt haben, die die Produktion von Rotweinen begünstigen.

Der Name der Reblage wird mit der Appellation Corton verbunden, die für Weißweine benutzt werden kann, aber vor allem für Rotweine bekannt ist. Die Bressandesweine werden auf roten Böden erzeugt, die ihnen Kraft und gleichzeitig auch Finesse verleihen. Dagegen liefern die hellen Böden im oberen Teil der Lagen Les Renardes, Les Languettes und Clos du Roy bei den Rotweinen kräftig gebaute Weine, die bei der Alterung wilde Noten von Tiergeruch annehmen. Diesen Charakter findet man auch bei den Mourotteweinen von Ladoix. Der Corton ist mengenmäßig der bedeutendste Grand Cru : rund 2 500 hl.

PIERRE ANDRE Combes 1990★★

■ Gd cru 0,6 ha 2 400 ⓘ ↓ 7

Der Kanonikus Kir segnet im Himmel den Johannisbeerduft dieses Weins, dessen Kleid zwischen dem Gewand eines Bischofs und dem eines Kardinals schwankt. Im angenehmen Geschmack erinnert er an Früchte. Leichte Röstnote : Holzton und sogar Gebratenes. Ein noch jugendlicher 90er, den man bis 1995 lagern sollte.
🔑 Pierre André, Ch. de Corton André, 21420 Aloxe-Corton, Tel. 80.26.44.25 Ỵ tägl. 10h-18h

PIERRE ANDRE Les Pougets 1989★

■ Gd cru 2 ha 6 500 ⓘ ↓ 7

Ein im Süden des Hügels gelegener Weinberg, der sich in der Nähe des Corton-Charlemagne befindet. Daher auch sein bezaubernder, zarter Charakter, der sich bei diesem Wein bestätigt. Ziemlich schlichte Farbe, kühner, holzbetonter Duft, angenehmer Geschmack. Der Gesamteindruck ist zufriedenstellend, aber dieser 89er kann nicht lange altern. Man muß dieses Vergnügen sofort genießen.
🔑 Pierre André, Ch. de Corton André, 21420 Aloxe-Corton, Tel. 80.26.44.25 Ỵ tägl. 10h-18h

ARNOUX PERE ET FILS Le Rognet 1989

■ Gd cru 0,33 ha 1 800 ⓘ ↓ V 6

Schöne purpurrote Farbe. Noch verschlossen, aber fähig, sich eines Tages zu entfalten. Ein fast brutaler, sehr tanninreicher und kräftig gebauter Wein, bei dem man wohlgemut darauf wartet, daß er milder wird.
🔑 Dom. Arnoux Père et Fils, rue des Brenots, 21200 Chorey-lès-Beaune, Tel. 80.22.57.98
Ỵ n. V.

BOUCHARD PERE ET FILS 1989★★

■ Gd cru 3,6 ha 16 000 ⓘ ↓ 7

Dieser Corton duftet nach Œufs meurettes (poschierte Eier in Rotweinsauce). Allein schon beim Riechen bekommt man Lust, sich zum Essen einzuladen. Intensive granatrote Farbe. Er bietet ein offenes, klares Bukett. Hervorragende Vinifizierung. Auch wenn der Stoff nicht für eine besondere Empfehlung ausreicht, ist er dennoch sehr verführerisch.
🔑 Bouchard Père et Fils, Au Château, B.P. 70, 21202 Beaune Cedex, Tel. 80.22.14.41 Ỵ n. V.

DOM. CACHAT-OCQUIDANT ET FILS Clos des Vergennes 1990★★

■ Gd cru 1,42 ha k.A. ⓘ ↓ V 5

86 |87| 88 **90**

Dr. Morelot führte Vergennes 1831 unter den besten Reblagen von Aloxe auf. Eine Hommage an die Familie aus Dijon, die Ludwig XIV. einen großen Außenminister schenkte ? Das ist nicht sicher. 1991 haben wir den 87er besonders empfohlen. Bischofssoutane und Duft eines Domherrn : reichhaltig, auf solide Tugenden gestützt, leicht holzig und ein wenig pfeffrig. Er besitzt viel Reserven, ein großes Alterungspotential und den apostolischen Segen.
🔑 Dom. Cachat-Ocquidant et Fils, 21550 Ladoix-Serrigny, Tel. 80.26.45.30 Ỵ Mo-Sa 9h-11h30 14h-19h

CAPITAIN-GAGNEROT Les Renardes 1989★

■ Gd cru 0,33 ha 1 600 ⓘ ↓ V 7

Ein animalischer, kräftiger und holziger Corton, wenn man seinen Geruch einatmet. Beim Trinken wird aus dem Wolf ein Lamm. Die Ansprache ist mild, zart, harmonisch und fein. Ein Wein, der das Glas wunderbar ausfüllt.
🔑 Capitain-Gagnerot, rte de Dijon, 21550 Ladoix-Serrigny, Tel. 80.26.41.36 Ỵ n. V.

DOM. CHANDON DE BRIAILLES 1989

□ Gd cru 0,4 ha 2 000 ⓘ ↓ V 7

Ihre Hoheit, die englische Königinmutter, hat diesen angesehenen Keller besucht. Sie war Gast des Grafen Aymard de Nicolay, eines Enkels der Comtesse Chandon de Briailles, die mit dem Haus Moët et Chandon verwandt ist. Deshalb sind die Erwartungen sofort ziemlich hoch angesetzt. Überquert dieser Corton die Latte im ersten Versuch? Wirklich nicht. Dennoch sind seine weißgoldene Farbe, seine aromatische Kraft und sein feiner Bau vom niederen Volk weit entfernt. Man sollte ihn in diesem oder im kommenden Jahr trinken.

🐓 Dom. Chandon de Briailles, rue Sœur-Goby, 21420 Savigny-lès-Beaune, Tel. 80.21.52.31 � n. V.

🐓 de Nicolay

CHANSON PERE ET FILS
Vergennes 1990*

□ Gd cru	0,12 ha	600	⫴ ↓ Ⅴ 7

Mineralische Noten, Limetten, ein faszinierender Duft. Die Aggressivität geht auf die überschäumende Kraft des Jahrgangs zurück. Die Farbe ist nicht sehr kräftig. Ein Vergennes, den man ohne zu zögern wählen kann, aber erst in ein paar Jahren öffnen darf, um sich über seine Entwicklung zu vergewissern. Das ist das Risiko der Wette von Pascal.

🐓 Chanson Père et Fils, 10, rue Paul Chanson, 21200 Beaune, Tel. 80.22.33.00 �'丄 n. V.

MAURICE CHAPUIS Perrières 1989

■ Gd cru	1,06 ha	3 200	⫴ Ⅴ 5

Claude Chapuis, der Bruder von Maurice, ist der Verfasser mehrerer Werke über den Weinbau und den Wein, unter allem über den »Corton« im *Grand Bernard des Vins de France*. Die Weine der Perrièreslage, die oft als feminin beurteilt werden, erscheinen hier hart wie der Kalkstein der Côte. Alkoholische Stärke, Faßgeschmack, sehr robust gebauter Geschmack.

🐓 Maurice Chapuis, 21420 Aloxe-Corton, Tel. 80.26.40.99 ⍀丄 n. V.

CHEVALIER PERE ET FILS
Le Rognet 1989**

■ Gd cru	0,53 ha	2 700	⫴ Ⅴ 6

|78| |79| |80| |81| |82| 83 |84| 85 |86| |87| 88 89

Georges und Claude führen die Tradition ihres Familiengutes fort, das 10 ha Rebflächen umfaßt, davon einen halben Hektar für diesen Wein. Er entfaltet sich wie die Gerüche eines Jagdausflugs : Unterholz, Wild, etwas wilde, moschusartige Noten. Im Abgang entdeckt man eine mineralische Note und eine Frische, die auf eine hervorragende Entwicklung schließen läßt. Typisch und lagerfähig.

🐓 SCE Chevalier Père et Fils, Buisson, Cidex 18, 21550 Ladoix-Serrigny, Tel. 80.26.46.30 ⍀丄 n. V.

DOM. CORNU 1989*

■ Gd cru	0,61 ha	k.A.	⫴ Ⅴ 5

|85| 86 87 88 |89|

Der Großvater dieses Winzers lieferte seinen Corton an Maurice Chevalier. Dieser hellrubinrote 89er ist leicht wie ein Chanson. Elegantes Pariser Kleid, sicherer Gang, ausgeprägte Tannine. Ein einschmeichelnder Wein, der schon trällert und dessen Refrain im Gedächtnis haften bleibt.

🐓 Dom. Cornu, 21700 Magny-lès-Villers, Tel. 80.62.92.05 ⍀丄 n. V.

DOM. E. CORNU ET FILS
Bressandes 1989

■ Gd cru	0,57 ha	2 000	⫴ Ⅴ 5

Dieser 89er müßte sich stärker enthüllen, damit man seinen wahren Wert beurteilen kann. Die Jury fand ihn noch viel zu streng. Die Säure ist vorhanden und dominiert noch über die als ziemlich gut beurteilte Ausgewogenheit. Und nun zum Wein selbst : ein lebendiger Körper, der alle Genüsse versprechen müßte, wenn alle Parameter einer guten Entwicklung berücksichtigt werden.

🐓 Edmond Cornu et Fils, 21550 Le Meix Gobillon, Tel. 80.26.40.79 ⍀丄 n. V.

JOSEPH FAIVELEY Clos des Cortons 1989

■ Gd cru	2,98 ha	14 000	⫴ ↓ Ⅴ 7

71 72 (78) |79| |80| 81 82 83 85 |86| 88 |89|

Schon 1864 war die Bezeichnung »Clos des Cortons« im Gebrauch. Die Richter in Dijon legten jedoch 1930 fest, der Name der Besitzer müsse bei der Bezeichnung erscheinen, um jede Verwechslung zu vermeiden. Ein entwickelter Corton, den man in drei Jahren trinken kann. Und für die Puristen der Grands Crus : ziegelrote Verfärbung, kräftiges Aroma von reifen Früchten, sehr harmonische Ausgewogenheit und Länge. Trotzdem ein recht einschmeichelnder 89er.

🐓 Maison Jh. Faiveley, B.P. 9, 21702 Nuits-Saint-Georges Cedex, Tel. 80.61.04.55 ⍀丄 n. V.

DOM. ANTONIN GUYON
Clos du Roy 1988*

■ Gd cru	k.A.	k.A.	⫴ ↓ Ⅴ 6

Ein Wein, den man von Zeit zu Zeit in seinem Keller liebkosen möchte, wenn man daran denkt, was für einen Genuß er einmal bereiten wird. Heute besitzt er eine lebhafte, hübsche Farbe und leicht würziges Vanille- und Pfefferaroma und einen langen, nachhaltigen Geschmack. Aber in diesem Alter heiratet man einen 88er nicht. Man verlobt sich lediglich.

🐓 Antonin Guyon, 21420 Savigny-lès-Beaune, Tel. 80.67.13.24 ⍀丄 n. V.

HOSPICES DE BEAUNE
Cuvée Dr Peste 1989

■ Gd cru	k.A.	k.A.	⫴ 7

Ein 89er Hospices de Beaune. Von den 29 Fässern dieser Cuvée sind zehn für 57 000 F pro Faß von Reine Pédauque sowie mehreren Partnern, wie etwa Hi Roya in Tokio und der Brasserie du Pacifique in Papeete, ersteigert worden. Bei der Farbe mangelt es der Cuvée Docteur-Peste etwas an Feuer, aber dafür besitzt sie ein sehr schönes männliches Bukett. Die gute Ansprache macht festen Tanninen Platz.

🐓 Reine Pédauque, Le Village, 21420 Aloxe-Corton, Tel. 80.26.40.00 ⍀丄 n. V.

DOM. ROBERT ET RAYMOND JACOB Les Carrières 1990

■ Gd cru	0,23 ha	1 300	⫴ ↓ Ⅴ

|84| |86| |87| 90

Die Reblage Les Carrières befindet sich auf dem Gebiet von Ladoix, neben der Lage Le Rognet de Corton, ziemlich weit oben. Beachten Sie, daß es sich um einen 90er handelt ! Er ist noch jugendlich, wie es der sehr frische Duft mit dem sehr deutlich spürbaren Traubenaroma zeigt. Der Geschmack wird von roten Früchten geprägt, aber es mangelt ihm etwas an Länge. Die Tannine und die Ausgewogenheit versprechen dennoch eine schöne Zukunft.

☞ Dom. Robert und Raymond Jacob, Buisson, 21550 Ladoix-Serrigny, Tel. 80.26.40.42 ⚘ n. V.

DOM. MAILLARD PERE ET FILS
Renardes 1989

■ Gd cru	1,5 ha	k.A.	❙❙❙	☑	5

Ein 17 ha großes Gut, das 1952 von Daniel Maillard aufgebaut wurde und Rebflächen in sechs Gemarkungen besitzt. Leicht gebaut, aber ausgewogen und mit milden Tanninen ausgestattet. Der Duft ist einschmeichelnd, während der Geschmack nicht sehr überschwenglich ist. Ein intensiv roter Wein, der zu dem entsprechenden Fleisch paßt.

☞ Dom. Maillard Père et Fils, rue Joseph Bard, 21200 Chorey-lès-Beaune, Tel. 80.22.10.67 ⚘ n. V.

JEAN-ERNEST MALDANT
Renardes 1988*

■ Gd cru	0,5 ha	1 800	❙❙❙	↓	☑	5

Es gibt in Burgund Weine, die einen »fuchsigen« Geschmack haben. Les Cazetiers in Gevrey beispielsweise, und natürlich Renardes im Cortongebiet. Man spürt hier stellenweise den etwas wilden Geschmack und den Geruch dieses Hühnerdiebs. Ein sehr schöner Jahrgang, der aber lange lagern muß. Es fällt schwer, ihm heute die gebührende Ehre zuteil werden zu lassen, die er später einmal sicherlich erfährt. Er präsentiert sich gut und hält hinsichtlich des Buketts seine Fensterläden geschlossen. Er besitzt wirklich das Potential, um in Würde zu altern. Die Tannine sind von seltener Qualität.

☞ Françoise Maldant, 27, Grand-Rue, 21200 Chorey-lès-Beaune, Tel. 80.22.11.94 ⚘ n. V.

DOM. MICHEL MALLARD ET FILS
Les Maréchaudes 1989**

■ Gd cru	0,3 ha	1 800	❙❙❙	↓	☑	6

Die ganze Seele eines großen Corton, der in ein purpurrotes Gewand gehüllt ist und seine Rasse zum Ausdruck bringt. Saint-Simon sollte seinen Steckbrief vorlesen : geistreich und reich ausgestattet, eloquent, gewichtig und anmutig, sehr beharrlich und kontaktfreudig. Ein wirklich anständiger Mensch hat nicht mehr Verdienste.

☞ GAEC Dom. Michel Mallard et Fils, RN 74, 21550 Ladoix-Serrigny, Tel. 80.26.40.64 ⚘ n. V.

DOM. MEO-CAMUZET
Clos Rognet 1989***

■ Gd cru	0,45 ha	1 500	❙❙❙	↓	6

Die reizendste Farbe, die man sich vorstellen kann : schillernd. Dieser 89er, der eher dem Ancien régime entstammt, entfaltet eine weinigholzigen Duft. Dennoch ist die Ansprache imposant, eines großen Corton würdig. Nach einer hübschen Tanninempfindung schlägt der Geschmack das »Pfuenrad« . Jugendlichkeit, Schönheit, Reichhaltigkeit. Was will man mehr ?

☞ Dom. Méo-Camuzet, 21700 Vosne-Romanée, Tel. 80.61.06.76 ⚘ n. V.

DIDIER MEUNEVEAUX Perrières 1990

■ Gd cru	0,66 ha	2 400	❙❙❙	☑	6

Das ist sicherlich kein Wein, den man für seine Urenkel beiseite legen kann, aber das Leben besteht nicht nur aus solchen uneigennützigen Taten. Intensive kirschrote Farbe. Sehr fruchtig : er erinnert im Duft und im Geschmack an die Blätter des *ribes nigrum*, des Strauchs der schwarzen Johannisbeere, in einem sehr primeurhaften Stil. Sehr aromatisch, geschmeidig und vollmundig. Auf jeden Fall ein einschmeichelnder Wein.

☞ Didier Meuneveaux, 21420 Aloxe-Corton, Tel. 80.26.42.33 ⚘ n. V.

DOM. ANDRE ET JEAN NUDANT
Bressandes 1989*

■ Gd cru	0,61 ha	2 500	❙❙❙	↓	☑	6

Klare, rubinrote Farbe. Ein Corton, dessen Duft einladend ist : rote Früchte und gebrannte Mandeln. Ein sehr einnehmender, angenehmer Charme, der lang anhält. Zweifellos mangelt es diesem 89er ein wenig an Tiefe und Stoff, aber er macht Freude, und das ist auch schon viel wert.

☞ Dom. André Nudant et Fils, B.P. 15, 21550 Ladoix-Serrigny, Tel. 80.26.40.48 ⚘ n. V.

GASTON ET PIERRE RAVAUT
Hautes Mourottes 1989

■ Gd cru	0,58 ha	3 000	❙❙❙	↓	☑	5

Eingemachte rote Früchte, Karamel : Der Geruchseindruck ist charaktervoll. Der restliche Eindruck entspricht dem, was man von dem Jahrgang erwartet : hübsche Rundheit, ziemlich geschmeidige Tannine, eine Lakritznote. Ein Klassiker durch und durch.

☞ GAEC Gaston et Pierre Ravaut, 21550 Buisson, Tel. 80.26.41.94 ⚘ n. V.

DE LA REINE 1988*

■ Gd cru	k.A.	k.A.	❙❙❙	7

Reine Pédauque. Die »Königin« ist hier in ihrem Reich. Die Jury schätzte an dem 90er Renardes seine Fleischigkeit und seine Zartheit (ein Stern). Der 88er besitzt eine jugendliche Farbe von mittlerer Intensität. Erster Ball am Hof. Er hat ein zurückhaltendes Temperament, blüht aber schon beim ersten Ton der Geigen auf. Hübsche Ansprache im Geschmack. Wenn das der König wüßte ! Ein echter Grand Cru : rassig, tanninreich, der genau den Jahrgang entspricht. Schöne Zukunftsaussichten sind garantiert. Außerdem ein sehr schönes Etikett.

☞ Reine Pédauque, Le Village, 21420 Aloxe-Corton, Tel. 80.26.40.00 ⚘ n. V.

DOM. THOMAS-MOILLARD
Clos du Roi 1989*

■ Gd cru	0,85 ha	3 000	❙❙❙	↓	☑	6
78	85		86	88	89				

Schöne Farbe und intensiver, komplexer Geruchseindruck (reife Früchte, Lakritze). Beim zweiten Riechen zeigt sich der Duft entwickelter. Sehr vollständiger Körper, tanninreich und gut umhüllt zugleich. Langer, sehr nachhaltiger Geschmack. Wird einmal einen sehr großen und sehr angenehmen Wein abgeben. Lagerfähig.

☞ Dom. Thomas-Moillard, chemin rural 29, 21700 Nuits-Saint-Georges, Tel. 80.62.42.12 ⚘ tägl. 10h-18h ; Jan. u. Febr. geschlossen

CHARLES VIENOT 1989*

| ■ Gd cru | k.A. | k.A. | ⑪ ⍖ 7 |

Dieser strahlende Corton besitzt ein Bukett, das umschmeichelt und verführt. Ein stoffreicher Wein, der in ein paar Jahren gut zu trinken ist. ⌁ Charles Viénot, 5, quai Dumorey, 21700 Nuits-Saint-Georges, Tel. 80.62.31.05 ☍ Mo-Do 8h-12h 14h-18h (Fr bis 17h) ; Aug. u. letzte Dez.woche geschlossen

Corton-Charlemagne

Die Appellation Charlemagne, in der bis 1948 die Aligotérebe angebaut werden konnte, wird nicht verwendet. Die Appellation Corton-Charlemagne liefert etwas mehr als 1 000 hl, von denen der größte Teil auf dem Gebiet der Gemarkungen Pernand-Vergelesses und Aloxe-Corton erzeugt wird. Die Weine dieser Appellation – sie verdankt ihren Namen Karl dem Großen, der angeblich Weißweinreben anpflanzen ließ, um seinen Bart beim Trinken nicht zu beflecken – besitzen eine schöne goldgrüne Farbe und entfalten ihren vollen Charakter nach fünf bis zehn Jahren.

CAPITAIN-GAGNEROT 1990**

| □ Gd cru | 0,34 ha | 2 000 | ⑪ ⍖ ☑ 7 |

Dieser Wein hat 1987 eine besondere Empfehlung (für den 81er) erhalten. Intensive, strahlend gelbe Farbe. Das Bukett erinnert an Gebratenes, wobei sich die Duftnoten schon verbinden. Klarer Geschmack mit Haselnußaroma, lang und voll. Er dürfte in einigen Jahren einen Drei-Sterne-Wein abgeben, denn einen solchen Wein trinkt man : man hebt ihn auf. ⌁ Capitain-Gagnerot, rte de Dijon, 21550 Ladoix-Serrigny, Tel. 80.26.41.36 ☍ n. V.

CHEVALIER PERE ET FILS 1990*

| □ Gd cru | 0,22 ha | 1 200 | ⑪ ⍖ ☑ 7 |

Georges und sein Sohn Claude heben sich ihre ganze Liebe für eine 22 Ar große Rebfläche in der Appellation Corton-Charlemagne auf. Dank ihrer Beherztheit hat diese Familie, die ein Café für die Arbeiter im Steinbruch von Comblanchien führte, erfolgreich ein Weingut aufgebaut. Ein 90er, der langsam seine Kraft steigert, aber eine schöne Stärke besitzt : mittelrote Farbe, klarer Duft von Geröstetem, begeisternde Ansprache, lebhafter Abgang. Man sollte ihn erst in vier bis fünf Jahren aufmachen und bis dahin egoistisch wegschließen, um sich einmal einen großen Genuß zu bereiten ! ⌁ SCE Chevalier Père et Fils, Buisson, Cidex 18, 21550 Ladoix-Serrigny, Tel. 80.26.46.30 ☍ n. V.

DOM. ANTONIN GUYON 1990*

| □ Gd cru | 0,55 ha | 3 500 | ⑪ ⍖ ☑ 7 |

Eine burgundische Patrizierfamilie, die sehr bekannt und gastlich ist. Ein für den Jahrgang durchschnittlicher Wein, der nicht sehr farbintensiv ist, aber zart und elegant bleibt. Er trägt seinen Namen mit Ehre. ⌁ Antonin Guyon, 21420 Savigny-lès-Beaune, Tel. 80.67.13.24 ☍ n. V.

DOM. ROBERT ET RAYMOND JACOB 1990**

| □ Gd cru | 1,07 ha | 6 000 | ⑪ ⍖ ☑ 6 |

Eine Mourottes-Parzelle, die 1984 als Corton-Charlemagne eingestuft worden ist. Das Ereignis wurde begossen ! Die INAO hatte recht mit ihrer Klassifizierung, denn dieser Wein macht seinem neuen Namen alle Ehre. Es ist kein Wein für die Tafel, sondern für den Keller. Altern lassen ! Alle Elemente eines großen, perfekt gebauten Weins, der sich wunderbar zu einem erlesenen Fisch mit leichter Sauce entfalten kann. ⌁ Dom. Robert et Raymond Jacob, Buisson, 21550 Ladoix-Serrigny, Tel. 80.26.40.42 ☍ n. V.

LOUIS LATOUR 1989*

| □ Gd cru | 10 ha | 45 000 | ⑪ 7 |

Louis Latour in der Appellation Corton-Charlemagne – das ist Ludwig XIV. in Versailles. Er ist und fühlt sich hier zu Hause. Sein 89er trägt ein helles Nachmittagskleid, entfaltet ein intensives Bukett mit einigen blumigen Noten und besitzt einen zarten Geschmack. Er gibt sich hin, ohne sehr allzu lange warten zu lassen. Versailles im Sommer. 1988 haben wir den 83er besonders empfohlen. ⌁ Maison Louis Latour, 18, rue des Tonneliers, 21200 Beaune, Tel. 80.22.31.20

OLIVIER LEFLAIVE 1989

| □ Gd cru | k.A. | 6 000 | ⑪ ☑ 7 |

Olivier hat ein feines Gespür. Und wenn man Leflaive heißt, fühlt man sich in Burgund so wohl wie ein Fisch im Wein. Helle Farbe mit grünem Schimmer. Ziemlich holziger Geruchseindruck. Ein lebhafter, nerviger Wein, der ungeduldig zu sein scheint. Dennoch sollte man ihn noch lagern. ⌁ Olivier Leflaive Frères, pl. du Monument, 21190 Puligny-Montrachet, Tel. 80.21.37.65 ☍ n. V.

JEAN-ERNEST MALDANT 1989

| □ Gd cru | 0,3 ha | 1 200 | ⑪ ⍖ ☑ 6 |

Sein Bart ist zwar nicht sehr rotblond, aber er hat eine wirklich karolingische Nase. Karl der Große, wie er leibt und lebt ! Lebhaft und voll. Er regiert hier auf liebenswürdige und großmütige Art. ⌁ Françoise Maldant, 27, Grand-Rue, 21200 Chorey-lès-Beaune, Tel. 80.22.11.94 ☍ n. V.

ANTONIN RODET 1989*

| □ Gd cru | k.A. | 2 800 | ⑪ ☑ 7 |

Ein Edelfisch oder besser noch Krebse zu diesem 89er mit dem Teint eines Marquis und der Nase eines Kaisers. Sein geschmeidiger und langer Körper kündigt einen großen Augenblick des Genusses an.

☛ Antonin Rodet, 71640 Mercurey, Tel. 85.45.22.22 ⏳ Mo-Fr 9h-12h30 13h30-18h

HENRI DE VILLAMONT 1990★★

☐ Gd cru	k.A.	600	◗◗ ↓ ☑ 7

Ein bezauberndes junges Mädchen aus guter Familie, das von den Nonnen erzogen worden ist und dem es ein wenig an Sicherheit mangelt. Aber sie kann wunderbar einen Knicks machen ! Bei einem Wein wie diesem hier denkt man daran, zu heiraten und eine Familie zu gründen. Die Gefühle sind zwar noch schüchtern, aber sie sind gewiß und werden treu bleiben.

☛ Henri de Villamont SA, rue du Dr Guyot, 21420 Savigny-lès-Beaune, Tel. 80.24.70.07 ⏳ n. V.

Savigny-lès-Beaune

Savigny ist ebenfalls ein echtes Winzerdorf, in dem der Geist des Anbaugebietes bewahrt bleibt. Die Confrérie de la Cousinerie de Bourgogne ist ein Symbol für burgundische Gastlichkeit. Die Mitglieder geloben, ihre Gäste »mit der Flasche auf dem Tisch und mit dem Herzen in der Hand« zu empfangen.

Die Weine aus Savigny sind – außer daß sie »nahrhaft, theologisch und krankheitsvertreibend« sind – geschmeidig, voller Finesse, fruchtig und angenehm, können aber gut altern. Die durchschnittliche Produktion liegt bei 9 000 hl.

DOM. ARNOUX PERE ET FILS 1990★

■	2,5 ha	16 000	◗◗ ↓ ☑ 3

Geflügel mit Sauce dürfte diesen sehr farbintensiven Wein im Geschmack noch unterstreichen. Klarer Geruchseindruck (deutliche Holznote). Tiefer, voller und kräftiger Körper. Durchschnittlicher typischer Charakter, aber vielversprechende Zukunft.

☛ Dom. Arnoux Père et Fils, rue des Brenots, 21200 Chorey-lès-Beaune, Tel. 80.22.57.98 ⏳ n. V.

DOM. ARNOUX PERE ET FILS
Les Guettes 1990

■ 1er cru	0,33 ha	1 800	◗◗ ↓ ☑ 3

Ein Premier Cru, der sich bewähren muß. Die Prüfer haben ihn noch als zu streng beurteilt, aber die Farbe ist sehr vielversprechend. Die Tannine sind wohl noch etwas zu spüren, aber schließlich ist es ein 90er. Die Struktur ist vorhanden. Das Gut hat vor zwei Jahren eine besondere Empfehlung für seinen 88er Guettes erhalten.

☛ Dom. Arnoux Père et Fils, rue des Brenots, 21200 Chorey-lès-Beaune, Tel. 80.22.57.98 ⏳ n. V.

JEAN-CLAUDE BOISSET
Les Serpentières 1989★★

■ 1er cru	k.A.	k.A.	◗◗ ↓ ☑ 4

Bei einem mittelmäßigen Wein lobt man die Farbe. Auch hier findet die Farbe Lob. Aber hinter dem Satinkleid enthüllen sich Kraft und Erregung. Ein 89er, der in sich alle Tugenden des Anbaugebiets vereint : Gerüst, Tannine, Fruchtigkeit. Sein sinnlicher Mund verlangt nach einem Kuß !

☛ Jean-Claude Boisset, rue des Frères-Montgolfier, 21702 Nuits-Saint-Georges, Tel. 80.61.00.06

ROGER BONNOT La Dominode 1988★

■ 1er cru	0,5 ha	2 000	◗◗ ☑ 3

Das Etikett ist wie ein Pergament gestaltet, mit aufgerollten Rändern : Tradition ! Ein tanninreicher 88er, der noch nicht all seine Argumente vorträgt. Er wurde als »männlich« oder auch als »monolithisch« bezeichnet. Paßt zu Saucengerichten.

☛ Roger Bonnot, 4, rue de Chorey, 21420 Savigny-lès-Beaune, Tel. 80.21.54.77 ⏳ n. V.

CAPITAIN-GAGNEROT
Les Charnières 1989

■ 1er cru	0,68 ha	3 600	◗◗ ↓ ☑ 4

Ein traditionsreiches, 1802 gegründetes Haus. Diese »Scharniere« funktionieren recht gut : helle Farbe und zufriedenstellender Duft. Im Geschmack immer noch ein deutlich spürbarer Holzton.

☛ Capitain-Gagnerot, rte de Dijon, 21550 Ladoix-Serrigny, Tel. 80.26.41.36 ⏳ n. V.

NICOLE ET JEAN-MARIE CAPRON-MANIEUX 1989★★

☐	0,75 ha	1 500	◗◗ ☑ 3

Nicole und Jean-Marie werden im nächsten Jahr den 20. Geburtstag ihres Gutes feiern. Ihr 89er Savigny (ein Weißwein) wird sich gut halten. Ein Villages in Hochform. Sein reiches Aroma ist mitteilsam : Birnen, Bananen, danach Pfeffer und Muskat. Voller, geschmeidiger Geschmack mit leichter Holznote.

☛ Nicole et Jean-Marie Capron-Manieux, 3, rue de Couturie, 21420 Savigny-lès-Beaune, Tel. 80.21.55.37 ⏳ n. V.

DOM. BRUNO CLAIR La Dominode 1989

■ 1er cru	1,7 ha	7 000	↓ ☑ 4

Bruno Clair erzeugt hier, weit entfernt von seinen Wohnsitz in Marsannay, einen recht maßvollen roten Savigny, der nach Kirschen und Weichseln duftet. Absolut beherrscht, keine Geste oder Regung zuviel. Die Tannine müssen trotzdem noch milder werden.

☛ SCEA Bruno Clair, 5, rue du Vieux Collège, 21160 Marsannay-la-Côte, Tel. 80.52.28.95 ⏳ n. V.

BERTRAND DARVIOT-SIMARD
1990★★

| ■ | 0,5 ha | 1 500 | 🍷 ↓ ☑ 3 |

Eine alte Firma, ein gutes Haus. Klare Farbe. Der blumig-fruchtige Duft geht bis zu Erdbeeren. Dieser Wein entspricht genau dem, was man sich unter einem Villages und unter diesem Jahrgang vorstellt. Elegante Tannine, Harmonie und schöne Länge. Man erweist ihm gern militärische Ehren.
🍷 Bertrand Darviot-Simard, 17, rue de la Velle, 21190 Meursault, Tel. 80.21.22.83 ☎ n. V.

DOM. DOUDET Les Guettes 1990★

| ■ 1er cru | 0,8 ha | 3 400 | 🍷 ↓ ☑ 3 |

Strahlende Farbe. Ein 90er, der im Duft die Ausdauer eines Marathonläufers zeigt. Aber er stellt seinen Geschmack nicht unter Beweis. Sein zweiter Atem wird entscheidend sein. Sie haben verstanden : Er muß sich noch entfalten !
🍷 Dom. Doudet, 1, rue Henri Cyrot, 21420 Savigny-lès-Beaune, Tel. 80.21.51.74 ☎ n. V.

JEAN-LUC DUBOIS 1989★★

| ■ | 1,09 ha | 1 200 | 🍷 ↓ ☑ 2 |

Jean-Luc hat 1988 den 6 ha großen Familienbetrieb übernommen. Passen Sie auf diesen Jungen gut auf, denn er könnte einige Überraschungen für Sie bereithalten. Zunächst einmal verlangt er maßvolle Preise. Zum anderen stellt er sehr gute Weine her. Sein 89er Savigny erweist sich als 200. Jahrestages der Französischen Revolution würdig. Ganz besonders verführerisch ist sein blumiger Duft. »Rosen mit zarten Noten von zertretenen Kräutern« , notierte ein glücklicher Prüfer und fügte hinzu : »Ein Hauch von getrocknetem Zimt.«
🍷 Jean-Luc Dubois, 7, rue des Brenots, 21200 Chorey-lès-Beaune, Tel. 80.22.28.36 ☎ n. V.
🍷 Paul Dubois

DOMINIQUE DUBOIS D'ORGEVAL
Les Pimentiers 1989★★

| ■ | 2,28 ha | 5 500 | 🍷 ↓ ☑ |

Das Gut ist heute 7 ha groß. Dieser Pimentierswein erinnert ganz stark an Weichseln. Strukturiert und angenehm voll. Der Abgang ist sehr geschmeidig und vollkommen harmonisch. Ein weiterer verkosteter Wein, Les Narbantons, befindet sich knapp darunter, ist aber ebenfalls ein typischer Vertreter der Appellation. Der Wein aus der Reblage Les Narbantons ermöglicht es, den aus der Lage Les Pimentiers noch zu lagern.
🍷 Dominique Dubois-d'Orgeval, 21200 Chorey-lès-Beaune, Tel. 80.24.70.89 ☎ n. V.

PHILIPPE DUBREUIL-CORDIER
Les Vergelesses 1989★

| ■ 1er cru | 0,43 ha | 2 200 | 🍷 ☑ 3 |

Dieser sehr sportliche Keller hat bereits den Besuch von Guy Drut, Jazy, Dauga, Spanghero, Boerio und vielen anderen bekannten Sportlern erlebt. Der Ball kreist hier gekonnt zwischen Farbe (leicht bernsteinfarben) und dem Duft (diskret fruchtig). Schöne Ansprache und sehr fester Nachgeschmack.
🍷 Philippe Dubreuil, rue Péjot, 21420 Savigny-lès-Beaune, Tel. 80.21.53.73 ☎ n. V.

MAURICE ECARD
Les Narbantons 1989★★

| ■ 1er cru | 2 ha | 8 000 | 🍷 ↓ ☑ 3 |

Bernard Pivot wird sein Diktat nie in Burgund veranstalten. Man liest hier auf dem Etikett »Narbentons« . Nein, »Narbantons« ! Der Wein dagegen schafft es fast mit null Fehlern. Dunkelrote Farbe, Brombeerduft und harmonisch eingebundene Gerbsäure. Reichtum, Ausgewogenheit und sehr angenehme Milde. Ein Bravo dieser alten Familie aus Savigny !
🍷 Maurice Ecard, 11, rue Chanson-Maldant, 21420 Savigny-lès-Beaune, Tel. 80.21.50.61 ☎ n. V.

DOM. JEAN FERY ET FILS
Les Vergelesses 1989★★

| ■ 1er cru | 0,7 ha | 3 000 | 🍷 ↓ ☑ 3 |

Wenn die Nase von Kleopatra, nein, von diesem Vergelesses ein wenig länger wäre, könnte er diesen Wein auf das oberste Treppchen des Siegerpodests führen. Kräftige rote Farbe, ein Hauch von Eichenholz und vielversprechende Zukunftsaussichten, wenn wir uns auf unser Gespür verlassen können. Ebenfalls verkostet wurde der Villages aus dem gleichen Jahrgang : reich, rund und einschmeichelnd.
🍷 Dom. Jean Féry et Fils, 21420 Savigny-lès-Beaune, Tel. 80.21.52.51 ☎ n. V.

JEAN-LOUIS FOUGERAY
Les Golardes 1990

| □ | k.A. | 1 200 | 🍷 ↓ 3 |

Mit »Golardes« ist es wie mit dem »Charolaisrind : man schreibt manchmal ein »l« und manchmal zwei ... Die Reblage befindet sich ganz oben im Dorf, an der Straße, die nach Bouilland hinaufführt. Es handelt sich hierbei um einen Chardonnay : ein hellgelbes Schaf in der Herde all der roten Schafe. Pflanzliche Noten und Quitten. Recht ausgeprägte Säure, mittlere Nachhaltigkeit. Hat fast seinen Höhepunkt erreicht. Wir haben auch den roten 89er probiert. Ebenfalls nicht übel.
🍷 Dom. Jean-Louis Fougeray, 44, rue de Mazy, 21160 Marsannay-la-Côte, Tel. 80.52.21.12 ☎ n. V.

DOM. GIBOULOT 1990★

| □ | 1,25 ha | 6 000 | 🍷 ↓ ☑ |

Ein guter Chardonnay, der zwei bis fünf Jahre lang lagerfähig ist. Blasse Farbe und jubelndes Bukett. Man könnte einen Roman über seine Kraft, seinen kantigen Charakter, seinen Minze- und Weißdornduft und seinen Geruch von Johannisbeerblättern schreiben. Der Geschmack ist lebhaft und feurig und widmet sich ganz der Lust des Augenblicks. Ebenfalls verkostet : ein roter Villages (1990), der mild und frisch ist.
🍷 Dom. Maurice et Jean-Michel Giboulot, rue Gal-Leclerc, 21420 Savigny-lès-Beaune, Tel. 80.21.52.30 ☎ n. V.

DOM. JACQUES GIRARDIN
Les Gollardes 1989★

| ■ | 0,5 ha | 1 200 | 🍷 ↓ ☑ 2 |

Blumig und animalisch. Dieser Wein besitzt eine schöne aromatische Ausgewogenheit zwischen Duft und Geschmack. Er ist geschmeidig,

angenehm nuanciert und lang und beginnt seine Entwicklung.
🍷 Jacques Girardin, 13, rue de Narosse, 21590 Santenay, Tel. 80.20.60.12 ⚲ n. V.

GIRARD-VOLLOT ET FILS 1990

☐	k.A.	k.A.	Ⅴ 4

Theologisch und krankheitsvertreibend, so sind die Savignyweine. Außerdem nahrhaft. Dieser noch wenig entwickelte 90er entfaltet einen fruchtigen Duft. Im Geschmack kommt etwas Säure hinzu, die aber schnell durch die Fülle gedämpft wird.
🍷 Girard-Vollot et Fils, 16, rue de Cîteaux, 21420 Savigny-lès-Beaune, Tel. 80.21.56.15 ⚲ n. V.

CH. DES GUETTES Clos des Guettes 1989

■ 1er cru	3,16 ha	13 000	ⅠⅠ ↓ Ⅴ 3

Ein auf den Rat von Prosper Gervais, dem Präsidenten der landwirtschaftlichen Akademie, im letzten Jahrhundert angelegtes Gut, das nun im Besitz der fünften Generation ist. Präsident Daladier ist in diesen Keller hinabgestiegen. Dort gibt es auch radikale Temperamente, wenn man nach diesem Rotwein urteilt. Lebhaft, aber innerlich weniger offenherzig, sondern solide und auf beiden Beinen stehend. Er ist redegewandt und besitzt die Eloquenz von Festrednern.
🍷 Pinoteau de Rendinger, Ch. des Guettes, 21420 Savigny-lès-Beaune, Tel. 45.00.16.30 ⚲ n. V.

DOM. DES GUETTES 1990*

■ 1er cru	k.A.	k.A.	ⅠⅠ 4

Diese Reblage befindet sich weit oben. Weil man hier noch Sicht hatte, konnte man hier einst aufpassen und die Saônebene überblicken. Wenn man diesen Wein betrachtet, fällt er schon von weitem durch seine Farbe auf. Sein Aroma verbirgt nichts von den roten Früchten. Entfalteter, anregender und harmonischer Geschmack. Mit einem Wort: angenehm.
🍷 Reine Pédauque, Le Village, 21420 Aloxe-Corton, Tel. 80.26.40.00 ⚲ n. V.

DOM. PIERRE GUILLEMOT 1990*

☐	2 ha	3 300	Ⅰ ⅠⅠ Ⅴ 3

Die Generationen, die einander auf diesem 7,5 ha großen Gut abgelöst haben, lassen sich kaum mehr zählen. Ein sehr gutwilliger Savigny, der eine hellgelbe Farbe und ein Frühlingsaroma (Kräuter und Blumen) besitzt. Noch deutlich spürbare Säure. Gute Entwicklungsperspektiven.
🍷 Dom. Pierre Guillemot, 1, rue Boulanger et Vallée, 21420 Savigny-lès-Beaune, Tel. 80.21.50.40 ⚲ n. V.

DOM. PIERRE GUILLEMOT Serpentières 1990**

■ 1er cru	1,7 ha	5 000	ⅠⅠ ↓ Ⅴ 3

Die Nase von Cyrano, die Augen von Chimène und das Herz von Lorenzaccio. Warten Sie dennoch bis zum Ende des fünften Akts, denn dieser Serpentières ist kein Wein für sofort. Merken sollte man sich auch den 90er Jarrons, der ebenfalls zwei Sterne erhalten hat: Ausgewogenheit, Fülle und gutes Potential.

🍷 Dom. Pierre Guillemot, 1, rue Boulanger et Vallée, 21420 Savigny-lès-Beaune, Tel. 80.21.50.40 ⚲ n. V.

JEAN GUITON Les Hauts Jarrons 1989

■ 1er cru	1,75 ha	6 000	ⅠⅠ ↓ Ⅴ 3

Röstaroma unter einem purpurroten Kleid, das ein ziemlich leidenschaftliches, tanninbetontes Temperament erahnen läßt.
🍷 Jean Guiton, rte de Pommard, 21200 Bligny-lès-Beaune, Tel. 80.26.82.88 ⚲ n. V.

DOM. LUCIEN JACOB 1990***

■	3,7 ha	18 000	ⅠⅠ Ⅴ 3

Lucien Jacob, ehemaliger Abgeordneter des Departements Côte-d'Or, spielte früher eine sehr aktive Rolle bei der »Rückeroberung« der Hautes-Côtes. Sein Savigny ist ein überzeugender Wein, dessen Farbe an schwarze Kirschen erinnert. Das etwas würzige, sehr komplexe Bukett explodiert förmlich in der Nase. Geschmeidige Tannine über einem Lakritzearoma. Ein Wein, bei dem man sagen kann: »So wurden sie früher gemacht!«
🍷 SCE Dom. Lucien Jacob, 21420 Echevronne, Tel. 80.21.52.15 ⚲ n. V.

DOM. JACOB-GIRARD ET FILS Les Marconnets 1989*

■ 1er cru	1 ha	6 000	ⅠⅠ ↓ Ⅴ 3

Die beiden alten Keller des Gutes sind seit 1991 miteinander vereinigt, aber man hat dabei auf die Architektur Rücksicht genommen. Unter dem kaiserlichen Purpur entfaltet sich ein fruchtiger Duft: Kirschen, Brombeeren. Das gleiche Aroma hält im Geschmack an. Hervorragender Geschmackseindruck von extremer Länge. Wenn er in drei Jahren reif ist, paßt er zu einem Munsterkäse.
🍷 Dom. Jacob-Girard et Fils, 2, rue de Cîteaux, 21420 Savigny-lès-Beaune, Tel. 80.21.52.29 ⚲ n. V.

LES LAVIERES 1989*

■	k.A.	k.A.	ⅠⅠ ↓ 4

Sehr dichte Farbe und eher zurückhaltender Duft. Die Gerbsäure gleicht die alkoholische Stärke gut aus, was zu einem runden, leicht tanninhaltigen Eindruck führt. Kann noch altern, bevor man ihn zu einem frischen Epoisseskäse trinkt.
🍷 Charles Viénot, 5, quai Dumorey, 21700 Nuits-Saint-Georges, Tel. 80.62.31.05 ⚲ Mo-Do 8h-12h 14h-18h (Fr bis 17h); Aug. u. letzte Dez.woche geschlossen

DOM. MACHARD DE GRAMONT Les Guettes 1989**

■ 1er cru	1 ha	5 000	ⅠⅠ Ⅴ 3

Sehr kräftige dunkelgranatrote Farbe. Ein 89er, dessen Tanninreichtum durch das Aroma gut kompensiert wird. Er ist gut gebaut und verträgt den Holzton (der sogar eine gute Grundlage bildet) und muß noch lagern. Ein Wildgericht wartet auf ihn.
🍷 SCE Dom. Machard de Gramont, B.P. 105, Le Clos, 21702 Nuits-Saint-Georges Cedex 1, Tel. 80.61.15.25 ⚲ n. V.

DOM. J. E. MALDANT 1988**

■ 1er cru	1,5 ha	5 000	⦚ ↓ ☑	3

Ein vollkommen harmonischer 88er, der von Françoise Maldant erzeugt worden ist. Stellen Sie das weiße Fleisch nicht zu weit weg, wenn Sie diesen Wein servieren. Ein sehr typischer Savigny, der einen schlanken Duft und eine ansprechende, fruchtige Harmonie besitzt.

⌁ Françoise Maldant, 27, Grand-Rue, 21200 Chorey-lès-Beaune, Tel. 80.22.11.94 ⏳ n. V.

DOM. MICHEL MALLARD ET FILS
Les Serpentières 1989

■	0,4 ha	2 500	⦚ ↓ ☑	4

»Um glücklich zu leben, wollen wir verborgen leben« , sagte Florian. Das Buket dieses Weins könnte seinen Wahlspruch übernommen haben. Dunkle Farbe, Alkoholreichtum und adstringierende Tannine. Er steckt mitten in der Pubertät, aber verfluchen wir ihn nicht : Genau auf diese Weise wird er mit dem Alter und dank des Ausbaus ein guter 89er.

⌁ GAEC du Dom. Michel Mallard et Fils, RN 74, 21550 Ladoix-Serrigny, Tel. 80.26.40.64 ⏳ n. V.

BERNARD MARECHAL-CAILLOT
1990

■	1,77 ha	1 600	⦚ ↓ ☑	2

Ein farbintensiver 90er, der erwacht ist. Ein angenehmer, leichter Wein, den man ganz einfach zu einer Scheibe Brot und einem Stück Käse trinken kann.

⌁ Bernard Maréchal-Caillot, rte de Chalon, 21200 Bligny-lès-Beaune, Tel. 80.21.44.55 ⏳ tägl. 9h-12h 14h-18h

CLAUDE MARECHAL-JACQUET
Les Lavières 1989

■ 1er cru	0,23 ha	1 100	⦚ ↓ ☑	3

Ein strahlender Wein mit einem bezaubernden Duft für leichte Gerichte. Im Geschmack ist er aggressiver (krautige Tannine und recht viel Alkohol). Wenn dieser Lavières etwas von flüssiger Lava an sich hat, wird ihn das Alter mildern und verbittern. Nicht vor 1995 anrühren.

⌁ Claude Maréchal, rte de Chalon-sur-Saône, 21200 Bligny-lès-Beaune, Tel. 80.21.44.37 ⏳ tägl. 9h-12h 14h-18h

DOM. MARTIN-DUFOUR 1989*

■	0,95 ha	1 500	▮⦚ ↓ ☑	3

Dieses Gut, das seinen Sitz in Chorey hat, bewirtschaftet fast 9 ha. Sein Savigny besitzt eine schöne, strahlende Farbe und Finesse und entfaltet im Geschmack ein Johannisbeeraroma. Im sehr guten Mittelfeld.

⌁ Dom. Martin-Dufour, 4 A, rue des Moutôts, 21200 Chorey-lès-Beaune, Tel. 80.22.18.39 ⏳ n. V.

MOMMESSIN 1989*

■	k.A.	k.A.	⦚ ↓ 4

Intensive Farbe und sehr frischer Duft von gerade erst gepflückten Trauben. Rassig, voll und mild, jugendliche Wärme, Minzearoma im Geschmack. Ein guter, sogar sehr guter Wein.

⌁ Mommessin, La Grange Saint-Pierre, 71850 Charnay-lès-Mâcon, Tel. 85.34.47.74 ⏳ n. V.

MARIE-LOUISE PARISOT
Aux clous 1990*

■ 1er cru	k.A.	1 200	⦚ ☑	4

Die berühmte Reblage Romanée-Conti hieß früher »Les Clous« . Dieser im Burgund weitverbreitete Lagenname hat nichts mit »Nägeln« zu tun, sondern meinte einfach einen Clos. Wenn diese »Clous« spitz sind, hämmern sie die roten Früchte in ein Samtkleid hinein. Gute Länge und passable Ausgewogenheit.

⌁ Marie-Louise Parisot, 1, pl. Saint-Jacques, 21200 Beaune, Tel. 80.22.25.31 ⏳ n. V.

PAULANDS Les Hauts Jarrons 1989*

■ 1er cru	k.A.	k.A.	⦚ ☑ 5

Jarron ? So nannte man einen Ast. Er trägt hier die haftenden roten 89er, der keine Angst hat, sein Alter zu verraten : es steht ihm sehr gut. Ziemlich dezenter Duft. Sehr geschmeidig, ein wenig trocken, weil ihm der Alkohol etwas von seiner Nachhaltigkeit raubt. Zu rotem Fleisch.

⌁ Paulands, RN 74, 21420 Aloxe-Corton, Tel. 80.26.41.05 ⏳ tägl. 8h-12h 14h-18h

DOM. DU PRIEURE 1989*

■	3 ha	k.A.	⦚ ↓ ☑	3

82	83	84	(86)	87	88	89

Dieser weiße 90er knirscht noch ein wenig, aber seine Säure ist kein Fehler. Ganz im Gegenteil ! Der rote 89er ist etwas besser, und wir sehen mit Vergnügen, wie sein Aroma (Kirschen) schamhaft bleibt. Etwas strenger Geschmackseindruck aufgrund der rauhen Tannine, die das Keuschheitsgelübde abgelegt haben. Aber in zwei Jahren werden Sie sehen, daß im Kloster Heiterkeit herrscht. 1990 haben wir den 86er ganz besonders empfohlen.

⌁ Jean-Michel Maurice, Dom. du Prieuré, 21420 Savigny-lès-Beaune, Tel. 80.21.54.27 ⏳ Mo-Sa 9h-12h 14h-18h

ROPITEAU 1988**

■	k.A.	k.A.	⦚ ☑ 4

Im Park des Schlosses von Savigny entdeckt man eine erstaunliche Sammlung von alten Flugzeugen. Diese Nachbarschaft scheint diesem 88er Flügel zu verleihen. Sein Aroma erinnert über animalischen Noten an wildwachsende Früchte. Der Stoff und die Tannine sind bereits harmonisch eingebunden. Ein fehlerlos vinifizierter Villages, der erschwinglich und vielversprechend ist. Der Käufer wird nicht enttäuscht sein.

⌁ Ropiteau Frères, 21190 Meursault, Tel. 80.24.33.00 ⏳ tägl. 8h-20h ; f. 20. Nov.–15. Febr. geschlossen

REGIS ROSSIGNOL-CHANGARNIER
Les bas liards 1989*

■	0,25 ha	1 500	⦚ ↓ ☑	3

Diese Reblage am Ufer des Rhoin verdankt ihren Namen zweifellos eher Schwarzpappeln als einer Münze. Zurückhaltender Duft, intensive Farbe und gute, tanninbetonte Länge. Mehr braucht es nicht für ein junges Rebhuhn.

⌁ Régis Rossignol-Changarnier, rue d'Amour, 21190 Volnay, Tel. 80.21.61.59 ⏳ n. V.

HENRI DE VILLAMONT 1989★

■		k.A.	5 200	◫ ↓ ☑ 3

Die wunderschönen Keller erinnern an eine schillernde Persönlichkeit des burgundischen Weinbaus : Léonce Bocquet. Heute die Filiale einer großen Schweizer Gruppe, Schenk. Tiefe, aber entwickelte Farbe. Intensives, duftiges Bukett. Ziemlich füllig und robust gebaut.
🕯 Henri de Villamont SA, rue du Dr Guyot, 21420 Savigny-lès-Beaune, Tel. 80.24.70.07 ⵢ n. V.

DOM. LOUIS VIOLLAND
Les Marconnets 1989★★

■ 1er cru	1,8 ha	9 400	◫ ↓ ☑ 5

Die Reblage Les Marconnets befindet sich – auf halbem Weg zwischen Lille und Marseille – neben der Stelle, wo Georges Pompidou 1970 die Autobahn Paris – Lyon einweihte. Ein gelungener Wein, aber warum sind die burgundischen Winzer so versessen darauf, ihren Weinen eine so starke Holznote zu verleihen ? Das hier ist keine Rebsorte mehr, sondern eine Eichenart. Die Caisse des Dépôtes, Besitzerin des Gutes, muß darauf achten. Um ein Exempel zu statuieren !
🕯 SCE Dom. Louis Violland, 13, rue de la Poste, 21200 Beaune, Tel. 80.22.24.86 ⵢ n. V.
🕯 SPIFIC

Chorey-lès-Beaune

Das Dorf besitzt in der Ebene, gegenüber dem Schwemmkegel des Tals von Bouilland, einige Reblagen, die Nachbarn von Savigny sind. Erzeugt werden hier rund 4 000 hl Rotweine der kommunalen Appellation, die in erster Linie als Côte de Beaune-Villages auf den Markt kommen.

DOM. CHARLES ALLEXANT ET FILS
Les Beaumonts 1989

■	0,5 ha	2 200	◫ ↓ ☑

Dieser Wein erweckt in einem dem Wunsch, unter beiderlei Gestalt zu kommunizieren. Sein Aroma ist von extremer Zartheit, sein Körper fein und harmonisch.
🕯 Dom. Charles Allexant et Fils, Cissey, 21190 Merceuil, Tel. 80.21.46.86 ⵢ n. V.

PIERRE ANDRE 1990★

■	0,4 ha	2 000	◫ ↓ 4

Kirschen spielen hier die erste Geige. Dieser frische, fleischige Chorey besitzt alle Qualitäten seines Alters, so daß man Sorge tragen sollte, ihn für eine Ente mit Oliven aufzuheben. Aber wie in der Geschichte von Pierre Lamoureux kann die Ente noch einige Zeit am Leben bleiben !
🕯 Pierre André, Ch. de Corton André, 21420 Aloxe-Corton, Tel. 80.26.44.25 ⵢ tägl. 10h-18h

MAURICE CHENU 1989★

■	k.A.	k.A.	◫ ☑ 2

Zu diesem ziegelrot schimmernden 89er paßt eher ein Reblochon oder ein Brie. Er duftet angenehm und bietet sehr klassische Merkmale, aber trotzdem ist er im Abgang etwas trocken. Recht gute Zukunftsaussichten.
🕯 Maurice Chenu, 28, rue Sylvestre-Chauvelot, 21200 Beaune, Tel. 80.22.73.13 ⵢ tägl. 10h-12h 14h-18h

CH. DE CHOREY-LES-BEAUNE
1989★★

■	6 ha	25 000	◫ ↓ ☑ 3

Dem Aussehen nach ein echter Pinot : rubinrote Farbe. Eleganter Duft über einem holzigen Grundaroma. Gute Nachhaltigkeit. Ein sehr hübscher Chorey, den man in zwei bis drei Jahren zu zwei poschierten Eiern in Rotweinsauce trinken kann.
🕯 Dom. Jacques Germain, Au Château, 21200 Chorey-lès-Beaune, Tel. 80.22.06.05 ⵢ n. V.
🕯 François Germain

DOMINIQUE DUBOIS D'ORGEVAL
1989★

■	2,17 ha	4 500	◫ ↓ ☑ 2

⟨85⟩ |86| 87 88 89

Dieses Gut hat sich gerade um 5 ha vergrößert. Klare, purpurrote Farbe. Etwas blasser Duft, aber offensichtlich voller Reserven. Die Ansprache ist sympathisch, aber auch hier ist das Aroma noch nicht erwacht. Wenn er älter ist, wird er sich sicherlich gut entfalten. Es bleibt nur zu hoffen, daß der Geschmack dem guten Beispiel des Geruchseindrucks folgt !
🕯 Dominique Dubois-d'Orgeval, 21200 Chorey-lès-Beaune, Tel. 80.24.70.89 ⵢ n. V.

SYLVAIN DUSSORT 1990★

■	k.A.	1 200	◫ ☑ 3

Die Trauben sind an der Grenze zu Savigny und Aloxe gelesen worden. Dieser Chorey ist mit den großen Weinen verwandt. Rotviolette Farbe, schwarze Johannisbeeren und Himbeeren, leicht tanninhaltig, harmonisch, dauerhaft. Er spielt seinen Part beachtlich.
🕯 Sylvain Dussort, 2, rue de la Gare, 21190 Meursault, Tel. 80.21.27.50 ⵢ n. V.

LES CAVES DES HAUTES COTES
1990

■	k.A.	3 500	◫ ↓ ☑ 3

Hellkirschrote Farbe. Duft von mittlerer Intensität. Ein geschmeidiger, leicht tanninhaltiger Wein. Trotz seiner Jugend kann man ihn schon jetzt trinken. Er ist nämlich nicht im Stil eines lagerfähigen Weins gehalten.
🕯 Gpt de Prod. Les Caves des Hautes-Côtes et de la Côte, rte de Pommard, 21200 Beaune, Tel. 80.24.63.12 ⵢ n. V.

LA P'TIOTE CAVE Les Beaumonts 1990★

■	0,27 ha	1 800	◫ ☑ 3

Ein nicht sehr entwickelter 90er, der problemlos einige Jahre im Keller verbringen kann. Das pflanzliche Aroma (Laub) findet ein Echo in den Tanninen des Weins. Er ist im Geschmack sehr

tanninreich, aber aufgrund seiner Ausgewogenheit fähig, sich abzurunden.
🕊 EARL La P'tiote Cave, 71150 Chassey-le-Camp, Tel. 85.87.15.21 ☎ Mo-Sa 8h-12h 14h-19h, So n. V.
🕊 Mugnier

DOM. MACHARD DE GRAMONT
Les Beaumonts 1989**

■	1,5 ha	8 000	◫ ☑ 2

PRODUCT OF FRANCE

CHOREY-LES-BEAUNE
« LES BEAUMONTS »
APPELLATION CHOREY-LES-BEAUNE CONTROLÉE

DOMAINE MACHARD DE GRAMONT
PROPRIÉTAIRE A NUITS-ST-GEORGES (CÔTE-D'OR) FRANCE
12% Vol. mis en bouteille par S.C.E. Domaine Machard de Gramont e 750 ml

Die Reblage Les Beaumonts ist im Anbaugebiet von Chorey das Nonplusultra. Deshalb ist es auch nicht verwunderlich, daß ihr Wein eine besondere Empfehlung erhält. Darauf wird selbstverständlich mit diesem königlichen Wein angestoßen, aber es wäre klug, mit der Feier des Ereignisses ein wenig zu warten. Dieser sehr intensive 89er, der zunächst an Kirschen erinnert und dann viel komplexer wird und eine bemerkenswerte Nachhaltigkeit besitzt, muß sich nämlich noch entfalten.
🕊 SCE Dom. Machard de Gramont, B.P. 105, Le Clos, 21702 Nuits-Saint-Georges Cedex 1, Tel. 80.61.15.25 ☎ n. V.

DOM. MAILLARD PERE ET FILS
1989**

■	k.A.	12 000	◫ ☑ 3

Die Engelchen, die auf dem Etikett zu sehen sind, könnten diese Flasche zum heiligen Vinzenz ins Himmelreich hinauftragen. Der Wein riecht aber nicht nach Weihrauch, sondern verströmt einen betäubenden Duft von anbetungswürdiger Komplexität. Fülle, Geschmeidigkeit und Festigkeit. Man kann eine schöne Entwicklung erwarten.
🕊 Dom. Maillard Père et Fils, rue Joseph Bard, 21200 Chorey-lès-Beaune, Tel. 80.22.10.67 ☎ n. V.

JEAN-ERNEST MALDANT 1989

■	1,5 ha	6 000	◫ ↓ ☑ 2

Für Liebhaber von holzbetonten Weinen ein Chorey, der ein wenig nach Himbeeren duftet und sich noch nicht von seiner Eichenholzrinde befreit hat. Zum Zeitpunkt unserer Verkostung war er reizlos, aber die Jury ist der Ansicht, daß er sich sehr gut entwickeln könnte. Wenn Sie gern Ihr Glück versuchen – der Einsatz ist nicht allzu hoch !
🕊 Françoise Maldant, 27, Grand-Rue, 21200 Chorey-lès-Beaune, Tel. 80.22.11.94 ☎ n. V.

DOM. MARTIN-DUFOUR 1989*

■	5,42 ha	1 500	◫ ◫ ↓ ☑ 2

Ein Pluspunkt für den Urheber dieser gewissenhaften und klugen Vinifizierung. Sie extrahiert aus den Trauben alle Farbstoffe und bringt das Aroma zur Geltung : blumiger Duft, danach Tiergeruch und eine Lakritzenote. Der nachhaltige Geschmack besiegelt das Ganze.
🕊 Dom. Martin-Dufour, 4 A, rue des Moutôts, 21200 Chorey-lès-Beaune, Tel. 80.22.18.39 ☎ n. V.

PAULANDS 1989*

■	k.A.	k.A.	◫ ☑ 3

Die rote Farbe ist nicht sehr intensiv und bereits entwickelt. Ein 89er, der durch einen Hauch von Faßgeruch und Wildgeruch geprägt wird. Der Geschmack ist recht stattlich. Seinen Höhepunkt erreicht er in ein bis zwei Jahren.
🕊 Paulands, RN 74, 21420 Aloxe-Corton, Tel. 80.26.41.05 ☎ tägl. 8h-12h 14h-18h

Beaune

Die AOC Beaune ist flächenmäßig eine der größten Appellationen der Côte. Aber Beaune, eine etwa 20 000 Einwohner zählende Stadt, ist auch und vor allem die Weinhauptstadt Burgunds. Sie ist Sitz eines umfangreichen Weinhandels und einer der wichtigsten Fremdenverkehrsorte Frankreichs. Die Versteigerung der Weine der Hospices de Beaune ist ein Ereignis von weltweiter Bedeutung und stellt eine der berühmtesten Auktionen für wohltätige Zwecke dar. Die Lage an einem sehr wichtigen Autobahnknotenpunkt garantiert seine Entwicklung als touristisches Zentrum.

Die Weine, in erster Linie Rotweine, sind voller Kraft und Vornehmheit. Die geographische Lage hat es ermöglicht, einen großen Teil des Anbaugebiets als Premiers Crus einzustufen ; zu den angesehensten Reblagen gehören Les Bressandes, der Clos du Roy, Les Grèves, Les Teurons und Les Champimonts.

DOM. JEAN ALLEXANT
Clos des Rouards 1990**

☐	0,3 ha	1 800	◫ ↓ ☑ 4

Ein 16 ha großes Gut. Ein Hauch von Säure, langer Geschmack mit ziemlich intensivem Nougataroma, viel Eleganz und lagerfähige Tugenden, die dazu anregen, diesen Wein noch altern

zu lassen. Der Geruchseindruck ist noch zurückhaltend, die Farbe blaß und strahlend.
☛ Dom. Jean Allexant, 21200 Sainte-Marie-
la-Blanche, Tel. 80.26.60.77 ⏱ n. V.

DOM. CHARLES ALLEXANT ET FILS
Bressandes 1989 ★ ★

■ 1er cru	0,85 ha	3 000	◫ ↓ ☑ 4

Während Charles Allexant noch Schnaps
brannte, konnte er ab 1957 ein Weingut aufbauen, das von Santenay bis Gevrey-Chambertin
reicht. 1988 haben wir seinen 84er besonders
empfohlen. Seinen 89er Bressandes scheint eine
gute Fee mit ihrem Zauberstab zu haben, so
ausgezeichnete Qualitäten besitzt er. Dieser
außergewöhnliche Wein ist bezaubernd und reich
und besitzt eine schon deutlich erkennbare Persönlichkeit. Man denkt gern an Hasenpfeffer als
passendes Essen dazu.
☛ Dom. Charles Allexant et Fils, Cissey, 21190
Merceuil, Tel. 80.21.46.86 ⏱ n. V.

DOM. ARNOUX PERE ET FILS   1988 ★

■ 1er cru	1,35 ha	8 000	◫ ↓ ☑ 4
82 |83| 84 |85| 86 |87| 88 **89** 90			

Die granatrote Farbe schimmert leicht gelbrot.
Dezentes, aber überzeugendes Aroma (schwarze
Johannisbeeren). Schöner ausgewogener, nachhaltiger Geschmack. An diesem Wein ist nichts
aufdringlich. Am besten lagert man ihn noch ein
paar Jahre. Der 90er des gleichen Gutes ist
ebenfalls für die Lagerung bestimmt, präsentiert
sich aber bereits sehr gut (recht tanninreich und
strukturiert).
☛ Dom. Arnoux Père et Fils, rue des Brenots,
21200 Chorey-lès-Beaune, Tel. 80.22.57.98
⏱ n. V.

PHILIPPE BALLOT-DANCER
Epenottes 1990

■ 1er cru	0,42 ha	2 500	◫ ☑ 4

Das Gut stammt von der Familie Lochardet,
nämlich von den Großeltern der Frau dieses
Winzers. Dieser kräftige Wein mit der dunkelroten Farbe hat noch nicht sein letztes Wort gesagt
– und auch noch nicht sein erstes !
☛ Philippe Ballot-Dancer, 9, rue de la Goutte
d'Or, 21190 Meursault, Tel. 80.21.21.39 ⏱ n. V.

LYCEE VITICOLE DE BEAUNE
1989 ★ ★

■	2,88 ha	9 000	◫ ↓ ☑ 3

Die Weinbauschule in Beaune wurde 1884
gegründet, um die Winzer im Kampf gegen die
Reblaus zu unterrichten. Sie übernimmt heute die
Grundausbildung für 440 junge Winzer. Dieser
Beaune-Villages wird einem Hähnchen in Rotweinsauce Flügel verleihen. Überaus strahlende,
leicht bläulichrote Farbe. Der Duft erinnert an
frisch gepflückte rote Früchte. Gute Struktur :
»fast perfekt« (nach der Ansicht eines Prüfers).
Ein seltenes Kompliment !
☛ Lycée viticole de Beaune, 16, av. Charles
Jaffelin, 21200 Beaune, Tel. 80.22.34.77 ⏱ Mo-Fr
8h-11h30 14h-17h

LYCEE VITICOLE DE BEAUNE
Bressandes 1989 ★

■ 1er cru	0,76 ha	3 800	◫ ↓ ☑ 4

Seine alkoholische Note verleiht ihm Stärke.
»Kirschlikör« , hat einer der Prüfer notiert. Gute
Struktur, gut berechnete Holznote. Dieser Wein
hat zweifellos gute Zukunftsaussichten.
☛ Lycée viticole de Beaune, 16, av. Charles
Jaffelin, 21200 Beaune, Tel. 80.22.34.77 ⏱ Mo-Fr
8h-11h30 14h-17h

BICHOT Clos du Roi 1989 ★

■ 1er cru	k.A.	k.A.	◫ ↓ 4

Matt Kramer (der sich gut damit auskennt) ist
der Ansicht, daß Clos du Roi – wenn er hervorragend ausfällt – der konzentrierteste und sinn-
lichste aller Beauneweine sein kann. Dieser 89er
ist weit davon entfernt, seine Auffassung zu
bestätigen. Die Farbe ist zwar etwas entwickelt,
aber die Konzentration des Aromas (Brombeerkonfitüre) und die exzellente Harmonie des Kör-
pers und des Buketts sind prächtig. Man sollte
ihn zu Käse trinken.
☛ Maison Albert Bichot, 6 bis, bd Jacques
Copeau, 21200 Beaune, Tel. 80.22.17.99

DOM. GABRIEL BILLARD   1990 ★ ★

■	0,26 ha	900	◫ ↓ ☑ 3

Laurence Jobard, Mitinhaber dieses Familiengutes, ist der ¨Onologe der Firma J. Drouhin. Im
letzten Jahr haben wir den 89er besonders empfohlen. Er duftet nach Himbeeren und ist dabei
nicht geizig mit seinen Reizen. Im Geschmack,
der extrem robust gebaut ist, entdeckt man würzige Noten. Kann mindestens noch fünf Jahre
altern.
☛ SCEA Gabriel Billard, imp. de la
Commaraine, 21630 Pommard, Tel. 80.22.27.82
⏱ n. V.

CH. DE BLIGNY Clos des Aigrots 1989

■ 1er cru	2,2 ha	9 000	◫ ☑ 5

Diese Reblage liegt hoch oben am Hang zwischen den Champs Pimont und dem Clos des
Mouches, in Richtung Pommard. Das Gut besitzt
hier 2,2 ha. Die Farbe ist korrekt, aber auch nicht
mehr, aber der Duft erbebt fast vor Leichtigkeit :
gefällig, frisch, Kirschen und Holznote, aufgeregt
umherflatternd wie ein Schmetterling. Wenig
Körper, aber gute Ansprache und geschmeidiger
Geschmack. Redlich und liebenswürdig.
☛ SCE du Ch. de Bligny, Le Château, 21200
Bligny-lès-Beaune, Tel. 80.21.47.38 ⏱ Mo-Fr
9h-12h 14h-17h, 15. Aug.–1. Sept. u.
20. Dez.–5.. Jan. geschlossen

DOM. BOUCHARD AINE ET FILS
Les Sceaux 1989 ★

■ 1er cru	k.A.	6 600	◫ ☑ 4

Ein Marmorblock, der gerade aus dem Steinbruch herausgeschlagen worden ist. Er wartet auf
den Bildhauer : den Zahn der Zeit. Eines Tages
wird er ein prächtiger Wein sein, versichert die
Jury. Kurz gesagt : diese »Siegel« darf man
nicht zu früh aufbrechen.

Bouchard Aîné et Fils, 36, rue Sainte-Marguerite, 21203 Beaune, Tel. 80.22.07.67 ☾ Mo-Fr 9h30-11h 14h30-16h30 ; Aug. geschlossen

BOUCHARD PERE ET FILS 1989*

■ 1er cru	k.A.	k.A.	⑪ ↓Ⓢ

Bouchard Père et Fils überrascht uns dieses Jahr mit mehreren schönen Beauneweinen. Dieser hier, ein 89er, dessen Charakter sich schon klar abzeichnet, schmeckt sehr gut. Rubin- bis granatrote Farbe, fruchtig, ausgewogen, trotz seiner alkoholischen Note angenehm, ziemlich männlich.
Bouchard Père et Fils, Au Château, B.P. 70, 21202 Beaune Cedex, Tel. 80.22.14.41 ☾ n. V.

BOUCHARD PERE ET FILS
Marconnets 1990**

■ 1er cru	2,32 ha	10 500	⑪ ↓Ⓢ

Extrem klassische Farbe, edle Holznote, erstklassiger Stoff. Ein 90er, der mit der festen Absicht auftritt, eine lange Karriere zu haben.
Bouchard Père et Fils, Au Château, B.P. 70, 21202 Beaune Cedex, Tel. 80.22.14.41 ☾ n. V.

CHAMPY PERE ET CIE Avaux 1989

■ 1er cru	k.A.	k.A.	⑪ Ⓥ Ⓢ

Eine Handelsfirma, die vor kurzem von H. et P. Meurgey übernommen worden ist. Die älteste in Beaune ! Diese Reblage befindet sich unterhalb der Champs Pimont. Der 89er erscheint hier gut gelungen. Der Körper und das Bukett erregen Aufmerksamkeit. Ziemlich tanninreicher Abgang.
Maison Champy Père et Cie, 5, rue du Grenier-à-Sel, 21200 Beaune, Tel. 80.22.09.98 ☾ n. V.

CHANSON PERE ET FILS
Clos des Mouches 1989***

■ 1er cru	3,05 ha	9 000	⑪ ↓Ⓥ Ⓢ

Auf der Visitenkarte von Paul Chanson, einer legendären Persönlichkeit des burgundischen Weinbaus, stand zu lesen : »Botschafter des Weins von Burgund« . Er schaut jetzt vom Himmel herab und kann stolz auf seine Nachfolger sein. Dieser 89er Clos des Mouches ist nämlich eine wahre Anthologie : schöne kirschrote Farbe, Bukett von wunderbarer Komplexität über einem ausgezeichneten Holzton, runde, klare Ansprache, sehr stattlicher Geschmack mit einem Feuerwerk von tertiären Aromen (rote Früchte), zarte Tannine über einem würzigen Untergrund. Große Kunst.
Chanson Père et Fils, 10, rue Paul Chanson, 21200 Beaune, Tel. 80.22.33.00 ☾ n. V.

CHANSON PERE ET FILS
Clos des Fèves 1988***

■ 1er cru	3,7 ha	12 000	⑪ ↓Ⓥ Ⓢ
82 83 84	85	86	87		88				

Von dieser Firma durften wir eine große Zahl von bemerkenswerten Weinen probieren : Einen 89er Clos du Roi (hervorragend, muß noch lagern), einen 89er Clos des Marconnets (harmonisch, trinkreif), einen 88er Bressandes (schon jetzt sehr angenehm) und einen 88er Clos des Fèves. Dieser letztere besitzt eine intensive rubin-

rote Farbe, ein Bukett, das an schwarze Johannisbeeren und Pflaumen erinnert, und einen kräftigen Abgang. Seine Eleganz wird einmal gut zu einem Hähnchen mit Morcheln passen.
Chanson Père et Fils, 10, rue Paul Chanson, 21200 Beaune, Tel. 80.22.33.00 ☾ n. V.

DOM. FRANCOIS CHARLES ET FILS
Les Epenottes 1989*

■ 1er cru	0,6 ha	4 000	⑪ ↓Ⓥ ③
⑧⑤ 86 **87 88** |89|		

Diese Reblage befindet sich unterhalb des Clos des Mouches, am Ortsausgang von Beaune in Richtung Pommard. Ein Wein, der bei der Verkostung schon gefällig war. Sein Himbeergeschmack entspricht dem Bukett. Er ist ziemlich rund und enthüllt im Abgang einen Schub von Tanninen. Das Kleid ist ebenfalls himbeerrot. Eine fixe Idee, über die man sich aber nicht beschweren muß.
Dom. François Charles et Fils, 21190 Nantoux, Tel. 80.26.01.20 ☾ n. V.

MAURICE CHENU
Les Cent Vignes 1989*

■ 1er cru	k.A.	k.A.	Ⓥ ④

Wenn Sie wissen wollen, was ein männlicher Wein ist – dieser hier wird es Ihnen erklären. Sein Aroma reicht von Unterholz bis zu Leder und enthüllt eine pfeffrige Note. Klar und deutlich. Seine Struktur kommt voll zur Entfaltung. Bittere Note im Abgang.
Maurice Chenu, 28, rue Sylvestre-Chauvelot, 21200 Beaune, Tel. 80.22.73.13 ☾ tägl. 10h-12h 14h-18h

BERTRAND DARVIOT
Cuvée Vieilles Vignes 1990**

■	1 ha	1 200	⑪ ↓Ⓥ ③

»Vieilles Vignes« (alte Rebstöcke) bleibt eine der seltenen Bezeichnungen, die keiner gesetzlichen Bestimmung unterliegen. Es kann sich dabei um zehn oder um fünfzig Jahre alte Rebstöcke handeln. Wetten, daß sie hier schon ihre Silberhochzeit oder sogar ihre goldene Hochzeit gefeiert haben ! Denn dieser purpurrote Wein mit dem ausgeprägten Aroma (Geröstetes, Kirschen) bietet den Charme der Reife. Ausgewogenheit und Rundheit machen ihn zu einem Musterbeispiel der Appellation. Die 90er Cuvée des gleichen Erzeugers, die von jüngeren Rebstöcken stammt, wurde trotz ihrer etwas lebhaften Tannine als interessant beurteilt.
Bertrand Darviot-Simard, 17, rue de la Velle, 21190 Meursault, Tel. 80.21.22.83 ☾ n. V.

YVES DARVIOT Clos des Mouches 1990*

■ 1er cru	0,66 ha	3 500	⑪ Ⓥ ③

Yves Darviot präsentiert uns einen 89er Grèves (einen guten lagerfähigen Wein, der vielversprechend und komplex ist) sowie diesen 90er Clos des Mouches. Das Etikett erinnert daran, daß die »Fliegen« im burgundischen Dialekt Wespen oder Bienen meinen. Großartige Farbe, recht intensives Aroma. Ein leicht holziger 90er, der typisch für den Jahrgang ist. Seine Ausgewogenheit wird lange anhalten.
Yves Darviot, 2, pl. Morimont, 21200 Beaune, Tel. 80.24.74.87 ☾ n. V.

YVES DARVIOT 1989★★

■	0,66 ha	3 600	⑪ ☑ 2

Die siebte Generation einer Winzerfamilie, die seit 1724 in Beaune ansässig ist. Yves ist einer der seltenen Erzeuger, die ihre Weine im Herzen der Altstadt von Beaune vinifizieren und ausbauen. Strahlende rote Farbe, Duft von geröstetem Brot, ziemlich reicher Geruchseindruck. Ein sehr kräftig gebauter Beaune, der harmonisch und tief ist. Paßt zu Wild.

🍷 Yves Darviot, 2, pl. Morimont, 21200 Beaune, Tel. 80.24.74.87 ⚱ n. V.

M. DOUDET-NAUDIN Perrières 1990★

■ 1er cru	k.A.	1 200	⑪ ↓ ☑ 3

Diese Reblage befindet sich ganz oben auf dem Hügel in Richtung Savigny. Rubinrote Farbe mit schwarzen Reflexen, sehr duftig (Kirschen), im Abgang pfeffrig. Ein schöner, wohlausgewogener Wein. Sie könnten ihn zu einer Lammkeule trinken.

🍷 Maison Doudet-Naudin, 3, rue Henri Cyrot, 21420 Savigny-lès-Beaune, Tel. 80.21.51.74 ⚱ n. V.

JOSEPH DROUHIN Epenottes 1989★★

■	k.A.	k.A.	⑪ 5

Dunkelrote Farbe, fruchtiger Duft und Holznote. Ein 89er, der seinen Geschmacksparcours fehlerlos bewältigt. Frisches Aroma und zarte Tanninnote im Abgang. Man kann ihn bereits mit Genuß trinken oder noch gewinnbringend lagern.

🍷 Joseph Drouhin, 7, rue d'Enfer, 21200 Beaune, Tel. 80.24.68.88 ⚱ n. V.
🍷 Robert Drouhin

JEAN-LUC DUBOIS Bressandes 1989

■ 1er cru	0,77 ha	1 200	⑪ ↓ ☑ 3

Diese Familie baut seit 1880 Wein an. Paul Dubois ist seit 1988 im Ruhestand und hat seine 6 ha Rebflächen seinem Sohn hinterlassen. Klare rote Farbe mit bläulichroten Reflexen. Duft von roten Früchten. Tanninreich und robust. Er besitzt alle Merkmale eines lagerfähigen Weins, den man in ein paar Jahren erneut verkosten sollte.

🍷 Jean-Luc Dubois, 7, rue des Brenots, 21200 Chorey-lès-Beaune, Tel. 80.22.28.36 ⚱ n. V.
🍷 Paul Dubois

BERNARD DURY Les Aigrots 1990★

■ 1er cru	0,27 ha	1000	⑪ ☑ 4

Bernard Dury wohnt in dem Dorf Merceuil, dem Geburtsort von Paul Masson, der im letzten Jahrhundert einer der Begründer des kalifornischen Weinbaugebiets war. Dieser in eine scharlachrote Toga gehüllte Aigrots scheint für erfahrene Weinliebhaber bestimmt zu sein. Sie werden das sehr typische Aroma und den originellen Enzianduft zu schätzen wissen.

🍷 Bernard Dury, 21190 Merceuil, Tel. 80.21.48.44 ⚱ n. V.

DOM. JACQUES GERMAIN
Vignes Franches 1989★★★

■ 1er cru	1 ha	4 000	5

Ein 1668 auf den Überresten einer mittelalterlichen Festung wiedererrichtetes Schloß. Ein echter lagerfähiger Burgunder. Konzentriert und üppig, von erstaunlicher Nachhaltigkeit. Seine Farbe und sein Geschmack erinnern an schwarze Bigarreaukirschen, sein betäubender Duft an Himbeeren. Der 89er Les Cras vom gleichen Erzeuger ist ebenfalls hervorragend und hat bei unserer Jury dasselbe Wohlwollen gefunden.

🍷 Dom. Jacques Germain, Au Château, 21200 Chorey-lès-Beaune, Tel. 80.22.06.05 ⚱ n. V.
🍷 François Germain

CAMILLE GIROUD Les Perrières 1987★

■ 1er cru	k.A.	k.A.	⑪ ☑ 5

Zu diesem sehr animalischen Rotwein scheint ein Wildgericht mit Sauce angebracht. Er verströmt ein fast fuchsiges Moschusaroma. Der Foxgeruch setzt sich auch im würzig-pfeffrigen Geschmack schier endlos fort.

🍷 Maison Camille Giroud, 3, rue Pierre Joigneaux, 21200 Beaune, Tel. 80.22.12.65 ⚱ n. V.

DOM. GOUD DE BEAUPUIS
Clos des vignes franches 1989★

■ 1er cru	k.A.	k.A.	⑪ ↓ ☑ 3

Angesichts der intensiv roten, violett schimmernden Farbe erwartet man ein feuriges Bukett. Dennoch ist das Bukett von subtiler, wohlüberlegter und sehr angenehmer Komplexität. Der Geschmack ist ziemlich rund und wird dann lebhaft und tanninreich. Ein schöner Wein, der die nötige Säure besitzt, um sich recht lange zu halten.

🍷 Dom. Goud de Beaupuis, Ch. des Moutots, 21200 Chorey-lès-Beaune, Tel. 80.22.20.63 ⚱ tägl. 8h-19h; Jan. geschlossen

GOUPIL DE BOUILLE
Champs Pimont 1989★

■ 1er cru	2,5 ha	10 000	⑪ ☑ 5

Die Ururenkelin des berühmten Duvault-Blochet, der 135 ha Rebflächen (darunter Romanée-Conti) besaß, hat davon heute nur mehr 4,5 ha behalten. Dennoch ist dies ein schönes Erbe, wenn man nach diesem Wein urteilt. Gefällige Farbe, rustikaler Geruchseindruck (Unterholz, pflanzliche Note) und solider Bau. Ein sinnlicher, recht fleischiger 89er, den man sorgsam

lagern sollte, weil er sich fabelhaft entwickeln wird. Reservieren Sie ihn für ein Wildgericht.
🖢 Goupil de Bouillé, Les Coucherias, rte de Bouze, 21200 Beaune, Tel. 48.74.07.35 ☎ n. V.

HOSPICES DE BEAUNE
Cuvée Brunet 1989★★

■ 1er cru	k.A.	1 200	◫ 5

»Ich möchte in einem Faß mit Beaunewein ertränkt werden, damit mein Tod süß sei« , erklärte der Herzog von Clarence, als er von seinem Bruder, dem englischen König, zum Tod verurteilt wurde. Er hätte dafür diesen purpurroten Wein mit dem kräftigen Aroma (Kaffee, Humus, Unterholz, Moschus), der Vanillenote und den feinen, harmonisch eingefügten Tanninen wählen können. Dennoch wünscht man ihm ein glücklicheres Schicksal, das seine guten Qualitäten verdienen.
🖢 Dufouleur Père et Fils, 15, rue Thurot B.P. 27, 21700 Nuits-Saint-Georges, Tel. 80.61.21.21 ☎ n. V.

HOSPICES DE BEAUNE
Cuvée Nicolas Rolin 1990★★★

■	k.A.	k.A.	◫ 7

Dieses Firma hat bei der Versteigerung der Weine der Hospices de Beaune sieben Fässer von der Cuvée Nicolas Rolin erworben, zu 32 000 F je Faß (300 Flaschen). Zerschlagen Sie Ihr Sparschwein und leisten Sie sich einige Flaschen von diesem sehr intensiven und sehr tiefen Wein, der sehr kräftig und sehr lang ist. Ein Brombeeraroma, das nicht mehr enden will ... Lagerfähig, würdig eines Premier Cru (aber das Etikett der Hospices ist selbst ein Adelsbrief). Man sollte ihn zu einem Wildgericht trinken, gebraten oder mit Sauce.
🖢 Reine Pédauque, Le Village, 21420 Aloxe-Corton, Tel. 80.26.40.00 ☎ n. V.

HOSPICES DE BEAUNE
Cuvée Guigone de Salins 1989

■	k.A.	2 100	◫ ↓ ☑ 7

Die Firmen Ponsot und Chandesais ersteigerten gemeinsam acht Fässer von dieser Cuvée der Hospices, zu 38 000 F je Faß. Dieser Wein befindet sich noch im Kindheitsalter, so daß er lagern muß. Pflanzlicher Geruchseindruck, sehr angenehm, kräftig gebauter Körper. Ein aggressives Temperament, das sich bezähmen muß.
🖢 Christine Ponsot, Manoir Blu, 71150 Fontaines, Tel. 85.91.41.77 ☎ Di-Sa 8h-12h 14h-18h ; 15. Juli–15. Aug. geschlossen

DOM. JABOULET-VERCHERRE
Clos de l'Ecu Monopole 1989★

■	2,37 ha	12 000	◫ 6

Der 2,37 ha große Weinberg, der am Fuße des Hangs auf der Montagne de Beaune (Süd- und Südostlage) liegt, befindet sich im Alleinbesitz dieser Firma. Dieser Wein aus dem Jahr, in dem der 200. Jahrestag der Französischen Revolution begangen wurde, besitzt eine wenig entwickelte Farbe im Stil des Ancien régime und einen recht aristokratischen Duft mit pflanzlichen Noten. Das Unterholzaroma verlängert sich auf der Zunge mit viel Eleganz. Ein strukturierter, entfalteter 89er mit guten Zukunftsaussichten, den man sofort trinken oder noch aufheben kann.

🖢 SA Jaboulet-Vercherre, 5, rue Colbert, 21201 Beaune, Tel. 80.22.25.22 ☎ n. V.

LOUIS JADOT Les Boucherottes 1986★

■ 1er cru	2 ha	9 000	◫ ☑ 4

Ein großer Klassiker des Hauses Louis Jadot mit einem schon beachtlichen Alter. Rot wie Lehm, mit schwarzen Reflexen. Er erreicht seine volle Cremigkeit und Zartheit. Die Tannine haben sich nicht aufgelöst, sondern sind ganz verschwunden. Nuancen ! Versäumen Sie nicht sein Aroma von Mirabellen und Kernen. Für den Jahrgang ein bescheidener Preis.
🖢 Maison Louis Jadot, 5, rue Samuel Legay, B.P. 117, 21203 Beaune Cedex 3, Tel. 80.22.10.57 ☎ n. V.

JESSIAUME PERE ET FILS
Cent Vignes 1989

■ 1er cru	1,15 ha	7 000	◫ ↓ ☑ 4

Eine Reblage, die früher »Sanvignes« geschrieben wurde. In gallo-romanischer Zeit befand sich dort eine Villa. Ein Wein, der sich gut präsentiert und verdient, daß er hier aufgeführt wird, weil er das Ergebnis einer guten Vinifizierung ist. Achtbarer Durchschnitt. Trotzdem fehlt es ihm ein wenig an Feuer.
🖢 Jessiaume Père et Fils, 21590 Santenay, Tel. 80.20.60.03 ☎ n. V.

DOM. PIERRE LABET
Coucherias 1989★★

■ 1er cru	1 ha	k.A.	◫ ↓ ☑ 5

Die Frau von Pierre Labet ist eine der beiden Besitzerinnen des Château de la Tour im Herzen des Clos de Vougeot, wo dieser Wein ausgebaut wird. Gute Extraktion der Farbstoffe. Ein etwas kurzer, aber sehr angenehmer und wohlausgewogener Wein. Aroma von reifen Früchten und Vanillenote.
🖢 Pierre Labet, Rempart de la Comédie, 21200 Beaune, Tel. 80.62.86.13 ☎ tägl. 10h-19h ; 1. Dez.–Ostern geschlossen

DOM. LAURENT Vieilles vignes 1989★★★

■ 1er cru	k.A.	600	☑ 5

Während der 89er Beaune dieses Erzeugers recht passabel ist, verdient sein Premier Cru höchstes Lob. Sehr dunkelrote Farbe, die an Bigarreaukirschen erinnert. Das Bukett von seltener Komplexität : Gewürze und eingemachte Früchte über Holznoten. Der Geschmack explodiert förmlich. Ein sehr fülliger Weg führt zu einer Tanninapotheose von extremer Finesse. Man sollte ihn wie einen Schatz in seinem Keller hüten, bevor man ihn einmal zwischen Wildschwein und Epoisseskäse trinkt.
🖢 Dom. Laurent, 2, rue J. Duret, 21700 Nuits-Saint-Georges, Tel. 80.61.31.62 ☎ n. V.

DOM. DE LA VELLE
Clos des Monsnières 1990

☐	k.A.	3 000	◫ ↓ ☑ 3

Man sollte ihn schon bald zu Lachs mit Sauerampfer trinken, empfiehlt ein Mitglied der Jury. Recht feiner Duft und funkelnde Farbe. Feurige Ansprache, aber wenig Nachhaltigkeit.
🖢 Bertrand Darviot-Simard, 17, rue de la Velle, 21190 Meursault, Tel. 80.21.22.83 ☎ n. V.

A. LIGERET 1989*

■	k.A.	3 000	◫ ↓ **4**

Diese alte, 1832 gegründete Firma in Nuits ist 1952 von den Besitzern der Firma Moillard gekauft worden. Sie stellt einen fleischigen 89er mit deutlich spürbaren Tanninen vor, dessen vornehmer Duft beeindruckt : Unterholz bis holzige Noten. Ein schöner Wein, den man unbesorgt lagern kann.
↬ A. Ligeret, 10, pl. du Cratère, 21700 Nuits-Saint-Georges, Tel. 80.61.08.92 ☎ n. V.

DOM. MAILLARD PERE ET FILS 1989**

■	1,5 ha	7 000	◫ ↓ ☑ **3**

Bei der Wahl zwischen dem Premier Cru, Les Grèves und dem »simplen« Beaune hat unsere Jury der kommunalen Appellation den Vorzug gegeben. Das kommt vor ! Denn dieser 89er mit der subtilen, sehr lebhaften Farbe (zwischen Purpurrot und Granatrot) und dem sehr intensiven Duft bestätigt im Geschmack die angenehmen Eindrücke. Fehlerlos bis zum Abgang. Sehr gute Alterungsfähigkeit, wenn man den Mut besitzt, ihn lange zu lagern.
↬ Dom. Maillard Père et Fils, rue Joseph Bard, 21200 Chorey-lès-Beaune, Tel. 80.22.10.67 ☎ n. V.

P. DE MARCILLY 1989*

■	k.A.	k.A.	◫ ↓ **4**

Dieser strahlend granatrote 89er besitzt noch viel Fülle, aber seine Struktur ist kräftig, so daß man ihn gewinnbringend lagern kann. Noch schüchternes, leicht pflanzliches Aroma.
↬ P. de Marcilly, B.P. 102, 21702 Nuits-Saint-Georges, Tel. 80.61.14.26

CHRISTIAN MENAUT 1990

■	0,61 ha	k.A.	◫ ↓ ☑ **3**

Ein 9 ha großes Gut. Dieser in den Hautes-Côtes ansässige Winzer besitzt auch einige Rebflächen an der Côte, darunter auch den Weinberg für diesen Wein. Ein intensiv granatroter 90er, der sich zunächst recht schüchtern zeigt : wenig Duft. Danach entfaltet er sich stärker, ohne jedoch einen sehr mitteilsamen Charakter zu offenbaren. Achtbar.
↬ Christian Menaut, rue Chaude, 21190 Nantoux, Tel. 80.26.01.53 ☎ n. V.

CH. DE MEURSAULT Grèves 1989

■ 1er cru	2,5 ha	5 000	◫ ↓ ☑ **6**

Das Gut ist von André Boisseaux (Patriarche, Kriter, Château de Marsannay), einem Wein- und Kunstmäzen, um das Château de Meursault herum angelegt worden. Strahlend rubinrote Farbe und fruchtiger Duft. Ausgewogen, aber das Rückgrat ist eher geschmeidig als steif. Man kann ihn schon jetzt zu einem Sonntagsbraten trinken.
↬ Ch. de Meursault, 21190 Meursault, Tel. 80.21.22.98 ☎ tägl. 9h30-12h 14h30-18h ; Dez. u. Febr. geschlossen

DOM. RENE MONNIER Toussaints 1990*

■ 1er cru	0,81 ha	4 000	◫ ☑ **4**

Les Toussaints, die von Dr. Lavalle 1855 (zusammen mit dem Clos du Roi) als beste Cuvée eingestuft worden sind, verdienen eher einen Topf mit Chrysanthemen als einen Rosenstrauch. Dieser strahlend purpurrote Wein besitzt einen hübschen Duft und einen angenehmen Himbeergeschmack. Schöne Länge, strukturierter Abgang. Offenkundig lagerfähig. Der 90er Cent Vignes, der schon sehr gefällig ist, wird jedermann zufriedenstellen (ein Stern).
↬ Dom. René Monnier, 6, rue du Dr Rolland, 21190 Meursault, Tel. 80.21.29.32 ☎ n. V.
↬ Bouillot

ALBERT MOROT Les Teurons 1989

■ 1er cru	0,99 ha	4 500	◫ ↓ ☑ **4**

Zufriedenstellende Farbe und Aroma in der Entwicklungsphase. Wenig Körper, aber echte Finesse : Man sollte diesen gefälligen Wein vor 1995 aufmachen.
↬ Albert Morot, Ch. de la Creusotte, 21200 Beaune, Tel. 80.22.35.39 ☎ n. V.

DOM. ANDRE MUSSY Epenottes 1990*

■ 1er cru	1 ha	5 000	◫ ☑ **4**

Das Etikett ist wie ein Pergament mit eingerollten Rändern gestaltet, wie es früher Tradition war. Die zwölfte Winzergeneration. Der Wein ist ebenfalls extrem klassisch : für den Jahrgang 1990 typische Farbe, noch konzentrierter, zurückhaltender Geruchseindruck, ausgewogene Struktur. Sehr fruchtig.
↬ Dom. André Mussy, rue Dauphin, 21630 Pommard, Tel. 80.22.05.56 ☎ n. V.

PARIGOT PERE ET FILS Grèves 1990

■ 1er cru	k.A.	k.A.	◫ ↓ ☑ **4**

1990 haben wir den 87er besonders empfohlen. Die rote Farbe spielt hier ins Violette. Ziemlich holzbetonter Geruchseindruck. Ausgewogener Gesamteindruck mit einer leicht bitteren Note im Abgang. Passabel.
↬ Parigot Père et Fils, 21190 Meloisey, Tel. 80.26.01.70 ☎ n. V.

ALBERT PONNELLE Grèves 1988*

■ 1er cru	k.A.	k.A.	◫ ☑ **7**

Ponnelle ist ein Name, auf den man in Beaune häufig stößt. Mehrere Handelshäuser heißen so. Lassen Sie sich nicht davon verwirren ! Ein 88er Grèves, den man zum Höhepunkt erreicht hat. Man sollte ihn zu einem Coq au vin trinken. Granatrote Farbe mit leicht gelbrotem Schimmer. Entfaltet, kräftig (Geröstetes, rote Früchte) und dennoch voller Selbstbeherrschung. Trotz des guten Jahrgangs teuer.
↬ Albert Ponnelle, 38, fg Saint-Nicolas, 21200 Beaune, Tel. 80.22.00.05 ☎ n. V.

PIERRE PONNELLE 1989***

■	k.A.	k.A.	◫ ↓ **4**

Kristallklares, intensives Rubinrot, geröstetes Brot, cremiger Geschmack : eine echte Persönlichkeit. Dürfte gut altern.
↬ Pierre Ponnelle, 5, rue du Moulin, 21700 Nuits-Saint-Georges, Tel. 80.61.22.41 ☎ Mo-Do 8h-12h 14h-18h (Fr 17h) ; Aug. u. Ende Dez. geschlossen

DOM. PRIEUR-BRUNET
Clos du Roy 1989*

■ 1er cru	0,38 ha	2 500	◗▮ ↓ ✓ ⑤

Mit Geduld kommt man auch ans Ziel. Das beweist dieser Wein. Wenig Intensität, wenig Ausdruckskraft. Man befürchtet ein Waterloo. Doch nach einem Augenblick im Glas ist er im Geschmack Austerlitz ! Er wird angenehm, bezaubernd und vollkommen typisch für den Jahrgang 1989.
☛ Dom. Prieur-Brunet, rue de Narosse, 21590 Santenay, Tel. 80.20.60.56 ☖ n. V.
☛ Guy Prieur

REBOURGEON-MURE
Les Vignes Franches 1990

■ 1er cru	0,62 ha	3 300	◗▮ ↓ ✓ ③

Eine 1952 erworbene Parzelle auf dem Boden des Gutes Fleurot in Santenay. Die Farbe ist intensiver als der Geruchseindruck. Dieser 90er erscheint sehr tanninreich, körperreich und vielleicht ein wenig trocken im Abgang, aber er hinterläßt einen hervorragenden Eindruck.
☛ Daniel Rebourgeon-Mure, Grand-Rue, 21630 Pommard, Tel. 80.22.75.39 ☖ Mo-Sa 8h-11h30 13h30-19h

REINE PEDAUQUE
Champs Pimont 1990**

■ 1er cru	0,5 ha	2 600	◗▮ ⑤

Ein 90er mit einer sehr kräftigen Farbe, der harmonisch Fruchtigkeit und Holzton verbindet und sehr zarte Tannine enthüllt. Es versteht sich von selbst, daß man einen solchen Wein lagern muß. Es wäre schade, ihn zu jung zu trinken.
☛ Reine Pédauque, Le Village, 21420 Aloxe-Corton, Tel. 80.26.40.00 ☖ n. V.

REINE PEDAUQUE 1989**

■ 1er cru	k.A.	k.A.	◗▮ ④

Ein junger, sehr rassiger Wein, der sich bereits entfaltet. Alterungsfähig. Er besitzt ausreichende Säure, Temperament und Beharrlichkeit.
☛ Reine Pédauque, Le Village, 21420 Aloxe-Corton, Tel. 80.26.40.00 ☖ n. V.

ANTONIN RODET Bressandes 1989*

■ 1er cru	k.A.	1 400	◗▮ ✓ ⑤

Nach einer lebhaften, sympathischen Ansprache zeigt er sich sehr tanninreich. Verführerisches Aussehen, bedächtiges Aroma. Man kann ihn altern lassen, ohne sich allzu viele Sorgen machen zu müssen.
☛ Antonin Rodet, 71640 Mercurey, Tel. 85.45.22.22 ☖ Mo-Fr 9h-12h30 13h30-18h

ROPITEAU Les Aigrots 1989*

■ 1er cru	k.A.	k.A.	◗▮ ✓ ⑤

Klare himbeerrote Farbe und deutliches, angenehm fruchtiges Bukett. Der gefällige Eindruck setzt sich im Geschmack fort. Ein frischer, vollmundiger Wein, der seiner Appellation entspricht. Bereits trinkreif.
☛ Ropiteau Frères, 21190 Meursault, Tel. 80.24.33.00 ☖ tägl. 8h-20h ; f. 20 nov. au 15 fév.

DOM. THOMAS-MOILLARD
Grèves 1990**

■ 1er cru	2 ha	12 000	◗▮ ↓ ✓ ⑤

Ein herrlicher »Streik« , wie man ihn sich im CNPF (Nationalrat der französischen Arbeitgeber) erträumt. Offensichtlich rot. Der Zug der Aromen folgt einem Duft von sehr reifen Kirschen. Ein schöner Aufmarsch, der würzig und tanninreich den Mund gut ausfüllt. Lang wie die Wegstrecke von der Bastille bis zum L'Etoile. Und ungeheuer diszipliniert. Den 89er Championmonts von Moillard (ein Stern) sollte man noch im Keller lagern.
☛ Dom. Thomas-Moillard, chem. rural 29, 21700 Nuits-Saint-Georges, Tel. 80.62.42.12 ☖ tägl. 10h-18h ; Jan. u. Febr. geschlossen

HENRI DE VILLAMONT
Les Montrevenots 1989*

■ 1er cru	k.A.	900	◗▮ ↓ ✓ ④

Die Firma befindet sich in den Gebäuden und Kellern des berühmten Léonce Bocquet, der Ende des 19. Jh. den Clos de Vougeot wiederherstellte. Die Reblage Les Montrevenots liegt an der Grenze zur Appellation Pommard, oberhalb des Clos des Mouches. Ihr Wein präsentiert sich hier ein wenig lebhaft, jugendlich, recht zurückhaltend im Duft und viel aromatischer im Geschmack. Dieser 89er besitzt sehr schöne Zukunftsaussichten, aber er hat heute noch nicht seine vollkommene Ausgewogenheit erreicht.
☛ Henri de Villamont SA, rue du Dr Guyot, 21420 Savigny-lès-Beaune, Tel. 80.24.70.07 ☖ n. V.

DOM. EMILE VOARICK
Montée rouge 1989*

■	0,95 ha	6 000	◗▮ ✓ ③

Diese Reblage, die sich im Anbaugebiet von Beaune ganz oben auf dem Hügel befindet, ist trotz ihres Namens völlig unpolitisch und spricht jedermann an. Hier ist der 89er im Geschmack etwas aggressiv ausgefallen : ohne übermäßige Fülle. Aber seine granatrote Farbe, sein zart holziges Aroma und seine tiefreichenden Tugenden machen ihn zu einem lagerfähigen Wein.
☛ SCV Dom. Emile Voarick, 71640 Saint-Martin-sous-Montaigu, Tel. 85.45.23.23 ☖ tägl. sf dim. 9h-12h 14h-18h

Côte de Beaune

Die Appellation Côte de Beaune, nicht zu verwechseln mit Côtes de Beaune-Villages, darf nur in einigen Reblagen des Berges von Beaune erzeugt werden.

CAUVARD PERE ET FILS
Les Monts Battois 1989

□	1,3 ha	7 000	▮▯↓☑2

Die Reblage Les Monts Battois erzeugt klassische Côte-de-Beaune-Weine. Dieser blaßgoldene 89er bleibt zurückhaltend. Es mangelt ihm an Fülle. Ansonsten ist er recht gut gebaut.
➥ Dom. Cauvard Père et Fils, 18, rue de Savigny, 21200 Beaune, Tel. 80.22.29.77 ⏱ n. V.

DOM. PONNELLE
Les Pierres Blanches 1990

□	k.A.	k.A.	▯↓4

Man findet hier die berühmten grünen Reflexe. Im Duft entfaltet sich ein leichter Hauch von Zitronen. In der Folge wirkt er etwas hart. Aber dieser ziemlich spröde Charakter ist vielleicht nur eine Auswirkung seines jugendlichen Alters. Manchmal entwickeln sich daraus sehr schöne Weine, wenn man nur warten kann !
➥ Pierre Ponnelle, 5, rue du Moulin, 21700 Nuits-Saint-Georges, Tel. 80.61.22.41 ⏱ Mo-Do 8h-12h 14h-18h (Fr 17h) ; Aug. u. Ende Dez. geschlossen

Pommard

Die im Ausland bekannte burgundische Appellation – vermutlich weil sie so leicht auszusprechen ist ! Die Anbaufläche umfaßt mehr als 300 ha bei einer Produktion von rund 9 000 hl. An die Stelle von Argovienmergel treten hier weiche Kalkböden. Die hier erzeugten Weine sind robust und tanninreich und besitzen eine gute Lagerfähigkeit. Die besten Reblagen sind als Premiers Crus eingestuft, von denen die bekanntesten Les Rugiens und Les Epenots sind.

R. BALLOT-MILLOT ET FILS
Pézerolles 1990★★

▮ 1er cru	0,64 ha	2 400	▯☑5

Die Farbe erinnert an schwarze Tulpen mit diskretem violettem Schimmer. Verschlossener Geruchseindruck mit dem Aroma von geröstetem Brot. Ein Wein wie dieser hier hat keine Launen. Er ist dafür geboren, in Frieden und möglichst

lange zu altern. Er wendet sich eher an den Kenner als an den Konsumenten.
➥ SCE R. Ballot-Millot et Fils, 9, rue de la Goutte d'Or, 21190 Meursault, Tel. 80.21.21.39 ⏱ n. V.

DOM. GABRIEL BILLARD
Les Charmots 1990★★★

▮ 1er cru	0,38 ha	1 800	▯▯↓☑5

Laurence Jobard, die angesehene Önologin der Firma J. Drouhin, ist hier zu Hause. Vielleicht sollte man noch erwähnen, daß Frauen der Zutritt zum Gärkeller untersagt war ! Klare rubinrote Farbe : ein großer Wein. Fruchtigkeit mit Vanillenoten, komplex und pfeffrig, von großer Eleganz. Ausgewogen. Beeindruckende Länge. Ein Pommard Premier Cru, der seinen Namen und seinen Rang verdient. Die Reblage befindet sich mitten im Anbaugebiet der Appellation. Perfekte Verbindung von großartigem Stoff (Wein) und Holz.
➥ SCEA Gabriel Billard, imp. de la Commaraine, 21630 Pommard, Tel. 80.22.27.82 ⏱ n. V.

DOM. GABRIEL BILLARD 1990★★

▮	1 ha	3 000	▯▯↓☑4

Ein Pommard, dessen Duft sich aufgrund seiner Konzentration und seiner Holznote gut entwickeln dürfte. Der Geschmackseindruck eröffnet die gleichen Perspektiven : Stoff und Faß. Man kann mit ihm das Jahr 2000 feiern. Angemessener Preis.
➥ SCEA Gabriel Billard, imp. de la Commaraine, 21630 Pommard, Tel. 80.22.27.82 ⏱ n. V.

DOM. BILLARD-GONNET
Chaponnières 1989

▮ 1er cru	1,5 ha	2 500	▯▯↓☑5

Man findet etwas Animalisches in diesem entwickelten, sehr wilden Geruch. Er verströmt einen Foxgeruch. Klare, normale Farbe. Es mangelt ihm zwar ein wenig an Körper, aber er ist sehr fein und vollkommen ausgewogen. Für Freunde von leichten Weinen. Er paßt am Anfang einer Mahlzeit zu Œufs en meurette.
➥ Dom. Billard-Gonnet, rte d'Ivry, 21630 Pommard, Tel. 80.22.17.33 ⏱ n. V.

DOM. LUCIEN BOILLOT ET FILS
Les Fremiers 1989★★

▮ 1er cru	0,54 ha	3 000	▯▯☑4

Eine Familie, die aus Volnay und Pommard

stammt. Ein Teil ist an der Côte de Beaune geblieben, während sich der andere in Gevrey-Chamberlin niedergelassen hat und hier Rebflächen besitzt, die von Pierre und Louis Boillot, den Söhnen von Lucien, bewirtschaftet werden. Die Allee erinnert an Pfingstrosen. Immenser, reicher Duft. Ein Wein von wunderbarer Finesse, der sich mit dem Alter noch entfalten wird. Ein gutes Tanninfundament bildet den Sockel dieser Allegorie des Pommar mit dem wollüstigen Fleisch. Reizvolle Remanenz. Große Kunst. Paßt zu einem Wildgericht, aber nicht vor 1995.

☛ Dom. Lucien Boillot et Fils, 1, rue Dr-Pujo, 21220 Gevrey-Chambertin, Tel. 80.51.85.61 ☍ n. V.

BOUCHARD PERE ET FILS
Clos de la Pouture 1989*

| ■ 1er cru | k.A. | k.A. | ❙❙ ↓ 6 |

Diese Reblage schließt sich an das Dorf in Richtung Volnay an. Schöne dichte, strahlende Farbe : wirklich ein hübsches Gewebe. Sehr feiner Himbeerduft. Schöne Struktur im Geschmack, aber wenig Länge und dezente Tannine über einem Himbeeraroma.

☛ Bouchard Père et Fils, Au Château, B.P. 70, 21202 Beaune Cedex, Tel. 80.22.14.41 ☍ n. V.

BOUCHARD PERE ET FILS
Clos du Pavillon 1988*

| ■ | 3,5 ha | 21 000 | ❙ ❙❙ ↓ 5 |

Zwei Tauben lieben sich zärtlich ... Wählen Sie eine davon und bieten Sie sie diesem 88er an, dessen Aroma darauf brennt, sich für dieses Geflügel zu entflammen ! Reicher, noch verschlossener Duft. Viel Fleisch und Gerüst, Fülle, fast unbesonnener Biß, was sich aber mit dem Alter legen wird. Nicht vor 1996 trinken !

☛ Bouchard Père et Fils, Au Château, B.P. 70, 21202 Beaune Cedex, Tel. 80.22.14.41 ☍ n. V.

DOM. PASCAL BOULEY 1989*

| ■ | 0,39 ha | k.A. | ❙❙ ✓ 4 |

8 ha Rebflächen in Familienbesitz, die auf dem Gebiet von Volnay und Pommard liegen. Rubinrote Farbe, fruchtig und voll. Ein noch jugendlicher Wein, der altern kann. Ein perfekter Villages, wie man sich ihn nicht besser erwarten kann.

☛ Pascal Bouley, pl. de l'Eglise, 21190 Volnay, Tel. 80.21.61.69 ☍ n. V.

DENIS BOUSSEY 1990**

| ■ | 0,56 ha | 3 300 | ❙❙ ↓ ✓ 4 |

Intensive rote Farbe, sehr konzentrierte Fruchtigkeit, würziger (Zimt), tanninreicher Geschmack über einem Johannisbeeraroma. Man muß diesen 90er einfach mögen.

☛ Denis Boussey, 21190 Monthélie, Tel. 80.21.21.23 ☍ n. V.

MICHEL BOUZEREAU Les Cras 1989*

| ■ | k.A. | k.A. | ❙❙ ↓ 4 |

Ein ausgezeichneter Cras, der stoffreich, kräftig und lang ist und in einem Winkel Ihres Kellers altern sollte. Die Farbe ist dauerhaft. Der Duft besitzt Ausdauer.

☛ Michel Bouzereau, 3, rue de la Planche Meunière, 21190 Meursault, Tel. 80.21.20.74 ☍ n. V.

YVES BOYER-MARTENOT 1989*

| ■ | 0,54 ha | 1 200 | ❙❙ ↓ ✓ 4 |

Ein 9 ha großes Gut in Meursault, wo dieser Winzer seit 20 Jahren lebt. Ein Hasenpfeffer würde die Gesellschaft dieses 89ers nicht als ungebührlich empfinden. Intensive rubinrote Farbe, angenehmer, kraftvoller Geruchseindruck von rustikalem Charakter. Hinter der lebhaften Ansprache und dem Reichtum des Stoffs enthüllt sich ein sehr männlicher Stil.

☛ Yves Boyer-Martenot, 17, pl. de l'Europe, 21190 Meursault, Tel. 80.21.26.25 ☍ n. V.

DENIS CARRE Les Noizons 1990

| ■ | k.A. | k.A. | ❙❙ ✓ 4 |

Die Reblage Les Noizons befinden sich in der Nachbarschaft von Premiers Crus, in Richtung Beaune. Dunkelkirschrote Farbe mit bläulichrotem Schimmer. Ein Wein, der eher konzentriert als frisch ist und sehr viel Biß hat. Fruchtigkeit, Stoff, angenehmer Geschmackseindruck. Das Verhältnis zwischen Säure und Fülle dürfte sich mit der Zeit vervollkommnen.

☛ Denis Carré, rue du Puits Bouret, 21190 Meloisey, Tel. 80.26.02.21 ☍ n. V.

DOM. Y CLERGET Rugiens 1989**

| ■ 1er cru | 0,85 ha | 4 000 | ❙❙ ↓ ✓ 5 |

Winzer in Volnay seit dem Jahr 1270. Verneigen wir uns vor einer so langen Tradition ebenso wie vor diesem Rugiens mit der rubin- bis purpurroten Farbe und dem sehr konzentrierten, animalischen Geruchseindruck. Gut umhüllte Tannine. Ein wahrer Genuß, der eine herrliche Zukunft besitzt. Zu einem Wildgericht ? Selbstredend.

☛ Yvon Clerget, rue de La Combe, 21190 Volnay, Tel. 80.21.61.56 ☍ n. V.

DOM. COSTE-CAUMARTIN 1989*

| ■ | 3,73 ha | 7 000 | ❙❙ ↓ ✓ 4 |

Die Familie Coste-Caumartin ist berühmt als Hersteller von Küchenherden und Heizkörpern, die in Burgund sehr bekannt sind. Sie hat sich erfolgreich auf den Wein umgestellt und präsentiert hier einen dunkelvioletten Pommard mit einem kräftigen, sehr angenehmen Aroma. Robust gebaut, lang im Geschmack und perfekt gerüstet für die lange Fahrt.

☛ Dom. Coste-Caumartin, rue du Parc, B.P. 19, 21630 Pommard, Tel. 80.22.45.04 ☍ tägl. 8h-19h
☛ Jérôme et Antoine Sordet

DOM. DE COURCEL
Grand clos des Epenots 1989*

| ■ 1er cru | 5 ha | 20 000 | ❙❙ ↓ ✓ 4 |

Ein historisches Gut im Herzen Burgunds, das seit vier Jahrhunderten in Familienbesitz ist. Im letzten Jahr haben wir den 88er besonders empfohlen. Sein 89er Epenots strahlt im Glanz seiner Jugend : eine wunderbare Frische, die man schon beim ersten Blick bemerkt und im Geruch spürt. Sie ruht auf harmonisch eingebundenen Tanninen vom Eichenholzfaß.

☛ Dom. de Courcel, pl. de l'Eglise, 21630 Pommard, Tel. 80.22.10.64 ☍ n. V.
☛ Gilles de Courcel

DOM. CYROT-BUTHIAU 1989★

■   0,55 ha   2 900   ◑ ☑ ⑤

Der Urenkel eines Verwalters des Château de Pommard, danach der Firma Mommessin. Diese Familie hat den Wein im Blut. Und sehen Sie, was daraus hervorgeht ! Früchte und Gewürze streiten hier in einer wunderbaren Schachpartie miteinander. Der Gewinner wird der Käufer sein. Kräftige rubinrote Farbe mit granatroten Reflexen und lebhaftes, bezauberndes Bukett, das rote und schwarze Früchte vereint. Sehr harmonischer, kräftiger, reicher Geschmack.

� Dom. Cyrot-Buthiau, rte d'Autun, 21630 Pommard, Tel. 80.22.06.56 ☡ Mo, Mi, Sa, So 9h30-18h30

HENRI DELAGRANGE
Les Bertins 1989★

■ 1er cru   0,45 ha   2 500   ◑ ↓ ☑ ⑤

Eine alte burgundische Familie, die der Provinz ein Mitglied des Parlaments in Dijon und zahlreiche Persönlichkeiten geschenkt hat. Ein schönes rubinrotes Kleid umhüllt einen animalischen, tanninreichen und ziemlich vollständigen Charakter. Dazu Rehschlegel, wenn die Jagd erfolgreich abgeschlossen ist.

� Dom. Henri Delagrange et Fils, rue de la Cure, 21190 Volnay, Tel. 80.21.61.88 ☡ n. V.

DOUDET-NAUDIN 1990

■   k.A.   2 400   ◑ ↓ ☑ ⑤

Vom Stil her ein Marquis : ein wenig leicht, elegant, ziemlich charmant, aber ohne besondere Tiefe.

� Maison Doudet-Naudin, 3, rue Henri Cyrot, 21420 Savigny-lès-Beaune, Tel. 80.21.51.74 ☡ n. V.

CHRISTINE ET JEAN-MARC DURAND 1990★

■   0,4 ha   1 500   ◑ ④

Eine alte Familie der Hautes-Côtes de Beaune.

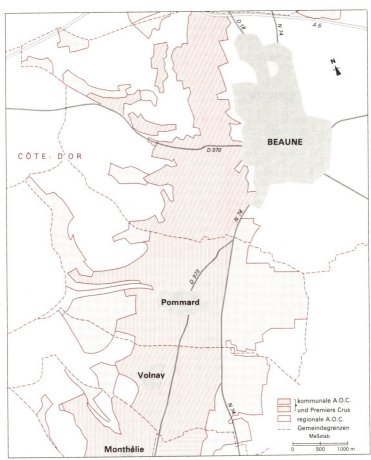

Ihr Gut ist zerstückelt worden, aber damit ist es nicht allein. Es stellt hier einen ziemlich vielversprechenden Pommard mit jungem, schon sehr komplexem Duft vor. Viel Finesse und viel Biß.
↱ Christine et Jean-Marc Durand, 1, rue des Vignes, 21200 Beaune, Tel. 80.22.75.31

FAIVELEY Les Chaponnières 1989

| ■ 1er cru | k.A. | 1 500 | ❙❙ ↓ ☑ 7 |

Die Reblage Les Chaponnières befindet sich neben den Rugiens-Bas. Ihr Wein verströmt hier einen Ledergeruch. Einige violette Reflexe. Gute geschmackliche Ansprache, aber wenig Nachhaltigkeit. Eine Trockenheit, die auf den Alkohol zurückzuführen ist.
↱ Maison Jh. Faiveley, B.P. 9, 21702 Nuits-Saint-Georges Cedex, Tel. 80.61.04.55 ☥ n. V.

DOM. EDMOND GIRARDIN
La Vache 1990*

| ■ | 0,62 ha | 2 000 | ❙❙ ↓ ☑ 5 |

Patrick, Enkel von Edmond, dem Gründer des Gutes und Sohn von Roland, hat den Betrieb 1985 übernommen. Es braucht Mut, um den Namen dieser Reblage (»Die Kuh«) auf das Etikett zu schreiben. Sie liegt ganz nahe bei den Rugiens. Ein hübscher 90er, der nach schwarzen Johannisbeeren duftet und unbedingt noch vier Jahre im Keller altern muß, bevor er sein Debüt gibt.
↱ Dom. Edmond Girardin, Ancienne rte d'Autun, 21630 Pommard, Tel. 80.22.61.21 ☥ n. V.

DOM. ALBERT GRIVAULT
Clos Blanc 1990*

| ■ 1er cru | 0,88 ha | 2 100 | ❙❙ ☑ 4 |

Es gibt eine Cuvée Albert Grivault bei den Weinen der Hospices de Beaune, in der Appellation Meursault-Charmes. Und was ist mit diesem Pommard? Kirschen von Ende, und das im Überfluß. In der Farbe, im Duft (Kirschwasser, Kirschkerne) und im Geschmack. Wie sagte der Dichter: »Gehen wir nach Montmorency Kirschen pflücken...« Ein wirklich guter Wein.
↱ Dom. Albert Grivault, 7, pl. du Murger, 21190 Meursault, Tel. 80.21.23.12 ☥ n. V.
↱ Mme Bardet-Grivault

LES CAVES DES HAUTES-COTES
1989*

| ■ | 4 ha | 22 000 | ❙❙ ↓ ☑ 4 |

Die Genossenschaft der Hautes-Côtes hat 1989 die Genossenschaft von Pommard übernommen und so an der Côte Fuß gefaßt (das gleiche hat sie in Gevrey getan). Tiefviolette Farbe : man könnte fast an einen jungen Bischof denken. Frisch, fruchtig, vielversprechend. Er scheint noch nicht sein Osterfest erlebt zu haben. Für einen 89er noch jugendlich, was ihm eine sehr lange Alterungsfähigkeit garantieren könnte.
↱ Gpt de Prod. Les Caves des Hautes-Côtes et de la Côte, rte de Pommard, 21200 Beaune, Tel. 80.24.63.12 ☥ n. V.

HONORE LAVIGNE 1989

| ■ | k.A. | k.A. | ❙❙ ↓ 5 |

Zurückhaltend in der Ausdruckskraft seines

Buketts. Diesem wohlausgewogenen Wein fehlt es jedoch an Fülle. Sehr deutlich spürbarer Alkohol.
↱ Honoré Lavigne, B.P. 102, 21702 Nuits-Saint-Georges Cedex, Tel. 80.61.00.06
↱ J.-C. Boisset SA

HOSPICES DE BEAUNE
Cuvée Billardet 1989*

| ■ | k.A. | 2 700 | ❙❙ ↓ ☑ 7 |

Neun Fässer (zu je 300 Flaschen) von 27 für 35 000 F je Faß bei der Versteigerung der Hospices de Beaune erstanden. Der Wein hat eine ziemlich helle, fast entwickelte Farbe. Der Geruchseindruck ist sehr rauchig und holzig, der Geschmack geschmeidig und vollmundig. Man kann ihn um die Mitte des Jahrzehnts zu einem Entenbraten trinken.
↱ Emile Chandesais, Ch. Saint-Nicolas, B.P. 1, 71150 Fontaines, Tel. 85.91.41.77 ☥ Di-Sa 8h-12h 14h-18h ; 15. Juli–15. Aug. geschlossen

JEAN-LUC JOILLOT Les Noizons 1989*

| ■ | 1 ha | 5 000 | ❙❙ ☑ 5 |

Auf dem Hang, der zu den Hautes-Côtes führt, ganz nach Süden gelegen. Intensive granatrote Farbe. Ein kräftiger, typischer Pommard, der stattlich, voll und sehr lang im Geschmack ist. Ein echter dicker Schmöker, der eine burgundische Saga enthält. Man sollte ihn mindestens fünf Jahre lang auf seinem Nachtkästchen liegen lassen.
↱ Jean-Luc Joillot, rue de la Métairie, 21630 Pommard, Tel. 80.22.10.82 ☥ tägl. 8h-19h

DOM. DE LA BUISSIERE 1989*

| ■ | 0,3 ha | k.A. | ❙❙ ☑ |

Im letzten Jahr haben wir den 88er besonders empfohlen. Dieses Gut hat seinen Sitz in Gebäuden, die aus dem 15. Jh. stammen. Zu Recht berühmt. Ein 89er Pommard, den man schon jetzt trinken kann. Der Geruchseindruck ist komplex und enthüllt eine gute eingebundene Holznote. Nach einer angenehmen Ansprache entfaltet sich ein bereits vollständiger Geschmack, der lang ausklingt und eine für die Appellation typische Tanninnote besitzt.
↱ Jean Moreau, rue de la Buissière, 21590 Santenay, Tel. 80.20.61.79 ☥ Mo-Sa 10h-12h 14h-19h ; Ende Aug. geschlossen

LAHAYE PERE ET FILS
Les Vignots 1989

| ■ | 0,78 ha | 3 600 | ❙❙ ↓ ☑ 4 |

Im Geschmack kräftiger als im Duft. Ein achtbarer 89er, der sich gut präsentiert.
↱ Lahaye Père et Fils, pl. de l'Eglise, 21630 Pommard, Tel. 80.24.10.47 ☥ n. V.

DOM. LAURENT Vieilles vignes 1990*

| ■ | k.A. | 900 | ❙❙ ☑ 5 |

Dieser Konditor aus Vesoul ist der Familientradition untreu geworden und hat sich in Nuits-Saint-Georges niedergelassen. Er ist künftig dem Wein zu widmen. Der dunkelkirschrote Wein, den er uns hier bietet, besitzt eine bemerkenswerte aromatische Konzentration. Eine mit Fenchel gefüllte Taube ? Wenn Ihnen danach ist ... Überzeugender Biß, gut erhaltene Fruchtigkeit.

Ein Hauch von Kohlensäure, aber das schadet nichts.

🍷 Dom. Laurent, 2, rue J. Duret, 21700 Nuits-Saint-Georges, Tel. 80.61.31.62 ☎ n. V.

DOM. LEJEUNE Les Poutures 1989★★

■ 1er cru	1,08 ha	6 000	❚❙❘ ☑ 🅢

François Jullien aus Pommerol hat dieses Familiengut übernommen, das früher zu dem gleichen Besitz wie die Domaine de Courcel gehörte. Ein Geflügelgericht wartet auf diesen strahlenden, feinen und lebhaften 89er. Der Duft ist von Überreife geprägt : eingemachte Früchte, sogar Kaffee. Perfekte Struktur. Nichts drängt zur Eile. Ein Wein, auf den man seine Hoffnungen und sein Vertrauen setzen kann. Er wird seinen Höhepunkt erst in etlichen Jahren erreichen.

🍷 Dom. Lejeune, La Confrérie, pl. de l'Eglise, 21630 Pommard, Tel. 80.22.10.28 ☎ n. V.
🍷 Famille Jullien de Pommerol

DOM. LEJEUNE Rugiens 1989

■ 1er cru	0,25 ha	1 100	❚❙❘ ☑ 🅖

69 71 72 73 |78| |79| |80| 81 |82| |84| ⑧⑥ 88 89

1990 besondere Empfehlung für den 86er. Schöne kirschrote Farbe, die intensiv, aber sehr lebhaft ist. Nicht sehr strahlend. Das ist der Stil dieses Gutes, das auf die tieferliegenden Tugenden setzt : blumiger Duft mit Lakritzearoma und Holznote, feuriger, warmer Körper, tanninreich und robust gebaut, aber sehr reizvoll.

🍷 Dom. Lejeune, La Confrérie, pl. de l'Eglise, 21630 Pommard, Tel. 80.22.10.28 ☎ n. V.
🍷 Famille Jullien de Pommerol

DOM. LOUBET-DEWAILLY
Epenots 1989

■ 1er cru	2,6 ha	k.A.	❚❙❘ ↓🅢

Ein alter Weinberg der Mönche von Citeaux. Das Gut stammt von 1854. Sein Epenots besitzt eine intensive, strahlende Farbe. Der Geruch von Korkeiche verfliegt rasch an der Luft. Wenig Kraft, aber das ist kein Pommard-Turbo. Ausgewogener Gesamteindruck.

🍷 Loubet-Dewailly, Ch. de Citeaux, 21190 Meursault, Tel. 80.21.20.06 ☎ n. V.

DOM. MACHARD DE GRAMONT
Le Clos blanc 1989

■ 1er cru	2 ha	k.A.	❚❙❘ ☑ 🄸

Der Clos Blanc, der sich in der Nähe der Grands Epenots befindet, ist ein Weinberg mit roten Trauben. Aber denken Sie daran : Burgund ist eigentlich nicht kompliziert, sondern komplex ! Wenn man der Legende glauben darf, so stammt die »weiße Farbe« dieses Weinbergs vom Gewand der Mönche von Citeaux. Angenehmer äußerer Eindruck und verschlossener Duft. Das kommt in den besten Familien vor. Deutlich spürbare, aber nicht zu trockene Tannine. Hübsche Struktur, aber es mangelt ihr ein wenig an Stoff. Muß noch altern. Vielleicht erinnern sich unsere Leser noch daran, daß wir 1988 den 84er besonders empfohlen haben.

🍷 SCE Dom. Machard de Gramont, B.P. 105, Le Clos, 21702 Nuits-Saint-Georges Cedex 1, Tel. 80.61.15.25 ☎ n. V.

FRANCOIS MARTENOT 1989

■	k.A.	8 000	❚❙❘ ↓☑🅢

Mittlere Intensität. Angenehmer Duft mit leichtem Bodengeruch. Ein sehr geschmeidiger, vollmundiger 89er. Etwas Biß und ziemlich rasche Entwicklung.

🍷 François Martenot, rue du Dr Barolet, ZI de Beaune-Vignolles, 21209 Beaune Cedex 09, Tel. 80.24.70.07 ☎ n. V.

DOM. MAZILLY PERE ET FILS
Les Poutures 1989

■ 1er cru	1 ha	4 500	❚❙❘ ☑🅢

Elegante Farbe und sehr feiner Duft, aber noch sehr verschlossen. Ein gelungener Wein, dessen Tannine noch ihren Eifer beruhigen müssen, bevor er zu Tisch gebeten wird. Beiseite legen.

🍷 Dom. Mazilly Père et Fils, 21190 Meloisey, Tel. 80.26.02.00 ☎ n. V.

MOILLARD-GRIVOT Rugiens 1989★

■ 1er cru	k.A.	2 100	❚❙❘ ↓☑🅖

In dem Film *Berüchtigt* von Alfred Hitchcock macht Cary Grant eine famose Entdeckung, als er eine Flasche Pommard aufmacht. Les Rugiens, die Renommierlage von Pommard, verleihen ihren Weinen normalerweise ziemlich aufdringliche Tannine, die temperamentvollsten der ganzen Côte de Beaune. Diese hier haben sich unter einem Kleid von kräftiger roter Farbe gut aufgelöst. Zurückhaltendes Aroma, gute Länge im Geschmack. Ein hervorragender Eindruck von Jugendlichkeit. Lagern.

🍷 Moillard-Grivot, RN 74, 21700 Nuits-Saint-Georges, Tel. 80.62.42.00 ☎ tägl. 10h-18h ; Jan. un. Febr. geschlossen

DOM. PARENT Les Epenots 1988★★★

■	0,57 ha	k.A.	❚❙❘ ☑🅖

Dieser 88er kann mit den Worten Racines von sich behaupten : »Der Tag ist nicht klarer als der Grund meines Herzens.« Und wirklich, was für eine Aufrichtigkeit ! Nur ganz knapp an einer besonderen Empfehlung vorbei. Er trägt ein wunderschönes Kleid und entfaltet die ganze Anmut eines verführerischen Dufts. Sehr fleischig, fruchtig und wohlausgewogen. Prächtige Ansprache, aber bescheidene Länge – zumindest im Hinblick auf den Rest. Man kann ihn völlig unbesorgt altern lassen.

🍷 SA Dom. Parent, pl. de l'Eglise, 21630 Pommard, Tel. 80.22.15.08 ☎ n. V.

DOM. J. ET A. PARENT
Les Rugiens 1988★

■ 1er cru	0,5 ha	1000	❚❙❘ ↓☑🅢

Chantal und Annick führen das Gut. Im Gärkeller werden sie von Florence Arthaud unterstützt. Kleine Erträge und eine auf ein Mindestmaß beschränkte Trockenzuckerung. Das Ergebnis sieht man. Sehr strahlende Farbe und Duft von großer Finesse. Ein Wein, der sich noch harmonisch entwickeln muß, bevor man ihn zu einer Blätterteigpastete trinkt.

🍷 Dom. J. et A. Parent, rue du Château-Gaillard, 21190 Monthélie, Tel. 80.21.21.98 ☎ n. V.

PARIGOT PERE ET FILS
Les Charmots 1990 ★★★

■ 1er cru	k.A.	k.A.	⑪ ↓ ☑ 4

Der Urgroßvater kam 1870 als Weinbergarbeiter nach Meloisey. Von diesem kleinen Dorf in den Hautes-Côtes aus baute die Familie ein schönes Gut an der Côte de Beaune (15 ha) auf. Sehr dunkelrote Farbe mit Nuancen, die an die Kirschen aus dem Chalonnais erinnern. Das ist wirklich der »König der Feinschmecker«, wie Roupnel den Pommard nannte. Unsere besondere Empfehlung für diesen würzigen, konzentrierten und komplexen Wein. Extrem fruchtiger Geschmack und schier endlose Länge. Ein schöner Wein, dessen Herrschaft glorios sein wird.
↜ Parigot Père et Fils, 21190 Meloisey, Tel. 80.26.01.70 ☎ n. V.

MARIE-LOUISE PARISOT 1989 ★

■	k.A.	1 195	⑪ ☑ 6

Mit seiner strahlend rubinroten Farbe kündigt er zwar sein üppiges Aroma an, aber er hütet sich, zuviel davon preiszugeben. Recht ausgeprägter, eleganter Geschmack mit dem Aroma von vergorenen Früchten. Guter Gesamteindruck. Zu einem ländlichen Munsterkäse.
↜ Marie-Louise Parisot, 1, pl. Saint-Jacques, 21200 Beaune, Tel. 80.22.25.31 ☎ n. V.

CH. DE POMMARD 1989 ★★

■	20 ha	60 000	⑪ ↓ ☑ 6

⑦⑧ 79 |80| 81 |82| 83 |84| |85| |88| 89

Dieser Erzeuger ist Professor an der Sorbonne, Spezialist für Freud. Außerdem leitet er ein 20 ha großes Gut, das von Mauern umschlossen ist : das Château. Ein einzigartiger Clos an der Côte d'Or und ein bemerkenswertes architektonisches Ensemble. Offensichtlich gehört dieser 89er auf eine Psychiatercouch. Ein zwar komplexer Wein, der aber für die Appellation typisch ist und keine Probleme mit seinem Verhältnis zum Anbaugebiet hat. Eine sympathische rustikale Note. Gut gebaut, reich und spontan. Dieser Pommard spricht aufrichtig und lebt seine Träume aus. Exzellente Harmonie.
↜ Jean-Louis Laplanche, Ch. de Pommard, 21630 Pommard, Tel. 80.22.07.99 ☎ tägl. 8h-19h (April–Nov.)

PIERRE PONNELLE
Grands Epenots 1989 ★★

■ 1er cru	k.A.	k.A.	⑪ ↓ 7

Der Duft behält seine Geheimnisse für sich, aber er läßt sie erahnen. Ein voller, massiver Wein, der eine lange Zukunft besitzt und einmal zu einer Hasenpastete passen wird.
↜ Pierre Ponnelle, 5, rue du Moulin, 21700 Nuits-Saint-Georges, Tel. 80.61.22.41 ☎ Mo-Do 8h-12h 14h-18h (Fr bis 17h) ; Aug. u. Ende Dez. geschlossen

DANIEL REBOURGEON-MURE
Grands Epenots 1990 ★★

■ 1er cru	0,28 ha	1 500	⑪ ↓ ☑ 4

85 |86| 87 89 |90|

Ein Vorfahr dieser Familie hieß Jean Bourgogne. Er ließ sich 1583 in Pommard nieder. Diese Parzelle, die kurz nach der Französischen Revolution erworben wurde, ist von Daniels Großvater bepflanzt worden. Ein schöner, tiefroter Wein, der einen guten Begleiter abgibt. Sein Duft bietet tausend Nuancen und enthüllt eine echte Persönlichkeit : Zimt, Rhabarber, gekochte Früchte etc. Eine angenehme Länge führt die prächtige Ansprache fort. Unsere Jury sagt ihm eine schöne Zukunft voraus. Der 89er Villages besitzt Klasse und Fülle : ein Stern.
↜ Daniel Rebourgeon-Mure, Grand-Rue, 21630 Pommard, Tel. 80.22.75.39 ☎ Mo-Sa 8h-11h30 13h30-19h

REINE PEDAUQUE 1990 ★

■ 1er cru	k.A.	k.A.	⑪ 6

Die »Königin« steht auf dem Tisch. Ein Hollywoodkuß in den 30er Jahren : voll, zügellos, endgültig. Ein Geschmackseindruck mit sehr starkem Charakter. Vanille-Karamel-Aroma im Duft und recht rote Farbe. Zufriedenstellende Ausgewogenheit im Gesamteindruck.
↜ Reine Pédauque, Le Village, 21420 Aloxe-Corton, Tel. 80.26.40.00 ☎ n. V.

CH. DE SANTENAY 1990 ★★

■	k.A.	4 560	⑪ ☑

Das Glück liegt im Warten, heißt es. Nichts drängt zur Eile, wenn man diesen 90er probiert, der von seinem Höhepunkt noch sehr weit entfernt ist. Die sehr kräftige Farbe geht auf eine gute Extraktion der Farbstoffe zurück. Konzentrierter, intensiver Duft. Viel Stoff, Festigkeit und Rustikalität. Aber das alles – seien Sie sich dessen sicher ! – wird sich vervollkommnen.
↜ Paul Pidault, 21590 Santenay, Tel. 80.20.61.87 ☎ Mo-Fr 8h-12h 13h30-17h

VAUCHER PERE ET FILS 1990 ★★

■	k.A.	k.A.	⑪ ↓

Victor Hugo sah in diesem Cru den »Kampf zwischen Tag und Nacht«. Man kann dies auch an diesem Wein feststellen, der subtil und kraftvoll beginnt und dann eine wunderbare Rundheit und Fülle entfaltet. Ein 90er mit einer klaren Fruchtigkeit, der allgemein Beifall gefunden hat.
↜ Vaucher Père et Fils, B.P. 14, 21700 Nuits-Saint-Georges, Tel. 80.61.12.86

VAUDOISEY-CREUSEFOND 1989 ★

■	1,05 ha	3 900	⑪ ↓ ☑ 4

Die dunkelrubinrote Farbe ist sehr kräftig, was in Burgund nicht überrascht. Das sehr tiefe, komplexe Aroma reicht von Geräuchertem bis zu Holznoten. Schöne Ansprache : lebhaft, reich und robust. Trotz seiner geringen Nachhaltigkeit

476

im Abgang ein Pommard, der fest auf seinen
beiden Beinen steht.
🔖 Henri Vaudoisey-Creusefond, rte d'Autun,
21630 Pommard, Tel. 80.22.48.63 🍷 n. V.

DOM. LOUIS VIOLLAND
Cuvée la Pierre du Roy 1989★★

| ■ | 2 ha | 9 300 | � ↓5 |

Die Firma Violland gehört heute zur Gruppe
der Caisse des Dépôts et Consignations. Dunkelrubinrot, zart intensiv, komplexer Duft mit
Holznoten. Dieser Wein begnügt sich damit, seinen Reichtum zu bestätigen. Stattlich und wohl-
genährt mit reichlich Stoff. Ein echter Spar-
strumpf, den man altern lassen muß, weil er
einen hübschen Spargroschen enthält.
🔖 SCE Dom. Louis Violland, 13, rue de la Poste,
21200 Beaune, Tel. 80.22.24.86 🍷 n. V.
🔖 SPIFIC

DOM. VIRELY-ARCELAIN
Clos des Arvelets 1987

| ■ 1er cru | 0,52 ha | 2 000 | ⅱ ☑4 |

»Du bist nicht am Kreuz von Pommard« soll
bedeuten, daß man noch nicht am Ende des
Weges und seiner Mühen angekommen ist. Dieser granatrote Wein mit dem wilden, animalischen Geruchseindruck, der an Unterholz erinnert und von einer alkoholischen Note geprägt
wird, ist auch noch nicht am Kreuz von Pommard angelangt. Die Säure ist vorhanden, die
Länge ausreichend, aber der Geschmackseindruck ist ein wenig trocken.
🔖 Dom. Virely-Arcelain, rue Moulin Mareau,
B.P. 20, 21630 Pommard, Tel. 80.22.19.71 🍷 n. V.

JOSEPH VOILLOT Les Rugiens 1989★★

| ■ 1er cru | 0,3 ha | 1 500 | ⅱ ☑6 |

Schöne Farbe und recht typischer, angenehmer
Duft. Entfaltet sich im Geschmack zu einer fehlerlosen Harmonie. Im Abgang ein Lakritzearoma. Lassen Sie ihn noch in Frieden ruhen.
🔖 Joseph Voillot, 21190 Volnay, Tel. 80.21.62.27
🍷 n. V.

Volnay

Das an einen Hang
geschmiegte Dorf Volnay erinnert an eine
burgundische Postkartenidylle. Die
Appellation ist zwar weniger bekannt als
Pommard, aber sie muß auf ihre Nachbarappellation nicht neidisch sein. Die
Weine hier sind voller Finesse und reichen
von der Leichtigkeit der Reblage Les Santenots, die sich in der Nachbargemarkung
Meursault befindet, bis zur Robustheit
und Kraft des Clos des Chênes oder von
Champans. Unmöglich, hier alle aufzu-
zählen, man könnte sonst einige vergessen. Der Clos des Soixante Ouvrées ist

ebenfalls sehr bekannt. Bei dieser Gelegenheit eine Definition der Ouvrée : Das
sind 4,28 Ar, nämlich die Rebfläche, die
ein Mann im Mittelalter mit der Hacke an
einem Tag bearbeiten konnte.

Zahlreiche Verfasser
haben im 19. Jahrhundert den Wein von
Volnay erwähnt ; wir erinnern hier nur an
den Vicomte A. de Vergnette, der 1845 auf
dem Kongreß der französischen Winzer
seinen wissenschaftlichen Bericht folgendermaßen beschloß : »Die Weine von
Volnay werden noch lange Zeit das sein,
was sie im 14. Jahrhundert unter unseren
Herzögen waren, die hier die Weinberge
von Caille-du-Roy (= »Cailleray« , aus
dem »Caillerets« geworden ist) besaßen :
die besten Weine der Welt.«

BITOUZET-PRIEUR 1989

| ■ | 2 ha | 3 000 | ⅱ ☑4 |

Ein Gut, das sich seit mehreren Jahren in
Familienbesitz befindet. Gebratenes Fleisch zu
diesem Volnay ? Wenn es Holz und Alkohol liebt.
🔖 Bitouzet-Prieur, rue de la Combe, 21190
Volnay, Tel. 80.21.62.13 🍷 n. V.

DOM. BOIGELOT Les Santenots 1990★

| ■ 1er cru | 0,15 ha | 1000 | ⅱ ↓☑4 |

Eric hat 1990, im Alter von 23 Jahren, das Gut
seiner Eltern übernommen. Und er macht seine
Sache gar nicht schlecht, wie man in Burgund
sagt. Strahlende granatrote Farbe, intensiver Duft
und wohldosierte Holznote. Ein Santenot voller
Schwung und Esprit, der fest auf seinen beiden
Beinen steht. Ein Cîteaux wird wunderbar zu ihm
passen.
🔖 Eric Boigelot, 21190 Monthélie,
Tel. 80.21.65.85 🍷 n. V.

JEAN-MARC BOILLOT 1989★★

| ■ | 1,15 ha | 6 000 | ⅱ 4 |

Wer würde nicht davon träumen, in einem
Haus zu wohnen, das »La Pommardière«
heißt ? Selbst wenn man hier heute einen 89er
Volnay trinkt ! Sein Geschmack und sein Geruchs-
eindruck ähneln sich stark : gerösteter Kaffee,
Geräuchertes. Eine kräftige, impulsive Struktur,
die einen Spagat macht. Wenn Sie diese Flasche
vor fünf bis sechs Jahren aufmachen, ist dies kein
Irrtum, sondern ein Fehler !
🔖 Jean-Marc Boillot, La Pommardière, 21630
Pommard, Tel. 80.22.71.29

DOM. LUCIEN BOILLOT ET FILS
Les Angles 1989★

| ■ | 1,14 ha | 6 000 | ⅱ ☑4 |

»Die Winkel« ? Diese Reblage bildet nämlich
einen Winkel zwischen der Route Nationale und
dem Weg, der zum Dorf hinaufführt. Der Wein
dagegen ist in keiner Weise eckig. Sein fruchtig-
würziges Aroma ist ziemlich komplex. Sein
Geschmack besitzt Fülle und entfaltet sich offenherzig.

▾ Dom. Lucien Boillot et Fils, 1, rue Dr-Pujo, 21220 Gevrey-Chambertin, Tel. 80.51.85.61 ⟙ n. V.

DOM. JEAN-MARC BOULEY
Clos des Chênes 1989*

■ 1er cru	0,42 ha	1 200	▥ ↓ 5

Ein Samtkleid, dessen klare Farbe ins Granatrote spielt. Ein hübsches Kleid, um damit am Fest Saint-Vincent tournante auf den Ball zu gehen ! Man wundert sich nicht, in den Weinen dieser Reblage angenehme Noten von Geröstetem, Verbranntem und Holzigem zu entdecken. Die Ansprache ist rassig, der Abgang ziemlich fest, um die Qualität der Pinotrebe zum Ausdruck zu bringen.
▾ Jean-Marc Bouley, chem. de la Cave, 21190 Volnay, Tel. 80.21.62.33

DOM. FRANCOIS BUFFET
Clos de La Rougeotte 1989

■ 1er cru	0,52 ha	2 500	▮ ▥ ↓ � 5

François Buffet (1911–1965) war der Vater des jetzigen Besitzers dieses Gutes. Dieser Clos ist eine Reblage innerhalb eines Premier Cru, aber in welchem ? Der Erzeuger sollte es uns verraten. Sein 89er ist nämlich ziemlich hell, aber recht pfeffrig und von beachtlicher Komplexität. Eleganz. Sein 89er Clos des Chênes muß noch lagern, weil sein Tanningerüst milder werden muß. Er hat die gleiche Note erhalten.
▾ Dom. François Buffet, rue de Mont, 21190 Volnay, Tel. 80.21.62.74 ⟙ n. V.

DOM. FRANCOIS CHARLES ET FILS
Les Fremiets 1989*

■	0,6 ha	k.A.	▥ ↓ ▥ 4

Zwischen Les Angles und Les Pitures, in Richtung Pommard. Blaß, aber sauber. Er blendet zwar nicht die Augen, hinterläßt aber auf dem Grund der Nasenhöhle ein köstliches Himbeerelixier. Leicht und angenehm. Ein goldbraun gebratenes Hühnchen wird gut dazu passen.
▾ Dom. François Charles et Fils, 21190 Nantoux, Tel. 80.26.01.20 ⟙ n. V.

DECONCLOIS-GUGLIELMIN 1989*

■	2,3 ha	5 000	▥ ▥ 4

Eine der ältesten Familien des Landes. Man findet ihren Namen bereits im Jahre 1340 ! Man muß sich also keine Sorgen machen : dieser Wein hier wird länger als fünf Jahre leben ! Lebhaft, fleischig und tanninreich, wie ein Faß gebaut. Fruchtige Düfte entwickeln sich zu einem Kirscharoma von liebevoller Freigebigkeit.
▾ Déconclois-Guglielmin, chem. de La Cave, 21190 Volnay, Tel. 80.21.62.78 ⟙ tägl. 8h-12h 14h-18h

HENRI DELAGRANGE
Clos des Chênes 1989

■ 1er cru	0,66 ha	3 600	▥ ↓ ▥ 5

Man spürt es an seinem Geruchseindruck : er steht am Startblock, alle Finger gespreizt – bereit zu explodieren, aber immer noch in gehockter Wartestellung. Gute Säure und tanninreicher Abgang. Ein kräftig gebauter Wein, der sich im Geschmack entfaltet und den Mund gut ausfüllt.

▾ Dom. Henri Delagrange et Fils, rue de la Cure, 21190 Volnay, Tel. 80.21.61.88 ⟙ n. V.

MAISON JEAN GERMAIN 1989*

■ 1er cru	k.A.	600	▥ ↓ ▥ 4

Ein paar ziegelrote Reflexe. Man kann daraus keine ganze Geschichte machen ! Zimt und Karamel, würzige Noten und Holzton. Aber wohlgemerkt eine feine Holznote ! Geschmeidiger, nachhaltiger Geschmackseindruck mit Zimtaroma im Abgang. Dürfte für die 89er typisch sein.
▾ Maison Jean Germain, 11, rue de Lattre-de-Tassigny, 21190 Meursault, Tel. 80.21.63.67 ⟙ tägl. 14h-18h, Sa 15h-19h ; So n. V.

DOM. GEORGES GLANTENAY ET FILS
Brouillards 1989*

■ 1er cru	1,1 ha	5 800	▥ ↓ ▥ 4

Die Reblage Brouillards befindet sich am Ortsausgang von Volnay, in Richtung Pommard. Dieses Wort kommt von »breuil« ; es bezeichnet einen eingezäunten Wald oder einen von Mauern umgebenen Park und hat nichts mit dem Nebel der Saône zu tun. Übrigens liegt Volnay hoch oben. Dieser rubinrote, leicht gelbrot schimmernde 89er hat einen ausdrucksvollen, spitzen Duft. Im Geschmack besitzt er die Rundheit einer Billardkugel. Fein und harmonisch.
▾ Dom. Georges Glantenay et Fils, chemin de la Cave, 21190 Volnay, Tel. 80.21.61.82 ⟙ tägl. 9h-12h 14h-18h

CHARLES GRUBER 1989**

■	k.A.	k.A.	▥ ↓ ▥ 5

Sein tiefrubinrotes Kleid stammt aus dem Faubourg Saint-Honoré. Der Chic von Paris ! Reizvoller, eindringlicher Duft. Darunter verbirgt sich ein Körper mit harmonisch aufgelösten Tanninen, der genug Säure enthält, um gut zu altern. Frische und typischer Charakter.
▾ Charles Gruber, rue du Moulin, 21700 Nuits-Saint-Georges, Tel. 80.61.07.24 ⟙ Mo-Do 8h-12h 14h-18h (Fr bis 17h) ; Aug. geschlossen

HOSPICES DE BEAUNE
Cuvée Général Muteau 1989

■	k.A.	k.A.	▥ ▥ 6

Diese Firma hat 1989 für 387 000 F, das Faß (= 300 Flaschen) zu 43 000 F, die Hälfte dieser Cuvée des Hospices de Beaune, d. h. neun Fässer, ersteigert. Dieser Wein entfaltet heute eine sehr gute Fruchtigkeit im Geschmack. Klare rubinrote Farbe, etwas warme Note im Geruchseindruck. Im Abgang ein Karamelaroma. Elegant und fein. General Muteau, ein Wohltäter der Hospices, hätte ihn ohne Kritik vorbeimarschieren lassen können.
▾ Maurice Chenu, 28, rue Sylvestre-Chauvelot, 21200 Beaune, Tel. 80.22.73.13 ⟙ tägl. 10h-12h 14h-18h

LABOURE-ROI 1990*

■	98,37 ha	k.A.	▥ ↓ 4

Dieser Wein ist Venus, ganz auf ihr Opfer ausgerichtet. Eleganz und Finesse verdecken kaum die brennende Leidenschaft. Intensive, für Volnay typische Farbe. 1991 haben wir den 88er besonders empfohlen.

☙ Labouré-Roi, rue Lavoisier, 21700 Nuits-Saint-Georges, Tel. 80.61.12.86

DOM. DE LA POUSSE D'OR
Clos d'Audignac 1989 ★★

■ 1er cru	0,8 ha	3 000	⦀ ↓ Ⅴ ⑤

Gérard Potel besitzt eine starke Persönlichkeit. Er kümmert sich auch um ein Weingut am anderen Ende der Welt, aber er nimmt sich außerdem noch die Zeit, sehr schöne Weine zu erzeugen. Wir haben insbesondere diesen hier geliebt. Strukturiert, mit guter Holznote, lang im Geschmack : er bietet ein ausgezeichnetes Potential für die Lagerung. Die Liste der Premiers Crus von Volnay enthält keinen Clos d'Audignac. In welcher Reblage genau befindet sich dieser Weinberg ?

☙ SCE du Dom. de La Pousse d'Or, rue de la Chapelle, 21190 Volnay, Tel. 80.21.61.33 ☎ n. V.

DOM. DE LA POUSSE D'OR
Clos de la Bousse d'or 1989 ★★

■ 1er cru	2,2 ha	8 000	⦀ ↓ Ⅴ ⑥

Dieser Wein besitzt ein großes Potential, ist aber sehr holzbetont. Große Fülle, bemerkenswerte Struktur, feste Tannine. Lassen Sie ihm die Zeit, sich harmonisch zu entwickeln.

☙ SCE du Dom. de La Pousse d'Or, rue de la Chapelle, 21190 Volnay, Tel. 80.21.61.33 ☎ n. V.

MOILLARD-GRIVOT Caillerets 1988 ★

■ 1er cru	k.A.	1 800	⦀ ↓ Ⅴ ⑤

Die Reblage Les Caillerets ist vom Clos des Chênes durch die Straße getrennt, die durch Volnay hindurchführt. Granatrote Farbe mit einem leichten orangeroten Schimmer. Ein Wein, der wie die meisten 88er noch verschlossen ist. Solide, sogar kräftig gebaut. Er gehört zu den lagerfähigen, im Charakter ziemlich männlichen Weinen. Volnay ist nämlich nicht immer weiblich, wie eine recht hartnäckige Legende behauptet.

☙ Moillard-Grivot, 2, rue François Mignotte, B.P. 6, 21700 Nuits-Saint-Georges, Tel. 80.62.42.00 ☎ n. V.

DOM. MONCEAU-BOCH
Champans 1989 ★

■ 1er cru	1,07 ha	2 000	⦀ ↓ Ⅴ ④

Unter einem Kleid von schillernder Farbe entfaltet sich ein sehr »männlicher« Duft : Raubtiergeruch, Geruch von tierischen Produkten, danach Lakritze. Kompakter, dichter und dennoch voluminöser Geschmack : Das ist das ganze Geheimnis der Konzentration. Ein Wein, der sich in seiner Haut wohl fühlt, rund und fein.

☙ Mme L. Guidot, Dom. Monceau-Boch, 2, rue du Moulin Judas, 21190 Meursault, Tel. 80.21.23.65 ☎ n. V.

HUBERT DE MONTILLE
Les Mitans 1989

■ 1er cru	0,72 ha	4 000	⦀ Ⅴ ⑤

Eines der seltenen burgundischen Güter, das – zusammen mit Laguiche (in der Appellation Montrachet) und Vogüé (in der Appellation Musigny) – bereits vor der Französischen Revolution entstanden ist. Die Reblage Les Mitans geht eher in Richtung Pommard. Ein 89er, der

noch so jugendlich ist, daß er einen Eindruck von aufbegehrender Jugend hinterläßt. Aber die Farbe ist klar, intensiv purpurrot. Der leicht fruchtige Duft enthüllt eine animalische Note. Gute geschmackliche Ansprache.

☙ Hubert de Montille, 21190 Volnay, Tel. 80.21.62.67 ☎ n. V.

NAIGEON-CHAUVEAU
Clos des Chênes 1989 ★★

■ 1er cru	k.A.	k.A.	⦀ Ⅴ ⑤

Diese Firma ist gerade von Schweizern übernommen worden, die bisher ihren Wein importierten. Granatrote Farbe : ein schönes Kind der Appellation Volnay. Es ist bereits an Alter und Weisheit gewachsen. Duft von schwarzen Johannisbeeren und angenehmer Geschmack.

☙ Naigeon-Chauveau, B.P. 7, 21220 Gevrey-Chambertin, Tel. 80.34.30.30 ☎ n. V.

DOM. J. ET A. PARENT
Les Fremiets 1989 ★

■ 1er cru	0,74 ha	1000	⦀ ↓ Ⅴ ④

Als Thomas Jefferson 1787 das burgundische Weinbaugebiet besuchte, traf er den Küfer Etienne Parent, der sein Lieferant für Weine aus Burgund und auch ein treuer Freund wurde. Glücklich das Gut, das einen solchen Ahnen besitzt ! Der Jahrgang wurde nicht durch Trockenzuckerung angereichert, weil der Most 1989 so zuckerreich war. Die ersten Eindrücke sind gut. Im Geschmack ein klarer Wein, der sehr jung geblieben ist, tanninreich und holzig.

☙ Dom. J. et A. Parent, rue du Château-Gaillard, 21190 Monthélie, Tel. 80.21.21.98 ☎ n. V.

DOM. JACQUES PRIEUR
Clos des Santenots 1989 ★

■ 1er cru	1,2 ha	3 500	⦀ ↓ Ⅴ ⑤

Wenn man in der Rue des Santenots wohnt, hat man nicht das Recht, sich bei einem Clos des Santenots zu irren ! Intensive purpurrote Farbe. Der Duft ist so ungestüm wie ein Conquistador. Ausgewogener Körper. Ein Wein, der sich der Situation gewachsen zeigt. Gute Vinifizierung.

☙ Dom. Jacques Prieur, 2, rue des Santenots, 21190 Meursault, Tel. 80.21.23.85 ☎ n. V.

FRANCOIS PROTHEAU ET FILS
Les Chevrets 1989

■ 1er cru	k.A.	k.A.	⦀ Ⅴ ⑤

Wenn Sie diese Reblage in Volnay suchen, sollten Sie wissen, daß sie an die Caillerets-Lage anstößt und fast von ihr umschlossen wird. Lebhafte Farbe, pfeffriger Duft. Ein strukturierter, etwas rauher Wein, dessen Körper noch in einem Rohzustand geblieben ist. Das Alter kann ihn nur verbessern.

☙ SA François Protheau et Fils, Ch. d'Etroyes, 71640 Mercurey, Tel. 85.45.25.00 ☎ Mo-Sa 9h-12h 14h-19h

REBOURGEON-MURE 1990 ★★★

■	0,61 ha	2 100	⦀ ↓ Ⅴ ③

Man versteht, warum Bossuet seine *Oraisons funèbres* verfaßte, indem er seine Feder in ein Glas Volnay eintauchte. Was für ein Atem und was für eine schwungvolle Beseeltheit ! Dieser Erzeuger, der hier seit 1977 ansässig ist und im letzten Jahr eine besondere Empfehlung erhalten hat, beherrscht sein Handwerk meisterlich. Purpurrote Farbe, solider Geruchseindruck, schon gefällig. Ein Wein, den man in ein bis drei Jahren trinken kann.

🖝 Daniel Rebourgeon-Mure, Grand-Rue, 21630 Pommard, Tel. 80.22.75.39 ☎ Mo-Sa 8h-11h30 13h30-19h

ROPITEAU   1988*

| ■ | | k.A. | k.A. | 🍶 ☑ ⑤ |

Ausgewogen und nachhaltig. Ein Villages, der seinen Part im Konzert der Volnayweine gut ausfüllt. Zu einer Drossel mit Weintrauben.

🖝 Ropiteau Frères, 21190 Meursault, Tel. 80.24.33.00 ☎ tägl. 8h-20h ; 20- Nov.–15. Febr. geschlossen

REGIS ROSSIGNOL-CHANGARNIER 1989**

| ■ | | 1,47 ha | 8 500 | 🍶 ↓ ☑ ④ |

Man beneidet diesen Winzer darum, daß er in der Rue d'Amour wohnt ! Sein Wein hat sich nicht in der Adresse geirrt. Das Kleid besitzt eine nicht sehr intensive, aber sehr zarte Farbe : Handarbeit. Komplexes Aroma mit Kirschen und Gewürzen. Vollständiger Körper, kräftig gebaut und fruchtig. Großartige Zukunftsaussichten sind garantiert. 1988 haben wir den 84er besonders empfohlen.

🖝 Régis Rossignol-Changarnier, rue d'Amour, 21190 Volnay, Tel. 80.21.61.59 ☎ n. V.

ROSSIGNOL-FEVRIER PERE ET FILS 1990***

| ■ | | 1,1 ha | 3 100 | 🍶 ↓ ☑ ④ |

Rossignol ist in Volnay ein berühmter Name. Im 19. Jh. wurde Claude Rossignol, der aus diesem Dorf stammte, von Napoleon III. beauftragt, das Gallo-Romanische Museum in Saint-Germain-en-Laye aufzubauen. Wir erkennen diesem kaiserlichen 90er, der das Abzeichen der Ehrenlegion verdienen würde, eine besondere Empfehlung zu. Ein dunkelrubinroter Wein, der seine Vornehmheit unter Beweis stellt. Kräftig gebaut und fruchtig, sehr lang und sehr gut. Er besitzt eine perfekte Harmonie und wird seinen Höhepunkt etwa 1988 erreichen. »Wir haben Zeit, es selbst festzustellen« , sagt man hier.

🖝 GAEC Rossignol-Février Père et Fils, rue de Mont, 21190 Volnay, Tel. 80.21.62.69 ☎ n. V.

ROUX PERE ET FILS
En Champans 1990**

| ■ 1er cru | k.A. | k.A. | ☑ ⑤ |

Tannine und Fülle gehen eine harmonische Verbindung ein. Über dem Aroma von Unterholz entfalten sich Düfte von eingemachtem Obst. Eine hervorragende Begleitung für Entenfilets.

🖝 Roux Père et Fils, 21190 Saint-Aubin, Tel. 80.21.32.92 ☎ n. V.

CH. DE SANTENAY   1990**

| ■ | | k.A. | 4 560 | 🍶 ☑ ⑤ |

Das Feuer der untergehenden Sonne : intensiv und strahlend. Zurückhaltender Duft und vornehmes Temperament. Blaublütig, alter Adel. Dank seiner Rassigkeit kann er fünf bis sechs Jahre lagern.

🖝 Paul Pidault, 21590 Santenay, Tel. 80.20.61.87 ☎ Mo-Fr 8h-12h 13h30-17h

CHRISTOPHE VAUDOISEY
Clos des Chênes 1990

| ■ 1er cru | 0,37 ha | k.A. | 🍶 ↓ ☑ ④ |

Die Familie Vaudoisey, die seit 1804 in Volnay lebt, präsentiert hier einen Clos des Chênes. Lebhaft und tanninreich. Noch stummes Bukett. Dunkelkirschrote Farbe. Das alles ist normal für einen 90er, der im Holzfaß ausgebaut worden ist.

🖝 Christophe Vaudoisey, 21190 Volnay, Tel. 80.21.20.14 ☎ n. V.

JOSEPH VOILLOT   Les Caillerets 1989***

| ■ 1er cru | 0,2 ha | 900 | 🍶 ↓ ☑ ⑥ |

Dieses Gut hat 1987 eine besondere Empfehlung für seinen 78er Fremiets erhalten. Mit seinen schönen Caillerets ist es ganz einfach : Man hätte ihn gern in seinem Bett. Um liebevoll seine dunkelrubinrote Haut zu streicheln, um – auf dem Kopfkissen – seinen Duft einzuatmen, der so offen wie ein Sommermorgen ist, und um seinem sinnlichen, milden und allmählichen Ansturm zu erliegen. Die Länge ist begeisternd. Kurz gesagt : das ganze Glück der Welt unter züchtigen Spitzen.

🖝 Joseph Voillot, 21190 Volnay, Tel. 80.21.62.27 ☎ n. V.

Monthélie

Das Erosionstal von Saint-Romain trennt die Anbaugebiete für Rotweine von den Weißweingebieten ; Monthélie liegt am Südhang dieses Tals. In diesem kleinen Dorf, das nicht so bekannt ist wie seine Nachbarn, besitzen die Weine eine ausgezeichnete Qualität und ein sehr gutes Preis-Leistungs-Verhältnis.

THIERRY BERNARD-BRUSSIER
1990

| ■ | | 0,4 ha | 1 800 | ❚❙ | 🔢 3 |

Ein vor knapp zehn Jahren übernommenes Gut, das sich heute auf Meursault erstreckt. Dieser 90er erinnert im Aussehen an die Dunkelheit vor tiefer Nacht. Danach, beim Erwachen des Aromas, an intensive rote Früchte und Gewürze. Sehr tanninreicher, an eingemachte Pflaumen erinnernder Geschmack. Er kann sich mit dem Alter noch verfeinern.

🍷 Thierry Bernard-Brussier, 1, rue Moulin-Judas, 21190 Meursault, Tel. 80.21.60.34 🍸 n. V.

DOM. BOIGELOT
Les Champs Fuillots 1990★

| ■ 1er cru | 0,4 ha | k.A. | ❚❙ ↓ ☑ 3 |

Der 82er hat 1987 von uns eine besondere Empfehlung erhalten. Ja, die Liebe zum Wein erfordert ein gutes Gedächtnis. Und was ist mit diesem 90er? Schöne Farbe, angenehmer, geschmeidiger Gesamteindruck, ziemlich frisch. Muß noch im Keller reifen.

🍷 Jacques Boigelot, 21190 Monthélie, Tel. 80.21.22.81 🍸 n. V.

DOM. DENIS BOUSSEY
Les Hauts Brins 1990★

| ■ | 1,17 ha | 7 000 | ❚❙ ↓ ☑ 3 |

Dieser Wein kommt frisch von der Schauspielschule. Ein erster Preis im Fach Komödie. Bezaubernde Farbe. Intensiver Blütenduft. Sichere, vielversprechende Charakterdarstellung. Gute Fruchtigkeit (rote Früchte) und etwas Gerbsäure, aber nicht die geringste bittere Note. Man darf von ihm eine schöne Karriere erwarten.

🍷 Denis Boussey, 21190 Monthélie, Tel. 80.21.21.23 🍸 n. V.

CHAMPY PERE ET FILS
Les Duresses 1990★

| ■ 1er cru | k.A. | k.A. | ❚❙ ☑ 4 |

Strahlende rubinrote Farbe. Intensiver Veilchenduft. Ein echter Premier Cru, aufrichtig und von perfekter Rassigkeit. Man kann gar nicht genug empfehlen, einen solchen Pinot im Keller lagern zu lassen, damit er die Tugenden des Alters erwirbt. Hüten Sie ihn sorgsam!

🍷 Maison Champy Père et Cie, 5, rue du Grenier-à-Sel, 21200 Beaune, Tel. 80.22.09.98 🍸 n. V.

DOM. CHANGARNIER 1990★

| ■ | 2,5 ha | 10 000 | ❚❙ ↓ ☑ 2 |

Pierre Changarnier entstammt einer Familie, die seit zwölf Generationen Wein anbaut. 1990 hat er seinen ersten Jahrgang vinifiziert. Er hat recht guten Erfolg damit gehabt. Eine Cuvée mit einer fast schwarzen, spanisch wirkenden Farbe. Das blumig-würzige Bukett ist schwer. Betäubender Duft von aufgeblühten Rosen. Ein sehr reifer Wein, der angenehm und reich ist. Er ist sehr präsent und dürfte noch lange seine erfahrenen Genüsse bewahren.

🍷 Dom. Changarnier, pl. du Puits, 21190 Monthélie, Tel. 80.21.22.18 🍸 tägl. sf dim. 9h-12h 14h-18h

MICHEL DESCHAMPS 1990

| ■ | 6 ha | 20 000 | ❚❙ ☑ 2 |

Der Enkel eines Verwalters des Schlosses von Monthélie, der sich nach der Heimkehr aus dem Ersten Weltkrieg selbständig gemacht hatte. Michel, der seit seinem vierzehnten Lebensjahr im Weinberg arbeitet, ist ein sehr beherzter Mann. Sein granatroter 90er erinnert an Gewürze und Eingemachtes. Eine leicht bittere Note geht auf die noch rohen Tannine zurück. Wird ihm die Zukunft lachen? Das ist die Wette von Pascal auf burgundische Weise.

🍷 Michel Deschamps, rue du Château Gaillard, 21190 Monthélie, Tel. 80.21.28.60 🍸 n. V.

GERARD DOREAU
Champs Fulliots 1990★

| ■ 1er cru | 0,5 ha | 3 000 | ❚❙ ☑ 3 |

Eine unserer ersten besonderen Empfehlungen in der Appellation Monthélie. Das war 1988. Ein kleines Gut (5 ha), das aber regelmäßig gute Weine erzeugt. Sein 90er trägt ein Kleid von Balmain und bietet einen dazu passenden Duft, der elegant und fruchtig ist. Geschmeidigkeit, Finesse, Stil und Charme, dazu noch Länge. Man behält ihn endlos lang im Mund.

🍷 Gérard Doreau, 21190 Monthélie, Tel. 80.21.27.89 🍸 n. V.

LES CAVES DES HAUTES COTES
1990

| ■ | 1,2 ha | k.A. | ❚❙ ↓ ☑ 3 |

Wenig Klarheit, aber Glanz. Röst- und Bratenaroma. Tanninhaltige Ansprache, danach Fruchtigkeit, ein Hauch von Adstringenz. Achtbar und lagerfähig.

🍷 Gpt de Prod. Les Caves des Hautes-Côtes et de la Côte, rte de Pommard, 21200 Beaune, Tel. 80.24.63.12 🍸 n. V.

LES VILLAGES DE JAFFELIN 1989

| ■ | k.A. | k.A. | ❚❙ ↓ 3 |

Jaffelin hatte die gute Idee, mit hübschen Etiketten die manchmal vernachlässigten Appellationen der Côte zu fördern. Monthélie beispielsweise, das es verdient, besser bekannt zu werden. Dieser Wein hier hat eine Farbe, die ein wenig verblaßt (es handelt sich um einen 89er). Der Duft von zerdrückten Erdbeeren zeigt ebenfalls die Entwicklung an. Die Tannine dagegen sind recht deutlich spürbar. Dennoch besitzt er eine gewisse Geschmeidigkeit.

🍷 Jaffelin, 2, rue du Paradis, 21200 Beaune, Tel. 80.22.12.49

DOM. CHARLES JOBARD
Sur la Velle 1989

| ■ 1er cru | 0,42 ha | 1 700 | ❚❙ ☑ 3 |

Auf das Wort »Velle« stößt man häufig an der Côte. Das war das Dorf. »Sur la Velle« bedeutet »oberhalb des Dorfes«, während »sous la Velle« dementsprechend »unterhalb des Dorfes« meint. Das »oberhalb« bezieht sich hier auf die Dorfappellation, denn es handelt sich um einen Premier Cru. Strahlende granatrote Farbe, rote Früchte, Holznote. Er zeigt sich angenehm und gefällig, wobei ihn die Gerbsäure etwas dämpft. Aber jeder hat seinen eigenen Charakter!

🍷 Charles Jobard, 12, rue Sudot, 21190 Meursault, Tel. 80.21.20.23 ⚤ n. V.

LUPE-CHOLET 1989*

| ■ | k.A. | k.A. | ❙❙❙ ↓ **3** |

Lupé-Cholet ist eine alte Firma in Nuits, die lange Zeit von zwei Schwestern geführt wurde und von Bichot übernommen worden ist. Ein violetter 89er, der seine gute Farbe bewahrt hat. Konzentriertes, aber nicht sehr gesprächiges Bukett. Feurige Ansprache, gute Tanninstruktur, angenehme Harmonie, etwas wildes Temperament.

🍷 Lupé-Cholet, 17, av. du Gal-de-Gaulle, 21700 Nuits-Saint-Georges, Tel. 80.61.25.02

CH. DE MONTHELIE 1989**

| ■ | 2,3 ha | 10 000 | ❙❙❙ ✓ **3** |

Das Schloß von Monthélie ist wirklich sehr schön. Das alte burgundische Gebäude, in dem man den Rest seiner Tage verbringen möchte, zwischen Billard und Bibliothek. Aber denken wir an den Keller, der uns hier einen Wein mit gerader, fast griechischer Nase unter dem Krönungsgewand von Karl X. bietet. Die Ansprache ist diskret, aber der restliche Eindruck ist hervorragend : sinnliche Fülle und sehr gute Struktur. Ein Villages, der glücklich ist, seinen Namen zu tragen, und einem Cru nahekommt.

🍷 Eric de Suremain, Ch. de Monthélie, 21190 Monthélie, Tel. 80.21.23.32 ⚤ n. V.

CH. DE MONTHELIE
Sur la Velle 1989**

| ■ 1er cru | 2,3 ha | 10 000 | ❙❙❙ ↓ ✓ **4** |
| ⑧⑤ |86| |87| |88| |89| | | |

Im letzten Jahr eine besondere Empfehlung für den 88er und in diesem Jahr erneut ein bemerkenswerter Wein. Man kann nicht jedes Jahr das höchste Ziel errreichen. Dunkelgranatrote Farbe, Backpflaume und Holznote. Ein sehr kräftiger, langer, würziger und harmonischer Wein, der wunderbar altern dürfte. Zu Haarwild, wenn sich die Gelegenheit ergibt.

🍷 Eric de Suremain, Ch. de Monthélie, 21190 Monthélie, Tel. 80.21.23.32 ⚤ n. V.

DOM. J. ET A. PARENT 1989*

| ■ | 1 ha | k.A. | ❙❙❙ ↓ ✓ **3** |

Chantal ist Kellermeisterin. Früher war es den Frauen untersagt, den Gärkeller zu betreten ! Bei Thomas-Bassot in Gevrey war dieses Verbot sogar angeschlagen. Grundloser Aberglaube ! Denn Chantal, die nicht aus der Art geschlagen ist, präsentiert uns einen sehr guten Monthélie mit zarten Duft von Erdbeeren, Himbeeren und verblühten Rosen. Die feine, fruchtige Ansprache wird im Geschmack von einem Aroma von Unterholz und einer Holznote verstärkt. Der Abgang ist strenger und enthüllt seine Qualitäten als lagerfähiger Wein.

🍷 Dom. J. et A. Parent, rue du Château-Gaillard, 21190 Monthélie, Tel. 80.21.21.98 ⚤ n. V.

DOM. J. ET A. PARENT
Château Gaillard 1990*

| □ 1er cru | 0,23 ha | 600 | ❙❙❙ ✓ **3** |

Eine Reblage in Alleinbesitz. Ihr Name kommt nicht von einer alten Burg, sondern von einem Ort, wo fröhliche Burschen ihre zärtlichen Stelldichein hatten. In Brochon gibt es einen »Clos Bizoute« , dessen Name auf ähnliche Wurzeln zurückgeht. Dieser äußerst liebenswürdige Chardonnay lädt zu einem Liebesabenteuer ein. Lebhafte gelbe Farbe, sehr duftig. Nach dem Kuß hinterläßt er einen leichten, lebendigen Eindruck. Wie ein Schmetterling ? Täuschen Sie sich nicht : dieser Wein besitzt Ausdauer und hat seine Holznote schon gut verarbeitet.

🍷 Dom. J. et A. Parent, rue du Château-Gaillard, 21190 Monthélie, Tel. 80.21.21.98 ⚤ n. V.

PICARD PERE ET FILS 1989

| ■ | k.A. | k.A. | ❙❙❙ **4** |

Dieser 89er macht noch auf sehr jung : intensive Farbe, dezente Frische des Aromas, zufriedenstellende Ausgewogenheit. Der Alkohol ist dennoch ziemlich spürbar.

🍷 Picard Père et Fils, rte de Saint-Loup-de-la-Salle, B.P. 51, 71150 Chagny, Tel. 85.87.07.45

PRUNIER-DAMY Les Duresses 1990*

| ■ 1er cru | 0,24 ha | 1 500 | ❙❙❙ ↓ ✓ **3** |

Dieser Winzer hat 1980 einen Teil des Gutes seiner Familie und dann 1983 die Weinberge seines Schwiegervaters Maurice Damy-Gagnard übernommen. Er präsentiert hier einen recht hübschen Duresses mit kräftiger Farbe und ausdrucksvollem Bukett. Er besitzt noch eine gewisse Herbheit, aber das ist nur eine Jugendsünde.

🍷 Philippe Prunier-Damy, rue du Pont Boillot, 21190 Auxey-Duresses, Tel. 80.21.60.38 ⚤ n. V.

CHARLES VIENOT 1989*

| ■ | k.A. | k.A. | ❙❙❙ ↓ **4** |

Muß man »Monthélie« oder »Month'lie« sagen ? Diese Streitfrage ist in Amerika diskutiert. Ob nun Accent aigu oder nicht, dies hier ist ein überaus bezaubernder Wein. Klassisch. Die Farbe ist genau, wie sie bei einem 89er sein muß. Er bewahrt eine gute Zurückhaltung, aber im Geschmack bringt er ein sehr einladendes Gefühl zum Ausdruck. Offensichtlich aus vollreifen Trauben erzeugt.

🍷 Charles Viénot, 5, quai Dumorey, 21700 Nuits-Saint-Georges, Tel. 80.62.31.05 ⚤ Mo-Do 8h-12h 14h-18h (Fr bis 17h) ; Aug. u. letzte Dez.woche geschlossen

Auxey-Duresses

Auxey besitzt Rebflächen auf zwei Hängen. Die Premiers Crus Les Duresses und Le Val (Rotweine) sind die berühmtesten Reblagen. Auf dem Hang »Meursault« werden ausgezeichnete Weißweine erzeugt, die zwar ebenfalls sehr interessant sind, aber nicht das Ansehen der großen Appellationen haben. Die Appellation produziert durch-

schnittlich rund 1 000 hl Weißweine und
4 500 hl Rotweine.

PIERRE ANDRE Les Naillons 1990*

□	0,23 ha	1 500	◗ ↓🟥5

Zwischen Strohgelb und Gold, das ist sein
Farbton. Ziemlich voller Duft : blumig, holzig.
Im Geschmack findet man eine Holznote und
Fülle. Eine gute Entwicklung läßt sich vorausse-
hen. Das ganze Geheimnis seiner Lebensdauer
hängt von seiner ziemlich geringen Säure ab.
🍴 Pierre André, Ch. de Corton André, 21420
Aloxe-Corton, Tel. 80.26.44.25 🍷 tägl. 10h-18h

THIERRY BERNARD-BRUSSIER
1989

□	0,22 ha	900	◗ ☑3

Seine weißgoldene Farbe mit den grünen
Reflexen und sein Bukett mit dem Duft von
getrockneten Blumen machen ihn erwähnenswert. In einem ganz schlichten Geschmack entdeckt man eine Honignote.
🍴 Thierry Bernard-Brussier, 1, rue Moulin-
Judas, 21190 Meursault, Tel. 80.21.60.34 🍷 n. V.

MICHEL BILLARD ET FILS
Les Jonchères 1989

■	0,34 ha	2 000	◗ ☑2

Rote Farbe mit braunem Schimmer. Ein
Auxey, der nach Pflaumen duftet und diese Note
im Geschmack noch verstärkt : Backpflaumen.
Elegant, lang und wahrscheinlich lagerfähig.
🍴 Michel Billard et Fils, rte de Beaune, 21340
La Rochepot, Tel. 80.21.71.84 🍷 n. V.

GUY BOCARD 1990**

■ 1er cru	0,18 ha	760	◗ ☑3

Dieser 90er blickt der Zukunft furchtlos ins
Auge. Sehr intensive purpurrote Farbe. Jung und
animalisch. Diesen Charakter bewahrt er auch im
vollen Geschmack. Verdient ein schönes Wildgericht.
🍴 Guy Bocard, 4, rue de Mazeray, 21190
Meursault, Tel. 80.21.26.06 🍷 n. V.

YVES BOYER-MARTENOT
Les Ecusseaux 1989

■	0,5 ha	2 100	◗ ↓☑3
	86	87 88 89		

Diese Reblage befindet sich am Ortseingang
des Dorfes, wenn man von Beaune her kommt.
Dunkelrote Farbe mit leicht orangeroten Reflexen. Diesem 89er fehlt es nicht an aromatischen
Qualitäten. Sie reichen von feuchtem Heu bis zu
Himbeeren. Dezente Tannine, sehr frischer
Geschmack und mittlere Nachhaltigkeit. Man
sollte ihn in den kommenden zwölf Monaten
trinken.
🍴 Yves Boyer-Martenot, 17, pl. de l'Europe,
21190 Meursault, Tel. 80.21.26.25 🍷 n. V.

CHAMPY PERE ET FILS 1990**

□	k.A.	k.A.	◗ ☑4

Vermeiden Sie Krustentiere und wählen Sie als
Begleitung für diesen Auxey lieber ein nahrhaftes
Gericht, etwa einen Fisch mit Sauce. Ziemlich
blasse Farbe, recht frisch und blumig, lebhaft,
fast nervig, aber danach von bemerkenswerter

Fülle. Ein Wein von großer Klasse, der ein sehr
interessantes Aroma besitzt.
🍴 Maison Champy Père et Cie, 5, rue du
Grenier-à-Sel, 21200 Beaune, Tel. 80.22.09.98
🍷 n. V.

MAURICE CHENU 1990**

□	3 ha	k.A.	◗ ☑2

Strohgelbe Farbe, noch ein zu massives
Eichenholzaroma – ein echter Burgunder. Er ist
noch nicht vollkommen ausgereift, aber er wird
sich großartig entwickeln. Seien Sie sich dessen
sicher ! Ein Geflügel mit Sahnesauce wird sich
vollauf damit zufriedengeben.
🍴 Maurice Chenu, 28, rue Sylvestre-Chauvelot,
21200 Beaune, Tel. 80.22.73.13 🍷 tägl. 10h-12h
14h-18h

DOM. BERNARD DELAGRANGE
1989*

■	k.A.	k.A.	◗ ☑4

Wie sagte der Dichter ? Dieser 89er lebt seine
Jugend frei und einsam. Stören Sie ihn nicht zu
früh ! Normale Entwicklung : pfeffriger Duft,
zarter, frischer Geschmack. Und was ist mit der
Farbe, werden die Damen fragen. Ins Orange
spielendes Rot.
🍴 Dom. Bernard Delagrange, 10, rue du 11
Novembre, 21190 Meursault, Tel. 80.21.22.72
🍷 tägl.

JEAN-PIERRE DICONNE 1989**

■	1,04 ha	4 000	◗ ☑3

Welcher Qualität soll man den Vorzug geben ?
Der strahlenden Farbe, dem stark strukturierten,
ein wenig entwickelten Duft oder dem Körper
mit dem rassigen, stilvollen Aroma von Wildgeruch ? Ein lagerfähiger Wein, den man noch ein
paar Jahre aufheben sollte, um ihn auf seinem
Höhepunkt zu genießen.
🍴 Jean-Pierre Diconne, 21190 Auxey-Duresses,
Tel. 80.21.25.60 🍷 n. V.

JOSEPH DROUHIN 1989*

■	k.A.	k.A.	◗ 4

Farbe : schwarze Kirschen. Duft : Blätter von
schwarzen Johannisbeeren. Leichte Tannine
unterstützen einen eleganten 89er. Einige Jahre
lagerfähig.
🍴 Joseph Drouhin, 7, rue d'Enfer, 21200
Beaune, Tel. 80.24.68.88 🍷 n. V.

ROBERT GIBOURG 1989

■	k.A.	k.A.	◗ 3

Strahlend rote Farbe mit gelbroten Reflexen.
Ein leichter, feiner, geschmeidiger 89er, der ganz
leicht entwickelt ist. Das Aroma erinnert an
schwarze Johannisbeeren oder eher an die Blätter
davon. Sollte im kommenden Jahr getrunken
werden.
🍴 Robert Gibourg, rue de Ribordot, 21220
Morey-Saint-Denis, Tel. 80.34.36.51 🍷 Mo-Fr
9h-12h 14h-18h

JESSIAUME PERE ET FILS
Les Ecusseaux 1989

■ 1er cru	0,66 ha	2 100	◗ ↓☑3

Mittelrote Farbe ohne große Tiefe. Ein Wein
mit einem klaren, blumigen Duft, der aromatisch

und elegant ist. Der Geschmackseindruck ist weniger glanzvoll, was auch erklärt, warum er hier lediglich erwähnt wird.

🍷 Jessiaume Père et Fils, 21590 Santenay, Tel. 80.20.60.03 ☎ n. V.

DOM. ANDRE ET BERNARD LABRY
1990*

| ■ | | 4,5 ha | 20 000 | �**�|**| ↓ ✓ 3 |

Seit zehn Jahren unternimmt man hier Versuche, die Reben in der sogenannten »Leierform« zu erziehen. Hier ein guter Wein, der altern muß, um die ganze Komplexität, die er verspricht, zum Ausdruck zu bringen. Man darf hinter einer schönen, tiefen Farbe einen sehr guten Duft von schwarzen Johannisbeeren und Kirschen erwarten. Die Ausgewogenheit ist schon vorhanden.

🍷 Dom. André et Bernard Labry, Melin, 21190 Auxey-Duresses, Tel. 80.21.21.60 ☎ n. V.

GILLES LAFOUGE Climat du Val 1989

| ■ 1er cru | 0,19 ha | 1 100 | �**�|**| ↓ ✓ 3 |

Mitten auf dem Hang, direkt oberhalb des Dorfes. Schöne rubinrote Farbe. Ein eher feiner als komplexer 89er. Die sehr lebhafte fruchtige Ansprache reicht bis zu würzigen Noten. Dennoch etwas wenig für einen Premier Cru.

🍷 Gilles Lafouge, 21190 Auxey-Duresses, Tel. 80.21.20.92 ☎ tägl. 9h-20h

HENRI LATOUR 1989*

| ■ | | 2,03 ha | 11 000 | ▮⧉ ✓ 3 |

Die rote Farbe zeigt einen violetten Schimmer. Wenig Duft, aber ein geschmeidiger, frischer Charakter, der bei Tisch gut gefallen kann. Ein noch jugendlicher Wein, den man in drei oder spätestens in vier Jahren öffnen sollte.

🍷 Henri Latour, RD 973, 21190 Auxey-Duresses, Tel. 80.21.22.24 ☎ n. V.

OLIVIER LEFLAIVE 1989*

| □ | | k.A. | 6 000 | ⧉ ✓ 4 |

Ein im Geschmack schon entwickelter Wein, der eine blasse Farbe mit schönen grünen Reflexen besitzt und sich hinter einem würzigen, pfeffrigen Aroma verbirgt. Man muß seine Entwicklung abwarten, denn er ist noch nicht sehr gesprächig.

🍷 Olivier Leflaive Frères, pl. du Monument, 21190 Puligny-Montrachet, Tel. 80.21.37.65 ☎ n. V.

CLAUDE MARECHAL-JACQUET
1990*

| ■ | | 2,08 ha | 5 000 | ⧉ ↓ ✓ 2 |

Mittelgranatrote Farbe. Ein etwas rustikaler 90er, dessen Geruch an Fleisch erinnert. Angenehme Konsistenz im Geschmack. Dieser Stil paßt zu einem Rinderkotelett.

🍷 Claude Maréchal, rte de Chalon-sur-Saône, 21200 Bligny-lès-Beaune, Tel. 80.21.44.37 ☎ tägl. 9h-12h 14h-18h

ROLAND MAROSLAVAC-LEGER
Les Bretterins 1989

| ■ 1er cru | 0,27 ha | 1 400 | ⧉ ✓ 3 |

»Der Sieg liebt die Anstrengung« , sagte Catull. Das Aroma ist hier schon entfaltet und stellt sein Licht nicht unter den Scheffel. Die Ansprache ist lebhaft, etwas beißend und ganz leicht unausgewogen, aber dennoch ein guter Wein.

🍷 Roland Maroslavac-Léger, 43, Grand-Rue, 21190 Puligny-Montrachet, Tel. 80.21.31.23 ☎ n. V.

MICHEL PRUNIER 1990*

| ■ 1er cru | 0,65 ha | 4 000 | ⧉ ↓ ✓ 3 |

Aber nein, die Braut ist nicht zu schön. Kräftige rote Farbe. Jugendliches Aroma. Ein Wein, der sie fest um den Leib faßt, aber – im Augenblick – nicht viel weiter geht. In Wirklichkeit müßte man von einem Bräutigam reden, denn dieser Wein ist sehr männlich. Gute Zukunftsaussichten.

🍷 Michel Prunier, RD 973, 21190 Auxey-Duresses, Tel. 80.21.21.05 ☎ n. V.

PASCAL PRUNIER Les Duresses 1990**

| ■ 1er cru | 0,47 ha | 2 700 | ⧉ ↓ 3 |

Im letzten Jahr haben wir den 89er besonders empfohlen. Violett schimmernde rote Farbe. Ziemlich intensiver Moschusduft und kräftiges Aroma. Diese Kraft und dieser innere Reichtum haben ihre Entsprechung in einem fleischigen Körper. Der Gesamteindruck bleibt ein wenig rauh, dürfte sich aber noch abrunden. Man muß ihn unbedingt altern lassen.

🍷 Pascal Prunier, rue Traversière, 21190 Auxey-Duresses, Tel. 80.21.23.91 ☎ n. V.

PASCAL PRUNIER 1990**

| □ | | 1,16 ha | 3 000 | ▮⧉ ↓ ✓ 3 |

Die strohgelbe Farbe ist klar und strahlend. Ein Auxey mit einer gutdosierten Holznote, der ziemlich füllig und ungeheuer sympathisch ist. Seine Finesse macht ihn bereits gefällig, aber seine Entwicklung wird gut verlaufen. Man kann ihn beruhigt lagern.

🍷 Pascal Prunier, rue Traversière, 21190 Auxey-Duresses, Tel. 80.21.23.91 ☎ n. V.

DOM. ROGER PRUNIER
Clos du Val 1990

| ■ 1er cru | 0,5 ha | 2 800 | ⧉ ✓ 3 |

Das ist der Name eines sehr berühmten Weinguts in Kalifornien und auch eines Premier Cru in Auxey. Annehmbarer, aber etwas kurzer Geschmackseindruck. Gute Struktur, aber gegenüber den Tanninen etwas im Hintergrund. Bis auf die herrliche Farbe durchschnittlich.

🍷 Roger Prunier, 21190 Auxey-Duresses, Tel. 80.21.22.30 ☎ n. V.

VINCENT PRUNIER 1990**

| □ | | 0,43 ha | 3 300 | ⧉ ✓ 3 |

Kräftige Farbe und einnehmendes Aroma. Gute Länge. Dieser Wein mit dem komplexen, stoffreichen Geschmack besitzt eine gute Alterungsfähigkeit. Es wäre am besten, ihn noch etwas zu lagern.

🍷 Vincent Prunier, rte d'Autun, 21190 Auxey-Duresses, Tel. 80.21.21.90 ☎ n. V.

PRUNIER-DAMY 1990**

| ■ | | 1,45 ha | 4 000 | ⧉ ↓ ✓ 2 |

Das Gut der Eltern wurde 1983 um das des Schwiegervaters vergrößert, so daß es heute 9 ha umfaßt. Schwarze Kirsche, aromatisch und mild (rote Früchte). Ein Wein, der während der gesamten Verkostung vollkommene Ausgewogenheit bewahrt. Rund und geschmeidig, frisch und angenehm. Hübsche Länge. Man sollte ihn für einen Cîteauxkäse aufheben.

🍇 Philippe Prunier-Damy, rue du Pont Boillot, 21190 Auxey-Duresses, Tel. 80.21.60.38 ⊥ n. V.

ROPITEAU 1989*

| □ | k.A. | k.A. | ❙❙ ☑ 4 |

Dieser Wein ist alles und das Gegenteil von allem. Strahlende Farbe und ziemlich verschlossener Geruchseindruck – der erste Kontrast. Dann ein voller, reicher und fülliger Körper mit einem Aroma im Abgang, das sich nur noch entladen muß – der zweite Kontrast. Wenn er sich entfaltet, wird er vollständig sein.

🍇 Ropiteau Frères, 21190 Meursault, Tel. 80.24.33.00 ⊥ tägl. 8h-20h; 20. Nov.–15. Febr. geschlossen

PIERRE TAUPENOT 1989*

| ■ | 1,9 ha | 4 620 | ❙ ❙❙ ☑ 2 |

Sehr klare rubinrote Farbe. Ein 89er, dessen pfeffriges Aroma sich mit Trauben und schwarzen Johannisbeeren verbindet. Geschmeidig und ausgewogen, leicht tanninhaltig, von mittlerer Länge. Man sollte ihn zwei bis drei Jahre lagern.

🍇 Pierre Taupenot, 21190 Saint-Romain, Tel. 80.21.24.37 ⊥ n. V.

PIERRE TAUPENOT
Les grands champs 1989*

| ■ 1er cru | 0,53 ha | 3 400 | ❙ ❙❙ ☑ 3 |

Er wird sich gut entwickeln, wie alle Prüfer versichern. Das Bukett ist komplex: Noten von verblühtem Weißdorn im ersten Geruchseindruck, dann gekochte rote Früchte. Die Ansprache ist rund und geschmeidig. Danach kommt die Gerbsäure zum Vorschein und macht den Geschmack strenger. Noch ein wenig lagern.

🍇 Pierre Taupenot, 21190 Saint-Romain, Tel. 80.21.24.37 ⊥ n. V.

Saint-Romain

Das Anbaugebiet liegt zwischen der Côte und den Hautes-Côtes. Die Weine von Saint-Romain, in erster Linie Weißweine, sind immer fruchtig und vollmundig; nach der Meinung der Winzer hier sind sie stets imstande, mehr zu geben, als sie versprochen haben. Die großartige Landschaft verdient einen Abstecher.

DOM. HENRI ET GILLES BUISSON
1990*

| ■ | 4,16 ha | 15 000 | ❙❙ ↓ ☑ 2 |

|83| |85| 88 89 |90|

Ein hübsches Etikett, das eine Panoramaansicht der wunderschönen Landschaft dieses Dorfs zeigt. Lebhafte rubinrote Farbe. Das Bukett wird von roten Früchten beherrscht und ist eher spontan als komplex. Geschmeidige, fruchtige Struktur. Tannine prägen den geschmacklichen Abgang, ohne ihm übermäßige Härte zu verleihen.

🍇 Dom. Henri et Gilles Buisson, 21190 Saint-Romain, Tel. 80.21.27.91 ⊥ n. V.

CHARTRON ET TREBUCHET 1990**

| □ | k.A. | 15 800 | ❙❙ ☑ 4 |

Der hl. Romain, der Bruder des hl. Lupicin, lebte als Einsiedler im Jura und gründete die Stadt Saint-Claude, die für ihre Diamantenschleifereien berühmt ist. Hier ist es eher ein Goldklumpen oder ein Smaragd, der seine perfekte Form erhält. Vanillearoma, aber raffiniert: eine exotische Note, die nichts mit dem Holzfaß zu tun hat. Noch nervig und jung. Er entfaltet eine gute Frische und wird Ihnen lange zulächeln.

🍇 Chartron et Trébuchet, 13, Grand-Rue, 21190 Puligny-Montrachet, Tel. 80.21.32.85 ⊥ n. V.

MAURICE CHENU 1990*

| □ | 3 ha | k.A. | ❙❙ ↓ ☑ 2 |

Ein von Cécile Chenu bewirtschaftetes Gut. Die nächsten Jahrgänge werden ihr eigenes Etikett haben und auf dem Gut La Créa, das diese Familie vor drei Jahren übernommen hat, in Flaschen abgefüllt werden. Weiße Blüten, Zitrusfrüchte und eine leichte Note, das ist der Duft. Die Ansprache ist sehr nervig. Noch jung, aber das Potential ist solide.

🍇 Maurice Chenu, 28, rue Sylvestre-Chauvelot, 21200 Beaune, Tel. 80.22.73.13 ⊥ tägl. 10h-12h 14h-18h

DUVERGEY TABOUREAU 1988*

| ■ | k.A. | k.A. | ❙❙ ↓ ☑ 3 |

Die Fensterläden sind zu: ein noch verschlossener Saint-Romain, der sehr typisch für den Jahrgang 1988 ist. Sehr fest, tanninreich und superkonzentriert. Sein Duft erinnert an Sumpfvögel im Unterholz. Herrliche intensive Farbe. Die Lammkeule, die man einmal zu diesem Wein ißt, befindet sich noch im Bauch des Mutterschafs.

🍇 Duvergey-Taboureau, 6, rue des Santenots, 21190 Meursault, Tel. 80.21.63.00 ⊥ n. V.

GERMAIN PERE ET FILS 1990**

| ■ | 4 ha | 6 000 | ❙❙ ☑ 2 |

79 81 82 |83| |85| 86 |87| 88 89 90

Diese Familie besitzt sowohl väterlich- wie auch mütterlicherseits eine lange Weinbautradition. Schwarze Kirschen, Duft von Johannisbeerlikör. Dieser Wein ähnelt ein wenig der Steilwand von Saint-Romain. Immens, tanninreich und sehr kräftig gebaut, weinig und konzentriert. Er besitzt ein ungeheures Alterungspotential. Kaufen Sie ihn und vergessen Sie ihn dann für lange Zeit!

🍇 Dom. Germain Père et Fils, 21190 Saint-Romain, Tel. 80.21.22.11 ♈ n. V.

LOUIS JADOT 1988*

| ☐ | | k.A. | | k.A. | ⑪ ☑ 🄳 |

Kräftiges blumiges, fast harziges Aroma. Sehr intensiver Geschmack : Fülle, Reichtum, Umfang. Kurz gesagt : Wenn er sich bei den Kantonswahlen aufstellen ließe, würde er sicherlich gewählt werden.

🍇 Maison Louis Jadot, 5, rue Samuel Legay, B.P. 117, 21203 Beaune Cedex 3, Tel. 80.22.10.57 ♈ n. V.

OLIVIER LEFLAIVE 1989*

| ☐ | | k.A. | | 15 000 | ⑪ ☑ 🄳 |

Zweifellos recht jung, aber schon groß. Er besitzt die ziemlich blasse Farbe eines Pagen. Reizvolles Aroma, das an feine Hefe, Feuerstein und Steine erinnert. Stoff, Alkohol und viele Hoffnungen. Ein Wein, mit dem man sich vermählt, ohne überhaupt beim Anwalt vorbeizuschauen.

🍇 Olivier Leflaive Frères, pl. du Monument, 21190 Puligny-Montrachet, Tel. 80.21.37.65 ♈ n. V.

MARIE-LOUISE PARISOT 1989

| ☐ | | k.A. | | 2 064 | ▮ ⑪ ☑ 🄴 |

Seine grünen Reflexe breiten sich nach Herzenslust aus. Was für eine strahlende Farbe ! Der leicht entwickelte Duft erinnert etwas an Kräuter und Mandeln. Im Geschmack ein Aroma von geröstetem Brot, im Abgang Bittermandeln. Recht gut.

🍇 Marie-Louise Parisot, 1, pl. Saint-Jacques, 21200 Beaune, Tel. 80.22.25.31 ♈ n. V.

ROPITEAU 1989*

| ☐ | | k.A. | | k.A. | ⑪ ☑ 🄴 |

Die weißgelbe Farbe schimmert im Licht grünlich. Feiner Duft mit einer Schwefelnote. Charakter und eine gewisse Herbheit. Zu weißem Ragout, aber nicht sofort.

🍇 Ropiteau Frères, 21190 Meursault, Tel. 80.24.33.00 ♈ tägl. 8h-20h ; 20. Nov.–15. Febr. geschlossen

Meursault

Mit Meursault beginnen die wirklich großen Weißweine. Hier werden jährlich mehr als 15 000 hl an weltberühmten Premiers Crus erzeugt : Les Perrières, Les Charmes, Les Poruzots, Les Genevrières, Les Gouttes d'Or etc. Alle verbinden Feinheit mit Kraft, den Geruch von Farnkraut mit dem Aroma von gebrannten Mandeln und die Eigenschaft, jung getrunken zu werden, mit der Fähigkeit zum Altern. Meursault ist wirklich die »Hauptstadt der Weißweine von Burgund« .

Die »kleinen Schlösser« , die in Meursault erhalten sind, zeugen von einem alten Reichtum, der auch die große Bekanntheit ihrer Weine belegt. Die »Paulée« , die auf die am Ende der Lese gemeinsam eingenommene Mahlzeit zurückgeht, ist heute eine traditionelle Veranstaltung, die am dritten Tag der »Trois Glorieuses« stattfindet.

ROBERT AMPEAU ET FILS
La Pièce sous le bois 1984*

| ☐ | | 0,75 ha | | 3 700 | ⑪ ↓ ☑ |
| ⑦⑥ |79| 80 |84| | | | |

Die Weinfreunde wissen, daß sich die Reblage »La Pièce sous le bois« oberhalb von Blagny befindet. Und sie erinnern sich sicherlich auch an die besondere Empfehlung in unserer Ausgabe 1987 für einen fabelhaften 79er ! Ein 84er, der sich im Duft in Richtung Butter entwickelt und recht gelb geblieben ist. Er hat sein Röstaroma nicht verloren. Auch seine Säure ist noch vorhanden. Interessant, um die Alterung dieses Jahrgangs zu beurteilen, und offensichtlich zu einem angemessenen Preis. Wenn etwas davon übrig bleibt !

🍇 Robert Ampeau et Fils, 6, rue du Cromin, 21190 Meursault, Tel. 80.21.20.35 ♈ n. V.

DOM. BERNARD BACHELET ET FILS Les Vireuils 1990**

| ☐ | | 0,7 ha | | 5 000 | ⑪ ↓ ☑ 🄴 |

Der 89er ist anbetungswürdig und hält noch mehr, als was er letztes Jahr versprochen hat. Der 90er ist göttlich. Diesem hier können zehn Jahre Lagerung keine Furcht einflößen. Ein Meursault voller Schwung und Esprit, der brandneu und freigebig ist. Vanille, gebrannte Mandeln. Er bewahrt dieses Aroma auch im Geschmack und erinnert uns daran, daß der Kardinal de Bernis diesen Cru als Meßwein wählte : »Ich will nicht, daß mich mein Schöpfer im Augenblick der Kommunion das Gesicht verziehen sieht.« Machen Sie es ihm nach !

🍇 Dom. Bernard Bachelet et Fils, 71150 Dezizelès-Maranges, Tel. 85.91.16.11 ♈ n. V.

R. BALLOT-MILLOT ET FILS
Charmes 1990*

| ☐ 1er cru | | 0,4 ha | | 3 000 | ⑪ ☑ 🄵 |

Mütterlicherseits baut diese Familie seit Mitte des 17. Jh. in Meursault Wein an. Das bedeutet, daß sie hier fast jeden Rebstock in- und auswendig kennt. Sehr lang, Aroma von geröstetem Brot und schon entwickelt. Ein 90er, der am Anfang seiner Fülle steht. Sicherlich schöne Zukunftsaussichten.

🍇 SCE R. Ballot-Millot et Fils, 9, rue de la Goutte d'Or, 21190 Meursault, Tel. 80.21.21.39 ♈ n. V.

GUY BOCARD Charmes 1989*

| ☐ 1er cru | | 0,67 ha | | 2 200 | ▮ ⑪ ↓ ☑ 🄵 |

Wir haben den 89er und den 90er probiert. Sie

sind gleich gut. Der ältere ist geschmeidig und besitzt ein holziges Aroma. Der 90er bietet mehr Finesse und enthüllt einen Hauch von Mandeln.
🔁 Guy Bocard, 4, rue de Mazeray, 21190 Meursault, Tel. 80.21.26.06 ☒ n. V.

BOUCHARD PERE ET FILS 1990★

☐	k.A.	k.A.	📱📶 5

Ballkleid. Dezentes Parfum. Die Frische eines jungen Mädchens, das zur Frau wird. Ein Mund zum Hineinbeißen.
🔁 Bouchard Père et Fils, Au Château, B.P. 70, 21202 Beaune Cedex, Tel. 80.22.14.41 ☒ n. V.

ERIC BOUSSEY Limozin 1990

☐	0,7 ha	2 500	📶↓☑4

Diese Reblage befindet sich in der Nachbarschaft der Lagen Genevrières und Charmes und ist damit zwangsläufig in guter Gesellschaft. 1991 haben wir den 88er besonders empfohlen. Wie das Schilfrohr in der Fabel, das sich biegt und nicht bricht. Dieser Wein biegt sich unter dem Liebreiz eines schönen, klaren Duftes, der sich unter seinem hübschen Kleid entfaltet, und eines angenehmen, zauberhaften Geschmacks. Aber er hat auch Charakter und ein festes Rückgrat.
🔁 Eric Boussey, 21190 Monthélie, Tel. 80.21.60.70 ☒ n. V.

MICHEL BOUZEREAU
Les Grands Charrons 1989★

☐	1 ha	k.A.	📶↓☑4

Dieser Cru, der unmittelbar oberhalb des Dorfs liegt, liefert recht typische Weine mit guter Grundlage. Hübscher Duft mit gut verdauter Holznote und angenehmer Geschmack. Man sollte ihn in fünf Jahren trinken.
🔁 Michel Bouzereau, 3, rue de la Planche Meunière, 21190 Meursault, Tel. 80.21.20.74 ☒ n. V.

DOM. PAULETTE BOYER
Perrières 1990★

☐ 1er cru	k.A.	k.A.	📶 5

Schließen Sie die Augen und sperren Sie die Nasenflügel weit auf : ein Meursault, wie er leibt und lebt ! Nach einer vollen, runden Melodielinie kehrt im Abgang der Holzton zurück. Dieser Wein läßt uns die irdischen Sorgen etwas vergessen.
🔁 Cie des Vins d'Autrefois, 9, rue Celer, 21200 Beaune, Tel. 80.22.21.31 ☒ n. V.

YVES BOYER-MARTENOT
Les Narvaux 1990★★

☐	1,2 ha	6 000	📶☑4

Der 86er ist 1989 von uns mit einer besonderen Empfehlung ausgezeichnet worden. Helle, strahlende und sehr klare Farbe. Ein phantastischer Duft, in dem man gebrannte Mandeln und frische Backwaren findet. Im Geschmack entfaltet sich eine breite aromatische Palette. Weinigkeit, Länge. In einem Wort : Klasse.
🔁 Yves Boyer-Martenot, 17, pl. de l'Europe, 21190 Meursault, Tel. 80.21.26.25 ☒ n. V.

CHANSON PERE ET FILS 1990★

☐	k.A.	6 000	📶↓☑5

In einer zarten, blumigen Atmosphäre entfaltet sich der ganze Zauber von Versailles unter der Herrschaft von Ludwig XIV. Man lacht, tanzt und liebt. Ein hübscher Marquis. Kommen Sie heute abend in den Park ? Das ist sein Stil : leicht und frivol. Aber wie soll man ihm widerstehen ?
🔁 Chanson Père et Fils, 10, rue Paul Chanson, 21200 Beaune, Tel. 80.22.33.00 ☒ n. V.

DANIEL CHOUET-CLIVET
Les Cras 1989★★

☐ 1er cru	0,3 ha	1 500	📶☑5

Reblagen mit dem Namen »Les Cras« findet man oft in Burgund : Chambolle, Vougeot, Aloxe, Beaune, Pommard und Meursault. Das hat nichts mit Raben zu tun. Gemeint sind damit steinige, kalkhaltige Böden. Sie eignen sich wunderbar für Rotwein- und Weißweinreben. Hier entfalten sich unter einem blumigen Aroma Finesse, Fülle und Frische. Außerdem besitzt er einen sehr medienwirksamen Charakter : er sprengt den Bildschirm.
🔁 Daniel Chouet-Clivet, 4, rte de Volnay, B.P. 39, 21190 Meursault, Tel. 80.21.27.99 ☒ n. V.

DOM. DARNAT 1989★

☐	1,5 ha	k.A.	📶↓☑4

Ein klassischer Meursault, der ziemlich hell ist und in seinem pflanzlichen Aroma gebrannte Mandeln erkennen läßt. Er entfaltet einen angenehmen Duft und bietet im Geschmack eine frische Empfindung. Schöne Ausgewogenheit zwischen Fülle und Säure.
🔁 Dom. Darnat, 20, rue des Forges, 21190 Meursault, Tel. 80.21.23.30 ☒ n. V.

BERTRAND DARVIOT 1990★★

☐	1 ha	3 000	☑4

Noch ein wenig unreif und nervig. Ein Wein mit einem komplexen, fruchtigen Aroma. Ausgezeichnetes Traubenmaterial. Er wird wunderbar sein, wenn er seinen Ausbau abgeschlossen hat.
🔁 Bertrand Darviot-Simard, 17, rue de la Velle, 21190 Meursault, Tel. 80.21.22.83 ☒ n. V.

DOM. PHILIPPE DELAGRANGE
Charmes 1990★★★

☐ 1er cru	k.A.	k.A.	📶☑5

»Wer Meursault trinkt, lebt und stirbt nicht dumm« , behauptet das Sprichwort mit einem Wortspiel (»Qui boit du meursault ne vit ni ne meurt sot.«). Man kann sich davon überzeugen, wenn man ein Glas mit diesem goldfarbenen Wein an seine Nase hält. Blumen, Holz, Mandeln und Karamel – das ist die explosive Mischung aller Aromen des Anbaugebietes. Ein angeneh-

mer Schuß Säure unterstützt diesen wunderbaren Charme. Ein Werk des Heiligen Geistes.
🔑 Philippe Delagrange, 10, rue du 11 Novembre, 21190 Meursault, Tel. 80.21.22.72 Y tägl. 9h-19h

SYLVAIN DUSSORT 1990*

☐ k.A. 2 500 ◗ V 4

Nachdem dieser Winzer den Betrieb ganz übernommen hat, ist dies das erste Mal, daß er voll für seinen Wein verantwortlich ist. Ein schönes Debüt. Klare, hellgelbe Farbe. Dieser 90er ist noch von der Schauspielschule geprägt. Auch wenn er seinen Monolog etwas trocken abschließt, mangelt es ihm nicht an Rundheit oder Ausgewogenheit. Dieser Wein wird auch noch bei der 100. Aufführung des Stücks in Form sein.
🔑 Sylvain Dussort, 2, rue de la Gare, 21190 Meursault, Tel. 80.21.27.50 Y n. V.

MAISON JEAN GERMAIN
Goutte d'Or 1990**

☐ 1er cru k.A. 1 200 ◗ ↓ V 5

Thomas Jefferson schwärmte von diesem Wein, der er damals von einem gewissen Monsieur Bachey kaufte. Diese Reblage könnte ein Grand Cru sein, wenn es Meursault vor einem halben Jahrhundert darauf angelegt hätte. Die Firma kauft den Most und vinifiziert ihn selbst. Sehr gute Holznote und interessante Länge im Abgang. Würdig seines Namens. Paßt zu Leberpastete.
🔑 Maison Jean Germain, 11, rue de Lattre-de-Tassigny, 21190 Meursault, Tel. 80.21.63.67 Y Mo-Sa 14h-18h ; sam. 15h-19h ; So n. V.

ANTONIN GUYON
Les Charmes Dessus 1990*

☐ 1er cru 0,69 ha 4 000 ◗ ↓ V 5

Insgesamt 45 ha und vier Güter gehören der Familie Guyon in Dijon. Die Domaine de La Guyonnière (9,68 ha, darunter eine kleine Parzelle in der Appellation Charmes-Chambertin) ist eines von ihnen. Ziemlich brave »Charmes Dessus« . Überlassen wir die Eskapaden den »Reizen darunter« . Duft von Anisblüten. Dieser 90er besitzt alles, was es zu einem guten Wein braucht, zuallererst ein gutes Fundament.
🔑 Antonin Guyon, 21420 Savigny-lès-Beaune, Tel. 80.67.13.24 Y n. V.

LES CAVES DES HAUTES COTES
1990*

☐ k.A. 6 600 ◗ ↓ V 4

Man kann beruhigt mit ihm schlafen gehen : er wird gut altern ! Die Farbe ist typisch für die 90er : ein intensives Gold. Frischer, fruchtiger Vanilleduft. Angenehm und nachhaltig, mit dem notwendigen Hauch von Säure, der seine Zukunft garantiert.
🔑 Gpt de Prod. Les Caves des Hautes-Côtes et de la Côte, rte de Pommard, 21200 Beaune, Tel. 80.24.63.12 Y n. V.

HONORE LAVIGNE 1990**

☐ k.A. k.A. ◗ ↓ 5

Eine Marke der Gruppe Boisset für den Großhandel. Ein Wein, den Sie in Ihren Einkaufswagen stellen werden. Bringen Sie ihn sofort in Ihren Keller, denn er ist super, fein wie das Vergnügen, reich und voll, typisch. Ein Meursault.
🔑 Honoré Lavigne, B.P. 102, 21702 Nuits-Saint-Georges Cedex, Tel. 80.61.00.06
🔑 Jean-Claude Boisset SA

PATRICK JAVILLIER
Clos du Cromin 1990*

☐ 1 ha 7 000 ◗ ↓ V 4

Dieser Erzeuger hat 1988 und 1989 von uns besondere Empfehlungen erhalten für seinen 85er bzw. seinen 86er. Goldgrüne Farbe. Der ziemlich komplexe Duft erinnert an Holunder und Zitrusfrüchte. Er besitzt keine phänomenale Fülle, aber dafür hinterlassen einige Geschmacksmomente einen guten Eindruck.
🔑 Patrick Javillier, 7, imp. des Acacias, 21190 Meursault, Tel. 80.21.27.87 Y n. V.

PATRICK JAVILLIER Les Tillets 1990*

☐ 1,5 ha 12 000 ◗ ↓ V 4

Diese Reblage liegt ganz oben auf dem Hügel, in Richtung Puligny. Gelbe Farbe mit goldenen Reflexen. Ein 90er, der nach Honig und Akazien duftet. Reiches Potential. Der Körper bleibt im Rohzustand, in seiner Schale verpackt. Das Alter bewirkt vielleicht ein Wunder. Man sollte das Abenteuer wagen. Ebenfalls von unserer Jury analysiert wurde der 90er Narvaux, der einen Stern verdient und auch altern kann.
🔑 Patrick Javillier, 7, imp. des Acacias, 21190 Meursault, Tel. 80.21.27.87 Y n. V.

DOM. CHARLES JOBARD
Les Chevalières 1990*

☐ 0,41 ha 2 700 ◗ V 4

Gérard Depardieu und Alain Duhamel haben hier Wein probiert. Wenn man ein schönes Kleid trägt, wenn man sein Parfum beim besten Spezialisten der Côte de Beaune einkauft, wenn man einen bezaubernden Mund hat, dann verwandelt man die Paulée von Meursault in ein Bacchanal. Das ist der Fall bei diesem jungen Wein, der auf Erfolg und – hoffen wir es – Heirat aus ist.
🔑 Charles Jobard, 12, rue Sudot, 21190 Meursault, Tel. 80.21.20.23 Y n. V.

JEAN JOLIOT ET FILS 1989*

☐ 2 ha 10 000 ◗ ↓ V 4

»Der Klassiker« , sagte Péguy, »bekennt sich zu seiner Aufrichtigkeit.« Das gilt auch für diesen kanariengelben Wein, der zwischen Pflaumen und Holz zögert. Frisch und geschmeidig, ausgewogen und typisch für seine Appellation. Normale Entwicklung für einen 89er. Man kann ihn in ein bis zwei Jahren zu einem Fischgericht mit Sahnesauce trinken.
🔑 Dom. Jean Joliot et Fils, rte de Pommard, 21190 Nantoux, Tel. 80.26.01.44 Y n. V.

LABOURE-ROI 1990

☐ 304,94 ha k.A. ◗ 5

Gelb bis zum Grund des Auges. Im Duft schon entwickelt und ein wenig alkoholisch. Ein Wein, der die erste Runde nach Punkten gewinnt. Säure, aber gute Beinarbeit. Er wird problemlos bis zum Schlußgong durchhalten.

☛ Labouré-Roi, rue Lavoisier, 21700 Nuits-Saint-Georges, Tel. 80.61.12.86

LA GOUZOTTE D'OR   1990 *

	k.A.	k.A.	**4**

In den Sommermonaten schweben häufig Heißluftballons über Meursault hinweg. Dieser goldgrüne, sehr blumige, leichte und ätherische Chardonnay erweckt den gleichen Eindruck. Zweifellos nicht sehr komplex, aber verlangt man von einem Ballon, daß er der Philosophie verfällt ?

☛ La Gouzotte d'Or, rue de Cave, 21190 Volnay, Tel. 74.90.32.16 ⌣ n. V.

DOM. LAHAYE PERE ET FILS
Les Perrières   1990 **

1er cru	0,5 ha	2 400	⦀ ↓ ☑ **5**

Recht intensive goldene Farbe. Dieser Wein entfaltet einen blumigen Duft, der zu Beginn ein Aroma von gebrannten Mandeln enthüllt. Sehr klare Ansprache. Fülle und Rundheit mit einem Hauch von Lebhaftigkeit, der auf Alterungsfähigkeit hindeutet.

☛ Lahaye Père et Fils, pl. de l'Eglise, 21630 Pommard, Tel. 80.24.10.47 ⌣ n. V.

MICHEL LAMANTHE
Les Ravelles   1990 **

	0,59 ha	2 100	⦀ ☑ **4**

Diese gut versteckte Reblage ist eine winzige Rebfläche direkt oberhalb von Blagny, die sich hoch oben über der Lage La Jeunelotte befindet. Nicht weit vom Brachland entfernt, aber was für ein wunderbarer Wein ! Zweifellos vom Faß geprägt, aber klar und kräftig, mit einem Hauch von »Tannin« , das man hier zwischen Anführungszeichen setzt, weil es sich um einen Weißwein handelt. Dieser Wein wird sich ruhig

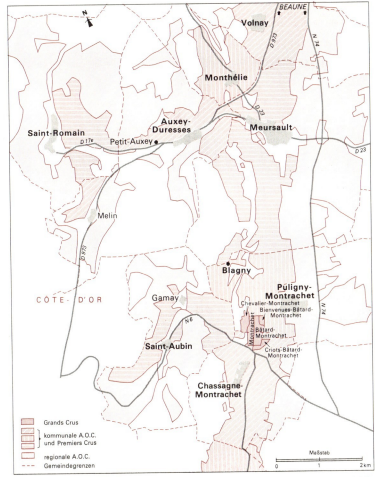

Grands Crus

kommunale A.O.C. und Premiers Crus

regionale A.O.C.

Gemeindegrenzen

Maßstab

0   2 km

und geduldig entwickeln. Eines Tages wird er förmlich explodieren. Wann ? Nun ...
🕊 Michel Lamanthe, 21190 Saint-Aubin, Tel. 80.21.33.23 ☎ n. V.

A. LIGERET 1990

☐	k.A.	10 000	◖ ↓ 5

Diese Romanze hat ihren Reiz. Aussehen und Duft sind keineswegs enttäuschend. Passable Konstitution.
🕊 A. Ligeret, 10, pl. du Cratère, 21700 Nuits-Saint-Georges, Tel. 80.61.08.92 ☎ n. V.

DOM. MAROSLAVAC-TREMEAU
Blagny 1990*

☐ 1er cru	k.A.	k.A.	◖ ☑ 5

Ein Erzeuger aus Puligny, der seinen Wein einem Weinhändler anvertraut hat. Dieser gibt dankenswerterweise – was in Burgund ungewöhnlich ist – den Namen des Produzenten auf dem Etikett an. Auch wenn diese Praxis die üblichen Bräuche fast revolutioniert, ist der Wein selbst ziemlich traditionell. Schon harmonisch eingebundene Holznote, kraftvolle Ansprache und gute Säuregrundlage, mittlere Länge, aber genug Fülle für einen vollmundigen Geschmack.
🕊 Cie des Vins d'Autrefois, 9, rue Celer, 21200 Beaune, Tel. 80.22.21.31 ☎ n. V.

CHANTAL MICHELOT
Grands Charrons 1990*

☐	0,7 ha	4 000	◖ ↓ ☑ 5

Ein hellgelber 90er, der vom ersten Geruchseindruck die Ellenbogen einsetzt. Sein Trüffelduft über dem Röst- und Holzaroma will auf sich aufmerksam machen. Fein und harmonisch, recht entfaltet. Ein Meursault mit guten Zukunftsaussichten.
🕊 Chantal Michelot, 33, rue de la Velle, 21190 Meursault, Tel. 80.21.23.17 ☎ n. V.

DOM. MICHELOT-BUISSON
Clos Saint Félix 1990

☐	k.A.	k.A.	◖ ↓ 5

Leicht gelbe Farbe. Ein guter, feiner Meursault mit zartem Röstgeruch. Nachhaltiges Vanillearoma im runden Geschmack.
🕊 Dom. Michelot-Buisson, 31, rue de la Velle, 21190 Meursault, Tel. 80.21.23.17

DOM. BERNARD MILLOT
Les Petits Charrons 1990

☐	0,4 ha	k.A.	◖ ☑ 5

Das Aroma des Holzfasses macht sein feines, fruchtiges Bukett nicht schwer. Die geschmackliche Struktur ist nicht sehr komplex, aber seine Jugendlichkeit spricht für sich. Wenn Sie in Ihrem Keller noch einen Platz freihaben, wird er ihn mit Vergnügen ausfüllen.
🕊 Dom. Bernard Millot, 27, rue de Mazeray, 21190 Meursault, Tel. 80.21.20.91 ☎ n. V.

MOILLARD Clos du Cromin 1989*

☐	k.A.	4 200	◖ ↓ 5

Weißdornblüten, goldgelbe Farbe. Es ist fast unmöglich, einen Meursault nicht zu erkennen. Und was ist mit der Struktur ? Sie kennen doch die Kirchturmspitzen in dieser Gegend ? Sehr

angenehm. Man sollte ihn sorgfältig aufbewahren.
🕊 Moillard, 2, rue François Mignotte, 21700 Nuits-Saint-Georges, Tel. 80.62.42.22 ☎ n. V.

DOM. RENE MONNIER
Chevalières 1990*

☐	k.A.	k.A.	◖ ☑ 4

Köstlicher Duft von Haselnüssen und Mandeln. Stattlicher Charakter und Fülle. Ein Wein, der schon seine strahlendste Reife errreicht hat.
🕊 Dom. René Monnier, 6, rue du Dr Rolland, 21190 Meursault, Tel. 80.21.29.32 ☎ n. V.
🕊 Bouillot

DOM. JEAN MONNIER ET FILS
Les Chevalières 1989*

☐	0,42 ha	2 500	◖ ☑ 4

Dieses Gut besitzt den Clos de Cîteaux in Pommard, den es 1951 erwarb. Die Weine aus der Reblage Les Chevalières haben im Augenblick keine Ähnlichkeit mit den Bernhardinernonnen. Sie sind blumig und lassen einen leichten Mandelgeschmack erkennen, aber sie sind noch aufgeregt und haben noch nicht die Ordensregel übernommen. Nach einigen Jahren des frommen Wartens im Keller werden sie Gott lobpreisen.
🕊 Dom. Jean Monnier et Fils, 20, rue du 11 Novembre, 21190 Meursault, Tel. 80.21.22.56 ☎ n. V.

DOM. JACQUES PRIEUR
Clos de Mazeray 1989*

■	1,2 ha	4 000	◖ ↓ ☑ 4

Ein roter Meursault ist recht selten. Aber dieser hier ist kein häßliches Entlein. Ein rubinroter Wein, der nach Traubenkämmen riecht und ein sehr typisches Pinotaroma entfaltet. Er ist stoffreich und bringt den Charakter der Appellation wunderbar zum Ausdruck. Man kann ihn noch ein paar Jahre lagern, bevor man ihn zu einem Rebhuhn trinkt. Mazeray liegt ganz nahe beim Dorf, unweit der Reblage La Goutte d'Or.
🕊 Dom. Jacques Prieur, 2, rue des Santenots, 21190 Meursault, Tel. 80.21.23.85 ☎ n. V.

DOM. PRIEUR-BRUNET
Chevalières 1989

☐	0,6 ha	4 300	◖ ↓ ☑ 4

Man denkt dabei an Musset : »Schöner Ritter, der Ihr in den Krieg zieht, was werdet Ihr so weit von hier tun ?« Und was soll man über diese Chevalières sagen, die es verdienen würden, mindestens zwei Jahre in Ihrem Keller zu verbringen ? Sie haben nicht das Temperament eines Kreuzfahrers, sondern ein sanftes und heiteres Gemüt. Der Inbegriff der Liebenswürdigkeit.
🕊 Dom. Prieur-Brunet, rue de Narosse, 21590 Santenay, Tel. 80.20.60.56 ☎ n. V.
🕊 Guy Prieur

REINE PEDAUQUE 1990*

☐	k.A.	k.A.	◖ ↓ 5

Die Königin wartet nicht ! Ein Wein, den man schon jetzt öffnen kann, damit man in den Genuß seiner bereits bernsteingelben, aber festen Farbe, seines entfalteten Duftes und seiner liebenswerten Schlichtheit kommt. Er endet zwar etwas kurz, aber wenn man eine Audienz bei Hof hat ...

🍷 Reine Pédauque, Le Village, 21420 Aloxe-Corton, Tel. 80.26.40.00 ☎ n. V.

ANTONIN RODET Les Perrières 1989*

☐ 1er cru		k.A.	1 900	❚❙ ✓	5

Wenig Reflexe, sondern eine schöne blaßgoldene Farbe. Dieser Wein ist wirklich zurückhaltend. Sein Duft dürfte sich entfalten. Sein Geschmack mit einer gut dosierten Holznote wartet noch ab. Insgesamt ausgewogen und vielversprechend. Er hat den Reiz einer hellen Morgendämmerung, wenn die Sonne am Horizont gerade erst über der blauen Linie des Jura aufsteigt.

🍷 Antonin Rodet, 71640 Mercurey, Tel. 85.45.22.22 ☎ Mo-Fr 9h-12h30 13h30-18h

Blagny

Ein einheitliches Anbaugebiet, das sich um den Weiler Blagny herum entwickelt hat und in den Gemarkungen Meursault und Puligny-Montrachet liegt. Erzeugt werden hier bemerkenswerte Rotweine, die die Appellation Blagny tragen (rund 10 ha); der größte Teil der Anbaufläche ist jedoch mit Chardonnayreben bepflanzt, die – je nach **Gemarkung** – Weine der Appellation **Meursault Premier** Cru bzw. der Appellation Puligny-Montrachet liefern.

MICHEL LAMANTHE
La Genelotte 1990**

■ 1er cru	0,33 ha		1000	❚❙ ✓	3

Intensive rubinrote Farbe, blumiger Duft. Ein Wein mit rundem Bauch und breiten Schultern, der lange leben und alle erfreuen wird.

🍷 Michel Lamanthe, 21190 Saint-Aubin, Tel. 80.21.33.23 ☎ n. V.

DOM. LARUE 1990***

■ 1er cru	0,2 ha	k.A.		❚❙ ↓ ✓	4

Vins de Bourgogne
Oratoire St-Charles 1740

Blagny 1er Cru
APPELLATION BLAGNY 1er CRU CONTRÔLÉE
13% vol.   Mis en bouteille à la propriété par   750 ml
Domaine LARUE
VITICULTEUR & GAMAY SAINT-AUBIN 21190 Meursault France
Produit de France

Farbe wie von schwarzen Kirschen, fein und kräftig, superkonzentriert. Ein 90er der Spitzenklasse, der das Ende dieses Jahrzehnts erleben kann. Der beste in seiner Appellation. Die Adjektive auf den Zetteln der einmütigen Prüfer nehmen kein Ende : prachtvoll, herrlich, großartig etc. Kurz gesagt : ein Wein, den man kennenlernen sollte.

🍷 Dom. Larue, Gamay, 21190 Saint-Aubin, Tel. 80.21.30.74 ☎ n. V.

Puligny-Montrachet

Eingezwängt zwischen ihre beiden Nachbardörfer Meursault und Chassagne, macht die Anbaufläche dieser kleinen Gemeinde als Schwerpunkt der Weißweinproduktion im Departement Côte-d'Or nur die Hälfte von Meursault bzw. zwei Drittel von Chassagne aus. Über diesen scheinbar bescheidenen Status tröstet aber hinweg, daß sie die besten Weißweinlagen in Burgund besitzt, darunter den Montrachet, den sie mit Chassagne teilt.

Geographisch liegen diese Grands Crus – laut den Geologen der Universität Dijon – auf einer hier zutage tretenden Bathonienschicht, die ihnen mehr Finesse, Harmonie und aromatische Feinheiten verleiht als den Weinen, die auf den benachbarten Mergelböden erzeugt werden.

Die Weine der anderen Reblagen und Premiers Crus dieser Gemarkung verströmen häufig pflanzliche Düfte mit Harz- und Terpennoten, wodurch sie sehr vornehm erscheinen.

DOM. CHARLES ALLEXANT ET FILS
Les Folatières 1989*

☐ 1er cru	0,6 ha	2 200		❚❙ ✓	4

Ein hübscher aromatischer Parcours : zunächst blumige Nuancen, danach gebrannte Mandeln. Ein heller, intensiver Wein, der mit dem Alter besser wird und einmal zu Zander paßt. Sehr vernünftiger Preis.

🍷 Dom. Charles Allexant et Fils, Cissey, 21190 Merceuil, Tel. 80.21.46.86 ☎ n. V.

DOM. B. BACHELET ET SES FILS
Les grands champs 1990

☐		0,6 ha	3 000	❚❙ ↓ ✓	4

Seit drei Generationen baut diese Familie Wein an. Die Reblage befindet sich neben dem Clavaillon. Genau die Farbe, die man erwartet.

Hübscher Duft. Die Finesse dominiert über die Konstitution.

⚓ Dom. Bernard Bachelet et Fils, 71150 Dezize-lès-Maranges, Tel. 85.91.16.11 ⵏ n. V.

DOM. JOSEPH BELLAND
Les Champs Gains 1988*

☐ 1er cru   0,6 ha   2 800   ⦀ ↓ ☑ ⑤

Ein sehr kalkhaltiger Boden. Ein gefälliger Wein, den man aber im Keller ruhen lassen sollte. Er besitzt eine gute Länge, Ausgewogenheit, einen dezenten, aber vornehmen Duft (Früchte und Blüten) und ein prächtiges Kleid, das von Balmain stammt.

⚓ Dom. Joseph Belland, rue de la Chapelle, 21590 Santenay, Tel. 80.20.61.13 ⵏ tägl. 8h-12h 14h-19h ; So u. feiertags n. V.

ROGER BELLAND
Les Champs Gains 1990

☐ 1er cru   0,6 ha   3 000   ⦀ ↓ ☑ ⑤

Seine Farbe enthält alles Gold der Welt. Sein sehr typisches Aroma erinnert an Butter und Milch. Würziger, danach mineralischer Geschmack. Man hätte etwas mehr Kraft erwartet !

⚓ Roger Belland, 3, rue de la Chapelle, 21590 Santenay, Tel. 80.20.60.95 ⵏ n. V.

BOUCHARD PERE ET FILS
Les Referts 1989*

☐ 1er cru   0,5 ha   3 000   ⦀ ⦀ ⑦

Die etymologische Bedeutung dieser Reblage zu erklären ist keinem Spezialisten gelungen. Hingegen weiß man und sieht auch, daß dieser Wein eine klare, angenehm intensive Farbe besitzt, ein zartes Vanillearoma entfaltet und voll und reich lang ist. Wenn Sie einen Meeresfisch dazu essen, sollten Sie eine eher leichte Sauce wählen.

⚓ Bouchard Père et Fils, Au Château, B.P. 70, 21202 Beaune Cedex, Tel. 80.22.14.41 ⵏ n. V.

MICHEL BOUZEREAU
Les Champs Gains 1990**

☐ 1er cru   k.A.   k.A.   ⦀ ↓ ☑ ⑤

PULIGNY-MONTRACHET
"LES CHAMPS-GAINS" 1ᵉʳ CRU
APPELLATION CONTRÔLÉE
Mis en bouteille à la Propriété par
13 % vol.   75 cl.
MICHEL BOUZEREAU
PROPRIÉTAIRE-RÉCOLTANT A MEURSAULT, COTE-D'OR FRANCE

Dieser Wein hat unsere Jury trotz seiner alkoholischen Note verzaubert. Duft von Aprikosen, Kiwis und Wacholder. Ein sehr schöner, wundervoller Wein, von dem man sich kaum mehr lösen kann. Paßt zu einem erlesenen Fisch.

⚓ Michel Bouzereau, 3, rue de la Planche Meunière, 21190 Meursault, Tel. 80.21.20.74 ⵏ n. V.

LOUIS CARILLON ET FILS 1990**

☐   6 ha   30 000   ⦀ ☑ ④

69 72 **73 74** 75 ⑦⑥ **77 78** 79 80 **81** |82| |83| |84| |85| **86** |87| |88| 89 **90**

»Ein stolzes kleines Familiengut« (Hugh Johnson). Strahlende goldgrüne Farbe. Das Reduktionsaroma verfliegt an der Luft. Reifer, entwickelter Gesamteindruck. Große Fülle und sehr stattlicher Charakter. Gute Verbindung von Wein und Eichenholz. Lagerfähig.

⚓ SC Louis Carillon et Fils, 21190 Puligny-Montrachet, Tel. 80.21.30.34 ⵏ n. V.

DOM. JEAN CHARTRON
Clos de la Pucelle 1990**

☐ 1er cru   1,16 ha   9 000   ⦀ ☑ ⑥

83 |85| |86| **87** |88| |89| **90**

»Was man gut versteht, läßt sich auch klar ausdrücken...« Dieser 90er beweist es perfekt. Strahlend goldene Farbe mit gelbgrauen Nuancen und reiches Aroma (geröstetes Brot). Ein Wein mit einer feinen Holznote, der sich nicht geizig zeigt : reiches, konzentriertes Bukett und ein langer, typischer Geschmack, wie man ihn liebt.

⚓ Dom. Jean Chartron, 13, Grande-Rue, 21190 Puligny-Montrachet, Tel. 80.21.32.85 ⵏ n. V.

DOM. JEAN CHARTRON
Les Folatières 1990**

☐ 1er cru   1,5 ha   8 500   ⦀ ☑ ⑥

85 86 87 |88| **89 90**

Wie schrieb der berühmte Jullien : »Er vereinigt alle Qualitäten, die einen ausdrucksvollen Wein ausmachen« ? Körper, Alkohol, ein bezauberndes Bukett von Honig und Akazienblüten und vor allem ein wunderbar konzentriertes Temperament, das auf der Zunge wie ein Jungbrunnen sprudelt. Zögern Sie nicht, ihm einen hervorragenden Steinbutt zu weihen !

⚓ Dom. Jean Chartron, 13, Grande-Rue, 21190 Puligny-Montrachet, Tel. 80.21.32.85 ⵏ n. V.

CHARTRON ET TREBUCHET 1990

☐   k.A.   11 500   ⦀ ☑ ⑤

Es gibt Bouvard et Pécuchet. Und es gibt Chartron et Trébuchet. Dieser Wein ist wie der Titel eines Romans. Zweifellos fehlt es dem Einband an Glanz, aber der Bodengeschmack ist da. Ziemlich weinig und für die Appellation befriedigend.

⚓ Chartron et Trébuchet, 13, Grand-Rue, 21190 Puligny-Montrachet, Tel. 80.21.32.85 ⵏ n. V.

LOUIS CHAVY 1990*

☐   k.A.   k.A.   ⦀ ⑤

Nicht sehr intensive hellgelbe Farbe. Der Duft von geröstetem Brot ist typisch für das Anbaugebiet. Noch zurückhaltender Charakter, der mit dem Alter an Sicherheit gewinnen muß.

⚓ Louis Chavy, pl. des Marronniers, 21190 Puligny-Montrachet, Tel. 80.21.31.39 ⵏ tägl. 9h-12h 14h-18h ; 30. Sept.–Mai geschlossen

GERARD CHAVY ET FILS
Les Folatières 1989★★

☐ 1er cru	2 ha	12 000	▮ ◫ ↓ ☑ ◫

76 78 79 82 |83| 84 |85| |86| |87| 88 89

Wie der Name andeutet, handelt es sich um lockeren Boden, den die starken Regenfälle häufig wegschwemmen. Diese umschmeichelten Erdschichten verleihen ihm eine Sinnlichkeit (wie die von Eva im Museum Rolin in Autun), die sich hier grenzenlos entfaltet. Blumig, ehrgeizig, entschlossen, voll. Ein Wein, der den Keller nur für einen besonderen Anlaß verläßt und einen Hummer nicht verachten wird.

↝ GAEC Gérard Chavy et Fils, 12, rue du Château, 21190 Puligny-Montrachet, Tel. 80.21.31.47 ⵣ n. V.

JOSEPH DROUHIN Les Folatières 1990★★

☐	k.A.	k.A.	◫ 🔟

Das Etikett stellt uns vor Probleme : Das ist kein Premier Cru, und es sind Les Folatières. In Puligny ! Zweifellos winzige Parzellen zwischen den Reblagen Clavaillon und Folatières, die auf der Karte zu finden sind. Aber man muß gute Augen haben ! Strohgelbe Farbe, auch beim dritten Riechen noch streng verschlossen, aber dennoch im Geschmack ein Leckerbissen. Er umschmeichelt, erwärmt und verausgabt sich, um seine zwei Sterne halten zu können, und fleht dabei inständig, daß man ihn zu schnell trinkt.

↝ Joseph Drouhin, 7, rue d'Enfer, 21200 Beaune, Tel. 80.24.68.88 ⵣ n. V.
↝ Robert Drouhin

JOSEPH FAIVELEY 1989★

☐	k.A.	4 000	◫ ↓ ☑ 🔟

Gold ist sehr wertvoll, das ist bekannt. Aber ein 89er Puligny-Villages, der mehr als 200 F pro Flasche kostet ! Er enttäuscht nicht. Kräftig, Honig und Unterholz, stattlich und voll, lang und reich. Er stellt ein sehr schönes und typisches Beispiel für die Appellation dar. Eine gute Entwicklung ist zu erwarten.

↝ Maison Jh. Faiveley, B.P. 9, 21702 Nuits-Saint-Georges Cedex, Tel. 80.61.04.55 ⵣ n. V.

MAISON JEAN GERMAIN
Les Grands Champs 1990

☐	k.A.	k.A.	↓ ☑ 🔠

Diese Reblage befindet sich neben dem Premier Cru Clavaillon. Strahlende Farbe. Dieser frische, leichte Wein wird stark durch seinen Alkohol geprägt. Die Jury hat an ihm getadelt, daß er nicht genügend typisch ist.

↝ Maison Jean Germain, 11, rue de Lattre-de-Tassigny, 21190 Meursault, Tel. 80.21.63.67 ⵣ tägl. 14h-18h ; sam. 15h-19h ; So n. V.

PATRICK JAVILLIER
Les Levrons 1990★★

☐	0,18 ha	1 300	◫ ☑ 🔠

Ein aufstrebender Winzer, der sehr gewissenhaft ist. Er präsentiert uns hier einen Levrons, der an einen Meursault erinnert : strahlend goldgrüne Farbe, feiner, frischer Duft. Die Ansprache ist lebhaft, voll, klar und ungeheuer sympathisch. Um seine Entwicklung muß man sich wenig Sorgen machen.

↝ Patrick Javillier, 7, imp. des Acacias, 21190 Meursault, Tel. 80.21.27.87 ⵣ n. V.

LABOURE-ROI 1990★

☐	k.A.	k.A.	◫ 🔠

Das Aroma dieses gelben Weins wird zwar vom Holzton dominiert, aber seine Ausgewogenheit gibt keinen Anlaß zur Kritik. Schöne Nachhaltigkeit im Abgang. Trinkreif.

↝ Labouré-Roi, rue Lavoisier, 21700 Nuits-Saint-Georges, Tel. 80.61.12.86

OLIVIER LEFLAIVE 1989★★

☐	1 ha	40 000	◫ ☑ 🔠

Olivier, Mitinhaber des berühmten Gutes Leflaive, hat übrigens im Dorf sein eigenes Handelshaus eröffnet. Olivier Leflaive hat nicht das Recht, sich zu irren : er besteht die Prüfung sehr gut. Sein 89er Puligny trägt ein Kleid, das den Stil der Haute Couture verrät. Der Duft ziert sich zwar ein wenig und sagt nicht, was er denkt, aber dafür ist die Struktur überaus harmonisch. Ausgeprägter Bodengeschmack. Lassen Sie ihn im Keller ruhen.

↝ Olivier Leflaive Frères, pl. du Monument, 21190 Puligny-Montrachet, Tel. 80.21.37.65 ⵣ n. V.

P. DE MARCILLY 1990

☐	k.A.	k.A.	◫ ↓ 🔠

Strahlende Farbe und Blütenduft. Gut. Eine bittere Note im Abgang und mittlere Länge. Befriedigend.

↝ P. de Marcilly, B.P. 102, 21702 Nuits-Saint-Georges, Tel. 80.61.14.26

ROLAND MAROSLAVAC-LEGER 1990★

☐	1,3 ha	7 500	◫ ☑ 🔠

Der Enkel von Stephan Maroslavac. Hübsche Reflexe im Stil von Puligny, smaragdgrüne wohlgemerkt. Die Säure garantiert eine gute Alterung. Holznote. Paßt zu Forelle.

↝ Roland Maroslavac-Léger, 43, Grand-Rue, 21190 Puligny-Montrachet, Tel. 80.21.31.23 ⵣ n. V.

FRANCOIS MARTENOT 1990

☐	k.A.	12 000	◫ ↓ 🔢

Frische und Eleganz. Ein brandneuer 90er, der nicht sehr gesprächig ist. Man sucht noch nach Fülle. Zweifellos mit der Zeit ...

↝ François Martenot, rue du Dr Barolet, ZI de Beaune-Vignolles, 21209 Beaune Cedex 09, Tel. 80.24.70.07 ⵣ n. V.

MOILLARD Perrières 1989★★★

☐ 1er cru	k.A.	2 400	◫ ↓ 🔠

Die Reblage befindet sich auf dem Boden von alten unterirdischen Steinbrüchen. Somit gibt es etwas Geheimnisvolles in den Tiefen dieses Weins, der das Kleid einer Göttin trägt und nach Pampelmusen duftet. Große Eleganz, wunderbare Finesse, aber auch Reichtum und Komplexität eines vollkommenen Geschmacks. Ein großartiger Premier Cru, den man zu Forellenfilets trinken sollte.

↝ Moillard, 2, rue François Mignotte, 21700 Nuits-Saint-Georges, Tel. 80.62.42.22 ⵣ n. V.

MOILLARD-GRIVOT
Les Chalumeaux 1990*

☐ 1er cru		k.A.	4 500	⑪ ↓ �V ⑤

Die Reblage Les Chalumeaux, die sich in Richtung des Weilers Blagny befindet, liefert schöne, goldfarbene Weine. Das Holzfaß dämpft diesen hier ein wenig, aber er wird sich davon befreien. Der Wert dieses 90ers wird steigen.
☛ Moillard-Grivot, RN 74, 21700 Nuits-Saint-Georges, Tel. 80.62.42.00 ⏱ tägl. 10h-18h ; Jan. u. Febr. geschlossen

DOM. RENE MONNIER
Les Folatières 1990*

☐ 1er cru		0,83 ha	4 500	⑪ �V ④

Gewissenhafte Vinifizierung. Sehr klassischer, durch die Milchsäure geprägter Stil mit dem gewohnten Honig- und Akazienaroma. Recht nervige Ansprache im Geschmack. Schöne Gesamtharmonie. Gute Zukunftsaussichten. Hechtmus in der Art von Nantua ? Warum nicht !
☛ Dom. René Monnier, 6, rue du Dr Rolland, 21190 Meursault, Tel. 80.21.29.32 ⏱ n. V.
☛ Bouillot

VEUVE HENRI MORONI
Les Pucelles 1990

☐ 1er cru		k.A.	k.A.	⑤

Diese Handelsfirma wurde 1922 von Henri Moroni als Ergänzung zu einem Weingut gegründet. Danach wurde es von Jacqueline Jomain geführt, der Frau von Marc, einem Winzer in Puligny. Schöne »Jungfrauen« , die nach Honig duften – wie man sie liebt. Im Geschmack sind sie zurückhaltender, zumindest im Augenblick. Nun, man ist in Burgund wie auch anderswo tugendsam !
☛ Vve Henri Moroni, BP 3, 21190 Puligny-Montrachet, Tel. 80.21.30.48 ⏱ n. V.

DOM. JEAN PILLOT ET FILS 1990*

☐		0,45 ha	2 500	⑪ �V ④

Klar und strahlend : ein 90er, dessen goldene Farbe einige smaragdgrüne Reflexe zeigt. Sehr typisch : im Geschmack noch zurückhaltend.
☛ Dom. Jean Pillot et Fils, 1, rue Combard, 21190 Chassagne-Montrachet, Tel. 80.21.33.35 ⏱ n. V.

CHRISTINE PONSOT
Les Champs gains 1989*

☐		k.A.	3 000	⑪ ↓ �V ⑤

Zu gebratenen Langustinos mit Lauchgemüse ? Wenn Lucullus bei Bacchus speist ... Hellgelbe Farbe, noch verschlossen, aber vielversprechend. Ein voller, runder und nachhaltiger 89er, der gerade die Sonne aufgehen sieht. Aber lassen wir ihm trotzdem die Zeit, noch sein Tagwerk zu erledigen !
☛ Christine Ponsot, Manoir Blu, 71150 Fontaines, Tel. 85.91.41.77 ⏱ Di-Sa 8h-12h 14h-18h ; 15. Juli–15. Aug. geschlossen

DOM. JACQUES PRIEUR
Les Combettes 1990**

☐ 1er cru		1,5 ha	13 000	⑪ ↓ �V ⑥
	82		83		85		86	87	88		89		90					

Die sehr gut gelegene Reblage Les Combettes

berührt Meursault. Das Aroma erinnert an Mandeln und Mandelcreme. Dieser Wein mit der schönen Farbe und der bereits harmonisch eingebundenen Holznote erregt die Aufmerksamkeit durch seine Fülle und seinen Reichtum. Die Länge ist mehr als befriedigend. Sehr repräsentativ für seine Appellation. Ein schönes Kind des Landes.
☛ Dom. Jacques Prieur, 2, rue des Santenots, 21190 Meursault, Tel. 80.21.23.85 ⏱ n. V.

ANTONIN RODET Les Clavoillons 1989

☐		k.A.	2 300	⑪ �V ⑥

Über seine Farbe gibt es nichts zu sagen. Sehr anmutiges Aroma hinter einer leichten Holznote. Der Geschmackseindruck ist ziemlich durchschnittlich.
☛ Antonin Rodet, 71640 Mercurey, Tel. 85.45.22.22 ⏱ Mo-Fr 9h-12h30 13h30-18h

ROPITEAU Les Chalumeaux 1989*

☐ 1er cru		k.A.	k.A.	⑪ �V ⑥

Eine Reblage in der Nähe des Weilers Blagny. Recht kräftige hellgelbe Farbe. Das lebhafte Aroma erinnert an Früchte. Intensiver, sehr angenehmer Geschmack. In Flaschen abgefüllte Lieblichkeit.
☛ Ropiteau Frères, 21190 Meursault, Tel. 80.24.33.00 ⏱ tägl. 8h-20h ; f. 20 nov. au 15 fév.

DOM. ROUX PERE ET FILS
Les Enseignères 1990*

☐		0,5 ha	2 500	⑪ �V ⑤

Diese Reblage berührt den Grand Cru Bienvenues-Bâtard-Montrachet. Helle Farbe, Duft von Farnkraut und enorme Fülle im Geschmack. Ein noch zurückhaltender Wein, der auf Zehenspitzen geht. Lassen Sie ihn in Frieden altern.
☛ Roux Père et Fils, 21190 Saint-Aubin, Tel. 80.21.32.92 ⏱ n. V.

Montrachet, Chevalier, Bâtard, Bienvenues Bâtard, Criots Bâtard

Die erstaunlichste Eigentümlichkeit dieser Grands Crus war noch bis vor kurzem, daß man ziemlich lange warten mußte, bevor sie die außergewöhnliche Qualität, die man von ihnen erwartete, voll zur Entfaltung brachten. Zehn Jahre war die Frist, die dem »großen« Montrachet zugestanden wurde, bis er seine Reife erreichte, fünf Jahre dem Bâtard und seinen Nachbarn ; lediglich der Chevalier-Montrachet schien sich schneller und bereitwilliger zu öffnen.

Bâtard-Montrachet

Seit einigen Jahren jedoch – bei den Jahrgängen 1982, 1983 und 1985 – stößt man auf Montrachet-Cuvées mit einem Bukett von außerordentlicher Wucht, die so hergestellt worden sind, daß man aus ihrem Geschmack unmittelbar auf die Qualität der zukünftigen Entwicklung schließen kann.

PIERRE ANDRE   1989★★

| ☐ Gd cru | 0,18 ha | 1000 | ⅰ ↓ 7 |

»Die Extravaganz des Vollkommenen«, sagt man in Bordeaux über den Yquem. Der erregende Anblick, die Eloquenz des Buketts. Im Geschmack eine Kathedrale, ungeheure Konzentration, komplexe, erhabene Gesinnung. Einige exotische Aromen, um die Genüsse zu variieren. Kurz gesagt : ein sehr großer Wein, der nach einem Hummer oder nach Forelle mit Sahnesauce verlangt.
🐦 Pierre André, Ch. de Corton André, 21420 Aloxe-Corton, Tel. 80.26.44.25 ⅼ tägl. 10h-18h

CHARTRON ET TREBUCHET   1990★★

| ☐ Gd cru | k.A. | 1 800 | ⅰ ☑ 7 |

Ein junger Wein, dem ein langes Leben bestimmt ist. Sein mineralisches Aroma, sein an geröstetes Brot erinnernder Duft und sein Reichtum im Geschmack geben ihm einen interessanten Charakter. Aber ein Bâtard geht viel weiter. Worte reichen nicht aus, um ihn vollständig zu beschreiben. Es handelt sich hier um einen Großen Bâtard am Hof von Burgund.
🐦 Chartron et Trébuchet, 13, Grand-Rue, 21190 Puligny-Montrachet, Tel. 80.21.32.85 ⅼ n. V.

ANTONIN RODET   1989★★

| ☐ Gd cru | k.A. | 2 300 | ⅰ ☑ 7 |

Aussehen, Geruchseindruck, Geschmack – alles ist am richtigen Platz und spielt seine Rolle. Aber der Vorhang wird erst in vier bis fünf Jahren aufgehen. Nun, so sind eben die Grands Crus ! Vollkommene Vornehmheit in der Erwartung einer Fülle, die ihm eine lange Geduld verleihen wird.
🐦 Antonin Rodet, 71640 Mercurey, Tel. 85.45.22.22 ⅼ Mo-Fr 9h-12h30 13h30-18h

Montrachet

BOUCHARD PERE ET FILS   1989★★

| ☐ Gd cru | 1 ha | 5 000 | ⅰ 7 |

Der drittgrößte Besitz in der Appellation Montrachet : 1,998 ha. Die 1838 erworbene Rebfläche stammt vom früheren Gut Clermont-Montoison. Goldene, smaragdgrün schimmernde Farbe. Sehr feiner Blütenduft. Ein 89er in voller Herrlichkeit, denn seine Wucht kommt in einer vollkommenen Ausgewogenheit zum Ausdruck. Und die Harmonie ist lang, sehr lang ...
🐦 Bouchard Père et Fils, Au Château, B.P. 70, 21202 Beaune Cedex, Tel. 80.22.14.41 ⅼ n. V.

DOM. DE LA ROMANEE-CONTI 1983★★★

| ☐ Gd cru | k.A. | k.A. | ⅰ ☑ 7 |

Der Inbegriff eines lange lagerfähigen Jahrgangs : adstringierend und hart, mit sehr hohem natürlichen Alkoholgehalt. Das ist hier nicht der Fall, denn dieser Montrachet explodiert förmlich im Geschmack. Komplexes Aroma mit Honignoten. Natürlich muß er noch altern.
🐦 SC du Dom. de La Romanée-Conti, 21700 Vosne-Romanée, Tel. 80.61.04.57

CHARLES VIENOT   1990★

| ☐ Gd cru | k.A. | k.A. | ⅰ ↓ 7 |

Wenn man einen 90er Montrachet im Jahre 1992 probiert, ist dies so ähnlich, als würde man eine Manuskriptseite eines Romans lesen, der gerade geschrieben wird. Man bewundert den Stil : hell, klar, intensiv. Man erahnt die Komplexität der Handlung. Man begreift, daß es stellenweise Kraft und Tiefe gibt. Aber die vollständige Faszination wird erst viel später kommen.
🐦 Charles Viénot, 5, quai Dumorey, 21700 Nuits-Saint-Georges, Tel. 80.62.31.05 ⅼ Mo-Do 8h-12h 14h-18h (Fr bis 17h) ; Aug. u. letzte Dez.woche geschlossen

Criots-Bâtard-Montrachet

DOM. JOSEPH BELLAND   1985★★

| ☐ Gd cru | 0,64 ha | 3 000 | ⅰ ↓ ☑ 7 |

Dieser Grand Cru wurde von der Kommission Ferré im Jahre 1939 geschaffen. Sie hatte sogar an einen Grand Cru mit dem Namen Blanchots-Bâtard-Montrachet gedacht, der aber nie das Licht der Welt erblickte. Er liegt in Richtung Chassagne. Ein sehr schöner 85er von einem Erzeuger, der so klug und gewissenhaft ist, eine interessante »Önothek« zu bewahren. Die Farbe ist noch immer schön. Der Duft ist lebhaft und kräftig geblieben : -geröstetes Brot. Ein solider, strukturierter Wein, der fein und füllig ist. Ein großartiger 85er, den man in ein, zwei Jahren zu einer Scheibe Leberpastete trinken sollte.

☛ Dom. Joseph Belland, rue de la Chapelle, 21590 Santenay, Tel. 80.20.61.13 ☎ Mo-Sa 8h-12h 14h-19h ; So u. feiertags n. V.

ROGER BELLAND 1990*

	□ Gd cru	0,6 ha	3 000	⑪ ↓ Ⅴ 7

Soll man Roger Belland glauben, wenn er gefüllten Kohl mit Languste zu diesem reinrassigen Chardonnay empfiehlt ? Verlassen wir uns dabei auf seine Erfahrung ! Und nun zum Kern der Sache : überzeugend und fest, einschmeichelnd, umhüllt und sehr fruchtig. Man möchte gern in seiner Gesellschaft alt werden.

☛ Roger Belland, 3, rue de la Chapelle, 21590 Santenay, Tel. 80.20.60.95 ☎ n. V.

Chassagne-Montrachet

Ein neues Erosionstal, das von Saint-Aubin, das auch von der N 6 benutzt wird, bildet annähernd die südliche Grenze der Anbauzone der Weißweine. Auf sie folgt die Zone der Rotweine, deren Ende die Reblage Les Ruchottes markiert. Clos Saint-Jean und Clos Morgeot, robuste, kraftvolle Weine, sind die berühmtesten Chassagneweine. Weiß- und Rotweine machen jeweils rund 7 000 hl aus.

JEAN-LUC AEGERTER 1989*

	■	k.A.	6 000	⑪ ↓ Ⅴ 5

An seiner niedlichen kleinen Nase erahnt man die Finesse. Die geschmackliche Ansprache ist entschlossen, der Körper sehr solide. Ein lagerfähiger Wein, der sich noch nicht vollständig entfaltet hat.

☛ Jean-Luc Aegerter, 49, rue Henri-Challand, 21703 Nuits-Saint-Georges, Tel. 80.61.02.88 ☎ n. V.

DOM. AMIOT-BONFILS
Les Vergers 1990

	□ 1er cru	0,5 ha	k.A.	⑪ Ⅴ 5

Guy Amiot gehört in den Gotha : Besitzer im Montrachet. 1991 haben wir seinen roten 88er Saint-Jean besonders empfohlen. Sein Vergers (diese Reblage ist einige hundert Meter vom

berühmten Grand Cru entfernt) ist weder im Aussehen noch im Duft wahnsinnig intensiv. Dafür besitzt er Ausgewogenheit und Charme. Haselnußgeschmack. Ziemlich gut, aber ein wenig trocken für einen Premier Cru.

☛ SCE Guy Amiot-Bonfils, 21190 Chassagne-Montrachet, Tel. 80.21.38.62 ☎ n. V.

DOM. AMIOT-BONFILS
Les Chaumes 1990

	■	0,6 ha	3 500	⑪ Ⅴ 2

Die Reblage Les Chaumes befindet sich ganz nahe bei der Morgeot-Lage. Eine örtliche Komplikation : Es gibt zwei Lagen dieses Namens, einen Premier Cru und einen in der kommunalen Appellation. Mittelpurpurrote Farbe und wenig entfalteter, aber feiner Duft. Reizvoll aufgrund seiner Weinigkeit. Sollte noch im Keller altern.

☛ SCE Guy Amiot-Bonfils, 21190 Chassagne-Montrachet, Tel. 80.21.38.62 ☎ n. V.

JEAN-CLAUDE BACHELET
La Boudriotte 1989**

	■ 1er cru	0,11 ha	k.A.	⑪ ↓ Ⅴ 3

Vor allem drängen Sie ihn nicht ! Dieser Wein mit dem rubinroten Morgenrock ist dazu bestimmt, lange im Keller zu bleiben, bis zum Ende dieses Jahrzehnts. Schon sehr angenehm, komplex und harmonisch. Er besitzt noch hervorragende Reserven.

☛ Jean-Claude Bachelet, 21190 Saint-Aubin, Tel. 80.21.31.01 ☎ n. V.

DOM. BERNARD BACHELET ET FILS 1989**

	■	4 ha	15 000	⑪ Ⅴ 3

Es gibt zahlreiche Bachelets in diesem Teil der Côte. Hier handelt es sich um eine Familie aus Maranges, die Rebflächen in Chassagne besitzt. Ihr roter 89er zeigt schon die Nasenspitze, und sie ist lang. An der Intensität der Farbe gibt es nichts auszusetzen. Sehr angenehmer Geschmack. Ein vollständiger, ausgewogener und zuverlässiger Wein.

☛ Dom. Bernard Bachelet et Fils, 71150 Dezize-lès-Maranges, Tel. 85.91.16.11 ☎ n. V.

DOM. BERNARD BACHELET ET FILS Morgeot 1990**

	□ 1er cru	0,3 ha	1 500	⑪ ↓ Ⅴ 5
88	89 90			

Strohgelb-goldene Farbe, leuchtend wie die Sonne durch ein Kirchenfenster. Ein weiterer hervorragender 90er Morgeot. Reich und korpulent, an Mandeln erinnernd, glorioser Körper. Sein Duft enthüllt mineralische Noten über einem schönen Früchtekorb.

☛ Dom. Bernard Bachelet et Fils, 71150 Dezize-lès-Maranges, Tel. 85.91.16.11 ☎ n. V.

PHILIPPE BALLOT-DANCER
Morgeot 1989*

	□ 1er cru	0,5 ha	3 000	⑪ Ⅴ 5

Goldgelbe Farbe, elegant und blumig. Ein Morgeot, der alle Qualitäten des Cru vereint.

Hier ist nämlich alles vorhanden : Dichte, Fülle, Relief, Annehmlichkeit und eine hübsche lebhafte Note im Abgang. Lassen Sie ihn noch im Keller ruhen.

☛ Philippe Ballot-Dancer, 9, rue de la Goutte d'Or, 21190 Meursault, Tel. 80.21.21.39 ☎ n. V.

DOM. JOSEPH BELLAND
Clos Pitois 1979

■ 1er cru	3 ha	13 000	◫ ↓ ☑ 4

Unser Dank gilt diesem begeisterten burgundischen Winzer, der für unser hinter seinen Reisigbündeln einen 79er hervorzieht ! Er hat den Clos Pitois 1945 erworben. Seine Farbe hat unsere Jury ganz aufgeregt gemacht : natürlich ziegelrot, aber sie bleibt attraktiv. Entwickelte Fruchtigkeit, altes Leder – der Geruchseindruck hat das gewisse Etwas. Dieser Wein beginnt, alt zu werden, so daß man sich entschließen muß, ihn zu trinken. Zu leichtem weißen Fleisch, damit man seine Finesse genießen kann.

☛ Dom. Joseph Belland, rue de la Chapelle, 21590 Santenay, Tel. 80.20.61.13 ☎ Mo-Sa 8h-12h 14h-19h ; So u. feiertags n. V.

ROGER BELLAND
Morgeot Clos Pitois 1990

☐ 1er cru	1,1 ha	6 000	◫ ↓ ☑ 5

Ein 23 ha großes Gut, das 1,2 ha für diesen Wein reserviert hat. Die Familie ist an der Côte de Beaune recht bekannt. Unter einem bernsteinfarbenen Kleid verschließt der Duft den Geschmack. Milchige Note in dem Stil, den man häufig in dieser Appellation findet. Ausreichende Harmonie, aber ziemlich leichte Struktur. Die Jury erkennt ihm eine gewisse Originalität zu.

☛ Roger Belland, 3, rue de la Chapelle, 21590 Santenay, Tel. 80.20.60.95 ☎ n. V.

BOUCHARD AINE ET FILS 1989

■	k.A.	3 000	◫ ☑ 3

Ziegelrote Farbe. Ein Wein, dessen Temperament eine leichte Aggressivität prägt. Zweifellos wird das vergehen, denn er ist noch sehr jung.

☛ Bouchard Aîné et Fils, 36, rue Sainte-Marguerite, 21203 Beaune, Tel. 80.22.07.67 ☎ Mo-Fr 9h30-11h 14h30-16h30 ; Aug. geschlossen

GILLES BOUTON
Les Voillenots Dessous 1990★★

■	0,85 ha	4 000	◫ ↓ ☑ 2

79 80 84 **88 89 90**

Diese Reblage befindet sich neben dem Dorf Chassagne. Der 90er bietet eine strahlende Farbe und einen Duft von Vanille und Kaffee, der an das neue Faß erinnert. Bemerkenswert aufgrund seiner Weinigkeit, seiner geschmacklichen Länge und seines guten Baus. Zehn Jahre Lagerung jagen ihm keine Angst ein.

☛ Gilles Bouton, Gamay, 21190 Saint-Aubin, Tel. 80.21.32.63 ☎ n. V.

DOM. CAPUANO-FERRERI
Morgeot Cuvée Jean-Marc Ferreri 1990★★

■ 1er cru	0,4 ha	1 900	◫ ☑ 4

Rund wie ein Fußball. Das ist nicht erstaun-lich, denn die Cuvée ist dem Fußballer Jean-Marc Ferreri, dem Schwiegervater von Gino Capuano, gewidmet, der selbst der Enkel eines italienischen Winzers ist. Er bewirtschaftet seit fünf Jahren einen Teil der Domaine de l'Abbaye. Deshalb braucht man auch nicht erstaunt zu sein, wenn er zu diesem Wein eine Lammkeule aus dem Piemont empfiehlt. Dunkelkirschrote Farbe, intensive, konzentrierte Fruchtigkeit, tanninhaltiger, voller Geschmack, sehr schöne Länge. Ein Wein, der noch lange Zeit Tore schießen wird.

☛ Gino Capuano, Dom. Capuano-Ferreri, 21590 Santenay, Tel. 80.20.64.12 ☎ n. V.
☛ Louis Clair

CHARTRON ET TREBUCHET
Les Morgeots 1990★★

☐ 1er cru	k.A.	12 500	◫ ☑ 6

Zusammenschluß von Jean-René Chartron und von Louis Trébuchet, einem Absolventen des Polytechnikums, der sich für den Wein begeistert. Ein Zander in Crémant de Bourgogne wird diesen 90er noch besser zur Geltung bringen (aber nicht sofort !). Schöne blaßgrüne Farbe, Duft von Lebkuchen, cremig, mit einer holzigen Note zum Schluß. Im fülligen Geschmack kehrt das Lebkuchenaroma zusammen mit ausgeprägtem Bodengeruch zurück.

☛ Chartron et Trébuchet, 13, Grand-Rue, 21190 Puligny-Montrachet, Tel. 80.21.32.85 ☎ n. V.

CH. DE CHASSAGNE-MONTRACHET 1990

☐	2,31 ha	k.A.	◫ ☑ 5

Das Gut wurde 1919 vom Großvater des heutigen Besitzers, Pierre Bader, erworben. Die Nachfolge ist gesichert, denn Marie-Pierre hat einen Jungen geheiratet, der sich für den Wein begeistert. Blasse Farbe mit grünen Reflexen. Das jugendlich fruchtige Aroma reicht von Stroh bis zu Haselnüssen. Holzig, fein und nervig. Dieser Wein hat ein gutes Fundament : sauber und ohne Überraschungen. 1989 haben wir den 86er besonders empfohlen.

☛ Ch. Bader-Mimeur, Ch. de Chassagne-Montrachet, 21190 Chassagne-Montrachet, Tel. 80.21.30.22 ☎ tägl. 8h-12h 13h30-18h ; Aug. geschlossen

CLOS DU CHATEAU DE LA MALTROYE Monopole 1990

☐ 1er cru	1,18 ha	6 500	◫ ☑ 4

André Cournut, ein ehemaliger Pilot von Linienmaschinen, entschloß sich 1974, sich hier niederzulassen. Goldene Farbe mit sehr blassen Reflexen. Dieser recht intensive Chardonnay besitzt einen hübschen Haselnußgeschmack, der uns an ein Lied erinnert, das wir früher gesungen haben. Quitten- und Weißdornnoten inmitten von perfekter Rundheit.

☛ Ch. de La Maltroye, 21190 Chassagne-Montrachet, Tel. 80.21.32.45 ☎ n. V.

DOM. MARIE-THERESE CHAUVE
Morgeot 1989★★

■ 1er cru	k.A.	k.A.	◫ 4

Schöner Stoff und schöne, intensiv purpurrote

Farbe. Sehr wilder Duft von eingemachten, sehr reifen roten Beeren, die sich mit den Gerüchen des Waldes vermischen. Ein voller Wein, der eine kräftige, ausgewogene Tanninstruktur entfaltet. Man muß ihn noch zehn Jahre im Keller lagern und für ein gutes Rinderfilet aufheben.

☛ Cie des Vins d'Autrefois, 9, rue Celer, 21200 Beaune, Tel. 80.22.21.31 ⚑ n. V.

DUPERRIER-ADAM Les Caillerets 1990*

☐ 1er cru	0,8 ha	2 000	◫ ↓ ☑ 4
85 87 88 89 90			

Diese beiden Brüder haben 1987 den Betrieb ihrer Eltern übernommen : Cailleret : ein Boden voller Kieselsteine, was gut für den Wein ist ! Man braucht sich daher auch nicht zu wundern, daß der Geruchseindruck ziemlich mineralisch, angenehm und recht offenherzig ist und an die Düfte von Buchsbäumen und Blumen denken läßt. Etwas beißender Geschmack. Typisch und lagerfähig.

☛ Duperrier-Adam, 3, pl. des Noyers, 21190 Chassagne-Montrachet, Tel. 80.21.31.10 ⚑ n. V.

DUVERGEY TABOUREAU 1989*

☐		k.A.	k.A.	▮◫ ↓☑5

Eine alte burgundische Firma, die von Antonin Rodet seit der Verbindung mit dem Gut J. Prieur in Meursault wiederbelebt worden ist. Ein schöner Villages : blaßgelbe Farbe, zarte Holznote, sehr fein und großzügig. Man findet darin Fülle, Milde und eine sehr zarten Charakter. Zu Jakobsmuscheln in Currysauce.

☛ Duvergey-Taboureau, 6, rue des Santenots, 21190 Meursault, Tel. 80.21.63.00 ⚑ n. V.

DOM. JEAN-NOEL GAGNARD 1990

◼		1,64 ha	k.A.	◫ ☑ 3

Ein schönes Gut, das 36 Ar im Bâtard-Montrachet besitzt. Mit diesem ziemlich kräftigen, etwas trockenen Wein, der sich noch entfalten muß, wird man nicht so bald anstoßen können. Kirschrote Farbe, strahlend, gelungen. Man muß ihn noch unbedingt im Keller lagern. 1989 haben wir einen 85er Premier Cru dieses Gutes besonders empfohlen.

☛ Dom. Jean-Noël Gagnard, 21190 Chassagne-Montrachet, Tel. 80.21.31.68 ⚑ n. V.

DOM. JACQUES GIRARDIN
Morgeot 1990**

◼ 1er cru	0,18 ha	1000	◫ ↓☑ 3
88 89 90			

Man erkennt hier den Morgeon auf zehn Schritte : rubinrote Farbe, an Wildgeruch, Gewürze und eingemachte Kirschen erinnernder Duft. Ein junger, sehr vielversprechender Wein. Er wird noch weit kommen ! Trinken Sie diesen 90er in zehn Jahren zu einem Hirschbraten nach Oberjägermeisterart. Mindestens !

☛ Jacques Girardin, 13, rue de Narosse, 21590 Santenay, Tel. 80.20.60.12 ⚑ n. V.

DOM. VINCENT GIRARDIN
Morgeot 1990***

◼ 1er cru	0,36 ha	k.A.	◫ ↓☑ 3

Dieser Wein gibt Henri Vincenot unrecht, der behauptete, die Burgunder seien unfähig, sich einig zu werden. Er wurde nämlich von der Jury einmütig beurteilt. »Ein Wein, wie man ihn gerne öfter probieren würde« , sagte einer der Prüfer. »Ein echter Wein« zum Genießen« , meinte ein anderer. Kurz gesagt : ein Konzert von Lobeshymnen und eine besondere Empfehlung. Die sehr tiefe Farbe erinnert an schwarze Kirschen. Ein wunderbar konzentrierter 90er mit einer zarten Holznote. Anbetungswürdig !

☛ Vincent Girardin, rue de la Charrière, 21590 Santenay, Tel. 80.20.61.95

CHARLES GRUBER 1989*

◼		k.A.	k.A.	◫ ↓4

Absolut verschlossener Geruchseindruck. Muß sich noch öffnen. Angenehm intensive granatrote Farbe. Solides Temperament, sehr burgundisch und im Geschmack einschmeichelnd.

☛ Charles Gruber, rue du Moulin, 21700 Nuits-Saint-Georges, Tel. 80.61.07.24 ⚑ Mo-Do 8h-12h 14h-18h (Fr bis 17h) ; Aug. geschlossen

DOM. DES HAUTES-CORNIERES 1988*

◼		2 ha	12 000	◫ ↓☑ 3

Das Gut wurde vom Urgroßonkel dieses Winzers geschaffen, von einem Pariser Mediziner namens Philippe Chapelle. Ein noch jugendlicher 88er ohne eine Alterungsspur. Verschlossener Geruchseindruck. Der Geschmack ist präsent und fest, bereichert von sehr feinen Tanninen. Reich und blitzsauber. Ein Wein, der eine respektvolle Lagerung verlangt.

☛ Jean-François Chapelle, Dom. des Hautes Cornières, 21590 Santenay, Tel. 80.20.60.09 ⚑ n. V.

LOUIS JADOT
Morgeot Clos de la Chapelle 1987*

☐ 1er cru	k.A.	12 000	◫ 6

1988 hat Louis Jadot eine besondere Empfehlung für einen weißen 83er Villages erhalten. Klare, blaßgoldene Farbe. Bezaubernder Duft von gebrannten Mandeln, Lindenblüten, Karamel und Honig. Ziemlich nervig im Geschmack, impulsiv und von durchschnittlicher Nachhaltigkeit. Zum Schluß gewinnt die Finesse die Oberhand. Lebensdauer ? Fünf Jahre etwa. Man achte auf den Jahrgang !

🍷 Maison Louis Jadot, 5, rue Samuel Legay, B.P. 117, 21203 Beaune Cedex 3, Tel. 80.22.10.57 ⚟ n. V.

DOM. LAMY-PILLOT Morgeot 1990 ★ ★

☐ 1er cru	0,52 ha	2 400	�𝄃𝄃 Ⓢ

René Lamy arbeitete fünf Jahre lang in den Weinbergen des Herzogs von Magenta, bevor er sich hier niederließ. Er stammt aus Saint-Aubin. Ein blaßgoldener Morgeot mit ziemlich männlichem Duft : intensiv und zart holzig. Muß noch altern, damit er sich abrundet und entfaltet. Paßt dann zu würzigen Gerichten, vielleicht auch zu Hummer in Cognacsauce.
🍷 Dom. René Lamy-Pillot, 31, rte de Santenay, 21190 Chassagne-Montrachet, Tel. 80.21.30.52 ⚟ n. V.

DOM. LAMY-PILLOT
Clos Saint Jean 1990 ★ ★ ★

☐ 1er cru	0,4 ha	3 000	⒲ Ⓢ

Ein Wein, vor dem man einen Kniefall machen muß : leicht goldene Farbe, wunderbar komplexes Aroma (Haselnüsse, Kastanien und Schlagsahne) und für sein Anbaugebiet typische Konstitution. Paßt zu einem Fischgericht mit kräftiger Sauce, aber nicht vor zwei bis drei Jahren.
🍷 Dom. René Lamy-Pillot, 31, rte de Santenay, 21190 Chassagne-Montrachet, Tel. 80.21.30.52 ⚟ n. V.

DOM. LARUE Boudriottes 1990 ★

■ 1er cru	0,19 ha	1 200	⒲ ↓ ④

Intensiv rote, an Bigarreaukirschen erinnernde Farbe. Ein Pinot Noir mit dem Duft von roten Früchten. Ziemlich würziges Vanillearoma. Kräftige Ansprache. Seine edlen Tannine garantieren eine schöne Zukunft. Wird einmal zu Wild passen. Übrigens handelt es sich um die erste Lese des Gutes in dieser Appellation. Nicht übel !
🍷 Dom. Larue, Gamay, 21190 Saint-Aubin, Tel. 80.21.30.74 ⚟ n. V.

OLIVIER LEFLAIVE 1989 ★ ★

■	1,5 ha	7 000	⒲ ↓ ✓ ③

Olivier, Mitbesitzer des berühmten Gutes Leflaive, hat übrigens seine eigene Handelsfirma gegründet. Sein weißer Chassagne-Villages ist ausgezeichnet. Aber die rote Version ist noch faszinierender. Der gleiche Jahrgang 1989. Aromatisch und einschmeichelnd. Das Musterbeispiel eines lagerfähigen Weins : körperreich und tanninhaltig. Sehr bescheidener Preis.
🍷 Olivier Leflaive Frères, pl. du Monument, 21190 Puligny-Montrachet, Tel. 80.21.37.65 ⚟ n. V.

FRANCOIS MARTENOT
Les Vergers 1989

☐ 1er cru	k.A.	1 500	⒲ ↓ ✓ ⑥

Die burgundische Filiale der Schweizer Firma Schenk, die in Burgund stark vertreten ist (ihr gehört auch Henri de Villamont in Savigny). Klare, reine Farbe. Ein 89er, der die Aufmerksamkeit auf sich zieht : interessante aromatische Komplexität mit Noten von frischen Feigen und wilden Rosen. Recht schwungvolle Ansprache. Finesse, Länge. Gut.

🍷 François Martenot, rue du Dr Barolet, ZI de Beaune-Vignolles, 21209 Beaune Cedex 09, Tel. 80.24.70.07 ⚟ n. V.

FRANCOIS MARTENOT 1989 ★

■	k.A.	5 000	⒲ ↓ ✓ ③

Rubinrote Farbe, bezaubernder Duft von schwarzen Johannisbeeren. Es fehlt ihm an nichts : weder an Rückgrat noch an Stoff noch an Eleganz.
🍷 François Martenot, rue du Dr Barolet, ZI de Beaune-Vignolles, 21209 Beaune Cedex 09, Tel. 80.24.70.07 ⚟ n. V.

MOILLARD La Romanée 1990

☐ 1er cru	k.A.	3 900	⒲ ↓ ⑥

Es gibt eine Reblage namens Romanée in Gevrey-Chambertin, eine weitere in Chassagne-Montrachet und natürlich La Romanée. Hier handelt es sich um die von Chassagne. Intensive Farbe und angenehmer Duft. Ziemlich typisch. In ein paar Jahren trinkreif. 1987 hat Moillard eine besondere Empfehlung für einen roten 83er Chassagne erhalten.
🍷 Moillard, 2, rue François Mignotte, 21700 Nuits-Saint-Georges, Tel. 80.62.42.22 ⚟ n. V.

DOM. BERNARD MOREAU
Les Grandes Ruchottes 1990 ★ ★

☐ 1er cru	0,35 ha	k.A.	⒲ ↓ ✓ Ⓢ

Eine Reblage hoch oben am Hügel, in der Nähe der Lage La Romanée (von Chassagne natürlich). Schöne blaßgoldgrüne Farbe, strahlend und klar. Dieser Wein entfaltet schamvoll einen sehr originellen Duft : Rosen und Geranien. Im Geschmack ist er zurückhaltend, aber er besitzt große Reserven für die Zukunft : Seine tadellose Struktur, seine Fülle und sein Reichtum garantieren eine lange Lebensdauer. Der rote 90er Villages, ein kräftiger und harmonischer Wein, der mit einem Stern bewertet worden ist, kann zehn Jahre altern.
🍷 Bernard Moreau, 3, rte de Chagny, 21190 Chassagne-Montrachet, Tel. 80.21.33.70 ⚟ n. V.

DOM. BERNARD MOREAU
Morgeot 1990 ★

☐ 1er cru	0,33 ha	k.A.	⒲ ↓ ✓ ④

Ein schöner Morgeot mit einer strahlend goldenen Farbe, einem tiefen, kräftigen Bukett und einem nachhaltigen Geschmack (Blüten und Honig), der im Keller gut altern wird.
🍷 Bernard Moreau, 3, rte de Chagny, 21190 Chassagne-Montrachet, Tel. 80.21.33.70 ⚟ n. V.

ABBAYE DE MORGEOT 1989 ★

☐ 1er cru	3,4 ha	12 000	⒲ ✓ Ⓢ

Das Gut entstand im 19. Jh. in Santenay, als Claude Fleurot ein Fräulein Larose heiratete. Er kaufte 1921 das Château du Passe-Temps. Hübscher Name für einen Roman ! Überstürzen Sie sich nicht mit dem Öffnen dieser Flasche ! Der Spieß mit Jakobsmuscheln hat noch reichlich Zeit. Dieser 89er muß sich noch entfalten. Im Augenblick bietet er ein Bukett, das mineralische Noten mit Aprikosen und Blüten mit Laub vereint. Seine hübsche Frische im Geschmack und seine Fruchtigkeit erscheinen schon sehr vielversprechend.

☙ René Fleurot, Ch. du Passe-Temps, 21590 Santenay, Tel. 80.20.61.15 ⚎ tägl. sf dim. 9h-12h 14h-18h

MORIN PERE ET FILS 1989*

| ■ | | k.A. | | k.A. | | ⏹ | ↓ | ☑ | 3 |

Eine von Jean-Claude Boisset übernommene Firma, die in Nuits einen soliden Ruf hat. Schöne dunkelrubinrote Farbe. Noch zurückhaltendes Aroma mit pflanzlichen Noten. Seine Tannine besitzen Klasse. Ein lagerfähiger 89er.
☙ Morin Père et Fils, 9, quai Fleury, 21700 Nuits-Saint-Georges, Tel. 80.61.05.11 ⚎ n. V.

DOM. FERNAND PILLOT
Vide bourse 1990*

| □ | | 0,46 ha | | 3 300 | | ⏹ | ↓ | ☑ | 4 |

Ende des letzten Jahrhunderts kaufte Jean-Baptiste Pillot, ein Küfer und Kellerarbeiter, einige Rebflächen. Das war der Beginn dieses Gutes, das heute 8 ha umfaßt. Nicht sehr intensive goldgelbe Farbe, aber recht kräftiges Vanillearoma : ein Wein mit maskulinen Zügen. Ein etwas rauher Stil. Er wird sich mit der Zeit noch abrunden. Die Reblage ist ein Nachbar des Bâtard-Montrachet, mit dem sie eine gemeinsame Grenze hat. Der 90er Vergers ist schon sehr einschmeichelnd und verdient zwei Sterne.
☙ Dom. Fernand Pillot, 13, rue des Champgains, 21190 Chassagne-Montrachet, Tel. 80.21.33.64 ⚎ n. V.

DOM. FERNAND PILLOT
Morgeot 1990**

| □ 1er cru | 0,4 ha | | 2 800 | | ⏹ | ↓ | ☑ | 4 |

Oh, Morgeons, wenn du uns hältst ! Dieser komplexe Morgeot bezaubert durch die blumige Eleganz seines Buketts und durch die Vornehmheit seines kräftigen, sehr reichen Geschmacks, der an Blüten und Honig erinnert und mineralische Noten enthüllt.
☙ Dom. Fernand Pillot, 13, rue des Champgains, 21190 Chassagne-Montrachet, Tel. 80.21.33.64 ⚎ n. V.

DOM. PRIEUR-BRUNET Morgeot 1989*

| ■ 1er cru | 0,55 ha | | 3 500 | | ⏹ | ↓ | ☑ | |

Es ist nicht ungewöhnlich, daß sich dieses Gut zwei Heiligen geweiht hat : dem Pinot Noir und dem Chardonnay. Dieser Morgeot ist von uns 1991 als 87er besonders empfohlen worden. Dunkelpurpurrote, fast bläulichrote Farbe. Der Geruchseindruck und der Geschmack erinnern an schwarze Johannisbeeren, Himbeeren und Pfeffer. Kleine Fußnote. Noch jugendliche Tannine. Wenn sie einmal ausgeglichener werden, passen sie wunderbar zu gegrilltem Rindfleisch.
☙ Dom. Prieur-Brunet, rue de Narosse, 21590 Santenay, Tel. 80.20.60.56 ⚎ n. V.

REINE PEDAUQUE 1990*

| □ | | k.A. | | k.A. | | ⏹ | ↓ | | 6 |

Von diesem Wein wird man nicht wie Verlaine sagen : »Sprich, was hast du mit deiner Jugend gemacht ?« Denn er ist bereits in seinem zarten Alter intensiv, voller Leben und Großzügigkeit. Strahlende goldgelbe Farbe, frisch und blumig. Ein Chardonnay, der an Birnen und Akazienho-

nig erinnert. Rundheit, aber auch Charakter und die notwendige Lebhaftigkeit.
☙ Reine Pédauque, Le Village, 21420 Aloxe-Corton, Tel. 80.26.40.00 ⚎ n. V.

ROUX PERE ET FILS 1990**

| ■ | | 1,06 ha | | 6 600 | | ⏹ | ↓ | ☑ | |

Sehr intensive kirschrote Farbe. Dieser 90er scheint von einer Präsentation von *Violettes impériales* zu kommen, so sehr wird sein Duft von dieser Blume inspiriert. Viel Körper und Kraft mit ausgezeichnetem Verhältnis zum Bukett. Gute Lagerfähigkeit.
☙ Roux Père et Fils, 21190 Saint-Aubin, Tel. 80.21.32.92 ⚎ n. V.

CH. DE SANTENAY 1990

| ■ | | k.A. | | 6 080 | | ⏹ | | ☑ | |

Eine burgundische Filiale der Schweizer Firma Amann, die in Burgund stark vertreten ist. Kirschrote Farbe von mittlerer Intensität. Ziemlich fruchtiger Duft. Viel Kraft und Ausdauer mit zufriedenstellender Gerbsäure. Muß noch altern.
☙ Paul Pidault, 21590 Santenay, Tel. 80.20.61.87 ⚎ Mo-Fr 8h-12h 13h30-17h

VAUCHER PERE ET FILS 1990***

| □ | | k.A. | | k.A. | | ⏹ | ↓ | | 2 |

Eine alte Handelsfirma in Dijon, die von Labouré-Roi in Nuits übernommen und wiederbelebt worden ist. Sie zeichnet hier für ein wahres Wunder verantwortlich. Perfekte Farbe, Aroma von Geröstetem und Gebratenem, freigebiger, an Gewürze erinnernder Duft. Der nachhaltige Geschmack bestätigt die ausgezeichnete Ansprache. Ein echter Feinkostladen : Ingwer, grüner Pfeffer, exotische Früchte, Vanille etc. Ein großer Wein, der gute Zukunftsaussichten besitzt. Hervorragendes Preis-Leistungs-Verhältnis.
☙ Vaucher Père et Fils, B.P. 14, 21700 Nuits-Saint-Georges, Tel. 80.61.12.86

Saint-Aubin

Saint-Aubin liegt ebenfalls in der Nähe der Hautes-Côtes, doch ein Teil der Gemarkung grenzt an Chassagne im Süden und an Puligny und Blagny im Osten. Die Reblage Les Murgers des Dents de Chien, ein Premier Cru von Saint-Aubin, ist sogar nicht weit entfernt von den Lagen Chevalier-Montrachet und Les Caillerets. Auch hier sind die Weine von großer Qualität. Das Anbaugebiet hat die Rotweinproduktion etwas gesteigert, aber seine beste Qualität erreicht es bei den Weißweinen.

JEAN-CLAUDE BACHELET
Les Champlots 1989 *

☐ 1er cru	0,39 ha	k.A.	❚❚ ↓ ☑	**3**

Gamay, ein Weiler von Saint-Aubin, widmet sich hier der Rebsorte Chardonnay. Der Prophet gilt selten etwas im eigenen Land ! Butterblumengelbe Farbe. Dieser 89er entfaltet einen Mentholduft, der sich in Richtung exotische Früchte entwickelt. Fülle und Rundheit. Ein gut umhüllter Wein, aber nur von durchschnittlicher Nachhaltigkeit. Trinkreif.
🍷 Jean-Claude Bachelet, 21190 Saint-Aubin, Tel. 80.21.31.01 ☎ n. V.

BOUCHARD PERE ET FILS
Les Murgers des Dents de Chien 1989

☐ 1er cru	k.A.	k.A.	🍶 ❚❚	**4**

Ein gefälliger, trinkreifer Wein, der alle Herzen gewinnt. Der Typ des guten 89ers in einem zarten und – im Vertrauen gesagt ! – etwas flüchtigen Stil. Das Aroma von gebrannten Mandeln entwickelt sich in Richtung Honig.
🍷 Bouchard Père et Fils, Au Château, B.P. 70, 21202 Beaune Cedex, Tel. 80.22.14.41 ☎ n. V.

GILLES BOUTON En Rémilly 1990

☐ 1er cru	1 ha	5 000	❚❚ ↓ ☑	**3**

Eine Rose auf dem Etikett. Blaßgoldene Farbe. Er duftet nach Bananen. Dieser angenehm fruchtige 90er ist geschmeidig, gefällig und süffig. Trinkfertig.
🍷 Gilles Bouton, Gamay, 21190 Saint-Aubin, Tel. 80.21.32.63 ☎ n. V.

RAOUL CLERGET 1988

☐	k.A.	k.A.	❚❚ ☑	**3**

Er ist typisch für den 88er, d. h. noch ein wenig verschlossen im Duft. Zarte Holznote. Gute Säure. Auch wenn es dem Ausklang an eine Fermate mangelt, darf man eine zufriedenstellende Entwicklung für die kommenden zwei bis drei Jahre erwarten.
🍷 Raoul Clerget, 21190 Saint-Aubin, Tel. 80.21.31.73 ☎ n. V.

DOM. CLERGET Les Frionnes 1983 **

☐ 1er cru	0,77 ha	k.A.	❚❚	**3**

Aufgeführt zum Ruhme dieses Jahrgangs, der damals etwas unbemerkt vorüberging, aber jetzt eine schöne Farbe von goldener Reife, einen herrlichen Duft von Heut und Harz und viel Volumen, Fülle und Zartheit bietet. Sehr jugendlich geblieben.
🍷 SCI Dom. Clerget, 21190 Saint-Aubin, Tel. 80.21.31.69 ☎ n. V.

DOMINIQUE DERAIN Le Banc 1990

■	1 ha	6 000	❚❚ ☑	**2**

Ein Wein, den man wegen seines hübschen Kirschdufts trinken sollte. Ausgewogen, aber leicht.
🍷 Dominique Derain, Ancienne Cure, 21190 Saint-Aubin, Tel. 80.21.35.49 ☎ n. V.

DUPERRIER-ADAM
Sur le sentier du clou 1990

☐ 1er cru	0,65 ha	3 000	❚❚ ↓ ☑	**3**

Ein »clou« ist in Burgund ein Clos. Er hat hier nichts mit Eisenwaren zu tun ! Ein schon entwickelter 90er, dessen Aroma an geröstetes Brot und Honig erinnert. Ein geschmeidiger Wein mit abgerundeten Ecken.
🍷 Duperrier-Adam, 3, pl. des Noyers, 21190 Chassagne-Montrachet, Tel. 80.21.31.10 ☎ n. V.

DUVERGEY-TABOUREAU 1989 *

■ 1er cru	k.A.	k.A.	❚❚ ↓ ☑	**3**

Dunkelkirschrote Farbe. Ein sehr runder Duft, der Rasse und Eleganz erkennen läßt. Reife Fruchtigkeit im Geschmack. »Nichts ist schön außer dem Wahren« , sagte Boileau. Ein sehr angenehmer Saint-Aubin.
🍷 Duvergey-Taboureau, 6, rue des Santenots, 21190 Meursault, Tel. 80.21.63.00 ☎ n. V.

MICHEL LAMANTHE 1990 *

☐ 1er cru	k.A.	1 800	❚❚ ☑	**3**

Man denkt dabei an Boileau : »Der Augenblick, wenn ich spreche, ist schon weit entfernt von mir...« Beeilen wir uns also, diesen 90er mit der kräftigen gelben Farbe, dem originellen Bukett (Pflaumen, Honig, Lakritze) und dem üppigen Fleisch kennenzulernen. Sollte im Laufe des Jahres getrunken werden.
🍷 Michel Lamanthe, 21190 Saint-Aubin, Tel. 80.21.33.23 ☎ n. V.

DOM. LAMY Les Castets 1990 **

■ 1er cru	1,5 ha	8 550	❚❚ ☑	**3**

Der hl. Aubin war sehr populär. Er vollbrachte Wunder. Auch dieser tanninreiche, kräftige Wein brennt darauf, Wunder zu tun. Lassen wir ihn dennoch seine Tugenden vervollkommnen. Sehr konzentriert, pflanzliche Noten und schwarze Johannisbeeren. Der Duft hat unter dem tiefroten Gewand eines für den Kreuzzug gerüsteten Ritters ein missionarisches Temperament.
🍷 Hubert Lamy, 21190 Saint-Aubin, Tel. 80.21.32.55 ☎ n. V.

DOM. LAMY Le Paradis 1990

■	0,95 ha	5 850	❚❚ ☑	**2**

Das Paradies ? Sagen wir lieber das Fegefeuer, denn dieser Wein muß im Keller auf den Augenblick warten, bis er in die Seligkeit eingelassen wird. Schöne, dunkle Farbe, sehr typisches Primäraroma und ein Gerüst, das etwas rustikal, aber wirkungsvoll ist. Die Zeichnung ist gut, aber es ist erst eine Skizze.
🍷 Hubert Lamy, 21190 Saint-Aubin, Tel. 80.21.32.55 ☎ n. V.

DOM. LAMY Les Frionnes 1990 **

☐ 1er cru	k.A.	5 580	❚❚	**3**

Diesem »Frionnes« fehlt im Namen nur ein kleines »p« , um ihn als »spitzbübisch« zu bezeichnen. Dezente Farbe, aber ein aufregender Duft von Akazienblüten, der sich rasch zu einem Honigaroma entwickelt. Der liebliche Charakter übernimmt den Stab, aber daneben ist eine subtile Säure vorhanden, die eine günstige Entwicklung erwarten läßt.
🍷 Hubert Lamy, 21190 Saint-Aubin, Tel. 80.21.32.55 ☎ n. V.

DOM. LAMY-PILLOT Les Pucelles 1990*

☐ 1er cru   0,82 ha   5 000   ⑪ ☑ **3**

»Jungfrauen« mit einem grünen Schimmer und einem frühlingshaften Blütenduft, der aufreizend und recht offenherzig ist. Betörend und reich. Sie haben eine schöne Mitgift. Und sie geben sich ohne die geringste Zurückhaltung hin. Stecken Sie ihnen schnell den Ring an den Finger.

☛ Dom. René Lamy-Pillot, 31, rte de Santenay, 21190 Chassagne-Montrachet, Tel. 80.21.30.52 Ⴘ n. V.

SYLVAIN LANGOUREAU
Le Champlot 1989

■ 1er cru   0,39 ha   2 000   ⑪ ☑ **2**

Einwandfreies Bukett für einen 89er. Es handelt sich hier nicht um den Parthenon, sondern um eine hübsche Dorfkirche. Man sollte ihn trinken, ohne sich große Gedanken zu machen.

☛ Sylvain Langoureau, Le Village, 21190 Saint-Aubin, Tel. 80.21.30.21 Ⴘ n. V.

DOM. LARUE 1990**

■ 1er cru   2,47 ha   k.A.   ■⑪ ↓☑ **2**

Kräftige rubinrote Farbe. Das Bukett ist komplex, fruchtig und leicht würzig. Gutes Fundament, harmonisch aufgelöste Tannine und eine katzenhafte Geschmeidigkeit. Aber keine Angst: Er kann altern!

☛ Dom. Larue, Gamay, 21190 Saint-Aubin, Tel. 80.21.30.74 Ⴘ n. V.

MOMMESSIN 1989

■   k.A.   k.A.   ⑪ ↓■ **3**

Klare, aber nicht sehr intensive Farbe mit ziegelroten Nuancen. Der Duft Ihrer Kindheit: ein Topf mit Himbeermarmelade, in den man heimlich den Finger hineinsteckte. Zauberhaft, ganz leicht entwickelt. Ein schon trinkreifer Wein.

☛ Mommessin, La Grange Saint-Pierre, 71850 Charnay-lès-Mâcon, Tel. 85.34.47.74 Ⴘ n. V.

ROBERT PRUDHON Clos du village 1988

■ 1er cru   0,3 ha   1 680   ⑪ ☑ **2**

Dunkle Farbe. Dieser 88er entfaltet über einem Aroma von Gebratenem einen deutlichen Pilzduft. Er verfügt über eine gute fruchtige Reserve und eine ordentliche Gerbsäure. Die Harmonie ist diskret, aber vorhanden.

☛ Robert Prudhon, 21190 Saint-Aubin, Tel. 80.21.32.79 Ⴘ n. V.

HENRI PRUDHON ET FILS
Les Perrières 1990**

☐ 1er cru   0,55 ha   3 500   ⑪ ↓☑ **3**

Etwas blasse Farbe. Duft von blühenden Orangenbäumen. Der Geschmack ist zart, solide, frisch und sympathisch. In ein paar Jahren befindet er sich auf dem Höhepunkt seiner Qualitäten.

☛ SCE Henri Prudhon et Fils, 21190 Saint-Aubin, Tel. 80.21.36.70 Ⴘ n. V.

HENRI PRUDHON ET FILS
Les Frionnes 1989**

■ 1er cru   1,5 ha   6 000   ⑪ ↓☑ **2**

Der rote 89er Saint-Aubin ist sehr zufrieden-

stellend und verspricht eine gute Alterung. Dieser Premier Cru ist noch eine Länge darüber. Das Aroma erinnert an Unterholz, Humus und Pilze. Geschmeidig, voll und nachhaltig. Er erscheint als einer der besten Weine dieser Weinprobe. Ist Henri Prudhon nicht seit 20 Jahren Bürgermeister dieses Dorfes? Sein Wein wird im ersten Durchgang gewählt. 1988 haben wir seinen roten 85er Villages besonders empfohlen.

☛ SCE Henri Prudhon et Fils, 21190 Saint-Aubin, Tel. 80.21.36.70 Ⴘ n. V.

DOM. VINCENT PRUNIER
La Chatenière 1990

☐ 1er cru   0,21 ha   1 600   ⑪ ☑ **3**

Ein ehemaliger Schüler der »Viti« in Beaune, der sich hier 1988 niederließ, als er das Gut seiner Großeltern in Auxey-Duresses und Saint-Aubin übernahm. Was ist mit diesem 90er? Sehr holziger Duft, der an Harz und Teer erinnert. Zart und dennoch stoffreich. Gute Länge. Kann ein bis zwei Jahre lagern.

☛ Vincent Prunier, rte d'Autun, 21190 Auxey-Duresses, Tel. 80.21.21.90 Ⴘ n. V.

REINE PEDAUQUE 1990

☐   k.A.   k.A.   ⑪ ↓☑ **4**

Überreife mit Noten von exotischen Früchten prägt den Duft. Recht entfalteter Geschmack mit einer kräftigen Holznote im Abgang. Zufriedenstellende Qualität. Trinkfertig.

☛ Reine Pédauque, Le Village, 21420 Aloxe-Corton, Tel. 80.26.40.00 Ⴘ n. V.

DOM. ROUX PERE ET FILS
La Chatenière 1990**

☐ 1er cru   0,6 ha   4 000   ⑪ ↓☑ **4**

79 85 |86| |87| 88 **89** |⑨0|

Ein sehr steiler Hang in der Nachbarschaft des Montrachet, der eine maximale Sonneneinstrahlung genießt. »Ich wäre glücklich, etwas davon in meinem Keller zu haben«, merkte einer der Prüfer an. Dieser strahlende Wein mit dem Aroma von gebrannten Mandeln ist voll und mild, fleischig, lang und sehr lieblich. Alles an ihm stimmt: die Klarheit, das Herz und der Esprit. Er kann noch lange den Anfechtungen der Zeit widerstehen.

☛ Roux Père et Fils, 21190 Saint-Aubin, Tel. 80.21.32.92 Ⴘ n. V.

ROUX PERE ET FILS La Pucelle 1990*

☐   3 ha   18 000   ⑪ ↓☑ **3**

Ein hübscher Wein trotz einer etwas glanzlosen Farbe. Ausgeprägte Holznote und Duft von reifen Früchten und getrockneten Blumen. Die Ansprache ist herb, aber der übrige Geschmackseindruck ist exzellent. Was für eine Üppigkeit!

☛ Roux Père et Fils, 21190 Saint-Aubin, Tel. 80.21.32.92 Ⴘ n. V.

CH. DE SANTENAY 1990*

☐ 1er cru   2 ha   2 000   ⑪ **5**

Ein frisches, zartes Bukett über einem Zitronenaroma, das fast an Gewürznelken erinnert. Die Symphonie ist auf die Ouvertüre hin ausgerichtet: rund, schwungvoll, unter der Stabführung eines Dirigenten, der seine Tannine perfekt beherrscht.

🍷 Paul Pidault, 21590 Santenay, Tel. 80.20.61.87
🍽 Mo-Fr 8h-12h 13h30-17h

GERARD THOMAS Les Frionnes 1990★★

■ 1er cru	0,3 ha	1 500	▥ ↓ ☑ 2

Ein Wein von guter Lagerfähigkeit, tannin-
reich und feurig, deutlich ein 90er mit guten
Grundlagen. Sein kräftiges, komplexes Bukett ist
sehr klassisch (natürlich Kirschen).
🍷 Gérard Thomas, 21190 Saint-Aubin,
Tel. 80.21.32.57 🍽 n. V.

GERARD THOMAS
Murgers des Dents de Chien 1990★

□ 1er cru	1 ha	6 000	▥ ↓ ☑ 3
|88| |88| |(89)| |90|			

Frische und Harmonie charakterisieren diesen
Wein, der sich sehr gut präsentiert. Sein elegantes
Aroma erinnert an Unterholz. Göttlicher Körper
ohne den geringsten Fehler. Dennoch ziemlich
lebhaft und präsent.
🍷 Gérard Thomas, 21190 Saint-Aubin,
Tel. 80.21.32.57 🍽 n. V.

Santenay

Das Dorf Santenay,
das von der Montagne des Trois-Croix
überragt wird, ist bekannt geworden, weil
es eine Quelle mit dem lithiumhaltigsten
Wasser in Europa besitzt. Es ist somit ein
vielseitiges Dorf, denn sein Anbaugebiet
bringt auch ausgezeichnete Rotweine hervor. Les Gravières, La Comme und Beauregard sind die bekanntesten Reblagen.
Wie in Chassagne findet man hier die
Besonderheit, daß die Reben häufig im
Cordon-de-Royat-Schnitt erzogen werden,
was für die Qualität nicht unwichtig ist.
Die beiden Appellationen Chassagne und
Santenay reichen etwas in die Gemarkung
Remigny im Departement Saône-et-Loire
hinein, wo auch die Appellationen
Cheilly, Sampigny und Dezize-lès-Maran-
ges vertreten sind, die jetzt unter der
Appellation Maranges zusammengefaßt
sind.

FRANCOIS D' ALLAINES
Champs Claudes 1989★

■	k.A.	k.A.	▥ 4

Der Hang von Santenay, der in Richtung
Chassagne-Montrachet geht. Kirschrote Farbe,
zurückhaltendes Bukett. Ein geschmeidiger,
fruchtiger Wein, der wohlausgewogen ist und
einige Jahre lang altern kann.

🍷 François d' Allaines, 81, rue Carnot, 71000
Mâcon, Tel. 85.39.02.09

DOM. BERNARD BACHELET ET
FILS Clos des mouches 1989

■ 1er cru	0,47 ha	2 500	▥ ↓ ☑ 3

»Er wird gefällig sein, wenn er seine Ausgewogenheit gefunden hat« , notierte ein Prüfer.
Denn die Farbe ist tief und der Duft (von fast
eingemachten Früchten) elegant. Aber er ist alkoholreich, und der Geschmack ist ganz vom Alkohol geprägt.
🍷 Dom. Bernard Bachelet et Fils, 71150 Dezize-
lès-Maranges, Tel. 85.91.16.11 🍽 n. V.

ADRIEN BELLAND Comme 1989★

■ 1er cru	0,85 ha	5 000	↓ ☑ 4

Adrien Belland ist in Santenay ein Weiser.
Place du Jet d'Eau, eine kuriose Adresse für
einen Winzer ! Aber wir befinden uns hier ja auch
in Santenay ... Vollreife rote Früchte und stolze
Farbe. Ein Wein, der eher stattlich als tief ist.
Dennoch hinterläßt er einen guten Eindruck.
🍷 Adrien Belland, pl. du Jet d'Eau, 21590
Santenay, Tel. 80.20.61.90 🍽 Mo-Sa 8h-12h 14h-
18h ; 15.–31. Aug. geschlossen

DOM. JOSEPH BELLAND
Commes 1987★

■ 1er cru	2,5 ha	12 000	▥ ↓ ☑ 3

Ein interessanter Hinweis für die Weinliebhaber : Dieser Winzer ist ein wenig »antiquarisch«
und besitzt ein großes Lager von alten Jahrgängen seit 1978. Ein rubinroter, an den Rändern
schon ziegelrot verfärbter 87er bietet einen normal entwickelten, guten Duft. Aroma von roten
Früchten (fast eingemacht). Beachtliche Nachhaltigkeit.
🍷 Dom. Joseph Belland, rue de la Chapelle,
21590 Santenay, Tel. 80.20.61.13 🍽 Mo-Sa
8h-12h 14h-19h ; So u. feiertags n. V.

ROGER BELLAND Gravières 1989

■ 1er cru	1,18 ha	6 000	▥ ↓ ☑ 3

Es gibt mehrere Bellands in Santenay. Dieses
Gut ist 1839 entstanden und der traditionellen
Vinifizierung treu geblieben. 20 ha an der Côte de
Beaune und Alleinbesitz des Clos Pitois in Mor-
geot-sur-Chassagne. Der Geruchseindruck ist
nicht gerade außergewöhnlich, die Entfaltung
beschränkt. Dennoch verdient dieser 89er, daß er
hier erwähnt wird, weil er ziemlich typisch und
somit sehr ehrlich ist.
🍷 Roger Belland, 3, rue de la Chapelle, 21590
Santenay, Tel. 80.20.60.95 🍽 n. V.

DOM. BRENOT Le Clos Genet 1990★★

□	0,63 ha	2 700	▥ ☑ 4

Die Reblage befindet sich zwischen dem Dorf
Santenay und der Lage La Maladière. Recht
intensive, leuchtend strohgelbe Farbe und Mandelaroma. Ein Wein, der sich klar und elegant
ausdrückt. Fülle und Ausgewogenheit. Ein Zander oder ein Seebarsch paßt gut zu dem angenehmen Nachgeschmack.

🍇 Dom. Brenot, rue de Lavau, 21590 Santenay, Tel. 80.20.61.27 ⏱ tägl. 9h-11h 14h-16h ; Aug. geschlossen

PAUL CHAPELLE ET SES FILLES
Gravières 1989

■ 1er cru   1,14 ha   6 800   ⑪ ☑ 3

Leicht und kurz gekleidet. Dieser sehr weinige Gravières muß noch ausgewogen werden, wenn er das Unglück von Perrette in der Fabel vermeiden will.

🍇 Paul Chapelle et ses Filles, Le Poil, 21200 Montagny-lès-Beaune, Tel. 80.22.13.44 ⏱ n. V.

DOM. CHEVROT Clos Rousseau 1990

■ 1er cru   1,5 ha   8 000   ⑪ ↓☑ 4
78 79 81 **82** |83| |⟨85⟩| 86 87 **88** 89 90

Von den Kirschen hat er den Duft und die Rundheit. Alkoholischer Abgang und gute Gesamtharmonie. Paßt einmal gut zu einem Braten.

🍇 Dom. Fernand et Catherine Chevrot, 71150 Cheilly-lès-Maranges, Tel. 85.91.10.55 ⏱ Mo-Sa 9h-11h30 14h-18h ; So n. V.

FRANCOISE ET DENIS CLAIR
Clos Genet 1990*

■   1,2 ha   7 000   ⑪ ☑ 2

Ein vor kurzem entstandener Familienbetrieb, dessen Debüt wir mit Interesse verfolgen. Dieser Wein hat die Farbe von bestimmten bläulichroten Blutorangen. Zurückhaltender Duft mit Noten von frischen Früchten. Im Gaumen sind die fruchtigen Aromen bereits zu einem langen, geschmeidigen Geschmack verschmolzen, der zu einem Rehschlegel mit Morcheln paßt. Kann ziemlich jung getrunken werden. Perfekter Preis.

🍇 Denis Clair, 14, rue de la Chapelle, 21590 Santenay, Tel. 80.20.61.96 ⏱ n. V.

DOM. COMPAIN 1989*

■   k.A.   k.A.   ⑪ 4

Sein Kleid zögert zwischen einem lebhaften Rot und der verblaßten Farbe alter burgundischer Ziegel. Robuster, kräftiger Duft, in dem organische Noten dominieren. Bei dieser Symphonie liebt man vor allem die Ouvertüre und die Schlußnoten, wobei sich der Alkohol und die Tannine wunderbar ausbreiten. Man sollte ihn zwei bis drei Jahre aufheben, um zu »sehen« , wie man beim Poker sagt.

🍇 Cie des Vins d'Autrefois, 9, rue Celer, 21200 Beaune, Tel. 80.22.21.31 ⏱ n. V.

CORON PERE ET FILS 1989*

■   k.A.   2 800   ⑪ ↓☑ 4

Santenay schwankt – wie man weiß – zwischen Wasser und Wein. Früher hieß es Santenay-les-Bains ! Es sei uns erlaubt, eine Kur mit diesem strahlend rubinroten 89er vorzuziehen, der einige entwickelte Reflexe bietet. Auch wenn sich die Tannine nicht verstecken, bleiben sie zart.

🍇 Maison Coron Père et Fils, 6, bd Bretonnière, B.P. 312, 21208 Beaune Cedex, Tel. 80.24.78.58 ⏱ n. V.

JEAN-FRANCOIS DICONNE 1989*

■   2,73 ha   5 000   ▮⑪ ↓☑ 3

Die Französische Revolution ermöglichte es dieser Familie von Tagelöhnern, Besitzer eines Weingutes zu werden. Deshalb ist der 89er hier so berühmt ! Die rubinrote, leicht ziegelrote Farbe besitzt einen schönen Glanz. Weichseln und Himbeeren. Der Geschmack ist leicht : klar, fruchtig und feurig.

🍇 Jean-François Diconne, rue du Bourg, 71150 Rémigny, Tel. 85.87.20.01 ⏱ Mo-Sa 9h-12h 16h-19h ; 10. Aug.–10. Sept. geschlossen

MAISON JEAN GERMAIN
Clos Rousseau 1988

■ 1er cru   k.A.   1 200   ▮⑪ ↓☑ 2

Ziegelrote Farbe, Duft von Geröstetem, Vanillearoma. Einwandfrei. Ein fester, stoffreicher Wein, der noch drei bis vier Jahre altern kann. Beachten Sie den Jahrgang !

🍇 Maison Jean Germain, 11, rue de Lattre-de-Tassigny, 21190 Meursault, Tel. 80.21.63.67 ⏱ Mo-Fr 14h-18h, Sa 15h-19h ; So n. V.

JACQUES GIRARDIN
Beauregard 1990**

■ 1er cru   1 ha   4 000   ⑪ ↓☑ 3
|⟨78⟩| |79| 81 **82 83** 84 86 87 89 **90**

Ein berühmtes Gut. Der Beauregard besitzt hier eine granatrote Farbe und einen verschwiegenen Duft. Normal für einen jungen Wein. Aber was für eine Ansprache im Geschmack ! Pracht und Eleganz, es fehlt an nichts. Die Finesse dominiert, denn die Tannine sind zwar nicht bloß zur Verzierung da, aber sie zeigen bereits einen edlen Charakter.

🍇 Jacques Girardin, 13, rue de Narosse, 21590 Santenay, Tel. 80.20.60.12 ⏱ n. V.

JACQUES GIRARDIN
Clos Rousseau 1990**

■ 1er cru   1,2 ha   5 000   ⑪ ↓☑ 3

Wenn man einen Wein wie diesen hier trinkt, erinnert man sich auch, daß man etwas getrunken hat. Klare granatrote Farbe, von einer Faßnote geprägt. Ein verehrungswürdiger Wein. Männlich oder weiblich ? Sehr feminin, ausgewogen und elegant : »sehr schön« . Man sollte ihn in ein bis zwei Jahren zu einem Rehbraten mit schwarzen Johannisbeeren trinken.

🍇 Jacques Girardin, 13, rue de Narosse, 21590 Santenay, Tel. 80.20.60.12 ⏱ n. V.

DOM. VINCENT GIRARDIN
Les Gravières 1990**

■ 1er cru   0,4 ha   2 000   ⑪ ↓☑ 3

Vincent Girardin hat uns verwöhnt : Sein 90er Gravières ist ein Spitzenwein, dessen Aroma an Mandeln und rote Früchte erinnert. Hinter einer gewissen Strenge spürt man das Holzfaß, das sich perfekt mit dem Wein verbunden hat. Gute Struktur.

Vincent Girardin, rue de la Charrière, 21590 Santenay, Tel. 80.20.61.95

DOM. VINCENT GIRARDIN
La Maladière 1990★★

| ■ 1er cru | 1 ha | 5 000 | 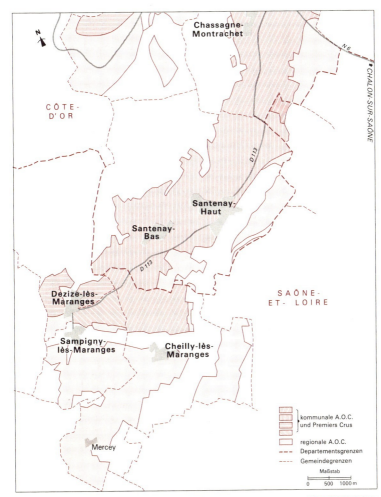 |

Recht intensive granatrote Farbe. Holznote. Kräftig gebaut. Schöne Fülle. Ein gut gelungener Wein, dessen Alterung problemlos verlaufen wird.

Vincent Girardin, rue de la Charrière, 21590 Santenay, Tel. 80.20.61.95

DOM. JABOULET-VERCHERRE
Grand clos Rousseau 1989★

| ■ 1er cru | 0,65 ha | 3 400 |

Sehr kräftige, strahlende Farbe. Ein 89er, der sich perfekt entfaltet (rote Früchte). Genügend Nachhaltigkeit für eine gute Note.

SA Jaboulet-Vercherre, 5, rue Colbert, 21201 Beaune, Tel. 80.22.25.22 n. V.

JESSIAUME PERE ET FILS
Gravières 1989★★

| ■ 1er cru | 5 ha | 29 000 |

»Die Art und Weise, wie man etwas gibt, ist mehr wert als das, was man gibt«, schrieb Corneille. Zweifellos gibt dieser 89er mit Eleganz. Er bezaubert die Augen und entzückt die Nasenhöhle. Der geschmackliche Abgang ist zwar etwas kurz, aber der Körper ist üppig und sehr gut gebaut.

Jessiaume Père et Fils, 21590 Santenay, Tel. 80.20.60.03 n. V.

505   BURGUND

DOM. DE L'ABBAYE
Les Gravières 1990★★★

■ 1er cru	0,5 ha	2 000	◗◖ ☑ 3

Mis en bouteille à la Propriété — DOMAINE DE L'ABBAYE

SANTENAY GRAVIÈRES
1er CRU
APPELLATION SANTENAY GRAVIÈRES CONTRÔLÉE
13% vol.   75 cl
CAPUANO-FERRERI à Santenay (Côte-d'Or)
PRODUIT DE FRANCE
L SGC 8.90

Ein Gut, das mit dem berühmten Fußballer Ferreri verbunden ist, der hier das runde Leder mit dem runden Glas vertauscht. Les Gravières, die eine sehr gute Lage in einem ziemlich flachen Gelände besitzen, bringen in der Regel Weine hervor, die wegen ihrer Finesse geschätzt werden. Dieser 90er entfaltet einen köstlichen Duft von Heidelbeeren und schwarzen Johannisbeeren, der Sie sofort in Hochstimmung versetzt. Granatrote Farbe, geschmeidiger Geschmack mit perfektem Aroma. Die weingewordene Verführung.
↬ Gino Capuano, Dom. Capuano-Ferreri, 21590 Santenay, Tel. 80.20.64.12 ☎ n. V.
↬ Louis Clair

DOM. DE L'ABBAYE
Clos des Hâtes 1990★

■	1 ha	6 000	◗◖ ↓ ☑ 3

Gefällig und geschmeidig – er ist ganz das Gegenteil seines Namens. Denn »hate« bedeutet »schmal, länglich, lanzenförmig« . Großzügiger Duft : rote Früchte und Kirschwasser. Harmonisch und schon trinkreif.
↬ Claude Muzard, Dom. de l'Abbaye de Santenay, Grand-Rue, 21590 Santenay, Tel. 80.20.63.07
↬ Louis Clair

DOM. DE LA BUISSIERE
Clos des Mouches 1989★

■ 1er cru	1 ha	k.A.	◗◖ ☑ 4
79 **81** |82| |83| **84** |85| |87| |88| |89|			

Als »mouches« (Fliegen) wurden in Burgund früher die Bienen bezeichnet. Es gibt einen gleichnamigen Clos in Beaune. Tiefrote Farbe, reife Fruchtigkeit und zarte Holznote. Lebhafte, angenehme Ansprache. Recht gute Entfaltung im Geschmack. 1989 wurde dieser Wein mit einer besonderen Empfehlung für den 83er ausgezeichnet.
↬ Jean Moreau, rue de la Buissière, 21590 Santenay. Tel. 80.20.61.79 ☎ Mo-Sa10h-12h 14h-19h, Ende Aug. geschlossen

DOM. DE LA BUISSIERE
Clos Rousseau 1989★

■ 1er cru	0,4 ha	k.A.	◗◖ ☑ 3
	85		87		88		89				

Ein Premier Cru im Süden des Dorfes, an der Grenze zum Anbaugebiet von Maranges. Sehr dunkle rote Farbe. Er erinnert an Feigen, Brom-

beeren und neues Holzfaß. Leicht entwickelt, aber harmonisch.
↬ Jean Moreau, rue de la Buissière, 21590 Santenay, Tel. 80.20.61.79 ☎ Mo-Sa 10h-12h 14h-19h, Ende Aug. geschlossen

CH. DE LA MALTROYE
La Comme 1990★

□ 1er cru	0,4 ha	2 000	◗◖ ☑ 4

Blaßgelbe Farbe mit grünlichem Schimmer. Ein Blütenduft wie in Prag im Monat Mai. Aromatische Komplexität und großer innerer Reichtum, der sich im Geschmack lang entfaltet.
↬ Ch. de La Maltroye, 21190 Chassagne-Montrachet, Tel. 80.21.32.45 ☎ n. V.

DOM. LAMY-PILLOT
Les Charrons 1989★★

■	0,65 ha	k.A.	◗◖ ☑ 4

Ein hübsches Kleid umhüllt einen ausdrucksvollen Duft, in dem sich fruchtige Nuancen mit Holznoten abwechseln und der mit einem Moschusgeruch ausklingt. Fleischiger, harmonischer, langer Geschmack. Eleganter, gut gebauter Gesamteindruck.
↬ Dom. René Lamy-Pillot, 31, rte de Santenay, 21190 Chassagne-Montrachet, Tel. 80.21.30.52 ☎ n. V.

DOM. LAUNAY Clos de Gatsulard 1989★

■	3 ha	12 000	◗◖ ↓ ☑ 3

Raymond Launay ist eine bekannte Persönlichkeit in der Landwirtschaft des Departements Côte-d'Or. Er beschäftigt sich mit tausend Sachen und vor allem mit dem Wein. Sein Santenay bietet eine große Qualität im Aussehen und in der aromatischen Ausdruckskraft. Ein noch jugendlicher Wein, der weiß, daß der Wert nicht unbedingt vom Alter abhängt. Stattlich und strukturiert.
↬ Dom. Raymond Launay, rue des Charmots, 21630 Pommard, Tel. 80.24.08.03 ☎ n. V.

DOM. LAVIROTTE
Clos des Mouches 1990★★

■ 1er cru	k.A.	k.A.	◗◖ 4

Diese »Fliegen« besitzen eine granatrote Farbe und sind eher Bienen als Wespen : hübscher Blütenduft. Ein bezaubernder, unternehmungslustiger Wein, der ausgewogen und angenehm ist. Wenn die Œufs en meurette gut zubereitet sind, sollten Sie sich zu einem Abenteuer mit diesem Premier Cru einlassen.
↬ Cie des Vins d'Autrefois, 9, rue Celer, 21200 Beaune, Tel. 80.22.21.31 ☎ n. V.
↬ Pierre et Jean-Paul Lavirotte

JEAN-PAUL LAVIROTTE
Clos des Mouches 1990

■ 1er cru	0,65 ha	1 800	◗◖ ☑ 3

Blutrote Farbe. Der Duft ist ein wenig adstringierend, beteuert aber laut seine Religion (rote Früchte). Danach schweigt er. Sehr verschlossen. Er läßt nur seine Tannine und eine alkoholische Note erkennen. Man muß warten, bis er sein Jugendalter überwindet.
↬ Jean-Paul Lavirotte, 71150 Paris-l'Hôpital, Tel. 85.91.12.15 ☎ n. V.

DOM. HERVE DE LAVOREILLE
Clos du Passetemps 1989

| | 1er cru | 0,31 ha | 1 900 | ⑪ ☑ ③ |

Zeitvertreib, aber keine verlorene Zeit. In einem Keller aus dem 15. Jh. vinifiziert. Die ziegelrote Verfärbung ist normal für einen 89er. Der intensive Geruchseindruck erinnert an die Düfte der Landschaft. Man hätte den Geschmack gern etwas üppiger gehabt, aber er ist zufriedenstellend, sehr ordentlich.
↬ Hervé de Lavoreille, 10, rue de la Crée, 21590 Santenay, Tel. 80.20.61.57 ✆ tägl. 9h-20h

DOM. LEQUIN-ROUSSOT
Les Charmes 1989*

| | | 1,18 ha | 3 600 | ⑪ ↓ ☑ ③ |

Vom gleichen Erzeuger haben wir einen sehr liebenswürdigen, angenehmen 89er Comme probiert. Dieser Charmes hat seinen Namen zu Recht. Der Duft beginnt mit Quitten und endet mit einer kräftigen Note von Geräuchertem und Wildgeruch. Harmonischer Geschmack mit einem Karamelaroma im Abgang.
↬ Dom. Lequin-Roussot, rue de la Gare, 21590 Santenay, Tel. 80.20.61.46 ✆ n. V.

MARINOT-VERDUN 1990*

| | | k.A. | 12 000 | ⑪ ↓ ☑ ③ |

Noch verschlossen, aber einschmeichelnd. Angenehme Mischung von fruchtigen und animalischen Noten. Tannine und Fülle geben ihm einen kräftigen Geschmack, aber dieser Sockel ist wohlausgewogen. Kann mindestens fünf Jahre gelagert werden.
↬ Marinot-Verdun, Caves de Mazenay, 71510 Saint-Sernin-du-Plain, Tel. 85.49.67.19 ✆ Mo-Sa 8h-12h 13h30-18h

CH. DE MERCEY 1989

| | | 1,3 ha | 6 000 | ⑪ ↓ ☑ ④ |

Dunkelrubinrote Farbe mit purpurroten Reflexen und ziegelroten Nuancen. Wie Sie sehen, schaut unsere Jury genau hin ! Der Geruchseindruck enthüllt den Ausbau im Holzfaß. Der Geschmack ist sehr feurig, läßt aber trotzdem guten Stoff erkennen.
↬ Ch. de Mercey, 71150 Cheilly-lès-Maranges, Tel. 85.91.11.96 ✆ n. V.

MESTRE PERE ET FILS
Passetemps 1989*

| | 1er cru | 1 ha | 5 000 | ⑪ ☑ ④ |

Dieser dunkelrote 89er, dessen Aroma an sehr reife Früchte erinnert, ist noch ziemlich verschlossen, besitzt aber schöne Zukunftsaussichten.
↬ Mestre Père et Fils, 12, pl. du Jet d'Eau, 21590 Santenay, Tel. 80.20.60.11 ✆ n. V.

MESTRE PERE ET FILS Gravières 1989*

| | 1er cru | 1,8 ha | k.A. | ⑪ ☑ ④ |

Ein mittelroter Gravières mit einem reichen, kräftigen Duft von epischer Länge. Man könnte sein Leben damit verbringen, ein solches Bukett zu riechen. Der Geschmack ist fein, vollständig, rassig und recht lang.
↬ Mestre Père et Fils, 12, pl. du Jet d'Eau, 21590 Santenay, Tel. 80.20.60.11 ✆ n. V.

MOMMESSIN 1989*

| | | k.A. | k.A. | ⑪ ↓ ④ |

Die Farbe ist von durchschnittlicher Klarheit, aber sehr intensiv. Ein 89er, dessen Duft einen wie ein Tiger anspringt. Sehr konzentriert, mit einem kräftigen Aroma von schwarzen Johannisbeeren, und trotzdem noch verschlossen. Die Ansprache ist genauso impulsiv. Nicht sehr komplex und ein wenig kurz, aber man muß sich nicht damit aufhalten. Die starke Konzentration dieses Weins sichert ihm eine lange Lagerfähigkeit.
↬ Mommessin, La Grange Saint-Pierre, 71850 Charnay-lès-Mâcon, Tel. 85.34.47.74 ✆ n. V.

EDMOND MONNOT
Les Charmes Dessus 1989*

| | | 0,7 ha | 4 400 | ⑪ ↓ ② |

Die Reblage Les Charmes befindet sich in der Nähe des Petit Clos Rousseau. Wie sagte Vergil : »Sogar diese Erinnerungen werden eines Tages für uns einen gewissen Reiz haben.« Ein 89er mit einer lebhaften, strahlend roten Farbe, der nach Alkohol und Himbeeren riecht. Er erinnert an eine bestimmte Konfitüre, wenn sie sie kennen. Der geschmeidige, sehr fleischige Geschmack bestätigt den Geruchseindruck und ist recht nachhaltig.
↬ Edmond Monnot, 71150 Dezize-lès-Maranges, Tel. 85.91.16.12 ✆ Mo-Sa 8h-12h 13h30-18h30 ; 15.–31. Aug. geschlossen

B. MOROT-GAUDRY 1989*

| | | 0,7 ha | 4 000 | ▐ ⑪ ④ |

Das Gut liegt in der Schlucht von Cozanne, in der Nähe einer alten römischen Aquädukts. Eine äußerst malerische Gegend. Aber der Wein hier kommt aus Santenay. Sehr intensive, tiefrubinrote Farbe. Das Kaffeearoma erinnert an das Holzfaß. Dahinter entfaltet sich ein Erdbeerduft. Runde, geschmeidige Ansprache. Der Geschmack ist schwungvoll und bringt im Abgang die Fruchtigkeit zurück. Gelungener, attraktiver Gesamteindruck.
↬ Bernard Morot-Gaudry, Moulin Pignot, 71150 Paris-l'Hôpital, Tel. 85.91.11.09 ✆ n. V.

MICHEL PONSARD 1989*

| | | k.A. | k.A. | ⑪ ☑ ② |

Schon recht entwickelt. Ein 89er, den das Holzfaß bereichert, ohne der Fruchtigkeit zu schaden. Angenehm und unkompliziert. Trinkreif.
↬ Michel Ponsard, Les Tilles, 21590 Santenay, Tel. 80.20.60.87 ✆ n. V.

DOM. PRIEUR-BRUNET
Maladière 1989*

| | 1er cru | 5 ha | 30 000 | ⑪ ↓ ☑ ④ |

Séréna Sutcliffe erklärt, daß dieser Premier Cru manchmal zu großer Eleganz fähig ist. Hier ein Beispiel dafür. Wenig Duft, aber Finesse und Klarheit. Die Fruchtigkeit entfaltet sich im Geschmack und führt zu einem einschmeichelnden Eindruck, der sehr langsam schwindet.
↬ Dom. Prieur-Brunet, rue de Narosse, 21590 Santenay, Tel. 80.20.60.56 ✆ n. V.
↬ Guy Prieur

Maranges

DOM. PRIEUR-BRUNET Comme 1989

■ 1er cru 0,29 ha 1 800 ⑪ ↓Ⅴ◢

Herrliche Farbe. Danach eine kräftige Holznote und ein Hauch von schwarzen Johannisbeeren über einem alkoholischen Fundament. Man
weiß nicht, was man dazu sagen soll.
🍷 Dom. Prieur-Brunet, rue de Narosse, 21590
Santenay, Tel. 80.20.60.56 ☎ n. V.
🍷 Guy Prieur

DOM. DU PRIEURE SAINTE AGATHE 1990★

□ 0,14 ha 900 ⑪ ↓⑤

Ein Weinberg, der sich an der Grenze zwischen
Santenay und Chassagne befindet, in der Nähe
der Reblage La Comme. Ein strohgelber 90er,
dessen Aroma schüchtern bleibt, aber gleichzeitig
eine echte Finesse zeigt. Ziemlich angenehmer
Geschmackseindruck, ein wenig lebhaft und
dank der Frische sympathisch. Paßt zu einer
Seezunge nach Müllerinart.
🍷 Pierre André, Ch. de Corton André, 21420
Aloxe-Corton, Tel. 80.26.44.25 ☎ tägl. 10h-18h

ANTONIN RODET 1989★

■ k.A. 9 000 ⓘ⑪ Ⅴ③

Schöne Farbe. Leichter, aber konzentrierter
Duft von schwarzen Johannisbeeren. Stürmische
Ansprache : Fleisch und Fruchtigkeit. Noch nicht
sehr entfaltet. Sein Potential sichert ihm eine
harmonische und dauerhafte Alterung.
🍷 Antonin Rodet, 71640 Mercurey,
Tel. 85.45.22.22 ☎ Mo-Fr 9h-12h30 13h30-18h

DOM. SAINT-MARC Les Chainey 1990★

■ 0,5 ha 2 500 ⑪ ↓Ⅴ③

Es waren einmal drei Freunde, die ihre
Wochenenden und ihre Freizeit dem Weinbau
und der Vinifizierung widmeten ... In Kalifornien
bezeichnet man so etwas als »hobby-winery« .
Kräftige rubinrote Farbe mit bläulichroten Reflexen. Ein Wein, der sich noch entfaltet. Im Augenblick riecht man in Alkohol eingelegte Kirschen.
Gute Ausgewogenheit, aber seine Gerbsäure war
im Februar 1992, als wir diesen Wein verkosteten, noch nicht harmonisch aufgelöst. Zweifellos
günstige Entwicklungsaussichten.
🍷 Dom. Saint-Marc, 71150 Paris-l'Hôpital,
Tel. 85.91.13.14 ☎ n. V.

DOM. DES VIGNES DES DEMOISELLES Clos Rousseau 1990★

■ 1er cru 0,42 ha 2 200 ⑪ ↓Ⅴ③

Eine Mischung von roten Früchten. Recht
konzentrierter Duft unter einem granatroten
Kleid. Kräftiger, aber nicht sehr offenherziger
Geschmack. Ein guter Wein, der noch verschlossen ist und altern muß.
🍷 Gabriel Demangeot et ses Fils, Le Bourg,
21340 Change, Tel. 85.91.11.10 ☎ n. V.

DOM. B. BACHELET ET FILS
La Fussière 1989

■ 1er cru 5 ha k.A. ⑪ ↓Ⅴ◢

Ziegelrot, sauber und fruchtig. Die Ehrlichkeit
in Person, nein, in Flaschen. Viel Feuer im
harmonischen Geschmack. Ziemlich entwickelt,
aber recht feste Tannine. Paßt zu einem Rindsko-
telett.
🍷 Dom. Bernard Bachelet et Fils, 71150 Dezize-
lès-Maranges, Tel. 85.91.16.11 ☎ n. V.

ROGER BELLAND La Fussière 1990

■ 1er cru 1,5 ha 9 000 ▮⑪ ↓Ⅴ◢

Recht intensiver Duft von roten Früchten.
Ziemlich kräftige Farbe. Ein recht lebhafter
Wein, der sich sicherlich in ein bis zwei Jahren
entfalten wird. Zu einem Hähnchen mit Thy-
mian, im Dampfkochtopf zubereitet.
🍷 Roger Belland, 3, rue de la Chapelle, 21590
Santenay, Tel. 80.20.60.95 ☎ n. V.

DOM. CHEVROT 1990

■ 4 ha 14 000 ⑪ ↓Ⅴ③

Im letzten Jahr haben wir den 88er besonders
empfohlen. Der 90er besitzt eine intensive granatrote Farbe und ein eher pflanzliches Aroma. Voll
und mild, tanninreich, aber nicht sehr nachhaltig.
Man sollte ihn in drei bis vier Jahren trinken.
🍷 Dom. Fernand et Catherine Chevrot, 71150
Cheilly-lès-Maranges, Tel. 85.91.10.55 ☎ Mo-Sa
9h-11h30 14h-18h ; So n. V.

DOM. CHEVROT 1990★

□ 0,4 ha 2 000 ⑪ ↓Ⅴ◢

Ein blaßgelber 90er mit einem überaus offenherzigen, kräftigen Duft : Geröstetes, Blumen,
Holznote. Langer, voller Geschmack. Elegant. Er
wird sicherlich halten, was er verspricht.
🍷 Dom. Fernand et Catherine Chevrot, 71150
Cheilly-lès-Maranges, Tel. 85.91.10.55 ☎ Mo-Sa
9h-11h30 14h-18h ; So n. V.

DOM. GADANT ET FRANCOIS 1990

■ 0,9 ha 5 000 ⑪ Ⅴ②

Intensive rubinrote Farbe. Nicht erstaunlich
bei einem guten Marangeswein. Überschäumen-
der, reicher und komplexer Duft. Er erinnert an
Vincenot, wie er sich in dieser Gegend nach einer
Frau umschaute. Gefälliger, leicht tanninhaltiger
Geschmack.
🍷 Dom. Gadant et François, GAEC Le Clos
Voyen, 71490 Saint-Maurice-les-Couches,
Tel. 85.49.66.54 ☎ n. V.

DOM. LATOUR-GIRAUD
La Fussière 1989★

■ 1er cru 1,49 ha k.A. ⑪ ↓Ⅴ③

Rückgrat und Fleisch : gut gebaut. Ein Wein,
der dieser jungen Appellation Ehre macht und
seine Einstufung als Premier Cru verdient.
Schöne granatrote Farbe und fruchtiger Duft.
🍷 SCE Dom. Latour-Giraud, 8, av. de
Moucheron, 21190 Meursault, Tel. 80.21.21.43
☎ n. V.

La Côte Chalonnaise

BERNARD REGNAUDOT
Clos des Rois 1989

■ 1er cru	1 ha	4 000	↓ ☑ 2

Klare, ziemlich intensive rubinrote Farbe. Ein körperreicher, voller und gut gebauter Wein mit breiten Schultern, der viel Ausdauer hat.
↩ Bernard Regnaudot, 71150 Dézize-lès-Maranges, Tel. 85.91.14.90 ☰ n. V.

ANTONIN RODET 1989

■	k.A.	40 500	☰ ☑ 3

Die Farbe erinnert an vollreife schwarze Kirschen. Im Gegensatz zu seinem Aussehen ist der Duft noch nicht aus den Ferien zurück. Geschmeidig und angenehm im Geschmack. Trinkreif.
↩ Antonin Rodet, 71640 Mercurey, Tel. 85.45.22.22 ☰ Mo-Fr 9h-12h30 13h30-18h

Côte de Beaune-Villages

Die Appellation Côte de Beaune-Villages – die nicht mit der Appellation Côte de Nuits-Villages verwechselt werden darf, die eine eigene Anbaufläche besitzt – ist selbst nicht auf bestimmte Anbaugebiete festgelegt. Es handelt sich bei ihr um eine Ersatzappellation, die für alle Rotweine der kommunalen Appellationen der Côte de Beaune mit Ausnahme von Beaune, Aloxe-Corton, Pommard und Volnay gilt.

DOM. B. BACHELET ET FILS 1989

■	4 ha	18 000	☰ ↓ ☑ 2

Die Bachelets bauen seit drei Generationen Wein an. Hier haben sie einen guten granatroten Wein erzeugt, der etwas holzig, aber rund und breitschultrig ist. Zweifellos recht rustikal, aber sympathisch. Kann in ein paar Jahren getrunken werden.
↩ Dom. Bernard Bachelet et Fils, 71150 Dezize-lès-Maranges, Tel. 85.91.16.11 ☰ n. V.

DOM. CACHAT-OCQUIDANT ET FILS 1990**

■	9,5 ha	k.A.	☰ ↓ ☑ 2

Purpurrote Farbe. Ein Hauch von Pfingstrosen und Himbeeren. Das Aroma von roten Früchten wird im Geschmack vom Vanillearoma des Holzfasses unterstützt. Nicht sehr lang, aber ausgewogen. Paßt einmal zu einem Braten.
↩ Dom. Cachat-Ocquidant et Fils, 21550 Ladoix-Serrigny, Tel. 80.26.45.30 ☰ Mo-Sa 9h-11h30 14h-19h

LABOURE-ROI 1990*

■	k.A.	k.A.	☰ ↓ 3

Ein Wein mit einer lebhaften Ansprache. Die Ausgewogenheit zwischen Tanninen und Säure

ist dennoch vielversprechend. Gute, für die Pinotrebe typische Fruchtigkeit. Man kann ihn unbesorgt lagern.
↩ Labouré-Roi, rue Lavoisier, 21700 Nuits-Saint-Georges, Tel. 80.61.12.86

THOMAS-BASSOT 1989

■	k.A.	k.A.	☰ ↓ 3

Thomas-Bassot spielte früher eine große Rolle in Gevrey. Die Firma ist in der Boisset-Gruppe aufgegangen, bewahrt aber die Traditionen. So auch diesen anständigen, fehlerlosen 89er. Er ist nicht sehr aromatisch, aber vielleicht entfaltet er sich noch. Granatrote, eher glanzlose Farbe.
↩ Thomas-Bassot, 5, quai Dumorey, 21700 Nuits-Saint-Georges, Tel. 80.62.31.21 ☰ Mo-Do 8h-12h 14h-18h (Fr bis 17h) ; Aug. geschlossen

La Côte Chalonnaise

Bourgogne Côte Chalonnaise

Die am 27. Februar 1990 entstandene neue AOC Bourgogne Côte Chalonnaise umfaßt 44 Gemeinden mit 3 665 ha, von denen nur 775 ha bepflanzt sind (700 ha mit Pinot Noir, der Rest mit Chardonnay). Die Produktion liegt bei etwa 5 Millionen Flaschen Rotwein und 500 000 Flaschen Weißwein. Gemäß der Praxis, die bereits in den Hautes-Côtes Anwendung findet, ergänzt eine Zulassung, die aus einer zweiten Verkostung der Weine resultiert, die Weinprobe, die obligatorisch überall durchgeführt wird.

Die Côte Chalonnaise, die sich zwischen Chagny und Saint-Gengoux-le-National (Saône-et-Loire) befindet, besitzt einen individuellen Charakter, der zu Recht anerkannt wird.

XAVIER BESSON 1990*

■   1 ha   k.A.   ◫ ☑ **1**

Die Kellerei Besson veranstaltet jeden Sommer mehrere Konzerte. Ihr Pinot Noir bietet übrigens eine schöne Farbensymphonie, die sich zwischen Rubinrot und Granatrot bewegt. Im Duft ist die Ouvertüre dezent gehalten. Dann lyrische, kraftvolle Sätze. Ein gut strukturiertes Werk, das gut altern kann.

☞ Xavier Besson, 9, rue des Bois-Chevaux, 71640 Givry, Tel. 85.44.42.44 ☎ tägl. 8h-12h 14h-19h

CAVE DE BISSEY-SOUS-CRUCHAUD
Cuvée tradition 1990*

■   k.A.   19 600   ▮ ☑ **2**

Schöne strahlende, tiefrubinrote Farbe. Fruchtiger Duft. Leichter Bodengeruch (Feuersteinaroma). Tadelloser Geschmackseindruck : hervorragende Geschmeidigkeit, Rundheit, Ausgewogenheit - alles, was man zu einem Braten braucht.

☞ Cave des Vignerons de Bissey-sous-Cruchaud, 71390 Bissey-sous-Cruchaud, Tel. 85.92.12.16 ☎ n. V.

JACQUES BONNET Sous le Bois 1990*

■   0,54 ha   2 500   ◫ ☑ **2**

Purpurrote, ins Violett spielende Farbe. Ein offener Pinot Noir, der ein pflanzliches Aroma entfaltet und im Geschmack voll und frisch ist. Gute Entwicklung und interessante Zukunftsperspektiven.

☞ Jacques Bonnet, rue de l'Eglise, 71150 Bouzeron, Tel. 85.87.17.72 ☎ tägl. 9h-12h 14h-18h

CAVE DE BUXY 1989*

■   k.A.   340 000   ◫ ↓ ☑ **2**

Die Genossenschaft von Buxy umfaßt 110 ha. Der 89er bietet eine schöne, strahlende Farbe. Das an geröstetes Brot erinnernde Aroma ist typisch für dieses Anbaugebiet. Sehr feiner Geschmack.

☞ Cave des Vignerons de Buxy, Les Vignes de La Croix, 71390 Buxy, Tel. 85.92.03.03 ☎ n. V.

EMILE CHANDESAIS 1990***

□   k.A.   30 000   ◫ ↓ ☑ **2**

Vater Lacordaire, der einst hier wohnte, hätte diesen 90er gesegnet und als Meßwein ausgewählt. Sehr jung und strahlend. Er explodiert schon beim ersten Geruchseindruck. Ein feiner, erregender Duft, der an die Wohlgerüche des Paradieses erinnert. Eine leichte Säure, die sich mit der Zeit auflösen wird, sehr klare Ansprache, harmonische Holznoten. Sie sollten diese Flasche nicht zu schnell aufmachen. Nichts drängt zur Eile.

☞ Emile Chandesais, Ch. Saint-Nicolas, B.P. 1, 71150 Fontaines, Tel. 85.91.41.77 ☎ Di-Sa 8h-12h 14h-18h ; 15. Juli–15. Aug.

LOUIS ET VERONIQUE DESFONTAINE 1989*

■   6,5 ha   50 000   ◫ ☑ **2**

Schwarze Johannisbeeren auf der ganzen Linie : Farbe, Bukett, Aroma. Man kann sich keine strahlenderen Beeren erträumen. Er lädt förmlich dazu ein, dem Kanonikus Kir eine Flasche davon in den Himmel zu schicken.

☞ Louis et Véronique Desfontaine, Le Château, 71510 Chamilly, Tel. 85.87.22.24 ☎ n. V.

MICHEL GOUBARD Cuvée n°1 1990*

■   4 ha   35 000   ◫ ☑ **2**

Michel Goubard hat uns zwei rote Cuvées präsentiert. Die Jury hat der ersten den Vorzug gegeben. Nicht übermäßig tanninreich. Sehr vornehm, aber im Abgang etwas dünn. Perfekte Farbe und vielversprechender Duft mit Holznote.

☞ Michel Goubard, 71390 Saint-Désert, Tel. 85.47.91.06 ☎ tägl. (So nur n. V.) 8h-19h

DOM. MICHEL JUILLOT 1990

■   3,5 ha   15 000   ◫ ☑ **2**

Keine Fehler, aber auch keine besonderen Vorzüge - so die Ansicht unserer Jury. Die Farbe ist nicht sehr ausdrucksstark. Dagegen geizt er im Duft nicht mit Geständnissen. Sympathischer, leichter Gesamteindruck. Ein wenig kurz für einen Pinot Noir.

☞ Dom. Michel Juillot, Grande-Rue, B.P. 10, 71640 Mercurey, Tel. 85.45.27.27 ☎ Mo-Sa 9h-12h 14h-18h ; So n. V.

CLOS DE LA FORTUNE 1990*

□   1,95 ha   10 000   ▮ ◫ ↓ ☑ **2**

Jeder muß einmal den Anfang machen : Während viele Winzer ihre Ahnen, die vor ihnen an der Kelter standen, nicht mehr zählen können, gibt dieser frank und frei zu : »Ich bin der erste in meiner Familie, der Wein anbaut.« Und er hat recht daran getan, dieses Handwerk zu wählen. Das beweist sein Wein : ein sehr blaßgoldener 90er, der blumige Noten mit Nuancen von getrockneten Früchten (vor allem Aprikosen) vermischt. Harmonischer, langer Gesamteindruck.

☞ Daniel Chanzy, Dom. de l'Hermitage, 71150 Bouzeron, Tel. 85.87.23.69 ☎ n. V.

CLOS DE LA FORTUNE 1990**

■   2,38 ha   11 000   ▮ ◫ ↓ ☑ **2**

Dieser rote 90er macht wirklich Lust, dieses »Glück« sofort zu genießen. Ein runder, ausgewogener und nachhaltiger Wein, der schon trinkreif ist und zu einem einfachen Rindsgulasch paßt.

☞ Daniel Chanzy, Dom. de l'Hermitage, 71150 Bouzeron, Tel. 85.87.23.69 ☎ n. V.

DOM. DE LA RENARDE 1990**

■   k.A.   12 000   ↓ ☑ **2**

Ein sehr schöner, guter Wein, notierte unsere Jury, die von seiner intensiven granatroten Farbe und seinem Beerenduft begeistert war. Stoffreich, ausgewogen, mit ziemlich geschmeidigen Tanninen und von extremer Liebenswürdigkeit.

☞ SA André Delorme, Dom. de La Renarde, rue de la République, 71150 Rully, Tel. 85.87.14.35 ☎ n. V.

DOM. LE MEIX DE LA CROIX 1990

■   5 ha   9 000   ▮ ☑ **2**

Klar und intensiv, nicht sehr holzig, fruchtig, leicht ätherisch. Ein geschmeidiger Wein, dem es dennoch nicht an Lebhaftigkeit mangelt. Schade, daß er im Abgang nicht länger ist.

✆ Fabienne et Pierre Saint-Arroman, 71640 Saint-Denis-de-Vaux, Tel. 85.44.34.33 ☎ tägl. 9h-12h 14h-18h

PHILIPPE MILAN ET FILS 1990

▪	3,2 ha	20 000	⅃⅃ ↓ ☑ ❶

Das Emblem des Gutes ist natürlich ein Raubvogel. Kein Wunder bei diesem Namen ! Aber wir können Sie beruhigen : Die Preise bleiben maßvoll. Die rote Farbe ist klar und sauber. Ein Wein im sehr guten Mittelfeld. Er ist duftig und besitzt einen recht guten Geschmack, der aber etwas voller hätte ausfallen sollen.
✆ Philippe Milan et Fils, 71150 Chassey-le-Camp, Tel. 85.91.21.38 ☎ tägl. 8h-12h 13h-19h ; So nachm. geschlossen

PARIZE PERE ET FILS 1990***

▪	1 ha	5 000	⅃ ↓ ☑ ❷

Sie erinnern sich an den alten Homer und seine rosenfingrige Göttin Eos. Nun, dieser Wein hier ist rot wie die aufgehende Sonne. Kirschduft, sehr schwungvoll, harmonisch, bezaubernd, strahlend, voller Frische und zukunftsreich.
✆ SCEA Parize Père et Fils, 18, rue des Faussillons, 71640 Givry, Tel. 85.44.38.60 ☎ tägl. 8h-20h

DOM. DES POURRIERES 1990*

▪	k.A.	k.A.	⅃⅃ ❷

Jambles und Dijon haben eine Gemeinsamkeit : eine Kirche Saint-Bénigne, die einem der ersten Missionare Burgunds geweiht ist. Intensive rubinrote Farbe. Dieser 90er verströmt einen kräftigen, in keiner Weise unangenehmen Brombeerduft. Ziemlich adstringierend und tanninreich. Zum Zeitpunkt der Verkostung fehlte es ihm noch an Reife. Sehr ausgeprägter Holzton im Geschmack.
✆ René Bourgeon, 71640 Jambles, Tel. 85.44.35.85 ☎ n. V.

A. ET P. DE VILLAINE Les Clous 1990*

☐	3,13 ha	20 000	⅃ ⅃⅃ ↓ ☑ ❷

Aubert de Villaine ist der Vorsitzende der Winzervereinigung dieser Appellation. Sein 90er hat uns überrascht : Das verschwenderische, schwere Aroma und die sehr lange und sehr milde Ansprache erwecken Assoziationen an einen Serail. Sehr voller Abgang mit wunderbar verschmolzener Holznote. Ein sehr reifer Wein, der nicht aus Burgund, sondern aus Byzanz zu kommen scheint.
✆ A. et P. de Villaine, Au Bourg, 71150 Bouzeron, Tel. 85.91.20.50 ☎ n. V.

A. ET P. DE VILLAINE
La Digoine 1990**

▪	4,5 ha	25 000	⅃⅃ ☑ ❷

Dieser Pinot Noir ist phantastisch. Sein Kleid ist von Yves Saint-Laurent entworfen. Das Aroma erinnert an Kirschen, die man am Baum vergessen hat. Herrliche Harmonien : man glaubt fast, Lamartine zu lesen. Aber trinken Sie ihn nicht zu bald !
✆ A. et P. de Villaine, Au Bourg, 71150 Bouzeron, Tel. 85.91.20.50 ☎ n. V.

Rully

Die Côte Chalonnaise oder die Region von Mercurey bildet den Übergang zwischen dem Weinbaugebiet der Côte d'Or und dem Anbaugebiet des Mâconnais. Die Appellation Rully erstreckt sich über diese Gemarkung hinaus auf das Gebiet von Chagny, einem kleinen gastronomischen Zentrum. Erzeugt werden hier annähernd ebensoviel Weißweine (8 000 hl) wie Rotweine (7 000 hl). Diese Weine stammen von Böden aus dem oberen Jura ; sie sind gefällig und besitzen in der Regel eine gute Lagerfähigkeit. Einige als Premiers Crus eingestufte Reblagen haben schon einen guten Ruf erworben.

DOM. BELLEVILLE Les Cloux 1990

☐ 1er cru	3,4 ha	22 000	⅃ ⅃⅃ ↓ ❸

Im Stil der Appellation, stark vom Boden geprägt, der an seinen Rebstöcken klebt. Etwas schwerer, rustikaler Geruchseindruck. Der Geschmack erinnert an Äpfel, die am Baum hängengeblieben sind, und endet mit Quitten. Und um es nicht zu vergessen : blaßgelbe Farbe.
✆ Dom. Belleville, rue de la Loppe, 71150 Rully, Tel. 85.91.22.19 ☎ n. V.

JEAN-CLAUDE BRELIERE
Les Préaux Le Pria 1990**

▪ 1er cru	k.A.	11 000	⅃⅃ ☑ ❸

Das Gut wurde 1948 von den Eltern Jean-Claudes aufgebaut. Dieser übernahm es 1984 und studierte gleichzeitig an der Université de Bourgogne. Sein önologisches Fachwissen springt einem förmlich ins Auge (tiefgranatrote Farbe), in die Nase (konzentrierter Duft von roten Früchten) und in den Mund (großartiger Stoffreichtum und sehr reizvoller Geschmack). Kann lange gelagert werden, was auch nicht schadet.
✆ Jean-Claude Brelière, pl. de l'Eglise, 71150 Rully, Tel. 85.91.22.01 ☎ n. V.

DOM. MICHEL BRIDAY
Champ Clou 1989*

■ 1er cru	0,62 ha	3 500	⑪ ☑ 🗹

Ein 10 ha großes Gut. Dieser Premier Cru besitzt eine schöne Farbe, einen Mandelduft und eine angenehme Rundheit. Leicht würzig im Abgang.

🍷 GAEC Dom. Michel Briday, Grande-Rue, 71150 Rully, Tel. 85.87.07.90 ☎ n. V.

DOM. DU CHAPITRE Mont Palais 1989

☐ 1er cru	1,24 ha	5 400	🍶 ⑪ 🗹

Die berühmte Fotografin Janine Niepce ist auch – zusammen mit ihrer Schwester – Winzerin in Rully. Ihr Vater, ein Flugzeugkonstrukteur, der sich für das Gut interessierte, war mitverantwortlich für die Entstehung der AOC Rully. »Mont-Palais« ist ein sehr hübscher Name für einen Wein. Man könnte daraus einen Romantitel machen. Dieser 89er mit der intensiven goldenen Farbe entfaltet einen ansprechenden Blütenduft. Ziemlich rund, aber von mittlerer Nachhaltigkeit.

🍷 Niepce, Dom. du Chapitre, 71150 Rully, Tel. 85.87.11.46 ☎ n. V.

CHARTRON ET TREBUCHET
La Chaume 1990

☐	k.A.	28 000	⑪ ☑ 🗹

Strahlende goldene Farbe. Einschmeichelndes, fruchtiges Bukett. Man muß diesen Wein noch schlafen lassen und Rücksicht auf seine Träume nehmen. Seine Säure beißt ein wenig, aber sie wird seine Alterung begünstigen, was die Hauptsache ist.

🍷 Chartron et Trébuchet, 13, Grand-Rue, 21190 Puligny-Montrachet, Tel. 80.21.32.85 ☎ n. V.

MAURICE CHENU 1989

☐	k.A.	k.A.	⑪ ☑ 🗹

Während sein Bukett bereits eine reizvolle Finesse entfaltet, bleibt der Geschmackseindruck rauh, rustikal und fast verschlossen. Ein Wein, der zwischen extremen und leidenschaftlichen Charakteren schwankt. Es fällt schwer, ihn gerecht zu beurteilen.

🍷 Maurice Chenu, 28, rue Sylvestre-Chauvelot, 21200 Beaune, Tel. 80.22.73.13 ☎ tägl. 10h-12h 14h-18h

CH. DE DAVENAY La Bergerie 1989

■	0,5 ha	3 600	⑪ ↓ ☑ 🗹

Er hat sich schneller entwickelt, als man glaubte, und muß innerhalb der nächsten beiden Jahre getrunken werden. Ein Wein mit einem sehr würzigen Duft und einer etwas trägen Ansprache, aber einer guten Ausgewogenheit zwischen Tanninen und Alkohol. Paßt zu kleinem Federwild.

🍷 SCEA Dom. du Ch. de Davenay, 71150 Chagny, Tel. 85.92.04.14 ☎ n. V.

🍷 Michel Picard

DUFOULEUR PERE ET FILS 1990**

■	k.A.	6 000	⑪ ↓ 🗹

»Liebet, und ihr werdet geliebt werden« , riet Bussy-Rabutin. Dieser Wein ist die Verkörperung der Liebe. Dunkelkirschrot. Ein Rully, dessen Bukett förmlich explodiert : Backpflaumen, Brombeeren, Flieder – Reichtum und Finesse auf höchstem Niveau. Würdig der besten Crus. Dieser 90er erntet höchstes Lob, so sehr schmücken seine inneren Qualitäten den perfekten Körper.

🍷 Dufouleur Père et Fils, 15, rue Thurot, 21700 Nuits-Saint-Georges, Tel. 80.61.21.21 ☎ n. V.

RAYMOND DUREUIL-JANTHIAL
1990*

☐	1 ha	5 000	⑪ ☑ 🗹

Die goldene Farbe stammt von einem guten Juwelier. Komplexes, eher pflanzliches Aroma über einem zarten Holzuntergrund. Kräftiger, aber flüchtiger Geschmack mit rascher Entwicklung. »Er ist jetzt gut« , schloß einer unserer Prüfer. Sollte möglichst bald getrunken werden.

🍷 Raymond Dureuil-Janthial, rue de la Buisserolle, 71150 Rully, Tel. 85.87.02.37 ☎ n. V.

MAISON JEAN GERMAIN
Les Cloux 1990

☐ 1er cru	k.A.	6 000	🍶 ⑪ ↓ ☑ 🗹

Dieser Weinhändler ist ein Neuling. Bezaubernder Duft, in dem pflanzliche und blumige Noten harmonieren, dazu ein Hauch von Menthol. Klarer, sehr direkter Geschmack. Zu jung und impulsiv. Man muß noch warten und hoffen.

🍷 Maison Jean Germain, 11, rue de Lattre-de-Tassigny, 21190 Meursault, Tel. 80.21.63.67 ☎ Mo-Fr 14h-18h, Sa 15h-19h ; So n. V.

H. ET P. JACQUESON
Les Chaponnières 1990**

■	1,25 ha	5 000	⑪ ☑ 🗹

Auf dieses Gut ist man in jedem Jahr gespannt, denn es hat bereits mehrere besondere Empfehlungen erhalten und erzeugt oft gelungene Weine. Beispielsweise diesen granatroten Chaponnières, der ein Aroma von roten Früchten entfaltet und verführerisch und einschmeichelnd ist. Zu einem Reblochon ? Warum nicht !

🍷 SCEA Henri et Paul Jacqueson, En Chèvremont, 71150 Rully, Tel. 85.91.25.91 ☎ n. V.

DOM. DE LA CROIX JACQUELET
1989*

☐	1,3 ha	k.A.	⑪ ↓ ☑ 🗹

Ein Gut der Firma Faiveley in Nuits-Saint-Georges. Strohgelbe Farbe. Ein Chardonnay, der sich auf eine gute Herkunft berufen kann. Holznote. Einschmeichelnder, ganz leicht entwickelter Duft : Karamel in Milch. Er versucht mit allen Mitteln zu gefallen, aber es wäre klug, den Feuereifer nicht unnötig in die Länge zu ziehen.

🍷 SBEV Dom. de La Croix Jacquelet, 71640 Mercurey, Tel. 85.45.14.72 ☎ tägl. 8h-12h 14h-18h

DOM. DE LA FOLIE
Clos Saint Jacques 1990*

☐	1,69 ha	10 000	⑪ ☑ 🗹

Der Marquis Bouton de Chamilly, Marschall von Frankreich unter Ludwig XIV., lebte hier, wenn er nicht im Feld stand. Er war auch der vermutliche Verfasser der berühmten *Lettres portugaises* oder ihr Empfänger. Dieser strohgelb schimmernde 90er mit den blumigen Noten (in die sich ein Hauch von Anis mischt) besitzt einen sehr ausgeprägten Rully-Charakter. Man sollte ihn noch ein wenig altern lassen. 1987 haben wir den 83er besonders empfohlen.

🍴 Dom. de La Folie, 71150 Chagny, Tel. 85.87.18.59 🍷 tägl. 8h-20h

DOM. DE LA FOLIE
Clos de Bellecroix 1990 **

■ 3,5 ha 20 000 🍷↓☑2

Dieser dichte, reiche und fruchtige 90er besitzt eine sehr schöne granatrote Farbe. Seine Rundheit und seine Reife geben ihm etwas Salbungs-

volles und Kirchliches. Nehmen Sie noch davon, Monseigneur ? Gern, mein Kind.

🍴 Emile Chandesais, Ch. Saint-Nicolas, B.P. 1, 71150 Fontaines, Tel. 85.91.41.77 🍷 Di-Sa 8h-12h 14h-18h ; 15. Juli–15. Aug. geschlossen

DOM. DE LA RENARDE Varot 1990*

■ 10,13 ha 22 000 🍷↓☑3

Granatrote Ouvertüre. Erster Satz fruchtig, allegro. Zweiter Satz voller Finesse, andante moderato. Ein ausgewogener, gut gebauter Wein mit großer aromatischer Ausdruckskraft. Der weiße 90er hat ebenfalls einen Stern erhalten : für

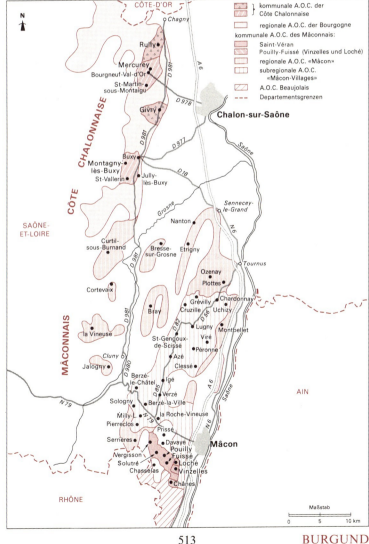

seine Rundheit, seine Fruchtigkeit und seine Ausgewogenheit.

☛ SA André Delorme, Dom. de La Renarde, rue
de la République, 71150 Rully, Tel. 85.87.14.35
Ⓣ n. V.

☛ Jean-François Delorme

DOM. DE L'ECETTE   1989*

| □ | k.A. | 2 200 | **3** |

Eine Familie aus dem Mâconnais. Ihr Char-
donnay ist ein wenig blaß und dennoch sehr klar.
Er duftet nach Heckenblumen, wenn Sie diesen
Geruch kennen. Sehr jugendlich, fein und leicht.
Man darf ihn nicht mehr allzu lange aufheben.

☛ Jean Daux, Dom. de l'Ecette, rue de Geley,
71150 Rully, Tel. 85.91.21.52 Ⓣ tägl. 8h-20h

ANDRE LHERITIER Clos Roch 1989*

| □ | 0,5 ha | 2 700 | ▮ ☑ **2** |

Nachbar von Lameloise in Chagny. Blaßgoldene Farbe, Aroma von mittlerer Intensität, aber
entfaltet. Ein Chardonnay, der Fülle und
Umfang verbindet. Das, was man als kommer-
ziellen Handelswein bezeichnet, d. h. gut gemacht
und attraktiv.

☛ André Lhéritier, 4, bd de la Liberté, 71150
Chagny, Tel. 85.87.00.09 Ⓣ n. V.

DOM. DE L'HERMITAGE   1990*

| □ | 4,17 ha | 25 000 | ▮ ◖▮ ↓ ☑ **2** |

»Ich persönlich bin nicht sehr für diese
strenge Liebe geeignet, die sich allein schon mit
Blicken zufriedengibt...« Wie diese Figur von
Molière wird man hier nicht sein einziges Vergnügen in der strahlenden goldenen Farbe finden.
Man wird auch seinen Blütenduft, seinen ausgewogenen und geschmeidigen Charakter und sein
lebhaftes Temperament mögen.

☛ Daniel Chanzy, Dom. de l'Hermitage, 71150
Bouzeron, Tel. 85.87.23.69 Ⓣ n. V.

MANOIR DE MERCEY   1988

| ■ | 3,54 ha | 20 000 | ▮ ◖▮ ☑ **2** |

Ein Anbaugebiet, das vor einem halben Jahrhundert von Gérard Berger-Rive wiederhergestellt worden ist. Dieser Wein ist kein Caruso,
aber dennoch besitzt er eine schöne Stimme, die
frisch und elegant ist. Schwarze Johannisbeeren
und Himbeeren im Timbre. Eine kräftige Farbe
und Präsenz im Glas.

☛ Dom. Gérard Berger-Rive et Fils, Manoir de
Mercey, 71150 Cheilly-les-Maranges,
Tel. 85.91.13.81 Ⓣ n. V.

PHILIPPE MILAN ET FILS   1989***

| ■ | 1,65 ha | 7 000 | ◖▮ ↓ ☑ **2** |

Sein Urgroßvater kam als Weinbergarbeiter
nach Burgund und begann bereits ab 1900, kleine
Parzellen zu kaufen. Heute umfaßt das Gut
10 ha. Dieser Wein paßt wunderbar zu Ente à
l'orange, aber beeilen Sie sich nicht mit dem
Rupfen. Dunkle, kräftige Farbe. Er duftet nach
sehr reifen Früchten und behält noch einige
Geheimnisse für sich. Fest, konsistent. Ein vollständiger Wein, der dem Erfolg entgegenfliegt.

☛ Philippe Milan et Fils, 71150 Chassey-
le-Camp, Tel. 85.91.21.38 Ⓣ tägl. 8h-12h 13h-19h ;
So nachm. geschlossen

PICARD PERE ET FILS   1989

| ■ | k.A. | k.A. | ◖▮ **3** |

Gute Extraktion der Farbstoffe : ein kräftiges,
klares und strahlendes Kirschrot. Würziger Duft.
Fest, tanninreiche Ansprache. Etwas warmer,
trockener Jahrgang. Zwei bis drei Jahre Lagerung
werden ihm sehr guttun.

☛ Picard Père et Fils, rte de Saint-Loup-de-la-
Salle, B.P. 51, 71150 Chagny, Tel. 85.87.07.45

ERIC DE SUREMAIN Meix Caillet 1989*

| □ 1er cru | 0,35 ha | 1 500 | ◖▮ ↓ ☑ **3** |

Aus diesen 35 Ar ha Eric de Suremain einen
Wein mit einer blassen, aber klaren Farbe und
einem entfalteten, kraftvollen Duft (mit einem
Hauch von Geräuchertem) herausgeholt. Dieser
schöne, gut gelungene Vertreter der Appellation
besitzt einen runden Körper. Seinen Höhepunkt
erreicht er in ein paar Jahren.

☛ Eric de Suremain, Ch. de Monthélie, 21190
Monthélie, Tel. 80.21.23.32 Ⓣ n. V.

CHARLES VIENOT   1989*

| ■ | k.A. | k.A. | ◖▮ ↓ **3** |

Sehr reife Bigarreaukirschen. Dieser Rully entfaltet beim ersten Riechen einen fruchtigen Duft,
bevor er sich in Richtung Tabak und Gewürze
entwickelt. Feste, tanninreiche Ansprache. Sehr
klar. Die Tannine sind zwar noch ungestüm, aber
sie werden sich beruhigen, so daß dieser 90er in
ein paar Jahren ein hervorragender Wein sein
wird.

☛ Charles Viénot, 5, quai Dumorey, 21700
Nuits-Saint-Georges, Tel. 80.62.31.05 Ⓣ Mo-Do
8h-12h 14h-18h (Fr bis 17h) ; Aug. u. letzte
Dez.woche geschlossen

Mercurey

Mercurey, das 12 km
nordwestlich von Chalon-sur-Saône an
der Straße Chagny–Cluny liegt, grenzt
im Süden an das Anbaugebiet von Rully.
Es ist mengenmäßig die größte kommunale Appellation der Côte Chalonnaise :
fast 20 000 hl, davon knapp 1 000 hl
Weißweine. Sie umfaßt drei Gemarkungen : Mercurey, Saint-Martin-sous-Montaigu und Bourgneuf-Val-d'Or.

Einige Reblagen tragen die Bezeichnung »Premier Cru« . Die Weine sind in der Regel leicht und angenehm und besitzen gute Alterungsfähigkeiten.

RAYMOND BARON 1989

■	1,25 ha	6 000	▮ ❚▮ ✓ 2

Er erinnert uns an einen Roman von La Varende. »Nez de cuir« natürlich. Ziemlich kräftige, strahlende und klare Farbe. Insgesamt zufriedenstellend.
🍷 Raymond Baron, rue d'Etroyes, 71640 Mercurey, Tel. 85.45.10.15 ⏲ n. V.

DOM. BOUCHARD AINE 1990*

☐	0,84 ha	4 500	❚▮ ✓ 3

Diese Firma wird im Jahr 2000 ihren 250. Geburtstag feiern. Warten Sie nicht so lange, bis Sie diesen Wein von ihrem Gut trinken. Er paßt zu Geflügel aus der Bresse mit Sahnesauce, wenn man unserer Jury glauben darf, die an diesem Tag aus lauter Feinschmeckern bestand. Ein guter Wein, der recht typisch ist und aromatische Frische und sehr runden Geschmack verbindet.
🍷 Bouchard Aîné et Fils, 36, rue Sainte-Marguerite, 21203 Beaune, Tel. 80.22.07.67 ⏲ Mo-Fr 9h30-11h 14h30-16h30 ; Aug. geschlossen

DOM. BOUCHARD AINE
Les Vasées 1990*

■ 1er cru	0,6 ha	3 600	❚▮ ✓ 4

Hut ab vor dem Önologen ! Strahlende Farbe, Fülle, Harmonie. Diesem Wein fehlt es an nichts Wesentlichem. Überraschendes, eigentümliches Aroma.
🍷 Bouchard Aîné et Fils, 36, rue Sainte-Marguerite, 21203 Beaune, Tel. 80.22.07.67 ⏲ Mo-Fr 9h30-11h 14h30-16h30 ; Aug. geschlossen

DOM. BRINTET La Charmée 1989

■	1,5 ha	7 000	❚▮ ✓ 3

Im Jahre 1324 kam ein junger Page in das Schloß Montaigu. Er gründete hier seine Familie. Diese präsentiert uns heute einen schönen Rotwein. Leichte, funkelnde Farbe. Elegantes Aroma. Angenehme Ansprache. Guter Durchschnitt. Paßt zu einem Fleischgericht mit Sauce.
🍷 Dom. Brintet, Grand-Rue, 71640 Mercurey, Tel. 85.45.14.50 ⏲ n. V.

DOM. DE CHAMEROSE
La Chiquette 1989*

☐	1 ha	2 000	❚▮ ✓ 3

Die Keller entstanden unter der Herrschaft von Ludwig XIV. Das Gut war im Besitz von Dienern der Krone, bevor es von der Familie Modrin übernommen wurde, die sich hier 1844 niederließ. Eine goldgelbe Farbe mit bleigrauem Schimmer. Dieser schon reife 89er zeigt sich vom ersten Geruchseindruck an robust. Dennoch ist die Ansprache von liebenswerter Milde. Dahinter entfaltet sich das reiche, schwere Aroma der Chardonnaytrauben. Sein einziger Fehler ist der deutliche Faßgeruch.
🍷 Louis Modrin, Dom. de Chamerose, 71640 Mercurey, Tel. 85.45.13.94 ⏲ tägl. 9h-12h 14h-18h

CH. DE CHAMIREY 1989

■	14,3 ha	86 000	▮ ❚▮ ↓ ✓ 4

85 86 87 (88) (89)

Über 14 ha für diesen Wein, der im letzten Jahr eine besondere Empfehlung (für den 88er) erhalten hat. Tiefe Farbe und etwas an Pflanzen erinnernder Duft. Zufriedenstellende Ausgewogenheit.
🍷 Antonin Rodet, 71640 Mercurey, Tel. 85.45.22.22 ⏲ Mo-Fr 9h-12h30 13h30-18h

CH. DE CHAMIREY 1990*

☐	6,7 ha	51 335	▮ ❚▮ ↓ ✓ 4

Diskrete Farbe und hübscher Blütenduft. Das Anbaugebiet läßt sich hier nicht verleugnen und erhöht den Reiz einer guten Vinifizierung durch einen Hauch von Wahrheit.
🍷 Antonin Rodet, 71640 Mercurey, Tel. 85.45.22.22 ⏲ Mo-Fr 9h-12h30 13h30-18h

CHANSON PERE ET FILS 1989

■	k.A.	4 300	❚▮ ↓ ✓ 3

Was für eine schöne Qualität Offenherzigkeit sein kann ! Dieser 89er entfaltet sich voll und ganz. Mittelrote Farbe. Leichtes, angenehmes Aroma (pflanzliche Noten). Ein hervorragend gebauter Wein, der nicht vorgibt, irgendwelche Gipfel anzustreben, und auch keine großen Geschichten erzählt.
🍷 Chanson Père et Fils, 10, rue Paul Chanson, 21200 Beaune, Tel. 80.22.33.00 ⏲ n. V.

DANIEL CHANZY Clos du Roy 1990*

☐ 1er cru	0,3 ha	1 800	❚▮ ↓ ✓ 3

Zart holziger Duft. Sehr feiner, harmonischer und angenehmer Geschmack. Ein Wein, den man leben und atmen sieht. Man sollte ihn zu einer Fischterrine trinken. Erwähnt sei hier noch, daß der gleiche Premier Cru als Rotwein ebenfalls einen Stern erhalten hat.
🍷 Daniel Chanzy, Dom. de l'Hermitage, 71150 Bouzeron, Tel. 85.87.23.69 ⏲ n. V.

DOM. CHAUMONT 1988*

■	1,64 ha	7 000	❚▮ ✓ 3

Ein 1958 von André Chaumont geschaffenes Gut. Ab 1965 Verwendung von biologischen Anbaumethoden. Für einen 88er sehr gut gebaut, säure- und tanninhaltig, zur Lagerung bestimmt. Sein Duft ist nicht sehr gesprächig. Die Farbe dagegen stammt aus dem Atelier eines Malers.
🍷 GAEC Chaumont Père et Fils, Le Clos Saint-Georges, 71640 Saint-Jean-de-Vaux, Tel. 85.45.13.77 ⏲ n. V.

EDOUARD DELAUNAY ET SES FILS
Clos L'Evêque 1989

■	k.A.	k.A.	❚▮ ↓ ✓ 3

»Das Böse durch das Gute besiegen« , lautet der schöne Wahlspruch (in lateinischer Sprache) dieses Hauses. Fehlerlose Farbe, ziemlich warmer und fruchtiger Duft. Die Ansprache ist feurig, füllig und kräftig. Aber dieser große Schwung beeinträchtigt noch ein wenig die Ausgewogenheit des Abgangs.

🕊 Edouard Delaunay et ses Fils, Ch. de Charmont, 21220 L'Etang-Vergy, Tel. 80.61.40.15 ⲧ n. V.

LOUIS ET VERONIQUE DESFONTAINE 1989*

■	5 ha	19 000	⑪ Ⓥ ③

Eine Symphonie von Mozart, ein Jugendwerk in drei Sätzen, das von der »Italienischen Symphonie« beeinflußt ist. Ein visuelles Thema : purpurrot, eindringlich. Ein aromatisches Thema, das sich zu einem persönlichen Stil entfaltet, der aber den roten Früchten treu bleibt. Ein Thema für die Orchestrierung des Geschmacks : geschmeidige Eleganz in Halbtönen.

🕊 Louis et Véronique Desfontaine, Le Château, 71510 Chamilly, Tel. 85.87.22.24 ⲧ n. V.

CH. D' ETROYES-JUILLET 1985

■	6 ha	36 000	ⲓⲓ Ⓥ ③

Vor 40 Jahren war das Gut 5 ha groß. Heute umfaßt es 30 ha und besitzt sogar Rebflächen in Meursault und Chambolle-Musigny. Es ist mit dem Andenken an einen Marschall des Kaiserreichs verbunden. Die ziegelroten Reflexe dieses 85ers sind Alterserscheinung. Der Duft erinnert an Unterholz. Ziemlich geschmeidig im Geschmack. Verdient hier seinen Platz wegen des Alters. Trinkreif.

🕊 SCEA Ch. d' Etroyes-Juillet, 71640 Mercurey, Tel. 85.45.24.24 ⲧ tägl. 8h-19h
🕊 Bureaux Marcel

DOM. FAIVELEY
Les Mauvarennes 1990***

☐	1,3 ha	5 000	⑪ ↓ Ⓥ ④

Das Gut Faiveley in Mercurey ähnelt ein wenig dem Marquis de Carabas. Und wenn dieser den gestiefelten Kater auf sein Schloß zum Abendessen einlädt, wird er ihm zu Schinkensülze als erstem Gang zweifellos diesen 90er servieren. Hellgoldene Farbe und holziger Duft mit einer Anisnote. Er stammt wirklich aus einem Märchen, denn er schafft das Wunder, gleichzeitig füllig und fein zu sein. Nur in Burgund kann man solche Dinge erleben ! Als besondere Empfehlung vorgeschlagen.

🕊 Maison Jh. Faiveley, B.P. 9, 21702 Nuits-Saint-Georges Cedex, Tel. 80.61.04.55 ⲧ n. V.

DOM. FAIVELEY La Framboisière 1990*

■	11,11 ha	35 000	⑪ ↓ Ⓥ ④

Rotviolette Farbe. Eher rote Johannisbeeren als Himbeeren. Dieser geschmeidige und runde 90er ist wohlausgewogen. Seinen Höhepunkt erreicht er etwa 1995.

🕊 Maison Jh. Faiveley, B.P. 9, 21702 Nuits-Saint-Georges Cedex, Tel. 80.61.04.55 ⲧ n. V.

DOM. HUBERT GARREY ET FILS
1988

■	7 ha	k.A.	⑪ ↓ Ⓥ ②

Das Gut umfaßt 13 ha, davon sieben für diesen Wein. Ein 88er von evangelischer Schlichtheit, der seinen Höhepunkt erreicht. Angenehm und süffig.

🕊 Dom. Hubert Garrey et Fils, Au Bourg, 71640 Saint-Martin-sous-Montaigu, Tel. 85.45.12.33 ⲧ n. V.

DOM. GOUFFIER 1990*

■	k.A.	9 000	⑪ ↓ Ⓥ ③

1990 haben wir den 87er besonders empfohlen. Dunkelkirschrote Farbe, gekochte Früchte, ziemlich tanninreich und reizvoll. Ein 90er, der seinen Höhepunkt in ein paar Jahren erreicht und dann zu einem Epoisseskäse paßt.

🕊 Emile Chandesais, Ch. Saint-Nicolas, B.P. 1, 71150 Fontaines, Tel. 85.91.41.77 ⲧ Di-Sa 8h-12h 14h-18h ; 15. Juli–15. Aug. geschlossen

HONORE LAVIGNE
Les Montaigus 1989*

■ 1er cru	k.A.	k.A.	⑪ ↓ ④

Gebratener Truthahn, Hochwürden ? Der Wein der »Drei niederen Messen« ! Ein Duft, der einen Heiligen in Versuchung führen könnte, und ein voller, leicht würziger Geschmack. Gute Nachhaltigkeit, aber ein wenig lebhaft. Zu Weihnachten oder zum Weihnachtsfest im nächsten Jahr trinkreif.

🕊 Honoré Lavigne, B.P. 102, 21702 Nuits-Saint-Georges Cedex, Tel. 80.61.00.06
🕊 J.-C. Boisset

JEAN-HERVE JONNIER 1990**

■	2,1 ha	10 000	Ⓥ ②

Chassey-le-Camp hat seinen Namen einer prähistorischen Kultur gegeben : der Chasseykultur (Anfang des 3. Jt. v. Chr.). Man solle stufenweise zum letzten der Genüsse voranschreiten, empfahl Helvétius. Jean-Hervé, der Sohn des Gründers dieses Gutes, läßt sich von dem Philosophen inspirieren, um die Wirkung dieses Weins zu kontrollieren. Das Auge wird beeindruckt, die Nase umschmeichelt und der Mund tief bewegt. Zum Schluß hinterläßt der letzte der Genüsse beim Verkoster ein Gefühl der Ausgewogenheit.

🕊 Jean-Hervé Jonnier, 71150 Chassey-le-Camp, Tel. 85.87.21.90 ⲧ n. V.

JEAN-HUGUES JONNIER 1986**

■	1,64 ha	5 000	ⲓⲓ Ⓥ ③

Der ältere Bruder von Jean-Hervé. Er ist ebenfalls Winzer, aber im Weiler Nantoux, einem kleinen Dorf mit einer phantastischen Vergangenheit. Die ziegelrote Farbe ist normal bei diesem Alter (es handelt sich um einen 86er). Eine liebenswerte Frische belebt noch sein Aroma. Der Körper erscheint harmonisch, sehr fest und zart tanninhaltig. Er kann noch ein paar Jahre Ihren Keller beehren, bevor dem Ansturm eines Rehschlegels erliegt.

🕊 Jean-Hugues Jonnier, Hameau de Nantoux, 71150 Chassey-le-Camp, Tel. 85.91.20.41 ⲧ n. V.

DOM. MICHEL JUILLOT 1989**

■	11 ha	60 000	⑪ Ⓥ ③

Das tadellose Kleid klebt ihm eng am Körper. Dieser Wein besitzt viel Tiefe und viel Stoff. Zum Zeitpunkt der Verkostung war er jedoch noch zu holzbetont. Wenn sich dieses dominierende Holzaroma einmal legt, wird der Eindruck perfekt sein.

☛ Dom. Michel Juillot, Grande-Rue, B.P. 10, 71640 Mercurey, Tel. 85.45.27.27 ☏ Mo-Sa 9h-12h 14h-18h, So n. V.

DOM. EMILE JUILLOT ET J.-C. THEULOT La Cailloute Monopole 1989★★

| ■ 1er cru | 1,6 ha | k.A. | ⅏ ↓ Ⓥ 3 |

Das Gut wird von J.-C. Theulot, dem Enkel des Gründers, geführt, der 1985 sein Weinbaustudium abgeschlossen hat. Die Reblage La Cailloute ist im Alleinbesitz des Gutes (1,6 ha). Im letzten Jahr haben wir einen 88er (Les Combins) besonders empfohlen. Ein schon harmonischer, bereits angenehmer Wein, der dennoch lagerfähig ist. Sein Aroma steigert sich nach und nach und entfaltet dann einen Duft von Weichseln. Gute harmonische Nachhaltigkeit und prachtvolle Harmonie. Zarte Fruchtigkeit im Geschmack. Weisen wir noch darauf hin, daß der Mercurey-Villages einen Stern erhalten hat.
☛ Jean-Claude Theulot, Dom. Emile Juillot, Clos Laurent, 71640 Mercurey, Tel. 85.45.13.87 ☏ n. V.

DOM. LA MARCHE Les Rochelles 1990★★

| □ | 1,68 ha | 9 000 | ⅏ Ⓥ 3 |

Er besitzt den Charme eines wohlklingenden Alexandriners : perfekten Klassizismus, äußerste Zartheit. Ein weißer Mercurey, der seiner Appellation Ehre macht und außerdem die Qualitäten des Jahrgangs bestätigt.
☛ SC du Dom. La Marche, Grande rue, 71640 Mercurey, Tel. 80.22.07.67 ☏ n. V.

DOM. DE LA MONETTE 1989★★

| □ | 0,5 ha | 3 500 | ⅏ Ⓥ 3 |

Das Etikett erinnert an ein Gedicht von Lamartine : *La Vigne et la Maison*. Weißgoldene Farbe mit grünlichen Reflexen. Ein 89er, der nach getrockneten Früchten duftet und einen vollen und harmonischen Geschmack von extremer Nachhaltigkeit entfaltet. Auch wenn der Geruchseindruck ziemlich verschlossen bleibt, ist das innere Gefühl vollendet. Eigentlich handelt es sich hier um Poesie.
☛ Granger Père et Fils, Dom. de la Monette, 71640 Mercurey, Tel. 85.45.10.78 ☏ n. V.

DOM. DE LA RENARDE 1989★

| ■ | 4,85 ha | 25 000 | ⅏ ↓ Ⓥ 3 |

Wenn die Farbe so heiter wie der Frühling ist und der Duft so intensiv wie ein Korb mit frisch gepflückte Himbeeren, kann man nur noch seine Freude bekennen. Im Geschmack entdeckt man pflanzliche und fruchtige Noten. Man kann ihn 1993 oder 1994 zu einem Omelett mit Pilzen trinken.
☛ SA André Delorme, Dom. de La Renarde, rue de la République, 71150 Rully, Tel. 85.87.14.35 ☏ n. V.

YVES DE LAUNAY
Clos du Château de Montaigu 1988★

| ■ 1er cru | 1,9 ha | 6 500 | Ⓥ 4 |
| **82** 83 |85| |**86**| **87** 88 |

Paul de Launay ist einer der eifrigsten Organisatoren im Weinbaugebiet der Côte Chalonnaise. 1987 hat er eine besondere Empfehlung für einen 82er erhalten. Hier ein Pinot Noir, der seiner Appellation keine Schande macht : ziemlich reich und feurig. Er bringt den Bodengeschmack wunderbar zur Geltung. Dezentes Aroma.
☛ Paul de Launay, Dom. du Meix-Foulot, 71640 Mercurey, Tel. 85.45.13.92 ☏ n. V.

MANOIR DE MERCEY
Chateaubeau 1988

| ■ | 4,02 ha | 20 000 | ▮⅏ Ⓥ 2 |

Vor 50 Jahren hat Gérard Berger-Rive diese Weinberge neu bepflanzt. Sein Sohn Xavier hat das Gut übernommen. Châteaubeau ist ein Hang, der am Fuße eines ehemaligen Römerlagers liegt. Dieser gute Wein beginnt sich zu entfalten und angenehme fruchtige Empfindungen mitzuteilen. Zurückhaltend, aber sympathisch.
☛ Dom. Gérard Berger-Rive et Fils, Manoir de Mercey, 71150 Cheilly-les-Maranges, Tel. 85.91.13.81 ☏ n. V.

JEAN MARECHAL Cuvée prestige 1988★

| ■ | 4,1 ha | k.A. | ⅏ ↓ Ⓥ 3 |

Hier ein Wein, dessen Tannine so fest sind, daß er fast rauh wirkt. Er ist reich, aber sein voller und milder Charakter wird im Augenblick deutlich überlagert. Der Geruchseindruck erinnert an Geröstetes mit Noten von getrockneten Früchten und einem Vanillearoma. Schöne Farbe mit orangeroten Reflexen. Das Urteil fällt etwas schwer, denn wie soll man seinen Charme hinter der Kraft entdecken ?
☛ Jean Maréchal, Grande rue, 71640 Mercurey, Tel. 85.45.11.29 ☏ Mo-Sa 8h-12h30 13h30-19h30 ; So n. V.

CH. DE MERCEY 1989★

| ■ | 13,5 ha | 80 000 | ▮⅏ ↓ Ⓥ 4 |

Das Gut gehört zu 50% Antonin Rodet und zur anderen Hälfte der Familie Berger. In der Ausgabe 1992 haben wir vermerkt : »Sollte erneut verkostet werden.« Man nimmt uns hier beim Wort. Die Farbe ist tief und faltenlos geblieben. Das Aroma (Himbeeren) bewahrt einen zurückhaltenden Charakter. Wenig Fülle, aber unbestreitbare Eleganz. Er hat seinen Stern verdient !
☛ Ch. de Mercey, 71150 Cheilly-lès-Maranges, Tel. 85.91.11.96 ☏ n. V.

LES VIGNERONS DU CAVEAU DE MERCUREY 1988★

| ■ | 2 ha | 10 000 | ▮⅏ Ⓥ 3 |

Das Gut im Gemeinschaftsbesitz wird von Patrice Mathias geführt und von Paul de Launay geleitet ; seine Weine werden von der Genossenschaft von Mercurey vertrieben. Die Liebe kommt hier mit der Zeit. Ein Wein mit einer verführerischen Farbe, der damit beginnt, seine Reize (schwarze Johannisbeeren) zu zeigen, und eine ausgezeichnete Säure (Garantie für eine schöne Zukunft) und Alkohol besitzt.
☛ Les Vignerons du caveau de Mercurey, 71640 Mercurey, Tel. 85.45.20.01 ☏ n. V.

JEAN-PIERRE MEULIEN 1988

| ■ | 1,5 ha | 8 300 | ⅏ Ⓥ 3 |

Jean-Pierre hat das Gut seiner Großeltern übernommen. Fast 10 ha. Der Geruchseindruck zeigt einen sehr animalischen Stil mit Raubtiergeruch. Leicht orangerot schimmernde Farbe von mittlerer Intensität. Zweifellos wird er sich ziemlich schnell entwickeln.

🍷 Jean-Pierre Meulien, rue du clos l'Evêque, 71640 Mercurey, Tel. 85.45.11.92 ⚓ n. V.

P. MISSEREY 1989*

| ■ | k.A. | 4 000 | 🍶 ↓ 🅅 ④ |

Wie sagte La Bruyère so schön : »Die Liebe entsteht plötzlich, ohne jedes Nachdenken : Ein schöner Zug fesselt uns, legt uns fest.« Hier genügt schon ein Blick. Sein Duft verstärkt die Leidenschaft. Bezaubernder Geschmackseindruck. Der letzte Kuß ist ziemlich tanninreich, eher warm. Aber darf man sich darüber beklagen ? Wenn man liebt !

🍷 Maison P. Misserey, 3, rue des Seuillets, B.P. 10, 21701 Nuits-Saint-Georges Cedex, Tel. 80.61.07.74 ⚓ n. V.

MOILLARD-GRIVOT Clos Rond 1989*

| ■ | k.A. | 8 000 | 🍶 ↓ 🅅 ③ |

Dieser 89er ist ein Jäger : Er riecht nach Wild und Wildbret. Vor allem beim zweiten Geruchseindruck. Ein Zeichen von Entwicklung. Lebhafte Ansprache und elastische Tannine : man sinkt darin ein wie im weichen Boden des Unterholzes. Ein Mercurey von großer Klasse, der nicht ewig halten wird.

🍷 Moillard-Grivot, RN 74, 21700 Nuits-Saint-Georges, Tel. 80.62.42.00 ⚓ tägl. 10h-18h ; Jan. u. Febr. geschlossen

DOM. DU CLOS MOREAU 1989*

| ■ | 7 ha | 40 000 | 🍶 ↓ 🅅 ③ |

Die Familie baut hier seit drei Jahrhunderten Wein an. Das Gut jedoch hat sich erst ab 1900 vergrößert und umfaßt heute 12 ha. Das Aroma erinnert an Eingemachtes. Der zweite Geruchseindruck ist frischer, aber der Duft bleibt insgesamt zurückhaltend. Sehr dunkle rote Farbe. Konzentrierter, fleischiger, reicher Geschmack. Sein Charakter weicht ein wenig vom üblichen Mercurey ab, ist aber sehr angenehm. Paßt zu Hasenpfeffer.

🍷 SCE Paul et Pascal Massenot, Dom. du Clos Moreau, 71640 Saint-Martin-sous-Montaigu, Tel. 85.45.12.75 ⚓ n. V.

GUY NARJOUX
Clos des Montaigus 1989**

| ■ 1er cru | 4 ha | 25 000 | 🍶 🅅 ④ |

Eine alte Winzerfamilie, deren Weinbautradition mindestens bis ins 16. Jh. zurückreicht. Dieser Wein fackelt nicht lange, um uns zu gefallen. »Wie geschaffen für das Rennen« , notierte ein Prüfer. Ein Gewinnertyp vom ersten Blick bis zum dritten Riechen. Holzbetonte Ansprache, aber viel Ausgewogenheit und Stoff. Das alles wird harmonisch werden, aber Geduld ist erforderlich : mindestens vier bis fünf Jahre.

🍷 Guy Narjoux, 71640 Saint-Martin-sous-Montaigu, Tel. 85.45.14.28 ⚓ n. V.

CH. PHILIPPE LE HARDI 1990*

| ■ 1er cru | 7,15 ha | 45 802 | 🍶 ↓ 🅅 ④ |

Der selige Herzog von Anjou und Cadix ist in diesen Keller in Santenay hinuntergestiegen, der Philipp dem Kühnen, Herzog von Burgund und Sohn des französischen Königs, geweiht ist. Gra-

natrote Farbe, Vanille- und Kaffeearoma, sehr korpulent, deutlich spürbare Holznote. Ein Wein, der sich gut entwickeln müßte. Beim roten 88er Villages hat die gute Struktur die Aufmerksamkeit der Jury erregt. 15 600 Flaschen sind davon verfügbar.

🍷 Ch. Philippe-Le-Hardi, 21590 Santenay, Tel. 80.20.61.87 ⚓ Mo-Fr 8h-12h 13h30-17h

CHRISTINE PONSOT
Clos l'Evêque 1990*

| ■ 1er cru | 1 ha | 5 000 | 🍶 ↓ 🅅 ④ |

Eine Schwesterfirma von E. Chandesais in Fontaines. Veilchen : der 90er Clos l'Evêque hat keinen sehr apostolischen Duft, aber sein geschmeidiger, holzbetonter Geschmack ist römisch-katholisch. Kann zwei bis fünf Jahre gelagert werden.

🍷 Christine Ponsot, Manoir Blu, 71150 Fontaines, Tel. 85.91.41.77 ⚓ Di-Sa 8h-12h 14h-18h ; 15. Juli–15. Aug. geschlossen

DOM. MAURICE PROTHEAU ET FILS La Fauconnière 1990**

| ■ | 6 ha | 6 500 | 🍶 ↓ 🅅 ③ |

Mischkultur bis 1968, dann Spezialisierung auf den Weinbau. Das Gut verdankt seine Erweiterung der Person von Maurice Protheau. Ein 90er, der in der Farbe und im Duft an schwarze Kirschen erinnert. Seine Jugendlichkeit ist noch deutlich zu spüren, so daß es am besten ist, ihn beiseite zu legen. Ein Wein, der das Jahr 2000 erleben kann.

🍷 SC du Dom. Maurice Protheau et Fils, Le Clos L'Evêque, 71640 Mercurey, Tel. 85.45.25.00 ⚓ Mo-Sa 9h-12h 14h-19h

DOM. MAURICE PROTHEAU ET FILS 1989*

| □ 1er cru | 0,5 ha | 2 000 | 🍶 ↓ 🅅 ③ |

Ein gefüllter Karpfen wird sich in diesen strohgelben 89er verlieben. Während die Geruchseindruck nicht sehr intensiv ist, spürt man im Geschmack ein sinnliches Vanillearoma.

🍷 SC du Dom. Maurice Protheau et Fils, Le Clos L'Evêque, 71640 Mercurey, Tel. 85.45.25.00 ⚓ Mo-Sa 9h-12h 14h-19h

REINE PEDAUQUE 1989*

| ■ | k.A. | k.A. | 🍶 🅅 |

Leicht und kurz gekleidet. Dieser Wein geht in großen Schritten voran. Die Frische einer jungverheirateten Frau, die Weichheit eines guten Charakters und der Tanninreichtum eines guten Burgunders. Man sollte ihn in diesem Jahr zu einem Braten trinken.

🍷 Reine Pédauque, Le Village, 21420 Aloxe-Corton, Tel. 80.26.40.00 ⚓ n. V.

ROBERT SIZE ET FILS
Les Velley 1990**

| ■ 1er cru | 1,16 ha | 6 000 | ▮🍶 🅅 ④ |

Ein 5 ha großes Gut. Die Farbe erscheint wie von Rubens gemalt. Der Duft bleibt ein wenig zurückhaltend, aber er besitzt Charakter : Moschus, Gewürznelken. Der Geschmack bestätigt dieses Aroma. Guter Abgang.

☛ Dom. Robert Size et Fils, Au bourg, Cidex 716, 71640 Saint-Martin-sous-Montaigu, Tel. 85.45.11.72

YVES DE SUREMAIN Les Crets 1989 ★

■ 1er cru	1,5 ha	5 000	↓ **3**

Im letzten Jahr haben wir den 88er besonders empfohlen. Die dunkelpurpurrote Farbe dieses 89ers ist fast schwarz. Der Duft verbindet rote Früchte mit Tiergeruch. Der Geschmack bewahrt ein angenehmes Aroma bis zum letzten Schluck. Deutlich spürbare, noch trocknende Tannine und eine hübsche Natursüße. Muß mindestens noch ein Jahr reifen.

☛ Yves de Suremain, rue du Reu, 71640 Mercurey, Tel. 85.45.20.87 ☎ n. V.

DOM. EMILE VOARICK 1989 ★

■	16,5 ha	100 000	◫ ☑ **3**

»Wenn man Liebe schenkt« , sagte Molière, »läuft man Gefahr, ebenfalls geliebt zu werden.« Das geschieht auch bei diesem Mercury, dessen Farbe zwar nur wenig entwickelt ist, der aber ansonsten wirklich bezaubernd ist. Elegantes Aroma, sehr geschmeidige Tannine, hübsche Fruchtigkeit. Er hat alles, um zu gefallen, außer einer Unze Komplexität.

☛ SCV Dom. Emile Voarick, 71640 Saint-Martin-sous-Montaigu, Tel. 85.45.23.23 ☎ tägl. sf dim. 9h-12h 14h-18h

DOM. EMILE VOARICK 1989 ★

☐	2,5 ha	17 000	◫ ☑ **3**

Wenn Sie einmal an einem Löwenzahn gerochen haben, werden Sie hier diesen Duft über würzigen Noten wiedererkennen. Sehr klare, schwungvolle Ansprache. Röstaroma mit einem dezenten Hauch von Holz.

☛ SCV Dom. Emile Voarick, 71640 Saint-Martin-sous-Montaigu, Tel. 85.45.23.23 ☎ Mo-Sa 9h-12h 14h-18h

Givry

Dieser kleine, typisch burgundische Marktflecken, der 46 km südlich von Mercurey liegt, besitzt zahlreiche historische Bauwerke. Der rote Givry, der mit 4 000 hl die Hauptproduktion ausmacht, soll der Lieblingswein von Heinrich IV. gewesen sein. Die Appellation erstreckt sich vorwiegend auf die Gemarkung Givry, aber sie reicht auch etwas in das Gebiet von Jambles und Dracy-le-Fort hinein.

XAVIER BESSON Les Grands Prétans 1990

■ 1er cru	k.A.	k.A.	◫ ☑ **2**

Diese Kellerei veranstaltet alljährlich Ende Juni Konzerte mit klassischer Musik. Purpurrote Farbe mit violetten Reflexen. Ein Wein, der tanninreich ist und einen sehr festen Körper besitzt. Noch verschlossen.

☛ Xavier Besson, 9, rue des Bois-Chevaux, 71640 Givry, Tel. 85.44.42.44 ☎ tägl. 8h-12h 14h-19h

RENE BOURGEON 1989

■	k.A.	k.A.	◫ ☑ **2**

1989 mit einer besonderen Empfehlung für den 86er ausgezeichnet. Gute Erscheinung. Ein ansprechendes Bukett, das sich noch entfalten wird. Man erwartet alles vom Geschmack.

☛ René Bourgeon, 71640 Jambles, Tel. 85.44.35.85 ☎ n. V.

DOM. CHOFFLET-VALDENAIRE
Les Galaffres 1990 ★ ★

■	1 ha	7 000	∎ ↓ ☑ **2**

Vollkommene Glanzhelligkeit. Blütenduft von seltener Nachhaltigkeit. Er zieht alle Register. Lebhafte Ansprache, danach Stoff und genug Fülle, um im Gedächtnis zu bleiben. Ein klassischer Wein, der es verdient, daß man ihn noch ein wenig aufhebt.

☛ Dom. Chofflet-Valdenaire, 71640 Russilly, Tel. 85.44.34.78 ☎ n. V.

DANIEL DAVANTURE 1989

■	0,2 ha	1000	◫ ☑ **2**

Die Hügel von Saint-Désert sind seit dem 18. Jh. in die Geschichte eingegangen, als sie der Abbé Courtépée in seinem berühmten Werk über Burgund lobte. Diese Winzerfamilie ist hier ansässig. Sie besitzt in der Appellation Givry ein paar Are, die einen recht rubinroten Wein liefern. Das Aroma ist ziemlich entwickelt (Noten von Tiergeruch), besitzt aber echte Finesse. Der Geschmackseindruck ist schlichter.

☛ Daniel Davanture, rue de la Montée, 71390 Saint-Désert, Tel. 85.47.90.42 ☎ n. V.

PROPRIETE DESVIGNES 1990 ★

■	1,3 ha	6 900	◫ ☑ **3**

Auf dem Gut arbeitet bereits die fünfte Generation, und die sechste (Eric, 30 Jahre) steht schon bereit. Dieser kirschrote 90er ist noch sehr jugendlich (etwas spitze Tannine, ziemlich rauher Abgang), aber er wird einmal einen interessanten Wein abgeben, wenn er seine Harmonie erworben hat. Seine Struktur ist nämlich fehlerlos. Das Aroma ist bereits verführerisch.

☛ Propriété Desvignes, 36, rue de Jambles, 71640 Poncey, Tel. 85.44.37.81 ☎ n. V.

PROPRIETE DESVIGNES 1990 ★

☐	1,5 ha	9 000	∎ ☑ **3**

Ein hellgoldener Chardonnay, dessen Blütenduft ein wenig verschwiegen ist. Er ist eher robust als voll, leicht alkoholisch und recht ausgewogen. Muß noch ein paar Jahre reifen, bevor man ihn zu einer Vorspeise trinkt.

☛ Propriété Desvignes, 36, rue de Jambles, 71640 Poncey, Tel. 85.44.37.81 ☎ n. V.

PIERRE DUCRET Clos Marolle 1989 ★ ★

■ 1er cru	1 ha	k.A.	∎ ◫ ☑ **2**

»Ein guter Givry ist ein runder Wein« , schreibt Hubert Duyker. Wollen Sie ein Beispiel dafür haben ? Dieser für den Jahrgang sehr typische 89er, den man in zwei bis drei Jahren trinken kann, ist rund wie ein Faßreifen. Er ist im Duft und im Geschmack sehr fruchtig (Kirschen, Himbeeren). Die Farbe ist nicht besonders strahlend, aber – unter uns – das ist nicht das Entscheidende.

🠒 Pierre Ducret, 3, rue du Four, 71640 Poncey, Tel. 85.44.51.19 ☎ tägl. 8h-19h

DOM. DU GARDIN Clos Salomon 1989★

■ 1er cru   6,81 ha   34 000   ▮ ❚❙ ↓ Ⓥ 🄳

Diese Weinberge sind seit mehr als drei Jahrhunderten im Besitz der gleichen Familie. Der Clos Salomon ist eine der bekanntesten Reblagen von Givry. Ein 89er, der eher zu einem Käse aus Süßrahm bestimmt ist. Das Aroma bewegt sich zwischen Brombeeren und Himbeeren. Die Tannine sind sehr zart und besitzen eine recht seltene Finesse. Gute Aussichten, wenn man ein paar Jahre Geduld aufbringt.

🠒 Mmes du Gardin et Dumas, 16, rue du Clos Salomon, 71640 Givry, Tel. 85.44.32.24 ☎ Mo-Sa 9h-18h, 1.–15. Aug. geschlossen

DOM. JOBLOT
Clos du Cellier aux Moines 1990

■ 1er cru   2,5 ha   14 000   ❚❙ ↓ Ⓥ 🄳

Le Cellier aux Moines ist der nördlichste Weinberg von Givry. Er entfaltet sich hier in aufsehenerregender Weise in der Farbe, während der Duft zurückhaltender ist. Sehr geschmeidige Tannine. Ein leichter Wein, den man bald trinken sollte.

🠒 Dom. Joblot, 4, rue Pasteur, 71640 Givry, Tel. 85.44.30.77 ☎ n. V.

DOM. DE LA RENARDE
Clos du Cellier aux Moines 1990

■   4,41 ha   30 000   ❚❙ ↓ Ⓥ 🄲

Heinrich IV. soll in den Wein von Givry vernarrt gewesen sein und darüber den Jurançon fast vergessen haben. Ein zweifellos sehr angenehmer 90er, dessen Farbe an vollreife Brombeeren erinnert, der aber noch nicht seine Ausgewogenheit gefunden hat.

🠒 SA André Delorme, Dom. de La Renarde, rue de la République, 71150 Rully, Tel. 85.87.14.35 ☎ n. V.

FRANCOIS LUMPP
Clos du Cras Long 1990★★★

■ 1er cru   0,65 ha   4 500   ❚❙ ↓ Ⓥ 🄲

François, ein Absolvent der Weinbauschule in Beaune, arbeitete bis 1990 mit seinem Bruder zusammen. Er hat seinen Gärkeller an der Straße von Beaune nach Cluny errichtet. Dort vollbringt er Wunder wie diesen 90er, den wir besonders empfehlen. 1990 hat er zusammen mit seinem Bruder eine besondere Empfehlung für einen 87er erhalten. Dunkelkirschrote Farbe, leicht würzig, intensiv und komplex – das ist der Steckbrief eines perfekten Givry. Seine Struktur ist der Baukunst für Cluny würdig. Sehr interessante Nachhaltigkeit. Schöne Zukunftsaussichten.

🠒 François Lumpp, Le Pied du clou, 36,av. de Mortières, 71640 Givry, Tel. 85.44.45.57 ☎ n. V.

VINCENT LUMPP 1990★

■   2,7 ha   k.A.   ❚❙ ↓ Ⓥ 🄲

Vincent steht seinem Bruder François nicht nach. Er holt das Beste aus seinem kleinen Gut (weniger als 5 ha) heraus, wie dieser Givry-Villages beweist. Ehrgeiziger Duft und einschmeichelnde Farbe. Ein gut vinifizierter Wein, der noch ein wenig jung ist, aber im Ärmel alle Trümpfe besitzt, um sich hervorragend zu entwickeln. Besondere Empfehlung im letzten Jahr für den 89er und 1990 – zusammen mit seinem Bruder – für den 87er. Er scheint auf diese Auszeichnung abonniert zu sein !

🠒 Vincent Lumpp, 45, rue de Jambles, 71640 Poncey, Tel. 85.44.52.00 ☎ Mo-Sa 8h-19h ; So n. V.

VINCENT LUMPP 1990★

□   0,9 ha   5 000   ▮ ↓ Ⓥ 🄲

Helle Farbe, eher blumig im Duft. Ein recht voller und runder Givry, den man sorgsam für eine gute Gelegenheit aufheben sollte.

🠒 Vincent Lumpp, 45, rue de Jambles, 71640 Poncey, Tel. 85.44.52.00 ☎ Mo-Sa 8h-19h ; So n. V.

MOILLARD-GRIVOT
Clos de Vauvry 1989

■   k.A.   6 000   ❚❙ ↓ Ⓥ 🄳

Diese Tannine sind ein wenig unreif, aber keineswegs zu Rohlingen bestimmt. Klare, purpurrote Farbe. Holzton. Ziemlich ausgewogener Gesamteindruck.

🠒 Moillard-Grivot, RN 74, 21700 Nuits-Saint-Georges, Tel. 80.62.42.00 ☎ tägl. 10h-18h ; Jan. u. Febr. geschlossen

GERARD MOUTON
La Grande Berge 1990★★

■   3 ha   14 000   ❚❙ ↓ Ⓥ 🄲

Im letzten Jahr haben wir den 89er besonders empfohlen. Intensive, strahlende Farbe. Zunächst zeigt er sich ziemlich verschwiegen. Er braucht etwas Belüftung, um sich zu entfalten : Brombeeren, danach rote Früchte. Im Geschmack besitzt er Fülle, Fleisch und den stattlichen Charakter eines wirklich großen lagerfähigen Weins. Während man ihn altern läßt, kann man diesen 89er

Givry-Villages wählen, der noch in diesem Jahr getrunken werden sollte (mit einem Stern bewertet).
🍷 SCEA Gérard Mouton, 1, rue du Four, 71640 Poncey, Tel. 85.44.37.99 ⟐ n. V.

PARIZE PERE ET FILS 1990★★

□	1 ha	4 000	🏛 ↓ ☑ 2

Heinrich IV., ein großer Liebhaber des Givry, wenn man der Legende glauben darf, hätte gern Paris für diesen Wein hingegeben : bläulichrote Farbe, noch verschlossen (der König wußte, was man tun mußte, um einen solchen Zustand zu ändern !), aber ungeheuer reizvoll. Die schöne Gabrielle war nicht begehrenswerter ! Dazu unbedingt Geflügel aus der Bresse. Der rote 90er Premier Cru ist blumig und holzbetont (ein Stern).
🍷 SCEA Parize Père et Fils, 18, rue des Faussillons, 71640 Givry, Tel. 85.44.38.60 ⟐ tägl. 8h-20h

HENRI PELLETIER 1989★★

■	1,5 ha	8 500	🏛 🏛 ☑ 2

Die Familie baut hier seit vier Generationen Wein an. Beim Eiskunstlaufen würde dieser 89er die Note 5,9 erhalten : für seine rubinrote Farbe, sein intensives Aroma und seinen harmonischen Gesamteindruck. Außerdem sollte man noch erwähnen, daß er besonders vielversprechend erschien. Der weiße 90er ist aufgrund seiner Eleganz mit einem Stern bewertet worden.
🍷 Henri Pelletier, Chem. de La Vernoise, 71640 Poncey, Tel. 85.44.38.82 ⟐ n. V.

DOM. RAGOT 1990★★

■	5 ha	30 000	🏛 ↓ ☑ 2

Das Gut geht auf Louis Ragot zurück, der zu Beginn des letzten Jahrhunderts Winzer in Givry war. Seine Eltern stammten aus Mercurey und Montagny. 1987 haben wir den 81er besonders empfohlen. »Ein Herz läßt sich ergreifen und überlegt nicht« , sagte Molière. Dennoch gibt es gute Gründe dafür, diesen 90er zu mögen : die Verbindung von Faß und Frucht, den Duft mit seinem Röstgeruch und den pfeffrigen Noten, seinen recht erregenden Charme und die Hoffnung für die kommenden Jahre.
🍷 Dom. Ragot, 4, rue de l'Ecole, 71640 Poncey, Tel. 85.44.35.67 ⟐ n. V.

DOM. RAGOT Champ Pourot 1990★★

□	2,5 ha	15 000	🏛 ↓ ☑ 2

1950 pflanzten die Eltern dieses Winzers 1,5 ha Chardonnayreben an, um diese Rebsorte einmal auszuprobieren. Das war der Anfang des weißen Givry. Ein Fisch aus der Saône wird wunderbar zu diesem farbintensiven, aromatischen Wein passen, dessen Stil der Appellation und der Rebsorte alle Ehre macht.
🍷 Dom. Ragot, 4, rue de l'Ecole, 71640 Poncey, Tel. 85.44.35.67 ⟐ n. V.

MICHEL SARRAZIN ET FILS
Les Grognots 1990★★

□		k.A.	4 000	🏛 🏛 ☑ 2

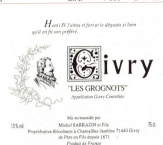

Ein richtiges Winzergeschlecht, das seinen ersten Rebstock im Jahre 1671 anpflanzte. »Unser Geschlecht ist nicht am Ende« , sagte Lyautey. Und wirklich, was für ein Wein ! Helle, klare Farbe, sehr verführerischer Duft, frischer, solider Geschmack. Seine Entwicklung ist normal, so daß ihm die Zukunft gehört.
🍷 Michel Sarrazin et Fils, Charnailles, 71640 Jambles. Tel. 85.44.30.57

MICHEL SARRAZIN ET FILS
Les Grands Prétans 1990★★

■ 1er cru	1,5 ha	6 000	🏛 ☑ 2

Ein Wein von hervorragender Provenienz : rubinrote Farbe, recht fruchtiger Duft (mit einer Holznote) und der unverfälschte Charakter des Anbaugebietes. Seine Jugend dürfte zu einer herrlichen Fülle führen.
🍷 Michel Sarrazin et Fils, Charnailles, 71640 Jambles. Tel. 85.44.30.57

DOM. THENARD Les Bois-Chevaux 1989★

■ 1er cru	7,66 ha	k.A.	🏛 ☑ 2

Baron Paul Thénard erfand im 19. Jh. das Mittel, um die Reblaus mit Schwefelkohlenstoff zu bekämpfen. Ein angesehenes Gut, das fast 2 ha im Montrachet besitzt. 1989 haben wir von dieser Reblage den 85er besonders empfohlen. Der kräftig gebaute, robuste 89er verströmt einen angenehmen Duft von reifen Früchten. Hübsche Farbe. Paßt zu einem Hähnchen in Rotweinsauce (natürlich aus einem Givry).
🍷 Dom. Thénard, 7, rue de l'Hôtel de Ville, 71640 Givry, Tel. 85.44.31.36 ⟐ Mo-Fr 8h-12h 13h30-18h ; Aug. geschlossen

THOMAS-BASSOT 1989★★

■	k.A.	k.A.	🏛 ↓ 3

In seinem Bukett findet man einige dezente Noten von roten Früchten. Hinter der lebhaften, strahlenden Farbe steckt ein robuster Wein mit guter Länge. Ausgezeichnete Erscheinung.
🍷 Thomas-Bassot, 5, quai Dumorey, 21700 Nuits-Saint-Georges, Tel. 80.62.31.21 ⟐ Mo-Do 8h-12h 14h-18h (Fr bis 17h) ; Aug. geschlossen

DOM. EMILE VOARICK 1989

■	2 ha	14 000	🏛 ☑ 2

Ein 60 ha großes Gut, das Michel Picard gehört und von Vincent Nicot geführt wird.

Aroma von reifen Früchten und Farbe von mittlerer Intensität. Zufriedenstellende Nachhaltigkeit.

🗝 SCV Dom. Emile Voarick, 71640 Saint-Martin-sous-Montaigu, Tel. 85.45.23.23 ☎ Mo-Sa 9h-12h 14h-18h

Montagny

Montagny, das ausschließlich Weißweine erzeugt, ist das südlichste Dorf der Region und kündigt bereits das Mâconnais an. Die Weine dieser Appellation können in vier Gemarkungen produziert werden : Montagny, Buxy, Saint-Vallerin und Jully-lès-Buxy. Die Einzellagen dürfen sich nur auf dem Gebiet von Montagny befinden. Die Produktion liegt bei 3 000 hl.

CAVE DES VIGNERONS DE BUXY
1990*

☐　　　　k.A.　23 000　🍷⬗ ↓ ☑ 2

Eine in Eichenholzfässern ausgebaute Cuvée von der Winzergenossenschaft in Buxy, die in den letzten Jahren große Anstrengungen unternommen hat. Der 90er ist sehr gut gelungen : entfalteter, großzügiger Duft von Honig und Weißdorn, klare, runde Ansprache, feuriger Abgang. Ein ganz klein wenig zuviel Alkohol, aber der typische Charakter ist hervorragend ausgeprägt.

🗝 Cave des Vignerons de Buxy, Les Vignes de La Croix, 71390 Buxy, Tel. 85.92.03.03 ☎ n. V.

DOM. DU CH. DE DAVENAY 1989

☐ 1er cru　7,5 ha　36 000　🍷⬗ ↓ ☑ 3

Das Gut gehört Michel Picard in Chagny. Sein Wein ist mit einem Weinhändler verbunden. Es mangelt diesem 89er zwar ein wenig an Atem (mäßige Kraft), aber er bezaubert das Auge und befriedigt den Gaumen. Trinkreif. Paßt zu Fisch.

🗝 SCEA Dom. du Ch. de Davenay, 71150 Chagny, Tel. 85.92.04.14 ☎ n. V.

🗝 Michel Picard

DUVERGEY TABOUREAU 1989*

☐ 1er cru　k.A.　k.A.　🍾🍷⬗ ↓ ☑ 3

Eine von Antonin Rodet übernommene Firma. Montagny ist ein Nachbar von Mercurey : Man kennt hier die guten Lieferanten. Denn dieser 89er mit den zitronengelben Reflexen besitzt einen recht hübschen, wenn auch zurückhaltenden Blütenduft. Eine kleine bittere Note im Abgang verdirbt nicht den Spaß. Reiche Empfindungen, solide Ausgewogenheit und das Gefühl, einen Freund entdeckt zu haben.

🗝 Duvergey-Taboureau, 6, rue des Santenots, 21190 Meursault, Tel. 80.21.63.00 ☎ n. V.

LES VILLAGES DE JAFFELIN 1989*

☐　　　　k.A.　k.A.　🍷⬗ ↓ 4

»Les Villages de Jaffelin« sind eine ausgezeichnete Idee des burgundischen Weinhandels, der damit relativ wenig bekannte Appellationen aufwertet. Die unter diesem Namen angebotenen Weine stammen aus guten Anbaugebieten, die oft schöne Überraschungen bereithalten. Beispielsweise diesen 89er hier. Die Farbe entwickelt sich zwar ein wenig, aber das Aroma ist klar (blumige Noten und Holzton). Frische und Ausgewogenheit.

🗝 Jaffelin, 2, rue du Paradis, 21200 Beaune, Tel. 80.22.12.49

DOM. DE LA RENARDE 1990*

☐　　　1,85 ha　1 800　🍷↓ ☑

Dieser Wein scheint von Dior zu stammen. Das Kleid ist Haute Couture. Sein Duft ist dem angemessen : Honig, Akazienblüten und Lebkuchen.

🗝 SA André Delorme, Dom. de La Renarde, rue de la République, 71150 Rully, Tel. 85.87.14.35 ☎ n. V.

DOM. DE LA TOUR
Les Saint Maurices 1989*

☐ 1er cru　4,04 ha　10 000　🍾🍷 ☑ 2

Das Gut wurde 1950 erworben. Zehn Jahre später wurden die Rebflächen neu bepflanzt. Dieser Winzer hat 1987 die Genossenschaft verlassen, um sich selbständig zu machen. Sein 89er ist ein sehr gelungener Wein. Zitronengelbe Farbe, Blütenduft und voller Geschmack. Er hat bei der Jury einen guten Eindruck hinterlassen.

🗝 Daniel Joblot, Dom. de la Tour, 71390 Saint-Vallerin, Tel. 85.92.13.69

LE VIEUX CHATEAU 1990*

☐ 1er cru　1,3 ha　5 000　🍾🍷 ☑ 2

Eine Genossenschaft, die Sympathie erweckt. Wenn Sie diese Appellation nicht kennen, sollten Sie diesen lebhaften, frühlingshaften Wein als Einführung in die Materie wählen. Mandeln und Haselnüsse sowie eine leichte Holznote. Er bietet eine perfekte Ausgewogenheit zwischen Duft und Geschmack. Seine Frische verspricht eine günstige Entwicklung.

🗝 Cave des Vignerons de Bissey-sous-Cruchaud, 71390 Bissey-sous-Cruchaud, Tel. 85.92.12.16 ☎ n. V.

Mâconnais

Mâcon, Mâcon Supérieur und Mâcon-Villages

Die Appellationen Mâcon, Mâcon Supérieur oder Mâcon, gefolgt vom Namen der Herkunftsgemeinden, werden für Rot-, Rosé- und Weißweine verwendet. Die Weißweine dürfen sich auch Pinot-Chardonnay-Mâcon und Mâcon-Villages bezeichnen. Das relativ große Anbaugebiet reicht von der Region von Tournus bis zum Rand von Mâcon. Die Vielfalt der Lagen kommt in einer großen Mannigfaltigkeit der Produktion zum Ausdruck.

Am bekanntesten ist das Gebiet von Viré, Clessé, Lugny und Chardonnay, das günstig für die Erzeugung von leichten, angenehmen Weißweinen ist. Zahlreiche Winzer haben sich zu Genossenschaftskellereien zusammengeschlossen, um ihre Trauben zu vinifizieren und ihre Weine zu vertreiben. Die Produktion hat sich in diesem Anbaugebiet erhöht und erreicht ca. 150 000 hl bei den Weißweinen, während die Rotweinproduktion (aus den Rebsorten Gamay und Pinot Noir) rund 50 000 hl beträgt.

Mâcon

CLOS DES BERTILLONNES 1990 ★★★

| | 0,5 ha | 1 500 | ◖ ↓ ☑ 3 |

Die Farbe hat Ähnlichkeit mit einem Sauternes. Der Duft erinnert etwas an Edelfäule. Überreife ? Vielleicht. Jedenfalls erregt sein Honig- und Zitronenaroma Bewunderung und setzt sich

im Geschmack bis zu Orangenschalen fort. Komplex, raffiniert, in jeder Hinsicht perfekt. Ein sehr großer Wein, der den König zum Vetter hat. Zu diesem prächtigen Mâcon, den wir besonders empfehlen, paßt Kalbsbries mit Morcheln.
🍷 Dom. Robert Denogent, 71960 Fuissé, Tel. 85.35.65.39 ⌛ n. V.

DOM. DES BRUYERES

Pierreclos Sélection vieille vigne 1990 ★★

| | 1 ha | 5 000 | ◖ ↓ ☑ 2 |

Man versteht, daß Lamartine hier gespürt haben soll, wie sein Herz Feuer fing ! Denn das hier ist ein schöner Wein, der Ähnlichkeit mit einem schönen Mädchen hat. Er zeigt den für die Pinot-Noir-Rebe typischen Charakter im burgundischen Stil : weiniges Aroma, ausgeprägte Fruchtigkeit und würzige Länge. Es soll sich hier um Trauben von alten Rebstöcken handeln. In jedem Fall ein feuriger, überzeugender 90er.
🍷 Maurice Lapalus, Aux Bruyères, 71960 Pierreclos, Tel. 85.35.71.90

CAVE DE CHARNAY 1991

| | k.A. | k.A. | ◖ 1 |

Ein passabler Standardwein. Jugendliche Farbe mit braunen Reflexen, Duft von Kernen, ein Hauch von Kohlensäure (ein Anfang 1992 verkosteter 91er), aber recht gute Ausgewogenheit.
🍷 Cave de Charnay, 54, chem. de la Cave, 71850 Charnay-Lès-Mâcon, Tel. 85.34.54.24 ⌛ n. V.

CH. DU CHENE 1990

| | 2,6 ha | 3 000 | ◖◗ ☑ 1 |

Die Familie Régis in Gatinel besitzt über die Verbindung mit der Familie Jonchay Güter in Lirac und Bandol. Sie bewirtschaftet hier 3 ha in der Nähe von Sennecey-le-Grand. Ins Violett spielende Farbe – ein echter Gamay. Im Duft findet man Holz und Lakritze. Er hat noch ein steifes Rückgrat (Mangel an Fülle und Milde) und widerborstige Tannine. Aber das wird sich geben.
🍷 Régis et Rambaud, Ch. du Chêne, 71240 Jugy, Tel. 85.51.21.18 ⌛ n. V.

COLLIN ET BOURISSET 1990

| | k.A. | 10 000 | ◖ 1 |

Eine 1821 in Crèches, in der Nähe von Mâcon, gegründete Firma, die es noch immer gibt. Die leichte Alterung ist im Aussehen zu erkennen. Vielfältiges Aroma und vielleicht eine alkoholische Note. Der Stoff hat noch nicht seine Harmonie gefunden und muß zweifellos ein wenig lagern, bevor man ihn zu einer Scheibe Schinkensülze trinken kann.
🍷 Vins fins Collin et Bourisset, rue de la Gare, 71680 Crèches-sur-Saône, Tel. 85.37.11.15 ⌛ n. V.

CH. DES CORREAUX 1990 ★

| | k.A. | k.A. | ◖◗ 2 |

Hübsche, recht intensive Farbe und sehr sauberer Duft, der in Richtung gekochte Früchte tendiert. Rundheit, Struktur und Lakritzearoma im

BURGUND

Geschmack. Gewissenhafte Vinifizierung : gute Arbeit.

➤ Reine Pédauque, B.P. 10, 21420 Aloxe-Corton, Tel. 80.26.40.00 ☎ n. V.

FRANCIS FICHET ET FILS Igé 1990

| ■ | 4 ha | 7 000 | ⓘ ↓ ☑ 1 |

Strahlend rote Farbe. Das Bukett erinnert an schwarze Johannisbeeren und Himbeeren. Seinen Tanninen mangelt es zwar an Zartheit, aber er kann besser werden, wenn man ihm Zeit läßt.

➤ GAEC Francis Fichet et Fils, Le Martoret, 71960 Igé, Tel. 85.33.30.46 ☎ n. V.

LES VIGNERONS D'IGE Igé 1990

| ■ | 2,7 ha | 23 000 | ⓘ ↓ ☑ 1 |

Eine der ältesten Genossenschaften im Mâconnais (1927). Alles an diesem Wein ist leicht, sogar der Preis. Ein Hauch von Veilchen und Lakritze. Insgesamt recht gut.

➤ Cave Coop. d' Igé, 71960 Igé, Tel. 85.33.33.56 ☎ Mo-Fr 7h30-12h 13h30-18h ; Sa nachm. geschlossen

DOM. DE LA CONDEMINE 1990*

| ■ | 0,2 ha | 1 500 | ⓘ ↓ ☑ 3 |

Véronique und Pierre haben vor zehn Jahren dieses kleine Gut übernommen und einen Gärkeller wieder aufgebaut. Ein schöner Gamay in Hochform. Der Geruchseindruck reicht von einer Kräuternote zu einem kräftigen Duft von frischen Erdbeeren. Lang, ziemlich tanninreich, gut gebaut.

➤ Véronique et Pierre Janny, La Condemine, Cidex 1556, 71260 Péronne, Tel. 85.36.97.03 ☎ n. V.

DOM. DE LA FEUILLARDE 1990

| ■ | 1,5 ha | 8 000 | ☑ 2 |

Ein 1934 von Jean-Marie Thomas aufgebautes Gut. Dieser 90er muß sich im positiven Sinne entwickeln. Seine Farbe ist dunkel und strahlend. Sein deutlich spürbares Aroma ist einschmeichelnd. Runde, geschmeidige Ansprache, Adstringenz und lebhafter, frischer Abgang. Muß noch ein wenig lagern.

➤ Lucien Thomas, Dom. de La Feuillarde, 71960 Prissé, Tel. 85.34.54.45 ☎ n. V.

JEAN-CLAUDE LAVAUD
Pierreclos 1990

| ■ | 2 ha | 8 000 | ⓘ ↓ ☑ 1 |

Pierreclos ist eine Pflichtstation, wenn man die Stätten von Lamartines Leben besuchen will. Intensive rotviolette Farbe : eine echte Blutorange. Ein wunderschöner Anblick. Feines, pfeffriges Aroma. Leichte Ansprache, wuchtiger, wirkungsvoller Abgang mit einer ziemlich wilden Kräuternote. Gar nicht schlecht.

➤ Jean-Claude Lavaud, Les Fouchenières, 71960 Pierreclos, Tel. 85.35.74.81 ☎ n. V.

LYCEE VITICOLE DE MACON-DAVAYE Davayé 1991***

| ■ | 3 ha | 20 000 | ⓘ ↓ ☑ 2 |

Die junge Generation auf den Bänken der Fachoberschule für Weinbau. Sie hat im letzten Jahr eine besondere Empfehlung für ihren 89er erhalten und wiederholt in diesem Jahr ihre Leistung. Sie vollbringt wahre Wunder, wenn man nach diesem Superwein urteilt. Großartige, belebende Farbe. Duft von Kaffee und Kirschwasser. Aroma von Knospen schwarzer Johannisbeeren im Geschmack. Eleganz und Struktur streiten sich hier um den Preis für den Klassenbesten. Pfeffer und Lakritze im Abgang. Ein vornehmer Wein !

➤ Lycée viticole de Mâcon-Davayé, Les Poncetys, 71960 Davayé, Tel. 85.33.56.20 ☎ n. V.

DANIEL MARTINOT
Bussières, Terroir de Jocelyn 1990

| ■ | k.A. | 7 000 | ⓘ ▮▯ ↓ ☑ 1 |

Bussières ist das Land von *Jocelyn*, das Dorf, wo Lamartine als Kind im Pfarrhaus Unterricht erhielt. Intensive granatrote Farbe. Der Geruchseindruck ist ziemlich ungeschliffen, verbessert sich aber an der Luft nach und nach. Ziemlich untypisch, aber es fehlt ihm dennoch nicht an Kraft.

➤ Daniel et Annie Martinot, Le Grand Bussières, 71960 Bussières, Tel. 85.36.65.05 ☎ n. V.

➤ Jean Charvet

DOM. MATHIAS 1991*

| □ | 1 ha | 9 000 | ⓘ ☑ 2 |

Elegante Farbe und geschmackvoll zusammengestelltes Bukett. Dieser zu jung verkostete Wein besitzt echte Qualitäten und dürfte sich gut entwickeln.

➤ Dom. Mathias, 71570 Chaintré, Tel. 85.35.60.67

DOM. RENE MICHEL ET SES FILS
Clessé, Vieilles vignes 1990*

| ■ | 0,25 ha | 1 500 | ⓘ ↓ ☑ 1 |

Das Etikett zeigt ein Motiv, das seit Jahrhunderten in die Eingangstür des Gutes eingraviert wurde. Dieser Wein besitzt eine schöne, kräftige rote Farbe. Er ist im Geruchseindruck ebenso aromatisch wie im Geschmack : Gewürze und Erdbeeren. Kann noch einige Zeit lagern.

➤ René Michel et ses Fils, Cray, cedex 624, 71260 Clessé, Tel. 85.36.94.27 ☎ n. V.

MOMMESSIN 1990

■ k.A. k.A. ▮↓▨

Didier Mommessin, der Vorsitzende des Bureau Interprofessionnel des Vins de Bourgogne, hat 1992 die »Grands Jours de Bourgogne« eingeführt. Sein 90er Mâcon ist angenehm, rund und fruchtig. Mehr Eleganz und Finesse als Stoff und Körper. 1988 hat der 88er eine besondere Empfehlung erhalten.
↢ Mommessin, La Grange Saint-Pierre, 71850 Charnay-lès-Mâcon, Tel. 85.34.47.74 ♈ n. V.

DOM. DE MONTERRAIN Serrières 1990

■ 8 ha 20 000 ▮▨▨

Ein vor kurzem renovierter Probierkeller. Ansprechende, leichte Farbe. Dieser Wein, der im Stil etwas an einen Beaujolais erinnert, setzt auf Milde und Einfachheit. Eine leicht bittere Note, aber kein weiterer Fehler. Muß bald getrunken werden.
↢ Dom. de Monterrain-Ferret, Les Monterrains, 71960 Serrières, Tel. 85.35.73.47 ♈ n. V.

DOM. D' OSTANGE Tournus 1990

■ 1 ha 6 000 ▮◗▨▨

Dieser Wein zierte einst die Tafel der Päpste in Avignon, wenn sie auf andere Gedanken kommen wollten. Durch Vermittlung der Mönche von Tournus. Ein roter Mâcon mit recht ausgeprägtem Charakter, der in keiner Weise aggressiv ist. Harmonisch, aber ohne große Nachhaltigkeit. 1988 haben wir den 85er besonders empfohlen.
↢ Noël Perrin, 71460 Culles-les-Roches, Tel. 85.44.04.25 ♈ n. V.

DOM. DES PITOUX 1990

■ 1 ha 5 000 ▨▮

Ein hübsches, für das Mâcon typisches Haus mit traditionellem umlaufendem Balkon. Ein buketreicher 90er mit einer intensiven roten Farbe und einem leichten Lakritzearoma. Ausgewogen, aber nicht sehr voll.
↢ Marcel Guyard, Dom. des Pitoux, 71960 Bussières, Tel. 85.37.71.40 ♈ tägl. 9h-12h 14h-18h

DOM. DES PROVENCHÈRES 1991*

■ k.A. 35 000 ▨▮

Einschmeichelnde Farbe im Dienst eines komplexen Buketts : Tiergeruch, Gewürze, Lakritze, Holznote, bis hin zu gekochten Früchten ! Der nachfolgende Geschmackseindruck ist perfekt, feurig und voller Persönlichkeit. Dagegen ist der typische Charakter nicht sehr stark ausgeprägt.
↢ Maurice Gonon, Les Provenchères, 71960 Serrières, Tel. 85.35.71.96 ♈ n. V.

DOM. DE ROCHEBIN Azé 1990

■ 15,05 ha 40 000 ▮↓▨▮

Theseus am Eingang des Labyrinths ! Das ist unser erster Geruchseindruck angesichts der intensiven Komplexität des Buketts : Backpflaumen, Feigen, reife Früchte. Schade, daß der Geschmack ziemlich warm ist. Aufgeführt wird er hier wegen seines fesselnden Aromas.
↢ Dom. de Rochebin, 71260 Azé, Tel. 85.33.33.37 ♈ n. V.

LEON SAUMAIZE Davayé 1990**

■ k.A. k.A. ▮▨▨

Dieser sehr vollmundige Mâcon besitzt eine tiefrubinrote Farbe und entfaltet nach einem Augenblick der Belüftung einen Duft von roten Früchten. Er wird vorteilhaft ein Jahr altern, weil er sich dann voll öffnet. Ein verfeinerter Gamay.
↢ Léon Saumaize, La Truche, 71960 Vergisson, Tel. 85.35.82.14 ♈ n. V.

JEAN-CLAUDE THEVENET
Pierreclos 1990*

■ 7 ha 35 000 ▮↓▨▮

Jean-Claude, Enkel eines Winzers im Schloß Pierreclos, hat das Gut 1972 übernommen und es von vier auf 20 ha vergrößert. Klare, noch intensive Farbe. Ein Mâcon mit einem frischen Duft von schwarzen Johannisbeeren. Im Geschmack spürt man über einem Teppich aus milden Tanninen ein Aroma von roten Johannisbeeren. Der typische Charakter ist zufriedenstellend.
↢ Jean-Claude Thévenet, Au Bourg, 71960 Pierreclos, Tel. 85.35.72.21 ♈ Mo-Sa 7h30-12h 13h30-18h

DOM. THIBERT PERE ET FILS 1990*

□ 1,5 ha 11 000 ▮◗↓▨▮

Christophe, Thiberts Sohn, hat sich 1990 dem Betrieb wieder angeschlossen. Dieser 90er besitzt wenig Fülle, aber Fruchtigkeit und eine strahlende Farbe. Ein duftiger, ausgewogener Wein mit einer leicht säuerlichen Note im Abgang. Paßt zu einem Hecht aus der Sâone.
↢ Dom. Thibert Père et Fils, Au Bourg, 71960 Fuissé, Tel. 85.35.61.79 ♈ n. V.

CAVE DE VERZE 1989

■ 72 ha k.A. ▮↓▨▮

Sehr schöne Farbe. Der leicht pflanzliche Duft entwickelt sich zu vollreifen Früchten hin. Guter Stoff, der milder zu werden beginnt. Würzige Nuancen im Abgang. Kann noch altern.
↢ Cave Coop. de Verzé, 71960 Verzé, Tel. 85.33.30.76 ♈ Di-Sa 8h-12h 14h-18h

Mâcon Supérieur

GABRIEL ALIGNE 1990

■ k.A. k.A. ▮↓▨

Die Farbe geht in Ordnung. Der Duft bewegt sich zwischen Tiergeruch und roten Früchten, ohne seine Jugendlichkeit einzubüßen. Er besitzt den Stil des Landes, bleibt aber ziemlich flüchtig. Trinkreif.
↢ Les Vins Gabriel Aligne, 69430 Beaujeu, Tel. 74.04.84.36 ♈ Mo-Fr 8h-12h 14h-18h

CAVE DES VIGNERONS DE MANCEY Mancey 1990*

■ 60 ha 80 000 ▮↓▨▮

Mancey ist das Dorf, wo man zum ersten Mal in Burgund das Auftreten der Reblaus feststellte. Aber dies ist lange her. Diesem 90er mangelt es ein wenig an Rückgrat, aber dafür besitzt er eine wunderbare Frische und ein originelles Erdbeerbukett, das – wie soll man es ausdrücken ? – an Erdbeersirup und leicht gekochte Erdbeeren erinnert. Paßt zu einer Auberginenquiche.

🕭 Cave des Vignerons de Mancey, B.P. 55, 71700 Tournus, Tel. 85.51.00.83 ⊥ n. V.

THORIN La Guillomière 1991*

	k.A.	100 000	

Das Kleid aus dickem Gewebe erinnert an Bigarreaukirschen, mit violetten Reflexen am Saum. Ziemlich verschlossener Duft mit pflanzlichen Noten. Kräftige Säure, aber gute Trauben und robuste Tannine. Er ist kein Gipfel, aber ein Hang, der es verdient, daß man ihn erklimmt.

🕭 SA Thorin, 71570 Pontanevaux, Tel. 85.36.70.43 ⊥ n. V.

Mâcon-Villages

DOM. D' AZENAY Azé 1990**

	k.A.	80 000	

Selten sind die berühmten Küchenchefs, die nicht der Versuchung erliegen, ihren Namen nicht für einen eigenen Wein herzugeben. Georges Blanc steht hier nicht hinter seinem Küchenherd, sondern hinter seinen Fässern. Eine gute Abstammung läßt sich nicht verleugnen. Er holt aus dem Anbaugebiet von Azé das Beste heraus. Ein mit zwei Sternen bewerteter Chardonnay, der komplex und ehrgeizig ist und eine zarte Holznote besitzt. Er wird noch weit kommen und spielt bereits im Hof der Großen (Saint-Véran, Pouilly-Fuissé).

🕭 Georges Blanc, Dom. d'Azenay, 71260 Azé, Tel. 74.50.10.79 ⊥ n. V.

BICHOT 1990*

	k.A.	k.A.	

Die Farbe ist von mittlerer Intensität, aber darauf folgt ein hervorragendes Bukett (Limetten, Lindenblüten), das sich an der Luft entfaltet und in Richtung Mandarinen geht. Dieser Eindruck hält im Geschmack an. Ein Hauch von Säure und recht gute Länge. Gar nicht übel !

🕭 Maison Albert Bichot, 6 bis, bd Jacques Copeau, 21200 Beaune, Tel. 80.22.17.99

ANDRE BONHOMME
Viré Cuvée spéciale 1990*

	5 ha	40 000	

Ein 7 ha großes Gut. Klare, lebhafte gelbe Farbe. Ein 90er, dessen blumige Noten von einem Holzton überlagert werden, der noch nicht harmonisch eingebunden ist. Solide Qualitäten : ein voller Wein, der recht rund, angenehm, entfaltet und dauerhaft ist.

🕭 André Bonhomme, Cidex 2108, 71260 Viré, Tel. 85.33.11.86 ⊥ n. V.

BOUCHARD PERE ET FILS
Lugny Saint-Pierre 1990***

	k.A.	k.A.	

Lugny besitzt eine sehr schöne Statue des hl. Petrus (14. Jh.). Daher auch der Name dieser Cuvée, die die Pforten zum Himmelreich öffnet. Strahlend goldene Farbe, sehr dicke »Tränen«, Duft von Butter und Geröstetem. Ein im Geschmack klarer, sauberer und milder 90er, der für den äußersten Augenblick der Lust nach der Liebe eines schönen Fisches sucht. Seine perfekte Vinifizierung bestimmt ihn für große Tafeln.

🕭 Bouchard Père et Fils, Au Château, B.P. 70, 21202 Beaune Cedex, Tel. 80.22.14.41 ⊥ n. V.

DOM. DES CARTELETS 1990**

	6 ha	2 000	

»Auf der Schwelle von drei Steinstufen...« Wir befinden uns hier in der Heimat von Lamartine, unweit des Hauses, wo er seine Kindheit verbrachte. Dieser Chardonnay hat nichts von einem unbelebten Gegenstand an sich. Im Gegenteil : seine Seele mit einer intensiven goldenen Farbe öffnet sich zu einem aromatischen Gedicht mit zartem Vanilleduft, »das uns zwingt zu lieben« . Rundheit und Finesse verleihen ihm eine wundervolle Attraktivität.

🕭 André Panay, 71960 Milly Lamartine, Tel. 85.37.75.59 ⊥ tägl. 8h-12h 14h-18h

DOM. DES CAVES 1990*

	0,5 ha	3 000	

Intensive gelbe Farbe. Angenehm und voll. Eher elegant und nicht übermäßig lebhaft. Ein guter Mâcon im Mittelfeld.

🕭 Jean-Jacques Robin, Les Caves, 71960 Davayé, Tel. 85.35.82.96 ⊥ n. V.

CAVE DE CHARDONNAY
Chardonnay Réserve du Millénaire 1990**

	20 ha	k.A.	

Das kleine Dorf Chardonnay ist vor kurzem 1000 Jahre alt geworden. Die »Réserve du Millénaire« ist dem Anlaß angemessen. Elegant und feminin, ein sehr schöner Wein mit einem frischen Blüten- und Vanilleduft, den man mit einem Wort zusammenfassen kann : hübsch. Ja, ein hübscher Wein, wie man von einem hübschen jungen Mädchen spricht. Weisen wir noch auf die 90er Grande Réserve hin, die aufgrund ihres lieblichen Buketts mit einem Stern bewertet worden ist.

🕭 Cave de Chardonnay, 71700 Chardonnay, Tel. 85.40.50.49 ⊥ Di-So 8h-12h 14h-18h

DOM. DES CHAZELLES Viré 1990

	6,5 ha	35 000	

Das Gut bietet auch Gästezimmer an. Ziemlich ausgeprägtes Blütenaroma mit dazu passender Farbe. Gute geschmackliche Länge, aber etwas schlaffer Charakter.

🕭 Josette et Jean-Noël Chaland, Dom. des Chazelles, En Jean Large, 71260 Viré, Tel. 85.33.11.18 ⊥ n. V.

DOM. COTEAU DES MARGOTS
Pierreclos 1990

☐	k.A.	k.A.	🍴↓ 1

Die Idylle von *Jocelyn* ist mit dem Schloß Pierreclos verbunden. Goldgrüne Farbe, an Lilien erinnernder Duft. Ein klarer, runder Mâcon, etwas verdünnt, mit einem Honigaroma im Abgang und ziemlich kurz. Ein Jugendgedicht.
🍴 Jean-Marc Aujoux, 69830 Saint-Georges-de-Reneins, Tel. 74.67.68.67

GEORGES DUBŒUF 1990*

☐	k.A.	k.A.	🍴↓ ☑ 2

Hinter dem berühmten mit Blumen verzierten Etikett von P. Albuisson verbirgt sich ein frischer gelber Wein, der das Aroma von eingemachten Früchten mit dem Duft von weißen Blüten verbindet. Recht typisch, aber ziemlich leicht. Paßt zu Vorspeisen.
🍴 Les Vins Georges Dubœuf, B.P.12, 71570 Romanèche-Thorins, Tel. 85.35.51.13 ☙ n. V.

DOM. GILLET Clessé 1990*

☐	2,5 ha	10 000	🍴↓ ☑ 3

Jean Thévenet, der 1989 mit einem Ersten Preis für Architektur (auf nationaler Ebene) ausgezeichnet worden ist, beweist, daß er Geschmack besitzt. Und diesen sehr sicheren Geschmack überträgt er auch auf seinen Mâcon-Clessé : strahlend gelbe Farbe, Duft von Blüten und Akazien, enormes Volumen im Geschmack. Eine alkoholische Note, aber insgesamt sehr gelungen.
🍴 SCV Emilian Gillet, Quintaine cidex 654, 71260 Clessé, Tel. 85.36.94.03 ☙ n. V.

DOM. GIROUX 1990

☐	1 ha	6 000	🍴🍶 ☑ 2

Yves Giroux ist ein Winzer, der Weine der Appellationen Pouilly-Fuissé und Mâcon-Fuissé erzeugt. Auf insgesamt 5 ha. Der klassische, feine Duft erinnert ein wenig an den benachbarten Pouilly (Ginster, gelbe Blüten, getrocknete Früchte). Warmer, fleischiger Geschmack, der auch ein wenig nervig ist und eine sehr starke Persönlichkeit zum Ausdruck bringt, die den typischen Charakter überdeckt. Und das Schlußwort ? Mandeln.
🍴 Dom. Yves Giroux, Les Molards, 71960 Fuissé, Tel. 85.35.63.64 ☙ n. V.

DOM. JULIA 1990*

☐	2 ha	2 400	🍶 ☑ 2

Warum Domaine Julia ? Sicherlich eine Hommage an die Tochter Lamartines. Ausgeprägte gelbe Farbe mit leicht blaugrauem Schimmer. Ein holzbetonter Chardonnay, der eher voll als säuerlich ist und dennoch einen angenehmen, langen Geschmack bietet.
🍴 Didier Panay, le Plan, 71960 Fuissé, Tel. 85.35.60.30 ☙ tägl. 9h-12h 14h-18h

DOM. DE LA GARENNE Azé 1990

☐	4 ha	k.A.	🍴🍶↓ ☑ 2

Marcel Périnet, Mitbesitzer dieses Gutes, war 1978 der beste Weinkellner und Oberkellner von Frankreich. Er arbeitet seit einem Vierteljahrhundert bei Georges Blanc in Vonnas. Zu diesem Wein empfiehlt er Seeteufel mit Knoblauchsauce. Das Bukett erinnert an gebrannte Mandeln und frische Butter und enthüllt eine pfeffrige Note. Gute Ansprache, aber die Säure blockiert ein wenig diesen Schwung.
🍴 Duvergey-Taboureau, 6, rue des Santenots, 21190 Meursault, Tel. 80.21.63.00 ☙ n. V.
🍴 Périnet et Renoud-Grappin

CH. DE LA GREFFIERE
La Roche Vineuse 1990**

☐	6,5 ha	20 000	🍴 ☑ 2

Ein Gut mit sehr alten Wurzeln, das zwischen La Roche-Vineuse und Verzé liegt. Eine Andouillette aus dem Mâconnais dürfte gut zu diesem Roche Vineuse passen, der nach gebrannten Mandeln und leicht nach Zitrusfrüchten duftet. Zweifellos eine Spätlese, deshalb auch ein gewisser Mangel an Frische. Aber er besitzt auch einen sehr offenherzigen Charakter, der überzeugt.
🍴 Isabelle et Vincent Greuzard, La Greffière, 71960 La Roche-Vineuse, Tel. 85.37.79.11 ☙ tägl. 8h-12h 13h-19h

CAVEAU LAMARTINE Sologny 1991**

☐	70 ha	50 000	🍴↓ ☑ 1

Es handelt sich dabei zweifellos um Jugendverse, aber man spürt die Hand des Dichters, der sein Jahrhundert mitreißen wird. Harmonie der Form und der Tiefe, Reichtum der Inspiration und Ausdauer. Ein exzellenter Wein, den der Verfasser der *Méditations* seiner Tafel nicht für unwürdig beurteilt hätte.
🍴 Caveau Lamartine, 71960 Sologny, Tel. 85.36.60.64

DOM. LANEYRIE Solutré 1989

☐	1 ha	1000	🍴↓ ☑ 2

Der Felsen von Solutré ist auf dem Etikett zu sehen. In der Ausgabe 1992 haben wir den 88er besonders empfohlen. Und was ist mit dem 89er ? Duft von sehr reifen Früchten und Honig mit einem Hauch von Kräutern. Die Ansprache ist lebhaft, ziemlich säuerlich, aber dahinter entfaltet sich eine schöne Geschmeidigkeit. Man spürt gekochte Früchte, danach getrocknete, leicht geröstete Früchte. Reizvolle Alterungsfähigkeit in einem sehr süffigen Stil.
🍴 GFA des Dom. Ed. Laneyrie, Au Bourg, 71960 , Tel. 85.36.72.54 ☙ n. V.

CATHERINE ET JEAN-CLAUDE LAVAUD Pierreclos 1990**

☐	1,5 ha	5 000	🍴 ☑ 2

Ein Winzer, dessen Familie nicht schon seit dem Mittelalter Wein anbaut ! Jean-Claude ist nämlich der Gründer eines neuen Winzergeschlechts, der sich hier 1989 niedergelassen hat. Dieser 90er ist sein erstes Kind. Er füllt den Gaumen gut und lange aus. Seine sehr soliden Qualitäten bieten ihm reiche Perspektiven. Kaisergranate ? Warum nicht !

⟜ Jean-Claude Lavaud, Les Fouchenières, 71960 Pierreclos, Tel. 85.35.74.81 ☈ n. V.

CH. DE LOCHE Loché 1990★★

☐	3,3 ha	30 000	∎↓**2**

Ein üppiger 90er mit einem exotischen Aroma. Der reiche, konzentrierte Stoff ist noch schlecht verarbeitet, besitzt aber sehr schöne Zukunftsaussichten. Die Note von Überreife kommt schon in der sehr ausgeprägten Farbe zum Vorschein. Ein ehrgeiziger Wein.

⟜ Maison P. Misserey, 3, rue des Seuillets, B.P. 10, 21702 Nuits-Saint-Georges Cedex, Tel. 80.61.07.74 ☈ n. V.

LORON 1990

☐	k.A.	200 000	∎↓**1**

Klassische goldene Farbe. Leicht verkürzt (eine Note von süßen Mandeln im Duft und von Bittermandeln im Geschmack). Ein geschmeidiger Wein ohne jegliche Schlaffheit, der recht typisch für die Appellation ist und sich noch entwickelt.

⟜ E. Loron et Fils, 71570 Pontanevaux, Tel. 85.36.70.52

CAVE DE LUGNY Lugny 1990★

☐	269 ha	k.A.	∎↓☑**2**

Lugny ? Erinnern Sie sich an das Zeitfahren der Etappe Lugny – Mâcon bei der Tour de France 1919 ? Mit diesem Wein in den Trinkflaschen hätten die Fahrer fest in die Pedale treten können. Eine Farbe wie das Gelbe Trikot. Sportlicher Duft. Klare Ansprache. Ein 90er, der gut auf dem Sattel sitzt und dennoch im letzten Drittel des Rennens etwas nachläßt.

⟜ Cave de Lugny, B.P. 6, rue des Charmes, 71260 Lugny, Tel. 85.33.22.85 ☈ n. V.

MAISON MACONNAISE DES VINS 1990

☐	k.A.	k.A.	∎☑**3**

Eine Genossenschaft, die ihren Sitz an der Prachtstraße von Mâcon hat. Man kann dort praktisch alle Weine dieser Gegend probieren. Der Empfang ist sehr freundlich. Gutes Aroma mit blumigen Noten. Der Charme ist nicht überraschend, aber es handelt sich dennoch um einen guten, tapferen Wein.

⟜ Maison Mâconnaise des Vins, 484, av. de Lattre-de-Tassigny, 71000 Mâcon, Tel. 85.38.36.70 ☈ n. V.

CAVE DES VIGNERONS DE MANCEY 1990

☐	28 ha	100 000	∎↓☑**3**

Geschmeidig und fruchtig. Ein sehr liebenswürdiger kleiner Mâcon. Sein leichter Schwefelgeruch beeinträchtigt die Gesamtnote etwas, denn er ist süffig und geschmeidig.

⟜ Cave des Vignerons de Mancey, B.P. 55, 71700 Tournus, Tel. 85.51.00.83 ☈ n. V.

JEAN MANCIAT Franclieu 1990★★★

☐	2 ha	5 000	∎↓☑**3**

Seide oder Spitze ? Bevor man ihm eine besondere Empfehlung zuerkannte, spaltete sich die Jury in zwei Lager. Es ist schwierig, mit mehr Anmut und Esprit die typischen Eigenschaften der Chardonnayrebe zu entfalten. Darüber darf man jedoch nicht die tiefen Qualitäten des Buketts vergessen, in dem man Pfirsiche, Lindenblüten, Akazienblüten und Aprikosen entdeckt. Er setzt alle Mittel ein, die er besitzt !

⟜ Jean Manciat, Levigny n°557, 71850 Charnaylès-Mâcon, Tel. 85.34.35.50 ☈ n. V.

DOM. MANCIAT PONCET Charnay 1990

☐	k.A.	20 000	∎◗↓☑**2**

Die landwirtschaftliche Gesellschaft von Mâcon zeichnete dieses Gut schon im Jahre 1892 aus. Der 90er, der fast den 100. Jahrestag dieser ersten Medaille feiert, besitzt eine hübsche Farbe, einen leichten Duft (Früchte und Leder), wenig Säure und eine gewisse Rundheit.

⟜ Dom. Manciat-Poncet, 65, chem. des Gérards, Levigny, 71850 Charnay-Les-Macon, Tel. 85.34.18.77 ☈ n. V.

CH. DE MIRANDE 1989

☐	25 ha	15 000	↓☑**2**

Das Gut ist mit dem Andenken an Jules de Montépin, dem Freund von Lamartine, Abgeordneten von Autun und Onkel des Verfassers der *Porteuse de pain*, verbunden. Dieser Wein ist voll und dennoch nervig und ziemlich harmonisch und besitzt alle Trümpfe für die Zukunft.

⟜ Dom. de Montbellet, Ch. de Mirande, 71260 Lugny, Tel. 85.33.13.45 ☈ tägl. 8h-20h
⟜ Patrice de l'Epine

DOM. DES NIALES 1990

☐	2 ha	10 000	∎↓☑**1**

Die leichte Kohlensäure gibt ihm einen zarten, erfrischenden Charakter. Ein etwas blasser 90er, der nach Birnen und Ananas duftet und ein Bienenwachsaroma enthüllt. Endet rasch, aber galoppiert gut.

⟜ Rhedon-Marin, Saint-Maurice de Satonnay, 71260 Lugny, Tel. 85.34.78.60

FRANCOIS PAQUET 1990

☐	k.A.	30 000	∎↓☑**2**

Ein Wein, der sich zum Zeitpunkt der Verkostung noch in der Entwicklungsphase befand und schwer zu beurteilen war. Er ist uns aufrichtig erschienen.

☛ François Paquet, Le Trève, 69460 Le Perréon, Tel. 74.65.31.99 ⵎ n. V.

☛ Georges Paquet

PASQUIER DESVIGNES 1990 *

☐	6 ha	48 000	🖪↓🚹

Schüchterner Duft : weiße Blüten, Röstgeruch und Eibisch (was hier nicht negativ gemeint ist). Eleganter, etwas gekünstelt wirkender Geschmack über einem Mentholaroma. Ein Wein, den man Frau Baronin servieren kann.

☛ Pasquier-Desvignes, rte de Lyon, B.P. 4033, 71040 Varennes-lès-Mâcon, Tel. 85.34.70.50

DOM. DES PERELLES Chaintré 1990 *

☐	1 ha	k.A.	🖪Ⅴ🔢

Ein in Chânes, in der Nähe von Saint-Véran und Saint-Amour-Bellevue gelegenes Gut. Nicht weit vom Beaujolais-Weinbaugebiet entfernt. Dunkelgelbe Farbe und bereits entwickelt. Ein angenehmer Wein, der sich leicht trinkt, aber in seinem Charakter für einen weißen Mâcon nicht sehr typisch ist.

☛ Jean-Marc et Roseline Thibert, Les Perelles, 71680 Crêches-sur-Saône, Tel. 85.37.14.56 ⵎ n. V.

CH. DE PERONNE 1990 *

☐	7 ha	55 000	🖪↓🚹

In Péronne traf König Gontran die Entscheidung, die Sonntage und die christlichen Feste zu beachten. Die Wochenenden und die Werktage zwischen den Feiertagen traten in die Zivilisation ein. Profitieren Sie davon und unternehmen Sie einen Ausflug ins Mâconnais, um dort diesen Wein zu probieren. Intensiv goldene Farbe, schwerer Duft (Ginster, Menthol, Lakritze) und fleischiger, voller Geschmack. Ein wenig Wärme, viel Reserven und Beginn von Länge.

☛ Roland Bouchacourt, Le Moulin, 435, rte du Beaujolais, 69830 Saint-Georges-de-Reneins, Tel. 74.67.61.36

DOM. DU PRIEURE 1989 *

☐	10 ha	80 000	🖪↓Ⅴ🔢

In der Ausgabe 1989 haben wir den 86er besonders empfohlen. Der 89er ist ein lagerfähiger Wein. Während die Farbe perfekt ist, hat er einen jugendlichen Duft von weißen Blüten mit einer leichten Herbheit bewahrt. Etwas nervig im Geschmack und alkoholreich. Solides Potential.

☛ SCEA du Prieuré, La Condemine, 71260 Péronne, Tel. 85.36.97.03 ⵎ n. V.

LES PRODUCTEURS DE PRISSE 1991 *

☐	82 ha	200 000	🖪↓Ⅴ🚹

Ein wenig gelb für einen 91er. Seine Intensität hat sich schon bestätigt : Kraft, Fülle, Nachhaltigkeit. Zweifellos von sehr reifen Trauben. Ein gelungener Wein für diese Appellation.

☛ Gpt des Prod. de Prissé, 71960 Prissé, Tel. 85.37.88.06 ⵎ n. V.

REINE PEDAUQUE
Les grandes charmes 1991 *

☐	k.A.	k.A.	◫🔢

Im Geschmack besser als im Duft, denn das Aroma ist hier ziemlich neutral. Aufgrund seiner Struktur und der beginnenden Finesse darf man eine gute Entwicklung erwarten.

☛ Reine Pédauque, Le Village, 21420 Aloxe-Corton, Tel. 80.26.40.00 ⵎ n. V.

DOM. DE ROCHEBIN Azé 1990 *

☐	12,15 ha	34 000	🖪↓Ⅴ🔢

Azé ist berühmt wegen seiner Höhlen mit Skeletten von Höhlenbären, die über 300 000 Jahre alt sind. Berühmt auch wegen seines Weins. Dieser hier besitzt eine sehr helle Farbe und einen jugendlich gebliebenen Blütenduft mit einer pflanzlichen Note. Guter Geschmack : sehr ausgeprägt, ein wenig lebhaft, lang und kräftig, klar und nachhaltig.

☛ Dom. de Rochebin, 71260 Azé, Tel. 85.33.33.37 ⵎ n. V.

CELLIER DES SAMSONS 1990 *

☐	k.A.	15 000	🖪↓🔢

Kanonikus Kir, Abgeordneter und Bürgermeister von Dijon, beschimpfte diejenigen, die sich seinen Projekten entgegenstellten, gern als »Krustentiere« . Machen wir die in Burgund erfolgte Beleidigung an den unglückseligen Krebstieren wieder gut und bieten wir ihnen diesen Wein an, der sie fröhlich stimmen wird. Herzliche Farbe und geheimnisvoller, noch verschwiegener Duft, in dem man Vanille und Mandeln findet. Ein wenig Trockenheit, aber viel Kraft und eine erstaunliche Länge.

☛ Cellier des Samsons, Le Pont des Samsons, 69430 Quincié-en-Beaujolais, Tel. 74.04.39.39

ROGER SAUMAIZE 1990 *

☐	0,36 ha	3 000	🖪↓Ⅴ🔢

Ein leicht entwickelter Wein mit einer lebhaften goldenen Farbe, der nach weißen Blüten duftet. Klare, sinnliche Struktur : Die Fülle scheint es sich auf sehr geschmeidigen Tanninen bequem zu machen. Ein gut gelungener 90er, der seinem Jahrgang entspricht.

☛ Roger Saumaize, Vers la Croix, 71960 Vergisson, Tel. 85.35.84.05 ⵎ n. V.

THORIN 1990 **

☐	k.A.	60 000	🖪↓Ⅴ🔢

Farbe und Duft sind gefällig und anregend. Klarheit und Eleganz, typischer Charakter, Finesse – genau das, was einen Mâcon-Villages ausmacht. Schnell dazu eine Scheibe Wurst oder Schinkensülze ! Es gibt Tage, an denen man sich sagt, daß das Leben so schön sein kann ...

☛ SA Thorin, 71570 Pontanevaux, Tel. 85.36.70.43 ⵎ n. V.

VERGET 1990 ***

☐	k.A.	40 000	◫Ⅴ🔢

J.-M. Guffens hat sich entschlossen, seine Talente auch außerhalb seines Gutes in Vergisson einzusetzen, und stellt für die Firma Verget zahlreiche Weißweine her, wobei er die weißen

Trauben aufkauft. Das Ergebnis ist hier großartig. Ballkleid, feiner Duft (Zitronen, Vanille, Butter) und sehr reicher Geschmack. Ein harmonischer, konzentrierter 90er, der sehr vielversprechend ist und eine schöne Zukunft hat. Er ist mit seltenem Können und – wenn man so sagen kann – mit Liebe vinifiziert worden. Fast eine besondere Empfehlung.

↖ SARL Verget, 71960 Sologny, Tel. 85.37.70.77 ☎ n. V.

DOM. DU VIEUX SAINT-SORLIN
La Roche Vineuse 1990

| ☐ | 3 ha | 22 000 | ❚❙❚ Ⅴ ② |

La Roche-Vineuse hieß früher Saint-Sorlin. Eine der wenigen Gemeinden, die ihren Namen, den sie nach der Französischen Revolution erhielten, bewahrt haben. Der Grund dafür liegt auf der Hand ! Ein Spezialist für Marketing hätte keinen Besseren finden können. Ein 90er, der den Freunden von holzbetonten Weinen gefallen wird. Er ist ziemlich leicht und beendet seine Vorstellung rasch. Einer unserer Juroren sagte ihm dennoch eine schöne Zukunft voraus. Lassen wir uns überraschen !

↖ Olivier Merlin, Dom. du Vieux Saint-Sorlin, 71960 La Roche-Vineuse, Tel. 85.36.62.09 ☎ n. V.

HENRI DE VILLAMONT 1990**

| ☐ | k.A. | 18 000 | ❙↓Ⅴ ① |

Wie die Firma F. Martenot in Beaune eine Filiale der Schweizer Gruppe Schenk. Ein Wein, den man trinkt, weil er so gut gefällt. Unsere besondere Empfehlung dafür. Weniger wegen seines außergewöhnlichen Charakters als wegen der extremen Treue gegenüber der Appellation : Lakritze, Butter, Veilchen. Recht konzentrierter, kräftiger und ausgewogener Geschmack. Er kann ein paar Jahre Lagerung vertragen.

↖ Henri de Villamont SA, rue du Dr Guyot, 21420 Savigny-lès-Beaune, Tel. 80.24.70.07 ☎ n. V.

VINCENT Pièce d'or 1990*

| ☐ | k.A. | 50 000 | ❙↓Ⅴ ② |

Die Familie Vincent besitzt dieses Gut seit 1852. Jean-Jacques, Diplomlandwirt und ˚Onologe, hat ein gutes Gespür für gute Weine und versteht es auch, seine Weine sehr gut zu verkaufen. »Goldstück« ist ein hübscher Name für diesen Wein. Er ist zwar kein Goldbarren, denn dafür fehlt es ihm an Umfang und Gewicht, aber er besitzt den Charme eines Louisdors. Und wenn

man schon kein Vermögen verprassen kann, so kann man sich hier zumindest eines antrinken. Klar, ausgewogen.

↖ SARL J.-J. Vincent et Fils, Ch. de Fuissé, 71960 Fuissé, Tel. 85.35.61.44 ☎ n. V.

Pouilly-Fuissé

Die Felsen von Solutré und Vergisson ragen wie der Bug zweier Schiffe zum Himmel auf. Zu ihren Füßen breitet sich das angesehenste Anbaugebiet des Mâconnais aus : das der Appellation Pouilly-Fuissé, die sich auf die Gemarkungen Fuissé, Solutré-Pouilly, Vergisson und Chaintré erstreckt. Die Produktion liegt bei rund 40 000 hl.

Die Weine Pouillys sind sehr bekannt, vor allem im Ausland ; ihre Preise konnten schon immer mit denen der Chablis- und sogar der Meursaultweine konkurrieren. Sie sind lebhaft, kraftvoll und duftig. Wenn sie im Eichenfaß ausgebaut werden, nehmen sie bei der Alterung ein charakteristisches Aroma von gebrannten Mandeln und Haselnüssen an.

AUVIGUE Vieilles vignes 1990

| ☐ | k.A. | 12 000 | ❚❙❚↓Ⅴ ③ |

Ziemlich entfaltet und fehlerlos, geprägt von einer leichten Faßnote, die aber schon gut eingefügt ist. Ein strohgelber Wein, der noch altern muß.

↖ Auvigue Vins, Le Moulin du Pont, 71850 Charnay-lès-Mâcon, Tel. 85.34.17.36 ☎ n. V.

DANIEL BARRAUD La Verchère 1990

| ☐ | 1 ha | 5 000 | ❙❚❙Ⅴ ③ |

Die erste Cuvée »La Verchère« , denn dieser Weinberg ist ein Neuerwerb. Ein blaßgoldener Wein mit einer ziemlich knapp gefaßten aromatischen Nachricht. Gefällig, leicht, gut vinifiziert, zu jung noch, um seine Liebeserklärung zu machen.

↖ Daniel Barraud, Le Bourg, 71960 Vergisson, Tel. 85.35.84.25 ☎ n. V.

DOM. BELLENAND 1990

| ☐ | k.A. | 24 000 | ❚❙❚↓ ④ |

Das Gut gehört einem Zweig der Familie Mommessin und liegt auf den Hügeln von Solutré. Es gibt keinen Grund, diesem Wein die kalte Schulter zu zeigen. Ein redlicher, recht guter 90er, der dennoch ein wenig einen Allerweltscharakter hat.

🔻 Mommessin, La Grange Saint-Pierre, 71850 Charnay-lès-Mâcon, Tel. 85.34.47.74 ⌂ n. V.

DOM. BRESSAND 1990★★

☐	9,5 ha	40 000	

Strahlend goldene Farbe und feiner, zurückhaltender Duft. Eher rund als stoffreich, von einer leichten Oxidation (Aroma von Quittenbrot) und seinem Holzton geprägt. Er erscheint sehr gelungen, ein wenig entwickelt und bodentreu. Zu Kalbsbries mit Sahnesauce.
🔻 Marc Bressand, La Roche, 71960 Solutré-Pouilly, Tel. 85.35.80.96

MAURICE BRESSAND 1990★

☐	1,3 ha	2 000	

Fülle bis hin zum Kleid, d. h. ein recht korpulenter Wein. Das Aroma ist in zweifacher Hinsicht hausgemacht : Dieser Winzer stellt seine eigenen Fässer her. Röstgeruch, getrocknete Früchte. Stattlich und voll. In jeder Beziehung zufriedenstellend, aber ein wenig kurz. Anzeichen von Entwicklung.
🔻 Maurice Bressand, 11, rue Boccard, 71000 Mâcon, Tel. 85.38.35.17 ⌂ Di-Sa 8h-12h ; f. août

DOM. CARRETTE Les Charmes 1990★

☐	k.A.	k.A.	

Ein goldgelber Pouilly-Fuissé, dessen Aroma unsere Prüfer begeistert hat : Brotkrumen, Milchkaffee, Pfirsichkerne, ein Hauch von Fenchel, getrocknete Früchte. Man diskutierte sogar über den Ursprung der Holznote. Woher kommt dieses Eichenholz ? Allier ? Ziemlich trockener, ein wenig rauher Geschmack, der sich mit der Zeit mildern und abrunden dürfte.
🔻 François Martenot, rue du Dr Barolet, ZI de Beaune-Vignolles, 21209 Beaune Cedex 09, Tel. 80.24.70.07 ⌂ n. V.

CAVE DE CHAINTRE
Les Verchères 1990★

☐	7,5 ha	50 000	

Der Keller wurde an der Stelle einer galloromanischen Villa errichtet. Der Wein besitzt einen gallischen Duft (Pilze, vollreife Äpfel) und einen römischen Geschmack (strukturiert, den Gesetzen der Appellation entsprechend). Im Nachgeschmack Mandeln. Trinkreif.
🔻 Cave de Chaintré, 71570 Chaintré, Tel. 85.35.61.61 ⌂ n. V.

CAVE DE CHAINTRE
Les Chevrières 1990★★

☐	7,5 ha	60 000	

Sehr eleganter Duft, dessen Aroma etwas an einen Puligny erinnert. Das soll etwas heißen ! Runde Ansprache. Kräftig. Stattlich. Ein großer Burgunder ? Ganz bestimmt. Darüber waren sich alle einig.
🔻 Cave de Chaintré, 71570 Chaintré, Tel. 85.35.61.61 ⌂ n. V.

COLLIN ET BOURISSET 1990★★

☐	k.A.	k.A.	

Der Wein, den man gern auf eine einsame Insel mitnehmen möchte. Zunächst einmal, weil er altern kann. Dann, weil er für einen sehr erfahrenen Weintrinker bestimmt ist, für jemanden, der doppelt vorsichtig ist. Das ist recht angenehm auf einer Insel. Aber im Ernst : Dieser von uns besonders empfohlene Wein duftet nach Weißdorn und Lindenblüten. Intensiver Bodengeruch. Für Weinliebhaber, die natürliche Eleganz einer kunstvollen Verfeinerung vorziehen. Paßt zu Hähnchen mit Sahnesauce und Morcheln.
🔻 Vins fins Collin et Bourisset, rue de la Gare, 71680 Crèches-sur-Saône, Tel. 85.37.11.15 ⌂ n. V.

DOM. CORDIER PERE ET FILS
Les vignes blanches 1990★★

☐	1 ha	6 000	

|88| 89 90|

Ein interessantes Aroma, in dem man gleichzeitig Honig und exotische Früchte entdeckt. Dank seiner Anmut und Frische ist dieser 90er ein sehr guter Vertreter dieser Appellation. Man genießt mit Vergnügen sein sekundäres Aroma (Zitronen, Birnen), das sich mit Feuersteinnoten verbindet. Erwähnt sei noch, daß es auch an der 90er Cuvée »Vieilles Vignes« nichts auszusetzen gibt. Die Jury hat sie ebenfalls mit zwei Sternen bewertet : »Alles ist gut und elegant.«
🔻 Dom. Cordier Père et Fils, 71960 Fuissé, Tel. 85.35.62.89 ⌂ n. V.

DOM. CORSIN 1990★★

☐	3,5 ha	17 000	

85 86 **87** |88| 89 |90|

Diesen Wein kann man zum Weihnachtskapaun trinken. Eine besondere Empfehlung wegen seiner Qualitäten und seiner absoluten Treue gegenüber dem Anbaugebiet und der Rebsorte. Ein Hauch von Feuerstein, weil seine Trauben unweit von Solutré, der berühmten vorgeschichtlichen Stätte, wachsen. Ein Hauch von Blütenduft. Keine Schroffheit, sondern im Gegenteil unbegrenzter sinnlicher Genuß. Man begreift, warum im Französischen »Gaumen« und »Palast« das gleiche Wort (»palais«) sind.
☛ Dom. Corsin, Les Coreaux, Pouilly, 71960 Fuissé, Tel. 85.35.83.69 ☎ n. V.

EDOUARD DELAUNAY ET SES FILS 1990

	k.A.	k.A.	↓ Ⓥ ③

Exotisches Bukett (Pampelmusen). Dennoch ruht sich der Körper nicht aus. Er füllt den Gaumen aus und tut alles, was nur möglich ist. Muß noch altern.
☛ Edouard Delaunay et ses Fils, Ch. de Charmont, 21220 L'Etang-Vergy, Tel. 80.61.40.15 ☎ n. V.

DOM. ROBERT DENOGENT
Les Reisses 1990

	1 ha	5 000	⑪ ↓ Ⓥ ④

Der 87er hat in der Ausgabe 1990 eine besondere Empfehlung erhalten. Der 90er bietet einen vollen Geschmack. Es mangelt ihm auch nicht an Charme. Ein wenig Überreife und erste Anzeichen von Entwicklung lassen ihn älter erscheinen, als er ist. Sollte noch in diesem Jahr getrunken werden.
☛ Dom. Robert Denogent, 71960 Fuissé, Tel. 85.35.65.39 ☎ n. V.

JEAN-MICHEL DROUIN
Vieilles vignes 1991 ★★★

	2 ha	3 000	▮ ⑪ ↓ Ⓥ ③

Ein Erzeuger, der seinen Wein erst seit 1988 direkt verkauft und dem mit diesem Jahrgang ein hervorragender Wein gelungen ist. Natürlich noch zu jung, aber er wird sich wunderbar entwickeln. Birnen und Weißdorn. Er entfaltet in prächtiger Weise die typischen Merkmale der Chardonnaytraube. Im Geschmack findet man das typische Feuersteinaroma. Der 90er hat eine besondere Empfehlung erhalten, der 91er verfehlte sie nur ganz knapp. Man kann ihn mit Jack Lang für die traditionelle »Wallfahrt« nach Solutré empfehlen.
☛ Jean-Michel Drouin, Les Gerbeaux, 71960 Solutré-Pouilly, Tel. 85.35.80.17 ☎ n. V.

CORINNE ET THIERRY DROUIN
Les Crays 1990 ★★

	0,65 ha	2 500	▮ ⑪ ↓ Ⓥ ③

Das leere Glas ist noch ganz erregt von dem, was es erlebt hat. Die Holznote ist zwar noch nicht ganz harmonisch verschmolzen, aber wir haben hier einen vollständigen, eleganten und soliden Wein vor uns. Das Bukett kündigt durch seine Eleganz bereits den Genuß an, den dieser Wein schenkt.
☛ Corinne et Thierry Drouin, Le Martelet, 71960 Vergisson, Tel. 85.35.84.36 ☎ n. V.

GEORGES DUBŒUF 1990 ★

	k.A.	k.A.	▮ ↓ Ⓥ ③

Im letzten Jahr haben wir den 89er besonders empfohlen. Der 90er erschien noch zu jung. Viele smaragdgrüne Schimmer in seinem Gold. Zurückhaltender Weißdornduft. Gute, klare Ansprache. Leichter, aber angenehmer Geschmack. Dürfte sich zu geröstetem Brot hin entwickeln. Drängen Sie die Köchin nicht : der Steinbutt mit weißer Buttersauce kann noch warten.
☛ Les Vins Georges Dubœuf, B.P.12, 71570 Romanèche-Thorins, Tel. 85.35.51.13 ☎ n. V.

GERALD FAVRE 1990 ★

	3,7 ha	2 000	▮ Ⓥ ③

Der erste Geruchseindruck erinnert an Milch und Brotkrumen. Danach entfaltet sich ein feiner Blütenduft. Ein Hauch von Lebhaftigkeit, ein Eindruck von Geschmeidigkeit und Rundheit. Man könnte dazu Froschschenkel essen, zumal wir hier von der Bresse nicht weit entfernt sind.
☛ Gérald Favre, Pouilly, 71960 Solutré-Pouilly, Tel. 85.35.80.14 ☎ n. V.

DOM. JEAN GOYON 1990 ★

	2 ha	8 000	▮ ⑪ ↓ Ⓥ ③

Die Rebflächen umgeben den Felsen von Solutré, den François Mitterrand alljährlich ersteigt. Das Aroma scheint ein wenig von den dominierenden Röst- und Holznoten gehemmt zu werden. Dennoch ist der Eindruck nicht unangenehm. Nachhaltiger Vanillegeschmack nach einer sehr klaren Ansprache. Diese Lebhaftigkeit garantiert Lagerfähigkeit.
☛ Jean Goyon, Au Bourg, 71960 Solutré-Pouilly, Tel. 85.35.81.15 ☎ n. V.

THIERRY GUERIN La Roche 1990

	1,14 ha	4 000	▮ ⑪ Ⓥ ④

Das Bukett öffnet sich langsam. Alkoholreich, voll, aber im Geschmack kurz. Ein Wein mit dem Sekundäraroma von grünen Äpfeln, der Mitte 1993 seinen Höhepunkt erreichen dürfte.
☛ Thierry Guérin, Le Sabotier, 71960 Vergisson, Tel. 85.35.84.06 ☎ n. V.

LOUIS JADOT Spécial Réserve 1990 ★

	k.A.	12 000	⑪ ↓ Ⓥ ④

Vielleicht ein wenig zu alkoholreich, aber typisch für einen lagerfähigen Wein dieses Anbaugebiets. Sehr angenehmer Duft von weißen Trüffeln und Honig über einem holzigen Aroma. Die fröhliche Ansprache erinnert erneut an Honig. Ein kräftiger 90er, der noch altern muß.
☛ Maison Louis Jadot, 5, rue Samuel Legay, B.P. 117, 21203 Beaune Cedex 3, Tel. 80.22.10.57 ☎ n. V.

DOM. DE LA DENANTE 1990 ★

	k.A.	k.A.	▮ ⑪ Ⓥ ②

Kiwis, grüne Äpfel – ein angenehmer, sogar sehr feiner Duft. Im Aussehen wirkt er jugendlich. Er ist vielleicht ein wenig zu stark vom Eichenholz geprägt : sehr harzig und sehr typisch Pouilly. Dürfte sich sehr gut entwickeln und einmal ein Dutzend Schnecken aus ihren Schneckenhäusern herauslocken.

☛ Robert Martin, Les Peiguins, 71960 Davayé, Tel. 85.35.82.88 ⵟ tägl. 9h-12h 14h-18h

ROGER LASSARAT Clos de France 1990★

☐   1,15 ha   7 000   ▮⑪ ↓✓◪

Honig, Haselnüsse, Akazienblüten, Vanille. Dieser Chardonnay kennt seine Klassiker. Die Ansprache ist ein wenig wild, aber gute Struktur und Nachhaltigkeit.

☛ Roger Lassarat, Le Martelet, 71960 Vergisson, Tel. 85.35.84.28 ⵟ n. V.

ROGER LASSARAT Cuvée prestige 1990★

☐   0,5 ha   2 000   ⑪ ✓◪

Ein butterblumengelber Wein, der sehr holzbetont ist : Eichenholz oder Chardonnay ? Abgesehen von diesen Schwächen, die das Alter mildern wird, entfaltet er ein Aroma, das zuerst an Honig und dann an Lakritze erinnert, und zeigt eine angenehme Liebenswürdigkeit.

☛ Roger Lassarat, Le Martelet, 71960 Vergisson, Tel. 85.35.84.28 ⵟ n. V.

LORON Les Vieux Murs 1990★

☐   k.A.   k.A.   ↓◪

Dieser Wein ist 1987 (als 85er) von uns besonders empfohlen worden. Hier enthüllt er unter einem frühlingshaften Kleid viel Frische. Leicht betäubender Duft und leidenschaftlicher Geschmack mit einem Hauch von unreifen Trauben, der den Reiz der Jugend ausmacht. Man sollte ihn unbedingt erneut verkosten, denn dies war nur ein erstes Rendezvous.

☛ E. Loron et Fils, 71570 Pontanevaux, Tel. 85.36.70.52

RICHARD LUQUET 1991★

☐   1,46 ha   2 500   ⑪ ✓◪

Zu klein, meine Dame ! Du bist noch viel zu jung, um am Tisch Platz zu nehmen ! Zweifellos hast du Qualitäten, aber du riechst noch nach dem Holz deiner Wiege. Schlaf ein wenig, du bist noch viel zu nervös. Aber in ein paar Jahren wirst du perfekt sein.

☛ Richard Luquet, 2816, rte de Davaye, L'Essard, 71850 Charnay, Tel. 85.34.41.56 ⵟ n. V.

ROGER LUQUET 1990★★★

☐   3,3 ha   25 000   ▮↓✓◪

Man muß etwas zu dieser besonderen Empfehlung sagen. Dieser 90er, der aromareich, komplex und subtil, mit einem Wort herrlich ist, hat bereits seinen Höhepunkt erreicht. Genießen Sie ihn jetzt oder im kommenden Jahr.

☛ Roger Luquet, 71960 Fuissé, Tel. 85.35.60.91 ⵟ tägl. 8h-19h, sf dim. a.-m.

ROGER LUQUET Bois Seguin 1990★★★

☐   1 ha   5 000   ⑪ ↓✓◪

Wunderbare Einmütigkeit über die Weine von Roger Luquet. Dieser hier bietet die harmonischste von allen Melodien. Sein Bukett ist wirklich vollständig : Anis und Vanille mit Noten von Aprikosen und getrockneten Früchten. Stattlich und ausgewogen. Er bringt perfekt den typischen Charakter der Appellation zum Ausdruck. Alterungsfähig.

☛ Roger Luquet, 71960 Fuissé, Tel. 85.35.60.91 ⵟ Mo-Sa 8h-19h, So nachm. geschlossen

DOM. DES MAILLETTES
Les Cruzettes 1990★★

☐   0,7 ha   6 000   ▮↓✓◪

Gärkeller, Lagerkeller, Flaschen und Gläser. Alles steht bereit, um Sie hier zu empfangen. 1991 errichtet. Dieser 90er hat sich für sein Kleid an einen Schneider von früher gewandt. Eine gute Wahl. Ein köstlicher aromatischer Cocktail : Akazienblüten, Mandeln, Litschis etc. Ziemlich voll, ausgewogen, geschmeidig, aber nicht schlaff. Paßt zu Hummer à l'armoricaine.

☛ Guy Saumaize, Dom. des Maillettes, 71960 Davayé, Tel. 85.35.82.65 ⵟ n. V.

DOM. MANCIAT-PONCET
Vieilles vignes 1989★

☐   1,7 ha   12 000   ▮⑪ ↓✓◪

Das Gut wurde 1870 von Antoine Poncet erworben und dann weitervererbt. Es liefert einen 89er mit einem fesselnden, leicht feurigen Aroma. Die Holznoten im Geschmack werden vom Wein gut getragen und verbinden sich mit eingemachten Früchten. Muß noch im Keller lagern.

☛ Dom. Manciat-Poncet, 65, chem. des Gérards, Levigny, 71850 Charnay-Les-Macon, Tel. 85.34.18.77 ⵟ n. V.

CLOS DU MARTELET 1990★

☐   0,8 ha   5 000   ▮⑪ ↓✓◪

87 88 **89** |90|

Michelle, eine ehemalige Schülerin von Emile Peynaud in Bordeaux, bewirtschaftete 15 Jahre lang Château Sauvage, bevor sie in ihre burgundische Heimat zurückkehrte. Sie besitzt auch Rebflächen in Morey und Chambolle. Ihr Pouilly-Fuissé hat einen feinen, ausdrucksvollen, leicht exotischen Duft und einen Geschmack, der an Lindenblüten und Weißdorn erinnert. Ein bezaubernder, leichter Wein, der es verdient, bekannt zu werden.

☛ Michelle Galley, Le Tremblay, 71250 Cluny, Tel. 85.59.11.58 ⵟ n. V.

NAIGEON-CHAVEAU 1990★★

☐   k.A.   k.A.   ⑪ ✓◪

Ein Wein, der zweifellos aus Trauben von alten Rebstöcken hergestellt und in Fässern aus gutem Eichenholz ausgebaut worden ist.

Blaßgelbe Farbe, Duft von Akazienblüten und recht würziger Geschmack. Fein und feurig.
🍷 Naigeon-Chauveau, B.P. 7, 21220 Gevrey-Chambertin, Tel. 80.34.30.30 ⍾ n. V.

PASQUIER-DESVIGNES 1990*

☐	4 ha	34 000	🍷↓🔵

Die Firma gehört zur Gruppe Pernod-Ricard. Der gewohnte Duft von Haselnüssen und geröstetem Brot. Ein ziemlich blumiger Wein mit kräftiger Säure. Alles in allem eher zart.
🍷 Pasquier-Desvignes, rte de Lyon, B.P. 4033, 71040 Varennes-lès-Mâcon, Tel. 85.34.70.50

DOM. DES PERELLES LAROCHETTE
1990

☐	0,65 ha	1000	🍷↓🅥🔶

Er befolgt den Ratschlag von Bussy-Rabutin : »Aus der Aufrichtigkeit höre ich heraus, was man gelobt.« Ein feiner, dezenter Zitronenduft, der leicht alkoholisch ist. Sehr leicht perlend im Geschmack, der rasch milder wird und einer angenehmen, recht dauerhaften Empfindung Platz macht. Recht typisches Merkmal.
🍷 Jean-Yves Larochette, Les Pérelles, 71570 Chanes, Tel. 85.37.41.47 ⍾ n. V.

DOM. DES PERELLES-THIBERT
Les Vallées 1990*

☐	0,63 ha	2 500	⍾ 🅥🔶

| 87 | 88 | 89 | 90 |

Wenn Sie an der Tür läuten, braucht er einige Zeit, bevor er Ihnen öffnet. Der aromatische Empfang dagegen ist angenehm, zart und erwartungsvoll. Ein reicher, voller Wein, der eine jugendliche Lebhaftigkeit präsentiert, die ihn ein wenig durcheinanderbringt. Lagern Sie ihn noch ein bis zwei Jahre.
🍷 Jean-Marc et Roseline Thibert, Les Perelles, 71680 Crêches-sur-Saône, Tel. 85.37.14.56 ⍾ n. V.

DOM. RENE PERRATON
Clos Reyssier 1990**

☐	3 ha	10 000	🍷🅥2

Der Enkel von Charles Perraton (1870-1941), einer großen Persönlichkeit des Weinbaus im Mâconnais und Gründer des nationalen INAO-Komitees. Der Großvater kann stolz auf seine Nachkommen sein. Wunderschöne Farbe. Und was für ein Bukett ! Ananas, Pampelmusen und eine Bittermandel, die im Geschmack zurückkehrt. Ein ausgezeichneter Pouilly-Fuissé, der einschmeichelnd ist und eine sehr gute Länge besitzt. Sehr maßvoller Preis.
🍷 René Perraton, Le Bourg, Cidex 411, 71570 Chaintré, Tel. 85.35.63.36 ⍾ n. V.

ANNIE ET JEAN-PAUL RAY 1990*

☐	0,54 ha	2 000	🍷↓🅥2

Mandeln und Mandarinen prägen den Geruchseindruck. Auf eine lebhafte Ansprache folgt ein ziemlich runder, voller und milder Geschmack. Guter Gesamteindruck.
🍷 Jean-Paul Ray, Dom. des Longeays, 71680 Vinzelles, Tel. 85.35.64.49 ⍾ n. V.

ANDRE ROBIN Les Creusettes 1990*

☐	1 ha	2 500	🍷⍾🅥3

Ein Wein, der etwas an Lamartine erinnert : blaßgelbe Farbe, Duft von Glyzinien und Geschmack von frischen Mandeln. Mit mehr Fülle könnte er ein großer Pouilly-Fuissé sein.
🍷 GFA André Robin, Les Plantés, 71960 Davayé, Tel. 85.35.83.55 ⍾ n. V.

PASCAL ROLLET 1990

☐	3,5 ha	6 000	🍷⍾↓🅥3

Ein Winzer, der Halbpächter auf dem sehr berühmten Gut La Chapelle ist. Dieser ein wenig junge Wein, dessen stark entfaltetes Aroma an frische Mandeln erinnert, kann recht gut altern. Der typische Charakter ist durchschnittlich ausgeprägt, aber dennoch ein guter Wein.
🍷 Pascal Rollet, Pouilly, 71960 Solutré-Pouilly, Tel. 85.35.81.51 ⍾ n. V.

ROPITEAU 1990*

☐	k.A.	k.A.	🍷🅥🔶

Ein Wein, der lagern und sich günstig entwickeln kann. Er besitzt Körper und hat alle Trümpfe für eine gute Alterungsfähigkeit. Im Augenblick ziemlich säuerlich und nicht sehr fruchtig.
🍷 Ropiteau Frères, Les Chanterelles, B.P. 25, 21190 Meursault, Tel. 80.24.33.00 ⍾ tägl. 8h-20h ; 20. Nov.–15. Febr. geschlossen

CELLIER DES SAMSONS
Les Authentiques 1990

☐	k.A.	10 000	🍷↓3

Eine hübsche Palette von Etiketten, die mit jedem Wein ein Musikinstrument verbinden. Warum hat man für diesen Pouilly-Fuissé einen Dudelsack gewählt ? Nun, im letzten Jahr fand im Morvan ein Treffen der europäischen Dudelsackpfeifer statt ! Recht klar, leicht holzig, ziemlich trocken, Duft von mittlerer Intensität. Es gibt keinen Grund, ihn hier nicht aufzuführen.
🍷 Cellier des Samsons, Le Pont des Samsons, 69430 Quincié-en-Beaujolais, Tel. 74.04.39.39

JACQUES SAUMAIZE
Vieilles vignes 1990**

☐	k.A.	k.A.	⍾🅥3

Goldgelbe Farbe und angenehmer Duft. Er enthüllt nicht den Grund seines Herzens im Geschmack, wo noch der Holzton dominiert. Zur Zeit muß man ihm Zeit lassen.
🍷 Jacques Saumaize, Les Bruyères, 71960 Vergisson, Tel. 85.35.82.14 ⍾ n. V.

LEON SAUMAIZE La Roche 1990

☐	k.A.	k.A.	🍷🅥3

Dieser kanariengelbe 90er wiederholt die auswendig gelernten Aromen der Chardonnay-traube : Mandeln, Grieß in Milch, sehr reife Bananen. Erstklassige Vinifizierung, aber die Klarheit kompensiert nicht ganz die geringe Kraft.
🍷 Léon Saumaize, La Truche, 71960 Vergisson, Tel. 85.35.83.97 ⍾ n. V.

ROGER SAUMAIZE
Clos de la Roche 1990★

□	1,59 ha	9 000	❚❙ ☑ 🄵

Besondere Empfehlung im letzten Jahr : Der 89er war ungeheuer prächtig. Der 90er befindet sich nicht auf diesem außergewöhnlichen Niveau, bietet aber eine sehr schöne strahlende Farbe und einen feinen Blütenduft. Stoff, Körper, leichte Adstringenz, trockener Abgang. Da die Holznote noch zu ausgeprägt ist, muß man hoffen, daß sich das mit der Zeit gibt.
� Roger Saumaize, Vers la Croix, 71960 Vergisson, Tel. 85.35.84.05 ☎ n. V.

THORIN 1990★

□	k.A.	12 000	❚↓ ☑ 🄵

Der entwickelte Duft von Überreife geht in Richtung Bienenwachs. Runder, geschmeidiger Geschmack. Dieser Stil hat Liebhaber. Nämlich die Weinfreunde, die einen süffigen Chardonnay mögen, über den man sich keine großen Gedanken machen muß.
� SA Thorin, 71570 Pontanevaux, Tel. 85.36.70.43 ☎ n. V.

VERGET 1990★

□	k.A.	25 000	❚❙ ☑ 🄴

Strahlend goldene Farbe mit grauen Reflexen. Die Holznote war zum Zeitpunkt unserer Verkostung noch nicht genug eingebunden. Muß noch altern. Die klare Ausdruckskraft und die Finesse berechtigen zu den besten Hoffnungen.
� SARL Verget, 71960 Sologny, Tel. 85.37.70.77 ☎ n. V.

DOM. VESSIGAUD 1990★★

□	k.A.	k.A.	❚❙❙ ☑ 🄵

Den vorangehenden Jahrgang haben wir durch eine besondere Empfehlung geehrt. Diese Leistung wird zwar mit dem 90er nicht wiederholt, aber dennoch haben wir es mit einem interessanten Wein zu tun, der ein komplexes Bukett (exotische Früchte und Röstaroma) und einen klaren, reizvollen Geschmack besitzt. Was fehlt ihm zur Siegerpalme ? Mehr bodentypischer Geschmack.
� SCEA Dom. Vessigaud Père et Fils, 71960 Pouilly-Solutré, Tel. 85.35.81.18 ☎ n. V.

CHARLES VIENOT 1991

□	k.A.	k.A.	❚ 🄸

Ein kristallklarer Pouilly-Fuissé, dessen Aroma von Früchten bis zu eingemachtem Obst reicht. Ein feuriger, runder Wein, der seine Kraft noch steigern kann.
� Charles Viénot, 5, quai Dumorey, 21700 Nuits-Saint-Georges, Tel. 80.62.31.05 ☎ Mo-Do 8h-12h 14h-18h (Fr bis 17h) ; Aug. u. letzte Dez.woche geschlossen

Pouilly Loché
et Pouilly Vinzelles

Diese kleinen Appellationen, die weit weniger bekannt sind als Pouilly-Fuissé, liegen auf dem Gebiet der Gemeinden Loché und Vinzelles. Sie erzeugen ähnliche Weine wie die Nachbarappellation, die aber vielleicht etwas weniger Körper besitzen. Die Produktion (ausschließlich Weißweine) liegt bei etwa 1 000 hl.

Pouilly Loché

PIERRE ANDRE Les Franières 1990★

□	1 ha	5 000	❚❙ ↓ 🄴

Zweifellos kein sehr großer Wein, doch aufgrund seiner goldgrünen Farbe, seines klaren, harmonischen Geschmacks, seines Haselnußaromas und seines etwas verschlossenen, aber angenehmen Eindrucks kann man ihn ohne Zögern empfehlen.
↪ Pierre André, Ch. de Corton André, 21420 Aloxe-Corton, Tel. 80.26.44.25 ☎ tägl. 10h-18h

DOM. CORDIER PERE ET FILS
1990★★

□	0,5 ha	3 500	❚❙ ↓ ☑ 🄶
87 |88| 89 **90**		

Er wäre fähig, den TGV am Bahnhof von Mâcon-Loché zu stoppen, so viele Qualitäten bietet er. Das frische, zarte Bukett eines echten Chardonnay. Dieser geschmeidige, runde Wein macht Spaß, was bereits viel heißt.
↪ Dom. Cordier Père et Fils, 71960 Fuissé, Tel. 85.35.62.89 ☎ n. V.

CAVE DES CRUS BLANCS 1990★

□	14,12 ha	15 000	❚↓ ☑ 🄵

Die Genossenschaftskellerei stammt von 1929 und vinifiziert hier die Trauben von 14 ha. Marzipanduft. Ausgewogener Gesamteindruck. Paßt hervorragend zu einem Chèvreton aus dem Mâconnais.
↪ Cave des Grands Crus Blancs, 71680 Vinzelles, Tel. 85.35.61.88 ☎ n. V.

Pouilly Vinzelles

DOM. DU CHATEAU DE LOCHE
1990**

| ☐ | | 3,2 ha | 13 000 | ▮❙❙↓☑④ |

Die Farbe entspricht der guten Vinifizierung, die der Geschmack durch seinen Reichtum und seine Länge bestätigt. Der Duft ist noch zurückhaltend, aber recht typisch.
➥ Maison P. Misserey, 3, rue des Seuillets, B.P. 10, 21702 Nuits-Saint-Georges Cedex, Tel. 80.61.07.74 ⚲ n. V.

CAVE DES GRANDS CRUS BLANCS
1990*

| ☐ | | 17,23 ha | 50 000 | ▮❙↓☑③ |

Die Genossenschaft von Vinzelles und Loché ist 1929 gegründet worden. Sie hat es ermöglicht, die Einheit der beiden Dörfer aufrechtzuerhalten. Sie produziert drei Viertel des Pouilly-Vinzelles (35 ha von insgesamt 46). Kräftige altgoldene Farbe und ein Bukett, das zu einer langen Dissertation anregen könnte. Ein recht typischer, gelungener Vinzelles.
➥ Cave des Grands Crus Blancs, 71680 Vinzelles, Tel. 85.35.61.88 ⚲ n. V.

CH. DE LAYE 1990*

| ☐ | | 11,79 ha | 10 000 | ▮❙↓☑③ |

Dieses Château hatte einen berühmten Besucher, nämlich Thomas Jefferson, als er 1788 seine berühmte Reise durch die französischen Weinbaugebiete unternahm. Klare, strahlende gelbe Farbe. Ziemlich holzig. Dieser geschmeidige, runde Wein ist schon trinkreif, weil seine Entwicklung beginnt und sein Säuregehalt gering ist.
➥ Cave des Grands Crus Blancs, 71680 Vinzelles, Tel. 85.35.61.88 ⚲ n. V.

DOM. DES LONGEAYS 1990**

| ☐ | | 4,76 ha | 3 000 | ▮❙↓☑② |

Auf seiner Reise durch die französischen Anbaugebiete im Jahre 1787 machte Thomas Jefferson Station in dem Château, das sich gegenüber von diesem Gut befindet. Ein hervorragender 90er. Funkelnde Reflexe, Aroma von geröstetem Brot, leichte Edelfäule. Seine Länge und sein Charme sind Grund für eine besondere Empfehlung.
➥ Jean-Paul Ray, Dom. des Longeays, 71680 Vinzelles, Tel. 85.35.64.49 ⚲ n. V.

DOM. MATHIAS 1990

| ☐ | | 1,13 ha | 9 000 | ▮❙❙↓☑② |

Ein kleines Familiengut, das sich im Laufe der Generationen vergrößert hat. Heute umfaßt es 8 ha. Ein Hauch von Säure. So war dieser 90er zum Zeitpunkt unserer Verkostung.
➥ Dom. Mathias, 71570 Chaintré, Tel. 85.35.60.67

RENE PERRATON 1990**

| ☐ | | 0,3 ha | k.A. | ▮☑② |

René präsentiert hier einen Wein, der blumig (Aroma) und fruchtig (Empfindung auf der Zunge) ist. Seine Korpulenz und seine Fülle weisen auf seine Alterungsfähigkeit hin. Zu sautierten Froschschenkeln mit feingehackten Kräutern, wenn die Köchin damit einverstanden ist.
➥ René Perraton, Le Bourg, Cidex 411, 71570 Chaintré, Tel. 85.35.63.36 ⚲ n. V.

CH. DE VINZELLES 1989*

| ☐ | | 2 ha | k.A. | ❙❙② |

Dieser 89er hat sich recht gut entwickelt. Er ist sogar besser geworden, denn die Jahre geben ihm mehr Finesse, Ausgewogenheit und Länge.
➥ E. Loron et Fils, 71570 Pontanevaux, Tel. 85.36.70.52

Saint-Véran

Saint-Véran ist als letzte Appellation des Mâconnais 1971 entstanden; sie ist den Weißweinen vorbehalten, die in acht Gemarkungen des Departements Saône-et-Loire erzeugt werden. Die Weine (rund 25 000 hl) lassen sich in der Hierarchie zwischen dem Pouilly und den Mâconweinen, gefolgt von einem Dorfnamen, ansiedeln. Sie sind leicht, elegant und fruchtig und passen hervorragend zum Auftakt einer Mahlzeit.

Die Appellation, deren Weine in erster Linie auf Kalkböden erzeugt werden, bildet die südliche Grenze des Mâconnais. Dort wird der Kalkstein abrupt, von einer Parzelle zur anderen, von Granit abgelöst, während die Chardonnayrebe der Gamayrebe, der Hauptrebsorte des benachbarten Beaujolais, Platz macht.

JEAN-MARC AUJOUX 1990

| ☐ | | k.A. | k.A. | ▮❙↓② |

Kräftige goldene Farbe, Zitronen- und Weißdornduft, klar und fein. Ein Wein, der mühelos die Sinnenprüfung des Auges und der Nase besteht. Danach ist er trocken, weil ihm der

Hauch von Fülle fehlt, der ihn explodieren lassen würde.
☛ Jean-Marc Aujoux, 69830 Saint-Georges-de-Reneins, Tel. 74.67.68.67

BOUCHARD AINE FRANCE 1989*

□	k.A.	2 150	🍾 Ⓥ ❸

Smaragdgrün schimmernde goldene Farbe, Röstaroma (Geräuchertes, geröstetes Brot und ein Hauch von Honig) und sehr säuerlich. Ein 89er, der noch die Carmagnole singt. Er wird gut sein, wenn er nach dem Ende der Revolution getrunken wird.
☛ Bouchard Aîné et Fils, 36, rue Sainte-Marguerite, 21203 Beaune, Tel. 80.22.07.67
Ⓧ Mo-Fr 9h30-11h 14h30-16h30 ; Aug. geschlossen

CAVE DE CHARNAY 1990

□	k.A.	k.A.	🍾↓Ⓥ❷

Geißblattduft, danach ein runder, geschmeidiger Geschmack. Eine gewisse Entwicklung.
☛ Cave de Charnay, 54, chem. de la Cave, 71850 Charnay-Lès-Mâcon, Tel. 85.34.54.24 Ⓧ n. V.

DOM. CORSIN 1990**

□	2,8 ha	24 000	🍾🍶↓Ⓥ❷

Fahr zu, Zug des Vergnügens ! Angenehm goldene Farbe. Ein nach Lindenblüten und Honig duftender Chardonnay, der jedermann gefallen wird. Blumiger Stil mit anregender Rundheit. Der Abgang ist etwas streng : der Augenblick der inneren Sammlung.
☛ Dom. Corsin, Les Coreaux, Pouilly, 71960 Fuissé, Tel. 85.35.83.69 Ⓧ n. V.

ANTOINE DEPAGNEUX 1990

□	k.A.	10 000	🍾↓❷

Ein säuerliches Geißblattaroma prägt den Duft. Die blaßgoldene Farbe paßt gut dazu. Runde, strukturierte Ansprache, wenig Fruchtigkeit im Geschmack, aber Frische und Offenheit. Er wird zweifellos gut altern.
☛ Antoine Depagneux, Les Nivaudières, 69430 Quincié-en-Beaujolais, Tel. 74.04.37.38

DOM. DES DEUX ROCHES
Les Terres Noires 1990***

□	2,5 ha	15 000	🍾🍶↓Ⓥ❷

Eine 2,5 ha große Parzelle auf einem sehr steinigen Untergrund, der mit schwarzem Humus vermischt ist. Daher auch der Name der Reblage. Dieser Wein erringt mühelos unsere besondere Empfehlung, so sehr hat er unsere Jury begeistert. Kräftige goldgelbe Farbe. Ein Chardonnay, der durch seine Anmut, seinen Blütenduft und durch die vollkommene Harmonie zwischen Säure und Fülle verzaubert. Genau das, was man von einem Saint-Véran erwartet. Dazu noch eine Scheibe Lachs, und wir sind im siebten Himmel ! Weisen wir noch darauf hin, daß die 90er Cuvée »Vieilles Vignes« zwei Sterne erhalten hat.
☛ Dom. des Deux Roches, 71960 Davayé, Tel. 85.35.86.51 Ⓧ n. V.

DUVERGEY-TABOUREAU 1989**

□	k.A.	k.A.	🍾↓Ⓥ❷

Ein Chardonnay, wie man ihn liebt : prächtige Farbe, Duft von Trauben, die unter der heißen Sonne des Mâconnais gereift sind, komplexes Aroma (Bienenwachs, Blüten) und milder Geschmack. Die blumige Rundheit (Rosen), die Fülle und die Nachhaltigkeit hindern diesen 89er nicht daran, sich lebhaft zu entfalten. Ein sehr schöner Wein, den man schon trinken oder noch aufheben kann.
☛ Duvergey-Taboureau, 6, rue des Santenots, 21190 Meursault, Tel. 80.21.63.00 Ⓧ n. V.

HENRY FESSY
Elevé en fûts de chêne 1990**

□	k.A.	k.A.	🍶 Ⓥ ❷

VIN DU MACONNAIS

SELECTION
HENRY FESSY

Produit de   France

SAINT-VÉRAN
Appellation Saint-Véran Contrôlée
Élevé en Fût de Chêne

13 % vol.   75 cl.

Mis en Bouteille à la propriété par
HENRY FESSY à 69220 SAINT-JEAN-D'ARDIÈRES - FRANCE

Dieser Weinhändler aus dem Beaujolais kann sich aus ganzem Herzen bei dem Erzeuger bedanken, der ihm diesen 90er verkauft hat. Denn der Wein bringt erstmals eine besondere Empfehlung ein. Goldgrüne oder lebhaft goldene Farbe. Eine Komplexität, die das Geheimnisvolle bis zu exotischen Früchten treibt. Ansprache mit gut dosiertem Vanillearoma. Die Fruchtigkeit kehrt im Abgang zurück und überdeckt die Holznote. Ein vollständiger, verdienstvoller Wein. Nicht verwechseln darf man ihn mit dem 90er Saint-Véran, der nicht im Holzfaß ausgebaut worden ist und von der Jury einen Stern erhalten hat.
☛ Les Vins Henry Fessy, Bel-Air, 69220 Saint-Jean-d'Ardières, Tel. 74.66.00.16 Ⓧ n. V.

DOM. DES GERBEAUX 1991

□	0,36 ha	3 000	🍾🍶↓Ⓥ❷

Sehr helle, klare Farbe. Blumig und zart. Geschmeidig und voll. Ein gut gemachter, blutjunger 91er. Eine günstige Entwicklung setzt ein.
☛ Jean-Michel Drouin, Les Gerbeaux, 71960 Solutré-Pouilly, Tel. 85.35.80.17 Ⓧ n. V.

DOM. GIRARD 1990

| | 0,5 ha | 4 000 | ∎↓Ⅴ❷ |

Ziemlich geschmeidiger Geschmack, klares Aroma und strahlende Farbe. Ein echter Saint-Véran, ein schlichter, liebenswerter Familienwein.

↩ Noël Girard, Les Gerbeaux, 71960 Solutré, Tel. 85.35.83.28 ☎ n. V.

DOM. DE LA FEUILLARDE 1990**

| | 8 ha | 15 000 | ∎∎↓Ⅴ❷ |

Goldgrüne Farbe. Der intensive Duft bewegt sich zwischen Blüten und getrockneten Früchten. Ein sehr voller und sehr langer Chardonnay, der mit einem Fanfarenstoß endet, ohne einen Augenblick lang seine Frische zu verlieren.

↩ Lucien Thomas, Dom. de La Feuillarde, 71960 Prissé, Tel. 85.34.54.45 ☎ n. V.

CH. DE LA GREFFIERE 1990

| | 1,48 ha | 4 000 | ◑Ⅴ❷ |

Ein kurz nach der Reblauskrise erworbenes Gut. Dieser blaßgelbe Saint-Véran flirtet im Bukett mit exotischen Früchten, ohne mit den weißen Blüten zu brechen. Ziemlich geschmeidig, ein wenig säuerlich, nicht übermäßig, aber befriedigend.

↩ Isabelle et Vincent Greuzard, La Greffière, 71960 La Roche-Vineuse, Tel. 85.37.79.11 ☎ tägl. 8h-12h 13h-19h

LE MOULIN DU PONT 1990*

| | k.A. | 9 000 | ∎Ⅴ❷ |

Schöne Farbe. Grapefruit- und Haselnußaroma. Feuriger Geschmack mit dem Aroma von weißen Früchten.

↩ Auvigue Vins, Le Moulin du Pont, 71850 Charnay-lès-Mâcon, Tel. 85.34.17.36 ☎ n. V.

DOM. DE L'EVEQUE 1990

| | 12 ha | k.A. | ∎◑↓❷ |

Eine Röstnote über einem Geißblattduft, dann ein Aroma von Hefegebäck, das sich zu bitteren Noten hin entwickelt. Besser könnte man diesen kurzen, aber korrekten 90er nicht beschreiben.

↩ Mommessin, La Grange Saint-Pierre, 71850 Charnay-lès-Mâcon, Tel. 85.34.47.74 ☎ n. V.

ROGER LUQUET
Les Grandes Bruyères 1990**

| | 1,4 ha | 10 000 | ∎Ⅴ❸ |

Roger Luquet hat begeisterte Anhänger. Freunde, die nur auf ihn schwören. Sie haben recht damit, denn dieser Saint-Véran ist nicht weit von einer besonderen Empfehlung entfernt. Mit seiner wunderschönen Farbe und seinem Zitronen- und Mirabellenduft ist er ein getreues Spiegelbild dieses Anbaugebietes. Man kann ihn – je nach Geschmack – sofort trinken oder dank seiner tadellosen Struktur und seines ausgeprägten Charakters noch aufheben.

↩ Roger Luquet, 71960 Fuissé, Tel. 85.35.60.91 ☎ tägl. 8h-19h, sf dim. a.-m.

MAISON MACONNAISE DES VINS 1990*

| | k.A. | k.A. | ◑Ⅴ❸ |

Akazienblüten, Honig, Vanille, gebrannte Mandeln, weiße Blüten. Der Duft ist kraftvoll, dominiert aber nicht über den langen, vollen Geschmack mit der feinen Holznote. Punktgleich, aber kein übles Ergebnis.

↩ Maison Mâconnaise des Vins, 484, av. de Lattre-de-Tassigny, 71000 Mâcon, Tel. 85.38.36.70 ☎ n. V.

MARTIN ET FILS 1990*

| | 12 ha | 30 000 | ∎∎↓Ⅴ❷ |

Das Gut wurde seit 1969 nach und nach vergrößert. Es erzeugt hier einen Saint-Véran, der fähig ist, sich gut zu entwickeln und die Liebesglut einer Andouillette zu erwecken. Duft mit Menthol- und Geißblattnoten. Der Geschmack ist rund und kräftig, feurig und überzeugend. Ein Wein, der lange altern kann.

↩ GAEC Maurice Martin et Fils, Les Peiguins, 71960 Davayé, Tel. 85.35.82.83 ☎ n. V.

NAIGEON-CHAUVEAU Les Bois 1990

| | k.A. | k.A. | ◑Ⅴ❸ |

Diese Firma ist im letzten Jahr in Schweizer Besitz übergegangen. Sie präsentiert hier einen Wein, der trotzdem nicht den Status der Neutralität für sich in Anspruch nimmt : schöne Intensität und ein wenig likörige Farbe, Mandel- und Honigduft über einer Note eingemachter Früchte. Zu Fisch !

↩ Naigeon-Chauveau, B.P. 7, 21220 Gevrey-Chambertin, Tel. 80.34.30.30 ☎ n. V.

DOM. DES PERELLES 1990**

| | 2 ha | 6 000 | ∎↓❸ |

Dieser im Anbaugebiet von Chânes erzeugte Saint-Véran veranlaßte einen unserer Prüfer zu dem Ausruf : »Ich kaufe !« Haselnüsse und Honig. Fehlerlos im Geschmack bis hin zu den gebrannten Mandeln im Abgang. Der Inbegriff der Schönheit, denn hier ist alles vorhanden, vereint wie ein Kammerorchester, das zu Ihrem Vergnügen spielt.

↩ André Larochette, Les Perelles, 71570 Chânes, Tel. 85.37.41.47 ☎ n. V.

DOM. DU POETE 1990

| | 3,2 ha | 12 000 | ∎↓Ⅴ❷ |

Dieser blaßgelbe Dichter hat seine Muse noch nicht gefunden. Es fehlt ihm an Reife. Aber es ist jung, so daß sich sein eckiger Charakter noch abrunden wird.

↩ Paul Beaudet, 71570 Pontanevaux, Tel. 85.36.72.76 ☎ Mo-Fr 8h-12h 14h-17h ; Aug. geschlossen

CELLIER DES SAMSONS
Les Authentiques 1990

	k.A.	10 000	▮↓🔲

Er hat nicht die Länge eines vornehmen Herrn, sondern hat die herzliche, warme Präsenz eines liebenswerten Kameraden. Rasche, aber angenehme Entwicklung. Ein Hauch von Honig über dem Aroma von Aprikosenkonfitüre, ein recht interessanter Duft. Aufpassen muß man jedoch auf die Maderisierung.
🍷 Cellier des Samsons, Le Pont des Samsons, 69430 Quincié-en-Beaujolais, Tel. 74.04.39.39

GUY SAUMAIZE Grande réserve 1990**

	1 ha	4 000	▮❶↓🔲❷

Diese Familie hat sich hier vor zwölf Jahren niedergelassen. 1991 ist der Empfangsraum des Gutes vollständig renoviert und verbessert worden. Die strahlende, klare Farbe hat höchstes Niveau. Sehr angenehmer Vanille- und Haselnußduft. Keine Überbetonung der Holznote, sondern im Gegenteil eine aufrichtige Ansprache, die weite Perspektiven eröffnet. Ein hochklassiger Wein, der typisch für die Appellation ist. Nicht zu verwechseln mit der normalen (nicht im Holzfaß ausgebauten) Cuvée, die weder für das Anbaugebiet noch für die Chardonnayrebe sehr typisch ist.
🍷 Guy Saumaize, Dom. des Maillettes, 71960 Davayé, Tel. 85.35.82.65 ⓣ n. V.

ROGER SAUMAIZE 1990

	0,26 ha	2 200	❶🔲❷

Es handelt sich hier um einen Saint-Véran, der das Auge umschmeichelt und entzückt. Blütenduft mit Holznote. Der Geschmack ist mehr kräftig als nachhaltig, aber dennoch ansprechend.
🍷 Roger Saumaize, Vers la Croix, 71960 Vergisson, Tel. 85.35.84.05 ⓣ n. V.

DOM. DES VALANGES 1990***

	6 ha	50 000	▮↓🔲❷

Ein glücklicher Jahrgang für diesen Winzer, der 1990 seine zehnte Lese und seinen 30. Geburtstag feierte. Unser Weinführer schließt sich den verdienten Glückwünschen an, die zu den besonderen Empfehlungen 1991 (für den 88er) und 1992 (für den 89er) hinzukommen. Köstliche Farbe. Bezaubernder Duft : Eisenkraut, Lindenblüten, geröstetes Brot. Frischer, eleganter, fast durstlöschender Geschmack. Die höchste Ausdruckskraft der Appellation und ein hervorragendes Alterungspotential.
🍷 Michel Paquet, 71960 Davayé, Tel. 85.35.85.03 ⓣ n. V.

VINCENT 1990*

	k.A.	20 000	▮❶↓❷

Eine kleine Handelsfirma, die sich auf Weißweine aus dem Mâconnais spezialisiert hat. In der Ausgabe 1992 haben wir ihren 89er besonders empfohlen. Unter dem klaren, goldenen Kleid erhascht man nur einen ganz kleinen Dufthauch. Der geschmeidige, blumige Geschmack macht nicht viel Federlesens : Er will gefallen, was ihm auch sehr gut gelingt.
🍷 SARL J.-J. Vincent et Fils, Ch. de Fuissé, 71960 Fuissé, Tel. 85.35.61.44 ⓣ n. V.

CHAMPAGNE

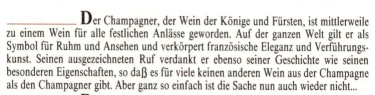

_____ Der Champagner, der Wein der Könige und Fürsten, ist mittlerweile zu einem Wein für alle festlichen Anlässe geworden. Auf der ganzen Welt gilt er als Symbol für Ruhm und Ansehen und verkörpert französische Eleganz und Verführungskunst. Seinen ausgezeichneten Ruf verdankt er ebenso seiner Geschichte wie seinen besonderen Eigenschaften, so daß es für viele keinen anderen Wein aus der Champagne als den Champagner gibt. Aber ganz so einfach ist die Sache nun auch wieder nicht...

_____ Die Champagne, die weniger als 200 km nordöstlich von Paris liegt, bildet nämlich das gesetzlich festgelegte Anbaugebiet von drei kontrollierten Herkunftsbezeichnungen : Champagner, Coteaux Champenois und Rosé des Riceys. Dieser Weinbaubereich, die nördlichste Zone der französischen Weinbaugebiete, erstreckt sich in erster Linie auf die Departements Marne und Aube und reicht etwas in die Departements Aisne, Seine-et-Marne und Haute-Marne hinein. Die gesamte Anbaufläche umfaßt mehr als 34 000 ha, von denen 25 000 ha tatsächlich bestockt sind.

_____ Reims und Epernay, auf unterschiedlichen Seiten der Marne gelegen, teilen sich die Rolle der Hauptstadt des Champagners. Die erstgenannte Stadt profitiert zusätzlich von der Anziehungskraft ihrer Bauwerke und Museen und vermag zahlreiche Besucher anzulocken, die dort auch die erstaunliche Welt der manchmal sehr alten Keller der »großen Häuser« entdecken können.

_____ Eine gleichmäßig hügelige Landschaft bestimmt das gesamte Gebiet der drei Appellationen, bei denen man traditionell vier Hauptregionen unterscheidet. In der Montagne de Reims mit ihren sandigen Böden gehen einige Reblagen nach Norden. Die Côte des Blancs vor den Toren von Epernay besitzt ein relativ regelmäßiges Klima. Die Hänge des Marnetals, das zwischen Kreideformationen verläuft, sind auf beiden Ufern mit Reben bepflanzt ; die Qualität der Produktion schwankt hier kaum, obwohl man dies angesichts der unterschiedlichen Ausrichtung der Reblagen nach Norden oder Süden nicht vermuten würde. Im äußersten Südosten des Anbaubereichs schließlich erstreckt sich das Weinbaugebiet des Departements Aube, das von den übrigen Anbaugebieten durch eine 75 km breite Zone getrennt ist, in der kein Wein angebaut wird. Obwohl die Weinberge hier höher liegen und den Frühjahrsfrösten stärker ausgesetzt sind, erzeugen sie ebenfalls erstklassige Weine. Dort befindet sich auch die einzige kommunale Appellation : Rosé des Riceys.

_____ Der Rückzug des Meers vor rund 70 Millionen Jahren und danach die durch Erdstöße verursachten Umschichtungen haben einen Kreidesockel gebildet, dessen Wasserdurchlässigkeit und Reichtum an Mineralstoffen den Weinen der Champagne ihre Finesse verleihen. Dieser Sockel ist auf fast 60% des gegenwärtig bepflanzten Anbaugebiets mit einer lehmig-kalkigen Schicht bedeckt. Außerdem verbessern die Winzer in der Champagne die Böden schon lange mit Hilfe von organischem Kompostdünger. Im Departement Aube ähnelt die Zusammensetzung der Böden der im benachbarten Burgund (Mergel).

_____ Der Frost – in diesen Breiten gibt es im Frühjahr häufig Fröste – erschwert zwar die Regelmäßigkeit der Produktion, aber die klimatischen Unterschiede werden durch das Vorhandensein großer bewaldeter Massive gemildert. Diese schaffen einen Ausgleich zwischen dem milden atlantischen Klima und dem rauhen kontinentalen Wetter, indem sie eine verhältnismäßig hohe Feuchtigkeit aufrechterhalten. Ebenfalls günstig für die Finesse der Weine ist der Umstand, daß es nicht übermäßig heiß wird. Die Wahl der Rebsorten orientiert sich natürlich an den unterschiedlichen Bodenverhältnissen und klimatischen Bedingungen. Pinot Noir (28% der bestockten Anbaufläche), Pinot Meunier (48%) und Chardonnay (24%) teilen sich die 25 000 ha bepflanzten Rebflächen; rund 31 000 Menschen sind mit der Erzeugung der Weine beschäftigt, davon 14 400 als Winzer.

Nachdem die Produktion in den Jahren 1978, 1980 und 1981 relativ niedrig lag, wurden 1983 fast 160 Millionen Flaschen verkauft. Die besondere Herstellungsweise des Champagners, die mehrere Jahre (mindestens ein Jahr, bei Jahrgangschampagnern drei Jahre) in Anspruch nimmt, zwingt dabei zu einer Lagerung von fast 3 Mio. hl. Von Bedeutung ist auch, daß der Export ein Viertel der gesamten französischen Weinausfuhren ausmacht; dabei liegen Großbritannien und die USA an der Spitze der Importländer, gefolgt von Deutschland, Belgien, Italien, der Schweiz und den Niederlanden.

Wein wird in der Champagne zumindest seit der Zeit der römischen Invasion hergestellt. Er war zunächst weiß, danach rot und schließlich »grau« , d. h. fast weiß mit einem Rosastich, der vom Keltern der dunklen Trauben herrührte. Bereits damals hatte er die unangenehme Angewohnheit, »in seinen Behältern zu brodeln« , d. h., er moussierte im Faß. Wahrscheinlich kam man in England auf die Idee, diese unbeständigen Weine, die bis etwa 1700 in Fässern geliefert wurden, systematisch in Flaschen abzufüllen. Diese Methode hatte zur Folge, daß sich die Kohlensäure im Wein auflösen konnte. So wurde zu einer Zeit, als Dom Pérignon noch nicht einmal wußte, daß er einmal Prokurator des Klosters Hautvillers werden würde, bereits der Schaumwein geboren. Dank seiner kellertechnischen Fähigkeiten sollte er später in seinem Kloster nicht nur die besten Weine herstellen, sondern sie auch – als hervorragender Geschäftsmann – zu Spitzenpreisen verkaufen...

Im Jahre 1728 genehmigte der Kronrat den Transport des Weins in Flaschen. Ein Jahr später wurde mit Ruinart die erste Weingroßhandlung gegründet. Andere sollten folgen (Moët 1743), aber erst im 19. Jahrhundert entstanden oder etablierten sich die meisten der großen Firmen. 1804 brachte Madame Clicquot den ersten Rosé-Champagner auf den Markt. Bereits 1840 tauchten die ersten aufgeklebten Flaschenetikette auf. Ab 1860 trank Madame Pommery einen »Brut« , d. h. einen herben Champagner, während um 1870 die ersten Jahrgangschampagner angeboten wurden. Raymond Abelé erfand 1884 die Degorgierbank mit Eis. Danach zerstörten die Reblaus und die beiden Weltkriege die Weinberge. Seit 1945 haben Gärtanks aus rostfreiem Stahl die Holzfässer ersetzt; der Degorgiervorgang und das Auffüllen mit der Dosage sind automatisiert worden, und selbst das Rütteln und Drehen der Flaschen wird von Maschinen durchgeführt.

Ein Großteil der Winzer in der Champagne gehört heute zu den sogenannten »Traubenproduzenten« , die ihre Trauben zu einem bestimmten Kilopreis verkaufen. Sie überlassen ihre ganze Produktion oder einen Teil davon den großen Markenfirmen, die daraus Wein herstellen und zu Champagner weiterverarbeiten. Diese Praxis hat dazu geführt, daß jedes Jahr der Preis der Trauben festgesetzt und jeder Gemarkung in Abhängigkeit von der Qualität ihrer Produktion eine Bewertung zugewiesen wird : Das ist die Skala der Crus. Die mit 100 % bewerteten Gemeinden haben Anrecht auf die Bezeichnung »Grand Cru« , während die mit 99 bis 90 % als »Premiers Crus« eingestuft werden. Die Benotung der übrigen reicht von 89 bis 80 %. Es versteht sich von selbst, daß der Preis der Trauben von der Bewertung der Gemeinden abhängt. Übrigens wird den Rebsorten Pinot Noir und Chardonnay ein etwas höherer Wert zugestanden, weil sie den Pinot-Meunier-Trauben von der Qualität her überlegen sind. Der Höchstertrag pro Hektar darf 13 000 kg nicht übersteigen; außerdem darf man aus 150 kg Trauben nicht mehr als einen Hektoliter Most keltern, wenn daraus Champagner hergestellt werden soll.

CHAMPAGNE

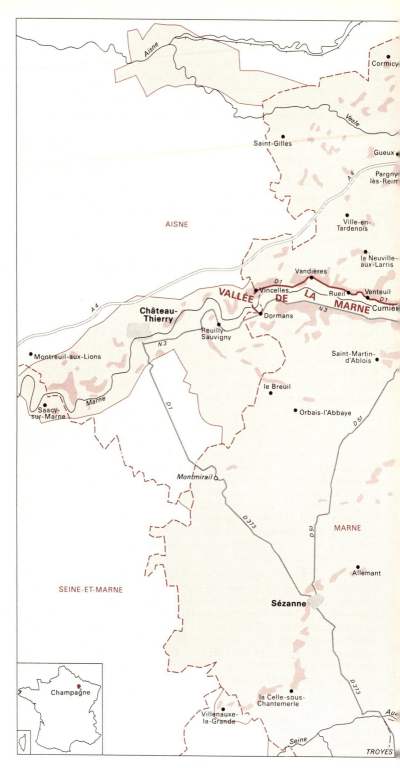

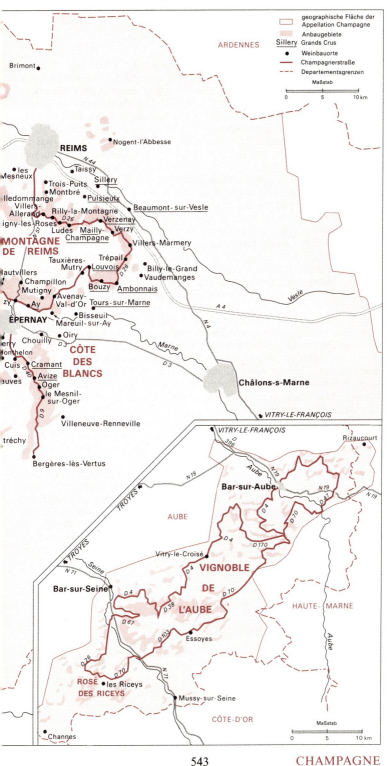

CHAMPAGNE

Was gibt es Neues in der Champagne ?

Die Absatzzahlen beim Champagner sind 1991 gesunken : 210 Millionen Flaschen gegenüber 232 Millionen im Jahr vorher. Der französische Markt ist von einem ziemlich geringen Rückgang (– 8 %) betroffen, aber der Export steht vor einer schwierigen Situation (– 11 %). Mit 14 Millionen Flaschen ist Deutschland heute der größte Abnehmer und überflügelt damit Großbritannien nach einem starken Rückgang, die USA, Italien etc. Die Ausfuhren nach Japan (1,4 Millionen Flaschen) bleiben stabil.

Die Traubenlese 1991 ermöglichte die Produktion von 274 Millionen Flaschen, was die Lagerbestände vergrößert (860 Millionen Flaschen) ; diese erhöhen sich damit vom Dreifachen auf das Vierfache der in einem Jahr verkauften Menge, was jedoch ein vernünftiger Wert bleibt. Die Aprilfröste wurden von der Natur durch eine außergewöhnlich hohe Menge wieder ausgeglichen, obwohl die Frostschäden in den Departements Aube und Aisne, in der Region Vitry-le-François und im Ardretal 75 % ausmachten. An der Côte des Blancs, in den Gebieten von Epernay und Sézanne und im Vesletal erzielte man die höchsten Erträge, wobei 10 000 Fässer für die Destillierung abfielen. »Ein Jahr mit einer Eins ist ein schlechtes Jahr« , erklären die alten Winzer. Wenig Alkoholgehalt, ein geringer Säuregrad, aber die Rebsorte Pinot Meunier hat sich sehr gut gehalten. Kurz gesagt : Es handelt sich um leichte Weine, die man mit Cuvées anderer Jahrgänge verschneiden muß und die keine eigenen Cuvées abgeben. Ein zufriedenstellender Jahrgang nach den drei hervorragenden Jahrgängen 1988, 1989 und 1990.

Moët et Chandon, 1728 entstanden und damit eine der ältesten Champagnerfirmen, feiert ihren 250. Geburtstag – im Schloß Versailles, wobei die Firma finanziell zur Wiedereröffnung mehrerer Säle beiträgt und eine Ausstellung unter dem Titel »Königliche Tafeln« organisiert. 1992 ist das Jahr einer großen technologischen Umwälzung, nämlich das erste Jahr der »Gelabfüllung« ; die Hefe, die für die Schaumentwicklung verantwortlich ist, wird dabei in Gelkugeln eingeschlossen. Beim Degorgieren muß man nur mehr diese Gelkugeln entfernen. Das erübrigt natürlich die Rüttelpulte und das Rütteln und Drehen der Flaschen.

In Paris wurden vor kurzem zwei Franzosen verurteilt, weil sie in Kuba – in Zusammenarbeit mit Noriega, dem ehemaligen Diktator von Panama – falschen Moët-et-Chandon-Champagner herstellten und verkauften, von dem 120 000 Flaschen in Amerika getrunken worden sein sollen.

Jean-Claude Rouzaud, Chef von Louis Roederer, wurde Nachfolger von Claude Taittinger als Vorsitzender des Verbands der großen Marken der Champagne. Xavier-François Mora, Generaldirektor von Marne-et-Champagne, Besserat-de-Bellefon, und Chef von Lanson, übernahm von Roger Duval den Vorsitz des Verbands der Champagnerhändler. Sein Ziel ist es, alle Beteiligten wiederzuvereinigen : die Händler, die Winzer und – die Banken. 1992 herrscht eine bittere Atmosphäre im Weinbaugebiet der Champagne, weil man einen Rückgang beim Traubenpreis erwartet.

Champagner

Die Einzigartigkeit des Champagners zeigt sich schon bei der Lese. Es ist sehr wichtig, daß die Trauben in einwandfreiem Zustand in die Kelter gelangen. Damit die Trauben unversehrt bleiben, verwendet man hier anstelle von Kiepen kleine Körbe. Außerdem müssen in den Weinbergen Traubenpressen aufgestellt werden, um den Transportweg zu verkürzen. Und warum dieser ganze Aufwand ? Da der Champagner ein Weißwein ist, der größtenteils aus dunklen Trauben, den Pinottrauben, gewonnen wird, darf der farblose Saft nicht durch den Kontakt mit der Außenseite der Beerenhülse verfärbt werden.

Die Trauben müssen unverzüglich gekeltert werden, damit man den Saft aus den einzelnen Schichten der Trauben nacheinander und jeweils getrennt erhält. Das erklärt auch die besondere Form der traditionellen Traubenpressen in der Champagne : Man häuft die Trauben auf einer breiten Unterlage nicht zu hoch auf, damit sie nicht beschädigt werden und der Saft leichter abfließen kann. Nie werden die Stiele abgelöst.

Für das Keltern bestehen strenge Vorschriften. Die Presse muß genau 4 000 kg Trauben aufnehmen ; diese Menge wird als »Marc« bezeichnet. Der Keltervorgang ist in verschiedene Abschnitte unterteilt. Die ersten zehn Fässer (10 x 205 l) heißen »Cuvée« . Man keltert darauf erneut und zieht noch einmal zwei Fässer (410 l) ab, die den Namen »erste Taille« tragen. (Hat man den Trester erreicht, ist der Preßvorgang beendet.) Man keltert dann aufs neue, um den zweiten Abdruck zu erhalten. Danach kann man nochmals keltern, gewinnt aber nur einen wertlosen Saft, der nicht in den Genuß einer Appellation kommt, der sogenannten »Nachdruck« . Je öfter gekeltert wird, desto geringwertiger wird die Qualität. Die drei Preßmoste, die mit Lastwagen zum Gärtank transportiert werden, vinifiziert man wie alle Weißweine auf »klassische« Weise mit großer Umsicht : Champagner und Schwefeldioxid sind unvereinbar.

Am Ende des Winters nimmt der Kellermeister die Zusammenstellung der Cuvées vor. Zu diesem Zweck verkostet er die verfügbaren Weine und kombiniert sie zu einem harmonischen Ganzen, das sich nach der Geschmacksrichtung der jeweiligen Champagnermarke richtet. Wenn er einen Nichtjahrgangs-Champagner herstellt, greift er auf die Reserveweine zurück, die in den vorangegangenen Jahren produziert worden sind. In der Champagne ist es erlaubt, dem Weißwein etwas Rotwein hinzuzufügen, um einen Roséton zu erhalten (was ansonsten in Frankreich untersagt ist). Einige Rosé-Champagner werden jedoch durch kurze Maischegärung erzeugt.

Danach beginnt die Champagnerherstellung im eigentlichen Sinne. Es handelt sich dabei um die Umwandlung eines Stillweins in einen Schaumwein. Man setzt der Cuvée 24 g Zucker pro Liter sowie Hefe zu und füllt das Ganze in Flaschen ab : Dieser Vorgang wird als Abziehen bezeichnet. Die Hefe wandelt den Zucker in Alkohol um ; dabei wird Kohlensäure frei, die sich im Wein löst. Diese zweite Gärung in der Flasche vollzieht sich langsam bei niedriger Temperatur (11 ° C) in den berühmten Kellern der Champagne. Nach Ablauf mindestens eines Jahres – bei Jahrgangschampagnern bis zu drei Jahre, bei den Spitzenchampagnern noch länger – werden die Flaschen degorgiert, d. h. von den Ablagerungen der zweiten Gärung gereinigt.

Jede Flasche wird einzeln auf die berühmten Rüttelpulte gelegt, damit der Hefesatz im Flaschenhals zum Korken hin gleiten kann. Zwei bis drei Monate lang werden die Flaschen gerüttelt und immer stärker geneigt, mit dem Hals nach unten, bis der Wein völlig klar ist. Um das Depot zu entfernen, vereist man dann den Flaschenhals in einer Gefrierlösung und löst den Korken. Nachdem der Depotpropfen herausgeschleudert worden ist, wird er durch einen mehr oder weniger gesüßten Wein ersetzt : die Dosage. Wenn man reinen Wein hinzufügt, erhält man einen hundertprozentigen Brut (Brut Sauvage bei Piper-Heidsieck, Ultra-Brut bei Laurent Perrier sowie die sogenannten Champagner ohne Dosage). Setzt man sehr wenig Dosage-Likör (1 %) zu, so ist der Champagner naturherb (»herb«) ; 2 bis 5 % ergeben trockene (»sec«), 5 bis 8 % halbtrockene (»demisec«), eigentlich halbsüße und 8 bis 15 % süße (»doux«) Champagner. Die Flaschen werden dann mit einem Korken und einem Drahtkorb wieder verschlossen, damit die Mischung einen einheitlichen Charakter annimmt, und lagern noch eine Weile, bis sich der Hefegeschmack verliert. Danach werden sie mit einem Etikett versehen und ausgeliefert. Ab diesem Zeitpunkt schmeckt der Champagner am besten. Ihn noch länger reifen zu lassen, schadet nur seiner Qualität. Deshalb rühmen sich die seriösen Champagnerfirmen auch, daß sie ihren Schaumwein erst dann auf den Markt bringen, wenn er seinen Höhepunkt erreicht hat.

Hervorragende Grundweine guter Provenienz, die vom Beginn der Kelterung stammen, zahlreiche Reserveweine (für die Nichtjahrgangs-Champagner), das Talent des Kellermeisters und eine dezente, auf ein Minimum beschränkte Dosage, die sich kaum feststellen läßt, kommen während eines langen Reifeprozesses des Champagners auf seiner Hefe gemeinsam zur Wirkung und erzeugen Weine von erstklassiger Qualität. Aber nur sehr selten wird der Käufer objektiv und genau über alle diese Kriterien informiert.

Was kann man nämlich tatsächlich auf einem Champagneretikett lesen? Die Marke und den Namen des Herstellers, eine sehr ungefähre Angabe der Dosage (brut, trocken etc.), den Jahrgang oder das Fehlen einer solchen Angabe, die Bezeichnung »Blanc de Blancs«, wenn die Cuvée nur von hellen Trauben stammt, und – wenn es möglich ist, aber das geschieht seltener – die Gemarkung, aus der die Trauben kommen, sowie schließlich – was ebenfalls nicht häufig vorkommt – die Bewertung der Traubenqualität in Form von »Grand Cru« für die sechzehn Gemeinden, die Anspruch auf diese Bezeichnung haben, oder »Premier Cru« für die 37 anderen. Die berufliche Kategorie des Erzeugers ist eine obligatorische Angabe, die in codierter Form in kleinen Schriftzeichen auf dem Etikett erscheint: NM = Négociant-Manipulant (Champagner-Handelshaus), RM = Récoltant-Manipulant (selbständiger Winzer), CM = Coopérative-Manipulante (Genossenschaft, die Champagner herstellt) und MA = Marque d'Acheteur (Käufermarke, d. h. Nebenmarke einer Champagnerfirma).

Was läßt sich daraus ableiten? Daß die Champagne bewußt eine Markenpolitik gewählt hat, daß der Käufer Moët et Chandon, Bollinger oder Taittinger verlangt, weil er die Geschmacksrichtung bevorzugt, die mit dieser Marke verbunden ist. Diese Schlußfolgerung trifft auf alle Champa-

gner zu, die von Firmen oder Genossenschaften stammen, sowie auf die Nebenmarken, aber sie gilt nicht für die Winzer, die selbst ihren Champagner erzeugen; denn diese dürfen Champagner nur aus Trauben ihrer eigenen Weinberge herstellen, die im allgemeinen innerhalb einer einzigen Gemarkung liegen. Diese Champagner werden als »Monocru« (d. h. aus einem einzigen Anbaugebiet stammend) bezeichnet. Wenn es sich dabei um ein angesehenes Anbaugebiet handelt, versteht es sich von selbst, daß es auf dem Etikett erscheint.

Obwohl nur eine einzige Appellation »Champagner« existiert, gibt es sehr viele verschiedene Champagner, deren unterschiedliche organoleptische Eigenschaften jedem Verwendungszweck genügen und jeden Verbrauchergeschmack befriedigen können. So kann der Champagner ein »Blanc de Blancs«, d. h. ein Weißwein aus hellen Trauben, ein »Blanc de Noirs«, also ein Weißwein aus dunklen Trauben (Pinot Meunier, Pinot Noir oder beide), oder ein Verschnitt aus beiden in allen nur erdenklichen Mischverhältnissen sein. Er kann aus einem oder mehreren Anbaugebieten stammen, aus einer als Grand Cru eingestuften Gemeinde, einem Premier Cru oder aus Gemarkungen mit geringerem Ansehen. Er kann ein Jahrgangschampagner oder ein Champagner ohne Jahrgangsangabe sein (wobei die Nichtjahrgangs-Champagner aus jungen Weinen zusammengestellt sein oder – in geringerem oder größerem Maße – auf Reserveweine zurückgreifen können); manchmal handelt es sich auch um das Ergebnis eines Verschnitts mehrerer Jahrgänge. Des weiteren kann er ein Crémant (mit geringer Schaumentwicklung) oder ein »normaler« Champagner sein. Er kann ohne Dosage sein oder einen sehr unterschiedlichen Süßungsgrad besitzen. Er kann kurz oder lange auf der Hefe gereift, erst seit kurzem oder schon vor längerer Zeit degorgiert, weiß oder rosé sein (wobei der Rosé durch eine Mischung von Weiß- und Rotwein oder durch eine kurze Maischegärung erzeugt worden sein kann). Die meisten dieser Faktoren lassen sich untereinander kombinieren, so daß es eine unbegrenzte Zahl von Champagnern gibt. Gleichgültig, welchen Typ man bevorzugt, man wird immer denjenigen Champagner für den besten halten, der am längsten auf der Hefe gereift ist (fünf bis zehn Jahre) und in den ersten sechs Jahren nach dem Degorgieren getrunken wird.

So wird auch besser verständlich, warum der Preis der Flaschen von Kategorie 1 bis 8 variieren kann und daß es Spitzenprodukte und Sondercuvées gibt. Leider steht auch fest, daß bei den großen Marken die billigsten Champagner auch die am wenigsten interessanten sind. Hingegen kommt der große Preisunterschied, der die dazwischenliegenden Jahrgangschampagner von den teuersten trennt, nicht immer zwangsläufig auch in einem Qualitätssprung zum Ausdruck.

Champagner trinkt man zwischen 7 und 9 °C, eisgekühlt bei den Blanc de Blancs und den jungen Champagnern, weniger stark gekühlt bei den Jahrgangschampagnern und den weinig schmeckenden Champagnern. Außer der klassischen Flasche mit 75 cl Inhalt wird er in Viertel-, Halb- »Magnum« - (Fassungsvermögen von zwei Flaschen), »Jeroboam« - (4 Flaschen), »Methusalem« - (8 Flaschen) oder »Salmanazar« - Flaschen (12 Flaschen) angeboten. Die Flasche wird im allgemeinen abgekühlt, indem man sie in einen Champagnerkübel stellt, der Wasser und Eis enthält. Um sie zu entkorken, muß man den Folienverschluß und den Drahtkorb entfernen. Wenn man dabei merkt, daß der Innendruck den Korken heraustreibt, läßt man ihn zusammen mit Folien- und Drahtverschluß kommen. Sitzt der Korken fest, hält man ihn mit einer Hand fest, während man mit der anderen die Flasche dreht. Der Korken wird langsam und geräuschlos herausgedreht, ohne den Druck abrupt zu vermindern.

Champagner sollte nicht in Schalen serviert werden, sondern in Kristallgläsern, die schmal und schlank sind. Außerdem müssen sie trocken, nicht durch Eiswürfel gekühlt und ohne jegliche Rückstände von Reinigungsmitteln sein, weil diese die Bläschen und den Schaum zerstören würden. Man kann ihn ebenso-

gut als Aperitif wie zu Vorspeisen oder zu magerem Fisch trinken. Die weinigen Champagner, überwiegend Blanc de Noirs, und die besonders guten Jahrgangschampagner werden oft zu Fleisch und zu Gerichten mit farbigen Saucen serviert. Zum Dessert und zu allem, was süß ist, trinkt man eher einen halbtrockenen als einen herben Champagner, weil der Zukker die Empfindlichkeit des Gaumens gegenüber Säure zu stark erhöht.

Die letzten Jahrgänge : 1982, ein großer Jahrgang mit vollständigen Weinen, 1983, geradlinige, ungekünstelte Weine, 1984, ein Jahrgang, den man besser vergessen sollte, 1985, ein großer Jahrgang, 1986, durchschnittliche Weine, die selten Jahrgangschampagner abgeben, 1987, ein Jahrgang, den man in schlechter Erinnerung hat, 1988, 1989 und 1989, drei schöne Jahrgänge, die man in den kommenden Jahren wird genießen können.

HENRI ABELE

| ○ | | k.A. | k.A. | ▮↓▼⑤ |

Diese Handelsfirma wurde 1757 gegründet und ist somit eines der ältesten Champagnerhäuser (das viertälteste, um genau zu sein). Ihr Brut ohne Jahrgangsangabe ist sehr jugendlich und besitzt einen sehr fruchtigen Geschmack. (NM)
↰ Champagne Henri Abelé, 50, rue de Sillery, 51100 Reims, Tel. 26.85.23.86 ⌇ n. V.

HENRI ABELE Les soirées parisiennes ★

| ○ | | k.A. | k.A. | ▮↓▼⑤ |

Dieser blaßgoldene Champagner mit den grünen Reflexen wirkt sehr jugendlich. Der feine Duft erinnert an Trauben. Elegant im Geschmack. (NM)
↰ Champagne Henri Abelé, 50, rue de Sillery, 51100 Reims, Tel. 26.85.23.86 ⌇ n. V.

ABEL LEPITRE 1985 ★★

| ◐ | | k.A. | 25 000 | ▮▼⑥ |

1924 begründete Abel Lepitre seine Champagnermarke. Die Firma wurde zweimal übernommen, wobei die neuen Besitzer jeweils aus Bordeaux stammten. Seit 1989 gehört sie zur Gruppe Marie Brizard. Eine Cuvée gut zur Hälfte aus Pinot Noir, zu etwa einem Drittel aus Chardonnay und zu 15 % aus rotem Bouzywein. Ein sehr schöner, gelbroter Rosé, der aus Weinen eines großen Jahrgangs besteht. Eleganter Duft, vornehmer Geschmack. Ein außergewöhnlicher Rosé. (NM)
↰ Grands Champagnes de Reims, 13, rue Dupont, B.P. 2817, 51160 Mareuil-sur-Ay, Tel. 26.52.60.43 ⌇ n. V.

ABEL LEPITRE Cuvée réservée 1985 ★★

| ○ | | k.A. | k.A. | ▮▼⑦ |

Zwei Prüfer würden ihn besonders empfehlen : kräftiger Vanillegenuß und runder Honigge-

schmack. Ein Champagner, der zu zwei Dritteln aus Chardonnay und zu einem Drittel aus Pinot Noir besteht. »Sehr gern zu Leberpastete, schon jetzt« , hat ein Prüfer notiert. (NM)
☛ Grands Champagnes de Reims, 13, rue Dupont, B.P. 2817, 51160 Mareuil-sur-Ay, Tel. 26.52.60.43 ☎ n. V.

ABEL LEPITRE 1985*

| ○ | k.A. | 20 000 | ▮ ✓ 6 |

Ein 85er, der zu sechs Teilen aus Pinot Noir und zu vier Teilen aus Chardonnay besteht. Kräftiger Duft, gut gebauter, ausgewogener Geschmack. Spürbare Dosage. (NM)
☛ Grands Champagnes de Reims, 13, rue Dupont, B.P. 2817, 51160 Mareuil-sur-Ay, Tel. 26.52.60.43 ☎ n. V.

ABEL LEPITRE 1985**

| ○ | k.A. | 30 000 | ▮ ✓ 6 |

Ein weiterer Triumph des Jahrgangs 1985. Ein Blanc de Blanc, ein Crémant mit geringer Schaumentwicklung, der den Wein selbst zur Geltung bringt. Winzige Bläschen inmitten eines sehr schönen Goldtons. Das fruchtige, eindrucksvolle Bukett paßt gut zur runden, harmonischen und eleganten Säure des Geschmacks. (NM)
☛ Grands Champagnes de Reims, 13, rue Dupont, B.P. 2817, 51160 Mareuil-sur-Ay, Tel. 26.52.60.43 ☎ n. V.

ADAM-GARNOTEL 1988

| ○ | 9,5 ha | 30 000 | ▮ ✓ 4 |

Diese Firma wurde gegen Ende des letzten Jahrhunderts gegründet. Die 9 ha sind mit den drei traditionellen Rebsorten bepflanzt. Der 88er, der sich ziemlich rasch entwickelt hat, denn er erreicht seinen Höhepunkt. 40 % Pinot Noir und 60 % Chardonnay verleihen ihm Ausgewogenheit. (NM)
☛ Champagne Adam-Garnotel, 17, rue de Chigny, 51500 Rilly-la-Montagne, Tel. 26.03.40.22 ☎ n. V.

AGRAPART ET FILS Blanc de blancs

| ○ | k.A. | 20 000 | ▮ ◑ ✓ 4 |

Wenn man in Avize seit 1894 Wein anbaut und 10 ha Rebflächen mit Chardonnaytrauben besitzt, muß man natürlich einen Blanc de Blancs herstellen. Diese Cuvée, die aus 85er und 86er Weinen zusammengestellt worden ist, bewahrt einen jugendlichen Charakter. Im Bukett entdeckt man Haselnüsse und Zitrusfrüchte. Der Geschmackseindruck ist kurz und leicht. (RM)
☛ GAEC Agrapart et Fils, 57, av. Jean-Jaurès, 51190 Avize, Tel. 26.57.51.38 ☎ n. V.

AGRAPART ET FILS
Cuvée des demoiselles***

| ● | k.A. | 5 000 | ▮ ◑ ✓ 4 |

Ein Blanc de Blancs, dem 7 % Pinot Noir Farbe verleihen. Schöne, wirklich rosarote Farbe, ein sehr feines Bukett mit einem Hauch von Fruchtigkeit und ein ätherischer, langer und harmonischer Geschmack. (RM)
☛ GAEC Agrapart et Fils, 57, av. Jean-Jaurès, 51190 Avize, Tel. 26.57.51.38 ☎ n. V.

AUBRY DE HUMBERT 1986**

| ○ | 5 ha | 5 000 | ▮ ↓ ✓ 5 |

Das sehr schöne Etikett, das von Originalität und gutem Geschmack zeugt, trägt im Namen von Aubry de Humbert, der 1260 Erzbischof von Reims war. Dieser Champagner wird von einer Winzerfamilie erzeugt, die seit der Französischen Revolution Wein anbaut. Ihr Anbaugebiet umfaßt 16 ha. Eine Sondercuvée aus dem schwierigen Jahrgang 1986, deren rauchiger Duft an getrocknetes Heu erinnert. Der Geschmack ist harmonisch, lebhaft und lang. (RM)
☛ SCEV Champagne L. Aubry Fils, 6, Grande rue, 51390 Jouy-les-Reims, Tel. 26.49.20.07 ☎ n. V.

L. AUBRY FILS Classique*

| ○ | 11 ha | 60 000 | ▮ ↓ ✓ 4 |

Die drei Rebsorten der Champagne sind in diesem Champagner zu fast gleichen Teilen vertreten. Das Bukett entfaltet blumige und rauchige Noten mit einem Hauch von Nougat. Rund, fruchtig und nachhaltig im Geschmack. (RM)
☛ SCEV Champagne L. Aubry Fils, 6, Grande rue, 51390 Jouy-les-Reims, Tel. 26.49.20.07 ☎ n. V.

L. AUBRY FILS Classique

| ◑ | 5 ha | 3 500 | ▮ ↓ ✓ 5 |

Mehr als die Hälfte Pinot Meunier, ein kleiner Anteil Pinot Noir und ein gutes Drittel Chardonnay ergeben eine blasse, lachsrosa Farbe, einen dezenten Duft von schwarzen Johannisbeeren und einen Geschmack von gekochten Früchten. (RM)
☛ SCEV Champagne L. Aubry Fils, 6, Grande rue, 51390 Jouy-les-Reims, Tel. 26.49.20.07 ☎ n. V.

AUTREAU DE CHAMPILLON 1988

| ○ | 8 ha | 20 000 | ▮ ✓ 5 |

Diese Familie baut seit 1670 Wein an. Eine so lange Tradition wird belohnt : 1963 besuchte General de Gaulle die Kellerei. Dieser 88er besteht zu einem Drittel aus Chardonnay und zu zwei Dritteln aus Pinot Noir. Rauchiger, entwickelter Duft. Im Geschmack zeigt er sich schon sehr reif : länger und kräftiger als fein. (RM)
☛ Autréau de Champillon, 15, rue René-Baudet, 51160 Champillon, Tel. 26.59.46.00 ☎ n. V.

AYALA 1985*

| ○ | k.A. | k.A. | 5 |

Eine von dem Venezolaner Ayala gegründete Firma, der das Schloß in Ay gehört. Der 85er ist überwiegend aus dunklen Trauben erzeugt worden. Er entfaltet ein kräftiges, fruchtiges Bukett, das dem Geschmack entspricht. Ausgewogener Gesamteindruck. (NM)
☛ Champagne Ayala, 2, bd du Nord, B.P. 6, 51160 Ay, Tel. 26.55.15.44 ☎ n. V.
☛ Jean-Michel Ducellier

PASCAL BARDOUX Réserve

| ○ | 2,8 ha | 3 000 | ▮ ✓ 4 |

Die Familie Bardoux widmet sich seit einem Jahrhundert dem Weinbau. Dieser herbe

Réserve-Champagner ist eine klassische Cuvée : 50 % Pinot Meunier, 30 % Pinot Noir und 20 % Chardonnay. Das Bukett erinnert an frische Butter und Lindenblüten. Im Geschmack enthüllt sich nach einer klaren Ansprache ein Aroma von eingemachten Früchten – ein Zeichen von Entwicklung. (RM)

🍷 Pascal Bardoux, 5-7, rue Saint-Vincent, 51390 Villedommange, Tel. 26.49.25.35 ☎ n. V.

E. BARNAUT

◔	k.A.	5 000	▮↓Ⅴ4

Die Barnauts, die schon immer in Bouzy leben, bauen seit 1874 Wein an. Philippe Secondé, ein Nachkomme von Edmond Barnaut, hat diesen Rosé zu 90 % aus Pinot-Noir-Trauben erzeugt. Tiefe, rosarote Farbe und dezenter Pinotduft über einem Vanillearoma. Der beeindruckende Geschmack macht ihn für Mahlzeiten geeignet. (RM)

🍷 Champagne E. Barnaut, 13, rue Pasteur, B.P. 19, 51150 Bouzy, Tel. 26.57.01.54 ☎ n. V.
🍷 Robert et Philippe Secondé

E. BARNAUT Grande réserve★★

○ Gd cru	k.A.	30 000	▮↓Ⅴ4

Vier Teile Pinot Noir und ein Teil Chardonnay geben diesem Grand Cru eine strohgoldene Farbe und ein weiniges Bukett. Im Geschmack ist er körperreich und voll. Dank seiner vollkommenen Harmonie ist er der ideale Champagner zum Essen. Werden die 30 000 Flaschen bei diesem reizvollen Preis ausreichen ? (RM)

🍷 Champagne E. Barnaut, 13, rue Pasteur, B.P. 19, 51150 Bouzy, Tel. 26.57.01.54 ☎ n. V.
🍷 Robert et Philippe Secondé

BARON ALBERT Carte d'or★

○	10 ha	97 000	▮↓Ⅴ4

Die Barons sind seit 1677 in Charly-sur-Marne ansässig. Heute bewirtschaften sie rund 30 ha Rebflächen und sind als Handelsfirma eingestuft. In dieser Gegend überwiegt die Rebsorte Pinot Meunier. So auch bei diesem Champagner (50 %), den 30 % Chardonnay und 20 % Pinot Noir ergänzen. Eine goldgrüne Cuvée, die im Duft und im Geschmack sehr jugendlich wirkt. Gute Fruchtigkeit. Die Cuvée Brut Tradition, die durch ihr feines Aroma bezaubert, hat ebenfalls einen Stern erhalten. (NM)

🍷 Champagne Baron Albert, Porteron, 02310 Charly-sur-Marne, Tel. 23.82.02.65 ☎ n. V.

BARON ALBERT
Cuvée Jean de la Fontaine 1986★

○	3 ha	29 000	▮◧Ⅴ5

Wenn man auf der Straße von Monthuys fährt, die die Weinberge der Barons durchquert, sollte man auf die Gesundheit von La Fontaine trinken, der die Fabel »Die Kutsche und die Fliege« schrieb. Dieser Champagner, bei dem die Chardonnayrebe (60 %) von 30 % Pinot Noir und 10 % Pinot Meunier unterstützt wird, besitzt ein feines, an getrocknete Blumen erinnerndes Bukett und einen runden, eleganten Geschmack mit genau der richtigen Dosage. (NM)

🍷 Champagne Baron Albert, Porteron, 02310 Charly-sur-Marne, Tel. 23.82.02.65 ☎ n. V.

BARON-FUENTE ★

○	k.A.	k.A.	▮↓Ⅴ4

Obwohl die Barons seit mehr als 300 Jahren Wein anbauen, stellen sie erst seit 1962 selbst Champagner her. Bei knapp 5 % Chardonnay ist dieser Champagner fast ein Blanc de Noirs (aus Pinot-Meunier-Trauben). Er ist fein und fruchtig, auch wenn man den Alkohol spürt. (NM)

🍷 Baron-Fuente, 21, av. Fernand Drouet, B.P. 23, 02310 Charly-sur-Marne, Tel. 23.82.01.97

BARON-FUENTE Grande réserve 1988★★

○	k.A.	k.A.	▮↓Ⅴ4

Die drei Rebsorten der Champagne verbinden sich (bei einem leichten Übergewicht des Chardonnay) zu diesem 88er, der noch am Anfang seiner Entwicklung steht. Blaßgoldene Farbe, ein blumiger Duft, der gerade erwacht, und ein ausgewogener, langer Geschmack. Dazu ein angenehmer Preis. (NM)

🍷 Baron-Fuente, 21, av. Fernand Drouet, B.P. 23, 02310 Charly-sur-Marne, Tel. 23.82.01.97

BARON-FUENTE Prestige★

○	k.A.	k.A.	▮↓Ⅴ4

Die Farbe ist ebenso schüchtern, wie die Bläschen fein sind. Blumiges Bukett (Geißblatt), Aroma von Zitronenkraut und roten Früchten, dann von Honig. (NM)

🍷 Baron-Fuente, 21, av. Fernand Drouet, B.P. 23, 02310 Charly-sur-Marne, Tel. 23.82.01.97

HERBERT BEAUFORT Carte d'or★★

○	13,5 ha	30 000	▮Ⅴ5

In Bouzy dominiert die Rebsorte Pinot Noir. Bei dieser Cuvée ist sie mit 80 % beteiligt (den Rest übernimmt die Chardonnayrebe). Blaßgoldene Farbe, Duft von Äpfeln und Pampelmusen und Aroma von Akazienblüten und Honig. Spürbare Dosage. (RM)

🍷 Herbert Beaufort, 32, rue de Tours-sur-Marne, B.P. 1, 51150 Bouzy, Tel. 26.57.01.34 ☎ n. V.

BEAUMET
Cuvée Malakoff Blanc de blancs 1982★

○	k.A.	50 000	▮↓Ⅴ6

Beaumet besteht seit mehr als einem Jahrhundert (1879), aber der Betrieb hat sich verjüngt, als Jacques Trouillard ihn 1977 übernahm. Trotz seines Alters wirkt die goldgrüne Farbe dieses Weins merkwürdig jung. Ganz anders der Duft, der an überreife Äpfel erinnert. Im Geschmack gewinnt die Jugendlichkeit wieder die Oberhand : lebhafte Ansprache, noch immer vorhandene Säure, leichter Körper. (NM)

🍷 Champagne Beaumet, 3, rue Malakoff, B.P. 247, 51207 Epernay Cedex, Tel. 26.59.50.10 ☎ n. V.
🍷 J. Trouillard

BEAUMONT DES CRAYERES
Cuvée nostalgie Blanc de blancs 1985 *

| ○ | 3 ha | 15 000 | 🍴↕✔4 |

Eine Spitzencuvée zu einem sehr besonnenen Preis, hergestellt von einer Genossenschaft. Dieser jugendliche Champagner, der noch die ganze Zukunft vor sich hat, muß nicht nostalgisch werden. Jugendliches Aussehen, erwachender Duft, junger Geschmack. (CM)
🍴 Beaumont des Crayères, 64, rue de la Liberté, 51530 Mardeuil, Tel. 26.55.29.40 ☎ Mo-Sa 8h-12h 13h30-18h

BEAUMONT DES CRAYERES
Cuvée prestige

| ○ | 12 ha | 70 000 | 🍴↕✔4 |

Die drei Rebsorten der Champagne sind hier zu spürbar gleichen Teilen vertreten. Diese spezielle Cuvée wird zum Preis einer normalen Cuvée verkauft. Ein ziemlich kräftiger, fast schwerer Wein mit klarer Ansprache und merklicher Dosage. Der Rosé »Privilège« aus dem gleichen Haus ist ähnlich ausgefallen. (CM)
🍴 Beaumont des Crayères, 64, rue de la Liberté, 51530 Mardeuil, Tel. 26.55.29.40 ☎ Mo-Sa 8h-12h 13h30-18h

YVES BEAUTRAIT

| ○ Gd cru | 14 ha | k.A. | 🍴✔4 |

Wenn man zu Yves Beautrait fährt, kommt man nicht umhin, das restaurierte Schloß von Louvois zu bewundern, das einst Michel Le Tellier gehörte. Dieser Brut ohne Jahrgangsangabe bevorzugt die Pinot-Noir-Rebe (2/3), die diesem Champagner seinen Körper gibt, während die Chardonnayrebe (1/3) für die klare Ansprache verantwortlich ist. (NM)
🍴 Yves Beautrait, 4, rue des Cavaliers, 51150 Louvois, Tel. 26.57.03.38 ☎ n. V.

YVES BEAUTRAIT Spécial club 1985 ***

| ○ Gd cru | k.A. | 5 000 | 🍴✔5 |

Die Cuvée »Spécial Club« – zu Ehren des Clubs der Champagnewinzer – befindet sich von jeher in einer speziellen Flasche, deren Form sich gerade geändert hat. Es handelt sich dabei immer um einen Jahrgangschampagner. Dieser 85er gehört zu den schönen 85ern, die sehr ausgewogen, kräftig und wenig sind. Dagegen entkommt er dem Fehler einiger 85er, nämlich einer raschen Entwicklung. Paßt zum Essen. (RM)
🍴 Yves Beautrait, 4, rue des Cavaliers, 51150 Louvois, Tel. 26.57.03.38 ☎ n. V.

BESSERAT DE BELLEFON
Cuvée des Moines *

| ○ | k.A. | k.A. | 🍴↕✔4 |

Besserat de Bellefon ist von Reims nach Epernay umgezogen und hat dabei auch den Chef gewechselt. Der Wein zu dieser Cuvée stammt aus dem ausgezeichnetem Jahrgang 1989. Wenig Chardonnay (20 %), mehr Pinot Noir (45%) als Pinot Meunier (35 %). Voller, runder Geschmack mit merklicher Dosage. (NM)
🍴 SA Champagne Besserat de Bellefon, 19, av. de Champagne, 51200 Epernay, Tel. 26.59.51.00

BILLECART-SALMON
Cuvée Nicolas François Billecart 1985 ***

| ○ | k.A. | 90 000 | 🍴↕✔6 |

Es wäre erstaunlich gewesen, wenn Billecart keine besondere Empfehlung geerntet hätte ! Die Firma erhält sie für ihre Sondercuvée »Nicolas-François Billecart« , die so zu Ehren des Firmengründers benannt worden ist. 60 % Chardonnay und 40 % Pinot Noir des sehr schönen Jahrgangs 1985 haben die Prüfer begeistert. Man startet einen Flug, der nicht mehr zu enden scheint. Ein »perfekter Wein zum Feiern« . (NM)
🍴 SA Champagne Billecart-Salmon, 40, rue Carnot, 51160 Mareuil-sur-Ay, Tel. 26.52.60.22 ☎ n. V.

BILLECART-SALMON

| ◑ | k.A. | 40 000 | 🍴↕✔6 |

Chardonnay und Pinot Noir zu gleichen Teil, unterstützt von 20 % Pinot Meunier, verleihen diesem Rosé Frucht und Finesse. Klare Ansprache und elegante Struktur. (NM)
🍴 SA Champagne Billecart-Salmon, 40, rue Carnot, 51160 Mareuil-sur-Ay, Tel. 26.52.60.22 ☎ n. V.

GAETAN BILLIARD **

| ◑ | k.A. | 60 000 | 🍴↕✔4 |

Ein schöner Brut ohne Jahrgangsangabe, der das Produkt einer bemerkenswerten Zusammenstellung ist : 20 % Reserveweine und die drei Rebsorten der Champagne. Goldene Farbe und feiner Schaum. Duft von Hefegebäck und geröstetem Brot. Ausgewogenheit, Harmonie und Länge bestätigen die ersten Eindrücke. (NM)
🍴 Champagne Gaëtan Billiard, 14, rue des Moissons, 51100 Reims, Tel. 26.47.41.25 ☎ n. V.

GAETAN BILLIARD *

| ◑ | k.A. | 10 000 | 🍴↕✔4 |

Dieser Schaumwein ähnelt dem Brut der gleichen Marke, dem man mit Rotwein von alten Rebstöcken in Ay Farbe gegeben hat. Ein orangeroter Rosé, der entwickelt (tertiäres Aroma) und fleischig ist, aber nicht mehr altern darf. (NM)
🍴 Champagne Gaëtan Billiard, 14, rue des Moissons, 51100 Reims, Tel. 26.47.41.25 ☎ n. V.

GAETAN BILLIARD Blanc de blancs

| ○ | k.A. | 5 000 | 🍴↕✔4 |

Ein junger Champagner mit goldgrüner Farbe. Dezenter Duft, der an geröstetes Brot erinnert. Im Geschmack treffen Zitrusfrüchte, Pampelmu-

sen und Vanille aufeinander. Paßt gut als Aperitif und zu Krustentieren. (NM)
🖐 Champagne Gaëtan Billiard, 14, rue des Moissons, 51100 Reims, Tel. 26.47.41.25 ☎ n. V.

BINET

○	k.A.	76 300	▮▮ ▼ 5

Ein Brut ohne Jahrgang, den man zum Essen trinken sollte, weil es sein Bau und seine Kraft erlauben. Sein ausgeprägter Typ ebenfalls. Seine Korpulenz verdankt er einer Hälfte Pinot Noir und einem Drittel Pinot Meunier, die durch 15% Chardonnay entlastet werden. (NM)
🖐 Champagne Binet, 31, rue de Reims, 51500 Rilly-la-Montagne, Tel. 26.03.40.19 ☎ n. V.

BINET Cuvée sélection ★★

○	k.A.	750	▮▮ ▼ 6

Eine klassische Cuvée aus 40 % hellen und 60 % dunklen (Pinot Noir) Trauben. Ihr klares, fruchtiges Bukett enthüllt die Kraft der Pinottrauben. Im Geschmack entfaltet sie eine verführerische Ausgewogenheit und Harmonie. Könnte länger sein. (NM)
🖐 Champagne Binet, 31, rue de Reims, 51500 Rilly-la-Montagne, Tel. 26.03.40.19 ☎ n. V.

BINET 1988★

○	k.A.	4 925	▮▮ ▼ 5

Pinot Noir dominiert mit 60 %. Die Farbe verdankt dieser Rebsorte ein kleines Schillern sowie Rückgrat und Körper. Auf den Chardonnayanteil (25%) gehen seine Vornehmheit und seine Eleganz zurück. Die 15% Pinot Meunier tragen zur Harmonie und Fruchtigkeit bei. (NM)
🖐 Champagne Binet, 31, rue de Reims, 51500 Rilly-la-Montagne, Tel. 26.03.40.19 ☎ n. V.

H. BLIN ET CIE ★

○	k.A.	k.A.	↓ ▼ 6

Diese Genossenschaft besitzt 90 ha Rebflächen, die sich auf neun Anbaugebiete des Marnetals verteilen. Ein Rosé aus dunklen Trauben, vor allem Pinot Meunier (85%). Die lachsrosa Farbe ist ansprechend. Der frische Duft geht in Richtung grüne Äpfel, während im Geschmack Struktur und Fülle dominieren. (CM)
🖐 Champagne H. Blin et Cie, 5, rue de Verdun, B.P. 35, 51700 Vincelles, Tel. 26.58.20.04 ☎ n. V.

H. BLIN ET CIE Brut tradition ★

○	k.A.	k.A.	↓ ▼ 6

Ein Blanc de Noirs, bei dem die Rebsorte Pinot Meunier die Hauptrolle (80 %) spielt. Fruchtiger Duft von reifen Trauben. Frischer, ausgewogener Geschmack mit ziemlich spürbarer Dosage. Aufgrund seines Baus kann man ihn zum Essen trinken. (CM)
🖐 Champagne H. Blin et Cie, 5, rue de Verdun, B.P. 35, 51700 Vincelles, Tel. 26.58.20.04 ☎ n. V.

H. BLIN ET CIE 1987★

○	k.A.	k.A.	↓ ▼ 6

Eine Cuvée, die zur Hälfte aus dunklen und zur Hälfte aus hellen Trauben eines nicht gerade berühmten Jahrgangs erzeugt worden ist. Goldene Farbe, Vanille- und Zitrusduft. Ausgewogener Geschmack. Die harmonische Säure wird von einer spürbaren Dosage überdeckt. (CM)

🖐 Champagne H. Blin et Cie, 5, rue de Verdun, B.P. 35, 51700 Vincelles, Tel. 26.58.20.04 ☎ n. V.

R. BLIN ET FILS

◑	11 ha	90 000	▮▮ ↓ ▼ 4

Die Familie Blin besitzt 11 ha Rebflächen und produziert ihren Wein für Privatkunden. Dieser Champagner ist ein Rosé aus dunklen Trauben (4/5 Pinot Noir und 1/5 Pinot Meunier). Frischer, fast mentholartiger Duft. Die Tannine haben sich noch nicht harmonisch aufgelöst. Lakritzearoma im Nachgeschmack. (RM)
🖐 R. Blin et Fils, 11, rue du Point du Jour, 51140 Trigny, Tel. 26.03.10.97 ☎ n. V.

BLONDEL Blanc de blancs 1985★

○	4 ha	5 000	▮▮ ↓ ▼ 4

Ein 10 ha großes Gut, das zu Beginn des Jahrhunderts erworben und 1960 neu bepflanzt wurde. Dieser Blanc de Blancs hat durch seine Jugendlichkeit überrascht. Duft von weißen Blüten, fruchtiger, immer noch frischer Geschmack. (NM)
🖐 Théodore Blondel, Dom. des Monts Fournois, 51500 Ludes, Tel. 26.03.43.92 ☎ n. V.

BOIZEL Grand vintage 1986★

○	k.A.	30 000	▮▮ ↓ 5

Eine 1834 gegründete Firma, die sich immer noch im Familienbesitz befindet. Viel Pinot Noir (60 %), ein Hauch von Pinot Meunier (10 %) und 30 % Chardonnay ergeben einen blaßgoldenen Champagner mit blumigem Duft und einer leicht bitteren Note im Abgang. (NM)
🖐 Champagne Boizel, 14, rue de Bernon, B.P. 149, 51205 Epernay Cedex, Tel. 26.55.21.51 ☎ n. V.

BOIZEL

◑	k.A.	80 000	▮▮ ↓ 5

Bis auf 10 % Chardonnay ein Rosé aus dunklen Trauben (50 % Pinot Noir und 40 % Pinot Meunier). Lachsrosa schimmernde, gelbe Farbe. Der dezente Himbeerduft kündigt einen Geschmack an, dessen nervige Fruchtigkeit ebenfalls an Himbeeren erinnert. (NM)
🖐 Champagne Boizel, 14, rue de Bernon, B.P. 149, 51205 Epernay Cedex, Tel. 26.55.21.51 ☎ n. V.

BOLLINGER Spécial cuvée★

○	k.A.	1 000 000	↓ 6

Zwei Drittel Pinot Noir – der Name Bollinger verpflichtet ! – sowie 15% Pinot Meunier und 20 % Chardonnay für eine Million Flaschen von diesem goldgelben Champagner, der intensiv nach geröstetem Brot duftet. Den einen erscheint er jugendlich, den anderen entwickelt mit einer leicht bitteren Note. (NM)
🖐 SA Champagne Bollinger, 16, rue Jules-Lobet, B.P. 4, 51160 Ay-Champagne, Tel. 26.55.21.31 ☎ n. V.

BOLLINGER Grande année 1985★★★

○ k.A. 450 000

Ein verführerischer Champagner, wie es verführerische Frauen gibt. Aber er ist männlich. Der majestätische Charakter der Pinot-Noir-Rebe dominiert. Im Bukett entlädt sich fast explosionsartig der Duft von zahlreichen Früchten. Im Geschmack Reichtum, Kraft, Komplexität und Länge mit leichtem Holzton. Unbedingt eine besondere Empfehlung. (NM)
🕿 SA Champagne Bollinger, 16, rue Jules-Lobet, B.P. 4, 51160 Ay-Champagne, Tel. 26.55.21.31
☎ n. V.

BOLLINGER RD 1982★★★

○ k.A. k.A.

Die verkostete Flasche war am 17. Februar 1992 degorgiert worden. Das Datum des Degorgierens steht bei allen Bollinger-Champagnern RD auf dem Rücketikett über jeder Flasche. Ein intensiv goldfarbener Champagner, aber vor allem ein großer Wein, der stattlich und kräftig ist. Die dunklen Trauben (Pinot Noir) kommen stark zur Entfaltung. Dank seiner Konstruktion und Korpulenz ein idealer Champagner zum Essen. (NM)
🕿 SA Champagne Bollinger, 16, rue Jules-Lobet, B.P. 4, 51160 Ay-Champagne, Tel. 26.55.21.31
☎ n. V.

BONNAIRE Blanc de blancs 1985★★

○ 13 ha 20 000

Bei einem reichen Jahrgang genügt eine einzige Rebsorte. Dieser 85er bringt die Chardonnayrebe zum Ausdruck : ein reicher, vollständiger Wein, der ausgewogen und umfassend ist, so daß man ihn ebenso als Aperitif wie zum Essen trinken kann. (RM)
🕿 Champagne Bonnaire, 105, rue du Carouge, 51530 Cramant, Tel. 26.57.50.85 ☎ n. V.

BONNAIRE Blanc de blancs

○ k.A. 80 000

Bonnaire ist ein selbständiger Erzeuger, der sich auf Blanc-de-Blancs-Champagner spezialisiert hat. Dieser Champagner ohne Jahrgang besitzt eine goldene Farbe mit grünen Reflexen und ein rauchiges Bukett, in dem man Mandeln und geröstetes Brot entdeckt. Der typische Ausdruck eines reinsortigen Champagners aus der Chardonnayrebe. (RM)
🕿 Champagne Bonnaire, 105, rue du Carouge, 51530 Cramant, Tel. 26.57.50.85 ☎ n. V.

ALEXANDRE BONNET

◐ 4,5 ha 40 000

Die Bonnets bauen seit 200 Jahren Wein an. Dieser herbe Rosé ist ein Rosé aus Pinot-Noir-Trauben. Intensiver, weiniger Duft von roten Früchten, klarer Geschmack (schwarze Johannisbeeren, Erdbeeren, Himbeeren), Ausgewogenheit und Länge, aber eine entwickelte Note. (RM)
🕿 SA Bonnet Père et Fils, 138, rue du Galde-Gaulle, 10340 Les Riceys, Tel. 25.29.30.93
☎ n. V.

ALEXANDRE BONNET Brut prestige★

○ 28 ha 210 000

Ein Champagner aus der berühmten Gemarkung Les Riceys. Er enthält viel Pinot Noir (80 %), ergänzt durch Chardonnay. Eine Cuvée mit einer dunklen, goldenen Farbe und einem entwickelten Duft. Ausgewogen und lang. (RM)
🕿 SA Bonnet Père et Fils, 138, rue du Galde-Gaulle, 10340 Les Riceys, Tel. 25.29.30.93
☎ n. V.

EDMOND BONVILLE
Cuvée de réserve Blanc de blancs★

○ 7 ha 25 000

Ein typischer Blanc de Blancs : goldgrüne Farbe, Duft von Mandeln und geröstetem Brot über einem pflanzlichen Grundaroma und lebhafte, nervige Ansprache. (RM)
🕿 Edmond Bonville, 3, rue du Gué, B.P. 8, 51190 Oger, Tel. 26.57.53.19 ☎ n. V.

RAYMOND BOULARD Tradition

○ k.A. 10 000

Eine Spezialflasche, für die Raymond Boulard verantwortlich zeichnet. Eine Cuvée aus 89er Weinen, halb aus dunklen (25% Pinot Meunier) und halb aus hellen Trauben. Die Pinottrauben prägen die Farbe und auch den Duft, der wenig und kräftig ist. Diese Kraft findet man im sehr langen Geschmack wieder, der süß und sauer zugleich ist. (NM)
🕿 Raymond Boulard, 1, rue du Tambour, 51480 La Neuville-aux-Larris, Tel. 26.58.12.08 ☎ n. V.

JEAN-PAUL BOULONNAIS
Blanc de blancs

○ k.A. 20 000

Die Firma wurde vom Großvater des heutigen Besitzers gegründet. Der Sohn schickt sich an, den Betrieb fortzuführen, und bewirtschaftet ein 4,5 ha großes Anbaugebiet. Ein klassischer Blanc de Blancs, der nach Zitrusfrüchten und Äpfeln duftet. Lebhaft, fein und strukturiert. (NM)
🕿 SARL Jean-Paul Boulonnais, 14, rue de l'Abbaye, 51130 Vertus, Tel. 26.52.23.41 ☎ n. V.

CH. DE BOURSAULT ★

◐ 9,31 ha 14 000

Einer der beiden Champagner mit dem Château auf dem Etikett. Dieses Schloß ist wohlbekannt, denn erbaut und bewohnt wurde es von Madame Veuve Clicquot, die hier auch starb. Die beiden Pinotrebsorten ergeben zu gleichen Teilen diesen Rosé aus dunklen Trauben. Eine ausgeprägt rosarote, fast rote Farbe. Der blumige Duft

entfaltet sich nach und nach, während der Geschmackseindruck sehr direkt ist. (NM)
🍷 Champagne Ch. de Boursault, rue Maurice-Gilbert, 51480 Boursault, Tel. 26.58.42.21 ☎ n. V.
🍷 N. Fringhian

CH. DE BOURSAULT Tradition

○	9,31 ha	55 000	🍾↓4

Nochmals gleiche Anteile der beiden Pinotrebsorten, unterstützt von 13% Chardonnay. Ein Champagner, der eine ganze Mahlzeit begleiten kann. Fruchtiges Bukett und Briochearoma in einem runden, weichen Geschmack. (NM)
🍷 Champagne Ch. de Boursault, rue Maurice-Gilbert, 51480 Boursault, Tel. 26.58.42.21 ☎ n. V.
🍷 N. Fringhian

BRETON FILS *

○	8 ha	60 000	🍾Ⅴ4

Die Familie Breton hat seit dem Krieg ein 15 ha großes Anbaugebiet angelegt und ihre eigene Marke ins Leben gerufen. Ihr Brut ohne Jahrgang besitzt eine sehr blasse Farbe und ein diskretes Bukett, das an Holunder und Efeu erinnert, während der leichte Geschmack ausgewogen ist. (RM)
🍷 SCEV Champagne Breton Fils, 12, rue courte-Pilate, 51270 Congy, Tel. 26.59.31.03 ☎ tägl. 9h-12h 14h-17h

BRETON FILS *

◑	8 ha	15 000	🍾Ⅴ4

Ins Violette spielende rosarote Farbe : also ein jugendlicher Champagner. Leichter Duft von roten Früchten. Lakritzearoma in einem Geschmack, der an geröstetes Brot denken läßt. (RM)
🍷 SCEV Champagne Breton Fils, 12, rue courte-Pilate, 51270 Congy, Tel. 26.59.31.03 ☎ tägl. 9h-12h 14h-17h

BRICOUT 1985 **

○	k.A.	15 000	🍾↓Ⅴ5

Bei diesem 85er dominiert die Rebsorte Pinot Noir. Alkoholischer, fast an Harz erinnernder Duft. Der kräftige Geschmack macht ihn für Mahlzeiten geeignet. (NM)
🍷 Champagne Bricout, Ancien Ch. d'Avize, 51190 Avize, Tel. 26.57.53.93 ☎ n. V.

BRICOUT Elégance 1985 **

○	k.A.	k.A.	🍾↓Ⅴ6

Eine Spitzencuvée aus einem großen Jahrgang, der sich in bestimmten Fällen zu schnell entwickelt. Hier ist das nicht der Fall, obwohl dieser Champagner viel Sauerstoff benötigt. In unserer letztjährigen Ausgabe haben wir ihn besonders empfohlen und ihn als »rund, vollständig, eigentlich perfekt« und »fast exzeptionell« beschrieben. (NM)
🍷 Champagne Bricout, Ancien Ch. d'Avize, 51190 Avize, Tel. 26.57.53.93 ☎ n. V.

BROCHET-HERVIEUX ET FILS
Spécial club 1986 ***

○	k.A.	2 500	🍾Ⅴ5

Einer der schönsten 86er in unserem Weinführer. Leicht schimmernde Farbe und winzige Bläschen. Wunderbar feines und harmonisches Bukett,

aber auch ein unglaublich ausgewogener Geschmack. Schöner, fruchtiger Abgang. (RM)
🍷 Brochet-Hervieux et Fils, 51500 Ecueil, Tel. 26.49.74.10 ☎ n. V.

BROCHET-HERVIEUX ET FILS
Brut extra **

○	k.A.	k.A.	🍾Ⅴ4

Goldene Farbe, aber rosaroter Schimmer. Im fruchtigen Duft erkennt man die Pinottrauben. Der Geschmack ist ebenfalls fruchtig, aber vor allem elegant und fein. Die geringe Dosage belastet ihn in keiner Weise. Ein schöner Wein. (RM)
🍷 Brochet-Hervieux et Fils, 51500 Ecueil, Tel. 26.49.74.10 ☎ n. V.

BROCHET-HERVIEUX ET FILS *

◑	k.A.	12 000	🍾Ⅴ4

Eigentlich ein Rosé aus dunklen Trauben. Die Pinotrebe verleiht ihm eine gelbrote Farbe mit goldenen Reflexen, einen entwickelten, kräftigen Duft und einen strukturierten, langen Geschmack. Man sollte ihn zu einem Hasenbraten trinken. (RM)
🍷 Brochet-Hervieux et Fils, 51500 Ecueil, Tel. 26.49.74.10 ☎ n. V.

JACKY BROGGINI Cuvée Emeraude 1986

○	k.A.	6 000	🍾↓Ⅴ6

Eine Cuvée aus Pinot- und Chardonnaytrauben, die für den Jahrgang 1986 repräsentativ ist : ein Jahrgang, der in der Geschichte des Champagners nicht epochemachend sein wird. Sie hat ihren Höhepunkt erreicht : Der Geschmackseindruck dominiert. Der Stoff ist vorhanden, aber es fehlt an Geist. (NM)
🍷 Jacky Broggini, B.P. 18, 51500 Chigny-les-Roses, Tel. 26.03.44.77 ☎ n. V.

CANARD DUCHENE
Cuvée Charles VII **

○	k.A.	90 000	🍾↓Ⅴ6

Canard Duchêne hat diese Cuvée 1968 auf den Markt gebracht, um seinen 100. Geburtstag zu feiern. Karl VII. erlebte seit seiner Krönung 1429 in Reims kein solches Fest. Gleiche Anteile Pinot Noir und Chardonnay von hervorragender Provenienz tragen zur Geschmeidigkeit dieses Weins bei. Langer Geschmack mit dem Aroma von Zitrusfrüchten und feinen eingemachten Früchten. (NM)
🍷 Champagne Canard Duchêne, 1, rue Edmond-Canard, B.P. 1, 51500 Ludes, Tel. 26.61.10.96 ☎ n. V.

CANARD DUCHENE Patrimoine 1985

○	k.A.	120 000	🍾↓Ⅴ5

Diese in Ludes gegründete Firma verwendet nicht ausschließlich Trauben ihrer Ursprungsgemeinde. Zwei Drittel dunkle und ein Drittel helle Trauben : Ausgewogenheit, Frische, Finesse und Kraft. (NM)
🍷 Champagne Canard Duchêne, 1, rue Edmond-Canard, B.P. 1, 51500 Ludes, Tel. 26.61.10.96 ☎ n. V.

CANARD DUCHENE Patrimoine

◑	k.A.	100 000	🍾↓Ⅴ5

Ein entwickelter Rosé. Gelbrote Farbnuancen.

Der Duft erinnert an eingemachtes Obst. Harmonischer Geschmack mit Noten von schwarzen Johannisbeeren. (NM)
🍷 Champagne Canard Duchêne, 1, rue Edmond-Canard, B.P. 1, 51500 Ludes, Tel. 26.61.10.96 ⌶ n. V.

CASTELLANE
Chardonnay Cuvée royale 1986*

○	k.A.	k.A.	▮◐ ↓Ⓥ⑥

Castellane ist eine Doppelmarke : Die eine Linie findet ihre Krönung in der Sondercuvée »Commodore« , während die »königlichen Cuvées« als Spitzencuvée »Florens de Castellane« (im Augenblick ein 85er) besitzen. Dieser blaßgoldene, grünlich schimmernde Chardonnay duftet nach Geißblatt und hinterläßt im Geschmack einen ziemlich kräftigen, fruchtigen Eindruck : gelbe Pfirsiche. (NM)
🍷 Champagne de Castellane, 57, rue de Verdun, B.P. 136, 51204 Epernay, Tel. 26.55.15.33 ⌶ tägl. 10h–12h 14h–18h (Mai–Okt.)

CASTELLANE Cuvée Commodore 1986**

◗	k.A.	k.A.	▮◐ ↓Ⓥ⑥

Dieser helle Rosé wirkt elegant : Der Duft ist ebenso fein wie dezent. Große Harmonie. (NM)
🍷 Champagne de Castellane, 57, rue de Verdun, B.P. 136, 51204 Epernay, Tel. 26.55.15.33 ⌶ tägl. 10h–12h 14h–18h (Mai–Okt.)

CASTELLANE Croix rouge*

○	k.A.	k.A.	▮◐ ↓Ⓥ④

Ein wohlbekanntes Etikett mit dem roten Sankt-Andreas-Kreuz, dem Banner des Regiments der Champagne, für diesen frischen Champagner. Blumiger Duft und ausgewogener, langer und harmonischer Geschmack. (NM)
🍷 Champagne de Castellane, 57, rue de Verdun, B.P. 136, 51204 Epernay, Tel. 26.55.15.33 ⌶ tägl. 10h–12h 14h–18h (Mai–Okt.)

CASTELLANE Cuvée Ettore Bugatti 1985*

○	k.A.	k.A.	▮◐ ↓Ⓥ⑦

Diese schöne Cuvée wurde anläßlich des 110. Geburtstags des »Chefs« und der Präsentation eines neuen Bugatti eingeführt. Blaues Etikett mit der graphisch kaum bearbeiteten Unterschrift Ettore. Der Wein ist ebenfalls schön. Er besitzt die Leichtigkeit eines Rennwagens, von dem er auch die Ausgewogenheit, aber auch die Stärke hat. Ein Champagner, der sein Ziel geradlinig ansteuert. (NM)
🍷 Champagne de Castellane, 57, rue de Verdun, B.P. 136, 51204 Epernay, Tel. 26.55.15.33 ⌶ tägl. 10h–12h 14h–18h (Mai–Okt.)

CATTIER Clos du Moulin*

○ 1er cru	2,2 ha	20 000	▮↓Ⓥ⑥

Die Cattiers erwarben ihren ersten Weinberg 1763. Die Clos sind in der Champagne selten. Dieser hier umfaßt 2,2 ha, die zu gleichen Teilen mit Chardonnay und Pinot Noir bestockt sind. Ein feiner Wein mit einem komplexen Duft und einem ausgewogenen Geschmack. (RM)
🍷 Cattier, 6-11, rue Dom Pérignon, 51500 Chigny-les-Roses, Tel. 26.03.42.11 ⌶ n. V.

CATTIER *

◗ 1er cru	18 ha	15 000	▮↓Ⓥ⑤

Die beiden Pinotrebsorten werden durch 10 % Chardonnay ergänzt. Ein silberner Perlenkranz krönt die rosarote Blässe des Kleides. Das Bukett ist zurückhaltend, aber fein, während im Geschmack kleine rote Früchte zum Vorschein kommen. (RM)
🍷 Cattier, 6-11, rue Dom Pérignon, 51500 Chigny-les-Roses, Tel. 26.03.42.11 ⌶ n. V.

CATTIER 1985**

○ 1er cru	k.A.	40 000	▮↓Ⓥ⑤

Dieser Premier Cru kombiniert die drei Rebsorten zu fast gleichen Teilen. Intensives Bukett und kräftiger Geschmack. Ein recht entwickelter Champagner, der perfekt zu einer Mahlzeit paßt. (RM)
🍷 Cattier, 6-11, rue Dom Pérignon, 51500 Chigny-les-Roses, Tel. 26.03.42.11 ⌶ n. V.

CLAUDE CAZALS Blancs de blancs 1985

○	k.A.	4 000	▮Ⓥ⑤

Die Familie Cazals stellt seit fast einem Jahrhundert Champagner her. Ein 85er Blanc de Blancs, der nach einer klaren Ansprache sehr entwickelt erscheint. »Einer erfahrenen Leserschaft zu empfehlen, die alte Weine liebt« , notierte ein Önologe. (RM)
🍷 Claude Cazals, 28, rue du Grand-Mont, 51190 Le Mesnil-sur-Oger, Tel. 26.57.52.26 ⌶ n. V.

CLAUDE CAZALS Blanc de blancs 1988*

○	k.A.	30 000	▮Ⓥ④

Blaßgoldene Farbe mit grünen Reflexen. Im Duft Anzeichen von Entwicklung (Blumen und getrocknete Früchte), auf die im Geschmack eine hübsche Frische folgt. Interessante Zukunftsaussichten. (RM)
🍷 Claude Cazals, 28, rue du Grand-Mont, 51190 Le Mesnil-sur-Oger, Tel. 26.57.52.26 ⌶ n. V.

CHARLES DE CAZANOVE
Brut vintage 1985*

○	k.A.	k.A.	▮↓Ⓥ⑤

Diese Firma trägt den Namen der Familie, die sie eineinhalb Jahrhunderte lang führte. Nach einer wenig produktiven Übergangsperiode, als die Firma zuerst Martini und dann Moët et Chandon gehörte, verhilft ein Familienunternehmen der 1811 gegründeten Marke zu neuem Aufschwung. Blaßgoldene, fast bleigraue Farbe, Duft von Quitten und Pfirsichen und ausgewogener Geschmack. Ein sachkundiger Prüfer vermerkte auf seinem Zettel : 30 % Chardonnay, 70 % Pinot .Noir. Alle Achtung, das stimmt bis auf 5 % ! (NM)
🍷 Champagne Charles de Cazanove, 1, rue des Cotelles, B.P. 118, 51204 Epernay, Tel. 26.54.23.46 ⌶ n. V.
🍷 Lombard

CHARLES DE CAZANOVE
Stradivarius 1985 **

○	k.A.	k.A.	∎↓🅥7

Diese Cuvée spielt die erste Geige im Orchester von Charles de Cazanove. Und sie spielt ihren Part perfekt. Die Bogenführung ist gleichzeitig lebendig und genau. Die Fingerhaltung ist geschmeidig und graziös. Der reine, harmonische Ton ist sehr lang. Ein Konzert, das man nicht versäumen sollte und das wir besonders empfehlen. (NM)
🐎 Champagne Charles de Cazanove, 1, rue des Cotelles, B.P. 118, 51204 Epernay,
Tel. 26.54.23.46 ⵏ n. V.
🐎 Lombard

CHANOINE 1986 *

□	k.A.	20 000	∎↓🅥5

Chanonine, 1730 gegründet, ist die zweitälteste Champagnermarke. Drei große Champagnerspezialisten haben hier ein Drittel Pinot Noir aus Bouzy mit zwei Dritteln Chardonnay aus Cramant zu einem Wein kombiniert, der frisch und leicht ist und sich ganz von selbst trinkt. (NM)
🐎 Champagne Chanoine, av. de Champagne, 51100 Reims, Tel. 26.36.61.60

CHANOINE Réserve *

○	k.A.	k.A.	∎↓🅥4

Die Meinungen der Prüfer sind geteilt : Für den einen wirkt er »ältlich« , für die anderen ist er »im positiven Sinne entwickelt« . Die drei Rebsorten der Champagne sind zu gleichen Teilen vertreten. Ein ausgewogener Wein, dessen Dosage recht spürbar ist. (NM)
🐎 Champagne Chanoine, av. de Champagne, 51100 Reims, Tel. 26.36.61.60

CHAPUY Carte verte Blanc de blancs 1985

○	6,23 ha	5 000	∎↓🅥5

Ein Chapuy war während der Französischen Revolution der erste Bürgermeister von Oger. Heute sind die Chapuys Händler, die aber mehr als 6 ha Rebflächen besitzen. Sie stellen hier einen Blanc de Blancs mit einer kräftigen, goldgelben Farbe vor, deren Charakter sich im Geschmack widerspiegelt. (NM)
🐎 SA Champagne Chapuy, 8 bis, rue de Flavigny, B.P. 14, 51190 Oger, Tel. 26.57.51.30 ⵏ n. V.

CHAPUY Carte noire Brut tradition *

○	6,23 ha	30 000	∎↓🅥4

Ein hoher Chardonnayanteil verleiht diesem zurückhaltenden Champagner Finesse. (NM)
🐎 SA Champagne Chapuy, 8 bis, rue de Flavigny, B.P. 14, 51190 Oger, Tel. 26.57.51.30 ⵏ n. V.

CHARBAUT 1987 *

○	k.A.	k.A.	∎↓🅥5

Diese nach dem Krieg (1948–58) gegründete Firma besitzt inzwischen 56 ha Rebflächen. Sie präsentiert wagemutig einen 87er, einen – um es vorsichtig auszudrücken – »diffizilen« Jahrgang ! Hervorragende Kombination der Rebsorten. An der Luft kommt die Finesse zum Vorschein. Weiniger, durch die Dosage begrenzter Geschmack. (NM)
🐎 Champagne A. Charbaut et Fils, 17, av. de Champagne, B.P. 150, 51205 Epernay Cedex, Tel. 26.54.37.55 ⵏ n. V.

CHARBAUT Grand Evénement *

○	k.A.	k.A.	∎🕮↓🅥7

Ein Drittel Pinot Noir und zwei Drittel Chardonnay bringen dieses »große Ereignis« . Goldene Farbe mit einem leichten Schimmer. Nach einer kurzen Wartezeit entfaltet die Weine seine Fruchtigkeit. Sehr ausgewogener Geschmack. (NM)
🐎 Champagne Charbaut et Fils, 17, av. de Champagne, B.P. 150, 51205 Epernay Cedex, Tel. 26.54.37.55 ⵏ n. V.

CHARBAUT Extra Quality

○	k.A.	k.A.	∎↓🅥5

Zwei Drittel Pinot Noir und ein Drittel Chardonnay (das umgekehrte Verhältnis wie bei der Cuvée »Grand Evénement« derselben Marke). Die heftige Fruchtigkeit (schwarze Johannisbeeren und Himbeeren) erstaunte die Prüfer : »Ist er atypisch oder exzellent ?« (NM)
🐎 Champagne A. Charbaut et Fils, 17, av. de Champagne, B.P. 150, 51205 Epernay Cedex, Tel. 26.54.37.55 ⵏ n. V.

GUY CHARLEMAGNE
Blanc de blancs 1988 *

○ Gd cru	1,5 ha	10 000	∎↓🅥5

Die Charlemagnes sind seit einem Jahrhundert Winzer und stellen seit 1940 Champagner her. Luxuriöse Aufmachung, fast so prunkvoll wie Ludwig XIV. Ein Chardonnay aus Le Mesnil-sur-Oger mit blasser Farbe und elegantem Bukett. Frisch und lang im Geschmack. (RM)
🐎 Champagne Guy Charlemagne, 4, rue de la brèche d'Oger, 51190 Le Mesnil-sur-Oger, Tel. 26.57.52.98 ⵏ n. V.

GUY CHARLEMAGNE
Réserve Blanc de blancs *

○ Gd cru	7 ha	60 000	∎↓🅥4

Die blaßgelbe Farbe der Chardonnaytraube. Der lebhafte Duft von Zitrusfrüchten und geröstetem Brot ist ebenso typisch für die Chardonnayrebe wie der elegante, feine Geschmack. (RM)
🐎 Champagne Guy Charlemagne, 4, rue de la brèche d'Oger, 51190 Le Mesnil-sur-Oger, Tel. 26.57.52.98 ⵏ n. V.

CHAMPAGNE

JACKIE CHARLIER 1988*

○ k.A. 10 000 ⬛ ▣ ◪

Man kann bei Jackie Charlier Champagner kaufen, aber auch eine Ferienwohnung mieten und dort einen 88er entkorken. Vorzugsweise zum Essen, denn dieser Wein mit dem würzigen, animalischen Duft ist sehr kräftig gebaut (Chardonnay 30 %, Pinottrauben 70 %, davon 50 % Meunier). (RM)
🗝 Jackie Charlier, 4, rue des Pervenches, 51700 Montigny-sous-Châtillon, Tel. 26.58.35.18 ☏ n. V.

CHARLIER-BILLIARD Brut réserve

○ 3 ha 25 000 ▣ ▣ ◪

Ein klassischer »Brut réserve« , der den 50 % Pinot Meunier seine Rundheit, den 20 % Pinot Noir seinen kräftigen Bau und 20 % Chardonnay einen Hauch von Finesse verdankt. (RM)
🗝 Charlier-Billiard, 14, rue Jean Mermoz, 51480 Damery, Tel. 26.58.43.18 ☏ n. V.

JACKY CHARPENTIER
Comte de Chenizot*

○ k.A. 3 000 ↓ ▣ ◪

Jacky Charpentier besitzt 9 ha Rebflächen im Marnetal. Diese Sondercuvée ehrt den Namen des Herrn von Villers-sous-Châtillon in der Epoche der Französischen Revolution, die er überlebte. Die drei Rebsorten der Champagne zu gleichen Teilen im Dienste eines kräftigen, gut gebauten und geschmeidigen Champagners. (RM)
🗝 Jacky Charpentier, 88, rue de Reuil, 51700 Villers-sous-Châtillon, Tel. 26.58.05.78 ☏ n. V.

CHAUVET Cachet vert Blanc de blancs*

○ k.A. 26 000 ▣ ↓ ▣ ⑤

Die Firma Chauvet wurde 1848 von Constant Harlin gegründet. Ein Handelshaus, das auch im Familienbesitz befindliche Weinberge bewirtschaftete. Dieser Blanc de blancs ohne Jahrgangsangabe enthält Weine der Jahrgänge 1987, 1988 und 1989, die aus Le Mesnil-sur-Oger und Bisseuil stammen. Die Frische erinnert fast an Trauben, danach im Geschmack ein Aroma von geröstetem Brot. Kräftig und lang. (NM)
🗝 Champage A. Chauvet, 41, av. de Champagne, 51150 Tours-sur-Marne, Tel. 26.58.92.37 ☏ n. V.

CHAUVET Grand crémant***

◕ k.A. 8 500 ▣ ↓ ▣ ⑤

Wer Rosé-Champagnern mißtrauisch gegenübersteht, sollte diese Flasche trinken ! Eine wunderbare, lachsrote Farbe ohne goldene oder gelbe Nuancen. Ein entzückendes, feines Bukett mit blumigen und rauchigen Noten. Danach geben die 8% roter Bouzywein und die 39% Pinot Noir aus Verzy, Verzenay und Ambonnay, die mit 53% Chardonnay (87er und 88er Weine) kombiniert sind, den Ton an. Ein Champagner, der lange im Gedächtnis bleibt. (NM)
🗝 Champage A. Chauvet, 41, av. de Champagne, 51150 Tours-sur-Marne, Tel. 26.58.92.37 ☏ n. V.

CHAUVET Cachet rouge 1985**

○ k.A. 14 500 ▣ ↓ ▣ ⑤

Eine originell zusammengestellte Cuvée : bis auf 10 % ein Blanc de Blancs, aber aus Chardon-

naytrauben, die aus Verzenay, einem Grand Cru für dunkle Trauben, stammen ! Das ergibt einen altgoldenen Champagner mit einem fülligen, entwickelten Quittenduft und einem gehaltvollen, stattlichen Geschmack. (NM)
🗝 Champage A. Chauvet, 41, av. de Champagne, 51150 Tours-sur-Marne, Tel. 26.58.92.37 ☏ n. V.

GASTON CHIQUET Carte verte*

○ k.A. 100 000 ▣ ▣ ◪

Nicolas Chiquet legte seinen Weinberg 1746 an. Fast 200 Jahre später, nämlich 1919, begannen Fernand und Gaston Chiquet mit der Vinifizierung und Champagnerherstellung – eine Neuheit damals für die Winzer in der Champagne. Diese Cuvée »Carte verte« enthält Chardonnay (35%), Pinot Noir (20%) und Pinot Meunier (45%) aus Ay und den angrenzenden Gemarkungen. Ihr Bukett ist fein, aber zurückhaltend. Das geschmackliche Aroma ist frisch, verfliegt aber rasch. (RM)
🗝 SA Champagne Gaston Chiquet, 912, av. du Gal-Leclerc, 51530 Dizy, Tel. 26.55.22.02 ☏ n. V.
🗝 Claude Chiquet

GASTON CHIQUET Spécial club 1988***

○ k.A. 10 000 ▣ ▣ ⑤

Der erste Versuch mit einer neuen »Club« - Flasche, die für ausgewählte Weine (stets Jahrgangschampagner) reserviert ist. Diese bauchige, mit einem Wappen versehene Flasche, die sich im Stil mehr oder weniger an den Champagnerflaschen von Krug orientiert, ersetzt die berühmte »Quille« (eine schlanke Weinflasche) von 1974. Ein sehr schöner Wein aus Chardonnay- (70 %) und Pinot-Noir-Trauben (30 %), die aus Dizy, Ay und Mareuil stammen. Hellgoldene Farbe, geradliniger, leicht rauchiger Geruchseindruck und ätherische, geschmeidige Finesse in einem langen Geschmack. (RM)
🗝 SA Champagne Gaston Chiquet, 912, av. du Gal-Leclerc, 51530 Dizy, Tel. 26.55.22.02 ☏ n. V.
🗝 Claude Chiquet

GASTON CHIQUET Blanc de blancs d'Ay*

○ k.A. 20 000 ▣ ▣ ⑤

Der unerwartetste Blanc de Blancs unseres Weinführers : Die Chardonnaytrauben stammen aus dem Anbaugebiet von Ay, das für seine großartigen Pinottrauben berühmt ist. Ein strahlendes, helles Strohgelb und ein Haselnußduft, bevor sich im Geschmack Rundheit und Korpulenz entfalten. (RM)
🗝 SA Champagne Gaston Chiquet, 912, av. du Gal-Leclerc, 51530 Dizy, Tel. 26.55.22.02 ☏ n. V.
🗝 Claude Chiquet

MICHEL COCTEAUX Chardonnay 1988

○ 7,5 ha 70 000 ▣ ↓ ▣ ⑤

Strahlend goldgrüne Farbe. Dezentes Bukett : pflanzliche Noten und Tabak. Nach einer klaren Ansprache zeigt sich ein ausgewogener Geschmack. (RM)
🗝 Michel Cocteaux, 14, rue du Château, 51260 Montgenost, Tel. 26.80.49.09 ☏ n. V.

RAOUL COLLET Carte noire

○ 100 ha 900 000 ↓ ▣ ⑤

Die älteste Genossenschaft in der Champagne

(1921 gegründet) präsentiert ihre Champagner in einer neuen Aufmachung, die gleichzeitig klassisch und elegant wirkt. Ihr Brut ohne Jahrgang »Carte noire« ist ein ein Blanc de Noirs, der mehr Pinot Noir als Pinot Meunier enthält. Er ist kräftiger als fein, aber seine Ansprache ist klar, sein Abgang komplex. (CM)

🍽 Champagne Raoul Collet, 34, rue Jeanson, 51160 Ay-Champagne, Tel. 26.55.15.88 ⵊ n. V.

RAOUL COLLET Carte d'or 1986★★

| ○ | 20 ha | 180 000 | ↓ Ⓥ Ⓖ |

Ein guter 86er – ein Jahrgang, mit dem man umzugehen verstehen muß. 60 % Pinot Noir und 40 % Chardonnay harmonieren in diesem goldgrünen Wein mit dem blumigen Bukett, der im Geschmack eine runde, lange Fruchtigkeit entfaltet. (CM)

🍽 Champagne Raoul Collet, 34, rue Jeanson, 51160 Ay-Champagne, Tel. 26.55.15.88 ⵊ n. V.

JACQUES COPINET
Cuvée Marie Etienne Blanc de blancs 1986★

| ○ | 5 ha | 8 000 | Ⓘ ↓ Ⓥ Ⓐ |

Jacques Copinet besitzt 5,5 ha Rebflächen. Diese Spitzencuvée, deren Preis zum Kaufen verführt, ist den Kindern des Erzeugers gewidmet. Feine Bläschen in einem goldgrünen Wein. Hinter einem feinen, mineralischen Duft enthüllt sich ein fruchtiger, ausgewogener Geschmack. (RM)

🍽 Jacques Copinet, 51260 Montgenost, Tel. 26.80.49.14 ⵊ n. V.

JACQUES COPINET ★

| ◑ | 1 ha | 11 000 | Ⓘ ↓ Ⓥ Ⓐ |

Ein hübscher Rosé, der sich ein wenig entwickelt hat, während der dezente Duft keine Ermüdungserscheinung zeigt : rote Johannisbeeren und Pfirsiche. Der Geschmack ist ebenso klar wie fruchtig. (RM)

🍽 Jacques Copinet, 51260 Montgenost, Tel. 26.80.49.14 ⵊ n. V.

ROGER COULON Grande réserve

| ○ | k.A. | 15 000 | Ⓘ ↓ Ⓥ Ⓐ |

Kräftige, goldgelbe Farbe. Im weichen Geschmack wird die Dosage aufgrund der geringen Säure um so deutlicher spürbar. (Drei Rebsorten zu gleichen Teilen, anscheinend ein 87er.) (RM)

🍽 Eric Coulon, 12, rue de la Vigne du Roy, 51390 Vrigny, Tel. 26.03.61.65 ⵊ n. V.

LYCEE AGRICOLE ET VITICOLE DE CREZANCY Blanc de noirs

| ○ | 2,84 ha | 12 000 | Ⓘ Ⓥ Ⓐ |

Die Fachoberschule für Landwirtschaft und Weinbau besitzt fast 3 ha Rebflächen, die mit viel Pinot Meunier und etwas Chardonnay bestockt sind. Dieser Blanc de Noirs ist fröhlich, vollmundig, direkt und ausgewogen. Er hat nichts von der Fülle und Schwere der Blanc-de-Noirs-Champagner. Ein leichter Wein, der sich als Aperitif eignet. (RM)

🍽 Lycée agricole et viticole de Crézancy, 02650 Crézancy, Tel. 23.71.90.73 ⵊ n. V.

CUPERLY Grande réserve★

| ○ | k.A. | k.A. | Ⓘ Ⓥ Ⓐ |

Die Cuperlys erwarben zu Beginn des Jahrhunderts Weinberge in Verzy und gaben nach und nach ihren Handel mit Weinen und Spirituosen auf, um Champagner herzustellen. Ihre »Grande Réserve« enthält vier Teile Chardonnay und sechs Teile Pinot Noir. Ein goldgrüner Champagner, der eher fein als reichhaltig und eher klar als komplex ist und altern kann. (NM)

🍽 Champagne Cuperly, 2, rue de l'ancienne Eglise, 51380 Verzy, Tel. 26.70.23.90 ⵊ n. V.

CUPERLY Cuvée prestige 1987

| ○ | k.A. | k.A. | Ⓘ Ⓥ Ⓖ |

Vier Fünftel Chardonnay und ein Fünftel Pinot Noir aus dem Jahrgang 1987, einem Jahrgang, den man bei einem Champagner nicht erwarten würde. Ein stahliger Champagner. Polierter Stahl. Helle, klare Farbe. Festigkeit und Geradlinigkeit. (NM)

🍽 Champagne Cuperly, 2, rue de l'ancienne Eglise, 51380 Verzy, Tel. 26.70.23.90 ⵊ n. V.

AUDOIN DE DAMPIERRE
Grande année 1985★

| ○ | k.A. | 6 000 | Ⓘ Ⓥ Ⓖ |

Dieser schöne 85er hat seinen Höhepunkt erreicht, obwohl seine goldgrüne Farbe noch jugendlich wirkt. Reifer Duft und ausgewogener, harmonischer Honig- und Vanillegeschmack. (NM)

🍽 Comte Audoin de Dampierre, 5, Grande-rue, 51140 Chenay, Tel. 26.03.11.13 ⵊ n. V.

AUDOIN DE DAMPIERRE
Oeil de perdrix 1986

| ◑ | k.A. | 6 000 | Ⓘ ↓ Ⓥ Ⓖ |

Rötlich schillernd, d. h. ein ultraleichtes Rosarot. Eine frische, schöne und klare Farbe. Entwickelter Duft von Hefegebäck mit Butter. Runde Ansprache und danach reife Fruchtigkeit. Die Angelsachsen würden ihm zwei bis drei Sterne verleihen. (NM)

🍽 Comte Audoin de Dampierre, 5, Grande-rue, 51140 Chenay, Tel. 26.03.11.13 ⵊ n. V.

DEHOURS

| ◑ | k.A. | 20 000 | Ⓘ ↓ Ⓥ Ⓖ |

1930 begann Ludovic Dehours mit dem Weinbau, 1946 mit der Vinifizierung. Sein Sohn Robert vergrößerte das Anbaugebiet (30 ha) und wurde 1977 Händler. Sein rosaroter, leicht bernsteinfarbener Rosé ist weinig. Das nachhaltige Aroma paßt zu Mahlzeiten. (NM)

🍽 SA Champagne Dehours, Cerseuil, 51700 Mareuil-le-Port, Tel. 26.52.71.75 ⵊ n. V.

DEHOURS Carte blanche★

| ○ | k.A. | 500 000 | Ⓘ ↓ Ⓥ Ⓖ |

Viel Pinot Meunier (75%) sowie etwas Pinot Noir und Chardonnay ergeben eine blaßgoldene Cuvée »Carte blanche« , die nach Geißblatt und Akazienblüten duftet und einen leichten, säuerlichen Zitrusgeschmack entfaltet. (NM)

🍽 SA Champagne Dehours, Cerseuil, 51700 Mareuil-le-Port, Tel. 26.52.71.75 ⵊ n. V.

CHAMPAGNE

DELABARRE Cuvée sublime

○   k.A.   7 000   ▮↓✓④

Eine Sondercuvée zum Preis einer normalen Cuvée. Sublim ? Die elegante Farbe rechtfertigt dieses Attribut, aber im Duft und im Geschmack zeigt sich der Wein entwickelt, sogar sehr entwickelt. Ein im angelsächsischen Stil gehaltener Champagner. (NM)

↰ Champagne Delabarre, 19, rue Dom Pérignon, 51200 Epernay, Tel. 26.54.78.57
Ⓨ n. V.

DELABARRE Cuvée prestige

○   k.A.   60 000   ▮↓✓④

Die schimmernde Farbe weist auf dunkle Trauben hin (40 % Pinot Noir und 20 % Pinot Meunier). Dezenter Duft und runder, kräftiger Geschmack. (NM)

↰ Champagne Delabarre, 19, rue Dom Pérignon, 51200 Epernay, Tel. 26.54.78.57
Ⓨ n. V.

DELBECK Vintage 1985★★

○   k.A.   k.A.   ⑥

Frédéric-Désiré Delbeck heiratete um 1825 Balsamie Barrachin, eine Nichte von Madame Veuve Clicquot. Veranlaßte ihn das, Weinberge zu kaufen und eine Champagnerfirma zu gründen ? Dieser 85er enthält u. a. Weine, die aus dem 4,3 ha großen Anbaugebiet der Firma in Verzenay stammen. Feiner, komplexer Duft mit einer Jodnote, frischer, kräftiger Geschmack von geröstetem Brot. (NM)

↰ Champagne Delbeck, 8, rue Piper, 51100 Reims, Tel. 26.88.74.40
↰ F. d'Aulan

DELBECK Héritage★★★

○   k.A.   k.A.   ⑤

Eine besondere Empfehlung für diese 1832 gegründete Marke, die zum ersten Mal in unserem Weinführer auftaucht. Zwei Drittel Pinot Noir und ein Drittel Chardonnay aus 27 Anbaugebieten, geschickt kombiniert von Jacques Gauthier, einem Experten in dieser Kunst. Die Prüfer wurden verführt : »Frische, Eleganz, Geschmeidigkeit, Ausgewogenheit« etc. Ein klassischer, sogar sehr klassischer Champagner. (NM)

↰ Champagne Delbeck, 8, rue Piper, 51100 Reims, Tel. 26.88.74.40
↰ F. d'Aulan

DELOUVIN-NOWACK Carte d'or

○   6 ha   30 000   ▮✓④

Der erste Auftritt im Hachette-Weinführer für diesen Winzer aus Vandières, einer Gemeinde, in der die Delouvins seit 400 Jahren Weinberge besitzen. Diese Cuvée »Carte d'or« bietet die Besonderheit, daß sie ein reinsortiger Pinot-Meunier-Champagner ist. Dieser Rebsorte verdankt sie ihre intensive, entwickelte Fruchtigkeit. Ein charaktervoller Wein, der vor einem Fleischgericht bestehen kann. (RM)

↰ Bertrand Delouvin, 29, rue principale, 51700 Vandières, Tel. 26.58.02.70 Ⓨ n. V.

LAURENT DESMAZIERES
Cuvée tradition 1986

○   k.A.   k.A.   ⑥

Ein Brut aus dem durchschnittlichen Jahrgang 1986, der die Fähigkeiten dieses Jahrgangs aufzeigt : kräftige, goldene Farbe, diskreter Duft, dezenter Körper. Im Abgang entfaltet sich ein sympathisches Lakritzearoma. (NM)

↰ Laurent Desmazières, 9, rue Dom Pérignon, 51500 Chigny-les-Roses, Tel. 26.03.43.46 Ⓨ n. V.

A. DESMOULINS Cuvée prestige★★

○   k.A.   40 000   ▮↓✓⑤

Diese kleine Handelsfirma, die 1908 in Epernay gegründet wurde, bleibt der Tradition treu und praktiziert das Rütteln von Hand und das Degorgieren »im Flug« . Ihre von der Chardonnayrebe geprägte Spitzencuvée entwickelt einen feinen Schaum. Das Aroma von geröstetem Brot entdeckt man im Duft und im Geschmack. Ausgewogen und elegant. (NM)

↰ Champagne A. Desmoulins, 44, av. Foch, B.P. 10, 51201 Epernay Cedex, Tel. 26.54.24.24 Ⓨ n. V.
↰ Jean Bouloré

A. DESMOULINS ★★

◐   k.A.   6 000   ▮↓⑤

Ein Rosé mit einer intensiven Farbe, die an einen lachsroten Ziegelstein erinnert. Die kräftige Fruchtigkeit und die gute Struktur passen zu einer Mahlzeit. (NM)

↰ Champagne A. Desmoulins, 44, av. Foch, B.P. 10, 51201 Epernay Cedex, Tel. 26.54.24.24 Ⓨ n. V.
↰ Jean Bouloré

A. DESMOULINS 1985★★★

○   k.A.   4 000   ▮↓⑥

Ein eleganter, feiner 85er, der nach Hefegebäck duftet und im Geschmack an Zitrusfrüchte und eingemachtes Obst erinnert. (NM)

↰ Champagne A. Desmoulins, 44, av. Foch, B.P. 10, 51201 Epernay Cedex, Tel. 26.54.24.24 Ⓨ n. V.
↰ Jean Bouloré

PAUL DETHUNE ★

◐   0,6 ha   5 000   ▮↓✓④

Paul Déthune, Winzer in Ambonnay, der ein 7 ha großes Anbaugebiet besitzt, hat einen Rosé de Noirs aus Pinot-Noir-Trauben hergestellt. Rosarote, fast kirschrote Farbe. Duft von roten Früchten. Lebhafter, ausgewogener Geschmack. Ideal als Aperitif. (RM)

↰ Paul Déthune, 2, rue du Moulin, 51150 Ambonnay, Tel. 26.57.01.88 Ⓨ n. V.

DEUTZ Cuvée William Deutz 1985★★

| ◉ | k.A. | k.A. | 🍾↓✓**7** |

William Deutz hat seine Champagnerfirma 1838 gegründet. Dieser Rosé befindet sich in einer wunderbaren Flasche, die in einem altmodischen Stil mit sehr dünnem Hals gehalten ist. Das Etikett ist ebenfalls historisierend. Aber der Inhalt verdient diesen Aufwand. Helle, kupferrote Farbe. Feiner, »geistreicher« Duft – Eigenschaften, die man im Geschmack wiederfindet. (NM)
🍷 Champagne Deutz, 16, rue Jeanson, 51160 Ay-Champagne, Tel. 26.55.15.11
🍷 André Lallier

DEUTZ Cuvée William Deutz 1985★★

| ○ | k.A. | 14 357 | 🍾↓✓**7** |

Ein 85er, der seinen Höhepunkt erreicht hat, aber merkwürdigerweise seine Zurückhaltung zu bewahren scheint. Große Komplexität, im Stil blumig und vor allem extreme Finesse. (NM)
🍷 Champagne Deutz, 16, rue Jeanson, 51160 Ay-Champagne, Tel. 26.55.15.11
🍷 André Lallier

DEUTZ 1988★

| ○ | k.A. | 34 474 | 🍾↓✓**7** |

Die goldene Farbe kündigt ein Aroma von reifen Früchten und Honig an, das mit der Weinigkeit dieses 88ers harmoniert. Der Rosé aus dem gleichen Jahrgang ist ähnlich ausgefallen. (NM)
🍷 Champagne Deutz, 16, rue Jeanson, 51160 Ay-Champagne, Tel. 26.55.15.11
🍷 André Lallier

FRANCOIS DILIGENT Cuvée royale★

| ○ | k.A. | 8 000 | 🍾↓✓**5** |

Im Gemeindearchiv ist verzeichnet, daß die Familie Diligent in Buxeuil bereits 1560 Wein anbaute. Die »königliche Cuvée« enthält ebensoviel Pinot Noir wie Chardonnay. Jugendliches Aussehen : blaßgoldene Farbe mit grünen Reflexen. Komplexer Duft und lebhafter Geschmack. (NM)
🍷 SARL Moutard-Diligent, 10110 Buxeuil, Tel. 25.38.50.73 ☿ n. V.

DOQUET-JEANMAIRE
Blanc de blancs Réserve★

| ○ 1er cru | k.A. | 5 000 | 🍾↓✓**4** |

Doquet-Jeanmaire besitzt mehr als 10 ha Rebflächen in Le Mesnil-sur-Oger, einem Grand Cru, und in Vertus. Ein Erzeuger von Blanc-de-Blancs-Champagnern. Dieser Chardonnay ohne Jahrgang besitzt eine kräftige, strohgoldene Farbe – Anzeichen einer Entwicklung, die man auch im Duft wiederfindet, während im Geschmack Rundheit und harmonische Säure den visuellen Eindruck bestätigen. (RM)
🍷 Doquet-Jeanmaire, 44, chem. Moulin-Cense-Bizet, 51130 Vertus, Tel. 26.52.16.50 ☿ n. V.

DOQUET-JEANMAIRE
Blanc de blancs 1979★

| ○ | k.A. | k.A. | 🍾↓✓**4** |

Einer der seltenen Champagner des Jahrgangs 1979 in unserem Weinführer. Bei diesem Preis wahrhaft geschenkt ! Verlockende, goldgelbe Farbe. Sein überaus harmonisches Bukett ist verführerisch. Der Geschmackseindruck wird durch das Alter nicht geschmälert, aber man muß ihn jetzt trinken. (RM)
🍷 Doquet-Jeanmaire, 44, chem. Moulin-Cense-Bizet, 51130 Vertus, Tel. 26.52.16.50 ☿ n. V.

DOQUET-JEANMAIRE ★★

| ◉ | k.A. | 6 000 | 🍾↓✓**4** |

Ein Blanc de Blancs, dem 15% Rotwein aus Pinot-Noir-Trauben seine Farbe geben : ein helles Rosarot. Der leichte, jugendliche Duft erinnert an rote Früchte. Im Geschmack wirkt er ätherisch. Ein gelungener Champagner ! »Ich kaufe ihn« , hat einer unser Prüfer, ein Sommelier, notiert. (RM)
🍷 Doquet-Jeanmaire, 44, chem. Moulin-Cense-Bizet, 51130 Vertus, Tel. 26.52.16.50 ☿ n. V.

R. DOYARD ET FILS
Blanc de blancs 1985★

| ○ 1er cru | 1 ha | 6 000 | 🍾↓✓**4** |

Die Doyards stellen seit 1927 Champagner her. Sie besitzen einen Weinberg auf den Hängen von Vertus, der als Premier Cru eingestuft ist. Im Bukett entdeckt man getrocknete Blumen. Ein geschmeidiger Wein, der Kraft enthüllt. (RM)
🍷 Champagne R. Doyard et Fils, 63, av. de Bammental, 51130 Vertus, Tel. 26.52.14.74 ☿ n. V.

DRAPPIER Blanc de blancs Signature★

| ○ | k.A. | 25 000 | 🍾↓✓**4** |

30 ha Rebflächen im Süden des Anbaubereichs der Champagne erzeugen sehr reife Trauben. Die Drappiers waren die ersten, die in dieser Gegend Pinot Noir anpflanzten. Ihr Blanc de Blancs ist ein paradoxes Bravourstück. Einige Prüfer waren verwirrt : ein unglaublich korpulenter, merkwürdig komplexer Blanc de Blancs. Ist die Dosage nicht etwas großzügig ausgefallen ? (NM)
🍷 Champagne Drappier, Grande-Rue, 10200 Urville, Tel. 25.27.40.15 ☿ n. V.

DRAPPIER Grande Sendrée 1985★

| ○ | k.A. | 50 000 | 🍾◑↓✓**5** |

Diese Sondercuvée trägt den Namen einer Reblage mit alten Weinstöcken. Sie befindet sich in einer Flasche, die an die im 18. Jh. gebräuchlichen Flaschen erinnert. Bei der Zusammenstellung erhielt die Chardonnayrebe (55%) etwas den Vorzug. Seine vorrangige Qualität ist etwas Selteneres : Verbindung von Weinigkeit und Frische. (NM)
🍷 Champagne Drappier, Grande-Rue, 10200 Urville, Tel. 25.27.40.15 ☿ n. V.

CLAUDE DUBOIS
Cuvée du Rédempteur 1985★

| ○ | 4 ha | 10 000 | ◑✓**4** |

Edmond Dubois, der Großvater von Claude Dubois, wurde als »Retter der Champagne« bezeichnet, weil er nach den tragischen Ereignissen von 1911 die Verteidigung der Champagnewinzer übernahm. Sechs Teile Pinot Noir und vier Teile Chardonnay vereinigen sich zu diesem sehr typischen Champagner mit dem Holzton (er

lagerte im Holzfaß) und dem Honigaroma im Duft und im Geschmack. (RM)
🖝 Claude Dubois, Les Almanachs, rte d'Arty, 51480 Venteuil, Tel. 26.58.48.37 ☎ n. V.

CLAUDE DUBOIS Les Almanachs *

◉	0,65 ha	10 000	❙❙ Ⓥ ④

Ein kräftig gefärbter Rosé : rosarot, gelbrot und bernsteinfarben. Das Bukett ist stark durch die Pinottrauben geprägt, was nicht erstaunt, da es sich um einen aus Pinot-Noir-Trauben hergestellten Champagner handelt. Alkoholreicher, weiniger Geschmack. Ein guter Rosé, den man zum Essen trinken sollte. (RM)
🖝 Claude Dubois, Les Almanachs, rte d'Arty, 51480 Venteuil, Tel. 26.58.48.37 ☎ n. V.

ROBERT DUFOUR ET FILS
Cuvée sélection *

○	10 ha	k.A.	❙ Ⓥ ④

Robert Dufour besitzt ein 9 ha großes Anbaugebiet in Landreville. Seine Champagner erscheinen jedes Jahr in unserem Weinführer und werden oft mit Sternen, bisweilen sogar mit einer besonderen Empfehlung prämiert. Diese Cuvée Sélection enthält ebensoviel Pinot Noir wie Chardonnay. Feiner Schaum wie von einem Sonnenstrahl erhellt. Der frische Duft von weißen Blüten an einem Frühlingsmorgen. Eine gut zusammengestellte Obstschale. (RM)
🖝 Champagne Robert Dufour et Fils, 4, rue de la Croix-Malot, B.P. 8, 10110 Landreville, Tel. 25.29.66.19 ☎ n. V.

ROBERT DUFOUR ET FILS Tradition

○	10 ha	k.A.	❙ Ⓥ ④

Ein Blanc de Noirs mit einer goldgelben Farbe und einer anhaltenden Perlenkrone. Da die Pinot-Noir-Reben in Landreville gut reifen, entfaltet er ein komplexes Bukett mit Honig- und Quittennoten. Das schadet nicht der lebhaften Ansprache im Geschmack. Aber das Aroma verfliegt rasch. (RM)
🖝 Champagne Robert Dufour et Fils, 4, rue de la Croix-Malot, B.P. 8, 10110 Landreville, Tel. 25.29.66.19 ☎ n. V.

DUVAL-LEROY Brut tradition *

○	k.A.	k.A.	❙ ↓ Ⓥ ⑤

Ein 1859 gegründetes Familienunternehmen, das sich dynamisch und modern gibt und 100 ha Rebflächen besitzt. Viel Pinot Meunier (60 %), Pinot Noir (25%) und ein Hauch von Chardonnay ergeben den Brut ohne Jahrgang dieser größten Firma an der Côte des Blancs. Fruchtiger Duft, schöne Rundheit im Geschmack und harmonischer Gesamteindruck. (NM)
🖝 Champagne Duval-Leroy, 69, av. de Bammental, 51130 Vertus, Tel. 26.52.10.75 ☎ n. V.

DUVAL-LEROY Fleur de Champagne *

◉	k.A.	150 000	❙ ↓ Ⓥ ⑤

Eine der in der Champagne seltenen, durch Maischegärung erzeugten Rosés. Er stammt von Pinottrauben, in diesem Fall Pinot Noir. Die Farbe erinnert an Rosenblätter. Dem zarten, langen Geschmack geht ein Duft von roten Beeren voraus. (NM)

🖝 Champagne Duval-Leroy, 69, av. de Bammental, 51130 Vertus, Tel. 26.52.10.75 ☎ n. V.

DUVAL-LEROY Cuvée des Roys 1985 * *

○	k.A.	50 000	❙ ↓ Ⓥ ⑥

Die Trauben für diese Cuvée stammen aus Grand-Cru-Gemeinden : Avize und Cramant für die 95% Chardonnay und Verzenay für die 5% Pinots Noir. Das Ergebnis entspricht der Zusammenstellung : sehr feiner, blumiger Duft und klare, frische Ansprache, gefolgt von einem Brioche- und Zitrusaroma. Die geschmackliche Länge ist einer Spitzencuvée würdig. (NM)
🖝 Champagne Duval-Leroy, 69, av. de Bammental, 51130 Vertus, Tel. 26.52.10.75 ☎ n. V.

EGLY-OURIET

○	3 ha	30 000	❙ ↓ Ⓥ ④

Die Familie Egly baut seit drei Generationen Wein an. Ein nicht sonderlich aufregender Brut ohne Jahrgang, der von den Pinotrebsorten geprägt wird. Duft von Äpfeln. Diese Früchte findet man zusammen mit Quitten und Honig im Geschmack wieder. Gutes, aber etwas kurzes Aroma. (RM)
🖝 Egly-Ouriet, 15, rue de Trépail, B.P.15, 51150 Ambonnay, Tel. 26.57.00.70 ☎ n. V.

CHARLES ELLNER Cuvée de réserve *

○	k.A.	150 000	❙ ❙❙ ↓ Ⓥ ④

Charles Emile Ellner gründete seine Firma 1890. Sie hat sich stark vergrößert, ist aber dennoch im Familienbesitz geblieben. Heute umfaßt ihr Anbaugebiet 50 ha Rebflächen. Die 150 000 Flaschen dieses Brut enthalten 20 % mehr Chardonnay als Pinot Noir. Seine Hauptvorzüge sind die blumige Frische und die fruchtigen Noten. (NM)
🖝 Charles Ellner, 1-6, rue Côte-Legris, B.P. 207, 51207 Epernay Cedex, Tel. 26.55.60.25 ☎ n. V.

CHARLES ELLNER * *

◉	k.A.	30 000	❙❙ ↓ Ⓥ ④

Ein Rosé de Noirs, der etwas mehr Pinot Noir als Pinot Meunier enthält. Ein wunderschönes, golden schimmerndes Rosarot und ein Bukett, das ebenso fein wie fruchtig ist, während der Geschmack frisch und fruchtig ist. Länge und Harmonie. Ein gelungener Rosé-Champagner. (NM)
🖝 Charles Ellner, 1-6, rue Côte-Legris, B.P. 207, 51207 Epernay Cedex, Tel. 26.55.60.25 ☎ n. V.

ESTERLIN Blanc de blancs

○	50 ha	80 000	❙ ↓ Ⓥ ④

Die Genossenschaft von Mancy vinifiziert die Trauben von 120 ha Rebflächen. Ein Teil dieser Produktion wird unter der Marke Esterlin verkauft. Ihr Blanc de Blancs mit der kräftigen, goldgelben Farbe eignet sich als Aperitif. Hohe Dosage. (CM)
🖝 Champagne Esterlin, 2, rue du Château, 51530 Mancy, Tel. 26.59.71.52 ☎ n. V.

FRANCOIS FAGOT Cuvée Virginie

○	0,5 ha	5 000	❙ ↓ Ⓥ ④

Eine Sondercuvée, deren Etikett an den

Namen der Urgroßmutter des jetzigen Besitzers erinnert. Sie besaß 1870 einen Weinberg auf der Montagne de Reims. Diese Cuvée besteht zu einem Drittel aus Chardonnay und zu zwei Dritteln aus Pinottrauben (davon 10 % Pinot Meunier). Im Duft und im Geschmack dominieren die Pinotreben. Sie besitzt nicht den Preis einer Sondercuvée, aber auch nicht die Länge einer solchen. Alles fällt normal aus. (RM)

☙ François Fagot, 25-26, rue Gambetta, 51500 Rilly-la-Montagne, Tel. 26.03.42.56 ☎ n. V.

NICOLAS FEUILLATTE
Cuvée Palmes d'or 1985*

○	k.A.	k.A.	▮↓Ⅴ❻

Nicolas Feuillatte ist die Marke der Genossenschaft von Chouilly. Sie beinhaltet die vollständige Champagnerpalette, darunter diese Jahrgangscuvée. Chardonnay und Pinot Noir zu gleichen Teilen, unterstützt von 25% Pinot Meunier, verleihen diesem Champagner einen dezenten Honigduft mit Zitronennoten, während der Geschmack etwas an Obstkuchen erinnert. (CM)

☙ Champagne Nicolas Feuillatte, B.P. 210, 51206 Chouilly, Tel. 26.54.50.60 ☎ Mo-Sa 8h-12h 13h30-17h30

NICOLAS FEUILLATTE
Réserve particulière*

○ 1er cru	k.A.	k.A.	▮↓Ⅴ❺

Eine sehr »dunkle« Cuvée (80 % dunkle Trauben, davon 50 % Pinot Noir) mit einem komplexen Duft, in dem man Butter, Äpfel und Zitrusfrüchte findet. Nach einer klaren Ansprache kommt ein Aroma von Honig und geröstetem Brot zum Vorschein. Es mangelt ihm nur an einem individuellen Charakter. Ein Prüfer schrieb: »Ein guter kommerzieller Champagner.« Ein weiteres Thema, das einer Überlegung wert ist. (CM)

☙ Champagne Nicolas Feuillatte, B.P. 210, 51206 Chouilly, Tel. 26.54.50.60 ☎ M-Sa 8h-12h 13h30-17h30

MICHEL FORGET **

◐	k.A.	25 000	▮Ⅴ❹

Die Forgets bauen seit dem 19. Jh. Wein an und stellen seit 1920 Champagner her. Starke Präsenz der Pinottrauben (50 % Pinot Noir, 30 % Pinot Meunier) bei diesem Rosé mit der ins Violette spielenden Farbe und dem Duft von schwarzen Johannisbeeren und Himbeeren. Die roten Früchte findet man im Geschmack wieder. Die weiße Cuvée, »Carte blanche« genannt, ist fast identisch zusammengestellt. Ihre Dosage stieß auf Kritik. Die Prüfer gaben dem Rosé den Vorzug. (RM)

☙ Michel Forget, 11, rte de Louvois, 51500 Craon-de-Ludes, Tel. 26.61.10.45 ☎ n. V.

GALLIMARD PERE ET FILS *

◐	k.A.	k.A.	▮↓❹

Der Rosé dieses Erzeugers aus Les Riceys besteht ausschließlich aus Pinot Noir. Seine Farbe ist intensiv. Sein Duft und sein Geschmack sind es ebenso. Voller als fein. Paßt zum Essen. (RM)

☙ Champagne Gallimard Père et Fils, 18, rue du Magny, 10340 Les Riceys, Tel. 25.29.39.31 ☎ Mo-Sa 8h-12h 14h-18h

BERNARD GAUCHER Réserve*

○	7 ha	40 000	▮↓Ⅴ❹

Eine sehr »dunkle« Cuvée (90 % Pinottrauben) aus dem Süden des Anbaubereichs. Frischer Duft mit leichten Zitronennoten, kleine Härte im Geschmack, aber harmonisches Aroma. Noch besser für Mahlzeiten. (RM)

☙ Bernard Gaucher, 10200 Arconville, Tel. 25.27.87.31 ☎ n. V.

RENE GEOFFROY Cuvée de réserve*

○	6,5 ha	70 000	▮Ⅴ❹

Seit vier Jahrhunderten leben die Geoffroys in Cumières. Heute besitzen sie ein 13 ha großes Anbaugebiet. Die Cuvée de Réserve besteht aus 88er und 89er Weinen, wobei die Zusammenstellung von den Pinottrauben geprägt wird (90 %, davon 40 % Pinot Meunier). Die Prüfer haben sie als ausgewogen, lang, frisch und sehr gefällig beurteilt. (RM)

☙ René Geoffroy, 150, rue du Bois des Jots, 51480 Cumières, Tel. 26.55.32.31 ☎ n. V.

RENE GEOFFROY Cuvée sélectionnée*

○	1 ha	12 000	▮▯Ⅴ❹

Ein 87er, der für einen undankbaren Jahrgang recht gelungen ist. Schöne Farbe, blumiges, zart entwickeltes Bukett und sehr ausgeprägter Geschmack. Er ist gealtert, ohne daß er seine Frische verloren hätte. (RM)

☙ René Geoffroy, 150, rue du Bois des Jots, 51480 Cumières, Tel. 26.55.32.31 ☎ n. V.

PIERRE GERBAIS Tradition

○	6 ha	60 000	▮↓Ⅴ❹

Pierre Gerbais ist der Berufskategorie nach Händler, bewirtschaftet aber auch ein 13 ha großes Anbaugebiet. Sein Brut »Tradition« wird stark von den 85% Pinot Noir geprägt. Er ist geschmeidig und entfaltet ein Honig- und Briochearoma. Spürbare Dosage. (NM)

☙ Pierre Gerbais, 13, rue du Pont, B.P. 17, 10110 Celles-sur-Ource, Tel. 25.38.51.29 ☎ n. V.

PIERRE GERBAIS Cuvée prestige

○	1 ha	4 000	▮↓Ⅴ❹

Noch ein Wein aus dem Süden der Appellation, der merkwürdigerweise auf Chardonnay (90 % nach Angaben des Erzeugers) und Pinot Noir (10 %) basiert. Ein ausgewogener Champagner mit dezentem Duft und rundem, langem Geschmack. (NM)

☙ Pierre Gerbais, 13, rue du Pont, B.P. 17, 10110 Celles-sur-Ource, Tel. 25.38.51.29 ☎ n. V.

H. GERMAIN 1988

○	k.A.	110 000	▮Ⅴ❺

Diese Firma wurde im 19. Jh. von Henri-Antoine Germain gegründet. Bis 1991 ist sie im Familienbesitz geblieben. Ein klassischer Champagner, dessen Ansprache ziemlich lebhaft ist. Mehr Frucht als Körper. Merkliche Dosage. (NM)

☙ Champagne H. Germain, 31, rue de Reims, 51500 Rilly-la-Montagne, Tel. 26.03.40.19 ☎ n. V.

H. GERMAIN *

○   k.A.   800 000   ▯ Ⅴ ⑤

Dieser in 800 000 Flaschen produzierte Champagner besitzt Körper. Nicht erstaunlich bei seiner Zusammenstellung : 85% Pinottrauben (davon 35% Pinot Meunier). Die Juroren messen ihm Charakter, Fruchtigkeit und Rundheit zu. (NM)

☞ Champagne H. Germain, 31, rue de Reims, 51500 Rilly-la-Montagne, Tel. 26.03.40.19 ☎ n. V.

PIERRE GIMONNET ET FILS
Blanc de blancs Spécial club 1985 *

○ 1er cru   k.A.   18 906   ▯↓Ⅴ⑤

Die Gimonnets bauen seit 1750 in Cuis Wein an. Ihr Champagner wurde noch vor dem Krieg geboren. Er war schon damals ein Blanc de Blancs. Ein hervorragender Jahrgang (1985). Eine großartige Rebsorte, die Chardonnayrebe, und ausgezeichnete Anbaugebiete haben hier einen feinen, vornehmen und stattlichen Wein hervorgebracht, den man unverzüglich trinken muß. (RM)

☞ SA Pierre Gimonnet et Fils, 1, rue de la République, 51530 Cuis, Tel. 26.59.78.18 ☎ n. V.

PIERRE GIMONNET ET FILS
Blanc de blancs Fleuron 1985 *

○ 1er cru   k.A.   86 765   ▯↓Ⅴ⑤

Die Farbe ist stark von der Chardonnayrebe geprägt. Der Geruchseindruck ist jetzt intensiv (Honig ?), der Geschmackseindruck ausgewogen und für diese Rebsorte kräftig. (RM)

☞ SA Pierre Gimonnet et Fils, 1, rue de la République, 51530 Cuis, Tel. 26.59.78.18 ☎ n. V.

PAUL GOBILLARD Brut réserve

○   k.A.   25 000   ▯↓Ⅴ④

Die Gobillards, die seit dem Ende des 18. Jh. in Pierry Wein anbauen, haben 1858 ihre eigene Champagnerfirma gegründet. Die drei Rebsorten der Champagne sind zu fast gleichen Teilen in diesem Brut ohne Jahrgang vereint. Ein fehlerloser Champagner ohne besondere Ambitionen. (NM)

☞ Paul Gobillard, Ch. de Pierry, B.P. 1, 51530 Pierry, Tel. 26.54.05.11 ☎ n. V.

PAUL GOBILLARD Cuvée régence * *

○   k.A.   5 000   ▯↓Ⅴ⑤

Die Spitzencuvée des Schloßherrn von Pierry enthält viel Chardonnay (70 %), 20 % Pinot Noir und einen Hauch von Pinot Meunier (10 %). Ein Champagner, der durch seine Eleganz, Finesse und Frische den Geist eines Blanc de Blancs ausstrahlt. Darüber hinaus ist er komplex. (NM)

☞ Paul Gobillard, Ch. de Pierry, B.P. 1, 51530 Pierry, Tel. 26.54.05.11 ☎ n. V.

PAUL GOBILLARD Charles d'Arragon *

○   k.A.   25 000   ▯↓Ⅴ④

Diese Marke existierte bereits im 19. Jh. Die Familie d'Arragon besaß das Schloß Pierry, das heute Jean-Paul Gobillard gehört. Sein Sohn Bruno ist für diesen Brut ohne Jahrgangsangabe verantwortlich, der aus Pinot Meunier (50 %), Pinot Noir (20 %) und Chardonnay (30 %)

erzeugt wird. Duft von Aprikosen und Birnen, schöne geschmackliche Ansprache und runder Abgang. (NM)

☞ Paul Gobillard, Ch. de Pierry, B.P. 1, 51530 Pierry, Tel. 26.54.05.11 ☎ n. V.

PAUL GOBILLARD 1985 * *

○   k.A.   50 000   ▯↓Ⅴ⑤

Eine schöne Cuvée, halb aus hellen, halb aus dunklen (davon 10 % Pinot-Meunier-)Trauben eines hervorragenden Jahrgangs. Die Farbe ist noch immer jugendlich, der Duft rauchig und fruchtig (Aprikosen). Eleganter, wenn auch kräftig gebauter Geschmack. (NM)

☞ Paul Gobillard, Ch. de Pierry, B.P. 1, 51530 Pierry, Tel. 26.54.05.11 ☎ n. V.

J.-M. GOBILLARD ET FILS *

●   2 ha   15 000   ▯↓Ⅴ④

Die Firma wurde vom Großvater der heutigen Besitzer gegründet, die über ein etwa 20 ha großes Anbaugebiet verfügen. Dieser Rosé de Noirs (davon 40 % Pinot Meunier) besteht aus 89er Weinen. Blasse, rosarote Farbe, Erdbeerduft und guter, an rote Beeren und Mandeln erinnernder Geschmack. (NM)

☞ J.-M. Gobillard et Fils SARL L'Altavilloise, 126, rue de Bacchus B.P. 8, 51160 Hautvillers, Tel. 26.51.00.24 ☎ n. V.

J.-M. GOBILLARD ET FILS
Cuvée prestige 1987 * *

○   3 ha   20 000   ▯↓Ⅴ④

Dieser 87er straft den schlechten Ruf dieses Jahrgangs Lügen. Die Cuvée Prestige ist aus vier Teilen Pinot Noir und sechs Teilen Chardonnay zusammengestellt worden. Goldgelbe Farbe und nachhaltiger Perlenkranz. Intensiver, würzigpfeffriger Duft. Die würzigen Noten findet man im stattlichen, langen Geschmack wieder. (NM)

☞ J.-M. Gobillard et Fils SARL L'Altavilloise, 126, rue de Bacchus B.P. 8, 51160 Hautvillers, Tel. 26.51.00.24 ☎ n. V.

PAUL GOERG Brut tradition

○   k.A.   200 000   ▯↓Ⅴ④

Eine Genossenschaft in Vertus, die über 120 ha Rebflächen umfaßt. Schlicht ein Klassiker, der aus 60 % Chardonnay und 40 % Pinot Noir besteht. Er besitzt keine überragende Tiefe, aber er ist solide, beständig und zuverlässig und kann sich auch bei Mahlzeiten behaupten. (CM)

☞ Champagne Paul Goerg, 4, pl. du Mont Chenil, 51130 Vertus, Tel. 26.52.15.31 ☎ n. V.

PAUL GOERG Cuvée du centenaire 1986 * *

○   k.A.   20 000   ▯↓Ⅴ⑥

1986 ist kein großer Jahrgang, aber wenn man die richtigen Grundweine auswählt, kann man ein hervorragendes Ergebnis erzielen. Das beweist auch dieser Champagner, bei dem Chardonnay und Pinot Noir einen großzügigen Vanilleduft und einen kräftigen, aber eine leicht bittere Note unterstützten Geschmack hervorbringen. Ist die Dosage nicht etwas zu stark ausgefallen ? (CM)

☞ Champagne Paul Goerg, 4, pl. du Mont Chenil, 51130 Vertus, Tel. 26.52.15.31 ☎ n. V.

MICHEL GONET ★

○   30 ha   200 000   🍾↓✓4️⃣

Michel Gonet ist der Besitzer von fast 50 ha Rebflächen in der Champagne und von Château Lesparre im Anbaugebiet Graves de Vayres (Bordeaux). Dieser Brut ohne Jahrgang besitzt einen komplexen Duft und einen sehr lebhaften Geschmack, wobei die Lebhaftigkeit nicht von der Dosage überlagert wird. Ein Pluspunkt! (RM)

🍇 Michel Gonet, 196, av. Jean-Jaurès, 51190 Avize, Tel. 26.57.50.56 ☎ n. V.

MICHEL GONET Blanc de blancs 1989 ★★

○   10 ha   100 000   🍾↓✓4️⃣

Ein vorbildlicher Blanc de Blancs. Die Chardonnaytrauben dafür wurden 1989 gelesen. Goldene Farbe mit grünen Reflexen. Im Duft vermischen sich Lindenblüten und grüne Äpfel. Der sehr feine Geschmack erinnert an Hefegebäck mit Butter. Ein Vorbild an Ausgewogenheit, zu empfehlen zu einem Steinbutt mit Sahnesauce. (RM)

🍇 Michel Gonet, 196, av. Jean-Jaurès, 51190 Avize, Tel. 26.57.50.56 ☎ n. V.

GONET-SULCOVA
Blanc de blancs 1985 ★★

○   k.A.   5 000   🍾↓✓4️⃣

Vincent Gonet, einer der Brüder Gonet, ein wichtigen Familie der Côte des Blancs, besitzt ein 15 ha großes Anbaugebiet. Um Verwechslungen zu vermeiden, gibt er seiner Marke zusätzlich zu seinem eigenen Namen auch den seiner Frau. In diesem Blanc de Blancs sind viele Qualitäten vereint : typische Farbe, feiner Duft, Finesse im Geschmack, ausgewogener Gesamteindruck und vor allem Eleganz. (RM)

🍇 Champagne Gonet-Sulcova, 13, rue Henri-Martin, 51200 Epernay, 26.54.37.63 ☎ n. V.

GOSSET Grand millésime 1983 ★★

○   k.A.   60 000   🍾↓✓7️⃣

Das goldene Kleid ist mit einer Unzahl von winzigen Perlen besetzt. Das feine, dezente Bukett verrät nicht sein Alter, während der korpulente, geradlinige Geschmack mit einer leicht bitteren Note ausklingt. Ein männlicher Champagner. (NM)

🍇 Champagne Gosset, 69, rue Jules-Blondeau, B.P. 7, 51160 Ay-Champagne, Tel. 26.55.14.18 ☎ n. V.

GOSSET Grande réserve

○   k.A.   k.A.   🍾↓✓7️⃣

Halb helle, halb dunkle (davon 12% Pinot-Meunier-)Trauben. Diese »Grande Réserve« hat die Juroren erstaunt. »Ein unerwarteter Wein« , notierte einer von ihnen. Kräftige Farbe, Duft von Backpflaumen und sauren Drops, aber im Geschmack wird eine starke Dosage spürbar. (NM)

🍇 Champagne Gosset, 69, rue Jules-Blondeau, B.P. 7, 51160 Ay-Champagne, Tel. 26.55.14.18 ☎ n. V.

HENRI GOUTORBE

◑   k.A.   15 000   🍾✓4️⃣

Die Goutorbes sind in der Champagne wegen ihrer Baumschule bekannt. Ebenso bekannt sind sie als Erzeuger eines Champagners, der ihren Namen trägt. Ihr Rosé de Noirs ohne Jahrgang, der ausschließlich aus Pinot-Noir-Trauben hergestellt wird, besitzt eine rosarote bis rote Farbe. Dezenter Duft von roten Früchten, die man auch im Geschmack entdeckt. Gute Länge. (RM)

🍇 Henri Goutorbe, 9 bis, rue Jeanson, 51160 Ay, Tel. 26.55.21.70 ☎ n. V.

CHARLES HEIDSIECK Brut réserve ★★

○   k.A.   k.A.   🍾↓✓5️⃣

Die abenteuerliche Geschichte von Charles Heidsieck ist wohlbekannt, seitdem sie verfilmt worden ist. Heute gehört diese Firma in Reims zur Gruppe Rémi Martin. Dieser »Brut Réserve« stellt eine geschickte Komposition dar, denn darin vereint sind die Trauben aus nicht weniger als 105 Anbaugebieten. Ebensoviel Pinot Meunier wie Pinot Noir, aufgelockert durch 25% Chardonnay. Blumen und Butterbrot prägen den Duft. Im Geschmack findet man Zitronen und weiße Pfirsiche. (NM)

🍇 Charles Heidsieck, 12, allée du Vignoble, 51100 Reims, Tel. 26.36.03.03

CHARLES HEIDSIECK
Blanc de blancs Blanc des millénaires 1983 ★★★

○   k.A.   k.A.   🍾↓✓7️⃣

Ein Champagner, der uns mit dem Jahrgang 1983 versöhnt : Nachdem man ihn zunächst über alle Maßen lobte, enttäuschte er durch seine Strenge. Die blaßgoldene Farbe bietet einen sanften, besinnlichen Anblick. Das Erstaunen kommt mit dem stattlichen Bukett, das an Hefegebäck, Honig und Akazienblüten erinnert. Die Glückseligkeit ist erreicht, wenn sich der komplexe Geschmack von eingemachten Früchten lang und intensiv entfaltet. Unbedingt eine besondere Empfehlung. (NM)

🍇 Charles Heidsieck, 12, allée du Vignoble, 51100 Reims, Tel. 26.36.03.03

HEIDSIECK MONOPOLE
Dry monopole 1985

○   k.A.   k.A.   🍾↓✓6️⃣

Eine um die Mitte des 19. Jh. von einem der Neffen Florens-Louis Heidsiecks gegründete Firma. Die 85er Cuvée enthält etwas mehr Pinot Noir als Chardonnay. Das intensive Bukett wird von pflanzlichen Noten bestimmt. Klare Ansprache. Erstklassige Struktur. (NM)

🍇 Champagne Heidsieck Monopole, 83, rue Coquebert, 51100 Reims, Tel. 26.49.59.68 ☎ n. V.

HEIDSIECK MONOPOLE
Diamant bleu 1985**

○ k.A. k.A. ▮↓☑☷

Die Spitzencuvée von Heidsieck Monopole, zur Hälfte aus hellen und zur Hälfte aus dunklen Trauben, aber vor allem aus Grand-Cru-Gemeinden, erhält von einem Prüfer das sparsamste Kompliment : »Ein feiner Wein.« Elegantes, blumiges Bukett und zarter, komplexer Geschmack. Geringe Dosage. Ein Liebhaberchampagner. (NM)
🍾 Champagne Heidsieck Monopole, 83, rue Coquebert, 51100 Reims, Tel. 26.49.59.68 ☎ n. V.

HENRIOT 1985**

○ k.A. k.A. ▮↓☑☷

Die Henriots besaßen bereits 1791 – und vielleicht schon früher – Weinberge. Heute hält Joseph Henriot die Zügel in der Hand. Der 85er Brut, der aus Pinot- und Chardonnaytrauben erzeugt wird, ist ein herzlicher, rundlicher Herr, der eine nachhaltige Erinnerung hinterläßt. (NM)
🍾 Champagne Henriot, 3, pl. des Droits de l'Homme, B.P. 457, 51066 Reims, Tel. 26.89.53.00 ☎ n. V.

HENRIOT *

○ k.A. k.A. ▮↓☑☷

Das Anbaugebiet von Henriot ist für die große Qualität seiner Parzellen bekannt, die sich überwiegend an der Côte des Blancs befinden. Man ist deshalb auch nicht erstaunt über die Perfektion dieses Blanc de Blancs ohne Jahrgang, der nach Honig und geröstetem Brot duftet. Wenn man ihn trinkt, muß man an Hefegebäck denken. (NM)
🍾 Champagne Henriot, 3, pl. des Droits de l'Homme, B.P. 457, 51066 Reims, Tel. 26.89.53.00 ☎ n. V.

HENRIOT 1985**

◑ k.A. k.A. ▮↓☑☷

Alle Qualitäten des weißen 85er Brut finden sich auch in diesem Rosé, der seine Färbung Grand-Cru-Trauben verdankt. Goldene, lachsrosa schimmernde Farbe, verfeinertes Bukett, fleischiger, kräftiger und komplexer Geschmack. Ein großer Rosé. (NM)
🍾 Champagne Henriot, 3, pl. des Droits de l'Homme, B.P. 457, 51066 Reims, Tel. 26.89.53.00 ☎ n. V.

IVERNEL Cuvée François Ier 1985**

○ k.A. 60 000 ▯↓☑☷

Diese 1890 gegründete Firma wurde von der Familie Gosset gekauft, die übrigens mit den Ivernels verwandt ist. Ein schöner 85er mit einem intensiven, würzigen Zitrusduft und einem Geschmack, der zugleich lebhaft, geschmeidig und ausgewogen ist. (NM)
🍾 Champagne Ivernel, 6, rue Jules Lobet B.P. 15, 51160 Ay, Tel. 26.55.21.10
🍾 Champagne Gosset

JACQUART Sélection

○ 150 ha 1 100 000 ▮↓☑☷

Eine Vereinigung von Genossenschaften, die in eine Gesellschaft des bürgerlichen Rechts umgewandelt wurde. 20 Anbaugebiete, zur Hälfte Chardonnaytrauben, zur anderen Pinottrauben (davon 15% Pinot Meunier). Ein besonnener, zurückhaltender Champagner. (NM)
🍾 Champagne Jacquart, 5, rue Gosset, 51100 Reims, Tel. 26.07.20.20 ☎ n. V.

JACQUART 1987*

○ 40 ha 300 000 ▮↓☑☷

Jacquart ist ein reizvoller 87er gelungen : ein schwieriger Jahrgang. Er ist fein und leicht. Zitrusfrüchte und weißem Fleisch tragen zu seinem ausgewogenen Aroma bei, das er zu gleichen Teil den Pinot- wie den Chardonnaytrauben verdankt. (NM)
🍾 Champagne Jacquart, 5, rue Gosset, 51100 Reims, Tel. 26.07.20.20 ☎ n. V.

JACQUART Cuvée nominée 1985*

○ k.A. k.A. ▮↓☑☷

Die Spitzencuvée der riesigen, dynamischen Jacquart-Gruppe befindet sich in einer besonderen Flasche. Eine Zusammenstellung aus Grands Crus und Premiers Crus. Sechs Teile Chardonnay und vier Teile Pinot Noir. Das reiche Bukett erinnert an getrocknete Aprikosen. Im nervigen Geschmack entfalten sich Zitronennoten. Ein Champagner mit herbstlichen Tönen, wie ein Prüfer meinte. (NM)
🍾 Champagne Jacquart, 5, rue Gosset, 51100 Reims, Tel. 26.07.20.20 ☎ n. V.

JACQUESSON ET FILS Blanc de blancs*

○ k.A. 70 000 ▮☑☷

Eine der ältesten Champagnerfirmen (1798), aber auch eine der merkwürdigsten, denn gegründet wurde sie von einer zwanzigjährigen Dame : Memmie Jacquesson ! Ein Anbaugebiet in Avize erlaubt es Jacquesson, ausgezeichnete Blanc-de-Blancs-Champagner herzustellen, die frisch, fein, ausgewogen und vor allem elegant sind. (NM)
🍾 Champagne Jacquesson et Fils, 68, rue du colonel-Fabien, 51530 Dizy, Tel. 26.55.68.11 ☎ n. V.
🍾 A.-M. Chiquet

JACQUESSON ET FILS Signature 1985*

○ k.A. 25 000 ▮☑☷

Die Spitzencuvée von Jacquesson besteht halb aus hellen und halb dunklen Trauben. Sie bringt den Jahrgang 1985 zu einer schönen Entfaltung : komplexes Bukett, runder, langer Geschmack. Spürbare Dosage. (NM)
🍾 Champagne Jacquesson et Fils, 68, rue du colonel-Fabien, 51530 Dizy, Tel. 26.55.68.11 ☎ n. V.
🍾 A.-M. Chiquet

E. JAMART ET CIE
Blanc de blancs 1985**

○ k.A. 12 000 ▮☑☷

Noch ein ausgezeichneter, reinsortiger Chardonnaychampagner des Jahrgangs 1985. Goldene Farbe. Reicher, sehr fruchtiger Duft : Clementinen, Weichseln und Himbeeren, leicht rauchige Noten (geröstete Haselnüsse). All das findet man auch im Geschmack wieder. (NM)

🍷 Champagne E. Jamart et Cie, 13, rue Marcel-Soyeux, 51530 Saint-Martin-d'Albois, Tel. 26.59.92.78 ☖ n. V.

RENE JARDIN Blanc de blancs 1988 *

○		k.A.	k.A.	🔊 🅅 🅢

Das Weingut entstand 1889. Heute umfaßt es 16 ha. Ein klassischer, sehr jugendlicher Blanc de Blancs mit einer goldgrünen Farbe und einem wenig entfalteten Duft. Dafür ist der Geschmackseindruck entfaltet : Honig- und Vanillearoma und ein gutes Rückgrat. (RM)
🍷 Champagne René Jardin, 3, rue Charpentier Laurain, 51190 Le Mesnil-sur-Oger, Tel. 26.57.50.26 ☖ n. V.

JEANMAIRE 1986

◑		k.A.	60 000	🔊 ↓ 🅅 🅢

André Jeanmaire, Winzer in Avize, gründete seine Marke 1933. Sie wurde 1982 von Michel Trouillard übernommen, der ein 80 ha großes, auf zehn Gemarkungen verteiltes Anbaugebiet besitzt. Dieser Rosé de Noirs besitzt eine kirschrote Farbe. Der diskrete Duft wird von einem geschmeidigen, harmonischen Geschmackseindruck dominiert. Paßt zu Geflügel mit weißem Fleisch. (NM)
🍷 Champagne Jeanmaire, 12, rue Godart-Roger, B.P. 256, 51207 Epernay Cedex, Tel. 26.59.50.10 ☖ n. V.
🍷 Michel Trouillard

JEANMAIRE Blanc de blancs

○		k.A.	100 000	🔊 ↓ 🅅 🅢

Jeanmaire besitzt 20 ha Rebflächen mit Chardonnaytrauben in den Gemeinden Chouilly, Cramant und Avize, drei Grands Crus. Soll man mehrere Jahrgangs-Blanc-de-Blancs produzieren ? Dieser hier ist keiner. Die Farbe ist so hell, daß man sie fast als weißgolden beschreiben könnte. Zurückhaltender Duft mit Zitronennoten. Jugendlicher, feiner Geschmack. Ein zerbrechlicher Wein, der sich im Glas entwickelt. (NM)
🍷 Champagne Jeanmaire, 12, rue Godart-Roger, B.P. 256, 51207 Epernay Cedex, Tel. 26.59.50.10 ☖ n. V.
🍷 Michel Trouillard

JEANMAIRE Blanc de noirs 1986 *

○		k.A.	50 000	🔊 ↓ 🅅 🅢

Ein reinsortiger Pinot (85% Pinot Noir, 15% Pinot Meunier) mit einem fruchtigen, aber dezenten Duft, während die Fruchtigkeit im Geschmack nicht zurückhaltend ist. Guter, runder Abgang. (NM)
🍷 Champagne Jeanmaire, 12, rue Godart-Roger, B.P. 256, 51207 Epernay Cedex, Tel. 26.59.50.10 ☖ n. V.
🍷 Michel Trouillard

RENE JOLLY *

◑		k.A.	4 000	🔊 🍶 🅅 🄸

Die Jollys haben eine lange Winzertradition. Sie gehörten zu den ersten, die in dieser Gegend Champagner herstellten. In Landreville, im Süden der Appellation, besitzen sie fast 9 ha Rebflächen. Ein weiterer Rosé de Noirs (es gibt viele davon), der eine Mahlzeit begleiten kann.

Ein roter Rosé, der fast tanninreich ist, was nicht nach jedermanns Geschmack ist. Aber manche haben das sehr gern. Ein entwickelter Wein, der nicht mehr altern sollte. (RM)
🍷 Hervé Jolly, 10, rue de la Gare, 10110 Landreville, Tel. 25.38.50.91 ☖ n. V.

KRUG
Clos du Mesnil Blanc de blancs 1983 * * *

○		1,87 ha	14 112	🍶 🄿

Ein Weinberg, der früher der Kirche gehörte. Die Mauer des Clos war 1698 errichtet worden und besteht immer noch. 1750 trennte sich das Benediktinerkloster von Le Mesnil von dem Weinberg. Verschiedene Besitzer wechselten, bevor ihn Krug 1971 kaufte. Ein Blanc de Blancs, also ein reinsortiger Champagner, dessen Chardonnaytrauben überdies aus einem einzigen Anbaugebiet stammen. Ein »Monoclos« könnte man sagen. Vinifiziert von Krug, einer Firma, die ihren Weinen einen sehr individuellen Charakter gibt. Ein sehr eigentümlicher Champagner : Intensität, Finesse, ausgeprägte Säure, holzbetonte Eleganz. Spitzenklasse. (NM)
🍷 Krug, 5, rue Coquebert, B.P. 22, 51100 Reims Cedex, Tel. 26.84.44.20 ☖ n. V.

KRUG *

◑		k.A.	15 000	🍶 🅅 🄿

Ein Champagner, der dermaßen typisch ist, daß er Unruhe hervorruft. »Zuviel ist zuviel... Angelsächsischer geht es nicht mehr... Dieser bernsteinfarbene Rosé hat sich sehr stark entwickelt... Der Duft entspricht seiner Farbe... Man muß es wagen.« Ein sehr langer Geschmack mit einer leicht bitteren Note im Abgang. Ein Rosé, den man ausschließlich zum Essen trinken sollte. (NM)
🍷 Krug, 5, rue Coquebert, B.P. 22, 51100 Reims Cedex, Tel. 26.84.44.20 ☖ n. V.

KRUG Vintage 1982 * * *

○		k.A.	80 000	🍶 🅅 🄿

Man kann es unmöglich besser machen. Man findet auch bei anderen Champagnern Finesse, aber nicht zusammen mit solcher Komplexität. Ebenso ist es mit der Ausgewogenheit, die hier mit einer erhabenen Harmonie verbunden ist. Die Fülle vereint sich mit großer Vornehmheit. Perfekte Reife. Weder zuviel, noch zuwenig. Genau auf dem Höhepunkt. Unsere besondere Empfehlung unter den besonderen Empfehlungen. (NM)
🍷 Krug, 5, rue Coquebert, B.P. 22, 51100 Reims Cedex, Tel. 26.84.44.20 ☖ n. V.

L'ABBATIALE

○   k.A.   6 000   🍾 🇻 �

Die Frische der Gewölbe, die Leichtigkeit der Spätgotik, geistliche Milde, das Flüstern der Beichte vor dem »Abtei«-Champagner : ebensoviel Chardonnay wie Pinot Noir. (RM)
🍾 Champagne Locret-Lachaud, 40, rue Saint-Vincent, 51160 Hautvillers, Tel. 26.59.40.20 ☎ n. V.

CHARLES LAFITTE Tête de cuvée★★

○   k.A.   1 700 000   🍾 ↓ 🇻 4

Paul Vranken ist ein genialer Händler. Er hat diese in Vergessenheit geratene Marke wieder belebt. Innerhalb von ein paar Jahren sind die Verkaufszahlen auf 1,7 Millionen Flaschen angestiegen. 60 % Chardonnay und 40 % Pinot (davon die Hälfte Pinot Meunier) ergeben einen blumigen Briocheduft und ein säuerliches, aber angenehmes Beerenaroma. (NM)
🍾 Vranken-Lafitte, 39, rue du Gal-Leclerc, 51130 Vertus, Tel. 26.52.23.54

LAGACHE-LECOURT Blanc de blancs

○   k.A.   k.A.   🍾 🇻 popup

Die Familie Lagache-Lecourt besitzt ein 6 ha großes Anbaugebiet. Ihr Blanc de Blancs ohne Jahrgang hat sich im Duft noch nicht entfaltet, ist aber im Geschmack dennoch entwickelt. (RM)
🍾 Lagache-Lecourt, 29, rue Mal-Juin, 51530 Chavot, Tel. 26.54.86.79 ☎ n. V.

LANG-BIEMONT Cuvée 111★★★

○   k.A.   50 000   🍾 ↓ 🇻 popup

Eine Flasche mit einer sehr merkwürdigen Aufmachung : ein elegantes Etikett, das man für das Glas selbst hält. Es umgibt die ganze Flasche und ist 21 cm hoch. Die »Cuvée 111« ist ein Blanc de Blancs, obwohl dies nicht eigens vermerkt ist. Die goldgrüne Farbe läßt es vermuten. Ebenso die Finesse des Buketts, das an geröstetes Brot erinnert, und das ausgeprägte Honig-, Aprikosen- und Quittenaroma. Sehr reife Chardonnaytrauben für einen herrlichen Wein. (NM)
🍾 Champagne Lang-Biémont, Les Ormissets, 51530 Oiry, Tel. 26.55.43.43 ☎ n. V.

LANG-BIEMONT Blanc de blancs 1986★

○   k.A.   30 000   🍾 ↓ 🇻 popup

Er besitzt keinen großartigen Charakter, was bei Weinen von einer einzigen Rebsorte vorkommen kann. Es handelt sich auch um keinen großen Jahrgang (1986), aber der Champagner

ist gut. Er verrät zwar sein Alter, aber er ist ausgewogen und kräftig. (NM)
🍾 Champagne Lang-Biémont, Les Ormissets, 51530 Oiry, Tel. 26.55.43.43 ☎ n. V.

LANG-BIEMONT

Blanc de blancs Cuvée d'exception 1985★★★

○   k.A.   15 000   🍾 ↓ 🇻 6

Wenn die 85er gelungen sind, erreichen sie Spitzenqualität. Diese »Ausnahmecuvée« ist der Beweis dafür. Die Komplimente verschmelzen : »Reich, vollständig, gute Ansprache, voller, komplexer Geschmack, eleganter Wein etc.« Paßt zu Geflügel aus der Bresse mit Krebsen. (NM)
🍾 Champagne Lang-Biémont, Les Ormissets, 51530 Oiry, Tel. 26.55.43.43 ☎ n. V.

LANSON Noble Cuvée 1985★★

○   k.A.   k.A.   🇻 7

Lanson hat 1991 den Besitzer gewechselt. Wünschen wir dem neuen Besitzer, daß er so gute Champagner wie diesen hier produziert ! Klassisches Verhältnis der Rebsorten : sechs Teile Chardonnay und vier Teile Pinot Noir. Noch jugendliche Farbe, blumiger, komplexer Duft, stattlicher, aber feiner, sehr harmonischer Geschmack. Ein großer Jahrgang, der hält, was er verspricht. (NM)
🍾 Champagne Lanson, 12, bd Lundy, B.P. 163, 51056 Reims Cedex, Tel. 26.78.50.50 ☎ n. V.

LANSON Black Label

○   k.A.   6 000 000   🇻 popup

Lanson verkauft von diesem »Black Label« nicht weniger als 6 Millionen Flaschen ! Klassische Komposition (50 % Pinot Noir, 10 % Pinot Meunier, 40 % Chardonnay), aber eine besondere Vinifizierung, denn der Wein durchläuft keine malolaktische Gärung, was ihm Frische und Langlebigkeit verleiht. Die Juroren haben bei diesem eleganten Champagner die Festigkeit mit dem Zitronenaroma hervorgehoben. (NM)
🍾 Champagne Lanson, 12, bd Lundy, B.P. 163, 51056 Reims Cedex, Tel. 26.78.50.50 ☎ n. V.

GUY LARMANDIER ★

○ 1er cru   k.A.   40 000   🍾 ↓ 🇻 4

Die Larmandiers haben sich in Cramant seit einem Jahrhundert einen sehr guten Ruf erworben. Lange Zeit hieß es, Jules Larmandier, der Großvater von Guy, würde die besten Champagner des als Grand Cru eingestuften Dorfs herstellen. Dieser Premier Cru ist fast ein Blanc de Blancs. Die 5% Pinot Noir haben etwas von Koketterie an sich. In jedem Fall ist er ausgewogen und elegant. (RM)
🍾 Guy Larmandier, 30, rue du Gal-Kœnig, 51130 Vertus, Tel. 26.52.12.41 ☎ n. V.

GUY LARMANDIER

Cramant brut Blanc de blancs★★

○ 1er cru   k.A.   20 000   🍾 ↓ 🇻 4

Goldgrüne Farbe, wie sie sein soll. Feiner, frischer Duft, wie man sich ihn wünscht. Nerviger, langer Geschmack, wie man es erhofft. (RM)
🍾 Guy Larmandier, 30, rue du Gal-Kœnig, 51130 Vertus, Tel. 26.52.12.41 ☎ n. V.

GUY LARMANDIER
Crémant Blanc de blancs ★★

○		k.A.	3 000	🍷↓✓ **4**

Ein bemerkenswerter Champagner mit »halbem Schaum« . Ein echter Liebhaberwein zu einem Preis, wie man ihn öfter finden möchte. Seine Hauptqualität ist die des Weins : leicht, süffig, elegant, fein, aber nicht ohne Gehalt. Ein erstklassiger Aperitif. (RM)
🍷 Guy Larmandier, 30, rue du Gal-Kœnig, 51130 Vertus, Tel. 26.52.12.41 ⵎ n. V.

LARMANDIER-BERNIER Brut tradition

○ 1er cru	k.A.	50 000	🍷↓✓ **4**

Eine logische Verbindung in einer Weinbaugegend : Die Berniers sind seit ein oder zwei Jahrhunderten Winzer, die Larmandiers sind es in der fünften Generation. Drei Viertel helle Trauben und ein Viertel dunkle Trauben (Pinot Noir) liefern einen eher männlichen Wein, der abrupt mit einer leicht bitteren Note endet. (RM)
🍷 Champagne Larmandier-Bernier, 43, rue du 28 août, B.P. 28, 51130 Vertus, Tel. 26.52.13.24 ⵎ n. V.

LARMANDIER-BERNIER
Cramant Blanc de blancs ★★★

○ Gd cru	k.A.	10 000	🍷↓✓ **4**

Überlassen wir den Juroren das Wort : »Hervorragend, vollkommen typisch. Geruchseindruck : intensiv, sehr vielversprechend. Ein großer Blanc de Blancs. Geschmackseindruck : gute Struktur mit einer perfekt bemessenen Dosage, die Körper und Spritzigkeit besitzt.« Das ist ihr Urteil. Eine besondere Empfehlung. (RM)
🍷 Champagne Larmandier-Bernier, 43, rue du 28 août, B.P. 28, 51130 Vertus, Tel. 26.52.13.24 ⵎ n. V.

LARMANDIER-BERNIER
Blanc de blancs ★

○ 1er cru	k.A.	20 000	🍷↓✓ **4**

Farbe, Duft und Geschmack eines Blanc de Blancs. Seine Eleganz wird durch eine maßvolle, vorbildliche Dosage betont. (RM)
🍷 Champagne Larmandier-Bernier, 43, rue du 28 août, B.P. 28, 51130 Vertus, Tel. 26.52.13.24 ⵎ n. V.

LARMANDIER PERE ET FILS
Blanc de blancs

○	k.A.	k.A.	🍷↓✓ **4**

Dieser Betrieb in Cramant wurde 1899 von Jules Larmandier gegründet. Seine Enkelin Françoise Gimmonet-Larmandier führt ihn heute. Der Brut ohne Jahrgang ist offensichtlich ein Blanc de Blancs. Goldene Farbe, rauchiger Duft, kräftig gebauter Geschmack. (RM)
🍷 Larmandier Père et Fils, 46, rue du Mont Félix, B.P. 4, 51530 Cramant, Tel. 26.57.52.19 ⵎ n. V.

LARMANDIER PERE ET FILS
Brut perlé Blanc de blancs ★

○	k.A.	10 000	🍷↓✓ **5**

Dieser »Perlé« ist eine Tradition, die auf Jules Larmandier zurückgeht. Ein fideler Geselle, der vor Geist sprüht, schelmisch, witzig und fröhlich. Ein Wein, der nicht zu philosophieren, sondern durch seine Kapriolen zu verführen versucht. (RM)
🍷 Larmandier Père et Fils, 46, rue du Mont Félix, B.P. 4, 51530 Cramant, Tel. 26.57.52.19 ⵎ n. V.

LARMANDIER PERE ET FILS
Cramant Blanc de blancs 1988 ★

○ Gd cru	k.A.	5 032	🍷↓✓ **5**

Dieser 88er Cramant befindet sich in der Flasche des Club des Vignerons Champenois. Er wird recht stark durch die Chardonnayrebe, aber auch durch die verführerische Großzügigkeit des Anbaugebietes geprägt (die Zusammensetzung ist geheim ; wir sind hier an der Côte des Blancs !). Paßt besser zum Essen. (RM)
🍷 Larmandier Père et Fils, 46, rue du Mont Félix, B.P. 4, 51530 Cramant, Tel. 26.57.52.19 ⵎ n. V.

J. LASSALLE Cuvée Angeline 1985 ★

○	9 ha	5 000	🍷✓ **5**

Lassalle besitzt 9 ha Rebflächen, die zu gleichen Teilen mit den drei Rebsorten der Champagne bestockt sind, und präsentiert einen Blanc de Blancs und die Cuvée Angeline, die mehr Pinot Noir (60 %) als Chardonnay (40 %) enthält. Goldene Farbe, schön entwickelter Honigduft, nachhaltiger, ausgewogener Geschmack. (RM)
🍷 Champagne J. Lassalle, 21, rue du Châtaignier, 51500 Chigny-les-Roses, Tel. 26.03.42.19 ⵎ n. V.

MARIE FRANCE DE LATOUR
Cuvée la flûte enchantée 1988

○	0,5 ha	5 000	🍷✓ **6**

Hell wie ein Menuett, aber auch einfach wie ein Menuett. Die Frische von grünen Äpfeln im Bukett. Klarheit im Geschmack mit den punktierten Achtelnoten. (NM)
🍷 Champagne Marie-France de Latour, 48, rue Saint-Vincent, B.P. 2, 51390 Vrigny, Tel. 26.03.60.41 ⵎ n. V.

LAUNOIS PERE ET FILS
Cuvée réservée Blanc de blancs ★

○	10 ha	60 000	🍷✓ **4**

Die Familie Launois hat ihren Weinberg vor mehr als 100 Jahren angelegt. Ein klassischer Brut ohne Jahrgang : ein goldgrüner Blanc de Blancs mit blumigem Duft von mittlerer Intensität, klarer Ansprache und guter Länge. (RM)

🍇 Champagne Launois Père et Fils, 2, av.
Eugène Guillaume, 51190 Le Mesnil-sur-Oger,
Tel. 26.57.50.15 ☎ n. V.

LAUNOIS PERE ET FILS
Blanc de blancs 1985*

○	2 ha	15 000	▮ ☑ 4

Viele Komplimente für diesen 85er Blanc de
Blancs, der sich in der für die beste Cuvée
reservierten Spezialflasche des Club des Vignerons Champenois befindet : »Leuchtende, hellgelbe Farbe, Bukett von großer Intensität und
guter Entwicklung, klare Ansprache, recht lebhaft für einen 85er.« (RM)

🍇 Champagne Launois Père et Fils, 2, av.
Eugène Guillaume, 51190 Le Mesnil-sur-Oger,
Tel. 26.57.50.15 ☎ n. V.

LAURENT-PERRIER Brut L.P.*

○	k.A.	k.A.	▮ ☑ 5

Diese Firma wurde 1812 gegründet. Ihr gegen-
wärtiger Chef, Bernard de Nonancourt, hat sie
auf den ersten Platz unter den Familienunternehmen geführt. Laurent-Perrier ist stolz auf seinen
meistverkauften Champagner, den Brut L.P. mit
dem kräftigen Apfel- und Quittenduft, der klaren
Ansprache und der guten Ausgewogenheit. (NM)

🍇 Champagne Laurent-Perrier, Dom. de Tours-
sur-Marne, 51150 Tours-sur-Marne,
Tel. 26.58.91.22 ☎ n. V.

LAURENT-PERRIER Vintage 1985**

○	k.A.	k.A.	▮↓☑ 6

Laurent-Perrier konnte gar nicht anders als
einen exzellenten 85er herstellen, denn 1985 ist
ein Jahrgang von hoher Qualität. Dieser 85er ist
vollständig : ein Champagner für Mahlzeiten. Ein
kräftig gebauter Wein, der rund, aber ohne
Schlaffheit und frisch, aber ohne Grünnoten ist.
(NM)

🍇 Champagne Laurent-Perrier, Dom. de Tours-
sur-Marne, 51150 Tours-sur-Marne,
Tel. 26.58.91.22 ☎ n. V.

LAURENT-PERRIER
Cuvée Grand Siècle**

○	k.A.	k.A.	▮↓☑ 7

Das Rezept ist einfach : Man nehme die besten
Trauben, also aus Grands Crus, und aus den
besten Jahrgängen, also aus Jahren, die Jahrgangschampagner hervorgebracht haben, und
kombiniere sie geschickt. Auf diese Weine erhält
Laurent-Perrier seine Cuvée Grand Siècle.
Goldene Farbe und mildes, intensives Bukett, während sich im weichen Geschmack blumige Noten
und gemachte Früchte streiten. (NM)

🍇 Champagne Laurent-Perrier, Dom. de Tours-
sur-Marne, 51150 Tours-sur-Marne,
Tel. 26.58.91.22 ☎ n. V.

LAURENT-PERRIER
Cuvée Grand Siècle Alexandra 1982*

◑	k.A.	k.A.	▮↓☑ 7

Ein Rosé, wenn man so will. Fast ein weißer
Champagner mit einem Schimmer, wenn es sein.
Fruchtig-rauchiges Bukett. Der Geschmack ver-
dankt alles seiner Finesse auf Kosten seiner
Korpulenz. Er paßt gut als erlesener Aperitif.
Laurent-Perrier präsentiert auch einen Rosé ohne

Jahrgang, der in einer bauchigen Flasche angeboten wird : nicht so teuer, weniger fein, in der
Ansprache mild. (NM)

🍇 Champagne Laurent-Perrier, Dom. de Tours-
sur-Marne, 51150 Tours-sur-Marne,
Tel. 26.58.91.22 ☎ n. V.

ALBERT LE BRUN Vieille France*

◑	k.A.	10 000	☑ 5

Diese Firma wurde 1860 gegründet. Sie wird
noch immer von den Nachkommen des Gründers
geführt. In diesem hellen, goldgelben Rosé macht
sich die Pinottrebe bemerkbar : ziemlich männlich
im Stil, fruchtig, ausgewogen, geradlinig, fast
starr. (NM)

🍇 Champagne Albert Le Brun, 93, av. de Paris,
51000 Châlons-sur-Marne, Tel. 26.68.18.68
☎ n. V.

ALBERT LE BRUN Vieille France*

○	k.A.	70 000	☑ 5

Eine bestimmte Zahl von Champagnern wird
den Prüfern in einem Glas serviert, damit sie
nicht die Flasche sehen, denn sie würden die
Form und somit die Marke erkennen. Das ist
auch der Fall bei diesem Champagner, der sich in
einer sehr charakteristischen Flasche befindet, die
»fast breiter als hoch« ist. Das Vorbild für diese
Flasche ist auf dem Gemälde von Nicolas Lan-
cret zu sehen, die in Chantilly hängt. Sie enthält
einen sehr ausgewogenen Champagner. (NM)

🍇 Champagne Albert Le Brun, 93, av. de Paris,
51000 Châlons-sur-Marne, Tel. 26.68.18.68
☎ n. V.

LE BRUN DE NEUVILLE 1986***

○	k.A.	30 000	▮↓☑ 5

Die Juroren ziehen ihren Hut vor diesem 86er,
der fast ein Blanc de Blancs (90 %) ist, aber mit
den Chardonnaytrauben aus den Randgebieten
von Bethon vinifiziert wird. Dieser Wein, im
Duft an getrocknete Früchte und Lebkuchen
erinnert und einen imposanten, fast schweren
Geschmack besitzt, geht knapp an einer besonderen Empfehlung vorbei. Die gleiche Marke verkauft einen Chardonnay ohne Jahrgang, der
deutlich billiger ist, aber verdient, hier erwähnt
zu werden. (CM)

🍇 Coop. Vinicole Le Brun de Neuville, rte de
Chantemerle, 51260 Bethon, Tel. 26.80.48.43
☎ n. V.

LE BRUN-SERVENAY *

◑	k.A.	4 000	▮ ☑ 4

Mehrere Generationen der Familie Le Brun-
Servenay haben sich auf diesem 7,5 ha großen
Weingut abgelöst. Ihr Rosé, der aus 40 % Char-
donnay und 45% Pinot Noir sowie 15% Pinot-
Noir-Rotwein (für die Farbe) erzeugt worden ist,
besitzt eine schwache Färbung. Am komplexen
Bukett fällt die Eleganz auf. Ausgewogener,
gefälliger Geschmack. (RM)

🍇 Le Brun-Servenay, 14, pl. Léon Bourgeois,
51190 Avize, Tel. 26.57.52.75 ☎ n. V.

LECLERC-BRIANT *

◑	k.A.	20 000	▮↓☑

Ein 1872 entstandener Betrieb, der fünf Winzergenerationen erlebt hat und sich noch immer

im Besitz der gleichen Familie befindet. Dieser Rosé de Noirs ist ein roter, intensiv roter Rosé. Langer, sehr lebhafter Geschmack. Im letzten Jahr haben wir die 83er Cuvée Mozart besonders empfohlen. (RM)
➥ Champagne Leclerc-Briant, 67, rue de la Chaude Ruelle, B.P. 108, 51204 Epernay, Tel. 26.54.45.33 ⟱ n. V.
➥ Pascal Leclerc

PIERRE LEFRANC

| ○ | | 4 ha | 10 000 | ▮↓🆅4 |

Dieses 4 ha große Gut stellt einen reinsortigen Blanc de Noirs aus Pinot Meunier des Jahrgangs 1989 vor. Kräftiger, jugendlicher Duft mit blumigen Noten und frischem, duftigem, fast muskatartigem Geschmack. (RM)
➥ Pierre Lefranc, rue du Moulin, 51500 Chigny-les-Roses, Tel. 26.03.44.77 ⟱ tägl. 9h30-12h 14h30-19h

R.C. LEMAIRE PERE ET FILS Trianon *

| ○ | | 4 ha | 36 000 | ▮🆅4 |

Ein vor mehr als 100 Jahren entstandener Betrieb, der fast 10 ha Rebflächen umfaßt und sich auf dem rechten Ufer der Marne befindet. Etwas mehr Pinot Noir als Chardonnay. Jugendliches Aussehen, blumig, lebhaft im Geschmack. (RM)
➥ Gilles Tournant, rue de la Glacière, 51700 Villers-sous-Châtillon, Tel. 26.58.36.79 ⟱ tägl. 9h-12h 14h-19h

A.-R. LENOBLE Blanc de blancs 1986 *

| ○ | | k.A. | 50 000 | ▮↓🆅4 |

Lenoble wurde 1920 von A.-R. Graser gegründet. Die Firma, die in drei Gemeinden Rebflächen besitzt, wird heute von seinem Enkel geleitet. Dieser Blanc de Blancs ist aus 1986 gelesenen Chardonnaytrauben erzeugt worden. Leichter Schaum, feines, leichtes Bukett und nachhaltiges Aroma im Geschmack. Der 82er der gleichen Marke ist recht jung geblieben und kostet ein wenig mehr. (NM)
➥ Champagne A.-R. Lenoble, 35, rue P. Douce, 51480 Damery, Tel. 26.58.42.60 ⟱ n. V.
➥ Malassagne

CHARLES LEPRINCE Grande réserve

| ○ | | 3 ha | 15 000 | ↓4 |

70 % Pinottrauben, davon 50 % Pinot Meunier, für den Champagner dieser Genossenschaft. Er ist typisch, weinig ohne Schwere. Der Geschmack ist nachhaltig, wird aber durch die Dosage beeinträchtigt. Man sollte ihn sehr kühl servieren. (CM)
➥ Champagne Charles Leprince, 64, rue de la Liberté, 51530 Mardeuil, Tel. 26.54.65.73 ⟱ Mo-Sa 8h-12h 14h-18h

LIEBART-REGNIER

| ○ | | 6 ha | 40 000 | ▮🆅4 |

Die Marke eines selbständigen Erzeugers, die in den 60er Jahren entstanden ist. Das Anbaugebiet umfaßt 7 ha. Dieser Wein aus Traubengut des Jahrgangs 1989 bevorzugt die Pinottrauben mit 90 % (davon 60 % Pinot Meunier). Er ist geschmeidig und kurz. Sein Pluspunkt : eine geringe Dosage. (RM)

➥ SCEV Liébart-Régnier, 6, rue Saint-Vincent, 51700 Baslieux-sous-Châtillon, Tel. 26.58.11.60 ⟱ n. V.

GEORGES LILBERT
Blanc de blancs 1983 **

| ○ Gd cru | k.A. | k.A. | ▮🆅5 |

Die Lilberts bauten bereits um die Mitte des 16. Jh. Wein an. Der »Extra-Brut 1982 Cramant Grand Cru« dieses Erzeugers erhielt in der letztjährigen Ausgabe unseres Weinführers eine besondere Empfehlung. Ein Prüfer notiert : »Ein perfekter Blanc de Blancs.« Als Aperitif. (RM)
➥ Georges Lilbert, 223, rue du Moutier, 51530 Cramant, Tel. 26.57.50.16 ⟱ n. V.

LOCRET-LACHAUD *

| ◑ | | k.A. | 10 000 | ▮🆅4 |

Als Dom Pérignon 1668 in das Kloster von Hautvillers eintrat, lebten die Locrets schon fast seit einem halben Jahrhundert in diesem Dorf. Sie riefen ihre Marke 1925 ins Leben und besitzen heute ein 13 ha großes Anbaugebiet. 20 % Chardonnay »entlasten« die 80 % Pinottrauben (davon 50 % Pinot Noir). Ein sehr schönes, ins Violette spielende Rosarot. Ein kräftig gebauter Wein, der geschmeidig und rund ist. Man sollte ihn zu einem Fleischgericht servieren. (RM)
➥ Champagne Locret-Lachaud, 40, rue Saint-Vincent, 51160 Hautvillers, Tel. 26.59.40.20 ⟱ n. V.
➥ Eric et Philippe Locret

MICHEL LORIOT 1986 *

| ○ | | 5 ha | k.A. | ▮🆅4 |

Die Familie Loriot, die seit einem Jahrhundert Wein anbaut, hat ihre Marke nach dem letzten Krieg auf den Markt gebracht. Dieser schöne 86er ist ein erstaunlicher Erfolg der Rebsorte Pinot Meunier (bei 5% Chardonnay). Duft von roten Johannisbeeren. Aroma von roten Johannisbeeren und getrockneten Früchten im Geschmack. Schöne Ausgewogenheit. (RM)
➥ Michel Loriot, 13, rue de Bel-Air, 51200 Festigny, Tel. 26.58.33.44 ⟱ n. V.

JOSEPH LORIOT-PAGEL Carte d'or *

| ○ | | 4 ha | 30 000 | ▮🆅4 |

Eine Familie, die seit fünf Generationen in Festigny Wein anbaut. Ihre Cuvée »Carte d'or« bevorzugt die Pinottrauben (vor allem Pinot Meunier mit 80 % sowie Pinot Noir mit 15%). Fruchtigkeit, vom Anbaugebiet geprägter Charakter. Paßt hervorragend zu Perlhuhn mit Kohl. (RM)
➥ Joseph Loriot-Pagel, 33, rue de la République, 51700 Festigny, Tel. 26.58.33.53 ⟱ n. V.

MAILLY GRAND CRU Brut réserve *

| ○ Gd cru | k.A. | 300 000 | ▮↓🆅5 |

Eine »Luxusgenossenschaft« , denn um Mitglied darin zu sein, muß man ein Anbaugebiet in der Gemarkung Mailly haben, d. h. einen Grand Cru besitzen. Ihr Brut Réserve besteht zu drei Vierteln aus dunklen Trauben (Pinot Noir, denn in den Grands Crus wird keine Pinot-Meunier-Rebe angebaut). Goldene, bernsteingelb schim-

mernde Farbe. Er gehört zu den kräftigen Weinen, wie ein Juror schrieb. (CM)
🕭 Champagne Mailly Grand Cru, 28, rue de la Libération, 51500 Mailly-Champagne, Tel. 26.49.41.10 ☎ n. V.

MAILLY GRAND CRU
Cuvée du 60e anniversaire★★★

○ Gd cru	k.A.	15 000	▮↓▼**7**

Ein großer Champagner, der anläßlich des 60. Geburtstags der Genossenschaft kreiert wurde. Bei dieser Cuvée ist der Chardonnayanteil höher, als es bei Champagnern dieser Marke üblich ist : 40 %. Perfekt im Aussehen, im Geruchseindruck und im Geschmack. Seine Stärken : Länge, Ausgewogenheit, Harmonie und eine »wunderbar bemessene Dosage« . (CM)
🕭 Champagne Mailly Grand Cru, 28, rue de la Libération, 51500 Mailly-Champagne, Tel. 26.49.41.10 ☎ n. V.

MAILLY GRAND CRU Blanc de noirs★★

○ Gd cru	k.A.	k.A.	▮↓▼**5**

Ein reinsortiger Pinot Noir aus der Gemeinde Mailly (als Grand Cru eingestuft). Goldene Farbe, harmonisches, klares Bukett. Im Geschmack ist die Kohlensäure perfekt in den Wein integriert. Ein voller Wein, ein männlicher Wein. Der gleiche Erzeuger bietet zum selben Preis einen Champagner ohne Dosage (3/4 Pinot Noir, 1/4 Chardonnay) an, den unsere Juroren fast ebenso gut wie den Blanc de Noirs bemessen haben. (CM)
🕭 Champagne Mailly Grand Cru, 28, rue de la Libération, 51500 Mailly-Champagne, Tel. 26.49.41.10 ☎ n. V.

HENRI MANDOIS 1988★★

○ 1er cru	5 ha	40 000	▮▼**4**

Ein zu Beginn des Jahrhunderts angelegter Weinberg, der sich noch immer in den Händen der gleichen Familie befindet. Diese hübsche Cuvée enthält ebensoviel Chardonnay wie Pinot Meunier sowie 20 % Pinot Noir. Duft von weißen Blüten und fruchtiger Geschmack. Ein einziger Vorwurf : seine Jugend. (NM)
🕭 Henri Mandois, 66, rue du Gal-de-Gaulle, 51530 Pierry, Tel. 26.54.03.18 ☎ tägl. 8h-12h 14h-18h

A. MARGAINE Cuvée traditionnelle

○	7 ha	52 000	▮▼**4**

Ein 7 ha großes, zu Beginn des Jahrhunderts

entstandenes Anbaugebiet. Ein Viertel 87er, zwei Drittel 89er und etwas 88er – das ist die Zusammensetzung dieser Cuvée ohne Jahrgangsangabe, bei der die Chardonnayrebe den Löwenanteil (87%) stellt. Sie hat ihre Ausgewogenheit und Finesse erreicht. Die Reife bahnt sich an. (RM)
🕭 SCEV Champagne A. Margaine, 3, av. de Champagne, 51380 Villers-Marmery, Tel. 26.97.92.13 ☎ n. V.

JEAN-PIERRE MARNIQUET
Cuvée de réserve 1985★

○	k.A.	k.A.	▮▼**4**

Die Marniquets betreiben seit 1929 in Venteuil Weinbau und Weinhandel. Die Cuvée de Réserve besteht aus 70 % Pinottrauben (davon 50 % Pinot Meunier) und 30 % Chardonnay. Helle Farbe und nachhaltiger Perlenkranz. Im Geschmack zeigt sie sich rund und geschmeidig. Spürbare Dosage. (NM)
🕭 Jean-Pierre Marniquet, 8, rue des Crayères, 51480 Venteuil, Tel. 26.58.48.99 ☎ n. V.

JEAN-PIERRE MARNIQUET
Cuvée éclat 1985★

○	k.A.	k.A.	▮▼**5**

An der Luft kommt das Honigaroma zum Vorschein. Danach die sechs Teile Chardonnay und die vier Teile Pinot Noir, die diese Cuvée bilden. Ein kräftig gebauter, langer und sehr gelungener Champagner, der zum Essen paßt. (NM)
🕭 Jean-Pierre Marniquet, 8, rue des Crayères, 51480 Venteuil, Tel. 26.58.48.99 ☎ n. V.

MARQUIS DE SADE Réserve 1989★★

○	30 ha	200 000	▼**4**

Die Familie de Sade ist durch das Schloß Condé-en-Brie mit der Champagne verbunden. Michel Gonet in Avize stellt die Weine her. Der heißblütige Marquis hätte diesen goldgrünen, sehr nervigen, nicht maskierten Champagner sicherlich nicht mißbilligt. (MA)
🕭 Michel Gonet, 196, av. Jean-Jaurès, 51190 Avize, Tel. 26.57.50.56 ☎ n. V.

MARQUIS DE SADE Blanc de blancs★★

○	10 ha	100 000	▮↓▼**4**

Ein schöner Jüngling mit goldener Haut, der zart nach Hefegebäck duftet, überhaupt nicht feminin, weil ihn die klare Nervigkeit vor Zweideutigkeit bewahrt. Bei diesem verführerischen Preis sollten Sie nicht zögern, ihn zu treffen ! (MA)
🕭 Michel Gonet, 196, av. Jean-Jaurès, 51190 Avize, Tel. 26.57.50.56 ☎ n. V.

G.-H. MARTEL ET CIE Cuvée prestige

○	k.A.	250 000	▼**4**

Eine 1869 gegründete Firma, die von der Familie Rapeneau geführt wird. Das Anbaugebiet umfaßt 50 ha. Die goldene Farbe enthält rosarote Nuancen. Im entwickelten Duft entdeckt man originelle Noten. Der Geschmack weist ebenfalls Abweichungen auf. Die Prüfer waren verwirrt. (NM)
🕭 G.-H. Martel et Cie, 23, rue Jean Moulin, B.P. 1011, 51318 Epernay Cedex, Tel. 26.51.06.33 ☎ n. V.

PAUL-LOUIS MARTIN

○   k.A.   30 000   **V** **4**

Der 1929 entstandene Betrieb besitzt heute fast 7 ha Rebflächen in der Gemarkung Bouzy. Ein Brut ohne Jahrgang, der ziemlich entwickelt ist, aber eine gute geschmackliche Länge zeigt. (RM)
🍷 Champagne Paul-Louis Martin, 3, rue d'Ambonnay, 51150 Bouzy, Tel. 26.57.01.27 Ⴤ n. V.

SERGE MATHIEU Tradition★★

○   k.A.   50 000   **▮** **↓** **V** **4**

Das Weingut entstand um die Mitte des letzten Jahrhunderts und umfaßt heute 11 ha. Ein Blanc de Noirs aus dem Süden der Appellation. Blaßgoldene Farbe, ein sehr blasses Gold. Zu blaß ? Ein hübscher Duft, der im Geschmack zu Komplexität und zarter Ausgewogenheit tendiert. (RM)
🍷 SCE Champagne Serge Mathieu, 10340 Avirey-Lingey, Tel. 25.29.32.58 Ⴤ n. V.

SERGE MATHIEU 1988★★

○   k.A.   15 000   **▮** **↓** **V** **5**

Die Cuvée enthält zweimal mehr Pinot Noir als Chardonnay. Die blasse Farbe erstaunt ein wenig. Dafür ist der Duft um so farbiger. Gutes Rückgrat und gute geschmackliche Länge. (RM)
🍷 SCE Champagne Serge Mathieu, 10340 Avirey-Lingey, Tel. 25.29.32.58 Ⴤ n. V.

MERCIER

◑   k.A.   k.A.   **▮** **↓** **V** **5**

Die Firma wurde 1858 von Eugène Mercier gegründet. Seiner genialen, innovativen Persönlichkeit wird man nicht in zwei Zeilen gerecht. Dieser Rosé de Noirs besteht aus den beiden Pinotrebsorten. Lachsrosa Farbe und interessanter, an Quitten erinnernder Duft. Langer Geschmackseindruck : sehr reife rote Früchte und Rundheit. ((NM)
🍷 Mercier, 75, av. de Champagne, B.P. 134, 51333 Epernay, Tel. 26.54.71.11

JOSE MICHEL ET FILS ★

○   10 ha   90 000   **▮** **V** **4**

Die Entstehung dieses Weinguts reicht eineinhalb Jahrhundert zurück. Heute umfaßt es 12 ha. In diesem Brut ohne Jahrgangsangabe findet man 89er Weine, wobei Pinot Meunier dreimal so stark wie Chardonnay vertreten ist. Ein eleganter, geschmeidiger und ausgewogener Champagner. (RM)
🍷 Champagne José Michel et Fils, 14, rue Prelot, 51530 Moussy, Tel. 26.54.04.69 Ⴤ n. V.

PIERRE MIGNON Brut prestige★★

○   k.A.   60 000   **▮** **V** **4**

Pierre Mignon verkauft seinen Champagner an den Elyséepalast, den Senat und den Bürgermeister von Paris. Was für ein Eklektizismus ! Sein »Brut Prestige« bevorzugt die Pinottrauben (davon 80 % Pinot Meunier) gegenüber der Chardonnayrebe (10 %). Duft von Zitrusfrüchten, Quitten und Birnen. Gute Nachhaltigkeit und spürbare Dosage. (NM)
🍷 Pierre Mignon, 5, rue des Grappes-d'Or, 51210 Le Breuil, Tel. 26.59.22.03 Ⴤ n. V.

MOET ET CHANDON Brut Impérial★★

○   k.A.   k.A.   **▮** **↓** **V** **5**

Der Champagnergigant hört nicht auf, sich zu vergrößern. Diese dominierende Position erlegt ihm Verpflichtungen auf, insbesondere die, einen gelungenen Brut ohne Jahrgang zu erzeugen. Auftrag erfüllt : Der »Brut Impérial«, der aus den drei Rebsorten der Champagne erzeugt wird, wobei die Trauben aus zahllosen Anbaugebieten stammen, entfaltet einen einschmeichelnden Duft »voll zarter Finesse«. Im Geschmack ist er angeblich »sehr lang, voll, edel« oder – schlicht gesagt – »herrlich«, (NM)
🍷 Champagne Moët et Chandon, 20, av. de Champagne, B.P. 140, 51333 Epernay, Tel. 26.54.71.11

MOET ET CHANDON
Dom Pérignon 1985★★★

○   k.A.   k.A.   **▮** **↓** **V** **7**

Die Form der Flasche wurde oft imitiert. Aber man hat nicht gewagt, das altmodische Etikett nachzuahmen, das an einen Schild denken läßt. Nicht imitieren konnte man den unvergleichlichen Champagner, den wir hier besonders empfehlen. Der 85er hat den Jahrgang 1983 ersetzt, doch der unauslöschliche Eindruck ist geblieben : die Klarheit von Scheidewasser, die Reinheit von Diamanten, Fülle und spontane Vornehmheit. (NM)
🍷 Champagne Moët et Chandon, 20, av. de Champagne, B.P. 140, 51333 Epernay, Tel. 26.54.71.11

MOET ET CHANDON
Brut Impérial 1988★

○   k.A.   k.A.   **▮** **↓** **V** **6**

Man erzählt sich bei Moët et Chandon, der 85er sei so gut, daß ein großer Teil des Weins für den Dom Pérignon reserviert sei. Daher das rasche Auftauchen des Jahrgangs 1986, der bereits wieder durch den 88er ersetzt worden ist. Dieses Anbaugebiet ist ein Firmengeheimnis. Wir wissen nichts darüber. Der 88er besitzt eine helle, goldene Farbe. Sein sehr zurückhaltender Duft hat sich noch nicht entfaltet. Sein korpulenter Geschmack läßt an dunkle Trauben denken. (NM)
🍷 Champagne Moët et Chandon, 20, av. de Champagne, B.P. 140, 51333 Epernay, Tel. 26.54.71.11

PIERRE MONCUIT
Blanc de blancs 1986★★

| ○ Gd cru | 18,65 ha | k.A. | 🍾 V 5 |

Ein 20 ha großes Gut im Herzen der Côte des Blancs, das seit 1889 im Besitz der gleichen Familie ist. Ein Wein, der den Jahrgang 1986, der oft etwas eintönig ausfällt, rehabilitiert. Was sagen die Prüfer ? »Jasmin, Lindenblüten, Zitronen, Honig, Haselnüsse« im Duft und im Geschmack. »Fein, lang, ausgewogen. Frische und – eine große Zukunft.« Für die Gegenwart eine besondere Empfehlung. (RM)
🍾 Pierre Moncuit, 11, rue Persault-Maheu, 51190 Le Mesnil-sur-Oger, Tel. 26.57.52.65 ☎ n. V.

MONTAUDON Blanc de blancs 1989★

| ○ | k.A. | 25 000 | V 5 |

Eine unmittelbar vor dem Ersten Weltkrieg gegründete Firma, die sich noch immer im Besitz der gleichen Familie befindet. Die Chardonnaytrauben für diese Cuvée wurden 1989, einem hervorragenden Jahrgang, in Grand-Cru- und Premier-Cru-Gemeinden gelesen : Le Mesnil, Cramant und Grauves. Ein feiner, ausgewogener Wein, der nach Hefegebäck duftet und einen sehr angenehmen Nachgeschmack besitzt. (NM)
🍾 Champagne Montaudon, 6, rue Ponsardin, 51100 Reims, Tel. 26.47.53.30 ☎ n. V.

MONTAUDON Brut M★

| ○ | k.A. | 350 000 | V 5 |

Ein Brut ohne Jahrgang, der mit seinen 90 % Pinottrauben (davon 75% Pinot Noir) sehr »dunkel« ausgefallen ist. Und dennoch besitzt er eine sehr blasse Farbe und ist weder schwer noch wenig, sondern fruchtig und lang. (NM)
🍾 Champagne Montaudon, 6, rue Ponsardin, 51100 Reims, Tel. 26.47.53.30 ☎ n. V.

MORIZE PERE ET FILS Brut réserve★★

| ○ | 10 ha | 55 000 | 🍾 V 4 |

Die Familie Morize, die seit eineinhalb Jahrhunderten in Les Riceys lebt, hat 1960 ein über 10 ha großes Anbaugebiet angelegt. Die Farbe dieses Brut Réserve ohne Jahrgang ist sehr, vielleicht zu blaß. Honigduft und eleganter, ätherischer Geschmack voller Finesse. (RM)
🍾 Morize Père et Fils, 122, rue du Gal-de-Gaulle, 10340 Les Riceys, Tel. 25.29.30.02 ☎ n. V.

MORIZE PERE ET FILS ★

| ◐ | 10 ha | 15 000 | 🍾 V 4 |

Ein Rosé de Noirs, der im Duft und im Geschmack eine intensive Fruchtigkeit entfaltet. Schöne Ausgewogenheit. (RM)
🍾 Morize Père et Fils, 122, rue du Gal-de-Gaulle, 10340 Les Riceys, Tel. 25.29.30.02 ☎ n. V.

JEAN MOUTARDIER Sélection

| ○ | 2,5 ha | 30 000 | 🍾↓ V 4 |

Eine Cuvée, die halb aus dunklen und halb aus hellen Trauben erzeugt worden ist. Dezenter Duft, runder, langer Geschmack. Bis auf die Flaschenform hat sie nichts von einer Sondercuvée an sich, glücklicherweise auch nicht den Preis. (RM)
🍾 Champagne Jean Moutardier, 51210 Le Breuil, Tel. 26.59.21.09 ☎ n. V.

MOUTARD PERE ET FILS

| ◐ | k.A. | 15 000 | 🍾↓ V 4 |

Die Moutards sind Händler und Winzer. Sie bewirtschaften ein 20 ha großes Anbaugebiet und stellen seit 1927 Champagner her. Ein lachsrosa Rosé, der nach getrockneten Früchten und Backpflaumen duftet und im Geschmack gleichzeitig frisch und kräftig ist. (NM)
🍾 SARL Moutard-Diligent, 10110 Buxeuil, Tel. 25.38.50.73 ☎ n. V.

MOUTARD PERE ET FILS 1979★★★

| ○ | k.A. | 18 000 | 🍾↓ V 5 |

Die 79er werden immer seltener. Dieser ist ein außergewöhnlicher, denn er besitzt alle Qualitäten großer Reife, ohne irgend etwas eingebüßt zu haben. Ein Blanc de Noirs mit einer kräftigen, goldenen Farbe und einem rassigen Harzduft. Im Geschmack hinterläßt er einen Eindruck von Milde und Reichtum. Ein sehr zurückhaltender Preis für einen fast 15 Jahre alten Wein. (NM)
🍾 SARL Moutard-Diligent, 10110 Buxeuil, Tel. 25.38.50.73 ☎ n. V.

MUMM Cordon rouge 1985★★★

| ○ | k.A. | k.A. | 🍾↓ V 6 |

Seit 1827 bewahrt Mumm eine Spitzenstellung : Mit einem Anbaugebiet von 230 ha ist die Zukunft gesichert. Diese Cuvée »Cordon Rouge« ist eine der ältesten ; sie kam erstmals 1875 auf den Markt. Kräftiger, komplexer Duft, der von den Pinottrauben geprägt wird und an weiße Blüten erinnert. Herrliche Nachhaltigkeit. (NM)
🍾 G.-H. Mumm et Cie, 29, rue du Champ-de-Mars, 51100 Reims, Tel. 26.49.59.69 ☎ tägl. 9h-12h 14h-17h

MUMM Grand Cordon 1985★★★

| ○ | k.A. | k.A. | 🍾↓ V 7 |

Eine schöne Flasche, die mit einem richtigen Band umgürtet ist. Einem roten Band, um präzise zu sein. Dieses Band erinnert – muß man noch eigens darauf aufmerksam machen ? – an das der Ehrenlegion. Ein perfekt zusammengestellter Champagner (je zur Hälfte helle und dunkle Trauben) mit ideal bemessener Dosage. Ausgewogenheit, Frische, Kraft ... Ein sehr schöner Wein. (NM)
🍾 G.-H. Mumm et Cie, 29, rue du Champ-de-Mars, 51100 Reims, Tel. 26.49.59.69 ☎ tägl. 9h-12h 14h-17h

MUMM Cordon rosé 1985★

| ◕ | k.A. | k.A. | ▯↓✓7 |

Die Komposition des »Cordon rosé« : drei Teile Chardonnay und sieben Teile Pinot Noir. Rosarote, ins Ziegelrote spielende Farbe. Dank seines an rote Johannisbeeren erinnernden Dufts und seiner guten Struktur paßt er zu erlesenen Mahlzeiten. (NM)
🍒 G.-H. Mumm et Cie, 29, rue du Champ-de-Mars, 51100 Reims, Tel. 26.49.59.69 ⏱ tägl. 9h-12h 14h-17h

MUMM René Lalou 1985★

| ○ | k.A. | k.A. | ▯↓✓7 |

Diese Cuvée trägt den Namen des Mannes, der über ein halbes Jahrhundert lang die Firma leitete. Helle und dunkle Trauben zu gleichen Teilen, aber die Kraft der Pinottrauben dominiert über die Finesse der Chardonnaytrauben. Eine ungewöhnliche Spitzencuvée, die man zum Essen trinken sollte. (NM)
🍒 G.-H. Mumm et Cie, 29, rue du Champ-de-Mars, 51100 Reims, Tel. 26.49.59.69 ⏱ tägl. 9h-12h 14h-17h

MUMM DE CRAMANT Blanc de blancs

| ○ Gd cru | k.A. | k.A. | ▯↓✓7 |

Die einzige große Marke, die einen Champagner aus einem einzigen Anbaugebiet produziert. Aus einem Grand Cru : Cramant. Ein Blanc de Blancs ganz offensichtlich. Fein und lang. Der einzige Einwand ist seine zu große Jugendlichkeit. (NM)
🍒 G.-H. Mumm et Cie, 29, rue du Champ-de-Mars, 51100 Reims, Tel. 26.49.59.69 ⏱ tägl. 9h-12h 14h-17h

NAPOLEON Carte or Tradition★

| ○ | k.A. | k.A. | ✓5 |

Jean-Louis Prieur gründete seine Firma 1825. Zu Beginn des Jahrhunderts kam Napoléon-Prieur, danach Napoléon auf den Markt. Die Prieurs leiten dieses Familienunternehmen noch immer. Ein Brut ohne Jahrgang mit schöner Farbe und feinem Bukett mit Vanillenoten. Ausgewogen im Geschmack. (NM)
🍒 Grand Champagne Napoléon, 2, rue de Villers-aux-Bois, 51130 Vertus, Tel. 26.52.11.74 ⏱ n. V.
🍒 Ch. et A. Prieur

NAPOLEON 1983★★

| ○ | k.A. | k.A. | ✓5 |

Pinots Noir und Chardonnay verbinden sich in diesem 83er auf ideale Weise. Rauchiger Duft, rund, fein und ausgewogen. Er hat seinen Höhepunkt erreicht. Einige Juroren wollten ihm eine besondere Empfehlung zuerkennen. (NM)
🍒 Grand Champagne Napoléon, 2, rue de Villers-aux-Bois, 51130 Vertus, Tel. 26.52.11.74 ⏱ n. V.
🍒 Ch. et A. Prieur

NOMINE RENARD Cuvée spéciale★

| ○ | 20 ha | 130 000 | ▯↓✓4 |

Tiefe Uneinigkeit unter den Prüfern. Anlaß dafür ist diese Sondercuvée, die zum Preis einer normalen Cuvée verkauft wird. Für die einen bringen die Chardonnaytrauben zuviel Säure ein, für die anderen verfeinern sie einen »blumigen« Champagner, »der nach Honig duftet« . (RM)
🍒 Nominé Renard, rue Vigne l'Abbesse, 51270 Villevenard, Tel. 26.52.82.60 ⏱ n. V.

NOWACK Cuvée Laurine Chardonnay★

| ○ | 0,8 ha | 5 000 | ▯4 |

Ein richtiger Roman. Der erste Nowack kam mit Napoleon aus Rußland zurück, machte in Vandières halt und heiratete die Tochter eines Winzers. Die Nowacks leben noch immer in Vandières. Ein Blanc de Blancs voller Rundheit, der würzig ist, einen leicht pflanzlichen Duft entfaltet und eine gute Harmonie besitzt. Eignet sich als Aperitif. (RM)
🍒 Nowack, 10, rue Bailly, 51700 Vandières, Tel. 26.58.02.69 ⏱ tägl.

CHARLES ORBAN
Carte d'or Blanc de blancs

| ○ | k.A. | 8 000 | ▯✓4 |

Seit 1770 baut die Familie in Troissy Wein an. Charles Orban rief 1947 seine Marke ins Leben. Ein Blanc de Blancs mit einer goldenen bis silbernen Farbe. Ein schmächtiger, winziger Jüngling mit feinen Zügen. (RM)
🍒 Charles Orban, 44, rte de Paris, 51700 Troissy, Tel. 26.52.70.05 ⏱ n. V.

OUDINOT Blanc de noirs 1986★

| ○ | k.A. | 50 000 | ▯↓✓5 |

Eine 1889 in Avize gegründete Firma, die 1981 von Michel Trouillard übernommen wurde. 85% Pinot Noir und 15% Pinot Meunier ergeben einen Champagner mit einer schimmernden Farbe und einem fruchtig-pflanzlichen Bukett, dessen voller und kräftiger Geschmack seine Ausgewogenheit gefunden hat. (NM)
🍒 Champagne Oudinot, 12, rue Godart-Roger, B.P. 256, 51207 Epernay Cedex, Tel. 26.59.50.10 ⏱ n. V.
🍒 Michel Trouillard

OUDINOT
Cuvée particulière Blanc de blancs 1982★

| ○ | k.A. | 50 000 | ▯↓✓6 |

Sehr helle, nicht sehr intensive goldene Farbe, die ins Silberne tendiert. Der Duft ist fein, aber dezent, der Geschmack harmonisch, einheitlich und ziemlich lang. (NM)
🍒 Champagne Oudinot, 12, rue Godart-Roger, B.P. 256, 51207 Epernay Cedex, Tel. 26.59.50.10 ⏱ n. V.
🍒 Michel Trouillard

OUDINOT Cuvée particulière 1982

| ◕ | k.A. | 20 000 | ▯↓✓5 |

Ein Rosé de Noirs aus Pinot-Noir-Trauben, der sehr blaß ist, nach geröstetem Brot duftet und im Geschmack Frische enthüllt. Vom Charakter eher ein weißer Champagner als ein Rosé. (NM)
🍒 Champagne Oudinot, 12, rue Godart-Roger, B.P. 256, 51207 Epernay Cedex, Tel. 26.59.50.10 ⏱ n. V.
🍒 Michel Trouillard

BRUNO PAILLARD
Chardonnay Réserve privée*

○   k.A.   30 000

Eine aufstrebende Marke, die 1981 gegründet wurde. Ein sehr feiner Blanc de Blancs, dessen Aroma an exotische Früchte und Zitronen erinnert. Seine Zartheit veranlaßte einen Prüfer zu der Beschreibung : »Ein femininer Champagner.« (NM)
↬ Champagne Bruno Paillard, av. de Champagne, 51100 Reims, Tel. 26.36.20.22
☊ n. V.

BRUNO PAILLARD 1985**

○   k.A.   k.A.

Champagne
BRUNO PAILLARD
Brut   Reims - France

Bruno Paillard hatte den guten Einfall, auf jeder Flasche das Datum des Degorgiervorgangs zu verzeichnen. Dieser 85er stammt von Trauben aus 18 Anbaugebieten, wobei der Chardonnayanteil etwas höher als der Anteil der Pinot-Noir-Rebe ist. Ideale Farbe, kräftiges, von der Chardonnayrebe geprägtes Bukett und vorbildliche Ausgewogenheit im Geschmack. »Perfektion für einen 85er« , schrieb ein Prüfer. Ein von uns besonders empfohlener Champagner, den man zu jeder Gelegenheit probieren kann ! (NM)
↬ Champagne Bruno Paillard, av. de Champagne, 51100 Reims, Tel. 26.36.20.22
☊ n. V.

PIERRE PAILLARD 1985*

○   k.A.   k.A.

Eine Cuvée aus Chardonnay und Pinot Noir. Ein ziemlich entwickelter 85er in einem Stil, wie ihn die Angelsachsen lieben : ein kräftiger Wein mit tertiärem Aroma. (RM)
↬ Pierre Paillard, 2, rue du XXe Siècle, B.P. 9, 51150 Bouzy, Tel. 26.57.08.04 ☊ n. V.

PIERRE PAILLARD *

○   7 ha   60 000

Ein Brut ohne Jahrgang, blaßgolden, weinig, mit klarer Ansprache. Fruchtig und schlicht. (RM)
↬ Pierre Paillard, 2, rue du XXe Siècle, B.P. 9, 51150 Bouzy, Tel. 26.57.08.04 ☊ n. V.

PALMER Amazone*

○   k.A.   40 173

Diese Genossenschaft hat 16 Millionen Franc in ihren Gärkeller investiert. Eine außergewöhnliche Flasche, die nicht zylindrisch, sondern oval ist. Chardonnay und Pinot Noir zu gleichen Teilen verleihen diesem blumigen Wein Ausgewogenheit und Länge. (CM)

↬ Palmer, 67, rue Jacquart, 51100 Reims, Tel. 26.07.35.07 ☊ n. V.

PALMER 1985**

○   k.A.   57 300

Zur einen Hälfte Chardonnaytrauben, zur anderen Pinottrauben (davon 10 % Pinot Meunier). Ein 85er, der seinem Jahrgang Ehre macht. Bemerkenswert durch seinen Duft von Früchten und Honig. Bemerkenswert durch seine klare Ansprache und seine Ausgewogenheit. Bemerkenswert durch seine perfekte Dosage und seine Harmonie. (CM)
↬ Palmer, 67, rue Jacquart, 51100 Reims, Tel. 26.07.35.07 ☊ n. V.

PALMER Blanc de noirs**

○   k.A.   10 358

Ein Blanc de Noirs mit einer sehr leichten Farbe, mehr silbern als golden. Im Duft dominiert die Pinotrebe, während im Geschmack Harmonie, Frische und Ausgewogenheit beweisen, daß man auch mit einer einzigen Rebsorte einen hervorragenden Champagner herstellen kann. (CM)
↬ Palmer, 67, rue Jacquart, 51100 Reims, Tel. 26.07.35.07 ☊ n. V.

EGERIE DE PANNIER 1985***

○   k.A.   35.000

CHAMPAGNE
BRUT
1985
Egérie
DE PANNIER

Die moderne Ausrüstung erlaubt es Pannier, jährlich eine Million Flaschen zu produzieren. Die Spitzencuvée dieser Genossenschaft erkennt man an einem originellen, fast rechteckigen Etikett. Die Komposition ist ebenfalls originell : 38% Chardonnay und 62% Pinot, davon 46% Pinot Meunier. Der Duft erinnert an Zitrusfrüchte, Gebratenes und Geröstetes. Reicher, komplexer Duft, in dem Vanille- und Zitronennoten harmonieren. Er hat seinen Höhepunkt erreicht. Besondere Empfehlung. (CM)
↬ Champagne Pannier, 23, rue Roger Catillon, 02400 Château-Thierry, Tel. 23.69.13.10 ☊ n. V.

JOSEPH PERRIER Cuvée royale*

○   k.A.   500 000

Eine 1825 gegründete Firma, die 1888 von den Großeltern des heutigen Besitzers gekauft wurde. Trauben aus etwa 30 Anbaugebieten, etwas mehr Pinot (davon 20 % Pinot Meunier) als Chardonnay, ergeben diesen »königlichen« Brut, der eine blaßgoldene Farbe besitzt und eine fleischige, trotz allem leichte Fruchtigkeit entfaltet. Der 85er, der ebensoviel Chardonnay wie Pinot

enthält, hat die gleiche Note wie der Champagner ohne Jahrgang erhalten. (NM)
🍾 Champagne Joseph Perrier Fils et Cie, 69, av. de Paris, B.P. 31, 51016 Châlons-sur-Marne Cedex, Tel. 26.68.29.51 ⌶ n. V.

JOSEPH PERRIER Cuvée royale*

| ● | k.A. | 80 000 | 🍾↓☑6 |

Dieser Rosé verdankt seine Farbe einem Rotwein aus Cumières. Er ist ziemlich kräftig gefärbt. Fruchtigkeit, Lebkuchenaroma und gute Länge. (NM)
🍾 Champagne Joseph Perrier Fils et Cie, 69, av. de Paris, B.P. 31, 51016 Châlons-sur-Marne Cedex, Tel. 26.68.29.51 ⌶ n. V.

PERRIER-JOUET Belle époque 1985**

| ○ | k.A. | k.A. | 🍾↓☑7 |

Die Aufmachung dieser Flasche, die »emblematischste« der gesamten Champagne, stammt von 1902. Ihr Schöpfer ist kein anderer als Emile Gallé. Diese schöne Spitzencuvée besteht zu 52% aus Chardonnay und zu 48% aus Pinot. Strahlend goldene Farbe. Mineralisch-würziger Duft. Sehr schöner, harmonischer Nachgeschmack. Wurde von uns im letzten Jahr besonders empfohlen. (NM)
🍾 Champagne Perrier-Jouët, 26, av. de Champagne, 51200 Epernay, Tel. 26.55.20.53 ⌶ n. V.

PERTOIS-MORISET
Blanc de blancs 1985*

| ○ | 6,5 ha | 10 000 | 🍾☑4 |

Eine Verbindung zweier Winzerfamilien und ein 11,5 ha großes Anbaugebiet. Ein noch jugendlicher Blanc de Blancs, dessen Mandel- und Lebkuchennoten von Röstgeruch enthüllt. Der Champagner ohne Jahrgang erhielt die gleiche Bewertung. (RM)
🍾 Dominique Pertois, 13, av. de la République, 51190 Le-Mesnil-sur-Oger, Tel. 26.57.52.14 ⌶ n. V.

PIERRE PETERS Blanc de blancs 1988**

| ○ Gd cru | 1 ha | 10 000 | 🍾↓☑4 |

Der Urgroßvater von François Peters kam aus Luxemburg und ließ sich in Le Mesnil-sur-Oger nieder. Ein 17,5 ha großes Anbaugebiet. Dieser blaßgoldene Champagner entfaltet sich im Glas. Im Geschmack entdeckt man Zitrusfrüchte. Ein langer Wein, der viel zu erzählen weiß. (RM)
🍾 SA Champagne Pierre Peters, 26, rue des Lombards, 51190 Le Mesnil-sur-Oger, Tel. 26.57.50.32 ⌶ n. V.

H. PETITJEAN ET CIE Carte d'or**

| ● | k.A. | 20 000 | 🍾☑4 |

Champagne Petitjean besteht seit 1846. Ein kupferfarbener Rosé de Noirs. Das fruchtige Bukett erinnert an Äpfel und Birnen. Der ausgewogene Geschmack vereint Finesse und Kraft. Gutes Preis-Leistungs-Verhältnis. (NM)
🍾 Champagne H. Petitjean et Cie, 16, rue des Moissons, 51100 Reims, Tel. 26.47.01.54 ⌶ n. V.

H. PETITJEAN ET CIE Carte d'or 1985*

| ○ | k.A. | 30 000 | 🍾☑4 |

40 % Chardonnay und 60 % Pinot Noir für einen Champagner, der nach geröstetem Brot und exotischen Früchten duftet. Im Geschmack findet man Geschmeidigkeit, noch Frische und Länge. Der Nichtjahrgangs-Champagner des gleichen Erzeugers erhielt dieselbe Benotung. Die Cuvée ist ähnlich ausgefallen : 60 % Chardonnay und 40 % Pinot, davon 20 % Pinot Meunier. (NM)
🍾 Champagne H. Petitjean et Cie, 16, rue des Moissons, 51100 Reims, Tel. 26.47.01.54 ⌶ n. V.

PHILIPPONNAT Réserve*

| ● | k.A. | 30 000 | 🍾☑6 |

Die Philipponnats bauen seit dem 17. Jh. Wein an, aber ihre Champagnerfirma wurde erst 1912 gegründet. 1987 ging sie in den Besitz der Gruppe Marie Brizard über. 55% Pinot Noir, 10 % Pinot Meunier und 23% Chardonnay sowie 12% Rotwein aus Mareuil ergeben diesen blassen Rosé mit der guten Ansprache. Fruchtig, zart und lang. (NM)
🍾 Champagne Philipponnat, 13, rue du Pont, 51160 Mareuil-sur-Ay, Tel. 26.52.60.43 ⌶ n. V.

PHILIPPONNAT Clos des Goisses 1985**

| ○ | 5,5 ha | 20 000 | 🍾◑☑7 |

Der Clos des Goisses ! Man muß ihn einfach dafür bewundern, daß er einen sehr typischen Champagner hervorbringt. So typisch wie die Flasche, in dem er sich befindet. Rund ein Drittel Chardonnay und zwei Drittel Pinot Noir für einen imposanten, ausgewogenen Wein, der in seiner Fruchtigkeit sehr süffig ist und noch voller Jugendlichkeit steckt. Man kann ihn allein oder zum Essen trinken. (NM)
🍾 Champagne Philipponnat, 13, rue du Pont, 51160 Mareuil-sur-Ay, Tel. 26.52.60.43 ⌶ n. V.

PIPER-HEIDSIECK
Brut sauvage 1982***

| ○ | k.A. | k.A. | 🍾↓☑5 |

Zweifellos der beste Champagner ohne Dosage im Hachette-Weinführer 1993. Perfekt gelungene Zusammenstellung aus sieben Teilen Pinot Noir und drei Teilen Chardonnay. Sehr helle, goldene Farbe und Bläschen, die ebenso zahlreich wie winzig sind. Ein Hauch von Pilzduft im Geruchseindruck und ein ganz klarer Geschmack. Klar durch seine Deutlichkeit und durch seine Reinheit. Und vor allem Finesse. (NM)
🍾 Champagne Piper-Heidsieck, 51, bd Henry-Vasnier, 51100 Reims, Tel. 26.85.01.94 ⌶ tägl. 9h-11h30 14h-17h

PIPER-HEIDSIECK Rare 1985

○ k.A. k.A. ▮↓▮☑▮7▮

Eine Spitzencuvée, auf deren Aufmachung große Sorgfalt verwendet wurde. Zwei Drittel Chardonnay und ein Drittel Pinot Noir. Ein feiner, perfekter Wein, aber – überlassen wir das Wort einem Juror : »Ein großartiger Wein, aber mit sehr starker Dosage.« (NM)
☛ Champagne Piper-Heidsieck, 51, bd Henry-Vasnier, 51100 Reims, Tel. 26.85.01.94 ✆ tägl. 9h-11h30 14h-17h

PIPER-HEIDSIECK

◐ k.A. k.A. ▮↓▮☑▮5▮

Ein Rosé mit einer kräftigen Farbe, die ins Ziegelrote spielt. Er verdankt sie 15% Rotwein aus der Champagne. Die Cuvée enthält 15% Charonnay und 85% Pinot, davon 40 % Pinot Meunier. Das Bukett bleibt zurückhaltend, während der Geschmack kräftig gebaut erscheint. Ein Rosé zum Essen. (NM)
☛ Champagne Piper-Heidsieck, 51, bd Henry-Vasnier, 51100 Reims, Tel. 26.85.01.94 ✆ tägl. 9h-11h30 14h-17h

POL GESSNER Réserve★★

○ k.A. 1000 000 ▮↓▮3▮

Ein gelungener Champagner des Gigante Marne et Champagne unter der Marke Pol Gessner Réserve. Die Pinottrauben spielen hier eine gewichtige Rolle (je 40 % Pinot Noir und Pinot Meunier), während die Chardonnaytrauben nur mit 20 % vertreten sind. Dennoch besitzt er Eleganz und eine »helle« Finesse. Ein ätherischer Wein, der sich als Aperitif eignet. (NM)
☛ Marne et Champagne, 22, rue Maurice Cerveaux, 51200 Epernay, Tel. 26.54.21.66

POL ROGER ★★

○ k.A. 1 200 000 ▮↓▮☑▮6▮

Ein 1849 gegründetes Familienunternehmen, das zwei Drittel seiner Produktion ins Ausland exportiert. Das Anbaugebiet umfaßt 81 ha. In der einfachsten Cuvée sind die drei Rebsorten der Champagne zu gleichen Teilen vertreten. Besteht darin das Geheimnis ihrer Ausgewogenheit, ihrer Struktur und ihrer Länge ? Einem so guten Wein könnte man ruhig eine geringere Dosage verabreichen. (NM)
☛ Pol Roger et Cie, 1, rue Henri-Lelarge, 51200 Epernay, Tel. 26.55.41.95 ✆ n. V.

POL ROGER Blanc de chardonnay 1985★

○ k.A. 25 000 ▮↓▮☑▮7▮

Pol Roger besitzt schöne Weinberge an der Côte des Blancs, vor allem Grands Crus. Dieser 85er Blanc de Blancs, der sein Alter verrät, hat seinen Höhepunkt erreicht : kräftiges Bukett mit tertiären Aromen, schöner, ausgewogener Geschmack mit spürbarer Dosage. (NM)
☛ Pol Roger et Cie, 1, rue Henri-Lelarge, 51200 Epernay, Tel. 26.55.41.95 ✆ n. V.

POL ROGER Réserve spéciale 1985★

○ k.A. 10 000 ▮↓▮☑▮7▮

Eine elegante Flasche, auf der sich ein durchsichtiges Etikett befindet. Sie enthält einen Wein, der aus ebensoviel Chardonnay- wie Pinottrau-

ben erzeugt worden ist. Das Bukett ist zunächst zurückhaltend, dann entfaltet es sich ungestüm. Das gleiche Phänomen kommt im Geschmack zum Vorschein : zuerst reserviert, dann mild und ausgewogen, aber mit merklicher Dosage. (NM)
☛ Pol Roger et Cie, 1, rue Henri-Lelarge, 51200 Epernay, Tel. 26.55.41.95 ✆ n. V.

POMMERY
Louise Pommery Cuvée spéciale 1985★★★

○ k.A. 200 000 ▮↓▮☑▮7▮

Ein weiterer 85er, der hält, was er verspricht : die Versprechen eines seltenen Jahrgangs. Die größten Weine sind in dieser Cuvée vereint : 40 % Pinot aus Ay, 60 % Chardonnay aus Avize und Cramant. Das Ergebnis ist ein Feuerwerk an Würzigkeit. Kraft und Geschmeidigkeit. Wird von uns auch in diesem Jahr wieder besonders empfohlen. (NM)
☛ Pommery, 5, pl. du Gal-Gouraud, B.P. 87, 51083 Reims Cedex, Tel. 26.61.62.63 ✆ n. V.
☛ LVMH

POMMERY Louise Pommery 1983★★

◐ k.A. 20 000 ▮↓▮☑▮7▮

Zwei Sterne für diesen Rosé, dessen Zusammensetzung der der weißen Cuvée Louise Pommery wie zwei Tropfen einander ähnelt. Die spitze Fruchtigkeit erinnert an Zitronenkraut. Harmonische, komplexe Ausgewogenheit. Ein reicher, aber feiner Rosé. (NM)
☛ Pommery, 5, pl. du Gal-Gouraud, B.P. 87, 51083 Reims Cedex, Tel. 26.61.62.63 ✆ n. V.
☛ LVMH

POMMERY ★

◐ k.A. k.A. ▮↓▮☑▮6▮

Zwei Drittel Pinot Noir und ein Drittel Chardonnay, in sieben Grand Crus der Weinberge von Pommery gelesen, ergeben diesen Rosé mit der goldenen, ziegelrot schimmernden Farbe. Der komplexe, reiche Duft bereitet auf ein zartes, feines Aroma im rassigen Geschmack vor. (NM)
☛ Pommery, 5, pl. du Gal-Gouraud, B.P. 87, 51083 Reims Cedex, Tel. 26.61.62.63 ✆ n. V.
☛ LVMH

R. RENAUDIN ★

◐ k.A. k.A. ▮☑▮7▮

Champagne Renaudin entstand zwischen den beiden Weltkriegen. Das Anbaugebiet umfaßt 24 ha. Die blaßrosa Farbe verdankt diese Cuvée einem Rotwein aus Moussy. Vier Fünftel Pinottrauben und ein Fünftel Chardonnay, 1987 gele-

sen. Dezenter Duft von getrocknetem Heu, klarer, aber nachhaltiger Geschmack. Gelungene Dosage. (RM)
🍷 SCEV Champagne Renaudin, Dom. des Conardins, 51530 Moussy, Tel. 26.54.03.41
🍸 n. V.
🍷 T. Tellier

R. RENAUDIN Grande réserve★★

| ○ | k.A. | k.A. | 🍸 🆅 🅢 |

Eine wirkungsvolle Zusammenstellung aus 87er Weinen, diesmal zu 70 % aus Chardonnay- und zu 30 % aus Pinottrauben. Kräftiges, fruchtiges Bukett. Ein runder, weiniger, komplexer Champagner. (RM)
🍷 SCEV Champagne Renaudin, Dom. des Conardins, 51530 Moussy, Tel. 26.54.03.41
🍸 n. V.
🍷 T. Tellier

ALAIN ROBERT Blanc de blancs★

| ○ | k.A. | k.A. | 🅢 |

Alain Robert ist ein Perfektionist : Seine großen Champagner der alten Jahrgänge werden erst degorgiert, wenn sie auf den Markt kommen, und nicht ausgeliefert, wenn es zu kalt oder zu warm ist. Der Brut besitzt keine Jahrgangsangabe (warum diese Koketterie ?), aber er stammt von 85er Weinen. Blasse Farbe, Duft von sehr reifen, fast überreifen Äpfeln. Perfekt strukturierter Geschmack. Ein langer Blanc de Blancs. (RM)
🍷 Alain Robert, 51190 Le Mesnil-sur-Oger, Tel. 26.57.52.94

ALAIN ROBERT
Blanc de blancs Sélection★

| ○ | k.A. | k.A. | 🅢 |

Ein Blanc de Blancs aus Charonnaytrauben, die 1986 in Le Mesnil, einem Grand Cru, gelesen wurden. Kräftige, goldgrüne Farbe, fast heftiges Bukett mit rauchigen Noten und dem Duft von geröstetem Brot. Gut gebauter, langer Abgang. (RM)
🍷 Alain Robert, 51190 Le Mesnil-sur-Oger, Tel. 26.57.52.94

ALAIN ROBERT
Blanc de blancs Sélection Vieux dosé★★

| ○ | k.A. | k.A. | 🗗 |

Dieser Blanc de Blancs mit dem Namen »Sélection Vieux dosé« steht im Gegensatz zu der Praxis, daß man die Dosage möglichst spät, d. h. möglichst nahe am Zeitpunkt des Konsums, hinzugibt. Ein 82er mit einer kräftigen, goldenen Farbe, dessen Duft an Pilze erinnert. Außerordentlich harmonischer Geschmack mit perfekt eingebundener Kohlensäure und milder Ansprache. (RM)
🍷 Alain Robert, 51190 Le Mesnil-sur-Oger, Tel. 26.57.52.94

ANDRE ROBERT P. ET F.
Blanc de blancs 1988★

| ○ | k.A. | 6 700 | 🍸 🆅 🄸 |

Ein Familienbetrieb, der seit einem Jahrhundert Weine erzeugt und sich auf Blanc-de-Blancs-Champagner spezialisiert hat. Dieser 88er ist fein, frisch, ausgewogen, aber verschlossen und viel zu

jung, denn die Weine aus Le Mesnil entwickeln sich langsam. (RM)
🍷 Champagne André Robert P. et F., B.P. 5, 51190 Le Mesnil-sur-Oger, Tel. 26.57.59.41
🍸 n. V.

LOUIS ROEDERER Brut premier★★

| ○ | 180 ha | k.A. | 🄶 |

Dieses Familienunternehmen wurde 1760 gegründet, trägt aber seinen heutigen Namen erst seit 1833. Sein angesehenes Anbaugebiet umfaßt nicht weniger als 180 ha. Eine ziemlich »helle« Cuvée mit zwei Dritteln Chardonnay und einem Drittel Pinot Noir. Unsere besondere Empfehlung für die feine, direkte Fruchtigkeit des Buketts und die Ausgewogenheit, Kraft und Eleganz des Geschmacks. (NM)
🍷 Champagne Louis Roederer, 21, bd Lundy, 51100 Reims, Tel. 26.40.42.11 🍸 n. V.

LOUIS ROEDERER Cristal 1985★★

| ○ | 180 ha | k.A. | 🄷 |

Eine sehr berühmte Cuvée, die 1876 auf Wunsch des russischen Zaren kreiert wurde, je zur Hälfte aus dunklen und hellen Trauben erzeugt. Eine perfekte Cuvée, die nur einen einzigen »Fehler« hat : daß sie zu klassisch ist ! (NM)
🍷 Champagne Louis Roederer, 21, bd Lundy, 51100 Reims, Tel. 26.40.42.11 🍸 n. V.

LOUIS ROEDERER 1986★★

| ◑ | 180 ha | k.A. | 🄷 |

Viel Chardonnay (70 %), strukturiert durch 30 % Pinot Noir. Ein sehr blasser Rosé mit einer rosa schillernden Farbe. So leicht die Farbe ist, so kräftig und fruchtig ist der Duft. Klare Ansprache, fleischiger, aber feiner Geschmack. (NM)
🍷 Champagne Louis Roederer, 21, bd Lundy, 51100 Reims, Tel. 26.40.42.11 🍸 n. V.

ALFRED ROTHSCHILD ET CIE
1986★

| ○ | k.A. | 400 000 | 🄸 ↓ 🄴 |

Zahlreiche Erzeuger haben keine 86er Jahrgangschampagner produziert, weil der Jahrgang keinen sehr guten Ruf hat und wenig Finesse liefert. Bei dieser Cuvée wurde rigoros ausgewählt. Sehr blasse, goldene Farbe. Der Duft entwickelt sich nach und nach und enthüllt pflanzliche Noten. Frischer, ausgewogener Geschmack. (NM)
🍷 Marne et Champagne, 22, rue Maurice Cerveaux, 51200 Epernay, Tel. 26.54.21.66

RUELLE PERTOIS

| ○ | 3 ha | 25 000 | ▮ ▼ 4 |

Innerhalb von drei Generationen haben die Ruelles ein 6 ha großes Gut aufgebaut. Dieser Blanc de Noirs mit dem Duft von weißen Blüten endet mit einer runden, fruchtigen Note. (RM)
➶ Ruelle, 11, rue de Champagne, 51530 Moussy, Tel. 26.54.05.12 ☎ n. V.

« R » DE RUINART *

| ◑ | k.A. | k.A. | ▼ 7 |

Die älteste Champagnerfirma, 1729 von Nicolas Ruinart gegründet, dessen Onkel, Dom Thierry Ruinart, mit Dom Pérignon befreundet war. Dieser Rosé aus dunklen Trauben (davon ein Fünftel Pinot Meunier) verdankt seine Farbe dem roten Bouzywein. Sein rosarotes bis bernsteinfarbenes Kleid umhüllt ein Bukett, das sich gerade entwickelt. Kräftiger, ansprechender Geschmack. (NM)
➶ Champagne Ruinart, 4, rue des Crayères, 51100 Reims, Tel. 26.85.40.29 ☎ n. V.
➶ LVMH

« R » DE RUINART 1986*

| ○ | k.A. | k.A. | ▼ 7 |

Ein goldfarbener Wein mit silbernen Reflexen, erzeugt aus Pinot- und Chardonnaytrauben. Rauchiger Duft von geröstetem Brot. Der solide, gut gebaute, kräftige Geschmack paßt zu erlesenen Mahlzeiten. (NM)
➶ Champagne Ruinart, 4, rue des Crayères, 51100 Reims, Tel. 26.85.40.29 ☎ n. V.
➶ LVMH

DOM. RUINART Blanc de blancs 1985 **

| ○ | k.A. | k.A. | ▮ ▼ 7 |

Die originellste Blanc-de-Blancs-Spitzencuvée dieses Weinführers : ein Blanc de Blancs, bei dem ein Großteil der Chardonnaytrauben aus Sillery und Verzenay stammen – Anbaugebiete, die für ihre Pinot-Noir-Trauben berühmt sind. Würziger, komplexer Duft, runde Ansprache und harmonische Ausgewogenheit. Ebenso angetan waren die Prüfer vom 83er Rosé, einer Cuvée, die der vorangegangenen sehr ähnlich ist (viel Chardonnay) und ihre Farbe von rotem Bouzywein erhält. (NM)
➶ Champagne Ruinart, 4, rue des Crayères, 51100 Reims, Tel. 26.85.40.29 ☎ n. V.
➶ LVMH

SACOTTE

| ○ | 54 ha | 450 000 | ▮ ↓ 4 |

1987 schuf Léon Sacotte seine eigene Marke, die in den 80er Jahren von Champagne Vranken übernommen wurde. Die drei Rebsorten tragen zu gleichen Teilen zum Bukett und zum exotischen Geschmack dieses Champagners bei, der sich gut als Aperitif eignet. (NM)
➶ Sacotte, rue des Vignerons, 51270 Congy, Tel. 26.59.36.17 ☎

SAINT-CHAMANT 1985

| ○ | k.A. | k.A. | ▮ ▼ 5 |

Christian Coquillette wird oft mit Medaillen ausgezeichnet. Ein blaßgoldener Champagner mit grünen Reflexen. Im Duft zurückhaltend, aber fein, während man im Geschmack kleine Früchte und eine leicht bittere Note entdeckt. (RM)
➶ Christian Coquillette, 50, av. Paul Chandon, 51200 Epernay, Tel. 26.54.38.09 ☎ n. V.

DE SAINT GALL 1985

| ○ 1er cru | k.A. | 300 000 | ▮ ▼ 5 |

Ein von der Union Champagne in Avize in einem modernen Gärtank hergestellter Champagner. Die Farbe ist blaßgolden, das Bukett dezent, aber zart. Der Geschmack erinnert an Brioche und Honig. (CM)
➶ Union Champagne, 7, rue Pasteur, 51190 Avize, Tel. 26.57.94.22 ☎ n. V.

SALON Cuvée S Blanc de blancs 1982 **

| ○ | 1 ha | 30 000 | ▮ ↓ 7 |

Eine kleine Marke, die Aimé Salon 1921 für eigene Zwecke schuf. 1988 wurde sie von Laurent-Perrier übernommen. Der Champagner Salon hat die einzigartige Besonderheit, daß er ausschließlich ein Blanc de Blancs ist, der aus einem einzigen Anbaugebiet, nämlich Le Mesnil-sur-Oger, stammt und immer ein Jahrgangschampagner ist. Seit seiner Gründung hat Salon lediglich 17 Jahrgänge verkauft. Vornehmes Bukett, kräftiger, nachhaltiger und harmonischer Geschmack. Ein außergewöhnlicher Champagner für Genießer mit außergewöhnlichem Geschmack. (NM)
➶ Salon, 5, rue de la Brèche d'Oger, 51190 Le Mesnil-sur-Oger, Tel. 26.57.51.65 ☎ n. V.
➶ Laurent Perrier

JACQUES SELOSSE
Extra brut Blanc de blancs ***

| ○ Gd cru | 6 ha | 32 000 | ◫ ▼ 5 |

Anselme Selosse ist ein Störenfried. Er erntet Zustimmung oder ruft Ablehnung hervor. Nicht er selbst, aber seine Weine, denn sie haben Charakter. Er verwendet Holzfässer und modernisiert die alten Techniken. Ein erstaunlicher Wein : der Biß und die bittere Note vom Holzton, die Klarheit und die Reinheit der Chardonnaytrauben aus Avize, was durch das Fehlen einer Dosage besonders zur Geltung kommt. Ein stilvoller Champagner. Das ist selten. Für Kenner. (RM)
➶ Jacques Selosse, 22, rue Ernest-Vallé, 51190 Avize, Tel. 26.57.53.56 ☎ n. V.
➶ Anselme Selosse

JACQUES SELOSSE
Blanc de blancs Tradition

| ○ Gd cru | 6 ha | 36 000 | ◫ ▼ 4 |

Ein reiner Avize, im Holzfaß vinifiziert, ein aus dem Rahmen fallender Blanc de Blancs. Das Holzfaß verleiht diesem soliden, ausgewogenen Champagner eine leicht bittere Note. Die Dosage hätte etwas sparsamer ausfallen können. (RM)

🍷 Jacques Selosse, 22, rue Ernest-Vallé, 51190 Avize, Tel. 26.57.53.56 ☎ n. V.
🍇 Anselme Selosse

JACQUES SELOSSE
Blanc de blancs 1982*

○ 6 ha 3 000 … 🏷 📋 ⬛6

Ein Champagner, der wie ein Weißwein, wie ein echter Wein duftet : Er »chardonnisiert« . Im Geschmack dagegen streiten sich Kraft und Finesse. Ein Champagner für Liebhaber somit. (RM)
🍷 Jacques Selosse, 22, rue Ernest-Vallé, 51190 Avize, Tel. 26.57.53.56 ☎ n. V.
🍇 Anselme Selosse

DE SOUSA ET FILS 1988*

○ Gd cru 4 ha 15 000 📋⬇📋 ⬛4

Ein selbständiger Erzeuger, der sich auf die Produktion von Blanc-de-Blancs Champagnern spezialisiert hat, insbesondere auf Grands Crus in Avize. Das gilt auch für diesen 88er, dessen kräftiger Duft sich bereits entfaltet und der im Geschmack trotz seiner Jugend seine Ausgewogenheit gefunden hat. Der Nichtjahrgangs-Champagner, der 12 Franc weniger kostet, wurde als sehr gut, aber als zu jung bewertet. (RM)
🍇 Erick de Sousa, 12, pl. Léon-Bourgeois, 51190 Avize, Tel. 26.57.53.29 ☎ n. V.

A. SOUTIRAN-PELLETIER
Blanc de blancs

○ k.A. 8 000 📋⬇📋 ⬛4

Ein Chardonnay aus Ambonnay, das für seine Pinot-Noir-Trauben bekannt ist ? Er hat die Prüfer erstaunt. Der Wein ist kräftig gebaut und stoffreich. Das Anbaugebiet macht sich bemerkbar. (RM)
🍇 Alain Soutiran, 3, rue de Crilly, B.P. 12, 51150 Ambonnay, Tel. 26.57.07.87 ☎ n. V.

TAITTINGER **

○ k.A. k.A. 📋⬇⬛7

Mehr Pinot Noir als Chardonnay für den hervorragenden Brut ohne Jahrgang dieser Firma, die 1734 von Jacques Fourneaux gegründet und 1931 von P.-C. Taittinger Champagne erworben wurde. Strahlend goldene Farbe und etwas verschlossener Duft. Der Geschmack ist kräftig gebaut (spürbare Dosage) und harmonisch. (NM)
🍇 Champagne Taittinger, 9, pl. Saint-Nicaise, B.P. 2741, 51061 Reims Cedex, Tel. 26.85.45.35 ☎ n. V.

TAITTINGER 1986*

○ k.A. k.A. 📋⬇⬛7

Pinot Noir und Chardonnay vereinen sich zu diesem 86er Brut mit der intensiven, bernsteingelb schimmernden Farbe. Sehr lebhafte Ansprache. Gute Länge, aber merkliche Dosage. (NM)
🍇 Champagne Taittinger, 9, pl. Saint-Nicaise, B.P. 2741, 51061 Reims Cedex, Tel. 26.85.45.35 ☎ n. V.

TAITTINGER
Comtes de Champagne Blanc de blancs 1986**

○ k.A. k.A. 📋 ⬇7

Eine besonders vinifizierte Sondercuvée, die sich in einer altmodisch gestalteten Flasche befindet. Die Chardonnayweine werden mit großer Sorgfalt behandelt. Ätherisches, frisches Bukett und ein langer Geschmack von eleganter Originalität. Ein charaktervoller Champagner. (NM)
🍇 Champagne Taittinger, 9, pl. Saint-Nicaise, B.P. 2741, 51061 Reims Cedex, Tel. 26.85.45.35 ☎ n. V.

TARLANT Cuvée prestige 1985

○ k.A. 9 000 📋⬇📋⬛5

Die Tarlants sind seit 1687 Winzer. Heute umfaßt ihr Anbaugebiet 11 ha in fünf Gemarkungen. Moderner Gärkeller mit Tanks aus rostfreiem Stahl, aber ebenso mit Eichenholzfässern. Die Spitzencuvée, ein Brut, bietet einen dezenten Duft und einen komplexen Geschmack, der an Kaffee und Haselnüsse erinnert und ausgewogen, aber entwickelt ist. (RM)
🍇 Champagne Tarlant, 51480 Oeuilly, Tel. 26.58.30.60 ☎ n. V.

J. DE TELMONT Grand vintage 1986**

○ 20 ha 850 000 📋📋⬛4

Die Familie Lhopital besaß schon im 18. Jh. Weinberge, aber sie stellt erst seit 1920 Champagner her. Die Cuvée »Grand Vintage« vereint die drei Rebsorten der Champagne zu gleichen Teilen. Ausgewogenheit und Frische sowie Fülle. Die Dosage erscheint hoch. (NM)
🍇 SA Champagne de Telmont, 1, av. de Champagne, B.P. 17, 51480 Damery, Tel. 26.58.40.33 ☎ n. V.
🍇 Serge et André Lhopital

J. DE TELMONT
Cuvée Grand Couronnement
Blanc de blancs 1982**

○ 20 ha 850 000 📋📋⬛4

Ein erstklassiger 82er Blanc de Blancs 82 zu einem überaus verlockenden Preis. Man muß die Jugendlichkeit seiner Farbe, sein an eingemachte Früchte erinnerndes Bukett und seinen lebhaften, harmonischen und langen Geschmack einfach mögen. (NM)
🍇 SA Champagne de Telmont, 1, av. de Champagne, B.P. 17, 51480 Damery, Tel. 26.58.40.33 ☎ n. V.
🍇 Serge et André Lhopital

ALAIN THIENOT *

○   k.A.   150 000   ▮↓Ⅴ④

Ein Drittel Pinot Noir, fast ebensoviel Pinot Meunier wie Chardonnay und 20 % Reservewein, so präsentiert sich dieser Brut ohne Jahrgang mit dem rauchigen Aroma im Duft und im Geschmack. Er besitzt die Komplexität und Länge eines Weins, der seinen Höhepunkt erreicht hat. Der deutlich teurere 85er (70 % Chardonnay, 30 % Pinot Noir) erhielt die gleiche Bewertung. An ihm schätzten die Prüfer seine Intensität. (NM)

☛ Alain Thienot, 14, rue des Moissons, B.P. 2752, 51063 Reims Cedex, Tel. 26.47.41.25 ☏ n. V.

ALAIN THIENOT 1986*

○   k.A.   30 000   ▮↓Ⅴ⑤

Dieser 86er Brut, der sich in einer farblosen Flasche befindet, ist wirklich ein Blanc de Blancs. Ein gut gemachter Wein mit tertiärem Bukett und milder Ansprache. Ausgewogen und perfekt dosiert. (NM)

☛ Alain Thiénot, 14, rue des Moissons, B.P. 2752, 51063 Reims Cedex, Tel. 26.47.41.25 ☏ n. V.

DE VENOGE
Champagne des Princes 1983 ★★★

○   k.A.   k.A.   ▮↓Ⅴ⑦

Ist das die Flasche mit dem längsten Hals und der stärksten Basis ? Wahrscheinlich. Ihr Anblick ruft immer widersprüchliche Meinungen hervor, ihr Inhalt nie. Die Prüfer bekommen sie natürlich nicht zu Gesicht, weil man sie beim ersten Blick erkennen würde. Ein Blanc de Blancs voller Ausgewogenheit, Finesse und Harmonie, der von Jahrgang zu Jahrgang eine große Konstanz bewahrt. Unsere besondere Empfehlung für ihn ist auch sein konstant. (NM)

☛ Champagne de Venoge, 30, av. de Champagne, 51200 Epernay, Tel. 26.55.01.01 ☏ n. V.

DE VENOGE 1986*

○   k.A.   k.A.   ▮↓Ⅴ⑥

Es kostet Arbeit, um einen guten 86er herzustellen, denn dieser Jahrgang trägt sich nicht selbst. Bei de Venoge hat man eine spezielle Zusammenstellung gewählt : 85% Chardonnay und 15% Pinot Noir. Das verleiht diesem sich schnell entwickelnden Jahrgang Frische. Das Ziel ist erreicht : mittlere Intensität, gute, harmonische Länge. (NM)

☛ Champagne de Venoge, 30, av. de Champagne, 51200 Epernay, Tel. 26.55.01.01 ☏ n. V.

DE VENOGE Blanc de noirs*

○   k.A.   k.A.   ▮↓Ⅴ⑥

Die Stärke des Champagners, sagt man uns, sei die Art der Zusammenstellung der Cuvée : drei Rebsorten, mehrere Anbaugebiete. Und dann hat der Aufschwung des Blanc de Blancs begonnen. Warum nicht des Blanc de Noir im Zeichen der Vielfalt ? Dieser Blanc de Noirs stammt nicht von einer einzigen Rebsorte, denn er enthält etwas mehr Pinot Noir als Pinot Meunier. Im Duft entdeckt man mineralische und pflanzliche Noten. Der Geschmack zeigt sich rund vor einem harmonischen, langen Abgang. (NM)

☛ Champagne de Venoge, 30, av. de Champagne, 51200 Epernay, Tel. 26.55.01.01 ☏ n. V.

JEAN-LOUIS VERGNON
Blanc de blancs 1986*

○ Gd cru   0,25 ha   5 000   ▮Ⅴ⑤

Das Gut entstand 1927. Das Anbaugebiet umfaßt heute 5 ha, die ausschließlich mit Chardonnayreben bestockt sind. Somit ist der Champagner Vergnon immer ein Blanc de Blancs. Ein 86er, der im Duft verführerischer als im Geschmack ist. Met und reife Äpfel. (RM)

☛ SCEV Vergnon, 1, Grande-Rue, 51190 Le Mesnil-sur-Oger, Tel. 26.57.53.86 ☏ n. V.

JEAN-LOUIS VERGNON
Extra brut Blanc de blancs*

○ Gd cru   k.A.   10 000   ▮Ⅴ⑤

Ein Blanc de Blancs »Extra brut« , in dem die Trauben ganz auf sich gestellt sind. Eine geschickte Zusammenstellung (aus Chardonnaytrauben) ermöglicht es diesem goldfarbenen Champagner, eine angenehme Säure zu entfalten, die verführerisch und vollkommen gezähmt wirkt. (RM)

☛ SCEV Vergnon, 1, Grande-Rue, 51190 Le Mesnil-sur-Oger, Tel. 26.57.53.86 ☏ n. V.

VEUVE CLICQUOT PONSARDIN
Réserve 1985 ★★

◑   k.A.   200 000   ▮↓Ⅴ⑦

Die große Spezialität der berühmten Witwe, die als erste in großem Umfang Rosé-Champagner auf den Markt brachte, den sie 1777 »erfunden« haben soll. Die leuchtende Farbe ist altrosa bis kupferrot. Dunkles, vom Boden geprägtes Bukett und ein vorbildlicher Geschmack, der gleichzeitig dicht, leicht und kräftig ist. (NM)

☛ Veuve Clicquot-Ponsardin, 12, rue du Temple, 51100 Reims, Tel. 26.40.25.42 ☏ n. V.

VEUVE CLICQUOT PONSARDIN
Réserve Vintage 1985 ★★★

○   k.A.   k.A.   ⑦

Die Pinottrauben sind immer deutlich spürbar in den Cuvées dieser berühmten Firma in Reims. Ein sehr gelungener Champagner aus einem großen Jahrgang. Unglaublich feine und zahlreiche Bläschen, ideale Farbe, sehr vollständiger, einheitlicher Duft. Gut gebauter, voller und vor allem sinnlicher Geschmack. (NM)

☛ Veuve Clicquot-Ponsardin, 12, rue du Temple, 51100 Reims, Tel. 26.40.25.42 ☎ n. V.

VEUVE CLICQUOT PONSARDIN
La Grande Dame 1985 ★★

○ Gd cru	k.A.	300 000	🍾↓Ⅴ7

Die Form der Flasche ist neu. Sie ist nüchterner geworden. Sie ist selbstsicher, majestätisch. Wie der Champagner, den sie enthält. Intensives, komplexes Bukett, perfekter Geschmack mit Lebhaftigkeit und Frische. Ein Wein, der kurz vor seinem Höhepunkt steht und zu einem Festmahl paßt. Unsere besondere Empfehlung. (NM)
☛ Veuve Clicquot-Ponsardin, 12, rue du Temple, 51100 Reims, Tel. 26.40.25.42 ☎ n. V.

VEUVE CLICQUOT PONSARDIN
Carte jaune★

○	k.A.	7 000 000	6

Die Pinotrebe verleiht diesem Wein mit der kräftigen, goldenen Farbe »Geschmack« . Die Fruchtigkeit des Buketts verlängert sich im Gaumen in einem dichten Aroma. Zum Essen, von Anfang bis Ende. (NM)
☛ Veuve Clicquot-Ponsardin, 12, rue du Temple, 51100 Reims, Tel. 26.40.25.42 ☎ n. V.

VEUVE VICTORINE MONGARDIEN
Grande réserve★

○	k.A.	50 000	🍾↓Ⅴ4

Ein Champagner, der mit vier Jahren in den Handel gelangt, erzeugt aus etwas mehr Pinot Noir als Chardonnay. Produziert wird er von Soutiran-Pelletier, denn Mongardien ist nur eine kommerzielle Marke. Ein guter Champagner, der kräftiger und korpulenter als fein ist und seinen Höhepunkt erreicht hat. (NM)
☛ Champagne Veuve Victorine Mongardien, 12, rue Saint-Vincent, 51150 Ambonnay, Tel. 26.57.07.87 ☎ n. V.

MARCEL VEZIEN Brut sélection ★★

○	2 ha	15 000	🍾Ⅴ4

Marcel Vézien besitzt ein 13,5 ha großes Anbaugebiet im Süden der Appellation. Vier Teile Pinot Noir und ein Teil Chardonnay. Gelungene Vinifizierung, denn der Wein ist blumig, frisch und lebhaft. Was beweist, daß das Departement Aube gar nicht so südlich liegt ! (RM)
☛ SCEV Champagne Marcel Vézien et Fils, 68, Grande-Rue, 10110 Celles-sur-Ource, Tel. 25.38.50.22 ☎ n. V.

MARCEL VEZIEN ★

⊘	1 ha	10 000	🍾Ⅴ4

Noch ein Rosé de Noirs (aus Pinot-Noir-Trauben). Ansprechende Farbe : gelbrotes Rosa mit goldenen Reflexen. Fruchtiger Duft mit Johannisbeeren. Im Geschmack ist er eher kräftig als fein. Paßt als Aperitif oder zum ersten Gericht. (RM)
☛ SCEV Champagne Marcel Vézien et Fils, 68, Grande-Rue, 10110 Celles-sur-Ource, Tel. 25.38.50.22 ☎ n. V.

VILMART ET CIE Grand Cellier

○ 1er cru	6 ha	20 000	🍾Ⅴ5

Ein 1890 entstandener Familienbetrieb, der nur Premier-Cru-Champagner herstellt. Eine außergewöhnliche Besonderheit ist dabei, daß die Weine in Eichenholzfässern vergoren und ausgebaut werden. Bei dieser Cuvée sind Chardonnay- und Pinottrauben kombiniert worden. Kein Holzton, sondern ein klarer, ausgewogener Geschmack. (RM)
☛ Champagne Vilmart et Cie, 4, rue de la République, 51500 Rilly-la-Montagne, Tel. 26.03.40.01 ☎ n. V.
☛ René Champs

WARIS ET CHENAYER

⊘	3 ha	15 000	🍾↓Ⅴ4

Eine 1927 gegründete Firma, die ihren Sitz in einem Haus aus dem 18. Jh. hat. Helle, lachsrosa Farbe, nicht sehr intensiver, aber angenehmer Duft, ausgewogener, fruchtiger Geschmack, aber nicht übertrieben fruchtig. (NM)
☛ Champagne Waris et Chenayer, 1, rue Pasteur, 51190 Avize, Tel. 26.57.50.88 ☎ n. V.

Coteaux Champenois

Die »natürlichen Weine der Champagne« wurden 1974 als AOC eingestuft und erhielten die Bezeichnung »Coteaux Champenois« . Es handelt sich dabei um rote Stillweine, seltener um Roséweine. Die Weißweine trinkt man ehrfurchtsvoll als historische Kuriosität ; sie sind Relikte einer alten Zeit vor der Erfindung des Champagners. Wie dieser können sie aus dunklen Trauben hergestellt und als Weißwein vinifiziert (Blanc de Noirs), aus weißen Trauben (Blanc de Blancs) erzeugt oder aus beiden kombiniert werden.

Der bekannteste rote Coteaux Champenois trägt den Namen der berühmten Gemeinde Bouzy (ein Grand Cru mit Pinot-Noir-Trauben). In dieser Gemarkung kann man einen der beiden merkwürdigsten Weinberge der Welt bewundern (der andere befindet sich in Ay) : Ein großes Schild weist auf »alte französische Rebstöcke aus der Zeit vor der Reblausinvasion« hin. Man könnte sie von den anderen Rebstöcken nicht unterscheiden, wenn sie nicht in einer uralten, ansonsten überall aufgegebenen Anbauweise (»in Haufen«) erzogen würden. Alle Arbeiten werden mit der Hand ausgeführt, mit Hilfe von alten Geräten. Die Firma Bollinger erhält dieses Kleinod am Leben, aus dessen Trauben der seltenste und teuerste Champagner erzeugt wird.

Die Coteaux Champenois werden jung getrunken, die weißen mit 7 bis 8 °C zu Gerichten, die zu sehr trockenen Weinen passen, die roten, von denen man die herausragenden Jahrgänge ein paar Jahre lang altern lassen kann, mit 9 bis 10 °C zu leichten Gerichten (weißes Fleisch und sogar Austern). Bei den Rotweinen überschneiden sich die besten Jahrgänge mit denen der Burgunder : 1966, 1971 und 1976.

PASCAL BARDOUX 1985*

■ 0,2 ha 1 200

Rot- oder Roséwein bei einer solchen zinnoberroten Farbe ? Feines, harmonisches Pinotaroma. Gute, leichte Länge. (RM)
☛ Pascal Bardoux, 5-7, rue Saint-Vincent, 51390 Villedommange, Tel. 26.49.25.35 ☎ n. V.

E. BARNAUT Bouzy 1986

■ 0,8 ha 4 000

Kirschrot, blumig, ziemlich rund, wohlausgewogen. Ein Wein von guter Harmonie. (RM)
☛ Champagne E. Barnaut, 13, rue Pasteur, B.P. 19, 51150 Bouzy, Tel. 26.57.01.54 ☎ n. V.
☛ Secondé

HERBERT BEAUFORT Bouzy 1986***

■ 3 ha 6 000

Die Pinot-Noir-Trauben werden zunächst entrappt und gekeltert, bevor man den Wein in großen Eichenholzfässern ausbaut. Dieser 86er Rotwein – selten fallen die Weine in diesem Jahrgang hier so gelungen aus – entfaltet einen Duft von Rosen, Pfingstrosen und Haselnüssen. Entfalteter, harmonischer und ausgewogener Geschmack. (RM)
☛ Herbert Beaufort, 32, rue de Tours-sur-Marne, B.P. 1, 51150 Bouzy, Tel. 26.57.01.34 ☎ n. V.

ALEXANDRE BONNET 1988*

■ 4,75 ha 6 500

Sehr schöne rote Farbe, hübsche Fruchtigkeit im Duft und im Geschmack. »Verlangt danach, ihn kennenzulernen« , notierte ein Prüfer. Der neugierige Lektor wird seinem Ratschlag folgen. (RM)
☛ SA Bonnet Père et Fils, 138, rue du Gal-de-Gaulle, 10340 Les Riceys, Tel. 25.29.30.93 ☎ n. V.

CLOUET Bouzy 1988

■ k.A. 6 000

Man kann in Bouzy bei André Clouet ein kleines Museum besichtigen, in dem die Geräte zu sehen sind, die vor einem Jahrhundert für den Weinbau verwendet wurden. Dieser Bouzy mit der schönen, granatroten Farbe ist fruchtig und blumig zugleich. Leicht und kurz im Geschmack. (RM)
☛ Champagne Clouet, 8, rue Gambetta, 51150 Bouzy, Tel. 26.57.00.82 ☎ n. V.

PAUL DETHUNE Ambonnay*

■ 0,2 ha 1 300

Hübsche, fröhliche Farbe, fruchtiger Duft, aber ein voller Geschmack ohne Rundheit. Trauben aus dem Norden ... (RM)
☛ Paul Déthune, 2, rue du Moulin, 51150 Ambonnay, Tel. 26.57.01.88 ☎ n. V.

EGLY-OURIET Bouzy 1989**

■ 1 ha 5 000

Die Pinot-Noir-Rebe hat für eine schöne, granatrote Farbe gesorgt, aber sie bietet nichts für die Nase. Ein Wein, der sich im Duft zurückhält, um sich in einem fleischigen, runden Geschmack mit harmonischer Fruchtigkeit zu entfalten. (RM)
☛ Egly-Ouriet, 15, rue de Trépail, B.P.15, 51150 Ambonnay, Tel. 26.57.00.70 ☎ n. V.

RENE GEOFFROY

■ 1,5 ha 10 000

Eine Kombination aus 88ern, 89ern und 90ern. Etwas mehr Pinot Noir als Pinot Meunier. Granatrote, fast schwarze Farbe. Starke Extraktion ! Ein voller Wein. Vielleicht zu voll ? Ausschließlich zum Essen bestimmt. (RM)
☛ René Geoffroy, 150, rue du Bois des Jots, 51480 Cumières, Tel. 26.55.32.31 ☎ n. V.

LARMANDIER-BERNIER Vertus**

■ 0,75 ha 3 000

Ein sehr guter, wirklich roter Vertus. Blumiger Duft mit einer pflanzlichen Note. Mineralisches Aroma im Geschmack und ein Hauch von Tannin. Bemerkenswertes Preis-Leistungs-Verhältnis. (RM)
☛ Champagne Larmandier-Bernier, 43, rue du 28 août, B.P. 28, 51130 Vertus, Tel. 26.52.13.24 ☎ n. V.

Rosé des Riceys

LAURENT-PERRIER Pinot franc ★★

| ■ | | k.A. | k.A. | 🍷↓✓4 |

Laurent-Perrier interessierte sich schon immer stark für die »stillen Weine« der Champagne. Der Chardonnay fällt stets fein, ausgewogen und verführerisch aus. Der Pinot Franc, der einstige Stolz des Hauses, ist geschmeidig, fruchtig, fast durchtrieben. Der rote Bouzy schließlich besitzt eine intensive Farbe, einen fruchtigen Pinotduft und einen ausgeprägten, fast harten Geschmack, so daß er hervorragend zum Essen paßt. (RM)
🍷 Champagne Laurent-Perrier, Dom. de Tours-sur-Marne, 51150 Tours-sur-Marne, Tel. 26.58.91.22 ⏲ n. V.

LAURENT-PERRIER
Blanc de blancs Chardonnay ★

| □ | | k.A. | k.A. | 🍷↓✓4 |

Ein sehr schöner Wein. Blaßgelbe, ins Grüne spielende Farbe. Feiner, fast pfeffriger Duft. Sehr frisch und nervig. Ein für die Appellation Coteaux Champenois sehr typischer Wein. (NM)
🍷 Champagne Laurent-Perrier, Dom. de Tours-sur-Marne, 51150 Tours-sur-Marne, Tel. 26.58.91.22 ⏲ n. V.

LILBERT Cramant Blanc de blancs 1988 ★

| □ | | k.A. | k.A. | 🍷✓3 |

Ein sehr hübscher Blanc de Blancs der Coteaux Champenois, also ein reinsortiger Chardonnay, der aus einem als Grand Cru eingestuften Anbaugebiet stammt : Cramant. Ein goldgrüner Wein mit dezentem, aber sehr frischem Duft und ausgewogenem, rundem und harmonischem Geschmack. (RM)
🍷 Georges Lilbert, 223, rue du Moutier, 51530 Cramant, Tel. 26.57.50.16 ⏲ n. V.

PAUL-LOUIS MARTIN Bouzy 1988

| ■ | | k.A. | 20 000 | ✓4 |

Angenehm, fein und leicht in der Farbe und in der Struktur. Diesem Wein mangelt es nicht an Fröhlichkeit. (RM)
🍷 Champagne Paul-Louis Martin, 3, rue d'Ambonnay, 51150 Bouzy, Tel. 26.57.01.27 ⏲ n. V.

PIERRE PAILLARD Bouzy 1986 ★

| ■ | | 0,5 ha | 5 000 | 🍶↓✓4 |

Helle, zinnoberrote Farbe, sehr hell für einen Bouzy, auch wenn die Farbe ansprechend ist. Blumiger Duft (Pfingstrosen und Schlüsselblumen). Ein guter Wein, der zart und in seiner Leichtigkeit ausgewogen ist. (RM)
🍷 Pierre Paillard, 2, rue du XXe Siècle, B.P. 9, 51150 Bouzy, Tel. 26.57.08.04 ⏲ n. V.

PALMER Verzenay ★

| ■ | | k.A. | 2 431 | 🍶↓✓4 |

Sehr helle, kirschrote Farbe. Ein Coteaux Champenois für einen Frühlingstag. Duft von Unterholz und Veilchen. Gute Ausgewogenheit zwischen Alkohol und Säure. Der gleiche Erzeuger stellt auch einen roten Coteaux Champenois her, der die gleiche Note erhalten hat. (CM)
🍷 Palmer, 67, rue Jacquart, 51100 Reims, Tel. 26.07.35.07 ⏲ n. V.

Die drei Dörfer Les Riceys (Haut, Haute-Rive und Bas-Ricey) liegen im äußersten Süden des Departements Aube, nicht weit von Bar-sur-Seine entfernt. Es handelt sich um alte Ortschaften mit Zeugnissen aus dem 12. Jahrhundert ; ihre Kirchen wurden im 13. bis 16. Jahrhundert errichtet. Die Gemarkung Les Riceys kann sich rühmen, drei Appellationen zu besitzen : Champagner, Coteaux Champenois und natürlich Rosé des Riceys. Letzterer ist ein Stillwein von großer Seltenheit und hervorragender Qualität, einer der besten Roséweine Frankreichs. Er ist auch geschichtsträchtiger und sehr angesehener Wein mit typischem Charakter, den schon Ludwig XIV. trank. Nach Versailles gebracht haben sollen ihn die Maurer, die die Fundamente des Schlosses errichteten, die »Canats« , die aus Les Riceys stammten.

Hergestellt wird dieser Roséwein durch eine kurze Maischegärung von hervorragenden Pinot-Noir-Trauben, wobei der natürliche Alkoholgehalt nicht unter 10 ° liegen darf. Die Maischegärung muß genau in dem Augenblick unterbrochen, d. h., der Gärbehälter muß abgestochen werden, wenn der typische »Riceys-Geschmack« zum Vorschein kommt, weil er ansonsten wieder verschwindet. Nur die Roséweine mit diesem eigentümlichen Geschmack kommen in den Genuß der Appellation. Wenn der Rosé des Riceys im Gärbehälter ausgebaut worden ist, trinkt man ihn jung mit 8 bis 9 ° C. Ist er in Holzfässern gereift, kann man ihn drei bis zehn Jahre lang einkellern ; man serviert ihn dann mit 10 bis 12 ° C zum Essen. Als junger Wein trinkt man ihn als Aperitif oder zum Auftakt einer Mahlzeit. Die letzten bemerkenswerten Jahrgänge : 1969, 1975, 1977, 1979 und 1982.

ALEXANDRE BONNET 1988 ★

| ◪ | | 4,75 ha | 7 000 | 🍶✓4 |

Ein Wein, der Kontroversen hervorruft : karminrot, korallenrot, roséfarben, zu rot ? Fruchtigkeit eines Rotweins ? Jung oder entwickelt ? Ein Prüfer schrieb »herrlich« und erkannte ihm eine besondere Empfehlung zu. Der Durchschnitt der Bewertungen besagt : ein Stern. So ist es mit Weinen. (RM)

🍷 SA Bonnet Père et Fils, 138, rue du Gal-de-Gaulle, 10340 Les Riceys, Tel. 25.29.30.93
🍸 n. V.

FRANCOIS DILIGENT ★★

▨   k.A.   2 500   ▮◪ ↓ ☑ 4

Von diesem Rosé des Riceys sind nur 2 500 Flaschen produziert worden. Die relativ kräftige Farbe spielt ins Korallenrote. Duft von roten Früchten, die man im Geschmack wiederfindet (Erdbeeren und Himbeeren). Ein zarter Rosé von großer Länge. (NM)

🍷 SARL Moutard-Diligent, 10110 Buxeuil, Tel. 25.38.50.73 🍸 n. V.

GALLIMARD PERE ET FILS 1988

▨   2 ha   k.A.   ▮↓4

Leicht rosa- bis kupferrote Farbe. Der Duft enthüllt blumige und pflanzliche Noten. Der Geschmack ist etwas leicht, aber angenehm. (RM)

🍷 Champagne Gallimard Père et Fils, 18, rue du Magny, 10340 Les Riceys, Tel. 25.29.39.31
🍸 Mo-Sa 8h-12h 14h-18h

MOREL PERE ET FILS 1990★★

▨   3 ha   10 000   ◪ ↓ ☑ 4

Der Seigneur von Les Ricey, der nur Rosé des Riceys herstellt. Und ihn liebevoll im Holzfaß ausbaut. Ein sehr vollendeter Wein, der komplexeste der Appellation. Ein ins Goldbraune spielendes Rosarot. Wilder Duft und große Länge. Komplexer Geschmack. (RM)

🍷 Pascal Morel, 93, rue du Gal-de-Gaulle, 10340 Les Riceys, Tel. 25.29.10.88 🍸 n. V.

JURA, SAVOIE UND BUGEY

Jura

Dieses Weinbaugebiet, das auf der anderen Seite des Saônetals das Gegenstück zum oberen Teil von Burgund bildet, nimmt die Hänge ein, die von der ersten Hochebene des Juras zum Tiefland hin abfallen. Es bildet einen Streifen, der in Nord-Süd-Richtung das gesamte Departement durchzieht, von Salins-les-Bains bis zur Gegend von Saint-Amour. Diese Hänge liegen viel verstreuter und sind unregelmäßiger als an der Côte-d'Or ; sie weisen alle Lagen auf, aber es sind keineswegs die günstigsten Hanglagen, auf denen in einer Höhe zwischen 250 und 500 m die Reben wachsen. Das Anbaugebiet umfaßt etwa 1400 ha, auf denen durchschnittlich 42 000 hl erzeugt werden.

Der deutlich kontinentale Charakter des Klimas wird durch die generelle Westausrichtung an der Vorderseite und durch die besonderen Eigenschaften des Jura-Reliefs, vor allem das Vorhandensein von Tälern mit steilen Wänden verstärkt. Die Winter sind sehr streng ; die Sommer sind sehr unregelmäßig, besitzen aber oft viele warme Tage. Die Lese zieht sich ziemlich lange hin und dauert wegen der Unterschiede, die hinsichtlich der Reife zwischen den Rebsorten bestehen, manchmal bis November. Zumeist stammen die Böden aus der Trias- und der Liasformation, insbesondere im nördlichen Teil ; im Süden des Departements bestehen sie in erster Linie aus darüber liegendem Kalk. Die Rebsorten haben sich diesen lehmigen Böden perfekt angepaßt, so daß sie Weine von bemerkenswerter, sehr spezifischer Qualität hervorbringen können. Sie brauchen jedoch eine ziemlich hohe Erziehungsart, damit die Trauben von der Bodenfeuchtigkeit ferngehalten werden, die sich im Herbst manchmal negativ auswirkt. Verwendet wird dabei der Bogenschnitt mit langen, gekrümmten Hölzern, wie man ihn auch auf den ähnlichen Böden des Mâconnais findet. Der Weinbau besitzt hier eine sehr alte Tradition ; wenn man den Schriften von Plinius glauben darf, wurden hier bereits vor 1900 Jahren Rebstöcke angepflanzt. Fest steht außerdem, daß das Anbaugebiet des Jura, dessen Weine besonders Heinrich IV. schätzte, schon im Mittelalter sehr beliebt war.

Die alte, stille Stadt Arbois ist der reizvolle Hauptort dieses Anbaugebiets. In Arbois bewahrt man die Erinnerung an Pasteur, der hier seine Jugend verbrachte und auch später noch oft zurückkehrte. Mit Hilfe des zum väterlichen Haus gehörenden Weinbergs führte er seine Untersuchungen zur Gärung durch, die für die önologische Wissenschaft von großer Bedeutung wurden ; sie sollten u. a. zur Entdeckung der »Pasteurisierung« führen.

Einheimische Rebsorten wachsen hier neben anderen Reben, die aus Burgund stammen. Der Poulsard (oder Ploussard) ist eine von ihnen ; er wächst auf den ersten Stufen des Jura. Anscheinend wurde er nur im Revermont angebaut, einem geographisch einheitlichen Gebiet, das auch das Anbaugebiet Bugey einschließt, wo diese Rebsorte den Namen »Mècle« trägt. Es handelt sich dabei um eine Traubensorte mit schönen, großen Beeren, die eine längliche Form haben und zart duften ; ihre Schale ist dünn und enthält wenig Farbstoffe und Tannine. Sie ist die typische Rebsorte für Roséweine, die hier zumeist wie Rotweine hergestellt werden. Die Trousseaurebe, eine andere einheimische Rebsorte, ist dagegen reich an Farbstoffen und Gerbsäure und bringt die klassischen Rotweine hervor, die für die Jura-Appellationen sehr charakteristisch sind. Die Rebsorte Pinot Noir, die aus Burgund stammt, wird bei der Herstellung von Rotweinen oft in kleinen Mengen mit dem Trousseau kombiniert. Außerdem spielt sie in Zukunft eine gewichtige Rolle bei der Herstellung von Weißweinen aus dunklen Trauben, die mit Weißweinen aus hellen Trauben verschnitten werden, um erstklassige Schaumweine zu erzeugen. Die Chardonnayrebe gedeiht hier ähnlich wie in Burgund perfekt auf lehmigen Böden ; sie verleiht den Weißweinen ihr unvergleichliches Bukett. Die Savagninrebe, eine einheimische weiße Traubensorte, die auf den undankbareren Mergelböden angebaut wird, liefert einen Wein, der nach fünf bis sechs Jahren eines speziellen Ausbaus in nicht ganz vollen Holzfässern zu dem großartigen »gelben Wein« , einem ganz besonderen sherryähnlichen Wein, heranreift.

Diese Region scheint besonders geeignet zu sein für die Produktion eines ausgezeichneten Schaumweins, der – wie schon gesagt – aus einer Kombination von Blanc-de-Noirs-Weinen (Pinot Noir) und Blanc-de-Blancs-Weinen (Chardonnay) hervorgeht. Diese Schaumweine besitzen eine hohe Qualität, seitdem die Winzer begriffen haben, daß man sie aus Trauben mit einem bestimmten Reifezustand hestellen muß, der die notwendige Frische garantiert.

Die Weiß- und die Rotweine sind in einem klassischen Stil gehalten, aber man versucht – anscheinend wegen der Attraktivität des »gelben Weins« – ihnen einen sehr stark entwickelten, fast oxidierten Charakter zu geben. Vor einem halben Jahrhundert gab es sogar Rotweine, die über hundert Jahre alt waren, aber heute ist man wieder zu einer normaleren Entwicklung zurückgekehrt.

Der Roséwein ist hier eigentlich ein Rotwein, der wenig farbintensiv und tanninarm ist und oft mehr den Rotweinen als den Roséweinen anderer Anbaugebiete ähnelt. Deshalb kann er auch eine bestimmte Zeitlang altern. Er paßt sehr gut zu eher leichten Gerichten, während die echten Rotweine – besonders wenn sie von der Trousseaurebe stammen – vorzugsweise zu kräftigen Gerichten schmecken. Die Weißweine trinkt man zu den üblichen Gerichten, hellem Fleisch und Fisch ; alte Weißweine eignen sich gut zu Comtékäse. Der gelbe Wein paßt hervorragend zu einem Comté, aber auch zu Roquefort und zu einigen Gerichten, für die man nur schwer den richtigen Wein findet, wie etwa zu Ente mit Orangen oder zu Gerichten mit Sauce américaine.

Was gibt es Neues aus dem Jura ?

Das Weinbaugebiet Jura, das 1991 von überaus verheerenden Frühjahrsfrösten heimgesucht wurde, hat allen Grund, betrübt zu sein... Es erlebte einen harten Schicksalsschlag : Die Gesamterträge sanken von 84 000 hl im Jahre 1990 auf nur noch 16 200 hl. Bei einigen Appellationen wird der 91er ein seltener Jahrgang sein. Weniger als 600 hl beim Etoile gegenüber 3 500 hl im Vorjahr. Bei den Côtes du Jura verringerte sich die Produktionsmenge von 36 000 auf 6 300 hl, beim Arbois von 45 000 auf 8 900 hl. Kurz gesagt : 15% einer durchschnittlichen Ernte.
Wie sieht es mit der Qualität aus ? Nicht gerade weltbewegend. Die Hälfte der Trauben hat man zu Schaumweinen verarbeitet, weil die Nachfrage danach groß ist. Das Weinbaugebiet Jura bemüht sich übrigens um die Appellation Crémant du Jura, während man gleichzeitig den Erlaß eines Dekrets fordert, der die Herstellung der AOC-Weine Vin de Paille d'Arbois, Côtes du Jura und Etoile regelt.
Am 4. und 5. Juli 1992 fand im Jura ein großes Fest statt ; Anlaß dafür war die Einführung der 400. französischen AOC, des berühmten Macvin. Dieser Likörwein, den

man herstellt, indem man die alkoholische Gärung im Most mit dem Tresterbranntwein Marc du Jura unterbricht, darf jedoch nach den Bestimmungen der INAO in Zukunft nicht mehr mit Gewürzen (Basilikum, Bitterorange, Koriander, Nelken etc.) angereichert werden.

Arbois

Die bekannteste Appellation des Jura gilt für alle Weine, die in den 13 Gemarkungen der Region Arbois (ca. 700 ha) erzeugt werden. Die Produktion liegt durchschnittlich bei 25 000 hl. Von Bedeutung ist in dieser Zone der Triasmergel ; die aus der Poulsardrebe erzeugten Roséweine, die von diesem Boden stammen, besitzen eine ganz besondere Qualität.

FRUITIERE VINICOLE D' ARBOIS
Poulsard 1990*

■	80 ha	180 000	❙❙❘ ↓ ☑ 2

Rot wie eine Pfingstrose, aber keineswegs schüchtern. Sobald man sein Vertrauen gewonnen hat, bietet er sich dar und entfaltet ein Aroma, das an rote Beeren, vor allem Johannisbeeren, erinnert.

☞ Fruitière Vinicole d' Arbois, 2, rue des Fossés, 39600 Arbois, Tel. 84.66.11.67 ☎ n. V.

FRUITIERE VINICOLE D' ARBOIS
Vin jaune 1985**

☐	30 ha	30 000	❙❙❘ ↓ ☑ 5

|81| 82 83 |85|

Wunder des Weins : Das »Gelbe« ist hier auch eine Farbe. Aber in erster Linie ist es ein Geschmackseindruck, ein einzigartiger, köstlicher Geschmack. Wenn er im Duft auch etwas neutral, aber durchaus fein ist, so zeigt er sich im Gaumen recht typisch für einen guten gelben Wein : gerade genug Säure und ein ausgeprägter Geschmack nach unreifen Nüssen. Die leicht bittere Note im Abgang dürfte noch verschwinden, so daß wir bald einen Wein haben, der die besten Gerichte verdient.

☞ Fruitière Vinicole d' Arbois, 2, rue des Fossés, 39600 Arbois, Tel. 84.66.11.67 ☎ n. V.

FRUITIERE VINICOLE D' ARBOIS
1990*

◔	20 ha	40 000	❚ ↓ ☑ 2

Unter einem ziegelroten Gewand entfaltet sich ein leichter Schaum. Dieser schöne Roséwein hat den Vorteil, daß er genug Persönlichkeit besitzt, ohne übertrieben auffällig zu sein. Seine Diskretion wirkt verführerisch.

☞ Fruitière Vinicole d' Arbois, 2, rue des Fossés, 39600 Arbois, Tel. 84.66.11.67 ☎ n. V.

FRUITIERE VINICOLE D' ARBOIS
Trousseau 1990*

■	25 ha	40 000	❙❙❘ ↓ ☑ 3

87 |89| 90

Granatrot und fruchtig : Er besitzt einen großzügigen Charakter. Paßt perfekt zu gebratenem Rindfleisch.

☞ Fruitière Vinicole d' Arbois, 2, rue des Fossés, 39600 Arbois, Tel. 84.66.11.67 ☎ n. V.

FRUITIERE VINICOLE D' ARBOIS
Chardonnay 1990*

☐	100 ha	200 000	❚ ↓ ☑ 2

|88| 89 |90|

Eine »Fruitière« ist im Jura eine landwirtschaftliche Genossenschaft. Man produziert dort Comtékäse – oder Arboiswein. Diese 1906 von 24 Winzern gegründete Genossenschaft hat heute 140 Mitglieder. Sie darf sich außerdem rühmen, die zweitälteste Winzergenossenschaft von Frankreich zu sein. Ein Wein ohne Überraschungen, aber von großer Eleganz. Er ist stärker durch die Rebsorte als durch das Anbaugebiet geprägt und besitzt ein sehr blumiges Aroma. Ohne jegliche Aggressivität, ein Wein, der perfekt

		Côtes du Jura
	1	Arbois
	2	Château-Châlon
	3	l'Etoile

geeignet zu sein scheint, um unser bisweilen so stürmisches Leben zu besänftigen.

➤ Fruitière Vinicole d' Arbois, 2, rue des Fossés, 39600 Arbois, Tel. 84.66.11.67 ☎ n. V.

CAVEAU DE BACCHUS
Cuvée des géologues, Trousseau 1990★★

■	0,6 ha	3 200	◖ ☑ ②

85 86 87 ⑧⑧ |89| 90

Die einfallsreiche Kellerei »Bacchus« hat eine Cuvée den Geologen gewidmet. Das ist nicht erstaunlich : Geologie, Weinbau und ¨Onologie sind eng miteinander verbunden. Diese Cuvée, die von alten Rebstöcken stammt, ist die Frucht eines spannenden Abenteuers, nämlich der Entdeckung dieses Anbaugebiets. Eine etwas wilde Persönlichkeit und ein beachtlicher, aber ausgewogener Körper. Man kann schon jetzt daran denken, die Treibjagd auf das dazu passende Wildschwein zu eröffnen. !

➤ Lucien Aviet, 39600 Montigny-lès-Arsures, Tel. 84.66.11.02 ☎ n. V.

CAVEAU DE BACCHUS
Vin jaune, Cuvée de la Confrérie 1983★★

□	k.A.	800	◖ ☑ ⑥

|82| |83|

Ein intensiver Nußgeschmack weckt unsere Geschmacksnerven. Dieser überaus stattliche Wein gewinnt jedes Jahr etwas mehr Charakter durch die Alterung. Der urwüchsige Bacchus erstaunt uns immer wieder !

➤ Lucien Aviet, 39600 Montigny-lès-Arsures, Tel. 84.66.11.02 ☎ n. V.

DANIEL DUGOIS Chardonnay 1990

□	1 ha	4 500	◖ ☑ ②

85 86 87 |88| |89| 90

1974 erwarb Daniel Dugois, ein junger Winzer, 2,5 ha. Heute bewirtschaftet er die doppelte Rebfläche, zur Hälfte rote und zur anderen Hälfte weiße Trauben. Anders, als ihr Name andeutet, stammt die Rebsorte Arbois nicht aus dem Anbaugebiet Arbois. Hier hat der Chardonnayrebe einen alkoholreichen Wein hervorgebracht, der jedoch durch eine eindrucksvolle Struktur unterstützt wird.

➤ Daniel Dugois, rue de la Mirode, 39600 Les Arsures, Tel. 84.66.03.41 ☎ n. V.

DANIEL DUGOIS Trousseau 1990

■	1,3 ha	6 000	◖ ☑ ②

85 86 87 |88| |89| 90

»Potzblitz !« scheint Heinrich IV. auf dem Etikett zu rufen. Dieser Teufel von einem König belagerte Arbois, nahm es innerhalb von drei Tagen ein, gab die Stadt zur Plünderung frei, beschlagnahmte den Wein und lud sich bei den Notabeln des Anbaugebiets zum Essen ein. Ein Wein mit einem sehr reichen Beerenaroma, der von vollreifen Trauben herrühren dürfte. Zum Zeitpunkt der Degustation befand er sich noch im Faß, aber nach Beendigung des Ausbaus müßte er sehr angenehm schmecken.

➤ Daniel Dugois, rue de la Mirode, 39600 Les Arsures, Tel. 84.66.03.41 ☎ n. V.

DANIEL DUGOIS Ploussard 1990

◪	0,5 ha	2 000	◖ ☑ ②

Heinrich IV. bewies Autorität, aber es fehlte ihm an Sanftmut. Dazu passend, mangelt es diesem Rotwein mit der dunklen Farbe etwas an Rundheit. Der erste Geschmackseindruck ist nicht schlecht, aber die nachfolgende Adstringens ruft einen leicht austrocknenden Abgang hervor. Muß noch lagern.

➤ Daniel Dugois, rue de la Mirode, 39600 Les Arsures, Tel. 84.66.03.41 ☎ n. V.

DOM. FORET
Méthode traditionnelle 1989★★

○	2 ha	6 000	■↓ ②

Dieses Anbaugebiet hat sich in den letzten 30 Jahren stark vergrößert. Von 4 ha hat es sich auf 13 ha ausgedehnt, was durchaus nicht zu bedauern ist. Blaßgoldene Farbe, feines, nachhaltiges Perlen und ein eleganter Geschmack. Ein sehr schöner Wein.

➤ Dom. Foret, 34, rue de Verreux, 39600 Arbois, Tel. 84.66.11.37 ☎ n. V.

DOM. FORET Chardonnay 1990★

□	3 ha	8 000	■↓☑ ②

88 |89| 90

Dieser leicht trübe Wein befand sich am Tage der Verkostung noch im Faß. Der Duft ist intensiv und komplex. Eine kräftige Säure verleiht ihm eine gewisse Härte, die in diesem Entwicklungsstadium normal ist. Vielversprechende Zukunftsaussichten.

➤ Dom. Foret, 34, rue de Verreux, 39600 Arbois, Tel. 84.66.11.37 ☎ n. V.

DOM. FORET Trousseau 1990★

■	3 ha	8 000	◖↓☑ ②

Granatrote Farbe, kräftiges Bukett, robust im Geschmack. Hier ist alles vereint, was es zu einem großen Wein braucht, der lange altern kann.

➤ Dom. Foret, 34, rue de Verreux, 39600 Arbois, Tel. 84.66.11.37 ☎ n. V.

DOM. FORET Poulsard 1990★★

◪	3 ha	2 000	■↓☑ ②

Der Urgroßvater hat für Jacques Foret hat beim Wettbewerb in Paris 1936 mit einem Arbois-Rosé eine Goldmedaille erhalten. Veilchen, Himbeeren, Erdbeeren und rote Johannisbeeren vereinen sich hier zu einem einschmeichelnden Bukett. Die Jury war seinem Charme sofort erlegen.

➤ Dom. Foret, 34, rue de Verreux, 39600 Arbois, Tel. 84.66.11.37 ☎ n. V.

DOM. FORET Vin jaune 1985

□	1,5 ha	1000	◖↓☑ ⑥

Er besitzt die Farbe eines Goldstücks, das sich mit einer Patina überzieht, und ein interessantes Aroma von reifen Früchten. Obwohl er ziemlich alkoholreich ist, schmeckt er angenehm.

➤ Dom. Foret, 34, rue de Verreux, 39600 Arbois, Tel. 84.66.11.37 ☎ n. V.

MICHEL GAHIER Trousseau 1990★

■	1,5 ha	k.A.	◖ ☑ ②

Rund und kräftig gebaut. Ein Wein von wilder

Frische : Minze, schwarze Johannisbeeren und Pfeffer. Dürfte sich gut entwickeln.
🐦 Michel Gahier, rue de la Mairie, 39600 Montigny-lès-Arsures, Tel. 84.66.17.63 ☖ n. V.

DOM. DE GRANGE GRILLARD
Chardonnay 1990 ★

□		32 ha	185 000	🛢 🍶 ↓ ✔ 🅢

78 79 81 **82 83** 84 **85** |86| **87** |88| |**89**| |90|

Grange Grillard erzeugt die angesehensten Arboisweine. Das Gut besitzt einen herrlichen Kapitelsaal aus dem 16. Jh. Man kann ihn besichtigen, wenn die Rebstöcke ihr Herbstkleid anlegen. Bei diesem Wein könnte man fast glauben, daß Arbois in der Nähe der Tropen liegt ! Vanille, exotische Früchte und Zitrusfrüchte begleiten uns auf dieser schönen aromatischen Reise. Der erste Geschmackseindruck wird von Milde und Fülle beherrscht. Eine sehr schöne Länge bestätigt die Qualität dieses Weins.
🐦 Henri Maire, Ch. Montfort, 39600 Arbois, Tel. 84.66.12.34 ☖ tägl. 9h-18h

DOM. DE LA PINTE Poulsard 1990 ★★

■		7 ha	7 000	🍶 ↓ ✔ 🅱

Roger Martin hat dieses Gut 1956 geschaffen. Die granatrote Farbe überrascht zunächst, aber der Geschmackseindruck, der für die Appellation typischer ist, beruhigt. Ein kräftiger Wein, der zu der imposanten Kellerei paßt, die ihn hervorgebracht hat. Dies hindert ihn jedoch nicht an hübschen Verzierungen.
🐦 Dom. de La Pinte, 39600 Arbois, Tel. 84.66.06.47 ☖ n. V.
🐦 Martin

DOM. DE LA RENADIERE
Ploussard 1990

■		0,5 ha	2 500	🛢 🍶 ✔ 🅱

Jean-Michel entstammt einer Winzerfamilie, aber im Gegensatz zu seinen Eltern wollte er sich nicht der Winzergenossenschaft anschließen und wählte statt dessen die Unabhängigkeit. Dieser 90er Ploussard ist sein erster Jahrgang. Sehr dunkel, was selten für einen Ploussard ist. Er entfaltet eine eindrucksvolle Struktur. Er ist zwar noch sehr tanninreich, aber das ist nicht weiter schlimm. Dieser junge Winzer hat Talent.
🐦 Jean-Michel Petit, rue du Chardonnay, 39600 Pupillin, Tel. 84.66.25.10 ☖ n. V.

LIGIER PERE ET FILS
Chardonnay 1990 ★

□		1,5 ha	6 000	🍶 ✔ 🅱

89 90

Im September findet im Arbois das Fest des Biou statt ; dabei wird Saint Léger eine riesige Traube dargebracht, die aus frischen roten und weißen Weintrauben sowie farbenfrohen Blumen besteht. Marie-France und Jean-Pierre Ligier vernachlässigen diese Winzertradition nicht. Seit 1991 ist ihr Sohn Hervé hinzugekommen. Der Duft erinnert an grüne Äpfel. Der Wein muß noch altern, damit sich der Holzton mit dem übrigen Geschmack vollständig verbindet, aber ansonsten ist dieser Wein recht gut.
🐦 Ligier Père et Fils, 7, rte de Poligny, 39380 Mont-sous-Vaudrey, Tel. 84.71.74.75 ☖ n. V.

LIGIER PERE ET FILS Poulsard 1990

◪		1 ha	5 000	🛢 ✔ 🅾

Die Familie Ligier präsentiert uns nicht die gewohnte Formel des Arbois, sondern ein hübsches Produkt in drei Ausgaben, das recht ausgewogen ist und uns mit seinem Aroma zu einem kleinen Spaziergang auf dem Land einlädt : wilde Minze, Walderdbeeren und Himbeeren.
🐦 Ligier Père et Fils, 7, rte de Poligny, 39380 Mont-sous-Vaudrey, Tel. 84.71.74.75 ☖ n. V.

FREDERIC LORNET Ploussard 1990 ★

◪		1,2 ha	5 000	🍶 ✔ 🅾

Die Familie von Frédéric Lornet war im Küferhandwerk tätig, bevor sie mit dem Weinbau begann. Dieser Winzer baut seine Weine weiterhin in Holzfässern aus und erzielt damit gute Resultate. Im Abgang spürt man noch eine leichte Astringens. Dennoch ein sehr gutes Kirscharoma.
🐦 Frédéric Lornet, 39600 Montigny-lès-Arsures, Tel. 84.37.44.95 ☖ n. V.

MONTBOISIE Chardonnay 1990 ★

○		k.A.	40 000	🛢 ↓ ✔ 🅳

Die Winzergenossenschaft von Arbois versteht ihr Handwerk und bietet uns hier einen Wein, der elegant, sauber und ausgewogen ist. Ein Schaumwein, auf dessen Qualität man sich verlassen kann.
🐦 Fruitière Vinicole d' Arbois, 2, rue des Fossés, 39600 Arbois, Tel. 84.66.11.67 ☖ n. V.

DOM. DE MONTFORT 1990 ★

■		k.A.	45 000	🍶 ↓ 🅢

|88| |**89**| |90|

Henri Maire erwies sich als ein Geschenk Gottes für das Weinbaugebiet des Jura ; er besitzt Liebe zum Wein und Talent für Geschäfte. Unermüdlich hat er es sich seit 1947 in den Kopf gesetzt, Spitzenweine zu erzeugen. Ein etwas kräftigerer Geschmack hätte diesen Wein zu einem ganz großen Tropfen gemacht, denn hinsichtlich des Aromas ist er großartig : Ganz leicht würzig, präsentiert er hintereinander alle roten Beeren, bevor er auf einer einschmeichelnden, zarten Weichselnote endet.
🐦 Henri Maire, Ch. Montfort, 39600 Arbois, Tel. 84.66.12.34 ☖ tägl. 9h-18h

OVERNOY-CRINQUAND
Pupillin 1990 ★

□		0,7 ha	k.A.	🍶 ↓ ✔ 🅾

Der Schriftsteller Pierre Gascar hat in dieser Kellerei Inspiration gesucht, als er sein Buch über Pasteur vorbereitete. Ein sehr natürlicher Arbois-Pupillin, der den Rebstöcken von Daniel Overnoy-Crinquand entspricht : kein Einsatz von Pflanzenschutzmitteln und Lese mit der Hand. Kräftiges, komplexes Bukett, das aber noch ziemlich verschlossen ist. Zu dem fruchtig-frischen Duft kommt ein leichtes Bratenaroma hinzu, das vom Holzfaß herrührt.
🐦 Daniel Overnoy-Crinquand, 39600 Pupillin, Tel. 84.66.01.45 ☖ n. V.

DESIRE PETIT ET FILS
Pupillin Vin de paille 1989

| □ | k.A. | 2 000 | ◗ ☑ 4 |

Paul Emile Victor kennt dieses Kellerei, die erneut ihren 89er »Strohwein« vorstellt. Er überrascht durch seine Jugendlichkeit. Das blumige Bukett muß sich noch entwickeln. Ein wohlausgewogener, in kleiner Menge produzierter Wein, bei dem man etwas Geduld aufbringen muß, bis man alle seine Qualitäten erfahren kann.

➡ GAEC Désiré Petit et Fils, 39600 Pupillin, Tel. 84.66.01.20 ☎ n. V.
➡ Gérard et Marcel Petit

DESIRE PETIT ET FILS
Pupillin Pinot 1990*

| ■ | 3 ha | 15 000 | ◗ ↓ ☑ 2 |

Die 90er Rotweine besitzen allgemein eine schöne Farbe. Dieser hier ist keine Ausnahme. Die aus Burgund stammende Pinot-Noir-Rebe liefert hier einen kräftig gebauten Wein, der schöne Tannine besitzt und eher mineralische als pflanzliche aromatische Noten verströmt.

➡ GAEC Désiré Petit et Fils, 39600 Pupillin, Tel. 84.66.01.20 ☎ n. V.
➡ Gérard et Marcel Petit

DESIRE PETIT ET FILS
Pupillin Ploussard 1990***

| ◪ | 3,5 ha | 20 000 | ▮ ◗ ↓ ☑ 2 |

Am 25. August 1991 empfing Pupillin 9 000 Personen, um den Ploussard zu feiern. Wenn Sie keine Gelegenheit hatten, an dieser Zeremonie teilzunehmen, so können Sie sich nun bei den Petits einen würdigen Vertreter dieser Rebsorte sichern. Ein vornehmer Wein, der seinen Geschmack aus Gewürzen, Lakritze und roten Früchten gewinnt und eine verführerische Fülle entfaltet.

➡ GAEC Désiré Petit et Fils, 39600 Pupillin, Tel. 84.66.01.20 ☎ n. V.
➡ Gérard et Marcel Petit

JACQUES PUFFENEY Trousseau 1990**

| ■ | k.A. | k.A. | ◗ 3 |
| 83 ⑧⑤ 86 87 **88** |89| 90 | | |

Jacques Puffeney bestellt seinen Weinberg seit 30 Jahren und versteht etwas von seinem Handwerk. Eine schöne rote Farbe mit ins Violette spielenden Nuancen. Seine Nase ist so lang, daß Cyrano de Bergerac neidisch werden könnte. Er ist erstaunlich komplex : fruchtige, animalische und pflanzliche Noten zugleich. Ein reicher, sauberer und ausgewogener Wein, der zudem alle geschmacklichen Vorzüge in sich vereint. Dank seiner guten Herstellungstechnik repräsentiert er perfekt die Appellation und den Jahrgang.

➡ Jacques Puffeney, Saint-Laurent, 39600 Montigny-lès-Arsures, Tel. 84.66.10.89 ☎ n. V.

JACQUES PUFFENEY Poulsard 1990*

| ■ | 2 ha | 8 000 | ◗ ☑ 2 |

Der 90er Chardonnay von Jacques Puffeney ist noch herb, hat aber eine vielversprechende Zukunft und könnte hier schon aufgeführt werden. Der feine, komplexe Poulsard bietet eine hübsche Palette von Trockenobst (z. B. Aprikosen und Äpfel). Der Geschmackseindruck ist angenehm nachhaltig. Er besitzt nicht ganz die gewünschte Stärke, dürfte sich aber gut entwickeln. Finesse und Eleganz sprechen für ihn.

➡ Jacques Puffeney, Saint-Laurent, 39600 Montigny-lès-Arsures, Tel. 84.66.10.89 ☎ n. V.

FRUITIERE VINICOLE A PUPILLIN
Pupillin, Chardonnay 1990

| □ | 20 ha | 50 000 | ▮ ☑ 2 |

Die Fruitière von Pupillin ist kleiner als ihre Schwestergenossenschaft in Arbois ; sie verarbeitet die Trauben von etwa 50 ha. Dieser gefällige, ausgewogene Wein ist typischer für die Rebsorte als für die Appellation. Paßt perfekt zu Forelle blau.

➡ Fruitière Vinicole à Pupillin, rue du Ploussard, 39600 Pupillin, Tel. 84.66.12.88 ☎ tägl. 9h-12h 14h-18h30 außer So im Jan.

FRUITIERE VINICOLE A PUPILLIN
Pupillin, Ploussard 1990**

| ■ | 12 ha | 60 000 | ◗ ☑ 2 |

Ein Wein, der das hohe Ansehen von Pupillin, dem Hauptort der Ploussardrebe, beweist. Rubinrote Farbe, fruchtiger Duft und runder, delikater Geschmack. Man weiß nicht, ob es sich um einen Rotwein oder um einen Rosé handelt, weil das Charakteristische fehlt. Ein bemerkenswerter Tropfen.

➡ Fruitière Vinicole à Pupillin, rue du Ploussard, 39600 Pupillin, Tel. 84.66.12.88 ☎ tägl. 9h-12h 14h-18h30 außer So im Jan.

FRUITIERE VINICOLE DE PUPILLIN Pupillin 1990*

| ■ | 6 ha | 15 000 | ◗ ☑ 2 |

Diese Kombination aus Pinot Noir und Trousseau besitzt eine sehr intensive rote Farbe mit in Violette gehenden Reflexen und duftet nachhaltig nach Weichseln und Pflaumen. Der Wein ist in großen Fässern ausgebaut worden, so daß sich seine Tannine schon gut aufgelöst haben.

➡ Fruitière Vinicole à Pupillin, rue du Ploussard, 39600 Pupillin, Tel. 84.66.12.88 ☎ tägl. 9h-12h 14h-18h30 außer So im Jan..

ROLET PERE ET FILS Trousseau 1990*

| ■ | 3 ha | 13 000 | ◗ ↓ ☑ 3 |
| |86| |⑧⑧| |89| |90| | | |

Eines der großen Weingüter des Jura : 56 ha. Pierre Rolet war Vorsitzender des Fachverbandes für die Juraweine. 1991 haben wir seinen 88er besonders empfohlen. Dieser saubere, runde Wein wird stark durch schwarze Johannisbeeren geprägt. Der allgemeine Eindruck ist sehr gut, obwohl es ihm etwas an Gerbsäure mangelt, was ihm andererseits eine große Weichheit verleiht.

➡ Rolet Père et Fils, 39600 Montigny-lès-Arsures, Tel. 84.66.00.05 ☎ n. V.

ROLET PERE ET FILS Vin jaune 1985*

| □ | 10 ha | 10 000 | ◗ ☑ 6 |
| 71 **72 73** 76 |78| |79| 81 |82| ⑧③ 85 | | |

Man hätte gerne wieder einen solchen Wein wie den 83er gehabt, den wir im letzten Jahr besonders empfohlen haben. Aber das ist nicht so leicht : Die Önologie ist keine exakte Wissenschaft, so daß auch die Natur mitredet ! Der 85er ist zwar nicht außergewöhnlich, aber recht gelungen. Sein ausdrucksvoller Honiggeschmack zeigt eine gute Länge.

🍷 Rolet Père et Fils, 39600 Montigny-lès-Arsures, Tel. 84.66.00.05 ⏱ n. V.

ROLET PERE ET FILS
Poulsard, Vieilles vignes 1990★

■		4 ha	10 000	🍶 ↓ ☑ 2

86 88 90

Wenn Sie am Rathaus von Arbois vorbeikommen, sollten Sie nicht versäumen, diesen Degustationskeller zu besuchen : Er befindet sich direkt gegenüber. Ein Wein, der vollkommen charakteristisch ist für die Poulsardrebe, die typische Rebsorte des Jura. Kirschrote Farbe, noch etwas verschlossener Duft. Im Geschmack zeigt er bereits eine gute Präsenz.

🍷 Rolet Père et Fils, 39600 Montigny-lès-Arsures, Tel. 84.66.00.05 ⏱ n. V.

ROLET PERE ET FILS Rolet brut★

◗		2 ha	15 000	🍶 ↓ ☑ 2

70% Trousseau und 30% Chardonnay für diesen eleganten Rosé mit dem Himbeeraroma. Er wartet darauf, daß wir mit ihm ein Fest feiern.

🍷 Rolet Père et Fils, 39600 Montigny-lès-Arsures, Tel. 84.66.00.05 ⏱ n. V.

ABBAYE DE SAINT-LAURENT
Trousseau 1990★

		1 ha	6 000	🍶 ☑ 2

|89| 90

Montigny-lès-Arsures ist eine Zuflucht für berühmte Winzer. In den stillen Kellern dieser imposanten Jurahäuser reifen die bedeutendsten Juraweine. Was für ein Charakter ! Dieser überaus saubere 90er vereint in sich ein reizvolles Aroma : ganz leichter Tiergeruch, aber auch ein würziger Duft. Der erste Geschmackseindruck bringt die ausgezeichneten Tannine zur Geltung. Im Gaumen entfaltet sich ein intensives Aroma, das an schwarze Johannisbeeren und Weichseln erinnert.

🍷 Jean-Marie Dole, 39600 Montigny-lès-Arsures, Tel. 84.66.22.99 ⏱ n. V.

ABBAYE DE SAINT-LAURENT
Poulsard 1990★

■		0,3 ha	2 400	🍶 ☑ 2

Es gibt nur 2 400 Flaschen von diesem nicht ganz roten Rotwein, dessen etwas wilder Duft an Gewürze, rote Beeren und Unterholz erinnert. Der Geschmackseindruck ist lebhaft, aber sauber. Sein Gerüst verleiht ihm eine ausgeprägte Alterungsfähigkeit.

🍷 Jean-Marie Dole, 39600 Montigny-lès-Arsures, Tel. 84.66.22.99 ⏱ n. V.

DOM. DU SORBIEF
Pupillin, Corail 1990★

◪		12 ha	55 000	🍶 ↓ ☑ 3

Dieser leichte Roséwein, der zu 90% aus Poulsard besteht und auf 12 ha in Arbois und Pupillin erzeugt wird. Man möchte in ihn wie in einen hübschen, vollreifen Apfel beißen. Dabei fühlt man sich an das Land der aufgehenden Sonne erinnert.

🍷 Henri Maire, Ch. Montfort, 39600 Arbois, Tel. 84.66.12.34 ⏱ tägl. 9h-18h

ANDRE ET MIREILLE TISSOT
Poulsard 1990★

◪		4 ha	20 000	▮↓☑ 2

Die erste historische AOC von Frankreich beweist auch weiterhin ihren guten Ruf mit diesem erstklassigen Wein, der perfekt das Anbaugebiet widerspiegelt. Sein erster Trumpf ist seine Komplexität. Er ist nicht gerade geizig : blumig, fruchtig und würzig.

🍷 André et Mireille Tissot, 39600 Montigny-lès-Arsures, Tel. 84.66.08.27 ⏱ n. V.

ANDRE ET MIREILLE TISSOT
Vin jaune 1985★★★

□		3 ha	9 000	🍶 ☑ 6

|75| |76| |78| |79| **81** 82 83 **85**

Aller guten Dinge sind drei ! Nachdem wir bereits ihren gelben 79er und ihren roten 87er Arbois besonders empfohlen haben, haben André und Mireille Tissot mit dem 85er ein drittes Mal Erfolg. Alain Rosier, der 1986 zum besten Weinkellner der Welt gewählt wurde, hat gute Gründe, jedes Jahr hierher zu kommen und die neuen Cuvées dieses 1962 entstandenen Guts zu probieren. Ein eindrucksvoller gelber Wein, der zarte Empfindungen und allgemeine Eigenschaften in sich vereint. Das Bukett erinnert an Weizen und Honig, der Geschmack an Nüsse und Vanille. Er ist bereits sehr angenehm, dürfte sich aber in den nächsten sieben Jahren noch prächtig entwickeln.

🍷 André et Mireille Tissot, 39600 Montigny-lès-Arsures, Tel. 84.66.08.27 ⏱ n. V.

ANDRE ET MIREILLE TISSOT
Vin de paille 1989★★★

□		1 ha	4 000	🍶 ☑ 4

Die Regel besagt, daß nicht zwei Weine von ein und demselben Erzeuger besonders empfohlen werden dürfen. Aber was soll man tun, wenn zwei verschiedene Jurys, eine für Strohweine und die zweite für gelbe Weine diese besonderen

Empfehlungen mit der größten Begeisterung bei einer Blindprobe vergeben ? Dieses gewissenhafte Winzerpaar hat dem Weinbaugebiet des Jura seine Quintessenz abgewonnen : einen außergewöhnlichen Strohwein, der samtig, cremig und sehr blumig ist. Die Pracht nimmt kein Ende mehr.

🕿 André et Mireille Tissot, 39600 Montigny-lès-Arsures, Tel. 84.66.08.27 ⏱ n. V.

ANDRE ET MIREILLE TISSOT
Trousseau 1990★★

■ 5 ha 25 000 ▮⑪↓Ⅳ②

Er besitzt die Farbe des Adonisröschens, dieses Hahnenfußgewächses, das gegen Ende des Sommers blüht. Er ist viel ansprechender als der 88er, weil er alle positiven Eigenschaften seines Jahrgangs bewahrt hat. Reichtum, zarte Tannine und eine gute geschmackliche Nachhaltigkeit machen ihn zu einem typischen Wein, der sich gut entwickeln wird.

🕿 André et Mireille Tissot, 39600 Montigny-lès-Arsures, Tel. 84.66.08.27 ⏱ n. V.

ANDRE ET MIREILLE TISSOT
Sélection 1990★

☐ 4 ha 22 000 ⑪↓Ⅳ②

Diese Cuvée ist zu 75% aus Chardonnay und zu 25% aus Savagnin zusammengestellt. Hübsche orangerote Reflexe schmücken ein strahlend goldgelbes Kleid. Der intensive, feine Duft ist ganz typisch »Jura« . Im Geschmack verbindet sich viel Stoff mit einer großen aromatischen Finesse. Ein leicht zugänglicher Wein, der aber viele Reize besitzt.

🕿 André et Mireille Tissot, 39600 Montigny-lès-Arsures, Tel. 84.66.08.27 ⏱ n. V.

DOM. JACQUES TISSOT
Chardonnay 1990★★

☐ 4 ha 20 000 ▮⑪↓Ⅳ②
|89| 90

Die Ereignisse bei Jacques Tissot überschlagen sich. Sein Sohn Philippe hat sich bei ihm niedergelassen ; gemeinsam bauen sie gegenüber dem Weinberg von Pasteur einen 2 400 m² großen Lagerkeller. Man muß dazu sagen, daß die zahlreichen Keller, die über die ganze Stadt verteilt waren, nicht mehr für die heutigen Erfordernisse des Betriebs geeignet waren. Ein prächtiger Wein, insbesondere hinsichtlich seiner Überreife. Er verbindet aromatische Intensität (eingemachtes Obst, Traubenkonfitüre) und Reichtum, ist aber recht untypisch für die Appellation.

🕿 Jacques Tissot, 39, rue de Courcelles, 39600 Arbois, Tel. 84.66.14.27 ⏱ n. V.

DOM. JACQUES TISSOT
Vin jaune 1985★

☐ 4 ha 8 000 ⑪↓Ⅳ⑥
⑥⑨ 71 72 73 75 76 |78| |79| 81 |82| |83| |85|

Vor vier Jahren haben wir den gelben 81er dieses Winzers besonders empfohlen. 1990 wurde seinem gelben 82 die gleiche Ehrung zuteil. Dieser 85er, der fast ebenso jovial wie sein Erzeuger ist, zeigt eine leichte Oxidation, die seine Verkostung nicht beeinträchtigt. Die Farbe ist schön. Der Geschmackseindruck ist stattlich.

🕿 Jacques Tissot, 39, rue de Courcelles, 39600 Arbois, Tel. 84.66.14.27 ⏱ n. V.

DOM. JACQUES TISSOT Trousseau 1990

■ 3 ha 15 000 ▮⑪↓Ⅳ②

Bei diesem Trousseau dominiert der pflanzliche Aspekt. Gute geschmackliche Ansprache mit spürbaren, aber nicht aufdringlichen Tanninen.

🕿 Jacques Tissot, 39, rue de Courcelles, 39600 Arbois, Tel. 84.66.14.27 ⏱ n. V.

DOM. JACQUES TISSOT Poulsard 1990★

◩ 5 ha 25 000 ▮⑪↓Ⅳ②

Der erste Eindruck ist fast unauffällig, aber dann, einige Augenblicke später, spürt man eine interessante Persönlichkeit, die bereit ist, Ihnen all ihre Geheimnisse zu enthüllen. Nehmen Sie sich die Zeit, ihn kennenzulernen. Er ist ein fesselnder Wein.

🕿 Jacques Tissot, 39, rue de Courcelles, 39600 Arbois, Tel. 84.66.14.27 ⏱ n. V.

VIN FOU Brut Blanc de blancs★★★

○ k.A. k.A. ▮↓Ⅳ④

Henri Maire faßt in diesem unwiderstehlichen »verrückten Wein« alle Themen und Kontinente zusammen. Er besitzt den Zauber der Belle Epoque. Im Geschmack ist er harmonisch und erfüllt uns mit einer zarten Euphorie, die das Aroma von Zitronen, Weißdorn und Honig wachruft. Man muß das Verrückte an diesem Wein lieben !

🕿 Henri Maire, Ch. Montfort, 39600 Arbois, Tel. 84.66.12.34 ⏱ tägl. 9h-18h

Château-Chalon

Der angesehenste Wein des Jura, der auf einer Fläche von 30 ha erzeugt wird, ist ausschließlich gelber Wein. Die Trauben werden hier in einer bemerkenswerten Gegend auf Böden mit schwarzem Liasmergel geerntet ; überragt wird sie von steilen Felsen, auf denen das gleichnamige Dorf liegt. Die Produktion beträgt im Durchschnitt nur 600 hl. Verkauft werden die Weine erst sechs Jahre nach der Lese. Anmerken sollte man noch, daß die qualitätsbewußten Erzeuger die

AOC-Einstufung für die Weinlesen 1974, 1980 und 1984 abgelehnt haben.

JEAN BERTHET-BONDET 1985*

□	5,45 ha	3 000	⑪ Ⓥ Ⓖ

Der Vater von Jean Berthet-Bondet war Augenoptiker, aber sein Sohn verfolgte andere Perspektiven : Er studierte Landwirtschaft und gründete dieses 7 ha große Gut (5 ha davon befinden sich in der Appellation Château-Chalon). Volles, reiches Bukett. Im Geschmack ist der Wein alkoholisch, aber sehr gut strukturiert. Er braucht nur noch eines – daß man ihn in Ruhe altern läßt.

🖚 Jean Berthet-Bondet, 39210 Château-Chalon, Tel. 84.44.60.48 🍷 n. V.

JEAN MACLE 1985

□	4 ha	6 000	⑪ Ⓗ
179	83 85			

Jean Macle, Bürgermeister von Château-Chalon, war bis 1989 der Vorsitzende des Erzeugerverbands dieser Appellation. In dieser Funktion war er an der Erneuerung des Anbaugebiets und an der notwendigen Flurbereinigung beteiligt. Ein lagerfähiger Wein, der noch unter dem Schock der kürzlich erfolgten Flaschenabfüllung zu stehen scheint. Die Farbe ist leicht, aber klar, der Duft zurückhaltend. Im Geschmack entfaltet er sich am besten. Er wirkt zuerst bescheiden, überrascht aber beim zweiten Schluck durch seinen stattlichen Geschmack. Er kann altern – wie jeder gute Château-Chalon.

🖚 Jean Macle, Rue de la Roche, 39210 Château-Chalon, Tel. 84.85.21.85 🍷 n. V.

HENRI MAIRE
Réserve Catherine de Rye 1985**

□	k.A.	30 000	⑪ ↓ Ⓥ Ⓗ

Henri Maire besitzt die größten Vorräte an gelbem Wein und Château-Chalon. Man kann sich deshalb leicht diesen Wein mit der bereits entwickelten, fast kupfergelben Farbe besorgen. Er hat ein üppiges Bukett und einen vollen Geschmack. Diese Cuvée zeigt viel Finesse und Ausgewogenheit. Da sie erst in zwei Jahren in den Handel kommt, sollte man sie sich vormerken.

🖚 Henri Maire, Ch. Montfort, 39600 Arbois, Tel. 84.66.12.34 🍷 tägl. 9h-18h

Côtes du Jura

Diese Appellation umfaßt die gesamte Zone des Anbaugebiets von Qualitätsweinen, d. h. rund 14 000 ha, und beinhaltet alle Weintypen.

CH. D' ARLAY Réserve du château***

■	1,3 ha	7 705	⑪ ↓ Ⓥ Ⓐ

Das im 12. Jh. errichtete Schloß Arlay-en-Revermont, dessen Besitzer ihr blaues Blut mit dem gesamten europäischen Adel vermischt haben, ist seit Urzeiten nie verkauft worden. Diese Sondercuvée, die aus einer Kombination von Pinot-Noir-Weinen der Jahrgänge 1986, 1988 und 1990 zusammengestellt worden ist, greift die Idee des »Hausweins« wieder auf, der früher für den persönlichen Verbrauch der Gäste des Schlosses hergestellt wurde. Dieser sorgfältig bereitete Wein besitzt eine herrliche Ausgewogenheit und ein intensives Aroma. Im Geschmack ist er voll und lang.

🖚 Ch. d' Arlay, 39140 Arlay, Tel. 84.85.04.22
🍷 Mo-Sa 8h30-12h30 13h30-18h
🖚 Comte Renaud de Laguiche

CH. D' ARLAY Vin jaune 1985

□	6 ha	6 640	⑪ ↓ Ⓥ Ⓗ

Eine schöne blaßgelbe Farbe mit leichten Grüntönen. Der erste Geruchseindruck ist überraschend ; er wird durch die Milchsäure geprägt. Im Geschmack entdeckt man dann eine schöne, harmonische Struktur. Ein lagerfähiger Wein, dessen Entwicklung man verfolgen sollte, weil er in seiner frühesten Jugend verkostet wurde.

🖚 Ch. d' Arlay, 39140 Arlay, Tel. 84.85.04.22
🍷 Mo-Sa 8h30-12h30 13h30-18h
🖚 Comte Renaud de Laguiche

BAUD PERE ET FILS Chardonnay 1990*

□	8 ha	120 000	🍾 ⑪ ↓ Ⓥ Ⓑ

Die Familie Baud hat sich während der Französischen Revolution für den Weinbau entschieden. Ein hübscher Wein mit einer blaßgelben, grünlich schimmernden Farbe. Der zarte Duft erinnert an Blüten, während der Geschmack aufgrund der etwas zu ausgeprägten Säure weniger ansprechend ist. Trotzdem dürfte er im Laufe seiner Alterung noch schöne Überraschungen bereithalten.

🖚 Baud Père et Fils, 39210 Le Vernois, Tel. 84.25.31.41 🍷 n. V.

BAUD PERE ET FILS Poulsard 1990

■	2 ha	5 000	🍾 ⑪ Ⓥ Ⓑ

Eher rosarot als rot. Zurückhaltendes Bukett, aber vollmundig im Geschmack.

🖚 Baud Père et Fils, 39210 Le Vernois, Tel. 84.25.31.41 🍷 n. V.

BAUD PERE ET FILS
Vin de paille 1988**

□	0,8 ha	3 000	⑪ Ⓥ Ⓐ

Mit dem 86er hat uns die Familie Baud einen Strohwein präsentiert, der sehr männlich ist. Dieser 88er ist zart und fein, bewahrt aber dennoch genug Aggressivität, daß man eine gute Alterung erwarten darf. Ein Strohwein, wie man sich ihn wünscht.

🖚 Baud Père et Fils, 39210 Le Vernois, Tel. 84.25.31.41 🍷 n. V.

LUC ET SYLVIE BOILLEY
Savagnin 1990

□	2 ha	6 000	🍾 ↓ Ⓥ Ⓒ

Ein Winzerpaar, das sich ganz in der Nähe von Mont-sous-Vaudrey, dem Dorf des Staatspräsidenten Jules Grévy, niedergelassen hat. Die Hälfte des Weins wird exportiert. Sonderbar. Sie haben sonderbar gesagt ? Hat sich dieser reinsortige Savagnin als Sauternes verkleidet ? Das durchaus einschmeichelnde Aroma, das an Pfirsiche und Zitrusfrüchte erinnert, ist überraschend. Im Geschmack entdeckt man einige für das Weinbaugebiet des Jura typische Züge. Die allgemeine Struktur ist etwas schwächlich für einen lagerfähigen Wein. Aber vielleicht ist das hier eine Kuriosität.

🕿 Luc et Sylvie Boilley, 39380 Chissey-sur-Loué, Tel. 84.37.64.43 ⟱ tägl. 10h-18h (April-Dez.)

LUC ET SYLVIE BOILLEY
Vin jaune 1985

	4 ha	5 000	⑪ ↓ ☑ 5

Dieser Wein besitzt eine schöne allgemeine Harmonie. Wir hätten ihn gern etwas feiner und länger gehabt. Aber sicherlich wird ihm das Alter die nötige Eloquenz verleihen.

🕿 Luc et Sylvie Boilley, 39380 Chissey-sur-Loué, Tel. 84.37.64.43 ⟱ tägl. 10h-18h (April-Dez.)

LUC ET SYLVIE BOILLEY
Trousseau 1990

	1 ha	5 000	⑪ ↓ ☑ 2

Was für eine intensive Farbe ! Der Alkoholreichtum macht ihn etwas unausgewogen und verleiht ihm einen eher männlichen, fast rustikalen Charakter. Auch wenn er sich heute noch etwas schwer verkosten läßt, dürfte sich dies in einigen Jahren ändern.

🕿 Luc et Sylvie Boilley, 39380 Chissey-sur-Loué, Tel. 84.37.64.43 ⟱ tägl. 10h-18h (April-Dez.)

DANIEL ET PASCAL CHALANDARD
Vin jaune 1983 ★★

	1 ha	2 000	⑪ ☑ 5

Daniel Chalandard, ein erfahrener Winzer, ist immer auf der Suche nach dem technischen Fortschritt. Tradition und moderne Technik gehen hier eine glückliche Verbindung ein, wenn man diesem 83er glauben darf : eine sehr charakteristische, strohgelbe Farbe, ein voller, kräftiger Duft, der ebenso typische Nußnoten entfaltet, und eine gute geschmackliche Ansprache. Dürfte sich in zehn Jahren zu einem wunderbaren Wein entwickeln.

🕿 Daniel et Pascal Chalandard, 39210 Le Vernois, Tel. 84.25.31.15 ⟱ n. V.

CHRISTIAN DUPUIS Pinot 1990 ★

	k.A.	k.A.	ⅰ ☑ 1

Poligny, ein zauberhaftes Dorf mit 4 500 Einwohnern, ist eine sehr tatkräftige Ortschaft. Christian Dupuis lebt hier seit 1976. Sein Rotwein mit der bläulichroten Farbe und dem Aroma von schwarzen Johannisbeeren und Brombeeren muß noch altern. Die Tannine sind nämlich noch so deutlich spürbar, daß sie den ansonsten guten Gesamteindruck übertönen. Auch wenn er durch seine Härte überrascht, steht ihm eine schöne Zukunft bevor.

🕿 Christian Dupuis, rue Jean Jaurès, 39800 Poligny, Tel. 84.37.27.23 ⟱ tägl.10h-12h 14h-19h

GRAND FRERES ★★★

○	k.A.	30 000	ⅰ ☑ 2

Die drei Brüder Grand bewirtschaften ein 20 ha großes Gut, das zwischen Passenans und Saint-Lothain im Herzen der Appellation liegt. Dieser Wein zeugt von ihrem Können. Eine prächtige Verbindung von Blumigkeit und Fruchtigkeit. Der Inbegriff des Frühlings : ein festlicher Wein, mit dem man das Wiedererwachen der Natur feiern kann. Tausende von feinen Bläschen drängen sich, um uns zum Trinken aufzufordern. Wir sollten sie nicht entwischen lassen. Er ist unserer Jury förmlich zu Kopfe gestiegen.

🕿 Dom. Grand Frères, 39230 Passenans, Tel. 84.85.28.88

GRAND FRERES Vin jaune 1985 ★

	k.A.	k.A.	⑪ ☑ 6

83 85

Was für eine Kraft steckt in diesem gelben Wein ! Einige Jahre Schutz vor der Begehrlichkeit werden ihm die notwendige Finesse verleihen. Seine goldgelbe Farbe, sein charakteristisches Bukett (u. a. unreife Nüsse) und seine Lebhaftigkeit garantieren eine schöne Zukunft.

🕿 Dom. Grand Frères, 39230 Passenans, Tel. 84.85.28.88

DOM. GRAND FRERES
Vin de paille 1989

	k.A.	k.A.	⑪ ☑ 5

Er besitzt eine honiggelbe Farbe, ohne nach Honig zu duften. Er wird nämlich noch ganz vom Holzton dominiert. Ein junger Wein, der sich den Bitten der Prüfer noch verschließt. Man muß daher Geduld mit ihm haben und warten, bis seine Stunde gekommen ist.

🕿 Dom. Grand Frères, 39230 Passenans, Tel. 84.85.28.88

GRAND FRERES 1990 ★★

	k.A.	16 000	ⅰ ⑪ ☑ 2

89 90

In diesem Wein verbinden sich die Qualitäten von drei Rebsorten : die Kraft der Pinot-Noir-Rebe, die Farbe und das Tanningerüst des Trousseau und die aromatische Feinheit des Poulsard. Eine perfekte Zusammenstellung.

🕿 Dom. Grand Frères, 39230 Passenans, Tel. 84.85.28.88

GRAND FRERES ★

◐	k.A.	k.A.	ⅰ 2

Zarte Farbe und feine Bläschen, Duft von Eingemachtem und im Geschmack, der teilweise an Quittengelee erinnert. Diesen schönen Roséwein, der reinsortig aus Pinot-Noir-Trauben hergestellt worden ist, kann man schon jetzt trinken.

🔴 Dom. Grand Frères, 39230 Passenans,
Tel. 84.85.28.88

LE CAVEAU DES JACOBINS
Trousseau 1990 ★★

■	8 ha	50 000	⦀ ☑ 2

Im Jura bezeichnet man eine Genossenschaft als »Fruitière« . Der »Jakobinerkeller« , die Genossenschaft von Poligny, wurde früher als Getreidespeicher benutzt, bevor er die in der Gemeinde erzeugten Weine aufnahm. Die Völlerei ist eine der sieben Todsünden. Obwohl dieser göttliche Wein an einem früher geheiligten Ort hergestellt worden ist, fällt es schwer, ihm zu widerstehen. Er besitzt einen verführerischen Erdbeerduft und einen sehr eleganten Geschmack.
🔴 F. V. Caveau des Jacobins, rue H. Friant, Z.I. rue N. Appert, 39801 Poligny, Tel. 84.37.14.58 ⓧ Mo-Sa 9h-12h 13h30-18h30, So 10h-12h

CAVEAU DES JACOBINS
Vin jaune 1983 ★

□	4 ha	k.A.	⦀ ☑ 5

Eine sehr schöne, leicht kupferrosa Farbe. Der äußerst angenehme Duft erinnert verhalten an Eingemachtes. Ein hübscher Wein voller Finesse und Eleganz, der sehr weiblich wirkt. Man sollte ihn zusammen mit ein paar Nüssen und einem Stück fruchtigen Comtékäse als Aperitif servieren.
🔴 F. V. Caveau des Jacobins, rue H. Friant, Z.I. rue N. Appert, 39801 Poligny, Tel. 84.37.14.58 ⓧ Mo-Sa 9h-12h 13h30-18h30, So 10h-12h

DOM. MOREL-THIBAUT 1990

□	3 ha	12 000	⦀ ☑ 2
	88	89 90			

Eine alte Winzerfamilie, die 1986 aus der Genossenschaft von Poligny ausgetreten ist und sich selbständig gemacht hat. Diese Cuvée mit dem sauberen, ausdrucksvollen Bukett enthält 15% Savagnin. Im Geschmack entdeckt man noch eine gewisse Schwere.
🔴 Dom. Morel-Thibaut, 4, rte de Lons-le-Saunier, 39800 Poligny, Tel. 84.37.07.61
ⓧ Mo-Sa 10h-12h 15h-19h

DOM. MOREL-THIBAUT
Trousseau 1990 ★★

■	1,2 ha	9 000	▮ ☑ 2
86 87	88	89	90			

Zwei Winzer haben sich zusammengeschlossen, um die 8 ha Rebflächen zu bewirtschaften, von denen auch dieser reinsortige Trousseau stammt. Saubere, kräftige Farbe. Im Bukett verbinden sich fruchtige Düfte mit eher wilden Gerüchen, die auf die Trousseautrauben hinweisen. Ein langer und trotz einer leichten Aggressivität ausgewogener Geschmack. Für einen 90er ein ganz normales Ergebnis.
🔴 Dom. Morel-Thibaut, 4, rte de Lons-le-Saunier, 39800 Poligny, Tel. 84.37.07.61
ⓧ Mo-Sa 10h-12h 15h-19h

DOM. MOREL-THIBAUT
Vin de paille 1990 ★★★

□	1 ha	2 500	⦀ ☑ 4
87	89		90			

1991 haben wir den 87er Strohwein besonders empfohlen. In diesem eleganten Ensemble dominiert die Poulsardtraube. Dieser feine, rassige Wein voller Finesse und Cremigkeit ist für seinen Jahrgang schon recht entwickelt ! Dennoch findet man darin noch seine ganze ursprüngliche Fruchtigkeit, die perfekt mit den Honig- und Rosinennoten harmoniert, die für das Sekundäraroma typisch sind.
🔴 Dom. Morel-Thibaut, 4, rte de Lons-le-Saunier, 39800 Poligny, Tel. 84.37.07.61
ⓧ Mo-Sa 10h-12h 15h-19h

MOREL-THIBAUT Brut comtois 1990 ★★

○	1 ha	8 000	▮ ☑ 2

Ein Brut, der entschieden auf die Zukunft hin ausgerichtet ist. Die Himbeeren sind allgegenwärtig, so daß man ihn zum Dessert trinken sollte : z. B. zu einer Cremespeise mit passierten roten Beeren.
🔴 Dom. Morel-Thibaut, 4, rte de Lons-le-Saunier, 39800 Poligny, Tel. 84.37.07.61
ⓧ Mo-Sa 10h-12h 15h-19h

DESIRE PETIT ET FILS
Pinot, Cuvée de Grozon 1990 ★

■	1 ha	6 000	▮ ⦀ ↓ ☑ 2

Ein 13,50 ha großer Betrieb, der 1932 entstanden ist. Der Gärkeller ist jüngeren Datums, besitzt aber schöne Kellergewölbe : Pupillin ist ein sehr altes, überaus reizvolles Dorf. Kirschrote Farbe, aber ein intensiver, kräftiger Duft, der etwas an Raubtiergeruch erinnert. Paßt gut zu Wild.
🔴 GAEC Désiré Petit et Fils, 39600 Pupillin, Tel. 84.66.01.20 ⓧ n. V.
🔴 Gérard et Marcel Petit

DESIRE PETIT ET FILS
Chardonnay, Cuvée de Grozon 1990

□	1,25 ha	6 000	⦀ ↓ ☑ 2

Ein Wein mit einem sehr interessanten Bukett, dem Äpfel dominieren. Im Geschmack ist er zwar noch verschlossen, aber seine ausgeprägte Säure verleiht ihm eine gute Alterungsfähigkeit.
🔴 GAEC Désiré Petit et Fils, 39600 Pupillin, Tel. 84.66.01.20 ⓧ n. V.
🔴 Gérard et Marcel Petit

DESIRE PETIT ET FILS
Poulsard, Cuvée de Grozon 1990

◪	1,02 ha	5 000	▮ ⦀ ↓ ☑ 2

Entwickelte Farbe mit einigen orangeroten Reflexen und leicht holziger Duft. Im Geschmack entfaltet er ein ziemlich reiches Aroma. Entspricht ganz und gar der Appellation.
🔴 GAEC Désiré Petit et Fils, 39600 Pupillin, Tel. 84.66.01.20 ⓧ n. V.
🔴 Gérard et Marcel Petit

DESIRE PETIT ET FILS Brut 1990 ★

○	1,5 ha	8 000	▮ ↓ ☑ 2

Für Gérard und Marcel Petit der erste gelungene Versuch eines nach der »traditionellen

Methode« hergestellten Schaumweins. Ein sauberer, gut gebauter Wein mit einem angenehmen Zitrusduft, der den Liebhabern von soliden Schaumweinen gefallen wird.

🍷 GAEC Désiré Petit et Fils, 39600 Pupillin, Tel. 84.66.01.20 ☎ n. V.
🍷 Gérard et Marcel Petit

PIGNIER PERE ET FILS 1985

☐		1 ha	1000	◫ ☑ 6
1831 85				

Die Mönche der Kartause von Vaucluse besaßen in Montaigu Weinberge. Sie haben im 13. Jh. diesen Keller gegraben ; seit 1791 gehört er der Familie Pignier, die die Winzertradition bewahrt. Man muß noch mehrere Jahre warten, bis sich die Lebhaftigkeit dieses schönen Weins etwas legt. Vielversprechende Ausgewogenheit.

🍷 Cellier des Chartreux, 11, pl. Rouget-de-l'Isle, 39570 Montaigu, Tel. 84.24.24.30 ☎ n. V.
🍷 Pignier Père et Fils

PIGNIER PERE ET FILS
Vin de paille 1989

☐		k.A.	1000	◫ ☑ 4

Blaßgoldene Farbe. Im Duft mischen sich Honig und Akazienblüten. Etwas kühner ist er im Geschmack, aber er muß dennoch altern, um sich zu entfalten. Ein Wein mit einer guten Grundlage.

🍷 Cellier des Chartreux, 11, pl. Rouget-de-l'Isle, 39570 Montaigu, Tel. 84.24.24.30 ☎ n. V.
🍷 Pignier Père et Fils

PIGNIER PERE ET FILS
Cuvée Jean le Sage 1990★★

☐		2 ha	10 000	◫ ☑ 2

Ein goldgelber Côtes du Jura mit einem Blütenduft, in dem ein Hauch von Zitrusfrüchten mitschwingt. Ähnlich wie Johann der Weise, der 1208 das befestigte Dorf Montaigu gründete, haben die Pigniers einen Wein hergestellt, der der Zeit trotzen kann. Glücklicherweise haben sich die Sitten gewandelt, so daß es ein Vergnügen sein wird, dem Ansturm dieses kräftigen Vertreters der Franche-Comté zu begegnen.

🍷 Cellier des Chartreux, 11, pl. Rouget-de-l'Isle, 39570 Montaigu, Tel. 84.24.24.30 ☎ n. V.
🍷 Pignier Père et Fils

PIGNIER PERE ET FILS Cuvée réservée

○		3 ha	18 000	▮ ☑ 2

Die feinen Bläschen steigen in diesem Wein auf, als wollten sie die Spitzbogen des Cellier des Chartreux nachbilden. Auch die Struktur dieses Brut paßt zu diesem Ort : solide und elegant.

🍷 Cellier des Chartreux, 11, pl. Rouget-de-l'Isle, 39570 Montaigu, Tel. 84.24.24.30 ☎ n. V.
🍷 Pignier Père et Fils

XAVIER REVERCHON
Vin jaune 1985★★

☐		0,65 ha	1 100	◫ ↓ ☑ 6
69 76 78 79 **81 82** 83 **85**				

Seit dem 1. Januar 1991 ist die Leitung dieses kleinen Familienbetriebs, der sich im Herzen von Poligny befindet, von Joseph Reverchon auf seinen Sohn Xavier übergegangen. Dieser nach traditionellen Methoden hergestellte gelbe Wein

besitzt eine hübsche strohgelbe Farbe. Er wird noch von einer gewissen Herbheit beherrscht, die für eine gute Lagerfähigkeit spricht. Ein sehr eleganter Tropfen, der in einigen Jahren die Weinliebhaber entzücken dürfte.

🍷 Xavier Reverchon, EARL de Chantemerle, 4, rue du Clos, 39800 Poligny, Tel. 84.37.16.78 ☎ n. V.

ROLET PERE ET FILS
Chardonnay 1990★★

☐		6 ha	13 000	◫ ↓ ☑ 2
85 86 871 881 891 901				

Ein herrlich komplexes Aroma. Dank einer sehr guten Struktur hat dieser zugleich blumige und fruchtige Wein eine schöne Zukunft vor sich.

🍷 Rolet Père et Fils, 39600 Montigny-lès-Arsures, Tel. 84.66.00.05 ☎ n. V.

DOM. DES ROUSSOTS 1990★★

☐		1,5 ha	14 000	◫ ☑ 2

Diese alte Winzerfamilie erzeugt die ganze Palette der Juraweine. Sehr komplexes Aroma : Dörrobst und Eingemachtes, Mandeln und weiße Blüten vermischen sich harmonisch darin. Der gut strukturierte Geschmack besitzt eine große Ausdruckskraft. Ein würdiger Vertreter der Appellation, der schon jetzt verführerisch schmeckt und altern kann.

🍷 Bernard Badoz, 15, rue du Collège, 39800 Poligny, Tel. 84.37.11.85 ☎ tägl. 9h-12h 14h-20h

DOM. DES ROUSSOTS 1990★★★

■		1,5 ha	13 000	▮ ☑ 2

Zwei Drittel Poulsard und ein Drittel Trousseau. Ein Rotkehlchen könnte angesichts seiner Farbe vor Neid erblassen. Sein fruchtiger Duft ist von großer Zartheit. Ein bemerkenswert ausgewogener Wein, den Sie schon jetzt trinken können. Wir empfehlen ihn besonders wegen seiner wunderbaren Finesse.

🍷 Bernard Badoz, 15, rue du Collège, 39800 Poligny, Tel. 84.37.11.85 ☎ tägl. 9h-12h 14h-20h

JEAN TRESY Vieilles vignes 1990

☐		k.A.	k.A.	◫ ☑ 2
89 90				

Bei einem so angenehmen und vollmundigen Wein fragt man sich, ob er so alt wird wie die alten Rebstöcke, von denen er stammt. Er ist nämlich leicht gebaut, aber er besitzt einen hübschen Blütenduft und einen zarten Geschmack.

🕿 Jean Trésy, rte de Saint-Camain, 39230
Passenans, Tel. 84.85.22.40 ☎ n. V.

JEAN TRESY Trousseau 1990*

■	0,4 ha	k.A.	⦀ ☑ 🄲

Der intensive Duft erinnert an reife Früchte
und sogar an Raubtiergeruch. Eine gewisse Herbheit und eine leichte Kohlensäure sind jugendliche Eigenschaften, die sich noch geben werden.
Ausgewogenheit und Länge sind bereits vorhanden.
🕿 Jean Trésy, rte de Saint-Camain, 39230
Passenans, Tel. 84.85.22.40 ☎ n. V.

L'Etoile

Das Dorf verdankt sei-
nen Namen Fossilien, nämlich Stilglie-
dern der Seelilien (blumenförmige Sta-
chelhäuter) : kleinen, fünfarmigen Sternen. Sein Anbaugebiet (64 ha) produziert
etwas weniger als 2 000 hl Weißweine,
gelbe Weine und Schaumweine.

CLAUDE JOLY Vin jaune 1983

☐	1 ha	2 000	⦀ ↓ ☑ 🄵

In Rotalier, nicht weit von Lons-le-Saunier
entfernt, reifen die Trauben langsam auf den
Ausläufern der Juraberge, die sich über der für
ihr Geflügel berühmten Ebene von Bresse erheben. Dieser gelbe Wein kommt aus der Appellation L'Etoile, die mehr nach Norden hin ausgerichtet ist. Ein wohlausgewogener, schon entwik-
kelter Wein, der im Geschmack an frische Äpfel
erinnert. Man kann ihn schon jetzt trinken.
🕿 Claude Joly, 39190 Rotalier, Tel. 84.25.04.14
☎ n. V.

CH. DE L'ETOILE Vin jaune 1985**

☐	3 ha	7 000	⦀ ↓ ☑ 🄵
⑦⑥ 79 |81||82| 83 |85|			

Das Gut wurde 1883 von Auguste Vandelle
erworben. Er war der Nachfolger eines gewissen
Rudolphie, der im Zweiten Kaiserreich Hofjuwe-
lier war. Ein ziemlich rustikaler gelber Wein, der
unter seiner scheinbar harten Schale ein Herz aus
Gold verbirgt. Die noch vorhandene leichte
Säure deutet auf eine lange Alterungsfähigkeit
hin. Ein großer Wein.
🕿 GAEC Ch. de L'Etoile, 39570 L'Etoile,
Tel. 84.47.33.07 ☎ Mo-Sa 8h-12h 14h-20h
🕿 Vandelle et Fils

CH. L'ETOILE 1990**

☐	12 ha	50 000	⦀ ↓ ☑ 🄲
76 82	83	85	86	87	88		89		90				

Marcel Vandelle übernahm den Betrieb 1910
von seinem Vater. Joseph folgte ihm 1958 nach.
1974 gründete er zusammen mit seinen Söhnen
Bernard und Georges eine GAEC. Diesem Wein
kann man so unbedenklich wie dem Abendstern
folgen. (Das ist eine Empfehlung !) Er ist schon
entwickelt : Der komplexe Duft erinnert an
getrocknete Früchte, Mandeln und Lebkuchen.
Im Geschmack zeigt er sich ebenso ausdrucksstark wie gut strukturiert.
🕿 GAEC Ch. de L'Etoile, 39570 L'Etoile,
Tel. 84.47.33.07 ☎ Mo-Sa 8h-12h 14h-20h
🕿 Vandelle et Fils

CH. DE L' ETOILE 1989*

○	5 ha	30 000	▮↓ ☑ 🄲

Leicht goldgelbe Farbe, frischer, angenehmer
Duft. Ein hübscher Wein mit Zitronennoten,
hergestellt von einem angesehenen Betrieb.
🕿 GAEC Ch. de L'Etoile, 39570 L'Etoile,
Tel. 84.47.33.07 ☎ Mo-Sa 8h-12h 14h-20h
🕿 Vandelle et Fils

DOM. DE MONTBOURGEAU
Vin de paille 1989**

☐	1 ha	1 200	⦀ ☑ 🄴

Die mitten im Grünen liegende Domaine de
Montbourgeau gehört seit 1920 der Familie Gros.
In Zukunft wird das Gut von Jean Gros und
seiner Tochter Nicole, einer ¨Onologin, bewirtschaftet. Der Strohwein ist ein wunderbares Stärkungsmittel. Dieser bezaubernde 89er öffnet sich
ohne Vorbehalte und verströmt einen intensiven
Honigduft. Genau wie das Haus, aus dem er
stammt, ist er herzlich und stolz auf seinen
Ursprung.
🕿 GAEC Jean Gros, Dom. de Montbourgeau,
39570 L'Etoile, Tel. 84.47.32.96 ☎ n. V.

DOM. DE MONTBOURGEAU 1990**

☐	5 ha	30 000	⦀ ↓ ☑ 🄲

Hätten die Römer, die den Mont Muzard,
einen Hügel über dem Dorf L'Etoile, besetzt
hielten, einen Weintyp – voller Finesse und
Zartheit – geschätzt ? Im vorliegenden Falle fand
ihn die Prüfungsjury prächtig.
🕿 GAEC Jean Gros, Dom. de Montbourgeau,
39570 L'Etoile, Tel. 84.47.32.96 ☎ n. V.

DOM. DE MONTBOURGEAU
Méthode traditionnelle

○	2 ha	20 000	▮↓ ☑ 🄲

Ein klassischer Schaumwein, kräftig gebaut
und elegant im Aussehen. Man kann ihn als
Aperitif oder zum Dessert trinken.
🕿 GAEC Jean Gros, Dom. de Montbourgeau,
39570 L'Etoile, Tel. 84.47.32.96 ☎ n. V.

Savoie (Savoyen)

Vom Genfer See bis zum Tal der Isère nimmt das Weinbaugebiet von Savoyen in den beiden Departements Savoie und Haute-Savoie die günstigen niedrigen Hänge der Alpen ein. Es vergrößert sich beständig (nahezu 1 500 ha) und bildet ein komplexes Mosaik, je nachdem, wie es die verschiedenen Täler zulassen, in denen unterschiedlich große Inseln entstanden sind. Diese geographische Vielfalt zeigt sich auch im Klima, dessen Einfluß durch das Relief verschärft bzw. durch die Nähe des Genfer Sees und des Lac du Bourget gemildert wird.

Vin de Savoie und Roussette de Savoie sind die regionalen Appellationen, die in allen Anbaubereichen und für alle Weintypen verwendet werden. Diesen Bezeichnungen kann der Name einer Reblage folgen ; doch das gilt nur für Stillweine, bei den Roussetteweinen lediglich für Weißweine. Die Weine aus den Gebieten Crépy und Seyssel haben das Anrecht auf ihre eigene Appellation.

Da das Anbaugebiet so weit verstreut ist, gibt es ziemlich viele Rebsorten, aber in der Praxis werden einige von ihnen nur in sehr geringen Mengen angebaut, vor allem Pinot Noir und Chardonnay. Vier weiße und zwei dunkle Traubensorten sind die hauptsächlich verwendeten Rebsorten, die eigentümliche, originelle Weine hervorbringen. Die Gamayrebe, die nach der Reblauskrise aus dem benachbarten Beaujolais eingeführt wurde, liefert frische, leichte Weine, die im Jahr nach der Lese getrunken werden sollten. Die Mondeuserebe, eine erstklassige einheimische Rebsorte, erzeugt kräftig gebaute Rotweine. Vor der Reblauskrise war sie die wichtigste Rebsorte Savoyens ; es wäre wünschenswert, wenn sie ihre frühere Bedeutung zurückgewinnen würde, denn ihre Weine sind von guter Qualität und besitzen viel Charakter. Die Jacquèrerebe ist die am weitesten verbreitete weiße Rebsorte ; sie bringt frische, leichte Weißweine hervor, die man jung trinken sollte. Die Altesserebe ist eine sehr feine, typisch savoyische Rebsorte ; von ihr stammen die Weißweine, die unter dem Namen »Roussette de Savoie« auf den Markt kommen. Die Roussannerebe schließlich, die hier Bergeron heißt, liefert ebenfalls Weißweine von hoher Qualität, insbesondere in Chignin mit dem Chignin-Bergeron.

Was gibt es Neues aus Savoyen ?

Die Fröste im Frühjahr 1991 riefen in dieser Gegend eine Panik hervor. Die Gebiete Chautagne und Jongieux wurden zwar ziemlich schwer getroffen, aber im gesamten Anbaugebiet sind die Ernteausfälle sehr gering : 115 000 hl gegenüber 117 000 hl im Vorjahr. Dennoch war es ein launischer Jahrgang, der unregelmäßigste seit langer Zeit. Die Vegetationsperiode setzte mit mehreren Wochen Verspätung ein. Das günstige Klima machte es möglich, diese Verspätung auszugleichen, aber die Lese litt unter Regenfällen und Fäulnis.

Beim Rotwein ist die Qualität des Gamayweins gut. Der 91er Mondeuse reifte lang und besitzt manchmal ein etwas verhaltenes Aroma. Die Weißweine sollte man jung trinken ; sie liegen im guten Durchschnitt, sind aber von schlechterer Qualität als 1990. Dennoch gibt es sehr gute Bergeronweine (der einheimische Name für die Roussannerebe) und einige gefällige Roussetteweine. Aber es ist bekannt, daß der Jahrgang auf die savoyischen Weißweine wenig Einfluß hat.

Die Olympischen Winterspiele in Albertville haben natürlich die Werbung begünstigt, die auch die Käse und die Pökelwaren dieser Region betrifft. Der Markt ist zufriedenstellend. Die savoyischen Weine, die früher ausschließlich in den Departements Savoie und Haute-Savoie getrunken und geschätzt wurden, tauchen jetzt auch in anderen Regionen auf. Schätzungsweise werden gegenwärtig 3% ins Ausland und 10 bis 15% ins übrige Frankreich exportiert. Ziel ist es, diese Zahlen zu steigern.

Zu beklagen ist das Ableben von Marcel Boniface, der als ehemaliger Vorsitzender des regionalen Weinverbands von Savoyen eine besonders aktive Rolle bei den Appellationen gespielt hatte. Bei dieser Gelegenheit sei noch vermerkt, daß die savoyischen Schaumweine (5 000 hl, insbesondere in Seyssel und Ayse) in den Rang von Crémants de Savoie erhoben werden möchten. Das Haus Guichon in Chambéry wird in Zukunft zur Gruppe Val d'Orbieu in Narbonne gehören. Fichard, in der Nähe des Genfer Sees, hat sich der Gruppe Bernard Taillan angeschlossen. Schließlich vermelden wir noch, daß unsere Jury keine Crépyweine verkosten wollte, aber diese Appellation besteht durchaus!

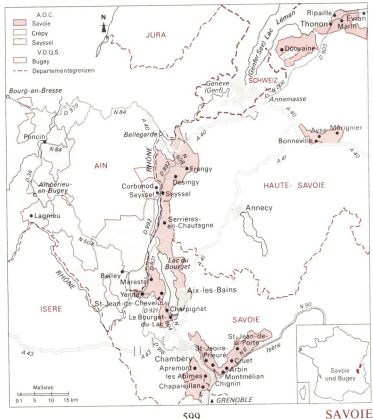

SAVOIE

Vin de Savoie

Das Anbaugebiet, dessen Weine Anrecht auf die Bezeichnung »Vin de Savoie« haben, liegt zumeist auf alten Moränen oder Geröll. Dies führt zusammen mit seiner geographisch weit gestreuten Verteilung zu einer Vielfalt, die oft durch den Zusatz des Namens der örtlichen Reblage zur regionalen Appellation verdeutlicht wird. Am Ufer des Genfer Sees liefert die Chasselasrebe – ähnlich wie auf dem schweizerischen Ufer – in Marin, Ripaille und Marignan leichte Weißweine, die oft als Perlweine hergestellt und jung getrunken werden. Die übrigen Anbauzonen besitzen andere Rebsorten ; je nach Eignung des Bodens produzieren sie Weiß- oder Rotweine. So findet man (von Norden nach Süden) in Ayze, am Ufer der Arve, Perl- und Schaumweine, in der Chautagne, am Ufer des Lac du Bourget (und südlich der Appellation Seyssel), Weine mit einem sehr eigentümlichen Charakter und am Fuße des Mont Le Chat die Weine von Charpignat. Südlich von Chambéry werden am Fuße des Mont Granier frische Weißweine erzeugt, wie z. B. Apremont und Les Abymes ; das letztere Gebiet befindet sich in einer Einsturzzone, wo 1248 Tausende von Menschen umkamen. Gegenüber haben sich in Monterminot trotz der Urbanisierung noch genügend Weinberge erhalten, die bemerkenswerte Weine hervorbringen. Dann folgen die Weinberge von Saint-Jeoire-Prieuré, auf der anderen Seite von Challes-les-Eaux, und danach von Chignin, dessen Bergeron zu Recht einen guten Ruf genießt. Auf dem rechten Ufer der Isère nehmen die Rebflächen von Montmélian, Arbin, Cruet und Saint-Jean-de-la-Porte die Südosthänge ein. Im äußersten Süden schließlich, zwischen Chambéry und Grenoble, kündigt das Anbaugebiet von Sainte-Marie-d'Alloix die Weinberge des benachbarten Grésivaudan an, die nicht mehr zu Savoyen, sondern zum Dauphiné gehören.

Die savoyischen Weine (fast 100 000 hl) werden jährlich in der stark vom Fremdenverkehr geprägten Region erzeugt) werden in erster Linie jung und vor Ort getrunken, wobei die Nachfrage bisweilen das Angebot übersteigt. Für die savoyischen Weißweine, die gut zu Meeresfrüchten und Süßwasserfischen passen, und für die Rotweine von der Gamayrebe, die sich als sehr gefällige Weine für zahlreiche Gerichte eignen, ist dies auch die beste Lösung. Es ist jedoch schade, wenn man die Rotweine von der Mondeuserebe jung trinkt, weil diese mehrere Jahre brauchen, um sich zu entfalten und milder zu werden ; diese hochwertigen Weine passen zu kräftigen Gerichten, Wild, dem exzellenten Tomme, einem savoyischen Hartkäse, oder dem berühmten Reblochon, einem Weichkäse.

DOM. BLARD ET FILS Abymes 1991 ★★

| □ | k.A. | 12 400 | ⬛⬇✓ 2 |

Dieser hübsche Wein entfaltet ein sehr intensives Aroma, das sich rasch zu blumigen Noten hin entwickelt. Im Geschmack ist er noch fest und zeigt eine leicht bittere Note, die eine günstige Entwicklung garantiert. Ein Wein voller Charme und Charakter. Er verdient es, daß man ihn noch etwas altern läßt.

↰ EARL Blard, Le Darbé, 73800 Les Marches, Tel. 79.28.16.64

PIERRE BONIFACE Mondeuse 1990 ★

| ⬛ | k.A. | 12 000 | ⬛ 2 |

Ein traditioneller Familienbetrieb am Fuße des Mont Granier, im Herzen des Anbaugebiets. Der Papa war lange Zeit Vorsitzender des savoyischen Winzerverbands. Ein schöner 90er mit einer dunkelroten Farbe. Die Mondeuserebe liefert einmal mehr die lagerfähigen Rotweine von Savoyen. Das gilt auch für diesen Wein mit den kräftigen Tanninen, die ihm ein solides Fundament schenken. Man kann ihn schon jetzt zu rotem Fleisch oder zu Wild trinken.

↰ Pierre Boniface, SA Les Rocailles, 73800 Les Marches, Tel. 79.28.14.50 ☎ n. V.

CAVE DE CHAUTAGNE
Chautagne 1991 ★

| □ | 3 ha | 20 000 | ⬛⬇✓ 1 |

Die 1952 gegründete Genossenschaftskellerei besitzt heute 150 ha Rebflächen. Das Anbaugebiet Chautagne umfaßt vier Gemarkungen : Chindrieux, Motz, Ruffieux und Serrières, die sich an die Montagne du Foug schmiegen und im Norden durch den Fier und im Süden durch den Lac du Bourget begrenzt werden. Dieser Wein entfaltet ein reizvolles Aroma von vollreifen roten Früchten, unter die sich ein würziger Hauch mischt. Die Harmonie im Geschmack

zeigt, daß er schon trinkreif ist. Eine Zusammenstellung aus den roten Traubensorten Savoyens.
🕿 Cave de Chautagne, 73310 Ruffieux, Tel. 79.54.27.12 ⏱ Di-Sa 8h-12h 14h-17h

CAVE DE CHAUTAGNE
Chautagne Pinot 1991 *

■		k.A.	60 000	🍷↓Ⓥ②

Man hätte hier auch den 91er Mondeuse aufführen können, aber wir haben uns lieber für diesen Pinot Noir mit der schönen rubinroten Farbe entschieden. Das noch zurückhaltende Bukett, das sich ein wenig entwickeln muß, ruft zwar keine besonderen Kommentare hervor, doch dafür zeigt er im Geschmack Ausgewogenheit und einen Hauch von Weichseln. Hat noch einige schöne Jahre vor sich.
🕿 Cave de Chautagne, 73310 Ruffieux, Tel. 79.54.27.12 ⏱ Di-Sa 8h-12h 14h-17h

CAVE DES VINS FINS DE CRUET
Arbin Mondeuse 1990 *

■		8 ha	30 000	◧Ⓥ②

Der schöne 90er beweist, daß sich diese Genossenschaftskellerei um Qualität bemüht. Der Duft von reifen Früchten, mit einer leichten Weichselnote, leitet zu einer sehr schönen geschmacklichen Präsenz über. Harmonische Tannine geben ihm eine hervorragende Ausgewogenheit. Wenn man will, kann man ihn schon jetzt trinken.
🕿 Cave des Vins Fins de Cruet, 73800 Cruet, Tel. 79.84.28.52 ⏱

ALEXIS GENOUX
Arbin, Mondeuse 1991 **

■		2 ha	k.A.	🍷◧Ⓥ②

Diese Familie von savoyischen Bergbauern ist in das Tal hinabgestiegen, um hier einen 2,5 ha großen Weinberg anzulegen. 1991 hat man den Lagerkeller renoviert. Die Familie Genoux hat in dieser berühmten Reblage, wo die Mondeuserebe hervorragend gedeiht, einen schönen Wein erzeugt. Das intensive, kräftige Bukett verströmt einen würzigen Duft. Gute geschmackliche Struktur. Sein Lakritzearoma und seine feinen Tannine sichern eine gute Alterung.
🕿 Alexis Genoux et Fils, chem. des Moulins, 73800 Arbin, Tel. 79.84.24.30 ⏱ tägl. 8h-12h 14h-20h

CHARLES GONNET Chignin 1991 **

□		4 ha	40 000	🍷↓Ⓥ①

Schöne blaßgoldene Farbe. Das Bukett hüllt uns in eine Symphonie von eleganten Blütennoten ein. Der Geschmack, bei dem sich Lebhaftigkeit mit Körperreichtum streiten, verleiht ihm einen recht ausgewogenen Gesamteindruck – Garantie für eine strahlende Zukunft bei diesem Weintyp.
🕿 Charles Gonnet, 73800 Chignin, Tel. 79.28.09.89 ⏱ n. V.

EDMOND JACQUIN ET FILS
Gamay 1991 *

■		k.A.	7 000	🍷↓Ⓥ②

Ein hübsches Weingut, auf dem zwei Generationen von Winzern Fleiß, Fachwissen, technisches Geschick und Gastfreundlichkeit verbin-

den. Die tiefe, rubinrote Farbe weist auf schönen Stoff hin. Im intensiven Bukett dominieren Kirschen. Die geschmackliche Ansprache ist sauber, aber nicht aufdringlich und wird durch feine Tannine unterstützt. Angenehm und süffig.
🕿 Edmond Jacquin et Fils, GAEC Les Perrières, 73170 Jongieux, Tel. 79.44.02.35 ⏱ tägl. 8h-20h

LE VIGNERON SAVOYARD 1991 **

□		k.A.	k.A.	①

Eine überaus strahlende blaßgelbe Farbe mit einer feinen Perlenkrone weist auf die Finesse dieses spritzigen Weins hin. Sein intensives Aroma, in dem man frische Düfte (Zitronen, Pampelmusen) findet, begleitet eine gute geschmackliche Präsenz. Dieser gut vinifizierte Wein wird einen angenehmen Begleiter zu Krebstieren abgeben.
🕿 Le Vigneron Savoyard, 73190 Apremont, Tel. 79.28.33.23

DOM. DE L'IDYLLE
Arbin, Mondeuse 1990

■		2 ha	7 000	🍷◧↓Ⓥ①

Ein im 16. Jh. entstandenes Gut, das seit 1840 im Besitz dieser Familie ist. Seit 1976 bzw. 1985 bemühen sich die beiden Brüder Philippe und François um Qualität. Arbin ist das berühmte Anbaugebiet, in dem die Mondeuserebe ihre Qualitäten zum Ausdruck bringt, auch wenn hier das mittlere Alter der Rebstöcke (11 Jahre) etwas hinderlich ist. Vorsicht : Der Ausbau im Holzfaß dominiert den dennoch erstklassigen Ausgangsstoff ! Dieser Wein braucht noch etwas Zeit, damit er reifen kann.
🕿 Ph. et F. Tiollier, Dom. de l'Idylle, 73800 Cruet, Tel. 79.84.30.58 ⏱ n. V.

LOUIS MAGNIN
Arbin, Mondeuse, Vieilles vignes 1991 *

■		k.A.	k.A.	Ⓥ②

Arbin befindet sich zwischen Montmélian und Cruet, im Süden des savoyischen Weinbaugebiets. Dieses Anbaugebiet gehört der Mondeuserebe. Ein hübscher 91er Mondeuse. Unter einem dunklen, kräftigen Kleid verbergen sich sehr harmonische, warme Tannine. Er sollte vor dem Servieren unbedingt etwas Sauerstoff ziehen, damit man sein komplexes Bukett genießen kann, das sauber, aber zurückhaltend ist.
🕿 Louis Magnin, chem. des Buis, 73800 Arbin, Tel. 79.84.12.12 ⏱ n. V.

JEAN PERRIER ET FILS
Arbin, Mondeuse, Cuvée gastronomie 1989 *

■		k.A.	15 000	🍷◧Ⓥ②

Die Familie Perrier, die seit fünf Generationen in diesem Anbaugebiet lebt, umfaßt heute fünf aktive Mitglieder. Die 10 ha Rebflächen finden ihre natürliche Erweiterung im Weinhandel. Kann die Mondeuserebe, die für Savoyen typische Rebsorte, lagerfähige Rotweine hervorbringen ? Der 89er des Hauses Perrier gibt eine Antwort auf diese Frage. Sicherlich war dies ein günstiger Jahrgang, um große Rotweine zu erhalten, aber sein Lakritzearoma und die soliden, feinen Tannine dürften eine gute Alterung garantieren.

🍷 Jean Perrier et Fils, 73800 Saint-André-Les-Marches, Tel. 79.28.11.45 ℐ n. V.

🍷 Gilbert Perrier

JEAN PERRIER ET FILS
Abymes, Cuvée gastronomie 1991*

| ☐ | k.A. | 60 000 | 🍶🆚❶ |

Wir hätten auch die »Cuvée Gastronomie« aus dem Anbaugebiet Apremont aufführen können. Unsere Jury zog jedoch diesen Abymes vor, der eine blasse, aber kristallklare Farbe besitzt. Das Blütenaroma entwickelt sich in Richtung gelbe Früchte. Seine Lebhaftigkeit und seine Jugendlichkeit, zu der ein Hauch von Restzucker hinzukommt, ergeben einen sehr ansprechenden Wein. Achten muß man jedoch auf die Kohlensäure, die den Genuß trüben kann.

🍷 Jean Perrier et Fils, 73800 Saint-André-Les-Marches, Tel. 79.28.11.45 ℐ n. V.

LA CAVE DU PRIEURE
Gamay rosé 1991*

| ☑ | 2 ha | 12 000 | 🍶⬇🆚❶ |

Der Weinberg dieser Kellerei wurde erst 1970 angelegt, aber in diesem Priorat wurde schon lange vorher Wein angebaut. Es stammt aus dem 15. Jh. Wenig Roséweine fanden Gnade vor den Augen unserer Jury. Bei diesem Weintyp sind Frische, Spritzigkeit, Fruchtigkeit und Leichtigkeit gefragt. Alles Qualität, die dieser 91er mit dem säuerlichen Abgang enthüllt.

🍷 Raymond Barlet et Fils, La Cave du Prieuré, 73170 Jongieux, Tel. 79.44.02.22 ℐ n. V.

LA CAVE DU PRIEURE Jongieux 1991

| ☐ | 1 ha | k.A. | 🍶⬇🆚❶ |

Das Anbaugebiet Jongieux ist der jüngste savoyische Cru (1989). In dieser Gemarkung sind junge Winzer bemüht, ihm die öffentliche Anerkennung zu verschaffen. Probieren Sie deshalb den Wein von Raymond Barlet und seinen Söhnen zu einem Fisch aus den savoyischen Flüssen.

🍷 Raymond Barlet et Fils, La Cave du Prieuré, 73170 Jongieux, Tel. 79.44.02.22 ℐ n. V.

DOM. DU PRIEURE SAINT CHRISTOPHE Mondeuse, Prestige 1989*

| ☑ | 0,65 ha | 4 000 | 🍷🆚❸ |

Der Ausbau im Holzfaß wird in Savoyen noch wenig praktiziert. Bei diesem 89er hat die Mondeusetraube noch nichts von ihrem Charakter eingebüßt, so daß diejenigen, die ihn im Holzfaß entwickeltes Aroma lieben, begeistert sein werden. Man sollte hinzufügen, daß es diese von Michel Grisard hergestellte Spitzencuvée verdient hätte, noch etwas zu lagern.

🍷 Dom. du Prieuré Saint Christophe, 73250 Fréterive, Tel. 79.28.62.10 ℐ n. V.

🍷 Michel Grisard

ANDRE ET MICHEL QUENARD
Chignin, Bergeron, Coteau de Torméry 1991***

| ☐ | 5,76 ha | 50 000 | ⬇🆚❷ |

Auf dem berühmten Hügel Torméry liefert der steinige Geröllboden an steilen Hängen in etwa 300 m Höhe einen sehr guten Wein. Dieser 91er mit der kräftigen, goldgelben Farbe fasziniert zuerst durch sein intensives, komplexes Bukett mit dem Honigduft und den exotischen Noten. Bemerkenswerte Präsenz im Gaumen und eine schier endlose Länge. Dieser große »Wein aus Savoyen« ist der Ausdruck seines Bodens und des Könnens seiner Erzeuger.

🍷 André et Michel Quénard, Torméry, 73800 Chignin, Tel. 79.28.12.75 ℐ n. V.

DOM. RAYMOND QUENARD
Chignin, Vieille vigne 1991*

| ☐ | 1 ha | 8 000 | 🍶⬇🆚❷ |

Die vierte Winzergeneration unterhalb der Ruinen des Feudalschlosses von Chignin. Ein hübscher, goldgrün schimmernder Wein, der im Duft förmlich zu Blumenbukett explodiert, bevor er sich zu fruchtigeren, honigartigen Noten hin entwickelt. Lebhaft, durstlöschend, eher nervig. Paßt zu Süßwasserfischen.

🍷 Raymond Quénard, Le Villard, 73800 Chignin, Tel. 79.28.01.46 ℐ Mo-Sa 8h-18h

JEAN-PIERRE ET FRANCOIS QUENARD Chignin Bergeron
Cuvée A. de la Biguerne 1991**

| ☐ | 0,6 ha | 5 000 | 🍶🍷⬇🆚❷ |

Ein sehr alter Weinberg, der 1643 südöstlich von Chambéry, nahe bei den Bauges, angelegt wurde. Die junge Winzergeneration muß dort zusätzlich zur Tradition den technischen Fortschritt mit einbringen. Dieser Wein hat unsere Jury bezaubert. Sein kräftiger, komplexer Duft, in dem sich Briochenoten und reife Aprikosen mischen, geht einer bemerkenswerten geschmacklichen Präsenz voraus. Stoff, Rundheit und Haselnußaroma, unterstützt durch eine leicht bittere Note, die das sich gut entwickeln dürfte, machen diesen Wein zu einem sehr gelungenen 91er.

🍷 Jean-Pierre et Jean-François Quénard, Caveau de la Tour Villard, 73800 Le Villard, Tel. 79.28.13.39 ℐ n. V.

JEAN-PIERRE ET JEAN-FRANCOIS QUENARD
Chignin, Cuvée A. de la Biguerne 1991

□		0,6 ha	5 000	↓ ☑ ❶

Dieser Chignin gibt sich nicht leichtfertig hin. Eine Mischung aus Kraft und Eleganz. Er hinterläßt einen weinigen Eindruck, so daß er besonders gut zu bestimmten Fischgerichten in Sauce zu passen scheint.

� Jean-Pierre et Jean-François Quénard, Caveau de la Tour Villard, 73800 Le Villard,
Tel. 79.28.13.39 ☎ n. V.

CH. DE RIPAILLE 1991*

□		21 ha	160 000	▮↓☑❷

»Faire ripaille« bedeutet heute soviel wie »schlemmen« . Das ist vielleicht nicht der Ursprung des Namens dieses Schlosses, wo der Herzog und Einsiedler Amédée VIII. lebte. Das Chasselas, das sich an den Wald des Guts anschmiegt und zum Genfer See hin offen ist, liefert diesen hübschen, sehr zarten Wein. Eleganz, Finesse und Vornehmheit sind seine Vorzüge. Sein Aroma ist halb blumig, halb fruchtig. Harmonischer Geschmack. Man kann ihn trinken, ohne große Umstände zu machen.

↝ GFA Ripaille, 74200 Thonon-Les-Bains,
Tel. 50.71.75.12 ☎ n. V.

↝ Necker

Roussette de Savoie

Den Roussette de Savoie, der in den lokalen Anbaugebieten ausschließlich aus der Altesserebe erzeugt wird und außerhalb der Crus aus der Kombination mit der Chardonnay- oder der Mondeuse-Blanche-Rebe bereitet wird, findet man in erster Linie in Frangy, am Ufer der Usses, in Monthou und in Marestel, am Ufer des Lac du Bourget. Daß man die Roussetteweine der Crus jung trinkt, kann man nur beklagen, denn diese Weine passen, wenn sie älter sind und sich gut entwickelt haben, wunderbar zu Fischgerichten oder hellem Fleisch. Vor Ort trinkt man sie obligatorisch zum einheimischen Beaufortkäse.

CAVE DE CHAUTAGNE Altesse 1991*

□		8 ha	30 000	▮↓☑❷

Eine sehr schön anzusehende Farbe mit goldenen Reflexen. Dieser Wein mit dem eleganten, intensiven Blütenduft zeigt im Geschmack eine bemerkenswerte Harmonie. Dank seiner Lebhaftigkeit paßt er gut zu Austern und Fischen aus den savoyischen Seen.

↝ Cave de Chautagne, 73310 Ruffieux,
Tel. 79.54.27.12 ☎ Di-Sa 8h-12h 14h-17h

CAVE DES VINS FINS DE CRUET
1990*

□		25 ha	40 000	▮☑❷

Die Kellerei von Cruet hat dem Jahrgang 1990 einen schönen Wein abgewonnen. Reicher Ausgangsstoff und eine gute Vinifizierung machen diesen Wein zu einem würdigen Vertreter Savoyens. Nach Ansicht unserer Jury muß man ihn trinken, um seinen aromatischen Reichtum und seinen vollen Geschmack am besten genießen zu können.

↝ Cave des Vins Fins de Cruet, 73800 Cruet,
Tel. 79.84.28.52 ☎

DOM. DUPASQUIER
Marestel, Altesse 1990*

□		2,5 ha	k.A.	◖ ☑❷

Man muß sich Zeit lassen, um diesen Roussette aus dem Anbaugebiet Marestel zu verkosten. Zurückhaltender, leicht würziger Duft. Harmonischer Geschmack mit reichem Aroma. Und ein angenehmer, langer Nachgeschmack – häufig das Gütezeichen eines großen Jahrgangs.

↝ Dom. Dupasquier, Aimavigne, 73170 Jongieux, Tel. 79.44.02.23 ☎ n. V.

EDMOND JACQUIN ET FILS
Marestel 1991*

□		1,4 ha	6 000	▮↓☑❷

Dieser schöne 91er verdankt seine Existenz dem Können der Jacquins und dem Boden des reizvollen Hügels von Marestel, den die Winzer von Jongieux überschwenglich loben müßten. Es ist empfehlenswert, ihn nach der nächsten Lese zu öffnen. Dann müßte er zu hellem Fleisch und zu Fisch passen.

↝ Edmond Jacquin et Fils, GAEC Les Perrières, 73170 Jongieux, Tel. 79.44.02.35 ☎ tägl. 8h-20h

LA CAVE DU PRIEURE
Marestel 1991***

□		2 ha	7 200	▮↓☑❷

Ein 18 ha großes Gut, das 1970 auf älteren Wurzeln entstand. Die 1989 renovierten Keller machen es möglich, einen der Weine vom Marestel-Hügel herzustellen. Dieses Weinbaugebiet, das sich im Wiederaufbau befindet, erlaubt es, einen der besten Weißweine von Savoyen zu erhalten. Der Wein von dort findet allgemein Beifall. Fülle und Harmonie sind die Schlüsselwörter bei seiner Verkostung. Ein großer Wein, wenn man ihn noch reifen läßt, bevor er Sie zu einer Reise in ein Universum von Eindrücken entführt, wie sie allein Weine mit großer Abstammung bieten können.

↝ Raymond Barlet et Fils, La Cave du Prieuré, 73170 Jongieux, Tel. 79.44.02.22 ☎ n. V.

Seyssel

Wie in der Appellation Crépy wächst hier die Chasselasrebe, die bei der Herstellung der Stillweine von

Seyssel allein verwendet wird. Bei den Schaumweinen hingegen, die drei Jahre nach der zweiten Gärung in den Handel kommen, wird sie mit der Molette- und der Altesserebe kombiniert. Diese einheimischen Rebsorten verleihen den Weinen ein Bukett und eine Finesse, die vor allem wegen des Veilchendufts ganz eigentümlich für Seyssel sind. Das Anbaugebiet der Appellation umfaßt rund 75 ha.

MAISON MOLLEX ET FILS
Blanc de blancs, Brut 1989 ★★

○　　　　　6 ha　40 000　🍷🍶↓☑2

Diese seit 1359 in Seyssel ansässige Familie besitzt heute das größte Anbaugebiet in dieser Appellation (25 ha, d. h. ein Drittel der Gesamtfläche). Ein Wein mit einer schönen blaßgelben Farbe und einem hübsch anzusehenden Perlen. Er entfaltet ein frisches Aroma, in dem sich Vanille und weiße Früchte vermischen. Dieser 89er hat sich innerhalb von zwei Jahren in den Holzregalen zu perfekter Ausgewogenheit entwickelt. Ein schöner Aperitif.
🍷 Mollex et Fils, Corbonod, 01420 Seyssel, Tel. 50.56.12.20 ☎ n. V.

Bugey

Bugey AOVDQS

Das Anbaugebiet von Bugey im Appartement Ain nimmt die unteren Hänge des Französischen Juras ein, im äußersten Süden des Revermont, von Bourg-en-Bresse bis Ambérieu, sowie die Hänge, die von Seyssel bis Lagnieu zum rechten Rhôneufer hin abfallen. Früher war es groß, aber heute ist es stark geschrumpft und besteht aus verstreut liegenden Weinbergen.

Die Weinberge liegen zumeist auf ziemlich steilen Hängen mit Kalksteingeröll. Die Bestockung unterstreicht, daß hier mehrere Regionen aufeinandertreffen : Für Rotweine wird die Poulsardrebe aus dem Jura neben der savoyischen Modeuserebe und den burgundischen Rebsorten Pinot Noir und Gamay angebaut. Ebenso konkurrieren beim Weißwein Jacquère und Altesse mit Chardonnay und Aligoté, nicht zu vergessen Molette, die einzige wirklich einheimische Rebsorte, und Mondeuse Blanche.

MAISON MONIN FILS
Blanc de blancs, Brut 1990

○　　　　7,7 ha　60 000　🍷↓☑2

Die Monins, die seit 1760 als Winzer in Vongnes leben – das sind heute Hubert und Philippe. 1985 haben sie den Betrieb von ihrem Vater Eugène übernommen. Zu den Gästen dieses Hauses zählten Maria von Savoyen (im 16. Jh.) und in neuerer Zeit die Claudels und Jean Ferniot. 1989 haben wir ihren Chardonnay besonders empfohlen. Gute Herstellung, aber das ist üblich im Hause Monin. Unsere Juroren haben jedoch etwas zu starke Dosage bedauert, die den ansonsten ansprechenden Gesamteindruck ein wenig trübt. Man sollte ihn eisgekühlt als Aperitif trinken.
🍷 Hubert et Philippe Monin Fils, 01350 Vongnes, Tel. 79.87.92.33 ☎ tägl. 9h-12h 14h-19h, (Gruppen n. V.)

MAISON MONIN FILS Chardonnay 1991

□　　　3,25 ha　20 000　🍷↓☑2

Dieser trockene Weißwein gibt sich nicht sofort preis. Aufgrund seiner verhaltenen aromatischen Ausdruckskraft muß er noch ein wenig lagern. Zu seiner Ausgewogenheit kommt eine gute Nachhaltigkeit hinzu – Gütezeichen für gut vinifizierte Weine. Man sollte ihn zu anspruchsvollen Fischgerichten servieren.
🍷 Hubert et Philippe Monin Fils, 01350 Vongnes, Tel. 79.87.92.33 ☎ tägl. 9h-12h 14h-19h, (Gruppen n. V.)

LANGUEDOC UND ROUSSILLON

Zwischen dem südlichen Rand des Zentralmassivs und dem östlichen Teil der Pyrenäen befindet sich ein Mosaik von Weinbaugebieten, die eine breite Palette von Weinen erzeugen ; es umfaßt vier an der Küste liegende Departements : Gard, Hérault, Aude und Pyrénées-Orientales. Die Hügel, deren Abhänge mitunter steil zum Meer hin abfallen, bilden einen riesigen Ring ; dieses Gebiet ist in vier aufeinanderfolgende Zonen unterteilt. Die am höchsten gelegene besteht aus einem alten Bergland, das in erster Linie von den alten Formationen des Zentralmassivs gebildet wird. Die zweite, das Gebiet der Soubergue und der Garrigue, ist der älteste Teil des Weinbaugebiets. In der dritten Zone, dem ziemlich wettergeschützten alluvialen Flachland, ragen auch einige nicht sehr hohe Hügel (200 m) auf. Die vierte schließlich ist die Küstenzone, die aus niedrig gelegenen Stränden und Haffgebiet besteht ; dort ist in jüngster Zeit eines der sich am schnellsten entwickelnden Urlaubergebiete Europas entstanden. Auch hier geht der Weinbau zweifellos auf die Griechen zurück, die bereits im 8. Jahrhundert v. Chr. Reben anpflanzten, und zwar in unmittelbarer Nähe der Orte, an denen sie an Land gingen und Tauschhandel betrieben. Während der römischen Besatzungszeit nahm der Weinbau einen raschen Aufschwung, so daß sich diese Region sogar zu einer ernsthaften Konkurrenz für die römischen Weinbaugebiete entwickelte. Kaiser Domitian befahl deshalb im Jahre 92, die Hälfte der bestockten Rebflächen zu vernichten ! Der Anbau von Wein blieb danach zwei Jahrhunderte lang auf das Gebiet von Narbonne beschränkt. Im Jahre 270 verhalf Probus dem Anbaugebiet von Languedoc und Roussillon zu einem Neubeginn, als er die Anordnungen aus dem Jahre 92 aufhob. Unter den Westgoten bestand es zunächst fort, verkümmerte dann aber nach dem Einfall der Sarazenen. Anfang des 9. Jahrhunderts kam es zu einer Wiedergeburt des Weinbaugebiets ; eine wichtige Rolle spielte dabei die Kirche mit ihren Klöstern und Abteien. Wein wurde damals vor allem auf den Hügeln angepflanzt, während das Flachland für den Anbau von Nutzpflanzen vorbehalten blieb.

Der Weinhandel entwickelte sich vor allem im 14. und 15. Jahrhundert. Damals wurden auch neue Methoden der Vinifizierung erfunden, während sich die Zahl der Weingüter vervielfachte. Im 16. und 17. Jahrhundert kam noch die Herstellung von Branntwein hinzu.

Im 17. und 18. Jahrhundert brachten der Bau des Hafens von Sète, die Eröffnung des Kanals der »zwei Meere« , die Wiederherstellung der Römerstraße und die Entstehung der Tuch- und Seidenwebereimanufakturen einen wirtschaftlichen Aufschwung, was auch zu einer Ausdehnung des Weinbaugebiets führte. Die neuen Transportwege erleichterten auch die steigende Ausfuhr der Weine und Branntweine.

Gleichzeitig entstand damals ein neues Weinbaugebiet im Flachland. Außerdem tauchte in dieser Zeit auch der Begriff eines eigenen Anbaugebiets auf, wobei die Süßweine, die damals häufig durch den Zusatz von Honig gewonnen wurden, schon einen wichtigen Platz einnahmen. Der Bau der Eisenbahn von 1850 bis 1880 ließ die Entfernungen noch weiter schrumpfen und sicherte auch den Zugang zu neuen Märkten, deren Bedarf später durch die reiche Produktion der nach der Reblauskrise wiederhergestellten Weinberge gedeckt werden sollte.

Auf den Hängen in den Departements Gard und Hérault, im Minervois, in den Corbières und im Roussillon entwickelte sich seit den 50er Jahren dieses Jahrhunderts ein mit traditionellen Rebsorten bepflanztes Anbaugebiet (in der Nähe der Weinberge, die den Stolz des Weinbaubereichs Languedoc-Roussillon im letzten Jahrhundert ausmachten). Eine große Zahl von Weinen erlangte seitdem AOVDQS- und AOC-Status; insgesamt geht auch hier der Trend zur Erzeugung von qualitativ hochstehenden Weinen.

Die verschiedenen Anbauzonen des Languedoc-Roussillon befinden sich in sehr unterschiedlichen Lagen, was die Höhe, die Nähe zum Meer, die Anlage auf Terrassen oder an Hängen, die Bodenart und die Art des Anbaugebiets betrifft.

Die Böden der Anbaugebiete können somit aus Schiefern der Urgebirge bestehen, wie in Banyuls, Maury, in den Corbières und im Minervois oder in Saint-Chinian, oder aus Sandstein (Lias oder Trias), der häufig mit Mergel wechselt, wie in den Corbières und in Saint-Jean-de-Blaquière. Oder es handelt sich um Terrassen und

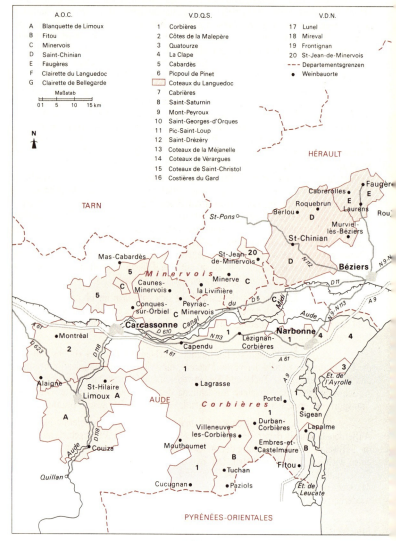

Geröll aus dem Quartär ; solche für den Anbau von Wein hervorragend geeignete Böden findet man beispielsweise in Rivesaltes, Val-d'Orbieu, Caunes-Minervois, der Méjanelle oder in den Costières de Nîmes. Daneben gibt es noch Kalkgeröllböden, oft in Hanglagen oder auf Hochebenen, wie im Roussillon, in den Corbières und im Minervois. Auf den Hängen des Languedoc schließlich trifft man auf Böden mit Anschwemmungen aus jüngerer Zeit.

 Das bisweilen von stürmischen Winden geprägte mediterrane Klima garantiert dem Languedoc-Roussillon seine Einheitlichkeit. Diese Gegend ist nämlich die wärmste Region in ganz Frankreich (durchschnittliche Jahrestemperatur bei 14 ° C mit Temperaturen, die im Juli und August oft 30 ° C übersteigen). Die Regenfälle sind selten, unregelmäßig und schlecht verteilt. Im Sommer gibt es immer großen Wassermangel vom 15. Mai bis zum 15. August. An vielen Stellen des Languedoc-Roussillon kann man nur Wein und Oliven anbauen. In Barcarès, der Ortschaft mit den geringsten

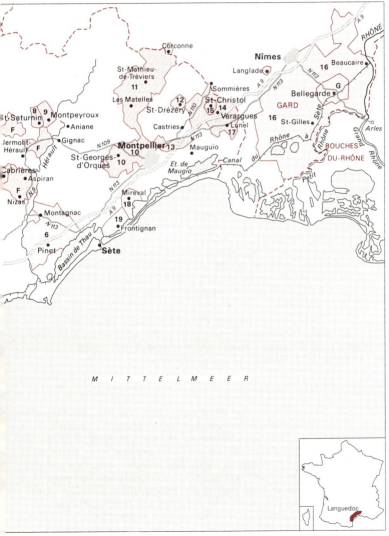

LANGUEDOC

Niederschlägen in Frankreich, fallen im Jahr nur 350 mm Regen. Doch die Niederschlagsmenge kann auch je nach der geographischen Lage auf das Dreifache ansteigen (400 mm an der Küste, 1 200 mm in den Gebirgsmassiven). Die Winde verstärken zusätzlich das trockene Klima, wenn sie vom Land her wehen (Mistral, Cers, Tramontane); hingegen mildern die vom Meer her kommenden Winde die Auswirkungen der Hitze und führen Feuchtigkeit mit sich, die günstig für den Wein ist.

Das Netz der Wasserläufe ist besonders dicht; es gibt etwa zwanzig Flüsse, die sich nach Gewitterregen oft in reißende Ströme verwandeln oder in den Dürreperioden austrocknen. Sie haben zur Entstehung des Reliefs und der einzelnen Gebiete vom Rhônetal bis zur Têt im Departement Pyrénées-Orientales beigetragen.

Böden und Klima schaffen im Languedoc-Roussillon günstige Bedingungen für den Weinbau; das erklärt auch, daß hier nahezu 40% des französischen Weins erzeugt werden, davon rund 2 Millionen hl AOC-Weine (13% der französischen Gesamtproduktion) und 2 Millionen hl AOVDQS-Weine pro Jahr.

Die AOC-Weine setzen sich zusammen aus 700 000 hl Dessertweine (VDN), die zum größten Teil im Departement Pyrénées-Orientales erzeugt werden, während der Rest aus dem Departement Hérault stammt (siehe das Kapitel »Dessertweine«), 80 000 hl Schaumweine im Departement Aude, 1 200 000 hl Rotweine und 55 000 hl Weißweine. Die AOVQDS-Weine, die in den vier Departements erzeugt werden, bestehen zu 95% aus Rotweinen.

Im Anbaugebiet der Tafelweine ist seit 1950 eine Veränderung in der Bestockung zu beobachten : ein deutlicher Rückgang bei der Aramonrebe, einer Rebsorte für leichte Tafelweine, die im 19. Jahrhundert angepflanzt wurde, zugunsten der traditionellen Rebsorten des Languedoc-Roussillon (Carignan, Cinsaut, Grenache Noir, Syrah und Mourvèdre) sowie eine Anpflanzung anderer, aromatischerer Rebsorten (Cabernet-Sauvignon, Cabernet-Franc und Merlot).

Im Anbaugebiet der Qualitätsweine ist die Hauptrebsorte bei den Rotweinen die Carignanrebe, die dank ihrer Robustheit 50 bis 90% der Bestockung ausmacht und dem Wein Struktur, Festigkeit und Farbe verleiht. Die Cinsautrebe, die auf armen Böden angebaut wird, liefert einen geschmeidigen Wein von angenehmer Fruchtigkeit. Die Grenacherebe, die für das Verrieseln anfällig ist, schenkt dem Wein seine Wärme und trägt auch zum Bukett bei, oxidiert aber leicht während der Alterung. Die Mourvèdrerebe dagegen bringt körperreiche, farbintensive und tanninreiche Weine hervor, die der Oxidation widerstehen und gut altern. Die Syrahrebe schließlich ist eine erstklassige Rebsorte, die in den Wein ihre Gerbsäure und ein Aroma einbringt, das sich bei der Alterung entfaltet.

Die weißen Rebsorten sind bei den Stillweinen hauptsächlich Grenache Blanc, Picpoul, Bourboulenc, Macabeu und Clairette, wobei letztere Rebsorte dem Wein einen ziemlich feurigen Charakter gibt, aber ziemlich rasch maderisiert ; bei den Schaumweinen sind es Mauzac, Chardonnay und Chenin.

Was gibt es Neues im Languedoc ?

Ein Wunder unter den französischen Weinbaugebieten im Jahre 1991 : Das Languedoc blieb von den Herbstregen und den Frühjahrsfrösten verschont. Hervorragende Reife der Trauben bei perfektem Gesundheitszustand, höherer Säuregehalt als in den vier vorangegangenen Jahren (Garantie für schöne Frische). Die Gewitterregen im September verschonten das Minervois, obwohl die Trockenheit weniger stark als 1988, 1989 und 1990 war. Die Weinlese fand zum normalen Zeitpunkt statt. Kurz gesagt : Alle günstigen Voraussetzungen waren gegeben. Die Weine erreichten 13 bis 13,5 ° natürlichen Alkoholgehalt und fielen farbintensiv und lebhaft aus : Feuer und Flamme.

Im Minervois ist der Jahrgang 1991 bemerkenswert gut, in den anderen Appellationen der Region erscheint er sehr ordentlich. Die Produktionsmenge ist gegenüber dem

Vorjahr leicht zurückgegangen : 96 895 hl beim Fitou gegenüber 100 275 hl 1990), 520 000 hl beim Corbières (gegenüber 537 000 hl), während die Menge beim Minervois nicht gesunken ist (180 000 hl 1990, 193 500 hl 1991).

Das Nachdenken über eine Rangfolge der Corbièresweine geht weiter mit der Festlegung von 11 kleinen Regionen : Durban, Sigean, Quéribus etc. Die Einführung des »Gemeinsamen Marktes« Anfang 1993 beschleunigt die Neuorganisierung der Genossenschaftskellereien : in der Appellation Corbières Zusammenschluß der Kellereien von Ribaute und Lagrasse, während der Geistliche in Cucugnan in Zukunft erwarten darf, daß sein Meßwein mit dem Wein von Duilhac vermischt wird. In der Appellation Minervois fusionierten die Kellereien von Olonzac und Oupia.

Die Coteaux du Languedoc machen spürbare Fortschritte bei ihren Absätzen, nachdem ihre Verkäufe innerhalb eines Jahres um 30% angestiegen sind.

Feststellen kann man auch eine gute Entwicklung bei den Primeurweinen des Pays d'Oc, die diesmal am 17. Oktober 1991 auf den Markt kamen. Diese Weine, die in den Departements Aude, Hérault und Gard und in den Pyrenäen erzeugt werden, gewinnen allmählich einen eigenen Charakter.

Languedoc

Blanquette de Limoux

Blanquette de Limoux ist das einzige Anbaugebiet für Schaumweine im Languedoc-Roussillon. Dieser Wein hieß früher, als die Mönche der Abtei Saint-Hilaire entdeckten, daß ihr Wein zu Beginn des Frühlings zu gären anfing, Blanquette en Limouxin. Drei Rebsorten werden für seine Herstellung verwendet : Mauzac (mindestens 90%), Chenin und Chardonnay, wobei die bei-

den letztgenannten die Clairetterebe abgelöst haben und dem Blanquette Säure und aromatische Finesse verleihen.

Blanquette de Limoux wird nach dem Champagner-Verfahren hergestellt und kommt in den Geschmacksrichtungen Brut (herb), Demi-Sec (halbtrocken) und Doux (süß) auf den Markt. Jährlich werden 8 Millionen Flaschen verkauft.

Im Limouxin gibt es außer dem Blanquette und dem Crémant de Limoux noch zwei weitere, sehr kleine

Appellationen : einen trockenen Stillwein, den Limoux, und einen weißen Schaumwein, der nach einer alten Methode hergestellt wird, den »Blanquette Méthode Ancestrale«.

ANTECH Cuvée Saint-Laurent
Brut Blanc de blancs 1987★★

| ○ | k.A. | 10 000 | ⬛↓☑2 |

Die an Auszeichnungen gewöhnten Brüder Antech verdienen Respekt wegen ihrer Gewissenhaftigkeit und ihres Fleißes. Eine attraktive, blaßgoldene Farbe und ein feiner, zarter Schaum. Der Wein macht mit einem feinen, harmonischen Bukett auf sich aufmerksam, in dem sich der Duft von reifen Früchten mit Ginsterblüten vermischt. Aber seine Ausdruckskraft entfaltet sich im Geschmack : geröstete Mandeln, Blütenhonig (von den Mauzactrauben), Fülle, Intensität ... Ein Wein in seiner schönsten Reife, den man als Aperitif oder zu Fisch mit Sauce trinken sollte.
🕿 Georges et Roger Antech, Dom. de Flassian, 11300 Limoux, Tel. 68.31.15.88 ⵣ n. V.

DIAPHANE
Blanc de blancs Demi sec 1988★★★

| ○ | 150 ha | 250 000 | ⬛↓☑2 |

»Maître blanquetier« ist in Limoux ein uralter Beruf. Die Vereinigung des ganzen Wissens von Winzergenerationen erlaubt es den Caves du Sieur d'Arques, sich sogar an die Perfektion von halbtrockenen Schaumweinen zu wagen. Das frische, perlende Aussehen ist wie eine Einladung zu einem Fest. Der Duft von weißen Blüten vermischt sich mit ländlichen Haselnußnoten. Der Geschmack ist mild, frisch, fleischig und nervig, harmonisch und blumig. Ein Wein, den man für gute Freunde aufheben sollte.
🕿 Les Caves du Sieur d'Arques, av. du Mauzac, 11300 Limoux, Tel. 68.31.14.59 ⵣ n. V.

L'EVECHE Brut Cuvée réservée★★

| ○ | 35 ha | 160 000 | ↓☑2 |

Mehrere Generationen von Blanquetteherstellern haben in den stillen Kellern des Bischofs von Alet allmählich technischen Fortschritt und Tradition vereint. Ein sehr heller Wein mit schönen grünen Reflexen. Nachhaltiger Schaum von guter Finesse. Der Duft ist komplex und intensiv (Gewürze, grüne Äpfel und Hefebrot). Im ausgewogenen Geschmack erkennt man Gewürze und Früchte. Paßt hervorragend zu Fisch oder Kalbsbries. Man sollte es ausprobieren !
🕿 Héritiers Valent, 11250 Gardie, Tel. 68.69.90.01 ⵣ Mo-Fr 8h-12h 14h-18h
🕿 Philippe Limouzy

DOM. DE MARTINOLLES 1990★★

| ○ | 10 ha | 60 000 | ⬛↓☑2 |

Für die Vergnes ist die Herstellung von Blanquette eine Selbstverständlichkeit ! 65 ha Rebflächen, vollendete Beherrschung der Blanquetteherstellung, 45% Exportanteil der Verkäufe und vor allem ein ruhiger Ort. Eine schöne, blaßgelbe Farbe und ein feiner, leichter Schaum. Intensives Bukett : wilde Blumen und exotische Früchte (vor allem Mangos). Im Geschmack setzt sich dieser

Eindruck fort : intensiv, fleischig, aber elegant, fruchtig und frisch. Als Aperitif oder zum Dessert, insbesondere zu Sorbets.
🕿 Vignobles Vergnes, Dom. de Martinolles, 11250 Saint-Hilaire, Tel. 68.69.41.93 ⵣ Mo-Sa 8h-12h 14h-19h

Crémant de Limoux

Der Crémant de Limoux (Dekret vom 21. August 1990), ist deshalb aber keineswegs der am wenigsten erprobte Schaumwein. Die Bedingungen für die Herstellung des Blanquette de Limoux waren nämlich sehr streng und denen des Crémant sehr ähnlich, so daß man im Limouxin keine Schwierigkeiten hatte, sich in diese Elitegruppe einzureihen.

Schon seit einigen Jahren verfeinerten sich in den Kellereien Cuvées, die einer subtilen Kombination von Persönlichkeit und typischem Charakter (Mauzac), Eleganz und Rundheit (Chardonnay) sowie Jugendlichkeit und Frische (Chenin) entstammten.

Deshalb stehen auch schon die ersten Cuvées des Crémant de Limoux zum Trinken bereit.

DOM. LAURENT-MAUGARD ★

| ○ | 0,8 ha | 6 000 | ⬛☑2 |

»Wer nur lang genug warten kann, kommt auch ans Ziel.« So könnte das Motto der Laurents lauten, die nach und nach dieses kleine Gut am Rand von Limoux aufgebaut und sich mit ihren Weiß- und Rotweinen einen guten Namen gemacht haben. Die kräftige, gelbe Farbe paßt gut zu dem intensiven Ananasduft, der durch eine Mentholnote betont wird. Im Geschmack findet man die Fruchtigkeit und die Frische des Geruchseindrucks wieder, begleitet von einer schönen Nervigkeit, die appetitanregend wirkt oder eine Nachspeise besser zur Geltung bringt. Achtung : mit 6 000 Flaschen ein seltenes Produkt !
🕿 Roger et Christian Laurent, 11300 Cépie, Tel. 68.31.21.31 ⵣ n. V.

DOM. DE MARTINOLLES 1989★

| ○ | 5 ha | 30 000 | ⬛↓☑2 |

Die Vergnes, von denen wir bereits einen Blanquette vorgestellt haben, präsentieren hier einen Crémant. Eine schöne Hommage an die Mönche der Abtei Saint-Hilaire, denen wir die Flaschengärung verdanken. Eine lebhafte Farbe mit grünen Reflexen lenkt die Blicke auf sich. Der feine

Duft von gelben Pfirsichen und Guaven lädt zum Probieren ein. Der Geschmack ist voll : Brombeeren mit Röstnoten, wunderbar unterstützt von der Frische grüner Äpfel. Als Aperitif oder zu Zander mit weißer Buttersauce.
🐂 Vignobles Vergnes, Dom. de Martinolles, 11250 Saint-Hilaire, Tel. 68.69.41.93 ⚋ Mo-Sa 8h-12h 14h-19h

DOM. DE MAYRAC 1989**

| ○ | 7,5 ha | 5 000 | ▮↓☑**2** |

Südlich von Limoux, am Rande des Hochtals des Aube, nimmt das Anbaugebiet dieses Gutes lehmig-kalkige Hänge in Südwestlage ein. Gino Buoro ist ein Anhänger biologischer Anbaumethoden, der »Natur und technischen Fortschritt« miteinander in Einklang zu bringen versucht. Dieser 89er besitzt eine schöne, blasse Farbe mit grünen Reflexen und entfaltet einen leichten, aber anhaltenden Schaum. Der feine Duft ist blumig-fruchtig und erinnert an Bananen und einen Hauch von Vanille. Der runde, volle Geschmack enthüllt eine feine Honignote. Paßt zu Fischgerichten mit Sauce.
🐂 Gino Buoro, Dom. de Mayrac, 11190 Couiza, Tel. 68.74.04.84 ⚋ n. V.

SIEUR D'ARQUES
Blanc de blancs 1988***

| ○ | 600 ha | 600 000 | ▮↓☑**2** |

Die Gewissenhaftigkeit, mit der die Reben in einzelnen Parzellen angebaut werden, und das besonders gepflegte Lesegut machen es möglich, daß Winzer und Weinhersteller aus den Trauben das Beste herausholen. Verarbeitet werden dabei die Trauben von 650 Zulieferern, die 2 000 ha bewirtschaften. Ansprechende gelbe Farbe : leuchtend und frisch. Anhaltender Schaum. Der Duft erinnert an geröstetes Brot und exotische Früchte. Im alkoholreichen Geschmack entdeckt man ein intensives, frisches Aroma mit Zitrusnoten. Eignet sich als Aperitif oder zu Lachs mit Sauerampfer.
🐂 Les Caves du Sieur d'Arques, av. du Mauzac, 11300 Limoux, Tel. 68.31.14.59 ⚋ n. V.

Clairette de Bellegarde

Erzeugt wird der 1949 als AOC anerkannte Clairette de Bellegarde auf steinigen, roten Böden im Südosten der Costières de Nîmes, in einem kleinen Anbaugebiet zwischen Beaucaire und Saint-Gilles und zwischen Arles und Nîmes. Von diesem Wein mit dem charakteristischen Bukett werden pro Jahr 2 000 hl produziert.

DOM. DU MAS CARLOT 1991**

| ☐ | 14 ha | 42 000 | ▮↓☑**1** |

Strohgelbe Farbe mit grauen Reflexen. Origineller, komplexer Duft : Zu einer blumigen Note gesellen sich getrocknete Früchte (Haselnüsse, Mandeln) und Gewürze. Die schöne Ausgewogenheit, der gute Abgang und der aromatische Reichtum machen diesen 91er zu einem schönen Clairette.
🐂 GFA du Mas Carlot, 30127 Bellegarde, Tel. 66.01.11.83 ⚋ tägl. 8h-12h 14h-19h
🐂 Paul Blanc

Clairette du Languedoc

Die Rebflächen befinden sich in acht Gemarkungen am mittleren Lauf des Hérault ; erzeugt werden sie 5 000 hl. Eine Vinifizierung bei niedriger Temperatur und minimaler Oxidation ergibt einen alkoholreichen Weißwein mit kräftiger, gelber Farbe. Er kann trocken, halbtrocken oder lieblich sein. Im Alter nimmt er einen Firngeschmack an, den manche Weinfreunde schätzen. Er paßt gut zu Fischsuppe und Seeteufel auf amerikanische Art.

CAVE DE CABRIERES L'Estabel 1991*

| ☐ | 30 ha | 20 000 | ▮↓☑**1** |

Cabrières ist berühmt für seinen leuchtendroten Rosé, den bereits Ludwig XIV. schätzte, erzeugt aber auch charaktervolle Weiß- und Rotweine. Unweit des Talzirkus von Mourèze verbirgt sich dieses Anbaugebiet mit Schieferböden hinter dem Pic du Vissou. Was gibt es über diesen 91er zu sagen ? Schöne, strahlende Farbe, sehr angenehmer Duft von Trockenblumen und Pfirsichen. Stattlicher, alkoholischer Geschmack mit einer diskreten, leicht bitteren Note. Warum sollte man ihn nicht zu überbackenem Aal probieren ?
🐂 Cave Coop. de Cabrières, 34800 Cabrières, Tel. 67.96.07.05 ⚋ Mo-Sa 9h-12h 14h-18h

CH. LA CONDAMINE BERTRAND 1991

| ☐ | 14 ha | k.A. | ▮↓☑**1** |

Vielleicht einer der ältesten Teile dieses Weinbaugebiets und dazu ein sehr hübsches Château. Hellgelbe Farbe mit grünen Reflexen, Duft von grünen Äpfeln und exotischen Früchten, geschmeidiger, feiner Geschmack. Ein recht sympathischer Wein, den man jetzt trinken sollte, um seine ganze Fruchtigkeit zu genießen.

🢔 SCA La Condamine Bertrand, 34230 Paulhan, Tel. 67.25.27.96 ⚒ tägl. 8h-18h

🢔 Jany Bernard

Corbières

Die Corbièresweine, die seit 1951 als VDQS eingestuft waren, erlangten 1985 AOC-Status. Die Appellation erstreckt sich auf 87 Gemarkungen bei einer Produktion von 500 000 hl (10% Weiß- und Roséweine, 90% Rotwein). Es handelt sich um alkoholreiche Weine (11 bis 13°). Sie werden in Anbaugebieten erzeugt, die im Höchstfall zu 60% mit Carignan bestockt sind.

In dieser typischen Weinbauregion existieren kaum andere Anbaumöglichkeiten. Obwohl im Westen der ozeanische Einfluß spürbar wird, dominiert das mediterrane Klima. Das Gebiet, das durch ein ausgeprägtes Relief abgeschirmt wird, weist eine Vielzahl von Böden auf, so daß es schwer zu klassifizieren ist. Es gibt hier auch eine Weinbruderschaft: die Illustre Cour des Seigneurs de Corbières, deren Sitz in Lézignan-Corbières ist.

DOM. DES AMOURIES 1990*

| | | 4 ha | 10 000 | ◫ ↓ ✔ **2** |

Alain Castex versucht mit Erfolg, das Anbaugebiet der Hautes Corbières zu nutzen. Er stellt mehrere gelungene Weiß-, Rot- und Roséweine vor. Dieser hübsche Rotwein mit der kräftigen Farbe entfaltet einen kräftigen Duft, der an rote Früchte erinnert und bereits Noten von Unterholz enthält. Dank seines zurückhaltenden, gut integrierten Holztons wirkt er gleichzeitig kräftig und elegant. Ein verführerischer 90er.

🢔 Dom. des Amouriès, rte de Laroque, 11330 Davejean, Tel. 68.70.06.02 ⚒ n. V.

🢔 Alain Castex

DOM. BAILLAT 1990*

| | | 2 ha | 5 000 | ▮ ✔ **1** |

Christian Baillat hat 1986 den Familienbetrieb übernommen und bemüht sich seitdem, ein Gut aufzubauen, das bald zu den führenden der Corbières zählen wird. Strahlende, kräftige Farbe. Große Finesse im Duft mit Noten von roten Beeren. Der wohlausgewogene Geschmack ist voll, rund und würzig und endet mit einem langen Abgang.

🢔 Christian Baillat, 2, rue Mt Laurier, 11220 Montlaur, Tel. 68.24.01.08 ⚒ n. V.

CH. CANOS 1991*

| ◨ | | 6 ha | 12 000 | ▮ ↓ ✔ **1** |

Pierre Galinier ist zwar noch ein junger Winzer, aber er setzt die Tradition von fünf Generationen vor. Ein Rosé mit einer sehr zarten Farbe und einem rassigen, intensiven Bukett. Der erste Geschmackseindruck ist klar und lebhaft. Dahinter entfaltet sich eine harmonische Ausgewogenheit mit fruchtigen Noten. Man darf gespannt sein, wie nächstes Jahr der Rotwein ausfällt.

🢔 Pierre Galinier, Ch. Canos, rue de Canos, 11200 Luc-sur-Orbieu, Tel. 68.27.00.06 ⚒ tägl. 10h-12h 15h-19h

CH. DE CARAGUILHES
Cuvée prestige 1991**

| ▢ | | 1 ha | 5 000 | ◫ ↓ ✔ **3** |

Um 1525 ließ sich Bernard de Montredon, Herr von Mattes Revel und Gasparets, in Caraguilhes nieder. Das Gut war verkauft worden, um das Lösegeld für Franz I. zu bezahlen, der nach der Schlacht bei Pavia in Gefangenschaft geraten war. Die goldene Farbe und der intensive Duft von Ginsterblüten entsprechen der Bedeutung des Orts. Im Geschmack entfalten sich über einem zarten Holzton reife Früchte. Sehr lange Nachhaltigkeit. Ein sehr eleganter Wein.

🢔 Michèle et Lionel Faivre, Ch. de Caraguilhes, 11220 Saint-Laurent-de-la-Cabrerisse, Tel. 68.43.62.05 ⚒ tägl. 8h-22h

HENRY CARBONNEL ET FILS 1990*

| ▮ | | k.A. | k.A. | ▮ ↓ ✔ **1** |

Ein schöner Erfolg für Henry Carbonnel und seine beiden Söhne, die ihren Wein erstmals selbst in Flaschen abgefüllt haben. Man findet sie in ihrem Probierkeller in der Nähe der Abtei Lagrasse. Schöne Farbe mit jugendlichen Reflexen, intensiver Duft von sehr reifen Früchten. Im Geschmack zeigt sich der Wein kräftig und geschmeidig zugleich. Gute Gerbsäure. Lagerfähigkeit garantiert.

🢔 Henry Carbonnel et Fils, La Condamine, 11220 Lagrasse, Tel. 68.43.13.99 ⚒ n. V.

DOM. DE CAVE NEUVE
Cru de Fontfroide 1990*

| ▮ | | 14 ha | 10 000 | ▮ ✔ **1** |

Ebenso wie Château de Lastour ist die Domaine de Cave Neuve Teil eines Beschäftigungsprogramms. Nachdem das Gut schon mehrmals bei Wettbewerben auf sich aufmerksam gemacht hat, scheint es nun auf dem richtigen Weg zum Erfolg zu sein. Tiefe Farbe, komplexer Duft mit Kaffeenoten über einem leichten Tiergeruch. Voller Geschmack mit noch spürbaren Tanninen.

🢔 Association Elan, Dom. de Cave Neuve, 11200 Bizanet, Tel. 68.45.17.71 ⚒ Mo-Fr 9h-12h 14h-18h, Sa, So n. V.

FONTBORIES 1990*

| ▮ | | 7 ha | 35 000 | ◫ ✔ **2** |

Camplong, ein bezauberndes kleines Dorf an der Montagne d'Alacric, beherbergt eine Gruppe von sehr tatkräftigen Winzern, die jedes Jahr zahlreiche Besucher haben. Dieser 90er besitzt eine schöne, kräftige Farbe. In seinem komplexen Bukett entdeckt man einen feinen Holzton und

Noten von Unterholz. Die große Vornehmheit der Tannine verleiht ihm eine gute Ausgewogenheit.

⌐ Les Vignerons de Camplong, 11200 Camplong, Tel. 68.43.60.86 ☒ Mo-Fr 8h-12h 14h-18h

GRAND OPERA 1990*

| ■ | | k.A. | 40 000 | ◖◗ 2 |

1972 schlossen sich drei Genossenschaften zu dieser Union zusammen, die heute 1 100 Winzer und 400 ha repräsentiert. Die Mitglieder vereinen ihre Erfahrungen und treffen eine strenge Auswahl, um sehr schöne Weine auf den Markt zu bringen. Diesem Wein verleiht die Mourvèdrerebe seine Originalität. Er duftet nach reifen Früchten. Im kräftigen, harmonischen Geschmack findet man das Aroma in Alkohol eingelegter Früchte.

⌐ Union des Caves des Corbières-Maritimes, 11490 Portel-des-Corbières, Tel. 68.48.28.05 ☒ Mo-Sa 9h-12h 14h-19h

CH. HELENE Gris de gris 1991*

| ◩ | 5 ha | k.A. | ■↓✓ 1 |

Marie-Hélène fehlt es nicht an Mut. Sie übernahm 1977 dieses Gut, das ihre Großmutter einem Verwalter anvertraut hatte, und hatte alle Hände voll zu tun. Lachsrosa schimmernde Pastellfarbe. Der Duft ist sehr zart, aber intensiv genug, um das Aroma von roten Früchten erkennen zu lassen. Ein Hauch von schwarzen Johannisbeeren weist auf die Syrahrebe hin. Harmonischer, langer Geschmack.

⌐ Marie-Hélène Gau, 11800 Barbaira, Tel. 68.79.00.69 ☒ tägl. 9h-19h

CH. LA BARONNE
Montagne d'Alaric Vieilles vignes 1991*

| ☐ | 10 ha | 20 000 | ■↓✓ 2 |

Der Weinberg und das Château entstanden Ende des letzten Jahrhunderts und gehören seit 1958 Monsieur und Madame Lignères. Die Hälfte seiner Zeit widmet André Lignères seinen Patienten, die andere Hälfte seinen geliebten Reben. Dieser goldgelb schimmernde Wein stammt erkennbar von alten Rebstöcken. Kräftiges Aroma mit blumigen Noten, sehr guter Geschmackseindruck mit voller, stattlicher Ansprache, die eine gute Reife erahnen läßt.

⌐ Suzette Lignères, Ch. La Baronne, 11700 Fontcouverte, Tel. 68.43.90.20 ☒ n. V.

CH. DE LASTOURS
Cuvée Simone Descamps 1990*

| ■ | k.A. | k.A. | ■↓ 2 |

Lastours, das bereits zwei besondere Empfehlungen von uns erntete (1988 für den 85er und 1990 für den 86er), ist ein Rehabilitationszentrum für Behinderte und eines der bedeutendsten Weingüter der Corbières. Dieser alkoholreiche, für die Appellation ziemlich typische Wein entfaltet einen komplexen Duft von eingemachten Früchten und einen klaren, harmonischen Geschmack mit einem aromatischen, an getrocknete Feigen erinnernden Abgang.

⌐ CAT Ch. de Lastours, 11490 Portel-des-Corbières, Tel. 68.48.29.17 ☒ n. V.

CH. LA VOULTE-GASPARETS
Blanc de blancs 1991**

| ☐ | 2 ha | 6 600 | ■↓✓ 2 |

Dieses rund 50 ha umfassende Gut in den zentralen Corbières besitzt ein außergewöhnliches Anbaugebiet. Fünf Winzergenerationen haben seinen Wein zu einem der besten dieser Appellation gemacht. Hübsche, strahlend blaßgelbe Farbe mit grünen Reflexen. Der kräftige Duft von reifen Früchten erinnert an Birnen. Der sehr ausgewogene Geschmack bietet viel Fülle, Eleganz und Harmonie.

⌐ Patrick Reverdy, Ch. la Voulte-Gasparets, 11200 Boutenac, Tel. 68.27.07.86 ☒ tägl. 9h-12h 14h-19h

CH. LA VOULTE-GASPARETS
Cuvée Romain Pauc 1990**

| ■ | 4 ha | 13 000 | ■◖◗↓✓ 3 |

Eine weitere Auszeichnung für diesen klassischen »Komponisten« der Appellation, der seine Inspiration aus den jahrhundertealten Traditionen schöpft. In der intensiven, fruchtigen Ansprache entdeckt man Kirschnoten, auf die eine würzige Note folgt, die für die großen Kompositionen dieses Anbaugebiets charakteristisch ist. Eine harmonische Verbindung von Kraft und Finesse über einem weichen Finale mit Vanillenoten. Die geschmackliche Nachhaltigkeit gibt dem Ganzen einen schönen Ausklang.

⌐ Patrick Reverdy, Ch. la Voulte-Gasparets, 11200 Boutenac, Tel. 68.27.07.86 ☒ tägl. 9h-12h 14h-19h

CH. LES OLLIEUX 1990

| ■ | 23,73 ha | 50 000 | ■↓✓ 1 |

Ein altes Gut, denn Raingarde de Montséret wurde 1153 Äbtissin des Klosters Sainte-Marie-des-Ollieux. Seit 1855, als es von dieser Familie erworben wurde, befindet es sich im Besitz von Frauen. Ein hübscher Wein mit einer granatroten Farbe. Er duftet nach kleinen roten Früchten und entfaltet einen eleganten Geschmack mit harmonischem Abgang. Bei der Blindprobe wurde er völlig zu Recht als feminin beurteilt.

⌐ Françoise Surbezy-Cartier, Ch. les Ollieux, 11200 Montséret, Tel. 68.43.32.61 ☒ n. V.

CH. LES PALAIS-RANDOLIN
1990***

| ■ | 15 ha | 8 000 | ◖◗↓✓ 3 |

Ein Wein, den die große Jury der Corbièresweine nach einer langen, interessanten Debatte als besondere Empfehlung ausgewählt hat. Die

tiefe, granatrote Farbe zeigt einige Reflexe, die auf seine Entwicklung hinweisen. Der kräftige Duft, der stark an reife Früchte über einem Vanillearoma erinnert, wird von Röstnoten begleitet. Sehr komplexer, stattlicher Geschmack mit langem Abgang, in dem man in Alkohol eingelegte Kirschen entdeckt. Ein sehr guter Vertreter seiner Appellation.

🔹 Ch. Les Palais, 11220 Saint-Laurent-de-la-Cabrerisse, Tel. 68.44.01.63 ☎ tägl. 8h-20h
🔹 de Volontat

LES VIGNERONS DE LEZIGNAN-CORBIERES 1990*

| ■ | 12 ha | 12 000 | ▮↓☑❶ |

Schönes, kräftiges Kleid von rubinroter Farbe. Der ziemlich intensive Duft enthüllt Noten von schwarzen Johannisbeeren. Der konzentrierte Geschmack versteckt nicht seine Tannine. Dieser noch jugendliche Wein muß lagern, damit er seine optimale Qualität erreicht.

🔹 Le Chai des Vignerons de Lézignan-Corbières, 15, rue Frédéric Mistral, 11200 Lézignan, Tel. 68.27.00.36 ☎ Mo-Sa 8h-12h 14h-18h

CH. DE L'HORTE Réserve spéciale 1990*

| ■ | 2 ha | 6 500 | ▯↓☑❷ |

Es erforderte eine Menge Mut von Jean-Pierre Biard, um dieses alte Gut zu übernehmen, das inmitten von felsigen Hügeln und Garrigue liegt. Johanna van der Speks holländische Heimat scheint hier sehr weit entfernt zu sein, aber sie macht sich nicht mehr die Mühe, diese schöne Reise zu unternehmen. Schöne, rubinrote Farbe, eleganter Duft von roten Früchten. In der Ansprache spürt man deutlich das Aroma von Kirschen. Kräftig und ausgewogen vom Heck bis zum Bug. Dieser lange lagerfähige Wein besitzt sehr elegante, gute Tannine.

🔹 Biard et Van der Spek, Ch. de L'Horte, 11700 Montbrun-des-Corbières, Tel. 68.43.95.36 ☎ n. V.

CH. DU PARC 1991**

| ◪ | 2 ha | 10 000 | ▮↓☑❶ |

Im letzten Jahr wählten wir einen Rotwein von diesem Gut aus, diesmal ist es ein Rosé. Sehr schöne blasse, klare Farbe. Danach ein Aroma von kleinen roten Früchten. Bemerkenswerte Komplexität. Ein schöner, guter Wein.

🔹 Louis Panis, Ch. du Parc, 11200 Conilhac-Corbières, Tel. 68.27.47.44 ☎ n. V.

DOM. PIQUE ROUGE 1990

| ■ | 11 ha | k.A. | ▮↓☑❷ |

Ein junges Winzerpaar versucht auf diesem höchstgelegenen Gut der Corbières, den Reichtum der Syrahrebe in der Gemarkung Maisons zu demonstrieren. Schöne, kirschrote Farbe von mittlerer Intensität. Im harmonischen Duft entdeckt man Erdbeeren und Himbeeren. Im Geschmack zeigt sich der Wein würzig und wuchtig. Der Abgang wird von einem Lakritzearoma geprägt. Gute Ausgewogenheit. Trinkreif.

🔹 Pierre et Claudette Hodara, Dom. Pique Rouge, 11330 Maisons, Tel. 68.70.01.96 ☎ n. V.

DOM. DU REVEREND 1991**

| □ | 3,8 ha | 20 000 | ▯↓☑❷ |

Die Domaine du Révérend, die zu Füßen des Schlosses Quéribus an die berühmte Geschichte des Pfarrers von Cucugnan erinnert, bezeugt seit mehreren Jahren die Qualität eines großartigen Anbaugebiets. Schöne, gelbe Farbe mit grünen Reflexen. Duft von weißen Blüten und Früchten. Im Geschmack gibt sich der Wein nach einer lebhaften Ansprache voll und komplett und entfaltet ein Aroma von exotischen Früchten, Ananas und Grapefruits. Hübsche Länge.

🔹 Cellier du Grand Corbières, Dom. du Révérend, 11350 Cucugnan, Tel. 68.45.01.13 ☎ tägl. 10h30-18h30

ROQUE SESTIERE Vieilles vignes 1991*

| □ | 7 ha | k.A. | ▮☑❶ |

Der Wein von Jean Bérail findet hier ein weiteres Mal Anerkennung. Der Name »Weißer Monsieur Corbières« ist kein Zufall, denn seit 1970 hat er seinen Betrieb ganz auf die Produktion dieses Weins umgestellt. Der 91er besitzt eine schöne, goldgelbe Farbe. Ein sehr ausgewogener, runder und voller Wein mit blumigen Noten. Er paßt zu Fischgerichten mit Sauce und zu weißem Fleisch.

🔹 Isabelle Lagarde, »Bérail«, 11200 Ornaisons, Tel. 68.27.09.94 ☎ tägl. 9h-20h

DOM. DE VILLEMAJOU 1990**

| ■ | 20 ha | 70 000 | ▯☑❷ |

Gérard Bertrand ist ein würdiger Nachfolger seines Vaters, der dieses Gut 1965 erwarb, und versteht es wie dieser, seine Liebe zum Wein und zum Rugby unter einen Hut zu bringen. Tiefe, rubinrote Farbe. Reicher, komplexer Duft mit balsamischen Noten. Sehr ausgewogener Geschmack mit harmonischem Holzton. Lang und elegant.

🔹 Gérard Bertrand, Dom. de Villemajou, 11200 Saint-André-de-Roquelongue, Tel. 68.45.10.43 ☎ n. V.

CH. DE VILLENOUVETTE 1990*

| ■ | 40 ha | 55 000 | ☑❶ |

Ein 90er mit einer sehr kräftigen, leicht purpuriolett schimmmernden Farbe. Der intensive, wilde Duft enthüllt Noten von Garrigue und Thymian. Die im Geschmack deutlich spürbaren Tannine schaden nicht der Fülle dieses Weins, der mit der Zeit noch besser zu werden verspricht.

🔹 SCI Ch. de Villenouvette, 11200 Nevian, Tel. 68.43.80.03 ☎ tägl. 9h30-18h30
🔹 Barsalou

Costières de Nîmes

Als AOC sind 25 000 ha eingestuft, von denen gegenwärtig 12 000 ha bestockt sind. Die Rot-,

Rosé- und Weißweine werden in einem Anbaugebiet erzeugt, das auf sonnenreichen Geröllhängen liegt, in einem Viereck, das von Meynes, Vauvert, Saint-Gilles und Beaucaire, im Südosten von Nîmes und im Norden von der Camargue begrenzt wird. 150 000 hl werden unter der Bezeichnung Costières de Nîmes (75% Rot-, 22% Rosé- und 3% Weißweine) auf den Markt gebracht; die Appellation umfaßt 24 Gemarkungen. Die Roséweine passen gut zu Wurstwaren aus den Cevennen, die Weißweine zu Muscheln und Fischen aus dem Mittelmeer, die feurigen, körperreichen Rotweine zu gegrilltem Fleisch. Eine Weinbruderschaft, der Ordre de la Boisson de la Stricte Observance des Costières de Nîmes, hat eine 1703 begründete Tradition wieder aufleben lassen. Eine Weinstraße führt von Nîmes aus durch dieses gesamte Gebiet.

CH. BEAUBOIS Cuvée tradition 1990★

| ■ | 20 ha | 80 000 | ⬛⬜☑ 1 |

Ein im 14. Jh. von den Zisterziensern des Klosters Franquevaux gegründetes Gut, das zu Beginn des Jahrhunderts von dieser Familie erworben wurde und am Südhang der Costières de Nîmes liegt. Schöne, sehr strahlendes granatrote Farbe, komplexer Duft mit entwickelten Noten von reifen Früchten und Gewürzen sowie einem Hauch von Kirschwasser. Ein gut gebauter Wein, der kräftig und alkoholreich ist und sein Anbaugebiet voll zum Ausdruck bringt.
🍷 Boyer-Mouret, Ch. Beaubois, 30640 Franquevaux, Tel. 66.73.30.59 ☎ Mo-Sa 8h-12h 14h-18h

CH. BEAUBOIS Cuvée Elégance 1990

| ■ | 5 ha | 15 000 | ⬛⬜☑ 1 |

Ein schönes, tiefes Rot, das ins Violette spielt. Das reiche, kräfte Aroma enthüllt bereits entwickelte Noten: Tiergeruch, Lakritze und sehr reife Früchte. Im Geschmack ist er feurig und kräftig. Dieser 90er erscheint recht typisch für seinen warmen, kräftigen Boden. Ein Wein in seiner schönsten Reife.
🍷 Boyer-Mouret, Ch. Beaubois, 30640 Franquevaux, Tel. 66.73.30.59 ☎ Mo-Sa 8h-12h 14h-18h

CH. BEAUBOIS Cuvée tradition 1991

| ◪ | 10 ha | 40 000 | ⬛⬜☑ 1 |

Ein strahlendes Rosarot mit lachsrosa Nuancen. Der Duft ist von mittlerer Intensität und entfaltet fruchtige Zitrusnoten. Da er im Geschmack sehr abgerundet ist, kann man ihn schon bald trinken.

🍷 Boyer-Mouret, Ch. Beaubois, 30640 Franquevaux, Tel. 66.73.30.59 ☎ Mo-Sa 8h-12h 14h-18h

CH. DE BELLE COSTE
Cuvée Saint Marc 1991★★

| ☐ | 5 ha | 10 000 | ⬛⬜☑ 2 |

Bertrand und Anne-Marie du Tremblay führen dieses Gut, das seit mehr als 100 Jahren im Besitz der Familie ist. Es umfaßt über 100 ha als AOC eingestufte Rebflächen südlich von Nîmes, auf dem Nordhang der Costières. Sehr schöne, goldengrüne Farbe und ein intensiver Duft, der Feinheit und Eleganz verbindet. Im Geschmack vereinigt sich das Aroma von weißen Blüten in angenehmer Weise mit Zitrusnoten. Ein leichtes Perlen unterstützt die Frische. Diesen runden, zarten 91er kann man schon jetzt probieren.
🍷 Bertrand du Tremblay, Ch. de Belle-Coste, 30132 Caissargues, Tel. 66.20.26.48 ☎ n. V.

CH. DE BELLE COSTE
Cuvée Saint Marc 1991★★

| ◪ | 10 ha | 20 000 | ⬛⬜☑ 1 |

Lachsrosa Farbe mit strahlenden Reflexen. Komplexes, feines Aroma, das an rote Beeren und exotische Früchte erinnert. Im Geschmack kommt eine würzige Note hinzu. Die Struktur ist durch eine gute Ausgewogenheit und Rundheit bestimmt.
🍷 Bertrand du Tremblay, Ch. de Belle-Coste, 30132 Caissargues, Tel. 66.20.26.48 ☎ n. V.

CH. DE BELLE COSTE
Cuvée Saint Marc 1991★

| ■ | 20 ha | 40 000 | ⬛⬜☑ 1 |

Das Auge erfreut sich an der dunkelgranatroten Farbe mit den violetten Nuancen. Beim Riechen nimmt man zuerst rote Früchte und danach entwickeltere Noten wahr. Das Aroma wird sich im Laufe der Reifung noch weiter entwickeln. Die Struktur ist die eines lagerfähigen Weins mit schöner Ausgewogenheit und erstklassigen Tanninen. Sie garantiert diesem 91er eine schöne Zukunft.
🍷 Bertrand du Tremblay, Ch. de Belle-Coste, 30132 Caissargues, Tel. 66.20.26.48 ☎ n. V.

CH. PAUL BLANC 1991

| ☐ | 3 ha | 8 000 | ⬛⬜☑ 2 |

Unter einem blaßgelben Kleid mit graugrünen Reflexen zeugt das leichte, feine Aroma von einer guten Vinifizierung. Dank seiner geschmacklichen Leichtigkeit und Finesse kann man ihn schon jetzt trinken.
🍷 SNC Blanc et Cie, Mas Carlot, 30127 Bellegarde, Tel. 66.01.11.83 ☎ Mo-Sa 8h-12h 14h-19h
🍷 Paul Blanc

CH. DE CAMPUGET Tradition 1991★

| ◪ | 50 ha | k.A. | ⬛⬜☑ 2 |

Ein Schloß aus dem 16. Jh., das im 17. Jh. umgebaut wurde und früher dem Marquis de Nogaret gehörte (siehe dazu den Guide Bleu). 1989 haben wir den weißen 87er besonders empfohlen; der 89er erhielt drei Sterne. Hier nun ein hübscher Rosé mit lebhafter, leicht ins Gelbe

spielender Farbe. Weiche Ansprache, sehr runde Struktur und ausgezeichneter Abgang.
☛ Ch. de Campuget, D 403, 30129 Manduel, Tel. 66.20.20.15 ☎ Mo-Sa 7h30-12h 13h30-18h

DOM. CASSAGNE-TEISSIER 1990*

| ■ | k.A. | 18 000 | ⓘ ⓥ ❶ |

Der Weinberg wurde Ende des 18. Jh. von einer protestantischen Familie angelegt, die aus den Cevennen stammte. Die Flaschenabfüllung begann aber erst mit dem 89er. Schöne, tiefe Farbe mit schwarzen Reflexen. Der kräftige Duft verströmt ein entwickeltes Aroma, in dem man reife Früchte, Gewürze, einen Hauch von Tiergeruch und Moschus entdeckt. Der Geschmack ist fleischig und wohlausgewogen. Ein angenehmer Wein, den man nicht mehr lagern sollte.
☛ SCEA Cassagne-Teissier, La petite Cassagne, 30800 Saint-Gilles, Tel. 66.87.32.24 ☎ n. V.

DOM. DE LA HAUTE CASSAGNE
1990

| ■ | k.A. | 8 000 | ⓘ ↓ ⓥ ❶ |

Ein 115 ha großes Gut, das man unbedingt besuchen sollte. Die Farbe dieses 90ers ist klar und lebhaft. Der etwas entwickelte Duft enthält pflanzliche Noten und kleine rote Früchte. Gute Ausgewogenheit. Bereits trinkreif.
☛ GFA Grangette, Dom. de La Haute Cassagne, 30800 Saint-Gilles, Tel. 66.87.32.40 ☎ n. V.

CH. LAMARGUE Cuvée prestige 1991

| ■ | 3 ha | 20 000 | ⓘ ↓ ⓥ ❶ |

Hübsche, dunkle Farbe mit violetten Nuancen, noch verschlossener Duft, nervige Ansprache, noch etwas harte Tannine : Er muß sich noch verfeinern.
☛ SCI Dom. de La Margue, rte de Vauvert, 30800 Saint-Gilles, Tel. 66.87.31.89 ☎ Mo-Fr 8h-12h 14h-18h

DOM. DE L'AMARINE
Cuvée des Bernis 1991

| ■ | 30 ha | 15 000 | ⓘ ↓ ⓥ ❷ |

Das Gut gehörte früher dem Kardinal de Bernis. Obwohl er als Meßwein nur Meursault verwendete, schätzte er auch die Weine aus der Umgebung von Nîmes. Tiefrote Farbe mit violetten Reflexen. Duft von mittlerer Intensität mit animalischen Noten (Wild). In der Ansprache zeigt er sich sehr weich und mild. Gute Gerbsäure und hübscher Abgang.
☛ SA Ch. de Campuget, D 403, 30129 Manduel, Tel. 66.20.20.15 ☎ Mo-Sa 8h-12h 14h-18h

DOM. DE L'AMARINE 1991**

| □ | 5 ha | 15 000 | ⓘ ↓ ⓥ ❷ |

Ein altes Landhaus aus dem 18. Jh. Dieser Wein erstaunt durch sein komplexes, originelles Aroma : Blumen, Kernobst, ein Hauch von frischen Mandeln und ein leicht rauchiger Charakter. Rund und harmonisch. Ein Wein, den man unbedingt probieren sollte.
☛ SA Ch. de Campuget, D 403, 30129 Manduel, Tel. 66.20.20.15 ☎ Mo-Sa 8h-12h 14h-18h

DOM. DE L'AMARINE 1991**

| ◪ | 10 ha | k.A. | ⓘ ↓ ⓥ ❶ |

Eine sehr schöne, kirschrote Farbe. Im intensiven, zarten Duft dominieren rote Früchte (Himbeeren und Erdbeeren), begleitet von blumigen Noten. Auf eine runde Ansprache folgt ein stattlicher, harmonischer Geschmackseindruck, der in einem guten Abgang ausklingt. Ein sehr angenehmer, gefälliger Rosé, der von unserer Jury besonders empfohlen wird.
☛ SA Ch. de Campuget, D 403, 30129 Manduel, Tel. 66.20.20.15 ☎ Mo-Sa 8h-12h 14h-18h

CH. DE LA TUILERIE Cuvée Eole 1990*

| □ | 2 ha | 3 000 | ⑪ ↓ ⓥ ❸ |

Dieses Schloß wurde im 19. Jh. aus Steinen errichtet, die aus Beaucaire stammten. Seit dem Mittelalter versorgten sich hier die Mönche von Saint-Gilles mit Wein. Chantal Comte, die gegenwärtige Besitzerin, ist eine starke Persönlichkeit. Diese Cuvée besitzt eine hübsche, grünlich schimmernde Farbe und einen intensiven Duft, in dem man getrocknete Früchte, Gewürze, Moschus und einen Hauch von Röstgeruch entdeckt. Im Geschmack taucht ein Vanillearoma auf. Der Gesamteindruck ist durch Rundheit und Fülle geprägt. Ein lagerfähiger Weißwein.
☛ Chantal Comte, Ch. de la Tuilerie, rte de Saint-Gilles, 30900 Nîmes, Tel. 66.70.07.52 ☎ Mo-Fr 8h-12h30 14h-18h30

DOM. DU MAS CARLOT 1991**

| ■ | 30 ha | 100 000 | ⓘ ↓ ⓥ ❶ |

Eine schöne, tief dunkelrote Farbe mit kirschroten Reflexen. Der angenehme Geruchseindruck ist sehr komplex. Zuerst nimmt man Veilchen und rote Früchte wahr, zu denen Gewürze und rauchige Noten von Harz und geröstetem Kaffee hinzukommen. Die noch jugendlichen Tannine sind kräftig und sehr gut. Ein sehr schöner Wein, der reich und alkoholisch ist. Muß noch ein paar Monate reifen.
☛ GFA du Mas Carlot, 30127 Bellegarde, Tel. 66.01.11.83 ☎ tägl. 8h-12h 14h-19h
☛ Paul Blanc

DOM. DU MAS CARLOT 1991

| □ | 10 ha | 20 000 | ⓘ ↓ ⓥ ❶ |

Strohgelbe Farbe mit grünen Reflexen. Noch wenig ausdrucksstarker Duft. Reizvoll an diesem Wein ist seine geschmackliche Rundheit.
☛ GFA du Mas Carlot, 30127 Bellegarde, Tel. 66.01.11.83 ☎ tägl. 8h-12h 14h-19h
☛ Paul Blanc

MAS DES BRESSADES 1991

■   8 ha   40 000   ▮◉↓☑❶

Dieser strahlend rote Wein entfaltet einen nicht intensiven, aber komplexen und sehr feinen Duft, in dem man Tiergeruch, würzige Noten und Pfeffer entdeckt. Der gut strukturierte Geschmack ist von schöner Ausgewogenheit und guter Länge. Die angenehmen, dichten und kräftigen Tannine müssen sich noch ein paar Monate abrunden.

🍷 Roger Marès, Mas des Bressades, 30129 Manduel, Tel. 66.01.11.78 ⏱ n. V.

CH. MOURGUES DU GRES 1991

■   30 ha   8 000   ▮↓☑❷

Bis zur Französischen Revolution war es das Kloster der Ursulinerinnen von Beaucaire. Die Familie Collard erwarb es 1963. Dieser 91er besitzt eine sehr dunkle, fast schwarze Farbe. Der Duft ist noch verschlossen. Mit seinen deutlich spürbaren, guten Tanninen dürfte er gut altern.

🍷 Louis Collard, Ch. Mourgues du Grès, 30300 Beaucaire, Tel. 66.59.16.45 ⏱ n. V.

CH. ROUBAUD 1991*

■   35 ha   30 000   ↓☑❷

Château Roubaud, der größte Abfüller der Costières, wurde 1927 gegründet. Es besitzt etwa 75 ha Rebflächen und liegt auf halbem Weg zwischen Arles und Montpellier. Dunkelrote Farbe mit strahlenden Reflexen. Intensiver, komplexer Duft von blumigen Noten (Veilchen), exotischen Früchten, Gewürzen und Tiergeruch. Diesen wohlausgewogenen, aromatischen Wein mit den schon harmonischen Tanninen kann man jung trinken.

🍷 Annie Molinier, Ch. Roubaud, 30600 Gallician, Tel. 66.73.30.64 ⏱ Mo-Sa 8h-12h 14h-18h

CH. ROUBAUD 1991*

◨   25 ha   20 000   ↓☑❷

Ein hübsches, zartes Rosarot mit strahlenden Reflexen. Der Duft, der stark durch rote Früchte geprägt wird, weist auf eine gute Vinifizierung hin. Im Geschmack findet man eine gute Frische mit einem Hauch von Kohlensäure. Ein wohlausgewogener, ansprechender Wein mit angenehmem Abgang.

🍷 Annie Molinier, Ch. Roubaud, 30600 Gallician, Tel. 66.73.30.64 ⏱ Mo-Sa 8h-12h 14h-18h

DOM. SAINT-BENEZET
Grande cuvée 1991

■   36 ha   3 300   ▮↓☑❶

Die Besitzer dieses 105 ha großen Gutes waren seit 1850 Winzer in Oranje, bevor sie 1964 nach Frankreich zurückkehrten. Sicherlich reicht dieser 91er nicht an den bemerkenswerten 90er heran, aber er verführt durch seine tiefe Farbe mit den lebhaften Reflexen und sein gutes, intensives Aroma (Veilchen, reife rote Früchte und Blütenknospen von schwarzen Johannisbeeren sowie eine Paprikanote im Geschmack). Zufriedenstellende Ausgewogenheit mit schon harmonischen Tanninen. Er wird bald trinkreif sein.

🍷 Sté Saint-Bénézet, 30800 Saint-Gilles, Tel. 66.70.17.45 ⏱ n. V.
🍷 Yves Bohé

DOM. SAINT-BENEZET 1991*

◨   30 ha   3 300   ▮↓☑❶

Ein zarter Rosé, dessen feines Aroma von einer guten Vinifizierung zeugt. Schöne Ausgewogenheit mit guter Säure.

🍷 Sté Saint-Bénézet, 30800 Saint-Gilles, Tel. 66.70.17.45 ⏱ n. V.
🍷 Yves Bohé

CH. DES SILEX 1990

■   k.A.   200 000   ▮↓☑❶

Eine alte Poststation am Jakobsweg. Dieser Wein besitzt eine lebhafte Farbe und ein zurückhaltendes, aber angenehmes Aroma von roten Früchten. Der klare, ausgewogene Geschmack bietet einen sehr ansprechenden Abgang.

🍷 SCA Ch. Fonteuil, 30600 Gallician, Tel. 66.73.33.13 ⏱ n. V.

CH. DE VALCOMBE 1990*

■   60 ha   15 000   ▮↓☑❶

Château de Valcombe ist eines der ältesten Weingüter südlich des Rhônetals und wird seit drei Jahrhunderten von ein und derselben Familie bewirtschaftet ! Schon bei der Weltausstellung 1955 wurde es mit einer Medaille ausgezeichnet. Eine klare, strahlend rote Farbe. Der Wein besitzt ein sehr originelles Aroma, das im Duft von Gewürzen und Lakritze geprägt wird und von einer Fenchelnote begleitet wird. Letztere kommt auch im Gaumen wieder zum Vorschein. Voller, geschmeidiger und langer Geschmack. Dieser wohlausgewogene 90er ist zum sofortigen Genuß bestimmt.

🍷 Dominique Ricome, Ch. de Valcombe, 30510 Générac, Tel. 66.01.32.20 ⏱ n. V.

DOM. DU VIEUX RELAIS 1991

■   3 ha   10 000   ▮☑❶

Eine alte Poststation an der Via Domitiana. Schöne, lebhaft rote Farbe mit bläulichroten Reflexen. Dieser 91er entfaltet ein feines, angenehmes Aroma von roten Früchten (Kirschen). Ein süffiger, geschmeidiger Wein, den man dank seiner Ausgewogenheit und Zartheit schon heute probieren kann.

🍷 Pierre Bardin, Dom. du Vieux Relais, 30129 Redessan, Tel. 66.20.07.69 ⏱ n. V.

Coteaux du Languedoc

Dieses Weinbaugebiet, das über das ganze Languedoc verteilt ist, besteht aus 156 Gemarkungen, von denen sich fünf im Departement Aude, vierzehn im Departement Gard und der Rest im Departement Hérault befinden ; dies ist die Zone der Hügel und der immergrünen

Strauchheide, die von Narbonne bis Nîmes reicht. Die vor allem auf Rot- und Roséweine spezialisierten Anbaugebiete erzeugen die Coteaux du Languedoc, eine seit 1985 bestehende allgemeine Appellation, der bei den Rot- und Roséweinen elf besondere Bezeichnungen hinzugefügt werden dürfen : La Clape und Quatourze (Aude), Cabrières, Montpeyroux, Saint-Saturnin, Pic-Saint-Loup, Saint-Georges-d'Orques, Coteaux de la Méjanelle, Saint-Drézéry, Saint-Christol und Coteaux de Vérargues (Hérault). Beim Weißwein sind zwei zusätzliche Bezeichnungen möglich : La Clape und Picpoul de Pinet.

Alle waren in den vergangenen Jahrhunderten angesehene Weine. Die Coteaux du Languedoc erzeugen 315 000 hl Rot- und Roséweine und 32 000 hl Weißweine.

Auch für die Coteaux du Languedoc wurde eine Weinbruderschaft gegründet : der Ordre des Ambassadeurs des Coteaux du Languedoc.

ABBAYE DE VALMAGNE 1991

| ☐ | 5 ha | 20 000 | ∎↓☑2 |

Die heute im Besitz der Familie Gaudart d'Allaines befindliche Abtei von Valmagne ist keine geistliche Stätte mehr, aber ein historisch bedeutendes Bauwerk, dessen älteste Teile aus dem 12. Jh. stammen, und seit sehr langer Zeit auch ein Weingut. Dieser überaus strahlende Wein mit den grünen Reflexen duftet diskret nach Trockenblumen und Zitrusfrüchten. Rundheit in der Ansprache, ein säuerlicher Nachgeschmack, so daß er Liebhabern lebhafter Weine zu empfehlen ist.

↳ SCEA Abbaye de Valmagne, B.P. 1, 34140 Villeveyrac, Tel. 67.78.06.09 ☎ n. V.

↳ d'Allaines

HENRI ARNAL 1991**

| ∎ | 7 ha | 25 000 | ∎↓☑2 |

Henri Arnal, Chef eines Unternehmens, entschloß sich eines Tages, alles aufzugeben und nur noch Wein anzubauen. Er machte sich daran, die Hügel von Langlade zurückzuerobern, und verstand es, seinen Weinen den Stempel seiner starken Persönlichkeit aufzudrücken. Sein 91er besitzt alle Vorzüge : eine schöne, purpurrote Farbe, aber vor allem ein komplexes, reiches Bukett (Leder, Gewürze, rote Früchte, Garrigue). Im Geschmack zeigt er sich zuerst sehr voll mit einem Lakritzearoma. Danach spürt man die gute Qualität seiner zugleich milden und festen Tannine. Schöne Zukunftsaussichten.

↳ Henri Arnal, Le Domaine, 30980 Langlade, Tel. 66.81.31.37 ☎ Mo-Sa 9h-12h 14h-17h

DOM. D'AUPILHAC Montpeyroux 1990

| ∎ | 3,5 ha | 16 000 | ∎↓☑1 |

Sylvain Fadat entschied sich 1989 dafür, dieses zwischen Saint-Guilhem-le-Désert und dem Lac du Salagou gelegene Familiengut zu übernehmen. Dieser fleischige, alkoholreiche Wein besitzt eine jugendliche, bläulichrote Farbe und verströmt den wilden Duft von Moschus, Leder und Röstaroma. Dank seiner umhüllten Tannine kann er noch lagern. Man sollte ihn zwei Stunden vor dem Servieren entkorken.

↳ C. et S. Fadat, Dom. d'Aupilhac, 28 rue du Plô, 34150 Montpeyroux, Tel. 67.96.61.19 ☎ n. V.

HUGUES DE BEAUVIGNAC
Picpoul de Pinet 1991**

| ☐ | 50 ha | 100 000 | ∎↓☑2 |

Von den sechs Gemeinden, die Picpoul de Pinet erzeugen, ist Pomérols eine der berühmtesten. Ein Wein mit grünen Farbnuancen und einem eleganten Duft, der zuerst an Lindenblüten und dann an exotische Früchte erinnert. Die Ausgewogenheit ist mit Fülle und Lebhaftigkeit verbunden. Frischer, sehr feiner Gesamteindruck.

↳ Cave Coop. Les Costières, 34810 Pomérols, Tel. 67.77.01.59 ☎ n. V.

BERGERIE DE L'ARBOUS 1990**

| ∎ | 3,5 ha | 30 000 | ∎∎↓1 |

An einer wunderschönen, wilden und abgelegenen Stelle auf dem Kalkplateau von Aumelas haben die Jeanjeans ein großes Weinbaugebiet zu neuem Leben erweckt. Sie haben mehr als 60 ha gerodet und bepflanzt, ihren Gärkeller wiederaufgebaut und die klimatisierten Keller für den Ausbau modernisiert. Eine intensiv granatrote Farbe kündigt den reichen Duft von Heidelbeeren, Vanille und milden Gewürzen an. Die geschmackliche Fülle verbindet sich mit dem schon gut eingebundenen Holzton. Ein schöner lagerfähiger Wein, den man zu einem Wildgericht empfehlen sollte.

↳ SA Mas des Garrigues, BP 1, 34725 Saint-Félix-de-Lodez, Tel. 67.96.60.53

↳ H. et B. Jeanjean.

LES VIGNERONS DE CABRIERES
Cuvée Fulcrand Cabanon 1991**

| ∎ | 10 ha | 40 000 | ∎↓☑2 |

Nachdem wir bereits den Clairette der Genossenschaftskellerei von Cabrières vorgestellt haben, führt sie mit diesem Wein die Qualitäten des Schieferbodens vor. Sehr dunkle, bläulichrote Farbe, intensives Bukett mit dem Duft von reifen roten Früchten und geröstetem Kaffee. Ein voller, fülliger Wein mit langem, geschmeidigem Abgang, der dank seiner Struktur lagerfähig ist.

↳ Cave Coop. de Cabrières, 34800 Cabrières, Tel. 67.96.07.05 ☎ Mo-Sa 9h-12h 14h-18h

CH. CAPION 1990

| ∎ | 3 ha | 16 000 | ∎☑2 |

Das im 16. Jh. errichtete Château Capion befindet sich vor den Toren des mittelalterlichen Marktfleckens Aniane, in Richtung Saint-Guilhem-le-Désert. Purpurrote Farbe, Duft von Iris und schwarzen Johannisbeeren, feiner, wohlausgewogener Geschmack. Dieser 90er sollte noch ein paar Monate reifen.

❦ GAEC du Dom. de Capion, Ch. de Capion, 34150 Gignac, Tel. 67.57.71.37 ☂ tägl. 9h-13h 15h-19h
❦ Philippe Salasc

CH. DE CAPITOUL La Clape 1990

■   60 ha   30 000   ▯↓☑️1

Charles Mock herrscht über die prächtigen Weinberge von Château de Capitoul und Château des Monges, die südwestlich von Narbonne gegenüber dem Haff von Bages liegen. Dieser granatrote Wein entfaltet Lakritzenoten und einen Hauch von Röstgeruch. Der Geschmack ist geschmeidig und alkoholreich. Er schmeckt bereits jetzt zu einem Lammgericht.
❦ Dom. Fernand Aupècle, Ch. de Capitoul, rte de Gruissan, 11100 Narbonne, Tel. 68.33.40.28 ☂ tägl. 8h-20h (Winter), 8h-21h (Sommer)

DOM. DE CASSAGNOLE 1991*

■   3 ha   18 000   ▯↓☑️1

Der junge Weinbauer in der Gemeinde Assas bestätigt auch in diesem Jahr sein Talent als Winzer und den individuellen Charakter seines Anbaugebiets. Sein karminroter Wein mit dem Duft von Himbeeren und Unterholz ist rund und voll und enthüllt im Abgang ein pflanzliches Aroma. Die Tannine müssen sich noch auflösen.
❦ Jean-Marie Sabatier, Dom. de Cassagnole, chem. de Bellevue, 34820 Assas, Tel. 67.55.30.02 ☂ n. V.

DOM. CLAVEL La Méjanelle 1990*

■   3 ha   10 000   ▮☑️1

Calage wird bereits zu Beginn des 12. Jh. im Kartular von Maguelonne erwähnt. Bekannt ist auch, daß die Römer diesen Anbaugebiet schätzten, weil der mit großen Kieselsteinen durchsetzte Boden günstig für die Weinqualität ist. Dieser Wein bestätigt seine gute Lagerfähigkeit: sehr jugendlich wirkende purpurrote Farbe, noch recht feste Tannine. Er bietet ein schönes, komplexes Aroma (reife Früchte, Wacholder, Gewürze) und eine einschmeichelnde Rundheit. Man darf gute Zukunftsaussichten erwarten.
❦ Pierre Clavel, Dom. Clavel, Mas de Calage, 34130 Saint-Aunès, Tel. 67.29.63.71 ☂ n. V.

CORCONNE Pic Saint Loup 1991*

◪   k.A.   20 000   ▯↓☑️1

Grenache- und Syrahtrauben von einem »gravette«-Boden haben diesen Rosé mit der lebhaften, kräftigen Farbe hervorgebracht. Die ziemlich markante Struktur paßt gut zum Duft von Veilchen und reifen Früchten.
❦ SCA La Gravette, 30260 Corconne, Tel. 66.77.32.75 ☂ n. V.

CAVE DES COTEAUX DE MONTFERRAND
Pic Saint Loup Cuvée réserve 1991**

■   4 ha   21 500   ▯↓☑️1

20 km nördlich von Montpellier liegen die Weinberge der Genossenschaftskellerei von Saint-Mathieu am Rande des Pic-Saint-Loup, der vor allem von Wanderern und Segelfliegern geschätzt wird. Kräftige, granatrote Farbe und intensives Aroma von schwarzen Johannisbeeren und Veilchen. Der fleischige, weiche Geschmack macht ihn bereits trinkreif, aber die große aromatische Nachhaltigkeit spricht für eine gute Alterung.
❦ Cave Coop. Les Coteaux de Montferrand, 34270 Saint-Mathieu-de-Tréviers, Tel. 67.55.20.22 ☂ n. V.

CH. DE FLAUGERGUES
La Méjanelle Vin élevé en fûts de chêne 1990

■   k.A.   6 166   ▯▯↓☑️3

Auf diesem herrlichen Gut vor den Toren von Montpellier baut die Familie Colbert seit mehr als 300 Jahren Wein an. Der Besucher bewundert hier die architektonischen Schönheiten, das kostbare Mobiliar und die Gärten, die an die Kellerei und die Weinberge grenzen. Dieser Wein wurde im Holzfaß ausgebaut. Er besitzt eine strahlend rubinrote Farbe und einen zurückhaltenden Duft von eingemachten Früchten, Unterholz und Vanille. Der Geschmack mit den etwas festen Tanninen wird von einem Holzton beherrscht, der sich noch harmonisch einfügen muß.
❦ Henri de Colbert, Ch. de Flaugergues, 1744, av. Albert-Einstein, 34000 Montpellier, Tel. 67.65.89.47 ☂ Mo-Sa 9h-12h30 14h30-19h

CUVEE LUDOVIC GAUJAL
Picpoul de Pinet 1991

▢   k.A.   k.A.   ↓1

Die Familie Gaujal lebt seit 1743 in Pinet. Ihr Picpoul de Pinet ist weit über die Grenzen der Region hinaus bekannt. Dieser 91er mit der hellen, grün schimmernden Farbe duftet nach weißen Blüten und exotischen Früchten. Der Geschmackseindruck ist ausgewogen, aber zurückhaltend.
❦ Claude Gaujal, 1, rue Ludovic Gaujal, B.P. 1, 34850 Pinet, Tel. 67.77.02.12 ☂ Mo-Fr 9h-12h 14h-18h

MAS JULLIEN Les Depierre 1990**

■   5 ha   17 000   ▮↓☑️1

Das Gut dieses jungen Winzers und Önologen liegt nicht weit entfernt vom Lac de Salagou und von Saint-Guilhem-le-Désert. Dieser dunkle, purpurrote 90er entfaltet auf wunderbare Weise die Eigenheiten seines Anbaugebiets: Duft von Garrigue, Gewürzen und Blumen. Reicher, voller Geschmack mit edlen Tanninen, die sich noch entwickeln. Ein Wein, den man nicht vergißt.
❦ Olivier Jullien, Mas Jullien, 34725 Jonquières, Tel. 67.96.60.04 ☂ tägl. 14h-18h (Winter),10h-19h (Sommer)

LES VIGNERONS DE LA CARIGNANO 1990**

■   60 ha   50 000   ▮↓☑️1

Gabian liegt an der Straße von Bédarieux nach Pézenas, der Stadt von Molière, an der Grenze zur Appellation Faugères. Schieferböden und eine harmonische Kombination von Grenache und Syrah. Tiefe Farbe. Der reiche Duft ist mineralisch, blumig und fruchtig (schwarze Johannisbeeren). Feine Tannine. Fülle und lang anhaltende Lakritzaroma. Ein hübscher Wein, der noch weit von seinem Höhepunkt entfernt ist.
❦ Cave Coop. La Carignano, 13, rte de Pouzolles, 34320 Gabian, Tel. 67.24.65.64 ☂ Mo-Fr 8h-12h 13h30-17h30

DOM. DE LA COSTE
Saint Christol Cuvée sélectionnée 1990***

■　　　　7 ha　　22 000　　■↓✓❶

Luc Moynier hat sich bereits durch eine Cuvée zu Ehren des ersten »Printemps des Comédiens« hervorgetan, die Georges Descrières und Michel Galabru begeisterte. Ein Wein von großem Reichtum: dunkle Farbe mit schwarzen Reflexen und eine ganze Palette von komplexen Aromen (Pfeffer, Brombeeren, Kakao, Lakritze). Markanter Geschmack, in dem sich zur Rundheit kräftige Tannine gesellen. Wunderbar und noch lagerfähig.

↪ Elisabeth et Luc Moynier, Dom. de La Coste, 34400 Saint-Christol, Tel. 67.86.02.10 ⊤ Mo-Sa 8h-12h30 14h-19h

DOM. L'AIGUELIERE
Montpeyroux 1990**

■　　　　4 ha　　20 000　　■↓✓❷

Montpeyroux, ein trockenes, steiniges Anbaugebiet, liegt gegenüber der steilen Schlucht des Hérault. Der junge Önologe Pierre Louis Teissèdre leitet dieses Gut seit 1987. Ein charaktervoller Wein: intensive Farbe mit schwarzen Reflexen, komplexes Bukett mit Tiergeruch, rauchigem Aroma und dem Duft von Garrigue und Wachs. Sein kräftiges, mit großer Fülle verbundenes Gerüst verspricht eine schöne Zukunft. Er kann es einmal mit einem Wildgericht mit Sauce aufnehmen.

↪ GIE Dom. L'Aiguelière, La Meillade, 34150 Montpeyroux, Tel. 67.96.62.45 ⊤ n. V.

DOM. DE LA MIRANDE
Picpoul de Pinet 1991*

□　　　　9 ha　　52 000　　■↓✓❶

Das Anbaugebiet befindet sich gegenüber dem Haff von Thau und dem Mont Saint-Clair. Von dort stammt auch dieser sympathische Wein mit der hellen, grünlich schimmernden Farbe und dem einschmeichelnden Duft, der an Trockenblumen und Zitronenkraut erinnert. Ausgewogener Geschmack mit Wärme und Säure. Auf dem Gut kostet er nicht einmal 20 Franc.

↪ Joseph Albajan, Dom. La Mirande, 34120 Castelnau-de-Guers, Tel. 67.98.21.52 ⊤ tägl. 8h-12h 14h-20h

CH. LANGLADE Cuvée prestige 1990**

■　　　　3 ha　　10 000　　■◗↓✓❶

Ein in dieser Region sehr ungewöhnlicher Keller: Provenzalische Parefeuilles verstärken das Dach und sorgen für eine ausgezeichnete Wärmeisolierung. Ein sehr jugendlicher Wein mit purpurroter Farbe, einem Duft von Blumen und Himbeeren, feinen, geschmeidigen Tanninen und einem nachhaltigen Aroma von roten Früchten. Gefällig.

↪ Michel et Jacques Cadene, Ch. Langlade, 30980 Langlade, Tel. 66.81.30.22 ⊤ n. V.

CH. LA ROQUE
Pic Saint Loup Cupa Numismae 1989*

■　　　　k.A.　　20 000　　◗↓✓❷

Jack Boutin ist ein leidenschaftlicher Winzer. Er lebt seit 1975 auf La Roque und kann die gesamte, reiche Geschichte seines Gutes und den Ursprung seiner Cuvées beschreiben. Dieser hübsche Wein hat das Eichenholzfaß gut verarbeitet: noch jugendliche Farbe, Aroma von Vanille, Gewürzen und Kirschkernen, etwas lebhafte Tannine im Geschmack und Alkoholreichtum. Alles, was zu einem Hasenpfeffer erforderlich ist.

↪ Jack Boutin, Ch. La Roque, 34270 Fontanes, Tel. 67.55.34.47 ⊤ n. V.

CH. LASCAUX 1990*

■　　　　k.A.　　k.A.　　■↓✓❶

Der Boden von »Lascaux« (was »Felsen« bedeutet) prägt die hier erzeugten Weine: tiefe, granatrote Farbe, kräftiger Duft von Lorbeer, Pfeffer und roten Früchten, schon harmonisch eingefügte Tannine, Rundheit und vor allem ein verführerische aromatischen Reichtum. Der in Holzfässern ausgebaute Wein desselben Jahrgangs wird wunderbar ausfallen. Diesem jungen Winzer, einem Diplomlandwirt, steht eine große Zukunft bevor.

↪ Jean-Benoît Cavalier, Plan de l'Eglise, 34270 Vacquières, Tel. 67.59.00.08 ⊤ Mo-Sa 10h-12h30 14h-19h

LE LUCIAN 1991

□　　　10,52 ha　　27 000　　■↓✓❷

Dieses warme, »aus Steinen und Sonne« bestehende Anbaugebiet mit wenig sauren Böden, das durch den Rocher de Vierges und den Mont Baudille vor dem Mistral geschützt wird, bietet ideale Reifebedingungen für die Trauben. Schon goldgelbe Farbe und ein Aroma, das an Mandarinen und Trockenblumen erinnert. Ein runder Wein, der hervorragend zu einer Lauchquiche paßt.

↪ Cave des Vignerons de Saint-Saturnin, rte d'Arboras, 34725 Saint-Saturnin de Lucian, Tel. 67.96.61.52 ⊤ n. V.

CH. DE L'ENGARRAN
Saint Georges d'Orques 1991

◪　　　　k.A.　　11 000　　■↓✓❶

Das von einem wunderschönen französischen Park umgebene Château de l'Engarran erhebt sich inmitten des Anbaugebiets von Saint-Georges-d'Orques. Das Eingangstor gehörte früher zum Gebäude der Komödie in Montpellier. Das Gut wird von fähigen Frauen geführt. Dieser elegante Rosé entfaltet einen feinen, zurückhaltenden Duft von roten Früchten. Seine Nervigkeit im Geschmack ist ausgeprägter als bei den vorangehenden Jahrgängen.

↪ SCEA du Ch. de L'Engarran, 34880 Laverune, Tel. 67.27.33.44 ⊤ tägl. 9h-12h 14h-18h
↪ Grill

DOM. DE L'ESCATTES 1990*

■　　　　8 ha　　50 000　　■↓✓❷

Die Grenache- und Syrahreben gedeihen gut in diesem Anbaugebiet im Departement Gard. Ein hübscher, granatroter Wein, dessen Aroma an schwarze Johannisbeeren, Brombeeren und Pfeffer erinnert. Geschmacklich schon trinkreif dank seiner milden, harmonischen Tannine. Sehr angenehme intensive Fruchtigkeit.

↪ SNC Robelin Père et Fils, Mas de l'Escattes, 30420 Calvisson, Tel. 66.01.40.58 ⊤ n. V.

DOM. DE L'HORTUS
Pic Saint Loup 1990*

■   18 ha   20 000   ▮ Ⅴ 2

Jean Orliac, Winzer und Diplomlandwirt, stellte sich vor zehn Jahren die Aufgabe, im Anbaugebiet des Pic-Saint-Loup Mourvèdrereben anzupflanzen. Die Ergebnisse sind hervorragend, wie seine in Eichenholzfässern ausgebaute »Grande Cuvée« bewies, die bereits ausverkauft ist. Dieser 90er besitzt eine tiefe Farbe mit braunen Reflexen und entfaltet einen komplexen Duft von Tabak, Gewürzen und Leder. Sehr schöne Fülle und milde Tannine, große Nachhaltigkeit. Hachette setzt auf diesen Winzer.

🗪 Jean Orliac, Dom. de l'Hortus, 34270 Valflaunes, Tel. 67.55.31.20 ☎ Mo-Fr 17h-20h, Sa 9h-20h

CH. DE L'HOSPITALET
La Clape 1991**

▢   1,2 ha   7 000   ▯▯ ↓ Ⅴ 2

Die Weine von Château de l'Hospitalet sind dieses Jahr eine schöne Entdeckung. Dieser Wein mit der sehr strahlenden, grün schimmernden Farbe ist aus Bourboulenctrauben erzeugt worden, wie es für das Anbaugebiet La Clape Tradition ist. Das wundervolle Aroma erinnert an Blumen, rauchige Noten, Vanille und Bergamotte. Schöne Ausgewogenheit zwischen Säure und Fülle und ein leichter Holzton, der seine Persönlichkeit nicht überdeckt.

🗪 SC de L'Hospitalet, rte de Narbonne Plage, 11100 Narbonne, Tel. 68.45.34.47
🗪 Ribourel

CH. DE MARMORIERES La Clape 1991

◨   k.A.   18 000   ▮↓ Ⅴ 1

Im Herzen des steinigen Massivs La Clape befindet sich eines der ältesten Anbaugebiete des Languedoc. Die kleine romanische Kapelle aus dem 12. Jh., die in der Nähe des Château steht, zieht die staunenden Blicke der Besucher auf sich. Dieser lachsfarbene Rosé mit dem sehr blumigen Duft und dem runden, warmen Geschmack ist ein gefälliger Wein, der gut zu einem sommerlichen Büfett paßt.

🗪 Comte de Woillemont, Ch. de Marmorières, 11110 Vinassan, Tel. 68.45.32.70 ☎ n. V.

CH. MIRE L'ETANG La Clape 1990*

■   7,3 ha   10 000   ▮↓ Ⅴ 1

Das Anbaugebiet von Mire l'Etang befindet sich gegenüber dem Mittelmeer. Hier werden sehr unterschiedliche Weine erzeugt : Weißweine aus der Bourboulenctraube, Rosé- und Rotweine sowie Dessertweine. Diese karminrote Cuvée duftet nach Kirschen und Gewürzen. Geschmeidige, elegante Ansprache und hübsches Aroma. Paßt wunderbar zu Drosseln und Schnepfen.

🗪 Ch. Mire L'Etang, Massif de La Clape, 11560 Fleury-d'Aude, Tel. 68.33.62.84 ☎ Mo-Sa 8h-12h 15h-19h
🗪 Chamayrac

LES VIGNERONS DE MONTPEYROUX 1991

◨   5 ha   6 480   ↓ Ⅴ 2

Die Weinberge von Montpeyroux, die unweit von Saint-Guilhem-le-Désert, dem Pont du Diable und der Grotte von Clamouse liegen, machen diese steinige Landschaft menschlicher. Von dort stammt auch dieser Rosé mit der lebhaften Farbe und dem an Obstkuchen und Erdbeeren erinnernden Duft. Der gute Geschmack wird von der Rundheit der Grenachetraube geprägt. Er kann es auch mit pikanten Gerichten aufnehmen.

🗪 Cave Coop. de Montpeyroux, rte Neuve, 34150 Montpeyroux, Tel. 67.96.61.08 ☎ tägl. 8h30-12h 14h30-19h30

LES VINS D'OCTON 1990**

■   4 ha   10 000   ▮ Ⅴ 1

Die Basaltböden in der Nähe des Lac du Salagou haben diese schöne Cuvée hervorgebracht. Dunkle, bläulichrote Farbe, interessanter Duft mit intensiven Johannisbeer- und Veilchennoten. Der Geschmack ist voll und bereits harmonisch. Ein heute bezaubernder Wein, der noch altern kann. Dieser erste AOC-Wein der Genossenschaftskellerei Octon dürfte halten, was er verspricht.

🗪 SCA Cave Coop. Octon, 34800 Octon, Tel. 67.96.08.95 ☎ tägl. 10h-12h30 16h-19h

CH. PECH-REDON
La Clape Sélection 1990*

■   15 ha   5 000   ▮ Ⅴ 2

Pech-Redon ist der höchste Punkt des Massivs La Clape. Die Rebflächen sind von Hunderten von Hektar Garrigue umgeben, deren Duft die Luft erfüllt und angeblich auch oft im Aroma der Weine zu spüren ist. Deutliche violette Reflexe weisen auf einen jugendlichen Wein hin, dessen Tannine noch kantig sind. Sein schönes Aroma (rote Früchte, Pfeffer und Veilchen) läßt auf eine gute Zukunft hoffen. Der 91er Rosé hat zwei Sterne erhalten, aber man findet ihn nicht mehr auf dem Gut.

🗪 Christophe Bousquet, Ch. Pech-Redon, rte de Gruissan, 11100 Narbonne, Tel. 68.90.41.22 ☎ n. V.

DOM. PEYRE ROSE
Clos des Cistes 1990***

■   5 ha   9 500   ▮ Ⅴ 2

Peyre-Rose ist so etwas wie der »Wilde Westen« der Appellation : wenig Wasser, keine Elektrizität und Rebflächen neben wilder Garrigue inmitten von rosaroten Steinen. Biologische Anbaumethoden. Dieser Wein hat die Jury durch seine Kraft und seine große Persönlichkeit begeistert : sehr tiefe Farbe, Duft von reifen Früchten und Gewürzen mit mineralischen Noten, kräftige Ansprache im Geschmack, unterstützt von herrlichen Tanninen. Dieser 90er besitzt einen großen Charakter.

🐦 Marlène Soria, Dom. Peyre Rose, 34230 Saint-Pargoire, Tel. 67.98.75.50 ☿ n. V.

LES PRODUCTEURS DE PINET
Picpoul de Pinet Carte noire B de blancs 1991 *

☐	k.A. 1 500 000	🔳↓🆚1

Das sehr kalkhaltige Anbaugebiet von Pinet ist berühmt für seine Weißweine. In dieser Kellerei werden jedes Jahr eine Million Flaschen Picpoul de Pinet hergestellt. Ein Klassiker der Appellation : helle, sehr strahlende Farbe, Duft von weißen Blüten und Zitrusfrüchten, lebhafte, säuerliche Ansprache. Paßt gut zu Meeresfrüchten.

🐦 Cave des vignerons de Pinet, 1, av. du Picpoul, 34850 Pinet, Tel. 67.77.03.10 ☿ Mo-Sa 8h-12h 14h-19h

CAVE DES COTEAUX DU RIEU-BERLOU Schisteil 1991 *

☐	k.A. 40 000	🔳🆚1

Diese Genossenschaftskellerei umfaßt rund 600 ha Rebflächen. Ihre Weißweine aus Berlou, die hauptsächlich aus der Rebsorte Grenache Blanc hergestellt werden, erstaunen häufig durch ihre Fülle und ihre große Nachhaltigkeit. Das bestätigt auch dieser 91er : blaßgelbe Farbe, diskreter Duft von Pfirsichen und Blumen und ein sehr runder, feiner Geschmack.

🐦 Caves des Coteaux du Rieu-Berlou, rue des Vignerons, 34360 Berlou, Tel. 67.89.58.58 ☿ Mo-Sa 9h-12h 14h-18h

CH. ROUQUETTE-SUR-MER
La Clape 1990

■	27 ha k.A.	◫↓🆚2

Château Rouquette-sur-Mer erhebt sich südlich von Narbonne über dem Mittelmeer. Jacques Boscary hat sich in den letzten Jahren mit seinen Weißweinen aus der Bourboulenctraube, seinen Roséweinen und seinen typischen Rotweinen einen sehr guten Ruf erworben. Das purpurrote Kleid umhüllt einen Duft, der an Wild, Leder und rote Früchte erinnert. Im Abgang spürt man etwas eckige Tannine, aber ein hübsches, leicht balsamisches Aroma. Vor dem Servieren sollte man ihn in eine Karaffe umfüllen.

🐦 Jacques Boscary, Ch. Rouquette-sur-Mer, 11100 Narbonne-Plage, Tel. 68.32.56.53 ☿ Fr-Mi 9h-12h 14h-18h

CAVE DE SAINT-FELIX-DE-LODEZ
Saint Jacques 1990 * *

■	k.A. 50 000	🔳↓🆚1

An der Straße von Montpellier nach Lodève ist die Genossenschaftskellerei von Saint-Félix-de-Lodez eine wohlbekannte Haltestation. Die tiefe, bläulichrote Farbe dieses 90ers läßt nicht auf das fruchtige Aroma schließen : Erdbeeren und Himbeeren. Im zarten, harmonischen Geschmack mischen sich Früchte und geschmeidige Tannine. Ein süffiger Wein von großer Finesse.

🐦 Cave Coop. de Saint-Félix-de-Lodez, 34725 Saint-Félix-de-Lodez, Tel. 67.96.60.61 ☿ n. V.

CH. SAINT MARCEL D'ESVILLIERS
La Méjanelle 1990

■	4 ha 20 000	🔳↓🆚2

Die vor den Toren von Montpellier gelegenen Kiesgeröllterrassen sind sehr günstig für gute Weine. Diese elegante Cuvée besitzt ein Aroma von milden Gewürzen, eine einschmeichelnde Ansprache und geschmeidige Tannine. Angesichts seines Buketts hätte man einen kräftigeren Geschmack erwartet.

🐦 EARL La Treille d'Oc, 531, rue Henri-Becquerel, 34000 Montpellier, Tel. 67.65.63.52 ☿ n. V.

🐦 Bacaresse

DOM. DE TERRE MEGERE
La Galopine 1991 *

☐	1,45 ha 3 000	🔳↓🆚3

Michel Moreau, ein junger Diplomlandwirt, hat 1986 einen der trockenen Garrigue von Cournonsec abgerungenen Weinberg erworben. Auf seinem Gut züchtet er auch Esel für Ausflüge. Ein sehr origineller Weißwein mit einem kräftigen Aroma von Litschis, Aprikosen und intensiv duftenden Blumen. Dieser sehr runde, füllige Wein eignet sich für die hohe Gastronomie.

🐦 Robert et Moreau, Dom. de Terre Mégère, 34660 Cournonsec, Tel. 67.85.02.04 ☿ n. V.

CUVEE VINAM DE CALCADIZ
Pic Saint Loup 1991

■	2 ha 12 000	🔳↓🆚1

Guilhem Bruguière, der Vorsitzende des Pic-Saint-Loup, ist ein junger Winzer, der interessante Weine erzeugt. Dieser 91er besitzt eine purpurrote Farbe und einen intensiven Duft von roten Früchten : Brombeeren und Himbeeren. Ein geschmeidiger Wein mit einem einschmeichelnden Aroma.

🐦 Guilhem Bruguière, Mas de la Plaine, 34270 Valflaunes, Tel. 67.55.20.97 ☿ tägl. 17h-20h

DOM. DE VIRES
La Clape Tête de Cuvée 1991 *

■	12 ha 68 000	🔳↓🆚1

Das Anbaugebiet La Clape, ein »Haufen Kieselsteine« , prägt die Weine dieses Guts, das auf den Anhöhen des Massivs liegt. Purpurrote Farbe, noch verschlossener Duft, in dem man rauchige Noten und schwarze Johannisbeeren entdeckt, ausgewogener, fleischiger Geschmack. Ein sehr junger 91er, dessen Aroma sich noch entfalten wird.

🐦 GFA Dom. de Vires, rte de Narbonne-Plage, 11100 Narbonne, Tel. 68.45.30.80 ☿ tägl. 8h-12h 14h-20h

🐦 Yves Lignères

Faugères

W̲ie die benachbarten Saint-Chinian-Weine sind die Weine von Faugères seit 1982 AOC-Weine. Das

Anbaugebiet, das sieben Gemarkungen nördlich von Béziers und südlich von Bédarieux umfaßt, erzeugt 50 000 bis 60 000 hl. Die Reben wachsen an steilen Hängen, die etwa 250 m hoch liegen ; es handelt sich dabei um nur wenig fruchtbare Schieferböden in den ersten Cevennenausläufern. Der Faugères ist ein recht farbintensiver, purpurroter Wein, der schwer ist und ein Aroma von roten Früchten entfaltet.

CH. DES ADOUZES 1991*

| | 30 ha | 50 000 | | | | 1 |

Die Familie von Jean-Pierre Benezech besitzt seit vier Generationen Weinberge in Roquessels, einem kleinen, von der Garrigue umgebenen Dorf. Blasse, lachsrosa schimmernde Farbe. Recht fruchtiger Duft mit sehr eigentümlichen mineralischen Noten. Ein hübscher, vom Anbaugebiet geprägter Rosé, der füllig und feurig ist.
↥ GIE Benezech-Esteve, 34320 Roquessels, Tel. 67.90.24.11 ☍ tägl. 9h-12h 14h-18h

GILBERT ALQUIER ET FILS
Réserve des Bastides 1990*

| | 2 ha | 3 500 | | | 2 |

Der Name Alquier steht für Qualität : ein Anbaugebiet mit sehr durchlässigen Schieferböden, geringe Erträge und solides Können. Ein hübscher, rubinroter Wein, der nach Humus, Unterholz und Geröstetem riecht. Die deutlich spürbaren Tannine garantieren eine Alterungsfähigkeit. Ein schöner Kompromiß zwischen dem Ausdruck des Anbaugebiets und dem Ausbau im Eichenholzfaß.
↥ Gilbert Alquier et Fils, 34600 Faugères, Tel. 67.23.07.89 ☍ n. V.

CH. DES ESTANILLES 1990**

| | k.A. | k.A. | | | 3 |

Im letzten Jahr haben wir denselben Wein besonders empfohlen. Michel Louison ist ein sehr begabter Winzer. Intensive Farbe mit purpurroten Reflexen. Kräftiger, komplexer Duft : Geröstetes, Kakao, Gewürze und Vanille. Ein geschmeidiger, gut gebauter Wein, der es verstanden hat, seine Persönlichkeit auch nach dem Ausbau im Eichenholzfaß zu bewahren.
↥ Michel Louison, Ch. des Estanilles, 34480 Lentheric, Tel. 67.90.29.25 ☍ n. V.

DOM. DU FRAISSE 1990***

| | k.A. | 100 000 | | | 1 |

Jacques Pons stellt seit 1974 sein der Garrigue abgerungenes Anbaugebiet im Süden des Faugérois wieder her ; heute umfaßt es 20 ha AOC-Rebflächen. Seine Rotweine spiegeln die starke Persönlichkeit des Winzers und die rauhen Anbaugebiete wider. In diesem Jahr hätten wir ihn fast besonders empfohlen. Einschmeichelnder Duft von schwarzen Johannisbeeren, Veilchen und Röstgeruch. In seinem stattlichen Geschmack findet man die aromatische Komplexität wieder. All das verspricht großen Erfolg. Sein hübscher Körper garantiert Alterungsfähigkeit.

↥ Jacques Pons, 1 bis, rue du Chemin-de-Ronde, 34480 Autignac, Tel. 67.90.23.40 ☍ n. V.

CH. GREZAN
Cuvée Arnaud Lubac 1990***

| | 50 ha | 70 000 | | | | 2 |

Die Ursprünge von Château Grézan liegen weit in der Vergangenheit. Einst befand sich hier eine römische Villa, später eine Komturei der Templer. Dieser 90er entwickelt sich großartig. Eine dichte Farbe enthüllt ein komplexes Bukett, in dem man Vanille, Bratenduft und Kernobst wahrnimmt. Schöne Fülle im Geschmack mit edlen, reichen Tanninen. Dieser fleischige, schon sehr harmonische Wein besitzt bereits einen verführerischen Duft und hält bestimmt noch einige Überraschungen bereit.
↥ S.C. Ch. Grézan, 34480 Laurens, Tel. 67.90.27.46 ☍ Mo-Sa 8h-12h 14h-18h ; So vorm. geschlossen

CH. DE LA LIQUIERE 1990

| | 25 ha | 90 000 | | | 2 |

Seit 1960 haben Bernard und Jean Vidal ihre Weinberge über die Grenzen der Garrigue hinaus ausgedehnt. Die sehr steilen Rebflächen werden entsprechend dem Gefälle bepflanzt – eine Anbaumethode, die bereits von den Römern verwendet wurde. Der ziemlich leichten, rubinroten Farbe sieht man nicht an, daß der Wein nach Kaffee und Gebratenem duftet. Im geschmeidigen Geschmack entfalten sich rote Früchte. Schon trinkreif.
↥ Vidal, La Liquière, 34480 Cabrerolles, Tel. 67.90.29.20 ☍ n. V.

DOM. OLLIER-TAILLEFER
Grande réserve 1990*

| | 7 ha | k.A. | | | | | 3 |

Alain Ollier spricht mit der Begeisterung eines Dichters über seine Weine. Sein Weinberg liegt 300 m hoch, im Herzen der wilden Garrigue, wo auch grüne Eichen wachsen. Das Röstaroma ist typisch für den Schieferboden. Tiefe Farbe, geschmeidiger Geschmack, obwohl man im Abgang noch sehr deutlich die Tannine spürt. Gute Ausgewogenheit.
↥ Dom. Ollier-Taillefer, rte de Gabian, 34320 Fos, Tel. 67.90.24.59 ☍ n. V.

DOM. RAYMOND ROQUE
Cuvée Marc François 1990

| | 3 ha | k.A. | | | 1 |

Ein Probierkeller, eingerichtet in den Nebengebäuden des alten Schlosses aus dem 11. Jh. Tiefe, ein wenig glanzlose Farbe. Starker Tiergeruch, Leder und Verbranntes. Runder, etwas rustikaler Geschmack. Vor dem Servieren sollte er Sauerstoff ziehen.

⏚ Dom. Raymond Roque et Fils, Quartier de l'ancien château, 34480 Cabrerolles, Tel. 67.90.21.88 ⏲ n. V.

Fitou

Die Appellation Fitou, die älteste AOC für Rotweine im Languedoc-Roussillon (1948), befindet sich in der mediterranen Zone des Anbaugebiets Corbières. Sie erstreckt sich auf neun Gemarkungen, die auch Anrecht darauf haben, die Dessertweine von Rivesaltes (VDN) zu erzeugen. Die Produktionsmenge liegt bei 60 000 hl. Es handelt sich dabei um einen Wein mit einer schönen, dunkelrubinroten Farbe, der einen Mindestalkoholgehalt von 12° besitzt und neun Monate oder länger im Faß ausgebaut wird.

LES MAITRES VIGNERONS DE CASCASTEL Carte or 1989*

■　　　　k.A.　　12 000　　◫ ☑ **1**

In dem kleinen Dorf Cascastel, das 20 km vom Mittelmeer entfernt mitten in den Hautes-Corbières liegt, dreht sich seit gallo-romanischer Zeit alles um den Wein. Großen Anteil daran hat auch die Genossenschaftskellerei. Ein feuriger Wein mit einer tiefen Farbe, in dessen Duft reife Früchte zusammen mit einer Haselnußnote dominieren. Die Grenachetraube prägt die Ansprache des festen Geschmacks, bevor die Carignantraube von alten Rebstöcken diesem traditionellen Fitou ihr typisches Rückgrat verleiht.

⏚ Les Maîtres Vignerons de Cascastel, 11360 Cascastel, Tel. 68.45.91.74 ⏲ Mo-Fr 8h-12h 14h-18h

CELLIER DE LA PIERRE
Cuvée des Marindes Vieilli fûts de chêne 1989*

■　　50 ha　　10 000　　◫ ↓☑ **1**

Diese durch den Zusammenschluß mehrerer junger Landwirte entstandene GIE bewirtschaftet gegenwärtig ein etwa 100 ha großes Anbaugebiet auf den Hügeln am Rand des Haffs von Leucate. Ziegelrote Farbe mit gelbroten Reflexen. Der Duft erinnert an die Garrigue und enthüllt einige Vanillenoten. Geschmeidige Ansprache. Deutlicher Holzton mit guten Tanninen. Ein mediterraner Wein, den man schon jetzt zu Grillgerichten trinken kann.

⏚ Dom. Cellier de la Pierre, 54, av. de la Mairie, 11510 Fitou, Tel. 68.45.77.03 ⏲ tägl. 9h-12h 14h-18h

CH. DE MONTMAL 1989**

■　　　　k.A.　　20 000　　◫ ↓☑ **2**

Dieses sehr gut gelegene Weingut, das der Kellerei seit 1987 gehört, erzeugt solide Weine, die im Eichenholzfaß ausgebaut werden und die Qualitäten des Anbaugebiets sehr deutlich zum Ausdruck bringen. Dieser 89er besitzt eine kräftige, noch frische rote Farbe und verströmt einen Duft von Veilchen und schwarzen Johannisbeeren. Im Geschmack entfalten sich in der Ansprache die gleichen Früchte. Danach vermischen sie sich mit Tabak, Vanille und reifen Früchten. Gekrönt wird das Ganze von kräftigen, angenehmen Tanninen. Paßt zu Ziegenfleisch oder Wildschwein.

⏚ Cave Pilote de Villeneuve-lès-Corbières, 11360 Villeneuve-lès-Corbières, Tel. 68.45.91.59 ⏲ Mo-Sa 8h15-12h 14h-18h (Juli u. Aug. geöffnet)

DOM. DE ROLLAND 1989**

■　　10 ha　　20 000　　◼↓☑ **2**

Dieser kleine Familienbetrieb stellt 20 000 Flaschen eines Fitou her, der vom Schieferböden am Mont Tauch stammt. Paul Colomer, der im Herzen des Dorfes Tuchan lebt, erzählt leidenschaftlich gern von seinem Leben als Winzer. Ein weiches Kleid von strahlend roter Farbe mit ziegelrotem Schimmer. Dies paßt zu dem Macchiaduft mit dem leichten Hauch von Menthol. Vollmundiger Geschmack, nachhaltige Fruchtigkeit um einen geschmeidigen Körper. Ein trinkreifer, auf Flaschen abgezogener Wein.

⏚ Paul Colomer, 22, rue de l'Ormeau, 11350 Tuchan, Tel. 68.45.46.34 ⏲ Mo-Sa 8h-12h 14h-18h

CH. DE SEGURE 1989***

■　　20 ha　　110 000　　◫ ↓☑ **2**

Die Winzer vom Mont Tauch bearbeiten ihren Boden mit besonderer Sorgfalt. Carignantrauben von sehr alten Rebstöcken werden mit alkoholreichen Grenachetrauben kombiniert, so daß dieser schöne Wein mit der sehr frischen, granatroten Farbe entsteht. Ein leichter Röstgeruch begleitet den Duft von Veilchen und Würzen. Herrliche Ansprache im Geschmack und harmonische Ausgewogenheit. Im Abgang findet man eine würzige Note und hellen Tabak. Man kann ihn schon jetzt zu rotem Fleisch trinken.

⏚ Les Caves du Mont Tauch, 11350 Tuchan, Tel. 68.45.41.08 ⏲ n. V.

CAVE DES PROD.DE VILLENEUVE-LES-CORBIERES 1989**

■　　60 ha　　170 000　　◫ ↓☑ **2**

Der Fitou – das sind das ganze Können, das sich das Kellerpersonal der Cave Pilote de Villeneuve-lès-Corbières im Laufe von 45 Jahren angeeignet hat, und die Arbeit der Winzer, die diese Schieferböden im Hinterland bestellen. Der in Holzfässern ausgebaute 89er besitzt eine tiefrote Farbe und entfaltet einen Duft von Gewürzen, Vanille und roten Früchten. In der Ansprache ist er sehr geschmeidig und vollmundig. Danach enthüllt er eine gewisse Stärke mit deutlich spürbaren Tanninen, die auf eine gute Zukunft schließen lassen.

➤ Cave Pilote de Villeneuve-lès-Corbières,
11360 Villeneuve-lès-Corbières, Tel. 68.45.91.59
☘ Mo-Sa 8h15-12h 14h-18h Juli u. Aug. geöffnet)

Minervois

Der Minervois, ein AOC-Wein, wird in 61 Gemarkungen erzeugt, von denen 45 im Departement Aude und 16 im Departement Hérault liegen. Diese Region, deren sanfte, überwiegend kalkige Hügel nach Süden hin ausgerichtet sind und die von der Montagne Noire vor kalten Winden geschützt wird, erzeugt einen Weißwein und vor allem zwei Typen von Rotweinen : Der eine entsteht durch kurze Maischegärung oder Kohlensäuremaischung, während der andere, ein lagerfähiger Wein, eine längere Gärdauer benötigt. Auf 4 500 ha werden 200 000 hl Rot-, Rosé- und Weißweine produziert.

Reizvolle Routen durchziehen das Weinbaugebiet des Minervois ; ein mit Pfeilen markierter Weg bildet die Weinstraße, an der viele Probierkeller liegen. In dieser historisch bedeutsamen Landschaft des Languedoc – wo sich in der Antike die Stadt Minerva befand und sich ein entscheidendes Kapitel der Katharertragödie abspielte – sind die zahlreichen kleinen romanischen Kapellen und die interessanten Kirchen von Rieux und Caunee die touristischen Attraktionen. Die einheimische Weinbruderschaft, die Compagnons du Minervois, hat ihren Sitz in Olonzac.

LES VIGNERONS DE LA CAVE D'AIGNE Cuvée Image 1990★★

| | 0,8 ha | 6 000 | |

In dem mittelalterlichen Dorf Aigne fällt das schneckenförmig angelegte historische Zentrum auf. Die Straßen, die als Verteidigungs- und Befestigungsanlagen dienten, bereiteten den Angreifern sicherlich Kopfzerbrechen. Eine für das Languedoc typische Bauweise. Dieser sehr harmonische Wein ist ein Spiegelbild des kräftigen Bodens. Der Duft ist intensiv, holzbetont und weinig. Im Geschmack findet man große Fülle und einen langen Abgang.

➤ Cave Les Crus du Minervois, 34210 Aigne, Tel. 68.91.22.44 ☘ Mo-Fr 8h-12h 14h-18h

CH. D'ARGERES
Cuvée Notre Dame des Bois 1990★

| | 2 ha | 9 000 | |

Dieser junge Winzer, der den Familienbetrieb vor zwei Jahren übernahm, darf in diesem Jahr exklusiv das Symbol der Wegstrecke benutzen, die das olympische Feuer durch das Departement Aude nahm. Dunkle Farbe mit lebhaften Reflexen, feiner, noch zurückhaltender Duft. Im Geschmack muß er sich noch entfalten. Ein Wein, der seinen Ambitionen entspricht.

➤ Denis Cros-Mayrevieille, Ch. d'Argères,
11800 Laure-Minervois, Tel. 68.78.27.73 ☘ n. V.

COMTE DE MERINVILLE 1990★

| | 20 ha | 100 000 | |

Die ersten Spuren der Seigneurie von Rieux reichen ins 11. Jh. zurück, bevor sie mit der Französischen Revolution erlosch. Ihr Schloß überragt das Dorf. Die siebeneckige Kirche, ein echtes architektonisches Juwel, ist ein lebendiges Zeugnis dieser glorreichen Vergangenheit. Die Kellerei ist ein Erbe dieser adligen Vorfahren ! Ihr Wein besitzt eine tiefe, purpurrote Farbe und einen kräftigen Geschmack mit noch deutlich spürbaren Tanninen und pflanzlichen Noten. Ein Wein, der noch reifen kann.

➤ Cave des Vignerons Mérinvillois, 11160
Rieux-Minervois, Tel. 68.78.10.22 ☘ n. V.

CH. COUPE ROSES 1990★

| | 18 ha | 50 000 | |

Spitzentechnik im historischen Anbaugebiet des Minervois. Dieses an den Felsen geschmiegte Katharerdorf fasziniert durch die Zeugnisse seiner Vergangenheit, seines Kirche aus dem 12. Jh. und sein Schloß und durch die Schönheit der umgebenden Garrigue. Ein sehr feiner und eleganter Wein, der fruchtig und feminin ist – ein würdiges Abbild der Winzerin, die ihn hergestellt hat.

➤ Françoise et Jacqueline Le Calvez, Ch. Coupe Roses, 34210 La Caunette, Tel. 68.91.80.31
☘ n. V.

CH. DU DONJON Cuvée prestige 1990★★★

| | 2 ha | 13 000 | |

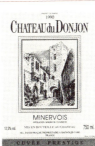

Auch wenn das Schloß schon zu Beginn des 17. Jh. errichtet wurde, ist das Anbaugebiet jüngeren Datums. Aber es ist immerhin schon etwa 200 Jahre alt ! Unsere besondere Empfehlung. Dieser Wein ist durch große Eleganz bestimmt : Auf eine aromatische Explosion von Beerenfrüchten (Erdbeeren, Himbeeren) folgt im

LANGUEDOC

Geschmack eine sehr feine Ansprache. Der Geschmack ist überraschend lang. Über einem bemerkenswerten Lakritzearoma entfaltet sich ein fruchtiger Abgang.

🍷 Guy Panis, 1, allée de la Galinière, 11600 Bagnoles, Tel. 68.77.18.33 ☎ n. V.

CH. FABAS Cuvée Alexandre 1990★★

■			
	10 ha	50 000	▯↓Ⅴ2

J.-P. Ormières ist regelmäßig in unserem Weinführer vertreten, weil er es versteht, aus seinem Boden das Beste herauszuholen. Auf diesem Gut kommt die Erfahrung zum Tragen, die vier Winzergenerationen gesammelt haben. Bei diesem großen Wein kommen ein begeisterter Winzer und eine großartige Rebsorte, die Mourvèdrereben, zusammen. Das Produkt sind ein würziger Duft und ein kräftiger Geschmack mit einer Holznote, die nie dominiert.

🍷 Jean-Pierre Ormières, Fabas, 11800 Laure-Minervois, Tel. 68.78.17.82 ☎ tägl. 8h-19h

CUVEE JACQUES DE LA JUGIE 1989★★

■			
	k.A.	20 000	▯↓Ⅴ1

Die Geschichte dieses Dorfs im Haut-Minervois reicht bis in das 6. Jh. vor unserer Zeitrechnung zurück, aber die Geschichte dieses Weins nahm erst im 14. Jh. ihren Anfang, als sich Jacques de la Jugie, der Schwager von Clemens IV., in La Livinière niederließ. Ein sehr kräftiger Wein mit purpurroter Farbe, blumigem Aroma und herrlichem Geschmack. Er ist voll und harmonisch und enthüllt ein anhaltendes Veilchen- und Lakritzearoma.

🍷 Cave Coop. Les Coteaux du Haut Minervois, 34210 La Livinière, Tel. 68.91.42.67 ☎ Mo-Fr 8h-12h 14h-18h

JEAN D'ALIBERT 1990★

■			
	40 ha	120 000	▮↓Ⅴ1

Diese Genossenschaft wurde 1981 gegründet. Man ist überrascht vom Aroma reifer Früchte, Pflaumen und Feigen, das dem sehr eleganten Geschmack vorausgeht. Ein sehr ausgewogener Wein, dem die Syrahrebe eine originale Ausdruckskraft verleiht.

🍷 Celliers Jean d'Alibert, B.P.30, 11160 Rieux-Minervois, Tel. 68.78.22.14 ☎ n. V.

CH. LA GRAVE 1990★

■			
	10 ha	40 000	▮↓Ⅴ1

Josiane und Jean-Pierre Orosquette besitzen einen prächtigen Probierkeller. Nach der besonderen Empfehlung im letzten Jahr hat der Weißwein erneut Beachtung gefunden, aber auch der kräftige, volle Rotwein, dessen würzige Noten und der Hauch von Unterholz sehr charakteristisch für die Syrahweine dieses Gutes sind.

🍷 Orosquette, Ch. La Grave, 11800 Badens, Tel. 68.79.16.00 ☎ n. V.

DOM. LA TOUR BOISEE 1991★★

□			
	2 ha	10 000	▮↓Ⅴ2

Ein Turm aus dem 12. Jh. ragt neben diesem Familiengut auf. Ein dreifacher Erfolg für diesen Winzer, dessen Rot-, Rosé- und Weißwein ausgewählt wurden. Besondere Beachtung fand dabei der Weißwein mit der blaßgelben Farbe. Kräftiger Duft von Akazienblüten. Elegante, leicht nervige Ansprache. Bemerkenswerter Geschmack.

🍷 Marie-Claude et Jean-Louis Poudou, Dom. La Tour Boisée, 11800 Laure-Minervois, Tel. 68.78.10.04 ☎ n. V.

CH. LAVILLE-BERTROU 1990★

■			
	4 ha	26 000	▮↓Ⅴ1

Die Bertrous leben hier seit 150 Jahren. Nachdem die Kinder die Welt bereist hatten, sind sie – dem weisen Rat des Dichters folgend – zu den Wurzeln zurückgekehrt. Intensität und Länge im Geschmack charakterisieren diesen schönen Wein. Der Liebhaber wird das feine Aroma über das Lakritzegeschmack schätzen.

🍷 Ch. Laville-Bertrou, 34210 La Livinière, Tel. 68.91.44.82 ☎ tägl. 14h-18h

LES CONTEMPORAINS 1990★

■			
	20 ha	30 000	▮↓Ⅴ1

Ein Wein voller Jugendlichkeit, mit einem frischen, fruchtigen Aroma, in dem man Kirschnoten entdeckt. Sein Markenname »Die Zeitgenossen« sagt eigentlich schon alles.

🍷 SA Chantovent, Quai du Port-au-Vin, B.P. 7, 78270 Bonnières-sur-Seine, Tel. 30.93.01.79 ☎ n. V.

DOM. MARIS Carte noire 1990★★

■			
	25 ha	20 000	▮Ⅴ1

Jacques Maris versteht den Weinbau als Handwerk. Seit 35 Jahren führt er nun diesen Betrieb. In der Ausgabe 1988 haben wir seinen 85er besonders empfohlen. Dieser 90er findet allgemeinen Beifall : tiefe Farbe, Duft von sehr reifen Früchten über einem Zimtaroma. Kräftiger Geschmack mit deutlich spürbaren Tanninen und Noten von in Alkohol eingelegten Früchten. Ein lagerfähiger Wein.

🍷 Dom. Maris, Chem. de Parignoles, 34210 La Livinière, Tel. 68.91.42.63 ☎ Mo-Sa 8h-12h 14h-18h ; So nachm. geschlossen

CH. MASSAMIER LA MIGNARDE 1991★

◪			
	1,7 ha	13 000	▮↓Ⅴ2

Die Wurzeln dieser Familie reichen nachweisbar bis ins 12. Jh. zurück, aber das Gut selbst entstand bereits in römischer Zeit, als der Legionär Maximus diese Villa erhielt. Ziemlich kräftige Farbe mit purpurvioletten Reflexen. Ein voller, fruchtiger Wein mit langem Nachgeschmack.

🍷 Jacques Venes, Massamier la Mignarde, 11700 Pepieux, Tel. 68.91.40.74 ☎ tägl.10h-20h

DOM. DE PIERRE BLANCHE 1991

□			
	0,5 ha	2 000	↓Ⅴ1

Seit drei Generationen baut diese Familie Wein an. Die beiden Brüder haben beschlossen, ihren eigenen Keller zu bauen, um ihrer Leidenschaft für das Winzerhandwerk voll nachgehen zu können. Die Auswahl ihres Weins ist eine Ermutigung für sie. Dieser volle, fruchtige 91er mit den Fenchel- und Anisnoten paßt zu gebratenem Fisch.

🍷 GAEC Soulie, rue Emile Pouytes, 11160 Rieux-Minervois, Tel. 68.78.27.36

CH. RUSSOL-GARDEY 1990

| ■ | 5,6 ha | 30 000 | ■ 🅥 ❶ |

Das Gut gehörte einst Pontus de la Gardie, der im 17. Jh. Oberbefehlshaber im Heer des schwedischen Königs war. Hübsche Farbe mit purpurvioletten Reflexen. Ein gefälliger 90er, in dem die Fruchtigkeit dominiert.
🡒 Bernard Gardey de Soos, Ch. Russol, 11800 Laure-Minervois, Tel. 68.78.17.68 🍷 Mo-Sa 8h-13h 14h-20h

DOM. SAINTE-EULALIE 1991**

| ◨ | k.A. | 13 000 | ■ ↓ 🅥 ❶ |

Das Gut Sainte-Eulalie besitzt 25 ha Rebflächen. In der Ausgabe 1989 haben wir seinen weißen 87er besonders empfohlen. Dieser 91er bietet eine sehr schöne, strahlend lachsrosa Farbe und einen fruchtigen, an Kirschen und Erdbeeren erinnernden Duft. Sehr ausgewogener Geschmack mit einem langen, fruchtigen Abgang, in dem man exotische Früchte entdeckt.
🡒 Gérard Blanc, Dom. Sainte-Eulalie, 34210 La Livinière, Tel. 68.91.42.72 🍷 tägl. 8h-19h

DOM. TAILHADES-MAYRANNE
Cuvée Pierras 1989**

| ■ | 5 ha | 15 000 | ■ ⑩ 🅥 ❶ |

Was für ein Glück für André Tailhades, daß er im Herzen von Minerve, einem berühmten Ort, der zwischen Cesse und Briand eines der Symbole des Katharerwiderstands geblieben ist, Wein anbaut. Ein hübscher, bodenständiger Wein, der sehr harmonisch ist und im warmen Abgang rote Früchte und Lakritze vereint.
🡒 André Tailhades, Dom. Mayranne, 34210 Minerve, Tel. 68.91.26.77 🍷 tägl. 9h-13h 15h-19h

TOUR SAINT-MARTIN 1990**

| ■ | 8 ha | 40 000 | ⑩ ↓ 🅥 ❷ |

Die Keller des alten Schlosses Peyriac mit ihrem hufeisenförmigen Raum sind wunderbar. 1990 haben wir von diesem Wein den roten 88er besonders empfohlen. Am 90er wird man die Kraft und Eleganz schätzen. Der Holzton ist immer noch vorhanden, ohne den Wein zu beherrschen. Über einem Aroma von gekochten Kirschen spürt man die reichen Tannine. Man hätte hier auch den weißen 90er beschreiben können, der nach Aprikosen, Vanille und Zimt duftet.
🡒 Cave des Vignerons Tour Saint-Martin, 11160 Peyriac-Minervois, Tel. 68.78.11.20 🍷 tägl. 9h-12h 14h-18h

CH. VILLERAMBERT-JULIEN
Cuvée Trianon 1990**

| ■ | 8 ha | 35 000 | ⑩ ↓ 🅥 ❷ |

Georges Julien ist immer noch berühmt dafür, daß er seinen Mörtel mit Wein anrührte, weil es kein Wasser hatte ! Das war 1907, und seitdem hat sich sein Gärkeller vergrößert. Der rosa Marmor für den großen Trianon stammt von diesem Gut, das unter dem gleichen Namen einen sehr hübschen Wein mit tiefer Farbe und komplexem Duft (Vanille und Lakritze) erzeugt. Kräftiger Geschmack mit sehr harmonischer Gerbsäure und langem Abgang. Eine gelungene Verbindung zwischen Wein und Holzfaß. Weisen wir auch

auf die Cuvée Opéra (ein 91er Rosé) hin, die zwei Sterne erhielt.
🡒 Marcel Julien, Ch. Villerambert-Julien, 11160 Caunes-Minervois, Tel. 68.78.00.01 🍷 t.l.j. 9h-19h

Saint-Chinian

Der Saint-Chinian, der 1945 als VDQS eingestuft wurde, ist seit 1982 ein AOC-Wein. Diese Appellation umfaßt 20 Gemarkungen und erzeugt 83 000 hl Rot- und Roséweine. Das Anbaugebiet, das im Departement Hérault nördlich von Béziers auf 100 bis 200 m hohen Hügeln liegt, ist zum Meer hin ausgerichtet. Die Böden bestehen vor allem im nördlichen Teil aus Schiefer und im Süden aus Kalkgeröll. Der Wein genießt seit langer Zeit einen guten Ruf ; er war schon im 14. Jahrhundert bekannt. In Saint-Chinian selbst wurde ein Haus der Weine geschaffen.

BERLOUP PRESTIGE 1990*

| ■ | k.A. | 100 000 | ■ 🅥 ❷ |

Berlou – ein bezauberndes Dorf, ein steiniges Anbaugebiet mit Schieferböden und herzlichen Menschen ! Die Weine von hier zeichnen sich durch eine starke Persönlichkeit aus. Tiefe, granatrote Farbe, würziges Aroma und Tiergeruch. Fleischige Ansprache und noch vielversprechende Tannine. Nachhaltiges Lakritze- und Röstaroma. Dieser 90er ist ein guter Repräsentant seines Anbaugebietes.
🡒 Cave les Coteaux du Rieu Berlou, rue des Vignerons, 34360 Berlou, Tel. 67.89.58.58 🍷 tägl. 9h-12h 14h-18h

CH. CAZAL-VIEL 1991**

| ◨ | 60 ha | 150 000 | ■ ↓ 🅥 ❶ |

Dieses Gut, das bereits in römischer Zeit bestand, wurde 1202 von den Herren von Cesson den Mönchen der Abtei Fontcaude überlassen. Man erzeugt hier schöne Rotweine sowie diesen recht typischen Roséwein. Intensive, strahlende Farbe, kräftiger Duft von Himbeeren und Veilchen, impulsiver Geschmack. Er wird Ihrer Tafel Charakter verleihen.
🡒 Henri Miquel, Ch. Cazal-Viel, 34460 Cessenon, Tel. 67.89.63.15 🍷 tägl. 8h-12h 14h-18h30

MAS CHAMPART 1991**

| ◨ | k.A. | 4 000 | ■ ↓ 🅥 ❶ |

Nachdem Isabelle Champart seit 1976 Rebflächen in verschiedenen Anbaugebieten erworben hatte, errichtete sie 1988 im Herzen des rauhen Anbaugebiets von Saint-Chinian ihren Keller. Dieser sehr blasse, lachsfarbene Rosé bezaubert durch einen sehr feinen Duft von Blüten

(Ginster) und Zitrusfrüchten. Frische und Rundheit, stattlicher Geschmack.

⌐ Isabelle Champart, Bramefan, 34360 Saint-Chinian, Tel. 67.38.20.09 ⌶ n. V.

CH. COUJAN
Cuvée Gabrielle de Spinola 1990

■   20 ha   20 000   ❚❚ ↓ ☑ ❶

Das Mosaik in der romanischen Kapelle beweist, daß an der Stelle des Châteaus schon in gallo-romanischer Zeit ein Gebäude bestand. Auf seinem originellen Boden, der mit fossilen Korallen durchsetzt ist, wachsen Olivenbäume, Rebstöcke und Zypressen. Dieser rubinrote Wein, der nach Gewürzen und Leder duftet, wird zu 40% aus Mourvèdretrauben erzeugt. Der Geschmack ist zurückhaltender als das Bukett, aber Gerbsäure und Rundheit halten sich die Waage.

⌐ SCEA Guy et Peyre, Ch. Coujan, 34490 Murviel, Tel. 67.37.80.00 ⌶ Mo-Sa 9h-12h 15h-19h

DOM. DES JOUGLA Tradition 1990

■   k.A.   20 000   ❚❚ ↓ ☑ ❷

Auf den Ausläufern der Cevennen setzen André Jougla und sein Sohn Alain die Tradition ihrer Vorfahren vor. Die Lese wird mit der Hand durchgeführt, so daß die Trauben unversehrt bleiben. Rubinrote Farbe mit braunen Nuancen. Dieser schon reife Wein überrascht durch seinen Bodengeruch, der gleichzeitig durch intensiven Tiergeruch (Fell, Moschus) und Röstaroma geprägt wird. Im Geschmack dominiert die Fülle, während sich die Tannine bereits auflösen. Trotz der leicht bitteren Note im Abgang paßt er gut zu Wildschweinragout.

⌐ Alain Jougla, Dom. des Jougla, 34360 Pradessur-Vernazobre, Tel. 67.38.06.02 ⌶ n. V.

CH. LA DOURNIE 1990**

■   k.A.   30 000   ❚↓ ☑ ❶

In diesem günstigen Weinbaugebiet, das einige Kilometer von Saint-Chinian entfernt liegt, treffen Schieferböden und lehmig-kalkige Böden aufeinander. Dieser Wein besitzt eine schöne, rubinrote Farbe. Sein Geruchseindruck erinnert an Wild und geröstete Mandeln. Runder, harmonischer Geschmack mit angenehmen Tanninen und anhaltendem Lakritzearoma. Elegant und rassig.

⌐ EARL Ch. La Dournie, 34360 Saint-Chinian, Tel. 68.79.62.41 ⌶ n. V.

⌐ Annick et Henri Etienne

DOM. J. ET H. MADALLE
Cuvée des schistes 1990*

■   2,5 ha   12 000   ❚ ☑ ❷

Die steilen Schieferhänge des malerischen kleinen Dorfs Saint-Nazaire-de-Ladarez verleihen den Weinen große Persönlichkeit. Die tiefe Farbe kündigt einen intensiven Duft von reifen Früchten und Gewürzen an. Rundheit, schon geschmeidige Tannine, pfeffrige Note im Abgang. Dieser bereits reife 90er hält sicher noch Überraschungen für die Zukunft bereit.

⌐ Dom. J. et H. Madalle, rue de Béziers, 34490 Saint-Nazaire-de-Ladarez, Tel. 67.89.62.64 ⌶ Mo-Sa 9h-12h 14h-18h

CH. MAUREL FONSALADE
Cuvée Frédéric 1990*

■   6 ha   8 000   ❚❚ ↓ ☑ ❷

Eine weitgereiste Familie. Diese Cuvée ist Frédéric gewidmet, dem älteren der Brüder, der zweimal Berge im Himalaja bestiegen hat, bevor ihn eine Lawine mit sich riß. Der 90er entfaltet einen sehr schönen Duft von Röstgeruch und Vanille. Umhüllte Tannine, Fülle, schöne Ausgewogenheit und eine bereits gut eingebundene Holznote ergeben einen eleganten Gesamteindruck.

⌐ EARL Philippe et Thérèse Maurel, Dom. de Fonsalade, 34490 Causses-et-Veyran, Tel. 67.89.66.73 ⌶ n. V.

CH. MILHAU-LACUGUE
Réserve du Commandeur 1990*

■   18 ha   15 000   ❚❚ ↓ ☑ ❷

Dieses Gut ist eine ehemalige Komturei der Templer. Es wurde 1439 in seinen gegenwärtigen Grenzen festgelegt, wobei man die Steine des zerschlagenen Ordenskreuzes verwendete, die man auf den Weinetiketten erkennt. Hübsches, kräftiges Granatrot, Duft von roten Früchten, recht deutlich spürbare, aber geschmeidige Tannine, schöne Fülle und nachhaltiges, würziges Aroma. Ein noch jugendlicher Wein, der sich noch entwickeln wird.

⌐ Emilienne Lacugue, Ch. Milhau-Lacugue, 34620 Puisserguier, Tel. 67.30.75.38 ⌶ n. V.

RENAUD DE VALON 1990***

■   k.A.   20 000   ❚❚ ↓ ☑ ❷

Das Dorf Saint-Chinian besitzt ein Anbaugebiet, in dem Schieferböden auf lehmig-kalkige Böden treffen. Eine herrliche Cuvée, die zu 70% aus Syrahtrauben erzeugt worden ist : tiefe Farbe, sehr feiner Vanille- und Röstgeruch, im Geschmack ein aromatisches Feuerwerk von blumigen Noten über Lakritze bis zu einem sehr eleganten Holzton. Rundheit, geschmeidige Tannine, bemerkenswerte Harmonie und außergewöhnliche Länge. Unsere besondere Empfehlung für soviel Eleganz.

⌐ Cave des Vignerons de Saint-Chinian, rte de Sorteilho, 34360 Saint-Chinian, Tel. 67.38.00.31 ⌶ n. V.

CAVE LES VINS DE ROQUEBRUN
Cuvée roches noires 1990*

■   50 ha   20 000   ❚ ☑ ❷

Roquebrun gilt als das »kleine Nizza des Languedoc« . In diesem außergewöhnlichen Anbaugebiet mit Schieferböden und sehr mildem

Klima gedeihen Mimosen und Orangenbäume. Die schöne, purpurrote Cuvée duftet nach roten Früchten und intensiv riechenden Blumen. Der erste Geschmackseindruck ist sehr voll. Das Lakritzearoma im Abgang wird von den Tanninen geprägt. Man darf eine schöne Entwicklung voraussehen.

🕊 Cave Les Vins de Roquebrun, av. des Orangers, 34460 Roquebrun, Tel. 67.89.64.35 ⚮ n. V.

Cabardès AOVDQS

Die Weine der Côtes de Cabardès und des Orbiel stammen aus Weinbergen, die sich nördlich von Carcassonne und westlich vom Minervois befinden. Das Anbaugebiet umfaßt 2 200 ha in vierzehn Gemarkungen. Es erzeugt 15 000 hl Rotweine, die mediterrane mit atlantischen Rebsorten kombinieren. Diese Weine unterscheiden sich ziemlich deutlich von den anderen Weinen des Languedoc-Roussillon ; da die Reben in der westlichsten Region wachsen, unterliegen sie stärker dem ozeanischen Einfluß.

CH. DE BRAU Cuvée première 1990★★

| ■ | k.A. | 26 500 | ⬛⬇️🅥❶ |

Ein junges Paar voller Schwung hat 1982 dieses Château inmitten von Rebflächen und Pinienhainen übernommen. Ein sehr schöner Wein, der ganz den Vorstellungen von einem Rosé entspricht. Eleganz und Fruchtigkeit, aber auch Kraft und Finesse.

🕊 Gabriel Tari, Dom. de Brau, 11620 Villemoustaussou, Tel. 68.72.31.92 ⚮ n. V.

CAVE COOP. DES COTES DU TRAPEL 1990

| ■ | k.A. | 5 400 | ⬛🅥❶ |

Ein sauberer Wein, dessen kräftige Farbe jugendliche Reflexe zeigt. Im Duft erkennt man reife Früchte. Angenehmer Geschmack mit noch deutlich spürbaren Tanninen.

🕊 Cave Coop. Côtes du Trapel, 11600 Villegailhenc, Tel. 68.77.10.79 ⚮ n. V.

CH. LA BASTIDE 1990★

| ■ | k.A. | k.A. | ⬛🅥❶ |

Die treuen Leser unseres Weinführers haben sicherlich nicht vergessen, daß dieses Château La Bastide, ein vorgeschobener Posten der Châteaux de Lastours mitten im Katharerland, für den 87er eine besondere Empfehlung und für den 89er zwei Sterne erhielt. Dieser rubinrote 90er mit dem feinen, weinigen Duft gibt sich sehr elegant, vollmundig und fruchtig.

🕊 Comte Amédée de Lorgeril, Ch. de Pennautier, 11610 Pennautier, Tel. 68.72.65.29 ⚮ n. V.

CH. DE PENNAUTIER 1990

| ■ | k.A. | k.A. | ⬛⬇️🅥❶ |

Molière machte Station in diesem 1620 von der berühmten Familie Pennautier errichteten Schloß. In unserer Epoche spielte das Gut eine wichtige Rolle als Vorreiter bei der Wiederherstellung dieses vergessenen Anbaugebiets. Fast 100 ha Rebflächen ! Ein 90er mit einer schönen, granatroten Farbe. Weiniger Duft und klare Ansprache mit noch spürbaren Tanninen.

🕊 Comtesse Amédée de Lorgeril, Ch. de Pennautier, 11610 Pennautier, Tel. 68.72.65.29 ⚮ n. V.

CH. RIVALS 1991★

| ◩ | 8 ha | 13 000 | ⬛⬇️🅥❶ |

Ein schönes Gut vor den Toren von Carcassonne, das vor mehr als einem Jahrhundert entstand und seit 1977 von Charlotte Troncin geführt wird. Château Rivals erhielt für den 86er eine besondere Empfehlung und für den 90er eine bronzene Traube. Dieser 91er tritt in einem klaren, lachsrosa Kleid auf, das einen feinen Duft verströmt. Im Geschmack verbindet sich Frische mit Fruchtigkeit. Ein gefälliger Wein.

🕊 Charlotte Troncin, Ch. Rivals, 11600 Villemoustaussou, Tel. 68.25.80.96 ⚮ Mo-Fr 8h30-12h30

CH. VENTENAC 1989★★★

| ■ | 30 ha | k.A. | ◧⬇️🅥❷ |

Ein hübsches Dorf auf dem Südhang der Montage Noire, wo bereits im 9. Jh. die Benediktinermönche auf den steinigen Hängen Wein anbauten. Dieser Wein strahlt Kraft aus. Tiefe Farbe. Sehr schönes, komplexes Aroma, in dem sich gekochte Früchte mit einer zarten Holznote verbinden. Runder, voller und alkoholreicher Geschmack mit guten Tanninen. Sehr langer Abgang. Weisen wir auch noch auf den sehr vielversprechenden 90er hin !

🕊 Alain Maurel, 1, pl. du Château, 11610 Ventenac-Cabardès, Tel. 68.24.93.42 ⚮ n. V.

Côte de la Malepère AOVDQS

In einem Anbaugebiet, das dem ozeanischen Einfluß ausgesetzt ist, weil es dank seiner Lage nordwestlich der Haute-de-Corbières gegen die mediterranen Luftströmungen abgeschirmt ist, erzeugen 31 Gemeinden im Departement Aude 19 000 hl von diesem als AOVDQS eingestuften Wein. Es handelt sich dabei um Rot- und Roséweine, die körperreich und fruchtig sind und keinen Carignananteil mehr enthalten, sondern aus der Grenache- und der Syrahrebe sowie den Bordeaux-Rebsorten Cabernet-Sauvignon, Cabernet-Franc und Merlot hergestellt werden.

DOM. DE BEAUSEJOUR 1990*

| | 12 ha | 43 000 | | | |

Dieses kleine Anbaugebiet in der Gemarkung Brésilhac besteht aus sehr steilen Parzellen auf einem lehmig-kalkigen Boden. Die Vinifizierung wird in einer Genossenschaftskellerei vorgenommen. Dieser Wein ist noch sehr jugendlich, aber nach einem Duft von kleinen Früchten enthüllt sich eine sehr harmonische Ansprache. Ein vollmundiger 90er, der hervorragend zu Wurstgerichten paßt.
↬ Cave du Razès, 11240 Routier, Tel. 68.69.02.71 ⵏ n. V.

DOM. DE FOURNERY 1989**

| | 20 ha | 50 000 | | | |

Der 85er und der 88er dieser Genossenschaftskellerei waren besondere Empfehlungen. Der 89er besitzt eine schöne, intensiv granatrote Farbe mit jugendlichen Reflexen. Der Duft ist noch verschlossen, aber der Geschmack ist voll und vielversprechend.
↬ Cave du Razès, 11240 Routier, Tel. 68.69.02.71 ⵏ n. V.

DOM. PIERRE LAFILLE 1991**

| | 0,5 ha | 3 500 | | | |

Ein schöner Erfolg für diesen Winzer, der gerade erst seinen Keller errichtet hat, aber schon die vierte Generation repräsentiert. In diesem Wein mit der sehr schönen blaßrosa, leicht lachsroten Farbe kommt das Ergebnis von viel Hingabe und harter Arbeit zum Ausdruck. Im kräftigen, eleganten Bukett entdeckt man einen zarten Duft von Walderdbeeren. Die harmonische Ausgewogenheit des Geschmacks wird vom Aroma wilder Früchte begleitet. Für den Anfang ein Meisterstück !
↬ Pierre Lafille, rue Jean de la Fontaine, 11300 Saint-Martin-de-Villerèglan, Tel. 68.31.40.49 ⵏ n. V.

CH. DE MONTCLAR 1989***

| | 10 ha | 12 000 | | | |

Dieses Schloß, das nach der Eroberung des Katharerlandes an einen Gefährten von Simon de Montfort fiel, gehört seit der Mitte des letzten Jahrhunderts de Familie Guiraud. Vorgestellt wird dieser Wein von der Genossenschaftskellerei Le Razès, die damit erneut eine besondere Empfehlung erhält. Ein kräftiger 89er, der nach Unterholz und Vanille duftet. Ausgezeichnete Harmonie. Der Holzton ist in den sehr harmonischen und reifen Geschmack gut eingebunden. Eine wunderbare Art, rückfällig zu werden.
↬ Cave du Razès, 11240 Routier, Tel. 68.69.02.71 ⵏ n. V.

CH. DE ROUTIER 1991*

| | 30 ha | 6 600 | | | |

Ein echtes Schloß aus dem 15. Jh. mit einem wunderschönen Gewölbe und einem Brunnen im Inneren. Ein hübscher Wein mit blasser Farbe und dem zurückhaltenden Duft reifer Früchte. Voller, aromatischer Geschmack mit Fülle und Ausgewogenheit.
↬ Michèle Lezerat, Le Château, 11240 Routier, Tel. 68.69.06.13 ⵏ tägl. 9h-20h

Roussillon

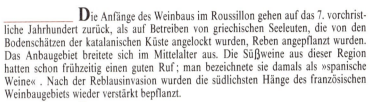

Die Anfänge des Weinbaus im Roussillon gehen auf das 7. vorchristliche Jahrhundert zurück, als auf Betreiben von griechischen Seeleuten, die von den Bodenschätzen der katalanischen Küste angelockt wurden, Reben angepflanzt wurden. Das Anbaugebiet breitete sich im Mittelalter aus. Die Süßweine aus dieser Region hatten schon frühzeitig einen guten Ruf; man bezeichnete sie damals als »spanische Weine«. Nach der Reblausinvasion wurden die südlichsten Hänge des französischen Weinbaugebiets wieder verstärkt bepflanzt.

Das Weinbaugebiet des Roussillon, das sich bogenförmig in Richtung Mittelmeer erstreckt, wird von drei Bergmassiven begrenzt: den Corbières im Norden, dem Caniguou im Westen und den Albères, die auch die Grenze zu Spanien bilden, im Süden. Die Flüsse Têt, Tech und Agly haben Terrassen gebildet, deren ausgewaschene Geröllböden für die Erzeugung von erstklassigen Weinen, insbesondere von Dessertweinen (siehe dazu das betreffende Kapitel), günstig sind. Man trifft hier auch auf andere Bodentypen: Schiefer, Quarzsand sowie Trümmerhügel aus dem Pliozän.

Das Weinbaugebiet des Roussillon besitzt ein besonders sonnenreiches Klima mit milden Temperaturen im Winter und heißen Sommern. Die Niederschlagsmenge (350 bis 600 mm) ist schlecht verteilt; auch die Gewitterregen sind für den Wein kaum von Vorteil. Danach folgt eine Dürreperiode im Sommer, deren Auswirkungen häufig vom Tramontane verstärkt werden; dieser Nordwind begünstigt die Reifung der Trauben.

Die Reben werden im Gobeletschnitt erzogen, bei einer Dichte von 4000 Stöcken pro Hektar. Die Anbaumethoden bleiben traditionell und kennen nur wenig Automatisierung. Mit der Verwendung neuer Rebsorten und Vinifizierungsmethoden modernisiert sich auch die Ausrüstung der Kellereien. Nach einer strengen Kontrolle des Reifegrads wird das Lesegut in Bütten oder kleinen Körben transportiert, ohne daß die Trauben zerquetscht werden. Ein Teil der Trauben wird mittels Kohlensäuremaischung verarbeitet. Die Kontrolle der Temperatur bei der Vinifizierung gelingt immer besser, was auch der Bewahrung der aromatischen Finesse zugute kommt; Tradition und technischer Fortschritt gehen hier Hand in Hand.

Was gibt es Neues im Roussillon?

Auch wenn es der nach den Gewittern aufkommende Tramontane möglich machte, die Trauben in einem perfekten Gesundheitszustand zu pflücken, ist die 91er Lese unterschiedlich ausgefallen. Die zu starke Trockenheit verlangsamte die Reifung im Dreieck Epira – Salses – Rivesaltes, während gleichzeitig ein heftiger Gewitterregen 10 bis 15% der Trauben in Banyuls vernichtete. Hinsichtlich der Erträge lag die Gesamtproduktion in diesen Anbaugebieten 1991 um 141 000 hl unter der Menge des Vorjahrs. Dieser Rückgang ist vor allem auf die Appellation Rivesaltes zurückzuführen, wo die Produktion von 345 000 hl auf 207 000 hl fiel; dort beschloß man nämlich, nicht mehr als 12 hl/ha – anstatt traditionell 18–20 hl/ha – zu erzeugen.
Die Rebsorte Muscat à Petits Grains hat sich perfekt entwickelt. Früher umstritten,

bringt sie heute regelmäßig eine gute Qualität hervor, wobei sie den Muscat-de-Rivesaltes-Weinen Stärke und Finesse schenkt. Die Rebsorte Grenache Noire liefert sehr schöne VDN-Cuvées (1990 wenig »Vintage« -Typ, 1991 viel). Die vor 15 Jahren eingeführte Syrahrebe macht Boden gut, weil sie tapfer der Trockenheit widersteht. Die Macabeutraube wurde vor allem als trockener Weißwein vinifiziert. Die neuen Vinifizierungen bei der Marsanne- und bei der Vermentinorebe erscheinen sehr bemerkenswert. Probleme gab es hingegen bei der Carignanrebe, die ihre Blätter in der Dürreperiode am stärksten verloren hat. Schließlich besitzt der 91er noch eine Gerbsäure, die hinsichtlich der Stärke mit den Tanninen der 86er und hinsichtlich der Eleganz mit den Tanninen der 88er vergleichbar ist. Insgesamt einer der besten Jahrgänge seit den 85ern. Das Syndicat des Côtes du Roussillon et du Roussillon-Villages hat sich dafür entschieden, ab 1996 mindestens 20% Syrah und ab 1993 nicht mehr als 60% Carignan vorzuschreiben. Die INAO hat die Anerkennung der Appellationen Côtes du Roussillon-Villages Lesquerde und Côtes du Roussillon-Villages Tautavel genehmigt, die zweifellos mit dem Jahrgang 1992 das Licht der Welt erblicken werden. Caramany vergrößert sich flächenmäßig (Gemarkungen Cassagnes und Belesta), ebenso Latour-de-France auf dem Boden von Rasiguères, Planèzes und Montner.

Zu beobachten ist auch ein wachsendes Interesse bei den Winzern anderer Regionen, die sich im Roussillon niederlassen : Jean Mongeard (Vosne-Romanée) hat seine Kinder im Mas Crémat (Espira-de-l'Agly) angesiedelt ; man kann auch die großartigen, auf Terrassen angelegten Weinberge bewundern, die in Zukunft in Tordères (Le Vigon) von Erzeugern aus Chablis (Daniel Defaix), Vouvray (Alexandre Monmousseau), aus der Aube (Benoît Tassin), der Champagne (E. Bernaut und Philippe Secondé) zusammen mit Aimé Moutet und aus Fons genutzt werden.

Die Genossenschaftskellereien Alénya und Cabestany haben sich neu organisiert. Jean-Luc Pujol, ein junger Winzer aus Fourques, ersetzt Pierre Mosse als Vorsitzender der nationalen Konföderation der Vins Doux Naturels.

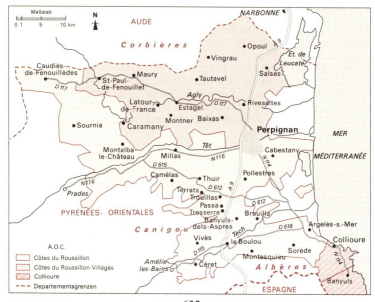

632

Côtes du Roussillon und Côtes du Roussillon-Villages

Die Weine dieser Appellationen stammen aus den besten Anbaugebieten der Region. Das etwa 6 000 ha umfassende Anbaugebiet erzeugt insgesamt 250 000 bis 300 000 hl. Die Côtes du Roussillon-Villages werden im nördlichen Teil des Departements Pyrénées-Orientales produziert ; zwei Gemeinden dürfen die Appellation zusammen mit dem Namen des Dorfes verwenden : Caramany und Latour-de-France. Kiesterrassen, Quarzsand und Schiefer verleihen den Weinen Reichtum und eine Vielfalt, die sich die Winzer zunutze gemacht haben.

Die Weißweine werden aus den Rebsorten Macabeu und Malvoisie du Roussillon erzeugt und durch direktes Keltern der Trauben hergestellt. Im Typ sind sie jung, leicht und nervig ; sie besitzen ein feines Blütenaroma (blühender Wein). Sie passen besonders gut zu Meeresfrüchten, Fischen und Krebstieren.

Die Rosé- und Rotweine werden aus mehreren Rebsorten erzeugt : Carignan Noir (höchstens 70%), Grenache Noir, Cladoner Pelut, Cinsaut als Hauptsorten sowie Syrah, Mourvèdre und Macabeu (höchstens 10% bei Rotweinen) als komplementäre Sorten. Obligatorisch werden zwei Hauptrebsorten und eine Zusatzrebsorte verwendet. Alle Rebsorten mit Ausnahme der Syrahrebe werden im kurzen Rebschnitt mit zwei angeschnittenen Augen erzogen. Häufig wird ein Teil des Leseguts mittels Kohlensäuremaischung vinifiziert, vor allem bei den Carignantrauben, die bei dieser Methode hervorragende Ergebnisse liefern. Die Roséweine werden obligatorisch nach kurzer Maischegärung abgestochen.

Die Roséweine sind fruchtig, körperreich und nervig, die Rotweine fruchtig und würzig ; letztere besitzen einen Alkoholgehalt von 12 °. Die Côtes du Roussillon-Villages sind kräftiger und feuriger ; einige von ihnen können jung getrunken werden, während sich andere länger halten und dann ein intensives, komplexes Bukett entfalten. Aufgrund ihrer organoleptischen Qualitäten, die recht individuell und vielfältig sind, passen sie zu den unterschiedlichsten Gerichten.

Côtes du Roussillon

DOM. AMOUROUX 1988*

■	30 ha	20 000	◫ ☑ ②

Die Hügel von Tresserre bilden den Übergang zwischen dem Weinbaugebiet von Aspre und der Macchia auf den Ausläufern des Canigou. Ein 88er mit einer nicht sehr tiefen, rubinroten Farbe, die ziegelrote Reflexe zeigt. Das Bukett erinnert an den Duft von Unterholz zur Zeit der Weinlese. Der Geschmack, in dem die Tannine noch spürbar sind, wird von würzigen Noten beherrscht.
↜ Jean Amouroux, rue du Pla del Rey, 66300 Tresserre, Tel. 68.38.87.54 ⏲ n. V.

CH. DE BLANES 1989**

■	15 ha	20 000	◫ ↓ ☑ ①

Ein sehr hübscher Wein, in dem die holzigen Noten mit dem Aroma von roten Beerenfrüchten harmonieren. Der Geschmackseindruck ist gleichzeitig fruchtig und körperreich. Paßt zu geschmortem Fleisch.
↜ SCV Les Vignerons de Pézilla-la-Rivière, 66370 Pézilla-la-Rivière, Tel. 68.92.00.09 ⏲ Mo-Sa 8h30-12h30 14h-18h30

DOM. JOSEPH BORY 1990

■	5 ha	k.A.	■ ↓ ①

Ein Gut im Herzen des Aspre, zwischen Perpignan und Spanien, dem Canigou und dem Meer. Dieser helle Wein mit den purpurvioletten Nuancen ist geschmeidig und rund.
↜ Dom. Joseph Bory, 6, av. Jean Jaurès, 66670 Bages, Tel. 68.21.71.07 ⏲ n. V.
↜ Andrée Verdeille

CH. DE CALADROY *

■	25 ha	21 000	■ ↓ ☑ ①

Château de Caladroy, das zwischen dem Tal der Têt und dem Tal des Agly liegt, ist eines der schönsten Weingüter im Roussillon. Aroma von vollreifen Trauben, würzige Noten und Ausgewogenheit sowie Körperreichtum im Geschmack : ein hübscher, rubinroter Wein.
↜ GIAR des Viticulteurs Catalans, 1, rue des Vendanges, B.P. 1, 66300 Banyuls-dels-Aspres, Tel. 68.21.72.18 ⏲ n. V.

CH. DE CALCE 1989**

■	38 ha	90 000	■ ↓ ☑ ①

Das kleine Dorf Calce, das inmitten der Garrigue liegt, besitzt einen Kalkboden, der stattliche, alkoholreiche Weine liefert. Dieser 89er schimmert rubin- bis kirschrot. Der Duft erinnert an reife Früchte, Weichseln, milde Gewürze und einen Hauch von Moschus. Rund, fleischig und angenehm nachhaltig.

🍷 Cave les Vignerons du Ch. de Calce, 8, rte d'Estagel, 66600 Calce, Tel. 68.64.47.42 ⚷ Mo-Sa 9h-12h 14h-18h

CH. DE CALCE 1990

| ☐ | 5 ha | 37 000 | 🍷⬇✓ 1 |

Blaßgoldene Farbe und ein sehr frischer Duft von grünen Äpfeln und weißen Blüten. Im Geschmack harmonieren Cremigkeit und Nervigkeit.

🍷 Cave les Vignerons du Ch. de Calce, 8, rte d'Estagel, 66600 Calce, Tel. 68.64.47.42 ⚷ Mo-Sa 9h-12h 14h-18h

CH. CAP DE FOUSTE 1988

| ■ | 30 ha | 90 000 | ◧⬇ 2 |

Das Gut befindet sich vor den Toren von Perpignan, am Rande des Haffs von Villeneuve. Es gehört den Assurances Mutuelles Agricoles de France. Das vom Ausbau im Holzfaß herrührende Vanillearoma dominiert noch im Geschmack, in dem sich ein solides Gerüst enthüllt.

🍷 Les Vignerons Catalans, rte de Thuir, 66011 Perpignan, Tel. 68.85.04.51 ⚷ n. V.

CH. DE CASENOVE 1990**

| ■ | 18 ha | 40 000 | 🍷⬇✓ 1 |

Die Mitglieder der Familie Montes sind leidenschaftliche Winzer, die das Anbaugebiet von Château de Casenove, das ihnen seit 1569 gehört, mit großer Umsicht umstrukturieren. Eine hübsche, strahlend rubin- bis kirschrote Farbe kündigt ein Aroma von vollreifen roten Früchten an. Im Geschmack zeigt sich dieser 90er als lagerfähiger Wein, dessen solides Gerüst von Fleisch umhüllt ist.

🍷 GFA Dom. de La Casenove, 66300 Trouillas, Tel. 68.21.66.33 ⚷ tägl. 10h-20h

DOM. CAZES 1989*

| ■ | 6 ha | 40 000 | 🍷✓ 2 |

Ein Familienbetrieb, in dem zwei Brüder Sachverstand und Effizienz kombinieren. Rubinrote Farbe mit leicht ziegelroten Reflexen. Das Aroma entwickelte sich noch : Die fruchtigen Noten weichen allmählich animalischeren Noten. Im Geschmack macht sich ein kräftiges Gerüst bemerkbar.

🍷 Sté Cazes Frères, 4, rue Francisco-Ferrer, B.P. 61, 66602 Rivesaltes, Tel. 68.64.08.26 ⚷ n. V.
🍷 André et Bernard Cazes

DOM. CAZES 1991**

| ◪ | 5,5 ha | 40 000 | 🍷⬇✓ 2 |

Das Gut erstreckt sich auf die Geröllterrassen rund um Rivesaltes. Nicht sehr intensive, rosarote Farbe und ein komplexes Aroma, in dem sich zur Fruchtigkeit würzige Noten gesellen. Im Geschmack betonen Cremigkeit und Länge die Ausgewogenheit.

🍷 Sté Cazes Frères, 4, rue Francisco-Ferrer, B.P. 61, 66602 Rivesaltes, Tel. 68.64.08.26 ⚷ n. V.

DOM. CAZES 1991**

| ☐ | 3,72 ha | 26 000 | 🍷⬇✓ 2 |

Das Gut Cazes besitzt einen der perfektesten Keller des Roussillon, dessen technische Ausrüstung für die Qualität der Vinifizierung garantiert. Dieses hohe technische Niveau findet man auch in diesem Wein wieder : kräftiges und zugleich elegantes Aroma von weißen Blüten, fast fleischiger Geschmack. Dieser 91er paßt hervorragend zu den kulinarischen Kreationen, die die berühmtesten Köche der Region aus den Mittelmeerfischen zaubern.

🍷 Sté Cazes Frères, 4, rue Francisco-Ferrer, B.P. 61, 66602 Rivesaltes, Tel. 68.64.08.26 ⚷ n. V.

DOM. DES CHARMETTES 1990**

| ■ | 10 ha | 9 800 | 🍷⬇✓ 1 |

Ein Journalist, der über Wein schrieb und zum Winzer wurde, d. h. den Schreibtisch mit der Kelter vertauschte. Sein erster Jahrgang präsentiert sich in einem hübschen, aber nicht besonders kräftigen Rubinrot. Verführerische Rundheit. Dahinter entfaltet sich ein Aroma von roten Johannisbeeren und Kirschen mit einigen besonders eleganten blumigen Noten. Ein Gut, das man im Auge behalten sollte.

🍷 Jean Tassot, 22, Grand-Rue, 66740 Montesquieu, Tel. 68.89.62.71 ⚷ n. V.

CH. DE CORNEILLA 1988*

| ■ | 23 ha | 110 000 | 🍷⬇✓ 1 |

Château de Corneilla ist eine ehemalige Burg der Templer aus dem späten 12. Jh., wo seit 1485 die Familie Jonquères d'Oriola lebt. Eine schöne, nicht sehr intensive Farbe mit rubinroten Reflexen umhüllt diesen 88er mit dem Weichselduft. Im Geschmack beherrscht der Körper den Abgang.

🍷 GFA Jonquères d'Oriola, Ch. de Corneilla, 66200 Corneilla-del-Vercol, Tel. 68.22.73.22 ⚷ im Sommer tägl.10h-12h 16h30-19h30, im Winter Mo, Mi, Sa 10h-12h

CH. DE CORNEILLA 1991

| ◪ | 3 ha | 20 000 | 🍷⬇✓ 2 |

Die strahlend rosarote, fast rubinrote Farbe und das Aroma erinnern an vollreife rote Beerenfrüchte. Im Geschmack dominiert die Frische.

🍷 GFA Jonquères d'Oriola, Ch. de Corneilla, 66200 Corneilla-del-Vercol, Tel. 68.22.73.22 ⚷ im Sommer tägl.10h-12h 16h30-19h30, im Winter Mo, Mi, Sa 10h-12h

DOM BRIAL 1989*

| ■ | 30 ha | 140 000 | 🍷⬇✓ 1 |

Die Kirche von Baixas besitzt einen unter Denkmalschutz stehenden Altaraufsatz. Dieser 89er verströmt ein wunderschönes Aroma von vollreifen roten Beeren und orientalischen Gewürzen. Ein körperreicher Geschmackseindruck kennzeichnet diesen kräftigen Wein.

🍷 SCV Les Vignerons de Baixas, 14, av. Mal-Joffre, 66390 Baixas, Tel. 68.64.22.37 ⚷ n. V.

CUVEE ERMITAGE DU CHATEAU 1987

| ■ | 10 ha | 40 000 | 🍷⬇✓ 2 |

In Saint-André weisen die Albères bereits auf

den Beginn der felsigen Küste hin. Dieser kirschrote Wein entfaltet ein klares, weiniges Aroma. Im Geschmack dominiert noch die Gerbsäure.
➤ SCAV Saint-André, 56, rue du Stade, 66690 Saint-André, Tel. 68.89.03.03 ⌶ n. V.

DOM. FERRER 1990

■ 2,5 ha 12 000

Dieses Gut liegt ganz in der Nähe des mittelalterlichen Dorfes Castelnon auf den Terrassen der Canterrane, eines kleinen Flusses de Aspre. Hübsche, rubinrote Farbe. Im Duft bereits entwickelte Noten von roten Früchten, Gewürzen und Unterholz. Die Tannine prägen noch den Geschmackseindruck.
➤ Denis Ferrer, 5, rue du Colombier, 66300 Terrats, Tel. 68.53.48.18 ⌶ n. V.

DOM. FORCA REAL 1990

■ 5 ha 20 000

Von der Eremitage Força Real überblickt man die ganze Ebene des Roussillon, über die stolz der Canigou wacht. Hübsche, rubin- bis kirschrote Farbe und ein klares, fruchtiges Aroma. Im Geschmack überwiegt der feurige Eindruck.
➤ Michèle Mouret-Henriqués, SCEA Dom. Força Real, Mas de la Garrigue, 66170 Millas, Tel. 68.57.12.75 ⌶ n. V.

LES VIGNERONS DE FOURQUES 1989

■ 70 ha 20 000

Das Gut liegt auf den Ausläufern des Canigou, wo es über die ganze Ebene des Roussillon zu wachen scheint. Die Farbe dieses 89er bewahrt noch seinen jugendlichen Schimmer. Wilde Beeren und Gewürze charakterisieren das Aroma. Ein ausgewogener Wein, bei dem die Geschmeidigkeit über den Körperreichtum siegt.
➤ SCV les Vignerons de Fourques, 1, rte de Passa, 66300 Fourques, Tel. 68.38.80.51 ⌶ n. V.

LES VIGNERONS DE FOURQUES 1991*

◨ k.A. 5 000

Das hübsche Rosarot erinnert an Pfingstrosen. Fein fruchtiges Aroma und ein harmonischer Geschmackseindruck voller Frische.
➤ SCV les Vignerons de Fourques, 1, rte de Passa, 66300 Fourques, Tel. 68.38.80.51 ⌶ n. V.

DOM. GAUBY 1989

■ 5 ha 17 000

Ein junger Winzer, der voller Ideen steckt und ein fabelhaftes Anbaugebiet besitzt. Die rubinrote Farbe dieses Weins erinnert eher an einen Claret, der Duft an rote Früchte und Gewürze, während im Geschmack die nachhaltigen Tannine dominieren.
➤ Gérard Gauby, 1, rue du Faradjal, 66600 Calce, Tel. 68.64.35.19 ⌶ tägl. 8h-20h

DOM. JAMMES 1989

■ 5 ha 10 000

Das Anbaugebiet von Saint-Jean-Lasseille liegt im Herzen des Aspre, zwischen dem Meer und den ersten Ausläufern des Canigou. Ein schon reifer Wein, der nach eingemachtem Obst und Gewürzen duftet und einen Hauch von altem

Leder verströmt. Die Farbe hingegen ist noch rubin- bis kirschrot.
➤ Dom. Jean Jammes, 66300 Saint-Jean-Lasseille, Tel. 68.21.64.94 ⌶ n. V.

DOM. DE JOLIETTE 1990

■ 3,33 ha 15 000

Ein von Weinbergen, Pinien und Olivenhainen umgebenes Gut auf den äußersten Ausläufern der Corbières. Schöne, rubinrote Farbe und Duft von reifen Kirschen. Der Geschmackseindruck wird noch von den Tanninen beherrscht.
➤ André Mercier, Dom. de Joliette, rte de Vingrau, 66600 Rivesaltes, Tel. 68.64.50.60 ⌶ n. V.

LAPORTE 1990*

■ 4 ha 6 580

Ein Weinberg in der Nähe von Ruscino, der alten Ortschaft unweit von Perpignan. Leichte Farbe mit kirschroten Reflexen und Aroma von roten Beeren. Rundheit und Geschmeidigkeit machen diesen 90er zu einem guten Tischwein.
➤ Laporte, 66000 Château-Roussillon, Tel. 68.50.06.53 ⌶ n. V.

LA TOUR DE FRANCE 1990**

■ 250 ha 100 000

La Tour de France war vor dem Pyrenäenvertrag (1659) das erste französische Dorf hinter der Grenze zu Spanien. Eine tief rubinrote, fast granatrote Farbe. Der Duft erinnert mit seinen würzigen Noten über dem Aroma von wilden roten Beeren an die Kohlensäuremaischung. Der volle Geschmack spiegelt die Schiefer- und Gneisböden des Anbaugebiets wider.
➤ SCV Les Vignerons de La Tour de France, 2, av. Gal-de-Gaulle, 66720 La Tour-de-France, Tel. 68.29.11.12 ⌶ Mo-Sa. 8h-12h 14h-18h

CH. L'ESPARROU 1989*

■ 15 ha 23 000

Dieses Schloß vor den Toren des Seebads Canet war früher berühmt, weil man sich hier duellierte. Die Jury begrüßte die gute Entwicklung dieses kirschroten 89ers, der nach roten Beeren und Gewürzen duftet. Die Tannine haben gerade begonnen, sich aufzulösen, und garantieren noch eine gute Lagerfähigkeit.
➤ SCE Ch. L'Esparrou, 66140 Canet-en-Roussillon, Tel. 68.73.30.93 ⌶ Mo-Sa 9h-13h 14h-20h, im Winter bis 18h
➤ Rendu

LESQUERDE 1991*

◨ 10 ha 70 000

Ein ziemlich blasser Rosé, der nach püriertem Erdbeeren duftet. Im ausgewogenen Geschmack findet man die ganze Frische des Klimas während der Reifung der Trauben.
➤ SCV Lesquerde, 66220 Lesquerde, Tel. 68.59.02.62 ⌶ tMo-Sa 8h-12h 14h-18h

DOM. MARTY 1990*

■ 2 ha 8 000

Das Anbaugebiet liegt unterhalb von Castelnou, einem berühmten mittelalterlichen Dorf, in dem häufig Künstler zusammentreffen. Hübsche, rubin- bis granatrote Farbe und ein kräftiges

Aroma von roten Beeren. Der Geschmack wird von den noch soliden Tanninen geprägt.
🍷 Marie-Thérèse Marty, 36, av. Joffre, 66300 Thuir, Tel. 68.53.42.62 ⏰ tägl.10h-12h 16h-19h

DOM. DU MAS CREMAT 1990 ***

| | 2 ha | 5 000 | 🍷 ↓ ☑ 2 |

Burgundische Winzer haben sich im Roussillon niedergelassen. Die Familie Jeannin-Mongeard präsentiert hier ihren ersten Wein, der aus Syrah- und Grenachetrauben hergestellt worden ist. Bravo ! Endlich ein Holzton, der nicht den Wein dominiert ! Das Aroma von roten Beeren vermischt sich mit den sehr eleganten Vanillenoten. Verführerisch cremiger Geschmack mit sehr milden Tanninen.
🍷 EARL Jeannin-Mongeard, Mas Cremat, 66600 Espira-de-l'Agly, Tel. 68.38.92.06 ⏰ n. V.

MAS RANCOURE Cuvée Vincent 1986 *

| | k.A. | 8 000 | 🍶🍷 ↓ ☑ 1 |

Ein typisch katalanisches Landhaus mitten in den Albères. Eine leichte Farbe mit ziegelroten Reflexen. Duft von Weichseln, altem Leder und Ambra. Ausgewogener Geschmack mit Tanninen, die wie ein altes Möbelstück eine Patina angesetzt haben. Jetzt trinken !
🍷 Dr Pardineille, Mas Rancoure, 66740 Laroque-des-Albères, Tel. 68.89.03.69 ⏰ tägl. 10h-12h 15h-19h (Sommer),11h-12h 15h-18h (Winter)

CH. NADAL-HAINAUT *

| | 35 ha | 12 000 | 🍶🍷 ↓ ☑ 1 |

Das Dorf Banyuls-dels-Aspres liegt auf einem Hügel im Herzen des Aspre. Dieser im Geschmack angenehm runde Wein entfaltet ein klassisches Aroma von roten Früchten und milden Gewürzen und zeigt eine rubin- bis kirschrote Farbe.
🍷 GIAR des Viticulteurs Catalans, 1, rue des Vendanges, B.P. 1, 66300 Banyuls-dels-Aspres, Tel. 68.21.72.18 ⏰ n. V.

DOM. PARCE 1989 **

| | 5 ha | 15 000 | 🍷 ↓ ☑ 2 |

Das Dorf Bages liegt an der Kreuzung der Straßen, die von Perpignan nach Spanien bzw. von den Bergen zum Meer führen. Das Aroma von Gewürzen und von wilden Beeren und die Vanillenoten, die vom Ausbau in Holzfässern herrühren, verliehen dem Wein viel Eleganz. Der Geschmack ist solide und gleichzeitig dank der feinen Tannine mild.
🍷 GAEC A. Parcé, 2, rue Jules-Verne, 66670 Bages, Tel. 68.21.80.45 ⏰ Mo-Sa 9h30-12h 16h-19h30

DOM. PARCE 1990

| | 2 ha | 8 000 | 🍶🍷 ☑ 1 |

Strahlende, golden schimmernde Farbe. Aroma von Fenchel und Wachs. Im Geschmack dominiert der cremige Eindruck.
🍷 GAEC A. Parcé, 2, rue Jules-Verne, 66670 Bages, Tel. 68.21.80.45 ⏰ Mo-Sa 9h30-12h 16h-19h30

PEZILLA 1989 *

| | k.A. | 15 000 | 🍶🍷 ☑ 1 |

Das Anbaugebiet von Pézilla-la-Rivière liegt auf den Kiesterrassen über der Têt. Strahlend rubinrote Farbe, kräftiges Aroma von roten Früchten und ein ausgewogener, gut gebauter Geschmack.
🍷 SCV Les Vignerons de Pézilla-la-Rivière, 66370 Pézilla-la-Rivière, Tel. 68.92.00.09 ⏰ Mo-Sa 8h30-12h30 14h-18h30

DOM. PIQUEMAL
Elevé en fûts de chêne 1989 ***

| | 7,16 ha | 10 000 | 🍷 ↓ ☑ 2 |

Espira de l'Agly besitzt eine schöne romanische Kirche aus dem 12. Jh. mit einem prachtvollen Portal. In diesem granatroten Wein ergänzen sich die Grenache und die Mourvèdrerebe perfekt. Der Ausbau im Holzfaß gab ihm feine Vanillenoten und vervollkommnet seinen Geschmackseindruck, der bereits lang und voll ist. Ein paar gegrillte Lammkoteletts, und das Festmahl ist perfekt !
🍷 Pierre Piquemal, 1, rue Pierre Lefranc, 66600 Espira-de-l'Agly, Tel. 68.64.09.14 ⏰ n. V.

CH. PLANERES 1989 ***

| | 8 ha | 40 000 | 🍷 ↓ ☑ |

Dieses Anbaugebiet liegt zwischen Perpignan und den Albères auf den Hügeln von Saint-Jean-Lasseille. Ziemlich kräftige, granatrote Farbe. Ein balsamisches Aroma, in dem sich Noten von orientalischen Gewürzen mit vollreifen roten Früchten vermischen. Im Geschmack ist die Gerbsäure zwar spürbar, wird aber vom Körperreichtum des Weins überlagert. Mourvèdre und Syrah ergänzen sich hier perfekt.
🍷 Vignobles Jaubert-Noury, rue des Artisans, 66300 Saint-Jean-Lasseille, Tel. 68.21.71.43 ⏰ n. V.

CH. PLANERES 1991 *

| | 5 ha | 30 000 | 🍶🍷 ↓ ☑ 1 |

Strahlende Farbe mit goldgrünen Reflexen. Das feine Aroma macht im Geschmack einer angenehmen Frische Platz.
🍷 Vignobles Jaubert-Noury, rue des Artisans, 66300 Saint-Jean-Lasseille, Tel. 68.21.71.43 ⏰ n. V.

DOM. DE ROMBEAU
Cuvée Pierre de La Fabrègue 1989 ***

| | 17,23 ha | 15 000 | 🍷 ↓ ☑ 2 |

Ein kühler Hafen inmitten der warmen Kiesgeröllterrassen von Rivesaltes. Pierre-Henry de la Fabrègue empfängt in seinem Keller die berühmtesten Persönlichkeiten. Intensive, granatrote Farbe. Das kräftige, komplexe Aroma enthüllt einen Duft von überreifen roten Beeren, rauchige Noten und Vanillenoten, die sich im Geschmack verstärken, auch wenn hier noch die hervorragenden Tannine dominieren. Paßt hervorragend zu Haarwild.

🠒 Pierre de La Fabrègue, Dom. de Rombeau, 66600 Rivesaltes, Tel. 68.64.05.35 ☎ n. V.

DOM. DE SAINTE BARBE 1989

■	16,5 ha	6 000	▮↓☑❶

Ein Gut vor den Toren von Perpignan, das eine Hauskapelle aus dem 17. Jh. besitzt. Eine tiefe, rubinrote schillernde Farbe. Das Aroma wird noch von den kräftigen, aber guten Tanninen überlagert. Muß noch reifen.

🠒 Robert Tricoire, Dom. de Sainte-Barbe, chem. de Sainte-Barbe, 66000 Perpignan, Tel. 68.63.29.23 ☎ t.l.j. sf dim. 8h30-12h 14h-19h

CLOS SAINT-GEORGES 1986*

■	14 ha	90 000	▮↓☑❶

Ein wunderschönes Bauwerk, das über ein mit viel Begeisterung wiederhergestelltes Anbaugebiet wacht. Leicht ziegelrot schimmernde Farbe. Das Aroma erinnert an gekochte Pfirsiche, gekochtes Obst und Leder. Im ausgewogenen Geschmack spürt man noch das Tanningerüst.

🠒 Dominique-Claude Ortal, Clos Saint-Georges, 66300 Trouillas, Tel. 68.21.61.46 ☎ tägl. 8h-18h

SALVAT Taïchac 1991**

◪	12 ha	25 000	▮↓☑❶

Jean-Philippe Salvat baut mit viel Kunstfertigkeit Wein in einer Höhe an, wo bereits der Wald beginnt. Eine schöne Farbe, die an die rosige Haut eines Engels erinnert. Im Aroma entdeckt man hübsche Noten von in Alkohol eingelegten roten Beeren. Cremigkeit und Fülle machen diesen Wein zu einem hervorragend für die Gastronomie geeigneten Rosé.

🠒 GAEC Salvat Père et Fils, Pont-Neuf, 66610 Villeneuve-la-Rivière, Tel. 68.92.17.96 ☎ n. V.

DOM. SALVAT Taïchac 1991*

☐	15 ha	35 000	▮↓☑❶

Die Familie Salvat spielte eine wichtige Rolle als Vorreiter bei den Weißweinen in der wunderschönen Region des Fenouillèdes. Sehr blasse, goldgrüne Farbe, ätherisches Aroma von weißen Blüten, Ginster- und Fenchelnoten und recht angenehme Frische.

🠒 GAEC Salvat Père et Fils, Pont-Neuf, 66610 Villeneuve-la-Rivière, Tel. 68.92.17.96 ☎ n. V.

SANT GALDRIC

■	k.A.	30 000	▮↓☑❶

Eine ziemlich helle Farbe mit rubinroten Reflexen kündigt einen Duft von roten Beeren an. Der Geschmack wird noch von den Tanninen beherrscht.

🠒 GIAR des Viticulteurs Catalans, 1, rue des Vendanges, B.P. 1, 66300 Banyuls-dels-Aspres, Tel. 68.21.72.18 ☎ n. V.

DOM. SARDA-MALET
Etiquette noire 1989***

■	22 ha	50 000	▯↓☑❷

Ein vor den Toren von Perpignan gelegenes Anbaugebiet, das alle Rebsorten der AOC Côtes du Roussillon umfaßt. Rubin- bis granatrote Farbe, Aroma von roten Früchten mit einem Hauch von schwarzen Johannisbeeren und sehr ausgeprägten Holznoten. Die feinen Tannine verleihen dem sehr nachhaltigen Geschmack eine prächtige Fleischigkeit. Paßt hervorragend zu Kalbfleisch aus den Pyrenäen.

🠒 Suzy et Max Malet, Mas Saint-Michel, 12, chem. Sainte-Barbe , 66000 Perpignan, Tel. 68.56.72.38 ☎ n. V.

TAICHAT Cuvée réserve 1991

☐	100 ha	k.A.	▮↓❶

Der Taïchat war einer der ersten bekannten Weißweine aus dem Roussillon. Blaßgoldene Farbe mit grünen Reflexen, Duft von blühenden Reben und frischer Geschmack.

🠒 Les Vignerons Catalans, rte de Thuir, 66011 Perpignan, Tel. 68.85.04.51 ☎ n. V.

TERRASSOUS 1989*

■	k.A.	150 000	▮↓☑❶

Die Kellerei von Terrats ist schon von weitem an ihrem Flaschenturm zu erkennen, der wie ein Raumschiff auf der Startrampe aussieht. Schöne, kirschrote Farbe und Beerenaroma. Die Nachhaltigkeit der Tannine ist ein Grund dafür, diesen Wein nicht altern zu lassen.

🠒 SCV Les Vignerons de Terrats, B.P. 32, 66302 Terrats, Tel. 68.53.02.50

CELLIER DE TROUILLAS 1990*

■	80 ha	25 000	▮↓☑❶

Der Cellier de Trouillas, der zwischen Perpignan, Thuir und Spanien liegt, empfängt alle Besucher des Hinterlandes. Schöne, rubin- bis kirschrote Farbe mit purpurvioletten Nuancen. Der würzige Duft erinnert an rote Beeren. Im Geschmack, der noch etwas von der Gerbsäure geprägt wird, entfaltet sich ein Lakritzearoma.

🠒 Cellier de Trouillas, 1, av. du Mas-Deu, 66300 Trouillas, Tel. 68.53.47.08 ☎ n. V.

CELLIER DE TROUILLAS 1991

◪	20 ha	13 000	▮↓☑❶

In Trouillas, im Mas-Deu, ließen sich die ersten Templer nieder, die in das Roussillon kamen. Ein sehr sauberer Rosé mit einem bereits zart würzigen Fruchtaroma. Im Geschmack dominiert die Frische.

🠒 Cellier de Trouillas, 1, av. du Mas-Deu, 66300 Trouillas, Tel. 68.53.47.08 ☎ n. V.

Côtes du Roussillon-Villages

AGLYA Cuvée Louis Vigo 1989 *

■　　　　50 ha　　10 000　　◫ ▨ 2

Ein in der Heimat von François Arago gelegenes Anbaugebiet, wo alljährlich am ersten und zweiten Sonntag im August ein großes Weinfest veranstaltet wird. Die Farbe ist schillernd rubinrot. Das intensive Aroma erinnert an Vanille. Die Holznote entfaltet sich vor allem im nachhaltigen, angenehmen Geschmack.

☛ Cave Coop. Aglya, B.P. 13, 66310 Estagel, Tel. 68.29.00.45 ⌶ n. V.

BOUSQUET COMELADE 1989

■　　　　31 ha　　7 000　　▮ ↓ ▨ 1

Ein lehmig-kalkiges Anbaugebiet über dem Aglytal. Das Kleid dieses 89ers besitzt die tiefe Farbe eines Granats. Im Duft dominieren Noten von überreifen Früchten, während im Geschmack das feste Gerüst noch die aromatische Nachhaltigkeit überdeckt.

☛ Dom. Bousquet Comelade, 3, av. Barbusse, 66310 Estagel, Tel. 68.29.04.69 ⌶ n. V.

DOM. DU CLOS DEL PILA 1989

■　　　　8 ha　　40 000　　▮ ↓ ▨ 1

Die Familie Boudau verkörpert seit mehreren Generationen seriösen Weinhandel und Winzertradition. Dieser Côtes du Roussillon-Villages stammt ausschließlich von Trauben ihres Gutes. Dunkelrubinrote Farbe mit ziegelroten Reflexen. Der Duft erinnert an eingemachte Kirschen. Würzige Noten und harmonischer Geschmack.

☛ SCEA Clos del Pila, 6, rue Marceau, B.P. 53, 66600 Rivesaltes, Tel. 68.64.06.07 ⌶ n. V.

☛ Boudau-Pages

CH. DONA BAISSAS Vieille vigne 1988 *

■　　　　10 ha　　25 000　　◫ ▨ 2

Der Name »Dona« (Dame) wurde diesem Gut von den kaiserlichen Offizieren gegeben. Ziemlich tiefe, rubinrote Farbe mit einigen ziegelroten Reflexen. Die gute Ausgewogenheit zwischen den Holznoten und dem Aroma der Trauben und ein noch immer solides Gerüst garantieren diesem Wein eine gute Lagerfähigkeit für die kommenden Jahre.

☛ Cellier de La Dona, 48, rue du Dr-Torreilles, 66310 Estagel, Tel. 68.29.10.50 ⌶ Mo-Sa 8h-12h 14h-18h

☛ Baissas

JEAN D' ESTAVEL
Elevé en fûts de chêne 1988

■　　　　k.A.　　150 000　　◫ ↓ 1

Eine schöne, strahlend rubinrote Farbe. Das Aroma erinnert an vollreife Früchte, begleitet von würzigen Noten und dem Duft der Heurente. Der kräftige Geschmack wird noch vom Holzton beherrscht.

☛ SA Destavel, 7 bis, av. du Canigou, 66000 Perpignan, Tel. 68.54.67.78

DOM. GAUBY
Sélection de vieilles vignes 1989

■　　　　5 ha　　13 000　　◫ ↓ ▨ 2

Trauben von alten Rebstöcken und neue Holzfässer – eine vielversprechende Verbindung. Dunkle, strahlende Farbe mit granatroten Reflexen. Der Duft erinnert an Vanille, überreife Früchte und Trauben. Im Geschmack verbindet sich Kraft mit Komplexität. Der Holzton beherrscht noch den Geschmackseindruck. Muß noch lagern.

☛ Gérard Gauby, 1, rue du Faradjal, 66600 Calce, Tel. 68.64.35.19 ⌶ tägl. 8h-20h

JEAN-LOUIS LAFAGE Prestige 1989 * * *

■　　　　1,25 ha　　5 200　　◫ 2

Ein Weinberg zu Füßen der Katharerburg von Quéribus. Strahlende Farbe und ziegelrote Reflexe. Im komplexen Bukett vermischen sich Noten von überreifen roten Beeren mit Leder- und Tiergeruch inmitten eines würzigen Aromas. Im Geschmack erinnern einige Röstnoten an die großen Weine aus Grenachetrauben. Finesse und Nachhaltigkeit im Abgang.

☛ Jean-Louis Lafage, 13, rue du Dr-Frédéric-Pougault, 66460 Maury, Tel. 68.59.12.66 ⌶ tägl. 9h-12h 14h-18h ; 15. Sept.-1. Mai geschlossen

LAPEYROUSE 1989 *

■　　　　k.A.　　28 000　　▮ ↓ ▨ 2

Ziemlich tiefe, rubin- bis granatrote Farbe. Feiner Duft von wilden Beeren und Gewürzen. Im Geschmack dominieren die Tannine, ohne den harmonischen Abgang zu beeinträchtigen.

☛ SCV Les Vignerons de La Tour de France, 2, av. Gal-de-Gaulle, 66720 La Tour-de-France, Tel. 68.29.11.12 ⌶ Mo-Sa 8h-12h 14h-18h

LA TOUR DE FRANCE 1989 * *

■　　　　210 ha　　120 000　　▮ ↓ ▨ 1

La Tour-de-France, das bis zum Pyrenäenfrieden von 1659 das erste Dorf hinter der spanisch-französischen Grenze war, besitzt ein bemerkenswertes Anbaugebiet. Dunkle glanzlose, rubinrote Farbe. Im Duft harmonieren Noten von milden Gewürzen, Moschus und gekochten Pfirsichen. Der Geschmackseindruck ist fleischig und körperreich zugleich. Die milden Tannine lassen eine gute aromatische Nachhaltigkeit zu.

☛ SCV Les Vignerons de La Tour de France, 2, av. Gal-de-Gaulle, 66720 La Tour-de-France, Tel. 68.29.11.12 ⌶ Mo-Sa 8h-12h 14h-18h

LESQUERDE 1990

■　　　　k.A.　　100 000　　▮ ▨ 1

Das Anbaugebiet von Lesquerde befindet sich auf Quarzsandböden. Eine tiefrubinrote Farbe umhüllt ein würziges Aroma von reifen Früchten. Im Geschmack kommen entwickeltere Noten zum Vorschein. In der Ansprache dominiert die Kraft, während im Abgang die Tannine zu spüren sind.

☛ SCV Lesquerde, 66220 Lesquerde, Tel. 68.59.02.62 ⌶ Mo-Sa 8h-12h 14h-18h

DOM. DE L'EVECHE 1990 *

■　　　　6 ha　　3 000　　▮ ↓ ▨ 1

Ein ehemaliger Besitz des Bischofs, unweit der

herrlichen romanischen Kirche von Espira de l'Agly. Strahlend rubinrote Farbe mit leicht ziegelrotem Schimmer. Im Duft zeigen sich bereits entwickelte Noten : gekochte Früchte, Kakao und Leder. Die Cremigkeit und das von einer Patina überzogene Gerüst im Geschmack lassen an das von der Sonne verwöhnte Anbaugebiet denken. Paßt zu Drosseln am Spieß.
🕊 Dom. de L'Evêché, rue de Cases de Pène, 66600 Espira-de-l'Agly, Tel. 68.64.25.25 ☎ n. V.
🕊 Sabineu

LES VIGNERONS DE MAURY
1989★★

■	13 ha	50 000	■↓❶

Das Anbaugebiet und die Genossenschaftskellerei von Maury sind für ihre Dessertweine bekannt. Dieser 89er zeigt einige ziegelrote Reflexe in seiner granatroten Farbe. Im Duft kommen der Boden und die Grenacherebe mit ihrem an Schokolade und in Alkohol eingelegte Kirschen erinnernden Aroma zum Vorschein. Die im Geschmack sehr milden Tannine sorgen für eine verführerische Ansprache und eine Lakritznote im Abgang. Ein Frischlingsbraten wäre das ideale Essen dazu.
🕊 SCV Les Vignerons de Maury, 128, av. J.-Jaurès, 66460 Maury, Tel. 68.59.00.95 ☎ n. V.

CH. MONTNER 1990

■	79,56 ha	26 600	■❎❶

Schöne, strahlend rubinrote Farbe, Duft von roten Beeren und Unterholz mit Röstnoten. Im Geschmack gute Ausgewogenheit zwischen feinen Tanninen, Cremigkeit und Körperreichtum.
🕊 SCV Le Cellier Saint-Jacques, Grande-Rue, 66720 Montner, Tel. 68.29.11.91 ☎ n. V.

CH. DE PENA 1990★★

■	24,21 ha	15 000	■↓❎❷

Ein tiefes Rubinrot umhüllt das intensive, elegante Aroma von kleinen roten Früchten. Die sehr feinkörnigen Tannine harmonieren im Geschmack mit einer schönen, verführerischen Cremigkeit und einer guten aromatischen Nachhaltigkeit, in der sich fruchtige Nuancen mit Röstnoten vermischen.
🕊 SCV L'Agly, bd Mal-Joffre, 66600 Cases de Pène, Tel. 68.38.91.91 ☎ Mo-Sa 9h-12h 14h-19h

CUVEE DU PRESBYTERE
Caramany 1990★★

■	30 ha	40 000	■↓❸

Eine der ersten Kellereien im Roussillon, die das gesamte Traubengut mittels Kohlensäuremaischung vinifiziert hat, was ihren Weinen auch eine eigentümliche Note verleiht. Schöne, rubinbis kirschrote Farbe mit purpurroten Reflexen. Sehr würziges Aroma von roten Beeren. Im Geschmack dominiert eine pfeffrige Note. Sehr feine Tannine.
🕊 Les Vignerons Catalans, rte de Thuir, 66011 Perpignan, Tel. 68.85.04.51 ☎ n. V.

RASIGUERES
Cuvée Moura Lympany 1989★★

■	5 ha	15 000	◨↓❎❷

Diese Cuvée wurde zu Ehren der berühmten englischen Pianistin Moura Lympany hergestellt, die das Festival der Musik und des Weins in Rasiguères ins Leben gerufen hat. Im Geschmack herrscht eine melodische Harmonie zwischen der Feinheit der Tannine, der Kraft des Weins und seiner Cremigkeit. Die gute Nachhaltigkeit des Aromas wird von einem fleischigen Eindruck begleitet.
🕊 SCV Rasiguères, Cellier Tremoine, 66720 Rasiguères, Tel. 68.29.11.82 ☎ n. V.

LES CHAIS DE SAINTE-ESTELLE
Cuvée prestige 1986

■	10 ha	47 000	■↓❎❶

Die Genossenschaftskellerei von Espira-de-l'Agly ist berühmt für ihre Weine, deren Trauben aus Weinbergen stammen, wo die Winzer biologische Anbaumethoden verwenden. Das Kleid dieses 86ers zeigt bereits ein hübsches Purpurrot mit ziegelroten Reflexen. Das Aroma erinnert an Unterholz und Wildgeruch. Die lederartigen Tannine machen einem weinigen Nachgeschmack Platz.
🕊 Les Chais de Sainte-Estelle, 39, rue Thiers, B.P. 1, 66600 Espira-de-l'Agly, Tel. 68.64.17.54 ☎ Mo-Sa 8h-12h 14h-18h

DOM. SAINT-FRANCOIS 1990★

■	7,4 ha	5 000	■↓❎❶

Die Kapelle Saint-Vincent auf den Hügeln des Agly wacht eifersüchtig über diese Weinberge. Rubinrote Farbe mit granatroten Reflexen. Das sehr elegante Aroma entfaltet sich nach und nach und enthüllt fruchtig-würzige Noten. Hinter den fleischigen Tanninen zeigen sich zunächst Kirschnoten und dann ein besonders nachhaltiges Lakritzearoma.
🕊 Jean-Marie Sire, 17, rue Lafayette, 66310 Estagel, Tel. 68.29.03.75 ☎ n. V.

LES VIGNERONS DE SAINT-PAUL
Cuvée du chapitre 1989★

■	69,8 ha	20 000	■↓❎❶

Das Anbaugebiet von Saint-Paul bildet den Übergang zwischen dem Tal des Agly und dem Fenouillèdes. Dunkle, leicht ziegelrot schimmernde Farbe. Im komplexen Aroma machen die fruchtigen Noten allmählich einem Duft von Unterholz, Gewürzen und Leder Platz. Ein lagerfähiger Wein mit einem ausdrucksstarken Geschmack, dem die Tannine Fülle und Kraft verleihen.
🕊 SCV les Vignerons de Saint-Paul, 17, av. Jean Moulin, 66220 Saint-Paul-de-Fenouillet, Tel. 68.59.02.39 ☎ n. V.

Collioure

Es handelt sich um eine ganz kleine Appellation (gegenwärtig 330 ha), die etwa 10 000 hl erzeugt. Das Anbaugebiet ist das gleiche wie das der Appellation Banyuls : die vier Gemarkungen Collioure, Port-Vendres, Banyuls-sur-Mer und Cerbère.

Hauptsächlich baut man hier Grenache Noir, Carignan und Mourvèdre an ; zusätzliche Rebsorten sind Syrah und Cinsaut. Hergestellt werden ausschließlich Rotweine, und zwar zu Beginn der Weinlese, bevor die Trauben für die Banyulsweine geerntet werden. Die geringen Erträge sind dafür verantwortlich, daß die Weine farbintensiv, ziemlich feurig und körperreich ausfallen und ein Aroma von vollreifen roten Früchten verströmen.

DOM. DE BAILLAURY 1989*

■	k.A.	k.A.	↓2

82 85 (86) 87 |88| 89

»Baillaury« kommt vom lateinischen *vall aurea* (goldenes Tal), einem der malerischsten Täler des terrassenförmigen Weinbaugebiets von Banyuls. Dieser Wein erhielt in den letzten Jahren die höchste Auszeichnung unseres Weinführers, nämlich für die Jahrgänge 1986, 1987 und 1988. Der 89er besitzt eine dunkelrubinrote Farbe. Das Aroma erinnert an vollreife rote Beeren. Die Ansprache ist stattlich und fleischig. Der Wein wird noch von der Gerbsäure beherrscht.

� Dom. et Ch. du Roussillon, rte des Crêtes, 66650 Banyuls-sur-Mer, Tel. 68.88.03.22

DOM. DE LA RECTORIE
Cuvée I 1990**

■	3 ha	10 000	◫ ↓🆅3

|86| |87| |88| 90

Die aus dem 12. Jh. stammende Kirche von La Rectorie fügt sich perfekt in die Architektur von Banyuls ein. Die granatrote Farbe und der kräftige Duft (schwarze Johannisbeeren) weisen auf den gelungenen Ausbau im Holzfaß hin. Im Geschmack besteht eine vollkommene Ausgewogenheit zwischen milden Tanninen, Cremigkeit und Fülle. Ein Lammrücken würde das Ganze krönen.

� Dom. de La Rectorie, 54, av. du Puig-del-Mas, 66650 Banyuls-sur-Mer, Tel. 68.88.13.45 ☎ n. V.
� Parcé Frères

DOM. LA TOUR VIEILLE
Cuvée Puig Oriol 1990*

■	k.A.	8 000	◫ ↓🆅2

Ein Wachturm, der von der stürmischen Vergangenheit des Roussillon zeugt, überragt das Anbaugebiet und die Bucht von Collioure. Granatrote Farbe mit fast purpurvioletten Reflexen. Das Aroma erinnert an Veilchen und frisch ausgepreßten Trester. Im Geschmack dominiert die Gerbsäure.

� Dom. La Tour Vieille, 3, av. du Mirador, 66190 Collioure, Tel. 68.82.42.20 ☎ n. V.
� Cantié-Campadieu

DOM. LA TOUR VIEILLE
Rosé des roches 1991**

▨	k.A.	3 500	▮↓🆅2

Ein Rosé mit einer klaren, kräftigen Farbe. Der intensive und zugleich feine Duft erinnert an rote Johannisbeeren, Pfirsiche und Bananen. Im cremigen Geschmack entfaltet sich ein wahrer Früchtekorb. Gute Nachhaltigkeit.

� Dom. La Tour Vieille, 3, av. du Mirador, 66190 Collioure, Tel. 68.82.42.20 ☎ n. V.
� Cantié-Campadieu

L'ETOILE Vieilli en montagne 1990

■	k.A.	k.A.	↓🆅2

Eine Kellerei mitten im Dorf Banyuls. Rubinrote Farbe und Noten von überreifen roten Früchten. Im Geschmack erinnern die Kraft und der Körperreichtum an Grenachetrauben und das Anbaugebiet von Banyuls.

� SCA L'Etoile, 26, av. du Puig-del-Mas, 66650 Banyuls-sur-Mer, Tel. 68.88.00.10 ☎ Mo-Fr 8h-12h 14h-18h, 1. Juli-31. Aug. Sa geöffnet

DOM. DU MAS BLANC
Cuvée Cosprons Levants 1989

■	5 ha	10 000	▮◫↓🆅5

Ein lagerfähiger Collioure. Das solide Gerüst mit noch festen Tanninen und die granatrote Farbe sind der konzentrierte Ausdruck der Syrah- und Mourvèdretrauben, die im Anbaugebiet Cosprons wachsen.

� SCA Parcé et Fils, Dom. du Mas Blanc, 9, av. du Gal-de-Gaulle, 66650 Banyuls-sur-Mer, Tel. 68.34.28.72 ☎ n. V.

MAGUY PIETRI-GERAUD 1989

■	0,5 ha	k.A.	▮↓🆅2

Ein traditionelles Gut auf den Anhöhen des kleinen Hafens mit dem berühmten Glockenturm. Schöne, rubin- bis kirschrote Farbe, Aroma von in Alkohol eingelegten Weichseln. Kräftiger, körperreicher Geschmack.

� Maguy Piétri-Géraud, 7, rue du Dr-Coste, 66190 Collioure, Tel. 68.51.43.00 ☎ tägl. 10h-12h 16h-18h

CELLIER DES TEMPLIERS
Haute tradition 1990***

■	k.A.	k.A.	▮◫↓🆅2

|87| |88| |89| (90)

Cuvée Haute Tradition
1990
COLLIOURE
APPELLATION COLLIOURE CONTRÔLÉE

N° 81765

In dieser mittels Solarenergie klimatisierten Kellerei reifen geduldig die Collioureweine. Das Vanillearoma erinnert an den sehr sorgfältigen

Ausbau im Holzfaß. Entwickelte Noten von gekochten Früchten und einem Hauch von Backpflaumen. Strahlende, rubin- bis kirschrote Farbe. Die sehr edlen Tannine werden durch einen fleischigen Geschmackseindruck wunderbar kompensiert.

☛ Cellier des Templiers, rte du Mas-Reig, 66650 Banyuls-sur-Mer, Tel. 68.88.31.59 ⊤ tägl. 9h-12h 14h-18h ; 1. Nov.-30. März So geschlossen

CELLIER DES TEMPLIERS
Cuvée Saint Michel 1989★★

■		k.A.	k.A.	↓ ✓ 2

Rubinrote Farbe mit ziegelroten Reflexen. An Leder und gekochte Früchte erinnerndes Aroma. Die Fülle und der Körperreichtum im Geschmack beeinträchtigen in keiner Weise die Nachhaltigkeit des Aromas.

☛ Cellier des Templiers, rte du Mas-Reig, 66650 Banyuls-sur-Mer, Tel. 68.88.31.59 ⊤ tägl. 9h-12h 14h-18h ; 1. Nov.-30. März So geschlossen

CELLIER DES TEMPLIERS 1991★

◰		k.A.	210 000	↓ ✓ 2

Die hübsche rosarote Farbe erinnert an Pfingstrosen. Elegantes Aroma von frischen Früchten mit einigen alkoholischen Noten. Kräftiger Geschmackseindruck.

☛ Cellier des Templiers, rte du Mas-Reig, 66650 Banyuls-sur-Mer, Tel. 68.88.31.59 ⊤ tägl. 9h-12h 14h-18h ; 1. Nov.-30. März So geschlossen

VIAL MAGNERES 1989★

■		3 ha	4 500	▮ ◑ ↓ ✓ 2

Eine einzigartige Kellerei mitten im malerischen Dorf Banyuls-sur-Mer. Rubin- bis kirschrote Farbe. Aroma von vollreifen Früchten. Im Geschmack kommen besonders die milden Tannine der Grenachetrauben zur Geltung. Kräftiger, feuriger Geschmack.

☛ Monique et Bernard Sapéras, Clos Saint-André, 14, rue Edouard-Herriot, 66650 Banyuls-sur-Mer, Tel. 68.88.31.04 ⊤ n. V.

Provence

Die Provence ist für die meisten ein Urlaubsland, wo »immer die Sonne scheint« und sich die Menschen mit der singenden Sprechweise die Zeit nehmen

zu leben ... Für die Winzer ist sie ebenfalls ein Land der Sonne, die dort 3 000 Stunden im Jahr scheint. Die Regenfälle sind hier selten, aber heftig, die Winde stürmisch ; das Relief ist zerklüftet. Die Phokäer, die um 600 v. Chr. in der Gegend von Marseille an Land gingen, waren nicht erstaunt, daß sie hier wie in ihrer Heimat Weintrauben vorfanden, und trugen zur weiteren Verbreitung der Reben bei. Später folgten die Römer ihrem Beispiel, danach die Mönche und der Adel, vor allem der Winzerkönig René von Anjou, Graf der Provence.

Eleonore von Provence, die Gemahlin des englischen Königs Heinrich III., schaffte es, den Weinen aus der Provence zu großem Ansehen zu verhelfen, ähnlich wie dies ihrer Schwiegermutter, Eleonore von Aquitanien, bei den Weinen aus der Gaskogne gelungen war. In der Folgezeit wurden sie im internationalen Handel etwas stiefmütterlich behandelt, weil sie an den großen Verkehrsachsen nicht vertreten waren. Aber in den letzten Jahrzehnten sind sie durch den Aufschwung des Fremdenverkehrs wieder in Mode gekommen. Das gilt vor allem für die Roséweine ; diese fröhlichen

Weine sind der Inbegriff unbeschwerter Sommerferien und passen hervorragend zu provenzalischen Gerichten.

_____ Die Anbaufläche des Weinbaugebiets ist oft zerstückelt, was auch erklärt, warum fast die Hälfte der Produktion in Genossenschaftskellereien vinifiziert wird; von diesen gibt es allein im Departement Var über hundert. Aber die Weingüter, die größtenteils ihre Weine selbst abfüllen, spielen noch immer eine wichtige Rolle; ihre Aktivitäten in der Werbung und beim Verkauf wirken sich für die ganze Region positiv aus. Pro Jahr werden fast 4 Millionen hl erzeugt, davon 700 000 bis 800 000 hl in den sieben Appellationen. Allein im Departement Var macht der Wein bei 51% der Anbaufläche noch 45% des landwirtschaftlichen Bruttosozialprodukts aus.

_____ Wie in den anderen südfranzösischen Anbaubereichen gibt es zahlreiche Rebsorten; in der Appellation Côtes de Provence sind bis zu dreizehn Rebsorten zugelassen. Und das, obwohl die Muscatreben, die vor der Reblauskrise der ganze Stolz vieler provenzalischer Anbaugebiete waren, heute verschwunden sind. Der Wein wird zumeist immer noch im niedrigen Gobeletschnitt erzogen; dennoch geht man immer häufiger zur Pfahlerziehung über. Die Rosé- und Weißweine (letztere sind seltener, aber oft überraschend gut) werden in der Regel jung getrunken; vielleicht könnte man diese alte Gewohnheit neu überdenken, wenn die Bedingungen für die Reifung in der Flasche in unserem Klima anders wären. Das gilt auch für viele Rotweine, wenn sie leicht sind. Aber die körperreicheren Weine aller Appellationen altern sehr gut : Man weiß von einem 65er Bandol, der sich noch immer recht gut hält !

_____ Das winzige Anbaugebiet Palette umfaßt vor den Toren von Aix-en-Provence den alten Weinberg des guten Königs René. Erzeugt werden hier Weiß-, Rosé- und Rotweine (etwa 600 hl pro Jahr).

_____ Da man auf einigen Weingütern immer noch Provenzalisch spricht, sollte man wissen, daß »avis« hier Trieb, »tine« Gärbehälter und »crotte« Keller bedeutet ! Vielleicht wird man Ihnen auch erklären, daß eine der Rebsorten »Pecoui-Touar« (= verdrehter Schwanz) oder auch »Ginou d'Agasso« (= Pferdefuß) heißt, wegen der besonderen Form des Stiels der Trauben.

Was gibt es Neues aus der Provence ?

Auch wenn die Weinbaugebiete an der Küste im großen und ganzen von dem strengen Frühjahrsfrost am 22. April 1991 verschont blieben, so litten die Anbaugebiete der Côtes d'Aix, der Côtes des Baux, des Massif de la Victoire und des Oberlands von Var doch vereinzelt unter der Kälte. Selbst auf Korsika erfroren auf dem 450 m hoch gelegenen Gut Vico 80% der Rebstöcke ! Die Reife und der Gesundheitszustand der Trauben bei der Lese ermöglichten dennoch einen zufriedenstellenden Jahrgang. Mengenmäßig fiel die Lese im Hinterland (Coteaux d'Aix, Côtes de Provence, wo der Rückgang gegenüber dem Vorjahr etwa 250 000 hl betrug) nicht sehr gut aus. Es gab auch Unterschiede in der Menge : Oft wurden bevorzugt Roséweine erzeugt. Wenn die Rotweine gelungen sind, sollte man sie ziemlich jung trinken, weil sie dann noch ihre ganze Fruchtigkeit besitzen. Auf Korsika haben die heftigen Regenfälle während der Lese die Ernte beeinträchtigt. Ajaccio, Patrimonio und der Balagne erging es besser als der östlichen Côte und dem Süden. Bei den Weißweinen war es ein durchschnittlicher Jahrgang.
In der Provence rührt sich viel. Sie ist so etwas wie das Kalifornien von Frankreich : Auftreten von Investoren, rasche Fortschritte bei der Qualität, sehr lebhafter Wettbewerb. Die Côtes de Provence melden sich zum Thema Eleganz und verstärken ihre Anstrengungen auf ihrem wichtigsten Auslandsmarkt, Deutschland, obwohl sie den Preis etwas angehoben haben (+ 15% Anfang 1991 gegenüber dem Vorjahr). Der Fachverband der AOC-Weine und -Branntweine hat Roger Ott (Côtes de Provence) zu seinem Vorsitzenden gewählt.

Côtes de Provence

Diese Appellation, die pro Jahr fast 800 000 hl Wein erzeugt, nimmt ein gutes Drittel des Departements Var ein und reicht in das Departement Bouches-du-Rhône, bis in die Umgebung von Marseille, hinein ; außerdem besitzt sie eine Enklave im Departement Alpes-Maritimes. 1991 umfaßte die Anbaufläche 17 000 ha, wobei sich die Ertragsmenge auf 640 000 hl beschränkte. Es gibt drei charakteristische Anbaugebiete : das feuersteinhaltige Massiv der Maures im Südosten, an das sich im Norden ein von Toulon bis Saint-Raphaël reichender Streifen mit rotem Sandstein anschließt, darüber eine lange Kette von Hügeln und Hochebenen mit Kalkstein, die schon die Alpen ankündigt. Das erklärt auch, warum die Weine, die von vielen verschiedenen Rebsorten in unterschiedlicher Zusammenstellung und von ebenso unterschiedlichen Böden und Lagen stammen, neben einer durch den Sonnenreichtum bedingten Ähnlichkeit auch eine große Vielfalt zeigen, die ihren besonderen Reiz ausmacht. Ein Zauber, dem bestimmt schon der Phokäer Protis erlag, als ihm 600 Jahre vor unserer Zeitrechnung Gyptis, die Tochter des Königs, als Zeichen ihrer Liebe einen Becher davon anbot ...

Zu den Weißweinen aus dem Küstengebiet, die zart, aber nicht kraftlos sind, passen frische Meeresfrüchte, während die etwas kantigeren Weine, die weiter nördlich erzeugt werden, den Geschmack von Krebsen à l'americaine oder von pikanten Käsesorten mildern können. Die Rosés, die zart oder nervig sind, eignen sich am besten für das kräftige Aroma von Pistou, einer Suppe mit Basilikum, Anchovispaste und Aïoli (Knoblauchmayonnaise) oder auch für den Jodgeschmack von Fisch- und Muschelgerichten (Meerbarben, Seeigel,

Seescheiden). Die zarten Rotweine schließlich, die man gekühlt trinkt, passen zu Keule und Braten, aber auch zu Potaufeu, besonders wenn er kalt mit Salat serviert wird. Die körperreicheren Rotweine, die kräftig und alkoholreich sind, kann man zu Hasenpfeffer, Schmorbraten oder Schnepfe trinken. Ein Tip noch für Feinschmecker, die sich auch nicht vor ungewöhnlichen Kombinationen fürchten : Gekühlter Rosé schmeckt zu Pilzen, Rotwein zu Krebsen, Weißwein zu Lamm, im Weißwein geschmort.

CH. D' ASTROS 1990*

■		2 ha	15 000	▮↓☑❷

Das Château d'Astros, das auf eine Komturei der Templer zurückgeht, ist heute ein schöner, komfortabler Landsitz, wo Yves Robert seinen Film *Le Château de ma mère* drehte. Außerdem ist es ein Ort, wo den Gaumen besondere Genüsse erwarten. Dieser fleischige, würzige Wein, der im Abgang etwas aggressiv ist, wird sich in zwei bis drei Jahren abrunden. Seine Ausgewogenheit und sein langer Nachgeschmack sind vielversprechend.

☛ Ch. d' Astros, rte de Lorgues, 83550 Vidauban, Tel. 94.73.00.25 ⚒ Mo-Sa 8h30-12h 14h-18h
☛ Maurel

CH. D' ASTROS 1991*

□		1 ha	6 000	▮↓☑❷

Ein leichtes Perlen unterstreicht auf angenehme Weise die Fruchtigkeit des lebhaften Geschmacks, in dem man Himbeeren, schwarze Johannisbeeren und Minze entdeckt.

☛ Ch. d' Astros, rte de Lorgues, 83550 Vidauban, Tel. 94.73.00.25 ⚒ Mo-Sa 8h30-12h 14h-18h

DOM. DE BARBANAU 1991*

□		4 ha	10 000	▮↓☑❷

Die Domaine de Barbanau liegt oberhalb der Bucht von Cassis in der Nähe von Marseille ; sie gehört zu den etwas abgelegenen Anbaugebieten der Provence, die große Vorteile aus ihrer isolierten Lage ziehen. Reicher Duft von weißen Blüten und exotischen Früchten mit einigen pfeffrigen Noten. Der Geschmack zeigt sich lebhaft und rund zugleich. Gute Länge. Seine Frische paßt zu zahlreichen Gerichten. Probieren sollte man von diesem Gut auch einen Rosé, der unsere Aufmerksamkeit erregt hat.

☛ GAEC Larroque-Bodin, Dom. de Barbanau, 13830 Roquefort-la-Bedoule, Tel. 42.73.14.60 ⚒ Mo-Sa 10h-12h 14h-19h

DOM. DE BARBANAU
Cuvée prestige 1989*

■ 2 ha 7 000

Eine Spitzencuvée, deren konzentriertes Aroma von Holunder und Paprika an einen recht verführerischen Cabernet erinnert. Eine reiche Struktur und eine große Länge im Geschmack machen ihn zu einem charaktervollen Wein, den man so schnell nicht vergißt.

↤ GAEC Larroque-Bodin, Dom. de Barbanau, 13830 Roquefort-la-Bedoule, Tel. 42.73.14.60 ⌚ Mo-Sa 10h-12h 14h-19h

CH. BARON GEORGES 1991**

□ 2 ha 8 000

Als Schmuck ein einziges Bild : das Bergmassiv Sainte-Victoire – imposant und wunderschön ! Ein vielschichtiges Aroma, in dem blumige Noten dominieren : Weißdorn, Holunderblüten. Danach kommen Quitten zum Vorschein, die eine unter einem Mantel von Frische versteckte, etwas übersteigerte Rundheit betonen. Ein schöner, gelungener Wein.

↤ Baron Georges Antony Gassier, Ch. Baron Georges, 13114 Puyloubier, Tel. 94.72.14.70 ⌚ tägl. 8h-12h 14h-18h

DOM. DE BEAUMET 1991***

□ 3 ha 3 000

Dieses Gut ist ziemlich jung, aber einige Überreste aus römischer Zeit, die auf die damaligen Arbeiten bei der Lese hinweisen, erinnern daran, daß seit mehr als 2000 Jahre eine Gemeinschaft zwischen dem oft undankbaren Boden und den Reben besteht. Die Jury hat diesem Weißwein, der gleichzeitig kräftig und fein, lebendig und zart, deutlich spürbar und flüchtig ist, große Bewunderung gezollt. Angenehm blumiger Duft (Weißdorn, Efeu, Holunder) mit würzigen Noten. Im Geschmack viel Präsenz und Frische.

↤ SCEA Dom. de Beaumet, 83590 Gonfaron, Tel. 94.78.23.63 ⌚ t.l.j. sf dim. 8h30-18h
↤ Dumont

CH. DE BERNE 1991**

□ 9 ha 8 000

Die Kellergebäude besitzen bemerkenswerte Glasfenster, die an die Anwesenheit des hl. Bern-

hard erinnern. Der Legende nach soll er in Bern begraben sein. Guter Gesamteindruck mit duftigen Noten von unreifen Äpfeln, Zitrusfrüchten, Harz und Bienenwachs. Nerv und Fülle.

↤ Ch. de Berne, rte de Berne, 83510 Lorgues, Tel. 94.73.70.13 ⌚ n. V.

BERTAUD-BELIEU Blanc de blancs 1991

□ 1,2 ha 8 000

Auf der Halbinsel Saint-Tropez, in einer typisch provenzalischen Landschaft mit Rebstöcken und Olivenbäumen, befindet sich ein luxuriöser Park, den ein florentinischer Fürst angelegt haben könnte. Von diesem duftigen Weißwein geht ein ganz besonderer Reiz aus. Er verströmt den feinen, morgendlichen Duft von Rosenknospen und weißen Veilchen, die sehr selten sind, aber überaus zart duften.

↤ Carole Gourmelon, Dom. de Bertaud-Belieu, 83580 Gassin, Tel. 94.56.16.83 ⌚ tägl. 9h-18h

BASTIDE DES BERTRANDS 1991*

□ k.A. k.A.

Dieser gut gemachte, ziemlich klassische Weißwein mit der goldenen Farbe bezaubert durch seinen blumig-honigartigen Duft, der an die Sémillontrauben erinnert. Der Geschmack ist voll, kraftvoll, vielleicht ein wenig zu weich.

↤ SC du Dom. des Bertrands, 83340 Le Cannet-des-Maures, Tel. 94.73.02.94 ⌚ n. V.
↤ Marotzki

MAS DES BORRELS 1991**

□ 3 ha 12 000

Vor den Toren der Stadt der Palmen haben sich die Rebstöcke trotz des Baus von neuen Straßen und Häusern in diesem kleinen Tal in den Mauren einen festen Platz erobert, den sie sich nur mit ein paar Pfirsich- und Aprikosenbäumen teilen müssen. Sicherlich ein charaktervoller Wein mit einer originellen Persönlichkeit : kraftvoll, aber nicht schwerfällig. In seinem Aroma findet man Ginsterblüten, Salbei, Lorbeer und andere Gewürze. Kurz gesagt : ein Wein aus den Hügeln, der nach Mistral und Garrigue duftet ...

↤ GAEC Garnier, 3e Borrels, 83400 Hyères, Tel. 94.65.68.20 ⌚ tägl. 9h-12h 15h-19h

CH. DE CABRAN
Cuvée de la vigne haute 1990*

■ 1,1 ha 6 000

Eines der Weingüter, die der Ausdehnung der Jachthäfen zu trotzen versuchen. Sein Boden besteht aus Lava – eine Seltenheit in Frankreich. Ein klassischer, verführerischer Wein, der nach roten Früchten und Moschus duftet. Der Geschmack ist nicht ausgeprägt, dafür aber anscheinend etwas flüchtig. Gute Entwicklung.

↤ Monzat de St-Julien et St-Seine, Ch. de Cabran, 83480 Puget-sur-Argens, Tel. 94.40.80.32 ⌚ Mo-Sa 10h-12h 14h-19h

CAPE D'OR 1991*

▨   k.A.   100 000   ▮ ☑ 1

Nicht weit entfernt ein originelles Pfahldorf, das erholsam und farbenfroh wirkt. Dieser Rosé besitzt eine verführerische Farbe und ein Aroma, das stark von der Grenacherebe geprägt wird. Er eignet sich als Begleiter für alle sommerlichen Ausflüge.

↪ SCV Les Vignerons de Grimaud, 83360 Grimaud, Tel. 94.43.20.14 ⏳ Mo-Sa 8h30-12h30 13h30-15h30

CH. CASTEL ROUBINE 1991**

☐   1 ha   6 000   ▮ ◫ ↓ ☑ 2

Ein wunderschönes, 1984 renoviertes Anwesen inmitten provenzalischer Wälder, das den Umweg lohnt. Dieser rassige Weißwein paßt hervorragend zu Muscheln. Sein frühlingshaftes Bukett beeindruckt durch Frische, Intensität und Fülle. Bravo !

↪ SA Castel Roubine, B.P. 117, 83510 Lorgues, Tel. 94.73.71.55 ⏳ tägl. 9h-12h 14h-17h
↪ Hallgren

CH. CLARETTES 1991*

▨   1,8 ha   10 000   ▮ ↓ ☑ 1

Das fruchtige Bukett, die Frische und die schöne Nachhaltigkeit im Abgang erobern das Herz des Weinfreunds im Sturm.

↪ Crocé-Spinelli, Dom. des Clarettes, 83460 Les Arcs-sur-Argens, Tel. 94.47.50.52 ⏳ Mi, Sa, So 10h-12h 14h-16h

DOM. DE CLASTRON
Cuvée spéciale 1990**

■   k.A.   12 000   ◫ ☑ 2

Ein Gut mit zusammenhängenden Rebflächen zwischen Le Muy und La Motte. Dieser 90er muß sich vor seinem Vorgänger in keiner Weise verstecken : komplexer Duft von Gewürzen und geröstetem Brot, gehaltvoller, reicher Geschmack, der den Gaumen angenehm überzieht, ohne ihn zu reizen. Nicht sehr typisch für die Rebsorten, von denen er stammt. Sehr gut für die Alterung geeignet.

↪ GFA Dom. de Clastron, 83920 La Motte, Tel. 94.70.24.57 ⏳ Mo-Sa 8h-12h 14h-18h

DOM. DE CLASTRON 1991

▨   k.A.   25 000   ▮ ↓ ☑ 1

Dieser Rosé ist ebenso zauberhaft und elegant wie das Gut. Milder, ansprechender Geschmack.

↪ GFA Dom. de Clastron, 83920 La Motte, Tel. 94.70.24.57 ⏳ Mo-Sa 8h-12h 14h-18h

COMMANDERIE DE PEYRASSOL
Cuvée Eperon d'Or 1991*

▨   35 ha   70 000   ▮ ↓ ☑ 2

Das Kellergebäude ist vergrößert worden, aber es ist immer noch das gleiche, in dem die Templer 1256 einen »guten, sauberen Wein« herstellten. Ihnen folgte der Malteserorden nach, schließlich 1870 die Familie Rigord. Der Reichtum und die Intensität des frühlingshaften Aromas (Veilchen, kleine Blumen) hinterläßt einen lange anhaltenden Eindruck von milder Fülle.

↪ Yves et Françoise Rigord, Commanderie de Peyrassol, RN 7, 83340 Flassans-sur-Issole, Tel. 94.69.71.02 ⏳ n. V.

DOM. DE CUREBEASSE
Roches noires 1990*

■   3 ha   10 000   ◫ ↓ ☑ 2

Dieser Ort war unsicher (man nannte ihn »cure-beasse« , d. h. leerer Quersack). Aber heute kann man sich getrost hierher wagen und die Weine des Guts verkosten, das die letzte Bastion des provenzalischen Weinbaugebiets gegen die immer weiter vordringenden Jachthäfen ist. Unbedingt probieren sollte man die von unserer Jury ausgewählte Cuvée. Ein gefälliger, klassischer Wein, der einen fruchtigen Duft und einen holzigen Geschmack vereint. Ausgewogenheit und gute Länge.

↪ Jean Paquette, Dom. de Curebeasse, rte de Bagnols-en-Forêt, 83600 Fréjus, Tel. 94.40.87.90 ⏳ n. V.

DOM. DES ESCARAVATIERS 1991*

☐   3,02 ha   2 100   ▮ ↓ ☑ 1

Die 9. römische Veteranenlegion hat auf diesem kleinen Hügel der Escaravatiers eine »Villa« angelegt. Heute steht hier ein Landhaus, dessen Grundmauern aus dem 18. Jh. stammen. Ein Weißwein mit einem blumigen Duft und einem fruchtigen Geschmack, dessen Ausgewogenheit und Harmonie auch die Liebhaber von Weinen aus den nördlichen Anbaugebieten überzeugen könnte.

↪ SCEA B.-M. Costamagna, Dom. des Escaravatiers, 83480 Puget-sur-Argens, Tel. 94.45.51.80 ⏳ n. V.

CH. FARAMBERT 1991*

▨   k.A.   k.A.   ▮ ☑ 1

Diese Winzervereinigung ist in der Region recht bekannt. Sie verkauft diesen hübschen Wein mit der schönen, rosaroten Farbe, dessen blumiges Aroma mit seiner guten Ausgewogenheit harmoniert.

↪ SCA les Maîtres Vignerons de La Presqu'île de Saint-Tropez, Carrefour de la Foux, 83580 Gassin, Tel. 94.56.32.04 ⏳ n. V.
↪ Victor Codoul

CH. FARAMBERT 1989*

■   k.A.   k.A.   ▮ ☑ 1

Ein roter 89er der gleichen Marke, der gut in das Angebot dieser Genossenschaft paßt : reicher, an Brombeeren, eingemachtes Obst und Trüffel erinnernder Duft, fleischiger, voller Körper ohne Aggressivität. Ein Wein, der reifen kann und verführerisch wird.

↪ SCA les Maîtres Vignerons de La Presqu'île de Saint-Tropez, Carrefour de la Foux, 83580 Gassin, Tel. 94.56.32.04 ⏳ n. V.
↪ Victor Codoul

DOM. DES FERAUD 1990

■   15 ha   90 000   ▮ ↓ ☑ 2

Die Domaine des Féraud wurde zu Beginn des Jahrhunderts von der Familie Rival wiederaufgebaut, der Château Guiraud, ein Premier Cru von Sauternes, gehört. Damals wurden auch die Bordeaux-Reben in der Provence eingeführt. Ihre Kombination mit provenzalischen Rebsorten bringt manchmal überraschende Ergebnisse hervor. Dazu gehört auch dieser Wein, der durch fruchtige, aber auch mineralische und rauchige Noten auffällt. Der ausgewogene, aber nicht besonders kräftige Geschmack lädt zum sofortigen Genuß ein.

🐓 SCA Dom. des Féraud, rte de La Garde-Freinet, 83550 Vidauban, Tel. 94.73.03.12 ⓧ n. V.

CH. FERRY-LACOMBE
Cuvée Lou Cascaï 1991 ★ ★

| ◪ | 19,5 ha | 150 000 | ▮↓Ⅴ❸ |

Dieser ehemalige Wohnsitz eines Glasbläsermeisters (der einzige Beruf, den ein Adliger ausüben konnte, ohne sich zu erniedrigen) am Fuße des Mont Aurélien und gegenüber dem Massiv Sainte-Victoire zählt zu den guten Kellereien des Orts. Eine von der Form her originelle, aber durch das Wappen klassische Aufmachung. Dieser Rosé beeindruckt durch seinen Geschmack und seinen Körper.

🐓 Ch. Ferry-Lacombe, 13530 Trets, Tel. 42.29.33.69 ⓧ Mo-Fr 8h-12h 14h-18h, Sa, So n. V.

CH. DU GALOUPET 1991★

| ☐ Cru clas. | k.A. | 20 000 | ▮↓Ⅴ❷ |

Unter dem Schutz der jahrhundertealten Palmen gibt es nur noch wenige Weingüter an der Küste, die hier auf die Scharen von Sommerurlaubern Eindruck machen können. Der feine Zitronenduft und der lange, wohlausgewogene Geschmack dieses ziemlich lebhaften, aber vollen Weißweins verdienen einen Umweg.

🐓 SA Dom. du Galoupet, 83250 La Londe-des-Maures, Tel. 94.66.40.07 ⓧ tägl. 8h-12h 13h-18h

DOM. GAVOTY Cuvée Clarendon 1990★

| ◼ | 7 ha | 35 000 | ▮Ⅴ❷ |

Der berühmte Musikwissenschaftler Bernard Gavoty, dessen Namen die Cuvée Clarendon ziert, hätte die geschmacklichen Harmonien geliebt, die sein Bruder Pierre und seine Nichte auf den Familiengütern erzeugen. Klassischer Charakter und Eleganz prägen diesen 90er mit der harmonischen Farbe. Das Bukett erinnert an rote Früchte und die Düfte des Waldes. Im Geschmack hinterläßt er einen samtweichen, entwickelten Eindruck.

🐓 Les héritiers de Bernard Gavoty, Le Petit Campdumy, 83340 Flassans, Tel. 94.69.72.39 ⓧ n. V.

DOM. GAVOTY Cuvée Clarendon 1991

| ◪ | 3 ha | 20 000 | ▮↓Ⅴ❷ |

Dieser 91er Rosé beeindruckt bereits durch seine Klarheit, aber er dürfte noch elegante, volle Noten entwickeln. Erwähnt sei hier außerdem ein recht schöner weißer 91er.

🐓 Pierre Gavoty, Le Grand Campdumy, 83340 Cabasse, Tel. 94.69.72.39 ⓧ n. V.

LES VIGNERONS DE GONFARON
Cuvée des Poètes 1991 ★ ★ ★

| ◪ | 15 ha | 40 000 | ▮↓Ⅴ❶ |

In Gonfaron verleihen die Schwindelgeschichten den Dummköpfen Flügel. Bei diesem 91er

Rosé beflügelt der Genuß: angenehmer Duft, ein Körper, wie ihn ein Wein braucht, und vollkommene Ausgewogenheit im Geschmack.

🐓 Les Maîtres Vignerons de Gonfaron, 83590 Gonfaron, Tel. 94.78.30.02 ⓧ tägl. 8h-12h 14h-17h

CLOS D' IERE Cuvée 2 1990★★

| ◼ | 1 ha | 5 000 | ▮◫↓Ⅴ❷ |

Das Gut Rabiega ist zunächst einmal ein Versuchslabor, das von Vin et Sprit als eines der ersten seiner Art eingerichtet worden ist. Das Experiment war 1990 erfolgreich. Das beweist dieser Wein mit den kräftigen Trüffel- und Schokoladenoten, dessen Aroma an eingemachtes Obst erinnert. Kräftig gebaute, noch tanninreiche Struktur. Man sollte ihn noch reifen lassen.

🐓 V. et S. Dom. Rabiega, rte de Lorgues, 83300 Draguignan, Tel. 94.68.44.22 ⓧ Mo-Fr 9h-12h 14h-17h

🐓 Vin & Sprit

DOM. DU JAS D'ESCLANS 1988

| ◼ | 23 ha | 80 000 | ▮◫↓Ⅴ❷ |

Zu den Besonderheiten dieses Gutes gehört, daß man hier biologische Anbaumethoden verwendet. Dies gilt auch für diesen 88er, der jetzt in den Handel gelangt: komplexes, entwickeltes Aroma von Leder, Moschus und Kaffee, fleischiger, voller Geschmack mit noch deutlich spürbaren Tanninen. Der Wein kann noch altern, und das gut!

🐓 René Lorgues, Dom. du jas d'Esclans, rte de Callas, 83920 La Motte, Tel. 94.70.27.86 ⓧ Mo-Sa 8h30-12h 14h-18h

CH. DE JASSON 1991

| ◪ | 6 ha | 40 000 | ▮↓Ⅴ❶ |

Zwei wunderschöne Palmen empfangen Sie auf diesem Gut, das zwischen dem Meer und den Maures liegt. Die leicht orangerote Farbe weist auf die für die Provence typische Rebsorte Tibouren hin. Der ansprechende Duft harmoniert mit dem Geschmack: ein guter Rosé.

🐓 Benjamin Defresne, Ch. de Jasson, rte de Collobrières, 83250 La Londe-les-Maures, Tel. 94.66.81.52 ⓧ tägl. 10h-12h 14h-19h

DOM. DE LA BASTIDE NEUVE
Cuvée d'Antan 1990 ★ ★ ★

| ◼ | 4,2 ha | 20 000 | ◫↓Ⅴ❷ |

Eine schöne, intensive Farbe, ein kräftiger Duft von Backpflaumen und ein voller, stattlicher, weicher Geschmack. Ein Feuerwerk von Geschmackseindrücken, das bei unserer Jury Bewunderung hervorrief.

🐓 SCEA du Dom. de La Bastide Neuve, Quartier Maltrate, 83340 Le Cannet-des-Maures, Tel. 94.60.73.30 ⓧ Mo-Fr 9h-12h 14h-17h30

🐓 Hugo et Nicole Wiestner

DOM. DE L'ABBAYE
Rosé de saignée 1991 ★

| ◪ | 9 ha | 50 000 | ▮↓Ⅴ❷ |

Das Kloster Le Thoronet erhebt sich in herrlicher Lage inmitten der Weinberge, die allerdings nicht mehr von den Zisterziensern, den Erbauern von Kathedralen und Gründern von Weinbaugebieten, bewirtschaftet werden. Dieses in der Nähe gelegene Gut entstand 1979. Dieser angenehm duftende Rosé besitzt Fülle, Rundheit und Eleganz. Schöne Präsenz und ein ziemlich femininer Charakter.

🍷 Franc Petit, Dom. de l'Abbaye, 83340 Le Thoronet, Tel. 94.73.87.36 ⚗ tägl. 9h-12h 13h-19h

DOM. DE L'ABBAYE
Cuvée grande réserve 1990★★

■	2 ha	8 200	⊞ ↓ ☑ ②

Die elegante, kräftige Farbe, das intensive, würzigesAroma und der volle, ausgewogene Geschmack ergeben einen guten, lagerfähigen Wein, der allerdings nicht für jeden Geldbeutel geeignet ist.

🍷 Franc Petit, Dom. de l'Abbaye, 83340 Le Thoronet, Tel. 94.73.87.36 ⚗ tägl. 9h-12h 13h-19h

DOM. DE LA BOUVERIE 1991★

◪	6 ha	15 000	⊞ ↓ ☑ ②

Die Liebe zum Weinbau erwies sich bei dieser berühmten Imkerfamilie als stärker. Der schöne Duft erinnert an Pfirsiche. Der gut gebaute Geschmack hinterläßt einen Eindruck von Milde und Weichheit. Dieser rassige, sehr feine Wein gehört zu den großen Erfolgen der Appellation.

🍷 Jean Laponche, Dom. de La Bouverie, 83520 Roquebrune-sur-Argens, Tel. 94.45.10.56 ⚗ tägl. 9h-12h 14h-19h

DOM. DE LA BOUVERIE 1991★★★

☐	1 ha	1 300	⊞ ↓ ☑ ②

Die gut verarbeitete Holznote verleiht diesem Weißwein eine sehr interessante Originalität. Das sehr ausdrucksstarke Aroma erinnert an Schalen von Zitrusfrüchten, würzige Vanille, Zimt und Kakao, aber auch an Birnen und Litschis. Das Holzfaß hat gute Arbeit geleistet.

🍷 Jean Laponche, Dom. de La Bouverie, 83520 Roquebrune-sur-Argens, Tel. 94.45.10.56 ⚗ tägl. 9h-12h 14h-19h

DOM. LA CRESSONNIERE 1990★

■	1,5 ha	12 000	⊞ ☑ ②

Wenn man auf der N 98 von Toulon nach Le Luc fährt, kann man dieses Landhaus kaum übersehen : reizvoller Kontrast zwischen dem farbenfrohen Wohngebäude und dem nüchtern wirkenden Keller. Weit weniger Kontraste bietet dieser rote 90er, der mit seinem Aroma von Holz und Lakritze und dem warmen runden Geschmack nichts anderes will, als »die Sehnsucht nach Ruhe und Frieden zu stillen« . Soweit ein Önologe ! Die Redaktion lehnt natürlich jede Verantwortung ab ...

🍷 GFA Dom. La Cressonnière, 83790 Pignans, Tel. 94.48.85.80 ⚗ tägl. 8h-12h 14h-19h

DOM. DE LA GARNAUDE
Cuvée Olympe 1990★★

■	3,5 ha	20 000	⚊ ↓ ☑ ①

Es fällt schwer, die Begeisterung der Jury in wenige Worte zu fassen : intensiver, komplexer Duft mit Noten von Brombeeren, schwarzen Johannisbeeren, Vanille und Holz, weicher Geschmack mit einem Eindruck von Fülle. Noch ein wenig jung, aber sehr gelungen.

🍷 Dom. de La Garnaude, 83590 Gonfaron, Tel. 94.78.20.42 ⚗ n. V.

🍷 J.-P. Guinand

CH. LA GORDONNE 1991★

■	k.A.	k.A.	⚊ ↓ ☑ ①

Die Kombination eines berühmten Anbaugebiets und von bewährtem Fachwissen führt oft zu bemerkenswerten Ergebnissen. Unter dem schweren Duft von Himbeeren und schwarzen Johannisbeeren enthüllt sich ein gefälliger Wein, der in sich Tanninreichtum und Milde vereint.

🍷 Dom. Viticoles des Salins du Midi, 68, cours Gambetta, 34063 Montpellier Cedex 2, Tel. 67.58.23.77 ⚗ Mo-Fr 9h-12h 14h-17h

DOM. DE LA JEANNETTE 1990★

■	4 ha	10 000	⊞ ☑ ②

Dieses Landhaus liegt inmitten von Weinbergen am Eingang des Tals von Les Borrels. Nachdem wir in unserer letztjährigen Ausgabe den 89er besonders empfohlen haben, hier ein 90er, der ebenfalls nicht enttäuscht : kräftiges Aroma von roten Früchten und Lakritze, warmer, alkoholreicher Geschmack, der voll und süffig wirkt. Ein typischer Côtes de Provence.

🍷 SCIR Dom. de la Jeannette, Les Borrels, 83400 Hyères, Tel. 94.65.68.30 ⚗ n. V.

🍷 Moutte Frères

DOM. DE LA MOUTETE 1991

◪	23 ha	150 000	⚊ ↓ ☑ ①

Ein in Bandol recht bekannter Winzer (Domaine de l'Hermitage), dem hier ein Rosé mit breiter aromatischer Palette gelungen ist : Pfirsiche, Quitten, Lilien, Zimt.

🍷 Dom. de La Moutète, quartier Saint-Jean, 83390 Cuers, Tel. 94.98.71.31 ⚗ n. V.

🍷 SCEA Gérard Duffort

DOM. DE L'ANGUEIROUN 1991

◪	3 ha	12 000	⚊ ↓ ☑ ②

Jungaale (»angueiroun« im Provenzalischen) suchen im allgemeinen feuchtere Orte als dieses Weingut auf, das oberhalb der Häfen von Bormes-les-Mimosas und Le Lavandou mitten im mediterranen Wald liegt. Trotz der Waldbrände hat diese Gegend den Zauber der französischen Riviera bewahrt. Ein sauberer Wein mit schöner Erscheinung, leicht würzigem Duft und ausgewogenem, fruchtigem Geschmack.

🍷 Dom. de L'Angueiroun, 1077, chem. de l'Angueiroun, 83230 Bormes-les-Mimosas, Tel. 94.71.11.39 ⚗ n. V.

DOM. DE L'ANGUEIROUN 1991★

☐	3 ha	10 000	⚊ ↓ ☑ ②

Der hübsche Duft ist intensiv, aber nicht schwer (weiße Blüten, saure Drops). Der temperamentvolle Charakter dieses Weins hat unsere Jury mühelos verführt.

🍷 Dom. de L'Angueiroun, 1077, chem. de l'Angueiroun, 83230 Bormes-les-Mimosas, Tel. 94.71.11.39 ⚗ n. V.

DOM. DE LA SOURCE SAINTE-MARGUERITE Grande réserve 1991 ★★

|  | 15 ha | 25 000 | ▮↓▼2 |

Das gute Anbaugebiet und der Fleiß des Besitzers garantieren die zuverlässige Qualität dieses Gutes, das regelmäßig in unserem Weinführer vertreten ist. Dieser 91er Rosé besitzt eine blasse und zugleich lebendige Farbe. Der überaus einschmeichelnde Duft, der an weiße Blüten und Aprikosen erinnert, hat die Prüfer begeistert. Der Inbegriff eines provenzalischen Roséweins, der fleischig und erfrischend schmeckt und ebenso charaktervoll wie nuancenreich ist.
🍷 Dom. de La Source Sainte-Marguerite, Le Haut-Pansard, B.P. 1, 83250 La Londe-les-Maures, Tel. 94.66.81.46 ☎ Mo-Sa 10h-18h
🍷 Jean-Pierre Fayard

DOM. DE LA SOURCE SAINTE-MARGUERITE Grande réserve 1991 ★

| ☐ | 4 ha | 6 000 | ▮↓▼2 |

Das sehr feine, vielschichtige Aroma erinnert mit seinen Noten von Minze, Ginster und Johannisbeerblättern an die Sauvignontraube. Der Geschmack ist nervig und vollmundig zugleich. Ein gefälliger Wein.
🍷 Dom. de La Source Sainte-Marguerite, Le Haut-Pansard, B.P. 1, 83250 La Londe-les-Maures, Tel. 94.66.81.46 ☎ Mo-Sa 10h-18h
🍷 Jean-Pierre Fayard

CUVEE DE LA TOUR 1990 ★

| ■ | k.A. | 20 000 | ▮↓▼1 |

Es ist nur logisch, daß man in Les Arcs (= Bogen) auch Bogenschützen findet, auch wenn es sich dabei natürlich um Winzer handelt ! Schwenken Sie Ihr Glas ein wenig und lassen Sie sich von dem Duft von Haselnüssen, schwarzen Johannisbeeren, Jod und Unterholz verführen. Und wenn Sie noch nicht überzeugt sind, sollten Sie einen Schluck nehmen : Der Geschmack verbindet auf harmonische Art und Weise Struktur und Milde.
🍷 Cellier des Archers, Quartier des Laurons, B.P. 24, 83460 Les Arcs-sur-Argens, Tel. 94.73.30.29 ☎ Mo-Sa 8h-12h 14h-18h

CH. LA TOUR DE L'EVEQUE
Habillage noir & or 1991 ★★

| ■ | 8 ha | 35 000 | ◫↓▼2 |

Ein im Mittelalter angelegter Weinberg, der früher im Besitz des Bischofs von Toulon war. Das große Landhaus wacht über ein Meer aus Rebstöcken, die bis in die Ebene von Pierrefeu hinunterreichen. Hier enttäuscht das Anbaugebiet

nie. Die Rotweine sind lagerfähig. Das gilt auch für diese neue, von der Syrahrebe geprägte Cuvée, die noch recht jugendlich ist, aber eine schöne Komplexität besitzt. Im Bukett dominieren pflanzliche (Holunder, Efeu, Veilchen) und würzige Noten. Der Geschmack ist reich an Stoff. Er muß mindestens noch drei Jahre altern.
🍷 Régine Sumeire, Ch. La Tour-de-l'Evêque, 83390 Pierrefeu, Tel. 94.56.33.58 ☎ n. V.

DOM. LA TOURRAQUE 1990 ★

| ■ | 2 ha | 6 000 | ◫↓▼2 |

Das Aussehen ist elegant, der Duft verführerisch : Paprika, Gewürze und Piperade (ein baskisches Gericht aus Paprika, Tomaten und Eiern) über einem Aroma von Unterholz. Der Geschmack ist harmonisch, aber weniger komplex. Er kann den Weinliebhaber schon jetzt zufriedenstellen.
🍷 GAEC Brun Craveris, Dom. La Tourraque, 83350 Ramatuelle, Tel. 94.79.25.95 ☎ Mo-Sa 9h-12h 14h-18h30

DOM. DE L'AUMERADE
Cuvée Sully 1991 ★

| ☐ | k.A. | 30 000 | ▮↓▼2 |

Auf diesem Gut soll Sully Maulbeerbäume angepflanzt haben, um Seidenraupen zu züchten. Heute befindet sich hier ein angesehenes Weinbaugebiet. Goldene Farbe, blumiger Duft und sehr feiner Geschmack : Dieser harmonische, reizvolle Weißwein wirkt recht feminin.
🍷 Fabre, Dom. de l'Aumerade, 83390 Pierrefeu, Tel. 94.48.13.40 ☎ n. V.

DOM. LEI ESTELLO 1991

| ■ | 10 ha | 40 000 | ▮↓▼1 |

Zuerst 25 Jahre lang im Cru Bourgeois im Haut-Médoc, danach die Hinwendung zur Sonne im Oberland des Departementes Var und zur Sprache von Mistral. Erfrischender Duft von Weißdorn, Kirschen und schwarzen Johannisbeeren. Geschmeidiger, angenehm säuerlicher Geschmack. Die blasse, seidige Farbe verführt schon jetzt.
🍷 Dom. Lei Estello, rte de Carces, 83510 Lorgues, Tel. 94.73.75.77 ☎ n. V.
🍷 Garçon

CH. DE LEOUBE 1991

| ◪ | 73 ha | 20 000 | ▮↓▼2 |

Wenn man von La Londe zum Fort von Bregançon fährt, hat man einen wunderschönen Anblick : ein imposantes Schloß, das Ende des 19. Jh. entstanden ist, mit herrlichem Kellergewölbe, französischem Garten und einem noch nicht zubetonierten Strand. All das ist einen Umweg wert. Ein kräftig gebauter Rosé, der sich durch eine angenehme Frische und einen zart blumigen Duft auszeichnet. Erwähnt sei hier auch noch ein ordentlicher Weißwein.
🍷 SCAV du Dom. de Léoube, 2387, rte de Léoube, 83230 Bormes-les-Mimosas, Tel. 94.64.80.03 ☎ n. V.
🍷 Engelsen Lebel

DOM. LE VAL D'ANRIEU
Cuvée spéciale 1991★

| ◪ | | 14 ha | 80 000 | ⅱↆ☑❷ |

Ein gut vinifizierter Roséwein, der fein, gefällig und relativ komplex ist und dank seines deutlich ausgeprägten, guten Gesamteindrucks zu den erstklassigen Weinen zählt.
↜ Vignobles Poussel, B.P. 4, quartier le Murier, 83590 Gonfaron, Tel. 94.78.30.93 Ⓨ n. V.

CH. MARAVENNE
Fine perle de rosée

| ◪ | | 62 ha | 300 000 | ⅰ☑❷ |

Eine lebhafte, reizvolle »Perle« , die zart und fruchtig ist und alle Wünsche eines Sommerfestes befriedigen kann.
↜ Jean-Louis Gourjon, Ch. Maravenne, 83250 La Londe-les-Maures, Tel. 94.66.80.20 Ⓨ n. V.

DOM. DE MARCHANDISE 1991★★★

| ◪ | | k.A. | 60 000 | ⅰↆ☑❷ |

Die Klasse und die Eleganz seines Buketts sind stichhaltige Argumente, um auch die Gegner von Roséweinen umzustimmen. Reife Bananen und eine säuerliche Frische prägen den runden Geschmack und ergeben eine schöne Palette von Eindrücken, die mit einem »Pfauenrad« endet.
↜ GAEC Chauvier Frères, Dom. de Marchandise, 83520 Roquebrune-sur-Argens, Tel. 94.45.42.91 Ⓨ tägl. 9h-18h

CH. MENTONE 1991

| ◪ | | 2 ha | 7 000 | ⅰↆ☑❷ |

Château Mentone rühmt sich, in 450 Jahren nur zwei Besitzerfamilien erlebt zu haben. Unter einer harmonischen Weichheit spürt man Frische : ein gefälliger, feiner Rosé.
↜ Mme Perrot de Gasquet, Ch. de Mentone, 83510 Saint-Antonin-du-Var, Tel. 94.04.42.00 Ⓨ n. V.

CH. MENTONE 1990★★

| ■ | | 4 ha | 15 000 | ⅰⅷↆ☑❷ |

Unsere Jury beurteilte die Zukunftsaussichten dieses noch jugendlichen Weins dank seiner Ausgewogenheit, Fülle, Kraft und Länge einstimmig als vielversprechend. Ein würdiger Vertreter der Appellation, den man in zwei bis drei Jahren trinken kann.
↜ Mme Perrot de Gasquet, Ch. de Mentone, 83510 Saint-Antonin-du-Var, Tel. 94.04.42.00 Ⓨ n. V.

CH. MONTAGNE 1991★

| ■ | | 2,5 ha | 13 000 | ⅷↆ☑❶ |

Suchen Sie hier nicht nach einer Erhebung : Die Ebene von Pierrefeu ist recht trostlos ! Der Name geht vielmehr zurück auf François Montagne, 1780 Herr von Pierrefeu. Hier ein noch junger, recht munterer 91er Rotwein. Seine Säure und seine Adstringens erfordern noch ein wenig Reifung. Sein Aroma ist reich, köstlich und gefällig. Ein guter 93er.
↜ Henri Guérard, Ch. Montagne, 83390 Pierrefeu, Tel. 94.28.68.58 Ⓨ tägl. 8h-19h

DOM. DES MYRTES Cuvée spéciale 1991

| ◪ | | 4 ha | 13 000 | ⅰↆ☑❷ |

Eine schillernd rote Farbe und ein sehr ausgeprägter Geschmack, dessen Aroma an Erdbeeren und Himbeeren erinnert. Gute Gesamtharmonie.
↜ GAEC Barbaroux, Dom. des Myrtes, 83250 La Londe-les-Maures, Tel. 94.66.83.00 Ⓨ n. V.

DOM. OTT
Clos Mireille, Blanc de blancs 1991★

| ☐ | | 43 ha | 150 000 | ⅷↆ☑❹ |

Eines der drei Güter, die diese aus dem Elsaß stammende Familie in der Provence besitzt. Sie muß sich nicht erst einen Namen machen. Sie werden die provenzalische Flasche der Domaines Ott (eingetragenes Warenzeichen) allein schon wegen ihrer eleganten Form aufheben. Dieser 91er ist für eine Überraschung gut : noch verschlossenes Aroma, in dem man aber schon pflanzliche Noten und Harz spürt. Der gut strukturierte, lange und volle Geschmack macht es möglich, ihn unbesorgt altern zu lassen.
↜ Dom. Ott, Clos Mireille, 83250 La-Londe-les-Maures, Tel. 94.66.80.26 Ⓨ n. V.

CH. DE PAMPELONNE 1990★★

| ■ | | k.A. | k.A. | ⅷ☑❷ |

Ein paar hartnäckige Winzer auf der Halbinsel Saint-Tropez haben sich erfolgreich zusammengeschlossen. Von ihnen stammt dieser Château de Pampelonne, der als Rotwein unsere Jury schon wiederholt verführt hat. Der 90er entfaltet ein Bukett, in dem man neben den Früchten der Saison auch ein Aroma von Kirschwasser entdeckt. Runder, vollmundiger Geschmack.
↜ SCA les Maîtres Vignerons de La Presqu'île de Saint-Tropez, Carrefour de la Foux, 83580 Gassin, Tel. 94.56.32.04 Ⓨ n. V.
↜ de Gasquet-Pascaud

DOM. DE PEIGROS 1990★★

| ■ | | 6 ha | 20 000 | ⅷↆ☑❶ |

Die Domaine de Peigros, die unterhalb des Dorfes liegt, gehört zu den neu entstandenen

Weingütern der Provence, die die Qualität des Anbaugebiets von Pierrefeu bestätigen. Unsere Jury wurde bereits von ihrem 89er verführt. Dieser 90er hat sie begeistert. Ein komplexes Aroma von Veilchen und Gewürzen mit einer leichten Holznote. Im Geschmack besitzt er eine füllige Struktur, in der die Tannine ihren Teil zur originellen Stärke dieses Weins beitragen. Ein schöner Rotwein, der Aufmerksamkeit verdient.
🍷 SCEA Dom. de Peigros, rte de Puget, 83390 Pierrefeu, Tel. 94.48.12.61 ☎ tägl. 8h-19h

DOM. DES PEIRECEDES 1991*

| | | 7 ha | 15 000 | ⬛↓Ⅴ⬛ |

Alain Baccino hat sich entschlossen, sich auf eigene Füße zu stellen und auf dem Familiengut seine eigene Kellerei zu gründen. Ein erfolgreicher Versuch, wie dieser elegante Rosé mit dem blumigen Duft und dem vollen, lebhaften und verführerischen Geschmack beweist.
🍷 Alain Baccino, SCEA du Dom. de Beauvais, 83390 Pierrefeu, Tel. 94.48.67.15 ☎ n. V.

DOM. DES PLANES 1990*

| | | 5 ha | 7 000 | ⬛↓Ⅴ⬛ |

Eine bemerkenswerte Lage : Am äußersten Ostrand der Maures blicken die Pinien und die Rebstöcke auf die Mündung des Argens und auf das Mittelmeer hinunter. Ilse absolvierte ihre Ausbildung als Önologin in der Bundesrepublik Deutschland, während Christophe auf der landwirtschaftlichen Hochschule in Montpellier studierte. Klarheit und Eleganz charakterisieren diese Cuvée, die harmonisch die fruchtigen Noten der Mourvèdretrauben mit den würzigen Noten des Holzfasses verbinden. Das Alter wird ihm den zweiten Stern einbringen.
🍷 Christophe et Ilse Rieder, Dom. des Planes, RD 7, 83520 Roquebrune-sur-Argens, Tel. 94.82.90.03 ☎ n. V.

DOM. DES PLANES
Blanc de blancs 1991*

| | | 3 ha | 3 500 | ⬛↓Ⅴ⬛ |

Diese 91 Blanc-de-Blancs-Version des Gutes ist sehr aromatisch : intensiver Duft von weißen Blüten, danach ein schwereres Aroma von Aprikosen und in Sirup eingelegten Früchten. Der Geschmack ist harmonisch, aber weniger komplex. Er eignet sich als Aperitif wie auch als Tischwein für Mahlzeiten.
🍷 Christophe et Ilse Rieder, Dom. des Planes, RD 7, 83520 Roquebrune-sur-Argens, Tel. 94.82.90.03 ☎ n. V.

CH. DE POURCIEUX Cuvée or 1991*

| | | 8 ha | 20 000 | ⬛↓Ⅴ⬛ |

Ein großes Gebäude aus dem 18. Jh., ein schöner Garten und ein hübsches Winzerdorf. Der ganze Zauber der Provence findet sich in diesem Rosé, den man am besten im Schatten einer Gartenlaube trinken sollte.
🍷 Michel d' Espagnet, Ch. de Pourcieux, 83470 Pourcieux, Tel. 94.59.78.90 ☎ n. V.

CH. DU PUGET 1991

| | | 3 ha | 15 000 | ⬛↓Ⅴ⬛ |

Vor sehr langer Zeit schenkte die Königin der Provence den Herren von Le Puget die Lände-

reien des Gutes. Seitdem liefern die Rebstöcke in diesem günstigen Anbaugebiet immer wieder stattliche Roséweine, die fruchtig sind und im Geschmack ein ausgeprägtes Bananenaroma entfalten. Vielversprechende Zukunftsaussichten.
🍷 GAEC Ch. du Puget, 83390 Puget-Ville, Tel. 94.48.31.07 ☎ n. V.
🍷 Vies

DOM. CHRISTIANE RABIEGA 1990*

| ⬛ | | 5 ha | 25 000 | ⬛⬛↓⬛ |

Diese Firma hat das Monopol auf den Export von Weinen und Spirituosen nach Schweden. Ihr Weingut bietet sicherlich das Richtige, um Kunden, die aber an alkoholreichere Getränke gewöhnt sind, an den Wein heranzuführen. Dazu gehört auch dieser im Aroma noch sehr jugendliche Wein, der den reichen Duft der Provence verströmt : rote Früchte, schwarze Johannisbeeren, Leder, Kaffee. Der Geschmack ist klar und ausgewogen. Man sollte ihn zu würzigen Gerichten probieren.
🍷 V. et S. Dom. Rabiega, rte de Lorgues, 83300 Draguignan, Tel. 94.68.44.22 ☎ Mo-Fr 9h-12h 14h-17h
🍷 Vin & Sprit

CH. RASQUE
Cuvée blanc de blancs 1991**

| ☐ | | 2 ha | 13 000 | ⬛↓Ⅴ⬛ |

Das Anbaugebiet liegt über dem Argenstal mitten im Grünen. Die Appellation wird würdig vertreten durch diesen grünlich schimmernden Weißwein. In seinem komplexen Aroma entdeckt man Williamsbirnen und unreife Äpfel. Er zeigt sich nervig, aber sein Temperament wird rasch durch eine einschmeichelnde Milde gezügelt.
🍷 SCEA Ch. Rasque, rte de Draguignan, 83460 Taradeau, Tel. 94.47.10.40 ☎ Mo-Sa 8h-12h 14h-18h
🍷 Biancone

CH. RASQUE 1991*

| | | 4 ha | 25 000 | ⬛↓Ⅴ⬛ |

Die würzigen Noten von Lindenblüten verleihen ihm etwas Frühlingshaftes. Eine gute Vinifizierung verstärkt die Qualitäten des Anbaugebiets und das Können des Winzers.
🍷 SCEA Ch. Rasque, rte de Draguignan, 83460 Taradeau, Tel. 94.47.10.40 ☎ Mo-Sa 8h-12h 14h-18h
🍷 Biancone

CH. REQUIER
Cuvée spéciale Blanc de blancs 1991*

| | | 2 ha | 6 000 | ⬛↓Ⅴ⬛ |

Das alte Gut aus der Zeit der Templer war auch eine Hochburg der Résistance. In diesem Jahr bietet es uns einen frischen Cocktail von harmonischer Ausgewogenheit und frühlingshafter Fruchtigkeit.
🍷 SCEA Ch. Réquier, La Plaine, 83340 Cabasse, Tel. 94.80.25.72 ☎ Mo-Sa 8h-12h 13h-18h

DOM. RICHEAUME 1991*

| | | 5,8 ha | 27 000 | ⬛↓Ⅴ⬛ |

Hier verwendet man beim Weinbau biologische Methoden ohne den Einsatz von Pflanzenschutzmitteln oder künstlichem Dünger. Dieser Rosé duftet nach Frühling. Er bezaubert durch sein feines, fruchtiges Aroma. Auch wenn es ihm ein wenig an Stärke mangelt, besitzt er Verführungskraft.

🍷 Henning Hoesch, Dom. Richeaume, 13114 Puyloubier, Tel. 42.66.31.27 �’ n. V.

ELIE ROCHE Cuvée Alexandre 1991

◩		k.A.	40 000	▮↓Ⅵ❶

In diesem über 100 Jahre alten Betrieb arbeitet man sehr gewissenhaft. Die 91er Cuvée Alexandre entfaltet sich langsam und zurückhaltend und entwickelt einen nachhaltigen, reizvollen Geschmack.

🍷 Elie Roche SA, Palette, B.P. 2, 13612 Le Tholonet, Tel. 42.66.90.23 �’ n. V.

ELIE ROCHE Cuvée Alexandre 1990 **

◼		k.A.	10 000	▮🍶↓Ⅵ❶

Dieser reiche, gut gebaute 90er ist vielleicht etwas jung, aber er duftet so angenehm nach Garrigue und Rosmarin, daß er sofort verführt. Danach bestätigt sich sein Charakter im vollen, fleischigen Geschmack. Er muß sich keine Sorgen um seine Zukunft machen.

🍷 Elie Roche SA, Palette, B.P. 2, 13612 Le Tholonet, Tel. 42.66.90.23 �’ n. V.

CH. DU ROUET
Cuvée Belle Poule 1991 ***

◩	10 ha		40 000	▮↓Ⅵ❷

Dieses alte Anbaugebiet beweist, daß man zunehmend versucht, Rebflächen als Feuerschneisen in dieser häufig von Waldbränden heimgesuchten Region einzusetzen. Eine wunderbare Lage am Fuß des Bergmassivs, dessen Namen das Gut trägt. Und hier ein faszinierender Rosé. Er entfaltet ein wahres Feuerwerk von Düften, von denen einer verführerischer als der andere ist : vollreife Bananen, Himbeeren, Kirschen ... Der einschmeichelnde Geschmack zeigt sich üppig, voll und lang. Ein provenzalischer Rosé par excellence, den einige sehr gern als besondere Empfehlung gesehen hätten.

🍷 Bernard Savatier, Ch. du Rouët, 83490 Le Muy, Tel. 94.45.16.00 �’ Mo-Sa 8h-12h 14h-18h

CH. DE ROUX 1990 *

◼		k.A.	13 000	▮↓Ⅵ❷

Strahlende Farbe, angenehmer Duft von Waldfrüchten. Der Gesamteindruck von Reife und Ausgewogenheit wird die Weinliebhaber nicht enttäuschen.

🍷 Elisabeth Giraud, Ch. de Roux, 83340 Le Cannet-des-Maures, Tel. 94.60.73.10 �’ tägl. 8h-19h

DOM. SAINT-ANDRE DE FIGUIERE
Blanc de blancs 1991

▢		k.A.	15 000	▮↓Ⅵ❷

Die Conessons sind entschiedene Verfechter »biologischer Anbaumethoden« , deren Prinzipien sie hier kompromißlos anwenden. Diesem Weißwein mangelt es nicht an Reizen : blasse Farbe, fruchtiger Charakter (Birnen, schwarze Johannisbeeren), lebhafte, gefällige Ansprache.

🍷 Dom. Saint-André de Figuière, B.P. 47, 83250 La Londe, Tel. 94.66.92.10 �’ n. V.

DOM. DE SAINT-BAILLON
Cuvée Opale 1991

◪		2 ha	12 000	▮↓Ⅵ❸

Über diesem Weinberg mit dem stark geröllhaltigen, lehmig-kalkigen Boden erhebt sich ein Oppidum. Harmonische Ausgewogenheit im Duft und Geschmack. Feine Säure.

🍷 Hervé Goudard, Dom. de Saint-Baillon, 83340 Flassans, Tel. 94.69.74.60 �’ n. V.

DOM. SAINTE-BEATRICE 1991 *

▢		2 ha	13 000	▮↓Ⅵ❶

Dieses 1979 entstandene Gut ist die Verwirklichung eines Traums. Rodungen und Anpflanzungen waren notwendig. Außerdem mußte man lernen, Weine herzustellen und auszubauen. Das Ergebnis ist ermutigend. Ein exotischer Weißwein, der nach Ananas und Kiwis duftet und im Geschmack einen frischen, durstlöschenden Eindruck hinterläßt.

🍷 Dom. Sainte-Béatrice, quartier les Peyroux, 83510 Lorgues, Tel. 94.67.62.36 �’ n. V.

🍷 Jacqueline Novaretti

DOM. DE SAINTE-MARIE
Cuvée spéciale 1990 *

◼		5 ha	25 000	▮Ⅵ❷

Dieses alte Landhaus, das streng und anachronistisch wirkt, versteckt sich schamvoll hinter einer undurchdringlichen Blätterwand vor den Blicken der Urlauber aus Saint-Tropez. Seien Sie neugierig und probieren Sie diesen körperreichen, kräftig gebauten Wein, der nach Efeu und Unterholz duftet und gut zu Hasenpfeffer oder einem anderen Wildgericht mit Sauce paßt.

🍷 Dom. de Sainte-Marie SA, RN 98, Vallée de la Mole, 83230 Bormes-les-Mimosas, Tel. 94.49.57.15 �’ tägl. 9h-19h

🍷 Henri Vidal

DOM. DE SAINT-ESPRIT 1990 *

◼		1,2 ha	7 000	🍶↓Ⅵ❷

Die Trauben dieses 12 ha großen Gutes in der Gemarkung Draguignan werden in der Domaine de Clarettes vinifiziert. Hier ein fleischiger, stoffreicher Wein aus Syrah- und Grenachetrauben, der unser Interesse verdient. Da er im Abgang noch tanninreich ist, muß er noch warten, bis ihm die Zeit – oder der Heilige Geist – Harmonie verleiht.

🍷 Crocé-Spinelli, Dom. du Saint-Esprit, 83300 Draguignan, Tel. 94.47.50.52 �’ tägl. 10h-12h 14h-18h

DOM. SAINT-JEAN
Cuvée Fleuron d'Argens 1990 *

◼		k.A.	7 000	🍶↓Ⅵ❷

Dieser 90er verführt durch sein angenehmes Aroma von schwarzen Früchten, Zimt, Geröstetem und Schokolade. Im Geschmack erweist er sich mit einer sehr ausgeprägten Holznote kantiger. Er dürfte den Anhängern von sehr holzbetonten Weinen gefallen. Aber unsere Jury vermerkt, daß sein sehr guter Stoff diesen Ausbau im Holzfaß verträgt, wenn man ihn altern läßt.

↜ Jackie Leclerc, Dom. Saint-Jean, 83570 Carcès, Tel. 94.59.55.89 ⊤ n. V.

CH. SAINT-PIERRE Cuvée spéciale 1991 *

| ◪ | 3 ha | 10 000 | ▮ ↓ ☑ ❷ |

Château Saint-Pierre steht traditionell für Qualität, wie dieser schöne Rosé beweist, der typisch für den Jahrgang 1991 ist. Fruchtiger Duft (Erdbeeren), Geschmack von sauren Drops, Geschmeidigkeit, Ausgewogenheit, Eleganz und Frische.
↜ Jean-Philippe Victor, Ch. Saint-Pierre, rte de Taradeau, 83460 Les Arcs, Tel. 94.47.41.47 ⊤ n. V.

CH. SAINT-PIERRE 1991 *

| ☐ | 3 ha | 6 000 | ▮ ↓ ☑ ❶ |

Nicht weit entfernt von den mittelalterlichen Les Arcs. Seine Blässe könnte auf einen »kleinen« Wein hindeuten, aber das ist nicht der Fall. Das Aroma von reifen Bananen und Veilchen umhüllt den Gaumen. Ausgewogener, samtiger Geschmack.
↜ Jean-Philippe Victor, Ch. Saint-Pierre, rte de Taradeau, 83460 Les Arcs, Tel. 94.47.41.47 ⊤ n. V.

SAINT-ROCH-LES-VIGNES 1991

| ◪ | k.A. | k.A. | ▮ ☑ ❶ |

Die Winzer von Saint-Tropez haben sich von den Weinen der Genossenschaftskellerei von Saint-Roch in Cuers angezogen gefühlt. Auch in diesem Jahr wieder ein Wein mit schöner, heller Farbe, der einen blumigen Duft entfaltet. Im Geschmack würde man sich mehr Finesse wünschen.
↜ SCA les Maîtres Vignerons de La Presqu'île de Saint-Tropez, Carrefour de la Foux, 83580 Gassin, Tel. 94.56.32.04 ⊤ n. V.

DOM. DE SAINT-SER 1991 *

| ◪ | 10,25 ha | 60 000 | ▮ ↓ ☑ ❷ |

Dieses Gut am Fuße des Massivs Sainte-Victoire liegt in einer grandiosen Landschaft. Leicht ziegelrote Färbung. In seinem harmonischen Bukett sind die Düfte von roten Früchten, Blumen und sauren Drops vereint. Sehr harmonisch im Abgang. Ein Stern für diesen Erstling.
↜ Dom. de Saint-Ser, Mas de Bramefan, rte de Saint-Antonin, 13114 Puyloubier, Tel. 42.66.30.81 ⊤ n. V.

MAITRES VIGN. PRESQU'ILE DE SAINT-TROPEZ Carte noire 1990 *

| ◼ | k.A. | k.A. | ▮ ☑ ❷ |

Eine originelle Form der Winzervereinigung, die Weinhandel betreibt und genossenschaftlich organisiert ist. Sie hat sich verdientermaßen stark vergrößert. Diese 90er Cuvée wird die treuen Kunden nicht enttäuschen. Zum Zeitpunkt der Verkostung wirkte sie noch jugendlich : frisches, fruchtiges Aroma, kräftiger, harmonischer Gesamteindruck.
↜ SCA les Maîtres Vignerons de La Presqu'île de Saint-Tropez, Carrefour de la Foux, 83580 Gassin, Tel. 94.56.32.04 ⊤ n. V.

MAITRES VIGN. PRESQU'ILE SAINT-TROPEZ
Carte noire Blanc de blancs 1991

| ☐ | k.A. | k.A. | ☑ ❷ |

Fehlerloses Aussehen. Blumiger Duft. Dem zarten Aroma von reifen Trauben werden Sie sofort erliegen.
↜ SCA les Maîtres Vignerons de La Presqu'île de Saint-Tropez, Carrefour de la Foux, 83580 Gassin, Tel. 94.56.32.04 ⊤ n. V.

CH. DE SELLE - DOM. OTT
Cuvée Comtes de Provence 1991 *

| ☐ | 3 ha | 10 000 | ◨ ↓ ☑ ❹ |

Zu Beginn des Jahrhunderts machte sich ein Mitglied der Familie Ott (die man in der Provence nicht mehr vorzustellen braucht) daran, den Kalkboden von Taradeau zu erobern. Das Ergebnis sind diese ausdrucksvolle Farbe mit den grünen Nuancen und das volle, sehr lange anhaltende Lakritzearoma. Ein origineller Wein mit glänzenden Zukunftsaussichten.
↜ Dom. Ott, Ch. de Selle, 83460 Taradeau, Tel. 94.68.86.86 ⊤ n. V.

DOM. DE SIOUVETTE
Cuvée Marcel Galfard 1991

| ☐ | 1 ha | 3 000 | ▮ ◨ ↓ ❷ |

Dieses Landhaus am Fuße der Mauren und am Rande des zum Gut gehörenden Waldes gehörte vor der Französischen Revolution den Kartäusern von La Verne. Der Wein wurde hier im 19. Jh. von Holzfällern aus der Auvergne angepflanzt, die sich in der Provence niederließen. Haben Sie keine Bedenken, Ihr Glas ausgiebig zu schwenken und zu drehen, damit Sie die leichten Duft kleiner Blumen genießen können. Auch der Geschmackseindruck wird dann klarer. Dieser Rosé paßt sehr gut zu Mahlzeiten.
↜ Sylvaine Sauron, Dom. de Siouvette, 83310 La Mole, Tel. 94.49.57.13 ⊤ tägl. 8h-12h 14h-18h

CH. THUERRY
Chapelle Saint Vincent Blanc de blancs 1991 *

| ☐ | 1 ha | 3 300 | ◨ ↓ ☑ ❸ |

Der erste Geruchseindruck ist schwer : frische Butter und Noisetteschokolade. Dahinter entfaltet sich ein feinerer Duft, der an Vanille und ein wenig an Jasmin erinnert. Diese Eindrücke wiederholen sich beim ersten Schluck und halten in dem cremigen Geschmack lang an. Dieser Wein kann nicht verbergen, daß er in kleinen Holzfässern ausgebaut worden ist, aber er ist »gut vinifiziert«. Außerdem »versteht der Winzer, der ihn erzeugt hat, etwas von seinem Handwerk« . (Aussagen von zwei hervorragenden Önologen !) Warum sollte man ihn aufheben ? Trinken Sie ihn (in Maßen) als Aperitif oder zum Dessert.
↜ Dom. de Thuerry, 83690 Villecroze, Tel. 94.70.63.02 ⊤ tägl. 9h-19h30
↜ Piolet

CH. THUERRY Rosé de saignée 1991 * *

| ◪ | 8 ha | 1 875 | ▮ ↓ ☑ ❷ |

Dieser 91er besitzt die Farbe eines sehr blassen Rosé, aber sein blumiges Aroma erfrischt den Gaumen und macht ihn für die lebhafte und vornehme Komplexität seines Geschmacks empfänglich.

☛ Dom. de Thuerry, 83690 Villecroze, Tel. 94.70.63.02 ⏲ tägl. 9h-19h30
☛ Piolet

DOM. DES TOURNELS 1991

| ◪ | | k.A. | 30 000 | ↧↓Ⅴ② |

Dieses Gut auf der Halbinsel von Saint-Tropez verdankt seinen guten Ruf der vielfältigen Bestockung, den erstklassigen Anbaugebieten und dem unleugbaren Können seines Winzers. Ein Rosé, dessen originelles Aroma unsere Jury überrascht hat. Schöne Gesamtharmonie.

☛ Laurent Bologna, Dom. des Tournels, 83350 Ramatuelle, Tel. 94.79.80.54 ⏲ tägl. 9h-12h 16h-19h

TUILIERE DES FERRAGES 1991

| ◪ | | 5 ha | 25 000 | ↧↓Ⅴ② |

Am Rande der RN 7, an der Grenze der Departements Bouches-du-Rhône und Var. An Rosenblätter erinnernde Farbe. Der Geschmack mit den fruchtigen Noten ist frisch und nachhaltig.

☛ José Garcia, RN 7, 83470 Pourcieux, Tel. 94.59.45.53 ⏲ n. V.

VIEUX CHATEAU D'ASTROS
Cuvée du Commandeur 1990*

| ■ | | 3 ha | 18 000 | ❙❙❙↓Ⅴ② |

Dieses »alte« Château d'Astros, das neben seinem jüngeren Bruder liegt, befindet sich weiter abseits von der Hektik der Städte – wie ein Weiser, der sich in die provenzalischen Pinienwälder zurückgezogen hat. Dieser Rotwein besitzt eine intensive Farbe und einen konzentrierten Duft. Im Geschmack bietet er eine schöne Ansprache, die sich zu einem ausgewogenen, harmonischen Eindruck verlängert.

☛ Christian Maurel, Vieux Château d'Astros, 83550 Vidauban, Tel. 94.73.02.56 ⏲ n. V.

Cassis

Eingebettet in die Felsen, liegt Cassis, das man nur über relativ hohe Pässe von Toulon oder Marseille aus erreicht, am Fuße der höchsten Klippen von Frankreich. Man findet hier Felsbuchten, Sardellen und einen Springbrunnen, der die Stadt in den Augen ihrer Bewohner berühmter als Paris macht... Aber auch ein Anbaugebiet, um das sich bereits im 11. Jh. die mächtigen Klöster stritten und vom Papst einen Schiedsspruch verlangten. Erzeugt werden hier Rot- und Roséweine, aber vor allem Weißweine. Von letzteren sagte Mistrail, daß sie nach Rosmarin, Erika und Myrte dufteten. Man sollte nicht nach großen Cuvées suchen ; man trinkt dies Weine recht jung : zu Bouillabaisse, gebratenem Fisch und Muscheln.

DOM. DU BAGNOL
Marquis de Fesques Blanc de blancs 1991

| ☐ | | 3 ha | 12 000 | ❙↓Ⅴ② |

Der Marquis, nach dem diese Cuvée benannt ist, war der Besitzer des Gutes. Eine für einen Cassis etwas überraschend liebliche Note. Ein warmes Aroma von Honig und Karamel überzieht den Gaumen. Die kräftige, goldene Farbe deutet auf den Reichtum und die Fülle dieses Weins hin.

☛ Claire Lefèvre, Dom. du Bagnol, 12, av. de Provence, 13260 Cassis, Tel. 42.01.78.05 ⏲ tägl. 9h-19h

MAS DE BOUDARD 1990*

| ■ | | 2,5 ha | 9 000 | ❙↓Ⅴ② |

Man muß die berühmten Felsbuchten und das Kap Canaille, die höchste Klippe von Europa, nicht mehr lange vorstellen. In ihrem Schatten liegt das Anbaugebiet von Boudard. Gönnen Sie sich das Vergnügen, einen roten Cassis zu probieren, der schon gereift ist, aber in seinem fruchtigen Aroma viel Frische bietet.

☛ Pierre Marchand, Mas de Boudard, 7, rte de Belle fille, 13260 Cassis, Tel. 42.01.72.66 ⏲ tägl. 8h-12h 14h-18h

CH. DE FONTBLANCHE 1990*

| ☐ | | 9 ha | 40 000 | ❙↓Ⅴ③ |

Die Familie Bodin machte sich nach der Reblauskrise als erste an die Wiederherstellung des Anbaugebiets von Cassis. »Reiner Vorlaufwein« verspricht der Erzeuger auf dem Etikett. Dieser verführerische, goldgelbe Wein mit den grünen Reflexen verströmt einen etwas schweren, blumigen Duft (Ginsterblüten), der im Geschmack anhält. Es handelt sich dabei um einen 90er !

☛ Jean-Jacques Bontoux-Bodin, Ch. de Fontblanche, 13260 Cassis, Tel. 42.01.00.11 ⏲ tägl. 8h-12h 14h-17h30 ; dim. n. V.

DOM. DE LA FERME BLANCHE
Blanc de blancs 1991

| ☐ | | k.A. | k.A. | ❙↓Ⅴ② |

Ein robuster, im Geschmack ausgewogener Wein, der gut zu einem Frühlingsgericht paßt.

☛ EARL Vignobles Imbert, La Ferme blanche, 13260 Cassis, Tel. 42.01.00.74 ⏲ Mo-Fr 9h-12h 14h-17h30
☛ François Paret

CLOS SAINTE MAGDELEINE 1991*

| ☐ | | 10 ha | 40 000 | ❙↓Ⅴ② |

Meeresbrisen umstreichen diese Rebstöcke am Fuße der Steilküste von Kap Canaille und sorgen für ein Klima, das sich für die Erzeugung schöner Cuvées eignet. Dazu gehört auch dieser

Weißwein mit dem angenehmen, blumigen Aroma, der durch seine Originalität überrascht.
🍷 G. Sack-Zafiropulo, Clos Sainte-Magdeleine, av. du Revestel, 13260 Cassis, Tel. 42.01.70.28 ⌚ n. V.

CLOS VAL BRUYERE
Blanc de blancs 1991*

☐	4,22 ha	18 000	ⓘ↓Ⓥ②

Das Anbaugebiet liegt zwar ideal auf den Hängen von Cassis, direkt am Meer, aber die Kellerei befindet sich in 300 m Höhe einige Kilometer entfernt. Dort stellt man auch sehr ordentliche Côtes-de-Provence-Weine her. Ein Hauch von Exotik, nämlich ein Duft von Bananen und Passionsfrüchten, macht auf den ersten Schluck neugierig. Der Geschmack ist rund und kräftig und erhält durch eine leichte Kohlensäure Frische. Im letzten Jahr haben wir den 90er besonders empfohlen.
🍷 GAEC Larroque-Bodin, Dom. de Barbanau, 13830 Roquefort-la-Bedoule, Tel. 42.73.14.60 ⌚ Mo-Sa 10h-12h 14h-19h

Bellet

Ganz wenige kennen dieses winzige Anbaugebiet, das auf den Anhöhen von Nizza liegt und nur geringe Mengen von Weinen produziert, die außerhalb von Nizza kaum erhältlich sind. Es handelt sich dabei um originelle, aromatische Weißweine, die von der hochwertigen Rebsorte Rolle und von der Chardonnayrebe (die in diesen Breiten gedeiht, wenn sie in Nordlagen und genügend hoch angebaut wird) stammen. Die Roséweine sind geschmeidig und frisch, die Rotweine üppig, wobei ihnen zwei einheimische Rebsorten, Fuella und Braquet, eine gewisse Originalität verleihen. Sie passen hervorragend zur reichhaltigen, einfallsreichen Küche von Nizza : mit Mangold gefüllte Blätterteigpastete, Gemüsegerichte, geschmortes Lamm, Kaldaunen sowie Soca (eine Art Polenta), Pissaladière (eine Art Pizza) oder Poutine.

CH. DE CREMAT 1991

☐	2 ha	5 000	ⓘ↓Ⓥ②

Château de Crémat, der Haupterzeuger der Appellation, ist den Gastronomen von Nizza bestens bekannt. Das intensive, komplexe Bukett enthüllt zuerst einen an Pflanzen, Blumen und Honig erinnernden Duft und danach fruchtigere Noten. Runde, lebhafte Ansprache im Geschmack. Dahinter entdeckt man säuerlichere Noten. Ein charaktervoller Wein.
🍷 Charles Bagnis, Ch. de Crémat, 442 chem. de Crémat, 06200 Nice, Tel. 93.37.80.30 ⌚ n. V.

DOM. DE FONT-BELLET 1989

■	3 ha	12 000	ⓘⓋ④

Das Gut, dessen Rebflächen an den Hängen über dem Var liegen, erzeugt jedes Jahr regelmäßig Weiß- und Rotweine, die für die Appellation recht typisch sind. Unter einem nicht übermäßig kräftigen, leicht ziegelroten Kleid entfaltet sich nach und nach ein Duft von Moschus, sehr reifen Früchten, feuchtem Laub und Tabak. Der ausgewogene, harmonische Geschmack verlängert dieses Aroma.
🍷 Régis Measson, Dom. de Font-Bellet, 520 chem. de Crémat, 06200 Nice, Tel. 93.37.82.03 ⌚ n. V.

Bandol

Ein vornehmer Wein, der nicht in Bandol selbst, sondern auf den von der Sonne verbrannten Terrassen der umliegenden Dörfer erzeugt wird. Es gibt hier Weiß-, Rosé- und natürlich Rotweine, die dank der Mourvèdrerebe, die einen Anteil von mehr als 50% hat, kräftig und tanninreich sind. Diese alkoholreichen Weine passen hervorragend zu Wild und rotem Fleisch, die sie durch ihr feines, an Pfeffer, Zimt, Vanille und schwarze Kirschen erinnerndes Aroma noch betonen. Der Bandolwein verträgt auch sehr gut eine lange Lagerung, wie die Jahrgänge 1965, 1975 und 1983 bewiesen haben.

CH. DES BAUMELLES 1991*

◪	k.A.	k.A.	↓Ⓥ③

Wem würde dieses großartige, echt provenzalische Schloß mit den runden Türmen, das an der Straße von Saint-Cyr nach Bandol aufragt, keine Bewunderung abnötigen ? Ein recht hübscher Rosé, der durch seine blasse Farbe, sein langes, feines Aroma (man findet darin Pfirsiche, Birnen und auch kleine weiße Blüten) und durch seinen weichen Geschmack gefällt.
🍷 Thierry Grand, Ch. des Baumelles, 83270 Saint-Cyr-sur-Mer, Tel. 94.26.46.59

DOM. DU CAGUELOUP 1990**

◨	11 ha	60 000	◫↓Ⓥ②
82 85 86 **88** |90|		

Ein traditionelles Gut unweit des Strandes von Saint-Cyr. Die Weine sind hier ebenso wie der Empfang, der den Besucher erwartet : überschwenglich und herzlich. Auch dieser 90er enttäuscht nicht ! Man kann von seinem feinen Aroma nur begeistert sein : zuerst Leder und Lakritze, danach Noten von sehr reifen Früchten (Erdbeeren, schwarze Johannisbeeren). Interessanter Nachgeschmack. Schöne Ausgewogenheit, elegante Tannine und vielversprechender Stoff. Ein schöner Wein !

➽ GAEC Prébost, Dom. du Cagueloup, 83270 Saint-Cyr-sur-Mer, Tel. 94.26.15.70 ☥ tägl. 9h-12h 14h-18h

DOM. DU CAGUELOUP 1991*

	1,5 ha	10 000	⛊↓☑ 2

Ein grünlich schimmernder Weißwein, der ausdrucksstark, rund und voll ist und ein fruchtiges Aroma entfaltet. Vom gleichen Erzeuger stammt ein klarer, bezaubernder Rosé.

➽ GAEC Prébost, Dom. du Cagueloup, 83270 Saint-Cyr-sur-Mer, Tel. 94.26.15.70 ☥ tägl. 9h-12h 14h-18h

DOM. CASTELL REYNOARD 1991*

	5 ha	k.A.	⛊⓶↓☑ 2

Ein sehr traditionelles provenzalisches Gut im Familienbesitz, das bescheiden auf den Restanques von La Cadière liegt. Beim ersten Schluck dieses orangeroten Rosés hat man das angenehme Gefühl, in einen Pfirsich zu beißen. Der Geschmack ist frisch und mild. Ein sehr femininer Wein.

➽ Alexandre Castell, Quartier Thouron, 83740 La Cadière-d'Azur, Tel. 94.90.10.16 ☥ n. V.

DOM. CASTELL-REYNOARD 1990*

■	5 ha	3 500	⓶↓☑ 2

Dieser tiefrote 90er besitzt ein schönes Aussehen. Das Bukett ist noch verschlossen, aber die Ansprache im Geschmack ist bereits kräftig, mit deutlich spürbaren Tanninen. Vielversprechende Zukunftsaussichten, weil sich der Hauch von Kohlensäure noch verflüchtigen dürfte.

➽ Alexandre Castell, Quartier Thouron, 83740 La Cadière-d'Azur, Tel. 94.90.10.16 ☥ n. V.

DOM. DE FRÉGATE 1991*

	2 ha	3 500	⛊↓ 2

Zwischen der Straße von Saint-Cyr nach Bandol und dem Meer liegt das Gut Frégate, dessen Rebflächen bis zum Rand der Felsbuchten von Port-d'Alon reichen. Die Rebstöcke profitieren hier von einem ganz besonderen Boden und Klima. Dieser strahlend blaßgelbe Weißwein mit dem fruchtigen Aroma ist ein wenig temperamentvoll. Im Geschmack zeigt er eine schöne Länge. Der 91er Rosé wurde als sehr ordentlich bewertet.

➽ Dom. de Frégate, rte de Bandol, 83270 Saint-Cyr-sur-Mer, Tel. 94.26.17.02 ☥ Mo-Sa 8h-12h 13h30-18h

DOM. DE LA BASTIDE BLANCHE 1990**

■	12 ha	50 000	⓶↓☑ 3
85 |87| 88	(89)	90

Sainte-Anne ist einer der Weiler des Dorfs Le Castellet, das eine lange Geschichte und schöne Weinberge besitzt. Die Bastide Blanche verfügt in dieser Gemarkung über ein besonders günstiges

Anbaugebiet. Der Wein verströmt ein Aroma von sehr schöner Komplexität, in dem man schwarze Johannisbeeren, Veilchen, aber auch Gewürze, Leder und eher pflanzliche Noten entdeckt. Harmonischer Gesamteindruck im ausgewogenen, eleganten und intensiven Geschmack. Der 91er Rosé enttäuscht ebenfalls nicht.

➽ Louis et Michel Bronzo, La Bastide Blanche, 83330 Sainte-Anne-du-Castellet, Tel. 94.32.63.20 ☥ n. V.

DOM. DE LA BASTIDE BLANCHE 1991***

	3 ha	10 000	⛊↓☑ 3

Sehr vornehm ! Grüne Reflexe, ein kräftiges, aber feines Aroma von Bananen und Laub, danach ein förmlich explodierender Geschmackseindruck, der rund und cremig ist und überhaupt nicht mehr aufzuhören scheint. Ein hervorragend gelungener Wein !

➽ Louis et Michel Bronzo, La Bastide Blanche, 83330 Sainte-Anne-du-Castellet, Tel. 94.32.63.20 ☥ n. V.

DOM. LAFRAN-VEYROLLES 1991*

	2,5 ha	12 500	⛊↓☑ 3

Dieses alte Gut, von dem man einen wunderschönen Blick auf die Dörfer La Cadière und Le Vieux Castellet hat, liegt auf den Hügeln von Veyrolles. Bieten Sie diesen Rosé ruhig als Aperitif an : Mit seinem Zitrusaroma (Pampelmusen, Limetten) regt er den Appetit an. Der lebhafte, pfeffrige Geschmack mit der leicht bitteren Note wirkt erfrischend.

➽ Mme Claude Jouve-Férec, Dom. Lafran-Veyrolles, rte de l'Argile, 83740 La Cadière-d'Azur, Tel. 94.90.13.37 ☥ n. V.

DOM. LAFRAN-VEYROLLES 1989**

■	2,5 ha	12 000	⓶↓☑ 3
82	83	85	87	89

Dieser 89er zeichnet sich durch seinen schönen Charakter aus. Sein Tanninreichtum und seine große Konzentration machen ihn zu einem guten Lagerwein. Man sollte ihn in ein paar Jahren nochmals probieren, wenn er sich entfaltet hat.

➽ Mme Claude Jouve-Férec, Dom. Lafran-Veyrolles, rte de l'Argile, 83740 La Cadière-d'Azur, Tel. 94.90.13.37 ☥ n. V.

LA LAIDIERE 1991**

| | 10 ha | 40 000 | ∎↓✓ 3 |

Die auf den Restanques von La Laidière gelegenen Weinberge besitzen eine Ost- und Südlage, so daß ihre Trauben viel Sonne erhalten. Der Wein hier enttäuscht nie. Das Urteil über diesen Rosé mit der strahlenden, lachsrosa Farbe fällt einmütig aus. Das reiche, sehr feine Aroma enthüllt einen blumigen Duft mit wärmeren Noten von Haselnüssen und sehr reifem Kernobst. Klare Ansprache im cremigen, reichen und komplexen Geschmack und kraftvoller Abgang.
↬ SCEA Estienne, Dom. de La Laidière, 83330 Sainte-Anne-d'Evenos, Tel. 94.90.37.07 ☎ tägl. sf sam. dim. 8h-12h 14h-17h

LA LAIDIERE 1991*

| □ | 2,5 ha | 10 000 | ∎↓✓ 3 |

Ein grün schimmernder Weißwein mit fruchtigem Aroma (Grapefruits) und blumigem Duft, der einen ausgewogenen, lebhaften und klaren Geschmack von aromatischer, ausdrucksvoller Nachhaltigkeit entfaltet. Erwähnt sei hier auch der rote 90er, dessen kräftiger und fruchtig ist.
↬ SCEA Estienne, Dom. de La Laidière, 83330 Sainte-Anne-d'Evenos, Tel. 94.90.37.07 ☎ Mo-Fr 8h-12h 14h-17h

DOM. DE LA NOBLESSE 1990*

| ∎ | 1,5 ha | 6 600 | ◫ ✓ 3 |

82 |**83**| **85** |**86**| |**87**| **88** **90**

Wie sein Name bereits andeutet, gibt sich dieses Gut nicht mit Mittelmaß zufrieden. Seine Weine sind berühmt für ihre Stärke und ihre gute Struktur. Ganz auf dieser Linie liegt auch der tiefrote 90er, dessen kräftiger Duft an schwarze Johannisbeeren und Iris erinnert. In seinem vollen, rassigen Geschmack vermischen sich rote Früchte und Gewürze. Ein interessanter, lagerfähiger Wein.
↬ Jean-Pierre Gaussen, Dom. de La Noblesse, 83740 La Cadière-d'Azur, Tel. 94.98.75.54 ☎ tägl. 8h-12h 14h-20h

DOM. DE LA NOBLESSE 1991*

| □ | 2,5 ha | 13 000 | ∎↓✓ 2 |

Blaßrosa Farbe und ein intensives Aroma von Zitrusfrüchten und Blumen. Seine Lebhaftigkeit und seine Länge werden Ihre Sinne erregen und Sie verführen.
↬ Jean-Pierre Gaussen, Dom. de La Noblesse, 83740 La Cadière-d'Azur, Tel. 94.98.75.54 ☎ tägl. 8h-12h 14h-20h

DOM. LA ROCHE REDONNE 1991*

| □ | 1 ha | 5 000 | ∎↓✓ 3 |

La Cadière-d'Azur ist das Zentrum des Weinbaugebiets von Bandol. Es gibt hier wunderschöne Bauwerke (Kapellen, Burgruine) und nicht weniger prächtige Aussichtspunkte. Dieses Gut hat unseren Weinführer schon mit seinem Weißwein verführt. Auch sein 91er enttäuscht nicht. Blumiger, exotischer Duft. Gute Ausgewogenheit und Lebhaftigkeit im Geschmack. Probieren !
↬ Tournier, Dom. Roche Redonne, 83740 La Cadière-d'Azur, Tel. 94.90.16.18 ☎ n. V.

CH. LA ROUVIERE 1989**

| ∎ | 8 ha | 22 000 | ◫ ↓✓ 3 |

Auf Château de La Rouvière hat sich eine alte Winzerfamilie nach ihrer Rückkehr aus Nordafrika eine neue Existenz aufgebaut. Der 89er erweist sich als würdiger Nachfolger des 88ers. Die Farbe ist dunkel, das Aroma von schwarzen Johannisbeeren und Pfeffer klar und ausdrucksvoll, während der Geschmack stattlich ist und eine noch durch Tannine geprägte, aber sehr feine Struktur besitzt. Er kann noch einige Jahre Lagerung vertragen.
↬ Dom. Bunan, Moulin des Costes, 83740 La Cadière-d'Azur, Tel. 94.98.72.76 ☎ n. V.

DOM. DE LA TOUR DU BON 1991*

| ◪ | 7,5 ha | 32 000 | ∎↓✓ 2 |

Eine unter Denkmalschutz stehende Hauskapelle erweckt das Interesse vieler Besucher. Die Hauptattraktion des Gutes ist natürlich seine Weinproduktion. Die Farbe dieses 91ers erinnert an rosarote Pfingstrosen. Man muß das Glas etwas schwenken, damit man den zarten Duft von weißen Blüten, schwarzen Johannisbeeren und Erdbeeren erkennt, dessen Aroma man im Geschmack wiederfindet. Ein gefälliger, nachhaltiger Wein.
↬ SCEA Saint-Vincent, Dom. de La Tour du Bon, Le Brulat , 83330 Le Castellet, Tel. 94.32.61.62 ☎ Mo-Sa 9h-12h 14h-17h30
↬ Ch. Hoquard

DOM. DE LA TOUR DU BON 1990**

| ∎ | 3,5 ha | 9 000 | ◫ ↓✓ 2 |

Unter einem tiefroten, dunklen Kleid entfaltet sich zuerst verhalten, dann immer stärker eine hübsche Aromapalette : Früchte, Lakritze, Jod und eine mineralische Note. Der Geschmack hinterläßt einen Eindruck von Fülle und Ausgewogenheit – und den Wunsch, diesen 90er nochmals zu probieren.
↬ SCEA Saint-Vincent, Dom. de La Tour du Bon, Le Brulat , 83330 Le Castellet, Tel. 94.32.61.62 ☎ Mo-Sa 9h-12h 14h-17h30

DOM. DE LA VIVONNE 1991

| ◪ | 4,43 ha | 15 000 | ∎✓ 2 |

Ein seit dem Mittelalter bestehendes Dorf mit einem berühmten Anbaugebiet. Dieser blasse Rosé besitzt viel Sanftheit und Finesse und entfaltet einen an Trauben und Mandeln erinnernden Duft. Ein sauberer, harmonischer Wein.
↬ Walter Gilpin, Dom. de La Vivonne, 83330 Le Castellet, Tel. 94.98.70.09 ☎ Di-Sa 9h-12h 15h-19h

DOM. LE GALANTIN
Blanc de blancs 1991

☐   2 ha   5 000   ⮕↓✓2

Bei diesem typischen, sehr fruchtigen Weißwein dominieren Fülle und Rundheit. Man kann ihn schon jetzt zu einer Bouillabaisse oder zu einem Steinbeißer mit Fenchel trinken.
🍷 Achille Pascal, Dom. Le Galantin, 83330 Le Plan-du-Castellet, Tel. 94.98.75.94 ⚘ n. V.

DOM. DE L'HERMITAGE 1991**

◪   17 ha   80 000   ⮕↓✓3

War die Reblage Le Rouve früher wirklich das berühmteste Anbaugebiet der Appellation Bandol ? Zweifellos ist die Domaine de l'Hermitage heute eines der schönsten Weingüter. Blasse Farbe, eleganter, leicht alkoholischer Blütenduft, schöne Ansprache im Geschmack und ein fruchtiges, angenehmes Aroma.
🍷 Dom. de l'Hermitage, Le Rouve, B.P. 41, 83330 Le Beausset, Tel. 94.98.71.31 ⚘ n. V.
🍷 SCEA G. Duffort

DOM. DE L'OLIVETTE 1991**

◪   25 ha   125 000   ⮕↓✓3

Ein zauberhaftes altes Landhaus, das typisch für die Provence ist, steht inmitten von Rebflächen. Viel weniger typisch ist dieser Rosé, der übermäßig feminin wirkt : leicht säuerlich, viel Finesse mit blumigen, alkoholischen Düften. Ein süffiger, wunderbarer Wein, der elegant, aber ein wenig untypisch ist. Eine Entdeckung !
🍷 SCEA Dumoutier, Dom. de l'Olivette, 83330 Le Castellet, Tel. 94.32.62.89 ⚘ n. V.

DOM. DE L'OLIVETTE 1990*

■   5,5 ha   27 000   ⦀↓✓3

Eine angenehme Verbindung von Intensität und Eleganz : ein sehr klarer Wein, der schon jetzt verführerisch schmeckt. Aroma von Kernobst, ausgewogene, aber nicht zu kräftige Struktur und schöne Harmonie. Der weiße 91er dieses Gutes hat ebenfalls die Aufmerksamkeit unserer Jury geweckt.
🍷 SCEA Dumoutier, Dom. de l'Olivette, 83330 Le Castellet, Tel. 94.32.62.89 ⚘ n. V.

DOM. OTT Ch. Romassan 1990**

■   12 ha   45 000   ⦀↓✓4

82 |(85)| |86| 87 |90|

Die Otts stammen aus dem Elsaß und sind in der Provence Winzer geworden. Seit 35 Jahren bauen sie auf diesem großen Landgut sehr erfolgreich Wein an. Das komplexe Bukett entfaltet einen rustikalen Duft von Leder und Gewürzen, der durch seine Mentholnote eine gewisse Eleganz gewinnt. Runde, volle Ansprache mit deutlich spürbaren, aber nicht aggressiven Tanninen. Schöner Abgang.
🍷 Dom. Ott, Ch. Romassan, 83330 Le Castellet, Tel. 94.98.71.91 ⚘ n. V.

CH. DE PIBARNON 1989**

■   20 ha   k.A.   ⦀↓✓3

81 |82| 83 (85)| |86| |88| 89

Das am höchsten gelegene Gut von Bandol, das für diese Appellation sehr ungewöhnliche Böden aus der Trias besitzt und darauf große Rotweine erzeugen kann. Etwa diesen 89er, der von unserer Jury für die letztjährige Ausgabe – zu Recht – als noch zu jung beurteilt wurde. In den letzten zwölf Monaten ist er langsam gereift und hat dabei sein reiches Aroma von roten Früchten, Vanille und Kakao bewahrt und einen harmonischen Geschmack entwickelt, der Eleganz und Komplexität verbindet. Dieser Wein hat unsere Jury begeistert.
🍷 Henri et Eric de Saint-Victor, Ch. de Pibarnon, 83740 La Cadière-d'Azur, Tel. 94.90.12.73 ⚘ Mo-Sa 8h-12h 14h30-19h

CH. DE PIBARNON 1991*

☐   5 ha   19 000   ✓3

Unter einem blassen, leicht grünlichen Kleid verbirgt sich ein sehr stattlicher Wein, der einen blumigen Duft und einen lebhaften und zugleich cremigen Geschmack besitzt.
🍷 Henri et Eric de Saint-Victor, Ch. de Pibarnon, 83740 La Cadière-d'Azur, Tel. 94.90.12.73 ⚘ Mo-Sa 8h-12h 14h30-19h

CH. PIGNATEL 1990*

■   2 ha   k.A.   ⦀✓2

Ein altes Weingut, wo man das Winzerhandwerk mit viel Achtung gegenüber der Tradition ausübt. Dieser charaktervolle Wein ist interessant. Sein an pflanzliche Noten erinnernder Duft ist intensiv und etwas rustikal. Die kräftige, an Extraktstoffen reiche Struktur wird die Liebhaber von männlichen Weinen verführen. Dennoch braucht er noch ein wenig Zeit, damit er seine jugendliche Ungestümheit ablegen kann.
🍷 GAEC du Ch. de La Noblesse, Ch. Pignatel, La Noblesse, 83740 La Cadière-d'Azur, Tel. 94.98.72.07 ⚘ tägl. 10h-12h 14h-17h
🍷 Gaussen

CH. SAINTE-ANNE 1990

■   10 ha   35 000   ⦀↓✓3

79 |(82)| 83 84 |85| |86| 87 |88| 89 90

Auf diesem schönen provenzalischen Landsitz haben die Pères de l'Oratoire großartige Kellergewölbe errichtet. Ein roter 90er, der noch verschlossen ist, aber dennoch elegant wirkt. Gutes Potential.

Palette

➤ François Dutheil de la Rochère, Ch. Sainte-Anne, 83330 Sainte-Anne-d'Evenos, Tel. 94.90.35.40 ☎ n. V.

DOM. DES SALETTES 1990*

■　　　　8 ha　　24 000　　◖◗ ↓ ☑ 🄃

In den Augen der Römer war die Herstellung von Wein und Olivenöl ein Kriterium, um die zivilisierten Länder von den Ländern der Barbaren zu unterscheiden. Auf dem Gut Les Salettes hat man schon immer das Lager der zivilisierten Völker gewählt! Ein schöner, für die Appellation typischer Wein : kräftig, alkoholreich, harmonisch und vielversprechend. Erwähnen wir außerdem den lebhaften, fruchtigen 91er Weißwein. In unserer Ausgabe 1991 haben wir den weißen 89er besonders empfohlen.
➤ Jean-Pierre Boyer, Dom. des Salettes, 83740 La Cadière-d'Azur, Tel. 94.90.06.06 ☎ Mo-Sa 8h30-12h00 13h30-19h

DOM. TEMPIER
Cuvée spéciale la Migoua 1989*

■			2,3 ha	8 000		◖◗ ↓ ☑ 🄄
🄺64|	66	70 71 72 75 |78| |79| |80| |81| |82| |83| 85	87
88	89					

Das Gut ist nicht nur für seine Weine bestens bekannt. Seit mehreren Jahrzehnten setzt es seine ganze Energie für den Wiederaufschwung der Bandolweine ein. Dieser typische 89er besitzt ein komplexes Bukett, das zugleich fruchtige, mineralische und pflanzliche Düfte entfaltet. Der ausgewogene Geschmack bietet harmonische Tannine. Er paßt gut zu einer herbstlichen Mahlzeit.
➤ GAEC Peyraud, Dom. Tempier, 83330 Le Plan-du-Castellet, Tel. 94.98.70.21 ☎ n. V.

DOM. DE TERREBRUNE 1988**

| ■ | | k.A. | 50 000 | ◖◗ ↓ ☑ 🄃 |
| |79| |82| 85 |86| 88 | | | |

In diesem für seine Blumenausstellungen berühmten Land mußten sich die Reben von jeher mit den kargen Böden der sonnenreichen Hügel begnügen. Die hier erzeugten Weine sind um so besser - wie dieser rote 88er, der ein großartiger Vertreter der Appellation ist. Der erste Geruchseindruck erinnert an Lakritze und Unterholz. Dann folgt ein kräftiger, fleischiger Geschmack, der den Gaumen vielversprechend ausfüllt.
➤ Georges Delille, Dom. de Terrebrune, Ch. de La Tourelle, 83190 Ollioules, Tel. 94.74.01.30 ☎ Mo-Sa 9h-12h30 14h-18h30

CH. VANNIERES 1988*

■　　　　7 ha　　35 000　　◖◗ ↓ ☑ 🄄

Ein Schloß aus dem 16. Jh., von wunderschönen Rasenflächen umgeben. Eric Boisseaux begeistert sich für Formel-1-Rennen. Hinter einem konzentrierten Duft von roten Früchten und Gewürzen enthüllt sich ein männlicher Wein, der trotz seines Alters noch tanninbetont ist, aber eine schöne Zusammensetzung bietet.
➤ Eric Boisseaux, Ch. Vannières, 83740 La Cadière-d'Azur, Tel. 94.90.08.08 ☎ Mo-Sa 8h-12h 14h-18h

Ein winziges Anbaugebiet vor den Toren von Aix, das den alten umfriedeten Weinberg des guten Königs René umfaßt.

Regelmäßig werden hier Weiß-, Rosé- und Rotweine erzeugt. Zumeist entdeckt man nach einer längeren Reifung (weil der Rotwein eine ausgezeichnete Lagerfähigkeit besitzt) einen Duft von Veilchen und Kiefernholz.

CH. CREMADE Cuvée Antoinette 1988*

■　　　　2,8 ha　　10 000　　◖◗ ☑ 🄄

Auf diesem provenzalischen Landsitz aus dem 17. Jh. versteht man es, Tradition und modernen Fortschritt zu verbinden. Diese noch sehr jugendliche Cuvée Antoinette entfaltet einen Duft, der an Lorbeer, Pfingstrosen, Minze und verschiedene Gewürze erinnert. Der kräftige Geschmack ist noch etwas eckig, aber vielversprechend. Der Wein muß noch ein paar Jahre altern.
➤ Philippe et Christine Bougon, Dom. de la Crémade, la Ferme, 13100 Le Tholonet, Tel. 42.66.92.66 ☎ n. V.
➤ Antoinette Vidalin

CH. SIMONE 1989**

■　　　　8 ha　　35 000　　◖◗ ☑ 🄄

Château Simone, das lange Zeit der einzige Repräsentant der Appellation war, muß man nicht mehr lange vorstellen. Seine wunderschöne Lage und der Genuß seiner Weine haben schon zahlreiche Weinfreunde in ihren Bann gezogen. Die Kommentare unserer äußerst begeisterten Jury bestätigen den ausgezeichneten Ruf des Anbaugebiets : Reichhaltigkeit, Komplexität, Kraft, Eleganz. Ein würdiger Nachfolger des 88ers, dem man noch ein paar Jahre Reifezeit gönnen muß, damit er sich voll entfalten kann.
➤ René Rougier, Ch. Simone, 13590 Meyreuil, Tel. 42.66.92.58 ☎ n. V.

CH. SIMONE 1989*

□　　　　6 ha　　25 000　　◖◗ ☑ 🄄

Das ansprechende Bukett vereint fruchtige Düfte (Quitten, Aprikosen) und vom Holzfaß herrührende Noten (Vanille, Gewürze). Der Geschmack ist fleischig und gehaltvoll, aber noch etwas eckig. Ein stoffreicher, noch jugendlicher Wein. Die Jury hat bei diesem Erzeuger außerdem einen ausgezeichneten 90er Rosé entdeckt und ihm einen Stern zuerkannt.
➤ René Rougier, Ch. Simone, 13590 Meyreuil, Tel. 42.66.92.58 ☎ n. V.

Coteaux d'Aix

Das Anbaugebiet der Coteaux d'Aix, das sich in erster Linie auf das Departement Bouches-du-Rhône erstreckt und im Osten in das Departement Var hineinreicht, ist über die Wälder und die immergrüne Strauchheide zwischen Durance und dem Mittelmeer verstreut. Es umfaßt etwa 3 000 ha Rebflächen, die sich auf den vor dem Mistral geschützten Hängen befinden und ein ideales Klima aufweisen. Nach der Meisterung verschiedener Krisen haben die Winzer enorme Anstrengungen unternommen, die Qualität ihrer Weine zu heben, wofür sie vor kurzem mit der Einstufung ihres VDQS-Gebiets als AOC belohnt worden sind. Damit verbunden war auch der Anbau von besseren Rebsorten; beispielsweise kamen bei den Rotweinen Syrah, Mourvèdre und Cabernet zur – oft dominierenden – Grenacherebe und zur Cinsaultrebe hinzu und ersetzten dabei die Carignanrebe, um den Weinen ihr Rückgrat zu geben. Auch die Kontrolle der Temperatur gelingt immer besser; häufig sieht man von Wärmepumpen beheizte Büros und Wohnungen, während die Keller gekühlt bleiben.

Die Rotweine, die im allgemeinen von lehmig-kalkigen Böden stammen, sind normalerweise gut gebaut; sie besitzen Körper und ein feines Bukett, das an Tiergeruch erinnert, wenn die Mourvèdrerebe dominiert, an Früchte und Blumen, wenn die Syrahrebe überwiegt, und an Wald und Balsam beim Cabernet-Sauvignon. Gemeinsame Merkmale sind ein feuriger, ausgewogener Charakter und eine ziemlich rasche Entwicklung; am besten trinkt man sie zwischen dem zweiten und vierten Jahr nach der Lese, wobei die jüngeren Weine zu mehr Gerichten passen.

Die Roséweine werden oft aus ziemlich tanninreichen Rebsorten erzeugt; sie sind kraftvoll und passen zu Gerichten, die Weiß- oder Rotweine vor Probleme stellen können: Aïoli, Bourride (ein provenzalisches Fischgericht), Brandade (Gericht aus Stockfischmus, Knoblauch, Sahne und Öl) oder Potargue (provenzalischer Preßkaviar). Die selteneren Weißweine sind frisch und duftig und schmecken vor allem jung.

CH. BARBEBELLE 1990

	10 ha	55 000	

Eines der ältesten Güter (34 ha) in der Gegend von Aix-en-Provence. Ein Rosé mit viel Präsenz und Persönlichkeit. Die Farbe erinnert an provenzalische Ziegel. Ein Wein für lauschige Stunden in der Gartenlaube, für ein fröhliches Beisammensein oder ein lang ersehntes Wiedersehen. Er wird ein liebenswerter und diskreter Zeuge sein.
Brice Herbeau, Ch. Barbebelle, 13840 Rognes, Tel. 42.50.22.12 tägl. 9h-12h 14h-18h30

CH. BEAUFERAN
Vin élevé en fûts de chêne 1989

	40 ha	50 000	

Der erster Jahrgang der neuen Besitzer des Gutes. Aber dieses war schon zu Beginn des letzten Jahrhunderts in China bekannt. Der 89er duftet nach roten Früchten und Garrigue. Der Geschmack zeigt sich leicht und enthüllt eine Vanillenote. Ein einschmeichelnder Wein. Sehr beachtlich für ein Debüt!
SCEA Adam, 870, chem. de la Degaye, 13880 Velaux, Tel. 42.74.73.94 n. V.

CH. DE BEAULIEU 1990*

	75 ha	350 000	

Ein 200 ha großes Gut, das früher im Besitz der Familie de Beaulieu (1620–1865) war. Die Hälfte der Rebfläche befindet sich im Anbaugebiet der Appellation Coteaux d'Aix. An diesem Erzeuger führt in der Appellation kein Weg vorbei. Ein Coteaux d'Aix, wie man ihn liebt: ohne Verwendung von Cabernettrauben aus Grenache, Syrah, Mourvèdre und Cinsault hergestellt, fruchtig von Anfang bis Ende. Er ist schon auf den ersten Blick ein Genuß.
GFA Ch. de Beaulieu, 13840 Rognes, Tel. 42.50.20.19 Mo-Sa 8h30-12h 13h30-18h
Touzet

CH. DE BEAUPRE 1991*

	1 ha	3 000	

Der Weinberg wurde im 19. Jh. von Baron Emile Double angelegt, der seinen Wein demokratisch in den Cafés von Marseille verkaufte. Das Gut ist im Besitz der Familie geblieben, aber seine Erzeugnisse sind auf der gesellschaftlichen Leiter weiter nach oben geklettert. Dieser 91er bietet eine schöne Holznote mit ziemlich milden Tanninen. Lang und elegant.
Christian Double, Ch. de Beaupré, 13760 Saint-Cannat, Tel. 42.57.33.59 tägl. 8h-12h 14h-18h30

CH.DE BEAUPRE 1990**

	8 ha	50 000	

Das beim Erdbeben 1909 schwer beschädigte Gut hat sich von diesen Erschütterungen wieder völlig erholt. Strahlende Farbe mit bläulichrotem Reflexen, hübscher Veilchenduft und ein an schwarze Johannisbeeren und Pfeffer erinnernder Geschmack. Paßt wunderbar zu Lammkeule.

🍷 Christian Double, Ch. de Beaupré, 13760 Saint-Cannat, Tel. 42.57.33.59 ☎ tägl. 8h-12h 14h-18h30

BOUCFOL Les Baux 1990

| ■ | 5 ha | 12 000 | ■ ☑ ② |

Hier steht man auf dem Boden eines Gutes, das einst einem Neffen des Physikers Gay-Lussac gehörte. Das Bukett bewegt sich zwischen gekochten und eingemachten Früchten. Das Aroma erinnert an Leder und Unterholz. Weicher Geschmack. Ein Wein, den man im Laufe des kommenden Jahres zu einem Grillgericht trinken sollte.
🍷 Olivier Penel, Boucfol, 13990 Fontvieille, Tel. 90.54.67.63 ☎ n. V.

CH. DE CALAVON Cuvée spéciale 1989

| ■ | k.A. | 20 000 | ■ ⑪ ↓ ☑ ② |

Dieses Gut stellt mehrere Cuvées vor. Erwähnen wir hier die »Sondercuvée« , die einen ländlichen, wilden Duft entfaltet und im Geschmack runder ist. Mittlere Nachhaltigkeit.
🍷 Elie Roche SA, Palette, B.P. 2, 13612 Le Tholonet, Tel. 42.66.90.23 ☎ n. V.
🍷 Audibert

CH. DE CALISSANNE
Cuvée prestige 1991★★

| ◩ | 10 ha | k.A. | ■ ↓ ☑ ② |

Malteserorden, Parlament von Aix – Calissanne (115 ha) hat die Geschichte immer von einer sehr hohen Warte aus erlebt. Dieser Rosé ist wirklich von Adel : Er besitzt einen kräftigen, fruchtigen Bourbonduft, was sehr selten wird. Im Geschmack entdeckt man Bananen, exotische und rote Früchte. Geschmeidigkeit und Länge begleiten die perfekte Ausgewogenheit.
🍷 Ch. de Calissanne, 13680 Lançon-de-Provence, Tel. 90.42.63.03 ☎ n. V.

CH. DE CALISSANNE
Cuvée du Château 1991★

| ☐ | k.A. | k.A. | ■ ↓ ☑ ① |

Bei den drei sehr originellen Weißweinen, die dieses Gut vorstellt, haben wir lange überlegt und immer wieder probiert, bevor wir uns für die exotische, angenehm fremdartige Cuvée du Château entschieden haben. Sémillon- und Clairettetrauben entfalten sich darin nach Herzenslust. Frische, Fülle und Länge. Die beiden anderen Cuvées, Prestige und Tradition, haben ebenfalls ihre Reize und sind von ähnlicher Qualität.
🍷 Ch. de Calissanne, 13680 Lançon-de-Provence, Tel. 90.42.63.03 ☎ n. V.

CH. DE CALISSANNE
Cuvée prestige 1989★★

| ■ | 10 ha | k.A. | ⑪ ↓ ☑ ② |

Die treuen Leser unseres Weinführers werden sich erinnern, daß dieser Wein 1988 (Jahrgang 1985) von uns eine besondere Empfehlung erhielt. Die Qualität ist immer bemerkenswert. Der 89er duftet nach Vanille und Trüffeln, bevor er über hervorragenden Tanninen die ganze Palette seines Aromas (Kakao, Kirschen) entfaltet. Eine sehr schöne Cuvée. Die weniger teure Cuvée Tradition wurde mit einem Stern bewertet.

🍷 Ch. de Calissanne, 13680 Lançon-de-Provence, Tel. 90.42.63.03 ☎ n. V.

DOM. DE CAMAISSETTE 1991

| ◩ | | k.A. | 13 000 | ■ ☑ ① |

Das Gut wurde 1901 von einer provenzalischen Familie erworben. Diesen Rosé sollte man zu einer in Olivenöl herausgebratenen Meerbarbe trinken. Hübsche Farbe, zurückhaltender Duft, runder, geschmeidiger, recht ausdrucksvoller Geschmack. Ein Hauch von Spritzigkeit.
🍷 Michelle Nasles, Dom. de Camaïssette, 13510 Eguilles, Tel. 42.92.57.55 ☎ So-Fr 9h30-12h15 14h30-18h

DOM. DE CAMAISSETTE
Cuvée Amadeus 1990★

| ■ | k.A. | 2 500 | ⑪ ☑ ② |

Das Festival von Aix-en-Provence weckt auch bei den Winzern den Sinn für Musik. So hat sich der Önologe Olivier Nasles dafür entschieden, den größten Komponisten – Mozart natürlich ! – mit dieser Cuvée zu ehren. Vom Holz geprägter Duft mit Mentholnoten. Der Geschmack ist geschmeidig und leicht wie der Klang von Taminos Flöte.
🍷 Michelle Nasles, Dom. de Camaïssette, 13510 Eguilles, Tel. 42.92.57.55 ☎ So-Fr 9h30-12h15 14h30-18h

COMMANDERIE DE LA BARGEMONE 1990

| ■ | 20 ha | 100 000 | ■ ↓ ☑ ② |

Der Geschmack ist stark cabernetgeprägt, obwohl dieser Wein überwiegend aus Syrah- und Grenachetrauben und nur zu 25% aus Cabernet-Sauvignon hergestellt worden ist. Der Duft erinnert an grüne Paprikaschoten. Viel Rundheit. Leicht zugänglich.
🍷 SCMM Jean-Pierre Rozan, La Bargemone, RN 7, 13760 Saint-Cannat, Tel. 42.57.22.44 ☎ n. V.

CH. DE FONSCOLOMBE
Cuvée spéciale 1990★

| ■ | 20 ha | 120 000 | ■ ↓ ☑ ③ |

Das 1720 von der Familie de Fonscolombe erworbene Gut ging später durch Einheirat in den Besitz der Saportas über, die aus Aragon stammen. Das Aroma von roten Beeren. Rundheit und Genuß. Ein wohlausgewogener Wein, der schon trinkreif ist.
🍷 SCA Dom. de Fonscolombe, 13610 Le Puy-Sainte-Réparade, Tel. 42.61.89.62 ☎ n. V.
🍷 Marquis de Saporta

MAS DE GOURGONNIER
Les Baux 1989

| ■ | 4 ha | 20 000 | ⑪ ☑ ③ |

Ein typisch provenzalisches Bauernhaus in einem wunderschönen Winkel der Alpilles, umgeben von 40 ha Rebflächen. Biologische Anbaumethoden. Ein zu gleichen Anteilen aus Cabernet-Sauvignon, Grenache und Syrah hergestellter Wein. Im Duft und im Geschmack spürt man ein Aroma von lange gekochten Früchten und Gewürzen. Dieser 89er hat bereits seine Revolution hinter sich und muß getrunken werden. Bemerkenswerte Länge im Geschmack.

⛏ Nicolas Cartier et Fils, Mas de Gourgonnier, 13890 Mouriès, Tel. 90.47.50.45 ⏳ n. V.

DOM. DE LA CADENIERE 1991

| ◪ | 20 ha | 25 000 | ⬛⬇⊻1 |

Das vom Großvater Louis Tobias 1950 erworbene Gut ist im Familienbesitz geblieben und 1985 um ein neues Anbaugebiet in Eyguières, in den Alpilles, vergrößert worden. Sein Rosé ist so rosig und pausbäckig wie ein kleiner Engel, voller Frische. Trinkreif.
⛏ GAEC Tobias et Fils, Dom. de la Cadenière, 13680 Lançon-de-Provence, Tel. 90.42.82.56 ⏳ Mo-Sa 8h-12h 14h-19h

DOM. DE LA CREMADE 1990

| ◪ | 15 ha | 100 000 | ⬛⬇⊻2 |

Eines der ältesten Güter der Familie Saporta, der ehemalige Bauernhof von Château de la Barben, liegt zwischen Lambesc und Pélissanne. Dieser lachsfarbene Rosé enttäuscht nicht : Er hat Stil und eine gewisse Eleganz.
⛏ SCA Dom. de Fonscolombe, 13610 Le Puy-Sainte-Réparade, Tel. 42.61.89.62 ⏳ n. V.
⛏ Marquis de Saporta

MAS DE LA DAME
Rosé du Mas Les Baux 1991

| | 30 ha | 50 000 | ⬇⊻2 |

Van Gogh malte 1889 die Fassade dieses Landhauses. Der Künstler, dessen Bild man gern auf dem Etikett wiedersehen würde, sagte einmal : »Es ist ebenso schwierig, ein Bild zu malen wie einen Diamanten zu finden.« Die leicht orangerote Farbe erinnert etwas an Rosenholz. Ein sehr voller Wein, der gut zu einem Fischgericht mit Sauce paßt.
⛏ Mas de La Dame, 13520 Les Baux-de-Provence, Tel. 90.54.32.24 ⏳ n. V.
⛏ Chatin

MAS DE LA DAME
Les Baux Blanc de blancs 1991

| ☐ | k.A. | 12 000 | ⬇⊻2 |

Mit einem so angenehmen Jasminduft fällt er sicherlich auf. Klassische Ausgewogenheit im Geschmack. Man kann sich diesen Weißwein (70% Clairette und 30% Sémillon) gut als galanten Begleiter von gefüllten Muscheln vorstellen.
⛏ Mas de La Dame, 13520 Les Baux-de-Provence, Tel. 90.54.32.24 ⏳ n. V.
⛏ Chatin

MAS DE LA DAME Réserve du Mas 1990★

| ■ | 30 ha | 60 000 | ⬛⬇⊻2 |

Ein aus Burgund stammender Winzer hat dieses Gut vor einem halben Jahrhundert gegründet. In diesem Jahr präsentiert es einen Garriguewein. Die Zikaden und die Olivenbäume sind ein fester Bestandteil dieser Landschaft. Auf dem Kalkboden duftet es nach Gewürzen und Urlaub. All das ist unter der sengenden Sonne etwas rauh ausgefallen. Aber nur Geduld : In drei bis vier Jahren wird sich dieser 90er in einem kühlen Keller großartig entwickeln.
⛏ Mas de La Dame, 13520 Les Baux-de-Provence, Tel. 90.54.32.24 ⏳ n. V.
⛏ Chatin

CH. DE LA GAUDE 1990

| ■ | 9,42 ha | k.A. | ⬛⬇⊻3 |

Wenn Sie den Film *Le Château de ma mère* gesehen haben, kennen Sie La Gaude. Georges Wilson wohnte hier, und er hatte gut damit gewählt. Das Anbaugebiet gehört heute zu den Gütern der Familie Saporta. Leichte Farbe, Aroma von Heidekraut. Der Wein trinkt sich angenehm, aber im Abgang ist er ein wenig trocken.
⛏ SCA Dom. de Fonscolombe, 13610 Le Puy-Sainte-Réparade, Tel. 42.61.89.62 ⏳ n. V.
⛏ Marquis de Saporta

DOM. DE LA GRANDE SEOUVE 1991

| ◪ | 3,5 ha | 20 000 | ⬛⬇⊻1 |

Einfach und sauber. Schöne Farbe, aber die Entwicklung kündigt sich an. Jetzt trinken.
⛏ SCA des Vignobles de La Grande Séouve, 13490 Jouques, Tel. 42.67.60.87 ⏳ Mo-Fr 8h-12h 14h-18h

DOM. DE LAUZIERES 1990

| ■ | 35 ha | 25 000 | ⬛⬆⬇⊻2 |

Dieses mitten in den Alpilles gelegene Gut wurde 1960 von Joseph Boyer renoviert. Sein 90er ist zu 75% aus Grenachetrauben hergestellt worden. Ein gefälliger Wein, der gut zu provenzalischer Küche paßt. Sein Aroma verbindet sehr reife Früchte und ein erstklassiges Holzfaß.
⛏ Les Filles de Joseph Boyer, Dom. de Lauzières, 13890 Mouriès, Tel. 42.04.70.39 ⏳ Mo-Sa 8h-12h 13h30-18h30

DOM. DE LA VALLONGUE 1990★★★

| ■ | 32 ha | 75 000 | ⬛⬇⊻2 |

Das Gut liegt nicht weit entfernt von Schloß Romanin, im 14. Jh. ein Minnehof, wo Phanette de Romanin lebte. Sie war die Tante von Laure de Noves, die Petrarca liebte und als »Laura« unsterblich machte. Eine gute Empfehlung für diesen sinnlichen, zärtlichen Wein, der es versteht, zu verführen und zu überzeugen. Er verdient es, daß wir ihn unseren Lesern besonders ans Herz legen : zarte Tannine und ein Geschmack, der sich einer leidenschaftlichen Liebe würdig erweist ...
⛏ Dom. de La Vallongue, B.P. 4, 13810 Eygalières, Tel. 90.95.91.70 ⏳ n. V.
⛏ Ph. Paul-Cavallier

LE GRAND ROUGE DE REVELETTE
1990*

| ■ | | 2,5 ha | 11 000 | |

Peter Fischer hat es leider nicht zum dritten Mal geschafft. Die Jahrgänge 1988 und 1989 von diesem Wein haben wir nämlich besonders empfohlen. Dennoch ein sehr gelungener 90er. Aufgrund seiner Farbe und seines vollen Geschmacks ziehen wir diesen Grand Rouge der Cuvée Classique vor. Einige der Prüfer empfehlen, ihn noch etwas altern zu lassen, bevor man ihn zu einem Schmorbraten trinken sollte.
🐎 Peter Fischer, Ch. Revelette, 13490 Jouques, Tel. 42.63.75.43 ⚱ n. V.

CH. PIGOUDET 1991

| ◪ | | 8 ha | 32 000 | |

Dieser Rosé mit dem leichten Gelbstich ist guter Durchschnitt. Der feine Duft ist blumig und fruchtig zugleich. Gute Ausgewogenheit im Geschmack, wo sich Fülle und Frische auf elegante Weise verbinden.
🐎 SC Ch. Pigoudet, 83560 Rians, Tel. 94.80.31.78 ⚱ n. V.

CH. PIGOUDET La Tourelle 1990**

| ■ | | 10 ha | 65 000 | |

Die Cuvée ist nach einem Schloß in Aix benannt. Sie besteht zur Hälfte aus Syrah. Tiefrote, leicht purpurviolette Farbe. Im Bukett entdeckt man Vanille, Kakao und Heidekraut, während der tanninreiche Körper solide und kräftig gebaut erscheint. Vermutlich entwickelt er sich noch.
🐎 SC Ch. Pigoudet, 83560 Rians, Tel. 94.80.31.78 ⚱ n. V.

CH. PONT ROYAL Grande cuvée 1990*

| ■ | | k.A. | 7 200 | |

Man kann hier zeitgenössische Gemälde und Skulpturen besichtigen und Konzerte besuchen. Aber man kann auch diesen granatroten Wein probieren, der kräftig gebaut, komplex und aufgrund des Ausbaus noch etwas herb ist. Drängen Sie ihn nicht – er braucht noch eine liebevolle Lagerung im Keller.
🐎 Sylvette Jauffret, Ch. Pont-Royal, 13370 Mallemort, Tel. 90.57.40.15 ⚱ Do-Di 9h-12h 15h-17h

CH. REVELETTE 1991

| □ | | 3 ha | 8 000 | |

Strohgelbe Farbe. 60% Ugni Blanc sowie Sauvignon und Clairette. Ananasduft. Seine leichte Säure wird gut zur Zitrone Ihres Muschelgerichts passen.
🐎 Peter Fischer, Ch. Revelette, 13490 Jouques, Tel. 42.63.75.43 ⚱ n. V.

REVES DE PIERRES 1990

| ■ | | 2 ha | 7 000 | |

Das Etikett zeigt es deutlich : Ein wenig 1900 und viel Farbe. Das Gut, das wahrscheinlich vor langer Zeit der karthagische Feldherr Hannibal besuchte, lag brach, bevor es 1990 von drei Winzersöhnen aus der Champagne übernommen wurde. Die Weinberge sind mit Grenache und Syrah bestockt. Ein sehr geschmeidiger, etwas femininer Wein, den man sofort trinken sollte.
🐎 SCEV Dom. des Glauges, rte d'Aureille, 13430 Eyguières, Tel. 90.59.81.45 ⚱ n. V.
🐎 Alain Waris

MAS SAINTE BERTHE Les Baux 1991**

| ◪ | | 8 ha | 43 000 | |

Bis Ende des letzten Jahrhunderts pilgerte man zur Quelle von Sainte-Berthe, um Heilung von fiebrigen Erkrankungen zu suchen. Richten Sie Ihre Bitten heute an diesen 91er, den ein Auberginengericht erwecken wird. Auch wenn seine Farbe blaß ist, besitzt er viel Fruchtigkeit. Diese findet man auch in seinem vollen, lebhaften, sehr nachhaltigen Geschmack wieder.
🐎 GFA Mas Sainte Berthe, 13520 Les Baux-de-Provence, Tel. 90.54.39.01 ⚱ tägl. 9h-12h 14h-19h
🐎 Hélène David

MAS SAINTE BERTHE Les Baux 1991*

| □ | | 3 ha | 16 000 | |

Sein ausnehmend kräftiges Bukett macht ihn zu einem Aperitif für Kenner oder zu einem idealen Begleiter für ein Fischgericht mit Sauce. Im Geschmack ist die Säure deutlich spürbar. Angenehmer, sehr aromatischer Abgang.
🐎 GFA Mas Sainte Berthe, 13520 Les Baux-de-Provence, Tel. 90.54.39.01 ⚱ tägl. 9h-12h 14h-19h
🐎 Hélène David

MAS SAINTE BERTHE
Les Baux Cuvée Louis David 1990***

| ■ | | 5 ha | 16 000 | |

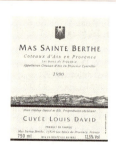

Wählen Sie für diesen Wein am besten ein elegantes Kristallglas, damit sein ganzes Feuer erstrahlen kann. Sein Duft besitzt den diskreten Charme der Bürger von Tahiti : Vanille und gemischte Früchte. Noten von grünem Pfeffer und Wildgeruch. Perfekte Struktur und elegante Tannine. Und Länge ... Er zählt zu unseren besonderen Empfehlungen.
🐎 GFA Mas Sainte Berthe, 13520 Les Baux-de-Provence, Tel. 90.54.39.01 ⚱ tägl. 9h-12h 14h-19h
🐎 Hélène David

CLOS SAINT ELDRAD 1991*

| □ | | 1,8 ha | 6 500 | |

Das ehemalige Kloster der Sœurs de la Béatitude widmet sich heute dem Anbau von Sauvignon- und Ugnireben (zu gleichen Teilen). Unter dem hübschen Kleid eines Kommunionkindes entfaltet sich ein Duft von Bienenwachs und Rosenblättern. Ein andächtiger, inbrünstiger und nobler Wein, der zwar noch nicht das Paradies geschaut, aber sich bereits dem Himmel zugewandt hat.

🕊 Roselyne et Giordano Foglia, Dom. Béates, rte Caire-Val, Clos St Eldrad, 13410 Lambesc, Tel. 42.57.05.35 ☙ n. V.

CH. SAINT-JEAN Cuvée Margot 1990★

| ■ | 15 ha | 40 000 | ▮↓🗹**1** |

Das Gut gehörte früher den Hospices von Arles, die es später an Marius Sardou verkauften. Den Saint-Jean haben wir 1989 und 1991 besonders empfohlen. Außerdem hat der Rosé 1992 unsere besondere Empfehlung erhalten. Die Cuvée Margot besitzt einen gewissen Reiz und verströmt den Duft von Trüffeln und Unterholz. Trinkreif.

🕊 Charles Sardou, Ch. Vignerolles, 13180 Gignac-la-Nerthe, Tel. 42.88.55.15 ☙ n. V.

🕊 Somatal

CH. DU SEUIL 1991★★

| ◩ | 13 ha | 70 000 | ▮↓🗹**2** |

Dieses Schloß war die Sommerresidenz der Michaëlis, einer mächtigen Familie des Parlaments von Aix. Seit 1973 widmet sich das Gut ausschließlich dem Weinbau. 50 ha zusammenhängende Rebflächen im Norden des Appellationsgebiets. Dieser Rosé erinnert an Rosenblätter. Ein sehr feiner, verführerischer Wein, der zu weißem Fleisch und vielleicht zu pikanteren Gerichten paßt.

🕊 Philippe et Janine Carreau Gaschereau, Ch. du Seuil, 13540 Puyricard, Tel. 42.92.15.99 ☙ tägl. 9h-12h 14h-18h30

CH. DU SEUIL 1991★

| □ | 10 ha | 30 000 | ▮↓🗹**2** |

Sehr blasse Farbe und typisches Aroma. Schwere, Fülle und vor allem schöne Nachhaltigkeit.

🕊 Philippe et Janine Carreau Gaschereau, Ch. du Seuil, 13540 Puyricard, Tel. 42.92.15.99 ☙ tägl. 9h-12h 14h-18h30

TERRES BLANCHES Les Baux 1991★

| ◩ | 8 ha | 30 000 | ▮↓🗹**3** |

Ein 1968 in Saint-Rémy-de-Provence angelegtes Anbaugebiet, das heute fast 50 ha umfaßt. Biologische Anbaumethoden. Noël Michelin besaß Kautschukbäume in Indochina und Kaffeepflanzungen in Kamerun, bevor er sich hier eine dritte Existenz aufbaute. Verdankt sein leicht kirschroter Rosé diesen Auslandserfahrungen sein exotisches Aroma (Passionsfrüchte, Papayas, Bananen) ? Etwas teuer, aber gut.

🕊 Dom. des Terres Blanches, D 99, 13210 Saint-Rémy-de-Provence, Tel. 90.95.91.66 ☙ Mo-Sa 8h-12h 14h-18h

🕊 Noël Michelin

TERRES BLANCHES Les Baux 1991★

| □ | 7 ha | 25 000 | ▮↓🗹**3** |

Sein an Mimosen, Weißdorn und Honig erinnernder Duft lädt Sie zu einem überaus fröhlichen Genuß ein. Ein 91er, der eine schöne Dichte

entwickelt, aber dabei seine ganze Frische bewahrt hat. Sehr zurückhaltende, goldene Farbe.

🕊 Dom. des Terres Blanches, D 99, 13210 Saint-Rémy-de-Provence, Tel. 90.95.91.66 ☙ Mo-Sa 8h-12h 14h-18h

🕊 Noël Michelin

TERRES BLANCHES
Les Baux Cuvée Aurélia 1990★★

| ■ | 15 ha | 60 000 | ▯↓🗹**4** |

Auch wenn er nicht ganz an den Erfolg des 84ers anknüpfen kann, den wir drei Jahre später besonders empfohlen haben, macht dieser 90er doch durch eine extreme Konzentration auf sich aufmerksam. Die Farbe erinnert an Tinte. Der Duft scheint sich – wie der Denker von Rodin – ganz vor der Außenwelt zu verschließen. Aber im völlig ausgewogenen Geschmack kommt die Eleganz zum Vorschein. Teuer, aber sehr schön.

🕊 Dom. des Terres Blanches, D 99, 13210 Saint-Rémy-de-Provence, Tel. 90.95.91.66 ☙ Mo-Sa 8h-12h 14h-18h

🕊 Noël Michelin

CH. DE VAUCLAIRE 1990

| ◩ | 5 ha | 30 000 | ▮🗹**1** |

Vor den Salliers, die dieses Gut seit 1774 besitzen, gehörte es dem Grafen de Valbelle, dem Herrn von Les Baux und sogar einer neapolitanischen Familie, den Alagonias. Wie sieht es mit diesem Rosé aus ? Diskrete orangerote Farbe. Ein Sommerwein, der zu Aïoli paßt.

🕊 Uldaric Sallier, Ch. de Vauclaire, 13650 Meyrargues, Tel. 42.57.50.14 ☙ n. V.

CH. VIGNELAURE 1990★

| ■ | 35 ha | 150 000 | ▯↓🗹**2** |

Biologische Anbaumethoden und drei Rebsorten : Grenache, Syrah und Cabernet-Sauvignon. Ein 90er mit einer dunklen, prächtigen Farbe und einem bezaubernden Duft (rote Früchte und Röstgeruch). Das Vanillearoma rührt vom Holzfaß her. Weiche Ansprache, danach mehr Kraft und solide Tannine. Altern lassen !

🕊 SA Vignelaure, Ch. Vignelaure, rte de Jouques, 83560 Rians, Tel. 94.80.31.93 ☙ tägl. 8h-12h 14h-18h

CH. VIRANT 1990★

| ■ | k.A. | k.A. | ▮↓🗹**1** |

Château Virant wacht von dem Felsvorsprung über der Ebene des Arc und dem Haff von Berre schon von jeher über die alte Via Aureliana, »Lou Camin d'Aurian« , auf der bereits die drei Weisen dem Stern von Bethlehem folgten. Fruchtig, fein und dennoch würzig. Ein angenehmer Wein, den man am liebsten jeden Tag trinken möchte.

🕊 Robert Cheylan, Ch. Virant, 13680 Lançon-de-Provence, Tel. 90.42.44.47 ☙ tägl. 8h-12h 13h30-18h30

Coteaux Varois AOVDQS

Die Coteaux Varois werden mitten im Departement Var, rund um Brignoles, erzeugt. Die Weine, die jung getrunken werden sollten, sind frisch, fröhlich und zart – das Spiegelbild dieses hübschen provenzalischen Städtchens, das früher die Sommerresidenz der Grafen der Provence war.

DOM. DES ANNIBALS 1991

| ◪ | k.A. | k.A. | 🡇↓✓ **2** |

In einem Keller aus dem 12. Jh., der viele Erinnerungsstücke enthält, können Sie einen sehr blassen Rosé probieren. Voll und rund im Geschmack. Ein eleganter Wein.

🡒 Alain Bellon, Dom. des Annibals, rte de Bras, 83170 Brignoles, Tel. 94.69.30.36 ⏲ tägl. 9h-12h 14h-18h

DOM. BREMOND 1990★★

| ■ | k.A. | k.A. | ✓ **1** |

Wie die Prüfer werden auch Sie von der tiefen, noch bläulichroten Farbe verführt werden. Ein originelles Aroma (schwarze Johannisbeeren, Trüffel) entfaltet sich in einem vollen, reifen, feurigen Geschmack, in dem die Feinheit der Tannine auf eine harmonische Alterung hindeutet.

🡒 SCA Charles Brémond, 13 bd de la Libération, 83127 Garéoult, Tel. 94.04.05.28 ⏲ n. V.

DOM. DES CHABERTS 1990★

| ■ | 12 ha | k.A. | 🡇↓✓ **1** |

An tierische Gerüche erinnernde Noten, ein bernsteinfarbener Schimmer, aber eine gute Struktur, in der Rundheit und Gerbsäure harmonieren. Er sollte sich noch zwei bis drei Jahre lang in Ihrem Keller abrunden.

🡒 SCI Dom. des Chaberts, 83136 Garéoult, Tel. 94.04.92.05 ⏲ tägl. 9h-12h 14h-18h

DOM. DES CHABERTS 1991★★

| ◪ | 12 ha | k.A. | 🡇✓ **1** |

Ein charaktervoller Rosé! Sehr blumig, mit einer echten Struktur und einer schönen Ausgewogenheit zwischen Frische und Rundheit. Probieren! Erwähnt sei hier außerdem ein feiner, gefälliger Weißwein.

🡒 SCI Dom. des Chaberts, 83136 Garéoult, Tel. 94.04.92.05 ⏲ tägl. 9h-12h 14h-18h

DOM. DU DEFFENDS
Clos de la Truffière 1990★

| ■ | | 4 ha | 18 000 | ◫↓✓ **3** |

Das zwischen den Massiven Sainte-Victoire und Sainte-Baume in den Ausläufern der Mont Auréliens gelegene Gut ist für seine Qualität berühmt (den 85er haben wir besonders empfohlen). Syrah- und Cabernettrauben liefern hier eine intensive Farbe, ein holziges, leicht würziges Aroma und einen klaren Geschmack, der bei der Alterung noch Rundheit und Volumen erwerben dürfte.

🡒 J.-S. de Lanversin, Dom. du Deffends, 83470 Saint-Maximin, Tel. 94.78.03.91 ⏲ tägl. 9h-12h 14h30-18h30

DOM. DE FONTAINEBLEAU
Cuvée spéciale 1990

| ■ | k.A. | k.A. | 🡇↓✓ **1** |

Ein ruhiges, von viel Grün umgebenes Gut im Herzen des Departements Var. Der leicht bernsteinfarbene 90er verströmt ein eigentümliches, aber angenehmes Aroma von Unterholz, Leder und Gewürzen. 1991 war uns der 88er eine besondere Empfehlung wert.

🡒 Sandra Serra, Dom. de Fontainebleau, rte de Montfort, 83143 Le Val, Tel. 94.59.59.09 ⏲ tägl. 9h-12h 14h-19h

DOM. DE GARBELLE 1990★

| ■ | | 2 ha | 6 000 | ◫✓ **1** |

Sein Tanninreichtum läßt diesen 90er noch jugendlich erscheinen, aber der ausdrucksvolle Duft (Unterholz und Gewürznoten) und der ausgewogene Geschmack deuten auf eine gute Entwicklung hin.

🡒 Gambini, Vieux chemin de Brignoles, 83136 Garéoult, Tel. 94.04.86.30 ⏲ tägl. 9h-12h 14h-19h

DOM. DE GARBELLE 1991★★

| ◪ | | 2,3 ha | 10 000 | 🡇↓✓ **1** |

Dieser zart nach Flieder und Jasmin duftende Rosé wirkt feminin und elegant. Im Geschmack ist er fein und ausgewogen.

🡒 Gambini, Vieux chemin de Brignoles, 83136 Garéoult, Tel. 94.04.86.30 ⏲ tägl. 9h-12h 14h-19h

CH. LA CURNIERE 1991

| ◪ | | 1,5 ha | 8 000 | 🡇↓✓ **2** |

Sie lieben das Originelle? Dann verlassen Sie sich mit diesem goldbraunen Rosé die gewohnten Roséweine. Der erstaunliche Geschmack (Quitten, Birnen, gekochte Früchte) ist voll und stattlich.

🡒 Jacques et Michèle Perignon, Dom. La Curnière, 83670 Tavernes, Tel. 94.72.39.31 ⏲ n. V.

LES RESTANQUES BLEUES 1991★

| ◪ | | 29 ha | 60 000 | 🡇↓✓ **2** |

Diese Genossenschaftskellerei besitzt einen energischen Vorsitzenden und tatkräftige Mitglieder. Ihr lachsfarbener Rosé entfaltet einen Duft von Blumen und Kirschen und einen eleganten, aromatischen Geschmack (Pfirsische und Aprikosen). Ein guter Wein.

🔄 Les Vignerons de la Sainte-Baume, Cave de Rougiers, 83170 Rougiers, Tel. 94.80.42.47 ⏳ Mo-Sa 9h-12h 14h-18h

DOM. DU LOOU Clos des Blaquières 1990*

■		3 ha	8 000	◫ ↓ ☑ ❶

In der Nähe des Gutes stieß man auf eine echte Villa aus gallo-romanischer Zeit. Auch Sie werden von diesem Wein überrascht sein. Er ist aus der für Bandol typischen Mourvédrerebe hergestellt worden, die hier in einem besonders günstigen Weinberg wächst. Er entfaltet einen reizvollen Duft von Backpflaumen, Pfeffer und Vanille. Ein schöner Wein, der noch einige Jahre reifen muß.

🔄 SCEA Di Placido, Dom. du Loou, 83136 La Roquebrussanne, Tel. 94.86.94.97 ⏳ n. V.

LE CELLIER PROVENCAL
Carte or 1991

◪		50 ha	40 000	▮↓☑❶

Ein schöner Rosé mit lachsfarbenen Nuancen. Lebhaft und angenehm fruchtig.

🔄 Le Cellier Provençal, 83136 Garéoult, Tel. 94.04.92.09 ⏳ n. V.

DOM. DE RAMATUELLE 1991*

◪		5 ha	25 000	▮↓☑❶

Ein orangerot schimmernder Rosé, dessen kla-res Aroma an Bananen erinnert. Er spiegelt die hervorragende Vinifizierung wider.

🔄 Bruno Latil, Dom. de Ramatuelle, 83170 Les Gaétans, Tel. 94.69.10.61 ⏳ n. V.

CH. SAINT-ESTEVE 1990*

■		10 ha	k.A.	◫ ↓ ☑ ❶

Obwohl vor kurzem ein Besitzerwechsel stattgefunden hat, setzt das Gut die provenzalische Tradition fort. Ein fleischiger Rotwein, in dessen Aroma sich reife Früchte und eher pflanzliche Noten (Holunder) vermischen. Klarer, sehr voller Geschmack.

🔄 Arnerius Sven, Ch. Saint-Estève, 83119 Brue-Auriac, Tel. 94.72.14.70 ⏳ Mo-Fr 8h30-18h, Sa, So 9h00-12h00 14h00-18h00

DOM. SAINT-JEAN-LE-VIEUX
Cuvée du grand clos 1990

■		k.A.	1 500	▮↓☑❷

Saint-Maximin-la-Sainte-Baume ist berühmt für seine Basilika und seine riesige Orgel, die Bruder Isnard 1773 baute. Es zählt zu den bedeutenden Sehenswürdigkeiten in der Provence. Diese »Cuvée du grand clos« paßt aufgrund ihrer fleischigen, intensiven Ansprache und ihres Aromas (pflanzliche Noten und Lakritze) gut zu einem Wildschweinragout. Sie besitzt eine starke Persönlichkeit.

🔄 GAEC Dom. Saint-Jean-le-Vieux, rte de Bras, 83470 Saint-Maximin-la-Sainte-Baume, Tel. 94.59.77.59 ⏳ n. V.
🔄 Boyer

Corse (Korsika)

Ein Gebirge im Meer : Das ist die traditionelle Beschreibung Korsikas, die ebenso auf seine Weine wie auf seine touristischen Reize zutrifft. Die gesamte Insel ist nämlich stark zerklüftet ; selbst der Teil, der als östliche Ebene bezeichnet wird und auf dem Festland sicherlich als Küste gälte, weist noch zahlreiche Erhebungen auf. Diese Vielzahl von Hängen und Hügeln, die zumeist von der Sonne verwöhnt werden, aber dank des maritimen Einflusses, der hohen Niederschläge und des Pflanzenwuchses relativ viel Feuchtigkeit erhalten, erklärt auch, warum nahezu überall Wein angebaut wird. Lediglich die Höhe setzt dem Weinbau Grenzen : Das Anbaugebiet umfaßt mehr als 18 000 ha, von denen 2 400 ha als AOC eingestuft sind.

Das Relief und die dadurch bedingten klimatischen Veränderungen bestimmen zusammen mit drei hauptsächlichen Bodentypen die Weinerzeugung, die zum größten Teil aus Tafel- und Landweinen besteht. Der am weitesten verbreitete Bodentyp geht auf Granitgestein zurück ; er prägt fast den gesamten Süden und Westen der Insel. Im Nordosten trifft man auf Schieferböden ; zwischen diesen beiden Zonen liegt ein kleines Gebiet mit Kalkböden.

Neben den importierten Rebsorten findet man auf Korsika eigentümliche Rebsorten, die einen recht originellen Charakter besitzen, insbesondere die Nielluccioorebe, die sehr tanninreich ist und auf Kalkböden hervorragend gedeiht. Die Sciacarellorebe ist zwar recht robust, bietet aber mehr Fruchtigkeit und liefert Weine, die vorwiegend jung getrunken werden. Bei den Weißweinen kann anscheinend die Rebsorte Malvasia (Vermentino oder Malvoisie) die besten Weine an der Mittelmeerküste hervorbringen.

In der Regel trinkt man die Weiß- und Roséweine eher jung, vor allem die Rosés. Sie passen sehr gut zu Meeresfrüchten und zu den hervorragenden einheimischen Ziegenkäse sowie zu Broccio. Die Rotweine schmecken je nach Alter und Tanningehalt zu den verschiedenen Fleischgerichten und natürlich zu allen Sorten von Schafskäse.

Die kleine Enklave mit Kalkböden, die sich vom Golf von Saint-Florent nach Osten und vor allem in südlicher Richtung erstreckt und der Appellation Patrimonio vorbehalten ist, zeigt tatsächlich die Merkmale eines recht einheitlichen Anbaugebiets. Wenn man die geeigneten Rebsorten wählt, kann man hier Weine von sehr hoher Qualität erhalten. Nielluccio beim Rotwein und Malvasia beim Weißwein dürften bald die ausschließlich angebauten Rebsorten sein ; sie bringen schon jetzt sehr typische Weine von exzellenter Qualität hervor, vor allem prächtige Rotweine, die sich durch eine gute Lagerfähigkeit auszeichnen.

Vins de Corse

Je nach Region und Weingut ergeben die jeweiligen Anteile der verschiedenen Rebsorten zusammen mit den unterschiedlichen Böden vielfältige Eigenschaften, die in den meisten Fällen eine spezielle Angabe der Unterregion rechtfertigen ; deren Name dann der Appellation hinzugefügt werden darf. Diese Weine können nämlich überall auf Korsika erzeugt werden, mit Ausnahme des Anbaugebiets der beiden anderen Appellationen. Der größte Teil der 30 000 hl, die pro Jahr produziert werden, stammen von der Ostküste, wo es viele Genossenschaften gibt.

DOM. CULOMBU Cuvée tradition 1989*

■		10 ha	50 000	▮↓▾▮

Intensive Farbe, blumiger Duft, voller Geschmack mit Biß und Adstringens. Kräftige Extraktstoffe (oder viel Scheitermost ?) im Dienste eines soliden Weins, der völlig im Gegensatz zu dem sehr blassen, leicht nach Zitronen duftenden 91er Rosé steht.

☛ Etienne Suzzoni, Dom. Culombu, Chem. San Petru, 20260 Lumio, Tel. 95.60.70.68 ☎ tägl. 8h-20h

DOM. FILIPPI 1990

■		42 ha	30 000	▮↓▾▮

Dieser relativ helle Rotwein besteht aus Niellucciotrauben, einem Drittel Grenache und einem geringen Anteil Cinsault. Der Duft von Pinien und roten Früchten verblaßt im Geschmack rasch. Der 91er Rosé des gleichen Erzeugers ist ebenfalls aus den drei obigen Rebsorten (etwas mehr Cinsault) hergestellt worden : kräftige Farbe, geschmeidiger Geschmack.

☛ Antoine Filippi, Dom. la Ruche Foncière, 20215 Venzolasca, Tel. 95.36.51.14 ☎ tägl. 8h-12h 14h-19h

FIUMICICOLI Sartène 1990

◪		12 ha	k.A.	▮↓▮

Ein Fünftel Vermentino sowie zu gleichen Anteilen Sciacarello und Grenache ergeben diesen hellen Rosé. Félix Andréani vinifiziert in seinem modernen Keller auch einen leichten Weißwein und einen imposanten Rosé.

☛ Félix Andréani, Dom. Fiumicicoli, rte de Levie, 20100 Sartène, Tel. 95.76.14.08 ☎ n. V.

CLOS LANDRY Calvi★★★

◩   k.A.   40 000   🔳⬇☑2

Das überaus unschuldig wirkende Kleid verbirgt einen komplexen Duft : Pralinen und Harz. Zarter, aber keineswegs schlaffer Geschmack. Ein Rosé für einen gemütlichen Nachmittag.
🍷 Fabien Paolini, Clos Landry, rte de l'aéroport, 20260 Calvi, Tel. 95.65.04.25 ⏱ tägl. 8h-12h 15h-18h

DOM. DE MUSOLEU 1990

⬛   5 ha   30 000   🔳☑1

Ein geschmeidiger korsischer Rotwein, den man gekühlt zu einigen Appetithäppchen in der Gartenlaube trinken sollte. Oder probieren Sie den leicht herben Rosé (Jahrgang 1991) vom gleichen Erzeuger, der zu Wurstgerichten paßt.
🍷 Charles Morazzani, Dom. de Musoleu, 20213 Folelli, Tel. 95.36.80.12 ⏱ Mo-Sa 8h-12h 15h-19h

CLOS NICROSI

Coteaux du cap Corse 1990★★★

☐   13 ha   30 000   🔳⬇☑3

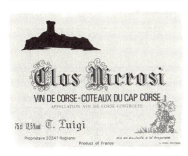

Der Clos Nicrosi ist schön, großartig und edel. Und das ist noch nicht alles. Die gesamte Garriguge, der ganze Sonnenreichtum und alle Weißweine Korsikas sind in diesem einen hier vereint.
🍷 Toussaint Luigi, Maison Nicrosi, 20247 Rogliano, Tel. 95.35.42.02 ⏱ n. V.

PARADELLA Nielluccio 1990

⬛   16,2 ha   10 000   🔳⬇☑1

Die SICA UVAL gibt mit ihren Weinen einen ausgezeichneten Überblick über die auf Korsika angebauten Rebsorten. Der Rotwein ist ein reinsortiger Nielluccio, der gefällig und voll wirkt. Er entfaltet einen fruchtigen, eleganten Duft, während im Geschmack die Säure die kurze Fruchtigkeit begrenzt. Derselbe Erzeuger bietet einen Rosé aus Sciacarellotrauben an, dessen Farbe an Rosenblätter erinnert. Er verströmt einen würzigen Duft und ist lebhaft und rund zugleich.
🍷 Antoine Hatt, Dom. de Paradella, Suare, 20214 Calenzana, Tel. 95.65.00.97 ⏱ tägl. 8h-20h

DOM. PIERETTI

Coteaux du cap Corse 1990

⬛   1,2 ha   3 500   ⬛☑

Dieser dunkle Wein fließt aus einer Kelter, die mindestens aus dem Mittelalter stammt : mit steinernem Gärbehälter, einem Hebel aus Eichenholz und einem riesigen Stein zum Beschweren.

Er ist zu zwei Dritteln aus der eleganten Grenacherebe vom Kap Corse und zu einem Drittel aus Nielluccio hergestellt worden. Der Duft ist ebenso intensiv wie die Farbe. Der konzentrierte Geschmack zeigt sich geschmeidig. Im Abgang ein Hauch von Adstringens.
🍷 Pieretti, Santa Severa, 20228 Luri, Tel. 95.35.01.03 ⏱ n. V.

DOM. DE PIETRI

Coteaux cap Corse Malvoisie de Morsiglia 1991

☐   2 ha   8 000   🔳⬇☑2

Ein 7 ha großes Gut im Familienbesitz. Ein echter korsischer Wein, der von der besten Rebsorte Korsikas stammt : Malvoisie bzw. Vermentino. Der rauchige Duft erinnert an Blätter, die in der Sonne verdorren. Trocken und geradlinig, fast hart : das ist der korsische Stolz. Der Rotwein (70% Nielluccio sowie Grenache) duftet nach Eingemachtem und besitzt einen ausgewogenen, etwas tanninreichen Geschmack (gleiche Preisklasse).
🍷 Dom. de Pietri, 20238 Morsiglia, Tel. 95.35.60.93 ⏱ n. V.
🍷 Eugène Paoli

VIGNERONS DES PIEVE

Nielluccio 1990

⬛   k.A.   25 000   🔳⬇☑1

Diese auf reinsortige Weine spezialisierte Winzergenossenschaft stellt hier einen Nielluccio vor. Diese aus Italien stammende Rebsorte, die in der Toskana für den Chianti verwendet wird, ist in der Appellation Patrimonio weit verbreitet. Auf Korsika entfalten die Nielluccioweine einen nervig-fruchtigen Duft und einen Geschmack, in dem sich Säure und Adstringens voller Ungestüm verbinden.
🍷 Coop. de La Marana, Rasignani, 20290 Borgo, Tel. 95.36.01.38 ⏱ Mo-Fr 9h-12h 14h-18h

VIGNERONS DES PIEVE

Sciacarello 1991

◩   50 ha   20 000   🔳⬇☑

Was ist die Roséfarbe ? Ein sehr leichtes Rot ? Das ist der Fall bei diesem reinsortigen Wein, der aus der einheimischen Rebsorte Sciacarello hergestellt worden ist. Pfeffriger Duft mit Vanillenoten, harter, etwas kurzer Geschmack. Man sollte ihn wegen der Rebsorte probieren. Außerdem ist er ein männlicher Rosé.
🍷 Coop. de La Marana, Rasignani, 20290 Borgo, Tel. 95.36.01.38 ⏱ Mo-Fr 9h-12h 14h-18h

PRESTIGE DU PRESIDENT 1989★

⬛   k.A.   25 000   ⬛⬇☑2

Der »Réserve du Président« , einem leichten Wein in einer leichten Flasche, steht mit der Cuvée »Prestige du Président« einer seriöser Wein in einer schweren Flasche gegenüber. Ihre Herstellung wird von einem sehr bekannten Önologen aus Bordeaux, Guy Guimberteau, überwacht. Ein ziemlich konzentrierter, sorgsam im Holzfaß ausgebauter Wein.
🍷 Union de Vignerons de L'Ile de Beauté, 138, rue Sadi Carnot, 93170 Bagnolet, Tel. 43.61.16.30 ⏱ n. V.

CLOS REGINU E Prove 1989***

■ 19 ha 12 000 ▮ ⚲ ↓ [V] [2]

Ein aufsehenerregender Wein, bei dessen Herstellung der Tresterhut im Gärbehälter untergestoßen wurde. Granatrote, fast schon schwarze Farbe, kräftiger Duft von vollreifen roten und reifen schwarzen Früchten, schwarzen Johannisbeeren und Lakritze, intensiver, runder Geschmack. Starke Herauslösung der Extraktstoffe, behutsamer Ausbau. Man kann ihn jung, entwickelt und alt und vor allem zu jeder Gelegenheit trinken. Ein ebenfalls gelungener Wein ist der 91er Rosé : nach Zitronen duftend, alkoholreich, harmonisch und lang.

🔑 Michel Raoust, Clos Reginu, 20225 Muro, Tel. 95.61.72.11 Y Mo, Mi-Sa 8h-12h 16h-19h

DOM. DE SAN MICHELE
Sartène 1989**

■ k.A. k.A. ▮ [2]

Eine zwischen Rubin- und Ziegelrot spielende Farbe, ein gefühlvolles, intensives Bukett, danach eine runde, warme Ansprache. Der kupferrote Rosé ist ebenso kräftig im Duft und ebenso rund im Geschmack. Nicht umsonst sind die beiden Weine recht alkoholreich.

🔑 EARL Dom. San Michele, 20100 Sartène, Tel. 95.77.06.38

🔑 S. Phelip de Mazarin

TERRANOVA 1990

■ 36 ha k.A. ▮ ↓ [1]

Drei Viertel Nielluccio und ein Viertel Grenache ergeben eine samtige, recht kräftige Farbe. Der fruchtige Duft ist warm, bricht aber im Geschmack abrupt ab. Der weiße 91er aus Vermentino liegt in der gleichen Preisklasse und hat einen ähnlichen Charakter.

🔑 SICA Coteaux de Diana, Terra Vecchia, 20270 Tallowe, Tel. 95.57.04.91

DOM. DE TORRACCIA
Nielluccio 1991**

■ k.A. k.A. ▮ [2]

Ein Nielluccio, der nicht aus Patrimonio stammt, wo diese Rebsorte vorwiegend angebaut wird. Er kommt vielmehr aus Porto Vecchio, also aus dem Süden. Eine gesetzte Farbe, Duft von roten Früchten und Vanille mit rauchigen Noten. Klarer, langer Geschmack.

🔑 Christian Imbert, Dom. de Torraccia, 20137 Lecci, Tel. 95.71.43.50 Y Mo-Sa 8h-12h 14h-18h

DOM. DE TORRACCIA
Porto Vecchio 1991*

◪ 10 ha 60 000 ▮ ↓ [V] [2]

Eine hellrosa Farbe, wie sie sein soll, ein sehr klarer Duft von Flieder und Maiglöckchen, gut gebauter, fast seriöser Geschmack. Eine aus vier Rebsorten hergestellte Cuvée.

🔑 Christian Imbert, Dom. de Torraccia, 20137 Lecci, Tel. 95.71.43.50 Y Mo-Sa 8h-12h 14h-18h

U SANT'ANTONE

■ 80 ha 100 000 ▮ [V] [1]

Schöne, fast schwarze Farbe. Fruchtiges, aber zurückhaltendes Aroma. Ausgewogener, runder Geschmack. Der Rosé vom gleichen Erzeuger ähnelt dem Rotwein : Er ist ebenso zurückhaltend und rund.

🔑 Coop. de Saint-Antoine, 20240 Ghisonaccia, Tel. 95.56.61.00 Y Mo-Fr 8h-12h 14h-18h

DOM. DE VICO 1989***

■ 20 ha 60 000 ▮ ↓ [V] [1]

Ein hinreißender Wein aus dem einzigen Weinbaugebiet im Zentrum Korsikas, einem

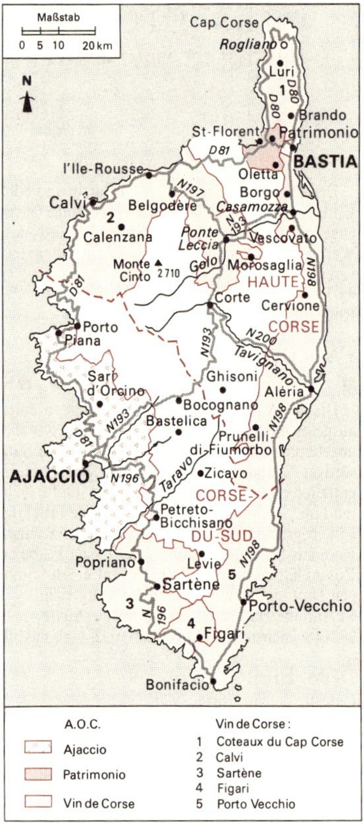

300 m hoch liegenden Anbaugebiet, dessen Lage die Finesse der Weine begünstigt. Vorbildliche Farbe, komplexer, an Tabak, Tee und dunkelrote Früchte erinnernder Duft. Dichter, ausgewogener Geschmack. Ein eleganter Wein.
☛ SCEA Dom. Vico, Ponte Leccia, 20218 Morosaglia, Tel. 95.47.61.35 ☎ Mo-Sa 8h30-12h 14h-18h

Ajaccio

Die Weinberge der Appellation Ajaccio nehmen die Hügel im Umkreis von einigen Kilometern rund um die Hauptstadt des Departements Corse-du-Sud und ihren berühmten Golf ein. Auf den Granitböden wird vor allem die Rebsorte Sciarello angebaut. Bei einer Produktion von rund 7 000 hl dominieren die Rotweine, die man auch altern lassen kann.

CLOS D' ALZETO 1989★★

	15 ha	28 000	

Die Albertinis, die seit 1860 Wein anbauen, besitzen 40 ha Rebflächen an Berghängen. Roséweine verschiedener Jahrgänge ! Ein 89er mit einer Bernsteinfarbe, dem man sein Alter bereits ansieht. Im Duft entdeckt man Komplexität, Reichtum und Harmonie. Runder, sehr intensiver Geschmack.
☛ Albertini Frères et Fils, Clos d'Alzeto, 20151 Sari d'Orcino, Tel. 95.52.24.67 ☎ Mo-Sa 8h-12h 14h-19h30

CLOS D' ALZETO 1991★★

	5 ha	17 000	

Dieser Clos d'Alzeto ist überaus markant. Man muß die Weine aus der Malvoisierebe erst Sauerstoff ziehen lassen, bevor sie sich explosiv entfalten. Das weist auf einen gewaltigen Geschmack hin, was sich auch bewahrheitet. Er ist von hinreißender Intensität.
☛ Albertini Frères et Fils, Clos d'Alzeto, 20151 Sari d'Orcino, Tel. 95.52.24.67 ☎ Mo-Sa 8h-12h 14h-19h30

CLOS D' ALZETO Cuvée prestige 1987★

	k.A.	15 000	

Man kann die Jahre an der Farbe ablesen. Sehr feines, harmonisches Bukett, harmonischer, langer Geschmack. Er hat seinen Nerv noch nicht verloren.
☛ Albertini Frères et Fils, Clos d'Alzeto, 20151 Sari d'Orcino, Tel. 95.52.24.67 ☎ Mo-Sa 8h-12h 14h-19h30

CLOS CAPITORO 1989★★

	18 ha	75 000	

An die helle Farbe des Clos Capitoro muß man sich erst gewöhnen (die Sciacarellorebe liefert nur wenig Farbstoff), aber man wird dafür durch einen überaus fruchtigen, fast burgundischen Duft entschädigt. Im Geschmack zeigt er sich fruchtig und nervig.
☛ Jacques Bianchetti, Clos Capitoro, 20166 Pisciatella, Tel. 95.25.19.61 ☎ Mo-Sa 8h-12h 14h-19h

CLOS CAPITORO 1991★

	5 ha	27 000	

Blaßgoldene Farbe, aber ein mildes Bukett, das an Äpfel und Zitronen erinnert. Im Geschmack entdeckt man zuerst Fruchtigkeit, bevor er sich zu einer leicht bitteren Note hinentwickelt. Der helle bis sehr helle Rosé entfaltet einen ähnlichen Duft und besitzt einen kräftig gebauten, soliden Geschmack. Er paßt sehr gut zum Essen.
☛ Jacques Bianchetti, Clos Capitoro, 20166 Pisciatella, Tel. 95.25.19.61 ☎ Mo-Sa 8h-12h 14h-19h

DOM. ALAIN COURREGES 1990

	6,5 ha	5 000	

Zinnoberrote Farbe und ein zurückhaltender Grenadineduft. Der Geschmack bleibt an der Oberfläche, besitzt aber eine gute Länge. Der Rosé des gleichen Jahrgangs verbindet Rundheit und eine leicht bittere Note. Ein Rosé, den man zum Essen trinken sollte.
☛ Alain Courrèges, A Cantina, 20159 Cognocoli, Tel. 95.24.32.31 ☎ n. V.

DOM. MARTINI 1988★

	k.A.	k.A.	

Dieser 88er beweist die gleichbleibende Qualität auf dem Gut Martini. Er setzt eher auf Eleganz als auf Kraft, was zu der ziemlich hellen Farbe, dem fruchtigen, feinen und zurückhaltenden Bukett und dem weichen, langen Geschmack paßt.
☛ Dom. Martini, Le Pont de la Pierre, Ocana Cauro, 20117 Eccica Suarella, Tel. 95.20.00.82 ☎ n. V.
☛ GAEC Biso

DOM. COMTE PERALDI 1990★★

	20 ha	80 000	

Die Familie Peraldi hatte diesen Weinberg bereits 1540 erworben, aber erst 1965 wurde hier wieder Wein angebaut. Heute genießen die hier erzeugten Weine Berühmtheit. Dieser 90er bestätigt den guten Ruf : ziemlich helle Farbe, Duft von roten Johannisbeeren und Himbeeren, das gleiche Aroma im Geschmack. Ebenso ausgewogen wie harmonisch.
☛ Comte Guy de Poix, Dom. Peraldi, chem. du Stiletto, 20167 Mezzavia, Tel. 95.22.37.30 ☎ Mo-Sa 8h-12h 14h-18h

DOM. COMTE PERALDI 1991*

◪ 15 ha 60 000 ▮ ☑ ❷

Ein sehr heller Rosé, dessen Farbe an Rosenblätter und Kupfer erinnert. Hergestellt ist er zu 60% aus Sciacarello sowie drei vom Festland eingeführten Rebsorten. Der zurückhaltende Duft ist ebenso klar wie frisch. Ausgewogener Geschmack. Ein guter Wein.

☛ Comte Guy de Poix, Dom. Peraldi, chem. du Stiletto, 20167 Mezzavia, Tel. 95.22.37.30 ⏳ Mo-Sa 8h-12h 14h-18h

Patrimonio

Die kleine Kalksteinenklave, die sich vom Golf von Saint-Florent nach Osten und vor allem nach Süden hin erstreckt, zeigt wirklich die Merkmale eines recht einheitlichen Anbaugebiets. Wenn man die geeigneten Rebsorten verwendet, kann man hier Weine von sehr hohem Niveau erzeugen. Das sind Nielluccio beim Rotwein und Malvasia beim Weißwein, die bald die ausschließlich angebauten Rebsorten darstellen dürften ; bereits heute bringen sie sehr typische Weine von ausgezeichneter Qualität hervor, insbesondere prächtige Rotweine, die gut altern können.

ANTOINE ARENA *

■ 3 ha 10 000 ⬗ ☑ ❷

Ein schönes Weingut mit Nielluccioreben. Reiche, granatrote Farbe, Duft von Brombeeren und schwarzen Johannisbeeren, runder, geschmeidiger Geschmack mit Biß. Ein sehr gut ausgebauter, körperreicher Wein.

☛ Antoine Arena, 20253 Patrimonio, Tel. 95.37.08.27 ⏳ tägl. 7h-12h 14h-20h

CLOS DE BERNARDI
Rosé d'une nuit 1991***

◪ 2,54 ha 8 000 ▮ ☑ ❷

»Rosé einer Nacht« bedeutet, daß der Gärbehälter nach ein paar Stunden Maischegärung abgestochen wird. Die Farbe erinnert an Rosenblätter. Duft und Geschmack sind würzig, sehr würzig sogar, aber dennoch fruchtig. Zwei weitere Vorzüge sind seine Harmonie und seine Finesse.

☛ Jean Laurent de Bernardi, 20253 Patrimonio, Tel. 95.37.01.09 ⏳ Mo-Sa 9h-12h 14h-18h

CLOS DE BERNARDI
Crème de tête 1990***

■ 3,75 ha 10 000 ▮ ☑ ❷

Dieser Wein ist ein Demonstrationsobjekt für eine ̈Onologievorlesung ! Wegen der glanzhellen, klaren Farbe : strahlendes, dunkles Granatrot. Wegen des feinen, komplexen Buketts. Wegen des gleichzeitig konzentrierten, harmonischen und langen Geschmacks. Aber vor allem – und das ist das Wichtigste – ist er ein Vorbild an Finesse und Eleganz.

☛ Jean Laurent de Bernardi, 20253 Patrimonio, Tel. 95.37.01.09 ⏳ Mo-Sa 9h-12h 14h-18h

DOM. CAMPO ALTOSO

■ 20 ha k.A. ▮↓☑ ❶

Die Montemagnis, Hoteliers und Winzer, sind gerade dabei, ihre Kellerei zu modernisieren. Ein Wein ohne Angabe des Jahrgangs. Die Farbe scheint entwickelt zu sein. Der Duft ist zurückhaltend. Im Geschmack zeigt er Adstringenz und eine gewisse Leichtigkeit.

☛ Louis Montemagni, Dom. Campo Altoso, Puccinasca, 20253 Patrimonio, Tel. 95.30.14.46 ⏳ tägl. 9h-12h 14h-20h

DOM. DE CATARELLI 1990*

■ 5 ha 20 000 ▮ ☑ ❸

Das Anbaugebiet liegt an der Touristenroute : zwischen zwei Kalksteinhügeln an der Küste. Die Farbe ist weder hell noch dunkel. Die Farbe ist typisch für die Rebsorte (Nielluccio). Im Geschmack Ausgewogenheit zwischen Säure, Fruchtigkeit, Alkohol und Tanninen. Angenehmer Abgang.

☛ Roger Le Stunff, Dom. de Catarelli, 20253 Farinole, Tel. 95.37.02.84 ⏳ Mo-Sa 9h-12h 14h-18h

DOM. GENTILE 1990**

■ 15,4 ha 40 000 ▮ ☑ ❷

Ein sehr schöner Patrimonio, der ausschließlich aus Niellucciotrauben hergestellt worden ist, die aus dem 25 ha großen Anbaugebiet von Dominique Gentile stammen. Warum sehr schön ? Weil seine Farbe unglaublich dunkel und strahlend ist, weil sein Bukett an wilde Brombeeren erinnert und weil sein fruchtiger Geschmack von feinen Tanninen umrahmt wird.

☛ Gentile, Olzo, 20217 Saint-Florent, Tel. 95.37.01.54 ⏳ Mo-Sa 9h-12h 14h-19h

DOM. GENTILE 1991*

| ☐ | 6,7 ha | 25 000 | 🍾Ⓜ2 |

Die Farbe ist nicht golden, sondern silbern. Kein rauchiger Duft, sondern ein Bukett aus feinen weißen Blumen. Der Geschmack ist nicht hart, sondern geschmeidig und rund.
🍇 Gentile, Olzo, 20217 Saint-Florent, Tel. 95.37.01.54 ⏳ Mo-Sa 9h-12h 14h-19h

DOM. LECCIA 1991**

| ☐ | 5 ha | 10 000 | 🍾↓Ⓜ2 |

Ein hübsches, 22 ha großes Gut. Und was ist mit diesem Wein? Man spürt darin den ganzen Duft der Garrigue, wenn mittags im Hochsommer die Sonne herabbrennt. Dazu ein Mandelaroma. Ein fröhlicher Wein, der Esprit besitzt und für einen geistreichen Genießer geschaffen ist. Der Rosé besitzt eine ziemlich kräftige Farbe, während der Duft an Grenadine erinnert und der Geschmack dicht ist.
🍇 GAEC Dom. Leccia, 20232 Poggio d'Oletta, Tel. 95.39.03.22 ⏳ Mo-Sa 8h-18h

DOM. LECCIA 1990**

| ■ | 10 ha | 20 000 | 🍾↓Ⓜ2 |

Dunkles Granatrot. Der Duft entfaltet sich erst an der Luft. Kräftiger, konzentrierter Geschmack. Gut gebaut und rund. »Man hat den ganzen Mund davon voll.«
🍇 GAEC Dom. Leccia, 20232 Poggio d'Oletta, Tel. 95.39.03.22 ⏳ Mo-Sa 8h-18h

CLOS MARFISI
Blanc de blancs Malvoisie 1991**

| ☐ | 5 ha | 10 000 | 🍾Ⓜ2 |

Silberweiße Farbe. Ein schwerer, fast lasziver Duft und ein seriöser, langer Geschmack. Oh, Malvoisie, wenn du zu uns sprichst...! Der Rotwein des gleichen Jahrgangs wurde ganz anders beurteilt: mittlere Farbe, feines, zurückhaltendes Bukett und harmonischer, in Maßen konzentrierter Geschmack. Ein eleganter Wein.

🍇 Clos Marfisi, 20253 Patrimonio, Tel. 95.37.07.49 ⏳ tägl. 8h-12 14-20h

ORENGA DE GAFFORY
Blanc de blancs 1991

| ☐ | 9 ha | 50 000 | 🍾↓Ⓜ3 |

Eines der größten Anbaugebiet der Appellation: 58 ha und eine der modernsten Kellereien von Korsika. Dieser Blanc de Blancs ist ausschließlich aus Vermentinotrauben hergestellt worden. Sehr wenig Farbe, ein vollkommen harmonisches, fast schüchternes Bukett. Im Geschmack ähnelt dieser Wein seiner Farbe.
🍇 Pierre et Henri Orenga de Gaffory, Lieu-dit Morta Majo, 20253 Patrimonio, Tel. 95.37.11.38 ⏳ n. V.

ORENGA DE GAFFORY
Cuvée des gouverneurs 1989**

| ■ | 5 ha | 16 000 | 🍶↓Ⓜ3 |

Ein 89er Nielluccio, dessen Farbe von mittlerer Intensität ist. Der vornehme Duft enthält fruchtige, rauchige und holzige Noten. Feiner Geschmack mit harmonischem Abgang. Ein erstklassiger Wein für raffinierte Mahlzeiten.
🍇 Pierre et Henri Orenga de Gaffory, Lieu-dit Morta Majo, 20253 Patrimonio, Tel. 95.37.11.38 ⏳ n. V.

DOM. ALISO ROSSI 1990

| ■ | 0,9 ha | 4 500 | 🍾↓Ⓜ2 |

Die Farbe ist intensiv. Der fruchtige Duft, der schwer und noch leicht verschlossen ist, bereitet auf einen Geschmack vor, der eher beißend als rund ist. Gute Länge. Der 91er Rosé aus der gleichen Appellation besitzt eine fast blaßrosa schillernde Farbe und bietet einen rauchigen Harzduft. Ein vollmundiger, süffiger Rosé mit weicher Ansprache.
🍇 Dominique Rossi, 20217 Saint-Florent, Tel. 95.30.15.96 ⏳ n. V.

SUD-OUEST (SÜDWESTFRANKREICH)

——————— **D**er Weinbaubereich Südwestfrankreich, der unter der gemeinsamen Bezeichnung »Südwesten« so weit voneinander entfernte Appellationen wie Irouléguy, Bergerac oder Gaillac vereinigt, faßt die Weine, die im Bordelais als »Weine des Oberlandes« bezeichnet wurden, und das Weinbaugebiet des Adour zusammen. Bis zum Bau der Eisenbahn unterstand die erste Gruppe, die den Anbaugebieten der Garonne und der Dordogne entspricht, der Befehlsgewalt von Bordeaux. Aufgrund ihrer geographischen Lage und der königlichen Privilegien diktierte die Hafenstadt den Weinen aus Duras, Buzet, Fronton, Cahors, Gaillac und Bergerac ihr Gesetz. Sie alle mußten warten, bis die gesamte Lese des Bordelais an die Weinliebhaber jenseits des Ärmelkanals und an die Händler aus Holland verkauft war, bevor sie verschifft wurden, falls man sie nicht dazu verwendete, einem schwächlichen Claret mehr Kraft zu verleihen. Die Weine vom Fuß der Pyrenäen waren zwar nicht von Bordeaux abhängig, aber dafür mußten sie eine gefährliche Schiffsreise auf dem Adour hinter sich bringen, bis sie Bayonne erreichten. Das erklärt auch, warum unter diesen Bedingungen ihr Ansehen nur selten die Grenzen ihrer unmittelbaren Nachbarschaft überschritt.

——————— **U**nd dennoch sind diese Anbaugebiete, die zu den ältesten von Frankreich gehören, ein wahres ampelographisches Museum der früher angebauten

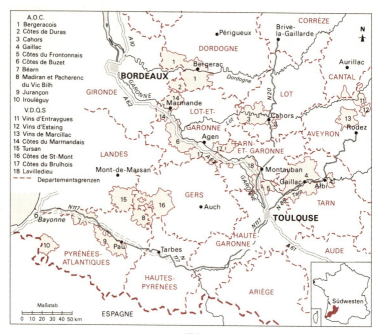

A.O.C.
1 Bergeracois
2 Côtes de Duras
3 Cahors
4 Gaillac
5 Côtes du Frontonnais
6 Côtes de Buzet
7 Béarn
8 Madiran et Pacherenc du Vic Bilh
9 Jurançon
10 Irouléguy

V.D.Q.S
11 Vins d'Entraygues
12 Vins d'Estaing
13 Vins de Marcillac
14 Côtes du Marmandais
15 Tursan
16 Côtes de St-Mont
17 Côtes du Brulhois
18 Lavilledieu
– – – Departementsgrenzen

Rebsorten. Nirgendwo anders findet man eine solche Vielfalt von Sorten. Von jeher wollten die Bewohner der Gaskogne ihren eigenen Wein haben. Wenn man ihren leidenschaftlichen Individualismus und ihren Hang zum Partikularismus kennt, wundert man sich deshalb auch nicht über die verstreut liegenden Anbaugebiete und ihren eigenwilligen Charakter. Die Rebsorten Manseng, Tannat, Négrette, Duras, Len-de-l'El (Loin-de-l'Œil), Mauzac, Fer Servadou, Arrufiat oder Baroque und Côt sind aus der frühesten Zeit des Weinbaus übriggeblieben und verleihen diesen Weinen unnachahmliche Noten von Unverfälschtheit, Ehrlichkeit und typischem Charakter. All diese Appellationen verleugnen keineswegs die Bezeichnung »ländliche Weine«, sondern nehmen sie voller Stolz in Anspruch und geben diesem Begriff seine ganze Würde zurück. Da sich der Weinbau hier als Teil der landwirtschaftlichen Produktion versteht, treten die Weine auf dem Markt zusammen mit den anderen Agrarprodukten auf, mit denen sie eine ganz natürliche Verbindung eingehen. Die einheimische Küche hat zu den Weinen »ihres« Landes ein gutes Verhältnis, so daß der Südwesten eine der bevorzugten Regionen der traditionellen Gastronomie ist.

All diese Anbaugebiete erleben heute dank der Initiative von Genossenschaften oder begeisterten Winzern eine neue Blüte. Verstärkte Bemühungen um eine Verbesserung der Qualität – sowohl durch Anbaumethoden oder die Suche nach besser geeigneten Klonen wie auch durch die Vinifizierungsmethoden – führen allmählich dazu, daß das Preis-Leistungs-Verhältnis bei diesen Weinen eines der besten in ganz Frankreich ist.

Was gibt es Neues aus dem Südwesten ?

Der Südwesten ist nicht vom Frühjahrsfrost am 20. April verschont geblieben, der das Bordelais und das Tal der Loire traf. Die Produktion der Region Midi-Pyrénées (vor allem Gaillac, Côtes du Frontonnais, Cahors) sank gegenüber dem Vorjahr um die Hälfte. Die Appellationen der Region Aquitaine waren in unterschiedlicher Weise betroffen. Die Dordogne litt am meisten ; am ärgsten erging es dabei dem Monbazillac, wo nur 4 500 hl, d. h. zehnmal weniger als 1990, geerntet wurden.

Insgesamt waren die klimatischen Voraussetzungen, die auf den schrecklichen Monat April folgten, mit denen im Bordelais vergleichbar. Der Juni war kühl und regenreich, der Juli ebenso wie der August sehr heiß, der September warm und sehr feucht. Es ist zwar sehr schwierig, aufgrund der sehr unterschiedlichen Lagen ein einheitliches Urteil abzugeben, aber der Jahrgang 1991 erscheint, obwohl er mengenmäßig nicht gerade üppig ausfiel, auch nicht sehr konzentriert : Die Weißweine sind aromatisch, wenn sie sorgfältig bereitet sind, die Rotweine geschmeidig. Die Weine, die von tanninreichen Rebsorten wie der Madiranrebe stammen, werden zweifellos rascher trinkreif sein, als es sonst üblich ist.

Mit Vergnügen stellt man fest, daß die Appellationen der Süßweine, von denen es in dieser Region viele gibt (Monbazillac, Jurançon, Pacherenc du Vic-Bilh) trotz der ungünstigen klimatischen Bedingungen in diesem Jahr weiterhin großen Anklang bei den Erzeugern finden. Einige Spätlesen (die Union Plaimont hat ihren »Eiswein« sogar erst am 1. Januar 1992 gelesen !) tragen dazu bei, diese gute Qualität bekannt zu machen, die die Verkoster des Hachette-Weinführers als erste Zeugen erleben durften.

Um die auf 23 000 ha in zehn Departemente und zwölf Appellationen (ohne Bergerac, Cahors und Duras) verteilten Erzeuger zusammenzufassen, entstand 1991 in Toulouse die Vereinigung für die Förderung der Weine von Südwestfrankreich, deren Vorsitzender Guy Dartigues, der Präsident der Union Plaimont, im Departement Gers ist.

Cahors

Das Weinbaugebiet von Cahors (3 360 ha) ist gallo-romanischen Ursprungs und damit eines der ältesten in Frankreich. Johannes XXII., Papst in Avignon, ließ Winzer aus Quercy kommen, um hier den Châteauneuf-du-Pape anzubauen. Franz I. ließ in Fontainebleau Reben aus Cahors anpflanzen. Die orthodoxe Kirche verwendete den Wein aus Cahors als Meßwein, der Zarenhof als Prunkwein... Dennoch ist der Cahors gerade noch einmal davongekommen! Das Anbaugebiet wurde 1956 durch Fröste völlig vernichtet und schrumpfte auf ein Hundertstel der ehemaligen Anbaufläche. Erst nach der Wiederherstellung der Weinberge in den Flußschleifen des Lottals – mit Hilfe von traditionellen Edelreben, hauptsächlich der Auxerroisrebe, die hier auch Côt oder Malbec heißt, sowie Tannat und Merlot – konnte es sich unter den Erzeugergebieten von erstklassigen Weinen den gebührenden Platz zurückerobern. Außerdem unternimmt man heute erneut mutige Versuche, die Kalkhochflächen wie in alten Zeiten wieder zu bestokken.

Die Cahorsweine sind kräftig, robust und dunkel (der *black wine* der Engländer). Obwohl sie ganz bestimmt lagerfähige Weine sind, kann man sie auch jung trinken. Der Cahors ist dann fleischig und aromatisch und besitzt eine gute Fruchtigkeit; er sollte leicht gekühlt getrunken werden, beispielsweise zu Grillgerichten. Nach zwei bis drei Jahren, in denen er verschlossen und streng wird, erholt er sich und entfaltet nach weiteren zwei bis drei Jahren seine ganze Harmonie, zusammen mit einem Aroma, das an Unterholz und Gewürze erinnert. Seine Rundheit und seine geschmackliche Fülle machen ihn zu einem idealen Begleiter für Trüffel, Steinpilze und Wild. Die unterschiedlichen Böden und Rebsorten liefern mehr oder weniger alterungsfähige Weine, wobei gegenwärtig die Tendenz dahin geht, leichtere Weine zu erzeugen, die schneller trinkreif sind.

DOM. DES BOULBENES
Rubis de Roche 1990★

■ 2,3 ha 10 000

Die Familie Alleman, die im äußersten Südwesten des Weinbaugebiets von Cahors lebt, erzeugt schon von jeher Wein aus eigenen Trauben. Dieser 90er hat sich bereits gut entwickelt: kräftiger Duft von Heu und Unterholz mit einem Hauch von Fleischgeruch. Im Geschmack zeigt er sich geschmeidig und aromatisch und enthüllt eine diskrete, harmonische Gerbsäure. Sehr reif. Trinkfertig.

Francis Alleman, Les Boulbènes, 46800 Saux, Tel. 65.31.96.27 tägl. 8h30-19h

CH. DU BREL 1990★★

■ 7,25 ha 50 000

Dieser Château du Brel mit der intensiven, granatroten Farbe entfaltet sein fruchtiges Aroma nach einem pfeffrigen Duft. Die volle Ausgewo-

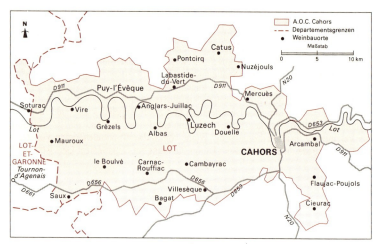

genheit und Feinheit der Tannine bringt die Fruchtigkeit zur Geltung. Feste Struktur. Ein betörender Wein mit alkoholischem Abgang.
🕊 Claude Semenadisse, Ch. du Brel, 46800 Fargues, Tel. 65.36.91.08 ♈ n. V.

CH. DE CHAMBERT 1990*

◼ 60 ha 300 000

Auf diesem 80 ha großen Gut, dessen Château ein 1850 errichtetes Landhaus ist, lebten Pächter der königlichen Ländereien und kaiserliche Generäle. Fast schwarze Farbe, Duft von Unterholz und Lakritze. Reiche Struktur und fruchtiges Aroma von schwarzen Johannisbeeren. Starke Entwicklung, fest im Abgang. Der Wein muß noch reifen.
🕊 Ch. de Chambert, 46700 Floressas, Tel. 65.31.95.75 ♈ n. V.
🕊 Delgoulet

DOM. DE DAULIAC 1990

◼ 10,8 ha k.A.

Kirschen ! Alles an diesem Wein erinnert an Kirschen : die dunkle Farbe von Bigarreaukirschen, der Duft in Alkohol eingelegter Kirschen und ein warmer, aromatischer Geschmack mit einer würzigen Note. Man sollte ihn zu Clafoutis, einer Süßspeise aus Pfannkuchenteig und – natürlich ! – Kirschen, probieren.
🕊 Côtes d' Olt, 46140 Parnac, Tel. 65.30.71.86 ♈ n. V.

CH. DE GAUDOU 1990*

◼ 23,45 ha 55 000

Rubinrote Farbe, Duft von pürierten Früchten und Unterholz. In der Ansprache spürt man Brombeeren, im Abgang neben harmonischem Tannin ein Aroma von geröstetem Kaffee und Vanille. Bei diesem Wein halten sich die Trauben und das Eichenholz des Fasses auf angenehme Weise die Waage.
🕊 René Durou, Ch. de Gaudou, 46700 Vire, Tel. 65.36.52.93 ♈ n. V.

DOM. DES GRAUZILS
Duc d'Istrie 1990*

◼ 5 ha 15 000

Der Brombeerduft paßt gut zu der schwarzen Farbe dieses 90ers. Die spürbaren Tannine werden bereits harmonisch in den Geschmack eingebaut, der mit Vanille- und Lakritzenoten endet und einen zarten Holzton enthüllt. Harmonie ohne Ecken und Kanten.
🕊 Pontié et Fils, Gamot, 46220 Prayssac, Tel. 65.30.62.44 ♈ Mo-Sa 8h-12h30 14h-19h

DOM. DES GRAVALOUS
Cuvée vieillie en fûts de chêne 1989

◼ 1 ha 6 000

Lebhafte Farbe, noch verschlossener Duft (pflanzliche Noten). Zarte, geschmeidige Struktur mit feiner Fruchtigkeit. Elegant und mild. Trinkreif.
🕊 A. Fabbro et Fils, 46220 Pescadoires, Tel. 65.22.40.46 ♈ n. V.

CH. DE GREZELS 1990

◼ k.A. 120 000

Ein 90er, der keine Angst vor dem Alkohol hat.

Aber einige Juroren mochten ihn trotzdem. Auch wegen seines deutlich spürbaren Holztons. Es fehlt ihm nicht an Stoff.
🕊 SCEA du Ch. de Grézels, 46700 Grézels, Tel. 65.30.70.10 ♈ n. V.
🕊 Christiane Rigal

CH. HAUTE-BORIE 1990**

◼ 10,42 ha 40 000

Auf der ersten Terrasse am rechten Lotufer ermöglichen die quarz- und kalkhaltigen Kiesböden die Ausbildung von sehr reifen, konzentrierten Trauben. Die Gamaynote gibt diesem 90er einen sehr jugendlichen Charakter : dunkle Farbe, Duft von Trauben, jugendlicher, fester Geschmack mit noch harten, kräftigen, aber lange spürbaren Tanninen, jugendlich auch der etwas unreife Eindruck im Abgang. Ein schönes Kind, das man noch »erziehen« muß und frühestens in zwei Jahren entkorken sollte.
🕊 Jean-Marie Sigaud, Haute-Borie, 46700 Soturac, Tel. 65.22.41.80

DOM. DE HAUTERIVE 1990*

◼ 10 ha 30 000

Der Duft dieses 90ers tendiert in Richtung Konfitüre und Kakao. Im Geschmack vermischt sich das Kakaoaroma mit gekochten Früchten. Feste, nachhaltige Struktur. Schon trinkreif.
🕊 Filhol et Fils, Le Bourg, 46700 Vire-sur-Lot, Tel. 65.36.52.84 ♈ n. V.

CH. DE HAUTE-SERRE 1990*

◼ 62 ha 400 000

Dieser 90er mit der aufreizenden, lebhaften Farbe wurde als sehr weiblich beurteilt : milder, zurückhaltender und harmonischer Auxerroisduft und ein zarter, feiner und fruchtiger Geschmack, der eher elegant als kräftig, aber lang ist. Ein Wein, der in seiner schönsten Blüte steht.
🕊 Georges Vigouroux, Ch. de Haute-Serre, 46230 Cieurac, Tel. 65.20.80.20 ♈ tägl. 8h-21h

IMPERNAL 1990**

◼ k.A. k.A.

Der Impernal ist schon immer der Renommierwein der Winzer der Côtes d'Olt gewesen. Die dunkle Farbe und der für die Auxerroistraube sehr typische Duft von neuem Holz, Minze und Unterholz wirken verführerisch. Die kräftige Struktur garantiert die gute Entwicklung dieses reichen, vollen Weins, der einen sehr deutlichen (für einige zu starken) Holzton besitzt. Dieser große lagerfähige Wein hat sich trotz harter Konkurrenz eine besondere Empfehlung erkämpft.

🍇 Côtes d' Olt, 46140 Parnac, Tel. 65.30.71.86 ⚘ n. V.

CH. LA BRANTE-CESSAC
Cuvée François de Mader 1990*

k.A.	k.A.	🍶 ☑ 2

Beim ersten Geruchseindruck stellt man einen ausgeprägten Holzton fest, aber danach kommen fruchtige Noten zum Vorschein. Ein gut strukturierter 90er mit lebhafter Ansprache. Im Geschmack gibt er sich ziemlich ausgewogen und enthüllt ein Haselnußaroma, wobei der Holzton immer noch dominiert. Man sollte ihn im nächsten Jahr erneut verkosten.

🍇 Philippe Arnaudet, Au Bourg, 46140 Douelle, Tel. 65.30.91.34 ⚘ n. V.

CH. LA CAMINADE
La Commandery 1990**

	10 ha	67 000	🍶 ↓ ☑ 2

85 |86| **87** 88 (89) 90

La Commandery, eine Sondercuvée, die in Eichenholzfässern (die Hälfte davon sind neue Fässer) ausgebaut wird, ist das Prunkstück der Produktion der Familie Ressès. Dieser 90er mit der dunklen, bläulichroten Farbe duftet nach Farnkraut, Veilchen und Eichenholz. Sein geschmeidiger, voller Geschmack und sein tanninreicher, feiner Stoff, aber auch seine Komplexität und Festigkeit im Abgang haben die Jury begeistert. Dank seines reichen Potentials kann er in den nächsten zwei Jahren noch weiter reifen.

🍇 Ressès et Fils, Ch. La Caminade, 46140 Parnac, Tel. 65.30.73.05 ⚘ Mo-Fr 8h-12h 13h30-19h

CH. LACAPELLE CABANAC 1990**

	11,5 ha	15 000	🍶 ↓ ☑ 2

Dieser 90er verbirgt unter seinem schwarzen Kleid ein noch frisches Aroma von reifen Früchten mit einer Vanillenote. Seine konzentrierte, kräftige Gerbsäure, die lang und harmonisch nachwirkt, macht ihn zusammen mit seinem an Kaffee und Früchte erinnernden Geschmack zu einem großen Wein, der schon trinkreif ist, aber noch lange altern kann. Schöne, muskulöse Harmonie.

🍇 Alex Denjean, Ch. Lacapelle Cabanac, 46700 Lacapelle Cabanac, Tel. 65.36.51.92 ⚘ n. V.

CLOS LA COUTALE 1990*

	35,78 ha	200 000	🍶 🍶 ↓ ☑ 1

78 79 (81) |82| |83| |85| |86| |87| 88 **89** 90

Ein 100 Jahre altes Haus im Familienbesitz und ein 30 ha großes, wiederhergestelltes Anbaugebiet – das ist der Clos La Coutale der Familie Bernède. Der 90er verströmt einen sehr intensiven Duft von Backpflaumen. Ein runder, langer Wein ohne Aggressionen, dessen Säure gut zum Pflaumenaroma paßt. Elegant und ansprechend. Schon trinkreif.

🍇 Bernède et Fils, Clos La Coutale, 46700 Vire-sur-Lot, Tel. 65.36.51.47 ⚘ tägl. 9h-19h

CH. LAGREZETTE 1990*

	26,2 ha	k.A.	🍶 ↓ ☑ 2

|86| |87| 88 **89** |90|

Alain-Dominique Perrin, Generaldirektor bei Cartier, baut in Cahors Wein an und residiert in diesem wunderschönen Renaissanceschloß, das man leider nicht besichtigen kann. Lediglich am Eingang kann man in einem Pavillon Weine probieren. Die Holznote dieses 90ers ist im Duft sehr ausgeprägt und überdeckt ein wenig die Fruchtigkeit mit einem Vanillearoma. Im Geschmack harmonieren der Stoff der Trauben und das Holz. Schöne Finesse im Abgang mit einem Aroma, in dem man Kaffee- und Vanillenoten entdeckt.

🍇 Côtes d' Olt, 46140 Parnac, Tel. 65.30.71.86 ⚘ n. V.

CH. DE L'EGLANTIER 1990**

	18 ha	40 000	🍶 ☑ 1

Dieser 90er Cahors ist ein gut gebauter Wein, der seine Qualitäten nicht erst mit dem Alter erwerben muß. Schwarze Farbe und ein Aroma von Backpflaumen und Kakao. Sehr runder Wein, der dem Holzfaß nichts verdankt. Die feinen, einschmeichelnden Tannine sind reif und enthüllen ein Aroma von schwarzen Johannisbeeren. 95% Auxerrois für einen sehr schönen Wein, den man schon in diesem Jahr trinken kann und der nur knapp unsere besondere Empfehlung verfehlt hat.

🍇 Dolorès Benac, Ch. de l'Eglantier, Cournou, 46140 Saint-Vincent-Rive-d'Olt, Tel. 65.30.71.48 ⚘ tägl. 9h-12h 14h-18h

CH. LES BOUYSSES 1990

	21,7 ha	k.A.	🍶 ↓ ☑ 2

82 83 (85) |87| |88| 89 90

Der 90er Château les Bouysses, einer der getrennt vinifizierten Weine der Côtes d'Olt, ist im Holzfaß ausgebaut worden, was er nicht verleugnen kann. Sehr holziger Duft mit blumigen Noten. Im Geschmack verbinden sich das Holz und der Wein gut – aber erst im Laufe des Jahres 1993. Muß noch lagern.

🍇 Côtes d' Olt, 46140 Parnac, Tel. 65.30.71.86 ⚘ n. V.

CH. LES IFS 1990*

	7,9 ha	30 000	🍶 ☑ 1

Die noch jugendliche Farbe dieses 90ers steht im Gegensatz zu seinem schon reifen Duft von Früchten und Unterholz mit animalischen Noten. Nach einer geschmeidigen Ansprache im Geschmack enthüllt sich eine robuste Struktur, die gut zum würzigen Aroma paßt. Ein Cahors mit Charakter.

🍷 Buri et Fils, GAEC de la Laurière, 46220 Pescadoires, Tel. 65.22.44.53 ☓ Mo-Sa 9h-19h

CH. DE MERCUES 1990*

◼ 40 ha k.A. ◫ ↓ ☑ ②

Stellen Sie sich eine schwarze Farbe, einen Duft von Feigen und gekochten Brombeeren mit einem Hauch von Vanille und einen Geschmack vor, der zuerst elegant und geschmeidig ist und danach feste, holzige, noch etwas junge Tannine enthüllt. Er muß noch reifen, aber nicht zu lange.

🍷 Georges Vigouroux, Ch. de Mercues, 46090 Mercues, Tel. 65.20.80.80 ☓ tägl. 8h-12h 14h-18h

COMTE ANDRE DE MONPEZAT 1990*

◼ k.A. k.A. ◫↓☑②

Ein aristokratisches Gut, das seine Wurzeln nicht verleugnen kann. Dieser 90er mit dem würzigen Duft von Früchten und Unterholz wirkt etwas rustikal, besitzt aber eine gewisse Ausgewogenheit. Ein Cahors, wie er früher hergestellt wurde. Für Weinfreunde, die zu den Ursprüngen zurückkehren möchten.

🍷 Côtes d' Olt, 46140 Parnac, Tel. 65.30.71.86 ☓ n. V.

CH. NOZIERES 1990*

◼ 16 ha 110 000 ◫↓☑①

Der Duft ist ebenso reif wie die Farbe mit den fahlroten Reflexen. Leder und Unterholz kündigen einen eleganten, entwickelten Geschmack mit dem Aroma von Veilchen und eingemachten Früchten und mit harmonischen Tanninen an.

🍷 Maradenne-Guitard, Bru, 46700 Vire-sur-Lot, Tel. 65.36.52.73 ☓ n. V.

COTES D' OLT Cuvée réservée 1990*

◼ k.A. k.A. ◫↓☑①

Diese »Cuvée réservée« der Côtes d'Olt besitzt ein sehr kräftiges Aroma von überreifen roten Früchten, im Duft ebenso wie im Geschmack, wo es die Wärme zur Geltung bringt. Schöner Stoff, gute Ausgewogenheit und würzige Noten.

🍷 Côtes d' Olt, 46140 Parnac, Tel. 65.30.71.86 ☓ n. V.

DOM. DU PECOT 1990**

◼ 10,84 ha 9 000 ◫☑①

Warme, tiefe Farbe und ein fruchtig-würzig-holziges Aroma. Der im Geschmack deutlich spürbare Stoff ist weder verarbeitet noch harmonisch eingebunden. Aber die Jury schätzte seine Rauheit und das klare Aroma. Dennoch empfiehlt es sich, ihn reifen zu lassen, damit sich die Vorzüge dieses Weins entfalten. Man sollte ihn nicht vor 94er anrühren.

🍷 Robert Siutat et Fils, av. Uxellodunum, 46140 Luzech, Tel. 65.20.10.73 ☓ n. V.

PRIEURE DE CENAC 1990**

◼ k.A. 160 000 ◫↓④

Dieses alte Kloster, das schon im 18. Jh. für seine Weine berühmt und von jeher für seine armen Böden bekannt war, wurde vor zehn Jahren zu neuem Leben erweckt. Der 90er besitzt

eine sehr tiefe, rubinrote Farbe und einen Duft von Kaffee und Leder mit Vanillenoten. Im Geschmack ist er rund und kräftig; das reiche, fruchtige Aroma endet mit einem Hauch von geröstetem Brot. Dank seiner harmonischen Tannine bietet dieser Cahors eine zarte Ausgewogenheit zwischen Wein und Holz. 1993 trinkreif.

🍷 SCEA du Ch. Saint-Didier-Parnac, 46140 Parnac, Tel. 65.30.70.10 ☓ n. V.

CLOS RESSEGUIER 1990*

◼ 13,5 ha k.A. ◫↓☑①

Dieser lebhafte, strahlende 90er zeigt sich im Geschmack als voll und mild, wobei die Fruchtigkeit von Rundheit begleitet wird. Verführerische Länge mit einer reizvollen würzigen Note.

🍷 GAEC Les Espinasses, 46140 Sauzet, Tel. 65.36.90.03 ☓ n. V.

CH. TRIGUEDINA 1990*

◼ 35 ha 200 000 ◫◫↓☑②

82 |88| **⑧⑨** 90

Jean Baldès ist Erbe einer sieben Generationen alten Winzertradition und besitzt alte Rebstöcke mit Auxerroistrauben. Das Mikroklima ist hier sehr mild, so daß der Weinberg den Frösten von 1956 entging. Dieser 90er Triguedina ist eine einfühlsame Zusammenstellung. Im Duft spürt man ebenso wie im Geschmack die zarte Vanillenote des Holzes und das für die Auxerroistraube typische Aroma von roten Früchten. Sanfte, feine Struktur, die mit dem Aroma harmoniert. Ein schon reifer und trinkfertiger Wein.

🍷 SCEA Ch. Triguedina, 46700 Puy-l'Evêque, Tel. 65.21.30.81 ☓ n. V.

🍷 Baldès et Fils

DOM. DU VERDOU 1990*

◼ k.A. k.A. ◼☑①

Im intensiven Bukett entdeckt man Lakritze und Himbeeren. Der Geschmack ist elegant und lang. Vollkommene aromatische Ausgewogenheit. Bereits trinkreif.

🍷 Philippe Arnaudet, Au Bourg, 46140 Douelle, Tel. 65.30.91.34 ☓ n. V.

DOM. DE VINSSOU 1990**

◼ 8 ha 12 000 ◼☑①

In diesem 90er findet man alle feinen Früchte wieder, von Heidelbeeren bis zu schwarzen Johannisbeeren. Im Geschmack entfaltet sich ein kräftiges Aroma mit deutlichen Himbeernoten. Harmonische Gerbsäure. Ein Cahors, der durch seine Jugendlichkeit gefällt, ohne mit den Muskeln zu spielen.

🍷 Delfau et Fils, Dom. de Vinssou, 46090 Mercues, Tel. 65.30.92.84

Gaillac

Die Ursprünge des Weinbaugebiets von Gaillac gehen auf die römische Besatzung zurück, wie die Überreste von Amphoren bezeugen, die in Montels hergestellt wurden. Im 13. Jh. erließ Raymond VII., Graf von Toulouse, für sein Herrschaftsgebiet eines der ersten Dekrete einer kontrollierten Herkunftsbezeichnung. Schon der okzitanische Dichter Auger Gaillard feierte den perlenden Wein von Gaillac – lange vor der Erfindung des Champagners. Das Anbaugebiet (1 600 ha) gliedert sich in Hanglagen (Premières Côtes), die oberen Hügel des rechten Tarnufers, das Flachland, die Anbauzone von Cunas und das Gebiet von Cordes.

Die Kalkhügel eignen sich hervorragend für den Anbau von traditionellen Weißweinreben wie Mauzac, Len-de-l'El (Loin-de-l'Œil), Odenc, Sauvignon und Muscadelle. Die Kiessandzonen sind den roten Traubensorten vorbehalten : Duras, Braucol oder Fer Servadou, Syrah, Gamay, Négrette, Cabernet, Jurançon, Merlot und Portugais Bleu. Die Vielfalt der Rebsorten erklärt die breite Palette der Gaillacweine.

Bei den Weißweinen findet man trockene und perlende Weine, die frisch und aromatisch sind, sowie die weichen, milden Weine von den Premières Côtes, die reich und lieblich sind. Diese stark von der Mauzacrebe geprägten Weine haben den Gaillac berühmt gemacht. Der Schaumwein kann entweder nach einem traditionellen Verfahren auf der Grundlage des natürlichen Zuckergehalts der Trauben oder mittels der Champagner-Methode hergestellt werden, die in Zukunft aufgrund der europäischen Gesetzgebung als traditionelle Flaschengärung bezeichnet wird ; erstere Methode liefert fruchtigere, charaktervolle Weine. Die Roséweine, die nach kurzer Maischegärung abgezogen werden, sind leicht und süffig, die lagerfähigen Rotweine typisch und bukettreich. Wenn das nationale Komitee der INAO seine Zustimmung erteilt, dürfte es bald eine Appellation Crémant de Gaillac geben.

MAS D' AUREL Brut 1991*

| ○ | k.A. | 7 000 | ↓ ✓ 2 |

Kräftige, strohgelbe Farbe, üppiger, nachhaltiger Schaum und feiner Duft von Äpfeln. Lebhaft und lang, nervig und elegant. Dieser Wein hat die Jury für sich eingenommen.

☛ Albert Ribot, Mas d'Aurel, 81170 Donnazac, Tel. 63.56.06.39 ☎ tägl. 8h-12h 14h-20h

DOM. DE BALAGES 1991*

| ◩ | 1,36 ha | 3 800 | ▮↓ ✓ 1 |

Dieses über 20 ha große Gut stellt den interessantesten Rosé unserer Degustation vor. Schillernde, intensive Farbe und ein sehr hübscher Duft von frischen roten Früchten. Seine Lebhaftigkeit wurde einmütig anerkannt. Ein sehr kräftiger Rosé aus Syrah- und Durastrauben.
☛ Claude Candia, Dom. de Balagès, 81150 Lagrave, Tel. 63.41.74.48 ☎ n. V.

DOM. DE BOSC-LONG
Sélection de grains nobles 1990***

| ☐ | 1 ha | 3 000 | ▮▮ ✓ 2 |

DOMAINE DE BOSC-LONG
1990
SELECTION DE GRAINS NOBLES
GAILLAC
APPELLATION GAILLAC CONTRÔLÉE
mis en bouteille par L. Willenborg,
propriétaire à Cahuzac-sur-Vère, TARN
14 % Vol.   FRANCE   750 ml

Dieses riesige Gut ist schon fast ein kleiner Weiler. Es wurde 1855 von einem großen Opernliebhaber errichtet und gehört seit 1980 einem deutschen Industriellen, der sich für Weine ebenso wie für seine Mineralquelle in Kanada begeistert. Sein Wein ist von unserer Jury nicht nur wegen der prächtigen Farbe, sondern auch wegen des kräftigen Aromas (reife Früchte, Honig und Holznoten) ausgewählt worden. Konzentriert, ausgewogen und rund. Er verspricht ab 1993 einen Hochgenuß.
☛ Ludwig Willenborg, Dom. de Bosc-Long, 81140 Cahuzac-sur-Vère, Tel. 63.33.94.45 ☎ n. V.

CH. CANDASTRE Doux 1990**

| ☐ | 1 ha | 6 000 | ▮ ✓ 2 |

Das jugendliche Aroma hält bis zum ersten Schluck vor. Danach verbinden sich Fülle und ein Aroma von Blüten und Orangenkonfitüre mit Honignoten. Viel Eleganz und Finesse.
☛ V.I.N. SA, Candastre, 81600 Gaillac, Tel. 63.41.70.88 ☎ n. V.

CH. CANDASTRE 1990**

| ■ | 18 ha | 50 000 | ▮ ✓ 2 |

Intensive, rubinrote Farbe und würziger Duft von Kirschen und schwarzen Johannisbeeren. Im Geschmack entfaltet sich ein lang anhaltendes Aroma von Heidelbeeren und schwarzen Johannisbeeren. Dieser Wein repräsentiert einen fruchtigen, sehr eleganten Gaillac. Erwähnen muß man noch, daß an dieser aromatischen Vielfalt fünf Rebsorten beteiligt sind.
☛ V.I.N. SA, Candastre, 81600 Gaillac, Tel. 63.41.70.88 ☎ n. V.

CH. CLEMENT TERMES 1990*

■   38 ha   140 000   ▮↓☑②

Ziegelrote Farbe. Die entwickelten, warmen Noten enthüllen sich, wenn der Wein Sauerstoff gezogen hat. Die weiche Ansprache leitet ein schönes, intensives Aroma mit milden Tanninen ein. Im Abgang entdeckt man Kaffeenoten. Schöne Ausgewogenheit.

↬ GAEC J.-P. et F. David, Ch. Clément Termes, 81310 Lisle-sur-Tarn, Tel. 63.40.47.80 ☗ Mo-Sa 10h-12h 14h-19h

DOM. D' ESCAUSSES
La vigne de l'oubli 1990★★

□   0,7 ha   3 000   ▮↓☑②

Eine alte Familie mit langer landwirtschaftlicher Tradition, die sich vor zehn Jahren ganz auf den Weinbau umgestellt hat. Dieser junge, grünlich schimmernde Weißwein entfaltet ein exotisches Aroma (Kokosnüsse und Ananas). Der lebhafte, strukturierte Geschmack mit Haselnüssen im Abgang ist ausgewogen, muß aber noch harmonischer werden. Nach diesem »Weinberg des Vergessens« verkostete unsere Jury den trockenen 91er des Gutes, einen klassischen Wein, der sich einen Stern verdient hat.

↬ GAEC Denis Balaran et Fils, Dom. d'Escausses, 81150 Sainte-Croix, Tel. 63.56.80.52 ☗ tägl. 9h-19h

DOM. D' ESCAUSSES
Cuvée la vigne blanche 1990★★

■   20 ha   15 000   ▮⧠↓☑②

Die orangeroten Reflexe und der Duft von vollreifen roten Beeren weisen auf die Entwicklung dieses bezaubernden Weins hin. Der fruch-

tig-würzige Geschmack mit der zarten Holznote ist sehr harmonisch. Er lädt zum Trinken ein.

↬ GAEC Denis Balaran et Fils, Dom. d'Escausses, 81150 Sainte-Croix, Tel. 63.56.80.52 ☗ tägl. 9h-19h

GABERLE Perlé 1991

□   k.A.   k.A.   ↓☑❶

Dieser Gaberlé repräsentiert die perlenden Gaillacweine des Jahrgangs 1991. Zartes Perlen und zurückhaltender Duft. Sehr einschmeichelnd bis zum ersten Schluck. Im Geschmack geschmeidig, vielleicht zu weich. Haselnußaroma im Geschmack.

↬ Cave Labastide de Lévis, B.P. 12, 81150 Labastide-de-Lévis, Tel. 63.55.41.83 ☗ n. V.

DOM. DE LABARTHE Doux 1990★★

□   5 ha   20 000   ▮↓☑②

Die Familie Albert, die auf diesem Gut seit dem 16. Jh. lebt, ist für ihre gut gebauten Weine berühmt. So überrascht auch dieser »süße« 90er nicht, der wie im letzten Jahre unseren Beifall verdient und nur ganz knapp an einer besonderen Empfehlung vorbeigegangen ist. Diskrete, gelbe Farbe und ein sehr jugendlicher, frischer Blütenduft mit einem Hauch von Lindenblüten und Ananas. Dieses Aroma findet man im ausgewogenen, feinen und langen Geschmack wieder.

↬ GAEC Jean Albert et Fils, Dom. de Labarthe, 81150 Castanet, Tel. 63.56.80.14 ☗ n. V.

DOM. DE LABARTHE
Cuvée Guillaume 1990*

■   3 ha   19 000   ⧠↓☑②

Diese Cuvée Guillaume besitzt einen konzentrierten, würzigen Duft und einen Geschmack

von bemerkenswerter Fülle, in dessen Abgang sich eine Holznote enthüllt. »Guillaume« ist somit feurig und kräftig gebaut.

🔴 GAEC Jean Albert et Fils, Dom. de Labarthe, 81150 Castanet, Tel. 63.56.80.14 ⵏ n. V.

LA FLEUR SOURBIES 1990*

■			
	k.A.	5 000	▮ ☑ 1

Diese aus vier Rebsorten hergestellte Cuvée entfaltet vielfältige, intensive Noten : blumige und fruchtige, tierische und pflanzliche. Von der Struktur her wirkt er noch jugendlich, aber er muß im Laufe des kommenden Jahres getrunken werden.

🔴 Georges Rolland, Candastre, 81600 Gaillac, Tel. 63.41.52.09 ⵏ n. V.

CH. LAS MADONNES Doux 1990*

□			
	1 ha	3 500	▮ ☑ 2

Der hohe Anteil an Mauzactrauben verleiht ihm blumige Noten und danach einen Hauch von Haselnüssen. In seinem stattlichen, vollen Geschmack wiederholt sich das blumige Aroma, das ihn zu einem eleganten Wein macht. In diesem Winter trinkreif.

🔴 Le Vigné, Ch. de Noailles, 81170 Noailles, Tel. 63.56.81.83 ⵏ Mo-Fr 8h30-12h30 14h-17h30 ; Aug. geschlossen

CH. LAS MADONNES 1990

■			
	3,5 ha	25 000	◫ ↓ ☑ 2

Die Farbe und das Bukett (rauchige Noten und Zimt) sind entwickelt. Im Geschmack ist das Aroma sehr fruchtig und sehr reif. Ein sehr reifer Wein, den man schon jetzt trinken sollte, um seine Entwickeltheit voll zu genießen.

🔴 Le Vigné, Ch. de Noailles, 81170 Noailles, Tel. 63.56.81.83 ⵏ Mo-Fr 8h30-12h30 14h-17h30 ; Aug. geschlossen

CH. LA TOUR PLANTADE Sec 1991*

□			
	2 ha	k.A.	↓ ☑ 1

Dieser aus Muscadelletrauben hergestellte Wein besitzt eine zarte Harmonie : Duft von weiten Blumen und Zitrusfrüchten, feine Ansprache und ziemlich runder Geschmack. Schöne Präsenz.

🔴 Jaffar Nétanj, La Soucarié, 81150 Labastide-de-Lévis, Tel. 63.55.47.43 ⵏ n. V.

MANOIR DE L'EMMEILLE 1990*

■			
	k.A.	k.A.	▮ ↓ ☑ 2

Eine schöne, lebhaft rote Farbe kündigt einen noch jugendlichen Wein mit kräftigem, noch etwas herbem Röstaroma an. Der Geschmack betont diese Jugendlichkeit durch seinen eckigen, männlichen Charakter, der noch ein Jahr Reife benötigt, damit er eine feinere Harmonie entfaltet. 1993 probieren.

🔴 Manoir de l'Emmeillé, 81140 Campagnac, Tel. 63.33.12.80 ⵏ Mo-Sa 8h-12h 13h30-19h

🔴 Charles Poussou

DOM. LE PAYSSEL Sec 1991**

□			
	1 ha	2 000	◫ ↓ ☑ 2

Seit 1962 baut Louis Brun Wein an. Der Ausbau im Holzfaß verleiht diesem 91er einen sehr kräftigen Duft von Vanille und gebratenen Pfirsi-

chen. Der klare, volle und ausgewogene Geschmack wird zwar noch vom Holzton beherrscht, ist aber trotzdem fein. Dieser Wein wird sich dank seiner guten Struktur in ein bis zwei Jahren entfalten.

🔴 Louis Brun, Dom. Le Payssel, 81170 Frausseilles, Tel. 63.56.00.47 ⵏ tägl. 9h-12h 14h-20h

DOM. LE PAYSSEL 1990***

■			
	8 ha	20 000	▮ ↓ ☑ 1

Der Reichtum seiner dunklen, granatroten Farbe und seines intensiven Buketts, in dem sich die Finesse gekochter Früchte mit einem Röstaroma verbindet, haben diesen Wein bei unserer Jury schon vor dem ersten Schluck zum Liebling unter den roten Gaillacweinen gemacht. Sein Geschmack ist ebenfalls kräftig und komplex und erinnert an Eingemachtes und Früchte. Bemerkenswert frische Harmonie und sehr feine Tannine. Ein sehr eleganter, schon sehr reifer Wein, der für das kommende Jahr viel verspricht. Er besitzt alles für eine einstimmige, besondere Empfehlung. Großes Lob für Monsieur Brun !

🔴 Louis Brun, Dom. Le Payssel, 81170 Frausseilles, Tel. 63.56.00.47 ⵏ tägl. 9h-12h 14h-20h

CH. DE LIVERS Sec 1991*

□			
	5 ha	40 000	▮ ↓ ☑ 1

In diesem aus der Kellerei Labastide hergestellten Château de Livers findet man das Mittelalter und die Renaissance wieder. Er wurde bereits in der letztjährigen Ausgabe gelobt. Reich und komplex im Duft (Blüten und grüne Äpfel). Der Geschmack hat unsere Jury durch seine Ausgewogenheit und Finesse über einem zarten Zitrusaroma verführt. Ein erstklassiger Mauzac.

🔴 Cave Labastide de Lévis, B.P. 12, 81150 Labastide-de-Lévis, Tel. 63.55.41.83 ⵏ n. V.

MARQUIS D'ORIAC Sec 1991*

□			
	k.A.	80 000	▮ ↓ ☑ 1

Die vor 40 Jahren gegründete Genossenschaftskellerei von Rabastens verlegt sich immer stärker auf die Verbesserung spezieller Vinifizierungsmethoden und auf den Direktverkauf von Weinen, die für die Appellation Gaillac repräsentativ sind. Kräftige, goldgelbe Farbe. Der Duft erinnert an reife weiße Früchte und Buchsbaum. Der Geschmack ist voll und rund und enthüllt einen feurigen Abgang. Eine sehr gelungene

Zusammenstellung aus Traubensorten, die für Gaillac typisch sind.

🍷 Les Vignerons à Rabastens, 33, rte d'Albi, 81800 Rabastens, Tel. 63.33.73.80 ⚤ tägl. 9h-12h 14h-19h

MARQUIS D'ORIAC
Cuvée spéciale 1990*

■	k.A.	80 000	🍷↓🔳❶

Auch wenn das Aroma schon entwickelt ist, benötigen der fleischige, feurige Geschmack und die deutlich spürbaren Tannine noch ein paar Monate Reifung.

🍷 Les Vignerons à Rabastens, 33, rte d'Albi, 81800 Rabastens, Tel. 63.33.73.80 ⚤ tägl. 9h-12h 14h-19h

DOM. DU MOULIN
Sec Cuvée sélectionnée 1991**

□	2 ha	4 000	🍷↓🔳❶

Man könnte fast behaupten, daß die Appellation hier entstanden ist, denn der alte Besitzer dieses Gutes, Monsieur Dechantemac, war für die Schaffung der AOC verantwortlich. Die Farbe dieses 91ers erinnert an das Fruchtfleisch von Pampelmusen. Sein Duft (Zitrusfrüchte und Blumen) ist ebenso komplex wie sein Geschmack mit der lebhaften Ansprache und dem fruchtigen Aroma. Ein schönes Beispiel für einen nicht im Holzfaß ausgebauten Wein von großer Lebhaftigkeit.

🍷 Jean-Paul Hirissou, Dom. du Moulin, Brens, 81600 Gaillac, Tel. 63.57.28.39 ⚤ Mo-Sa 8h-19h

PEYRES-COMBE Doux 1990*

□	1 ha	2 600	🍷↓🔳❶

Kennen Sie die Croquants von Cordes? Probieren Sie dieses Kleingebäck zu dem von zwei Winzern vorgeschlagenen Wein, die ihre Güter 1989 zusammengelegt haben. Die kräftige, strohgelbe Farbe und das ausgeprägte Honigaroma kündigen einen intensiven, vollen und sogar cremigen Geschmack an. Sicherlich alkoholreich, aber wohlausgewogen.

🍷 Marty et Brureau, GAEC de Peyres-Combe, Les Cinq Peyres, 81140 Cahuzac-sur-Vère, Tel. 63.33.92.05 ⚤ n. V.

MAS PIGNOU Cuvée Mélanie 1990*

■	3,5 ha	20 000	🍷↓🔳❷

Mas Pignou, wunderschön auf den unteren Hügeln am rechten Ufer gelegen, ist dank seiner lehmig-kalkigen und kiesigen Böden für seine Rotweine berühmt. Diese rubinrote Cuvée Mélanie entfaltet das Leder- und Paprikaaroma der Braucolrebe. Der Geschmack ist weich und voll. Schon reife Harmonie mit würzigem Abgang.

🍷 J. et B. Auque, Mas Pignou, 81600 Gaillac, Tel. 63.33.18.52 ⚤ n. V.

CH. RAYNAL 1990*

■	2 ha	6 000	🍷🔳❷

Nach einem etwas abrupten Geruchseindruck erweist sich der Wein im Geschmack als voll und warm. Das an Konfitüre und Gewürze erinnernde Aroma wird durch ein harmonisches Gerüst unterstützt. Schöne Ausgewogenheit. Bereits trinkreif.

🍷 Patrick Raynal, La Brunerie, 81600 Senouillac, Tel. 63.41.70.02 ⚤ n. V.

CH. DE RHODES 1990*

■	5 ha	12 000	🍷↓🔳❶

Purpurrot mit bläulichroten Reflexen. Dieser Wein besitzt ein ziemlich komplexes Aroma, das von roten Früchten bis Röstgeruch und sogar bis zu Tiergeruch und in Alkohol eingelegten Früchten reicht. Die roten Früchte entfalten sich im vollen, feurigen Geschmack. Trinkfertig.

🍷 Aline Assié, Ch. de Rhodes, 81600 Gaillac, Tel. 63.57.06.02 ⚤ tägl. 8h-12h 14h-19h

DOM. RENE RIEUX Doux 1990*

□	2,5 ha	k.A.	🍷↓🔳❶

Unter einem hellen Kleid verbirgt sich ein feines Aroma, das sich im Gaumen voll entfaltet. Der feine, angenehme Geschmack enthüllt eine gute Struktur und fruchtige Note. Sollte gekühlt getrunken werden.

🍷 Dom. René Rieux, Hameau de Boissel, 81600 Gaillac, Tel. 63.57.29.29 ⚤ Mo-Sa 8h-19h
🍷 C.A.T. de Boissel

DOM. RENE RIEUX 1990*

■	2,5 ha	10 000	🍷↓🔳❶

Strahlend granatrote Farbe und pfeffriger Lakritzeduft. Ein noch kantiger Wein, dessen schöne Konzentration sich rasch entfalten dürfte, damit er die Rustikalität seiner Jugend etwas mildert.

🍷 Dom. René Rieux, Hameau de Boissel, 81600 Gaillac, Tel. 63.57.29.29 ⚤ Mo-Sa 8h-19h
🍷 C.A.T. de Boissel

GEORGES ROLLAND
Coup de cœur 1990*

■	k.A.	5 000	🍷🔳❷

Auf dem Etikett steht »Coup de cœur«. Unsere Jury hat sich zwar nicht zu einer besonderen Empfehlung durchgerungen, aber sie war von der schönen, purpurroten Farbe und dem sehr ausgeprägten Paprikaduft recht angetan. Die Tannine sind noch deutlich durch die Jugendlichkeit gekennzeichnet, aber die Struktur ist sehr gut.

🍷 Georges Rolland, Candastre, 81600 Gaillac, Tel. 63.41.52.09 ⚤ n. V.

CH. DE SALETTES L'authentique vin 1990

□	2 ha	k.A.	🍷🔳❷

Ein Premières Côtes de Gaillac, eine vollwertige Appellation. Auf diesem Schloß wurde General de Hautpoul, einer der Helden der Schlacht von Austerlitz, geboren. Strohgelbe Farbe und Duft von Holz, Ginster und Birnen. Ein reinsortiger Len-de-l'EL mit einem cremigen, lebhaften Geschmack, der gut strukturiert und holzbetont ist. Er ist typisch für seine Rebsorte, aber er muß noch bis zum Frühjahr reifen, damit die Holznote völlig eingebunden wird.

🍷 Ludwig Willenborg, Dom. de Bosc-Long, 81140 Cahuzac-sur-Vère, Tel. 63.33.94.45 ⚤ n. V.

CAVE DE TECOU Séduction 1990*

■	25 ha	150 000	🍷↓🔳❶

Blumen und reife Früchte verführen die Nase.

Danach enthüllen sich im Geschmack die feinen, abgerundeten Tannine der Trauben. Técou bleibt seiner Linie treu.

🔖 SCA Cave de Técou, 81600 Técou, Tel. 63.33.00.80

Buzet

Das Weinbaugebiet von Buzet, das seit dem Mittelalter als fester Bestandteil des Oberlands von Bordeaux bekannt ist, steigt stufenförmig zwischen Agen und Marmande an. Der Weinbau geht hier auf die Klöster zurück und wurde später von den Bürgern von Agen weitergeführt. Nach der Reblausinvasion fiel das Anbaugebiet fast in Vergessenheit, bevor es ab 1956 zum Symbol für die Wiedergeburt des Weinbaus im Oberland wurde. Zwei Männer, Jean Mermillo und Jean Combabessous, sind für diese neue Blüte verantwortlich, die ebensoviel der Genossenschaftskellerei der Producteurs Réunis zu verdanken hat, die ihre gesamte Produktion in regelmäßig erneuerten Barriquefässern ausbaut. Das 1 250 ha große Anbaugebiet erstreckt sich heute zwischen Damazan und Saint-Colombe, auf den unteren Hängen der Garonne ; es versorgt Fremdenverkehrsorte wie Nérac und Barbaste.

Der Wechsel von *Boulbènes*, kieshaltigen und lehmig-kalkigen Böden ermöglicht es, Weine zu erzeugen, die gleichzeitig vielfältig und typisch sind. Die Rotweine, die kräftig, tief, fleischig und geschmeidig sind, konkurrieren mit einigen Weinen aus der benachbarten Gironde. Sie passen wunderbar zur einheimischen Küche : Magret (Entenfilet), Confit und Hasenbraten mit Backpflaumen. Beim Buzet dominieren traditionell die Rotweine, aber die Weiß- und Roséweine ergänzen die Palette dieser harmonischen Weine von purpur-, granat- und zinnoberroter Farbe.

CH. BALESTE 1989★★★

	24 ha	180 000	

Hut ab vor den »Winzern von Buzet« , diesen 89er von Château Balesté in Montesquieu vinifiziert haben. Er ist nicht im Holzfaß ausgebaut worden und wirkt mit seiner tiefen Farbe und seinem Backpflaumenduft sehr elegant. Er zeichnet sich vor allem durch seine Rundheit und seine lang anhaltende Fruchtigkeit im Geschmack aus. Bevor man über den Charakter der Buzetweine mitreden kann, muß man zuerst diesen Wein probiert haben. Ein lehrreiches und sehr angenehmes Erlebnis.

🔖 Les vignerons de Buzet, B.P. 17, 47160 Buzet-sur-Baïse, Tel. 53.84.74.30 ☎ n. V.
🔖 O. Bernède

LES VIGNERONS DE BUZET
Tradition 1991★★

	100 ha	800 000	

Seine intensiv rosarote Farbe besitzt die Zartheit einer nicht ganz reifen Kirsche. Die roten Früchte, die im Bukett dominieren, finden sich im fleischigen, frischen Geschmack wieder. Die gute, fruchtige Länge zeichnet sich durch Nervigkeit aus.

🔖 Les vignerons de Buzet, B.P. 17, 47160 Buzet-sur-Baïse, Tel. 53.84.74.30 ☎ n. V.

CH. DE PIIS 1989★★

	20 ha	85 000	

Die Fruchtigkeit seines Duftes, die gut zu den würzigen Noten paßt, ergänzt die an Bigarreaukirschen erinnernde Farbe. Der ausgewogene Geschmack stützt sich auf harmonische Tannine und ziemlich lange Noten von eingemachten Früchten.

🔖 Les vignerons de Buzet, B.P. 17, 47160 Buzet-sur-Baïse, Tel. 53.84.74.30 ☎ n. V.

CH. SAUVAGNERES 1990★★★

	7 ha	40 000	

Das Gut ist seit 1971 wiederaufgebaut worden und verfügt jetzt über eine neue Kellerei. »Das ist wirklich ein Wein, wie man ihn liebt ...« Hinter einer reifen Farbe verbirgt sich ein sehr feiner, zurückhaltender Duft von roten Früchten. Ein echter Buzet ohne Holzton, den man gekühlt und jung trinken sollte, damit man seinen vollen, fruchtigen Geschmack genießen kann. Dieser perfekte Wein hat nur ganz knapp eine besondere Empfehlung verpaßt.

🍇 Jacques Therasse, Ch. Sauvagnères, 47310 Sainte-Colombe-en-Bruilhois, Tel. 53.67.20.23 ☥ n. V.

CH. DU TAUZIA 1989★★

■　　　　　12 ha　　70 000　　　▮↓✓ 2

Château de Tauzia liegt in Xaintrailles. Dieser 89er hinterläßt schöne »Tränen« am Glas. Auf einen feinen, würzigen Duft folgt ein gut gebauter, aber geschmeidiger Geschmack, der kräftig, aber gleichzeitig fein, lebhaft und lang ist. Man sollte ihn rasch probieren.

🍇 Les vignerons de Buzet, B.P. 17, 47160 Buzet-sur-Baïse, Tel. 53.84.74.30 ☥ n. V.

Côtes du Frontonnais

Der Côtes du Frontonnais, der Wein der Einwohner von Toulouse, kommt aus einem sehr alten Anbaugebiet, das früher im Besitz des Johanniterordens war. Während der Belagerung von Montauban widmeten sich Ludwig XIII. und Richelieu einer Weinprobe... Den Genossenschaften von Fronton und Villaudric ist es zu verdanken, daß das Anbaugebiet mit der Négretterebe, einer einheimischen Rebsorte, die man auch in der Appellation Gaillac findet, eine ursprüngliche Bestockung bewahrt hat. Kombiniert wird diese Rebsorte mit Côt, Cabernet-Franc und Cabernet-Sauvignon, Fer, Syrah, Gamay, Cinsaut und Mauzac.

Das Anbaugebiet nimmt die drei Terrassen des Tarn ein ; es besitzt Böden mit »Boulbènes« , Kiessand und Roterde. Die Rotweine sind dank ihres hohen Anteils an Cabernet, Gamay oder Syrah leicht, fruchtig und aromatisch. Die Weine mit dem höchsten Négretteanteil sind kräftiger und tanninreich und entfalten einen starken bodentypischen Duft. Die Roséweine sind direkt und lebhaft und bieten eine angenehme Fruchtigkeit.

CH. BAUDARE 1990★

■　　　　　7 ha　　45 000　　　▮↓✓ 1

Ein kontrastreicher Duft, der zwischen eingemachten Früchten und tierischen Gerüchen schwankt. Der Geschmack ist kantig, warm und ein wenig rustikal. Er hat das Zeug dazu, sich zu verfeinern und harmonischer zu werden. Muß bis 1993 reifen.

🍇 Claude Vigouroux, Baudare, 82370 Labastide-Saint-Pierre, Tel. 63.30.51.33 ☥ n. V.

CH. BELLEVUE LA FORET 1990★

■　　　　　84 ha　　650 000　　　▮↓✓ 2

Ein sehr harmonischer 90er : klare Farbe, würziger, stark durch rote Früchte geprägter Duft und voller, aromatischer Geschmack, der warm und alkoholreich wirkt. Diese Mischung ergibt einen vollständigen Wein, den man heute probieren und noch bis zum nächsten Jahr aufheben kann.

🍇 Ch. Bellevue La Forêt, 31620 Fronton, Tel. 61.82.43.21 ☥ n. V.

🍇 Patrick Germain

CH. CAHUZAC Tradition 1990★

■　　　　　6 ha　　40 000　　　▮↓✓ 1

Ein Gut, das seit zehn Generationen der Familie Ferran gehört. Die Keller wurden 1985 renoviert. Der schöne, intensive Duft von roten Früchten und Lakritze kündigt einen vollen, geschmeidigen Wein an, der elegant gebaut ist. Sein würziger Abgang ist recht typisch für die Appellation.

🍇 Ferran Père et Fils, Les Peyronnets, 82170 Fabas, Tel. 63.64.10.18 ☥ n. V.

DOM. DE CARMANTRAN 1990★

■　　　　　1,35 ha　　7 000　　　▮✓ 1

Granatrote Farbe mit zinnoberroten Reflexen. Sehr warmer Duft, der an Backpflaumen und Geröstetes erinnert. Dieser ausgewogene Wein ist fest, feurig und kraftvoll. Er besitzt einen gewissen Charakter (dank des hohen Anteils an Cabernet- und Syrahtrauben) und eine schöne aromatische Länge.

🍇 Küntz Père et Fils, Ch. Flotis, 31620 Castelnau-d'Estretefonds, Tel. 61.35.10.03 ☥ Mo-Sa 8h-12h 14h-18h, So n. V.

DOM. DE FAOUQUET 1990★

■　　　　　5 ha　　5 000　　　▮✓ 1

Ein Villaudric mit lebhaften Reflexen und einem Duft von reifen Früchten. Sanfte Ansprache und harmonische Struktur, aber im Abgang zeigt er sich fest. Ein Wein für ein kurzes Zwischenspiel : Man mag ihn oder mag ihn nicht.

🍇 Robert Beringuier, 42, chem. des Brugues, 31620 Bouloc, Tel. 61.82.06.66 ☥ n. V.

CH. FERRAN 1990★★

■　　　　　15,35 ha　　55 000　　　▮✓ 1

Röstaroma und rote Früchte ergeben einen für die Négretterebe ziemlich typischen Duft. Auch der Geschmack orientiert sich stark an dieser Traubensorte : geschmeidige, warme Ansprache und Finesse in der Entfaltung. Man spürt nur sehr wenig vom Cabernetanteil. Die feinen, milden Tannine machen diesen 90er zu einem eleganten Wein.

🍇 Jean-René Vidal, Ch. Ferran, rte de Toulouse, 31620 Fronton, Tel. 61.82.40.63 ☥ n. V.

DOM. DE JOLIET Négrette 1990★

■　　　　　5 ha　　25 000　　　▮↓ 1

Die Duftnuancen des vielfältigen Buketts reichen von Kirschen bis zu Backpflaumen. Im Geschmack kommen zur Ausgewogenheit und Stärke noch Fruchtigkeit und Finesse hinzu. Ein

685

typischer Côtes du Frontonnais aus Négrettetrauben.

François Daubert, Dom. de Joliet, rte de Grisolles, 31620 Fronton, Tel. 61.82.46.02 Y n. V.

CH. LA COLOMBIERE 1989*

■ | 12 ha | 46 000 | ◗ ↓ ❷

Dieses Schloß mit Gebäuden aus dem 16. Jh., das früher ein kirchlicher Besitz des Grafen von Toulouse war, ist eines der besten Weingüter der Appellation. Der 89er besitzt eine dunkle, ins Orangerot spielende Farbe und ein Aroma von Konfitüre (rote Früchte) und Lakritze. Im Geschmack folgen auf eine weiche Ansprache Wärme und Fülle mit einem fruchtigen Aroma, bevor im Abgang Festigkeit zum Vorschein kommt. Ein stark durch die Négretterebe geprägter Wein, den man immer wieder probieren sollte.

Baron François de Driésen, Dom. de La Colombière, 31620 Villaudric, Tel. 61.82.44.05 Y tägl. sf dim. 9h-12h 14h-18h

CH. DE LAS PLACES 1990

■ | 13 ha | 100 000 | ■ ↓ ☑ ❶

Der Boden, wo dieser Wein erzeugt wurde, ist mit dem Blut der Religionskriege getränkt. Granatrote Farbe mit schönen, roten Reflexen. Im Duft ist er noch verschlossen, während er sich im Geschmack mit seinem Röstaroma ausgewogen und harmonisch zeigt. Die feinen, milden Tannine sind recht gut zu spüren.

Pierre Lescure, Ch. Las Places, 82370 Labastide-Saint-Pierre, Tel. 63.30.51.27

CH. LE ROC 1991

◩ | k.A. | 7 000 | ↓ ☑ ❶

Klare, rosarote Farbe mit gelbroten Reflexen. Sehr ausdrucksstarker Duft : Äpfel, Erdbeeren und Iris. Lebhafte Ansprache im Geschmack, der warm ist und deutlich an Erdbeeren erinnert. Man sollte diesen 91er gekühlt trinken.

Famille Ribes, Dom. Le Roc, 31620 Fronton, Tel. 61.82.93.90 Y tägl. 9h-19h

CH. LE ROC 1990**

■ | 8 ha | 40 000 | ■ ↓ ☑ ❶

Die Fruchtigkeit und der gute Bau gehen auf den hohen Syrahanteil zurück, während die Würzigkeit und die Wärme die konzentrierten Négrettetrauben widerspiegeln.

Famille Ribes, Dom. Le Roc, 31620 Fronton, Tel. 61.82.93.90 Y tägl. 9h-19h

CH. MAJOREL 1990**

■ | | k.A. | 150 000 | ■ ↓ ☑ ❶

Dieser 90er ist eine schöne Cuvée der Genossenschaftskellerei von Fronton. Dunkle, tiefe Farbe mit bläulichroten Nuancen. Würzig-fruchtiger Duft mit Moschusnoten. Im weichen, vollen Geschmack findet man rote Früchte. Seine stattliche, feste Struktur ergänzt die Ausgewogenheit, die sich auf eine gute Tanninhaltigkeit stützt. Ein sehr gelungener Wein, der mindestens ein Jahr lang seine optimale Qualität bewahrt.

Cave Coop. de Fronton, 31620 Fronton, Tel. 61.82.41.27 Y Mo-Sa 8h-12h 14h-18h

CH. MONTAURIOL Carte blanche 1990*

■ | 24 ha | 130 000 | ■ ↓ ☑ ❶

Richard Mayor, ein Schweizer, der sich in diesen Winkel des Frontonnais verliebt hat, kaufte 1987 dieses sehr alte Gut. Das Ausmaß seiner Investitionen zeigt, daß er zu den Besten gehören möchte. Ein sehr feiner Villaudric mit dunkler, warmer Farbe. Sein verhalten würziger Duft von roten Früchten und sein voller, sanfter Geschmack mit den fruchtigen Noten machen ihn schon jetzt trinkreif.

Richard Mayor, Ch. Montauriol, 31340 Villematier, Tel. 61.35.30.58 Y Mo-Sa 9h-12h 14h-18h

CH. PLAISANCE 1990*

■ | | k.A. | 16 000 | ■ ↓ ☑ ❶

Marc Penavayre hat einen zinnoberrot schimmernden 90er hergestellt, der nach gebratenen Erdbeeren und Gewürzen duftet. Der Geschmack ist elegant, bezaubernd und warm und entfaltet im Abgang ein Aroma von roten Früchten.

GAEC de Plaisance, pl. de la Mairie, 31340 Vacquiers, Tel. 61.84.97.41 Y n. V.

Louis et Marc Penavayre

Dieser 90er mit der klaren, rubinroten Farbe verführt durch seinen kräftigen, würzig-fruchtigen Duft, aber auch und vor allem durch seine harmonische, gut gebaute Struktur. Im langen, alkoholischen Abgang entfaltet er Fruchtigkeit.

Côtes du Brulhois AOVDQS

Diese Weine wurden im November 1984 als AOVDQS eingestuft, nachdem sie bis dahin als Landweine verkauft wurden. Sie werden beiderseits der Garonne, um das Städtchen Layrac herum, in den Departements Lot-et-Garonne und Tarn-et-Garonne, erzeugt. Es handelt sich dabei in erster Linie um Rotweine, die von den Bordeaux-Rebsorten sowie den einheimischen

Rebsorten Tannat und Côt stammen. Den größten Teil der Trauben vinifizieren zwei Genossenschaftskellereien.

CAVE COOP. DE GOULENS EN BRULHOIS Cuvée des Anciens Prieurés 1990

| ■ | 6,5 ha | 40 000 | ▮ ☑ ❶ |

Merlot (60%), Cabernettrauben und Tannat (15%) ergeben einen 90er, der zum Zeitpunkt der Weinprobe etwas verschlossen war und dem es damals noch an Finesse und Reife fehlte. Er wird 1993 nochmals verkostet, wenn er sicherlich harmonischer geworden ist.

↬ Cave Coop. de Goulens-en-Brulhois, 47390 Layrac, Tel. 53.87.01.65 ☎ Mo-Fr 8h-12h 14h-18h, Sa nur vorm.

Côtes du Marmandais

Die Côtes du Marmandais werden nicht weit entfernt von den Entre-Deux-Mers-Weinen und den Weinen von Duras und Buzet erzeugt. Hauptproduzenten sind die Genossenschaften von Beaupuy und Cocumont beiderseits der Garonne. Die Weißweine, die aus Sémillon-, Sauvignon-, Muscadelle- und Ugni-Blanc-Trauben hergestellt werden, sind trocken, lebhaft und fruchtig. Die Rotweine (aus Bordeaux-Rebsorten sowie Abouriou, Syrah, Côt und Gamay) sind bukettreich und recht geschmeidig. Gegenwärtig umfaßt das Anbaugebiet 1 800 ha.

CLOITRE D'OR 1990*

| ■ | k.A. | 80 000 | ▮↓☑ ❶ |

Die älteste Genossenschaftskellerei des Departements, die 1947 vom Bürgermeister des Dorfes gegründet wurde und gegenwärtig 270 Mitglieder und 650 ha Rebflächen umfaßt. Helle, rubinrote Farbe mit orangeroten Reflexen. Der Duft erinnert an Paprika und Weizen. Ein würziger, lebhafter und geradliniger Wein, der ab diesem Herbst trinkreif sein dürfte.

↬ Les Vignerons de Beaupuy, 47200 Beaupuy, Tel. 53.64.32.04 ☎ n. V.

MARQUIS D'ABEYLIE 1989*

| ■ | k.A. | 46 000 | ▯▮ ↓☑ ❶ |

Dieser Marquis ist ein Demokrat : Er repräsentiert die 300 Mitglieder der Genossenschaft von Cocumont, die 1 100 ha Rebflächen bewirtschaften. Außerdem handelt es sich dabei um ihre Spitzenmarke (Adel verpflichtet !), in kleinen Holzfässern ausgebaut. Unter einem Kleid von tiefer, rubinroter Farbe mit ziegelrotem Schimmer verbirgt dieser 89er ein Aroma von eingemachten Früchten (schwarze Johannisbeeren). Die noch etwas eckigen Tannine sind dabei, sich

harmonisch aufzulösen. Ein gut gebauter Wein, den man im Frühjahr 1993 trinken kann.

↬ Cave Coop. de Cocumont, La Vieille Eglise, 47250 Cocumont, Tel. 53.94.50.21 ☎ Mo-Sa 8h30-12h 14h-18h

Entraygues, Estaing AOVDQS

Das Weinbaugebiet des Aveyron ist von den Kalkhochflächen des Aubrac, den Bergen des Cantal und der Hochebene des Lévezou umgeben, so daß man es eher zu den Anbaugebieten des Zentralmassivs rechnen müßte. Diese kleinen Appellationen sind sehr alt ; sie wurden im 9. Jahrhundert von den Mönchen von Conques begründet.

Die Weine von Estaing (7 ha) verteilen sich auf Rotweine (aus Fer- und Gamaytrauben), die frisch und duftig (schwarze Johanniskirschen und Himbeeren) sind, und sehr originelle Weißweine, die aus Chenin-, Mauzac- und Rousseloutrauben hergestellt werden und lebhaft, rauh und erdig sind. Die Weißweine von Entraygues (9 ha), die auf schmalen Banketten an Steilhängen erzeugt werden, stammen ebenfalls von Chenin- und Mauzacreben, die auf Schieferböden angebaut werden ; sie sind frisch und fruchtig und passen wunderbar zu Wildwasserforellen und zum milden Cantalkäse. Die Rotweine von Fel sind solide und ländlich ; man trinkt sie zu Lammbraten und Auvergne-Eintopf.

Vins d'Entraygues et du Fel AOVDQS

FRANCOIS AVALLON 1991*

| □ | 2 ha | 4 000 | ▮↓☑ ❷ |

Dieses Gut ist seit 1956 auf den Hügeln entstanden. François Avallon, der den Betrieb seit 1984 führt, stellt hier einen 91er Weißwein mit rostfarbenen Reflexen vor. Im Geschmack macht der Duft von reifen Äpfeln einer für die Cheninrebe typischen Nervigkeit Platz. Ein noch sehr jugendlicher Wein, aber originell im Gesamteindruck.

➥ François Avallon, Saint-Georges, 12140 Entraygues, Tel. 65.48.61.65 ☎ tägl. 8h-12h 14h-19h30

Vins de Marcillac

Der Marcillac (99 ha) ist ein sehr rustikaler Rotwein, der aus Fer Servadou oder Mansois hergestellt wird ; sein sehr eigentümliches Aroma, das pflanzliche und fruchtige Noten enthält, macht ihn unverwechselbar.

LACOMBE 1990**

■			⅏ ☑ 1
	2 ha	6 000	

Die tiefe, granatrote Farbe dieses 90ers zeigt rosarote Reflexe. Der intensive, würzige Duft von roten Früchten kündigt eine klare Ansprache und eine gute Ausgewogenheit mit schon feiner Gerbsäure an. Achtung : Es gibt nur 6 000 Flaschen davon !

➥ Pierre Lacombe, av. de Rodez, 12330 Marcillac, Tel. 65.71.80.05 ☎ n. V.

CAVE DES VIGNERONS DU VALLON Elevé en fûts de chêne 1990*

■			⅏ ↓ 2
	4 ha	10 000	

Eine der kleinsten Genossenschaften von Frankreich stellt diesen originellen, unnachahmlichen Wein aus Mansoistrauben her. Sie umfaßt eine Handvoll Winzer, die die Tradition des Weinbaus von Aveyron fortführen. Zahlreiche bläulichrote Reflexe und ein intensives Paprikaaroma weisen diesen Wein als einen Marcillac aus. Der Geschmack zeichnet sich durch Leichtigkeit und Fruchtigkeit aus. Ein eleganter, lebhafter und feiner Wein, der für die Rebsorte Mansois (ein anderer Name für Fer Servadou) typisch ist.

➥ Cave des Vignerons du Vallon, 12330 Valady, Tel. 65.72.70.21 ☎ Mo-Sa 9h-12h 14h-18h

Vins de Marcillac

Das nach der Reblauskrise wiederhergestellte Anbaugebiet nimmt die Hügel der Vorpyrenäen und die Kiessandböden des Gavetals ein. Die Rotweine werden aus Tannat, Cabernet-Sauvignon und Cabernet-Franc (Bouchy) sowie den alten Rebsorten Manseng Noir, Courbu Rouge und Fer Servadou hergestellt. Sie sind kräftig und alkoholreich und passen gut zu Garbure, einer einheimischen Kohlsuppe mit Speck, und gebratenen Tauben. Die Roséweine von Béarn, die besten Erzeugnisse dieser Appellation, sind lebhaft und zart, entfalten das feine Aroma der Cabernettraube und besitzen eine gute geschmackliche Struktur.

LES VIGNERONS DE BELLOCQ
Cuvée Moncade 1990*

■			▮ ↓ ☑ 1
	12 ha	80 000	

Die Genossenschaftskellerei von Bellocq erzeugt die Weine des Teils der Appellation, der auf die AOC Béarn beschränkt ist und sich um Salies-de-Béarn herum erstreckt. Die roten Béarnweine, die aus den Rebsorten Tannat, Cabernet-Franc und Cabernet-Sauvignon erzeugt werden, sind typisch für den Südwesten. Das Bukett dieses feurigen, ziemlich ausgewogenen Weins erinnert an rote Früchte in Alkohol. Die feinen, eleganten Tannine tragen zur Harmonie bei.

➥ Les Vignerons de Bellocq, 64270 Bellocq, Tel. 59.65.10.71 ☎ n. V.

DOM. LAPEYRE 1991

☑			▮ ↓ ☑ 2
	1 ha	4 000	

Seit 1920 baut diese Familie in der Appellation Béarn Wein an. Tannat und Cabernet-Franc liefern einen zarten, frischen Rosé, der aromatisch (Erdbeeren) ist und eine gute Ausgewogenheit besitzt. Er kann nicht mehr zu lang altern.

➥ Lapeyre Frères, 52, av. des Pyrénées, 64270 Salies-de-Béarn, Tel. 59.38.10.02 ☎ Mo-Sa 9h-12h30 14h-20h, So nur vorm.

Béarn

Die Weine von Béarn können in drei getrennten Anbaugebieten erzeugt werden. Die beiden ersten fallen mit denen des Jurançon und des Madiran zusammen. Die rein auf Béarn beschränkte Anbauzone umfaßt die Gemarkungen rund um Orthez und Salies-de-Béarn : Das ist der Béarn von Bellocq.

Irouléguy

Als letzter Überrest eines großen baskischen Weinbaugebiets, dessen Spuren man bis ins 11. Jahrhundert zurückführen kann, zeigt der Irouléguy (auf der spanischen Seite der Chacoli), daß die Winzer gewillt sind, die alte Tradition der Mönche von Ronceveaux fortzuführen. Das Anbaugebiet, das die Gemarkungen Saint-Etienne-de-Baïgorry,

Irouléguy und Anhaux umfaßt, erstreckt sich auf die Ausläufer der Pyrenäen.

Die früher angebauten Rebsorten sind nach und nach von Cabernet-Sauvignon, Cabernet-Franc und Tannat bei den Rotweinen und von Courbu, Gros Manseng und Petit Manseng bei den Weißweinen verdrängt worden. Fast die gesamte Produktion wird von der Genossenschaft von Irouléguy vinifiziert, aber es entstehen neue Weinberge. Der kirschrote Rosé ist lebhaft, bukettreich und leicht; er paßt zu Piperade, einem baskischen Gericht aus Paprika, Tomaten und Eiern, und Wurstgerichten. Der rote Irouléguy ist ein duftiger, manchmal ziemlich tanninreicher Wein, der zu Confit paßt.

DOM. BRANA 1990*

■	8,5 ha	k.A.	❙❙ ↓ ☑ 3

Die Domaine Brana muß man nicht mehr eigens vorstellen : Die Familie Brana, die seit 1897 mit Wein handelt, hat sich 1983 dem Weinbau zugewandt. Dieser 90er verströmt einen ziemlich würzigen Duft von Konfitüre. Nach einer geschmeidigen, fruchtigen Ansprache entfaltet sich ein voller Geschmack. Schon reizvoll, 1993 reif.
↩ Jean et Adrienne Brana, Ispoure, 64220 Saint-Jean-Pied-de-Port, Tel. 59.37.14.28 ⌚ Mo-Fr 9h-12h 14h-17h

DOM. ILARRIA Cuvée Bixintxo 1990**

■	0,5 ha	1 500	❙❙ ↓ ☑ 3

Bixintxo ist nichts anderes als der baskische Name für Saint-Vincent. Dieser Wein huldigt dem Heiligen in einem prachtvollen, dunklen Kleid. Die Gebete steigen in einer bemerkenswerten Duftwolke aus roten Früchten zu ihm empor. Der Geschmack ist ebenso fruchtig wie der Duft. Nach einer einschmeichelnden Ansprache enthüllt er deutlich spürbare Tannine. Etwas kurzer, feuriger Abgang.
↩ Espil et Riouspeyrous, Dom. Ilarria, 64220 Irouléguy, Tel. 59.37.23.38 ⌚ tägl. 8h30-13h 14h-19h

Jurançon et Jurançon Sec

Berühmt, seitdem er bei der Taufe von Heinrich IV. verwendet wurde, ist der Jurançon der Wein des französischen Königshauses geworden. Colette sagte von ihm : »Ich machte als junges Mädchen die Bekanntschaft eines Prinzen, der leidenschaftlich, gebieterisch und heimtückisch wie alle großen Verführer war : des Jurançon.« Man findet hier die Anfänge einer geschützten Herkunftsbezeichnung, denn es war untersagt, ausländische Weine einzuführen, und sogar den Begriff einer Reblage und einer Klassifizierung, denn alle Parzellen wurden entsprechend ihrem Wert vom Parlament von Navara registriert. Wie die Weine von Béarn wurde der Jurançon, damals ein Weißwein oder Rotwein, bis Bayonne transportiert, manchmal um den Preis waghalsiger Schiffahrten auf dem Gave. Da er von den Holländern und Amerikanern sehr geschätzt wurde, erlangte er großen Ruhm, der erst mit der Reblausinvasion ein Ende fand. Die Wiederherstellung des Anbaugebiets (560 ha) wurde auf Initiative der Genossenschaftskellerei von Gave und einiger Weingutbesitzer mit den alten Rebsorten und Methoden durchgeführt.

Stärker als anderswo spielt hier der Jahrgang eine ausschlaggebende Rolle, besonders bei den lieblichen Jurançonweinen, die spät gelesene, überreife Trauben erfordern, die am Rebstock eingeschrumpft sind. Die traditionellen, ausschließlich weißen Traubensorten sind Gros Manseng, Petit Manseng und Courbu. Die Reben werden in Hochkultur gezogen, damit sie von Frost verschont bleiben. Nicht selten zieht sich die Lese bis zu den ersten Schneefällen hin.

Der trockene Jurançon ist ein Weißwein aus weißen Trauben, der eine schöne, helle Farbe mit grünlichen Reflexen zeigt und ein volles Aroma mit Honignoten entfaltet. Er paßt gut zu Forellen und Lachsen aus dem Gave. Die lieblichen Jurançonweine besitzen eine schöne, goldgelbe Farbe und ein komplexes Aroma, das an exotische Früchte, Ananas und Guaven, und an Gewürze (Muskatnuß und Zimt) erinnert. Ihre Ausgewogenheit zwischen Säure und natürlicher Süße paßt besonders gut zu Leberpastete. Sie können sehr lang altern und große Weine abgeben, die man zu einer Mahlzeit vom Aperitif bis zum Dessert trinken kann, nicht zu vergesssen zu Fischgerichten mit Sauce und zu Schafskäse aus dem Ossautal. Die besten Jahrgänge : 1970, 1971, 1975, 1981, 1982, 1983, 1987, 1989.

Jurançon

DOM. CASTERA 1990*

| | | 6 ha | 6 000 | 🍴 ⅏ ☑ ❸ |

Ein bemerkenswerter 90er mit einer kräftigen, goldenen Farbe und einem komplexen Duft von reifen Früchten und Bienenwachs. Im Geschmack zeigt er sich kräftig und lebhaft. Er bewahrt ein elegantes, würziges Aroma von eingemachten Früchten, das durch eine feine Holznote geprägt wird. Ein sehr schöner Wein des Gutes Castera.

🍷 Christian Lihour, Dom. Castera, Quartier Uchaa, 64360 Monein, Tel. 59.21.34.98 ☂ tägl. 9h-12h-14h-19h, dim n. V.

DOM. CAUHAPE 1990**

| | 6 ha | 24 000 | 🍴 ⅏ ↓ ☑ ❹ |

81 82 83 84 |85| |86| 87 88 ⑧⑨

Henri Ramontu ist es innerhalb von kurzer Zeit gelungen, seine Weine an die berühmtesten Restaurants zu verkaufen. Sie stellen eine bemerkenswerte Synthese von technischem Fortschritt und Tradition dar. Im Aroma seines 90ers mischen sich exotische und eingemachte Früchte, Honig und Pfirsiche. Diese Spätlese zeichnet sich durch ihre Komplexität aus. Der gute Ausbau im Holzfaß verleiht ihr einen vollen Geschmack, der sich des Gutes Cauhapé würdig erweist. Die aromatische Nachhaltigkeit mit Noten von getrockneten Aprikosen zeigt, wozu ein großer Jurançon fähig ist.

🍷 Henri Ramonteu, Quartier Castet, 64360 Monein, Tel. 59.21.33.02 ☂ n. V.

DOM. CAUHAPE
Noblesse du petit manseng 1990**

| | 4 ha | 12 000 | ⅏ ↓ ☑ ❺ |

Die Vornehmheit der Rebsorte Petit Manseng verbindet sich mit dem hervorragenden Anbaugebiet der Domaine Cauhapé zu diesem ganz und gar außergewöhnlichen Wein. Seine intensive Farbe ergibt ein geheimes Aroma zu verbergen, aber es kommen bereits eingemachte Früchte und holzige Noten zum Vorschein. Ein sehr konzentrierter Wein, der im Geschmack förmlich explodiert : stattliche, füllige Struktur, sehr likörig und lang. Es fehlte ganz wenig zu einer besonderen Empfehlung.

🍷 Henri Ramonteu, Quartier Castet, 64360 Monein, Tel. 59.21.33.02 ☂ n. V.

DOM. DU CINQUAU
Petit manseng élevé en fûts de chêne 1990

| | 3,5 ha | 3 600 | ⅏ ☑ ❹ |

Goldgelbe Farbe und ein Aroma, das an Geröstetes und Konfitüre erinnert. Die eingemachten Früchte und die Vanillenote des Holzfasses findet man im Geschmack wieder, der gut strukturiert und stattlich ist. Ein traditioneller Jurançon.

🍷 SCEA Dom. du Cinquau, 64230 Artiguelouve, Tel. 59.83.10.41 ☂ n. V.

🍷 Pierre Saubot

COLLECTION ROYALE 1988*

| | k.A. | k.A. | 🍴 ↓ ☑ ❸ |

Seine Farbe ist goldgelb, sein Duft lebhaft, honigartig und exotisch. Nachhaltige Harmonie im Geschmack mit einem recht deutlichen, fruchtig-honigartigen Aroma. Eine hübsche Spätlese.

🍷 Etienne Brana, 3 bis, av. du Jaï-Alaï, 64220 Saint-Jean-Pied-de-Port, Tel. 59.37.00.44 ☂ Mo-Fr 9h-12h 14h-17h

CROIX DU PRINCE 1990*

| | 10 ha | 40 000 | ⅏ ↓ ☑ ❹ |

Dieser 90er besitzt eine intensive, goldene Farbe. Der kräftige Honig- und Zitrusduft kündigt eine ausgewogene Ansprache im Geschmack an. Danach entfaltet sich das gleiche Aroma wie im Bukett. Ein sehr gelungener Wein der Genossenschaftskellerei von Gan.

🍷 Cave des Producteurs de Jurançon, 53, av. Henri-IV, 64290 Gan, Tel. 59.21.57.03 ☂ Mo-Sa 8h-12h30 14h-18h30

CH. JOLYS Cuvée Jean Petit manseng 1990*

| | 12 ha | 15 000 | ⅏ ↓ ☑ ❷ |

Dieser lebhafte, fruchtige Wein mit der intensiv gelben Farbe ist ausgewogen und klar. Im Geschmack dominieren weiße Früchte.

🍷 Sté Dom. Latrille, Ch. Jolys, 64290 Gan, Tel. 59.21.72.79 ☂ Mo-Sa 8h30-12h 13h30-17h30

NOMBOLY-TRAYDOU 1990*

| | 2,56 ha | 10 000 | 🍴 ⅏ ☑ ❸ |

Strahlende Goldfarbe. Honig und Akazienblüten in einem verschwenderischen, milden Bukett, in dem man eine Karamelnote entdeckt. Der harmonische, runde Geschmack (Birnen und getrocknete Aprikosen) endet mit einer feinen Haselnußnote. Ein sehr zarter Wein.

🍷 Albert Nomboly, Seppot, 64360 Monein, Tel. 59.21.35.98 ☂ tägl. 8h-20h

CH. DE ROUSSE 1990**

| | 3 ha | 2 500 | ⅏ ☑ ❹ |

Das Château de Rousse, ein Besitz aus dem 15. Jh., war das ehemalige Jagdschloß von Heinrich IV. und wurde auch von Kaiserin Eugénie besucht. Es besitzt Rebflächen auf den besten Hügeln der Appellation. Goldgelbe Farbe mit zitronengelben Reflexen. Dieser 90er entfaltet einen komplexen Duft, in dem sich getrocknete Früchte mit dem Vanillearoma des Holzfasses vermischen. Im Geschmack harmonieren Fülle und Säure. Langer Abgang mit Noten von getrockneten Früchten. Ein Wein, der alles zu einem großen lagerfähigen Wein hat.

⌐ Joseph Labat, Ch. de Rousse, 64110
Jurançon, Tel. 59.21.75.08 ⊤ tägl. 9h-12h 14h-18h

CLOS THOU Petit manseng 1990**

| ☐ | 1 ha | 2 000 | ▮◗ ☑3 |

Dieser Petit Manseng präsentiert sich in einem
altgoldenen Kleid mit grünen Reflexen. Er wird
stark durch seinen Duft geprägt, der komplex,
voll und zart ist und an eingemachte Früchte und
Guaven erinnert. Er entfaltet einen vollen, sehr
likörartigen Geschmack mit einem außergewöhnlich reichen Aroma von reifen Früchten und mit
einer muskulösen, männlichen Struktur. Dieser
entwickelte, konzentrierte Wein hat unsere
besondere Empfehlung verdient.
⌐ Henri Lapouble-Laplace, chemin Larredya,
64110 Jurançon, Tel. 59.06.08.60 ⊤ n. V.

Jurançon Sec

DOM. BRU-BACHE
Cuvée Casterrasses 1990**

| ☐ | 0,5 ha | k.A. | ◗ ☑3 |

Die ziemlich kräftige, goldgelbe Farbe deutet
bereits auf die Komplexität des Buketts hin,
dessen holzige Noten von einem Zitrusduft
begleitet werden. Die geschmackliche Ansprache
verlängert den Geruchseindruck mit dem Aroma
von Pampelmusen und Vanille. Die reiche Struktur verträgt den Ausbau im Holzfaß.
⌐ Georges Bru-Baché, rue Barada, 64360
Monein, Tel. 59.21.36.34 ⊤ Mo-Sa 9h-12h 14h-
19h

DOM. CAUHAPE Cuvée sous Bois 1991**

| ☐ | 2 ha | 12 000 | ◗ ↓☑3 |

Zum Zeitpunkt unserer Verkostung war dieser
Wein zwar sehr jung, aber er hat mehr als einen
Prüfer bei einer prospektiven Analyse (dem
schwierigsten Zweig der Weinprobe) verzaubert.
Sein Aroma ist »belebend« : frische Düfte von
Pampelmusen bis Brotkrumen. Die Ansprache ist
lebhaft. Ausgewogener Geschmack, dessen ful-

lige, stattliche Struktur und dessen feiner Holzton
eine schöne Zukunft garantieren. Der Abgang
bleibt lebhaft, aromatisch und lang. Ein weiterer
gelungener Wein dieses Gutes.
⌐ Henri Ramonteu, Quartier Castet, 64360
Monein, Tel. 59.21.33.02 ⊤ n. V.

DOM. CAUHAPE 1991**

| ☐ | 10 ha | 60 000 | ▮☑2 |

Eine Cuvée, die keinen Ausbau im Holzfaß
durchlaufen hat, aber man wird auch dieses Mal
nicht enttäuscht. Denn sie besitzt Stoff, Fruchtigkeit (Pampelmusen und exotische Früchte), Lebhaftigkeit und Länge. Sie schmeckt bereits angenehm und wird sich noch im kommenden Jahr zu
einer kraftvollen Komplexität hin entwickeln.
⌐ Henri Ramonteu, Quartier Castet, 64360
Monein, Tel. 59.21.33.02 ⊤ n. V.

CLOS LAPEYRE
Cuvée Vitatge Vielh 1990**

| ☐ | 1 ha | 4 000 | ◗ ☑2 |

Verführerische blaßgoldene Farbe. Danach
entfaltet sich ein holziges, zart würziges Aroma.
Geschmeidigkeit und Rundheit harmonieren mit
einem Holzton, der den Wein nicht überdeckt
und Raum für feine, exotische Noten läßt.
⌐ Marcel et J. Bernard Larrieu, Chapelle de
Rousse, 64110 Jurançon, Tel. 59.21.50.80 ⊤ n. V.

DOM. LARREDYA Cuvée sous Bois 1990*

| ☐ | k.A. | 1 500 | ◗ ☑2 |

Ein klassischer trockener Jurançon mit einer
sehr blassen, grünlich schimmernden Farbe und
einem komplexen, kräftigen Duft (Eisenkraut).
In seinem vollen, runden Geschmack vermischen
sich Früchte, Vanille und Karamel. Trinkreif.
⌐ Jean-Marc Grussaute, La Chapelle-de-Rousse,
64110 Jurançon, Tel. 59.21.74.42 ⊤ n. V.

DOM. NIGRI 1991**

| ☐ | 2 ha | 12 000 | ▮↓☑1 |

Die klare, blasse Farbe kündigt die Zartheit
des erwachenden Buketts an. Der wohlausgewo-
gene Geschmack entfaltet sich stärker.
⌐ SCEA Dom. Nigri, 64360 Monein,
Tel. 59.21.42.01 ⊤ n. V.
⌐ Jean Lacoste

Madiran

Der Madiran, der
schon in gallo-romanischer Zeit angebaut
wurde, war lange Zeit der Wein der Pilger
von Santiago de Compostella. Die Gastronomie im Departement Gers und die Pari-

SUDWESTFRANKREICH

ser Restaurants, die die Küche von Gers pflegen, bieten diesen Pyrenäenwein an. Die vorherrschende Rebsorte in der 1 000 ha großen Appellation ist die Tannatrebe; sie liefert einen Wein, der in seiner Jugend herb und sehr farbintensiv ist, ein primäres Himbeeraroma besitzt und sich erst nach einer langen Alterung entfaltet. Kombiniert wird sie mit Cabernet-Sauvignon und Cabernet-Franc (oder Bouchy) sowie Fer Servadou (oder Pinenc). Die Reben werden in halbhoher Kultur erzogen.

Die Weine von Madiran sind sehr »männliche« Weine. Bei entsprechender Vinifizierung können sie jung getrunken werden, damit man in den Genuß ihrer Fruchtigkeit und ihrer Geschmeidigkeit kommt. Sie passen zu Gänseconfit und Entenmagret (nicht durchgebraten). Die traditionellen Madiranweine mit hohem Tannatanteil vertragen den Ausbau im Holzfaß sehr gut und müssen einige Jahre altern. Als alte Weine sind sie sinnlich, fleischig und kräftig gebaut und entfalteten ein Aroma von geröstetem Brot; sie passen zu Wild und zu Schafskäse aus den Hochtälern.

CH. D'AYDIE 1989*

k.A.   90 000

Im Bukett dieses 89ers, der zu 90% aus Tannattrauben erzeugt worden ist, vermischen sich Lakritze, rote Früchte und Gewürze. Die kräftige, männliche Struktur des Geschmacks enthüllt die typischen Eigenschaften der Rebsorte. Ein guter, recht kräftig gebauter Madiran mit langem Abgang.

Vignobles Laplace, 64330 Aydie, Tel. 59.04.01.17 tägl. 8h-12h 14h-19h

DOM. BERTHOUMIEU
Cuvée Charles de Baatz 1989*

4 ha   25 000

Bewirtschaftet wird dieses gaskognische Gut mit seinem typischen Haus und Kellern aus dem letzten Jahrhundert von Didier Barré, einem jungen Winzer aus Leidenschaft. Ein 89er mit einer intensiven, granatroten Farbe und einem würzigen, warmen Duft. Der Geschmack ist ebenfalls warm : kräftige Tannine und Lederaroma. Man muß nicht warten, bis dieser Wein 1993 seine Ausgewogenheit findet.

GAEC Barré Père et Fils, Dutour, 32400 Viella, Tel. 62.69.74.05 tägl. 8h-12h 14h-19h

DOM. CAPMARTIN
Cuvée du Couvent 1989***

k.A.   10 000

Ein 89er Madirant, der durch den hohen Tannatanteil geprägt wird und von Guy Capmartin im Holzfaß ausgebaut wird. Diese »Klostercuvée« präsentiert sich in einer dicken Kutte mit bläulichroten Reflexen. Sein intensiver, feiner Duft (Backpflaumen in Alkohol) enthält Schokoladenoten. Nach einer geschmeidigen Ansprache zeigen sich rasch eine Konzentration und ein Volumen, die eines sehr großen Weins würdig sind und vom Aroma vermaischter Früchte und einer noch deutlichen Holznote begleitet werden. Seine Entwicklung zu einem harmonischen, noch feineren Geschmack hin steht außer Zweifel.
Guy Capmartin, Au Couvent, 32400 Maumusson, Tel. 62.69.87.88 tägl. 9h-19h

DOM. CAPMARTIN Vieilles vignes 1989*

k.A.   8 000

Dieser 89er stammt von 80 Jahre alten Rebstöcken. Er entfaltet seinen Duft von roten Früchten und geröstetem Brot, Gewürzen und Kaffee nicht sofort. Trotz einer geschmeidigen Ansprache zeigt er eine tiefe, feste Struktur. Es ist empfehlenswert, diesen kleinen Bruder unserer besonderen Empfehlung noch reifen zu lassen.
Guy Capmartin, Au Couvent, 32400 Maumusson, Tel. 62.69.87.88 tägl. 9h-19h

CH. DE CROUSEILLES 1989**

14 ha   65 000

Das 1980 von der Genossenschaftskellerei erworbene Château de Crouseilles wurde auf 14 ha neu bestockt. Dieser holzige 89er, den die Winzer von Crouseilles erzeugt haben, hat ein weiteres Mal unsere besondere Empfehlung knapp verfehlt. Unter einem Kleid von tiefer Farbe und einem feinen, kräftigen Duft, in dem sich fruchtige und holzige Noten vermischen, enthüllt sich ein alkoholreicher Geschmack mit zarten, schon harmonischen Tanninen. Die Fülle und das Volumen werden in den nächsten beiden Jahren noch an Finesse gewinnen. Ein schöner Erfolg für die Genossenschaft von Crouseilles.
Cave de Crouseilles-Madiran, 64350 Crouseilles, Tel. 59.68.10.93 n. V.

DOM. DAMIENS
Cuvée vieillie en fûts de chêne 1989★★

■　　　4 ha　　k.A.　　❚❙❘ ↓ ☑ **2**

15 Jahre alte Rebstöcke, ein schönes Anbaugebiet und eine sorgfältig zusammengestellte Cuvée. Dieser 89er hat unsere besondere Empfehlung nur um Haaresbreite verfehlt. Er besitzt eine tiefe Farbe und einen kräftigen, würzigen Duft, der an Backpflaumen und Geröstetes erinnert. Die Kraft ist ebenfalls intensiv : Röstaroma und voluminöse Tannine, die sich noch harmonisch auflösen müssen. Dieser reinsortige Tannat ist im Holzfaß ausgebaut worden ; er muß sich jetzt noch an die Reifung in der Flasche gewöhnen.
↰ André Béhéity, Dom. Damiens, 64330 Aydie, Tel. 59.04.03.13 ☍ tägl. 9h-12h30 14h-19h

DUPRIEUR 1989★

■　　　k.A.　　k.A.　　❚❘ ↓ ☑ **2**

Die tiefe Farbe kündigt ein würziges Bukett von roten Früchten an. Dieses Aroma begleitet auch die ziemlich feinen, sehr reifen Tannine. Der harmonische, lange Geschmack macht ihn zu einem sehr ansprechenden Wein.
↰ Etienne Brana, 3 bis, av. du Jaï-Alaï, 64220 Saint-Jean-Pied-de-Port, Tel. 59.37.00.44 ☍ Mo-Fr 9h-12h 14h-17h

CH. LAFFITTE-TESTON
Vieilles vignes 1989★

■　　　6 ha　　30 000　　❚❙❘ ↓ ☑ **2**

Dieser 89er besitzt eine schon entwickelte Farbe und ein Aroma, das an Pflaumen in Alkohol, Gewürze und Holznoten erinnert. Hinter einer geschmeidigen Ansprache entfaltet sich ein voller, geschmeidiger und langer Geschmack, der mit einem fruchtigen Abgang endet.
↰ Jean-Marc Laffitte, Ch. Laffitte-Teston, 32400 Maumusson, Tel. 62.69.74.58 ☍ Mo-Sa 8h-13h 14h-20h

CHAPELLE LENCLOS 1989★

■　　　4 ha　　25 000　　❚❙❘ ↓ ☑ **2**

Dieser 89er verströmt ein Vanille- und Röstaroma mit einem Hauch von Unterholz. Der Geschmack nimmt in der Ansprache die gleichen Noten wieder auf. Die Struktur ist sehr geschmeidig und elegant. Holzton im Abgang. Man sollte ihn 1993 probieren.
↰ Patrick Ducournau, Laguian, 32400 Maumusson, Tel. 62.69.78.11 ☍ n. V.

DOM. DE MAOURIES 1990★★

■　　　5,5 ha　　40 000　　❚❙❘ ↓ ☑ **3**

Die konzentrierte Farbe weist auf die wesentlichen Qualitäten dieses 90ers hin : kräftiger, komplexer Duft mit Noten von gerösteten Mandeln, Kirschen und reifen Himbeeren. Im Geschmack, in dem man das Aroma von roten Früchten wiederfindet, kommt die Fülle voll und harmonisch mit noch jungen Tanninen zur Entfaltung. Man sollte ihn in einem Jahr nochmals verkosten (wenn etwas davon übrigbleibt !).
↰ GAEC du Dom. de Maouries, 32400 Labarthete, Tel. 62.69.63.84 ☍ n. V.
↰ Dufau et Fils

DOM. MEINJARRE 1990★

■　　　8 ha　　56 000　　❚❙❘ ☑ **1**

Dieser 90er Madiran, dessen Charakter stark durch seine Jugendlichkeit geprägt wird, besitzt eine bläulichrote Farbe und duftet nach schwarzen Johannisbeeren. Die noch rauhen Tannine werden sich langsam verfeinern. In zwei Jahren ein interessanter Wein.
↰ Alain Brumont, 32400 Maumusson, Tel. 62.69.74.67 ☍ Mo-Sa 9h-19h

CH. MONTUS 1990★★

■　　　28 ha　　160 000　　❚❙❘ **3**

84 |⑧⑤| |86| |87| 88 90

Ein berühmtes Schloß, dessen Spuren sich bis ins 12. Jh. zurückverfolgen lassen ; die Keller stehen unter Denkmalschutz. Bei der Vinifizierung verwendet man immer die modernsten Methoden und benutzt für den Ausbau neue Eichenholzfässer. Dieser bläulichrot schimmernde 90er Rotwein ist im Holzfaß ausgebaut worden. Das komplexe Bukett verbindet auf angenehme Weise frische und getrocknete Früchte mit Noten von Unterholz. Die Ansprache ist fein und aromatisch. Für einen Wein von solcher Kraft ist er dank seiner schon abgerundeten Tannine recht harmonisch. Man muß die Entwicklung dieses schönen, lagerfähigen Weins abwarten.
↰ Alain Brumont, 32400 Maumusson, Tel. 62.69.74.67 ☍ Mo-Sa 9h-12h 14h-19h

DOM. MOUREOU 1990★

■　　　9 ha　　40 000　　❚❙❘ ↓ ☑ **1**

Dieser 90er entfaltet ein würziges Aroma von schwarzen Früchten. Der runde Geschmack enthüllt feine, angenehme Tannine und Kakao- und Lakritzenoten. Altern lassen !
↰ Patrick Ducournau, Laguian, 32400 Maumusson, Tel. 62.69.78.11 ☍ n. V.

COLLECTION PLAIMONT
Elevé en fûts de chêne neuf 1989★★

■　　　100 ha　　50 000　　❚❙❘ ↓ ☑ **2**

Die »Erzeuger von Plaimont« stellen mit diesem 89er einen sehr gut ausgebauten Wein mit lebhafter Farbe und entwickeltem, an Eingemachtes, Gewürze und Wildnoten erinnerndem Duft vor. Der wohldosierte Holzton, der sich im Geschmack entfaltet, begleitet eine feine und gleichzeitig füllige und warme Struktur. Der Zauber der Ausgewogenheit !
↰ Producteurs Plaimont, 32400 Saint-Mont, Tel. 62.69.62.87 ☍ n. V.

DOM. SERGENT 1989★

■　　　k.A.　　12 000　　❚❙❘ ☑ **2**

87 88 89

Ein zu Beginn des Jahrhunderts entstandenes Gut. Über den Unteroffizier, dem es seinen Namen verdankt, weiß man allerdings nichts. Unter einem Kleid von strahlender Farbe entwickelt sich ein Duft von Vanille, Geröstetem und Früchten. Die Tannine sind gleichzeitig fein und nicht sehr reif. Dieses Aroma taucht im Geschmack wieder auf. Trotz seiner Jugend besitzt er Fülle. Man muß sich noch ein Jahr gedulden, um alles zu entdecken, was er heute verspricht.

➍ Gilbert Dousseau, Dom. Sergent, 32400 Maumusson, Tel. 62.69.74.93 ☎ Mo-Sa 8h-20h

DOM. TAILLEURGUET 1989*

| ■ | 1 ha | 2 500 | ◧ �v ② |

Sehr reife Früchte charakterisieren den Duft ebenso wie den Geschmack dieses 89ers, in dem das Aroma von Backpflaumen dominiert. Feste Struktur vor allem im Abgang, mit Röstaroma und würzigen Noten. Man sollte ihn wegen seiner ziemlich starken Eindrücke trinken.

➍ François Bouby, Dom. Tailleurguet, 32400 Maumusson, Tel. 62.69.73.92 ☎ tägl. 9h-19h

Pacherenc du Vic-Bilh

Dieser Weißwein, der im gleichen Anbaugebiet wie der Madiran erzeugt wird, stammt von einheimischen (Arrufiat, Manseng, Courbu) und Bordeaux-Rebsorten (Sauvignon, Sémillon). Diese Kombination verleiht ihm eine aromatische Vielfalt von extremer Reichhaltigkeit. Je nach den klimatischen Bedingungen des Jahrgangs fallen die Weine trocken und duftig oder lieblich und lebhaft aus. Ihre Finesse ist bemerkenswert; sie sind füllig und stark und entfalten ein Aroma, in dem man Mandeln, Haselnüsse und exotische Früchte entdeckt. Sie eignen sich hervorragend als Aperitif und passen – in der lieblichen Version – perfekt zu Schüsselpasteten.

CH. D'AYDIE 1990**

| ☐ | 2 ha | 9 000 | ◧ �v ④ |

Einer der großen Namen des Südwestens. Das Bukett dieses 90ers mit der hellen, strohgelben Farbe setzt sich aus weißen Blumen und Ananasaroma zusammen. Der Tanninreichtum verleiht dem Geschmack eine recht kräftige Ausgewogenheit. Die Fülle und die Rundheit der Ansprache entfalten sich über einen kantigen Geschmack, der im Abgang eine leicht bittere Note enthüllt. Ein schöner Pacherenc mit Charakter.

➍ Vignobles Laplace, 64330 Aydie, Tel. 59.04.01.17 ☎ tägl. 8h-12h 14h-19h

CH. BOUSCASSE Novembre 1990**

| ☐ | 2 ha | 8 000 | ◧ �v ⑤ |

»November 1990« steht in blauen Buchstaben auf goldenem Grund. Das ist sicherlich der Zeitpunkt, als Alain Brumont die Trauben für diesen Wein gelesen hat. Goldgelbe Farbe mit orangeroten Reflexen. Der komplexe, intensive Duft von Honig und Zitrusfrüchten konkretisiert sich im Geschmack mit einem gut strukturierten Orangenaroma, einer feinen Holznote und der Wärme des Alkohols. Er braucht noch ein bis zwei Jahre Reifung, damit seine kräftige Struktur harmo-

nisch wird. Ein seltener Genuß, den man sich unbedingt gönnen sollte !

➍ Alain Brumont, 32400 Maumusson, Tel. 62.69.74.67 ☎ Mo-Sa 9h-19h

CH. LAFFITTE-TESTON 1991*

| ☐ | 2 ha | 15 000 | ◧↓ �v ① |

Der Teston war die Münze von Béarn und Navarra, die in Pau geschlagen wurde und das Bild von Jeanne d'Albret und Heinrich IV. trug. Strohgelbe Farbe mit grünen Reflexen und sehr kräftiger Duft mit einer Anisnote. Dieser trockene, im Geschmack lebhafte Wein entfaltet ein langes Aroma von weißen Früchten. Sehr tonische Struktur im Abgang. Ein Wein, der Charakter hat.

➍ Jean-Marc Laffitte, Ch. Laffitte-Teston, 32400 Maumusson, Tel. 62.69.74.58 ☎ Mo-Sa 8h-13h 14h-20h

DOM. LAOUGUE 1991*

| ☐ | 1,4 ha | 10 200 | ◧↓ ▣ ② |

Von reifen Äpfeln über Passionsfrüchte bis zu Pfingstrosen – ein vielversprechender Reisebeginn. Dieser leicht perlende 91er ist sehr lebhaft. Der Geschmack ist so rund und reif wie ein weißer Pfirsich. Guter Abgang.

➍ Pierre Dabadie, rte de Madiran, 32400 Viella, Tel. 62.69.76.67 ☎ n. V.

PACHERENC DE LA SAINT-ALBERT 1990*

| ☐ | 10 ha | 50 000 | ◧↓ ▣ ③ |

Unter einer goldgelben Farbe entfaltet sich ein Duft von Zitrusfrüchten, weißen Blüten und Honignoten. Obwohl der Wein im Geschmack füllig ist, bewahrt er eine schöne Frische, die zu einem harmonischen Gesamteindruck mit fruchtig-honigartigem Aroma führt. In ein bis zwei Jahren wird er sich perfekt entwickelt haben.

➍ Producteurs Plaimont, 32400 Saint-Mont, Tel. 62.69.62.87 ☎ n. V.

DOM. SERGENT 1990*

| ☐ | 0,5 ha | 3 000 | ◧↓ ▣ ② |

Das Holzfaß hat hier einen guten Beitrag geleistet. Sehr reizvoller Duft mit holzigen, fruchtigen und Röstnoten. Das gilt auch für den sehr feinen Geschmack. Auch wenn er keine außergewöhnliche Nachhaltigkeit besitzt, ist er ein harmonischer, schon reifer Wein.

➍ Gilbert Dousseau, Dom. Sergent, 32400 Maumusson, Tel. 62.69.74.93 ☎ Mo-Sa 8h-20h

Tursan AOVDQS

Im Anbaugebiet von Tursan, das einst Eleonore von Aquitanien gehörte, werden Rot-, Rosé- und Weißweine von gehobener Qualität erzeugt. Am reizvollsten sind die Weißweine, die von einer originellen Rebsorte, der Baroquerebe, stammen. Der weiße Tursan ist trocken und nervig und entfaltet einen unnachahmlichen Duft. Er paßt zu Alse, Pibale und gebratenem Fisch.

LES VIGNERONS DU TURSAN
Carte noire 1990*

■	180 ha	180 000	▮↓☑❶

Die ziemlich tiefe, rubinrote Farbe paßt zu dem durch die Cabernettrauben geprägten Aroma von Eingemachtem. Der volle, warme Geschmack bietet schon deutlich spürbare, jetzt reife Tannine. Ein Wein für Herbstabende.
☛ Les Vignerons du Tursan, 40320 Geaune, Tel. 58.44.51.25 ☎ n. V.

reifen Früchten verbindet. Der sehr aromatische Geschmack enthält feine Tannine. Ein frischer Wein, den man wegen seiner Vornehmheit und Geschmeidigkeit trinken sollte.
☛ Producteurs Plaimont, 32400 Saint-Mont, Tel. 62.69.62.87 ☎ n. V.

CH. SAINT-GO 1988**

■	12 ha	60 000	▮▮↓☑❷

Dieser 88er zeigt eine schon entwickelte Farbe. In seinem Aroma vermischen sich Vanille, Unterholz und eingemachte Kirschen. Seine ausgewogene Struktur wird durch einen recht harmonischen Holzton und das Aroma in Alkohol eingelegter Früchte betont. Ein sehr harmonischer Wein, den man schon jetzt trinken kann.
☛ Vignoble de Gascogne, 32400 Riscle, Tel. 62.69.05.07 ☎ n. V.

Côtes de Saint-Mont AOVDQS

Die Côtes de Saint-Mont, die Fortsetzung des Anbaugebiets von Madiran, sind als letzte Pyrenäenappellation von Weinen gehobener Qualität entstanden (1981). Die wichtigste Rebsorte für Rotweine ist hier immer noch die Tannatrebe, während die Weißweine aus den Rebsorten Clairette, Arrufiat, Courbu sowie Gros und Petit Manseng erzeugt werden. Hauptproduzent ist die dynamische Vereinigung der Genossenschaftskellereien von Plaimont. Die Rotweine sind farbintensiv und körperreich und werden rasch rund und ansprechend; man trinkt sie zu Grillgerichten und Garbure aus der Gaskogne. Die Roséweine sind fein und entfalten ein fruchtiges Aroma. Die Weißweine besitzen einen ausgeprägten Bodengeruch und sind trocken und nervig.

BASTZ D'AUTAN
Vieilli en fûts de chêne 1990**

■	80 ha	500 000	▮▮↓☑❶

Dieser 90er besitzt eine purpurrote Farbe und entfaltet einen Duft mit Noten von Tiergeruch, Unterholz und Menthol. Geschmeidige, zart holzige Tannine versprechen für 1993 einen optimalen Genuß.
☛ Vignoble de Gascogne, 32400 Riscle, Tel. 62.69.05.07 ☎ n. V.

PLAIMONT TRADITION 1990**

■	400 ha	3 000 000	▮↓☑❶

Ein gut gebauter, harmonischer Plaimont Tradition, dessen Duft die Frische und Finesse von

Die Weine der Dordogne

Das Weinbaugebiet der Dordogne ist die natürliche Fortsetzung des Anbaugebiets von Libourne, von dem es nur durch eine administrative Grenze getrennt ist. Dieses Anbaugebiet des Périgord, in dem die klassischen Rebsorten der Gironde wachsen, ist durch eine sehr vielfältige Produktion und eine große Zahl von Appellationen charakterisiert. Es nimmt die Terrassen an den Ufern der Dordogne ein.

Die regionale Appellation Bergerac umfaßt Weiß-, Rosé- und Rotweine. Die Côtes de Bergeracs sind liebliche Weißweine mit zartem Bukett und kräftig gebaute, runde Rotweine; sie passen zu Geflügel und Fleischgerichten mit Sauce. Die Appellation Saussignac bezeichnet ausgezeichnete liebliche Weißweine, die eine ideale Ausgewogenheit zwischen Lebhaftigkeit und Süße besitzen; als Aperitifweine stehen sie zwischen dem Bergerac und dem Monbazillac. Montravel, das unweit von Castillon liegt, ist das Anbaugebiet von Montaigne; es erzeugt den trockenen weißen Montravel, der sehr stark durch die Sauvignontraube geprägt wird, und die Côtes de Montravel und die Haut-Montravel-Weine, liebliche, elegante und rassige Weine, die hervorragend zum Dessert passen. Der Pécharmant ist ein Rotwein, der auf den Hängen des Gebiets von Bergerac erzeugt wird; die eisenreichen Böden verleihen ihm einen sehr typischen Bodengeschmack. Als lagerfähiger Wein mit feinem, zartem Bukett paßt er zu den klassischen Gerichten des Périgord. Der Rosette ist ein lieblicher Weißwein, der aus den gleichen Rebsorten wie die Bordeauxweine hergestellt wird und in einem kleinen Anbaugebiet auf dem rechten Ufer der Dordogne um Bergerac herum erzeugt wird.

Der Monbazillac ist einer der berühmtesten Süßweine. Sein Anbaugebiet, das seit dem 14. Jahrhundert bekannt ist, liegt auf lehmig-kalkigen Böden mit Nordlage. Das hier herrschende Mikroklima ist besonders günstig für die Entwicklung eines speziellen Botrytis-Pilzes, d. h. der Edelfäule. Die Monbazillacweine besitzen eine goldgelbe Farbe und ein an wilde Blumen und Honig erinnerndes Aroma. Aufgrund ihrer geschmacklichen Länge kann man sie als Aperitif oder zu Gänseleberpastete, Roquefort und Desserts auf Schokoladenbasis trinken. Sie sind voll und stark und entwickeln sich bei der Alterung zu großen Süßweinen, die einen Geschmack von »Gebratenem« annehmen.

Bergerac

Sie können im gesamten Arrondissement Bergerac erzeugt werden, das 12 633 ha umfaßt. Der frische, fruchtige Rosé stammt häufig von Cabernetreben ; der aromatische, geschmeidige Rotwein wird aus einer Kombination traditioneller Rebsorten hergestellt.

CH. CAILLEVET 1990*

| 1,02 ha | 6 500 |

Das Gebiet von Thénac ist für seine lehmig-kalkigen Böden bekannt, die den Trauben eine ganz besondere aromatische Ausdruckskraft verleihen. Das Aroma ist außerdem sehr stabil, weil man diesem 90er in keiner Weise anmerkt, daß er bereits ein Jahr in der Flasche gereift ist. Viel Fruchtigkeit und Finesse. Die Frische findet man auch im Geschmack, wo man die gleiche Fruchtigkeit wiederfindet, die auf vollreife Cabernettrauben zurückgeht.
Denis Goyon, Caillevet, 24240 Thénac, Tel. 53.58.80.71 ☎ n. V.

DOM. CONSTANT 1990*

| 5,98 ha | 40 000 |

Loben wir diesen Winzer für seinen 90er, dessen Qualität kein Zufallsprodukt ist. Schwarze Johannisbeeren im Duft, rote Früchte und deutlich spürbare Tannine im Geschmack. Ein Wein, den man schon jetzt trinken kann, während man auf das »Wunder« von 1991 wartet.
Jean-Louis Constant, En bordure de la D 936, 24680 Lamonzie-Saint-Martin, Tel. 53.24.07.08 ☎ n. V.

CROS DE NAIAS 1990

| 3 ha | 16 000 |

Der Önologe Daniel Hecquet hat sich die schwere Aufgabe gestellt, einen Rotwein zu erzeugen, der zu gebratenem Fisch oder Fischgerichten mit Sauce paßt. Zu diesem Zweck wird jede Traubensorte getrennt vinifiziert, teilweise mittels Kohlensäuremaischung, damit man einen Wein von leichter Farbe erhält, der sehr geschmeidige, harmonische Tannine und ein intensives Aroma von roten Früchten (Erdbeeren und Himbeeren) besitzt. Ein kurzer Ausbau im Barriquefaß verleiht ihm eine Vanillenote. Man sollte auch den mit einem Stern bewerteten Rosé probieren.
SCEA Dom. de Krevel, Calabre, 33220 Port-Sainte-Foy-et-Ponchapt, Tel. 53.24.77.27 ☎ n. V.
Kreusch et Associés

DOM. DU GOUYAT 1991**

| 7 ha | 50 000 |

Ein sehr schöner Wein, der ausschließlich aus Cabernet-Sauvignon hergestellt ist. Das komplexe Aroma erinnert an Früchte und Blumen. Der Geschmack ist ebenfalls sehr vollständig : Nach einer sehr weichen Ansprache entfaltet er sich recht lebhaft bis zu einem sehr nachhaltigen, fruchtigen Abgang. Selten bei einem Rosé.
Dubard Frères et Sœur, Le Gouyat, 24610 Saint-Méard-de-Gurçon, Tel. 53.82.48.31 ☎ tägl. 8h-20h

CH. GRINOU Réserve 1990**

| 2 ha | 4 500 |

Die 90er Réserve von Château Grinou. Das Rezept dafür ist einfach : Kalkboden, Merlottrauben, die Sonne des Jahrgangs 1990 und das Können des Winzers. Wie sieht das Ergebnis aus ? Tiefe, granatrote Farbe, sehr feiner, komplexer Duft mit Noten von schwarzen Johannisbeeren und zarter Holznote, sehr reiche Struktur, in der sich die Tannine der Trauben und des Holzfasses harmonisch verbinden. Dieser Wein ist die Nr. 2 hinter unserer besonderen Empfehlung. Er sollte noch etwas lagern.
Catherine et Guy Cuisset, rte de Gageac, 24240 Monestier, Tel. 53.58.46.63 ☎ n. V.

DOM. DU HAUT MONTLONG 1991*

| 1,6 ha | 8 000 |

Lehmig-kalkiger Boden, 50% Cabernet-Franc und 50% Cabernet-Sauvignon – das ist fast das Rezept, um einen sehr schönen Roséwein zu erzeugen. Trotzdem muß noch das Können von Alain Sergenton hinzukommen. Zarte, rosarote Farbe. Das recht deutliche Aroma erinnert an schwarze Johannisbeeren. Ausgewogene Struktur mit Tanninen, die die Frische nicht beeinträchtigen.

➥ Alain Sergenton, Dom. du Haut-Montlong, 24240 Pomport, Tel. 53.58.81.60 ⏣ tägl. 9h-18h

CH. LA BARDE-LES TENDOUX 1990★★

| ■ | 5 ha | 15 000 | ❙❙❙ ☑ 2 |

Jean-Paul Marmin, ein bekannter Weinhändler aus Bergerac, vinifiziert die Trauben seines Gutes in Saint-Cernin-de-Labarde. Das Ergebnis verdient Beachtung, denn der 90er ist der Großen Jury als besondere Empfehlung vorgeschlagen worden. Dieser hauptsächlich aus Cabernet-Franc und Cabernet-Sauvignon hergestellte Wein besitzt eine außergewöhnliche Struktur, die man auch noch in ein paar Jahren wiederfinden wird. Für den Augenblick halten der Duft (Vanille- und Unterholznoten) und die zarte Harmonie noch kaum ihre Versprechungen.

➥ SOCAV, Ch. La Barde, 24560 Saint-Cernin-de-Labarde, Tel. 53.57.63.61

CH. LA BRIE 1990★

| ■ | 5,34 ha | 10 000 | ❙❙❙ ❙❙❙ ☑ 1 |

La Brie gehört dem Landwirtschaftsministerium und besitzt auch eine landwirtschaftliche Fachoberschule, während die Trauben von der Genossenschaftskellerei von Monbazillac vinifiziert werden. Dieser überwiegend aus Merlottrauben hergestellte und in neuen Eichenholzfässern ausgebaute Wein ist körperreich, voll und fleischig und besitzt eine harmonische Struktur von großer Nachhaltigkeit. Er schmeckt bereits jetzt angenehm, entwickelt sich aber noch weiter.

➥ Cave Coop. de Monbazillac, rte de Mont-de-Marsan, 24240 Monbazillac, Tel. 53.57.06.38 ⏣ tägl. 9h-19h

CLOS LA CROIX BLANCHE 1990★

| ■ | 2,05 ha | 15 000 | ❙❙❙ ↓ 2 |

Schöne, zinnoberrote Farbe und sehr intensiver Blütenduft. Die Tannine sind geschmeidig und rund und werden von fruchtigen Noten begleitet, zu denen im Abgang eine leichte Säure hinzukommt. Ein schon gut zu trinkender Wein, der noch einige Jahre altern kann.

➥ Michel Brouilleaud, La Croix Blanche, 24240 Monestier, Tel. 53.58.45.82 ⏣ tägl. 8h-12h 14h-19h

CH. DE LA JAUBERTIE Réserve 1989★

| ■ | 5 ha | 20 000 | ❙❙❙ ↓ ☑ 2 |

In diesem Schloß in Colombier, das seit 1973 Henry Ryman gehört, weilten bereits Heinrich IV. und Gabrielle d'Estrée zu Gast. Kräftige Farbe und ein feiner Duft, in dem man neben Veilchen- auch Vanillenoten findet. Im Geschmack spürt man eine schöne Harmonie zwischen den Tanninen des Weins und des Eichenholzfasses sowie eine gute Nachhaltigkeit. Sollte noch altern.

➥ Henry Ryman SA, Ch. de La Jaubertie, 24560 Colombier, Tel. 53.58.32.11 ⏣ tägl. 9h-12h 14h-18h

CH. DE LA MALLEVIEILLE 1991

| ◪ | 1 ha | 4 000 | ❙❙❙ ↓ ☑ 1 |

Der Féret wies bei seinem Erscheinen auf ein Château Mallevieille hin, das acht Fässer ausschließlich Rotwein erzeugte. Jeder weiß, daß man aus den gleichen Trauben auch einen Rosé-wein herstellen kann. So kann uns Philippe Biau hier einen Rosé mit sehr feinem Aroma präsentieren. Die Frische, die von der Kohlensäure herrührt, überdeckt ein wenig die Struktur, die man im Abgang wiederfindet. Dieser Wein wird Ihre Sommerabende erfrischen.

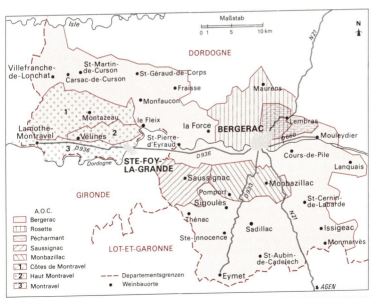

Philippe Biau, La Mallevieille, 24130 Monfaucon, Tel. 53.24.64.66 täglich. 8h-20h

CH. LA RESSAUDIE 1990**

10 ha   25 000

Ein sehr altes Weingut, das auf den Hügeln über Port-Sainte-Foy liegt. Der lehmig-kalkige Boden und die spezielle Bestockung, zu der auch die Côtrebe gehört, verleihen diesem Wein einen Zauber, dem man sich nicht entziehen kann. Der intensive Duft wird vom Aroma schwarzer Johannisbeeren geprägt, das für die Cabernet-Sauvignon-Trauben typisch ist, wenn sie vollreif sind. Die gute Struktur im Geschmack, mit geschmeidigen, runden und harmonischen Tanninen, läßt eine gute Alterung vorhersagen.

Jean Rebeyrolle, Ch. La Ressaudie, 33220 Port-Sainte-Foy, Tel. 53.24.71.48 n. V.

CH. LAULERIE 1990*

7 ha   50 000

Château Laulerie stellt innerhalb der Domaine du Gouyat eine Auswahl der besten Cuvées dar, die in kleinen Holzfässern ausgebaut werden. Moderner Fortschritt, der die Tradition achtet, ist die Richtlinie, an die sich auch der 90er hält. Er entfaltet die für sein Anbaugebiet eigentümlichen Eigenschaften. Auch wenn der Duft noch weitgehend vom Vanillearoma beherrscht wird, zeigt die geschmackliche Struktur von einem hervorragenden Können des Winzers, das den Tanninreichtum des Weins und des Holzfasses harmonisch verbindet. Man sollte diesen Wein erst in drei bis vier Jahren entkorken.

Dubard Frères et Sœur, Le Gouyat, 24610 Saint-Méard-de-Gurçon, Tel. 53.82.48.31 täglich. 8h-20h

DOM. DE LA VAURE 1990*

14 ha   80 000

La Vaure ist ein Modell- und Versuchsgut, das an einem Hang liegt und größtmögliche Sonneneinstrahlung genießt. Der fruchtige Duft von Cabernet-Sauvignon-Trauben mit Noten von geröstetem Brot und die geschmeidige, reiche und harmonische Struktur machen diesen Wein zu einem typischen Bergerac, den man nicht allzulang aufheben sollte.

Union Vinicole Bergerac-Le-Fleix, 24130 Le Fleix, Tel. 53.24.64.32 n. V.

CH. LE RAZ 1991*

16 ha   35 000

Raz hat etwas Bretonisches an sich. In Wirklichkeit handelt es sich dabei um Rat, einen im Périgord häufig vorkommenden Ortsnamen. Das Gut lag bis 1956 brach, als es von der Familie Barde neu bepflanzt wurde. Dieser hauptsächlich aus Cabernettrauben (95%) hergestellte Rosé wird durch seine Rebsorte geprägt, aber nicht übertrieben stark. Das Gärungsaroma ist noch vorhanden. Der Geschmack entspricht dem Duft: gute Ausgewogenheit und lang anhaltende Fruchtigkeit. Ein frischer, angenehmer Wein.

Vignobles Barde, Ch. Le Raz, 24610 Saint-Méard-de-Gurçon, Tel. 53.82.48.41 Mo-Fr 9h-12h30 14h30-18h30, Sa n. V.

MONSIEUR DE BERGERAC 1990*

20 ha   11 000

Die besten Cuvées der verschiedenen Kellereien der Dordogne, eine strenge Auswahl und eine klug bemessene Zusammenstellung ergeben diesen Monsieur de Bergerac. Er besitzt Charakter : einen gaskognischen natürlich, aber voller Sanftmut. Im Bukett und im Geschmack entfalten sich rote Früchte und schwarze Johannisbeeren. Die reifen Tannine schenken diesem Wein eine gute Harmonie. Langer, schöner Gesamteindruck.

Les Vignerons de Saint-Laurent Unidor, rte de Mont de Marsan, 24100 Saint-Laurent-des-Vignes, Tel. 53.24.90.53 n. V.

CH. MOULIN CARESSE 1990*

2 ha   10 000

Moulin Caresse verdankt seinen Namen einer Mühle, in der sich die Liebespaare trafen. Der Wein hüllt sich in ein purpurrotes Kleid und bezaubert durch seinen an Backpflaumen und eingemachte Kirschen erinnernden Duft. Seine ansprechende, reiche Struktur hat er im Eichenholzfaß gewonnen. In einigen Jahren kann er alle Liebhaber von guten Weinen verführen.

Jean-François Deffarge, Coin, 24230 Saint-Antoine-de-Breuilh, Tel. 53.27.55.58 täglich. 9h-12h 14h-19h, dim. n. V.

CH. PIQUE-SEGUE 1990*

19 ha   50 000

Ein altes Gut von Ponchapt, das früher für seine Weißweine berühmt war und 1990 von Monsieur Mallard erworben wurde. Dieser 90er stammt von einem lehmig-kalkigen Boden und ist aus den drei Bordeaux-Trauben hergestellt worden. Er zeichnet sich durch seine schöne, purpurrote Farbe, seinen feinen Duft mit den pfeffrigen Noten, seine harmonischen Tannine und ein leichtes Lakritzearoma aus. Ein sehr harmonischer Wein, der bereits trinkreif ist.

SNC Ch. Pique-Sègue, 33220 Port-Sainte-Foy-et-Ponchapt, Tel. 39.75.63.36 n. V.

SCI de Moncazeau

CH. DU PRIORAT 1991***

2 ha   4 000

Die alten Besitzer dieser Weinberge, die Grafen von Gurçon, würden – wenn sie auf ihre Ländereien zurückkehrten – urteilen, daß ihre Nachfolger ein Adelsprädikat verdient hätten. Die Jury wollte mit ihrem Urteil das außerge-

wöhnlich fruchtige Aroma (schwarze Johannisbeeren) loben, das sowohl im Duft wie auch im
Geschmack dominiert. Der Gesamteindruck ist
nervig, fruchtig, vollmundig, rund, strukturiert,
voll etc. Nur eine besondere Empfehlung kann
diese fast vollkommene Harmonie würdigen.
🍷 GAEC du Priorat, 24610 Saint-Martin-
de-Gurçon, Tel. 53.80.76.06 ⏳ tägl. 8h-18h
🍷 Maury

COOP. DE SAINT-VIVIEN ET BONNEVILLE 1990

■		7 ha	55 000	🍷 ☑ 1

Diese Cuvée mit einem hohen Anteil von
Cabernet-Sauvignon besitzt einen leicht fruchtigen Duft und feste Tannine, aber es mangelt ihr
ein wenig an Fülle. Man sollte sie nicht mehr
allzulang lagern. Sie trinkt sich gut, und das ist
doch das Wichtigste.
🍷 Les Viticulteurs réunis de Saint-Vivien et
Bonneville, 24230 Velines, Tel. 53.27.52.22
⏳ n. V.

CH. SINGLEYRAC 1990*

■		k.A.	11 837	🍷 🍶 ↓ ☑ 1

Was für ein Glück für Monsieur Bernard, daß
er nach der Übernahme von Château Singleyrac
mit dem hervorragenden, vielversprechenden
Jahrgang 1990 debütieren kann. Dieser reinsortige Merlot stammt von 20 Jahre alten Rebstök-
ken, die auf einem lehmig-kalkigen Boden wachsen. Er ist sehr fein und rund. Im Duft entfalten
sich Noten von roten Früchten, die sich mit dem
Aroma von Gewürzen und Kakao verbinden. Die
Struktur zeichnet sich durch reiche, geschmeidige
und fleischige Tannine aus.
🍷 SCEA Ch. Singleyrac, 24500 Syngleyrac,
Tel. 53.58.37.34 ⏳ n. V.

CH. TOURMENTINE 1990**

■		7 ha	30 000	🍷 ↓ ☑ 1

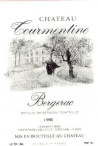

Jean-Marie Huré, der seit 1986 auf dem schönen Gut Tourmentine in Monestier lebt, erntet
mit diesem von uns besonders empfohlenen Wein
die Früchte für seine beständige Suche nach
Qualität. Strahlende Farbe und ein sehr komplexes Bukett, in dem sich das Aroma von Leder,
Unterholz und sogar Wild entfaltet. Auch der
Geschmack enttäuscht nicht : deutlich spürbare,
sehr reife Tannine, vollkommene Ausgewogenheit und ein angenehmer, nachhaltiger Abgang.
Außergewöhnliches Potential.
🍷 Jean-Marie Huré, Tourmentine, 24240
Monestier, Tel. 53.58.41.41 ⏳ tägl. 8h-20h

Bergerac Sec

Die Vielfalt an Böden
(Kalk, Kiessand, Lehm) verleiht den Weinen ein unterschiedliches Aroma. In ihrer
Jugend besitzen sie Fruchtigkeit und Eleganz mit einem Hauch von Nervigkeit.
Wenn sie im Holzfaß ausgebaut werden,
brauchen sie ein bis zwei Jahre, um ihren
vom Anbaugebiet geprägten Charakter zu
entfalten.

ADRINA 1991*

□		1 ha	2 500	🍷 ↓ ☑ 1

Im vergangenen Jahr stellte Didier Feytout
einen trockenen Montravel vor, der nur knapp
unsere besondere Empfehlung verpaßte. Mit seinem Adriana präsentiert er diesmal einen trockenen Bergerac. Das klare, saubere Aroma erinnert
an Sauvignontrauben und Pampelmusen. Die
Ausgewogenheit und die nachhaltige Struktur
rühren von einer hervorragenden Vinifizierung
her, die die Eigenheiten des Anbaugebiets beachtet.
🍷 Catherine et Didier Feytout, Ch. le Bondieu,
24230 Saint-Antoine-de-Breuilh, Tel. 53.58.30.83
⏳ Mo-Sa 8h-19h
🍷 Gabriel Feytout

CH. BELINGARD CHAYNE
Blanche de Bosredon Tête de cuvée 1990*

□		5 ha	10 000	🍶 ☑ 2

Eine alte Familie, deren Wurzeln bis ins 10. Jh.
zurückreichen und die seit dem 14. Jh. im Périgord lebt. Das Gut wurde fast zwei Jahrhunderte
lang gemäß der Weisung von Laurent de Bosredon in der weiblichen Linie vererbt und zeigt
noch immer eine weibliche Prägung. Dieser aus
Sémillon (60%) und Sauvignon hergestellte 90er
ist als lagerfähiger Wein vinifiziert worden. Man
muß abwarten, bis der Holzton mit der Struktur
verschmilzt. Erwähnenswert ist auch ein klassischer trockener Weißwein des Jahrgangs 1991,
der ebenfalls mit einem Stern bewertet wurde und
sich bereits entfaltet hat.
🍷 SCEA Comte de Bosredon, Ch. Belingard-
Chayne, 24240 Pomport, Tel. 53.58.28.03 ⏳ Mo-
Sa 8h-12h 14h-18h

CH. COMBRILLAC 1991*

□		8 ha	10 000	🍷 ↓ ☑ 1

Der Großvater von François Ecker, Segel-
schiffskipper und Sohn eines Hochseekapitäns,
gründete dieses Gut. Zum Zeitpunkt der Verkostung befand sich dieser trockene Weißwein noch
auf der Hefe, aber er ist sehr vielversprechend.
Das Aroma ist fein und blumig, während die
Struktur den Ungestüm des Jahrgangs 1991
widerspiegelt. Die 13% Sauvignon reichen aus,
damit man sie im Geschmack wiederfindet.
🍷 François Eckert, Gravillon, 24130
Prigonrieux, Tel. 53.24.69.83 ⏳ n. V.

DOM. CONSTANT Sauvignon 1991 *

☐   4,21 ha   8 500   ▌↓ ☑ ◪

Die Tradition ist hier die Regel. Auch Monsieur Constant führt die Lese weiterhin manuell durch, aber er verwendet auch moderne Methoden. Er ist einer der wenigen Winzer, die in diesem Jahr einen reinsortigen Sauvignon vorstellen können. Er konnte nämlich seinen Weinberg vor dem Aprilfrost schützen, indem er Wasser versprühte. Dieser feine, elegante Wein mit dem Aroma von Pampelmusen besitzt eine Struktur, in der man noch die Trauben spürt.
🍷 Jean-Louis Constant, En bordure de la D 936, 24680 Lamonzie-Saint-Martin, Tel. 53.24.07.08 ⓧ n. V.

CH. COURT LES MUTS 1991 **

☐   17 ha   25 000   ▌↓ ☑ ◪

Das frische, intensive Aroma wird im Augenblick noch von der Sauvignontraube beherrscht, aber ansonsten besteht dieser Wein zusätzlich aus 62% Sémillon und 8% Muscadelle. Dank eines zarten Perlens, das die Fruchtigkeit ersetzt, ist die Struktur sehr gefällig. Ein sehr guter Wein, der noch reift und bis zum kommenden Jahr altern muß.
🍷 SCEAV Pierre Sadoux, 24240 Razac-de-Saussignac, Tel. 53.27.92.17 ⓧ Mo-Fr 9h-11h30 14h-17h30, Sa n. V.

CH. GRINOU 1991 *

☐   9 ha   40 000   ▌↓ ☑ ◪

Guy Cuisset, der hier seit 1978 lebt, hat es verstanden, diesem Boden seine besten Qualitäten abzugewinnen. Der sehr elegante und feine 91er wird durch die Sauvignontraube geprägt, wenn auch nicht übertrieben stark. Leichtigkeit und Zartheit sind die Hauptmerkmale dieses sehr ansprechenden Weins.
🍷 Catherine et Guy Cuisset, rte de Gageac, 24240 Monestier, Tel. 53.58.46.63 ⓧ n. V.

DOM. DE LA COMBE 1991

☐   9 ha   3 500   ▌↓ ☑ ◪

Das Gut, das genau zwischen Château de Saussignac und dem Golf von Les Vigiers liegt, hat diesen 91er aus Sémillon (80%) und Muscadelle (20%) erzeugt. Die Rebsorten verleihen ihm Finesse und aromatische Nachhaltigkeit. Dank seiner Struktur paßt er auch zu Fischgerichten mit Sauce.
🍷 Claude Sergenton, La Combe, 24240 Razac-de-Saussignac, Tel. 53.27.86.51 ⓧ n. V.

DOM. DE L'ANCIENNE CURE 1991 *

☐   k.A.   10 000   ▌↓ ☑ ◪

Christian Roche hat dieses Gut 1984 erworben. Seitdem hat er viele Arbeiten im Weinberg durchgeführt und den Keller modernisiert. Diese Kombination aus Sauvignon (80%) und Muscadelle (20%) bestätigt die These von der aromatischen Komplementarität der beiden Rebsorten. Im intensiven Duft entfalten sich Ananas, Passionsfrüchte und Blumen. Der Geschmack ist fruchtig, aber die Struktur macht diesen Wein bereits trinkreif.
🍷 Christian Roche, Dom. de l'Ancienne Cure, 24560 Colombier, Tel. 53.58.27.90 ⓧ Mo-Sa 9h-12h 14h-19h

CH. LE FAGE Sauvignon 1991

☐   6 ha   36 000   ▌↓ ☑ ◪

Eine schöne Kartause aus der Zeit des Kaiserreichs. Ihr Monbazillac war früher in Holland unter dem Namen »Fagé Maury« sehr bekannt. Auch heute noch ist das Gut für seine Monbazillacweine berühmt. Dieser trockene Bergerac wird ausschließlich aus Sauvignontrauben hergestellt, die ihm Finesse verleihen. Der geschmackliche Reichtum rührt von dem außergewöhnlichen, lehmigen Boden her.
🍷 François Gérardin, Ch. Le Fagé, 24240 Pomport, Tel. 53.58.32.55 ⓧ tägl. 9h-19h

DOM. MOULIN DES DAMES 1991 **

☐   3 ha   k.A.   ◫↓ ☑ ◪

Domaine Moulin des Dames ist eine Auswahl der besten Lagen und Trauben aus den Weinbergen von Luc de Conti. Der trockene Weißwein, der aus je 50% Sauvignon- und Sémillontrauben hergestellt worden ist, wurde im Barriquefaß vergoren. Dennoch dominiert die Holznote nicht. Außergewöhnlich harmonische Verbindung der Aromen. Ein lagerfähiger Wein, auf den die Appellation Bergerac stolz sein kann.
🍷 SCEA de Conti, Les Gendres, 24240 Ribagnac, Tel. 53.58.27.96 ⓧ n. V.

PANISSEAU Tradition 1991 *

☐   1,25 ha   1 500   ◫↓ ☑ ◪

Panisseau ist berühmt für die Schönheit seines Schlosses aus dem 12. Jh. und für die Qualität seiner Weine. Hier nun ein erster Versuch für eine Vinifizierung in Barriquefässern. Die Ausgewogenheit zwischen Sémillon (60%), Sauvignon (30%) und Muscadelle (10%) verträgt diese Ausbauweise, auch wenn heute noch der Holzton dominiert. Er muß noch altern.
🍷 SA Panisseau, Ch. de Panisseau, 24240 Thénac, Tel. 53.58.40.03 ⓧ Mo-Sa 9h-12h 14h-18h

CH. DU PRIORAT 1991 *

☐   10 ha   22 000   ▌↓ ☑ ◪

Was für eine Alchimie bei diesem Wein! Nach der Meinung der Jury war er zu stark durch die Sauvignontraube geprägt, obwohl diese Rebsorte nur mit 10% vertreten ist und die Muscadelletraube (80%) dominiert. Wissen Sie, daß auch ein Chardonnay nach Sauvignon schmecken kann? Das hängt mit den Gegebenheiten des Bodens zusammen. Das Aroma hier ist sehr kräftig. Recht ausgeprägte Fruchtigkeit im Geschmack. Die Muscadelletraube entfaltet ihren Duft später, gerade zu dem Zeitpunkt, wenn dieser Weinführer erscheint.

🍷 GAEC du Priorat, 24610 Saint-Martin-de-Gurçon, Tel. 53.80.76.06 ☎ tägl. 8h-18h

🍷 Maury

CLOS SAINT-CHRISTOPHE 1991

| ☐ | 2 ha | 5 000 | ❚↓☑❶ |

Die Sémillontraube, die traditionelle Rebsorte der Süßweine von Bergerac, eignet sich auch für die Herstellung trockener Weine. Das ist der Fall bei diesem Wein, der im Duft und im Geschmack gefällig ist, auch wenn es ihm ein wenig an Intensität und Kraft mangelt. Angenehmer Gesamteindruck.

🍷 SCEA Pomar-Lagarde, Saint-Christophe, 24100 Bergerac, Tel. 53.57.71.62 ☎ n. V.

DOM. DU SIORAC 1991*

| ☐ | 3 ha | 10 000 | ❚↓☑❶ |

Seit drei Generationen arbeitet die ganze Familie auf diesem Gut und erzeugt sowohl Wein wie auch Verjus (Saft aus unreifen Trauben), der häufig in der Küche verwendet wird, vor allem für den köstlichen Hasenbraten in Verjus. Diesmal hat sie einen trockenen Bergerac ausgewählt, der zu gleichen Teilen aus Sémillon und Sauvignon hergestellt worden ist. Ein fruchtiger, wohlausgewogener Wein, der sicher nicht nur zum Kochen dienen wird.

🍷 André Landat et Fils, Dom. du Siorac, 24500 Saint-Aubin-de-Cadelech, Tel. 53.24.50.76 ☎ Mo-Sa 9h-12h 15h-18h

CH. TOUR DES GENDRES 1991**

| ☐ | 13 ha | 50 000 | ❚↓☑❶ |

Nach seiner Begeisterung für Pferde hat Luc de Conti nun seine Leidenschaft für den Wein entdeckt. Hoffen wir, daß sie noch lange anhält! Festzustellen, daß dieser Wein zu 80% aus Sauvignontrauben besteht, ist für einen erfahrenen Weinprüfer kein Kunststück. Das Aroma reifer Früchte findet sich im Geschmack wieder, der vollkommen harmonisch erscheint – bis auf den Abgang, der für manche säuerlich wirken könnte.

🍷 SCEA de Conti, Les Gendres, 24240 Ribagnac, Tel. 53.58.27.96 ☎ n. V.

CH. TOURMENTINE 1991**

| ☐ | 10 ha | 70 000 | ❚↓☑❶ |

Ein moderner Keller in einem alten, für das Périgord typischen Gebäude aus dem letzten Jahrhundert. Jean-Marie Huré meistert sein Anbaugebiet perfekt. Das komplexe, feine und intensive Aroma erinnert an eingemachte Früchte. Im Geschmack dominieren Fruchtigkeit und Rundheit. Der Abgang ist angenehm und nachhaltig. Ein hervorragender trockener Weißwein, der die Fruchtigkeit und den Boden betont.

🍷 Jean-Marie Huré, Tourmentine, 24240 Monestier, Tel. 53.58.41.41 ☎ tägl. 8h-20h

Côtes de Bergerac

Diese Bezeichnung steht für kein abgegrenztes Anbaugebiet, sondern für strengere Lesebedingungen, die reiche, kräftige Weine garantieren. Sie werden wegen ihrer Konzentration und ihrer längeren Haltbarkeit geschätzt.

CH. ALEXANDRE 1990

| ■ | 1,2 ha | 8 000 | ❚❙☑❷ |

Ein 1990 übernommenes Gut. Das Anbaugebiet besteht aus einer Hochfläche mit für die Region typischem lehmig-kalkigem Boden. Diese Cuvée ist aus Cabernet-Sauvignon (50%), Cabernet-Franc (44%) und Merlot (4%) hergestellt worden. Der Geruchseindruck wird vom Vanillearoma beherrscht, der die anderen Eindrücke etwas überlagert. Im Geschmack findet man ein sehr intensives Aroma von roten Früchten und kräftige Vanille- und Holznoten. Dieser Wein befindet sich sozusagen »in den Windeln« und muß noch reifen.

🍷 Arthur de Pourquery, Le Jonc blanc, 24230 Velines, Tel. 53.23.71.34 ☎ n. V.

CH. BELINGARD-CHAYNE 1990***

| ■ | 33 ha | 200 000 | ❚↓☑❶ |

Ein unseren Lesern wohlbekanntes Château und eine Cuvée, die den größten Teil der Rotweinproduktion dieses Gutes darstellt. Sie wird zu gleichen Teilen aus den drei roten Traubensorten hergestellt. Sehr feiner Duft mit dem Aroma vollreifer Früchte und einem Hauch von Überreife, der an Backpflaumen erinnert. Der Geschmack ist prächtig, rund, reich und fleischig und entfaltet die gleichen, sehr entwickelten Noten von roten Früchten. Ein feiner, eleganter Wein, der von der Großen Jury auf den zweiten Platz gesetzt wurde.

🍷 SCEA Comte de Bosredon, Ch. Belingard-Chayne, 24240 Pomport, Tel. 53.58.28.03 ☎ Mo-Sa 8h-12h 14h-18h

CH. BELINGARD-CHAYNE
Tête de cuvée Blanche de Bosredon 1990*

| | 15 ha | 70 000 | ❚❙↓☑❷ |

Diese Cuvée trägt den Namen von Blanche, Marquise de Bosredon Combrailles, die lange Zeit die Besitzerin dieser Weinberge war. Der Wein ist heute noch stark durch seinen Ausbau in Barriquefässern geprägt. Der sehr holzbetonte Duft enthüllt einige fruchtige Noten (Backpflaumen). Im Geschmack dominieren sehr reiche, deutlich spürbare Tannine, mit einer leichten Adstringenz im Abgang. Der Gesamteindruck ist zwar noch nicht harmonisch, läßt aber auf einen sehr guten Tropfen in ein paar Jahren schließen – wenn der Wein die Oberhand gewonnen hat.

🍷 SCEA Comte de Bosredon, Ch. Belingard-Chayne, 24240 Pomport, Tel. 53.58.28.03 ☎ Mo-Sa 8h-12h 14h-18h

CH. DU BLOY 1990

| | k.A. | k.A. | ▮ ☑ ☑ |

Die Brüder Guillermier haben sich 1964 auf der Hochebene von Montravel in Bonneville niedergelassen. Der lehmig-kalkige Boden verleiht diesem Wein ein eigentümliches Aroma von eingemachten Früchten mit Leder- und Kaffeenoten. Geschmeidiger Geschmack mit runden Tanninen und dem Aroma von reifen Früchten. Ein harmonischer, trinkreifer Wein.
↘ GAEC du Bloy, Bonneville, 24230 Velines, Tel. 53.27.50.59 ☎ n. V.
↗ Guillermier Frères

CH. COMBRILLAC 1990***

| | 3 ha | 10 000 | ▮ ☑ ☑ |

François Eckert, Sohn eines Hochseekapitäns und Segelschiffskippers, hat das Gut 1990 übernommen. Im Duft und im Geschmack dominiert das elegante, fruchtige Aroma von roten Früchten, das von harmonischen Tanninen begleitet wird. Man findet hier die gesamte Harmonie des Weins wieder. Er wurde von der Großen Jury einstimmig zu unserer besonderen Empfehlung gewählt – wegen des Charmes seines perfekten Stoffs und wegen seiner vielversprechenden, langen Alterungsfähigkeit. Die im Holzfaß ausgebaute Cuvée ist mit zwei Sternen bewertet worden.
↘ François Eckert, Gravillac, 24130 Prigonrieux, Tel. 53.24.69.83 ☎ n. V.

DOM. DU GRAND BOISSE 1990**

| | 5 ha | 20 000 | ▮ ▯ ☑ ☑ |

Das ist der Beweis, daß die nördlich von Bergerac gelegenen Hänge, die früher für ihre lieblichen Weißweine der Appellation Rosette berühmt waren, auch hervorragende Rotweine hervorbringen können. Dieser 90er mit dem Aroma von vollreifen roten Früchten ist ein Paradebeispiel dafür. Vor allem im Geschmack ist die Harmonie dank einer ausgezeichneten Struktur vollkommen. An diesem Erfolg ist das Talent des Kellermeisters dieser Genossenschaftskellerei nicht ganz unbeteiligt.
↘ Union Vinicole Bergerac-Le-Fleix, 24130 Le Fleix, Tel. 53.24.64.32 ☎ n. V.

CH. LA PLANTE 1990*

| | 5 ha | 26 000 | ▮ ▯ ☑ ☑ |

Ein bemerkenswert gepflegtes Weingut, auf dem die Herzlichkeit des Empfangs ein wenig den Charakter des Besitzers und seines Weins widerspiegelt. Die Qualität des Anbaugebiets ermöglicht eine ausgezeichnete Reifung der Trauben. Dies bestätigt sich im Aroma reifer Früchte, das man ebenso im Bukett wie im Geschmack findet. Reiche, harmonische Struktur. Ein schon heute angenehmer Wein.
↘ Jacques Mournaud, Ch. La Plante, 24610 Minzac, Tel. 53.80.77.43 ☎ n. V.

DOM. DE LA ROQUERIE 1990

| | 2,5 ha | k.A. | ▮ ☑ ☑ |

1859 besaß das Gut nur 1 ha Rebflächen. Heute sind es 9 Hektar, die am Südhang des Tertre de Montcuq liegen, auf dem sich eine berühmte mittelalterliche Festung erhebt. Diesem sehr jugendlichen Côtes de Bergerac fehlt es etwas an aromatischer Ausdruckskraft. Dagegen läßt die kräftige Struktur auf eine interessante Entwicklung innerhalb der nächsten Jahre hoffen.
↘ Nady Reiser, La Roquerie, 24240 Pomport, Tel. 53.57.45.35 ☎ tägl. 10h-12h 14h-19h

CLOS LA SELMONIE 1988*

| | 1 ha | 5 000 | ▮ ▯ ☑ ☑ |

Christian Beigner erzeugt diese harmonische Cuvée, die überwiegend aus Merlot- sowie Cabernettrauben besteht, im Anbaugebiet von Monbazillac, dessen Sockel typischerweise aus Kalk und Lehm zusammengesetzt ist. Der Wein besitzt eine intensive, für einen 88er frische Farbe. Im Duft dominieren rote Früchte, wobei ein Hauch von Überreife auf die sehr reiche, harmonische Gerbsäure hinweist. Kann bereits getrunken werden.
↘ Christian Beigner, rte de Mont-de-Marsan, 24240 Mescoulès, Tel. 53.58.43.40 ☎ n. V.

CH. LA TOUR DE GRANGEMONT 1990*

| | 10 ha | 20 000 | ▯▯ ▯ ☑ ☑ |

Charakteristischer Duft mit Noten von schwarzen Johannisbeeren und Brombeeren und einem Hauch von Schokolade. Nach einer geschmeidigen, reichen Ansprache endet der tanninreiche, vom Barriquefaß geprägte Geschmack mit einem leicht rustikalen Eindruck. Eine normal ausgebaute Cuvée, die ebenfalls einen Stern erhalten hat, ist schon jetzt leichter zugänglich.
↘ Christian Lavergne, 24560 Saint-Aubin-de-Lanquais, Tel. 53.24.31.50 ☎ Mo-Sa 8h-12h 14h-18h

CH. LE MAYNE 1990**

| | 28 ha | 100 000 | ▯▯ ☑ ☑ |

Der Jahrgang 1990 findet sich in diesem erstklassigen Wein wieder. Die diskrete Holznote sorgt für aromatische Komplexität. Die kräftige Struktur ist wohlausgewogen. Ein klassischer Côtes de Bergerac.
↘ Les Vignobles du Mayne, Ch. Le Mayne, 24240 Sigoulès, Tel. 53.58.40.01 ☎ Mo-Sa 8h-12h 14h-18h
↗ J.-P. Martrenchard

CLOS LE PETIT MARSALET 1990*

| | k.A. | k.A. | ▮ ☑ ☑ |

Pierre Cathal, der in erster Linie trockene Weißweine und Süßweine herstellt, erzeugt seit 1976 auch Rotwein. Das Ergebnis ist überzeugend. Der sehr feine Duft bietet Noten von sehr reifen roten Früchten, in denen man schwarze Johannisbeeren, Brombeeren und sogar Kaffee entdeckt. Das gleiche Aroma entfaltet sich auch im Geschmack mit fleischigen Noten. Die reichen Tannine verleihen ihm im Abgang einen Anflug von Härte. Ein hübscher Wein, der noch altern sollte.

🌢 Pierre Cathal, Le Marsalet, 24100 St-Laurent-des-Vignes, Tel. 53.57.53.36 ⛌ n. V.

CH. LE RAZ 1990*

| ■ | | 2,7 ha | 21 000 | ⬛ ☑ 2 |

Die Dominanz der Merlottraube und der Ausbau im Holzfaß ergeben einen sehr harmonischen und gleichzeitig tanninreichen Wein. Cabernet-Franc und Malbec verleihen ihm aromatische Komplexität (rote Früchte mit einer leichten Vanillenote). Dieser schon heute einschmeichelnde Wein muß noch altern, um seine ganzen Qualitäten zu entfalten. Die Familie Barde erzeugt auch einen hübschen Rosé.

🌢 Vignobles Barde, Ch. Le Raz, 24610 Saint-Méard-de-Gurçon, Tel. 53.82.48.41 ⛌ Mo-Fr 9h-12h30 14h30-18h30, Sa n. V.

CH. DE PANISSEAU 1990*

| ■ | | 2,5 ha | 12 000 | ⬛ ↓ ☑ 2 |

Ein sehr komplexes Bukett, in dem sich Pistazien, Granatäpfel, Vanille und rote Früchte vermischen. Die runde Struktur, die gut mit den Tanninen vom Holzfaß harmoniert, ist typisch für die Côtes-de-Bergerac-Weine.

🌢 SA Panisseau, Ch. de Panisseau, 24240 Thénac, Tel. 53.58.40.03 ⛌ Mo-Sa 9h-12h 14h-18h

CH. THEULET 1990

| ■ | | 7 ha | 24 000 | ⬛ ↓ ☑ 2 |

Dieses wunderschöne, alte Gut am Fuße des Hügels von Monbazillac war schon immer berühmt für die Qualität seiner weißen Süßweine. Seit ein paar Jahren erzeugt Pierre Alard auch einen im Holzfaß ausgebauten Rotwein. Dieser 90er wurde zu früh beurteilt: Das noch schüchterne Aroma und die etwas zu stark ausgeprägte Struktur bringen eine sehr gute Alterungsfähigkeit zum Vorschein ...

🌢 SCEA Alard, Le Theulet, 24240 Monbazillac, Tel. 53.57.30.43 ⛌ Mo-Fr 8h-18h

CH. TOUR DES GENDRES
La gloire de mon Père 1990**

| ■ | | k.A. | 40 000 | ⬛ ↓ ☑ 2 |

»La gloire du Père« fand bei unserer Jury einhellige Zustimmung. Das Vanille- und Kaffeearoma verbindet sich mit dem Duft von roten Früchten (schwarze Johannisbeeren). Die Finesse der Struktur wird durch geschmeidige, kräftige Tannine unterstützt. Im Geschmack weicht die Fruchtigkeit einem Hauch von Leder. In diesem sehr gut vinifizierten Wein wird das Talent seines Herstellers deutlich.

🌢 SCEA de Conti, Les Gendres, 24240 Ribagnac, Tel. 53.58.27.96 ⛌ n. V.

Côtes de Bergerac Moelleux

Es handelt sich dabei um die gleichen Rebsorten wie für die trockenen Weißweine, aber die Trauben werden überreif gelesen, so daß man daraus liebliche Weine herstellen kann, deren Aroma an eingemachtes Obst erinnert und die im Geschmack sehr geschmeidig sind.

CH. LA MOULIERE 1989

| ☐ | | 9 ha | k.A. | ⬛ ↓ ☑ 2 |

Ein prächtiges Herrenhaus mit Turm, das sich über dem Dordognetal erhebt. 1948 erwarb es der Großvater von Colette Fournier, die das Gut heute bewirtschaftet. Der Wein entfaltet einen sehr fruchtigen Duft, im Zitrusfrüchte dominieren. Dieses Aroma findet man auch im recht ausgewogenen Geschmack, in dem eine säuerliche Note zum Vorschein kommt. Ein sauberer, klassischer Wein, den man ebenso als Aperitif wie zum Dessert trinken kann.

🌢 Colette Fournier, La Moulière, 24240 Gageac et Rouillac, Tel. 57.84.12.18 ⛌ n. V.

CH. LES GRIMARD 1990*

| ☐ | | 3 ha | 10 000 | ⬛ ↓ ☑ 1 |

Château Les Grimard gehört der Familie Joyeux seit 1648. In diesem Wein erkennt man das ganz besondere Können der Önologin des Gutes, Catherine Joyeux, die ihre Talente übrigens auch in der Genossenschaftskellerei von Saint-Vivien entfaltet. Eine schöne, blaßgoldene Farbe, ein Duft von Honig und Gebratenem und ein harmonischer Geschmack mit guter Ausgewogenheit zwischen Alkohol und Säure machen diesen 90er zu einem angenehmen, recht typischen lieblichen Côtes de Bergerac. Ein Prüfer genoß besonders die »hübsche Reise inmitten von Bienen« ...

🌢 Paul et Jacques Joyeux, GAEC Les Grimard, 24230 Montazeau, Tel. 53.63.09.83 ⛌ n. V.

DOM. LES HAUTS PERROTS 1987*

| ☐ | | 8 ha | 15 000 | ⬛ ☑ 1 |

Das Gut Les Hauts Perrots liegt auf einem lehmig-kalkigen Hügel über dem Dordognetal. Das Anbaugebiet von Saint-Nexans, wo die Reben sehr früh reifen, ist günstig für die Erzeugung überreifer Trauben. Das erklärt auch, daß man im Duft und im Geschmack ein Aroma von Honig und Bienenwachs findet. Der konzentrierte, harmonische Geschmack bietet eine bemerkenswerte Ausgewogenheit. Er schmeckt schon jetzt angenehm, kann aber noch ein paar Jahre lagern.

🌢 Jean-Lucette Moulinier, Les Hauts Perrots, 24520 Saint-Nexans, Tel. 53.24.34.06 ⛌ n. V.

CLOS DES VERDOTS 1987*

| ☐ | | 1,2 ha | 8 200 | ⬛ ☑ 1 |

Schöne, golde Farbe. Im gefälligen Duft vermischen sich Honig und Zitrusfrüchte. Karamel und Zitrusfrüchte vereinigen sich im Geschmack auf angenehme Weise mit einem Eindruck von Reichtum und Fülle. Stattlicher, nachhaltiger Abgang.

☛ GAEC Fourtout et Fils, Les Verdots, 24560 Conne-de-Labarde, Tel. 53.58.34.31 ⏲ tägl. 8h-19h

Monbazillac

Das 2 500 ha große Anbaugebiet von Monbazillac erzeugt reichhaltige Weine, die von edelfaulen Trauben stammen. Der lehmig-kalkige Boden verleiht ihnen ein intensives Aroma und eine komplexe, kräftige Struktur.

CH. BELINGARD 1990*

	10 ha	20 000	◫ ▼ 4

Ein geschichtsträchtiges Schloß und ein Wein, der zum Zeitpunkt unserer Verkostung sehr stark vom Ausbau im Barrique geprägt war. Aber die Qualität des Traubenguts ist spürbar. Man sollte noch warten, bis er sich entfaltet.

☛ SCEA Comte de Bosredon, Ch. Belingard-Chayne, 24240 Pomport, Tel. 53.58.28.03 ⏲ Mo-Sa 8h-12h 14h-18h

CH. GRAND CHEMIN BELINGARD 1990*

	6,53 ha	7 500	▮ ▼ 2

Dieses Gut gehört der Familie Monbouché seit 1923. Die Lage des Anbaugebiets auf der Anhöhe eines Hügels ermöglicht eine sehr gute Reifung. Die schöne, goldgelbe Farbe zeigt einen bernsteingelben Schimmer. Im Aroma von überreifen Trauben entdeckt man Honignoten. Die sehr reiche, etwas alkoholbetonte Struktur überdeckt das Aroma im Abgang. Muß sich noch entwickeln.

☛ Albert Monbouché, Bélingard, 24240 Pomport, Tel. 53.58.30.57 ⏲ n. V.

CH. HAUT BERNASSE 1990**

	6 ha	14 600	◫ ▼ 5

Jacques Blais entstammt einer Juristenfamilie aus Bordeaux. 1977 übernahm er dieses Gut, weil er sich für den Weinbau begeisterte. Er hat die Trauben bis Allerheiligen ausgelesen, um höchstmögliche Überreife zu erlangen. Dieser Aufwand findet sich in dem Wein wieder, den die Prüfer vor allem wegen seiner besonders reichen und komplexen Struktur schätzten. Dank eines guten Ausbaus in Eichenholzfässern hat sich das Aroma verfeinert und eine Vanillenote hinzugewonnen.

☛ Jacques Blais, Ch. Haut Bernasse, 24240 Monbazillac, Tel. 53.58.36.22 ⏲ n. V.

CH. LA BORDERIE 1990**

	8 ha	18 500	◫ ↓ ▼ 3

La Borderie ist ein sehr altes Gut, das seit 1968 von Armand Vidal und seinem Sohn Dominique bewirtschaftet wird. Dieser große Wein wird mittels traditioneller Lese- und Ausbaumethoden erzeugt. 30% Muscadelletrauben verleihen ihm einen komplexen Duft, der mit zarten, vom Ausbau im Holzfaß herrührenden Vanillenoten verbunden ist. Die harmonische Struktur des Geschmacks geht auf das Aroma von Akazienblüten und Honig zurück, das durch einen feinen Holzton verstärkt wird. Entsprechend dem Abgang 1990 ist er sehr lange lagerfähig.

☛ SCI de La Borderie, 24240 Monbazillac, Tel. 53.57.00.36 ⏲ Mo-Sa 8h-12h 14h-18h30

☛ Armand Vidal

CH. LA BRIE 1990*

	16,24 ha	30 000	▮ ◫ ↓ ▼ 2

Die Sémillontraube sorgt hier für ein Aroma von eingemachten Früchten und Honig. Die ausgewogene Struktur bringt den Reichtum des Jahrgangs zum Ausdruck. Ein schon heute angenehmer Wein, der noch ein paar Jahre altern kann, um seine gesamten Qualitäten zu entfalten.

☛ Cave Coop. de Monbazillac, rte de Mont-de-Marsan, 24240 Monbazillac, Tel. 53.57.06.38 ⏲ tägl. 9h-19h

CH. LADESVIGNES Automne 1990*

	10 ha	10 000	◫ ↓ ▼ 4

Diese Sondercuvée ist zu 90% aus Sémillon- und zu 10% aus Muscadelletrauben erzeugt worden, die auf traditionelle Weise gelesen wurden. Das Aroma ist noch schüchtern, aber die gute geschmackliche Ausgewogenheit läßt auf eine schöne Zukunft schließen.

☛ SCEA Ch. Ladesvignes, 24240 Pomport, Tel. 53.58.30.67 ⏲ n. V.

☛ Monbouché

CH. LA MAROUTIE 1990*

	9 ha	14 000	▮ ▼ 2

Von diesem Gut, das unweit des Schlosses Monbazillac liegt, hat man eine wunderschöne Aussicht auf das Dordognetal und das Städtchen Bergerac. 20% Muscadelletrauben verleihen diesem Wein ein Aroma, das an Gebratenes, getrocknete Früchte und Feigen erinnert. Ein klassischer Monbazillac, dessen Säure im Geschmack zunächst überrascht, aber den

Gesamteindruck verbessert. Dank dieses klassischen Charakters dominiert der Wein, nicht das Holzfaß. Bravo !

☛ Thierry La Maroutie, 24240 Monbazillac, Tel. 53.24.52.79 ⏳ Mo-Fr 8h-18h

DOM. DE L'ANCIENNE CURE 1990

| ☐ | 10 ha | 25 000 | 🍴⬇☑**3** |

Ein gehaltvoller 90er, der noch Probleme hat, sich zu entfalten : Im Duft entdeckt man eine Muskatnote (10% Muscadelle), während der Geschmack vom Alkohol beherrscht wird. Die Struktur verspricht eine gute Alterung.

☛ Christian Roche, Dom. de l'Ancienne Cure, 24560 Colombier, Tel. 53.58.27.90 ⏳ Mo-Sa 9h-12h 14h-19h

CH. LE MAYNE 1990*

| ☐ | 7 ha | 15 000 | 🍶⬇☑**3** |

Jean-Pierre Martrenchard bewirtschaftet ein Gut, das mit Sémillon (90%) und Muscadelle bestockt ist. Sein 90er ist sehr mild, auch wenn er im Abgang einen Hauch von Säure entfaltet. Feiner Duft (Früchte, Röstgeruch, Zimt, Vanille). Harmonische Struktur mit noch sehr deutlich spürbarem Holzton.

☛ Les Vignobles du Mayne, Ch. Le Mayne, 24240 Sigoulès, Tel. 53.58.40.01 ⏳ Mo-Sa 8h-12h 14h-18h

☛ J.-P. Martrenchard

CH. SEPTY 1990**

| ☐ | 17,6 ha | 30 000 | 🍶🍶⬇☑**2** |

Das Gut, dessen Trauben die Genossenschaftskellerei von Monbazillac vinifiziert, liegt am Nordhang von Pomport, wo sich Edelfäule entwickelt. Auch hier läßt sich der Jahrgang nicht verleugnen. Stärke und Rundheit prägen den Charakter dieses Weins, in dem man Braten- und Vanillenoten entdeckt. Dieser große Süßwein muß unbedingt noch altern : Der Wein und der Holzton müssen noch verschmelzen, damit Harmonie entsteht.

☛ Cave Coop. de Monbazillac, rte de Mont-de-Marsan, 24240 Monbazillac, Tel. 53.57.06.38 ⏳ tägl. 9h-19h

CH. THEULET Cuvée prestige 1990***

| ☐ | 18 ha | 13 500 | 🍶🍶⬇☑**3** |

Château Theulet, das seit sechs Generationen im Besitz der Familie Alard ist, befindet sich auf dem berühmten Nordhang des Dordognetals. Dieser kräftige, komplexe 90er liegt auf der Linie des vorangehenden Jahrgangs : Honig, blumige Noten und Vanille im Duft und im Geschmack. Der Holzton ist noch sehr stark spürbar, aber der Geschmack ist vielversprechend. Ein großer Lagerwein, der von der Großen Jury hinter der besonderen Empfehlung auf den zweiten Platz gesetzt wurde.

☛ SCEA Alard, Le Theulet, 24240 Monbazillac, Tel. 53.57.30.43 ⏳ Mo-Fr 8h-18h

Montravel

Das Anbaugebiet von Montravel, das von Le Fleix bis über das Saint-Michel-de-Montaigne hinausreicht, erzeugt auf 1 200 ha trockene und liebliche Weißweine, die sich immer durch ihre Eleganz auszeichnen.

DUBARD FRERES ET SOEUR 1990*

| ☐ | 2 ha | 10 000 | 🍶🍶⬇☑**2** |

Irène, Olivier und Serge Dubard haben knorrige, im Durchschnitt 70 Jahre alte Rebstöcke ausgewählt und aus ihren Trauben (zu gleichen Teilen Sémillon und Sauvignon) einen erstklassigen Most gewonnen. Der recht intensive Duft enthüllt eine gewisse Komplexität mit klaren Noten von eingemachten Früchten und einem leichten Vanillearoma. Der Geschmack ist einschmeichelnd, reich und wohlausgewogen und bietet eine gute Länge, aber es mangelt ihm ein wenig an Frische.

☛ Dubard Frères et Sœur, Le Gouyat, 24610 Saint-Méard-de-Gurçon, Tel. 53.82.48.31 ⏳ tägl. 8h-20h

K DE KREVEL 1991**

| ☐ | 5,7 ha | 40 000 | 🍶🍶⬇☑**3** |

Ein Prüfer vermerkte : »Dieser Mann versteht sein Handwerk.« Ein schönes Kompliment für diesen Wein, der das Produkt des Zusammenschlusses der Familien Kreusch und Hecquet ist und von Daniel Hecquet vinifiziert wird. Herausgekommen ist ein besonders gelungener 91er, in dessen sehr komplexem Bukett man Noten von reifen Früchten (Aprikosen, Pfirsiche) und dahinter Unterholz und Gewürznelken findet. Der Geschmack ist recht frisch und entfaltet ein fruchtig-würziges Aroma. Der Wein sollte noch altern.

☛ SCEA Dom. de Krevel, Calabre, 33220 Port-Sainte-Foy-et-Ponchapt, Tel. 53.24.77.27 ⏳ n. V.

☛ Kreusch

CH. LA REYNAUDIE Sauvignon 1991

| ☐ | 2 ha | 4 000 | 🍶🍶⬇☑**1** |

Die Trauben dieses Gutes werden von der Genossenschaftskellerei von Saint-Vivien verarbeitet. Der Wein besitzt eine strahlende Farbe mit gelbgrünen Reflexen. Das typische Sauvignonaroma vermischt sich hier mit Noten von eingemachtem Obst und Zitrusfrüchten. Dem nervigen, etwas bitteren Geschmack fehlt es ein wenig an Länge, aber die Holznote ist gut eingebunden. Für bedingungslose Sauvignonanhänger ein Wein, den man schon heute trinken kann.

☛ Les Viticulteurs réunis de Saint-Vivien et Bonneville, 24230 Velines, Tel. 53.27.52.22 ⏳ n. V.

☛ Goubault

705 SUDWESTFRANKREICH

CH. LE RAZ 1990***

☐ 8 ha 7 600 **⑪↓☑②**

Das alte Gebäude stammt aus dem späten 17. Jh. Ein ganz in Gold gehüllter Montravel, in dessen erstem Geruchseindruck der Duft von getrockneten Früchten dominiert. Wenn man das Glas schwenkt, entfaltet sich ein blumiger Duft von Rosen und Akazienblüten über einem Grundaroma reifer Zitrusfrüchte (Orangen). Die reiche Struktur wird von getrockneten Früchten und einem Holzton geprägt. Dem harmonischen Gesamteindruck fehlt es noch ein wenig an Geschlossenheit, aber das dürfte nur eine Frage der Zeit sein. Wird einmal hervorragend zu gekochtem Fisch passen.
🍷 Vignobles Barde, Ch. Le Raz, 24610 Saint-Méard-de-Gurçon, Tel. 53.82.48.41 ☎ Mo-Fr 9h-12h30 14h30-18h30, Sa n. V.

CH. PIQUE-SEGUE 1991**

☐ 20 ha 130 000 **▮↓☑①**

Die Qualität der Weine von Pique-Sègue gründet sich weitgehend auf den außergewöhnlichen Charakter des Anbaugebiets : Die tuffsteinreichen, lehmig-kalkigen Böden liegen 150 m hoch und sind besonders günstig für Weißweinreben. Der Geruchseindruck ist zunächst verschlossen und entfaltet dann Noten von reifen Zitrusfrüchten und exotischen Früchten. Viel Frische ohne jegliche Aggressivität und eine gewisse Fülle. Das Zitrusaroma im Geschmack wieder auf. Wohlausgewogener, feiner Gesamteindruck.
🍷 SNC Ch. Pique-Sègue, 33220 Port-Sainte-Foy-et-Ponchapt, Tel. 39.75.63.36 ☎ n. V.

Côtes de Montravel

DOM. DE PERREAU 1990**

☐ 1 ha 4 500 **▮⑪↓☑③**

Das wunderschöne Gut Perreau, das sich unweit des berühmten Schlosses Saint-Michel-de-Montaine befindet, liegt ganz nach Süden. Der originelle Duft dieses 90ers entfaltet Noten von Haselnüssen und geröstetem Brot. Der cremige, kräftige Geschmack wird durch die Botrytis (Edelfäule) und etwas durch das Barriquefaß geprägt. Dieser sympathische, charaktervolle Wein dürfte bemerkenswert gut altern.
🍷 Jean-Yves Reynou, 24230 Saint-Michel de Montaigne, Tel. 53.58.67.31 ☎ n. V.

Haut-Montravel

CH. MOULIN CARESSE 1990*

☐ 1 ha 1 800 **⑪↓☑③**

Jean-François Deffarge profitierte von der außergewöhnlichen Reife des 90er Traubengutes, als er sich an der Herstellung eines Haut-Montravel versuchte. Kirsch- und Himbeeraroma mit einer zarten Holznote. Im Abgang eine leicht bittere Note, aber der Geschmack ist so voll und aromatisch, daß man ihm diese Jugendsünde gern verzeiht.
🍷 Jean-François Deffarge, Coin, 24230 Saint-Antoine-de-Breuilh, Tel. 53.27.55.58 ☎ Mo-Sa 9h-12h 14h-19h, So n. V.

CH. PUY-SERVAIN
Terrement de Peysservent 1990*

☐ 3 ha 6 000 **⑪↓☑③**

Dieser 90er ist wieder ein sehr gelungener Wein. Das Aroma der überreifen Trauben vereinigt sich mit dem Aroma des Holzfasses. Ein sehr harmonischer Lagerwein, dessen deutlich spürbare Säure eine sehr lange und schöne Entwicklung garantiert, die ihm seinen zweiten Stern einbringen dürfte
🍷 SCEA Puy-Servain, Calabre, 33220 Port-Sainte-Foy-et-Ponchapt, Tel. 53.24.77.27 ☎ n. V.
🍷 Famille Hecquet

Pécharmant

Der »Pech« , ein 300 ha umfassender Hügel nordöstlich von Bergerac, liefert ausschließlich Rotweine, die sehr reichhaltig und alterungsfähig sind. Der Ausbau in kleinen Holzfässern, der hier oft praktiziert wird, verleiht ihnen Komplexität und Finesse.

DOM. DES BERTRANOUX 1990**

■ 6 ha 40 000 **⑪↓☑③**

Ein schönes Gut, die mit der Hand durchgeführte Lese und der traditionelle Ausbau garantieren eine eindrucksvolle Folge von guten Jahrgängen. Dieser 90er ist ein perfektes Beispiel dafür. Die Kombination von vier Rebsorten in genau kalkuliertem Verhältnis liefert die für einen Pécharmant notwendige Struktur, auch wenn heute noch die Cabernet-Sauvignon-Traube dominiert. Reich, stattlich und strukturiert, mit kräftigen Tanninen. Ein vielversprechender Wein.
🍷 Guy Pécou, Dom. des Bertranoux, 24100 Creysse, Tel. 53.57.28.62 ☎ n. V.

CH. DE BIRAN 1990

■ 10,5 ha k.A. **⑪☑②**

Ein relativ neuer Weinberg, traditionelle Anbaumethoden ohne den Einsatz von Pflanzenschutzmitteln und Alterung im Barriquefaß. Dieser erste Wein ist im Aroma noch zurückhaltend, jedoch recht vielversprechend, obwohl die Holznote noch nicht ganz integriert ist. Der Wein sollte etwas mehr Präsenz haben.

↟ Arlette Best, Ch. de Biran, 24520 Saint Sauveur de Bergerac, Tel. 53.22.46.27 ⊤ n. V.

CH. CHAMPAREL 1990***

■   6,62 ha   30 000   ▯▮ ↓ ☑ **2**

Château Champarel, am Gipfel des Hügels ganz nach Süden gelegen, bietet einen schönen Blick auf das Dordognetal und die Anhöhen von Monbazillac. Die ganze Konzentration eines großen Weins : intensive, fast schwarze Farbe, Aroma von überreifen Früchten (Schokolade, schwarze Früchte) mit einer sehr angenehmen Holznote, auch wenn der Alkohol recht spürbar ist. Der geschmeidige, dichte und körperreiche Geschmack enthüllt kräftige, komplexe Tannine. Er bringt sein Anbaugebiet perfekt zum Ausdruck, aber man muß noch warten, bis er ein wenig von seinem Ungestüm verliert.

↟ Bouché, 24100 Pécharmant, Tel. 53.57.34.76 ⊤ n. V.

DOM. DU GRAND JAURE 1990*

■   15 ha   16 000   ▮ ☑ **2**

Die Pécharmantweine sind in ihrer Jugend etwas rustikal, aber sie entwickeln sich bemerkenswert. Dieser 90er erscheint heute noch unausgewogen (er war noch nicht auf Flaschen abgezogen), aber in ein bis zwei Jahren wird er bestimmt hervorragend sein.

↟ GAEC Baudry, Dom. du Grand Jaure, 24100 Lembras, Tel. 53.57.35.65 ⊤ n. V.

DOM. DU HAUT PECHARMANT
Cuvée Veuve Roches 1990

■   k.A.   32 000   ▯▮ ↓ ☑ **2**

Die Cuvée Veuve Roches wurde zu Ehren der Mutter von Michel Roches erfunden, die das Gut nach dem Tod ihres Mannes erfolgreich weiterführte und vergrößerte. Ein Wein voller Versprechungen, die erst die Zukunft einlösen kann. Im Augenblick gibt er sich verschlossen, aber die Tannine sind rund und deutlich spürbar. Die Struktur zeigt sich noch nicht. Bleibt abzuwarten, daß sich die Holznote harmonisch auflöst.

↟ Michel Roches, Pécharmant, 24100 Bergerac, Tel. 53.57.29.50 ⊤ n. V.

CH. LA TILLERAIE Cuvée prestige 1990

■   5 ha   17 000   ▯▮ ☑ **2**

Das Château am Rand der Hochebene von Pécharmant liegt über dem Städtchen Bergerac. Die Rebstöcke, die vor kurzem auf dem Kiesboden angepflanzt wurden, liefern noch nicht die Kraft und die Komplexität eines Pécharmant, aber dieser Wein ist reizvoll aufgrund seiner aromatischen Qualitäten. Auf die nächsten Jahrgänge dürfen wir gespannt sein.

↟ Pierre Casagrande, La Tilleraie, 24100 Pécharmant, Tel. 53.57.98.64 ⊤ tägl. 9h-12h 14h-18h

CLOS LES COTES 1990

■   6 ha   22 000   ▮↓ ☑ **2**

Der Clos Les Côtes liegt auf einem Südhang vor den Toren von Bergerac. Die Besitzer lesen die Trauben mit der Hand und vinifizieren sie mit den Stielen, was dem Wein viel Rustikalität verleiht. Ein ziemlich verschlossener 90er, der noch warten muß, um sich zu entfalten.

↟ Colette Bourgès, Les Costes, 24100 Bergerac, Tel. 53.57.59.89 ⊤ n. V.

DOM. PUY DE GRAVE 1990*

■   1,1 ha   6 000   ▯▮ ↓ **3**

Domaine de Puy de Grave ist eine besondere Cuvée der Produktion von La Métairie. Das Holzfaß verleiht dem Wein hier ein Aroma von Geröstetem, Kaffee und Vanille. Der geschmeidige, harmonische Geschmack ist recht konzentriert, aber es mangelt ihm ein wenig an Kraft. Dieser Wein wird rascher trinkreif sein als ein klassischer Pécharmant. Sicherlich ist der hohe Merlotanteil für diese Weichheit verantwortlich.

↟ SARL La Métairie, Pommier, 24380 Creyssensac-et-Pissot, Tel. 53.54.98.16 ⊤ Sa-Do 9h-13h 14h-18h

CH. DE TIREGAND 1990**

■   35 ha   120 000   ▯▮ ↓ ☑ **2**

Das schöne Gut Tiregand ist berühmt für sein Schloß. Dort verwahrten die Hugenotten den silbernen Reliquienschrein von Saint-Front. Heute ist François-Xavier de Saint-Exupéry der Vorsitzende des Winzerverbands von Pécharmant. In diesem Wein ist alles vereint, was man sich von einem Pécharmant erwartet. Auch wenn der Holzton im Augenblick noch dominiert, ist die Struktur deutlich spürbar. Cabernet-Sauvignon und Merlot werden sehr bald das Heft in die Hand nehmen, so daß sich ein bemerkenswerter Wein entwickelt.

↟ Comtesse F. de Saint-Exupéry, Ch. de Tiregand, 24100 Creysse, Tel. 53.23.21.08 ⊤ Mo-Sa 8h-12h 14h-18h, So n. V.
↟

DOM. DU VIEUX SAPIN 1990*

■   8 ha   40 000   ▮ ▯▮ ↓ ☑ **2**

Dieser von der Winzergenossenschaft von Bergerac erzeugte Wein ist kein Verschnitt, sondern eine Cuvée aus getrennt vinifizierten Trauben verschiedener Parzellen, die als die besten des Anbaugebiets eingestuft worden sind. Zartes Bukett und deutlich spürbare Struktur. Es braucht noch etwas Geduld, bis sich der Wein voll entfaltet und harmonisch wird.

↟ Union Vinicole Bergerac-Le-Fleix, 24130 Le Fleix, Tel. 53.24.64.32 ⊤ n. V.

Rosette

CH. ROMAIN 1990*

□   2 ha   6 000   ▮↓ **1**

Rosette ist eine heute sehr kleine Appellation lieblicher Weißweine, deren Anbaugebiet auf den Nordhängen über dem Städtchen Bergerac liegt. Die 6 000 Flaschen sind für Stammkunden reserviert. Dieser Wein wird aus überreifen Sémillontrauben hergestellt, die ihm ein Aroma von getrocknetem Heu und Blumen verleihen. Der Geschmack ist frisch und angenehm.

🐏 Colette Bourgès, Les Costes, 24100 Bergerac, Tel. 53.57.59.89 ⏱ n. V.

Saussignac

Das Anbaugebiet, in dem François Rabelais im 16. Jahrhundert seinen Pantagruel ansiedelte und das inmitten einer wunderschönen Landschaft von Hochebenen und Hügeln liegt, bringt großartige liebliche Weine hervor.

CH. MIAUDOUX 1990***

| ☐ | 1 ha | k.A. | ◫ 3 |

Nachdem uns Gérard Cuisset in den vorangegangenen Ausgaben seine Talente für die Herstellung von trockenen Weißweinen und erstklassigen Rotweinen bewiesen hat, wagt er sich beim ausgezeichneten 90er an die Erzeugung eines lieblichen Weins, der alle Eigenschaften eines großen Süßweins besitzt : Aroma von eingemachten Früchten, Honig und Vanille, Ausbau im Holzfaß. Vorbildlich.

🐏 Gérard Cuisset, Les Miaudoux, 24240 Saussignac, Tel. 53.27.92.31

CH. RICHARD 1990**

| ☐ | 2,5 ha | k.A. | ◫ ↓ ▾ 3 |

Was für Wurzeln dieser Richard Doughty besitzt ! Sein Vater, ein ehemaliger britischer Pilot, hat ihm den Hang zum Abenteuer vererbt, was ihn zur Ozeanographie führte. Seine schöne Mutter, die aus dem Tronçais stammt, und seinem Großonkel, einem Küfer, verdankt er die Liebe zum Wein. Eine schöne aromatische Komplexität, in der man Früchte, Vanille und Noten von Überreife entdeckt. Der Geschmack besitzt eine übermäßig reiche und kräftige Struktur, in der man das Aroma des Duftes wiederfindet. Er endet mit einem wahren Feuerwerk.

🐏 Richard Doughty, La Croix Blanche, 24240 Monestier, Tel. 53.58.49.13 ⏱ tägl. 10h-19h

CLOS D' YVIGNE 1990*

| ☐ | 1 ha | 2 400 | ◫ ▾ 3 |

James Atkinson stammt aus England und hat vor kurzem dieses kleine Gut erworben, das er mit großer Hingabe bewirtschaftet. Sein jugendlicher Wein duftet leicht nach Früchten und Vanille. Dieses Aroma entfaltet sich im Geschmack : eine prächtige Frische über einem feinen, holzbetonten Untergrund. Im Laufe der Zeit wird er noch harmonischer werden.

🐏 James Atkinson, Le Bourg, 24240 Gageac et Rouillac, Tel. 53.22.94.40 ⏱ n. V.

Côtes de Duras

Die Côtes de Duras sind die natürliche Verlängerung der Hochebene des Entre-Deux-Mers. Die von hier stammenden Weine wurden am Hof von Franz I. besonders geschätzt. Nach der Aufhebung des Edikts von Nantes ließen sich die hugenottischen Emigranten angeblich den Wein von Duras in ihr holländisches Exil schicken ; die Parzellen, die sie für sich reservierten, sollen mit einer Tulpe gekennzeichnet worden sein.

Die Hügel der Côtes de Duras werden von der Dourdèze und ihren Nebenflüssen zerschnitten. Auf den lehmig-kalkigen Böden wachsen natürlich die Bordeauxrebsorten : bei den Weißweinen Sémillon, Sauvignon und Muscadelle, bei den Rotweinen Cabernet-Franc, Cabernet-Sauvignon, Merlot und Malbec. Außerdem werden Chenin, Ondenc und Ugni Blanc angebaut. Duras ist für seine Weißweine bekannt : milde liebliche Weine, aber vor allem trockene Weißweine aus Sauvignontrauben. Sie sind rassig und nervig und besitzen einen eigentümlichen Duft ; sie passen hervorragend zu Meeresfrüchten und Meeresfischen. Die Rotweine, deren Trauben häufig getrennt vinifiziert werden, sind fleischig und rund und zeigen eine schöne Farbe.

DOM. AMBLARD Sauvignon 1991**

| ☐ | 18 ha | 40 000 | ▮ ↓ ▾ 1 |

Das Gut liegt unweit des Urlauberkomplexes am Lac de Castelgaillard auf einer Hochebene mit lehmig-kalkigen Böden und Boulbènes. Dieser reinsortige Sauvignonwein zeigt einen grünweißen Schimmer und entfaltet einen vielfältigen Duft, der sehr fein und intensiv ist. Der

708

Geschmack ist sehr harmonisch und bietet ein ausgeprägtes Aroma und eine Säure, die durch das Kohlendioxid verstärkt wird. Ein Wein für eingeschworene Sauvignonliebhaber.

🍷 Guy Pauvert, Dom. Amblard, 47120 Saint-Sernin, Tel. 53.94.77.92 ☎ tägl. 8h-12h30 14h-19h30

CH. BELLEVUE HAUT ROC 1990

| ■ | 3,7 ha | 24 000 | 🍷 M 1 |

Château Bellevue Haut Roc liegt am Hang des Hügels auf lehmig-kalkigen Böden, die günstig für die Herstellung erstklassiger Rotweine sind. Sehr frische Farbe. Der Geruchseindruck wird vom Primäraroma mit den Noten reifer Früchte beherrscht. Im Geschmack ist der Gesamteindruck dank der geschmeidigen, samtigen Tannine sehr harmonisch. Dieser vollmundige Wein, der fast an einen Primeur erinnern könnte, ist bereits trinkreif.

🍷 Bruno Rossetto, Bellevue, 47120 Esclottes, Tel. 53.83.78.11

BERTICOT 1991**

| □ | 50 ha | 120 000 | 🍷 ↓ M 1 |

Die Winzer der Genossenschaftskellerei von Duras haben eine Cuvée aus Sauvignontrauben hergestellt, obwohl die Trauben nach dem Frost im April selten und nur schwer zur Reife gelangten. Eine hervorragende Vinifizierung erbrachte dennoch einen blaßgelben Wein mit gelbgrünen Reflexen, der leicht perlt. Im Geschmack verleihen die Frische und das fruchtige Aroma diesem Wein eine ansprechende Ausgewogenheit, die typisch für den manchmal schwierigen Jahrgang ist.

🍷 Cave Coop. Berticot, rte de Sainte-Foy-La-Grande, 47120 Duras, Tel. 53.83.71.12 ☎ n. V.

DUC DE BERTICOT 1990**

| ■ | 9 ha | 60 000 | ◫ ↓ M 2 |

Diese Cuvée, deren Trauben streng ausgelesen worden sind und deren Vinifizierung Michel Rolland überwacht hat, bietet eine schöne Farbe und ein leicht entwickeltes Bukett. Ziemlich komplexer Duft (Vanillenoten, Unterholz und sogar Tiergeruch). Auch der Geschmack, in dem man die Merkmale des Geruchseindrucks wiederfindet, enttäuscht nicht. Harmonische Ausgewogenheit zwischen den Tanninen des Weins und des Eichenholzfasses. Dieser Wein mit der außergewöhnlichen Struktur verdient es, zwei bis drei Jahre zu altern.

🍷 Cave Coop. Berticot, rte de Sainte-Foy-La-Grande, 47120 Duras, Tel. 53.83.71.12 ☎ n. V.

DOM. DE FERRANT 1990

| ■ | 13 ha | k.A. | 🍷 M 1 |

Ungezählte Winzergenerationen haben einander auf diesem Gut abgelöst, auf dem heute Lucien Salesse seine Talente entfaltet. Auf einem für das Gebiet typischen lehmig-kalkigen Boden gelangen die Trauben zu vollkommener Reife. Schöne, rubinrote Farbe mit orangeroten Reflexen, Duft von roten Früchten mit einer würzigen Note und geschmeidiger, runder Geschmack – ein gefälliger Wein, den man schon heute probieren kann.

🍷 Lucien Salesse, Ferrant, 47120 Esclottes, Tel. 53.83.73.46 ☎ n. V.

CH. LAFON 1990

| ■ | 3,4 ha | 12 000 | 🍷 M 1 |

Dieser Weinberg befindet sich in einem steilen Tal, das nach Süden liegt und sich auf dem weißen Kalkboden des Agenais ausbreitet. Man hat hier Geldstücke aus gallo-romanischer Zeit, die Fundamente einer merowingischen Kapelle und Sarkophage entdeckt. Dieser 90er, der einen Malbecanteil von 20% aufweist, enthält eine frische, kräftige Farbe und einen Duft von roten Früchten und Pfingstrosen. Im Geschmack hinterläßt er aufgrund seines Tanninreichtums und seines an grünen Paprika erinnernden Aromas einen Eindruck von Stärke. Ein konzentrierter, gefälliger Wein mit schönen Zukunftsaussichten.

🍷 Gitton Père et Fils, 47120 Loubès-Bernac, Tel. 53.94.77.14 ☎ n. V.

CH. LA MOULIERE 1990*

| ■ | 1,5 ha | 5 000 | ◫ ↓ M 2 |

Der Name des Gutes wird einem protestantischen Adligen zugeschrieben : Monsieur Lamolhière, der im 16. Jh. von den Katholiken auf die Galeere geschickt wurde. Claude Blancheton erwarb das Gut 1950 und stellte mit Hilfe seiner beiden Söhne die Weinberge wieder her. Die Harmonie, die Geschmeidigkeit und die Ausgewogenheit des Weins hinterlassen einen sehr angenehmen Eindruck. Das Aroma roter Früchte wird ein wenig von den Gewürz- und Lakritzenoten überdeckt, die auf das Holzfaß zurückgehen, aber der Geschmack ist ausgewogen und recht lang.

🍷 GAEC Blancheton, Ch. La Moulière, 47120 Duras, Tel. 53.83.71.72 ☎ tägl. 9h-12h 14h-19h

DOM. DE LAULAN 1991*

| □ | 7 ha | 35 000 | 🍷 ↓ M 1 |

Gilbert Geoffroy, ausgebildeter Agronom, entstammt einer burgundischen Winzerfamilie und ließ sich 1974 in Duras nieder. Dieser 91er, der überwiegend aus Sauvignon hergestellt worden ist, entfaltet einen sehr intensiven, typischen Duft von reifen Früchten mit einer Zitrusnote. Im Geschmack entwickeln sich dieses fruchtige Aroma und eine große, sogar säuerliche Frische. Probieren sollte man auch den roten 90er, dessen Aroma roter Früchte sehr intensiv ist.

🍷 Gilbert Geoffroy, Dom. de Laulan, 47120 Duras, Tel. 53.83.73.69 ☎ n. V.

LES PEYRIERES 1990*

■　　　　　k.A.　　10 000　　　▮ ☑ ▮

Die 1937 gegründete Genossenschaftskellerei, die am Rande der Gironde und an der Grenze des Kantons Duras liegt, erzeugt ein Drittel der Appellation. Die mit großer Sorgfalt hergestellte Cuvée La Peyrières ist erstklassig : deutlich spürbare rote Früchte im Duft und im Geschmack, angenehme, tanninbetonte Ansprache und etwas kurzer Abgang. Dieser elegante Wein dürfte in ein paar Jahren noch besser zur Entfaltung gelangen. Ebenfalls interessant ist die weiße 91er Cuvée, ein trockener Wein, der auch mit einem Stern bewertet wurde.

☛ Cave de Landerrouat, rte des Vignerons, Les Peyrières, 33790 Landerrouat, Tel. 56.61.31.21
☍ n. V.

TAL DER LOIRE UND MITTELFRANKREICH

Die mannigfaltigen Landschaften des Loiretals werden durch einen Fluß vereint, der königlich genannt wird und diese Bezeichnung allein schon durch seinen majestätischen Charakter rechtfertigen würde, auch wenn die Könige nicht gern ihre Residenzen an seinen Ufern errichtet hätten. Sie sind in ein einzigartiges Licht getaucht, das eine zarte Verbindung von Himmel und Wasser darstellt. Hier entfaltet sich der »Garten von Frankreich« . Und in diesem Garten wächst natürlich auch der Wein. Von den Ausläufern des Zentralmassivs bis zur Mündung der Loire gibt es entlang dem Fluß und seinen zehn Nebenflüssen eine Vielzahl von Anbaugebieten, die unter dem Namen »Tal der Loire und Mittelfrankreich« zusammengefaßt werden und über das eigentliche Loiretal hinausreichen, das seinen zentralen Teil bildet. Deshalb ist hier auch der Fremdenverkehr vielfältig : in kultureller, gastronomischer und önologischer Hinsicht. Die Straßen, die dem Fluß auf den Uferdämmen folgen, und die anderen Straßen, die ein wenig abseits davon verlaufen und durch Weinberge und Wälder führen, sind Ausgangspunkte für unvergeßliche Entdeckungsreisen.

Garten von Frankreich, königliche Residenz, Land der Künste und der Literatur, Wiege der Renaissance – die Region ist der Ausgewogenheit, der Harmonie und der Eleganz geweiht. Bald ist sie ein schmaler, gewundener Wasserlauf, bald schießt sie als geschwinder, rauschender Fluß dahin, bald fließt sie als imposanter, majestätischer Strom – die Loire ist das einigende Band dieser Landschaften. Aber trotzdem sollte man auch auf die Unterschiede achten, insbesondere dann, wenn es sich um die Weine handelt.

Von Roanne bzw. Saint-Pourçain bis Nantes bzw. Saint-Nazaire nimmt der Wein die Hänge am Ufer ein, gleichgültig, wie der Boden beschaffen ist und welche Menschen hier leben. In einem fast 1 000 km langen Gebiet erzeugen mehr als 72 000 ha – mit großen mengenmäßigen Schwankungen – rund 4 000 000 hl. Gemeinsames Merkmal der Weine aus diesem riesigen Gebiet ist die Nervigkeit, die vor allem auf die nördliche Lage der meisten Weinberge zurückzuführen ist.

Die gesamte Produktion mit einem einzigen Wort beschreiben zu wollen ist trotz allem etwas kühn, denn obwohl man die Anbaugebiete als nördlich bezeichnet, liegen einige davon auf einem Breitengrad, wo im Rhônetal der Einfluß des mediterranen Klimas spürbar wird. Mâcon befindet sich auf demselben Breitengrad wie Saint-Pourçain, Roanne auf dem von Villefranche-sur-Saône. Aber hier beeinflußt das Gelände das Klima und begrenzt die Wirkung der Luftströmungen : Die atlantische Luftströmung dringt von Westen nach Osten in den von der Loire gebildeten Korridor ein und wird dann allmählich schwächer, wenn sie auf die Hügel des Saumurois und der Touraine trifft.

Eine echte Einheit bilden lediglich die Anbaugebiete der Region Nantes, des Anjou und der Touraine. Aber es kommen noch die Anbaugebiete des Haut-Poitou, des Berry, der Côtes d'Auvergne und der Côtes Roannaises hinzu. Man faßt sie am besten zu einer großen Region zusammen, wobei »Tal der Loire« der naheliegendste Oberbegriff ist, sowohl in geographischer Hinsicht wie auch hinsichtlich der erzeugten Weintypen. Deshalb erscheint es notwendig, vier große Anbaubereiche festzulegen : die drei zuerst genannten und Mittelfrankreich.

Im »echten« Loiretal liegen das Anbaugebiet des Muscadet und ein Teil des Anjou auf dem Armorikanischen Gebirge, das aus Schiefer, Sandstein, Granit und anderen sedimentären oder eruptiven Gesteinsarten aus dem Erdaltertum besteht. Die Böden, die sich auf diesen Formationen gebildet haben, eignen sich besonders gut für den Anbau von Wein; die hier erzeugten Weine sind von hervorragender Qualität. Dieses als Region Nantes bezeichnete Anbaugebiet, das westlichste des Loiretals, besitzt ein nicht sehr ausgeprägtes Relief; die harten Felsen des Armorikanischen Gebirges werden unvermittelt von kleinen Flüssen durchschnitten. Die schroffen Täler verhindern den Weinbau an den Hängen, so daß die Reben auf den Hügelkuppen der Hochebene angebaut werden. Das Klima ist ozeanisch und das ganze Jahr über ziemlich einheitlich, weil der Einfluß des Meeres die jahreszeitlichen Schwankungen abschwächt. Die Winter sind nicht sehr streng, die Sommer warm und häufig feucht; die Sonneneinstrahlung ist gut. Dennoch beeinträchtigen manchmal die Frühjahrsfröste die Produktion. Das Weinbaugebiet liegt überwiegend südlich der Loire und ist das größte zwischen Sèvre und Maine (80%).

Anjou, eine Übergangslandschaft zwischen der Region Nantes und der Touraine, umfaßt verwaltungsmäßig das Gebiet von Saumur. Dieses Weinbaugebiet gehört fast ganz zum Departement Maine-et-Loire, aber geographisch sollte man es eher der Touraine zurechnen; auch hinsichtlich der Böden und des Klimas besitzt es mehr Ähnlichkeit mit der Touraine. Die sedimentären Formationen des Pariser Beckens bedecken übrigens als Transgression von Frissac Quincié bis Doué-la-Fontaine die Formationen des Armorikanischen Gebirges aus dem Paläozoikum. Das Anjou läßt sich in mehrere Untergebiete aufteilen: die Coteaux de la Loire (als Verlängerung der Region Nantes) mit nicht sehr steilen Hängen in Nordlage, wo der Wein am Rand der Hochebene wächst, die Coteaux du Layon mit steilen Schieferhängen, die Hänge der Aubance und die Übergangszone zwischen dem Anjou und der Touraine, in der man Roséweine erzeugt.

Das Gebiet von Saumur, wo die Touraine beginnt, ist vor allem durch Kreidetuff bestimmt, wo die Rebstöcke angepflanzt sind. Darunter streiten sich

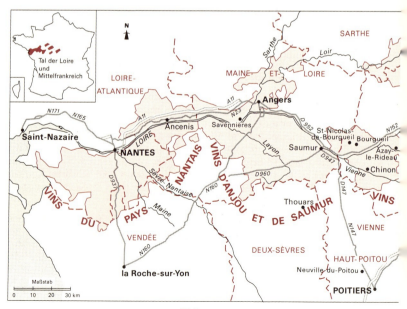

die Weinflaschen und die Zuchtchampignons (30% der französischen Produktion) um die besten Plätze in den leicht zu grabenden Stollen und Kellern. Die ein weniger höher aufragenden Hügel halten die Westwinde ab und begünstigen so ein halb ozeanisches und halb kontinentales Klima. Gegenüber dem Saumurois findet man auf dem rechten Ufer der Loire die Weinberge von Saint-Nicolas-de-Bourgueil auf einem Hang von Tours. Weiter östlich, hinter Tours, aber noch auf dem gleichen Hang teilen sich die Anbaugebiete von Vouvray und Chinon – die Verlängerung des Saumurois auf den Hängen der Vienne – den guten Ruf der Touraineweine. Azay-le-Rideau, Montlouis, Amboise, Mesland und die Hänge des Cher vervollständigen die Liste der Namen, die man sich in diesem reichen »Garten von Frankreich« merken muß, wo man nicht mehr weiß, ob man dorthin wegen der Weine, der Schlösser oder des Ziegenkäses (Sainte-Maure, Valençay) kommt. Aber warum sollte man nicht all diese Herrlichkeiten gleichzeitig genießen ? Die kleinen Anbaugebiete des Loir, des Gebiets von Orléans, von Cheverny und Valençay und die Coteaux du Giennois lassen sich dem dritten Anbaubereich, der Touraine, zurechnen.

              Die Anbaugebiete des Berry (bzw. Mittelfrankreichs) bilden eine vierte Region, die von den drei anderen unabhängig ist und sich hinsichtlich der Böden und des Klimas deutlich unterscheidet ; die Böden, die vorwiegend aus dem Jura stammen, sind in Pouilly und Sancerre mit denen in Chablis verwandt, während das Klima mit seinen kalten Wintern und warmen Sommern semikontinental ist. Aus praktischen Gründen rechnen wir zu diesem vierten Anbaubereich noch Saint-Pourçain, die Côtes Roannaises und das Forez hinzu, obwohl die Böden (Zentralmassiv aus dem Erdaltertum) und das Klima verschieden sind.

              Auch wenn man sich dem Wein zuwendet, wählt man am besten die von der Geographie vorgezeichnete Einteilung. Das Anbaugebiet des Muscadetweins ist dabei durch eine einzige Rebsorte gekennzeichnet, die einen »einzigartigen« trockenen Weißwein erzeugt, wobei die Rebsorte und der Wein den gleichen Namen tragen. Die Rebsorte Folle Blanche bringt in dieser Region einen anderen trockenen Weißwein hervor, der von geringerer Qualität ist, den Gros-Plant. Das Gebiet von Ancenis ist von der Rebsorte Gamay Noir erobert worden.

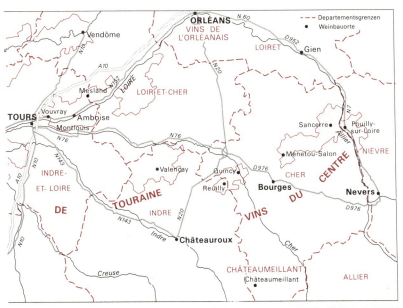

713   TAL DER LOIRE

Im Anjou ist die Rebsorte Chenin oder Pineau de la Loire die Hauptrebsorte bei den Weißweinen; in jüngster Zeit sind Chardonnay und Sauvignon hinzugekommen. Sie bringen große Süßweine bzw. liebliche Weine hervor, ebenso – dem allgemeinen Trend in der Geschmacksentwicklung folgend – hervorragende trockene Weine und Schaumweine. Bei den Rotweinen ist die Grolleau-Noir-Rebe die älteste Rebsorte. Aus ihr werden traditionell halbtrockene Roséweine und gute rote Tischweine hergestellt. Cabernet-Franc und Cabernet-Sauvignon, die in jüngerer Zeit angepflanzt werden, erzeugen feine, körperreiche Weine mit guter Alterungsfähigkeit. Wie die Menschen spiegeln die Weine die »Sanftheit des Anjou« wider oder tragen dazu bei: ihre Lebhaftigkeit, die von einer kräftigen Säure herrührt, ist häufig mit einem süßen Geschmack verbunden, der aus dem Vorhandensein von Restzucker resultiert. Die recht umfangreiche Produktion ist von einer etwas verwirrenden Vielfalt.

Im Westen der Touraine sind die hauptsächlichen Rebsorten im Gebiet von Saumur, in Vouvray und Montlouis oder auf den Hängen des Loir die Cheninrebe, in Chinon, Bourgueil und Champigny die Cabernet-Franc-Rebe und in Azay-le-Rideau die Grolleaurebe. Gamay Noir beim Rotwein und Sauvignon beim Weißwein bringen im östlichen Teil des Anbaubereichs Weine hervor, die leicht, fruchtig und angenehm sind. Nennen wir der Vollständigkeit halber noch die Rebsorten Pineau d'Aunis, eine auf den Hängen des Loir wachsende Rebe mit einer pfeffrigen Note, und Gris Meunier im Gebiet von Orléans.

Im mittelfranzösischen Anbaugebiet ist die Sauvinonrebe (beim Weißwein) die Hauptrebsorte in Sancerre, Reuilly, Quincy und Menetou-Salon sowie in Pouilly, wo sie auch Blanc-Fumé genannt wird. Sie teilt sich dort das Anbaugebiet mit den wenigen noch übriggebliebenen Weinbergen, die mit der Chasselasrebe bestockt sind, und bringt trockene, nervige Weißweine hervor. Bei den Rotweinen spürt man die Nachbarschaft zum Burgund, denn in Sancerre und Menetou-Salon erzeugt man die Rotweine aus der Pinot-Noir-Rebe.

Will man alle Loireweine erwähnen, so man noch ein paar Worte zum Anbaugebiet des Haut-Poitou hinzufügen, das bei den Weißweinen für seinen lebhaften, fruchtigen Sauvignon und seinen kräftigen Chardonnay und bei den Rotweinen für seine leichten, robusten Gamay-, Pinot-Noir- und Cabernetweine bekannt ist. Mit seinem semiozeanischen Klima bildet das Haut-Poitou den Übergang zwischen dem Loiretal und dem Bordelais. Zwischen Anjou und Poitou produziert das Anbaugebiet von Thouarcé (AOVDQS) nur eine geringe Weinmenge. Das ebenfalls als AOVDQS eingestufte Anbaugebiet der Fiefs Vendéens, dessen Weine früher als »Vins des Fiefs du Cardinal« bezeichnet wurden, befindet sich an der Atlantikküste; am bekanntesten sind dabei die Roséweine von Mareuil, die von den Rebsorten Gamay Noir und Pinot Noir stammen. Eine Kuriosität in dieser Gegend stellt der als »widerlicher« Wein (Vin de »ragoutant« oder de »dégoutant«) bezeichnete Wein von der Rebsorte Négrette dar, der nur schwer zu finden ist.

Schließlich muß man – wie in allen nördlichen Anbaugebieten – unbedingt noch auf die Bedeutung des Jahrgangs hinweisen. Denn die Qualität der Weine, ihre Unterschiedlichkeit und ihr aromatischer Reichtum, ist eng mit den Launen der Natur verbunden, insbesondere mit dem Wetter während der Reifung der Trauben. Die Größe der Ernte hängt von den klimatischen Bedingungen im Frühling (Frühjahrsfröste) und im Sommer (Blüte, Versorgung mit Nährstoffen) ab und beeinflußt auch die Qualität, wenn die Reifung davon betroffen ist. Nicht alle Jahrgänge sind sich somit ähnlich und werden auch nicht gleich schnell trinkreif. Vielleicht macht gerade das die Reichhaltigkeit der Weine aus dem Loiretal aus !

Tal der Loire

Val de Loire

Rosé de Loire

Dabei handelt es sich um Weine einer regionalen Appellation, die seit 1974 als AOC eingestuft ist. Erzeugt werden können sie innerhalb der Grenzen der AOC-Anbaugebiete von Anjou, Saumur und Touraine. Diese trockenen Roséweine werden aus den Rebsorten Cabernet-Franc, Cabernet-Sauvignon, Gamay Noir (mit hellem Saft), Pineau d'Aunis und Grolleau hergestellt.

DOM. DE BABLUT 1991*

☑	10 ha	k.A.	⬛↓☑❶

Dieser Rosé de Loire besitzt eine attraktive strahlende, klare Farbe. Dieser Eindruck wird durch ein deutlich ausgeprägtes Aroma bestätigt, das intensiv und blumig ist. Die stattliche, geschmeidige Ansprache im Geschmack zeugt von einer guten Reife der Trauben. Die Noten von sauren Drops weisen auf eine gelungene Vinifizierungstechnik hin.
➤ Daviau Vignerons, Dom. de Bablut, 49320 Brissac, Tel. 41.91.22.59 ⊥ Mo-Sa 9h-12h 14h-18h

DOM. DES BAUMARD 1991*

☑	2 ha	10 000	⬛☑❶

Eine alte Winzerfamilie, die seit 1694 in Rochefort-sur-Loire ansässig ist. Das heute 48 ha große Gut wird von Jean und Florent Baumard bewirtschaftet. Ein vollmundiger Rosé de Loire, der für Feinschmecker bestimmt ist. Ins Gelbrote spielende rosa Farbe, Duft von Weißdorn und weißen Blüten. Der sehr ausgewogene, leichte Geschmack enthüllt einen Hauch von Kohlensäure.
➤ SCEA Dom. des Baumard, 8, rue de l'Abbaye, 49190 Rochefort-sur-Loire, Tel. 41.78.70.03 ⊥ n. V.

CH. DU BREUIL 1991

☑	4 ha	18 000	⬛↓☑❶

Das Aroma dieses Rosé de Loire bleibt selbst an der Luft zurückhaltend, was schade ist, denn der Geschmack ist reich und rund und besitzt einen langen, fruchtigen Abgang. Sollte in der Karaffe serviert werden.
➤ SCE Ch. du Breuil, Le Breuil, 49750 Beaulieu-sur-Layon, Tel. 41.78.32.54 ⊥ n. V.
➤ Marc Morgat

CH. DE BROSSAY 1991*

☑	7 ha	5 000	⬛↓☑❶

Das Château de Brossay stammt aus dem 15. Jh. Damals wurde auch der Weinberg angelegt. Dieser nervige, fruchtige Rosé de Loire ist ein gelungener Vertreter seiner Appellation. Elegante, lachsrosa Farbe, aromatische Komplexität mit blumig-fruchtigen Noten, frische, leichte Ansprache im Geschmack und ausgewogener, feiner Abgang mit einem Aroma von sauren Drops.
➤ Raymond et Hubert Deffois, Ch. de Brossay, 49560 Cléré-sur-Layon, Tel. 41.59.53.06 ⊥ Mo-Sa 8h-12h 14h-19h

DOM. DU CHAUMIER 1991**

☑	1,5 ha	k.A.	⬛↓☑❶

Das Gut liegt auf den Hängen der Loire. Gilles Musset liebt sorgfältige Arbeit und beweist dies auch durch die Qualität seiner Produktion. Die Prüfungsjury war sich einig über die Finesse dieses mit großem Können hergestellten Rosé de la Loire. Zarte, rosarote Pastellfarbe, fruchtiges

Aroma und ausgewogener Geschmack. Ein charaktervoller Wein, den man sich nicht entgehen lassen sollte.

⌐ Lydia et Gilles Musset, Dom. du Chaumier, 49620 La Pommeraye, Tel. 41.77.75.72 ⊼ n. V.

DOM. CHUPIN 1991*

◨	16 ha	100 000	ⓘ↓Ⓜ❶

Ein über 70 ha großes Gut, wovon 16 ha für die Produktion des Rosé de Loire reserviert sind. Diesen sehr feinen 91er muß man langsam genießen. Strahlend lachsrosa Farbe. Das recht zurückhaltende Bukett enthüllt an der Luft ein leichtes Aroma von Veilchen und weißen Blüten. Der geschmeidige, ausgewogene Geschmack ist leicht und angenehm.

⌐ SCEA Dom. Chupin, 49380 Champ-sur-Layon, Tel. 41.78.86.54 ⊼ Mo-Fr 9h-12h 14h-19h

DOM. DE LA GACHERE 1991

◨	4 ha	16 000	ⓘ↓Ⓜ❶

Dieses 32 ha große Gut liegt im Süden des Departementes Maine-et-Loire, an der Grenze zum Departement Deux-Sèvres. Ein gut vinifizierter Rosé de Loire, der die Qualität dieses Betriebs widerspiegelt. Klare, blaßrosa Farbe, blumiger Duft, ausgewogener, aromatischer Geschmack mit dem sekundären Aroma von sauren Drops.

⌐ GAEC Lemoine, Dom. de La Gachère, 79290 Saint-Pierre-à-Champ, Tel. 49.96.81.03 ⊼ n. V.

DOM. DE L'ECHALIER 1991

◨	1,55 ha	2 000	ⓘ↓Ⓜ❶

Das Gut wechselte 1990 den Besitzer. Ein gefälliger, leichter Rosé de Loire, der ideal für die Sommerzeit ist. Blasse Farbe, blumiger Duft, ausgewogener Geschmack mit einem Eindruck von Fülle und Frische.

⌐ SCEA I. et F. Lorent-Bureau, Dom. de L'Echalier, 24, Grande-Rue, 49750 Rablay-sur-Layon, Tel. 41.78.32.82 ⊼ n. V.

DOM. SAUVEROY 1991

◨	1,3 ha	10 000	ⓘ↓Ⓜ❶

Pascal Cailleau, ein Önologe, hat vor kurzem das 1947 entstandene Familiengut übernommen. Ein Rosé de Loire, der recht typisch für die Appellation ist : ins Gelbrot spielende rosarote Farbe, Aroma von roten Früchten, harmonischer, fruchtiger Geschmack. Für den Jahrgang ein gelungener Wein.

⌐ Pascal Cailleau, Dom. du Sauveroy, 49750 Saint-Lambert-du-Lattay, Tel. 41.78.30.59 ⊼ n. V.

Crémant de Loire

Diese regionale Appellation gilt für Schaumweine, die innerhalb der Grenzen der AOC-Gebiete Anjou, Saumur und Touraine erzeugt werden dürfen. Die traditionelle Flaschengärung bringt hier ausgezeichnete »Weine für festliche Anlässe« hervor, so daß die Produktion weiter steigt (gegenwärtig über 30 000 hl). Verwendet werden zahlreiche Rebsorten : Chenin bzw. Pinot Blanc de Loire, Cabernet-Sauvignon und Cabernet-Franc, Pinot Noir (mit hellem Saft), Chardonnay etc. Der größte Teil der Produktion besteht zwar aus weißen Schaumweinen, aber es gibt auch einige Rosé-Schaumweine.

SERGE BONNIGAL *

○	3 ha	10 000	ⓘ↓Ⓜ❷

Serge hat sich vor kurzem mit seinem Vater Jacques zusammengetan, der seine solide Erfahrung mit Schaumweinen mit einbringt. Schöne, goldgelbe Farbe und mäßiger Schaum. Der Duft erinnert an Blumen und gebrannte Mandeln. Geschmeidige Ansprache, aber Harmonie und Länge. Ein reizvoller, gefälliger Wein, der Charakter besitzt.

⌐ GAEC Bonnigal, 17, rue d'Enfer, 37530 Limeray, Tel. 47.30.11.02 ⊼ tägl. 8h-20h

LES VIGNERONS DES COTEAUX ROMANAIS 1989*

○	k.A.	15 000	↓❷

Diese Genossenschaftskellerei vinifiziert und vertreibt die Produktion von 150 ha auf dem Gebiet von Saint-Romain-sur-Cher und Umgebung. Ein aus vier Rebsorten hergestellter Crémant, der zur Hälfte aus dunklen Trauben besteht. Helle, fast »graue« Farbe. Blumiger Duft (Akazienblüten). Die kohlensäurereiche Ansprache überrascht zunächst, aber dann wird der Geschmack runder und endet mit einem weichen Abgang. Ein angenehmer Schaumwein, der ausgewogen und alkoholreich ist.

⌐ Les Vignerons des Coteaux Romanais, 41140 Saint-Romain-sur-Cher, Tel. 54.71.70.74 ⊼ n. V.

DIAMANT DE LOIRE 1988

○	k.A.	11 000	ⓘ↓Ⓜ❸

Die Keller der Caves de la Loire liegen in der Nähe des berühmten Schlosses Brissac-Quincé. Dieser Crémant de Loire verführt durch seine Länge, die Feinheit seiner Bläschen und sein angenehmes Aroma. Im Geschmack ist er harmonisch. Schöner, ausgewogener Gesamteindruck mit nicht sehr ausgeprägter Säure.

⌐ Les Caves de La Loire, rte de Vauchrétien, 49320 Brissac-Quincé, Tel. 41.91.22.71 ⊼ n. V.

MICHELE ETCHEGARAY-MALLARD 1989**

○	4 ha	16 000	ⓘⓂ❷

Das Gut, das sich seit fünf Generationen im Familienbesitz befindet, ist der Sitz der berühmten »Club des Boyaux de Soie« , deren Mitglieder dem guten Leben huldigen, und auch des Brieftaubenzüchtervereins »Les Voltigeurs Saumurois« . Ein leichter, zarter Crémant de Loire : blaßgelbe Farbe mit einem feinen, nachhaltigen Perlen, intensives, fruchtiges Aroma mit Quittennoten, die typisch für vollreife Trauben sind, volle, fruchtige Ansprache im Geschmack. Er besitzt Klasse und Charakter.

🕿 Michèle Etchegaray-Mallard, 31, rue de la Mairie, 49700 Brossay, Tel. 41.38.88.31 ⚊ n. V.

DOM. DE LA BESNERIE *

○	2 ha	10 000	▮↓✓ 2

Ein Gut, das wir in der Appellation Touraine-Mesland wiederfinden. Seine Weine sind bereits auf der Weltausstellung 1889 in Paris ausgezeichnet worden ! Sehr feiner, blumiger Duft mit Weißdorn- und Akaziennoten. Ein süffiger, ausgewogener Wein, der durch sein Aroma und seine Frische gefällt.

🕿 François Pironneau, Dom. de la Besnerie, rte de Mesland, 41150 Monteaux, Tel. 54.70.23.75 ⚊ n. V.

DOM. DE LA GABETTERIE 1990

◐	0,25 ha	k.A.	✓ 2

Dieser Produzent verwendet große Sorgfalt auf die Herstellung seiner Crémants de Loire. Im letzten Jahr hat er von uns eine besondere Empfehlung erhalten. Ein Rosé-Schaumwein, der ausschließlich aus Cabernettrauben erzeugt wird. Das fruchtige Aroma ist ebenso charakteristisch wie die intensive, rosarote Farbe. Kräftiger, aber nicht sehr nachhaltiger Schaum.

🕿 GAEC Guilhem Reullier, La Gabetterie, 49380 Faveraye-Mâchelles, Tel. 41.54.14.99 ⚊ n. V.

DOM. DE LA GABILLIERE 1989 **

◐	3 ha	20 000	▮↓✓ 2

Dieses 15 ha große Gut, das 1975 geschaffen wurde, dient den Schülern der Weinbauschule von Amboise (und künftigen Winzern des Loiretals) als Anschauungsmaterial. Ein aus Cabernet- und Pinot-Noir-Trauben erzeugter Crémant, der sich im Aussehen und im Schaum perfekt präsentiert. Schöne Ansprache, gute Fülle (halbtrocken im Geschmack) und Frische. Ein Schaumwein, der für diesen Typ von seltener Qualität ist.

🕿 Dom. de La Gabillière, 13, rte de Bléré, 37400 Amboise, Tel. 47.30.48.58 ⚊ n. V.

DOM. DE L'ANGELIERE 1989 **

○	1 ha	6 000	▮↓✓ 2

Der zarte, nachhaltige Schaum verführt ebenso wie die aromatische Finesse. Der fruchtige Geschmack bestätigt diesen Eindruck und macht diesen Crémant de Loire zu einem sehr guten Vertreter der Appellation.

🕿 GAEC Boret Frères, Dom. de l'Angelière, 49380 Champ-sur-Layon, Tel. 41.78.85.09 ⚊ n. V.

LANGLOIS 1989 *

○		k.A.	260 000	▮↓✓ 2

Dieses 33 ha große Gut umfaßt zwei Anbaugebiete, die einige Kilometer voneinander entfernt liegen. Das von Saint-Florent (in nördlich-südlicher Ausrichtung) befindet sich über die Loire ; sein kiesel- und kalkhaltiger Boden verleiht Finesse. Das von Bron, das an dem Ufer des Thouet liegt, besitzt einen tieferen, kühleren Boden, der den Weinen Struktur schenkt. Die blaßgelbe, grünlich schimmernde Farbe paßt gut zu dem feinen, regelmäßigen Perlen. Das intensive Aroma und der angenehme Geschmack vervollständigen den harmonischen, eleganten Gesamteindruck. Schöne Ausgewogenheit.

🕿 Langlois-Château, rue Léopold-Palustre, 49400 Saint-Hilaire-Saint-Florent, Tel. 41.50.28.14 ⚊ n. V.

LANGLOIS 1989 **

◐		k.A.	30 000	▮↓✓ 2

Blaßrosa Farbe und feiner, regelmäßiger Schaum. Das deutlich spürbare, fruchtige Aroma bietet eine bemerkenswerte Nachhaltigkeit. Ein schöner Schaumwein, der sich als Aperitif eignet.

🕿 Langlois-Château, rue Léopold-Palustre, 49400 Saint-Hilaire-Saint-Florent, Tel. 41.50.28.14 ⚊ n. V.

JACKY MANDARD 1990

○	0,5 ha	2 600	▮✓ 2

Jacky Mandard bewirtschaftet in Mareuil-sur-Cher auf einem lehmig-kieselhaltigen Hang ein Gut, das seiner Familie seit 1870 gehört. Dieser Schaumwein duftet nach frischen Früchten, vor allem nach Trauben und Äpfeln. Im Geschmack ist er recht rund, vielleicht etwas zu viel für einen Brut. Dennoch ein gefälliger Crémant.

🕿 Jacky Mandard, Bagneux, 41110 Mareuil-sur-Cher, Tel. 54.75.09.53 ⚊ n. V.

DOMINIQUE PERCEREAU

○		k.A.	1 500	▮✓ 2

Erbe eines alten Winzergeschlechts aus der Gegend von Amboise. Das Gut befindet sich am Fuß des Hügels. In den Kellern, die in den Kalktuff gehauen worden sind, vollenden die Weine ihre Reifung. Sehr helle Farbe und schöner Schaum. Kräftiges Aroma mit Noten von Zitronenkraut und Blumen. Im Geschmack ist er leicht aggressiv. Ein aufgrund seiner Lebhaftigkeit und seines originellen Dufts interessanter Wein.

🕿 Dominique Percereau, 85, rue de Blois, 37530 Limeray, Tel. 47.30.11.40 ⚊ n. V.

DOM. DU PETIT CLOCHER 1989 *

○	2 ha	7 000	▮↓✓ 3

Als sich Maurice Denis hier 1951 niederließ, umfaßte das Gut 4 ha. 1973 waren es 18 ha. Damals übernahmen es Antoine und Jean-Noël, die es heute bewirtschaften. Die Crémants werden auf dem Gut selbst hergestellt und ruhen dann mindestens zwei Jahre lang auf Lattengestellen. Dieser Schaumwein ist ein guter Vertreter der Appellation : blaßgelbe Farbe, feiner Schaum, intensives Aroma, klarer Geschmack. Obwohl er aus mehreren Rebsorten hergestellt wird, bietet er einen harmonischen, gelungenen Gesamteindruck.

🕿 GAEC du Petit Clocher, 3, rue du Layon, 49560 Cléré-sur-Layon, Tel. 41.59.54.51 ⚊ n. V.
🕿 Antoine et Jean-Noël Denis

CH. DE PUTILLE 1991 *

○	2 ha	10 000	▮↓✓ 2

Ein vor kurzem entstandenes Gut, das mit dem Erwerb des 7 ha großen Clos de Pirouet in der Gemarkung Montjean seine Produktion gesteigert hat. Sein gut vinifizierter Crémant de Loire besitzt eine gute Schaumentwicklung. Klare,

blaßgelbe Farbe, blumig-fruchtiges Aroma, ausgewogener Geschmack mit würzigen Noten. Wenn Sie ihn gut gekühlt als Aperitif servieren, werden Ihre Gäste genießerisch lächeln.
🍷 SCA Ch. de Putille, Putille, 49620 La Pommeraye, Tel. 41.39.02.91 ☎ tägl. 8h-22h ; So nachm. geschlossen
🍷 Delaunay

DOM. ROULLET 1990**

○	1 ha	5 000	☑ 2

Der Besitzer ist der gegenwärtige Vorsitzende des Conseil Interprofessionnel des Vins d'Anjou et de Saumur. Moderner Keller. Das Können und die Tradition haben sich hier seit drei Generationen weitervererbt. Dieser Crémant beweist in jedem Augenblick, daß er aus vollreifen Trauben hergestellt worden ist. Bernsteingelb schimmernde Farbe und leichter, zart perlender Schaum. Im Duft Intensität und aromatische Finesse, im Geschmack Geschmeidigkeit und Kraft. Ein sehr schöner Wein, der gleichzeitig konzentriert und elegant ist.
🍷 Jean-Paul Roullet, 5, rue de la Poste, 49380 Champ-sur-Layon, Tel. 41.78.86.61 ☎ n. V.

LES VIGNERONS DE SAUMUR
Cuvée de la Chevalerie 1989*

○	k.A.	250 000	▮↓☑2

Diese auf der Anhöhe von Saumoussay gelegene Genossenschaftskellerei ist ein stolzer Beweis für die Qualität der im Saumur erzeugten Weine. Die Crémant altern mindestens zwei Jahre auf Lattengestellen, die sich in Stollen im Kalktuff befinden. Dieser blaßgelb schimmernde Wein entwickelt einen zarten Schaum und ein intensives Aroma mit dem blumigen Duft der Chenintrauben und fruchtigen, für die Cabernettrauben typischen Noten. Er ist wohlausgewogen und elegant und hinterläßt einen Eindruck von Fülle, mit einer leicht lebhaften Note im Nachgeschmack.
🍷 Cave des Vignerons de Saumur, rte de Saumoussay, 49260 Saint-Cyr-en-Bourg, Tel. 41.83.43.23 ☎ tägl. 9h-12h 14h-18h

LES VIGNERONS DE SAUMUR
Cuvée de la Chevalerie 1989**

◑	k.A.	150 000	▮↓☑2

Dieser Rosé-Crémant de Loire ist ausschließlich aus Cabernettrauben hergestellt worden, die von kalkhaltigen Böden stammen. Ein prächtiger Wein : blaßrosa Farbe, ungewöhnlich intensives Aroma und nachhaltiger Geschmack.
🍷 Cave des Vignerons de Saumur, rte de Saumoussay, 49260 Saint-Cyr-en-Bourg, Tel. 41.83.43.23 ☎ tägl. 9h-12h 14h-18h

HENRI VAUVY *

○	1 ha	2 000	▮↓☑3

Vom Gut des Hofs sieht man das Chertal und das Renaissanceschloß von Saint-Aignan. Feine, rasch aufsteigende Bläschen, milder Cheninduft, Rundheit ohne Schwere. Ein schöner Wein, der aufgrund seiner Frische sehr süffig ist.

🍷 Henry Vauvy, Les Martinières, 41140 Noyers-sur-Cher, Tel. 54.75.38.71 ☎ n. V.

VEUVE AMIOT

○	k.A.	85 000	▮↓2

Die Firma wurde 1884 von Madame Veuve Amiot gegründet. Die klare, blaßgelbe Farbe und der sich ungestüm entwickelnde und rasch zusammenfallende Schaum erwecken einen jugendlichen Eindruck. Der Geschmack ist recht angenehm, aber noch etwas aggressiv. Unsere Jury fragte sich, ob die zweite Gärung hier zu kurz war.
🍷 CFVM Veuve Amiot, 19, rue Jackerman, 49260 Saint-Hilaire-saint-Florent, Tel. 41.50.25.24 ☎ tägl. 10h-18h (10. April-15. Okt.)

Region Nantes

Die römischen Legionen brachten vor 2 000 Jahren den Wein in die Region Nantes, d. h. in das Viereck zwischen Bretagne, Vendée, Loire und Atlantik. Nach einem furchtbaren Winter im Jahre 1709, als das Meer entlang den Küsten zufror, war das Weinbaugebiet völlig vernichtet. Der Neuaufbau wurde in erster Linie mit der burgundischen Rebsorte Melon durchgeführt, die hier den Namen Muscadet annahm.

Die Anbaufläche für die Weine aus der Region Nantes umfaßt heute 15 000 ha und erstreckt sich in geographischer Hinsicht auf das Departement Loire-Atlantique, südlich von Nantes, der Hauptstadt der gleichnamigen Region. Der Wein wird auf sonnenreichen Hängen angebaut, die dem Einfluß der ozeanischen Luftströmungen ausgesetzt sind. Die Böden sind eher leicht und steinig ; sie bestehen aus alten Bodenarten, die mit Eruptivgestein vermischt sind. Das Weinbaugebiet der Region erzeugt drei AOC-Weine (Muscadet, Muscadet des Coteaux de la Loire und Muscadet de Sèvre-et-Maine) sowie die AOVDQS-Weine Gros-Plant du Pays Nantais, Coteaux d'Ancenis und Fiefs Vendéens.

Muscadet, Muscadet des Coteaux de la Loire, Muscadet de Sèvre-et-Maine

Nach zwei hervorragenden Jahrgängen muß man den 91er als recht düsteren Jahrgang ansehen – zumindest hinsichtlich der Menge. Der Frost in der Nacht vom 21. April suchte das gesamte Anbaugebiet heim. Gegenüber dem Vorjahr fiel die Produktion beim Muscadet von 650 000 auf rund 220 000 hl ; der Rückgang beim Gros-Plant ist in der gleichen Größenordnung, etwas geringer bei den Coteaux d'Ancenis und den Fiefs Vendéens. Die Preise erhöhten sich deshalb stark, bevor sie sich aufgrund der schwachen Nachfrage 1992 wieder normalisiert haben.

Die wirtschaftliche Situation hat sich auch auf den Weinverbrauch ausgewirkt. Die Nachfrage im Ausland ist fast überall rückläufig, insbesondere in den wichtigsten Abnehmerländern (Großbritannien, Deutschland, Niederlande etc.). Nach mehreren Jahren eines raschen Absatzanstiegs stagnieren die Exporte nach Japan, auch wenn der Ferne Osten insgesamt ein vielversprechender Markt für den Muscadet bleibt.

Dennoch bleibt ein befriedigender Gesichtspunkt : die Qualität. Sie ist gut, vor allem dank des hohen natürlichen Alkoholgehalts, ohne jedoch die von 1989 und 1990 zu erreichen. Um die Ernteverluste von 1991 auszugleichen, muß man auf Lagerbestände zurückgreifen. Deshalb findet man in dieser Ausgabe – entgegen der sonstigen Praxis – Muscadetweine früherer Jahrgänge.

Das vom Comité Interprofessionnel des Vins de Nantes veranstaltete »neue Jahr des Muscadet« , das künftig immer stattfinden soll, wird im Dezember 1992 ein neues Ausmaß annehmen. Ab Sommer 1993 wird im Weinbaugebiet von Nantes eine touristische Route eingerichtet. Natürlich wird sie am »Haus der Weine« von La Haye-Fouassière vorbeiführen, dessen Bibliothek schon heute jedermann offensteht und dessen »Vinothek« während der Sommersaison verstärkt geöffnet haben wird.

Der Muscadet ist ein trockener Weißwein, der seit 1936 als AOC eingestuft ist. Er stammt von einer einzigen Rebsorte : Melon de Bourgogne bzw. Muscadet. Die Anbaufläche umfaßt 10 500 ha, während die durchschnittliche Produktion bei 600 000 hl pro Jahr liegt. Nach ihrer geographischen Lage unterscheidet man drei Appellationen : Muscadet de Sèvre-et-Maine (85% der Gesamtproduktion), Muscadet des Coteaux de la Loire (5%) und Muscadet (10%).

Die Flaschenabfüllung direkt von der Hefe (ohne vorherigen Abstich) ist ein traditionelles Verfahren in der Region Nantes, das in Zukunft einer genauen gesetzlichen Regelung unterliegt. Um Anspruch auf die Bezeichnung »sur lie« zu haben, dürfen die Weine nur einen Winter lang im Gärbehälter oder in Fässern gereift sein und müssen sich zum Zeitpunkt der Flaschenabfüllung noch auf dem Bodensatz ihrer Gärung befinden. Durch diese Methode kann man die Frische, die Finesse und das Bukett der Weine hervorheben. Von Natur aus ist der Muscadet ein trockener, aber nicht herber Wein mit entfaltetem Bukett. Ein Wein für alle Gelegenheiten. Aufgrund seines Charakters paßt er hervorragend zu Fischgerichten, Muscheln und anderen Meeresfrüchten. Außerdem gibt er einen ausgezeichneten Aperitif ab. Man sollte ihn gekühlt, aber nicht eiskalt servieren (8 bis 9 ° C).

Muscadet

DOM. DES HERBAUGES Sur lie 1991

| □ | 6,3 ha | 30 000 | ▮↓Ⅴ▮ |

Der Name Herbauges erinnert an eine der berühmtesten Sagen dieser Gegend : Sie handelt von einer heidnischen Stadt, die in den Wassern des Sees von Grand-Lieu versank, weil seine

Einwohner der Predigt des heiligen Martin von Vertou kein Gehör geschenkt hatten. Dieses Gut liefert einen Wein mit einer schönen, klaren Farbe und einem zurückhaltenden Duft von reifen Früchten. Wohlausgewogen und recht lang. Sollte ohne weiteres Lagern getrunken werden.

🠶 Choblet-Fouchault, rte de la Gare, 44830 Bouaye, Tel. 40.65.44.92 ☎ Mo-Sa 9h-12h 14h-18h

CLOS DE LA FINE Sur lie 1991*

☐	4 ha	14 000	▮↓🗹▮

Wenn man einem in Bouaye beginnenden Fußweg in östlicher Richtung folgt, gelangt man bald zu einem alten Portal und zu den Ruinen einer Kapelle, die Überreste einer Abtei aus dem 13. Jh. sind und den Beginn des Clos de la Fine markieren. Dieser Weinberg liefert einen Wein mit einem eleganten, blumigen Duft. Seine Fülle, seine Leichtigkeit und seine ausgezeichnete Ausgewogenheit im Geschmack machen ihn sehr reizvoll.

🠶 Choblet-Fouchault, rte de la Gare, 44830 Bouaye, Tel. 40.65.44.92 ☎ Mo-Sa 9h-12h 14h-18h

CH. DE LA GRANGE Sur lie 1991**

☐	15 ha	60 000	▮↓🗹▮

Das ganz im Süden des Departements gelegene Château de la Grange ist das »andere« Schloß der Familie Goulaine. Dort flehte die Elite des einheimischen Adels die Herzogin von Berry im Jahre 1832 an, keinen Aufstand zu unternehmen. Der Wein erweist sich mit seiner schönen, klaren Farbe und ebenso mit seinem Duft- und Geschmackseindruck als sehr typisch. Er ist lang, ausgewogen und intensiv und bietet gleichzeitig Fülle und eine angenehme Lebhaftigkeit. Insgesamt ein bemerkenswerter Vertreter seines Jahrgangs.

🠶 Marquis de Goulaine, Ch. de la Grange, 44115 Haute-Goulaine, Tel. 40.54.91.42

CH. DE LA PREUILLE
Sur lie Tête de cuvée 1991

☐	5,5 ha	30 000	▮↓🗹❷

Schloß La Preuille (13. und 15. Jh.), das an der Grenze zur Bretagne und zum Poitou liegt, war einst das Stabsquartier der Herzogin von Berry, als sie 1832 versuchte, die Vendée zu einem neuerlichen Aufstand zu bewegen. Es ist aber seit uralten Zeiten auch ein Zentrum des Weinbaus. Es erzeugt hier einen eleganten Muscadet mit blasser Farbe und etwas wildem, blumigem Duft. Ein feiner, wohlausgewogener Wein, der sich sehr angenehm trinkt.

🠶 Philippe et Christian Dumortier, Ch. de La Preuille, 85600 Saint-Hilaire-de-Loulay, Tel. 51.46.32.32 ☎ Di-Sa 10h-12h30 14h-18h

CH. DE LA ROULIERE Sur lie 1991*

☐	15,5 ha	k.A.	▮↓🗹▮

Von diesem Schloß, das im äußersten Westen des Anbaugebiets liegt, sind genaugenommen nur der Name und die Nebengebäude übriggeblieben : Es wurde bei den Aufständen in der Vendée zerstört. Sein gefälliger 91er Muscadet spiegelt gut den Jahrgang wider : frischen Duft von weißen Früchten und einen klaren Geschmackseindruck, der voll und wohlausgewogen ist.

🠶 René Erraud, Ch. de La Roulière, 44310 Saint-Colomban, Tel. 40.05.80.24 ☎ n. V.

CLOS DE LA SENAIGERIE
Sur lie 1991**

☐	6,3 ha	18 000	▮↓🗹▮

Der Grand-Lieu, einer der größten Seen von Frankreich, ist ein riesiges, abschiedenes Naturschutzgebiet, das sich in dem Wald verbirgt, der auch das schöne Château de La Sénaigerie umgibt. Doch dieses hat nur Augen für seine Rebflächen. Sie liefern einen Muscadet mit stark entfalteter Duft von exotischen Früchten. Dieser harmonische, reiche und lange Wein mit dem kräftigen Aroma fällt etwas aus dem Rahmen.

🠶 Choblet-Fouchault, rte de la Gare, 44830 Bouaye, Tel. 40.65.44.92 ☎ Mo-Sa 9h-12h 14h-18h

Muscadet des Coteaux de la Loire

CLOS DES GALLOIRES Sur lie 1991

☐	1 ha	4 000	▮↓🗹▮

Wenn man die Brücke von Ancenis überquert, kommt man in eine andere Provinz. Dieser Muscadet, der in der Gegend von Liré erzeugt wird und aus einem Anbaugebiet stammt, das einst einem Vorfahren von Joachim du Bellay gehörte, kommt aus dem Anjou. Ein sehr klassischer Wein, der nach weißen Blüten und leicht nach getrockneten Früchten duftet. Er enthält viel Kohlensäure und zeigt im Geschmack Lebhaftigkeit und sogar eine herbe Note.

🠶 GAEC des Galloires, La Galloire, 49530 Drain, Tel. 40.98.20.10 ☎ n. V.

DOM. GUINDON Sur Lie 1991

☐	5 ha	k.A.	▮↓🗹❷

Dieses in der Nähe von Ancenis gelegene Gut wurde gegen Ende des letzten Jahrhunderts von einem Winzer aus Mouzillon gegründet, der vor der Reblaus geflohen war. Es erzeugt eine breite Palette von Weinen, darunter diesen Muscadet mit der blaßgrünen Farbe und dem komplexen Duft. Noten von getrockneten Früchten und geröstetem Brot begleiten das dominierende pflanzliche Aroma. Er ist sehr lebhaft und enthüllt im Geschmack eine vielversprechende Struktur. Einige Monate Lagerung werden es ihm erlauben, sich ganz zu entfalten.

🠶 Jacques Guindon, La Couleuverdière, 44150 Ancenis, Tel. 40.83.18.96 ☎ n. V.

LES VIGNERONS DE LA NOELLE
1991

☐	k.A.	200 000	▮↓🗹▮

Dieser grün schimmernde Muscadet entfaltet einen intensiven und sehr komplexen Duft, in dem sich das Aroma von Zitrusfrüchten mit dem von getrockneten Früchten vermischt. Im Geschmack verleihen ihm seine gute Ansprache und sein frischer Abgang einen eleganten, munteren Charakter. Trotz seines nicht sehr typischen Aromas unbestreitbar ein verführerischer Wein. ← Les Vignerons de La Noëlle, B.P. 155, 44150 Ancenis, Tel. 40.98.92.72 ⟨ n. V.

DOM. DE L'OUCHE-GUINIERE
Sur lie 1991

| | 10 ha | 10 000 | ⬚ ☑ 1 |

Saint-Géréon, eine Nachbargemeinde von Ancenis in Richtung Nantes, besitzt mehrere schöne Weingüter, die auf ihren Hängen über dem Loiretal liegen. Dazu gehört auch Ouche-Guinière. Sein Wein erinnert sowohl im Geruch wie auch im Geschmack an pflanzliche Noten. Er ist ausgewogen und voll und reizt vor allem die Geschmacksnerven, obwohl er etwas streng ist. Dürfte sich günstig entwickeln.
← Joseph Toublanc, Le Pré Haussé, 44150 Saint-Géréon, Tel. 40.83.17.50 ⟨ n. V.

Muscadet de Sèvre-et-Maine

CH. D' AMOUR Sur lie 1991*

| | 22 ha | 80 000 | ⬚ ☑ 1 |

Als die Reblaus gegen Ende des letzten Jahrhunderts das Weinbaugebiet von Nantes zerstörte, wurde dieser alte Keller am Rand der Maine nutzlos. Die Liebespaare aus der Umgebung machten bald daraus einen Treffpunkt für ihre Verabredungen. So kam das »Liebes-schloß« zu seinem Namen. Das Gut erzeugt einen Wein, der liebenswert (das ist das mindeste bei einer solchen Umgebung !), fruchtig und sehr typisch für die Appellation ist. Trinkreif.
← Brochard Frères, La Grenaudière, 44690 Maisdon-sur-Sèvre, Tel. 40.03.80.00 ⟨ n. V.

JEAN AUBRON 1991**

| | k.A. | 200 000 | ⬚ ☑ 2 |

Jean Aubron, ein großer Erzeuger in der Region von Vallet, verkauft unter seinem Namen auch Weine, die von Nachbargütern stammen. Dieser 91er bestätigt eine Tendenz des Jahres : daß nämlich Muscadetverschnittweine wieder erfolgreich sind. Ein Muscadet, der sich perfekt präsentiert und ein intensives, komplexes und sehr typisches Aroma entfaltet. Seine Harmonie, seine Eleganz und seine Lebhaftigkeit hinterlassen einen hervorragenden Eindruck.
← Jean Aubron, L'Audigère, 44330 Vallet, Tel. 40.33.91.91 ⟨ n. V.

DOM. BASSE-VILLE Sur lie 1991

| | 18 ha | 40 000 | ⬚↓ ☑ 1 |

Ein schönes Beispiel für Kontinuität : Die Bossards sind seit mindestens fünf Jahrhunderten Winzer in La Chapelle-Heulin. Der 91er war sicherlich nicht der einfachste ihrer 500 Jahrgänge, aber dieser Wein, der nach blauen Blumen duftet und eine mineralische Note enthüllt, besitzt einen reizvollen Bodengeschmack und eine frische Ansprache.
← Gilbert Bossard, Dom. Basse-Ville, 44330 La Chapelle-Heulin, Tel. 40.06.74.33 ⟨ n. V.

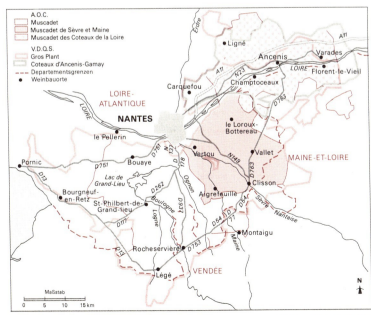

A.O.C.
☐ Muscadet
☐ Muscadet de Sèvre et Maine
☐ Muscadet des Coteaux de la Loire
V.D.Q.S.
☐ Gros Plant
☐ Coteaux d'Ancenis-Gamay
– – Departementsgrenzen
• Weinbauorte

Maßstab
0   5   10   15 km

VAL DE LOIRE

DOM. DE BEAUREGARD
Sur lie 1990★★

| □ | k.A. | 15 000 | ▮ ☑ ❶ |

Der südlich der Sanguèze gelegene Clos de Beauregard ist eines der berühmtesten Anbaugebiete der Gemarkung Mouzillon. Der Wein macht seiner Provenienz alle Ehre. Bemerkenswert bereits im Aussehen, mit einer schönen, klaren, grünweißen Farbe, zeigt er sich im Geschmack voll und lang. Insgesamt ein Hochgenuß.
🍷 Henri Grégoire, Beauregard, 44330 Mouzillon, Tel. 40.33.93.80 ☎ n. V.

CLOS DU BIEN-AIME Sur lie 1991★

| □ | 2 ha | 10 000 | ▮↓☑❶ |

Ein Wein, der seinen Namen zu Recht besitzt. Er stammt aus einer Parzelle der Domaine de La Houssais, die gegenüber dem Schloß Briacé liegt. Er wurde von uns im letzten Jahr besonders empfohlen und fand auch in diesem Jahr wieder großes Lob. Schönes Aussehen, feiner Duft und frischer, Fröhlichkeit hervorrufender Geschmack.
🍷 Bernard Gratas, Dom. de La Houssais, 44430 Le Landreau, Tel. 40.06.46.27 ☎ n. V.

DOM. BONNETEAU-GUESSELIN
Sur lie 1991

| □ | k.A. | 2 000 | ↓☑❶ |

Dieses Gut liegt in der Nähe von La Haye-Fouassière, etwas oberhalb der großen Keksfabrik Lu. Seit 1852 wird es von der gleichen Familie bewirtschaftet. Sein Muscadet ist im Geruch und im Geschmack sehr typisch für die Appellation. Im Abgang zeigt er eine für den Jahrgang charakteristische Herbheit.
🍷 Olivier und Maurice Bonneteau-Guesselin, Dom. de la Juiverie, 44690 La Haye-Fouassière, Tel. 40.54.80.38 ☎ n. V.

DOM. DES BOUTINARDIERES
Sur lie 1991

| □ | 10 ha | 30 000 | ▮↓☑❶ |

Der Weiler Les Forges gehört zwar zur Gemeinde Gorges, liegt aber in Wirklichkeit zwischen Clisson und Mouzillon. Das sind drei gute Empfehlungen für dieses Gut. Sein Muscadet besitzt eine Rundheit und eine Harmonie, die ihn trotz eines etwas trockenen Abgangs zu einem guten Vertreter der Appellation machen.
🍷 Gilles Luneau, Les Forges, 44190 Gorges, Tel. 40.54.05.09 ☎ n. V.

DOM. BRETONNIERE Sur lie 1990

| □ | 2 ha | 10 000 | ▮↓☑❶ |

Dieses Gut trägt den Namen seines ehemaligen Besitzers, der der Großvater des heutigen Eigentümers war. Trotz einer gewissen Schwere ist dieser 90er Muscadet mit der schönen, klaren Farbe ein ehrlicher Vertreter seiner Appellation.
🍷 Dominique Hardy, La Grange, 44330 Mouzillon, Tel. 40.33.93.60 ☎ Mo-Sa 8h-20h

CH. DE BRIACE Sur lie 1991★

| □ | 8 ha | 12 000 | ▮↓☑❶ |

Der Ruhm von Briacé gründet sich nicht auf das Schloß selbst (es wurde Ende des 19. Jh. auf den Ruinen errichtet, die 1794 von den republikanischen »Colonnes Infernales« zurückgelassen worden waren), sondern auf seine berühmte private Fachoberschule für Landwirtschaft. Das Ergebnis der praktischen Arbeit spricht für sich : Dieser perlende Muscadet mit dem frischen Duft von Weißdorn und exotischen Früchten besitzt eine verführerische Harmonie. Repräsentativ für einen gelungenen 91er.
🍷 AF Ecole d'agriculture de Briacé, Ch. de Briacé, 44430 Le Landreau, Tel. 40.06.43.33 ☎ n. V.

CARTE D'OR 1991★

| □ | k.A. | k.A. | ▮ ❶ |

Ein großer Weinhändler hat diesen Namen seinem »sortentypischen« Muscadet gegeben, der sich durch konstante Qualität und einen gleichbleibenden Stil auszeichnet. Die eingeschlagene Richtung stimmt mit Sicherheit, denn dieser Wein besitzt eine schöne, blasse Farbe und einen sehr fruchtigen, wohlausgewogenen Geschmack.
🍷 Maison Sauvion, Le Cléray, 44330 Vallet, Tel. 40.36.22.55 ☎ n. V.

CH. DE CHASSELOIR
Comte Leloup Ceps Centenaires Sur lie 1987

| □ | 5 ha | 30 000 | ↓☑❷ |

Die riesigen, hundert Jahre alten Rebstöcke sind nicht die einzige Kuriosität auf diesem erstaunlichen Gut, das auch für sein unterirdisches Gewölbe, seinen die Maine überblickenden Wachturm und seinen Keller im Geiste von Rabelais mit den geschnitzten Balken berühmt ist. Die obigen Rebstöcke liefern einen schönen, grünlich schimmernden Wein, dessen dezenter Duft an Unterholz erinnert. Im Geschmack besitzt er eine für einen Wein dieses Alters überraschende Frische. Dürfte noch lange altern.
🍷 Ets Chéreau-Carré, Chasseloir, 44690 Saint-Fiacre-sur-Maine, Tel. 40.54.81.15 ☎ n. V.

DOM. DES CHAUSSELIERES
Sur lie 1991★

| □ | 11 ha | 25 000 | ▮◖↓☑❶ |

Auf dem Etikett erkennt man die Kapelle, die zum Andenken an den berühmtesten Sohn von Le Pallet errichtet wurde : den Philosophen Abälard, dessen Liebe zu Heloise bekanntermaßen ein tragisches Ende nahm. Der Inhalt der Flasche ist jedoch dazu angetan, diese trüben Gedanken zu vertreiben. Das Aroma dieses sehr blassen Muscadet erinnert an Weißdornblüten und Falschen Jasmin. Er ist geschmeidig und gut strukturiert und klingt mit einer frischen, lebhaften Note aus, die für einen Muscadet »sur lie« typisch ist.
🍷 GAEC des Chausselières, 12, rue des Vignes, 44330 Le Pallet, Tel. 40.80.40.12 ☎ n. V.
🍷 J. Bosseau et Fils

CH. DU CLERAY Sur lie 1991

| □ | 18 ha | 12 000 | ▮↓☑❷ |

Das Schloß Le Cléray, das einmal der Sitz einer alten Seigneurie war, wurde während der Französischen Revolution niedergebrannt. Das heutige Château, ein Gebäude von nüchterner Eleganz, stammt von Anfang des 19. Jh. Es gehört heute einer großen Familie von Weinhändlern. Der 91er Muscadet besitzt eine schöne, klare Farbe und entfaltet ein leichtes Aroma. Der Geschmack ist nicht sehr kräftig, aber seine Finesse ist recht ansprechend.

🔖 Maison Sauvion, Ch. du Cléray, 44330 Vallet, Tel. 40.36.22.55 ☎ n. V.

CH. DU COING DE SAINT-FIACRE
Grande cuvée Saint Hilaire Sur lie 1991 *

| ☐ | 23 ha | k.A. | ↓🅥🅱 |

Auf diesem sehr alten Anwesen standen im Laufe der Geschichte schon mehrere Schlösser. Das heutige Château, dessen Fassade zwei Spitztürmchen besitzt, stammt von 1830. Das Gut präsentiert einen gefälligen Wein, der typisch für die Appellation ist. Ein Hauch von Lebhaftigkeit betont den ausgewogenen Geschmack. Die Liebhaber origineller Muscadetweine werden sich auch für den 88er interessieren, der in neuen Eichenholzfässern ausgebaut worden ist. Außerdem gibt es noch die 89er Grande Cuvée Saint-Hilaire, bei der die Trauben zusammen mit den Schalen vergoren worden sind.

🔖 Ets Chéreau-Carré, Chasseloir, 44690 Saint-Fiacre-sur-Maine, Tel. 40.54.81.15 ☎ n. V.

🔖 Véronique Chéreau

DOM. BRUNO CORMERAIS 1989 **

| ☐ | 2 ha | 5 000 | 🍶↓🅥🅲 |

Die Spitzencuvée des Guts La Chambaudière. Dieser schöne, strohgelbe Wein mit dem intensiven Duft von Unterholz ist sehr typisch für den hervorragenden Jahrgang. Rund, reich und fruchtig. Sollte möglichst bald getrunken werden.

🔖 Bruno Cormerais, La Chambaudière, 44190 Saint-Lumine-de-Clisson, Tel. 40.03.85.84 ☎ n. V.

HENRI DURANCE 1991

| ☐ | 9,8 ha | k.A. | 🔳🅥🅰 |

Dieser Wein kommt aus der Gemeinde Le Pallet, dessen Weinbaumuseum einen Besuch wert ist. Ein spät gelesener Muscadet, der typisch für den Jahrgang 1991 ist. Nach ein paar Monaten Lagerzeit dürfte er sich besser entfalten.

🔖 Henri Durance, 5, rue Prends-y-garde, 44330 Le Pallet, Tel. 40.80.96.14

CH. ELGET Sur lie 1991 *

| ☐ | 5 ha | 13 000 | 🔳↓🅥🅰 |

Was ist das für ein »Schloß« , das auch die genauesten Karten und die vollständigsten historischen Werke ignorieren? Ein kurzes Nachdenken liefert den Schlüssel für diesen *private joke*. Sein 91er Muscadet ist recht typisch für einen direkt von der Hefe abgezogenen Wein. Im Geschmack lang und fruchtig. Dank seiner Ausgewogenheit kann er altern.

🔖 Gilles Luneau, Les Forges, 44190 Gorges, Tel. 40.54.05.09 ☎ n. V.

FIEF COGNARD Réserve Sur lie 1991

| ☐ | 2 ha | 14 000 | 🔳🅥🅰 |

Dieser Wein verdankt seinen Namen einer Parzelle, die am Westrand der Appellation zwischen Château-Thébaud und Vertou liegt. Ein noch etwas »grüner« Muscadet, der wohlausge-wogen und voll ist und einen guten Geschmackseindruck hinterläßt.

🔖 Dominique Salmon, Les Landes de Vin, 44690 Château-Thébaud, Tel. 40.06.53.66 ☎ n. V.

CH. DE GOULAINE Sur lie 1991

| ☐ | 13 ha | 20 000 | 🔳↓🅥🅱 |

Goulaine, das westlichste der großen Loireschlösser, wurde im 15. Jh. von der Familie gleichen Namens errichtet. Sie bewohnt es heute noch, was der prächtigen Ausstattung und den Erinnerungsstücken dieses herrlichen historischen Bauwerks noch einen zusätzlichen Hauch von Echtheit verleiht. Ihr ebenfalls traditionsreicher Muscadet entfaltet ein dezentes Aroma, das aber angenehm und recht typisch ist.

🔖 Marquis de Goulaine, Ch. de Goulaine, 44115 Haute-Goulaine, Tel. 40.54.91.42 ☎ n. V.

DOM. DES GRANDS-PRIMEAUX
Sur lie 1991

| ☐ | 12 ha | 25 000 | 🔳🍶↓🅥🅰 |

Dieses Gut liegt in Le Pé-de-Sèvre, einem hübschen Weiler an einem sonnenreichen Ufer. Es erzeugt recht reizvolle Weine, die oft originell ausfallen und immer eine gute Qualität besitzen. Sein 91er Muscadet bietet einen zurückhaltenden, aber aromatischen Duft und eine gute geschmackliche Ansprache, die den etwas leichten Abgang bedauern läßt.

🔖 Michel Bedouet, Le Pé-de-Sèvre, 44330 Le Pallet, Tel. 40.80.97.30 ☎ n. V.

CH. GUERANDE Sur lie 1991

| ☐ | 6,5 ha | 50 000 | 🅥🅱 |

Als der Sage nach die Stadt Louan in den Sümpfen von Goulaine versank, blieb dieses Gut am Hang des Hügels La Roche verschont. Seine Rebflächen liefern einen Wein, der im Duft ebenso wie im Geschmack zurückhaltend, aber gut gebaut ist.

🔖 André Vinet, Les Lilas, B.P. 1, 44330 Mouzillon, Tel. 40.33.97.31 ☎ n. V.

🔖 Luneau

DOM. DES HAUTES-NOELLES
Sur lie 1991

| ☐ | 15 ha | 30 000 | 🔳↓🅥🅰 |

Der Muscadet der Hautes-Noëlles wird von den »Winzern von La Noëlle« vertrieben, aber diese Hautes-Noëlles und diese La Noëlle haben nichts miteinander zu tun. Sie gehören sogar zu verschiedenen Anbauzonen der Appellation, denn die einen befinden sich in der Gemarkung Le Landreau (im Süden des Departements Loire), die andere in der Gemarkung Ancenis (im Norden). Dieser schöne, perlende Muscadet entfaltet einen intensiven Duft mit dem sekundären Aroma von Steinobst. Im Geschmack ist er sehr rund, was ihn aber nicht daran hindert, ein typischer Muscadet du Sèvre-et-Maine zu sein.

🔖 Les Vignerons de La Noëlle, B.P. 155, 44150 Ancenis, Tel. 40.98.92.72 ☎ n. V.

DOM. DES HAUTS PEMIONS
Sur lie 1991★★

| ☐ | 14,7 ha | 30 000 | ▮↓Ⅴ❷ |

Am westlichen Ende des Marktfleckens Monnières erhebt sich auf einem Hügel, der so steil ist, wie sein Name andeutet, die »Mühle der Gerechtigkeit« , eine der am besten erhaltenen Mühlen dieser Gegend. Zu ihren Füßen breiten sich die Rebflächen von Les Hauts Pémions aus. Sie liefern einen Wein mit einem klaren, intensiven Duft und einem sehr kräftigen, fruchtigen Geschmack, der eine säuerliche Note enthüllt. Ein nerviger, temperamentvoller Muscadet, der noch »gezähmt« werden muß. Im Hinblick auf seine vielversprechende Zukunft erkennen wir ihm eine besondere Empfehlung zu.
🍷 Joseph et Christophe Drouard, La Hallopière, 44690 Monnières, Tel. 40.54.61.26 ☎ n. V.

PRESTIGE DE LA BAZILLIERE
Sur lie 1991★

| ☐ | 5 ha | 10 000 | ▮↓Ⅴ❶ |

La Bazillière erzeugt einen Wein, der das durch seinen Namen in Anspruch genommene Prestige verdient : schöne, grüne Farbe mit glanzhellen Reflexen, wohlausgewogener Duft mit dem sekundären Aroma von Bananen, fruchtiger Geschmack. Er ist noch verschlossen, dürfte aber schrittweise seine Fruchtigkeit noch stärker entfalten.
🍷 GAEC Sauvêtre Père et Fils, La Bazillière, 44430 Le Landreau, Tel. 40.06.43.69 ☎ n. V.

DOM. DE LA BLANCHETIERE
Sur lie 1991

| ☐ | 15 ha | 40 000 | ▮↓Ⅴ❶ |

Dieses Gut liegt an der »Straße der Mühlen« , die von Le Landreau nach Le Loroux-Bottereau führt und dabei an vielen Stellen eine schöne Aussicht über das Weinbaugebiet von Nantes bietet ; an einigen seiner berühmten Lagen geht sie direkt vorbei. Sein Muscadet ist ein guter Vertreter der Appellation : sehr blasse Farbe, fruchtiger, an Trauben und Brombeeren erinnernder Duft, ausgewogener Geschmack und leicht herbe Note.
🍷 Serge Luneau, Dom. de la Blanchetière, 44430 Le Loroux-Bottereau, Tel. 40.33.82.14 ☎ Mo-Fr 8h30-12h 14h-18h

CH. DE LA BOTINIERE Sur lie 1991★

| ☐ | 40 ha | 200 000 | ▮◆↓Ⅴ❷ |

Das Gut, das im 16. Jh. Sitz eines niederen Gerichtshofs war, hat aus dieser Zeit einige bemerkenswerte Überreste bewahrt. Es erzeugt einen schönen, leicht gelben Wein, der einen intensiven Duft verströmt und im Geschmack lang und ausgewogen ist. Ein sehr repräsentativer Muscadet.
🍷 Jean Beauquin, Ch. de La Botinière, 44330 Vallet, Tel. 40.06.73.83 ☎ n. V.

CH. DE LA BOURDINIERE Sur lie 1991

| ☐ | 10 ha | 30 000 | ▮↓Ⅴ❶ |

La Bourdinière, ein wunderschönes Schloß am Rande eines großen Haffs, war einst das Eigentum von Pierre Landais, dem Schatzkanzler des Herzogs der Bretagne und Vorkämpfer für die bretonische Unabhängigkeit im 15. Jh. Sein nerviger Muscadet bietet trotz einer leichten Kohlensäure eine schöne Ausgewogenheit. Dieser gut vinifizierte Wein (ein früherer Jahrgang wurde in unserem Weinführer 1990 besonders empfohlen) dürfte sich mit der Zeit noch verbessern.
🍷 Pierre et Chantal Lieubeau, La Bourdinière, 44690 Château-Thébaud, Tel. 40.06.54.81 ☎ n. V.

DOM. DE LA BRETESCHE 1991

| ☐ | 12 ha | 20 000 | ▮↓Ⅴ❶ |

Dieser von einem Weinhändler aus Le Pallet vertriebene Wein stammt aus einem sehr weit nördlich gelegenen Anbaugebiet der Appellation. Mit seiner schönen, golden schimmernden Farbe, seinem Grapefruitduft und seinem ausgewogenen Geschmack ist er schon jetzt ansprechend, aber er kann sich noch stärker entfalten.
🍷 Loiret Frères, Brétigne, 44330 Le Pallet, Tel. 40.80.40.27 ☎ Mo-Sa 8h-12h 14h-19h
🍷 Jean Oger

CH. DE LA CANTRIE Sur lie 1990★★★

| ☐ | 14,5 ha | 70 000 | ▮↓Ⅴ❶ |

Château de La Cantrie, das von einem schönen, zur Sèvre hin abfallenden Park umgeben ist, steht an einem Ort, den man hier geborenen Marc Elder besungen wurde. (Bei der Verleihung des Prix Goncourt im Jahre 1913 gab ihm die Jury sogar den Vorzug vor Marcel Proust !) Dieses Gut ist für die große Regelmäßigkeit seiner Qualität bekannt. Mit seinem 90er Muscadet ist ihm ein außergewöhnlicher Wein gelungen : fein, elegant, jung, sehr aromatisch und ausgewogen. Er erinnert an die besondere Empfehlung dieses Gutes im Weinführer 1987.
🍷 Laurent Bossis, 11, rue Beauregard, 44690 Saint-Fiacre, Tel. 40.36.94.64 ☎ Mo-Fr 10h-12h 14h-18h

DOM. DE LA CHARPENTERIE
Sur lie 1991★

| ☐ | 9 ha | 30 000 | ▮↓Ⅴ❶ |

Ein Wein, der von den manchmal steilen Hängen an der »Straße der Mühlen« stammt. (Die Mühle von Pé Pucelle, die als Aussichtsturm eingerichtet worden ist, verdient einen Besuch.) Dieser harmonische Wein entfaltet ein feines Zitronenaroma. Seine gute geschmackliche Ansprache, die durch die vorhandene Kohlensäure betont wird, und sein vollmundiger Abgang machen ihn zu einem zauberhaften Muscadet.
🍷 André Huchon, La Charpenterie, 44430 Le Landreau, Tel. 40.06.43.19 ☎ n. V.

DOM. DE LA CORMERAIS Sur lie 1990

| ☐ | 4 ha | k.A. | ⅰ↓☑❶ |

Angesichts der reizvollen Unregelmäßigkeit der meisten Dörfer im Weinbaugebiet von Nantes überrascht die strenge Anlage von La Cormerais, einem alten befestigten Dorf. Der 90er Muscadet dieses Gutes zeigt eine schöne Reife. Die leicht bittere Note im Nachgeschmack beeinträchtigt nicht seinen reizvollen Charakter.

↬ SCEA La Cormerais-Boizia, La Cormerais, 44690 Monnières, Tel. 40.06.99.33 ⅼ n. V.
↫ Ch. Marchais

DOM. DE LA FOLIETTE Sur lie 1991

| ☐ | 20 ha | 80 000 | ⅰ↓☑❶ |

Das Gut La Foliette, das zwischen La Haye-Fouassière und Haute-Goulaine hinter dem großen Gut Le Halley liegt, erzeugt einen Wein mit einem feinen, vielversprechenden Duft und einem komplexen Geschmack, dessen Aroma von reifen Früchten durch eine Zitronennote aufgelockert wird.

↬ Brosseau-Hervouet, Dom. de la Foliette, 44690 La Haye-Fouassière, Tel. 40.36.96.28 ⅼ n. V.

DOM. DE LA GRENAUDIERE
Sur lie 1991*

| ☐ | 15 ha | 100 000 | ⅰ↓☑❶ |

Dieses Gut liegt auf dem rechten Ufer der Maine, in der Nähe der Heidelandschaft, wo sich am 4. Juni 1832 die Partisanenarmee der Herzogin von Berry hätte versammeln sollen (die Vernichtung der Division von Vallet führte zum Scheitern dieser Erhebung). Sein sehr blumiger Muscadet (mit einem Hauch von Limonen im Duft) entfaltet nach einer guten Ansprache seine Finesse. Ein schönes Beispiel für einen gelungenen 91er.

↬ GAEC Ollivier Père et Fils, Dom. de la Grenaudière, 44690 Maisdon-sur-Sèvre, Tel. 40.06.62.58 ⅼ Mo-Sa 8h-12h30 14h-19h

DOM. LA HAUTE FEVRIE
Excellence Sur lie 1991**

| ☐ | 4 ha | k.A. | ⅰ↓☑❷ |

Nach einer besonderen Empfehlung für den 89er zeichnete sich die 90er Cuvée Excellence im letzten Jahr durch eine Bewertung mit drei Sternen aus. Der 91er ist ein würdiger Nachfolger. Sein intensiver, fruchtiger Duft, der sehr typisch für die Appellation ist, kündigt einen sehr feinen, langen und harmonischen Geschmack an. Zu seinem einmütig anerkannten Charme kommt noch ein Hauch von Bodengeschmack hinzu.

↬ Claude Branger, La Févrie, 44690 Maisdon-sur-Sèvre, Tel. 40.36.94.08 ⅼ Mo-Sa 8h-12h30 14h-19h

DOM. DE LA HOUSSAIS « BG »
Sur lie 1991

| ☐ | 6 ha | 25 000 | ⅰ↓☑❶ |

Am Fuß der Hügel von Le Landreau, ganz in der Nähe der grünen Sümpfe von Goulaine, liegt das Gut La Houssais, wo man die traditionellen Arbeitsmethoden beibehält und die Trauben mit der Hand liest. Sein Wein mit der klaren Farbe zeichnet sich durch einen lebhaften Duft aus, der jung und fruchtig wirkt. Sein ausgewogener Geschmack macht ihn trotz einer deutlich spürbaren Kohlensäure zu einem gefälligen Muscadet.

↬ Bernard Gratas, Dom. de La Houssais, 44430 Le Landreau, Tel. 40.06.46.27 ⅼ n. V.

CH. DE LA JOUSSELINIERE
Clos de la Chapelle Sur lie 1991*

| ☐ | 6 ha | 50 000 | ⅰ↓☑❶ |

Château de La Jousselinière, das an der Nordwestgrenze des Anbaugebietes Sèvre-et-Maine liegt, ist ein fröhliches Gemisch verschiedener Baustile : das Haus im französischen Stil, die Nebengebäude neonormannisch, dazu eine Orangerie und eine Kapelle. Das Gut erzeugt einen schönen Wein, dem die reichlich vorhandene Kohlensäure eine liebenswerte Frische verleiht. Seine Fruchtigkeit und seine Länge tragen zum reizvollen Charakter dieses Muscadet bei.

↬ Gilbert Chon et Fils, Ch. de la Jousselinière, 44450 Saint-Julien-de-Concelles, Tel. 40.54.11.08 ⅼ n. V.

DOM. DE LA LANDELLE
L'Astrée Sur lie 1991

| ☐ | 3 ha | 6 000 | ⅰ↓☑❶ |

Dieses Gut, auf dem die Trauben noch immer mit der Hand gelesen werden, verdankt seinen Namen einem westlich von Le Loroux-Bottereau gelegenen Weiler. Es produziert einen frischen, zarten Muscadet, der ein ausgeprägtes Aroma von Blumen und exotischen Früchten entfaltet.

↬ Michel Libeau, La Landelle, 44430 Le Loroux-Bottereau, Tel. 40.33.81.15 ⅼ n. V.

DOM. DE LA LEVRAUDIERE
Sur lie 1991*

| ☐ | k.A. | k.A. | ⅰ↓☑❶ |

Vom Schloß La Levraudière sind heute nur mehr ein paar Ruinen übrig. Graf Hoël, der hier im 12. Jh. lebte, hat jedoch ein dauerhafteres Andenken hinterlassen, indem er seinen Namen der Gemeinde La Chapelle-Heulin (Capella Hoëlini) gab. Das Gut präsentiert einen Muscadet mit einer strahlenden Farbe, einem sehr typischen Aroma im Duft und einem sehr feinen Geschmack. Wenn es ihm nicht etwas an Länge mangeln würde, könnte man ihn als »bemerkenswert« bezeichnen.

↬ Bonnet-Huteau, Dom. de La Levraudière, 44330 La Chapelle-Heulin, Tel. 40.06.73.87 ⅼ tägl. 8h30-19h30 ; So n. V.
↫ Bonnet Rémi

DOM. DE LA MOMENIERE Sur lie 1991

| ☐ | 15 ha | 20 000 | ⅰ↓☑❶ |

Dieses Gut liegt auf felsigen, teilweise steilen Hügeln (sein Name bedeutet »kleiner Berg«), die eine gute Südlage besitzen. In diesem Jahr präsentiert es einen Wein mit einem etwas zurückhaltenden Duft, der bereits trinkfertig ist, wie es sich für einen ordentlichen Vertreter dieser Appellation gehört. Erwähnung verdient auch der 90er Muscadet, der zwar im Geschmack nicht sehr lang ist, aber die besten Eigenschaften seiner Jugend bewahrt hat.

↬ GAEC Audouin Frères, Dom. de la Momenière, 44430 Le Landreau, Tel. 40.06.43.04 ⅼ Mo-Sa 9h-19h

CH. LA MORINIERE Sur lie 1991 **

| ☐ | 13 ha | 30 000 | 🍷↓1 |

Ein großes, 93 m hoch gelegenes Gut, das an der Ostgrenze der Appellation die höchsten Hügel einnimmt. Dieser 91er ist wirklich bemerkenswert, wie bereits die schöne, sehr blasse Farbe und die anmutigen »Tränen«, die er am Glas hinterläßt, andeuten. Diesen Eindruck bestätigen auch der zarte, typische Duft, der an Akazienblüten, Geißblatt und Haselnüsse erinnert, und der lange, sehr feine Geschmack. Ein rassiger Wein, der sehr verführerisch ist.

🍷 Les Frères Couillaud, Ch. de la Ragotière, 44330 La Regrippière, Tel. 40.33.60.56 ☎ n. V.

DOM. DU LANDREAU-VILLAGE
Sur lie 1991

| ☐ | 11,15 ha | 92 300 | 🍷⑪↓🗹1 |

»Ego sum vitis vos palmites« (Ich bin der Weinstock, ihr seid die Reben), verkündet das Etikett dieses Gutes, das sich Besitz einer Familie von Winzern und Weinhändlern in Vallet befindet, mit den Worten von Jesus (nach dem Johannesevangelium). Ihre Weine sind stets von guter Qualität und werden regelmäßig in unserem Weinführer berücksichtigt. Dieser 91er ist im Geruchseindruck nachhaltiger als im Geschmack. Zweifellos bestätigt er seinen Charakter nicht genügend, aber es mangelt ihm nicht an Harmonie.

🍷 GFA Dom. du Landreau-Village, Drouet Frères, 8, bd du Luxembourg, 44330 Vallet, Tel. 40.33.90.99 ☎ n. V.

CH. LA NOE 1991

| ☐ | 30 ha | 80 000 | 🗹3 |

Dieses erstaunliche, unter Denkmalschutz stehende Schloß wurde 1836 im neopalladianischen Stil auf den Ruinen errichtet, die Kléber nach der Zerschlagung der republikanischen Truppen durch die Aufständischen der Vendée bei Torfou hinterlassen hatte. Sein Anbaugebiet, der Clos du Grand Ferré, ist einer der ältesten und berühmtesten Weinberge der Region. Dieser für den Jahrgang 1991 nicht sehr typische Muscadet entfaltet ein kräftiges, schon reifes Aroma, das sich im Nachgeschmack wieder in die Richtung des Buketts entwickelt.

🍷 Comte de Malestroit, Ch. La Noë, 44330 Vallet, Tel. 40.33.92.72 ☎ n. V.

CH. LA PINGOSSIERE Sur lie 1991 *

| ☐ | 12 ha | 30 000 | 🍷⑪↓🗹2 |

Dieses große Gut in der Gegend von Vallet besitzt einen schönen Empfangssaal. Der angenehme Duft seines 91ers erinnert an getrocknete kleine Früchte, Farnkraut und Heu. Ein wohlausgewogener Wein mit einer ansprechenden, leicht säuerlichen Note im Abgang. Bei der Alterung dürfte er an Fülle gewinnen.

🍷 Guilbaud Frères, Les Lilas, B.P. 1, 44330 Mouzillon, Tel. 40.36.30.55 ☎ n. V.

🍷 Moulin-Guilbaud

CH. DE LA RAGOTIERE 1991 **

| ☐ | 25 ha | 50 000 | 🍷↓🗹2 |

Dieses sehr weit im Osten der Appellation gelegene Château ist von Rebflächen umgeben. Das Gut, das von drei Brüdern geführt wird, erhält in diesem Jahr seine dritte besondere Empfehlung (nach 1987 und 1991) für seinen recht typischen Muscadet. An Farnkraut und blühenden Weißdorn erinnerndes Bukett. Im Geschmack sehr elegant und ausgewogen. Er bezaubert durch seine angenehme Ansprache, seine Zartheit und seine Harmonie (ganz entfalten wird er sich erst nach ein paar Monaten Lagerung).

🍷 Les Frères Couillaud, Ch. de la Ragotière, 44330 La Regrippière, Tel. 40.33.60.56 ☎ n. V.

DOM. DE LA REBOURGERE
Sur lie 1991 *

| ☐ | 8 ha | 30 000 | 🍷↓🗹1 |

Der Weiler La Rebourgère liegt im Herzen der Appellation, zwischen Saint-Fiacre, Maisdon und Monnières, und ist in seinem Anbaugebiet tief verwurzelt. Die Leser unseres Weinführers kennen dieses Gut bereits gut aufgrund seiner sehr regelmäßigen Qualität (besondere Empfehlung in der Ausgabe 1991). Der 91er Muscadet besitzt eine schöne, klare gelbgrüne Farbe und einen recht klaren Bodengeruch.

🍷 Joseph Launais, La Rebourgère, 44690 Maisdon-sur-Sèvre, Tel. 40.54.61.32 ☎ n. V.

DOM. LA ROCHE RENARD
Sur lie 1991 *

| ☐ | k.A. | 40 000 | 🍷↓🗹2 |

Obwohl Reineke Fuchs das Etikett schmückt, hat dieses Gut seinen Namen von einem nicht sehr weit verbreiteten eisenhaltigen Gestein, dem Ortstein, der aufgrund seines rötlichen Schimmers als »Renard« (Fuchs) bezeichnet wird. Sein Wein besitzt eine schöne, lebhafte Farbe und ein zartes, frisches und jugendliches Aroma. Fruchtigkeit, Säure und Länge – ein in jeder Hinsicht ausgewogener Muscadet.

🍷 EARL Isabelle et Philippe Denis, Les Laures, 44330 Vallet, Tel. 40.36.63.65 ☎ Mo-Sa 9h-18h

DOM. DE LA ROCHERIE Sur lie 1991 **

| ☐ | 6 ha | 20 000 | 🍷↓🗹1 |

Auf diesem kleinen Gut in Le Landreau bleibt man den traditionellen Methoden der Bodenbearbeitung und der manuellen Lese treu. Wie im letzten Jahr zeichnet sich sein Wein durch Eleganz aus. Sein sehr aromatischer Duft kündigt

einen langen, fruchtigen und einheitlichen Geschmack an, der von einer sehr guten Vinifizierung zeugt.
🕿 Daniel et Denise Gratas, Dom. de La Rocherie, 44430 Le Landreau, Tel. 40.06.41.55 ⌇ n. V.

DOM. DE LA SENSIVE Sur lie 1991*

| ☐ | 9 ha | 14 350 | 🍶↓☑①|

Dieses Gut, das auf dem geschichtsträchtigen Boden von Haute-Goulaine liegt, hat die Besonderheit, daß es von zwei Schwestern geführt wird. Obwohl ihre Produktion stark unter den Frösten gelitten hat, haben sie einen 91er mit einer schönen, grünlich schimmernden Farbe hergestellt, dessen Duft intensiv und ein wenig schwer ist. Ein sehr gefälliger Muscadet : kräftig gebaut, körperreich und lang. Den 87er haben wir besonders empfohlen.
🕿 GFA Dom. de La Sensive, 8, bd du Luxembourg, 44330 Vallet, Tel. 40.33.90.99 ⌇ n. V.
🕿 A . Drouet et H. Bonhomme

CH. LA TOUCHE Cuvée Choisie 1991

| ☐ | 36 ha | 200 000 | 🍶↓☑②|

Zwar ist für dieses nordwestlich von Vallet gelegene Gut schon für 1210 ein Anbaugebiet belegt, aber erst zu Beginn dieses Jahrhunderts pflanzte der Marquis Rochechouart die Rebsorte Melon de Bourgogne an. Dieser weißgoldene Wein entfaltet im Duft und im Geschmack eine etwas schwere Note von reifen Früchten, die seine Originalität ausmacht.
🕿 SCA L. Boullault et Fils, La Touche, 44330 Vallet, Tel. 40.33.95.30 ⌇ n. V.

DOM. DE LA TOURLAUDIERE
Cuvée première Sur lie 1991

| ☐ | 7 ha | 8 000 | 🍶↓☑②|

Etwas oberhalb des Poyet, einem der Bäche, die die weiten Sümpfe von Goulaine speisen, liegt der Weiler La Tourlaudière im Anbaugebiet von Vallet. Der Wein dieses Gutes duftet nach weißen Früchten und gefällt durch seine Finesse, die von einer säuerlichen Note unterstützt wird. Da er noch verschlossen ist, muß er ein wenig altern.
🕿 EARL Petiteau Gaubert, Dom. de la Tourlaudière, 44330 Vallet, Tel. 40.36.24.86 ⌇ tägl. 9h-13h 14h-19h

DOM. DE LA TOURMALINE
Sur lie 1991

| ☐ | 8 ha | 10 000 | 🍶↓☑①|

Der Turmalin ist ein Verwandter des Smaragds, aber der Name dieses Gutes ist reine Erfindung – unter seinen Rebstöcken wird man keine Edelsteine finden. Sie liefern hier einen blaßgoldenen, grünlich schimmernden Wein mit klarem Charakter. Er ist noch ein wenig verschlossen, muß aber nur ein paar Monate in der Flasche reifen.
🕿 Gadais Frères, 14, rue du coteau, 44690 Saint-Fiacre, Tel. 40.54.81.23 ⌇ n. V.

DOM. DE LA VIEILLE CHAUSSEE
Prestige de l'Hermitage Sur lie 1991*

| ☐ | 10 ha | 15 000 | 🍶↓☑①|

Um Château-Thébaud herum sind die Hänge der Maine oft steil. Die große Reblage der Hermitage befindet sich auf einem von ihnen, im Norden des Marktfleckens. Der Muscadet dieses Gutes wurde von uns im Weinführer 1990 besonders empfohlen. Der 1991 ist ein sehr typischer Nachfolger (auch wenn es ihm etwas an Säure fehlt) : blasse Farbe, Duft mit zarten Noten und kräftiger Geschmack.
🕿 GAEC Moreau Frères, La Petite Jaunaie, 44690 Château-Thébaud, Tel. 40.06.61.42 ⌇ n. V.

LE FIEF DU BREIL Sur lie 1991**

| ☐ | k.A. | 25 000 | 🍶↓☑①|

Obwohl das Fief du Breil heute heiter wirkt, war es während der Aufstände in der Vendée der Schauplatz einer Schlacht. Weiter unten, an der Sèvre, erinnert die Fosse aux Noyés, das »Grube der Erschlagenen« , an diese tragischen Zeiten. Dennoch stimmt dieser schöne Muscadet fröhlich. Er ist lebhaft, harmonisch, leicht und vollständig : ein wunderbarer Vertreter seiner Appellation.
🕿 Bruno Dubois, La Rairie, 44690 La Haye-Fouassière, Tel. 40.36.93.84 ⌇ n. V.

LE MASTER DE DONATIEN
Sur lie 1985**

| ☐ | k.A. | k.A. | 🍶↓☑①|

Dieser Wein präsentiert sich in einer eigenwilligen Flasche, deren Etikett im Siebdruckverfahren hergestellt worden ist, als Spitzenprodukt der Firma Bahuaud. Der 85er Muscadet stammt aus einem erstklassigen Anbaugebiet und ist hervorragend vinifiziert worden, so daß er die Zeit gut überstanden hat. Zweifellos ist er kein typischer Muscadet und besitzt auch nicht die übliche Lebhaftigkeit. Aber er hat eine beeindruckende Persönlichkeit : komplexer Duft von Hefegebäck, rauchigen Noten und Haselnüssen, Fülle und kräftiges Aroma. Der 89er »Master« ist ebenfalls gut gelungen.
🕿 Donatien Bahuaud, La Loge, 44330 La Chapelle-Heulin, Tel. 40.06.70.05 ⌇ n. V.

LE MUSCADET DE BARRE
Sur lie 1990**

| ☐ | k.A. | k.A. | 🍶⑪↓②|

Dieser Muscadet ist nicht das Resultat eines bestimmten Anbaugebiets, sondern der menschlichen Vinifizierungskunst. Er soll beweisen, daß auch die durch Verschnitt hergestellten Muscadetweine ein hohes Qualitätsniveau erreichen können. Das Produkt spricht für sich selbst. Dieser schöne Wein verdient es, daß man seinen Duft genießt und ihn aufmerksam betrachtet, bevor man ihn probiert. Er besitzt wenig Säure, ist aber im Geschmack gut gebaut.
🕿 Barré Frères, Beau-Soleil, 44190 Gorges, Tel. 40.06.90.70

LES JARDINS DES AMIRAUX
Sur lie 1991

| ☐ | 5,5 ha | 16 000 | 🍶↓☑①|

Dank eines Kanals, der durch die Sümpfe von Goulaine zur Loire führte, war Le Montru früher ein Verladehafen für Muscadetweine. Aber den Ursprung der »Admiräle« muß man eher bei den großen Seeleuten im Hafen von Nantes suchen. Dieser Wein verströmt ein Aroma von reifen Früchten, das von einer Moschusnote betont wird und einen kräftigen, runden Geschmack ankündigt.

🕊 Christian Maillard, Le Montru, 44330 Chapelle-Heulin, Tel. 40.06.72.43 ☎ n. V.

CH. L'OISELINIERE DE LA RAMEE
Grande Vinée de l'Aigle d'or Sur lie 1990

| ☐ | 8,55 ha | 25 000 | ↓ ☑ 2 |

Château L'Oiselinière de la Ramée, das auf einem sonnenreichen Hang in der Nähe des Zusammenflusses von Sèvre und Maine liegt, ist eines der Güter, die von einer großen Winzer- und Weinhändlerfamilie aus der Region Nantes bewirtschaftet werden. Sein 90er Muscadet besitzt Stoff und Struktur. Er hat sich noch nicht völlig entfaltet, dürfte sich aber in einem bis zwei Jahren öffnen, so daß man ihn noch lagern sollte.

🕊 Ets Chéreau-Carré, Chasseloir, 44690 Saint-Fiacre-sur-Maine, Tel. 40.54.81.15 ☎ n. V.
🕊 Bernard Chéreau Fils

DOM. DU MANOIR Sur lie 1991

| ☐ | 11 ha | 25 000 | ▤ ⑪ ↓ ☑ 1 |

Dieses Gut ist für die Produktion von Rebstöcken noch mehr bekannt als für seinen Wein ; seit fast einem Jahrhundert züchten seine Besitzer nämlich Reben. Ein typischer, sehr blasser Wein mit ausgeprägtem Bodengeruch und einem lebhaften Geschmack, der bei einigen Ablehnung, bei den anderen Begeisterung hervorruft. In jedem Fall ein interessanter Muscadet.

🕊 SA Henri Poiron et Fils, Dom. des Quatre Routes, 44690 Maisdon-sur-Sèvre, Tel. 40.54.60.58 ☎ n. V.

DOM. DES MORTIERS GOBIN
Sur lie 1990*

| ☐ | k.A. | 15 000 | ▤ ⑪ ↓ ☑ 2 |

Die Domaine des Mortiers Gobins liegt im Weiler La Rairie, direkt oberhalb des Hafens (!) von La Haye-Fouassière, und grenzt an die bewaldeten Ufer der Sèvre. Ihr 90er Muscadet hat eine außergewöhnliche Jugendlichkeit bewahrt, wie sein intensiver Duft und seine gute geschmackliche Ansprache zeigen. Ein gut vinifizierter, ausgewogener Wein, der sich noch nicht vollständig entfaltet und im Keller eingelagert werden kann.

🕊 Robert Brosseau, La Rairie, 44690 La Haye-Fouassière, Tel. 40.54.80.66 ☎ n. V.

DOM. DU PERD-SON-PAIN Sur lie 1991

| ☐ | 9 ha | 11 000 | ▤ ↓ ☑ 1 |

Der nicht sehr tiefe, steinige Boden dieses Gutes erklärt vielleicht den beziehungsreichen Namen »Verliert sein Brot« . Aber wenn man hier nicht sein Brot verdienen kann, wird man reichlich durch den Wein entschädigt. Dieser Muscadet ist frisch und lebhaft und besitzt viel Kohlensäure. Nicht sehr lang, aber sehr vollmundig. Sehr typisch für den Jahrgang 1991.

🕊 Roger Visonneau, 3, rue du Port, La Hautière, 44690 Saint-Fiacre-sur-Maine, Tel. 40.36.97.27 ☎ n. V.

CH. PLESSIS-BREZOT Sur lie 1991

| ☐ | 14,5 ha | 30 000 | ↓ ☑ 1 |

Im Schutze der Kastanienbäume eines schönen Parks, aus dem der schlanke Turm seiner Kapelle hervorragt, bietet Plessis-Brezot einen weiten Blick über das Sèvretal. Sein nerviger, geschmeidiger 91er ist gut strukturiert und besitzt einen entwickelten, für einen so jungen Muscadet ungewöhnlichen Charakter mit einer Maderisierungsnote. Bei der Alterung dürfte er an Finesse gewinnen.

🕊 SCEA Ch. Plessis-Brézot, 44690 Monnières, Tel. 40.34.14.78 ☎ n. V.

DOM. DES QUATRE ROUTES
Sur lie 1990*

| ☐ | 14 ha | k.A. | ▤ ⑪ ↓ ☑ 1 |

Dieses große Gut liegt an der Kreuzung der Straßen von Saint-Fiacre, Maisdon, Monnières und Gorges und ist damit sicherlich eines der auffälligsten im ganzen Anbaugebiet. Sein strohfarbener 90er besitzt Finesse und Eleganz. Trotz einer leichten Sauvignonnote kann man ihn dank seiner guten Alterung empfehlen. Der 89er des gleichen Erzeugers sollte hier ebenfalls erwähnt werden.

🕊 SA Henri Poiron et Fils, Dom. des Quatre Routes, 44690 Maisdon-sur-Sèvre, Tel. 40.54.60.58 ☎ n. V.

DOM. DES REBOURGERES Sur lie 1991

| ☐ | 6 ha | 20 000 | ▤ ↓ ☑ 1 |

Dieses Gut liegt am höchsten Punkt des Weinbaugebietes zwischen Sèvre und Maine. Auch wenn sein Ort aufgrund seiner ungeahnten Länge keine solchen Gipfel anstreben kann, bietet er Finesse, Leichtigkeit und Harmonie.

🕊 Jean Lebas, La Rebourgère, 44690 Maisdon-sur-Sèvre, Tel. 40.54.60.78 ☎ Mo-Sa 8h-12h 14h-18h

DOM. DES ROCHERS Sur lie 1986

| ☐ | 7 ha | 30 000 | ▤ ↓ ☑ 1 |

In der Geschichte ist dieses Gebiet durch seine royalistische Gesinnung hervorgetreten. Es war der Schauplatz der letzten Erhebung, die 1832 von der Herzogin von Berry unternommen wurde. Der 86er dieses Gutes hat die Jahre gut überstanden und einen sehr aromatischen, fruchtigen Duft mit einer Karmelnote und im Geschmack eine leichte Herbheit bewahrt.

🕊 GAEC Ollivier Père et Fils, Dom. de la Grenaudière, 44690 Maisdon-sur-Sèvre, Tel. 40.06.62.58 ☎ tägl. sf dim. 8h-12h30 14h-19h

CLOS DES ROSIERS Sur lie 1990

| ☐ | 12,5 ha | 50 000 | ▤ ⑪ ↓ ☑ 1 |

Vom Friedhof von Vallet, der für seine merkwürdigen, anrührenden Zigeunergräber berühmt ist, führt ein Weg über die Straße Nantes – Cholet hinweg zum Clos Les Rosiers. Von dort kommt dieser 90er Muscadet mit dem sehr eigentümlichen Aroma von Mandeln und frischen Nüssen. Er besitzt im Geschmack eine hervorragende Ansprache.

🕊 Philippe Laure, Clos des Rosiers, 44330 Vallet, Tel. 40.33.91.83 ☎ n. V.

CLOS SAINT-VINCENT-DES-RONGERES Sur lie 1991

☐   20 ha   k.A.   🍶↓☑❶

Dieses unweit des Schlosses Briacé in Le Landreau gelegene Gut ist 1847 entstanden. Man kann dort noch einige alte Winzergeräte sehen. Sein runder, stattlicher und langer 90er zeigt im Nachgeschmack eine leichte Herbheit, die von der Qualität seines Anbaugebiets zeugt und sein Alterungspotential beweist.
🍷 Yves Provost, Le Pigeon Blanc, 44430 Le Landreau, Tel. 40.06.43.54 ☎ n. V.

SAUVION DU CLERAY Sur lie 1991

☐   k.A.   40 000   🍶↓❶

Ebenso wie der Muscadet, der diesen Namen trägt, weist das Etikett dieses Produkt einer Vermischung : Er verbindet den Namen einer großen Familie von Weinhändlern mit dem eines Châteaus in Vallet, wo sie ihren Sitz hat. Der Wein ist, wie es sich gehört, sehr typisch für die Appellation, insbesondere wegen seines frischen Dufts mit dem dezenten Aroma.
🍷 Maison Sauvion, Ch. du Cléray, 44330 Vallet, Tel. 40.36.22.55 ☎ n. V.

SEIGNEURIE DE BOIS-BENOIST Sur lie 1991

☐   6 ha   15 000   🍶↓☑❷

Die alte Seigneurie von Bois-Benoist, die etwas nördlich von Vallet liegt, mußte nach den Aufständen in der Vendée die Wunden pflegen, die ihr die republikanischen Truppen beigebracht hatten. Ihre Rebflächen liefern einen Wein, der intensiv nach vollreifen Trauben duftet und eine runde, volle Ansprache besitzt, aber im Abgang ein wenig weich ist.
🍷 Christian et Pascale Luneau, Le Bois Braud, 44330 Mouzillon, Tel. 40.33.93.76 ☎ Mo-Sa 9h-12h 14h-18h

VERTIGE Sur lie 1991

☐   k.A.   20 000   🍶↓❶

Sein Name und sein in Grün und Mauve gehaltenes Etikett machen diesen Muscadet zu einem originellen Wein. Außerdem handelt es sich um die erste Cuvée einer jungen Handelsfirma, die von der Frau eines Winzers gegründet worden ist. Trotz der Schwierigkeiten des Jahrgangs ein ordentliches Debüt : klarer Duft und gute Präsenz im Geschmack.
🍷 Fabienne Richard de Tournay, La Cognardière, 44330 Le Pallet, Tel. 40.80.42.30 ☎ n. V.

DOM. DU VIEUX CHAI Sur lie 1991

☐   10 ha   66 000   🍶↓☑❶

Der Weiler La Cornillère, wo seit Jahrhunderten Wein angebaut wird, liegt im Zentrum eines Quadrats, das von den vier Gemeinden im westlichen Teil des Anbaugebiets Sèvre-et-Maine gebildet wird. Der Wein kommt aus einem alten Keller und gibt der Tradition den Vorzug vor dem Neuen : ein ehrlicher Vertreter seiner Appellation.
🍷 Bideau-Giraud, La Cornillère, 44690 La Haye-Fouassière, Tel. 40.54.83.24 ☎ n. V.

ANDRE VINET Scintillant Sur lie 1991 *

☐   k.A.   50 000   🍶↓☑❶

Verdient diese von einem großen Weinhändler in Vallet zusammengestellte Cuvée seinen Namen und den Diamanten, der auf dem Etikett zu sehen ist ? Bestimmt. Sein Duft, in dem mineralische Noten dominieren, und sein sortentypischer Geschmack mit der klaren Ansprache hinterlassen einen hervorragenden Eindruck von Ausgewogenheit und typischem Charakter.
🍷 André Vinet, Les Lilas, B.P. 1, 44330 Mouzillon, Tel. 40.33.97.31 ☎ n. V.

LE MUSCADET D'ANDRE VINET Sur lie 1991

☐   k.A.   30 000   🍶↓☑❷

Trotz seines eigenartigen Etiketts, das besser zu einem Fläschchen Rosenwasser passen würde, zeigt dieser Wein seine Intention : Er ist als Standardmuscadet eines großen Weinhändlers gedacht. Sehr klare Farbe. Wohlausgewogen im Geschmack, aber im Abgang vielleicht ein wenig kurz.
🍷 André Vinet, Les Lilas, B.P. 1, 44330 Mouzillon, Tel. 40.33.97.31 ☎ n. V.

Gros-Plant AOVDQS

Der Gros-Plant du Pays Nantais ist ein trockener Weißwein, der seit 1954 als AOVDQS eingestuft ist. Er wird aus einer einzigen Rebsorte hergestellt : Folle Blanche, einer Rebe, die aus der Charente-Region stammt und hier Gros-Plant genannt wird. Die Anbaufläche umfaßt 3 000 ha ; die durchschnittliche Produktion liegt bei 200 000 hl pro Jahr. Ähnlich wie der Muscadet kann auch der Gros-Plant direkt von der Hefe auf Flaschen abgezogen werden. Als trockener Weißwein paßt er perfekt zu Meeresfrüchten ganz allgemein und zu Muscheln im besonderen. Er sollte ebenfalls gekühlt, aber nicht eiskalt getrunken werden (8 bis 9 ° C).

DOM. BASSE VILLE Sur lie 1991

☐   9 ha   15 000   🍶↓❶

Nichts verdient den Namen »Stadt« weniger als diese Reblage – vielleicht bis auf die Reblage Haute Ville, die sich einige hundert Meter weiter südlich befindet. Hingegen verdient der hier erzeugte Wein sehr wohl den Namen Gros-Plant. Im Geschmack ist er nicht sehr lang, aber ziemlich fruchtig. Natürlich besitzt er die charakteristische, leicht säuerliche Note.
🍷 Gilbert Bossard, Dom. Basse-Ville, 44330 La Chapelle-Heulin, Tel. 40.06.74.33 ☎ n. V.

GUY BOSSARD Sur lie 1991**

☐	3,5 ha	6 000	⬚↓✓▮

Das ländliche Etikett zeigt eine Szene aus einer mittelalterlichen Weinlese. Der dazu gehörende Wein stammt aus einem Betrieb, der biologische Anbaumethoden verwendet. Sein Zitrusaroma, seine Finesse und seine ausgezeichnete geschmackliche Ausgewogenheit machen ihn zu einem Hochgenuß. Er besitzt wenig Säure und kann auch die empfindlichsten Gaumen verführen.

☛ Guy Bossard, Dom. de l'Ecu, La Bretonnière, 44430 Le Landreau, Tel. 40.06.40.91 ☎ n. V.

CH. DE BRIACE Sur lie 1991

☐	1,5 ha	7 000	⬚↓✓▮

Die landwirtschaftliche Schule von Briacé, die Generationen von Winzern in dieser Region ausgebildet hat, erzeugt hier einen klaren, sehr hellen Gros-Plant, der einen aromatischen, sehr feinen Duft verströmt. Ein sehr fruchtiger und ziemlich geschmeidiger Wein, der sehr ansprechend, aber nicht gerade typisch ist.

☛ AF Ecole d'agriculture de Briacé, Ch. de Briacé, 44430 Le Landreau, Tel. 40.06.43.33 ☎ n. V.

DOM. DU BUTTAY Sur lie 1991

☐	3 ha	10 000	⬚↓✓▮

Dieses alte Gut im Gebiet von Retz befindet sich auf einer Landzunge, die vom See von Grand-Lieu, von L'Achenau und von Le Tenu begrenzt wird. Obwohl sein Gros-Plant mit dem einschmeichelnden Bukett im Geschmack etwas kurz ist, hinterläßt er dank seiner lebhaften Ansprache einen guten Eindruck.

☛ Daniel Chénais, Dom. du Buttay, 44680 Saint-Mars-de-Coutais, Tel. 40.04.83.10 ☎ n. V.

DOM. CHIRON Sur lie 1991

☐	4 ha	10 000	⬚↓✓▮

Dieses große Gut zwischen Sèvre und Sanguèze schmückt seine Weine mit eleganten Etiketten, die in Grau, Blau und Gold gehalten sind. Sein Gros-Plant verdient dies auch. Die Farbe wird durch ein leichtes Perlen belebt. Feiner Duft. Ein Hauch von Säure unterstützt die klare Ansprache. Insgesamt ein für die Appellation sehr repräsentativer Wein.

☛ Dom. Chiron, La Morandière, 44330 Mouzillon, Tel. 40.80.41.43 ☎ n. V.

FIEF DE LA TOUCHE 1991*

☐	10 ha	k.A.	⬚↓✓▮

Das Gut liegt ganz im Süden des Departements Loire-Atlantique, in einem Anbaugebiet mit steilen Hängen, die von der Logne (einem der Flüsse, die zusammen mit der Boulogne und dem Ognon den See von Grand-Lieu speisen) gebildet worden sind. Es erzeugt einen hellen Wein mit stark entfaltetem Duft von großer Finesse. Dieser geschmacklich lange Gros-Plant ist fein und angenehm und besitzt eine ausgeprägte Säure, die keine Rücksicht auf den aktuellen Verbrauchergeschmack nimmt, der weichere Weine vorzieht.

☛ Guilbaud Frères, Les Lilas, B.P. 1, 44330 Mouzillon, Tel. 40.36.30.55 ☎ n. V.

ALAIN FORGET 1990*

☐	1,5 ha	5 000	⬚↓✓▮

Die Trauben für diesen Gros-Plant werden in einem kleinen Anbaugebiet im Dorf La Gautronnière, zwischen La Chapelle-Heulin und Vallet, angebaut. Ein sehr zarter, leicht goldfarbener Wein, der einen angenehm fruchtigen Duft entfaltet. Die Zeit hat ihm etwas von seiner Herbheit genommen, so man seine Finesse und Länge um so besser genießen kann.

☛ Alain Forget, La Gautronnière, 44330 La Chapelle-Heulin, Tel. 40.06.75.84 ☎ n. V.

DOM. DE LA GRANGE 1990

☐	3 ha	k.A.	⬚↓✓▮

Bei seiner Entstehung vor 40 Jahren umfaßte dieses Gut 2,5 ha, aber seitdem hat es sich Parzelle und Parzelle vergrößert. Es präsentiert hier einen Wein, dessen zarter Mandelduft leicht entwickelt ist. Trotz einer herben Note mangelt es dem fruchtigen Geschmack nicht an Reiz.

☛ Dominique Hardy, La Grange, 44330 Mouzillon, Tel. 40.33.93.60 ☎ Mo-Sa 8h-20h

CH. DE LA GUIPIERE Sur lie 1991

☐	4 ha	10 000	⬚↓✓▮

Vallet bezeichnet sich als »Hauptstadt des Muscadet«, aber es kann auch gute Gros-Plant-Weine erzeugen. Dieser 91er entfaltet einen komplexen Duft mit einer Note von geröstetem Brot. Die etwas reichliche Säure verleiht ihm im Abgang einen Hauch einer bitteren Note.

☛ GAEC Charpentier Père et Fils, La Guipière, 44330 Vallet, Tel. 40.36.23.30 ☎ Mo-Sa 8h-12h30 14h-19h

LES VIGNERONS DE LA NOELLE
Sur lie 1991

☐	k.A.	30 000	⬚↓✓▮

Dieser von der größten Winzergenossenschaft der Region erzeugte Gros-Plant trägt das Wappen der Stadt Ancenis : drei goldene Sterne auf rotem Grund. Dieser gut vinifizierte Wein besitzt einen nachhaltigen Geruchseindruck und eine gute geschmackliche Länge. Der recht intensive Duft erinnert an weiße Blüten und enthüllt eine merkwürdige Note von Birnen. Zweifellos reizvoll.

☛ Les Vignerons de La Noëlle, B.P. 155, 44150 Ancenis, Tel. 40.98.92.72 ☎ n. V.

DOM. DE LA PINGOSSIERE 1991

☐	2,5 ha	k.A.	⬚↓✓▮

Dieser klare Gros-Plant mit den gelben Reflexen entfaltet ein intensives, etwas schweres Aroma. Er ist sehr typisch und enthüllt im Nachgeschmack eine herbe, sogar ein wenig aggressive Note.

☛ Guilbaud Frères, Les Lilas, B.P. 1, 44330 Mouzillon, Tel. 40.36.30.55 ☎ n. V.
☛ Léon Moulin

DOM. DE LA ROCHERIE Sur lie 1991*

☐	2 ha	8 000	⬚↓✓▮

Neben einem bemerkenswerten Muscadet erzeugt dieses Gut auch einen hervorragenden Gros-Plant (für den er im Weinführer 1991 eine besondere Empfehlung erhalten hat). Leicht goldfarben, angenehmer Duft von rauchigen Noten und exotischen Früchten. Seine Fülle, die durch einen Hauch von Kohlensäure betont wird, verleiht ihm einen hervorragend gebauten Geschmack.

↬ Daniel et Denise Gratas, Dom. de La Rocherie, 44430 Le Landreau, Tel. 40.06.41.55 ⟙ n. V.

DOM. DE LA TOURLAUDIERE
Sur lie 1991

☐	3,5 ha	10 000	▮↧☑▮

Der Weiler La Tourlaudière liegt oberhalb des Bachs Poyet, einem der Wasserläufe, die die großen Sümpfe von Goulaine speisen, im Anbaugebiet von Vallet. Sein Gros-Plant, den wir 1990 besonders empfohlen haben, besitzt eine sehr strahlende, blaßgrüne Farbe und ein intensives, fruchtiges Aroma. Obwohl man ihm seine Attraktivität nicht absprechen kann, würden ihm Puristen vorwerfen, daß er vom »klassischen« Typ abweicht.

↬ EARL Petiteau Gaubert, Dom. de la Tourlaudière, 44330 Vallet, Tel. 40.36.24.86 ⟙ tägl. 9h-13h 14h-19h

DOM. LES COINS Sur lie 1991

☐	10 ha	35 000	▮↧☑▮

Dieses Gut liegt ganz im Süden des Departements Loire-Atlantique, auf den ziemlich steilen Hängen von Corcoué-sur-Logne. Eine seiner Parzellen wurde bereits 1900 angelegt. Ein Gros-Plant mit einem sympathischen Perlen. Aufgrund seiner starken Lebhaftigkeit empfiehlt er sich jedoch eher für erfahrene Weinliebhaber.

↬ Jean-Claude Malidain, Le petit Coin, 44650 Corcoué-sur-Logne, Tel. 40.05.86.46 ⟙ n. V.

CLOS DES ROSIERS Sur lie 1991*

☐	1,5 ha	7 000	▮❶↧☑▮

Auf dem Friedhof von Vallet hat das fahrende Volk zu Ehren seiner Toten sonderbare, rührende Grabsteine errichtet. Von dort gelangt man auf einem Weg, der die Straße Nantes – Cholet überquert, leicht zum Clos des Rosiers. Dieser Weinberg erzeugt einen hübschen Gros-Plant mit einem komplexen Aroma. Er ist wohlausgewogen im Geschmack und enthüllt in der Ansprache eine leichte Säure, die ihn zu einem sehr typischen Wein macht.

↬ Philippe Laure, Clos des Rosiers, 44330 Vallet, Tel. 40.33.91.83 ⟙ n. V.

Fiefs Vendéens AOVDQS

Die Bezeichnung »Anciens Fiefs du Cardinal« (alte Lehnsgüter des Kardinals) erinnert an die Vergangenheit dieser Weine, die schon Richelieu schätzte, nachdem man sie im Mittelalter – wie so auf Betreiben der Mönche – wiederentdeckt hatte. Die Einstufung als AOVDQS im Jahre 1984 bestätigte die nicht nachlassenden Bemühungen um Qualität in diesem 380 ha großen Anbaugebiet.

Die Region von Mareuil erzeugt aus den Rebsorten Gamay, Cabernet und Pinot Noir feine Rosé- und Rotweine, die bukettreich und fruchtig sind, während Weißweine noch in geringer Menge produziert werden. Das Anbaugebiet von Brem, das nicht weit vom Meer entfernt liegt, liefert trockene Weißweine aus Chenin- und Grolleau-Gris-Trauben, aber auch Rosé- und Rotweine. In der Umgebung von Fontenay-le-Comte werden trockene Weißweine (Chenin, Colombard, Melon, Sauvignon) hergestellt. Rosé- und Rotweine (Gamay und Cabernet) kommen aus den Gebieten von Pissotte und Vix. Man trinkt diese Weine jung, zu den Gerichten, zu denen solche Weine üblicherweise passen.

XAVIER COIRIER Pissotte 1991*

☐	6 ha	25 000	▮↧☑▮

Dieses Anbaugebiet am Rand des schönen Walds von Mervent muß einfach charaktervolle Weine erzeugen. Dieser Wein bietet einen lebhaften, sehr vollständigen Duft, in dem man Zitronen, Weintrauben und reife Quitten entdeckt. Im Geschmack ist er nachhaltig und spürbar, aber er braucht noch ein paar Monate, um sich voll zu entfalten.

↬ Xavier Coirier, La petite Groie, 15, rue des Gélinières, 85200 Pissotte, Tel. 51.69.40.98 ⟙ n. V.

XAVIER COIRIER
Pissotte Cuvée Mélusine 1991*

▮	3 ha	8 250	▮☑▮

Diese auf 8 250 Flaschen beschränkte Cuvée besitzt eine rubinrote Farbe und ein Aroma von roten Früchten. Sie ist eine Hommage an die Nixe Melusine. Der hohe Cabernetanteil verleiht diesem Wein im Abgang eine etwas bittere Note, die mit der Zeit verschwinden dürfte.

↬ Xavier Coirier, La petite Groie, 15, rue des Gélinières, 85200 Pissotte, Tel. 51.69.40.98 ⟙ n. V.

FERME DES ARDILLERS
Tête de Cuvée Mareuil 1991*

◪	5 ha	40 000	▮↧☑▮

Ein für die Vendée typischer Hof in der hübschen Region von Mareuil-sur-Lay, zwischen Luçon und La Roche-sur-Yon. Man kann dort Pinot-Noir-, Gamay- und Cabernettrauben hervorragend kombinieren, so daß daraus dieser Rosé mit der lebhaften Farbe und dem feurigen Duft von vollreifen Himbeeren entsteht. Eine säuerliche Note wirkt hier sehr erfrischend.

🍴 Mourat et Larzelier, Ferme des Ardillers, 85320 Mareuil-sur-Lay, Tel. 51.97.20.10 ☎ Di-Sa 8h-12h30 14h-18h30

DOM. DE LA CHAIGNEE Vix 1991

☐	9 ha	60 000	🍷↓🆚②

Dieser Wein stammt aus den Kellern einer Winzerfamilie, die beim Kampf gegen die Reblaus zu Beginn des Jahrhunderts auch dazu übergegangen ist, Rebstöcke zu züchten. Ein auslaugewogener, aromatischer 91er mit harmonischem Nachgeschmack. Er besteht hauptsächlich aus Sauvignon, einer in dieser Gegend ungewöhnlichen Rebsorte, und ist damit ein für die Appellation atypisches Produkt.

🍷 Mercier Frères, Dom. de la Chaignée, 85770 Vix, Tel. 51.00.65.14 ☎ n. V.

PIERRE RICHARD Brem 1991*

■	2 ha	8 000	🍷🆚①

Die Trauben für diesen Wein sind unweit der Atlantikküste gelesen worden, zwischen den Stränden von Saint-Jean-de-Monts und Les Sables-d'Olonne. Eine harmonische Kombination von Gamay und Cabernet mit dem Duft von reifen Früchten. Ein Hauch von Lebhaftigkeit schadet nicht der ausgezeichneten geschmacklichen Ausgewogenheit.

🍷 Pierre Richard, 5, imp. Richelieu, 85470 Brem-sur-Mer, Tel. 51.90.56.84 ☎ n. V.

Coteaux d'Ancenis AOVDQS

Die Coteaux d'Ancenis sind seit 1954 als AOVDQS eingestuft. Erzeugt werden hier vier reinsortige Weintypen : Gamay (80% der Gesamtproduktion), Cabernet, Chenin und Malvoisie. Die 300 ha große Anbaufläche liefert durchschnittlich 10 000 hl pro Jahr. Der Coteau d'Ancenis-Gamay, der aus der Rebsorte Gamay Noir mit hellem Saft erzeugt wird, ist ein leichter, trockener und fruchtiger Rosé- oder Rotwein (je nach Vinifizierung). Er paßt gut zu Vorspeisen, Wurst- und Fleischgerichten. Man kann ihn leicht gekühlt oder bei Zimmertemperatur trinken.

DOM. DES GENAUDIERES
Cabernet 1990**

■	1,7 ha	12 000	🍶↓🆚①

Dieses Gut besitzt eine günstige Lage auf einem Loirehang. Sein Cabernet zeigt eine schöne, tiefrote Farbe und entfaltet ein klares, intensives Aroma von schwarzen und roten Johannisbeeren. Seine Fruchtigkeit und seine kräftige Ansprache machen ihn zu einem schon

jetzt trinkreifen Wein, der aber dank seiner recht spürbaren Tannine noch lange altern kann. Der Cabernet-Rosé und der 91er Gamay vom gleichen Gut verdienen ebenfalls Beachtung.

🍷 Athimon et ses Enfants, Dom. des Genaudières, 44850 Le Cellier, Tel. 40.25.40.27 ☎ n. V.

LES VIGNERONS DE LA NOELLE
Gamay 1991*

■	k.A.	200 000	🍷↓🆚①

Diese Winzergenossenschaft, die größte der Region, bietet eine sehr umfangreiche Palette von Muscadet- und Gros-Plant-Weinen an. Ihr Gamay, auf dessen Etikett das Schloß von Ancenis zu sehen ist, beweist jedoch, daß nicht alle Weine in der Region Nantes Weißweine sind. Er ist lebhaft, fein und fruchtig und erinnert an Kirschen und Erdbeeren. Sein spürbares, angenehmes Gerüst zeugt von einer guten Vinifizierung.

🍷 Les Vignerons de La Noëlle, B.P. 155, 44150 Ancenis, Tel. 40.98.92.72 ☎ n. V.

DOM. L'OUCHE GUINIERE
Gamay 1990*

■	3,5 ha	k.A.	🍷🆚①

Saint Géréon könnte fast der Schutzheilige der Coteaux d'Ancenis sein, so zahlreich sind die Rebflächen in der Gemeinde, die seinen Namen trägt. Die Reben des Gutes L'Ouche-Guinière liefern einen bläulichrot schimmernden Gamay, der sich zunächst rustikal zeigt und an der Luft ein kräftiges Aroma von roten Früchten entwickelt. Ein fleischiger Wein, der im Abgang eine gute Struktur enthüllt und noch einige Monate reifen sollte.

🍷 Joseph Toublanc, Le Pré Haussé, 44150 Saint-Géréon, Tel. 40.83.17.50 ☎ n. V.

Anjou-Saumur

An der nördlichen Grenze der Weinbauzone liegt das Weinbaugebiet von Anjou und Saumur in einer reliefarmen, von vielen Wasserläufen durchzogenen Gegend, die vom atlantischen Klima geprägt wird. Es befindet sich im Departement Maine-et-Loire und reicht im Norden etwas in die Departements Vienne und Deux-Sèvres hinein.

Seit uralten Zeiten wird auf den Hängen der Loire, des Layon, der Aubance, des Loir und des Thouet Wein angebaut. Gegen Ende des 19. Jahrhunderts erreichte die Anbaufläche ihre größte Ausdehnung. Dr. Guyot führte in einem Bericht für das Landwirtschaftsministerium damals 31 000 ha im

Departement Maine-et-Loire auf. Die Reblaus vernichtete auch hier die Weinberge. Die Neubestockung wurde zu Beginn des 20. Jahrhunderts durchgeführt ; in den Jahren 1950–60 vergrößerte sich die Anbaufläche ein wenig, ging danach aber wieder zurück. Heute umfaßt das Anbaugebiet rund 14 500 ha, die je nach Jahrgang 400 000 bis 1 Mio. hl erzeugen.

Die Böden ergänzen natürlich in hohem Maße die klimatischen Bedingungen, was zum typischen Charakter der Weine dieser Gegend führt. Deshalb muß man eine deutliche Unterscheidung treffen zwischen den Weinen aus dem »blauen Anjou« , dessen Böden aus Schiefer und anderen paläozoischen Gesteinen des Armorikanischen Gebirges bestehen, und den Weinen aus dem »weißen Anjou« oder dem Saumurois, wo die Böden von Ablagerungen des Pariser Beckens gebildet werden und Kreidetuff überwiegt. Die Flüsse haben auch eine wichtige Rolle für den Handel gespielt ; noch heute findet man Spuren von winzigen Verladehäfen an den Ufern des Layon. Die Dichte der Bepflanzung liegt bei 4 500 bis 5 000 Rebstöcken pro Hektar, die früher vor allem im Gobelet- und Eventailschnitt erzogen wurden, während heute der Guyotschnitt überwiegt.

Der Ruhm des Anjou beruht auf den lieblichen Weiß- und Roséweinen, von denen die bekanntesten die Coteaux du Layon sind. Die Entwicklung geht jedoch in Zukunft zu halbtrockkenen und trockenen Weinen und zur Erzeugung von Rotweinen. Letztere sind am berühmtesten im Gebiet von Saumur, ebenso wie die Schaumweine, deren Produktion vor allem dank der Appellationen Saumur-Mousseux und Crémant de Loire stark angestiegen ist.

Was gibt es Neues in Anjou-Saumur ?

Der Nachtfrost am 21. April 1991 wird den Winzern von Anjou und Saumur noch lange im Gedächtnis bleiben. Das Thermometer fiel bis – 7 ° C ; ein sehr sonniger Tag verstärkte noch die schädlichen Auswirkungen dieses Kälteeinbruchs. Die Blüte verlief natürlich verspätet und problematisch. An einigen Rebstöcken konnte man sogar drei verschiedene Generationen von Trauben beobachten ! Daher rühren auch die unterschiedlichen Reifegrade und der fast ausschließliche Rückgriff auf die Lese mit der Hand, wenn man wirklich gute Trauben ernten wollte. Auch Regenfälle und vereinzeltes Auftreten von Fäulnis zwangen zu einer rigorosen Auslese. Die Lese verlängerte sich bis Mitte November ; in den Anbaugebieten der lieblichen Weine der Coteaux du Layon und der Coteaux de l'Aubance endete sie sogar noch später. Soweit der äußere Rahmen in groben Zügen.

Und nun zum Jahrgang selbst. Der 91er macht mengenmäßig je nach Lage nur 35 bis 45% eines normalen Jahrgangs aus. Die Erträge bei der Rebsorte Cabernet-Franc waren sehr gering ; auch das Anbaugebiet von Saumur-Champigny erzeugte ziemlich wenig. In der Qualität erinnern die 91er an die 87er und 88er : gute Ausgewogenheit, Geschmeidigkeit und Fülle. Die Weißweine sind bukettreich, während die Rotweine eine solide Gerbsäure und eine kräftige Farbe besitzen.

Was selten ist, muß auch teuer sein ? Offensichtlich. Das Anbaugebiet litt ebenso wie die anderen französischen Weinbaugebiete unter einem Rückgang der Exporte ; der Handel hatte größere Schwierigkeiten, sich mit Weinen zu versorgen, so daß die Preise anstiegen. Geringe Verfügbarkeit bei den »Jahresweinen« , die man im ersten Jahr nach der Lese trinkt (Roséweine und trockene Weißweine), und bei den Appellationen, die vom Frost und den anderen klimatischen Widrigkeiten besonders stark betroffen waren (vor allem Saumur-Champigny und Quarts de Chaume).

Jean-Paul Roullet, Winzer in Champ-sur-Layon, ist als Nachfolger eines Weinhändlers neuer Präsident des Conseil Interprofessionel des Vins d'Anjou et de Saumur. Bei der Fédération Viticole überließ René Renou seinen Vorsitz Pierre Aguilas, einem Winzer aus Chaudefonds-sur-Layon, während er selbst künftig dem regionalen INAO-Komitee vorsteht. Das erste Festival »Lebenskunst im Anjou« fand im Juni 1992 statt : Die ersten

»Anjoureben« wurden dabei u. a. Gérard Depardieu, Jean-Claude Brialy und Gaston Lenôtre verliehen. Das Weinbaugebiet des Anjou wirbt in der Pariser Metro mit Plakaten und bemüht sich, den Absatz seiner Rotweine in Belgien zu fördern.

Anjou

Das Anbaugebiet der regionalen Appellation, das aus fast 200 Gemarkungen besteht, schließt geographisch alle anderen Appellationen mit ein. Erzeugt werden hier Weißweine (62 500 hl) sowie Rot- und Roséweine (260 000 hl). Für viele ist der Anjouwein zu Recht gleichbedeutend mit einem süßen oder lieblichen Weißwein. Als Rebsorte verwendet man Chenin bzw. Pinot de la Loire, aber die Entwicklung des Verbrauchergeschmacks hin zu trockenen Weinen hat die Erzeuger dazu bewegt, die Cheninrebe bis zu einer Obergrenze von 20% trägt dazu bei, das Image der Region zu verändern ; Verwendung finden dabei die Rebsorten Cabernet-Franc und Cabernet-Sauvignon.

Die sehr großen Bemühungen zur Erhöhung der Qualität sind vor kurzem mit der Einführung einer Appellation »Anjou-Villages« belohnt worden. Die besten Weine werden in der Aubance und in den Anbaugebieten am Layon und an der Loire erzeugt. Ihre Hauptmerkmale sind eine schöne, rubinrote Farbe, ein Aroma von roten Früchten und ein Tanninreichtum, der eine Lagerung ermöglicht. Wenn sie altern, entwickeln sie ein wilderes Aroma, so daß man sie je nach Alter zu rotem Fleisch oder Wild servieren kann.

DOM. DES BERGERES 1991*

| ☐ | 2 ha | 3 000 | 🍴⬇✅ 1 |

Ein schöner Wein mit einer kräftigen, gelben Farbe. Charakteristischer Duft von überreifen Trauben, aber der harmonische Geschmack ist etwas lebhaft. Ein sehr typischer, stattlicher Anjou, der den Freunden von Weinen mit kräftiger Säure gefallen dürfte, die wiederum eine gute Lagerfähigkeit garantiert.

🍴 EARL D. Chauveau, 32 ter, rue Rabelais, 49750 Saint-Lambert-du-Lattay, Tel. 41.78.42.96 ⏲ tägl. 9h-12h 14h-18h

DOM. DES BLANCHERELLES 1991*

| ■ | 2,2 ha | 5 000 | 🍴⬇✅ 1 |

Das Anbaugebiet von Saint-Lambert-du-Lattay liegt auf sehr alten Schieferböden. Bei den roten Trauben von Monsieur Jolivet hat Cabernet-Sauvignon mit 40% einen hohen Anteil gegenüber 60% Cabernet-Franc, was im Anjou eher ungewöhnlich ist. Für seinen Jahrgang zeigt der Wein eine gewisse Adstringenz, die durch reichen Stoff mit fruchtig-würzigem Aroma ausgeglichen wird. Recht harmonischer Gesamteindruck, so daß er zu geschmortem Fleisch passen dürfte.

🍴 Dom. Jolivet, 31, rue Rabelais, 49750 Saint-Lambert-du-Lattay, Tel. 41.78.30.35 ⏲ n. V.

CH. DU BREUIL 1991

| ☐ | 8 ha | 14 000 | 🍴⬇✅ 2 |

Auf diesem Schieferhang wachsen ausschließlich Chenintrauben. Ein schöner, strahlender Wein mit bronzefarbenem Schimmer. Der kräftige, komplexe Duft erinnert an Akazienblüten, Äpfel und Ananas und enthüllt entwickelte Wachs- und Gewürznoten. Diese prächtige Harmonie stimmt jedoch nicht mit dem Geschmackseindruck überein, der zwar harmonisch ist, aber angenehm und einfach bleibt und im Abgang etwas lebhaft ist.

🍴 SCE Ch. du Breuil, Le Breuil, 49750 Beaulieu-sur-Layon, Tel. 41.78.32.54 ⏲ n. V.
🍴 Marc Morgat

DOM. DU CHAUMIER 1991

| ☐ | 3 ha | 10 000 | 🍴⬇✅ |

Ein sehr schönes Anbaugebiet auf den Loirehängen. Im Geruchseindruck ist dieser reinsortige Chenin noch ein wenig verschlossen, aber in seinem Aroma kommt ein guter typischer Charakter zum Ausdruck. Die geschmackliche Harmonie unterstützt seine Ausgewogenheit. Ein Wein von diskreter Eleganz, den man zu Fischgerichten mit Sauce trinken sollte.

🍴 Lydia et Gilles Musset, Dom. du Chaumier, 49620 La Pommeraye, Tel. 41.77.75.72 ⏲ n. V.

DOM. DES CLOSSERONS 1991*

| ■ | 6,38 ha | 20 000 | 🍴✅ 1 |

J.-Cl. Leblanc und seine Söhne lieben die Coteaux du Layon : sie bepflanzen die steilen Hänge neu, restaurieren die alten Mühlen und kümmern sich um ihre Weine. Sie sammeln seit langem Auszeichnungen in unserem Weinführer. Trotz eines schwierigen Jahrgangs ein schöner Wein, der ausgewogen und »kopulent« ist. Sein typischer Duft erinnert an Veilchen und schwarze Johannisbeeren. Im Abgang zeigt er sich etwas lebhaft. Er wird den Liebhabern von frischen, fruchtigen Weinen gefallen.

🍴 GAEC Jean-Claude Leblanc et Fils, Dom. des Closserons, 49380 Faye-d'Anjou, Tel. 41.54.30.78 ⏲ n. V.

DOM. DES COTEAUX BLANCS 1991*

| ☐ | 1,8 ha | 4 000 | 🍴✅ 1 |

80% Chenin- und 20% Sauvignontrauben an

Schieferhängen. Gefällige, strohgelbe Farbe mit grünen Reflexen. Der Duft ist ziemlich komplex (blumig und fruchtig). Der harmonische Geschmack ist lebhaft, aber nicht aggressiv, obwohl sich der Alkohol deutlich bemerkbar macht. Für diesen Jahrgang ein schöner Wein.

François Picherit, Dom. des Coteaux blancs, 49290 Chalonnes-sur-Loire, Tel. 41.78.16.83 n. V.

DOM. DES COTEAUX BLANCS
Clos des Moulins d'Ardenay 1991

■	3,2 ha	5 200	▮ ☑ ②

Ein ausschließlich mit Cabernet-Franc bestockter Weinberg auf sandigen Schieferböden, am Zusammenfluß von Loire und Layon. Der Wein ist recht repräsentativ für seinen Jahrgang : rubinrote Farbe, pflanzliche Noten und Aroma von roten Früchten, deutliche Adstringenz, aber harmonischer Abgang.

François Picherit, Dom. des Coteaux blancs, 49290 Chalonnes-sur-Loire, Tel. 41.78.16.83 n. V.

COULEE DU MOULIN 1991

■	3 ha	12 000	▮ ↓ ☑ ②

Ein für seine Coteaux-du-Layon-Weine

berühmtes Gut, das seit dem 17. Jh. im Besitz der gleichen Familie ist. Ein Anbaugebiet mit Kalk- und Schieferböden, das zu 80% mit Cabernet-Franc bestockt ist. Dieser schöne, johannisbeer- bis rubinrote Wein entfaltet ein klares Aroma, in dem sich pflanzliche Noten (von schwarzen Johannisbeeren und Himbeeren) mit einer guten Reife vereinigen. Aufgrund des Gesamteindrucks ein gefälliger Wein für alle Gelegenheiten.

GAEC Fardeau-Robin, Dom. des Hauts Perrays, 49290 Chaudefonds-sur-Layon, Tel. 41.78.04.38 n. V.

DOM. COUSIN-LEDUC 1991

■	5 ha	10 000	▮ ◧ ↓ ☑ ①

Dieses alte Familiengut wird von einem jungen Winzer bewirtschaftet, der ein Perfektionist ist und in unserem Weinführer häufig erwähnt wird. Das Anbaugebiet befindet sich auf dem tertiären Muschelsand von Anjou. Ein Wein, der sehr gut in seine Appellation paßt : fruchtiger Duft (Kirschen), geschmeidig, leicht und ohne Aggressivität. Dürfte Freunde eines einfachen Weins zufriedenstellen.

Olivier Cousin, 7, rue du Colonel Panaget, 49540 Martigné-Briand, Tel. 41.59.49.09 n. V.

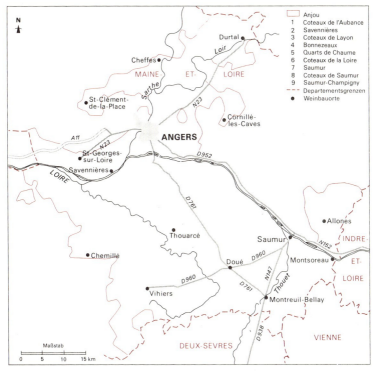

	Anjou
1	Coteaux de l'Aubance
2	Savennières
3	Coteaux de Layon
4	Bonnezeaux
5	Quarts de Chaume
6	Coteaux de la Loire
7	Saumur
8	Coteaux de Saumur
9	Saumur-Champigny
---	Departementsgrenzen
●	Weinbauorte

DOM. DE FLINES 1991*

■   6 ha   30 000   ◫ ↓ ☑ 1

Chantal Motheron leitet dieses 45 ha große Gut, das am Rand des Marktfleckens liegt, überragt von den hohen Kaminen der Schloßruine von Martigné-Briand. Ein schöner Wein mit einer tiefen Farbe und einem Duft von roten Früchten und Gewürzen, der eine leichte Holznote enthüllt. Ein bereits harmonischer, gefälliger 91er.

🍷 Chantal Motheron, 102, rue d'Anjou, 49540 Martigné-Briand, Tel. 41.59.42.78 ⚟ n. V.

DOM. DES FORGES 1991

☐   2 ha   3 000   ▮ ↓ ☑ 1

Das Gut ist zu 80% mit Chenin und zu 20% mit Chardonnay bestockt. Schönes Aussehen mit bronzegelber Farbe. Bemerkenswert ist vor allem sein intensives, nicht sehr komplexes, aber dafür sehr angenehmes Aroma (Quitten und Mandeln). Gute Rundheit im Geschmack, dazu ein eleganter Hauch von Bitterkeit. Im Gesamteindruck einfach und sehr gefällig.

🍷 Claude Branchereau, Dom. des Forges, les Barres, 49190 Saint-Aubin-de-Luigné, Tel. 41.78.33.56 ⚟ n. V.

DOM. DU FRESCHE 1991*

☐   2 ha   8 000   ▮ ↓ ☑ 1

Auf Schieferhängen in der Nähe der Loire wachsen hier ausschließlich Chenintrauben. Ein angenehmer Wein, den man schon jung zu Fisch trinken kann. Ansprechender, blumiger Duft. Der harmonische Geschmack ist nicht übertrieben nervig und besitzt eine gute Nachhaltigkeit. Ein fröhlicher, jugendlicher 91er, der recht süffig ist.

🍷 Dom. du Fresche, Le Fresche, 49620 La Pommeraye, Tel. 41.77.74.63 ⚟ n. V.

🍷 Alain Boré

OLIVIER GELINEAU 1991*

■   10 ha   20 000   ▮ ↓ ☑ 1

Olivier Gelineau entstammt einer sehr alten Winzerfamilie, die hier seit dem 16. Jh. lebt. Er baut auf Schiefer- und Kiesböden ausschließlich Cabernet-Franc an. Der Wein ist für den Jahrgang recht gelungen : sehr schöne, intensiv rote Farbe, diskrete, elegante Fruchtigkeit, gutes geschmackliches Potential über einem kräftigen Tanninuntergrund. Er besitzt Harmonie und einen einschmeichelnden Charme.

🍷 Olivier Gelineau, Dom. de La Viaudière, 49380 Champ-sur-Layon, Tel. 41.78.86.27 ⚟ n. V.

DOM. DE HAUTE PERCHE 1991*

☐   3 ha   10 000   ▮ ↓ ☑ 1

Ein für Weißweine berühmtes Anbaugebiet in der Nähe der Loire, in der Anbauzone der Coteaux de l'Aubance. Es ist zu 80% mit Chenin und zu 20% mit Chardonnay bestockt. Ein sehr gelungener Wein : kräftiger, komplexer Duft (säuerliche Bonbons, danach gelbe Früchte wie Quitten, Aprikosen und Pfirsiche und sogar Honig und gebrannte Mandeln). Üppige Ansprache und harmonische Struktur, aber im Abgang etwas kurz. Zu empfehlen zu Fischgerichten mit Sauce.

🍷 Christian Papin, Dom. de Haute Perche, 9 chem. de La Godelière, 49610 Saint-Melaine-sur-Aubance, Tel. 41.57.75.65 ⚟ n. V.

DOM. DES HAUTES OUCHES 1991

☐   k.A.   k.A.   ▮ ↓ ☑ 1

Ein sehr gewissenhaftes Gut im Dorf Linières, das typisch für das Anjou ist. Ein sehr gefälliger Wein, der sich vom gewohnten Typ des weißen Anjouweins entfernt, aber dennoch unsere Jury verführt hat. Rund und lang im Geschmack, sehr duftig mit einer perfeken Ausgewogenheit zwischen den einzelnen Noten (Ginster, Zitronenkraut, Ananas etc.). Paßt ausgezeichnet zu Meeresfrüchten.

🍷 GAEC Joël Lhumeau, 9, rue Saint-Vincent, Linières, 49700 Brigné-sur-Layon, Tel. 41.59.30.51 ⚟ n. V.

DOM. JOLIVET 1991*

☐   1,5 ha   4 000   ▮ ↓ ☑ 1

80% Chenin und 20% Chardonnay auf tiefen Schieferböden. Der schöne, blumige Duft erinnert an Rosen und enthüllt zusätzlich feine, elegante Noten von Honig, Quitten und Zitronen. Der harmonische Geschmack ist nervig. Ein guter, sehr klassischer Anjou.

🍷 Dom. Jolivet, 31, rue Rabelais, 49750 Saint-Lambert-du-Lattay, Tel. 41.78.30.35 ⚟ n. V.

DOM. DE LA VICTORIE 1991

☐   5,04 ha   5 000   ◫ ☑ 2

Dieser Weinberg mit Schiefer- und Kiesböden ist ausschließlich mit Chenin bestockt. Der angenehme, sehr fruchtige Duft entfaltet ein Aroma von Birnen, grünen Äpfeln und Zitrusfrüchten. Der Geschmack ist reich, aber etwas lebhaft und enthüllt im Abgang eine leichte Holznote. Dieser 91er wird den Freunden von Weinen gefallen, die deutlich ihren Ausbau in Holzfässern verraten.

🍷 Jean-Paul Thoreau, Vraire, 79290 Cersay, Tel. 49.96.80.73 ⚟ n. V.

DOM. DE L'ECHALIER 1991

☐   2,1 ha   2 130   ▮ ↓ ☑ 1

Ein Anbaugebiet, das erst vor kurzem von den gegenwärtigen Besitzern des Gutes übernommen worden ist, so daß wir die Fortschritte aufmerksam beobachten werden. Es besitzt einen sandigen Schieferboden und ist ausschließlich mit Cheninreben bepflanzt. Ein für seinen Jahrgang und die Anjouweine typischer Wein. Der Geruchseindruck mag im Augenblick überraschen (dezente pflanzliche Noten), aber dieser 91er besitzt Stoff und entfaltet im elegante Geschmacksnuancen (Akazienblüten, Zitronenkraut) und zeigt eine üppige Ansprache und einen lebhaften Abgang. Kommt für Freunde von typischen Weinen in Frage.

🍷 SCEA I. et F. Lorent-Bureau, Dom. de L'Echalier, 24, Grande-Rue, 49750 Rablay-sur-Layon, Tel. 41.78.32.82 ⚟ n. V.

LES ONNIS 1991**

☐   2 ha   6 000   ▮ ↓ ☑ 1

Raymond Morin ist ein Perfektionist. Er leitet die Domaine du Landreau seit 1963 und hat die Parzelle Les Onnis, wo auf einem Schieferboden ausschließlich Chenintrauben wachsen, für diesen häufig zitierten Wein ausgewählt. Der 91er ist erstaunlich gelungen : schöner Duft von überreifen Chenintrauben. Das Aroma ist blumig (Akazienblüten), fruchtig (Aprikosen) und würzig (Vetiver). Ein sehr schönes Beispiel für einen gelungenen, sehr klassischen Wein, der als Maßstab für die Anjouweine gelten kann.

☛ Raymond Morin, Dom. du Landreau, 49750 Saint-Lambert-du-Lattay, Tel. 41.78.30.41 ☎ n. V.

DOM. DES MAURIERES 1991

| ☐ | | k.A. | k.A. | ■↓✓2 |

100% Chenin auf tiefen Schieferböden. Schönes Aussehen, zurückhaltender Duft mit Noten von weißen Blüten, die typisch für die Chenintrauben sind, wenn sie aus schieferhaltigen Anbaugebieten kommen. Ein lebhafter, ausgewogener Wein, der viel Charakter besitzt. Typisch für den Jahrgang.

☛ EARL Moron, Dom. des Maurières, 8, rue de Perinelle, 49750 Saint-Lambert-du-Lattay, Tel. 41.78.30.21 ☎ n. V.

CH. MONTBENAULT **

| ○ | | 1 ha | 6 000 | ■↓✓2 |

Dieses sehr alte Gut, das für seine lange lagerfähigen Coteaux-du-Layon berühmt ist, erzeugt auch sehr gefällige Schaumweine. Eine aus Chenin und Chardonnay hergestellte Cuvée, die unsere Jury verführt hat : sehr zarter Duft, angenehmer, kräftiger Schaum. Ein Wein für festliche Anlässe, der das Können seines Erzeugers zum Ausdruck bringt.

☛ GAEC Leduc, Ch. Montbenault, 49380 Faye-d'Anjou, Tel. 41.78.31.14 ☎ Mo-Sa 9h-12h 14h-19h

CH. PIEGUE 1991 ***

| ☐ | | 12 ha | 5 000 | ■↓✓1 |

Ein herrlicher Wein, der die Jury begeistert hat. Dieser Jahrgang 1991 hält viele angenehme Überraschungen bereit. Die goldgelbe Farbe ist dicht und elegant. Der Duft entfaltet die ganze Komplexität von vollreifen Chenintrauben. Der harmonische Geschmack ist anmutig und kräftig. Außergewöhnlich für einen 91er ist außerdem noch, daß er altern kann.

☛ Ch. Piégué, 49190 Rochefort-sur-Loire, Tel. 41.78.71.26 ☎ tägl. 8h-12h 14h-19h
☛ Van der Hecht

DOM. DE PUTILLE 1991 *

| ■ | | 3 ha | 4 000 | ■↓✓1 |

Auf diesen lehmig-sandigen Böden der Cote-

aux de Loire dominiert die Rebsorte Cabernet-Sauvignon (70%). Elegante, leichte rubinrote Farbe mit bläulichroten Reflexen. Duft von reifen, teilweise sogar gekochten Früchten. Eleganter Geschmack. Dieser Wein ist ein echter Diplomat : Er besitzt Charakter, ohne schroff zu sein. Ein guter Vertreter seiner Appellation.

☛ Pierre Secher, Putille, 49620 La Pommeraye, Tel. 41.39.80.43 ☎ Mo-Sa 8h-12h 14h-18h

DOM. SAINT ARNOUL 1991 *

| ■ | | 13 ha | 10 000 | ■↓✓1 |

Das Weinbaugebiet rund um Sousigné befindet sich auf Böden mit tertiärem Muschelsand. Es gibt hier viele Höhlen und alte Behausungen von Urzeitmenschen. Schöne, klare granatrote Farbe, Duft von Blumen und vollreifen roten Früchten. Im Geschmack recht intensiv und gleichzeitig geschmeidig und rund. Ein schöner, klassischer Anjou.

☛ GAEC Poupard et Fils, Dom. Saint Arnoul, Sousigné, 49540 Martigné-Briand, Tel. 41.59.43.62 ☎ n. V.

DOM. DE SAINTE-ANNE 1991

| ■ | | 10 ha | 20 000 | ■✓1 |

Cabernet-Franc (40%) und Cabernet-Sauvignon (60%) liefern diesen ziemlich lebhaften 91er, der im Duft das Aroma von roten Früchten und pflanzliche Noten enthüllt. Die Tannine sind noch ein wenig aggressiv, was den Freunden von kräftig gebauten Weinen nicht mißfallen wird.

☛ GAEC Dom. de Sainte-Anne, Brault Père et Fils, 49320 Brissac-Quincé, Tel. 41.91.24.58 ☎ Mo-Sa 9h-12h 14h-19h ; So n. V.

DOM. DU SAUVEROY 1991 **

| ■ | | 3,2 ha | 20 000 | ■↓✓1 |

Auf diesen tiefen Böden aus altem Schiefer zeigen die Rotweine Fülle und Geschmeidigkeit. Mit diesem Jahrgang beweist Pascal Cailleau, daß man beständig sehr gelungene Weine erzeugen kann : intensive Farbe, kräftiges Aroma von roten Früchten, sehr schöne Harmonie und gute Nachhaltigkeit im Geschmack. Paßt wunderbar zu gegrilltem Fleisch.

☛ Pascal Cailleau, Dom. du Sauveroy, 49750 Saint-Lambert-du-Lattay, Tel. 41.78.30.59 ☎ n. V.

SECHET 1991 *

| ■ | | 3 ha | k.A. | ■1 |

Ein harmonischer 91er, der seine Finesse unter Beweis stellt. Aber auch ein für die Cabernetrebe typischer Wein, der eine gewisse Adstringenz besitzt. Schöner, ausgewogener Gesamteindruck.

☛ Pierrette Séchet-Carret, Maligné, 49540 Martigné-Briand, Tel. 41.59.43.40 ☎ n. V.

Anjou-Gamay

Ein Rotwein, der aus der Rebsorte Gamay Noir hergestellt wird. Die Trauben wachsen auf den schieferhal-

Anjou-Villages

tigsten Böden dieses Anbaubereichs. Bei guter Vinifizierung gibt er einen ausgezeichneten offenen Karaffenwein ab. Einige Güter haben sich auf diesen Weintyp spezialisiert, der keinen anderen Ehrgeiz hat, als ein gefälliger Tischwein zu sein, der im ersten Jahr nach der Lese getrunken wird. Die Produktion liegt bei 21 000 hl.

DOM. DES BERGERES 1991

■ k.A. 6 000 ▮↓▾☑▮

Die rubinrote Farbe und das recht intensive Aroma erinnern an reife Früchte. Hinzu kommen noch würzige und pfeffrige Noten. Die geschmackliche Ansprache ist nervig und klar und hinterläßt einen jugendlichen Gesamteindruck.

↰ EARL D. Chauveau, 32 ter, rue Rabelais, 49750 Saint-Lambert-du-Lattay, Tel. 41.78.42.96 ☖ tägl. 9h-12h 14h-18h

CH. DES BOUILLONS 1991*

■ 0,8 ha 6 000 ▮▾☑▮

Ein Anjou-Gamay, dessen Leichtigkeit und aromatischer Reichtum auf eine gelungene Kohlensäuremaischegärung hinweisen. Klare, hellrubinrote Farbe, fruchtiges, leicht pfeffriges Aroma und gute geschmackliche Ansprache mit einer leicht bitteren Note im Abgang.

↰ Chantal Motheron, 102, rue d'Anjou, 49540 Martigné-Briand, Tel. 41.59.42.78 ☖ n. V.

JEAN-MICHEL LEROY 1991

■ 1,2 ha k.A. ▮↓▾☑▮

Ein guter Vertreter der Appellation Anjou-Gamay : Die dunkelrubinrote Farbe mit den violetten Nuancen bleibt klar und strahlend. Das recht feine Aroma erinnert an rote Früchte. Die geschmackliche Ansprache ist lebhaft und tanninreich. Gute aromatische Nachhaltigkeit.

↰ Jean-Michel Leroy, rue d'Anjou, 49540 Aubigné-sur-Layon, Tel. 41.59.61.00 ☖ n. V.

DOM. DE MONTGILET 1991

■ 1,5 ha 11 000 ▮↓▾☑▮

Ein gelungener Wein, der gut zu rotem Fleisch und Wurstgerichten paßt. Intensive, rote Farbe mit violetten Nuancen. Das Aroma enthüllt pflanzliche, pfeffrige und fruchtige Noten. Der angenehme Geschmack besitzt eine recht gute aromatische Nachhaltigkeit.

↰ Victor et Vincent Lebreton, Dom. de Montgilet, 49610 Juigné-sur-Loire, Tel. 41.91.90.48 ☖ Mo-Sa 9h-12h 14h-19h

CH. PIEGUE 1991*

■ 3 ha 10 000 ▮↓▾☑▮

Ein geschmacklich ziemlich kurzer Wein, der aber aufgrund seines Aromas und seiner Leichtigkeit gefällig und fein ist. Rubinrote Farbe mit violetten Nuancen. Der Geschmack mit seinen Noten von roten Früchten ist typisch für die Rebsorte Gamay.

↰ Ch. Piégüe, 49190 Rochefort-sur-Loire, Tel. 41.78.71.26 ☖ tägl. 8h-12h 14h-19h
↰ Van der Hecht

DOM. DES BONNES GAGNES 1990

■ 5 ha 8 000 ▯▾☑▮

Im Jahre 1020 wurde das Lehnsgut Orginé, zu dem auch Les Bonnes Gagnes gehörten, den Mönchen der Abtei von Ronceray überlassen, damit sie hier Reben anpflanzen sollten. Dieser Wein besitzt einen jugendlichen Charakter : purpurrote Farbe mit violetten Nuancen, Aroma von roten Früchten und Paprika, ziemlich lebhafter Geschmack mit leicht adstringierenden Tanninen. Muß noch lagern.

↰ Jean-Marc Héry, Orginé, Dom. des Bonnes Gagnes, 49320 Saint-Saturnin-sur-Loire, Tel. 41.91.22.76 ☖ n. V.

CH. DE BROSSAY 1990

■ 3 ha 5 000 ▮▯↓▾☑▮

Alexis Deffois, der Großvater von Raymond und Hubert, ließ sich 1919 auf diesem Gut nieder. Seitdem bewirtschaftet die Familie Deffois die Weinberge von Château de Brossay. Dieser 90er besitzt eine intensive, granatrote Farbe mit orangeroten Nuancen. Bevor man das Glas schwenkt, erinnert das Aroma an Unterholz. An der Luft kommen Noten von Erde, Holz und Wildbret zum Vorschein. Angenehme, sogar leichte Ansprache und ein Abgang, in dem sich die Gerbsäure recht deutlich bemerkbar macht. Muß vor der Verkostung Sauerstoff ziehen.

↰ Raymond et Hubert Deffois, Ch. de Brossay, 49560 Cléré-sur-Layon, Tel. 41.59.53.06 ☖ Mo-Sa 8h-12h 14h-19h

CLOS DE COULAINE 1990*

■ 5 ha k.A. ▮▯↓▾☑▮

Dieses recht bekannte Gut befindet sich auf dem Boden von Savennières, das vor allem wegen seiner historischen Bauwerke berühmt ist. Ein großes Restaurant servierte im Jahre 1894 einen roten Clos de Coulaine 1869 zu gebratener, mit Trüffeln gefüllter Poularde : Intensive, purpurrote Farbe. Der Duft ist typisch für vollreife Cabernettrauben : fruchtiges (Brombeeren, schwarze Johannisbeeren) und würziges Aroma. Dieser kraftvolle, wohlausgewogene 90er ist ein glänzender Vertreter seiner Appellation.

↰ François Roussier, Coulaine, 49170 Savennières, Tel. 41.72.21.06 ☖ n. V.

DOM. DES GAGNERIES 1990*

■ k.A. 5 000 ▯▾☑▮

Ein gut gebauter, ansprechender Anjou-Villages, der von ziemlich reifen Trauben stammt. Klare, nicht sehr kräftige granatrote Farbe. Das ausdrucksstarke Aroma erinnert an reife Früchte und Lakritze. Der fruchtige, angenehme Geschmack enthält Vanillenoten, die zu einem gelungenen Ausbau im Holzfaß herrühren.

↰ GAEC Roger et Christian Rousseau, Dom. des Gagneries, 49380 Bonnezeaux, Tel. 41.54.15.62 ☖ n. V.

DOM. DE HAUTE PERCHE 1990*

■ 12 ha 30 000 ▮↓▾☑▮

Ein Anbaugebiet am Ufer der Loire, 10 km

südlich von Angers, in der Nähe von Brissac. Dieser gut vinifizierte 90er ist trotz einer ziemlich leichten Struktur elegant. Intensive, granatrote Farbe. Das feine Aroma erinnert an reife Früchte und Heu. Geschmeidiger Geschmack.

➥ Christian Papin, Dom. de Haute Perche, 9 chem. de La Godelière, 49610 Saint-Melaine-sur-Aubance, Tel. 41.57.75.65 ⌚ n. V.

DOM. DE LA CROIX DES LOGES 1989★★

| | 3 ha | 10 000 | ∎↓☑ **1** |

Dieser Anjou-Villages ist ein würdiger Repräsentant des sehr schönen Jahrgangs 1989 : intensive, purpurrote Farbe, Aroma von vollreifen roten Früchten (Himbeeren und Kirschen) und Lakritze, langer Geschmack mit deutlich spürbaren Tanninen, die eine lange Lagerfähigkeit garantieren. Ein Wein, der eine glänzende Zukunft vor sich hat.

➥ SCEA Ch. et Th. Bonnin, Dom. de La Croix des Loges, 49540 Martigné-Briand, Tel. 41.59.43.58 ⌚ n. V. ; f. oct.

LES VIGNERONS DE LA NOELLE 1990

| | k.A. | 30 000 | ∎↓☑ **1** |

Die »Winzer von La Noëlle« verarbeiten die gemeinsame Produktion von 330 ha Rebflächen an den Grenzen des Anjou und der Region Nantes. Auf dem Etikett sieht man die berühmte Kellermühle von Anjou, ein kurioses Bauwerk, das aus einem festen, steinernen Teil über einem Keller und aus einem im Wind beweglichen Teil besteht. Wenig Ausdruckskraft und Struktur. Das Aroma bleibt sogar noch zurückhaltend, nachdem der Wein Sauerstoff gezogen hat. Der Geschmackseindruck ist angenehm, die rubinrote Farbe intensiv.

➥ Les Vignerons de La Noëlle, B.P. 155, 44150 Ancenis, Tel. 40.98.92.72 ⌚ n. V.

DOM. DE LA VICTORIE 1990

| | 2,5 ha | 10 000 | ∎↓☑ **1** |

Die aus Saumur stammende Familie Thoreau ist seit einer Heirat im Jahre 1900 auf diesem Gut ansässig. Ein leichter, gefälliger Wein, dessen Struktur nicht gerade repräsentativ für die AOC Anjou-Villages ist. Granatrote Farbe mit orangeroten Nuancen. Das Aroma von roten Früchten ist typisch für die Cabernet-Franc-Rebe. Der Geschmackseindruck ist trotz des ziemlich harten Abgangs gut.

➥ Jean-Paul Thoreau, Vraire, 79290 Cersay, Tel. 49.96.80.73 ⌚ n. V.

JEAN-MICHEL LEROY 1990★

| | 6 ha | 15 000 | ∎↓☑ **2** |

Das Gut liegt im Herzen des Layongebietes gegenüber dem im 11. Jh. errichteten Schloß von Aubigné. Dunkelgranatrote Farbe. Das heute noch wenig intensive Aroma erinnert an rote Früchte und rote Johannisbeeren. Guter Geschmackseindruck. Ein für seine AOC recht typischer Wein.

➥ Jean-Michel Leroy, rue d'Anjou, 49540 Aubigné-sur-Layon, Tel. 41.59.61.00 ⌚ n. V.

DOM. DES MAURIERES 1990

| | 1 ha | k.A. | ∎↓☑ **2** |

Ein Weingut, das recht bekannt für seine Produktion von Süßweinen ist, aber auch gute Rotweine erzeugt. Ein guter Vertreter der Appellation : intensive, rote Farbe mit violetten Tönen, an Wildbret und rote Früchte erinnerndes Aroma, klare Ansprache und schöne Struktur.

➥ EARL Moron, Dom. des Maurières, 8, rue de Perinelle, 49750 Saint-Lambert-du-Lattay, Tel. 41.78.30.21 ⌚ n. V.

DOM. DE MONTGILET 1990★★

| | 8 ha | 45 000 | ∎↓ **2** |

Nach seinem Önologiestudium übernahm Victor Lebreton 1986 das Gut und widmete sich ganz der Erzeugung von erstklassigen Weinen. Sein Bruder schloß sich ihm 1986 an. Ein Anjou-Villages, der Körper besitzt und dies auch zeigt : intensive, granatrote Farbe, Duft von roten Früchten und Gewürzen, fleischiger Geschmack mit förmlich explodierendem Aroma von roten Früchten und harmonisch eingebundene Tannine, die eine sehr gute Alterung ermöglichen. Man sollte ihn zu gebratenem rotem Fleisch servieren.

➥ Victor et Vincent Lebreton, Dom. de Montgilet, 49610 Juigné-sur-Loire, Tel. 41.91.90.48 ⌚ Mo-Sa 9h-12h 14h-19h

DOM. OGEREAU 1990★★

| | 8 ha | 21 000 | ∎↓☑ **2** |

Die Jury hat einmütig die Harmonie dieses Weins anerkannt : intensive, granatrote Farbe, Aroma von reifen Früchten und Röstgeruch, klare geschmackliche Ansprache und gute Nachhaltigkeit im Abgang. Ein alterungsfähiger Wein.

➥ Vincent Ogereau, 44, rue de la Belle-Angevine, 49750 Saint-Lambert-du-Lattay, Tel. 41.78.30.53 ⌚ n. V.

CH. PERRAY JOUANNET 1990★★

| | 25 ha | 150 000 | ◧↓☑ **1** |

Ein sehr gut, vielleicht sogar »zu gut« vinifizierter Anjou-Villages, dessen Holznoten die Merkmale der Cabernettraube etwas überdecken : intensive, granatrote Farbe, intensives Fruchtaroma (z. B. Kirschen) mit Vanillenoten, weicher Ansprache im Geschmack und holzbetonter Abgang.

➥ SCA Vignobles Laffourcade, Ch. Perray-Jouannet, 49380 Chavagnes-les-Eaux, Tel. 41.54.14.06 ⌚ n. V.

CH. PIERRE-BISE 1990★★

| | 3,39 ha | 14 000 | ∎◧☑ **2** |

Dieser Anjou-Villages ist zweifellos aus sehr reifem Traubengut hergestellt worden. Die Farbe ist fast schwarz und enthält bläulichrote Nuancen. Das Aroma erinnert an zerdrückte schwarze Früchte und Röstgeruch. Der Geschmack ist konzentriert und enthüllt geschmeidige Tannine. Die aromatische Nachhaltigkeit ist beeindruckend.

➥ Claude Papin, Ch. Pierre-Bise, 49750 Beaulieu-sur-Layon, Tel. 41.78.31.44 ⌚ n. V.

CH. DE PUTILLE 1990

■   12 ha   15 000   ❘↓Ⅴ❶

Ein ziemlich junges Gut, das auf einen 7 ha großen, 1965 in der Gemarkung Montjean-sur-Loire angelegten Weinberg zurückgeht und sich ab 1984 mit der Gründung der SCA Château de Putille entwickelte. Intensive, granatrote Farbe mit braunen Tönen. Das Aroma erinnert an Unterholz, Pilze und Lakritze. Trotz des ziemlich kurzen Geschmacks ist der Gesamteindruck ordentlich. Ein gefälliger, süffiger Wein.
🍇 SCA Ch. de Putille, Putille, 49620 La Pommeraye, Tel. 41.39.02.91 ☎ tägl. 8h-22h ; So nachm. geschlossen
🍇 Delaunay

DOM. RICHOU Vieilles vignes 1991 ★

■   4 ha   18 000   ❘◗Ⅴ❷

Dieser 91er Anjou-Villages besitzt die Eleganz und die Ausgewogenheit des Loiretals : purpurrote Farbe mit violetten Nuancen, Aroma von roten Früchten und feiner, langer Geschmack. Ein harmonischer, nuancenreicher Wein, der auch neben den großen Jahrgängen 1989 und 1990 bestehen kann.
🍇 Dom. Richou, Chauvigné, 49610 Mozé-sur-Louet, Tel. 41.78.72.13 ☎ n. V.

CLOS DES RINIERES 1990 ★

■   2 ha   13 000   ❘↓Ⅴ❷

Ein dunkelgranatroter, kräftig gebauter Anjou-Villages, der von vollreifen Trauben stammt. Das intensive Aroma erinnert an sehr reife Früchte, wie etwa Brombeeren, schwarze Johannisbeeren und Weichseln. Der intensive, fruchtige Geschmack, der strukturiert und geschmeidig ist, vervollständigt den originellen, feinen und kräftigen Gesamteindruck.
🍇 Lydia et Gilles Musset, Dom. du Chaumier, 49620 La Pommeraye, Tel. 41.77.75.72 ☎ n. V.

DOM. DES ROCHELLES 1990

■   2,5 ha   15 000   ❘↓Ⅴ❷

Ein Gut, das traditionell Rotweine erzeugt. Dieser gefällige Anjou-Villages ist schon entwickelt und sollte möglichst bald getrunken werden. Granatrote Farbe mit ziegelroten Nuancen. Selbst wenn man das Glas schwenkt, bleibt der Duft verschlossen und enthüllt nur einige pflanzliche Noten. Der geschmeidige, elegante Geschmack ist rund und fruchtig, besitzt aber nur eine ziemlich schwache aromatische Nachhaltigkeit.
🍇 J.-Y. H. Lebreton, Dom. des Rochelles, 49320 Saint-Jean-des-Mauvrets, Tel. 41.91.92.07 ☎ n. V.

DOM. SAINT ARNOUL 1990

■   1 ha   5 000   ❘↓Ⅴ❶

Das Dorf Sousigné liegt auf tertiärem Muschelsand. Der kalkhaltige, brüchige Boden erlaubte es, zahlreiche Keller zu graben. Mehr als zwei Drittel der Produktion des Gutes Saint Arnoul sind Rotweine. Dieser körperreiche Anjou-Villages muß noch ein paar Jahre altern. Intensive, rote Farbe und zurückhaltendes Aroma. Die heute noch ziemlich harten Tannine werden bei der Alterung milder werden.
🍇 GAEC Poupard et Fils, Dom. Saint Arnoul, Sousigné, 49540 Martigné-Briand, Tel. 41.59.43.62 ☎ n. V.

DOM. DES TROIS MONTS 1990

■   15 ha   k.A.   ❘↓Ⅴ❶

15 von den insgesamt 31 ha dieses Gutes sind für die Erzeugung von Rotweinen reserviert. Intensive, granatrote Farbe. Das noch wenig entfaltete Aroma erinnert an rote Früchte. Die geschmackliche Ansprache ist voll und angenehm, während der Abgang leicht trocknend ist. Der harmonische Gesamteindruck trägt zur Qualität dieses Anjou-Villages bei.
🍇 Hubert Guéneau, 1, rue de Saint-Fiacre, 49310 Trémont, Tel. 41.59.45.21 ☎ n. V.

Rosé d'Anjou

Mit 140 000 bis 195 000 hl je nach Jahrgang ist diese Appellation die mengenmäßig größte des Anjou. Nach großen Exporterfolgen verkauft sich dieser halbtrockene Wein heute nur noch schwierig. Die Grolleaurebe, die Hauptrebsorte, die früher im Gobeletschnitt erzogen wurde, lieferte leichte Roséweine, die als »Rougets« bezeichnet wurden. Sie wird zunehmend für die Herstellung von leichten roten Tafel- oder Landweinen verwendet.

LES VIGNERONS DU MOULIN 1991

◩   k.A.   15 000   ❘Ⅴ❶

Die GIE des Vignerons du Moulin umfaßt 35 Mitglieder, die pro Jahr rund 7 000 hl produzieren. War die Gärdauer zu lang ? Dieser farbintensive Rosé besitzt ziemlich harte Tannine. Das Aroma erinnert an vollreife rote Früchte (Kirschen). Ziemlich guter, harmonischer Gesamteindruck.
🍇 GIE Les Vignerons du Moulin, Le Moulin Milon, 49380 Chavagnes-les-Eaux, Tel. 41.54.33.64 ☎ n. V.

Cabernet d'Anjou

Man findet in dieser Appellation halbtrockene Roséweine, die von den Rebsorten Cabernet-Franc und Cabernet-Sauvignon stammen. Wenn sie bukettreich sind und gekühlt serviert werden, passen sie gut zu Melone als Vorspeise oder zu bestimmten, nicht zu süßen

Desserts. Bei der Alterung nehmen sie eine orangerote Farbe an ; sie eignen sich dann als Aperitif. Die Produktion liegt bei 130 000 hl. Die angesehensten Weine werden auf Böden mit tertiärem Muschelsand in der Gegend von Tigné und im Layon-Gebiet erzeugt.

DOM. DE BABLUT 1991 *

◩　　　10 ha　　k.A.　　▮↓☑❶

Diese seit 1564 im Anjou ansässige Winzerfamilie verkauft auch heute noch alte, sogar sehr alte Cabernet-d'Anjou-Weine. Dieser 91er ist ein vielversprechener Wein, der zum Zeitpunkt der Verkostung noch nicht fertig ausgebaut war (und vor der Flaschenabfüllung filtriert werden mußte und einen oxidativen Ausbau benötigte). Die rosarote, ins Gelbrote spielende Farbe und der fruchtig-würzige Geschmack deuten auf ein großes Potential hin, das die Kenner verführen wird.

🍇 Daviau Vignerons, Dom. de Bablut, 49320 Brissac, Tel. 41.91.22.59 ☎ Mo-Sa 9h-12h 14h-18h

MICHEL BLOUIN 1991

◩　　　2 ha　　7 000　　☑❷

Fünf aufeinanderfolgende Winzergenerationen haben hier beharrlich und zielbewußt gearbeitet. Der Lohn für ihre Mühe ist der gute Ruf ihrer erstklassigen Weine, die regelmäßig auf diesem Gut erzeugt werden. Bei diesem Cabernet d'Anjou dominiert noch der Schwefelgeruch und überdeckt das fruchtige Mandarinenaroma, das an der Luft zum Vorschein kommt. Das gleiche Aroma spürt man auch im milden, geschmeidigen Geschmack.

🍇 Michel Blouin, 53, rue du Canal-de-Monsieur, 49190 Saint-Aubin-de-Luigné, Tel. 41.78.33.53 ☎ n. V.

MICHEL GERON 1991

◩　　　k.A.　　k.A.　　▮☑❶

Zwischen Thouars und Montreuil-Bellay bewirtschaften Michel Géron und sein Sohn auf den Hängen über dem Thouet 15 ha Rebflächen mit Kiessand und Kiesböden. Ein harmonischer, wohlausgewogener Wein, der typisch für die Appellation ist. Die Farbe ist blaßrosa. Das Aroma erinnert an Unterholz und Pilze. Fruchtiger, aber ziemlich kurzer Geschmackseindruck.

🍇 Michel Géron, 14, rte de Thouars, 79290 Brion-près-Thouet, Tel. 49.67.73.43 ☎ n. V.

DOM. DE LA GABETTERIE 1991 *

◩　　　k.A.　　k.A.　　▮↓☑❶

Dieses Gut ist – insbesondere wegen der Qualität seiner Roséweine – bereits ein alter Bekannter bei den Lesern unseres Weinführers. Sein Cabernet d'Anjou bietet eine eindrucksvolle aromatische Palette : an Bonbons erinnerndes Gärungsaroma, fruchtiges Aroma von Äpfeln, Pampelmusen und Kiwis. Der Geschmackseindruck bestätigt diese Reichhaltigkeit mit einer klaren Ansprache. Der angenehme Abgang wird von einem Zitrusaroma beherrscht.

🍇 GAEC Guilhem Reullier, La Gabetterie, 49380 Faveraye-Mâchelles, Tel. 41.54.14.99 ☎ n. V.

DOM. DE LA MONTCELLIERE 1991

◩　　　3 ha　　k.A.　　▮☑❶

Die klare, hellrosa Farbe mit den lachsrosa Reflexen verleiht diesem Cabernet d'Anjou einen jugendlichen Ausdruck. Das Aroma erinnert an rote Wildfrüchte, insbesondere an Walderdbeeren und Himbeeren. Angenehme geschmackliche Ansprache mit einem Hauch von Säure. Im Abgang dominieren erneut die roten Früchte.

🍇 Louis Guéneau Fils, Dom. de la Montcellière, 49310 Trémont, Tel. 41.59.60.72 ☎ tägl. 9h-12h30 14h-17h

DOM. DE LA VIAUDIERE 1991

◩　　　2 ha　　10 000　　↓☑❶

Ein gefälliger Wein, der aber nicht sehr repräsentativ für die Appellation und die Cabernetrebe ist. Im Geschmack entdeckt man Noten von reifen Früchten, wie etwa Aprikosen. Der Restzuckergehalt erscheint für einen Cabernet d'Anjou ziemlich niedrig.

🍇 Olivier Gelineau, Dom. de La Viaudière, 49380 Champ-sur-Layon, Tel. 41.78.86.27 ☎ n. V.

LE LOGIS DU PRIEURE 1991 *

◩　　　3 ha　　2 000　　▮↓☑❶

Die Cabernetreben wachsen hier auf dem alten Kohlenstaub des Bergwerks, wo im 18. Jh. ein Jousset arbeitete. Die Besitzer der Grube beauftragten ihn damit, auf den Hängen am Layon Wein anzupflanzen. Dieser Cabernet d'Anjou ist so diskret und fein wie ein vornehmer Herr : blaßrosa Farbe mit orangeroten Reflexen, zartes Erdbeer- und Zitrusaroma, feiner, fruchtiger Geschmack mit besonders gelungener Ausgewogenheit zwischen Zucker und Säure. Ein Wein für Kenner.

🍇 GAEC Jousset et Fils, Le Logis du Prieuré, 49700 Concourson-sur-Layon, Tel. 41.59.11.22 ☎ n. V.

DOM. DU PELICAN 1991

◩　　　2 ha　　5 300　　▮☑❶

Das 12 ha große Gut wurde 1984 eine GAEC. Ein »frühlingshafter« Wein mit einer blaßrosa, ins Lachsrosa spielenden Farbe, einem blumigen Duft und einer angenehm säuerlichen Ansprache im Geschmack. Er wird Sie an heißen Tagen erfrischen und Ihren Durst löschen.

🍇 GAEC Roullier Père et Fils, Le Pélican, 49620 La Pommeraye, Tel. 41.39.05.71 ☎ n. V.

DOM. SAINT ARNOUL 1991

◩　　　13 ha　　10 000　　▮↓☑❶

Das Gut Poupard besitzt 26 ha Rebflächen, die weitgehend mit bestockt sind. Sie liegen im Dorf Sousigné, das wegen seiner von Urzeitmenschen bewohnten Höhlen berühmt ist. Die strahlend rosa- bis orangerote Farbe erinnert an Zwiebelschalen. Das fruchtige Aroma ist recht reizvoll. Vervollständigt wird der angenehme Gesamteindruck durch eine säuerliche Ansprache und einen leicht bitteren Nachgeschmack, bei dem man an Mandeln und Pfirsichkerne denkt.

🍇 GAEC Poupard et Fils, Dom. Saint Arnoul, Sousigné, 49540 Martigné-Briand, Tel. 41.59.43.62 ☎ n. V.

DOM. DE SAINTE-ANNE 1991★★

◪   4 ha   5 000   ▮ ☑ **1**

Das Gut liegt auf dem Gipfel eines Kalksteinhügels in Saint-Saturnin-sur-Loire. Die lehmigkalkigen Böden ermöglichen es den Cabernetreben, ihre ganze Finesse zu entfalten. Ein für den Jahrgang 1991 sehr gelungener Aperitifwein. Die blaßrosa Farbe wirkt harmonisch. Der feine Duft erinnert an wilde Rosen und rote Früchte. Der zarte Geschmackseindruck wird von einem Himbeer- und Weichselaroma beherrscht.
➥ GAEC Dom. de Sainte-Anne, Brault Père et Fils, 49320 Brissac-Quincé, Tel. 41.91.24.58 ☎ Mo-Sa 9h-12h 14h-19h ; So n. V.

Coteaux de l'Aubance

Auf den Schieferhängen entlang dem Flüßchen Aubance wachsen alte Rebstöcke mit Chenintrauben, aus denen ein lieblicher Weißwein erzeugt wird, dessen Qualität sich bei der Alterung verbessert. Die Produktion liegt bei 3 000 hl, wobei 1990 mit 4 046 hl eine Rekordlese erzielt wurde. Aber in diesem dynamischen Anbaugebiet, das zehn Gemarkungen umfaßt, ersetzt die Cabernetrebe allmählich die Cheninrebe ; sie liefert gute Rotweine, die bei einem alljährlichen Wettbewerb in Brissac-Quincé vorgestellt werden.

DOM. DE BABLUT Vin noble 1990★★

□   5 ha   k.A.   ◕ ☑ **5**
74 86 **89 90**

Die Daviaus besaßen 1546 Windmühlen, waren aber gleichzeitig auch Winzer. Jean-Pierre und jetzt Christophe Daviau, ein Önologe, sind wichtige Persönlichkeiten des Weinbaus in Anjou. Schöne, strahlende Farbe : ein intensives, herrliches Goldgelb. Man spürt die Überreife der Trauben. Der Geruchseindruck täuscht nicht : reich, komplex, mit honigartigen Noten von weißen Blüten. Der Geschmackseindruck ist »gigantisch« : ausgewogen, konzentriert, mit einem sehr typischen Abgang, der an Lebkuchen erinnert. Ein großer Wein.
➥ Daviau Vignerons, Dom. de Bablut, 49320 Brissac, Tel. 41.91.22.59 ☎ Mo-Sa 9h-12h 14h-18h

DOM. DITTIERE 1991

□   1 ha   2 500   ▮↓☑ **2**

Hundert Jahre alte Rebstöcke erzeugen hier einen Wein mit einer nicht sehr kräftigen, grünlich schimmernden Farbe. Sein Duft ist frisch und entfaltet eine sehr klare Fruchtigkeit. Die Ansprache ist geschmeidig, fein und angenehm. Es mangelt ihm an Struktur, aber dafür besitzt er Ausgewogenheit.

➥ GAEC Dittière, La Grouas, 49320 Vauchrétien, Tel. 41.91.23.78 ☎ n. V.

DOM. DE HAUTE PERCHE 1990★★

□   6 ha   15 000   ▮☑ **3**

Christian Papin bewirtschaftet 32 ha Rebflächen, davon 14 ha an Hängen, deren Böden vorwiegend aus verwittertem Schiefer bestehen. Der Empfang auf dem Gut ist herzlich. Die goldgelbe Farbe und der glycerinreiche Eindruck sorgen für ein vorbildliches Aussehen. Der Duft ist noch verschlossen, besitzt aber eine große Konzentration (weiße Blüten). Kraftvolle Ansprache, reizvoller Geschmackseindruck und harmonischer Nachgeschmack. Ein sehr schöner Wein, der über ein reiches Potential verfügt.
➥ Christian Papin, Dom. de Haute Perche, 9 chem. de La Godelière, 49610 Saint-Melaine-sur-Aubance, Tel. 41.57.75.65 ☎ n. V.

LE DOM. RICHOU 1991★

□   4 ha   12 000   ▮◕↓☑ **2**

Schöne, strahlend goldgelbe Farbe mit grünen Reflexen. Das jugendliche Gärungsaroma ist deutlich spürbar, geprägt von Noten getrockneter Früchte (vor allem Aprikosen). Die vorhandene Kohlensäure dürfte sich im Laufe des Ausbaus verflüchtigen. Gute Korpulenz, Geschmeidigkeit und Ausgewogenheit. Feiner, eleganter Abgang. Für den Jahrgang ein schöner Wein.
➥ Dom. Richou, Chauvigné, 49610 Mozé-sur-Louet, Tel. 41.78.72.13 ☎ n. V.

Anjou-Coteaux de la Loire

Diese Appellation ist Weißweinen vorbehalten, die von der Rebsorte Pinot de la Loire stammen. Die Produktionsmenge ist im Verhältnis zur Anbaufläche, die ein Dutzend Gemarkungen umfaßt, recht gering (1 500 hl). Die Böden bestehen ausschließlich aus Schiefer- und Kalkgestein von Montjean. Wenn die Trauben ausgelesen werden und Überreife erreichen, unterscheiden sich diese Weine von den Coteaux-du-Layon-Weinen durch eine intensivere grüne Farbe. In der Regel handelt es sich dabei um halbtrockene Weine. Die Winzer stellen sich auch in dieser Region allmählich auf die Erzeugung von Rotweinen um.

DOM. DE FEUILLES D'OR 1991★

□   4 ha   8 000   ▮↓☑ **1**

Bei Vincent Harang, der sich hier vor kurzem niedergelassen hat, regiert die Gastlichkeit. Dieser hellgelbe, grünlich schimmernde 91er verströmt einen eleganten, vorwiegend fruchtigen Duft. Die reifen Trauben haben ihm eine ausgewogene Struktur und einen zarten, sogar komplexen Nachgeschmack verliehen, der recht nachhaltig ist.

🏠 Vincent Harang, 9, rue des Sables, 49290 Chalonnes-sur-Loire, Tel. 41.78.51.51 ⚤ n. V.

DOM. DU FRESCHE
Cuvée Vieille Sève 1991

☐	1,2 ha	4 000	🖊↓✓2

Die Familie Boré, die seit 150 Jahren Wein anbaut, besitzt hier einen Weinberg, der in wunderbarer Lage über der Loire aufragt. Dieser 91er mit der sehr hellen, gelben Farbe entfaltet komplexe Nuancen von reifen Äpfeln, die sich mit Jodgeruch vermischen. Der Geschmack ist überraschend voll. Im lebhaften Abgang entdeckt man einen Hauch von Kohlensäure.

🏠 Dom. du Fresche, Le Fresche, 49620 La Pommeraye, Tel. 41.77.74.63 ⚤ n. V.
🏠 Boré Frères

CH. DE PUTILLE Clos du Pirouet 1991

☐	9 ha	10 000	🖊↓✓2

Ein erst vor kurzem entstandenes, 21 ha großes Gut, das in seinen Kellern Technik und modernen Fortschritt einsetzt. Strahlende Farbe mit goldgrünen Reflexen. Der nicht sehr intensive Duft läßt einen frühlingshaften Charakter erkennen. Ein leicht gebauter Wein, dessen Ausgewogenheit zwischen Alkohol und Zucker noch nicht seinen Höhepunkt erreicht hat. Seine lebhafte, nervige, recht ausgeprägte Nachhaltigkeit ist ein Zeichen für gute Lagerfähigkeit.

🏠 SCA Ch. de Putille, Putille, 49620 La Pommeraye, Tel. 41.39.02.91 ⚤ Mo-Sa 8h-22h; So nachm. geschlossen
🏠 Delaunay

Savennières

Es handelt sich dabei um trockene Weißweine, die aus der Cheninrebe erzeugt werden und vorwiegend aus der Gemarkung Savennières stammen. Die rötlichen Schiefer- und Sandsteinböden verleihen ihnen einen eigentümlichen Charakter, so daß man sie lange Zeit als die Crus der Coteaux de la Loire bezeichnete ; sie verdienen jedoch einen ganz besonderen Platz. Da ihre Weine etwas einheitlicher ausfallen, dürfte sich diese Appellation behaupten und entwickeln. Ihre Weine sind kräftig und ein wenig nervig und passen hervorragend zu gekochtem Fisch. Die Produktion liegt bei 2 600 hl.

DOM. DES BAUMARD Trie spéciale 1990

☐	12 ha	13 000	🖊↓✓4

Ein sehr schöner Wein mit einem intensiven, komplexen Duft, der fein und elegant ist und gleichzeitig milde Noten und Röstgeruch entfaltet. Sehr angenehme Harmonie im Geschmack, auch wenn der Abgang etwas feurig ist. Er könnte zu Wildbret passen.

🏠 SCEA Dom. des Baumard, 8, rue de l'Abbaye, 49190 Rochefort-sur-Loire, Tel. 41.78.70.03 ⚤ n. V.

DOM. DU CLOSEL 1991*

☐	6 ha	30 000	🖊↓✓3

Michèle de Jessey, die von Napoleons Biographen Las Cases abstammt, besitzt einen herrlichen Park. Schöne, strahlend goldgrüne Farbe. Das milde, elegante primäre Aroma (weiße Blüten) dominiert über einem komplexen Grundaroma. Sehr schöne geschmackliche Harmonie mit Frische und sogar Lebhaftigkeit. Für diesen Jahrgang ein sehr gelungener Wein.

🏠 Michèle Bazin de Jessey, Dom. du Closel, 49170 Savennières, Tel. 41.72.81.00 ⚤ Mo-Sa 10h-12h 14h-18h

CLOS DE COULAINE 1991

☐	k.A.	k.A.	🖊🍶↓✓3

François Roussier ist ein sehr erfahrener Winzer, der sich um einen 3 ha großen Weinberg in der AOC Savennières kümmert. Er ist auch für seine Rotweine bekannt. Dieser recht intensive, noch durch seine Jugend geprägte 91er paßt im Augenblick zu rassigen Austern (vom Belontyp), aber er wird sich noch weiterentwickeln. Sehr repräsentativ für seine Appellation.

🏠 François Roussier, Coulaine, 49170 Savennières, Tel. 41.72.21.06 ⚤ n. V.

CH. D' EPIRE
Demi sec Cuvée Armand Bizard 1990***

☐	8 ha	22 000	🍶✓3

76 78 79 82 83 84 85 **86 88 89** (90)

Das Château ist seit dem 17. Jh. im Besitz der gleichen Familie. Die 11 ha Reben werden im Gobeletschnitt erzogen. Der Wein wird in Holzfässern ausgebaut, die in einer ehemaligen Kirche aus dem 12. Jh. lagern. Strahlende, strohgelbe Farbe mit grünen Reflexen. Der Duft ist mild, elegant und fein und besitzt eine große, für diese Appellation typische Komplexität. Bemerkenswerte Harmonie im Geschmack. Ein sehr schöner lagerfähiger Wein, den man aber aber auch in der Zwischenzeit häufig probieren sollte.

SCEA Bizard-Litzow, Ch. d' Epiré, pl. de l'Ancienne Eglise, 49170 Savennières, Tel. 41.77.15.01 ☎ n. V.

CLOS DES MAURIERS
Cuvée prestige 1991

| | 2 ha | 5 000 | ▮↓▮2 |

Die Söhne von Henri Rochais arbeiten ebenso solide wie ihr Vater. Sie sind gerade dabei, sich mit diesem kleinen Weinberg, der zu Château de Plaisance (bekannt für seine Produktion von Coteaux-du-Layon-Chaume-Weinen) gehört, einen Namen zu machen. Ein noch jugendlicher Wein, dessen strahlende Farbe blasse, perlende Reflexe zeigt. Der sehr frische Duft erinnert an pflanzliche Frühlingsnoten, die sich mit mineralischen Gerüchen vermischen. Schöne geschmackliche Ansprache : lebhaft und nervig, aber ohne Aggressivität. Gute Lagerfähigkeit.

SCEA Rochais Fils, Ch. de Plaisance, 49190 Rochefort-sur-Loire, Tel. 41.78.33.01 ☎ Mo-Sa 9h-18h30

CLOS DU PAPILLON 1990★★

| | 2 ha | 3 400 | ▮▮4 |

Ein sehr gelungener, außergewöhnlicher Wein aus einem außergewöhnlichen Jahrgang. Die überreifen Cheninintrauben lassen sich nicht mehr zu einem trockenen Wein verarbeiten. Schöne, strahlende goldgrüne Farbe. Der Duft ist sehr typisch für die Appellation : mineralisch und blumig, mit einem leichten Wachsaroma. Perfekte Intensität im Geschmack, der mit einer bitteren Note ausklingt. Muß mindestens noch fünf Jahre reifen.

SCEV Pierre et Yves Soulez, Ch. de Chamboureau, 49170 Savennières, Tel. 41.77.20.04 ☎ n. V.

Savennières Roche-aux-Moines, Savennières Coulée-de-Serrant

Es ist schwierig, diese beiden Lagen voneinander zu trennen : Sie haben eine besondere Einstufung erhalten, weil sie sich in ihren Eigenschaften und ihrer Qualität so ähnlich sind. Das 7 ha große Anbaugebiet Coulée de Serrant liegt auf beiden Seiten des Tals des Flüßchens Serrant. Den größten Teil davon bildet ein Steilhang in Südwestlage. Diese Appellation, die sich im Alleinbesitz der Familie Joly befindet, hat hinsichtlich ihrer Qualität wie auch ihres Preises das Ansehen von Grands Crus erreicht. Nach fünf bis zehn Jahren entfalten die Weine ihre volle Qualität. Das Anbaugebiet

Roche aux Moines, das mehreren Besitzern gehört, nimmt 33 ha ein, die aber nicht vollständig bestockt sind. Der größte Teil davon liegt auf einem Südhang am Ufer der Loire. Es ist zwar nicht so einheitlich wie die obige Lage, aber man findet hier Cuvées, die ihr in nichts nachstehen.

Savennières Roche-aux-Moines

CH. DE CHAMBOUREAU 1990★

| | 3,1 ha | 9 000 | ▮▮6 |
|88|89| 90

Ein sehr altes Gut aus dem 16. Jh., das Pierre et Yves Soulez seit 1976 leiten. Obwohl das Château umgebaut worden ist, besitzt es noch immer seine unterirdischen Keller, in denen die Savennières-weine seit Jahrhunderten reifen. Sehr schöne, goldgelbe Farbe mit grünen Reflexen. Der angenehme, für die Appellation typische Duft entfaltet ein komplexes Aroma, in dem sich reiche mineralische, blumige und fruchtige Noten vermischen. Ein konzentrierter Wein, der noch unbedingt lagern sollte.

SCEV Pierre et Yves Soulez, Ch. de Chamboureau, 49170 Savennières, Tel. 41.77.20.04 ☎ n. V.

DOM. AUX MOINES 1987★★★

| | 8 ha | 20 000 | ▮▮↓▮3 |
84 |85||86| **87** 89 |90|

La Roche aux Moines (Felsen der Mönche) erinnert zwar an eines der ältesten klösterlichen Weinbaugebiete, aber diese Reblage war auch im Juli 1214 der Schauplatz einer Schlacht, in der es dem späteren Ludwig VIIII. gelang, den englischen König Johann I. (John Lackland) endgültig aus Anjou und Poitou zu vertreiben. 1987, ein mäßiger Jahrgang, kommt nach fünf Jahren Reifung voller Zartheit zur Entfaltung : ein eleganter, rassiger Wein mit blaßgoldenen Reflexen. Der komplexe Duft erinnert an Mineralien, Amber und Wachs. Der ausgewogene Geschmack ist sehr geschmeidig, was typisch für diesen Jahrgang ist.

☛ SCI Mme Laroche, La Roche aux Moines, 49170 Savennières, Tel. 41.72.21.33 ⏀ tägl. 9h-12h 14h-18h

Coteaux du Layon

Auf den Hängen von 25 Gemeinden, die an den Ufern des Layon liegen, werden von Nueil bis Chalonnes rund 48 000 hl halbtrockene, liebliche oder natursüße Weine erzeugt. Als einzige Rebsorte wird hier Chenin verwendet. Diese Appellation erfreute sich einer großen Bekanntheit, die aber leider im Laufe der Zeit abgenommen hat. Mehrere Dörfer sind berühmt : Am bekanntesten ist Chaume (Rochefort-sur-Loire) mit einer Produktion von 2 100 hl, die auf 76 ha erzeugt werden. Sechs weitere Namen dürfen der Appellation hinzugefügt werden : Rochefort-sur-Loire, Saint-Aubin-de-Luigné, Saint-Lambert-du-Lattay, Beaulieu-sur-Layon, Rablay-sur-Layon und Faye-d'Anjou. Die Weine sind zart, goldgrün in Concourson, eher gelb und kräftiger flußabwärts. Sie verströmen ein Aroma von Honig und Akazienblüten, das von überreifen Trauben herrührt. Ihre Alterungsfähigkeit ist erstaunlich.

DOM. BANCHEREAU Chaume 1991★★

| | 3 ha | k.A. | ⬆️⬇️☑️**3** |

|78| |85| |88| (90) |91|

Das Gut Banchereau besitzt 45 ha auf dem Gebiet von Saint-Aubin-de-Luigné, der »Perle des Layon«. Dieser 91er stammt von vollreifen Trauben. Sehr intensive goldene, fast bernsteingelbe Farbe. Der Duft erinnert stark an eingemachte Früchte, wie etwa Quitten und Aprikosen, und Zitrusfrüchte. Hervorragender Geschmackseindruck : elegant, kräftig und sogar rassig. Die Struktur ist nicht übermäßig ausgebildet : cremig, mit einer gut eingebundenen, zarten

Frische. Ein sehr, sehr schöner Wein aus einem oftmals verschrienen Jahrgang.
☛ Dom. Banchereau, 62, rue du Canal-de-Monsieur, 49190 Saint-Aubin-de-Luigné, Tel. 41.78.33.24 ⏀ n. V.

DOM. BANCHEREAU
Saint Aubin de Luigné 1991★

| | 7 ha | k.A. | ⬆️⬇️☑️**2** |

Hier ein typischer Vertreter des Jahrgangs 1991, erzeugt aus reifen Chenintrauben. Klare, leicht goldgelbe Farbe. Der recht zurückhaltende Duft entfaltet, wenn man das Glas schwenkt, ein Aprikosen- und Zitrusaroma. Voller Geschmack. Ausgewogener Gesamteindruck.
☛ Dom. Banchereau, 62, rue du Canal-de-Monsieur, 49190 Saint-Aubin-de-Luigné, Tel. 41.78.33.24 ⏀ n. V.

DOM. DES BARRES Chaume 1991★★

| | 1,5 ha | 4 000 | ⬆️⬇️☑️**2** |

Der junge Patrice, der sich hier vor kurzem niedergelassen hat, bewirtschaftet ein 25 ha großes Weingut. Die tiefe, fast bronzene Farbe ist sehr reizvoll. Das stark ausgeprägte Bukett besitzt eine schöne, komplexe Fülle, die von vollreifen Trauben herrührt. Man entdeckt darin auch den Jodgeruch, der für den Jahrgang 1991 typisch ist. Sehr ausdrucksvoller, milder Geschmack mit einem reichen, nervigen Abgang. Ein Coteaux-du-Layon-Wein, der noch lange lagern kann.
☛ GAEC Achard, Dom. des Barres, 49190 Saint-Aubin-de-Luigné, Tel. 41.78.33.26 ⏀ n. V.

CH. DE BELLEVUE Chaume 1991

| | 6,21 ha | 9 000 | ⬆️☑️**2** |

Die Tijous wohnen seit 1894 in diesem wunderschönen Château unter dem 19. Jh. Man hat hier einen phantastischen Rundblick auf die Hänge des Layon. Schöne, strahlend strohgelbe Farbe, kräftiger Duft mit blumigen und fruchtigen Noten, in dem man noch das Gärungsaroma spürt. Die geschmackliche Ansprache ist lebhaft und reich. Dieser Wein bestätigt seinen Charakter und seine Kraft.
☛ Jean-Paul Tijou, Ch. de Bellevue, 49190 Saint-Aubin-de-Luigné, Tel. 41.78.33.11 ⏀ n. V.

MICHEL BLOUIN Chaume 1991★★

| | k.A. | 6 000 | ☑️**3** |

|85| |88| |89| (90) |91|

Seit der Entstehung der Weinberge im Jahre 1875 haben sich auf diesem heute 20 ha großen Gut fünf Generationen abgelöst. Ein Wein mit einer sehr kräftigen, strahlend goldenen Farbe. Der Geruchseindruck ist noch verschlossen, aber man spürt bereits das enorme Potential eines konzentrierten Aromas : Zitronengras, Pampelmusen, Aprikosen, Farnkraut etc. Die stattliche Ansprache enthüllt eine üppige Cremigkeit und hinterläßt eine reiche Nervigkeit, während der nachhaltige Abgang gefällig und elegant ist.
☛ Michel Blouin, 53, rue du Canal-de-Monsieur, 49190 Saint-Aubin-de-Luigné, Tel. 41.78.33.53 ⏀ n. V.

DOM. DES BOHUES 1991★★★

| | k.A. | 10 000 |  |

Dieses traditionelle Weingut in Saint-Lambert-du-Lattay feiert ein bemerkenswertes Debüt in unserem Weinführer. Ein Wein, der alle Merkmale von edelfaulen Trauben besitzt. Kräftige, goldene Farbe. Im Duft entfaltet ein intensives Aroma von Quitten und Zitrusfrüchten. Der Geschmack hinterläßt einen Eindruck von Fülle. Für den Jahrgang 1991 ein beeindruckender Wein.

🍴 Joseph et Denis Retailleau, Les Bohues, 49750 Saint-Lambert-du-Lattay, Tel. 41.78.33.92 ⚓ tägl. 8h-12h 14h-18h

CH. DU BREUIL 1991★★

| | 7 ha | 10 000 | |

Dieses 1820 entstandene Gut liegt auf dem rechten und linken Ufer des Layon. Der 90er erinnert an alte Rumsorten, Wachs und Honig und verdient zwei Sterne. Der 91er gehört aufgrund seiner Finesse und Eleganz ebenfalls zu den großen Süßweinen. Er verführt heute durch seine strahlende, blaßgoldene Farbe, sein klares und feines Aroma und seine Ausgewogenheit. In ein paar Jahren wird er seinen Höhepunkt erreichen und dann ein Hochgenuß für Kenner sein.

🍴 SCE Ch. du Breuil, Le Breuil, 49750 Beaulieu-sur-Layon, Tel. 41.78.32.54 ⚓ n. V.
🍴 Marc Morgat

DOM. CADY Saint Aubin 1991★

| | 4 ha | 10 000 | |

Das 1927 gegründete Weingut befindet sich auf den Hängen über dem Layon. Drei Winzergenerationen sind hier aufeinander gefolgt und haben die Rebflächen erweitert, so daß sie heute 21 ha umfassen. Ein verschwiegener Wein, den man noch ein paar Jahre lang altern lassen muß. Blasse Farbe mit schönen goldgrünen Nuancen. Die klare Ansprache im Geschmack und die leicht bittere Note im Abgang ergänzen den harmonischen Gesamteindruck.

🍴 Dom. Cady, Valette, 49190 Saint-Aubin-de-Luigné, Tel. 41.78.33.69 ⚓ n. V.

DOM. CADY
Saint Aubin Les Varennes 1991★

| | 2,5 ha | 5 000 | |

Die blaßgelbe Farbe, der dezente Duft von weißen Früchten und die geschmeidige Ansprache im Geschmack machen diesen Wein zu einem

typischen Chenin, der von vollreifen Trauben stammt. Im Abgang spürt man noch deutlich die Tannine, die etwas austrocknend wirken, aber bei der Alterung harmonischer werden dürften.

🍴 Dom. Cady, Valette, 49190 Saint-Aubin-de-Luigné, Tel. 41.78.33.69 ⚓ n. V.

DOM. CADY Chaume 1991★

| | 1 ha | 2 000 | |

Tiefe Farbe mit Bronzeton. Das intensive Aroma enthüllt hinter einem Jodgeruch einen kräftigen Kompottduft. Die Ansprache ist lebhaft, dicht und frisch. Im Abgang entdeckt man Nerv und eine bittere Note, die mit spät gelesenen Trauben zusammenhängt.

🍴 Dom. Cady, Valette, 49190 Saint-Aubin-de-Luigné, Tel. 41.78.33.69 ⚓ n. V.

DOM. CHUPIN 1990

| | 10 ha | 40 000 | |

Ein gut gebauter Wein mit einer kräftigen, goldenen Farbe. Der Duft bleibt zwar verschlossen, aber die geschmackliche Ansprache ist angenehm. Muß vor dem Servieren Sauerstoff ziehen.

🍴 SCEA Dom. Chupin, 49380 Champ-sur-Layon, Tel. 41.78.86.54 ⚓ Mo-Fr 9h-12h 14h-19h

DOM. DES CLOSSERONS
Vieilles Vignes 1991★★

| | 4,1 ha | 6 500 | |

Ein traditionelles Weingut, das um die Qualität seiner Böden weiß und sich darum bemüht, Wein mit starker Persönlichkeit zu erzeugen. Alle Mitglieder der Jury haben bei der Verkostung dieses 91ers von typischem Charakter gesprochen. Die blaßgoldene Farbe und das reiche Aroma sind nämlich typisch für vollreife Chenintrauben. Die Ausgewogenheit und die Struktur des Geschmacks bestätigen diesen Eindruck und machen diesen Coteaux du Layon zu einem lagerfähigen Wein.

🍴 GAEC Jean-Claude Leblanc et Fils, Dom. des Closserons, 49380 Faye-d'Anjou, Tel. 41.54.30.78 ⚓ n. V.

DOM. DES COTEAUX BLANCS 1991

| | 3,5 ha | 6 500 | |

Dieses Gut liegt an der Hochstraße des Anjou, die über den Tälern des Layon und der Loire verläuft. Sein 91er liegt auf der Linie des Jahrgangs : blaßgoldene Farbe, klares, aber noch nicht sehr ausdrucksstarkes Aroma, Ausgewogenheit und gefälliger, wenn auch nicht sehr kräftiger Geschmack.

🍴 François Picherit, Dom. des Coteaux blancs, 49290 Chalonnes-sur-Loire, Tel. 41.78.16.83 ⚓ n. V.

DOM. COUSIN LEDUC 1991★

| | 4 ha | k.A. | |

Dieser junge Winzer, der das Gut von seinem Großvater übernommen hat, besitzt den Mut, Weine mit unverkennbarer Persönlichkeit zu erzeugen. Die Mitglieder unserer Jury waren über diesen Wein, der sich zum Zeitpunkt der Verkostung noch in der Ausbauphase befand, geteilter Meinung. Ein Prüfer sagte einen großen Wein voraus. Dieser 91er ist aus überreifen Trauben hergestellt worden und zeichnet sich durch eine gelbe, ins Orange spielende Farbe, einen vollen Geschmack und eine sehr große aromatische Komplexität aus.

🍷 Olivier Cousin, 7, rue du Colonel Panaget, 49540 Martigné-Briand, Tel. 41.59.49.09 ⚔ n. V.

DOM. COUSIN LEDUC 1990

☐	4 ha	3 000	◫ ↓ ☑ 3

Bei diesem 90er wurden zweifellos überreife Trauben verwendet : goldgelbe Farbe, etwas verschlossener Duft. Der Geschmack hinterläßt einen Eindruck von Fülle. Ein angenehmer Wein, der sich zum Kennenlernen der Coteaux-du-Layon-Weine eignet.

🍷 Olivier Cousin, 7, rue du Colonel Panaget, 49540 Martigné-Briand, Tel. 41.59.49.09 ⚔ n. V.

DOM. DES FORGES Chaume 1991 ★★

☐	2 ha	5 000	▮ ↓ ☑ 3

Die Domaine des Forges, die sich im Laufe von 20 Jahren beträchtlich vergrößert hat (heute 30 ha), verwendet zwei Hektar für diesen Chaumewein. Intensive Farbe : bernsteingelb, fast bronze. Wenn man das Glas schwenkt, hinterläßt das Glyzerin deutliche Spuren an der Innenseite. Der Duft ist reizvoll, konzentriert und sogar reich : eingemachte Aprikosen, Noten von Zitronenkraut, Eisenkraut etc. Der Geschmack ist voll, vielleicht weniger ausdrucksstark als der Duft, aber strukturiert und mit sehr guter Gerbsäure. Eine sehr schöne Auslese.

🍷 Claude Branchereau, Dom. des Forges, les Barres, 49190 Saint-Aubin-de-Luigné, Tel. 41.78.33.56 ⚔ n. V.

DOM. DES FORGES
Saint Aubin de Luigné Cuvée des Forges 1990 ★

☐	2 ha	6 000	▮ ↓ ☑ 2

Dieser 90er ist voller Finesse : schöne, klare, leicht goldgelbe Farbe und zartes Pfirsich- und Aprikosenaroma. Die klare Ansprache im Geschmack und die gute Länge vervollständigen den harmonischen Gesamteindruck.

🍷 Claude Branchereau, Dom. des Forges, les Barres, 49190 Saint-Aubin-de-Luigné, Tel. 41.78.33.56 ⚔ n. V.

DOM. DES FORGES
Saint Aubin de Luigné 1991 ★★★

☐	10 ha	12 000	▮ ↓ ☑ 2

Leicht goldgelbe Farbe. Reife Früchte und das frische Aroma von Zitronen und Zitrusfrüchten

prägen den ausdrucksvollen Duft. Der Geschmack ist stattlich und voll und besitzt einen sehr aromatischen Abgang. Für den Jahrgang 1991 ein ganz und gar außergewöhnlicher lagerfähiger Wein.

🍷 Claude Branchereau, Dom. des Forges, les Barres, 49190 Saint-Aubin-de-Luigné, Tel. 41.78.33.56 ⚔ n. V.

DOM. DES FOURS SAINT-PIERRE 1991

☐	k.A.	k.A.	▮ ↓ ☑ 3

Dominique Lalanne entstammt einer Familie, die schon seit mindestens vier Generationen Weinbau betreibt. 1989 hat er sich auf diesem 6 ha großen Gut in der Gemeinde Tigné niedergelassen. Der blaßgoldene Farbe, der zurückhaltende feine Duft und der harmonische Geschmack mit dem fruchtig-würzigen Aroma (Zimt) machen diesen Wein zu einem guten Vertreter der Appellation. Man kann ihn am Abend in angeregter Runde trinken.

🍷 Dominique Lalanne, 14, rue d'Anjou, 49540 Martigné-Briand, Tel. 41.59.68.20 ⚔ n. V.

DOM. GAUDARD Cuvée claire 1990 ★★★

☐	2 ha	4 000	▮ ↓ ☑ 4
88 89 ⑳ 91			

Ein zwar junger Winzer, der aber bereits ein alter Bekannter in unserem Weinführer ist und auf den man aufgrund seiner Lebensweise und seines Enthusiasmus in dieser Region hört. Seine »Cuvée Claire« besitzt den prächtigen, intensiven Charakter der großen Süßweine des Anjou : goldene Farbe, komplexes Aroma, Verbindung von Länge und Finesse im Geschmack. Während der gesamten Verkostung spürt man das edle Traubengut, aus dem er hergestellt worden ist. Er wurde als besondere Empfehlung vorgeschlagen, die in diesem Kapitel jedoch nur an 91er vergeben wird.

🍷 Pierre Aguilas, La Brosse, 49290 Chaudefonds-sur-Layon, Tel. 41.78.10.68 ⚔ Mo-Sa 8h-12h 14h-19h ; So nachm. geschlossen

DOM. GAUDARD
Saint Aubin de Luigné 1991 ★

☐	1 ha	4 000	▮ ↓ ☑ 2
88 **89** ⑳ 91			

Der 91er Coteau du Layon »Saint Lambert« von Pierre Aguilas könnte hier ebenfalls aufgeführt werden. Der »Saint Aubin de Luigné« hat unsere Jury durch seine Harmonie verführt, vor allem im Geschmack mit einer gelungenen Ausgewogenheit zwischen Alkohol und Zucker. Der gefällige, fruchtige Abgang deutet auf vollreifes Traubengut und eine gute Vinifizierung hin.

🍷 Pierre Aguilas, La Brosse, 49290 Chaudefonds-sur-Layon, Tel. 41.78.10.68 ⚔ Mo-Sa 8h-12h 14h-19h ; So nachm. geschlossen

DOM. GROSSET
Rochefort La Motte à Bory 1990 ★★

☐	4 ha	k.A.	◫ ☑ 2

Von den 16 ha dieses traditionellen Familiengutes sind vier für die Erzeugung von Süßweinen reserviert. Ein noch jugendlicher 90er, der von einem auf den Ausbau im Holzfaß zurückgehenden Röstgeruch beherrscht wird. Dank seines kraftvollen Geschmacks kann man ihn mehrere Jahre lang lagern.

☛ Serge Grosset, 60, rue René Gasnier, 49190 Rochefort-sur-Loire, Tel. 41.78.78.67 ☎ Mo-Sa 9h-19h

DOM. GROSSET 1988

☐	3 ha	k.A.	◑ Ⓥ ❶

Ein angenehmer, für den Jahrgang 1988 recht typischer Wein : lebhafte, gelbe Farbe mit grünen Reflexen, mineralischer Duft mit Zitronenkrautnoten, leichter Geschmack mit reizvoller Frische und einem Abgang, in dem Röstaromen dominieren.

☛ Serge Grosset, 60, rue René Gasnier, 49190 Rochefort-sur-Loire, Tel. 41.78.78.67 ☎ Mo-Sa 9h-19h

DOM. DES HAUTS PERRAYS
Rochefort Cuvée prestige 1991

☐	2 ha	4 000	▮ Ⓥ ❸

Auf diesem Gut verwendet man nur hervorragendes Lesegut. Für den 91er sind die Trauben von Rebflächen, deren Ertrag auf 20 hl/ha begrenzt ist, fünfmal ausgelesen worden ! Dieser Wein stammt zweifellos von überreifen Trauben und befand sich deshalb zum Zeitpunkt der Verkostung noch in der Ausbauphase. Seine Qualität und seine Originalität sind deutlich spürbar und können durchaus verführen.

☛ GAEC Fardeau-Robin, Dom. des Hauts Perrays, 49290 Chaudefonds-sur-Layon, Tel. 41.78.04.38 ☎ n. V.

DOM. DES HAUTS PERRAYS
Rochefort Cuvée 23 1990 ★★★

☐	2 ha	2 200	▮ Ⓥ ❺

Ein weiterer Wein, der für eine besondere Empfehlung vorgeschlagen worden ist. Aber die Große Jury hat sich dafür entschieden, hierfür nur die 91er zu berücksichtigen, weil die 90er bereits im Weinführer 1992 besprochen worden sind ! Die Trauben stammen aus einer dritten Auslese. Sie kommen überdies von Rebstöcken, die über 60 Jahre alt sind ; mehr als 90% waren von Edelfäule befallen. Zu Beginn der Kelterung betrug der natürliche Alkoholgehalt 22°, am Ende 27°. Der durchschnittliche (potentielle) Alkoholgehalt von 23° erklärt den Namen der Cuvée. Ein einzigartiger Wein, der in die Geschichte der Süßweine des Anjou eingehen dürfte.

☛ GAEC Fardeau-Robin, Dom. des Hauts Perrays, 49290 Chaudefonds-sur-Layon, Tel. 41.78.04.38 ☎ n. V.

DOM. DES HAUTS PERRAYS
Rochefort Clos du Cochet 1990 ★★

☐	2,5 ha	5 500	▮ Ⓥ ❹

Ein wundervoller Wein, der einen intensiven und unmittelbaren Genuß schenkt und einen idealen Aperitif abgibt. Die goldgelbe Farbe mit den gelbroten Reflexen deutet auf überreifes Traubengut hin. Das intensive Aroma und der reiche Geschmack bestätigen diesen Eindruck.

☛ GAEC Fardeau-Robin, Dom. des Hauts Perrays, 49290 Chaudefonds-sur-Layon, Tel. 41.78.04.38 ☎ n. V.

DOM. DES HAUTS PERRAYS
Vieilles vignes 1991 ★

☐	4 ha	6 000	▮ Ⓥ ❷

Die Jury hat in diesem noch verschlossenen, zurückhaltenden Wein überreifes Lesegut erkannt. Man sollte ihn mehrere Jahre im Keller reifen lassen, damit er seinen ganzen Reichtum entfalten kann.

☛ GAEC Fardeau-Robin, Dom. des Hauts Perrays, 49290 Chaudefonds-sur-Layon, Tel. 41.78.04.38 ☎ n. V.

DOM. JOLIVET 1991 ★

76	79 82 83 85	89	90 91	▮ ◑ ↓ Ⓥ ❷
	4,1 ha		5 000	

Jean-Paul Jolivet präsentiert hier einen Wein, der von mehr als 50 Jahre alten Rebstöcken stammt. Sie wachsen an den Hängen am Ufer des Layon. Die Jury vertrat gegenteilige Meinungen zu diesem Wein, der keinen der Prüfer kalt gelassen hat. Einige waren der Meinung, daß der feurige Abgang dem Gesamteindruck schadet. Andere sahen in ihm einen großen Wein, der von überreifen Trauben stammt, und empfahlen ihn für Kenner, die ihn in geselliger Runde trinken sollten : langsam und in kleinen Schlucken.

☛ Dom. Jolivet, 31, rue Rabelais, 49750 Saint-Lambert-du-Lattay, Tel. 41.78.30.35 ☎ n. V.

DOM. DE LA BERGERIE Rablay 1991 ★

☐	1,3 ha	5 000	▮ ↓ Ⓥ ❷

Ein 28 ha großes Weingut und sieben Generationen von Winzern. Ein guter Vertreter des Jahrgangs 1991, erzeugt aus vollreifen Chenintrauben. Blaßgelbe Farbe, zartes, blumiges Bukett und eleganter Geschmack. Kurz gesagt : ein harmonischer Wein.

☛ Yves Guégniard, La Bergerie, 49380 Champs-sur-Layon, Tel. 41.78.85.43 ☎ n. V.

DOM. DE LA BERGERIE 1991 ★

☐	4 ha	15 000	▮ ↓ Ⓥ ❷

Ein verführerischer Wein, der ziemlich bald getrunken werden sollte. Goldgelbe Farbe. Der Geschmack mit der runden Ansprache hinterläßt einen Eindruck von Fülle.

☛ Yves Guégniard, La Bergerie, 49380 Champs-sur-Layon, Tel. 41.78.85.43 ☎ n. V.

DOM. DE LA COUR D'ARDENAY
Rochefort 1991 ★

☐	0,7 ha	1 100	▮ ↓ Ⓥ ❸

Nachdem Patrick Baudoin einige Jahre in Paris verbrachte, führt er nunmehr die Weinbautradition seiner Familie fort. Dieser 91er ist zwar nicht sehr kräftig, aber er zeigt, daß er von vollreifen Trauben stammt und hinterläßt während der gesamten Verkostung einen Eindruck von Ausgewogenheit und Harmonie. Hinweisen sollte man noch auf den aromatischen Reichtum, insbesondere auf den Duft von getrockneten Aprikosen, exotischen Früchten und Honig.

☛ Patrick Baudouin, La Cour d'Ardenay, 49270 Chaudefonds-sur-Layon, Tel. 41.78.66.04 ☎ n. V.

DOM. DE LA COUR D'ARDENAY
Cuvée Maria Juby 1991 ★ ★ ★

| ☐ | 1 ha | 900 | ▮↓�v 4 |

Ein Wein, der zunächst zurückhaltend erscheint und dennoch sehr schnell eine breite aromatische Palette entfaltet : Noten von exotischen Früchten, Aprikosen und Honig. Der Geschmack bestätigt diese Reichhaltigkeit mit einem Eindruck von Fülle, der für den Jahrgang 1991 etwas ungewöhnlich ist.

☛ Patrick Baudouin, La Cour d'Ardenay, 49270 Chaudefonds-sur-Layon, Tel. 41.78.66.04 ☎ n. V.

LES CAVES DE LA LOIRE Beaulieu 1991

| ☐ | k.A. | 13 000 | ▮↓v 2 |

Die Farbe ist blaß und glanzhell. Der Wein muß Sauerstoff ziehen, bevor sich sein Aroma entfaltet. Reizvoller Geschmack mit einer charakteristischen bitteren Note. Ein Wein, den man mehrere Jahre lang reifen lassen muß, damit man ihn voll genießen kann.

☛ Les Caves de La Loire, rte de Vauchrétien, 49320 Brissac-Quincé, Tel. 41.91.22.71 ☎ n. V.

DOM. DE LA MOTTE Rochefort 1990 ★ ★

| ☐ | 5,86 ha | 20 000 | ▮v 2 |

Ein Wein, den man kaufen und danach mehrere Jahre lang altern lassen sollte. Dann wird er eine ungewöhnliche Eleganz und Harmonie enthüllen.

☛ André Sorin, Dom. de La Motte, 31, av. d'Angers, 49190 Rochefort-sur-Loire, Tel. 41.78.71.13 ☎ n. V.

DOM. DU LANDREAU Chaume 1991

| ☐ | 5 ha | 3 200 | ◗↓v 4 |

2 km vom Weinmuseum entfernt liegt die 43 ha große Domaine du Landreau, die seit vier Generationen von dieser Familie bewirtschaftet wird. Nach einem außergewöhnlichen 90er Chaume (drei Sterne) ein 91er mit einer sehr ausgeprägten goldenen Farbe. Der nicht sehr intensive Duft ist zwar verschlossen, aber er läßt eine gute Komplexität erahnen. Bei der Weinprobe wurde er von seinem zu adstringierenden Holzton beherrscht. Ein Wein, den man später erneut probieren sollte.

☛ Raymond Morin, Dom. du Landreau, 49750 Saint-Lambert-du-Lattay, Tel. 41.78.30.41 ☎ n. V.

DOM. DE L'ANGELIERE 1991 ★

| ☐ | 6 ha | 6 000 | ▮↓ 2 |

Ein wohlausgewogener Coteaux du Layon mit blaßgelber Farbe und dem Aroma von reifen Trauben, Haselnüssen und gebrannten Mandeln.

Die geschmackliche Ansprache ist voll und mild, während man im Abgang eine für die Chenintrauben recht typische leichte Säure spürt.

☛ GAEC Boret Frères, Dom. de l'Angelière, 49380 Champ-sur-Layon, Tel. 41.78.85.09 ☎ n. V.

DOM. DE L'ARCHE 1991 ★

| ☐ | 4,6 ha | 10 000 | ▮◗v 2 |

Als der Vater des heutigen Besitzers das Weingut 1920 anlegte, umfaßten die Rebflächen mit verschiedenen Rebsorten. Heute ist es 20 ha groß und besitzt sehr alte Jahrgänge. Ein interessanter Wein mit einer goldenen Farbe und einem Aroma, das an reife Früchte und Röstgeruch erinnert. Im Abgang kommen holzige Tannine zum Vorschein, die sich in den kraftvollen, harmonischen Gesamteindruck einfügen. Verspricht eine schöne Zukunft.

☛ Emile Rouleau et Fils, Dom. de L'Arche, Les Rochettes, 49700 Concourson-sur-Layon, Tel. 41.59.11.61 ☎ n. V.

CH. DE LA ROULERIE
Chaume Cuvée Louis 1990 ★ ★

| ☐ | 7,5 ha | 15 000 | ◗↓v 5 |

Château de la Roulerie, ein prächtiges, für das Anjou typisches Gebäude aus dem 18. Jh., gehört Dominique Jaudeau seit 1952. Sehr, vielleicht sogar zu intensive Farbe : goldene und bernsteingelbe Nuancen. Herrlicher, erstaunlich komplexer Duft mit Vanillenoten. Sehr dichter, stattlicher und voller Geschmack von liköriger Süße, in dem man einen Holzton wahrnimmt. Sehr schöne Harmonie und gut eingebundene Intensität.

☛ Dominique Jaudeau, Ch. de la Roulerie, 49190 Saint-Aubin-de-Luigné, Tel. 41.78.33.02 ☎ n. V.

CH. DE LA ROULERIE
Chaume Les Aunis 1991 ★

| ☐ | 7,5 ha | 10 000 | ◗↓v 3 |

Intensives, sehr attraktives Kleid mit bronzefarbenen Reflexen. Sehr typischer Geruchseindruck : Chenintrauben, Farnkraut und Lindenblüten. Der Geschmack ist zunächst zurückhaltend und entfaltet sich dann lang bis zu einem nervigen, kaum spürbaren Abgang. Ein lagerfähiger Wein.

☛ Dominique Jaudeau, Ch. de la Roulerie, 49190 Saint-Aubin-de-Luigné, Tel. 41.78.33.02 ☎ n. V.

DOM. DE LA SOUCHERIE
Chaume 1991 ★

| ☐ | 4 ha | 6 000 | ▮↓v 3 |

Dieses alte Gut des Marquis de Prissac wurde 1952 von der Familie Tijou erworben, die seit der Französischen Revolution Wein anbaut. Schöne, strohgelbe Farbe. Der Geruchseindruck ist etwas schüchtern, aber wenn man das Glas schwenkt, entfaltet sich ein komplexer Duft : Grapefruits, Ananas und sogar Weintrauben. Harmonisch und fein von Anfang bis Ende. Ein ziemlich femininer 91er, der schon jetzt trinkreif ist.

☛ Pierre-Yves Tijou, Ch. Soucherie, 49750 Beaulieu-sur-Layon, Tel. 41.78.31.18 ☎ n. V.

DOM. LEDUC-FROUIN
La Seigneurie 1990★★

| ☐ | 4 ha | 6 000 | ▮↓✓2 |

Das Gut, eine ehemalige Seigneurie, wurde von dieser Familie lange Zeit bewirtschaftet, bevor sie es 1933 erwarb. Dieser Wein enthüllt nicht sofort all seine Geheimnisse, so daß man mit ihm Geduld haben muß. Wenn man das Glas schwenkt, kommt ein Aroma von überreifen Früchten zum Vorschein, das während der gesamten Verkostung anhält. Die volle Ansprache wird von einer leichten Säure unterstützt, der dem harmonischen Gesamteindruck Schwung verleiht.
➥ Mme Georges Leduc, Dom. Leduc-Frouin, 49540 Martigné-briand, Tel. 41.59.42.83 ☏ n. V.

LE LOGIS DU PRIEURE 1991

| ☐ | 3 ha | 4 000 | ▮↓✓2 |

76 78 |80| 81 83 |84| |85| |86| 87 |88| 89 90 |91|

Louis Jousset, der 1774 geborene Vorfahr der Familie, arbeitete hier im Kohlenbergwerk von Monsieur, dem Bruder Ludwigs XVI. Da er auch später unentbehrlich war, mußte er nicht an den napoleonischen Feldzügen teilnehmen. Ein junger, gefälliger, gut vinifizierter Wein, dessen aromatische und geschmackliche Frische (Zitronenkraut) mit dem runden, fruchtigen und eleganten Geschmackseindruck harmoniert.
➥ GAEC Jousset et Fils, Le Logis du Prieuré, 49700 Concourson-sur-Layon, Tel. 41.59.11.22 ☏ n. V.

JEAN-MICHEL LEROY 1991

| ☐ | 2,5 ha | k.A. | ◫↓✓2 |

|82| |84| 85 86 |87| 88 89 90 91

Ein traditioneller Betrieb im Herzen des Layongebiets, der vor ganz kurzer Zeit seine Vinifizierungsausrüstung modernisiert hat. Dieser Wein verführt durch seine blaßgelbe Farbe, seinen Reichtum und seine geschmackliche Ausgewogenheit. Der Geruchseindruck, der zum Zeitpunkt der Verkostung heftig und intensiv war, wird sich während des Ausbaus verfeinern. Muß vor dem Servieren Sauerstoff ziehen.
➥ Jean-Michel Leroy, rue d'Anjou, 49540 Aubigné-sur-Layon, Tel. 41.59.61.00 ☏ n. V.

DOM. DES MAURIERES
Saint Lambert 1991★

| ☐ | 3 ha | k.A. | ▮↓✓2 |

Ein gegen Ende des 19. Jh. entstandenes Gut. Fernand Morn, dem Dom. des Maurières empfiehlt gern den Besuch des Musée de la Vigne und des Vin in Saint-Lambert-du-Lattay. Ein gepflegter, gut vinifizierter Wein, der aus vollreifen Trauben erzeugt worden ist. Goldgelbe Farbe, klarer, noch jugendlicher Duft und gut strukturierter, von einer verführerischen Frische unterstützter Geschmack. Muß noch mehrere Jahre lagern, bis er seinen Höhepunkt erreicht.
➥ EARL Moron, Dom. des Maurières, 8, rue de Perinelle, 49750 Saint-Lambert-du-Lattay, Tel. 41.78.30.21 ☏ n. V.

DOM. DES MAURIERES
Sélection Rive Gauche 1990★★★

| ☐ | 3,8 ha | k.A. | ▮↓✓5 |

Diese Cuvée ist ein Kind der Sonne ! Die Farbe ist goldgelb. Das Aroma erinnert an Wachs, Honig und vergärende Früchte. Der lange, intensive Geschmack besitzt die Feinheit von Seide. Ein herrlicher Wein, der für eine besondere Empfehlung vorgeschlagen wurde.
➥ EARL Moron, Dom. des Maurières, 8, rue de Perinelle, 49750 Saint-Lambert-du-Lattay, Tel. 41.78.30.21 ☏ n. V.

CH. MONTBENAULT
Faye d'Anjou Clos Le Poirier Bourgeau 1991

| ☐ | 2 ha | k.A. | ◫ ✓3 |

Die GAEC Leduc ist ein solider Pfeiler der Coteaux du Layon. Das um 1860 entstandene Gut fällt jedes Jahr durch die Qualität seiner Produktion auf. Dieser für den Jahrgang 1991 typische Wein sollte in den kommenden fünf Jahren getrunken werden. Goldene Farbe, ziemlich intensiver Aprikosenduft, frischer, harmonischer Geschmack.
➥ GAEC Leduc, Ch. Montbenault, 49380 Faye-d'Anjou, Tel. 41.78.31.14 ☏ Mo-Sa 9h-12h 14h-19h

MOULIN TOUCHAIS 1984★★★

| ☐ | 25 ha | k.A. | ▮↓✓2 |

59 69 71 |(75)| 76 |79| 84 |85|

In dieser Kellerei findet man die umfangreichste und beste Auswahl von alten Jahrgängen und Süßweinen des Anjou. Man sollte dabei andächtig die Stollen anschauen, die in den tertiären Muschelsand gegraben worden sind und wo die Coteaux-du-Layon-Weine unter optimalen Bedingungen reifen. Ein für den insgesamt mittelmäßigen Jahrgang 1984 außergewöhnlicher Wein. Er besitzt den typischen Charakter alter Coteaux du Layon : goldgelbe Farbe, Quittenaroma, ausgewogener Geschmack. Er ist bereits entwickelt und dürfte Kenner verführen.
➥ SARL Vignobles Moulin Touchais, 25, av. du Gal-Leclerc, 49700 Doué-la-Fontaine, Tel. 41.59.14.06 ☏ n. V.

DOM. OGEREAU Saint Lambert 1991★★★

| ☐ | 6 ha | 12 000 | ▮↓✓2 |

|89| |(90)| 91

Ein den Lesern unseres Weinführers wohlbekanntes Gut, das für seinen 90er eine besondere Empfehlung erhalten hat. Dieser 91er ist die gelungene Verbindung von vollreifen Trauben und guter Vinifizierungstechnik. Der komplexe Duft entfaltet ein Aroma von Aprikosen, Pflaumen und Vanille. Der lange, harmonische Geschmack erinnert an vollreife Früchte.
➥ Vincent Ogereau, 44, rue de la Belle-Angevine, 49750 Saint-Lambert-du-Lattay, Tel. 41.78.30.53 ☏ n. V.

DOM. DE PAIMPARE
Saint Lambert Cuvée vieilles vignes 1991★

| ☐ | 2 ha | 1 750 | ▮✓2 |

2 ha Rebflächen mit über 60 Jahre alten Rebstöcken, die an den Hängen des Layon in Saint-Lamblert-du-Lattay wachsen und sorgfältig gepflegt werden. Ein gut vinifizierter Vertreter des Jahrgangs 1991, der schon jetzt serviert, aber ebensogut noch einige Jahre gelagert werden kann. Klare, leicht goldgelbe Farbe, aromatischer Duft und wohlausgewogener Geschmack.

🍇 Michel Tessier, 25, rue Rabelais, 49750 Saint-Lambert-du-Lattay, Tel. 41.78.43.18 ☿ n. V.

DOM. DU PETIT METRIS
Chaume 1991 *

☐	5,04 ha	k.A.	🄵 ↓ 🆅 3

Fünf Hektar von den insgesamt 30 ha Rebflächen dieses Gutes sind der Erzeugung des Chaumeweins vorbehalten. Der Keller aus dem 18. Jh. gehört zu den malerischsten der Gegend. Unbedingt besichtigen ! Dieser goldgrüne 91er entfaltet einen intensiven ersten Geruchseindruck (sicherlich Gärungsaromen) von erstaunlicher Frische. Der runde Geschmack besitzt eine elegante Fruchtigkeit und enthüllt im Abgang seine Kraft mit einem Aroma von Bittermandeln.
🍇 SCEA Joseph Renou et Fils, Le Grand Beauvais, 49190 Saint-Aubin-de-Luigné, Tel. 41.78.33.33 ☿ n. V.

DOM. DU PETIT VAL 1991 *

☐	3,5 ha	5 000	🄵 ↓ 🆅 2

80 |82| 84 ⑧⑤ 88 89 **90** |91|

Eine Winzerfamilie, die schon seit 1870 Süßweine herstellt. Dieser 91er ist ein traditioneller Wein, der Finesse und Struktur verbindet : blasse, goldgelbe Farbe mit grünen Reflexen, intensives, für vollreife Chenintrauben typisches Aroma, harmonischer, an eingemachtes Obst, Mandeln und Pfirsiche erinnernder Geschmack.
🍇 Denis Goizil, Dom. du Petit Val, 49380 Chavagnes, Tel. 41.54.31.14 ☿ n. V.

CH. PIEGUE Rochefort 1991

☐	10 ha	15 000	🄵 ↓ 🆅 2

Château de Piegüe besitzt 25 ha Rebflächen auf den Hügeln oberhalb des Städtchens Rochefort-sur-Loire. Die Jury war geteilter Meinung über diesen Wein. Sein jugendlicher Charakter äußert sich nämlich in einer sehr hellen Farbe und einem frischen Aroma, das dazu neigt, seine Zartheit und seine Struktur zu überdecken. Dennoch hat dieser 91er gute Zukunftsaussichten.
🍇 Ch. Piegüe, 49190 Rochefort-sur-Loire, Tel. 41.78.71.26 ☿ tägl. 8h-12h 14h-19h
🍇 Van der Hecht

CH. PIERRE-BISE Beaulieu Le Chêne 1991

☐	2 ha	4 000	🄵 ↓ 🆅 2

Claude Papin liebt die Geologie und die Weine. Er spricht von den Schiefern der Serie von Saint Georges, von vulkanischem Gestein usw. und beschreibt auch mitreißend die Aromen, die von diesen Böden herrühren. Sein Wein stammt zweifellos von vollreifen Trauben. Der kräftige Duft wird von Harznoten geprägt. Der milde Geschmack besitzt die Süße von Äpfeln, die in Cidre eingelegt worden sind. Der tanninreiche, etwas bittere Abgang rundet den schönen Gesamteindruck ab.
🍇 Claude Papin, Ch. Pierre-Bise, 49750 Beaulieu-sur-Layon, Tel. 41.78.31.44 ☿ n. V.

DOM. JO PITHON Saint Aubin 1991 *

☐	1,2 ha	4 000	🄵 ↓ 🆅 4

Die edelfaulen Trauben kommen in diesem Wein deutlich zum Ausdruck, vor allem in seiner intensiven, gelbroten Farbe. Der Geruchs- und der Geschmackseindruck werden jedoch von einem Holzton dominiert, den die Jury als zu ausgeprägt bezeichnet hat. Der Wein muß noch mehrere Jahre altern, damit er die Oberhand über seinen holzigen Charakter gewinnt.
🍇 Jo Pithon, 3, chem. du Moulin, Les Grandes Tailles, 49750 Saint-Lambert-du-Lattay, Tel. 41.78.40.91 ☿ n. V.

CH. DE PLAISANCE Chaume 1991 *

☐	15 ha	15 000	🄵 🆅 2

Die elegante, leichte Farbe (strohgelb) verführt. Dieser 91er ist eher blumig als fruchtig und entfaltet sich im Geschmack wie ein Frühlingshauch. Die Merkmale eines jugendlichen Chenin kommen gut zur Geltung.
🍇 SCEA Rochais Fils, Ch. de Plaisance, 49190 Rochefort-sur-Loire, Tel. 41.78.33.01 ☿ tägl. sf dim. 9h-18h30

DOM. DU ROCHER Chaume 1991

☐	1,35 ha	4 500	🄵 🆅 2

Die Familie Baffet besitzt 30 ha Rebflächen, deren Schlichtheit der anmutigen Landschaft des Anjou entspricht. Dieser leichte, frische Wein duftet nach Zitronenkraut, zeigt sich aber im ersten Geschmackseindruck schüchtern, ehe er in der Folge verführerisch wirkt.
🍇 EARL Baffet-Pilet, Dom. du Rocher, 49190 Saint-Aubin-de-Luigné, Tel. 41.78.33.36 ☿ tägl. 8h-12h 14h-19h ; 8. Aug.-15. Sept. geschlossen

CH. DES ROCHETTES 1991 **

☐	8 ha	10 000	🄵 🆅 2

|79| |82| |83| 84 85 |86| **87** 89 ⑨⓪ 91

Das Anbaugebiet von Château des Rochettes befindet sich auf schwärzlichen, kohlehaltigen Böden, die sich in der Sonne gut aufheizen. Der Layon ist im 18. Jh. bis Concourson kanalisiert worden, um die flachen Kähne mit Kohle und Wein beladen zu können. Dieser 91er vereint Kraft und Finesse, Intensität und Harmonie. Seine Farbe, sein Aroma und seine Struktur machen ihn zu einem Hochgenuß.
🍇 Jean-Louis Douet, Ch. des Rochettes, 49700 Concourson-sur-Layon, Tel. 41.59.11.51 ☿ n. V.

DOM. DES SABLONNETTES
Rablay Cuvée Corentin 1990 *

☐	1 ha	1 000	🄵 ↓ 🆅 3

Diese Cuvée Corentin verbindet die Qualitäten eines Weins, der von ausgelesenen Trauben stammt, mit einem »vernünftigen« Ausbau in Holzfässern. Goldene Farbe, Aroma von weißen Blüten, Honig und Vanille. Der fruchtige Geschmack ist angenehm frisch und lang.
🍇 Joël Ménard, 60, Grande-Rue, 49750 Rablay-sur-Layon, Tel. 41.78.40.49 ☿ n. V.

DOM. DU SAUVEROY
Saint Lambert 1991 *

☐	3 ha	10 000	🄵 🆅 2

Diese Winzerfamilie lebt in der Weinbaugemeinde Saint-Lambert-de-Lattay. Dort findet man auch ein Weinmuseum, das die Geschichte des Weinbaus im Anjou nachzeichnet. Ein Wein, der die ganze Frische und Eleganz des Loiretals besitzt und altern kann. Strahlend blaßgoldene Farbe. Der lebhafte Duft erinnert an Zitronen und Orangen. Der harmonische Geschmack vereint Struktur und Lebhaftigkeit.

🍷 Pascal Cailleau, Dom. du Sauveroy, 49750 Saint-Lambert-du-Lattay, Tel. 41.78.30.59 ⊤ n. V.

SECHET 1991

	4 ha	k.A.	🔳 V 2

Die bereits seit dem 18. Jh. bekannte Reblage Maligné besteht aus schwarzen, steinkohlehaltigen Böden. Die Weine, die von hier kommen, sind typisch für ihr Anbaugebiet. Dieser gefällige, gut vinifizierte Wein stammt von reifen Trauben. Blaßgoldene Farbe, blumiger Duft mit dem Aroma von Ginster, weißen Blüten und gebrannten Mandeln.

🍷 Pierrette Séchet-Carret, Maligné, 49540 Martigné-Briand, Tel. 41.59.43.40 ⊤ n. V.

DOM. DES TROIS MONTS 1991*

	4 ha	k.A.	🔳 ↓ V 2

Hubert Guéneau ist bereits gut bekannt für die Qualität seiner anderen Weine und erzeugt jetzt auch Süßweine. Dieser 91er ist ein alkoholreicher Wein, der durch seine klare, goldene Farbe, seinen intensiven Duft und seinen ausgewogenen, harmonischen Geschmack verführt. Ein guter Vertreter der AOC Coteaux du Layon.

🍷 Hubert Guéneau, 1, rue de Saint-Fiacre, 49310 Trémont, Tel. 41.59.45.21 ⊤ n. V.

Bonnezeaux

Nach dem Urteil von Dr. Maisonneuve aus dem Jahre 1925 handelt es sich hier um einen unvergleichlichen Dessertwein. Damals wurden die großen Süßweine in erster Linie zum Nachtisch oder am Nachmittag unter Freunden getrunken. Heute hingegen schätzt man diesen Grand Cru eher als Aperitif. Der Bonnezeaux ist ein sehr aromatischer, kraftvoller Wein, der seine gesamten Qualitäten dem außergewöhnlichen Anbaugebiet verdankt : volle Südlage auf drei kleinen, steilen Schieferhängen oberhalb des Dorfs Thouarcé (La Montagne, Beauregard und Fesles).

Die jährliche Produktion auf 70 ha schwankt zwischen 700 und 2 000 hl. Die potentielle Anbaufläche umfaßt 130 ha. Dank des guten Preis-Leistungs-Verhältnisses stellt dieser Wein immer einen guten Kauf dar.

DOM. DES CLOSSERONS 1991*

	1,69 ha	5 500	🔳 ↓ V 3

Die Mühle, die sich seit vier Generationen im Besitz der Leblancs befindet, ist gerade restauriert worden. Der Fußweg, der dorthin führt, ist eine schöne Möglichkeit, diese Hochburg der Coteaux du Layon kennenzulernen. Der 91er besitzt eine blaßgelbe Farbe. Der erste, sehr intensive Geruchseindruck erinnert an Birnen. Dahinter folgt der Duft von weißen Blüten. Der Geschmackseindruck setzt dieses Aroma nach einer fruchtigen Ansprache fort. Unterstützt wird er von einer leichten Struktur. Ein gut gebauter Wein in der Linie seines Jahrgangs.

🍷 GAEC Jean-Claude Leblanc et Fils, Dom. des Closserons, 49380 Faye-d'Anjou, Tel. 41.54.30.78 ⊤ n. V.

DOM. DES GAGNERIES
Les Hauts Fleuris 1991

	k.A.	5 000	🔳 V 2

Vier Generationen haben sich auf diesem Ende des 19. Jh. gegründeten Gutes in der Nähe der restaurierten Moulin de la Montagne abgelöst. Gelbe Farbe mit goldenen Reflexen. An der Luft enthüllt der Wein seine Lindenblütennoten. Die Struktur ist zwar mager, aber die Ausgewogenheit ist vorhanden. Im Nachgeschmack entfaltet sich ein elegantes Aroma mit fruchtigen Noten. Ein recht gefälliger Wein.

🍷 GAEC Roger et Christian Rousseau, Dom. des Gagneries, 49380 Bonnezeaux, Tel. 41.54.15.62 ⊤ n. V.

DOM. DE LA CROIX DES LOGES 1991*

	2 ha	4 600	🔳 ⬛ ↓ V 3
75 77 (78) |82| |83| 90 |91|			

Ein 35 ha großes Gut, das Grands Crus erzeugt. Strahlende, golden schimmernde Farbe. Wenn er Sauerstoff gezogen hat, entfaltet dieser 91er ein gutes Aroma von reifen Früchten. Der Geschmackseindruck ist gut und sehr typisch für einen Bonnezeaux.

🍷 SCEA Ch. et Th. Bonnin, Dom. de La Croix des Loges, 49540 Martigné-Briand, Tel. 41.59.43.58 ⊤ n. V. ; f. oct.

DOM. DE LA GABETTERIE 1991*

	2,3 ha	k.A.	🔳 ↓ V 3
88 89 90 91			

35 ha Rebflächen umgeben das traditionelle, für das Anjou typische Haus, das unweit der herrlichen Kirche von Faveraye-Machelles steht. Das Aroma ist ziemlich ungewöhnlich für diese AOC : überreife Früchte mit Noten von Gegrilltem. Im angenehmen, wohlausgewogenen Geschmack dominieren Noten von Röstaroma. Hübsche Länge und gute Gesamtharmonie.

🍷 GAEC Guilhem Reullier, La Gabetterie, 49380 Faveraye-Mâchelles, Tel. 41.54.14.99 ⊤ n. V.

DOM. DE LA PETITE CROIX 1991***

	3,5 ha	7 000	🔳 V 3
82	83	84	85	86 87	88	89 90 91			

3,5 ha dieses in der Nähe der Moulin de la Montagne auf Schiefer- und Kiesböden liegenden Gutes sind für Bonnezeauxweine reserviert. Schöne, strohgelbe Farbe und interessante, üppige »Kirchenfenster« an der Innenseite des Glases. Warmer Duft von überreifen Früchten.

Wenn man das Glas schwenkt, kommt die Komplexität des Aromas zum Vorschein. Dieser fleischige 91er ist sehr zart, ausgewogen und fein. Ein vornehmer, alkoholreicher Bonnezeaux.

↟ SCEA Vignoble Alain Denéchère, La Petite Croix, 49380 Thouarcé, Tel. 41.54.06.99 ⌖ n. V.

DOM. DES PETITS QUARTS
Le Malabé 1991*

☐	3 ha	k.A.	◧ ↓ ☑ 3

Der Önologe Jean-Pascal, der einer alten Familie aus Bonnezeaux entstammt, bewirtschaftet 57 ha. Blasse, hellgelb schimmernde Farbe. Duft von weißen Blüten. Ein voller, im Geschmack langer Wein, der von reifen Früchten stammt und eine einschmeichelnde Ausgewogenheit zwischen Alkohol und Zucker besitzt. Dieser 91er dürfte halten, was er verspricht.

↟ Godineau Père et Fils, La Douve, 49380 Faye-d'Anjou, Tel. 41.54.03.00 ⌖ Mo-Sa 8h-12h 14h-18h30

DOM. DES PETITS QUARTS
Beauregard 1991***

☐	3 ha	k.A.	◧ ↓ ☑ 3

Was für ein Duft ! Ein Bukett von erstaunlicher Komplexität : überreife Früchte, Quitten, gebrannte Mandeln ... Die Ansprache ist bemerkenswert fruchtig, wobei im Augenblick die Süße dominiert. Eine Auslese, die noch nicht ganz harmonisch ist, aber eine blendende Zukunft vor sich hat.

↟ Godineau Père et Fils, La Douve, 49380 Faye-d'Anjou, Tel. 41.54.03.00 ⌖ Mo-Sa 8h-12h 14h-18h30

DOM. DU PETIT VAL La montagne 1991

☐	1,87 ha	2 000	◼ ↓ ☑ 3

83 84 |86| |87| 88 89 (90) |91|

Vincent Goizil, den Jean Boivin zur Produktion von Bonnezeauxweinen bewegte, hat das 16 ha große Gut mit besten Lagen seinem Sohn Denis überlassen, der die Tradition fortführt. Einige »Wunder« aus dem Jahre 1893 bestehen immer noch. Dieser 91er besitzt eine schöne, lebhaft gelbe Farbe und entfaltet ein jugendliches, frisches Bukett. In der Ansprache ist er angenehm fruchtig, im Geschmack voll, aber im Abgang lebhaft.

↟ Denis Goizil, Dom. du Petit Val, 49380 Chavagnes, Tel. 41.54.31.14 ⌖ n. V.

Quarts de Chaume

Der Lehnsherr forderte für sich ein Viertel der Produktion : den besten Teil, d. h. den Wein, der von der besten Lage stammte. Die Appellation, die 40 ha (31 ha im Jahre 1990) umfaßt und 600 bis 800 hl produziert, liegt ganz nach Süden auf der Kuppe eines Hügels, der sich in der Umgebung des Dorfs Chaume in der Gemarkung Rochefort-sur-Loire befindet.

Im allgemeinen handelt es sich um alte Rebstöcke ; diese Verbindung von alten Rebstöcken, guter Lage und besonderer Qualität der Cheninrebe bedingt eine häufig geringe Produktion von großer Qualität. Bei der Lese werden die Trauben aussortiert. Die Weine sind lieblich, kraftvoll und nervig und besitzen eine gute Alterungsfähigkeit.

L'AMANDIER 1990*

☐	2,45 ha	4 000	◼ ☑ 6

Yves et Pierre, zwei der elf Kinder von Michel Soulez, bewirtschaften das Gut seit 1982. Wunderschönes Gebäude aus dem 15. Jh. Strahlend goldene Farbe mit grünen Reflexen. Der frische Duft enthüllt leichte Honignoten. Er hat seine geschmackliche Ausgewogenheit gefunden. Nachhaltige, nervige und angenehme Länge. Ein Wein, der Stil hat.

↟ SCEV Pierre et Yves Soulez, Ch. de Chamboureau, 49170 Savennières, Tel. 41.77.20.04 ⌖ n. V.

CH. DE SURONDE 1991**

☐	15 ha	30 000	◼ ↓ ☑ 6

78 83 |85| |86| 87 |88| |89| (90) 91

Die SCA Vignobles Laffourcade besitzt 50 ha Rebflächen in Anjou und zwölf in der berühmten, insgesamt 42 ha großen Reblage AOC Quarts de Chaume. Prächtige goldene Farbe mit grünen Reflexen. Sehr frisches, komplexes Bukett, in dem man das Aroma von gebrannten Mandeln entdeckt. Perfekte Ausgewogenheit zwischen Alkohol, Zucker und Säure. Der nervige, lange Abgang rundet diesen sehr gefälligen Eindruck insgesamt ab.

↟ SCA Vignobles Laffourcade, Ch. Perray-Jouannet, 49380 Chavagnes-les-Eaux, Tel. 41.54.14.06 ⌖ n. V.

Saumur

Das Anbaugebiet umfaßt 36 Gemarkungen. Von den gleichen Rebsorten wie in den Anjou-Appellationen werden hier trockene, nervige Weißweine (32 000 hl) und Rotweine (40 000 hl) erzeugt, die eine gute Alterungsfähigkeit besitzen.

Die Weinberge nehmen die Hänge an den Ufern der Loire und des Thouet ein. Die Weißweine von Turquant und Brézé waren früher die berühmtesten; die Rotweine von Puy-Notre-Dame, Montreuil-Bellay und Tourtenay haben sich einen guten Ruf erworben. Aber die Appellation ist viel bekannter für ihre Schaumweine, die 14 Millionen Flaschen ausmachen und deren qualitative Entwicklung besonders hervorgehoben werden sollte. Die Hersteller, die alle in Saumur ansässig sind, besitzen in den Tuffstein gegrabene Keller, die man unbedingt besichtigen sollte.

Erwähnt seien noch die Coteaux de Saumur, weil sie eine eigene Appellation darstellen; sie sind im Anbaugebiet von Saumur das Äquivalent zu den Coteaux du Layon im Anjou. Als reinsortige Cheninweine, die von Kreidetuffböden stammen, werden sie – vor allem in Brézé – nur mehr in großen Jahrgängen erzeugt.

CH. DE BEAUREGARD 1991

	30 ha	65 000	

Ein hübsches Gebäude und ein großes Gut (40 ha). Und ein Wein, der in seiner Farbe und seinem Duft zurückhaltend ist. Der geschmeidige Geschmack ist sehr typisch für den Jahrgang 1991 und besitzt im Abgang eine leichte Nervigkeit.
↖ SA Ch. de Beauregard, 4, rue Saint-Julien, 49260 Le Puy-Notre-Dame, Tel. 41.52.24.46 ☎ n. V.
↖ Famille Gourdon

DOM. DES CHAMPS FLEURIS 1991 *

	2,5 ha	4 000	

Patrice Rétif bewirtschaftet 10 ha. Er empfängt seine Besucher in einem Probierkeller mit einem sehr schönen, runden Kamin. Dieser leicht goldfarbene 91er bietet ein interessantes Bukett (Pfirsiche), eine gute Struktur und eine sehr ordentliche Nachhaltigkeit. Sehr gut gemacht.
↖ Patrice Rétif, rue des Martyrs, 49730 Turquant, Tel. 41.51.48.97 ☎ n. V.

ETCHEGARAY MALLARD 1991

	20,5 ha	50 000	

Schöne, rubinrote Farbe mit violetten Reflexen. Der ausgeprägte Duft von roten Früchten und die klare, frische Ansprache verleihen diesem Wein einen gefälligen Charakter.
↖ Michèle Etchegaray-Mallard, 31, rue de la Mairie, 49700 Brossay, Tel. 41.38.88.31 ☎ n. V.

CLOS DE L'ABBAYE 1988

	k.A.	11 000	

Einer der schönsten Weinberge im Gebiet von Saumur. Prächtiger Keller mit einem Gewölbe, das aus Kalktuff-Bruchsteinen besteht. Intensive, kräftige Farbe mit strohgelben Nuancen. Dieser Chenin besitzt den überschäumenden Charakter

seiner Jugend. Der intensive Duft ist zurückhaltend, aber die Dosage ist deutlich spürbar.
↖ Jean-François Aupy et Fils, Le Clos de l'Abbaye, 49260 Le Puy-Notre-Dame, Tel. 41.52.26.71 ☎ n. V.

CH. DE LA DURANDIERE *

	1 ha	10 000	

1987 erwarb Hubert Bodet das im Stil des Zweiten Kaiserreichs erbaute Château de la Durandière, das sich gegenüber der Stadtmauer des mittelalterlichen Orts Montreuil-Bellay befindet, und versah es mit modernen Lager- und Gärkellern. Die lachsrosa Farbe ist sehr verführerisch. Feines, zartes und ziemlich fruchtiges Aroma im Geschmack. Dieser halbtrockene Rosé ist wohlausgewogen und sehr harmonisch. Das gilt auch für den weißen Brut, der ebenfalls mit einem Stern bewertet wurde.
↖ Hubert Bodet, Ch. de la Durandière, 49260 Montreuil-Bellay, Tel. 41.52.31.36 ☎ n. V.

DOM. LANGLOIS-CHATEAU
Vieilles vignes 1990 * *

	1 ha	5 000	

Eine große Firma im Saumurois, die mit Bollinger verbunden ist. Sehr schöne, strahlend strohgelbe Farbe. Dieser trockene Weißwein aus Chenintrauben ist sehr interessant. Einige Noten von Honig und eingemachten Früchten beweisen seine Komplexität. Ein strukturierter, stattlicher Wein, der von vollreifen Trauben stammt. Ein bemerkenswerter 91er mit vorbildlichem Abgang.
↖ Langlois-Château, rue Léopold-Palustre, 49400 Saint-Hilaire-Saint-Florent, Tel. 41.50.28.14 ☎ n. V.

DOM. LANGLOIS-CHATEAU 1991 * *

	15 ha	50 000	

Die 20 000 Flaschen der 90er roten Cuvée »Vieilles vignes« darf man getrost trinken: Der Wein hat zwei Sterne erhalten. Ganz so wie dieser 91er mit der zarten, purpurroten Farbe. Der Geruchseindruck ist zwar zurückhaltend, aber voll: stoffreich, mit dem Aroma von zerdrückten roten Früchten. Der erlesene Geschmack erinnert an Früchte und Lakritze. Die Tannine haben sich völlig aufgelöst. Man kann ihn schon trinken oder noch lagern. Ein gut ausgebauter Wein.
↖ Langlois-Château, rue Léopold-Palustre, 49400 Saint-Hilaire-Saint-Florent, Tel. 41.50.28.14 ☎ n. V.

DOM. DE LA PALEINE 1991 *

	14 ha	50 000	

Der Duft erinnert an zerdrückte Beerenfrüchte. Vielversprechende, gute Struktur. Cremiger, sehr angenehmer Geschmack.
↖ SA Dom. de La Paleine, 9, rue de la Paleine, 49260 Le Puy-Notre-Dame, Tel. 41.52.21.24 ☎ n. V.
↖ Joël Levi

CLOS DE LA TRONNIERE ★★★

| ○ | k.A. | k.A. | ▮▼2 |

Zwischen Thouars und Montreuil-Bellay bewirtschaftet die Familie Géron 16 ha Rebflächen auf den Kiessand- und Kiesböden der Hänge über dem Thouet. Ein perfekt gelungener Chenin. Ein feiner Schaum krönt das goldgelbe Kleid. Kräftiger, feiner und eleganter Duft. Ausgewogener, sehr angenehmer Geschmack. Ein Wein, der Fülle und Vornehmheit verbindet.
☛ Michel Géron, 14, rte de Thouars, 79290 Brion-près-Thouet, Tel. 49.67.73.43 ⌧ n. V.

DOM. DE L'EPINAY 1990

| ■ | 2 ha | 8 000 | ◫▼1 |

Laurent ist ein würdiger Nachfolger von Roger, einem in Pouançay wohlbekannten Winzer. Er bewirtschaftet 7 ha und hat sich in einer für Saumur typischen Wohnhöhle aus der Urzeit eingerichtet. Dieser 90er mit dem recht entwickelten Duft von roten Früchten hat noch keineswegs seinen Höhepunkt überschritten. Er besitzt immer noch einen guten Gesamteindruck.
☛ Laurent Menestreau, Le Bourg, 86120 Pouançay, Tel. 49.22.98.08 ⌧ n. V.

LES BEAUMIERS 1991★★★

| □ | 6 ha | 5 000 | ▮↓▼2 |

Das schöne, 22 ha große Gut entstand 1782. Nach einem herrlichen 90er haben wir diesen erstaunlichen 91er verkostet. Der Geruchseindruck bringt den Charakter der Rebsorte in ihrer frühesten Jugend zum Vorschein und enthüllt ein gutes Aroma. Im reichen, stattlichen Geschmack entfaltet sich ein Aroma von sehr reifen Früchten. Ein vollkommen harmonischer Wein.
☛ Yves Drouineau, 3, rue Morains, 49400 Dampierre-sur-Loire, Tel. 41.51.14.02 ⌧ n. V.

LOUIS DE GRENELLE ★★

| ○ | k.A. | 200 000 | ▼3 |

Die 2 km langen, in den Kalktuffstein gegrabenen Stollen sind sehenswert. Gelungene Vinifizierung und Zusammenstellung. In diesem Saumurwein scheinen Leichtigkeit und Finesse durch, vor allem im Geruchseindruck mit den Röstnoten. Der hübsche, feine und regelmäßige Schaum betont die goldgelbe Farbe. Schöne Harmonie.
☛ SARL Caves de Grenelle, 20, rue Marceau, 49400 Saumur, Tel. 41.50.17.63 ⌧ n. V.

CH. DE MONTGUERET 1991★

| □ | 3,5 ha | 20 000 | ▮↓▼1 |

Ein gegen Ende des 19. Jh. entstandenes Gut, das Dominique Lacheteau seit 1987 leitet. Ansprechende Farbe. Dieser Wein besitzt einen interessanten, an Zitrusfrüchte erinnernden Duft. Auch wenn das »Perlen« die Sinne erregt, ist der Geschmack wunderbar geschmeidig und ausgewogen.
☛ Dominique Lacheteau, Ch. de Montgueret, 49560 Nueil-sur-Layon, Tel. 41.59.59.19 ⌧ n. V.

LYCEE VITICOLE DE MONTREUIL-BELLAY Cuvée des hauts de Caterne 1990

| ■ | 4,8 ha | 15 000 | ▮↓▼1 |

Diese von Edgard Pisani gegründete und von François Louvet geleitete Fachoberschule bewirtschaftet 8,5 ha Rebflächen und teilt sich mit den Winzern einen Degustationssaal, in dem auch unsere Jury zusammentrat. Die schöne, dunkelrubinrote Farbe dieses 90er erweckt Vertrauen. Er trägt den Stempel der Kiessandböden, von denen er kommt. Das ganz typische Aroma erinnert an zerdrückte rote Früchte. Die Struktur ist geschmeidig und angenehm und besteht aus sehr nachhaltigen Tanninen.
☛ LPA Montreuil-Bellay, rte de Méron, 49260 Montreuil-Bellay, Tel. 41.52.31.96 ⌧ n. V.

LYCEE VITICOLE DE MONTREUIL-BELLAY 1991

| □ | 2 ha | 9 000 | ▮↓▼1 |

Blaß, blumig, frisch und im Abgang lebhaft. Dieser Wein entspricht seinem Jahrgang.
☛ LPA Montreuil-Bellay, rte de Méron, 49260 Montreuil-Bellay, Tel. 41.52.31.96 ⌧ n. V.

DOM. DU MOULIN DE L'HORIZON 1991

| ■ | 8 ha | 35 000 | ▮▼1 |

Auf diesem 32 ha großen Weingut, einem der höchstgelegenen des Loiretals, sind fünf Generationen aufeinander gefolgt. Leichte, violett schimmernde Farbe. Angenehmer, sehr intensiver Duft von roten Früchten. Eine leichte Kohlensäure macht sich in der Ansprache bemerkbar. Die Frische und Lebhaftigkeit sprechen dafür, ihn schon jetzt zu trinken.
☛ Jacky Clée, Dom. du Moulin de l'Horizon, Sanziers, 49260 Le Puy-Notre-Dame, Tel. 41.52.24.96 ⌧ n. V.

DOM. DE NERLEUX ★★★

○   k.A.   20 000   ▮↓ ☑ 3

BRUT
DOMAINE DE NERLEUX
SAUMUR
APPELLATION SAUMUR CONTROLEE
RÉGIS NEAU
SCA DOMAINE DE NERLEUX 49 St CYR en BOURG
12% vol.   750 ml
MÉTHODE CHAMPENOISE TRADITIONNELLE

Das Gut ist seit sieben Generationen im Besitz der Familie. Gebäude aus dem 17. Jh., eine Kapelle aus dem 18. Jh. und Kalktuffkeller : Atmosphäre und freundlicher Empfang sind garantiert. Die perfekte Verarbeitung der reifen Chenintrauben kommt in diesem Brut zum Vorschein : hübscher, feiner, regelmäßiger Schaum mit nachhaltigem Perlenkranz, sehr angenehme blumige Noten. Ausgewogenheit, Geschmeidigkeit und vollkommene Harmonie. Langer Geschmackseindruck. Ein erstklassiger Schaumwein.
☞ SCA Dom. de Nerleux, 4, rue de la Paleine, 49260 Saint-Cyr-en-Bourg, Tel. 41.51.61.04
⌾ Mo-Sa 8h-12h 14h-18h, Sa nachm. geschlossen
☞ Régis Neau

PERCHER ET FILS 1989

○   5 ha   20 000   ▮↓ ☑ 1

Ziemlich kräftige, strohgelbe Farbe mit einem feinen Perlenkranz. Feste Ansprache. Im Abgang leicht austrocknend.
☞ SCEA Percher et Fils, Savonnières, 49700 Les Verchers-sur-Layon, Tel. 41.59.76.29 ⌾ Mo-Sa 8h-12h 14h-20h

CH. PIQUOT Cuvée Régent 1990

○   4 ha   15 000   ▮ ☑ 2

Goldgelbe Farbe, dezentes Aroma und leicht blumiger Geschmack. Die Bläschen sind da, aber der Perlenkranz hält nur ganz kurz. Nerviger Abgang.
☞ SCEA Bertaud et Fils, 30, Porte Nouvelle, 49260 Montreuil-Bellay, Tel. 41.52.32.28 ⌾ n. V.

DOM. SAINT-LAURENT 1990

◑   2 ha   7 500   ☑ 2

Dieser helle, fast nicht ziegelrote Rosé entwickelt einen feinen, nachhaltigen Schaum. Geruchsund Geschmackseindruck harmonieren. Im Nachgeschmack entdeckt man eine weinige Note.
☞ SCEA Bertaud et Fils, 30, Porte Nouvelle, 49260 Montreuil-Bellay, Tel. 41.52.32.28 ⌾ n. V.

DOM. SAINT VINCENT 1991 ★★

□   3 ha   12 000   ▮↓ ☑ 1

Dieses Weingut, das in der dritten Generation von dieser Familie bewirtschaftet wird, umschließt vor den Toren von Saumur die Prieuré Saint-Vincent (16. Jh.). Ein zitronengelber 91er mit einem komplexen, dichten Duft, der

an reife Früchte, insbesondere an Zitrusfrüchte erinnert. Das Aroma ist leicht exotisch und lang. Gute Zukunftsaussichten.
☞ Patrick Vadé, Dom. Saint Vincent, 49400 Saumur, Tel. 41.67.43.19 ⌾ n. V.

CAVE DES VIGNERONS DE SAUMUR Cuvée de la Chevalerie 1989 ★

○   k.A.   600 000   ▮↓ ☑ 2

In der Sektflöte entwickelt sich ein feiner, regelmäßiger Schaum. Intensiver, eleganter Duft und ausgewogener, nicht übermäßig kräftiger Geschmack. Dieser Wein verbindet Frische und Harmonie.
☞ Cave des Vignerons de Saumur, rte de Saumoussay, 49260 Saint-Cyr-en-Bourg, Tel. 41.83.43.23 ⌾ tägl. 9h-12h 14h-18h

CAVE DES VIGNERONS DE SAUMUR 1991 ★

□   k.A.   300 000   ▮↓ ☑ 1

Der rote 91er erscheint typisch für den Jahrgang. Der Weißwein besitzt eine attraktive Farbe : zartgelb mit grünlichem Schimmer. Sein jugendlicher Charakter mit der zarten Frische und dem Duft von weißen Blüten enthüllt einen gut vinifizierten Wein. Reizvolle Klarheit im Geschmack, zwar wenig Volumen, aber dennoch ausreichend.
☞ Cave des Vignerons de Saumur, rte de Saumoussay, 49260 Saint-Cyr-en-Bourg, Tel. 41.83.43.23 ⌾ tägl. 9h-12h 14h-18h

VEUVE AMIOT ★

○   k.A.   50 000   ▮ 2

Die 1884 gegründete Firma Veuve Amiot hat wiederholt ihr Können unter Beweis gestellt. Seit 1971 gehört sie zur Gruppe Martini-Rossi. Feiner, regelmäßiger Schaum, zartgelbe Farbe mit grünen Reflexen. Ein gefälliger, ursprünglicher Saumur, bei dem das feine Bukett und die leichte Struktur auf einen besonderen Stil der Herstellung hinweisen.
☞ CFVM Veuve Amiot, 19, rue Jackerman, 49426 Saint-Hilaire-saint-Florent, Tel. 41.50.25.24 ⌾ tägl. 10h-18h (10. April-15.Okt.)

DOM. DU VIEUX PRESSOIR 1991 ★

■   3 ha   4 000   ▮◑ ☑ 1

Die Familie Albert bewirtschaftet rund 10 ha Rebflächen. Seit 1986 versucht Bruno, die Prinzipien der modernen Önologie in die Praxis umzusetzen. Im letzten Jahr haben wir seinen 90er besonders empfohlen. Der 91er besitzt zwar nicht das gleiche Kaliber, aber er gefällt durch seine Frische und seinen Duft von roten Früchten. Die Ausgewogenheit ist vorhanden. Seine Geschmeidigkeit ist nicht zu leugnen. Trinkreif.
☞ Bruno Albert, 235, rue du Château d'Oiré, 49260 Le Vaudelnay, Tel. 41.52.21.78 ⌾ n. V.

DOM. DU VIEUX PRESSOIR 1991

□   1 ha   3 000   ▮ ☑ 1

Die Farbe ist nicht sehr intensiv. Eine zarte, frühlingshafte Frische verleiht seinem Duft etwas Einschmeichelndes. Die geschmackliche Fülle, die mit einer harmonischen Ausgewogenheit verbunden ist, weist auf eine entsprechende Vinifi-

zierung hin (Maischegärung zusammen mit den Schalen), auch wenn der Abgang erfrischend ist.
🍷 Bruno Albert, 235, rue du Château d'Oiré, 49260 Le Vaudelnay, Tel. 41.52.21.78 ⌾ n. V.

DOM. DU VIEUX PRESSOIR *

○	1 ha	k.A.	▮ ☑ 2

Ein von der Genossenschaftskellerei von Grenelle hergestellter Wein, der sich weder in seiner Farbe noch in seinem Duft mit den duftigen Noten besonders entfaltet. Aber er ist ausgewogen und besitzt eine gute Länge.
🍷 Bruno Albert, 235, rue du Château d'Oiré, 49260 Le Vaudelnay, Tel. 41.52.21.78 ⌾ n. V.

DOM. DU VIEUX TUFFEAU 1991

■	5,9 ha	35 000	▮↓☑1

Das Dorf heißt »Les Caves« , und die Domaine du Vieux Tuffeau besitzt imposante, geheimnisvolle Beispiele davon, nämlich Keller. Eine schöne, intensiv rote Farbe mit purpurroten Tönen und einem violetten Schimmer. Zurückhaltender, fruchtiger Duft. Geschmeidige Ansprache. Angenehme Nachhaltigkeit.
🍷 Christian Giraud, 212, rue de la Cerisaie, Les Caves, 49260 Le Vaudelnay, Tel. 41.52.27.41 ⌾ n. V.

DOM. DU VIEUX TUFFEAU *

○	6 ha	10 000	▮ ☑ 2

Gut vinifizierte Chenintrauben : feine Bläschen, lang anhaltender Perlenkranz, feiner Duft mit blumigen Noten, Geschmack ohne Schwere. Dieser Wein hat Charakter.
🍷 Christian Giraud, 212, rue de la Cerisaie, Les Caves, 49260 Le Vaudelnay, Tel. 41.52.27.41 ⌾ n. V.

DOM. DES VIGNES BICHE 1991**

□	2 ha	1000	▮↓1

Die intensive, blaßgelbe Farbe mit den grünen Reflexen verleiht ihm ein angenehmes Aussehen. Der Geruchseindruck ist klar und direkt, sehr typisch für vollreife Chenintrauben. Köstliche Ansprache im Geschmack mit einer deutlichen Zitrusnote. Harmonie in der Struktur. Angesichts des schwierigen Jahrgangs perfekt gelungen. Ein Wein mit Stil.
🍷 Laurent Gautier, rue de la Pomasse, 49260 Le Vaudenay, Tel. 41.52.29.02 ⌾ n. V.

DOM. DES VIGNES BICHE 1991*

■	10 ha	3 000	▮↓☑1

Schöne, kräftige Farbe : purpurrot mit violetten Reflexen. Hübscher Duft von roten Früchten. Geschmeidige, angenehme Ansprache, danach schöne Fruchtigkeit. Ein Wein von schöner Harmonie.
🍷 Laurent Gautier, rue de la Pomasse, 49260 Le Vaudenay, Tel. 41.52.29.02 ⌾ n. V.

Coteaux de Saumur

DOM. DU VAL BRUN 1990*

□	k.A.	2 000	▮▯↓☑3

Die Familie Charrau ist stolz darauf, daß sie seit 1726 in Parnay Wein anbaut. Dieser Wein ist ein recht guter Vertreter des außergewöhnlichen Jahrgangs 1990. Die Farbe ist blaßgold mit grünen Nuancen. Das recht intensive Aroma erinnert an weiße Blüten, vor allem Akazienblüten. Der Geschmack ist angenehm und besitzt eine gute Ausgewogenheit zwischen Alkohol und Zucker. Ein Hauch von Säure verleiht dem Gesamteindruck etwas Jugendliches.
🍷 SARL Jean-Pierre et Eric Charrau, 74, rue Val Brun, 49730 Parnay, Tel. 41.38.11.85 ⌾ n. V.

Saumur-Champigny

Wenn man in den schmalen Straßen der Dörfer im Saumur-Gebiet umhergeht und in die Tuffsteinkeller hinuntersteigt, kommt man in ein Paradies, das zahllose alte Flaschen enthält. Das Anbaugebiet hat sich zwar erst in jüngster Zeit vergrößert, aber die Rotweine von Champigny sind bereits seit mehreren Jahrhunderten bekannt. Es handelt sich dabei um leichte, fruchtige und vollmundige Weine, die in neun Gemarkungen aus der Rebsorte Cabernet-Franc bzw. Breton erzeugt werden. Die Produktion liegt bei 60 000 bis 65 000 hl. Die Genossenschaftskellerei der Winzer von Saint-Cyr-en-Bourg war an der Entwicklung des Anbaugebiets nicht ganz unbeteiligt.

DOM. DES BONNEVEAUX 1991*

■	9,5 ha	15 000	▮↓☑2

1985 folgte Camille Bourdoux seiner »Berufung« und kehrte zum Weinbau zurück, wobei er ein erstklassiges Anbaugebiet wiederherstellte. Schöne, tiefrote Farbe. Schön entwickeltes Aroma (eher tierische als blumige Noten, die an Leder und Röstgeruch erinnern). Im Geschmack sind die Tannine noch sehr deutlich zu spüren. Sie ergeben einen soliden Wein, den man noch drei bis fünf Jahre lagern sollte, bevor man ihn zu rotem Fleisch trinkt.
🍷 Camille Bourdoux, 79, Grand-Rue, 49400 Varrains, Tel. 41.52.94.91 ⌾ n. V.

DOM. FILLIATREAU
Jeunes vignes 1991**

■   20 ha   150 000   ▮ ◗ ↓ ☑ ②
|85| 86 87 |88| 89 (90)| |91|

Die Familie Filliatreau besitzt Rebflächen im Anbaugebiet von Chaintre, das von vielen als das Herz der AOC Saumur-Champigny angesehen wird. Den 90er haben wir besonders empfohlen. Ein eleganter Wein mit einem kräftigen Aroma (schwarze Johannisbeeren, Zimt etc.) und einem Hauch von Lebhaftigkeit. Er hinterläßt einen sehr guten Geschmackseindruck : angenehm und durstlöschend, sehr typisch für die Appellation. Ein gelungener Wein in einem schwierigen Jahrgang.
✆ Paul Filliatreau, Chaintres, 49400 Dampierre-sur-Loire, Tel. 41.52.90.84 ☎ n. V.

CH. DU HUREAU   1991***

■   9 ha   40 000   ▮ ↓ ☑ ②
|88| (89) |90| |91|

Unter den aufmerksamen Blicken seines Vaters Georges beweist Philippe Vatan mit diesem schwierigen Jahrgang, daß er einer der besten Erzeuger der Appellation ist. Ein herrlicher, sehr aromatischer Wein, der im Geschmack geschmeidig und ausgewogen, fein und elegant ist. Die Farbe ist intensiv, das Gerüst solide. Vielversprechende Entwicklung.
✆ Philippe et Georges Vatan, Ch. du Hureau, 49400 Dampierre-sur-Loire, Tel. 41.67.60.40 ☎ n. V.

DOM. DE LA CUNE   1990***

■   10 ha   40 000   ▮ ☑ ②
|88| 89 (90)

Ein prächtiger Wein aus einem legendären Jahrgang. Sehr komplexer Duft, in dem zu den pflanzlichen, würzigen und fruchtigen Noten ein Wildbretgeruch hinzukommt. Harmonie, Eleganz und schöne Länge. Man sollte sich diesen Wein merken, um die Zukunft des 90ers kennenzulernen.
✆ Jean Mary, Chaintres, 49400 Saumur, Tel. 41.52.91.37 ☎ n. V.

LES BEAUMIERS   1991*

■   16 ha   70 000   ▮ ◗ ↓ ☑ ②

Dieses für die Appellation typische Anbaugebiet (Kalktuff), das ausschließlich mit Cabernet-Franc bestockt ist, hat vier Winzergenerationen erlebt. Ein sehr gelungener 90er. Dieser 91er besitzt sehr ausgeprägte aromatische Noten (Paprika, schwarze Johannisbeeren etc.), die die Weinliebhaber begeistern und die anderen verun-

sichern werden. Im Augenblick fehlt es dem Gesamteindruck etwas an Harmonie, aber er ist sehr vielversprechend. Ein Wein mit einem »frühlingshaften« Charakter.
✆ Yves Drouineau, 3, rue Morains, 49400 Dampierre-sur-Loire, Tel. 41.51.14.02 ☎ n. V.

DOM. DE NERLEUX   1991*

■   30 ha   100 000   ▮ ↓ ☑ ②

Sieben Generationen haben dieses Anbaugebiet seit 1870 bewirtschaftet. Es besitzt die für die AOC Saumur-Champigny typischen Böden : Sand und Kalkstein über Kalktuff. Régis Neau beweist wieder einmal, daß er Weine von gleichbleibend guter Qualität erzeugt. Ein schöner Vertreter der Appellation : lebhafte Farbe, blumiger, zum Schluß komplexer Duft, harmonischer, eleganter Geschmack mit Frische und Leichtigkeit. Ein beachtlicher, für den Jahrgang typischer Wein.
✆ SCA Dom. de Nerleux, 4, rue de la Paleine, 49260 Saint-Cyr-en-Bourg, Tel. 41.51.61.04 ☎ Mo-Fr 8h-12h 14h-18h, Sa nachm. geschlossen
✆ Régis Neau

DOM. DE NERLEUX   Les Châtains 1990*

■   10 ha   40 000   ▮ ↓ ☑ ③

Prachtvolle Farbe : purpur- bis kirschrot. Ein Wein mit einem wunderbar intensiven Aroma, der sehr typisch für sein Anbaugebiet und seinen Jahrgang ist. Die geschmeidigen, dichten Tannine machen ihn zu einem lagerfähigen Wein, der noch fünf Jahre reifen sollte.
✆ SCA Dom. de Nerleux, 4, rue de la Paleine, 49260 Saint-Cyr-en-Bourg, Tel. 41.51.61.04 ☎ Mo-Fr 8h-12h 14h-18h, Sa nachm. geschlossen
✆ Régis Neau

DOM. SAINT-VINCENT
Les Adrialys 1991***

■   k.A.   k.A.   ▮ ↓ ☑ ②

Ein Gut vor den Toren von Saumur, das die aus dem 16. Jh. stammende Prieuré de Saint-Vincent einschließt. »Les Adrialys« ist eine besondere Cuvée, den Kindern dieses jungen, begabten Winzers gewidmet ist. Der 90er erhielt zwei Sterne. Der 91er überrascht durch seinen intensiven, komplexen Duft mit den blumigen und würzigen Noten, die auf eine sehr schöne Reife hindeuten. Die Tannine sind sehr geschmeidig. Der Gesamteindruck ist reich, konzentriert und sehr ausgewogen. Ein gelungener Wein, der die Freunde dieser Appellation interessieren dürfte.
✆ Patrick Vadé, Dom. Saint Vincent, 49400 Saumur, Tel. 41.67.43.19 ☎ n. V.

DOM. DES VARINNELLES
Vieilles vignes 1990★★

| ■ | | 22 ha | | k.A. | ▮ ▮▮ ↓ ☑ 2 |

Sehr kräftige, strahlende Farbe. Würziger Duft mit viel Finesse. Die Tannine sind reich, üppig und harmonisch gelöst. Ein sehr schönes Beispiel für einen Saumur-Champigny aus einem außergewöhnlichen Jahrgang.

⚲ SCA Daheuiller et Fils, 28, rue du Ruau, 49400 Varrains, Tel. 41.52.90.94 ☗ n. V.

DOM. DE VAR RAINSSE 1991★

| ■ | | 7 ha | | 6 000 | ▮ ▮▮ ☑ 1 |

Der Geruchseindruck ist etwas verschlossen, so daß der Wein unbedingt Sauerstoff ziehen sollte. Schöne geschmackliche Harmonie mit geschmeidigen, noch jungen Tanninen. Dezenter Abgang. Insgesamt elegant und durstlöschend. Ein für seine Appellation und den Jahrgang sehr typischer Wein.

⚲ Patrick Legrand, 12, rue de La Poterne, 49400 Varrains, Tel. 41.52.91.29 ☗ n. V.

CH. DE VILLENEUVE 1990★

| ■ | | 20 ha | | 120 000 | ▮ ↓ ☑ 2 |

85 |86| 87 |88| |89| 90

Auf dem Hang von Souzay-Champigny entfaltet das Weinbaugebiet seine ganze landschaftliche Schönheit. Nachdem Chevallier sein Diplom in Önologie gemacht hatte, kehrte er zurück und bewirtschaftet nun mit seinen Eltern 20 ha Rebflächen. Ein sehr schöner Wein, der in der Tradition dieses hervorragenden Weingutes steht : intensive Farbe, dichtes Aroma von roten Früchten, geschmeidige, harmonisch eingebundene Tannine. Man sollte ihn mindestens noch zwei bis drei Jahre reifen lassen.

⚲ SCA Chevallier, Ch. de Villeneuve, 49400 Souzay-Champigny, Tel. 41.51.14.04 ☗ Mo-Sa 9h-12h 14h-18h

Touraine

Die interessanten Sammlungen des Museums der Touraineweine in Tours zeugt von der alten Kultur des Weinbaus und der Weinherstellung in dieser Gegend. Nicht von ungefähr spielen viele in der *Legenda aurea* zu findende Legenden aus dem Leben des heiligen Martin, der um 380 Bischof von Tours war, auf den Weinbau und den Wein an ! In Bourgueil bauten die Mönche des Klosters in ihrem berühmten Weinberg bereits um das Jahr 1 000 die Rebsorte »Breton« oder Cabernet-Franc an. Bald darauf sollte Rabelais erscheinen und wortgewaltig und voller Lebensgenuß eine wunderbare Geschichte erzählen. Eine Geschichte, die entlang den heutigen Reiserouten von Mesland bis Bourgueil am rechten Ufer (über Vouvray, Tours, Luynes und Langeais) und von Chaumont bis Chinon am linken Ufer (über Amboise und Chenonceaux, durch das Tal des Cher, über Saché und Azay-le-Rideau und den Wald von Chinon) lebendig bleibt.

Das Weinbaugebiet der Touraine, das also schon vor sehr langer Zeit berühmt war, erreichte seine größte Ausdehnung gegen Ende des 19. Jahrhunderts ; heute ist seine Anbaufläche (rund 10 000 ha) kleiner als vor der Reblauskrise. Es verteilt sich in erster Linie auf die Departements Indre-et-Loire und Loir-et-Cher und reicht im Norden noch in das Departement Sarthe hinein. Weinproben alter Weine, beispielsweise der Jahrgänge 1921, 1893, 1874 oder sogar 1858, in Vouvray, Bourgueil oder Chinon zeigen, daß die Eigenschaften dieser Weine denen der heutigen Weine ziemlich ähnlich sind. Dies beweist, daß trotz der Weiterentwicklung bei den Anbau- und Vinifizierungsmethoden der »Stil« der Touraineweine gleichgeblieben ist – vermutlich auch deshalb, weil jede der Appellationen ihre Weine aus einer einzigen Rebsorte erzeugt. Das Klima spielt ebenfalls eine wichtige Rolle : Das Zusammenspiel der atlantischen und kontinentalen Einflüsse kommt im Charakter der Weine zum Ausdruck. Die Hänge des Loir stellen eine Schutzwand gegen die Nordwinde dar. Außerdem bilden die in Ost-West-Richtung verlaufenden Flußtäler des Loir, der Loire, des Cher, des Indre, der Vienne und der Creuse von Norden nach Süden eine Vielzahl von Hängen, deren Kalktuffböden günstig für den Weinbau sind. Das Klima ist hier abwechslungsreich und sorgt für eine gute Feuchtigkeit. In den Tälern bestehen die Böden aus Lehm, Kalkstein und Sand, manchmal vermischt mit Feuerstein. An den Ufern der Loire und der Vienne kommt noch Kies hinzu.

Diese verschiedenen Eigenschaften des »Gartens von Frankreich« findet man somit auch in den Weinen wieder : Jedes Flußtal entspricht eine Appellation, deren Weine aufgrund der unterschiedlichen klimatischen Bedingungen jedes Jahr einen individuellen

Charakter besitzen. Neben den natürlichen Voraussetzungen des Anbaugebietes ist somit der Jahrgang von entscheidender Bedeutung.

Das warme, trockene Jahr 1989 brachte reiche, volle Weine mit vielversprechender Lagerfähigkeit hervor. 1984, in einem Jahr mit später Blüte und eher schlechtem Wetter, waren die Weißweine trockener und die Rotweine leichter ; sie erreichen heute ihren Höhepunkt. So ist es möglich, eine Rangordnung nach der Qualität der Weine aufzustellen : 1989, 1959, 1976, 1985, 1964, 1990, 1982, 1961, 1970, 1969, 1981, 1986, 1983. Natürlich verändert sich die Einstufung zwischen den tanninreichen Rotweinen aus Chinon oder Bourgueil (die geschmeidiger sind, wenn sie aus tieferen Lagen stammen, und kräftiger ausfallen, wenn sie von den Hängen kommen) und den leichteren, weitgehend als Primeurweine verbreiteten Weinen der Appellation Touraine (Gamay), zwischen den je nach Sonneneinstrahlung mehr oder weniger trockenen Roséweinen ebenso wie zwischen den Weißweinen aus Azay-le-Rideau oder Amboise und denen aus Vouvray und Montlouis, deren Produktion von trockenen bis zu lieblichen Weinen reicht ; nicht zu vergessen die Schaumweine. Die Vinifizierungsmethoden der Weine sind ebenfalls von Bedeutung. Auch wenn die Kalktuffkeller eine hervorragende Alterung bei einer konstanten Temperatur von 12 °C erlauben, wird die Herstellung der Weißweine bei niedriger Temperatur durchgeführt. Der Gärprozeß dauert mehrere Wochen, bei den lieblichen Weinen sogar mehrere Monate. Die leichten Rotweine vom Primeurtyp sind das Ergebnis einer ziemlich kurzen Gärdauer ; in Bourgueil und Chinon dagegen ist die Gärdauer länger : zwei bis vier Wochen. Während die Rotweine eine malolaktische Gärung durchlaufen, verdanken die Weiß- und Roséweine ihre Frische dem Vorhandensein der Apfelsäure. Die Gesamtproduktion liegt in guten Jahren bei 600 000 hl. Etwa 60% werden über den Weinhandel vertrieben ; die Direktverkäufe machen 25% aus, der Verkauf durch Genossenschaften 15%.

Was gibt es Neues in der Touraine ?

Man kann kaum von einem Jahrgang 1991 sprechen, so verheerend waren die Frostschäden vom 21. und 23. April. Die später auftretende Graufäule machte die Katastrophe nur noch schlimmer. Die Erträge schwanken zwischen 5 und 20 hl/ha. Während die Schaum- und Perlweine bisweilen davongekommen zu sein scheinen, gibt es praktisch keine Süßweine in den Appellationen Vouvray und Montlouis. Saint-Nicolas und Bourgueil dagegen brachten recht gute Rotweine hervor. »Wenn es ein bißchen davon gibt, gibt es noch weniger« , sagen hier die Winzer. Insgesamt gesehen ein schlechter Jahrgang. In der Appellation Vouvray hat man die höchsten Erträge erzielt, aber auch diese sind im Vergleich zu einem normalen Jahrgang noch immer sehr niedrig ausgefallen. Unter Berücksichtigung der geringen Nachfrage ist die Marktsituation nicht allzu schlecht. Bernard Thévenet hat die Leitung des Comité Interprofessionnel des Vins de Touraine abgegeben. Die Region hat sich einer Selbstprüfung unterzogen ; eine vor kurzem durchgeführte Studie zeigt, daß ihre Zukunft eher in der Betonung des Anbaugebietes als der Rebsorte liegt. Erwogen wird auch eine Weinstraße in der Touraine.

Touraine

Die regionale Appellation Touraine erstreckt sich zwar auf die gesamte Touraine, umfaßt aber in der Hauptsache das Gebiet zwischen dem Tal der Loire und dem Tal der Indre, auf beiden Seiten des Chertals. Die Böden bestehen aus Sand und Lehm, teilweise unterbrochen von Gebieten mit Kalkstein. Bei den Rotweinen sind sie vor allem mit Gamay Noir bepflanzt, zu denen je nach Gebiet tanninreichere Rebsorten wie Cabernet und Côt hinzukommen. Die jährliche Produktion liegt bei durchschnittlich 150 000 hl. Es handelt sich dabei um leichte, fruchtige Weine, vor allem Primeurweine, die ausschließlich aus der Rebsorte Gamay Noir erzeugt werden. Die aus zwei oder drei Rebsorten hergestellten Rotweine sind recht lagerfähig. Die normalen Weißweine, die von den Rebsorten Sauvignon und Chenin Blanc (Pineau de la Loire) stammen, sind trocken (je nach Jahrgang 100 000 bis 180 000 hl). Ein Teil der Weißweine wird zu Schaum- oder Perlweinen verarbeitet. Schließlich gibt es noch 25 000 hl Roséweine aus Rotweintrauben, die immer trocken, vollmundig und fruchtig sind

Bei Tours muß man schließlich noch die Wiedergeburt eines historischen Weinbaugebiets vermelden, das trockene Roséweine liefert. Es gehört zur Appellation Touraine, hieß aber früher »Noble Joué« und wird auch heute wieder so bezeichnet. Verwendet werden hier die drei Pinotsorten : Pinot Gris, Pinot Meunier und Pinot Noir.

JACKY ET PHILIPPE AUGIS 1990

| | 4 ha | 15 000 | ∎↓🅼➊ |

Jacky hat 1965 die Nachfolge seines Großvaters angetreten. Die vor vier Jahren zusammen mit seinem Sohn Philippe gegründete GAEC (Groupement Agricole de l'Exploitation en Commun) bewirtschaftet heute über 16 ha Rebflächen in Anbaugebieten, wo man früher Feuerstein gewann (wie es auch ein nahegelegenes Museum bezeugt). Die Farbe erinnert an Kirschen, der Duft eher an Erdbeeren und Backpflaumen. Ein geschmeidiger, sauberer, gut gebauter Wein, den man, ohne viel Aufhebens zu machen, zu einem Grillgericht trinken kann.
➤ GAEC Augis, rue de Vignier, 41130 Meusnes, Tel. 54.71.01.89 ☖ n. V.

PASCAL AVRIL Cabernet 1990*

| | 8 ha | 13 000 | ∎↓🅼➊ |

Pascal Avril hat ein ziemlich isoliertes Gut zwischen dem Gebiet von Chinon und der Region von Richelieu und baut auf diesen Kalkböden in erster Linie Cabernet-Franc an. 1990 hat er seine Keller modernisiert, um seine Vinifizierung zu verbessern. Davon zeugt auch dieser schöne, purpurrote Wein. Er besitzt ein sehr schönes Bukett, in dem man neben roten Früchten einen Hauch von Veilchenduft entdeckt, eine gute Ansprache, Körper, Länge und eine vielversprechende Ausgewogenheit.
➤ Pascal Avril, 37500 Ligré, Tel. 47.93.46.92 ☖ n. V.

BARONNIE D'AIGNAN 1990**

| | k.A. | 29 000 | ∎🅼➋ |

Eine Zusammenstellung aus roten Traubensorten, die sich harmonisch ergänzen. Diese Spitzencuvée der Genossenschaftskellerei von Oisly und

Thésée wurde übrigens besser bewertet als der reinsortige Cabernet. Man fndet darin viel Finesse und Komplexität, Noten von Leder und schwarzen Johannisbeeren, deutlich spürbare, aber harmonisch eingebundene Tannine. Ein harmonischer Wein, der über ein gewisses Entwicklungspotential verfügt.
➤ Confrérie des Vignerons de Oisly et Thésée, Le Bourg Cidex 112, 41700 Oisly, Tel. 54.79.52.88 ☖ tägl. 9h-12h 14h-17h30

BARONNIE D'AIGNAN 1990*

| ▢ | k.A. | 37 000 | ∎🕮↓🅼➋ |

Auch beim Weißwein hat unsere Jury die Cuvée besser als den reinsortigen Sauvignon bewertet. Gelbe Farbe mit grünen Reflexen, Geschmeidigkeit, Fülle, Reichtum – die typischen Qualitäten des Jahrgangs in schöner Harmonie.
➤ Confrérie des Vignerons de Oisly et Thésée, Le Bourg Cidex 112, 41700 Oisly, Tel. 54.79.52.88 ☖ tägl. 9h-12h 14h-17h30

JEAN-MAURICE BEAUFRETON 1990

| ∎ | 1,3 ha | 6 000 | ∎↓🅼➊ |

Jean-Maurice Beaufreton ist in Luynes einer der wenigen, die ein Weingut bewirtschaften und noch von der alten Weinbautradition dieses Gebietes zeugen. Es befindet sich auf den Hängen, die zur Loire blicken. Zu den zahlreichen historischen Zeugnissen gehört das Schloß, in dem der berühmte Herzog von Luynes lebte. Dunkle Farbe, würzige Noten, Kraft, etwas harte Tannine – das Konzentrat der Sonne des Jahres 1990.
➤ Jean-Maurice Beaufreton, 18, le Grand Verger, 37230 Luynes, Tel. 47.55.64.13 ☖ n. V.

CELLIER DU BEAUJARDIN
Les Pirettes 1990*

| ∎ | k.A. | 10 000 | ∎↓🅼➊ |

Eine Genossenschaftskellerei, die 1925 im Chertal, unweit von Chenonceaux, eingerichtet wurde. Sie präsentiert eine aus Gamay, Côt und Cabernet zusammengestellte Cuvée, die typisch für den warmen Jahrgang ist : purpurrote Farbe, fleischig und kräftig. Dank ihres Gerüstes und ihrer Ausgewogenheit kann sie noch mehrere Jahre altern. Aber zögern Sie nicht zu lange : Es gibt davon nur 10 000 Flaschen.
➤ Cellier du Beaujardin, 32, av. du 11-Novembre, 37150 Bléré, Tel. 47.30.33.44 ☖ Mo-Sa 8h-12h 14h-18h30

DOM. DE BEAUSEJOUR
Cabernet 1990**

| ∎ | 4 ha | 20 000 | ∎↓🅼➊ |

Die Winzer von Noyers sind sehr aktive Leute. Und die Familie Trotignon bildet darin bestimmt keine Ausnahme. Dieser 90er besitzt eine rubinrote Farbe, die fast schon schwarz ist, und eine geschmeidige Ansprache und entfaltet danach ein harmonisches Aroma, das im Duft eher blumig ist und im Nachgeschmack an Birnen und Weichseln erinnert. Schöne Rundheit, schönes Traubenmaterial und auch ein schönes Etikett.
➤ GAEC Trotignon et Fils, 10, rue des Bruyères, 41140 Noyers-sur-Cher, Tel. 54.75.06.73 ☖ tägl. 8h-12h 14h-19h

DOM. DE BEAUSEJOUR Sauvignon 1991

☐   9 ha   20 000

Die lehmig-sandigen Böden auf der Hochebene von Noyers-sur-Cher eignen sich gut für die Rebsorte Sauvignon. Die Trauben sind von den Aprilfrösten des Jahres 1991 verschont geblieben. Die Farbe zeigt zartgoldene Reflexe. Ein origineller Wein, in dessen intensivem Bukett sich weiße Blüten mit Früchten (Pfirsiche, Aprikosen) und einer rauchigen Note vermischen.
➤ GAEC Trotignon et Fils, 10, rue des Bruyères, 41140 Noyers-sur-Cher, Tel. 54.75.06.73 ⵣ tägl. 8h-12h 14h-19h

DOM. BELLEVUE Tradition 1990**

■   2 ha   8 000

Vier Winzergenerationen, aber ein neues »Outfit« , sowohl für das Etikett wie auch für den Keller. Der Cabernet hat der Jury gut gefallen, aber diese »traditionell« aus Gamay (für die Fruchtigkeit) sowie Côt und Cabernet (für das Rückgrat) hergestellte Cuvée hat sie verführt : durch ihre granatrote Farbe, ihr schon komplexes Bukett, das sich an der Luft entfaltet, und ihre reifen Tannine. Ein kräftiger, ausgewogener Wein, der bemerkenswert altern wird.
➤ Patrick Vauvy, Les Martinières, 41140 Noyers-sur-Cher, Tel. 54.75.38.71 ⵣ n. V.

THIERRY BESARD Cabernet 1990*

■   0,5 ha   4 000

Thierry Besard, der hier seit 1988 ansässig ist, repräsentiert die vierte Winzergeneration in diesem Anbaugebiet der Appellation Touraine-Azay-le-Rideau. Komplexer Duft von reifen Früchten, Weichseln, Backpflaumen, mit einem Hauch von Veilchen. Man entdeckt dieses Aroma auch im vollen, reichen Geschmack zusammen mit einer Paprikanote. Ein sehr gelungener 90er. Seine noch etwas harten Tannine werden sich verfeinern und garantieren dafür, daß er sieben bis acht Jahre altern kann.
➤ Thierry Bésard, La Croix des Durets, 37130 Lignières-de-Touraine, Tel. 47.96.85.37 ⵣ n. V.

JEAN-CLAUDE BODIN Cabernet 1990*

■   3 ha   15 000

Seit vier Generationen bauen die Bodins auf lehmigen, von Feuerstein durchsetzten Böden Wein an. Ihre Rebstöcke sind durchschnittlich 20 Jahre alt. 1991 hat Jean-Claude seinen Keller modernisiert. Aufgrund seiner Ausdruckskraft (würzig, fruchtig, leicht an eingemachtes Obst erinnernd), seiner Rundheit und seines männlichen Charakters kann dieser 90er weder seine Rebsorte (Cabernettrauben) noch seinen Jahrgang verleugnen. Ein rassiger Wein, den man innerhalb der kommenden zwei Jahre trinken sollte.
➤ Jean-Claude Bodin, La Bergeonnière, 41140 Saint-Romain-sur-Cher, Tel. 54.71.70.70 ⵣ tägl. 9h-12h 14h-18h

JEAN-CLAUDE BODIN 1989**

○   2 ha   10 000

Ein Touraineschaumwein, der aus 89er Grundweinen hergestellt worden ist : feine Bläschen, interessantes Aroma von Hefegebäck und frischen Früchten, im Geschmack angenehmer Schaum, gute Länge. Schöne Gesamtharmonie.
➤ Jean-Claude Bodin, La Bergeonnière, 41140 Saint-Romain-sur-Cher, Tel. 54.71.70.43 ⵣ tägl. 9h-12h 14h-18h

JACQUES BONNIGAL **

◔   3 ha   5 000

Ein in Touraine-Amboise wohlbekanntes Gut, das ein breites Angebot von Touraineweinen erzeugt. Reichlich Kohlensäure, feine Bläschen und lachsrosa Farbe. Geschmeidigkeit, Rundheit und recht nachhaltige Fruchtigkeit (rote Früchte und Nüsse). Harmonie und Finesse für diesen Schaumweintyp.
➤ GAEC Bonnigal, 17, rue d'Enfer, 37530 Limeray, Tel. 47.30.11.02 ⵣ tägl. 8h-20h

DOM. PAUL BUISSE Cabernet 1990*

■   2 ha   12 000

Paul Buisse, ein in der Touraine etablierter Weinhändler, der als einer der besten gilt, hat vor kurzem einen Weinberg in Pouillé erworben : 10 ha, davon zwei mit Cabernet-Franc bepflanzt. Ein aus dieser Rebsorte hergestellter 90er, der nach roten Früchten und vor allem nach schwarzen Johannisbeeren duftet. Sehr farbintensiv, sehr tanninreich, aber nicht ohne Fülle. Er kann mindestens fünf Jahre lang perfekt und dann ein Fleischgericht mit Sauce begleiten.
➤ Paul Buisse, 69, rte de Vierzon, 41400 Montrichard, Tel. 54.32.00.01 ⵣ n. V.

DOM. DU CHAPITRE Cabernet 1990*

■   4 ha   10 000

Der Weinberg wurde ab 1910 angelegt, aber die Rebstöcke, durch Edelreben ersetzt, sind erst zwölf Jahre alt. Ein für den Jahrgang 1990 typischer Wein : alkoholreich, voll, kräftig gebaut. Er duftet nach vollreifen Früchten (z. B. Himbeeren). Mit so gutem Stoff und einer solch dunkelrubinroten Farbe kann er lange altern.
➤ GAEC Desloges, Le Bourg, 41140 Saint-Romain-sur-Cher, Tel. 54.71.71.22 ⵣ tägl. 8h-19h

CH. DE CHENONCEAU 1990***

☐   4 ha   9 000

Der Weinberg ist ebenso alt wie das Schloß, das 1518 errichtet wurde : Katharina von Medici und Diana von Poitiers erwähnen es bereits in ihren Rechnungsbüchern. Seine heutige Produktion ist für die berühmten Restaurants in Frankreich und im Ausland reserviert. Kräftig, auf überreife Trauben zurückgehend, cremig, sehr lang, königlich in seinem goldenen Gewand – die Quintessenz eines weißen Touraineweins in einem außergewöhnlichen Jahrgang. Er steht in der Tradition des roten 89ers.

🍷 SA Chenonceau-Expansion, Ch. de Chenonceau, 37150 Chenonceaux, Tel. 47.23.90.07 ☏ n. V.

DOM. DES CHEZELLES
Sauvignon 1991★

| ☐ | | 4 ha | 30 000 | 🍾↓☑ 1 |

Alain Marcadet hat sich 1984 auf den Anhöhen von Noyers-sur-Cher niedergelassen. 1990 hat er nach der Gründung einer GAEC seinen Keller renoviert. Das Gut ist nach seiner besten Reblage benannt. Dieser Weißwein duftet nach schwarzen Johannisbeeren und blühendem Buchsbaum. Pastellfarbe, geschmeidiger, voller Geschmack. Ein hübscher Wein.

🍷 GAEC Gérard et Alain Marcadet, Le Grand Mont, 41140 Noyers-sur-Cher, Tel. 54.75.13.62 ☏ n. V.

DOM. DES CORBILLIERES
Cabernet 1990★

| ■ | | k.A. | 10 000 | 🍾↓☑ 2 |

Die Familie Barbou kennt sich mit der Sauvignonrebe besonders gut aus, denn ihr Großvater Fabel hat diese Rebsorte hier verbreitet und die AOC gefördert, aber sie baut auch andere Sorten an, insbesondere die Cabernetrebe seit etwa 30 Jahren. In diesem Touraine spürt man die Reife : kräftige Farbe zwischen Purpurrot und Rubinrot, intensives Aroma von Kirschen, Himbeeren und Backpflaumen, Ausgewogenheit und gute Länge. Ein schöner Vertreter seines Jahrgangs.

🍷 EARL Barbou, Dom. des Corbillières, 41700 Oisly, Tel. 54.79.52.75 ☏ Mo-Sa 9h-12h 14h-18h30

🍷 Barbou

DANIEL DELAUNAY Cabernet 1990★

| ■ | | 2 ha | 10 000 | 🍾↓☑ 1 |

Seit einem Jahrhundert baut die Familie Wein auf diesem Hügel von La Tesnière an, wo die meisten Winzer in Pouillé tätig sind. Die Trauben für diesen Wein kommen von einem feuersteinreichen Boden. Schöne, rubinrote Farbe, kräftig gebaut, nicht übertrieben tanninreich, ziemlich nachhaltig. Mit einem Wort : vollständig. Wird 1994 trinkreif. Ähnlich gut beurteilt wurde der weiße 91er, der sehr fruchtig ist.

🍷 Daniel Delaunay, 2, rue de la Bergerie, 41110 Pouillé, Tel. 54.71.46.93 ☏ n. V.

DOM. JOEL DELAUNAY
Sauvignon 1991★

| ☐ | | 5,5 ha | 30 000 | 🍾↓☑ 1 |

Joël Delaunay bewohnt ein sehr schönes, für

☐ A.O.C. Touraine		☐ A.O.C. Côteaux du Loir	☐ V.D.Q.S. Touraine
1 Bourgueil		9 Jasnières	11 Coteaux du Vendômois
2 St-Nicolas-de-Bourgueil		10 Côteaux du Loir	12 Cheverny
3 Chinon			13 Valençay
4 Montlouis			
5 Vouvray			--- Departementsgrenzen
6 Touraine-Azay-le-Rideau			
7 Touraine-Amboise			Maßstab
8 Touraine-Mesland			0 10 20 km

die Touraine typisches Haus. Er ist über die Grenzen Frankreichs hinaus bekannt, weil er ein Viertel seiner Produktion ins Ausland verkauft. Ein recht gelungener 91er, der fein, vornehm und fruchtig ist und genügend Fülle besitzt. Im Geschmack spürt man einen Hauch von Kohlensäure. Ein guter Vertreter des weißen Touraineweins.

🕇 Dom. Joël Delaunay, 48, rue de La Tesnière, 41110 Pouillé, Tel. 54.71.45.69 ⚎ n. V.

DOM. DESROCHES Cabernet 1991

◨ | 1 ha | 3 000 | 🖢↧✔2

Jean-Michel Desroches, Erbe von vier Winzergenerationen, baut seinen Wein auf sandigen, feuersteinhaltigen Lehmböden an. Die Farbe, der Geruch und der Geschmack erinnern an saure Bonbons. Ein hübscher Rosé mit blumigen Noten. Der richtige Wein gegen den Durst.

🕇 Jean-Michel Desroches, Les Raimbaudières, 41400 Saint-Georges-sur-Cher, Tel. 54.32.33.13 ⚎ n. V.

DOM. DUTERTRE 1991★★★

☐ | 2,5 ha | 2 300 | 🖢↧✔2

Jacques Dutertre, der das Gut 1954 übernommen und seitdem beträchtlich vergrößert hat, arbeitet heute mit seinem Sohn und seiner Tochter zusammen. Sie erzeugen außer dem Touraine-Amboise noch einen weißen Tourainewein, der 1991 besonders gelungen ist. Schöne, strahlende Farbe, sehr feines, für reife Sauvignontrauben typisches Bukett, große Rundheit, Fruchtigkeit, zarte, ganz »feminine« Harmonie. Schade, daß der Frost so wenige Trauben verschont hat.

🕇 Dom. Dutertre, 20-21, rue d'Enfer, pl. du Tertre, 37530 Limeray, Tel. 47.30.10.69 ⚎ Mo-Sa 9h-19h, So n. V.

DOM. FRISSANT Sauvignon 1991★★

☐ | 3,1 ha | 10 000 | 🖢✔1

Dieser junge Winzer aus dem Gebiet Touraine-Amboise hat die Nachfolge seines Vaters angetreten und bewirtschaftet die Hänge von Mosnes auf dem südlichen Loireufer. Ein weißer Touraine mit einem feinen Bukett, das an Blumen und Geröstetes erinnert, weicher Ansprache und guter Rundheit. Er ist typisch für einen gelungenen 91er und zeigt, was Sauvignontrauben hervorbringen können, wenn sie vollreif sind und gut vinifiziert werden.

🕇 Xavier Frissant, 4, rue du chemin neuf, 37530 Mosnes, Tel. 47.57.56.83 ⚎ n. V.

JACQUES GANDON
Méthode traditionnelle

○ | 3 ha | 18 000 | 🖢↧✔2

Jacques repräsentiert mindestens schon die dritte Generation der Winzerfamilie Gandon, die auf dem rechten Ufer der Loire, fast gegenüber dem Schloß von Amboise, Wein anbaut. Lang anhaltende Bläschen. Angenehmes, aber flüchtiges Aroma von gebrannten Mandeln. Lebhafte Ansprache, aber ziemlich kurzer Abgang. Paßt gut zum Essen.

🕇 Jacques Gandon, Vauriflé, 37530 Nazelles-Négron, Tel. 47.57.31.19 ⚎ Mo-Sa 9h-12h 14h-19h

MICHEL GOUNY Gamay 1991

■ | 1,7 ha | 6 500 | 🖢↧✔1

Auch wenn die Rebstöcke noch ziemlich jung sind (durchschnittlich 15 Jahre), besitzt diese Familie schon eine alte Winzertradition. Drei Generationen leben und arbeiten heute in dem Betrieb. Kräftige Farbe, männliche Tannine und Kraft. Dieser 91er besitzt einen etwas wilden Charakter. Zähmen Sie ihn schon in seiner Jugend!

🕇 EARL Michel et Ginette Gouny, La Gigotière, 41140 Noyers-sur-Cher, Tel. 54.75.07.90 ⚎ n. V.

DOM. DU HAUT BAIGNEUX 1990★★

■ | 2,03 ha | 10 000 | 🖢◫✔1

Jean-Pierre Perdriau, der auch Weine der AOC Touraine-Azay-le-Rideau erzeugt, hat seinen Keller für die Vinifizierung des Jahrgangs 1990 modernisiert. Dieser Wein aus den beiden Cabernetsorten ist ihm perfekt gelungen : rubinrote, fast schwarze Farbe, gefälliger Duft von Kirschen und schwarzen Johannisbeeren, viel Stoff, runder Geschmack mit einer würzigen Note. Ein sehr schöner Wein voller Harmonie und Sonne.

🕇 Jean-Pierre Perdriau, Baigneux, 37190 Cheillé, Tel. 47.45.35.95 ⚎ tägl. 8h-19h

DOM. DU HAUT CHESNEAU
Cuvée tradition 1990★

■ | k.A. | 4 000 | 🖢✔1

Die Villemaines, die schon seit langer Zeit in Thésée Wein anbauen, haben ihre Weinberge um ein schönes Bürgerhaus herum angelegt, das Ende des 18. Jh. aus Kalktuffstein erbaut wurde. Marc hat gerade die technischen Einrichtungen modernisiert. Diese 90er Cuvée Tradition besitzt eine Farbe von mittlerer Intensität, entfaltet aber feine Noten von roten Johannisbeeren und anderen roten Früchten. Geschmeidige, reiche Ansprache und gute Tannine. Wird sich gut entwickeln.

🕇 Marc Villemaine, Le Haut Chesneau, 41140 Thésée, Tel. 54.71.42.47 ⚎ n. V.

DOM. DE LA BERGERIE Cabernet 1990

■ | 17,5 ha | 20 000 | 🖢↧✔1

François Cartier, der seine Reben auf den feuersteinhaltigen Lehmböden auf den Hängen der Tesnière anbaut, hat seinen Keller für diesen 90er Jahrgang modernisiert. Intensive, fast schwarze Farbe, zurückhaltender Duft, kräftiger Geschmack mit dem Aroma von roten Früchten und rauchigen Noten. Ein ausgewogener junger Wein, der sich noch verfeinern muß.

🍷 François Cartier, 13, rue de La Bergerie, 41110 Pouillé, Tel. 54.71.51.54 ⵎ n. V.

DOM. DE LA CHARMOISE Gamay 1991

| ■ | | 33 ha | 250 000 | 🗎↓☑❷ |

Das Gut La Charmoise war das erste in dieser Gegend, daß sich ganz auf die Rebsorten der AOC Touraine umgestellt hat. Henry Marionnet praktiziert die Kohlensäuremaischung, die das jugendliche Aroma der Weine betont. Ein vor dem Frost bewahrter 91er mit einer schönen purpurroten Farbe, der ziemlich nervig ist und eine angenehme Leichtigkeit besitzt.
🍷 Henry Marionnet, Dom. de La Charmoise, 41230 Soings, Tel. 54.98.70.73 ⵎ n. V.

DOM. DE LA CROIX BOUQUIE ★★

| ○ | | 2 ha | 10 000 | 🗎↓☑❷ |

Christian und Annie Gérard bewirtschaften 17 ha Rebflächen im Weinbaugebiet Sologne, dessen Sandböden einen lehmigen Untergrund besitzen. Ein Touraine-Schaumwein mit einem dezenten Duft von Litschis. Seine Finesse entwikkelt sich aber im Geschmack, wenn auch nicht sehr intensiv. Dennoch wohlausgewogener Gesamteindruck. Ein feiner, rassiger Wein.
🍷 Christian et Annie Girard, 41400 Thenay, Tel. 54.32.50.67 ⵎ n. V.

DOM. DE LA GARRELIERE Cabernet 1990 ★

| ■ | | 10 ha | 30 000 | 🗎↓☑❷ |

Dieses Gut, dessen Gebäude aus den 50er Jahren des 18. Jh. stammen, gehörte dem Herzog von Richelieu und danach der Fürstin von Monaco. Seit 1972 ist es im Besitz der Familie Plouzeau, die 1990 die technischen Einrichtungen modernisiert hat. Ein durch seine Kraft und seine reifen Tannine für den Jahrgang typischer Wein, der einen komplexen Duft von roten Früchten, Konfitüre und Gewürzen sowie eine Vanillenote entfaltet. Ein gut gelungener Wein.
🍷 François Plouzeau, Dom. La Garrelière, 37120 Razines, Tel. 47.95.62.84 ⵎ n. V.

CAVE DE LA GRANDE BROSSE Gamay 1991 ★

| ■ | | k.A. | 28 000 | 🗎↓☑❶ |

Dieses Gut besitzt einen bemerkenswerten Keller, in den man durch einen 400 m langen, befahrbaren Tunnel gelangt. Bereits im 11. Jh. brach man hier Steine für den Bau der Kirchen und Schlösser in dieser Region. Heute reifen hier nicht nur die Weine, sondern auch große Gruppen von Besuchern werden empfangen. Schöne, granatrote Farbe, intensives Aroma von eingemachten Früchten, voll und kräftig gebaut. Man sollte ihn zu Hammelkeule probieren. Der 90er Cabernet ist ebenfalls empfehlenswert.
🍷 Cave de La Grande Brosse, 25, rte Nationale, 41700 Chemery, Tel. 54.71.81.03 ⵎ n. V.

LES CAVES DE LA RAMEE Cabernet 1990 ★

| ■ | | 1 ha | 4 000 | 🗎⬙☑❶ |

Ein sehr alter Betrieb. Die gut gelegenen lehmig-feuersteinhaltigen Böden von Thésée am unteren Cherhang erzeugen regelmäßig solide Weine. Das gilt auch für diesen 90er : Obwohl er ausschließlich von Cabernettrauben stammt, kommt das Anbaugebiet stärker als die Rebsorte zum Ausdruck. Ein recht runder, nachhaltiger Wein, der gut zu einem Fleischgericht mit Sauce paßt.
🍷 Gérard Gabillet, 31, rue des Charmoises, 41140 Thésée, Tel. 54.71.45.02 ⵎ n. V.

DOM. DE LA RENAUDIE Pineau d'Aunis 1991 ★

| ◿ | | 1 ha | 8 000 | 🗎↓☑❶ |

Heute besitzt das Gut 16 ha Rebflächen, während es nur zwei Hektar umfaßte, als sich der Großvater Albert Denis hier niederließ. Man spürt bei diesem Rosé die Qualität der Vinifizierung : blasse, aber strahlende Farbe, intensiver Duft von Bananen, Birnen und Rosen, voller Geschmack mit perfekter Ausgewogenheit zwischen Rundheit und Lebhaftigkeit. Man sollte ihn im Sommer auf der Terrasse trinken.
🍷 Dom. de La Renaudie, 41110 Mareuil-sur-Cher, Tel. 54.75.18.72 ⵎ n. V.
🍷 GAEC Jacques et Bruno Denis

DOM. DE LA RENAUDIE Tradition 1990 ★★

| ■ | | 1 ha | 8 000 | 🗎↓☑❶ |

Die Familie Denis baut alle Rebsorten der Touraine an und stellt diese Cuvée aus roten Trauben her, wobei die Hälfte Gamaytrauben sind. Der Geruchseindruck ist zwar leicht verschlossen, aber dennoch entdeckt man darin schwarze Johannisbeeren. Dieser 90er besitzt eine strahlende, rubinrote Farbe, eine gute Ansprache und eine schöne Länge. Harmonisch und ausgewogen – eine sehr gelungene Kombination.
🍷 Dom. de La Renaudie, 41110 Mareuil-sur-Cher, Tel. 54.75.18.72 ⵎ n. V.
🍷 GAEC Jacques et Bruno Denis

CH. DE LA ROCHE Sauvignon 1991 ★

| □ | | 6 ha | 20 000 | 🗎☑❶ |

Ein Schloß aus dem 15. Jh., das von Rebflächen und Wald umgeben ist. Es gehörte früher dem Herzog von Choiseul und später der Familie von Alphonse Daudet. Das Gut erzeugt hauptsächlich Touraine-Amboise, aber es präsentiert hier einen weißen Touraine. In seinem reichhaltigen Bukett erkennt man Röstnoten, eingemachte Früchte, alkoholische und leicht rauchige Noten, die sich im Geschmack verlängern. Reizvolle Rundheit und Ausgewogenheit. Ein sehr eleganter 91er mit einer dezenten, grün schimmernden Farbe.
🍷 SCA Dom. du Ch. La Roche, rue de la Roche, 37530 Charge
🍷 Chainier

DOM. DE LA ROCHETTE Cot 1990 ★★

| ■ | | 3 ha | 20 000 | 🗎↓☑❶ |

Dieses Gut auf den Hängen des südlichen Ufers des Cher umfaßt 40 ha Rebflächen und erzeugt in einem modernen, gut ausgerüsteten Keller eine umfangreiche Bandbreite von Weinen bis hin zu Touraine-Schaumweinen. Ein schöner Wein mit einer kräftigen, rubinroten Farbe, der große Rundheit und Länge besitzt. Ein sehr harmonischer 90er mit würzigen Noten (Pfeffer, Gewürznelken).

🍷 François Leclair, Dom. de La Rochette, 41110 Pouillé, Tel. 54.71.44.02 ⌕ n. V.

DOM. DE LA ROCHETTE
Sauvignon 1991*

☐	11 ha	50 000	▮↓✓❶

Fast ein Drittel der Rebflächen des Gutes ist mit Sauvignon bestockt. Dieser aromatische, recht runde und ausgewogene Weißwein besitzt eine strahlende Farbe und sehr viel Finesse.

🍷 François Leclair, Dom. de la Rochette, 41110 Pouillé, Tel. 54.71.44.02 ⌕ n. V.

DOM. LEVEQUE Cabernet 1990**

◼	2,5 ha	8 000	▮↓✓❶

Luc und Monique Lévêque versehen ihre Flaschen mit einem originellen Etikett. Dahinter steckt ein granatroter Wein mit einem intensiven Aroma, das an schwarze Johannisbeeren und Himbeeren sowie leicht an Feigen erinnert. Im Geschmack ist er kräftig, reich und männlich, aber die Tannine sind bereits geschmeidig. Ein sehr schöner Vertreter der AOC Touraine, der den Weinfreunden bis zum Jahr 2000 Freude bereiten wird !

🍷 Luc und Monique Lévêque, Le Grand Mont, 41140 Noyers-sur-Cher, Tel. 54.71.52.06 ⌕ tägl. 9h-12h 14h-18h

JOEL LOUET Cabernet 1990**

◼	1,5 ha	8 000	▮↓✓❶

Seit drei Generationen Winzer in Saint-Romain-sur-Cher, einem der südlichen Tore der Sologne. Das Aroma entlädt sich in einem Korb von roten Früchten. Die reiche Farbe, die samtweichen Tannine, seine Ausgewogenheit und seine Finesse machen diesen 90er zu einem hervorragenden Wein, der zu Wild (natürlich aus der Sologne) paßt.

🍷 Joël Louet, Les Sablons, 41140 Saint-Romain, Tel. 54.71.72.83 ⌕ tägl. 8h-20h

MARECHAL Brut réserve Carte noire 1989

○	k.A.	25 000	✓❷

Dieser Betrieb, der seine Keller in Vouvray besitzt, hat sich schon lange auf die Herstellung von Schaumweinen nach der jetzt als »traditionell« bezeichneten Methode der Flaschengärung spezialisiert. Die Bläschen sind leicht und fein. Der Schaum füllt gut den Mund aus. Ein Wein ohne jegliche Aggressivität, dessen Aroma an fruchtige Noten und Feuerstein erinnert.

🍷 Nouveaux Ets Maréchal et Cie, 36, Vallée Coquette, 37210 Vouvray, Tel. 47.52.71.21 ⌕ n. V.

JACKY MARTEAU Gamay 1991**

◼	7,5 ha	40 000	▮↓✓❶

Jacky Marteau besitzt ein zu zwei Dritteln mit Rotweintrauben bestocktes Anbaugebiet um La Tesnière herum, ein Gebiet, das wie durch ein Wunder vom Frühjahrsfrost im April 1991 verschont geblieben ist. Bläulichrote Farbe, Duft von roten Früchten, klare Ansprache, ausgeprägte Lebhaftigkeit, aber Körper. Ein perfekt vinifizierter, für den schwierigen Jahrgang sehr gelungener Wein.

🍷 Jacky Marteau, 36, rue de la Tesnière, 41110 Pouillé, Tel. 54.71.50.00 ⌕ n. V.

JACKY MARTEAU Sauvignon 1991*

☐	4 ha	25 000	▮↓✓❶

Blasse Farbe, aber ein feiner Duft mit blumigen und rauchigen Noten. Ein nicht übertrieben lebhafter Wein, der einen guten Geschmackseindruck hinterläßt.

🍷 Jacky Marteau, 36, rue de la Tesnière, 41110 Pouillé, Tel. 54.71.50.00 ⌕ n. V.

DOM. MICHAUD Sauvignon 1991

☐	4,7 ha	20 000	▮↓✓❶

Dorothée und Thierry Michaud haben in Les Martinières Sauvignonreben auf feuersteinhaltigen, mit Sand bedeckten Lehmböden angepflanzt, die sich hervorragend für diese Rebsorte eignen. Ein grün schimmernder 91er für die Freunde von lebhaften Weinen : dezent fruchtig, klar und nervig. Der Rosé ist ebenfalls sehr frisch und gefällig.

🍷 GAEC Michaud, Les Martinières, 41140 Noyers-sur-Cher, Tel. 54.32.47.23 ⌕ n. V.

DOM. MICHAUD Cabernet 1990**

◼	3 ha	15 000	▮↓✓❶

Das Gut ist den Lesern unseres Weinführers vertraut. Es hat 1991 seinen Keller modernisiert, um die Qualität zu steigern. Dieser 90er, der zur Hälfte aus Cabernet-Franc und Cabernet-Sauvignon erzeugt worden ist, erinnert an Weichseln, schwarze Johannisbeeren, Pflaumen und Gewürze, als wolle er die ganze Kraft dieses Jahrgangs vereinen, in dem alle Früchte zu ihrer vollen Reife gelangt sind.

🍷 GAEC Michaud, Les Martinières, 41140 Noyers-sur-Cher, Tel. 54.32.47.23 ⌕ n. V.

MIRAULT *

○	k.A.	10 000	▮◐↓✓❷

Die Firma Mirault, die seit fast 50 Jahren ihren Sitz in Vouvray hat, verfügt über eine solide Erfahrung bei der Herstellung von Schaumweinen. Dieser Touraine-Schaumwein besitzt eine frische Ansprache, entfaltet dann aber Ausgewogenheit und Fülle mit einem eher fruchtigen Gärungsaroma. All das harmoniert wunderschön mit seiner Erscheinung im Glas. Ein echter Brut !

🍷 Maison Mirault, 15, av. Brûlé, 37210 Vouvray, Tel. 47.52.71.62 ⌕ Mo-Sa 8h-12h 14h-18h ; So n. V.

DOM. DE MONTIGNY Cabernet 1990

◼	2 ha	10 000	▮↓✓❶

Jean-Marie Corbin, der das Familiengut seit 1875 leitet, hat 1990 – also für die Vinifizierung dieses Rotweins – seinen Keller modernisiert. Ein reinsortiger Cabernet, der von diesen Trauben die schöne rubinrote Farbe und das Gerüst, aber wenig Aroma besitzt. Ein guter Wein für Mahlzeiten im Kreis der Familie.

🍷 Jean-Marie Corbin, Montigny, 41700 Sassay, Tel. 54.79.60.82 ⌕ n. V.

DOM. OCTAVIE Tradition 1990★★

■　　　　2 ha　　6 000　　📖↓☑2

Die Geschichte des Gutes Octavie begann im Jahre 1885, in Gebäuden aus dem späten 18. Jh., in denen heute der Probierkeller eingerichtet ist. Dieser Wein mit der schönen purpurroten Farbe ist kräftig gebaut und rund, aber nicht schwer. Er entfaltet vielversprechende, recht nachhaltige Noten von Vanille und roten Früchten. Ein harmonischer, feiner und sehr schöner 90er, der sehr gut altern kann.

🍷 GAEC Jean-Claude Barbeillon, Dom. Octavie, 41700 Oisly, Tel. 54.79.54.57 ⌛ tägl. 9h-12h 14h-18h

DOM. OCTAVIE Chenin 1990★★

□　　　　1 ha　　6 000　　📖↓☑2

Jean-Claude Barbeillon hat zusammen mit seinem Sohn Noé und seiner Schwiegertocher Isabelle eine GAEC gegründet. Sie haben 1990 den Keller modernisiert. 40% ihrer Produktion werden exportiert. Ein herrlicher Weißwein mit einem intensiven, sehr nachhaltigen Aroma von Weißdorn und Obst. Elegante, strahlende Farbe. Viel Finesse und große Fülle.

🍷 GAEC Jean-Claude Barbeillon, Dom. Octavie, 41700 Oisly, Tel. 54.79.54.57 ⌛ tägl. 9h-12h 14h-18h

DOM. DES PAGET Tradition 1990★

■　　　1,5 ha　10 000　📖⑪↓☑2

Das Anbaugebiet von Rivarennes, das zwischen dem Wald von Chinon und der Loire liegt, ist typisch für das Loiretal. James Paget baut hier außer den Rebsorten der AOC Touraine-Azay auf feuersteinhaltigen Lehmböden Gamay- und Cabernetreben an, die 1990 zusammen einen purpurroten, violett schimmernden Wein liefern. Er duftet nach Veilchen und schwarzen Johannisbeeren. Rund, nicht übermäßig tanninreich, doch ausgewogen. Er kann noch vier bis fünf Jahre altern.

🍷 James Paget, Armentières, 37190 Rivarennes, Tel. 47.95.54.02 ⌛ n. V.

DOM. DES PERRETS Cabernet 1990★

■　　　4 ha　30 000　📖⑪↓☑1

Die Familie baut hier seit zwei Jahrhunderten Wein an, so daß weder das Anbaugebiet mit den feuersteinhaltigen Lehmböden noch die Vinifizierung für sie ein Geheimnis bergen. Klare, lebhaft rote Farbe. Der Geruchseindruck ist etwas durch die Kohlensäure geprägt, aber der Geschmack besitzt eine gute Frische. Angenehme Ausgewogenheit.

🍷 Bruno Bouges, Dom. des Perrets, 41400 Saint-Georges-sur-Cher, Tel. 54.75.02.95 ⌛ n. V.

DOM. DES PERRETS
Pineau de Loire 1990★

□　　　2,5 ha　　6 000　⑪↓☑1

Kurz vor der Lese 1990, einem vom Himmel verwöhnten Jahrgang, hat Bruno Bouges seine technische Ausrüstung perfektioniert. Hier ein Wein, wie ihn die »Premières Côtes« in diesem Teil des Chertals in Jahren mit überreifen Trauben hervorbringen können. Leicht halbtrocken, mit einem feinen Duft, der an Honig und Quitten erinnert : ein zurückhaltendes junges Mädchen in einem strahlenden Kleid.

🍷 Bruno Bouges, Dom. des Perrets, 41400 Saint-Georges-sur-Cher, Tel. 54.75.02.95 ⌛ n. V.

CH. DU PETIT-THOUARS
Cabernet franc 1990★

■　　　11 ha　　k.A.　📖⑪↓☑1

Seit seinem Bau im Jahre 1636 ist das Schloß im Besitz dieser berühmten Familie geblieben. Erinnert sei hier nur daran, daß Aristide du Petit-Thouars bei Abukir in der Schlacht gegen Nelson sein Leben ließ. Yves du Petit-Thouars bepflanzte die Weinberge, die im Zweiten Weltkrieg aufgegeben wurden, 1972 neu. Der leicht pflanzliche Geruchseindruck entwickelt sich in Richtung rote Früchte, rote Johannisbeeren und Erdbeeren. Ein Wein mit einer kräftigen rubinroten Farbe, der Fülle und Länge besitzt. Ein typischer 90er, der noch sehr jung, aber vielversprechend ist.

🍷 Yves du Petit-Thouars, Ch. du Petit-Thouars, 37500 Saint-Germain-sur-Vienne, Tel. 47.95.96.40 ⌛ n. V.

PIBALEAU PERE ET FILS
Méthode traditionnelle 1990★

○　　　0,4 ha　　4 000　📖↓☑2

Die Pibaleaus, die seit drei Generationen im Gebiet von Azay-le-Rideau Wein anbauen, haben ihre Keller 1991 modernisiert. Strahlende Farbe, recht fruchtiger Duft, Ausgewogenheit ohne jegliche Aggressivität. Ein harmonischer, gefälliger Touraine-Schaumwein.

🍷 GAEC Pibaleau Père et Fils, 37190 Luré, Tel. 47.45.41.41 ⌛ Mo-Sa 8h-12h 14h-19h

DOM. DU PRE BARON Sauvignon 1991★

□　　　10 ha　12 000　📖↓☑1

Das lehmig-sandige Anbaugebiet von Oisly, das für seine Primeurweine berühmt ist, erzeugt aus der Rebsorte Sauvignon aromareiche Weine. Blasse Farbe mit grünen Reflexen, zarter, recht nachhaltiger Blütenduft mit einer Apfelnote. Ein sehr feiner, wohlausgewogener 91er.

🍷 Guy Mardon, Le Pré Baron, 41700 Oisly, Tel. 54.79.52.87 ⌛ Mo-Sa 9h-19h ; 10.-20. August geschlossen

FRANCOIS ET JEAN-FRANCOIS PRIOU Cabernet 1990★★★

■   1,2 ha   6 000   ▮✔︎❶

Ein 1930 angelegter Weinberg im Familienbesitz, der überwiegend aus braunen Böden über einem Kalktuffuntergrund besteht. Ein großer 90er, dessen Anbaugebiet man weiter westlich vermuten würde : schöne, kräftige Farbe, vornehmer Duft von schwarzen Johannisbeeren, Brombeeren und Veilchen, Rückgrat und Ausgewogenheit. Was für ein Feuer und was für eine Harmonie !
�GAEC Priou Père et Fils, Les Sablons, 41140 Saint-Romain-sur-Cher, Tel. 54.71.72.58 ⚑ tägl. 8h-20h

BRUNO REDIGUERE ★

◔   0,6 ha   3 000   ▯▯↓✔︎❶

Bruno führt seit 1984 die Winzertradition der Familie Rediguère fort, die seit mehreren Generationen in der Gegend von Mesland Wein anbaut. Als Grundwein für diesen Schaumwein hat er einen Rosé verwendet, der ihm eine hellachsrosa Farbe verleiht. Das dezente, fruchtige Aroma steht im Einklang mit dem geschmeidigen Geschmackseindruck. Ein guter halbtrockener Touraine-Schaumwein.
�Bruno Rediguère, 77, rue de Meuves, 41150 Onzain, Tel. 54.20.72.87 ⚑ n. V.

CLOS ROCHE BLANCHE Cot 1990★★

■   4 ha   7 000   ▮↓✔︎❶

Ein schönes Haus, das zu Beginn des Jahrhunderts am Fuße des Hangs errichtet worden ist. Teilweise sehr alte Rebstöcke auf feuersteinhaltigen Böden über einem Kalksteinuntergrund, in der der Keller gegraben worden ist. Und eine kluge Vinifizierung. All das ist in diesem Wein vereint, der über einem Aroma von schwarzen Johannisbeeren eine zarte Pfeffernote entfaltet. Ein schon gefälliger, ausgewogener 90er, der gut altern kann.
�GAEC du Clos Roche Blanche, 41110 Mareuil-sur-Cher, Tel. 54.75.17.03 ⚑ n. V.
�Roussel

LES VIGNERONS DES COTEAUX ROMANAIS Cuvée romaine 1990★

■   k.A.   10 000   ▮↓✔︎❶

Das Anbaugebiet der Mitglieder dieser Genossenschaftskellerei befindet sich auf unterschiedlichen Böden, die von den unteren Hängen bis zur Hochebene reichen. Ihre Cuvées sind deshalb repräsentativ für die Durchschnittsqualität der Appellation Touraine. Intensive, granatrote Farbe, nachhaltiger Duft von roten Früchten (Kirschen etc.), deutlich spürbare Tannine. Er stammt aus einer ausgewogenen Rebsortenkombination. Ein gelungener, lagerfähiger 90er.
�Les Vignerons des Coteaux Romanais, Le Bourg, 41140 Saint-Romain-sur-Cher, Tel. 54.71.70.74 ⚑ n. V.

DOM. DES SABLONS Cabernet 1990★

■   4 ha   10 000   ▮↓✔︎❶

Die Cabernetreben von Jacques Delaunay wachsen auf feuersteinhaltigen Lehmböden, die typisch für die Anbaugebiete der unteren Cherhänge sind. Sein Duft, der an Kirschen erinnert, entfaltet sich erst nach einiger Zeit. Ein 90er, der Biß hat, kräftig ist und eine fast schwarze Farbe besitzt. Seine gegenwärtige Strenge wird sich in vier bis fünf Jahren mildern, wie es seine schöne Ausgewogenheit verspricht.
�Jacques Delaunay, Dom. des Sablons, 40 rue de La liberté, 41110 Pouillé, Tel. 54.71.44.25 ⚑ tägl. 8h-20h

DOM. DES SABLONS

○   1 ha   8 000   ▮✔︎❷

Die Vinifizierung wird hier in einem modernen, sehr funktionell eingerichteten Keller durchgeführt, der vor kurzem um einen klimatisierten Lagerkeller vergrößert worden ist. Die Reifung der Schaumweine kann sich deshalb unter idealen Bedingungen vollziehen. Dieser Wein besitzt eine hübsche Farbe und einen angenehmen Duft, aber im Geschmack zeigt er sich leicht aggressiv, bevor er dann milden, sehr fruchtigen Eindruck (Pfirsicharoma) hinterläßt.
�Jacques Delaunay, Dom. des Sablons, 40 rue de La liberté, 41110 Pouillé, Tel. 54.71.44.25 ⚑ tägl. 8h-20h

DOM. DE SAINT-GENNEFORT Tradition 1990★

■   k.A.   5 000   ▮↓✔︎❶

Ein Weinberg im Familienbesitz, der nach dem Zweiten Weltkrieg auf feuersteinhaltigen Lehmböden angelegt worden ist. Mehr als die Hälfte des Anbaugebietes ist mit roten Traubensorten bestockt (alle vier Rebsorten der Touraine sind hier vertreten), wie es bereits der Urgroßvater von Max Meunier tat. Das Ergebnis ist ein harmonischer Wein mit nachhaltigen Noten von roten Früchten. Die rubinrote Farbe wirkt ebenso vornehm wie das Etikett.
�Max Meunier, 6, rue Saint-Gennefort, 41110 Seigy, Tel. 54.75.04.33 ⚑ n. V.

DOM. DE SAINT-GENNEFORT ★

○   k.A.   5 000   ▮↓✔︎❷

Das Gut stellt auch einen guten Schaumwein her, der die Rebsorten Chardonnay, Arbois, Chenin und Pinot Noir kombiniert. Man erkennt sein Anbaugebiet an den frischen, fruchtigen Noten und seinem dezenten Feuersteinaroma. Ein sehr gefälliger Wein, der vielleicht eher zart als herb ist und einen guten Geschmackseindruck hinterläßt.
�Max Meunier, 6, rue Saint-Gennefort, 41110 Seigy, Tel. 54.75.04.33 ⚑ n. V.

DOM. SAUVETE Sauvignon 1991 *

☐	3 ha	30 000	▮↓☑2

Die Rebstöcke wachsen an den gut gelegenen unteren Hängen südlich des rechten Cherufers auf sehr steinigen Böden, die hier als »Gravouilles« bezeichnet werden. Strahlende Farbe, markantes, an Amylalkohol, saure Drops und Zitrusfrüchte erinnerndes Aroma stark von der Technik geprägter Wein.
🍷 Jérôme Sauvete, La Bocagerie, 41400 Monthou-sur-Cher, Tel. 54.71.48.68 ☎ Mo-Sa 10h-12h 14h-18h ; Aug. geschlossen

DOM. SAUVETE

○	3 ha	15 000	▮↓☑2

Nach einer angenehm moussierenden Ansprache spürt man vielleicht etwas zuviel Rundheit für einen echten Brut. Aber er besitzt ein recht nachhaltiges Aroma von reifen Früchten wie etwa Quitten. Schönes Aussehen.
🍷 Jérôme Sauvete, La Bocagerie, 41400 Monthou-sur-Cher, Tel. 54.71.48.68 ☎ Mo-Sa 10h-12h 14h-18h ; f. août

TOULME PERE ET FILS Gamay 1990

◼	1,8 ha	2 500	▮↓☑1

Ein Gut, das zu Beginn des Jahrhunderts an den Hängen über der Mündung des Indre in die Loire, gegenüber dem Schloß von Langeais, angelegt wurde. Die kräftige, rubinrote Farbe ist typisch für den Jahrgang. Das Aroma von roten Früchten und von roten Johannisbeeren entwikkelt sich in Richtung Unterholz. Dieser 90er beginnt sich bereits im Geschmack zu entwickeln, aber er wird im Ganzen gut und kräftig gebaut. Anfang 1993 wird er seinen Höhepunkt erreichen.
🍷 GAEC Toulmé Père et Fils, La Perrée Neuve, 37130 Lignières-de-Touraine, Tel. 47.96.72.36 ☎ n. V.

VERRONNEAU ET FILS
Méthode traditionnelle 1990 * *

◒	1 ha	1 200	⑪☑☑

Die Familie Verronneau baut bereits in der dritten und vierten Generation Wein in Cheillé an, einem Dorf im Anbaugebiet von Touraine-Azay, dessen Kirche die Besonderheit hat, daß eine 300 Jahre alte Eiche aus ihrem Turm wächst. Ein Schaumwein aus Chenin- und Grolleautrauben, der feine, nachhaltige Bläschen entwickelt. Der Duft erinnert an Gebratenes, Gewürze und getrocknete Früchte. Ein frischer, ausgewogener Touraine-Schaumwein mit einer rosarot schillernden Farbe : herb, originell und fein.
🍷 Verronneau et Fils, Beaulieu, 37190 Cheillé, Tel. 47.45.46.30 ☎ n. V.

DOM. DU VIEUX POIRIER
Cabernet 1990 *

◼	1,5 ha	10 000	▮↓☑1

Das um 1930 gegründete Gut stellte sich 1983 auf die AOC Touraine um, indem es die Resorten erneuerte und die Produktion in Flaschen abfüllte. Ein lebhafter, fröhlicher Wein, der recht fruchtig, vollständig und ausgewogen ist. Er ist schon jetzt gefällig und wird sich mindestens in den zwei kommenden Jahren noch weiterentwikkeln.

🍷 GAEC Mary, Les Beaussiers, 41140 Saint-Romain-sur-Cher, Tel. 54.71.72.77

Touraine-Amboise

Auf beiden Seiten der Loire, über der das Schloß aus dem 15./16. Jahrhundert aufragt, nicht weit entfernt von dem Landhaus des Clos-Lucé, wo Leonardo da Vinci lebte und starb, erzeugt das Anbaugebiet der Appellation Touraine-Amboise (150 ha) vor allem Rotweine (rund 8 000 hl) aus der Rebsorte Gamay, zu der Côt und Cabernet hinzukommen. Die Weine sind voll und besitzen eine leichte Gerbsäure ; wenn Côt und Cabernet dominieren, haben sie eine gute Alterungsfähigkeit. Die gleichen Rebsorten liefern Roséweine, die trocken und zart, fruchtig und recht typisch sind. Die Weißweine (3 000 hl) sind je nach Jahrgang trocken oder halbtrocken und lagerfähig.

THIERRY DENAY 1990

☐	1,5 ha	3 000	⑪☑1

Wie 1989 hat Thierry Denay seine Chenintrauben auch für den 90er unter sehr günstigen Bedingungen gelesen. Die 30 Jahre alten Rebstöcke wachsen auf feuersteinhaltigen Lehmböden. Der Weinberg, der in der Nähe einer steilen Felswand über der Loire am linken Loireufer, auf der Höhe von Amboise, liegt, lieferte 1990 ziemlich gute Erträge. Dieser halbtrockene Wein wirkt noch sehr jugendlich : zitronengelbe Farbe, Duft von Zitrusfrüchten mit einem Hauch von Minze und angenehme Nervigkeit.
🍷 Thierry Denay, La Croix Douillard, 37400 Amboise, Tel. 47.57.29.54 ☎ n. V.

HUBERT DENAY Cot 1990

◼	2 ha	5 000	⑪☑2

Der Keller von Hubert Denay, der 1 km vom Schloß von Amboise entfernt liegt, war bereits das Ziel mehrerer Sportstars, Minister und Diplomaten, die sein Freund Michel Debré hier herführte. Außer über seine purpur- bis granatrote Farbe waren die Prüfer bei diesem Wein geteilter Meinung. Die einen lobten seine Fruchtigkeit (rote Früchte und Mirabellen) und seine Ausgewogenheit, während die anderen seine noch übermäßige Holznote bemängelten, die sich aber bei der Alterung legen dürfte. Erwähnen sollte man noch den sehr gelungenen Weißwein des gleichen Jahrgangs.
🍷 Hubert Denay, Le Breuil, 37400 Amboise, Tel. 47.57.11.53 ☎ n. V.

GUY DURAND Chenin 1990*

☐ 0,4 ha 2 000 2

Guy Durand bewirtschaftet seit 1963 dieses 1910 entstandene Gut auf dem linken Loireufer. Er baut dort auf feuersteinhaltigen Lehmböden die klassischen Rebsorten der Region an. Mit Hilfe der Sonne des Jahres 1990 ist ihm dieser schöne, goldgelbe Wein gelungen, der zurückhaltend fruchtig, geschmeidig, kräftig und vollmundig ist. Ein alkoholreicher 90er, der gut altern kann.

Guy Durand, 11, rue du Chemin neuf, 37530 Mosnes, Tel. 47.30.43.14 Y n. V.

GUY DURAND Cot 1990*

■ 0,5 ha 2 000 1

Das Dorf Mosnes, das zwischen den Schlössern von Amboise und Chaumont liegt, besitzt eine Kirche, deren Glockenturm und Schiff romanisch sind. Die mit Feuerstein durchsetzten Lehmhänge liefern in guten Jahrgängen kräftig gebaute Rotweine. Dies ist auch der Fall bei diesem 90er : kräftig, ziemlich tanninreich, einschmeichelnd durch seinen herrlichen Duft von reifen Früchten und schwarzen Johannisbeeren, schöne Finesse. Seinen Höhepunkt dürfte er 1994 erreichen.

Guy Durand, 11, rue du Chemin neuf, 37530 Mosnes, Tel. 47.30.43.14 Y n. V.

DOM. DUTERTRE Les Menates 1990*

☐ 1,5 ha 9 000 2

Dieses Gut verfügt über einen hübschen Probierkeller. Dieser liegt an einem Platz, der den gleichen Namen wie der berühmte Platz am Montmartre hat. Alles an diesem lieblichen Wein erinnert an die große Reife seines Jahrgangs : goldgelbe Farbe, kräftiges Aroma von reifen Früchten, Zitrusfrüchten und Honig, Cremigkeit, Länge ... Ein wunderbarer 90er, den man unbedingt in seinem Keller haben muß ! Der »Clos du Pavillon« desselben Jahrgangs ist ebenfalls interessant.

Dom. Dutertre, 20-21, rue d'Enfer, pl. du Tertre, 37530 Limeray, Tel. 47.30.10.69 Y Mo-Sa 9h-19h, So n. V.

DOM. DUTERTRE Cuvée prestige 1990*

■ 5 ha 14 000 2

Diese Cuvée stammt von Côt- und Cabernettrauben, deren alte Rebstöcke auf sandigen Lehmböden wachsen. Ein perfekt vinifizierter 90er, der tanninreich, aber nicht aggressiv ist. Der reiche, aber nicht schwere Wein besitzt eine schöne rubinrote Farbe. Kurz gesagt : sehr ausgewogen.

Dom. Dutertre, 20-21, rue d'Enfer, pl. du Tertre, 37530 Limeray, Tel. 47.30.10.69 Y Mo-Sa 9h-19h, So n. V.

DOM. FRISSANT 1990

■ 1 ha 7 000 2

Xavier Frissant, der 1990 die Nachfolge seines Vaters angetreten hat, verkauft 20% seiner Produktion ins Ausland. Sein 200 m von der gotischen Kirche entfernt gelegene Probierkeller ist in einem Gebäude aus dem 18. Jh. untergebracht. Im letzten Jahr haben wir seinen 89er besonders empfohlen. Wenn diese kraftvolle, noch jugendlich ungestüme Cuvée milder geworden ist, kann man sie zu Coq au Vin trinken.

Xavier Frissant, 4, rue du chemin neuf, 37530 Mosnes, Tel. 47.57.56.83 Y n. V.

JACQUES GANDON 1990**

☐ 2 ha 6 000 1

Jacques repräsentiert mindestens die dritte Winzergeneration der Gandons auf dem rechten Loireufer, zwischen Amboise und Vouvray. Der Keller ist 1989 modernisiert worden. Dieser Weißwein ist ein weiterer guter Vertreter des sonnenreichen Jahrgangs 1990 : Aroma von überreifen Chenintrauben mit einer Minzenote, geschmeidige Ansprache und voller Geschmack.

Jacques Gandon, Vauriflé, 37530 Nazelles-Négron, Tel. 47.57.31.19 Y Mo-Sa 9h-12h 14h-19h

MADELEINE GILBERT 1990*

☐ 1,5 ha 1 300 1

Madeleine Gilbert besitzt alte Cheninrebstöcke in einem Weinberg der Première Côte, wo diese Rebsorte traditionell interessante Weine liefert. Strohgelbe Farbe, elegantes Bukett, angenehm weicher Geschmack. Dieser liebliche 90er bietet Ausgewogenheit und Kraft.

Madeleine Gilbert, 1, rue des Vaux, 37530 Cangey, Tel. 47.30.17.76 Y n. V.

DOM. DE LA GABILLIERE 1990**

☐ 2 ha 8 000 2

Ein Versuchsweinberg, der von der Fachoberschule für Weinbau in Amboise bewirtschaftet wird. Dieser Hügel gegenüber dem Schloß von Amboise ist seit 15 Jahren mit Cheninreben bestockt. Dieser liebliche 90er, dessen Farbe so golden wie sein Etikett ist, übertrifft noch den 89er. Sein verschwenderisches Bukett mit den Zitrusnoten erinnert an die überreifen Trauben. Seine Komplexität, seine Kraft und seine Länge machen ihn zu einem schier unerschöpflichen Geschenk der Natur.

Dom. de La Gabillière, 13, rte de Bléré, 37400 Amboise, Tel. 47.30.48.58 Y n. V.

DOM. DE LA PREVOTE 1990**

☐ 5 ha k.A. 1

Drei Generationen der Familie Bonnigal teilen sich die Arbeit im Weinberg und bei der Weinbereitung. Seinen Namen hat das Gut von dem aus dem 11. Jh. stammenden, ganz nahe bei den Kellern gelegenen Gebäude, das die Familie 1969 erworben hat. Das nachhaltige Aroma dieses

Touraine-Azay-le-Rideau

schönen Weins entlädt sich im Duft und im Geschmack fast explosionsartig in einem Bukett aus Blumen und reifen Früchten : Rosen, Pfirsiche und Honig. Im Abgang spürt man einen Hauch von Geräuchertem. Ausgewogen, recht rund und sehr harmonisch.

↬ GAEC Bonnigal, 17, rue d'Enfer, 37530 Limeray, Tel. 47.30.11.02 ☿ tägl. 8h-20h

CH. DE LA ROCHE Gamay 1991★

| ■ | 6,96 ha | 20 000 | ▮↓�▯1 |

Unter dem rubinroten, violett schimmernden Kleid entdeckt man einen sehr fruchtigen Wein, dessen Aroma an saure Drops und Weichseln erinnert. Ein runder 91er, der vielleicht eher typisch für seine Rebsorte als für sein Anbaugebiet erscheint, aber fein und sehr gefällig ist.

↬ SCA Dom. du Ch. La Roche, rue de la Roche, 37530 Charge
↬ Anne Chainier

ROBERT MESLIAND 1990

| ■ | 0,65 ha | 4 000 | ❙❘↓o▯2 |

Robert Mesliand bewirtschaftet seit 1958 in Limeray Rebflächen mit unterschiedlichen Böden. Dieser hauptsächlich aus Gamaytrauben hergestellte Wein stammt von feuersteinhaltigen Lehm- und Sandböden aus dem Tertiär, die für diese Rebsorte besonders günstig sind. Ein nach Kirschen duftender 90er, der seinem Jahrgang seine rubinrote, violett schimmernde Farbe, seinen kräftigen Bau und seine Gerbsäure verdankt, wobei letztere noch milder werden dürfte.

↬ Robert Mesliand, 15 bis, rue d'Enfer, 37530 Limeray, Tel. 47.30.11.15 ☿ n. V.

CATHERINE MOREAU
Cuvée François Ier 1990★

| ■ | 1,5 ha | 10 000 | ▮❙❘↓o2 |

Catherine Moreau, die bereits die fünfte Winzergeneration dieser Familie repräsentiert, steht für die Kontinuität der Weinbautradition in Cangey. Sie leitet den Betrieb seit 1988 und hat einen neuen, modern ausgerüsteten Keller eingerichtet. Diese angenehm leichte Cuvée mit der schönen rubinroten Farbe, die nach roten Früchten duftet und eine pflanzliche Note enthüllt, ist eine gute Vertreterin der Appellation.

↬ Catherine Moreau, Fleuray, 37530 Cangey, Tel. 47.30.18.82 ☿ n. V.

FRANCOIS PEQUIN
Cuvée François Ier 1990★

| ■ | 2 ha | 7 000 | ❙❘o▯1 |

Das Dorf Limeray ist von historischer Bedeutung, denn es besaß einen Gerichtshof und ein Ballhaus (für das Paumespiel). François Péquin, Erbe einer langen Weinbautradition, hat seine technischen Anlagen 1991 modernisiert. Dieser farbintensive, kräftige Wein ist noch etwas rauh. Sein schon komplexes Bukett erinnert an Holz, Brombeeren und Geröstetes. Er dürfte problemlos zwei bis drei Jahre altern.

↬ François Péquin, 113, rue de Blois, 37530 Limeray, Tel. 47.30.09.10 ☿ n. V.

Das 50 ha große Anbaugebiet verteilt sich auf die beiden Ufer der Indre. Die Weine hier besitzen die Eleganz des Schlosses, das sich im Fluß spiegelt und dem sie ihren Namen verdanken. Es handelt sich überwiegend um Weißweine (1 500 hl), die trocken bis zart und besonders fein sind und gut altern ; sie stammen von der Rebsorte Chenin Blanc (oder Pineau de la Loire). Die Grolleaurebe liefert trockene, sehr vollmundige Roséweine (1 000 hl).

THIERRY BESARD 1990★★

| ☐ | 1 ha | 3 000 | ❙❘o2 |

Thierry Bésard hat sich hier 1988 als Nachfolger von drei Winzergenerationen niedergelassen. Aber dieser junge Erzeuger baut auf den sandigen, feuersteinreichen Lehmböden eher alte Rebstöcke an, die 1990 einen wundervollen Wein geliefert haben. Reich, rund, wohlausgewogen, vom Typ her halbtrocken. Ein schon sehr harmonischer 90er, der feine Noten von geröstetem Brot und Gewürznelken entfaltet. Kann gut altern.

↬ Thierry Bésard, La Croix des Durets, 37130 Lignières-de-Touraine, Tel. 47.96.85.37 ☿ n. V.

DOM. DU HAUT-BAIGNEUX 1991★

| ◨ | 2,96 ha | 5 000 | o1 |

Die Urgroßeltern Perdriau bauten schon 1865 Wein an. Seit dem hervorragenden Jahrgang 1976 ist Jean-Pierre für das Gut verantwortlich. 1990 hat er den Keller renoviert. Seine Weißweine werden regelmäßig in unserem Weinführer erwähnt. 1991 hat er besondere Mühe auf die geringen Erträge verwendet, die ihm seine Grolleaureben lieferten. Die Farbe und das Bukett zeigen eine zurückhaltende Eleganz. Dieser Rosé wirkt wie ein junges Mädchen voller Fröhlichkeit.

↬ Jean-Pierre Perdriau, Baigneux, 37190 Cheillé, Tel. 47.45.35.95 ☿ tägl. 8h-19h

DANIEL JAHAN 1990★

| ☐ | 0,3 ha | 2 000 | ❙❘o2 |

Im Land von Balzac, wo auch Alexander Calder die Inspiration für seine Mobiles fand, baut Daniel Jahan seit 1977 Wein an. Sein kleiner Weinberg mit Cheninreben liegt auf einem lehmig-kalkigen Hügel. 1990 erreichten seine Trauben Überreife. Ein lieblicher Wein, der eine schöne, goldene Farbe besitzt. Er entfaltet Noten von Zitrusfrüchten und hellem Tabak, die sich zu einem reichen Bukett zu entwickeln beginnen.

↬ Daniel Jahan, 16, rue principale, 37190 Saché, Tel. 47.26.86.45 ☿ n. V.

CH. DE LA ROCHE 1990

| ☐ | k.A. | 1 100 | ❙❘o2 |

Ein zu Beginn des 16. Jh. erbautes Schloß ist das Schmuckstück dieses Gutes, das die Familie

Gentil 1989 erwarb. Sie ist gerade dabei, die zwischen dem Indre und dem Wald von Chinon gelegenen Weinberge neu zu bestocken. Die Säure ist noch deutlich spürbar, aber dieser blaßgelbe Wein gefällt durch seinen Duft, der von empyreumatischen (Gegrilltes und Geräuchertes) bis zu blumigen Noten reicht.

☛ SCEA Dom. de La Roche, La Roche, 37190 Cheillé, Tel. 47.45.46.05 ☋ n. V.

RENE MENARD 1990*

☐	1,2 ha	5 000	⬤ ☑ 2

René Ménard entstammt einer alten Winzerfamilie und arbeitet seit dem vierzehnten Lebensjahr im Weinberg. 1988 hat er seinen Keller renoviert. Ein kleines Gut (3 ha), aber ein großer Erfolg. Die lange Erfahrung verbindet sich mit dem Alter der Rebstöcke (25 Jahre) beim 90er zu einem schönen, goldgelben Wein, der rund und lieblich ist und nach Honig und Zitrusfrüchten duftet.

☛ René Ménard, Les Ribottières, 37190 Azay-le-Rideau, Tel. 47.45.41.88 ☋ n. V.

JAMES PAGET 1991

◩	0,42 ha	1 600	⬤↓☑2

Dieses 1900 entstandene Gut liegt einige Kilometer vom Schloß von Rigny-Ussé entfernt. Es befindet sich seit vier Generationen im Besitz der gleichen Familie und wird seit 1983 von James Paget geleitet. Dieser Rosé ist eine Zusammenstellung mehrerer Traubensorten, wobei – wie in dieser Appellation üblich – Grolleau (60%) dominiert. Seine lebhaft rosarote Farbe, seine intensive Fruchtigkeit und seine Frische machen ihn zu einem Bonbon, das man zum Vergnügen lutscht. Der 90er Weißwein des Gutes verdient ebenfalls Erwähnung.

☛ James Paget, Armentières, 37190 Rivarennes, Tel. 47.95.54.02 ☋ n. V.

PIBALEAU PERE ET FILS 1990*

☐	1 ha	6 000	⬤↓☑2

Ein weißer Touraine-Azay in der Tradition des 89er, den wir im letzten Jahr besonders empfohlen haben. Blumiges Aroma mit einem Hauch von hellem Tabak, lebhafte Ansprache, Ausgewogenheit und Rundheit. Ein 90er, der eine strahlende Farbe und ein wunderschönes Etikett besitzt. Kann gut altern.

☛ GAEC Pibaleau Père et Fils, 37190 Luré, Tel. 47.45.41.41 ☋ Mo-Sa 8h-12h 14h-19h

PIERRE RIVRY 1990*

☐	1 ha	4 000	⬤ ☑2

Pierre Rivry baut in Lignières-de-Touraine Cheninreben an, die hier einen guten Boden und ein günstiges Mikroklima finden. Beweis dafür ist, daß sein Weißwein regelmäßig in unserem Weinführer zu finden ist! Sein 90er ist ein gutes Beispiel für die Weine, die dieser außergewöhnliche Jahrgang hervorgebracht hat. Ein lieblicher Wein, der schon sehr aromatisch (Honig und Zitrusfrüchte) ist, eine klare Ansprache besitzt und mindestens zehn Jahre altern kann. Erwähnen sollte man auch den sehr fruchtigen 91er Rosé.

☛ Pierre Rivry, 10, rue de Villandry, 37130 Lignières-de-Touraine, Tel. 47.96.72.38 ☋ n. V.

LA CAVE DES VALLEES 1991**

◩	k.A.	5 000	⬤⬤⬤☑1

Die Weinberge von Marc Badiller befinden sich in sehr guten Reblagen in Cheillé mit feuersteinreichen Lehmböden in Cheillé und besitzen alte Rebstöcke mit Grolleautrauben. Der Keller liegt in der Nähe der Kirche, neben der eine 300 Jahre alte Eiche steht. Dieser schöne Rosé mit der lachsrosa Farbe hat den Gaumen unserer Prüfer mit einem Hauch von Kohlensäure gekitzelt. Sie waren sich nicht sicher, ob sie das Aroma als blumig oder fruchtig bezeichnen sollten. Aber sie beschrieben ihn einmütig als süffig und ausgewogen. Kurz gesagt : sehr harmonisch.

☛ Marc Badiller, 29, le Bourg-de-Cheillé, 37190 Cheillé, Tel. 47.45.24.37 ☋ n. V.

VERRONNEAU ET FILS 1990*

☐	1 ha	1 500	⬤⬤☑1

Norbert Verronneau, der seit 25 Jahren in Beaulieu Wein anbaut, hat die Verantwortung für die Vinifizierung seinem Sohn Frank übertragen. Dank des schönen Jahrgangs ein gelungener Wein voller Finesse, dessen zartes Blütenaroma sich im Glas erst nach etwa zwei Minuten entwickelt. Im Geschmack spürt man nur noch Rundheit und Geschmeidigkeit.

☛ Verronneau et Fils, Beaulieu, 37190 Cheillé, Tel. 47.45.46.30 ☋ n. V.

Touraine-Mesland

Das Anbaugebiet der Appellation, das auf dem rechten Ufer der Loire, nördlich von Chaumont und im äußersten Osten der Touraine, liegt, umfaßt 250 ha. Der Hauptteil der Produktion entfällt auf Rotweine (8 000 hl). Diese Weine, reinsortige Gamayweine oder mit Cabernet und Côt verschnitten, sind gut strukturiert und typisch. Die Roséweine (1 000 hl) sind ebenso wie die Weißweine (1 300 hl ; vorwiegend aus der Rebsorte Chenin) trocken.

DOM. DE BROSSILLON 1990

☐	1,15 ha	8 000	⬤↓☑2

Man kann hier, im Herzen der Appellation Touraine-Mesland, täglich in einem hübschen Probierkeller Weine verkosten. Gerade wird ein neuer Weinkeller gebaut. Ein sehr feiner, leichter Weißwein, der nach weißen Blüten, Zitrusfrüchten und Ananas duftet.

☛ Philippe Brossillon, Dom. de Lusqueneau, 41150 Mesland, Tel. 54.70.28.23 ☋ tägl. 8h-20h

DOM. DU CHEMIN DE RABELAIS 1990*

■	15 ha	50 000	⬤↓☑1

José Chollet leitet heute ein Gut, von dessen

40 ha fünfzehn mit roten Rebsorten bepflanzt sind. Diese Cuvée, die nur zu 40% aus Gamay besteht, besitzt die Adstringenz der Jugend, die jedoch durch eine gute Rundheit und ein angenehmes, an Weichseln, Veilchen und Leder erinnerndes Aroma gemildert wird. Man kann sie ab Ende 1993 trinken.

☛ José Chollet, 23, chem. de Rabelais, 41150 Onzain, Tel. 54.20.79.50 ⚏ n. V.

CH. GAILLARD Vieilles vignes 1990★★

■			
	3 ha	18 000	⚏↓Ⓜ**2**

Vincent Girault hat diese vor einem Jahrhundert angelegten Weinberge 1978 übernommen. Das Château ist verschwunden, aber die alten Rebstöcke existieren immer noch. Den Beweis dafür liefert dieser vollständige, »in allen drei Dimensionen« solide 90er. Ein guter lagerfähiger Wein, der bereits ein reiches Bukett mit fruchtigen Noten bietet.

☛ Vincent Girault, Clos Ch. Gaillard, 41150 Mesland, Tel. 54.70.27.14 ⚏ n. V.

CLOS CHATEAU GAILLARD 1990★

□			
	k.A.	5 000	⚏↓Ⓜ**1**

Der Besucher wird hier freundlich aufgenommen und kann nach der Besichtigung des Kellers eine Ferienwohnung oder ein Gastzimmer mieten. Dieser 90er Weißwein besitzt eine schöne goldgelbe Farbe. Er hat unsere Jury besonders durch seinen schier unerschöpflichen aromatischen Reichtum (eher empyreumatisch im Geruch und fruchtig im Geschmack) und durch seine sehr schöne Länge begeistert.

☛ Vincent Girault, Clos Ch. Gaillard, 41150 Mesland, Tel. 54.70.27.14 ⚏ n. V.

DOM. DE LA BESNERIE
Vieilles vignes 1990★★

■			
	3 ha	20 000	⚏↓Ⓜ**1**

TOURAINE-MESLAND
Appellation Touraine-Mesland Contrôlée

Vieilles Vignes

Domaine de la Besnerie

MIS EN BOUTEILLE AU DOMAINE

François et Jacqueline PIRONNEAU
VIGNERONS A MONTEAUX - LOIR-ET-CHER - FRANCE

PRODUCT OF FRANCE ℮750 ml

François repräsentiert die dritte Generation der Familie Pironneau im Loiretal. Er hat aus 70% Gamay und 30% Cabernet diese Cuvée zusammengestellt, die regelmäßig in unserem Weinführer hohes Lob erntet. Sein 90er entfaltet einen komplexen, reizvollen Duft von Veilchen und Kirschen. Er ist rund und kräftig gebaut. Ein guter lagerfähiger Wein.

☛ François Pironneau, Dom. de la Besnerie, rte de Mesland, 41150 Monteaux, Tel. 54.70.23.75 ⚏ n. V.

CLOS DE LA BRIDERIE 1990★

■			
	4 ha	25 000	⚏Ⓜ**2**

Jeannine und François Girault, die in Monteaux und Mesland neue Weinberge angelegt haben, besitzen einen modernen Gärkeller und einen hübschen Empfangsraum. Ein leichter Wein, der vielleicht eher für die Rebsorte Gamay typisch ist als für die Appellation Touraine-Mesland. Er gefällt jedoch durch seine intensive Fruchtigkeit, die an Kirsch- und Brombeerkonfitüre erinnert.

☛ J. et F. Girault, Clos de La Briderie, 41150 Monteaux, Tel. 54.70.21.60 ⚏ n. V.

CLOS DE LA BRIDERIE 1990★

□			
	2 ha	10 000	⚏Ⓜ**2**

Dieser Weinberg mit 50 Jahre alten Chenin-Blanc-Rebstöcken, die auf einem Kreidetuffboden wachsen, hat einen schönen Wein von strohgelber Farbe hervorgebracht, der ein intensives Aroma von Honig und gekochten Früchten (Birnen, Quitten) entfaltet. Ein wohlausgewogener, geschmeidiger 90er, der sehr ansprechend ist.

☛ J. et F. Girault, Clos de La Briderie, 41150 Monteaux, Tel. 54.70.21.60 ⚏ n. V.

DOM. DU PARADIS 1990

■			
	4 ha	12 000	⚏Ⓜ**1**

Philippe Souciou hat vor sechs Jahren die Leitung des Familienguts übernommen. 1990 hat er den Keller renoviert. Ein gefälliger Wein, der für seinen Jahrgang relativ leicht ist. Ein Hauch von Geröstetem begleitet das fruchtige Aroma. Man kann diesen durstlöschenden Wein ganz schlicht zu gegrilltem Fleisch trinken.

☛ Philippe Souciou, 39, rue d'Asnières, 41150 Onzain, Tel. 54.20.81.86 ⚏ n. V.

JEAN-CLAUDE ROBERT
La Grosse Pierre 1990★★

■			
	5 ha	20 000	⚏↓Ⓜ**2**

J.-C. Robert hat 1964 die Nachfolge seines Onkels angetreten. Dieser Wein stammt hauptsächlich von Cabernet-Franc-Reben, die auf Kiessandböden aus dem Miozän wachsen. Ein 90er, der harmonisch blumige (Veilchen) und fruchtige (Himbeeren und schwarze Johannisbeeren) Noten vermischt. Er ist kräftig gebaut und wird in zwei Jahren seinen Höhepunkt erreichen.

☛ Jean-Claude Robert, 4, 5, rue d' Asnières, 41150 Onzain, Tel. 54.20.73.81 ⚏ n. V.

Bourgueil

Das 1 200 ha große Anbaugebiet der Appellation Bourgueil liegt im Westen der Touraine, an den Grenzen zum Anjou, auf dem rechten Ufer der Loire. Aus der Rebsorte Cabernet-Franc (Breton) werden hier 45 000 hl sehr typische Rotweine erzeugt. Sie sind rassig und besitzen elegante Tannine, die ziemlich stark durch die Lage (Hang oder Terrasse) und die Böden (Kalkstein und Lehm oder Kies) geprägt sind ; dank einer langen Gärdauer haben sie eine gute Alterungsfähigkeit. Die besten Jahrgänge (1979 oder 1989 beispielsweise) können im Keller mehrere Jahrzehnte reifen. Einige hundert Hektoliter werden als trockene Roséweine hergestellt. Übrigens bauen auch die Winzer, die Mitglieder der Genossenschaft von Bourgueil sind, ihre Weine selbständig in ihrem eigenen Keller aus.

HUBERT AUDEBERT 1990*

		■ ❚❚ ↓ ☑ ❷
	1,1 ha	9 000

Das alte Gut Penet ging vor fast einem Jahrhundert nach einer Heirat in den Besitz der Audeberts über. Der 90er erscheint leicht ambrafarben und verströmt einen kräftigen Duft von roten Früchten (Weichseln), den entwickelte würzige Noten begleiten. Ein ziemlich kraftvoller, ausgewogener und voller Wein, der eine angenehme Länge besitzt.
➤ Hubert Audebert, Les Sablonnières, 37140 Restigné, Tel. 47.97.42.10 ☎ n. V.

ROSELYNE BRETON 1990

		❚❚ ☑ ❷
	6,5 ha	15 000

Restigné liegt in der Nähe des »großen Weges«, einer alten Straße, die die Touraine mit der Atlantikküste verband. Dieser Wein mit der leichten, strahlend rubinroten Farbe entfaltet einen Duft, der an Veilchen, rote Früchte und Lakritze erinnert. Er besitzt eine sehr elegante Fruchtigkeit und ist wohlausgewogen und gefällig.
➤ Roselyne Breton, rue Basse, 37140 Restigné, Tel. 47.97.31.35 ☎ n. V.

CHRISTOPHE CHASLE 1990*

		■ ☑ ❷
	1,5 ha	10 000

Christophe Chasle besitzt in Saint-Patrice einen Weinberg mit guten Lagen und Kies- und Kalktuffböden. Seine Weine profitieren von der konstanten Temperatur und Feuchtigkeit eines Gär- und eines Lagerkellers, die in den Hang hineingegraben sind. Dieser 90er stammt von einem Kalktuffboden. Er besitzt eine purpurrote Farbe und duftet angenehm nach roten Früchten. Im Geschmack entdeckt man auch Lakritze. Ein vollmundiger, wohlausgewogener Wein.
➤ Christophe Chasle, 37130 Saint-Patrice, Tel. 47.96.95.95 ☎ n. V.

DOM. DES CHESNAIES 1990*

		■ ↓ ☑ ❷
	2,3 ha	16 000

Die Domaine des Chesnaies besitzt seit dem Ende des 19. Jh. einen guten Ruf. Philippe Boucard setzt natürlich diese lange Familientradition fort. Der purpurrote 90er verströmt einen intensiven Duft von gekochten Früchten, in dem man auch eine auf den Ausbau in Eichenholzfässern zurückgehende Holznote entdeckt. Die Fruchtigkeit entfaltet sich im Geschmack, der eine klare

Ansprache bietet. Er besitzt eine gute Fülle, Länge und einen schon harmonisch eingebundenen Holzton.
➤ GAEC Lamé-Delille-Boucard, Dom. des Chesnaies, 37140 Ingrandes-de-Touraine, Tel. 47.96.98.54 ☎ n. V.

DOM. DU COUDRAY-LA-LANDE
Vieilles vignes 1990*

		❚❚ ↓ ☑ ❷
	3 ha	12 000

Die Familie wohnte schon vor der Französischen Revolution auf diesem Anwesen, aber erst zu Beginn des Jahrhunderts wurde es als Weingut bekannt. Ein kirschroter 90er mit einem komplexen Duft : blumige Noten, rote Früchte und Geräuchertes. Nach einer geschmeidigen Ansprache zeigt er sich kräftig und gut strukturiert. Im Geschmack entdeckt man ein Aroma von Veilchen, roten Früchten und Gewürzen (Zimt).
➤ Jean-Paul Morin, Le Coudray-la-Lande, 37140 Bourgueil, Tel. 47.97.76.92 ☎ n. V.

DOM. DES GALLUCHES 1990

		❚❚ ☑ ❷
	k.A.	40 000

In Burgund spricht man von »laves« (Lavagestein), während man hier »galluches« dazu sagt. Daher rührt auch der Name dieses Gutes, das in seinem Boden Feuerstein enthält. Granatrote Farbe. Der angenehme Duft von Kernobst (Pflaumen) wird vom Ausbau in Holzfässern geprägt. Im Geschmack fügen sich die Tannine in die ziemlich leichte Struktur ein. Am interessantesten ist sein aromatisches Potential.
➤ Jean Gambier, Dom. des Galluches, 37140 Bourgueil, Tel. 47.97.72.45 ☎ n. V.

PIERRE GAUTHIER 1990

		❚❚ ↓
	k.A.	k.A.

Pierre Gauthier leitet seit 1979 ein Weingut, das sehr typisch für das Anbaugebiet von Benais ist. Der rubinrote 90er ist ein guter Vertreter des Jahrgangs. Sein komplexer Duft erinnert an rote Früchte, die man auch im angenehmen Geschmack wiederfindet. Ein Wein, der vor allem durch seine Fruchtigkeit gefällt.
➤ Pierre Gauthier, La Motte, 37140 Benais, Tel. 47.97.41.06 ☎ n. V.

DOM. DES GELERIES 1990*

		■ ☑ ❷
	2 ha	6 000

Gérard Rouzier übernahm 1973 dieses Gut. Die Keller sind etwas später renoviert worden. Ein schöner 90er mit ziegelroten Reflexen und einem Erdbeer- und Himbeerduft, der eine rauchige Note enthüllt. Kräftig, rund, mit harmonischen Tanninen. Bereits trinkreif.
➤ Gérard Rouzier-Meslet, Les Géléries, 37140 Bourgueil, Tel. 47.97.72.83 ☎ n. V.

DOM. DES GESLETS 1990*

		■ ❚❚ ↓ ☑ ❷
	5 ha	30 000

Die Domaine des Geslets besitzt 30 Jahre alte Rebstöcke, die auf Sand-, Kies- und Kalktuffböden wachsen. Eine lebhaft rote Farbe mit jugendlichen Reflexen. Dieser 90er entfaltet einen schönen Duft von gekochten Früchten und Unterholz. Man kann schon heute sein volles Aroma genießen.

🍷 Pierre Grégoire, Les Geslets, 37140 Bourgueil, Tel. 47.97.80.01 ☎ n. V.

CLOS DE L'ABBAYE 1990

■　　　6,85 ha　42 000　🍶🍷⬇☑2

Der 82er Clos de l'Abbaye war einmal, wie sich unsere Leser vielleicht erinnern, die erste besondere Empfehlung in der Appellation Bourgueil. Eine Hommage an die Benediktiner, die hier den Weinbau eingeführt haben. Der Weinberg befindet sich innerhalb der Mauern des Klosters, das heute den Sœurs de Saint-Martin gehört. Ein rubinroter, ins Ziegelrote spielender 90er, dessen Duft an rote Früchte und frisches Brot erinnert. Im Geschmack kommen Brombeeren zum Vorschein. Er ist voll und harmonisch und hat fast schon seinen Höhepunkt erreicht.
🍷 SCEA de La Dime, Clos de L'Abbaye, 37140 Bourgueil, Tel. 47.97.76.30 ☎ n. V.

DOM. DE LA BUTTE 1990★

■　　　k.A.　　k.A.　🍶🍷☑1

Die Rebstöcke des Gutes La Butte wachsen auf lehmig-kalkigen Böden. 1990 haben sie einen granatroten Wein mit einem klassischen, komplexen Duft hervorgebracht, der an Veilchen, rote Früchte und Lakritze erinnert. Seine Fruchtigkeit bestätigt sich im Geschmack. Ein gut strukturierter 90er, der sich noch entwickeln muß.
🍷 GAEC Gilbert et Didier Griffon, La Butte, 37140 Bourgueil, Tel. 47.97.81.30 ☎ tägl. 8h-12h 14h-18h

DOM. DE LA CHEVALERIE
Vieilles vignes 1990★★

■　　　4 ha　13 000　🍶🍷☑2

DOMAINE DE LA CHEVALERIE

Bourgueil
APPELLATION CONTRÔLÉE
Vieilles Vignes

12,5% Vol.　　　　　　　　　750 ml
MIS EN BOUTEILLES A LA PROPRIÉTÉ　　　PRODUCT OF FRANCE
CASLOT PIERRE, PROPRIÉTAIRE-RÉCOLTANT, »DOMAINE DE LA CHEVALERIE«, RESTIGNÉ (I.-&-L.)

Die Vinifizierungskunst von Pierre Caslot bereitet der langen Familientradition mit diesem 90er keine Schande. Die Farbe ist purpur- bis granatrot. Der Duft von roten Früchten und Gewürzen entwickelt sich an der Luft in Richtung gekochte Früchte. Im Geschmack reicht die aromatische Palette von schwarzen Johannisbeeren bis zu Geräuchertem. Ein sehr gut strukturierter, kräftiger und tanninreicher Wein, der voll und stattlich ist. Er verdient zu Recht unsere besondere Empfehlung und wird die Weinliebhaber, die warten können, in ein paar Jahren noch mehr begeistern.
🍷 Pierre Caslot, Dom. de La Chevalerie, 37140 Restigné, Tel. 47.97.37.18 ☎ Mo-Sa 8h-20h ; So n. V.

DOM. DE LA COUDRAYE
Vieilles vignes 1990★

■　　　1,5 ha　10 000　🍷⬇☑2

Yannick leitet seit 15 Jahren das Gut La Coudraye. Dieser dunkelrote 90er duftet nach Früchten und Gewürzen. Im Geschmack entdeckt man Himbeeren und Pfeffer. Gute Ausgewogenheit. Schmeckt schon jetzt angenehm.
🍷 Yannick Amirault, La Coudraye, 37140 Bourgueil, Tel. 47.97.78.07 ☎ n. V.

DOM. DE LA GAUCHERIE 1990★

■　　　4 ha　k.A.　🍷⬇☑2

Régis Mureau hat das Gut vor 15 Jahren übernommen. Sein 90er besitzt eine schöne rubinrote Farbe mit gelbroten Reflexen. Der Duft erinnert leicht an rote Früchte und entfaltet eine kräftige empyreumatische Note mit deutlichem Lakritzegeruch. Geschmeidig, weich, vollmundig und fruchtig, mit harmonisch aufgelösten Tanninen. Ein recht anmutiger Wein.
🍷 EARL Régis Mureau, La Gaucherie, 37140 Ingrandes-de-Touraine, Tel. 47.96.97.60 ☎ tägl. 8h-12h 14h-20h ; 15.–31. Juli geschlossen

DOM. DE LA LANDE
Cuvée des graviers 1990

■　　　1,25 ha　7 000　🍶🍷⬇☑2

Der für die Touraine typische Hof liegt nach Süden, während der Keller eine Nordlage besitzt. Dieser granatrote 90er verströmt einen angenehmen Duft von roten Früchten und Lakritze. Im Geschmack ist er ausgewogen und gefällig und zeigt eine gute, nachhaltige Gerbsäure.
🍷 Marc Delaunay, La Lande, 37140 Bourgueil, Tel. 47.97.80.73 ☎ Mo-Sa 8h-18h

DOM. DE LA NOIRAIE
Cuvée prestige 1990★

■　　　3 ha　18 000　🍶⬇☑2

Das Gut wird von zwei Brüdern geführt, deren Vorfahren hier Halbpächter waren. Der Weinberg, heißt es, gehört zum Schluß immer denjenigen, die ihn bestellen. Ein 90er mit einer schönen Farbe und einem komplexen Duft. Er entfaltet sich im Geschmack, der alkoholreich und wohlausgewogen ist und gute Tannine und eine bemerkenswerte Rundheit besitzt.
🍷 SCA Delanoue Frères, L'Ereau, 37140 Benais, Tel. 47.97.30.40 ☎ n. V.

LES MARQUISES 1990★

■　　　1,34 ha　10 000　🍶🍷⬇☑2

Das Anbaugebiet Les Marquises befindet sich auf einem lehmig-kalkigen Boden. Die sorgfältige Vinifizierung der Trauben erklärt den verfeinerten Charakter dieser vornehmen Cuvée. Der 90er besitzt eine kräftige, rubinrote Farbe und entfaltet einen Duft von roten Früchten. Im Geschmack kommen eine pflanzliche Note und die Tannine zum Vorschein. Ein gut strukturierter, vielversprechende Wein.
🍷 Jean-Claude Audebert, Le Signoret, 37140 Bourgueil, Tel. 47.97.72.41 ☎ Mo-Fr 8h-12h 14h-19h ; Sa, So n. V.

VIGNOBLE LES PINS
Cuvée Vieilles vignes 1990*

■   1,5 ha   9 000   ▮◧↓Ⅴ②

20 Jahre alte Rebstöcke auf unterschiedlichen Böden (Sand auf lehmigem Untergrund und lehmig-kalkig). Dieser 90er entfaltet einen harmonischen Duft von reifen, sogar gekochten Früchten. Das gleiche Aroma kommt auch im Geschmack mit guter Nachhaltigkeit zum Vorschein. Ein gut strukturierter, langer Wein, der eine interessante Entwicklung zuläßt.

↝ Christophe Pitault, Les Pins, 37140 Bourgueil, Tel. 47.97.88.91 ☎ n. V.

DOM. LES PINS
Cuvée Clos les pins 1990**

■   1,5 ha   10 000   ▮◧↓Ⅴ②

Diese Familie baut seit mehr als einem Jahrhundert Wein an. Claude Landry leitet das Gut seit 1965 und beweist auch mit seinem 90er, daß er die Tradition fortsetzt. Ein rubinroter, leicht ziegelrot schimmernder Wein, dessen intensiver Duft noch an Himbeeren erinnert, aber bereits entwickelt ist (Pfeffer- und Ledernoten). Im Geschmack entfaltet sich ein Kirscharoma. Die würzigen Noten verstärken sich. Außerdem taucht ein Lakritzearoma auf. Sehr harmonische Struktur und gute Länge.

↝ Claude Pitault-Landry, Dom. Les Pins, 37140 Bourgueil, Tel. 47.97.82.89 ☎ n. V.

DOM. LES PINS
Cuvée Vieilles vignes 1990**

■   2,5 ha   16 000   ▮◧↓Ⅴ②

Diese 90er Cuvée stammt von einem lehmig-kalkigen Boden. Purpurrote Farbe, intensiver, weiniger Duft mit fruchtigen und würzigen Noten. Reiches Aroma im Geschmack (vor allem Weichseln und schwarze Johannisbeeren) und sehr angenehme Nachhaltigkeit. Dieser gut gebaute, kräftige und sehr harmonische Wein kann während der Alterung in der Hierarchie noch höher hinaufsteigen.

↝ Claude Pitault-Landry, Dom. Les Pins, 37140 Bourgueil, Tel. 47.97.82.89 ☎ n. V.

MICHEL ET JOELLE LORIEUX
Cuvée de chevrette 1990**

■   k.A.   10 000   ▮◧↓Ⅴ②

Michel und Joëlle arbeiten im Schatten einer Windmühle. Die Keller sind 1988 renoviert worden. Ein gelungener 90er mit dunkelrubinroter Farbe, dessen komplexer Duft von blumigen Noten über einen Hauch von grünen Paprikaschoten bis zu Zimt reicht. Besonders angenehm schmeckt der kräftig gebaute, runde Wein im Abgang. Er ist gut strukturiert, so daß er noch gelagert werden kann.

↝ Michel et Joëlle Lorieux, Chevrette, 37140 Bourgueil, Tel. 47.97.85.86 ☎ n. V.

DOM. DES MAILLOCHES
Cuvée Sophie 1990**

■   k.A.   10 000   ◧↓②

Bereits gegen Ende des Jahrhunderts stellte François Demont-Jamet seinen Clos des Mailloches bei verschiedenen Weltausstellungen aus, u. a. in Chicago (1983), wo sein Wein außer Konkurrenz teilnahm. Diese Cuvée ist eine Hommage an die Tochter des Hauses. Schöne, rubinrote Farbe, komplexer Duft, schöne Ausgewogenheit und Fülle. In seinem Aroma dominieren schwarze Johannisbeeren. Seine geschmackliche Länge läßt eine harmonische Lagerung vorhersagen.

↝ Jean-François Demont, Les Mailloches, 37140 Restigné, Tel. 47.97.33.10 ☎ n. V.

MESLET-THOUET 1990**

■   1,5 ha   9 000   ▮Ⅴ②

Schöne, rubinrote Farbe. Stark entfalteter Duft von roten Früchten. Im Geschmack zeigt er sich sehr elegant. Sein ansprechendes Aroma von Himbeeren und roten Johannisbeeren und seine harmonischen Tannine machen ihn zu einem 90er Wein, der sehr repräsentativ für die Appellation ist.

↝ Meslet-Thouet, Les Géléries, 37140 Bourgueil, Tel. 47.97.80.33 ☎ Mo-Sa 8h-20h

DOMINIQUE MOREAU 1990

■   k.A.   k.A.   ▮◧↓Ⅴ①

Dominique Moreau hat für diese Cuvée Trauben von alten Rebstöcken ausgewählt, die auf lehmig-kalkigen Böden wachsen. Dunkle Farbe, komplexer Duft von Früchten und Holz, der vom Ausbau in Holzfässern herrührt. Der Geschmack ist fruchtig (Brombeeren), rund und stattlich. Ein reicher Wein, der seinen Höhepunkt erreicht hat.

↝ Dominique Moreau, rue basse, 37140 Restigné, Tel. 47.97.31.93

DOM. JACQUES MORIN
Cuvée prestige 1990***

■   10 ha   25 000   ▮↓Ⅴ②

Jacques Morin hat Trauben von alten Rebstöcken für seine Spitzencuvée ausgewählt, die er auf sehr klassische Weise hergestellt und ausgebaut hat. Seine dunkle, ziegelrot schimmernde Farbe und sein entwickelter, intensiver und komplexer Duft erwecken eine breite Palette von Assoziationen : getrocknete Früchte, Gewürze, Tiergeruch. Im Geschmack folgt auf eine volle Ansprache ein Aroma von eingemachten roten Früchten, Backpflaumen und Gewürzen. Im Abgang kommen harmonische Tannine zum Vorschein. Ein sehr harmonischer, lagerfähiger Wein.

↝ Jacques Morin, Le Vau Godard, 37140 Bourgueil, Tel. 47.97.30.17 ☎ n. V.

JEAN NAU 1990

■   2,5 ha   10 000   ▮↓Ⅴ②

Ingrandes ist ein Teil der Geschichte des Weinbaus in der Touraine und auch der Weltgeschichte, denn Karl VIII. wählte einen Wein von hier für seine Heirat mit Anna von Bretagne. Jean Nau ist bereits im Ruhestand, aber seine Frau führt den Betrieb weiter. Man könnte fast glauben, daß an der Herstellung dieses 90ers beteiligt war. Intensiver Duft von Kirschen und Gewürzen. Im Geschmack entdeckt man ebenfalls rote Früchte sowie eine pflanzliche Note. Gut gebaut, ausgewogen und schon trinkreif.

↝ Jean Nau, La Perrée, 37140 Ingrandes-de-Touraine, Tel. 47.96.98.59 ☎ n. V.

NAU FRERES Vielles vignes 1990★

■   4 ha   20 000   ▮ ⑪ ↓ ☑ **2**

Die GAEC Nau hat für ihre »Cuvée Vielles vignes« 25 Jahre alte Bretonrebstöcke ausgewählt, die in guter Lage auf Kalkhängen wachsen. Der 90er entfaltet einen kräftigen Duft von gekochten, leicht karamelisierten Früchten und Lakritze. Fruchtig, wohlausgewogen und reich an feinen Tanninen. Dieser Wein ist ein guter Vertreter seines Jahrgangs.

⌐ GAEC Nau Frères, La Perrée, 37140 Ingrandes-de-Touraine, Tel. 47.96.98.57 ☒ Mo-Sa 8h-12h 14h-19h

BERNARD OMASSON 1990★★

■   3,5 ha   3 000   ▮ ⑪ ☑ **2**

Bernard Omasson entstammt einer Familie, die seit Generationen Weinbau betreibt und ein kleines Gut besaß. Sein Können bestätigt sich mit dieser Cuvée. Schillernde rubinrote Farbe. Sein komplexer, kräftiger Duft erinnert an Himbeeren und eingemachte Früchte, die perfekt miteinander harmonieren. Ein alkoholreicher, gut strukturierter Wein, der mit seinem Lakritze- und Vanillearoma sehr repräsentativ für die Appellation und den Jahrgang ist. Man kann ihn schon jetzt trinken, aber auch noch lagern.

⌐ Bernard Omasson, La Perrée, 37140 Ingrandes-de-Touraine, Tel. 47.96.98.20 ☒ n. V.

DOM. DES OUCHES 1990★★

■   4 ha   16 000   ⑪ ↓ ☑ **2**

Seit bald 20 Jahren leitet Paul Gambier die Domaine des Ouches. Er praktiziert immer noch die Lese mit der Hand und die traditionelle Vinifizierung mit langer Gärdauer. Sein 90er besitzt eine schöne rubinrote Farbe und einen sehr ansprechenden, eleganten Duft, der an frisch geschnittene Kräuter und rote Früchte (Kirschen) erinnert. Im Geschmack folgt auf eine schöne Ansprache ein samtiger, tanninreicher Eindruck, der ihn sehr einschmeichelnd macht. Verdient fast eine besondere Empfehlung.

⌐ Paul Gambier, Fontenay, 37140 Ingrandes-de-Touraine, Tel. 47.96.98.77 ☒ n. V.

DOM. DU PETIT BONDIEU
Cuvée Vielles vignes 1990★

■   3 ha   16 000   ▮ ↓ ☑ **2**

Jean-Marc Pichet bewirtschaftet seit 1975 ein Gut, das 3 ha Rebflächen mit alten Rebstöcken auf lehmig-kalkigen Böden umfaßt. 1990 hat er eine hübsche Cuvée hergestellt, die eine dunkelrubinrote Farbe bietet. In ihrem angenehmen Duft dominieren rote Früchte, zu denen Pflaumen und Gewürze hinzukommen. Die geschmackliche Ansprache ist etwas hart, aber der Wein besitzt Fülle und Länge. Dank seiner Struktur kann er altern. Sein vielversprechender Duft dürfte sich günstig entwickeln.

⌐ Jean-Marc Pichet, Le Petit Bondieu, 37140 Restigné, Tel. 47.97.33.18 ☒ n. V.

DOM. DU PETIT BONDIEU 1990

■   6 ha   36 000   ▮ ↓ ☑ **1**

Dieser gut vinifizierte 90er ist leicht, frisch und ausgewogen und entfaltet ein gutes Aroma von roten Früchten.

⌐ Jean-Marc Pichet, Le Petit Bondieu, 37140 Restigné, Tel. 47.97.33.18 ☒ n. V.

PAUL POUPINEAU 1990★★

■   0,7 ha   4 000   ▮ ↓ ☑ **2**

Paul Poupineau hat das Gut seinem Sohn noch nicht vollständig übergeben, sondern für sich einen Hektar mit alten Rebstöcken behalten, die auf – für das Anbaugebiet typischen – lehmigkalkigen Böden wachsen. Der 90er besitzt eine schöne, purpurrote Farbe. Sein Aroma erinnert im Duft an Himbeeren und im Geschmack an Brombeeren. Ein alkohol- und stoffreicher Wein, dessen erstklassige Tannine einen recht angenehmen Eindruck hinterlassen. Ein hübscher, sehr harmonischer Wein.

⌐ Paul Poupineau, Le Bourg, 37140 Benais, Tel. 47.97.30.30 ☒ n. V.

DOM. DU PRESSOIR FLANNIERE
Cuvée Vielles vignes 1990

■   1 ha   5 000   ▮ ⑪ ↓ ☑ **2**

Der Weinberg befindet sich am Fuße eines Hangs, der über der Loire aufragt. Rubinrote, leicht ins Ziegelrote spielende Farbe. Angenehmer Duft von roten Früchten (rote Johannisbeeren). Im Geschmack zeigt sich dieser 90er rund, fruchtig und bereits harmonisch.

⌐ Gilles Galteau, Pressoir Flannière, 37140 Ingrandes-de-Touraine, Tel. 47.96.98.95 ☒ tägl. 8h-18h

DOM. DES RAGUENIERES 1990★

■   15 ha   15 000   ▮ ⑪ ☑ **3**

Ein Wein mit einer schönen, rubinroten Farbe und einem vornehmen Duft von Kirschen und roten Johannisbeeren. Im sehr fruchtigen Geschmack erinnert das Aroma an die Noten des Geruchseindrucks. Mit seinen deutlich spürbaren Tanninen und seiner guten Länge typisch für die Appellation.

⌐ SCEA Dom. des Raguenières, Le Machet, 37140 Benais, Tel. 47.97.30.16 ☒ n. V.

Chinon

In dem Dreieck, das der Zusammenfluß von Vienne und Loire bildet, erstreckt sich die AOC Chinon (1 800 hl) rund um die mittelalterliche Stadt, der sie ihren Namen und ihr Zentrum verdankt, im Land von Gargantua und Pantagruel. Sie besitzt Hänge mit sehr günstiger Südlage. Die Rebsorte Cabernet Franc, die hier Breton genannt wird, liefert durchschnittlich 85 000 hl; bis auf einige Hektoliter trockene Roséweine handelt es sich dabei um schöne Rotweine, die qualitativ an die Bourgueilweine heranreichen: rassig, mit eleganten Tanninen und lange lagerfähig (einige außergewöhnliche Jahrgänge können mehrere Jahrzehnte alt werden !). Der weiße Chinon, der nur in geringer Menge (250 hl) erzeugt wird, ist ein eher trockener Wein, der aber je nach Jahrgang auch zart ausfallen kann.

PHILIPPE ALLIET Cuvée prestige 1990★★

■   2 ha   10 000   ⬛ 🍷 ✅ **2**

Bereits entwickelte rubinrote Farbe. Im Duft dominiert ein Vanillearoma. Dieser kräftig gebaute Wein trägt den Stempel des Ausbaus im Holzfaß, zeigt aber eine gute Ausgewogenheit und eine harmonische Rundheit.
☛ Philippe Alliet, L'Ouche-Mondé, 37500 Cravant-les-Coteaux, Tel. 47.93.17.62 ⵣ n. V.

VINCENT BELLIVIER 1990

■   2 ha   5 000   ⬛ 🍷 ✅ **1**

Ein hellrubinroter Wein, der im Geruchseindruck an Paprika erinnert, während man im Geschmack Veilchen entdeckt. Ein fröhlicher Wein, der lebhaft und leicht ist. Ein harmonischer Chinon.
☛ Vincent Bellivier, La Tourette, 37420 Huismes, Tel. 47.95.54.26 ⵣ n. V.

PASCAL BRUNET 1990★

■   3 ha   5 000   🍷 ✅ **2**

Claude Luther (18 Jahre Saint-Germain-des-Prés machen sich bezahlt !) liebte dieses Gut. Der 90er würde sein Gefallen finden. Komplexer Duft (Vanille, Blüten). Das gleiche Aroma kommt im Geschmack zum Vorschein, wobei noch Noten von roten Früchten (Brombeeren) und Lakritze hinzukommen. Schon heute ein Hochgenuß.
☛ Pascal Brunet, Etilly, 37220 Panzoult, Tel. 47.58.62.80 ⵣ n. V.

YVES CAILLE 1990★

■   1,3 ha   6 000   ⬛ 🍷 ↓ ✅ **3**

Yves Caillé hat für diesen 90er mit der schönen, hellrubinroten Farbe Trauben von lehmig-kalkigen Böden ausgesucht. Sein Blütenduft ist recht angenehm. Im Geschmack zeigt er sich wohlausgewogen. Sein Aroma erinnert an rote Früchte (Kirschen) und Gewürze und enthüllt eine leicht pfeffrige Note. Vollmundig und elegant.
☛ Yves Caillé, 18, rue Perrotin, 37220 Crouzilles, Tel. 47.58.57.95 ⵣ n. V.

CHAI DES LOGES 1990★

■   k.A.   k.A.   ⬛ 🍷 ✅ **2**

Pierre und Nicole Raffault präsentieren einen charaktervollen 90er, der eine sehr intensive purpurrote Farbe und einen entwickelten Duft besitzt. Im Geschmack findet sich ein Aroma von Kakao und gebrannten Mandeln. Dank seines soliden Gerüsts kann er gut altern.
☛ Pierre Raffault, Les Loges, 37500 Chinon, Tel. 47.93.17.89 ⵣ n. V.

DOM. DES CHAMPS VIGNONS 1990

■   8 ha   12 000   ⬛ ↓ ✅ **3**

Ein dynamisches Gut im Familienbesitz. Die Farbe dieses 90ers ist lebhaft und jugendlich. Der angenehme Himbeerduft enthüllt eine Note von Wildbret. Geschmeidig und wohlausgewogen.
☛ Sylvette Thivel, Le Bourg, 37500 Ligré, Tel. 47.93.18.48 ⵣ n. V.

DOM. DANIEL CHAUVEAU 1990★

■   9,5 ha   40 000   🍷 ↓ ✅ **2**

Daniel Chauveau, Sohn eines Arztes, bewirtschaftet zusammen mit seinem Sohn Christophe 10 ha in Cramant, einer der Hochburgen dieser Appellation. Duft von roten Früchten und blumiger, leicht würziger Geschmack. Dieser Wein hat Biß und gibt sich ausgewogen und elegant.
☛ Daniel Chauveau, Pallus, 37500 Cravant-les-Coteaux, Tel. 47.93.06.12 ⵣ n. V.

LE CAVEAU DES CHESNAIES
Vieilles vignes 1990

■   2 ha   6 000   🍷 ✅ **2**

Pascal Lambert leitet seinen Betrieb seit fünf Jahren. Dieser Caveau des Chesnaies kann weder im Geruchseindruck noch im Geschmack verleugnen, daß er im Holzfaß ausgebaut worden ist. Ein kräftiger, körperreicher Wein, der lagern kann.
☛ Pascal Lambert, Les Chesnaies, 37500 Cravant-les-Coteaux, Tel. 47.93.13.79 ⵣ n. V.

DOM. DU COLOMBIER
Cuvée de la roche Bobreau 1990★

■   1 ha   7 000   ⬛ 🍷 ✅ **2**

Dieser 90er stammt von alten Rebstöcken. Er besitzt alle Merkmale der Jugend : Himbeerduft, strukturierter, fruchtiger Geschmack mit einer leicht pflanzlichen Note, aber recht stoffreich.
☛ Yves Loiseau, 15, rue du Colombier, 37420 Beaumont-en-Véron, Tel. 47.58.43.07 ⵣ n. V.

DOM. COTON 1990★★

■   10 ha   20 000   🍷 ↓ ✅ **2**

Guy Coton hat diese 90er Trauben von Sandböden auf den Terrassen der Vienne mit Trauben von lehmig-kalkigen Hängen kombiniert. Im Duft treffen Himbeeren und vollreife Weichseln aufeinander. Ein lebhafter, stoffreicher Wein, der im Geschmack eine bis zum Abgang spürbare würzige Note entfaltet. Recht typisch für seinen Jahrgang.
☛ Guy Coton, La Perrière, 37220 Crouzilles, Tel. 47.58.55.10 ⵣ n. V.

CH. DE COULAINE 1990★

■   2,5 ha   13 000   ⬛ 🍷 ✅ **2**

Ein ehemaliger Besitzer dieses prächtigen Schlosses aus dem 15. Jh., Jehan de Garguesalle, Gouverneur von Chinon, soll Rabelais zu seiner Figur des Gargantua angeregt haben. Der Riese hätte bestimmt gern diesen Chinon mit der kräftigen rubinroten Farbe serviert. Der angenehme Duft erinnert an schwarze Johannisbeeren. Weiniger, vollmundiger Geschmack.
☛ Etienne Denys de Bonnaventure, Ch. de Coulaine, 37420 Beaumont-en-Véron, Tel. 47.98.44.51 ⵣ n. V.

JAMES ET PATRICK DELALANDE
1990

■   5 ha   9 000   ⏛ ☑ **1**

Â James und Patrick Delalande führen ihr Gut seit 1980, aber ihre Weinberge sind bereits 1930 angelegt worden. Ihre Rebstöcke haben ein beachtliches Durchschnittsalter von 25 Jahren. Der 90er erinnert an schwarze Kirschen und trockenes Laub. Im Geschmack reicht das Aroma von Tabak bis zu Zimt und enthüllt eine leicht pfeffrige Note. Sehr vollmundig.

☛ James und Patrick Delalande, GAEC du Puy, 37500 Cravant-les-Coteaux, Tel. 47.93.13.28 ⏛ n. V.

REMI DESBOURDES   1990*

■   6,38 ha   9 000   ▮ ☑ **1**

Â Das Gebiet von Avon-les-Roches hieß früher »Avum«. Auch die Ruinen der Roches Tranchelion zeugen von der historischen Bedeutung des Schlosses und seiner Stiftskirche. Rémi Desbourdes erzeugt aus Bretontrauben, die von feuersteinreichen Böden stammen, einen Wein mit einem entwickelten Duft von roten Früchten, der ausgewogen und kräftig ist. Im Nachgeschmack entdeckt man eine pfeffrige Note. Dieser tanninreiche 90er dürfte seinen Höhepunkt um das Jahr 2000 erreichen.

☛ Rémi Desbourdes, La Salle, 37220 Avon-les-Roches, Tel. 47.95.24.30 ⏛ n. V.

DOM. DES FALAISES   1990*

■   6 ha   30 000   ▮ ⏛ ↓ ☑ **3**

Â Mittlerweile bewahrt bereits die fünfte Generation Angelliaume den guten Ruf dieses Gutes. Ein echter 90er: schwarze Reflexe, Noten von überreifen Früchten, Geröstetem und Gewürzen im Duft. Ein kräftig gebauter Wein, der sehr ansprechend ist.

☛ GAEC E. et M. Angelliaume, 37500 Cravant-les-Coteaux, Tel. 47.93.06.35 ⏛ n. V.

DOM. FRANCIS HAERTY   1990**

■   k.A.   k.A.   ▮ ⏛ ☑ **2**

Â Die bereits ziemlich alten Rebstöcke wachsen auf Kies- und Sandböden am Zusammenfluß von Vienne und Loire. Ein schöner Wein mit einer noch sehr jugendlichen Farbe. Er verströmt einen angenehmen Duft von roten Früchten, dem es nicht an Weinigkeit mangelt. Der Geschmack enthüllt ebenfalls ein reiches aromatisches Potential. Ein gefälliger Wein mit harmonischen Tanninen.

☛ Francis Haerty, 2, rue des Pêcheurs, 37420 Bertignolles, Tel. 47.58.42.74

DOM. DE L'ABBAYE   1990*

□   1 ha   5 000   ▮ ☑ **2**

Â Michel Fontaine hat seine Cheninreben auf einem lehmig-kalkigen Boden angepflanzt, der sich gut für diese Rebsorte eignet. Strahlend goldgrüne Farbe, klarer Duft (Primäraroma), lebhafter, ziemlich langer Geschmack mit tanninreichem Abgang. Harmonischer, feiner Gesamteindruck.

☛ Michel Fontaine, Le repos Saint-Martin, 37500 Chinon, Tel. 47.93.35.96 ⏛ tägl. 10h-19h (15. März–15. Sept.)

DOM. DE LA CHAPELLE
Les Caillères   1990*

■   5 ha   15 000   ▮ ↓ ☑ **2**

Â Das Gut liegt am Rande der Straße, die von Cravant nach Chinon führt, auf einem Hügel. Der 1985 errichtete Probierkeller ist mit dem Haus verbunden. Dieser 90er ist ein hübscher, purpurroter Wein, dessen Duft stark an rote Früchte (Kirschen und Himbeeren) erinnert. Stoffreich und sehr fein.

☛ Philippe Pichard, Malvault, 37500 Cravant-les-Coteaux, Tel. 47.93.42.35 ⏛ n. V.

DOM. LA COMMANDERIE   1990*

■   4 ha   15 000   ▮ ☑ **1**

Â Das Gut La Commanderie liegt auf sandigen und lehmigen Kiesböden. Seine Weine sind recht repräsentativ für dieses Anbaugebiet durch seinen komplexen Duft (vergorene rote Früchte mit einer pfeffrigen Note). Ein klarer, stattlicher 90er, der noch altern muß.

☛ Philippe Pain, La Commanderie, 37220 Panzoult, Tel. 47.93.39.32 ⏛ n. V.

CLOS DE LA CROIX MARIE   1990*

■   4 ha   25 000   ▮ ⏛ ↓ ☑ **2**

Â Der Clos de La Croix Marie liegt oberhalb von Chinon auf dem linken Ufer der Vienne und besitzt lehmig-feuersteinhaltige und lehmig-kalkige Böden. Seine 50 Jahre alten Rebstöcke haben einen intensiv rubinroten Wein hervorgebracht, der bernsteinfarbene Reflexe zeigt. Komplexer, einschmeichelnder Duft von schwarzen Johannisbeeren. Das Aroma dieses tanninreichen 90ers entwickelt sich in Richtung Ingwer und Pfeffer. Vielversprechend.

☛ André Barc, La Croix Marie, 37500 Ligré, Tel. 47.93.02.24 ⏛ n. V.

CH. DE LA GRILLE   1990**

■   k.A.   120 000   ⏛ ↓ ☑ **3**

Â Ein altes Schloß, das um die Mitte des letzten Jahrhunderts von Gustave de Cougny, Vorsitzender der französischen archäologischen Gesellschaft und Historiker aus Chinon, renoviert worden ist. Das Gut wurde 1950 von Albert Gosset (Champagne Gosset) erworben. Ein prächtiger, perfekt im Holzfaß ausgebauter 90er. Im Bukett und im langen Geschmack findet man rote Früchte und Gewürze. Ein kräftiger, voller und stattlicher Wein, der noch reifen muß, um die letzte Stufe des Siegerpodests zu erklimmen. Er ist uns aber schon heute eine besondere Empfehlung wert.

☛ SCI Ch. de La Grille, rte de Huismes, B.P. 205, 37502 Chinon Cedex, Tel. 47.93.01.95 ⏛ n. V.

☛ A. Gosset

DOM. DE LA HALBARDIERE 1990*

■   3 ha   6 000   ▮❙❚ ☑ 2

André Page bewirtschaftet seit 1945 dieses auf
Sandböden angelegte Weingut. Die Farbe ist
zwar dunkel, aber im Duft zeigt sich dieser Wein
bereits entwickelt : Schlüsselblumen, Veilchen
und Zimt. Das Zimtaroma trifft man auch im
Geschmack an. Kraft und gute Nachhaltigkeit.

↰ André Page, 14, rte de Candes, 37420
Savigny-en-Véron, Tel. 47.58.42.23 ☎ n. V.

DOM. DE LA HAUTE OLIVE 1990*

■   2,3 ha   16 000   ❙❚ ☑ 2

Rote Johannisbeeren und Veilchen. Man spürt
das Holzfaß, aber auch den Wein, der kräftig
gebaut und ausgewogen ist. Er besitzt die typischen Merkmale seines Jahrgangs.

↰ Yves Jaillais, 38, rue de l'Olive, 37500
Chinon, Tel. 47.93.04.08 ☎ n. V.

DOM. DE LA MARINIERE 1990*
Clos des Ribottées

■   2,5 ha   15 000   ▮❙❚ ↓ ☑ 2

Die Herren von Roncé ließen schon im 17. Jh.
im Clos des Ribottées zu ihrem privaten Genuß
Wein anbauen. Kirschrote Farbe. Der zurückhaltende, aber recht angenehme Duft (Primäraroma)
erinnert an Trauben. Nach einer lebhaften
Ansprache enthüllt er Rundheit und einen frischen Abgang. Bereits trinkreif.

↰ Hubert Desbourdes, La Marinière, 37220
Panzoult, Tel. 47.58.53.26 ☎ n. V.

PATRICK LAMBERT 1990*

■   4,5 ha   6 000   ❙❚ ☑ 1

Patrick Lambert führt seinen Betrieb erst seit
1990, aber er versteht etwas vom Weinbau und
der Vinifizierung. Sein zurückhaltend duftender
Wein zeigt sich im Geschmack fruchtig.
Gute Nachhaltigkeit und deutlich spürbare Tannine.
Gut gebaut und ausgewogen.

↰ Patrick Lambert, 6, Coteau de Sonnay, 37500
Cravant-les-Coteaux, Tel. 47.93.92.39 ☎ n. V.

DOM. DE LA NOBLAIE 1990**

■   10 ha   k.A.   ▮❙❚ ↓ ☑ 2

Pierre Manzagol erwarb dieses Gut vor 50
Jahren. Seit 1968 wird er von seinem Schwiegersohn, dem Önologen François Billard, bei der
Arbeit unterstützt. Kräftige, rubinrote Farbe.
Dieser 90er entfaltet ein intensives, blumiges
Bukett, während sich der Geschmack fruchtig
und würzig zeigt. Er ist kräftig gebaut und wohlausgewogen und besitzt deutlich spürbare Tannine, die sich im Laufe der Jahre noch verfeinern

dürften. Ein lagerfähiger Chinon, der zu Recht
unsere besondere Empfehlung verdient.

↰ Manzagol-Billard, Dom. de La Noblaie,
37500 Ligré, Tel. 47.93.10.96 ☎ n. V.

DOM. DE LA PERRIERE
Vieilles vignes 1990*

■   10 ha   40 000   ▮❙❚ ↓ ☑ 2

Die Domaine de La Perrière ist ein sehr altes
Weingut, über dessen Ursprünge man in einer
300 Jahre alten Akte lesen kann. Das zugehörige
Anbaugebiet befindet sich auf Kiesböden am
rechten Ufer der Vienne. Ein schöner, kirschroter
Wein mit dem Duft von vollreifen Weichseln und
einem komplexen, feinen, vollen Geschmack.
Seine Tannine sind im Abgang sehr angenehm.

↰ EARL Jean et Christophe Baudry, Dom. de
La Perrière, 37500 Cravant-les-Coteaux,
Tel. 47.93.15.99 ☎ n. V.

VIGNOBLE DE LA POELERIE 1990

■   3 ha   10 000   ▮ ☑ 2

Dieser 90er stammt von Kiesböden. Tiefe, purpurrote Farbe, zurückhaltender, vom Alterungsaroma geprägter Duft. Ein runder Wein.

↰ Guy et François Caillé, Le Bourg, 37220
Panzoult, Tel. 47.58.53.16 ☎ n. V.

DOM. DE LA ROCHE HONNEUR
Cuvée rubis 1990

■   4 ha   25 000   ❙❚ ↓ ☑ 2

Das Gut La Roche Honneur besitzt einen
riesigen Keller, der in der ganzen Region
bekannt ist. Diese Cuvée hat eine dunkle Farbe.
Der intensive Duft ist vom Ausbau im Holzfaß
geprägt. Das Aroma erinnert aber auch an Leder.
Ein tanninreicher, solide strukturierter Wein.

↰ EARL Dom. de La Roche Honneur, 1, rue de
la Berthelonnière, 37420 Savigny-en-Véron,
Tel. 47.58.42.10 ☎ n. V.

↰ Stéphane Mureau

DOM. DE LA TOUR
Cuvée vieille vigne 1990*

■   6 ha   k.A.   ▮❙❚ ☑ 2

Die alten Rebstöcke dieses Gutes wachsen in
guter Lage auf dem höchsten Punkt der Gemarkung. 1990 haben sie einen Wein geliefert, der
sehr stark an rote Früchte erinnert. Im
Geschmack kommt das Aroma von schwarzen
Johannisbeeren zusammen mit würzigen Noten
zum Vorschein. Rund, voll und ausgewogen.

↰ Guy Jamet, Rue Chambert, 37420 Beaumont-
en-Véron, Tel. 47.58.47.61 ☎ n. V.

CLOS DE L'ECHO 1990

■   15 ha   100 000   ❙❚ ☑ 3

Dieser gegenüber dem Schloß von Chinon
gelegene Weinberg soll die Eltern von Rabelais
gehört haben. Eine gute Empfehlung für diesen
gut vinifizierten Wein, dessen Duft von tertiären
Aromen geprägt wird. Klar, kräftig gebaut und
fruchtig und ziemlich tanninreich. Man kann ihm
nur einen einzigen Vorwurf machen : die Holznote ist zu deutlich zu spüren.

↰ SCA Couly-Dutheil Père et Fils, 12, rue
Diderot, 37500 Chinon, Tel. 47.93.05.84 ☎ n. V.

LES CORNUELLES 1990 ★ ★ ★

■ k.A. 12 000 ⊞ ↓ ▾ 2

Das Gut befindet sich seit der Mitte des 19. Jh. im Besitz der Familie von Serge und Bruno Sourdais. Die 90er Cuvée Les Cornuelles stammt von alten Rebstöcken mit Cabernet-Franc-Trauben, ergänzt durch 2% Cabernet-Sauvignon. Komplexer, einschmeichelnder Duft. Klare Ansprache. Das Aroma erinnert an die Schale von Zitrusfrüchten. Dank seiner erstklassigen Tannine ein sehr vielversprechender Wein.
🍷 Serge et Bruno Sourdais, Le Logis de la Bouchardière, 37500 Cravant-les-Coteaux, Tel. 47.93.04.27 🍷 n. V.

LES GREZEAUX 1990 ★

■ 3 ha 12 000 ⊞ ↓ ▾ 2

Wo sich heute dieses Gut ausbreitet, stand im 15. Jh. das Schloß von P. de Sonnay. Die Trauben für diese Cuvée stammen von 40 Jahre alten Rebstöcken, die auf Kiesböden mit lehmigem Untergrund wachsen. Im Duft entdeckt man Gewürze und Vanille. Komplexes Aroma von Backpflaumen und Vanille im Geschmack mit deutlich spürbaren Tanninen. Aber die Holznote hält sich mit dem weinigen Charakter die Waage.
🍷 Bernard Baudry, Coteau de Sonnay, 37500 Cravant-les-Coteaux, Tel. 47.93.15.79 🍷 n. V.

LES VARENNES DU GRAND CLOS 1990

■ 4 ha 35 000 ⊞ ↓ ▾ 2

Suzilly, das am linken Ufer der Vienne liegt, besitzt nicht nur eine lange Weinbautradition, sondern auch eine interessante Kirche aus dem späten 12. Jh. Dank eines elektromechanischen Einmaischungstanks, der 1975 aufgestellt wurde, erhält Charles Joguet eine sehr alte Vinifizierungsmethode am Leben. Sein 90er entfaltet im Duft ein Sekundäraroma (Paprika und gekochte Früchte). Der geschmeidige, feine und gefällige Geschmack erinnert an schwarze Johannisbeeren.
🍷 SCEA Charles Joguet, 37220 Sazilly, Tel. 47.58.55.53 🍷 n. V.

CH. DE LIGRE La Roche Saint Paul 1990 ★

■ 5 ha 30 000 ▮ ⊞ ↓ ▾ 2

Ein Château aus dem 19. Jh. und ein für das Anbaugebiet von Ligré typisches Weingut. Der Jury wurden zwei Cuvées präsentiert. Wir haben dem 90er La Roche Saint Paul den Vorzug gegeben. Seine Trauben stammen von einem Hang, der charaktervolle Weine hervorbringt. Kirschrote Farbe, klassischer Duft von roten Früchten. Frisch, voll und tanninreich. Muß noch altern.
🍷 Pierre Ferrand, Ch. de Ligré, 37500 Ligré, Tel. 47.93.16.70 🍷 n. V.

DOM. DU MORILLY 1990

■ 1 ha 5 500 ▮ ▾ 1

Jacky Dumont hat 1981 einen Teil der Weinberge seines Vaters übernommen. Für diese Cuvée hat er Trauben von Rebstöcken gewählt, die auf Kiesböden wachsen. Der Geruchseindruck erinnert an Paprikaschoten. Ein sympathischer, wohlausgewogener Wein mit einem Abgang, dem es nicht an Länge mangelt.
🍷 Jacky Dumont, Briançon, 37500 Cravant-Coteaux, Tel. 47.93.38.25 🍷 Mo-Sa 9h-12h 14h-18h

CLOS DE NEUILLY 1990 ★

■ 3 ha 16 000 ⊞ ↓ ▾ 2

Ein Haus aus dem 18. Jh., das in dem für Touraine typischen Baustil überwiegend aus weißem Stein errichtet worden ist. Dieser rubin- bis granatrote 90er stammt von lehmig-feuersteinhaltigen Böden. Auf einen Duft von roten Früchten, Leder und Wildbret folgen eine geschmeidige Ansprache und ein kräftiger, voller Geschmack, der gut strukturiert ist.
🍷 Gérard Spelty, Le Bourg, 37500 Cravant-les-Coteaux, Tel. 47.93.08.38 🍷 n. V.

CHARLES PAIN 1990

■ 17 ha 40 000 ▮ ↓ ▾ 2

Charles Pain führt sein Gut seit 1986. Dieser 90er besitzt eine hübsche purpurrote Farbe und einen Duft, der das Aroma von roten Früchten mit einer pflanzlichen Note verbindet. Im Geschmack ist das Aroma ein wenig würzig. Seine harmonischen Tannine sind recht nachhaltig.
🍷 Charles Pain, Chezelet, 37220 Panzoult, Tel. 47.93.06.14

DOM. DU PUY RIGAULT 1990 ★

■ 3 ha k.A. ⊞ ▾ 2

Michel Page steht seit 20 Jahren an der Spitze seines Betriebs. Seine Reben wachsen auf sandigen Böden in der Nähe des Zusammenflusses von Vienne und Loire. Der komplexe Duft dieses 90ers reicht von blumigen Noten über rote Früchte bis zu Vanille. Sein schöner, tanninreicher Geschmack mit dem leichten Holzton muß sich noch verfeinern.
🍷 Michel Page, 6, rue de la Fontaine Rigault, 37420 Savigny-en-Véron, Tel. 47.58.44.46 🍷 n. V.

CAVES DES VINS DE RABELAIS 1990

■ k.A. k.A. ▮

Sehr feines Bukett mit einem Hauch von grünen Paprikaschoten. Ein frischer, vollmundiger Wein, den man jung trinken sollte.
🍷 SICA Les caves des Vins de Rabelais, Les Aubuis, 37500 Saint-Louans, Tel. 47.93.42.70 🍷 n. V.

JEAN-MAURICE RAFFAULT Les Galuches 1990 ★ ★

■ k.A. 30 000 ⊞ ▾ 2

Die Raffaults bauen hier seit 1693 Wein an. Trauben von Sand- und Kiesböden und Ausbau im Holzfaß haben diesen sehr reizvollen 90er hervorgebracht. Der an Weichseln erinnernde Duft ist von diesem Ausbau im Barriquefaß geprägt und enthüllt zusätzlich eine milchige Note, bei der man an Butter und Haselnüsse denkt. Langer, kräftiger Geschmack. Er verdient, daß man ihn noch reifen läßt.
🍷 Jean-Maurice Raffault, La Croix, 37420 Savigny-en-Véron, Tel. 47.58.42.50 🍷 n. V.

DOM. DU RAIFAULT
Cuvée prestige Le Villy 1990★★

■	4,5 ha	30 000	⬛ ↓ ☑ 2

Die Domaine du Raifault besitzt lehmig-kalkige Böden, von denen auch diese 90er Cuvée stammt. Sie bietet alle Merkmale ihres Anbaugebiets : Duft von Veilchen und Lakritze, fruchtigen, körperreichen Geschmack. Er ist schon heute sehr harmonisch und dürfte dies auch noch lang bleiben.

🍷 Raymond Raffault, 23-25, rte de Candes, 37420 Savigny-en-Véron, Tel. 47.58.44.01 ☖ tägl. 8h-12h 14h-18h

DOM. DU RONCEE
Clos des Marronniers 1990

■	4 ha	20 000	⬛ ↓ ☑

Das Gut liegt in der Nähe eines merkwürdigen Taubenhauses aus dem 17. Jh. Der Clos des Marronniers verdankt seinen Namen der Zeit, als jede Parzelle mit Reben von Mauern umgeben war. Den 88er haben wir besonders empfohlen. Der 90er besitzt ein solides Gerüst, aber seine Kraft macht nicht den Duft (Vanille, Lakritze, Pfeffer) vergessen. Er dürfte sich in den kommenden Jahren bestätigen.

🍷 SCEA Donabella, Dom. du Roncée, 37220 Panzoult, Tel. 47.58.53.01 ☖ So-Fr 9h-12h 14h-18h, Sa n. V.

DOM. DES ROUET 1990★★

■	k.A.	20 000	⬛ ☑ 1

Was für ein hübscher Wein ! Reicher, komplexer Duft und kräftiger, langer Geschmack. Ein sehr schöner Eindruck von Fülle.

🍷 Odette Rouet, Chezelet, 37500 Cravant-les-Coteaux, Tel. 47.93.19.41 ☖ Mo-Sa 9h-12h 14h-18h ; So n. V.

JEAN-MARIE ROUZIER
Vieilles vignes 1990

■	2 ha	7 000	⬛ ↓ ☑ 3

Jean-Marie Rouzier erzeugt gleichzeitig Weine in Bourgueil und in Chinon. Seine Rebflächen in Beaumont-en-Véron liegen auf lehmig-kalkigen Böden. Dieser 90er hat Biß und eine gute Ausgewogenheit. Fruchtiger, geschmeidiger Geschmack. Ein ansprechender Wein.

🍷 Jean-Marie Rouzier, Les Géléries, 37140 Bourgueil, Tel. 47.97.72.83 ☖ n. V.

CH. DE SAINT-LOUANS
Clos de Trompegueux 1990★

■	6 ha	11 000	⬛ ☑ 1

Das Vanillearoma im Duft und im Geschmack rührt vom Ausbau im Holzfaß her. Außerdem findet man in seinem Aroma rote Früchte und Mandeln. Ein stattlicher, sehr reicher Wein.

🍷 Bonnet-Walther, Saint-Louans, 37500 Chinon, Tel. 47.93.48.60

CLOS DU SAUT AU LOUP
Cuvée Alexandre 1990★

■	3 ha	22 000	⬛ ↓ ☑ 2

Seit langer Zeit nähert sich bereits kein Wolf mehr diesem Weinberg. Seine Rebstöcke mit Cabernet-Franc-Trauben sind inzwischen 30 Jahre alt. Ein echter Chinon : purpurrote Farbe und Duft von roten Früchten und Veilchen. Obwohl die Ansprache geschmeidig ist, zeigt er sich kräftig und gut gebaut. Beachtliche Länge. Ein vielversprechender Wein.

🍷 Dom. Dozon, Le Rouilly, 37500 Ligré, Tel. 47.93.17.67 ☖ Mo-Fr 9h-12h 14h-18h

🍷 Jean-Marie Dozon

PIERRE SOURDAIS
Réserve Stanislas 1990★

■	3,5 ha	20 000	⬛ ↓ ☑

Der Keller von Pierre Sourdais liegt unweit der karolingischen Kirche von Le Vieux Bourg. Der Duft dieser Cuvée erinnert an Paprikaschoten, Veilchen und Lakritze, während sich im körperreichen Geschmack ein Weichsel- und Feuersteinaroma entfaltet. Ausgewogene Gerbsäure. Gefälliger, recht eleganter Gesamteindruck.

🍷 Pierre Sourdais, Le Moulin-à-Tan, 37500 Cravant-les-Coteaux, Tel. 47.93.31.13 ☖ Mo-Sa 9h-12h 14h-19h

FRANCIS SUARD Vieilles vignes 1990★★

■	1,5 ha	7 000	⬛ ☑ 2

Sehr dunkle Farbe. Der Duft reicht von sehr reifen Kirschen bis zu Vanille (vom Holzfaß). Stattlicher, wohlausgewogener Geschmack. Dieser Wein besitzt schöne Tannine und dürfte sich noch entwickeln.

🍷 Francis Suard, 74, rte de Candes, 37420 Savigny-en-Véron, Tel. 47.58.91.45 ☖ n. V.

CH. DE VAUGAUDRY 1990★

■	6,5 ha	35 000	⬛ ↓ ☑ 2

Der »Wald von Vaugaudry« wird von Rabelais in seinem *Gargantua* erwähnt, aber inzwischen ist er gerodet worden. An seiner Stelle steht ein schönes, um die Mitte des 19. Jh. errichtetes Gebäude. Dieser 90er besitzt eine schöne rubinrote Farbe, einen angenehmen Duft (Himbeeren und Lakritze), eine hübsche Fruchtigkeit mit einer pflanzlichen Note im Abgang, Rundheit und eine sehr gute Ausgewogenheit. Kurz gesagt : ein gefälliger Wein.

🍷 SCEA Le Vaugaudry, 37500 Chinon, Tel. 47.93.13.51 ☖ n. V.

DOM. YVES JEAN CHARLES 1990★

■	8,4 ha	5 000	⬛ ↓ ☑ 2

Françoise Sourdais, eine Önologin, unterstützt ihre Mutter, die nach dem Tod ihres Mannes das Gut übernommen hat. Der 90er ist sehr gelungen. Ansprechende rubinrote Farbe und angenehmes Aroma von schwarzen Johannisbeeren. Ein gleichzeitig frischer, kräftiger und gut gebauter Wein, der ein guter Vertreter seines Jahrgangs ist.

🍷 Jeannine Sourdais, Le Clos de la Grille, 37500 Chinon, Tel. 47.98.42.76 ☖ n. V.

Coteaux du Loir

Ein kleines Anbaugebiet im Departement Sarthe auf den Hängen des Loirtals, das einen neuen Aufschwung erlebt, nachdem es vor 20 Jahren fast in Vergessenheit geraten wäre. Eine reizvolle Produktion mit fast 1 000 hl leichter, fruchtiger Rotweine (aus Pineau d'Aunis, Cabernet, Gamay oder Côt), 400 hl trockene Weißweine (Chenin oder Pineau Blanc de la Loire) sowie 100 hl Roséwein.

AUBERT DE RYCKE
Pineau d'Aunis 1990

| ■ | 0,4 ha | 2 500 | ▮◗ ☑ 1 |

Bénédicte und Jean-Michel Aubert de Rycke sind zwei junge Erzeuger, die in verschiedenen französischen Anbaugebieten gearbeitet hatten, bevor sie sich 1989 im lieblichen Loirtal niederließen. Dieser 90er bietet originelle Noten von getrockneten Früchten mit einem Hauch von Nüssen und Weichseln. Ein schon leicht ziegelroter Wein, den man in seiner gegenwärtigen Finesse genießen sollte.
🕿 Jean-Michel Aubert de Rycke, Coteau de la Pointe, 72340 Marçon, Tel. 43.44.46.43 ☎ n. V.

DOM. DE CEZIN Pineau d'Aunis 1990*

| ■ | 3 ha | 5 000 | ◗ ☑ 2 |

Das mit roten Rebsorten bestockte Anbaugebiet des Gutes ist typisch für die Appellation. Es befindet sich auf feuersteinhaltigen Lehmböden und umfaßt Gamay-, Cabernet- und Côtreben sowie vor allem Pineau d'Aunis, die traditionelle Rebsorte der AOC Coteaux du Loir. Dieser reinsortige Pineau d'Aunis stammt aus dem sonnenreichen Jahrgang 1990. Ein ausgewogener Rotwein mit einem kräftigen, würzigen Aroma. Er ist lebhaft und harmonisch und kann noch ein paar Jahre reifen.
🕿 François Fresneau, La Chenetterie, 72340 Marçon, Tel. 43.79.91.49 ☎ n. V.

ROGER CRONIER 1991*

| ◪ | 2,5 ha | 3 000 | ▮ ☑ 1 |

Roger Cronier, der seit 1961 Winzer ist, baut die Rebsorte Pineau d'Aunis an, die bei einer Vinifizierung als Roséwein interessante Coteaux-du-Loir-Weine liefert. Im vorliegenden Fall ist sie mit einem kleinen Gamayanteil kombiniert worden. Ein dunkellachsrosa Rosé mit einem komplexen Aroma, in dem man Gewürze, Anis, Himbeeren und eine mineralische Note findet. Ein sehr gefälliger 91er, den man im Sommer 1993 zu Wurstwaren oder einem Kirschkuchen trinken kann.
🕿 Roger Cronier, 38, rue du Val-de-loir, 72340 Marçon, Tel. 43.44.13.20 ☎ n. V.

DOM. DE LA CHARRIERE
Pineau d'Aunis 1990

| ■ | 1,5 ha | 6 000 | ◗ ↓☑ 2 |

Joël Gigou, der einer alten Winzerfamilie entstammt und seit 1974 selbst Wein anbaut, liebt den Medienrummel und rühmt sich, prominente Besucher wie Ted Kennedy empfangen zu haben. Während die leichte Farbe dieses Weins für die Rebsorte typisch ist, gilt dies nicht für seinen Körper, der für den Jahrgang typisch ist. Ein recht gefälliger Rotwein, der nach reifen Trauben und Gewürzen duftet.
🕿 Joël Gigou, 4, rue des Caves, 72340 La Chartre-sur-le-Loir, Tel. 43.44.48.72 ☎ n. V.

LE JABLE D'OR 1990*

| ■ | k.A. | 12 000 | ▮◗ ☑ 1 |

Die GIE Le Jable d'Or ist eine Vereinigung von Winzern aus dem Loirtal, die ihre Weine außerhalb der Grenzen des Ursprungsgebiets bekannt machen wollen. Während die Farbe und der Duft nicht sehr kräftig sind, bietet der Geschmack einen guten Bau und eine beachtliche Länge sowie würzige und danach fruchtige Weichselnoten. Vielleicht sollte man ihn zu weißem Fleisch probieren.
🕿 GIE Le Jable d'Or, 99, rue du Val-de-Loire, 72340 Château-du-Loir, Tel. 43.44.53.80 ☎ n. V.

Jasnières

Dieser Cru der Coteaux du Loir ist auf einen einzigen Hang begrenzt, der ganz nach Süden liegt und 4 km lang und nur einige hundert Meter breit ist. Nur 600 hl Weißwein werden hier ausschließlich aus der Rebsorte Chenin (Pineau de la Loire) erzeugt, die in großen Jahrgängen überragende Weine hervorbringen kann. Hat nicht Curnonsky geschrieben : »Dreimal im Jahrhundert ist der Jasnières der beste Weißwein der Welt.« Er paßt sehr gut zu »Marmite Sarthoise« , einer einheimischen Spezialität, bei der er mit anderen Produkten dieser Region kombiniert wird : mit fein geschnittenem Geflügel- und Hasenfleisch sowie gedünstetem Gemüse. Ein seltener Wein, den man unbedingt probieren sollte.

DOM. DE CEZIN 1991**

| □ | 1,5 ha | k.A. | ◗ ☑ 2 |

Fresneau ist bei seinen Neuanpflanzungen bemüht, die Pfropfunterlagen und die Edelreiser den natürlichen Bedingungen des lehmig-kalkigen Bodens und des nördlichen Klimas anzupassen. Äpfel, Mandeln, Zitronen und ein Hauch von Akazienblüten : dieser 91er bietet ein reiches fruchtiges Aroma, das sich im Geschmack nach einer lebhaften Ansprache voller Rundheit fortsetzt. Ein harmonischer Wein von glanzheller Farbe, der gute Zukunftsaussichten hat. Für den Jahrgang sehr gut gelungen.

⌘ François Fresneau, La Chenetterie, 72340 Marçon, Tel. 43.79.91.49 ☎ n. V.

DOM. DE LA CHARRIERE
Cuvée Clos Saint Jacques 1991

□	2 ha	3 500	⑪ Ⅴ ②

Dieser Weinberg ist ein Teil des Hügels von Jasnières, wo die alten Cheninrebstöcke, die an einem Südhang auf Kreidetuff wachsen, den Aprilfrösten 1991 teilweise entgangen sind. Dieser Wein erinnert in der Farbe, im Geruch und im Geschmack an Zitronen. Dank seiner Ausgewogenheit und Lebhaftigkeit dürfte er sich bei seiner weiteren Entwicklung noch bestätigen.

⌘ Joël Gigou, 4, rue des Caves, 72340 La Chartre-sur-le-Loir, Tel. 43.44.48.72 ☎ n. V.

RAYNALD LELAIS 1991*

□	4 ha	k.A.	⑧ Ⅴ ②

Raynald ist der Erbe von vier Winzergenerationen, von denen die erste zu Beginn des Jahrhunderts schon 6 ha Rebflächen bewirtschaftete. Leichtes Perlen, grüne Reflexe, Zitronenaroma, Ausgewogenheit, die in Richtung Frische geht. Ein sehr junger Wein, der sich gut entwickeln dürfte.

⌘ Raynald Lelais, Les Gaulletteries, 72340 Ruillé-sur-Loir, Tel. 43.79.09.59 ☎ n. V.

Saint-Nicolas-de-Bourgueil

Die Weine aus Saint-Nicolas-de-Bourgueil sind leichter als die aus Bourgueil, verwenden aber die gleichen Rebsorten und werden auf die gleiche Weise vinifiziert und ausgebaut. Auf 800 ha werden rund 40 000 hl erzeugt.

DOM. DE BEAU PUY 1990**

■	3 ha	10 000	⑪ ↓ Ⅴ ②

Die Geschichte dieser Familie ist seit mehr als 200 Jahren mit der von Le Coudray-la-Lande verknüpft. Der Ausbau in Holzfässern hat diesem purpurroten 90er ein aromatisches Potential verliehen, das sich noch entfalten muß. Schon jetzt riecht man vollreife, sogar gekochte Früchte und Unterholz. Der Geschmack enthüllt eine gute Tanninstruktur, die charakteristisch für den Hügel von Saint-Nicolas ist. Man wird von ihm nicht enttäuscht sein, wenn man noch ein paar Jahre wartet.

⌘ Jean-Paul Morin, Le Coudray-la-Lande, 37140 Bourgueil, Tel. 47.97.76.92 ☎ n. V.

CLOSERIE BELLAMY
Cuvée Vieilles vignes 1990*

■	1,2 ha	7 000	⑧ ↓ Ⅴ ②

Michel Bellamy leitet dieses Gut seit 1986. Sein 90er profitiert von einer sorgfältigen Vinifizierung, wie diese »Cuvée Vieilles Vignes« beweist. Seine lebhafte Farbe kündigt einen jugendlich fruchtigen Duft an. Im Geschmack entdeckt man eine Note von grünen Paprikaschoten und deutlich spürbare Tannine. Insgesamt ein wohlausgewogener Wein, der altern kann.

⌘ Michel Bellamy, L'Epaisse, 37140 Saint-Nicolas-de-Bourgueil, Tel. 47.97.93.25 ☎ n. V.

DOM. DU BOURG Cuvée prestige 1990*

■	2 ha	8 000	⑪ ↓ Ⅴ ②

Dieser dunkelrubinrote Saint-Nicolas stammt von Kiesböden und ist in 1984 renovierten Kellern vinifiziert worden. Er entfaltet einen entwickelten Duft. Wenn man das Glas schwenkt, kommen Kirschen und Backpflaumen zum Vorschein. Geschmeidige Ansprache, aber der Geschmack ist kräftig und rund und besitzt auch eine gute Länge. Das Aroma von Brotkrusten läßt einem förmlich das Wasser im Mund zusammenlaufen. Er paßt sehr gut zu einem Grillgericht.

⌘ Jean-Paul et Frédéric Mabileau, Le Bourg, 37140 Saint-Nicolas-de-Bourgueil, Tel. 47.97.82.02 ☎ n. V.

DOM. DU BOURG
Cuvée Les Graviers 1990*

■	10 ha	50 000	⑪ ↓ Ⅴ ②

Das Ende des letzten Jahrhunderts entstandene Gut, das von Victor und Rémy Mabileau umstrukturiert und vergrößert wurde, befindet sich heute in den Händen von Jean-Paul. Die strahlende Farbe spielt leicht ins Orangerote. Im Bukett verbindet sich der Duft von roten Früchten mit dem komplexen Aroma von Backpflaumen, Mandeln und Kaffee. Dieser schon entwickelte 90er besitzt eine gute aromatische Nachhaltigkeit.

⌘ Jean-Paul et Frédéric Mabileau, Le Bourg, 37140 Saint-Nicolas-de-Bourgueil, Tel. 47.97.82.02 ☎ n. V.

ROSELYNE BRETON 1990**

■	1 ha	3 000	Ⅴ ②

Schöne, strahlend rubinrote Farbe. Jugendlicher Duft von roten Früchten. Im aromatischen Geschmack findet man auch Kaffee- und Gewürznoten. Ein harmonischer, wohlausgewogener 90er, der Volumen und Länge besitzt.

⌘ Roselyne Breton, rue Basse, 37140 Restigné, Tel. 47.97.31.35 ☎ n. V.

MAX COGNARD-TALUAU
Cuvée des Malgagnes 1990**

■	2 ha	10 000	⑧ ↓ Ⅴ ②

Die Rebflächen von Max Cognard liegen auf lehmig-feuersteinhaltigen Böden. Dank der guten Ausrüstung seiner Keller kann er die Vinifizierung besonders sorgfältig durchführen. Purpurrote Farbe mit schönen Reflexen. Der Duft, der an pürierte Erdbeeren und Vanille erinnert, kann sich in den kommenden Jahren noch entwickeln. Voll, kräftig, aromatisch, mit feinen, bereits har-

monisch eingebundenen Tanninen. Ein sehr harmonischer, sehr vielversprechender Wein.
🡒 Max Cognard-Taluau, Chevrette, 37140 Saint-Nicolas-de-Bourgueil, Tel. 47.97.76.88 ⟁ n. V.

HUBERT DAVID 1990★★★

■	k.A.	k.A.	▮▼❸

Hubert David besitzt sein Gut erst seit 1987, aber es gelingt ihm bereits, daß seine auf Kiesböden wachsenden Reben die wesentlichen Eigenschaften der mittleren, für das Anbaugebiet sehr typischen Terrasse zum Ausdruck bringen. Sein 90er bietet einen reichen, komplexen Duft, der sich an weiße Früchte (Johannisbeeren) bis zu Lakritze. Im Geschmack ist er sehr vollständig. Nach einer weichen Ansprache kommen harmonische, elegante Tannine zum Vorschein. Außerdem entdeckt man noch eine würzige Note.
🡒 Hubert David, La Forcine, 37140 Saint-Nicolas-de-Bourgueil, Tel. 47.97.86.93 ⟁ n. V.

CLAUDE ESNAULT 1990★★

■	2 ha	k.A.	▮❶▼❷

Im intensiven Duft kommen rote Früchte (Brombeeren und Erdbeeren) zum Vorschein, begleitet von einer leicht pfeffrigen Note. Ein kräftiger, voller Wein, der solide gebaut ist und gute Tannine besitzt. Lang, geschmeidig und sehr harmonisch. Recht repräsentativ für den reichen Jahrgang 1990.
🡒 Claude Esnault, Chezelles, 37140 Saint-Nicolas-de-Bourgueil, Tel. 47.97.78.45 ⟁ n. V.

GERARD ET MARIE-CLAIRE GODEFROY Vieilles vignes 1990★

■	3,86 ha	15 000	▮❶▼❷

Gérard und Marie-Claire Godefroy sind seit langem in diesem Anbaugebiet ansässig. Ihre auf lehmigen Kiesböden wachsenden Rebstöcke haben ein beachtliches Alter erreicht und eine »Cuvée Vieilles Vignes« geliefert, die auch in diesem Jahr wieder harmonisch ausgefallen ist. Dezenter, aber feiner Duft. Der Geschmack ist angenehm geschmeidig und rund.
🡒 Gérard et Marie-Claire Godefroy, La Taille, 37140 Saint-Nicolas-de-Bourgueil, Tel. 47.97.77.43 ⟁ n. V.

LA CONTRIE 1990★

■	4 ha	20 000	▮❶▼▼❷

J.-C. Audebert bewirtschaftet seit 1976 seinen Weinberg, dessen Bretonreben auf Kiesböden wachsen. Seine 90er Cuvée besitzt eine schöne dunkelrubinrote Farbe. Im Duft zeigt sich der Wein nach einer klaren Ansprache etwas verschlossen, aber vielversprechend. Seine deutlich spürbaren Tannine garantieren eine harmonische Entwicklung.
🡒 Maison Audebert et Fils, av. Jean Causeret, 37140 Bourgueil, Tel. 47.97.70.06 ⟁ Mo-Fr 8h-12h 14h-19h, Sa, So n. V.

DOM. DE LA COUDRAYE Les Graviers 1990★

■	2 ha	14 000	❶▼▼❷

Yannick, der die dritte Winzergeneration

repräsentiert, hat das Gut 1977 übernommen. Dieser 90er besitzt eine intensive rubinrote Farbe und macht durch einen angenehmen, entwickelten und sehr feinen Duft auf sich aufmerksam. Ein stattlicher, langer Wein, der dank seiner Tannine noch altern kann.
🡒 Yannick Amirault, La Coudraye, 37140 Bourgueil, Tel. 47.97.78.07 ⟁ n. V.

VIGNOBLE DE LA GARDIERE 1990★

■	k.A.	k.A.	▮↓▼❷

Bernard David ist seit 1973 auf La Gardière ansässig. Sein 90er kommt von lehmig-kalkigen Böden. Der feine Duft erinnert zuerst an Blumen und danach an rote Früchte. Ein typischer Saint-Nicolas : elegant und fröhlich.
🡒 Bernard David, La Gardière, 37140 Saint-Nicolas-de-Bourgueil, Tel. 47.97.81.51 ⟁ n. V.

VIGNOBLE DE LA JARNOTERIE 1990★

■	1,3 ha	50 000	❶↓▼❷

Der Keller war jahrhundertelang ein Steinbruch für Kalktuff. Danach wurden von 1900 bis 1974 Champignons gezüchtet. Seitdem lagert hier der Wein. Das Gut besitzt alte Rebstöcke, die auf Sand- und Kalktuffböden wachsen. Leichte rubinrote Farbe und zarter Duft von Pflaumen und Mandeln. Dieser Wein bezaubert durch die Finesse seines Aromas. Er ist schon heute sehr reizvoll.
🡒 Jean-Claude Mabileau, La Jarnoterie, 37140 Saint-Nicolas-de-Bourgueil, Tel. 47.97.75.49 ⟁ n. V.

LES HAUTS CLOS CASLOT 1990★★★

■	4,33 ha	20 000	▮❶↓▼❷

Alain Caslot-Bourdin bewirtschaftet 5 ha Rebflächen, die sich auf den Kiesböden der Loireterrasse befinden. Wenn man diesen 90er im Glas schwenkt, entfaltet sich ein recht intensiver Veilchenduft. Im Geschmack ist er temperamentvoll, sehr fruchtig, voll und lang. Er besitzt eine reiche Persönlichkeit. Ein überaus angenehmer »Begleiter« , den wir besonders empfehlen können.
🡒 Alain Caslot-Bourdin, La Charpenterie, 37140 La Chapelle-sur-Loire, Tel. 47.97.34.45 ⟁ n. V.

PASCAL LORIEUX 1990*

■	6,2 ha	48 000	▮Ⓥ②

Pascal Lorieux, dessen Weinberge im Herzen des Anbaugebietes liegen, hat sich einen Platz unter den besten Winzern der Appellation erobert. Während der Duft noch verschlossen ist, enthüllt sich das Aroma im Geschmack. Recht ansprechende Ausgewogenheit.

↝ Pascal Lorieux, Le Bourg, 37140 Saint-Nicolas-de-Bourgueil, Tel. 47.97.92.93 ☎ n. V.

DOM. JACQUES MABILEAU
Cuvée vieille vigne 1990

■	3 ha	13 000	②

Jacques Mabileau baut seit 20 Jahren Bretonreben auf lehmig-feuersteinhaltigem Böden an. Sein Wein erweist sich der Familientradition würdig. Sein kirschrotes, leicht ins Bernsteinfarbene spielende Kleid ist recht typisch für den Jahrgang. Der Duft erinnert an geröstetes Brot. Ein geschmeidiger, angenehmer 90er.

↝ Jacques Mabileau, La Gardière, 37140 Saint-Nicolas-de-Bourgueil, Tel. 47.97.75.85 ☎ n. V.

DOM. LAURENT MABILEAU 1990*

■	13 ha	40 000	⦀↓Ⓥ②

Laurent Mabileau bewirtschaftet seit 1985 ein Weingut auf feuersteinhaltigen Kiesböden. In den vor kurzem renovierten Kellern kann er die aromatische Ausdruckskraft seiner Cuvées verfeinern. Sein tiefrubinroter 90er, dessen Aroma an frische Früchte und Paprika erinnert, ist geschmeidig und kräftig gebaut. Schon jetzt sehr ansprechend.

↝ Dom. Laurent Mabileau, La Motte, 37140 Chouzé-sur-Loire, Tel. 47.95.00.42 ☎ tägl. 9h-12h 14h-18h

DOM. DES PERRUCHES 1990**

■	2,5 ha	10 000	▮↓Ⓥ②

Auf dem Gut Des Perruches wachsen die 25 Jahre alten Rebstöcke auf Kiesböden, die für die Appellation typisch sind. Dieser 90er besitzt eine strahlende Farbe. Der sehr reiche Duft entführt uns nach zunächst blumigen Noten in einen Obstgarten mit roten Früchten, in dem man Himbeeren und Walderdbeeren auch schwarze Johannisbeeren entdeckt. Dahinter findet man das Aroma von grünen Paprikaschoten und geröstetem Brot. Der Geschmack ist ebenfalls sehr fruchtig. Die Geschmeidigkeit und die Finesse seiner Tannine verleihen diesem Wein viel Charme.

↝ Claude Moreau, La Taille, 37140 Saint-Nicolas-de-Bourgueil, Tel. 47.97.77.44 ☎ n. V.

DOM. CHRISTIAN PROVIN
Sur le coteau de l'Epaisse 1990**

■	4,5 ha	30 000	▮↓Ⓥ②

Das Gut von Christian Provin besitzt Rebflächen auf lehmig-kalkigen Hängen und sandigen Böden. Die für diese Cuvée ausgewählten Trauben stammen aus besonders guten Lagen. Die intensive Farbe kündigt einen recht entfalteten Duft von reifen Früchten (schwarze Johannisbeeren) an, zu denen ein Hauch von grünen Paprika hinzukommt. Im Geschmack verführt er durch seine solide Ausgewogenheit, seine Rundheit und seine Fruchtigkeit, in der man eine Lakriznote

entdeckt. Ein harmonischer, angenehm jugendlicher Wein, der sich sehr gut entwickeln kann.

↝ Christian Provin, L'Epaisse, 37140 Saint-Nicolas-de-Bourgueil, Tel. 47.97.85.14 ☎ n. V.

CLOS DES QUARTERONS 1990

■	14 ha	100 000	▮⦀Ⓥ②

Der Clos des Quarterons ist ein traditionsreicher Weinberg von Saint-Nicolas. Neulinge und Kenner werden hier herzlich empfangen. Die intensive Farbe weist auf einen lagerfähigen Wein hin. Der stattliche Duft enthüllt seine Reife (Brombeerkonfitüre). Seine Ausgewogenheit und sein tanninreicher, noch aggressiver Geschmack versprechen, daß er in drei bis vier Jahren harmonisch sein wird.

↝ GAEC Clos des Quarterons, 37140 Saint-Nicolas-de-Bourgueil, Tel. 47.97.75.25 ☎ n. V.

↝ Thierry Amirault

GERALD SEJOURNE 1990*

■	4 ha	k.A.	⦀Ⓥ①

Serge Séjourné baut auf tiefen Kiesböden Rebstöcke an, die das respektable Alter von 25 Jahren erreichen. Der traditionelle Ausbau dieser Cuvée ermöglicht es, daß wir diesen 90er schon in seinem entwickelten Stadium erleben können. Dunkelrubinrote Farbe, komplexer Duft, der von gekochten Früchten bis zum Geruch von Innereien reicht. Im Geschmack besitzt er Fülle und eine interessante Länge.

↝ Gérald Séjourné, La Pyritière, rue de la Mine, 37140 Chouzé-sur-Loire, Tel. 47.95.11.31

JOEL TALUAU Vieilles vignes 1990*

■	3 ha	18 500	▮↓Ⓥ③

Joël und Clarisse Taluau bewirtschaften voller Hingabe einen zu Beginn des Jahrhunderts angelegten Weinberg. Aus Trauben, die auf feuersteinhaltigen Kalkhängen wachsen, erzeugen sie temperamentvolle Weine. Der etwas an Innereien erinnernde Geruchseindruck entwickelt sich an der Luft stärker. Im Geschmack zeigt sich der Wein voll und wohlausgewogen. Seine harmonischen Tannine und sein aromatisches Potential machen ihn zu einem guten Begleiter für Wildgerichte.

↝ Joël Taluau, Chevrette, 37140 Saint-Nicolas-de-Bourgueil, Tel. 47.97.78.79 ☎ n. V.

DOM. DES VALLETTES 1990*

■	10,7 ha	60 000	⦀↓Ⓥ②

Francis Jamet bewirtschaftet ein Gut, das an den Grenzen de Touraine und des Anjou auf der alten Kiesterrasse der Loire liegt. Sein 85er hatte ihm eine besondere Empfehlung eingebracht. Die dunkelrubinrote Farbe dieses 90ers kündigt einen kräftigen Duft an, der in seiner Ausdruckskraft aber noch beschränkt ist. Im Geschmack ist er alkoholreich, rund und im Abgang tanninbetont. Ein ausgewogener Wein, der altern kann.

↝ Francis Jamet, Les Vallettes, 37140 Saint-Nicolas-de-Bourgueil, Tel. 41.52.05.99 ☎ n. V.

Montlouis

Die Loire im Norden, der Wald von Amboise im Osten und die Außenbezirke von Tours im Westen begrenzen die Appellation Montlouis (300 ha). Auf lehmig-kalkigen Böden, die mit Chenin Blanc bestockt sind, werden lebhafte Weißweine voller Finesse (13 000 hl) erzeugt, die trocken oder süß ausfallen und Still-, Perl- oder Schaumweine sind. Wie in Vouvray gewinnen sie an Qualität, wenn sie in den Kalktuffkellern lang in der Flasche reifen.

PIERRE BENOIT Demi sec 1990

□	2 ha	3 000	⑪ ☑ ❷

Pierre Benoît bewirtschaftet seit 1985 6 ha Rebflächen mit recht alten Rebstöcken. Die Ausgewogenheit ist die erste Qualität dieses halbtrockenen Weins. Sein langer Geschmack, in dem Quitten dominieren, ist ein weiterer Vorzug. Er paßt perfekt zu einem Fischgericht mit Sauce oder Wurstwaren aus der Touraine.
➥ Patrice Benoît, Nouy, 37270 Saint-Martin-le-Beau, Tel. 47.50.62.46 ⌥ n. V.

THIERRY CHAPUT Sec 1990

□	1,5 ha	9 000	⑪ ☑ ❷

Thierry Chaput hat ein kleines Gut mit 4 ha Rebflächen geerbt, das seine Eltern nach und nach in der Nähe des Weilers Husseau, oberhalb der Loire, aufgebaut haben. Die verschwenderische Sonne dieser Lage hat diesem trockenen Wein eine schöne, goldene Farbe verliehen. Er besitzt einen langen Geschmack, dessen Aroma an reife Früchte erinnert. Ein bereits sehr mittelsamer Wein, der sich mit der Zeit noch stärker entfalten wird.
➥ Thierry Chaput, 12, rue de la vallée Moret, 37270 Husseau, Tel. 47.50.80.70 ⌥ n. V.

DOM. DES CHARDONNERETS
Brut 1990

○	2 ha	18 000	⑤ ☑ ❷

Die Trauben für diese recht gelungene Cuvée stammen aus einem 2 ha großen Weinberg. Der Duft erinnert stark an Hefegebäck. Der Geschmack ist ausgewogen. Ein sympathischer Wein für Familienfeste.
➥ Daniel Mosny, Cangé, 37270 Saint-Martin-le-Beau, Tel. 47.50.61.84 ⌥ n. V.

YVES CHIDAINE
Méthode traditionnelle 1990

○	1,5 ha	12 000	⑤↓☑❷

Die Hänge von Husseaux am Ufer der Loire werden von der Sonne verwöhnt und hinsichtlich des Mikroklimas direkt vom Strom beeinflußt. Yves Chidaine umhegt hier mit großer Sorgfalt seine 5 ha Rebflächen. Das strahlend gelbe Kleid ist mit Tausenden von feinen Perlen besetzt. Der ansprechende Geschmack erinnert an Zitronen-

kraut. Eine gefällige Cuvée »Méthode traditionnelle« .
➥ Yves Chidaine, 2, Grande-Rue, 37270 Husseau, Tel. 47.50.83.72 ⌥ n. V.

FRANCOIS CHIDAINE
Les Lys Moelleux 1990★

□	1,5 ha	k.A.	⑪↓☑❸

Ein 5 ha großes Gut, das zwei Hektar für seine Cuvée Les Lys reserviert hat. Hinter einem königlichen Etikett verbirgt sich ein schöner lieblicher Wein. Der intensive Duft ist sehr vornehm : Weißdorn und reife Früchte. Eindrucksvolle Länge im Geschmack. Heinrich IV. hätte ihn sicherlich der schönen Gabrielle d'Estrées gereicht, mit der er sich im Schloß La Bourdaisière, in der Nähe von Montlouis, traf.
➥ François Chidaine, 2, Grande-Rue, 37270 Husseau, Tel. 47.45.19.14 ⌥ n. V.

PIERRE COURTEMANCHE Sec 1990★

□	2 ha	k.A.	⑪ ☑ ❷

Pierre Courtemanche bewirtschaftet ein 6 ha großes Anbaugebiet auf feuersteinhaltigen Lehmböden, die auf den sanft zum Cher hin abfallenden Hängen liegen. Ein trockener 90er ist eine Rarität ! Dieser Wein ist sehr aromatisch und besitzt einen stattlichen, typischen Geschmack. Ein starker Charakter, der sich bei der Alterung zu einem sehr großen Wein entwickeln dürfte.
➥ Pierre Courtemanche, 12, rue d'Amboise, 37270 Saint-Martin-le-Beau, Tel. 47.50.62.30 ⌥ n. V.

FREDERIC COURTEMANCHE
Moelleux 1990

□	1 ha	3 000	⑪ ☑ ❸

Frédéric hat gerade an der Fachoberschule für Weinbau in Amboise sein Diplom gemacht und ein kleines Gut mit 2 ha Rebflächen übernommen, das er vergrößern möchte. Er präsentiert hier einen gelungenen lieblichen Wein, der eine Ermutigung für dieses Vorhaben ist. Gute Ausgewogenheit und Finesse sind seine beiden Tugenden.
➥ Frédéric Courtemanche, 12, rue d'Amboise, 37270 Saint-Martin-le-Beau, Tel. 47.50.62.30 ⌥ n. V.

DOM. DELETANG
Les petits Boulay Moelleux 1990★★

□	k.A.	k.A.	⑤↓☑❺

Das Gut umfaßt 22 ha Rebflächen auf den feuersteinhaltigen Hängen von Saint-Martin-le-Beau. Die Keller sind sehr gut ausgerüstet. Die Familie Delétang verkörpert ein wenig den Adel der Appellation Montlouis. Der Großvater, der Vater und der Sohn haben alle Weine erzeugt, die zum guten Ruf dieser AOC beigetragen haben. Gelbe, an Butterblumen erinnernde Farbe. Dichter Duft von Akazienblüten und reifen Früchten. Milde, Fülle und Nachhaltigkeit im Geschmack. Die Kenner werden ihn einlagern.
➥ G. Delétang et Fils, 19, rte d'Amboise, 37270 Saint-Martin-le-Beau, Tel. 47.50.29.77 ⌥ n. V.

DANIEL FISSELLE Moelleux 1990★★

□	k.A.	k.A.	⑤↓☑❹

Daniel Fisselle hat 1973 damit begonnen, seinen ersten Weinberg anzulegen. Nach und nach hat er durch Neuerwerb ein etwa 10 ha umfassendes Anbaugebiet geschaffen, das sich auf den tiefen, feuersteinreichen Böden von Montlouis befindet. Der ziemlich dezente Duft erinnert an Akazienblüten und Weißdorn. Der ausgewogene Geschmack läßt an Quittenkonfitüre denken. Ein alkoholreicher Wein, was aber für diesen Jahrgang normal ist. Muß sich noch ein paar Jahre entwickeln.

🕊 Daniel Fisselle, 74, rte de Saint-Aignan, 37270 Montlouis-sur-Loire, Tel. 47.50.93.59 ⌶ n. V.

DANIEL FISSELLE Brut

○	k.A.	27 000	🍶↓🛢

Er besitzt alle Merkmale einer klassischen »traditionellen Methode« : Briocheduft, Geschmack von Renetteäpfeln, harmonischer Gesamteindruck. Paßt zu allen Gelegenheiten.

🕊 Daniel Fisselle, 74, rte de Saint-Aignan, 37270 Montlouis-sur-Loire, Tel. 47.50.93.59 ⌶ n. V.

ALAIN JOULIN Moelleux 1990*

□	1 ha	5 000	◫▣🛢

Alain Joulin führt mit großer Professionalität ein 6 ha großes Gut in der Gemarkung Saint-Martin-le-Beau, wo sich ein großer Teil des Weinbaugebiets der Appellation Montlouis befindet.

🕊 Alain Joulin, 124, rte Chenonceaux, 37270 Saint-Martin-le-Beau, Tel. 47.50.28.49 ⌶ n. V.

ALAIN JOULIN Brut**

○	1,5 ha	10 000	🛢▣🛢

Alain Joulin verwendet seit langem traditionelle Herstellungsmethoden. Schon im letzten Jahr machte er von sich reden. In diesem Jahr steht sein Brut im Mittelpunkt des Interesses : feine Bläschen, Duft von Weißdorn und Zitronen, harmonischer Geschmack mit perfekter Ausgewogenheit zwischen Zucker und Säure. Ein frischer, durstlöschender Schaumwein, der Ihnen treue Dienste leisten wird.

🕊 Alain Joulin, 124, rte Chenonceaux, 37270 Saint-Martin-le-Beau, Tel. 47.50.28.49 ⌶ n. V.

CLAUDE LEVASSEUR Brut 1990

○	3 ha	20 000	↓▣🛢

Claude Levasseur hat 1989 eine besondere Empfehlung für seinen 86er Brut »Méthode traditionnelle« erhalten. Er macht erneut mit einem Brut auf sich aufmerksam, der gefällig und fehlerlos ist. Man kann ihn ohne besonderen Anlaß im Kreis von Freunden servieren.

🕊 Claude Levasseur, 38, rue des Bouvineries, 37270 Montlouis-sur-Loire, Tel. 47.50.84.53 ⌶ n. V.

D. MOYER Sec 1990

□	4 ha	20 000	🛢▣🛢

Das im 17. Jh. entstandene Gut der Familie Moyer ist in dem kleinen Weiler Husseau kaum zu übersehen. Der vor kurzem angelegte Weinberg erstreckt sich auf die feuersteinhaltigen Hänge über der Loire. Der Boden und die geringen Erträge bringen stets sehr markante Weine wie bei den Moyers hervor. Dieser 90er bildet

darin keine Ausnahme : geschmeidig und recht lang, mit einem angenehmen Geschmack, der an das Anbaugebiet erinnert.

🕊 Dominique Moyer, 2, rue de la Croix-des-Granges, 37270 Husseau, Tel. 47.50.94.83 ⌶ n. V.

DOM. DES SABLONS Brut*

○	1,5 ha	10 000	🛢▣🛢

Diese Rebflächen gehörten früher Ventura Gassol, dem Erziehungsminister von Katalonien, der 1937 nach Frankreich flüchtete. Gilles Verley, der Sohn eines nordfranzösischen Industriellen, besitzt unter seinen Vorfahren keine Winzer, aber er hat sich perfekt in die Welt des Weinbaus eingefügt. Sein nach dem traditionellen Verfahren hergestellter Brut zeigt ein schönes Aussehen : feiner, nachhaltiger Schaum, leichte Bläschen und strohgelbe Farbe. Die lebhafte Ansprache setzt das Apfelaroma fort. Ein Schaumwein für eine gesellige Runde.

🕊 Gilles Verley, Les Sablons, 37270 Saint-Martin-le-Beau, Tel. 47.50.66.35 ⌶ n. V.

DOM. DE SAINT-JEROME
Moelleux 1990**

□	5 ha	k.A.	🛢▣🛢

Jacky Supligeau und Michel Hardy haben ihren Zusammenschluß nicht bereut, denn sie bilden ein gutes Team. Diese beiden Winzer, die schon im letzten Jahr auf sich aufmerksam gemacht haben, präsentieren diesmal einen sehr willkommenen lieblichen Wein. Die aromatische Intensität, die Geschmeidigkeit und der ölige Geschmack, der sich auf ein gutes Gerüst stützt, machen ihn zu einem sehr schönen Wein. Er kann noch lange altern, wenn man ihn in Frieden läßt.

🕊 Jacky Supligeau, Dom. de Saint-Jérôme, 7, quai Albert-Baillet, 37270 Montlouis-sur-Loire, Tel. 47.45.07.75 ⌶ tägl. 9h-12h30 14h-19h30

DOM. DES TOURTERELLES
Demi sec 1990***

□	2 ha	3 000	◫🛢

Jean-Pierre Trouvé ist der Sohn eines Weinmaklers, der auch ein sehr guter Weinprüfer ist. Seine 13 ha umfassenden Weinberge liegen auf lehmig-kalkigen Böden auf den Anhöhen von Saint-Martin-le-Beau. Ein halbtrockener Wein, der eigentlich eine besondere Empfehlung verdient hätte : intensiver Duft von Pfingstrosen und ausgewogener Geschmack, in dem sich das Aroma von Akazienfrüchten und Quitten allmählich entfaltet. Bemerkenswert harmonischer Gesamteindruck. Ein fast perfekter Wein, den man schon heute oder auch erst später trinken kann.

🕊 Jean-Pierre Trouvé, 1, rue de la Gare, 37270 Saint-Martin-le-Beau, Tel. 47.50.63.62 ⌶ n. V.

Vouvray

Eine lange Alterung im Keller und in der Flasche bringt alle Qualitäten der Vouvrayweine zur Entfaltung. Diese sehr rassigen Weißweine werden im Norden des Departements Loire erzeugt : in einem 1 800 ha großen Anbaugebiet, das im Norden an die A 10 stößt und von der Brenne durchflossen wird. Die Weißweinrebe der Touraine, Chenin Blanc (oder Pineau de la Loire), liefert hier erstklassige Stillweine (50 000 hl), die eine intensive Farbe besitzen und sehr rassig sind und je nach Jahrgang trocken oder lieblich ausfallen, und sehr alkoholreiche Schaum- bzw. Perlweine (40 000 hl). Beide Typen eignen sich hervorragend für eine lange Lagerung, auch wenn man die Schaumweine ziemlich jung trinkt. Ersterer passen gut zu Fisch und Käse (Ziegenkäse), letztere, die auch einen ausgezeichneten Aperitif abgeben, zu erlesenen Gerichten oder leichten Desserts.

AIGLE BLANC Moelleux 1990 ★★

| ☐ | 6 ha | 36 000 | ☑ 4 |

Das Gut der Familie Poniatowski erstreckt sich auf die steinigen, gut gelegenen Hänge im Süden des Tals von Nouy. Die Vinifizierung dieser Cuvée, die von Jean Penilleau, dem Gutesverwalter, durchgeführt wird, gehört zur seit 80 Jahren bewahrten Tradition dieser adligen Familie. Die nachhaltige, vor allem durch Aprikosen geprägte Fruchtigkeit und eine sehr schöne Ausgewogenheit zwischen den kräftig entwickelten Konstituenten ergeben einen unbestreitbar gelungenen Wein. Man sollte ihn unbedingt noch altern lassen.
➽ Philippe Poniatowski, Le Clos Baudoin, 2, Vallée de Nouy, 37210 Vouvray, Tel. 47.52.71.02 ⚏ Mo-Sa 8h-12h 13h30-17h30

J.-C. AUBERT Sec 1990 ★

| ☐ | 2 ha | 10 000 | ◐ ↓ ☑ 2 |

Der Besucher, der das Coquettetal hinaufsteigt, kann die imposanten, einige hundert Meter von der Loire entfernten Anlagen von J.-C. Aubert gar nicht verfehlen. Die moderne Ausrüstung und das Können des Erzeugers tragen viel zur Qualität dieses trockenen Weins bei, der sich durch Ausgewogenheit auszeichnet. Bereits trinkreif, kann er aber auch noch ein paar Jahre lagern.
➽ Jean-Claude Aubert, 10, Vallée Coquette, 37210 Vouvray, Tel. 47.52.71.03 ⚏ tägl. 9h-12h 14h-19h

JEAN-PIERRE BOISTARD 1990 ★★

| ☐ | 2 ha | 6 000 | ◐ ↓ ☑ 4 |

Die Rue Neuve in Vernou führt zur schönsten mit Reben bestockten Hochebene dieser Gegend. In ihrer Umgebung befinden sich zahlreiche tiefe Keller. Dieser Wein beweist, wie hervorragend die Keller sind. Entfalteter Duft von Gewürznelken, der sich in Richtung Zitronenkraut entwickelt. Lebhafter, aber nicht aufdringlicher Geschmack mit Honignoten. Ein reicher, gut strukturierter 90er, der einen Eindruck von Leichtigkeit und Eleganz hinterläßt. Er besitzt sogar die Unverfrorenheit, im Abgang eine würzige Note zu entfalten.
➽ Jean-Pierre Boistard, 216, rue Neuve, 37210 Vernou-sur-Brenne, Tel. 47.52.18.73 ⚏ n. V.

BOISTARD PERE ET FILS Demi sec ★

| ◯ | 1 ha | 5 000 | ◐ ↓ ☑ 2 |

Die halbtrockenen Perlweine haben oft einen schlechten Ruf. Das ist schade, denn sie eignen sich für zarte Gaumen als Aperitif oder auch am Ende einer Mahlzeit. Dieser hier kann ein festliches Essen beschließen. Er paßt zu einem Nachtisch, der ebenso zuckerreich wie er selbst ist. Keiner von beiden darf dominieren. Die Mühe lohnt sich, es einmal auszuprobieren.
➽ Jean-Pierre Boistard, 216, rue Neuve, 37210 Vernou-sur-Brenne, Tel. 47.52.18.73 ⚏ n. V.

BOURILLON DORLEANS
La Coulée d'or 1990 ★★

| ☐ | 10 ha | k.A. | ◐ ☑ 5 |

Frédéric entstammt einer alten Winzerfamilie aus Rochecorbon, den Dorléans. 1984 hat er die Fachoberschule für Weinbau in Avize beendet und einen kleinen Weinberg angelegt, den er allmählich auf seine heutige Größe von 10 ha erweitert hat. Er ist vor allem exportorientiert. Dichte, klare Farbe. Intensiver Duft von Lindenblüten. Das angenehme Aroma verlängert sich im gut gebauten Geschmack, der mit einer Note von Quitten und Honig ausklingt. Wenn man ihn einlagert, wird er sich in ein paar Jahren in »pures Gold« verwandelt haben.
➽ Frédéric Bourillon, 4, rue du Chalateau, 37210 Rochecorbon, Tel. 47.52.83.07

BREDIF BRUT ★★

| ◯ | k.A. | k.A. | ◧ ↓ ☑ 2 |

Die Firma Marc Brédif ist 1892 gegründet worden. Ihre Keller sind in die Steilwand von Rochecorbon gegraben. Eine gute Ausrüstung und die Kombinationskunst des jungen Önologen J.-F. Marchalot führen zu diesem bemerkenswerten Wein. Gelbgrüne Farbe, feine Bläschen und kräftiger Duft von Quitten und Mispelfrüchten. Der cremige Schaum und der aromatische Abgang hinterlassen einen Eindruck von Leichtigkeit und Harmonie. Unsere besondere Empfehlung belohnt den Fleiß dieser Firma, die

darum bemüht ist, die Qualitäten des Anbaugebietes besonders zur Geltung zu bringen.
🡒 Ets Marc Brédif, 87, Quai de la Loire, 37210 Rochecorbon, Tel. 47.52.50.07 ☎ n. V.
🡒de Ladoucette

VIGNOBLES BRISEBARRE
Moelleux 1990**

☐	k.A.	3 000	⏸❚↓☑	4

Das Anbaugebiet von Gérard Brisebarre liegt auf der »Première Côte« , den besten Hängen der Appellation. Unter diesen Voraussetzungen konnte der 90er eigentlich nur noch ein sehr großer Wein werden. Die klare Farbe, die sich zwischen Strohgelb und Gold bewegt, gibt den Ton an. Das Bukett ist ein Korb voll frisch gepflückter Früchte. Im Geschmack ist die Inszenierung sehr klar : Lebhaftigkeit, lieblicher Charakter und ein reiches Aroma, bei dem die Vanille die Hauptrolle spielt. Verspricht eine schöne Zukunft, wenn man sich gedulden kann.
🡒 Gérard Brisebarre, 34, Vallée Chartier, 37210 Vouvray, Tel. 47.52.73.17 ☎ tägl. 8h-12h 14h-20h

VIGNOBLES BRISEBARRE Brut

○	5 ha	20 000	❚⏸❚↓☑ 2

Philippe Brisebarre ist der Sohn von Gérard. Es fehlt ihm weder an Tatkraft noch an Voraussicht. Seine Rebflächen liegen auf lehmig-kalkigen Böden über dem Loiretal. Er präsentiert hier einen nach dem traditionellen Verfahren hergestellten Wein, der gefallen dürfte. Feiner Schaum, intensiver Duft von Heu und Akazienblüten, lebhafter und gleichzeitig runder Geschmack. Da er zwischen einem Brut und einem trockenen Schaumwein steht, könnte er gut zum Dessert passen, beispielsweise zu einem nicht zu süßen Kuchen.
🡒 Philippe Brisebarre, Vallée Chartier, 37210 Vouvray, Tel. 47.52.63.07 ☎ tägl. 9h-12h 14h-18h, dim. n. V.

DOM. GEORGES BRUNET
Moelleux 1990***

☐	3 ha	10 000	⏸❚☑	4

Ist Georges Brunet ein Wiederholungstäter ? Es fehlt wenig daran. Nachdem er im letzten Jahr für seinen 88er Perlwein eine besondere Empfehlung erhielt, verfehlte er für seinen sehr großen lieblichen Wein diese Auszeichnung nur ganz knapp. Extrem entfaltetes, frühlingshaftes Bukett, das sich in Richtung Honig, Lavendel und Akazienblüten entwickelt. Dieser Reichtum bestätigt sich im Geschmack, in dem im Augenblick Quitten dominieren. Geschmeidig, rund und mild. Ein hervorragender Wein, den man noch altern lassen muß.
🡒 Georges Brunet, 12, rue de la Croix-Mariotte, 37210 Vouvray, Tel. 47.52.60.36 ☎ n. V.

GILLES CAREME Brut 1990

○	2 ha	5 000	❚☑ 2

Gilles Carême bewirtschaftet ein 7 ha großes Anbaugebiet auf lehmig-kalkigen Böden in einer sonnenreichen Lage. In diesem Jahr hat er zwei Hektar für die Herstellung seines auf traditionelle Weise hergestellten Schaumweins reserviert. Eleganter Duft. Einfacher Geschmack mit angenehm aromatischem Abgang. Ein sauberer, unkompli-

zierter, ausgewogener Wein, den man ohne große Förmlichkeiten genießen kann.
🡒 Gilles Carême, La Frillière, 37210 Vernou-sur-Brenne, Tel. 47.52.60.89 ☎ n. V.

JEAN-CHARLES CATHELINEAU
Moelleux 1990*

☐	1 ha	4 500	⏸❚☑	2

»Ich sah, trank und glaubte« , lautet der Wahlspruch des Hauses, der über dem Eingang des Kellers zu lesen ist. Der Besucher, der in diesem Jahr zu Jean-Charles kommt, wird ihn sich für diesen lieblichen Wein zu eigen machen. Bemerkenswerte Bestandteile ohne jegliche Schwächen. Verführerische Farbe, an Gartenkürbisse und Litschis erinnerndes Bukett. Stattlich, recht langer Geschmack. Man kann ihn schon jetzt trinken oder noch reifen lassen.
🡒 Jean-Charles Cathelineau, Les Devants de la Vallée du Vau, 37210 Chançay, Tel. 47.52.20.61 ☎ n. V.

CHAMPALOU
Moelleux Cuvée CC 1990***

☐	3 ha	4 000	⏸❚☑	5

E.A.R.L. CHAMPALOU 7, rue du Grand Ormeau, 37210 VOUVRAY-FRANCE

Didier Champalou hat dieses Gut 1985 durch die Vereinigung mehrerer kleiner Betriebe geschaffen. Besondere Empfehlungen für seinen 86er, seinen 88er und jetzt für seinen 90er. Die goldene, leicht ins Bernsteingelbe spielende Farbe kündigt einen außergewöhnlichen Wein mit einem kräftigen, reichen Duft an, in dem sich nacheinander Akazienblüten, Gewürznelken und exotische Früchte entfalten. Im vollmundigen Geschmack dominiert Orangenkonfitüre. Ein Wein, den man unbedingt noch lagern muß. Aber wer besitzt schon die notwendige Geduld ?
🡒 Didier et Catherine Champalou, Le Portail, 7, rue du Grand-Ormeau, 37210 Vouvray, Tel. 47.52.64.69 ☎ n. V.

GILLES CHAMPION Demi sec 1990**

☐	2 ha	5 000	⏸❚↓☑ 2

Gilles Champion, der seinen Betrieb seit 1973 leitet, wird heute von seinem Sohn unterstützt, der gerade sein Diplom an der Fachoberschule für Weinbau in Amboise gemacht hat. Die Cheninrebe gedeiht bei ihm auf den ausgewaschenen Hängen am Rande des Tals. Gilles präsentiert einen halbtrockenen Wein in der Tradition der Appellation. Elegante Erscheinung mit guter Ausgewogenheit zwischen Säure und Zucker. Der Hauch von Anis, der sich unter das Aroma von gekochten Früchten mischt, verleiht ihm eine originelle Note. Ein klassischer Wein, den man bereits trinken oder noch lagern kann.

🐎 Gilles Champion, 57, Vallée de Cousse, 37210
Vernou-sur-Brenne, Tel. 47.52.02.38 ☎ tägl.
9h-12h 14h-18h ; 20. Aug.–5. Sept. geschlossen

DOM. ALAIN CRUCHET
Demi sec 1990 ★ ★ ★

☐	k.A.	4 000	🍶	🅥	2

　　Es gibt keine Berichte darüber, ob sich Mick
Jagger, der oft in die Touraine kommt, von
einem Glas Vouvray zu einem seiner Songs anregen läßt. Aber der Kenner wird sich bestimmt
von diesem schönen halbtrockenen Wein inspirieren lassen : bernsteingelbe Farbe, Aroma von
exotischen Früchten, Aprikosen und gekochtem
Obst, zu dem Lindenblüten- und Karamelnoten
hinzukommen. Stattlich, reich, voll und
geschmeidig : alle Bezeichnungen treffen auf ihn
zu. Vielversprechende Zukunft.
🐎 Alain Cruchet, La Bretonnière, 37210 Noizay,
Tel. 47.52.15.23 ☎ n. V.

DARRAGON Sec 1990 ★

☐	2 ha	9 000	🍾	↓	🅥	2

　　Die Familie Darragon bewohnt seit vielen
Generationen dieses Haus an der Première Côte.
Das Etikett ist ein wenig modisch, aber reizvoll.
Ein trockener Wein mit einer blassen, strahlen-
den Farbe, die grün schimmert. Im zurückhalten-
den Aroma entdeckt man reife Trauben und
blühende Reben. Klare, ein wenig lebhafte, aber
nicht aufdringliche Ansprache. Stattlicher
Geschmack mit mineralischen Nuancen. Der
lange Abgang enthüllt eine zarte Note. Kraft und
Harmonie könnten sein Wahlspruch sein.
🐎 SCA Maison Darragon, Sanzelle, 37210
Vouvray, Tel. 47.52.74.49 ☎ n. V.

JEAN-FRANCOIS DELALEU
Pétillant Demi sec ★

○	3 ha	10 000	🍾	🅥	2

　　Sein Großvater war Jules Delaleu, der
Großmeister der Chantefleure und Präsident des
Verbands zum Schutz der Weine von Vouvray
war. Er muß schon etwas von ihm geerbt haben,
zumal Jean-François bereits die neunte Generation repräsentiert, die noch immer die gleichen
Weinberge bestellt. Ein halbtrockener Perlwein
mit einer goldgelben Farbe und einem an Akazienblüten und Zitronenkraut erinnernden Duft.
Geschmeidiger, fruchtiger Geschmack. Für einen
zarten, vielleicht einen weiblichen Gaumen
gedacht.
🐎 Jean-François Delaleu, La vallée Chartier,
37210 Vouvray, Tel. 47.52.63.23 ☎ tägl. 9h-12h
14h-19h

JEAN-FRANCOIS DELALEU
Moelleux Clos de Chaillemont 1990 ★

☐	2 ha	4 000	🍾	🅥	3

　　Kräftige gelbe, fast schon goldene Farbe. Der
Duft entfaltet ein Primäraroma, das sich rasch in
Richtung blumige Noten entwickelt. Gut gezeich-
nete Struktur mit harmonischer Ausgewogenheit
zwischen den Komponenten. Milder Abgang mit
Karamelaroma.
🐎 Jean-François Delaleu, La vallée Chartier,
37210 Vouvray, Tel. 47.52.63.23 ☎ tägl. 9h-12h
14h-19h

FRANCIS DENIS Demi sec 1990 ★

☐	k.A.	3 000	🍾	↓	🅥	2

　　Francis Denis entstammt einer alten Winzerfamilie, die dieses Gut schon seit 1750 bewirtschaftet. Mehr als 11 ha Rebflächen auf den guten
lehmig-kalkigen Böden von Chançay – das ist ein
kostbares Erbe. Ein halbtrockener Wein, dessen
gelbgrüne Farbe metallische Reflexe zeigt. Der
stark entfaltete Duft von gekochten Früchten
geht einem stattlichen, gehaltvollen Geschmack
voraus, in dem sich Zucker und Bitterstoffe
gegenüberstehen, ohne den Wein zu beeinträchtigen. Gute Zukunftsaussichten.
🐎 Francis Denis, 6, rue de La Bergeonnerie,
37210 Chançay, Tel. 47.52.23.31 ☎ n. V.

REGIS FORTINEAU Pétillant 1990 ★

○	1 ha	7 000	▮	🅥	2

　　Régis Fortineau, der die dritte Winzergenera-
tion vertritt, leitet den Familienbetrieb seit 1981.
Dieser Perlwein stammt von lehmig-kalkigen
Böden unweit des Coquettetals. Helle, klare
Farbe. Intensiver Duft von grünen Äpfeln. Ziem-
lich lebhafter Geschmack. Ein unkomplizierter
Wein, den vielen gefallen dürfte.
🐎 Régis Fortineau, La Croix-Mariotte, 37210
Vouvray, Tel. 47.52.63.62 ☎ n. V.

DOM. FRESLIER Moelleux 1990 ★ ★

☐	8 ha	48 000	🍾	↓	🅥	3

　　Das Anbaugebiet von Jean-Pierre Freslier liegt
an der Première Côte auf feuersteinhaltigen oder
kalkigen Lehmböden. Die Loire fließt nicht weit
entfernt. Ihr Einfluß begünstigt die Edelfäule der
Trauben. Dies ist auch hier der Fall : Das Honig-
und Quittenaroma ist deutlich zu spüren. Hinzu
kommen Kaffee- und Karamelnoten, die sich
unendlich lang entfalten. Wunderbare Harmonie.
Der Alkoholreichtum im Abgang mag überraschen, ist aber nicht ungewöhnlich, wenn man
den Jahrgang kennt. Ein sehr lange lagerfähiger
Wein.
🐎 Jean-Pierre Freslier, 90-92, Vallée Coquette,
37210 Vouvray, Tel. 47.52.76.61 ☎ Mo-Sa
8h30-12h30 14h-19h

ANDRE FRESLIER Demi sec 1990 ★

☐	1 ha	4 000	🍾	🅥	2

　　André Freslier hat seit 1948 ein schönes
Anbaugebiet auf den unteren Hängen von Vouvray. Er bewahrt noch immer die Tradition und
präsentiert einen halbtrockenen Wein, der
typisch für die Appellation ist. Fruchtiger Duft
mit einer Vanillenote und Quittengeschmack. Der
Abgang ist etwas lebhaft, was ihm Frische verleiht und bei der Alterung hilft. Ein ausgewogener Weißwein.
🐎 André Freslier, 90, rue de la Vallée Coquette,
37210 Vouvray, Tel. 47.52.71.81 ☎ tägl. 9h-19h

DOM. GANGNEUX Sec 1990 ★ ★

☐	3 ha	20 000	🍾	↓	🅥	2

　　Gérard Gangneux leitet ein 10 ha großes Gut,
das seit 1890 im Besitz der Familie ist. Er hat hier
einen trockenen Wein hergestellt, der die Jury
durch seinen typischen Charakter begeistert hat.
Ein rassiger Vouvray : strahlende Farbe, Duft
von Akazienblüten, gedörrten Feigen und reifen

Quitten. Sehr harmonischer Geschmack. Ein verführerischer Wein voller Charme und Eleganz.
☙ Gérard Gangneux, 1, rte de Monnaie, 37210 Vouvray, Tel. 47.52.60.93 ⌛ Mo-Sa 8h-12h 14h-19h

DOM. GAUCHER-MELLIER
Moelleux 1990 **

	1 ha	3 000	◫ ↓ ☑ 3

Diese Familie, die ein 15 ha großes Gut über dem reizvollen Tal der Brenne besitzt, kann auf eine lange Winzertradition zurückschauen. Die feuersteinhaltigen Lehmböden in Westlage sind günstig für die Erzeugung von ausdrucksvollen Weinen. Strahlend gelbgrüne Farbe und dichter Duft von Akazienblüten und gekochten Trauben. Im gehaltvollen Geschmack streiten sich getrocknete Früchte, Mandeln und Nüsse um den Vorrang. Ein lagerfähiger Wein, der sich noch bestätigen muß.
☙ Didier Gaucher, Vallée de Raye, 37210 Chançay, Tel. 47.52.21.76 ⌛ n. V.

CH. GAUDRELLE
Moelleux Réserve personnelle 1990 ***

	3,5 ha	5 000	◫ ☑ 5
|85| |86| 87 |88| 89 |⟨90⟩|		

Alexandre Monmousseau gehörten zur fünften Generation einer alteingesessenen Familie, die schon immer Wein anbaut. Das Gut umfaßt 14 ha Rebflächen, darunter angesehene Reblagen wie Gués d'Amants, Clos Le Vigneau und La Gaudrelle. Diese »persönliche Reserve« ist das Optimale, was die Appellation Vouvray in diesem Jahr hervorbringen konnte. Kräftige goldgelbe Farbe, Duft von sehr reifen Früchten, aufgelockert durch einen Hauch von Gewürznelken, milde Ansprache und Quittenaroma im Geschmack. Ein schöner Wein !
☙ Vignobles A. Monmousseau, Ch. Gaudrelle, 87, rte de Monnaie, 37210 Vouvray, Tel. 47.52.67.50 ⌛ n. V.

SYLVAIN GAUDRON Moelleux 1990

	2,3 ha	7 000	▤ ◫ ↓ ☑ 2

Eine Winzerfamilie, die etwas auf Tradition hält. Das gilt vor allem für den herzlichen Empfang, der den Besuchern bereitet wird. Eher halbtrocken als lieblich, gut vinifiziert ausgewogen, mit angenehm harmonischem Fruchtaroma. Paßt zu Gerichten mit Sahnesauce.
☙ Sylvain Gaudron, 59, rue Neuve, 37210 Vernou-sur-Brenne, Tel. 47.52.12.27 ⌛ n. V.

SYLVAIN GAUDRON Brut *

○	k.A.	25 000	▤ ↓ ☑ 2

Jeanne d'Arc, die die Rue Neuve, den ehemaligen Blezianweg benutzte, um nach Vendôme oder Orléans zu gelangen, hätte bei Sylvain Gaudron haltmachen und hier eine Stärkung finden können. Sein nach dem traditionellen Verfahren hergestellter Brut besitzt alle notwendigen Qualitäten : lebhafte Ansprache, Finesse, Eleganz und harmonischen Gesamteindruck.
☙ Sylvain Gaudron, 59, rue Neuve, 37210 Vernou-sur-Brenne, Tel. 47.52.12.27 ⌛ n. V.

JEAN-PIERRE GILET Sec 1990

	4 ha	10 000	◫ ☑ 1

Die Seigneurie von Parçay und das alte Lehnsgut Meslay gehörten beide der Abtei Marmoutiers. Die Schüler des hl. Martin, die genau wußten, daß sich diese Böden für die Erzeugung von erstklassigen Weinen eigneten, waren sich nicht zu schade dafür, hier ihren Weinberg anzulegen. J.-P. Gilet setzt mit seinen 7 ha Rebflächen lediglich eine uralte Tradition fort. Entfalteter Duft von vollreifen Quitten. Der Geschmack ist geschmeidig und kräftig und besitzt eine gute Länge. Ein schöner trockener Wein, von denen es 1990 nicht allzu viele gibt.
☙ Jean-Pierre Gilet, 5, rue de Parçay, 37210 Parçay-Meslay, Tel. 47.29.12.99 ⌛ n. V.

DOM. HALLAY ET FILS
Demi sec 1990 **

	4 ha	6 000	▤ ◫ ☑ 2

Vater und Sohn Hallay, die Erben einer langen Winzertradition, haben sich zusammengeschlossen, um gemeinsam 15 ha Rebflächen auf den Anhöhen von Vernou zu bewirtschaften. Dieser halbtrockene Wein besitzt eine goldene, leicht silbern schimmernde Farbe und entfaltet einen vielfältigen Duft : getrocknete Aprikosen, Akazienblüten und Vanille. Der ausgeprägte Geschmack erinnert an Honig und gekochte Früchte. Ein sehr gefälliger Wein, der noch altern kann.
☙ GAEC Hallay et Fils, La Frillière, 37210 Vernou-sur-Brenne, Tel. 47.52.60.99 ⌛ n. V.

DANIEL JARRY Moelleux 1990 *

	1,3 ha	6 000	◫ ↓ ☑ 2

Daniel Jarry gehört zu den Privilegierten, deren Keller im malerische Coquettetal liegen und deren Weinberge sich auf den umliegenden Hügeln befinden. Der Wein entspricht dem guten Ruf dieses Orts. Strahlende Farbe mit grünen Reflexen. Der durch Überreife geprägte Duft kündigt einen außergewöhnlichen aromatischen Reichtum und einen überaus cremigen Geschmackseindruck an. Die Säure im Abgang verleiht ihm Frische. In ein paar Jahren wird er den Höhepunkt seiner Harmonie erreichen.
☙ Daniel Jarry, 99, rue de la Vallée Coquette, 37210 Vouvray, Tel. 47.52.78.75 ⌛ tägl. 8h-19h

DOM. DE LA BLOTTIERE
Moelleux 1990 *

	2 ha	8 000	◫ ☑ 2

La Blottière ist eines der Häuser, die für die

Touraine in der Gegend von Vouvray typisch sind. Es befindet sich inmitten von 8 ha Rebflächen, die auf den besten Hängen der Gemeinde liegen. Das Gut gehört seit 1974 Jean-Michel. Intensives Aroma mit deutlich blumigen Noten. Vollkommene Ausgewogenheit zwischen Lebhaftigkeit und Rundheit. Ein sehr fröhlicher Wein, den man schon heute trinken sollte, um seine Jugendlichkeit voll zu genießen.

☛ Jean-Michel Fortineau, La Blottière, 37210 Vouvray, Tel. 47.52.74.24 ☎ n. V.

DOM. DE LA FONTAINERIE
Moelleux 1990

☐	1,6 ha	4 500	Ⅲ ☑ 4

Wenn man durch das Coquettetal fährt, stößt man auf halbem Weg auf dieses schöne Gebäude aus dem 16. Jh., das sich an einen mit tiefen Kellern durchsetzten Hang schmiegt. Die Rebstöcke wachsen an den Hängen und kommen in den Genuß der Morgensonne. Catherine Dhoye präsentiert einen lieblichen Wein, dessen goldene Farbe wie tausend Feuer strahlt. Aus dem Glas steigt ein würziger Duft, der sich mit dem Aroma von Unterholz und Geröstetem vermischt. Der Geschmack ist etwas kurz, was aber durch eine perfekte Ausgewogenheit und eine zarte Honignote im Abgang ausgeglichen wird.

☛ Catherine Dhoye, La Fontainerie, 64 La Vallée Coquette, 37210 Vouvray, Tel. 47.52.67.92 ☎ n. V.
☛ Deruet

DOM. DE LA GALINIERE
Moelleux Cuvée Céline 1990★★

☐	k.A.	4 000	Ⅲ ☑ 4

Das Coussetal ist eines der Zentren der Vouvrayproduktion in der Gemarkung Vernou. Alles ist hier vorhanden : steiniger Boden, gute Lagen und tiefe Keller. Pascal besitzt hier 9 ha. Diese Cuvée hat er seiner Tochter gewidmet. Von dieser hat sie den Charme und die Zartheit. Und wie sie wird sie noch schöner werden. Man entdeckt in diesem Wein ein Quitten- und Feigenaroma und eine Zimtnote. Erlesene Harmonie. Muß noch reifen.

☛ Pascal Delaleu, 45, Vallée de Cousse, 37210 Vernou-sur-Brenne, Tel. 47.52.15.92 ☎ n. V.

JEAN-PIERRE LAISEMENT
Moelleux 1990★★

☐	3,5 ha	9 000	▮ Ⅲ ↓ ☑ 4

Das Gut von Jean-Pierre Laisement, das sein Großvater nach und nach aufgebaut hat, entwickelt sich gut. Jedes Jahr erzeugen seine Weinberge interessante Cuvées. Sein lieblicher 90er ist ein vorbildlicher Vertreter dieses Typs. Schöne Fruchtigkeit im Duft, in dem sich Pfirsiche, Mandeln und Quitten vermischen. In seinem außergewöhnlich vollen Geschmack findet man die Quitten und die getrockneten Früchte wieder. Seine Länge scheint kein Ende zu nehmen. Er muß noch möglichst lange reifen.

☛ Jean-Pierre Laisement, 22, Vallée Coquette, 37210 Vouvray, Tel. 47.52.74.47 ☎ n. V.

DOM. DE LA LIMACIERE Sec 1990★

☐	3 ha	8 000	Ⅲ ☑ 2

Rebflächen auf den ersten Côtes. Bernard Courson leitet das Gut seit 1955. Er präsentiert hier einen trockenen Weißwein, der zart wirkt und eine strahlend goldene Farbe mit grünen Reflexen besitzt. Der intensive Duft ist typisch für reife Chenintrauben. Die frische Ansprache mit der mineralischen Note verlängert sich in einem vollen Geschmack von reizvoller Länge. Seine Anmut, sein Stil und seine Zartheit machen ihn zu einem femininen Wein, der zu verfeinerten Gerichten paßt.

☛ Bernard Courson, Les Patys, 37210 Vouvray, Tel. 47.52.73.74 ☎ tägl. 8h-19h

LA NAVIRE Brut★★

○	2 ha	6 000	▮ Ⅲ ☑ 2

Dieses im 16. Jh. in der Nähe des Hangs erbaute Haus hat den Namen »La Navire« (das Schiff) erhalten, weil seine Form an einen Schiffsbug erinnert. Denise Lefèvre bewirtschaftet einen kleinen, 4 ha umfassenden Weinberg auf sehr traditionelle Weise und erzeugt sehr gelungene Weine. Feiner, nicht sehr üppiger Schaum. Das Aroma erinnert an Quitten und Steinobst. Ein frischer, sehr gut gemachter Vouvray, wie man ihn liebt.

☛ Denise Lefèvre, 8, rue Voltaire, 37380 Reugny, Tel. 47.52.94.53 ☎ n. V.

DOM. DE LA ROBINIERE
Moelleux Réserve 1990★★

☐	2 ha	6 000	▮ ↓ ☑ 4
	86		87		88		89		90				

Das 1880 entstandene Gut von Vincent Raimbault, das nur Stillweine erzeugt, liegt auf feuersteinhaltigen Lehmböden, die den Weinen Charakter und Langlebigkeit verleihen. Dieser 90er besitzt ein Temperament, das die Jury begeistert hat. Im Aroma von reifen Trauben erahnt man die Edelfäule. Die mineralische Note erinnert an die Kieselsäure des Bodens. Dazu ein Hauch von Zitronen und eine Gesamtharmonie, der einem glatt die Sprache verschlägt. Bereitet sich auf seine schönen alten Tage vor.

☛ Vincent Raimbault, La Robinière, 37210 Chançay, Tel. 47.52.92.13 ☎ n. V.

DOM. DE LA ROBINIERE Brut★

○	1 ha	10 000	▮ ↓ ☑ 2

Eine Zusammenstellung von Weinen, die von feuersteinhaltigen Lehmböden und von der Première Côte stammen. Dabei handelt es sich in diesem Anbaugebiet um verschiedene Böden. Das Resultat ist überzeugend, der Wein gelungen. Feine Bläschen. Im sehr ausdrucksstarken Duft entdeckt man Honig und eingemachte Früchte. Der Geschmack ist cremig, aber recht erfrischend. Die leicht bittere Note im Abgang ist eine Eigenart des Anbaugebiets.

☛ Vincent Raimbault, La Robinière, 37210 Chançay, Tel. 47.52.92.13 ☎ n. V.

LES PRODUCTEURS DE LA VALLEE COQUETTE Moelleux 1990★

| □ | k.A. | k.A. | ⑪ ☑ ➍ |

Die 1953 gegründete Genossenschaft vinifiziert keine Trauben. Die Mitglieder bringen ihren Wein zu Beginn des Jahres. Nach einer Qualitätskontrolle werden hier die Zusammenstellung der Cuvées und die Flaschenabfüllung durchgeführt. Das garantiert Ausgewogenheit und gleichbleibende Qualität. Dieser liebliche Wein duftet nach reifen Trauben und Konfitüre. In seinem harmonisch gebauten Geschmack macht sich eine maßvolle Lebhaftigkeit bemerkbar. Ein zauberhafter Wein, der sein Anbaugebiet widerspiegelt. ☛ Cave Coop. La Vallée Coquette, 38, La Vallée Coquette, 37210 Vouvray, Tel. 47.52.75.03 ⏰ tägl. 8h30-12h 14h-18h

LES PRODUCTEURS DE LA VALLEE COQUETTE Brut Extra réserve 1989★★★

| ○ | k.A. | 35 000 | ▮⑪↓☑➋ |

Philippe Thierry, der junge Direktor der Genossenschaftskellerei, stellt perfekt gelungene Cuvées zusammen. Er kann stolz auf diesen Brut »Extra réserve« sein, der nach der traditionellen Methode hergestellt worden ist und ein Musterbeispiel für diesen Typ bildet. Intensiver Duft von reifen Früchten — Quitten und Pflaumen. Geschmeidige Ansprache, milder Geschmack und angenehm fruchtiger Abgang. Ein Erlebnis, das man sich nicht entgehen lassen sollte. ☛ Cave Coop. La Vallée Coquette, 38, La Vallée Coquette, 37210 Vouvray, Tel. 47.52.75.03 ⏰ tägl. 8h30-12h 14h-18h

DOM. LE CAPITAINE Moelleux 1990★★★

| □ | | 4,5 ha | 2 000 | ⑪ ☑ ➍ |

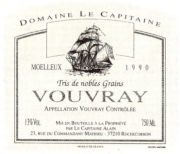

Alain Le Capitaine steht seit 1989 am Ruder und versteht es, sein »Schiff« zu steuern. Während er im letzten Jahr unsere besondere Empfehlung knapp verfehlt hat, erringt er diesmal die höchste Auszeichnung. Strenge und Hingabe, das ist seine Devise. Damit ist ihm ein Wein von seltener Qualität gelungen. Kristallklare, bernsteingelbe Farbe. Der volle Duft erinnert an eingemachte Früchte, während der alkoholreiche, honigartige Geschmack durch seine Geschmeidigkeit und ¨Oligkeit bezaubert. Er erweckt Bewunderung. ☛ Alain Le Capitaine, 23, rue du Cdt Mathieu, 37210 Rochecorbon, Tel. 47.52.53.86 ⏰ n. V.

LE CLOS DU BOURG Moelleux 1990★★★

| □ | | 6 ha | 14 000 | ⑪ ☑ ➏ |

Der Clos du Bourg liegt oberhalb der Pfarrkirche. Die Rebflächen befinden sich auf Kalk- und Feuersteinböden, teilweise sogar auf Kalktuff und profitieren von einer Südlage. Ganz in der Nähe fließt die Loire. Diese natürlichen Voraussetzungen und der geringe Ertrag führen zu einem lieblichen Ausnahmewein. Aufgrund seines extrem reichen aromatischen Potentials kann er sehr lange gelagert werden. Wenn es sein Besitzer zuläßt, kann er 100 Jahre alt werden. ☛ SA Huet, Le Haut Lieu, 37210 Vouvray, Tel. 47.52.78.87 ⏰ n. V.

LE PEU DE LA MORIETTE Moelleux 1990★★

| □ | | 6 ha | 50 000 | ⑪↓☑➍ |

Eine der ältesten Familien von Vouvray. Das 1734 angelegte Gut wurde mehrfach von Georges Courteline besucht. Die Reben wachsen in Südlage auf steinig-kalkigen Böden. Diesen natürlichen Voraussetzungen verdankt der 90er zweifellos sein solides Gerüst, das mit der Zeit an Kontur gewinnen wird. Der Duft erinnert an Zitronen. Die Zitrusfrüchte trifft man auch im Geschmack an. Ungeduldige Weinfreunde können ihn bereits jetzt zu einem Zitronenkuchen trinken, aber es wäre besser, ihn noch reifen zu lassen. ☛ Jean-Claude Pichot, Le Peu de la Moriette, 32, rue de Bonne Dame, 37210 Vouvray, Tel. 47.52.72.45 ⏰ n. V.

DOM. DES LOCQUETS Brut 1990★

| ○ | | 4 ha | 20 000 | ⑪ ☑ ➋ |

Michel Deniau bewirtschaftet seit 1972 ein schönes, 11 ha großes Gut, dessen Rebflächen auf lehmig-kalkigen Böden liegen. Er hat beachtliche Erfahrung mit der Produktion von traditionell hergestellten Schaumweinen gesammelt. Hellgelbe Farbe und sehr feine Bläschen. Im Duft erinnert das Gärungsaroma an Hefegebäck. Lebhafte Ansprache im Geschmack mit fruchtigen Noten. Ein sehr schöner Wein, den man als Aperitif trinken kann, damit er das Gemüt und den Geist anregt. ☛ Michel Deniau et Fils, 27, rue des Locquets, 37210 Parçay-Meslay, Tel. 47.29.15.29 ⏰ n. V.

DOM. DES LOCQUETS Moelleux 1990★

| □ | | 2 ha | 4 000 | ☑ ➌ |

Das Gut liegt unweit der berühmten Grange de Meslay, wo alljährlich ein renommiertes Musikfestival veranstaltet wird. Der Wein von Michel Deniau erinnert eher an leichte Musik. Er ist heiter und fröhlich gestimmt. Zartheit dominiert hier über Kraft. Intensives Aroma von Gewürznelken, die sich mit dem für Vouvray typischen Haselnüssen vermischen. Warum soll man ihn noch lagern ? Man sollte die Freuden genießen, die er jetzt bietet !

🍷 Michel Deniau et Fils, 27, rue des Locquets, 37210 Parçay-Meslay, Tel. 47.29.15.29 ⟡ n. V.

BERNARD MABILLE Moelleux 1990★

□	8 ha	10 000	▮▯▯▮

Bernard Mabille hält an den Traditionen von Vouvray fest, aber er ist auch dem Fortschritt gegenüber aufgeschlossen und zögert nicht, das Flugzeug zu nehmen, um an Ort und Stelle zu sehen, was seine Kollegen in Kalifornien treiben. Ein lieblicher Wein von goldgelber Farbe und großer Milde. Dieser 90er hält sich noch etwas zurück, aber er wird sich mit der Zeit entfalten.

🍷 Bernard Mabille, Vaugondy, 37210 Vernou-sur-Brenne, Tel. 47.52.10.94 ⟡ tägl. 9h-12h 14h-17h, So nachm. geschlossen

DANIEL MABILLE Moelleux 1990★

□	4 ha	k.A.	▯▮

Das Gut liegt hoch über der Loire im Herzen des Anbaugebiets von Vouvray. Dieser Wein bezaubert sofort durch seine schöne, strohgelbe Farbe. Er entfaltet ein klassisches Quittenaroma, das sich in Richtung exotische Früchte entwickelt. Ein Wein aus überreifen, edelfaulen Trauben. Gute Vinifizierung. Man kann ihn schon heute trinken oder noch lagern, um den Hochgenuß zu steigern.

🍷 Daniel Mabille, 25, Vallée Chartier, 37210 Vouvray, Tel. 47.52.75.22 ⟡ n. V.

DANIEL MABILLE Pétillant

○	9 ha	k.A.	▮

Ein ziemlich runder, fast halbtrockener Perlwein. Ausgeprägter Charakter, aber schöne Harmonie. Ein typischer Vouvray, der sehr gut zu einem nicht zu süßen Dessert paßt.

🍷 Daniel Mabille, 25, Vallée Chartier, 37210 Vouvray, Tel. 47.52.75.22 ⟡ n. V.

FRANCIS MABILLE Pétillant

○	k.A.	10 000	▮▯▮

Francis Mabille hat sich 1985 selbständig gemacht und bewirtschaftet seitdem seine eigenen Parzellen. Die Farbe, der Geruchseindruck und der Geschmack sind leicht. Der typische Charakter ist nicht vorhanden, aber dafür findet man Eleganz und Finesse. Das Aroma von grünen Äpfeln verleiht ihm eine gute Frische. Ein durstlöschender Sommerwein, den man in der Gartenlaube trinken sollte.

🍷 Francis Mabille, Vaugondy, 37210 Vernou-sur-Brenne, Tel. 47.52.00.46 ⟡ n. V.

FRANCIS MABILLE Moelleux 1990★

□	k.A.	4 000	▯▮▯▮

Der Wein, den Francis Mabille hier vorstellt, entspricht ein wenig seinem eigenen Charakter : Er ist fröhlich, lebhaft und ein angenehmer Gesellschafter. Man kann ihn schon heute trinken oder noch lagern.

🍷 Francis Mabille, Vaugondy, 37210 Vernou-sur-Brenne, Tel. 47.52.00.46 ⟡ n. V.

DOM. DU MARGALLEAU
Moelleux 1990

□	1 ha	3 500	▮▯▯▮

Ein für das Anbaugebiet recht typisches Gut auf den Hängen des Vautals, das in das Brennetal mündet, über die es den Einflüssen der Loire ausgesetzt ist. Jean-Michel, der die dritte Winzergeneration der Familie Pieaux repräsentiert, stellt hier einen lieblichen Wein vor, dessen Zuckerreichtum eine gute Lebhaftigkeit gegenübersteht. Das intensive Aroma erinnert im Duft und im Geschmack an Honig und Bienenwachs. Er muß noch ein paar Jahre altern, damit er seine Ausgewogenheit findet.

🍷 Jean-Michel Pieaux, Vallée de Vaux, 10, rue du Clos Baglin, 37210 Chançay, Tel. 47.52.97.27 ⟡ n. V.

CH. DE MONTFORT Sec 1990★

□	20 ha	30 000	▮▯▮

Château de Montfort, das die Firma Cordier 1988 erworben hat, ist ein altes, befestigtes Lehnsgut, das dem Erzbischof von Tours gehörte. Das 45 ha große Anbaugebiet, das es umgibt, befindet sich auf lehmig-kalkigen und lehmig-feuersteinhaltigen Böden, wo die Cheninreben in guter Lage gedeihen. 1990 war es schwierig, wirklich trockene Weine herzustellen. Dieser trockene Wein ist zart und besitzt einen entfalteten Duft von Akazienblüten und Äpfeln. Ein sehr gefälliger Weißwein, der gut zu Saucengerichten paßt.

🍷 SCI Ch. de Montfort, Ferme des Quarts, 37210 Chançay, Tel. 47.52.14.57 ⟡ n. V.

CHARLES DE MONTFORT
Brut 1990★★

○	20 ha	100 000	▮▯▮

Die eindrucksvolle Ausrüstung der Keller ermöglicht es Château de Montfort, erstklassige Schaumweine herzustellen. Feine, anhaltende Bläschen. Der Duft erinnert an Hefegebäck und entwickelt sich danach in Richtung Zitronen und Pampelmusen. Dieses Aroma findet man auch im Geschmack. Zufriedenstellende Harmonie. Ein fröhlicher Wein.

🍷 SCI Ch. de Montfort, Ferme des Quarts, 37210 Chançay, Tel. 47.52.14.57 ⟡ n. V.

CLOS DE NOUYS Liquoreux 1990★★

□	8,5 ha	5 000	▯▮

Das Nouytal in Vouvray ist berühmt für seine sonnenreichen Hänge und seine steinigen Böden, die günstig für die Qualität sind. Der Clos de Nouys, der sich im Herzen dieses zauberhaften Tals befindet, trägt zu diesem guten Ruf bei. Die goldgelbe Farbe ist erstaunlich für einen jungen Wein und weist auf seinen außergewöhnlichen Reichtum hin. Im Duft harmonieren Quitten, gekochtes Obst und getrocknete Früchte. Stattlicher, langer Geschmack mit sehr angenehmem Karamelaroma im Abgang. Ein sehr schöner Wein, den man – ganz nach Geschmack – schon jetzt oder erst später trinken kann.

🍷 SCEV Clos de Nouys, 46, rue de la Vallée de Nouy, 37210 Vouvray, Tel. 47.52.73.35 ⟡ n. V.

DOM. D' ORFEUILLES Sec 1990★

| | 2 ha | 7 000 | ▮ Ⓥ ② |

Bernard Hérivault, der dieses Gut seit 1983 leitet, präsentiert in diesem Jahr einen sehr schön gebauten trockenen Wein. Strahlend hellgelbe Farbe mit grünen Reflexen. Der Duft ist etwas schüchtern (vollreife oder eingemachte Früchte). Der Geschmackseindruck ist dagegen sehr ausgeprägt. Klare, aber zarte Ansprache. Das überraschend intensive Aroma läßt an Himbeeren und exotische Früchte denken. Sehr typisch für die trockenen Vouvrayweine. Kann gut altern.
➼ Bernard Hérivault, La Croix blanche, 37380 Reugny, Tel. 47.52.91.85 ♈ n. V.

DOM. PELTIER Moelleux 1990★

| | 2,25 ha | 6 000 | ▮ ⑪ Ⓥ ② |

Ein schönes, im 17. Jh. aus Kalktuffsteinen errichtetes Gebäude weist auf die Ursprünge des Gutes hin. Die Peltiers sind hier schon immer zu Hause. Hugues erzeugt einen lieblichen 90er, der Charakter besitzt und schon einen angenehm und füllig ist. Sein Aroma erinnert an reife Früchte wie etwa Trauben, Birnen und Quitten. Aber er muß sich in den kommenden Jahren noch stärker entfalten.
➼ Hugues Peltier, 43, rue de la Mairie, 37210 Chançay, Tel. 47.52.93.34 ♈ n. V.

CLOS DU PETIT MONT
Liquoreux Réserve 1990★★

| | 2 ha | 5 000 | ⑪ Ⓥ ④ |

Der Großvater von Daniel Allias erwarb den Clos du Petit Mont 1922. Der Weinberg gehörte Savary, einem Freund von Balzac, der sich hier wiederholt aufhielt. Die goldgelbe Farbe kündigt einen großen Wein an. Der intensive Duft wird von Honig und Mandeln geprägt. Im Geschmack liefert die Ausgewogenheit zwischen Lebhaftigkeit und Zuckerreichtum eine seltene Harmonie, die sich in einem Aroma von Orangenkonfitüre und geröstetem Brot fortsetzt. Ein großer Vouvray, der einen Ehrenplatz in Ihrem Keller verdient.
➼ Daniel Allias, 117, Vallée Coquette, 37210 Vouvray, Tel. 47.52.74.95 ♈ Mo-Sa 9h-19h

GERARD PIEAUX Pétillant★★

| | 3 ha | 15 000 | ▮ ↓ Ⓥ ② |

Die feuersteinhaltigen Lehmböden, auf denen sich das 10 ha große Anbaugebiet von Gérard Pieaux befindet, bringen in der Regel elegante Weine hervor, die sich hervorragend für die Herstellung von guten Schaumweinen eignen. Ein Beispiel dafür ist dieser Perlwein : feiner Schaum, Duft von Akazienblüten und geröstetem Brot. Im ausgewogenen Geschmack entfaltet sich ein angenehm nachhaltiges Karamelaroma. Unbestreitbar ein sehr gelungener Schaumwein.
➼ Gérard Pieaux, Vallée de Vaux, 10, rue du Clos Baglin, 37210 Chançay, Tel. 47.52.97.27 ♈ n. V.

JEAN RAIMBAULT Moelleux 1990

| | 1 ha | 4 000 | ⑪ Ⓥ ② |

Das Gut von Jean Raimbault (17 ha) liegt auf den Hängen von Noizay, die über das Loiretal aufragen. Dieser liebliche Wein überrascht durch die Intensität seines Dufts : Heu und Haselnüsse.

Der Geschmackseindruck ist etwas lebhaft. Er muß noch einige Jahre im Keller reifen, damit er ausgeglichener wird.
➼ Jean Raimbault, Coteau des Vérons, 37210 Noizay, Tel. 47.52.00.10 ♈ tägl. 9h-12h 15h-18h

JEAN RAIMBAULT Brut 1990★

| | 2 ha | 17 000 | ▮ Ⓥ ② |

Jean Raimbault präsentiert in diesem Jahr einen gut gemachten Perlwein : fruchtig, gefällig, aber für einen Brut eher weich. Er eignet sich für empfindliche Gaumen als Aperitif oder noch besser zu einem nicht zu süßen Kuchen.
➼ Jean Raimbault, Coteau des Vérons, 37210 Noizay, Tel. 47.52.00.10 ♈ tägl. 9h-12h 15h-18h

RAYMOND RAIMBAULT Pétillant★

| | 0,5 ha | 4 500 | ▮ ↓ Ⓥ ② |

Raymond Raimbault hält seit 1953 eine solide Winzertradition aufrecht. Er besitzt ein kleines, gut gelegenes Anbaugebiet, dessen Trauben sich für die Herstellung guter Schaumweine eignen. Recht intensiver Duft (Akazienblüten, Zitronenkraut), zarter, voller, eleganter Geschmack. Sehr harmonischer Gesamteindruck. Ein femininer Wein, den man zum Dessert trinkt : Er paßt perfekt zu Blätterteigpasteten.
➼ Raymond Raimbault, La Robinière, 37210 Chançay, Tel. 47.52.18.63 ♈ n. V.

ALAIN ROHART Brut Tête de cuvée 1990

| | k.A. | 10 000 | ▮ Ⓥ ② |

Alain Rohart baut seit 1987 Wein an und muß diesen Schritt nicht bereuen. Dank seiner hingebungsvollen Arbeit hat er sich schon einen Platz unter den besten Winzern gesichert. Jugendliche Farbe und feiner Schaum. Duft von Zitronenkraut. Der etwas lebhafte Abgang verleiht ihm eine frische Note. Ein Schaumwein für Sommernachmittage.
➼ Alain Rohart, La Loge, 85 bis, rte de Monnaie, 37210 Vouvray, Tel. 47.52.63.70 ♈ tägl. 8h-20h

ALAIN ROHART
Moelleux Cuvée des Loges 1990★

| | k.A. | 1 200 | ▮ Ⓥ ④ |

Ein sehr vielversprechender lieblicher Wein ! Sehr angenehme Ansprache : cremig und duftig (frische Früchte, vor allem Äpfel). Man findet sogar eine leichte Säure. Goldene Farbe. Er muß nur noch reifen.
➼ Alain Rohart, La Loge, 85 bis, rte de Monnaie, 37210 Vouvray, Tel. 47.52.63.70 ♈ tägl. 8h-20h

DOM. DE VAUGONDY
Moelleux Cuvée Solène 1990★★

| | 1 ha | 2 500 | ▮ ↓ Ⓥ ③ |

Philippe Perdriaux bewirtschaftet seit 1987 ein schönes, 10 ha großes Anbaugebiet, das auf den Hängen eines der schönsten Täler von Vernou liegt. Sein lieblicher 90er zeichnet sich durch Finesse und Eleganz aus. Er eignet sich sehr gut als Aperitif, wo man die Gelegenheit hat, sein Aroma von exotischen Früchten voll zu genießen. Er kann aber auch noch lange Jahre im Keller lagern, wo er nur noch besser wird.

🗝 Philippe Perdriaux, Vaugondy, 37210 Vernou-sur-Brenne, Tel. 47.52.02.26 Y n. V.

DOM. DE VAUGONDY Brut**

○ 4 ha 25 000 ■↓▣ 2

Philippe Perdriaux versteht sich ebensogut auf die Herstellung von Schaumweinen wie auf die Erzeugung von Stillweinen. Sein Brut (Méthode traditionnelle) wird den Freunden von leichten Weinen gefallen. Ein geschmeidiger, gefälliger Schaumwein ohne allzu stark ausgeprägten Charakter. Ein Wein gegen den Durst, der seine Funktion hervorragend erfüllt.

🗝 Philippe Perdriaux, Vaugondy, 37210 Vernou-sur-Brenne, Tel. 47.52.02.26 Y n. V.

Cheverny AOVDQS

Die Weine gehobener Qualität dieses zwischen Loire und Sologne gelegenen Anbaugebiets wurden 1973 als VDQS eingestuft. In dieser über 300 ha großen Appellation, die sich auf dem linken Ufer des Flusses von der Sologne bei Blois bis zum Rand der Region von Orléans erstreckt, wachsen zahlreiche Rebsorten ; dabei ergänzen einheimische Sorten die »klassischen« Reben. Sie liefern Weine, die man jung trinkt. Die Rotweine (8 000 hl ; aus Gamay, Cabernet und Pinot Noir) sind leicht und fruchtig, die Roséweine (1 000 hl ; aus Gamay, Pineau d'Aunis und Pinot Gris) trocken und die Weißweine (8 000 hl ; aus Sauvignon, Chenin, Chardonnay und Romorantin) trocken und leicht. Erwähnen sollte man noch, daß allein die Rebsorte Romorantin auf dem Etikett erscheinen darf.

FRANCOIS CAZIN Brut 1990*

○ 2 ha 7 000 ■↓ 2

Ein junger Erzeuger, der die vierte Generation der Winzerfamilie Cazin repräsentiert und sich vor kurzem auf diesem zum Park von Château de Cheverny gehörenden Anwesen niedergelassen hat. Dieses traditionelle Gut erzeugt regelmäßig gute Weine, wie auch die besondere Empfehlung für seinen roten 89er beweist. Feine, nachhaltige Bläschen, leicht blumiges Aroma. Dieser Brut ist im Geschmack frisch und sehr geschmeidig und löscht auf angenehme Weise den Durst.

🗝 François Cazin, Le Petit Chambord, 41700 Cheverny, Tel. 54.79.93.75 Y n. V.

FRANCOIS CAZIN 1991

■ 4 ha 10 000 ■⦀ ▣ 1

Dieser fruchtige Rotwein ist ein sympathischer, für den Jahrgang 1991 typischer Wein. Muß bald getrunken werden.

🗝 François Cazin, Le Petit Chambord, 41700 Cheverny, Tel. 54.79.93.75 Y n. V.

DOM. DES HUARDS Romorantin 1990**

□ 6,5 ha 30 000 ■↓▣ 1

Das größte Gut der Appellation Cheverny (24 ha) liegt auf einem nicht sehr steilen Abhang des Beuvrontals. Seine goldgelbe Farbe läßt an vollreife Trauben denken. Einschmeichelndes Aroma von Akazienhonig. Im Geschmack bezaubert dieser Romorantin durch seine Kraft und Eleganz.

🗝 Michel Gendrier, Les Huards, 41700 Cour-Cheverny, Tel. 54.79.97.90 Y Mo-Sa 9h-12h30 14h-19h ; So n. V.

DOM. DES HUARDS 1990

□ 6,5 ha 30 000 ■↓▣ 1

90% Sauvignon, der Rest Chardonnay. Seine hellgelbe, grün schimmernde Farbe verrät noch seine ganze Jugendlichkeit. Im Duft ist er zwar zurückhaltend, aber dafür im Geschmack wohlausgewogen, frisch und nachhaltig.

🗝 Michel Gendrier, Les Huards, 41700 Cour-Cheverny, Tel. 54.79.97.90 Y Mo-Sa 9h-12h30 14h-19h ; So n. V.

FRANCIS HUGUET 1991**

◪ 1 ha 5 000 ■↓▣ 2

Der Weinberg liegt auf einem kleinen Hang am Rand der alten Loireterrassen. Er gehörte früher zum Schloß Nozieux, das im Besitz der Marquise de Pompadour war. In Sichtweite erhebt sich Schloß Ménars auf dem anderen Ufer des Flusses. Dieser lebhafte Rosé stammt von Cabernet-Sauvignon-Trauben. Er ist geschmeidig und sehr ausgewogen und überrascht durch seine Kraft, seine aromatische Finesse und seine geschmackliche Länge.

🗝 Francis Huguet, 12, rue de la Franchetière, 41350 Saint-Claude-de-Diray, Tel. 54.20.57.36 Y n. V.

DOM. DE LA DESOUCHERIE 1991

□ 8 ha 10 000 ■↓▣ 1

Ein seit einem Jahrhundert bestehendes Gut, das am Rand der Sologne, 6 km von Schloß Cheverny entfernt, liegt. Man wird sich bestimmt noch an den herrlichen 90er Rotwein dieses Erzeugers erinnern. Der Jahrgang 1991 war nicht günstig, aber es gibt 10 Flaschen von diesem 91er Weißwein. Goldgelbe Farbe, sehr fruchtig und wohlausgewogen. Man sollte ihn mit geschlossenen Augen genießen.

🗝 Christian Tessier, Dom. de La Désoucherie, 41700 Cour-Cheverny, Tel. 54.79.90.08 Y n. V.

DOM. DE LA GAUDRONNIERE 1991*

■ k.A. k.A. ■↓▣ 1

Auf diesem 18 ha großen Gut haben die Jungen die Nachfolge eines Winzers angetreten, der einer der entschiedensten Verfechter dieser Appellation war. Dieser rote 91er, der sehr typisch für die AOC Cheverny ist, besitzt eine wunderbare Eleganz und Finesse. Ein frühlingshafter Rotwein.

↬ GAEC Dorléans-Ferrand, Dom. de La Gaudronnière, 41120 Cellettes, Tel. 54.70.40.41 ⟁ Mo-Sa 8h-19h

DOM. DE L'AUMONIERE *

| ■ | 9 ha | 50 000 | ⦀ ↓ ☑ ❶ |

Ein 1836 entstandenes Gut. Dieser intensiv rote Wein verführt durch sein Aroma von roten Früchten. Gefällige Ansprache im Geschmack. Der leicht tanninbetonte Abgang deutet darauf hin, daß er seinen vollen Charakter erst in ein paar Jahren entfaltet.

↬ GAEC Givierge Père et Fils, Clos de l'Aumônière, 41700 Cour-Cheverny, Tel. 54.79.98.17 ⟁ n. V.

CAVE COOP. DE MONT-PRES-CHAMBORD 1990*

| ◓ | k.A. | k.A. | ❶ ↓ ☑ ❷ |

Diese Genossenschaft, die in gleicher Entfernung von den Schlössern von Blois, Chambord und Cheverny liegt, besitzt bereits eine 60jährige Erfahrung in der Vinifizierung dieser traditionsreichen Rebsorte. Die Gemeinde ist von einem originellen Anbaugebiet umgeben. Ein nach dem traditionellen Verfahren hergestellter Rosé-Schaumwein, der im Geschmack frisch, lebhaft und angenehm ist. Wenn man ihn als Aperitif serviert, ist der Erfolg garantiert.

↬ Les Vignerons de Mont-près-Chambord, 816, la Petite-Rue, 41250 Mont-près-Chambord, Tel. 54.70.71.15 ⟁ n. V.

DOM. DU SALVARD 1991**

| ■ | 4 ha | 10 000 | ❶ ↓ ☑ ❶ |

Gilbert Delaille gehört zur vierten Generation dieser Winzerfamilie, die auf einem Gut am Rande der AOC Touraine auf lehmig-feuersteinhaltigen Böden liegt. Im Duft entfaltet dieser Rotwein ein Aroma von sehr reifen roten Früchten. Wohlausgewogener Geschmack mit geschmeidigem Abgang. Trinkreif, kann aber noch lagern.

↬ Gilbert Delaille, Dom. du Salvard, 41120 Fougères-sur-Bièvre, Tel. 54.20.28.21 ⟁ n. V.

DOM. SAUGER ET FILS 1991

| ■ | 6 ha | 15 000 | ❶ ↓ ↓ |

Das Gut wird von Marcel Sauger und seinen beiden Söhnen hervorragend geführt. 17 ha Rebflächen und Aufzucht von jungen Rebstöcken. Dieser blumige, elegante, frische und angenehme Wein ist schon trinkreif.

↬ Dom. Sauger et Fils, Les Touches, 41700 Fresnes, Tel. 54.79.58.45 ⟁ n. V.

DANIEL TEVENOT 1991*

| ☐ | 1,26 ha | 3 000 | ❶ ☑ ❶ |

Dieser 1910 auf den Hängen des Beuvron angelegte Weinberg besitzt feuersteinhaltige Lehmböden. Ein aromatischer, sauberer und vollständiger Sauvignon, der durch seine Frische verführt.

↬ Daniel Tévenot, 4, rue du Moulin à vent, Madon, 41120 Candé-sur-Beuvron, Tel. 54.79.44.24 ⟁ n. V.

DANIEL TEVENOT 1990**

| ■ | 2,26 ha | 7 000 | ❶ ⦀ ☑ ❶ |

Dieser intensiv und elegant duftende Rotwein verbindet seine Frische mit der Struktur eines lagerfähigen Weins. Unbedingt probieren.

↬ Daniel Tévenot, 4, rue du Moulin à vent, Madon, 41120 Candé-sur-Beuvron, Tel. 54.79.44.24 ⟁ n. V.

Coteaux du Vendômois AOVDQS

Der »graue Wein« aus der Rebsorte Pineau d'Aunis stellt eine in Frankreich einzigartige Besonderheit dar. Seine Farbe muß sehr blaß bleiben, während das Aroma pfeffrige Noten entfalten soll. Erzeugt wird hier auch wie in den benachbarten Appellationen Coteaux du Loir und Jasnières ein Weißwein aus Chenintrauben.

Seit einigen Jahren nimmt aufgrund der Nachfrage der Verbraucher die Rotweinproduktion zu. Die leicht würzige Nervigkeit der Rebsorte Pineau d'Aunis wird durch die Gamayrebe gemildert bzw. durch die Finesse der Pinot-Noir-Rebe oder den Tanninreichtum der Cabernetrebe verstärkt.

Im Land von Ronsard, zwischen Vendôme und Montoire, werden 6 000 bis 7 000 hl erzeugt. Der Tourist kann hier Höhlen von Urzeitmenschen in den Hügeln und in den Kalktuff gehauene Keller bewundern.

LES CAVES BAUDET 1991*

| ■ | 0,8 ha | k.A. | ❶ ⦀ ☑ ❶ |

Jacques Noury, der hier seit 1983 ansässig ist, bewirtschaftet die von seinem Großvater angepflanzten Rebflächen. Er präsentiert uns zwei Rotweine, die den Liebhabern der Coteaux-du-Vendômois-Weine gefallen werden. Während der 91er gut strukturiert, im Geschmack lang und etwas tanninbetont ist und eine Zimtnote entfaltet, zeigt sich der 90er voll, angenehm rund, gefällig und im Abgang elegant.

↬ Jacques Noury, Montpot, 41800 Houssay, Tel. 54.85.36.04 ⟁ n. V.

LES CAVES BAUDET Chenin 1991*

| ☐ | 1,4 ha | 3 500 | ❶ ⦀ ☑ ❶ |

Ein schüchterner Wein, der sich erst nach einiger Zeit entfaltet. Seine Ansprache ist leicht salzig. Gute Länge.

🕭 Jacques Noury, Montpot, 41800 Houssay, Tel. 54.85.36.04 ☎ n. V.

LES CAVES BAUDET
Pineau d'Aunis 1991 *

◪	2,15 ha	3 500	▮◍ ✔▮

Sein würziger Duft ist typisch für die Rebsorte Pineau d'Aunis. Angenehme Geschmeidigkeit, gute Ausgewogenheit, pfeffriger Abgang.
🕭 Jacques Noury, Montpot, 41800 Houssay, Tel. 54.85.36.04 ☎ n. V.

COLIN ET FILS 1990 *

■	k.A.	10 000	▮◍ ↓✔▮

Die Colins betreiben schon seit 1735 Weinbau in diesem Dorf, dessen zahlreiche Keller in den Kalktuff gegraben sind. Sie präsentieren einen Rotwein von strahlender, lebhafter Farbe, der im Duft die Süße von sehr reifen roten Früchten entfaltet. Dieser gut strukturierte, nachhaltige Wein kann noch altern.
🕭 Colin et Fils, GAEC de La Gaudetterie, 5, La Gaudetterie, 41100 Thoré-La-Rochette, Tel. 54.72.80.73 ☎ n. V.

DOM. DU FOUR A CHAUX 1991

■	4 ha	10 000	▮↓✔▮

Der Weinberg befindet sich in der Reblage Le Haut-Fourneau. Dieser 91er mit der lebhaft roten Farbe, dem aromatischen, frischen Duft und dem geschmeidigen, wohlausgewogenen Geschmack muß bald getrunken werden.
🕭 Claude Norguet, Berger, 41100 Thoré-la-Rochette, Tel. 54.77.12.52 ☎ Mo-Sa 8h-12h 14h-18h

DOM. DU FOUR A CHAUX 1991 * *

◪	4 ha	6 000	▮↓✔▮

Vor zwei Jahren erhielt dieser Erzeuger eine besondere Empfehlung für einen Pineau d'Aunis. Diesen Erfolg wiederholt er jetzt mit einem Pineau d'Aunis. Dieser als blasse Rosé ist typisch für die »grauen« Weine des Vendômois. Im Bukett macht das pfeffrige Aroma einem Pfirsich- und Bananenduft Platz. Die Ansprache ist zwar lebhaft, aber der Geschmack ist stattlich und recht lang. Wie alle sehr hellen Roséweine ist er bereits trinkreif.
🕭 Claude Norguet, Berger, 41100 Thoré-la-Rochette, Tel. 54.77.12.52 ☎ Mo-Sa 8h-12h 14h-18h

DOM. DU FOUR A CHAUX 1991 *

□	2 ha	5 000	▮↓✔▮

Wie im letzten Jahr präsentiert er auch diesmal wieder einen Weißwein mit einer strahlend blaßgelben Farbe. Auf einen komplexen Duft folgt eine klare, frische Ansprache. Sein alkoholisches Aroma macht ihn zu einem gefälligen Wein.
🕭 Claude Norguet, Berger, 41100 Thoré-la-Rochette, Tel. 54.77.12.52 ☎ Mo-Sa 8h-12h 14h-18h

DOMINIQUE HOUDEBERT
Gris de pineau d'Aunis 1991

◪	0,33 ha	1 800	▮↓✔▮

Wenn die staatliche französische Eisenbahngesellschaft SNCF Dankbarkeit kennen würde, so würde sie im Speisewagen ihres Hochgeschwindigkeitszugs TGV Atlantique diesen hervorragenden Chenin servieren. Der Bau dieser Bahnstrecke hat nämlich das von Moïse Houdebert geduldig durch Flurbereinigung angelegte Anbaugebiet teilweise zerstört. Sein Sohn Dominique bemüht sich hartnäckig, es wiederherzustellen. Dieser »graue« Wein bietet einen noch etwas verschlossenen, aber feinen und zarten Duft. Seine Ansprache ist frisch. Der lebhafte Geschmack klingt mit einer pfeffrigen Note aus.
🕭 Dominique Houdebert, 2, rue du Bas-Bourg, 41100 Villersfaux, Tel. 54.80.29.79 ☎ n. V.

JEAN MARTELLIERE
Cuvée de tradition 1991

■	1,5 ha	2 000	◍ ✔▮

Die Keller sind in den Kalktuff gegraben. Die Weinberge sind hier im Lande des Dichters Ronsard auf einem Boden mit lehmig-kalkigen Untergrund angelegt, mit Feuersteinknollen an der Oberfläche. Dieser 91er besitzt einen stattlichen, üppigen Duft. Im ausgewogenen Geschmack erinnert er an rote Johannisbeeren und Kirschen.
🕭 Jean Martellière, 46, rue de Fosse, 41800 Montoire-sur-le-Loir, Tel. 54.85.16.91 ☎ n. V.

CAVE COOP. DE VILLIERS-SUR-LOIR 1991 *

◪	k.A.	20 000	▮↓✔▮

Diese Genossenschaft hat seit fast 60 Jahren ihren Sitz am Fuße eines mit Reben bestockten Hangs im hübschen Loirtal. Dezenter, aber sehr feiner Duft. Seine lebhafte Ansprache bringt die Jugendlichkeit zum Ausdruck. Gute Fülle, schöne Länge und Ausgewogenheit.
🕭 Cave Coop. du Vendômois, 60, av. du Petit-Thouars, 41100 Villiers-sur-Loir, Tel. 54.72.90.69 ☎ n. V.

CAVE COOP. DE VILLIERS-SUR-LOIR 1991

□	k.A.	20 000	▮↓✔▮

Dieser Weißwein besitzt eine sehr strahlende Farbe mit bernsteingelben Reflexen und einen sehr intensiven blumigen Duft. Lebhafte Ansprache. Ein guter 91er mit schöner Länge im Geschmack.
🕭 Cave Coop. du Vendômois, 60, av. du Petit-Thouars, 41100 Villiers-sur-Loir, Tel. 54.72.90.69 ☎ n. V.

Valençay AOVDQS

An den Grenzen des Berry, der Sologne und der Touraine wechselt sich der Weinbau mit Wäldern, Getreideanbau und Ziegenzucht ab. Die Böden bestehen vorwiegend aus Lehm und Kalkstein bzw. aus Lehm und Schlick. Das Anbaugebiet umfaßt beinahe 200 ha. Die klassischen Rebsorten erzeugen hier Weine, die typisch für das Loiretal sind und zumeist jung getrunken werden. Die Sauvignonrebe liefert aromatische Weine, die an schwarze Johannisbeeren oder Ginster erinnern ; ergänzt wird sie durch die Chardonnayrebe, die ihnen Finesse und Fülle gibt. Bei den Rotweinen sorgt die Gamayrebe für Frische, während die Cabernetreben und die Rebsorte Côt Tanninreichtum verleihen, der Pinot Noir Finesse hinzufügt.

In dieser Region, die auch von Talleyrand besucht wurde, gibt es auch eine Marke für die Ziegenkäse : »Valençay de l'Indre« ; diese Pyramiden passen ebensogut zu den Rotweinen wie zu den Weißweinen.

JACKY PREYS Sauvignon 1991★

☐　　　　2 ha　　7 000　　　▮↓▯

Das größte Weingut der Region zwischen der AOC Touraine und der AOVDQS Valençay. Der Boden in der historischen Hauptstadt des Feuersteins ist mit scharfkantigen Feuersteinen bedeckt. Der sehr alkoholreiche 91er ist typisch für die Sauvignonrebe. In seinem Aroma vermischen sich Kirschen mit einem Buchsbaumduft. Er überrascht durch seine sehr runde Ansprache und seinen eleganten Abgang.
☛ Jacky Preys, Le Bois Pontois, 41130 Meusnes, Tel. 54.71.00.34 ☎ n. V.

JEAN-FRANCOIS ROY 1990★

◪　　　　1 ha　　k.A.　　　▮↓▯▯

Über 10 ha Rebflächen, davon fünf in der Appellation Touraine und fünf in der Appellation Valençay. Blasse, strahlende Farbe und blumig-würziger Duft. Dieser 90er erscheint cremig und nachhaltig, aber man muß ihn bald trinken.
☛ Jean-François Roy, 3, rue des Acacias, 36600 Lye, Tel. 54.41.00.39 ☎ n. V.

JEAN-FRANCOIS ROY Sauvignon 1991

☐　　　　1,2 ha　　10 000　　▮↓▯▯

Dieser Sauvignon zeichnet sich durch ein entwickeltes Aroma aus, das von sehr reifen Trauben herrührt. Milde Ansprache, cremiger Geschmack, etwas schwerer Abgang.
☛ Jean-François Roy, 3, rue des Acacias, 36600 Lye, Tel. 54.41.00.39 ☎ n. V.

HUBERT SINSON
Cot Closerie de la Maison Blanche 1990★

■　　　　2 ha　　10 000　　　▯▮

Die Departementsgrenze geht durch das Anbaugebiet von Hubert Sinson hindurch, der im Departement Loir-et-Cher Weine der AOC Touraine und im Departement Indre diesen Valençay erzeugt. Ein Wein mit einer lebhaften roten Farbe, der im Duft die ganze Kraft des feuersteinhaltigen Bodens entfaltet. Das angenehme Aroma von reifen Früchten harmoniert mit dem Geschmack von geröstetem Brot. Sehr strukturiert, mit einem etwas wilden Abgang.
☛ Hubert Sinson, Le Muza, 41130 Meusnes, Tel. 54.71.00.26 ☎ n. V.

Poitou

Haut-Poitou AOVDQS

Dr. Guyot gibt in seinem Bericht die Größe des Anbaugebiets von Vienne im Jahre 1865 mit 33 560 ha an. Heute sind (außer dem Anbaugebiet im Norden des Departements, das zum Weinbaubereich von Saumur gerechnet wird) lediglich die Weinberge um die Kantone Neuville und Mirebeau herum von Interesse. Marigny-Brizay ist die Gemeinde mit den meisten unabhängigen Winzern. Die übrigen Winzer haben sich zur Genossenschaftskellerei von Neuville-de-Poitou zusammengeschlossen, die 90% der insgesamt 30 000 hl Weine des Haut-Poitou vinifiziert.

Die Böden der Hochebene im Gebiet von Neuville haben sich auf hartem Kalkstein und Kreide sowie Mergel entwickelt ; sie sind günstig für die verschiedenen Rebsorten der Appellation. Die bekannteste ist dabei die Sauvignonrebe (für Weißweine). Dank einer guten Vermarktung sind die leichten, duftigen Weine des Haut-Poitou in vielen Ländern bekannt und werden auch in den großen französischen Restaurants angeboten.

CAVE DU HAUT POITOU
Sauvignon 1991

☐		k.A.	k.A.	

Die Genossenschaftskellerei von Neuville, die den Weinbau in diesem Gebiet wiederbelebt hat, vinifiziert 95% der Produktion des Anbaugebiets. Sie befindet sich in der Nähe von Poitou und fügt den romanischen Kunstwerken des Poitou ein weiteres erlesenes Produkt hinzu, das in alle Welt und vor allem nach Übersee exportiert wird. Ein Sommerwein aus vollreifen Trauben, den man gekühlt trinken muß. Blaßgelbe Farbe. Das pflanzliche Aroma läßt an der Luft komplexere Noten von Blumen und Früchten zum Vorschein kommen. Ausgewogener Geschmack mit einer guten Verbindung von Alkohol und Säure.
☛ Cave du Haut Poitou, 32, rue A. Plault, B.P. 5, 86170 Neuville-de-Poitou, Tel. 49.51.21.65 ☿ n. V.

CAVE DU HAUT POITOU
Héritage 1990★

■		k.A.	k.A.	

70% Cabernet-Franc und 30% Cabernet-Sauvignon. Die Trauben stammen aus Weinbergen mit sandigen Kreideböden, die man als gelben Tuffstein der Touraine bezeichnet. Gut vinifizierte reife Trauben und Ausbau im Holzfaß. Intensives Aroma von roten Früchten und gute Gesamtstruktur mit leichter Säure. Dieser 90er paßt zu Lamm aus dem Poitou, Ente, Niederwild und bestimmten Käsesorten.
☛ Cave du Haut Poitou, 32, rue A. Plault, B.P. 5, 86170 Neuville-de-Poitou, Tel. 49.51.21.65 ☿ n. V.

CAVE DU HAUT POITOU Gamay 1991★

■		k.A.	k.A.	

Die Gamaytrauben kommen hauptsächlich von Böden, die aus hartem Kalkstein bestehen. Ein aromatischer, ausgewogener Wein, der zu Zicklein mit grünem Knoblauch paßt. Strahlend rote Farbe mit violetten Nuancen. Intensives Aroma, frischer, leicht säuerlicher Geschmack und guter Alkoholgehalt.
☛ Cave du Haut Poitou, 32, rue A. Plault, B.P. 5, 86170 Neuville-de-Poitou, Tel. 49.51.21.65 ☿ n. V.

DOM DE LA ROTISSERIE
Sauvignon 1991

☐		3 ha	26 000	

Die Reben des Gutes La Rôtisserie sind auf weißen Kreideböden angepflanzt. Die Weine werden in einem Keller vinifiziert und gelagert, der in den Kalktuff gegraben ist. Ein zurückhaltender, leichter 91er : blaßgelbe Farbe, für die Sauvignonrebe recht typisches pflanzliches Aroma und ziemlich kurzer Geschmack mit leicht säuerlichem Abgang.
☛ Gérard Descoux, Dom. de la Rôtisserie, 86380 Marigny-Brizay, Tel. 49.52.09.02 ☿ Mo-Fr 8h-12h 14h-18h

DOM. LA TOUR BEAUMONT
Chardonnay 1991

☐		1,5 ha	k.A.	

Ein 6 km vom Futuroscope entferntes Weingut. Ein gut gemachter, angenehmer, leichter Wein. Blaßgelbe Farbe mit grünen Nuancen. Das intensive Aroma erinnert an Blumen und saure Drops. Der gefällige Geschmack entfaltet ein fruchtiges, recht nachhaltiges Aroma.
☛ Gilles et Brigitte Morgeau, 2, av. de Bordeaux, 86490 La Tricherie, Tel. 49.85.50.37 ☿ n. V.

DOM. LA TOUR BEAUMONT
Sauvignon 1991

☐		2 ha	k.A.	

Ein ansprechender, frischer Sauvignon. Strahlende Farbe mit hellrosa Reflexen. Das recht typische Aroma wird im Geschmack von pflanzlichen Noten geprägt. Ein geschmeidiger, nerviger Wein, der eine gewisse Finesse bewahrt.
☛ Gilles et Brigitte Morgeau, 2, av. de Bordeaux, 86490 La Tricherie, Tel. 49.85.50.37 ☿ n. V.

Die mittelfranzösischen Anbaugebiete

_____ **V**on den Hängen des Forez bis zum Gebiet von Orléans nehmen die wichtigsten Anbaugebiete in Mittelfrankreich die besten Lagen auf den Hängen oder Hochebenen ein, die im Laufe der Erdgeschichte von der Loire und ihren Nebenflüssen Allier und Cher geformt worden sind. Die Weinberge in den Côtes d'Auvergne und teilweise in den Appellationen Saint-Pourçain oder Châteaumeillant befinden sich an den Ost- und Nordhängen des Zentralmassivs, bleiben jedoch zum Loiretal hin offen.

_____ **A**uf den für den Weinbau genutzten Böden, die immer gut gelegen sind und aus Kies oder Kalkgestein bestehen, wächst im allgemeinen eine begrenzte Anzahl von Rebsorten, von denen die wichtigste bei den Rotweinen die Gamayrebe und bei den Weißweinen die Sauvignonrebe ist. Hier und da findet man einige spezielle Sorten : Tressallier in Saint-Pourçain und Chasselas in Pouilly-sur-Loire für Weißweine, Pinot Noir in Sancerre, Menetou-Salon und Reuilly für Rot- und Roséweine sowie die zarte Rebsorte Pinot Gris im zuletzt genannten Anbaugebiet, schließlich noch die Rebsorte Meunier, die in der Nähe von Orléans den originellen »Gris Meunier« liefert. Insgesamt eine sehr ausgewählte Bestockung.

_____ **A**lle Weine, die man in diesen Anbaugebieten aus den obigen Rebsorten erzeugt, haben Leichtigkeit, Frische und Fruchtigkeit gemeinsam, was sie besonders reizvoll, angenehm und gut verträglich macht. Und sie passen auch hervorragend zu den gastronomischen Spezialitäten der heimischen Küche ! Ob es sich nun um die Winzer aus der Auvergne, dem Bourbonnais, dem Nivernais, dem Berry oder dem Orléanais – grüne, friedliche Regionen mit weitem Horizont und abwechslungsreicher Landschaft – handelt, sie verstehen sich alle auf gute Weine, die oft von kleinen Weingütern im Familienbesitz stammen.

Châteaumeillant AOVDQS

Die Gamayrebe findet hier ein günstiges Anbaugebiet vor, in einem sehr alten Weinbaugebiet, dessen Geschichte ein interessantes Museum nachzeichnet.

Das Ansehen von Châteaumeillant beruht auf seinem berühmten »grauen Wein« , der durch unmittelbares Keltern von Gamaytrauben gewonnen wird und ein ausgeprägtes Traubenaroma und eine bemerkenswerte Frische und Fruchtigkeit besitzt. Die Rotweine (die man jung und gekühlt trinkt) stammen von Böden vulkanischen Ursprungs und erinnern an berühmtere Weine, wobei sie Leichtigkeit, Bukett und Vollmundigkeit verbinden. Jedes Jahr werden durchschnittlich 4 500 hl von diesen als AOVDQS eingestuften Weinen erzeugt ; den größten Teil davon produziert die Genossenschaftskellerei.

CAVE DES VINS DE CHATEAUMEILLANT
Gris Cuvée prestige 1991 *

| ☑ | k.A. | k.A. | ⬛⬇️✅❶ |

Die Genossenschaftskellerei besteht schon seit fast 30 Jahren. Da sie den überwiegenden Teil der Produktion vinifiziert, spielt sie auch weiterhin eine entscheidende Rolle bei den Anpflanzungen und bei der Verbesserung der Herstellungsmethoden. Dieser 91er ist nicht der klassische »graue Wein« von Châteaumeillant. Obwohl er keinen richtigen Charakter besitzt, ist er trotzdem harmonisch und gefällig und entfaltet ein Aroma von grünen Äpfeln.

Cave des Vins de Chateaumeillant, rte de Culan, 18370 Châteaumeillant, Tel. 48.61.33.55
Mo-Sa 8h-12h 13h30-17h30

DOM. DU FEUILLAT
Cuvée spéciale vieille vigne 1990 ★★

■	1 ha	6 000	❚❙ ↓ ☑ **2**	

Das sehr gute Grundaroma mit den frischen pflanzlichen Noten wird deutlich vom neuen Eichenholzfaß geprägt. Wenn er noch einige Zeit lagert, dürfte er sich zu einem interessanten Wein entwickeln.

Maurice Lanoix, 18370 Beaumerle, Tel. 48.61.33.89 n. V.

DOM. DU FEUILLAT 1990

■	1 ha	k.A.	❚ ↓ ☑ **1**

In Châteaumeillant gibt es neben der Genossenschaftskellerei nur wenige unabhängige Winzer, aber ein paar davon sind nötig ! Zu ihnen gehört die Familie Lanoix. Gute Tannine und ein fruchtiges Backpflaumenaroma mit einer leichten Karamelnote und einem etwas trockenen Abgang. Dieser Wein wird sich bestimmt in der Flasche harmonisch entwickeln.

Maurice Lanoix, 18370 Beaumerle, Tel. 48.61.33.89 n. V.

DOM. DES GARENNES 1991 ★★

■	11 ha	k.A.	❚ ↓ ☑ **1**

Die Genossenschaftskellerei scheint einen neuen Aufschwung zu erleben und präsentiert Weine, die diese Vermutung bestätigen. Dieser Wein wird sehr stark von den Gamaytrauben geprägt, wie sein Geruchseindruck (Beifuß, Bigarreaukirschen und ein Hauch von Wildbret) zeigt. Maßvolle, feine Tannine und ein Aroma von Kirschkernen. Ein gefälliger Wein, der bereits trinkreif ist.

Cave des Vins de Chateaumeillant, rte de Culan, 18370 Châteaumeillant, Tel. 48.61.33.55
Mo-Sa 8h-12h 13h30-17h30
Michel Bourdeau

Côtes d'Auvergne AOVDQS

Ob sie nun von Anbaugebieten auf den Hügeln, wie in der Limagne, oder von den Bergkuppen am Ostrand des Zentralmassivs stammen – die guten Weine der Auvergne werden alle aus der Gamayrebe erzeugt, die hier schon seit uralten Zeiten angebaut wird. Seit 1977 haben sie Anspruch auf die Bezeichnung AOVDQS. Auf rund 500 ha werden pro Jahr 21 000 hl produziert. Die schelmischen Roséweine, die manchmal als »weiß« bezeichnet werden, und die gefälligen Rotweine (zwei Drittel der Produktion) schmecken besonders gut zu den berühmten einheimischen Wurstgerichten oder zu den bekannten Gerichten dieser Region. In den Einzellagen können sie Charakter, Fülle und überraschende Persönlichkeit gewinnen.

MICHEL BELLARD
Chateaugay Gamay 1991 ★★★

■	5 ha	10 000	❚ ☑ **1**

Die Familie Bellard lebt nachweislich seit mehr als drei Jahrhunderten in Romagnat. Sie besitzt heute eines der größten Anbaugebiete der Auvergne. Ein ausgewogener, aber ziemlich tanninreicher Rotwein, der nach grünem Beifuß, Ringelblumen und reifen Weichseln duftet. Der Geschmack erinnert etwas an Kirschwasser. Ein geschmacklich langer, für den ungünstigen Jahrgang hervorragender Wein.

Michel Bellard, B.P. 27, 63540 Romagnat, Tel. 73.62.66.69 Mo-Sa 8h-12h 14h-18h

MICHEL BLOT Boudes 1991

■	0,3 ha	1 700	❚ ☑ **1**

Einer der fünf Crus der Côtes d'Auvergne ist nach Boudes, einem Dorf aus dem 11. Jh., benannt. Michel Blot, der hier einige Rebflächen bewirtschaftet, versucht zusammen mit einigen Kollegen, den guten Ruf der Auvergneweine zu erhalten. Noch unreife Tannine prägen diesen Wein und machen ihn unausgewogen. Er duftet nach Kompott aus roten Früchten, Weihrauch und grauem Pfeffer. Ein sehr rustikaler, noch junger Wein.

Michel Blot, 63340 Boudes, Tel. 73.96.41.42
tägl. 9h-12h 14h-18h

ANDRE CHARMENSAT Boudes 1990 ★★

■	7 ha	k.A.	❚ ☑ **1**

Die Charmensats besitzen schon lange einen Weinbau in Boudes, einem der Anbaugebiete der Auvergne. Dieser Rotwein ist harmonisch, ausgewogen und geschmeidig (man spürt darin die Pinottrauben). Er duftet nach Kirschen, weißem Holz und getrockneten Mandeln. Eine interessante Cuvée.

André Charmensat, 63340 Boudes, Tel. 73.96.44.75 tägl. 8h-12h 14h-20h

JEAN-PIERRE ET MARC PRADIER
Chardonnay 1991

□	1 ha	3 000	↓ ☑

Die Brüder Pradier haben von ihrem Vater diesen Familienbetrieb übernommen, der 7 ha Rebflächen in der Gemeinde Martres-de-Veyre umfaßt. Der klassische Weißwein ist keine Spezialität des Weinbaugebiets der Auvergne. Dieser sehr lebhafte, frische 91er endet im Geschmack etwas trocken, ohne sein Aroma zu enthüllen, obwohl man im Duft Pampelmusen und Kakao wahrnimmt.

📖 Jean-Pierre et Marc Pradier, 9, rue Saint-Jean Baptiste, 63730 Martres-de-Veyre, Tel. 73.39.86.41 ☎ So-Fr 8h-12h 14h-18h30

JEAN-PIERRE ET MARC PRADIER
Corent 1991

	4 ha	20 000	▮↓✓▯

Dieser leichte Rosé duftet nach Kirschkernen und enthüllt im Geschmack eine zurückhaltende pfeffrige Note. Ein lebhafter, frischer Wein, der den Durst löscht.

📖 Jean-Pierre et Marc Pradier, 9, rue Saint-Jean Baptiste, 63730 Martres-de-Veyre, Tel. 73.39.86.41 ☎ So-Fr 8h-12h 14h-18h30

JEAN-PIERRE ET MARC PRADIER
Gamay 1991*

	2,6 ha	k.A.	▮✓▯

Dieser süffige Rotwein wird von der Rebsorte und vom Anbaugebiet geprägt. Leichter Geruch von Hasenbauch und Zedernholz. Sehr maßvolle Tannine und Kirscharoma. Er erscheint recht typisch für die Appellation.

📖 Jean-Pierre et Marc Pradier, 9, rue Saint-Jean Baptiste, 63730 Martres-de-Veyre, Tel. 73.39.86.41 ☎ So-Fr 8h-12h 14h-18h30

MADAME RAYMOND ROMEUF
1991

	1,5 ha	6 000	▮✓▯

Der Geruchseindruck erinnert an zerriebene Blätter und Buttersäure. Gute geschmackliche Ansprache, aber die Tannine überlagern das fruchtige Aroma von Äpfeln. Die Zeit wird ihm Ausgewogenheit und Eleganz schenken.

📖 Mme Raymond Romeuf, 3, rue du Couvent, 63670 Orcet, Tel. 73.84.92.10 ☎ n. V.

MADAME RAYMOND ROMEUF
1991

	1,5 ha	7 000	▮↓✓▯

Dieser Rosé erscheint im Geschmack ziemlich ausgewogen und glatt, wenn auch frisch, lebhaft und etwas trocknend. Das fruchtige Aroma erinnert stark an Weichseln.

📖 Mme Raymond Romeuf, 3, rue du Couvent, 63670 Orcet, Tel. 73.84.92.10 ☎ n. V.

MICHEL ET ROLAND ROUGEYRON
Chateaugay Cuvée Bousset d'or 1991**

	8,75 ha	33 000	▮✓❶

Die Rougeyrons besitzen den größten Keller von Chateaugay, nämlich den des alten Schlosses aus dem 14. Jh. Bald werden auf dem Gut gleichzeitig drei Generationen arbeiten. Die Cuvées »Bousset d'or« ähneln sich immer in ihrer Qualität. Die rote 91er entfaltet einen reichen Duft : Beifuß, Karamel und mariniertes Wildbret. Er besitzt eine gute Ausgewogenheit zwischen Rundheit und Gerbsäure. Ein etwas kräftig gebauter Wein, der sich gut trinkt.

📖 EARL Michel et Roland Rougeyron, 27, rue de La Crouzette, 63119 Chateaugay, Tel. 73.87.24.45 ☎ n. V.

CAVE SAINT-VERNY Corent 1991**

	k.A.	80 000	▮↓✓❶

Ein recht angenehmer Corent, der voll und nervig ist und nach Pilzen und Brennesselblättern sowie Ananas duftet. Außerdem hinterläßt er einen guten Geschmackseindruck.

📖 Cave Saint-Verny, rte d'Issoire, 63960 Veyre-Monton, Tel. 73.69.60.11 ☎ n. V.

CLAUDE ET ANNIE SAUVAT
Boudes 1990

	1 ha	2 500	▯▯✓❷

Junge Winzer, die voller Energie und Ideen stecken, ohne ganz mit der Tradition zu brechen ! Sie fangen an, in der Auvergne echte Weißweine aus Chardonnaytrauben zu erzeugen. Dieser 91er duftet nach gebrannten Mandeln und leider etwas zu stark nach dem Eichenholz, das die Rebsorte und das Anbaugebiet überdeckt und einen etwas zu allgemeinen Charakter erzeugt.

📖 Claude et Annie Sauvat, 63340 Boudes, Tel. 73.96.41.42 ☎ n. V.

CLAUDE ET ANNIE SAUVAT
Boudes 1991**

	6 ha	25 000	▮✓

Unter dem angenehmen Duft von zerriebenen Kirschblättern und Weihrauch entdeckt man einen lebhaften, frischen und ausgewogenen Wein mit harmonisch eingefügten Tanninen. Das Aroma wirkt orientalisch : Moschus und grauer Amber. Originelles, wenn auch schlecht lesbares Etikett.

📖 Claude et Annie Sauvat, 63340 Boudes, Tel. 73.96.41.42 ☎ n. V.

DOM. SOUS-TOURNOEL 1991*

	3,6 ha	3 500	▯▯✓

Die Rebflächen des Gutes liegen in der Gemarkung Volvic, zu Füßen der 1000 Jahre alten Ruinen von Tournoël. Die Weine fallen hier so gut aus, daß sie auch mit dem Mineralwasser dieses Dorfes konkurrieren können. Dieser Rosé ist stattlich und noch frisch, aber er besitzt mit seiner lachsrosa Farbe seinen Duft von Karamel und grünem Leder und seinem Geschmack von getrockneten Früchten, Kirschen und Feigen auch schon etliche Anzeichen von Entwicklung. Ein nicht uninteressanter Wein, den man im kommenden Jahr trinken sollte.

📖 Jean Gaudet et Fils, Dom. Sous-Tournoël, 63530 Volvic, Tel. 73.33.52.12 ☎ n. V.

Côtes du Forez AOVDQS

Nur der vereinten Vielzahl kluger und hartnäckiger Anstrengungen ist der Fortbestand dieses schönen und guten Anbaugebietes zu verdanken, dessen 180 ha in 20 Gemarkungen rund um Boën-sur-Lignon (Departement Loire) liegen. Die Anbaufläche vergrößert sich rasch, wobei das Nahziel 200 ha sind; erzeugt werden hier rund 10 000 hl.

Fast die gesamten Rosé- und Rotweine, die ausschließlich aus Gamaytrauben hergestellt werden und trocken und lebhaft sind, stammen aus einer hübschen Genossenschaftskellerei, die sich vor kurzem vergrößert hat, um die Qualität ihrer Weine weiter zu erhöhen. Man trinkt diese als AOVDQS eingestuften Wein jung.

LES VIGNERONS FOREZIENS
Cuvée prestige 1991 ***

| ■ | k.A. | 110 000 | 🍴↓ ☑ 1 |

CUVÉE PRESTIGE
CÔTES du FOREZ
APPELLATION D'ORIGINE
VIN DÉLIMITÉ DE QUALITÉ SUPÉRIEURE
Mis en bouteille par les Vignerons Foreziens
Trelins 42130 Boën-sur-Lignon
e 75 cl   12% vol

Die Genossenschaftskellerei von Trelins produziert fast die gesamten Weine der AOVQDS Côtes du Forez, aber ihre Erzeugnisse sind aufgrund der konstanten Qualität bemerkenswert. Dieser schöne Wein ist voll, lebhaft und angenehm. Er duftet nach frischen Pflanzen und etwas nach Weihrauch und Zimt, während der Geschmack an reife rote Pflaumen und grauen Pfeffer erinnert. Ein gelungener 91er.
🍷 Les Vignerons Foréziens, Le Pont-Rompu, 42130 Trelins, Tel. 77.24.00.12 ☎ tägl. 8h-12h 14h-18h

LES VIGNERONS FOREZIENS
Cuvée prestige 1991 *

| ◧ | k.A. | 10 000 | 🍴↓ ☑ 1 |

Gibt es in der Appellation Côtes du Forez auch unabhängige Winzer? Wir kennen in erster Linie die Genossenschaftskellerei von Trelins, die fast die gesamten Gamaytrauben des Anbaugebietes vinifiziert. Im Duft dieses Roséweins mit der blassen johannisbeerroten Farbe entdeckt man Quitten und einen Hauch von grauem Pfeffer. Er ist voll, ansprechend, aber zweifellos etwas feurig.
🍷 Les Vignerons Foréziens, Le Pont-Rompu, 42130 Trelins, Tel. 77.24.00.12 ☎ tägl. 8h-12h 14h-18h

LES VIGNERONS FOREZIENS
Cuvée Dellenbach 1990 **

| ■ | k.A. | 5 000 | 🍴↓ ☑ 2 |

Rubinrote Farbe mit bernsteinfarbenen Nuancen. Der Geruchseindruck erinnert an dunklen Tabak, Wildbret und Phosphor. Recht maßvolle

Tannine, aber etwas zu starke Wärme im Geschmack.
🍷 Les Vignerons Foréziens, Le Pont-Rompu, 42130 Trelins, Tel. 77.24.00.12 ☎ tägl. 8h-12h 14h-18h

Coteaux du Giennois AOVDQS

Auf den seit langer Zeit berühmten Hängen der Loire, in den Departements Nièvre und Loiret, breiten sich kies- oder kalkhaltige Böden aus. Drei traditionelle Rebsorten, Gamay, Pinot und Sauvignon, liefern hier über 5 000 hl AOVDQS-Weine, die leicht, fruchtig und tanninarm sind und bis zu fünf Jahre altern können. Man trinkt sie zu Fleischgerichten.

Die Neuanpflanzungen nehmen im Departement Nièvre deutlich zu, aber sie machen auch im Departement Loiret Fortschritte; dies beweist die gute Gesundheit dieses Anbaugebietes, das bald die »magische« Grenze von 100 ha überschreiten wird. Aber das Hauptziel der Coteaux du Giennois, ist die Einstufung als AOC, die kurz bevorsteht.

DOM. JOSEPH BALLAND-CHAPUIS
1991 *

| ☐ | 5 ha | 12 000 | 🍴↓ ☑ 2 |

Joseph entstammt einer Winzerfamilie, die seit mehr als drei Jahrhunderten in Bué-en-Sancerrois ansässig ist. Durch Einheirat hat er im Giennois Fuß gefaßt. Dieser runde, aber etwas trocken ausklingende Weißwein duftet nach Orangen, Ringelblumen und getrockneten Haselnüssen.
🍷 Joseph Balland-Chapuis, Les Loups, 45420 Bonny-sur-Loire, Tel. 38.31.55.12 ☎ n. V.

JOSEPH BALLAND-CHAPUIS
Cuvée Marguerite Marceau 1991

| ☐ | 1 ha | 1 200 | ◧◧ ☑ 2 |

Durch den Ausbau im neuen Holzfaß hat dieser Wein seine Seele verloren, d. h. den typischen Charakter, den die Rebsorte und das Anbaugebiet verleihen. Ein fester 91er, der nach Vanille und geröstetem Kaffee duftet.
🍷 Joseph Balland-Chapuis, Les Loups, 45420 Bonny-sur-Loire, Tel. 38.31.55.12 ☎ n. V.

DOM. JOSEPH BALLAND-CHAPUIS 1991*

◧ 6 ha 8 000 ⫪↓☑②

Dieser Rosé ist wahrscheinlich mittels Maischegärung hergestellt worden. Er wirkt voll, rund und ziemlich lang. Er duftet nach Kirschen und Aprikosen. Das an Milchkaffee erinnernde Aroma und die rötlichbraune Verfärbung deuten eine gewisse Entwicklung an.

⌁ Joseph Balland-Chapuis, Les Loups, 45420 Bonny-sur-Loire, Tel. 38.31.55.12 ⏱ n. V.

JACQUES CARROUE 1990**

■ 0,9 ha 6 000 ⫪⫱☑①

Jacques Carroué besitzt eine lange Familientradition und verwendet große Sorgfalt auf die Vinifizierung. Bei Weinen wie diesem hier enthüllt das Giennois sein wirklich hervorragendes Potential : Fülle, ausgeprägten Geschmack mit lebhaften, aber nicht unreifen Tanninen, reiches Aroma von reifen Weichseln, Pflaumenkonfitüre, Wildbret und Büttenpapier. Eine gelungene, harmonische Kombination von Gamay- und Pinottrauben.

⌁ Jacques Carroué, Ménétereau, 58200 Saint-Père, Tel. 86.28.00.92 ⏱ Mo-Sa 8h-20h

STATION VITICOLE INRA 1990**

■ 2,5 ha k.A. ⫪↓☑①

Das Gut ist seit mehr als 70 Jahren eine Weinbauversuchsanlage, wo man sich bemüht, unter nicht ganz einfachen Bedingungen gute

Weine herzustellen, zunächst zu Modellzwecken. Dieser runde, recht ausgewogene Rotwein, der an Kirschmarmelade, Beifuß und grüne Tabakblätter erinnert, unterscheidet sich etwas von den klassischen Giennoisweinen.

⌁ Station Viticole INRA, Chétif Bois, 58201 Cosne-Cours-sur-Loire, Tel. 86.28.17.30 ⏱ n. V.

STATION VITICOLE INRA 1991*

☐ 1,8 ha k.A. ⫪↓☑①

Aufgrund der Fröste ist die Ernte 1991 recht gering ausgefallen. Der verkostete Wein entfaltet ein Aroma, das an Ringelblumen, Nachthyazinthen, kandierten Engelwurz und den Rauch von verbrannten Weintrieben erinnert. Harmonischer Geschmack und Stoff.

⌁ Station Viticole INRA, Chétif Bois, 58201 Cosne-Cours-sur-Loire, Tel. 86.28.17.30 ⏱ n. V.

JEAN-PAUL NEROT 1991*

◧ 1 ha 6 000 ⫪☑①

Die Nérots bauen seit mehreren Jahrhunderten in Saint-Père Wein an und haben keine Sekunde lang daran gezweifelt, daß der Weinbau hier eine Zukunft hat. Da es 1991 kaum Weißweine gab, präsentiert Jean-Paul einen sehr frischen Rosé, dessen Aroma an nicht ganz reife Zitronen und Pampelmusen erinnert. Er dürfte sich im Laufe des Sommers zu einem angenehm durstlöschenden Wein entwickeln.

⌁ Jean-Paul Nérot, Ménétereau, 58200 Saint-Père, Tel. 86.28.05.39 ⏱ n. V.

JEAN-PAUL NEROT 1991*

■ 3 ha 15 000 ⫱☑①

Sehr dichte, rubinrote Farbe. Duft von Beifuß, frischem Trester, roten Pflaumen und grauem Pfeffer. Sehr gut eingefügte Tannine.

⌁ Jean-Paul Nérot, Ménétereau, 58200 Saint-Père, Tel. 86.28.05.39 ⏱ n. V.

DOM. DES ORMOUSSEAUX 1990**

■ 3 ha 20 000 ⫪⫱↓☑①

Dieser volle, feste, lange und nicht übertrieben tanninreiche Pinot erinnert im Duft an Kirschkonfitüre und leichten Tabakrauch, der zweifel-

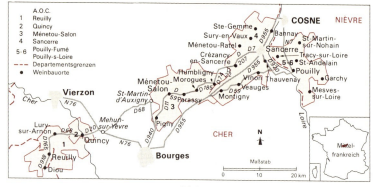

los auf die neuen Holzfässer zurückgeht. Ein Rotwein, der seiner Appellation Ehre macht.
🍷 SCEA Hubert Veneau, Les Ormousseaux, 58200 Saint-Père, Tel. 86.28.01.17 ⌾ n. V.

POUPAT ET FILS 1991 *

☐	1,5 ha	2 200	⬛↓☑1

Vier Winzergenerationen und der schönste Keller der Gegend, nämlich der der alten Steinguthersteller von Briare : das sind die Bapterosses. Ein frischer, lebhafter Wein mit dem Duft von Bananen und Pampelmusen über einem pflanzlichen Aroma.
🍷 Poupat et Fils, 47, rue Georges-Clemenceau, 45500 Gien, Tel. 38.67.03.54 ⌾ n. V.

POUPAT ET FILS 1991

◪	4,5 ha	12 000	⬛↓☑1

Johannisbeerrote Farbe mit bernsteinfarbenen Nuancen. Aroma von Pflaumenmarmelade und Kaffeesatz. Dieser Rosé besitzt Stoff, aber er endet etwas trocken. Muß sich noch abrunden.
🍷 Poupat et Fils, 47, rue Georges-Clemenceau, 45500 Gien, Tel. 38.67.03.54 ⌾ n. V.

Saint-Pourçain AOVDQS

Das friedliche und fruchtbare Bourbonnais, das Frankreich zur Zeit der Könige so reichlich versorgte, besitzt auf dem Gebiet von 19 Gemeinden auch ein schönes Anbaugebiet, das südwestlich von Moulin liegt (450 ha ; 20 000 hl).

Auf den Hängen und Hochebenen mit Kalk- oder Kiesböden an den Ufern der bezaubernden Sioule wächst vor allem die Gamayrebe. Sie liefert Rosé- und Rotweine, die sauber, fruchtig und angenehm durstlöschend sind. Die originellen Weißweine werden von der Rebsorte Tressallier geprägt ; sie durchlaufen noch eine zweite Gärung.

In Saint-Pourçain zeichnet sich eine neue Dynamik ab, die auch in der Umstrukturierung der Weinberge zum Ausdruck kommt. Die weißen Rebsorten dürften mehr Platz einnehmen, wobei die Anteile der drei angebauten Rebsorten festgelegt worden sind : höchstens 70% Chardonnay, maximal 50% Tressallier und bis zu 20 oder sogar 30% Sauvignon.

Wie in vielen anderen AOVDQS-Anbaugebieten stellte man auch hier bei der INAO einen Antrag auf Einstufung als AOC und wartet auf einen Bescheid.

DOM. DE BELLEVUE
Cuvée spéciale 1990 * * *

⬛	2 ha	8 000	⬛↓☑2

Mehrere Generationen der Familie Pétillat sind auf dem Gut Bellevue aufeinander gefolgt, und alle hatten nur eine Sorge : den typischen Charakter und die Qualität der Weine zu erhalten. Die Resultate bleiben bemerkenswert und gleichbleibend gut. Dieser 90er besitzt eine intensiv rubinrote Farbe. Sein reicher Duft erinnert an reife Bigarreaukirschen, Tabak und Honig. Im Geschmack ist er lebhaft und voll, mit maßvollen, harmonisch eingebundenen Tanninen. Sein Aroma läßt an Kirschlikör und Kirschkerne denken. Im Abgang entdeckt man einen Hauch von Rosmarin. Ein hervorragender Wein.
🍷 GAEC Gérard et Jean-Louis Pétillat, Bellevue, 03500 Meillard, Tel. 70.42.05.56 ⌾ n. V.

DOM. DE BELLEVUE
Grande réserve 1990 * * *

☐	4 ha	24 000	⬛↓☑1

Goldene Farbe, Duft von grünen Mandeln und frischem Wachs, voller, lebhafter Geschmack mit leichter Rundheit und Aroma von gebrannten Mandeln und rauchigen Noten. Die Chardonnayreben prägt deutlich den sehr angenehmen Gesamteindruck.
🍷 GAEC Gérard et Jean-Louis Pétillat, Bellevue, 03500 Meillard, Tel. 70.42.05.56 ⌾ n. V.

JOSEPH ET JEAN-PIERRE LAURENT
Les Burliers 1990 * *

⬛	1,2 ha	5 500	⬛☑1

Achtung, ein Debüt ! Für unseren Weinführer wohlgemerkt, denn die seit langem in Saint-Pourçinais ansässige Familie hält an der Tradition fest und steigert nicht die Produktion. Ein ziemlich runder, aber etwas männlicher Rotwein, der an Vanille, Karamel und in Alkohol eingelegte Kirschen erinnert. Gibt es darin auch eine zarte Haselnußnote ? Angenehmer Gesamteindruck.
🍷 Joseph et Jean-Pierre Laurent, Montifaud, 03500 Saulcet, Tel. 70.45.45.13 ⌾ Mo-Sa 8h-12h 14h-19h

807   **MITTELFRANKREICH**

JOSEPH ET JEAN-PIERRE LAURENT
Elevé en fûts neufs 1990★★

■	2,1 ha	6 000	◫ ☑ 2

Der Wein verdankt seinem Ausbau in neuen Eichenholzfässern deutlich spürbare, nachhaltige Tannine. Im Nachgeschmack entdeckt man einen Hauch von Maraschinokirschen. Ein 90er, der noch gelagert werden kann und dann die Geduldigen entschädigen wird.
➹ Joseph et Jean-Pierre Laurent, Montifaud, 03500 Saulcet, Tel. 70.45.45.13 ☎ Mo-Sa 8h-12h 14h-19h

JOSEPH ET JEAN-PIERRE LAURENT
Cuvée prestige 1990

☐	1,5 ha	5 200	▮ ☑ 2

Der geschmeidige, volle Wein erreicht seinen Höhepunkt, wie auch der Phosphor- und Moschusgeruch und der an Wachs und Terpentin erinnernde Geschmack beweisen.
➹ Joseph et Jean-Pierre Laurent, Montifaud, 03500 Saulcet, Tel. 70.45.45.13 ☎ Mo-Sa 8h-12h 14h-19h

GUY ET SERGE NEBOUT 1991★★

■	6 ha	30 000	▮↓☑ 1

Die Familie Nebout vinifiziert ihre Trauben selbst und bewahrt entschieden den individuellen Charakter ihrer Weine. Dieser volle, ausgewogene, aber noch lebhafte Wein besitzt eine dezente, aber spürbare Gerbsäure. Er duftet nach Bigarreaukirschen und frischen Kräutern. Nicht schlecht für einen 91er, denn die Vinifizierung dieses Jahrgangs war bei den Rotweinen bekanntlicherweise schwierig.
➹ Guy et Serge Nebout, rte de Montluçon, 03500 Saint-Pourçain-sur-Sioule, Tel. 70.45.31.70 ☎ n. V.

GUY ET SERGE NEBOUT 1991

◪	1,2 ha	4 000	▮↓☑ 1

Die Jury hat den Rosé und den Weißwein des Jahrgangs 1991 verkostet. Beide können hier gleichwertig angeführt werden. Der Roséwein duftet nach nicht ganz reifen roten Pflaumen und besitzt trotz einer gewissen Männlichkeit und eines etwas trockenen Abgangs Rundheit. Der Weißwein wird im Duft von Milchsäure und Karamell geprägt und zeigt einen vollen Geschmack mit dem Aroma von reifen Zitronen.
➹ Guy et Serge Nebout, rte de Montluçon, 03500 Saint-Pourçain-sur-Sioule, Tel. 70.45.31.70 ☎ n. V.

JEAN ET FRANCOIS RAY 1991

■	6,16 ha	40 000	▮↓☑ 1

Das Weingut hat bis jetzt vier Generationen von selbständigen Winzern erlebt. Der Geruchseindruck dieses lebhaften Weins erinnert an Weichseln und frisches Wild. Er ist aufgrund seiner Jugend noch etwas rauh und muß lagern.
➹ Jean et François Ray, Venteuil, 03500 Saulcet, Tel. 70.45.35.46 ☎ n. V.

JEAN ET FRANCOIS RAY 1991★★

◪	6,16 ha	6 500	▮↓☑ 1

Die Farbe erinnert an rote Johannisbeeren. Im Duft kommen noch Bananen hinzu. Der Geschmack ist ziemlich voll und rund. Ein süffiger Rosé, in dessen Aroma man sehr reife Zitronen entdeckt.
➹ Jean et François Ray, Venteuil, 03500 Saulcet, Tel. 70.45.35.46 ☎ n. V.

JEAN ET FRANCOIS RAY 1991★

☐	3,08 ha	15 000	▮↓☑ 2

Duft von Bananen und Fenchel. Der ziemlich volle, aber lebhafte Geschmack dieses Weißweins erinnert an Pfefferminze und Zitronen.
➹ Jean et François Ray, Venteuil, 03500 Saulcet, Tel. 70.45.35.46 ☎ n. V.

LES VIGNERONS DE SAINT-POURÇAIN Réserve spéciale 1991★

■	k.A.	k.A.	▮↓☑ 1

Die große Genossenschaftskellerei von Saint-Pourçain vinifiziert den größten Teil der Trauben in dieser Appellation und verkauft jährlich fast 2 Millionen Flaschen. Dieser intensiv rubinrote Wein duftet nach grünem Moos und Farnkraut und entfaltet einen leichten Graphitgeruch. Der volle, geschmeidige Geschmack enthüllt eine sehr dezente Gerbsäure mit einer Note von trockenem, leicht angekohltem Holz. Recht guter Gesamteindruck.
➹ Union des Vignerons de Saint-Pourçain, 3, quai de la Ronde, 03500 Saint-Pourçain-sur-Sioule, Tel. 70.45.42.82 ☎ n. V.

LES VIGNERONS DE SAINT-POURÇAIN Réserve spéciale 1991

☐	k.A.	100 000	▮↓☑ 1

Man muß hier die beiden 91er »Réserves spéciales«, weiß und rosé, aufführen. Zum Zeitpunkt der Verkostung war der Rosé noch frisch. Die leichte johannisbeerrote Farbe zeigt bernsteinfarbene Nuancen. Der Duft des Weißweins erinnert an grünes Akazienholz und bestätigt ebenso wie die sehr blasse, goldene Farbe und das lebhafte, etwas trockene Aroma im Geschmack die extreme Jugendlichkeit. Die Reife wird ihm gut bekommen.
➹ Union des Vignerons de Saint-Pourçain, 3, quai de la Ronde, 03500 Saint-Pourçain-sur-Sioule, Tel. 70.45.42.82 ☎ n. V.

Côtes Roannaises AOVDQS

Böden vulkanischen Ursprungs in Ost-, Süd- und Südwestlage auf den Hängen eines Tals, das die hier noch junge Loire gegraben hat. Das sind die natürlichen Voraussetzungen, die die Gamayrebe vorfindet.

Das 100 ha große Anbaugebiet, das sich auf beiden Seiten des Flusses in 24 Gemarkungen befindet, erzeugt hervorragende Rotweine und frische Roséweine. Selbständige Winzer verwenden sehr viel Sorgfalt auf die Vinifizierung (insgesamt 5 000 hl) ; sie stellen originelle, charaktervolle Weine her, für die sich sogar die angesehensten Küchenchefs dieser Gegend interessieren. An die Weinbautradition erinnert das Forez-Museum in Ambierle.

Das Anbaugebiet vergrößert sich langsam, aber sicher. Bemerkenswerter ist jedoch das Interesse, das der Handel und der Vertrieb den Weinen der Côtes Roannaises entgegenbringen und auf diese Weise die Originalität und die Qualität der Appellation bestätigen.

Vereinzelt, wenn auch noch sehr schüchtern wird die Chardonnayrebe angebaut, die hier recht interessante Weine hervorbringt. Ist das vielleicht der Beginn einer vernünftigen Initiative, die die Roséweine verdrängen könnte ?

PAUL BENETIERE 1991

■	0,5 ha	2 500	⬛ V 1

Auf diesem Gut arbeiteten mindestens schon sechs Winzergenerationen. Dieser ziemlich tanninreiche Wein, dessen fruchtiger Duft an Bigarreaukirschen und reife rote Pflaumen erinnert, muß noch reifen.
🍴 Paul Benetière, Le Musset, 42155 Villemontais, Tel. 77.63.10.81 ⚑ tägl. 8h-20h

DOM. DE LA PAROISSE
Cuvée du domaine 1991*

■	2 ha	k.A.	1

Das Gut, das unter der Herrschaft von Heinrich IV., nämlich 1610, gegründet wurde, ist nachweislich eines der ältesten im Gebiet der Côtes Roannaises. Dieser frische, ziemlich stattliche und fleischige 91er Rotwein entfaltet ein Aroma mit blumigen (Reseda) und fruchtigen (sehr reife Bigarreaukirschen) Noten und endet mit einer tanninbetonten Note. Sicherlich eine Jugendsünde !
🍴 Cl. Robert Chaucesse, 121, rue des Alloues, 42370 Renaison, Tel. 77.64.26.10 ⚑ n. V.

LA ROUSSELIERE 1991

■	8,5 ha	22 000	▮▮ V 3

Die Lapandérys, die hier schon seit langer Zeit ansässig sind, haben sich immer für Qualität entschieden : Weinberge auf Terrassen, geringe Erträge, Kombination von Pinot Noir mit der traditionellen Gamayrebe. Das Aroma ist ziemlich pflanzlich : Beifuß und grüner Tabak. Dieser Wein besitzt Biß, wirkt aber noch etwas schroff. Man sollte mit Nachsicht gegenüber seiner Jugend zeigen und ihn später nochmals verkosten.
🍴 Paul Lapandéry et Fils, La Rousselière, 42370 Saint-Haon-le-Vieux, Tel. 77.64.43.43 ⚑ n. V.

DOM. DES MILLETS 1991*

◩	0,5 ha	3 000	⬛ V 1

Die Familie Gaume hat eine lange und solide Tradition. Im Duft dieses 91er entdeckt man Pflaumenmarmelade, Golden-Delicious-Äpfel und Quitten. Im Geschmack spürt man Frische, Lebhaftigkeit, eine leichte Adstringenz und ein zartes Zitronenaroma. Recht gefällig.
🍴 Pierre Gaume, Dom. des Millets, 42155 Lentigny, Tel. 77.63.14.29 ⚑ n. V.

DOM. DES MILLETS
Cuvée Contenson 1991

	1 ha	5 000	⬛ V 1

Wahrscheinlich befand sich der Wein zum Zeitpunkt der Verkostung noch im Gärbehälter. Er roch nach frischem Trester und leicht nach Karamel. Im Geschmack gute Struktur und Länge. Das Aroma erinnert an rote Früchte und Schlehen. Kann nur noch besser werden.
🍴 Pierre Gaume, Dom. des Millets, 42155 Lentigny, Tel. 77.63.14.29 ⚑ n. V.

MICHEL MONTROUSSIER
Bouthéran 1991*

	1,3 ha	6 000	⬛ V 1

Mehrere Winzergenerationen und Rebflächen in der Lage Bouthéran – das sind einige Vorzüge dieses Erzeugers. Im letzten Jahr haben wir seinen 90er besonders empfohlen. Der 91er erinnert etwas an einen Beaujolais : Duft von Ananas, leichte geschmackliche Struktur, Kohlensäure, deutliches Bananenaroma. Ein gefälliger Wein für seinen Typ.
🍴 Michel Montroussier, La Baude, 42370 Saint-André-d'Apchon, Tel. 77.65.80.86 ⚑ n. V.

ROBERT PLASSE 1991

■	2,6 ha	9 000	V 1

Nachweislich neun Winzergenerationen im Gebiet der Côtes Roannaises. Der Geruchseindruck erinnert etwas an unreife Pflanzen und Kanincheninnereien. Recht deutlich spürbare Tannine. Dieser Wein muß sich noch bestätigen.
🍴 Robert Plasse, Bel Air, 42370 Saint-André-d'Apchon, Tel. 77.65.81.47 ⚑ n. V.

ROBERT PLASSE Bouthéran 1991**

■	1,4 ha	9 000	⬛ V 1

Wer die Reblage Bouthéran kennt, wird sich nicht wundern, daß hier Weine wie dieser 91er erzeugt werden : an Pflanzen, Kirschen und Pralinen erinnernder Duft, voller, langer, einschmeichelnder Geschmack.
🍴 Robert Plasse, Bel Air, 42370 Saint-André-d'Apchon, Tel. 77.65.81.47 ⚑ n. V.

DOM. DES ROSES 1991*

■	2 ha	11 000	⬛↓ 1

Das ist nicht das erste Mal, daß ein Engländer in Frankreich Wein anbaut, aber für die Côtes Roannaises ist das Gut Fontenay ein Präzedenzfall. Der frische, nuancenreiche Wein, der nach grünem Beifuß, Kirschen und Bananen duftet, ist durch teilweise Kohlensäuremaischung hergestellt worden, was dem Geschmack recht gut bekommt. Er kann noch einige Zeit lagern.

🍷 Dom. de Fontenay, 42155 Villemontais, Tel. 77.63.12.22 ⌛ tägl. 9h-12h 14h-18h
🍷 Simon Hawkins

ROBERT SEROL 1991 ★★

■ | 2 ha | 15 000 | 🍷 ☑ 🔲1

Das Ergebnis einer gelungenen Kohlensäuremaischung : Duft von reifen Bigarreaukirschen und Pflaumen, Gerbsäure ohne Rauheit und langer Geschmack. Ein guter Wein.
🍷 Robert Sérol, Les Estinaudes, 42370 Renaison, Tel. 77.64.44.04 ⌛ tägl. 10h-12h 14h-19h

FELIX VIAL 1991 ★

■ | 2 ha | 10 000 | 🍷 ☑ 🔲1

Félix ist der Bruder von Marcel Vial. Beide sind Erben einer langen Winzertradition. Der Duft erinnert an Bigarreaukirschmarmelade und Kirschkerne. Stattlicher, geschmeidiger, runder und voller Geschmack mit deutlich spürbaren, aber gut eingefügten Tanninen. Harmonisch, aber im fruchtigen Abgang nicht sehr ausdrucksstark. Muß noch altern.
🍷 Félix Vial, Bel Air, 42370 Saint-André-d'Apchon, Tel. 77.65.80.41 ⌛ n. V.

MARCEL VIAL Bouthéran 1991 ★

■ | 0,75 ha | 5 000 | 🍷 ☑ 🔲2

Der Bouthéran bildet eine wirklich außergewöhnliche Reblage in den Côtes Roannaises. Seine Hänge liegen in einem windgeschützten Tal ganz nach Süden. Der erste Geruchseindruck erinnert an rote Pflaumen und Johannisbeerlikör. Im frischen, lebhaften Geschmack sind die Tannine und die Kohlensäure deutlich spürbar. Im Abgang entdeckt man Kirschen. Da er sich zum Zeitpunkt der Verkostung vermutlich noch im Gärbehälter befand, dürfte er durch den Abstich gewinnen.
🍷 Marcel Vial, Bel Air, 42370 Saint-André-d'Apchon, Tel. 77.65.81.04 ⌛ n. V.

PHILIPPE VIAL Cuvée découverte 1991 ★

■ | 1 ha | 6 000 | 🍷↓ ☑ 🔲1

Philippe Vial ist der Enkel von Robert Plasse. Dieser 91er ist sein erster Jahrgang. Nach dem Abstich dürfte er seine Zurückhaltung aufgeben. Der Duft erinnert an Bananen und in Milch eingelegtes Karamel. Lebhafter, ausgeprägter Geschmack, fruchtiges Aroma von Kirschschalen und eine pfeffrige Note.
🍷 Philippe Vial, Bel Air, 42370 Saint-André-d'Apchon, Tel. 77.65.81.04 ⌛ n. V.

Vins de l'Orléanais AOVDQS

Die Weine aus Orléans hatten ihre Glanzzeit im Mittelalter. Auf reizvollen Hochebenen (100 ha) an beiden Ufern des großen Flusses bewahren die Winzer die Tradition und sorgen dafür, daß neben den berühmten Gärten, Baumschulen und Obstpflanzungen auch der Wein seinen Platz hat.

Die Winzer haben es verstanden, überwiegend Rebsorten burgundischen Ursprungs zu adaptieren : Auvernat Rouge (Pinot Noir), Auvernat Blanc (Chardonnay) und Gris Meunier ; aus dem Südwesten ist noch die Cabernetrebe hinzugekommen. Die Weine sind vor allem wegen der Gris-Meunier-Rebe originell geblieben. Diese liefert einen Rosé von kräftiger Farbe, der frisch ist und nach roten und schwarzen Johannisbeeren duftet. Man sollte ihn zu gebratenem Rebhuhn oder Fasan, zu Wildschweinpastete aus der benachbarten Sologne und zu Käse aus dem Gâtinais trinken. Was für eine geschmackliche Harmonie ! Dennoch wird hier vorwiegend Rotwein produziert ; bei einer Gesamtproduktion von 5 000 bis 6 000 hl als AOVDQS eingestuften Weinen fallen die Weißweine mengenmäßig kaum ins Gewicht.

COVIFRUIT 1990 ★

■ | k.A. | 50 000 | 🍷↓ ☑ 🔲1

Diese Genossenschaft am Rande von Orléans ist heute von den Häusern der Vorstadt umgeben. Dieser 90er ist noch schüchtern, aber dennoch entfaltet sein Duft ein Aroma von Mandeln und Pralinen. Ein voller Wein mit einem sehr nachhaltigen, leicht tanninbetonten Abgang. Der ausgewogene 90er Cabernet, der stark durch seine Rebsorte geprägt wird, hätte hier ebenfalls aufgeführt werden können.
🍷 Covifruit, 613, rue du Pressoir-Tonneau, 45160 Olivet, Tel. 38.63.40.20 ⌛ n. V.

COVIFRUIT 1991 ★

□ | k.A. | 8 500 | 🍷↓ ☑ 🔲1

Dieser 91er besitzt eine schöne gelbgrüne Farbe, einen zarten, leicht pfeffrigen Duft und einen angenehmen, ansprechenden Geschmack. Ein wohlausgewogener Wein.
🍷 Covifruit, 613, rue du Pressoir-Tonneau, 45160 Olivet, Tel. 38.63.40.20 ⌛ n. V.

COVIFRUIT 1991

◪ | k.A. | 4 500 | 🍷↓ ☑ 🔲1

Ein Sommerwein, den man nicht bis Silvester aufheben sollte ! Dezenter Blütenduft, lebhafte geschmackliche Ansprache und nachhaltiger Abgang.
🍷 Covifruit, 613, rue du Pressoir-Tonneau, 45160 Olivet, Tel. 38.63.40.20 ⌛ n. V.

JACKY LEGROUX Gris meunier 1991 ★

■ | 3 ha | 15 000 | 🍷↓ ☑ 🔲1

Jacky Legroux, der hier die dritte Winzergene-

ration repräsentiert, bewirtschaftet 9 ha Rebflächen auf den kieshaltigen Sandböden der Loireterrassen. Die Farbe dieses 91ers spielt ins Orangerote. Der Duft ist zart und gleichzeitig kraftvoll. Sehr milde Ansprache im Geschmack. Ein runder, langer und eleganter Wein, der typisch für das Anbaugebiet von Orléans ist.
🐦 Jacky Legroux, 315 et 321, rue des Muids, 45370 Mareau-aux-Prés, Tel. 38.45.60.31 ⅋ Fr-So 8h-12h 14h-20h

JACKY LEGROUX Cabernet 1991 ★

| ◪ | 2 ha | 2 000 | ▮↓✓▮1 |

Ein »grauer« Wein mit einer schönen, kristallklaren blaßrosa Farbe und einem intensiven Duft, der gleichzeitig an Blüten und exotische Früchte erinnert. Seine frische Ansprache wird durch die Kohlensäure verstärkt. Gute Ausgewogenheit.
🐦 Jacky Legroux, 315 et 321, rue des Muids, 45370 Mareau-aux-Prés, Tel. 38.45.60.31 ⅋ Fr-So 8h-12h 14h-20h

CLOS SAINT-FIACRE 1991 ★

| ☐ | 4 ha | 5 600 | ▮↓✓▮1 |

Dieser Winzer, der auch im Berufsverband tätig ist, bewirtschaftet 16 ha Rebflächen auf Böden, die überwiegend aus feuersteinhaltigem Kies bestehen, auf Terrassen, die 4 km von der Basilika von Cléry-Saint-André entfernt liegen. Dieser Auvernat (Chardonnay) verführt durch seine goldene Farbe, die einige grüne Nuancen erkennen läßt, seinen komplexen Duft, seine lebhafte Ansprache und seinen eleganten Abgang.
🐦 GAEC Clos Saint-Fiacre, 560, rue Saint-Fiacre, 45370 Mareau-aux-Prés, Tel. 38.45.61.55 ⅋ n. V.
🐦 Montigny et Fils

CLOS SAINT-FIACRE 1991

| ◼ | 4,96 ha | 5 300 | ▮↓✓▮1 |

Dieser leicht ins Orangerot spielende Rotwein duftet nach etwas entwickelten roten Früchten. Wohlausgewogen und gefällig bis zu seinem eleganten Abgang.
🐦 GAEC Clos Saint-Fiacre, 560, rue Saint-Fiacre, 45370 Mareau-aux-Prés, Tel. 38.45.61.55 ⅋ n. V.
🐦 Montigny et Fils

Menetou-Salon

Menetou-Salon verdankt seinen Ursprung als Weinbaugebiet der Nähe der mittelalterlichen Metropole Bourges. Jacques Cœur besaß hier Rebflächen. Im Gegensatz zu vielen einst berühmten Anbaugebieten ist diese Region dem Weinbau treu geblieben und erzeugt auf rund 500 ha weiterhin Qualitätsweine.

Auf seinen gut gelegenen Hängen teilt Menetou-Salon mit seinem berühmten Nachbarn günstige Böden und edle Rebsorten : Sauvignon Blanc und Pinot Noir. Erzeugt werden hier frische, würzige Weißweine, zarte, fruchtige Roséweine und harmonische, bukettreiche Rotweine, die jung getrunken werden. Sie sind der Stolz des Weinbaus im Berry und passen hervorragend zu klassischen, aber pikanten Gerichten. Während sich die Weißweine als Aperitif und zu warmen Vorspeisen eignen, trinkt man die Rotweine zu Fisch, Kaninchen und Wurstgerichten ; beide werden gekühlt serviert. Das Anbaugebiet von Menetou-Salon vergrößert sich flächenmäßig und erhöht infolgedessen auch seine Produktion.

DOM. DE CHATENOY 1991 ★★★

| ☐ | 20 ha | 150 000 | ▮↓✓▮2 |

Dreizehn aufeinanderfolgende Winzergenerationen – die Cléments fassen ihr Handwerk wirklich nicht als Zeitvertreib auf ! Maßvolle Frische, Ausgewogenheit und Länge im Geschmack. Das angenehme Aroma erinnert an Unterholz, Edelpilze, reife Orangen und grauen Pfeffer. Dieser verführerische Wein besitzt eine große Eleganz.
🐦 SCEA B. Clément et Fils, Dom. de Châtenoy, 18510 Menetou-Salon, Tel. 48.64.80.25 ⅋ Mo-Sa 9h-12h 14h-18h ; f. 15 au 31 août

DOM. DE CHATENOY
Elevé en fûts de chêne 1990 ★★

| ◼ | 12 ha | 45 000 | ▯↓✓▮2 |

Es dauerte zehn Jahre, bis man hier gelernt hatte, den Ausbau im neuen Eichenholzfaß zu beherrschen und einen sehr maßvollen, harmonischen Wein zu erhalten, der den Charakter der Rebsorte zum Ausdruck bringen kann : Weichsel, reife rote Pflaumen und Bodengeruch. Trotz der leicht bitteren Note im Abgang mit dem Kirscharoma eine hervorragende Leistung !
🐦 SCEA B. Clément et Fils, Dom. de Châtenoy, 18510 Menetou-Salon, Tel. 48.64.80.25 ⅋ Mo-Sa 9h-12h 14h-18h ; f. 15 au 31 août

G. CHAVET ET FILS 1991*

| □ | 6,98 ha | 24 500 | ▮↓Ⅳ② |

Die Chavets sind sehr heimatverbunden, denn die Familie ist seit mindestens 1750 in Menetou-Salon ansässig. Dieser frische, lebhafte, wohlausgewogene Weißwein duftet nach Bananen, Ananas, sehr reifen Orangen und Zitronen und frischen Mandeln. Vielleicht dominiert der Alkohol etwas zu stark !
🕭 Georges Chavet et Fils, GAEC des Brangers, 18510 Menetou-Salon, Tel. 48.64.80.87 ✆ tägl. 8h-12h 13h30-18h30

G. CHAVET ET FILS Pinot 1990***

| ▮ | 6,93 ha | 8 000 | ▮↓Ⅳ② |

Ein sehr klassischer 90er : füllig, voll und rund, nach Kirschkonfitüre, Weihrauch und Büttenpapier duftend, mit einem eleganten Buchsbaumaroma. Ein Wein, wie man ihn gern öfter hätte ! Die Jury empfiehlt ihn zu Recht erneut.
🕭 Georges Chavet et Fils, GAEC des Brangers, 18510 Menetou-Salon, Tel. 48.64.80.87 ✆ tägl. 8h-12h 13h30-18h30

FOURNIER PERE ET FILS 1991

| ▮ | 2,45 ha | 13 000 | Ⅳ② |

Paul Fournier und Sohn, die seit langem in Sancerre Wein erzeugen, haben ihre Aktivitäten vor kurzem auch auf das Anbaugebiet von Menetou-Salon ausgedehnt, indem sie Weine dieser Appellation aufkaufen. Duft von Bananen, Limetten und Jod. Im Geschmack voll, ziemlich rund und sehr nervig. Im Abgang spürt man eine gewisse Trockenheit und eine leicht bittere Note. Ist das auf das SO_2 zurückzuführen ?
🕭 Fournier Père et Fils, Chaudoux, 18300 Verdigny, Tel. 48.79.35.24 ✆ n. V.

JEAN-PAUL GILBERT Sauvignon 1990

| □ | 15 ha | 80 000 | ▮↓Ⅳ② |

Die Gilberts bauen schon seit langer Zeit in Menetou-Salon Wein an. Paul, der Vater des jetzigen Winzers, spielte eine wichtige Rolle bei der Einstufung als AOC im Jahre 1959. Dieser Weißwein verrät sein Alter durch sein Aroma, das im Duft und im Geschmack an Wachs und Rainfarn erinnert.
🕭 Jean-Paul Gilbert, Les Faucards, 18510 Menetou-Salon, Tel. 48.64.80.77 ✆ n. V.

JEAN-PAUL GILBERT 1991**

| ▮ | k.A. | k.A. | ② |

Ein gelungener Wein für einen Jahrgang, der problematisch für die Rotweine war : wohlausge-

wogen, fleischig, maßvolle Gerbsäure, langer, vielleicht etwas warmer Geschmack. Das angenehme Aroma erinnert an reife Weichseln, Johannisbeersirup, grauen Pfeffer und Graphit.
🕭 Jean-Paul Gilbert, Les Faucards, 18510 Menetou-Salon, Tel. 48.64.80.77 ✆ n. V.

DOM. HENRY PELLE 1991

| □ | 16 ha | 94 000 | ▮↓Ⅳ② |

Der vor kurzem eingerichtete, aber vorbildliche Keller ist sehenswert. Er verarbeitet die Produktion eines großen Gutes. Im Duft dieses übrigens etwas schweren Weins entdeckt man reife Orangen und Phosphor (Feuerstein). Das Aroma erinnert an Honig und Wachs.
🕭 Dom. Henry Pellé, 18220 Morogues, Tel. 48.64.42.48 ✆ Mo-Sa 9h-12h 14h-18h

DOM. HENRY PELLE 1991*

| ▮ | 10 ha | 49 000 | ▮↓Ⅳ② |

Dieser Rotwein kommt offensichtlich direkt aus dem Gärbehälter : leichte rubinrote Farbe, Duft von frischem Traubengut. Außerdem erinnert dieser gut strukturierte Wein an rote Früchte und Sandelholz. Nicht übel, obwohl er etwas von einem Primeur hat.
🕭 Dom. Henry Pellé, 18220 Morogues, Tel. 48.64.42.48 ✆ Mo-Sa 9h-12h 14h-18h

DOM. JEAN TEILLER ET FILS 1991

| □ | 5,8 ha | 22 000 | ▮↓Ⅳ② |

1920 pflanzte der Schwiegervater von Jean Teiller die ersten Reben an. Seit 1986 kümmert sich sein Sohn Jean-Jacques um den Betrieb. Duft von grüner Minze über einem Vanille- und Milcharoma. Frischer, männlicher Geschmack, der an Orangenschalen und Feuerstein erinnert.
🕭 Dom. Jean Teiller et Fils, 13, rte de la Gare, 18510 Menetou-Salon, Tel. 48.64.80.71 ✆ Mo-Sa 8h-12h 14h-19h

Pouilly-Fumé und Pouilly-sur-Loire

Das Anbaugebiet der trockenen Weißweine von Pouilly-sur-Loire wurde von Mönchen, vor allem von den Benediktinern, angelegt. Die Loire trifft hier auf ein Vorgebirge aus Kalkstein, das den Fluß in nordwestliche Richtung zwingt. Dennoch ist der Boden weniger kalkhaltig als in Sancerre ; er ist sehr günstig für das rund 650 ha große Weinbaugebiet mit den großartigen Süd- und Südostlagen. Man findet hier die Rebsorte Sauvignon »Blanc-Fumé« , die schon bald die Chasselasrebe vollständig verdrängt haben wird. Letztere ist jedoch historisch eng mit Pouilly verbunden und bringt einen Wein hervor, der recht reizvoll ausfällt, wenn diese Rebe auf kieselhaltigen Böden angepflanzt wird (rund 3 000 hl). Erweisen wir dennoch der Blanc-Fumé-Rebe die ihr zustehende Ehre. Sie bringt getreu die Qualitäten zum Ausdruck, die in kalkhaltigen Böden stekken : eine Frische, die eine gewisse Festigkeit nicht ausschließt, und besondere Aromen, die für diese Rebsorte eigentümlich sind und durch die Anbaumethoden und die Gärungsbedingungen des Mostes verfeinert werden (47 000 hl pro Jahr).

Der Wein fügt sich harmonisch in die wunderschöne Landschaft der Loire ein, wo die reizvollen Namen der Reblagen, wie etwa Les Cornets (Hörner), Les Loges (Logen) oder Le Calvaire (Kalvarienberg) de Saint-Andelain, bereits die Qualität ihrer Weine erahnen lassen. Sie passen zu Schnittkäse und Meeresfrüchten, schmecken aber ebenso verführerisch als Aperitif, wenn sie gut gekühlt serviert werden.

Wie alle Weinbaugebiete mit günstigen wirtschaftlichen Voraussetzungen wächst auch das Anbaugebiet von Pouilly-sur-Loire in dem Maße, wie es die gesetzlichen Bestimmungen zulassen. Bei den Neuanpflanzungen verwendet man zwar ausschließlich Sauvignon Blanc-Fumé, aber als große Neuerung steigt auch die Nachfrage nach den süffigen, bekömmlichen Chasselasweinen. Wird man diese Rebsorte in Pouilly wieder neu anpflanzen ?

Pouilly-Fumé

GILLES BLANCHET 1991

☐	3 ha	2 000	∎↓✓**3**

Der Wein riecht mit seinem Bananen- und Ananasaroma noch stark nach Hefe. Er erscheint süffig, aber er ist noch jung – ebenso wie sein Erzeuger.
🕯 Gilles Blanchet, Les Berthiers, 58150 Saint-Andelain, Tel. 86.39.14.03 ☎ tägl.

DOM. HENRI BOURGEOIS
La Demoiselle de Bourgeois 1991★★

☐	3,45 ha	16 500	∎↓✓**3**

Die angesehene Domaine Henri Bourgeois in

Sancerre, auf der anderen Seite der Loire, hat einen Brückenkopf in Pouilly errichtet. Dieser Wein besitzt eine blasse goldgrüne Farbe und duftet nach Orangen und Pfefferminze. Im Geschmack ist er voll und fest und entfaltet ein Aroma von etwas trockenem Akazienholz, aber auch von Mandeln und den Knospen schwarzer Johannisbeeren. Sehr angenehmer Gesamteindruck.
🕯 Dom. Henri Bourgeois, 18300 Chavignol, Tel. 48.54.21.67 ☎ n. V.

DOM. CHATELAIN 1990★

☐	3 ha	25 000	∎↓✓**2**

Die Chatelains leben schon seit sehr langer Zeit in Saint-Andelain, aber ihr Gut ist heute modern ausgerüstet. Dieser 90er, der nach Heidehonig und Lakritze duftet, erscheint etwas dünn, ist aber rund.
🕯 Dom. Chatelain, Les Berthiers, 58150 Saint-Andelain, Tel. 86.39.17.46 ☎ n. V.

PATRICK COULBOIS Les Coques 1991★

☐	7 ha	10 000	∎↓✓**2**

Die Familie Coulbois ist seit dem 17. Jh. auf dem Hügel von Saint-Andelain ansässig. Der Geruchseindruck erinnert an Orangen und Bananen sowie leicht an grüne Minze und die Funken von Feuerstein. Ein stattlicher, ziemlich nerviger Wein, der im Abgang ein Aroma von nicht ganz reifen Zitronen und getrockneten Mandeln enthüllt (eine Jugendsünde !).
🕯 Patrick Coulbois, Les Berthiers, 58150 Pouilly-sur-Loire, Tel. 86.39.15.69 ☎ n. V.

MARC DESCHAMPS 1991

☐	k.A.	k.A.	∎✓**2**

Mittelgoldene Farbe, Duft von sehr reifen Orangen und Pastis. Aufgrund seiner Rundheit kann man ihn schon jetzt trinken.
🕯 Marc Deschamps, Les Loges, 58150 Pouilly-sur-Loire, Tel. 86.39.16.79 ☎ n. V.

PAUL FIGEAT 1991

☐	8 ha	40 000	∎✓**2**

Gedenken wir Paul Figeat, der den Winzerverband von Pouilly leitete und vor kurzem von uns ging. Und heißen wir seinen Nachfolger willkommen, einen seiner früheren Mitarbeiter. Dieser Wein erinnert im Duft an Orangen und Ringelblumen und im Aroma an Zitronen und weißes Holz. Ein voller, runder 91er, der sich nur noch entwickeln muß.
🕯 Paul Figeat, Les Loges, 58150 Pouilly-sur-Loire, Tel. 86.39.12.65 ☎ n. V.

FOURNIER PERE ET FILS 1991

☐	6 ha	40 000	∎↓✓**2**

Die Firma Fournier Père et Fils aus Verdigny im Gebiet von Sancerre hat jetzt auch in dieser Appellation Fuß gefaßt. Duft von Orangen, Bananen und grünem Akazienholz. Im Geschmack spürt man lebhafte pflanzliche Noten

813

und noch scharfe Kanten, die sich abrunden müssen.

🍇 Fournier Père et Fils, Chaudoux, 18300 Verdigny, Tel. 48.79.35.24 🍷 n. V.

DE LADOUCETTE 1990**

| ☐ | k.A. 1 200 000 | ▮↓▮4 |

Das Château du Nozet stellt nicht nur das bedeutendste Bauwerk von Pouilly-sur-Loire dar, sondern das Haus de Ladoucette ist auch seit langem die treibende Kraft des Weinbaus in dieser Appellation. Die Verkostung eines solchen Weins ist immer ein besonderes Privileg. Im Duft entdeckt man reife Zitrusfrüchte und weißes Leder, während der Geschmack neben einer vornehmen Lebhaftigkeit und einer vielversprechenden Festigkeit ein Aroma von kandierten Orangen enthüllt. Dieser 90er wartet nur noch auf das Zeichen, bevor er an die Spitze geht.

🍇 de Ladoucette, Ch. du Nozet, 58150 Pouilly-sur-Loire, Tel. 47.20.66.62

LA MOYNERIE Cuvée Majorum 1989*

| ☐ | 6 ha | 30 000 | ▮↓▮5 |

Die Keller von Michel und Thierry Redde, die praktisch an der Einfahrt nach Saint-Andelain liegen, sind von der RN 7 aus gut zu sehen. Dieser 89er Sondercuvée ist immer noch interessant für die Freunde eines sehr erwachsenen Pouilly-Fumé : Duft von Honig, sehr reifen Orangen und Minze, voller, fester und langer Geschmack mit einem schüchternen Aroma von trockenen Zitrusschalen.

🍇 SA Michel Redde et Fils, La Moynerie, 58150 Saint-Andelain, Tel. 86.39.14.72 🍷 n. V.

DOM. LANDRAT-GUYOLLOT
La Rambarde 1991**

| ☐ | 11,9 ha | 50 000 | ▮↓▮▮2 |

Der vor kurzem eingerichtete, sehr schöne Keller dürfte den Besitzern dieses Gutes die Arbeit erleichtern, ohne daß sie darüber den klassischen Stil vernachlässigen, der den guten Ruf ihres Gutes ausmacht. Ein typischer Blanc-Fumé : Orangen, ein Hauch von Spargel und der Rauch von verbrannten Trieben im Duft, Rundheit, Fülle, Festigkeit und Harmonie im Geschmack, wo zu der rauchigen Note noch der Phosphor von Feuersteinschalen hinzukommt.

🍇 Dom. Landrat-Guyollot, Les Berthiers, 58150 Saint-Andelain, Tel. 86.39.11.83 🍷 Mo-Fr 9h-19h, Sa, So n. V.

LANDRAT-GUYOLLOT
Carte noire 1990*

| ☐ | 0,5 ha | 3 000 | ▮↓▮▮3 |

Diese 90er Spitzencuvée präsentiert sich gut : an Zitrusfrüchte und Ringelblumen erinnerndes Aroma, Kraft und Jugendlichkeit.

🍇 Dom. Landrat-Guyollot, Les Berthiers, 58150 Saint-Andelain, Tel. 86.39.11.83 🍷 Mo-Fr 9h-19h, Sa, So n. V.

DOM. DE LA RENARDIERE 1991***

| ☐ | 10 ha | 25 000 | ▮↓▮▮2 |

Großvater Poirier und Jean Bouchié, unser alter Freund (aber wessen Freund war er nicht !), könnten stolz auf Bernard sein, der das Gut vorbildlich weiterführt und sich auch hervorragend auf die Vinifizierung versteht. Es war schon seit mehreren Jahren vorauszusehen, aber nun ist endlich der Zeitpunkt der verdienten Belohnung gekommen. Sehr reicher Duft : reife Zitronen, Orangen, Nachthyazinthen und Narzissen. Voller, nuancenreicher und gut strukturierter Geschmack. Ein sehr hübscher Wein, der zu den besten seiner Appellation gehört.

🍇 Bouchié-Chatellier, La Renardière, 58150 Saint-Andelain, Tel. 86.39.14.01 🍷 n. V.

CH. DE LA ROCHE 1990***

| ☐ | 5,5 ha | 30 000 | ▮↓▮▮2 |

Hubert Veneau, der in der Appellation Coteaux du Giennois Wein anbaut, ist seit mehreren Jahren auch im Gebiet von Pouilly tätig. Ein Pluspunkt für den guten Zustand dieses Weins. Noch leichte, goldene Farbe. Das Unterholzaroma erinnert an Moos und Pilze, aufgeblühte Ringelblumen und weißes Leder. Der sehr dichte Geschmack besitzt Fülle.

🍇 SCEA Hubert Veneau, Les Ormousseaux, 58200 Saint-Père, Tel. 86.28.01.17 🍷 n. V.

LES MOULINS A VENT 1991**

| ☐ | k.A. | 40 000 | ▮↓▮▮2 |

Die Genossenschaftskellerei von Pouilly vinifiziert einen Großteil der Trauben und stellt seit ein paar Jahren auch gelungene Cuvées her. Die gute Zusammenarbeit hat hier einen platinfarbenen Wein ergeben, der nach reifen Zitronen, Akazienblüten und Falschem Jasmin duftet. Ein feiner, fülliger, voller und dennoch lebhafter Wein, der sich hervorragend entwickeln dürfte.

🍇 Caves de Pouilly-sur-Loire, Les Moulins à Vent, 39, av. de la Tuilerie, 58150 Pouilly-sur-Loire, Tel. 86.39.10.99 🍷 n. V.

DOM. J.-M. MASSON-BLONDELET
Tradition Cullus 1990*

| ☐ | 1,2 ha | 8 300 | ▮▮◈↓▮▮4 |

In vinifizierungstechnischer Hinsicht eine gute Verbindung : das Können von Blondelet vereint mit dem Willen zum Perfektionismus von Masson. Ein schöner 90er, der voll, recht harmonisch und immer noch lebhaft ist, ohne Trockenheit, mit einem Aroma von Quittengelee, Mokka,

Vanille und Karamel. Der Holzton nimmt hier Rücksicht auf die Rebsorte. Gute Vinifizierung. Die 91er, die sich noch im Gärbehälter befanden, »Angelots« und »Villa Paulus« , erscheinen vielversprechend.

🍷 Jean-Michel Masson, 1, rue de Paris, 58150 Pouilly-sur-Loire, Tel. 86.39.00.34 ⵊ n. V.

JOSEPH MELLOT
Cuvée du tronc sec 1991*

□		7 ha	24 000	ⓘ↓▼②

Ein Alexandre Mellot gehörender Ableger der berühmten Vignobles Joseph Mellot, die auf der anderen Seite der Loire in Sancerre liegen. Im Geruchseindruck erinnert dieser feste, aber etwas lebhafte Wein an Orangen und Weißdorn, aber auch an Phosphor. Er besitzt eine gewisse Finesse und kann vielleicht – als guter Pouilly-Fumé – Körper entwickeln.

🍷 Vignobles Joseph Mellot, rte de Menétréol, B.P. 13, 18300 Sancerre, Tel. 48.54.21.50 ⵊ n. V.

GUY SAGET 1991*

□		5 ha	30 000	ⓘ↓▼②

Die Domaines Guy Saget erstrecken sich auf mehrere Appellationen des Loiretals, aber sie vergessen dabei auch nicht ihr Stammgebiet. Der 91er bietet ein dezentes, an Orangen und Bananen erinnerndes Aroma. Er besitzt Tiefe und Festigkeit, was aber im Geschmack nicht eine gewisse Geschmeidigkeit ausschließt. Der Abgang hinterläßt keinen schlechten Eindruck.

🍷 Dom. Guy Saget, 58150 Pouilly-sur-Loire, Tel. 86.39.16.37 ⵊ n. V.

DOM. HERVE SEGUIN 1991*

□		9,5 ha	40 000	ⓘ↓▼②

Blasse goldgrüne Farbe, Duft von Zitronen, Orangen und Aprikosen und Fenchelaroma im Geschmack. Dieser Wein wirkt voll, aber lebhaft und harmonisch. Schade, daß er mit einer trockenen Note ausklingt ! Der 90er »Côte des Prés« des gleichen Erzeugers, den wir schon im letzten Jahr vorgestellt haben, hält sich weiterhin gut.

🍷 Hervé Seguin, Le Bouchot, 58150 Pouilly-sur-Loire, Tel. 86.39.10.75 ⵊ n. V.

DOM. THIBAULT 1991

□		10 ha	70 000	ⓘ↓▼②

Die Dezats gehören zu den Familien in Sancerre, die einige Weinberge im Departement Nièvre erworben haben, um ihr Anbaugebiet im Berry zu ergänzen. Der Wein, den sie hier präsentieren, duftet nach Orangen und Kamilleblüten. Er besitzt Fülle, Rundheit und Festigkeit und enthüllt im Abgang eine leichte Phosphornote.

🍷 SCEV André Dezat et Fils, Chaudoux, 18300 Verdigny, Tel. 48.79.38.82 ⵊ Mo-Sa 9h-12h 13h30-18h30

TINEL-BLONDELET
L'arrêt Buffatte 1991**

□		k.A.	k.A.	ⓘ↓▼③

Fernand Blondelet hat keine männlichen Nachkommen, aber tüchtige Töchter und fähige Schwiegersöhne, wie beispielsweise François Tinel. Ein guter Wein : voll, rund, vollständig, mit dem Aroma von Orangen und Johannisbeeren. Langer, fester Geschmack. Dürfte sich gut

entwickeln. Ein Pluspunkt für Annick und François.

🍷 François Tinel-Blondelet, La Croix-Canat, 58150 Pouilly-sur-Loire, Tel. 86.39.13.83 ⵊ n. V.
🍷 M. Tinel

TINEL-BLONDELET Génetin 1991*

□		k.A.	k.A.	ⓘ↓▼②

Génetin ist im Loiretal ein Name für die Rebsorte Sauvignon oder Blanc-Fumé. Der gleichnamige Wein entfaltet einen Orangen- und Bananenduft. Im Geschmack zeigt er sich voll, fest, aber frisch, gut strukturiert, aber noch wenig ausdrucksstark mit seinem Aroma von trockenen Mandeln.

🍷 François Tinel-Blondelet, La Croix-Canat, 58150 Pouilly-sur-Loire, Tel. 86.39.13.83 ⵊ n. V.
🍷 M. Tinel

Pouilly-sur-Loire

DOM. LANDRAT-GUYOLLOT
La Roselière 1991*

□		0,6 ha	2 900	ⓘ↓▼②

Auf diesem Gut (17. Jh.) und bei diesen Winzern fällt der Pouilly-sur-Loire immer gut, teilweise sogar sehr gut aus. Es gibt kaum noch Chasselasreben in Pouilly-sur-Loire, und die übriggebliebenen Rebstöcke werden älter und liefern ausgewogene, runde Weine wie diesen hier, die vielleicht ein wenig schwer sind. Das angenehme Aroma erinnert an Musseronpilze.

🍷 Dom. Landrat-Guyollot, Les Berthiers, 58150 Saint-Andelain, Tel. 86.39.11.83 ⵊ Mo-Fr 9h-19h, Sa, So n. V.

DOM. ROGER PABIOT ET SES FILS 1991***

□		0,52 ha	1 800	ⓘ↓▼②

Auf diesem Gut ist immer noch kaum mehr als ein halber Hektar mit Chasselasreben bepflanzt, aber die Trauben werden gut genutzt. Ein frischer, lebhafter und ausgewogener Wein, der nach frischen Haselnüssen, reifen Zitronen und sogar leicht nach grüner Minze duftet. Das letzte Aroma bestätigt sich im Geschmack (sollte er auf der Hefe von Blanc-Fumé-Trauben gereift sein ?). Dieser schöne Chasselas verkörpert den angenehmen Typ eines durstlöschenden Weins.

🍷 GAEC Roger Pabiot et ses Fils, 13, rte de Pouilly, Boisgibault, 58150 Tracy-sur-Loire, Tel. 86.26.18.41 ⵊ n. V.

Quincy

An den Ufern des Cher, unweit von Bourges und Mehun-sur-Yèvre, die reich an historischen Bauwerken aus dem 16. Jahrhundert sind, liegen die Anbaugebiete von Quincy und Brinay. Sie umfassen etwa 100 ha Rebflächen, die sich auf den mit Sand und altem Schotter bedeckten Hochebenen erstrecken.

Als einzige Rebsorte wird in Quincy die Sauvignon-Blanc-Rebe verwendet, die rund 3 500 hl liefert. Vom Typ her sind sie frisch und fruchtig und bieten eine große Leichtigkeit und eine gewisse Feinheit und Vornehmheit.

Auch wenn die Rebsorte wichtiger als das Anbaugebiet ist, wie Dr. Guyot im letzten Jahrhundert schrieb, beweist Quincy, daß die gleiche Rebsorte in ein und demselben Weinbaugebiet je nach Bodenart unterschiedliche Weintypen hervorbringen kann. Das ist sehr günstig für den Weinliebhaber, der hier einen der elegantesten Loireweine findet, der zu Fisch und Meeresfrüchten ebensogut paßt wie zu Ziegenkäse.

Das Anbaugebiet von Quincy, das sich auf seinem Ruhm ausruhte und erlebte, wie die Anbaufläche schrumpfte, beginnt wieder zu erwachen. Zu den noch immer tatkräftigen alten Winzern sind einige junge Erzeuger von außerhalb hinzugekommen. Die Genossenschaft Agri-Cher, die bereits in Menetou-Salon tätig ist, hat in Quincy einen Gärkeller gebaut. Das sind zwei positive Faktoren für die Wiedergeburt dieses Anbaugebietes.

DENIS ET NICOLE JAUMIER 1991 **

	10 ha	50 000	

Ein junger Winzer, der erst seit fünf Jahren seinen Betrieb führt. Dieser volle, feste Wein entfaltet ein reichen Duft von Nachthyazinthen, Ringelblumen und Minze. Im Geschmack spürt man Heidehonig. Er besitzt einen angenehm individuellen Charakter.
Denis et Nicole Jaumier, rte de Lury, 18120 Quincy, Tel. 48.51.33.55 ☎ n. V.

GERARD MEUNIER 1991 *

	6,7 ha	6 000	

Die Familie bringt schon mindestens seit der Zeit von Ludwig XIV. Wein an. Das Restaurant der Meuniers, »Le Firmament«, wird vom Sohn des Hauses geführt. 1991 sind 90% der Trauben erfroren. Dieser 91er entfaltet einen Duft von Bananen und Bitterorangen mit einer leicht pfeffrigen Note. Im Geschmack zeigt er sich zunächst recht voll und enthüllt im Abgang eine lebhafte Note von nicht ganz reifen Zitronen.

Gérard Meunier, Le Bourg, 18120 Quincy, Tel. 48.51.31.16 ☎ tägl. 8h-20h

DOM. JACQUES ROUZE 1991

	12 ha	15 000	

Es gibt drei Winzergenerationen auf diesem Familiengut in Brinay, das als zweite Gemeinde Anrecht auf die AOC Quincy hat. Die Fresken der aus dem 12. Jh. stammenden Pfarrkirche sind berühmt. Der Quincy ist in der Regel der am wenigsten lebhafte Sauvignonwein des mittelfranzösischen Weinbaugebiets, was auch dieser 91er zeigt, der an verblühte Ringelblumen und Karamel erinnert.
Dom. Jacques Rouzé, Les Bruns, 18120 Brinay, Tel. 48.51.08.51 ☎ tägl. 9h-19h

DOM. JACQUES ROUZE
Vieilles vignes 1990

	1,5 ha	8 000	

Dieser zuerst volle und dann lebhafte Wein erinnert an Aprikosen und ein wenig an Obstkerne und Äpfel.
Dom. Jacques Rouzé, Les Bruns, 18120 Brinay, Tel. 48.51.08.51 ☎ tägl. 9h-19h

Reuilly

In Reuilly im Berry befindet sich eines der Kleinode unter den Anbaugebieten : unscheinbar hinsichtlich seiner Fläche (30 ha) und seiner Produktion (1 200 hl), aber groß aufgrund seiner Weine. Dank seiner ausgeprägten, sonnenreichen Hänge und seiner bemerkenswerten Böden war Reuilly wie geschaffen für die Anpflanzung von Reben und für die Erzeugung von hervorragenden Weinen.

Die Appellation umfaßt die Rebflächen von sieben Gemarkungen in den Departements Indre und Cher, in einer reizvollen Region, durch die sich die grünen Täler des Cher, des Arnon und des Théols ziehen.

In erster Linie bringt die Rebsorte Sauvignon Blanc die Reuillyweine hervor : trockene, fruchtige Weißweine, die hier eine bemerkenswerte Fülle und einen Bodengeschmack gewinnen. Die Pinot-Gris-Rebe liefert vereinzelt einen Roséwein, der aus direkt gekelterten Trauben hergestellt wird und zart, fein und vornehm ist. Sie läuft aber Gefahr, bald zu verschwinden, weil sie von der Pinot-Noir-Rebe verdrängt wird, aus der man ebenfalls hervorragende Roséweine erzeugen kann ; diese sind kräftiger, frisch und vollmundig. Die Rebsorte Pinot Noir bringt aber vor allem Rotweine hervor, die voll, mild und immer leicht sind und eine ausgeprägte, komplexe Fruchtigkeit und einen verführerischen Veilchen- und Himbeerduft entfalten.

FRANCOIS CHARPENTIER 1990*

| ■ | k.A. | k.A. | ⓘⓘ |

Die Farbe erinnert an Rubine und Edeltopase. Geschmeidiger, voller und anmutiger Geschmack. Trotz seines Aromas von Kirschen und grauem Pfeffer und seiner feinen Tannine dürfte sich dieser angenehm duftende Wein nicht lang halten. Trinkreif.

🕼 François Charpentier, SCEA du Bourdonnats, 12, rue Jean Jaurès, 36260 Reuilly, Tel. 54.49.28.74 ☎ n. V.

GERARD CORDIER 1991*

| □ | 4 ha | 15 000 | ⓘⓜ② |

Nach langem Zögern hat der Sohn des sympathischen Vorsitzenden des Winzerverbands von Reuilly das väterliche Gut übernommen. Ein guter, frischer, voller und ausgewogener Wein, der nach sehr reifen Bananen und Orangen duftet und einen Hauch von Champignons enthüllt. Im Abgang entdeckt man ein Aroma von sauren Drops. Vollständig im Gesamteindruck.

🕼 Gérard Cordier, 6, imp. de l'Ile Camus, La Ferté, 36260 Reuilly, Tel. 54.49.25.47 ☎ n. V.

GERARD CORDIER 1991

| ◪ | 1,5 ha | 4 500 | ⓘ↓ⓜ② |

Hinter dem Fermentierungsgeruch (Bananen und Ananas) enthüllt der Wein im Geschmack seine Frische und Lebhaftigkeit. Im Abgang erinnert er an Äpfel und Kirschwasser.

🕼 Gérard Cordier, 6, imp. de l'Ile Camus, La Ferté, 36260 Reuilly, Tel. 54.49.25.47 ☎ n. V.

ANDRE DESROCHES 1991

| ◪ | k.A. | k.A. | ② |

Ein golden schimmernder, rötlichbrauner Rosé, der nach gelben Pfirsichen duftet und einen lebhaften, ziemlich frischen Rosinengeschmack entfaltet.

🕼 André Desroches, 18120 Lazenay, Tel. 48.51.71.60

ANDRE DESROCHES 1991

| □ | 4 ha | 20 000 | ⓘ↓ⓜ② |

Duft von sehr reifen Orangen und Wiesenchampignons. Voller, lebhafter Geschmack über einem Aroma von Aprikosenkernen. Im Abgang zeigt sich eine leicht bittere Note.

🕼 André Desroches, 18120 Lazenay, Tel. 48.51.71.60

CLAUDE LAFOND 1991*

| ◪ | k.A. | 10 000 | ⓘ↓ⓜ② |

Sehr helle rosarote Farbe, die ins Goldene spielt. Das Aroma erinnert an Honig und Apri-

kosenkonfitüre. Ein nerviger, durstlöschender Wein, der noch einige Monate reifen kann.

🕼 Claude Lafond, Le Bois Saint-Denis, 36260 Reuilly, Tel. 54.49.22.17 ☎ n. V.

GUY MALBETE 1991***

| ■ | 2 ha | 15 000 | ⓘ↓ⓜⓘ |

Bigarreaukirschen, schwarze Johannisbeeren, rote Pflaumen und ein Hauch von Weihrauch bestimmen den Geruchseindruck. Gut strukturierte Gerbsäure und eine Holznote, die an leicht verbranntes Eichenholz erinnert, unterstützen den Gesamteindruck. Ein sehr gelungener Wein für den Jahrgang 1991, dessen Frühjahrsfröste problematisch für Rotweine war.

🕼 Guy Malbête, Le Bois Saint-Denis, 36260 Reuilly, Tel. 54.49.25.09 ☎ n. V.

GUY MALBETE Pinot gris 1991*

| ◪ | 2 ha | 10 000 | ⓘ↓ⓜⓘ |

Unter dem Aroma von Mirabellen und gelben Pfirsichen kommt ein frischer, angenehmer, aber im Geschmack warmer Rosé zum Vorschein, der im Abgang an frisch aus der Brennerei kommenden Trester erinnert.

🕼 Guy Malbête, Le Bois Saint-Denis, 36260 Reuilly, Tel. 54.49.25.09 ☎ n. V.

GUY MALBETE 1991

| □ | 3 ha | 20 000 | ⓘ↓ⓜⓘ |

Ein voller, runder, gut gebauter Wein, der wahrscheinlich noch am Anfang steht, aber mit seinem Duft von zerriebenen Pflanzen und gebrannten Mandeln auch schon Anzeichen einer gewissen Entwicklung besitzt.

🕼 Guy Malbête, Le Bois Saint-Denis, 36260 Reuilly, Tel. 54.49.25.09 ☎ n. V.

DOM. SORBE 1991**

| ◪ | 2,5 ha | 500 | ⓘ↓ⓜ② |

Sein Können hat dieses Gut im Laufe von drei Generationen erworben. Lebhaft, gefällig und angenehm im Geschmack. Dieser leicht, ins Bernsteinfarbene spielende Rosé duftet nach sehr reifen Äpfeln und Birnen. Nachdem er sich zum Zeitpunkt der Verkostung noch im Gärbehälter befand, muß seine Flaschenabfüllung das Urteil unserer Jury bestätigen oder widerlegen.

🕼 Jean-Michel Sorbe, La Quervée, rte de Cerbots, 18120 Preuilly, Tel. 48.51.30.17 ☎ n. V.

Sancerre

Sancerre, das ist vor allem ein Landstrich, ein Ort, der stolz über der herrlichen Loire aufragt. Auf dem Gebiet von elf Gemeinden findet man eine Kette von Hügeln, die perfekt für den Weinbau geeignet sind, mit guten, geschützten Lagen und kalk- oder kieselhaltigen Böden, die günstig für die Reben sind und zur Qualität der Weine beitragen. Rund 1 900 ha sind bepflanzt.

Zwei Rebsorten regieren in Sancerre : Sauvignon Blanc und Pinot Noir, beides sehr edle Rebsorten, die den Charakter des Anbaugebiets gut weitergeben können. Sie bringen am besten die Qualitäten der Böden zum Ausdruck, die sich in frischen, jungen und fruchtigen Weißweinen (mit rund 140 000 hl pro Jahr Hauptteil der Produktion), zarten, feinen Roséweinen und leichten, duftigen und milden Rotweinen (ca. 34 000 hl) entfalten.

Aber Sancerre ist vor allem ein Gebiet, in dem faszinierende Menschen leben : Winzer, die auf ihr Weinberge, ihre Arbeit und somit auch auf ihre Weine stolz sind. Es ist nämlich nicht leicht, einen großen Wein aus der Sauvignonrebe zu erzeugen. Diese Rebsorte ist eher spätreifend und wächst hier in einem Gebiet, das nicht weit von der nördlichen Grenze der Weinbauzone entfernt ist, in Höhen von 200 bis 300 m, die das lokale Klima noch zusätzlich beeinflussen, und auf Böden, die zu den abschüssigsten in Frankreich zählen. Außerdem hängen die Gärprozesse auf diffizile Weise mit dem Ende der späten Lese zusammen. Der Winzer hier weiß das, aber er bildet sich keineswegs etwas darauf ein, sondern gibt sich überaus bescheiden. Die überwiegende Zahl der Sancerreweine wird noch von Winzern erzeugt, die ihren Beruf als Handwerk verstehen und immer ein wenig von ihrem eigenen Charakter mit in den Wein einbringen.

Besonders geschätzt wird der weiße Sancerrewein zu Ziegenkäse, wie etwa dem berühmten »Crottin« aus Chavignol, einem Dorf, das selbst Wein erzeugt, aber auch zu Fisch oder zu warmen, wenig gewürzten Vorspeisen. Die Rotweine passen zu Geflügel und einheimischen Fleischgerichten.

Sancerre wird sehr bald eine Anbaufläche von 2 000 ha erreichen, von denen rund 500 ha mit Pinot Noir bestockt sind. Der Erfolg der Weißweine läßt nicht nach, während gleichzeitig auch die Rotweine trotz der großen Unterschiedlichkeit der Typen bei den Weinfreunden immer populärer werden. Die Pinot-Noir-Weine sind nicht dafür bestimmt, als Primeurweine getrunken zu werden. Auch wenn es zumindest in Sancerre nicht notwendig ist, sie allzulang reifen zu lassen oder das neue Eichenholzfaß zu intensiv einzusetzen, muß man sie zwei bis drei Jahre lagern, damit man ihre Qualitäten voll genießen kann.

BAILLY-REVERDY ET FILS 1991 ★★

◩	2 ha	k.A.	▮↓▿2

Diese Winzer betreiben ihr Handwerk mit großer Gewissenhaftigkeit, was sich auch in der Konstanz ihres Erfolgs zeigt. Zweifellos war es leichter, 1991 gute Rosé zu erzeugen als Rotweine, aber dieser hier erwies sich als der beste unserer Weinprobe. Rundheit, ein gewisses Volumen, Aroma von grünen Birnen, reifen Weichseln und grauem Pfeffer. Gut, aber vielleicht etwas zu warm im Geschmack.
✈ GAEC Bailly-Reverdy et Fils, Croix-Saint-Laurent, 18300 Bué, Tel. 48.54.18.38 ⌘ n. V.

BAILLY-REVERDY ET FILS 1990 ★★

◼	5 ha	k.A.	◫↓▿2

Obwohl die Tannine vom Holzfaß noch deutlich zu spüren sind, zeigt sich dieser Rotwein harmonisch. Sein Aroma erinnert an Kirschwasser, Kakao, Kaffee und Vanille, kurz gesamt an alles, was vom Ausbau in einem neuen Eichenholzfaß zeugt. Ein guter Wein, der noch altern muß.
✈ GAEC Bailly-Reverdy et Fils, Croix-Saint-Laurent, 18300 Bué, Tel. 48.54.18.38 ⌘ n. V.

DOM. HENRI BOURGEOIS
La Bourgeoise 1991 ★

☐	7 ha	35 000	▮↓▿3

Ein schönes Gut, mit ausgerüstete Keller und eine perfekte Arbeitsteilung zwischen den Brüdern und ihren Kindern – viel mehr braucht man wohl nicht, um Erfolg zu haben ! Hier ein Wein, der nach reifen Orangen, schwarzen Johannisbeeren und Passionsblumen sowie leicht nach Eukalyptus duftet. Der Geschmack ist voll und fest und zeigt mit einer Kakaonote eine gewisse Trockenheit. Kann noch altern. Die elegante rote Cuvée des gleichen Jahrgangs hat ebenfalls einen Stern erhalten.
✈ Dom. Henri Bourgeois, 18300 Chavignol, Tel. 48.54.21.67 ⌘ n. V.

DOM. HENRI BOURGEOIS
Côte des Monts damnés 1991 ★

☐	1,5 ha	4 000	▮↓▿3

Orangen, Trauben und ein Hauch von grauem Pfeffer bestimmen den Geruchseindruck dieses 91ers. Fülle, Festigkeit, dann ein Bruch und schließlich ein guter Nachgeschmack mit einem überhaupt nicht herben Aroma von reifen Zitronen.
✈ Dom. Henri Bourgeois, 18300 Chavignol, Tel. 48.54.21.67 ⌘ n. V.

DOM. DES BUISSONNES 1990 ★★★

■   1,9 ha   k.A.   ▮↓Ⓥ②

Ein Hauch von gekochtem Spargel (ungewöhnlich für einen Rotwein), der Geruch von Wild und Pelz, sehr reife Kirschen. Ein vollmundiger, ausgewogener Rotwein mit nicht aufdringlichen Tanninen. Er präsentiert sich heute schon sehr gut und dürfte im Keller etwas altern können.
☛ Roger Naudet et Fils, SCEA des Buissonnes, Maison Sallé, 18300 Sury-en-Vaux, Tel. 48.79.34.68 ☎ n. V.

DOM. DES BUISSONNES 1990 ★

□   8,15 ha   k.A.   ▮↓Ⓥ②

Sehr reicher Duft : Orangen, reife Zitronen und Unterholz (Farnkraut). Füllig, rund und frisch im Geschmack. Trinkreif.
☛ Roger Naudet et Fils, SCEA des Buissonnes, Maison Sallé, 18300 Sury-en-Vaux, Tel. 48.79.34.68 ☎ n. V.

DOM. DU CARROU 1991 ★

□   1,4 ha   8 900   ▮↓Ⓥ②

Eine alteingesessene, erfahrene Winzerfamilie in Bué. Mandarinen, Akazienblüten und grauer Pfeffer im Duft. Dieser Wein wirkt im Geschmack voll, aber lebhaft und enthüllt im Abgang Noten von Phosphor und weißem Buchsbaum.
☛ Maurice et Dominique Roger, pl. du Carrou, 18300 Bué, Tel. 48.54.10.65 ☎ Mo-Sa 8h-12h 14h-19h ; So n. V.

DOM. DU CARROU 1991 ★★

■   2,5 ha   16 000   ⑪↓Ⓥ②

Ein gelungener 91er Rotwein mit gutem Ausbau im Eichenholzfaß. Im Geruchseindruck entdeckt man hier rote Pflaumen, Kirschen und Blätter von Kirschbäumen, eine leichte Graphitnote sowie eine Vanillenote, die vom Holzfaß herrührt. Die Tannine verhindern nicht eine gewisse Rundheit.
☛ Maurice et Dominique Roger, pl. du Carrou, 18300 Bué, Tel. 48.54.10.65 ☎ Mo-Sa 8h-12h 14h-19h ; So n. V.

DOM. DU COLOMBIER 1991

□   9 ha   50 000   ▮↓Ⓥ②

Roger Champault besitzt ein Traubenhaus, das dem Weiler Champtin seinen besonderen Charakter verleiht und das er als Keller eingerichtet hat. Im Duft findet man Orangen und Bananen sowie einen Hauch von Spargel. Ein geschmeidiger, voller Wein mit einem angenehmen Akazienaroma im Abgang.
☛ Roger Champault, Dom. du Colombier, Champtin, 18300 Crézancy-en-Sancerre, Tel. 48.79.00.03 ☎ n. V.

DOMINIQUE CROCHET 1990

■   1,1 ha   7 000   ⑪Ⓥ②

Duft von Weichseln, Kirschstielen und Weihrauch. Leichter Geschmack mit gut eingefügten Tanninen, die aber lebhaft und trocken bleiben. Wie so viele 90er muß er noch altern.
☛ Dominique Crochet, Venoize, 18300 Bué, Tel. 48.54.19.56 ☎ n. V.

LUCIEN CROCHET Le Chêne 1990 ★

□   5 ha   30 000   ▮⑪↓Ⓥ③

Lucien und sein Sohn Gilles zählen zu den tatkräftigsten Winzern von Bué. Ihre modernen, großen Keller, die funktionell eingerichtet sind, ermöglichen eine in der Regel erfolgreiche Vinifizierung. Dieser frische, etwas trockene Wein verströmt einen Duft von grünem Moos, Minze und Kamille. Obwohl er bereits sehr angenehm schmeckt, erweckt er den Eindruck, als hätte er noch nicht seinen Höhepunkt erreicht.
☛ SA Lucien Crochet, pl. de l'Eglise, 18300 Bué, Tel. 48.54.08.10 ☎ n. V.

LUCIEN CROCHET Cuvée prestige 1988 ★

■   1,4 ha   7 000   ▮⑪Ⓥ④

Ein Rotwein, wie ihn uns nur Lucien Crochet vier Jahre nach der Lese präsentieren kann : ein solider Bursche, fast schon ein Athlet, lebhaft, tanninreich, nach Graphit, eingemachten Kirschen und neuem Leder riechend. Ein Langstreckenläufer mit großer Ausdauer.
☛ SA Lucien Crochet, pl. de l'Eglise, 18300 Bué, Tel. 48.54.08.10 ☎ n. V.

DOM. CROIX-SAINT-URSIN
Sylvain Bailly Prestige 1990 ★★★

□   0,75 ha   3 500   ▮↓Ⓥ③

Diese 90er Spitzencuvée ist sehr schön : jugendlich gebliebene, goldgrüne Farbe, reicher Duft von Orangen, Minze und Lindenblütenhonig, voller, fester und langer Geschmack mit einem angenehmen, nachhaltigen Aroma von Honig, Gewürzen und Eukalyptus. Sie verdient unsere besondere Empfehlung.
☛ Sylvain Bailly, 18300 Bué, Tel. 48.54.02.75 ☎ tägl. 8h-19h
☛ Jacques Bailly

DOM. CROIX SAINT-URSIN 1991 ★★

□   6,5 ha   45 000   ▮↓Ⓥ②

Der Duft erinnert sehr stark an Orangen und Kamillenblüten. Dieser 91er hinterläßt einen sehr guten Geschmackseindruck : Festigkeit und Fülle und ein nachhaltiges fruchtiges Aroma von Nachthyazinthen. Ein schöner Wein.
☛ Sylvain Bailly, 18300 Bué, Tel. 48.54.02.75 ☎ tägl. 8h-19h
☛ Jacques Bailly

DOM. DAULNY 1991

☐	5,5 ha	50 000	▮↓☑**2**

Die Daulnys arbeiten sehr gewissenhaft, was sich in typischen Charakter und in der Qualität ihrer Weine niederschlägt. Dieser 91er besitzt ein feines, vielfältiges Aroma : Orangen, aufgeblühte Rosen, dezenter, aber spürbarer Minzeduft. Vom Geschmackseindruck her ist er jedoch noch nicht trinkreif : lebhaft, fest, beinahe ein wenig brutal sogar. Aber er kann noch altern : zu seinem Vorteil und zu dem des Käufers.

↬ Dom. Etienne Daulny, Chaudenay, 18300 Verdigny, Tel. 48.79.33.96 ☎ n. V.

DOM. DAULNY
Le Clos de Chaudenay 1990★★

☐	0,5 ha	4 500	▮↓☑**3**

Ein sehr zufriedenstellender Wein, im Geruchseindruck (Blutorangen, Minze, Veilchen, Nachthyazinthen) ebenso wie im Geschmack (Fülle, Festigkeit und eine gewisse adstringierende Männlichkeit, die ihm aber nicht schadet). Ein empfehlenswerter 90er.

↬ Dom. Etienne Daulny, Chaudenay, 18300 Verdigny, Tel. 48.79.33.96 ☎ n. V.

DUC DE TARENTE 1991★★

☐	k.A.	k.A.	▮↓☑**3**

Die Genossenschaftskellerei vinifiziert einen Großteil der Produktion des Gebietes von Sancerre und wählt gute, sehr interessante Cuvées aus. Ein schönes Etikett für einen schönen Wein, der dem Marschall Macdonald gewidmet ist. Lebhaft, voll, fest und lang. Aroma von schwarzen Johannisbeeren, Bananen und Gewürzen. Harmonischer Gesamteindruck.

↬ Cave des vins de Sancerre, av. de Verdun, 18300 Sancerre, Tel. 48.54.19.24

FOURNIER PÈRE ET FILS
Les Chanvrières 1991

☐	12 ha	80 000	▮↓☑**2**

Eine alteingesessene Winzerfamilie, die ihr Tätigkeitsfeld erweitert und sich vor allem dem Weinhandel zugewandt hat. Grauer Pfeffer und Pilze prägen das Aroma dieses noch ein wenig verschlossenen und herben Weins, der noch in der Flasche reifen muß.

↬ Fournier Père et Fils, Chaudoux, 18300 Verdigny, Tel. 48.79.35.24 ☎ n. V.
↬ GFA Chanvrières

DOM. DE LA MERCY-DIEU 1991

☐	13 ha	k.A.	▮↓☑**2**

Dieser sehr junge Wein duftet nach Bananen und grauem Pfeffer. Im Geschmack ist er voll, ziemlich lebhaft und trocken und erinnert an Streichhölzer und Phosphor. Dennoch sehr ansprechend. Muß noch in der Flasche reifen.

↬ GAEC Bailly-Reverdy et Fils, Croix-Saint-Laurent, 18300 Bué, Tel. 48.54.18.38 ☎ n. V.

CLOS DE LA POUSSIE 1990

☐	8,28 ha	56 000	▮↓☑**3**

Die Cuvée aus dem angesehenen Weinberg, der nach dem Zweiten Weltkrieg den guten Ruf des Sancerre begründete. Der Clos de La Poussie, der heute zu den Domaines Cordier gehört, ist mittlerweile in der ganzen Welt berühmt. Im Duft findet man Akazienholz und geröstete Kakaobohnen, im Geschmack eine leicht bittere Note. Ein gefälliger Wein.

↬ SCIV du Clos de La Poussie, 18300 Bué, Tel. 48.54.20.14 ☎ Di, Fr 8h-12h 13h30-17h30 ; Aug. geschlossen.

VIGNOBLE DE LA REINE BLANCHE 1991★★

☐	8 ha	50 000	▮↓☑**3**

Noch einmal Reverdys und noch einmal gute Winzer in Verdigny, die vor allem für die regelmäßige Qualität ihrer Weißweine bekannt sind. Sehr ausdrucksstarkes Aroma : Weißdorn, frische Äpfel, grüne Minze, Orange und Ananas. Der Geschmack ist rund, voll, fest und sehr harmonisch. Ein sehr guter 91er.

↬ Jean Reverdy et Fils, Chaudoux, 18300 Verdigny, Tel. 48.79.31.48 ☎ n. V.

LA VOLTONNERIE 1991

☐	1 ha	k.A.	▮↓☑**2**

Wenn man an diesem Wein riecht, hat man den Eindruck, sich in einem Pinienwald zu befinden : Duft von Harz und harzigen Nadeln sowie Farnkraut und ein Hauch von Zitrusfrüchten. Im Geschmack ist er weniger ausdrucksvoll : Festigkeit und ein Aroma von Pappelholz. Vielleicht werden ihn einige Monate Flaschenreifung runder machen ?

↬ Jack Pinson, Le Bourg, 18300 Crézancy-en-Sancerre

DOM. LES CHASSEIGNES 1991

☐	8 ha	30 000	▮↓☑**2**

Der Wein, den die seit langem in Sancerre berühmte Familie Fouassier vorstellt, ist sich nach der schönen, charaktervollen Reblage Les Chasseignes benannt, die zwischen Sancerre und Chavignol befindet. Er duftet nach Orangen, Minze und Lebkuchen. Der fest Geschmack entfaltet ein an Blumen und Akazienholz erinnerndes Aroma. Dürfte bei der Flaschenreifung noch an Fülle und Länge gewinnen.

↬ SA Fouassier Père et Fils, av. de Verdun, 18300 Sancerre, Tel. 48.54.02.34 ☎ n. V.

DOM. NEVEU 1991★★★

☐	5 ha	25 000	▮↓☑**3**

Die Neveus sind für ihren Fleiß, ihre Sorgfalt, ihre gute Vinifizierungstechnik und ihren Perfektionismus bekannt. Ein schöner, voller, feiner und angenehmer Wein sowohl im Geschmack wie auch im Duft : Orangen, leichter Buchsbaumduft, kandierter Engelwurz und Weißdornblüten. Was soll man von einem Wein verlangen, der schon hervorragend schmeckt ?

↬ Roger Neveu et Fils, le Colombier, 18300 Verdigny, Tel. 48.79.40.34 ☎ n. V.

DOM. HENRY PELLE
La Croix au Garde 1991

☐	4 ha	24 000	▮↓☑**2**

Die Reblage La Croix au Garde bildet den Teil der Domaine Henry Pellé in der Appellation Sancerre. Sehr blasse Farbe, Geruch von Unterholz, Pilzen. und Milchsäure, Rundheit, Ausgewogenheit, aber vielleicht ein wenig kurzer, augenblicklich noch herber Geschmackseindruck mit Limettenaroma im Abgang. Wahrscheinlich wird er seine Ausgewogenheit in der Flasche finden.

📞 Dom. Henry Pellé, 18220 Morogues, Tel. 48.64.42.48 ⏰ Mo-Sa 9h-12h 14h-18h

DOM. HENRY PELLÉ
La Croix au Garde 1991*

| ■ | 1 ha | 4 500 | 🔴↓✓2 |

Wenn die 91er Rotweine gewissenhaft und sorgfältig hergestellt worden sind, machen sie sich insgesamt gleich nicht einmal so schlecht. Vielleicht muß man einen Teil des Erflogs dem Klon INRA 528 zuschreiben ? Männlicher Charakter, nicht sehr nachhaltige Gerbsäure, Harmonie und Betonung der Rebsorte : Kirschen, leichtes Aroma von Walderdbeeren, Büttenpapier. Mit dem Trinken sollte man sich aber noch etwas Zeit lassen !

📞 Dom. Henry Pellé, 18220 Morogues, Tel. 48.64.42.48 ⏰ Mo-Sa 9h-12h 14h-18h

CAVES DU PRIEURE 1991***

| ☐ | 9 ha | 42 000 | 🔴↓✓2 |

In dem bezaubernden Weiler Crézancy findet man, von Rebflächen umgeben, die Caves du Prieuré von Geneviève (Balland aus Bué) und Jacques Guillerault. Man kann hier auch eine original erhaltene Nußmühle sehen. Der Duft erinnert an getrocknete Orangenblüten und Pfefferminze. Im Geschmack ist er vollständig, ausgewogen und frisch und entfaltet ein Aroma von Orangen und frischen Quitten. Was für eine Harmonie und was für eine Länge ! Unsere besondere Empfehlung !

📞 Geneviève et Jacques Guillerault, SCEA des caves du Prieuré, Reigny, 18300 Crézancy-en-Sancerre, Tel. 48.79.02.84 ⏰ n. V.

BERNARD REVERDY ET FILS
1990**

| ☐ | 8,5 ha | 60 000 | 🔴↓✓2 |

In Verdigny gibt es zahlreiche Reverdys, die alle gute Winzer sind. Dieser Wein besitzt eine zartgoldene Farbe, einen Duft von Eukalyptus und Limetten und einen recht angenehmen, vollen, festen und ausgewogenen Geschmack. Ein gutes Beispiel für die Qualitäten und die Lagerfähigkeit dieses Jahrgangs.

📞 Bernard Reverdy et Fils, Chaudoux, 18300 Verdigny, Tel. 48.79.33.08 ⏰ n. V.

BERNARD REVERDY ET FILS 1991*

| ◪ | 1,32 ha | 8 000 | 🔴↓✓2 |

Eine der Spezialitäten dieser Kellerei : frisch, lebhaft, nach gelben Pfirsichen, Pfeffer und grauem Pfeffer duftend. Ein noch junger Wein, der im Augenblick leicht an Artischocken erinnert. Man geht kaum ein Risiko ein, wenn man auf die glänzenden Zukunftsaussichten dieses guten Roséweins setzt.

📞 Bernard Reverdy et Fils, Chaudoux, 18300 Verdigny, Tel. 48.79.33.08 ⏰ n. V.

DOM. DU ROCHOY 1991

| ☐ | 9 ha | 80 000 | ↓✓2 |

Der Name dieses Feuersteinhügels leitet sich vom gallo-romanischen »Rochetum« ab. Der Duft erinnert an Bananen und Orangen. Der Geschmack enthüllt ein festes, sehr lebhaftes Aroma, wie man es bei unreifen Grapefruits findet. Kurios für einen Wein, der aus einer der Lagen stammt, die im Gebiet von Sancerre am frühesten reif werden, wenn 1991 nicht die Frühjahrsfröste gewesen wären.

📞 SARL Dom. Laporte, Cave de la Cresle, 18300 Saint-Satur, Tel. 48.54.04.07 ⏰ n. V.

GUY SAGET Cuvée première 1991

| ☐ | k.A. | 50 000 | 🔴↓✓2 |

Die Sagets sind Erzeuger und Weinhändler in Pouilly-sur-Loire und haben mehrere Weine in ihrem Angebot, darunter auch Sancerreweine. Dieser hier duftet nach Konfitüre und in Alkohol eingelegte Mirabellen. Im Geschmack ist er lebhaft, fest, trocken und im Augenblick ein wenig kurz. Er hinterläßt einen zitronenartigen Nachgeschmack, wie man ihn oft bei den 91ern findet.

📞 Dom. Guy Saget, 58150 Pouilly-sur-Loire, Tel. 86.39.16.37 ⏰ n. V.

DOM. DE SAINT-PIERRE 1991*

| ☐ | 10 ha | 70 000 | 🔴↓✓2 |

Die Prieurs befinden sich schon seit zehn Generationen auf diesem Gut, besitzen schöne Keller und sind vom Wunsch erfüllt, ihre Arbeit gut zu machen. Das Aroma erinnert an Orangen, Heckenrosen und grüne Minze. Der Geschmack ist rund und voll. Eine leicht bittere Note und eine gewisse Wärme beschließen zusammen mit einem Röstaroma den Geschmackseindruck.

📞 Pierre Prieur et Fils, Dom. de Saint-Pierre, 18300 Verdigny, Tel. 48.79.31.70 ⏰ Mo-Sa 9h-12h 14h-18h

DOM. DE SAINT-PIERRE 1990*

| ■ | 2,34 ha | 18 000 | 🔴◖↓✓2 |

Ein weiterer 90er, der stattlich, ziemlich rund und trotz seines reichen, ausdrucksstarken Aromas (Kirschen, Wildbret, Pelz, danach Kirschkerne und -stiele) etwas trocken ist. Wenn man ihn noch reifen läßt, wird er einmal ein Hochgenuß sein.

📞 Pierre Prieur et Fils, Dom. de Saint-Pierre, 18300 Verdigny, Tel. 48.79.31.70 ⏰ Mo-Sa 9h-12h 14h-18h

LES CELLIERS SAINT-ROMBLE
1991*

| ☐ | 13,5 ha | 100 000 | ∎↓✓2 |

Ein Besuch bei den Dezats, vor allem wenn man dort P'tit Dé trifft, ist eines der unvergeßlichen Erlebnisse im Sancerregebiet : Weine, Folklore, herzlicher Empfang ... Das Bukett ist ein wahrer Cocktail von Zitrusfrüchten : Zitronen, Orangen und Pampelmusen sowie der Duft von aufgeblühten Rosen.
⌒ SCEV André Dezat et Fils, Chaudoux, 18300 Verdigny, Tel. 48.79.38.82 ☒ Mo-Sa 9h-12h 13h30-18h30

LES CELLIERS SAINT-ROMBLE 1991

| ∎ | 6 ha | 40 000 | ∎⫴↓✓2 |

O Gott, selbst in den Händen von Fachleuten erweist sich dieser Jahrgang als problematisch ! Der Geruchseindruck erinnert hier an Enzian, Kirschstiele und grauen Tabak. Im Geschmack spürt man die etwas trockenen Tannine. Wird er mit der Zeit etwas an Rundheit und Fülle gewinnen ?
⌒ SCEV André Dezat et Fils, Chaudoux, 18300 Verdigny, Tel. 48.79.38.82 ☒ Mo-Sa 9h-12h 13h30-18h30

CHRISTIAN SALMON 1991***

| ∎ | 2,26 ha | 13 300 | ⫴✓3 |

Bué gehört im Anbaugebiet von Sancerre zu den Gemeinden, die die besten Rotweine erzeugen. Dieser 91er fügt dem guten Ruf keinen Schaden zu. Fülle, noch ein wenig ungeschliffene, aber gut eingefügte Tannine. Das Aroma erinnert an rote Pflaumen, Bigarreaukirschen, frischen Trester und Johannisbeerlikör. Für den schwierigen Jahrgang ein wirklich gelungener Wein.
⌒ SA Christian Salmon, 18300 Bué, Tel. 48.54.20.54 ☒ n. V.

DOM. DES TROIS NOYERS 1991***

| ☐ | 5 ha | 21 000 | ∎↓✓2 |

Dieser jung gebliebene, sehr sympathische Winzer, der heute von seinem ältesten Sohn bei der Arbeit unterstützt wird, hat sehr gelungene 91er erzeugt. Dieser hier duftet nach reifen Orangen und leicht nach grüner Minze. Der Geschmack ist lebhaft, voll und sehr nachhaltig und entfaltet ein angenehm frisches Pflanzenaroma, in dem man wieder die Minze spürt. Ein sehr eleganter Wein.
⌒ EARL Reverdy Cadet, 18300 Verdigny, Tel. 48.79.38.54 ☒ n. V.

DOM. VACHERON 1991**

| ☐ | 17,5 ha | 120 000 | ∎↓✓3 |

Die Familie Vacheron, die in dem alten, schönen Ort Sancerre wohnt, ist nicht nur sehr gastfreundlich, sondern legt vor allem darauf Wert, ihre Arbeit gut zu machen. Ein guter 91er, der lebhaft, fest und voll ist. Die leichte Wärme hält glücklicherweise nicht an. Aroma von Grapefruits, Holunderblüten, stark aufgeblühten Narzissen und zum Schluß Fenchel. Insgesamt ein überdurchschnittlicher Wein.
⌒ Vacheron et Fils, 1, rue du Puits Poulton, 18300 Sancerre, Tel. 48.54.09.93 ☒ tägl. 9h30-12h 15h-19h

TAL DER RHONE

Kraftvoll und ungestüm strömt die Rhône nach Süden, immer der Sonne zu. Der Strom zerschneidet die Landschaften an seinen Ufern nicht, sondern verbindet sie vielmehr miteinander. Die Weinbaugebiete gehören zu den ältesten von Frankreich, aber während sie hier einen guten Ruf haben, sind sie andernorts verkannt. Das Rhônetal ist in Frankreich nach dem Bordelais das zweitgrößte Anbaugebiet für Qualitätsweine und kann es durchaus mit den anderen Weinbaubereichen aufnehmen ; einige seiner Crus erregen bei den Kennern ein ähnliches Interesse wie einige der berühmtesten Bordeaux- oder Burgunderweine.

Lange Zeit galten die Côtes du Rhône nur als gefälliger, ziemlich schlichter Trinkwein, der nur allzu selten an den eleganten Tafeln auftauchte. Als »Wein einer Nacht« , den eine kurze Gärdauer leicht, fruchtig und tanninarm machte, hatte er Ähnlichkeit mit dem Beaujolais, wie man ihn in den Weinlokalen von Lyon trank. Aber die wahren Weinliebhaber schätzten dennoch die Spitzenlagen und tranken einen Hermitage mit der gleichen Ehrfurcht, die sie ansonsten nur den größten Weinen entgegenbrachten. Heute besitzen die Côtes du Rhône dank der Anstrengungen von 12 000 Winzern und ihrer Berufsverbände um eine beständige Verbesserung der Qualität wieder ein sehr gutes Image. Wenn sie auch weiterhin an den Theken der Bistros getrunken werden, nehmen sie doch einen immer wichtigeren Platz in den besten Weinkarten ein. Solange ihre Vielfalt ihren Reichtum ausmacht, werden sie bald wieder den Erfolg haben, den sie bereits früher einmal hatten.

Nur wenige französische Anbaugebiete können auf eine so ruhmreiche Vergangenheit zurückblicken. Zwischen Vienne und Avignon gibt es kaum eine Ortschaft, die nicht ein kurzes Kapitel aus der glorreichen Geschichte von Frankreich erzählen könnte. In der Umgebung von Vienne behauptet man außerdem, eines der ältesten Anbaugebiete des Landes zu besitzen ; es soll von den Phokäern angelegt worden sein, die von Marseille heraufzogen. Für das 4. Jahrhundert v. Chr. sind im Bereich der heutigen Appellationen Hermitage und Côte-Rôtie Weinberge belegt, während in der Gegend von Die ab dem Beginn unserer Zeitrechnung Wein angebaut wurde. Die Tempelritter pflanzten im 12. Jahrhundert die ersten Rebflächen von Châteauneuf-du-Pape an ; Papst Johannes XXII. führte zwei Jahrhunderte später dieses Werk weiter. Im 17. und 18. Jahrhundert erfreuten sich die Weine der »Côte du Rhône Gardoise« großer Beliebtheit.

Das mittelalterliche Schloß Suze-la-Rousse, das im südlichen Teil der Appellation auf dem linken Flußufer liegt, steht heute ganz im Dienste des Weins. Hier hat die Weinuniversität ihren Sitz und organisiert Lehrgänge, eine berufliche Ausbildung und verschiedene Veranstaltungen. Außerdem hat das Comité Interprofessionnel noch eine »Weinstraße« geschaffen, indem man neun Wege angelegte, für die der Maler Georges Mathieu die Markierungszeichen entworfen hat. Auf diese Weise kann man die gesamte Region und ihre Geschichte kennenlernen und gleichzeitig die verschiedenen Weine probieren.

Im ganzen Rhônetal werden auf beiden Ufern Weine erzeugt, aber dennoch machen manche einen Unterschied zwischen den Weinen vom rechten Ufer, die schwerer und alkoholreicher ausfallen, und den leichteren Weinen vom linken Ufer. Ganz allgemein unterscheidet man zwei große Bereiche, die deutlich differenziert sind :

das Anbaugebiet der nördlichen Côtes du Rhône nördlich von Valence und das der südlichen Côtes du Rhône südlich von Montélimar; getrennt werden diese beiden Anbaugebiete durch eine etwa 50 km breite Zone, in der kein Wein angebaut wird.

Nicht vergessen darf man auch die Appellationen am Rand des südlichen Bereichs, die einer breiten Öffentlichkeit weniger bekannt sind, aber originelle, gute Weine erzeugen. Es handelt sich dabei um die Coteaux du Tricastin im

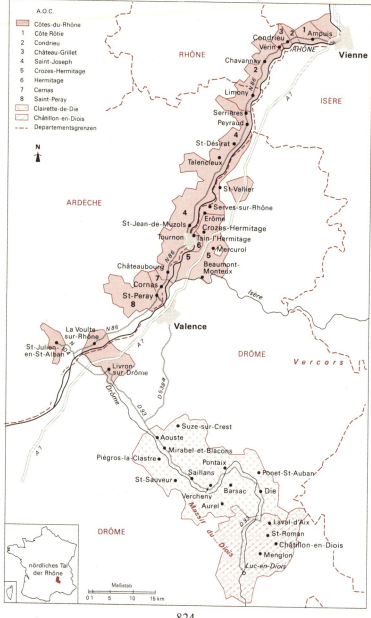

A.O.C.

Côtes-du-Rhône
1 Côte Rôtie
2 Condrieu
3 Château-Grillet
4 Saint-Joseph
5 Crozes-Hermitage
6 Hermitage
7 Cernas
8 Saint-Peray
Clairette-de-Die
Châtillon-en-Diois
Departementsgrenzen

N

RHÔNE

Vienne

ISÈRE

ARDÈCHE

Condrieu
Vérin
Ampuis
Chavannay
Limony
Serrières
Peyraud
St-Désirat
Talencieux
St-Vallier
Serves-sur-Rhône
St-Jean-de-Muzols
Erôme
Crozes-Hermitage
Tournon
Tain-l'Hermitage
Mercurol
Châteaubourg
Beaumont-Monteux
Cornas
St-Peray
La Voulte-sur-Rhône
St-Julien-en-St-Alban
Livron-sur-Drôme

Valence

DRÔME

Isère

Vercors

Suze-sur-Crest
Aouste
Mirabel-et-Blacons
Piégros-la-Clastre
Pontaix
Saillans
St-Sauveur
Vercheny
Barsac
Die
Ponet-St-Auban
Aurel
Laval-d'Aix
St-Roman
Châtillon-en-Diois
Menglon
Luc-en-Diois

Massif du Diois

DRÔME

nördliches Tal der Rhône

Maßstab
0 1 5   10   15 km

824

Norden, die Côtes du Ventoux und die Côtes du Lubéron im Osten und die als AOVDQS eingestuften Côtes du Vivarais im Nordwesten. Es gibt drei weitere Appellationen, die etwas abseits vom eigentlichen Rhônetal liegen : Clairette de Die und Châtillon-en-Diois im Tal der Drôme, am Rande des Vercors, und die AOVDQS Coteaux de Pierrevert im Departement Alpes-de-Haute-Provence. Schließlich sollte man noch die beiden VDN-Appellationen im Departement Vaucluse erwähnen : Muscat de Beaumes-de-Venise und Rasteau (siehe dazu das Kapitel über die Dessertweine).

Hinsichtlich der unterschiedlichen Böden und klimatischen Bedingungen kann man in der ausgedehnten Region des Rhônetals drei Untergebiete ausmachen. Nördlich von Valence ist das Klima gemäßigt mit kontinentalem Einfluß ; die Böden bestehen aus Granit oder Schiefer und verteilen sich auf sehr steile Hänge. Die Rotweine werden hier ausschließlich aus der Rebsorte Syrah erzeugt, während man für die Weißweine Marsanne und Roussanne verwendet ; die Rebsorte Viognier bringt den Château-Grillet und den Condrieu hervor. Im Gebiet von Die beeinflußt das Bergland das Klima ; die Kalkböden bestehen aus Geröll vom Fuß der Abhänge. Die Rebsorten Clairette und Muscat haben sich gut an diese natürlichen Bedingungen angepaßt. Südlich von Montélimar herrscht ein mediterranes Klima. Die überaus vielfältigen Böden haben Kalkstein als Untergrund : Geröllterrassen, rote lehmigsandige Böden, Molassen und Sand. Die Hauptrebe ist dort Grenache, aber die extremen klimatischen Bedingungen zwingen die Winzer dazu, mehrere Rebsorten zu verwenden, damit sie vollkommen ausgewogene Weine erhalten : Syrah, Mourvèdre, Cinsaut, Carignan, Clairette und Bourboulenc.

Nach einer deutlichen Verringerung der bestockten Anbaufläche im 19. Jahrhundert hat sich das Anbaugebiet des Rhônetals erneut ausgedehnt und vergrößert sich noch weiter. Es umfaßt insgesamt 67 851 ha, die in mehr als 160 Gemarkungen liegen ; die Produktion beträgt durchschnittlich 3 Mio. hl pro Jahr. Fast 50% davon werden im nördlichen Teil vom Weinhandel auf den Markt gebracht, während im südlichen Teil 70% von Genossenschaften verkauft werden.

Was gibt es Neues aus dem Tal der Rhône ?

Begrenzte Frostschäden am 19., 20. und 21. April 1991 ; stärker betroffen waren nur wenige Gebiete (Côtes du Ventoux, Lubéron). Dennoch verzögerte sich bei der Grenacherebe die Reifung ; außerdem kam es zum Verrieseln. Heftige Gewitterregen am 29. und 30. Juli verhinderten in diesem Weinbaubereich das Drama einer Dürre. Gegenüber 1990 ist die Ernte um etwa ein Viertel zurückgegangen, wobei es große Unterschiede zwischen den einzelnen Gebieten gab. Allgemein liegt der Säuregehalt der 91er Weine über dem Durchschnitt, während der Tanningehalt und die Farbkraft geringer sind. Weiß- und Roséweine vertragen diese Säure, die ihnen einen lebhaften Charakter verleiht und sie alterungsfähig macht. Den Rotweinen mangelt es ein wenig an Körper, was sie durch Finesse wettmachen müssen. Der Jahrgang 1991 besitzt aufgrund der zwar angenehmen, aber oft leichten Struktur seiner Weine keine lange und gute Lagerfähigkeit.
Der Markt stützt sich ziemlich stark auf die vertraute französische Kundschaft. Die Exporte machen weniger als ein Viertel der Gesamtverkäufe aus ; sie sind 1991 um etwa 3% zurückgegangen, haben sich aber im Hinblick auf die EG um 1% erhöht.
Die niederländische Gruppes General Beverage Europe B.V. beteiligt sich mit knapp 10% an der Gesellschaft Berger, die vor allem die Firmen Malbec, Bessac und Ogier in den Appellationen Côtes du Rhône und Châteauneuf-du-Pape besitzt. Die Berufsverbände der Weinbranche des Rhônetals verfügen über einen neuen Sitz, nachdem ein neues »Maison des Vins« geschaffen worden ist : Hôtel du Marquis de Rochegude in Avignon. Die Genossenschaft der Clairette de Die erweitert ihr Absatznetz durch die Gründung von zwei Vermarktungsgesellschaften : Cellier Hannibal für Privatkunden (über Bestellungen) und Sud-Est-Appellations zusammen mit den Genossenschaften von Gigondas und der Enclave des Papes sowie Crédit Agricole, IDIA und Crédit Lyonnais.

TAL DER RHONE

Das Comité Interprofessionnel der Weine der Côtes du Rhône hat außerdem die Gründung einer Forschungsgruppe angekündigt (Groupement d'Intérêt Scientifique). Noch ein Wort zur Lese 1992, die sich bei unserer Drucklegung abzeichnet : ein Jahrgang mit relativ frühzeitiger und langer Blüte, gefolgt von besorgniserregenden Regenfällen für den Gesundheitszustand der Trauben (falscher und echter Mehltau, Verrieseln). Diesmal erhofft man ein wenig Trockenheit ...

Côtes du Rhône

Die 1937 durch Dekret geschaffene regionale Appellation Côtes du Rhône erstreckt sich auf sechs Departements : Gard, Ardèche, Drôme, Vaucluse, Loire und Rhône. In einem 40 837 ha großen Anbaugebiet, das fast den gesamten südlichen Teil des Weinbaubereichs umfaßt, werden 2,1 Mio. hl erzeugt.

Dank der unterschiedlichen Mikroklimata und der Vielfalt der Böden und Rebsorten bringen diese Anbaugebiete Weine für jeden Geschmack hervor. Die lagerfähigen Rotweine, die reich, tanninhaltig und alkoholreich sind, passen zu rotem Fleisch ; sie werden in den wärmsten Zonen auf Böden mit Ablagerungen alpiner Flüsse erzeugt (Domazan, Estezargues, Courthézon, Orange etc.). Die leichteren Rotweine, die fruchtiger und nerviger ausfallen, stammen von weniger schweren Böden (Puymeras, Nyons, Sabran, Bourg-Saint-Andéol etc.). Immer beliebter werden die fruchtigen, vollmundigen »Primeuer« -Weine, die man vom dritten Donnerstag im November an zu weißem Fleisch oder Wurstgerichten trinkt.

Die Wärme und die sommerliche Trockenheit verleihen den Weiß- und Roséweinen einen hohen Alkoholgehalt und eine geringe Säure. Die Fortschritte bei der Vinifizierungstechnik machen es möglich, aus den Trauben ein Höchstmaß an Aroma herauszuziehen und frische, feine Weine herzustellen. Die Nachfrage nach ihnen steigt kontinuierlich. Man serviert sie zu Meeresfischen bzw. zu Salaten oder Wurstgerichten.

DOM. DES AMOUREUSES 1988

| | 4 ha | 10 000 | ◀▯ ☑ 2 |

Die Liebespaare aus der Umgebung kamen hierher, um ihre Lippen mit dem Wasser aus der Quelle der »Verliebten« zu benetzen, bevor sie den ersten Kuß austauschten. Dieser 88er befindet sich noch mehr in seiner jugendlichen Erregung. Er ist ziegelrot und entwickelt und denkt eher an eine Heirat. Seine Geschmeidigkeit, sein Alkoholreichtum und sein würziges Vanillearoma im Abgang beweisen, daß er gut altern kann.
↰ EARL Dom. Grangaud, Chem. de Vinsas, 07700 Bourg-Saint-Andéol, Tel. 75.54.51.85 ⍓ n. V.

DOM. DES AMOURIERS 1990*

| | 2,3 ha | 15 000 | ▮ ☑ 2 |

Die »Amouriers« verdanken ihren Namen den Brombeerhecken, die hier die grünen Eichen umgaben, bevor 1940 das Gut entstand. 20 ha Rebflächen auf dem Gebiet von Vacqueyras und Sarrians. Dieser sehr fruchtige Wein ist durch Finesse gekennzeichnet. Die ganze aromatische Palette kommt zum Vorschein : Kirschen, schwarze Johannisbeeren und Erdbeeren. Ein ausgezeichneter, sehr einladender Wein.
↰ Jocelyn Chudzikiewicz, Dom. des Amouriers, 84260 Les Garrigues, Tel. 90.65.83.22 ⍓ n. V.

RESERVE DES ARMOIRIES 1990

| | 420 ha 2 800 000 | ▮↓☑ 1 |

Die Genossenschaft befindet sich nicht weit vom Pont du Gard entfernt. Dieser äußerst süffige 90er entfaltet ein fruchtiges Aroma, das sich im Geschmack fortsetzt. Die Tannine ähneln den glatten Kieselsteinen im Fluß. Erwähnen sollte man außerdem die reizvolle 89er »Cuvée des Aulières«.
↰ Les Vignerons de Saint-Hilaire-d'Ozilhan, 30210 Saint-Hilaire-d'Ozilhan, Tel. 66.37.16.47 ⍓ n. V.

JEAN BARONNAT 1991*

| | k.A. | k.A. | ▮ ☑ 1 |

Dieser sympathische 91er wird von einem Weinhändler aus dem Beaujolais vorgestellt, der die guten Adressen im Rhônetal kennt. Sein Aroma erinnert im Duft an Kirschen und im Geschmack an rote Johannisbeeren. Der Curé Ponosse aus *Clochemerle* wäre hier mit seinem Latein am Ende.
↰ Jean Baronnat, Les Bruyères, rte de Lacenas, 69400 Gleizé, Tel. 74.68.59.20 ⍓ n. V.

BARONNIE DE SABRAN 1991

◩ | 20 ha | 80 000 | ▮↓☑❶

Eine sehr hübsche Farbe, die etwas an Kirschen im Mai erinnert. Anregendes Bukett und voller Erdbeergeschmack. Ein süffiger, durstlöschender Wein.
🔸 Cave des Quatre Chemins, Le Serre-de-Bernon, 30290 Laudun, Tel. 66.82.00.22
🍷 Mo-Sa 8h-12h 14h-18h

CH. DE BEAULIEU Cuvée prestige 1990*

■ | 4 ha | 20 000 | ▮↓☑❷

Beaulieu, ein altes Gut, das früher im Besitz der holländischen Krone und später der französischen Krone war, ist auch der Name eines berühmten Gutes im kalifornischen Napa Valley. Wir haben die beiden vorgestellten Weine probiert, in erster Linie die »Cuvée Prestige«. Ein hervorragender Wein : voll, gut gebaut und würzig. Im Abgang enthüllt er eine etwas trocknende Note, aber dies dürfte sich mit dem Alter geben.
🔸 SCEA Merle et Fils, Ch. de Beaulieu, rte de Sérignan, 84100 Orange, Tel. 90.34.07.11 🍷 n. V.

DOM. BEAU MISTRAL
Réserve Gastronomique 1990*

■ | 5 ha | k.A. | ▮↓☑❶

Wenn man seinen Duft einatmet, denkt man an steile Kalksteinhänge am Rande des Rhônetals. An den angenehmen Duft der geweihten Buchsbaumzweige am Palmsonntag. Bei diesem Wein gerät man ins Träumen. Der Geschmack ist ebenfalls schön : ein Hauch von Kakao, aber ziemlich trockene Tannine.
🔸 Jean-Marc Brun, Dom. Beau Mistral, 84110 Rasteau, Tel. 90.46.10.80 🍷 tägl. 8h-12h 13h30-19h
🔸 Roger Brun

DOM. DE BEAURENARD 1991

◩ | 2 ha | 10 000 | ▮↓☑❷

Das Gut wechselte 1980 den Besitzer. Ein Rosé, der im Aussehen, im Geruch und im Geschmack gefällig ist. Die Farbe ist leicht, der Duft eher blumig. Der Geschmack ist ziemlich lebhaft, aber trotzdem geschmeidig. Er wird durch einen Hauch von Kohlensäure geprägt, der zu seiner Präsenz beiträgt.
🔸 Paul Coulon et Fils, Dom. de Beaurenard, 84230 Châteauneuf-du-Pape, Tel. 90.83.71.79
🍷 tägl. 8h-12h 13h30-18h

CH. BELAIR-LAFAGE 1991*

■ | k.A. | k.A. | ▮↓☑❶

Dieser junge Winzer besitzt ein recht hübsches Château. Sein dunkelroter Wein ist ausdrucksstark und komplex und entfaltet ein reichhaltiges Aroma, das von Veilchen über Unterholz und Tiergeruch bis zu Trüffeln reicht.
🔸 Robert de La Fage, Ch. Belair-Lafage, 30130 Saint-Alexandre, Tel. 66.39.38.40

DOM. JEAN-PAUL BENOIT 1990*

■ | 6 ha | k.A. | ▮�↓☑❷

»Je höher das Hindernis, desto größer mein Eifer« , heißt es auf dem Wappen, das dieses Etikett schmückt. Das ehemalige Gut des Reichsgrafen von Hust hat nichts von seinem Ehrgeiz aufgegeben. Der Duft hat etwas Adliges an sich. Der Geschmack besitzt eine natürliche Eleganz. Ein Hauch von Lakritzearoma. Ziemlich geschmeidig.
🔸 Jean-Paul Benoit, 584, Plateau de Campbeau, 84470 Châteauneuf-de-Gadagne, Tel. 90.22.29.76
🍷 n. V.

DOM. BERTHET-RAYNE 1990

■ | 2 ha | k.A. | ▮↓☑❶

Haben Sie *La Nuit de l'Iguane* gelesen ? Das ist ganz die Atmosphäre dieses sinnlichen, feurigen Weins, dessen Duft tierische und pflanzliche Noten enthält. Ein rauher Geschmack, der noch weit von seiner vollen Entfaltung entfernt ist.
🔸 Christian Berthet-Rayne, Les Sinards, 84350 Courthézon, Tel. 90.70.74.14 🍷 Mo-Sa 8h-19h

CH. DU BOIS DE LA GARDE 1990

■ | 60.3 ha | 300 000 | ▮◑▯↓☑❶

Die kaiserliche Garde soll einmal auf diesem Gut übernachtet haben. Zweifellos, um neue Kräfte zu schöpfen ! Erweisen wir dem Kaiserreich unsere Ehrenbezeigung, indem wir diesen Wein probieren, dessen Trauben in der heißen Sonne gereift sind und der den typischen Duft von zerdrückten roten Früchten bewahrt hat. Ein liebenswerter 1990 mit angenehmer Gerbsäure.
🔸 SCEA Ch. des Fines Roches et Ch. du Bois de la Garde, 1, av. Baron-le-Roy, 84230 Châteauneuf-du-Pape, Tel. 90.83.73.10 🍷 Do-Di 9h-19h
🔸 C. Barrot

DOM. DU BOIS DE SAINT JEAN 1990

■ | 10 ha | 5 000 | ▮↓☑❶

Ein Ahne dieser Familie war 1971 Kommissar der Republik. Kurz vor dem 20. Jahrestag dieses Ereignisses hier ein 90er, der im Gaumen einige leichte, geschmeidige und verhaltene Tanzschritte vollführt. Ein gewisses Entwicklungsaroma mit einem Hauch von Humus.
🔸 Vincent Anglès, Dom. du Bois de Saint Jean, 84450 Jonquerettes, Tel. 90.22.53.22 🍷 tägl.

DOM. DU BOIS NOIR 1990

■ | 15 ha | 50 000 | ▮❶

Einige Weine haben Geist, andere Humor. Dieser hier beispielsweise : Er ist amüsant und leicht, duftet nach Erdbeeren und schwarzen Johannisbeeren und entfaltet einen zarten, köstlichen Geschmack. Angenehm süffig.
🔸 Jean-Pierre Estève, Dom. du Bois Noir, 26790 Baume-de-Transit, Tel. 75.98.11.02 🍷 n. V.

DOM. BOISSON 1991

■ | 3 ha | 17 000 | ▮↓☑❶

Glauben Sie der Erfahrung von Chantal Lecouty, die *Madame et les Vins* geschrieben hat : Wurst und Landschinken passen wunderbar zu einem jungen Côtes du Rhône wie diesem hier ! Ein buketreicher Wein, der rund wie ein Kieselstein ist und sich nicht mit einem langen Vorspiel aufhält, um Sie zu besänftigen.
🔸 Régis Boisson, Le Grand Vallat, 84290 Cairanne, Tel. 90.30.70.01 🍷 n. V.

DOM. BOUCHE L'amandier 1990 *

■   3 ha   20 000   ▮↓✓▮**1**

Stellen Sie sich malvenfarbene Reflexe auf einem strahlenden, sehr dunklen roten Kleid vor ! Ein Duft von Lakritze ruft Erinnerungen an die Kindheit wach. An die Schachtel mit Süßigkeiten, die im Schulranzen steckte. Ein offenherziger, tiefer Geschmack mit Tanninen, die wie steinerne Löwen wachen und leicht erschaudern, wenn man sie streichelt. So ist es mit diesem Wein.

🍷 Dom. Bouche, chem. d'Avignon, 84850 Camaret, Tel. 90.37.27.19 ☎ n. V.

DOM. BOURCHET 1990 *

■   0,9 ha   3 000   ◑▮✓▮**1**

Grenache und Syrah, Kaffee und Himbeeren, all das ist hier paarweise vertreten. Ein eleganter, runder Wein, der sich danach drängt, Ihnen zu gefallen und kaum mehr warten kann.

🍷 Dom. Bourchet, GAEC du Cartier, 84850 Travaillan, Tel. 90.37.20.15 ☎ n. V.

CH. DE BOURDINES 1990 *

■   27 ha   6 000   ▮↓✓**2**

Die Päpste kamen hierher, um hier im Sommer Ferien zu machen, wenn es ihnen in Avignon zu heiß erschien. Sie mußten sich nicht scheuen, diesen Landwein zu trinken, der nach Thymian, Rosmarin und feinen Gewürzen duftet. Der zarte Bau, das feine Bukett und das Gefühl vom rechte Maß – dieser 90er könnte einen Sitz unter den Kardinälen haben, und man würde auf seine Stimme hören.

🍷 Gérard Baroux, Ch. de Bourdines, 84700 Sorgues, Tel. 90.83.36.77 ☎ n. V.

BREZEME Cuvée du Grand Chêne 1989

■   1,4 ha   8 000   ▮↓✓**2**

Brézème, eine Reblage der Côtes du Rhône, die sich weder im Norden noch im Süden befindet. Ein reinsortiger Syrah, der im Eichenholzfaß ausgebaut worden ist. Erstklassiges Traubengut, aber man muß diesen kräftigen Holzton mögen.

🍷 Jean-Marie Lombard, Quartier Piquet, 26250 Livron-sur-Drôme, Tel. 75.61.64.90 ☎ n. V.

CH. CABRIERES 1990 *

■   1,15 ha   6 000   ▮↓✓▮**1**

Eine alte Familie, die schon immer mit dem Weinbau und dem Küferhandwerk in Châteauneuf-du-Pape verbunden ist und so klug war, ihre Beziehungen zum Vatikan zu bewahren. Ihr 90er erinnert an vollreife, leicht zerdrückte rote Früchte. Genießen Sie diese Nuance ! Ausgewogener Körper mit dezenten, aber spürbaren Tanninen.

🍷 SCEA Ch. Cabrières, rte d'Orange, CD 68, 84230 Châteauneuf-du-Pape, Tel. 90.83.73.58 ☎ n. V.

🍷 Louis Arnaud et ses enfants

CAVE DE CAIRANNE 1991 *

◪   50 ha   260 000   ▮↓✓▮**1**

Ein Duft von Rosenblättern umfängt die Nase. Wenn man das Glas ins Licht hält, erscheint der Wein lachsrosa. Gute Finesse, wenn man den Wein im Gaumen vor- und zurückgleiten läßt. Paßt zu einem Teller mit Wurstgerichten.

🍷 Cave des Coteaux à Cairanne, 84290 Cairanne, Tel. 90.30.82.05 ☎ n. V.

DOM. DES CALVINES 1991

□   k.A.   6 000   ▮↓**2**

Strohgelbe Farbe. Dieser 91er zeigt sich im Duft nicht sehr gesprächig. Dennoch erweist er sich als rund und ehrlich, gut gestützt durch seine Säure.

🍷 Eugène Malbec, av. Louis-Boudin, 84800 Isle-sur-Sorgue, Tel. 90.20.70.44

🍷 Bruno et Hervé Laffuite

DOM. DE CASTELAS 1990

■   35 ha   150 000   ▮↓**2**

Ein Kaninbraten dürfte das Richtige sein für diese Cuvée aus vier Rebsorten, die aus einem sehr steinigen Anbaugebiet stammen. Das Aroma erinnert an Kaffee und Früchte, die überreif am Baum hängengeblieben sind. Eine hervorragende Medizin gegen den Durst.

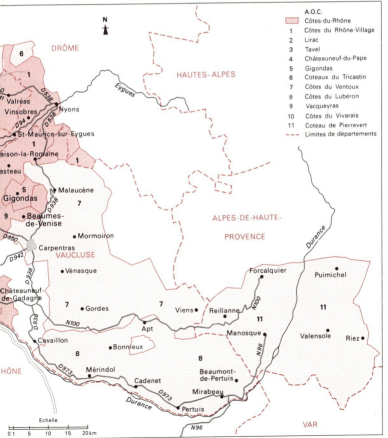

➊ Pierre André, Ch. de Corton André, 21420 Aloxe-Corton, Tel. 80.26.44.25 ⵏ tägl.10h-18h

DOM. CHAMFORT 1991

▨   0,5 ha   3 400   ⵏ↓⍀②

Der Schriftsteller Jean Raspail hat sich in diesem Keller betätigt. Sollte er diesen Wein getrunken haben, so hätte er einen leichten Duft von schwarzen Johannisbeeren wahrnehmen und einen angenehmen Kompromiß zwischen Fülle und Frische feststellen können. Dabei hätte er darüber nachsinnen können, daß der König von Patagonien, dessen Geschichte er schrieb, ihn gern zum Essen getrunken hätte.
➊ Denis Chamfort, Quartier La Pause, 84110 Sablet, Tel. 90.46.95.95 ⵏ n. V.

DOM. CHAMFORT 1989

■   3,8 ha   20 000   ⵏ↓⍀❶

»Das ist ehrlich gemeint, sagte Bérurier, als er in einem Ort namens San Antonio einen Wein probierte. Was für ein schöner Jahrgang! Daran sieht man, daß der liebe Gott nicht ganz so gemein ist, wie man immer glaubt.« Dasselbe

könnte man hier sagen. Dunkle, samtige Farbe, Duft von Farn und Humus, robust und dennoch ausgewogen. Ein guter Wein.
➊ Denis Chamfort, Quartier La Pause, 84110 Sablet, Tel. 90.46.95.95 ⵏ n. V.

DOM. DE COSTE CLAVELLE 1990

■   2 ha   8 000   ⵏ↓❷

Auf dem Hügel von Renjarde, einem der ersten Ausläufer der Voralpen im Gebiet von Die liegt ein Gut, das sich vor allem seit 1968 entwickelt hat. Grenache, Syrah und Cinsault liefern einen dunkelroten Wein, der gut gebaut und ausgewogen ist. Der Duft erinnert an Lakritze und – so die Meinung eines unserer Juroren – Kautschuk.
➊ Albert Dailly, 265, rue du Beaujolais, 69830 Saint-Georges-de-Reneins, Tel. 74.67.67.68 ⵏ Mo-Fr 9h-12h 14h-17h
➊ Dom. Renjarde

DOM. CROS DE LA MURE 1990

■   2,5 ha   5 000   ⵏ⍀❶

Eric Michel ist Önologe. Grenache und Syrah ergänzen sich hier. Noten von Kaffee und Lebkuchen. Ein solcher Wein wird bisweilen als guter Hausschoppen bezeichnet.

🖙 GAEC Michel et Fils, Dom. Cros de la Mure, Hameau de Derboux, 84430 Mondragon, Tel. 90.30.12.40 ⏳ n. V.

🖙 Georges Michel

DOM. DE DIEUMERCY 1990

■　　　　75 ha　520 000　　🍴⬇🔟

Die exakten Maße eines ehrlichen Côtes du Rhône, mit etwas breiten Schultern und schmaler Taille, feiner und zarter Silhouette. Auf den Lippen hinterläßt er einen Himbeerduft. Genießen Sie ihn jetzt : Die Jugend dauert nicht ewig !

🖙 SCEA des Dom. Jack Meffre et Fils, 84190 Gigondas, Tel. 90.65.85.32

CAVE D' ESTEZARGUES 1990*

■　　　250 ha　40 000　　🍴⬇🗹

Diese Genossenschaftskellerei arbeitet sehr gut. Sie kombiniert Trauben verschiedener Anbaugebiete und gewinnt daraus die Essenz. An diesem Wein wird man den Veilchenduft, das fruchtig-würzigen Aroma und die instinktive Note mögen. Er langweilt sich im Keller und träumt davon, getrunken zu werden.

🖙 Cave des Vignerons d' Estézargues, 30390 Estézargues, Tel. 66.57.03.64 ⏳ Mo-Sa 8h-12h 14h-18h

LES VIGNERONS D' ESTEZARGUES 1991*

▨　　　　5 ha　25 000　　🍴⬇🗹🔟

Grenache und Syrah ergeben hier einen Rosé, dessen klare, deutliche Farbe lachsrosa Reflexe aufweist. Ein sehr gefälliger, trinkreifer Wein, der ein reizvolles Aroma von püriertem Erdbeeren und einen fruchtigen, runden und sympathischen Geschmack besitzt. Probieren Sie ihn zu einem Fischgericht mit Sauce, damit er sein Feuer enthüllen kann.

🖙 Cave des Vignerons d' Estézargues, 30390 Estézargues, Tel. 66.57.03.64 ⏳ Mo-Sa 8h-12h 14h-18h

DOM. ESTOURNEL 1990*

■　　　10 ha　20 000　　🍴⬇🗹🔟

Innerhalb von nicht einmal zwanzig Jahren hat sich dieses Gut von 6 auf 23 ha vergrößert. Ohne dabei die Qualität zu vernachlässigen, wie dieser sehr charaktervolle 90er beweist. Er ist sehr reif, konzentriert, auf seine Tannine gestützt. Ein rauher Bursche, der im Abgang in Branntwein eingelegte Kirschen enthüllt, als wäre es nicht schon genug gewesen !

🖙 Rémy Estournel, 13, rue de Plaineautier, 30290 Saint-Victor-la-Coste, Tel. 66.50.01.73 ⏳ n. V.

DOM. ESTOURNEL 1991*

▨　　　　2 ha　3 000　　🍴⬇🗹🔟

Wenn Sie das Dorf Saint-Victor-la-Coste nicht kennen, sollten Sie es nicht versäumen, einen Umweg hierher zu machen. Ein wunderschöner Ort ! Grenache und Cinsault harmonieren miteinander, wie Blumen und Früchte. Sie ergeben einen feinen, eleganten und wohlausgewogenen

Wein, der beweist, daß dieses Gut immer bemüht ist, Qualität zu erzeugen.

🖙 Rémy Estournel, 13, rue de Plaineautier, 30290 Saint-Victor-la-Coste, Tel. 66.50.01.73 ⏳ n. V.

CH. DE GALLIFFET 1988

■　　　1,6 ha　10 000　　⅏⬇🗹🔢

Viel Grenache und ein wenig Syrah sind in diesem Wein vertreten, den der Großmeister der Commanderie des Costes du Rhône erzeugt hat. Die leicht entwickelte Farbe weist auf das Alter dieser Cuvée hin. Neues Holzfaß und eingemachte Früchte, nicht sehr große Dichte, aber ein liebenswertes Aroma und ein gelungener Abgang.

🖙 Max Aubert, Dom. de La Présidente, 84290 Sainte-Cécile-les-Vignes, Tel. 90.30.80.34 ⏳ n. V.

GOBET 1990

▢　　　　k.A.　5 000　　🍴⬇🔟

Zu diesem Wein sollte man Aalragout essen. Diskrete Farbe, leichtes Honigaroma. Ein 90er mit eher impulsivem Temperament, der rasch seine Grenzen erreicht.

🖙 Gobet, 69460 Blaceret, Tel. 74.67.54.57 ⏳ n. V.

DOM. DU GOURGET Clairette 1991

▢　　　0,37 ha　k.A.　　🍴🗹🔢

Cassius Severanus, Verwalter von Probus für die Provinz Gallia Narbonensis, regierte hier im 3. Jh. auch über die Rebflächen. Woher man das weiß ? Sein Sohn wurde hier bestattet. Außerdem befindet sich im Museum von Saint-Germain-en-Laye eine Bacchusstatue, die man in Rochegude gefunden hat. Dieser liebenswürdige Clairette umfängt uns mit seinem Honigduft, seiner Fülle und seiner Rundheit, die nach zärtlicher Liebkosung verlangen. Aber der Kontakt ist nicht sehr lang.

🖙 Tourtin-Sansone, Dom. du Gourget, 26790 Rochegude, Tel. 75.04.80.35 ⏳ n. V.

DOM. DU GOURGET
Réserve Rochetour 1990

■　　　3,07 ha　21 000　　⅏🗹🔢

Dieser Wein könnte die Hauptfigur in einem Roman von Maurice Genevoix oder von Paul Vialar sein. Er besitzt feuerrote Backen und kehrt gerade von der Jagd zurück, wie der Geruch von Laub und Gestrüpp zeigt. Die Schritte sind schwer, aber das Herz ist frohgestimmt.

🖙 Tourtin-Sansone, Dom. du Gourget, 26790 Rochegude, Tel. 75.04.80.35 ⏳ n. V.

CH. DU GRAND MOULAS 1990

■　　　15 ha　100 000　　🍴⬇🗹🔟

Drei Generationen lang hat diese Familie in Algerien Wein angebaut. Die vierte Generation hat hier die angenehm steinigen Böden urbar gemacht und erneut Reben angepflanzt. Das Blut, das in seinen Adern fließt, stammt hauptsächlich von Syrahtrauben. Ein Hühnerfrikassee dürfte mit dem recht maßvollen Temperament dieses Weins gut harmonieren : sehr fruchtig (Kirschen und schwarze Johannisbeeren), ziemlich zart, perfekte Beherrschung seiner Tannine.

🕊 Marc Ryckwaert, Ch. du Grand Moulas, 84550 Mornas, Tel. 90.37.00.13 ⚲ n. V.

DOM. DES GRANDS DEVERS
Enclave des Papes 1990*

| ■ | 3 ha | 20 000 | 🔳🆅🟥1 |

Zwei sympathische alte Gebäude und Keller aus dem Jahre 1979. 75% Grenache, der Rest Syrah. Er besitzt die Nase von Kleopatra, aber sein betäubender Duft ist zweifellos ein Geschenk ihres römischen Liebhabers. Himbeeren und Erika, das klingt nicht gerade nach Ägypten. Rundheit, Fülle und Nachhaltigkeit, das alles ist wunderbar sinnlich, aber es fehlt ihm etwas an Struktur.

🕊 Dom. des Grands Devers, 84600 Valréas, Tel. 90.35.15.98 ⚲ n. V.
🕊 René Sinard

DOM. DU GRAND VAUCROZE 1990

| ■ | 12 ha | k.A. | 🔳🆅 |

Schmale Unterschenkel, geschmeidige Oberschenkel, flacher Bauch, biegsamer Rücken – ein Wein, der Aerobic betrieben hat. Er scheint ein Produkt von Jane Fonda zu sein. Er ist in Hochform, einsatzbereit, mit einem zauberhaften Duft von zerdrückten Erdbeeren.

🕊 Dom. Fabrice Mousset, Ch. des Fines Roches, 84230 Châteauneuf-du-Pape, Tel. 90.83.50.05 ⚲ Do-Di 10h-19h

DOM. GRAND VENEUR 1991*

| □ | 1 ha | 1 600 | 🔳🆅3 |

Schon beim Riechen erkennt man den reinsortigen Viognier. Das Aroma ist stark durch die Rebsorte geprägt : Pfirsich- und Aprikosennoten. Es mangelt ihm ein wenig an Lebhaftigkeit, aber er zeigt sich rund und voll.

🕊 Alain Jaume, rte de Châteauneuf-du-Pape, 84100 Orange, Tel. 90.34.68.70 ⚲ n. V.

CH. D' HUGUES Traditionnel 1991*

| ■ | 1,3 ha | 7 500 | 🔳🆅1 |

Die Trauben dieses 1869 von der Familie Pradier übernommenen Gutes, sind lange Zeit von einer Genossenschaft vinifiziert worden. 1988 haben sich Sylviane und Bernard entschlossen, ihren Wein selbst herzustellen, und für ihren Versuch sofort eine besondere Empfehlung geerntet (in unserem Weinführer, Ausgabe 1991). Der 91er ist recht gelungen. Der ebenfalls verkostete 89er wird den Liebhabern sehr reifer Weine zusagen.

🕊 Bernard et Sylviane Pradier, Ch. d'Hugues, 84100 Uchaux, Tel. 90.70.06.27 ⚲ n. V.

CH. D' HUGUES 1991

| ◪ | 0,3 ha | 2 000 | 🔳🆅1 |

Erinnern Sie sich an die früheren Fronleichnamsprozessionen, als auf dem ganzen Weg verblühte Rosenblätter ausgestreut wurden ? Nun, das ist der Duft dieses Roséweins, der sehr stark an das Jesuskind erinnert. Lachsrosa Gewand und lebhafter, aber etwas kurzer Gesang.

🕊 Bernard et Sylviane Pradier, Ch. d'Hugues, 84100 Uchaux, Tel. 90.70.06.27 ⚲ n. V.

CLAUDE ET NICOLE JAUME 1991

| □ | 2 ha | 8 000 | 🔳🆅1 |

Vinsobres hat nicht das Gesetz Evin beachtet, den Konsumenten zu vernünftiger Mäßigung anzuhalten. »Vini sober« , verkündet das Etikett dieses Weißweins mit der kräftigen Farbe, dem etwas rauchigen Duft und dem leichten, fruchtigen Geschmack.

🕊 GAEC Cave C. et N. Jaume, rue Reynarde, 26110 Vinsobres, Tel. 75.27.61.01 ⚲ Mo-Sa 7h30-12h 13h-19h30

DOM. DES JONQUIERS 1990

| ■ | k.A. | 12 000 | 🔳2 |

Erinnern Sie sich an den Duft von Brombeerenkonfitüre ? Denken Sie nach ! Am einfachsten ist es, die Nase über diesen 90er zu halten, der robust und dennoch sehr geschmeidig, vornehm und fein ist. Man kann ihn schon jetzt trinken. Am besten zu einem Rehschlegel, denn er besitzt nicht gerade den bescheidensten Geschmack ...

🕊 Eugène Malbec, av. Louis-Boudin, 84800 Isle-sur-Sorgue, Tel. 90.20.70.44

LA BASTIDE SAINT DOMINIQUE
Cuvée sélection 1990*

| ■ | 10 ha | 20 000 | 🔳🆅1 |

Diese Bastide, die ihr heutiger Besitzer vor 15 Jahren kaufte, erzeugt einen feinen, konzentrierten 90er aus Grenachetrauben. Einige Jahre Lagerung flößen ihm keine Furcht ein. Er besitzt nämlich alle Qualitäten eines guten, alterungsfähigen Weins.

🕊 Gérard Bonnet, La Bastide Saint Dominique, 84350 Courthézon, Tel. 90.70.85.32 ⚲ tägl. 9h-12h 14h-18h

LA BASTIDE SAINT-VINCENT 1991

| ◪ | 1 ha | 4 000 | 🔳🆅1 |

Die Bastide Saint-Vincent tauchte 1810 auf dem Flurplan dieser Gemeinde auf. Heute ist sie von einem 18 ha großen Anbaugebiet umgeben. Ein hauptsächlich aus Mourvèdre- und Grenachetrauben erzeugter Wein. Die Farbe erinnert an einen Granatapfel. Der Duft wirkt etwas künstlich. Im Abgang entdeckt man so etwas wie einen leichten Geschmack von roten Früchten. Frisch und lebhaft, durchaus leicht gemacht.

🕊 Guy Daniel, rte de Vaison-la-Romaine, 84150 Violès, Tel. 90.70.94.13 ⚲ tägl. 8h-19h

DOM. LA CHARADE 1990**

| ■ | 22 ha | k.A. | 🆅2 |

Die Domaine La Charade ist ein vom Himmel verwöhntes Gut. Denn sie entzückt uns mit einem herrlichen Wein mit komplexem Bukett und perfekt gemeistertem Ausbau im Holzfaß. Eine andere, etwas billigere Cuvée, die nicht im Faß ausgebaut wurde, ist ebenfalls sehr duftig, angenehm und rund.

🕊 GAEC Jullien, Dom. La Charade, 30760 Saint-Julien-de-Peyrolas, Tel. 66.82.18.21 ⚲ n. V.

DOM. DE LA CHARITE 1991

| □ | 1,5 ha | 6 500 | 🔳🆅1 |

Gezielte Wohltätigkeit beginnt bei sich selbst. Trinken wir also diesen Wein und denken wir an die »armen Vorübergehenden« , die hier ein

Hospital früher aufnahm. Ein 91er mit einer glanzhellen, gelb schimmernden Farbe und einem blumigen Duft, der eine gute Ausgewogenheit zwischen Alkohol und Säure besitzt. Frische garantiert.

🛏 GAEC Valentin-Coste, 5, chem. des Issarts, 30650 Saze, Tel. 90.31.73.55 ⍙ n. V.

DOM. DE LA CHARITE 1990

■	k.A.	25 000	🍷 Ⅴ 🔟

Man sollte bis 1993 warten, um diesen karminroten Wein zu probieren, der kraftvoll und wild ist. Er ist auf der Suche nach seiner Ausgewogenheit, aber ganz und gar fähig, sie zu finden. Noten von Trüffeln und Gewürzen.

🛏 GAEC Valentin-Coste, 5, chem. des Issarts, 30650 Saze, Tel. 90.31.73.55 ⍙ n. V.

DOM. DE LA CHARTREUSE DE VALBONNE
Cuvée de La Font des Dames 1990*

■	2 ha	12 000	🍷 ↓ Ⅴ 🔟

Die Kartäuser von Valbonne mußten 1901 ihre 17 ha Rebflächen mit Pinot-Noir-Reben auf eine staatliche Verfügung hin aufgeben. Es gäbe hier nur noch Ruinen, wenn nicht Pastor Ph. Delord 1926 dieses Gut erworben hätte, um hier ein Pflegeheim für Tropenkrankheiten einzurichten. Dieses Werk wird in humanem Geist fortgeführt. Der Wein, heute Grenache und Syrah, trägt zu dieser brüderlichen Gesinnung bei. Eine schöne »Cuvée de La Font des Dames« , komplex und harmonisch im Geschmack.

🛏 A.S.V.M.T. La Chartreuse de Valbonne, 30130 Saint-Paulet-de-Caisson, Tel. 66.82.79.32 ⍙ n. V.

DOM. DE LA CROZE 1991

□	1 ha	4 000	🍷 ↓ Ⅴ 🔟

Ein Weißwein aus mehreren Rebsorten. Reizvoller Kompromiß zwischen frischem Geschmack und intensivem Duft. Klassisches Bukett (Bienenwachs, Weißdorn, Ginster) und gute Ausgewogenheit. Angenehmer Gesamteindruck.

🛏 Françoise Granier, 6, Cours Bridaine, 30150 Roquemaure, Tel. 66.82.56.73 ⍙ n. V.

CAVE LA GAILLARDE 1990

■	k.A.	20 000	🍷 ↓ Ⅴ 🔟

Diese 1928 geschaffene Genossenschaft stellt rund 100 000 hl her, davon 85% AOC-Weine. Dieser 90er befolgt den Grundsatz von Boileau : »Vermeiden Sie die fruchtlose Fülle dieser Verfasser und belasten Sie sich nicht mit nutzlosen Einzelheiten !« Seine karminrote Farbe, sein Duft von Kaffee und roten Johannisbeeren und seine elegante Struktur – alles ist schlicht und geschmackvoll. Zu einer Lammkeule aus der Enclave des Papes.

🛏 Coop. Vinicole La Gaillarde, B.P. 95, rte de Taulignan, 84602 Valréas, Tel. 90.35.00.66 ⍙ t.l.j. 9h-12h 14h30-19h

DOM. DE LA GRAND'RIBE 1990*

■	9 ha	60 000	🍷 ↓ Ⅴ 🔟

Confit aller Art paßt hervorragend zu diesem Wein, bei dem die Grenacherebe mit Syrah, Mourvèdre und Carignan kombiniert worden ist.

Ein samtroter, nach Brombeeren duftender 90er von bemerkenswerter Zartheit, der geschmeidig und lang zugleich ist.

🛏 Abel Sahuc, 84290 Sainte-Cécile-les-Vignes, Tel. 90.30.83.75 ⍙ Mo-Sa 10h-12h 14h30-19h

DOM. LA GRANGETTE SAINT-JOSEPH 1990

	18 ha	80 000	🍷 ↓ Ⅴ 🔢

Während die »Cuvée des Lauriers« sehr liebenswert und bereits reif erscheint, eröffnet dieser Wein ungeheure Perspektiven. Rote Bäckchen, animalischer Duft – ein enormer, körperreicher 90er, der tanninreich und strukturiert ist und lange altern kann.

🛏 Monique Tramier, La Grangette-Saint-Joseph, 84150 Violès, Tel. 90.70.92.12 ⍙ n. V.

DOM. DE LA GUICHARDE 1991*

□	3 ha	10 000	🍷 ↓ Ⅴ 🔢

Arnaud absolvierte seine Ausbildung in Kalifornien und Burgund und heiratete Isabelle, ESC Montpellier und Diplom in Suze-la-Rousse. Die Frucht ihrer gemeinsamen Liebe zum Wein ist ein sehr hübscher, goldgelber Weißwein, der im Duft an blühende Reben und Ginster und dann im Geschmack an exotische Früchte (auf die Grenachetrauben zurückzuführen) erinnert. Paßt zu einem guten Fisch.

🛏 Arnaud Guichard, Dom. de la Guicharde, Derboux, 84430 Mondragon, Tel. 90.30.17.84 ⍙ t.l.j. sf dim. 10h-19h

DOM. DE LA GUICHARDE 1990

■	3 ha	1 500	🍷🍷 ↓ Ⅴ 🔟

Ein Syrah, der sein »Blut« nicht mit anderen Trauben vermischen wollte. Mit seiner intensiven Farbe scheint er, frei und stolz, gerade von einem Waldspaziergang zurückzukommen, so sehr riecht er nach Farnkraut und Humus. Die Verkörperung der Leichtigkeit.

🛏 Arnaud Guichard, Dom. de la Guicharde, Derboux, 84430 Mondragon, Tel. 90.30.17.84 ⍙ Mo-Sa 10h-19h

DOM. DE LA JANASSE
Les Garrigues 1990

■	2 ha	5 000	🍷🍷 ↓ Ⅴ 🔟

Ein Anhänger des Bodybuilding. Beeindruckend breite Schultern, Muskeln so gewaltig wie Berge, aber läuft er dabei nicht Gefahr, seine Seele einzubüßen ? Dieser massige 90er vertraut seine einzige zärtliche Botschaft seinem Geschmack an, der eine Rosmarinnote enthüllt.

🛏 Aimé Sabon, 27, chem. du Moulin, 84350 Courthézon, Tel. 90.70.86.29 ⍙ n. V.

DOM. DE L'AMANDIER 1990*

■	12 ha	30 000	🍷 ↓ Ⅴ 🔟

Grenache, Syrah und Cinsault gehen hier ein Dreiecksverhältnis ein. Aus ihrer gemeinsamen Liebe geht dieser Côtes du Rhône hervor : sehr schöne rote, ins Violette spielende Farbe, fast verboten intensiver Beerenduft, voller und langer Geschmack im Schutz von sehr kräftigen Tanninen.

🛏 Georgette et Urbain Pagès, Dom. de l'Amandier, Carmes, 30200 Sabran, Tel. 66.79.09.10 ⍙ tägl. 8h-12h 13h-19h30

DOM. DE L'AMANDINE 1990*

■　　　　25 ha　100 000　📋↕☑1

Eine der angenehmen Überraschungen dieser Weinprobe : ein sehr blumiger Duft unter einem verlockenden Kleid mit violetten Reflexen. Geschmack von schwarzen Johannisbeeren. Ein erstaunlich frischer Eindruck und der ganze Enthusiasmus der Jugend.
🍇 J.-P. Verdeau et Fils, Quartier Bel-Air, 84110 Séguret, Tel. 90.46.12.39 ⚏ n. V.

DOM. LA MEREUILLE 1991

■　　　　11 ha　10 000　📋⑪↓☑

Das sehr reife Aroma erinnert fast an eingemachtes Obst : sicherlich originell, aber etwas rustikal. Elanvoller Geschmack ohne jegliche Aggressivität.
🍇 SCEA Dom. La Mereuille, Quartier Le Grès, 84100 Orange, Tel. 90.34.10.68 ⚏ n. V.
🍇 Michel Bouyer

DOM. DE LA MORDOREE 1990**

■　　　　17 ha　70 000　↓☑1

Der Wein des Gutes La Mordorée findet seinen Ausdruck natürlich in einer sehr schönen Farbe, die tief, intensiv, klar und sehr jugendlich ist. Das komplexe Bukett schwankt zwischen schwarzen Beeren und Gewürzen. Die Tannine scheinen von einem Diamantenschleifer aus Saint-Claude geschnitten zu sein. Tadelloser, perfekter Geschmack mit dem Aroma von reifen Früchten.
🍇 Dom. De La Mordorée, chem. des Oliviers, 30126 Tavel, Tel. 66.50.00.75 ⚏ n. V.
🍇 Delorme

DOM. DE LA REMEJEANNE
Les Arbousiers 1990**

■　　　　7,1 ha　50 000　📋↓☑1

Dieser Wein löst sich vom Hauptfeld und bietet perfekt die typischen Qualitäten der Appellation. Ein Wein, den man unbedingt probieren sollte. Gehört zur Spitzenklasse (im letzten Jahr haben wir den 89er besonders empfohlen).
🍇 Rémy Klein, Cadignac, 30200 Sabran, Tel. 66.89.44.51 ⚏ n. V.

DOM. DE LA REMEJEANNE 1991*

□　　　　1,1 ha　6 500　📋↓☑1

Im Vorjahr erhielt der Rotwein eine besondere Empfehlung von uns. Aber dieses Gut beherrscht die Weißweinherstellung ebensogut, wie dieser 91er beweist : feine, blaßgoldene Farbe, zartes Bukett, schöne Ansprache. Seine Klarheit bleibt noch im Nachgeschmack erhalten.
🍇 Rémy Klein, Cadignac, 30200 Sabran, Tel. 66.89.44.51 ⚏ n. V.

DOM. DE LA REMEJEANNE 1991

◩　　　　0,6 ha　4 000　📋↓☑1

Eine Familie, die aus Marokko heimgekehrt ist. Die Kleins leben hier seit 1961 und haben es in die Hand genommen, diesem Gut zu einem neuen Aufschwung zu verhelfen. Ein Rosé, der einen minderschweren Parcours fehlerlos bewältigt : blasse Farbe, leichte Frische. Ein Aperitif für den Sommer.
🍇 Rémy Klein, Cadignac, 30200 Sabran, Tel. 66.89.44.51 ⚏ n. V.

DOM. DE LA REYNARDE 1989

■　　　　7 ha　46 000　📋⑪☑1

Ein 1905 entstandenes Weingut, das seit 1963 einen Teil seiner Produktion in Flaschen verkauft. Dieser 89er mit der purpurvioletten Farbe riecht nach Raubtier. Aber das Animalische weiß sich in der Gesellschaft zu benehmen, denn es endet mit einer lieblicheren Veilchennote. Ziemlich säuerlich, lebhaft und impulsiv. Er kann ein mal ein burgundisches Rind aus seinem Schlaf auf dem Teller erwecken.
🍇 GAEC Cave C. et N. Jaume, rue Reynarde, 26110 Vinsobres, Tel. 75.27.61.01 ⚏ Mo-Sa 7h30-12h 13h-19h30

DOM. LA SOUMADE 1990*

■　　　　5 ha　15 000　📋↓☑

Seit 200 Jahren blickt diese Familie auf die Dentelles de Montmirail und den Ventoux am Horizont und bewirtschaftet ein Weingut in Rasteau. Man muß so klug sein, diesen Wein im Keller ruhen zu lassen. Seine rote Farbe wirkt fast schwarz. Tiergeruch und Lakritzeduft. Im Augenblick ist er extrem tanninreich. Er besitzt ein echtes Potential, aber seine in ihm wohnenden Dämonen sind noch nicht gezähmt. Haben Sie Vertrauen : Der Engel des reifen Alters wird kommen ! Denken Sie dabei an ein gutes Cassoulet, einen Eintopf aus weißen Bohnen, Speck, Hammelfleisch und Wurst.
🍇 André Roméro, Dom. La Soumade, 84110 Rasteau, Tel. 90.46.11.26 ⚏ tägl. 8h30-12h 14h-19h

CAVE DES VIGNERONS DE LAUDUN Dom. du Boulas 1990

■　　　　k.A.　400 000　📋↓☑

Er erinnert an die Art von Tieren, die man bei einer Jagdpartie im Dickicht aufstöbert. Zu Innereien wird er all seine Geheimnisse enthüllen.
🍇 Cave des Vignerons de Laudun, 105, rte de l'Ardoise, 30290 Laudun, Tel. 66.79.49.97 ⚏ n. V.

LES VIGNERONS DE LAUDUN 1991

□　　　　10 ha　100 000　📋↓☑1

Ein Dreiergespann in der Reihenfolge Grenache, Clairette und Ugni. Ein junger, springlebendiger Wein, der keine besonders große Finesse besitzt, aber diese Schlichtheit durch ein recht angenehmes Blütenbukett ausgleicht.
🍇 Cave des Vignerons de Laudun, 105, rte de l'Ardoise, 30290 Laudun, Tel. 66.79.49.97 ⚏ n. V.

LE GRAVILLAS Blanc de blancs 1991*

□　　　　4,18 ha　25 300　📋↓☑1

Die Genossenschaftskellerei der Côte der berühmten Dentelles de Montmirail. Ein Wein aus drei Rebsorten (Grenache, Bourboulenc und Clairette), der mit dieser schönen Landschaft harmoniert : klare Farbe mit grünlichen Reflexen, Duft von geröstetem Brot, wobei die Bourboulencrebe ihre ganze Finesse und Kraft einbringt.
🍇 Cave Le Gravillas, 84110 Sablet, Tel. 90.46.90.20 ⚏ n. V.

DOM. LES GOUBERT 1990★★

■　　　3,58 ha　　10 400　　🍷Ⅵ②

Ein beredter Wein, der reich und solide ist und eine kräftige Farbe besitzt. Man muß ihm zuhören, wenn er über seine Garrigue und seine Jagdausflüge erzählt ! Er führt sehr überzeugende Argumente im Mund und vertritt seinen Standpunkt entschieden. Ein durch sein Anbaugebiet geprägter Wein aus Grenache- und Carignantrauben.
🔑 SCEA Jean-Pierre Cartier, Dom. Les Goubert, 84190 Gigondas, Tel. 90.65.86.38 ☎ n. V.

DOM. DE L'ESPIGOUETTE 1990

■　　　4 ha　　k.A.　　🍷⑪↓Ⅵ①

Die Latours waren früher Metzger, bevor sie sich für den Weinbau entschieden. Ihr mit Carignan kombinierter Grenache braucht ein nicht durchgebratenes Rippenstück, damit er sich voll entfalten kann.
🔑 Bernard Latour, Dom. de l'Espigouette, 84150 Violès, Tel. 90.70.95.48 ☎ Mo-Sa 8h-12h 14h-18h

DOM. DE LINDAS 1990★

■　　　4 ha　　k.A.　　🍷Ⅵ①

Wenn Sie ein paar schöne Geschichten in provenzalischer Sprache hören möchten, dann besuchen Sie Jean-Claude Chinieu. Das ist eine hervorragende Einführung in die nachfolgende Weinprobe, damit Sie diese glückliche Verbindung zwischen Grenache und Syrah beurteilen können : sehr komplexes Bukett, das von Heidelbeeren bis zu Wildbret reicht, wirkungsvolle, bezaubernde Struktur. Kurz gesagt : ein recht gelungener Wein.
🔑 Jean-Claude et Annie Chinieu, Dom. de Lindas, rte de Pont-St-Esprit, B.P.25, 30201 Bagnols-sur-Cèze, Tel. 66.89.88.83 ☎ n. V.

DOM. DE L'ORATOIRE SAINT MARTIN 1990

■　　　4 ha　　20 000　　🍷↓Ⅵ①

Die Alarys leben hier seit 300 Jahren. Sie empfehlen uns zu diesem mit Syrah angereicherten Grenache eine Dinkelsuppe (Dinkel ist eine rustikale, vor allem im Bergland angebaute Weizensorte, falls Sie das nicht wissen sollten). Man würde dieses Abenteuer gern wagen, aber in ihrem Haus ! Ansonsten können Sie auch ein Fleischgericht als Begleitung zu diesem Rotwein wählen, der nach schwarzen Johannisbeeren duftet und eine klare Ansprache besitzt, aber im Nachgeschmack Anzeichen von Trockenheit enthüllt.
🔑 Bernard Alary et Fils, Dom. de l'Oratoire, rte de Saint-Roman, 84290 Cairanne, Tel. 90.30.82.07 ☎ Mo-Sa 8h-12h 14h-19h

CH. DE MALIJAY Fontanilles 1990

■　　　50 ha　　200 000　　🍷↓Ⅵ①

Ein wunderschönes Gebäude aus dem 18. Jh. mit einem alten Turm aus dem 11. Jh. Ein geschichtsträchtiges Stück Erde. Malijay erzeugt auch einen guten Wein, der sich dieser Vergangenheit nicht unwürdig erweist. Er ist ziemlich cremig und angenehm im Geschmack.
🔑 Ch. Malijay, Cie des Salins du Midi, 84150 Jonquières, Tel. 90.70.33.44 ☎ tägl. 9h-12h 14h-18h

DOM. DE MARJOLET 1991★

□　　　4 ha　　7 000　　🍷↓Ⅵ①

Was für ein Duft ! Unter einem sehr schönen, gelbgrünen Kleid enthüllt sich ein Bukett, das an geröstetes Brot erinnert, dann einen Hauch von Bienenwachs entfaltet und schließlich Blütenduft (Weißdorn) verströmt. Finesse und Eleganz in einer sehr aromatischen Umgebung.
🔑 Bernard Pontaud, Dom. de Marjolet, B.P. 3, 30330 Gaujac, Tel. 66.82.00.93 ☎ n. V.

DOM. MARTIN 1990

■　　　10 ha　　50 000　　⑪↓Ⅵ①

Julien kaufte den Plan de Dieu 1905 und pflanzte hier mehrere Hektar Reben an. Sein Sohn Jules setzte dieses Werk fort. Woher kommt der Name »Gottesebene« ? Es handelt sich dabei um eine Hochebene, die im Mittelalter bewaldet war und von Räubern unsicher gemacht wurde. Man durchquerte sie nur, wenn man seine Seele Gott anbefahl. Ein weit entfernter klassischer Rotwein, der stämmig gebaut ist und im Duft an Tiergeruch erinnert. Im Geschmack ist er fruchtig, tanninreich und rund. Die Liebhaber von traditionellen Côtes du Rhône werden nicht enttäuscht sein.
🔑 SCEA Dom. Martin, Plan de Dieu, 84850 Travaillan, Tel. 90.37.23.20 ☎ n. V.

DOM. MIREILLE ET VINCENT 1990★

□　　　1 ha　　4 000　　🍷↓Ⅵ①

Mireille und Vincent ? Das sind die Vornamen der Kinder von Madame Bernard Bizard. Reservieren Sie diesen Wein (50% Clairette) für Ihren Dreikönigskuchen. Strohgelbe Farbe, Duft von Bienenwachs, frisch und dennoch ziemlich voll. Er wird Sie darüber hinwegtrösten, wenn Sie die eingebackene Bohne und die Königskrone verfehlen.
🔑 Mme Bernard Bizard, rte de Taulignan, 84600 Valréas, Tel. 90.35.00.77 ☎ n. V.

DOM. MIREILLE ET VINCENT 1990

■　　　1 ha　　6 000　　⑪↓Ⅵ②

Den Hauptanteil an dieser Cuvée hat die Grenacherebe. Hinzu kommen 15% Carignantrauben von alten Rebstöcken. Das ergibt einen Wein mit einem sehr holzbetonten Duft und einem besonders tanninreichen Geschmack. Rohmaterial, das noch von der Zeit geschliffen werden muß.
🔑 Mme Bernard Bizard, rte de Taulignan, 84600 Valréas, Tel. 90.35.00.77 ☎ n. V.

DOM. DE MONTINE 1989

■　　　10 ha　　10 000　　🍷↓Ⅵ①

Dieses ehemalige Gut von Schloß Grignan erzeugt einen Wein, der den geschmeidigen, feinen Stil der Marquise de Sévigné hat. Aber er ist wie ein Brief, den man noch einmal liest. Da er von 1989 stammt, erinnert er bereits an eingemachte rote Früchte. Er verblaßt ein wenig. Trinken Sie ihn jetzt, denn in ein oder zwei Jahren erweckt er vielleicht nur mehr melancholische Gefühle ...
🔑 Jean-Luc Monteillet, Dom. de Montine, La Grande Tuilière, 26230 Grignan, Tel. 75.46.54.21 ☎ n. V.

DOM. DU MOULIN 1991

☐   2 ha   7 000   ⚑↓☑🎖

Denis Vinson, der bereits die dritte Winzergeneration repräsentiert, führt dieses Gut seit 1984. Er bewirtschaftet heute 20 ha. Der Wein hätte möglicherweise zur Premiere des Films *Indochine* gepaßt. Man spürt hier nämlich das frische Aroma von Kautschuk, das sich mit dem von exotischen Früchten (Papayas, Passionsfrüchte) vermischt. Angenehme Struktur und eine leichte Säure, die gut mit Meeresfrüchten harmoniert.
☛ Denis Vinson, Dom. du Moulin, 26110 Vinsobres, Tel. 75.27.65.59 ⌛ Mo-Sa 8h-12h 14h-19h

DOM. MOULIN DU POURPRE 1990

■   3 ha   35 000   ⚑↓☑🎖

Früher gab es hier Herden, Ackerland, eine Mühle und Rebflächen. Die Reben wachsen hier immer noch und liefern einen Wein für die Brotzeit, den man sehr kühl zu einem Teller mit Wurst trinken sollte.
☛ Francis Simon, Colombier, 30200 Sabran, Tel. 66.89.73.98 ⌛ n. V.

DOM. DES PARPAIOUNS
Cuvée réserve 1990

■   2 ha   12 000   ⚑🎖

Parpaïouns bedeutet im Provenzalischen »Schmetterlinge« ? Sagen wir lieber »Nachtfalter« . Sie sind sehr dunkelrot und haben die Flügel mit Pelzgeruch und Gewürzen beladen. Falls Ihre Lampe noch brennt, werden sie noch lange gegen die Fensterscheibe flattern. Ein hartnäckiger, sehr mutiger Wein, der etwas rustikal ist und gut zu Terrinen und Pasteten paßt.
☛ Didier Charavin, Dom. des Parpaïouns, 84110 Rasteau, Tel. 90.46.15.63 ⌛ tägl. 9h30-12h 14h-18h

PERE ANSELME Marescal 1990

■   k.A.   15 000   ⚑◑↓☑🎖

In diesem intensiv roten Trikot steckt ein echter Flügelhalbspieler. Kräftiger, etwas wilder Duft, der an Trüffeln und Unterholz erinnert. Viel Wärme und Sonne. Man muß ihm entgegenkommen, weil er vielleicht die Verlängerung nicht abwarten kann.
☛ Père Anselme, B.P. 1, 84230 Châteauneuf-du-Pape, Tel. 90.83.70.07 ⌛ n. V.

DOM. ROGER PERRIN 1991*

■   5 ha   15 000   ⚑↓☑🎖

Die Ursprünge des Gutes gehen bis zum Beginn des Jahrhunderts zurück, aber gegründet wurde es eigentlich erst 1969. Ein wenig Carignan in einer gelungenen Kombination von Grenache und Cinsault. Die letztgenannte Rebsorte, die nur geringe Erträge erzielt, wird hier besonders häufig verwendet. Dieser 91er, der nur ein paar Monate nach seiner Vinifizierung verkostet worden ist, bietet bereits ein ausdrucksvolles, feines Bukett. Im Geschmack nimmt er mit Glanz alle Hindernisse und endet mit einer Mandelnote. Man kann unbesorgt auf ihn setzen.
☛ GAEC Dom. Roger Perrin, La Berthaude, rte de Châteauneuf-du-Pape, 84100 Orange, Tel. 90.34.25.64 ⌛ Mo-Sa 8h-12h 14h-19h

CH. DU PRIEURE 1990**

■   38 ha   150 000   ⚑↓☑🎖

Auch wenn dieser Wein die Leistung von 1987 und 1988 (besondere Empfehlung für den 84er bzw. den 85er) nicht wiederholen kann, so bleibt er doch ganz oben auf der Wertskala. Viel Persönlichkeit und sogar Originalität zusammen mit einer schönen Erscheinung. Ein bezaubernder 90er, der elegant, überzeugend und aromatisch bis zum Gehtnichtmehr ist. Paßt zu Ente mit Heidelbeeren.
☛ Guy Mousset, Le Prieuré Saint-Joseph, 84700 Sorgues, Tel. 90.39.57.46 ⌛ tägl. 8h-20h

CAVE DES VIGNERONS DE RASTEAU Carte blanche 1990*

■   70 ha   400 000   ⚑↓☑🎖

Der alte Cato soll seine Tugend gestärkt haben, indem er Falerner trank. Sie können die Ihre mit diesem Côtes du Rhône pflegen, der sich in eine römische Toga hüllt, nach schwarzen Johannisbeeren und Brombeeren duftet und im Umgang sehr angenehm ist.
☛ Cave des Vignerons de Rasteau, 84110 Rasteau, Tel. 90.46.10.43 ⌛ n. V.

REINE PEDAUQUE Les Rigaudes 1990

☐   2 ha   k.A.   ◑🎖

Wenn Sie nicht wissen sollten, wie Bienenwachs riecht, so nehmen Sie bei diesem 90er Unterricht. Sehr blasse Farbe und gute Säure im Geschmacks sind seine weiteren Lektionen. Der Lehrer scheint etwas in Eile zu sein, denn die Unterrichtsstunde dauert nicht sehr lang.
☛ Reine Pédauque, B.P. 10, 21420 Aloxe-Corton, Tel. 80.26.40.00 ⌛ n. V.

DOM. RIGOT Cuvée des Garrigues 1989

■   10 ha   k.A.   ⚑↓☑🎖

Du sollst nur einen Gott verehren ! Ein reinsortiger Grenache, der feurig und kräftig ist.
☛ Camille Rigot, Les Routes de Malijay, 84150 Jonquières, Tel. 90.37.25.19 ⌛ n. V.

DOM. RIGOT 1991

◪   14 ha   8 000   ⚑↓☑🎖

Wenn Jules Geige und Léon Akkordeon spielt, was trinken sie dann, um sich vor dem nächsten Stück zu erfrischen ? Diesen kleinen Rosé mit dem säuerlichen Charme. Wie Arletty in einem Film von Carné.
☛ Camille Rigot, Les Routes de Malijay, 84150 Jonquières, Tel. 90.37.25.19 ⌛ n. V.

CAVE DE ROCHEGUDE
Cuvée du docteur Barbe 1990

■   k.A.   30 000   ↓☑🎖

Ein gefälliger Côtes du Rhône, der leicht und angenehm fruchtig ist. Recht feiner Duft von Kirschen, Brombeeren und schwarzen Johannisbeeren. Im Geschmack ist er geschmeidig, elegant und ziemlich liebenswürdig. Sollte zu weißem Fleisch getrunken werden.
☛ Cave des Vignerons de Rochegude, 26790 Rochegude, Tel. 75.04.81.84 ⌛ tägl. 9h-12h 14h-18h

CAVE DES VIGNERONS DE ROCHEGUDE Obtenu par saignée 1991

◧ k.A. 20 000 ▮↓▮▮1

In Suze-la-Rousse befindet sich die berühmte Weinuniversität. Ein ziemlich »technischer« Rosé, der nach kurzer Maischegärung abgestochen worden ist. Der Duft erinnert an Engelwurz. Sein Charme ist etwas flüchtig, verschönt aber den Augenblick. Man sollte ihn trinken, ohne sich viele Fragen zu stellen.
☛ Cave des Vignerons de Rochegude, 26790 Rochegude, Tel. 75.04.81.84 ☎ tägl. 9h-12h 14h-18h

DOM. DES ROMARINS 1990*

■ k.A. 20 000 ▮▮▮1

Ein 20 ha großes Gut, dessen Weine man auch im Probierkeller von Château de Domazan findet. Mit seinem Duft wagt er sich tief ins Unterholz und ins Heidekraut vor. Aber er ist klug und kann – wie der Däumling im Märchen – seinen Heimweg finden. Hübsche Rundheit im Geschmack mit würzigem Abgang. Trinkreif.
☛ Georges Fabre, rte d'Estézargues, 30390 Domazan, Tel. 66.57.02.16 ☎ n. V.

DOM. SAINT-CLAUDE Blanc de blancs 1991

□ 3 ha 8 000 ▮▮▮2

Dieses Gut, das 1810 vom Ururgroßvater des heutigen Besitzers gegründet wurde, lag brach und wurde erst ab 1955 wieder genutzt. Es erzeugt eine Cuvée aus Clairette und Bourboulenc, die ganz einfach zu frischen Teigwaren nach italienischer Art paßt. Dieser Wein verbindet das Aroma von Rosen und Aprikosen. Gute Ausgewogenheit.
☛ Dom. Saint-Claude, Le Palis, 84110 Vaison-la-Romaine, Tel. 90.36.23.68 ☎ Mo-Sa 9h-12h 14h-18h
☛ Charasse

DOM. SAINTE-ANNE 1990**

■ 2,9 ha 20 000 ▮↓▮2

Doppelter Rittberger, dreifacher Axel. Die Sprünge dieses 90ers müßten in der Kür die Wertung (5,8, 5,8, 5,9... erhalten. Ein außergewöhnliches Anbaugebiet, ein außergewöhnlicher Wein. Die Eltern Steinmaier überwachen alles von oben, während sich Alain liebevoll um die Weinberge kümmert und Jean im Keller arbeitet. Eine großartige Aromapalette (Trüffeln, schwarze Johannisbeeren) und eine Länge, die Ihnen den Atem rauben wird !
☛ GAEC Dom. Sainte-Anne, Les Cellettes, 30200 Saint-Gervais, Tel. 66.82.77.41 ☎ Mo-Sa 9h-11h 14h-18h

CH. SAINT-ESTEVE D'UCHAUX Grande Réserve 1989*

■ 12 ha 60 000 ▮▮▮2

Dieses für seine Gewissenhaftigkeit berühmte Gut präsentiert mehrere Côtes du Rhône. Wir haben uns für die 89er Grande Réserve entschieden, die »Samtpfötchen macht« . Reifearoma, sehr milder Geschmack. Ein Wein, der sich voll entfaltet hat und beispielsweise zu einer hervorragenden Terrine passen würde.

☛ Gérard Français et Fils, Ch. Saint-Estève d'Uchaux, rte de Sérignan, 84100 Uchaux, Tel. 90.40.62.38 ☎ n. V.

CH. SAINT-ESTEVE D'UCHAUX 1991**

4 ha 20 000 ▮↓▮2

Dieser Rosé stammt von einem sandig-kiesigen Hügel, wo vor allem Cinsault, Clairette, Grenache und Mourvèdre wachsen. Über dem Durchschnitt, unter den besten : ein leicht orangerot schimmernder Wein, der nach Weißdorn und Erdbeeren duftet und voll und frisch zugleich ist. Und nachhaltig, was für einen Rosé selten ist ! 1988 hat er unsere besondere Empfehlung (als 86er) erhalten.
☛ Gérard Français et Fils, Ch. Saint-Estève d'Uchaux, rte de Sérignan, 84100 Uchaux, Tel. 90.40.62.38 ☎ n. V.

CH. SAINT-ESTEVE D'UCHAUX Blanc de Viognier 1991***

□ k.A. k.A. ▮↓▮3

Gott hat die Wüsten, die Flüsse, die Vulkane und die Berge geschaffen. Und dann am siebten Tag erfand er, um ein zukünftiges Weltwunder zu schaffen, die Viognierrebe. Ein Viognier, der hier prächtig ausgefallen ist. Der Duft schöpft seine gesamten Register aus. Der Geschmack bleibt bewundernswert. Schon 1987 haben wir den 85er Weißwein besonders empfohlen. Teuer ? Aber auch großartig !
☛ Gérard Français et Fils, Ch. Saint-Estève d'Uchaux, rte de Sérignan, 84100 Uchaux, Tel. 90.40.62.38 ☎ n. V.

DOM. SAINT ETIENNE 1991**

4 ha 20 000 ▮▮1

Dieser junge Winzer, der sich seit kurzem selbständig gemacht hat, zeigt hier sein ganzes Können. Gutes Anbaugebiet, gepflegte Rebflächen, gewissenhafte Arbeit. Und das ist das Ergebnis : eine besondere Empfehlung von uns. Das Aroma verzückt die Vorstellung mit einem Duft von Kirschen bis Trüffeln. Ein Spitzenwein dieser Appellation.

🍷 Michel Coullomb, 26, fg du Pont, 30490 Montfrin, Tel. 66.57.50.20 ⚰ n. V.

DOM. SAINT ETIENNE   1991 *

◩	1 ha	k.A.	🍷↓Ⓜ❶

Die Farbe ist recht gelungen : hell und strahlend. Unter seinem Aroma von roten Johannisbeeren kommen Pfirsiche und schwarze Johannisbeeren zum Vorschein. Schöne Komplexität inmitten von harmonischer Frische. Man sollte ihn gekühlt trinken, während man auf der Terrasse sitzt und ein Barbecue ißt.

🍷 Michel Coullomb, 26, fg du Pont, 30490 Montfrin, Tel. 66.57.50.20 ⚰ n. V.

DOM. SAINT-LAURENT
Cuvée la Tamardière   1990

■	4 ha	12 000	🍷⑪Ⓜ❷

Ein strahlender, leicht ziegelroter 90er, der die Reife zu überschreiten beginnt. Altersaroma : Kaffee, in Alkohol eingelegte Früchte. Genießen, ohne zu zögern !

🍷 GAEC Robert Sinard, rte de Saint-Laurent, 84350 Courthézon, Tel. 90.70.87.92 ⚰ n. V.

CH. SAINT-NABOR
Cuvée prestige   1990 * *

■	2 ha	15 000	⑪↓Ⓜ❷

Selbstverständlich muß man das Dorf Cornillon besuchen und danach auf dem Gut Saint-Nabor haltmachen. Ein »fruchtvoller« Wein, wie Huysmans sagen würde. Und wenn man aus Flandern kommt, kennt man sich damit aus. Ein reicher Duft von schwarzen Johannisbeeren und Himbeeren über einem Vanillearoma, das vom Ausbau im Holzfaß zeugt. Viel Stoff : Fülle, Kraft. Außerdem bleibt man lange dem Zauber der spürbaren Tannine ausgesetzt.

🍷 Vignobles Saint-Nabor, 30630 Cornillon, Tel. 66.82.24.26 ⚰ t.l.j. 8h-19h
🍷 Gérard Castor

DOM. SALADIN   1990

■	4 ha	10 000	🍷↓❶

Diese Familie hat den Weinhandel aufgegeben, um sich ganz dem Weinbau zu widmen. Sie erzeugt hier einen ehrlichen, sauberen Wein, dessen Geschmeidigkeit und Leichtigkeit zu Geflügel passen.

🍷 Dom. Saladin, chem. de Coulet, 07700 Saint-Marcel-d'Ardèche, Tel. 75.04.63.20 ⚰ n. V.

DOM. SANTA DUC   1990

■		k.A.	24 000	🍷↓Ⓜ❶

Grenache, Syrah, Cinsault. Unterholz, Farnkraut, Heidelbeeren. Alles in Dreiergruppen. Wäre das der Wein von Cadet Roussel ? Aber nein doch, denn man findet in seinem Duft zum

Schluß auch ein wenig Bienenwachs. Er muß noch einige Zeit reifen, bevor man ihn zu einem provenzalischen Schmorbraten trinken kann.

🍷 GAEC Edmond Gras et Fils, Dom. Santa Duc, 84190 Gigondas, Tel. 90.65.84.49 ⚰ n. V.

CH. SIGNAC   1991 *

■	38 ha	120 000	🍷↓❶

Ein altes Gut, das im 16. Jh. befestigt worden ist, in einer sehr wilden Gegend am Fuße der Dent de Signac. Mit dem Wechsel des Besitzers hat sich auch der Stil geändert : Fruchtigkeit, Frische und Fröhlichkeit kündigen sich bei diesem Côtes du Rhône schon von weitem an. Ein sehr einladender Wein.

🍷 Ch. Signac, rte d'Orssan, 30200 Bagnols-sur-Cèze, Tel. 90.83.70.11 ⚰ n. V.

CH. SIMIAN   1990

■	4,75 ha	28 000	🍷↓Ⓜ❷

Eine wagemutige Familie, die aufgrund ihrer fortwährenden Anstrengungen erfolgreich ist. Der Wein ist ihr ähnlich. Schöne, rote Farbe. Aroma von Pelzgeruch und Früchten über einem Garrigueduft. Ein geschmeidiger 90er. Der kräftigere 89er ist ebenfalls reizvoll.

🍷 Ch. Simian, 84420 Piolenc, Tel. 90.29.50.67
⚰ tägl. 8h-12h 14h-19h
🍷 Yves et Jean-Pierre Serguier

CH. SIMIAN   1991

□	0,9 ha	6 100	🍷↓Ⓜ❷

Grenache und Clairette zu fast gleichen Teilen ergeben einen Wein, der eher weiß als gelb ist und ein sehr intensives Bukett besitzt. Vornehmer, zurückhaltender Geschmack (dezentes Rosenaroma). Zarte Leichtigkeit mit einem Hauch von Lebhaftigkeit.

🍷 Ch. Simian, 84420 Piolenc, Tel. 90.29.50.67
⚰ tägl. 8h-12h 14h-19h
🍷 Yves et Jean-Pierre Serguier

DOM. DU TERME   1989

■	10 ha	35 000	🍷↓Ⓜ❶

Sie täuschen sich nicht : ein Probierkeller, kombiniert mit einer Kunstgalerie. Über die Bilder können wir Ihnen hier nichts sagen. Dagegen können wir Ihnen erzählen, daß der 89er des Gutes ein hübsches Bukett besitzt. Sicher, er hat nicht gerade die Struktur des Pont du Gard, aber er ist elegant und leicht gebaut.

🍷 Rolland Gaudin, Dom. du Terme, 84190 Gigondas, Tel. 90.65.86.75 ⚰ tägl. 9h-12h 14h-18h

CH. DU TRIGNON   Viognier 1991 *

□	5 ha	6 000	🍷↓Ⓜ❸

Ein reinsortiger Viognier, der ebensogut zu einer Goldbrasse wie zu Ziegenkäse paßt. Sein Lindenblütenaroma und seine Jugendlichkeit, die von einem Papaya- und Aprikosenaroma unterstrichen wird, machen diesen 91er zu einem sehr gelungenen Wein mit genau der richtigen Lebhaftigkeit, um die Präsenz im Geschmack zu bewahren. Er hat Charakter.

TAL DER RHONE

↰ SCEA Charles Roux, Ch. du Trignon, 84190 Gigondas, Tel. 90.46.90.27 ⏳ n. V.

DOM. DU VAL DES ROIS
Cuvée des rois 1989

■	0,5 ha	k.A.	🍷 Ⅴ 2

Wenn man Bouchard sagt, denkt man an Burgund. Romain Bouchard gehört zum provenzalischen Zweig dieser großen Familie, die in Beaune zu Hause ist. Er präsentiert uns hier einen Wein, der wie ein Schmetterling ist : leicht und fruchtig, geschmeidig und frisch.
↰ Romain Bouchard, Dom. du Val des Rois, 84600 Valréas, Tel. 90.35.04.35 ⏳ n. V.

CH. DES VALLONNIERES 1990

■	30 ha	k.A.	↓ Ⅴ 1

Diese Familie stammt in direkter Linie von der berühmten römischen Familie Barberini ab, die sich in Avignon niederließ und der Kirche einen Papst und mehrere Kardinäle schenkte. Das ist nicht gerade die Sorte von Wein, von dem man sagen könnte : »Zu ihm paßt jede Farbe.« In Wirklichkeit ist er nämlich zart karminrot. Klassisches Aroma. Gefälliger Geschmack. Angenehm und trinkreif.
↰ SCEA Dom. Pierre Lançon, Dom. de la Solitude, 84230 Châteauneuf-du-Pape, Tel. 90.83.71.45 ⏳ tägl. 8h-19h

VALREY 1990

■	k.A.	k.A.	◫ 2

Fein, klar und elegant. Ein 90er, der seinen Höhepunkt erreicht hat. Ein Hauch von Würze schmückt ihn wie eine Hutfeder.
↰ Reine Pédauque, B.P. 10, 21420 Aloxe-Corton, Tel. 80.26.40.00 ⏳ n. V.

CHARLES VIENOT 1991

■	k.A.	k.A.	🍷 1

Dieser Wein ist die Rhône und die Saône hinaufgefahren, um nach Nuits-Saint-Georges zu gelangen. Dieser Umweg durch das Burgund schadet seinem Charakter nicht. Primeurstil (ein 91er, der im März 1992 verkostet worden ist) : frisch und angenehm, Aroma von schwarzen und roten Johannisbeeren. Er brennt darauf, daß man ihn aufträgt.
↰ Charles Viénot, 5, quai Dumorey, 21700 Nuits-Saint-Georges, Tel. 80.62.31.05 ⏳ Mo-Fr 8h-12h 14h-18h

DOM. DU VIEUX CHENE 1990

■	k.A.	k.A.	◫ 2

Reine Pédauque hat feste, sogar familiäre Bindungen zu dieser Region. In Anbetracht dieser burgundischen Verwandtschaft könnte man an einen mit Petersilie angerichteten Schinken denken, um diesen kühnen, fruchtigen Wein mit dem deutlichen Johannisbeeraroma zum nächsten Osterfest zu trinken.
↰ Reine Pédauque, B.P. 10, 21420 Aloxe-Corton, Tel. 80.26.40.00 ⏳ n. V.

DOM. DU VIEUX CHENE
Cuvée de la Haie aux grives 1990★★

	6 ha	30 000	🍷↓ Ⅴ 1

Bei Béatrice und Jean-Claude war es Liebe auf den ersten Blick. Und wir haben uns in ihre Weine verliebt (die dritte besondere Empfehlung nach 1987 und 1989 für den 84er bzw. den 86er) ! Ihre »Cuvée des Capucines« hat unsere Jury begeistert. Und bei ihrer »Cuvée de la Haie aux grives« sind die Prüfer auf die Knie gesunken. Oder wie sollte man anders die Hochachtung vor diesem Wein zum Ausdruck bringen : vor seiner feurigen, granatroten Farbe, seinem rassigen Bukett und seiner wunderbaren Struktur mit den reizvollen Lakritze- und Gewürznoten ?
↰ Jean-Claude et Béatrice Bouche, rue Buisseron, 84850 Camaret, Tel. 90.37.25.07 ⏳ Mo-Sa 9h-12h 14h-19h

DOM. DU VIEUX COLOMBIER 1990

■	4 ha	20 000	🍷↓ Ⅴ 1

Ein Familiengut, das heute 20 ha im Herzen der Côtes du Rhône des Departements Gard umfaßt. Dieser Wein ist natürlich ein wenig theatralisch. Herrliches, feuerrotes Kleid. Dem ersten Akt mangelt es an Mäßigung, aber sobald man diesen übertriebenen Duft hinter sich hat, ist das restliche Stück fesselnd. Aufregende Dialoge zwischen Fruchtigkeit und Tanninen. Man sollte die Flasche eine gute Stunde vor dem Servieren entkorken.
↰ Barrière, Dom. du Vieux Colombier, 30200 Sabran, Tel. 66.89.98.94 ⏳ tägl. 8h-19h

Côtes du Rhône-Villages

Innerhalb des Anbaugebiets der Appellation Côtes du Rhône haben einige Gemarkungen einen besonders guten Ruf erworben ; auf 4 858 ha werden hier Weine erzeugt, deren typischer Charakter und gute Qualität einmütig anerkannt und geschätzt werden. Die Produktionsbedingungen dieser Weine unterliegen strengeren Kriterien hinsichtlich der Abgrenzung des Anbaugebiets, der Rebsorten, des Ertrags und des Alkoholgehalts und berechtigen zur Verwendung der Bezeichnung »Villages« . Bei den sechzehn Appellationen »Côtes du Rhône-Villages« bzw. »Côtes du Rhône« , gefolgt vom Namen der Gemeinde, handelt es sich um : Rochegude, Rousset-lès-Vignes, Saint-Pantaléon-lès-Vignes, Saint-Maurice-sur-Aygues, Vinsobres, Chusclan, Laudun, Saint-Gervais, Cairanne, Beaumes-de-Venise, Rasteau, Roaix, Sablet, Séguret, Visan und Valréas. Diese Weine besitzen ein reiches Aroma und eine Struktur, die eine gute Alterung erlaubt. Die Rotweine, die den Hauptteil der Produktion ausmachen, passen zu Geflügel und Fleischgerichten mit Sauce.

DOM. DANIEL ET DENIS ALARY
Cairanne Réserve du vigneron 1990★★

| ■ | 2 ha | 9 000 | Ⅲↆ☑2 |

Daniel ist der Sohn von Denis und der Neffe von Bernard. Eine alte Winzerfamilie aus dem Departement Vaucluse. Reichtum, Kraft und Vornehmheit gehören zu den vielen Qualitäten dieses Weins, der noch auf seine Reife wartet. Die 90er Cuvée, die nicht die »Reserve des Winzers« bildet, stieß bei unserer Jury auf die gleiche Wertschätzung.
☛ GAEC Daniel et Denis Alary, La Font d'Estevenas, 84290 Cairanne, Tel. 90.30.82.32 ⏳ n. V.

B. ALARY ET FILS
Cairanne Cuvée prestige 1990★★

| ■ | 3 ha | 70 000 | Ⅲↆ☑2 |

1868 errichtete Frédéric Alary auf dem Hügel von Saint-Martin eine Hauskapelle, von der das Gut seinen Namen hat. Placido Domingo in *Nabucco* an der Mailänder Scala. Purpurrote, ins Violette spielende Farbe. Russisch-Leder. Die Reife eines außergewöhnlichen Temperaments und eine herrliche Stimme (rote Früchte, Lakritze) die Bravorufe für diese Vorstellung wollten fast nicht mehr aufhören.
☛ Bernard Alary et Fils, Dom. de l'Oratoire, rte de Saint-Roman, 84290 Cairanne, Tel. 90.30.82.07 ⏳ Mo-Sa 8h-12h 14h-19h

B. ALARY ET FILS
Cairanne Haut Coustias 1990★★

| □ | 1 ha | 2 000 | Ⅲ☑2 |

Goldgelbe Farbe und komplexes Bukett. Kamille, frische Lindenblüten, Vanille – man fühlt sich an einen Laden mit Heilkräutern erinnert. Trotzdem sollten Sie ihn nicht als einen Kräutertee verwenden ! Sein Körper besitzt ausgezeichnete Qualitäten. Ein wirklich origineller Wein, den Sie Ihren Freunden bei einer Blindprobe vorsetzen sollten.
☛ Bernard Alary et Fils, Dom. de l'Oratoire, rte de Saint-Roman, 84290 Cairanne, Tel. 90.30.82.07 ⏳ Mo-Sa 8h-12h 14h-19h

DOM. BEAU MISTRAL Rasteau 1990★

| ■ | 6 ha | k.A. | Ⅲↆ☑1 |

Dieser Wein im Geiste von Racine besitzt eine schöne, dunkelrote Farbe, entfaltet einen Duft von Backpflaumen und bewegt sich im Geschmack zwischen Leder und Trüffeln. Soweit der 90er. Der 91er Rosé ist ein würdiger Sohn seines Vaters : Wir haben ihn verkostet.
☛ Jean-Marc Brun, Dom. Beau Mistral, 84110 Rasteau, Tel. 90.46.10.80 ⏳ tägl. 8h-12h 13h30-19h

DOM. DU BOIS DES DAMES 1990

| ■ | 75 ha | 380 000 | ▮ↆ1 |

Diese »Damen« waren die Nonnen des Klosters Prébayon, das auf einer Fläche mit dem beziehungsreichen Namen »Plan de Dieu« (Gottesebene) stand. Dieser 90er ist ausgewogen und angenehm zu trinken. Seiner Fruchtigkeit mangelt es nicht an Finesse. Er kann eine ganze Mahlzeit begleiten. Etwas weniger kräftig gebaut, und die Jury wäre begeistert gewesen.
☛ SCA Dom. du Bois des Dames, 84150 Violès, Tel. 90.65.85.32

DOM. DE BOISSAN Sablet 1990

| ■ | 13 ha | 13 000 | ▮☑2 |

Man wird schwerlich eine violette Farbe finden, die dunkler ist, oder einen Duft, der stärker an gekochte rote Früchte erinnert ! Trotzdem ist sein Körper extrem rund. Im Abgang kommt das Brombeer- und Erdbeeraroma deutlicher zum Vorschein.
☛ Christian Bonfils, Dom. de Boissan, 3, rue Saint-André, 84110 Sablet, Tel. 90.46.93.30 ⏳ tägl. 8h-20h

DOM. BOISSON Cairanne 1990

| ■ | 8 ha | 10 000 | ▮ↆ☑2 |

Régis Boisson, der ein 27 ha großes Gut unweit der Überreste von Vaison-la-Romaine besitzt, widmet sich hingebungsvoll dem Anbau, der Herstellung und dem Ausbau von Wein. Dieser sehr jugendliche 90er besitzt einen an rote Johannisbeeren erinnernden Duft und einen tanninreichen Geschmack mit Lakritzenoten. Durchschnittliche Länge. Zufriedenstellender Gesamteindruck.
☛ Régis Boisson, Le Grand Vallat, 84290 Cairanne, Tel. 90.30.70.01 ⏳ n. V.

CAVE DES VIGNERONS DE BOURG-SAINT-ANDEOL 1990

| ■ | 12 ha | 60 000 | ▮ↆ☑1 |

Ein nördlicher Wein, der frisch, duftig, sympathisch und bereits angenehm zu trinken ist.
☛ Les Vignerons Ardéchois, quartier Chaussy, 07120 Ruoms, Tel. 75.93.50.55 ⏳ Mo-Fr 8h-12h 14h-18h

LAURENT CHARLES BROTTE
Saint Gervais 1990★

| ■ | | k.A. | 50 000 | ▮Ⅲↆ☑2 |

Ein Anbaugebiet, das in der hochgelegenen Garrigue von Châteauneuf-du-Pape und in der Ebene an den Ufern der Céze liegt. Es liefert einen dunklen 90er, der stattlich und dennoch geschmeidig ist. Im Abgang kommt eine leichte adstringierende Note zum Vorschein, die bestimmt verschwunden sein wird, wenn dieser Weinführer erscheint.

🍷 Laurent Charles Brotte, B.P. 1, 84230 Châteauneuf-du-Pape, Tel. 90.83.70.07 � n. V.

DOM. BRUSSET Cairanne 1990✶✶

■				
	k.A.	k.A.	◫	2

Die Familie Brusset könnte Anspruch auf die schottische Krone erheben. Sie stammt nämlich von Robert Bruce ab, der als Robert I. im frühen 14. Jh. König von Schottland war. Daraus gingen die Brussetts von Schottland hervor, die unterwegs ein »t« verlorren. An seinem Werk erkennt man den Künstler. Der Ausbau im Holzfaß ist wunderbar verarbeitet worden. Sehr reiches Aroma. Erstklassige, aber noch kantige Tannine, die ab 1993 perfekt sein werden.

🍷 Daniel Brusset, Dom. Brusset, Le Village, 84290 Cairanne, Tel. 90.70.91.60 ⌶ tägl. 9h-12h 14h-18h

DOM. DE CABASSE 1990✶

■						
	5 ha	28 000	◫	↓	☑	2

Die alte Casa Bassa aus der Zeit der Päpste von Avignon wurde im Laufe der Zeit zur Cabasse. Der Winzer, Alfred Henri, entstammt einer Schweizer Bauernfamilie. Dieser sehr europäische Wein besitzt alles, um eine Volksabstimmung zu gewinnen, vor allem ein elegantes, komplexes Bukett (Kaffee, Gewürze). Ein diskreter Charme begleitet die guten Tannine.

🍷 SCEA Dom. de Cabasse, 84110 Séguret, Tel. 90.46.91.12 ⌶ n. V.
🍷 Alfred Henri

CAVE DES COTEAUX A CAIRANNE
Cairanne Cuvée antique 1988

■					
	50 ha	25 000	■ ◫	↓	3

Dieses Gut, das früher im Besitz von Henri Delauze, Generaldirektor von Comex, war und jetzt einer Genossenschaft gehört, stellt uns mehrere Jahrgänge vor. Merken wir uns den 88er, in dem die Grenacherebe dominiert.

🍷 Cave des Coteaux à Cairanne, 84290 Cairanne, Tel. 90.30.82.05 ⌶ n. V.

DOM. CHAMFORT Rasteau 1990✶✶

■					
	4 ha	15 000	■ ↓	☑	2

Wenn man diese Flasche trinkt, sollte man noch einmal Le Mas Théotime lesen : »Der Sommer geht in den September über mit seinen unzähligen Düften von verdorrten Kräutern am Abend, von Pinien, von glühend heißen Kieselsteinen und verbranntem Holz ...« Ein etwas wilder Rotwein, der an zartes Leder erinnert und aromatisch schmeckt, im Stil von Henri Bosco.

🍷 Denis Chamfort, Quartier La Pause, 84110 Sablet, Tel. 90.46.95.95 ⌶ n. V.

DOM. DES COTEAUX DES TRAVERS
Rasteau Cuvée prestige 1990✶

■					
	2,5 ha	14 000	◫	↓ ☑	2

Wie soll man diesen Wein beschreiben ? Er wirkt wie eine Femme fatale. Schönes, dunkles Kleid und würziger Duft. Eine lange, fleischige Gestalt. Im Geschmack ein prächtiges Dekor mit hervorragenden Tanninen. Sehr angenehmer, sehr langer Abgang. Kurz gesagt : Ava Gardner

in einem Film aus den 50er Jahren. Man muß ihn im Stil von Bogart trinken.

🍷 GAEC Robert Charavin et Fils, Dom. des Coteaux des Travers, 84110 Rasteau, Tel. 90.46.13.69 ⌶ tägl. 9h-12h 14h-19h

DOM. DES COTEAUX DES TRAVERS
Rasteau Cuvée Marine 1991✶

▢					
	1 ha	2 500	■ ↓	☑	2

Das Tagesgestirn ! Ein Wein, der nach Pfirsichen und Ginster duftet und Sonne verströmt. Intensive Wärme und Fülle. Dieser korpulente Charakter paßt zu Fisch mit Sauce.

🍷 GAEC Robert Charavin et Fils, Dom. des Coteaux des Travers, 84110 Rasteau, Tel. 90.46.13.69 ⌶ tägl. 9h-12h 14h-19h

DOM. DE DEURRE 1988

■					
	k.A.	50 000	■ ↓	☑	1

Ein 88er, der im Eichenholzfaß gereift ist. Davon bewahrt er eine oxidierte Vanillenote und ein Aroma von sehr reifen roten Früchten. Die Tannine sind im Geschmack deutlich spürbar, aber trotzdem muß dieser Wein nicht mehr lagern.

🍷 Hubert Valayer, Dom. de Deurre, 26110 Vinsobres, Tel. 75.27.62.66 ⌶ n. V.

LES VIGNERONS D'ESTEZARGUES 1990

■					
	5 ha	10 000	■ ↓	☑	

Eine kleine Genossenschaftskellerei im Departement Gard, die sich an die Weinerzeugung wagt. Ihr Côtes du Rhône-Villages ist eine Cuvée aus Trauben, die von sehr alten Rebstöcken stammen, die auf einem Kiesboden wachsen. Dieser Wein schmeckt schon jetzt angenehm : schöne Farbe, Veilchenduft, ausgewogener Geschmack.

🍷 Cave des Vignerons d' Estézargues, 30390 Estézargues, Tel. 66.57.03.64 ⌶ Mo-Sa 8h-12h 14h-18h

DOM. ESTOURNEL Laudun 1991

◪					
	4 ha	3 000	■ ↓	☑	1

Ein 20 ha großes Gut, dessen Weine im Hachette-Führer am Anfang berücksichtigt worden sind ! Rémy Estournel leitet es seit 1972. Er hat 1990 eine besondere Empfehlung für seinen 88er erhalten. Dieser klare, helle Rosé erinnert an Rosenblätter. Rosen spürt man auch im Geschmack, wo sich seine Fülle breitmacht. Zu empfehlen zu Grillgerichten, im Sommer im Freien. Der weiße 91er, der unverblümt, frisch und sauber ist, hätte hier ebenfalls aufgeführt werden können, so gut gefiel er unserer Jury.

🍷 Rémy Estournel, 13, rue de Plaineautier, 30290 Saint-Victor-la-Coste, Tel. 66.50.01.73 ⌶ n. V.

DOM. ESTOURNEL Laudun 1990✶

■					
	10 ha	9 856	■ ↓	☑	1

Ein koketter, einschmeichelnder »Villages«, der an Erdbeeren und Himbeeren erinnert. Ein trinkfertiger Wein, der das nachdenklichste Rind aufheitern kann (unter der Voraussetzung, daß es gebraten ist !).

☞ Rémy Estournel, 13, rue de Plaineautier, 30290 Saint-Victor-la-Coste, Tel. 66.50.01.73 ⊺ n. V.

DOM. DE FENOUILLET
Beaumes de Venise 1990★★

| ■ | | 8 ha | 30 000 | ▮↓Ⅴ❷ |

Ein sehr altes Gut, das seit 1989 eigene Weine herstellt. Ein konzentrierter, reicher Wein, dessen Farbe und Struktur vom Jahrgang geprägt sind. Sehr fein im Charakter, was wahrscheinlich auf die gute Vinifizierung und die Vielfalt der Rebsorten zurückgeht. Paßt zu einem Confit.
☞ Famille Soard, Dom. de Fenouillet, 84190 Beaumes-de-Venise, Tel. 90.62.95.61 ⊺ n. V.

DOM. DU GOURGET Rochegude 1990★

| ■ | | 2,14 ha | 12 000 | Ⅴ❶ |

Wer nach einem typischen Wein sucht, den er 1993 oder 1994 trinken kann, sollte unbesorgt diesen konzentrierten, feinen 90er wählen. Aus hervorragenden Trauben erzeugt und mit Fingerspitzengefühl vinifiziert.
☞ Tourtin-Sansone, Dom. du Gourget, 26790 Rochegude, Tel. 75.04.80.35 ⊺ n. V.

DOM. GRAND CHENE Cairanne 1990★

| ■ | | 5 ha | 20 000 | ▮◖↓Ⅴ❷ |

Seinen Namen verdankt dieses Gut einer 300 Jahre alten Eiche. Dieser schöne Rotwein wird von pflanzlichen Noten geprägt : ein Hauch von Spargel, Unterholz und darüber ein wenig Gewürze. Kräftig, ziemlich rustikal. Paßt gut zu Rindfleisch mit Rotwein.
☞ Jean Calatayud, Dom. Grand Chêne, 84290 Cairanne, Tel. 90.30.82.81 ⊺ n. V.

CH. DU GRAND MOULAS
Cuvée de l'Ecu 1990★★

| ■ | | 4 ha | 10 000 | ▮↓Ⅴ❷ |

»Ein steiniger Boden, wie man sich ihn wünscht« , pflegt Marc Ryckwaert gern zu sagen. Dieser liefert einen 90er, der über seinem intensiv granatroten T-Shirt eine Lederjacke trägt. Der Geschmack steht dem nichts nach : männlich und nachhaltig. Bereits verteufelt verführerisch.
☞ Marc Ryckwaert, Ch. du Grand Moulas, 84550 Mornas, Tel. 90.37.00.13 ⊺ n. V.

CH. DU GRAND MOULAS 1991

| □ | | 2 ha | 6 000 | ▮↓❷ |

Marsanne und Roussanne feiern hier gemeinsam. Der Ball ist eröffnet ! Hübsches Kleid, Honigduft, sicheres Auftreten und ein angenehmes Gefühl von Unbekümmertheit.
☞ Marc Ryckwaert, Ch. du Grand Moulas, 84550 Mornas, Tel. 90.37.00.13 ⊺ n. V.

DOM. DES GRANDS DEVERS
Valréas 1990★★

| ■ | | 2 ha | 11 000 | ▮Ⅴ❷ |

Das von René Sinard angelegte Gut umfaßt 25 ha. Einige unserer Prüfer haben diesen Wein als eher weiblich beurteilt. Der Duft erinnert an Pilze. Der Geschmack ist samtweich. Leicht zu trinken und dennoch bestimmt kein leichtfertiger Wein. Er gibt nicht alles sofort.

☞ Dom. des Grands Devers, 84600 Valréas, Tel. 90.35.15.98 ⊺ n. V.

CH. D' HUGUES 1991★

| ■ | | 1,3 ha | 7 000 | ▮Ⅴ❷ |

Schöne Farbe mit violetten Reflexen. Noch wenig ausdrucksvoller Duft. Aber der Geschmack bietet eine gute Ausgewogenheit mit sehr angenehmen, feinkörnigen Tanninen. Die Struktur dieses 91er gibt Anlaß für schöne Zukunftsaussichten.
☞ Bernard et Sylviane Pradier, Ch. d'Hugues, 84100 Uchaux, Tel. 90.70.06.27 ⊺ n. V.

DOM. DE LA FERME SAINT-MARTIN
Beaumes de venise Cuvée Saint Martin 1990

| ■ | | 3 ha | 9 000 | ▮◖↓Ⅴ❷ |

Der heilige Martin war großzügig. Er lebt weiter in diesem Wein, der ein guter Vertreter von Beaumes-de-Venise ist. Mildtätig im Charakter : Tannine, Farbe, Aroma von gekochten Früchten. Wir sollten uns nicht undankbar zeigen, wenn er uns begegnet.
☞ Guy Jullien, Dom. de La Ferme Saint-Martin, 84190 Suzette, Tel. 90.62.96.40 ⊺ Mo-Sa 10h-18h

LA FIOLE DU CHEVALIER D'ELBENE Séguret 1988

| ■ | | 7,5 ha | 45 000 | ▮↓Ⅴ❷ |

Die »Fiole du Chevalier d'Elbène« begnügt sich mit einer Poularde. Ein 88er, der sich entwickelt hat und dessen Tannine trotzdem noch deutlich spürbar sind. Er bestätigt die vorgefaßten Überzeugungen : Quitten und Lindenblüten.
☞ SCEA La Courançonne, 84150 Violès, Tel. 90.70.92.16 ⊺ n. V.

CH. LA FONT DE JONQUIER
Séguret 1990★

| ■ | | k.A. | 50 000 | ▮◖Ⅴ❷ |

Eine Handelsfirma, ein Museum mit Winzergeräten, aber auch ein schönes Gut. Ein Wein, der zu den Dentelles de Montmirail paßt. Sein Charakter hebt sich deutlich ab : leicht, ziemlich dunkel, säuerlich mit einem Aroma von roten Früchten, im Geschmack etwas kurz, bereits trinkfertig.
☞ Laurent Charles Brotte, B.P. 1, 84230 Châteauneuf-du-Pape, Tel. 90.83.70.07 ⊺ n. V.

LA FONT D'ESTEVENAS
Cairanne 1989★★

| □ | | 1 ha | 3 500 | ▮↓Ⅴ❷ |

Ein wunderbares Clairettesolo. Eine Rebsorte, die sich nicht immer leicht orchestrieren läßt. Dieses Gut hat sich dafür entschieden, sie allein spielen zu lassen, und damit einen bemerkenswerten Erfolg erzielt. Ein schon alter Jahrgang, der sich sehr gut hält. Das lang anhaltende Aroma erinnert an Lindenblüten und Bienenwachs. Voll und gleichzeitig frisch. Wundervoll.
☞ GAEC Daniel et Denis Alary, La Font d'Estevenas, 84290 Cairanne, Tel. 90.30.82.32 ⊺ n. V.

CAVE COOP. LA GAILLARDE
Cuvée de Taulignan 1990

| ■ | k.A. | 12 600 | ▮↓▯ |

Eine 1928 gegründete Genossenschaft, die heute 550 Winzer zählt. Dieser 90er mit der jugendlichen, violett schimmernden Farbe und der guten Ausgewogenheit ist trinkreif. Sehr angenehme Rundheit.

☛ Coop. Vinicole La Gaillarde, B.P. 95, rte de Taulignan, 84602 Valréas, Tel. 90.35.00.66
🍷 tägl. 9h-12h 14h30-19h

DOM. DE L'AMANDINE Séguret 1990

| ■ | 6 ha | 33 000 | ▮↓▯▮2 |

Der Großvater war einer der Gründer der Genossenschaft. Die folgenden Generationen bauten das Gut auf und vergrößerten es. Dieser durch die Rebsorte Syrah geprägte Séguret paßt auch zu einem Fischgericht mit Sauce, wenn Sie einmal nicht die übliche Wahl treffen wollen. Aber überstürzen Sie es nicht : Wenn er im Keller einige Zeit lagert, kann er seine Qualitäten (Fruchtigkeit und Tanninreichtum) noch stärker entfalten.

☛ J.-P. Verdeau et Fils, Quartier Bel-Air, 84110 Séguret, Tel. 90.46.12.39 🍷 n. V.

DOM. DE LA PRESIDENTE
Cairanne 1989*

| ■ | 13,25 ha | 70 000 | ▮↓▯▮2 |

Das Aussehen täuscht hier. Wenn man ihn anschaut, wirkt er oberflächlich, glanzhell und leicht. In Wirklichkeit ist er besonders gehaltvoll und dicht und entfaltet ein intensives Lakritzearoma. Ein Cairanne von guter Provenienz, der einmal gut zu Entenfilet paßt.

☛ Max Aubert, Dom. de La Présidente, 84290 Sainte-Cécile-les-Vignes, Tel. 90.30.80.34 🍷 n. V.

DOM. DE LA RENJARDE 1991

| ■ | 30 ha | 120 000 | ▮↓▯ |

Frédéric Mistral suchte hier nach Inspiration, und Henri Fabre studierte Insekten. Hübsche, kräftige Farbe mit bläulichroten Reflexen. Der angenehme, an Tiergeruch erinnernde Duft wird von der Syrahrebe geprägt. Der Geschmackseindruck klingt mit einer leicht bitteren Note aus. Ein so jugendlicher Wein muß unbedingt noch lagern.

☛ Alain Dugas, Dom. de La Renjarde, 84830 Sérignan-du-Comtat, Tel. 90.83.70.11 🍷 Mo-Fr 9h-12h 14h-18h, Sa, So n. V.

DOM. LA SOUMADE Rasteau 1990**

| ■ | 5 ha | 20 000 | ◫↓▯▮2 |

»Superkonzentriert« ist hier das Schlüsselwort. Fast schwarze Farbe. Der noch etwas verschlossene Duft erinnert an gekochte Früchte und entwickelt sich in Richtung Leder. Der Geschmack zeigt sich ein wenig ungefällig, aber die Tannine besitzen eine gute Qualität. Ein großer Wein, aber man muß ihn unbedingt noch altern lassen. Die Jahrgänge 1984, 1985 und 1989 waren uns besondere Empfehlungen wert.

☛ André Roméro, Dom. la Soumade, 84110 Rasteau, Tel. 90.46.11.26 🍷 tägl. 8h30-12h 14h-19h

CAVE DES VIGNERONS DE LAUDUN
Laudun Grand vin du camp romain 1990

| ■ | 114 ha | 640 000 | ▮↓▯▮1 |

Die 1928 gegründete Genossenschaftskellerei von Laudun mit ihren 800 ha Rebflächen macht alles in den großen Maßstab. Sie besitzt aber Fingerspitzengefühl und präsentiert hier einen Laudun, dessen Farbe ins Karminrote spielt. Ein Alterungsaroma (eingemachte Früchte, Obstkuchen) macht sich bemerkbar. Dieser Genuß wird nicht ewig anhalten.

☛ Cave des Vignerons de Laudun, 105, rte de l'Ardoise, 30290 Laudun, Tel. 66.79.49.97 🍷 n. V.

CAVE DES VIGNERONS DE LAUDUN
Grand Blanc du Haut Claud 1991**

| □ | 16 ha | 150 000 | ▮↓▯▮2 |

Die Rhône thront hier in antiker Gestalt als Gott des Wassers und des Weins auf diesem Etikett. Eine vornehme Einführung für diese farbintensive Cuvée aus Grenache und Clairette, die nach Weißdorn duftet und perfekte Ausgewogenheit zwischen Anmut und Kraft besitzt. Hervorragendes Traubengut.

☛ Cave des Vignerons de Laudun, 105, rte de l'Ardoise, 30290 Laudun, Tel. 66.79.49.97 🍷 n. V.

LE GRAVILLAS Sablet 1990*

| ■ | 10,28 ha | 51 300 | ◫↓▯▮2 |

Tomaten und Olivenöl – dieser Wein verlangt nach provenzalischer Küche. Er zeichnet sich unter den 90ern durch seine Geschmeidigkeit und seinen schon runden, reifen Charakter aus. Viel Charme und Nachhaltigkeit. Beachten Sie auch das gute Preis-Leistungs-Verhältnis.

☛ Cave Le Gravillas, 84110 Sablet, Tel. 90.46.90.20 🍷 n. V.

DOM. LE PUY DU MAUPAS 1990

| ■ | 3,17 ha | 6 000 | ▮▯▮2 |

Als dieser Keller 1940 gebaut wurde, konnte man das Lesegut aus dem Departement Vaucluse nicht in das Departement Drôme transportieren. Sehr schöne, dunkle Farbe. Der vielversprechende, sehr blumige Duft geht in Richtung Veilchen. Im Geschmack findet man Tannine, die noch die Eleganz überdecken. Er braucht noch etwas Geduld.

☛ Christian Sauvayre, rte de Nyons, 84110 Puymeras, Tel. 90.46.47.43 🍷 n. V.

LES 4 CHEMINS Laudun 1991

| □ | 10 ha | 40 000 | ▮↓▯▮2 |

Die Bourboulencrebe nimmt hier einen bescheidenen Platz unter den Rebsorten ein (10%). Dennoch macht sie dank ihres charakteristischen, an geröstetes Brot erinnernden Aromas im Geschmack auf sich aufmerksam. Ziemlich voll und leicht zugänglich.

☛ Cave des Quatre Chemins, Le Serre-de-Bernon, 30290 Laudun, Tel. 66.82.00.22 🍷 Mo-Sa 8h-12h 14h-18h

DOM. LES GOUBERT Sablet 1990

| ■ | 2,87 ha | 15 000 | ▮▯▮2 |

Man braucht es nicht noch mal sagen. Die

Farbe ist schön. Der noch üppige Duft gibt sich blumig. Der Geschmack tendiert zu Erdbeeren. Alkohol und Säure gleichen sich aus. Ein 90er, der seinen Höhepunkt erreicht hat.

🔗 SCEA Jean-Pierre Cartier, Dom. Les Goubert, 84190 Gigondas, Tel. 90.65.86.38 ⊥ n. V.

DOM. DE LINDAS Chusclan 1990

| ■ | 5 ha | 10 000 | ⅰ🗹❷ |

Jean-Claude Chinieu versäumte es nicht, ein paar humorvolle Geschichten in der Sprache Mistrals zu erzählen. Sein Wein mit der strahlenden Farbe ist zurückhaltender. Sein Bukett entfaltet sich ganz behutsam. Man nimmt rote Früchte und Gewürze wahr. Vielversprechend ... Dennoch ist es angeraten, diese guten Bedingungen schon jetzt zu genießen und sie nicht einem ungewissen Schicksal auszusetzen.

🔗 Jean-Claude et Annie Chinieu, Dom. de Lindas, rte de Pont-St-Esprit, B.P.25, 30201 Bagnols-sur-Cèze, Tel. 66.89.88.83 ⊥ n. V.

PASCAL Beaumes de Venise 1990

| ■ | k.A. | k.A. | ⅰ↓❷ |

Die Firma Pascal Frères ist in Gevrey-Chambertin vertreten (Denis Chéron, der lange Zeit mit J.-P. Naigeon verbunden war). Sie hat hier 1965 einen Gärkeller übernommen und erzeugt diesen sehr süffigen Wein, der alle Merkmale seines Anbaugebiets besitzt.

🔗 Pascal, La Grand Comtadine, rte de Gigondas, 84190 Vacqueyras, Tel. 90.65.85.91

DOM. DE PIAUGIER
Sablet Montmartel 1990*

| ■ | 1,3 ha | 7 200 | ⅰ↓🗹❷ |

Wir haben zwei 90er Cuvées 90 verkostet, »Montmartel« und »Les Briguières« . Beide sind gleichermaßen gelungen. Konzentrierte, noch etwas harte Weine, die altern müssen. Dennoch vielversprechend, mit sehr wirkungsvollen rauchigen Kaffeenoten.

🔗 Marc Autran et Fils, Dom. de Piaugier, 84110 Sablet, Tel. 90.46.90.54 ⊥ n. V.

DOM. RABASSE CHARAVIN
Cairanne Cuvée d'Estevenas 1990***

| ■ | 2 ha | 7 000 | ⅲ↓🗹❸ |

Man wartet auf die Weine von Corinne Couturier immer mit einer Mischung aus Ungeduld und Neugier. Welche Überraschung hält sie in diesem Jahr für uns bereit ? Denn diese »Cuvée d'Estevenas« hat schon für die Jahrgänge 1985, 1986 und 1987 eine besondere Empfehlung von uns geerntet. Grenache und Syrah im Verhältnis 80 zu 20%. Dieser Wein ist unter den 90ern der Maßstab der Eleganz. Unendlich viel Klasse, Ausgewogenheit und Fruchtigkeit. Er wird sehr gut zu Tournedos Rossini passen. In jedem guten Weinkeller unverzichtbar.

🔗 Corinne Couturier, Dom. Rabasse Charavin, 84290 Cairanne, Tel. 90.30.70.05 ⊥ Mo-Sa 8h-11h45 14h-18h

DOM. RABASSE CHARAVIN
Cairanne 1990***

| ■ | 7 ha | 35 000 | ⅲ↓🗹❷ |

Corinne Couturier ist in Hochform. Unsere besondere Empfehlung für diesen strahlend samtroten Wein, der alle Feinheiten des Anbaugebiets und der Rebsorten (Grenache, Syrah, Cinsault) zum Ausdruck bringt. Ein echter »Châteauwein« , elegant und imposant. Ein Prüfer hat für diesen bemerkenswerten Wein den Begriff »Château du Rhône« geprägt.

🔗 Corinne Couturier, Dom. Rabasse Charavin, 84290 Cairanne, Tel. 90.30.70.05 ⊥ Mo-Sa 8h-11h45 14h-18h

DOM. RABASSE CHARAVIN
Rasteau 1990***

| ■ | 5 ha | 25 000 | ⅲ↓🗹❷ |

Wenn man 40% Mourvèdre mit Grenache kombiniert, braucht man nicht zu erwarten, daß sich diese Rebsorte nicht bemerkbar macht. Sie entfaltet sich hier selten angenehm im einem Lederaroma. Der Geschmack muß sich noch mit der Zeit verfeinern. Man kann sich schon die Taube vorstellen, die einmal zusammen mit diesem 90er Rasteau gurren wird.

🔗 Corinne Couturier, Dom. Rabasse Charavin, 84290 Cairanne, Tel. 90.30.70.05 ⊥ Mo-Sa 8h-11h45 14h-18h

CAVE DES VIGNERONS DE RASTEAU Rasteau Carte noire 1990*

| ■ | 65 ha | 300 000 | ⅰ↓🗹❶ |

Die Genossenschaftskellerei der Winzer von Rasteau hat 200 Mitglieder, darunter 100 Winzer, und besitzt 750ha Rebflächen : ein Anbaugebiet auf Terrassen, die mit Kiesgeröll bedeckt sind, mit durchschnittlich 40 Jahre alten Rebstöcken. Wir haben der Cuvée »Carte noire« den Vorzug gegeben : schöne, strahlende Farbe, Duft von vollreifen Grenachetrauben und ätherischer Geschmack mit dem Aroma von roten Früchten.

🔗 Cave des Vignerons de Rasteau, 84110 Rasteau, Tel. 90.46.10.43 ⊥ n. V.

DOM. MARCEL RICHAUD
Cairanne 1990*

| ■ | k.A. | 30 000 | ⅰ↓🗹❷ |

Er wirkt sehr jugendlich mit seinem an schwarze und rote Johannisbeeren erinnernden Aroma, das sich mit feinen Gewürzen vermischt. Ein schon eleganter, strukturierter Wein. Paßt er zu rotem Fleisch oder gebratenem Geflügel ? Unsere Jury hat darüber debattiert. Sie neigt eher zu einem Stück vom Charolaisrind.

🍷 Marcel Richaud, rte de Rasteau, 84290 Cairanne, Tel. 90.30.85.25 ⏲ Mo-Sa 9h-12h 14h-19h

DOM. SAINTE-ANNE 1990***

■	5,36 ha	30 000	⬛↓✓2

Der 91er Saint-Gervais dieses berühmten Gutes hat unsere Jury durch seine Leder- und Gewürznoten und seine Geschmeidigkeit verführt. Aber dennoch hat sie sich für diese 90er Cuvée entschieden. Kraft, Finesse und Eleganz ergeben einen ganz und gar außergewöhnlichen Wein, bei dem alle Bestandteile mit viel Sparsamkeit dosiert zu sein scheinen.

🍷 GAEC Dom. Sainte-Anne, Les Cellettes, 30200 Saint-Gervais, Tel. 66.82.77.41 ⏲ Mo-Sa 9h-11h 14h-18h

DOM. SAINTE-ANNE
Cuvée Notre Dame des Cellettes 1991***

■	3,25 ha	18 000	⬛↓✓3

Schon immer eine gute Ausbeute an Sternen ! Hübsche, granatrote Farbe mit bläulichroten Reflexen. Sehr ausdrucksvoller Duft mit Noten von Veilchen und roten Früchten, die man im Geschmack wiederfindet. Ein voller, fülliger Wein mit harmonischen Tanninen. Trinkt sich schon sehr angenehm.

🍷 GAEC Dom. Sainte-Anne, Les Cellettes, 30200 Saint-Gervais, Tel. 66.82.77.41 ⏲ Mo-Sa 9h-11h 14h-18h

DOM. SAINTE-ANNE 1991*

☐	1,59 ha	8 500	⬛↓✓2

Nicht viel mehr als ein Hektar unter dem Schutz der heiligen Anna. Ein Winzer, der Ehrungen gewöhnt ist. Dieser Weißwein spiegelt sein Gut wider : reich im Aroma, lang im Geschmack, mit einem sehr guten Kompromiß zwischen Fülle und Säure.

🍷 GAEC Dom. Sainte-Anne, Les Cellettes, 30200 Saint-Gervais, Tel. 66.82.77.41 ⏲ Mo-Sa 9h-11h 14h-18h

CH. SAINT-ESTEVE D'UCHAUX 1990*

■	k.A.	k.A.	⬛↓✓2

Ein magerer Boden mit grobkörnigem Sand und Kies und Rebflächen auf gut gelegenen Hängen. Bläulichrote Farbe, Aroma von roten Früchten und ein Geschmack mit feinen Tanni-

nen, der mit einer würzigen Note ausklingt. Elegant und gut strukturiert. Dieser Wein dürfte gut altern.

🍷 Gérard Français et Fils, Ch. Saint-Estève d'Uchaux, rte de Sérignan, 84100 Uchaux, Tel. 90.40.62.38 ⏲ n. V.

CH. SAINT-JEAN 1990

■	8 ha	45 000	⬛↓✓1

Ein sehr jugendlicher Charakter, der sich schon bei der ersten Begegnung entfaltet : Das Aussehen trügt nicht. Angenehmer Geruchs- und Geschmackseindruck. Schmeckt schon jetzt.

🍷 SCA Ch. Saint-Jean, Le Plan de Dieu, 84850 Travaillan, Tel. 90.37.21.68 ⏲ n. V.
🍷 Ch. Meffre.

DOM. DU SERRE-BIAU Laudun 1988*

■	3 ha	5 000	⬛✓1

Marcel Faraud ist Geologe. Er begeistert sich für die Geschichte seiner Region. Ein glücklicher Mensch, der gern sagt, daß glückliche Menschen keine Geschichte haben. Dieser Wein hat dennoch eine Geschichte : ein etwas wilder Charakter im Duft, schöne Ausgewogenheit und sehr feine Tannine. Außerdem ein gutes Preis-Leistungs-Verhältnis.

🍷 Faraud et Fils, 4, Chem. des Cadinières, 30290 Saint-Victor-la-Coste, Tel. 66.50.04.20 ⏲ n. V.

DOM. DU SERRE-BIAU Laudun 1991*

☐	1,6 ha	2 000	⬛✓1

Das Bukett dieses hübschen Weins wird von vollreifen Clairettetrauben geprägt : blühender Ginster und Akazienblüten. Der Geschmack ist voll und angenehm lang.

🍷 Faraud et Fils, 4, Chem. des Cadinières, 30290 Saint-Victor-la-Coste, Tel. 66.50.04.20 ⏲ n. V.

CH. SIGNAC Chusclan 1990**

■	10 ha	25 000	⬛↓3

Man begreift, daß hier Cäsar seine Legionen biwakieren ließ und ein Lager errichtete. Denn das ist ein kaiserlicher 90er mit tiefer Farbe, der Großes verheißt. Über einem leichten Tiergeruch nimmt man den Duft von zerdrückten roten Früchten wahr. Fleischig. Ein sehr schöner Wein.

🍷 Ch. Signac, rte d'Orssan, 30200 Bagnols-sur-Cèze, Tel. 90.83.70.11 ⏲ n. V.

CH. DU TRIGNON Rasteau 1990*

■	8 ha	25 000	⬛↓✓2

Charles Roux, der Großvater von Bruno, hat diesem 50 ha großen Gut sein heutiges Aussehen gegeben. Grenache und Mourvèdre liefern hier auf einem günstigen Boden einen sehr schönen »sanguinischen« Rasteau, dessen Duft in Richtung Leder geht. Er kann seine Tugenden im Keller zügeln, bevor er sich im Geschmack entfaltet.

🍷 SCEA Charles Roux, Ch. du Trignon, 84190 Gigondas, Tel. 90.46.90.27 ⏲ n. V.

CH. DU TRIGNON Sablet 1990**

■	12 ha	40 000	⬛↓✓2

Kalbsnieren - es gibt nichts, was besser zu diesem Sablet passen würde : sauber, stolz, alko-

Côte Rôtie

holreich und herzlich. Er duftet nach roten Johannisbeeren und Trüffeln.

🍷 SCEA Charles Roux, Ch. du Trignon, 84190 Gigondas, Tel. 90.46.90.27 ⚚ n. V.

CH. DU TRIGNON
Sablet Blanc de blancs 1991*

□	2 ha	6 000	∎↓☑2

Strohgelbe Farbe, Duft von blühenden Sträuchern mit einem Hauch von Aprikosen, sehr volles Aroma und ziemlich warmer Geschmack. Alkohol und Sonne – was will man mehr ?

🍷 SCEA Charles Roux, Ch. du Trignon, 84190 Gigondas, Tel. 90.46.90.27 ⚚ n. V.

DOM. DU VAL DES ROIS
Valréas Signature 1990*

∎	3,8 ha	k.A.	∎☑2

Eine Enklave des Departements Vaucluse im Departement Drôme. Dieses Gut, das einmal im Besitz der Päpste von Avignon war, liefert eine bemerkenswerte Cuvée, bei der die Grenacherebe mit Syrah angereichert ist. Ziemlich wilder Duft, recht kräftig gebaut, Kirschgeschmack.

🍷 Romain Bouchard, Dom. du Val des Rois, 84600 Valréas, Tel. 90.35.04.35 ⚚ n. V.

DOM. DU VIEUX CHENE 1990**

∎	1 ha	4 000	∎↓☑2

Ein 30 ha großes Gut, das zahlreiche Auszeichnungen erhalten hat. Der 90er straft diesen Ruf nicht Lügen. Perfekte Struktur, Aroma von reifen Früchten (vor allem Kirschen), sehr feine Tannine und Duft von Trüffeln und Leder. Und was für eine Farbe !

🍷 Jean-Claude et Béatrice Bouche, rue Buisseron, 84850 Camaret, Tel. 90.37.25.07 ⚚ Mo-Sa 9h-12h 14h-19h

DOM. DU VIEUX CHENE 1991

□	1,25 ha	6 000	↓☑2

Eine Familie, die hier seit drei Jahrhunderten lebt, aber die »alte Eiche« ist nur 100 Jahre alt ! Für manche mangelt es diesem Weißwein etwas an Finesse. Dafür entfaltet er ein sehr blumiges Bukett und einen vollen, runden, lebhaften Geschmack. Geschmacksache !

🍷 Jean-Claude et Béatrice Bouche, rue Buisseron, 84850 Camaret, Tel. 90.37.25.07 ⚚ Mo-Sa 9h-12h 14h-19h

CAVE LES COTEAUX DE VISAN
Visan 1990*

∎	100 ha	250 000	∎↓☑1

Ein dunkelrubinroter Visan mit sehr blumigem Duft. Es gelingt ihm, vollendete Ausgewogenheit mit angenehmer Finesse zu vereinen. Die gute aromatische Nachhaltigkeit trägt zu seinem individuellen Charakter bei.

🍷 Cave Les Coteaux de Visan, 84820 Visan, Tel. 90.41.91.12 ⚚ n. V.

Côte Rôtie

Die Côte Rôtie, das älteste Anbaugebiet der Côtes du Rhône, liegt bei Vienne auf dem rechten Flußufer. Die Appellation umfaßt 151 ha Rebflächen, die sich auf die Gemarkungen Ampuis, Saint-Cyr-sur-Rhône und Tupins-Sémons verteilen. Der Wein wird hier auf schwindelerregend steilen Hängen angebaut. Wenn man die Côte Blonde und Côte Brune unterscheidet, so geschieht dies im Andenken an einen Adligen namens Maugiron, der testamentarisch seine Ländereien zwischen seinen beiden Töchtern aufgeteilt haben soll, von denen die eine blond und die andere braun war ...

Der Boden ist der schieferhaltigste der Region. Erzeugt werden hier ausschließlich Rotweine, die von der Rebsorte Syrah, aber auch von der Viognierrebe (bei einem Höchstanteil von 20%) stammen. Der Côte Rôtie besitzt eine tiefrote Farbe und ein zartes, feines Bukett, das an Himbeeren und Gewürze sowie Veilchen erinnert. Im Geschmack ist er gut strukturiert, tanninreich und sehr lang. Unbestreitbar steht er an der Spitze der Côtes-du-Rhône-Weine. Er harmoniert hervorragend mit den Gerichten, die zu großen Rotweinen passen. Weisen wir noch darauf hin, daß die Weine von der Côte Brune die körperreicheren und die von der Côte Blonde die feineren sind.

DE BOISSEYT Côte Blonde 1990

∎	0,8 ha	3 000	⊪↓☑5

| 78 | 79 | 81 | |82| | |84| | 85 | 86 | 87 | 88 | 89 | |90| |

Seit 1797 hat die Familie de Boisseyt alle Erschütterungen mit durchgemacht, die das Weinbaugebiet der Rhône getroffen haben. Dieser »Côte Blonde« hat eine strahlende Farbe. Etwas ausdrucksloser Geruchseindruck, aber er gewinnt an der Luft nach und nach einen wilden Charakter. Im Geschmack ist er zart und ziemlich stattlich. Ein Hauch von Säure. Paßt zu einem Hasenbraten.

🍷 de Boisseyt-Chol, RN 86, 42410 Chavanay, Tel. 74.87.23.45 ⚚ Mo-Sa 9h-12h 14h-18h ; 15. Aug.-1. Okt. geschlossen

DOM. DE BONSERINE 1988

∎	10 ha	25 000	⊪↓☑4

Ein tiefroter 88er, schillernd mit schwarzen Reflexen. Elegantes Bukett zwischen Fruchtigkeit und Holz. Danach wirkt er etwas warm, doch er besitzt eine gute Länge und Ausgewogenheit.

Muß noch altern, ähnelt aber den typischen Weinen dieser Appellation.
🍷 Dom. de Bonserine, Verenay, 69420 Ampuis, Tel. 74.56.14.27 ⏱ n. V.
🍷 S.E.A.R.

E. GUIGAL Côtes Brune et Blonde 1988 ***

■	10 ha	k.A.	◧	4

Etienne Guigal ist eine große Firma, ein Aushängeschild für die französischen Appellationen in der ganzen Welt und berühmt für »La Mouline« oder »La Landonne« . Hier ein herrlicher 88er mit einem feinen, komplexen Aroma, in dem sich Früchte, Gewürze, Lakritze, Trüffeln und frisch gemahlener Kaffee vermischen, begleitet von einer zarten Holznote. Der recht nachhaltige Geschmack bietet dem hübschesten Kompromiß, nämlich Fülle, Säure und Tanninen. Einmütig von der Jury empfohlen !
🍷 Marcel Guigal, RN 86, 69420 Ampuis, Tel. 74.56.10.22

LES GRANDES PLACES 1990

■	1 ha	3 000	◧	↓ ☑	5

Jugendlich kühne Farbe, aber der Geruchseindruck ist noch unauffällig und ziemlich holzbetont. Gute Struktur mit soliden Tanninen, aber man hätte ihn gern mit etwas mehr Bodengeschmack.
🍷 Jean-Michel Gerin, rue de Montmain, 69420 Vérenay, Tel. 74.56.16.56 ⏱ Mo-Sa 8h-19h

Condrieu

Das Anbaugebiet liegt 11 km südlich von Vienne auf dem rechten Ufer der Rhône. Anspruch auf diese Appellation haben ausschließlich Weine von der Rebsorte Viognier. Die nur 39 ha große Anbaufläche verteilt sich auf sieben Gemarkungen. Dies trägt dazu bei, daß der Condrieu als sehr seltener Wein gilt. Als Weißwein ist er alkoholreich, voll, geschmeidig, aber frisch und sehr duftig, mit einem Blütenduft, in dem Aprikosen und Veilchen dominieren. Ein außerge-

wöhnlicher Wein, der einzigartig und unvergleichlich ist. Jung trinkt man ihn zu Fischgerichten aller Art, aber er kann sich entwickeln, wenn er altert.

DOM. DU CHENE Julien 1990 *

□	1,5 ha	600	◧	↓ ☑	6

Eine Cuvée aus spät gelesenen, fast überreifen Trauben. Der Geruchseindruck ist zwar einschmeichelnd und entfaltet einen Duft von Veilchen und Honig, wie es hier die Tradition will, aber der Geschmack erliegt der lieblichen Süße des weichen, sanften Diwans. Das genaue Gegenteil des Prokrustesbetts. »Muß man die Condrieuweine der Vergangenheit wieder aufleben lassen, die dem Ruf der Appellation geschadet haben ?« fragte ein Prüfer. Zweifellos – wenn sie gut sind (wie dieser hier) und wenn es Liebhaber solcher Weine gibt ...
🍷 Marc et Dominique Rouvière, Le Pêcher, 42410 Chavanay, Tel. 74.87.27.34 ⏱ n. V.

DOM. DU CHENE 1990 *

□	2,5 ha	600	◧	↓ ☑	6

Klassischer Condrieu oder Spätlese ? Beide Weine dieses Gutes haben von der Jury gute Noten erhalten. Der klassische (oder moderne ?) 90er besitzt eine reizvolle Farbe und entfaltet Muskatnote. Die Ausgewogenheit zwischen Säure und lieblichem Charakter führt zu einem positiven Gesamteindruck.
🍷 Marc et Dominique Rouvière, Le Pêcher, 42410 Chavanay, Tel. 74.87.27.34 ⏱ n. V.

COTEAU DE LA LOYE 1991 *

□	1 ha	3 000	◧	↓ ☑	5

Der gewohnte Charme der Rebsorte, die in dieser Appellation als einzige angebaut wird : typisches Aroma zwischen Veilchen und Aprikosen. Rund, reich und ausgewogen. Sehr repräsentativ für die Appellation. Ein schöner Wein, der hier ein gewisses Relief besitzt und zum Dessert paßt, denn er liebt das Süße.
🍷 Jean-Michel Gerin, rue de Montmain, 69420 Vérenay, Tel. 74.56.16.56 ⏱ Mo-Sa8h-19h

CUILLERON 1991 *

□	6 ha	6 000	◧	↓ ☑	5

Der Großvater begann Ende der 60er Jahre damit, Wein herzustellen. Yves setzt sein Werk fort und erzeugt hier einen 91er, der zunächst frisch (Geißblatt), dann scheuer, intensiv, ein wenig pflanzlich und eher stark (Alkohol) als voluminös ist. Die Gesamtbeurteilung ist dennoch günstig. Die Juroren haben ihn »interessant« gefunden.
🍷 Yves Cuilleron, Les Prairies, 42410 Chavanay, Tel. 74.87.02.37 ⏱ n. V.

PHILIPPE FAURY 1990 **

□	1,12 ha	5 000	◧	↓ ☑	6

Ein 7 ha großes Gut, wovon 1,12 ha für diesen weißen Condrieu genutzt werden. Schöne, strahlende Farbe. Blumen, Honig und Holznoten. Ein hübscher Wein, der durch sein Aroma, seine Rundheit, seine Frische und gleichzeitig durch seinen Reichtum gefällt. Da er ungeduldig darauf brennt, getrunken zu werden, kann man ihn schon heute zu einer Ententerrine oder für morgen zu Leberpastete empfehlen.

🍷 Philippe Faury, La Ribaudy, 42410 Chavanay, Tel. 74.87.26.00 ☎ n. V.

DOM. NIERO-PINCHON 1991

| □ | 1,9 ha | 6 000 | 🍾 ◑ ↓ ☑ 5 |

Die Kohlensäure beeinträchtigte im März 1992 diesen Viognier, der zweifellos von jungen Rebstöcken stammt. Klare, runde Ansprache, Duft von gerösteten Haselnüssen und frischen Aprikosen. Im Geschmack ein Aroma von Lakritze und Veilchen. Das ist in keiner Weise schlecht, aber er muß noch reifen.

🍷 Robert Niero, 20, rue Cuvillière, 69420 Condrieu, Tel. 74.59.84.38 ☎ n. V.

GEORGES VERNAY
Coteaux de Vernon 1990 ★★★

| □ | 6,7 ha | k.A. | ◑ ↓ 5 |

Einer der berühmtesten Erzeuger des Rhônetals, das Ansehen des Condrieu weit verbreitet und gesteigert hat. Dieser 90er beschämt ihn nicht. Strahlende Farbe : blaß mit gelben Reflexen und einem grünen Stich. Ausdrucksstarker Duft in einem großen Frühlingsbukett. Danach Akazienblüten und Weißdorn, Fülle, Rundheit und Länge. Ein sehr großer Wein.

🍷 Georges Vernay, 1, rue Nationale, 69420 Condrieu, Tel. 74.59.52.22

CH. DE VIRIEU 1991 ★★

| □ | k.A. | 2 000 | 🍾 ◑ ↓ ☑ 4 |

Ein strahlend blaßgelber Viognier mit einem ziemlich mysteriösen Aroma. Pfirsiche, Aprikosen, Veilchen, Weißdorn, Röstaroma – jeder hat hier seine eigene Vorstellung. Krebse in Sahnesauce dürften wunderbar zu ihm passen.

🍷 Ch. de Virieu, Imp. du Vieux Château, 42410 Pelussin, Tel. 74.87.27.34 ☎ n. V.

Château-Grillet

Ein nahezu einmaliger Fall im französischen Weinbau : Die Weine dieser AOC werden auf dem Boden eines einzigen Guts erzeugt ! Mit seinen 3 ha gehört Château-Grillet zu den kleinsten Appellationen in Frankreich. Das Anbaugebiet befindet sich auf gut gelegenen, windgeschützten Granitterrassen in einem abgeschiedenen Talzirkus über dem Rhônetal. Der besondere Charakter dieses Gebiets spiegelt sich in der Originalität des Weins (90 hl) wider. Es handelt sich dabei ebenso wie beim Condrieu um einen Weißwein, der aus der Viognierrebe hergestellt wird. Er ist alkoholreich, voll und säurearm, sehr duftig und von erstaunlicher Finesse. Man kann ihn jung trinken,

aber bei der Alterung gewinnt er an Klasse und Aroma und wird zu einem Wein von außergewöhnlicher Qualität, der ideal zu Fisch paßt.

CH. GRILLET 1989 ★★

| □ | 3,5 ha | 10 000 | ◑ ↓ ☑ 6 |
| 66 68 72 **75 76 78 79 81** |82| |85| ⑧⑥ |87| 88 89 |

Château-Grillet hat bei Thomas Jefferson Bewunderung hervorgerufen, als er in den Jahren vor der Französischen Revolution die Weinbaugebiete in Frankreich bereiste. Altgoldene Farbe, Duft von reifen Pfirsichen und Lakritze. Der Geschmack ist kräftig und rund und hält lang an. Ein herrlicher lagerfähiger Wein.

🍷 Neyret-Gachet, Ch. Grillet, 42410 Vérin, Tel. 74.59.51.56 ☎ n. V.

Saint-Joseph

Auf dem rechten Rhôneufer im Departement Ardèche erstreckt sich die Appellation Saint-Joseph auf 23 Gemarkungen (555 ha). Die rauhen Granithänge bieten einen schönen Blick auf die Alpen, den Mont Pilat und die Schlucht des Doux. Die roten Saint-Joseph-Weine sind elegant, fein, relativ leicht und zart und entfalten ein feines Aroma von Himbeeren, Pfeffer und schwarzen Johannisbeeren, das besonders gut zu gebratenem Geflügel oder bestimmten Käsesorten zur Geltung kommt. Die Weißweine erinnern an die Hermitageweine ; sie sind voll und besitzen einen zarten Duft, der an Blumen, Früchte und Honig erinnert. Man sollte sie ziemlich jung trinken.

LES VIGNERONS ARDECHOIS 1989

| ■ | k.A. | 20 000 | 🍾 ↓ ☑ 2 |

Dieser 89er trägt ein kurzes Kleid. Beim ersten Geruchseindruck spürt man die Milchsäure, bevor sich rote Früchte entfalten. Der heilige Joseph war ein Zimmermann : Bestimmt wird er all diese Tannine glatthobeln, die noch sperrig sind. Soll man ihn jetzt probieren oder hoffen ? Jeder so, wie er will !

☛ Les Vignerons Ardéchois, quartier Chaussy, 07120 Ruoms, Tel. 75.93.50.55 ⏳ Mo-Fr 8h-12h 14h-18h

DE BOISSEYT 1990

■   4 ha   20 000   ⑾ ↓ Ⅴ 3

»Alter Rotwein aus Syrahtrauben« , zeigt das Etikett an. Die Rebstöcke sollen hier über 40 Jahre alt sein. Es stimmt, daß die Farbe markant ist, während sich das dichte, würzige Aroma noch entwickelt. Viel Gerbsäure, große Fülle, gute Länge. Man sieht, daß sein Charakter vollständig ist. Er ist für Wildbret bestimmt, aber erst in einer recht fernen Zukunft.

☛ de Boisseyt-Chol, RN 86, 42410 Chavanay, Tel. 74.87.23.45 ⏳ Mo-Sa 9h-12h 14h-18h ; 15. Aug.-1. Okt. geschlossen
☛ Didier Chol

PIERRE COURSODON 1991

□   1,5 ha   6 000   ■ ↓ Ⅴ 3

An der Luft öffnet er sich und geht von Früchten zu Blumen über : reich und ziemlich erblüht. Sehr feuriger Geschmackseindruck mit einem erfrischenden Hauch von Kohlensäure. Eine Reife, die sich in der Zukunft entfalten wird.

☛ Pierre Coursodon, pl. du Marché, 07300 Mauves, Tel. 75.08.18.29 ⏳ n. V.

YVES CUILLERON 1991

□   1,5 ha   5 000   ■ ↓ Ⅴ 2

Sehr helle Farbe; belebt von winzigen Bläschen (CO_2). Ein Wein mit einem leichten, reizvollen Aroma, das an Äpfel erinnert. Zweifellos wird er vom Alkohol beherrscht, aber dank seiner relativ komplexen Frische ist er ziemlich repräsentativ für die Appellation. Sollte im kommenden Jahr getrunken werden.

☛ Yves Cuilleron, Les Prairies, 42410 Chavanay, Tel. 74.87.02.37 ⏳ n. V.

PHILIPPE FAURY 1990

□   0,57 ha   3 000   ■ ⑾ ↓ 4

Die Farbe ist aufgrund des Jahrgangs ein wenig intensiv. Akazienblütenduft mit begrenztem Ehrgeiz. Geschmeidige Ansprache und reizvoller Abgang. Das Ausgangsmaterial ist nicht bemerkenswert, aber das Ergebnis ist interessant.

☛ Philippe Faury, La Ribaudy, 42410 Chavanay, Tel. 74.87.26.00 ⏳ n. V.

PHILIPPE FAURY 1990

□   2,39 ha   12 000   ⑾ ↓ Ⅴ 4

Heu, getrocknete Blumen, Himbeeren : Das Bukett dürfte den nächsten Winter überdauern. Der geschmeidige, runde Geschmack entfaltet sich, ohne sich zu zieren. Lassen Sie sich verführen !

☛ Philippe Faury, La Ribaudy, 42410 Chavanay, Tel. 74.87.26.00 ⏳ n. V.

PIERRE GONON 1990

■   3,65 ha   14 000   ⑾ ↓ Ⅴ 3

Der Geschmack von gekochten Früchten ? Vielleicht, aber seine beredten Verteidiger finden in ihm auch einen mineralischen Charakter, ein interessantes Potential und eine ziemlich feminine Natur, die zärtlich ist und die Kanten abrundet.

☛ Pierre Gonon, 11, rue des Launays, 07300 Mauves, Tel. 75.08.07.95 ⏳ n. V.

PIERRE GONON Les Oliviers 1990★

□   1,4 ha   5 000   ⑾ ↓ Ⅴ 3

Für einen 90er eine wenig ausgeprägte Farbe. Feiner Duft geht in Richtung Honigaroma. Feiner Geschmack. Dem Ganzen mangelt es etwas an Vitalität, aber er hinterläßt einen angenehmen Eindruck. Recht typisch und lagerfähig.

☛ Pierre Gonon, 11, rue des Launays, 07300 Mauves, Tel. 75.08.07.95 ⏳ n. V.

ALAIN GRAILLOT 1990★

■   2 ha   10 000   ⑾ ↓ Ⅴ 3

Die Heiligen Drei Könige haben diesem »hl. Joseph« ein Aroma von Feigen, Erdbeeren und Vanille in die Krippe gelegt. Das Kleid ist sehr intensiv, orientalisch fast. Im Geschmack ist er voll, tanninreich, warm, lang und konzentriert, aber nicht genügend harmonisch und noch ziemlich trocken. Man muß ihn zur Seite legen.

☛ Alain Graillot, 13, pl. du Taurobole, 26600 Tain-l'Hermitage, Tel. 75.07.17.93 ⏳ n. V.

BERNARD GRIPA 1990★

■   3,5 ha   18 000   ⑾ ↓ Ⅴ 3
⑦⑧ 82 83 84 |85| 86 87 |88| 89 |90|

Bernard Gripa hat es schon zweimal geschafft : besondere Empfehlungen in dieser Appellation 1988 (für einen weißen 88er) und 1991 (für einen roten 88er). Sein 90er Syrah ist recht lebhaft, aromatisch, angenehm vollmundig und sehr fein. Er entspricht genau dem, was man sich von einem Saint-Joseph erwartet.

☛ Bernard Gripa, 5, av. Ozier, 07300 Mauves, Tel. 75.08.14.96 ⏳ n. V.

BERNARD GRIPA 1990★

□   2 ha   8 000   ■ ⑾ ↓ Ⅴ 4

Klar wie Mariä Verkündigung. Dieser nach Honig und weißen Blüten duftende Saint-Joseph hat noch nicht sein letztes Wort gesagt. Im Abgang bleibt er etwas hart, die Struktur ist noch unvollständig, aber das alles dürfte sich normalerweise günstig entwickeln, denn dieser Wein ist gut ausgebaut worden. Die Fruchtigkeit ist vorhanden. 1988 haben wir den 85er besonders empfohlen.

☛ Bernard Gripa, 5, av. Ozier, 07300 Mauves, Tel. 75.08.14.96 ⏳ n. V.

JEAN-LOUIS GRIPPAT 1990

■   3 ha   ■ ⑾ ↓ Ⅴ 3

Von diesem Wein haben wir 1989 den 86er empfohlen. Feines Aroma über einer würzigen Note, das ist der 90er. Klare Ansprache und typischer Charakter mit Feuerstein im Nachgeschmack. Trinkreif.

☛ Dom. Jean-Louis Grippat, La Sauva, 07300 Tournon-sur-Rhône, Tel. 75.08.15.51 ⏳ n. V.

848

DOM. DU MONTEILLET
Cuvée du Papy 1990 * *

| ■ | 1,3 ha | 4 000 | ◫ ↓ ☑ 3 |

Von diesem Gut hat man einen wunderbaren Blick auf die umgebenden Bergmassive. Aber auch dieser Wein hat einen unserer strengsten und angesehensten Juroren begeistert. Ein Syrah mit einer intensiven roten Farbe, der im neuen Holzfaß ausgebaut worden ist. Das spürt man, aber die Holznote wirkt nicht aufdringlich in dem erlesenen Aroma (Feigen, Himbeeren, Gewürze). Der Veilchengeschmack ist sehr typisch für einen Saint-Joseph. Männlicher Charakter, Fülle, Gerbsäure und eine leichte, jugendliche Adstringens. Ein Wein, den man noch lange lagern muß.
📞 Antoine Montez, Le Montelier, 42410 Chavanay, Tel. 74.87.24.57 ☂ n. V.

DOM. DE MONTEILLET 1991

| ☐ | k.A. | 1000 | ❚ ☑ 2 |

Ein Weißwein ? Dann schauen Sie sich doch einmal diese überaus lebhafte Farbe an ! Man wundert sich deshalb auch nicht, wenn der Holzton den Wein so sehr beherrscht, daß er alles überdeckt. Alkohol und Finesse, es gibt dennoch darunter einige Versprechungen ...
📞 Antoine Montez, Le Montelier, 42410 Chavanay, Tel. 74.87.24.57 ☂ n. V.

OGIER 1989

| ■ | k.A. | 6 000 | ◫ 3 |

Eine überaus strahlende Farbe, die ins Violette spielt. Im Duft entwickelte er Noten, die in Richtung gekochte Früchte gehen. Die Ansprache im Geschmack ist viel gefälliger : Extrakt, gutes Gerüst, jugendliche Kraft. Ein Wein, den man wegen seines beunruhigenden Buketts im kommenden Jahr trinken sollte.
📞 A. Ogier et Fils, rte d'Avignon, 84230 Châteauneuf-du-Pape, Tel. 90.20.70.44

ANDRE PERRET 1990 *

| ■ | 2,5 ha | 10 000 | ◫ ↓ ☑ 2 |

Himbeeren, schwarze Johannisbeeren und Veilchen unternehmen einen eleganten Angriff auf die Nase. Im Geschmack spielt das Veilchenaroma die erste Geige in einer vollen und reichen konzertanten Sinfonie. Erstaunlich langer Bogenstrich im Finale.
📞 André Perret, Verlieu, 42410 Chavanay, Tel. 74.87.24.74 ☂ n. V.

REINE PEDAUQUE 1989

| ■ | k.A. | k.A. | ◫ 3 |

Konfitüre aus roten Früchten und Röstaroma unter einer schlecht definierten Farbe. Ein seltsamer Wein, dessen Fehler seine Reize nicht verbergen können. Er verdient es, hier erwähnt zu werden, weil er eine komplexe, aber fesselnde Persönlichkeit besitzt.
📞 Reine Pédauque, Le Village, 21420 Aloxe-Corton, Tel. 80.26.40.00 ☂ n. V.

CAVE DE SAINT-DESIRAT
Côte Diane 1990 *

| ■ | 12 ha | 40 000 | ◫ ↓ ☑ 2 |

So sind unsere Juroren. Der eine entdeckt an ihm einen Karamelduft, der zweite ein Blütenbukett und der dritte ein würziges Aroma. Diese drei Eindrücke sind nicht unvereinbar. Dagegen beurteilen ihn alle als vollkommen rund, etwas rustikal, mit einer Lakritznote im Nachgeschmack, als authentisch und gut strukturiert. Man kann ihn sofort trinken oder noch aufheben.
📞 Cave de Saint-Désirat, 07340 Saint-Désirat, Tel. 75.34.22.05 ☂ n. V.

CAVE DE SAINT-DESIRAT
Grand Prix 1988 *

| ■ | 12 ha | 40 000 | ❚ ↓ ☑ 2 |

Ein 88er, der seine ganze Klarheit bewahrt hat. Schlichter Duft : Kakaobohnen und eine mineralische Note. Viel Stoff, im Geschmack eine Note von Verbranntem. Für den Jahrgang wirkt er noch jung.
📞 Cave de Saint-Désirat, 07340 Saint-Désirat, Tel. 75.34.22.05 ☂ n. V.

CAVE DE TAIN L'HERMITAGE 1990

| ■ | 62 ha | k.A. | ◫ ↓ ☑ 2 |

Dieser 90er besitzt ein ganz kurzes Kleid. Er entfaltet ein leichtes Vanillearoma und einen Hauch von Veilchen. Gefällig, leicht, jung, etwas aggressiv : ein – wie schrieb einer unserer Prüfer – »liebenswürdiger kleiner Wein« .
📞 Cave de Tain-l'Hermitage, 22, rte de Larnage, B.P. 3, 26600 Tain-l'Hermitage, Tel. 75.08.20.87 ☂ n. V.

Crozes-Hermitage

Diese Appellation umfaßt Reblagen, in denen der Weinbau nicht so schwierig wie in der Appellation Hermitage ist ; sie erstreckt sich auf elf Gemarkungen in der Umgebung von Tain-l'Hermitage. Mit 1 029 ha ist sie der Produktionsmenge nach die größte Appellation der nördlichen Côtes du Rhône. Die Böden, die reicher als im Hermitage-Gebiet sind, liefern weniger kräftige, fruchtige Weine, die man jung trinkt. Die Rotweine sind ziemlich geschmeidig und aromatisch. Die Weißweine sind trocken und frisch und besitzen eine leichte Farbe und ein Blütenaroma ; wie die weißen Hermitageweine passen sie wunderbar zu Süßwasserfischen.

AUGUSTE BESSAC Carte or 1989

| ■ | k.A. | k.A. | ◫ **3** |

Ein sauberer Rotwein mit einem dezenten Duft, in dem sich Früchte mit Eichenholz verbinden. Fehlerlos, mit einer gewissen Rauheit, angenehm und zweifellos noch jugendlich.

☛ Caves Bessac, 84230 Châteauneuf-du-Pape, Tel. 90.83.72.51

CH. CURSON 1991

| ☐ | 1,5 ha | 8 000 | ◫ ↓ ☑ **3** |

Gehörte Curson einst Diane de Poitiers ? Eignet sich die Alterung in Holzfässern für den weißen Crozes-Hermitage ? Man stellt sich viele Fragen, wenn man diesen 91er kostet, der mit seinen blumig-fruchtigen Noten einschmeichelnd wirkt, aber einen nicht am nervigen Charakter besitzt. Gute Ausgewogenheit.

☛ Dom. Pochon, Ch. de Curson, 26600 Chanos-Curson, Tel. 75.07.34.60 ☎ n. V.

CH. CURSON 1990*

| ■ | 3 ha | 15 000 | ◫ ↓ ☑ **3** |

Dieser 90er hatte die Verbindung von Wein und Holzfaß noch nicht verarbeitet, als wir ihn verkosteten. Purpurrot, mit bräunlichen Reflexen, intensives Vanillearoma, kräftig und strukturiert. In einiger Zeit wird er ein sehr guter Tropfen sein.

☛ Dom. Pochon, Ch. de Curson, 26600 Chanos-Curson, Tel. 75.07.34.60 ☎ n. V.

DOM. DES ENTREFAUX 1991

| ☐ | 3 ha | 17 000 | ▮ ◫ ↓ ☑ **2** |

Der »Weißwein von Mercurol« (die Gemeinde, wo die Marsannetrauben für diesen Wein erzeugt werden) war früher berühmt, aber er wurde im Winter nach der Lese als lieblicher Wein getrunken. Heutzutage ist er ein trockener Weißwein. Hier ist die Farbe kräftiger ausgefallen und zeigt einige bernsteingelbe Reflexe. Das Bukett begnügt sich nicht damit, einen leichten Weißdorfduft zu verströmen. Er ist noch sehr jung, leicht säuerlich und muß deshalb noch altern, damit er sich besser entfalte.

☛ Dom. des Entrefaux, quartier de la Beaume, 26600 Chanos-Curson, Tel. 75.07.33.38 ☎ n. V.

☛ Tardy et Ange

DOM. DES ENTREFAUX 1990

| ■ | 16 ha | 60 000 | ▮ ◫ ↓ ☑ **2** |
| 80 81 82 |83| 84 |85| |86| |87| |88| |89| 90 |

Ein Vorfahre von Charles Tardy war einer der ersten Winzer in dieser Gegend, die »amerikanische Hölzer« einführten, um sie nach der Reblausinvasion als Unterlagen für Pfropfreben zu verwenden und die zerstörten Weinberge wiederherzustellen. Dieser granatrote Syrah paßt zu würzigen Saucen. Er entfaltet nämlich ein Bukett,

---

in dem sich sehr konzentrierte rote Früchte bis zu Paprikanoten hin entwickeln. Ein angenehmer, geschmeidiger Wein, der gut gebaut ist und im Geschmack eine recht delikate Note von schwarzen Johannisbeeren enthüllt. Sollte jung getrunken werden.

☛ Dom. des Entrefaux, quartier de la Beaume, 26600 Chanos-Curson, Tel. 75.07.33.38 ☎ n. V.

☛ Tardy et Ange

ALAIN GRAILLOT 1990*

| ■ | 15 ha | 60 000 | ◫ ↓ ☑ **3** |

Dieser Winzer, der hier seit 1985 18 ha Rebflächen besitzt, hat unserer Jury für diese Appellation zwei Cuvées präsentiert. Tanninreich und ein wenig kantig, aber die Adstringens überdeckt nicht seine wirklich interessante Struktur : viel Tiefe und Stoff, Duft von Kirschen, schwarzen Johannisbeeren und Gewürzen, fruchtiger Geschmack und ein Bau so kräftig wie eine Zisterzienserscheune. Muß noch reifen.

☛ Alain Graillot, 13, pl. du Taurobole, 26600 Tain-l'Hermitage, Tel. 75.07.17.93 ☎ n. V.

LA CHATELAUDE 1989

| ■ | k.A. | k.A. | ◫ ↓ ☑ **2** |

Die dunkelrote Farbe dieses 89ers spielt ins Granatrote und zeigt einige orangerote Reflexe. Das Aroma erinnert an sehr reife Früchte. Angenehme Struktur, aber erste Anzeichen für eine oxidative Entwicklung deuten darauf hin, daß der jugendliche Charakter in die Reife übergeht. Er beginnt ein alter Wein zu werden : Wir empfehlen Ihnen, daß Sie ihm Zeit lassen, sich in diesem neuen Zustand zu entwickeln.

☛ Dom. Michel Bernard, La Serrière, rte de Sérignan, 84100 Orange, Tel. 90.34.35.17

DOM. PRADELLE 1991

| ☐ | 3,5 ha | 20 000 | ▮ ↓ ☑ **2** |

Hermitage Blanc : Das ist der Name der Rebsorte Marsanne in der Schweiz, im Wallis. Denn diese Rebsorte ist zum Synonym für diesen Teil des Rhônetals geworden. Sie liefert hier einen goldgelben Weißwein mit komplexem Aroma (vor allem Pfirsiche) und eleganter Struktur. Ziemlich typisch. Man sollte ihn zu Pognes de Romans probieren.

☛ GAEC Pradelle, 26600 Chanos-Curson, Tel. 75.07.31.00 ☎ Mo-Sa 8h-12h 14h-18h

DOM. PRADELLE 1989

| ■ | 16 ha | 50 000 | ◫ ↓ ☑ **2** |

Die Farbe ist, dem Jahrgang entsprechend, von mittlerer Intensität. Beim ersten Riechen zeigt er sich verschlossen und entfaltet erst allmählich ein fruchtig-holziges Aroma. Recht runde Tannine und angenehme Harmonie im Geschmack. Man kann ihn trinken oder noch lagern.

☛ GAEC Pradelle, 26600 Chanos-Curson, Tel. 75.07.31.00 ☎ Mo-Sa 8h-12h 14h-18h

CAVE DE TAIN L'HERMITAGE 1990*

| ■ | 665 ha | k.A. | ▮ ↓ ☑ **2** |

Die Genossenschaftswinzer von Tain-l'Hermitage vinifizieren die Trauben von 665 ha Rebflächen und erzeugen auch diesen gelungenen Wein. Die Farbe besitzt ein sehr intensives Feuer. Der

Duft erinnert an schwarze Johannisbeeren. Ausgezeichnete Herstellung : ein gut vinifizierter Syrah mit schöner, aber nicht übertriebener Nervigkeit. Man kann ihn ein bis zwei Jahre im Keller aufheben.
🍷 Cave de Tain-l'Hermitage, 22, rte de Larnage, B.P. 3, 26600 Tain-l'Hermitage, Tel. 75.08.20.87 ☂ n. V.

CAVE DE TAIN L'HERMITAGE
1990*

□	60 ha	k.A.	▮↓☑ **2**

60 ha Rebflächen mit Marsannetrauben, soweit das Auge reicht ... Ein 90er mit einer sehr blassen Farbe, der nach Weißdornblüten und Vanille duftet. Gute Präsenz im Geschmack dank einer glücklichen Verbindung von Fülle und Säure. Lang und frisch
🍷 Cave de Tain-l'Hermitage, 22, rte de Larnage, B.P. 3, 26600 Tain-l'Hermitage, Tel. 75.08.20.87 ☂ n. V.

DOM. DE THALABERT 1990

▮	35 ha	160 000	⦀↓☑ **3**

Lebhafte, strahlende Farbe : fast schwarz mit roten Reflexen. Der verschlossene Duft erinnert etwas an Tiergeruch. Die Holznote entdeckt man auch im Geschmack. Ein fleischiger, robuster Wein mit harmonischen Tanninen. Er kann bestimmt nicht sehr lang altern.
🍷 Paul Jaboulet Aîné, Les Jalets, B.P. 46, 26600 La Roche-de-Glun, Tel. 75.84.68.93 ☂ n. V.

CHARLES VIENOT 1990

▮	k.A.	k.A.	▮ **2**

Ein hübscher, bläulichroter Wein mit einer leichten Fruchtigkeit, in der rote Johannisbeeren und Erdbeeren über einem Vanillearoma dominieren. Über einer soliden Struktur zeigt er sich geschmeidig, so daß er nicht ewig altern kann. Dennoch bietet er einen lebhaften Genuß, weil man in ihm genau den Charakter der Rebsorte in einer vollmundigen Form findet.
🍷 Charles Viénot, 5, quai Dumorey, 21700 Nuits-Saint-Georges, Tel. 80.62.31.05 ☂ Mo-Fr 8h-12h 14h-18h

Hermitage

Der Hermitage-Hügel, der eine sehr gute Südlage besitzt, liegt nordöstlich von Tain-l'Hermitage. Der Weinbau reicht hier bis ins 4. Jh. v. Chr. zurück. Der Name der Appellation wird aber dem Ritter Gaspard de Sterimberg zugeschrieben, der nach den Albigenserkriegen beschloß, sich von der Welt zurückzuziehen. Er errichtete hier eine Einsiedelei (= Ermitage), machte das Land urbar und pflanzte Reben an.

Die Appellation umfaßt 126 ha. Das Bergmassiv von Tain besteht im Westen aus Quarzsand, der einen idealen Boden für die Produktion von Rotweinen abgibt (Reblagen Les Bessards, Le Méal und Les Greffeux). Im Osten und Südosten befinden sich Geröll- und Lößböden, die sich für die Erzeugung von Weißweinen eignen (Les Rocoules, Les Murets).

Der rote Hermitage ist ein Spitzenwein, der tanninreich und sehr aromatisch ist und fünf bis zehn, teilweise sogar zwanzig Jahre altern muß, bevor er ein Bukett von seltener Reichhaltigkeit und Qualität entfaltet. Er ist somit ein großer, lagerfähiger Wein, den man bei einer Temperatur von 16 bis 18°C zu Wild oder rotem Fleisch serviert. Der weiße Hermitage (aus den Rebsorten Roussanne und vor allem Marsanne) ist ein sehr feiner, säurearmer Wein, der geschmeidig, voll und sehr duftig ist. Man kann ihn schon im ersten Jahr nach der Lese probieren, aber seinen Höhepunkt erreicht er erst nach fünf bis zehn Jahren. Doch die großen Jahrgänge können, gleichgültig ob weiß oder rot, 30 bis 40 Jahre altern.

BEAUDEFOND 1989*

▮	k.A.	k.A.	⦀↓☑ **4**

Er hat seine strenge Phase erreicht, so daß man ihn noch altern lassen muß. Fruchtiges Aroma und Röstgeruch. Holzton. Die geschmeidige Ansprache entwickelt sich zu einem guten Volumen hin. Noch »stolpert« man über die Tannine. Ein Wein für die Zukunft.
🍷 Dom. Michel Bernard, La Serrière, rte de Sérignan, 84100 Orange, Tel. 90.34.35.17

CHANTE-ALOUETTE 1989**

□	k.A.	k.A.	⦀ **5**

Chante-Alouette, ein berühmter Weißwein der AOC Hermitage, erreicht mit dem 89er einen aromatischen Höhepunkt : Lindenblüten und Weißdorn über einem Aroma von Bienenwachs. Der Geschmack ist sehr voll und harmonisch. Ein bemerkenswerter Wein mit einer strohgelben, gründlich schimmernden Farbe.
🍷 SA Chapoutier, 26600 Tain-l'Hermitage, Tel. 75.08.28.65

DOM. J.-L. CHAVE 1989***

□	k.A.	k.A.	⦀ **5**

Zum Zeitpunkt unserer Verkostung waren nur die 89er verfügbar. Das Kleid erschien unserer Jury sehr jugendlich, so daß wir versucht sind, zu schreiben, es sei sehr modisch, im Stil des Hauses mit dem großen M. Dem entspricht auch das Bukett : Bienenwachs, Akazienblüten, Erdbeeren.

Der volle Geschmack zeigt eine schöne Länge mit einem Hauch von Wärme.
☛ Jean-Louis Chave, 07300 Mauves, Tel. 75.08.24.63

DOM. J.-L. CHAVE 1989★★★

■	k.A.	k.A.	◖	5

Eine dunkle, granatrote Farbe. Der Geruchseindruck ist eher rauchig (Kaffee, Rauch, Geröstetes), enthüllt aber auch ein Aroma von Fruchtsirup (rote Früchte) und pfeffrige Noten. Der Geschmack bestätigt, daß dieser 89er einen sehr hübschen Körper besitzt. Nachhaltiges Aroma.
☛ Jean-Louis Chave, 07300 Mauves, Tel. 75.08.24.63

DOM. J.-L. GRIPPAT 1990★

■	0,3 ha	2 000	◖ ↓ ☑ 5

Ein geschmeidiger 90er, der dem Auge schmeichelt. Brombeeren und schwarze Johannisbeeren ergeben einen verführerischen Duft. Alles ist vorhanden: Eichenholz, Tannine und Säure. Interessantes Potential.
☛ Dom. Jean-Louis Grippat, La Sauva, 07300 Tournon-sur-Rhône, Tel. 75.08.15.51 ☖ n. V.

LE CHEVALIER DE STERIMBERG 1990★

□	5 ha	25 000	◖ ↓ ☑ 5

Nachdem der Ritter de Sterimberg Krieg gegen die Albigenser geführt hatte, wurde er Einsiedler, um für seine Sünden Buße zu tun. So entstand im 13. Jh. die »Hermitage«. 1987 haben wir den 84er besonders empfohlen. Der 89er leidet unter einem beherrschenden Holzton, der sich aber mit dem Alter geben dürfte, so daß der Duft von Akazienblütenhonig und eingemachten Früchten zur Geltung kommt. Alles echte Anzeichen von Charakter.
☛ Paul Jaboulet Aîné, Les Jalets, B.P. 46, 26600 La Roche-de-Glun, Tel. 75.84.68.93 ☖ n. V.

CAVE DE TAIN L'HERMITAGE 1989★

■	31 ha	k.A.	◖ ↓ ☑ 4

Dieser sehr dunkelrote 89er fackelt nicht lange: sein Duft von reifen Früchten und Gewürzen dringt zielstrebig in die Nase ein. Jugendlicher Tanninreichtum, ziemlich säuerlicher Abgang. Im Augenblick mangelt es ihm noch an Liebenswürdigkeit, aber das geht vorüber.
☛ Cave de Tain-l'Hermitage, 22, rte de Larnage, B.P. 3, 26600 Tain-l'Hermitage, Tel. 75.08.20.87 ☖ n. V.

DOM. DE VALLOUIT 1990

■	2 ha	9 000	◖ ↓ ☑ 5

Bernard Hinault streifte einen Tag lang sein Radfahrertrikot ab und füllte hier bei L. de Vallouit seine Trinkflasche nach. Wenn der Wein, den er damals probierte, diesem 90er (100% Syrah) ähnelte, wird ihm die Etappe keine weichen Knie bereitet haben. Mittlere Intensität, nicht sehr komplex und konzentriert, aber ein angenehmer Wein, den man schon jetzt trinken kann.
☛ L.-F. de Vallouit, Le Château, 07130 Châteaubourg, Tel. 75.23.10.11 ☖ tägl. 9h-19h

Cornas

Gegenüber von Valence erstreckt sich die Appellation (75 ha) ausschließlich auf das Gebiet von Cornas. Die Quarzsandböden auf den ziemlich steilen Hängen werden durch die Arbeit der Winzer stabilisiert. Der Cornas ist ein männlicher, kräftig gebauter Rotwein, der mindestens drei Jahre reifen muß (aber manchmal viel länger altern kann), damit er sein fruchtig-würziges Aroma zu rotem Fleisch und Wild entfalten kann.

A. CLAPE 1989★★

■	3,2 ha	k.A.	◖ ↓ 4

Einer der berühmtesten Namen im Rhônetal, aber auch einer der größten französischen Weine. Jung, sehr jung. Die Farbe, der Duft, der Geschmack. Erstere ist tief, während der Geruchseindruck ein animalisches Aroma mit Noten von Heidekraut enthüllt. Der Geschmackseindruck ist kräftig, reich an guten Tanninen und nachhaltig. Die Zeit wird ihm zu einer vielversprechenden Entwicklung verhelfen.
☛ SCEA Auguste Clape, 07130 Cornas, Tel. 75.40.33.64

M. ET D. COURBIS Champelrose 1990★

■	0,9 ha	5 700	◖ ↓ ☑ 4

Ein altes Gut, das seine Syrahtrauben seit dem Jahrgang 1990 entrappt. Wir werden weitersehen. Purpurrote Farbe mit bläulichroten Nuancen. Ein Wein mit einem aufregenden Bukett (Feuerstein, Lakritze, Vanille), das an der Luft noch intensiver wird. Sehr reife Fruchtigkeit. Schöne Struktur. Auch wenn er sich noch etwas entwickeln muß, erscheint das Resultat schon sehr positiv. Sicherlich ist er alkoholreich, aber das ist hier kein Grund zur Klage. Vom gleichen Erzeuger hätten wir hier auch »La Sabarotte« anführen können.
☛ Maurice et Dominique Courbis, GAEC Les Rivières, 07130 Châteaubourg, Tel. 75.40.32.12 ☖ n. V.

Saint-Péray

Das Anbaugebiet von Saint-Péray (58 ha), das gegenüber von Valence liegt, wird von den Ruinen der Burg Crussol überragt. Ein relativ kühles Mikroklima und Böden, die reicher als in der übrigen Gegend sind, begünstigen die Erzeugung von trockenen Weinen, die mehr Säure- und weniger Alkoholgehalt besitzen und sich sehr gut für die Herstellung von Blanc-de-Blancs-Schaumweinen nach dem Champagner-Verfahren eignen. Diese machen auch den Hauptteil der Produktion dieser Appellation aus und gehören zu den besten französischen Schaumweinen.

GAEC DU BIGUET 1990

| □ | 1 ha | 5 000 | ▮↓☑️❷ |

Eine alte Winzerfamilie unweit des Schlosses Crussol. Dieser 90er, der ausschließlich aus Marsannetrauben hergestellt worden ist, besitzt eine schöne, strohgelbe Farbe und ein Aroma, das im Duft ebenso wie im Geschmack Lindenblüten und exotische Früchte sowie einen Hauch von Akazienblütenhonig vereint.
🍷 Cave Thiers et Fils, Biguet, 07130 Toulaud, Tel. 75.40.49.44 ⛉ n. V.

Gigondas

Am Fuße der erstaunlichen Dentelles de Montmirail liegt das berühmte Anbaugebiet von Gigondas, das aus einer Reihe von Hügeln und Tälern besteht. Seit uralten Zeiten wird hier Wein angebaut, aber die eigentliche Entwicklung des Weinbaus begann im 14. Jahrhundert (Reblagen Le Colombier und Les Bosquets) auf Betreiben von Eugène Raspail. Gigondas war zunächst als Côtes du Rhône und ab 1966 als Côtes du Rhône-Villages eingestuft, ehe es 1971 eine eigene Appellation erhielt (1 183 ha im Jahre 1990).

Aufgrund der besonderen Natur der Böden und der klimatischen Bedingungen werden hier überwiegend Rotweine erzeugt (insgesamt 41 000 hl), die einen sehr hohen Alkoholgehalt aufweisen, kräftig, gut gebaut und wohlausgewogen sind und ein feines Aroma (Lakritze, Gewürze und Steinobst) entfalten. Sie passen gut zu Wild. Da sie langsam reifen, können sie ihre Qualitäten viele Jahre lang bewahren. Daneben gibt es auch einige Roséweine, die kräftig und alkoholreich sind.

DOM. DE BOISSAN 1989★★

| ▮ | 9 ha | 15 000 | ▮☑️❷ |

Ein Gigondas betrachtet sich am Morgen im Spiegel. Was sieht er? Ein rotes Gesicht mit einem bläulichroten Schimmer. Eine Nase, die in einem Früchtekorb mit zerdrückten Brombeeren steckt. Einen Mund mit genießerischen, fleischigen Lippen. Und eine schöne Jugend, die vom Glas ausstrahlt.
🍷 Christian Bonfils, Dom. de Boissan, 3, rue Saint-André, 84110 Sablet, Tel. 90.46.93.30 ⛉ tägl. 8h-20h

DOM. DES BOSQUETS 1990★

| ▮ | 25 ha | 95 000 | ▮◗↓❷ |

Die Ursprünge dieses Gutes, das am Nordwesthang des Ventoux liegt, reichen bis 1376 zurück. Sein Aufschwung begann 1870 unter dem Einfluß von Eugène Raspail. Heute umfaßt es 25 ha und gehört der Familie Meffre. Dieser Wein, der alle 100 Jahre den Besitzer wechselt, nimmt sich Zeit, sich zu entwickeln und sich bekannt zu machen. Er entfaltet sich auf eine robuste und liebenswerte Weise, in einem sehr bodenständigen Stil (Aroma von Unterholz, danach animalische Noten und in Alkohol eingelegte Früchte).
🍷 Sylvette Bréchet, Dom. des Bosquets, 84190 Gigondas, Tel. 90.65.86.09 ⛉ n. V.

DOM. BRUSSET 1990

| ▮ | 5 ha | k.A. | ▮↓☑️❷ |

Es wäre nicht klug, diesen Gigondas Henry Jayer probieren zu lassen, denn dieser Patriarch von Vosne-Romanée hat eine heilige Abscheu vor Tanninen und befindet stets: »Zu tanninreich.« Dieser 90er bereitet noch Schwierigkeiten bei der Verkostung. Er entwickelt einen kräftigen, tanninbetonten Biß. Man muß ihn altern lassen und hoffen.
🍷 Daniel Brusset, Dom. Brusset, Le Village, 84290 Cairanne, Tel. 90.70.91.60 ⛉ tägl. 9h-12h 14h-18h

DOM. DE FONT-SANE 1990

| ▮ | 8 ha | 20 000 | ◗☑️❹ |

Ein Konzert für Cassis und Orchester. Die schwarzen Johannisbeeren sind schwungvoll, während sich das Orchester auf eine solide Gerbsäure stützt. Dennoch endet das Ganze mit einer krautartigen Note, die der Komponist hier gesetzt hat. Man weiß nicht so recht, warum. Vielleicht wird er sie bei der Durchsicht streichen. Zum Zeitpunkt unserer Verkostung war dieser Wein noch nicht auf Flaschen abgezogen.
🍷 GAEC Gilbert Peysson et Fille, Dom. de Font-Sane, 84190 Gigondas, Tel. 90.65.84.31 ⛉ n. V.

DOM. DU GOUR DE CHAULE 1990

| ▮ | 10 ha | 30 000 | ▮↓☑️❷ |

Dieses Familiengut entstand, als das Jahrhundert erst ein Jahr alt war. Drei Generationen von Winzern vereinen hier heute ihre Kräfte. Aline empfiehlt einen Ziegenkäse, damit man ihren Gigondas richtig beurteilt. Sie hat nicht unrecht. Dieser Wein ist nämlich sehr einfach. Er wird von der Grenacherebe dominiert und ist kraftvoll und alkoholreich. Vielleicht mangelt es ihm noch an der Erscheinung eines echten Cru.
🍷 SCEA Beaumet-Bonfils, Dom. Gour de Chaulé, 84190 Gigondas, Tel. 90.65.85.62 ⛉ n. V.
🍷 Aline Bonfils

TAL DER RHONE

DOM. DU GRAND MONTMIRAIL
1990

■   k.A.   k.A.   ▮↓Ⓥ❷

Eine burgundische Familie, die man vor allem in Gevrey-Chambertin (Domaine des Varoilles) und im Clos de Vougeot (Domaine Misset) findet. Yves Chéron hat sich dafür entschieden, »auszuwandern« und sein Glück bei Syrah und Grenache zu finden. Die Struktur kommt hier im Geruchseindruck deutlicher als im Geschmack zum Vorschein. Man kann diesen Wein bald trinken.
➼ SC du Grand Montmirail, 84190 Gigondas, Tel. 90.65.00.22

DOM. LA GARRIGUE 1990*

■   2,51 ha   11 000   ▮↓Ⓥ❷

Dieses Gut wird seit der Mitte des letzten Jahrhunderts von derselben Familie bewirtschaftet. Seine Rebstöcke liefern hier einen Wein, der sehr jung geblieben ist und das klassische Aroma von Kirschen und schwarzen Johannisbeeren mit einem exotischeren Duft verknüpft. Ein ausgezeichneter Wein, dessen Tannine von heißblütigem, feurigem Fleisch umhüllt sind.
➼ GAEC A. Bernard et Fils, Dom. La Garrigue, 84190 Vacqueyras, Tel. 90.65.84.60 ⓨ n. V.

DOM. DE LA MAVETTE 1990*

■   6 ha   25 000   ▮⓵↓Ⓥ❷

Dieser ungestüme Rotwein mit der ausgeprägten Mentholnote besitzt das heiße Blut des Rhônetals. Er hat Charakter, aber die Unterhaltung endet in einem etwas rauhen Tonfall. Ein Hauch von Rustikalität, aber gute Ausgewogenheit, was für eine schöne Zukunft spricht.
➼ GAEC Lambert et Fils, Dom. de La Mavette, rte de Lancieux, 84190 Gigondas, Tel. 90.65.85.29 ⓨ tägl. 9h-12h 14h-18h

DOM. LA TOURADE 1990**

■   5,5 ha   17 000   ⓵Ⓥ❷

Dieses Gut, das seit langer Zeit im Besitz der Familie Richard ist, »strahlt in der dionysischen Sonne von Gigondas« , wie uns dieser Winzer erzählte, der ebenso berühmte Rennfahrer wie prominente Politiker empfängt. Ein Hahn in Gigondassauce könnte zu diesem Wein passen. Er erinnert nämlich mit seinem feurigen Temperament und seiner seltenen Eleganz an in Alkohol eingelegte Früchte, Pelze und Gewürze.
➼ André Richard, Dom. La Tourade, 84190 Gigondas, Tel. 90.70.91.09 ⓨ tägl. 9h-19h

CUVEE DE LA TOUR SARRAZINE
1990**

■   12 ha   13 000   ▮↓Ⓥ❷

Das vor einem Vierteljahrhundert geschaffene Gut liegt unterhalb eines alten Wachturms, der die gesamte Ebene des südlichen Vaucluse überragt. Im letzten Jahr haben wir den 89er besonders empfohlen. Auch in diesem Jahr kommt diese Cuvée glänzend zur Entfaltung. Einige ziegelrote Nuancen, ein sehr feines Bukett, das an Erika und Trüffeln erinnert, und ein perfekter Geschmackseindruck, der durch eine würzige Note betont wird. Trinken Sie ihn mit Bedacht !

➼ Dom. Le Clos des Cazaux, 84190 Vacqueyras, Tel. 90.65.85.83 ⓨ Mo-Sa 9h-12h 14h-19h
➼ L. Archimbaud und M. Vache

DOM. LE GRAND ROMANE 1990

■   5 ha   20 000   ⓵↓Ⓥ❷

Tiefe, granatrote Farbe. Dieser noch verschlossene Wein verdient es, noch im Keller zu lagern, damit seine Qualitäten harmonischer werden können. Das Gerüst ist sicherlich interessant, die Struktur angenehm, aber das Faß gibt dem Ganzen einen übermäßigen Vanilleton. Das dürfte sich jedoch harmonisch zusammenfügen.
➼ SCEA de Gigondas, Dom. Le Grand Romane, 84190 Gigondas, Tel. 90.65.85.90 ⓨ n. V.

L'OUSTAU FAUQUET 1990*

■   9 ha   30 000   ▮⓵↓Ⓥ❸

Die Großeltern der heutigen Besitzer erhielten dieses Gut 1910, als sie Pächter ihrer Cousins waren. Zweimals haben wir ihren Wein besonders empfohlen : die Jahrgänge 1984 und 1985. Dieser Wein verachtet somit nicht Ruhm. Dennoch ist es ein wenig früh, um ihn wirklich einzuschätzen. Man erahnt ein interesssantes Potential mit einer Mischung von Blumen und Früchten über einem animalischen Aroma. Geschmeidig und ausgewogen, mit einem würzigen Aroma und guten Tanninen. Die Zeit kann ihn nur noch besser machen.
➼ Roger Combe et Fille, Dom. La Fourmone, rte de Bollène, 84190 Vacqueyras, Tel. 90.65.86.05 ⓨ n. V.

P. DE MARCILLY 1990

■   k.A.   k.A.   ▮↓❷

Eine der zahlreichen burgundischen Firmen, die von der Gruppe J.-C. Boisset in Nuits-Saint-Georges übernommen worden sind. Geleitet wird sie jedoch weiter von einem Familienmitglied. Ein gefälliger Wein, der farbintensiv, fruchtig und voll ist. Bereits trinkfertig.
➼ P. de Marcilly, B.P. 102, 21702 Nuits-Saint-Georges, Tel. 80.61.14.26

CH. DE MONTMIRAIL
Cuvée de Beauchamp 1990*

■   27 ha   80 000   ▮Ⓥ❷

Gabriel, der Vater von Maurice Archimbaud, war mit Baron Leroy befreundet und kämpfte an seiner Seite für die Appellationen der Region. Ein Teil des ehemaligen Thermalbads von Montmirail wurde gekauft, um darin Lagerkeller einzurichten. Sie können eine Kur mit diesem 90er machen : bläulichrote Farbe, entfaltet, kräftig im Geschmack, recht duftig, nachhaltig. Aber warten Sie noch ein wenig : In ein bis zwei Jahren wird er sich noch besser entwickelt haben.
➼ Archimbaud-Bouteiller, B.P. 12, crs Stassart, 84190 Vacqueyras, Tel. 90.65.86.72 ⓨ Mo-Sa 8h-12h 13h30-19h

MOULIN DE LA GARDETTE 1990

■   7 ha   25 000   ⓵Ⓥ❷

Wenn man die Dokumente im Archiv von Rochegude durchblättert, findet man schon 1590 Hinweise auf Weinbau in diesem Gebiet. Ein farbenfrohes Etikett. Die Farbe des Weins ist darauf eingestellt. Dieser 90er besitzt eine gewisse

Originalität und hat noch seine ganze Jugendlichkeit bewahrt. Das Aroma von schwarzen Johannisbeeren und die Tannine sind hier nicht bloße Verzierung.

🍷 Laurent Meunier et Fils, Moulin de La Gardette, 84190 Gigondas, Tel. 90.65.85.18 ⚊ n. V.

DOM. DU PESQUIER 1990*

| ■ | 15 ha | 50 000 | 🍷 ⓰ ☑ 2 |

Dieses alte Weingut der Fürsten von Orange hat nichts von seinen Tugenden eingebüßt, als es in demokratischere Hände überging. Ein 90er mit einer sehr kräftigen Farbe, dessen Duft an Tiergeruch, Vanille und sogar Menthol erinnert. Er ist sehr mild und harmonisch, besitzt aber eine ziemlich leichte Struktur.

🍷 R. Boutière et Fils, EARL Dom. du Pesquier, 84190 Gigondas, Tel. 90.65.86.16 ⚊ n. V.

DOM. DE PIAUGIER 1990

| ■ | 1,8 ha | 7 200 | ☑ 2 |

Schönes Kleid über einem geschmeidigen Körper mit angenehmen Rundungen. Leichte Mentholnote im Duft. Danach entfalten sich Fruchtigkeit und Alkohol. Kann schon jetzt zu einem Schmorbraten getrunken werden.

🍷 Marc Autran et Fils, Dom. de Piaugier, 84110 Sablet, Tel. 90.46.90.54 ⚊ n. V.

CH. RASPAIL 1991*

| ◪ | 1 ha | 6 000 | 🍷 ↓ ☑ 2 |

Ein Rosé ist in der Appellation Gigondas etwas Selteneres. Man verkostet ihn überrascht und voller Neugierde. Dieser hier hat nichts von einem schwarzen Schaf an sich. Saubere Farbe. Ein Hauch von Engelwurz, Fülle und Lebhaftigkeit. Insgesamt sehr ordentlich.

🍷 Christian Meffre, Ch. Raspail, 84190 Gigondas, Tel. 90.65.88.93 ⚊ tägl. 10h-18h

CH. RASPAIL 1990*

| ■ | 30 ha | 140 000 | 🍷 ↓ ☑ 2 |

Château Raspail, eine Hochburg der politischen Geschichte und des Weinbaus von Gigondas, wurde 1866 von Eugène Raspail errichtet. Dieser Familie entstammte der berühmte François Raspail. Das Gut wurde 1979 von den Meffres übernommen. Das Gebäude konnte erbaut werden, als man eine griechische Statue entdeckte und an das Britische Museum verkaufte. Den heutigen Unterhalt sichert der Wein. Er besitzt ein schönes Aussehen und einen vollen, fruchtigen Charakter, aber seine Lagerfähigkeit scheint nur durchschnittlich zu sein.

🍷 Christian Meffre, Ch. Raspail, 84190 Gigondas, Tel. 90.65.88.93 ⚊ tägl. 10h-18h

DOM. RASPAIL-AY 1990*

| ■ | 18 ha | 40 000 | ⓰ ☑ 3 |

Albert Ay, der Großvater von Dominique, erbte dieses Gut 1920 ; er stammte aus der Familie Raspail. Eine einzige, 18 ha große Parzelle. »Wir sind nicht hier, um geschmeidige Weine zu machen« , erklärte der Besitzer. Dieser sehr dunkle Rotwein verströmt einen Duft von Kirschen in Alkohol. Das Holzfaß ist gut verarbeitet worden. Im Abgang kommen Gewürze zum Vorschein. Er besitzt Biß und Kraft. Sehr harmonisch. Dennoch hat er ein ziemlich geschmeidiges Rückgrat.

🍷 Dominique Ay, Dom. Raspail-Ay, 84190 Gigondas, Tel. 90.65.83.01 ⚊ n. V.

CH. REDORTIER 1988

| ■ | 4 ha | 15 000 | 🍷 ↓ ☑ 2 |

Etienne de Menthon sitzt gern vor seinem Kaminfeuer und raucht Pfeife. Aber er arbeitet auch, wie diese geschmackvoll zusammengestellte Cuvée aus Grenache und Syrah beweist. Aroma von gekochten Früchten, danach pflanzliche Noten, Unterholz, gute Struktur ... Komplex und elegant.

🍷 Etienne de Menthon, Ch. Redortier, 84190 Suzette, Tel. 90.62.96.43 ⚊ tägl. 10h-12h 14h-19h

DOM. SANTA DUC 1990

| ■ | k.A. | 25 000 | ⓰ ↓ ☑ 2 |

Viel Grenache und ein wenig Mourvèdre und Syrah. Die Farbe erinnert an Tinte. Ein Gärungsaroma, das sich in Richtung Trester bewegt. Dominierende Tannine : wahre Dentelles de Montmirail ! Man hätte ihn gern etwas runder gehabt.

🍷 GAEC Edmond Gras et Fils, Dom. Santa Duc, 84190 Gigondas, Tel. 90.65.84.49 ⚊ n. V.

SEIGNEURIE DE FONTANGE 1990*

| ■ | 14 ha | 57 000 | ⓰ ↓ ☑ 2 |

Alain Bombard hat einmal in diesem Keller »eine Flasche mit Fernweh« probiert, die dieser hier ähnelte. Strahlende Farbe, Kaffeeduft, Kakaogeschmack und würziges Aroma, so daß man Lust hätte, Amerika zu besuchen.

🍷 Cave des Vignerons de Gigondas, 84190 Gigondas, Tel. 90.65.86.27 ⚊ n. V.

DOM. DU TERME 1989

| ■ | 11 ha | k.A. | ⓰ ↓ ☑ 2 |

Das perfekte Beispiel für das, was man als empyreumatischen Geruchseindruck bezeichnet. d. h. Gekochtes, Rauch und in diesem Fall ein Hauch von Lakritze. Dieses Aroma ist auch im Geschmack spürbar. Sympathische Fülle. Er wird wahrscheinlich sehr gut altern.

🍷 Rolland Gaudin, Dom. du Terme, 84190 Gigondas, Tel. 90.65.86.75 ⚊ tägl. 9h-12h 14h-18h

CH. DU TRIGNON 1990***

| ■ | 10 ha | 35 000 | 🍷 ↓ ☑ 3 |

CHATEAU DU TRIGNON
1990 — 1990
VIN DES CÔTES DU RHÔNE
GIGONDAS
Appellation Gigondas Contrôlée
MISE EN BOUTEILLE AU CHATEAU
S.C.E.A. CHARLES ROUX ET FILS PROPRIETAIRES A GIGONDAS Vse FRANCE
13,5% Vol. — PRODUCE OF FRANCE — 750ml ℮

Die wichtigsten Daten : 1895 Erwerb der Weinberge durch Charles Roux, 1970 Einführung der

Kohlensäuremaischung für die Vinifizierung, 1989 besondere Empfehlung für den 86er im Hachette-Weinführer, 1991 Übernahme des Gutes durch Bruno Roux ... Und hier eine erneute besondere Empfehlung für diesen außergewöhnlichen 90er, dessen Farbe zwischen Karmin und Violett liegt. Ein toller Duft von Veilchen und Leder. Sehr feine Tannine und ein an Gewürze, rote Früchte und Trüffeln erinnerndes Aroma. Auf diesen Wein sollten Sie in Ihrem Keller nicht verzichten !

SCEA Charles Roux, Ch. du Trignon, 84190 Gigondas, Tel. 90.46.90.27 n. V.

Vacqueyras

Die AOC Vacqueyras, deren Produktionsbedingungen durch ein Dekret vom 9. August 1990 festgelegt worden sind, ist die dreizehnte kommunale Appellation der Côtes du Rhône.

Im Departement Vaucluse steht sie auf derselben Stufe wie die Appellationen Gigondas und Châteauneuf-du-Pape. Ihr Anbaugebiet, das zwischen Gigondas im Norden und Beaumes de Venise im Südosten liegt, erstreckt sich auf die beiden Gemarkungen Vacqueyras und Sarrians.

Bei der ersten Lese im Jahre 1990 erzeugten 687 ha Rebflächen rund 27 000 hl Wein.

Hergestellt werden die 1,5 Millionen Flaschen Vacqueyras von 23 Selbstabfüllern, einer Genossenschaftskellerei und drei Weinhändlern, die gleichzeitig junge Weine ausbauen.

Die Rotweine (95%) werden aus den Rebsorten Grenache, Syrah, Mourvèdre und Cinsault erzeugt; sie sind alterungsfähig (drei bis zehn Jahre). Die Roséweine gehen auf eine ähnliche Zusammenstellung der Rebsorten zurück. Weißweine werden nur in geringer Menge hergestellt (Rebsorten : Clairette, Grenache Blanc, Bourboulenc, Roussanne).

DOM. DES AMOURIERS 1990**

■ 4,36 ha 17 000 ■ V 2

Jocelyn, Enkel polnischer Emigranten, trägt einen Vornamen, der sehr stark an Lamartine erinnert. Sein Wein, der zur Hälfte aus Grenachetrauben hergestellt worden ist, entfaltet einen lyrischen Duft, bei dem als Strophen schwarze Johannisbeeren und Kirschen, Trüffeln und Leder wechseln. Eleganz und Struktur. Man findet hier handwerkliches Geschick und künstlerisches Feingefühl vereint.

Jocelyn Chudzikiewicz, Dom. des Amouriers, 84260 Les Garrigues, Tel. 90.65.83.22 n. V.

DOM. DE FONTAVIN 1990

■ 2 ha 3 300 ■ ↓ V 2

Das vor etwas mehr als einem Jahrhundert entstandene Gut präsentiert eine Cuvée, in der die Grenacherebe mit 80% dominiert und die Mourvèdrerebe mit 20% vertreten ist. Klare, strahlende Farbe. Duft von Leder und Unterholz. Im Geschmack Fülle und ein leichtes Trüffelaroma. Ein trinkreifer Wein, der zu einem Braten paßt.

EARL Michel et Martine Chouvet, Dom. de Fontavin, 1468, rte de la plaine, 84350 Courthézon, Tel. 90.70.72.14 n. V.

LA BASTIDE SAINT-VINCENT 1990

■ 5 ha 10 000 ■ ↓ V 2

Tiefrote Farbe. Ziemlich wilder Duft mit ausreichender Fruchtigkeit. Ein Wein, der schon – unerschrocken – darauf wartet, daß er getrunken wird.

Guy Daniel, rte de Vaison-la-Romaine, 84150 Violès, Tel. 90.70.94.13 t.l.j. 8h-19h

DOM. DE LA BRUNELY 1990

■ 13,5 ha 40 000 ■ ↓ V 1

Der Maler Vasarély, der diesen Keller mit seinem Besuch beehrte, hätte bestimmt den kinetischen Charakter dieses 90ers bemerkt, wenn er ihn probiert hätte. Es handelt sich hier um einfache, klare Formen, die unter Berücksichtigung ihrer Jugendlichkeit (beispielsweise der Syrahduft) allmählich komplexer und harmonischer werden. Aber will dieser Wein überhaupt so hoch hinaus ? Das ist die Frage.

Charles Carichon, Dom. de La Brunely, 84260 Sarrians, Tel. 90.65.41.24 Mo-Sa 8h-12h 14h-18h

DOM. DE LA CHARBONNIERE 1990*

■ 2,5 ha k.A. V 2

Die vor kurzem geschaffene Appellation macht hier ihre ersten Schritte auf dem Gut La Charbonnière. Wenn das Kind auftaucht, applaudiert die Familie offenkundig. Beachten wir seine recht kräftige Farbe mit den bläulichroten Reflexen, seinen typischen Duft, seine abgerundete Nachhaltigkeit und seine Ungeduld, ein Wildschweinragout oder einen einfachen Ziegenkäse zu begleiten.

Michel Maret, Dom. de La Charbonnière, 84230 Châteauneuf-du-Pape, Tel. 90.83.74.59 n. V.

DOM. LA FOURMONE Sélection Maître de chais 1990***

■ 11 ha 30 000 ■ ↓ V 3

Die Großeltern der heutigen Besitzer erwarben dieses Gut 1910. Vorher waren sie Pächter darauf gewesen. Verbindung mit der Familie Combe. Dieser 90er besteht zu drei Vierteln aus Grenache. Leuchtend karminrote Farbe. Herrliches

Bukett (Blumen, Humus und wilde Gerüche).
Tadellose Struktur und Tannine, die an Trüffeln
und Pfeffer, Leder und schwarze Johannisbeeren
erinnern. Ein Entenfilet ist ihm angemessen.
🍷 Roger Combe et Fille, Dom. La Fourmone,
rte de Bollène, 84190 Vacqueyras,
Tel. 90.65.86.05 🍴 n. V.

DOM. DE LA MONARDIERE
Réserve des deux Monardes 1990*

| ■ | 7 ha | 20 000 | 🍷 V 2 |

Das Gut, das im 19. Jh. im Besitz der Schwestern Monard war, wurde aufgeteilt und dann
1987 wiederhergestellt. Das war die Mühe wert.
Martine und Christian erzeugen einen sehr
ordentlichen Vacqueyras (75% Grenache), der
den Zauber von Humus in der Morgendämmerung zum Ausdruck bringt, von Pilzen, die man
in aller Frühe gepflückt hat. Auf der Zunge
erscheint er geschmeidig und samtweich. Nach
Ansicht unserer Jury sollte man ihn im kommenden Jahr trinken.
🍷 Dom. de La Monardière, Les Grès, 84190
Vacqueyras, Tel. 90.65.87.20 🍴 tägl. 8h-19h
🍷 Christian Vache

DOM. LE CLOS DES CAZAUX
Cuvée des Templiers 1990***

| ■ | 10 ha | 22 000 | 🍷 ↓ V 2 |

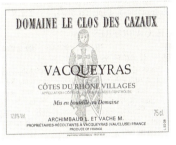

Die Templer sollen hier einst ihre irdischen
Bemühungen dem Weinbau gewidmet haben.
Davon ist etwas in dem Wein erhalten geblieben.
Purpurrote Farbe, mit animalischen Düften
gepanzert, sehr kräftig : dieser 90er ist für den
Kreuzzug gerüstet. Wehe den Ungläubigen ! Es
wäre klug, ihn erst zu trinken, wenn er vom
Kreuzzug zurückkehrt.
🍷 Dom. Le Clos des Cazaux, 84190 Vacqueyras,
Tel. 90.65.85.83 🍴 Mo-Sa 9h-12h 14h-19h
🍷 L. Archimbaud et M. Vache

DOM. LE SANG DES CAILLOUX
1990

| ■ | 5 ha | 20 000 | 🍷 ◫ ↓ V 2 |

Im letzten Jahr haben wir den 89er besonders
empfohlen. Dieses Gut bevorzugt die Grenacherebe (65% der Bestockung). Hinter einem recht
markanten Aroma (in Alkohol eingelegte kleine
Beerenfrüchte und animalische Noten) zeigt sich
der 90er geschmeidig und ziemlich fein. Dem
Geschmack mangelt es etwas an Kraft.
🍷 Serge et Franck Férigoule-Aymard, rte de
Vacqueyras, 84260 Sarrians, Tel. 90.65.88.64
🍴 n. V.

CH. DE MONTMIRAIL
Cuvée de l'Ermite 1990**

| ■ | 3 ha | 14 000 | 🍷 V 2 |

Eine alteingesessene Familie, die dieses Château in den 60er Jahren erworben hat. Früher
befand sich hier ein berühmtes Thermalbad. Das
Wunder der Hochzeit zu Kana wiederholt sich
hier und bietet eine perfekte Mischung aus Grenache und Syrah (je 50%). Zartes Aroma über
einem Duft von roten und schwarzen Johannisbeeren, Rundheit und Ausgewogenheit. Vacqueyras hat seine Appellation wirklich verdient !
🍷 Archimbaud-Bouteiller, B.P. 12, crs Stassart,
84190 Vacqueyras, Tel. 90.65.86.72 🍴 Mo-Sa
8h-12h 13h30-19h

DOM. DE MONTVAC 1990

| ■ | 17 ha | 20 000 | 🍷 ◫ ↓ V 1 |

Diese alten Küfer haben alles versucht :
Eichenholzfaß, Gärbehälter aus Beton, Tank aus
rostfreiem Stahl. Das ist heute ihre Religion. Und
es ist ihnen nicht einmal schlecht gelungen, denn
hier ist ein schöner Rotwein mit einem klassischen Aroma, in das sich der Duft von Tabak
mischt. Außerdem besitzt er eine gewisse Rundheit.
🍷 M. et J. Dusserre, Dom. de Montvac, 84190
Vacqueyras, Tel. 90.65.85.51 🍴 n. V.

Châteauneuf-du-Pape

Das Anbaugebiet der
Appellation, die 1931 als erste ihre Produktionsbedingungen gesetzlich festlegte,
erstreckt sich fast auf das gesamte Gebiet
der Gemeinde, der sie ihren Namen verdankt, sowie auf einige Rebflächen mit
ähnlicher Beschaffenheit in den benachbarten Gemarkungen Orange, Courthézon, Bedarrides und Sorgues (3 114 ha).
Es liegt auf dem linken Rhôneufer, etwa
15 km nördlich von Avignon. Seine Originalität rührt von seinem Boden her : riesige, unterschiedlich hohe Terrassen,
bedeckt mit rotem Lehm, der mit Kiesgeröll vermischt ist. Hier wachsen sehr vielfältige Rebsorten, wobei Grenache, Syrah,
Mourvèdre und Cinsaut dominieren.

Die Châteauneuf-du-
Pape-Weine besitzen immer eine sehr
intensive Farbe. Nach einer Alterung, die
vom Jahrgang abhängt, gewinnen sie an
Qualität. Sie sind volle, körperreiche und
kräftige Weine, die ein intensives, komplexes Bukett entfalten und gut zu rotem
Fleisch, Wild und Schimmelkäse passen.
Die Weißweine, die nur in kleiner Menge

TAL DER RHONE

erzeugt werden, verbergen ihre Wucht hinter ihrem Geschmack und ihrem feinen Aroma. Die Gesamtproduktion liegt bei 104 000 hl.

CH. DE BEAUCASTEL 1991***

□	5 ha	12 000	⧫ ↓ ☑ 5

Wie es Begegnungen gibt, die Sie ein Leben lang prägen, so gibt es auch Weine, die sich Ihrem Gaumen einprägen. Dieser hier beispielsweise, den wir unbedingt besonders empfehlen. Alles an ihm ist künstlerisch, von der hochmodischen Farbe bis zur ausdrucksvollen Konzentration des Aromas, das Sie vom ersten Geruchseindruck an nicht mehr verläßt. Honig und Bienenwachs, alles sehr nuanciert. Vollkommene Ausgewogenheit im Geschmack. Höhepunkt des Genusses ist seine Reife.

🍷 Pierre Perrin, Ch. de Beaucastel, 84350 Courthézon, Tel. 90.70.70.60 ☎ n. V.

CH. DE BEAUCASTEL 1990*

■	70 ha	200 000	⧫ ↓ ☑ 4

79 80 81 82 |83| |84| |85| **86** 87 **88** (89) 90

Beaucastel, ein sehr großes Gut (130 ha), filtriert seine Weine nicht. Wundern Sie sich also nicht, wenn Sie hier ein Depot finden. Vielleicht ein Rehrücken dazu ? Dafür spricht dieser vollkommen harmonische Rotwein, der einen Moschusduft und ein Karamelaroma entfaltet. Viel Biß im Geschmack. Die Verbindung von Struktur und Finesse erfordert eine gewisse Wartezeit.

🍷 Pierre Perrin, Ch. de Beaucastel, 84350 Courthézon, Tel. 90.70.70.60 ☎ n. V.

DOM. DE BEAURENARD 1990*

■	28 ha	100 000	⬛ ⧫ ↓ ☑ 3

Seit 1695 spricht man in dieser Familie von Beaurenard. Daniel Coulon hat einen 90er hergestellt, der bei der Vinexpo 1991 Beachtung fand ! Schwarze Johannisbeeren, Himbeeren, Tiergeruch, konzentriert, sehr reif, rund, kräftig. Mit einem Wort : klassisch.

🍷 Paul Coulon et Fils, Dom. de Beaurenard, 84230 Châteauneuf-du-Pape, Tel. 90.83.71.79 ☎ tägl. 8h-12h 13h30-18h

DOM. BERTHET-RAYNE 1990

■	6 ha	k.A.	⬛ ↓ ☑ 2

Ein traditionalistischer Châteauneuf (verstehen Sie das nicht falsch – wir sprechen vom Wein !), der voll und warm ist und unter dem ziemlich deutlich spürbaren Alkohol eine zauberhafte Brombeernote erkennen läßt.

🍷 Christian Berthet-Rayne, Les Sinards, 84350 Courthézon, Tel. 90.70.74.14 ☎ Mo-Sa 8h-19h

DOM. BOSQUET DES PAPES 1988*

■	22,7 ha	k.A.	⬛ ⧫ ↓ ☑ 4

80 81 82 |83| 84 |85| |86| 88 89

Fünf Generationen haben es sich nacheinander zur Aufgabe gemacht, Bosquet des Papes zu einem großen Gut zu machen : 25 ha. Verirren Sie sich nicht in diesem »Wäldchen der Päpste« ! Dieser Wein hat die schönste Farbe bewahrt. Er verirrt sich nicht. Im Duft spürt man Tiergeruch, Leder und Trüffeln, Gewürze und Vanille. Ein Überseekoffer aus Indien ! Ein schöner 88er, der reich und entwickelt ist und viel Kraft besitzt.

🍷 Maurice Boiron, rte d'Orange, 84230 Châteauneuf-du-Pape, Tel. 90.83.72.33 ☎ n. V.

DOM. BOSQUET DES PAPES 1991

□	1,1 ha	4 500	⬛ ↓ ☑ 4

Finesse – das ist hier nicht so häufig. Bukett – man läßt sich vom Duft der Weißdornblüten entführen. Fülle – der Geschmack findet hier seinen Genuß. « Was man gut begreift, wird klar ausgedrückt.» Boileau scheint Maurcie Boiron und seinen Onologen Lauriol inspiriert zu haben.

🍷 Maurice Boiron, rte d'Orange, 84230 Châteauneuf-du-Pape, Tel. 90.83.72.33 ☎ n. V.

CH. CABRIERES 1990

■	30 ha	95 000	⧫ ↓ ☑ 3

79 80 81 |82| **84** |85| |86| |87| 88 89 90

Einer der Ratgeber von Papst Johannes-Paul II. ist hierhergekommen, um hier seine Religion über das Papsttum von Avignon und seine irdischen Reize klarzulegen. Ein Wein, der zu einem Fleischgericht mit Sauce paßt : kräftig gebaut, purpurrot mit bläulichroten Nuancen und recht duftig.

🍷 SCEA Ch. Cabrières, rte d'Orange, CD 68, 84230 Châteauneuf-du-Pape, Tel. 90.83.73.58 ☎ n. V.

🍷 Louis Arnaud et ses enfants

ELISABETH CHAMBELLAN 1990*

■	5 ha	k.A.	⧫ ↓ ☑ 4

81 82 83 85 |86| |87| |88| |89| |90|

Elisabeth Chambellan war die erste bekannte Besitzerin dieses Gutes. Man erweist hier eine nachdrückliche, würzige und feurige Hommage. Im Geschmack spürt man Kaffeenoten. Die Tannine sind lammfromm. Paßt zu einem guten sonntäglichen Schlegel.

🍷 Jean-Pierre Boisson, rte de Courthézon, 84230 Châteauneuf-du-Pape, Tel. 90.83.71.44 ☎ tägl. 8h-18h

CHANTE CIGALE 1990

■	36 ha	100 000	↓ ☑ 3

Ein zu 80% aus Grenache hergestellter 90er, der bereits einen ziegelroten Schimmer zeigt. Der Duft erinnert an Tiergeruch. Entwickeltes sekundäres Aroma. Ein süffiger Wein, bei dem es nutzlos wäre, ihn altern zu lassen.

GAEC du Dom. Chante Cigale, av. Pasteur, 84230 Châteauneuf-du-Pape, Tel. 90.83.70.57 tägl. 8h-18h
Favier-Sabon

CHANTE CIGALE 1991

	4 ha	16 000					4

Ein »technischer« Wein mit einer alkoholischen Note. Im Geschmack Fülle und Frische. Recht süffig.
GAEC du Dom. Chante Cigale, av. Pasteur, 84230 Châteauneuf-du-Pape, Tel. 90.83.70.57 tägl. 8h-18h

DOM. CHANTE PERDRIX 1990

	19 ha	50 000				2

|87| 88 89 90

Dieses Weingut entstand zu Beginn des Jahrhunderts. Eine Cuvée, bei der die Grenacherebe dominiert. Deshalb ein klassischer 90er mit Tiefe und Form : karminrote Farbe, Tiergeruch, in Alkohol eingelegte Früchte, Kirschen, die zwischen den Zähnen aufplatzen. Holzbetonter Geschmack. Da der Gesamteindruck ziemlich feurig bleibt, sollte man diesen Wein noch einige Zeit im Keller lagern.
Dom. Chante Perdrix, 84230 Châteauneuf-du-Pape, Tel. 90.83.71.86 Mo-Fr 8h-12h 14h-18h

DOM. FONT DE MICHELLE 1990*

	k.A.	k.A.				3

78 79 80 |81| 82 83 |85| 86| 87 (88) 89 90

Die Gonnets, die seit 1580 in Bédarrides leben, waren Geflügelhändler, Bauern und Winzer. Wir haben ihren 84er, ihren 85er und ihren 88er besonders empfohlen. Auf Erfolg abonniert, ist ihnen hier ein sehr einschmeichelnder 90er gelungen, der noch lagern kann, bevor man ihn zu einem Wildbret trinkt.
EARL Les Fils d'Etienne Gonnet, 14, imp. des Vignerons, 84370 Bédarrides, Tel. 90.33.00.22 n. V.
Jean et Michel Gonnet

DOM. FONT DE MICHELLE 1991**

	k.A.	10 000					4

Font de Michelle hat sehr gute Erfolge mit Weißweinen. Dieser hier befindet sich nämlich im Spitzenfeld, was er seinem an Ginster, Akazienblüten und Weißdorn erinnernden Duft, seiner sehr klaren Farbe und seinem frischen, leichten Geschmack verdankt.
EARL Les Fils d'Etienne Gonnet, 14, imp. des Vignerons, 84370 Bédarrides, Tel. 90.33.00.22 n. V.
Jean et Michel Gonnet

DOM. DU GRAND COULET 1990*

	17 ha	75 000			3

Eine numerierte Flasche. Das ist fast wie bei einem Romanée-Conti. Jedenfalls ein sehr eleganter Legat des Papstes mit dem Duft von roten Früchten und Leder, angenehm würzig, tanninreich, solide und verführerisch.
SCEA Dom. du Père Pape, 24, av. Baron-le-Roy, 84230 Châteauneuf-du-Pape, Tel. 90.83.70.16
Maurice Mayard

DOM. DU GRAND TINEL 1990

	60 ha	140 000				3

Das Gut ist aus der Verbindung zweier Familien von Châteauneuf-du-Pape hervorgegangen, die bereits im 16. Jh. bekannt waren : die Establets und die Jeunes. Der 90er ist trinkreif. Ein Versprechen geben und es halten, ist nämlich zweierlei. Rote Früchte, Unterholz, Fülle und vor allem Tannine, die so sanft wie eine Katze sind.
Elie Jeune, rte de Bédarrides, 84230 Châteauneuf-du-Pape, Tel. 90.83.70.28 Mo-Fr 8h-12h 14h-18h

DOM. DU GRAND VENEUR 1991

	2 ha	9 000					3

Grenache, Clairette, Roussanne, sie sind alle da. Extreme Reife, Pfirsiche, Papayas. Ein Wein, der soviel Fülle und Wärme besitzt, daß er zu einer Bouillabaisse paßt.
Alain Jaume, rte de Châteauneuf-du-Pape, 84100 Orange, Tel. 90.34.68.70 n. V.

DOM. DU HAUT DES TERRES BLANCHES 1990**

	34 ha	120 000					2

Vor 400 Jahren entrichtete der Winzer der Terres Blanches jedes Jahr dem Erzbischof von Avignon einen Pachtzins von drei Denier. Beuge den Kopf, stolzer Sigambrer, unter dem würzigen Duft, den dieser Wein verströmt ! Harmonie von vollreifen roten Früchten, Finesse der Tannine. Das ist wirklich die Taufe von Chlodwig. Zu einem maßvollen Preis, was nicht schadet.
GAEC Dom. des Terres blanches Diffonty et Fils, Les Terres blanches, 84230 Châteauneuf-du-Pape, Tel. 90.83.71.19 n. V.

DOM. DE LA CHARBONNIERE 1991

	0,9 ha	3 100					3

Der ganze Duft der blühenden Heide. Klarer, lebhafter Geschmack. Er besitzt Geist und Witz. Man kann ihn in seiner vollen Jugend genießen.
Michel Maret, Dom. de La Charbonnière, 84230 Châteauneuf-du-Pape, Tel. 90.83.74.59 n. V.

DOM. DE LA COTE DE L'ANGE 1990

	k.A.	2 500					3

Châteauneuf-du-Pape. »Hang des Engels« . Es ist ganz richtig, wenn sich dieser Wein nicht für Gottvater hält ! Eine Nase wie auf einem flämischen Gemälde : Bienenwachs in einer Interieurdarstellung. Quitten und Honig im Geschmack. Jedoch ziemlich kurz, wobei er allerdings einen indivuellen Charakter und eine Originalität bewahrt, wie Sie sie vielleicht suchen. Das Etikett besitzt einen altmodischen Charme, rührt wie ein Bild von der Erstkommunion.

🖙 J.-C. Mestre, Dom. de la Côte de l'Ange, La Font-du-Pape,, 84230 Châteauneuf-du-Pape, Tel. 90.83.72.24 ⊤ tägl. 9h-19h

LA FAGOTIERE 1991

| □ | 1 ha | 2 000 | 🔳⮑✓❸ |

Man würde diesen Wein gern auf der Terrasse des Restaurants du Vieux trinken. Mit seinem singenden, warmen und freundlichen Akzent verkörpert er Südfrankreich.

🖙 SCEA Pierry Chastan, La Fagotière, Dom. Palestor, 84100 Orange, Tel. 90.34.51.81 ⊤ tägl. 8h-12h 14h-19h

CH. DE LA GARDINE 1990*

| ■ | 48 ha | 230 000 | 🔳⮑✓❹ |

78 ⑲ |80| |81| |82| |83| **84 85 86 88 89** 90

Ein 50 ha großes Gut, das bereits zu Beginn des 18. Jh. bestockt war. Das Château stammt von 1782. Ein altes Sprichwort sagt, daß der Rebstock im Kies wachsen und den Fluß sehen muß : Das ist hier der Fall. Dieser Wein besteht hauptsächlich aus Grenache und Syrah, während die zahlreichen anderen Rebsorten nur untergeordnete Bedeutung haben. Tiefe, intensiv granatrote Farbe, etwas entwickeltes Aroma, klarer, deutlicher Geschmack. Alles spricht für einen lagerfähigen Wein.

🖙 Brunel et Fils, Ch. de la Gardine, rte de Roquemaure, 84230 Châteauneuf-du-Pape, Tel. 90.83.73.20 ⊤ n. V.

DOM. FRANCOIS LAGET 1990

| ■ | 16 ha | 60 000 | 🔳⮑✓❸ |

Dieses Gut, das 1890 von Albert Royer geschaffen, danach von seinen Söhnen und schließlich von François Laget bewirtschaftet wurde, bietet seit 1928 seine Weine im Direktverkauf an. Die Keller befinden sich unweit vom Papstschloß. Hübsche, fast karminrote Farbe. Ein ziemlich zurückhaltender Duft, der sich blumig ausdrücken würde, wenn er sich dafür entschiede zu sprechen. Eine hübsche Struktur, die ihn zum sofortigen Genuß empfiehlt. Und ein hübsches Etikett, was ebenfalls nicht schadet.

🖙 SCEA François Laget-Royer, 19, av. Saint-Joseph, 84230 Châteauneuf-du-Pape, Tel. 90.83.70.91 ⊤ n. V.

DOM. DE LA JANASSE 1991*

| □ | 1,1 ha | 3 000 | 🔳⮑✓❸ |

»Man ist immer das Kind von jemandem« , stellte Beaumarchais fest. Erkennen Sie hier den Einfluß der Rebsorten Grenache, Roussanne und Clairette, die diesen eleganten, nachhaltigen 91er zu gleichen Teilen erzeugt haben. Frisch, aber wirklich konzentriert und fähig, sich in ein bis zwei Jahren zu einem Trüffelomelett voll zu entfalten.

🖙 Aimé Sabon, 27, chem. du Moulin, 84350 Courthézon, Tel. 90.70.86.29 ⊤ n. V.

CH. LA NERTHE
Clos de Beauvenir 1991★★★

| □ | 3,5 ha | 3 500 | ⮑✓❺ |

Commandant Cucros, Bürgermeister von Châteauneuf-de-Calcernier, hatte 1893 einen genialen Einfall, als er seine Gemeinde in Châteauneuf-du-Pape umtaufte. Sicherlich »verkaufsfördernder« ! La Nerthe, das schon mehrere besondere Empfehlungen für seine Rotweine erhalten hat (für den 86er und den 89er), behauptet in diesem Jahr sowohl bei den Weiß- wie auch den Rotweinen eine Spitzenstellung. Hier ein Weißwein, dessen Duft (Aprikosen, Mangos und Ginster) Ihnen schier den Atem rauben wird. Stattlich und kräftig. Ein großer Wein.

🖙 SCA Ch. La Nerthe, rte de Sorgues, 84230 Châteauneuf-du-Pape, Tel. 90.83.70.11 ⊤ n. V.

CH. LA NERTHE
Cuvée des Cadettes 1990★★

| ■ | 4 ha | 15 000 | ⮑✓❺ |

77 **78 79** |80| **81** |82| |83| **84** 85 |⑯| |87| **88 89** 90

Muß man zwischen zwei Cuvées wählen ? Nun gut, ja. Die Cuvée des Cadettes hat ihr Kleid sicherlich nicht im Versandhandel gekauft. Der Kuß ihrer Lippen ist sehr voll und sehr weich. Holzbetontes Aroma und Weintrauben, teilweise vereint, über würzigen Noten mit einem Hauch von Vanille. Muß noch ein paar Jahre reifen. Die 220 000 Flaschen der 90er »Cuvée principale« von La Nerthe sind mit zwei Sternen bewertet worden und befinden sich in der unteren Preiskategorie : ein guter Kauf.

🖙 SCA Ch. La Nerthe, rte de Sorgues, 84230 Châteauneuf-du-Pape, Tel. 90.83.70.11 ⊤ n. V.

LA NONCIATURE Grande réserve 1990

| □ | 1 ha | 3 500 | 🔳⮑✓❹ |

Das erste Etikett für dieses neue Gut, das ein für seine Weißweine berühmtes Anbaugebiet übernommen hat. Die Kontinuität scheint gesichert, weil der gleiche Kellermeister, José Zaplana, für die Vinifizierung verantwortlich bleibt. Dieser Wein entfaltet sich wirklich im Glas und an der Luft. Dann enthüllt er eine interessante Komplexität.

🖙 Max Aubert, Dom. de La Présidente, 84290 Sainte-Cécile-les-Vignes, Tel. 90.30.80.34 ⊤ n. V.

LA NONCIATURE Grande réserve 1989

| ■ | 3 ha | 12 000 | 🔳⮑✓❹ |

»Die Nuntiatur« — man muß sich einen solchen Namen für einen Wein in Châteauneuf-du-Pape vorstellen ! Max Aubert ist wirklich ein einfallsreicher Kopf. Ist er nicht auch Präsident der Weinuniversität von Suze-la-Rousse ? Sein Wein ist einschmeichelnd bis zur Grenze von gekochten, aber frisch gekochten Früchten. Eher elegant als wirklich strukturiert. Sicherlich wirkungsvoll.

🖙 Max Aubert, Dom. de La Présidente, 84290 Sainte-Cécile-les-Vignes, Tel. 90.30.80.34 ⊤ n. V.

LA REVISCOULADO 1990★★

| ■ | 6 ha | 20 000 | ⮑✓❹ |

78 **80 81 82** |⑬| **84** |85| |86| 87 **88** 89 **90**

Die eifrigen Leser unseres Weinführers wissen, daß dieser Wein (als 85er) 1988 eine besondere Empfehlung erhalten hat. Auch dieser 90er ist sehr gelungen. Seine Farbe zeigt leicht ziegelrote Reflexe. Sein Bukett schwankt zwischen Holzton und Gewürzen. Aber was für ein kräftiger Geschmack, was für ein Leckerbissen ! Bewahren Sie ihn nur sorgfältig auf !

↥ Dom. Trintignant, Ch. Jas de Bressy, La Petite Bastide, 84230 Châteauneuf-du-Pape, Tel. 90.83.73.23 ☎ tägl. 9h-19h

LA REVISCOULADO 1991

☐	1 ha	5 000	▮↓▨4

Seine Farbe ist zweifellos kein sehr intensives Goldgelb, aber er läßt schöne grüne Reflexe erkennen, wie sie den Weinfreunden im Burgund gefallen. Blumiges Aroma von guter Finesse. Eher lebhaft als komplex, aber sehr beachtlich.
↥ Dom. Trintignant, Ch. Jas de Bressy, La Petite Bastide, 84230 Châteauneuf-du-Pape, Tel. 90.83.73.23 ☎ tägl. 9h-19h

COMTE DE LAUZE 1990*

▮	8,5 ha	39 600	▯▨4

In seinem Blick liegt, wie es François Coppée ausdrückte, »die ganze Unendlichkeit des Himmels« . Ein roter Abendhimmel, der das Jagdpartie im Wald ankündigt. Ein recht eleganter Duft von tierischen Gerüchen und Châteauneuf.
↥ SCEA Jean Comte de Lauze, 7, av. des Bosquets, 84230 Châteauneuf-du-Pape, Tel. 90.83.72.87 ☎ tägl. 8h-18h30 ; sam. dim. n. V.

COMTE DE LAUZE 1991

☐	1,42 ha	6 000	▮↓▨4

Ein Wein, der nicht um jeden Preis nach Originalität sucht, sondern sich klugerweise damit begnügt, den Charakter seiner Appellation mit wirkungsvoller Ehrlichkeit zum Ausdruck zu bringen. Ginsterduft und voller Geschmack. Die sorgfältige Vinifizierung hat aus dem Traubengut ein Höchstmaß herausgeholt.
↥ SCEA Jean Comte de Lauze, 7, av. des Bosquets, 84230 Châteauneuf-du-Pape, Tel. 90.83.72.87 ☎ tägl. 8h-18h30 ; sam. dim. n. V.

DOM. MATHIEU 1991*

☐	k.A.	4 000	▮↓▨3

Anselme Mathieu, ein berühmter neuprovenzalischer Dichter, war mit Mistral befreundet. »Tant de Bouton, tant de Pouton« , lautet der Wahlspruch des Hauses unter einem blumenverzierten Wappen, das von zwei Engeln bewacht wird. Der Duft jedoch hat das Stadium der Rosenknospen hinter sich gelassen : konzentriert, bereits fein und komplex. Exquisite Farbe, stattliches Aussehen und sehr markanter Körper. Gehört zu den befriedigenden Erlebnissen dieser Verkostung.
↥ GAEC Dom. Mathieu, rte de Courthézon, B.P. 32, 84230 Châteauneuf-du-Pape, Tel. 90.83.72.09 ☎ n. V.

CLOS DU MONT OLIVET 1991**

☐	k.A.	5 000	▮▨3

Séraphin Sabon erhielt einige Rebflächen von seinem Schwiegervater Jausset. Joseph Sabon vergrößerte das Gut. Seine Söhne gründeten 1979 GAEC (Groupement Agricole de l'Exploitation en Commun), um es nicht zu zerstückeln. Es erstreckt sich auf Reblagen Le Pied-de-Baud, Le

Montalivet, Les Gallimardes und Bollène. Gehen Sie mit Ihrer Nase nicht zu dicht heran ! Der blumige Duft explodiert förmlich. Der unvermeidliche Ginster, aber auch Lindenblüten und exotische Früchte ergeben ein schönes, intensives und ungestümes Bukett. Paßt aufgrund der Eleganz seines fruchtigen Geschmacks wunderbar zu Leberpastete.
↥ GAEC du Clos Mont Olivet, 15, av. Saint-Joseph, 84230 Châteauneuf-du-Pape, Tel. 90.83.72.46 ☎ Mo-Fr 8h-12h 14h-18h
↥ Les Fils de Joseph Sabon

CLOS DU MONT OLIVET 1990

▮	k.A.	30 000	▯▨3

Überschwengliche Farbe, Vanilleduft und fruchtiger Geschmack. Dieser Wein bewegt sich in Richtung Altersaroma, aber es ist ihm noch nicht gelungen, seine Tannine in den Griff zu bekommen. Zur Zeit muß man ihm Zeit lassen.
↥ GAEC du Clos Mont Olivet, 15, av. Saint-Joseph, 84230 Châteauneuf-du-Pape, Tel. 90.83.72.46 ☎ tMo-Fr 8h-12h 14h-18h
↥ Les Fils de Joseph Sabon

CH. MONT-REDON 1990*

▮	88 ha	350 000	▯↓▨3
78 81 82 83 **85** 86 |87| 88 **89** |90|		

Der Name »Mourredon« taucht bereits 1334 in den alten Dokumenten auf : Schon damals gab es hier Rebflächen. Daraus wurde Mont-Redon. Das Gut gehörte Anselme Mathieu, einem der Gründer des Félibrige, eines Dichterkreises, der sich die Erneuerung der provenzalischen Sprache und Literatur zur Aufgabe gemacht hatte. Dennoch ist dieser große Betrieb seit 1923 das Werk der Familie Plantin. Diese Cuvée besteht sicherlich in erster Linie aus Grenachetrauben, aber anscheinend handelt es sich um eine ziemlich ausgewogene Zusammenstellung. Das erklärt vielleicht die gute Vorstellung dieses karminroten 90ers : in Alkohol eingelegte rote Früchte, pfeffrige und holzige Noten. Sehr fester Geschmack. Man hat Lust, ihn zu trinken !
↥ Abeille et Fabre, Ch. Mont-Redon, 84230 Châteauneuf-du-Pape, Tel. 90.83.72.75 ☎ n. V.

CH. MONT-REDON 1991*

☐	10 ha	60 000	▮↓▨3

Im letzten Jahr haben wir den 90er besonders empfohlen. Ein Maßstab für die anderen Weine. Der 91er ist goldgelb. Ein lagerfähiger Wein, der noch ein wenig altern muß. Er wird noch intensiver und steigert sich noch. Im Augenblick ist er zurückhaltend und deutet seine Apfel- und Zitrusnoten lediglich an. Im Geschmack ist er von evangelischer Schlichtheit. Aber glauben Sie uns : Man wird noch von ihm hören !
↥ Abeille et Fabre, Ch. Mont-Redon, 84230 Châteauneuf-du-Pape, Tel. 90.83.72.75 ☎ n. V.

DOM. FABRICE MOUSSET 1990

▮	2 ha	10 000	▯▨3
86 87	88	89 90			

Der Papst ist hier ein Imperator, denn das Etikett ehrt Cäsar, der dennoch in Gallien keine allzu guten Erinnerungen hinterlassen hat. Ein leicht gelbroter Châteauneuf, der nach Erika duftet und im Geschmack schon sehr verführerisch ist. Würziger Abgang mit einem Ausrufungszeichen !

🍷 Dom. Fabrice Mousset, Ch. des Fines Roches, 84230 Châteauneuf-du-Pape, Tel. 90.83.50.05
🍾 Do-Di 10h-19h

DOM. FABRICE MOUSSET 1991

□	2 ha	7 000	🍾 ☑ 4

Grenache, Bourboulenc, Clairette und Roussanne ergeben einen blaßgelben Wein, der im Aussehen etwas schüchtern wirkt. Angenehme Frische, unterstützt von einer gewissen Lebhaftigkeit.

🍷 Dom. Fabrice Mousset, Ch. des Fines Roches, 84230 Châteauneuf-du-Pape, Tel. 90.83.50.05
🍾 Do-Di 10h-19h

DOM. JACQUES MOUSSET 1990

■	24 ha	k.A.	🍾 ⊞ ☑ 3

Die treuen Leser unseres Weinführers erinnern sich vielleicht daran, daß wir 1987 den 84er besonders empfohlen haben. Dieser 90er läßt sich ein wenig bitten. Dennoch ist er gefällig. Dank seiner sympathischen Geschmeidigkeit kann man ihn schon jetzt trinken. Würziger, durch den Alkohol etwas schwerer Abgang. Man kann seinem Schicksal nicht entgehen ...

🍷 Dom. Jacques Mousset, Dom. de la Font du Roi, 84230 Châteauneuf-du-Pape, Tel. 90.83.73.10 🍾 Do-Di 10h-19h ; Jan. geschlossen

DOM. DE NALYS 1990*

■	42 ha	150 000	🍾 ⊞ ↓ ☑ 2

78 79 80 |82| |83| 84 |85| |86| |87| 88 89 90

In den Archiven von Châteauneuf-du-Pape stößt man oft auf die »Nalis« (oder Nalys). Wählen Sie ziemlich kräftigen Käse, beispielsweise einen Epoisses, als Begleitung zu diesem 90er. Sein schon entwickeltes, würziges Aroma entdeckt man auch im Geschmack wieder, zusammen mit recht harmonisch eingebundenen Tanninen. Voll und angenehm, ausgewogen und gut zu trinken.

🍷 SCI Dom. de Nalys, rte de Courthézon, 84230 Châteauneuf-du-Pape, Tel. 90.83.72.52 🍾 n. V.

DOM. DE NALYS 1991**

□	10 ha	40 000	🍾 ↓ ☑ 3

Nalys gehörte sieben Generationen lang der Familie von Dr. Philippe Dufays, der 1978 starb. Er war der Gründungspräsident der Echansonnerie des Papes, die das Ansehen dieses Anbaugebietes weit verbreitete. Groupama hat sich seitdem für Nalys interessiert. Diese ausgewogene Cuvée hat hervorragende Vorzüge. Etwas »technische« Ansprache, aber ein heiteres Bukett (Ginster und geröstetes Brot) und ein langer, voller Geschmack. Große Fülle. Zögern Sie nicht : gebratener Steinbutt !

🍷 SCI Dom. de Nalys, rte de Courthézon, 84230 Châteauneuf-du-Pape, Tel. 90.83.72.52 🍾 n. V.

CLOS DES PAPES 1990**

	28 ha	90 000	⊞ ↓ ☑ 3

|76| 77 |78| |79| 80 |81| 82 |83| 84 85 86 87 88 89 90

Diese Familie, die hier seit mindestens 300 Jahren lebt, hätte fast einen Papst unter ihren Vorfahren gehabt. Der Clos des Papes gehört zu den besten Lagen der Appellation. 1985 haben wir seinen 85er besonders empfohlen. Paul Avril stellt hervorragende Weine her, so auch diesen wunderbar dosierten 90er, der nach einem Lammschlegel verlangt. Gewürze, Unterholz, leicht vom Morgentau benetzt, geschmeidige, gut erzogene Tannine. Berechtigt zu guten Hoffnungen.

🍷 Paul Avril, GAEC du clos des Papes, 13, rte d'Avignon, 84230 Châteauneuf-du-Pape, Tel. 90.83.70.13 🍾 n. V.

DOM. DU PERE CABOCHE 1990*

■	19 ha	k.A.	⊞ ↓ ☑ 3

Théophile, der Vater von Jean-Pierre, entstammt einer alten Hufschmiedfamilie. Man nannte ihn deshalb »Père Caboche« (Vater Hufnagel). Der 90er jedoch hat nichts Starrsinniges an sich. Strahlende, rubinrote Farbe, offenherziges Bukett (Kakao, Lakritze), schon sehr verfeinerte Struktur.

🍷 Jean-Pierre Boisson, rte de Courthézon, 84230 Châteauneuf-du-Pape, Tel. 90.83.71.44 🍾 tägl. 8h-18h

DOM. ROGER PERRIN 1990*

■	10 ha	32 000	🍾 ⊞ ↓ ☑ 3

Der 88er von Roger Perrin war denkwürdig. Wir haben ihn 1991 besonders empfohlen. Sein 90er behauptet sich gut im Mittelfeld. Granatrote Farbe. Duft mit animalischen und fruchtigen Noten. Im Abgang kommen Leder, Gewürze und Tierbälge zum Vorschein.

🍷 GAEC Dom. Roger Perrin, La Berthaude, rte de Châteauneuf-du-Pape, 84100 Orange, Tel. 90.34.25.64 🍾 Mo-Sa 8h-12h 14h-19h

LE CELLIER DES PRINCES 1990

■	243 ha	230 000	⊞ ↓ ☑ 2

Riesige Weinberge : Diese Genossenschaft besitzt fast 1000 ha Rebflächen. Sie hat einen recht farbintensiven Wein erzeugt, der im Duft und im Geschmack ein Aroma von eingemachten roten Früchten entfaltet. Leichtigkeit, Rundheit, Ausdauer. Eine Flasche, die man ohne Zögern entkorken kann.

Le Cellier des Princes, RN 7, 84350
Courthézon, Tel. 90.70.21.44 ☍ tägl. 8h15-12h
14h-18h

CH. RAYAS 1990**

	k.A.	k.A.	⬛	6

Man kehrt zu Château Rayas zurück, wie man
zur Religion findet. Auf dem Altar findet
man die Grenacherebe : souverän, beherrschend.
Jedermann weiß, daß hier der Ertrag bei 10 hl/ha
liegt. Der 90er bietet einen Duft, der vollkommen
repräsentativ für die AOC ist : Backpflaumen
und vergorene rote Früchte. Man hat nach reifem
Traubengut gesucht. Im Geschmack findet man
Finesse und gleichzeitig die Anzeichen für lange
Alterungsfähigkeit.
J. Reynaud, Ch. Rayas, 84230 Châteauneuf-
du-Pape

DOM. DES RELAGNES 1990

	4 ha	15 000	

»Hören Sie ihm zu, wie es singt !« würde
Jacques Brel sagen. Aber gemeint ist nicht Flandern. Ein großenteils aus Grenachetrauben hergestellter Wein, der eine schöne Farbe besitzt und
nach Trüffeln und Orangenkonfitüre duftet. Dieser 90er hat seinen Höhepunkt erreicht.
Henri Boiron, rte de Bédarrides, B.P. 44,
84230 Châteauneuf-du-Pape, Tel. 90.83.73.37
☍ n. V.

DOM. ROGER SABON Les Olivets 1990*

	8 ha	30 000	
86	87	88	90			

Natürlich Haarwild, wenn es einmal soweit ist.
Die Tradition der Reblage Les Olivets, die gute
Trauben hervorbringt, führt hier zu einem komplexen Bukett. Mehrere Traubensorten, wobei
Grenache und Syrah dominieren. Brombeeren,
grüne Paprikaschoten und Holzton. All das
erschließt den Weg zu einem Körper, der sich in
ein paar Jahren voll entfaltet.
Dom. Roger Sabon et Fils, av. Impériale, B.P.
57, 84230 Châteauneuf-du-Pape, Tel. 90.83.71.72
☍ n. V.

DOM. SAINT BENOIT 1990

	23 ha	24 000	

Ein junges, 1984 entstandenes Gut, das Rebstöcke von sehr alten Weingütern in Châteauneuf-du-Pape verwendet. Ein traditioneller Rotwein mit einer intensiven, purpurroten Farbe.
Entwicklungsaroma, sehr reife Früchte im
Geschmack, deutlich spürbarer Alkohol. Die
Tannine brauchen noch eine Verfeinerung. Die
Zeit wird daran arbeiten.
Dom. Saint Benoit, quartier des Gallimardes,
84230 Châteauneuf-du-Pape, Tel. 90.83.51.36
☍ n. V.

DOM. SAINT-LAURENT 1990

	3,2 ha	10 000	

Eine sehr alte Bauernfamilie stellt diesen Châteauneuf aus Grenache- und Syrahtrauben her.
Sehr traditionell im Charakter : feuriger
Geschmack, Trüffelaroma, intensiver Tiergeruch,
dunkelrote Farbe. Er muß noch im Keller lagern.
GAEC Robert Sinard, rte de Saint-Laurent,
84350 Courthézon, Tel. 90.70.87.92 ☍ n. V.

CLOS SAINT-MICHEL 1991

	1,3 ha	4 000	

Die erste Lese für diesen weißen Châteauneuf.
Man kann ihn nicht allzu streng beurteilen. Übrigens ist er gar nicht einmal so übel. Das
Aroma erinnert an geröstetes Brot. Und er besitzt
bereits einen tatkräftigen Charakter, sobald er
den Gaumen erreicht, der aber auch Geschmeidigkeit zeigt.
Guy Mousset, Le Prieuré Saint-Joseph, 84700
Sorgues, Tel. 90.39.57.46 ☍ tägl. 8h-20h

DOM. DE TERRE FERME 1990*

	46,85 ha	k.A.	

Dieses bodenständige Gut empfiehlt als Beglei-
tung für diesen 90er ein Rehragout, bitte nach
Oberjägermeisterart. Ein sehr klassischer Wein,
der seine Lektion vorzutragen scheint : granatrote
Farbe mit ziegelrotem Schimmer, Tiergeruch und
Unterholz, Alkohol und Tannine, komplex und
nachhaltig. Typisch für seine Appellation und
seinen Jahrgang.
SCEA Dom. de Terre Ferme, B.P. 30, 84370
Bédarrides, Tel. 90.33.02.98 ☍ n. V.
Berard

DOM. DE TERRE FERME 1990

	10,2 ha	k.A.	

Ein großes Gut (57 ha), das einen Großteil
seiner Produktion ins europäische Ausland und
nach Amerika exportiert. Ein sehr traditioneller
weißer Châteauneuf, der vor allem aus Grenachetrauben erzeugt worden ist. Er besitzt ein
feuriges Herz, das hundertmal in der Stunde
schlägt.
SCEA Dom. de Terre Ferme, B.P. 30, 84370
Bédarrides, Tel. 90.33.02.98 ☍ n. V.
Berard

DOM. RAYMOND USSEGLIO 1990**

	k.A.	30 000	

Das Anbaugebiet dieses Gutes befindet sich zu
einem großen Teil in der Reblage Les Terres
Blanches, falls Sie Ihr Châteauneuf kennen. Dieser 90er hat eine helle Farbe. Olé ! Sein Lakritzeduft zieht in die Arena ein. Großartige Passagen.
Und dann dieser Augenblick der reinen Emotion,
wenn der Duft dem Geschmack in einem Gefühl
der vollkommenen Vereinigung gegenübersteht !
Dom. Raymond Usseglio, rte de Courthézon,
B.P. 29, 84230 Châteauneuf-du-Pape,
Tel. 90.83.71.85 ☍ n. V.

DOM. DE VALORI 1990

	18 ha	82 000	

Denken wir an Racine : »Was ich am besten
weiß, ist mein Anfang.« Dieser 90er beginnt zu
bezaubern : strahlend rote Farbe mit bläulichroten Reflexen, Duft von roten Früchten. Danach
viel Jugend und eine leichte Struktur.
Jacques et Christian Meffre, 84350
Courthézon

CUVEE DU VATICAN 1990

	17 ha	65 000	

Georges Bryczek (Morey-Saint-Denis) hat eine
Cuvée Papst Johannes-Paul II. gewidmet. Das
Gut Diffonty widmet seinen Wein dem gesamten

Vatikan. Das Gewand ist offensichtlich das eines Kardinals. Der Duft (Leder und Tiergeruch) hat Einfluß in der Kurie. Voll und tanninreich, apostolisch und römisch-katholisch. Er klingt mit einer alkoholischen, leicht pfeffrigen Note aus. Aber warten Sie nicht bis zum nächsten Konzil, um ihn zu trinken.
🔑 SCEA Félicien Diffonty et Fils, rte de Courthézon, B.P. 33, 84230 Châteauneuf-du-Pape, Tel. 90.83.70.51 🍷 n. V.

CH. DE VAUDIEU 1991

□ 10 ha k.A. 🍾 🛢 [4]

Vaudieu profitierte vom Aufschwung, den Juliette und Gabriel Meffre dem Gut verschafften : Die Rebflächen der AOC im Rhônetal umfaßt künftig 850 ha ! Dieser Wein, der die Sinne umfängt, inspirierte einen unserer Juroren zu dem Vergleich : »*Götterdämmerung*, in Bayreuth inszeniert von Chéreau und dirigiert von Boulez.« Kann man es noch besser ausdrücken ?
🔑 Sylvette Brechet, Ch. de Vaudieu, 84230 Châteauneuf-du-Pape, Tel. 90.83.70.31 🍷 n. V.

CH. DE VAUDIEU 1990*

■ 60 ha k.A. 🍾 🛢 [4]

86 87 |88| 89 90

Der Chevalier de Guérin, ein Abkömmling des florentinischen Adels, errichtete Vaudieu 1767. Als Chef der Admiralität von Marseille stand ihm ein Schloß zu. 1955 wurde es von der Familie Meffre erworben. Purpurrote Farbe und ein Duft, der »mehrere Eisen im Feuer hat« : animalisch, würzig, wild. Im Geschmack kommt ein deutliches Lakritzearoma zum Vorschein. Interessante Struktur, Fülle, Länge. Er verdient es, daß man ihn sich in seinem Notizbuch vermerkt.
🔑 Sylvette Brechet, Ch. de Vaudieu, 84230 Châteauneuf-du-Pape, Tel. 90.83.70.31 🍷 n. V.

DOM. DU VIEUX LAZARET 1991*

□ 10 ha 40 000 🍾 ↓ ☑ [3]

Das Gut ist seit 300 Jahren im Besitz dieser Familie. Sie nutzt 10 ha Rebflächen für einen Wein, der von Rabot, einem der besten Önologen der Appellation, vinifiziert wird. Im Duft und im Geschmack erinnert das Aroma deutlich an die Bourboulenctrauben. Geschmeidig und voll, danach lang und komplex.
🔑 Jérôme Quiot, av. Baron Leroy, 84230 Châteauneuf-du-Pape, Tel. 90.83.73.55 🍷 Mo-Fr 8h-12h 14h-18h ; 1.-15. Aug. geschlossen

DOM. DU VIEUX LAZARET 1990

■ 72 ha 300 000 🍾 🛢 ↓ ☑ [3]

Samtrote Farbe, vollreife Erdbeeren. Die Spannung hält bis zum Geschmackseindruck an. Dann ändert sich alles. Rasche Handlungsabfolge : leicht, ätherisch. Man muß ihn noch in diesem Winter trinken.
🔑 Jérôme Quiot, av. Baron Leroy, 84230 Châteauneuf-du-Pape, Tel. 90.83.73.55 🍷 Mo-Fr 8h-12h 14h-18h ; 1.-15. Aug. geschlossen

DOM. DU VIEUX TELEGRAPHE 1990

■ 57 ha 210 000 🍾 🛢 ↓ ☑ [4]

|[78]| 79 80 81 82 |85| |86| |87| 88 89 90

Die Familie Brunier besitzt das Gut La Roquette in Châteauneuf-du-Pape seit 1986. Sie hat es nach dem Schild des »Alten Telegraphen« umbenannt, zur Erinnerung an einen Relaisturm des optischen Telegraphen von Chappe, der hier stand. Gefällige Farbe, Tiergeruch und vom Holzfaß geprägter Duft, kräftiger, tanninreicher Geschmack. Die Nachricht wird gut übertragen, aber sie muß sich mit dem Alter verbessern.
🔑 Henri Brunier et Fils, 3, rte de Châteauneuf-du-Pape, 84370 Bédarrides, Tel. 90.33.00.31 🍷 n. V.

Lirac

Lirac erzeugte schon im 16. Jahrhundert erstklassige Weine, deren Echtheit die Beamten von Roquemaure beglaubigten, indem sie die Buchstaben »C d R« mit einem glühenden Eisen auf die Fässer aufbrannten. Das Anbaugebiet, das sich auf Lirac, Saint-Laurent-des-Arbres, Saint-Genies-de-Comolas und Roquemaure verteilt, liegt nördlich von Tavel, besitzt aber die gleichen klimatischen Bedingungen und Böden. Als einziger südlicher Cru bringt Lirac auf 480 ha drei Weintypen hervor : sehr anmutige und duftige Rosé- und Weißweine, die gut zu den Meeresfrüchten aus dem nahen Mittelmeer passen und jung und gekühlt getrunken werden, und kräftige, alkoholreiche Rotweine, die einen ausgeprägten Bodengeschmack besitzen und hervorragend zu rotem Fleisch passen.

CH. D' AQUERIA 1991*

□ 1,8 ha 7 000 🍾 ↓ ☑ [2]

Dieser Weißwein stellt eine Neuheit des Gutes dar. Ganz leicht goldfarben, blumig und honigartig, lebhaft und sogar nervig. Er bevorzugt den Reiz der heranreifenden Jugend.
🔑 SCA Jean Olivier, Ch. d'Aquéria, 30126 Tavel, Tel. 66.50.04.56 🍷 n. V.

CH. D' AQUERIA 1990

■ 7,5 ha 40 000 🛢 ↓ ☑ [2]

Eine ordentliche Cuvée. Zweifellos verblaßt die Farbe schon etwas, was eine Entwicklung andeutet. Komplexes Aroma (eingemachte Früchte, Quitten). Aber insgesamt bleibt dieser 90er geschmeidig und ziemlich gefällig. 1988 haben wir den 85er besonders empfohlen.

SCA Jean Olivier, Ch. d'Aquéria, 30126 Tavel, Tel. 66.50.04.56 ☏ n. V.

CH. DE BOUCHASSY 1991★★

| ☑ | 2 ha | 8 000 | ▮↓☑ |

Bouchassy, dem das Gut seinen Namen verdankt, lebte im 17. Jh. und brannte seinen Fässern mit dem glühenden Eisen ein Zeichen auf. Er besaß das Privileg, die ersten Herkunftszertifikate zu vergeben. Dennoch stellt man hier erst seit knapp zehn Jahren Wein her. Diese Initiative wird belohnt durch eine kostbare Spitzencuvée, die hervorragend gelungen ist. Ausgezeichnete Wahl der Farbe. Sehr bemerkenswerte Extraktion des Aromas.

Gérard Degoul, Ch. de Bouchassy, rte de Nimes, 30150 Roquemaure, Tel. 66.82.82.49 ☏ Mo-Sa 9h-12h 14h-19h

DOM. LAFOND 1990★

| ■ | 5 ha | 15 000 | ▯☑ |

Dieses Gut, das seit mehreren Generationen im Familienbesitz ist, befindet sich in Tavel. Es umfaßt 40 ha. Dieser Rotwein nimmt es sehr genau mit der Farbe. Es dürfte sich dabei um einen lagerfähigen Wein handeln, denn sein jugendliches Aroma hat nichts von seiner Kraft verloren : Kirschen, schwarze Johannisbeeren. Nach einer sympathischen Ansprache bleibt der Abgang noch etwas rauh.

Dom. Lafond, rte des Vignobles, 30126 Tavel, Tel. 66.50.24.59 ☏ n. V.

DOM. DE LA MORDOREE
Cuvée de la Reine des Bois 1990★★

| ■ | 2,5 ha | 13 000 | ↓☑ |

Man würde diesen Wein schon allein wegen des Etiketts kaufen. Und was verbirgt sich hinter dem Etikett ? Ein zart fruchtiges Aroma, das sich in den Duft von Laub im Wald verlängert. Geschmeidigkeit und Eleganz machen ihn zu einem charaktervollen Wein. Schöner Abgang mit Noten von schwarzen Johannisbeeren und Lakritze.

Dom. de La Mordorée, chem. des Oliviers, 30126 Tavel, Tel. 66.50.00.75 ☏ n. V.
Delorme

LES QUEYRADES 1990★

| ■ | 3,5 ha | 20 000 | ▮☑ |

Das Gut André Méjan erzeugt vor allem Tavel, aber sein Lirac verdient einen Umweg. Übrigens haben wir ihn 1989 mit einer besonderen Empfehlung für seinen 86er ausgezeichnet. Der 90er erklimmt zwar nicht diesen Gipfel, aber er besitzt alles, um zu gefallen : eine hübsche, granatrote Farbe, einen wilden Duft, eine gute Gerbsäure, ein Lakritzearoma und natürlich Fülle. Außerdem Ausgewogenheit.

SCEA Méjan-Taulier, pl. du Président-le-Roy, 30126 Tavel, Tel. 66.50.04.02 ☏ Mo-Sa 9h-18h ; sam. 9h-12h
André Méjan

DOM. MABY La Fermade 1990★★★

| ■ | 22,5 ha | 110 000 | ▮▯☑ |

Die Mabys bauen seit mehreren Generationen auf dem Gebiet von Tavel Wein an. Sie haben schon mehrere besondere Empfehlungen von uns geerntet, und die Liste verlängert sich. Eine neue besondere Empfehlung krönt diese Cuvée aus Mourvèdre und Grenache. Klare Farbe, entfaltetes Bukett, der typische Charakter, den man von einem Lirac erwartet. Lassen Sie diesen Wein noch altern, bevor Sie ihm ein Lamm opfern.

Dom. Maby, rue Saint-Vincent, 30126 Tavel, Tel. 66.50.03.40 ☏ n. V.

DOM. MABY La Fermade 1991★★

| ☐ | k.A. | 40 000 | ▮☑ |

Clairette, Grenache und Picpoul vereinen hier ihre Fähigkeiten zu einem Lirac, der einen angenehmen Gesellschafter abgibt. Ginster, geröstetes Brot, dann viel Fülle und die bezaubernde Lebhaftigkeit der Picpoulrebe. Ebenfalls verkostet worden ist ein weißer 88er, der im neuen Faß ausgebaut wurde und zu stark vom Holz geprägt wird. Wir geben dem 91er den Vorzug, der im Gärbehälter gereift ist. Der Weg in die Hölle ist mit guten Vorsätzen gepflastert.

Dom. Maby, rue Saint-Vincent, 30126 Tavel, Tel. 66.50.03.40 ☏ n. V.

REINE PEDAUQUE 1990

| ■ | k.A. | k.A. | ▯ |

Seine Tage sind noch nicht vorüber, aber die Entwicklung wartet auf ihn und markiert schon seine Schritte. Leichte Farbe, zusammengelesener Duft, ziemlich milder Geschmack. Man muß ihn trinken, ohne lange zu zögern.

Reine Pédauque, B.P. 10, 21420 Aloxe-Corton, Tel. 80.26.40.00 ☏ n. V.

DOM. ROGER SABON 1990★

| ■ | 8 ha | 30 000 | ▮▯↓☑ |

Ein Familiengut im Herzen der Appellation Châteauneuf-du-Pape, das von der Großmutter stammt. Es liefert einen Wein, der hauptsächlich aus Grenachetrauben erzeugt worden ist. Kräftig, rustikal, mit einem Geruch, der an Tiere, Pelze und Gewürze erinnert. Feurig und sehr pfeffrig. Man muß in der regionalen Küche eine verwandte Seele für ihn finden.

Dom. Roger Sabon et Fils, av. Impériale, B.P. 57, 84230 Châteauneuf-du-Pape, Tel. 90.83.71.72 ☏ n. V.

CH. DE SEGRIES 1990★★★

■ 9,5 ha 11 000 ▮↓Ⅴ☑②

Der Vater des heutigen Besitzers, der Graf de Régis, war der Gründer der Appellation Lirac (1945). Das tiefe, strahlende Rot dieses Weins könnte sein Wappen schmücken. Die gut erzogenen Tannine kommen aus dem Konvent Les Oiseaux. Schwarze Johannisbeeren, Lakritze – der Geist der Familie wird respektiert. Die Vornehmheit ebenfalls.

☛ Jean-François de Régis, Ch. de Ségriès, 30126 Lirac, Tel. 66.21.85.35 ⵑ n. V.

DOM. TOUR DES CHENES 1990

■ 30 ha 50 000 ▮Ⅴ③

Das Gut wurde 1962 von einer großen Persönlichkeit der Appellation, Charles Pons-Mure, gegründet und gehört heute J.-C. Sallin. Es präsentiert einen Rotwein, dessen strahlende Farbe ins Violette spielt und dessen Bukett an Minze erinnert. Runder Geschmack mit einem Aroma von roten Johannisbeeren. »Man darf sich nie von der Natur entfernen« , riet Boileau. Dieser Wein bestätigt seine Regel.

☛ EARL Dom. Tour des Chênes, 30126 Saint-Laurent-des-Arbres, Tel. 66.50.01.19 ⵑ n. V.
☛ J.-C. Sallin

DOM. TOUR DES CHENES 1991★★

◪ 30 ha 20 000 ▮↓Ⅴ③

Die liebliche Farbe von Rosenblättern verführt das Auge. Die gleiche Empfindung im Duft wach, aber noch frühlingshafter. Die Frische von Himbeeren. Dieser größtenteils aus Cinsaulttrauben hergestellte Rosé paßt zu einer Ente mit fünf Gewürzen.

☛ EARL Dom. Tour des Chênes, 30126 Saint-Laurent-des-Arbres, Tel. 66.50.01.19 ⵑ n. V.
☛ J.-C. Sallin

Tavel

Dieser große Wein der Côtes du Rhône, der von vielen als der beste französische Roséwein angesehen wird, stammt aus einem Anbaugebiet, das im Departement Gard auf dem rechten Flußufer liegt. Als einzige Appellation des Rhônetals erzeugt Tavel ausschließlich Roséweine (41 000 hl); die Anbaufläche umfaßt 883 ha auf dem Gebiet von Tavel sowie einigen Parzellen in der Gemarkung Roquemaure. Die Böden bestehen aus Sand, Anschwemmungen und Kiesgeröll. Der Tavel ist ein alkoholreicher Wein mit einem blumig-fruchtigen Bukett, der zu Fischgerichten mit Sauce, Wurstgerichten und weißem Fleisch paßt.

CH. D' AQUERIA 1991★

◪ 45,5 ha 220 000 ▮↓Ⅴ②

Tavel soll der beste Roséwein von Frankreich sein, selbst wenn Marsannay-la-Côte in Burgund die gleiche Ehre für sich in Anspruch nimmt ... Ein Schloß aus dem 18. Jh. erinnert an einen Bürger aus Avignon, der sich dort 1595 niederließ. Ein Wein, der sich geschickt aus der Affäre zieht, denn der Jahrgang war schwierig für die Herstellung eines großen Roséweins. Ausgezeichnete Vinifizierungstechnik (sehr reife, zerdrückte rote Früchte, frischer Geschmack). 1990 war uns der 88er eine besondere Empfehlung wert.

☛ SCA Jean Olivier, Ch. d'Aquéria, 30126 Tavel, Tel. 66.50.04.56 ⵑ n. V.

CANTO-PERDRIX 1991★

◪ 15 ha 80 000 ▮Ⅴ②

André Méjan, der Schwiegersohn des hier sehr bekannten Valéry Taulier, verwendet 15 ha Rebflächen für die Erzeugung dieses Weins, der zu 55% aus Grenache sowie zahlreichen anderen Rebsorten besteht. Grillgerichte und exotische Küche werden diesen sehr heiteren Rosé zur Geltung bringen. Sein Aroma vereint schwarze Johannisbeeren und Pfirsiche. Vorbildliche Ausgewogenheit.

☛ SCEA Méjan-Taulier, pl. du Président-le-Roy, 30126 Tavel, Tel. 66.50.04.02 ⵑ Mo-Sa 9h-18h ; sam. 9h-12h
☛ André Méjan

DOM. CORNE-LOUP 1991

◪ 23 ha 120 000 ↓Ⅴ②

Corne-Loup umfaßt 26 ha. Der Name stammt von einer Reblage in Tavel, wo ein Mann das Horn zu blasen pflegte, um den Winzern, die sich im Freien befanden, die Herannahen von Wölfen anzuzeigen. Überflüssig, diesmal die ganze Nachbarschaft zu alarmieren : dieser Wein will erkennbar niemandem etwas Böses. Der Mentholcharakter überrascht ein wenig. Die sorgfältige Vinifizierung ist im letzten Jahr für den vorangegangenen Jahrgang mit einer besonderen Empfehlung ausgezeichnet worden.

☛ Jacques Lafond, Dom. Corne-Loup, 30126 Tavel, Tel. 66.50.34.37 ⵑ Mo-Fr 9h-12h 14h-16h

DOM. DE LA MORDOREE 1991★

◪ 7 ha 40 000 ▮↓Ⅴ②

Vater Delorme, Chef eines auf Nukleartechnik spezialisierten Unternehmens im Rhônetal, kehrte 1986 aufs Land zurück und arbeitet hier zusammen mit seinem Sohn, der sein Diplom an der ESC in Montpellier gemacht hat. Vielleicht der einzige Tavel, der in diesem Jahr eine kräftige, klare Farbe besitzt. Das ist mehr der Technik als dem Anbaugebiet zu verdanken, aber es ist ein überzeugender Erfolg für den Jahrgang. Der 87er hat ein Jahre später eine besondere Empfehlung erhalten.

☛ Dom. de La Mordorée, chem. des Oliviers, 30126 Tavel, Tel. 66.50.00.75 ⵑ n. V.
☛ Delorme

LES VIGNERONS DE TAVEL 1991★

◪ 400 ha 1 500 000 ▮↓Ⅴ②

Präsident Albert Lebrun weihte 1938 die Genossenschaftskellerei der Winzer von Tavel ein. Diese umfaßt heute 400 ha Rebflächen. Sie ehrt die Republik mit diesem farbintensiven Rosé mit dem Himbeerduft und dem angenehm strukturierten, recht langen Geschmack. Variieren Sie einmal und servieren Sie ihn zusammen mit einem Ziegenkäse als Vorspeise – Sie werden sehen, wie er den Appetit anregt !

↞ Les Vignerons de Tavel, rte de La Commanderie, 30126 Tavel, Tel. 66.50.03.57 ☂ t.l.j. 8h-12h 14h-18h

DOM. DE TOURTOUIL 1991*

◪   20 ha   35 000   ▮↓ ☑ ❸

Das Gut ist von Generation zu Generation größer geworden, aber dabei der Tradition treu geblieben. Die erste Goldmedaille erhielt es 1901 in Brüssel ! Dieser 91er, der zu den besten Weinen unserer Degustation gehörte, besitzt ein schönes Kapital von Jugendlichkeit. Er ist ziemlich leicht und bietet eine Struktur, die gleichzeitig voll und rund ist.

↞ Edouard Lefèvre, Dom. de Tourtouil, 30126 Tavel, Tel. 66.50.05.68 ☂ tägl. 9h-13h 14h-20h

Clairette de Die

Der Clairette de Die, ein Schaumwein, ist einer der am längsten bekannten Weine der Welt. Sein Anbaugebiet liegt auf den Hängen des mittleren Drômetals zwischen Luc-en-Diois und Aouste-sur-Sye. Dieser Schaumwein wird aus den Rebsorten Clairette und Muscat nach zwei verschiedenen Verfahren hergestellt. Die traditionelle, sehr ursprüngliche Methode, bei der die Gärung von selbst in der Flasche aufhört, bewahrt ein Höchstmaß an Aromastoffen von der Muscatrebe (mindestens 50% Anteil). Bei der Champagner-Methode erreicht man die zweite Gärung in der Flasche, indem man dem trockenen Grundwein einen sogenannten Tirage-Likör hinzufügt ; bei diesem Verfahren überwiegt die Clairetterebe (mindestens 75%). Die Gesamtproduktion beläuft sich auf 65 000 hl bei einer Anbaufläche von 1 200 ha.

CAVE DE LA CLAIRETTE DE DIE
Muscat Cuvée Cybèle demi sec 1990*

○   k.A.   100 000   ▮▮ ❷

Diese 1951 gegründete Genossenschaftskellerei, die über 80% der Erzeuger der Appellation Clairette de Die umfaßt, präsentiert eine hübsche Flasche mit einem Siebdruck. Der Inhalt entspricht dieser schönen Aufmachung. Grün schimmernde Farbe, leichte Bläschen, sehr feiner Muskatduft und ätherischer Geschmack. Eignet sich perfekt als Aperitif.

↞ Cave Coop. Clairette de Die, av. de La Clairette, 26150 Die, Tel. 75.22.27.27 ☂ n. V.

JACQUES FAURE Demi sec 1990

○   12 ha   80 000   ▮↓ ☑ ❷

Wir haben die beiden Clairettes de Die verkostet, die uns diese Kellerei präsentiert hat, einen halbtrockenen und einen Brut. Die Jury mochte den halbtrockenen Schaumwein, dessen ziemlich feines Aroma von der Muscatrebe geprägt ist. Den Brut schätzte sie ebenfalls.

↞ Jacques Faure, RD 93, 26340 Vercheny, Tel. 75.21.72.22 ☂ tägl. 9h-12h 14h-19h

ALAIN POULET

○   k.A.   k.A.   ▮ ☑ ❷

Sehr schöne Farbe, feiner Muskatduft, feine Bläschen, die im Geschmack von Honig- und Melonennoten begleitet werden. Er schmeckt angenehm, wenn man ihn stark gekühlt trinkt.

↞ Alain Poulet, 26150 Pontaix, Tel. 75.21.22.59 ☂ n. V.

GEORGES RASPAIL
Coteau du Collet Tradition 1990

○   2,5 ha   20 000   ▮ ☑ ❷

Sehr aromatisch im Duft (exotische Früchte) und im Geschmack. Diesen wohlausgewogenen, überhaupt nicht aggressiven Clairette de Die mit den feinen Bläschen sollte man recht kühl zum Dessert trinken.

↞ Georges Raspail, Clairette de Die, 26340 Aurel, Tel. 75.21.71.89 ☂ n. V.

Châtillon-en-Diois

Das Anbaugebiet von Châtillon-en-Diois umfaßt 50 ha auf den Hängen des Hochtals der Drôme, zwischen Luc-en-Diois (550 m hoch) und Pont-de-Quart (465 m). Die Appellation erzeugt Rotweine (von der Rebsorte Gamay), die leicht und fruchtig sind und jung getrunken werden müssen, und Weißweine (Aligoté und Chardonnay), die angenehm und nervig schmecken.

CAVE DIDIER CORNILLON 1990

■   k.A.   k.A.   ↓ ☑ ❶

Didier Cornillon, der einzige Erzeuger mit einem privaten Keller in dieser Appellation, ist ausgebildeter Önologe. Dieser impulsive, leicht zu trinkende Wein stammt aus einem kühlen Anbaugebiet, der ihm viel Frische verleiht. Seinem Erzeuger ist es mehr um Fruchtigkeit als um Struktur gegangen.

↞ Didier Cornillon, 26410 Saint-Roman, Tel. 75.21.81.79 ☂ t.l.j.10h-12h30 15h-19h30

CELLIER HANNIBAL Aligoté 1991

□ k.A. k.A. ∎Ⓥ❶

Diese 1951 geschaffene Genossenschaft, der mehr als 80% der Erzeuger von Clairette-de-Die-Schaumweinen angehören, produziert auch einen ausgezeichneten Aligoté. In dieser Appellation ist es üblich, nur reinsortige Weine herzustellen. Dieser Aligoté ist sehr reizvoll sowohl hinsichtlich seiner Frische wie auch im Hinblick auf sein Aroma. Finesse und Lebhaftigkeit. All das kann ein wenig flüchtig sein. Ein Wein, bei dem man sich nicht viele Gedanken macht.

↜ Cave Coop. Clairette de Die, av. de La Clairette, 26150 Die, Tel. 75.22.27.27 ⊥ n. V.

Coteaux du Tricastin

Diese Appellation umfaßt 2 154 ha, die sich auf 22 Gemarkungen auf dem linken Rhôneufer verteilen ; sie reicht von La Baume-de-Transit im Süden über Saint-Paul-Trois-Châteaux bis zu Granges-Gontardes im Norden. Die alten, sehr steinigen Schwemmböden und die sandigen Hänge, die an der Grenze zum mediterranen Klima liegen, liefern elegante, lebhafte und feine Rotweine sowie einige Roséweine (100 000 hl).

O. ET H. BOUR Grande cuvée 1987*

∎ 20 ha 6 000 ⦀ ↓ Ⓥ ❸

Syrah, Grenache und Cinsault – in fallender Reihenfolge – ergeben einen angenehmen 87er, der normal ziegelrot ist und mit seinem komplexen Unterholzbukett an das Holzfaß erinnert. Im Geschmack erscheint er voll und recht harmonisch. Für den Jahrgang noch lebhaft. Sein nachhaltiges würziges Aroma im Abgang paßt zu einem Fleischgericht mit Sauce.

↜ Odette und Henri Bour, Dom. de Grangeneuve, 26230 Roussas, Tel. 75.98.50.22 ⊥ n. V.

CH. LA DECELLE 1991

◰ 5 ha 8 000 ∎ ↓ Ⓥ ❶

Drei Schlösser in Saint-Paul ? Hier ist noch ein weiteres. Seine Fassade ist hell, strahlend und lebhaft. Das Innere verströmt Fruchtigkeit. Bürgerlicher Komfort, geschmeidig und voll. Die notwendige Säure. Harmonisches Finale. Kurz gesagt : der Sommer in Weinform.

↜ Henri Seroin, Ch. La Décelle, rte de Pierrelatte, 26130 Saint-Paul-Trois-Châteaux, Tel. 75.04.71.33 ⊥ Mo-Sa 9h-12h 15h-19h

DOM. DE LA TOUR DE BLACON 1990

∎ k.A. k.A. ⦀ ❶

Ein Wein eher in einem Cocktailkleid als in einer Abendrobe. Sein Vanille- und Erikaduft besitzt einen gewissen Reiz. Leichtes Dekolleté,

das aber ein wenig von der bevorstehenden Vermählung träumen läßt : Er ist trinkreif.

↜ Reine Pédauque, Le Village, 21420 Aloxe-Corton, Tel. 80.26.40.00 ⊥ n. V.

DOM. DE MONTINE 1990*

∎ 10 ha 20 000 ∎ ↓ Ⓥ ❶

Man kann sich vorstellen, daß die Marquise de Sévigné während ihres Aufenthalts in Grignan diesen Wein zu einem Trüffelomelett trank und sich davon zu einem bewegenden und aufrichtigen Brief anregen ließ. Das Gut gehörte nämlich früher zum Schloß. Himbeeren und Erdbeeren über einem Aroma, das an feuchte Erde denken läßt. Die rote Farbe erinnert an dunkle Pfingstrosen. Ein ziemlich gutmütiger 90er, der sich im kommenden Jahr noch besser entfalten wird.

↜ Jean-Luc Monteillet, Dom. de Montine, La Grande Tuilière, 26230 Grignan, Tel. 75.46.54.21 ⊥ n. V.

DOM. SAINT-LUC 1990

∎ 12 ha k.A. ∎ ↓ Ⓥ ❶

Gästezimmer, Einführung in die Geheimnisse der Weinprobe, Besucher aus Kalifornien. Dieses schöne Gebäude aus dem 18. Jh. feiert seit 20 Jahren dank der Liebe zum Wein eine Wiedergeburt. Dieser 90er besitzt eine karminrote Farbe und erinnert im Aroma an Pilze und Humus, danach an Kirschen in Alkohol. Ein feiner, einschmeichelnder Wein, den man schon jetzt trinken kann.

↜ Ludovic Cornillon, Dom. Saint-Luc, 26790 La Baume-de-Transit, Tel. 75.98.11.51 ⊥ n. V.

DOM. DU SERRE ROUGE 1990*

∎ 23,72 ha 12 000 ∎ ↓ Ⓥ ❶

Wenn Sie die Vorsehung eines Tages mit Labmagen aus dem Tricastin mit Salbeisauce konfrontiert, dann holen Sie diese Flasche aus Ihrem Keller oder bestellen Sie sie im Restaurant. Sie wird perfekt dazu passen. Das Aroma dieses Weins erinnert an Farnkraut, Humus und Walderdbeeren. Geschmeidig und dennoch gut gebaut. Extrem feine Tannine.

↜ GAEC Jean Brachet et Fils, Dom. du Serre Rouge, 26230 Valaurie, Tel. 75.98.50.11 ⊥ n. V.

DOM. TOUR D'ELYSSAS 1990*

∎ k.A. 20 000 ∎ ⦀ Ⓥ ❶

Joël Canac verwendet hier vor allem Syrahtrauben sowie zu einem geringeren Anteil Grenachetrauben. Die rote Farbe ist recht dunkel. Der Geruchseindruck ist etwas durch die Milchsäure geprägt. Im fruchtigen Aroma dominiert ein Geißblattduft. Tanninreicher Geschmack mit kräftiger, aber feiner Struktur. Wir haben auch einen reinsortigen Syrah verkostet, der von 1988 stammt und im Holzfaß ausgebaut worden ist : Wir mochten ihn ebenfalls.

↜ SCEA Tour d'Elyssas, 26290 Les-Granges-Gontardes, Tel. 75.98.55.83 ⊥ Mo-Sa 8h-12h 14h-18h

868

DOM. DU VIEUX MICOCOULIER
1990★★

■ 108 ha k.A.

Die Familie Vergobbi mußte schweren Herzens ihr Weingut aufgeben, das ein Vorfahre aus den Cevennen 1877 in Algerien aufgebaut hatte. Sie hat den Weinbau wiederaufgenommen und das Land von neuem urbar gemacht, diesmal in der Provence. Ein herrlicher, samtroter Wein mit dem animalischen Geruchseindruck vollreifer Syrahtrauben (22% der Bestockung). Ein harmonischer Geschmack, der sich weit entfaltet. Paßt zu einem jungen Perlhuhn aus dem Departement Drôme.

🍷 SCGEA Cave Vergobbi, 26290 Les Granges-Gontardes, Tel. 75.04.02.72 ⚲ n. V.

Côtes du Ventoux

Am Fuße des Kalksteinmassivs des Ventoux, des »Riesen« des Departementes Vaucluse (1 912 m), bilden Ablagerungen aus dem Tertiär dieses Anbaugebiet (6 888 ha), das sich auf 51 Gemarkungen zwischen Vaison-la-Romaine im Norden und Apt im Süden erstreckt. Erzeugt werden hier in erster Linie Rot- und Roséweine. Das Klima, das kälter als das der Côtes du Rhône ist, bedingt eine spätere Reife der Trauben. Die Rotweine weisen einen niedrigeren Alkoholgehalt auf, sind aber in ihrer Jugend frisch und elegant; in den am weitesten westlich gelegenen Gemeinden (Caromb, Bédoin, Mormoiron) fallen sie jedoch kräftiger aus. Die Roséweine sind gefällig und müssen jung getrunken werden. Die Gesamtproduktion liegt bei durchschnittlich 280 000 hl.

DOM. DES ANGES 1990

■ 11,31 ha 48 000

Die »Engel« heißen hier Grenache, Syrah und Cinsault. Sie preisen die Ehre Gottes, indem sie kraftvoll in die Fanfaren stoßen, mit dem Risiko, daß sie dabei ein wenig von ihrer Seele verlieren. Aber sie besitzen einen gewaltigen Atem ! Tannine, die im Abgang etwas trocknen, und ein Duft von sehr reifen, fast gekochten Früchten. Geringe Lagerfähigkeit.

🍷 Malcom Swan, Dom. des Anges, 84570 Mormoiron, Tel. 90.61.88.78 ⚲ tägl. 9h-12h 14h-18h

CH. BLANC 1990

■ 20 ha 150 000

Es gibt ein Château Gris in Nuits-Saint-Georges, so wie ein Château Blanc in den Côtes du Ventoux existiert – das Werk einer Familie, die aus Châteauneuf-du-Pape stammt. Jean Lacouture, der diesen Keller besuchte, ist bekanntlich ein großer Freund von Corridas. Er würde diesen Wein für würdig erachten, in die Arena einzuziehen : sehr strukturiert, vielleicht zu sehr für einen Ventoux, mit kräftigen Tanninen. Ein richtiger Stier.

🍷 SCE Ch. Blanc, La Coquillade, 84400 Gargas, Tel. 90.62.04.30 ⚲ tägl. 9h-12h 14h-18h
🍷 Jean-Claude Chasson

DOM. DE CHAMPAGA 1990

■ 18 ha 100 000

Als Nachbar einer Benediktinerabtei, die in den letzten Jahren errichtet wurde, ruft dieser Wein zum Gottesdienst. Seine Struktur erinnert an eine gotische Kathedrale, gestützt auf Tannine als Pfeiler. Wenn Sie hier vorbeikommen, müssen Sie unbedingt den Aprikosenschnaps probieren, den das Gut ebenfalls produziert. Er ist prächtig !

🍷 Comtes Ph. et O. d' Ollone, Dom. de Champaga, 84330 Le Barroux, Tel. 90.62.43.09 ⚲ Mo-Sa 9h-12h

DOM. DE CHAMP-LONG
Cuvée spéciale 1990

■ 4 ha 20 000

Unsere Jury war der Meinung, daß es in dieser Appellation zweifellos besser wäre, auf geschmeidigere und fruchtigere Weine zu treffen. Dieser hier, hauptsächlich aus Grenache erzeugt, ist nämlich sehr robust, voller Biß, eher breit als rund. Eine längere Flaschenreifung ist angeraten.
🍷 Gély et Fils, Dom. de Champ-Long, 84340 Entrechaux, Tel. 90.46.01.58 ⚲ tägl. 9h-12h 14h-19h

DOM. DE CHAMP-LONG 1991

◨ 6 ha 25 000

Ein aus Grenache- und Cinsaulttrauben hergestellter Rosé, der bezaubernd und bukettreich (Pfirsiche, Backpflaumen) ist. Die Eleganz und die Finesse der Cinsaultrebe entfalten sich wunderbar im Geschmack. Die Frische wird durch eine kräftige Säure unterstützt.
🍷 Gély et Fils, Dom. de Champ-Long, 84340 Entrechaux, Tel. 90.46.01.58 ⚲ tägl. 9h-12h 14h-19h

DOM. DE CHAMP-LONG
Blanc de blancs 1991

□ 1,5 ha 8 000

Ein 1964 an der Stelle eines alten Bauernhofs

TAL DER RHONE

entstandenes Weingut. Intelligente und gewissenhafte Auswahl der Rebsorten. Clairette und
Bourboulenc, angereichert mit ein wenig Grenache Blanc. Das ergibt einen Weißwein mit bezaubernden Rundungen und einer angenehmen Frische. Krustentiere werden sich in ihn verlieben.
🌶 Gély et Fils, Dom. de Champ-Long, 84340
Entrechaux, Tel. 90.46.01.58 ⏱ tägl. 9h-12h 14h-
19h

DOM. DE FONDRECHE
Blanc de blancs 1991 *

| ☐ | 3 ha | 9 000 | ↓ 🔲 |

Clairette und Bourboulenc treten hier kräftig
in die Pedale, um das Feld der Aromen in die
Serpentinen des Ventoux zu führen. Das Gelbe
Trikot des Etappenbesten mit einem Bukett, in
dem sich exotische Düfte mit einem deutlich
blumigen Duft vermischen. Eine wunderbare
Abfahrt.
🌶 GFA du Dom. de Fondrèche, Quartier
Fondrèche, 84380 Mazan, Tel. 90.69.61.42
⏱ n. V.

DOM. DE FONDRECHE 1991

| ◪ | 2 ha | 5 000 | ↓ 🔲 |

Ein schönes Etikett, das an die Bilder der vom
Licht der Provence begeisterten Maler erinnert.
Die Farbe ist elegant, der Duft eher blumig. Und
der Geschmack ? Sympathisch.
🌶 GFA du Dom. de Fondrèche, Quartier
Fondrèche, 84380 Mazan, Tel. 90.69.61.42
⏱ n. V.

DOM. DE LA VERRIERE 1991 *

| ◪ | 1,7 ha | 10 600 | ▮↓🔲🔲 |

Jacques übernahm 1987 von seinen Eltern die
Leitung dieses Gutes, das abgeschieden in den
Hügeln zwischen Gordes und Roussillon liegt,
gegenüber dem Nordhang des Lubéron. Dieser
lachsrosa Wein besitzt den feinsten Duft, von
dem man nur träumen kann. Auch eine recht gute
Fülle. Eines der angenehmsten Erlebnisse bei
dieser Verkostung von Roséweinen.
🌶 Jacques Maubert, Dom. de La Verrière, 84220
Goult, Tel. 90.72.20.88 ⏱ n. V.

DOM. DE LA VERRIERE 1990 **

| ■ | 3,7 ha | 20 000 | ◫↓🔲🔲 |

Hier befinden sich die Ländereien des Königs
René von der Provence, die heute von der Familie Maubert bewirtschaftet werden. Ein Ventoux,
wie man ihn liebt. Ein Wildragout paßt gut zu
ihm. Schon beim ersten Riechen spürt man seine
Fruchtigkeit : Heidelbeeren und schwarze Johannisbeeren. Auf der Zunge geschmeidig und sehr
lang. Ein wirklicher und reiner Genuß.
🌶 Jacques Maubert, Dom. de La Verrière, 84220
Goult, Tel. 90.72.20.88 ⏱ n. V.

DOM. DE LA VERRIERE 1991

| ☐ | k.A. | k.A. | ▮↓🔲🔲 |

Sehr blasse, gelbe Farbe, Duft von Clairettetrauben (Ginster, sehr typisch für diese Rebsorte)
und fester Geschmack. Man sollte ihn gekühlt
trinken, ohne sich dabei große Gedanken zu
machen.
🌶 Jacques Maubert, Dom. de La Verrière, 84220
Goult, Tel. 90.72.20.88 ⏱ n. V.

CAVE LES ROCHES BLANCHES
Syrah 1990

| ■ | 110 ha | 40 000 | ▮↓🔲🔲 |

Strahlende, bläulichrote Farbe. Ein ziemlich
wilder Wein, der aber dank seines Aroma von
roten Früchten im Geschmack ausgewogen ist.
1989 haben wir den 86er besonders empfohlen.
🌶 Cave Coop. Les Roches Blanches, 84570
Mormoiron, Tel. 90.61.80.07 ⏱ Mo-Sa 8h-12h
14h-18h

CAVE DE LUMIERES 1990

| ■ | k.A. | 18 000 | ▮↓🔲🔲 |

Im Zentrum eines Dreiecks, das die wunderschönen Dörfer Gordes, Roussillon und Bonnieux bilden. Wenn man Lumières heißt, besitzt
man zwangsläufig eine schöne Farbe. Hier
kommt ein solide gebauter Körper hinzu. Das
Können des Leiters dieser Genossenschaft
ergänzt den Sachverstand der Winzer, die auf
ihrer Habenseite eine besondere Empfehlung in
unserem Weinführer haben (1990 für den 87er).
🌶 Cave de Lumières, 84220 Goult,
Tel. 90.72.20.04 ⏱ n. V.

CAVE DE LUMIERES
Cuvée prestige 1991 *

| ☐ | 3,41 ha | 12 000 | ▮↓🔲🔲 |

80% Clairette. Ein hübscher 91er mit noch
zurückhaltendem, aber elegantem Duft, intensi-
vem Geschmack und angenehmer Länge.
Muscheln ? Austern ? Nicht so wichtig. Wenn Sie
Ihr Ohr an das Glas legen, werden Sie nicht das
Rauschen des Meeres, sondern das Zirpen von
Zikaden hören.
🌶 Cave de Lumières, 84220 Goult,
Tel. 90.72.20.04 ⏱ n. V.

CH. PESQUIE 1990 **

| ■ | 4,3 ha | 10 000 | ◫↓🔲🔲 |

Ein triumphaler Einzug in unseren Weinfüh-
rer : Dieses wunderbar gepflegte Château trägt
sich hier mit einer Cuvée aus Syrah (80%) und
Grenache (20%) in die Liste der Preisträger ein.
Purpurrote Farbe mit hübschen malvenfarbenen
Reflexen. Sehr blumiger Duft mit Noten von
Tiergeruch. Pfeffriger Geschmack mit einem
Hauch von Vanille. Alte Rebstöcke und sorgfäl-
tige Vinifizierung für ein Spitzenprodukt.
🌶 Ch. Pesquié, GAEC Les Terrasses du Ventoux,
84570 Mormoiron, Tel. 90.61.94.08 ⏱ Di-So 10h-
12h 14h-19h
🌶 E.-P. Chaudière

CH. PESQUIE Réserve du Moutié 1990*

■　　　2,1 ha　10 000　🍷↓Ⓜ②

Schwarze Johannisbeeren und Veilchen. Ein hervorragender Wein, unser Wort darauf ! Mehrere andere Cuvées, die uns dieser Erzeuger bei den roten 90ern präsentierte, sind vom gleichen Kaliber. »Cuvée des Terrasses« , »Seigneur de Leyrac« , »Réserve de Pezet« – Sie haben die Qual der Wahl.
🍷 Ch. Pesquié, GAEC Les Terrasses du Ventoux, 84570 Mormoiron, Tel. 90.61.94.08 ⏳ Di-So 10h-12h 14h-19h
🍷 E.-P. Chaudière

CAVE SAINT-MARC
Cuvée du Sénéchal 1991*

■　　　2 ha　10 000　🍷↓Ⓜ②

Wenn man der Legende glauben darf, soll der heilige Markus – der Schutzpatron der Winzer der Provence – einst die Einwohner von Caromb zum christlichen Glauben bekehrt haben. Diese erweisen sich heute als gute Pfarrkinder der Genossenschaft. Ihre Cuvée du Sénéchal ist frisch und gefällig, sehr angenehm und trinkreif.
🍷 Cave Saint-Marc, B.P. 16, 84330 Caromb, Tel. 90.62.40.24 ⏳ n. V.

CAVE SAINT-MARC 1991

☑　　　10 ha　65 000　🍷↓Ⓜ①

Ein feiner, schlanker Wein zu einer sommerlichen Mahlzeit. Grenache und Cinsault unterhalten hier zarte Bande.
🍷 Cave Saint-Marc, B.P. 16, 84330 Caromb, Tel. 90.62.40.24 ⏳ n. V.

DOM. SAINT SAUVEUR 1990*

■　　　26,85 ha　25 000　🍷Ⓜ①

Eine Kapelle aus dem 11. Jh., die vor kurzem restauriert worden ist, als Ort der Verehrung für diesen Rotwein, dessen Aroma an ziemlich stark gekochte rote Früchte erinnert. Mehr fruchtige Frische findet man im Gaumen über einer klaren geschmacklichen Note. Eine Flasche, die man schon heute entkorken kann. Dabei erinnert man sich vielleicht an die besondere Empfehlung für den 85er im Jahre 1988.
🍷 GAEC Rey, Dom. Saint-Sauveur, 84810 Aubignan, Tel. 90.62.60.39 ⏳ n. V.

DOM. TERRUS 1990*

■　　　3,5 ha　14 000　🍷↓Ⓜ②

Genau das, was man von einem Ventoux erwartet : angenehm und rund, wohlausgewogen. Man hätte ihn gern alle Tage bei sich zu einer freundschaftlichen Unterredung.
🍷 Cave de Lumières, 84220 Goult, Tel. 90.72.20.04 ⏳ n. V.

CH. VALCOMBE 1991

□　　　3 ha　20 000　🍷↓Ⓜ②

Ein junger Winzer, der aus dem Departement Hérault stammt und in Châteauneuf-du-Pape Kellermeister wurde. 1988 kaufte er dieses Gut. 1991 erhielt er für seinen vierten Jahrgang eine besondere Empfehlung. Ein sachkundiger, gewissenhafter Erzeuger, der hier einen sehr vollen Wein mit einer soliden Basis präsentiert. Duft von Weißdorn und Ginster, leicht exotisch gefärbt (Papayas).
🍷 Claude Fonquerle, Ch. Valcombe, 84330 Saint-Pierre-de-Vassols, Tel. 90.62.51.29 ⏳ n. V.

Côtes du Lubéron

Die Appellation Côtes du Lubéron ist durch Erlaß vom 26. Februar 1988 neu als AOC hinzugekommen.

Das 36 Gemarkungen umfassende Anbaugebiet erstreckt sich auf die Nord- und Südhänge des Kalksteinmassivs des Lubéron (fast 2 960 ha) und erzeugt durchschnittlich 120 000 hl. Die Appellation bringt gute Rotweine hervor, die durch erstklassige Rebsorten (Grenache, Syrah) und einen eigentümlichen Boden gekennzeichnet sind. Das Klima, das kühler als im Rhônetal ist, und die spätere Lese erklären den hohen Anteil von Weißweinen (10 bis 15%) und ihre anerkannt gute Qualität.

GRANDE RESERVE DES CHALLIERES 1990

■　　　k.A.　k.A.　🍷↓Ⓜ①

Niemand wird protestieren, wenn Sie diesen geschmeidigen, sehr fruchtigen Wein aus dem Keller holen. Er ähnelt der Landschaft des Lubéron und verströmt ihren Duft. Vielleicht vernehmen Sie sogar, wenn Sie aufmerksam lauschen, das Zirpen der Zikaden ...
🍷 Jean-Claude Boisset, rue des Frères-Montgolfier, 21702 Nuits-Saint-Georges, Tel. 80.61.00.06

DOM. DE FONTENILLE 1990**

■　　　14 ha　10 000　🍷Ⓜ①

Ein großes Landhaus, das vor 200 Jahren errichtet worden ist, und ein hübscher, noch älterer Bauernhof. Aber erst 1978 begann man auf diesem Gut mit der Vinifizierung. Das reicht aus, um einen bemerkenswerten Wein herzustellen, der zu den schönen Überraschungen unserer Weinprobe gehörte. Er wirkt schon auf den ersten Blick verführerisch. Kirschen und Brombeeren führen zu einem Geschmack mit feinen Tanninen. Schöne Struktur.
🍷 EARL Lévêque et Fils, Dom. de Fontenille, 84360 Lauris, Tel. 90.08.23.36 ⏳ tägl. 8h30-12h30 15h-17h30

GRANDE TOQUE 1990

■　　　250 ha　k.A.　🍷↓Ⓜ②

Trotz einer umfangreichen Produktion bewahrt dieser Wein einen individuellen Charakter : Brombeeren und Erdbeeren dominieren im Duft, während sich der Geschmack zart und frisch zeigt.

🔗 Cellier de Marrenon, quartier Notre-Dame, 84240 La Tour d'Aigues, Tel. 90.07.40.65 ☎ n. V.

GRANDE TOQUE Blanc de blancs 1991

☐	50 ha	k.A.	🔋↓Ⅴ🄇

Einheit macht stark. Dieser überwiegend aus Ugni Blanc hergestellte Wein stammt von der Genossenschaft von Tour-d'Aigues und spiegelt gut die Gesamtproduktion dieser Ortschaft wider : Noten von Ginster und Bienenwachs, lebhaft und frisch. Paßt zu einem Teller mit Krustentieren.

🔗 Cellier de Marrenon, quartier Notre-Dame, 84240 La Tour d'Aigues, Tel. 90.07.40.65 ☎ n. V.

CH. LA CANORGUE 1991

◪	5 ha	20 000	🔋↓Ⅴ🄇

Von Neptun und seinen Delphinen bewachte Springbrunnen, eine Kapelle und eine wunderbare Terrasse, von der man das Schloß des Marquis de Sade sieht – ein Anwesen, das seit 400 Jahren im Familienbesitz ist. Dieser Rosé gibt nicht vor, von Jupiter abzustammen – nicht einmal von Bacchus. Ein Wein ohne besondere Ansprüche, leicht, aber fein und recht ausdrucksvoll im Geschmack.

🔗 Jean-Pierre Margan, Ch. La Canorgue, 84480 Bonnieux, Tel. 90.75.81.01 ☎ n. V.

CH. LA CANORGUE 1990★★★

■	10 ha	40 000	◫ Ⅴ🄇

CHÂTEAU LA CANORGUE
1990

CÔTES DU LUBERON
Appellation Côtes du Luberon Contrôlée

12,5% vol.
Produce
of France
750ml

Mis en bouteille au Château

JEAN-PIERRE MARGAN, PROPRIÉTAIRE-RÉCOLTANT - F 84480 BONNIEUX FRANCE

Wer aus dem Showbiz im Sommer Ferien in Gordes macht, besucht diese Kellerei. Obwohl das Gut nicht weit vom Schloß des Marquis de Sade entfernt liegt, feiert es keineswegs die Leiden der Tugend. Ganz im Gegenteil : Es sagt Ehre für diese Gegend ein. Eine besondere Empfehlung für diesen strahlenden Rotwein (überwiegend aus Syrahtrauben), der nach Trüffeln und Wald duftet. Gut gebaut und sehr lagerfähig. 1988 haben wir bereits den roten 85er besonders empfohlen.

🔗 Jean-Pierre Margan, Ch. La Canorgue, 84480 Bonnieux, Tel. 90.75.81.01 ☎ n. V.

CH. LA CANORGUE 1991★

☐	5 ha	20 000	🔋↓Ⅴ🄇

Konzentrierte Trauben und gute Verarbeitung. Muß man sich dann noch wundern, wenn dieser gelungene Wein unter seiner angenehmen Fülle

ein fruchtiges Aroma entfaltet ? Bestätigung für einen Wein, der berühmt für seine Qualität ist.

🔗 Jean-Pierre Margan, Ch. La Canorgue, 84480 Bonnieux, Tel. 90.75.81.01 ☎ n. V.

DOM. DE LA CAVALE 1991

☐	6 ha	25 000	🔋↓Ⅴ🄇

Diese »Rassestute« hält im Geschmack Abstand. Ihr Duft verweigert nicht vor dem Hindernis, sondern nimmt es mit Finesse und Diskretion, ohne seine Natur zu verleugnen. Man denkt dabei eher an die Rennen von Cagnes-sur-Mer als an Vincennes, denn die Spezialitäten des Mittelmeers werden ihre letzte Stärkung sein.

🔗 SNC Delarozière Dubrule, rte de Lourmarin, 84160 Cucuron, Tel. 90.77.22.96 ☎ n. V.

DOM. DE LA CAVALE 1990★

■	6 ha	25 000	◫↓Ⅴ🄇

»La Cavale« , ein hübscher Titel eines Kriminalromans bzw. eines französischen Films aus den 60er Jahren mit Lino Ventura und Alain Delon. Ein sehr geschmeidiger 90er, der von einem eher sandigen Boden stammt. Aber kann man geschmeidig sein, ohne mager zu sein ? Der Körper ist vorteilhaft. Hervorragender Gesamteindruck.

🔗 SNC Delarozière Dubrule, rte de Lourmarin, 84160 Cucuron, Tel. 90.77.22.96 ☎ n. V.

CH. LA SABLE 1991★

☐	3 ha	12 000	🔋↓Ⅴ🄇

Schöne, goldgelbe Farbe. Eleganter, ziemlich komplexer Duft. Sehr gute Ausgewogenheit im Geschmack : Fülle und Säure, gerade, wie es nötig ist. Eine sehr beständige Qualität.

🔗 SNC Delarozière Dubrule, rte de Lourmarin, 84160 Cucuron, Tel. 90.77.22.96 ☎ n. V.

CH. LA SABLE 1991

◪	7 ha	25 000	🔋↓Ⅴ🄇

Wenn Sie das Schicksal mit einem Lammbraten aus dem Lubéron zusammenführt, sollten Sie sofort diesen koketten, bezaubernden Rosé als Zeugen des Festes vorladen. Das Aroma erinnert an Pfirsiche. Die Farbe ist leicht gelblich. Er ist sehr gut gebaut und wird seinen Beitrag zu diesem köstlichen Vergnügen leisten.

🔗 SNC Delarozière Dubrule, rte de Lourmarin, 84160 Cucuron, Tel. 90.77.22.96 ☎ n. V.

CH. LA SABLE 1990★★

■	6 ha	25 000	◫↓Ⅴ🄇

Er hatte die schönste Physiognomie der Welt : schöne Nase, geschmackvoll geformter Mund ... Wenn man diesen Wein probiert, glaubt man, eine Personenbeschreibung aus dem 17. Jh. zu lesen. Die Appellation bringt nichts Besseres hervor, und vor allem nichts, was den typischen Charakter dieses Anbaugebiets getreuer zum Ausdruck brächte. Ich bin und bleibe ein echter Côtes du Lubéron !

🔗 SNC Delarozière Dubrule, rte de Lourmarin, 84160 Cucuron, Tel. 90.77.22.96 ☎ n. V.

CH. DE L'ISOLETTE Prestige 1990★★★

■	20 ha	k.A.	◫ Ⅴ🄉

Laure, die Tochter von Luc Pinatel, ist die erste Winzerin in der Familie. Sie darf vor Stolz erröten über diesen Wein, der vollständig und lang ist und nach Wildtieren riecht. Man denkt dabei an Drosselsalmi. Die Syrahrebe wird hier durch die üblichen Rebsorten ergänzt. Dieses Gut hat zwei besondere Empfehlungen auf seiner Habenseite : 1989 für den 86er und 1990 für den 87er, beides Rotweine.

🕊 EARL Laure et Luc Pinatel, Ch. de l'Isolette, rte de Bonnieux, 84400 Apt, Tel. 90.74.16.70 🍸 Mo-Sa 8h-12h 14h-17h45

CH. DE L'ISOLETTE Prestige 1991

◪ | 20 ha | 100 000 | 🍶↓☑②

Krabbensalat ? Oder Muscheln ? Meerbarbe vom Grill ? Die Diskussion bei den Pinatels fand fast kein Ende. Aber immer ist dieser Wein dabei : leicht orangerote Reflexe und im Geschmack das Aroma von getrocknetem Grummet (beachten Sie die Gewissenhaftigkeit unserer Jury !). Er eignet sich problemlos für alle Eventualitäten.

🕊 EARL Laure et Luc Pinatel, Ch. de l'Isolette, rte de Bonnieux, 84400 Apt, Tel. 90.74.16.70 🍸 Mo-Sa 8h-12h 14h-17h45

CAVE DE LUMIERES 1991

◪ | 8,45 ha | 10 000 | 🍶↓☑①

Man kann sich schwerlich besser präsentieren. Dieser geschmeidige, fruchtige Wein ist sehr angenehm und endet im Geschmack mit einem leicht würzigen Abgang.

🕊 Cave de Lumières, 84220 Goult, Tel. 90.72.20.04 🍸 n. V.

CAVE DE LUMIERES 1990

■ | 8,45 ha | 20 000 | 🍶↓☑①

Ein Wein, der mit seiner Herkunft zufrieden ist. Sehr elegant. Reife Kirschen, milde Tannine. Trinkreif.

🕊 Cave de Lumières, 84220 Goult, Tel. 90.72.20.04 🍸 n. V.

CH. DE MILLE Blanc de blancs 1991*

☐ | 11 ha | 15 000 | 🍶☑②

Das älteste Weingut des Lubéron. Etwa 150 ha zusammenhängende Rebflächen. Es gehörte früher Papst Clemens V. und den Bischöfen von Apt. Ein traumhaftes Château, das Giono liebte. Côtes du Rhône, Côtes de Provence, Côtes du Ventoux und heute Côtes du Lubéron : Dieser Wein hat alle Farben und bereits nacheinander vier Bezeichnungen erlebt. Trotzdem bleibt er philosophisch und heiter. Sehr blasse Farbe, Duft von vollreifen Pfirsichen. Ein Hauch von Buchsbaum im Bukett – das ist die besondere Note des Anbaugebiets.

🕊 Conrad Pinatel, Ch. de Mille, 84400 Apt, Tel. 90.74.11.94 🍸 tägl. 8h-12h 14h-18h

CH. DE MILLE 1990**

■ | 20 ha | 20 000 | ☑②

Dieser Wein ist das krasse Gegenteil von Verdrossenheit. Aber auch von modischem Geschmack. Echte Lebensästhetik. Sobald die Flasche entkorkt ist, erfüllt die Garrigue das Glas. Fenchel, Minze, Pilze – was für ein köstlicher Duft ! Gutes Gerüst, fast endlose Länge. Denken Sie sich dazu ein Entenfilet ! Dieser Erzeuger hat uns noch einen besonderen Gefallen

erwiesen : Er brachte uns in den Genuß, einen 81er probieren zu dürfen, der im Holzfaß gereift ist und den Umweg lohnt.

🕊 Conrad Pinatel, Ch. de Mille, 84400 Apt, Tel. 90.74.11.94 🍸 tägl. 8h-12h 14h-18h

CLOS MURABEAU 1990*

■ | 15,5 ha | 70 000 | 🍶◫↓☑②

Jean-Claude Lattès hat dieses Gut 1984 erworben. Für den Weinbau und die Vinifizierung sind Claude Dumont und Daniel Péraldi zuständig. Dieser Clos ist ein Weinberg, dessen Umfriedung die Natur bildet : ein Schmuckstück inmitten der provenzalischen Landschaft. Elegantes Aussehen. Kräftiger Duft von Garrigue und Waldfrüchten. Der komplexe Geschmack zeigt sich gleichzeitig geschmeidig, strukturiert und fruchtig.

🕊 SA Clos Mirabeau, 84120 Mirabeau, Tel. 90.77.00.26 🍸 n. V.
🕊 J.-C. Lattès

CH. VAL JOANIS 1991*

☐ | 20 ha | k.A. | 🍶↓☑②

Jean de Joanis, Sekretär des Königs Ludwig III. von Neapel, war einst der Besitzer dieses Gutes. Dieser aus Ugni und Grenache hergestellte Weißwein könnte bei Hof vorgelassen werden. Eine kluge Vinifizierung führt zu einem makellosen, klaren Charakter. Seine elegante Frische und sein Ginsteraroma passen zu Fischmus, sogar zu gekochtem Fisch.

🕊 Famille Chancel, Ch. Val Joanis, 84120 Pertuis, Tel. 90.79.20.77 🍸 n. V.

CH. VAL JOANIS 1991*

◪ | 25 ha | k.A. | 🍶↓☑②

Ein dunkler Rosé, dessen Duft an gerade reif gewordene rote Früchte erinnert. Etwas lebhaft somit. Solider, ausgewogener Körper. Sie können ihn im Sommer auf der Terrasse eines Restaurants oder in Ihrer Laube zu Lachs mit Sauerampfer trinken.

🕊 Famille Chancel, Ch. Val Joanis, 84120 Pertuis, Tel. 90.79.20.77 🍸 n. V.

CH. VAL JOANIS 1990*

■ | 70 ha | k.A. | 🍶↓☑②

Wir sind noch nie von diesem Gut enttäuscht worden, das sein gutes Qualitätsniveau halten kann, gleichgültig, um welchen Jahrgang es sich handelt. Dieser 90er besitzt eine ätherische Leichtigkeit und Geschmeidigkeit. Ebenfalls verkostet worden ist der 88er »Cuvée des Griottes« . Sie zeigt die gleiche Klarheit, hat aber mehr Blut, ein impulsiveres Temperament.

🕊 Famille Chancel, Ch. Val Joanis, 84120 Pertuis, Tel. 90.79.20.77 🍸 n. V.

DOM. DES VAUDOIS 1989*

■ | 6 ha | 20 000 | 🍶↓☑①

Eine Familie, die im 15. Jh. in das Lubéron kam und im Laufe der Zeit untrennbar mit dem Wein verbunden wurde. Ein Hasenpfeffer paßt zu diesem schönen Wein aus Grenache- (75%) und Syrahtrauben. Sehr komplexer Geruchseindruck, in dem der Duft von Humus und Gewürzen auf einem Teppich aus roten Früchten (leicht eingemacht) ruht. Solide Tannine. Ein paar Monate im Keller werden ihm guttun.

🔑 Aurouze, Dom. des Vaudois, 84240 Cabrières d'Aigues, Tel. 90.77.60.87 𝕐 n. V.

Côtes du Vivarais AOVDQS

Die Côtes du Vivarais werden an der nordwestlichen Grenze der südlichen Côtes du Rhône in einem 577 ha großen Anbaugebiet in den Departements Ardèche und Gard erzeugt. Orgnac (das für seine Karsthöhle bekannt ist), Saint-Remèze und Saint-Montan dürfen ihren Namen dem der Appellation hinzufügen. Die Weine stammen von Kalkböden. Es handelt sich dabei in erster Linie um Rot- und Roséweine, die durch ihre Frische gekennzeichnet sind und jung getrunken werden.

LES CHAIS DU VIVARAIS
Saint Remèze 1990

■ 100 ha 40 000 ▮↓☑1

Die Côtes du Vivarais haben das Mittelalter erfrischt und die Renaissance entzückt. 60% Syrah sowie Grenache ergeben diesen 90er mit der kräftigen, bläulichrot schimmernden Farbe und dem stark von der Syrahrebe geprägten Duft (Tiergeruch und Noten von roten Früchten). Seine Tannine sind im Geschmack noch deutlich spürbar.

🔑 Les Producteurs Réunis de Saint-Remèze, Les Chais du Vivarais, 07700 Saint-Remèze, Tel. 75.04.08.56 𝕐 n. V.

LES CHAIS DU VIVARAIS
Saint Remèze 1991

◪ 40 ha 20 000 ▮↓☑1

Ein Rosé mit einer dunklen lachsroten Farbe und einem kräftigen Aroma von Kirschen und roten Johannisbeeren sowie nach Pfirsichen. Im Geschmack ist er frisch und ausgewogen. Ein Sommerwein für Wurstgerichte.

🔑 Les Producteurs Réunis de Saint-Remèze, Les Chais du Vivarais, 07700 Saint-Remèze, Tel. 75.04.08.56 𝕐 n. V.

Coteaux de Pierrevert AOVDQS

Im Departement Alpes-de-Haute-Provence befindet sich der Hauptteil dieses rund 265 ha großen Anbaugebiets auf den Hängen des rechten Ufers der Durance (Corbières, Sainte-Tulle, Pierrevert, Manosque etc.). Das bereits rauhere Klima begrenzt den Weinbau auf zehn der 42 Gemarkungen, die die Appellation offiziell umfaßt. Die Rot-, Rosé- und Weißweine (13 000 hl), die einen ziemlich geringen Alkoholgehalt und eine gute Nervigkeit besitzen, werden vor allem von den Touristen geschätzt, die in dieser Region übernachten oder auf der Durchreise einkehren.

CH. DE ROUSSET 1991*

◪ 12 ha 20 000 ▮↓☑1

Das Château gehört der Familie seit 1820. Nach dem Krieg legte Monsieur de Saporta die Weinberge an, die 1986 sein Neffe Hubert übernahm. Ein sehr schönes Gut, das von Daniel Péraldi beraten wird. Lachsrosa Farbe, ziemlich feines, fruchtiges Aroma und voller, lebhafter Geschmack. Gut unterstützt wird dieser wohlausgewogene Wein von einer leichten Kohlensäure.

🔑 Hubert et Roseline Emery, Rousset, 04800 Gréoux-les-Bains, Tel. 92.72.62.49 𝕐 Mo-Sa 9h-12h 14h-18h

CH. DE ROUSSET 1990**

■ 12 ha 20 000 ▮↓☑1

Dieser Wein, den wir im letzten Jahr besonders empfohlen haben, ist noch immer verführerisch. Sehr intensive, rote Farbe, Aroma von schwarzen Johannisbeeren, das sehr zart von einem Blütenduft begleitet wird, und große Eleganz. Der sehr ausgewogene Geschmack bietet sehr feine, bereits harmonisch aufgelöste Tannine. Ein Beispiel, das Schule machen sollte.

🔑 Hubert et Roseline Emery, Rousset, 04800 Gréoux-les-Bains, Tel. 92.72.62.49 𝕐 Mo-Sa 9h-12h 14h-18h

DESSERTWEINE (VINS DOUX NATURELS)

Die Winzer des Roussillon haben schon immer hochangesehene Likörweine hergestellt. Im 13. Jahrhundert entdeckte Arnaud de Villeneuve die wundersame Verbindung zwischen der »natürlichen Süße der Trauben und ihrem Branntwein«. Dabei handelte es sich um das Prinzip der Mutage, d. h. der Unterbrechung der Gärung durch Zusatz von Alkohol; dieses »Stummachen« wird bei Rot- oder Weißweinen angewendet und stoppt den Gärungsprozeß, so daß eine gewisse Menge an unvergorenem Zucker erhalten bleibt.

Die kontrollierten Herkunftsbezeichnungen der VDN-Weine verteilen sich auf Südfrankreich, nämlich die unweit des Mittelmeers liegenden Departements Pyrénées-Orientales, Aude, Hérault und Vaucluse. Verwendet werden die Rebsorten Grenache (Blanc, Gris und Noir), Macabéo, Malvoisie du Roussillon, auch Tourbat genannt, Muscat à Petits Grains und Muscat d'Alexandrie. Der kurze Rebschnitt ist verbindlich.

Die Erträge sind gering; zudem müssen die Trauben bei der Lese einen Zuckergehalt von mindestens 252 g pro Liter Most aufweisen. Die Freigabe für die

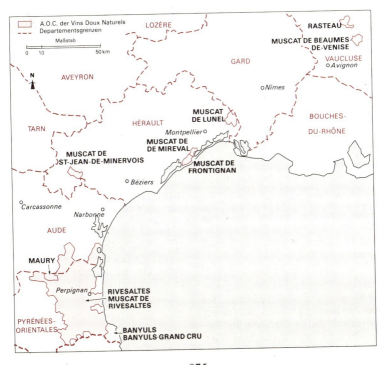

Ernte erfolgt nach einer bestimmten Ausbaudauer, die je nach Appellation variiert. Die Genehmigung für die Weine wird nach einer Überprüfung mittels chemischer Analyse erteilt ; sie müssen einen tatsächlichen Alkoholgehalt von 15 bis 18 °, einen Zuckergehalt von mindestens 45 g bis zu mehr als 100 g bei den Muscatweinen und einen Gesamtalkohol von mindestens 21,5 ° (tatsächlicher Alkoholgehalt plus potentieller Alkoholgehalt des nicht vergorenen Restzuckers) aufweisen. Erst nach ein bis drei Jahren Reifung gelangen sie auf den Markt. Bestimmte Weine, die auf traditionelle Weise im Holzfaß reifen, d. h. in Fässern altern, deren Flüssigkeitsspiegel durch Auffüllen mit jüngeren Weinen konstant gehalten wird, haben Anrecht auf die Bezeichnung »Rancio« (Altersgeschmack).

Banyuls und Banyuls Grand Cru

Das hier ist ein außergewöhnliches Anbaugebiet, wie es nur wenige davon in der Welt des Weinbaus gibt : im äußersten Osten der Pyrenäen, mit Hängen, die steil zum Mittelmeer hin abfallen. Nur die vier Gemeinden Collioure, Port-Vendres, Banyuls-sur-Mer und Cerbère haben Anrecht auf diese Appellation. Das rund 2 000 ha große Anbaugebiet liegt auf Terrassen, die auf Schieferböden mit felsigem Untergrund angelegt sind, der bestenfalls von einer dünnen Schicht Erdreich bedeckt ist. Dieser arme, häufig saure Boden läßt nur sehr einfache Rebsorten wie etwa die Grenacherebe zu und gibt nur extrem geringe Erträge von oft weniger als 20 hl pro Hektar her. Die Produktion schwankt je nach Jahrgang zwischen 30 000 und 40 000 hl.

Dafür begünstigen die Sonneneinstrahlung, optimiert durch den Terrassenanbau (eine schwierige Anbauweise, weil der Winzer das Terrassenerdreich nur manuell gegen Erosion schützen kann) und das Mikroklima, das von der Nähe des Mittelmeers profitiert, die Qualität der Trauben, die reich an Zucker und Aromastoffen sind.

Als Rebsorte verwendet man Grenache ; die Trauben stammen überwiegend von alten Rebstöcken. Bei der Weinbereitung werden die Trauben vermaischt ; die Unterbrechung der alkoholischen Gärung tritt manchmal schon auf den Trauben auf, so daß eine oft länger als zehntägige Maischevergärung möglich ist (sog. Maischevergärung unter Alkohol oder Mutage auf den Trauben).

Der Ausbau spielt eine wesentliche Rolle. Im allgemeinen tendiert man hier zu einem oxidativen Ausbau, im großen Holzfaß oder in Glasballons, die auf den Dächern der Weinlager in der Sonne stehen. Die verschiedenen, auf diese Weise ausgebauten Cuvées werden vom Kellermeister mit größtmöglicher Sorgfalt zu den zahlreichen bekannten Weintypen kombiniert. In bestimmten Fällen versucht man jedoch, die ganze Fruchtigkeit des jungen Weins zu bewahren, indem man jegliche Oxidation ausschließt ; dadurch erhält man Weine, die ganz andere organoleptische Eigenschaften besitzen : die sog. Rimage-Weine. Für die Appellation Grand Cru sind 30 Monate Ausbau im Holzfaß vorgeschrieben.

Die Weine sind rubinrot bis rotbraun und verströmen ein Bukett, das an Rosinen, eingemachte Früchte, gebrannte Mandeln, Kaffee und Pflaumenschnaps erinnert. Die Rimage-Weine bewahren ein Aroma von roten Beeren, Kirschen und Kirschwasser. Banyulsweine trinkt man je nach Alter bei einer Temperatur zwischen 12 und 17 ° C : als Aperitif, zum Dessert (einige passen sogar zu Schokoladenachspeisen), zu Kaffee und einer Zigarre, aber auch zu Leberpastete, Ente mit Kirschen oder Feigen und bestimmten Käsesorten.

Banyuls

L'ETOILE Grande réserve 1978 ★ ★ ★

| ■ | k.A. | k.A. | ⅢⅤ5 |

CUVEE JOSEPH GERAUD 1984

| ■ | 7,05 ha | 7 000 | ⅢⅤ2 |

Ein alter Weinberg im Familienbesitz, der seine Entstehung dem Meßwein verdankt, der den Banyuls in der ganzen Welt bekanntgemacht hat. Heute befindet sich die Kellerei in Collioure, unweit des königlichen Schlosses. Ziegelrote Farbe mit gelbbraunen Nuancen. Das Aroma erinnert an gekochte Pflaumen und alte Holzfässer. Im Geschmack recht feurig.

🍷 Maguy Piétri-Geraud, 7, rue du Dr-Coste, 66190 Collioure, Tel. 68.51.43.00 ☎ tägl. 10h-12h 16h-18h

DOM. DE LA CASA BLANCA
Vintage 1989 ★

| ■ | 6 ha | 4 000 | ∎Ⅲ↓Ⅴ4 |

Eine der ältesten Kellereien des Anbaugebiets Banyuls, die Objekt einer Untersuchung des CNRS über ländliche Architektur war. Rubinbis kirschrote Farbe und ein Aroma, in dem sich in Alkohol eingelegte rote Früchte mit einem leichten Holzton mischen. Dank der geschmacklichen Ausgewogenheit kann sich das Aroma entfalten, obwohl das Gerüst noch fest ist.

🍷 Dom.de La Casa Blanca, 16, av. de la Gare, 66650 Banyuls-sur-Mer, Tel. 68.88.12.85 ☎ n. V.
🍷 A. Soufflet et L. Escapa

DOM. DE LA RECTORIE
Cuvée Léon Parcé 1989 ★ ★

| ■ | 2 ha | 5 000 | Ⅲ↓Ⅴ4 |

Die Brüder Parcé halten das Image des Banyulsweins hoch. Dieser rubinrote, nur leicht ziegelrot schimmernde Wein bewahrt noch sein jugendliches Aroma von Brombeeren und schwarzen Johannisbeeren. Im Geschmack zeigt er fleischige Tannine, eine verführerische Geschmeidigkeit und einen samtweichen Körper. Paßt hervorragend zu Ente mit Sauerkirschen.

🍷 Dom. de La Rectorie, 54, av. du Puig-del-Mas, 66650 Banyuls-sur-Mer, Tel. 68.88.13.45 ☎ n. V.
🍷 Parcé Frères

DOM. LA TOUR VIEILLE
Vintage 1990 ★ ★

| ■ | 2,5 ha | 6 000 | ∎Ⅲ↓Ⅴ3 |

Der Weinberg liegt am Fuße eines dieser Wachttürme, die noch aus der Zeit der Sarazeneneinfälle stammen. Eine strahlend rubinrote Farbe kündigt ein intensives, komplexes Aroma an, das an Kirschen und schwarze Johannisbeeren erinnert und besonders nachhaltig ist. Die geschmackliche Ausgewogenheit wird durch sehr milde Tannine betont und harmoniert perfekt mit dem cremigen Abgang. Das ideale Getränk zu einem Rehschlegel.

🍷 Dom. La Tour Vieille, 3, av. du Mirador, 66190 Collioure, Tel. 68.82.42.20 ☎ n. V.
🍷 Cantié-Campadieu

Die Kellerei L'Etoile besitzt sehr alte Jahrgänge. Gelbbraune Farbe mit ziegelroten Nuancen. Das Aroma ist intensiv, komplex und harmonisch : Kaffee, heller Tabak, kandierte Feigen und Garriguehonig. Die geschmackliche Ausgewogenheit besticht durch ihre Cremigkeit, Nachhaltigkeit und Fülle. Verträgt eine Entenleberpastete.

🍷 SCA L'Etoile, 26, av. du Puig-del-Mas, 66650 Banyuls-sur-Mer, Tel. 68.88.00.10 ☎ Mo-Fr 8h-12h 14h-18h, Sa vom 1.7.-31.8.

L'ETOILE Sélect Vieux 1974 ★ ★

| ■ | k.A. | k.A. | ⅢⅤ6 |

Eine Bernsteinfarbe mit schiefergrauen Nuancen. Das Röstaroma öffnet sich nach und nach und enthüllt einen ausgewogenen Geschmack, der noch leicht vom Alkohol dominiert wird. Sollte nach einem guten Essen getrunken werden.

🍷 SCA L'Etoile, 26, av. du Puig-del-Mas, 66650 Banyuls-sur-Mer, Tel. 68.88.00.10 ☎ Mo-Fr 8h-12h 14h-18h, Sa vom 1.7.-31.8.

DOM. DU MAS BLANC 1990 ★

| □ | 1,3 ha | 3 000 | ∎↓Ⅴ4 |

Dr. Parcé ist der geistige Vater des Banyuls. Der erfahrene Gastronom wird von Jacques Puisais beraten, dessen Leidenschaft für Tafelfreuden bekannt ist. Warum nicht einmal ein weißer Banyuls ? Eine leicht bernsteingelbe Farbe und ein Tresteraroma, das noch vom Alkohol dominiert wird, ergeben einen Banyuls, den man am Ende einer Mahlzeit trinkt.

🍷 SCA Parcé et Fils, 9, av. du Gal-de-Gaulle, 66650 Banyuls-sur-Mer, Tel. 68.34.28.72 ☎ n. V.

CELLIER DES TEMPLIERS
Rimatge 1989 ★ ★

| ■ | k.A. | k.A. | ↓Ⅴ4 |

In dieser großen Kellerei, die mit Hilfe von Solarenergie klimatisiert wird und auf diese Weise Tradition und modernen Fortschritt kombiniert, lagern sehr alte Jahrgänge. »Rimatge« bezeichnet einen Banyuls, den man schon in seiner Jugend auf Flaschen abgezogen hat, damit er die ganze Fruchtigkeit der dunklen Grenachetraube bewahrt. Strahlend rubinrote Farbe mit ziegelrotem Schimmer. Der Duft erinnert an rote Beeren und süße Gewürze. In Alkohol eingelegte Kirschen bestimmen den fleischigen, eleganten Geschmack.

DESSERTWEINE

❦ Cellier des Templiers, rte du Mas-Reig, 66650 Banyuls-sur-Mer, Tel. 68.88.31.59 ☒ tägl. 9h-12h 14h-18h ; 1.11.-30.3. So geschlossen

VIAL-MAGNERES Vintage 1988*

| ■ | 5 ha | 5 000 | ▮▨▨ |

Eine hübsche Kellerei mitten im Dorf Banyuls-sur-Mer, wo man im Schatten alter Platanen eine ganze Sammlung von Banyulsweinen probieren kann. Rubinrote, leicht ziegelrote Farbe, an orientalische Gewürze und Pflaumen erinnerndes Aroma. Der ausgewogene Geschmack ist körperreich und cremig und zeigt bereits entwickelte Feigen- und Kakaonoten.

❦ Monique et Bernard Sapéras, Clos Saint-André, 14, rue Edouard-Herriot, 66650 Banyuls-sur-Mer, Tel. 68.88.31.04 ☒ n. V.

Banyuls Grand Cru

MAS DE LA SERRA 1982**

| ■ | k.A. | k.A. | ▮▮▨▨ |

Ein sehr typischer Banyuls, der in einer der schönsten Kellereien des Anbaugebiets (mit Holzfässern von eindrucksvollen Ausmaßen) ausgebaut worden ist. Die Farbe erinnert an den verbrannten Schieferboden von Banyuls. Das Röstaroma entwickelt sich am Ende zu Pflaumen- und Schokoladenoten hin. Die geschmackliche Ausgewogenheit läßt auf ein gutes Gerüst schließen. Diese Kellerei erzeugt auch die berühmten Cuvées »Admiral François Vilarem« und »Président Henri Vidal« , die in der vorangegangenen Ausgabe erwähnt wurden.

❦ Cellier des Templiers, rte du Mas-Reig, 66650 Banyuls-sur-Mer, Tel. 68.88.31.59 ☒ tägl. 9h-12h 14h-18h ; 1.11.-30.3. So geschlossen

DOM. ET CH. DU ROUSSILLON
Cuvée Christian Reynal 1981***

| ■ | k.A. | k.A. | ▮▮▨▨ |

Der Mas Reig ist eine der Hochburgen des französischen Weinbaus. Neben der berühmten Kellerei, die in den Felsen gehauen ist und wo die guten Weine in kühler Umgebung lagern, bietet sich ein wunderbares Panorama. Strahlende Farbe mit Topasschimmer. Komplexer Duft nach Geröstetem, eingemachtem Obst und getrockneten Tabakblättern. Herrliche Länge im Geschmack, wobei sich der Holzton mit Cremigkeit verbindet. Paßt wunderbar zu einem Schokoladedessert.

❦ Dom. et Ch. du Roussillon, rte des Crêtes, 66650 Banyuls-sur-Mer, Tel. 68.88.03.22

Mengenmäßig die bedeutendste VDN-Appellation (20 000 ha, 40 000 hl). Ihr Anbaugebiet befindet sich im Roussillon und zu einem sehr kleinen Teil auf den Corbières, auf armen, trockenen, warmen Böden, die eine ausgezeichnete Reifung begünstigen. Vier Rebsorten sind zugelassen : Grenache, Macabéo, Malvoisie und Muscat. Die Weinbereitung wird zumeist wie bei den Weißweinen durchgeführt, während die dunklen Grenachetrauben vermaischt werden, damit man ein Höchstmaß an Farbstoffen und Tanninen erzielt.

Der Ausbau der Weine spielt eine entscheidende Rolle für die angestrebte Qualität. Im Gärbehälter oder im Holzfaß entwickeln sie nämlich ein recht unterschiedliches Bukett. Mit der Appellation »Grand Roussillon« besteht eine Möglichkeit zur Herabstufung.

Die Farbe reicht von Bernsteingelb bis Ziegelrot. Das Bukett erinnert an Geröstetes und Dörrobst ; bei den am stärksten entwickelten Weinen findet man auch einen ranzigen Firngeruch (Rancio). Die roten Rivesaltesweine entfalten in ihrer Jugend ein Aroma von Kirschen, schwarzen Johannisbeeren und Brombeeren. Man trinkt sie als Aperitif oder zum Dessert, je nach Alter bei einer Temperatur von 11 bis 15 ° C.

AGLYA Tuilé 1989*

| ■ | 100 ha | 20 000 | ▮▮▨ |

Die Kellerei Aglya (829 ha) befindet sich auf dem Gebiet von Estagel, dem Geburtsort des Physikers François Arago. Schöne orangerote bis rotbraune Farbe. Das Aroma erinnert an Eingemachtes und Pflaumen. Der Geschmack ist kräftig und harmonisch zugleich und zeigt einige Kakaonoten.

❦ Cave Coop. Aglya, B.P. 13, 66310 Estagel, Tel. 68.29.00.45 ☒ n. V.

BARTISSOL Rouge*

| ■ | k.A. | 3 100 000 | ▮▮▨ |

Die Kellerei Cusenier in Thuir ist zu Recht dafür bekannt, daß sie den größten hölzernen Gärbehälter der Welt besitzt. Schön muß man dort bewundern, während man gleichzeitig eine eindrucksvolle audiovisuelle Vorführung erlebt. Strahlend rubinrote Farbe mit ziegelrotem Schimmer. Das Aroma erinnert an Kernobst. Der Geschmack ist weich und likörig süß.

🔖 Cusenier, 6, bd Violet, 66300 Thuir,
Tel. 68.53.05.42 ⅂ Mo-Sa 9h-11h45 14h30-17h45

BOBE Tuilé 1988

☐	35 ha	6 000	∎∎ 2

Ein Weinberg auf dem »Crest« -Plateau aus steinigen Terrassen, wo nur die Grenacherebe wächst und auf diese Weise sehr zuckerreiche Trauben hervorbringen kann. Ein klassischer Rivesaltes aus dunklen Grenachetrauben, der beim Ausbau eine ziegelrote Farbe angenommen hat. Das Aroma erinnert an eingemachtes Obst. Gute Ausgewogenheit zwischen Körperreichtum und liköriger Süße.

🔖 René Vila, Mas de la Garrigue, 66240 Saint-Estève, Tel. 68.92.34.27 ⅂ Mo-Fr 18h-19h

DOM. BONZOMS
Légendes des siècles Hors d'âge★

∎	k.A.	k.A.	☑ 5

Ein Anbaugebiet, in dem man den ersten in Europa lebenden Menschen entdeckt hat. Vielleicht war er bereits Winzer ? Ein ziegelroter, recht typischer Rivesaltes, dessen Aroma an Eingemachtes erinnert. Cremiger Geschmack mit guter aromatischer Nachhaltigkeit.

🔖 F. Bonzoms, 2, pl. de la République, 66720 Tautavel, Tel. 68.29.40.15 ⅂ n. V.

DOM. BOUDAU Vieux★★

∎	30 ha	50 000	∎∎ ↓ ☑ 2

Ein Anbaugebiet, das nur AOC-Weine erzeugt. Die Rebstöcke wachsen dort auf den heißen Geröllterrassen der Agly. Strahlende Farbe mit ziegelrotem Schimmer und rotbraunen Tönen. Der Duft erinnert an eingemachte Heidelbeeren, Kakao und leichten Firngeruch. Stattlicher, nachhaltiger Geschmack. Ein Obstkuchen (mit roten Früchten) wäre die ideale Begleitung

🔖 SCEA Clos Del Pila, 6, rue Marceau, B.P. 53, 66600 Rivesaltes, Tel. 68.64.06.07 ⅂ n. V.
🔖 Boudau-Pagès

CELLIER D'AL MOLI Privilège★★

∎	2 ha	1 200	∎∎ 3

Ein Anbaugebiet mit Schieferböden, wo die Rebsorte Grenache Noir voll zum Ausdurck kommt. Ziegelrote Farbe, an Kirschen, schwarze Johannisbeeren und eingemachte rote Beeren erinnerndes Aroma. Eleganz und Nachhaltigkeit bestimmen den ausgewogenen Geschmack, der körperreich und likörig süß zugleich ist.

🔖 J.-P. et M.-T. Pelou, 8, av. de la République, 66720 Tautavel, Tel. 68.29.10.97 ⅂ n. V.

DOM. DES CHENES 1985★

∎	2 ha	5 000	⅛ ☑ 2

Ein Rivesaltes aus Trauben von alten Grenacherebstöcken. Sie wachsen an einer Stelle, die so wunderschön ist, daß man sie am liebsten unter Naturschutz stellen möchte. Rotbraun schimmernde Farbe. Kräftiges Pflaumen- und Schokoladearoma. Der ausgewogene Geschmack wird durch ein fleischiges Gerüst bestimmt, bei dem Milde und Gerbsäure harmonieren.

🔖 Gilbert Razungles, 7, rue Maréchal-Joffre, 66600 Vingrau, Tel. 68.29.40.21 ⅂ n. V.

CH. DE CORNEILLA ★

∎	3 ha	k.A.	⅛ ↓ ☑ 3

Die Burg Corneilla, eine Festung aus dem 12. Jh., erhebt sich seit der Zeit der Tempelritter über dem kleinen Dorf Corneilla-del-Vercol. Ziegelrote Farbe. Das Aroma erinnert an in Alkohol eingelegte Kirschen mit Vanillenoten. Der ausgewogene Geschmack verführt durch seine Rundheit und Finesse.

🔖 GFA Jonquères d'Oriola, Ch. de Corneilla, 66200 Corneilla-del-Vercol, Tel. 68.22.73.22 ⅂ tägl.10h-12h 16h30-19h30 (Sommer), Mo-Mi, Sa 10h-12h (Winter)

DAME RICHSENDE 1982★★

∎	35,85 ha	5 500	∎∎ ↓ ☑ 6

Eine Flasche mit einer Serigraphie zu Ehren von Dame Richsende, der Tochter des ehemaligen Kommandanten des Mas Deu. Tiefe, rotbraune Farbe. Aroma von in Alkohol eingelegten Pflaumen. Der Geschmack wird noch leicht von einem soliden Gerüst beherrscht. Muß noch altern.

🔖 Cellier de Trouillas, 1, av. du Mas-Deu, 66300 Trouillas, Tel. 68.53.47.08 ⅂ n. V.

DOM BRIAL Tuilé 1985

∎	10 ha	20 000	⅛ ↓ ☑ 1

Dom Brial, Mönch und Genießer, hat sicherlich die ersten Rivesaltes-Cuvées in Fässer abgefüllt. Die Genossenschaftskellerei von Baixas ist berühmt für ihren 69er Dom Brial, der im Weinführer 1990 lobend erwähnt wurde. Ein ziegelroter Wein mit dem Aroma von eingemachten roten Beeren und einem likörartigen Geschmack.

🔖 SCV Les Vignerons de Baixas, 14, av. Mal-Joffre, 66390 Baixas, Tel. 68.64.22.37 ⅂ n. V.

DOM BRIAL Vieille réserve 1985★★

☐	10 ha	15 000	⅛ ↓ ☑ 2

Die Altersfarbe mit bernsteingelbem Schimmer und grünen Nuancen charakterisiert diesen Rivesaltes, dessen Aroma an Dörrobst, kandierte Zitrusfrüchte und Honig erinnert. Cremigkeit, Fülle und Nachhaltigkeit machen ihn zum idealen Begleiter für einen Schimmelkäse.

🔖 SCV Les Vignerons de Baixas, 14, av. Mal-Joffre, 66390 Baixas, Tel. 68.64.22.37 ⅂ n. V.

LES VIGNERONS DE FOURQUES
Ambré 6 ans d'âge★★

☐	200 ha	6 000	∎∎ ⅛ ↓ ☑ 1

Das Anbaugebiet ist typisch für die Höhen der Aspres, wo sich Rebflächen mit grünen Eichenwäldern abwechseln. Die bernsteingelbe Farbe mit grünem Schimmer weist auf einen Rancio hin, der nach Nußschalen, getrockneten Mandeln und Honig duftet. Der Geschmack besitzt eine schöne Ausgewogenheit zwischen Cremigkeit, liköriger Süße und Nachhaltigkeit.

🔖 SCV les Vignerons de Fourques, 1, rte de Passa, 66300 Fourques, Tel. 68.38.80.51 ⅂ n. V.

DOM. JAMMES Vintage 1988

∎	10 ha	5 000	∎∎ ⅛ ↓ ☑ 3

Lasseille, das lange Zeit eine dem Evangelisten Johannes geweihte Besitzung der Tempelritter war, entdeckte um 1830 einen Weinbau. Damals legte die Familie von Jean Jammes auf den steilen Hügeln des Aspre ihren eigenen Weinberg an. Ein in Flaschen ausgebauter Wein vom Vintage-Typ, dessen Aroma sich langsam in Richtung pürierte rote Beeren und Leder entwickelt. Weicher, angenehmer Geschmack.

➴ Dom. Jean Jammes, 66300 Saint-Jean-Lasseille, Tel. 68.21.64.94 ☙ n. V.

LES VIGNERONS DE LA PALME
Royal 1988*

□	30 ha	70 000	▮ ⑪ ↓ ☑ 2

Eine Genossenschaft in unmittelbarer Nähe des Klosters Fontfroide, der Katharerburgen und der wunderschönen Hafflandschaft. Bernstein- bis goldgelbe Farbe, Duft nach Dörrobst, aber im Gaumen Firnaroma. Der Geschmackseindruck enthüllt eine schöne, recht nachhaltige Cremigkeit.

➴ Les Vignerons de La Palme, 11480 La Palme, Tel. 68.48.15.17 ☙ tägl. 9h30-12h 15h-18h

LA ROUSSILLONNAISE
Grande réserve**

■	k.A.	5 000	▮ ⑪ ↓ ☑ 3

1 500 ha Rebflächen sind unter dem Banner dieser 1936 gegründeten Genossenschaft vereint. Die 1990 renovierten Ausbaulager erlauben die langsame Reifung bemerkenswerter VDN-Weine. Ein ziegelrotes, rotbraun schimmerndes Kleid hüllt ein Aroma ein, das durch alte Holzfässer und Beerenkompott geprägt ist. Der ausgewogene Geschmack unterstreicht die Qualität der Tannine, die einen zugleich fleischigen und likörartigen Eindruck hinterlassen.

➴ SCAV Les Vignerons de Rivesaltes, 1, rue de la Roussillonnaise, 66600 Rivesaltes, Tel. 68.64.06.63 ☙ n. V.

CH. L'ESPARROU Ambré vieux

□	25 ha	11 000	▮ ↓ ☑ 2

Château L'Esparrou überragt mit seinen 75 ha den Badeort Canet-en-Roussillon und die Hafflandschaft des Hinterlandes. Bernsteinfarbe, an Dörrobst und gebranntem Zucker erinnerndes Aroma, angenehm ausgewogener Geschmack mit Rancionoten beim Abgang.

➴ SCE Ch. L'Esparrou, 66140 Canet-en-Roussillon, Tel. 68.73.30.93 ☙ Mo-Sa 9h-13h 14h-20h, im Winter ab 18h geschlossen
➴ Rendu

A. MERCIER Prestige**

■	6 ha	10 000	⑪ ↓ ☑ 3

Dieses Gut, das zwischen Pinien und Olivenbäumen auf den äußersten Ausläufern der Corbières liegt, scheint über die Ebene des Roussillon zu wachen. Die rotbraune, an Nußschalen erinnernde Farbe kündigt ein Kakao-, Kaffee- und Pflaumenaroma an. Kräftiger und zugleich nachhaltiger Geschmack mit wunderbar aufgelösten Tanninen.

➴ André Mercier, Dom. de Joliette, rte de Vingrau, 66600 Rivesaltes, Tel. 68.64.50.60 ☙ n. V.

LES PROD. DU MONT TAUCH
Vieille réserve 1980*

■	20 ha	20 000	⑪ ☑ 2

Diese Genossenschaft besitzt mehr als 1 000 ha Rebflächen auf einem Anbaugebiet, das von den Katharerburgen gut bewacht wird. Kupferrot schimmernde Farbe, an Eingemachtes und alte Holzfässer erinnerndes Aroma und weicher, liköriger Geschmack.

➴ Les Caves du Mont Tauch, 11350 Tuchan, Tel. 68.45.41.08 ☙ n. V.

PEZILLA Grenache noir 1989*

■	60 ha	10 000	▮ ☑ 1

Ein Anbaugebiet auf steinigen Terrassen, wo die Grenacherebe jedes Jahr perfekt reift. Die granatrote Farbe nimmt bereits ziegelrote Nuancen an. Das Aroma erinnert an Kirschkonfitüre mit Pflaumennoten. Die milden Tannine hinterlassen einen fleischigen Eindruck mit guter aromatischer Nachhaltigkeit.

➴ SCV Les Vignerons de Pézilla la Rivière, 66370 Pézilla-la-Rivière, Tel. 68.92.00.09 ☙ Mo-Sa 8h30-12h30 14h-18h30

DOM. PIQUEMAL Grenache vieux**

□	11,16 ha	15 000	▮ ↓ ☑ 2

Espira de l'Agly besitzt eine wunderschöne romanische Kapelle aus dem 12. Jh., deren Portal ein wahres Schmuckstück ist. Ein kupferroter Wein mit einem recht entwickelten Aroma, das an eingemachtes Obst und Kakao erinnert. Der Geschmack wird vom stattlichen Fleisch und der Länge des Aromas beherrscht.

➴ Pierre Piquemal, 1, rue Pierre Lefranc, 66600 Espira de l'Agly, Tel. 68.64.09.14 ☙ n. V.

PORTE DU ROYAUME 6 ans d'âge**

□	200 ha	18 000	⑪ ☑ 2

Die Tour de France, die nach dem am 7. November 1659 geschlossenen Pyrenäenfrieden ihre Funktion als Posten an der französisch-spanischen Grenzen verlor, ist von einem riesigen Anbaugebiet umgeben. Bernsteingelbe Farbe mit grünem Schimmer. Im Aroma vermischt sich Garriguehonig mit dem Geruch von Dörrobst, bevor der Duft mit kandierten Zitrusfrüchten endet. Nachhaltiger, likörartiger Geschmack.

➴ SCV Les Vignerons de La Tour de France, 2, av. Gal-de-Gaulle, 66720 La Tour-de-France, Tel. 68.29.11.12 ☙ Mo-Sa 8h-12h 14h-18h

ROC DU GOUVERNEUR
Grande Réserve 6 ans d'âge**

□	k.A.	25 000	⑪ ☑ 2

Seit dem Pyrenäenfrieden riegelt die Burg Salses das französisch gewordene Katalonien ab. Einige grüne Reflexe in einer wunderschönen Bernsteinfarbe deuten auf das Aroma hin, das an Firngeruch, gedörrte Feigen und kandierte Orangen erinnert. Der Geschmack ist likörartig cremig. Im Abgang entdeckt man einen Hauch von Chinin.

➴ SCA des Vins Fins, 66600 Salses-le-Château, Tel. 68.38.62.08 ☙ Mo-Fr 8h-12h 14h-18h

ROC DU GOUVERNEUR
Tuilé 8 ans d'âge*

| ■ | | k.A. | 25 000 | ❚❙ ☑ 3 |

Das Anbaugebiet liegt in der Nähe der berühmten Burg Salses. Rotbraune Farbe, Aroma von alten Holzfässern und Pflaumen und recht ausgewogener, tanninreicher Geschmack : ein ziemlich körperreicher Wein.
☛ SCA des Vins Fins, 66600 Salses-le-Château, Tel. 68.38.62.08 ⌛ Mo-Fr 8h-12h 14h-18h

CELLIER DES SAINTS
Vieille réserve 1981

| ■ | | k.A. | 30 000 | ❚❙ ☑ 2 |

Ein Anbaugebiet am Fuße der Albères, die die Grenze zu Spanien bilden. Die eher dunkelorangerote Farbe zeigt einen extraktreichen Wein an. Das Bukett erinnert an gekochte rote Früchte. Der Geschmack wird durch ein noch männliches Gerüst bestimmt.
☛ Cellier des Saints, rte de Sorède, 66700 Argelès-sur-Mer, Tel. 68.81.01.04 ⌛ tägl.

SANTA CLARA Rouge*

| ■ | 75 ha | 42 000 | ❚❙ ↓ ☑ 2 |

Der traditionelle Ausbau und das Wunder der Zeit sorgen bei diesem Wein aus Grenachetrauben, die von alten Rebstöcken stammen, für eine gute Reife. Rotbraune Farbe, Aroma von eingemachtem Obst und Pflaumen, zugleich feuriger und harmonischer Geschmack.
☛ GIAR des Viticulteurs Catalans, 1, rue des Vendanges, B.P. 1, 66300 Banyuls-dels-Aspres, Tel. 68.21.72.18 ⌛ n. V.

DOM. SARDA-MALET 20 ans d'âge***

| □ | 5 ha | 10 000 | ❙❚❙ ↓ ☑ 5 |

Das Gut Sardat-Malet liegt in der Nähe von Perpignan. Suzie und Max stellen mit der ihnen eigenen Leidenschaft Weine her, die für ihre starke Persönlichkeit bekannt sind. Bei der Farbe zeigt das Bernsteingelb das Alter an. Das intensive, komplexe Aroma erinnert an Nußschalen, kandierte Zitrusfrüchte und Rosmarinhonig zugleich. Der Geschmack ist prächtig und sehr nachhaltig, mit Lakritznoten im Abgang. Leberpastete und Roquefortkäse streiten sich um diesen Wein.
☛ Suzy et Max Malet, Mas Saint-Michel, 12, chem. Sainte-Barbe , 66000 Perpignan, Tel. 68.56.72.38 ⌛ n. V.

CELLIER DE TROUILLAS 1981***

| □ | | k.A. | 20 000 | ❚❙ ↓ ☑ 1 |

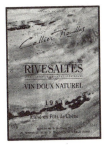

Ein Anbaugebiet am Fuße der Burg des Mas Deu, wo die Templer den Weinbau einführten und im 13. Jh. der erste Dessertwein durch den Zusatz von Weingeist entstand. Bernsteingelbe Farbe und ein Rancioaroma, das an Nüsse und bestimmtes Dörrobst erinnert. Der fleischige, wunderbar likörartige Geschmack besitzt eine schöne aromatische Nachhaltigkeit. Dieser Wein ist großartig gereift !
☛ Cellier de Trouillas, 1, av. du Mas-Deu, 66300 Trouillas, Tel. 68.53.47.08 ⌛ n. V.

Maury

Das Anbaugebiet (2 000 ha) umfaßt die Gemarkung Maury, nördlich des Agly, sowie Teile der angrenzenden Gemeinden. Auf steilen Hügeln, die von zerfallenem Aptschiefer bedeckt sind, werden nur 40 000 hl ausschließlich aus den Trauben der Rebsorte Grenache Noir erzeugt. Die Weinbereitung bedient sich häufig einer langen Maischegärung. Der Ausbau sorgt noch für eine zusätzliche Verfeinerung der bemerkenswerten Cuvées.

Die Weine sind in ihrer Jugend granatrot und nehmen später eine rotbraune Färbung an. Sie entfalten zunächst einen sehr aromatischen Duft nach roten Beeren. Bei den stärker entwickelten Weinen erinnert das Bukett an Kakao, eingemachtes Obst und Kaffee. Man trinkt sie vorzugsweise als Aperitif und zum Dessert, aber sie passen auch sehr gut zu pikanten und süßen Gerichten.

MAS AMIEL 15 ans d'âge 1976***

| ■ | 40 ha | k.A. | ❚❙ ☑ 4 |

Der Mas Amiel besitzt einen in der Welt einzigartigen Lagerplatz mit Glasballons, in denen die VDN-Weine in der prallen Sonne reifen, bevor sie in den Holzfässern altern. Eine dunkle rotbraune Farbe kündigt ein intensives Bukett mit Kaffee-, Pflaumen- und Rancionoten an, die sich mit dem Geruch von alten Fässer vermischen. Der nachhaltige Geschmackseindruck ist kräftig und füllig.

☛ Charles Dupuy, Dom. du Mas Amiel, 66460 Maury, Tel. 68.29.01.02 ☎ Mo-Fr 8h-12h 13h30-18h

MAS AMIEL Vintage 1990*

■	20 ha	30 000	☑ 🖪

Granatrote Farbe mit purpurroten Nuancen. Das noch verschlossene Bukett wird zwar vom Gerüst des Weins erdrückt, gibt aber einige Brombeer- und Johannisbeernoten frei. Der Geschmackseindruck ist solide und gut gebaut. Kann beruhigt altern.

☛ Charles Dupuy, Dom. du Mas Amiel, 66460 Maury, Tel. 68.29.01.02 ☎ Mo-Fr 8h-12h 13h30-18h

CUSENIER Six ans d'âge**

■	k.A.	8 600	▥ ☑ 🖪

Die Firma Cusenier, die sich in der alten Kellerei Byrrh befindet, besitzt das größte Holzfaß der Welt. Eine moderne Aufmachung für einen Wein mit langer Tradition. Rotbraune Farbe, Aroma von eingemachten Pflaumen mit einem Hauch von altem Holz und ein guter, ausgewogener Geschmack.

☛ Cusenier, 6, bd Violet, 66300 Thuir, Tel. 68.53.05.42 ☎ Mo-Sa 9h-11h45 14h30-17h45

JEAN-LOUIS LAFAGE Rancio 1984*

■	1 ha	2 200	▥ 🛿

Mehr als fünf Generationen haben einander auf diesem 16 ha großen Gut abgelöst, wo die Geheimnisse der Herstellung von VDN-Weinen mit gleichmäßigem Erfolg angewendet werden. Rotbraune Farbe und das typische Aroma von alten Holzfässern mit Rancionoten. Im Geschmack kräftig und feurig.

☛ Jean-Louis Lafage, 13, rue du Dr-Frédéric-Pougault, 66460 Maury, Tel. 68.59.12.66 ☎ tägl. 9h-12h 14h-18h ; 15.9-1.5. geschlossen

LES VIGNERONS DE MAURY
Six ans d'âge*

■	180 ha	500 000	▤ ▥ ↓ ☑ 🛿

Diese Genossenschaftsvereinigung umfaßt 1 750 ha Rebflächen. Eine traditionelle, sechs Jahre alte Cuvée mit einer rubin- bis orangeroten Farbe und einem sehr ausgeprägten Aroma, das an Kakao und in Alkohol eingelegte Kirschen erinnert. Der ausgewogene Geschmack enthüllt bereits milde Tannine. Eine Schwarzwälder Kirschtorte wäre die ideale Ergänzung dazu.

☛ SCV Les Vignerons de Maury, 128, av. J.-Jaurès, 66460 Maury, Tel. 68.59.00.95 ☎ n. V.

MAURYDORE 1985**

■	21,3 ha	8 000	▥ ↓ ☑ 🛿

Ein altes Familiengut im Herzen des Schiefergebiets von Maury. Die Farbe ist mehr ziegelrot als golden. Im Bukett entdeckt man alle möglichen Düfte von Eingemachtem. Cremiger, nachhaltiger Geschmack.

☛ Paule de Volontat, 11200 Conilhac-Corbières, Tel. 68.27.08.14 ☎ n. V.

Muscat de Rivesaltes

Im gesamten Anbaugebiet der Rivesaltes-, Maury- und Banyulsweine darf auch der Muscat de Rivesaltes hergestellt werden, wenn die Bestockung ausschließlich aus Muscatrebsorten besteht. Dieses rund 5 000 ha umfassende Weinbaugebiet erzeugt 100 000 hl. Die beiden zugelassenen Rebsorten sind Muscat à Petits Grains und Muscat d'Alexandrie. Erstere Rebsorte, die oft auch als Muscat Blanc oder Muscat de Rivesaltes bezeichnet wird, reift frühzeitig und gedeiht in relativ kühlen Gebieten mit möglichst kalkhaltigen Böden. Die zweite, auch als Muscat Romain bezeichnete Rebsorte wird später reif und ist sehr widerstandsfähig gegenüber Trockenheit.

Die Weinbereitung erfolgt entweder durch direktes Keltern der Trauben oder mittels ziemlich langer Maischegärung. Der Ausbau findet immer in einer Reduktionsumgebung statt, um die Oxidation der primären Aromastoffe zu vermeiden.

Die Weine sind likörartig süß, mit einem Zuckergehalt von mindestens 100 g pro Liter. Sie müssen jung getrunken werden, bei einer Temperatur von 9 bis 10° C. Sie passen hervorragend zu Desserts, Zitronen-, Apfel- oder Erdbeerkuchen, Sorbets, Eis, Obst, Nougat und Marzipan sowie zu Roquefort.

D'AGUILAR 1990

☐	53 ha	35 000	▤ ☑ 🛿

Das Anbaugebiet von Tuchan im Herzen der Hautes Corbières verwendet einen Teil seiner Rebflächen für die Herstellung von VDN-Weinen. Altgoldene Farbe mit bernsteingelbem Schimmer, an Rosinen erinnerndes Aroma und ein likörartig süßer Geschmack, der im Abgang eine leicht bittere Note enthüllt.

☛ Les Caves du Mont Tauch, 11350 Tuchan, Tel. 68.45.41.08 ☎ n. V.

DOM. AMOUROUX 1990

☐	10 ha	10 000	▤ ↓ ☑ 🖪

Das Anbaugebiet von Tresserre beherrscht den Aspre zwischen Spanien, dem Canigou und dem Mittelmeer. Die altgoldenen Reflexe deuten bereits auf eine Entwicklung hin, die an das Aroma von überreifen Trauben erinnert. Der vorherrschende Geschmackseindruck ist körperreich.

🔁 Jean Amouroux, rue du Pla del Rey, 66300 Tresserre, Tel. 68.38.87.54 ☖ n. V.

BOBE 1991★★

	15 ha	10 000	▮↓▼2

Ein Anbaugebiet, das vor den Toren von Perpignan auf steinigen Terrassen liegt. Da die Trauben hier immer perfekt reifen, eignet es sich von alters her für die Herstellung von Dessertweinen. Strahlend goldgelbe Farbe. Das zugleich komplexe und zarte Aroma erinnert an Mandelblüten, exotische Früchte und zuckerreiche Trauben. Beim Geschmack überwiegt die Eleganz gegenüber der Intensität.

🔁 René Vila, Mas de la Garrigue, 66240 Saint-Estève, Tel. 68.92.34.27 ☖ Mo-Fr 18h-19h

DOM. BOUDAU 1991★

	24 ha	50 000	▮↓▼2

Der Geröllboden auf den Terrassen des Agly eignet sich perfekt für die Muscatrebsorten, wie dieser 91er beweist. Ein besonders strahlendes goldenes Kleid umhüllt einen an Muskatnuß und Blüten erinnernden Duft. Dank seiner Finesse und Eleganz kann man ihn nicht nur zu den traditionellen Desserts trinken.

🔁 SCEA Clos Del Pila, 6, rue Marceau, B.P. 53, 66600 Rivesaltes, Tel. 68.64.06.07 ☖ n. V.

🔁 Boudau-Pages

BOUSQUET COMELADE 1990

	6 ha	6 000	▮↓▼2

Das Anbaugebiet liegt auf den Hügeln, die über dem Dorf Estagel, dem Geburtsort von François Arago, aufragen. Ein klassischer Muscat mit einer altgoldenen Farbe, einem Duft nach überreifen Trauben und einem cremig, likörartigen Geschmack.

🔁 Dom. Bousquet Comelade, 3, av. Barbusse, 66310 Estagel, Tel. 68.29.04.69 ☖ n. V.

CH. DE CALCE 1990★★★

	k.A.	53 000	▮↓▼2

Das kleine Dorf Calce verdankt seinen Namen dem kalksteinhaltigen Boden, der sich so gut für den Anbau der Muscatrebe eignet. Im Glas schimmert dieser Wein altgolden. Das überaus nachhaltige Aroma erinnert an kandierte Trauben, Zitronenblüten und Garriguehonig. Prachtvoller, likörartiger Geschmack.

🔁 Cave les Vignerons du Ch. de Calce, 8, rte d'Estagel, 66600 Calce, Tel. 68.64.47.42 ☖ Mo-Sa 9h-12h 14h-18h

GIAR VITICULTEURS CATALANS

	45 ha	30 000	▮↓▼2

Die Kellerei GIAR überragt in herrlicher Lage das Anbaugebiet von Banyuls-dels-Aspres. Intensive goldene Farbe, Aroma von Korinthen. Im Geschmack dominiert die likörige Süße.

🔁 GIAR des Viticulteurs Catalans, 1, rue des Vendanges, B.P. 1, 66300 Banyuls-dels-Aspres, Tel. 68.21.72.18 ☖ n. V.

DOM. CAZES 1991★★★

	22,83 ha	100 000	▮↓▼3

Die Brüder Cazes besitzen Zusammengehörigkeitsgefühl, Sachverstand und Gastlichkeit, ihr Muscat Stärke und Finesse. Das von einem goldenen Kleid umhüllte Aroma erinnert an exotische Düfte. Im Geschmack harmonieren Frische und Cremigkeit. Sehr nachhaltig.

🔁 Sté Cazes Frères, 4, rue Francisco-Ferrer, B.P. 61, 66602 RivesaltesTel. 68.64.08.26 ☖ n. V.

DOM. DES CHENES 1990★

	2 ha	5 500	▮↓▼2

Ein Anbaugebiet am Fuße der majestätischen Schlucht von Vingrau, wo sich die Rebstöcke an die Geröllhänge des Kalksteinmassivs klammern. Blaßgoldene Farbe und viel Finesse im Bukett. Das Zitrusaroma zeigt im Geschmack eine gute Nachhaltigkeit über einem likörartigen Untergrund.

🔁 Gilbert Razungles, 7, rue Maréchal-Joffre, 66600 Vingrau, Tel. 68.29.40.21 ☖ n. V.

CH. DE CORNEILLA

	4 ha	k.A.	▮↓▼3

Eine herrliche Burg, die über dem kleinen Dorf Corneilla-del-Vercol aufragt. Kräftige, goldene Farbe, Noten von überreifen Trauben und Maquishonig. Im Geschmack dominiert die likörartige Süße, die auch mit den süßesten Nachspeisen harmonieren kann.

🔁 GFA Jonquères d'Oriola, Ch. de Corneilla, 66200 Corneilla-del-Vercol, Tel. 68.22.73.22 ☖ im Sommer tägl. 10h-12h 16h30-19h30, im Winter Mo-Mi, Sa 10h-12h

CYRENE 1990★★

	k.A.	30 000	▮▼2

Der Cellier des Saints umfaßt die Kellereien von Argelès, Saint-Genis und Saint-Jean-Lasseille. Eine schöne goldene Farbe, einige Noten von exotischen Früchten (Mangos, Maracuja) und vor allem ein besonders intensives und nachhaltiges Zitrusaroma.

🔁 Cellier des Saints, rte de Sorède, 66700 Argelès-sur-Mer, Tel. 68.81.01.04 ☖ tägl.

HENRI DESBŒUFS 1991★★

	9 ha	8 000	▮↓▼3

Bei diesem 25 ha großen Anbaugebiet auf den vier Hügeln von Espira-del'Agly werden biologische Anbaumethoden ohne den Einsatz von Pflanzenschutzmitteln und Pestiziden verwendet. Blaßgoldene Farbe und ein Aroma, das mit einigen pflanzlichen Noten an weiße Blüten und

exotische Düfte erinnert. Im Geschmack kommt der Muscatcharakter mit einem intensiveren Aroma stärker zum Tragen.

⌕ Henri Desbœufs, 39, rue du 4-Septembre, 66600 Espira-de-l'Agly, Tel. 68.64.11.73 ☎ n. V.

DOM BRIAL 1990**

☐ k.A. 45 000 Ⓥ Ⓩ

Dom Brial, genußfreudiger Mönch und Beichtvater der Königin, schätzte die likörartige Süße der Muscatweine von Baixas. Eine fast altgoldene Farbe und ein Aroma von reifen Trauben mit Noten von Akazienblüten. Im Geschmack vermischt sich der likörartige Eindruck mit einem cremigen, recht nachhaltigen Aroma. Ein Wein, der es mühelos mit einer Vielzahl von Nachspeisen aufnehmen kann.

⌕ SCV Les Vignerons de Baixas, 14, av. Mal-Joffre, 66390 Baixas, Tel. 68.64.22.37 ☎ n. V.

DOM. FERRER 1990*

☐ 1,2 ha 5 000 ⒤↓ⓋⓏ

Der Weinberg des Guts Ferrer liegt neben dem berühmten mittelalterlichen Dorf Castelnou auf den ersten Ausläufern des Canigou. Goldgelbe Farbe. Ein Aroma von Zitrusfrüchten, exotischen Früchten und einem Hauch von Honig, das sich im Geschmack cremig und likörartig entfaltet.

⌕ Denis Ferrer, 5, rue du Colombier, 66300 Terrats, Tel. 68.53.48.18 ☎ n. V.

DOM. FORCA REAL 1990*

☐ 10 ha 10 000 ⒤↓ⓋⓏ

Das Gut Força Real am Fuße der Eremitage überragt das Halbrund des Roussillon bis zum Mittelmeer. Es bietet einen der schönsten Ausblicke der Gegend. Goldene Farbe und ein orientalisches Aroma, das im Geschmack an kandierte Trauben und Zitrusfrüchte erinnert.

⌕ Michèle Mouret-Henriqués, SCEA Dom. Força Real, Mas de la Garrigue, 66170 Millas, Tel. 68.57.12.75 ☎ n. V.

LES VIGNERONS DE FOURQUES 1991

☐ 15 ha 6 000 ⒤↓ⓋⓏ

Fourques, ein kleines Dorf im Herzen des Aspre, ist nur von Weinbergen umgeben, die auf den Ausläufern des Canigou liegen. Blaßgoldene Farbe, zartes Aroma von Akazienblüten und ein likörartiger Geschmack.

⌕ SCV les Vignerons de Fourques, 1, rte de Passa, 66300 Fourques, Tel. 68.38.80.51 ☎ n. V.

GRAND BOUQUET Tremoine 1990

☐ 40 ha 15 000 ⒤↓ⓋⓏ

Ein Anbaugebiet mit Schieferböden, das über dem Tal des Agly liegt. Die Kellerei von Rasiguères ist der Schauplatz eines der ersten Festivals, die die musikalische Sommersaison in Roussillon eröffnen. Die goldene Farbe schimmert bernsteingelb. Die entwickelten Noten erinnern an Rosinen. Der Geschmack wird von der likörartigen Süße beherrscht.

⌕ SCV Rasiguères, Cellier Tremoine, 66720 Rasiguères, Tel. 68.29.11.82 ☎ n. V.

DOM. JAMMES 1990*

☐ 5 ha 5 000 ⒤↓ⓋⓏ

Das Anbaugebiet von Saint-Jean-Lasseille liegt im Herzen des Aspre zwischen der Küste und dem Berg Canigou. Die funkelnde goldene Farbe umhüllt ein zartes Aroma. Im Geschmack entdeckt man zwischen der likörigen Süße das Aroma von frischen Trauben mit einem Hauch von Zitrusfrüchten.

⌕ Dom. Jean Jammes, 66300 Saint-Jean-Lasseille, Tel. 68.21.64.94 ☎ n. V.

JEAN D'ESTAVEL Prestige 1990*

☐ k.A. 100 000 ↓Ⓩ

Jean Polit und Gilles Baissas zeichnen hier für die angenehme Zusammenstellung eines Muscatweins verantwortlich, der aus sich ergänzenden Cuvées besteht. Finesse im Duft und ein kräftiger Geschmack mit einem dominierenden cremigen Eindruck. Das Aroma (frische Trauben und Zitrusfrüchte) deutet auf eine gute Alterungsfähigkeit hin.

⌕ SA Destavel, 7 bis, av. du Canigou, 66000 Perpignan, Tel. 68.54.67.78

LES VIGNERONS DE LA PALME 1990*

☐ k.A. 50 000 ⒤↓ⓋⓏ

Das Anbaugebiet von La Palme überragt die wunderbare Hafflandschaft zwischen der immergrünen Strauchheide der Corbières und dem feinen Sand der Mittelmeerküste. Ein Muscat mit langer Tradition : goldene Farbe, an Traubenkonfitüre und Honig erinnerndes Aroma. Eine schöne Möglichkeit, um eine angenehme Mahlzeit zu verlängern.

⌕ Les Vignerons de La Palme, 11480 La Palme, Tel. 68.48.15.17 ☎ tägl. 9h30-12h 15h-18h

LAPORTE 1990*

☐ 11 ha 10 600 ⒤↓ⓋⓏ

Ein Gut an der Via Domitiana unweit der antiken Ortschaft Ruscino, ganz nahe bei Perpignan. Dieser goldfarbene Wein verströmt einen recht kräftigen Duft, der an frisch gekelterte Muscattrauben erinnert. Der harmonische Geschmack ist likörartig süß.

⌕ Laporte, 66000 Château-Roussillon, Tel. 68.50.06.53 ☎ n. V.

DOM. DE L'EVECHE 1990

☐ 5 ha 5 000 ⒤↓ⓋⓏ

Dieses Gut gehörte dem Bischof, was bestätigt, daß die Entstehung der großen Weinberge auf die Kirche zurückgeht. Es wird noch immer von einer Vereinigung von Priestern geleitet ; der Pächter, Monsieur Sabineu, wird vom I.C.V. beraten. Die altgoldene Farbe deutet auf die aromatische Entwicklung hin : orientalische Noten von Rosinen und Honig. Im Geschmack harmoniert die leicht bittere Note mit der kräftigen likörartigen Süße.

⌕ Dom. de L'Evêché, rue de Cases de Pène, 66600 Espira-de-l'Agly, Tel. 68.64.25.25 ☎ n. V.

MAS PALEGRY 1990*

☐ 0,8 ha 3 000 ⒤ⓋⓏ

Ein Gut vor den Toren von Perpignan, das bei

den Liebhabern der Fliegerei wegen seines Museums bekannt ist. Charles Nœtinger, ein ehemaliger Pilot, hat das Kommando über die Fouga Magister mit dem der Kelter vertauscht. Eine leichte, altgoldene Farbe und ein elegantes Aroma, in dem die fruchtigen Noten durch einen Hauch von Lindenblüten betont werden. Im Geschmack eine verführerische Harmonie likörartiger Süße.

🕿 Charles Nœtinger, Mas Palegry, rte d'Elne, 66100 Perpignan, Tel. 68.54.08.79 ☿ n. V.

PEZILLA 1991*

☐	113,88 ha	20 000	↓ Ⓥ ②

Das Anbaugebiet von Pézilla La Rivière liegt über dem Tal der Têt, deren Anschwemmungen für den Gemüseanbau genutzt werden. Auf den Terrassen aus dem Quartär baut man wieder Wein an, wovon die Trauben profitieren. Eine strahlend goldene Farbe umhüllt elegante Noten, die an frische Trauben erinnern. Der likörartig süße Geschmack, der perfekt mit der alkoholischen Stärke harmoniert, hinterläßt einen nachhaltigen aromatischen Eindruck.

🕿 SCV Les Vignerons de Pézilla la Rivière, 66370 Pézilla-la-Rivière, Tel. 68.92.00.09 ☿ Mo-Sa 8h30-12h30 14h-18h30

DOM. PIQUEMAL 1991*

☐	5,7 ha	10 000	▮↓Ⓥ②

In Espira baut man über dem Agly auf seinen lehmig-kalkigen Terrassen, die sich auf den äußersten Ausläufern der Corbières befinden, Wein an. Die Muscatreben haben hier einen hervorragenden Boden gefunden. Die blaßgoldenen Reflexe kennzeichnen die Frische dieses Weins und zugleich seine technische Herstellung. Das Blütenaroma und die pflanzlichen Noten erweitern den traditionell orientalischen Charakter des Muscatweins, so daß man ihn auch zu Beginn einer Mahlzeit trinken kann.

🕿 Pierre Piquemal, 1, rue Pierre Lefranc, 66600 Espira de l'Agly, Tel. 68.64.09.14 ☿ n. V.

ROC DU GOUVERNEUR 1991*

☐	172 ha	60 000	▮Ⓥ②

Die Burg Salses ist das Wahrzeichen für die Grenzen des großen Kataloniens. Außerdem ist sie eine der seltenen Festungen, die nicht von Vauban errichtet worden ist. Goldene Farbe, die durch Finesse geprägtes Aroma, das im Geschmack Trauben- und Zitrusnoten entfaltet. Eine Zitronencremetorte ist die richtige Antwort darauf.

🕿 SCA des Vins Fins, 66600 Salses-le-Château, Tel. 68.38.62.08 ☿ Mo-Fr 8h-12h 14h-18h

DOM. DE ROMBEAU 1990**

☐	7 ha	15 000	▮↓Ⓥ②

Das Gut Rombeau bestätigt seinen guten Ruf nicht nur durch die Qualität seiner Produkte, sondern auch dadurch, daß es das Weinbauerbe des Roussillon herausstellt : ein Sortiment von Rebsorten, die Schöpfung neuer Cuvées, Ausstellungen von Gemälden und ein sehr gastfreundliches Restaurant. Der Wein funkelt golden im Glas und enthüllt ein Aroma, das an frische Trauben, Lindenblüten und Zitrusfrüchte erinnert. Der ausgewogene Geschmack verführt durch seinen Verbindung von likörartigen und

nervigen Eindrücken. Man kann ihn zu jeder Gelegenheit trinken.

🕿 Pierre de La Fabrègue, Dom. de Rombeau, 66600 Rivesaltes, Tel. 68.64.05.35 ☿ n. V.

RENE SAHONET 1990*

☐	2,1 ha	2 500	▮↓Ⓥ②

Das Etikett zeigt den Hahn von Pollestres, ein Wahrzeichen, das von einer Skulptur stammt, die die Kirche aus dem 11. Jh. schmückt. Goldene Farbe mit strohgelben Nuancen. Im Geschmack entfaltet sich über einem likörartig süßen und alkoholischen Untergrund ein Aroma, das an in der Sonne eingeschrumpfte Trauben erinnert.

🕿 René Sahonet, 8, rue des Vergers, 66450 Pollestres, Tel. 68.56.66.22 ☿ n. V.

LES CHAIS DE SAINTE ESTELLE
Bio 1990*

☐	13,19 ha	25 000	▮↓Ⓥ②

Ein Muscat aus biologisch angebauten Trauben, die ohne den Einsatz von Chemikalien heranreifen. Das Traubenaroma entfaltet sich im Duft und bewahrt seine überreifen Noten bis zum Ende des Geschmackseindrucks. Die goldene Farbe umhüllt einen kräftigen, likörartigen Geschmack.

🕿 Les Chais de Sainte-Estelle, 39, rue Thiers, B.P. 1, 66600 Espira-de-l'Agly, Tel. 68.64.17.54 ☿ Mo-Sa 8h-12h 14h-18h

CLOS SAINT-GEORGES 1990*

☐	4 ha	16 000	▮↓Ⓥ②

Ein vielversprechendes Gut im Herzen des Aspre. Sein Wahrzeichen ist der hl. Georg, der den Drachen niederstreckt. Ein blaßgoldener Muscat mit einem Aroma von Zitrusfrüchten und Buchsbäumen, das an nördlicher liegende Anbaugebiete denken läßt. Frische und Körper harmonieren im Geschmack, so daß man ihn auch zu Beginn einer Mahlzeit trinken kann.

🕿 Dominique-Claude Ortal, Clos Saint-Georges, 66300 Trouillas, Tel. 68.21.61.46 ☿ tägl. 8h-18h

SALVAT 1991**

☐	5 ha	8 000	▮↓Ⓥ②

Die Familie Salvat fühlt sich zu Pionieren auf dem Gebiete des Weinbaus berufen. Nach den Weißweinen und der Nutzung des Fenouillèdes hier ein neuer, recht ungewöhnlicher Muscat. Die blaßgoldene Farbe erinnert an trockene Weißweine, das Aroma überrascht durch die sehr nachhaltigen pflanzlichen Noten von Buchsbäumen und weißen Blüten. Der likörartige Geschmack beeinträchtigt in keiner Weise den Eindruck von Frische. Man sollte ihn ganz am Anfang einer Mahlzeit oder zu exotischen Gerichten trinken.

🕿 GAEC Salvat Père et Fils, Pont-Neuf, 66610 Villeneuve-la-Rivière, Tel. 68.92.17.96 ☿ n. V.

DOM. SARDA-MALET 1990**

☐	4,5 ha	12 000	▮◪↓Ⓥ②

Suzy und Max Malet beweisen echte Hingabe bei diesem Gut, das sie mit der Hilfe der begabten Onologin Madeleine Fourquet zu einem der populärsten im Roussillon gemacht haben. Strahlend goldene Farbe. Die aromatischen Noten von frischen Trauben und Minze entwickeln sich im

Geschmack zu orientalischeren Eindrücken hin, bei denen Honig dominiert. Voll und nachhaltig – er paßt perfekt zu Sorbets und Eis.
☛ Suzy et Max Malet, Mas Saint-Michel, 12, chem. Sainte-Barbe , 66000 Perpignan, Tel. 68.56.72.38 ⏰ n. V.

SELECTION JEAN TASSOT 1990

| ☐ | 3,56 ha | 2 000 | ■↓☑️2 |

Eine Kellerei, die die Wiedereroberung des Dorfes Montesquieu durch die französische Revolutionsarmee von den Spaniern erlebt hat. Eine leichte Farbe mit goldenen Nuancen. Ein zartes Aroma, das im Geschmack stark an Zitrusfrüchte und Rosen erinnert. Guter, likörartiger Geschmack.
☛ Jean Tassot, 22, Grand-Rue, 66740 Montesquieu, Tel. 68.89.62.71 ⏰ n. V.

Muscat de Frontignan

Die Appellation Frontignan erlaubt die Herstellung von Likörweinen durch die Unterbrechung der alkoholischen Gärung im Most vor der Fermentierung, wodurch wesentlich zuckerreichere Weine (rund 185 g/l) entstehen. Bisweilen bewirkt der Ausbau der Muscatweine in alten Holzfässern eine leichte Oxidation, die dem Wein dann einen ganz eigenen Rosinengeschmack verleiht.

COOP. DU MUSCAT DE FRONTIGNAN Cuvée du Président 1990*

| ☐ | 50 ha | 150 000 | ■☑️3 |

Die Kellerei von Frontignan, die 625 ha Rebflächen besitzt, stellt mehrere Sorten von Muscatweinen her. Die goldene Farbe verführt durch ihre Reflexe. Cremiger, likörartiger Geschmack mit dem Aroma von Korinthen und Zitrusfrüchten, die gut miteinander harmonieren.
☛ SCA du Muscat de Frontignan, 14, av. du Muscat, 34110 Frontignan, Tel. 67.48.12.26 ⏰ n. V.

COOP. DU MUSCAT DE FRONTIGNAN Grande tradition 1990**

| ☐ | 575 ha | 2 000 000 | ■◗☑️2 |

Ein blaßgoldenes Kleid umhüllt ein komplexes, elegantes Aroma, das an Pampelmusen, eingemachte Trauben und Honig erinnert. Gute geschmackliche Länge zusammen mit likörartiger, alkoholischer Stärke.
☛ SCA du Muscat de Frontignan, 14, av. du Muscat, 34110 Frontignan, Tel. 67.48.12.26 ⏰ n. V.

CH. DE LA PEYRADE Sélection 1991***

| ☐ | k.A. | 15 000 | ■☑️2 |

Ein Anbaugebiet zwischen dem Mittelmeer und dem Haff von Thau, mit einem außergewöhnlichen Mikroklima. Blaßgold schimmernde Farbe. Das intensive Bukett von weißen Blüten, Pfirsichen und Buchsbäumen entführt Sie in eine Welt der Frische, die weit von den sonst üblichen orientalischen Düften entfernt ist. Im Geschmack findet man die Üppigkeit der großen Likörweine wieder. Man sollte ihn vorzugsweise zu Beginn einer Mahlzeit trinken, damit man diesen überraschenden Duft genießen kann.
☛ Yves Pastourel et Fils, Ch. de La Peyrade, 34110 Frontignan, Tel. 67.48.61.19 ⏰ Mo-Fr 9h-12h 13h30-18h

CH. DE LA PEYRADE Tradition 1991**

| ☐ | k.A. | 60 000 | ■☑️2 |

Goldene Reflexe, Noten von exotischen Früchten und frisch gekelterten Trauben. Eleganz, harmonische likörartige Süße und gute Nachhaltigkeit. Der ideale Begleiter zu Süßspeisen.
☛ Yves Pastourel et Fils, Ch. de La Peyrade, 34110 Frontignan, Tel. 67.48.61.19 ⏰ Mo-Fr 9h-12h 13h30-18h

Muscat de Beaumes-de-Venise

Nördlich von Carpentras, unterhalb der eindrucksvollen Dentelles de Montmirail, bestimmen hellgrauer Kalkstein und roter Mergel das Landschaftsbild. Ein Teil der Böden besteht aus Sand, Mergel und Sandstein ; der andere geht auf zerklüftete Verwerfungszonen aus der Trias und dem Jura zurück. Als einzige Rebsorte wird hier immer noch Muscat à Petits Grains verwendet ; doch in einigen Parzellen bringt eine Mutation rosa oder rote Trauben hervor. Die Weine müssen mindestens 110 g Zucker pro Liter Most aufweisen. Sie sind aromatisch, fruchtig und fein und passen hervorragend als Aperitif oder zu bestimmten Käsesorten.

CAVE DES VIGNERONS DE BEAUMES DE VENISE Carte Or 1990★★

| ☐ | 70 ha | 250 000 | 🍷↓Ⓥ❸ |

Dieses Anbaugebiet, das von den Ausstrichen aus der Trias erzeugt worden ist, befindet sich auf einem Balkon zwischen Gebirge und Meer. Blaßgoldene Farbe und ein Aroma von Akazienblüten, Minze und Zitrusfrüchten tragen zur Eleganz dieses Muscat bei, dessen likörartige Süße die Nachhaltigkeit des Aromas nicht beeinträchtigt.
☛ Cave des Vignerons de Beaumes de Venise, 84190 Beaumes-de-Venise, Tel. 90.62.94.45 ☎ n. V.

DOM. DE DURBAN 1990★★

| ☐ | 17,55 ha | k.A. | 🍷Ⓥ❸ |

Ein mit Sachwissen und Hingabe geführtes Gut, dessen Anbaugebiet über dem Rhônetal auf einem außergewöhnlichen Boden mit grauem Kalkstein liegt. Die nicht sehr kräftige goldene Farbe und das an Rosen, Minze und Zitrusfrüchte erinnernde Aroma verleihen dem harmonischen, likörartigen Geschmack eine frische Note. Stark und nachhaltig.
☛ Leydier et Fils, Dom. de Durban, 84190 Beaumes-de-Venise, Tel. 90.62.94.26

DOM. DE FENOUILLET 1991

| ☐ | 5,3 ha | 22 000 | 🍷↓Ⓥ❸ |

Zwar wird hier bereits seit 150 Jahren Wein angebaut, aber dieses Gut stellt erst seit 1989 Muscatweine her. Hellgelbe, strahlende Farbe und Duft nach Kernobst. Dieser 91er Muscat besitzt einen angenehmen Geschmack mit einem Honigaroma. Man sollte ihn zu einer Melone probieren.
☛ Famille Soard, Dom. de Fenouillet, 84190 Beaumes-de-Venise, Tel. 90.62.95.61 ☎ n. V.

DOM. ST-SAUVEUR 1990★★

| ☐ | 5,98 ha | 25 000 | 🍷↓Ⓥ❷ |

Auch wenn dieser Weinberg erst 1945 angelegt wurde, ist das Gut geschichtsträchtig, denn es besitzt eine romanische Kapelle – die sich im heutigen Probierkeller befindet und für den Verkauf der Weine genutzt wird. Bei der Herstellung dieses Muscat hat der Esprit regiert : ein stark durch Blüten geprägter Duft mit Noten von Honig, Aprikosen und Dörrobst. Der cremige

Geschmack entfaltet alle aromatischen Nuancen, die man im Bukett entdeckt hat.
☛ GAEC Rey, Dom. St-Sauveur, 84810 Aubignan, Tel. 90.62.60.39 ☎ n. V.

Muscat de Lunel

Das Anbaugebiet rund um Lunel ist durch rote Schotterböden gekennzeichnet, die sich auf Alluvialsedimenten ausbreiten – eine klassische Gerölllandschaft auf roten Lehmböden, wo der Wein ganz oben auf den Hügeln wächst. Hier wird ausschließlich noch die Rebsorte Muscat à Petits Grains verwendet. Die Weine müssen mindestens 125 g Zucker je Liter enthalten.

DOM. DES AIRES 1990

| ☐ | 5 ha | 13 000 | Ⓥ❷ |

Ein 15 ha großer Weinberg auf einem Gerölllboden. Die altgoldene Farbe weist auf den Duft von Rosinen hin. Im Geschmack dominiert die likörartige, alkoholische Stärke.
☛ Robert Brun, 9, rue des Aires, 34400 Lunel, Tel. 67.71.12.08 ☎ tägl. 8h-20h

CLOS BELLEVUE Cuvée prestige 1991★★

| ☐ | 6 ha | 20 000 | 🍷↓Ⓥ❸ |

Vor den Toren von Lunel, nahe bei der Via Domitiana, an der Stelle der antiken Ortschaft Ambrussum, befindet sich dieses Anbaugebiet für Muscatreben, das aus Kiesgeröll auf einem roten Lehmboden besteht. Blaßgoldene Farbe und ein an Mangos, Passionsfrüchte und Zitronenblüten erinnerndes Bukett. Im Geschmack vermischt sich die Eleganz mit likörartiger, alkoholischer Stärke.
☛ Francis Lacoste, Dom. de Bellevue, 34400 Lunel, Tel. 67.83.24.83 ☎ tägl. 9h-20h

CH. TOUR DE FARGES 1990★

| ☐ | 29,24 ha | 50 000 | 🍷Ⓥ❸ |

Der Wein funkelt altgolden oder bernsteingelb. Das kräftige, intensive Aroma ist schon stark entwickelt : Honig, Mandarinenkonfitüre und Aprikosenlikör. Im Geschmack sehr cremig und nachhaltig.
☛ SCA du Muscat de Lunel, 34400 Verargues, Tel. 67.86.00.09 ☎ n. V.

Muscat de Mireval

Dieses Anbaugebiet erstreckt sich zwischen Sète und Montpellier, auf dem Südhang des Massif de la Gardiole ; begrenzt wird es durch das Haff von Vic. Die Böden stammen aus dem Jura und bestehen aus alten Anschwemmungen mit Geröll, wobei Kalkstein dominiert. Als einzige Rebsorte wird Muscat à Petits Grains verwendet.

Die alkoholische Gärung wird ziemlich früh unterbrochen, denn die Weine müssen mindestens 125 g Zucker pro Liter enthalten ; sie sind weich, fruchtig und likörartig süß.

DOM. DE LA CAPELLE 1991

| ☐ | 20 ha | 36 000 | **i↓** ✓ **3** |

Rebstöcke mit Muscattrauben mitten in der Garrigue. Strahlende, golden schimmernde Farbe und ein Aroma von vollreifen Trauben. Im feurigen, likörartigen Geschmack einige Tresternoten.
↰ Jean-Pierre Maraval, Dom. de La Capelle, 34110 Mireval, Tel. 67.78.15.14 **Ⴋ** tägl. 10h-19h

DOM. DU MOULINAS 1990*

| ☐ | 5 ha | 60 000 | **i↓** ✓ **2** |

Das Gut befindet sich auf dem Südhang der Gardiolehügel, am Rande der Garrigue. Goldene Farbe und ein sehr ausgeprägtes Aroma von überreifen Trauben, das im Geschmack über einem likörartigen Untergrund anhält.
↰ SCA les Fils Aymes, 24, rte de Palavas, B.P. 1, 34110 Mireval, Tel. 67.78.13.97 **Ⴋ** Mo-Sa 9h-19h

Muscat Saint-Jean de Minervois

Dieser Muscat stammt aus einem 200 m hoch gelegenen Anbaugebiet ; die Parzellen überschneiden sich mit der immergrünen Strauchheide der Garrigue. Das bedingt eine späte Weinlese, rund drei Wochen nach den anderen Muscat-Appellationen. Einige Rebflächen befinden sich auf primären Schieferböden, aber die meisten Rebstöcke sind auf Kalkböden angepflanzt, wo stellenweise roter Lehm zutage tritt. Auch hier ist als einzige Rebsorte Muscat à Petits Grains zugelassen. Die Weine müssen einen Zuckergehalt von mindestens 125 g/l aufweisen. Sie sind sehr aromatisch und besitzen viel Finesse und sehr charakteristische Blütennoten.

DOM. DE BARROUBIO 1990*

| ☐ | 12,3 ha | k.A. | **i↓** ✓ **2** |

Das am höchsten gelegene Anbaugebiet für Muscattrauben in Frankreich überragt das gesamte Massiv des Minervois. Dieses Gut entstand im 15. Jh. Eine nicht sehr kräftige, goldene Farbe umhüllt diesen Muscat, dessen Aroma an vollreife Trauben mit Noten von Zitronengras erinnert. Der ausgewogene Geschmack bewahrt eine gewisse Frische.
↰ Marie-Thérèse Miquel, Dom. de Barroubio, 34360 Saint-Jean-de-Minervois, Tel. 67.38.14.06 **Ⴋ** tägl. 8h-20h

LES VIGNERONS DE SEPTIMANIE
Resplandy**

| ☐ | 88,58 ha | 200 000 | **i↓** ✓ **2** |

Die dürren Rebstöcke mit den Muscattrauben wachsen auf dem majestätischen Kalksteinplateau von Saint-Jean-de-Minervois, wo diese Kellerei 288 ha Rebflächen besitzt. Eine schöne goldene Farbe mit dem Duft von Zitrusfrüchten, reifen Trauben und grüner Minze. Der harmonische Geschmack ist prachtvoll und nachhaltig.
↰ Les Vignerons de Septimanie, Z.I. de Malvézy, rte de Moussan, 11100 Narbonne, Tel. 68.42.38.77 **Ⴋ** n. V.

Rasteau

Dieses Anbaugebiet befindet sich ganz im Norden des Departements Vaucluse. Es liegt auf zwei unterschiedlichen Formationen : Böden aus Sand, Mergel und Kies im Norden und Terrassen mit Kiesgeröll, alten Anschwemmungen der Rhône (Quartär) im Süden. Hier wird überall die Grenacherebe (Grenache Noir, Blanc oder Gris) verwendet.

DOM. DES COTEAUX DES TRAVERS 1990

| ☐ | 4 ha | 10 000 | **i↓** ✓ **2** |

Ein altmodischer Aperitif : altgoldene Farbe, Duft und Geschmack von kandierten Feigen. Ein Wein, der zu einem sahnigen Goyonzola paßt.
↰ GAEC Robert Charavin et Fils, Dom. des Coteaux des Travers, 84110 Rasteau, Tel. 90.46.13.69 **Ⴋ** tägl. 9h-12h 14h-19h

LIKÖRWEINE (VINS DE LIQUEUR)

Die kontrollierte Herkunftsbezeichnung »Vin de Liqueur« (EG-Bezeichnung : VLQPRD) wurde mit der sehr seltenen Ausnahme einiger Frontignanweine nur auf den Pineau des Charentes angewendet ; seit dem 27. November 1990 ist der Floc de Gascogne zur AOC der Likörweine hinzugekommen. Dieses Produkt ist das Ergebnis einer Kombination von vergorenem Most mit einem aus Wein hergestellten Branntwein. In jedem Fall sollen die erzeugten »Likörweine« einen Gesamtalkoholgehalt zwischen 16 und 22 Volumenprozent haben. Die Hinzufügung von Branntwein zum Most wird als »Mutage« (Stummachen) bezeichnet ; in beiden Fällen stammen der Branntwein und der Most aus dem gleichen Betrieb.

Im Rahmen der französischen AOC-Vorschriften sind die AOC-Likörweine obligatorisch das Ergebnis des Verschnitts von AOCs (Weinmost und Branntwein) oder zumindest einer AOC, die für die beiden Produkte gilt. Der grundsätzliche Unterschied zwischen dem Floc de Gascogne und dem Pineau des Charentes besteht in der Tatsache, daß der Floc de Gascogne nur in Parzellen erzeugt werden kann, die in einer jedes Jahr vom nationalen INAO-Komitee genehmigten Liste erscheinen. Vor kurzem hat das nationale INAO-Komitee auch die AOC »Macvin du Jura« anerkannt ; sie wird in der Ausgabe 1994 auftauchen.

Pineau des Charentes

Der Pineau des Charentes wird in der Gegend von Cognac erzeugt. Diese Region, die im Norden der Aquitaine liegt, bildet eine weite Ebene, die von Osten nach Westen hin abfällt. Die maximale Höhe beträgt 180 m ; danach wird das Land zum Atlantik hin allmählich niedriger. Regelmäßige Bodenwellen bestimmen das wenig ausgeprägte Relief, aber zum Meer hin werden sie immer kleiner. Das Klima vom ozeanischen Typ ist durch eine beträchtliche Sonneneinstrahlung gekennzeichnet und weist geringe Temperaturschwankungen auf, die eine langsame, aber hervorragende Reifung der Trauben begünstigen. Die Helligkeit des Himmels in den beiden Charente-Departements erinnert laut Aussage von Malern an die Toskana.

Das Weinbaugebiet, das von der Charente durchflossen wird, liegt auf überwiegend kalkigen Hügeln. Es umfaßt 83 000 ha Rebflächen, deren Trauben in erster Linie dazu bestimmt sind, den »Likör der Götter« , den Cognac, zu erzeugen, der auch der »Geist« des Pineau des Charentes ist. Dieser Likörwein ist nämlich das Ergebnis einer Mischung von teilweise vergorenem Traubenmost aus den Departements Charente und Charente-Maritime mit Cognac.

Der Legende nach soll ein etwas zerstreuter Winzer im 16. Jahrhundert zufällig den Fehler begangen haben, ein Faß, das noch Cognac enthielt, mit Traubenmost aufzufüllen. Als er feststellte, daß im Faß keine Gärung eintrat, schob er es beiseite. Einige Jahre später – als er das Faß leeren wollte – entdeckte er eine feine, klare Flüssigkeit mit süßem, fruchtigem Geschmack : Der Pineau des Charentes war geboren. Diese Vermischung wird auch heute noch angewendet, bei jeder Lese auf die gleiche handwerkliche Weise, denn der Pineau des Charentes darf nur von den Winzern hergestellt werden. Sein Ruf, der lange Zeit nur regionale Bedeutung hatte, breitete sich nach und nach im ganzen Land und danach auch über die französischen Grenzen hinweg aus.

Die Traubenmoste für den weißen Pineau des Charentes stammen hauptsächlich von den Rebsorten Ugni Blanc, Colombard, Montils und Sémillon, die für den Rosé von den Rebsorten Cabernet-Franc, Cabernet-Sauvignon und Merlot. Die Weinstöcke müssen im kurzen Rebschnitt erzogen werden ; der Anbau geschieht ohne Stickstoffdünger. Die Produktion von weniger als 60 hl/ha garantiert eine gute Reifung der Trauben, die einen Most mit mehr als 10° potentiellem Alkoholgehalt liefern müssen. Der Pineau des Charentes reift mindestens ein Jahr lang im Eichenholzfaß.

Der Pineau des Charentes muß innerhalb der Region in Flaschen abgefüllt werden. Wie beim Cognac ist es nicht üblich, den Jahrgang anzugeben. Dagegen wird oft eine Altersbezeichnung vermerkt. »Vieux Pineau« bedeutet, daß der Pineau über fünf Jahre alt sein muß ; »Très vieux Pineau« ist für Pineaus reserviert, die älter als zehn Jahre sind. In diesen beiden Fällen muß die Alterung ausschließlich in Barriquefässern vor sich gehen ; die Qualität dieser Alterung muß von einer Prüfungskommission anerkannt werden.

Der Pineau des Charentes hat in der Regel einen Alkoholgehalt zwischen 17° und 18°, der auf dem Etikett angegeben wird, und einen Gehalt an nicht vergorenem Zucker von 125 bis 150 g ; der Rosé ist seinem Charakter nach zumeist süßer und fruchtiger als der weiße Pineau, der nerviger und trockener ist.

In den letzten zehn Jahren betrug die durchschnittliche Jahresproduktion über 100 000 hl, wobei 55% auf den weißen Pineau und 45% auf den Rosé entfielen. Die Verkaufszahlen liegen seit drei Jahren bei 85 000 hl ; sie sind stabil trotz eines Preisanstiegs, der auf-

grund der hohen Nachfrage nach dem Cognac gerechtfertigt war. 1990 konnte man 105 000 hl herstellen. 500 selbständige Erzeuger und zehn Genossenschaften produzieren und verkaufen Pineau ; 100 Händler machen über 40% der Verkäufe beim Einzelhandel aus.

Als Nektar aus Honig und Feuer, dessen wunderbare Süße eine gewisse Heimtücke verschleiert, kann der Pineau des Charentes jung (ab zwei Jahre) getrunken werden ; er entfaltet dann sein gesamtes fruchtiges Aroma, das beim Rosé noch reicher vorhanden ist. Mit dem Alter nimmt er sehr typische Firngerüche an. Traditionell trinkt man ihn als Aperitif oder zum Dessert ; zahlreiche Gastronomen haben jedoch darauf hingewiesen, daß seine Rundheit zu Leberpastete und Roquefort paßt und daß sein lieblicher Charakter den Geschmack und die Süße bestimmter Früchte, vor allem von Melonen, Erdbeeren und Himbeeren, intensiviert. In der Küche wird er auch zur Zubereitung von regionalen Gerichten, wie z. B. Mouclades (Miesmuscheln in Currysauce), verwendet.

JEAN AUBINEAU *

| ☐ | 0,5 ha | 4 300 | ⏸ ☑ 🄻 |

Die Besonderheit dieses Gutes besteht darin, daß es sich auf zwei gut gelegenen Südhängen am rechten Ufer der Charente mit extrem armen Böden befindet. Dieser sehr klassische Pineau hat seine aromatische Ausdruckskraft gefunden.
🕿 Jean Aubineau, La Coudraie, 16120 Malaville, Tel. 45.97.08.30 ☎ n. V.

BARON **

| ◩ | 2 ha | 13 000 | ⏸ ☑ 🄻 |

Dieses Gebäude befand sich 200 Jahre lang im Besitz der Familie Brémond d'Ars. Aber der Weinberg der Familie Baron reicht bis 1850 zurück. Dieser wohlausgewogene Pineau besitzt einen sehr angenehmen Duft und Geschmack. Zweifellos ist er das Ergebnis einer guten Mischung.
🕿 Michel Baron, Logis du Coudret, 16370 Cherves-Richemont, Tel. 45.83.16.27 ☎ Mo-Sa 9h-12h 14h-18h30

BERTRAND **

| ◩ | 5,5 ha | 20 000 | ⏸ ☑ 🄹 |

Dieser Rosé ist aus Merlot (60%) und Cabernet-Sauvignon erzeugt worden. Er zeichnet sich durch seine schöne Ausgewogenheit, aber auch durch sein hübsches Aussehen und sein fruchtiges Bukett aus.
🕿 M. et J.-F. Bertrand, Le Feynard, 17210 Chevanceaux, Tel. 46.04.61.08 ☎ Mo-Sa 8h-12h 14h-19h

BERNARD BOUTINET

◧ 1,5 ha 10 000 ☑ **3**

Eine sehr alte Familie des Charentegebiets, die mitten im Tiefland von Cognac ansässig ist. Diese Gegend ist ein schwieriges Anbaugebiet mit geringem Ertrag. Diese Besonderheit zahlt sich aus, wenn man nach diesem Wein urteilt. Sicherlich ist er ein wenig süß, aber wohlausgewogen und durch sein Bukett sehr typisch.
🡒 Bernard Boutinet, Le Brissonneau, 16370 Bréville, Tel. 45.80.86.63 ☥ n. V.

JEAN-NOEL COLLIN

☐ 2 ha 4 000 ☑ **3**

Die Familie Collin kaufte 1900 dieses 1818 errichtete Gut und legte den Weinberg nach der Reblauskrise neu an. Ein einfacher, aber gut bereiteter Pineau, der nach Blumen duftet. Ein Wein, den man zusammen mit Freunden trinken sollte.
🡒 Jean-Noël Collin, La Font-bourreau, 16130 Salles d'Angles, Tel. 45.83.70.77 ☥ n. V.

DHIERSAT **

☐ k.A. k.A. ◧◧ ☑ **2**

Eine Familie, die seit fünf Generationen Wein anbaut und von der Reblausinvasion ruiniert worden war. Der Weinberg wurde nach und nach mit viel liebevoller Arbeit wiederhergestellt. Dieser weiße Pineau ist ein schönes Beispiel für die Appellation. Die schöne Farbe und das reiche Bukett, das durch einen guten Ausbau unterstützt wird, und seine Ausgewogenheit machen ihn zu einem erstklassigen Produkt. Der Rosé des gleichen Erzeugers ist unserer Jury ebenfalls im Gedächtnis geblieben.
🡒 Jean-Claude Dhiersat, Le Breuil, 16170 Rouillac, Tel. 45.21.75.75 ☥ Mo-Sa 9h-12h30 14h-19h

HENRI GEFFARD *

☐ 2 ha 10 000 ◧◧ ☑ **3**

Fünf Winzergenerationen haben einander auf diesem Gut der Grande Champagne im Herzen der Region abgelöst, wo man die feinsten Cognacs herstellt. Und schöne Pineauweine wie diesen hier. Er besitzt eine leichte Säure und ist gleichzeitig rund und etwas lieblich. Seine Komplexität macht ihn zu einem Wein für die Damen.
🡒 Henri Geffard, La Chambre, 16130 Verrières, Tel. 45.83.02.74 ☥ tägl.

HENRI GEFFARD Vieux**

☐ 2 ha 7 000 ◧◧ ☑ **3**

Dieser gelungene Wein kündigt durch ein sehr typisches, ein wenig ranziges Aroma seinen Charakter als alter Pineau an. In seinem vollkommen ausgewogenen Geschmack findet man dieselbe Harmonie wieder. Ausgezeichnet.
🡒 Henri Geffard, La Chambre, 16130 Verrières, Tel. 45.83.02.74 ☥ tägl.

GIFARD DE DIDONNE *

☐ 50 ha 30 000 ◧◧ ☑ **2**

Château de Didonne, das ein paar Kilometer von Royan entfernt liegt, ist mit seinem Arboretumpark eine touristische Sehenswürdigkeit. Es

produziert auch einen Pineau, dem es zu einem sehr hohen Niveau nur ein wenig an Länge fehlt.
🡒 SCA de Cozes-Saujon, Ch. de Didonne, 17120 Sémussac, Tel. 46.05.05.91 ☥ Mo-Sa 9h-12h 14h-18h

GUILLON-PAINTURAUD **

☐ 2 ha 8 000 ◧◧ ☑ **3**

Was für eine Tradition besitzt dieser Winzer, denn seine Wurzeln reichen bis ins 16. Jh. zurück! Er erweist sich dieses Erbes mit der Qualität seiner Produktion würdig, für die dieser hübsche Wein ein strahlendes Beispiel darstellt. Sehr feines Bukett mit zarter Holznote. Den Gaumen entzückt er durch seine Weichheit und Milde und seine harmonische Ausgewogenheit. Ein Wein für Kenner, die sich miteinander unterhalten wollen.
🡒 Guillon-Painturaud, 16130 Biard, Tel. 45.83.41.95 ☥ Mo-Sa 9h-19h

ILRHEA

◧ k.A. 180 000 ◧◧ ☑ **2**

Die 1951 gegründete Genossenschaftskellerei der Ile de Ré stellt Weine her, die durch ihr Anbaugebiet und ihr maritimes Klima geprägt werden. Diesem einfachen, aber gut gemachten Rosé mangelt es weder an Anmut noch an Argumenten.
🡒 Coop. des Vigner. de l'île de Ré, 17580 Le Bois-Plage-en-Ré, Tel. 46.09.23.09 ☥ Mo-Fr 8h-12h 14h-18h, Sa nachm. geschlossen

LA FINE GOULE

☐ 3 ha k.A. ◧◧ ☑ **3**

Dieses Gut, das einst von Madame de Maintenon besucht wurde, stellt einen noch etwas aggressiven Pineau vor, der im Laufe der Alterung milder werden dürfte. Dank seiner Struktur kann man ihn lagern.
🡒 La Fine Goule, 5, rue du Patis, 17520 Archiac, Tel. 46.49.10.14 ☥ Mo, Di, Do, Fr 14h-18h30, Sa 9h-12h
🡒 Ph. de Larquier

LA GRANDE MOTTE Vieux

◧ 1 ha 3 000 ◧◧ ☑ **3**

Ein traditionelles Charentehaus, das seit drei Generationen im Besitz der Familie ist. Hübsches, für einen Rosé sehr typisches Bukett, lieblicher Charakter und gute Ausgewogenheit. Trotz einer kleinen Rancionote im Aroma und einem leichten Mangel an Länge ist dieser Wein recht typisch und besitzt schon heute alle Eigenschaften eines alten Pineau.
🡒 Jean-Paul Maurin, La Grande-Motte, 17240 Saint-Dizant-du-Gua, Tel. 46.49.96.28 ☥ n. V.

DOM. DE LA MARGOTTERIE *

☐ 2 ha 10 000 ◧◧ ☑ **3**

Dieses unweit der Gironde gelegene Gut erzeugt einen hübschen Pineau. Er ist wohlausgewogen und besitzt eine schöne Farbe und ein kräftiges Aroma. Der Rosé des gleichen Erzeugers, der auch ein schönes Aussehen zeigt, fiel unserer Jury ebenfalls auf.
🡒 GAEC Terrigeol et Fils, Le Pas d'Ozelle, 33820 Saint-Ciers-sur-Gironde, Tel. 57.32.61.96 ☥ n. V.

J.-P. MÉNARD ET FILS
Très vieux blanc**

□	k.A.	5 000	

Saint-Même-les-Carrières, das ist der Steinbruch der Hausteine, die Kirche aus dem 12. Jh. und der Megalithdolmen. Nicht vergessen sollte man dabei die Familie Ménard, die sowohl einen Cognac wie auch einen »sehr alten Pineau« herstellt. Auch dieses Jahr reiht sich die Produktion in die beste Familientradition ein. Dank seiner Farbe, seiner Ausgewogenheit und seiner aromatischen Ausdruckskraft, die sehr komplex ist und eine winzige Rancionote enthält. Der Rosé dieses Erzeugers ist viel schlichter ausgefallen, wurde aber ebenfalls von der Jury ausgewählt.

➦ J.-P. Ménard et Fils, 16720 Saint-Même-les-Carrières, Tel. 45.81.90.26 ✆ Mo-Fr 9h-12h 14h-18h

MENUET *

□	5 ha	20 000	

Der Weinberg wurde 1850 angelegt. 1900 erhielt Félix Menuet eine Goldmedaille auf der Pariser Weltausstellung. Dieser Wein mit der sehr hübschen Farbe und dem schönen Aroma ist noch jugendlich, aber er verspricht, sich bei der Alterung gut zu entwickeln.

➦ Menuet, La Tonnelle, 16720 Saint-Même-les-Carrières, Tel. 45.81.91.55 ✆ Mo-Fr 8h-12h 13h30-19h, Sa, So n. V.

MOULIN DE MERIENNE
Très vieux blanc**

□	k.A.	3 500	

Seit acht Generationen baut man auf diesem Gut Wein an. Und das erfolgreich, wenn man nach diesem »sehr alten Weißen« urteilt. Ein noch immer kräftiges Bukett mit Noten von Firngeruch, Holz und altem Cognac. Milde und Lieblichkeit verleihen ihm einen harmonischen Charakter.

➦ SCEA du Clos de Merienne, 16200 Gondeville, Tel. 45.81.13.27 ✆ n. V.
➦ Charpentron

J. PAINTURAUD ***

□	2 ha	4 000	

1807 wurde die erste Rebfläche erworben ; 1891 begann man mit dem Brennen, 1934 mit dem Verkauf. Die Geschichte der Familie Painturaud enthielt drei große Daten. Jacques hat ihr ein viertes hinzugefügt : 1991 hat er die Keller modernisiert. Dieser weiße Pineau wird noch lange von sich reden machen : bemerkenswerte Länge und Eleganz. Es stimmt, daß er mit seinem herrlich fruchtigen Aroma der Konversationswein schlechthin ist, den man für wahre Liebhaber aufheben sollte.

➦ Jacques Painturaud, Le Peux, rue Pierre Gourry, 16130 Ségonzac, Tel. 45.83.40.24 ✆ n. V.

J. PAINTURAUD **

	2 ha	4 000	

Ein »echter« Rosé : schöne Farbe, hübsches Bukett mit Noten von reifen Früchten, Kraft und gute Ausgewogenheit. Er macht auch der Appellation Ehre.

➦ Jacques Painturaud, Le Peux, rue Pierre Gourry, 16130 Ségonzac, Tel. 45.83.40.24 ✆ n. V.

GERARD PAUTIER

	1,32 ha	15 000	

Dieser Rosé stammt aus einem kleinen Weinberg. Er hat noch nicht seine aromatische Ausdruckskraft gefunden, dürfte sich aber günstig entwickeln. Seine Ausgewogenheit und seine Finesse sind nicht zu verachtende Vorzüge.

➦ SCEA de La Romède, 16200 Veillard, Tel. 45.81.30.15 ✆ Mo-Sa 8h-12h 14h-18h

ANDRE PETIT

□	5 ha	20 000	

Dieses Gut, das gegenüber von der Kirche von Berneuil liegt, hat eine schöne Umgebung. Obwohl dieser Pineau ein wenig zu stark vom Holz geprägt wird, ist er gut gebaut und zeugt von einer interessanten aromatischen Ausdruckskraft.

➦ André Petit et Fils, Au Bourg, 16480 Berneuil, Tel. 45.78.55.44 ✆ n. V.
➦ Jacques Petit

ROBERT POUILLOUX *

□	k.A.	k.A.	

Das Gut dieses Erzeugers ist im 18. Jh. entstanden. Der 1989 hergestellte Wein verführt durch seine Finesse und seine Ausgewogenheit, die eine kleine, sympathische Note von altem Pineau verstärkt.

➦ Robert Pouilloux, Peugrignoux, 17800 Pérignac, Tel. 46.96.41.41 ✆ tägl. 8h-21h

RAYON D'OR

	k.A.	100 000	

Goldstrahl – ein etwas ungewöhnlicher Name für einen Rosé ! Aber dieser Pineau bringt seinen Charakter durch seine schöne Farbe zur Geltung. Zweifellos hätte er mehr Fruchtigkeit vertragen, aber der Gesamteindruck ist gut.

➦ Cave Coop. de La Seudre, Fontbedeau, B.P. 5, 17200 Saint-Sulpice-de-Royan, Tel. 46.39.04.31 ✆ Mo-Sa 8h30-12h15 14h30-18h30

REYNAC

	k.A.	1000 000	

Mit 1 300 000 Flaschen weißem Pineau und 1 Million Flaschen Rosé der meistverkaufte Pineau des Charentes. Dieser hier ist im Augenblick ein wenig streng, besitzt aber eine gute Ausgewogenheit, die die Versprechungen des hübschen Aussehens einlöst. Der weiße »extra-alte« (10 Jahre alt) hätte hier ebenfalls erwähnt werden können.

📞 Unicoop, 49, rue Lohmeyer, 16100 Cognac, Tel. 45.82.45.77 ⚥ n. V.

J. PH. TESSERON ET FILS
Grappe d'or Blanc extra vieux *

| □ | | 1 ha | 5 000 | 🎏 ☑ 🎇 |

Dieser Erzeuger, der den guten Einfall hatte, ein Ökomuseum des Cognac zu eröffnen, vernachlässigt darüber in keiner Weise seine Pineauproduktion. »Goldtropfen« steht auf dem Etikett in Form einer Zeichnung. Diese Zusammenstellung aus 81ern, 82ern und 83ern, an der man die Ausgewogenheit (zwischen Holzton und Rancionoten) schätzt, besitzt eine schöne Harmonie.

📞 Jean-Philippe Tesseron et Fils, Logis des Bessons, 17770 Migron, Tel. 46.94.91.16 ⚥ tägl. 9h-12h 14h30-18h

Floc de Gascogne

Der Floc de Gascogne ist eine Herkunftsbezeichnung, die im geographischen Gebiet der Appellation Bas Armagnac, Ténarèze und Haut Armagnac sowie in allen Gemarkungen erzeugt wird, die den Bedingungen des Dekrets vom 6. August 1936 entsprechen, die das geographische Gebiet der Appellation Armagnac definiert. Diese Weinbauregion gehört zu den Vorpyrenäen und verteilt sich auf drei Departements : Gers, Landes und Lot-et-Garonne. Um ihrer Produktion zusätzliches Gewicht zu verleihen, haben die Winzer des Floc du Gascogne ein neues Prinzip aufgestellt, das weder eine Festlegung des Anbaugebiets – wie man sie bei den Weinen hat – noch eine einfache geographische Anbaufläche (wie bei den Branntweinen) ist. Es handelt sich dabei um das Prinzip der Listen der alljährlich von der INAO genehmigten Parzellen.

Die Floc-de-Gascogne-Likörweine stammen von edlen und alten Rebsorten. Bei den weißen verwendet man die Rebsorten Baroque, Colombard, Folle Blanche, Gros Manseng, Petit Manseng, Mauzac, Sauvignon, Sémillon und Ugni Blanc ; beim Rosé sind es Cabernet-Franc, Cabernet-Sauvignon, Côt, Fer Servadou oder Pinenc, Tannat, Merlot und Gamay.

Die von den Erzeugern aufgestellten Produktionsvorschriften sind stark beschränkend : 3 300 Rebstöcke pro Hektar werden im Guyot- oder Cordonschnitt erzogen. Die Zahl der angeschnittenen Augen pro Hektar muß stets unter 60 000 liegen. Die Bewässerung der Rebflächen ist in jeder Jahreszeit streng untersagt. Der Grundertrag der Parzellen darf 60 hl/ha nicht überschreiten. Außerdem darf der Umwandlungskoeffizient von kg Trauben in Liter Most nicht höher als 1,3 sein.

Jeder Winzer muß alljährlich die Absichtserklärung der für die INAO bestimmten Herstellung unterschreiben, damit letztere tatsächlich die Produktionsbedingungen vor Ort überprüfen kann. Die erzeugten Moste dürfen nicht weniger als 110 g Zuckergehalt pro Liter aufweisen. Das entrappte Traubengut wird nach der Vorklärung in einen Behälter gegeben, wo die Gärung des Mostes beginnen muß. Eine Hinzufügung von Zusätzen ist nicht erlaubt. Die Unterbrechung der alkoholischen Gärung wird mit Armagnac vorgenommen, der ein Mindestalter von 0 und einen Mindestalkoholgehalt von 52 Volumenprozent haben muß. Die so erzielte Mischung muß mindestens neun Monate lang reifen. Der Likörwein Floc de Gascogne darf die Keller der Erzeuger nicht vor dem 1. September im Jahr nach der Lese verlassen. Von allen Parzellen müssen Proben verkostet werden. Aufgrund der Unterschiedlichkeit, die bei einem derartigen Produkt immer zu befürchten ist, wird die Bewilligung dem in Flaschen abgefüllten Likörwein erteilt, der einer chemischen Analyse und einer möglichst anonymen Verkostung unterzogen wird. Danach kann der Floc de Gascogne auf den Markt gelangen.

CH. DU BASCOU 1990

| ◪ | | 4 ha | 15 000 | 🎏 ↓☑ 🎇 |

Strahlend hellrote Farbe, sehr elegant, fein, ausgewogen, zart, weich und harmonisch. Im Abgang enthüllt dieser Floc de Gascogne eine leicht säuerliche Note : keineswegs unangenehm.

📞 Robert Rouchon, EARL Ch. du Bascou, 32290 Bouzon Gellenave, Tel. 62.09.07.80 ⚥ tägl. 8h30-20h

LIKÖRWEINE

DOM. DES CASSAGNOLES 1990★★

☐   2 ha   6 000   ◧ ↓ ☑ ②

Dieses Gut, das in der Ausgabe 1992 mit seinem Côtes de Gascogne vertreten war, stellt diesmal einen bemerkenswerten Floc de Gascogne vor. Blaßgelbe Farbe, blumiges Aroma (Rosen und Pflaumenblüten) mit gleichzeitig feinen und fruchtigen Nuancen. Er ist sehr ausgewogen im Geschmack und enthüllt darin eine Honignote. Angenehm alkoholreich.

☛ J. et G. Baumann, Dom. des Cassagnoles, 32330 Gondrin, Tel. 62.28.40.57 ⓧ tägl. 8h-20h ; Sept. geschlossen

CH. DE CASSAIGNE 1989★

◩   5 ha   18 000   ▮ ◧ ☑ ②

Cassaigne, die Festung der Grafen von Armagnac, wurde im 16. Jh. der Landsitz der Bischöfe von Condom. 1827 erwarben ihn die Vorfahren von Henri Faget. Ein sehr körperreicher, runder, ausgewogener, komplexer und harmonischer Likörwein, der für die Liebhaber der analytischen Degustation sehr interessant ist. Ein wenig klassisch.

☛ SARL Henri Faget et ses Enfants, Ch. de Cassaigne, 32100 Cassaigne, Tel. 62.28.04.02 ⓧ tägl. 9h-12h 14h-19h

DUC DE LOUSSAC 1989

◩   1,2 ha   8 000   ▮ ③

Jean-Jacques Lesgourgues, Erzeuger in Bas-Armagnac, hat ein riesiges Gebäude, das vernachlässigt war, aber eine reiche Vergangenheit besitzt, in ein Weingut umgewandelt. Es ist ein Mittelding zwischen viktorianischem Herrenhaus und einem Bahnhof von 1880 und eine der Kuriositäten dieser Gegend. In diesem Jahr entfaltet der 89er im Geschmack eine reiche Fruchtigkeit : schwarze Johannisbeeren, Himbeeren, Kirschen. Dieser geschmeidige, samtweiche und ausgewogene Likörwein gehört zu den Klassikern der AOC.

☛ SC du Ch. de Laubade, 32110 Sorbets, Tel. 62.09.06.02

☛ J.-J. Lesgourgues

DOM. D' EMBIDOURE 1990★

◩   12 ha   k.A.   ◧ ↓ ☑ ②

Einer der wenigen Erzeuger, der sich in Haut-Armagnac befindet, etwa 15 km von Auch entfernt. Strahlende, rote Farbe, fein, klar und ausgewogen. Dieser Floc de Gascogne ist ein echter Gaskogner. Man entdeckt darin einen verführerischen Nachgeschmack von Himbeeren. Außerdem gibt es hier einen roten Landwein.

☛ Jean-Pierre Ménégazzo, Dom. d'Embidoure-Réjaumont, 32390 Montestruc, Tel. 62.65.28.92 ⓧ n. V.

JEAN-CLAUDE FONTAN 1989★

☐   1,32 ha   2 000   ☑ ②

Er wurde schon im letzten Jahr ausgewählt und verdient eine Beförderung ! Strahlend gelb, fruchtig und wohlausgewogen. Komplexes Aroma.

☛ Jean-Claude Fontan, 32800 Noulens, Tel. 62.08.55.28 ⓧ tägl. 9h-12h 14h-18h

CH. LA BERGALASSE 1990

◩   1,6 ha   k.A.   ▮ ◧ ☑ ②

Ein etwa 30 ha großes Gut, das im 15. Jh. entstand. Der Chevalier de La Bergalasse war sicherlich ein furchtloser Gaskogner, aber man hat uns nichts darüber erzählt ! Der Floc de Gascogne ist sehr komplex : klare Farbe, duftige Nuancen, Ausgewogenheit und Rundheit.

☛ Didier Tonon, Ch. La Bergalasse, 32400 Aurensan, Tel. 62.09.46.01 ⓧ n. V.

DOM. DE LAGAJAN-PONTOUAT 1990

☐   3 ha   5 000   ☑ ②

Die Gaskogne von früher und eine Familie, die seit dem 19. Jh. hier lebt. Klare, helle blaßgelbe Farbe, fein und ausgewogen, sehr musketierhaft trotz einer Frische im Geschmack, die den erfahrenen Weinfreund verführen wird.

☛ Constantin Georgacaracos, Lagajan, 32800 Eauze, Tel. 62.09.81.69 ⓧ n. V.

DOM. DE LAGAJAN-PONTOUAT 1990★

◩   0,5 ha   5 000   ☑ ②

Rubinrot, rund und ausgewogen, fruchtig-frisch und durstlöschend. Dieser Floc de Gascogne ist sehr repräsentativ für seine Appellation.

☛ Constantin Georgacaracos, Lagajan, 32800 Eauze, Tel. 62.09.81.69 ⓧ n. V.

LES CLES DE SAINT-PIERRE 1990

☐   2,54 ha   28 000   ▮ ↓ ☑ ②

Monsieur Sempe, der gleichzeitig Händler und Winzer war, schuf seinen Betrieb in den 30er Jahren. Er stellt auch reizvolle Armagnacs her. Dieser für sein Anbaugebiet sehr typische Floc de Gascogne ist ausgewogen und durstlöschend.

☛ SCA Les Clés de Saint-Pierre, 32290 Aignan, Tel. 62.09.24.24 ⓧ Mo-Fr 8h-12h 14h-18h

☛ H. A. Sempe

MICHEL ET RICHARD MAESTROJUAN 1989★★★

◩   k.A.   13 000   ◧ ☑ ②

Kristallklare, leichte rote Farbe. Sie betrachten ihn und brennen darauf, ihn zu probieren. In seinem harmonischen Aroma entfaltet sich ein Korb von roten Früchten (schwarze Johannisbeeren, Himbeeren, Kirschen, ein Hauch von Pflau-

men). Ein sehr großer Floc de Gascogne, der den Sammlern von Seltenheiten gefallen wird.
🍷 GAEC Bordeneuve-Entras, 32410 Ayguetinte, Tel. 62.68.11.41 🍴 n. V.
🍷 Maestrojuan

CH. DE MONS 1990*

☐	2 ha	8 000	▮ ☑ 🄯

Verführerische blaßgelbe Farbe. Frisch und blumig, fein und durstlöschend. Ein sehr ausgewogener Likörwein, der einen echten Charakter besitzt.
🍷 Chambre d'Agriculture du Gers, Ch. de Mons, 32100 Caussens, Tel. 62.28.24.55 🍴 Mo-Fr 8h30-18h

CHRISTIAN PHILIP 1990

◪	2,8 ha	4 200	◑ ☑ 🄯

Der Familienbetrieb befindet sich mitten im Dorf Cassaigne. Elegante, hellgelbe Farbe, gute Ausgewogenheit und feines Aroma mit Kirsch- und Johannisbeernoten. Die Damen werden um ihn werben !

🍷 Christian Philip, Cachelardit, 32100 Cassaigne, Tel. 62.28.04.04 🍴 tägl. 9h-20h

DOM. SAN DE GUILHEM 1990

◪	k.A.	k.A.	▮ ☑ 🄯

Das Anbaugebiet von Alain Lalanne ist sehr einheitlich und zeugt von einer ausgezeichneten technischen Ausgewogenheit zwischen Weinbau und Önologie. Klare, strahlende hellrote Farbe. Dieser Floc de Gascogne ist der Ausdruck einer Verbindung von roten Früchten (schwarze Johannisbeeren, Himbeeren, Kirschen) und Blumen.
🍷 Alain Lalanne, San de Guilhem, 32800 Ramouzens, Tel. 62.06.57.02 🍴 tägl. 9h-19h

CAVE DE VIC-FEZENSAC 1990

◪	k.A.	k.A.	☑ 🄯

Hier liebt man Armagnac, Landweine, Floc und Stierkampf. Dieser sehr ausgewogene und aromatische Floc de Gascogne paßt hervorragend zu Backwaren.
🍷 Cave Coop. de Vic-Fezensac, 32190 Vic-Fezensac, Tel. 62.06.31.01 🍴 n. V.

GLOSSAR

Abbeeren: Auch *Entrappen,* Ablösen der Beeren von den Traubenstielen.

Abgang: Bezeichnet den Eindruck, den der Wein beim Hinunterschlucken hinterläßt; die *Nachhaltigkeit* wird in *Caudalies* (siehe dazu dieses Stichwort) gemessen und bestimmt mit die hierarchische Reihenfolge der Weine.

Abstich: Trennung des Vorlaufweins vom Trub nach der Gärung (auch *Abschlauchen* oder *Abziehen* genannt).

Adstringenz: Etwas (unangenehm) herbe, rauhe Geschmackseigenschaft (zusammenziehendes Gefühl im Mund), oft anzutreffen bei jungen Rotweinen, die einen hohen Tanningehalt besitzen und sich noch abrunden müssen.

Aggressiv: Wird von einem Wein gesagt, der zuviel Kraft zeigt und die Schleimhäute reizt.

Aligoté: Weiße Rebsorte der Bourgogne, die den *Bourgogne Aligoté,* einen jung zu trinkenden Tischwein, liefert.

Alkohol: Wichtigster Bestandteil des Weins nach dem Wasser. Der Äthylalkohol verleiht ihm seinen warmen Charakter. Wenn er jedoch zu sehr dominiert, wird der Wein *brandig.*

Alkoholgehalt: In der Regel in Volumenprozent (°) ausgedrückt (entsprechend dem im Wein enthaltenen Alkoholanteil), oder in g/l (7,95 g = 1° oder %vol.).

Alterung: Reifung von lagerfähigen Qualitätsweinen im Faß oder vor allem in der Flasche, wobei der Wein bis zum Erreichen seines *Höhepunkts* seine Qualitäten verbessert, Unebenheiten abrundet bzw. störende Eigenheiten (Säure, Herbheit etc.) abmildert und seinen gesamten aromatischen und geschmacklichen Charakter entfaltet. Alterungsdauer abhängig vom Weintyp, von der Lage und vom Jahrgang, die seine Fähigkeit zur Langlebigkeit bestimmten.

Altesse: Weiße Rebsorte, die den *Roussette de Savoie,* einen Wein von großer Finesse, hervorbringt.

Ampelographie: Rebsortenkunde.

A.O.C. (*Appellation d'Origine Contrôlée* = Kontrollierte Herkunftsbezeichnung): System von gesetzlichen Vorschriften, das die Echtheit eines Wein garantiert, der aus einem bestimmten Anbaugebiet stammt. Die bedeutenden französischen Weine stammen alle aus AOC-Anbaubereichen.

Apfelsäure: Säure, die von Natur aus in vielen Weinen vorkommt und bei der malolaktischen Gärung in *Milchsäure* umgewandelt wird.

Aramon: Rotweintraube aus dem mediterranen Südfrankreich, die nach der Reblauskrise in hoher Gunst stand, sich aber heute auf dem Rückzug befindet.

Arbois: In der Touraine gebräuchliche weiße Rebsorte (die keinen Bezug zu dem gleichnamigen, im Jura geernteten Wein hat).

Aroma: In der Fachsprache der Verkostung sollte der Ausdruck Aroma den Geruchsempfindungen vorbehalten bleiben, die im Mund wahrgenommen werden. Aber häufig bezeichnet der Begriff auch den Geruch bzw. Duft des Weins ganz allgemein.

Arrufiac: Ziemlich feine weiße Rebsorte, die besonders in der Gegend von Béarn angebaut wird.

Auffüllen: Jedem Faß wird regelmäßig Wein hinzugefügt, um den durch Verdunstung bedingten Schwund auszugleichen und die Fässer so voll zu halten, daß der Wein nicht mit der Luft in Kontakt kommt.

Auge: Synonym zu *Knospe* (beim Weinstock).

Ausbau: Gesamtheit der Maßnahmen, die den Wein bis zur Flaschenabfüllung auf seine *Alterung* vorbereiten.

Ausgewogen: Bezeichnet einen Wein, in dem Säure und Süße (bei den Rotweinen auch noch die Gerbsäure) in einem harmonischen, ausgeglichenen Verhältnis zueinander stehen.

Aussehen: Bezeichnet die Farbe und das äußere Erscheinungsbild eines Weins; oft wird dafür auch der Ausdruck *Kleid* verwendet.

Auxerrois: Lothringische Rebsorte, die den Alsace-Pinot oder Alsace-Klevner gibt; im Gebiet von Cahors auch als Name für *Malbec* verwendet.

Azidität: Siehe dazu *Säure.*

Balsamisch: Bezeichnung für Düfte, die aus der Parfümherstellung stammen und unter anderem Vanille, Weihrauch, Harz und Benzoe umfassen.

Ban des vendanges (= *amtliche Bekanntgabe des Weinlesebeginns*): Zeitpunkt, der den Beginn der Weinernte genehmigt; oft auch Anlaß zu Festen.

Baroque: Weiße Rebsorte des Béarn-Gebiets (Pacherenc du Vic-Bilh), die einen lagerfähigen Wein hervorbringt.

Barrique: Bordeaux-Faß mit einem Fassungsvermögen von 225 l, das auch die Maßeinheit *Tonneau* (entspricht vier Barriques, also 4 × 225 l) festlegt.

Bernsteinfarbe: Wenn Weißweine lange altern oder vorzeitig oxidieren, nehmen sie manchmal eine Farbe an, die an Bernstein erinnert.

Biß: Begriff, der auf einen Wein angewendet wird, der zugleich Korpulenz und Volumen besitzt und bildlich den Eindruck vermittelt, daß man ihn beißen könne.

Bitter: Während der bittere Geschmack bei einigen jungen, tanninreichen Rotweinen normal ist, stellt er in den anderen Fällen einen Fehler dar, der auf eine bakterielle Krankheit zurückgeht.

Blanc de Blancs: Weißwein aus hellen Trauben.

Blanc de Noirs: Weißwein aus dunklen Trauben.

Blanc-Fumé: Name des *Sauvignon* in Pouilly-sur-Loire, daher auch die Bezeichnung *Pouilly-Fumé* (nicht zu verwechseln mit den *Pouilly-sur-Loire*- und *Pouilly-Fuissé*-Weinen der Bourgogne).

Blume: Altes Synonym für Bukett, aber bei Weinen häufig verwendet.

Botrytis: Name eines Pilzes, der die Fäulnis der Trauben verursacht. Im allgemeinen ist er sehr schädlich, jedoch kann er unter bestimmten Bedingungen eine Zuckerkonzentrierung in der Traube bewirken; diese liegt der Herstellung von weißen Süßweinen zugrunde.

Bourboulenc: Erstklassige Rebsorte der Mittelmeerregion.

Brandgeruch: Manchmal doppeldeutige Bezeichnung für verschiedene Geruchseindrücke beim Wein, die von Karamel bis zu verbranntem Holz reichen.

Bratengeruch: Spezifische Eigenschaft, den die Edelfäule den Süßweinen verleiht; äußert sich in einem Geschmack und in einem Aroma, die an Eingemachtes erinnern.

Breton: Name des *Cabernet-Franc* im Loiretal.

Bruch: Fehler (Oxidation oder Reduktion), der eine Trübung des Weins hervorruft.

Brut *(= herb):* Bezeichnung für Weine, die sehr wenig Zucker enthalten (gerade so viel, um die Azidität des Weins zu mildern). »*Brut zéro*« bezeichnet das völlige Fehlen von Zucker.

Bukett: Gesamtheit der Geruchsmerkmale, die man mit der Nase aufnimmt, wenn man am Weinglas riecht; im Mund unter der Bezeichnung *Aroma.*

Cabernet-Franc: Dunkle Traubensorte, die im Bordelais mit *Cabernet-Sauvignon* und *Sauvignon* kombiniert wird und auch einige Weine im Loiretal hervorbringt. Liefert einen lagerfähigen Wein von guter Finesse.

Cabernet-Sauvignon: Edle Rebsorte für Rotwein, die im Médoc und im Graves-Gebiet dominiert, aber auch in verschiedenen anderen Anbaugebieten wächst und Weine mit langer Lagerungsfähigkeit erzeugt.

Carignan: Dunkle Rebsorte des mediterranen Weinbaugebiets, die sehr kräftig gebaute Weine liefert.

Caudalie: Maßeinheit für die Dauer der Nachhaltigkeit von Aromastoffen im Mund, nachdem der Wein hinuntergeschluckt worden ist.

Cépage: Französische Bezeichnung für *Rebsorte* (siehe dazu dieses Stichwort).

César: Sehr tanninreiche Rebsorte, die in kleinen Anteilsmengen in Irancy verwendet wird und den Weinen von der Pinot-Noir-Rebe einen besonderen Charakter verleiht (auch *Romain* genannt).

Chai: Ebenerdiges Gebäude zur Lagerung von Weinen in Gegenden, wo keine Keller gegraben werden (Synonym zu *Cellier* = Lagerraum für Wein).

Chaptalisierung: Zusatz von Zucker zum Traubengut, der vom Gesetzgeber kontrolliert wird. Mit der *Trockenzuckerung* soll eine gute Ausgewogenheit des Weins durch die Erhöhung des Alkoholgehalts erreicht werden, wenn dieser in einem Jahr zu gering ist.

Chardonnay: Erstklassige burgundische Weißweinrebsorte, die auch in anderen Gebieten, insbesondere

in der Champagne und in Franche-Comté, angebaut wird. Liefert einen feinen Wein mit guter Alterungsfähigkeit.

Chartreuse: Eigentlich *Kartause;* im Bordelais kleines Château aus dem 18. oder dem frühen 19. Jahrhundert.

Chasselas: Weiße Traubensorte, die vor allem als Tafeltraube angebaut wird, aber in einigen Gegenden auch vinifiziert wird.

Château: Eigentlich *Schloß;* häufig verwendeter Begriff zur Bezeichnung von Weingütern, selbst wenn sie bisweilen kein echtes *Château* enthalten.

Chenin: Weiße Rebsorte, die im Loiretal weit verbreitet ist und ausgewogene, feine Weine gibt.

Cinsaut (oder *Cinsault*): Rotweinrebsorte des mediterranen Weinbaugebiets, die sehr fruchtige Weine hervorbringt.

Clairet: Leichter, fruchtiger Rot- oder Roséwein, der im Bordelais und in der Bourgogne erzeugt wird.

Clairette: Weiße Rebsorte des mediterranen Weinbaugebiets, die ziemlich feine Weine liefert.

Claret: Name, den die Engländer dem Rotwein aus Bordeaux gegeben haben.

Clavelin: Flasche mit besonderer Form und einem Fassungsvermögen von 0,60 l, den Weinen aus dem Jura vorbehalten.

Climat: Katasterflurname im burgundischen Weinbaugebiet, entspricht der deutschen *Einzellage.*

Clos: Der Begriff wird in bestimmten Gegenden oft verwendet, um Weinberge zu bezeichnen, die von Mauern umschlossen sind (z. B. *Clos de Vougeot*). Häufig hat er jedoch eine viel weitere Bedeutung angenommen und bezeichnet manchmal die Weingüter selbst.

Colombard: Weiße Rebsorte in Südwestfrankreich, die ziemlich mittelmäßige Weine hervorbringt.

Cordon: Erziehungsform der spalierten Reben.

Côt: Anderer Name für *Malbec* in einigen Gegenden.

Côte: Im Französischen häufige Bezeichnung für eine Hügelkette und ihre Hänge; ähnlich *Coteau.*

Courbu: Weißweinrebsorte des Béarn und des Baskenlandes.

Courgée: Name für die fruchttragende Ranke, die beim Rebschnitt belassen und bogenförmig am Spalier festgebunden wird (im Mâconnais trägt sie den Namen *Queue*).

Crémant: Champagner oder Schaumwein mit »kleinem Schaum«, d. h. weniger Kohlensäuredruck.

Cru: Begriff, der regional sehr unterschiedlich gebraucht wird, aber überall die Vorstellung enthält, daß der betreffende Wein von einem festgelegten, engen Anbaugebiet stammt. Kann sowohl die Weinlage wie auch den von ihr hervorgebrachten Wein bezeichnen.

Cruover (Warenzeichen): Apparatur, die es ermöglicht, Wein in einer angebrochenen Flasche unter Inertgas (Stickstoff) aufzuheben.

Cuvée: Weinmenge aus einem bestimmten Gärbehälter; bezeichnet auch die aus verschiedenen Traubensorten und Weinen zusammengestellten Weine. Durch einen besonderen Geschmack gekennzeichnet (besonders beim Champagner). Als *Tête de cuvée* wird die Spitzencuvée eines bestimmten Weinguts bezeichnet.

Degorgieren: Beim Champagnerverfahren Entfernen des Hefebodensatzes, der sich während der zweiten Gärung in der Flasche gebildet hat.

Dekantieren: Umgießen eines Weins aus seiner Flasche in eine Karaffe, damit er von seinem Depot befreit wird und seine Ausgewogenheit wiederfindet.

Demi-sec: Französische Bezeichnung für *halbtrocken*, entspricht aber bei den Schaumweinen einer halbsüßen Geschmacksrichtung (zwischen 35 und 50 g Zukker pro Liter).

Depot: Bodensatz aus festen Teilchen, der sich vor allem bei alten Weinen in der Flasche bildet (wird vor dem Trinken durch *Dekantieren* entfernt).

Dick: Wird von einem sehr farbintensiven Wein gesagt, der einen Eindruck von Schwere und Dichte hinterläßt.

Dosage: Zusatz von Zucker in der Form von *Tirage-likör* (Mischung aus Wein und Zucker) zu einem champagnisierten Wein nach dem Degorgieren; legt seinen Süßungsgrad fest.

Doux: Siehe *süß*.

Duft: Synonym zu *Geruch*, mit mehr lobender Bedeutung.

Duras: Rotweintraube, die vor allem im Gaillac angebaut wird.

Durif: Rotweintraube des Dauphiné.

Edelfäule: Name für die Wirkung des Pilzes *botrytis cinerea* in den Gebieten, wo er die Herstellung von Süßweinen ermöglicht.

Ehrlich: Bezeichnet einen Wein oder die Summe seiner Merkmale (Farbe, Bukett, Geschmack), der ohne Fehler und ohne Zweideutigkeit ist.

Einschrumpfung: Austrocknen der Traube an der Luft, die mit einer Zuckeranreicherung einhergeht.

Empyreumatisch: Bezeichnung für eine Reihe von Gerüchen, die an Verbranntes, Gekochtes oder Rauchiges erinnern.

Entfaltet: Bezeichnet einen ausgewogenen Wein, der alle Bukettqualitäten erworben hat.

Entrappen: Siehe *abbeeren*.

Essigstich: Durch Mikroorganismen hervorgerufene Weinkrankheit, die einen sauren Wein bewirkt.

Fer: Dunkle Traubensorte, die lagerfähige Weine hervorbringt.

Fett: Synonym zu *ölig* (siehe dazu dieses Stichwort).

Feuersteingeschmack: Wird vom Geschmack eines Weins gesagt, dessen Aroma an den Geruch von Feuerstein erinnert.

Feurig: Eigenschaft eines alkoholreichen Weins, der aber im Unterschied zu einem berauschenden Wein nicht müde macht.

Fillette: Kleine Flasche mit einem Fassungsvermögen von 0,35 l, im Loiretal verwendet.

Filtrieren: Klären eines Weins mit Hilfe von Filtern.

Finesse: Qualität eines feinen, eleganten Weins.

Fleisch: Eigenschaft eines Weins, der im Mund einen Eindruck von Fülle und Dichte, aber ohne Rauheit hinterläßt.

Folle Blanche: Weißweintraube, die einen sehr spritzigen Wein liefert (auch als *Gros Plant* bezeichnet).

Foudre: Stückfaß mit großem Fassungsvermögen (200 bis 300 hl).

Frisch: Wird von einem leicht, aber nicht übermäßig säuerlichen Wein gesagt, der eine Empfindung von Frische hervorruft.

Fuchsig: Bezeichnet den Geruch, der von Wein aus bestimmten Hybridenrebsorten verbreitet wird; steht zwischen dem Geruch des Fuchses und dem der Wanze.

Füllig: Wird von einem harmonischen Wein gesagt, der den Eindruck hinterläßt, als würde er den Mund ganz und für lange Zeit ausfüllen.

Gamay: Dunkle, in vielen Gegenden verbreitete Rebsorte, im Beaujolais als einzige Rebsorte angebaut; liefert einen sehr fruchtigen Wein.

Gärung: Chemischer Prozeß, der aus dem Traubensaft Wein erzeugt dank der Wirkung der Hefen, die den Zucker dann zu Alkohol umwandeln.

Gärdauer: Zeitdauer, während deren die festen Teilchen des roten Traubenguts in Kontakt mit dem im Gärbehälter in Gärung befindlichen Traubenmost bleiben. Ihre Länge bestimmt die Farbe und den Tanningehalt des Weins.

Gefällig: Bezeichnung für einen zugleich frischen und fruchtigen Wein.

Gerbstoffhaltig: Eigenschaft eines Weins, der eine Spur von Adstringenz zum Vorschein kommen läßt, zurückzuführen auf seinen Reichtum an Tanninen.

Geruch: Direkt durch die Nase aufgenommen, im Unterschied zum *Aroma*, das im Mund wahrgenommen wird. Der Geruch eines Weins kann von großer Vielfalt sein und ebensogut an Früchte und Blumen wie an Wildbret erinnern.

Geschmack: Begriff, der die Gesamtheit der im Mund wahrgenommenen Merkmale bezeichnet.

Geschmeidig: Wird von einem mundigen Wein gesagt, in dem die Milde über die Adstringenz die Oberhand behält.

Gewürztraminer: Elsässische rosa Traubensorte, sehr aromatisch.

Glatt: Synonym zu *mundig*.

Glyzerin: Leicht süßer, dreiwertiger Alkohol, der von der Gärung des Traubensafts herrührt und dem Wein seine Öligkeit verleiht.

Graves: Bodentyp, der aus Geröll und Kies besteht und sehr günstig für die Erzeugung von erstklassigen Weinen ist; vor allem im Médoc und im Graves-Gebiet (Bordelais) zu finden.

Grenache: Rotweintraube, die in einigen Gegenden Südfrankreichs wie Banyuls oder Châteauneuf-du-Pape angebaut wird. Liefert einen duftigen, sehr feurigen Wein.

Grolleau: Dunkle Traubensorte des Loiretals.

Gros Plant: Name für die Rebsorte *Folle Blanche* in der Gegend von Nantes.

Grün: Wird von einem unreifen, sauren Wein gesagt.

Harmonisch: Wird von einem Wein gesagt, der eine sehr gute Abstimmung zwischen seinen verschiedenen Geschmacksmerkmalen zeigt und dabei über die bloße Ausgewogenheit hinausgeht.

Hart: Bezeichnet einen Wein, der durch übermäßige Adstringenz und Säure gekennzeichnet ist, die sich aber manchmal mit der Zeit abmildern können.

Hefe: Winzige, einzellige Pilze, die die alkoholische Gärung bewirken.

Herabstufung: Aufhebung des Rechts auf die Herkunftsbezeichnung eines französischen Weins; dieser wird dann als einfacher *Tafelwein* auf den Markt gebracht.

Herbheit: Herbe, etwas rauhe Geschmacksempfindung, hervorgerufen durch einen sehr hohen Gerbsäuregehalt des Weins.

Hochkultur: Bestimmte Erziehungsart, die den Weinstock durch den Rebschnitt in die Höhe wachsen läßt.

Hybriden: Begriff, der die Rebsorten bezeichnet, die man aus Kreuzungen zwischen zwei verschiedenen Rebsorten, insbesondere amerikanischen und europäischen, erhält.

I. N. A. O. *(Institution National des Appellations d'Origine = Nationales Institut der Herkunftsbezeichnungen):* Öffentliche Einrichtung, die damit beauftragt ist, die Produktionsbedingungen der AOC-Weine zu kontrollieren.

I. T. V. *(Institut Technique de la Vigne et du Vin = Technisches Weininstitut):* Fachbezogene Berufsorganisation, die mit der Weinforschung und mit Versuchen mit Reben und Vinifizierungstechniken befaßt ist.

Jahrgang: Weinlese eines bestimmten Jahres; wird in der Regel auf dem Etikett der Weinflasche angegeben.

Jacquère: Weiße Rebsorte, die in Savoie und im Dauphiné angebaut wird und einen guten, schnell trinkfertigen Wein hervorbringt.

Jung: Sehr relative Bezeichnung für einen Wein im ersten Jahr nach der Weinlese, der sich schon auf seinem Höhepunkt befindet, ebenso wie für einen Wein, der schon etwas älter ist, aber noch nicht alle Qualitäten entwickelt hat.

Jeroboam: Große Flasche, die den Inhalt von vier einfachen Flaschen faßt (3 l).

Juranon: Weiße, wenig verbreitete Rebsorte, die im Departement Charente wächst; als dunkle Traubensorte im Südwesten noch zusätzlich für die Herstellung von Tischwein verwendet.

Kahm: Weinkrankheit, die in einem weißlichen Schleier und einem schalen Geschmack zum Ausdruck kommt.

Kauf »en primeur«: Weinkauf, der kurz nach der Lese abgeschlossen wird, noch bevor der Wein trinkfertig ist.

Kelterung: Verfahren, das darin besteht, die Beerenhülsen der Weintrauben zum Aufplatzen zu bringen.

Kirchenfenster: Synonym zu *Tränen* (siehe dazu dieses Stichwort).

Kleid: Bezeichnet das Aussehen des Weins.

Klon: Vegetativer Nachkomme eines Mutterstocks, der durch ungeschlechtliche Fortpflanzung (Vermehrung durch Stecklinge oder Veredelung) entstanden ist.

Kohlensäuremaischung *(Macération carbonique):* Vinifizierungsverfahren, das bei der Herstellung bestimmter Primeurweine verwendet wird; das Traubengut wird dabei möglichst unverletzt in einen mit Kohlendioxid gefüllten Gärbehälter gegeben.

Körper: Eigenschaft eines Weins, der eine gute Beschaffenheit (Rückgrat und Fleisch) mit Wärme vereint.

Krautgeruch: Bezeichnet die Geruchseindrücke oder das Aroma, die an Kräuter erinnern (häufig etwas abwertend gebraucht).

Kurz: Wird von einem Wein gesagt, der wenig Spuren beim *Abgang* hinterläßt (man sagt auch »*kurz im Geschmack*«).

Lang: Wird von einem Wein gesagt, dessen Aroma im Mund beim *Abgang* einen angenehmen, nachhaltigen Eindruck hinterläßt (man sagt auch »*von guter Länge*«).

Lebendig: Wird von einem frischen, leichten Wein gesagt, in dem die Säure etwas dominiert, aber ohne Übermaß und in angenehmer Weise.

Leicht: Wird von einem Wein gesagt, der keine intensive Farbe und nicht viel Körper besitzt, aber ausgewogen und angenehm ist. Muß in der Regel bald getrunken werden.

Lieblich: Wein, dessen gesamte Merkmale angenehm, aber nicht zu stark ausgeprägt sind.

Liquoreux: Bezeichnet im Französischen zuckerreiche Weißweine, die man von Trauben erhält, auf denen sich Edelfäule entwickelt hat, und die sich unter anderem durch ein eigentümliches Bukett auszeichnen.

Macabéo: Weiße Rebsorte des Roussillon, die einen in seiner Jugend angenehmen Wein hervorbringt.

Maderisiert: Wird von einem Wein gesagt, der beim Altern eine Bernsteinfarbe und einen Geschmack annimmt, der etwas an Madeira erinnert (auch als *rahn* bezeichnet).

Maischegärung: Kontakt des Traubenmosts mit den festen Teilchen des Traubenguts während der Gärdauer.

Malbec: Name für die Rebsorte *Côt* im Bordelais.

Magnum: Flasche, die im Inhalt zwei gewöhnlichen Flaschen entspricht (1,5 l).

Malolaktische Gärung: Umwandlung der Apfelsäure in Milchsäure und Kohlendioxid, wobei der Wein weniger säuerlich wird (auch als *zweite Gärung* bezeichnet).

Männlich: Wird von einem Wein gesagt, der gleichzeitig kräftig gebaut, körperreich und wuchtig ist.

Manseng: *Gros Manseng* und *Petit Manseng* sind die beiden Grundrebsorten des Jurançon.

Marsanne: Weiße Rebsorte, die vor allem im Gebiet des Hermitage angebaut wird.

Mauzac: Weiße Traubensorte, die in Südfrankreich bei Toulouse und im Languedoc angebaut wird und einen feinen Wein hervorbringt, der aber nur geringe Lagerungsfähigkeit besitzt.

Mehltau: Durch einen Schmarotzerpilz hervorgerufene Krankheit, die die grünen Teile des Rebstocks befällt.

Melon: Name einer Rebsorte der Côte-d'Or, die im Pays Nantais *Muscadet* heißt.

Méthode champenoise: Herstellungsmethode von Schaumweinen, die eine Schaumbildung in der Flasche beinhaltet und dem Herstellungsverfahren des *Champagner* entspricht.

Merlot: Dunkle Traubensorte, die im Libournais (Pomerol, Saint-Emillon) dominiert und im gesamten Bordelais mit anderen Rebsorten kombiniert wird.

Methusalem: Anderer Name für die *Impériale*-Flasche (entspricht acht gewöhnlichen Flaschen = 6 l).

Meunier: Dunkle Traubensorte, die anders als der *Pinot*, von dem sie stammt, durch ein einfacheres, behaartes Laubwerk gekennzeichnet ist.

Milchsäure: Säure, die durch die *malolaktische Gärung* entsteht.

Millésime: Französische Bezeichnung für *Jahrgang.*

Moelleux (= *lieblich, voll und mild*)*:* Bezeichnung, die in der Regel auf süße Weißweine angewendet wird, die zwischen den trockenen und den Süßweinen *(vins liquoreux)* im eigentlichen Sinne liegen. Wird bei der Verkostung auch von einem Wein gesagt, der gleichzeitig fett und wenig säuerlich ist.

Mondeuse: Rotweinrebsorte aus Savoie und dem Dauphiné, die einen lagerfähigen Wein von hoher Qualität hervorbringt.

Mourvèdre: Dunkle Traubensorte der Provence, aus der man feine Weine von großer Lagerfähigkeit gewinnt.

Mousseux: Bezeichnet im Französischen Schaumweine, die zu der Kategorie der Tafel- und V. Q. P. R. D.-Weine gehören.

Most: Bezeichnet den süßen Saft, der den Trauben entzogen wird.

Müde: Begriff, der auf einen Wein angewendet wird, der vorübergehend (z. B. nach einem Transport) seine Qualitäten verloren hat und eine Ruhepause benötigt, um sie zurückzugewinnen.

Moschus: Wird von einem Geruch gesagt, der an den des Moschustieres erinnert.

Mundig: Ein mundiger (oder *vollmundiger*) Wein ist ein weicher, angenehmer Wein, der die Kehle gut »hinabgleitet«.

Muscadelle: Weißweintraube, die im Bordelais mit dem *Sémillon* und dem *Sauvignon* kombiniert wird.

Muscadet: Weiße Rebsorte, die im Departement Loire-Atlantique angebaut wird und einen sehr frischen, offenen Tischwein liefert.

Muscat: Begriff, der die gesamten Rebsorten bezeichnet, deren Trauben die aromatische Qualität von Muskat besitzen. Bezeichnet ebenso die Weine, die aus diesen Trauben gewonnen werden.

Mutage: Eigentlich *Stummachung.* Verfahren, das darin besteht, die alkoholische Gärung eines Mostes durch Zusatz von Alkohol zu unterbrechen (in Frankreich im Gegensatz zu Deutschland erlaubt).

Nachdruck: Wein, der von den letzten Kelterungsvorgängen stammt und nicht für Cuvées verwendet wird, die zur Champagnisierung bestimmt sind.

Nachhaltigkeit: Phänomen, das sich in der Wahrnehmung bestimmter Eigenschaften des Weins (Geschmack, Aroma etc.) äußert, nachdem man den Wein hinuntergeschluckt hat. Eine gute Nachhaltigkeit ist ein positives Zeichen.

Nebukadnezar: Riesenflasche, die ein Fassungsvermögen von 20 gewöhnlichen Flaschen besitzt (15 l).

Négoce: Begriff, der im Französischen den *Weinhandel* und die damit verbundenen Berufe bezeichnet. Wird manchmal im Gegensatz zu *Viticulture* (= Weinbau) verwendet.

Négociant-Eleveur: In den großen AOC-Gebieten Weinhändler, der sich nicht damit begnügt, Weine aufzukaufen und wieder zu verkaufen, sondern junge Weine ausbaut und bis zur Flaschenabfüllung lagert.

Négociant-Manipulant: Bezeichnung in der Champagne für Weinhändler, die Traubengut aufkaufen, um selbst daraus Champagner herzustellen.

Negrette: Dunkle Traubensorte, die einen reichen, farbintensiven und nur wenig säuerlichen Wein gibt.

Nervig: Wird von einem Wein gesagt, der den Gaumen durch recht ausgeprägte Eigenschaften und eine angemessene Spur Säure reizt.

Niellucio: Rotweinrebsorte, die auf Korsika angepflanzt wird und lagerfähige Weine von hoher Qualität (besonders in Patrimonio) liefert.

Nouveau (= *neu*)*:* Wird von einem Wein der letzten Lese gesagt.

O. I. V. *(Office International de la Vigne et du Vin = Internationales Weinbüro):* Zwischenstaatliche Organisation, die die technischen, wissenschaftlichen und wirtschaftlichen Fragen untersucht, die durch den Weinbau und die Weinerzeugung aufgeworfen werden.

Ölig: Bezeichnung für einen Wein, der sich im Geschmack angenehm weich und fett gibt.

O. N. I. VINS *(Office National Interprofessionnel des Vins = Nationale, mehrere Berufsgruppen umfassende Weinanstalt):* Organisation, die die Nachfolge der *O. N. I. V. I. T.* bei der Steuerung und Regulierung des französischen Weinmarkts übernommen hat.

Önologie: Weinbaukunde. Wissenschaft vom Wein.

Organoleptisch: Bezeichnet Qualitäten oder Eigenschaften, die bei der Verkostung mit den Sinnen wahrgenommen werden, also Farbe, Geruch und Geschmack.

Oxidation: Resultat der Einwirkung des Luftsauerstoffs auf den Wein. Wenn die Oxidation zu stark ist, äußert sie sich in einer Veränderung der Farbe (bei Rotweinen *pelure d'oignon* = rostbrauner Farbton, der an Zwiebelschalen erinnert) und des Buketts.

Pasteurisierung: Sterilisierungstechnik durch Hitze, von dem französischen Wissenschaftler Louis Pasteur entwickelt.

Perlend: Wird von einem Wein gesagt, der Kohlensäurebläschen entwickelt.

Perlwein: Bezeichnet einen Wein, dessen Schaumbildung und Kohlensäuredruck geringer als bei den *Schaumweinen* ist.

Petit Verdot: Eine der Rebsorten, die im Bordelais manchmal die Cabernettrauben und die Merlotrebe ergänzen.

Pflanzengeruch: Wird vom Bukett oder Aroma eines (hauptsächlich jungen) Weins gesagt, das an Kräuter oder Pflanzen erinnert.

Pièce: Name des (Eichen-)Fasses in der Bourgogne (228 oder 216 l).

Pineau d'Aunis: Dunkle Traubensorte, die in einigen Gegenden des Loiretals angebaut wird und einen wenig farbintensiven Wein liefert.

Pinot: Dunkle Traubensorte, die vor allem in der Bourgogne angebaut wird und ziemlich wenig farbintensive, aber lange lagerfähige Weine hervorbringt. In der Champagne ebenfalls angebaut, wo man aus ihr Weißweine herstellt.

Poulsard: Rotweinrebsorte, die vor allem im Jura verwendet wird und wenig farbintensive, aber sehr feine Weine gibt.

Preßmost: Bei der Rotweinherstellung Wein, der durch Keltern nach dem Abstich vom Trester gewonnen wird.

Primeur: Wein, der hergestellt wird, um jung getrunken werden zu können; Primeurweine dürfen ab dem 15. November des Lesejahrs auf den Markt kommen.

Prise de mousse *(= Schaumbildung):* Französischer Name für die zweite alkoholische Gärung, die Schaumweine durchlaufen.

Rancio: Besondere Eigenschaft, die bestimmte gespritete Dessertweine im Laufe ihrer Alterung annehmen.

Räuchergeruch: Bezeichnung für einen Geruch, der dem von geräucherten Lebensmitteln nahekommt, charakteristisch unter anderem für die Rebsorte *Sauvignon;* daher auch der Name *Blanc Fumé* (siehe dazu auch dieses Stichwort).

Rauh: Wird von einem sehr *astringierenden* Wein gesagt, der den Eindruck erweckt, als würde er den Gaumen »kratzen«.

Ratafia: Likörwein, der durch die Mischung von Tresterschnaps und Traubensaft in der Champagne und in der Bourgogne hergestellt wird.

Reblaus: Blattlaus, die zwischen 1860 und 1880 das französische Weinbaugebiet verwüstete; bewirkt durch ihren Biß das Absterben der Wurzeln des Rebstocks.

Rebschnitt: Beschneiden der Weinranken, um das Wachstum des Rebstocks zu regulieren und damit seine Produktivität zu kontrollieren.

Rebsorte: Name der Varietät beim Wein.

Récoltant-Manipulant: In der Champagne Weinbauer, der seinen Champagner selbst herstellt.

Reich: Bezeichnung für einen farbintensiven, alkoholreichen, wuchtigen und zugleich ausgewogenen Wein.

Reifung: Umwandlung, die die Traube durchläuft, wenn sie sich mit Zucker anreichert und einen Teil ihrer Säure einbüßt, um zur Reife zu gelangen.

Rein: Wird von einem Wein von klarer, funkelnder Farbe gesagt, der keine in Suspension befindlichen Teilchen enthält.

Riesling: Weißweinrebsorte, die in Frankreich im Elsaß angebaut wird und Weine von großer Vornehmheit hervorbringt.

Robust: Wird von einem kräftig gebauten Wein gesagt, der ein gutes Rückgrat besitzt.

Rolle: Weiße Rebsorte der Provence und der Gegend von Nizza, aus der man sehr feine Weine gewinnt.

Romorantin: Ziemlich mittelmäßige Weißweintraube, die in einigen Gegenden des Loiretals angebaut wird.

Roussanne: Weiße Rebsorte, die im Departement Drôme angebaut wird und einen sehr feinen, lagerfähigen Wein hervorbringt.

Rückgrat: Gute Beschaffenheit eines Weins mit dominierenden Tanninen, die gute Alterungsmöglichkeiten eröffnen.

Rund: Wird von einem Wein gesagt, dessen Geschmeidigkeit, Milde und Fleisch im Mund eine angenehme Empfindung von Abgerundetheit erwecken.

Rütteln: Beim *Champagnerverfahren* Vorgang, der darauf abzielt, die Ablagerungen in der Flasche zum Korken hin zu treiben, indem die in *Rüttelpulte* gesteckten Flaschen über einen längeren Zeitraum hinweg von der Hand oder mechanisch »gerüttelt« und dabei immer senkrecht gestellt werden.

Sacy: Weiße Rebsorte, die in den Departements Yonne und Allier angebaut wird und einen sehr frischen, trockenen Wein liefert.

Saignée-Rosé: Roséwein, der von einem Gärbehälter mit dunklem Traubengut nach kurzer Maischegärung abgezogen wird.

Saint-Pierre: Weißweintraube, die einen säuerlichen Wein hervorbringt und die man im Departement Allier findet.

Salmanazar: Riesenflasche, die das Fassungsvermögen von 12 gewöhnlichen Flaschen besitzt (9 l).

Sauber: Wird von einem reinen Wein mit gut ausgeprägten Merkmalen gesagt.

Sauer: Bezeichnung für einen Wein, der einen *Essigstich* abbekommen hat, eine Krankheit, die sich in einem ausgeprägt sauren Geschmack äußert.

Säure: Wenn die Säure nicht im Übermaß vorhanden ist, trägt sie zur Ausgewogenheit des Weins bei und verleiht ihm Frische und Nervigkeit. Ist der Säuregehalt jedoch zu hoch, wird die *Azidität* zu einem Fehler, indem sie dem Wein einen beißenden, grünen Charakter verleiht. Umgekehrt ist der Wein fad, wenn er nicht ausreichend Säure besitzt.

Sauvignon: Weißweintraube, die in vielen Gegenden angebaut wird und einen feinen Wein mit guter Lagerfähigkeit hervorbringt. Zu ihren Eigenschaften gehört ein sehr eigentümliches Räucheraroma.

Savagnin: Rebsorte des Jura, aus der man den berühmten *»gelben Wein«* gewinnt; ihre rosa Varietäten wachsen im Elsaß (Klevner und Gewürztraminer).

Schal: Wird von einem Wein gesagt, der sein gesamtes Bukett oder einen Teil davon infolge von Oxidation verloren hat.

Scharf: Wird von einem Wein gesagt, der durch zuviel Gerbstoffe und Säure herb wird. Sehr schwerer Fehler.

Schäumend: Wird von einem Wein gesagt, der Kohlensäurebläschen entwickelt.

Schönung: Verfahren der Klärung, durchgeführt mit einem Mittel (Eiweiß, Fischleim), das im Wein gerinnt und dabei die in Suspension verbliebenen Teilchen mit ausfällt.

Schwefelung: Einführung von Schwefelsäure in einen Most oder einen Wein, um ihn vor Fehlern oder Krankheiten zu schützen oder um die Fermente zu selektionieren.

Schwer: Wird von einem sehr dicken Wein gesagt.

Sciarello: Dunkle Traubensorte, die auf Korsika angebaut wird und einen fleischigen, fruchtigen Wein hervorbringt.

Sec *(= trocken):* Bei den Süßweinen Geschmackscharakter ohne Süße (weniger als 4,9 g Zucker pro Liter); in der Süßeskala der Schaumweine nicht sehr süßer Charakter (weniger als 35 g/l).

Seidig: Bezeichnung für einen geschmeidigen Wein, der süffig, mild und samtig ist, mit einem Hauch von Harmonie und Eleganz.

Sémillon: Weiße Edelrebsorte, die vor allem im Gebiet der Gironde angebaut wird und unter anderem die großen Süßweine hervorbringt.

Skala der Crus: Komplexes Einstufungssystem der Gemarkungen der Champagne aufgrund des Werts der jeweils erzeugten Traubenqualität. In anderen Anbaubereichen hierarchische Reihenfolge der Lagen der Weinproduktion, die von verschiedenen Behörden eingestuft worden sind.

Stabilisierung: Gesamtheit der Behandlungsmethoden, die eine gute Lagerfähigkeit des Weins sicherstellen sollen.

Stich: Synonym zu *Essigstich*.

Stillwein: Bezeichnet einen nichtschäumenden Wein.

Struktur: Bezeichnet zugleich das Gerüst und die Beschaffenheit eines Weins in seiner Gesamtheit.

Strahlend: Wird von einer sehr klaren Farbe gesagt, deren Reflexe im Licht stark glänzen.

Strunk: Bezeichnung für das klare Astwerk bei der Traube, das die Beeren trägt und – wenn es bei der Lese nicht abgestreift wird – dem Wein eine gewisse Adstringenz verleiht.

Sulfatieren: Behandlung, die früher mit Hilfe von Kupfersulfat durchgeführt wurde; sie wird beim Rebstock angewendet, um Pilzkrankheiten vorzubeugen.

Süß: Begriff, der auf zuckerhaltige Weine angewendet wird.

Sylvaner: Im Elsaß angebaute weiße Rebsorte, die in erster Linie einen Wein vom Typ des offenen Tischweins liefert.

Syrah: Dunkle Traubensorte, die vor allem im Rhônetal und im Languedoc-Roussillon angebaut war.

Tannat: Im Departement Pyrénées-Atlantiques angebaute dunkle Traubensorte, die sehr kräftig gebaute, aber feine Weine mit guter Lagerungsfähigkeit hervorbringt.

Tannin (= *Gerbstoff*): Substanz, die sich im Wein befindet und dem Wein seine Fähigkeit zu langer Lagerung sowie bestimmte Geschmackseigenschaften verleiht.

Tastevinage: Gütezeichen, das die Confrérie des Chevaliers du Tastevin einigen burgundischen Weinen zuerkennt.

Terroir: Im Französischen Bezeichnung für ein *Anbaugebiet*, das aufgrund bestimmter physikalischer Eigenheiten einen spezifischen Charakter besitzt, der auch für seine Weine bestimmend ist.

Tiergeruch: Bezeichnet alle Gerüche des Tierreichs, die beim Wein, besonders häufig bei alten Rotweinen, auftreten können: Moschus, Wildbret, Leder, Fell etc.

Tokay: Name für den *Pinot Gris* im Elsaß.

Tränen: Spuren, die der Wein auf der Innenseite des Glases hinterläßt, wenn man ihn schwenkt oder neigt.

Tressalier: Anderer Name für die Rebsorte *Sacy*.

Trester (auch *Treber*): Feste Stoffe, die nach dem Keltern und Auspressen zurückbleiben.

Trocken: Siehe dazu *sec*.

Trub: Siehe dazu *Vorklären*.

Ugni Blanc: Weiße Rebsorte, die in Südwestfrankreich (und im Departement Charente unter dem Namen *Saint-Emilion*) angebaut wird und einen ziemlich säuerlichen Wein von geringer Lagerfähigkeit hervorbringt.

Umfüllen: Verfahren, das darin besteht, einen Wein von einem Faß in ein anderes umzufüllen, um die Hefe vom Wein abzutrennen.

Umhüllt: Wird von einem alkoholreichen Wein gesagt, in dem der liebliche Charakter dominiert.

V.D.L. (*Vin de liqueur* = Likörwein): Süßer Wein, der nicht den gesetzlichen Vorschriften der *V.D.N.*-Weine gehorcht, oder ein Wein, der durch Mischung von Wein und Alkohol (*Pineau des Charentes*) erhalten wird.

V.D.N. (*Vin doux naturel* = eigentlich *natürlicher Süßwein*, tatsächlich aber ein mit Alkoholzusatz gespriteter Dessertwein): Wein, der von der Muscat-, Grenache-, Macabéo- und Malvoisierebe stammt und

strengen Bedingungen der Produktion, des Zucker- und Alkoholgehalts und der Herstellung unterliegt.

V.D.P. (*Vin de pays* = Landwein): Wein, der zur Gruppe der Tafelweine gehört, bei dem auf dem Etikett die geographische Herkunftsgegend vermerkt werden darf.

V.D.Q.S. (*Vin délimité de qualité supérieure* = bestimmter Wein von gehobener Qualität): Qualitätswein, der in einem bestimmten Anbaubereich und nach genauen gesetzlichen Vorschriften erzeugt wird.

Veredelung: Verfahren, das seit der Reblauskrise angewendet wird und darin besteht, auf einer reblausresistenten Unterlage (die von einer amerikanischen Rebsorte stammt) einen Pfropfreis einheimischen Ursprungs zu befestigen. Die auf diese Weise veredelten Reben besitzen die Reblausresistenz der Unterlage, tragen aber Früchte mit den Qualitäten der europäischen Varietäten.

Vermentino: Weißweinrebsorte, die unter dem Namen *Rolle* in der Gegend von Nizza und in der Provence und unter dem von *Malvoisie* auf Korsika bekannt ist.

Verrieseln: Ungenügende Entwicklung der Beeren, die auf eine mangelhafte Befruchtung, bedingt durch verschiedene Ursachen (klimatischer, physiologischer etc. Natur), zurückzuführen ist.

Verschlossen: Wird für einen erstklassigen Wein verwendet, der noch jung ist und kein sehr ausgeprägtes Bukett erworben hat; er muß deshalb reifen, bevor man ihn genießen kann.

Verschmolzen: Bezeichnet einen Wein, vor allem einen alten, in dem sich die verschiedenen Eigenschaften harmonisch miteinander vermischen, um eine überaus homogene Gesamtheit zu bilden.

Vieux (= *alt*): Begriff, der mehrere Bedeutungen haben kann, aber im allgemeinen einen Wein bezeichnet, der mehrere Jahre alt ist und nach der Faßlagerung in der Flasche gealtert ist.

Village: Begriff, der in einigen Gegenden verwendet wird, um ein besonderes Anbaugebiet innerhalb eines größeren Appellationsgebiets zu bestimmen (z.B. *Beaujolais*, *Côtes-du-Rhône*).

Vin de carafe: »Karaffenwein« nennt man Weine, die jung getrunken werden und früher direkt vom Faß abgezogen wurden; beispielsweise *Muscadet* oder *Beaujolais*.

Vin de garde: Bezeichnet einen Wein, der eine gute Eignung zur *Alterung* besitzt.

Vin gris (= *grauer Wein*): Sehr heller Rosé, der durch Weißweinherstellung aus dunklen Trauben gewonnen wird.

Vin jaune (= *gelber Wein*): Spezieller Weißwein, der im Jura aus der *Savagnin*-Rebe gewonnen wird und leicht an spanischen Sherry erinnert.

Vinifizierung: Methode und Gesamtheit der Kellertechniken zur Herstellung von Wein.

Voll: Wird von einem Wein gesagt, der die Qualitäten besitzt, die für einen guten Wein erforderlich sind und im Mund eine Empfindung von Fülle erweckt.

Vollmundig: Bezeichnet einen süffigen Wein.

Volumen: Eigenschaft des Weins, der den Eindruck erweckt, als würde er den Mund gut ausfüllen.

Vorklären: Klärung des nicht vergorenen Traubenmostes bei der Trennung vom *Trub*, d.h. dem Bodensatz.

Vorlaufwein: Bei der Rotweinherstellung Wein, der direkt aus dem Gärbehälter durch Abstechen erhalten wird.

V. Q. P. R. D. *(Vin de qualité produit dans une région déterminée = Qualitätsweine bestimmten Anbaugebiets):* Unterscheidet in der Sprache der EG-Vorschriften Weine von den Tafelweinen und faßt in Frankreich *AOC*- und *VDQS*-Weine zusammen.

Warm: Wird von einem Wein gesagt, der – vor allem durch seinen Alkoholreichtum – einen Eindruck von Wärme gibt.

Wärmeregulierung: Kellertechnik, die es erlaubt, die Temperatur des Gärtanks während der Gärung zu kontrollieren und zu regeln.

Weiblich: Kennzeichnet Weine, die eine gewisse Zartheit und Leichtigkeit zeigen.

Weinig: Wird von einem Wein gesagt, der einen gewissen Alkoholgehalt besitzt und ausgeprägt die Merkmale zeigt, die den Wein von anderen alkoholischen Getränken unterscheiden.

Weinsteintrübung: Begriff, der die Ablagerung von *Weinsteinkristallen* bei Weißweinen in der Flasche zeigt.

Wildgeruch: Wird auf das Bukett eines Weins angewendet, das an den Geruch von Hochwild erinnert.

Wucht: Eigenschaft eines Weins, der zugleich voll, körperreich, feurig und reich im Bukett ist.

Ziegelrot: Eigenheiten von Rotweinen, die beim Altern eine rotgelbe Färbung annehmen.

Zusammenstellung: Im Französischen als *Assemblage* bezeichnete Mischung mehrerer Weine, um eine einzige *Cuvée* zu erhalten. Da dabei Weine gleichen Ursprungs verwendet werden, ist sie deutlich vom *Verschneiden* (französisch *Coupage*) unterschieden, das eine pejorative Bedeutung besitzt.

VERZEICHNIS DER KARTEN

REGISTER DER APPELLATION

Dom. **Bart**, 430
Dom. René **Barth**, 80
Michel **Barthe**, 171
SCEA Vignobles Philippe **Barthe**, 169 172
Dom. Ghislaine **Barthod**, 426
Anthony **Barton**, 337
Barton et Guestier, 222 311 318 335
Bassereau, 195
Louis **Bassy**, 126
André **Batailley**, 324
Vignobles Michel **Baudet**, 192
Patrick **Baudouin**, 748 **749**
Baud Père et Fils, 593
Bernard **Baudry**, 781
EARL Jean et Christophe **Baudry**, 780
GAEC **Baudry**, 707
EARL Jean-Jacques **Baumann**, 65 72 80
J. et G. **Baumann**, 894
SCEA Dom. des **Baumard**, 715 743
Jean-Louis **Baur**, 99
SA François **Baur et Fils**, 86
François **Baur Petit-Fils**, 92
Armand **Baur Succ.**, 93
SA des Vignobles **Bayle-Carreau**, 194
SCV **Baylet**, 179
Jean-Noël **Bazin**, 384
Michèle **Bazin de Jessey**, 743
Paul **Beaudet**, 123 126 131 538
Herbert **Beaufort**, 549 **582**
Jean-Maurice **Beaufreton**, 761
Cellier du **Beaujardin**, 761
Cave **Beaujolaise** du **Beau Vallon**, 116
GFA Ch. de **Beaulieu**, 661
Cave des Vignerons de **Beaumes de Venise**, 887
Champagne **Beaumet**, 549
SCEA Dom. de **Beaumet**, **646**
SCEA **Beaumet-Bonfils**, 853
SCE Ch. **Beaumont**, 305
Beaumont des Crayères, 550
Lycée viticole de **Beaune**, 465
Les Vignerons de **Beaupuy**, 687
Jean **Beauquin**, 724
SA Ch. de **Beauregard**, 754
SC Ch. **Beauregard**, 205
SC du Ch. **Beauséjour**, 224
GAEC **Beau-Séjour Bécot**, 245 **224**
Yves **Beautrait**, **550**
Pierre **Becht**, 105
Dom. J.-P. **Bechtold**, 73
Hubert **Beck**, 65 86
Paul et Didier **Beck**, 65
GAEC J.-PH. et F. **Becker**, 65
Jean **Becker**, 65
Yvette et Michel **Beck-Hartweg**, 94
Jean **Bedin**, 126 142
Michel **Bedouet**, 252
Daniel **Bedrenne**, 252
Joël **Bègue**, 393
André **Bèhèity**, 693
Christian **Beigner**, 702
EARL **Bel**, 248
Cave des Vignerons de **Bel-Air**, 120 128 139
SCA Ch. de **Belcier**, 257
Marc **Belis**, 283
Michel **Bellamy**, 784
Adrien **Belland**, 418 503
Dom. Joseph **Belland**, 492 495 497 503
Roger **Belland**, 492 496 497 503 508
Michel **Bellard**, **803**
SC Vignobles du Ch. **Bellegrave**, 315
SC du Ch. **Belles-Graves**, 213
Dom. **Belleville**, 384 511
SC Ch. **Bellevue**, 224
Ch. **Bellevue La Forêt**, 685
Vincent **Bellivier**, 778
Les Vignerons de **Bellocq**, 688
Alain **Bellon**, 666
Louis **Bellot**, 391 394
Dolorès **Benac**, 678
Paul **Benetière**, 809
GIE **Benezech-Esteve**, 623

Les Viticulteurs Réunis de **Bennwihr**, 73
Jean-Paul **Benoit**, 827
Patrice **Benoît**, 787
Victor **Bérard**, 147
Jean-Charles et Jean-Jacques **Béraud**, 202
Hervé **Béraud-Sudreau**, 286 287
Jean **Bérerd et Fils**, 123
Christian et Marie **Béréziat**, 124
Bernard **Berger**, 164 170
SCA Ch. **Berger**, 166
Union Vinicole **Bergerac-Le-Fleix**, 698 702 707
François **Bergeron**, 142
Jean-François **Bergeron**, 138
Dom. Gérard **Berger-Rive et Fils**, 514 517
Denis **Bergey**, 300
GAEC Vignobles Michel **Bergey**, 160 171
Juha **Berglund**, 266
Robert **Beringuier**, 685
SDF Hélène et Pierre **Berjal**, 237
Régis **Bernaleau**, 306 322
Christian **Bernard**, 296
Dom. **Bernard**, 277 345
Dom. Michel **Bernard**, 850 851
François **Bernard**, 324
Olivier **Bernard**, **286**
Thierry **Bernard-Brussier**, 372 373 481 483
GAEC A. **Bernard et Fils**, 854
Jean Laurent de **Bernardi**, **672**
Pierre **Bernateau**, 169
Ch. de **Berne**, 646
Bernède et Fils, 678
Cécile **Bernhard-Reibel**, 71 85
Alain **Bernillon**, 127
Dom. **Berrod**, 135
Jean-Claude **Berrouet**, 215 254
GAEC **Bersan et Fils**, 370 376 381 **407**
Dom. **Bertagna**, 425 431 436
Jean-Pierre et Maryse **Bertand**, 120
SCEA **Bertaud et Fils**, 756
Alain **Berthault**, 378
Vincent et Denis **Berthaut**, 410 412
Jean **Berthet-Bondet**, 593
Christian **Berthet-Rayne**, 827 858
Chantal et Pascal **Berthier**, 147
Cave Coop. **Berticot**, 709
SCE de **Bertineau**, 253
Gérard **Bertrand**, 614
Jacques **Bertrand**, 226
Jean-Michel **Bertrand**, 250
M. et J.-F. **Bertrand**, 890
Jacqueline **Bertrand-Descombes**, 230
SC du Dom. des **Bertrands**, 646
Thierry **Bésard**, 762 771
Caves **Bessac**, 850
SA Champagne **Besserat de Bellefon**, 550
André et Jean-Paul **Bessette**, 274
SA des Vignobles **Bessineau**, 258
Gérard **Besson**, 426
Xavier **Besson**, 510 519
Vignobles J. **Bessou**, 255
Arlette **Best**, 706
J.-J. de **Bethmann**, 291 292
SC Ch. **Beychevelle**, 311 **335**
Jacques **Bianchetti**, 671
Biard et Van der Spek, 614
Roger **Biarnès**, 281 346 347
Philippe **Biau**, 697
Yves **Bibey**, 297
Maison Albert **Bichot**, 360 395 405 437 465 526
Bideau-Giraud, 729
Lucette **Bielle**, 216
GAEC Léon **Bienvenu et Fils**, 380
Daniel **Bilard**, 373
Michel **Billard**, 373
SCEA Gabriel **Billard**, 360 465 **471**
Michel **Billard et Fils**, 388 483
Dom. **Billard-Gonnet**, 471
Dom. **Billaud-Simon**, 404
SA Champagne **Billecart-Salmon**, **550**
Champagne Gaëtan **Billiard**, 550
Champagne **Binet**, 551

Jean-Claude **Biot**, 375
Birot, 192
Cave des Vignerons de **Bissey-sous-Cruchaud**, 373 388 510 522
Bitouzet-Prieur, 477
Mme Bernard **Bizard**, 834
SCEA **Bizard-Litzow**, **743**
Jean **Bizot**, 434
Jacques **Blais**, 704
Georges **Blanc**, 526
Gérard **Blanc**, 627
Jean-François **Blanc**, 303
SCE Ch. **Blanc**, 869
Yves **Blanc**, 229 231
SNC **Blanc et Cie**, 615
René **Blanchard**, 163 185
Christian **Blanchet**, 193
Gilles **Blanchet**, 813
GAEC **Blancheton**, 709
André **Blanck et Fils**, 80 101
EARL **Blard**, 600
Cave Coop. du **Blayais**, 192
Claude **Bléger**, 65 73
SCE du Ch. de **Bligny**, 465
Champagne H. **Blin et Cie**, 551
R. **Blin et Fils**, 551
Théodore **Blondel**, 551
Michel **Blot**, 803
Michel **Blouin**, 741 745
GAEC du **Bloy**, 702
Guy **Bocard**, 373 483 486
Les Caves du Château des **Boccards**, **130**
Daniel **Bocquenet**, 441
Hubert **Bodet**, 754
Alain et Guy **Bodillard**, 148
Jean-Claude **Bodin**, 762
Emile **Boeckel**, 103
Léon **Boesch et Fils**, 65
Jean-Noël **Boidron**, 227 250 256
Eric **Boigelot**, 477
Jacques **Boigelot**, 481
Luc et Sylvie **Boilley**, 593 594
Jean-Marc **Boillot**, 360 477
Dom. Lucien **Boillot et Fils**, 471 477
Vignobles Jean **Boireau**, 248
Henri **Boiron**, 863
Maurice **Boiron**, 858
SCA Dom. du **Bois des Dames**, 839
Dom. du **Bois Guillaume**, 360
Eric **Boisseaux**, 660
Jacques **Boissenot**, 311 321
Jean-Claude **Boisset**, 136 361 373 393 419 450 459 871
de **Boisseyt-Chol**, 845 848
Bertrand et Hubert de **Boissieu**, 123
Jean-Pierre **Boisson**, 858 862
Régis **Boisson**, 827 839
GAEC Vignobles **Boissonneau**, 180
Gérard **Boissonneau**, 172 177
Jean-Pierre **Boistard**, 789
Jean **Boivert**, 296 300
Champagne **Boizel**, 551
SA Champagne **Bollinger**, 551 **552**
Laurent **Bologna**, 655
Mylène et Maurice **Bon**, 181
SCEA René **Bon**, 361
Jean **Boncheau**, 163 **249**
Christian **Bonfils**, 839 853
André **Bonhomme**, 526
Pierre **Boniface**, 600
Champagne **Bonnaire**, 552
Laurent **Bonnard**, 190
EARL Dom. Jean et Roger **Bonnardot**, 373
Joël **Bonneau**, 188
Jean-Claude **Bonnel**, 285 288
GAEC du Ch. **Bonnet**, 225
Gérard **Bonnet**, 831
Jacques **Bonnet**, 377 510
Jean **Bonnet**, 176
SCEAV Pierre **Bonnet**, 280 282
Olivier et Maurice **Bonneteau-Guesselin**, 722
GAEC **Bonnet et Fils**, 195

ERZEUGER

908

SC du Ch. **Carcanieux**, 294
Charles **Carichon**, 856
SC Louis **Carillon et Fils**, 492
SCEV Ch. de **Carles**, 201
Denis **Carré**, 385 472
Alain **Carreau**, 190
Georges et Jean-Marie **Carreau**, 191 192
Philippe et Janine **Carreau Gaschereau**, 665
SCEA Edmond **Carrère**, 230
Jean-François **Carrille**, 225 226 242
Jean-Marie **Carrille**, 232 260 **222**
Denis **Carron**, 117
Michel **Carron**, 117
Jacques **Carroué**, 806
Jean-Marc **Carteyron**, 217
SCEA Patrick **Carteyron**, 163 167 170 182
François **Cartier**, 764
SCEA Jean-Pierre **Cartier**, 834 842
Nicolas **Cartier et Fils**, 662
Pierre **Casagrande**, 707
SCE **Cascarret**, 212
Les Maîtres Vignerons de **Cascastel**, 624
Pierre **Caslot**, 775
Alain **Caslot-Bourdin**, **785**
Cassagne, 228
SCEA **Cassagne-Teissier**, 616
GFA P. **Cassat et Fils**, 241 **239**
Castéja, 329
Héritiers **Castéja**, 326 330
Pierre **Castéja**, 348
Héritiers **Castéja-Borie**, **246**
GAEC Rémy **Castel et Fils**, 194
Alexandre **Castell**, 657
Champagne de **Castellane**, 554
Bernadette **Castells**, 222 241
SA **Castel Roubine**, 647
SNC Ch. **Castéra**, 295
GIAR des Viticulteurs Catalans, 633 636 637 881 883
Les Vignerons **Catalans**, 634 637 639
Pierre **Cathal**, 702
GAEC **Cathala**, 268
Jean-Charles **Cathelineau**, 790
Daniel **Cathiard**, 292
Cattier, 554
Théo **Cattin et Fils**, 86 96
Joseph **Cattin et ses Fils**, 81 **96**
Dom. **Cauvard Père et Fils**, 471
Ch. du **Cauze**, 226
Jean-Benoît **Cavalier**, 620
Ulysse **Cazabonne**, 297
GAEC de **Cazaillan**, 297
SCEA Dom. de **Cazalis**, 161
Claude **Cazals**, 554
Champagne Charles de **Cazanove**, 554 555
Robert **Cazemajou**, 213
Jean-Michel **Cazes**, **332**
Sté **Cazes Frères**, 634 **883**
François **Cazin**, 797
SCE Gino et Florent **Cecchini**, 298
Dom. **Cellier de la Pierre**, 624
Centre Hospitalier Spécialisé, 365
SCI Dom. des **Chaberts**, 666
EARL Janine **Chaffanjon**, 140
SCEA **Chagneau et Fils**, 232
Cave de **Chaintré**, 531
SCEA Dom. **Chaintreuil**, 134
Isabelle et Patrice **Chaland**, 170 183
Josette et Jean-Noël **Chaland**, 526
Daniel et Pascal **Chalandard**, 594
Edmond **Chalmeau**, 374
Ch. de **Chambert**, 677
Chambre d'Agriculture du Gers, 895
Jean-Jaime **Chambre**, 239
Denis **Chamfort**, 829 840
Jean-Paul **Champagnon**, 134
Didier et Catherine **Champalou**, **790**
Isabelle **Champart**, 627
Roger **Champault**, 819
Gilles **Champion**, 790
Maison **Champy Père et Cie**, 362 432 446 453 466 481 483

Jean-Louis **Chanay**, 120
Famille **Chancel**, 873
Emile **Chandesais**, 441 474 513 516 **510**
Dom. **Chandon de Briailles**, 453 455
Dom. **Changarnier**, 481
Champagne **Chanoine**, 555
Nicole **Chanrion**, 129
Chanson Père et Fils, 362 374 385 393 411 419 441 453 456 487 515 **466**
GAEC du Dom. **Chante Cigale**, 858 859
Dom. de **Chantemerle**, 393
Dom. **Chante Perdrix**, 859
SA **Chantovent**, 626
Daniel **Chanzy**, 366 377 510 514 515
Jean-François **Chapelle**, 498
Paul **Chapelle et ses Filles**, 504
Caveau du **Chapitre**, 412 421 422
SA **Chapoutier**, 851
Maurice **Chapuis**, 456
Thierry **Chaput**, 787
SA Champagne **Chapuy**, 555
Didier **Charavin**, 835
GAEC Robert **Charavin et Fils**, 840 888
Champagne A. **Charbaut et Fils**, 555
Roland **Charbonnier**, 196
Sté Claude, Yves et Pierre **Chardon**, 323
Cave du **Chardonnay**, 362 526
Dom. du **Chardonnay**, 398
Champagne Guy **Charlemagne**, 555
Dom. François **Charles et Fils**, 374 385 466 478 **378**
Jackie **Charlier**, 556
Charlier-Billiard, 556
Philippe **Charlopin**, 362 408 412 425
Charlopin et Barron, 419
SCA Ch. **Charmail**, 306
André **Charmensat**, 803
Vignoble **Charmet**, 117
Jean-Louis **Charmolüe**, 332 **333**
Cave du **Charnay**, 523 537
Cave Coop. de **Charnay-lès-Mâcon**, 388
François **Charpentier**, 817
Jacky **Charpentier**, 556
GAEC **Charpentier Père et Fils**, 730
SARL Jean-Pierre et Eric **Charruau**, 757
Cellier des **Chartreux**, 596
Dom. Jean **Chartron**, 492
Chartron et Trébuchet, 453 485 492 495 497 512
Armand **Charvet**, 132
Jean-Paul **Charvet**, 140
Christophe **Chasle**, 774
GAEC des Vignobles **Chassagnol**, 278 341 343 **270**
Chassagnoux, 204
SA Ch. **Chasse-Spleen**, 324
SCEA **Chastel-Labat**, 274
Ch. **Chatain**, 213
Bernard **Château**, 321
Cave des Vins de **Chateaumeillant**, 802 803
Dom. **Chatelain**, 813
SCV **Châtellenie Haut-médoc**, 306 312
Charles **Chatenoud et Fils**, 248
André **Chatonnet**, 213
Cl. Robert **Chaucesse**, 809
Jean-Pierre **Chaudet**, 175 184
GAEC **Chaumont Père et Fils**, 515
GAEC des **Chausselières**, 722
Cave de **Chautagne**, 600 601 603
Daniel **Chauveau**, 778
EARL D. **Chauveau**, 734 738
Hubert **Chauvenet-Chopin**, 441
Champage A. **Chauvet**, **556**
GAEC **Chauvier Frères**, **651**
Jean-Louis **Chave**, **851 852**
Georges **Chavet et Fils**, **812**
Louis **Chavy**, 413 492
GAEC Gérard **Chavy et Fils**, 362 493
Louis **Chedeville**, 122 140
Ch. **Chemin Royal**, 292
Daniel **Chénais**, 730
Cave du Château de **Chénas**, 131
SA **Chenonceau-Expansion**, **762**

Maurice **Chenu**, 366 385 426 451 463 466 478 483 485 512
Ets **Chéreau-Carré**, 722 723 728
Philippe **Chéty**, 197
SC du **Cheval Blanc**, **227**
SCE **Chevalier Père et Fils**, 449 451 456 458
SCA **Chevallier**, 759
Cheval Quancard, 168 271
Pascal **Chevigny**, **436**
Michel **Chevillon**, 441
Dom. Bernard **Chevillon et Fils**, 446
Patrice **Chevrier**, 125
Dom. Fernand et Catherine **Chevrot**, 362 374 385 504 508
Robert **Cheylan**, 665
Bernard **Chezeaux**, 441
François **Chidaine**, 787
Yves **Chidaine**, 787
Jean-Claude et Annie **Chinieu**, 834 843
SA Champagne Gaston **Chiquet**, **556**
Dom. **Chiron**, 730
Choblet-Fouchault, 719 720
Dom. **Chofflet-Valdenaire**, 519
Patrick **Cholet-Masson**, 374
José **Chollet**, 772
Gilbert **Chon et Fils**, 725
Bernard et Pascale **Chopin**, 120
Dom. **Chopin et Fils**, 441
M.-C. et J.-M. **Chort**, 274
Daniel **Chouet-Clivet**, 487
EARL Michel et Martine **Chouvet**, 856
Jocelyn **Chudzikiewicz**, 826 856
SCEA Dom. **Chupin**, 716 746
SCEA Dom. du **Cinquau**, 690
Claudine et Claude **Cinquin**, 144
Franck **Cinquin**, 144
Sté Ch. **Citran-Médoc**, 312 **307**
Denis **Clair**, 504
SCEA Bruno **Clair**, 408 413 423 459
Cave Coop. **Clairette de Die**, 867 868
SCV Elisabeth et Guy **Claisse**, 180
SCEA Auguste **Clape**, 852
SA Dom. **Clarence-Dillon**, 288 290 **288 289 291**
GFA Dom. de **Clastron**, 647
Pierre **Clavel**, 619
Bruno **Clavelier**, 426 436
SA Maison **Clavelier et Fils**, 436 446
Jacky **Clée**, 755
SCEA B. **Clément et Fils**, **811**
Raoul **Clerget**, 420 451 501
SCI Dom. **Clerget**, 501
Yvon **Clerget**, 472
Dominique **Clerjaud**, 187
GFA du Clos du **Clocher**, 206
SCEA Clos del **Pila**, 638
SCEA du **Clos du Roi**, 638
GAEC du **Clos Saint-Marc**, 150
SCE Ch. de **Clotte**, 258
Champagne **Clouet**, 582
Christian **Cloutrier**, 118
GAEC Michel **Cluny et Fils**, 362
Michel **Cocteaux**, 556
Cave Coop. de **Cocumont**, 687
Dom. **Codem SA**, 296 301
Max **Cognard-Taluau**, 784
Xavier **Coirier**, 731
Comte Bernard de **Colbert**, 313
Henri de **Colbert**, 619
Michel **Colbois**, 393
Colin et Fils, 799
Anita et Jean-Pierre **Colinot**, **380**
Jacques **Collard**, 190
Louis **Collard**, 617
Champagne Raoul **Collet**, 556 557
Indivision **Collet**, 143
Dom. Jean **Collet et fils**, 398
François **Collin**, 362
Jean-Noël **Collin**, 891
Vins fins **Collin et Bourisset**, 121 134 148 523 531
Collotte Père et Fils, 362 408
SCEA **Colombier**, 273

ERZEUGER

Guy **Desplat**, 234
Guy et Dany **Desplat**, 255
Guy **Despujols**, 349
André **Desroches**, 817
Jean-Michel **Desroches**, 764
Marie-Anne et Jean-Claude **Dessendre**, 375
SA **Destavel**, 638 884
Didier **Desvignes**, 140
Louis-Claude **Desvignes**, 140
Propriété **Desvignes**, 519
Desvignes Aîné et Fils, 131
Alain **Desvignes-Lathoud**, 131
Paul **Déthune**, 558 582
Champagne **Deutz**, 559
Dom. des **Deux Roches**, **537**
SCEV André **Dezat et Fils**, 815 822
Jean-Claude **Dhiersat**, 891
Catherine **Dhoye**, 793
Jean-François **Diconne**, 374 504
Jean-Pierre **Diconne**, 483
Claude **Dietrich**, 73
Jean **Dietrich**, 87 101 **73**
Laurent et Michel **Dietrich**, 65 87
Michel **Dietrich**, 263 268
GAEC Dom. des Terres blanches **Diffonty et Fils**, 859
SCEA Félicien **Diffonty et Fils**, 863
GAEC **Diringer**, 104
Jean-Pierre **Dirler**, 87 101
GAEC Charles et André **Dischler**, 92
GAEC **Dittière**, 742
André **Dock et Fils**, 105
Christian **Dolder**, 65 87 106
Gérard **Dolder**, 61 73 106
Jean-Marie **Dole**, 591
GFA du Ch. **Domeyne**, 113
SCEA **Donabella**, 782
Gilbert **Dontenville**, 559
SA **Dopff /GFAu moulin/GO, 102**
Doquet-Jeanmaire, 559
Gérard **Doreau**, 481
GAEC **Dorléans-Ferrand**, 797
Michel **Dorneau**, 200
EURL **Dorneau-Borgnat**, 363
Christian **Double**, 661
Bernard **Doublet**, 185
Bernard et Dominique **Doublet**, 283
Dom. **Doudet**, 454 460
Maison **Doudet-Naudin**, 414 467 473
Jean-Louis **Douet**, 751
Richard **Doughty**, 708
Dourthe Frères, 289 301 334
CVBG **Dourthe-Kressmann**, 228 329 **305**
Cave des Vignerons du **Doury**, 118
Gilbert **Dousseau**, 693 694
J. **Doussoux**, 174
Champagne R. **Doyard et Fils**, 559
Dom. **Dozon**, 782
Champagne **Drappier**, 559
Baron François de **Driésen**, 686
Jean-Paul **Droin**, 399 405
Joseph et Christophe **Drouard**, 724
Joseph **Drouhin**, 143 425 427 430 435 442 467 483 493
Corinne et Thierry **Drouin**, 532
Jean-Michel **Drouin**, 537 **532**
Yves **Drouineau**, 758 **755**
Les Vins Georges **Dubœuf**, 135 137 140 527 532 **133**
Dubard Frères et Sœur, 696 698 705
Dubois, 215
Bruno **Dubois**, 727
Claude **Dubois**, 559 560
Danielle et Richard **Dubois**, 218 **240**
Gilbert **Dubois**, 259
Jean **Dubois**, 366
Jean-Jacques **Dubois**, **199**
Jean-Luc **Dubois**, 460 467
Régis **Dubois et Fils**, 363 379 385 427 442 446
Dominique **Dubois-d'Orgeval**, 460 463
Henri **Duboscq**, 331 332
Henri et Jean-Paul **Dubost**, 125

SARL L. **Dubost**, 222
Denis et Florence **Dubourdieu**, 171
Jean-Philippe **Dubourdieu**, 275
Pierre **Dubourdieu**, 168 276 **347**
Jean-Paul **Dubreuil**, **249**
Jean-Pierre **Dubreuil**, 248
Philippe **Dubreuil**, 460
GAEC des **Duc**, 148
Marc **Ducau**, 341
Eric **Duchemin**, 385
Francis **Ducos**, 300
Patrick **Ducournau**, 693
Vignobles **Ducourt**, 161
Pierre **Ducret**, 519
Gérard **Ducroux**, 121
Gilles et Nel **Ducroux**, 121
Bernard et Yvonne **Dufaitre**, 126
Eric **Duffau**, 160 167
Jean **Duffau**, 164
Joël **Duffau**, **162**
SCI Dom. Guy **Dufouleur**, 382
Dufouleur Père et Fils, 414 468 512
Franck **Dufour**, 195
GAEC **Dufour**, 345
Champagne Robert **Dufour et Fils**, 560
Alain **Dugas**, 842
Bernard **Dugat**, 414 421
Daniel **Dugois**, 588
Colette **Dugoua**, 277
SC **Duhart-Milon-Rothschild**, 329 **327**
André **Duhau**, 302
Dom. **Dujac**, 423 425
Jean et Colette **Dumergue**, 276
Pierre **Dumeynieu**, 204
Jacky **Dumont**, 781
Yves **Dumont**, 385
Philippe et Christian **Dumortier**, 720
SCEA **Dumoutier**, 659
Dom. **Dupasquier**, 603
SCEA Roger **Dupasquier et Fils**, 442
Duperrier-Adam, 498 501
Pierre **Dupleich**, 169 268
Pierre **Dupond**, 123 127 136
J.-P. **Duprat**, 281
Gilles **Dupuch**, 163 264
Josette **Dupuch**, 204
Christian **Dupuis**, 594
Charles **Dupuy**, 882 **881**
Jean-Pierre **Dupuy**, 342
Henri **Durance**, 723
Christine et Jean-Marc **Durand**, 386 473
Geneviève **Durand**, 196
Guy **Durand**, 770
Jean et Yves **Durand**, 146
Marcel **Durand**, 122
Philippe **Durand**, 332
Pierre et André **Durand**, 251
Denis **Durantou**, 209
Raymond **Dureuil-Janthial**, 512
René **Durou**, 677
Roger et Andrée **Duroux**, 211
SC Jean **Durup**, 392 395 402 **396 402**
Bernard **Dury**, 388 467
M. et J. **Dusserre**, 857
Sylvain **Dussort**, 374 463 488 **363**
Dom. **Dutertre**, 770 **764**
François **Dutheil de la Rochère**, 659
SCEA J.-G. - J. L. **Dutraive**, 126 135
Marie-Rose **Dutreil**, 340
Champagne **Duval-Leroy**, 560
Duvergey-Taboureau, 128 399 414 442 485 498 501 522 527 537
Bernard **Duwer**, 194
Christian et Joseph **Eblin**, 65
Maurice **Ecard**, 460
François **Eckert**, 699 **702**
GAEC Jean-Paul **Ecklé et Fils**, 103
Egly-Ouriet, 560 582
J. **Egreteau**, 210
GAEC **Egretier Père et Fils**, 189
Wolfberger - Cave vinicole d' **Eguisheim**, 79 85 90
André **Ehrhart et Fils**, 74 96
GAEC François **Ehrhart et Fils**, 74 96

Einhart, 74
Association **Elan**, 612
Michel **Elie**, 193 196
Charles **Ellner**, 560
Hubert et Roseline **Emery**, 874
GAEC Dom. René **Engel**, 432 436
Raymond **Engel**, 74
Dom. des **Entrefaux**, 850
David **Ermel**, 74 101
René **Erraud**, 720
Dom. **Esmonin Père et Fille**, 414
Claude **Esnault**, 785
Michel d' **Espagnet**, 652
Espil et Riouspeyrous, 689
SCEAV **Establet**, 179
Jean-Pierre **Estager**, 207 210 213
Pierre **Estansan**, 266
Champagne **Esterlin**, 560
Jean-Pierre **Estève**, 827
Cave des Vignerons d' **Estézargues**, 830 840
SCEA **Estienne**, 658
Rémy **Estournel**, 830 840
Michèle **Etchegaray-Mallard**, 716 754
SCEA Ch. d' **Etroyes-Juillet**, 516
SCEA Ch. d' **Eyran**, 286
Eyraud France, 267
GAEC **Fabaron**, 261
A. **Fabbro et Fils**, 677
Fabre, 650
Georges **Fabre**, 836
Henri **Fabre**, 298
C. et S. **Fadat**, 618
Henri-Louis **Fagard**, 175
SARL Henri **Faget et ses Enfants**, 894
François **Fagot**, 560
Maison Jh. **Faiveley**, 422 423 432 442 447 456 474 493 516
Michèle et Lionel **Faivre**, 612
SCE du Ch. **Faizeau**, 251
Robert **Faller et Fils**, 95 97
SCEA **Faniest**, 242
Faraud et Fils, 844
GAEC **Fardeau-Robin**, 735 **748**
SCEA Ch. **Farguet**, 251
Rémy **Fauchey**, 298
SCA Ch. **Fauchey**, 267
Jacques **Faure**, 867
Jean **Faure**, 231
Philippe **Faure**, 220
GFA **Faure-Barraud**, 230
Philippe **Faury**, 846 848
GAEC **Favereau Père et Fils**, 193
Gérald **Favre**, 532
Clément **Fayat**, 211 234 244 307
Denis et Anne-Marie **Fédieu**, 312
Feillon Frères, 196
Henri **Felettig**, 427
Dom. **Félix**, 364 374
SCA Dom. des **Féraud**, 647
Serge et Franck **Férigoule-Aymard**, 857
SCE Roger **Fernandez Père et Fils**, 169
Pierre **Ferrand**, 781
SCE du Ch. **Ferrande**, 277
Ferran Père et Fils, 685
SA **Ferraud Père et Fils**, 118 147
Denis **Ferrer**, 635 884
Ch. **Ferrière**, 320
Ch. **Ferry-Lacombe**, 648
Gérard **Ferté**, 160 168
Dom. Jean **Féry et Fils**, 447 460
Les Vins Henry **Fessy**, 118 135 140 537
Sylvain **Fessy**, 122 128 140
Georges **Fessy et Fils**, 127
Champagne Nicolas **Feuillatte**, 561
William **Fèvre**, 395 405
Catherine et Didier **Feytout**, 699
GAEC Francis **Fichet et Fils**, 364 389 524
Ch. de **Fieuzal**, **287**
Paul **Figeat**, 813
Filhol et Fils, 677
Ch. **Filhot**, 348
Antoine **Filippi**, 668
Louis **Filippi**, 174

EARL Les Fils d'Etienne **Gonnet**, 859
Maurice **Gonon**, 525
Pierre **Gonon**, 848
René **Gonon**, **137**
SEV **Gonzalès**, 230
Champagne **Gosset**, 563
Michel **Goubard**, 510
Hervé **Goudard**, 653
Dom. **Goud de Beaupuis**, 452 467
GAEC **Goudineau et Fils**, 245
Dom. Henri **Gouges**, 442
Danielle et André **Gouillon**, 127 140
Dom. Dominique **Gouillon**, 122
Françoise **Gouillon-Claitte**, 127
Arlette **Gouin**, 172 272
André-Jean **Goujon**, 203
GFA Pierre **Goujon**, 181
Marquis de **Goulaine**, 720 723
Cave Coop. de **Goulens-en-Brulhois**, 687
Dom. Jean **Goulley et Fils**, 391 394 **400**
Alain **Goumaud**, 259
Daniel **Gounot**, 391
EARL Michel et Ginette **Gouny**, 764
Goupil de Bouillé, 467
Jean-Louis **Gourjon**, 651
Carole **Gourmelon**, 646
Henri **Goutorbe**, 563
Denis **Goyon**, 696
Jean **Goyon**, 532
SEV Ville de **Gradignan**, 292
Alain **Graillot**, 848 850
Thierry **Grand**, 656
Cellier du **Grand Corbières**, 614
SC des **Grandes Graves**, 285 286 290
Dom. **Grand Frères**, **594**
GFA du Ch. **Grandis**, 308
SC du Ch. **Grand Jour**, **194**
SCV du Ch. **Grand Monteil**, 172 177
SC du **Grand Montmirail**, 854
Primo **Grando**, 252
Ch. **Grand Ormeau**, 213
SFC du Ch. **Grand Pontet**, 228 231
SC de **Grand-Puy Ducasse**, 309 313 327
SC Ch. **Grand-Puy-Lacoste**, 327
Grands Champagnes de Reims, 547 548
Cave des **Grands Crus Blancs**, 535 536
Dom. des **Grands Devers**, 831 841
EARL Dom. **Grangaud**, 826
Cave Coop. de **Grangeneuve**, 262 263
Granger Père et Fils, 517
GFA **Grangette**, 616
Françoise **Granier**, 832
Dom. du **Granit Bleu**, **122**
GAEC Edmond **Gras et Fils**, 837 855
Bernard **Gratas**, 722 725
Daniel et Denise **Gratas**, 726 730
Gray et King, 258
François **Greffier**, 173 175
Rémy **Greffier**, 172 264
SCEA Claude et Bernard **Greffier**, 264
Henri **Grégoire**, 722
Pierre **Grégoire**, 774
Jean **Greiner**, 66
Jean-Paul **Grelaud**, 177
SCEA **Grelaud**, 184
SARL Caves de **Grenelle**, 755
Dom. André et Rémy **Gresser**, 103 **87**
Gresta, 222
Isabelle et Vincent **Greuzard**, 527 538
S.C. Ch. **Grézan**, **623**
SCEA du Ch. de **Grézels**, 677
GAEC Gilbert et Didier **Griffon**, 775
SCV Les Vignerons de **Grimaud**, 647
Bernard **Gripa**, 848
Dom. Jean-Louis **Grippat**, 848 852
Dom. Albert **Grivault**, 474
SC **Gromand d'Evry**, 309
Christian **Gros**, **452**
Dom. Anne et François **Gros**, 432 439
Dom. A.-F. **Gros**, 382 437
GAEC Jean **Gros**, 597
Michel **Gros**, **382**
Yves **Gros**, 254
Serge **Grosset**, 747 748

Corinne et Jean-Pierre **Grossot**, 394 400
Robert **Grossot**, 120
Charles **Gruber**, 141 478 498
Dominique **Gruhier**, 365
Jean-Marc **Grussaute**, 691
Joseph **Gruss et Fils**, 74 106
Joseph **Gsell**, 66 75
Yves **Guégniard**, 748
Hubert **Guéneau**, 740 752
Louis **Guéneau Fils**, 741
Henri **Guérard**, 651
Ch. de **Guérin**, 163
Thierry **Guérin**, 532
SC du Ch. **Guerry**, 195
André **Gueth et Fils**, 81 106
Arnaud **Guichard**, 832
SCE Baronne **Guichard**, 212 238
Mme L. **Guidot**, 479
Marcel **Guigal**, **846**
Philippe et Jacques **Guignard**, **349**
Pierre et Jean **Guignard**, 282
SCA Jean et Pierre **Guignard**, **345**
Charles de **Guigné**, 313
Michel **Guignier**, 135
Guilbaud Frères, **726 730**
Marie-José **Guillaume**, 178
Dom. Pierre **Guillemot**, 461
Geneviève et Jacques **Guillerault**, **821**
Daniel **Guillet**, 127
Jean-Michel **Guillon**, 415
SDF Michel et Rina **Guillon**, 186
Guillon-Painturaud, 891
Henri **Guinabert et Fils**, 351
Sylvie et Jacques **Guinaudeau**, 160 169
177 208 210
Jacques **Guindon**, 720
Celliers des **Guinots**, 177
SCA Ch. **Guiraud**, **348**
Pierre-Bernard **Guisez**, 232 258
Jean **Guiton**, 365 461
Alain **Guyard**, 409 410 416 447
Jean-Pierre **Guyard**, 410
Marcel **Guyard**, 525
Vignerons de **Guyenne**, 162
SCEA **Guy et Peyre**, 628
Antonin **Guyon**, 427 454 456 458 488
Dom. Dominique **Guyon**, 454
Jean **Guyon**, 302
Jean-Marie **Haag**, 104
Materne **Haegelin et ses Filles**, 75 81 88
Francis **Haerty**, 779
GAEC **Hallay et Fils**, 792
Thierry **Hamelin**, 394
Ch. **Hanteillan**, 308
Vincent **Harang**, 742
Dominique **Hardy**, 722 730
Dom. **Harmand-Geoffroy**, 416
André **Hartmann et Fils**, 81
Antoine **Hatt**, 669
Jany **Haure**, 191
SA **Haut-Bages Libéral**, 327
SCE Ch. **Haut-Bailly-le-Mayne**, 290 345
288
SCEA Ch. **Haut-Brisey**, 296
SC Ch. **Haut-Cadet**, 232
SCA **Haut-Corbin**, 237
Gpt de Prod. Les Caves des **Hautes-Côtes
et de la Côte**, 372 379 382 386 389 443
463 474 481 488
SCIA du **Haut-médoc**, 312
GFA du Ch. **Haut-Nouchet**, 288
Cave du **Haut Poitou**, 801
SCEA Ch. **Haut Saint-Clair**, 255
Cave des **Hauts de Gironde**, 188
SCA Ch. de **Haux**, 166 268
Dominique **Haverlan**, 284 **283**
Patrice **Haverlan**, 279 280
Association **Haverlan-Kreusch**, 278
SCE Vignobles du **Hayot**, 346 350
GAEC Jean-Victor **Hebinger et Fils**, 81
Charles **Heidsieck**, **563**
Champagne **Heidsieck Monopole**, 563 564
SA **Heim**, 82
GAEC **Heimbourger Père et Fils**, 365 394

Henri et Joseph **Heitzmann et Fils**, 75
Champagne **Henriot**, 564
Brice **Herbeau**, 661
Bernard **Hérivault**, 796
Marc **Heroult**, 183
Albert **Hertz**, 93
Bruno **Hertz**, 66 75
Jean-Noël **Hervé**, **204**
Jean-Marc **Héry**, 738
Dominique **Hessel**, 325
Albert **Heywang et successeurs**, 60 **82**
Jean-Pierre **Hibert**, 260
Jean-Paul **Hirissou**, 683
Pierre et Claudette **Hodara**, 614
Henning **Hoesch**, 652
Honoré **Lavigne**, 379 382 409 474 488
Dom. **Hospices de Beaujeu**, 141 145
Paul **Hostein**, 317
Jean-Luc **Houblin**, 365
Dominique **Houdebert**, 799
Bénédicte et Grégoire **Hubau**, 200
B. et G. **Hubau**, 202
André **Huchon**, 724
SA **Huet**, **794**
Hugel et Fils, 62 75
Dom. **Huguenot Père et Fils**, 409 410
Francis **Huguet**, 797
Bernard **Humbrecht et Fils**, 96
Cave Vinicole de **Hunawihr**, 66
Bruno **Hunold**, 62 102 106
Jean-Marie **Huré**, 699 701
Dom. Armand **Hurst**, 82
Jean **Huttard**, 66
IDV France, 125
Cave Coop. d' **Igé**, 365 389 524
Jacques **Iltis**, 62 88
Christian **Imbert**, 670
EARL Vignobles **Imbert**, 655
Cave vinicole **Ingersheim**, 75
Service d'Expérim. **INRA**, 75
Station Viticole **INRA**, 806
Dom. de l' **Institut Pasteur**, 129
Michel **Isaïe**, 389
Sté Fermière du Ch. d' **Issan**, 306 320
Champagne **Ivernel**, 564
Alain **Jabiol**, 225 240
Ulysse **Jaboulet**, 423
Paul **Jaboulet Aîné**, 851 852
SA **Jaboulet-Vercherre**, 468 505
Dom. Robert et Raymond **Jacob**, 375 452
456 458
SCE Dom. Lucien **Jacob**, 386 **461**
Dom. **Jacob-Girard et Fils**, 461
F. V. Caveau des **Jacobins**, 595
Hubert **Jacob Mauclair**, 386
Champagne **Jacquart**, 564
GFA du Ch. **Jacques Blanc**, 233
SCEA Henri et Paul **Jacqueson**, 512
Champagne **Jacquesson et Fils**, 564
Bernard et Michelle **Jacquet**, 124
Jacquin, 179
Edmond **Jacquin et Fils**, 601 603
Maison Louis **Jadot**, 454 468 486 498 532
Jaffelin, 481 522
SCE Roger **Jaffelin et Fils**, 454
André **Jaffre**, 127
Daniel **Jahan**, 771
Yves **Jaillais**, 780
GAF **Jalousie Beaulieu**, 178
Champagne E. **Jamart et Cie**, 564
Annie et René **Jambon**, 133
Etienne **Jambon**, 141
Francis **Jamet**, 786
Guy **Jamet**, 780
Dom. Jean **Jammes**, 635 879 884
Philippe **Janaud**, 185
Véronique et Pierre **Janny**, 524
Jacky **Janodet**, 143
François **Janoueix**, 207 216 253
Guy **Janoueix**, 200
Jean-François **Janoueix**, 208 237 246
Joseph **Janoueix**, 233
SCE Vignobles Albert **Janoueix**, 207
SC Joseph **Janoueix**, 207 208

ERZEUGER

ERZEUGER

916

André **Mercier**, 635 880
Mercier Frères, 732
Les Vignerons du caveau de **Mercurey**, 517
Michel **Méric**, 342
SCEA du Clos de **Merienne**, 892
Cave des Vignerons **Mérinvillois**, 625
Jean **Merlaut**, 267
SCEA **Merle et Fils**, 827
Francis **Merlet**, 181 216
Olivier **Merlin**, 371 530
Norbert et Roger **Mesange**, 163
Meslet-Thouet, 776
Robert **Mesliand**, 771
J.-C. **Mestre**, 859
GAEC **Mestreguilhem**, 242
Mestre Père et Fils, 507
L. **Métairie SA**, 138
Gérard **Metz**, 67 88
Hubert **Metz**, **88**
Jean-Pierre **Meulien**, 517
Didier **Meuneveaux**, 452 457
Gérard **Meunier**, 816
Max **Meunier**, 768
Laurent **Meunier et Fils**, 854
Ch. de **Meursault**, 362 469
Benoît **Meyer**, 172 176
Denis **Meyer**, 67 83
François **Meyer**, 104
Jos **Meyer**, 62
René **Meyer**, 94 **68**
Jos **Meyer et Fils**, 67 75
Fernand **Meynard et Fils**, 174
André **Meyran**, 145
André **Méziat**, **141**
Eric **Miailhe**, 314
Alain **Michaud**, 128
GAEC **Michaud**, 766
Champagne José **Michel et Fils**, 571
GAEC **Michel et Fils**, 829
Louis **Michel et Fils**, 402 **406**
René **Michel et ses Fils**, 524
Chantal **Michelot**, 490
Dom. **Michelot-Buisson**, 490
Pierre **Mignon**, 571
Philippe **Milan et Fils**, 511 **514**
Les Vignobles Jean **Milhade**, 215 249
SEV Jean **Milhade**, 348
Dom. de **Millet**, 281
Philippe **Millet**, 392
André **Millot**, 447
Dom. Bernard **Millot**, 490
Jean-Marc **Millot**, 447
Xavier **Minvielle**, 218
Henri **Miquel**, 627
Marie-Thérèse **Miquel**, 888
SA Clos **Mirabeau**, 873
Yves **Mirande**, 236 260
Maison **Mirault**, 766
Ch. **Mire L'Etang**, 621
Mirieu de Labarre, 190
Maison P. **Misserey**, 444 518 528 536
Dom. Paul **Misset**, 433
Frédéric **Mochel**, 91
Claude **Modet**, 270 339
Louis **Modrin**, 515
Champagne **Moët et Chandon**, **571**
Moillard, 382 387 434 444 490 499 **493**
Moillard-Grivot, 136 138 449 475 479 494 518 520 **424**
Jean-Michel **Molin**, 411
GAEC **Molinari et Fils**, 280 281 282 284
Annie **Molinier**, 617
Mollex et Fils, 604
Mommessin, 123 133 138 142 416 424 426 452 462 507 525 530 538
Cave Coop. de **Monbazillac**, 697 704 705
Albert **Monbouché**, 704
Pierre **Moncuit**, 571
SARL **Mongeard-Mugneret**, 437
Hubert et Philippe **Monin Fils**, 604
Vignobles A. **Monmousseau**, **792**
Dom. René **Monnier**, 469 490 494
Dom. Jean **Monnier et Fils**, 490

Monnier et Péduzzi, 303
Edmond **Monnot**, 507
SCEA du Dom. **Monrozier**, 135
Mons Maleret, 186
GAEC Ch. du **Mont**, 343
Lycée agricole de **Montagne**, 215 251
Champagne **Montaudon**, 572
Isabelle et Pascal **Montaut**, 189 192
Dom. de **Montbellet**, 528
Jean **Monteil**, 282
Jean de **Monteil**, 232 258
Jean-Luc **Monteillet**, 834 868
Louis **Montemagni**, 672
Dom. de **Monterrain-Ferret**, 525
Maurice **Montessuy**, 117
Antoine **Montez**, 849
SCI Ch. de **Montfort**, 795
Hubert de **Montille**, 479
SC Ch. **Montlabert**, 239
GAEC du Clos **Mont Olivet**, 861
Cave Coop. de **Montpeyroux**, 621
Les Vignerons de **Mont-près-Chambord**, 798
LPA **Montreuil-Bellay**, 755
Michel **Montroussier**, 809
Les Caves du **Mont Tauch**, 880 882 **624**
SCA du Ch. **Montviel**, 209
Monzat de St-Julien et St-Seine, 646
Charles **Morazzani**, 669
Bernard **Moreau**, 499
Catherine **Moreau**, 771
Claude **Moreau**, 786
Dominique **Moreau**, 776
Jean **Moreau**, 474 506
Michel et Francis **Moreau**, 209 210
Dom. J. **Moreau et Fils**, 396 402 406
GAEC **Moreau Frères**, 727
Albert et Dominique **Morel**, 122
Pascal **Morel**, 584
Dom. **Morel-Thibaut**, **595**
Gilles et Brigitte **Morgeau**, 801
Pierre **Moriau**, 301
Christian **Morin**, 367 396
Guy **Morin**, 202
Jacques **Morin**, **776**
Jean-Paul **Morin**, 774 784
Michel **Morin**, 367
Noëlle **Morin**, 123
Raymond **Morin**, 736 749
René **Morin**, 128
Morin Père et Fils, 382 424 445 500
Morize Père et Fils, 572
Régis **Moro**, 261
EARL **Moron**, 737 739 **750**
Vve Henri **Moroni**, 494
Albert **Morot**, 469
Bernard **Morot-Gaudry**, 387 507
Jean **Mortet**, 143
Dom. **Mortet et Fils**, 368 428 433 **416 417 419**
Sylvain **Mosnier**, 396
Daniel **Mosny**, 787
Chantal **Motheron**, 736 738
GAEC Ch. **Motte Maucourt**, 170
Christian **Moueix**, 208
Ets Jean-Pierre **Moueix**, 181 199 202 206 208 209 229 234 **238**
SCV **Moueix Père et Fils**, 210 211 214 226 228 229 235 244
GIE Les Vignerons du **Moulin**, 740
GAEC du Moulin **Borgne**, 172
SC du Ch. **Moulin du Cadet**, 240
Jean-Lucette **Moulinier**, 703
SC du ch. du **Moulin Noir**, 249
SCI **Moulin Saint-Georges**, 240
SARL Vignobles **Moulin Touchais**, **750**
Ch. du **Moulin à Vent**, **143**
Mourat et Larzelier, 331
Michèle **Mouret-Henriqués**, 635 884
Jeanne **Mourgout**, 232
Jacques **Mournaud**, 702
Dom. Fabrice **Mousset**, 831 861 862
Dom. Jacques **Mousset**, 862
Guy **Mousset**, 835 863

SARL **Moutard-Diligent**, 559 572 584 **572**
Champagne Jean **Moutardier**, 572
SCEA Gérard **Mouton**, 520
Daniel **Mouty**, 224
Vignobles Daniel **Mouty**, 176 183
Dominique **Moyer**, 788
Elisabeth et Luc **Moynier**, **620**
Jean-Pierre **Mugneret**, 383 434 438
Jacques-Frédéric **Mugnier**, 428 430
François **Muhlberger**, 92
Charles et Michelle **Muller**, 368
Dom. **Muller-Kœberlé**, 89
G.-H. **Mumm et Cie**, 573 **572**
Dom. **Muré**, **103**
EARL Régis **Mureau**, 775
Lydia et Gilles **Musset**, 715 734 740
SA Les Vignobles Jean-Pierre **Musset**, 213 244
Jean **Musso**, 387
Hubert **Mussotte**, 347
Dom. André **Mussy**, 469
Claude **Muzard**, 506
SCEA Ch. **Mylord**, 165 264
Charles **Netinger**, 884
Jean-Marie **Nadau**, 163
Naigeon-Chauveau, 368 479 533 538
SCI Dom. de **Nalys**, 862
Grand Champagne **Napoléon**, 573
Guy **Narjoux**, 368 518
Michel **Nartz**, 68
Michelle **Nasles**, 662
Jean **Nau**, 776
Ch. **Naudet**, 334
Roger **Naudet et Fils**, **819**
Henri **Naudin-Ferrand**, 376 383 387 447 449
GAEC **Nau Frères**, 777
Jean-Marie **Naulin**, 396 403
Guy et Serge **Nebout**, 808
Fabrice **Néel**, 268
SC Philippe et Francis **Neeser**, 269
SCEV des Comtes de **Neipperg**, 225
SCA Dom. de **Nerleux**, 758 **756**
Jean-Paul **Nérot**, 806
Bernard **Nesme**, 124
Michel **Nesme**, 122
Jaffar **Nétanj**, 682
Gérard **Neumeyer**, 89 92
Roger **Neveu et Fils**, **820**
Neyret-Gachet, 847
Daniel **Nicoux**, 229
Niepce, 512
Robert **Niero**, 847
Erik **Nieuwaal**, 305 309
Chantal et Pascal **Nigay**, 145
SCEA Dom. **Nigri**, 691
Pierre **Niotout**, **339**
Ch. **Noaillac**, 298 302
Philippe **Noblet**, 143
GAEC Ch. **Nodoz**, 194 197
SCEA **Noël Père et Fils**, 198
Albert **Nomboly**, 690
Nominé Renard, 573
Jean-Pierre **Nony**, 231
SA Léon **Nony**, 231
Claude **Norguet**, 799
Jacques **Noury**, 798 799
Claude **Nouveau**, 387
Jean-Jacques **Nouvel**, 230 244
SCEV Clos de **Nouys**, 795
Nowack, 573
Dom. André **Nudant et Fils**, 368 449 450 457
Cave Vinicole d' **Obernai**, 71
SCA Cave Coop. **Octon**, 621
Vincent **Ogereau**, 739 **750**
A. **Ogier et Fils**, 849
Confrérie des Vignerons de **Oisly et Thésée**, 761
SCA Jean **Olivier**, 864 866
Ollet-Fourreau, 207 214
Dom. **Ollier-Taillefer**, 623
GAEC **Ollivier Père et Fils**, 725 728
Comtes Ph. et O. d' **Ollone**, 869

ERZEUGER

ERZEUGER

CH. DE **BEL-AIR**, Lalande de Pomerol, 213

DOM. DE **BEL AIR**, Beaujolais-Villages, 120

CH. **BELAIR-LAFAGE**, Côtes du Rhône, 827

CH. **BEL-AIR LAGRAVE**, Moulis-en-Médoc, 324

CH. **BEL AIR MOULARD**, Bordeaux, 160

CH. **BEL-AIR ORTET**, Saint-Estèphe, 331

CH. **BEL-AIR OUY**, Saint-Emilion Grand Cru, 224

CH. **BELAIR SAINT-GEORGES**, Saint-Georges Saint-Emilion, 256

VIGNERONS DE **BEL-AIR**, Morgon, 139

CH. DE **BELCIER**, Côtes de Castillon, 257

CH. **BELGRAVE**, Haut-Médoc, **305**

CH. **BELINGARD**, Monbazillac, 704

CH. **BELINGARD CHAYNE**, Bergerac Sec, 699

CH. **BELINGARD-CHAYNE**, Côtes de Bergerac, **701**

CLOSERIE **BELLAMY**, Saint-Nicolas-de-Bourgueil, 784

ADRIEN **BELLAND**, Chambertin, 418

ADRIEN **BELLAND**, Santenay, 503

DOM. JOSEPH **BELLAND**, Chassagne-Montrachet, 497

DOM. JOSEPH **BELLAND**, Criots-Bâtard-Montrachet, 495

DOM. JOSEPH **BELLAND**, Puligny-Montrachet, 492

DOM. JOSEPH **BELLAND**, Santenay, 503

ROGER **BELLAND**, Chassagne-Montrachet, 497

ROGER **BELLAND**, Criots-Bâtard-Montrachet, 496

ROGER **BELLAND**, Maranges, 508

ROGER **BELLAND**, Puligny-Montrachet, 492

ROGER **BELLAND**, Santenay, 503

MICHEL **BELLARD**, Côtes d'Auvergne AOVDQS, **803**

CH. **BELLECOMBE**, Saint-Emilion, 217

CH. DE **BELLE COSTE**, Costières de Nimes, 615

CH. **BELLEFONT-BELCIER**, Saint-Emilion Grand Cru, 224

BELLEGARDE, Crémant de Bordeaux, 185

CH. **BELLE-GARDE**, Bordeaux, 160

CH. **BELLE-GARDE**, Bordeaux Sec, 167

CH. **BELLEGRAVE**, Listrac-Médoc, 315

CH. **BELLEGRAVE**, Pomerol, 205

CH. **BELLEGRAVE**, Saint-Emilion, 217

DOM. **BELLENAND**, Pouilly-Fuissé, 530

CH. **BELLERIVE**, Médoc, 294

CH. **BELLES-GRAVES**, Lalande de Pomerol, 213

DOM. **BELLEVILLE**, Bourgogne Hautes-Côtes de Beaune, 384

DOM. **BELLEVILLE**, Rully, 511

CH. **BELLEVUE**, Côtes de Castillon, 257

CH. **BELLEVUE**, Saint-Emilion Grand Cru, 224

CH. DE **BELLEVUE**, Coteaux du Layon, 745

CH. DE **BELLEVUE**, Lussac Saint-Emilion, 248

CLOS **BELLEVUE**, Muscat de Lunel, 887

CLOS **BELLEVUE**, Premières Côtes de Bordeaux, 266

DOM. **BELLEVUE**, Touraine, 762

DOM. DE **BELLEVUE**, Saint-Pourçain AOVDQS, **807**

CH. **BELLEVUE HAUT ROC**, Côtes de Duras, 709

CH. **BELLEVUE LA FORET**, Côtes du Frontonnais, 685

CH. **BELLEVUE LA MONGIE**, Bordeaux, 160

CH. **BELLEVUE PEYCHARNEAU**, Bordeaux, 160

CH. **BELLEVUE PEYCHARNEAU**, Bordeaux Sec, 168

VINCENT **BELLIVIER**, Chinon, 778

LES VIGNERONS DE **BELLOCQ**, Béarn, 688

CH. **BELLONNE SAINT GEORGES**, Saint-Georges Saint-Emilion, 256

CH. **BELREGARD-FIGEAC**, Saint-Emilion Grand Cru, 225

CH. **BELUGUE**, Fronsac, 201

PAUL **BENETIERE**, Côtes Roannaises AOVDQS, 809

LES VITICULTEURS DE **BENNWIHR**, Alsace Gewürztraminer, 73

DOM. **JEAN-PAUL BENOIT**, Côtes du Rhône, 827

PIERRE **BENOIT**, Montlouis, 787

VICTOR **BERARD**, Saint-Amour, 147

CH. **BERGER**, Bordeaux Clairet, 166

DOM. DES **BERGERES**, Anjou, 734

DOM. DES **BERGERES**, Anjou-Gamay, 738

BERGERIE DE L'ARBOUS, Coteaux du Languedoc, 618

FRANCOIS **BERGERON**, Moulin à Vent, 142

CH. **BERJUQUEY**, Bordeaux, 161

CH. **BERLIQUET**, Saint-Emilion Grand Cru, 225

BERLOUP PRESTIGE, Saint-Chinian, 627

CH. **BERNADOTTE**, Pauillac, 326

THIERRY **BERNARD-BRUSSIER**, Auxey-Duresses, 483

THIERRY **BERNARD-BRUSSIER**, Bourgogne Aligoté, 373

THIERRY **BERNARD-BRUSSIER**, Bourgogne Grand Ordinaire, 372

THIERRY **BERNARD-BRUSSIER**, Monthélie, 481

CLOS DE **BERNARDI**, Patrimonio, **672**

CH. **BERNATEAU**, Saint-Emilion Grand Cru, 225

CH. DE **BERNE**, Côtes de Provence, 646

CH. **BERNOT**, Bordeaux, 161

DOM. **BERTAGNA**, Clos Saint-Denis, 425

DOM. **BERTAGNA**, Vosne-Romanée, 436

DOM. **BERTAGNA**, Vougeot, 431

BERTAUD-BELIEU, Côtes de Provence, 646

ALAIN **BERTHAULT**, Bourgogne Passetoutgrain, 378

VINCENT ET DENIS **BERTHAUT**, Fixin, 410

VINCENT ET DENIS **BERTHAUT**, Gevrey-Chambertin, 412

CH. **BERTHENON**, Premières Côtes de Blaye, 189

JEAN **BERTHET-BONDET**, Château-Chalon, 593

DOM. **BERTHET-RAYNE**, Châteauneuf-du-Pape, 858

DOM. **BERTHET-RAYNE**, Côtes du Rhône, 827

CHANTAL ET PASCAL **BERTHIER**, Saint-Amour, 147

DOM. **BERTHOUMIEU**, Madiran, 692

BERTICOT, Côtes de Duras, 709

DUC DE **BERTICOT**, Côtes de Duras, 709

CLOS DES **BERTILLONNES**, Mâcon, **523**

CH. **BERTINAT LARTIGUE**, Saint-Emilion, 218

CH. **BERTINEAU SAINT-VINCENT**, Lalande de Pomerol, 213

BERTRAND, Pineau des Charentes, 890

DOM. **BERTRAND**, Beaujolais-Villages, 120

BASTIDE DES **BERTRANDS**, Côtes de Provence, 646

DOM. DES **BERTRANOUX**, Pécharmant, 706

THIERRY **BESARD**, Touraine, 762

THIERRY **BESARD**, Touraine-Azay-le-Rideau, 771

AUGUSTE **BESSAC**, Crozes-Hermitage, 850

BESSERAT DE BELLEFON, Champagner, 550

XAVIER **BESSON**, Bourgogne Côte Chalonnaise, 510

XAVIER **BESSON**, Givry, 519

CH. **BEYCHEVELLE**, Saint-Julien, **335**

CH. **BICHON CASSIGNOLS**, Graves, 276

BICHOT, Beaune, 465

BICHOT, Bourgogne, 360

BICHOT, Mâcon-Villages, 526

CLOS DU **BIEN-AIME**, Muscadet de Sèvre-et-Maine, 722

LEON **BIENVENU ET FILS**, Bourgogne Irancy, 380

GAEC DU **BIGUET**, Saint-Péray, 853

DANIEL **BILLARD**, Bourgogne Aligoté, 373

DOM. **GABRIEL BILLARD**, Beaune, 465

DOM. **GABRIEL BILLARD**, Bourgogne, 360

DOM. **GABRIEL BILLARD**, Pommard, **471**

MICHEL **BILLARD ET FILS**, Auxey-Duresses, 483

MICHEL **BILLARD ET FILS**, Crémant de Bourgogne, 388

DOM. **BILLARD-GONNET**, Pommard, 471

MICHEL **BILLARD**, Bourgogne Aligoté, 373

DOM. DES **BILLARDS**, Saint-Amour, 147

DOM. **BILLAUD-SIMON**, Chablis Grand Cru, 404

BILLECART-SALMON, Champagner, **550**

CH. **BILLEROND**, Saint-Emilion, 218

GAETAN **BILLIARD**, Champagner, 550

BINET, Champagner, 551

CH. DE **BIRAN**, Pécharmant, 706

CH. DE **BIROT**, Premières Côtes de Bordeaux, 266

CAVE DE **BISSEY**, Crémant de Bourgogne, 388

CAVE DES VIGNERONS DE **BISSEY**, Bourgogne Aligoté, 373

CAVE DE **BISSEY-SOUS-CRUCHAUD**, Bourgogne Côte Chalonnaise, 510

CH. **BISTON-BRILLETTE**, Moulis-en-Médoc, 324

BITOUZET-PRIEUR, Volnay, 477

JEAN **BIZOT**, Echezeaux, 434

DOM. DE **BLACERET-ROY**, Beaujolais, 117

CH. **BLAIGNAN**, Médoc, 294

CH. **BLANC**, Côtes du Ventoux, 869

CH. PAUL **BLANC**, Costières de Nimes, 615

BLANC DE BELAIR, Crémant de Bordeaux, 185

R. **BLANCHARD**, Crémant de Bordeaux, 185

DOM. DES **BLANCHERELLES**, Anjou, 734

CH. **BLANCHET**, Bordeaux Supérieur, 174

GILLES **BLANCHET**, Pouilly-Fumé, 813

ANDRE **BLANCK**, Alsace Tokay-Pinot Gris, 80

ANDRE **BLANCK ET FILS**, Alsace Grand Cru Schlossberg, 101

ANDRE **BLANCK ET FILS**, Alsace Tokay-Pinot Gris, 80

CH. DE **BLANES**, Côtes du Roussillon, 633

CH. **BLANZAC**, Côtes de Castillon, 257

DOM. **BLARD ET FILS**, Vin de Savoie, 600

CLAUDE **BLEGER**, Alsace Gewürztraminer, 73

926

CLOS **BOURGELAT**, Cérons, 343
DOM. **BOURGELAT**, Graves, 276
DOM. HENRI **BOURGEOIS**, Pouilly-Fumé, 813
DOM. HENRI **BOURGEOIS**, Sancerre, 818
RENE **BOURGEON**, Givry, 519
CH. **BOURGNEUF-VAYRON**, Pomerol, 206
CAVE DES VIGNERONS DE **BOURG-SAINT-ANDEOL**, Côtes du Rhône-Villages, 839
CH. DE **BOURGUENEUF**, Pomerol, 206
BOURILLON DORLEANS, Vouvray, 789
CH. **BOURNAC**, Médoc, 294
O. ET H. **BOUR**, Coteaux du Tricastin, 868
CH. DE **BOURSAULT**, Champagner, 552 553
CH. **BOUSCASSE**, Pacherenc du Vic-Bilh, 694
CH. **BOUSCAUT**, Pessac-Léognan, 284
BOUSQUET COMELADE, Côtes du Roussillon-Villages, 638
BOUSQUET COMELADE, Muscat de Rivesaltes, 883
DENIS **BOUSSEY**, Pommard, 472
DOM. DENIS **BOUSSEY**, Monthélie, 481
ERIC **BOUSSEY**, Bourgogne, 361
ERIC **BOUSSEY**, Meursault, 487
CH. **BOUTILLON**, Bordeaux Supérieur, 174
DOM. DES **BOUTINARDIERES**, Muscadet de Sèvre-et-Maine, 722
BERNARD **BOUTINET**, Pineau des Charentes, 891
CH. **BOUTISSE**, Saint-Emilion Grand Cru, 225
GILLES **BOUTON**, Chassagne-Montrachet, 497
GILLES **BOUTON**, Saint-Aubin, 501
DOM. REGIS **BOUVIER**, Fixin, 410
REGIS **BOUVIER**, Marsannay, 408
REGIS **BOUVIER**, Morey-Saint-Denis, 423
RENE **BOUVIER**, Gevrey-Chambertin, 412
CH. **BOUYOT**, Sauternes, 347
MICHEL **BOUZEREAU**, Meursault, 487
MICHEL **BOUZEREAU**, Pommard, 472
MICHEL **BOUZEREAU**, Puligny-Montrachet, 492
ALBERT **BOXLER ET FILS**, Alsace Tokay-Pinot Gris, 80
JUSTIN **BOXLER**, Alsace Grand Cru Florimont, 93 94
CH. **BOYD-CANTENAC**, Margaux, 318
DOM. PAULETTE **BOYER**, Meursault, 487
YVES **BOYER-MARTENOT**, Auxey-Duresses, 483
YVES **BOYER-MARTENOT**, Bourgogne, 361
YVES **BOYER-MARTENOT**, Bourgogne Aligoté, 374
YVES **BOYER-MARTENOT**, Meursault, 487
YVES **BOYER-MARTENOT**, Pommard, 472
GUY **BRAILLON**, Chénas, 130
DOM. **BRANA**, Irouléguy, 689
CH. **BRANAIRE**, Saint-Julien, 336
CH. **BRANDA**, Puisseguin Saint-Emilion, 254
CH. **BRANDEAU**, Côtes de Castillon, 258
CH. **BRANDE-BERGERE**, Bordeaux Supérieur, 174
CH. **BRANE-CANTENAC**, Margaux, **318**
CH. DE **BRAU**, Cabardès AOVDQS, 629
CH. DE **BRAUDE**, Haut-Médoc, 306
CAMILLE **BRAUN**, Alsace Grand Cru Pfingstberg, 100
CAMILLE **BRAUN**, Alsace Muscat, 71

CAMILLE **BRAUN**, Alsace Tokay-Pinot Gris, 81
DOM. DES **BRAVES**, Régnié, 144
BREDIF BRUT, Vouvray, 789
CH. **BREHAT**, Côtes de Castillon, 258
CH. DU **BREL**, Cahors, 676
JEAN-CLAUDE **BRELIERE**, Rully, 511
DOM. **BREMOND**, Coteaux Varois AOVDQS, 666
DOM. **BRENOT**, Santenay, 503
DOM. **BRESSAND**, Pouilly-Fuissé, 531
MAURICE **BRESSAND**, Pouilly-Fuissé, 531
BRETON FILS, Champagner, 553
DOM. **BRETONNIERE**, Muscadet de Sèvre-et-Maine, 722
ROSELYNE **BRETON**, Bourgueil, 774
ROSELYNE **BRETON**, Saint-Nicolas-de-Bourgueil, 784
CH. DU **BREUIL**, Anjou, 734
CH. DU **BREUIL**, Coteaux du Layon, 746
CH. DU **BREUIL**, Rosé de Loire, 715
BREZEME, Côtes du Rhône, 828
CH. DE **BRIACE**, Gros-Plant AOVDQS, 730
CH. DE **BRIACE**, Muscadet de Sèvre-et-Maine, 722
BRICOUT, Champagner, 553
DOM. MICHEL **BRIDAY**, Rully, 512
DOM. **BRINTET**, Mercurey, 515
CH. **BRIOT**, Bordeaux, 161
VIGNOBLES **BRISEBARRE**, Vouvray, 790
DOM. **BROCARD**, Bourgogne Hautes-Côtes de Nuits, 381
JEAN **BROCARD**, Bourgogne, 361
JEAN-MARC **BROCARD**, Chablis Grand Cru, 404
BROCHET-HERVIEUX ET FILS, Champagner, **553**
MARC **BROCOT**, Marsannay, 408
JACKY **BROGGINI**, Champagner, 553
CH. **BRONDELLE**, Graves, 276
PATRICK **BRONDEL**, Beaujolais, 117
CH. DE **BROSSAY**, Anjou-Villages, 738
CH. DE **BROSSAY**, Rosé de Loire, 715
DOM. DE **BROSSILLON**, Touraine-Mesland, 772
LAURENT CHARLES **BROTTE**, Côtes du Rhône-Villages, 839
CUVAGE DES **BROUILLY**, Côte de Brouilly, 129
CH. **BROUSTET**, Barsac, 344
CH. **BROWN**, Pessac-Léognan, 285
BERNARD **BROYER**, Juliénas, 137
DOM. **BRU-BACHE**, Jurançon Sec, 691
CH. DU **BRU**, Bordeaux Clairet, 167
CH. DU **BRU**, Bordeaux Sec, 168
CH. DU **BRU**, Bordeaux Supérieur, 175
LIONEL **BRUCK**, Bourgogne Hautes-Côtes de Beaune, 384
LIONEL J. **BRUCK**, Beaujolais, 117
LIONEL J. **BRUCK**, Chablis Premier Cru, 398
CH. **BRULESECAILLE**, Côtes de Bourg, 194
CH. **BRUN DESPAGNE HERITAGE**, Bordeaux Supérieur, 175
DOM. GEORGES **BRUNET**, Vouvray, **790**
PASCAL **BRUNET**, Chinon, 778
DOM. **BRUSSET**, Côtes du Rhône-Villages, 840
DOM. **BRUSSET**, Gigondas, 853
DOM. DES **BRUYERES**, Mâcon, 523
BUECHER, Crémant d'Alsace, 105
PAUL **BUECHER ET FILS**, Alsace Riesling, 65
DOM. F. **BUFFET**, Bourgogne, 361
DOM. FRANCOIS **BUFFET**, Volnay, 478
CH. **BUGAT**, Sainte-Croix-du-Mont, 342
JEAN **BUIRON**, Juliénas, 137
DOM. PAUL **BUISSE**, Touraine, 762
DOM. HENRI ET GILLES **BUISSON**, Bourgogne Aligoté, 374

DOM. HENRI ET GILLES **BUISSON**, Saint-Romain, 485
DOM. DES **BUISSONNES**, Sancerre, **819**
CH. **BUJAN**, Côtes de Bourg, 194
CAVE DE **BULLY**, Beaujolais, 117
ALAIN **BURGUET**, Gevrey-Chambertin, 412
GILLES **BURGUET**, Bourgogne, 361
GILLES **BURGUET**, Gevrey-Chambertin, 412
DOM. DE **BUSSIERE**, Bourgogne Hautes-Côtes de Beaune, 385
DOM. DU **BUTTAY**, Gros-Plant AOVDQS, 730
CAVE DE **BUXY**, Bourgogne Côte Chalonnaise, 510
CAVE DES VIGNERONS DE **BUXY**, Bourgogne, 361
CAVE DES VIGNERONS DE **BUXY**, Bourgogne Passetoutgrain, 378
CAVE DES VIGNERONS DE **BUXY**, Montagny, 522
LES VIGNERONS DE **BUZET**, Buzet, 684
CH. **CABANNIEUX**, Graves, 276
DOM. DE **CABASSE**, Côtes du Rhône-Villages, 840
MARIE-CLAUDE **CABOT**, Bourgogne, 361
CH. DE **CABRAN**, Côtes de Provence, 646
CAVE DE **CABRIERES**, Clairette du Languedoc, 611
CH. **CABRIERES**, Châteauneuf-du-Pape, 858
CH. **CABRIERES**, Côtes du Rhône, 828
LES VIGNERONS DE **CABRIERES**, Coteaux du Languedoc, 618
DOM. **CACHAT-OCQUIDANT**, Pernand-Vergelesses, 453
DOM. **CACHAT-OCQUIDANT ET FILS**, Aloxe-Corton, 450
DOM. **CACHAT-OCQUIDANT ET FILS**, Bourgogne, 361
DOM. **CACHAT-OCQUIDANT ET FILS**, Bourgogne Hautes-Côtes de Nuits, 381
DOM. **CACHAT-OCQUIDANT ET FILS**, Corton, 455
DOM. **CACHAT-OCQUIDANT ET FILS**, Côte de Beaune-Villages, 509
DOM. **CACHAT-OCQUIDANT ET FILS**, Ladoix, 448
JACQUES ET PATRICE **CACHEUX**, Echezeaux, 434
JACQUES ET PATRICE **CACHEUX**, Vosne-Romanée, 436
CH. **CADET PIOLA**, Saint-Emilion Grand Cru, 225
DOM. **CADY**, Coteaux du Layon, 746
DOM. DU **CAGUELOUP**, Bandol, 656 657
CH. **CAHUZAC**, Côtes du Frontonnais, 685
CH. **CAILLETEAU BERGERON**, Premières Côtes de Blaye, 189
CH. **CAILLEVET**, Bergerac, 696
YVES **CAILLE**, Chinon, 778
CAILLOU D'ARTHUS, Saint-Emilion Grand Cru, 225
DOM. DES **CAILLOUX**, Bordeaux, 161
CAVE DE **CAIRANNE**, Côtes du Rhône, 828
CAVE DES COTEAUX A **CAIRANNE**, Côtes du Rhône-Villages, 840
CH. DE **CALADROY**, Côtes du Roussillon, 633
CH. DE **CALAVON**, Coteaux d'Aix, 662
CH. DE **CALCE**, Côtes du Roussillon, 633 634
CH. DE **CALCE**, Muscat de Rivesaltes, **883**
CH. DE **CALISSANNE**, Coteaux d'Aix, 662
CH. DE **CALLAC**, Graves, 276
CH. **CALON**, Montagne Saint-Emilion, 250

WEINE

928

DOM. **COSTE-CAUMARTIN**, Pommard, 472

DOM. DE **COSTE CLAVELLE**, Côtes du Rhône, 829

SELECTION PIERRE **COSTE**, Lussac Saint-Emilion, 248

COTEAU DE LA LOYE, Condrieu, 846

DOM. **COTEAU DES MARGOTS**, Mâcon-Villages, 527

DOM. **DES COTEAUX BLANCS**, Anjou, 734 735

DOM. **DES COTEAUX BLANCS**, Coteaux du Layon, 746

CAVE DES **COTEAUX DE MONTFER-RAND**, Coteaux du Languedoc, 619

DOM. **DES COTEAUX DES TRAVERS**, Côtes du Rhône-Villages, 840

DOM. **DES COTEAUX DES TRAVERS**, Rasteau, 888

DOM. **DES COTEAUX DE VURIL**, Brouilly, 126

LES VIGNERONS DES **COTEAUX ROMANAIS**, Crémant de Loire, 716

CH. **COTE-MONTPEZAT**, Côtes de Castillon, 258

LE CELLIER DES **COTES DE FRANCS**, Bordeaux Côtes de Francs, 186

CH. **COTES DE SAINT CLAIR**, Puisseguin Saint-Emilion, 254

CAVE COOP. DES **COTES DU TRA-PEL**, Cabardès AOVDQS, 629

DOM. DE **COTES REMONT**, Chénas, 131

COTES ROCHEUSES, Saint-Emilion Grand Cru, 228

CH. **COTES TROIS MOULINS**, Saint-Emilion Grand Cru, 228

DOM. **COTON**, Chinon, 778

CH. **COUCY**, Montagne Saint-Emilion, 251

DOM. DU **COUDRAY-LA-LANDE**, Bourgueil, 774

CH. **COUDREAU**, Bordeaux Supérieur, 175

CH. **COUFRAN**, Haut-Médoc, 307

CH. **COUHINS-LURTON**, Pessac-Léognan, 286

CH. **COUJAN**, Saint-Chinian, 628

CH. DE **COULAINE**, Chinon, 778

CLOS DE **COULAINE**, Anjou-Villages, 738

CLOS DE **COULAINE**, Savennières, 743

PATRICK **COULBOIS**, Pouilly-Fumé, 813

COULEE DU MOULIN, Anjou, 735

ROGER **COULON**, Champagner, 557

CH. **COUPE ROSES**, Minervois, 625

M. ET D. **COURBIS**, Cornas, 852

DOM. DE **COURCEL**, Pommard, 472

DOM. DE **COURGEAU**, Premières Côtes de Blaye, 189

CH. DU **COURLAT**, Lussac Saint-Emilion, 248

DOM. ALAIN **COURREGES**, Ajaccio, 671

PIERRE **COURSODON**, Saint-Joseph, 848

JEAN-CLAUDE **COURTAULT**, Chablis, 393

DOM. DE **COURTEILLAC**, Bordeaux Sec, 168

DOM. DE **COURTEILLAC**, Bordeaux Supérieur, 175

FREDERIC **COURTEMANCHE**, Montlouis, 787

PIERRE **COURTEMANCHE**, Montlouis, 787

CH. **COURT LES MUTS**, Bergerac Sec, 700

CH. DE **COURVIELLE**, Bordeaux Supérieur, 176

DOM. **COUSIN-LEDUC**, Anjou, 735

DOM. **COUSIN LEDUC**, Coteaux du Layon, 746 747

CH. **COUTET**, Barsac, 344

COUVENT DES JACOBINS, Saint-Emilion Grand Cru, 228

COVIFRUIT, Vins de l'Orléanais AOVDQS, 810

CH. DU **COY**, Sauternes, 347

CH. **CRABITAN-BELLEVUE**, Premières Côtes de Bordeaux, 267

CH. **CRABITAN-BELLEVUE**, Sainte-Croix-du-Mont, **342**

CH. **CREMADE**, Palette, 660

CH. DE **CREMAT**, Bellet, 656

DOM. **CRET DES GARANCHES**, Brouilly, 126

CLOS **CREUSE NOIRE**, Beaujolais-Villages, 121

LYCEE AGRICOLE ET VITICOLE DE **CREZANCY**, Champagner, 557

DOMINIQUE **CROCHET**, Sancerre, 819

LUCIEN **CROCHET**, Sancerre, 819

CH. **CROIX BEAUSEJOUR**, Montagne Saint-Emilion, 251

CH. **CROIX DE BARILLE**, Bordeaux Supérieur, 176

DOM. DE **CROIX DE CHEVRE**, Régnié, 144

CLOS **CROIX DE MIRANDE**, Montagne Saint-Emilion, 251

CH. **CROIX DE RAMBEAU**, Lussac Saint-Emilion, **248**

CROIX DU PRINCE, Jurançon, 690

DOM. **CROIX SAINT-GERMAIN**, Fixin, 410

DOM. **CROIX SAINT-URSIN**, Sancerre, 819

DOM. **CROIX-SAINT-URSIN**, Sancerre, **819**

ROGER **CRONIER**, Coteaux du Loir, 783

BERNARD ET ODILE **CROS**, Bourgogne Passetoutgrain, 379

BERNARD ET ODILE **CROS**, Crémant de Bourgogne, 388

CH. DU **CROS**, Bordeaux Sec, 168

CH. DU **CROS**, Loupiac, **340**

DOM. **CROS DE LA MURE**, Côtes du Rhône, 823

CROS DE NAIAS, Bergerac, 696

CH. **CROS FIGEAC**, Saint-Emilion Grand Cru, 228

CH. DE **CROUSEILLES**, Madiran, 692

CH. **CROUTE-CHARLUS**, Côtes de Bourg, 194

DOM. **ALAIN CRUCHET**, Vouvray, **791**

CAVE DES VINS FINS DE **CRUET**, Roussette de Savoie, 603

CAVE DES VINS FINS DE **CRUET**, Vin de Savoie, 601

CH. **CRU PEYRAGUEY**, Sauternes, 347

CAVE DES **CRUS BLANCS**, Pouilly Loché, 535

CH. **CRUSQUET-DE-LAGARCIE**, Premières Côtes de Blaye, 189

CH. DE **CRUZEAU**, Pessac-Léognan, 286

CH. DE **CUGAT**, Bordeaux Supérieur, 176

ROSE DE **CUGAT**, Bordeaux Rosé, 172

CUILLERON, Condrieu, 846

YVES **CUILLERON**, Saint-Joseph, 848

DOM. **CULOMBU**, Vins de Corse, 668

CUPERLY, Champagner, 557

DOM. DE **CUREBEASSE**, Côtes de Provence, 647

DOM. DE **CURE-BOURSE**, Margaux, 319

CH. **CURSON**, Crozes-Hermitage, 850

CUSENIER, Maury, 882

CUVAGE DES BROUILLY, Brouilly, 127

CUVIER DES AMIS, Chiroubles, 132

CYRENE, Muscat de Rivesaltes, 883

DOM. **CYROT-BUTHIAU**, Pommard, 473

CH. **DALEM**, Fronsac, **201**

DOM **DALICIEUX**, Beaujolais-Villages, 121

DAME RICHSENDE, Rivesaltes, 879

DOM. **DAMIENS**, Madiran, 693

AUDOIN DE **DAMPIERRE**, Champagner, 557

DANIEL **DAMPT**, Chablis, 394

DANIEL **DAMPT**, Chablis Premier Cru, 398

EMMANUEL **DAMPT**, Bourgogne, 362

EMMANUEL **DAMPT**, Chablis, 394

REMY **DARGAUD**, Brouilly, 127

DOM. **DARNAT**, Bourgogne, 362

DOM. **DARNAT**, Meursault, 487

DARRAGON, Vouvray, 791

BERTRAND **DARVIOT**, Beaune, 466

BERTRAND **DARVIOT**, Meursault, 487

BERTRAND **DARVIOT-SIMARD**, Savigny-lès-Beaune, 460

YVES **DARVIOT**, Beaune, 466 467

CH. **DASSAULT**, Saint-Emilion Grand Cru, 228

CH. **DASVIN-BEL-AIR**, Haut-Médoc, 307

DOM. DE **DAULIAC**, Cahors, 677

DOM. **DAULNY**, Sancerre, 820

DAUPHIN DE GRAND PONTET, Saint-Emilion Grand Cru, 228

JEAN **DAUVISSAT**, Chablis Grand Cru, 404

JEAN **DAUVISSAT**, Chablis Premier Cru, **399**

RENE ET VINCENT **DAUVISSAT**, Chablis Grand Cru, 404

RENE ET VINCENT **DAUVISSAT**, Chablis Premier Cru, 399

CH. **DAUZAC**, Margaux, **319**

DANIEL **DAVANTURE**, Bourgogne, 363

DANIEL **DAVANTURE**, Givry, 519

CH. DE **DAVENAY**, Bourgogne, 363

CH. DE **DAVENAY**, Rully, 512

DOM. DU CH. DE **DAVENAY**, Montagny, 522

CH. **DAVID**, Médoc, 296

HUBERT **DAVID**, Saint-Nicolas-de-Bourgueil, **785**

DECONCLOIS-GUGLIELMIN, Volnay, 478

CH. **DECORDE**, Haut-Médoc, 307

BERNARD **DEFAIX**, Chablis Premier Cru, 399

DOM. DANIEL **DEFAIX**, Chablis Grand Cru, 405

DOM. DANIEL **DEFAIX**, Petit Chablis, 391

DOM. ETIENNE **DEFAIX**, Chablis, 394

DOM. DU **DEFFENDS**, Coteaux Varois AOVDQS, 666

CH. **DEGAS**, Bordeaux, 162

DEHOURS, Champagner, 557

DOM. **MARCEL DEISS**, Alsace Riesling, 65

DELABARRE, Champagner, 558

DOM. **BERNARD DELAGRANGE**, Auxey-Duresses, 483

DOM. **PHILIPPE DELAGRANGE**, Meursault, 487

HENRI **DELAGRANGE**, Bourgogne, 363

HENRI **DELAGRANGE**, Pommard, 473

HENRI **DELAGRANGE**, Volnay, 478

JAMES ET PATRICK **DELALANDE**, Chinon, 779

JEAN-FRANCOIS **DELALEU**, Vouvray, 791

ROGER **DELALOGE**, Bourgogne Irancy, 380

DANIEL **DELAUNAY**, Touraine, 763

DOM. JOEL **DELAUNAY**, Touraine, 763

EDOUARD **DELAUNAY ET FILS**, Bourgogne Aligoté, 374

EDOUARD **DELAUNAY ET SES FILS**, Gevrey-Chambertin, 414

EDOUARD **DELAUNAY ET SES FILS**, Mercurey, 515

EDOUARD **DELAUNAY ET SES FILS**, Moulin à Vent, 142

EDOUARD **DELAUNAY ET SES FILS**, Pouilly-Fuissé, 532

DELBECK, Champagner, **558**

DOM. **DELETANG**, Montlouis, 787

932

WEINE

FIUMICICOLI, Vins de Corse, 668
CH. DE **FLAUGERGUES**, Coteaux du Languedoc, 619
CH. **FLEUR CARDINALE**, Saint-Emilion Grand Cru, 229
CH. **FLEUR DE LISSE**, Saint-Emilion, 218
DOM. DE **FLINES**, Anjou, 736
CH. **FLORIMOND**, Bordeaux Supérieur, 176
CH **FONBADET**, Pauillac, 327
CH. **FONDARZAC**, Entre-Deux-Mers, 262
DOM. DE **FONDRECHE**, Côtes du Ventoux, 870
CH. **FONGABAN**, Côtes de Castillon, 258
CH. **FONGABAN**, Puisseguin Saint-Emilion, 255
CH. **FONPLEGADE**, Saint-Emilion Grand Cru, 229
CH. **FONREAUD**, Listrac-Médoc, 315
CH. **FONROQUE**, Saint-Emilion Grand Cru, 229
CH. DE **FONSCOLOMBE**, Coteaux d'Aix, 662
DOM. DES **FONTAGNEUX**, Moulin à Vent, 143
DOM. DE **FONTAINEBLEAU**, Coteaux Varois AOVDQS, 666
DOM. **FONTAINE DE LA VIERGE**, Bourgogne Aligoté, 375
JEAN-CLAUDE **FONTAN**, Floc de Gascogne, 894
DOM. DE **FONTAVIN**, Vacqueyras, 856
DOM. DE **FONT-BELLET**, Bellet, 656
CH. DE **FONTBLANCHE**, Cassis, 655
FONTBORIES, Corbières, 612
DOM. **FONT DE MICHELLE**, Châteauneuf-du-Pape, 859
CH. **FONTENIL**, Fronsac, 202
CH. DE **FONTENILLE**, Bordeaux, 162
CH. DE **FONTENILLE**, Bordeaux Clairet, 167
CH. DE **FONTENILLE**, Entre-Deux-Mers, 262
DOM. DE **FONTENILLE**, Côtes du Lubéron, 871
CH. **FONTESTEAU**, Haut-Médoc, 307
DOM. DE **FONT-SANE**, Gigondas, 853
DOM. **FORCA REAL**, Côtes du Roussillon, 635
DOM. **FORCA REAL**, Muscat de Rivesaltes, 884
DOM. DES **FORCHETS**, Régnié, 145
DOM. **FORET**, Arbois, 588
DOM. **FOREY PERE ET FILS**, Nuits-Saint-Georges, 442
DOM. **FOREY PERE ET FILS**, Vosne-Romanée, 437
LES VIGNERONS **FOREZIENS**, Côtes du Forez AOVDQS, **805**
DOM. DES **FORGES**, Anjou, 736
DOM. DES **FORGES**, Coteaux du Layon, **747**
ALAIN **FORGET**, Gros-Plant AOVDQS, 730
MICHEL **FORGET**, Champagner, 561
DOM. **PATRICE FORT**, Bourgogne, 364
DOM. **PATRICE FORT**, Bourgogne Aligoté, 375
DOM. **PATRICE FORT**, Bourgogne Irancy, **381**
DOM. **PATRICE FORT**, Sauvignon de Saint-Bris AOVDQS, 406
FORT DU ROY, Haut-Médoc, 307
DOM. DES **FORTIERES**, Beaujolais, 118
DOM. DES **FORTIERES**, Beaujolais-Villages, 122
REGIS **FORTINEAU**, Vouvray, 791
CH. **FORT-LIGNAC**, Haut-Médoc, 308
DOM. DE **FORT MICHON**, Brouilly, 127
CH. **FOUCHE**, Bordeaux Supérieur, 176
DOM. **FOUGERAY DE BEAUCLAIR**, Bonnes-Mares, 430
DOM. **FOUGERAY DE BEAUCLAIR**, Côte de Nuits-Villages, 447

DOM. **FOUGERAY DE BEAUCLAIR**, Fixin, 410
DOM. **FOUGERAY DE BEAUCLAIR**, Marsannay, 408 409
DOM. **FOUGERAY DE BEAUCLAIR**, Vosne-Romanée, 437
JEAN-LOUIS **FOUGERAY**, Savigny-lès-Beaune, 460
CH. **FOUGUEYRAT**, Saint-Emilion Grand Cru, 229
DOM. DES **FOUILLOUSES**, Saint-Amour, 148
DENIS **FOUQUERAND**, Crémant de Bourgogne, 389
CH. **FOURCAS DUPRE**, Listrac-Médoc, 315
CH. **FOURCAS HOSTEN**, Listrac-Médoc, 316
CH. **FOURCAS-LOUBANEY**, Listrac-Médoc, **316**
DOM. DU **FOUR A CHAUX**, Coteaux du Vendômois AOVDQS, 799
DOM. DU **FOURCON**, Beaujolais, 118
DOM. DES **FOURNELLES**, Brouilly, 127
DOM. DE **FOURNERY**, Côte de la Malepère AOVDQS, 630
DOM. JEAN **FOURNIER**, Marsannay, 409
FOURNIER PERE ET FILS, Menetou-Salon, 812
FOURNIER PERE ET FILS, Pouilly-Fumé, 813
FOURNIER PERE ET FILS, Sancerre, 820
LES VIGNERONS DE **FOURQUES**, Côtes du Roussillon, 635
LES VIGNERONS DE **FOURQUES**, Muscat de Rivesaltes, 884
LES VIGNERONS DE **FOURQUES**, Rivesaltes, 879
DOM. DES **FOURS SAINT-PIERRE**, Coteaux du Layon, 747
FRAGRANCE, Bordeaux Sec, 169
DOM. DU **FRAISSE**, Faugères, **623**
CH. **FRANC BIGAROUX**, Saint-Emilion Grand Cru, 229
FRANC CHEVALIER, Beaujolais-Villages, 122
CH. DE **FRANCE**, Pessac-Léognan, 287
CH. **FRANC GRACE-DIEU**, Saint-Emilion Grand Cru, 229
ALBERT **FRANCHINO**, Beaujolais-Villages, 122
CH. **FRANC JAUGUE BLANC**, Saint-Emilion, 218
CH. **FRANC LE MAINE**, Saint-Emilion, 218
CH. **FRANC-MAYNE**, Saint-Emilion Grand Cru, 229
CH. **FRANC PATARABET**, Saint-Emilion Grand Cru, 230
CH. **FRANC PIPEAU DESCOMBES**, Saint-Emilion Grand Cru, 230
CH. **FRANCS BORIES**, Saint-Emilion, 218
DOM. DU **CLOS FRANTIN**, Vosne-Romanée, 437
CH. **FRAPPE-PEYROT**, Bordeaux, 162
DOM. DE **FREGATE**, Bandol, 657
DOM. DU **FRESCHE**, Anjou, 736
DOM. DU **FRESCHE**, Anjou-Coteaux de la Loire, 743
ANDRE **FRESLIER**, Vouvray, 791
DOM. **FRESLIER**, Vouvray, 791
LOUIS **FREYBURGER ET FILS**, Alsace Grand Cru
Altenberg de Bergheim, 91 92
JEAN **FREYBURGER**, Alsace Gewürztraminer, 74
MARCEL **FREYBURGER**, Alsace Gewürztraminer, 74
CHARLES **FREY ET FILS**, Alsace Pinot oder Klevner, 62
CH. **FREYNEAU**, Bordeaux Supérieur, 176

DOM. **FRIBOURG**, Bourgogne Aligoté, 375
DOM. **PIERRE FRICK**, Alsace Riesling, 66
CH. DE **FRIMONT**, Bordeaux Supérieur, 176
DOM. **FRISSANT**, Touraine, 764
DOM. **FRISSANT**, Touraine-Amboise, 770
ROMAIN **FRITSCH**, Alsace Tokay-Pinot Gris, 81
CH. **FRONTENAC**, Bordeaux, 163
COOP. DU MUSCAT DE **FRONTIGNAN**, Muscat de Frontignan, 886
DOM. **FUMET DUTREVE**, Bourgogne, 364
CH. **GABACHOT**, Bordeaux Sec, 169
GABERLE, Gaillac, 681
CH. DU **GABY**, Canon-Fronsac, 199
DOM. DE **GACHET**, Lalande de Pomerol, 213
DOM. **GACHOT-MONOT**, Côte de Nuits-Villages, 447
DOM. **GADANT ET FRANCOIS**, Maranges, 508
CH. **GADET TERREFORT**, Médoc, 296
CLOS **GAENSBRŒNNEL WILLM**, Alsace Gewürztraminer, 74
JEAN-FRANCOIS **GAGET**, Brouilly, 127
CH. **GAGNARD**, Fronsac, 202
DOM. **JEAN-NOEL GAGNARD**, Chassagne-Montrachet, 498
DOM. DES **GAGNERIES**, Anjou-Villages, 738
DOM. DES **GAGNERIES**, Bonnezeaux, 752
MICHEL **GAHIER**, Arbois, 588
CH. **GAILLARD**, Saint-Emilion Grand Cru, 230
CH. **GAILLARD**, Touraine-Mesland, 773
CLOS CHATEAU **GAILLARD**, Touraine-Mesland, 773
CH. **GAILLARD DE LA GORCE**, Saint-Emilion Grand Cru, 230
DOM. DE **GAILLAT**, Graves, 277
CH. **GALAU**, Côtes de Bourg, 194
CUVEE **GALIUS**, Saint-Emilion Grand Cru, 230
CH. **GALLAND-DAST**, Premières Côtes de Bordeaux, 267
CH. DE **GALLIFFET**, Côtes du Rhône, 830
GALLIMARD PERE ET FILS, Champagner, 561
GALLIMARD PERE ET FILS, Rosé des Riceys, 584
CLOS DES **GALLOIRES**, Muscadet des Coteaux de la Loire, 720
DOM. **GALLOIS**, Gevrey-Chambertin, 414
DOM. DES **GALLUCHES**, Bourgueil, 774
CH. DU **GALOUPET**, Côtes de Provence, 648
GAMAGE, Entre-Deux-Mers, 262
JACQUES **GANDON**, Touraine, 764
JACQUES **GANDON**, Touraine-Amboise, 770
DOM. **GANGNEUX**, Vouvray, 791
DOM. DE **GARBELLE**, Coteaux Varois AOVDQS, 666
LES PRODUCTEURS REUNIS A **GARDEGAN**, Côtes de Castillon, 259
CH. **GARDEROSE**, Montagne Saint-Emilion, 251
DOM. DU **GARDIN**, Givry, 520
CH. **GARDUT**, Bordeaux Rosé, 172
CH. **GARDUT**, Premières Côtes de Blaye, 189
CH. **GARDUT HAUT-CLUZEAU**, Premières Côtes de Blaye, 189
DOM. DES **GARENNES**, Châteaumeillant AOVDQS, 803
CH. **GARRAUD**, Lalande de Pomerol, 213
DOM. HUBERT **GARREY ET FILS**, Bourgogne, 364

CLOS **BOURGELAT**, Cérons, 343

DOM. **BOURGELAT**, Graves, 276

DOM. HENRI **BOURGEOIS**, Pouilly-Fumé, 813

DOM. HENRI **BOURGEOIS**, Sancerre, 818

RENE **BOURGEON**, Givry, 519

CH. **BOURGNEUF-VAYRON**, Pomerol, 206

CAVE DES VIGNERONS DE **BOURG-SAINT-ANDEOL**, Côtes du Rhône-Villages, 839

CH. DE **BOURGUENEUF**, Pomerol, 206

BOURILLON DORLEANS, Vouvray, 789

CH. **BOURNAC**, Médoc, 294

O. ET H. **BOUR**, Coteaux du Tricastin, 868

CH. DE **BOURSAULT**, Champagner, 552 553

CH. **BOUSCASSE**, Pacherenc du Vic-Bilh, 694

CH. **BOUSCAUT**, Pessac-Léognan, 284

BOUSQUET COMELADE, Côtes du Roussillon-Villages, 638

BOUSQUET COMELADE, Muscat de Rivesaltes, 883

DENIS **BOUSSEY**, Pommard, 472

DOM. DENIS **BOUSSEY**, Monthélie, 481

ERIC **BOUSSEY**, Bourgogne, 361

ERIC **BOUSSEY**, Meursault, 487

CH. **BOUTILLON**, Bordeaux Supérieur, 174

DOM. DES **BOUTINARDIERES**, Muscadet de Sèvre-et-Maine, 722

BERNARD **BOUTINET**, Pineau des Charentes, 891

CH. **BOUTISSE**, Saint-Emilion Grand Cru, 225

GILLES **BOUTON**, Chassagne-Montrachet, 497

GILLES **BOUTON**, Saint-Aubin, 501

DOM. REGIS **BOUVIER**, Fixin, 410

REGIS **BOUVIER**, Marsannay, 408

REGIS **BOUVIER**, Morey-Saint-Denis, 423

RENE **BOUVIER**, Gevrey-Chambertin, 412

CH. **BOUYOT**, Sauternes, 347

MICHEL **BOUZEREAU**, Meursault, 487

MICHEL **BOUZEREAU**, Pommard, 472

MICHEL **BOUZEREAU**, Puligny-Montrachet, 492

ALBERT **BOXLER ET FILS**, Alsace Tokay-Pinot Gris, 80

JUSTIN **BOXLER**, Alsace Grand Cru Florimont, 93 94

CH. **BOYD-CANTENAC**, Margaux, 318

DOM. PAULETTE **BOYER**, Meursault, 487

YVES **BOYER-MARTENOT**, Auxey-Duresses, 483

YVES **BOYER-MARTENOT**, Bourgogne, 361

YVES **BOYER-MARTENOT**, Bourgogne Aligoté, 374

YVES **BOYER-MARTENOT**, Meursault, 487

YVES **BOYER-MARTENOT**, Pommard, 472

GUY **BRAILLON**, Chénas, 130

DOM. **BRANA**, Irouléguy, 689

CH. **BRANAIRE**, Saint-Julien, 336

CH. **BRANDA**, Puisseguin Saint-Emilion, 254

CH. **BRANDEAU**, Côtes de Castillon, 258

CH. **BRANDE-BERGERE**, Bordeaux Supérieur, 174

CH. **BRANE-CANTENAC**, Margaux, **318**

CH. DE **BRAU**, Cabardès AOVDQS, 629

CH. DE **BRAUDE**, Haut-Médoc, 306

CAMILLE **BRAUN**, Alsace Grand Cru Pfingstberg, 100

CAMILLE **BRAUN**, Alsace Muscat, 71

CAMILLE **BRAUN**, Alsace Tokay-Pinot Gris, 81

DOM. DES **BRAVES**, Régnié, 144

BREDIF BRUT, Vouvray, 789

CH. **BREHAT**, Côtes de Castillon, 258

CH. DU **BREL**, Cahors, 676

JEAN-CLAUDE **BRELIERE**, Rully, 511

DOM. **BREMOND**, Coteaux Varois AOVDQS, 666

DOM. **BRENOT**, Santenay, 503

DOM. **BRESSAND**, Pouilly-Fuissé, 531

MAURICE **BRESSAND**, Pouilly-Fuissé, 531

BRETON FILS, Champagner, 553

DOM. **BRETONNIERE**, Muscadet de Sèvre-et-Maine, 722

ROSELYNE **BRETON**, Bourgueil, 774

ROSELYNE **BRETON**, Saint-Nicolas-de-Bourgueil, 784

CH. DU **BREUIL**, Anjou, 734

CH. DU **BREUIL**, Coteaux du Layon, 746

CH. DU **BREUIL**, Rosé de Loire, 715

BREZEME, Côtes du Rhône, 828

CH. DE **BRIACE**, Gros-Plant AOVDQS, 730

CH. DE **BRIACE**, Muscadet de Sèvre-et-Maine, 722

BRICOUT, Champagner, 553

DOM. MICHEL **BRIDAY**, Rully, 512

DOM. **BRINTET**, Mercurey, 515

CH. **BRIOT**, Bordeaux, 161

VIGNOBLES **BRISEBARRE**, Vouvray, 790

DOM. **BROCARD**, Bourgogne Hautes-Côtes de Nuits, 381

JEAN **BROCARD**, Bourgogne, 361

JEAN-MARC **BROCARD**, Chablis Grand Cru, 404

BROCHET-HERVIEUX ET FILS, Champagner, **553**

MARC **BROCOT**, Marsannay, 408

JACKY **BROGGINI**, Champagner, 553

CH. **BRONDELLE**, Graves, 276

PATRICK **BRONDEL**, Beaujolais, 117

CH. DE **BROSSAY**, Anjou-Villages, 738

CH. DE **BROSSAY**, Rosé de Loire, 715

DOM. DE **BROSSILLON**, Touraine-Mesland, 772

LAURENT CHARLES **BROTTE**, Côtes du Rhône-Villages, 839

CUVAGE DES **BROUILLY**, Côte de Brouilly, 129

CH. **BROUSTET**, Barsac, 344

CH. **BROWN**, Pessac-Léognan, 285

BERNARD **BROYER**, Juliénas, 137

DOM. **BRU-BACHE**, Jurançon Sec, 691

CH. DU **BRU**, Bordeaux Clairet, 167

CH. DU **BRU**, Bordeaux Sec, 168

CH. DU **BRU**, Bordeaux Supérieur, 175

LIONEL **BRUCK**, Bourgogne Hautes-Côtes de Beaune, 384

LIONEL J. **BRUCK**, Beaujolais, 117

LIONEL J. **BRUCK**, Chablis Premier Cru, 398

CH. **BRULESECAILLE**, Côtes de Bourg, 194

CH. **BRUN DESPAGNE HERITAGE**, Bordeaux Supérieur, 175

DOM. GEORGES **BRUNET**, Vouvray, **790**

PASCAL **BRUNET**, Chinon, 778

DOM. **BRUSSET**, Côtes du Rhône-Villages, 840

DOM. **BRUSSET**, Gigondas, 853

DOM. DES **BRUYERES**, Mâcon, 523

BUECHER, Crémant d'Alsace, 105

PAUL **BUECHER ET FILS**, Alsace Riesling, 65

DOM. F. **BUFFET**, Bourgogne, 361

DOM. FRANCOIS **BUFFET**, Volnay, 478

CH. **BUGAT**, Sainte-Croix-du-Mont, 342

JEAN **BUIRON**, Juliénas, 137

DOM. PAUL **BUISSE**, Touraine, 762

DOM. HENRI ET GILLES **BUISSON**, Bourgogne Aligoté, 374

DOM. HENRI ET GILLES **BUISSON**, Saint-Romain, 485

DOM. DES **BUISSONNES**, Sancerre, **819**

CH. **BUJAN**, Côtes de Bourg, 194

CAVE DE **BULLY**, Beaujolais, 117

ALAIN **BURGUET**, Gevrey-Chambertin, 412

GILLES **BURGUET**, Bourgogne, 361

GILLES **BURGUET**, Gevrey-Chambertin, 412

DOM. DE **BUSSIERE**, Bourgogne Hautes-Côtes de Beaune, 385

DOM. DU **BUTTAY**, Gros-Plant AOVDQS, 730

CAVE DE **BUXY**, Bourgogne Côte Chalonnaise, 510

CAVE DES VIGNERONS DE **BUXY**, Bourgogne, 361

CAVE DES VIGNERONS DE **BUXY**, Bourgogne Passetoutgrain, 378

CAVE DES VIGNERONS DE **BUXY**, Montagny, 522

LES VIGNERONS DE **BUZET**, Buzet, 684

CH. **CABANNIEUX**, Graves, 276

DOM. DE **CABASSE**, Côtes du Rhône-Villages, 840

MARIE-CLAUDE **CABOT**, Bourgogne, 361

CH. DE **CABRAN**, Côtes de Provence, 646

CAVE DE **CABRIERES**, Clairette du Languedoc, 611

CH. **CABRIERES**, Châteauneuf-du-Pape, 858

CH. **CABRIERES**, Côtes du Rhône, 828

LES VIGNERONS DE **CABRIERES**, Coteaux du Languedoc, 618

DOM. **CACHAT-OCQUIDANT**, Pernand-Vergelesses, 453

DOM. **CACHAT-OCQUIDANT ET FILS**, Aloxe-Corton, 450

DOM. **CACHAT-OCQUIDANT ET FILS**, Bourgogne, 361

DOM. **CACHAT-OCQUIDANT ET FILS**, Bourgogne Hautes-Côtes de Nuits, 381

DOM. **CACHAT-OCQUIDANT ET FILS**, Corton, 455

DOM. **CACHAT-OCQUIDANT ET FILS**, Côte de Beaune-Villages, 509

DOM. **CACHAT-OCQUIDANT ET FILS**, Ladoix, 448

JACQUES ET PATRICE **CACHEUX**, Echezeaux, 434

JACQUES ET PATRICE **CACHEUX**, Vosne-Romanée, 436

CH. **CADET PIOLA**, Saint-Emilion Grand Cru, 225

DOM. **CADY**, Coteaux du Layon, 746

DOM. DU **CAGUELOUP**, Bandol, 656 657

CH. **CAHUZAC**, Côtes du Frontonnais, 685

CH. **CAILLETEAU BERGERON**, Premières Côtes de Blaye, 189

CH. **CAILLEVET**, Bergerac, 696

YVES **CAILLE**, Chinon, 778

CAILLOU D'ARTHUS, Saint-Emilion Grand Cru, 225

DOM. DES **CAILLOUX**, Bordeaux, 161

CAVE DE **CAIRANNE**, Côtes du Rhône, 828

CAVE DES COTEAUX A **CAIRANNE**, Côtes du Rhône-Villages, 840

CH. DE **CALADROY**, Côtes du Roussillon, 633

CH. DE **CALAVON**, Coteaux d'Aix, 662

CH. DE **CALCE**, Côtes du Roussillon, 633 634

CH. DE **CALCE**, Muscat de Rivesaltes, **883**

CH. DE **CALISSANNE**, Coteaux d'Aix, 662

CH. DE **CALLAC**, Graves, 276

CH. **CALON**, Montagne Saint-Emilion, 250

WEINE

CH. **CALON**, Saint-Georges Saint-Emilion, 256
CALOT, Morgon, 140
DOM. DU **CALVAIRE DE ROCHE-GRES**, Morgon, 140
CALVET RESERVE, Bordeaux, 161
DOM. DES **CALVINES**, Côtes du Rhône, 828
DOM. DE **CAMAISSETTE**, Coteaux d'Aix, 662
CH. **CAMAN**, Premières Côtes de Blaye, 189
CH. DE **CAMARSAC**, Bordeaux, 161
CH. **CAMARSET**, Graves, 276
DOM. **CAMPO ALTOSO**, Patrimonio, 672
CH. **CAMPONAC**, Côtes de Bourg, 194
CH. DE **CAMPUGET**, Costières de Nîmes, 615
CH. **CAMUS**, Graves, 276
DOM. **CAMUS PERE ET FILS**, Chambertin, 419
DOM. **CAMUS PERE ET FILS**, Latricières-Chambertin, 420
DOM. **CAMUS PERE ET FILS**, Mazis-Chambertin, 422
CANARD DUCHENE, Champagner, 553
CH. DE **CANDALE**, Haut-Médoc, 306
CH. **CANDASTRE**, Gaillac, 680
CH. **CANEVAULT**, Bordeaux Supérieur, 175
CH. **CANON**, Canon-Fronsac, 199
CH. **CANON**, Saint-Emilion Grand Cru, 225
CH. **CANON DE BREM**, Canon-Fronsac, 199
CH. **CANON LA GAFFELIERE**, Saint-Emilion Grand Cru, 225
CH. **CANON-MOUEIX**, Canon-Fronsac, 199
CH. **CANOS**, Corbières, 612
CH. **CANSET**, Saint-Emilion Grand Cru, 225
CH. **CANTEGRIC**, Médoc, 294
CH. **CANTEGRIL**, Graves, 276
CH. **CANTEGRIVE**, Côtes de Castillon, 258
CH. **CANTELOUDETTE**, Entre-Deux-Mers, 262
CH. **CANTELOUP**, Bordeaux, **161**
CH. **CANTELOUP**, Graves de Vayres, 273
CH. **CANTELYS**, Pessac-Léognan, 285
CH. **CANTEMERLE**, Haut-Médoc, 306
CH. **CANTENAC-BROWN**, Margaux, **318**
CH. **CANTENAC**, Saint-Emilion Grand Cru, 226
CANTERAYNE, Haut-Médoc, 306
CH. DE **CANTIN**, Saint-Emilion Grand Cru, 226
CANTO-PERDRIX, Tavel, 866
CH. **CANUET**, Margaux, 318
CH. **CAP DE FAUGERES**, Côtes de Castillon, 258
CH. **CAP DE FOUSTE**, Côtes du Roussillon, 634
CH. **CAP-DE-HAUT MAUCAILLOU**, Moulis-en-Médoc, 324
CH. **CAP DE MERLE**, Lussac Saint-Emilion, 248
CH. **CAP DE MOURLIN**, Saint-Emilion Grand Cru, 226
CAPE D'OR, Côtes de Provence, 647
CH. **CAPET**, Fronsac, 201
CH. **CAPION**, Coteaux du Languedoc, 618
CAPITAIN-GAGNEROT, Aloxe-Corton, 451
CAPITAIN-GAGNEROT, Bourgogne, 362
CAPITAIN-GAGNEROT, Corton, 455
CAPITAIN-GAGNEROT, Corton-Charlemagne, 456
CAPITAIN-GAGNEROT, Ladoix, 448
CAPITAIN-GAGNEROT, Savigny-lès-Beaune, 459
CLOS **CAPITORO**, Ajaccio, 671

CH. DE **CAPITOUL**, Coteaux du Languedoc, 619
CH. **CAPLANE**, Sauternes, 347
DOM. **CAPMARTIN**, Madiran, **692**
CH. DE **CAPPES**, Bordeaux, 161
NICOLE ET JEAN-MARIE **CAPRON-MANIEUX**, Savigny-lès-Beaune, 459
CH. **CAP SAINT-MARTIN**, Premières Côtes de Blaye, 189
DOM. **CAPUANO-FERRERI**, Chassagne-Montrachet, 497
CLOS DES **CAPUCINS**, Bordeaux Sec, 168
CH. DE **CARAGUILHES**, Corbières, 612
HENRY **CARBONNEL ET FILS**, Corbières, 612
CH. **CARBONNIEUX**, Pessac-Léognan, 285 286
CH. **CARCANIEUX**, Médoc, 294
CH. **CARDINAL-VILLEMAURINE**, Saint-Emilion Grand Cru, 226
GILLES **CAREME**, Vouvray, 790
CH. **CARIGNAN**, Premières Côtes de Bordeaux, 266
CH. **CARILLON**, Fronsac, 201
LOUIS **CARILLON ET FILS**, Puligny-Montrachet, 492
CH. DE **CARLES**, Fronsac, 201
DOM. DE **CARMANTRAN**, Côtes du Frontonnais, 685
DENIS **CARRE**, Bourgogne Hautes-Côtes de Beaune, 385
DENIS **CARRE**, Pommard, 472
DOM. **CARRETTE**, Pouilly-Fuissé, 531
CH. **CARREYRE**, Margaux, 318
DENIS **CARRON**, Beaujolais, 117
MICHEL **CARRON**, Beaujolais, 117
DOM. DU **CARROU**, Sancerre, 819
JACQUES **CARROUE**, Coteaux du Giennois AOVDQS, 806
CARRUADES, Pauillac, 326
CH. **CARSIN**, Premières Côtes de Bordeaux, 266
CH. **CARTEAU COTES DAUGAY**, Saint-Emilion Grand Cru, 226
CH. **CARTEAU PIN DE FLEURS**, Saint-Emilion Grand Cru, 226
CARTE D'OR, Muscadet de Sèvre-et-Maine, 722
DOM. DES **CARTELETS**, Mâcon-Villages, 526
CH. DU **CARTILLON**, Haut-Médoc, 306
DOM. DE **CARTUJAC**, Haut-Médoc, 306
CH. **CARUEL**, Côtes de Bourg, 194
LES MAITRES VIGNERONS DE **CASCASTEL**, Fitou, 624
CH. DE **CASENOVE**, Côtes du Roussillon, 634
CH. **CASSAGNE HAUT-CANON**, Canon-Fronsac, **199**
DOM. **CASSAGNE-TEISSIER**, Costières de Nîmes, 616
DOM. DE **CASSAGNOLE**, Coteaux du Languedoc, 619
DOM. DES **CASSAGNOLES**, Floc de Gascogne, 894
CH. DE **CASSAIGNE**, Floc de Gascogne, 894
CH. **CASTAGNAC**, Bordeaux Supérieur, 175
CH. **CASTEGENS**, Côtes de Castillon, 258
DOM. DE **CASTELAS**, Côtes du Rhône, 828
CH. DU **CASTEL**, Lalande de Pomerol, 213
CASTELLANE, Champagner, 554
CH. **CASTEL LA ROSE**, Côtes de Bourg, 194
DOM. **CASTELL REYNOARD**, Bandol, 657
DOM. DE **CASTELL-REYNOARD**, Bandol, 657
CH. **CASTEL ROUBINE**, Côtes de Provence, 647
CH. DU **CASTENET**, Côtes de Bourg, 194

CH. **CASTENET-GREFFIER**, Bordeaux Supérieur, 175
CH. **CASTERA**, Médoc, 295
DOM. **CASTERA**, Jurançon, 690
GIAR VITICULTEURS **CATALANS**, Muscat de Rivesaltes, 883
DOM. DE **CATARELLI**, Patrimonio, 672
JEAN-CHARLES **CATHELINEAU**, Vouvray, 790
CATTIER, Champagner, 554
DOM. JOSEPH **CATTIN ET FILS**, Alsace Grand Cru Hatschbourg, **96**
THEO **CATTIN ET FILS**, Alsace Grand Cru Hatschbourg, 96
THEO **CATTIN ET FILS**, Alsace Pinot Noir, 86
JOSEPH **CATTIN ET SES FILS**, Alsace Tokay-Pinot Gris, 81
DOM. **CAUHAPE**, Jurançon, 690
DOM. **CAUHAPE**, Jurançon Sec, 691
CAUVARD PERE ET FILS, Côte de Beaune, 471
CH. DU **CAUZE**, Saint-Emilion Grand Cru, 226
DOM. DE **CAVE NEUVE**, Corbières, 612
DOM. DES **CAVES**, Mâcon-Villages, 526
CH. **CAZALIS**, Bordeaux, 161
CLAUDE **CAZALS**, Champagner, 554
CH. **CAZAL-VIEL**, Saint-Chinian, 627
CHARLES DE **CAZANOVE**, Champagner, 554 555
CH. **CAZAUX-NORMAND**, Premières Côtes de Blaye, 189
CH. **CAZEAU**, Bordeaux, 161
CH. **CAZELON**, Montagne Saint-Emilion, 250
DOM. **CAZES**, Côtes du Roussillon, 634
DOM. **CAZES**, Muscat de Rivesaltes, **883**
FRANCOIS **CAZIN**, Cheverny AOVDQS, 797
CELLIER D'AL MOLI, Rivesaltes, 879
CH. DE **CERONS**, Cérons, 343
CH. **CERTAN DE MAY DE CERTAN**, Pomerol, 206
CH. **CERTAN-GIRAUD**, Pomerol, 206
DOM. DE **CEZIN**, Coteaux du Loir, 783
DOM. DE **CEZIN**, Jasnières, 783
DOM. DES **CHABERTS**, Coteaux Varois AOVDQS, 666
CHAI DES LOGES, Chinon, 778
CAVE DE **CHAINTRE**, Pouilly-Fuissé, 531
JEAN **CHAINTREUIL**, Fleurie, 134
DANIEL ET PASCAL **CHALANDARD**, Côtes du Jura, 594
GRANDE RESERVE DES **CHALLIERES**, Côtes du Lubéron, 871
EDMOND **CHALMEAU**, Bourgogne Aligoté, 374
ELISABETH **CHAMBELLAN**, Châteauneuf-du-Pape, 858
CH. DE **CHAMBERT**, Cahors, 677
CH. **CHAMBERT-MARBUZET**, Saint-Estèphe, 331
CH. DE **CHAMBOUREAU**, Savennières Roche-aux-Moines, 744
DOM. DE **CHAMEROSE**, Mercurey, 515
DOM. **CHAMFORT**, Côtes du Rhône, 829
DOM. **CHAMFORT**, Côtes du Rhône-Villages, 840
CH. DE **CHAMIREY**, Mercurey, 515
DOM. DE **CHAMPAGA**, Côtes du Ventoux, 869
JEAN-PAUL **CHAMPAGNON**, Fleurie, 134
CHAMPALOU, Vouvray, **790**
CH. **CHAMPAREL**, Pécharmant, **707**
MAS **CHAMPART**, Saint-Chinian, 627
DOM. DE **CHAMP DE COUR**, Moulin à Vent, 142
CHAMP DE LA ROSE, Bordeaux Rosé, 172

WEINE

DELIANCE PERE ET FILS, Crémant de Bourgogne, 388
ANDRE DELORME, Crémant de Bourgogne, 388
DELOUVIN-NOWACK, Champagner, 558
DOM. DES VIGNES DES DEMOISELLES, Bourgogne Hautes-Côtes de Beaune, 385
HUBERT DENAY, Touraine-Amboise, 769
THIERRY DENAY, Touraine-Amboise, 769
FRANCIS DENIS, Vouvray, 791
R. DENIS PERE ET FILS, Bourgogne, 363
R. DENIS PERE ET FILS, Pernand-Vergelesses, 454
DOM. ROBERT DENOGENT, Pouilly-Fuissé, 532
ANTOINE DEPAGNEUX, Bourgogne Aligoté, 374
ANTOINE DEPAGNEUX, Bourgogne Passetougrain, 379
ANTOINE DEPAGNEUX, Saint-Véran, 537
ANDRE DEPRE, Chiroubles, 132
DOMINIQUE DERAIN, Saint-Aubin, 501
MICHEL DERAIN, Bourgogne, 363
HENRI DESBŒUFS, Muscat de Rivesaltes, 883
REMI DESBOURDES, Chinon, 779
MARC DESCHAMPS, Pouilly-Fumé, 813
MICHEL DESCHAMPS, Monthélie, 481
THIERRY DESCOMBES, Beaujolais-Villages, 121
ETIENNE DESCOTES ET FILS, Coteaux du Lyonnais, 150
MICHEL DESCOTES, Coteaux du Lyonnais, 150
REGIS DESCOTES, Coteaux du Lyonnais, 150
BERNARD DESERTAUX-FERRAND, Bourgogne, 363
BERNARD DESERTAUX-FERRAND, Bourgogne Passetougrain, 379
DOM. DESERTAUX-FERRAND, Côte de Nuits-Villages, 446
LOUIS ET VERONIQUE DESFONTAINE, Bourgogne Côte Chalonnaise, 510
LOUIS ET VERONIQUE DESFONTAINE, Mercurey, 516
PASCAL DESGRANGES, Beaujolais, 117
DESIGN LA MOTHE DU BARRY, Bordeaux, **162**
DOM. DESIR DE FORTUNET, Chénas, 131
LAURENT DESMAZIERES, Champagner, 558
CH. DESMIRAIL, Margaux, 320
A. DESMOULINS, Champagner, **558**
PIERRE DESMULES, Régnié, 145
ANDRE DESMURES, Chiroubles, 132
ANNE-MARIE ET ARMAND DESMURES, Chiroubles, 132
DOM. DESPAGNE, Premières Côtes de Bordeaux, 267
ANDRE DESROCHES, Reuilly, 817
DOM. DESROCHES, Touraine, 764
CH. DESTIEUX-BERGER, Saint-Emilion Grand Cru, 228
CH. DESTIEUX, Saint-Emilion Grand Cru, 228
CH. DESVIGNES, Chénas, 131
DOM. DESVIGNES, Chénas, 131
LOUIS CL. DESVIGNES, Morgon, 140
PROPRIETE DESVIGNES, Givry, 519
PAUL DETHUNE, Champagner, 558
PAUL DETHUNE, Coteaux Champenois, 582
DOM. DE DEURRE, Côtes du Rhône-Villages, 840
DEUTZ, Champagner, 559

DOM. DES DEUX MOULINS, Cérons, 343
DOM. DES DEUX ROCHES, Saint-Véran, **537**
CH. DEYREM VALENTIN, Margaux, 320
DHIERSAT, Pineau des Charentes, 891
DIAMANT DE LOIRE, Crémant de Loire, 716
DIAPHANE, Blanquette de Limoux, **610**
JEAN-FRANCOIS DICONNE, Bourgogne Aligoté, 374
JEAN-FRANCOIS DICONNE, Santenay, 504
JEAN-PIERRE DICONNE, Auxey-Duresses, 483
CLAUDE DIETRICH, Alsace Gewürztraminer, 73
JEAN DIETRICH, Alsace Gewürztraminer, **73**
JEAN DIETRICH, Alsace Grand Cru Schlossberg, 101
JEAN DIETRICH, Alsace Pinot Noir, 87
LAURENT ET MICHEL DIETRICH, Alsace Pinot Noir, 87
LAURENT ET MICHEL DIETRICH, Alsace Riesling, 65
DOM. DE DIEUMERCY, Côtes du Rhône, 830
FRANCOIS DILIGENT, Champagner, 559
FRANCOIS DILIGENT, Rosé des Riceys, 584
CH. DILLON, Haut-Médoc, 307
DIRINGER, Alsace Grand Cru Zinnkoepfle, 104
DIRLER, Alsace Grand Cru Saering, 101
DIRLER, Alsace Pinot Noir, 87
CHARLES ET ANDRE DISCHLER, Alsace Grand Cru Altenberg de Wolxheim, 92
DOM. DITTIERE, Coteaux de l'Aubance, 742
CH. DIVON, Saint-Georges Saint-Emilion, 256
ANDRE DOCK ET FILS, Crémant d'Alsace, 105
CH. DOISY-DAENE, Bordeaux Sec, 168
CH. DOISY-DAENE, Sauternes, **347**
CH. DOISY DUBROCA, Barsac, 345
CH. DOISY-VEDRINES, Sauternes, 348
CHRISTIAN DOLDER, Alsace Pinot Noir, 87
CHRISTIAN DOLDER, Alsace Riesling, 65
CHRISTIAN DOLDER, Crémant d'Alsace, 106
G. DOLDER, Alsace Gewürztraminer, 73
G. DOLDER, Alsace Sylvaner, 61
G. DOLDER, Crémant d'Alsace, 106
DOM BRIAL, Côtes du Roussillon, 634
DOM BRIAL, Muscat de Rivesaltes, 884
DOM BRIAL, Rivesaltes, 879
CH. DOMEYNE, Saint-Estèphe, 331
CH. DONA BAISSAS, Côtes du Roussillon-Villages, 638
CH. DU DONJON, Minervois, **625**
DONTENVILLE, Alsace Pinot Noir, 87
DOPFF, Alsace Grand Cru Schoenenbourg, **102**
DOM. DOPFF, Alsace Grand Cru Sporen, 102
DOQUET-JEANMAIRE, Champagner, 559
GERARD DOREAU, Monthélie, 481
DORNEAU-BORGNAT, Bourgogne, 363
DOM. DOUDET, Savigny-lès-Beaune, 460
DOUDET-NAUDIN, Pommard, 473
DOM. DOUDET-NAUDIN, Pernand-Vergelesses, 454
M. DOUDET-NAUDIN, Beaune, 467
M. DOUDET-NAUDIN, Gevrey-Chambertin, 414
LA CAVE DES VIGNERONS DU DOURY, Beaujolais, 118
R. DOYARD ET FILS, Champagner, 559

DRAPPIER, Champagner, 559
JEAN-PAUL DROIN, Chablis Grand Cru, 405
JEAN-PAUL DROIN, Chablis Premier Cru, 399
JOSEPH DROUHIN, Auxey-Duresses, 483
JOSEPH DROUHIN, Beaune, 467
JOSEPH DROUHIN, Bonnes-Mares, 430
JOSEPH DROUHIN, Chambolle-Musigny, 427
JOSEPH DROUHIN, Clos Saint-Denis, 425
JOSEPH DROUHIN, Grands-Echezeaux, 435
JOSEPH DROUHIN, Moulin à Vent, 143
JOSEPH DROUHIN, Nuits-Saint-Georges, 442
JOSEPH DROUHIN, Puligny-Montrachet, 493
CORINNE ET THIERRY DROUIN, Pouilly-Fuissé, 532
JEAN-MICHEL DROUIN, Pouilly-Fuissé, **532**
GEORGES DUBŒUF, Fleurie, 135
GEORGES DUBŒUF, Juliénas, 137
GEORGES DUBŒUF, Mâcon-Villages, 527
GEORGES DUBŒUF, Morgon, 140
GEORGES DUBŒUF, Pouilly-Fuissé, 532
DUBARD FRERES ET SOEUR, Montravel, 705
GEORGES DUBOEUF, Chiroubles, **133**
CLAUDE DUBOIS, Champagner, 559 560
DOMINIQUE DUBOIS D'ORGEVAL, Chorey-lès-Beaune, 463
DOMINIQUE DUBOIS D'ORGEVAL, Savigny-lès-Beaune, 460
R. DUBOIS ET FILS, Chambolle-Musigny, 427
R. DUBOIS ET FILS, Côte de Nuits-Villages, 446
REGIS DUBOIS ET FILS, Bourgogne Hautes-Côtes de Beaune, 385
REGIS DUBOIS ET FILS, Bourgogne Passetougrain, 379
ROBERT DUBOIS ET FILS, Nuits-Saint-Georges, 442
JEAN-LUC DUBOIS, Beaune, 467
JEAN-LUC DUBOIS, Savigny-lès-Beaune, 460
REGIS DUBOIS, Bourgogne, 363
PHILIPPE DUBREUIL-CORDIER, Savigny-lès-Beaune, 460
CH. DUC D'ARNAUTON, Graves, 277
DUC D'AUGAN, Bordeaux, 162
DUC DE LOUSSAC, Floc de Gascogne, 894
DUC DE SEIGNADE, Bordeaux Côtes de Francs, **186**
DUC DE TARENTE, Sancerre, 820
DOM. DES DUC, Saint-Amour, 148
ERIC DUCHEMIN, Bourgogne Hautes-Côtes de Beaune, 385
CH. DUCLA, Bordeaux, 162
CH. DUCLA, Entre-Deux-Mers, 262
CH. DUCLUZEAU, Listrac-Médoc, 315
PIERRE DUCRET, Givry, 519
GERARD DUCROUX, Beaujolais-Villages, 121
GILLES ET NEL DUCROUX, Beaujolais-Villages, 121
CH. DUCRU-BEAUCAILLOU, Saint-Julien, 336
CH. DUDON, Premières Côtes de Bordeaux, 267
DOM. GUY DUFOULEUR, Bourgogne Hautes-Côtes de Nuits, 382
DUFOULEUR PERE ET FILS, Gevrey-Chambertin, 414
DUFOULEUR PERE ET FILS, Rully, 512
ROBERT DUFOUR ET FILS, Champagner, 560

BERNARD **DUGAT**, Charmes-Chambertin, 421
BERNARD **DUGAT**, Gevrey-Chambertin, 414
DANIEL **DUGOIS**, Arbois, 588
CH. **DUHART-MILON**, Pauillac, **327**
DOM. **DUJAC**, Clos de la Roche, 425
DOM. **DUJAC**, Morey-Saint-Denis, 423
DOM. **DUMONT**, Bourgogne Hautes-Côtes de Beaune, 385
DOM. **DUPASQUIER**, Roussette de Savoie, 603
ROGER **DUPASQUIER ET FILS**, Nuits-Saint-Georges, 442
DUPERRIER-ADAM, Chassagne-Montrachet, 498
DUPERRIER-ADAM, Saint-Aubin, 501
CH. **DUPEYRAT PLOUGET**, Côtes de Bourg, 194
PIERRE **DUPOND**, Brouilly, 127
DUPRIEUR, Madiran, 693
CHRISTIAN **DUPUIS**, Côtes du Jura, 594
HENRI **DURANCE**, Muscadet de Sèvre-et-Maine, 723
AGNES ET MARCEL **DURAND**, Beaujolais-Villages, 122
CHRISTINE ET JEAN-MARC **DURAND**, Bourgogne Hautes-Côtes de Beaune, 386
CHRISTINE ET JEAN-MARC **DURAND**, Pommard, 473
GUY **DURAND**, Touraine-Amboise, 770
CH. **DURAND-LAPLAGNE**, Puisseguin Saint-Emilion, 255
DOM. DE **DURBAN**, Muscat de Beaumes-de-Venise, 887
RAYMOND **DUREUIL-JANTHIAL**, Rully, 512
CH. **DURFORT-VIVENS**, Margaux, 320
BERNARD **DURY**, Beaune, 467
BERNARD **DURY**, Crémant de Bourgogne, 388
SYLVAIN **DUSSORT**, Bourgogne, **363**
SYLVAIN **DUSSORT**, Bourgogne Aligoté, 374
SYLVAIN **DUSSORT**, Chorey-lès-Beaune, 463
SYLVAIN **DUSSORT**, Meursault, 488
DOM. **DUTERTRE**, Touraine, **764**
DOM. **DUTERTRE**, Touraine-Amboise, 770
CH. **DUTRUCH GRAND POUJEAUX**, Moulis-en-Médoc, 324
DUVAL-LEROY, Champagner, 560
DUVERGEY-TABOUREAU, Chablis Premier Cru, 399
DUVERGEY TABOUREAU, Chassagne-Montrachet, 498
DUVERGEY TABOUREAU, Gevrey-Chambertin, 414
DUVERGEY TABOUREAU, Montagny, 522
DUVERGEY-TABOUREAU, Nuits-Saint-Georges, 442
DUVERGEY-TABOUREAU, Saint-Aubin, 501
DUVERGEY TABOUREAU, Saint-Romain, 485
DUVERGEY-TABOUREAU, Saint-Véran, 537
DOM. **EBLIN-FUCHS**, Alsace Riesling, 65
MAURICE **ECARD**, Savigny-lès-Beaune, 460
JEAN-PAUL **ECKLE ET FILS**, Alsace Grand Cru Wineck-Schlossberg, 103
JEAN-PAUL **ECKLE**, Alsace Grand Cru Wineck-Schlossberg, 103
EGLY-OURIET, Champagner, 560
EGLY-OURIET, Coteaux Champenois, 582
EHRHART, Alsace Grand Cru Hengst, 96
ANDRE **EHRHART ET FILS**, Alsace Gewürztraminer, 74

ANDRE **EHRHART ET FILS**, Alsace Grand Cru Hengst, 96
FRANCOIS **EHRHART ET FILS**, Alsace Gewürztraminer, 74
EINHART, Alsace Gewürztraminer, 74
CH. **ELGET**, Muscadet de Sèvre-et-Maine, 723
DOM. D' **ELISE**, Chablis, 394
DOM. D' **ELISE**, Petit Chablis, 391
ELITE SAINT ROCH, Médoc, 296
CHARLES **ELLNER**, Champagner, 560
DOM. D' **EMBIDOURE**, Floc de Gascogne, 894
CH. D' **EMERINGES**, Beaujolais-Villages, 122
EMILY, Bordeaux Rosé, 172
DOM. **RAYMOND ENGEL**, Alsace Gewürztraminer, 74
DOM. **RENE ENGEL**, Clos de Vougeot, 432
DOM. **RENE ENGEL**, Vosne-Romanée, 436
DOM. DES **ENTREFAUX**, Crozes-Hermitage, 805
CH. D' **EPIRE**, Savennières, **743**
DAVID **ERMEL**, Alsace Gewürztraminer, 74
DAVID **ERMEL**, Alsace Grand Cru Rosacker, 101
CUVEE **ERMITAGE DU CHATEAU**, Côtes du Roussillon, 634
DOM. DES **ESCARAVATIERS**, Côtes de Provence, 647
DOM. D' **ESCAUSSES**, Gaillac, 681
DOM. **ESMONIN PERE ET FILLE**, Gevrey-Chambertin, 414
CLAUDE **ESNAULT**, Saint-Nicolas-de-Bourgueil, 785
CH. DES **ESTANILLES**, Faugères, 623
JEAN D' **ESTAVEL**, Côtes du Roussillon-Villages, 638
CH. D' **ESTEU**, Haut-Médoc, 307
ESTERLIN, Champagner, 560
CAVE D' **ESTEZARGUES**, Côtes du Rhône, 830
LES VIGNERONS D' **ESTEZARGUES**, Côtes du Rhône, 830
LES VIGNERONS D' **ESTEZARGUES**, Côtes du Rhône-Villages, 840
DOM. **ESTOURNEL**, Côtes du Rhône, 830
DOM. **ESTOURNEL**, Côtes du Rhône-Villages, 840
ETALON, Bordeaux, 162
ETALON, Bordeaux Sec, **168**
ETCHEGARAY MALLARD, Saumur, 754
MICHELE **ETCHEGARAY-MALLARD**, Crémant de Loire, 716
CH. D' **ETROYES-JUILLET**, Mercurey, 516
CH. **EYQUEM**, Côtes de Bourg, 194
CH. D' **EYRAN**, Pessac-Léognan, 286
CH. **EYRAUD DE LA PEYRINE**, Premières Côtes de Bordeaux, 267
CH. **FABAS**, Minervois, 626
FRANCOIS **FAGOT**, Champagner, 560
FAIVELEY, Côte de Nuits-Villages, 447
FAIVELEY, Pommard, 474
DOM. **FAIVELEY**, Mercurey, 516
JOSEPH **FAIVELEY**, Clos de Vougeot, 432
JOSEPH **FAIVELEY**, Corton, 456
JOSEPH **FAIVELEY**, Mazis-Chambertin, 422
JOSEPH **FAIVELEY**, Morey-Saint-Denis, 423
JOSEPH **FAIVELEY**, Nuits-Saint-Georges, 442
JOSEPH **FAIVELEY**, Puligny-Montrachet, 493
CH. **FAIZEAU**, Montagne Saint-Emilion, 251
DOM. DES **FALAISES**, Chinon, 779
FALLER, Alsace Grand Cru Kirchberg de Ribeauvillé, 97
FALLER, Alsace Grand Cru Geisberg, 95

DOM. DE **FAOUQUET**, Côtes du Frontonnais, 685
CH. **FARAMBERT**, Côtes de Provence, 647
CH. DE **FARGUES**, Sauternes, 348
CH. **FARGUET**, Montagne Saint-Emilion, 251
CH. **FARLURET**, Barsac, 345
CH. **FAUCHEY**, Premières Côtes de Bordeaux, 267
JACQUES **FAURE**, Clairette de Die, 867
CH. DES **FAURES**, Côtes de Castillon, 258
CH. **FAURIE DE SOUCHARD**, Saint-Emilion Grand Cru, 228
PHILIPPE **FAURY**, Condrieu, 846
PHILIPPE **FAURY**, Saint-Joseph, 848
GERALD **FAVRE**, Pouilly-Fuissé, 532
CH. **FAYAU**, Bordeaux Supérieur, 176
CH. **FAYAU**, Cadillac, 339
HENRI **FELETTIG**, Chambolle-Musigny, 427
DOM. **FELIX**, Bourgogne, 364
DOM. **FELIX ET FILS**, Bourgogne Aligoté, 374
DOM. DE **FENOUILLET**, Côtes du Rhône-Villages, 841
DOM. DE **FENOUILLET**, Muscat de Beaumes-de-Venise, 887
DOM. DES **FERAUD**, Côtes de Provence, 647
FERME DES ARDILLERS, Fiefs Vendéens AOVDQS, 731
CH. **FERNON**, Graves, 277
CH. **FERRAN**, Côtes du Frontonnais, 685
CH FERRAN, Pessac-Léognan, 286
CH. **FERRAN**, Pessac-Léognan, 287
CH. **FERRANDE**, Graves, 277
DOM. DE **FERRANT**, Côtes de Duras, 709
SELECTION PIERRE **FERRAUD**, Beaujolais, 118
DOM. **FERRER**, Côtes du Roussillon, 635
DOM. **FERRER**, Muscat de Rivesaltes, 884
CH. **FERRIERE**, Margaux, 320
CH. **FERRY-LACOMBE**, Côtes de Provence, 648
DOM. JEAN **FERY ET FILS**, Côte de Nuits-Villages, 447
DOM. JEAN **FERY ET FILS**, Savigny-lès-Beaune, 460
CUVEE GEORGES **FESSY**, Brouilly, 127
HENRY **FESSY**, Beaujolais, 118
HENRY **FESSY**, Fleurie, 135
HENRY **FESSY**, Saint-Véran, 537
SYLVAIN **FESSY**, Beaujolais-Villages, 122
SYLVAIN **FESSY**, Morgon, 140
DOM. DU **FEUILLAT**, Châteaumeillant AOVDQS, 803
NICOLAS **FEUILLATTE**, Champagner, 561
DOM. DE **FEUILLES D'OR**, Anjou-Coteaux de la Loire, 742
CH. **FEYTIT-CLINET**, Pomerol, 206
FRANCIS **FICHET ET FILS**, Bourgogne, 364
FRANCIS **FICHET ET FILS**, Crémant de Bourgogne, 389
FRANCIS **FICHET ET FILS**, Mâcon, 524
FIEF COGNARD, Muscadet de Sèvre-et-Maine, 723
FIEF DE LA TOUCHE, Gros-Plant AOVDQS, 730
CH. DE **FIEUZAL**, Pessac-Léognan, **287**
CH. **FIGEAC**, Saint-Emilion Grand Cru, 229
PAUL **FIGEAT**, Pouilly-Fumé, 813
CH. **FILHOT**, Sauternes, 348
DOM. **FILIPPI**, Vins de Corse, 668
DOM. **FILLIATREAU**, Saumur-Champigny, 758
DANIEL **FISSELLE**, Montlouis, 787 788

934

DOM. HUBERT **GARREY ET FILS,** Mercurey, 516

SERGE **GASNE,** Bourgogne, 364

CH. **GASSIES,** Premières Côtes de Bordeaux, 267

ROLLY **GASSMANN,** Alsace Pinot Noir, 87

ROLLY **GASSMANN,** Alsace Riesling, 66

CH. **GAUBERT,** Saint-Emilion Grand Cru, 230

DOM. **GAUBY,** Côtes du Roussillon, 635

DOM. **GAUBY,** Côtes du Roussillon-Villages, 638

BERNARD **GAUCHER,** Champagner, 561

DOM. **GAUCHER-MELLIER,** Vouvray, 792

DOM. **GAUDARD,** Coteaux du Layon, **747**

CH. DE **GAUDOU,** Cahors, 677

CH. **GAUDRELLE,** Vouvray, **792**

SYLVAIN **GAUDRON,** Vouvray, 792

CUVEE LUDOVIC **GAUJAL,** Coteaux du Languedoc, 619

CH. **GAURY BALETTE,** Bordeaux Supérieur, 176

CH. **GAUTHIER,** Médoc, 296

PIERRE **GAUTHIER,** Bourgueil, 774

CHRISTIAN **GAVIGNET-BETHANIE,** Nuits-Saint-Georges, 442

MICHEL **GAVIGNET,** Nuits-Saint-Georges, 442

PHILIPPE **GAVIGNET,** Bourgogne, 364

PHILIPPE **GAVIGNET,** Bourgogne Passetoutgrain, 379

DOM. **GAVOTY,** Côtes de Provence, 648

CH. **GAYAT,** Graves de Vayres, 273

CH. **GAYON,** Bordeaux Supérieur, 176

CH. **GAZIN,** Pessac-Léognan, 287

CH. **GAZIN,** Pomerol, 206

GEANTET-PANSIOT, Gevrey-Chambertin, 414

GEANTET-PANSIOT, Marsannay, 409

HENRI **GEFFARD,** Pineau des Charentes, 891

DOM. DES **GELERIES,** Bourgueil, 774

DOM. **PIERRE GELIN,** Fixin, 410

DOM. **PIERRE GELIN,** Gevrey-Chambertin, 414

OLIVIER **GELINEAU,** Anjou, 736

DOM. DES **GENAUDIERES,** Coteaux d'Ancenis AOVDQS, 732

DOM. DES **GENEVES,** Chablis Premier Cru, 399

ALEXIS **GENOUX,** Vin de Savoie, 601

DOM. **GENTILE,** Patrimonio, 672 673

DOM. **ALAIN GEOFFROY,** Chablis Premier Cru, **400**

RENE **GEOFFROY,** Champagner, 561

RENE **GEOFFROY,** Coteaux Champenois, 582

JEAN **GEORGES,** Chénas, 131

CUVEE JOSEPH **GERAUD,** Banyuls, 877

PIERRE **GERBAIS,** Champagner, 561

DOM. DES **GERBEAUX,** Saint-Véran, 537

DOM. **FRANCOIS GERBET,** Bourgogne

Hautes-Côtes de Nuits, 382

DOM. **FRANCOIS GERBET,** Vosne-Romanée, 437

DOM. **JACQUES GERMAIN,** Beaune, **467**

H. **GERMAIN,** Champagner, 561 562

MAISON JEAN **GERMAIN,** Meursault, 488

MAISON JEAN **GERMAIN,** Puligny-Montrachet, 493

MAISON JEAN **GERMAIN,** Rully, 512

MAISON JEAN **GERMAIN,** Santenay, 504

MAISON JEAN **GERMAIN,** Volnay, 478

GERMAIN PERE ET FILS, Saint-Romain, 485

MICHEL **GERON,** Cabernet d'Anjou, 741

DOM. DES **GESLETS,** Bourgueil, 774

CH. **GESSAN,** Saint-Emilion Grand Cru, 230

GEYER, Alsace Tokay-Pinot Gris, 81

ROGER ET ROLAND **GEYER,** Alsace Pinot Noir, **87**

ROBERT **GIBOURG,** Auxey-Duresses, 483

ROBERT **GIBOURG,** Morey-Saint-Denis, 423

GIFARD DE DIDONNE, Pineau des Charentes, 891

JEAN-PAUL **GILBERT,** Menetou-Salon, 812

MADELEINE **GILBERT,** Touraine-Amboise, 770

JEAN-PIERRE **GILET,** Vouvray, 792

ARMAND **GILG,** Alsace Grand Cru Moenchberg, 98

ARMAND **GILG,** Alsace Riesling, 66

DOM. **GILLET,** Mâcon-Villages, 527

PIERRE **GIMONNET ET FILS,** Champagner, 562

PAUL **GINGLINGER,** Alsace Gewürztraminer, 74

PAUL **GINGLINGER,** Alsace Grand Cru Pfersigberg, 99

PAUL **GINGLINGER,** Alsace Riesling, 66

PIERRE-HENRI **GINGLINGER,** Alsace Grand Cru Pfersigberg, 99

DOM. **GIRARD,** Saint-Véran, 538

DOM. **EDMOND - GIRARDIN,** Pommard, 474

DOM. **JACQUES GIRARDIN,** Chassagne-Montrachet, 498

DOM. **JACQUES GIRARDIN,** Savigny-lès-Beaune, 460

DOM. **VINCENT GIRARDIN,** Chassagne-Montrachet, 498

DOM. **VINCENT GIRARDIN,** Santenay, 504 505

JACQUES **GIRARDIN,** Santenay, 504

GIRARD-VOLLOT ET FILS, Savigny-lès-Beaune, 461

CAMILLE **GIROUD,** Beaune, 467

CAMILLE **GIROUD,** Vosne-Romanée, 437

DOM. **GIROUX,** Mâcon-Villages, 527

CH. **GISCOURS,** Margaux, 320

WILLY **GISSELBRECHT ET FILS,** Alsace Riesling, 66

LOUIS **GISSELBRECHT,** Alsace Grand Cru

Frankstein, 94

DOM. **GEORGES GLANTENAY ET FILS,** Volnay, 478

CH. **GLORIA,** Saint-Julien, 336

GOBET, Côtes du Rhône, 830

GOBET, Saint-Amour, 148

J.-M. **GOBILLARD ET FILS,** Champagner, 562

PAUL **GOBILLARD,** Champagner, 562

PHILIPPE **GOCKER,** Alsace Gewürztraminer, **74**

PHILIPPE **GOCKER,** Alsace Tokay-Pinot Gris, **81**

GERARD ET MARIE-CLAIRE **GODEFROY,** Saint-Nicolas-de-Bourgueil, 785

PAUL **GOERG,** Champagner, 562

GOILLOT-BERNOLLIN, Gevrey-Chambertin, 414

DOM. **SERGE ET ARNAUD GOISOT,** Sauvignon de
Saint-Bris AOVDQS, 407

GHISLAINE ET JEAN-HUGUES **GOISOT,** Bourgogne, **364**

GHISLAINE ET JEAN-HUGUES **GOISOT,** Bourgogne Aligoté, 375

GHISLAINE ET JEAN-HUGUES **GOISOT,** Sauvignon de
Saint-Bris AOVDQS, 407

MARIE-CLAUDE ET HUGUES **GOISOT,** Bourgogne, 364

MARIE-CLAUDE ET HUGUES **GOI-**

SOT, Sauvignon de
Saint-Bris AOVDQS, 407

SERGE ET ARNAUD **GOISOT,** Bourgogne, 364

SERGE ET ARNAUD **GOISOT,** Bourgogne Aligoté, 375

CH. **GOMBAUDE-GUILLOT,** Pomerol, 206 207

MICHEL **GONET,** Champagner, 563

GONET-SULCOVA, Champagner, 563

LES VIGNERONS DE **GONFARON,** Côtes de Provence, **648**

CHARLES **GONNET,** Vin de Savoie, 601

DOM. **RENE GONON,** Juliénas, **137**

PIERRE **GONON,** Saint-Joseph, 848

GOSSET, Champagner, 563

CH. **GOSSIN,** Bordeaux Supérieur, 177

MICHEL **GOUBARD,** Bourgogne
Côte Chalonnaise, 510

DOM. **GOUD DE BEAUPUIS,** Aloxe-Corton, 450

DOM. **GOUD DE BEAUPUIS,** Beaune, 467

DOM. **GOUFFIER,** Mercurey, 516

DOM. **HENRI GOUGES,** Nuits-Saint-Georges, 442

DOM. **GOUILLON,** Brouilly, 127

DOM. **GOUILLON,** Morgon, 140

DOM. **DOMINIQUE GOUILLON,** Beaujolais-Villages, 122

CH. DE **GOULAINE,** Muscadet de Sèvre-et-Maine, 723

CAVE COOP. DE **GOULENS EN BRULHOIS,** Côtes du Brulhois AOVDQS, 687

DOM. **JEAN GOULLEY ET FILS,** Chablis, 394

DOM. **JEAN GOULLEY ET FILS,** Chablis Premier Cru, **400**

DOM. **JEAN GOULLEY ET FILS,** Petit Chablis, 391

DANIEL **GOUNOT,** Petit Chablis, 391

MICHEL **GOUNY,** Touraine, 764

GOUPIL DE BOUILLE, Beaune, 467

DOM. DU **GOUR DE CHAULE,** Gigondas, 853

DOM. DU **GOURGET,** Côtes du Rhône, 830

DOM. DU **GOURGET,** Côtes du Rhône-Villages, 841

MAS DE **GOURGONNIER,** Coteaux d'Aix, 662

CH. **GOURSIN,** Bordeaux Sec, 169

HENRI **GOUTORBE,** Champagner, 563

DOM. DU **GOUYAT,** Bergerac, 696

DOM. **JEAN GOYON,** Pouilly-Fuissé, 532

ALAIN **GRAILLOT,** Crozes-Hermitage, 850

ALAIN **GRAILLOT,** Saint-Joseph, 848

CH. DU **GRAND ABORD,** Graves, 277

CH. **GRAND BARIL,** Montagne Saint-Emilion, 251

CH. DU **GRAND BARRAIL,** Premières Côtes de Blaye, 189

CH. **GRAND BARRAIL LAMARZELLE FIGEAC,** Saint-Emilion Grand Cru, 230

CH. DU **GRAND BERN,** Bordeaux Supérieur, 177

DOM. DU **GRAND BOISSE,** Côtes de Bergerac, 702

GRAND BOUQUET, Muscat de Rivesaltes, 884

CH. **GRAND CHEMIN BELINGARD,** Monbazillac, 704

DOM. **GRAND CHENE,** Côtes du Rhône-Villages, 841

CH. **GRAND CLAUSET,** Bordeaux, 163

CH. **GRAND CORBIN,** Saint-Emilion Grand Cru, 230

CH. **GRAND CORBIN DESPAGNE,** Saint-Emilion Grand Cru, 230

CH. **GRAND CORBIN MANUEL,** Saint-Emilion Grand Cru, 231

DOM. DU **GRAND COULET,** Châteauneuf-du-Pape, 859

GRAND ENCLOS DU CHATEAU DE CERONS, Cérons, **344**

GRANDE TOQUE, Côtes du Lubéron, 871 872

GRAND FRERES, Côtes du Jura, **594**

DOM. GRAND FRERES, Côtes du Jura, 594

CH. GRANDIS, Haut-Médoc, 308

DOM. DU GRAND JAURE, Pécharmant, 707

CH. GRAND JOUR, Côtes de Bourg, **194**

DOM. GRAND LAFONT, Haut-Médoc, 308

CH. GRAND LAUNAY, Côtes de Bourg, 195

GRAND LISTRAC, Listrac-Médoc, 316

CH. DU GRAND MAINE, Bordeaux, 163

DOM. DE GRANDMAISON, Pessac-Léognan, 287

CH. GRAND MAYNE, Saint-Emilion Grand Cru, 231

CH. GRAND MERRAIN, Haut-Médoc, 308

CH. DU GRAND MOINE, Lalande de Pomerol, 213

CH. GRAND MONTEIL, Bordeaux Rosé, 172

CH. GRAND MONTEIL, Bordeaux Supérieur, 177

DOM. DU GRAND MONTMIRAIL, Gigondas, 854

CH. DU GRAND MOULAS, Côtes du Rhône, 830

CH. DU GRAND MOULAS, Côtes du Rhône-Villages, 841

CH. GRAND MOULIN, Haut-Médoc, 308

CH. GRAND MOULINET, Pomerol, 207

GRAND OPERA, Corbières, 613

CH. GRAND ORMEAU, Lalande de Pomerol, 213

CH. GRAND PEYRUCHET, Loupiac, 340

CH. GRAND-PONTET, Saint-Emilion Grand Cru, 231

CH. GRAND-PUY DUCASSE, Pauillac, 327

CH. GRAND-PUY-LACOSTE, Pauillac, 327

GRAND RENOM, Haut-Médoc, 308

CH. GRAND-RENOUIL, Canon-Fronsac, 199

CH. GRAND RIGAUD, Puisseguin Saint-Emilion, 255

GRAND SAINT-BRICE, Médoc, 296

CAVE DES GRANDS CRUS BLANCS, Pouilly Vinzelles, 536

DOM. DES GRANDS DEVERS, Côtes du Rhône, 831

DOM. DES GRANDS DEVERS, Côtes du Rhône-Villages, 841

DOM. DES GRANDS-PRIMEAUX, Muscadet de Sèvre-et-Maine, 723

CH. GRANDS SILLONS GABACHOT, Pomerol, 207

DOM. DU GRAND TINEL, Châteauneuf-du-Pape, 859

DOM. DU GRAND TUILLAC, Côtes de Castillon, 259

DOM. DU GRAND VAUCROZE, Côtes du Rhône, 831

DOM. GRAND VENEUR, Côtes du Rhône, 831

DOM. DU GRAND VENEUR, Châteauneuf-du-Pape, 859

CH. GRAND VILLAGE, Bordeaux Sec, 169

CH. GRAND VILLAGE, Bordeaux Supérieur, 177

DOM. DE GRANGE GRILLARD, Arbois, 589

GRANGENEUVE, Entre-Deux-Mers, 262

CH. GRANGEY, Saint-Emilion Grand Cru, 231

CH. GRANINS GRAND POUJEAUX, Moulis-en-Médoc, 324

DOM. DU GRANIT BLEU, Beaujolais-Villages, **122**

CH. GRATE-CAP, Pomerol, 207

DOM. DES GRAUZILS, Cahors, 677

DOM. DES GRAVALOUS, Cahors, 677

CH. GRAVAS, Barsac, 345

CH. DES GRAVES DU TICH, Sainte-Croix-du-Mont, 342

CH. GRAVET, Saint-Emilion Grand Cru, 231

CH. GRAVETTES, Bordeaux Supérieur, 177

CH. GRAVETTES-SAMONAC, Côtes de Bourg, **195**

CH. GRAVEYRON, Graves, 277

CH. DES GRAVIERES, Graves, 277

JEAN GREINER, Alsace Riesling, 66

ANDRE ET REMY GRESSER, Alsace Pinot Noir, **87**

DOM. ANDRE ET REMY GRESSER, Alsace Grand Cru Wiebelsberg, 103

CH. GREYSAC, Médoc, 296

CH. GREZAN, Faugères, **623**

CH. DE GREZELS, Cahors, 677

DOM. DU GRIFFON, Côte de Brouilly, 129

CH. GRILLET, Château-Grillet, 847

CH. GRILLON, Sauternes, 348

CH. GRIMON, Côtes de Castillon, 259

CH. GRIMONT, Premières Côtes de Bordeaux, 267

CH. GRINOU, Bergerac, 696

CH. GRINOU, Bergerac Sec, 700

BERNARD GRIPA, Saint-Joseph, 848

DOM. J.-L. GRIPPAT, Hermitage, 852

JEAN-LOUIS GRIPPAT, Saint-Joseph, 848

DOM. ALBERT GRIVAULT, Pommard, 474

CLOS GRIVET, Pessac-Léognan, 287

CHRISTIAN GROS, Aloxe-Corton, **452**

DOM. A.-F. GROS, Vosne-Romanée, 437

DOM. A.-F. GROS, Bourgogne Hautes-Côtes de Nuits, 382

DOM. ANNE ET FRANCOIS GROS, Clos de Vougeot, 432

DOM. ANNE ET FRANCOIS GROS, Richebourg, 439

DOM. GROS-FAIVELEY, Bourgogne, 365

MICHEL GROS, Bourgogne Hautes-Côtes de Nuits, **382**

DOM. GROSSET, Coteaux du Layon, 747 748

CH. GROSSOMBRE, Bordeaux, 163

CH. GROSSOMBRE, Entre-Deux-Mers, 263

CORINNE ET JEAN-PIERRE GROSSOT, Chablis, 394

JEAN-PIERRE GROSSOT, Chablis Premier Cru, 400

CH. GRUAUD-LAROSE, Saint-Julien, 336

CHARLES GRUBER, Chassagne-Montrachet, 498

CHARLES GRUBER, Morgon, 141

CHARLES GRUBER, Volnay, 478

GRUSS, Alsace Gewürztraminer, 74

GRUSS, Crémant d'Alsace, 106

DOM. DE GRY-SABLON, Beaujolais-Villages, 122

JOSEPH GSELL, Alsace Gewürztraminer, 75

JOSEPH GSELL, Alsace Riesling, 66

CH. GUADET-PLAISANCE, Montagne Saint-Emilion, 251

CH. GUERANDE, Muscadet de Sèvre-et-Maine, 723

CH. DE GUERIN, Bordeaux, 163

THIERRY GUERIN, Pouilly-Fuissé, 532

CH. GUERRY, Côtes de Bourg, 195

GUETH, Crémant d'Alsace, 106

ANDRE GUETH ET FILS, Alsace Tokay-Pinot Gris, 81

CH. DES GUETTES, Savigny-lès-Beaune, 461

DOM. DES GUETTES, Savigny-lès-Beaune, 461

CH. GUEYROSSE, Saint-Emilion Grand Cru, 231

ROSE DE GUIET, Bordeaux Rosé, 172

E. GUIGAL, Côte Rôtie, **846**

MICHEL GUIGNIER, Fleurie, 135

CH. DE GUILHEMANSON, Saint-Emilion, 218

ROSE DE GUILLEBOT, Bordeaux Rosé, 172

CH. GUILLEMET, Premières Côtes de Bordeaux, 267

DOM. PIERRE GUILLEMOT, Savigny-lès-Beaune, 461

DANIEL GUILLET, Brouilly, 127

DOM. JEAN-MICHEL GUILLON, Gevrey-Chambertin, 415

CH. GUILLON-NARDOU, Bordeaux Côtes de Francs, 186

GUILLON-PAINTURAUD, Pineau des Charentes, 891

CH. GUILLOT, Pomerol, 207

DOM. GUINDON, Muscadet des Coteaux de la Loire, 720

CELLIER DES GUINOTS, Entre-Deux-Mers, 263

CELLIERS DES GUINOTS, Bordeaux Rosé, 172

CELLIERS DES GUINOTS, Bordeaux Supérieur, 177

CH. GUIRAUD, Sauternes, **348**

CH. GUIRAUTON, Graves, 277

JEAN GUITON, Bourgogne, 365

JEAN GUITON, Savigny-lès-Beaune, 461

CH. GUITTOT FELLONNEAU, Haut-Médoc, 308

ALAIN GUYARD, Côte de Nuits-Villages, 447

ALAIN GUYARD, Fixin, 410

ALAIN GUYARD, Gevrey-Chambertin, 416

ALAIN GUYARD, Marsannay, 409

DOM. JEAN-PIERRE GUYARD, Fixin, 410

ANTONIN GUYON, Chambolle-Musigny, 427

ANTONIN GUYON, Meursault, 488

DOM. ANTONIN GUYON, Corton, 456

DOM. ANTONIN GUYON, Corton-Charlemagne, 458

DOM. ANTONIN GUYON, Pernand-Vergelesses, 454

DOM. DOMINIQUE GUYON, Pernand-Vergelesses, 454

HAAG, Alsace Grand Cru Zinnkoepfle, 104

M. HAEGELIN, Alsace Gewürztraminer, 75

MATERNE HAEGELIN, Alsace Pinot Noir, 88

MATERNE HAEGELIN, Alsace Tokay-Pinot Gris, 81

DOM. FRANCIS HAERTY, Chinon, 779

DOM. HALLAY ET FILS, Vouvray, 792

THIERRY HAMELIN, Chablis, 394

CELLIER HANNIBAL, Châtillon-en-Diois, 868

CH. HANTEILLAN, Haut-Médoc, 308

DOM. HARMAND-GEOFFROY, Gevrey-Chambertin, 416

ANDRE HARTMANN, Alsace Tokay-Pinot Gris, 81

DOM. DU HAURET LALANDE, Graves, 277

CH. HAUT-BADON, Saint-Emilion Grand Cru, 231

CH. HAUT-BAGES AVEROUS, Pauillac, 327

CH. HAUT-BAGES LIBERAL, Pauillac, 327

DOM. DU HAUT BAIGNEUX, Touraine, 764

DOM. DU HAUT-BAIGNEUX, Touraine-Azay-le-Rideau, 771

CH. HAUT-BAILLY, Pessac-Léognan, **288**

CH. HAUT-BATAILLEY, Pauillac, 328

WEINE

KUENTZ-BAS, Alsace Grand Cru Eichberg, 93
KUENTZ-BAS-CUVEE JEREMY, Alsace Grand Cru Pfersigberg, 99
CH. LABADIE, Médoc, 297
CLOS LABARDE, Saint-Emilion Grand Cru, 233
CH. LA BARDE-LES TENDOUX, Bergerac, 697
CH. LA BARONNE, Corbières, 613
DOM. DE LABARTHE, Gaillac, 681
DOM. DE LA BASTIDE BLANCHE, Bandol, 657
CELLIER DE LA BASTIDE, Bordeaux Sec, 169
CELLIER DE LA BASTIDE, Entre-Deux-Mers, 264
CH. LA BASTIDE, Cabardès AOVDQS, 629
DOM. DE LA BASTIDE NEUVE, Côtes de Provence, 648
LA BASTIDE SAINT DOMINIQUE, Côtes du Rhône, 831
LA BASTIDE SAINT-VINCENT, Côtes du Rhône, 831
LA BASTIDE SAINT-VINCENT, Vacqueyras, 856
CH. LA BASTIDETTE, Montagne Saint-Emilion, 252
CH. LABATUT-BOUCHARD, Bordeaux Sec, 169
PRESTIGE DE LA BAZILLIERE, Muscadet de Sèvre-et-Maine, 724
L'ABBATIALE, Champagner, 566
CLOS DE L'ABBAYE, Bourgueil, 775
CLOS DE L'ABBAYE, Saumur, 754
ANCIEN CLOS DE L'ABBAYE DE SAINT GERMAIN, Bourgogne, 365
DOM. DE L'ABBAYE, Chinon, 779
DOM. DE L'ABBAYE, Côtes de Provence, 648 649
DOM. DE L'ABBAYE, Santenay, 506
DOM. DE L'ABBAYE DU PETIT QUINCY, Bourgogne, 365
DOM. DE LA BEAUCARNE, Beaujolais-Villages, 122
CH. LA BECADE, Listrac-Médoc, 316
CH. LABEGORCE ZEDE, Margaux, 320
CH. LA BERGALASSE, Floc de Gascogne, 894
DOM. DE LA BERGERIE, Coteaux du Layon, 748
DOM. DE LA BERGERIE, Touraine, 764
CH. LA BERTRANDE, Cadillac, 339
DOM. DE LA BESNERIE, Crémant de Loire, 717
DOM. DE LA BESNERIE, Touraine-Mesland, 773
DOM. PIERRE LABET, Beaune, 468
DOM. DE LA BLANCHERIE-PEYRET, Graves, 278
DOM. DE LA BLANCHETIERE, Muscadet de Sèvre-et-Maine, 724
DOM. DE LA BLOTTIERE, Vouvray, 792
CH. LA BOISSERIE, Saint-Emilion Grand Cru, 233
CH. LA BORDERIE, Monbazillac, 704
CH. LABORDERIE MONDESIR, Lalande de Pomerol, 214
CH. DE LA BOTINIERE, Muscadet de Sèvre-et-Maine, 724
CH. LA BOTTE, Bordeaux, 163
LA BOTTIERE, Juliénas, 137
CH. DE LA BOURDINIERE, Muscadet de Sèvre-et-Maine, 724
LABOURE-ROI, Chambolle-Musigny, 427
LABOURE-ROI, Côte de Beaune-Villages, 509
LABOURE-ROI, Meursault, 488
LABOURE-ROI, Puligny-Montrachet, 493
LABOURE-ROI, Volnay, 478

DOM. DE LA BOUVERIE, Côtes de Provence, 649
CH. LA BRANDE, Côtes de Castillon, 259
CH. LA BRANDE, Fronsac, 202
CH. LA BRANTE-CESSAC, Cahors, 678
CH. LA BRAULTERIE DE PEYRAUD, Premières Côtes de Blaye, 190
DOM. LA BRETAUCHE, Chablis, 394
DOM. LA BRETAUCHE, Petit Chablis, 391
DOM. DE LA BRETESCHE, Muscadet de Sèvre-et-Maine, 724
CH. LA BRIDANE, Saint-Julien, 336
CLOS DE LA BRIDERIE, Touraine-Mesland, 773
CH. LA BRIE, Bergerac, 697
CH. LA BRIE, Monbazillac, 704
DOM. DE LA BRUNELY, Vacqueyras, 856
LABRY, Crémant de Bourgogne, 389
DIANE ET GILLES LABRY, Bourgogne Hautes-Côtes de Beaune, 386
DOM. ANDRE ET BERNARD LABRY, Auxey-Duresses, 484
DOM. DE LA BUISSIERE, Pommard, 474
DOM. DE LA BUISSIERE, Santenay, 506
DOM. DE LA BUTTE, Bourgueil, 775
CH. LA CABANNE, Pomerol, 207
DOM. DE LA CADENIERE, Coteaux d'Aix, 663
CH. LA CAMINADE, Cahors, 678
CH. LA CANORGUE, Côtes du Lubéron, 872
CH. DE LA CANTRIE, Muscadet de Sèvre-et-Maine, 724
CH. LACAPELLE CABANAC, Cahors, 678
DOM. DE LA CAPELLE, Bordeaux Supérieur, 178
DOM. DE LA CAPELLE, Muscat de Mireval, 888
CH. LA CARDONNE, Médoc, 297
LES VIGNERONS DE LA CARIGNANO, Coteaux du Languedoc, 619
DOM. DE LA CASA BLANCA, Banyuls, 877
CH. LA CASSAGNE-BOUTET, Premières Côtes de Blaye, 190
DOM. DE LA CAVALE, Côtes du Lubéron, 872
LA CAVE DU MAITRE DE POSTE, Bourgogne, 365
CH. LA CAZE BELLEVUE, Saint-Emilion, 220
DOM. DE LA CERISAIE, Saint-Amour, 148
LA CHABLISIENNE, Bourgogne, 366
LA CHABLISIENNE, Chablis, 394
LA CHABLISIENNE, Chablis Grand Cru, 405
LA CHABLISIENNE, Chablis Premier Cru, 400 401
LA CHABLISIENNE, Petit Chablis, 392
DOM. DE LA CHAIGNEE, Fiefs Vendéens AOVDQS, 732
CH. LA CHANDELLIERE, Médoc, 297
DOM. DE LA CHAPELLE, Bourgogne Passetoutgrain, 379
DOM. DE LA CHAPELLE, Chinon, 779
DOM. DE LA CHAPELLE, Crémant de Bourgogne, 389
DOM. DE LA CHARADE, Côtes du Rhône, 831
DOM. DE LA CHARBONNIERE, Châteauneuf-du-Pape, 859
DOM. DE LA CHARBONNIERE, Vacqueyras, 856
DOM. DE LA CHARITE, Côtes du Rhône, 831 832
DOM. DE LA CHARMOISE, Touraine, 765
DOM. DE LA CHARPENTERIE, Muscadet de Sèvre-et-Maine, 724

DOM. DE LA CHARRIERE, Coteaux du Loir, 783
DOM. DE LA CHARRIERE, Jasnières, 784
CH. DE LA CHARTREUSE, Sauternes, 349
DOM. DE LA CHARTREUSE DE VALBONNE, Côtes du Rhône, 832
LA CHATELAUDE, Crozes-Hermitage, 850
CH. LACHESNAYE, Haut-Médoc, 308
DOM. DE LA CHEVALERIE, Bourgueil, 775
CH. LA CHEZE, Premières Côtes de Bordeaux, 268
CH. LACLAVERIE, Bordeaux Côtes de Francs, 187
CH. LA CLIDE, Saint-Emilion Grand Cru, 234
CH. LA CLOSERIE DU GRAND-POUJEAUX, Moulis-en-Médoc, 324
CH. LA CLUSIERE, Saint-Emilion Grand Cru, 234
CH. LA CLYDE, Premières Côtes de Bordeaux, 268
CH. LA COLOMBIERE, Côtes du Frontonnais, 686
LACOMBE, Vins de Marcillac, 688
CH. LACOMBE CADIOT, Bordeaux Supérieur, 178
CH. LACOMBE, Bordeaux Haut-Benauge, 261
DOM. DE LA COMBE, Beaujolais-Villages, 123
DOM. DE LA COMBE, Bergerac Sec, 700
CH. LACOMBE-NOAILLAC, Médoc, 297
CH. LA COMMANDERIE, Saint-Emilion Grand Cru, 234
CH. LA COMMANDERIE, Saint-Estèphe, 332
CH. LA COMMANDERIE DE QUEYRET, Bordeaux Supérieur, 178
DOM. LA COMMANDERIE, Chinon, 779
CUVEE DE LA COMMANDERIE DU BONTEMPS, Médoc, 297
LA CONCERTANTE, Graves, 278
DOM. DE LA CONCIERGERIE, Chablis, 394
DOM. DE LA CONCIERGERIE, Chablis Premier Cru, 401
CH. LA CONDAMINE BERTRAND, Clairette du Languedoc, 611
DOM. DE LA CONDEMINE, Mâcon, 524
DOM. DE LA CONFRERIE, Bourgogne Hautes-Côtes de Beaune, 386
LA CONTRIE, Saint-Nicolas-de-Bourgueil, 785
DOM. DE LA CORMERAIS, Muscadet de Sèvre-et-Maine, 725
CH LACOSTE CHATAIN, Montagne Saint-Emilion, 252
DOM. DE LA COSTE, Coteaux du Languedoc, 620
DOM. DE LA COTE DE CHEVENAL, Juliénas, 138
DOM. DE LA COTE DE L'ANGE, Châteauneuf-du-Pape, 859
DOM. DE LA COUDRAYE, Bourgueil, 775
DOM. DE LA COUDRAYE, Saint-Nicolas-de-Bourgueil, 785
DOM. DE LA COUR D'ARDENAY, Coteaux du Layon, 748 749
CH. DE LA COUR D'ARGENT, Bordeaux, 164
CH. LACOUR JACQUET, Haut-Médoc, 309
CH. LA COUSPAUDE, Saint-Emilion Grand Cru, 234
CLOS LA COUTALE, Cahors, 678
DOM. DE LA CRAS, Bourgogne, 366
DOM. DE LA CREMADE, Coteaux d'Aix, 663

WEINE

940

CH. DE **LA GRANDE CHAPELLE,** Bordeaux Supérieur, 179

LA GRANDE MOTTE, Pineau des Charentes, 891

DOM. DE **LA GRANDE SEOUVE,** Coteaux d'Aix, 663

DOM. DE **LA GRAND FOND,** Beaujolais, 118

DOM. DE **LA GRAND'RIBE,** Côtes du Rhône, 832

CH. **LAGRANGE,** Pomerol, 208

CH. **LAGRANGE,** Saint-Julien, **336**

CH. DE **LA GRANGE,** Muscadet, 720

CH. DE **LA GRANGE,** Premières Côtes de Blaye, 190

DOM. DE **LA GRANGE,** Gros-Plant AOVDQS, 730

CH. **LAGRANGE LES TOURS,** Bordeaux Supérieur, 179

DOM. **LA GRANGETTE SAINT-JOSEPH,** Côtes du Rhône, 832

CH. **LA GRAVE,** Fronsac, 202

CH. **LA GRAVE,** Minervois, 626

CH. DE **LA GRAVE,** Côtes de Bourg, 195

DOM. **LA GRAVE,** Graves, 278

CH. **LAGRAVE MARTILLAC,** Pessac-Léognan, 289

CH. **LAGRAVE-PARAN,** Bordeaux Supérieur, 179

CH. **LA GRAVE A POMEROL,** Pomerol, 208

CH. **LA GRAVE SAINT-ROCH,** Graves, 278

CH. **LA GRAVIERE,** Côtes de Bourg, 196

CH. DE **LA GREFFIERE,** Mâcon-Villages, 527

CH. DE **LA GREFFIERE,** Saint-Véran, 538

DOM. DE **LA GRENAUDIERE,** Muscadet de Sèvre-et-Maine, 725

CH. DE **LA GRENIERE,** Lussac Saint-Emilion, **249**

DOM. DE **LA GRENOUILLERE,** Beaujolais, 118

CH. **LAGREZETTE,** Cahors, 678

CH. DE **LA GRILLE,** Chinon, 779

DOM. DE **LA GROSSE PIERRE,** Chiroubles, 133

CH. **LAGUE,** Fronsac, 202

DOM. DE **LA GUICHARDE,** Côtes du Rhône, 832

CH. DE **LA GUIPIERE,** Gros-Plant AOVDQS, 730

CH. **LA GURGUE,** Margaux, 321

DOM. DE **LA HALBARDIERE,** Chinon, 780

DOM. DE **LA HAUTE CASSAGNE,** Costières de Nîmes, 616

DOM. **LA HAUTE FEVRIE,** Muscadet de Sèvre-et-Maine, 725

DOM. DE **LA HAUTE OLIVE,** Chinon, 780

LAHAYE PERE ET FILS, Pommard, 474

DOM. **LAHAYE PERE ET FILS,** Bourgogne, 366

DOM. **LAHAYE PERE ET FILS,** Meursault, 489

CH. **LA HOURCADE,** Médoc, 298

CH. **LA HOURINGUE,** Haut-Médoc, 309

DOM. DE **LA HOUSSAIS /GFBG/GO,** Muscadet de Sèvre-et-Maine, 725

CH. DE **LA HUSTE,** Fronsac, 203

DOM. **L'AIGUELIERE,** Coteaux du Languedoc, 659

JEAN-PIERRE **LAISEMENT,** Vouvray, 793

ANDRE **LAISSUS,** Régnié, 145

DOM. DE **LA JANASSE,** Châteauneuf-du-Pape, 860

DOM. DE **LA JANASSE,** Côtes du Rhône, 832

CH. **LA JANETIERE,** Bordeaux, 164

VIGNOBLE DE **LA JARNOTERIE,** Saint-Nicolas-de-Bourgueil, 785

CH. DE **LA JAUBERTIE,** Bergerac, 697

DOM. DE **LA JEANNETTE,** Côtes de Provence, 649

CH. DE **LA JOUSSELINIERE,** Muscadet de Sèvre-et-Maine, 725

CH. **LA JOYE,** Bordeaux Supérieur, 179

CH. **LA LAGUNE,** Haut-Médoc, **309**

LA LAIDIERE, Bandol, 658

CH. **LALANDE-BORIE,** Saint-Julien, 336

CH. **LALANDE,** Médoc, 298

CH. **LA LANDE DE TALEYRAN,** Bordeaux Supérieur, 179

DOM. DE **LA LANDE,** Bourgueil, 775

DOM. DE **LA LANDELLE,** Muscadet de Sèvre-et-Maine, 725

CH. **LA LANDE SAINT-JEAN,** Bordeaux, 164

CH. **LA LANDOTTE,** Médoc, 298

DOM. DE **LA LEVRATIERE,** Régnié, 145

DOM. DE **LA LEVRAUDIERE,** Muscadet de Sèvre-et-Maine, 725

DOM. DE **LA LIMACIERE,** Vouvray, 793

CH. DE **LA LIQUIERE,** Faugères, 623

CH. **LALIVEAU,** Côtes de Bourg, 196

LES CAVES DE **LA LOIRE,** Coteaux du Layon, 749

CH. **LA LOUVIERE,** Pessac-Léognan, 289

CLOS **LA MADELEINE,** Saint-Emilion Grand Cru, 235

DOM. DE **LA MADONE,** Beaujolais-Villages, 123

DOM. DE **LA MADONE,** Côte de Brouilly, 129

LA MAISON DES VIGNERONS, Chiroubles, 133

DOM. DE **LA MALADIERE,** Chablis, 395

DOM. DE **LA MALADIERE,** Chablis Grand Cru, 405

CH. DE **LA MALLEVIEILLE,** Bergerac, 697

CH. **LA MALTROYE,** Santenay, 506

L'AMANDIER, Quarts de Chaume, 753

DOM. DE **L'AMANDIER,** Côtes du Rhône, 832

DOM. DE **L'AMANDINE,** Côtes du Rhône, 833

DOM. DE **L'AMANDINE,** Côtes du Rhône-Villages, 842

MICHEL **LAMANTHE,** Blagny, 491

MICHEL **LAMANTHE,** Meursault, 489

MICHEL **LAMANTHE,** Saint-Aubin, 501

CH. **LAMARCHE CANON,** Canon-Fronsac, 200

CH. **LAMARCHE,** Bordeaux Supérieur, 179

DOM. **LAMARCHE,** Clos de Vougeot, 433

DOM. **LA MARCHE,** Mercurey, 517

DOM. FRANCOIS **LAMARCHE,** La Grande Rue, **440**

DOM. DE **LA MARGOTTERIE,** Pineau des Charentes, 891

CH. **LAMARGUE,** Costières de Nîmes, 616

DOM. DE **L'AMARINE,** Costières de Nîmes, 616

DOM. DE **LA MARINIERE,** Chinon, 780

CH. **LA MARONNE,** Bordeaux Supérieur, 179

CH. **LA MAROUTIE,** Monbazillac, 704

CH. DE **LAMARQUE,** Haut-Médoc, 309

CAVEAU **LAMARTINE,** Mâcon-Villages, 527

CH. **LAMARTINE,** Premières Côtes de Blaye, 190

CH. **LAMARTRE,** Saint-Emilion Grand Cru, 235

DOM. DE **LA MAVETTE,** Gigondas, 854

CH. **LAMBERT,** Fronsac, 203

PATRICK **LAMBERT,** Chinon, 780

LAMBLIN ET FILS, Chablis Premier Cru, 401

DOM. DES **LAMBRAYS,** Morey-Saint-Denis, 423

DOM. DE **LA MENOIZE,** Bourgogne Hautes-Côtes de Beaune, 386

DOM. DE **LA MERCY-DIEU,** Sancerre, 820

DOM. **LA MEREUILLE,** Côtes du Rhône, 833

CH. DE **LA MEULIERE,** Premières Côtes de Bordeaux, 268

DOM. DE **LA MEULIERE,** Chablis Premier Cru, **401**

DOM. DE **LA MIRANDE,** Coteaux du Languedoc, 660

CH. **LA MIRANDELLE,** Entre-Deux-Mers, 264

CH. **LA MISSION HAUT-BRION,** Pessac-Léognan, 289

DOM. DE **LAMOIGNON,** Graves, 279

DOM. DE **LA MOMENIERE,** Muscadet de Sèvre-et-Maine, 725

DOM. DE **LA MONARDIERE,** Vacqueyras, 857

DOM. DE **LA MONETTE,** Mercurey, 517

DOM. DE **LA MONTCELLIERE,** Cabernet d'Anjou, 741

DOM. DE **LA MORDOREE,** Côtes du Rhône, 833

DOM. DE **LA MORDOREE,** Lirac, 865

DOM. DE **LA MORDOREE,** Tavel, 866

CH. **LA MORINIERE,** Muscadet de Sèvre-et-Maine, 726

CH. **LAMOTHE BERGERON,** Haut-Médoc, 309

CH. **LA MOTHE,** Haut-Médoc, 309

CH. **LAMOTHE,** Sauternes, 349

CH. **LAMOTHE-CISSAC,** Haut-Médoc, 310

CH. **LAMOTHE DE HAUX,** Premières Côtes de Bordeaux, 268

CH. **LAMOTHE-GUIGNARD,** Sauternes, **349**

DOM. DE **LA MOTTE,** Coteaux du Layon, 749

CH. **LA MOULIERE,** Côtes de Bergerac Moelleux, 703

CH. **LA MOULIERE,** Côtes de Duras, 709

CH. **LAMOUROUX,** Graves, 279

DOM. DE **LA MOUTETE,** Côtes de Provence, 649

LA MOYNERIE, Pouilly-Fumé, 814

DOM. **LAMY,** Saint-Aubin, 501

DOM. **LAMY-PILLOT,** Chassagne-Montrachet, **499**

DOM. **LAMY-PILLOT,** Saint-Aubin, 502

DOM. **LAMY-PILLOT,** Santenay, 506

LA NAVIRE, Vouvray, 793

DOM. DE **L'ANCIENNE CURE,** Bergerac Sec, 700

DOM. DE **L'ANCIENNE CURE,** Monbazillac, 705

CH. **LANDEREAU,** Bordeaux Supérieur, 179

LANDMANN, Alsace Grand Cru Muenchberg, 98

LANDMANN, Alsace Sylvaner, 61

GERARD **LANDMANN,** Alsace Riesling, 67

SEPPI **LANDMANN,** Alsace Grand Cru Zinnkoepfle, 105

LANDRAT-GUYOLLOT, Pouilly-Fumé, 814

DOM. **LANDRAT-GUYOLLOT,** Pouilly-Fumé, 814

DOM. **LANDRAT-GUYOLLOT,** Pouilly-sur-Loire, 815

DOM. DU **LANDREAU,** Coteaux du Layon, 749

DOM. DU **LANDREAU-VILLAGE,**

Muscadet de Sèvre-et-Maine, 726
CLOS LANDRY, Vins de Corse, **669**
CH. LA NERTHE, Châteauneuf-du-Pape, **860**
CH. LANESSAN, Haut-Médoc, 310
JACQUES LANET, Gevrey-Chambertin, 416
DOM. LANEYRIE, Mâcon-Villages, 527
LANG-BIEMONT, Champagner, **566**
DOM. LANGEHALD, Alsace Grand Cru Brand, 92
DOM. DE L'ANGELIERE, Coteaux du Layon, 749
DOM. DE L'ANGELIERE, Crémant de Loire, 717
CH. LANGLADE, Coteaux du Languedoc, 620
LANGLOIS, Crémant de Loire, 717
DOM. LANGLOIS-CHATEAU, Saumur, 754
CH. LANGOA-BARTON, Saint-Julien, 337
CH. LANGOIRAN, Premières Côtes de Bordeaux, 269
SYLVAIN LANGOUREAU, Saint-Aubin, 502
DOM. DE L'ANGUEIROUN, Côtes de Provence, 269
CH. LANIOTE, Saint-Emilion Grand Cru, 236
DOM. DE LA NOBLAIE, Chinon, 780
DOM. DE LA NOBLESSE, Bandol, 658
CH. LA NOE, Muscadet de Sèvre-et-Maine, 726
LES VIGNERONS DE LA NOELLE, Anjou-Villages, 739
LES VIGNERONS DE LA NOELLE, Coteaux d'Ancenis AOVDQS, 739
LES VIGNERONS DE LA NOELLE, Gros-Plant AOVDQS, 730
LES VIGNERONS DE LA NOELLE, Muscadet des Coteaux de la Loire, 720
DOM. DE LA NOIRAIE, Bourgueil, 775
LA NONCIATURE, Châteauneuf-du-Pape, 860
DOM. DE LA NOUZILLETTE, Bordeaux Rosé, 172
LANSON, Champagner, 566
DOM. LAOUGUE, Pacherenc du Vic-Bilh, 694
DOM. DE LA PALEINE, Saumur, 754
LES VIGNERONS DE LA PALME, Muscat de Rivesaltes, 884
LES VIGNERONS DE LA PALME, Rivesaltes, 880
LA PARDE DE HAUT-BAILLY, Pessac-Léognan, 290
DOM. DE LA PAROISSE, Côtes Roannaises AOVDQS, 809
CH. LAPELLETRIE, Saint-Emilion Grand Cru, 236
CH. LA PERRIERE, Bordeaux, 164
DOM. DE LA PERRIERE, Bourgogne, 366
DOM. DE LA PERRIERE, Chinon, 780
DOM. DE LA PETITE CROIX, Bonnezeaux, **752**
CH. DE LA PEYRADE, Muscat de Frontignan, **886**
CH. LA PEYRE, Haut-Médoc, 310
CLOS LAPEYRE, Jurançon Sec, 691
DOM. LAPEYRE, Béarn, 688
CH. LA PEYRERE, Sainte-Croix-du-Mont, 342
CH. LAPEYRONIE, Côtes de Castillon, 259
LAPEYROUSE, Côtes du Roussillon-Villages, 638
DOM. DE LA PIERRE BLEUE, Côte de Brouilly, 129
CELLIER DE LA PIERRE, Fitou, 624
HUBERT LAPIERRE, Moulin à Vent, 143
CH. LA PINGOSSIERE, Muscadet de Sèvre-et-Maine, 726

DOM. DE LA PINGOSSIERE, Gros-Plant AOVDQS, 730
DOM. DE LA PINTE, Arbois, 589
CH. LA PIROUETTE, Médoc, 298
LA PLAIGNE, Régnié, 145
DOM. DE LA PLAIGNE, Régnié, 145
CH. LA PLANTE, Côtes de Bergerac, 702
VIGNOBLE DE LA POELERIE, Chinon, 780
CH. LA POINTE, Pomerol, 209
CH. LA PONTETE, Graves de Vayres, 273
LAPORTE, Côtes du Roussillon, 635
LAPORTE, Muscat de Rivesaltes, 884
DOM. DE LA POULETTE, Nuits-Saint-Georges, 444
DOM. DE LA POUSSE D'OR, Volnay, 479
CLOS DE LA POUSSIE, Sancerre, 820
CH. DE LA PRAT, Juliénas, 138
DOM. DE LA PRESIDENTE, Côtes du Rhône-Villages, 842
CH. DE LA PREUILLE, Muscadet, 720
DOM. DE LA PREVOTE, Touraine-Amboise, 770
CH. LA PRIOULETTE, Bordeaux, 164
CH. LA PRIOULETTE, Premières Côtes de Bordeaux, 269
LA P'TIOTE CAVE, Chorey-lès-Beaune, 463
LA P'TIOTE CAVE, Crémant de Bourgogne, 389
CENTRE DE LAQUENEXY, Vins de Moselle AOVDQS, 109
CH. DE LA RAGOTIERE, Muscadet de Sèvre-et-Maine, 726
CH. LA RAME, Sainte-Croix-du-Mont, **342**
LES CAVES DE LA RAMEE, Touraine, 765
DOM. DE L'ARCHE, Coteaux du Layon, 749
CLOS LARCIS, Saint-Emilion Grand Cru, 236
LYDIE ET JEAN-JACQUES LARDET, Beaujolais-Villages, 123
CH. LARDILEY, Cadillac, 339
CH. DE LARDILEY, Premières Côtes de Bordeaux, 269
DOM. DE LA REBOURGERE, Muscadet de Sèvre-et-Maine, 726
DOM. DE LA RECTORIE, Banyuls, 877
DOM. DE LA RECTORIE, Collioure, 640
VIGNOBLE DE LA REINE BLANCHE, Sancerre, 820
DOM. DE LA REMEJEANNE, Côtes du Rhône, 833
DOM. DE LA RENADIERE, Arbois, 589
CH. LA RENAISSANCE, Pomerol, 209
DOM. DE LA RENARDE, Bourgogne Côte Chalonnaise, 510
DOM. DE LA RENARDE, Givry, 520
DOM. DE LA RENARDE, Mercurey, 517
DOM. DE LA RENARDE, Montagny, 522
DOM. DE LA RENARDE, Rully, 513
DOM. DE LA RENARDIERE, Pouilly-Fumé, **814**
DOM. DE LA RENAUDIE, Touraine, 765
DOM. DE LA RENJARDE, Côtes du Rhône-Villages, 842
CH. LA RESSAUDIE, Bergerac, 698
LA REVISCOULADO, Châteauneuf-du-Pape, 860 861
DOM. DE LA REYNARDE, Côtes du Rhône, 833
CH. LA REYNAUDIE, Montravel, 705
ANDRE LARGE, Côte de Brouilly, 129
CH. LA RIVIERE, Sauternes, 349
CH. LARMANDE, Saint-Emilion Grand Cru, 236
LARMANDIER-BERNIER, Champagner, **567**

LARMANDIER-BERNIER, Coteaux Champenois, 582
GUY LARMANDIER, Champagner, 566 567
LARMANDIER PERE ET FILS, Champagner, 567
DOM. DE LA ROBINIERE, Vouvray, 793
CH. LAROCHE BEL AIR, Premières Côtes de Bordeaux, 269
CH. DE LA ROCHE, Pouilly-Fumé, **814**
CH. DE LA ROCHE, Touraine, 765
CH. DE LA ROCHE, Touraine-Amboise, 771
CH. DE LA ROCHE, Touraine-Azay-le-Rideau, 771
DOM. DE LA ROCHE HONNEUR, Chinon, 780
DOM. DE LA ROCHELLE, Moulin à Vent, 143
DOM. LA ROCHE REDONNE, Bandol, 658
DOM. LA ROCHE RENARD, Muscadet de Sèvre-et-Maine, 726
DOM. DE LA ROCHERIE, Gros-Plant AOVDQS, 730
DOM. DE LA ROCHERIE, Muscadet de Sèvre-et-Maine, 726
DOM. DE LA ROCHE THULON, Régnié, 145
DOM. DE LA ROCHETTE, Touraine, 765 766
CLOS DE LA ROILETTE, Fleurie, 135
DOM. DE LA ROMANEE-CONTI, Grands-Echezeaux, 435
DOM. DE LA ROMANEE-CONTI, La Romanée-Conti, **440**
DOM. DE LA ROMANEE-CONTI, La Tâche, **440**
DOM. DE LA ROMANEE-CONTI, Montrachet, **495**
DOM. DE LA ROMANEE-CONTI, Richebourg, **439**
DOM. DE LA ROMANEE-CONTI, Romanée-Saint-Vivant, **440**
DOM. DE LA RONZE, Régnié, 145
MICHEL ET MARCEL LAROPPE, Côtes de Toul AOVDQS, **108**
CH. LA ROQUE, Coteaux du Languedoc, 620
CH. LAROQUE, Saint-Emilion Grand Cru, 236
DOM. DE LA ROQUERIE, Côtes de Bergerac, 702
CH. LA ROSE BLANCHE, Saint-Emilion, 220
LA ROSE CASTENET, Bordeaux Rosé, 173
CH. LA ROSE CORBIN DESPAGNE, Montagne Saint-Emilion, 252
CH. LA ROSE COTES ROL, Saint-Emilion Grand Cru, 236
CH. LA ROSE FIGEAC, Pomerol, 209
CH. LA ROSE NOAILLAC, Médoc, 298
CH. LA ROSE-POURRET, Saint-Emilion Grand Cru, 236
CH. LA ROSE SARRON, Graves, 279
CH. LA ROSE-TRIMOULET, Saint-Emilion Grand Cru, 236
LAROSE-TRINTAUDON, Haut-Médoc, 310
DOM DE LA ROTISSERIE, Haut-Poitou AOVDQS, 801
CH. LA ROUCHONNE, Saint-Emilion, 220
CH. DE LA ROULERIE, Coteaux du Layon, 749
CH. DE LA ROULIERE, Muscadet, 720
LA ROUSSELIERE, Côtes Roannaises AOVDQS, 809
CH. LA ROUSSELLE, Fronsac, 203
LA ROUSSILLONNAISE, Rivesaltes, 880
CH. LA ROUVIERE, Bandol, 658
DOM. LARREDYA, Jurançon Sec, 691
CH. LARRIVET-HAUT-BRION, Pessac-Léognan, 290

942

CH. **LARRUAU**, Margaux, 321
CH. **LARTIGUE**, Saint-Estèphe, 332
CH. **LARTIGUE LES CEDRES**, Bordeaux Supérieur, 179
DOM. **LARUE**, Blagny, **491**
DOM. **LARUE**, Chassagne-Montrachet, 499
DOM. **LARUE**, Saint-Aubin, 502
CH. **LA SABLE**, Côtes du Lubéron, 872
DOM. DE **LA SAIGNE**, Beaujolais-Villages, 123
CH. **LA SALARGUE**, Bordeaux Supérieur, 179
CH. **LASCAUX**, Coteaux du Languedoc, 620
CH. **LASCOMBES**, Margaux, 321
CH. DE **LA SEIGNEURIE**, Saint-Emilion Grand Cru, 237
CLOS **LA SELMONIE**, Côtes de Bergerac, 702
CLOS DE **LA SENAIGERIE**, Muscadet, 720
DOM. DE **LA SENSIVE**, Muscadet de Sèvre-et-Maine, 727
MAS DE **LA SERRA**, Banyuls Grand Cru, 878
CH. **LA SERRE**, Saint-Emilion Grand Cru, 237
DOM. DE **LA SINNE**, Alsace Grand Cru Wineck-Schlossberg, 104
DOM. DE **LA SINNE**, Alsace Riesling, 67
CH. **LAS MADONNES**, Gaillac, 682
DOM. DE **LA SOLITUDE**, Pessac-Léognan, 290
DOM. DE **LA SOUCHERIE**, Coteaux du Layon, 749
DOM. **LA SOUMADE**, Côtes du Rhône, 833
DOM. **LA SOUMADE**, Côtes du Rhône-Villages, 842
DOM. DE **LA SOURCE SAINTE-MARGUERITE**, Côtes de Provence, 650
CH. DE **LAS PLACES**, Côtes du Frontonnais, 686
CH. **LASSALLE**, Graves, 279
J. **LASSALLE**, Champagner, 567
ROGER **LASSARAT**, Pouilly-Fuissé, 533
CH. **LASSEGUE**, Saint-Emilion Grand Cru, 237
CH. **LASSIME**, Bordeaux Supérieur, 180
CH. DE **LASTOURS**, Corbières, 613
CH. **LA TENOTTE**, Côtes de Bourg, 196
CH. DE **LATHIBAUDE**, Graves de Vayres, 273
CH. **LA TILLERAIE**, Pécharmant, 707
CH. **LA TONNELLE**, Haut-Médoc, 310
CLOS DE **LA TONNELLE**, Saint-Emilion, 220
CH. **LA TOUCHE**, Muscadet de Sèvre-et-Maine, 727
DOM. **LA TOURADE**, Gigondas, 854
DOM. DE **LA TOUR BAJOLE**, Bourgogne Aligoté, 375
DOM. **LA TOUR BEAUMONT**, Haut-Poitou AOVDQS, 801
CH. **LA TOUR BLANCHE**, Médoc, 298
CH. **LA TOUR BLANCHE**, Sauternes, 349
DOM. **LA TOUR BOISEE**, Minervois, 626
CH. **LA TOUR CARNET**, Haut-Médoc, 310
CH. **LATOUR**, Pauillac, **328**
CH. DE **LA TOUR**, Clos de Vougeot, 433
CUVEE DE **LA TOUR**, Côtes de Provence, 650
DOM. DE **LA TOUR DE BLACON**, Coteaux du Tricastin, 868
CH. **LA TOUR DE BY**, Médoc, 300
LA TOUR DE FRANCE, Côtes du Roussillon, 635
LA TOUR DE FRANCE, Côtes du Roussillon-Villages, 638
CH. **LA TOUR DE GRANGEMONT**, Côtes de Bergerac, 702

CH. **LA TOUR DE L'EVEQUE**, Côtes de Provence, 650
DOM. DE **LA TOUR**, Alsace Pinot Noir, 88
DOM. DE **LA TOUR**, Alsace Tokay-Pinot Gris, 82
DOM. DE **LA TOUR**, Chinon, 780
DOM. DE **LA TOUR**, Montagny, 522
DOM. DE **LA TOUR DU BON**, Bandol, 658
CH. **LA TOUR DU PIN FIGEAC**, Saint-Emilion Grand Cru, 237
CH. **LA TOURETTE**, Pauillac, 328
CH. **LA TOUR FIGEAC**, Saint-Emilion Grand Cru, 237
DOM. **LATOUR-GIRAUD**, Maranges, 508
CH. **LATOUR HAUT-BRION**, Pessac-Léognan, 290
HENRI **LATOUR**, Auxey-Duresses, 484
CH. **LATOUR LAGUENS**, Bordeaux Supérieur, 180
CH. **LATOUR-LAGUENS**, Entre-Deux-Mers, 264
DOM. DE **LA TOURLAUDIERE**, Gros-Plant AOVDQS, 731
DOM. DE **LA TOURLAUDIERE**, Muscadet de Sèvre-et-Maine, 727
CH. **LA TOUR LEOGNAN**, Pessac-Léognan, 290
LOUIS **LATOUR**, Corton-Charlemagne, 458
DOM. DE **LA TOURMALINE**, Muscadet de Sèvre-et-Maine, 727
MARIE FRANCE DE **LATOUR**, Champagner, 567
CH. **LA TOUR MARTILLAC**, Pessac-Léognan, 290 291
LA TOUR MONT D'OR, Montagne Saint-Emilion, 252
CH. **LA TOUR PLANTADE**, Gaillac, 682
CH. **LATOUR A POMEROL**, Pomerol, 209
DOM. **LA TOURRAQUE**, Côtes de Provence, 650
CUVEE DE **LA TOUR SARRAZINE**, Gigondas, 854
CH. **LATOUR SEGUR**, Lussac Saint-Emilion, 249
DOM. **LA TOUR VIEILLE**, Banyuls, 877
DOM. **LA TOUR VIEILLE**, Collioure, 640
CH. **LA TREILLE DES GIRONDINS**, Côtes de Castillon, 259
CLOS DE **LA TRONNIERE**, Saumur, **755**
CH. **LA TUILERIE**, Graves, 279
CH. DE **LA TUILERIE**, Costières de Nîmes, 616
CH. **LA TUILERIE DU PUY**, Bordeaux Supérieur, 180
DOM. DE **LAUBERTRIE**, Bordeaux Sec, 170
CAVE DES VIGNERONS DE **LAUDUN**, Côtes du Rhône, 833
CAVE DES VIGNERONS DE **LAUDUN**, Côtes du Rhône-Villages, 842
LES VIGNERONS DE **LAUDUN**, Côtes du Rhône, 833
DOM. DE **LAULAN**, Côtes de Duras, 709
CH. **LAULAN DUCOS**, Médoc, 300
CH. **LAULERIE**, Bergerac, 698
DOM. DE **L'AUMERADE**, Côtes de Provence, 650
DOM. DE **L'AUMONIERE**, Cheverny AOVDQS, 798
CH. **LAUNAY**, Entre-Deux-Mers, 264
DOM. **LAUNAY**, Santenay, 506
DOM. RAYMOND **LAUNAY**, Ladoix, 449
YVES DE **LAUNAY**, Mercurey, 517
LAUNOIS PERE ET FILS, Champagner, 567 568
DOM. **LAURENT**, Beaune, **468**

DOM. **LAURENT**, Bourgogne, 366
DOM. **LAURENT**, Gevrey-Chambertin, 416
DOM. **LAURENT**, Pommard, 474
DOM. **LAURENT**, Vosne-Romanée, **437**
JOSEPH ET JEAN-PIERRE **LAURENT**, Saint-Pourçain AOVDQS, 807 808
DOM. **LAURENT-MAUGARD**, Crémant de Limoux, 610
LAURENT-PERRIER, Champagner, 568
LAURENT-PERRIER, Coteaux Champenois, 583
CH. DES **LAURETS**, Montagne Saint-Emilion, 252
CH. DES **LAURETS**, Puisseguin Saint-Emilion, 255
COMTE DE **LAUZE**, Châteauneuf-du-Pape, 861
DOM. DE **LAUZIERES**, Coteaux d'Aix, 663
CH. **LA VALADE**, Fronsac, 203
LES PRODUCTEURS DE **LA VALLEE COQUETTE**, Vouvray, **794**
DOM. DE **LA VALLONGUE**, Coteaux d'Aix, **663**
ROLAND **LAVANTUREUX**, Petit Chablis, 392
CATHERINE ET JEAN-CLAUDE **LAVAUD**, Mâcon-Villages, 527
JEAN-CLAUDE **LAVAUD**, Mâcon, 524
DOM. DE **LA VAURE**, Bergerac, 698
DOM. DE **LA VELLE**, Beaune, 468
CH. DE **LAVERNETTE**, Beaujolais-Villages, 123
CH. **LA VERRIERE**, Sainte-Foy-Bordeaux, 274
DOM. DE **LA VERRIERE**, Côtes du Ventoux, 870
DOM. DE **LA VIAUDIERE**, Cabernet d'Anjou, 741
DOM. DE **LA VICTOIRE**, Anjou, 736
DOM. DE **LA VICTORIE**, Anjou-Villages, 739
DOM. DE **LA VIEILLE CHAUSSEE**, Muscadet de Sèvre-et-Maine, 727
CH. **LA VIEILLE CURE**, Fronsac, 203
CELLIER DE **LA VIEILLE EGLISE**, Juliénas, 138
DOM. DE **LA VIEILLE EGLISE**, Saint-Emilion Grand Cru, 237
CH. DE **LA VIEILLE TOUR**, Bordeaux Supérieur, 180
LA VIGNEE, Bourgogne, 366
CH. **LAVIGNERE**, Saint-Emilion, 221
CH. **LAVILLE-BERTROU**, Minervois, 626
CH. **LAVILLE HAUT-BRION**, Pessac-Léognan, **291**
DOM. **LAVIROTTE**, Santenay, 506
JEAN-PAUL **LAVIROTTE**, Bourgogne Hautes-Côtes de Beaune, 387
JEAN-PAUL **LAVIROTTE**, Santenay, 506
BERNARD **LAVIS**, Fleurie, 135
DOM. DE **LA VIVONNE**, Bandol, 658
LA VOISINEE, Beaujolais-Villages, 123
LA VOLTONNERIE, Sancerre, 820
DOM. HERVE DE **LAVOREILLE**, Santenay, 507
CH. **LA VOULTE-GASPARETS**, Corbières, 613
DOM. DE **LA VOUTE DES CROZES**, Côte de Brouilly, 129
CH. DE **LAYE**, Pouilly Vinzelles, 536
CH. **LE BERNAT**, Puisseguin Saint-Emilion, 255
CH. **LE BONNAT**, Graves, **279**
CH. **LE BON PASTEUR**, Pomerol, 209
CH. **LE BOS**, Entre-Deux-Mers Haut Benauge, 265
CH. **LE BOSCQ**, Saint-Estèphe, 332
CH. **LE BOURDIEU**, Médoc, 300
CH. **LE BOURDIEU-VERTHEUIL**, Haut-Médoc, 310
CH. **LE BOURDILLOT**, Graves, 279
LE BOURGOGNE DU PRIEUR, Bourgogne, 366

CH. **LE BREUIL**, Bordeaux, 164
ALBERT **LE BRUN**, Champagner, 568
LE BRUN DE NEUVILLE, Champagner, **568**
LE BRUN-SERVENAY, Champagner, 568
LE BURGRAVE, Crémant d'Alsace, 106
DOM. **LE CAPITAINE**, Vouvray, **794**
CH. **LE CASTELOT**, Saint-Emilion Grand Cru, 237
LE CAVEAU DU CHAPITRE, Charmes-Chambertin, 421
LE CAVEAU DU CHAPITRE, Mazis-Chambertin, 422
DOM. **LECCIA**, Patrimonio, 673
DOM. DE **L'ECETTE**, Rully, 514
DOM. DE **L'ECHALIER**, Anjou, 736
DOM. DE **L'ECHALIER**, Rosé de Loire, 716
CH. **LE CHATELET**, Saint-Emilion Grand Cru, 237
DOM. **FERNAND LECHENEAUT ET FILS**, Nuits-Saint-Georges, 444
LE CHEVALIER DE STERIMBERG, Hermitage, 852
CLOS **L'ECHO**, Chinon, 780
LECLERC-BRIANT, Champagner, 568
DOM. **LE CLOS DES CAZAUX**, Vacqueyras, **857**
LE CLOS DU BOURG, Vouvray, **794**
CH. **LE CLOS DU NOTAIRE**, Côtes de Bourg, 196
LE CLOS DU ROI, Bourgogne, 366
DOM. DE **L'ECOLE DE ROUFFACH**, Alsace Grand Cru Vorbourg, 103
CH. **LE CONE TAILLASSON DE LAGARCIE**, Premières Côtes de Blaye, 190
CH. **LE CONSEILLER**, Bordeaux Rosé, 173
CH. **LE COTEAU**, Margaux, 321
CH. **LE CROCK**, Saint-Estèphe, 332
DOM. **LEDUC-FROUIN**, Coteaux du Layon, 750
CH. **LE FAGE**, Bergerac Sec, 700
LEFEVRE REMONDET, Crémant de Bourgogne, 389
LE FIEF DU BREIL, Muscadet de Sèvre-et-Maine, 727
OLIVIER **LEFLAIVE**, Auxey-Duresses, 484
OLIVIER **LEFLAIVE**, Bourgogne, 366
OLIVIER **LEFLAIVE**, Chassagne-Montrachet, 499
OLIVIER **LEFLAIVE**, Corton-Charlemagne, 458
OLIVIER **LEFLAIVE**, Puligny-Montrachet, 493
OLIVIER **LEFLAIVE**, Saint-Romain, 486
CH. **LE FOURNAS BERNADOTTE**, Haut-Médoc, 310
PIERRE **LEFRANC**, Champagner, 569
DOM. **LE GALANTIN**, Bandol, 659
CH. DE **L'EGLANTIER**, Cahors, 678
DOM. DE **L'EGLANTIERE**, Chablis, 395
DOM. DE **L'EGLANTIERE**, Chablis Premier Cru, **402**
DOM. DE **L'EGLANTIERE**, Petit Chablis, 392
CH. DE **L'EGLISE**, Premières Côtes de Bordeaux, 269
CH. **L'EGLISE-CLINET**, Pomerol, 209
CLOS **L'EGLISE**, Pomerol, 209
CH. **LE GRAND CHEMIN**, Bordeaux, 164
DOM. **LE GRAND ROMANE**, Gigondas, 854
LE GRAND ROUGE DE REVELETTE, Coteaux d'Aix, 664
CH. **LE GRAND TRIE**, Premières Côtes de Blaye, 191
CH. **LE GRAND VERDUS**, Bordeaux Supérieur, 180
LE GRAVILLAS, Côtes du Rhône, 833
LE GRAVILLAS, Côtes du Rhône-Villages, 842

JACKY **LEGROUX**, Vins de l'Orléanais AOVDQS, 810 811
CH. **LEHOUL**, Graves, 279
CH. **LEHOUL**, Graves Supérieures, 284
DOM. **EDOUARD LEIBER**, Alsace Grand Cru Eichberg, 93
DOM. **EDOUARD LEIBER**, Alsace Grand Cru Pfersigberg, 99
DOM. **EDOUARD LEIBER**, Alsace Tokay-Pinot Gris, **82**
DOM. **LEI ESTELLO**, Côtes de Provence, 650
LE JABLE D'OR, Coteaux du Loir, 783
DOM. **LEJEUNE**, Pommard, 475
CH. **LE JURAT**, Saint-Emilion Grand Cru, 237
RAYNALD **LELAIS**, Jasnières, 784
LELIEVRE FRERES, Côtes de Toul AOVDQS, 108
LE LOGIS DU PRIEURE, Cabernet d'Anjou, 741
LE LOGIS DU PRIEURE, Coteaux du Layon, 750
CH. **LE LOUP**, Saint-Emilion Grand Cru, 238
LE LUCIAN, Coteaux du Languedoc, 620
CH. **LE MAINE**, Saint-Emilion, 221
R.C. **LEMAIRE PERE ET FILS**, Champagner, 569
LE MASTER DE DONATIEN, Muscadet de Sèvre-et-Maine, 727
CH. **LE MAYNE**, Bordeaux Supérieur, 180
CH. **LE MAYNE**, Côtes de Bergerac, 702
CH. **LE MAYNE**, Monbazillac, 705
DOM. **LE MEIX DE LA CROIX**, Bourgogne Aligoté, 375
DOM. **LE MEIX DE LA CROIX**, Bourgogne Côte Chalonnaise, 510
MANOIR DE **L'EMMEILLE**, Gaillac, 682
CH. **LEMOINE-LAFON-ROCHET**, Haut-Médoc, 310
LE MOULIN DU PONT, Saint-Véran, 538
LE MUSCADET DE BARRE, Muscadet de Sèvre-et-Maine, 727
CH. **L'ENCLOS**, Pomerol, 209
CHAPELLE **LENCLOS**, Madiran, 693
CH. DE **L'ENGARRAN**, Coteaux du Languedoc, 620
A.-R. **LENOBLE**, Champagner, 569
LE NOBLET, Côtes de Bourg, 196
CH. DE **LEOUBE**, Côtes de Provence, 650
CH. **LEOVILLE-BARTON**, Saint-Julien, 337
CH. **LEOVILLE LAS-CASES**, Saint-Julien, **337**
CH. **LEOVILLE-POYFERRE**, Saint-Julien, 337
CH. **LE PAVILLON DE BOYREIN**, Graves, 280
DOM. **LE PAYSSEL**, Gaillac, **682**
LE PETIT BOUCHON, Moulin à Vent, 143
CLOS **LE PETIT MARSALET**, Côtes de Bergerac, 702
LE PEU DE LA MORIETTE, Vouvray, 794
CH. **LE PEY**, Médoc, 300
CH. **LE PEYRAIL**, Sainte-Foy-Bordeaux, 274
CH. **LE PIAT**, Côtes de Bourg, **196**
DOM. DE **L'EPINAY**, Saumur, 755
CH. **LE PRIEUR**, Bordeaux Supérieur, 180
CH. **LE PRIEURE**, Saint-Emilion Grand Cru, 238
CHARLES **LEPRINCE**, Champagner, 569
DOM. **LE PUY DU MAUPAS**, Côtes du Rhône-Villages, 842

DOM. **LEQUIN-ROUSSOT**, Santenay, 507
CH. **LE RAIT**, Bordeaux Supérieur, 180
CH. **LE RAZ**, Bergerac, 698
CH. **LE RAZ**, Côtes de Bergerac, 703
CH. **LE RAZ**, Montravel, **706**
CH. **LE ROC**, Côtes du Frontonnais, 686
CH. **LE ROC**, Saint-Emilion, 221
CH. **LE ROC DE TROQUARD**, Saint-Georges Saint-Emilion, 257
JEAN-MICHEL **LEROY**, Anjou-Gamay, 738
JEAN-MICHEL **LEROY**, Anjou-Villages, 739
JEAN-MICHEL **LEROY**, Coteaux du Layon, 750
CLOS **LES AMANDIERS**, Montagne Saint-Emilion, 252
DOM. **LE SANG DES CAILLOUX**, Vacqueyras, 857
CH. **LES ARROMANS**, Bordeaux, 164
CH. **LES ARROQUES**, Loupiac, 340
CH. **LE SARTRE**, Pessac-Léognan, 291
LES BEAUMIERS, Saumur, **755**
LES BEAUMIERS, Saumur-Champigny, 758
CH. **LES BEGONNES**, Cadillac, 339
CH. **LES BILLAUDS**, Premières Côtes de Blaye, 191
CH. **LES BOUYSSES**, Cahors, 678
LES BRULIERES, Haut-Médoc, 311
CH. **L'ESCADRE**, Premières Côtes de Blaye, 191
CH. **LESCALLE**, Bordeaux Supérieur, 181
CH. **LES CARMES HAUT-BRION**, Pessac-Léognan, 291
DOM. DE **L'ESCATTES**, Coteaux du Languedoc, 620
DOM. **LES CHASSEIGNES**, Sancerre, 820
CH. **LES CHAUMES**, Lalande de Pomerol, 215
CH. **LES CHAUMES**, Premières Côtes de Blaye, 192
LES 4 CHEMINS, Côtes du Rhône-Villages, 842
CH. **LES CLAUZOTS**, Graves, 280
LES CLES DE SAINT-PIERRE, Floc de Gascogne, 894
DOM. **LES COINS**, Gros-Plant AOVDQS, 731
LES CONTEMPORAINS, Minervois, 626
LES CORDELIERS, Crémant de Bordeaux, 185
LES CORNUELLES, Chinon, **781**
CLOS **LES COTES**, Pécharmant, 707
CH. **LES COUZINS**, Lussac Saint-Emilion, 249
CH. DE **LES DOUVES DE FRANCS**, Bordeaux Côtes de Francs, 187
LES FAITIERES, Alsace Pinot Noir, 88
LES FIEFS DE LAGRANGE, Saint-Julien, 337
LES FORTS DE LATOUR, Pauillac, **328**
CLOS **LES FOUGERAILLES**, Lalande de Pomerol, 215
DOM. **LES GOUBERT**, Côtes du Rhône, 834
DOM. **LES GOUBERT**, Côtes du Rhône-Villages, 842
CH. **LES GRANDES MURAILLES**, Saint-Emilion Grand Cru, **238**
LES GRANDES PLACES, Côte Rôtie, 846
CH. **LES GRANDS CHENES**, Médoc, 300
CH. **LES GRAVES D'ARMENS**, Saint-Emilion, 221
CH. **LES GRAVIERES**, Saint-Emilion Grand Cru, 238
CH. **LES GRAVILLES**, Haut-Médoc, 311
LES GREZEAUX, Chinon, 781
CH. **LES GRIMARD**, Côtes de Bergerac Moelleux, 703
LES HAUTS CLOS CASLOT, Saint-Nicolas-de-Bourgueil, **785**

945

CH. **MARSAC SEGUINEAU**, Margaux, 322

CH. DE **MARSAN**, Bordeaux Sec, 170

JACKY **MARTEAU**, Touraine, 766

G.-H. **MARTEL ET CIE**, Champagner, 570

CLOS DU **MARTELET**, Pouilly-Fuissé, 533

JEAN **MARTELLIERE**, Coteaux du Vendômois AOVDQS, 799

FRANCOIS **MARTENOT**, Aloxe-Corton, 452

FRANCOIS **MARTENOT**, Chambolle-Musigny, 428

FRANCOIS **MARTENOT**, Chassagne-Montrachet, 499

FRANCOIS **MARTENOT**, Clos de Vougeot, 433

FRANCOIS **MARTENOT**, Gevrey-Chambertin, 416

FRANCOIS **MARTENOT**, Mazis-Chambertin, 422

FRANCOIS **MARTENOT**, Pommard, 475

FRANCOIS **MARTENOT**, Puligny-Montrachet, 493

CH. **MARTINAT**, Côtes de Bourg, 197

CH. **MARTINDOIT**, Cadillac, 339

DOM. **MARTIN**, Côtes du Rhône, 834

DOM. **MARTIN-DUFOUR**, Chorey-lès-Beaune, 464

DOM. **MARTIN-DUFOUR**, Savigny-lès-Beaune, 462

CH. **MARTINENS**, Margaux, 322

CH. **MARTINET**, Saint-Emilion Grand Cru, 239

MARTIN ET FILS, Saint-Véran, 538

DOM. **MARTINI**, Ajaccio, 671

DOM. DE **MARTINOLLES**, Blanquette de Limoux, 610

DOM. DE **MARTINOLLES**, Crémant de Limoux, 610

DANIEL **MARTINOT**, Mâcon, 524

PAUL-LOUIS **MARTIN**, Champagner, 571

PAUL-LOUIS **MARTIN**, Coteaux Champenois, 583

RENE **MARTIN**, Bourgogne, 367

CH. **MARTOURET**, Bordeaux Supérieur, 181

DOM. **MARTY**, Côtes du Roussillon, 635

DOM. DU **MAS BLANC**, Banyuls, 877

DOM. DU **MAS BLANC**, Collioure, 640

DOM. DU **MAS CARLOT**, Clairette de Bellegarde, 611

DOM. DU **MAS CARLOT**, Costières de Nimes, 616

DOM. DU **MAS CREMAT**, Côtes du Roussillon, **636**

MAS DES BRESSADES, Costières de Nimes, 617

MAS RANCOURE, Côtes du Roussillon, 636

CH. **MASSAMIER LA MIGNARDE**, Minervois, 626

DOM. J.-M. **MASSON-BLONDELET**, Pouilly-Fumé, 814

MADAME **MASSON**, Crémant de Bourgogne, 389

CH. DES **MATARDS**, Côtes de Blaye, 188

ALAIN ET PATRICIA **MATHIAS**, Bourgogne, 367

ALAIN ET PATRICIA **MATHIAS**, Chablis, 396

ALAIN ET PATRICIA **MATHIAS**, Petit Chablis, 392

DOM. **MATHIAS**, Mâcon, 524

DOM. **MATHIAS**, Pouilly Vinzelles, 536

DOM. **MATHIEU**, Châteauneuf-du-Pape, 861

SERGE **MATHIEU**, Champagner, 571

CH. **MAUCAILLOU**, Moulis-en-Médoc, 325

DOM. DE **MAUCAILLOU**, Listrac-Médoc, 316

CH. **MAUCAMPS**, Haut-Médoc, **311**

JEAN-PAUL **MAULER**, Alsace Grand Cru Mandelberg, 98

CH. **MAUREL FONSALADE**, Saint-Chinian, 628

MICHEL **MAURICE**, Vins de Moselle AOVDQS, 109 110

DOM. DES **MAURIERES**, Anjou, 737

DOM. DES **MAURIERES**, Anjou-Villages, 739

DOM. DES **MAURIERES**, Coteaux du Layon, **750**

CLOS DES **MAURIERS**, Savennières, 744

DOM. DE **MAURIN**, Premières Côtes de Bordeaux, 270

MAURYDORE, Maury, 882

LES VIGNERONS DE **MAURY**, Côtes du Roussillon-Villages, 639

LES VIGNERONS DE **MAURY**, Maury, 882

CH. **MAUSSE**, Canon-Fronsac, 200

CH. **MAUVEZIN**, Saint-Emilion Grand Cru, **239**

CH. **MAYNE-BLANC**, Lussac Saint-Emilion, **249**

CH. **MAYNE-CABANOT**, Entre-Deux-Mers, 264

CH. DU **MAYNE**, Barsac, 345

CH. DU **MAYNE**, Graves, 281

CH. **MAYNE D'IMBERT**, Graves, 281

CH. **MAYNE-FIGEAC**, Saint-Emilion Grand Cru, 239

CH. **MAYNE LALANDE**, Listrac-Médoc, 316

CH. **MAYNE-VIEIL**, Fronsac, 204

DOM. DE **MAYRAC**, Crémant de Limoux, 611

CH. **MAZARIN**, Loupiac, 341

CH. **MAZILLY PERE ET FILS**, Pommard, 475

CH. **MAZOUET**, Saint-Emilion, 221

M. DE **MALLE**, Graves, 280

DOM. **MEHU**, Fleurie, 135

DOM. **MEINJARRE**, Madiran, 693

MEISTERMANN, Crémant d'Alsace, 106

CH. **MELIN**, Cadillac, 339

CH. **MELIN**, Premières Côtes de Bordeaux, 270

JOSEPH **MELLOT**, Pouilly-Fumé, 815

CH. **MEMOIRES**, Cadillac, 339

CH. **MEMOIRES**, Loupiac, 341

J.-P. **MENARD ET FILS**, Pineau des Charentes, 892

RENE **MENARD**, Touraine-Azay-le-Rideau, 772

CHRISTIAN **MENAUT**, Beaune, 469

CHRISTIAN **MENAUT**, Bourgogne Hautes-Côtes de Beaune, 387

CH. **MENTONE**, Côtes de Provence, 651

MENUET, Pineau des Charentes, 892

CLOS DES **MENUTS**, Saint-Emilion Grand Cru, 239

DOM. **MEO-CAMUZET**, Clos de Vougeot, 433

DOM. **MEO-CAMUZET**, Corton, **457**

DOM. **MEO-CAMUZET**, Nuits-Saint-Georges, 444

CH. DE **MERCEY**, Bourgogne Aligoté, 375

CH. DE **MERCEY**, Bourgogne Hautes-Côtes de Beaune, 387

CH. DE **MERCEY**, Mercurey, 517

CH. DE **MERCEY**, Santenay, 507

MANOIR DE **MERCEY**, Rully, 514

MERCIER, Champagner, 571

A. **MERCIER**, Rivesaltes, 880

CH. **MERCIER**, Côtes de Bourg, 197

CH. DE **MERCUES**, Cahors, 679

LES VIGNERONS DU CAVEAU DE **MERCUREY**, Mercurey, 517

CH. DU **MERLE**, Bordeaux Supérieur, 181

DOM. DU **MERLE**, Bourgogne, 367

MERRAIN ROUGE, Médoc, 301

MESLET-THOUET, Bourgueil, 776

ROBERT **MESLIAND**, Touraine-Amboise, 771

MESTRE PERE ET FILS, Santenay, 507

CH. **MESTREPEYROT**, Premières Côtes de Bordeaux, **270**

L. **METAIRIE**, Juliénas, 138

CH. **METRIA**, Haut-Médoc, 312

GERARD **METZ**, Alsace Pinot Noir, 88

GERARD **METZ**, Alsace Riesling, 67

HUBERT **METZ**, Alsace Pinot Noir, **88**

JEAN-PIERRE **MEULIEN**, Mercurey, 517

DIDIER **MEUNEVEAUX**, Aloxe-Corton, 452

DIDIER **MEUNEVEAUX**, Corton, 457

GERARD **MEUNIER**, Quincy, 816

MEURGIS, Crémant de Bourgogne, 389

CH. DE **MEURSAULT**, Beaune, 469

DOM. DENIS **MEYER**, Alsace Tokay-Pinot Gris, 83

MEYER-FONNE, Alsace Grand Cru Wineck-Schlossberg, 104

FRANCOIS **MEYER**, Alsace Grand Cru Winzenberg, 104

RENE **MEYER**, Alsace Grand Cru Florimont, 94

RENE **MEYER**, Alsace Riesling, **68**

CH. **MEYNEY**, Saint-Estèphe, **333**

CH. **MEYRE**, Haut-Médoc, 312

ANDRE ET MONIQUE **MEZIAT**, Morgon, **141**

CH. **MIAUDOUX**, Saussignac, **708**

CH. **MICALET**, Haut-Médoc, 312

ALAIN **MICHAUD**, Brouilly, 128

DOM. **MICHAUD**, Touraine, 766

JOSE **MICHEL ET FILS**, Champagner, 571

LOUIS **MICHEL ET FILS**, Chablis Grand Cru, **406**

DOM. RENE **MICHEL ET SES FILS**, Mâcon, 524

LOUIS **MICHEL**, Chablis Premier Cru, 402

DOM. **MICHELOT-BUISSON**, Meursault, 490

CHANTAL **MICHELOT**, Meursault, 490

PIERRE **MIGNON**, Champagner, 571

PHILIPPE **MILAN ET FILS**, Bourgogne Côte Chalonnaise, 511

PHILIPPE **MILAN ET FILS**, Rully, **514**

CH. **MILARY**, Bordeaux Supérieur, 181

CH. **MILHAU-LACUGUE**, Saint-Chinian, 628

CH. DE **MILLE**, Côtes du Lubéron, 873

CH. **MILLET**, Graves, 281

PHILIPPE **MILLET**, Petit Chablis, 392

DOM. DES **MILLETS**, Côtes Roannaises AOVDQS, 809

ANDRE **MILLOT**, Côte de Nuits-Villages, 447

DOM. BERNARD **MILLOT**, Meursault, 490

JEAN-MARC **MILLOT**, Côte de Nuits-Villages, 447

CH. DE **MIRANDE**, Mâcon-Villages, 528

MIRAULT, Touraine, 766

DOM. **MIREILLE ET VINCENT**, Côtes du Rhône, 834

CH. **MIRE L'ETANG**, Coteaux du Languedoc, 621

P. **MISSEREY**, Mercurey, 518

P. **MISSEREY**, Nuits-Saint-Georges, 444

DOM. PAUL **MISSET**, Clos de Vougeot, 433

FREDERIC **MOCHEL**, Alsace Grand Cru Altenberg de Bergbieten, 91

MOET ET CHANDON, Champagner, **571**

MOILLARD, Bourgogne Hautes-Côtes de Beaune, 387

MOILLARD, Bourgogne Hautes-Côtes de Nuits, 387

MOILLARD, Chassagne-Montrachet, 499

MOILLARD, Echezeaux, 434

MOILLARD, Meursault, 490

MOILLARD, Nuits-Saint-Georges, 444
MOILLARD, Puligny-Montrachet, **493**
MOILLARD-GRIVOT, Givry, 520
MOILLARD-GRIVOT, Juliénas, 138
MOILLARD-GRIVOT, Ladoix, 449
MOILLARD-GRIVOT, Mercurey, 518
MOILLARD-GRIVOT, Morey-Saint-Denis, **424**
MOILLARD-GRIVOT, Pommard, 475
MOILLARD-GRIVOT, Puligny-Montrachet, 494
MOILLARD-GRIVOT, Volnay, 479
CLOS DU MOINE, Premières Côtes de Bordeaux, 270
CH. DES MOINES, Montagne Saint-Emilion, 253
CLOS DES MOINES, Saint-Emilion, 221
DOM. AUX MOINES, Savennières Roche-aux-Moines, **744**
DOM. DES MOIROTS, Bourgogne Aligoté, 376
JEAN-MICHEL MOLIN, Fixin, 411
MAISON MOLLEX ET FILS, Seyssel, 604
MOMMESSIN, Aloxe-Corton, 452
MOMMESSIN, Chiroubles, 133
MOMMESSIN, Clos de Tart, 426
MOMMESSIN, Gevrey-Chambertin, 416
MOMMESSIN, Juliénas, 138
MOMMESSIN, Mâcon, 525
MOMMESSIN, Morey-Saint-Denis, 424
MOMMESSIN, Saint-Aubin, 502
MOMMESSIN, Santenay, 507
MOMMESSIN, Savigny-lès-Beaune, 462
CH. MONBRISON, Margaux, 322
DOM. MONCEAU-BOCH, Volnay, 479
CH. MONCONSEIL GAZIN, Premières Côtes de Blaye, 192
PIERRE MONCUIT, Champagner, 572
MONDOT, Saint-Emilion Grand Cru, 239
CH. MONDOU, Saint-Emilion Grand Cru, 239
CH. MONDOU MERIGNEAN, Saint-Emilion, 221
DOM. MONGEARD-MUGNERET, Vosne-Romanée, 437
CH. MONGRAVEY, Margaux, 322
MAISON MONIN FILS, Bugey AOVDQS, 604
DOM. RENE MONNIER, Beaune, 469
DOM. RENE MONNIER, Meursault, 490
DOM. RENE MONNIER, Puligny-Montrachet, 494
DOM. JEAN MONNIER ET FILS, Meursault, 490
EDMOND MONNOT, Santenay, 507
COMTE ANDRE DE MONPEZAT, Cahors, 679
DOM. MONROZIER, Fleurie, 135
CH. DE MONS, Floc de Gascogne, 895
MONSIEUR DE BERGERAC, Bergerac, 698
MONSIEUR PHILIPPE, Médoc, 301
CH. MONTAGNE, Côtes de Provence, 651
CH. MONTAIGUT, Côtes de Bourg, 197
MONTAUDON, Champagner, 572
CH. MONTAURIOL, Côtes du Frontonnais, 686
CH. MONTBENAULT, Anjou, 737
CH. MONTBENAULT, Coteaux du Layon, 750
MONTBOISIE, Arbois, 589
DOM. DE MONTBOURGEAU, L'Etoile, 597
DOM. DE MONTBRIAND, Brouilly, 128
CH. MONTBRUN, Margaux, 322
CH. DU MONT CARLAU, Entre-Deux-Mers, 264
CH. DU MONT, Sainte-Croix-du-Mont, 343
CH. DE MONTCLAR, Côte de la Malepère AOVDQS, **630**
DOM. DE MONTEILLET, Saint-Joseph, 849

DOM. DU MONTEILLET, Saint-Joseph, 849
DOM. DE MONTERRAIN, Mâcon, 525
CH. MONTFOLLET, Premières Côtes de Blaye, 192
CHARLES DE MONTFORT, Vouvray, 795
CH. DE MONTFORT, Vouvray, 795
DOM. DE MONTFORT, Arbois, 589
DOM. DE MONTGILET, Anjou-Gamay, 738
DOM. DE MONTGILET, Anjou-Villages, 739
CH. DE MONTGUERET, Saumur, 755
CH. DE MONTHELIE, Monthélie, 482
CH. DU MONTHIL, Médoc, 301
DOM. DE MONTIGNY, Touraine, 766
HUBERT DE MONTILLE, Volnay, 479
DOM. DE MONTINE, Coteaux du Tricastin, 868
DOM. DE MONTINE, Côtes du Rhône, 834
CH. MONTJOUAN, Premières Côtes de Bordeaux, 270
CH. MONT-JOYE, Sauternes, 350
CH. MONTLABERT, Saint-Emilion Grand Cru, 239
CH. MONTLAU, Bordeaux Supérieur, 181
CH. DE MONTMAL, Fitou, 624
CH. DE MONTMELAS, Beaujolais-Villages, 123
CH. DE MONTMIRAIL, Gigondas, 854
CH. DE MONTMIRAIL, Vacqueyras, 857
CH. MONTNER, Côtes du Roussillon-Villages, 639
CLOS DU MONT OLIVET, Châteauneuf-du-Pape, 861
LES VIGNERONS DE MONTPEYROUX, Coteaux du Languedoc, 621
CAVE COOP. DE MONT-PRES-CHAMBORD, Cheverny AOVDQS, 798
CH. MONT-REDON, Châteauneuf-du-Pape, 861
LYCEE VITICOLE DE MONTREUIL-BELLAY, Saumur, 755
CH. MONTROSE, Saint-Estèphe, **333**
MICHEL MONTROUSSIER, Côtes Roannaises AOVDQS, 809
LES PROD. DU MONT TAUCH, Rivesaltes, 880
CH. MONTUS, Madiran, 693
DOM. DE MONTVAC, Vacqueyras, 857
CH. MONTVIEL, Pomerol, 209
CH. MORANGE, Premières Côtes de Blaye, 192
CATHERINE MOREAU, Touraine-Amboise, 771
DOM. BERNARD MOREAU, Chassagne-Montrachet, 499
DOM. DU CLOS MOREAU, Bourgogne, 367
DOM. DU CLOS MOREAU, Mercurey, 518
DOMINIQUE MOREAU, Bourgueil, 776
J. MOREAU ET FILS CLOS DES HOSPICES, Chablis Grand Cru, 406
DOM. MOREAU ET FILS, Chablis Grand Cru, 406
J. MOREAU ET FILS, Chablis, 396
J. MOREAU ET FILS, Chablis Premier Cru, 402
MOREL PERE ET FILS, Rosé des Riceys, 584
MOREL-THIBAUT, Côtes du Jura, 595
DOM. MOREL-THIBAUT, Côtes du Jura, **595**
ABBAYE DE MORGEOT, Chassagne-Montrachet, 499
CH. MORILLON, Bordeaux Supérieur, 181
DOM. DE MORILLON, Coteaux du Lyonnais, 150
DOM. DU MORILLY, Chinon, 781
CHRISTIAN MORIN, Bourgogne, 367
CHRISTIAN MORIN, Chablis, 396

DOM. JACQUES MORIN, Bourgueil, **776**
NOELLE MORIN, Beaujolais-Villages, 123
MORIN PERE ET FILS, Bourgogne Hautes-Côtes de Nuits, 382
MORIN PERE ET FILS, Chassagne-Montrachet, 500
MORIN PERE ET FILS, Morey-Saint-Denis, 424
MORIN PERE ET FILS, Nuits-Saint-Georges, 445
RENE MORIN, Brouilly, 128
MORIZE PERE ET FILS, Champagner, 572
CH. MORNON, Premières Côtes de Blaye, 192
VEUVE HENRI MORONI, Puligny-Montrachet, 494
ALBERT MOROT, Beaune, 469
B. MOROT-GAUDRY, Bourgogne Hautes-Côtes de Beaune, 387
B. MOROT-GAUDRY, Santenay, 507
CHARLES MORTET ET FILS, Bourgogne, 368
CHARLES MORTET ET FILS, Chambertin, **419**
CHARLES MORTET ET FILS, Chambolle-Musigny, 428
CHARLES MORTET ET FILS, Clos de Vougeot, 433
CHARLES MORTET ET FILS, Gevrey-Chambertin, **416 417**
JEAN MORTET, Moulin à Vent, 143
DOM. DES MORTIERS GOBIN, Muscadet de Sèvre-et-Maine, 728
SYLVAIN MOSNIER, Chablis, 396
CH. MOTTE MAUCOURT, Bordeaux Sec, 170
DOM. DU MOULINAS, Muscat de Mireval, 888
DOM. DU MOULIN BLANC, Beaujolais, 118
CH. MOULIN CARESSE, Bergerac, 698
CH. MOULIN CARESSE, Haut-Montravel, 706
CH. MOULIN DE BEL-AIR, Médoc, 301
CH. MOULIN DE BONNEAU, Cadillac, 304
CH. MOULIN DE BRION, Médoc, 301
CH. MOULIN DE CASTILLON, Médoc, 301
CH. MOULIN DE CLOTTE, Côtes de Castillon, 260
MOULIN DE DUHART, Pauillac, 329
DOM. DU MOULIN DE DUSENBACH, Alsace Grand Cru Sporen, 102
CH. MOULIN DE LABORDE, Listrac-Médoc, 316
CH. DU MOULIN DE LA CHAPELLE, Saint-Emilion, 221
MOULIN DE LA GARDETTE, Gigondas, 854
MOULIN DE LA JAUGUE, Bordeaux, 165
CH. MOULIN DE LA ROQUE, Médoc, 301
CH. MOULIN DE LA ROSE, Saint-Julien, **337**
CH. MOULIN DE LAUNAY, Entre-Deux-Mers, 264
DOM. DU MOULIN DE L'HORIZON, Saumur, 755
MOULIN DE MERIENNE, Pineau des Charentes, 892
DOM. DU MOULIN DES DAMES, Bergerac Sec, 700
CH. MOULIN DES GRAVES, Côtes de Bourg, 197
MOULIN D'ISSAN, Bordeaux Supérieur, 182
DOM. DU MOULIN, Côtes du Rhône, 835
DOM. DU MOULIN, Gaillac, 683
DOM. DU MOULIN, Premières Côtes de Bordeaux, 270

CH. **MOULIN DU CADET**, Saint-Emilion Grand Cru, 240
DOM. **MOULIN DU POURPRE**, Côtes du Rhône, 835
CH. **MOULINET**, Pomerol, 210
CH. **MOULINET-LASSERRE**, Pomerol, 210
CH. **MOULIN HAUT-LAROQUE**, Fronsac, **204**
CH. **MOULIN LA PITIE**, Bordeaux Côtes de Francs, 187
LES VIGNERONS DU **MOULIN**, Rosé d'Anjou, 740
CH. DU **MOULIN NOIR**, Lussac Saint-Emilion, 249
CH. **MOULIN PEY-LABRIE**, Canon-Fronsac, 200
CH. **MOULIN RICHE**, Saint-Julien, 337
CH. DU **MOULIN ROUGE**, Haut-Médoc, 312
CH. **MOULIN SAINT-GEORGES**, Saint-Emilion Grand Cru, 240
CH. DES **MOULINS**, Médoc, 301
MOULINS DE CITRAN, Haut-Médoc, 312
CH. **MOULINS-LISTRAC**, Puisseguin Saint-Emilion, 255
MOULIN TOUCHAIS, Coteaux du Layon, **750**
CH. **MOULIN A VENT**, Moulis-en-Médoc, 325
CH. DU **MOULIN A VENT**, Moulin à Vent, **143**
CH. **MOULIS**, Moulis-en-Médoc, 325
DOM. **MOUREOU**, Madiran, 693
CH. **MOURGUES DU GRES**, Costières de Nîmes, 617
DOM. FABRICE **MOUSSET**, Châteauneuf-du-Pape, 861 862
DOM. JACQUES **MOUSSET**, Châteauneuf-du-Pape, 862
JEAN **MOUTARDIER**, Champagner, 572
MOUTARD PERE ET FILS, Champagner, **572**
MOUTON-CADET, Bordeaux, 165
MOUTON-CADET, Bordeaux Rosé, 173
MOUTON CADET, Bordeaux Sec, 170
GERARD **MOUTON**, Givry, 520
CH. **MOUTON-ROTHSCHILD**, Pauillac, **329**
CH. **MOUTTE BLANC**, Bordeaux Supérieur, 182
D. **MOYER**, Montlouis, 788
JEAN-PIERRE **MUGNERET**, Bourgogne
Hautes-Côtes de Nuits, 383
JEAN-PIERRE **MUGNERET**, Echezeaux, 434
JEAN-PIERRE **MUGNERET**, Vosne-Romanée, 438
JACQUES-FREDERIC **MUGNIER**, Bonnes-Mares, 430
JACQUES-FREDERIC **MUGNIER**, Chambolle-Musigny, 428
JACQUES-FREDERIC **MUGNIER**, Musigny, 430
FRANÇOIS **MUHLBERGER**, Alsace Grand Cru
Altenberg de Wolxheim, 92
CHARLES ET MICHELLE **MULLER**, Bourgogne, 368
DOM. **MULLER-KOEBERLE**, Alsace Pinot Noir, 89
MUMM, Champagner, 573 **572**
MUMM DE CRAMANT, Champagner, 573
CLOS **MURABEAU**, Côtes du Lubéron, 873
DOM. DE **MUSOLEU**, Vins de Corse, 669
JEAN **MUSSO**, Bourgogne
Hautes-Côtes de Beaune, 387
DOM. ANDRE **MUSSY**, Beaune, 469
CH. **MYLORD**, Bordeaux, 165
CH. **MYLORD**, Entre-Deux-Mers, 264
CH. **MYON DE L'ENCLOS**, Moulis-en-Médoc, 325

DOM. DES **MYRTES**, Côtes de Provence, 651
CH. **NADAL-HAINAUT**, Côtes du Roussillon, 636
NAIGEON-CHAUVEAU, Bourgogne, 368
NAIGEON-CHAUVEAU, Saint-Véran, 538
NAIGEON-CHAVEAU, Volnay, 479
NAIGEON-CHAVEAU, Pouilly-Fuissé, 533
CH. **NAIRAC**, Barsac, 345
DOM. DE **NALYS**, Châteauneuf-du-Pape, 862
NAPOLEON, Champagner, 573
CH. **NARDIQUE LA GRAVIERE**, Bordeaux Supérieur, 182
GUY **NARJOUX**, Bourgogne, 368
GUY **NARJOUX**, Mercurey, 518
MICHEL **NARTZ**, Alsace Riesling, 68
CH. **NAUDET**, Saint-Estèphe, 334
HENRI **NAUDIN-FERRAND**, Bourgogne Aligoté, 376
HENRI **NAUDIN-FERRAND**, Bourgogne
Hautes-Côtes de Beaune, 387
HENRI **NAUDIN-FERRAND**, Bourgogne
Hautes-Côtes de Nuits, 383
HENRI **NAUDIN-FERRAND**, Côte de Nuits-Villages, 447
HENRI **NAUDIN-FERRAND**, Ladoix, 449
NAU FRERES, Bourgueil, 777
JEAN **NAU**, Bourgueil, 776
JEAN-MARIE **NAULIN**, Chablis, 396
JEAN-MARIE **NAULIN**, Chablis Premier Cru, 403
CH. DE **NAVARRO**, Graves, 281
GUY ET SERGE **NEBOUT**, Saint-Pourçain AOVDQS, 808
DOM. DE **NERLEUX**, Saumur, **756**
DOM. DE **NERLEUX**, Saumur-Champigny, 758
JEAN-PAUL **NEROT**, Coteaux du Giennois AOVDQS, 806
CLOS DE **NEUILLY**, Chinon, 781
NEUMEYER, Alsace Pinot Noir, 89
DOM. **NEUMEYER**, Alsace Grand Cru Bruderthal, 92
DOM. **NEVEU**, Sancerre, **820**
DOM. DES **NIALES**, Mâcon-Villages, 528
CLOS **NICROSI**, Vins de Corse, **669**
DOM. **NIERO-PINCHON**, Condrieu, 847
DOM. **NIGRI**, Jurançon Sec, 691
CH. **NOAILLAC**, Médoc, 302
DOM. DU **NOBLE**, Loupiac, 341
PHILIPPE **NOBLET**, Moulin à Vent, 143
CH. **NODOZ**, Côtes de Bourg, 197
NOMBOLY-TRAYDOU, Jurançon, 690
NOMINE RENARD, Champagner, 573
NONCENY, Bourgogne
Hautes-Côtes de Nuits, 383
CH. **NOTRE-DAME**, Montagne Saint-Emilion, 253
CH. **NOURET**, Médoc, 302
CLAUDE **NOUVEAU**, Bourgogne
Hautes-Côtes de Beaune, 387
CH. **NOUVEL DE PEYROU**, Bordeaux Supérieur, 182
CLOS DE **NOUYS**, Vouvray, 795
NOWACK, Champagner, 573
CH. **NOZIERES**, Cahors, 679
DOM. ANDRE ET JEAN **NUDANT**, Corton, 457
DOM. ANDRE ET JEAN-RENE **NUDANT**, Bourgogne, 368
DOM. ANDRE ET JEAN-RENE **NUDANT**, Ladoix, 449 450
DOM. DES **NUGUES**, Beaujolais-Villages, 124
CAVE D' **OBERNAI**, Alsace Muscat, 71
DOM. **OCTAVIE**, Touraine, 767
LES VINS D' **OCTON**, Coteaux du Languedoc, 621

DOM. **OGEREAU**, Anjou-Villages, 739
DOM. **OGEREAU**, Coteaux du Layon, **750**
OGIER, Saint-Joseph, 849
CH. **OLIVIER**, Pessac-Léognan, 291 292
DOM. **OLLIER-TAILLEFER**, Faugères, 623
CH. **OLLWILLER**, Alsace Grand Cru Ollwiller, 98
COTES D' **OLT**, Cahors, 679
BERNARD **OMASSON**, Bourgueil, 777
CHARLES **ORBAN**, Champagner, 573
ORENGA DE GAFFORY, Patrimonio, 673
DOM. D' **ORFEUILLES**, Vouvray, 796
CH. **ORISSE DU CASSE**, Saint-Emilion Grand Cru, **240**
DOM. DES **ORMOUSSEAUX**, Coteaux du Giennois AOVDQS, 806
CH. D' **ORSCHWIHR**, Alsace Grand Cru Pfingstberg, 100
CH. D' **ORSCHWIHR**, Alsace Riesling, 68
CH. D' **ORSCHWIHR**, Alsace Tokay-Pinot Gris, 83
COOP. D' **ORSCHWILLER**, Alsace Tokay-Pinot Gris, **83**
CH. D' **OSMOND**, Haut-Médoc, 312
DOM. D' **OSTANGE**, Mâcon, 525
ANDRE **OSTERMANN**, Alsace Grand Cru Osterberg, 99
DOM. **OTT**, Bandol, 659
DOM. **OTT**, Côtes de Provence, 651
DOM. DES **OUCHES**, Bourgueil, 777
OUDINOT, Champagner, 573
OVERNOY-CRINQUAND, Arbois, 589
DOM. ROGER **PABIOT ET SES FILS**, Pouilly-sur-Loire, **815**
DOM. DES **PAGET**, Touraine, 767
JAMES **PAGET**, Touraine-Azay-le-Rideau, 772
CH. **PAGNAC**, Saint-Emilion, 221
BRUNO **PAILLARD**, Champagner, 574
PIERRE **PAILLARD**, Champagner, 574
PIERRE **PAILLARD**, Coteaux Champenois, 583
DOM. DE **PAIMPARE**, Coteaux du Layon, 750
CHARLES **PAIN**, Chinon, 781
J. **PAINTURAUD**, Pineau des Charentes, **892**
MAS **PALEGRY**, Muscat de Rivesaltes, 884
PALMER, Champagner, 574
PALMER, Coteaux Champenois, 583
CH. **PALMER**, Margaux, **322**
CH. DE **PAMPELONNE**, Côtes de Provence, 651
CH. DE **PANIGON**, Médoc, 302
PANISSEAU, Bergerac Sec, 700
CH. DE **PANISSEAU**, Côtes de Bergerac, 703
EGERIE DE **PANNIER**, Champagner, **574**
CH. **PAPE CLEMENT**, Pessac-Léognan, 292
CLOS DES **PAPES**, Châteauneuf-du-Pape, 862
CLOS DU **PAPILLON**, Savennières, 744
FRANCOIS **PAQUET**, Mâcon-Villages, 528
FRANCOIS **PAQUET**, Régnié, 145
PARADELLA, Vins de Corse, 669
DOM. DU **PARADIS**, Touraine-Mesland, 773
CH. **PARAN JUSTICE**, Saint-Emilion Grand Cru, 240
CH. DU **PARC**, Corbières, 614
DOM. **PARCE**, Côtes du Roussillon, 636
CH. DE **PARENCHERE**, Bordeaux Supérieur, 182
DOM. **PARENT**, Pommard, **475**
DOM. J. ET A. **PARENT**, Monthélie, 482
DOM. J. ET A. **PARENT**, Volnay, 479
DOM. J. ET A. **PARENT**, Pommard, 475
DOM. J. ET A. **PARENT**, Monthélie, 482

DOM. DE PAREYNEAU, Bordeaux, 165
PARIGOT PERE ET FILS, Beaune, 469
PARIGOT PERE ET FILS, Pommard, **476**
MARIE-LOUISE PARISOT, Pommard, 476
MARIE-LOUISE **PARISOT**, Saint-Romain, 486
MARIE-LOUISE PARISOT, Savigny-lès-Beaune, 462
MARIE LOUISE PARISOT, Vosne-Romanée, 438
PARIZE PERE ET FILS, Bourgogne Côte Chalonnaise, **511**
PARIZE PERE ET FILS, Givry, 521
DOM. DES PARPAIOUNS, Côtes du Rhône, 835
PASCAL, Côtes du Rhône-Villages, 843
CH. PASCAUD, Bordeaux Supérieur, **182**
CH. PASCAUD, Premières Côtes de Bordeaux, 270
CH. PASQUET, Bordeaux Rosé, 173
CH. PASQUET, Bordeaux Sec, 170
CH. DE PASQUETTE, Saint-Emilion Grand Cru, 240
PASQUIER-DESVIGNES, Bourgogne Passetoutgrain, 379
PASQUIER DESVIGNES, Mâcon-Villages, 529
PASQUIER-DESVIGNES, Pouilly-Fuissé, 534
DOM. PASSOT COLLONGE, Morgon, 141
DOM. PASSOT LES RAMPAUX, Régnié, 146
CH. PATACHE D'AUX, Médoc, 302
CH. PATARABET, Saint-Emilion, 221
JEAN-MICHEL PATISSIER, Saint-Amour, 148
PAULANDS, Aloxe-Corton, 453
PAULANDS, Chorey-lès-Beaune, 464
PAULANDS, Savigny-lès-Beaune, 462
GERARD PAUTIER, Pineau des Charentes, 892
DOM. ALAIN PAUTRE, Chablis, 396
MANOIR DU PAVE, Beaujolais-Villages, 124
CH. PAVIE, Saint-Emilion Grand Cru, **240**
CH. PAVIE DECESSE, Saint-Emilion Grand Cru, **240**
CH. PAVIE MACQUIN, Saint-Emilion Grand Cru, 241
PAVILLON BLANC, Bordeaux Sec, **170**
CH. PAVILLON CADET, Saint-Emilion Grand Cru, 241
CH. DU PAVILLON, Canon-Fronsac, 200
PAVILLON DE BELLEVUE, Médoc, 302
PAVILLON ROUGE, Margaux, 323
CH. DU PAYRE, Bordeaux Rosé, 173
CH. DU PAYRE, Bordeaux Sec, 170
DOM. TANO PECHARD, Régnié, 146
CH. PECH-REDON, Coteaux du Languedoc, 621
CH. PECONNET, Premières Côtes de Bordeaux, 270
DOM. DU PECOT, Cahors, 679
CH. PEDESCLAUX, Pauillac, 329
DOM. DE PEIGROS, Côtes de Provence, 651
DOM. DES PEIRECEDES, Côtes de Provence, 652
CLOS DU PELERIN, Pomerol, 210
DOM. DU PELICAN, Cabernet d'Anjou, 741
DOM. HENRY PELLE, Menetou-Salon, 812
DOM. HENRY PELLE, Sancerre, 820 821
J. PELLERIN, Chiroubles, 133
HENRI PELLETIER, Givry, 521
DOM. PELTIER, Vouvray, 796
CH. DE PENA, Côtes du Roussillon-Villages, 639
CH. PENIN, Bordeaux Clairet, 167

CH. PENIN, Bordeaux Sec, 170
CH. PENIN, Bordeaux Supérieur, 182
CH. DE PENNAUTIER, Cabardès AOVDQS, 629
PENSEES DE LAFLEUR, Pomerol, 210
FRANCOIS PEQUIN, Touraine-Amboise, 771
DOM. COMTE PERALDI, Ajaccio, 671 672
DOMINIQUE PERCEREAU, Crémant de Loire, 717
PERCHER ET FILS, Saumur, 756
DOM. DU PERD-SON-PAIN, Muscadet de Sèvre-et-Maine, 728
PERE ANSELME, Côtes du Rhône, 835
DOM. DU PERE CABOCHE, Châteauneuf-du-Pape, 862
DOM. DES PERELLES, Mâcon-Villages, 529
DOM. DES PERELLES, Saint-Véran, 538
DOM. DES PERELLES LAROCHETTE, Pouilly-Fuissé, 534
DOM. DES PERELLES-THIBERT, Pouilly-Fuissé, 534
CUVEE PERICLES, Bordeaux Supérieur, 182
CH. DU PERIER, Médoc, 302
CH. DE PERONNE, Mâcon-Villages, 529
DOM. RENE PERRATON, Pouilly-Fuissé, 534
RENE PERRATON, Pouilly Vinzelles, 536
JEAN-FRANCOIS PERRAUD, Juliénas, 138
CH. PERRAY JOUANNET, Anjou-Villages, 739
DOM. DE PERREAU, Côtes de Montravel, 706
CH. DE PERRE, Bordeaux, 165
ANDRE PERRET, Saint-Joseph, 849
DOM. DES PERRETS, Touraine, 767
DOM. PERRIER, Beaujolais-Villages, 124
JEAN PERRIER ET FILS, Vin de Savoie, 601 602
JOSEPH PERRIER, Champagner, 574 575
PERRIER-JOUET, Champagner, 575
DOM. ROGER PERRIN, Châteauneuf-du-Pape, 862
DOM. ROGER PERRIN, Côtes du Rhône, 835
CH. PERRON, Lalande de Pomerol, 215
DOM. HENRI PERROT-MINOT, Chambolle-Musigny, 428
DOM. HENRI PERROT-MINOT, Morey-Saint-Denis, 424
DOM. DES PERRUCHES, Saint-Nicolas-de-Bourgueil, 786
CH. PERTHUS, Côtes de Bourg, 197
PERTOIS-MORISET, Champagner, 575
CH. PESQUIE, Côtes du Ventoux, 870 871
DOM. DU PESQUIER, Gigondas, 855
CH. PESSAN, Graves, 281
PIERRE PETERS, Champagner, 575
ANDRE PETIT, Pineau des Charentes, 892
DOM. DU PETIT BONDIEU, Bourgueil, 777
DOM. DU PETIT CLOCHER, Crémant de Loire, 717
CH. PETIT CLOS DU ROY, Montagne Saint-Emilion, 253
DESIRE PETIT ET FILS, Arbois, **590**
DESIRE PETIT ET FILS, Côtes du Jura, 595
CH. PETIT FAURIE DE SOUTARD, Saint-Emilion Grand Cru, 241
CH. PETIT-FIGEAC, Saint-Emilion Grand Cru, 241
H. PETITJEAN ET CIE, Champagner, 575
CLOS PETIT MAUVINON, Saint-Emilion, 222

CLOS PETIT MAUVINON, Saint-Emilion Grand Cru, 241
DOM. DU PETIT METRIS, Coteaux du Layon, 751
CLOS DU PETIT MONT, Vouvray, 796
CH. PETIT MOULIN, Bordeaux Sec, 170
CH. PETIT-MOUTA, Graves, 281
DOM. DU PETIT PRESSOIR, Côte de Brouilly, 129
CH. DU PETIT PUCH, Entre-Deux-Mers, 264
CH. DU PETIT PUCH, Graves de Vayres, 274
DOM. DES PETITS QUARTS, Bonnezeaux, **753**
CH. DU PETIT-THOUARS, Touraine, 767
CH. PETIT VAL, Saint-Emilion Grand Cru, 241
DOM. DU PETIT VAL, Bonnezeaux, 753
DOM. DU PETIT VAL, Coteaux du Layon, 751
PETRUS, Pomerol, **210**
CH. PEY-ARNAUD, Sauternes, 350
CH. PEYBONHOMME LES TOURS, Premières Côtes de Blaye, 192
CH. PEYBRUN, Cadillac, 340
CH. PEYRABON, Haut-Médoc, 312
CH. DU PEYRAT, Premières Côtes de Bordeaux, 270
CH. PEYREAU, Saint-Emilion Grand Cru, 241
CH. PEYREBON, Bordeaux, 165
CH. PEYREBON, Entre-Deux-Mers, 265
CH. PEYREDON LAGRAVETTE, Listrac-Médoc, 317
CH. PEYREDOULLE, Premières Côtes de Blaye, 193
CH. PEYRE-LEBADE, Listrac-Médoc, 317
CH. PEYRELONGUE, Saint-Emilion Grand Cru, 241
DOM. DE PEYRELONGUE, Saint-Emilion Grand Cru, 241
DOM. PEYRE ROSE, Coteaux du Languedoc, **621**
PEYRES-COMBE, Gaillac, 683
CH. PEYROT-MARGES, Loupiac, 341
CH. PEYROT-MARGES, Sainte-Croix-du-Mont, 343
CH. PEYROU, Côtes de Castillon, 260
CH. PEYROUQUET, Saint-Emilion Grand Cru, 242
PEZILLA, Côtes du Roussillon, 636
PEZILLA, Muscat de Rivesaltes, 885
PEZILLA, Rivesaltes, 880
LES VIGNERONS DE PFAFFENHEIM ET GUEBERSCHWIHR, Alsace Gewürztraminer, 72
LES VIGNOBLES DE PFAFFENHEIM, Alsace Tokay-Pinot Gris, 83
CH. PHELAN SEGUR, Saint-Estèphe, 334
CHRISTIAN PHILIP, Floc de Gascogne, 895
CH. PHILIPPE-LE-HARDI, Crémant de Bourgogne, 390
CH. PHILIPPE LE HARDI, Mercurey, 518
CH. PHILIPPON, Bordeaux, 165
PHILIPPONNAT, Champagner, 575
CH. PIADA, Barsac, 345
DOM. DE PIAUGIER, Côtes du Rhône-Villages, 843
DOM. DE PIAUGIER, Gigondas, 855
PIBALEAU PERE ET FILS, Touraine, 767
PIBALEAU PERE ET FILS, Touraine-Azay-le-Rideau, 772
CH. DE PIBARNON, Bandol, 659
CH. PIBRAN, Pauillac, 329
PICARD PERE ET FILS, Aloxe-Corton, 453
PICARD PERE ET FILS, Monthélie, 482
PICARD PERE ET FILS, Rully, 514

CH. DE PIC, Premières Côtes de Bordeaux, 271
DANIEL PICHARD, Bourgogne, 368
BERNARD PICHET, Morgon, 141
CH. PICHON BELLEVUE, Graves de Vayres, 274
CH. PICHON-LONGUEVILLE, Pauillac, **330**
CH PICHON LONGUEVILLE COMTESSE DE LALANDE, Pauillac, **330**
GILBERT PICQ ET SES FILS, Chablis, 396
PAUL PIDAULT, Echezeaux, 434
GERARD PIEAUX, Vouvray, 796
CH. PIEGUE, Anjou, **737**
CH. PIEGUE, Anjou-Gamay, 738
CH. PIEGUE, Coteaux du Layon, 751
DOM. PIERETTI, Vins de Corse, 669
CH. PIERRANGE, Bordeaux Sec, 170
CH. PIERRANGE, Bordeaux Supérieur, 183
CH. PIERRE-BISE, Anjou-Villages, 739
CH. PIERRE-BISE, Coteaux du Layon, 751
DOM. DE PIERRE BLANCHE, Minervois, 626
DOM. DES PIERRES, Chénas, 131
CH. PIERROUSSELLE, Bordeaux, 165
DOM. DE PIETRI, Vins de Corse, 669
MAGUY PIETRI-GERAUD, Collioure, 640
VIGNERONS DES PIEVE, Vins de Corse, 669
CH. PIGNATEL, Bandol, 659
PIGNIER PERE ET FILS, Côtes du Jura, 596
MAS PIGNOU, Gaillac, 683
CH. PIGOUDET, Coteaux d'Aix, 664
CH. DE PIIS, Buzet, 684
CH. PILET, Bordeaux, **165**
DOM. FERNAND PILLOT, Chassagne-Montrachet, 500
DOM. JEAN PILLOT ET FILS, Puligny-Montrachet, 494
CH. PINET LA ROQUETTE, Premières Côtes de Blaye, 193
LES PRODUCTEURS DE PINET, Coteaux du Languedoc, 622
CH. PINEY, Saint-Emilion Grand Cru, 242
CH. DU PIN-FRANC, Premières Côtes de Bordeaux, 271
JOCELYN PINOTEAU DE RENDINGER, Bourgogne Aligoté, 376
DOM. PINSON, Chablis Premier Cru, 403
CH. PIOT-DAVID, Sauternes, **350**
CH. PIPEAU, Saint-Emilion Grand Cru, 242
PIPER-HEIDSIECK, Champagner, 576 **575**
DOM. PIQUEMAL, Côtes du Roussillon, **636**
DOM. PIQUEMAL, Muscat de Rivesaltes, 885
DOM. PIQUEMAL, Rivesaltes, 880
DOM. PIQUE ROUGE, Corbières, 614
CH. PIQUE-SEGUE, Bergerac, 698
CH. PIQUE-SEGUE, Montravel, 706
CH. PIQUOT, Saumur, 756
DOMINIQUE PIRON, Beaujolais, 119
DOMINIQUE PIRON, Morgon, 141
DOM. JO PITHON, Coteaux du Layon, 751
DOM. DES PITOUX, Mâcon, 525
CH. DE PITRAY, Côtes de Castillon, 260
CH. PLAGNAC, Médoc, 302
COLLECTION PLAIMONT, Madiran, 693
PLAIMONT TRADITION, Côtes de Saint-Mont AOVDQS, 695
CH. PLAIN-POINT, Fronsac, 204
CH. PLAISANCE, Côtes du Frontonnais, 686
CH. DE PLAISANCE, Coteaux du Layon, 751

CH. PLANERES, Côtes du Roussillon, **636**
DOM. DES PLANES, Côtes de Provence, 652
CH. PLANTAT, Graves, 281
PLANT DORE, Bourgogne, 368
CH. DU PLANTIER, Entre-Deux-Mers, 265
CH. DE PLASSAN, Premières Côtes de Bordeaux, 271
ROBERT PLASSE, Côtes Roannaises AOVDQS, 809
CH. DES PLATANES, Côtes de Castillon, 260
CH. PLESSIS-BREZOT, Muscadet de Sèvre-et-Maine, 728
CH. PLINCE, Pomerol, 210
CH. PLINCETTE, Pomerol, 210
DOM. RENE PODECHARD, Bourgogne Passetoutgrain, 380
DOM. DU POETE, Saint-Véran, 538
DOM. DU POINT DU JOUR, Fleurie, 136
FERNAND POIRSON, Côtes de Toul AOVDQS, 108
POL GESSNER, Champagner, 576
POL ROGER, Champagner, 576
CH. DE POMMARD, Pommard, 476
POMMERY, Champagner, **576**
CH. POMYS, Saint-Estèphe, 334
CH. PONCET, Cadillac, 340
DOM. DE PONCHON, Régnié, 146
ALBERT PONNELLE, Beaune, 469
ALBERT PONNELLE, Gevrey-Chambertin, 417
ALBERT PONNELLE, Pernand-Vergelesses, 454
DOM. PONNELLE, Côte de Beaune, 471
PIERRE PONNELLE, Beaune, **469**
PIERRE PONNELLE, Bonnes-Mares, 430
PIERRE PONNELLE, Chablis Premier Cru, **403**
PIERRE PONNELLE, Clos de Vougeot, 433
PIERRE PONNELLE, Pommard, 476
PIERRE PONNELLE, Vougeot, 431
MICHEL PONSARD, Santenay, 507
CHRISTINE PONSOT, Côte de Nuits-Villages, 447
CHRISTINE PONSOT, Gevrey-Chambertin, 417
CHRISTINE PONSOT, Mercurey, 518
CHRISTINE PONSOT, Puligny-Montrachet, 494
CH. PONTAC MONPLAISIR, Pessac-Léognan, 292
CH. PONT DE BRION, Graves, 281 282
DOM. PONT DE GUESTRES, Lalande de Pomerol, 215
CH. PONT DE PIERRE, Lussac Saint-Emilion, 249
CH. PONTET-CANET, Pauillac, 330
CH. PONTET, Médoc, 302
CH. PONTET-FUMET, Saint-Emilion Grand Cru, 242
CH. PONTOISE CABARRUS, Haut-Médoc, 312
CH. PONT ROYAL, Coteaux d'Aix, 664
CH. PORTAL, Haut-Médoc, 312
PORTE DU ROYAUME, Rivesaltes, 880
CH. PORTIER, Fleurie, 136
CH. POUGET, Margaux, **323**
ROBERT POUILLOUX, Pineau des Charentes, 892
CH. POUJEAUX, Moulis-en-Médoc, **325**
DANIELLE POULARD, Morgon, 142
ALAIN POULET, Clairette de Die, 867
CH. POUMEY, Pessac-Léognan, 292
POUPAT ET FILS, Coteaux du Giennois AOVDQS, 807
CH. POUPILLE, Côtes de Castillon, 260
PAUL POUPINEAU, Bourgueil, 777
CH. DE POURCIEUX, Côtes de Provence, 652
DOM. DES POURRIERES, Bourgogne, 368

DOM. DES POURRIERES, Bourgogne Côte Chalonnaise, 511
DOM. PRADELLE, Crozes-Hermitage, 850
JEAN-PIERRE ET MARC PRADIER, Côtes d'Auvergne AOVDQS, 803 804
DOM. DU PRE BARON, Touraine, 767
ERNEST PREISS, Alsace Riesling, 68
PREISS-ZIMMER, Alsace Gewürztraminer, 76
PREISS-ZIMMER, Alsace Riesling, 68
CUVEE DU PRESBYTERE, Côtes du Roussillon-Villages, 639
PRESTIGE DU PRESIDENT, Vins de Corse, 669
CH. DE PRESSAC, Saint-Emilion Grand Cru, 242
DOM. DU PRESSOIR FLANNIERE, Bourgueil, 777
CH. PREUILLAC, Médoc, 302
CH. PREVOST, Bordeaux, 166
JACKY PREYS, Valençay AOVDQS, 800
DOM. PRIEUR-BRUNET, Beaune, 470
DOM. PRIEUR-BRUNET, Chassagne-Montrachet, 500
DOM. PRIEUR-BRUNET, Meursault, 490
DOM. PRIEUR-BRUNET, Santenay, 507 508
DOM. JACQUES PRIEUR, Bourgogne, 368
DOM. JACQUES PRIEUR, Chambertin, 419
DOM. JACQUES PRIEUR, Clos de Vougeot, 433
DOM. JACQUES PRIEUR, Meursault, 490
DOM. JACQUES PRIEUR, Musigny, **430**
DOM. JACQUES PRIEUR, Puligny-Montrachet, 494
DOM. JACQUES PRIEUR, Volnay, 479
PRIEUR DU CHATEAU MEYNEY, Saint-Estèphe, 334
CAVES DU PRIEURE, Sancerre, **821**
CH. DU PRIEURE, Côtes du Rhône, 835
PRIEURE DE CENAC, Cahors, 679
DOM. DU PRIEURE, Bourgogne, 368
DOM. DU PRIEURE, Bourgogne Aligoté, 376
DOM. DU PRIEURE, Bourgogne Hautes-Côtes de Beaune, 387
DOM. DU PRIEURE, Mâcon-Villages, 529
DOM. DU PRIEURE, Savigny-lès-Beaune, 462
LA CAVE DU PRIEURE, Roussette de Savoie, **603**
LA CAVE DU PRIEURE, Vin de Savoie, 602
DOM. PRIEURE ROCH, Bourgogne Grand Ordinaire, 372
DOM. PRIEURE ROCH, Vosne-Romanée, 438
DOM. DU PRIEURE SAINT CHRISTOPHE, Vin de Savoie, 602
DOM. DU PRIEURE SAINTE AGATHE, Santenay, 508
PRIEURS DE LA COMMANDERIE, Pomerol, 211
LE CELLIER DES PRINCES, Châteauneuf-du-Pape, 862
CH. DU PRIORAT, Bergerac, **698**
CH. DU PRIORAT, Bergerac Sec, 700
FRANCOIS ET JEAN-FRANCOIS PRIOU, Touraine, **768**
LES PRODUCTEURS DE PRISSE, Mâcon-Villages, 529
CH. PROST, Barsac, 345
DOM. MAURICE PROTHEAU ET FILS, Crémant de Bourgogne, 390
DOM. MAURICE PROTHEAU ET FILS, Mercurey, 518
FRANCOIS PROTHEAU ET FILS, Volnay, 479
BERNARD PROTOT, Côte de Nuits-Villages, 447

951

WEINE

DOM. MARCEL **RICHAUD,** Côtes du Rhône-Villages, 843
DOM. **RICHEAUME,** Côtes de Provence, 652
CH. **RICHOTEY,** Fronsac, 204
DOM. **RICHOU,** Anjou-Villages, 740
LE DOM. **RICHOU,** Coteaux de l'Aubance, 742
ANDRE **RIEFFEL,** Alsace Pinot Noir, 89
ANDRE **RIEFFEL,** Alsace Pinot oder Klevner, 62
CAVE DES COTEAUX DU **RIEU-BER-LOU,** Coteaux du Languedoc, 622
CH. **RIEUSSEC,** Sauternes, **350**
DOM. RENE **RIEUX,** Gaillac, 683
CH. **RIGAUD,** Puisseguin Saint-Emilion, 256
DOM. **RIGOT,** Côtes du Rhône, 835
ALAIN **RIGOUTAT,** Bourgogne, **369**
CLOS DES **RINIERES,** Anjou-Villages, 740
DOM. ARMELLE ET BERNARD **RION,** Chambolle-Musigny, 428
DOM. BERNARD **RION,** Vosne-Romanée, 438
DOM. MICHELE ET PATRICE **RION,** Bourgogne, 369
CH. DE **RIONS,** Bordeaux Sec, 171
CH. DE **RIONS,** Premières Côtes de Bordeaux, 271
CH. DE **RIPAILLE,** Vin de Savoie, 603
CH. **RIPEAU,** Saint-Emilion Grand Cru, 242
CH. **RIVALS,** Cabardès AOVDQS, 629
PIERRE **RIVRY,** Touraine-Azay-le-Rideau, 772
DOM. DES **RIZIERES,** Juliénas, 138
ALAIN **ROBERT,** Champagner, 577
CH. **ROBERT,** Pomerol, 211
JEAN-CLAUDE **ROBERT,** Touraine-Mesland, 773
ANDRE **ROBERT** P. et F., Champagner, 577
ANDRE **ROBIN,** Pouilly-Fuissé, 534
CH. **ROBIN DES MOINES,** Saint-Emilion, **222**
DANIEL **ROBLOT,** Chablis Premier Cru, 403
CH. DU **ROC DE BOISSAC,** Puisseguin Saint-Emilion, 256
CH. **ROC DE CALON,** Montagne Saint-Emilion, 253
CH. **ROC DE JOANIN,** Côtes de Castillon, 260
CH. **ROC DE LEVRAUT,** Bordeaux, 166
ROC DE LUSSAC, Lussac Saint-Emilion, 250
ROC DE PUISSEGUIN, Puisseguin Saint-Emilion, 256
ROC DU GOUVERNEUR, Muscat de Rivesaltes, 885
ROC DU GOUVERNEUR, Rivesaltes, 880 881
CH. **ROCHEBELLE,** Saint-Emilion Grand Cru, 242
DOM. DE **ROCHEBIN,** Bourgogne, 369
DOM. DE **ROCHEBIN,** Bourgogne Aligoté, 376
DOM. DE **ROCHEBIN,** Crémant de Bourgogne, 390
DOM. DE **ROCHEBIN,** Mâcon, 525
DOM. DE **ROCHEBIN,** Mâcon-Villages, 529
CLOS **ROCHE BLANCHE,** Touraine, 768
DOM. DE **ROCHEBONNE,** Beaujolais, 119
ELIE **ROCHE,** Côtes de Provence, 653
CAVE DE **ROCHEGUDE,** Côtes du Rhône, 835
CAVE DES VIGNERONS DE **ROCHEGUDE,** Côtes du Rhône, 836
DOM. DES **ROCHELLES,** Anjou-Villages, 740
CH. DE **ROCHEMORIN,** Pessac-Léognan, 292

DOM. DE **ROCHEMURE,** Beaujolais-Villages, 124
DOM. DU **ROCHER,** Coteaux du Layon, 751
CH. **ROCHER FIGEAC,** Saint-Emilion Grand Cru, 243
CH. **ROCHER LIDEYRE,** Côtes de Castillon, 260
CH. DES **ROCHERS,** Lussac Saint-Emilion, 250
DOM. DES **ROCHERS,** Côtes de Castillon, 260
DOM. DES **ROCHERS,** Muscadet de Sèvre-et-Maine, 728
JOEL **ROCHETTE,** Régnié, 146
CH. DES **ROCHETTES,** Coteaux du Layon, 751
CH. **ROCHEYRON,** Saint-Emilion Grand Cru, 243
DOM. DU **ROCHOY,** Sancerre, 821
CH. **ROC SAINT-MICHEL,** Saint-Emilion Grand Cru, 243
CH. DES **ROCS,** Bordeaux Sec, 171
ANTONIN **RODET,** Bâtard-Montrachet, 495
ANTONIN **RODET,** Beaune, 470
ANTONIN **RODET,** Bourgogne, 369
ANTONIN **RODET,** Corton-Charlemagne, 458
ANTONIN **RODET,** Côte de Nuits-Villages, 448
ANTONIN **RODET,** Gevrey-Chambertin, 417
ANTONIN **RODET,** Maranges, 509
ANTONIN **RODET,** Meursault, 491
ANTONIN **RODET,** Morey-Saint-Denis, 424
ANTONIN **RODET,** Puligny-Montrachet, 494
ANTONIN **RODET,** Santenay, 508
LOUIS **ROEDERER,** Champagner, 577
ALAIN **ROHART,** Vouvray, 796
ROI CHEVALIER, Saint-Emilion, 222
LA CAVE DU **ROI DAGOBERT,** Alsace Grand Cru Altenberg de Bergbieten, 91
CH. **ROL DE FOMBRAUGE,** Saint-Emilion Grand Cru, 243
ROLET PERE ET FILS, Arbois, 590 591
ROLET PERE ET FILS, Côtes du Jura, 596
CH. DE **ROLLAND,** Barsac, **345**
DOM. DE **ROLLAND,** Fitou, 624
CH. **ROLLAN DE BY,** Médoc, 302
GEORGES **ROLLAND,** Gaillac, 683
CH. **ROLLAND-MAILLET,** Saint-Emilion Grand Cru, 243
GEORGES **ROLLET,** Juliénas, 139
PASCAL **ROLLET,** Pouilly-Fuissé, 534
WILLY **ROLLI-EDEL,** Alsace Riesling, **68**
ROLLY GASSMANN, Alsace Sylvaner, 61
CH. **ROMAIN,** Rosette, 707
CLOS DES **ROMAINS,** Saint-Emilion Grand Cru, 243
LES VIGNERONS DES COTEAUX **ROMANAIS,** Touraine, 768
JEAN-MICHEL **ROMANY,** Beaujolais, 119
DOM. DES **ROMARINS,** Côtes du Rhône, 836
DOM. DE **ROMBEAU,** Côtes du Roussillon, **636**
DOM. DE **ROMBEAU,** Muscat de Rivesaltes, 885
CH. **ROMEFORT,** Haut-Médoc, 313
CH. **ROMER DU HAYOT,** Sauternes, 350
MADAME RAYMOND **ROMEUF,** Côtes d'Auvergne AOVDQS, 804
ERIC **ROMINGER,** Alsace Grand Cru Saering, 101
ERIC **ROMINGER,** Crémant d'Alsace, 106
DOM. DU **RONCEE,** Chinon, 782
DOM. DES **RONCIERES,** Chablis, 397
CH. **RONDILLON,** Loupiac, 341

ROPITEAU, Auxey-Duresses, 485
ROPITEAU, Beaune, 470
ROPITEAU, Bourgogne Aligoté, 376
ROPITEAU, Charmes-Chambertin, 421
ROPITEAU, Gevrey-Chambertin, 417
ROPITEAU, Pouilly-Fuissé, 534
ROPITEAU, Puligny-Montrachet, 494
ROPITEAU, Saint-Romain, 486
ROPITEAU, Savigny-lès-Beaune, 462
ROPITEAU, Volnay, 480
CAVE LES VINS DE **ROQUEBRUN,** Saint-Chinian, 628
CH. **ROQUEBRUNE,** Premières Côtes de Bordeaux, 271
DOM. RAYMOND **ROQUE,** Faugères, 623
CH. **ROQUEFORT,** Bordeaux, 166
CH. **ROQUEFORT,** Bordeaux Sec, 171
CH. **ROQUEFORT,** Bordeaux Supérieur, **183**
CH. DE **ROQUEFORT,** Saint-Emilion Grand Cru, 243
CH. **ROQUEGRAVE,** Médoc, 302
CH. **ROQUEMONT,** Saint-Emilion Grand Cru, 244
ROQUE SESTIERE, Corbières, 614
CH. **ROQUES MAURIAC,** Bordeaux Supérieur, 183
CH. DE **ROQUETAILLADE LA GRANGE,** Graves, 282
CH. **ROSE-SAINTE-CROIX,** Listrac-Médoc, 317
DOM. DES **ROSES,** Côtes Roannaises AOVDQS, 809
CLOS DES **ROSIERS,** Gros-Plant AOVDQS, 731
CLOS DES **ROSIERS,** Muscadet de Sèvre-et-Maine, 728
DOM. DES **ROSIERS,** Premières Côtes de Blaye, 193
DOM. ALISO **ROSSI,** Patrimonio, 673
REGIS **ROSSIGNOL-CHANGARNIER,** Savigny-lès-Beaune, 462
REGIS **ROSSIGNOL-CHANGARNIER,** Volnay, 480
ROSSIGNOL-FEVRIER PERE ET FILS, Volnay, **480**
DOM. **ROSSIGNOL-TRAPET,** Bourgogne, 369
DOM. NICOLAS **ROSSIGNOL-TRAPET,** Morey-Saint-Denis, 424
ALFRED **ROTHSCHILD ET CIE,** Champagner, 577
DOM. DE **ROTISSON,** Beaujolais, 119
CH. **ROUBAUD,** Costières de Nîmes, 617
CH. **ROUDIER,** Montagne Saint-Emilion, 253
CH. **ROUET,** Fronsac, 204
CH. DU **ROUET,** Côtes de Provence, **653**
DOM. DES **ROUET,** Chinon, 782
MICHEL ET ROLAND **ROUGEYRON,** Côtes d'Auvergne AOVDQS, 804
CH. DE **ROUILLAC,** Pessac-Léognan, 292
CH. **ROULLET,** Canon-Fronsac, 200
DOM. **ROULLET,** Crémant de Loire, 718
DOM. GUY **ROULOT,** Bourgogne, **369**
CH. **ROUMAGNAC LA MARECHALE,** Fronsac, 204
CH. **ROUMIEU,** Sauternes, 350
CH. **ROUQUETTE-SUR-MER,** Coteaux du Languedoc, 622
DOM. ARMAND **ROUSSEAU PERE ET FILS,** Ruchottes-Chambertin, 422
CH. DE **ROUSSE,** Jurançon, 690
CH. **ROUSSET,** Côtes de Bourg, 197
CH. DE **ROUSSET,** Coteaux de Pierrevert AOVDQS, 874
DOM. ET CH. DU **ROUSSILLON,** Banyuls Grand Cru, **878**
DOM. DES **ROUSSOTS,** Côtes du Jura, **596**
CH. DE **ROUTIER,** Côte de la Malepère AOVDQS, 630
CH. DE **ROUX,** Côtes de Provence, 653

954

CLOS **SAINT-THEOBALD,** Alsace Grand Cru Rangen de Thann, 100

MAITRES VIGN. PRESQU'ILE **SAINT-TROPEZ,** Côtes de Provence, 654

MAITRES VIGN. PRESQU'ILE DE **SAINT-TROPEZ,** Côtes de Provence, 654

SAINT URBAIN, Premières Côtes de Blaye, 193

CAVE **SAINT-VERNY,** Côtes d'Auvergne AOVDQS, 804

CLOS **SAINT-VINCENT-DES-RONGE-RES,** Muscadet de Sèvre-et-Maine, 729

DOM. **SAINT VINCENT,** Saumur, 756

DOM. **SAINT-VINCENT,** Saumur-Champigny, **758**

COOP. DE **SAINT-VIVIEN ET BON-NEVILLE,** Bergerac, 699

DOM. **SALADIN,** Côtes du Rhône, 837

CH. DE **SALES,** Pomerol, 211

CH. DE **SALETTES,** Gaillac, 683

DOM. DES **SALETTES,** Bandol, 660

CHRISTIAN **SALMON,** Sancerre, **822**

SALON, Champagner, 578

DOM. DU **SALVARD,** Cheverny AOVDQS, 798

SALVAT, Côtes du Roussillon, 637

SALVAT, Muscat de Rivesaltes, 885

DOM. **SALVAT,** Côtes du Roussillon, 637

SALZMANN, Alsace Gewürztraminer, 76

SALZMANN, Alsace Tokay-Pinot Gris, 83

CH. **SAMION,** Lalande de Pomerol, 215

CELLIER DES **SAMSONS,** Mâcon-Villages, 529

CELLIER DE **SAMSONS,** Pouilly-Fuissé, 534

CELLIER DES **SAMSONS,** Saint-Véran, 539

DOM. DES **SAMSONS,** Brouilly, 128

DOM. DE **SANDAR,** Beaujolais, 119

DOM. **SAN DE GUILHEM,** Floc de Gascogne, 895

DOM. DE **SAN MICHELE,** Vins de Corse, 670

CH. DE **SANSARIC,** Graves, 283

SANTA CLARA, Rivesaltes, 881

DOM. **SANTA DUC,** Côtes du Rhône, 837

DOM. **SANTA DUC,** Gigondas, 855

BERNARD **SANTE,** Chénas, 131

CH. DE **SANTENAY,** Chassagne-Montrachet, 500

CH. DE **SANTENAY,** Gevrey-Chambertin, 417

CH. DE **SANTENAY,** Pernand-Vergelesses, 454

CH. DE **SANTENAY,** Pommard, 476

CH. DE **SANTENAY,** Saint-Aubin, 502

CH. DE **SANTENAY,** Volnay, 480

SANT GALDRIC, Côtes du Roussillon, 637

CH. **SARANSOT-DUPRE,** Listrac-Médoc, **317**

DOM. **SARDA-MALET,** Côtes du Roussillon, **637**

DOM. **SARDA-MALET,** Muscat de Rivesaltes, 885

DOM. **SARDA-MALET,** Rivesaltes, **881**

MICHEL **SARRAZIN ET FILS,** Bourgogne Aligoté, 376

MICHEL **SARRAZIN ET FILS,** Crémant de Bourgogne, 390

MICHEL **SARRAZIN ET FILS,** Givry, 521

DOM. **SAUGER ET FILS,** Cheverny AOVDQS, 798

GUY **SAUMAIZE,** Saint-Véran, 539

JACQUES **SAUMAIZE,** Pouilly-Fuissé, 534

LEON **SAUMAIZE,** Mâcon, 525

LEON **SAUMAIZE,** Pouilly-Fuissé, 534

ROGER **SAUMAIZE,** Mâcon-Villages, 529

ROGER **SAUMAIZE,** Pouilly-Fuissé, 535

ROGER **SAUMAIZE,** Saint-Véran, 539

CH. **SAUMAN,** Côtes de Bourg, 197

CAVE DES VIGNERONS DE SAU-**MUR,** Saumur, 756

LES VIGNERONS DE **SAUMUR,** Crémant de Loire, 718

CLOS DU **SAUT AU LOUP,** Chinon, 782

CH. **SAUVAGNERES,** Buzet, **684**

CLAUDE ET ANNIE **SAUVAT,** Côtes d'Auvergne AOVDQS, 804

DOM. **SAUVEROY,** Rosé de Loire, 716

DOM. DU **SAUVEROY,** Anjou, 737

DOM. DU **SAUVEROY,** Coteaux du Layon, 751

DOM. **SAUVETE,** Touraine, 769

SAUVION DU CLERAY, Muscadet de Sèvre-et-Maine, 728

FRANCINE ET OLIVIER **SAVARY,** Chablis, 397

RENE **SAVOYE,** Chiroubles, 133

SCHAEFFER-WOERLY, Alsace Gewürztraminer, 76 77

SCHAEFLE, Alsace Pinot oder Klevner, 63

DOM. MARTIN **SCHAETZEL,** Alsace Gewürztraminer, 77

DOM. MARTIN **SCHAETZEL,** Alsace Pinot Noir, 89

DOM. MARTIN **SCHAETZEL,** Alsace Riesling, 69

DOM. **SCHALLER,** Alsace Tokay-Pinot Gris, 83

VIGNOBLE A. **SCHERER,** Alsace Pinot Noir, **89**

VIGNOBLE A. **SCHERER,** Alsace Tokay-Pinot Gris, 83

ALBERT **SCHIAVETTO,** Bourgogne Hautes-Côtes de Nuits, 383

DOM. PIERRE **SCHILLE,** Alsace Gewürztraminer, 77

DOM. PIERRE **SCHILLE,** Alsace Riesling, 69

PIERRE **SCHILLE,** Alsace Tokay-Pinot Gris, 84

EMILE **SCHILLINGER,** Alsace Gewürztraminer, 77

SCHIRMER, Alsace Grand Cru Zinnkoepfle, 105

SCHIRMER, Alsace Tokay-Pinot Gris, 84

CHARLES **SCHLERET,** Alsace Pinot Noir, 89

CHARLES **SCHLERET,** Alsace Riesling, 69

DOM. **SCHLUMBERGER,** Alsace Gewürztraminer, **77**

DOM. **SCHLUMBERGER,** Alsace Tokay-Pinot Gris, **84**

RAYMOND **SCHMITT,** Alsace Grand Cru Ollwiller, 98

ROLAND **SCHMITT,** Alsace Gewürztraminer, 77

ROLAND **SCHMITT,** Alsace Grand Cru Altenberg de Bergbieten, 91

PAUL **SCHNEIDER,** Alsace Gewürztraminer, 77

PAUL **SCHNEIDER,** Alsace Grand Cru Eichberg, 93

DOM. MAURICE **SCHOECH,** Alsace Gewürztraminer, 78

DOM. MAURICE **SCHOECH,** Alsace Riesling, 69

DOM. MAURICE **SCHOECH,** Alsace Tokay-Pinot Gris, 84

MICHEL **SCHOEPFER,** Alsace Grand Cru Pfersigberg, 99

MICHEL **SCHOEPFER,** Alsace Tokay-Pinot Gris, 84

DOM. **SCHOFFIT,** Alsace Pinot Noir, 89

BERNARD **SCHWACH,** Alsace Gewürztraminer, 78

FRANCOIS **SCHWACH ET FILS,** Alsace Gewürztraminer, 78

FRANCOIS **SCHWACH ET FILS,** Alsace Pinot Noir, 90

PAUL **SCHWACH,** Alsace Gewürztraminer, 78

PAUL **SCHWACH,** Alsace Riesling, 69

PAUL **SCHWACH,** Alsace Tokay-Pinot Gris, 84

EMILE **SCHWARTZ,** Alsace Grand Cru Pfersigberg, 99

EMILE **SCHWARTZ,** Alsace Tokay-Pinot Gris, 84

JUSTIN **SCHWARTZ,** Alsace Tokay-Pinot Gris, 84

SECHET, Anjou, 737

SECHET, Coteaux du Layon, 752

CH. DE **SEGRIES,** Lirac, **866**

CH. **SEGUELONGUE,** Médoc, 303

CH. DE **SEGUIN,** Bordeaux Supérieur, 184

DOM. HERVE **SEGUIN,** Pouilly-Fumé, 815

CH. **SEGUR,** Haut-Médoc, 313

CH. **SEGUR DE CABANAC,** Saint-Estèphe, 334

CH. DE **SEGURE,** Fitou, **624**

SEIGNEURIE DE BOIS-BENOIST, Muscadet de Sèvre-et-Maine, 729

SEIGNEURIE DE FONTANGE, Gigondas, 855

SEILLY, Alsace Gewürztraminer, 78

SEILLY, Alsace Tokay-Pinot Gris, 84

GERALD **SEJOURNE,** Saint-Nicolas-de-Bourgueil, 786

CH. DE **SELLE - DOM. OTT,** Côtes de Provence, 654

JACQUES **SELOSSE,** Champagner, 578 579 **578**

ALBERT **SELTZ,** Alsace Tokay-Pinot Gris, 85

CH. **SEMEILLAN MAZEAU,** Listrac-Médoc, 317

CH. **SENEJAC,** Haut-Médoc, 313

LES VIGNERONS DE **SEPTIMANIE,** Muscat Saint-Jean de Minervois, 886

CH. **SEPTY,** Monbazillac, 705

SERAFIN PERE ET FILS, Gevrey-Chambertin, 417

CH. **SERGANT,** Lalande de Pomerol, 215

DOM. **SERGENT,** Madiran, 693

DOM. **SERGENT,** Pacherenc du Vic-Bilh, 694

DOM. DE **SERMEZY,** Beaujolais-Villages, 125

ROBERT **SEROL,** Côtes Roannaises AOVDQS, 810

DOM. DU **SERRE-BIAU,** Côtes du Rhône-Villages, 844

DOM. DU **SERRE ROUGE,** Coteaux du Tricastin, 868

DOM. B. **SERVEAU ET FILS,** Chambolle-Musigny, 428

DOM. B. **SERVEAU ET FILS,** Morey-Saint-Denis, 424

MICHEL **SERVEAU,** Bourgogne Hautes-Côtes de Beaune, 388

CH. **SESTIGNAN,** Médoc, 303

CH. DU **SEUIL,** Coteaux d'Aix, 665

J. **SIEGLER,** Alsace Pinot Noir, 90

J. **SIEGLER PERE ET FILS,** Alsace Gewürztraminer, 78

J. **SIEGLER PERE ET FILS,** Alsace Pinot oder Klevner, 63

SIEUR D'ARQUES, Crémant de Limoux, **611**

DOM. **SIFFERT,** Alsace Grand Cru Praelatenberg, 100

CH. **SIFFLE MERLE,** Premières Côtes de Blaye, 193

CH. **SIGALAS-RABAUD,** Sauternes, 351

CH. **SIGNAC,** Côtes du Rhône, 837

CH. **SIGNAC,** Côtes du Rhône-Villages, 844

LES VITICULTEURS DE **SIGOLS-HEIM,** Alsace Grand Cru Mambourg, 98

WEINE

Imprimé en France
par Maulde et Renou Aisne

Imprimé en France
par Maulde et Renou Aisne

LOT Landwein produzierende Departements
● mit Weinbau verbundene Städte
○ Orientierungspunkte

SEINE

SARTHE *Sarthe*

Orlé

LOIRE-
ATLANTIQUE
MAINE-
Angers
Loir
LOIR

ET- CH

Ancenis
ET- LOIRE
VALLÉE
Cher

Nantes
LOIRE
Tours

DE LA LOIRE
INDRE-
ET-LOIRE

INDRE

VENDÉE
DEUX-
SÈVRES
VIENNE
Creuse

○
Poitiers
Vienne

INDRE

CHARENTE-
MARITIME
CHARENTE
Cognac

PINEAU DES
CHARENTES

DORDOGNE
Isle

Bordeaux
Libourne
Bergerac

GIRONDE
BORDELAIS
Dordogne

Langon
LOT

LOT-ET-
GARONNE
Cahors

LANDES
TARN-ET-
GARONNE
SUL

SUD-OUEST
GERS
Gailla

HAUTE-
GARONNE
Tarn

PYRÉNÉES-
ATLANTIQUES
Jurançon
GARONNE

HAUTES-
PYRÉNÉES
ARIÈGE

Maßstab
0   50   100 km